2026

에듀윌
7급/민간경력자
PSAT
10+7개년 기출문제집

언어논리·상황판단·자료해석

1권 | 기출문제편

임현아, 윤은주, 김매실, 최진현, 박상현, 윤석민 편저

베스트셀러 1위! 산출근거 후면표기
자동 2회독 분석해설로 PSAT 기출 끝!

- 자료해석 핵심노트 (PDF)
- 기출 재구성 모의고사 (PDF)
- 1초 합격예측! 모바일 성적분석표

합격자 수가 선택의 기준!

YES24 24년 10월
월별 베스트 기준
베스트셀러
1위

YES24 수험서 자격증
PSAT(외시/행시/7급)
기출/모의고사 베스트셀러 1위

5·7급 민경채
5·7급 공채
공기업 NCS
시험 대비

eduwill

에듀윌과 함께 시작하면, 당신도 합격할 수 있습니다!

대학 진학 후 진로를 고민하다 1년 만에
서울시 행정직 9급, 7급에 모두 합격한 대학생

직장생활과 병행하며 7개월간 공부해
국가공무원 세무직에 당당히 합격한 51세 직장인까지

누구나 합격할 수 있습니다.
시작하겠다는 '다짐' 하나면 충분합니다.

마지막 페이지를 덮으면,

**에듀윌과 함께
공무원 합격이 시작됩니다.**

공무원 1위

70개월 베스트셀러 1위
에듀윌 공무원 교재

기초부터 확실하게 기본 이론

기본서
국어 독해

기본서
국어 문법

기본서
영어 독해(생활영어·어휘 포함)

기본서
영어 문법

기본서
한국사

기본서
행정법총론

기본서
행정학

다양한 출제 유형 대비 문제집

유형별 문제집
국어

유형별 문제집
영어 독해·생활영어

유형별 문제집
영어 문법·어휘

단원별 기출&예상 문제집
한국사

단원별 기출&예상 문제집
행정법총론

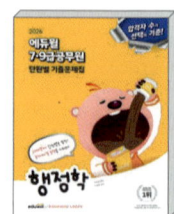
단원별 기출문제집
행정학

* YES24 수험서 자격증 공무원 베스트셀러 1위 (2017년 3월, 2018년 4월~6월, 8월, 2019년 4월, 6월~12월, 2020년 1월~12월, 2021년 1월~12월, 2022년 1월~12월, 2023년 1월~12월, 2024년 1월~7월, 9월~10월 월별 베스트, 매월 1위 교재는 다름)
* YES24 국내도서 해당분야 월별, 주별 베스트 기준

에듀윌 공무원

출제경향 파악 기출문제집

9급공무원 기출문제집
영어

9급공무원 기출문제집
한국사

9급공무원 기출문제집
행정학

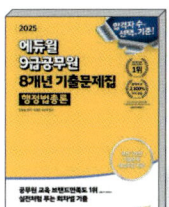
9급공무원 기출문제집
행정법총론

7급 대비 PSAT 교재

7급/민간경력자
PSAT 기출문제집

실전 대비 모의고사

기출 품은 모의고사
국어

더 많은
공무원 교재

* 교재 이미지는 변경될 수 있습니다.

eduwill

공무원 1위

1초 합격예측
모바일 성적분석표

1초 안에 '클릭' 한 번으로 성적을 확인하실 수 있습니다!

STEP 1

QR 코드 스캔

- 교재의 QR 코드를 모바일로 스캔 후 에듀윌 회원 로그인
- QR 코드 하단의 바로가기 주소로도 접속 가능

STEP 2

모바일 OMR 입력

- 회차 확인 후 '응시하기' 클릭
- 모바일 OMR에 답안 입력
- 문제풀이 시간까지 측정 가능

STEP 3

자동채점 & 성적분석표 확인

- 제출 시 자동으로 채점 완료
- 원점수, 백분위, 전체 평균, 상위 10% 평균 확인
- 영역별 정답률을 통해 취약점 파악

※ 본 서비스는 에듀윌 공무원 교재(연도별, 회차별 문항이 수록된 교재)를 구입하는 분에게 제공됨.

에듀윌 공무원

공무원,
에듀윌을 선택해야 하는 이유

합격자 수 수직 상승
2,100%

명품 강의 만족도
99%

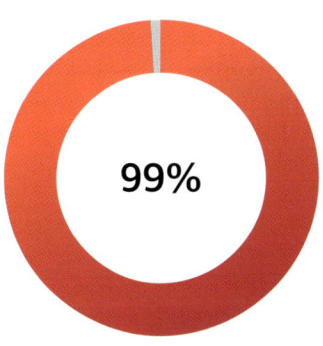

공무원

베스트셀러 1위
70개월(5년 10개월)

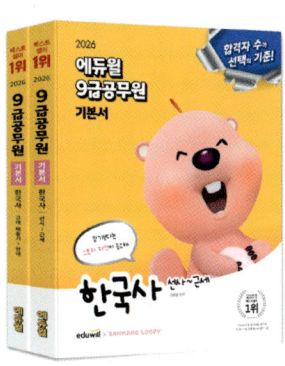

5년 연속 공무원 교육
1위

* 2017/2022 에듀윌 공무원 과정 최종 환급자 수 기준   * 9급공무원 대표 교수진 2023년 7월 ~ 2024년 4월 강의 만족도 평균(배영표, 헤더진, 한유진, 이광호, 김용철)
* YES24 수험서 자격증 공무원 베스트셀러 1위 (2017년 3월, 2018년 4월~6월, 8월, 2019년 4월, 6월~12월, 2020년 1월~12월, 2021년 1월~12월, 2022년 1월~12월, 2023년 1월~12월, 2024년 1월~7월, 9월~10월 월별 베스트, 매월 1위 교재는 다름)
* 2023, 2022, 2021 대한민국 브랜드만족도 7·9급공무원 교육 1위 (한경비즈니스) / 2020, 2019 한국브랜드만족지수 7·9급공무원 교육 1위 (주간동아, G밸리뉴스)

1위 에듀윌만의
체계적인 합격 커리큘럼

원하는 시간과 장소에서
온라인 강의

① 업계 최초! 기억 강화 시스템 적용
② 과목별 테마특강, 기출문제 해설강의 무료 제공
③ 초보 수험생 필수 기초강의와 합격필독서 무료 제공

쉽고 빠른 합격의 첫걸음 합격필독서 무료 신청

최고의 학습 환경과 빈틈 없는 학습 관리
직영 학원

① 현장 강의와 온라인 강의를 한번에
② 확실한 합격관리 시스템, 아케르
③ 완벽 몰입이 가능한 프리미엄 학습 공간

당일 등록 회원
시크릿 할인 혜택

합격전략 설명회 신청 시 당일 등록 수강 할인권 제공

친구 추천 이벤트

" 친구 추천하고 한 달 만에
920만원 받았어요 "

친구 1명 추천할 때마다 현금 10만원 제공
추천 참여 횟수 무제한 반복 가능

※ *a*o*h**** 회원의 2021년 2월 실제 리워드 금액 기준
※ 해당 이벤트는 예고 없이 변경되거나 종료될 수 있습니다.

친구 추천 이벤트
바로가기

---

* 2023 대한민국 브랜드만족도 7·9급공무원 교육 1위 (한경비즈니스)

세상을 움직이려면
먼저 나 자신을 움직여야 한다.

– 소크라테스(Socrates)

설문조사에 참여하고 스타벅스 아메리카노를 받아가세요!

에듀윌 7급/민간경력자 PSAT 기출문제집을 선택한 이유는 무엇인가요?
소중한 의견을 주신 여러분들에게 더욱더 완성도 있는 교재로 보답하겠습니다.

- **참여 방법** QR 코드 스캔 ▶ 설문조사 참여(1분만 투자하세요!)
- **이벤트 기간** 2025년 8월 25일~2026년 7월 31일
- **추첨 방법** 매월 1명 추첨 후 당첨자 개별 연락
- **경품** 스타벅스 아메리카노(tall size)

2026

에듀윌
7급/민간경력자
PSAT
10+7개년 기출문제집

기출문제편

Public Service Aptitude Test

집필진

임현아
- 고려대학교 국어교육학과 졸업
- 전) 서울 배재고등학교 국어 교사
- 에듀윌 PSAT, 공기업 NCS, 대기업 직무적성검사 집필

윤은주
- 동국대학교 국어국문학과 졸업
- 현) 서울시교육청 소속 독서교육전문가 위원
- 전) 서일중학교 국어 교사
- 에듀윌 PSAT, 공기업 NCS, 대기업 직무적성검사 집필

김매실
- 고려대학교 에너지환경대학원 석사 졸업
- 현) SOC분야 중앙공기업 재직
- 행정고시 5급 PSAT 다수 합격
- 에듀윌 PSAT, 공기업 NCS, 대기업 직무적성검사 집필

최진현
- 고려대학교 바이오의공학부 졸업
- 전) 한국수자원공사, 한국토지주택공사 교직원 근무
- 에듀윌 공기업 NCS 집필 및 감수

박상현
- 인하대학교 수학과 졸업
- 현) 인하대학교 과학영재교육센터 강사
- 2022 개정 교육과정 수학 교과서 편집 및 개발
- 에듀윌 PSAT, 공기업 NCS, 대기업 직무적성검사 집필

윤석민
- 동국대학교 수학교육과 졸업
- 전) 에듀스 전임연구원
- 에듀스 대기업/공기업 도서 다수 집필 및 강의
- 에듀윌 PSAT, 공기업 NCS, 대기업 직무적성검사 집필

감수진

차선우
- 서울대학교 법학부 졸업
- 고려대학교 법학전문대학원 졸업
- 현) 에듀윌 PSAT 언어논리 전임 강사
- 전) 메가로스쿨 언어이해 및 면접 전임
- 〈에듀윌 PSAT 단기완성 기본서 언어논리〉, 〈시작부터 뻥 뚫리는 피셋입문〉 집필

박효빈
- 한국외국어대학교 행정학과 졸업
- 위포트 공기업/대기업 취업 수험서, 7급 공무원 PSAT 수험서 개발

김민환
- 동국대학교 국어교육과, 수학교육과 졸업
- 시대고시기획 대기업 취업 수험서 개발
- 코앱(KOAP) 출제연구원

최소운
- 동덕여자대학교 국어국문학과 졸업
- 〈에듀윌 7·9급공무원 기본서 국어〉, 〈에듀윌 9급공무원 기출문제집 국어〉 등 다수 국어 교재 감수

김응주
- 고려대학교 영어영문과 졸업
- 〈에듀윌 PSAT 단기완성 기본서 상황판단〉, 〈시작부터 뻥 뚫리는 피셋입문〉 등 다수 상황판단 영역 교재 감수

김대환
- 서울과학기술대학교 산업공학과 졸업
- 〈에듀윌 코레일 한국철도공사 NCS 봉투모의고사〉, 〈에듀윌 지역농협 6급 NCS 모의고사〉 등 다수 NCS 수리영역 교재 감수

교재에 들어가며
INTRO

PSAT는 공직자에게 필요한 이해력, 논리적·비판적 사고능력, 상황판단능력, 분석 및 정보추론능력 등 종합적 사고력을 평가하는 시험으로 언어논리, 상황판단, 자료해석 세 영역에서 출제됩니다. 5·7급 민간경력자 일괄채용시험 PSAT와 7급 국가직 공개경쟁채용시험 PSAT의 문항 수는 영역별 25문항이며, 2022년부터는 언어논리와 상황판단을 묶어 1교시(120분 진행), 자료해석을 2교시(60분 진행)로 치르고 있습니다. 단순 계산 시, 1문항당 약 2분 30초, OMR 카드 마킹까지 포함한다면 2분 안팎의 시간이 주어집니다. 결코 길지 않은 시간입니다.

〈에듀윌 7급/민간경력자 PSAT 10+7개년 기출문제집〉은 낯선 과목과 촉박한 시간, 그 안에서 최종 합격이라는 목표를 달성하고자 고군분투하실 여러분을 위해 각 분야의 전문가들이 모여 설계한 교재입니다.

1. 기출분석과 유형분석 기반의 분석서
정답에 대한 해설만을 담은 단순한 기출문제집이 아닙니다. 7급과 민간경력자 PSAT 기출문제를 철저하게 분석한 기출분석과 유형분석 기반의 기출문제집입니다.

2. 실전 문제풀이가 가능한 실전서
시험지와 같은 디자인, OMR 카드를 제공합니다. 빠르고 정확하게, 실전처럼 문제풀이 연습이 가능한 기출문제집입니다.

3. 접근전략과 취약유형을 빠르게 파악하는 전략서
전 회차, 전 영역, 전 문항을 분석하여 유형을 뽑아내고, 유형별 접근전략을 수록하였으며, 회차별 취약유형을 분석할 수 있도록 구성하였습니다. [기출문제편]뿐만 아니라 [분석해설편]에도 기출문제를 동일하게 수록함으로써 자동 2회독이 가능하게 하여 보다 효과적으로 기출 회독을 할 수 있습니다.

PSAT의 모든 것
GUIDE

※ 시험공고의 내용은 사정에 따라 변경될 수 있으므로, 자세한 내용은 해당 시험의 공고문을 꼭 확인하시기 바랍니다.

5·7급 민간경력자 일괄채용시험

민간경력자 일괄채용시험이란?

- 다양한 경력을 가진 민간 전문가를 선발해 공직의 개방성과 전문성을 높이고, 채용의 공정성과 투명성을 강화하기 위해 도입
- 2011년 5급 공무원 선발에 도입한 후, 2015년부터 7급 공무원 선발에도 도입

※ 선발단위별 응시자격요건인 경력·학위·자격증에 기재된 사항 중 1개 이상에 해당되면 응시가 가능하나, 응시원서 작성 시에는 경력·학위·자격증 중 하나만 선택해야 하며, 반드시 본인이 선택한 응시자격요건을 충족해야 함

채용 절차

필기시험(PSAT)	서류전형	면접시험
업무수행에 필요한 기본적인 판단력, 사고력 등 평가	자격요건에 대한 적합성 심사 (공무원 적합성, 담당예정 업무와의 연관성 등)	직무수행에 필요한 능력 및 적격성 종합 평가 (정신자세, 전문지식, 응용능력 등)
선발예정인원의 10배수	선발예정인원의 3배수	최종 합격자 결정

※ 필기시험(PSAT)은 각 과목 만점의 40% 이상을 득점하지 못하면 불합격 처리

필기시험(PSAT) 평가 영역 문항 수 시험 시간

평가 영역	문항 수	시험 시간
언어논리	25문항	120분
상황판단	25문항	
자료해석	25문항	60분

※ 2022년부터 5·7급 민경채 PSAT와 7급 국가직 공채 시험은 동일한 문제로 출제되고 있음
※ 2022년 시험부터 1교시에는 언어논리 영역과 상황판단 영역이 동시에 치러지며, 2교시에는 자료해석 영역이 치러짐

FAQ
(출처: 사이버국가고시 센터 시행계획 공고)

Q1. 민간경력자에 응시하기 위한 필요 경력의 범위에 공무원이나 직업군인 경력은 포함되지 않나요?

민경채는 다양한 현장경험을 가진 민간 전문가를 선발해 공직 개방성과 전문성을 높이고자 도입되었습니다. 이러한 취지를 고려하여, 공무원이나 군인, 군무원, 의무복무 경력 등은 인정하지 않습니다. 다만, 임기제(계약직) 공무원 및 국공립대 교원(강의·연구) 경력, 공중보건의사·병역판정검사전담의사·군의관, 공익법무관·군법무관 공중방역수의사·수의장교 단기 의무복무기간은 예외적으로 인정하며, 외국 공무원 경력은 국가 및 지방자치단체 공무원 경력과 동일한 것이 아니므로 관련 분야에 해당한다면 인정됩니다.

Q2. 민간경력자 5급과 7급 시험에 동시에 지원할 수 있나요?

민간경력자 5급과 7급은 필기시험 날짜가 동일하므로 동시에 지원하는 것은 불가능하며, 응시원서는 1회(1개 선발단위, 1개 응시자격요건)만 제출 가능합니다.

※ 민경채 5·7급과 공채 7급은 동시에 원서접수가 가능하나, 필기시험일이 동일하므로 하나의 시험의 필기시험만을 응시하실 수 있습니다.

PSAT, 절대 고득점을 받는 시험이 아닙니다
한정된 시간 내에 일정 점수에만 도달하면 됩니다

7급 국가직 공개경쟁 채용시험

채용 절차

제1차 시험(PSAT)	제2차 시험(전문과목)	제3차 시험(면접)
업무수행에 필요한 기본적인 판단력, 사고력 등 평가	실제 직무수행에 필요한 전문지식 평가	공무원으로서 갖춰야 할 기본자세, 공공성 등을 심층 평가
선발예정인원의 10배수	선발예정인원의 1.5배수	최종 합격자 결정

제1차 시험(PSAT) 평가 영역 / 평가 항목 / 문항 수 / 시험 시간

평가 영역	평가 항목	문항 수	시험 시간
언어논리	글의 이해, 표현, 추론, 비판과 논리적 사고	25문항	120분
상황판단	상황의 이해, 추론과 분석, 문제해결, 판단과 의사결정	25문항	
자료해석	수치자료의 정리와 이해, 처리와 응용계산, 분석과 정보추출	25문항	60분

영어·한국사 대체시험의 인정기준

시험	인정범위	기준점수
영어능력 검정시험	2020.1.1. 이후 국내에서 실시된 시험으로서, 제1차 시험 시행예정일 전날까지 점수(등급)가 발표된 시험으로 한정하며 기준점수 이상으로 확인된 시험만 인정됨	• TOEFL: IBT 71점 이상 • TOEIC: 700점 이상 • TEPS: 340점 이상 • G-TELP: 65점 이상(LEVEL 2) • FLEX: 625점 이상 ※ 외무영사직렬은 기준점수가 상이하므로 시험공고 참고
한국사능력 검정시험	제1차 시험 시행예정일 전날까지 점수(등급)가 발표된 시험으로 한정하며 기준점수 이상으로 확인된 시험만 인정됨	2급 이상(국사편찬위원회)

※ 영어능력검정시험의 인정범위와 관련된 추가 내용은 반드시 시행처의 공고문을 확인해야 함
※ 2023년부터 한국사능력검정시험의 성적 인정기간(기존 5년)이 폐지됨

FAQ (출처: 사이버국가고시센터 채용시험 종합안내)

Q1. 원서접수 시 따로 유의해야 할 사항들이 있나요?

[사이버국가고시센터] – [원서접수] – [응시원서 확인] 화면에서 결제 여부가 '접수/결제완료'라고 표기되어 있다면 응시원서가 제대로 접수된 것입니다. 참고로, 접수기간이 종료된 후에는 어떠한 경우에도 추가 접수가 불가능하며, 응시직렬, 응시지역, 지방인재 여부 등에 대한 수정 또한 불가능하니 원서접수 시에 신중하게 선택해야 합니다.

Q2. 응시원서를 제출한 이후, 연락처가 바뀌었다면 어떻게 해야 하나요?

주소, 휴대전화 번호, 전자우편 등의 정부는 원서 접수기간 종류 후라도 언제든지 [사이버국가고시센터]의 [개인정보 수정] 메뉴에서 본인이 직접 수정이 가능합니다. 그러나 성명, 주민등록번호 등의 필수 인적정보는 수험생이 임의로 변경할 수 없습니다.

이 책의 구성
STRUCTURE

기출분석과 유형분석 기반의 분석서

영역별 기출분석 & 접근전략

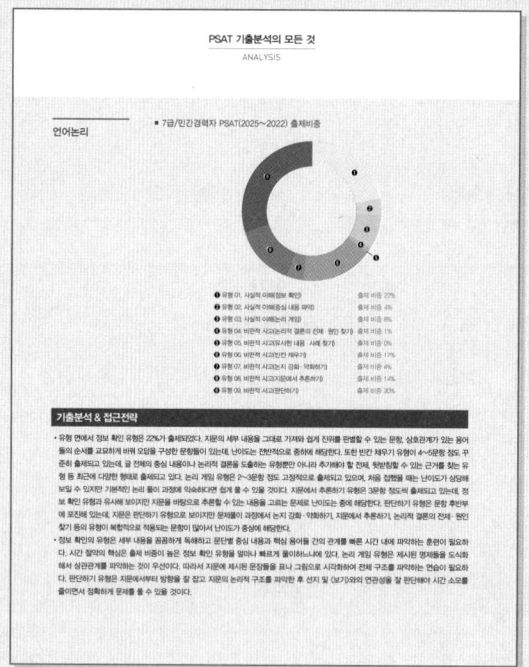

영역별 기출분석
- 영역별 기출문제를 분석하여 출제 비중 및 출제 경향 제시

영역별 접근전략
- 기출분석 기반의 영역별 접근전략 제시

영역별 유형분석

- 쉽고 빠르게 유형을 파악할 수 있도록 영역별 유형을 정리하고, 유형에 대한 학습전략 수록

기출분석과 유형분석 기반의 분석서입니다

실전 문제풀이가 가능한 실전서입니다

접근전략과 취약유형을 빠르게 파악하는 전략서입니다

실전 문제풀이가 가능한 실전서

기출문제

- 연도별 > 영역별로 기출문제 수록
- 실제 시험지와 유사한 디자인으로 실전처럼 문제풀이 가능
- 컴퓨터용 사인펜으로 마킹&지우개로 지워지는 OMR 카드 제공

접근전략과 취약유형을 빠르게 파악하는 전략서

영역별 성적 & 취약유형 분석표

- **연도별·영역별 성적 확인 & 취약유형 파악 및 보완**
  - 나의 성적: 나의 점수와 풀이 시간을 기재하여 성적과 풀이 시간 관리 가능
  - 합격선: 연도별 난이도를 고려하여 합격 가능권과 확실권으로 구분하여 합격선 제시
  - 풀이 시간: 기본과 숙련으로 구분하여 적정 풀이 시간 제시
  - 선발 인원/응시 인원/경쟁률: 연도별 민간경력자 PSAT 원서접수 결과 자료에 기반하여 제시
  - 취약유형 분석표: 전 문항의 맞고 틀림을 기재하여 현재 실력 점검 및 취약유형 파악과 보완 가능

기출 총평 & 문항별 정답률 및 선지별 선택률

- **기출분석을 통한 연도별 출제 경향과 비중 파악**
  - 기출 총평: 연도별·영역별로 상세한 기출 총평을 수록하여 출제 경향 파악
  - 문항별 정답률 및 선지별 선택률: 실제 수험생의 정답률, 선지별 선택률을 통해 본인의 학습 수준 파악
  - 출제 비중: 영역별로 출제 비중을 그래프로 정리하여 한눈에 확인

자동 2회독 & 상세한 분석해설

- **[분석해설편]에 전 문항을 반복 수록하여 자동 2회독 효과 & 상세한 분석해설**
  - 정답률 TOP 3: 정답률이 가장 낮은 TOP 3 문항 파악
  - 스피드문제 표시(S): 난이도가 어려워 시간이 많이 소요되는 어려운 문제를 따로 표시하여 전략적인 문제풀이 방향 제시
  - 접근전략: 유형에 대한 해설과 출제 의도를 포함한 접근전략 제시
  - 선지 분석: 정답뿐 아니라 오답까지 전 문항, 모든 선지에 대한 분석 해설 수록

무료 합격팩

※ 본 혜택은 공지 없이 변경되거나 종료될 수 있습니다.

자료해석 핵심노트 (PDF)

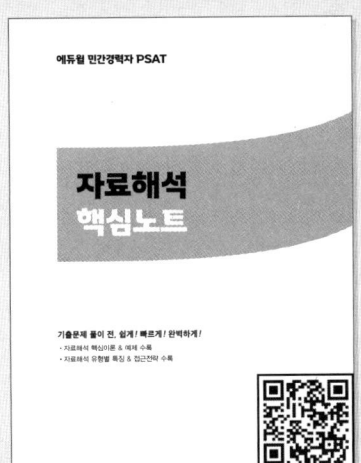

- **자료해석 핵심노트 PDF**
  - 자료해석 문제풀이를 위한 핵심이론과 유형별 특징 수록
  - 자료해석 핵심이론 & 예제 제시
  - 자료해석 유형별 특징 & 접근전략 수록
  ※ PDF 다운로드 방법: 에듀윌 도서몰(https://book.eduwill.net) ▶ 도서자료실 ▶ 부가학습자료에서 다운로드 또는 좌측 QR코드를 통해 바로 접속

기출 재구성 모의고사(PDF)

- **기출 재구성 모의고사 PDF**
  - 최종 마무리를 위한 PSAT 기출 재구성 모의고사 PDF 제공
  ※ PDF 다운로드 방법: 에듀윌 도서몰(https://book.eduwill.net) ▶ 도서자료실 ▶ 부가학습자료에서 다운로드 또는 좌측 QR코드를 통해 바로 접속

1초 합격예측! 모바일 성적분석표

- 모바일 OMR을 이용한 자동채점 & 성적분석표 확인
- 문제풀이 시간 자동 측정(시험 종료 시 자동 알림)
- 원점수, 백분위, 전체 평균, 상위 10% 평균을 확인하여 자신의 현재 위치 파악
- 영역별 정답률을 통해 취약점 파악
  ※ 사용 방법: 기출문제 상단의 QR 코드 스캔 or 바로가기 주소 입력 ▶ 에듀윌 로그인 ▶ 응시하기 ▶ 시작

이 책의 100% 활용법
METHOD OF USE

■ 1회독: 시간 내 문제풀이 & 취약유형 파악에 중점

1. 문제풀이	• [기출문제편] 맨 앞에 있는 QR 코드를 활용하여 문제풀이를 시작합니다. • **제한된 시간 안**에 문제를 풀이합니다. • 문제풀이 시간에는 OMR 마킹 시간까지 포함되어야 합니다.
↓	
2. 모바일 성적분석표 확인	• OMR 채점 결과는 **답안제출 버튼을 누른 즉시** 바로 확인할 수 있습니다. • OMR 채점 결과, 모바일 성적분석표가 발급되며, 경쟁자와 나의 위치를 확인할 수 있습니다.
↓	
3. 취약유형 파악	• **모바일 성적분석표의 영역별 정답률을 통해 나의 취약유형을 확인**합니다. 그리고 [분석해설편]의 취약영역 분석표에 헷갈려서 틀린 문제와 몰라서 틀린 문제를 표시합니다. • 헷갈려서 틀린 문제와 몰라서 틀린 문제를 다시 풀이합니다. 다시 풀이할 때에는 **왜 틀렸는지**에 집중하여 풀이합니다. • 필요한 경우 **기본서**로 돌아가 해당 유형 풀이 방법을 복습합니다.

■ 2회독: 시간 내 문제풀이 & 취약유형 보완에 중점

1. 문제풀이	• [기출문제편] 맨 앞에 있는 QR 코드를 활용하여 문제풀이를 시작합니다. • **제한된 시간 안**에 문제를 풀이합니다. • 문제풀이 시간에는 OMR 마킹 시간까지 포함되어야 합니다.
↓	
2. 모바일 성적분석표 확인	• OMR 채점 결과는 **답안제출 버튼을 누른 즉시** 바로 확인할 수 있습니다. • OMR 채점 결과, 모바일 성적분석표가 발급되며, 경쟁자와 나의 위치를 확인할 수 있습니다. • **1회독 점수와 2회독 점수를 비교**합니다.
↓	
3. 취약유형 보완	• **모바일 성적분석표의 영역별 정답률을 통해 나의 취약유형을 확인**합니다. 그리고 [분석해설편]의 취약영역 분석표에 헷갈려서 틀린 문제와 몰라서 틀린 문제를 표시합니다. • **1회독과 2회독에서 틀린 문제를 비교**합니다. • 1회독과 2회독에서 반복해서 틀린 문제의 유형은 반드시 **기본서**로 돌아가 해당 유형의 풀이 방법을 복습합니다.
↓	
4. 오답노트	• 2회독부터는 헷갈려서 틀린 문제와 몰라서 틀린 문제를 **오답노트**에 작성합니다. • 오답노트 작성 시, **틀린 이유**를 기재하고, **옳은 정답과 그 이유**, **문항 접근 전략**을 기재합니다.

■ 3회독: 취약유형 완벽 보완에 중점

1. 틀린 문제 선별적 풀이	• 문항별 제한 시간을 두고 **틀린 문제만 선별**하여 풀이합니다. • **문항별 풀이 시간은 2~3분**이 적절합니다.
↓	
2. 취약유형 점검	• 채점 후, 틀린 문제는 **왜 틀렸는지**에 집중하여 해설을 확인합니다. • 필요시 **기본서**로 돌아가 해당 유형의 풀이 방법을 복습합니다.
↓	
3. 오답노트	• 3회독 시 추가로 틀린 문제를 **오답노트**에 작성합니다. • 오답노트 작성 시, **틀린 이유**를 기재하고, **옳은 정답과 그 이유**, **문항 접근 전략**을 기재합니다. • **오답노트를 반복 학습**하고, 완전히 파악된 유형과 문제는 오답노트에서 과감히 삭제합니다.

PSAT 유형의 모든 것
PATTERN

영역	분류	유형	설명
언어논리	사실적 이해	유형 01. 정보 확인	지문과 선지 내용의 일치 여부를 확인하는 유형으로, 비교적 쉽게 출제되는 편이므로 단시간에 내용을 파악할 수 있어야 한다.
		유형 02. 중심 내용 파악	지문의 주제를 파악하는 유형으로, 글의 내용을 종합적으로 이해하고 글 전체를 포괄하는 핵심 내용을 찾아야 한다.
		유형 03. 논리 게임	제시된 조건을 바탕으로 참·거짓을 판별하는 유형으로, 여러 명제를 도식화하고 해당 명제의 역, 이, 대우를 도출해 조건들 간의 관계를 파악할 수 있어야 한다.
	비판적 사고	유형 04. 논리적 결론의 전제·원인 찾기	지문에 제시되지 않은 전제나 원인을 추론하는 유형으로, 지문의 전반적인 흐름을 파악하여 결론을 도출하기 위해 추가해야 할 전제를 찾아야 한다.
		유형 05. 유사한 내용·사례 찾기	지문에 등장하는 특정 내용의 의미를 묻거나 구체적인 사례를 찾는 유형으로, 해당 내용의 앞뒤 맥락을 바탕으로 선지의 내용이 조건에 충족되는지 판단해야 한다.
		유형 06. 빈칸 채우기	빈칸에 들어갈 말을 찾는 문제 유형으로, 지문의 논리적 흐름을 이해하고 빈칸 앞뒤 문장을 연결할 수 있는 선지를 찾아야 한다.
		유형 07. 논지 강화·약화하기	지문의 논지를 강화하거나 약화하는 선지를 찾는 유형으로, 글의 논지를 정확하게 파악하여 이를 지지하는 견해인지 반박하는 견해인지를 판별해야 한다.
		유형 08. 지문에서 추론하기	지문의 논리 흐름에 따라 추론할 수 있는 내용을 고르는 유형으로, 논리적 비약 없이 지문의 내용을 바탕으로 타당하게 추론한 내용을 찾아야 한다.
		유형 09. 판단하기	지문의 내용에 대한 평가나 비판, 분석으로 적절한 것을 고르는 유형으로, 제시된 평가 기준이나 비판의 관점을 파악하고 이에 따라 적절히 서술하고 있는지 판단해야 한다.
상황판단	제시문형	유형 01. 정보확인	다양한 제시문을 바탕으로 해당 내용의 옳고 그름을 판단하는 문제 유형이다. 글을 정확하고 빠르게 읽는 독해 능력이 필수적으로 요구된다.
		유형 02. 분석추론	제시문에서 주어진 조건, 정보 등을 분석하고, 이를 특정한 상황에 적용함으로써 발생하는 결과나 문제점을 추론하는 문제 유형이다.
	법조문형	유형 03. 규정확인	주어진 규정이나 법조문의 내용을 올바르게 해석하고 판단할 수 있는지를 묻는 유형이다.
		유형 04. 규정적용	주어진 규정이나 법조문의 내용을 올바르게 해석한 후 다양한 사례와 상황에 적용하고, 비교할 수 있는지를 묻는 유형이다. 예외로 규정하거나 조건으로 제시되는 내용들을 놓치지 않고 파악해야 한다.
	연산 추론형	유형 05. 수리계산	주어진 수식, 공식을 통해 점수, 금액 등을 산출하거나 주어진 조건, 상황에서의 확률, 결괏값을 구하는 문제 유형이다.
		유형 06. 대입비교	주어진 지침, 규칙 등을 활용하여 값을 도출하고 그 값을 비교·대입하거나 추론하는 유형으로, 값을 계산한 후에 추가 과정을 통해 정답을 찾아야 하므로 정확한 수치를 구해야 한다.
	퍼즐형	유형 07. 논리퀴즈	일부분만 제시된 규칙, 조건들을 종합적·논리적으로 짜맞추어 부합하는 상황, 결과를 도출해 내는 유형이다.
		유형 08. 수리퀴즈	불확실한 규칙, 조건들을 통해 경우의 수를 따지는 과정에서 산술적인 계산이나 응용이 요구되는 유형이다.
		유형 09. 게임·규칙	경기, 투표, 대회, 퍼즐, 토너먼트의 규칙, 결정 기준 등이 제시되고, 이를 이용하여 결과를 추론하는 유형이다.
		유형 10. 최댓값·최솟값 도출	여러 예외, 제약 조건을 이용하여 특정 목적을 달성하기 위한 최댓값, 최솟값을 도출하는 유형이다.
자료해석	자료 읽기	유형 01. 표/그림/빈칸 제시형	〈표〉, 〈그림〉, 빈칸이 1개 혹은 그 이상으로 복합적으로 제시되어 이를 정확하게 분석하여 문제를 해결할 수 있는 능력을 파악하는 유형이다. 〈표〉나 〈그림〉의 수치의 크기를 비교하거나 증감방향 등을 묻는 문제가 출제된다.
	자료 읽기/ 추론	유형 02. 계산형	〈표〉나 〈그림〉 아래 별도의 계산식을 함께 제시하여 이를 이용하거나 응용하여 수치를 파악하는 유형이다. 연도별 수치의 변화를 분석하거나 대상 간의 수치 비교를 묻는 문제가 출제된다.
		유형 03. 매칭형	제시된 〈조건〉을 통해 자료의 내용을 분석하여 이에 알맞은 항목끼리 짝을 이룬 것을 찾는 유형이다. 제시된 〈조건〉을 모두 파악하지 않고 일부만 파악해도 선지에 제시된 항목의 짝을 찾을 수 있으므로 제시된 〈조건〉에서 먼저 파악 가능한 내용을 찾는 것이 관건이다.
	자료 추론	유형 04. 추가로 필요한 자료 찾기	일반적으로 〈표〉, 〈그림〉 등과 함께 〈보고서〉가 제시되고, 〈보고서〉의 내용 중 제시된 〈표〉나 〈그림〉 이외에 〈보고서〉의 내용을 파악하기 위해 추가로 필요한 자료를 찾는 유형이다.
	자료 변환응용	유형 05. 표/그림 전환형	〈표〉나 〈그림〉 형식의 자료를 제시하고, 이를 다른 유형인 〈표〉나 〈그림〉으로 전환하여 나타냈는지를 파악하는 유형이다. 단순하게 〈표〉나 〈그림〉의 수치를 형식적으로 달리 표현하거나 기존에 제시된 자료를 응용하여 수치를 별도로 계산하여 전환하는 것으로 출제된다.
		유형 06. 자료/보고서 전환형	일반적으로 〈보고서〉가 제시되고 이를 작성하기 위해 사용한 〈표〉나 〈그림〉을 찾거나, 〈표〉나 〈그림〉을 제시하고 이를 〈보고서〉로 작성한 내용의 옳고 그름을 판단하는 유형이다.

PSAT 기출분석의 모든 것
ANALYSIS

언어논리

■ 7급/민간경력자 PSAT(2025~2022) 출제비중

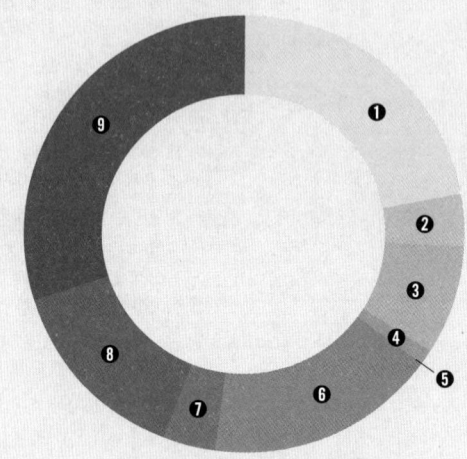

❶ 유형 01. 사실적 이해(정보 확인) — 출제 비중 22%
❷ 유형 02. 사실적 이해(중심 내용 파악) — 출제 비중 4%
❸ 유형 03. 사실적 이해(논리 게임) — 출제 비중 8%
❹ 유형 04. 비판적 사고(논리적 결론의 전제·원인 찾기) — 출제 비중 1%
❺ 유형 05. 비판적 사고(유사한 내용·사례 찾기) — 출제 비중 0%
❻ 유형 06. 비판적 사고(빈칸 채우기) — 출제 비중 17%
❼ 유형 07. 비판적 사고(논지 강화·약화하기) — 출제 비중 4%
❽ 유형 08. 비판적 사고(지문에서 추론하기) — 출제 비중 14%
❾ 유형 09. 비판적 사고(판단하기) — 출제 비중 30%

기출분석 & 접근전략

- 유형 면에서 정보 확인 유형은 22%가 출제되었다. 지문의 세부 내용을 그대로 가져와 쉽게 진위를 판별할 수 있는 문항, 상호관계가 있는 용어들의 순서를 교묘하게 바꿔 오답을 구성한 문항들이 있는데, 난이도는 전반적으로 중하에 해당한다. 또한 빈칸 채우기 유형이 4~5문항 정도 꾸준히 출제되고 있는데, 글 전체의 중심 내용이나 논리적 결론을 도출하는 유형뿐만 아니라 추가해야 할 전제, 뒷받침할 수 있는 근거를 찾는 유형 등 최근에 다양한 형태로 출제되고 있다. 논리 게임 유형은 2~3문항 정도 고정적으로 출제되고 있으며, 처음 접했을 때는 난이도가 상당해 보일 수 있지만 기본적인 논리 풀이 과정에 익숙하다면 쉽게 풀 수 있을 것이다. 지문에서 추론하기 유형은 3문항 정도씩 출제되고 있는데, 정보 확인 유형과 유사해 보이지만 지문을 바탕으로 추론할 수 있는 내용을 고르는 문제로 난이도는 중에 해당한다. 판단하기 유형은 문항 후반부에 포진해 있는데, 지문은 판단하기 유형으로 보이지만 문제풀이 과정에서 논지 강화·약화하기, 지문에서 추론하기, 논리적 결론의 전제·원인 찾기 등의 유형이 복합적으로 적용되는 문항이 많아서 난이도가 중상에 해당한다.
- 정보 확인의 유형은 세부 내용을 꼼꼼하게 독해하고 문단별 중심 내용과 핵심 용어들 간의 관계를 빠른 시간 내에 파악하는 훈련이 필요하다. 시간 절약의 핵심은 출제 비중이 높은 정보 확인 유형을 얼마나 빠르게 풀이하느냐에 있다. 논리 게임 유형은 제시된 명제들을 도식화해서 상관관계를 파악하는 것이 우선이다. 따라서 지문에 제시된 문장들을 표나 그림으로 시각화하여 전체 구조를 파악하는 연습이 필요하다. 판단하기 유형은 지문에서부터 방향을 잘 잡고 지문의 논리적 구조를 파악한 후 선지 및 〈보기〉와의 연관성을 잘 판단해야 시간 소모를 줄이면서 정확하게 문제를 풀 수 있을 것이다.

기출분석과 유형분석 기반으로
전략적으로 학습의 방향을 설정할 수 있습니다

상황판단

■ 7급/민간경력자 PSAT(2025~2022) 출제비중

❶ 제시문형   출제 비중 14%
❷ 법조문형   출제 비중 24%
❸ 연산추론형   출제 비중 30%
❹ 퍼즐형   출제 비중 32%

기출분석 & 접근전략

- 상황판단 영역에서는 시행 초기 제시문형의 출제 비중이 40%가 넘는 경우가 있을 정도로 큰 비중을 차지했는데 점점 네 유형의 편차가 줄어드는 경향이 나타나고 있다. 특히 2022년에는 전년에 비해 법조문형의 출제 비중이 줄면서 그 이후 각 유형이 비교적 고른 분포를 보이는 경향이 확연해졌다. 실제 공직 사회에서 벌어질 만한 상황들을 빠르고 정확하게 판단해야 하는 문항과 문제해결능력을 확인하는 문항이 제시되는 흐름은 앞으로도 지속될 것으로 예상되는데, 이는 문항의 난이도를 통해 변별력을 주기보다는 상황을 빠르고 정확하게 판단하는 것이 실제 직무능력에 중요하기 때문이라고 파악된다. 제시된 글의 내용을 빠르고 정확하게 판단하고 선지의 내용과 비교하여 정오를 판별할 수 있는 훈련이 요구되며, 다양한 문제 해결 방법을 연습해 난도 높은 문제에 대비할 필요가 있다.
- 유형별 접근전략을 살펴보면, 제시문형은 글을 읽으며 내용을 빠르고 정확하게 파악하는 것이 중요하다. 제시된 글을 먼저 읽다 보면 중간에 내용 흐름을 놓치거나 어떤 내용들이 제시될 것인지 예상하며 읽기가 어렵다. 따라서 선지를 먼저 확인해 지문에서 파악해야 할 요소를 눈에 익힌 뒤 글을 읽는 것이 내용을 파악하는 데 용이하다. 법조문형은 다양한 조건과 예외 사항들에 따라 구체적 해석이나 상황 적용 방법이 달라지는 것에 유의하며 문항을 해결해야 한다. 연산추론형은 전문적인 수학적 지식이 요구되는 것이 아니기 때문에 계산에서의 사소한 실수를 줄이기 위한 노력이 필요하고, 문항에서 묻고 있는 유형에 따라 선지의 내용을 거꾸로 대입하며 선지의 옳고 그름을 판단하는 것이 시간을 효율적으로 사용하는 방법이 될 수 있다. 퍼즐형은 규칙이나 논리적인 사고의 기본적인 내용들을 제시해 주기 때문에, 해당 내용을 바탕으로 문항을 풀어나가면 어렵지 않게 해결할 수 있는 경우가 많다.

자료해석

■ 7급/민간경력자 PSAT(2025~2022) 출제비중

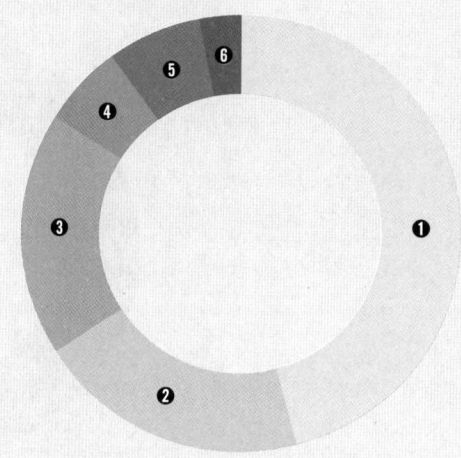

- ❶ 유형 01. 자료 읽기(표/그림/빈칸 제시형)   출제 비중 46%
- ❷ 유형 02. 자료 읽기/추론(계산형)   출제 비중 20%
- ❸ 유형 03. 자료 읽기/추론(매칭형)   출제 비중 18%
- ❹ 유형 04. 자료 추론(추가로 필요한 자료 찾기)   출제 비중 6%
- ❺ 유형 05. 자료 변환응용(표/그림 전환형)   출제 비중 7%
- ❻ 유형 06. 자료 변환응용(자료/보고서 전환형)   출제 비중 3%

기출분석 & 접근전략

- 표/그림/빈칸 제시형인 자료 읽기 유형이 46% 정도 출제되어 가장 큰 비중을 차지하고 있으며, 뒤를 이어 자료 읽기/추론 계산형과 자료 읽기/추론 매칭형 문제의 출제비중이 약 20% 정도, 추가로 필요한 자료 찾기, 표/그림 전환형, 자료/보고서 전환형 문제가 약 5~6% 정도로 꾸준히 출제되고 있다.
- 매년 출제 경향은 조금씩 다를 수 있으나 답을 찾아가는 과정은 동일하다. 자료해석 영역을 공부할 때 계산기로 문제를 풀듯 정석적으로 계산을 하는 것보다는 유사한 수치로 어림잡아 계산하거나 곱하고, 나누는 수의 비교를 통해 대소관계를 파악하는 연습이 반드시 필요하다.
- 계산형 문항은 복잡한 식들이 여러 개 제시되고, 해당 식들을 이용하여 여러 번의 계산을 거친 뒤 답을 도출해야 한다. 그러나 이렇게 정석적으로 풀이하지 않아도 미리 주어진 식들을 변형하여 최종 답을 구하기 위한 식을 도출해 낼 수 있다면 문제를 빠르게 해결할 수 있다. 무작정 주어진 값을 식에 대입하지 말고, 각 식들의 연관성을 파악하고 식을 변형한 뒤, 대입해야 하는 수들의 대소에 따라 최종적으로 구하고자 하는 값의 대소가 어떻게 변화하는지 파악한 다음 문제풀이를 시작해야 한다. 또한 시험에 출제된 <보고서> 형태의 매칭형 문제는 읽어내야 할 지문이 길다는 압박이 있으나 실제로 문제풀이를 하기 위해서는 일부 문장만이 필요한 경우가 많다. 문제를 풀기 위해 읽어야 할 문장을 먼저 파악하고, 그중 계산이 간단한 문장부터 읽어내는 연습이 필요하다.

이 책의 차례
CONTENTS

무료 합격팩
- OMR 카드
- 빠르게 확인하는 정답

- 교재에 들어가며 — 5
- PSAT의 모든 것 — 6
- 이 책의 구성 — 8
- 이 책의 100% 활용법 — 12
- PSAT 유형의 모든 것 — 13
- PSAT 기출분석의 모든 것 — 14

PART 01 7급/민간경력자 PSAT 최신 기출문제

		기출문제편	분석해설편
2025	언어논리	22	12
	상황판단	34	26
	자료해석	44	39
2024	언어논리	60	60
	상황판단	73	74
	자료해석	85	86
2023	언어논리	102	106
	상황판단	115	121
	자료해석	126	134
2022	언어논리	142	152
	상황판단	155	167
	자료해석	167	180

PART 02 7급 PSAT 기출문제

		기출문제편	분석해설편
2021	언어논리	186	202
	자료해석	200	217
	상황판단	214	236
모의평가	언어논리	228	252
	자료해석	241	266
	상황판단	256	284

PART 03 민간경력자 PSAT 기출문제

		기출문제편	분석해설편
2021	언어논리	272	304
	자료해석	285	319
	상황판단	300	335
2020	언어논리	312	350
	자료해석	324	363
	상황판단	339	382
2019	언어논리	352	398
	자료해석	364	413
	상황판단	378	430
2018	언어논리	392	446
	자료해석	404	459
	상황판단	418	474

PART 01

7급/민간경력자 PSAT
최신 기출문제

2025년 기출문제	21
2024년 기출문제	59
2023년 기출문제	101
2022년 기출문제	141

시험 시간표

시험시간		진행단계 및 시험과목	진행방식
~12:50		시험실 입실	• 오후 12시 50분까지 시험실에 입실한다. ※ 시험실은 12시 이후 개방된다. • 지정된 좌석에 앉아 시험 감독관의 지시에 따른다.
12:50~13:29	39분	응시자 교육 및 문제책 배부	• 시험시간, 답안지 작성요령 등의 시험 관련 유의사항이 안내 방송되므로 주의 깊게 청취한다. • 신분증, 컴퓨터용 사인펜, 수정테이프, 필기도구를 제외한 소지품을 가방에 넣고, 가방을 교실 앞에 둔다. • 답안지를 받으면 상단에 인쇄된 성명, 응시번호, 생년월일이 응시자 본인정보와 일치하는지 확인하며, 인쇄되지 않은 답안지를 교부받은 경우라면 본인의 응시표를 확인 후 직접 기재한다. • 감독관 지시에 따라 문제책 앞면에 인쇄된 책형을 확인한 후, 답안지 책형란에 해당 책형을 표기한다. ※ 시험 시작 전 시험지에 손을 대거나 답안을 작성하면 부정행위로 간주될 수 있다.
1교시 13:30~15:30	120분	언어논리 영역, 상황판단 영역	시험이 시작되면 문제책 편철과 문제책의 과목명이 답안지와 일치하는지 여부, 문제 누락·파손 등 문제책 인쇄상태를 확인한다. ※ 1교시에는 2개 과목(언어논리 영역, 상황판단 영역)이 1개의 문제책으로 합본되어 같이 배부되며, 과목별 문제풀이 시간은 구분되지 않는다. ※ 시험 중 화장실 사용은 가능하다. 다만, 본인확인과 답안작성 등 시험 진행을 위해 화장실 사용 시간대 및 횟수를 제한한다. - 사용 시간: 1교시 13:50~15:20, 2교시 16:50~17:20 - 사용 횟수: 교시별 1회 - 단, 화장실 사용 시간대·횟수 외에 화장실 사용 시 재입실 불가
15:30~16:00	30분	휴식 및 입실	휴식한 후 오후 4시까지 입실하여 시험 감독관의 지시에 따른다.
16:00~16:30	30분	응시자 교육 및 문제책 배부	시험 관련 유의사항을 듣고, 소지품 검사 및 답안지 배부 등의 절차가 진행된다.
2교시 16:30~17:30	60분	자료해석 영역	시험이 시작되면 문제책 편철과 문제책의 과목명이 답안지와 일치하는지 여부, 문제 누락·파손 등 문제책 인쇄상태를 확인한다.

※ 시험 진행방식은 변경될 수 있으므로 시험 전 반드시 시행처의 응시자 주의사항을 확인하시기 바랍니다.

2025년 7월 19일 시행

2025년도 국가공무원 7급 공개경쟁채용 및 국가공무원 5급 및 7급 민간경력자 일괄채용 필기시험

응시번호		문제책형	
성 명		㉮ 책형	

【시험 과목】

제1영역	언어논리
제2영역	상황판단
제3영역	자료해석

※ 2022년 시험부터 1교시에는 언어논리 영역과 상황판단 영역이 동시에 치러지며, 2교시에는 자료해석 영역이 치러집니다.

<< 응시자 주의사항 >>

1. 시험시작 전에 시험문제를 열람하는 행위와 시험종료 후 답안지를 작성하는 행위는 공무원임용시험령 제51조에 의거 부정행위자로 처리됩니다.
2. 답안지 책형란의 책형표기는 시험시작 전 문제책 표지 앞면에 인쇄된 책형을 확인한 후 표기하시기 바랍니다.
3. 시험시작 즉시 과목편철 순서, 문제누락 여부, 인쇄상태 이상 유무 및 표지와 개별과목의 문제책형 일치여부 등을 확인한 후 문제책 표지에 응시번호, 성명을 기재합니다.
4. 시험이 시작되면 문제를 주의 깊게 읽은 후, 문항의 취지에 가장 적합한 하나의 정답만을 고르며, 문제내용에 관한 질문은 받지 않습니다.
5. 시험시간관리의 책임은 전적으로 수험생 본인에게 있습니다. 시험감독관의 시험종료 예고시간 고지 안내 및 시험실 내 비치된 시계가 있는 경우라도 시간이 정확하지 않을 수 있으니 본인의 시계로 반드시 확인하시기 바랍니다.

제1영역 언어논리

문 1. 다음 글에서 알 수 있는 것은?

신라 수도였던 경주에는 기원후 4세기 후반에서 5세기 초 사이에 조성된 고분이 많은데, 이곳에서 당시 서아시아 사산조 페르시아에서 유행하던 양식의 물건이 많이 나왔다. 실제로 황남대총에서는 길쭉한 금판에 터키석으로 장식한 팔찌가 나왔는데, 사산조 페르시아 귀족들이 쓰던 팔찌와 그 모양이 같다. 계림로 14호 고분에서도 손잡이에 석류석이 박혀 있고 칼집 입구에 길쭉한 직사각형의 장식물이 붙은 보검이 나왔다. 이 역시 사산조 페르시아에서 유행한 모양 그대로이다.

이런 유물이 신라 고분에서 나온 이유는 무엇일까? 혹자는 신라에 수많은 서아시아인이 살면서 사산조 페르시아산 물건을 팔았기 때문이라고 말한다. 하지만 4세기 후반과 5세기 초 사이에 서아시아인이 신라에 살았다는 증거는 없다. 당시 서아시아인이 신라에 오는 것은 사실상 불가능에 가까운 일이었다.

4세기 후반 신라의 왕은 내물마립간이었다. 그는 고구려와 가깝게 지내면서 군사·외교적으로 큰 도움을 받았는데, 377년에 고구려 소수림왕의 허락을 받아 사신을 고구려 영토를 거쳐 전진에 보내는 데 성공했다. 이때 신라 사신은 전진의 황제 부견을 알현해 내물마립간의 친서를 전달했다. 부견은 370년에 중국 화북 지역을 장악한 뒤 곧바로 서쪽으로 진출해 서역의 여러 나라를 정복했으며, 실크로드를 통해 사산조 페르시아와 교류했다. 그 영향으로 신라 사신이 방문하기 얼마 전부터 전진에는 무려 만여 명에 달하는 사산조 페르시아 사람이 들어와 살기 시작했다. 내물마립간이 보낸 사신은 이들로부터 사산조 페르시아에서 유행하던 양식을 갖춘 보검과 팔찌를 사들여왔으며, 이 물건들이 황남대총과 계림로 14호 고분에 부장되었다가 오늘날에 이르러 발굴된 것이다.

① 전진의 황제 부견은 신라의 왕 내물마립간이 보낸 사신을 만난 일이 있다.
② 경주에 소재한 계림로 14호 고분에서 터키석으로 장식된 팔찌가 출토되었다.
③ 사산조 페르시아는 전진과 함께 서역의 여러 나라를 정복하고 실크로드를 개척했다.
④ 고구려 소수림왕은 신라의 요청을 받아들여 전진에 사신을 보내 서아시아 지역에서 제작된 보검을 구해 주었다.
⑤ 신라 사신은 부견의 도움으로 서아시아산 물건을 구해달라는 내용의 친서를 사산조 페르시아에 보낼 수 있었다.

문 2. 다음 글의 내용과 부합하는 것은?

우리 역사상 최초의 국가인 고조선이 성장할 무렵 한반도 중·북부와 만주 곳곳에 '예족'이라는 종족이 살았으며, 그 가운데 오늘날의 함경도 일대에 있던 집단들을 통칭해 동예라고 부른다. 이들은 기원전 2세기 무렵 고조선에 복속되었는데, 고조선은 동예가 중국의 한(漢)과 직접 교역하지 못하게 막고 무역 이권을 독점했다. 이에 분노한 한 무제는 기원전 108년 고조선을 멸한 뒤 낙랑군을 비롯한 몇 개의 군현을 설치했다. 이때 한 무제는 동예가 있는 곳에 임둔군을 설치하고 그 아래에 여러 개의 현을 두었다. 그러나 한은 임둔군을 유지하는 데 너무 큰 비용이 든다고 여겨 기원전 82년 임둔군을 없앤 뒤 그에 속한 현들을 낙랑군에 넘겨 관리하게 했다. 하지만 낙랑군도 동예가 너무 험준한 곳에 있어서 관리를 보내기 어렵다고 판단했다. 이에 그곳에서 가장 강한 불내라는 집단의 우두머리에게 '불내후'라는 직위를 주어 동예의 모든 집단을 관리하게 하고, 불내후가 있는 곳에 동부도위라는 기구를 두어 그 동향을 감시하는 데 그쳤다. 그런데 불내후도 동예의 모든 집단을 직접 지배할 정도로 세력이 크지 않았기 때문에 각 집단에 자치권을 주고 집단들 사이에 발생하는 분쟁을 중재하는 역할만 했다.

이후 낙랑군은 동부도위를 유지하는 데 큰 비용이 든다는 이유로 기원후 30년에 이를 없애고, 동예의 모든 집단으로부터 우호 세력으로 남겠다는 다짐을 받아낸 뒤 독립시켜 주었다. 그러나 이들은 그 약속을 지키지 않고 불내후를 중심으로 뭉쳐 낙랑군을 여러 차례 공격했다. 거듭된 공격에 시달리던 낙랑군은 기원후 245년 대대적으로 군사를 일으켜 동예를 공격했으며, 이때 불내를 비롯한 동예의 모든 집단이 낙랑군에 항복했다. 이로써 동예는 낙랑군의 직접 지배 아래에 들어가게 되었는데, 이후 낙랑군이 고구려에 의해 정복되어 사라지게 되면서 동예가 있던 곳도 고구려 땅이 되었다.

① 불내라는 집단이 있던 곳은 고구려에 의해 낙랑군이 멸망한 뒤 고구려 영토가 되었다.
② 불내후는 오늘날의 함경도 일대에 살던 예족을 직접 다스리기 위해 낙랑군을 두었다.
③ 고구려는 낙랑군을 정복한 뒤 그 지역을 다스리기 위해 동부도위라는 기구를 설치했다.
④ 고조선은 주변에 거주하는 예족의 여러 집단이 복속하자 그들을 다스리기 위해 임둔군을 설치했다.
⑤ 한 무제는 동예가 고조선과 한의 교역을 중간에서 막고 무역 이권을 독점하는 것에 분노해 동예를 정복했다.

문 3. 다음 글에서 추론할 수 있는 것은?

우리 사회에는 다양한 연령, 신체 조건, 인지능력, 언어능력 등을 지닌 사람들이 함께 살아가고 있다. '유니버설디자인'은 제품과 서비스 등을 디자인할 때 다양한 특성을 지닌 사람들을 모두 포용해야 한다는 관점에서 디자인하는 것이다. 이 용어를 처음 사용한 사람은 미국의 건축가인데, 휠체어를 이용하는 장애인인 그는 장애인을 위해 디자인된 제품이나 서비스가 오히려 그들을 사회에서 격리하거나 소외하는 것을 자주 목격했다. 이에 장애인을 위한 특별한 디자인보다는 모든 사람이 사용할 수 있는 디자인을 만들어야 한다고 생각하고 유니버설디자인을 주장한 것이다.

이와 동일한 관점이 유럽에서는 '인클루시브디자인' 또는 '모두를위한디자인'이라는 용어로 제시된다. 영국 표준연구소의 정의에 따르면, 인클루시브디자인은 디자인을 특화할 필요 없이 최대한 많은 사람들이 접근하고 사용할 수 있도록 제품과 서비스를 디자인하는 것을 의미한다. 용어만 다를 뿐, 고령자, 어린이, 장애인, 임산부, 외국인 등 모두가 사용할 수 있는 디자인을 추구함으로써 인간의 존엄성을 지키고 평등을 실현하려 한다는 점에서 유니버설디자인과 관점이 동일하다.

이러한 디자인 관점은 사용상 걸림돌이 되는 요소를 제거하는 데 초점을 맞추어 온 기존의 '배리어프리디자인'보다 발전된 문제의식을 보여준다. 배리어프리디자인도 고령자 등이 일상에서 겪는 어려움을 해결하는 데 큰 기여를 했지만, 배리어프리디자인이 적용된 제품을 사용하는 과정에서 신체적 특성이 부각되거나 차별감을 느낄 수 있기 때문이다. 휠체어 사용자를 위해 지하철역 계단에 설치된 리프트가 이에 해당한다. 유니버설디자인의 관점은, 배리어프리디자인처럼 사용자를 다르게 취급하는 디자인은 좋은 해결책이 아니라고 본다. 휠체어 사용자를 포함하여 모두가 이용할 수 있는 엘리베이터가 그렇지 않은 리프트보다 바람직한 디자인이라는 것이다.

그러나 하나의 디자인을 모든 사람들이 사용할 수 있도록 만드는 일은 현실적으로 대단히 어렵다. 따라서 배제되는 사람을 최소화할 수 있는 제품과 서비스를 디자인하는 것이 유니버설디자인의 현실적 목표라고 할 수 있다. 예컨대, 원형 손잡이가 아니라 손에 장애가 있거나 양손에 물건을 든 사람도 위에서 살짝 누르기만 하면 문을 열 수 있는 레버형 손잡이가 유니버설디자인이 추구하는 해결책이다.

① 배리어프리디자인을 적용한 제품은 모두 인클루시브디자인이 적용된 제품이다.
② 배리어프리디자인이 적용된 제품을 쓰는 장애인은 차별받는 기분을 느끼지 않는다.
③ 장애인 화장실 대신 장애인과 비장애인 모두가 사용할 수 있는 화장실을 설치하는 것은 유니버설디자인을 추구한 사례이다.
④ 휠체어 사용자를 위해 주출입구 계단과 떨어진 곳에 별도로 설치된 경사로는 인클루시브디자인이 적용된 사례이다.
⑤ 유니버설디자인의 관점은 모두를위한디자인의 관점보다 다양한 특성의 사람들을 더 많이 포용한다.

문 4. 다음 글의 핵심 논지로 가장 적절한 것은?

미술에 관심이 많지 않은 사람이라도 다빈치의「모나리자」나 미켈란젤로의「천지창조」와 같은 유명한 그림의 미적 가치가 형편없다는 말에 동의하지 않을 것이다. 우리는 이 그림 정도는 책이나 온라인상에서 이미 수십 번을 보았을 것이고, 그 과정에서 작품 자체가 지닌 미적 가치의 위대함을 이해한다고 생각한다. 그런데 과연 미술작품의 미적 가치를 우리가 스스로 이해한 것일까?

일부 사람을 제외하면 우리 기억에 있는「모나리자」나「천지창조」는 원본을 사실에 가깝게 찍은 사진 이미지에 불과하다. 실제 본 적도 없으면서 우리가「모나리자」나「천지창조」에 감동하는 이유는 실제 그 그림에 내재된 미적 가치를 스스로 알아차렸기 때문이 아니라, 미술 분야 전문가들이 해석하는 미적 가치에 대한 설명과 해설을 들어서 생긴 일종의 학습효과 때문이다. 이것은 원본을 본 경우에도 다르지 않다. 루브르박물관이나 시스티나성당에 가서「모나리자」와「천지창조」를 직접 보고 올 기회가 생겼다고 하자. 그림을 보는 순간 깊이 감동받아 가슴이 떨릴 수도 있지만, 그것 역시 위대하다고 알려진 미술작품을 직접 알현한 것에 대한 흥분이지 그 대상의 미적 가치에 대한 이해와는 무관하다.

이번에는「빌렌도르프의 비너스」나 이집트 기자에 있는 피라미드를 생각해 보자.「빌렌도르프의 비너스」는 원시시대 다산의 상징으로 만들어진 거칠고 투박한 여인상이다. 그런데 거기에 '비너스'라는 이름을 붙이고, 투박한 돌덩어리에 불과한 그것에 질박미라는 미적 가치를 부여한 것은 후대 사람들이다. 다산을 기원하는 모습이라는 해석 역시 후대의 것이다. 그럼 기자의 피라미드는 어떨까? 고대 이집트인들에게 피라미드는 미술작품이 아니라, 귀신이 돌아올 육신을 보존하는 거대한 돌무덤이었다. 그런데 피라미드에 고고학적 가치뿐만 아니라 그 조형성을 바탕으로 미적 가치를 부여한 것은 후대 미술가들이다. 우리는 후대 미술가들의 설명과 해설을 기반으로 미적 가치를 이해한 것이지, 미술작품의 미적 가치를 스스로 이해한 것은 아니다.

① 미술작품의 미적 가치가 위대한지 아닌지는 학습할 수 없다.
② 미술작품의 미적 가치는 다양하기 때문에 단일한 기준으로 평가할 수 없다.
③ 미술작품의 원본을 실제로 보아야 그 작품의 미적 가치를 스스로 이해할 수 있다.
④ 미술작품의 고고학적 가치를 이해하지 않고서는 미술작품의 미적 가치를 이해하지 못한다.
⑤ 미술작품의 미적 가치는 우리 스스로 이해한 것이 아니라 타인의 해석을 바탕으로 이해한 것이다.

문 5. 다음 글에서 알 수 있는 것은?

오픈사이언스는 디지털 기술을 활용하여 연구성과와 과정 및 그와 관련한 정보를 공개하는 일련의 활동을 총칭한다. 일찍이 오픈사이언스는 과학자들끼리 연구성과를 공개함으로써 상호 검증·발전시키는 연구문화 및 규범을 일컫는 개념이었으나, 디지털 기술의 발달로 성과 공개의 대상과 방식이 확장되면서 개방적인 연구 활동 전반을 일컫는 용어로 재개념화되었다.

연구성과 또는 과정의 개방은 최종 연구성과인 출판논문을 온라인상에 공개하는 오픈액세스라는 활동에서 시작되었다. 오픈액세스는 논문을 오프라인이 아닌 온라인에서 출판하는 활동으로 확장되었는데, 그 결과 기술적으로는 출판물의 생산과 이용에서 시공간적인 접근 제약을 줄이고, 경제적으로는 출판비용 부담의 감소를 통해 이용자의 접근 장벽을 낮췄다.

연구 과정 중 생산된 중간산출물을 공유하는 활동인 오픈데이터도 꾸준히 활성화되고 있다. 출판논문에는 포함되지 않은 연구데이터가 공개되기도 하고, 학술적 가치가 높은 일부 중간산출물은 출판논문과 별도로 연구자 사이에서 공유되기도 한다. 연구 완료 이후 이루어지는 최종 연구성과의 공개인 오픈액세스와 달리, 오픈데이터는 연구 과정의 개방화를 추동한다. 출판논문과 달리 중간산출물은 연구 과정 및 절차와 관련된 상세한 정보를 포함하기 때문이다.

오픈사이언스에 포함되는 활동의 하나로서 오픈콜라보레이션 또한 활성화되고 있다. 오픈콜라보레이션이란 연구의 최종 산출물과 중간산출물을 제외한 그 외의 정보들을 온라인 플랫폼을 통해 공유함으로써 연구자들끼리 협력하는 활동을 말한다. 연구자 프로필 웹서비스 이용이나 소셜미디어 활용 등이 이에 해당한다. 오픈콜라보레이션을 통해 연구자들의 활동 영역은 온라인 네트워크로 연결된 가상 공간으로 확장되고 있다.

① 오픈사이언스는 그 용어의 의미가 개방적인 연구 활동을 일컫던 것에서 연구문화 및 규범을 가리키는 것으로 재개념화되었다.
② 오픈데이터는 연구가 종료되기 전의 연구 과정에 관한 정보 및 그 과정에서 생산된 중간산출물의 공유를 촉진한다.
③ 오픈액세스는 연구자들이 오프라인 공간에서 소통하고 협력하기 위한 플랫폼을 제공하는 활동이다.
④ 오픈사이언스는 연구자 간 상호 검증이 가상 공간 바깥에서 이루어지도록 추동한다.
⑤ 오픈콜라보레이션은 연구 절차에 관한 정보 및 출판논문을 공유하는 연구 활동의 하나이다.

문 6. 다음 글에서 알 수 있는 것은?

1948년 정부 수립 직후에 전기업공업통제협회와 같은 기관이 출범하기도 했지만, 한국에서 전자기술의 산업화에 대한 관심이 싹트기 시작한 것은 한국전쟁이 정전된 1953년 무렵이다. 미군이 전쟁 중 가지고 들어온 라디오와 가전기기 등이 전자기술의 산업화에 대한 관심을 촉발했다. 그런데 전자기술의 하나인 반도체 기술은 1960년대에 외국 반도체 기업들을 통해 국내에 도입되기 시작했다. 따라서 이 시기를 한국 반도체 산업의 태동기라 부를 수 있다.

1960년에 한국은 외자도입의 양적 확대에 초점을 둔「외자도입촉진법」을 제정했다. 이 법을 통해 한국은 여러 나라와 국제기구로부터의 차관을 확대하여 경제 발전을 이루고자 했다. 1966년에는「외자도입법」을 제정하였는데, 이 법은 외자도입의 양적 확대를 지양하고 질적 선별을 강화함과 더불어 외국 기업의 투자에 대한 제한을 철폐함으로써, 외국의 선진기술을 받아들이는 것을 장려하였다. 외국 반도체 기업들이 국내 자본과의 합작 또는 직접 투자의 방식으로 한국에 진출하기 시작한 것이 이 법의 제정을 전후한 시기였다. 1965년에 미국의 코미사가 한국 자본과의 합작 투자로 한국 최초의 반도체 조립 업체인 고미전자산업을 설립했다. 당시 반도체 생산을 주도했던 국가는 미국과 일본이었는데, 이들 국가의 기업들은 기술집약적인 공정과 노동집약적인 조립 생산을 분리했다. 그리고 저임금으로 장시간 노동할 수 있는 인력이 풍부해 노동집약적 생산에 적합한 한국에 반도체 제품을 단순 조립할 회사를 연이어 설립했다.

① 외국 반도체 기업 가운데 코미사는 합작 투자가 아닌 방식으로 한국에 진출했다.
② 한국 최초의 반도체 조립 업체가 설립된 것은「외자도입촉진법」이 제정되기 이전이었다.
③ 전기업공업통제협회가 출범할 당시 한국에 반도체 기술은 아직 도입되지 않은 상태였다.
④「외자도입법」이 제정됨으로써 여러 국제기구가 한국의 경제 발전을 위한 차관을 양적으로 확대했다.
⑤ 한국전쟁 발발 이전부터 미군을 통해 유입된 라디오와 가전기기 등은 전자기술에 대한 관심을 촉발했다.

문 7. 다음 글의 ㉠~㉤을 문맥에 맞게 수정한 것으로 가장 적절한 것은?

'오다'는 ㉠화자의 위치를 기준으로 이동의 방향을 지시하는 것이 일반적이다. "창수가 나에게 오면 상세히 설명할게요."와 같은 표현이 그러하다. 그런데 '오다'가 화자의 위치가 아닌 청자의 위치로 이동할 때에 쓰이는 경우가 적지 않다. "창수가 당신에게 오면 잘 타일러 주세요."는 청자 중심의 표현이라고 할 수 있다.

그런데 '오다'가 ㉡화자 또는 청자의 위치와 무관하게 쓰이기도 한다. "여보, 창수가 회사에 오지 않았나 봐요."의 사례는 창수가 회사에 출근하지 않은 것을 어머니가 알고 나서 아버지에게 하는 발화이다. 여기에서 '오다'의 쓰임에 대해서 살펴보면, 창수의 이동 목적지인 회사는 화자나 청자의 위치와는 아무런 관련이 없다. 그런데도 이런 표현이 가능한 것은 '오다'가 반드시 대화 참여자의 실제 위치에 기초해서 발화되지 않을 수 있음을 보여준다. 여기서 '오다'는 대화 참여자의 실제 위치가 아닌 대화 참여자가 당연하다고 생각하는 규범적 위치, 곧 표준 위치를 기준으로 발화한 것이다. 출근해야 하는 창수에게 회사가 표준 위치라고 생각하는 것은 대화 참여자 누구에게나 충분히 가능한 일이다. 따라서 이때 '오다'는 ㉢이동체가 표준 위치인 회사를 향해서 이동하는 것을 나타낸다.

'오다'의 다른 예를 보자. "창희가 학교에 왔습니까?"는 어머니가 딸의 등교 여부를 알고 싶어서 담임 교사에게 전화로 한 발화이다. 여기에서 '오다'의 쓰임은 두 가지 관점에서 해석할 수 있다. 하나는 '학교'를 청자인 담임 교사가 있는 위치로 간주하고 청자 중심으로 이동했다고 보는 것이다. 다른 하나는 '학교'를 창희가 이동 목표로 삼는 표준 위치로 간주하고 표준 위치로 이동했다고 보는 것이다. 그런데 이 같은 발화는 담임 교사가 학교가 아닌 다른 곳, 예컨대 퇴근 후 집에 있을 때에도 사용할 수 있다. 따라서 여기에서 '오다'는 ㉣뒤의 해석보다는 앞의 해석으로 보는 것이 설득력이 있다.

또 다른 예를 보자. "집에 빨리 오너라."는 어머니가 집에 있으면서 외출 중인 딸에게 한 발화이다. 그런데 모녀가 시내에 함께 나왔다가 딸은 남고 어머니만 먼저 집에 들어가야 하는 상황을 가정해 보자. 이 경우에도 어머니가 딸에게 똑같이 말한다면 이는 ㉤화자의 도착 예정지를 기준으로 '오다'를 사용하고 있는 것이다.

① ㉠을 '화자의 위치에서 청자의 위치로의 이동을 지시하는'으로 수정한다.
② ㉡을 '화자의 위치와 관련이 있어야 하는 반면 청자의 위치와 무관하게'로 수정한다.
③ ㉢을 '이동체가 표준 위치인 회사에서 벗어나 이동하는'으로 수정한다.
④ ㉣을 '앞의 해석보다는 뒤의 해석으로 보는'으로 수정한다.
⑤ ㉤을 '화자가 현재 위치한 장소를 기준으로'로 수정한다.

문 8. 다음 글의 (가)와 (나)에 들어갈 말을 적절하게 나열한 것은?

중국계 미국인 경제학자 첸은 언어가 인간의 사고와 행동에 어떻게 영향을 미치는가에 대해 관심을 가졌다. 그는 영어와 중국어의 친족 호칭의 차이점에 주목했다. 영어에서는 조부모의 바로 아래 세대 사람들 중 아버지를 제외한 남성 친족을 모두 '엉클'이라 부르지만, 중국어에서는 이 남성이 모계인지 부계인지, 혈연관계인지 결혼을 통해 맺어진 관계인지, 나의 부모보다 나이가 많은지 적은지가 구분되어 호칭에 드러난다. 예를 들어, 한국어의 큰아버지에 해당하는 중국어 '백부'라는 호칭을 사용할 때는 (가) 사실을 항상 무의식적으로 기억하게 된다. 이로부터 첸은 언어가 단순한 의사소통의 수단이 아니고 개인이 세상을 인식하는 방식을 재창조하고 편집하는 것이라고 생각하게 되었다.

이러한 생각에서 첸은 언어가 다르면 경제적 사고나 행동에서도 차이를 보일 것이라는 가설을 세웠다. 이 가설을 검증하기 위해 그가 살펴보고자 한 것은 시간에 관한 언어 표현의 차이였다. 미래 시제가 확실히 존재하는 언어권 사람들은 언어가 지배하는 무의식의 영역에서 미래를 현재와 동떨어진 것으로 인식할 것이고, 미래 시제가 현재 시제와 차이가 없는 언어권 사람들은 미래가 이미 현재와 다름없이 다가와 있다고 인식할 것이라고 생각한 첸은 76개국을 조사하여 흥미로운 사실을 발견하였다. '미래 시제가 엄격하게 구분되는' 언어와 '문법상 현재와 미래에 차이가 없는' 언어를 비교했을 때, 두 언어의 모국어 사용자 집단 사이에 저축률이 현격한 차이가 있었던 것이다. 영어, 그리스어 등과 같은 전자의 언어를 모국어로 쓰는 사람들은 저축률이 낮고, 중국어, 핀란드어 등 후자의 언어를 모국어로 쓰는 사람들은 저축률이 높았다. 사람들이 (나) 는 점을 확인한 것이다. 이를 통해 첸은 언어가 저축과 같은 경제적 의사결정에도 영향을 미친다고 주장했다.

① (가): 그가 나의 부계 남성 혈족이며 내 아버지보다 나이가 많다는
  (나): 미래를 예측하기 쉬우면 저축을 적게 하고, 미래를 예측하기 어려우면 저축을 많이 한다

② (가): 그가 나의 부계 남성 혈족이며 내 아버지보다 나이가 많다는
  (나): 미래를 현재와 동떨어진 것으로 여기면 저축을 적게 하고, 미래를 곧 다가올 현재라고 여기면 저축을 많이 한다

③ (가): 그와 내가 혈연으로 묶인 한 가족의 일원이라는
  (나): 미래를 예측하기 쉬우면 저축을 적게 하고, 미래를 예측하기 어려우면 저축을 많이 한다

④ (가): 그가 나의 조부모의 바로 아래 세대 남성 혈족이라는
  (나): 미래를 현재와 동떨어진 것으로 여기면 저축을 적게 하고, 미래를 곧 다가올 현재라고 여기면 저축을 많이 한다

⑤ (가): 그가 나의 조부모의 바로 아래 세대 남성 혈족이라는
  (나): 미래를 예측하기 쉬우면 저축을 적게 하고, 미래를 예측하기 어려우면 저축을 많이 한다

문 9. 다음 대화의 ㉠으로 적절한 것만을 <보기>에서 모두 고르면?

갑: 최근 우리 A시 행정복지센터에서 악성 민원을 견디다 못해 휴직한 직원이 3명이나 됩니다. 악성 민원에 대처하는 방법이라든가 악성 민원을 줄이는 방법이 있을까요?

을: 우리 행정복지센터에는 악성 민원 대응 매뉴얼이 마련되어 있지 않습니다. B시의 모든 공공 기관에서는 악성 민원 대응 매뉴얼대로 악성 민원에 대처하고 있는데, B시는 악성 민원 대응 매뉴얼 도입 이후 담당 직원들의 민원 스트레스가 현저히 감소했다고 합니다. 우리 센터도 악성 민원 대응 매뉴얼을 마련해서, 악성 민원으로 인한 직원들의 민원 스트레스를 줄여야 합니다.

병: 같은 내용의 민원을 반복적으로 제기하는 악성 민원에 대해 담당 직원에게 종결권을 부여하는 것도 좋은 방법입니다. 이 제도를 도입한 기관 직원들의 업무 만족도가 도입 이전보다 높아졌다고 합니다. C시 행정복지센터에도 악성 민원 종결권 제도를 도입하려고 몇 달 전부터 논의 중입니다. 우리 센터도 악성 민원 종결권 제도를 도입해서 직원들의 민원 업무 만족도를 높여야 합니다.

정: 같은 내용의 민원이라도 민원인이 욕설과 폭언을 하지 않도록 사전에 차단해야 합니다. 최근 D시의 모든 행정복지센터에서는 민원 응대 시 캠코더로 녹화되고 있음을 고지하는 정책을 시행하고 있습니다. D시에서는 이 정책 도입 이후 욕설과 폭언을 하는 민원인이 확실히 줄었다고 합니다. 우리 센터도 캠코더 사용 고지 정책을 도입해야 합니다.

갑: 의견 감사합니다. 오늘 제안된 방법의 효성 검증에 ㉠필요한 자료를 조사해 주십시오. 이를 바탕으로 일주일 뒤에 심층 논의를 진행하겠습니다.

<보기>
ㄱ. B시 공공 기관의 악성 민원 대응 매뉴얼 도입 후 담당 직원들의 민원 스트레스 감소 정도
ㄴ. A시와 C시의 행정복지센터 직원들의 민원 업무 만족도 차이
ㄷ. D시의 행정복지센터의 캠코더 사용 고지 정책 도입 후 욕설과 폭언을 하는 민원인의 감소 정도

① ㄱ
② ㄴ
③ ㄱ, ㄷ
④ ㄴ, ㄷ
⑤ ㄱ, ㄴ, ㄷ

문 10. 다음 글의 ㉠~㉥에 대한 설명으로 적절한 것은?

○○청은 개인정보가 포함된 온라인 게시물의 삭제를 도와주는 '디지털 지우개' 서비스를 시작하였다. 이 서비스의 취지는 미성년 시절에 개인정보를 노출하였거나 타인이 무단으로 올린 게시물에 개인정보가 노출된 국민을 구제하기 위함이다.

이 서비스를 이용하려면 먼저 신청인이 ○○청 누리집에서 서비스를 신청해야 한다. 신청이 완료되면 ○○청은 신청 내용을 확인하는데, 이 단계에서 삭제 요청 대상 게시물에 신청인의 개인정보가 포함된 것인지를 판단한다. 포함된 것이 인정되면 ○○청은 해당 게시물을 관리하는 기관에 해당 게시물의 삭제를 요청한다.

게시물 삭제를 요청 받은 기관은 해당 게시물을 삭제하고 ○○청에 처리 결과를 알려야 한다. 그 뒤 ○○청은 해당 게시물이 삭제되었는지 검토하는데, 이 단계에서 해당 기관의 조치가 미흡한 경우 ○○청은 해당 기관에 삭제를 재요청한다. 게시물이 완전히 삭제된 것을 최종 확인하면 ○○청은 신청인에게 결과를 통보한다. 디지털 지우개 서비스의 진행 과정은 다음과 같다.

① 신청 내용 확인 단계에서 ㉠은 ㉡에게 신청인의 개인정보가 게시물에 포함되었는지 확인을 요청할 수 있다.
② ㉠과 ㉢은 다른 주체이다.
③ 검토 단계에서 게시물 삭제 조치가 미흡한 것으로 판단되면 ㉣로 돌아간다.
④ 삭제 요청 대상 게시물에 신청인의 개인정보가 포함된 것이 인정되면 ㉤을 수행한다.
⑤ ㉥은 신청인에게 삭제 완료 사실을 통보하는 단계이다.

문 11. 다음 글에서 알 수 없는 것은?

왜 지구에서 만들 인공태양은 태양보다 더 높은 온도를 갖는 상태를 유지해야 할까? 핵융합 반응은 플라스마의 밀도와 온도를 곱한 값이 일정 수준에 도달했을 때 발생한다. 플라스마 덩어리인 태양의 중심부 온도는 약 1,500만°C이지만, 태양은 큰 질량과 그에 따른 중력에 의해 내부의 플라스마 밀도가 높아서 핵융합 반응이 일어날 수 있다. 하지만 질량이 훨씬 작은 지구에서 태양과 유사한 밀도의 플라스마를 구현하기란 불가능하다. 따라서 플라스마의 온도를 태양보다 훨씬 더 높게, 즉 1억°C가 넘게 만들어야 지구에서도 태양에서와 같은 핵융합 반응이 일어나게 할 수 있다. 이를 위해 과학자들은 다양한 플라스마 가열 방식을 사용한다.

플라스마를 가열하는 방식 중에는 공명 가열과 중성 입자 빔 주입이 있다. 공명 가열은 플라스마 내에 있는 이온과 전자 중 무엇을 가열하는지에 따라 이온 공명 가열과 전자 공명 가열로 나뉜다. 외부에서 가하는 힘의 주파수가 힘이 가해진 이온이나 전자가 가진 고유 주파수와 같으면 공명이 일어난다. 공명이 일어나면 이온이나 전자는 원래보다 더 큰 진폭으로 진동을 하면서 해당 이온이나 전자를 가지고 있는 물질의 온도가 올라가게 된다. 이와 같이 공명을 일으키기 위해, 이온 공명 가열의 경우에는 수십 메가헤르츠 대역의 주파수를, 전자 공명 가열의 경우에는 수만~수십만 메가헤르츠 대역의 주파수를 사용한다.

중성 입자 빔 주입은 외부에서 가속된 고에너지의 중성 입자를 플라스마 속으로 투입하여 플라스마를 가열하는 방식이다. 투입된 중성 입자는 플라스마 내의 이온과 충돌을 일으켜 에너지를 전달하고 온도를 높인다. 중성 입자 빔 주입 방식과 공명 가열 방식을 사용하는 우리나라의 핵융합 연구 장치 케이스타는 1억°C에서 48초간 플라스마를 유지하는 실험에 성공하였다.

① 케이스타는 고온의 플라스마를 얻기 위해 공명 가열 방식을 사용하고 있다.
② 핵융합 장치에서 공명을 일으킬 때 전자의 경우는 이온의 경우보다 더 높은 주파수를 사용한다.
③ 중성 입자 빔 주입 방식을 통해 플라스마 내로 투입되는 중성 입자는 플라스마 속에 들어와서 가속된다.
④ 공명 가열은 외부에서 가해지는 힘의 주파수와 그 힘을 받는 이온이나 전자의 고유 주파수가 같을 때 가능하다.
⑤ 지구에서 플라스마의 밀도를 더 높일 수 있다면 1억°C보다 더 낮은 온도에서 핵융합 반응을 일으키는 것이 가능하다.

문 12. 다음 글에서 추론할 수 있는 것만을 〈보기〉에서 모두 고르면?

도체인 금속 내부에는 음전하를 띤 다수의 자유 전자들이 존재하는데, 이것들은 금속 내에 고정된 양이온들 사이에서 자유롭게 움직일 수 있다. 도체 내부에서 자유 전자는 양이온들에 의해 당겨지고 다른 자유 전자들에 의해 밀쳐지면서, 각각에 작용하는 전기력의 합력이 0이 되도록 위치하게 된다.

금속에 전자들을 추가하여 금속을 대전시키면 추가된 전자들은 어디에 위치하게 될까? 대전된 상황에서도 금속 내부의 모든 전자에 작용하는 전기력의 합력은 0이어야 한다. 그런데 만약 금속 내부의 어떤 위치에 전자가 추가된다면, 이 전자는 새로운 전기력을 발생시킬 것이기 때문에 이를 상쇄하기 위해 원래 있던 자유 전자들이 이동할 것이고 이러한 이동으로 인해 또 다른 자유 전자들의 위치도 재조정되어야 한다. 그러나 이러한 위치 재조정은 금속 내부 공간에서는 완료될 수 없다. 따라서 금속 내부에는 새로운 전자가 놓일 자리가 없다.

금속이 대전될 때 추가된 전자들이 내부로 들어갈 수 없다면 그 전자들은 모두 표면에 존재할 수밖에 없다. 이 경우 대전된 금속의 내부에 있는 자유 전자에 작용하는 전기력의 합력은 0인 반면, 표면에 있는 전자에 작용하는 전기력의 합력은 0이 아니다. 이때 표면의 전자에는 표면에 수직인 바깥 방향으로 전기력의 합력이 작용한다.

〈보기〉

ㄱ. 대전되지 않은 금속 내부에서 자유 전자에 작용하는 전기력의 합력은 0이 된다.
ㄴ. 금속에 전자들이 추가되면 금속 표면에 있는 전자는 외부로 향하는 전기력의 합력을 받는다.
ㄷ. 도체가 대전되면 도체 내부의 자유 전자에 작용하는 전기력의 합력은 0이 아니다.

① ㄱ
② ㄷ
③ ㄱ, ㄴ
④ ㄴ, ㄷ
⑤ ㄱ, ㄴ, ㄷ

문 13. 다음 글의 (가)~(다)에 들어갈 말을 적절하게 나열한 것은?

> 조선 후기에 지주들은 소작인으로부터 소작료를 거둘 때, 수확된 결과물의 절반을 수취하는 정률제 방식, 곧 '타작'을 대부분의 논과 밭에 적용했지만, 일부 농토에는 정액제에 해당하는 '도지'를 적용하기도 했다. 도지는 토지를 이용한 대가인 지대량을 이른 봄철에 지주와 소작인이 미리 정하는 농업경영 형태이므로 풍흉에 따른 지대량의 변화가 없는 것이 원칙이었다. 도지가 적용된 논에서는 평년작의 절반 수준에서, 그리고 밭에서는 평년작의 절반보다 훨씬 낮은 수준에서 지대량이 정해지는 것이 일반적이었다. ㅤ(가)ㅤ은/는 다음과 같은 점에서 지주에게 여러 장점이 있었다. 첫째, 직접적인 관리가 어려운 원격지 소재 전답을 더 효율적으로 관리할 수 있었다. 소작인들의 수확물 은닉 여부를 일일이 감독할 필요가 없었기 때문이다. 둘째, 밭작물의 경우 수확 시기가 매우 다양한데, 이 방식을 적용하면 수확의 정도를 확인하기 위해 서로 다른 수확 시기마다 먼 곳까지 올 필요가 없었다. 이러한 방식하에서 만약 어느 해에 예상과는 달리 풍년이 들었다면, ㅤ(나)ㅤ에게 훨씬 더 유리했다.
> 지주들은 18세기 후반부터 '집조'를 적용하기도 했다. 집조란 수확이 임박한 시점에 지주가 농사 상황을 실지 조사하여 그 해의 작황 수준을 살펴본 다음, 현장에서 지대량을 결정하는 농업경영 형태이다. 이 방식은 당해 연도의 작황 수준이 비교적 정확히 반영된다는 측면에서 ㅤ(다)ㅤ와/과 유사하다.

	(가)	(나)	(다)
①	도지	소작인	타작
②	도지	소작인	도지
③	도지	지주	타작
④	타작	소작인	도지
⑤	타작	지주	타작

문 14. 다음 글에서 알 수 있는 것은?

> 말은 정치·경제 발전의 중요한 수단이었다. 말은 빠르기도 하거니와 지구력이 좋고 힘이 세다. 행정, 농업, 목축업, 광업, 제조업, 운송, 통신, 전투 등 거의 모든 분야에서 말의 이런 능력이 활용되었다. 그렇기에 말의 능력을 활용한 지역은 그렇지 않은 지역보다 더 빠르게 발전하는 양상을 보였다.
> 말은 인간에게 길들여지기 전에 야생에서 살았는데, 야생말은 시기별로 서식지의 분포가 달랐다. 기원전 1만 년경 후기 홍적세 시기까지 야생말은 유라시아의 전 지역과 아메리카 및 북부 아프리카에 서식했다. 그런데 이 시기부터 기원전 약 6천 년경 중기 충적세 시기에 이르는 동안 야생말의 서식 지역의 분포가 바뀌었다. 이 시기에 유라시아의 중북부 스텝 기후 지역을 제외한 대부분의 유라시아 지역에서 사람들이 식용을 목적으로 야생말을 대규모로 사냥했다. 이로 인해 이 스텝 기후 지역을 제외한 유라시아의 야생말은 거의 멸종하다시피 했다. 이와 달리 유라시아 중북부의 스텝 기후 지역은 인구가 많지 않아 인간으로부터 사냥을 당하는 경우가 적었으며, 이 덕분에 야생말은 생존할 수 있었다.
> 이후 기원전 3,500년경 당나귀에 이어 야생말이 길들여졌다. 그 당시 메소포타미아 지역의 목축업자들이 북쪽으로 이동하면서 유라시아 중북부의 스텝 기후 지역에 들어갔는데, 그들은 이 지역에 살던 야생말을 길들이기 시작했다. 이때부터 인류는 말을 실생활에 이용했다. 말에 안장을 얹어 장거리 이동 수단으로 사용하기도 했고, 등에 짐을 실어 운송 수단으로 활용하기도 했다. 이뿐 아니라 전쟁과 농업에서도 말이 널리 사용되었다. 이런 과정을 거쳐 말은 인류 발전의 밑바탕이 되었다.

① 중기 충적세 시기에 야생말의 지구력이 좋아지기 시작했다.
② 후기 홍적세 시기 이전부터 북부 아프리카에서는 야생말을 운송 수단으로 썼다.
③ 기원전 3,500년경 유라시아 중북부의 스텝 기후 지역에 살던 야생말이 길들여지기 시작했다.
④ 후기 홍적세 시기부터 초기 충적세 시기 사이에 인류는 농업과 운송 등의 실생활에 말을 이용했다.
⑤ 당나귀를 이동 수단으로 쓰던 지역은 말을 이동 수단으로 이용하던 지역보다 정치·경제적으로 더 발전했다.

문 15. 다음 글의 ㉠을 약화하는 것으로 가장 적절한 것은?

분석은 자연과 사회의 다양한 현상에 대하여 왜 그런 현상이 나타나는지를 설명하기 위한 방법이다. 널리 쓰이는 것은 요소 분석으로, 설명의 대상을 적절한 요소들로 나누어 살피는 분석법이다. 요소 분석의 요체는 분석 대상인 전체와는 다른 속성을 지니면서도 합쳐지면 전체를 구성하는 부분, 즉 '요소'들을 찾아 제시하는 데 있다. 분석자는 그러한 요소들의 속성을 결합하여 대상 전체의 속성을 설명하려 할 것이다.

그런데 어째서 물이 불을 끌 수 있는가 하는, 물의 속성에 관한 물음을 해명하려는 화학자가 있다고 해 보자. 만일 그가 물을 산소와 수소라는 두 요소로 분석했다면, 그는 수소가 타는 속성을 지닌 기체이고 산소도 연소를 돕는 속성을 지녔다는 사실 앞에서 당황하게 될 것이다. 산소와 수소라는 요소들로 물이 불을 끌 수 있는 이유를 설명할 수 없기 때문이다. 이것은 요소 분석이 지닌 한계를 암시한다. 전체의 속성을 이해하려는 이가 그것을 구성하는 요소들에만 주목할 경우, 이와 유사한 당혹감을 느끼게 될 위험이 크다. 해명되어야 할 속성은 분석 과정에서 증발해 버리고 요소들 간의 관계를 피상적으로 서술하는 일에 그치게 될 위험이 있는 것이다. 그런 분석으로는 설명에 도달할 수 없다.

따라서 ㉠우리는 새로운 종류의 분석, 즉 단위 분석을 선택해야 한다. 단위 분석은 복잡하면서도 모종의 통일성을 지닌 전체를 '단위'로 나누는 분석이다. 단위란 앞에서 화학자의 분석이 주목했던 요소와 달리, 전체의 고유한 속성들을 고스란히 갖추고 있으면서 더 이상 나눌 수 없는, 전체의 살아 있는 부분을 가리킨다. 현상을 제대로 설명하려면 먼저 그런 부분들을 찾아내야 한다. 그렇게 할 때, 요소 분석의 한계를 극복하고 분석의 목적을 실현할 수 있다.

① 분석 대상을 시간 요소로 나누어 살피더라도 인과관계는 드러나지 않기 때문에 설명에 도움이 되지 않는다.
② 요소들의 결합으로 대상 전체가 어떻게 구성되는지 보여주는 데 성공하더라도 그것은 대상의 속성을 설명하는 일과 다르다.
③ 요소 분석에서는 전체를 설명하기 위하여 요소들 간의 상호관계까지 추가로 해명해야 하기 때문에 설명의 경제성이 삭감된다.
④ 단위가 전체의 속성들을 그대로 지닌다면 설명되어야 할 대상 자체와 다를 바 없으므로 단위 분석은 설명에 기여하지 못한다.
⑤ 설명의 적절성은 설명을 요구하는 구체적인 문제의 특성에 따라 달라지기 때문에 설명에는 다양한 단위 분석이 존재할 수 있다.

문 16. 다음 글의 내용이 참일 때 반드시 참인 것은?

△△부에서는 10월에 신설되는 ○○위원회에 파견할 인원을 선발하는 중이다. 박 주무관, 이 주무관, 선 주무관, 남 주무관, 오 주무관이 파견 대상 후보인데, 이와 관련하여 다음과 같은 사실이 알려졌다.

○ 박 주무관이 선발되면, 오 주무관도 선발된다.
○ 이 주무관이 선발되면, 남 주무관도 선발된다.
○ 선 주무관이 선발되면, 박 주무관도 선발된다.
○ 선 주무관이 선발되거나 이 주무관이 선발된다.

① 남 주무관이 선발된다.
② 이 주무관과 선 주무관이 둘 다 선발된다.
③ 박 주무관이 선발되거나 선 주무관이 선발된다.
④ 오 주무관이 선발되지 않으면 박 주무관은 선발되지 않는다.
⑤ 남 주무관과 오 주무관 중 적어도 한 사람은 선발된다.

문 17. 다음 글의 빈칸에 들어갈 말로 가장 적절한 것은?

심적 대상이 있다면, 심적 대상은 물리적 대상과 같지 않다. 만약 심적 대상이 있고 심적 대상이 물리적 대상과 같지 않다면, 심적 대상의 소유자는 심적 대상에 접근할 수 있는 인식적 특권을 지닌다. 그런데 심적 대상의 소유자가 심적 대상에 접근할 수 있는 인식적 특권을 지닌다면, 심적 대상에 관해 그 소유자만이 알 수 있는 부분이 있다. 심적 대상에 관해 그 소유자만이 알 수 있는 부분이 있다면, 심적 대상에 관해 검증 불가능한 지식이 존재한다. 그러므로 심적 대상은 없다. 왜냐하면 _____.

① 심적 대상은 물리적 대상과 같지 않기 때문이다
② 심적 대상이 물리적 대상과 같다면 심적 대상은 없기 때문이다
③ 심적 대상에 관해 그 소유자만이 알 수 있는 부분이 있기 때문이다
④ 심적 대상에 관해 검증 불가능한 지식은 존재하지 않기 때문이다
⑤ 심적 대상의 소유자가 심적 대상에 접근할 수 있는 인식적 특권을 지니기 때문이다

문 18. 다음 글의 내용이 참일 때 반드시 참인 것은?

△△부에서는 3명의 과학기술 직군 수습 주무관 A, B, C와 3명의 행정 직군 수습 주무관 D, E, F를 4개 부서 갑, 을, 병, 정에 배치할 예정이다. 4개의 부서 중 2개의 부서에는 1명씩 배치되고 남은 2개의 부서에는 2명씩 배치된다. 이 배치와 관련하여 다음과 같은 사실이 알려졌다.

○ 갑 부서에는 수습 주무관이 1명만 배치된다.
○ 을 부서에는 과학기술 직군 수습 주무관이 배치되지 않는다.
○ 동일 직군의 수습 주무관은 같은 부서에 배치되지 않는다.
○ A와 D는 다른 수습 주무관 없이 혼자 배치된다.

① A가 갑 부서에 배치되고 C가 정 부서에 배치된다.
② B가 병 부서에 배치되면 E가 정 부서에 배치된다.
③ B가 정 부서에 배치되지 않고 C가 병 부서에 배치된다.
④ D가 을 부서에 배치되지 않고 A도 갑 부서에 배치되지 않는다.
⑤ F가 정 부서에 배치되면 E가 병 부서에 배치된다.

문 19. 다음 글의 (가)~(다)에 들어갈 말을 적절하게 나열한 것은?

독이 없는 어떤 개구리 종은 독이 있는 개구리 종의 외형을 모방함으로써 새로부터 잡아먹힐 위험을 줄인다. 이것은 의태의 예이다. 모방의 대상이 될 수 있는 종이 여럿일 경우 모방자는 어떤 종을 모방하는 것이 유리할까? 이를 알아보기 위해 다음의 〈실험〉을 수행하였다.

〈실 험〉

○○지역에는 독성이 강한 개구리 종 a와 독성이 약한 개구리 종 b가 있으며 이 두 종은 외형이 조금 다르다. 또한 그 지역에 있는 독 없는 개구리 종 c는 a를 모방하고, 독 없는 개구리 종 d는 b를 모방한다. 새 종 X는 a~d를 잡아먹을 수 있으며, 독성이 있는 개구리 종을 잡아먹으면 학습이 되어 이후 같은 외형을 가진 개구리를 잡아먹는 것을 회피한다.

실험1: a도 b도 잡아먹어 본 적이 없는 X에게 a를 잡아먹게 하였다. 이 새를 X-1이라고 하고 a, c, d를 잡아먹는지 관찰하였다. X-1은 a, c, d 어느 것도 잡아먹으려 하지 않았다.

실험2: a도 b도 잡아먹어 본 적이 없는 X에게 b를 잡아먹게 하였다. 이 새를 X-2라고 하고 b, c, d를 잡아먹는지 관찰하였다. X-2는 b와 d를 잡아먹으려 하지 않았지만, c를 잡아먹는 것은 회피하지 않았다.

〈실험 해석〉

독성이 [(가)] 개구리 종을 잡아먹어 학습된 새는 독성이 강한 개구리 종을 모방한 개구리 종과 독성이 약한 개구리 종을 모방한 개구리 종 중 어느 것도 잡아먹으려 하지 않았다. 독성이 [(나)] 개구리 종을 잡아먹어 학습된 새는 독성이 강한 개구리 종을 모방한 개구리 종을 잡아먹는 것을 회피하지 않았으나, 독성이 약한 개구리 종을 모방한 개구리 종은 잡아먹으려 하지 않았다. 따라서 ○○지역에 서식하는 독이 없는 개구리가 X에게 잡아먹히지 않으려면 독성이 [(다)] 개구리 종을 모방하는 것이 더 유리하다는 것을 알 수 있다.

	(가)	(나)	(다)
①	강한	강한	강한
②	강한	약한	약한
③	강한	약한	강한
④	약한	강한	약한
⑤	약한	강한	강한

문 20. 다음 글의 ㉠에 대한 평가로 적절한 것만을 〈보기〉에서 모두 고르면?

곤충 X는 유충에서 변태를 거쳐 성충이 된다. X의 변태에 관여하는 호르몬으로는 α와 β가 있다. 과학자 A가 조사한 결과는 다음과 같았다. X의 유충 시기에 α, β 각각의 혈중 농도는 변함없이 일정하였고, 성충 시기에도 α, β 각각의 혈중 농도는 변함없이 일정하였으나, 변태 시기 동안 α의 혈중 농도는 증가한 반면에 β의 혈중 농도는 감소하였다. X의 유충 시기에는 α의 혈중 농도가 β의 혈중 농도보다 낮았다. 이에 A는 ㉠X의 유충 시기보다 성충 시기에 α와 β의 혈중 농도 차이가 더 작다는 가설을 세웠다.

〈보기〉

ㄱ. X의 성충 시기에 α의 혈중 농도가 β의 혈중 농도보다 높다는 실험 결과가 나오면, ㉠은 강화된다.
ㄴ. X의 성충 시기에 β의 혈중 농도가 α의 혈중 농도보다 높다는 실험 결과가 나오면, ㉠은 강화된다.
ㄷ. X의 성충 시기에 α와 β의 혈중 농도가 같다는 실험 결과가 나오면, ㉠은 강화된다.

① ㄱ
② ㄴ
③ ㄱ, ㄷ
④ ㄴ, ㄷ
⑤ ㄱ, ㄴ, ㄷ

[21~22] 다음 글을 읽고 물음에 답하시오.

다음은 사람들이 확률을 활용하여 어떻게 추론하는지를 연구하기 위해 고안한 설문지이다.

〈설문지〉

A시에는 택시가 총 100대 있는데, 이 중 초록색 택시가 90%, 파란색 택시가 10%이다. 그런데 안개가 낀 어느 날 밤에 택시 한 대가 사고를 일으키고 달아났다. 사고의 유일한 목격자인 갑은 달아난 택시가 파란색이었다고 증언했다. 이에 법정에서는 갑의 증언이 신뢰할 만한지 판단하기 위해 사고가 난 밤과 동일한 조건에서 실험하였다. 그 결과, 갑의 증언의 정확도는 80%임이 밝혀졌다. 즉, 갑이 초록색 택시를 초록색으로 알아맞힌 비율도, 파란색 택시를 파란색으로 알아맞힌 비율도 80%였다. 이를 바탕으로 올바르게 추론한 결과는 다음 중 어느 것인가?
(a) 그날 사고를 일으키고 달아난 택시가 파란색이었을 확률이 초록색이었을 확률보다 크다.
(b) 그날 사고를 일으키고 달아난 택시가 초록색이었을 확률이 파란색이었을 확률보다 크다.

정답은 (b)이다. 이것은 다음과 같이 설명할 수 있다. 사고 당시와 동일한 조건에서 A시의 모든 택시를 갑에게 보여 주는 실험을 했다고 가정해 보자. 이 실험에서 갑은 90대의 초록색 택시와 10대의 파란색 택시를 본다. 90대의 초록색 택시 중 그가 파란색이라고 부정확하게 식별한 것은 20%, 즉 18대이다. 그리고 10대의 파란색 택시 중 그가 파란색이라고 정확하게 식별한 것은 80%, 즉 8대이다. 결국 이 실험에서 갑이 파란색 택시라고 식별한 것은 모두 26대이지만, 이 중 단 8대만이 실제로 파란색이다. 따라서 갑이 본 달아난 택시가 실제로 파란색일 확률은 8/26로 약 31%이고, 초록색일 확률은 18/26로 약 69%이다.

그런데 설문 조사 결과, 대다수의 사람들이 (a)를 택했다. 그 이유는 사람들이 기저율을 무시하는 경향이 있기 때문인데, 이렇게 기저율을 무시하여 생기는 오류를 기저율 오류라고 한다. 위 설문지에는 A시의 전체 택시 중에서 파란색 택시의 비율 및 A시의 전체 택시 중에서 초록색 택시의 비율이 기저율로 제시되어 있다. (a)를 택했다면 갑의 증언의 정확도가 80%라는 사실에 초점을 맞춰 추론하면서 A시에 있는 대부분의 택시가 초록색이라는 사실을 무시했기 때문일 것이다.

우리가 합리적 추론을 하기 위해 지켜야 할 원칙 중 하나로 전체 증거의 원칙이 있다. 전체 증거의 원칙이란 확보된 모든 증거를 고려하여 추론해야 한다는 것이다. 위 설문지에서 (a)를 택한 사람들은 기저율을 고려하지 않고 갑의 증언의 정확도에만 초점을 맞춰 추론함으로써 전체 증거의 원칙을 어긴 것이다.

문 21. 위 글에서 추론할 수 있는 것은?

① 설문지에서 (b)가 옳다고 답변한 사람은 합리적 추론을 한 것이 아니다.
② A시의 택시 중 파란색 택시 비율에만 주목하여 (a)가 옳다고 답변한 사람은 합리적 추론을 한 것이다.
③ 설문지의 조건에서 갑의 증언의 정확도만 70%로 바꿨을 때 (a)가 옳다고 답변한 사람은 기저율 오류를 저지른 것이 아니다.
④ 설문지의 조건에서 A시의 택시 대수만 총 1,000대로 바꿨을 때 (a)가 옳다고 답변한 사람은 기저율 오류를 저지른 것이 아니다.
⑤ A시의 택시 중 파란색 택시 비율과 갑의 증언의 정확도 중 하나라도 고려하지 않은 사람이 (b)가 답이라고 추론한다면, 그 사람은 전체 증거의 원칙을 지키지 않은 것이다.

문 22. 위 글에 비추어 볼 때, 〈사례〉에 대한 판단으로 적절한 것만을 〈보기〉에서 모두 고르면?

〈사례〉

을은 100만 명 중 한 명의 비율로 걸리는, 즉 기저율이 1/1,000,000인 병 X에 대한 검사를 받았다. 이 검사법의 정확도는 99%이다. 즉 이 검사법은 X에 걸렸을 때 99%의 확률로 양성 반응이 나타나고, 걸리지 않았을 때 99%의 확률로 음성 반응이 나타난다. 을은 X가 1/1,000,000의 확률로 걸리는 희귀병이라는 점과 그 검사법의 정확도에 대해 알고 있다.

〈보기〉

ㄱ. 을은 X에 대한 검사에서 양성 반응이 나올 확률이 그렇지 않을 확률보다 크다고 판단할 것이다.
ㄴ. 을이 기저율을 무시한다면, 을은 X에 대한 검사에서 양성 반응이 나왔을 때, 자신이 X에 실제로 걸렸을 확률이 걸리지 않았을 확률보다 크다고 판단할 것이다.
ㄷ. 을이 기저율을 무시하지 않는다면, 을은 X에 대한 검사에서 양성 반응이 나왔을 때, 자신이 X에 실제로 걸렸을 확률이 걸리지 않았을 확률보다 작다고 판단할 것이다.

① ㄱ
② ㄷ
③ ㄱ, ㄴ
④ ㄴ, ㄷ
⑤ ㄱ, ㄴ, ㄷ

문 23. ②

문 24. ①

문 25. 다음 글의 〈논쟁〉에 대한 분석으로 적절한 것만을 〈보기〉에서 모두 고르면?

갑과 을은 △△국 「주택임차인 보호법」 제3조, 제4조의 해석을 놓고 논쟁하고 있다. 그 조문은 다음과 같다.

제3조(대항력) ① 임차인이 임차주택에 대한 주민등록을 마친 때에는 임차주택을 매수한 제삼자에게 임대차 계약의 효력을 주장할 수 있다.
② 임차주택이 경매된 경우에 임차인이 그 경매 대금으로부터 다른 채권자보다 우선적으로 임대차 보증금을 배당 받으려면 임차주택에 대한 주민등록을 마쳐야 하고 확정일자가 기재된 임대차 계약서를 갖춰야 한다.
제4조(계약의 갱신) ①임대인이 임대차 기간 종료 6개월 전부터 2개월 전까지의 기간에 임차인에게 계약 종료 통지를 하지 않으면 임차인은 임대차 계약이 자동으로 갱신되었다고 주장할 수 있다.

위 법의 적용 대상인 X주택을 그 소유자인 A가 B에게 임대했다. B는 X주택에 대한 주민등록을 마쳤다. 임대차 계약서에는 A의 자필로 계약일자가 기재되어 있었고 확정일자는 없었다.

〈논쟁〉

쟁점1: 임대차 기간 중 진행된 X주택에 대한 경매 절차를 통해 C가 X주택의 소유자가 되자 B는 C에게 임대차 계약의 효력을 주장한다. 이러한 B의 주장에 대해 갑은 타당하다고 하지만 을은 부당하다고 한다.

쟁점2: 임대차 기간 중에 경매된 X주택의 경매 대금으로부터 B가 임대차 보증금을 다른 채권자인 D보다 우선적으로 배당 받을 수 있는지에 대해, 갑은 그렇다고 주장하고 을은 그렇지 않다고 주장한다.

쟁점3: 임대차 기간 종료 6개월 전부터 2개월 전까지의 기간에 A가 B에게 계약 종료 통지를 하지 않았다. 임대차 계약 기간이 만료된 후 B는 임대차 계약 종료 통지를 했으나 A는 임대차 계약 갱신을 주장하는 경우, 갑은 임대차 계약이 갱신된 것으로 보아야 한다고 주장하나 을은 임대차 계약이 종료된 것으로 보아야 한다고 주장한다.

〈보기〉

ㄱ. 쟁점1과 관련하여, 경매 절차를 통해 임차주택의 소유권을 취득한 자가 위 법 제3조제1항의 '임차주택을 매수한 제삼자'에 포함된다고 해석하면, 갑의 주장은 옳고 을의 주장은 옳지 않다.

ㄴ. 쟁점2와 관련하여, 갑은 임대인이 자필로 계약일자를 기재한 것도 위 법 제3조제2항의 확정일자가 기재된 것에 해당한다고 해석하고 을은 그렇지 않다고 해석하고 있다면, 갑과 을의 주장 불일치를 설명할 수 있다.

ㄷ. 쟁점3과 관련하여, 위 법 제4조제1항의 목적이 임차인의 선택을 최대한 존중하는 것이라고 해석하면, 갑의 주장은 옳지 않지만 을의 주장은 옳다.

① ㄱ
② ㄷ
③ ㄱ, ㄴ
④ ㄴ, ㄷ
⑤ ㄱ, ㄴ, ㄷ

2025년도 국가공무원 7급 공채 등 필기시험 | 상황판단 영역 | ㉑ 책형 | 1쪽

제2영역 상황판단

1초 합격예측! 모바일 성적결과분석표 발급 서비스

QR 코드로 접속하여 문제 풀이 시간을 측정하고, 자동채점 & 성적결과분석 서비스를 통해 지금 바로 실력을 점검해 보세요.
◀ https://eduwill.kr/XHap

풀이 시간
• 시작: ___시 ___분 ~ 종료: ___시 ___분
• 총 : ___분

문 1. 다음 글을 근거로 판단할 때 옳은 것은?

> 제00조(기상산업의 실태조사 등) ① 기상청장은 기상산업을 체계적으로 진흥하고 기본계획과 시행계획 등을 효율적으로 수립·추진하기 위하여 기상산업에 대한 실태조사(이하 '실태조사'라 한다)와 자료수집을 할 수 있다.
> ② 기상청장은 실태조사와 자료수집을 위하여 필요하다고 인정하면 관련 행정기관·연구기관·교육기관 또는 기상사업자 등에게 필요한 자료나 의견을 제출하도록 요청할 수 있다.
> ③ 기상청장은 실태조사를 기상산업에 관한 전문성을 갖춘 기관 또는 단체에 의뢰하여 실시할 수 있다.
> ④ 기상청장은 실태조사를 실시한 경우 그 결과를 기상청의 인터넷 홈페이지에 공표해야 한다.
> 제00조(기상정보의 제공) ① 기상청장은 기상사업자가 기상정보의 제공을 신청한 경우 정당한 이유가 없으면 그 정보를 제공하여야 한다.
> ② 제1항에 따라 기상청장이 기상정보를 제공할 때에는 그 기상정보의 제공에 드는 비용에 충당하기 위하여 수수료를 징수할 수 있다.
> 제00조(기상정보의 출처 명시 등) ① 기상사업자는 기상정보를 제3자에게 제공하는 경우 그 출처를 밝혀야 한다.
> ② 기상청장은 기상사업자가 제1항에 따른 출처를 밝히지 아니하는 경우에는 시정을 요구할 수 있다.

① 기상청장은 실태조사를 직접 실시하지 않고 기상산업에 관한 전문성을 갖춘 단체에 의뢰하여 실시할 수 있다.

② 기상청장은 실태조사와 자료수집을 위해 필요한 경우, 관련 행정기관에게 필요한 자료의 제출을 요청할 수 있지만 기상사업자에게는 요청할 수 없다.

③ 기상사업자는 기상청장으로부터 제공받은 기상정보를 제3자에게 제공할 수 없다.

④ 기상청장이 기상사업자에게 기상정보를 제공할 때에는 기상정보의 경제적 가치에 해당하는 수수료를 징수하여야 한다.

⑤ 기상청장은 기상산업 진흥을 위한 자료수집을 한 경우, 그 결과를 기상청 인터넷 홈페이지에 공표해야 한다.

문 2. 다음 글을 근거로 판단할 때 옳은 것은?

> 제00조(정의) 이 법에서 '국제기구 분담금'이란 정부가 국제기구에 의무적으로 납부하여야 하는 경비 또는 국제기구와 협력사업 추진을 위하여 재량적으로 납부하는 경비를 말한다. 다만 국제금융기구 및 녹색기후기금에 납입하는 출자금 또는 출연금은 제외한다.
> 제00조(국제기구 분담금 심의위원회) ① 국제기구 분담금 관리에 관한 주요사항을 심의·조정하기 위하여 외교부장관 소속으로 국제기구 분담금 심의위원회(이하 '위원회'라 한다)를 둔다.
> ② 위원회는 다음 각 호의 사항을 심의·조정한다.
>   1. 중앙행정기관별 전년도 국제기구 분담금 납부실적 및 자체평가 결과
>   2. 중앙행정기관별 다음 연도 국제기구 분담금 납부계획
> 제00조(국제기구 분담금 납부실적에 대한 자체평가 등) ① 중앙행정기관의 장은 소관 국제기구 분담금의 전년도 납부실적 및 납부목적 부합 여부에 대하여 매년 자체평가를 실시하여야 한다.
> ② 중앙행정기관의 장은 매년 3월 31일까지 소관 국제기구 분담금의 전년도 납부실적, 제1항에 따른 자체평가 결과 및 다음 연도 국제기구 분담금 납부계획을 위원회에 제출하여야 한다.
> ③ 외교부장관은 제2항에 따라 제출된 납부실적 등에 대한 위원회의 심의·조정 결과를 매년 5월 31일까지 기획재정부장관에게 송부하고, 기획재정부장관은 송부받은 위원회의 심의·조정 결과를 존중하여 다음 연도 예산안을 편성하여야 한다.

① 위원회는 중앙행정기관별 다음 연도 국제기구 분담금 납부계획을 심의·조정한다.

② 위원회는 중앙행정기관이 납부하는 국제기구 분담금의 납부목적 부합 여부에 대한 자체평가를 매년 실시하여야 한다.

③ 환경부가 녹색기후기금에 출연금을 납입하였다면 환경부장관은 해당 납입실적을 위원회에 제출하여야 한다.

④ 외교부장관은 중앙행정기관의 장이 제출한 납부실적을 매년 3월 31일까지 기획재정부장관에게 송부하여야 한다.

⑤ 국제기구와의 협력사업 추진을 위하여 시민단체가 스스로 국제기구에 납부하는 경비는 국제기구 분담금에 해당한다.

문 3. 다음 글을 근거로 판단할 때 옳은 것은?

제○○조(특허심판원) ① 특허·실용신안·디자인·상표에 관한 심판(이하 '심판사건'이라 한다)을 관장하게 하기 위하여 특허청장 소속으로 특허심판원을 둔다.
② 특허심판원에 특허심판원장(이하 '원장'이라 한다)과 심판관을 둔다.
제□□조(심판관 등의 지정) ① 원장은 각 심판사건에 대하여 제△△조에 따른 합의체를 구성할 심판관을 지정하여야 한다.
② 원장은 제1항에 따라 지정된 심판관 중에서 1명을 심판장으로 지정하여야 한다.
③ 제2항에도 불구하고 원장은 특히 중요하다고 인정되는 심판사건에 대해서는 원장 스스로 심판장이 될 수 있다.
④ 심판장은 그 심판사건에 관한 사무를 총괄한다.
제△△조(심판의 합의체, 심리 등) ① 심판은 3명 또는 5명의 심판관으로 구성되는 합의체가 한다.
② 제1항의 합의체의 합의는 과반수로 결정한다.
③ 심판은 구술심리 또는 서면심리로 한다. 다만 당사자가 구술심리를 신청하였을 때에는 서면심리만으로 결정할 수 있다고 인정되는 경우 외에는 구술심리를 하여야 한다.
④ 구술심리는 공개하여야 한다. 다만 공공의 질서 또는 선량한 풍속에 어긋날 우려가 있으면 그러하지 아니하다.

① 심판의 합의체는 심판장 1명과 심판관 1명으로 구성될 수 있다.
② 원장이 심판장으로서 심판사건에 관한 사무를 총괄하는 경우가 있다.
③ 합의체의 합의는 심판관 전원의 일치된 의견으로 결정한다.
④ 당사자가 구술심리를 신청한 경우에는 서면심리로 심판할 수 없다.
⑤ 서면심리로 심판하는 경우 그 심리는 공개하여야 한다.

문 4. 다음 글을 근거로 판단할 때 옳은 것은?

제00조(의료 해외진출의 신고) ① 의료 해외진출을 하려는 의료기관의 개설자는 보건복지부장관에게 신고하여야 한다.
② 보건복지부장관은 제1항에 따른 신고를 한 의료기관의 개설자에게 의료 해외진출의 신고확인증을 발급하여야 한다.
제00조(외국인환자 유치에 대한 등록) ① 외국인환자를 유치하려는 의료기관은 다음 각 호의 요건을 갖추어 특별시장·광역시장·특별자치시장·도지사 또는 특별자치도지사(이하 '시·도지사'라 한다)에게 등록하여야 한다.
　1. 외국인환자를 유치하려는 진료과목별로 전문의를 1명 이상 둘 것
　2. 의료배상공제조합 또는 보건복지부령으로 정하는 의료사고배상책임보험에 가입하였을 것
② 외국인환자를 유치하려는 비의료기관은 다음 각 호의 요건을 갖추어 시·도지사에게 등록하여야 한다.
　1. 보건복지부령으로 정하는 보증보험에 가입하였을 것
　2. 국내에 사무소를 설치하였을 것
③ 시·도지사는 제1항에 따라 등록한 의료기관(이하 '외국인환자 유치의료기관'이라 한다) 및 제2항에 따라 등록한 비의료기관(이하 '외국인환자 유치사업자'라 한다)에게 등록증을 발급하여야 한다.
④ 제1항 및 제2항에 따른 등록의 유효기간은 등록일부터 3년으로 한다.
⑤ 제4항에 따른 유효기간이 만료된 후 계속하여 외국인환자를 유치하려는 자는 유효기간이 만료되기 전에 그 등록을 갱신하여야 한다.

① 의료 해외진출을 하려는 의료기관의 개설자는 시·도지사에게 등록하여야 한다.
② 외국인환자 유치를 위해 시·도지사에게 등록하려는 의료기관이 보건복지부령으로 정하는 의료사고배상책임보험에 가입하지 않는다면 의료배상공제조합에는 가입하여야 한다.
③ 외국인환자 유치사업자는 등록일부터 3년이 지난 후에도 그 등록의 갱신 없이 계속하여 외국인환자를 유치할 수 있다.
④ 외국인환자를 유치하려는 비의료기관이 시·도지사에게 등록하기 위해서는 진료과목별로 전문의 1명 이상을 두어야 한다.
⑤ 시·도지사는 국내에 사무소를 설치하지 않은 비의료기관에게 외국인환자 유치사업자 등록증을 발급할 수 있다.

문 5. 다음 글을 근거로 판단할 때 옳은 것은?

조선시대에는 서해안과 남해안을 중심으로 소금 생산이 활발했다. 소금의 최대 생산지는 평안도에서 전라도에 이르는 서해안의 갯벌 지대로, 대표적인 지역은 전라도 부안과 충청도 태안이었다. 이러한 소금 생산지에는 염장이라는 관청을 설치해 소금 생산을 관리하였다.

동해안의 소금 생산 방법은 서해안이나 남해안과 달랐다. 동해안에서는 바닷물을 끓여서 소금을 만들었다. 바닷물을 끓일 때 나무가 필요했기 때문에 소금 생산 지역의 주변 산은 대부분 민둥산이었다. 반면 서해안과 남해안은 조석(潮汐) 간만의 차를 이용했다. 해안가에 작은 둑을 쌓아 염전을 만들어 보름에 한 번씩 바닷물을 가두고, 가둔 물을 둑 안에서 자연 증발시켜 소금을 얻었다. 이처럼 자연 증발을 통해 얻은 소금이 천일염이다.

소금은 나루터를 중심으로 유통되었다. 예를 들어, 조선시대 경기도 일대 소금은 대부분 한강의 마포나루에 집결되었다. 그런 까닭으로 조선시대에는 마포염이라는 말이 있을 정도였다. 염전 하나 없는 마포가 소금으로 유명해진 것은 소금 유통의 중심지였기 때문이다. 경강상인은 마포나루를 비롯한 한강 일대의 나루터에 창고를 지어 놓고, 소금, 젓갈, 생선 등을 거래하였다.

① 동해안에서는 조석 간만의 차를 이용한 소금 생산 방식을 주로 사용하였다.
② 조선시대에 경강상인에 의한 소금 거래는 이루어지지 않았다.
③ 조선시대 소금의 최대 생산지는 남해안의 갯벌 지대였다.
④ 마포염은 마포에서 생산된 소금을 이르는 말이다.
⑤ 조선시대에 천일염은 염전에서 얻을 수 있었다.

문 6. 다음 글을 근거로 판단할 때, 乙이 먹은 어묵의 개수는?

甲: 분식집에서 얼마 냈어?
乙: 15,000원.
甲: 어묵 한 개 1,000원, 떡볶이 한 접시 3,000원, 만두 한 접시 2,000원이었잖아. 둘이 먹었는데 그렇게 많이 나왔어?
乙: 떡볶이 한 접시와 만두 한 접시를 먹었지. 그리고 어묵은 여러 개 먹었어. 그런데 사장님이 만둣값은 안 받으셨어.
甲: 어묵을 많이 먹긴 했나 보다.
乙: 네가 나보다 어묵을 두 개나 더 먹었잖아.

① 5
② 6
③ 7
④ 8
⑤ 9

문 7. 다음 글을 근거로 판단할 때, 16~20번 문항의 정답으로 가능한 것은?

甲은 5지선다형 20개 문항으로 구성된 시험을 출제한다. 각 문항의 선택지는 A, B, C, D, E이며, 정답별 문항 개수 및 정답 배열에 관한 조건은 다음과 같다.

○ A가 정답인 문항은 2개 이상 6개 이하여야 한다. B~E도 마찬가지이다.
○ 동일한 정답이 연속해서 3회 이상 나와서는 안 된다.

甲은 현재 15번 문항까지 출제하였다. 14번과 15번 문항의 정답은 모두 A이며, 15번까지 정답별 문항 개수는 다음과 같다.

정답	A	B	C	D	E
문항 개수	2	0	3	5	5

	16번	17번	18번	19번	20번
①	A	B	B	C	B
②	B	A	B	B	C
③	B	A	D	B	D
④	C	B	B	B	D
⑤	D	B	E	C	A

문 8. 다음 글을 근거로 판단할 때, 세미나 장소 A~E 중 甲이 선정할 곳은?

○ △△부서 주무관 甲은 다음 조건에 따라 정책 세미나 개최를 위한 장소를 선정하고자 한다.
 - 세미나 시간은 14:00~16:00이며, 43명이 참석한다.
 - 세미나 시간 동안 해당 장소에 타 부서의 예약이 없어야 하며, 프로젝터 사용이 가능한 장소여야 한다.
 - 위 조건을 모두 만족하는 장소가 여러 곳인 경우, 그중 다과 제공이 가능한 장소가 있다면 그 장소를 선정한다.
○ 다음은 세미나 장소 A~E에 관한 정보이다.

장소	세미나 당일 타 부서 예약 현황	프로젝터 사용 가능 여부	최대 수용 가능 인원	다과 제공 가능 여부
A	13:00~15:00	○	65명	○
B	없음	○	40명	○
C	11:00~12:30	○	50명	×
D	없음	×	80명	×
E	없음	○	45명	○

① A
② B
③ C
④ D
⑤ E

문 9. 정답 ③ ㄴ, ㄷ

문 10. 정답 ④ 丙 > 甲 > 乙

문 11. 다음 글을 근거로 판단할 때 옳은 것은?

제00조(행위제한) ① 사람이 거주하지 아니하거나 극히 제한된 지역에만 거주하는 섬으로서 자연생태계 보전을 위하여 환경부장관이 지정하여 고시하는 도서(이하 '특정도서'라 한다)에서 다음 각 호의 어느 하나에 해당하는 행위를 하여서는 아니 된다.
 1. 건축물 또는 공작물의 신축·증축
 2. 택지의 조성, 토지의 형질변경, 토지의 분할
 3. 도로의 신설
 4. 폐기물을 매립하거나 버리는 행위
② 제1항에도 불구하고 다음 각 호의 어느 하나에 해당하는 경우에는 제1항을 적용하지 아니한다.
 1. 군사·항해·조난구호 행위
 2. 재해의 발생 방지 및 대응을 위하여 필요한 행위
 3. 국가가 시행하는 해양자원개발 행위
③ 제2항에 따른 행위를 한 자는 그 행위의 내용과 결과를 환경부장관에게 통보하여야 한다.
제00조(허가) 환경부장관은 특정도서의 지정 목적에 지장이 없다고 인정하는 경우에는 다음 각 호의 어느 하나에 해당하는 행위를 허가할 수 있다. 다만 문화유산으로 지정된 특정도서에 대하여는 미리 국가유산청장과 협의하여야 한다.
 1. 국가나 지방자치단체가 등산로, 산책로, 공중화장실, 정자 등을 설치하는 행위
 2. 자연생태계의 연구·조사를 목적으로 하는 행위

① 특정도서에서의 도로 신설이 군사 행위인 경우 그 행위의 내용과 결과를 환경부장관에게 통보할 필요가 없다.
② 특정도서에 거주하는 주민은 재해발생 방지를 위해 필요한 경우에도 특정도서에서의 공작물 신축 행위를 할 수 없다.
③ 환경부장관이 특정도서에서 건축물의 증축을 허가하기 위해서는 미리 국가유산청장과 협의하여야 한다.
④ 민간기업이 영리 목적으로 특정도서에 산책로를 설치하려는 경우 환경부장관은 이를 허가할 수 있다.
⑤ 특정도서에서 자연생태계의 연구·조사를 목적으로 하는 행위에 대해 환경부장관의 허가를 얻으면 그 행위를 할 수 있다.

문 12. 다음 글을 근거로 판단할 때 옳은 것은?

제○○조(특수건강진단 등) ① 사업주는 특수건강진단대상업무에 종사하는 근로자의 건강관리를 위하여 특수건강진단을 실시하여야 한다.
② 사업주는 제△△조 제1항에 따른 특수건강진단기관에서 특수건강진단을 실시하여야 한다.
제□□조(특수건강진단에 관한 사업주의 의무) ① 사업주는 특수건강진단을 실시하는 경우 근로자대표가 요구하면 근로자대표를 참석시켜야 한다.
② 사업주는 산업안전보건위원회 또는 근로자대표가 요구할 때에는 특수건강진단 결과에 대하여 설명하여야 한다. 다만 개별 근로자의 특수건강진단 결과는 본인의 동의 없이 공개해서는 아니 된다.
③ 사업주는 특수건강진단의 결과 근로자의 건강을 유지하기 위하여 필요하다고 인정할 때에는 작업장소 변경, 작업 전환, 근로시간 단축, 야간근로(오후 10시부터 다음 날 오전 6시까지 사이의 근로를 말한다)의 제한, 작업환경측정 또는 시설·설비의 설치·개선 등 적절한 조치를 하여야 한다.
제△△조(특수건강진단기관) ① 의료기관이 특수건강진단을 수행하려는 경우에는 고용노동부장관으로부터 특수건강진단을 할 수 있는 기관(이하 '특수건강진단기관'이라 한다)으로 지정받아야 한다.
② 고용노동부장관은 특수건강진단기관의 진단·분석 결과에 대한 정확성과 정밀도를 확보하기 위하여 특수건강진단기관의 진단·분석능력을 확인하고, 특수건강진단기관을 지도하거나 교육할 수 있다.
③ 고용노동부장관은 특수건강진단기관을 평가하고 그 결과(제2항에 따른 진단·분석능력의 확인 결과를 포함한다)를 공개할 수 있다.

① 사업주는 특수건강진단을 실시하는 경우 고용노동부장관이 요구하면 근로자대표를 참석시켜야 한다.
② 근로자대표는 산업안전보건위원회의 동의 없이는 사업주가 특수건강진단 결과에 대하여 설명하도록 요구할 수 없다.
③ 산업안전보건위원회는 특수건강진단의 결과 근로자의 건강을 유지하기 위하여 필요하다고 인정할 때에는 야간근로를 제한하는 조치를 하여야 한다.
④ 고용노동부장관은 특수건강진단기관의 진단·분석능력 확인 결과를 포함하여 특수건강진단기관에 대한 평가 결과를 공개할 수 있다.
⑤ 사업주는 근로자대표의 요구가 있다면 개별 근로자의 특수건강진단 결과를 본인 동의 없이 공개할 수 있다.

문 13. 다음 글을 근거로 판단할 때 옳은 것은?

제○○조(소방활동 종사명령, 소방활동 비용지급) ① 소방대장은 화재가 발생한 현장에서 소방활동을 위하여 필요할 때에는 그 현장에 있는 사람으로 하여금 사람을 구출하는 일 또는 불을 끄거나 불이 번지지 아니하도록 하는 일을 하게 할 수 있다.
② 제1항에 따른 명령에 따라 소방활동에 종사한 사람은 시·도지사로부터 소방활동의 비용을 지급받을 수 있다. 다만 다음 각 호의 어느 하나에 해당하는 사람의 경우에는 그러하지 아니하다.
  1. 건물·차량·선박·산림·인공구조물 또는 물건(이하 '소방대상물'이라고 한다)에 화재가 발생한 경우 그 소방대상물의 소유자·관리자 또는 점유자
  2. 고의 또는 과실로 화재를 발생시킨 사람
  3. 화재 또는 구조·구급 현장에서 물건을 가져간 사람
제□□조(강제처분 등) ① 소방대장은 사람을 구출하거나 불이 번지는 것을 막기 위하여 필요할 때에는 화재가 발생하거나 불이 번질 우려가 있는 소방대상물 및 토지에 대한 일시적 사용·사용제한 등 소방활동에 필요한 처분을 할 수 있다.
② 소방대장은 소방활동을 위하여 긴급하게 출동할 때에는 소방자동차의 통행과 소방활동에 방해가 되는 주차 또는 정차된 차량 및 물건 등을 제거하거나 이동시킬 수 있다.
③ 소방대장은 제2항에 따른 소방활동에 방해가 되는 주차 또는 정차된 차량의 제거나 이동을 위하여 관할 지방자치단체 등 관련 기관에 견인차량과 인력 등에 대한 지원을 요청할 수 있다.
④ 시·도지사는 제3항에 따라 견인차량과 인력 등을 지원한 자에게 비용을 지급할 수 있다.
제△△조(손실보상) 소방청장 또는 시·도지사는 다음 각 호의 어느 하나에 해당하는 자에게 손실보상을 하여야 한다.
  1. 제○○조 제1항에 따른 소방활동 종사로 인하여 사망하거나 부상을 입은 자
  2. 제□□조 제2항에 따른 처분으로 인하여 손실을 입은 자. 다만 법령을 위반하여 소방자동차의 통행과 소방활동에 방해가 된 경우는 제외한다.

① 화재가 발생한 건물의 소유자가 소방대장의 소방활동 종사명령에 따라 해당 건물에서 사람을 구출하는 일을 한 경우, 그는 소방활동의 비용을 지급받을 수 있다.
② 과실로 화재를 발생시킨 사람이 소방대장의 소방활동 종사명령에 따라 불을 끄는 일을 하던 중 부상을 입은 경우, 그는 손실보상을 받을 수 없다.
③ 소방대장은 사람을 구출하기 위하여 필요할 때에는 불이 번질 우려가 있는 토지의 사용을 일시적으로 제한할 수 있다.
④ 소방대장이 화재진압을 위한 소방자동차의 긴급 출동에 방해가 되는 불법 주차 차량을 이동시키던 중 그 차량이 파손된 경우, 해당 차량을 주차한 소유자는 손실보상을 받는다.
⑤ 소방청장은 소방대장의 요청에 따라 견인차량을 지원한 자에게 견인비용을 지급하여야 한다.

문 14. 다음 글을 근거로 판단할 때, <보기>에서 옳은 것만을 모두 고르면?

甲기업은 A, B 두 개의 공장을 가지고 있으며, 두 공장에서 같은 제품을 생산한다. A에서는 제품 생산을 위해 설비를 가동하는 데 1일 100만 원의 가동비용이 발생하며, 제품 1개를 생산할 때마다 1만 원의 비용이 소요된다. B에서는 가동비용이 발생하지 않으며, 제품 1개를 생산할 때마다 2만 원의 비용이 소요된다. A, B 모두 하루에 각각 최대 150개까지 제품 생산이 가능하다. 甲기업은 최소 비용으로 1일 목표 생산량 Q개를 달성하도록 생산량을 A, B에 배분한다.

<보기>

ㄱ. Q가 120이라면 A에서만 생산해야 한다.
ㄴ. Q가 200이라면 B에서 150개를 생산해야 한다.
ㄷ. Q가 200일 때, A의 가동비용이 1일 50만 원으로 감소해도 A, B에 대한 배분량은 달라지지 않는다.

① ㄱ
② ㄴ
③ ㄱ, ㄷ
④ ㄴ, ㄷ
⑤ ㄱ, ㄴ, ㄷ

문 15. 다음 글을 근거로 판단할 때 옳은 것은?

甲도는 A~E 총 5개 지역으로 이루어져 있으며, 각 지역의 인구는 서로 다르다. 甲도는 건강행태에 대한 전수조사를 매년 실시하고 있다. 조사하는 지표 중 하나인 건강생활실천율은 거주자 중 금연, 절주, 걷기를 모두 실천하는 사람의 비율이다. 지역별 건강생활실천율은 다음과 같다.

지역	A	B	C	D	E
건강생활실천율(%)	35	30	25	30	30

① A지역에서 금연, 절주, 걷기를 실천하는 사람의 비율이 각각 2%p씩 높아지면 건강생활실천율도 2%p 높아진다.
② 건강생활실천율이 증가하려면 금연, 절주, 걷기를 실천하는 사람의 비율 중 가장 낮은 값이 증가해야만 한다.
③ 금연과 절주를 동시에 실천하는 사람의 비율은 B지역이 C지역보다 높다.
④ D지역에서 걷기를 실천하는 사람의 비율은 최소 30%이다.
⑤ 甲도의 건강생활실천율은 30%이다.

문 16. ② 930,000원

문 17. ① A우체국 팀장 / B우체국 국장

문 18. ① A

문 19. 다음 글과 〈상황〉을 근거로 판단할 때, A부서의 1개월치 월세 지원액의 합은?

> A부서는 거주지와 근무지가 멀리 떨어져 있어 출퇴근에 어려움을 겪는 직원에게 매달 월세를 지원한다.
> ○ 지원 대상은 주택을 소유하지 않은 직원 중, 거주지와 근무지 간 편도 거리가 50km 이상이거나 통근 시간이 1시간 이상인 직원이다.
> ○ 지원액은 아래의 지급기준에 따라 지원 대상자 본인의 월세를 초과하지 않는 범위 내에서 최대로 한다. 단, 복수의 지급기준에 해당하는 경우에는 더 높은 지원 한도액을 적용한다.

지급기준	지원 한도액
장애, 질병 등으로 출퇴근에 어려움이 있는 자	35만 원
신규임용일로부터 3년이 지나지 않은 자	25만 원
그 이외의 자	20만 원

〈상황〉

A부서의 직원은 甲~戊이며, 이들의 정보는 아래와 같다. 이들 중 甲과 戊는 신규임용일로부터 3년이 지나지 않았으며, 乙은 질병으로 출퇴근에 어려움이 있다.

직원	거주지와 근무지 간 편도 거리	통근 시간	주택 소유 여부	월세
甲	50km	1시간 10분	○	45만 원
乙	45km	1시간	×	30만 원
丙	100km	1시간 30분	×	45만 원
丁	40km	50분	×	40만 원
戊	70km	1시간 40분	×	35만 원

① 70만 원
② 75만 원
③ 80만 원
④ 95만 원
⑤ 100만 원

문 20. 다음 글과 〈상황〉을 근거로 판단할 때, A~E 중 세무조사 대상으로 지정될 기업만을 모두 고르면?

> 甲부처는 2025년 7월 1일 현재, 세무조사 대상 기업을 지정하려고 한다. 아래 기준에 따라 기업 A~E의 점수를 매기고, 그 합산 점수가 7점을 초과하는 경우 세무조사 대상 기업으로 지정한다. 단, 최근 1년 내 세무조사를 받은 기업은 제외한다.
> ○ 전년도 매출액
> – 500억 원 미만: 1점
> – 500억 원 이상 5,000억 원 미만: 3점
> – 5,000억 원 이상: 5점
> ○ 최근 1년간 탈세 의심 민원 건수
> – 1건당 0.5점
> ○ 전년도 부실 거래 건수
> – 1건당 0.3점
> ○ 최근 5년 내 성실 납세 기업으로 선정된 경우 1점 감해 줌

〈상황〉

2025년 7월 1일 현재, 기업 A~E의 정보는 다음과 같다.

기업	전년도 매출액 (억 원)	최근 1년간 탈세 의심 민원(건)	전년도 부실 거래 (건)	성실 납세 기업 선정 연도	최근 1년 내 세무조사 여부
A	1,700	5	7	2021년	×
B	480	10	4	2017년	×
C	6,250	6	2	2022년	○
D	3,000	7	5	2023년	×
E	5,000	3	3	2010년	×

① A, D
② B, D
③ B, E
④ A, C, E
⑤ B, D, E

문 21. 다음 글을 근거로 판단할 때, 甲의 셔츠의 최소 벌수는?

> 매일 아침 甲은 세탁소에서 찾아온 셔츠를 한 벌 꺼내 입는다. 그는 입었던 셔츠를 한데 모아 놓았다가 매주 월요일 점심에 세탁소에 모두 맡기고 온다. 매주 월요일 저녁에는 세탁이 다 된 셔츠를 세탁소에서 찾아온다. 셔츠 세탁에는 일주일이 소요되므로 찾아오는 셔츠는 그 전주 월요일 점심에 맡겼던 셔츠이다. 단, 세탁소에 다녀올 때는 그날 아침에 꺼내 입은 셔츠를 입는다.

① 7
② 8
③ 14
④ 15
⑤ 16

문 22. 다음 글을 근거로 판단할 때 옳은 것은?

> 甲~丁 4명은 동물카드를 이용한 게임을 하려 한다. 동물카드의 종류에는 사자, 불곰, 얼룩말, 하이에나 카드가 있으며, 승부를 정하는 방법은 다음과 같다.
> ○ 사자 카드는 얼룩말 카드를 이긴다.
> ○ 불곰 카드는 사자 카드를 이긴다.
> ○ 얼룩말 카드는 하이에나 카드를 이긴다.
> ○ 하이에나 카드는 사자 카드를 이긴다.
> ○ 그 외 카드 조합은 무승부로 한다.
>
> 甲~丁은 서로 다른 동물카드를 한 장씩 나누어 가졌으며, 다음과 같은 대화를 나누었다.
> 甲: 나는 丁과 겨루면 지게 돼.
> 乙: 내가 丁과 겨루면 이겨.
> 丙: 나와 丁이 겨루면 무승부야.

① 甲의 카드는 얼룩말 카드이다.
② 乙의 카드는 하이에나 카드이다.
③ 丙의 카드는 불곰 카드이다.
④ 丁의 카드는 사자 카드이다.
⑤ 甲~丁이 가지고 있는 카드는 어느 것도 확정할 수 없다.

문 23. 다음 글과 〈상황〉을 근거로 판단할 때, 甲이 받을 새로운 식권의 개수는?

> A부처의 구내식당에서는 점심 가격이 상승하여 기존 식권을 4,500원과 5,500원 두 종류의 새로운 식권으로 교환해 주고 있다. 교환할 때에는 식권의 종류에 상관없이 기존 식권의 총액과 새로운 식권의 총액이 동일하도록 교환한다. 그럴 수 없는 경우, 최소의 추가 금액을 결제하여 교환한다.

〈상황〉

> 甲은 기존 4,000원 식권 6장과 5,000원 식권 7장을 가지고 있다. 甲은 자신이 가진 모든 식권을 한 번에 교환하려고 한다.

① 10
② 11
③ 12
④ 13
⑤ 14

문 24. 다음 글을 근거로 판단할 때, 씨앗 A~D의 싹이 튼 순서로 옳은 것은?

> 찬우는 봄을 맞이하여 네 종류의 씨앗(A~D)을 화단에 심었다. 화단에 심은 씨앗의 싹이 트는 조건은 각각 아래와 같다.
> 씨앗 A: 이틀 연속 날이 맑으면 다음 날에 싹이 튼다.
> 씨앗 B: 맑은 날 다음 날에 싹이 튼다.
> 씨앗 C: 비가 온 날이 총 사흘이 된 다음 날에 싹이 튼다.
> 씨앗 D: 이틀 연속 비가 오면 다음 날에 싹이 튼다.
>
> 찬우는 4월 1일 0시에 A~D를 하나씩 심었고, 이후 7일 동안 날짜별로 싹이 튼 씨앗의 개수는 다음과 같다.
>
> | 4월 1일 | 4월 2일 | 4월 3일 | 4월 4일 | 4월 5일 | 4월 6일 | 4월 7일 |
> |---|---|---|---|---|---|---|
> | 0 | 1 | 0 | 1 | 0 | 1 | 1 |
>
> ※ 이 기간에 맑은 날은 내내 맑았고, 비가 온 날은 내내 비가 왔다.

① A-B-D-C
② B-A-C-D
③ B-A-D-C
④ B-D-A-C
⑤ B-D-C-A

문 25. 다음 글과 〈상황〉을 근거로 판단할 때, 올해 A기업의 1~3분기 안전평가에서 '보완' 등급이 부여된 횟수는?

A기업에서는 매 분기 전체 5개 부서 중 3개 이상의 부서를 대상으로 안전평가를 실시하여 '우수' 또는 '보완' 등급을 부여한다. 안전평가 대상은 직전 분기 안전평가에서 보완 등급을 받은 부서이다. 다만 직전 분기에 보완 등급을 받은 부서가 2개 이하인 경우, 안전평가를 받은 지 오래된 순서대로 부서를 추가하여 평가한다.

〈상황〉

A기업은 올해 1월 초, 4월 초, 7월 초에 각각 1, 2, 3분기 안전평가를 실시하였다. 아래는 A기업의 서로 다른 부서에 속해 있는 5명(甲~戊)의 7월 말 대화이다.

甲: 이번 달 안전평가에서 3개 부서가 우수 등급을 받았대.
乙: 우리 부서는 1월 안전평가에서 우수 등급을 받았어.
丙: 우리 부서는 1월에 안전평가를 받지 않았어.
丁: 올해 우리 부서는 안전평가를 받지 않았어.
戊: 우리 부서는 매 분기마다 안전평가를 받았어.

① 1
② 2
③ 3
④ 4
⑤ 5

제3영역 자료해석

문 1. 다음은 '갑'~'무'선수의 A퍼즐 대회 결과와 종합점수 산정 방법에 관한 자료이다. 이를 근거로 판단할 때, '갑'~'무' 중 종합점수가 가장 높은 선수는?

① 갑
② 을
③ 병
④ 정
⑤ 무

문 2. 다음 〈표〉는 2017~2023년 '갑'시의 유치원 현황에 관한 자료이다. 이에 대한 〈보기〉의 설명 중 옳은 것만을 모두 고르면?

〈표〉 2017~2023년 '갑'시의 유치원 현황
(단위: 개, 명)

연도	유치원수	원아수	교원수
2017	427	44,009	3,042
2018	430	42,324	3,095
2019	423	39,373	2,853
2020	403	38,319	2,920
2021	399	36,170	2,891
2022	396	35,427	2,909
2023	393	34,777	3,042

〈상황〉

ㄱ. 2018년 교원 1인당 원아수는 10명 이상이다.
ㄴ. 전년 대비 증감 방향은 유치원수와 원아수가 매년 동일하다.
ㄷ. 2017년 대비 2023년 원아수는 20% 이상 감소한다.

① ㄱ
② ㄴ
③ ㄷ
④ ㄱ, ㄷ
⑤ ㄱ, ㄴ, ㄷ

문 3. 다음은 2022년과 2023년 '갑'시의 민원건수에 관한 자료이다. 제시된 <표> 이외에 <보고서>를 작성하는 데 사용되지 않은 자료는?

<표> 2022년과 2023년 '갑'시의 월별 민원건수

(단위: 건)

연도 월	2022	2023
1	10,639	9,834
2	9,163	9,595
3	9,464	12,025
4	9,939	11,417
5	10,879	12,365
6	10,597	12,422
7	11,064	13,961
8	11,186	14,281
9	11,222	13,393
10	11,516	12,890
11	11,324	11,991
12	9,873	11,771

─────<보고서>─────

2023년 '갑'시의 전체 민원건수는 145,945건으로 전년 126,866건 대비 15% 이상 증가하였다. 2023년 월별 민원건수는 8월에 가장 많았고, 1월을 제외하고 매월 전년 동월 대비 증가하였다.
2023년 분야별로는 '교통' 분야의 민원건수가 가장 많았고, 다음으로 '도로', '행정' 분야 순으로 많았다. 특히, 민원건수 상위 3개 분야가 전체 민원건수의 75% 이상을 차지하였다.
2023년 지역별로는 A지역의 민원건수가 60,433건으로 '갑'시 전체 민원건수의 40% 이상을 차지하였으며, B지역의 민원건수는 35,904건으로 그 뒤를 따랐다. B지역의 인구 100명당 민원건수는 30건 이상으로 '갑'시에 속한 A~E지역 중 가장 많았다.
2023년 '갑'시 민원의 상위 10대 키워드에는 '불법주정차', '어린이 보호구역' 등 교통법규 관련 키워드와 '철도역 신설', '버스노선 신설' 등 교통환경 관련 키워드, 그리고 '소음', '악취' 등 주거환경 관련 키워드가 포함되었다.

① 2023년 '갑'시의 지역별 인구

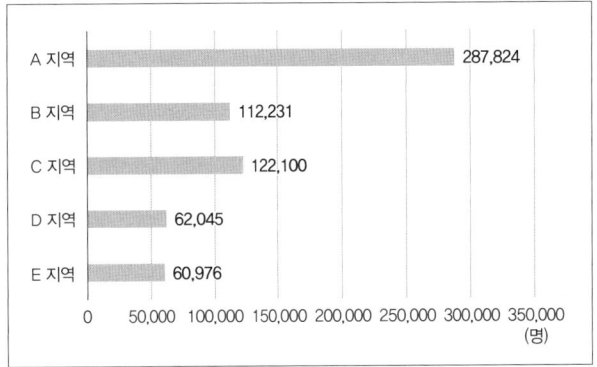

② 2023년 '갑'시의 분야별 민원건수 비중

③ 2023년 '갑'시 민원의 상위 10대 키워드

순위	키워드
1	불법주정차
2	어린이 보호구역
3	장애인 전용구역
4	친환경차 충전구역
5	철도역 신설
6	버스노선 신설
7	소음
8	고속도로 개발
9	악취
10	소각장 폐쇄

④ 2023년 '갑'시의 지역별 민원건수

(단위: 건)

지역	A	B	C	D	E
민원건수	60,433	35,904	26,852	12,399	10,357

⑤ 2022년 대비 2023년 '갑'시의 민원건수 증가 및 감소 분야

증가 분야	감소 분야
교통 도로 행정	보건 세무 교육

문 4. 다음은 2024년 '갑'국의 공적개발원조에 대한 국민인식 조사 보고서이다. <보고서>를 작성하는 데 사용되지 않은 자료는?

<보고서>

2024년 '갑'국 국민 1,200명을 대상으로 공적개발원조에 대한 인식을 조사했다. 공적개발원조에 대해 알고 있다는 응답자 비율은 83.8%이고 2021년 이후 증가 추세에 있는 것으로 나타났다. 공적개발원조 관련 정보를 접한 경로로는 'TV 또는 라디오'로 응답한 비율이 가장 높았고, '신문'과 '동영상 플랫폼'이 그 뒤를 이었다. 공적개발원조 제공에 대한 찬반조사 결과를 보면 찬성 비율은 77.8%로 반대 비율보다 높았으며, 특히 여성이 남성보다 찬성 비율이 높게 나타났다.

2024년 공적개발원조 규모에 대한 의견으로는 '부족함'이 48.0%, '적정함'이 31.2%, '과다함'이 20.8%로 나타났다. '갑'국의 2024년 공적개발원조 규모가 과다하다고 응답한 이유로는 '현재 경제상황이 나쁘기 때문에'라는 답변이 46.8%로 가장 많았고, '원조가 어떻게 사용되는지 모르기 때문에'라는 답변이 24.0%로 그 뒤를 이었다. 이에 따라, 공적개발원조 관련 교육의 확대 필요성이 대두되고 있다.

① 2020~2024년 공적개발원조에 대해 알고 있다는 응답자 비율

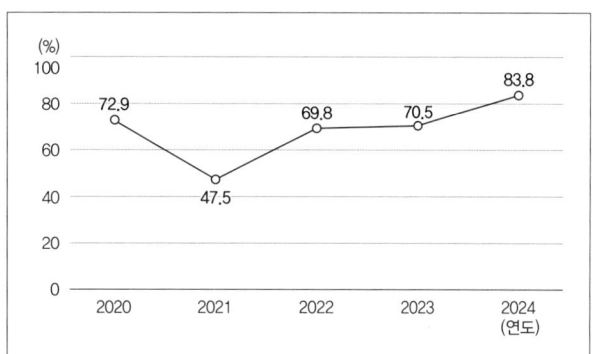

② 2024년 공적개발원조 규모에 대한 의견

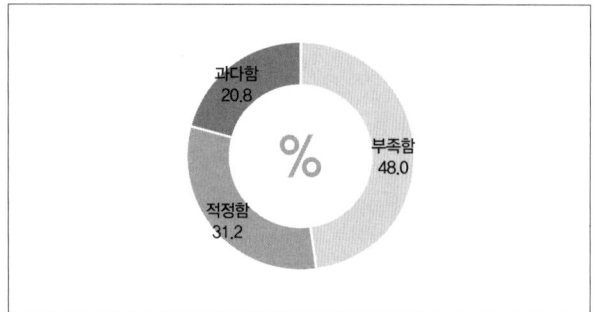

③ 2024년 공적개발원조 제공에 대한 찬반조사 결과

(단위: %)

구분 성별	찬성		반대	
	매우 찬성한다	약간 찬성한다	약간 반대한다	매우 반대한다
전체	15.0	62.8	16.8	5.4
남성	18.3	55.6	19.2	6.9
여성	11.5	70.6	14.1	3.8

④ 2024년 공적개발원조 관련 교육 경로에 대한 선호도(중복응답)

⑤ 2024년 공적개발원조 관련 정보를 접한 경로

문 5. 다음 〈표〉는 2024년 '갑'국 원자력발전소 A~D의 발전량에 관한 자료이다. 이를 근거로 A~D를 이용률이 가장 높은 원자력발전소부터 순서대로 바르게 나열한 것은?

〈표〉 2024년 '갑'국 원자력발전소 A~D의 발전량 현황

(단위: GWh)

구분 원자력발전소	실제 발전량	최대 발전량
A	4,000	5,000
B	( )	9,000
C	6,000	( )
D	9,000	12,000
합계	26,000	35,000

※ 이용률(%) = $\frac{실제\ 발전량}{최대\ 발전량} \times 100$

① A, B, C, D
② A, B, D, C
③ A, C, B, D
④ B, A, C, D
⑤ B, A, D, C

문 6. 다음 〈표〉는 '갑' 연구소가 지역별 커피 원두를 항목별로 평가한 결과이다. 이에 대한 설명으로 옳은 것은?

〈표〉 지역별 커피 원두의 항목별 평가결과

지역	원두	향	산미	단맛	쓴맛	바디감
아시아	인도네시아 자바	●●●●●	●●●●○	●●●●○	●●●●○	●●●●●
	인도네시아 만델링	●●●●○	●●●●○	●●●●○	●●●●○	●●●●●
	인도네시아 발리 칸타마니	●●●●○	●●●●○	●●●●○	●●●○○	●●●●○
	인도네시아 토리자	●●●●○	●●●○○	●●●○○	●●●●○	●●●●○
	인도 몬순드 말리바	●●●●○	●●●○○	●●●○○	●●●●○	●●●●○
아메리카	콜롬비아 슈프리모	●●●●○	●●●●○	●●●●○	●●●●○	●●●●○
	과테말라 SHB	●●●●○	●●●●○	●●●●○	●●●●○	●●●○○
	도미니카 AA	●●●○○	●●●●○	●●●●○	●●●○○	●●●○○
	브라질 산토스	●●●●○	●●●○○	●●●●○	●●●○○	●●●●○
	페루 HB GRADE1	●●●●●	●●●●○	●●●●○	●●●●○	●●●●○
아프리카	에티오피아 예가체프	●●●●●	●●●●●	●●●●○	●●●●○	●●●●○
	르완다 AB+	●●●●○	●●●●●	●●●○○	●●●●○	●●●●○
	짐바브웨 AA+	●●●●○	●●●●○	●●●●○	●●●●○	●●●●○
	케냐 AA	●●●●●	●●●●●	●●●●○	●●●●○	●●●●○

※ 1) ●(○)는 1(0)점을 나타내며, 항목별로 ● 1개당 1점을 부여하여 5점 척도로 항목별 평가점수를 계산함.
   2) 종합 평가점수는 항목별 평가점수의 합임.

① '단맛'으로 원두를 비교할 때 가장 높은 점수를 받은 원두는 아프리카 지역의 원두이다.
② 아프리카 지역의 원두는 모두 '향' 평가점수가 '단맛' 평가점수보다 높다.
③ 아메리카 지역은 '바디감'으로 원두를 비교할 때 가장 낮은 점수를 받은 원두가 '향'으로 원두를 비교할 때도 가장 낮은 점수를 받았다.
④ 아시아 지역은 '산미'로 원두를 비교할 때 가장 높은 점수를 받은 원두가 종합 평가점수도 가장 높다.
⑤ 각 지역에서 종합 평가점수가 가장 높은 원두의 종합 평가점수는 모두 같다.

문 7. 다음 〈표〉는 업체 A~E가 제출한 국립묘지 관리사업 제안서를 평가한 결과이고, 〈대화〉는 '갑'업체의 평가결과에 대한 팀장과 주무관 사이의 대화 내용이다. 이를 근거로 판단할 때, A~E 중 '갑'에 해당하는 업체는?

〈표〉 업체 A~E의 국립묘지 관리사업 제안서 평가결과
(단위: 점)

평가항목	제안개요		제안업체 일반현황		사업수행계획		총점
세부항목 업체	제안요청서 부합성	사업 이해도	조직 관리능력	지식·기술능력	세부 계획	사후 관리	
A	4	10	6	14	32	10	76
B	8	6	10	12	24	8	68
C	6	4	8	16	34	2	70
D	8	6	4	20	36	8	82
E	10	6	10	16	28	6	76

※ 평가항목 점수는 해당 평가항목에 속한 세부항목 점수의 합이며, 총점은 각 평가항목 점수의 합임.

〈대화〉
- 이번 국립묘지 관리사업 제안서 평가는 어떻게 되었나요? 5개 업체가 입찰에 참여했는데, '갑' 업체부터 평가결과를 요약해주세요.
- 네, '갑' 업체의 평가결과에 대해 말씀드리겠습니다.
- 먼저 '제안개요' 평가항목 점수를 보면 14점 이상으로 나타났습니다.
- 다음으로 '제안업체 일반현황'의 평가항목 점수는 최소 기준인 20점 이상이었고, 두 세부항목 간 점수 차이도 10점 미만이었습니다.
- 마지막으로 '사업수행계획'의 평가항목 점수는 총점의 50% 이상이었습니다.

① A
② B
③ C
④ D
⑤ E

문 8. 다음 〈표〉는 2024년 '갑'국 기관 A~D의 재직자 교육 프로그램에 대한 만족도 조사 결과이다. 〈표〉와 〈조건〉을 근거로 A~D에 해당하는 기관을 바르게 연결한 것은?

〈표〉 기관 A~D의 재직자 교육 프로그램 만족도
(단위: 명, 점)

기관	참여자	교육환경 만족도	내용 만족도	강사 만족도
A	190	4.2	4.1	4.3
B	120	3.9	4.0	3.8
C	180	4.6	4.8	4.1
D	150	3.8	3.6	3.9

※ A~D는 문화청, 발명청, 세무청, 자료청 중 하나임.

〈조건〉
○ '강사 만족도'가 '교육환경 만족도'보다 높은 기관은 발명청과 세무청이다.
○ '내용 만족도'는 자료청이 세무청보다 높다.
○ '참여자'는 문화청이 자료청보다 많다.

	A	B	C	D
①	문화청	세무청	발명청	자료청
②	발명청	문화청	자료청	세무청
③	발명청	자료청	문화청	세무청
④	세무청	문화청	자료청	발명청
⑤	세무청	자료청	문화청	발명청

문 9. 다음 〈표〉는 2024년 '갑'국의 전력수급 현황에 관한 자료이다. 이에 대한 〈보기〉의 설명 중 옳은 것만을 모두 고르면?

〈표〉 '갑'국의 전력수급 현황

(단위: TWh)

구분	수도권	비수도권	A지역	B지역	C지역	D지역	전국
발전량	144.4	450.3	33.9	114.1	222.0	80.3	594.7
소비량	214.8	333.1	17.3	92.9	151.2	71.7	547.9

※ 전력자급률(%) = $\frac{발전량}{소비량} \times 100$

〈보기〉

ㄱ. 수도권 소비량은 전국 소비량의 40% 이상이다.
ㄴ. 전력자급률은 A지역이 수도권의 2배 이상이다.
ㄷ. C지역 발전량과 D지역 발전량의 합은 전국 발전량의 50% 이상이다.
ㄹ. B~D 각 지역의 전력자급률은 150% 이상이다.

① ㄱ, ㄴ
② ㄱ, ㄹ
③ ㄴ, ㄷ
④ ㄴ, ㄹ
⑤ ㄷ, ㄹ

문 10. 다음 〈표〉는 2021~2024년 '갑'국 제조업의 산업군별 재고지수 및 출하지수에 관한 자료이다. 이에 대한 〈보기〉의 설명 중 옳은 것만을 모두 고르면?

〈표〉 2021~2024년 산업군별 재고지수 및 출하지수

연도	지수	고위기술산업군	중고위기술산업군	중저위기술산업군	저위기술산업군
2021	재고지수	102.9	80.0	89.9	91.8
	출하지수	96.2	102.8	116.7	108.5
2022	재고지수	106.6	91.4	93.8	90.0
	출하지수	92.2	107.1	111.6	107.3
2023	재고지수	112.2	98.9	96.4	95.9
	출하지수	93.4	106.0	106.4	104.7
2024	재고지수	95.0	97.7	97.5	94.9
	출하지수	93.8	104.6	105.9	103.7

※ 1) 산업군은 '고위기술산업군', '중고위기술산업군', '중저위기술산업군', '저위기술산업군'으로만 구성됨.
 2) 재고(출하)지수는 기준연도 2020년의 재고(출하)량을 100으로 할 때, 해당 연도 재고(출하)량의 상대적인 값임.
 3) 연도별 재고율(%) = $\frac{해당 연도의 재고지수}{해당 연도의 출하지수} \times 100$

〈보기〉

ㄱ. 2020년 이후 출하지수의 연도별 증감 방향이 '저위기술산업군'과 동일한 산업군은 '중저위기술산업군'뿐이다.
ㄴ. 기준연도를 2024년으로 변경한다면, 모든 산업군별 재고지수는 매년 각각 100 이상이 된다.
ㄷ. 재고율이 매년 100% 이상인 산업군은 '고위기술산업군'뿐이다.

① ㄱ
② ㄴ
③ ㄱ, ㄷ
④ ㄴ, ㄷ
⑤ ㄱ, ㄴ, ㄷ

문 11. 다음 〈표〉는 통산 승점 기준 상위 9개 국가의 역대 FIFA 월드컵 본선 성적에 관한 자료이다. 이에 대한 〈보기〉의 설명 중 옳은 것만을 모두 고르면?

〈표〉 통산 승점 기준 상위 9개 국가의 역대 FIFA 월드컵 본선 성적

순위	국가	통산 승점	경기수	승리	무승부	패배
1	브라질	247	114	76	19	19
2	독일	225	112	68	21	23
3	아르헨티나	158	88	47	17	24
4	이탈리아	156	83	45	21	17
5	프랑스	131	73	39	14	20
6	잉글랜드	118	74	32	22	20
7	스페인	110	67	31	17	19
8	네덜란드	104	55	30	14	11
9	우루과이	88	59	25	13	21

※ 1) 평균 승점 = $\frac{통산 승점}{경기수}$

2) 승률 = $\frac{승리 경기수}{경기수}$

〈보기〉
ㄱ. 순위 8위 이내 국가 중 승률이 0.5 이하인 국가는 2개이다.
ㄴ. 순위가 높은 국가일수록 평균 승점이 높다.
ㄷ. 경기수 중 무승부 경기수의 비중은 독일이 잉글랜드보다 크다.

① ㄱ
② ㄴ
③ ㄷ
④ ㄱ, ㄴ
⑤ ㄱ, ㄷ

문 12. 다음 〈표〉는 '갑'국의 '환경친화적 자동차 구매목표제' 시행에 따른 민간부문과 공공부문의 구매실적에 관한 자료이다. 이를 근거로 작성한 〈보고서〉의 (가)~(다)에 해당하는 내용을 바르게 연결한 것은?

〈표 1〉 2024년 민간부문 구매실적
(단위: 대)

업종구분	차종	하이브리드차	전기차	수소차	합계
공시대상기업집단		6,333	8,771	( )	15,177
자동차대여사업자		9,393	7,537	6	16,936
시내버스운송사업자		0	399	( )	407
일반택시운송사업자		0	64	0	64
화물자동차 운수사업자	우수물류	4	68	0	72
	택배서비스	7	62	0	69
전체		15,737	16,901	87	32,725

〈표 2〉 2019~2024년 공공부문 구매실적
(단위: 대)

연도 \ 차종	하이브리드차	전기차	수소차	합계
2019	833	2,104	61	2,998
2020	1,135	1,486	20	2,641
2021	1,916	2,366	109	4,391
2022	3,422	1,307	136	4,865
2023	682	2,813	174	3,669
2024	307	2,939	95	3,341

※ 환경친화적 자동차는 하이브리드차, 전기차, 수소차뿐임.

〈보고서〉
'갑'국에서는 에너지 절감을 위한 '환경친화적 자동차 구매목표제'를 2019년부터 시행하고 있다. 2024년 민간부문과 공공부문 구매실적의 합이 가장 큰 차종은 (가) 였다.
2024년 민간부문의 업종구분별 구매실적을 보면, 자동차대여사업자는 하이브리드차를 가장 많이 구매하였고 그 외의 업종구분에서는 전기차를 가장 많이 구매하였다. 한편, 전기차 구매실적 대비 수소차 구매실적 비율이 가장 높은 업종구분은 (나) (으)로 나타났다.
2019~2024년 공공부문 구매실적을 보면, 하이브리드차의 공공부문 구매실적은 정책 시행 시작연도인 2019년부터 매년 증가하여 (다) 년에 최대가 되었다가 이후 매년 감소하였다.

	A	B	D
①	전기차	공시대상기업집단	2022
②	전기차	시내버스운송사업자	2022
③	전기차	시내버스운송사업자	2023
④	하이브리드차	공시대상기업집단	2023
⑤	하이브리드차	시내버스운송사업자	2023

문 13. 다음 〈그림〉은 배양기 A~J의 온도지수 및 습도지수이고, 〈표〉는 '갑'세포 생존지수에 따른 배양환경 유형에 관한 자료이다. 이를 근거로 A~J 중 배양환경 유형이 '주의'인 배양기만을 모두 고르면?

〈그림〉 배양기 A~J의 온도지수 및 습도지수

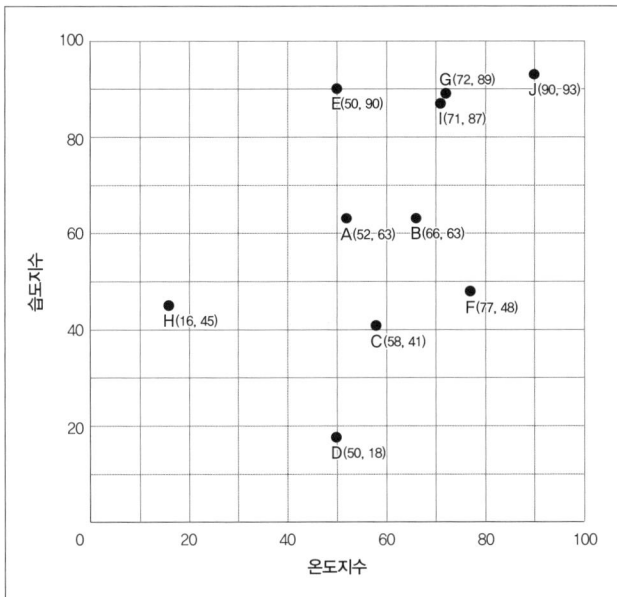

〈표〉 '갑'세포 생존지수에 따른 배양환경 유형

'갑'세포 생존지수	150 미만	150 이상 300 미만	300 이상 350 미만	350 이상
유형	양호	주의	경고	위험

※ '갑'세포 생존지수 = 3 × 온도지수 + 2 × 습도지수

① A, C, D
② B, E, F
③ C, D, H
④ E, G, I, J
⑤ A, B, C, D, F

문 14. 다음 〈보고서〉는 2022~2024년 A부처의 정부포상 실적에 관한 자료이다. 〈보고서〉의 내용과 부합하는 자료는?

─〈보고서〉─

A부처는 민간기관의 참여 활성화를 위해 매년 정부포상을 실시하고 있다. 정부포상은 「정부 표창 규정」에 따라 '대통령표창', '국무총리표창', 그리고 '장관표창'으로 구분되고, 2022~2024년 A부처의 연도별 정부포상 실적은 다음과 같다.

먼저, '대통령표창'과 '국무총리표창'은 포상분야 및 포상인원이 각각 매년 증가하였다. 특히 '국무총리표창'의 포상분야는 2024년이 2022년 대비 20% 이상 증가하였다. 2024년 정부포상을 포상분야 1개당 포상인원이 많은 표창부터 순서대로 나열하면 '장관표창', '국무총리표창', '대통령표창' 순이다.

① (단위: 개, 명)

연도	2022		2023		2024	
표창 \ 구분	포상분야	포상인원	포상분야	포상인원	포상분야	포상인원
대통령표창	8	24	12	26	15	27
국무총리표창	25	112	27	132	28	141
장관표창	41	253	37	281	39	277

② (단위: 개, 명)

연도	2022		2023		2024	
표창 \ 구분	포상분야	포상인원	포상분야	포상인원	포상분야	포상인원
대통령표창	8	21	12	25	9	27
국무총리표창	25	112	31	109	36	117
장관표창	44	253	43	281	45	297

③ (단위: 개, 명)

연도	2022		2023		2024	
표창 \ 구분	포상분야	포상인원	포상분야	포상인원	포상분야	포상인원
대통령표창	4	24	5	26	6	27
국무총리표창	25	112	27	132	30	141
장관표창	41	253	37	281	39	277

④ (단위: 개, 명)

연도	2022		2023		2024	
표창 \ 구분	포상분야	포상인원	포상분야	포상인원	포상분야	포상인원
대통령표창	8	21	9	25	9	27
국무총리표창	25	112	31	115	36	117
장관표창	44	281	43	253	45	257

⑤ (단위: 개, 명)

연도	2022		2023		2024	
표창 \ 구분	포상분야	포상인원	포상분야	포상인원	포상분야	포상인원
대통령표창	4	24	5	26	6	27
국무총리표창	25	129	31	132	36	141
장관표창	41	351	37	281	39	314

문 15. 다음 〈보고서〉는 2024년 '갑'국의 행정기관위원회에 관한 자료이다. 〈보기〉의 자료 중 〈보고서〉의 내용에 부합하는 것만을 모두 고르면?

─〈보고서〉─

2024년 '갑'국의 행정기관위원회는 총 590개이고, 이중 행정위원회가 40개, 자문위원회가 550개였다. 행정기관위원회를 소속별로 보면 부처 소속이 514개로 가장 많았고, 다음으로 국무총리, 대통령 소속 순이었다. 그리고 부처 소속 행정기관위원회는 2020년 이후 매년 전체 행정기관위원회의 80% 이상을 차지한 것으로 나타났다.

2024년 행정기관위원회의 회의 개최 횟수를 살펴보면 4회 이상 회의를 개최한 행정기관위원회는 전체 행정기관위원회의 절반에도 미치지 못했다. 특히 회의를 한 번도 개최하지 않은 행정기관위원회는 69개로 나타났다.

2024년 행정기관위원회를 예산규모별로 보면 예산이 5천만 원을 초과한 행정기관위원회는 전체 행정기관위원회의 20%에도 미치지 못했다. 특히 예산이 미편성된 행정기관위원회가 전체 행정기관위원회의 55%를 넘었다.

─〈보기〉─

ㄱ. 2020~2024년 행정기관위원회 중 행정위원회 비중

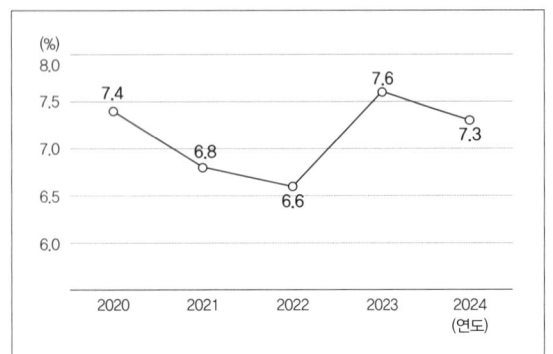

ㄴ. 2020~2024년 소속별 행정기관위원회 수

ㄷ. 2024년 회의 개최 횟수별 행정기관위원회 수

(단위: 개)

회의 횟수	0회	1회	2회	3회	4회	5~10회	11~20회	21회 이상	전체
위원회 수	69	88	78	55	62	101	59	78	590

ㄹ. 2024년 예산규모별 행정기관위원회 수

(단위: 백만 원, 개)

예산 규모	미편성	0 초과 10 이하	10 초과 50 이하	50 초과 200 이하	200 초과 1,000 이하	1,000 초과
위원회 수	336	71	90	60	27	6

① ㄱ, ㄴ
② ㄱ, ㄷ
③ ㄱ, ㄹ
④ ㄴ, ㄷ
⑤ ㄴ, ㄹ

문 16. 다음 〈표〉는 2022년과 2023년 A국의 중고차 수출량에 관한 자료이다. 〈표〉와 〈조건〉을 근거로 판단할 때, 2023년 A국의 중고차 수출량 기준 상위 10개 수출대상국 중 '갑'국에 해당하는 국가는?

〈표〉 2023년 A국의 중고차 수출량 기준 상위 10개 수출대상국으로의 2022년과 2023년 중고차 수출량

(단위: 대)

순위	수출대상국	2023	2022
1	리비아	150,087	54,826
2	이집트	58,534	37,197
3	튀르키예	48,501	21,689
4	요르단	30,865	40,762
5	키르기스스탄	30,734	13,741
6	아제르바이잔	17,584	7,675
7	아랍에미리트연합	16,777	7,137
8	타지키스탄	15,758	12,000
9	알바니아	13,752	1,811
10	몽골	10,735	5,491
	A국 전체	502,028	303,416

〈조건〉

○ 2023년 A국 전체 중고차 수출량에서 '갑'국으로의 중고차 수출량이 차지하는 비중은 10% 이하이다.
○ A국 전체 중고차 수출량에서 '갑'국으로의 중고차 수출량이 차지하는 비중은 2023년이 2022년보다 크다.
○ 2021년 대비 2022년 A국에서 '갑'국으로의 중고차 수출량 증가율이 20%라면, 2021년 A국에서 '갑'국으로의 중고차 수출량은 12,000대 이상이다.

① 리비아
② 요르단
③ 키르기스스탄
④ 타지키스탄
⑤ 튀르키예

문 17. 다음 〈표〉는 2024년 '갑'시 A~D지역의 도로 현황에 관한 자료이다. 이에 대한 설명으로 옳지 않은 것은?

〈표〉 2024년 '갑'시 A~D지역의 도로 현황

(단위: km, km², %)

구분 지역	도로 연장	도로 면적	시가화 면적	도로율
A	323	3.43	11.79	29.1
B	330	3.20	13.85	23.1
C	442	5.80	( )	22.2
D	257	2.35	( )	23.9

※ 1) '갑'시는 A~D지역으로만 구성됨.
2) 도로율(%) = $\dfrac{\text{도로 면적}}{\text{시가화 면적}} \times 100$

① '도로 연장'당 '도로 면적'은 A지역이 D지역보다 크다.
② B지역의 '도로 연장'은 '갑'시 '도로 연장'의 25% 이상이다.
③ '도로율'이 가장 낮은 지역은 '시가화 면적'이 가장 크다.
④ D지역의 '시가화 면적'은 10km^2 이하이다.
⑤ '갑'시의 '시가화 면적'은 50km^2 이상이다.

문 18. 다음 〈표〉는 2020~2024년 A시의 빛공해 민원건수에 관한 자료이다. 이에 대한 설명으로 옳은 것은?

〈표 1〉 피해유형별 빛공해 민원건수

(단위: 건)

피해유형\연도	수면방해	생활불편	눈부심	심리불안	전체
2020	2,014	217	177	5	2,413
2021	2,096	294	167	20	2,577
2022	1,490	388	264	26	2,168
2023	1,107	354	333	50	1,844
2024	885	502	390	57	1,834
계	7,592	1,755	1,331	158	10,836

〈표 2〉 조명종류별 빛공해 민원건수

(단위: 건)

조명종류\연도	공간조명	광고조명	전광판조명	장식조명	기타	전체
2020	1,792	353	53	75	140	2,413
2021	1,768	464	82	55	208	2,577
2022	1,176	626	41	107	218	2,168
2023	829	560	44	120	291	1,844
2024	827	522	90	101	294	1,834
계	6,392	2,525	310	458	1,151	10,836

① 장식조명 민원건수가 전년 대비 증가한 모든 해에는 전광판조명 민원건수도 전년 대비 증가한다.
② 2023년 공간조명으로 인한 수면방해 민원건수는 92건 이상이다.
③ 2021년 전체 민원건수 중 수면방해 민원건수의 비중은 85% 이상이다.
④ 눈부심 민원건수의 전년 대비 증가율은 2024년이 가장 높다.
⑤ 기타를 제외하고 매년 조명종류의 민원건수 순위는 동일하다.

문 19. 다음 〈표〉는 2023년 '갑'항구의 월별 컨테이너 물동량에 관한 자료이다. 이에 대한 〈보기〉의 설명 중 옳은 것만을 모두 고르면?

〈표〉 2023년 '갑'항구의 월별 컨테이너 물동량

(단위: 천 TEU)

월\구분	물동량	누적 물동량
1	273	273
2	229	( )
3	( )	( )
4	( )	( )
5	282	1,370
6	280	1,650
7	287	( )
8	( )	2,222
9	307	2,529
10	300	( )
11	312	3,141
12	( )	3,461

※ 1) 누적 물동량은 1월부터 해당 월까지의 물동량을 합한 값임.
2) 월평균 물동량은 1~12월 물동량의 합을 12(개월)로 나눈 값임.

〈보기〉
ㄱ. 8월 물동량은 7월 물동량보다 많다.
ㄴ. 1월 대비 12월 물동량의 증가율은 15% 이상이다.
ㄷ. 2023년 월평균 물동량보다 물동량이 많은 달은 5개 이상이다.

① ㄱ
② ㄴ
③ ㄷ
④ ㄱ, ㄴ
⑤ ㄴ, ㄷ

문 20. 다음은 '갑'국 공공기관 A~D의 예산액에 관한 자료이다. 이에 대한 〈보기〉의 설명 중 옳은 것만을 모두 고르면?

〈그림〉 2018~2023년 연도별 공공기관 예산액 중 A~D 예산액 비중

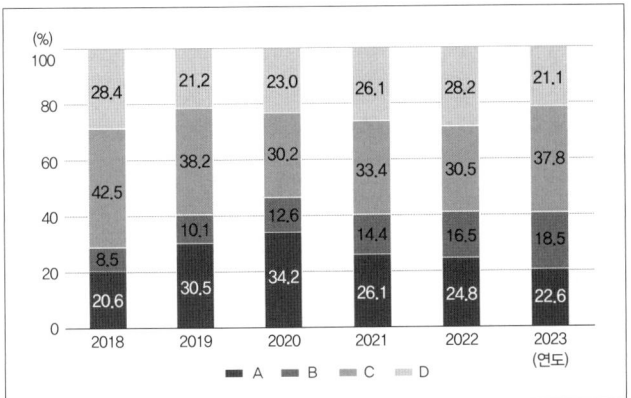

※ '갑'국 공공기관은 A~D뿐임.

〈표〉 2021~2023년 연도별 공공기관 A의 예산액

(단위: 억 원)

구분	연도	2021	2022	2023
일반관리비	인건비	139	160	135
	경비	70	88	80
사업비		443	581	( )
출연금		250	250	260
합계		902	1,079	1,129

※ 예산액은 일반관리비(인건비, 경비), 사업비, 출연금으로만 구성됨.

〈보기〉

ㄱ. 2018~2023년 동안 공공기관 예산액 중 B의 예산액 비중은 매년 1%p 이상 증가하였다.
ㄴ. 2023년 A는 사업비가 출연금의 3배 이상이다.
ㄷ. 2021~2023년 동안 A는 매년 인건비가 일반관리비의 60% 이상이다.
ㄹ. 2022년 C의 예산액은 전년 대비 증가하였다.

① ㄱ, ㄴ
② ㄱ, ㄷ
③ ㄴ, ㄹ
④ ㄱ, ㄷ, ㄹ
⑤ ㄴ, ㄷ, ㄹ

문 21. 다음은 '갑'국의 2024학년도와 2025학년도 대학입학시험 응시 현황에 관한 자료이다. 이를 근거로 A와 D에 해당하는 값을 바르게 연결한 것은?

〈보고서〉

2024학년도 대학입학시험 응시 현황을 살펴보면, 응시원서 접수 인원은 504,588명이었고, 응시 인원은 그중 88.2%에 해당하는 444,870명이었다. 응시원서 접수 인원 중 '재학생'은 326,646명, '졸업생 및 검정고시학력 인정자'는 177,942명이었다. 응시 인원 중 '재학생'은 287,502명, '졸업생 및 검정고시학력 인정자'는 157,368명으로, 각각 응시 인원의 64.6%, 35.4%를 차지하였다.

〈그림〉 2025학년도 대학입학시험 응시 현황

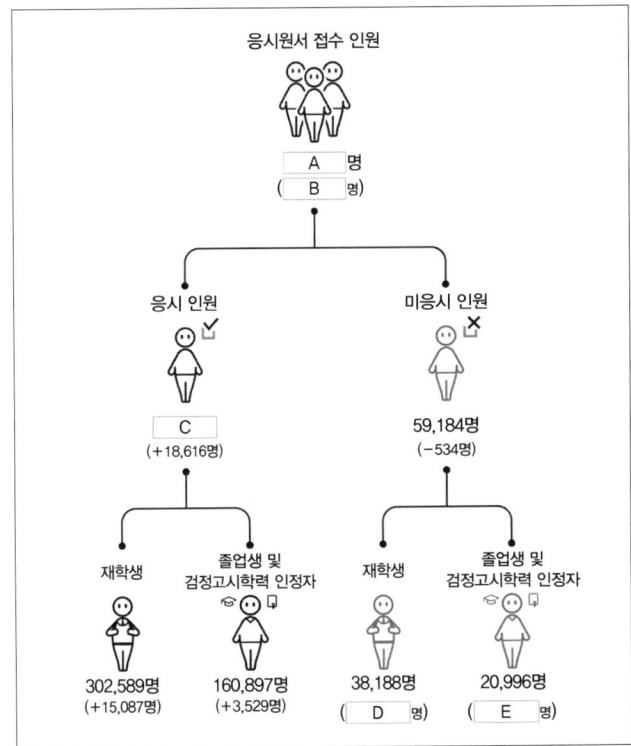

※ 1) ( ) 안의 수치는 2025학년도 인원에서 2024학년도 인원을 뺀 값임.
2) 응시원서 접수 인원은 '재학생', '졸업생 및 검정고시학력 인정자'로만 구분됨.

	A	B
①	522,670	-956
②	522,670	-926
③	522,670	422
④	523,738	-956
⑤	523,738	422

[22~23] 다음 〈표〉는 2025년 1월 A 도매점 및 B 소매점의 수산물 가격과 '갑'~'무'요리사가 1월 5주 B 소매점에서 구매한 수산물에 관한 자료이다. 다음 물음에 답하시오.

〈표 1〉 A 도매점의 주별 수산물 가격

(단위: 원/kg)

수산물 어종	상태	1	2	3	4	5	평균
고등어	냉장	7,700	7,300	6,200	6,900	6,700	6,960
	냉동	5,500	5,600	5,300	5,400	5,600	5,480
갈치	냉동	11,600	11,600	12,100	( )	( )	13,000
오징어	냉장	16,500	16,100	13,500	13,800	14,300	14,840
	냉동	12,300	12,900	14,300	13,900	13,600	13,400
명태	냉동	2,400	2,300	2,200	2,100	2,300	2,260
멸치	건조	14,300	14,200	12,800	12,900	12,800	13,400

〈표 2〉 B 소매점의 주별 수산물 가격

(단위: 원/kg)

수산물 어종	상태	1	2	3	4	5	평균
고등어	냉장	11,700	11,200	12,300	12,700	14,100	12,400
	냉동	12,200	13,500	11,500	11,400	12,800	12,280
갈치	냉동	15,200	15,700	13,600	( )	( )	14,000
오징어	냉장	26,700	24,800	26,300	25,300	26,400	25,900
	냉동	20,100	19,300	20,000	19,200	22,400	20,200
명태	냉동	5,700	5,400	5,500	5,400	6,100	5,620
멸치	건조	29,600	29,200	27,500	27,900	28,800	28,600

※ 1) A 도매점과 B 소매점은 제시된 수산물만 판매함.
2) 주별 수산물 가격은 해당 주 동안 일정함.
3) 평균은 1~5주 가격의 합을 5로 나눈 값임.

〈표 3〉 '갑'~'무' 요리사의 1월 5주 B 소매점 구매 수산물 및 총구매액

(단위: kg, 원)

수산물 어종	요리사 상태	갑	을	병	정	무
고등어	냉장	4	3	5	5	5
오징어	냉장	4	5	3	2	1
명태	냉동	2	2	2	3	4
총구매액		174,200	186,500	161,900	141,600	121,300

문 22. 위 〈표〉에 대한 〈보기〉의 설명 중 옳은 것만을 모두 고르면?

〈보기〉

ㄱ. 냉동 고등어 가격의 전주 대비 증감 방향은 A 도매점과 B 소매점이 동일하다.
ㄴ. 냉장 수산물 중 1주 가격 대비 3주 가격 증감률이 가장 큰 어종은 A 도매점과 B 소매점이 동일하다.
ㄷ. A 도매점이 B 소매점보다 주별 냉동 갈치 가격이 높은 주가 있다.

① ㄴ
② ㄷ
③ ㄱ, ㄴ
④ ㄱ, ㄷ
⑤ ㄴ, ㄷ

문 23. '갑'~'무'요리사가 〈표 3〉에서 구매한 수산물을 1월 5주에 A 도매점에서 구매한다면, 총구매액이 가장 큰 폭으로 감소하는 요리사는?

① 갑
② 을
③ 병
④ 정
⑤ 무

문 24. 다음은 주요 10개국의 인공지능(AI) 반도체 분야에 대한 국가별 기술점수 산정 방법과 결과에 관한 자료이다. 이에 대한 〈보기〉의 설명 중 옳은 것만을 모두 고르면?

〈국가별 기술점수 산정 방법〉

○ 해당 국가의 원점수는 '논문', '특허', '전문가 평가' 3가지 부문별로 집계한다.
○ 해당 국가의 변환점수는 3가지 부문별로 다음과 같이 산출한다.
  - 해당 부문에서 원점수가 가장 높은 국가 원점수 대비 해당 국가 원점수의 비율을 구한다.
  - 위 비율에 해당 부문 배점을 곱하여 변환점수를 산출한다. (단, 3가지 부문 배점의 합은 100점임)
○ 해당 국가의 기술점수는 3가지 부문 변환점수를 합하여 산정한다.

〈표〉 AI 반도체 분야 주요 10개국 기술점수

(단위: 점)

부문 점수 국가	논문		특허		전문가 평가		기술점수
	원점수	변환점수	원점수	변환점수	원점수	변환점수	
미국	511	6.7	4,104	20.0	1,000	70.0	96.7
중국	767	10.0	431	2.1	850	59.5	71.6
한국	153	2.0	248	1.2	835	58.5	61.7
영국	138	1.8	167	0.8	760	53.2	55.8
대만	45	0.6	22	0.1	770	53.9	54.6
이스라엘	14	0.2	117	0.6	760	53.2	54.0
일본	47	0.6	430	2.1	725	50.8	53.5
프랑스	56	0.7	143	0.7	710	49.7	51.1
독일	62	0.8	105	0.5	700	49.0	50.3
캐나다	73	1.0	85	0.4	680	47.6	49.0

※ 변환점수는 소수 둘째 자리에서 반올림한 값임.

〈보기〉

ㄱ. '전문가 평가' 부문 배점은 '논문'과 '특허' 부문 배점 합의 2배 이상이다.
ㄴ. 독일의 '논문' 부문 원점수만 50점 증가한다면, 기술점수는 독일이 프랑스보다 높아진다.
ㄷ. '논문'과 '특허' 부문 배점이 서로 바뀐다면, 기술점수는 이스라엘이 대만보다 높아진다.

① ㄱ
② ㄷ
③ ㄱ, ㄴ
④ ㄱ, ㄷ
⑤ ㄴ, ㄷ

문 25. 다음 〈표〉는 2024년 133개 국가를 대상으로 세계혁신지수(GII)를 조사하고 소득그룹별로 GII 기준 상위 10개 국가씩 나타낸 자료이다. 이에 대한 〈보기〉의 설명 중 옳은 것만을 모두 고르면?

〈표〉 2024년 소득그룹별 GII 기준 상위 10개 국가

소득그룹 (국가 수) 소득 그룹 내 순위	고소득(51)		중상소득(34)		중저소득(38)		저소득(10)	
	국가	GII 순위	국가	GII 순위	국가	GII 순위	국가	GII 순위
1	스위스	1	중국	11	인도	39	르완다	104
2	스웨덴	2	말레이시아	33	베트남	44	마다가스카르	110
3	미국	3	튀르키예	37	필리핀	53	토고	117
4	싱가포르	4	불가리아	38	우크라이나	60	우간다	121
5	영국	5	태국	41	이란	64	부룬디	127
6	대한민국	6	브라질	50	모로코	66	모잠비크	128
7	핀란드	7	세르비아	52	몽골	67	부르키나파소	129
8	네덜란드	8	인도네시아	54	요르단	73	에티오피아	130
9	독일	9	모리셔스	55	튀니지	81	말리	131
10	덴마크	10	멕시코	56	우즈베키스탄	83	니제르	132

※ 1) 조사 대상 133개 국가는 고소득그룹, 중상소득그룹, 중저소득그룹, 저소득그룹 중 하나로만 분류됨.
2) GII 순위는 133개 국가를 대상으로 부여되었으며 공동 순위는 없음.
3) 소득그룹 내 순위는 소득그룹별로 GII 순위가 높은 국가부터 순서대로 부여됨.

〈보기〉

ㄱ. GII 순위가 스위스보다 낮고 중국보다 높은 국가는 모두 고소득그룹 국가이다.
ㄴ. GII 순위 41위부터 50위까지 국가 중 고소득그룹 국가 수는 7개이다.
ㄷ. 마다가스카르보다 GII 순위가 낮으면서 저소득그룹이 아닌 국가 수는 14개이다.
ㄹ. 중상소득그룹과 중저소득그룹을 중소득그룹으로 묶으면, 필리핀의 중소득그룹 내 순위는 10위이다.

① ㄱ, ㄷ
② ㄱ, ㄴ, ㄷ
③ ㄱ, ㄴ, ㄹ
④ ㄱ, ㄷ, ㄹ
⑤ ㄴ, ㄷ, ㄹ

※ 수고하셨습니다.
※ 기출문제편 맨 마지막에 있는 OMR 카드에 마킹을 하세요.

2024년 7월 27일 시행

2024년도 국가공무원 7급 공개경쟁채용 및 국가공무원 5급 및 7급 민간경력자 일괄채용 필기시험

응시번호	
성 명	

문제책형
㉔ 책형

【시 험 과 목】

제1영역	언어논리
제2영역	상황판단
제3영역	자료해석

※ 2022년 시험부터 1교시에는 언어논리 영역과 상황판단 영역이 동시에 치러지며, 2교시에는 자료해석 영역이 치러집니다.

<< 응시자 주의사항 >>

1. 시험시작 전에 시험문제를 열람하는 행위와 시험종료 후 답안지를 작성하는 행위는 공무원임용시험령 제51조에 의거 부정행위자로 처리됩니다.
2. 답안지 책형란의 책형표기는 시험시작 전 문제책 표지 앞면에 인쇄된 책형을 확인한 후 표기하시기 바랍니다.
3. 시험시작 즉시 과목편철 순서, 문제누락 여부, 인쇄상태 이상 유무 및 표지와 개별과목의 문제책형 일치여부 등을 확인한 후 문제책 표지에 응시번호, 성명을 기재합니다.
4. 시험이 시작되면 문제를 주의 깊게 읽은 후, 문항의 취지에 가장 적합한 하나의 정답만을 고르며, 문제내용에 관한 질문은 받지 않습니다.
5. 시험시간관리의 책임은 전적으로 수험생 본인에게 있습니다. 시험감독관의 시험종료 예고시간 고지 안내 및 시험실 내 비치된 시계가 있는 경우라노 시간이 정확하지 않을 수 있으니 본인의 시계로 반드시 확인하시기 바랍니다.

제1영역 언어논리

문 1. 다음 글의 내용과 부합하는 것은?

현재 서울의 청량리 근처에는 홍릉이라는 곳이 있다. 을미사변으로 일본인들에게 시해된 명성황후의 능이 조성된 곳이다. 고종은 홍릉을 자주 찾아 참배했는데, 그때마다 대규모로 가마꾼을 동원하는 등 불편이 작지 않았다. 개항 직후 우리나라에 들어와 경인철도회사를 운영하던 미국인 콜브란은 이 점을 거론하며 서대문에서 청량리까지 전차 노선을 부설해야 한다고 주장했다.

이전부터 전기와 전차 사업에 관심이 많았던 고종은 콜브란의 주장을 받아들여 전차 사업을 목적으로 하는 회사를 설립하기로 결심했다. 고종은 황실이 직접 회사를 설립하는 대신 민간인인 김두승과 이근배로 하여금 농상공부에 회사를 만들겠다는 청원서를 내도록 권유했다. 이에 따라 김두승 등은 전기회사 설립 청원서를 농상공부에 제출한 뒤 허가를 받아 한성전기회사를 설립했다. 한성전기회사는 서울 시내 각지에 전기등을 설치하는 한편 전차 노선 부설 사업을 추진했다. 한성전기회사는 당초 남대문에서 청량리까지 전차 노선을 부설하기로 했으나 당시 부설 중이던 경인철도의 종착역이 서대문역으로 정해졌기 때문에 이와 연결하기 위해 계획을 수정해 서대문에서 청량리까지 부설하기로 변경했다. 이후, 변경된 계획대로 전차 노선이 부설되었으며, 1899년 5월에 정식 개통식이 거행되었다.

한성전기회사는 고종이 단독 출자한 자본금을 바탕으로 설립되고 운영되었지만, 전차 노선 부설에 필요한 공사비가 부족해지자 회사 재산을 담보로 콜브란으로부터 부족분을 빌려 공사를 마무리할 수 있었다. 콜브란은 1902년에 그 상환 기일이 돌아오자 회사 운영을 지원하기 위해 상환 기일을 2년 연장해 주었다. 이후 1904년 상환 기일이 다가오자, 고종은 콜브란과 협의하여 채무액의 절반인 75만 원만 상환하고 나머지 금액만큼의 회사 자산을 콜브란에게 넘겨주었다. 이로써 콜브란은 고종과 함께 회사의 대주주가 되어 경영에 참여할 수 있게 되었다. 이때 고종과 콜브란은 한성전기회사를 한미전기회사로 재편하였고, 한미전기회사가 전차 및 전기등 사업을 이어받았다.

① 한성전기회사가 경인철도회사보다 먼저 설립되었다.
② 전차 노선의 시작점은 원래 서대문이었으나 나중에 남대문으로 바뀌었다.
③ 한성전기회사가 전차 노선을 부설하는 데 부족한 자금은 미국인 콜브란이 빌려주었다.
④ 서울 시내에 처음으로 전차 노선을 부설한 회사는 황실이 주도해 농상공부가 설립하였다.
⑤ 서울 시내에서 전기등 설치 사업을 벌인 한미전기회사는 김두승과 이근배의 출자로 설립되었다.

문 2. 다음 글에서 알 수 있는 것은?

사고(史庫)는 실록을 비롯한 국가의 귀중한 문헌을 보관하는 곳이었으므로 아무나 열 수 없었고, 반드시 중앙 정부에서 파견된 사관이 여는 것이 원칙이었다. 하지만 사관은 그 수가 얼마 되지 않아 사관만으로는 실록 편찬이나 사고의 도서 관리에 관한 모든 일을 담당하기에 벅찼다. 이에 중종 때에 사관을 보좌하기 위해 중앙과 지방에 겸직사관을 여러 명 두었다.

사고에 보관된 도서는 해충이나 곰팡이 피해를 입을 수 있었으므로 관리가 필요했다. 당시 도서를 보존, 관리하는 가장 효과적인 방법은 포쇄였다. 포쇄란 책을 서가에서 꺼내 바람과 햇볕에 일정 시간 노출시켜 책에 생길 수 있는 해충이나 곰팡이 등을 방지하거나 제거하는 것을 말한다. 사고 도서의 포쇄는 3년마다 정기적으로 실시되었다.

사고 도서의 포쇄를 위해서는 사고를 열어 책을 꺼내야 했고, 이 과정에서 귀중한 도서가 분실되거나 훼손될 수 있었다. 따라서 책임 있는 관리가 이 일을 맡아야 했고, 그래서 중앙 정부에서 사관을 파견토록 되어 있었다. 그런데 중종 14년 중종은 사관을 보내는 것은 비용이 많이 드는 등의 폐단이 있다고 하며, 지방 사고의 경우 지방 거주 겸직사관에게 포쇄를 맡기는 것이 효율적이라고 주장했다. 이에 대해 사고 관리의 책임 관청이었던 춘추관이 반대했다. 춘추관은 정식 사관이 아닌 겸직사관에게 포쇄를 맡기는 것은 문헌 보관의 일을 가벼이 볼 수 있는 계기가 될 거라고 주장했다. 그러나 중종은 이 의견을 따르지 않고 사고 도서의 포쇄를 겸직사관에게 맡겼다. 하지만 중종 23년에는 춘추관의 주장에 따라 사관을 파견하는 것으로 결정되었다.

포쇄 때는 반드시 포쇄 상황을 기록한 포쇄형지안이 작성되었다. 포쇄형지안에는 사고를 여닫을 때 이를 책임진 사람의 이름, 사고에서 꺼낸 도서의 목록, 포쇄에 사용한 약품 등을 자세하게 기록했다. 포쇄 때마다 포쇄형지안을 철저하게 작성하여, 사고에 보관된 문헌의 분실이나 훼손을 방지하고 책임 소재를 명확하게 함으로써 귀중한 문헌이 후세에 제대로 전달되도록 했다.

① 겸직사관은 포쇄의 전문가 중에서 선발되어 포쇄의 효율성이 높았다.
② 중종은 포쇄를 위해 사관을 파견하면 문헌이 훼손되는 폐단이 생긴다고 주장했다.
③ 춘추관은 겸직사관이 사고의 관리 책임을 맡으면 문헌 보관의 일을 경시할 수 있게 된다고 하며 겸직사관의 폐지를 주장했다.
④ 사고 도서의 포쇄 상황을 기록한 포쇄형지안은 3년마다 정기적으로 작성되었다.
⑤ 도서에 피해를 입히는 해충을 막기 위해 사고 안에 약품을 살포했다.

문 3. 다음 글에서 알 수 있는 것은?

미국 헌법의 전문은 "우리 미합중국의 사람들은"이라는 구절로 시작한다. 여기서 '사람들'에 해당하는 대한민국 헌법상의 용어는 헌법 제정 주체로서의 '국민'이다. 대한민국 헌법의 전문은 "유구한 역사와 전통에 빛나는 우리 대한국민은"으로 시작한다. 이 구절들에서 '사람들'과 '국민'은 맥락상 동일한 의미를 지닌다. 그러나 이 단어들의 사전적 의미 사이에는 간극이 크다. '사람'은 보편적 인간을, '국민'은 국가의 구성원을 의미하기 때문이다. 그래서 '인민'이 '국민'보다 더 적절한 표현이라는 주장이 종종 제기되는데, 사실 대한민국의 제헌헌법 초안에서는 이 단어가 사용되었다.

대한민국 역사에서 '인민'은 개화기부터 통용된 자연스러운 말이며 정부 수립 전까지의 헌법 관련 문헌들 대부분에 빈번히 등장한다. 법학자 유진오가 기초한 제헌헌법의 초안도 "유구한 역사와 전통에 빛나는 우리들 조선 인민은"으로 시작한다. 그러나 '인민'은 공산당의 용어인데 어째서 그러한 말을 쓰려고 하느냐는 공박을 당했고, '인민'은 결국 제정된 제헌헌법에서 '국민'으로 대체되었다.

이에 유진오는 '인민'이 예부터 흔히 사용되어 온 말로 '국민'으로 환원될 수 없는 의미를 지니며, 미국 헌법에서도 국적을 가진 자들로 한정될 수 없는 경우에 '사람들'이 사용되었다고 지적했다. 또한 '국민'은 국가의 구성원이라는 점이 강조된 국가 우월적 표현이기 때문에, 국가조차도 함부로 침범할 수 없는 자유와 권리의 주체로서의 보편적 인간까지 함의하기에는 적절하지 못하다고 비판했다.

'인민'이 모두 '국민'으로 대체되면서 대한민국 헌법에서 혼란의 여지가 생긴 것은 사실이다. '국민'이 국적을 가진 자뿐만 아니라 천부인권을 지니는 보편적 인간까지 지칭하게 되었기 때문이다. 예를 들어 대한민국으로 여행을 온 외국인은 전자에 해당하지 않지만 후자에 속하는 것이 명백하다. 따라서 선거권, 사회권 등 국적을 기반으로 하는 권리까지 주어지는 것은 아니지만, 헌법상의 평등권, 자유권 등 기본적 인권은 보장되는 것이다. 이에 향후 헌법 개정이 있다면 그 기회에 보편적 인간을 의미하는 경우의 '국민'을 '사람들'로 바꾸자는 제안도 있다.

① 대한민국 역사에서 '인민'은 분단 후 공산주의 사상이 금기시되면서 사용되기 시작한 말이다.
② 대한민국으로 여행을 온 외국인은 대한민국 헌법상의 자유권을 보장받지 못한다.
③ 미국 헌법에서 '사람들'은 보편적 인간이 아니라 미국 국적을 가진 자를 의미한다.
④ 법학자 유진오는 '국민'이 보편적 인간을 의미하기에는 적절하지 않다고 비판했다.
⑤ 대한민국 제헌헌법에서는 '인민'이 사용되었으나 비판을 받아 이후의 개정을 통해 헌법에서 삭제되었다.

문 4. 다음 글에서 알 수 있는 것은?

필사문화와 초기 인쇄문화에서 독서는 대개 한 사람이 자신이 속한 집단 내에서 다른 사람들에게 책을 읽어서 들려주는 사회적 활동을 의미했다. 개인이 책을 소유하고 혼자 눈으로 읽는 묵독과 같은 오늘날의 독서 방식은 당시 대다수 사람에게 익숙한 일이 아니었다. 근대 초기만 해도 문맹률이 높았기 때문에 공동체적 독서와 음독이 지속되었다.

'공동체적 독서'는 하나의 읽을거리를 가족이나 지역·직업공동체가 공유하는 것을 의미한다. 이는 같은 책을 여러 사람이 돌려 읽는 윤독이 이루어졌을 뿐 아니라, 구연을 통하여 특정 공간에 모인 사람들이 책의 내용을 공유했음을 알려준다. 여기에는 도시와 농촌의 여염집 사랑방이나 안방에서 소규모로 이루어진 가족 구성원들의 독서, 도시와 촌락의 장시에서 주로 이루어진 구연을 통한 독서가 포함된다. 공동체적 독서의 목적은 독서에 참여한 사람들로 하여금 책의 사상과 정서에 공감하게 하는 데 있다.

음독은 '소리 내어 읽음'이라는 의미로서 낭송, 낭독, 구연을 포함한다. 낭송은 혼자서 책을 읽으며 암기와 감상을 위하여 읊조리는 행위를, 낭독은 다른 사람들에게 들려주기 위하여 보다 큰 소리로 책을 읽는 행위를 의미한다. 이에 비해 구연은 좀 더 큰 규모의 청중을 상대로 하며 책을 읽는 행위가 연기의 차원으로 높아진 것을 일컫는다. 이런 점에서 볼 때 음독은 공동체적 독서와 긴밀한 연관을 가질 수밖에 없지만, 음독이 꼭 공동체적 독서라고는 할 수 없다.

전근대 사회에서는 개인적 독서의 경우에도 묵독보다는 낭송이 더 일반적인 독서 형태였다. 그렇다고 해서 도식적으로 공동체적 독서와 음독을 전근대 사회의 독서 형태라 간주하고, 개인적 독서를 근대 이후의 독서 형태라 보는 것은 곤란하다. 현대 사회에서도 필요에 따라 공동체적 독서와 음독이 많이 행해지며, 반대로 전근대 사회에서도 지배계급이나 식자층의 독서는 자주 묵독으로 이루어졌을 것이기 때문이다. 다만 '공동체적 독서'에서 '개인적 독서'로의 이행은 전근대 사회에서 근대 사회로 이행하는 과정에서 확인되는 독서 문화의 추이라고 볼 수 있다.

① 필사문화를 통해 묵독이 유행하기 시작했다.
② 전근대 사회에서 낭송은 공동체적 독서를 의미한다.
③ 공동체적 독서와 개인적 독서 모두 현대사회에서 행해지는 독서 형태이다.
④ 근대 초기 식자층의 독서 방식이었던 음독은 높은 문맹률로 인해 생겨났다.
⑤ 근대 사회에서 윤독은 주로 도시와 촌락의 장시에서 이루어진 독서 형태였다.

문 5. 다음 글에서 알 수 없는 것은?

의학적 원리만을 놓고 볼 때 '인두법'과 '우두법'은 전혀 차이가 없다. 둘 다 두창을 이미 앓은 개체에서 미량의 딱지나 고름을 취해서 앓지 않은 개체에게 접종하는 방식이다. 그렇지만 인두법 저작인 정약용의 『종두요지』와 우두법 저작인 지석영의 『우두신설』을 비교하면 접종대상자의 선정, 사후 관리, 접종 방식 등 세부적인 측면에서 적지 않은 차이가 발견된다.

먼저, 접종대상자의 선정 과정을 보면 인두법이 훨씬 까다롭다. 접종대상자는 반드시 생후 12개월이 지난 건강한 아이여야 했다. 중병을 앓고 얼마 되지 않은 아이, 몸이 허약한 아이, 위급한 증세가 있는 아이는 제외되었다. 이렇게 접종대상자의 몸 상태에 세심하게 신경을 쓰는 까닭은 비록 소량이라고 하더라도 사람에게서 취한 두(痘)의 독이 강력했기 때문이다. 한편, 『우두신설』에서는 생후 70~100일 정도의 아이를 접종대상자로 하며, 아이의 몸 상태에 특별히 신경을 쓰지 않는다. 이는 우두의 독력이 인두보다 약한 데서 기인한다. 우두법은 접종 시기를 크게 앞당김으로써 두창 감염에 따른 위험을 줄였고, 아이의 몸 상태에 크게 좌우되지 않는다는 장점이 있었다.

인두와 우두의 독력 차이로 사후 관리 또한 달랐음을 위 저작들에서 발견할 수 있다. 정약용은 접종 후에 나타나는 각종 후유증을 치료하기 위한 처방을 상세히 기재하고 있는 데 반해, 지석영은 그런 처방을 매우 간략하게 제시하거나 전혀 언급하지 않는다.

접종 방식의 차이도 두드러진다. 『종두요지』의 대표적인 접종 방식으로 두의 딱지를 말려 코 안으로 불어넣는 한묘법, 두의 딱지를 적셔 코 안에 접종하는 수묘법이 있다. 한묘법은 위험성이 높아서 급하게 효과를 보려고 할 때만 쓴 반면, 수묘법은 일반적으로 통용되었고 안전성 면에서도 보다 좋은 방법이었다. 이에 반해 우두 접종은 의료용 칼을 사용해서 팔뚝 부위에 일부러 흠집을 내어 접종했다. 종래의 인두법에서 코의 점막에 불어넣거나 묻혀서 접종하는 방식은 기도를 통한 발병 위험이 매우 높았기 때문이다.

① 우두법은 접종을 시작할 수 있는 나이가 인두법보다 더 어리다.
② 인두 접종 방식 가운데 수묘법이 한묘법보다 일반적으로 통용되는 접종 방식이었다.
③ 『종두요지』에는 접종 후에 나타나는 후유증을 치료하기 위한 처방이 제시되어 있었다.
④ 인두법은 의료용 칼을 사용하여 팔뚝 부위에 흠집을 낸 후 접종하는 방식이었다.
⑤ 『우두신설』에 따르면 몸이 허약한 아이에게도 접종할 수 있었다.

문 6. 다음 글에서 알 수 있는 것은?

과학자가 고안한 새로운 이론이 과학적 진보에 기여하는지를 평가할 때, 다음의 세 가지 조건이 고려된다.

첫째는 통합적 설명 조건이다. 새로운 이론은 여러 현상들을 통합하여 설명할 수 있는 단순한 개념 틀을 제공해야 한다. 예컨대 뉴턴의 새로운 이론은 오랫동안 서로 다르다고 여겨졌던 지상계의 운동과 천상계의 운동을 단지 몇 가지 개념을 통해 설명할 방법을 제시하였다. 하지만 통합적 설명 조건만을 만족한다고 해서 과학적 진보에 기여한다고 보기는 어렵다.

둘째는 새로운 현상의 예측 조건이다. 새로운 이론은 기존의 이론이 예측할 수 없는 새로운 현상을 예측해야 한다. 새로운 현상을 예측하면, 과학자들은 그 예측이 맞는지 확인하기 위해 다양한 반증 시도를 하게 된다. 그 과정에서 과학자들은 기존에 관심을 두지 않았던 영역을 탐구하게 되고 새로운 관측 방법을 개발한다. 통합적 설명 조건을 만족하면서 동시에 새로운 현상을 예측하여 반증 시도를 허용하는 이론이 과학적 진보에 기여하게 되는 것이다.

셋째는 통과 조건이다. 이 조건은 위 두 조건을 모두 만족하는 이론이 제시한 새로운 예측이 실제 관측이나 실험 결과에 들어맞아야 한다는 것을 뜻한다. 혹자는 통과 조건을 만족하지 못하고 반증된 이론은 실패한 이론이고 과학적 진보에 기여하지 못한다고 생각하지만, 그렇지 않다. 그런 이론도 새로운 이론을 고안하도록 과학자를 추동하는 역할을 하기 때문이다. 따라서 통과 조건을 만족하지 못하더라도 통합적 설명 조건과 새로운 현상의 예측 조건을 모두 만족하는 이론은 과학적 진보에 기여하는 것으로 평가할 수 있다.

① 단순하면서 통합적인 개념 틀을 제공하는 이론은 통과 조건을 만족한다.
② 통과 조건을 만족하지 못하더라도 과학적 진보에 기여하는 이론이 있을 수 있다.
③ 반증된 이론은 과학자들이 새로운 이론을 고안하도록 추동하는 역할을 하지 못한다.
④ 새로운 현상의 예측 조건을 만족하지 못하는 이론은 통합적 설명 조건을 만족하지 못한다.
⑤ 통합적 설명 조건과 새로운 현상의 예측 조건 중 하나만 만족하는 이론도 과학적 진보에 기여한다.

문 7. 다음 글의 ㉠~㉤을 문맥에 맞게 수정한 것으로 가장 적절한 것은?

『논어』「자한」편 첫 문장은 일반적으로 "공자께서는 이익, 천명, 인(仁)에 대해서 드물게 말씀하셨다."라고 해석된다. 그런데 『논어』 전체에서 인이 총 106회 언급되었다는 사실과 이 문장 안에 포함된 '드물게(罕)'라는 말은 상충하는 것처럼 보인다. 이러한 충돌을 해결하기 위한 시도는 크게 두 가지 방향에서 이루어졌다. 먼저 해당 한자의 의미를 ㉠기존과 다르게 해석하여 이 문장에 대한 일반적 해석을 변경하는 방식으로 이를 해결하려는 시도가 있다. 하지만 이와 다른 방식으로 충돌을 해결할 수 있다고 믿었던 이들도 있다. 그들은 이 문장의 일반적 해석을 바꾸지 않고 다음과 같은 방법들로 문제를 풀려고 시도했다.

첫째, 어떤 이들은 정도를 나타내는 표현이 상대성을 가질 수 있다는 점에 주목했다. 사실, '드물게'라는 것이 과연 어느 정도의 횟수를 의미하는지는 분명하지 않다. '드물다'는 표현은 동일 선상에 있는 다른 것과의 비교를 염두에 둔 것이다. 따라서 ㉡인이 106회 언급되었다고 해도 다른 것에 비해서는 드물다고 평가할 수 있다.

둘째, 다른 이들은 텍스트의 형성 과정에 주목했다. 『논어』는 발화자와 기록자가 서로 다른데, 공자 사후 공자의 제자들은 각자가 기억하는 스승의 말이나 스승에 대한 그간의 기록을 모아서 『논어』를 편찬하였다. 이를 염두에 둔다면 다음과 같은 상황을 상상할 수 있다. 공자는 인에 대해 실제로 드물게 말했다. 공자가 인을 중시하면서도 그에 대해 드물게 언급하다 보니 제자들이 자주 물을 수밖에 없었다. 그 대화의 결과들을 끌어모은 것이 『논어』인 까닭에, 『논어』에는 ㉢인에 대한 기록이 많아질 수밖에 없었다.

셋째, ㉣이 문장을 기록한 제자의 개별적 특성에 주목했던 이들도 있다. 즉, 다른 제자들은 인에 대해 여러 차례 들었지만, 이 문장의 기록자만 드물게 들었을 수 있다. 공자는 질문하는 제자가 어떤 사람인지에 따라 각 제자에게 주는 가르침을 달리했다. 그렇다면 '드물게'는 이 문장을 기록한 제자의 어떤 특성 때문에 나타난 결과일 수 있다.

넷째, 어떤 이들은 시간의 변수를 도입했다. 기록자가 공자의 가르침을 돌아보면서 ㉤이 문장을 기록한 시점 이후에 공자는 정말로 인에 대해 드물게 말했는지도 모른다. 그리고 그 뒤 어느 시점부터 공자가 빈번하게 인에 대해 설파하기 시작했으며, 『논어』에 보이는 인에 대한 106회의 언급은 그 결과일 수 있다.

① ㉠을 "기존과 동일하게 해석하여 이 문장에 대한 일반적 해석을 준수하는 방식"으로 고친다.
② ㉡을 "인이 106회 언급되었다면 다른 어떤 것에 비해서도 드물다고 평가할 수 없다"로 고친다.
③ ㉢을 "인에 대한 기록이 적어질 수밖에 없었다"로 고친다.
④ ㉣을 "『논어』를 편찬한 공자 제자들의 공통적 특성"으로 고친다.
⑤ ㉤을 "이 문장을 기록했던 시점까지"로 고친다.

문 8. 다음 글의 (가)와 (나)에 들어갈 말을 짝지은 것으로 가장 적절한 것은?

오늘날 우리는 끊임없이 무엇인가를 전시하고 이에 대한 주변인의 반응을 기다린다. 특히 전시의 공간이 온라인 플랫폼으로 확장되면서 우리의 삶 자체가 전시물이 되는 시대에 살고 있다. 전시된 삶에 공감하는 익명의 사람들은 '좋아요' 버튼을 누른다. '좋아요'의 수가 많을수록 전시된 콘텐츠의 가치가 높아진다. 이제 얼마나 많은 수의 '좋아요'를 확보하느냐가 관건이 된다.

그러다 보니 우리는 손에 잡히지 않지만 눈으로 확인할 수 있는 누군가의 '좋아요'를 좇게 된다. '좋아요'는 전시된 콘텐츠에 대한 공감의 표현 방식이었지만, 어느 순간 관계가 역전되어 '좋아요'를 얻기 위해 콘텐츠를 가상 공간에 전시하기 시작한다. 이제 우리는 '좋아요'를 많이 얻을 수 있는 콘텐츠를 만들어내는 데 최선의 노력을 기울이게 된다.

이 관계의 역전은 문제를 일으킨다. '좋아요'의 선택을 받기 위해 노력하다 보면 어느 순간 현실에 존재하는 '나'가 사라지고 만다. 타인이 좋아할 만한 일상과 콘텐츠를 선별하거나 심지어 만들어서라도 전시하기 때문이다. ㅤ(가)ㅤ. 타인의 '좋아요'를 얻기 위해 현실에 존재하는 내가 사라지고 마는 아이러니를 직면하는 순간이다.

'좋아요'의 공동체 안에서는 타자도 존재하지 않는다. 이 공동체는 '좋아요'를 매개로 모인 서로 '같음'을 공유하는 사람들로 구성된다. 그래서 같은 것을 좋아하고 긍정하는 '좋아요'의 공동체 안에서 각자의 '다름'은 점차 사라진다. ㅤ(나)ㅤ. 이제 공동체에서 그러한 타자를 환대하거나 그의 말을 경청하려는 사람은 점점 줄어들고, '다름'은 '좋아요'가 용납하지 않는 별개의 언어가 된다.

'좋아요'는 그 특유의 긍정성 덕분에 뿌리치기 힘든 유혹으로 다가온다. 하지만 '좋아요'에 함몰되는 순간 나와 타자를 동시에 잃어버릴 수 있다. 우리는 '좋아요'를 거부하는 타자들을 인정하고 그들의 말에 귀를 기울여야 한다. 이렇게 '좋아요'가 축출한 '다름'의 언어를 되찾아오기 시작할 때 '좋아요'의 아이러니에서 벗어날 수 있을 것이다.

① (가): '좋아요'를 얻기 위해 현실의 나와 다른 전시용 나를 제작하는 셈이다
  (나): '좋아요'를 거부하고 다른 의견을 내는 사람은 불편한 대상이자 배제의 대상이 된다
② (가): '좋아요'를 얻기 위해 현실의 나와 다른 전시용 나를 제작하는 셈이다
  (나): '좋아요'의 공동체에서는 어떠한 갈등이나 의견 대립도 발생하지 않는다
③ (가): '좋아요'를 얻기 위해 나의 내면과 사생활까지도 타인에게 적극적으로 개방한다
  (나): '좋아요'를 거부하고 다른 의견을 내는 사람은 불편한 대상이자 배제의 대상이 된다
④ (가): '좋아요'를 얻기 위해 나의 내면과 사생활까지도 타인에게 적극적으로 개방한다
  (나): '좋아요'의 공동체에서는 어떠한 갈등이나 의견 대립도 발생하지 않는다
⑤ (가): '좋아요'를 얻기 위해 현실의 내가 가진 매력적 콘텐츠를 더욱 많이 발굴하는 것이다
  (나): '좋아요'의 공동체에서는 어떠한 갈등이나 의견 대립도 발생하지 않는다

문 9. 다음 글의 빈칸에 들어갈 내용으로 가장 적절한 것은?

여행가들은 종종 여행으로 세계에 대한 새로운 지식을 얻었을 뿐만 아니라 차별과 편견을 제거할 수 있었다고 말한다. 이 깨달음은 신경과학자들 덕분에 사실로 입증되었다. 신경과학자들은 여행이 뇌의 전측대상피질(ACC)을 자극한다는 것을 알아냈다. ACC는 자신이 가진 세계 모델을 기초로 앞으로 들어올 지각 정보의 기대치를 결정하고 새로 들어오는 지각 정보들을 추적한다. 새로 들어온 정보가 기대치에 맞지 않으면 ACC는 경보를 발령하고, 이 정보에 대한 판단을 지연시켜 새로운 정보를 분석할 시간을 제공한다. 정보에 대한 판단이 지연되면, 그에 대한 말과 행동 또한 미뤄진다. ACC의 경보가 발령되면 우리는 어색함을 느끼고 멈칫한다. 결국 ACC는 주변 환경을 더 면밀히 관찰하라고 촉구한다.

우리의 뇌는 의식적으로든 반사적으로든 끊임없이 판단을 내린다. 이와 관련하여 인지과학자들은 판단을 늦출수록 판단의 정확성이 높아진다는 사실을 발견했다. 오랜 시간을 들여 더 많은 관련 정보를 파악하는 것이 정확한 판단의 핵심이기 때문이다. 최후의 순간까지 정보에 대한 판단을 유보할수록 정확한 판단을 내릴 가능성이 커진다.

낯선 장소를 방문할 때 우리는 늘 어색함을 느낀다. 음식, 지리, 날씨 등 모든 게 기존의 세계 모델과 일치하지 않기 때문이다. 여행은 ACC를 자극하고, ACC의 경보 발령으로 우리는 신속한 판단이나 반사적 행동을 자제하게 된다. 따라서 더 이질적인 문화를 경험하면, 우리의 뇌는 ㅤㅤㅤㅤ.

① ACC를 덜 활성화시킨다
② 더 적은 정보를 처리한다
③ 주변 환경에 더 친숙해진다
④ 기존의 세계 모델을 더 확신한다
⑤ 정보에 대한 판단을 더 지연시킨다

문 10. 다음 글의 빈칸에 들어갈 내용으로 가장 적절한 것은?

갑은 이번에 들어온 신입 사원 민철에 대해서 '그는 결혼하지 않았다.'라는 정보와 '그는 비혼이다.'라는 정보를 획득했다. 한편 을은 민철에 대해서 '그는 결혼하지 않았다.'라는 정보와 '그에게는 아이가 있다.'라는 정보를 획득했다. 갑이 획득한 정보 집합과 을이 획득한 정보 집합 중에서 무엇이 더 정합적인가? 다르게 말해 어떤 집합 내 정보들이 서로 더 잘 들어맞는가? 갑의 정보 집합이 더 정합적이라고 여기는 것이 상식적이다.

그렇다면 이런 정보 집합의 정합성은 어떻게 측정할 수 있을까? 그 방법 중 하나인 C는 확률을 이용해 그 정합성의 정도, 즉 정합도를 측정한다. 여러 정보로 이루어진 정보 집합 S가 있다고 해보자. 방법 C에 따르면, S의 정합도는 □□□ 으로 정의된다.

그 정의에 따라 정합도를 측정하면, 위 갑과 을이 획득한 정보 집합의 정합성을 우리의 상식에 맞춰 비교할 수 있다. 갑이 획득한 정보에서 '그가 결혼하지 않았으며 비혼일 확률'과 '그가 결혼하지 않았거나 비혼일 확률'은 모두 '그가 비혼일 확률'과 같다. 왜냐하면 결혼하지 않았다는 것과 비혼이라는 것은 서로 같은 말이기 때문이다. 따라서 방법 C에 따르면 갑이 획득한 정보 집합의 정합도는 1이다.

한편, '그가 결혼하지 않았으며 아이가 있을 확률'은 '그가 결혼하지 않았거나 아이가 있을 확률'보다 낮다. 왜냐하면 그가 결혼하지 않았거나 아이가 있는 경우에 비해, 그가 결혼하지 않고 아이가 있는 경우는 드물기 때문이다. 따라서 방법 C에 따르면 을의 정보 집합의 정합도는 1보다 작다. 이런 식으로 방법 C는 갑의 정보 집합의 정합도가 을의 정보 집합의 정합도보다 크다고 말해 준다. 그리고 그 점에서 갑의 정보 집합이 을의 정보 집합보다 더 정합적이라고 판단한다. 이는 우리 상식에 부합하는 결과이다.

① S의 정보 중 적어도 하나가 참일 확률을 S의 모든 정보가 참일 확률로 나눈 값
② S의 모든 정보가 참일 확률을 S의 정보 중 적어도 하나가 참일 확률로 나눈 값
③ S의 정보 중 기껏해야 하나가 참일 확률을 S의 모든 정보가 참일 확률로 나눈 값
④ S의 모든 정보가 참일 확률을 S의 정보 중 기껏해야 하나가 참일 확률로 나눈 값
⑤ S의 정보 중 기껏해야 하나가 참일 확률을 S의 정보 중 적어도 하나가 참일 확률로 나눈 값

문 11. 다음 글의 ㉠을 이끌어 내기 위해 추가해야 할 전제로 가장 적절한 것은?

우리는 보고, 듣고, 냄새를 맡는 등 지각적 경험을 한다. 우리가 지각적 경험이 가능한 이유는 이러한 지각을 야기하는 원인이 존재하기 때문이다. 나는 ㉠신의 마음이 바로 나의 지각을 야기하는 원인임을 논증을 통해 보이고자 한다.

이 세상에 존재하는 모든 것은 지각되는 것이고, 그러한 지각을 야기하는 원인이 존재한다. 그러한 원인이 존재한다면 그 원인은 내 마음속 관념이거나 나의 마음이거나 나 이외의 다른 마음 중 하나일 것이다. 하지만 나의 지각을 야기하는 원인은 내 마음속 관념이 아니다. 왜냐하면 지각이 관념의 원인이 될 수는 있지만 관념이 지각을 야기할 수는 없기 때문이다.

나의 지각을 야기하는 원인은 내 마음도 아니다. 왜냐하면 내 마음이 내 지각의 원인이라면 나는 내가 지각하는 바를 조종할 수 있어야 한다. 예를 들어, 내가 내 앞의 빨간 사과를 보고 있다고 해보자. 나는 이 사과를 빨간색으로 지각할 수밖에 없다. 아무리 내가 이 사과 색깔을 빨간색 대신 노란색으로 지각하려고 안간힘을 쓰더라도 이를 내 마음대로 바꿀 수는 없다. 그러므로 나의 지각을 야기하는 원인은 나 이외의 다른 마음이다.

나 이외의 다른 마음은 나 이외의 다른 사람의 마음이거나 사람이 아닌 다른 존재의 마음이다. 다른 사람의 마음이 내 지각을 야기하는 원인이 될 수 없다. 그들이 내가 지각하는 바를 조종할 수는 없기 때문이다. 그러므로 나의 지각을 야기하는 원인은 사람이 아닌 다른 존재의 마음이다.

① 내 마음속 관념이 곧 신이다.
② 사람과 신 이외에 마음을 지닌 존재는 없다.
③ 신의 마음은 나의 마음을 야기하는 원인이다.
④ 감각기관을 통한 지각적 경험은 신뢰할 수 있다.
⑤ 나 이외의 다른 마음만이 내가 지각하는 바를 조종할 수 있다.

문 12. 다음 글의 내용이 참일 때 반드시 참인 것은?

> A부서에서는 새로 시작된 프로젝트에 다섯 명의 주무관 가은, 나은, 다은, 라은, 마은의 참여 여부를 점검하고 있다. 주무관들의 업무 전문성을 고려할 때, 다음과 같은 예측을 할 수 있었고 그 예측들은 모두 옳은 것으로 밝혀졌다.
> ○ 가은이 프로젝트에 참여하면 나은과 다은도 프로젝트에 참여한다.
> ○ 나은이 프로젝트에 참여하지 않으면 라은이 프로젝트에 참여한다.
> ○ 가은이 프로젝트에 참여하거나 마은이 프로젝트에 참여한다.

① 가은이 프로젝트에 참여하지 않으면 나은이 프로젝트에 참여한다.
② 다은이 프로젝트에 참여하면 마은이 프로젝트에 참여한다.
③ 다은이 프로젝트에 참여하거나 마은이 프로젝트에 참여한다.
④ 라은이 프로젝트에 참여하면 마은이 프로젝트에 참여한다.
⑤ 라은이 프로젝트에 참여하거나 마은이 프로젝트에 참여한다.

문 13. 다음 글의 내용이 참일 때 반드시 참인 것은?

> 가훈은 모든 게임에서 2인 1조로 다른 조를 상대해야 한다. 게임은 구슬치기, 징검다리 건너기, 줄다리기, 설탕 뽑기 순으로 진행되며 다른 게임은 없다. 이에 가훈은 남은 참가자 갑, 을, 병, 정, 무 중 각각의 게임에 적합한 서로 다른 인물을 한 명씩 선택하여 조를 구성할 계획을 세웠다. 게임의 총괄 진행자는 가훈의 선택에 대해 다음과 같이 예측하였다.
> ○ 갑은 설탕 뽑기에 선택되고 무는 징검다리 건너기에 선택된다.
> ○ 을이 구슬치기에 선택되거나 정이 줄다리기에 선택된다.
> ○ 을은 구슬치기에 선택되지 않고 무는 징검다리 건너기에 선택되지 않는다.
> ○ 병은 어떤 게임에도 선택되지 않고 정은 줄다리기에 선택된다.
> ○ 무가 징검다리 건너기에 선택되거나 정이 줄다리기에 선택되지 않는다.
> 가훈의 조 구성 결과 이 중 네 예측은 옳고 나머지 한 예측은 그른 것으로 밝혀졌다.

① 갑이 어느 게임에도 선택되지 않았다.
② 을이 구슬치기에 선택되었다.
③ 병이 줄다리기에 선택되었다.
④ 정이 징검다리 건너기에 선택되었다.
⑤ 무가 설탕 뽑기에 선택되었다.

문 14. 다음 글의 빈칸에 들어갈 말로 적절한 것은?

> 문 주무관과 공 주무관은 하나의 팀을 이루어 문공 팀 제안서를 제출하였다. 이와 관련하여 공 주무관은 자신이 수집, 정리한 인사 관련 정보를 문 주무관과 다음과 같이 공유하였다. "강 주무관이 업무 평가에서 S등급을 받았다고 가정하면, 남 주무관이 업무 평가에서 S등급을 받은 경우 문공 팀 제안서가 폐기될 것입니다. 그런데 문공 팀 제안서가 폐기되는 일과 도 주무관이 전보 발령 대상이 되는 일, 둘 중 적어도 하나는 일어날 것입니다. 강 주무관과 남 주무관 둘 중 적어도 한 사람은 S등급을 받은 것이 분명합니다. 그런데 강 주무관만 S등급을 받고 남 주무관은 못 받는 그런 일은 없습니다. 다행히도, 문공 팀 제안서가 폐기되지 않고 심층 검토될 예정이라는 소식입니다."
> 그러나 공 주무관이 공유한 정보를 살펴보던 문 주무관은 자신이 입수한 정보를 공유하면서 공 주무관에게 말하였다. "공 주무관님, 그런데 조금 전 확인된 바로, _____. 그렇다고 보면, 공 주무관님이 말씀하신 정보는 내적 일관성이 없고 따라서 전부 참일 수는 없습니다. 어딘가 최소한 한 군데는 잘못된 정보라는 말이지요. 지금으로선 어느 부분이 문제인지 알 수 없으니, 수고스럽더라도 어느 부분에 문제가 있는지 다시 확인해주셔야 하겠습니다."

① 남 주무관은 업무 평가에서 S등급을 받았습니다
② 강 주무관은 업무 평가에서 S등급을 받지 못했습니다
③ 도 주무관이 전보 발령 대상이 아닌 경우, 문공 팀 제안서가 폐기됩니다
④ 남 주무관이 업무 평가에서 S등급을 받은 경우, 도 주무관은 전보 발령 대상이 아닙니다
⑤ 강 주무관이 업무 평가에서 S등급을 받은 경우, 남 주무관도 업무 평가에서 S등급을 받습니다

문 15. 다음 글에서 추론할 수 있는 것만을 <보기>에서 모두 고르면?

종이와 같이 전류가 흐르지 않는 성질을 가진 물질을 절연체라 한다. 절연체는 전기적으로 중성이며 전하를 띠지 않는다. 그러나 어떤 상황에서는 전하 사이에 작용하는 힘인 전기력에 의한 운동이 가능하다. 어떻게 이러한 절연체의 운동이 가능한가를 알아보자.

절연체는 전기적으로 중성이지만 그 안에는 무수히 많은 전하가 존재한다. 다만, 음전하와 양전하가 똑같은 숫자로 존재하며 물체에 균일하게 분포되어 있다. 이들에게 외부의 전하가 작용할 때 발생하는 전기력인 척력과 인력이 서로 상쇄되어 아무런 힘이 작용하지 않을 것처럼 보인다.

그런데 외부에서 전기력이 작용하면 절연체 내부의 전하들은 개별적으로 그 힘에 반응한다. 가령, 양으로 대전된 물체에 의해서 절연체에 전기력이 작용하는 경우, 절연체 내부의 음전하는 대전된 물체 방향으로 끌려가는 힘인 인력을 받고, 양전하는 밀려나는 힘인 척력을 받는다.

절연체 내부의 전하들은 이러한 전기력에 의해 미세하게 이동할 수 있는데, 음전하는 양으로 대전된 물체와 가까워지는 방향으로, 양전하는 멀어지는 방향으로 이동하게 된다. 그 결과 대전된 물체의 양전하와 절연체의 음전하 간의 인력이 대전된 물체의 양전하와 절연체의 양전하 간의 척력보다 커져 절연체는 대전된 물체 방향으로 끌려가게 된다. 전기력은 전하 간 거리가 멀수록 작아지는 특성이 있기 때문이다. 다만 절연체의 무게가 충분히 작아야만 이러한 전기력이 절연체의 무게를 극복하고 절연체를 끌어당길 수 있다.

<보기>
ㄱ. 절연체 내부 전하의 위치는 절연체 외부의 영향에 의해서 변할 수 있다.
ㄴ. 대전된 물체는 절연체 내 음전하와 양전하의 구성 비율을 변화시킬 수 있다.
ㄷ. 음으로 대전된 물체를 특정 무게 이하의 절연체에 가까이 함으로써 절연체를 밀어내는 것이 가능하다.

① ㄱ
② ㄴ
③ ㄱ, ㄷ
④ ㄴ, ㄷ
⑤ ㄱ, ㄴ, ㄷ

문 16. 다음 글에서 추론할 수 있는 것은?

사람의 근육 운동은 근육 세포의 수축과 이완이 반복되면서 일어나며, 근육 세포의 수축과 이완이 정상적으로 일어나지 않으면 근육 마비가 일어난다. 근육 세포의 수축과 이완은 근육 세포와 인접해 있는 운동 신경 세포에서 아세틸콜린의 방출을 조절함으로써 일어날 수 있다.

운동 신경 세포에 작용하는 신호에 의해 운동 신경 세포에서 아세틸콜린이 방출된다. 방출된 아세틸콜린은 근육 세포의 막에 있는 아세틸콜린 결합 단백질에 결합하고 이 근육 세포가 수축되게 한다. 뇌의 운동피질에서 유래한 신호가 운동 신경 세포에 작용하여 이와 같은 현상을 일으킬 수 있다.

운동 신경 세포에서 아세틸콜린의 방출은 운동 신경 세포와 접하고 있는 억제성 신경 세포에 의해서도 조절될 수 있다. 억제성 신경 세포는 글리신을 방출하는데, 이 글리신은 운동 신경 세포에 작용하여 아세틸콜린의 방출을 막음으로써 근육 세포가 이완되게 한다.

사람의 근육 운동에 영향을 미치는 물질 중에는 보툴리눔 독소와 파상풍 독소가 있다. 두 독소는 각각 병원균인 보툴리눔균과 파상풍균이 분비하는 독성 단백질이다. 보툴리눔 독소는 운동 신경 세포에 작용하여 아세틸콜린이 방출되는 것을 막아 근육 세포가 이완된 상태로 있게 하여 근육 마비를 일으킨다. 파상풍 독소는 억제성 신경 세포에 작용하여 글리신이 방출되는 것을 막아 근육 세포가 수축된 상태로 있게 하여 근육 마비를 일으킨다.

① 근육 세포의 막에는 글리신 결합 단백질이 있다.
② 보툴리눔 독소는 근육 세포의 수축이 일어나지 않게 하여 근육 마비를 일으킨다.
③ 운동 신경 세포에서 방출된 아세틸콜린은 억제성 신경 세포에서 글리신의 방출을 막는다.
④ 뇌의 운동피질에서 유래된 신호는 운동 신경 세포에서 아세틸콜린의 방출을 막아서 근육의 수축을 일으킨다.
⑤ 파상풍 독소는 운동 신경 세포에서 방출된 아세틸콜린이 근육 세포의 막에 있는 결합 단백질에 결합할 수 없게 한다.

문 17. 다음 글의 (가)와 (나)에 들어갈 말을 짝지은 것으로 가장 적절한 것은?

진공 상태에서 금속이나 반도체 물질에 높은 전압을 가하면 그 표면에서 전자가 방출된다. 방출된 전자가 형광체에 충돌하면 빛이 발생하는데, 이 빛을 이용하여 디스플레이를 만들 수 있다. 이런 디스플레이를 만들기 위해, 금속이나 반도체 물질로 만들어진 원기둥 형태의 나노 구조체가 기판에 고밀도로 존재하도록 제작하는 기술이 개발되고 있다.

고밀도의 나노 구조체가 있는 기판을 제작하려는 것은 나노 구조체의 밀도가 높을수록 단위 면적당 더 많은 양의 전자가 방출될 것이라는 가설 H1에 근거하고 있다. 그러나 기판의 단위 면적당 방출되는 전자의 양은 나노 구조체의 밀도가 일정 수준 이상으로 높아지면 오히려 줄어들게 될 것이라는 가설 H2를 주장하는 과학자들의 수가 많아지고 있다. 이는 나노 구조체가 너무 조밀하게 모여 있으면 나노 구조체 각각에 가해지는 실제 전압이 오히려 감소한다는 사실에 기반을 두고 있다.

과학자 L은 가설 H1과 가설 H2를 확인하기 위한 원기둥 형태의 금속 재질의 나노 구조체 X가 있는 기판을 제작하였다. 이 기판에 동일 거리에서 동일 전압을 가하여 다음의 실험을 수행하였다.

〈실험〉
실험 1: X가 있는 기판 A와 A보다 면적이 두 배이고 X의 개수가 네 배인 기판 B를 제작하였다. 이때 단위 면적당 방출된 전자의 양은 기판 A와 기판 B가 같았다.
실험 2: 단위 면적당 방출된 전자의 양은, 기판 C에 10,000개의 X가 있을 때보다 20,000개의 X가 있을 때 더 많았고, 기판 C에 20,000개의 X가 있을 때보다 30,000개의 X가 있을 때 더 적었다.

두 실험 중 실험 1은 가설 H1을 (가) , 실험 2는 가설 H2를 (나) .

	(가)	(나)
①	강화하고	강화한다
②	강화하고	약화한다
③	약화하지 않고	약화한다
④	약화하고	약화한다
⑤	약화하고	강화한다

문 18. 다음 글의 실험 결과를 가장 잘 설명하는 것은?

광검출기는 빛을 흡수하고 이를 전기 신호인 광전류로 변환하여 빛의 세기를 측정하는 장치로, 얼마나 넓은 범위의 세기를 측정할 수 있는지가 광검출기의 성능을 결정하는 주요 지표이다.

광검출기에서는 빛이 조사되지 않아도 열에너지의 유입 등 외부 요인에 의해 미세한 전류가 발생할 수 있는데, 이러한 전류를 암전류라 한다. 그런데 어떤 광검출기에 세기가 매우 작은 빛이 입력되어 암전류보다 작은 광전류가 발생한다면, 발생한 전류가 암전류에 의한 것인지 빛의 조사에 의한 것인지 구분할 수 없다. 따라서 이 빛의 세기는 이 광검출기에서 측정할 수 없다.

한편, 광검출기에는 광포화 현상이 발생하는데, 이는 광전류의 크기가 빛의 세기에 따라 증가하다가 특정 세기 이상의 빛이 입력되어도 광전류의 크기가 더 이상 증가하지 않고 일정하게 유지되는 것을 뜻한다. 광포화가 일어나기 위한 빛의 최소 세기를 광포화점이라 하고, 광검출기는 광포화점 이상의 세기를 갖는 서로 다른 빛에 대해서는 각각의 세기를 측정할 수 없다. 결국, 어떤 광검출기가 측정할 수 있는 빛의 최소 세기를 결정하는 암전류의 크기와 빛의 최대 세기를 결정하는 광포화점의 크기는 광검출기의 성능을 결정하는 주요 지표이다.

한 과학자는 세기가 서로 다른 빛 A~D를 이용하여 광검출기 I과 II의 성능 비교 실험을 하였다. 이때 빛의 세기는 A>B>C이며 D>C이다. 광검출기 I과 II로 A~D 각각의 빛의 세기를 측정할 수 있는 경우를 ○, 측정할 수 없는 경우를 ×로 정리하여 실험 결과를 아래 표에 나타내었다.

광검출기 \ 빛	A	B	C	D
I	○	○	×	×
II	×	○	×	○

① 두 광검출기가 각각 검출할 수 있는 빛의 최소 세기는 I과 II가 같고, 광포화점은 I이 II보다 작다.
② 두 광검출기가 각각 검출할 수 있는 빛의 최소 세기는 I이 II보다 크고, 광포화점은 I이 II보다 작다.
③ 두 광검출기가 각각 검출할 수 있는 빛의 최소 세기는 I이 II보다 작고, 광포화점은 I이 II보다 작다.
④ 두 광검출기가 각각 검출할 수 있는 빛의 최소 세기는 I이 II보다 작고, 광포화점은 I이 II보다 크다.
⑤ 두 광검출기가 각각 검출할 수 있는 빛의 최소 세기는 I이 II보다 크고, 광포화점은 I이 II보다 크다.

[19~20] 다음 글을 읽고 물음에 답하시오.

　우리가 임의의 명제 p를 지지하는 증거를 지니면 p에 대한 우리의 믿음은 인식적으로 정당화되고, p를 지지하는 증거를 지니지 않으면 p에 대한 우리의 믿음은 인식적으로 정당화되지 않는다. p에 대한 믿음이 인식적으로 정당화된 상황에서 p를 믿는 것은 우리의 인식적 의무일까? p를 믿는 것이 우리의 인식적 의무라면 이와 관련해 발생하는 문제는 없을까? 이 질문들과 관련해 의무론 논제, 비의지성 논제, 자유주의 논제를 고려해보자.

○ 의무론 논제: ㉠만약 우리가 p를 믿는다는 것이 인식적으로 정당화된다면 그것을 믿어야 하고, 만약 우리가 p를 믿는다는 것이 인식적으로 정당화되지 않는다면 그것을 믿어야 하는 것은 아니다. 즉 우리가 p를 믿어야 한다는 것은 우리가 p를 믿는다는 것이 인식적으로 정당화되기 위한 필요충분조건이다. 이것이 의무론 논제라 불리는 이유는 '우리가 p를 믿어야 한다.'는 것을 인식적 의무로 간주하기 때문이다.

○ 비의지성 논제: ㉡우리가 p를 믿는다는 것은 자유롭게 선택할 수 있는 것이 아니다. 즉 믿음은 선택의 대상이 아니다. 예를 들어, 갑이 창 밖에 있는 나무를 바라보며 창 밖에 나무가 있다는 것을 믿는다고 해보자. 이때 갑이 이를 믿지 않으려고 해도 그는 그럴 수 없다.

○ 자유주의 논제: ㉢만약 우리가 p를 믿는다는 것이 자유롭게 선택할 수 있는 것이 아니라면, 우리에게 p를 믿어야 할 인식적 의무는 없다. 예를 들어, 창 밖에 나무가 있다는 갑의 믿음이 비의지적이라면, 갑에게는 창 밖에 나무가 있다는 것을 믿어야 할 인식적 의무가 없다.

　그런데 의무론 논제, 비의지성 논제, 자유주의 논제를 모두 받아들이면 ㉣우리가 p를 믿는다는 것은 인식적으로 정당화되지 않는다는 받아들이기 힘든 결론을 얻는다. 왜 그러한가? 이 논증은 다음과 같이 구성된다. 우선 우리가 p를 믿는다는 것이 자유롭게 선택할 수 있는 것이 아니라고, 즉 우리의 p에 대한 믿음이 비의지적이라고 하자. 그렇다면 자유주의 논제에 따라, 우리에게 p를 믿어야 할 인식적 의무는 없다. 그리고 의무론 논제에 따라, 우리가 p를 믿는다는 것은 인식적으로 정당화되지 않는다. 이러한 결론을 거부하려면 위 세 논제 중 적어도 하나를 거부해야 한다.

　철학자 A는 자유주의 논제와 비의지성 논제는 받아들이면서 의무론 논제를 거부하여 위 논증의 결론을 거부한다. A에 따르면 위 논증에서 우리에게 p를 믿어야 할 인식적 의무가 없다는 것은 성립하지만, 우리에게 인식적 의무가 없더라도 그 믿음이 인식적으로 정당화될 수 있는 그런 경우가 있다. 위 예처럼 창 밖에 나무가 있다는 것을 믿어야 할 인식적 의무가 없더라도, 창 밖의 나무를 실제로 보고 있다는 것으로부터 그 믿음은 충분히 인식적으로 정당화될 수 있다. 따라서 위 논증의 결론은 거부된다.

　철학자 B는 의무론 논제와 비의지성 논제는 받아들이면서 자유주의 논제를 거부하여 위 논증의 결론을 거부한다. B에 따르면 위 논증에서 우리의 p에 대한 믿음이 비의지적이더라도 그 믿음에 대한 인식적 의무는 있을 수 있다. 비유적으로 생각해 보자. 돈이 없어서 빚을 갚을지 말지에 대해 선택의 여지가 없다고 하더라도 빚을 갚아야 한다는 의무는 있다. B에 따르면 이러한 방식으로 비의지적인 믿음에 대한 인식적 의무에 대해 말할 수 있다.

문 19. 위 글의 ㉠~㉣에 대한 분석으로 적절한 것만을 〈보기〉에서 모두 고르면?

〈보기〉

ㄱ. ㉠과 ㉢만으로는 ㉣이 도출되지 않는다.
ㄴ. ㉡의 부정으로부터 ㉢의 부정이 도출된다.
ㄷ. ㉢과 "'지금 비가 오고 있다.'를 믿는다는 것이 비의지적이다."라는 전제로부터 "우리에게 '지금 비가 오고 있다.'를 믿어야 할 인식적 의무가 없다."는 것이 도출된다.

① ㄱ
② ㄴ
③ ㄱ, ㄷ
④ ㄴ, ㄷ
⑤ ㄱ, ㄴ, ㄷ

문 20. 위 글에 대한 평가로 적절한 것만을 〈보기〉에서 모두 고르면?

〈보기〉

ㄱ. "우리가 p를 믿는다는 것은 자유롭게 선택할 수 있는 것이다."는 것이 사실이면, 철학자 A의 입장은 약화된다.
ㄴ. "우리에게 p를 믿어야 할 인식적 의무가 있다면 우리의 p에 대한 믿음이 인식적으로 정당화된다."는 것이 사실이면, 철학자 B의 입장은 강화된다.
ㄷ. "우리가 p를 믿는다는 것이 자유롭게 선택할 수 있는 것이 아니더라도 우리에게 p를 믿어야 할 인식적 의무가 있다."는 것이 사실이면, 철학자 A와 B의 입장은 약화된다.

① ㄱ
② ㄷ
③ ㄱ, ㄴ
④ ㄴ, ㄷ
⑤ ㄱ, ㄴ, ㄷ

문 21. 다음 대화의 ㉠으로 적절한 것만을 <보기>에서 모두 고르면?

갑: 현재 지방자치단체들에서는 아동학대 피해자들을 위해 아동보호 전문기관과 연계하여 적극적인 보호조치를 취하는 대응체계를 구축하고 있는데요. 그럼에도 불구하고 아동학대로부터 제대로 보호받지 못하는 피해자들이 여전히 많은 이유는 무엇일까요?

을: 제 생각에는 신속한 보호조치가 미흡한 것 같습니다. 현행 대응체계에서는 신고가 접수된 이후부터 실제 아동학대로 판단되어 보호조치가 취해지기까지 긴 시간이 소요됩니다. 신고를 해 놓고 보호조치를 기다리는 동안 또다시 학대를 받는 아동이 많은 것은 아닐까요?

병: 글쎄요. 저는 다른 이유가 있다고 생각합니다. 현행 대응체계에서는 일단 아동학대 신고가 접수되면 실제 아동학대로 판단될 수 있는 사례인지를 조사합니다. 그 결과 아동학대로 판단되지 않은 사례에 대해서는 보호조치가 취해지지 않는데요. 당장은 직접적인 학대 정황이 포착되지 않아 아동학대로 판단되지 않았으나, 실제로는 아동학대였던 경우가 많았을 것이라고 생각합니다.

정: 옳은 지적이긴 합니다. 하지만 저는 더 근본적인 문제가 있다고 생각합니다. 아동학대가 가까운 친인척에 의해 발생한다는 점, 그리고 피해자가 아동이라는 점 등으로 인해 신고 자체가 어려운 경우가 많습니다. 애당초 신고를 하기 어려우니 보호조치가 취해질 가능성 또한 낮은 것이지요.

갑: 모두들 좋은 의견 감사합니다. 오늘 회의에서 제시하신 의견을 뒷받침할 수 있는 ㉠자료 조사를 수행해 주세요.

<보기>

ㄱ. 을의 주장을 뒷받침하기 위해, 신고가 접수된 시점과 아동학대 판단 후 보호조치가 시행된 시점 사이에 아동학대가 재발한 사례의 수를 조사한다.

ㄴ. 병의 주장을 뒷받침하기 위해, 아동학대로 판단되지 않은 신고 사례 가운데 보호조치가 취해지지 않은 사례가 차지하는 비중을 조사한다.

ㄷ. 정의 주장을 뒷받침하기 위해, 아동학대 피해자 가운데 친인척과 동거하지 않으며 보호조치를 받지 못한 사례의 수를 조사한다.

① ㄱ
② ㄴ
③ ㄱ, ㄷ
④ ㄴ, ㄷ
⑤ ㄱ, ㄴ, ㄷ

문 22. 다음 글에서 추론할 수 있는 것은?

현재 갑국의 소매업자가 상품을 판매할 수 있는 방식을 정리하면 <표>와 같다.

<표> 판매 유형 및 방법에 따른 구분

유형 \ 방법	주문 방법	결제 방법	수령 방법
대면	영업장 방문	영업장 방문	영업장 방문
예약 주문	온라인	영업장 방문	영업장 방문
스마트 오더	온라인	온라인	영업장 방문
완전 비대면	온라인	온라인	배송

갑국은 주류에 대하여 국민 건강 증진 및 청소년 보호를 이유로 스마트 오더 및 완전 비대면 방식으로 판매하는 것을 금지해 왔다. 단, 전통주 제조자가 관할 세무서장의 사전 승인을 받은 경우, 그리고 음식점을 운영하는 음식업자가 주문받은 배달 음식과 함께 소량의 주류를 배달하는 경우에 예외적으로 주류의 완전 비대면 판매가 가능했다.

그러나 IT 기술 발전으로 인터넷 상점이나 휴대전화 앱 등을 이용한 재화 및 서비스의 구매 비중이 커져 주류 판매 관련 규제도 변해야 한다는 각계의 요청이 있었다. 이에 갑국 국세청은 관련 고시를 최근 개정하여 주류 소매업자가 이전과 다른 방식으로 주류를 판매하는 것도 허용했다.

이전에는 슈퍼마켓, 편의점 등을 운영하는 주류 소매업자는 대면 및 예약 주문 방식으로만 주류를 판매할 수 있었다. 그러나 개정안에 따르면 주류 소매업자가 스마트 오더 방식으로도 소비자에게 주류를 판매할 수 있게 되었다. 다만 완전 비대면 판매는 이전처럼 예외적인 경우에만 허용된다.

① 고시 개정과 무관하게 음식업자는 주류만 완전 비대면으로 판매할 수 있다.
② 고시 개정 이전에는 슈퍼마켓을 운영하는 주류 소매업자는 온라인으로 주류 주문을 받을 수 없었다.
③ 고시 개정 이전에는 주류를 구매하는 소비자는 반드시 영업장을 방문하여 상품을 대면으로 수령해야 했다.
④ 고시 개정 이전에는 편의점을 운영하는 주류 소매업자는 주류 판매 대금을 온라인으로 결제받을 수 없었다.
⑤ 고시 개정 이후에는 전통주를 구매하는 소비자는 전통주 제조자의 영업장에 방문하여 주류를 구입할 수 없다.

문 23. 다음 글의 〈표〉에 대한 판단으로 적절한 것만을 〈보기〉에서 모두 고르면?

갑 부처는 민감정보 및 대규모 개인정보를 처리하는 공공기관에 대해 매년 「공공기관 개인정보 보호수준 평가」(이하 '보호수준 평가')를 실시한다. 갑 부처는 공공기관의 개인정보 보호 업무에 대한 관심도와 관리 수준을 평가하여 우수기관은 표창하고 취약기관에는 과태료를 부과할 수 있다.

보호수준 평가는 접근권한 관리, 암호화 조치, 접속기록 점검의 총 세 항목에 대해서 이루어진다. 각 항목에 대해 '상', '중', '하' 중 하나의 등급을 부여하며, 평가 대상 기관이 세 항목 모두 하 등급을 받으면 취약기관으로 지정된다. 평가 대상 기관이 두 항목에서 하 등급을 받는다면, 그것만으로는 취약기관으로 지정되지 않는다. 그러나 하 등급을 받은 항목의 수가 2년 연속 둘이라면, 그 기관은 취약기관으로 지정된다.

우수기관으로 지정되기 위해서는 당해 연도와 전년도에 각각 둘 이상의 항목에서 상 등급을 받고 당해 연도에는 하 등급을 받은 항목이 없어야 한다.

A기관과 B기관은 2023년과 2024년에 보호수준 평가를 받았으며, 각 항목에 대한 평가 결과는 〈표〉와 같다.

〈표〉 2023년과 2024년 보호수준 평가 결과

기관	연도	접근권한 관리	암호화 조치	접속기록 점검
A	2023	㉠	중	㉡
A	2024	㉢	하	상
B	2023	㉣	상	하
B	2024	중	㉤	㉥

〈보기〉

ㄱ. ㉠과 ㉢이 다르면 A기관은 2024년에 우수기관으로도 취약기관으로도 지정되지 않는다.
ㄴ. ㉤과 ㉥이 모두 '하'라면 B기관은 2024년에 취약기관으로 지정된다.
ㄷ. 2024년에 A기관은 취약기관으로 지정되었고 B기관은 우수기관으로 지정되었다면, ㉡과 ㉣은 같지 않다.

① ㄱ
② ㄴ
③ ㄱ, ㄷ
④ ㄴ, ㄷ
⑤ ㄱ, ㄴ, ㄷ

문 24. 다음 갑~무의 대화에 대한 분석으로 적절하지 않은 것은?

갑: 2017년부터 우리 A시에 주민등록을 하여 거주해 오는 주민이 출산 직후인 2024년 4월 22일에 출산장려금과 산후관리비의 지원을 신청했습니다. 그런데 그 주민은 2023년 8월 30일부터 2023년 9월 8일까지 다른 지역으로 주민등록을 옮겨서 거주한 일이 있어서, 지원 대상이 될 수 없다고 통보하자 민원을 제기했습니다.
을: 안타까운 일이군요. 민원인은 요건상의 기간 중에 배우자의 직장 문제로 열흘 정도 다른 지역에 계셨을 뿐, 줄곧 우리 A시에 살고 계십니다.
갑: 「A시 산후관리비 및 출산장려금 지원에 관한 조례」(이하 'A시 조례') ㉠제3조의 산후관리비 지원 자격 요건은 "출산일 기준으로 12개월 전부터 신청일 현재까지 계속하여 A시에 주민등록을 둔 산모"라고 규정합니다. 어쩔 수 없습니다.
을: ㉡제7조의 출산장려금 지원 자격 요건은 제3조에서와 동일하게 규정되어 있는데 "계속하여"라는 문구는 없습니다. 그러니 출산장려금은 지급했어야 하는 것 아닙니까?
병: 그것도 또한 계속성을 요구한다고 해석해야 합니다. 우리와 인접한 B시의 「B시 출산장려금 지원 조례」(이하 'B시 조례') ㉢제2조의 출산장려금 지원 자격 요건은 A시 조례 제7조와 같은 취지와 형식의 문구로 되어 있으면서 계속성을 명시합니다. 다른 지방자치단체들의 조례도 마찬가지입니다.
정: 그러나 B시 조례를 잘 보면 출산 전 주민등록의 기간은 우리의 절반밖에 되지 않습니다. 이 점을 고려하면, 둘을 동일 선상에 놓고 보아서는 안 됩니다.
무: 판례를 고려하여 해석하는 것이 적절해 보입니다. 갱신되거나 반복된 근로계약에서는 그 사이 일부 공백 기간이 있더라도 근로관계의 계속성을 인정해야 한다는 판결이 있습니다. 근로자를 보호하는 취지인데요, 자녀를 두는 가정을 보호하려는 A시 조례의 두 지원 사업은 그와 일맥상통합니다. 계속성은 유연하게 해석합시다.

① 갑은 민원인이 ㉠을 갖추었는지 여부에 대한 판단에서 병과는 같고 무와는 다르다.
② 을은 ㉠에 관한 조항에 나오는 "계속하여"라는 문구의 의미를 갑, 병과 달리 이해한다.
③ 병은 ㉢에서처럼 주민등록의 계속성을 명시하는 것이 ㉡과 같은 경우보다 일반적이라고 이해한다.
④ 정은 조문의 해석에서 ㉢에서의 주민등록 기간이 ㉡에서와 다르다는 점을 고려할 수 있다고 본다.
⑤ 무는 ㉠과 관련하여 일시적인 단절이 있어도 계속성의 요건이 충족될 수 있다고 본다.

문 25. 다음 글의 〈논쟁〉에 대한 분석으로 적절한 것만을 〈보기〉에서 모두 고르면?

> K국의 「형법」 제7조(이하 '현행 조항')는 다음과 같다.
>
> 제7조 죄를 지어 외국에서 형의 전부 또는 일부가 집행된 사람에 대해서는 선고하는 형을 감경 또는 면제할 수 있다.
>
> 최근 K국 의회에서는 현행 조항에서 "할 수 있다"의 문구를 "해야 한다"(이하 '개정 문구')로 개정하려 한다. 이에 대하여 갑과 을이 논쟁한다.
>
> 〈논쟁〉
> 쟁점 1: 갑은, 이중처벌 금지의 원칙에 따르면 외국에서 받은 형 집행은 K국에서 반드시 반영되어야 하는 것인데도 현행 조항은 법관이 그것을 아예 반영하지 않을 수 있는 재량까지 부여하기 때문에 어떻게든 개정은 해야 한다고 주장한다. 그러나 을은, 현행 조항은 이중처벌 금지의 원칙과 무관하기 때문에 개정 문구가 타당한지를 따질 것도 없이 그 원칙을 개정의 논거로 삼을 수 없다고 주장한다.
> 쟁점 2: 갑은, 현행 조항은 신체의 자유를 과도하게 제한하는 위헌적 조문이라서 향후 국민 기본권의 침해를 피할 수 없으므로 개정이 필요하다고 주장한다. 그러나 을은, 현재 K국 법원은 법률상의 재량을 합리적으로 행사하여 위헌의 사례 없이 사실상 개정 문구대로 운영하므로 현행 조항을 유지해도 된다고 맞선다.

〈보기〉

ㄱ. 쟁점 1과 관련하여, 을은 이중처벌 금지가 하나의 범죄행위에 대해 동일한 국가가 형벌권을 거듭 행사해서는 안 된다는 의미라고 해석하는 것이라면, 갑과 을 사이의 주장 불일치를 설명할 수 있다.
ㄴ. 쟁점 2와 관련하여, 갑은 현행 조항으로 말미암아 헌법상 신체의 자유가 침해될 것이라고 전망하지만, 을은 그러한 전망에 동의하지 않는다.
ㄷ. '외국에서 형의 집행을 받은 피고인에게 K국 법원이 형을 선고할 때에는 이미 집행된 형량을 공제해야 한다.'는 내용으로 K국 의회가 현행 조항을 개정한다면, 갑과 을은 개정에 반대할 것이다.

① ㄱ
② ㄷ
③ ㄱ, ㄴ
④ ㄴ, ㄷ
⑤ ㄱ, ㄴ, ㄷ

제2영역 상황판단

1초 합격예측! 모바일 성적결과분석표 발급 서비스

QR 코드로 접속하여 문제 풀이 시간을 측정하고, 자동채점 & 성적결과분석 서비스를 통해 지금 바로 실력을 점검해 보세요.
◀ https://eduwill.kr/ekCe

풀이 시간
- 시작: ____시 ____분 ~ 종료: ____시 ____분
- 총　 : ____분

문 1. 다음 글을 근거로 판단할 때 옳은 것은?

> 제00조 ① A부장관은 클라우드컴퓨팅(cloud computing)에 관한 정책의 효과적인 수립·시행에 필요한 산업 현황과 통계를 확보하기 위한 실태조사(이하 '실태조사'라 한다)를 할 수 있다.
> ② A부장관은 실태조사를 위하여 필요한 경우에는 클라우드컴퓨팅서비스 제공자나 그 밖의 관련 기관 또는 단체에 자료의 제출이나 의견의 진술 등을 요청할 수 있다.
> ③ A부장관은 클라우드컴퓨팅의 발전과 이용 촉진 및 이용자 보호와 관련된 중앙행정기관(이하 '관계 중앙행정기관'이라 한다)의 장이 요구하는 경우 실태조사 결과를 통보하여야 한다.
> ④ A부장관은 실태조사를 할 때에는 다음 각 호의 사항을 내용에 포함하여야 한다.
> 1. 클라우드컴퓨팅 관련 기업 현황 및 시장 규모
> 2. 클라우드컴퓨팅기술 및 클라우드컴퓨팅서비스의 이용·보급 현황
> 3. 클라우드컴퓨팅 산업의 인력 현황 및 인력 수요 전망
> 4. 클라우드컴퓨팅 관련 연구개발 및 투자 규모
> ⑤ 실태조사는 현장조사, 서면조사, 통계조사 및 문헌조사 등의 방법으로 실시하되, 효율적인 실태조사를 위하여 필요한 경우에는 정보통신망 및 전자우편 등의 전자적 방식으로 실시할 수 있다.
> 제00조 ① 관계 중앙행정기관의 장은 클라우드컴퓨팅기술 및 클라우드컴퓨팅서비스에 관한 연구개발사업을 추진할 수 있다.
> ② 관계 중앙행정기관의 장은 기업·연구기관 등에 제1항에 따른 연구개발사업을 수행하게 하고 그 사업 수행에 드는 비용의 전부 또는 일부를 지원할 수 있다.
> 제00조 국가와 지방자치단체는 클라우드컴퓨팅기술 및 클라우드컴퓨팅서비스의 발전과 이용 촉진을 위하여 조세감면을 할 수 있다.

① 실태조사는 전자적 방식으로 실시하는 것을 원칙으로 하되, 필요한 경우 현장조사, 서면조사 등의 방법으로 실시할 수 있다.
② 클라우드컴퓨팅기술 및 클라우드컴퓨팅서비스의 발전과 이용 촉진을 위하여 지방자치단체가 조세감면을 할 수는 없다.
③ A부장관은 실태조사의 내용에 클라우드컴퓨팅 산업의 인력 현황을 포함해야 하지만, 인력 수요에 대한 전망을 포함시킬 필요는 없다.
④ A부장관은 관계 중앙행정기관의 장에게 실태조사 결과를 요구할 수 있고, 이 경우 관계 중앙행정기관의 장은 그 결과를 A부장관에게 통보하여야 한다.
⑤ 관계 중앙행정기관의 장이 연구기관에 클라우드컴퓨팅기술 및 클라우드컴퓨팅서비스에 관한 연구개발사업을 수행하게 한 경우, 그 사업 수행에 드는 비용을 지원할 수 있다.

문 2. 다음 글을 근거로 판단할 때 옳은 것은?

제00조 이 법에서 사용하는 용어의 뜻은 다음과 같다.
 1. "산림병해충"이란 산림에 있는 식물과 산림이 아닌 지역에 있는 수목에 해를 끼치는 병과 해충을 말한다.
 2. "예찰"이란 산림병해충이 발생할 우려가 있거나 발생한 지역에 대하여 발생 여부, 발생 정도, 피해 상황 등을 조사하거나 진단하는 것을 말한다.
 3. "방제"란 산림병해충이 발생하지 아니하도록 예방하거나, 이미 발생한 산림병해충을 약화시키거나 제거하는 모든 활동을 말한다.
제00조 ① 산림소유자는 산림병해충이 발생할 우려가 있거나 발생하였을 때에는 예찰·방제에 필요한 조치를 하여야 한다.
② 산림청장, 시·도지사, 시장·군수·구청장 또는 지방산림청장은 산림병해충이 발생할 우려가 있거나 발생하였을 때에는 예찰·방제에 필요한 조치를 할 수 있다.
③ 시·도지사, 시장·군수·구청장 또는 지방산림청장(이하 '시·도지사 등'이라 한다)은 산림병해충이 발생할 우려가 있거나 발생하였을 때에는 산림소유자, 산림관리자, 산림사업 종사자, 수목의 소유자 또는 판매자 등에게 다음 각 호의 조치를 하도록 명할 수 있다. 이 경우 명령을 받은 자는 특별한 사유가 없으면 명령에 따라야 한다.
 1. 산림병해충이 있는 수목이나 가지 또는 뿌리 등의 제거
 2. 산림병해충이 발생할 우려가 있거나 발생한 산림용 종묘, 베어낸 나무, 조경용 수목 등의 이동 제한이나 사용 금지
 3. 산림병해충이 발생할 우려가 있거나 발생한 종묘·토양의 소독
④ 시·도지사 등은 제3항 제2호에 따라 산림용 종묘, 베어낸 나무, 조경용 수목 등의 이동 제한이나 사용 금지를 명한 경우에는 그 내용을 해당 기관의 게시판 및 인터넷 홈페이지 등에 10일 이상 공고하여야 한다.
⑤ 시·도지사 등은 제3항 각 호의 조치이행에 따라 발생한 농약대금, 인건비 등의 방제비용을 예산의 범위에서 지원할 수 있다.

① 산림병해충이 발생하지 않도록 예방하는 활동은 방제에 해당하지 않는다.
② 산림병해충이 발생할 우려가 있는 경우, 수목의 판매자는 예찰에 필요한 조치를 하여야 한다.
③ 산림병해충 발생으로 인한 조치 명령을 이행함에 따라 발생한 인건비는 시·도지사 등의 지원 대상이 아니다.
④ 산림병해충이 발생한 종묘에 대해 관할 구청장이 소독을 명한 경우, 그 내용을 구청 게시판 및 인터넷 홈페이지에 10일 이상 공고하여야 한다.
⑤ 산림병해충이 발생하여 관할 지방산림청장이 해당 수목의 소유자에게 수목 제거를 명령하였더라도, 특별한 사유가 있으면 그 명령에 따르지 않을 수 있다.

문 3. 다음 글을 근거로 판단할 때 옳은 것은?

제00조 ① 게임물의 윤리성 및 공공성을 확보하고 사행심 유발 또는 조장을 방지하며 청소년을 보호하고 불법 게임물의 유통을 방지하기 위하여 ○○관리위원회(이하 '위원회'라 한다)를 둔다.
② 위원회는 위원장 1명을 포함한 9명 이내의 위원으로 구성하되, 위원장은 상임으로 한다.
③ 위원회의 위원은 문화예술·문화산업·청소년·법률·교육·정보통신·역사 분야에 종사하는 사람으로서 게임산업·아동 또는 청소년에 대한 전문성과 경험이 있는 사람 중에서 관련 단체의 장이 추천하는 사람을 A부장관이 위촉하며, 위원장은 위원 중에서 호선한다.
④ 위원장 및 위원의 임기는 3년으로 한다.
제00조 ① 위원회는 법인으로 한다.
② 위원회는 A부장관의 인가를 받아 주된 사무소의 소재지에서 설립등기를 함으로써 성립한다.
제00조 ① 위원회의 업무 및 회계에 관한 사항을 감사하기 위하여 위원회에 감사 1인을 둔다.
② 감사는 A부장관이 임명하며, 상임으로 한다.
③ 감사의 임기는 3년으로 한다.

① 감사와 위원의 임기는 다르다.
② 위원장과 감사는 상임으로 한다.
③ 위원장은 A부장관이 위원 중에서 지명한다.
④ 위원회는 감사를 포함하여 9명으로 구성하여야 한다.
⑤ 위원회는 A부장관의 인가 여부와 관계없이 주된 사무소의 소재지에서 설립등기를 함으로써 성립할 수 있다.

문 4. 다음 글과 〈상황〉을 근거로 판단할 때, 제사주재자를 옳게 짝지은 것은?

④ D / A

문 5. 다음 글을 근거로 판단할 때 옳은 것은?

① 자기조절을 위해서는 현재 나의 상태와 아직 구현되지 않은 나의 미래 상태를 구분할 수 있어야 한다.

문 6. 다음 글을 근거로 판단할 때, 보이지 않는 숫자를 모두 합한 값은?

> 甲~丁은 매일 최대한 많이 걷기로 하고 특정 시간에 만나서 각자의 걸음 수와 그 합을 기록하였다. 그 기록한 걸음 수의 합은 199,998걸음이었다. 그런데 수명이 다 된 펜으로 각자의 걸음 수를 쓴 탓이었는지 다음날에 보니 아래와 같이 다섯 개의 숫자(□)가 보이지 않았다.
>
> 甲: □ 5 7 0 1
> 乙: 8 4 □ 9 8
> 丙: 8 3 □ □ 4
> 丁: □ 6 7 1 5

① 13
② 14
③ 15
④ 16
⑤ 17

문 7. 다음 글을 근거로 판단할 때, 〈보기〉에서 옳은 것만을 모두 고르면?

> 甲은 아래 3가지 색의 공을 〈조건〉에 따라 3개의 상자에 나누어 모두 담으려고 한다.
>
> | 색 | 무게(g) | 개수 |
> |---|---|---|
> | 빨강 | 30 | 3 |
> | 노랑 | 40 | 2 |
> | 파랑 | 50 | 2 |
>
> 〈조건〉
> ○ 각 상자에는 100g을 초과해 담을 수 없다.
> ○ 각 상자에는 적어도 2가지 색의 공을 담아야 한다.

〈보기〉
ㄱ. 빨간색 공은 모두 서로 다른 상자에 담기게 된다.
ㄴ. 각 상자에 담긴 공 무게의 합은 서로 다르다.
ㄷ. 빨간색 공이 담긴 상자에는 파란색 공이 담기지 않는다.
ㄹ. 3개의 상자 중에서 공 무게의 합이 가장 작은 상자에는 파란색 공이 담기게 된다.

① ㄱ, ㄴ
② ㄱ, ㄷ
③ ㄴ, ㄷ
④ ㄴ, ㄹ
⑤ ㄷ, ㄹ

문 8. 다음 글을 근거로 판단할 때, A사가 투자할 작품만을 모두 고르면?

> ○ A사는 투자할 작품을 결정하려고 한다. 작품별 기본점수 등 현황은 다음과 같다.
>
> | 현황
작품 | 기본 점수(점) | 스태프 인원(명) | 장르 | 감독의 최근 2개 작품 흥행 여부 (개봉연도) | |
> |---|---|---|---|---|---|
> | 성묘 | 70 | 55 | 판타지 | 성공(2009) | 실패(2015) |
> | 서울의 겨울 | 85 | 45 | 액션 | 실패(2018) | 실패(2020) |
> | 만날 결심 | 75 | 50 | 추리 | 실패(2020) | 성공(2022) |
> | 빅 포레스트 | 65 | 65 | 멜로 | 성공(2011) | 성공(2018) |
>
> ○ 최종점수는 작품별 기본점수에 아래 기준에 따른 점수를 가감해 산출한다.
>
> | 기준 | 가감 점수 |
> |---|---|
> | 스태프 인원이 50명 미만 | 감점 10점 |
> | 장르가 판타지 | 가점 10점 |
> | 감독의 최근 2개 작품이 모두 흥행 성공 | 가점 10점 |
> | 감독의 직전 작품이 흥행 실패 | 감점 10점 |
>
> ○ 최종점수가 75점 이상인 작품에 투자한다.

① 성묘, 만날 결심
② 성묘, 빅 포레스트
③ 서울의 겨울, 만날 결심
④ 만날 결심, 빅 포레스트
⑤ 서울의 겨울, 빅 포레스트

[9~10] 다음 글을 읽고 물음에 답하시오.

　암호 기술은 일반적인 문장(평문)을 해독 불가능한 암호문으로 변환하거나, 암호문을 해독 가능한 평문으로 변환하기 위한 원리, 수단, 방법 등을 취급하는 기술을 말한다. 이 암호 기술은 암호화와 복호화로 구성된다. 암호화는 평문을 암호문으로 변환하는 것이며, 반대로 암호문에서 평문으로 변환하는 것은 복호화라 한다.
　암호 기술에서 사용되는 알고리즘, 즉 암호 알고리즘은 대상 메시지를 재구성하는 방법이다. 암호 알고리즘에는 메시지의 각 원소를 다른 원소에 대응시키는 '대체'와 메시지의 원소들을 재배열하는 '치환'이 있다. 예를 들어 대체는 각 문자를 다른 문자나 기호로 일대일로 대응시키는 것이고, 치환은 단어, 어절 등의 순서를 바꾸는 것이다.
　암호 알고리즘에서는 보안을 강화하기 위해 키(key)를 사용하기도 한다. 키는 암호가 작동하는 데 필요한 값이다. 송신자와 수신자가 같은 키를 사용하면 대칭키 방식이라 하고, 다른 키를 사용하면 비대칭키 방식이라 한다. 대칭키 방식은 동일한 키로 상자를 열고 닫는 것이고, 비대칭키 방식은 서로 다른 키로 상자를 열고 닫는 것이다. 비대칭키 방식의 경우에는 수신자가 송신자의 키를 몰라도 자신의 키만 알면 복호화가 가능하다. 그리고 비대칭키 방식은 서로 다른 키를 사용하기 때문에, 키의 유출 염려가 덜해 조금 더 보안성이 높다고 알려져 있다.
　한편 암호 알고리즘에 사용하기 위해 만들 수 있는 키의 수는 키를 구성하는 비트(bit)의 수에 따른다. 비트는 0과 1을 표현할 수 있는 가장 작은 단위인데, 예를 들어 8비트로 만들 수 있는 키의 수는 2^8, 즉 256개이다. 키를 구성하는 비트의 수가 많으면 많을수록 모든 키를 체크하는 데 시간이 오래 걸려 보안성이 높아진다. 256개 정도의 키는 컴퓨터로 짧은 시간에 모두 체크할 수 있으나, 100비트로 구성된 키가 사용되었다면 체크해야 할 키의 수가 2^{100}개에 달해 초당 100만 개의 키를 체크할 수 있는 컴퓨터를 사용하더라도 상당히 많은 시간이 걸릴 것이다.
　56비트로 구성된 키를 사용하여 만든 암호 알고리즘에는 DES(Data Encryption Standard)가 있다. 그런데 오늘날 컴퓨팅 기술의 발전으로 인해 DES는 더 이상 안전하지 않아, DES보다는 DES를 세 번 적용한 삼중 DES(triple DES)나 그 뒤를 이은 AES(Advanced Encryption Standard)를 사용하고 있다.

문 9. 윗글을 근거로 판단할 때, 〈보기〉에서 옳은 것만을 모두 고르면?

〈보기〉
ㄱ. 복호화를 통하여 암호문을 평문으로 변환할 수 있다.
ㄴ. 비대칭키 방식의 경우, 수신자는 송신자의 키를 알아야 암호를 해독할 수 있다.
ㄷ. 대체는 단어, 어절 등의 순서를 바꾸는 것이다.
ㄹ. 삼중 DES 알고리즘은 DES 알고리즘보다 안전성이 높다.

① ㄱ, ㄴ
② ㄱ, ㄹ
③ ㄴ, ㄷ
④ ㄴ, ㄹ
⑤ ㄷ, ㄹ

문 10. 윗글과 〈상황〉을 근거로 판단할 때, (가)에 해당하는 수는?

〈보기〉
　2^{56}개의 키를 1초에 모두 체크할 수 있는 컴퓨터의 가격이 1,000,000원이다. 컴퓨터의 체크 속도가 2배가 될 때마다 컴퓨터는 10만 원씩 비싸진다. 60비트로 만들 수 있는 키를 1초에 모두 체크할 수 있는 컴퓨터의 최소 가격은 (가) 원이다.

① 1,100,000
② 1,200,000
③ 1,400,000
④ 1,600,000
⑤ 2,000,000

문 11. 다음 글을 근거로 판단할 때 옳은 것은?

> 제00조 ① A부장관은 김치산업의 활성화를 위한 제조기술 및 김치와 어울리는 식문화 보급을 위하여 필요한 전문인력을 양성할 수 있다.
> ② A부장관은 제1항에 따른 전문인력 양성을 위하여 대학·연구소 등 적절한 시설과 인력을 갖춘 기관·단체를 전문인력 양성기관으로 지정·관리할 수 있다.
> ③ A부장관은 제2항에 따라 지정된 전문인력 양성기관에 대하여 예산의 범위에서 그 양성에 필요한 경비를 지원할 수 있다.
> ④ A부장관은 김치산업 전문인력 양성기관이 다음 각 호의 어느 하나에 해당하는 경우에는 지정을 취소하거나 6개월 이내의 범위에서 기간을 정하여 업무의 전부 또는 일부를 정지할 수 있다. 다만, 제1호에 해당하는 경우에는 지정을 취소하여야 한다.
> 1. 거짓이나 그 밖의 부정한 방법으로 지정을 받은 경우
> 2. 지정받은 사항을 위반하여 업무를 행한 경우
> 3. 지정기준에 적합하지 아니하게 된 경우
>
> 제00조 ① 국가는 김치종주국의 위상제고, 김치의 연구·전시·체험 등을 위하여 세계 김치연구소를 설립하여야 한다.
> ② 국가와 지방자치단체는 세계 김치연구소의 효율적인 운영·관리를 위하여 필요한 경비를 예산의 범위에서 지원할 수 있다.
>
> 제00조 ① 국가와 지방자치단체는 김치산업의 육성, 김치의 수출 경쟁력 제고 및 해외시장 진출 활성화를 위하여 김치의 대표상품을 홍보하거나 해외시장을 개척하는 개인 또는 단체에 대하여 필요한 지원을 할 수 있다.
> ② A부장관은 김치의 품질향상과 국가 간 교역을 촉진하기 위하여 김치의 국제규격화를 추진하여야 한다.

① 김치산업 전문인력 양성기관으로 지정된 기관이 부정한 방법으로 지정을 받은 경우, A부장관은 그 지정을 취소하여야 한다.
② A부장관은 김치의 품질향상과 국가 간 교역을 촉진하기 위하여 김치의 국제규격화는 지양하여야 한다.
③ A부장관은 적절한 시설을 갖추지 못한 대학이라도 전문인력 양성을 위하여 해당 대학을 김치산업 전문인력 양성기관으로 지정할 수 있다.
④ 국가와 지방자치단체는 김치종주국의 위상제고를 위해 세계 김치연구소를 설립하여야 한다.
⑤ 지방자치단체가 김치의 해외시장 개척을 지원함에 있어서 개인은 그 지원대상이 아니다.

문 12. 다음 글을 근거로 판단할 때, 인쇄에 필요한 A4용지의 장수는?

> 甲주무관은 〈인쇄 규칙〉에 따라 문서 A~D를 각 1부씩 인쇄하였다.
>
> 〈인쇄 규칙〉
> ○ 문서는 A4용지에 인쇄한다.
> ○ A4용지 한 면에 2쪽씩 인쇄한다. 단, 중요도가 상에 해당하는 보도자료는 A4용지 한 면에 1쪽씩 인쇄한다.
> ○ 단면 인쇄를 기본으로 한다. 단, 중요도가 하에 해당하는 문서는 양면 인쇄한다.
> ○ 한 장의 A4용지에는 한 종류의 문서만 인쇄한다.
>
> | 종류 | 유형 | 쪽수 | 중요도 |
> |---|---|---|---|
> | A | 보도자료 | 2 | 상 |
> | B | 보도자료 | 34 | 중 |
> | C | 보도자료 | 5 | 하 |
> | D | 설명자료 | 3 | 상 |

① 11장
② 12장
③ 22장
④ 23장
⑤ 24장

문 13. 정답: ③

문 14. 정답: ③ ㄱ, ㄹ

문 15. 다음 글을 근거로 판단할 때, Q를 100리터 생산하는 데 드는 최소 비용은?

○ 화학약품 Q를 생산하려면 A와 B를 2:1의 비율로 혼합해야 한다. 이 혼합물을 가공하면 B와 같은 부피의 Q가 생산된다. 예를 들어, A 2리터와 B 1리터를 혼합하여 가공하면 Q 1리터가 생산된다.
○ A는 원료 X와 Y를 1:2의 비율로 혼합하여 만든다. 이 혼합물을 가공하면 X와 같은 부피의 A가 생산된다. 예를 들어, X 1리터와 Y 2리터를 혼합하여 가공하면 A 1리터가 생산된다.
○ B는 원료 Z와 W를 혼합하여 만들거나, Z나 W만 사용하여 만든다. Z와 W를 혼합하여 가공하면 혼합비율에 관계없이 원료 절반 부피의 B가 생산된다. 예를 들어, Z와 W를 1리터씩 혼합하여 가공하면 B 1리터가 생산된다. 두 재료를 혼합하지 않고 Z나 W만 사용하여 가공하는 경우에도 마찬가지로 원료 절반 부피의 B가 생산된다.
○ 각 원료의 리터당 가격은 다음과 같다. 원료비 이외의 비용은 발생하지 않는다.

원료	X	Y	Z	W
가격(만 원/리터)	1	2	4	3

① 1,200만 원
② 1,300만 원
③ 1,400만 원
④ 1,500만 원
⑤ 1,600만 원

문 16. 다음 글과 〈상황〉을 근거로 판단할 때, 〈보기〉에서 옳은 것만을 모두 고르면?

두 선수가 맞붙어 승부를 내는 스포츠 경기가 있다. 이 경기는 개별 게임으로 이루어져 있으며, 한 게임의 승부가 결정되면 그 게임의 승자는 1점을 얻고 패자는 점수를 얻지 못한다. 무승부는 없다. 개별 게임을 반복적으로 진행하여 한 선수의 점수가 다른 선수보다 2점 많아지면 그 선수가 경기의 승자가 되고 경기가 종료된다.

〈상황〉

두 선수 甲과 乙이 맞붙어 이 경기를 치른 결과, n번째 게임을 끝으로 甲이 경기의 승자가 되고 경기가 종료되었다. 단, $n > 3$이다.

〈보기〉

ㄱ. n이 홀수인 경우가 있다.
ㄴ. $(n-1)$번째 게임에서 乙이 이겼을 수도 있다.
ㄷ. $(n-2)$번째 게임 종료 후 두 선수의 점수는 같았다.
ㄹ. $(n-3)$번째 게임에서 乙이 이겼을 수도 있다.

① ㄱ
② ㄷ
③ ㄱ, ㄴ
④ ㄴ, ㄹ
⑤ ㄷ, ㄹ

문 17. 정답 ② 9

문 18. (답안 문제)

문 19. (답안 문제)

문 20. 다음 글을 근거로 판단할 때, 가장 많은 액수를 지급받을 예술단체의 배정액은?

> □□부는 2024년도 예술단체 지원사업 예산 4억 원을 배정하려 한다. 지원 대상이 되는 예술단체의 선정 및 배정액 산정·지급 방법은 다음과 같다.
> ○ 2023년도 기준 인원이 30명 미만이거나 운영비가 1억 원 미만인 예술단체를 선정한다.
> ○ 사업분야가 공연인 단체의 배정액은 '(운영비 × 0.2)+(사업비 × 0.5)'로 산정한다.
> ○ 사업분야가 교육인 단체의 배정액은 '(운영비 × 0.5)+(사업비 × 0.2)'로 산정한다.
> ○ 인원이 많은 단체부터 순차적으로 지급한다. 다만 예산 부족으로 산정된 금액 전부를 지급할 수 없는 단체에는 예산 잔액을 배정액으로 한다.
> ○ 2023년도 기준 예술단체(A~D) 현황은 다음과 같다.
>
> | 단체 | 인원(명) | 사업분야 | 운영비(억 원) | 사업비(억 원) |
> | --- | --- | --- | --- | --- |
> | A | 30 | 공연 | 1.8 | 5.5 |
> | B | 28 | 교육 | 2.0 | 4.0 |
> | C | 27 | 공연 | 3.0 | 3.0 |
> | D | 33 | 교육 | 0.8 | 5.0 |

① 8,000만 원
② 1억 1,000만 원
③ 1억 4,000만 원
④ 1억 8,000만 원
⑤ 2억 1,000만 원

문 21. 다음 글과 〈대화〉를 근거로 판단할 때, 직무교육을 이수하지 못한 사람만을 모두 고르면?

> 甲~丁은 월요일부터 금요일까지 5일 동안 실시되는 직무교육을 받게 되었다. 교육장소에는 2×2로 배열된 책상이 있었으며, 앞줄에 2명, 뒷줄에 2명을 각각 나란히 앉게 하였다. 교육기간 동안 자리 이동은 없었다. 교육 첫째 날과 마지막 날은 4명 모두 교육을 받았다. 직무교육을 이수하기 위해서는 4일 이상 교육을 받아야 한다.

〈대화〉
甲: 교육 둘째 날에 내 바로 앞사람만 결석했어.
乙: 교육 둘째 날에 나는 출석했어.
丙: 교육 셋째 날에 내 바로 뒷사람만 결석했어.
丁: 교육 넷째 날에 내 바로 앞사람과 나만 교육을 받았어.

① 乙
② 丙
③ 甲, 丙
④ 甲, 丁
⑤ 乙, 丁

문 22. 다음 글을 근거로 판단할 때, (가)에 해당하는 수는?

> A공원의 다람쥐 열 마리는 각자 서로 다른 개수의 도토리를 모았는데, 한 다람쥐가 모은 도토리는 최소 1개부터 최대 10개까지였다. 열 마리 다람쥐는 두 마리씩 쌍을 이루어 그날 모은 도토리 일부를 함께 먹었다. 도토리를 모으고 먹는 이런 모습은 매일 동일하게 반복됐다. 이때 도토리를 먹는 방법은 정해져 있었다. 한 쌍의 다람쥐는 각자가 그날 모은 도토리 개수를 비교해서 그 차이 값에 해당하는 개수의 도토리를 함께 먹는다. 예를 들면, 1개의 도토리를 모은 다람쥐와 9개의 도토리를 모은 다람쥐가 쌍을 이루면 이 두 마리는 8개의 도토리를 함께 먹는다.
> 열 마리의 다람쥐를 이틀 동안 관찰한 결과, '첫째 날 각 쌍이 먹은 도토리 개수'는 모두 동일했고, '둘째 날 각 쌍이 먹은 도토리 개수'도 모두 동일했다. 하지만 '첫째 날 각 쌍이 먹은 도토리 개수'와 '둘째 날 각 쌍이 먹은 도토리 개수'는 서로 달랐고, 그 차이는 ⬚(가)⬚ 개였다.

① 1
② 2
③ 3
④ 4
⑤ 5

문 23. 다음 글을 근거로 판단할 때, 처음으로 물탱크가 가득 차는 날은?

> 신축 A아파트에는 용량이 10,000리터인 빈 물탱크가 있다. 관리사무소는 입주민의 입주 시작일인 3월 1일 00:00부터 이 물탱크에 물을 채우려고 한다. 관리사무소는 매일 00:00부터 00:10까지 물탱크에 물을 900리터씩 채운다. 전체 입주민의 1일 물 사용량은 3월 1일부터 3월 5일까지 300리터, 3월 6일부터 3월 10일까지 500리터, 3월 11일부터는 계속 700리터이다. 3월 15일에는 아파트 외벽 청소를 위해 청소업체가 물탱크의 물 1,000리터를 추가로 사용한다. 물을 채우는 시간이라도 물탱크가 가득 차면 물 채우기를 중지하고, 물을 채우는 시간에는 물을 사용할 수 없다.

① 4월 4일
② 4월 6일
③ 4월 7일
④ 4월 9일
⑤ 4월 10일

문 24. 다음 글을 근거로 판단할 때, 〈보기〉에서 옳은 것만을 모두 고르면?

> 甲~丁은 6문제로 구성된 직무능력시험 문제를 풀었다.
> ○ 정답을 맞힌 경우, 문제마다 기본점수 1점과 난이도에 따른 추가점수를 부여한다.
> ○ 추가점수는 다음 식에 따라 결정한다.
>
> $$\text{추가점수} = \frac{\text{해당 문제를 틀린 사람의 수}}{\text{해당 문제를 맞힌 사람의 수}}$$
>
> ○ 6문제의 기본점수와 추가점수를 모두 합한 총합 점수가 5점 이상인 사람이 합격한다.
>
> 甲~丁이 6문제를 푼 결과는 다음과 같고, 5번과 6번 문제의 결과는 찢어져 알 수가 없다.
>
> (○: 정답, ×: 오답)

구분	1번	2번	3번	4번	5번	6번
甲	○	×	○	○		
乙	○	×	○	×		
丙	○	○	×	×		
丁	×	○	○	×		
정답률(%)	75	50	75	25	50	50

〈보기〉

ㄱ. 甲이 최종적으로 받을 수 있는 최대 점수는 $\frac{32}{3}$점이다.
ㄴ. 1~4번 문제에서 받은 점수의 합은 乙이 가장 낮다.
ㄷ. 4명 모두가 합격할 수는 없다.
ㄹ. 4명이 받은 점수의 총합은 24점이다.

① ㄱ, ㄷ
② ㄴ, ㄷ
③ ㄴ, ㄹ
④ ㄱ, ㄴ, ㄷ
⑤ ㄱ, ㄴ, ㄹ

문 25. 다음 〈상황〉을 근거로 판단할 때, 〈보기〉에서 옳은 것만을 모두 고르면?

─〈상황〉─

○ 테니스 선수 랭킹은 매달 1일 발표되며, 발표 전날로부터 지난 1년간 선수들이 각종 대회에 참가하여 획득한 점수의 합(이하 '총점수'라 한다)이 높은 순으로 순위가 매겨진다.
○ 매년 12월에는 챔피언십 대회(매년 12월 21일~25일)만 개최된다. 이 대회에는 당해 12월 1일 기준으로 랭킹 1~4위의 선수만 참가한다.
○ 매년 챔피언십 대회의 순위에 따른 획득 점수 및 2023년 챔피언십 대회 전후 랭킹은 아래와 같다. 단, 챔피언십 대회에서 공동 순위는 없다.

챔피언십 대회 성적	점수
우승	2000
준우승	1000
3위	500
4위	250

〈2023년 12월 1일〉

랭킹	선수	총점수
1위	A	7500
2위	B	7000
3위	C	6500
4위	D	5000
⋮	⋮	⋮

⇨

〈2024년 1월 1일〉

랭킹	선수	총점수
1위	C	7500
2위	B	7250
3위	D	7000
4위	A	6000
⋮	⋮	⋮

○ 총점수에는 지난 1년간 획득한 점수만 산입되므로, 〈2024년 1월 1일〉의 총점수에는 2022년 챔피언십 대회에서 획득한 점수는 빠지고, 2023년 챔피언십 대회에서 획득한 점수가 산입되었다.

─〈보기〉─

ㄱ. 2022년 챔피언십 대회 우승자는 A였다.
ㄴ. 2023년 챔피언십 대회 4위는 B였다.
ㄷ. 2023년 챔피언십 대회 우승자는 C였다.
ㄹ. 2022년 챔피언십 대회 3위는 D였다.

① ㄱ, ㄴ
② ㄱ, ㄷ
③ ㄴ, ㄷ
④ ㄴ, ㄹ
⑤ ㄱ, ㄴ, ㄹ

제3영역 자료해석

1초 합격예측! 모바일 성적결과분석표 발급 서비스

QR 코드로 접속하여 문제 풀이 시간을 측정하고, 자동채점 & 성적결과분석 서비스를 통해 지금 바로 실력을 점검해 보세요.
◀ https://eduwill.kr/pkCe

풀이 시간	• 시작: ___시 ___분 ~ 종료: ___시 ___분 • 총 : ___분

문 1. 다음 〈표〉는 2023년 도시 A~E의 '갑' 감염병 현황에 관한 자료이다. 이를 근거로 치명률이 가장 높은 도시와 가장 낮은 도시를 바르게 연결한 것은?

〈표〉 2023년 도시 A~E의 '갑' 감염병 현황

(단위: 명)

구분 도시	환자 수	사망자 수
A	300	16
B	20	1
C	50	2
D	100	6
E	200	9

※ 치명률(%) = $\frac{\text{사망자 수}}{\text{환자 수}} \times 100$

	가장 높은 도시	가장 낮은 도시
①	A	C
②	A	E
③	D	B
④	D	C
⑤	D	E

문 2. 다음 〈그림〉은 2023년 A~C구 공사 건수 및 평균 공사비를 나타낸 자료이다. 이를 근거로 계산한 2023년 A~C구 전체 공사의 평균 공사비는?

〈그림〉 2023년 A~C구 공사 건수 및 평균 공사비

① 26억 원
② 27억 원
③ 28억 원
④ 29억 원
⑤ 30억 원

문 3. 다음 〈보고서〉는 '갑'시 시민의 2023년 문화예술교육 수강 현황에 관한 자료이다. 〈보고서〉를 작성하는 데 사용되지 않은 자료는?

〈보고서〉

'갑'시 시민 1,000명을 대상으로 2023년 한 해 동안의 문화예술교육 수강 현황을 조사한 결과, 316명이 수강 경험이 있다고 응답하였다. 문화예술교육 수강 경험이 있는 응답자가 가장 많이 수강한 상위 5개 분야는 기타를 제외하고 영화, 사진, 음악, 공예, 미술 순이었다. 문화예술교육 수강자의 평균 지출 비용은 38만 8천 원이었는데, 연령대별로는 40대가 48만 4천 원으로 가장 많았다. 또한 문화예술교육 수강자의 동반자 유형 구성을 살펴보면, '혼자(동반자 없음)' 수강한 비율은 50% 이상이었고, '친구 및 연인'과 함께 수강한 비율은 18.4%였다. 문화예술교육 인지 경로는 '인터넷 검색'이 33.2%로 가장 높았고, 다음으로 '주변 지인'이 19.0%였다. 수강한 문화예술교육의 교육방식은 '예술적 기량 향상을 위한 강습'이 27.5%로 가장 높았다. 문화예술교육 수강 장소별 만족도는 미술관이 가장 높았고, 그 다음으로 박물관, 공연장, 지역문화재단의 순이었다.

① 문화예술교육 수강 경험 유무 및 수강 분야 구성비

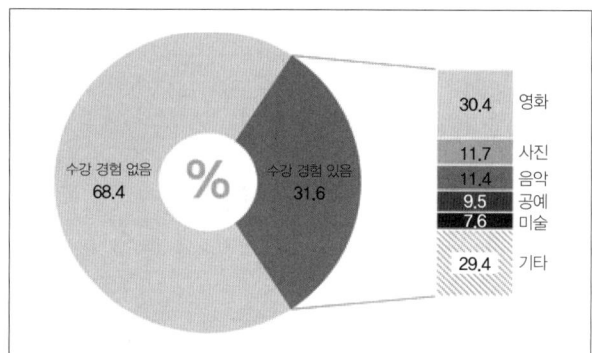

② 문화예술교육 수강자의 연령대별 평균 지출 비용

(단위: 만 원)

연령대	20대 이하	30대	40대	50대	60대 이상	전체
평균 지출 비용	36.8	46.9	48.4	39.5	19.9	38.8

③ 문화예술교육 수강자의 동반자 유형 구성비

(단위: %)

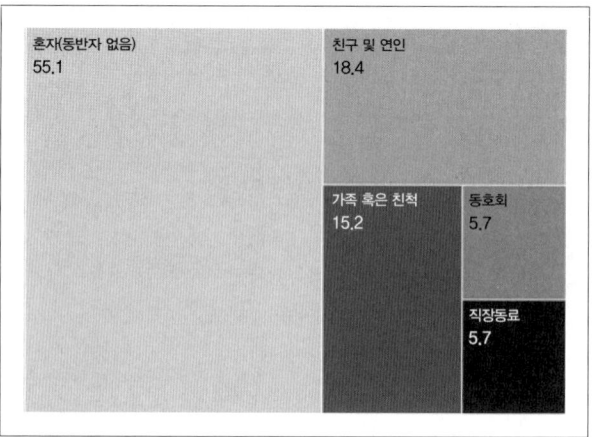

④ 문화예술교육 인지 경로 상위 5개 비율

⑤ 문화예술교육 수강 이유 상위 5개 비율

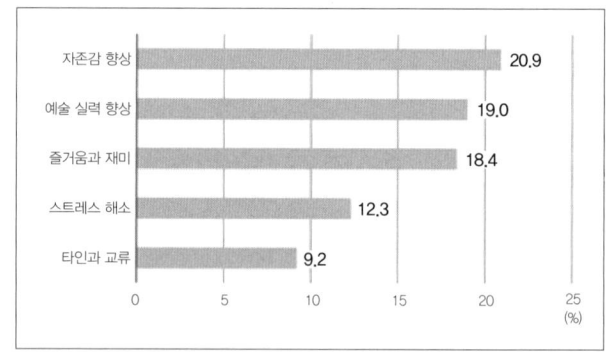

문 4. 다음은 2023년 '갑'국의 연근해 어선 감척지원금 산정에 관한 자료이다. 이를 근거로 어선 A~D 중 산정된 감척지원금이 가장 많은 어선과 가장 적은 어선을 바르게 연결한 것은?

〈정보〉
○ 감척지원금=어선 잔존가치+(평년수익액×3)+(선원 수× 선원당 월 통상임금 고시액×6)
○ 선원당 월 통상임금 고시액: 5백만 원/명

〈표〉 감척지원금 신청 어선 현황
(단위: 백만 원, 명)

어선	어선 잔존가치	평년수익액	선원 수
A	170	60	6
B	350	80	8
C	200	150	10
D	50	40	3

	가장 많은 어선	가장 적은 어선
①	A	B
②	A	C
③	B	A
④	B	D
⑤	C	D

문 5. 다음은 2022년과 2023년 '갑'국 주택소유통계에 관한 자료이다. 제시된 〈표〉와 〈정보〉 이외에 〈보고서〉를 작성하기 위해 추가로 필요한 자료만을 〈보기〉에서 모두 고르면?

〈표〉 2022년과 2023년 주택소유 가구 수
(단위: 만 가구)

연도	2022	2023
주택소유 가구 수	1,146	1,173

〈정보〉

가구 주택소유율(%) = $\dfrac{\text{주택소유 가구 수}}{\text{가구 수}} \times 100$

〈보고서〉

'갑'국의 주택 수는 2022년 1,813만 호에서 2023년 1,853만 호로 2.2% 증가하였다. 개인소유 주택 수는 2022년 1,569만 호에서 2023년 1,597만 호로 1.8% 증가하였다. 주택소유 가구 수는 2022년 1,146만 가구에서 2023년 1,173만 가구로 2.4% 증가하였지만, 가구 주택소유율은 2022년 56.3%에서 2023년 56.0%로 감소하였다. 2023년 지역별 가구 주택소유율을 살펴보면, 상위 3개 지역은 A(64.4%), B(63.0%), C(61.0%)로 나타났다.

〈보기〉

ㄱ. 2019~2023년 '갑'국 주택 수 및 개인소유 주택 수

ㄴ. 2022년과 2023년 '갑'국 가구 수
(단위: 만 가구)

연도	2022	2023
가구 수	2,034	2,093

ㄷ. 2023년 '갑'국 지역별 가구 주택소유율 상위 3개 지역
(단위: %)

지역	A	B	C
가구 주택소유율	64.4	63.0	61.0

ㄹ. 2023년 '갑'국 가구주 연령대별 가구 주택소유율

① ㄱ, ㄴ
② ㄱ, ㄹ
③ ㄴ, ㄷ
④ ㄴ, ㄹ
⑤ ㄱ, ㄴ, ㄷ

문 6. 다음은 '갑'국이 구매를 고려 중인 A~E전투기의 제원과 평가방법에 관한 자료이다. 이를 근거로 A~E 중 '갑'국이 구매할 전투기를 고르면?

〈표〉 A~E전투기의 평가항목별 제원

(단위: 마하, 개, km, 억 달러)

평가항목\전투기	A	B	C	D	E
최고속력	3.0	1.5	2.5	2.0	2.7
미사일 탑재 수	12	14	9	10	8
항속거리	1,400	800	1,200	1,250	1,500
가격	1.4	0.8	0.9	0.7	1.0
공중급유	가능	가능	불가능	가능	불가능
자체수리	불가능	가능	불가능	가능	가능

〈평가방법〉

○ 평가항목 중 최고속력, 미사일 탑재 수, 항속거리, 가격은 평가항목별로 전투기 간 상대평가를 하여 가장 우수한 전투기부터 5점, 4점, 3점, 2점, 1점 순으로 부여한다.
○ 최고속력은 높을수록, 미사일 탑재 수는 많을수록, 항속거리는 길수록, 가격은 낮을수록 전투기가 우수하다고 평가한다.
○ 평가항목 중 공중급유와 자체수리는 평가항목별로 '가능'이면 1점, '불가능'이면 0점을 부여한다.
○ '갑'국은 평가항목 점수의 합이 가장 큰 전투기를 구매한다. 단, 동점일 경우 그중에서 가격이 가장 낮은 전투기를 구매한다.

① A
② B
③ C
④ D
⑤ E

문 7. 다음 〈표〉는 2023년 '갑'국에서 배달대행과 퀵서비스 업종에 종사하는 운전자 실태에 관한 자료이다. 제시된 〈표〉 이외에 〈보고서〉를 작성하기 위해 추가로 필요한 자료만을 〈보기〉에서 모두 고르면?

〈표 1〉 운전자 연령대 구성비 및 평균 연령

(단위: %, 세)

구분\업종	연령대					평균 연령
	20대 이하	30대	40대	50대	60대 이상	
배달대행	40.0	36.1	17.8	5.4	0.7	33.2
퀵서비스	0.0	3.1	14.1	36.4	46.4	57.8

〈표 2〉 이륜자동차 운전 경력 및 서비스 제공 경력의 평균

(단위: 년)

구분\업종	배달대행	퀵서비스
이륜자동차 운전 경력	7.4	19.8
서비스 제공 경력	2.8	13.7

〈표 3〉 일평균 근로시간 및 배달건수

(단위: 시간, 건)

구분\업종	배달대행	퀵서비스
근로시간	10.8	9.8
운행시간	8.5	6.1
운행 외 시간	2.3	3.7
배달건수	41.5	15.1

〈보고서〉

'갑'국에서 배달대행과 퀵서비스 업종에 종사하는 운전자 실태를 조사한 결과는 다음과 같다. 두 업종 모두 이륜자동차를 이용하여 유사한 형태의 서비스를 제공하지만, 운전자 특성에는 큰 차이가 있었다. 우선, 운전자 평균 연령은 퀵서비스가 57.8세로 배달대행 33.2세보다 높았다. 이는 배달대행은 30대 이하 운전자 비중이 전체의 70% 이상이지만 퀵서비스는 50대 이상 운전자가 전체의 80% 이상을 차지하기 때문이다. 운전자의 이륜자동차 운전 경력의 평균과 서비스 제공 경력의 평균도 각각 퀵서비스가 배달대행에 비해 10년 이상 길었다. 한편, 운전자가 배달대행이나 퀵서비스 시장에 진입하기 위해서는 이륜자동차 구입 비용이 소요되는데, 신차와 중고차 구입 각각에서 배달대행이 퀵서비스보다 평균 구입 비용이 높았다. 또한, 운행시간과 운행 외 시간을 합한 일평균 근로시간은 배달대행이 퀵서비스보다 1.0시간 길었고, 월평균 근로일수도 배달대행이 퀵서비스보다 3일 이상 많은 것으로 나타났다.

문 8. 다음은 2023년 '갑'국 주요 10개 업종의 특허출원 현황에 관한 자료이다. 이를 근거로 A~C에 해당하는 업종을 바르게 연결한 것은?

〈표〉 주요 10개 업종의 기업규모별 특허출원건수 및 특허출원기업 수

(단위: 건, 개)

구분 업종	기업규모별 특허출원건수			특허출원 기업 수
	대기업	중견기업	중소기업	
A	25,234	1,575	4,730	1,725
전기장비	6,611	501	3,265	1,282
기계	1,314	1,870	5,833	2,360
출판	204	345	8,041	2,550
자동차	5,460	1,606	1,116	617
화학제품	2,978	917	2,026	995
의료	52	533	2,855	1,019
B	18	115	3,223	1,154
건축	113	167	2,129	910
C	29	7	596	370

※ 기업규모는 '대기업', '중견기업', '중소기업'으로만 구분됨.

〈정보〉

○ '중소기업' 특허출원건수가 해당 업종 전체 기업 특허출원건수의 90% 이상인 업종은 '연구개발', '전문서비스', '출판'이다.
○ '대기업' 특허출원건수가 '중견기업'과 '중소기업' 특허출원건수 합의 2배 이상인 업종은 '전자부품', '자동차'이다.
○ 특허출원기업당 특허출원건수는 '연구개발'이 '전문서비스'보다 많다.

	A	B	C
①	연구개발	전자부품	전문서비스
②	전자부품	연구개발	전문서비스
③	전자부품	전문서비스	연구개발
④	전문서비스	연구개발	전자부품
⑤	전문서비스	전자부품	연구개발

문 9. 다음 〈표〉는 2018~2023년 짜장면 가격 및 가격지수와 짜장면 주재료 품목의 판매단위당 가격에 관한 자료이다. 이에 대한 설명으로 옳은 것은?

〈표 1〉 2018~2023년 짜장면 가격 및 가격지수

(단위: 원)

연도 구분	2018	2019	2020	2021	2022	2023
가격	5,011	5,201	5,276	5,438	6,025	( )
가격지수	95.0	98.6	100	103.1	114.2	120.6

※ 가격지수는 2020년 짜장면 가격을 100으로 할 때, 해당 연도 짜장면 가격의 상대적인 값임.

〈표 2〉 2018~2023년 짜장면 주재료 품목의 판매단위당 가격

(단위: 원)

품목	판매단위	2018	2019	2020	2021	2022	2023
춘장	14kg	26,000	27,500	27,500	33,000	34,500	34,500
식용유	900mL	3,890	3,580	3,980	3,900	4,600	5,180
밀가루	1kg	1,280	1,280	1,280	1,190	1,590	1,880
설탕	1kg	1,630	1,680	1,350	1,790	1,790	1,980
양파	2kg	2,250	3,500	5,000	8,000	5,000	6,000
청오이	2kg	4,000	8,000	8,000	10,000	10,000	15,000
돼지고기	600g	10,000	10,000	10,000	13,000	15,000	13,000

※ 짜장면 주재료 품목은 제시된 7개뿐임.

① 짜장면 가격지수가 80.0이면 짜장면 가격은 4,000원 이하이다.
② 2023년 짜장면 가격은 2018년에 비해 20% 이상 상승하였다.
③ 2018년에 비해 2023년 판매단위당 가격이 2배 이상인 짜장면 주재료 품목은 1개이다.
④ 2020년에 식용유 1,800mL, 밀가루 2kg, 설탕 2kg의 가격 합계는 15,000원 이상이다.
⑤ 매년 판매단위당 가격이 상승한 짜장면 주재료 품목은 2개 이상이다.

문 10. 다음 〈표〉는 2017~2023년 '갑'국의 '어린이 안전 체험 교실' 사업 운영 현황에 관한 자료이다. 이를 바탕으로 작성한 〈보고서〉의 A~C에 해당하는 내용을 바르게 연결한 것은?

〈표〉 2017~2023년 '어린이 안전 체험 교실' 사업 운영 현황

(단위: 개, 회, 명)

구분 연도	참여 자치 단체 수	운영 횟수	교육 참여 어린이 수	교육 참여 학부모 수	자원 봉사자 수
2017	9	11	10,265	6,700	2,083
2018	15	30	73,060	19,465	1,600
2019	14	38	55,780	15,785	2,989
2020	18	35	58,680	13,006	2,144
2021	19	39	61,380	11,660	2,568
2022	17	38	59,559	9,071	2,406
2023	18	40	72,261	8,619	2,071

〈보고서〉

안전 체험 시설이 없는 지역으로 찾아가는 '어린이 안전 체험 교실' 사업이 2017년부터 2023년까지 운영되었다. 해당 기간 동안 참여 자치 단체 수, 운영 횟수 등이 변화하였는데 그중 참여 자치 단체 수와 교육 참여 ▢ A ▢ 수의 전년 대비 증감 방향은 매년 같았다.

2021년은 사업 기간 중 참여 자치 단체 수가 가장 많았던 해로 2020년보다 운영 횟수와 교육 참여 어린이 수가 늘었다. 운영 횟수당 교육 참여 어린이 수는 2021년이 2020년보다 ▢ B ▢.

본 사업에 자원봉사자도 꾸준히 참여하였다. 2019년에는 사업 기간 중 가장 많은 자원봉사자가 참여하였다. 자원봉사자당 교육 참여 어린이 수는 2019년이 2017년보다 ▢ C ▢.

	A	B	C
①	어린이	많았다	많았다
②	어린이	적었다	많았다
③	어린이	적었다	적었다
④	학부모	많았다	적었다
⑤	학부모	적었다	적었다

문 11. 다음 〈표〉는 2019~2023년 '갑'국의 항공편 지연 및 결항에 관한 자료이다. 이에 대한 〈보기〉의 설명 중 옳은 것만을 모두 고르면?

〈표 1〉 2019~2023년 항공편 지연 현황

(단위: 편)

구분		국내선					국제선				
분기	연도/월	2019	2020	2021	2022	2023	2019	2020	2021	2022	2023
1	1	0	0	0	0	0	1	0	0	1	0
1	2	0	0	0	0	0	0	0	0	0	2
1	3	0	0	0	0	0	6	0	0	0	0
2	4	0	0	0	0	0	0	0	2	0	1
2	5	1	0	0	0	0	5	0	0	1	0
2	6	0	0	0	0	0	0	0	10	11	1
3	7	40	0	0	3	68	53	23	11	83	55
3	8	3	0	0	3	1	27	58	61	111	50
3	9	0	0	0	0	161	7	48	46	19	368
4	10	0	93	0	23	32	21	45	44	98	72
4	11	0	0	0	1	0	0	0	0	5	11
4	12	0	0	0	0	0	2	1	6	0	17
전체		44	93	0	30	262	122	175	180	329	577

〈표 2〉 2019~2023년 항공편 결항 현황

(단위: 편)

구분		국내선					국제선				
분기	연도/월	2019	2020	2021	2022	2023	2019	2020	2021	2022	2023
1	1	0	0	0	0	0	0	0	0	0	0
1	2	0	0	0	0	0	0	0	0	0	14
1	3	0	0	0	0	0	0	0	0	0	0
2	4	1	0	0	0	0	0	0	0	0	0
2	5	6	0	0	0	0	10	0	0	0	0
2	6	0	0	0	0	0	0	0	0	1	0
3	7	311	0	0	187	507	93	11	5	162	143
3	8	62	0	0	1,008	115	39	11	71	127	232
3	9	0	0	4	0	1,351	16	30	42	203	437
4	10	0	85	0	589	536	4	48	49	112	176
4	11	0	0	0	0	0	0	0	0	0	4
4	12	0	0	0	0	0	0	4	4	0	22
전체		380	85	4	1,784	2,509	162	104	171	605	1,028

〈보기〉

ㄱ. 2022년 3분기 국제선 지연 편수는 전년 동기 대비 100편 이상 증가하였다.
ㄴ. 2023년 9월의 결항 편수는 국내선이 국제선의 3배 이상이다.
ㄷ. 매년 1월과 3월에는 항공편 결항이 없었다.

① ㄱ
② ㄷ
③ ㄱ, ㄴ
④ ㄴ, ㄷ
⑤ ㄱ, ㄴ, ㄷ

문 12. 다음 〈표〉는 2022학년도 '갑'대학교 졸업생의 취업 및 진학 현황에 관한 자료이다. 이에 대한 설명으로 옳지 않은 것은?

〈표〉 2022학년도 '갑'대학교 졸업생의 취업 및 진학 현황

(단위: 명, %)

구분 계열	졸업생 수	취업자 수	취업률	진학자 수	진학률
A	800	500	( )	60	7.5
B	700	400	57.1	50	7.1
C	500	200	40.0	40	( )
전체	2,000	1,100	55.0	150	7.5

※ 1) 취업률(%) = $\frac{\text{취업자 수}}{\text{졸업생 수}} \times 100$

2) 진학률(%) = $\frac{\text{진학자 수}}{\text{졸업생 수}} \times 100$

3) 진로 미결정 비율(%) = 100 − (취업률 + 진학률)

① 취업률은 A계열이 B계열보다 높다.
② 진로 미결정 비율은 B계열이 C계열보다 낮다.
③ 진학자 수만 계열별로 20%씩 증가한다면, 전체의 진학률은 10% 이상이 된다.
④ 취업자 수만 계열별로 10%씩 증가한다면, 전체의 취업률은 60% 이상이 된다.
⑤ 진학률은 A~C계열 중 C계열이 가장 높다.

문 13. 다음 〈그림〉은 오이와 고추의 재배방식별 파종, 정식, 수확 가능 시기에 관한 자료이다. 이에 대한 설명으로 옳지 않은 것은?

〈그림〉 오이와 고추의 재배방식별 파종, 정식, 수확 가능 시기

① '촉성' 재배방식에서 정식이 가능한 달의 수는 오이가 고추보다 많다.
② 고추의 각 재배방식에서 파종 가능 시기와 정식 가능 시기의 차이는 1개월 이상이다.
③ 오이는 고추보다 정식과 수확이 모두 가능한 달의 수가 더 많다.
④ 고추의 경우, 수확이 가능한 재배방식의 수는 7월이 가장 많다.
⑤ 오이의 재배방식 중 수확이 가능한 달의 수가 가장 적은 것은 '보통'이다.

문 14. 다음 〈표〉는 2019~2023년 '갑'국의 양식 품목별 면허어업 건수에 관한 자료이다. 이에 대한 설명으로 옳은 것은?

〈표〉 2019~2023년 양식 품목별 면허어업 건수

(단위: 건)

연도 양식 품목	2019	2020	2021	2022	2023
김	781	837	853	880	812
굴	1,292	1,314	1,317	1,293	1,277
새고막	1,076	1,093	1,096	1,115	1,121
바지락	570	587	576	582	565
미역	802	920	898	882	678
전체	4,521	4,751	4,740	4,752	4,453

※ 양식 품목은 '김', '굴', '새고막', '바지락', '미역'뿐임.

① '김' 면허어업 건수는 매년 증가한다.
② '굴'과 '새고막'의 면허어업 건수 합은 매년 전체의 50% 이상이다.
③ '바지락' 면허어업 건수의 전년 대비 증가율은 2020년이 2022년보다 낮다.
④ '미역' 면허어업 건수는 2023년이 2020년보다 많다.
⑤ 2023년에 면허어업 건수가 전년 대비 증가한 양식 품목은 2개이다.

문 15. 정답: ① A

문 16. 정답: ⑤ ㄴ, ㄷ, ㄹ

문 17. 다음 〈그림〉은 2015~2023년 '갑'국의 해외직접투자 규모와 최저개발국 직접투자 비중에 관한 자료이다. 이에 대한 설명으로 옳은 것은?

〈그림〉 해외직접투자 규모와 최저개발국 직접투자 비중

※최저개발국 직접투자 비중(%) = $\dfrac{\text{최저개발국 직접투자 규모}}{\text{해외직접투자 규모}} \times 100$

① 최저개발국 직접투자 규모는 2023년이 2015년보다 크다.
② 2021년 최저개발국 직접투자 비중은 전년보다 감소하였다.
③ 2018년 최저개발국 직접투자 규모는 10억 달러 이상이다.
④ 2023년 해외직접투자 규모는 전년 대비 40% 이상 증가하였다.
⑤ 2017년에 해외직접투자 규모와 최저개발국 직접투자 비중 모두 전년 대비 증가하였다.

문 18. 다음 〈표〉는 '갑'국의 가맹점 수 기준 상위 5개 편의점 브랜드 현황에 관한 자료이다. 이에 대한 〈보기〉의 설명 중 옳은 것만을 모두 고르면?

〈표〉 가맹점 수 기준 상위 5개 편의점 브랜드 현황

(단위: 개, 천 원/개, 천 원/m²)

순위	브랜드	가맹점 수	가맹점당 매출액	가맹점 면적당 매출액
1	A	14,737	583,999	26,089
2	B	14,593	603,529	32,543
3	C	10,294	465,042	25,483
4	D	4,082	414,841	12,557
5	E	787	559,684	15,448

※ 가맹점 면적당 매출액(천 원/m²) = $\dfrac{\text{해당 브랜드 전체 가맹점 매출액의 합}}{\text{해당 브랜드 전체 가맹점 면적의 합}}$

〈보기〉
ㄱ. '갑'국의 전체 편의점 가맹점 수가 5만 개라면 편의점 브랜드 수는 최소 14개이다.
ㄴ. A~E 중, 가맹점당 매출액이 가장 큰 브랜드가 전체 가맹점 매출액의 합도 가장 크다.
ㄷ. A~E 중, 해당 브랜드 전체 가맹점 면적의 합이 가장 작은 편의점 브랜드는 E이다.

① ㄱ
② ㄴ
③ ㄷ
④ ㄴ, ㄷ
⑤ ㄱ, ㄴ, ㄷ

문 19. 다음 〈표〉는 2023년 '갑'시 소각시설 현황에 관한 자료이다. 이에 대한 설명으로 옳은 것은?

〈표〉 2023년 '갑'시 소각시설 현황

(단위: 톤/일, 톤, 명)

소각시설	시설용량	연간소각실적	관리인원
전체	2,898	689,052	314
A	800	163,785	66
B	48	12,540	34
C	750	169,781	75
D	400	104,176	65
E	900	238,770	74

※ 시설용량은 1일 가동 시 소각할 수 있는 최대량임.

① '연간소각실적'이 많은 소각시설일수록 '관리인원'이 많다.
② '시설용량' 대비 '연간소각실적' 비율이 가장 높은 소각시설은 E이다.
③ '연간소각실적'은 A가 D의 1.5배 이하이다.
④ C의 '시설용량'은 전체 '시설용량'의 30% 이상이다.
⑤ B의 2023년 가동 일수는 250일 미만이다.

[20~21] 다음 〈표〉는 2019~2023년 '갑'국 및 A지역의 식량작물 생산 현황에 관한 자료이다. 다음 물음에 답하시오.

〈표 1〉 2019~2023년 식량작물 생산량

(단위: 톤)

연도 구분	2019	2020	2021	2022	2023
'갑'국 전체	4,397,532	4,374,899	4,046,574	4,456,952	4,331,597
A지역 전체	223,472	228,111	203,893	237,439	221,271
미곡	153,944	150,901	127,387	155,501	143,938
맥류	270	369	398	392	201
잡곡	29,942	23,823	30,972	33,535	30,740
두류	9,048	10,952	9,560	10,899	10,054
서류	30,268	42,066	35,576	37,112	36,338

〈표 2〉 2019~2023년 식량작물 생산 면적

(단위: ha)

연도 구분	2019	2020	2021	2022	2023
'갑'국 전체	924,470	924,291	906,106	905,034	903,885
A지역 전체	46,724	47,446	46,615	47,487	46,542
미곡	29,006	28,640	28,405	28,903	28,708
맥류	128	166	177	180	98
잡곡	6,804	6,239	6,289	6,883	6,317
두류	5,172	5,925	5,940	5,275	5,741
서류	5,614	6,476	5,804	6,246	5,678

※ A지역 식량작물은 미곡, 맥류, 잡곡, 두류, 서류뿐임.

문 20. 위 〈표〉에 대한 설명으로 옳지 않은 것은?

① 2023년 식량작물 생산량의 전년 대비 감소율은 A지역 전체가 '갑'국 전체보다 낮다.
② 2019년 대비 2023년 생산량 증감률이 가장 큰 A지역 식량작물은 맥류이다.
③ 미곡은 매년 A지역 전체 식량작물 생산 면적의 절반 이상을 차지한다.
④ 2023년 생산 면적당 생산량이 가장 많은 A지역 식량작물은 서류이다.
⑤ A지역 전체 식량작물 생산량과 A지역 전체 식량작물 생산 면적의 전년 대비 증감 방향은 매년 같다.

문 21. 위 〈표〉를 이용하여 작성한 〈보기〉의 자료 중 옳은 것만을 모두 고르면?

── 〈보기〉 ──

ㄱ. 2020~2023년 '갑'국 전체 식량작물 생산 면적의 전년 대비 감소량

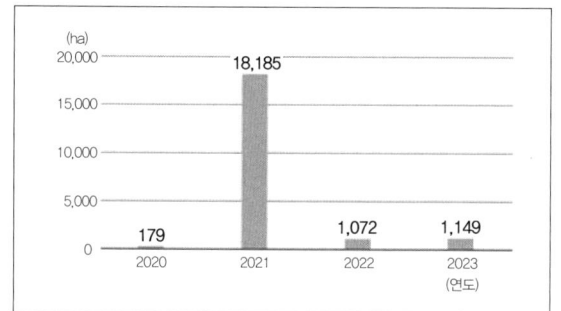

ㄴ. 연도별 A지역 잡곡, 두류, 서류 생산량

ㄷ. 2019년 대비 연도별 A지역 맥류 생산 면적 증가율

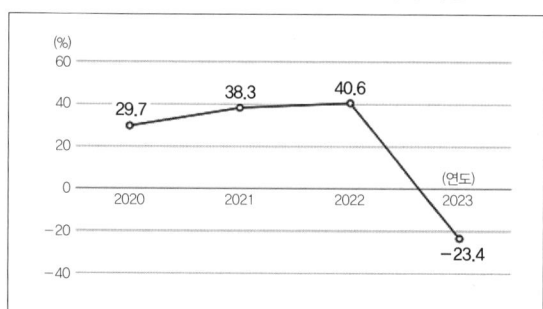

ㄹ. 2023년 A지역 식량작물 생산량 구성비

① ㄱ, ㄴ
② ㄱ, ㄷ
③ ㄴ, ㄹ
④ ㄱ, ㄷ, ㄹ
⑤ ㄴ, ㄷ, ㄹ

문 22. 다음 〈표〉는 2022년 3월 기준 '갑'시 A~L동의 지방소멸위험지수 및 지방소멸위험 수준에 관한 자료이다. 이에 대한 설명으로 옳지 않은 것은?

〈표 1〉 2022년 3월 기준 '갑'시 A~L동의 지방소멸위험지수

(단위: 명)

동	총인구	65세 이상 인구	20~39세 여성 인구	지방소멸위험지수
A	14,056	2,790	1,501	0.54
B	23,556	3,365	( )	0.88
C	29,204	3,495	3,615	1.03
D	21,779	3,889	2,614	0.67
E	11,224	2,300	1,272	( )
F	16,792	2,043	2,754	1.35
G	19,163	2,469	3,421	1.39
H	27,146	4,045	4,533	1.12
I	23,813	2,656	4,123	( )
J	29,649	5,733	3,046	0.53
K	36,326	7,596	3,625	( )
L	15,226	2,798	1,725	0.62

※ 지방소멸위험지수 = $\frac{20\sim39세\ 여성\ 인구}{65세\ 이상\ 인구}$

〈표 2〉 지방소멸위험 수준

지방소멸위험지수	지방소멸위험 수준
1.5 이상	저위험
1.0 이상 1.5 미만	보통
0.5 이상 1.0 미만	주의
0.5 미만	위험

① 지방소멸위험 수준이 '주의'인 동은 5곳이다.
② '20~39세 여성 인구'는 B동이 G동보다 적다.
③ 지방소멸위험지수가 가장 높은 동의 '65세 이상 인구'는 해당 동 '총인구'의 10% 이상이다.
④ '총인구'가 가장 많은 동은 지방소멸위험지수가 가장 낮다.
⑤ 지방소멸위험 수준이 '보통'인 동의 '총인구' 합은 90,000명 이상이다.

문 23. 다음 〈표〉는 2023년 '갑'국의 생활계 폐기물 처리실적에 관한 자료이다. 이에 대한 설명으로 옳은 것은?

〈표〉 2023년 처리방법별, 처리주체별 생활계 폐기물 처리실적

(단위: 만 톤)

처리방법 처리주체	재활용	소각	매립	기타	합
공공	403	447	286	7	1,143
자가	14	5	1	1	21
위탁	870	113	4	119	1,106
계	1,287	565	291	127	2,270

① 전체 처리실적 중 '매립'의 비율은 15% 이상이다.
② 기타를 제외하고, 각 처리방법에서 처리실적은 '공공'이 '위탁'보다 많다.
③ 각 처리주체에서 '매립'의 비율은 '공공'이 '자가'보다 높다.
④ 처리주체가 '위탁'인 생활계 폐기물 중 '재활용'의 비율은 75% 이하이다.
⑤ '소각' 처리 생활계 폐기물 중 '공공'의 비율은 90% 이상이다.

문 24. 다음 자료는 2020~2023년 우리나라 시도 행정심판위원회 사건 처리 현황이다. 이에 대한 〈보고서〉의 설명 중 옳은 것만을 모두 고르면?

〈표〉 2020~2022년 시도 행정심판위원회 인용률

(단위: %)

연도 시도	2020	2021	2022
서울	18.4	15.9	16.3
부산	22.6	15.9	12.8
대구	35.9	39.9	38.4
인천	33.3	36.0	38.1
광주	22.2	30.6	36.0
대전	28.1	47.7	35.8
울산	33.0	38.1	50.9
세종	7.7	16.7	0.0
경기	23.3	19.6	22.3
강원	21.4	14.1	18.2
충북	23.6	28.5	24.3
충남	26.7	19.9	23.1
전북	31.7	34.0	22.1
전남	36.2	34.5	23.8
경북	10.6	23.3	22.9
경남	18.5	25.7	12.4
제주	31.6	25.3	26.2

※ 인용률(%) = $\frac{\text{인용 건수}}{\text{처리 건수}} \times 100$

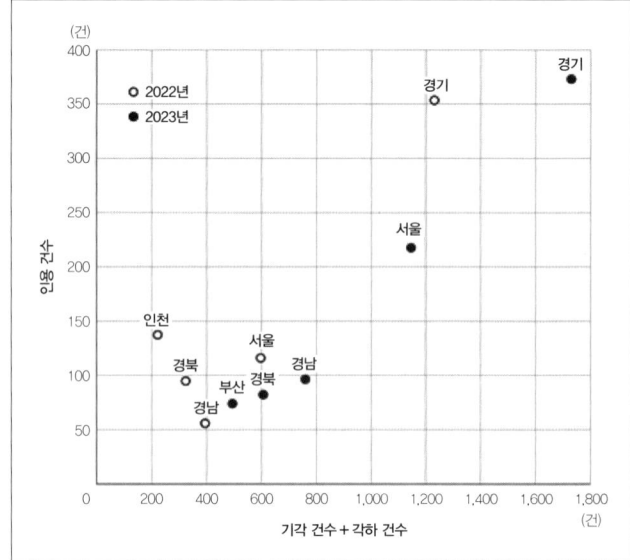

〈그림〉 2022년과 2023년 시도 행정심판위원회 처리 건수 상위 5개 시도 현황

※ 처리 건수 = 인용 건수 + 기각 건수 + 각하 건수

─〈보고서〉─

2023년 우리나라 시도 행정심판위원회 처리 건수 상위 5개 시도는 경기, 서울, 경남, 경북, 부산이었다. 2022년에는 인천이 처리 건수 362건으로 상위 5개 시도에 속했으나, 2023년 부산에 자리를 넘겨주었다. 또한, ㉠2023년 처리 건수 상위 5개 시도의 처리 건수는 각각 전년 대비 증가하였다. 인용 건수를 살펴보면, ㉡2023년 처리 건수가 가장 많은 시도의 2023년 인용 건수는 2022년 인용률이 가장 높은 시도의 2022년 인용 건수의 1.5배 이상이다. 인용률을 살펴보면, ㉢2020년부터 2023년까지 인용률이 매년 감소한 시도는 3개이다.

① ㄱ
② ㄴ
③ ㄷ
④ ㄱ, ㄴ
⑤ ㄱ, ㄴ, ㄷ

문 25. 다음 〈표〉는 A회사 전체 임직원 100명의 직급별 인원과 시간당 임금에 관한 자료이다. 이에 대한 〈보기〉의 설명 중 옳은 것만을 모두 고르면?

〈표〉 A회사의 직급별 임직원 수와 시간당 임금

(단위: 명, 원)

구분 직급	임직원 수	시간당 임금					
		평균	최저	Q1	중간값	Q3	최고
공장 관리직	4	25,000	15,000	15,000	25,000	30,000	( )
공장 생산직	52	21,500	12,000	20,500	23,500	26,500	31,000
본사 임원	8	( )	24,000	25,600	48,000	48,000	55,000
본사 직원	36	22,000	11,500	16,800	23,500	27,700	29,000

※ 1) 해당 직급 임직원의 시간당 임금을 낮은 값부터 순서대로 나열하여 4등분한 각 집단을 나열 순서에 따라 1분위, 2분위, 3분위, 4분위로 정함.
　2) Q1과 Q3은 각각 1분위와 3분위에 속한 값 중 가장 높은 값임.
　3) 해당 직급 임직원 수가 짝수인 경우, 중간값은 2분위에 속한 값 중 가장 높은 값과 3분위에 속한 값 중 가장 낮은 값의 평균임.

〈보기〉

ㄱ. 공장 관리직의 '시간당 임금' 최고액은 35,000원이다.
ㄴ. '시간당 임금'이 같은 본사 임원은 3명 이상이다.
ㄷ. 본사 임원의 '시간당 임금' 평균은 40,000원 이상이다.
ㄹ. '시간당 임금'이 23,000원 이상인 임직원은 50명 미만이다.

① ㄱ, ㄴ
② ㄱ, ㄹ
③ ㄴ, ㄷ
④ ㄷ, ㄹ
⑤ ㄱ, ㄴ, ㄷ

할 수 있다고 믿는
사람은 그렇게 되고

할 수 없다고 믿는
사람 역시 그렇게 된다.

– 샤를 드 골(Charles De Gaulle)

2023년 7월 22일 시행

2023년도 국가공무원 7급 공개경쟁채용 및 국가공무원 5급 및 7급 민간경력자 일괄채용 필기시험

응시번호		문제책형	
성 명		㉠ 책형	

【시 험 과 목】

제1영역	언어논리
제2영역	상황판단
제3영역	자료해석

※ 2022년 시험부터 1교시에는 언어논리 영역과 상황판단 영역이 동시에 치러지며, 2교시에는 자료해석 영역이 치러집니다.

<< 응시자 주의사항 >>

1. 시험시작 전에 시험문제를 열람하는 행위와 시험종료 후 답안지를 작성하는 행위는 공무원임용시험령 제51조에 의거 부정행위자로 처리됩니다.
2. 답안지 책형란의 책형표기는 시험시작 전 문제책 표지 앞면에 인쇄된 책형을 확인한 후 표기하시기 바랍니다.
3. 시험시작 즉시 과목편철 순서, 문제누락 여부, 인쇄상태 이상 유무 및 표지와 개별과목의 문제책형 일치여부 등을 확인한 후 문제책 표지에 응시번호, 성명을 기재합니다.
4. 시험이 시작되면 문제를 주의 깊게 읽은 후, 문항의 취지에 가장 적합한 하나의 정답만을 고르며, 문제내용에 관한 질문은 받지 않습니다.
5. 시험시간관리의 책임은 전적으로 수험생 본인에게 있습니다. 시험감독관의 시험종료 예고시간 고지 안내 및 시험실 내 비치된 시계가 있는 경우라도 시간이 정확하지 않을 수 있으니 본인의 시계로 반드시 확인하시기 바랍니다.

제1영역 언어논리

문 1. 다음 글에서 알 수 있는 것은?

고려 정부는 범죄를 예방하고 사회질서를 유지하기 위하여 여러 가지 방책을 마련하였다. 특히, 수도인 개경은 국왕을 위시하여 정부 관료 등 주요 인사들이 거주하고 있을 뿐 아니라 중요 기관이 밀집된 가장 핵심적인 곳이었다. 그래서 고려 정부는 개경의 중요한 기관과 거점을 지키기 위한 군사 조직을 두었다. 도성 안의 관청과 창고를 지키는 간수군, 도성의 여러 성문을 방어하는 위숙군, 시장이나 시가의 주요 장소에 배치되는 검점군이 그것이다. 간수군을 포함한 이들 세 군사 조직은 본연의 업무뿐 아니라 순찰을 비롯한 도성 안의 치안 활동까지 담당하였다.

하지만 개경의 도시화가 진전됨에 따라 전문적인 치안 기구의 필요성이 증대되었다. 이에 성종은 개경 시내를 순찰하고 검문을 실시하는 전문적인 치안 조직인 순검군을 조직하였다. 순검군의 설치는 도성을 방위하고 국왕을 지키는 군대의 기능과 도성의 치안 유지를 위한 경찰의 기능이 분리되고 전문화된 것을 의미한다. 기존 군사 조직은 본연의 업무만을 담당하게 되었으며, 순검군은 치안과 질서 유지를 위하여 도성 안에서 순찰 활동, 도적 체포, 비행이나 불법을 저지르는 사람에 대한 단속 등의 활동을 담당하게 되었다.

그런데 범죄 행위나 정치적 음모, 범죄자의 도피 등은 주로 야간에 많이 일어났다. 이에 정부는 야간 통행을 금지하고 날이 저물면 성문을 닫게 하였으며, 급한 공무나 질병, 출생 등 부득이한 경우에만 사전 신고를 받고 야간에 통행하도록 하였다. 야간 통행이 금지되는 매일 저녁부터 새벽까지 도성 내를 순찰하는 활동, 즉 야경은 순검군의 중요한 업무가 되었다. 순검군은 도성 내의 군사 조직인 간수군, 위숙군, 검점군과 함께 개경의 안전을 책임지는 핵심적인 역할을 수행하였던 것이다.

① 개경은 고려의 다른 어떤 지역보다 범죄 행위가 많이 발생한 곳이었다.
② 순검군이 설치된 이후에도 도성의 성문을 지키는 임무는 위숙군에게 있었다.
③ 야간에 급한 용무로 시내를 통행하려는 사람은 먼저 시가지를 담당하는 검점군에 신고를 하였다.
④ 순검군은 야간 통행이 금지되는 저녁부터 새벽 시간까지 순찰 활동을 하며 성문 방어에도 투입되었다.
⑤ 순검군의 설치 이후에 간수군을 비롯한 개경의 세 군사 조직은 군대의 기능과 경찰의 기능을 모두 수행하였다.

문 2. 다음 글의 내용과 부합하는 것은?

고려 숙종 9년에 여진이 고려 동북면에 있는 정주성을 공격하였다. 고려는 윤관을 보내 여진을 막게 하였으며, 윤관이 이끄는 군대는 정주성 북쪽의 벽등수라는 곳에서 여진과 싸워 이겼다. 이에 여진은 사신을 보내 화의를 요청하였고, 고려는 이를 받아들였다. 그러나 윤관은 전투 과정에서 여진의 기병을 만나 고전하였기 때문에 대책을 세워야 한다고 생각하고, 숙종의 허락을 받아 별무반을 창설하였다. 별무반에는 기병인 신기군과 보병인 신보군, 적의 기병을 활로 막아내는 경궁군 등 다양한 부대가 편성되어 있었다.

윤관은 숙종의 뒤를 이은 예종 2년에 별무반을 이끌고 여진 정벌에 나섰다. 그는 정주성 북쪽으로 밀고 올라가 여진의 영주, 웅주, 복주, 길주를 점령하고 그곳에 성을 쌓았다. 이듬해 윤관은 정예 병사 8,000여 명을 이끌고 가한촌이라는 곳으로 나아갔다. 그런데 가한촌은 병목 지형이어서 병력을 지휘하기 어려웠다. 여진은 이러한 지형을 이용하여 길 양쪽에 매복하고 있다가 고려군을 기습하였다. 이때 윤관은 큰 위기를 맞이하였지만 멀리서 이를 본 척준경이 10여 명의 결사대를 이끌고 분전한 덕분에 영주로 탈출할 수 있었다. 이후 윤관은 여진의 끈질긴 공격을 물리치면서 함주, 공험진, 의주, 통태진, 평융진에도 성을 쌓아 총 9개의 성을 완성하였다. 윤관이 별무반을 이끌고 출정한 후 여진 지역에 쌓은 성이 모두 9개였기 때문에 그 지역을 동북 9성이라고 부른다.

하지만 여진은 이후 땅을 되찾기 위하여 여러 차례 웅주와 길주 등을 공격하였다. 윤관이 이끄는 고려군은 가까스로 이를 물리쳤지만, 여진이 성을 둘러싸고 길을 끊는 바람에 고립되는 일이 잦았다. 고려는 윤관 외에도 오연총 등을 파견하여 동북 9성에 대한 방비를 강화하였지만, 전투가 거듭될수록 병사들이 계속 희생되었고 물자 소비도 점점 많아졌다. 그래서 예종 4년에 여진이 자세를 낮추며 강화를 요청했을 때 고려는 이를 받아들이고 여진에 동북 9성 지역을 돌려주기로 하였다.

① 고려는 동북 9성을 방어하는 과정에서 병사들이 계속 희생되고 물자 소비도 늘어났기 때문에 여진의 강화 요청을 받아들였다.
② 오연총은 웅주에 있던 윤관이 여진군에 의해 고립된 사실을 알고 길주로부터 출정하여 그를 구출하였다.
③ 윤관은 여진군과의 끈질긴 전투 끝에 가한촌을 점령하고 그곳에 성을 쌓아 동북 9성을 완성하였다.
④ 척준경은 가한촌 전투에서 패배한 고려군을 이끌고 길주로 후퇴하였다.
⑤ 예종이 즉위하고 다음 해에 신기군과 신보군, 경궁군이 창설되었다.

① 윤리적으로 잘 먹기 위해서는 육식을 지양해야 한다.
② 먹는 행위에 대해서도 윤리적 차원을 고려하여야 한다.
③ 건강 증진이나 취향 만족을 위한 먹는 행위는 개인적 차원의 평가 대상일 뿐이다.
④ 먹는 행위는 동물, 식물, 토양 등의 비인간 존재와 인간 사이의 관계를 만들어낸다.
⑤ 먹는 행위를 평가할 때에는 먹거리의 소비자보다 생산자의 윤리적 책임을 더 고려하여야 한다.

문 3. 다음 글의 핵심 논지로 가장 적절한 것은?

우리는 보통 먹거리의 생산에 대해서는 책임을 묻는 것이 자연스럽다고 생각하면서도 먹거리의 소비는 책임져야 하는 행위로 생각하지 않는다. 우리는 무엇을 먹을 때 좋아하고 익숙한 것 그리고 싸고, 빠르고, 편리한 것을 찾아서 먹을 뿐이다. 그런데 먹는 일에도 윤리적 책임이 동반된다고 생각해 볼 수 있지 않을까?

먹는 행위를 두고 '잘 먹었다' 혹은 '잘 먹는다'고 말할 때 '잘'을 평가하는 기준은 무엇일까? 신체가 요구하는 영양분을 골고루 섭취하는 것은 생물학적 차원에서 잘 먹는 것이고, 섭취하는 음식을 통해 다양한 감각들을 만족시키며 개인의 취향을 계발하는 것은 문화적인 차원에서 잘 먹는 것이다. 그런데 이 경우들의 '잘'은 윤리적 의미를 띠고 있는 것 같지 않다. 이 두 경우는 먹는 행위를 개인적 경험의 차원으로 축소하기 때문이다.

'잘 먹는다'는 것의 윤리적 차원은 우리의 먹는 행위가 그저 개인적 차원에서 일어나는 일이 아니라, 다른 사람들, 동물들, 식물들, 서식지, 토양 등과 관계를 맺는 행위임을 인식하기 시작할 때 비로소 드러난다. 오늘날 먹거리의 전 지구적인 생산·유통·소비 체계 속에서, 우리는 이들을 경제적 자원으로만 간주하는 특정한 방식으로 이들과 관계를 맺고 있다. 그러한 관계의 방식은 공장식 사육, 심각한 동물 학대, 농약과 화학비료 사용에 따른 토양과 물의 오염, 동식물의 생존에 필수적인 서식지 파괴, 전통적인 농민 공동체의 파괴, 불공정한 노동 착취 등을 동반한다.

우리가 무엇을 어떻게 먹는가 하는 것은 결국 우리가 그런 관계망에 속한 인간이나 비인간 존재를 어떻게 대우하고 있는가를 드러내며, 불가피하게 이러한 관계망의 형성이나 유지 혹은 변화에 기여하게 된다. 우리의 먹는 행위에 따라 이런 관계망의 모습은 바뀔 수도 있다. 그렇기에 이러한 관계들은 먹는 행위를 윤리적 반성의 대상으로 끌어 올린다.

문 4. 다음 글의 핵심 논지로 가장 적절한 것은?

지방분권화 시대를 맞아 지역의 균형 발전과 경제 활성화를 함께 도모할 수 있는 방안으로 지역문화콘텐츠의 역할이 강조되고 있다. 이와 관련하여 생태환경, 문화재, 유적지 등의 지역자원을 이용해 지역에 생명을 불어넣고 지역의 특화된 가치를 창출하는 사례가 늘고 있다. 지역문화콘텐츠의 성공은 지역 산업의 동력이 될 뿐 아니라 지역민의 문화향유권 확장에 이바지한다는 점에서도 주목할 만하다.

그러나 지역문화콘텐츠의 전망이 밝기만 한 것은 아니다. 지역 내부의 문제로 우수한 문화자원이 빛을 보지 못하거나 특정 축제를 서로 자기 지역에 유치하기 위한 과잉 경쟁으로 지방자치단체가 몸살을 앓기도 한다. 또한, 불필요한 시설과 인프라 구축, 유사한 콘텐츠의 양산 및 미흡한 활용 등의 문제로 지역 예산을 헛되이 낭비한 사례도 적지 않다.

이러한 문제들이 많아지자, ○○부는 유사·중복 축제 행사를 통폐합하는 지방재정법 시행령과 심사 규칙 개정안을 내놓았다. 이 개정안은 특색 없는 콘텐츠를 정리하고 경쟁력 있는 콘텐츠 개발을 장려하는 것이 주목적이다. 하지만 이러한 방식만으로는 지역문화콘텐츠의 성공을 기대하기 어렵다.

그동안 지역문화 정책과 사업이 새로운 콘텐츠를 발굴·제작하는 데만 주력해 온 탓에 향유의 지속성 측면을 고려하지 못했다. 이로 인해, 관련 사업은 일부 향유자만을 대상으로 하거나 단발적인 제작 지원에 그쳐 지역민의 문화자원 향유가 지속되는 데 어려움이 있었다. 향유자에 초점을 둔 실효성 있는 정책을 실현하려면, 향유의 지속성까지 염두에 두어야 한다. 콘텐츠와 향유자를 잇고, 향유자의 향유 경험을 지속시킬 때 콘텐츠는 영속할 수 있다. 향유자에 의한 콘텐츠의 공유와 확산이 활발하게 이루어지는 향유, 아울러 향유자가 콘텐츠의 소비·매개·재생산의 주체가 되는 향유를 위한 방안이 개발되어야 한다. 이러한 방안을 통해 이미 만들어진 우수한 지역문화 콘텐츠의 생명력을 연장하고 콘텐츠 향유의 활성화를 꾀할 수 있다.

① 중앙정부와 지방자치단체의 협력을 통해 지역문화콘텐츠의 경쟁력을 강화해야 한다.
② 새로운 콘텐츠의 발굴과 제작을 통해 지역문화콘텐츠의 생명력을 연장하고 활성화해야 한다.
③ 지역문화콘텐츠를 향유자와 연결하고 향유자의 향유 경험을 지속하게 할 방안을 마련해야 한다.
④ 지역문화콘텐츠 향유자 스스로 자신이 콘텐츠의 소비·매개·재생산의 주체임을 인식해야 한다.
⑤ 지역문화콘텐츠가 지역 산업의 발전과 지역민의 문화 향유 기회 확대에 기여할 수 있도록 중앙정부의 경제적 지원이 증대되어야 한다.

① 정부가 갈등영향분석 실시 여부를 판단할 때 예비타당성 조사 실시 기준인 총사업비를 판단 지표로 활용한다.
② 기피 시설 여부를 판단할 때 해당 사업을 수행하는 기관장이 별도 절차 없이 단독으로 판단해서는 안 된다.
③ 갈등영향분석서는 정부가 주관하여 중립적 전문가의 자문하에 해당 기관장이 작성하여야 한다.
④ 갈등영향분석서를 작성한 후에는 이해당사자가 회람하는 절차가 있어야 한다.
⑤ 갈등관리심의위원회는 갈등영향분석 실시 여부의 판단에 관여할 수 있다.

문 5. 다음 글의 내용과 부합하지 않는 것은?

정부는 공공사업 수립·추진 과정에서 사회적 갈등이 예상되는 경우 갈등영향분석을 통해 해결책을 마련하여야 한다. 갈등은 다양한 요인 및 양태 그리고 복잡한 이해관계를 갖고 있다. 따라서 갈등영향분석의 실시 여부는 공공사업의 규모, 유형, 사업 관련 이해집단의 분포 등 다양한 지표들을 고려하여 판단하여야 한다.

갈등영향분석 실시 여부의 대표적인 판단 지표 중 하나는 실시 대상 사업의 경제적 규모이다. 해당 사업을 수행하는 기관장은 예비타당성 조사 실시 기준인 총사업비를 판단 지표로 활용하여 갈등영향분석의 실시 여부를 판단하되, 그 경제적 규모가 실시 기준 이상이라도 갈등 발생 여지가 없거나 미미한 경우에는 갈등관리심의위원회 심의를 거쳐 갈등영향분석을 실시하지 않을 수 있다.

실시 대상 사업의 유형도 갈등영향분석 실시 여부의 판단 지표가 된다. 쓰레기 매립지, 핵폐기물처리장 등 기피 시설의 입지 선정은 지역사회 갈등을 유발하는 대표적 유형이다. 이러한 사업 유형은 경제적 규모와 관계없이 반드시 갈등영향분석이 이루어져야 한다. 해당 사업을 수행하는 기관장은 대상 시설이 기피 시설인지 여부를 판단할 때, 단독으로 판단하지 말고 지역 주민 관점에서 검토할 수 있도록 민간 갈등관리전문가 등의 자문을 거쳐야 한다.

갈등영향분석을 시행하기로 결정했다면, 해당 사업을 수행하는 기관장 주관으로, 갈등관리심의위원회의 자문을 거쳐 해당 사업과 관련된 주요 이해당사자들이 중립적이라고 인정하는 전문가가 갈등영향분석서를 작성하여야 한다. 이렇게 작성된 갈등영향분석서는 반드시 모든 이해당사자들의 회람 후에 해당 기관장에게 보고되고 갈등관리심의위원회에서 심의되어야 한다.

문 6. 다음 글에서 알 수 있는 것은?

○○시 교육청은 초·중학교 기초학력 부진학생의 기초학력 향상을 위해 3단계의 체계적인 지원체계를 구축하였다. 이는 학습 사각지대에 놓여있는 학생들을 조기에 발견하고, 학생 여건과 특성에 맞는 서비스를 제공하여 기초학력 부진을 해결하기 위한 조치이다.

1단계 지원은 기초학력 부진 판정을 받은 모든 학생을 대상으로 하며, 해당 학생에 대한 지도는 학교 내에서 담임교사가 담당한다. 학교 내에서 교사가 특별학습 프로그램을 진행하는 것이다.

2단계 지원은 기초학력 부진 판정을 받은 학생 중 복합적인 요인으로 어려움을 겪는 것으로 판정된 학생인 복합요인 기초학력 부진학생을 대상으로 권역학습센터에서 이루어진다. 권역학습센터는 권역별 1곳씩 총 5곳에 설치되어 있으며, 이곳에서 학습멘토 프로그램을 운영한다. 이 프로그램에 참여하는 지원 인력은 ○○시의 인증을 받은 학습상담사이며, 기초학력 부진학생의 학습멘토 역할을 담당하게 된다.

3단계 지원은 복합요인 기초학력 부진학생 중 주의력결핍 과잉행동장애 또는 난독증 등의 문제로 학습에 어려움을 겪는 학생을 대상으로 ○○시 학습종합클리닉센터에서 이루어진다. ○○시 학습종합클리닉센터는 교육청 차원에서 지역사회 교육 전문가를 초빙하여 해당 학생들을 위한 전문학습클리닉 프로그램을 운영한다. 이에 더해 소아정신과 전문의 등으로 이루어진 의료지원단을 구성하여 의료적 도움을 줄 수 있도록 한다.

① ○○시 학습종합클리닉센터는 ○○시에 총 5곳이 설치되어 있다.
② 기초학력 부진학생으로 판정된 학생은 학습멘토 프로그램에 참여할 수 없다.
③ 복합요인 기초학력 부진학생으로 판정된 학생 중 의료지원단의 의료적 도움을 받는 학생이 있을 수 있다.
④ 학습멘토 프로그램 및 전문학습클리닉 프로그램에 참여하는 지원 인력은 ○○시의 인증을 받지 않아도 된다.
⑤ 난독증이 있는 학생은 기초학력 부진 판정을 받지 않았더라도 ○○시 학습종합클리닉센터에서 운영하는 프로그램에 참여할 수 있다.

문 7. 다음 대화의 ㉠에 따라 〈안내〉를 수정한 것으로 적절하지 않은 것은?

갑: 지금부터 회의를 시작하겠습니다. 이 자리는 A시 시민안전보험의 안내문을 함께 검토하기 위한 자리입니다. A시 시민안전보험의 내용을 시민들에게 효과적으로 전달하기 위해서 수정 및 보완이 필요한 부분이 있다면 자유롭게 말씀해 주시기 바랍니다.
을: 시민안전보험의 혜택을 누릴 수 있는 대상이 더 정확하게 표현되면 좋겠습니다. 단순히 A시에서 생활하는 사람이 아닌 A시에 주민으로 등록한 사람이라는 점이 명확하게 드러나야 한다고 생각합니다.
병: 2024년도부터는 시민안전보험의 보장 항목이 기존의 8종에서 10종으로 확대되었습니다. 보장 항목을 안내하면서 새롭게 추가된 두 가지 항목인 개 물림 사고와 사회재난 사망 사고를 포함하면 좋겠습니다.
정: 시민안전보험의 보험 기간뿐만 아니라 청구 기간에 대한 정보도 필요합니다. 보험 기간 내에 발생한 사고에 대해서 사고 발생 시점을 기준으로 할 때 보험금을 언제까지 청구할 수 있는지에 대한 안내가 추가되면 좋을 것 같습니다.
무: 보험금을 어디로 그리고 어떻게 청구할 수 있는지에 대한 구체적 정보도 부족합니다. 시민안전보험에 관심을 가진 시민이라면 연락처 정보만으로는 부족하다고 여길 것 같습니다. 안내문에 보험금 청구에 필요한 대표적인 서류들을 제시하면 어떨까요?
갑: 좋은 의견을 개진해 주셔서 감사합니다. 참고로 최근 민간 기업과의 업무 협약을 통해 A시 누리집뿐만 아니라 코리아톡 앱을 통해서도 A시 시민안전보험에 관한 정보를 확인할 수 있게 되어 이 점 역시 이번에 안내할 계획입니다. 그럼 ㉠오늘 회의에서 논의된 내용을 반영하여 안내문을 수정하도록 하겠습니다. 감사합니다.

〈안내〉

우리 모두의 안전은 2024년 A시 시민안전보험 가입으로!
○ 가입 대상: A시 구성원 누구나
○ 보험 기간: 2024. 1. 1.~2024. 12. 31.
○ 보장 항목: 대중교통 이용 중 상해·후유장애 등 총 8종의 사고 보장
○ 청구 방법: B보험사 통합상담센터로 문의
○ 참고 사항: 자세한 관련 내용은 A시 누리집을 통해서도 확인 가능

① 가입 대상을 'A시에 주민으로 등록한 사람 누구나'로 수정한다.
② 보험 기간을 '2024. 1. 1.~2024. 12. 31.(보험 기간 내 사고발생일로부터 3년 이내 보험금 청구 가능)'로 수정한다.
③ 보장 항목을 '대중교통 이용 중 상해·후유장애, 개 물림 사고, 사회재난 사망 사고 등 총 10종의 사고 보장'으로 수정한다.
④ 청구 방법을 '청구 절차 및 필요 서류는 B보험사 통합상담센터(Tel. 15××-××××)로 문의'로 수정한다.
⑤ 참고 사항을 '자세한 관련 내용은 A시 누리집 및 코리아톡 앱을 통해서도 확인 가능'으로 수정한다.

문 8. 다음 대화의 ㉠으로 적절한 것만을 〈보기〉에서 모두 고르면?

> 갑: 최근 전동킥보드, 전동휠 등 개인형 이동장치 사고가 급증하고 있습니다. 도대체 무엇 때문에 이러한 현상이 나타나는 것일까요? 이에 대해 여러분은 어떤 의견을 가지고 있나요?
> 을: 원동기 면허만 있으면 19세 미만 미성년자도 개인형 이동장치를 이용할 수 있습니다. 하지만 원동기 면허가 없는 사람들도 많이 이용하고 있습니다. 안전 의식이 부족한 이용자가 증가해 사고가 더 많이 발생하는 것이지요.
> 병: 저는 개인형 이동장치의 경음기 부착 여부가 사고 발생 확률에 유의미한 영향을 미친다고 생각합니다. 현재 상당수의 개인형 이동장치는 경고음을 낼 수 있는 경음기가 부착되어 있지 않기 때문에 개인형 이동장치가 빠른 속도로 달려와도 주변에서 이를 인지하지 못하는 경우가 많습니다. 이것이 사고가 발생하는 주요한 원인이라고 생각합니다.
> 정: 저는 개인형 이동장치를 이용할 수 있는 인프라가 부족하다는 점이 가장 큰 원인이라고 생각합니다. 개인형 이동장치 이용자들은 안전한 운행이 가능한 도로를 원하고 있으나, 그러한 개인형 이동장치 전용도로를 갖춘 지역은 드뭅니다. 이처럼 인프라 수요를 공급이 따라가지 못해 사고가 발생하는 것입니다.
> 갑: 여러분 좋은 의견 제시해 주셔서 감사합니다. 그렇다면 말씀하신 의견을 검증하기 위해 ㉠필요한 자료를 조사해 주세요.

〈보기〉

ㄱ. 미성년자 중 원동기 면허 취득 비율과 19세 이상 성인 중 원동기 면허 취득 비율
ㄴ. 경음기가 부착된 개인형 이동장치 1대당 평균 사고 발생 건수와 경음기가 부착되지 않은 개인형 이동장치 1대당 평균 사고 발생 건수
ㄷ. 개인형 이동장치 등록 대수가 가장 많은 지역의 개인형 이동장치 사고 발생 건수와 개인형 이동장치 등록 대수가 가장 적은 지역의 개인형 이동장치 사고 발생 건수

① ㄱ
② ㄴ
③ ㄱ, ㄷ
④ ㄴ, ㄷ
⑤ ㄱ, ㄴ, ㄷ

문 9. 다음 글의 (가)와 (나)에 들어갈 말을 적절하게 짝지은 것은?

> 갑은 국민 개인의 삶의 질을 1부터 10까지의 수치로 평가하고 이 수치를 모두 더해 한 국가의 행복 정도를 정량화한다. 예를 들어, 삶의 질이 모두 5인 100명의 국민으로 구성된 국가의 행복 정도는 500이다.
> 갑은 이제 국가의 행복 정도가 클수록 더 행복한 국가라고 하면서 어느 국가가 더 행복한 국가인지까지도 서로 비교하고 평가할 수 있다고 주장한다. 하지만 갑의 주장은 받아들이기 어렵다. 행복한 국가라면 그 국가의 대다수 국민이 높은 삶의 질을 누리고 있다고 보는 것이 일반적인 직관인데, 이 직관과 충돌하는 결론이 나오기 때문이다. 예를 들어, A국과 B국의 행복 정도를 비교하는 다음의 경우를 생각해 보자. (가) , B국에서 가장 높은 삶의 질을 지닌 국민이 A국에서 가장 낮은 삶의 질을 지닌 국민보다 삶의 질 수치가 낮다. 그러면 갑은 (나) . 그러나 이러한 결론에 동의할 사람은 거의 없을 것이다.

① (가): A국의 행복 정도가 B국의 행복 정도보다 더 크지만
   (나): B국이 A국보다 더 행복한 국가라고 말해야 할 것이다
② (가): A국의 행복 정도가 B국의 행복 정도보다 더 크지만
   (나): A국이 B국보다 더 행복한 국가라고 말해야 할 것이다
③ (가): A국의 행복 정도와 B국의 행복 정도가 같지만
   (나): B국이 A국보다 더 행복한 국가라고 말해야 할 것이다
④ (가): B국의 행복 정도가 A국의 행복 정도보다 더 크지만
   (나): B국이 A국보다 더 행복한 국가라고 말해야 할 것이다
⑤ (가): B국의 행복 정도가 A국의 행복 정도보다 더 크지만
   (나): A국이 B국보다 더 행복한 국가라고 말해야 할 것이다

문 10. ④

문 11. ①

문 12. 다음 갑~정의 논쟁에 대한 분석으로 적절한 것만을 〈보기〉에서 모두 고르면?

갑: 우리는 보통 인간이나 동물이 어떤 특성을 지니고 있어서 그에 부합하는 도덕적 지위를 갖는다고 생각한다. 의식이 바로 그런 특성이다. 나는 인공지능 로봇도 같은 방식으로 그 도덕적 지위를 결정해야 한다고 생각한다. 그래서 우리는 그런 로봇에게 의식이 있는지를 따져 봐야 할 것이다. 나는 인공지능 로봇이 의식을 갖는다고 생각한다.

을: 도덕적 지위를 결정하는 기준에 대해서는 나도 갑과 생각이 같다. 하지만 나는 바로 그런 이유에서 인공지능 로봇에게 도덕적 지위를 부여할 수 없다고 생각한다. 로봇은 기계이므로 의식을 갖는 것이 가능하지 않기 때문이다.

병: 나는 인공지능 로봇에게 의식이 있는지 없는지가 그것에게 도덕적 지위를 부여하느냐 마느냐를 결정하는 근거가 될 수 없다고 생각한다. 인공지능 로봇에게 의식이 있을 수도 있겠지만, 인간의 필요에 의해서 만든 도구적 존재에게 도덕적 지위를 부여하는 것은 말이 안 된다.

정: 어떤 존재의 도덕적 지위는 우리가 그 존재와 어떤 관계를 맺고 있는지에 따라 결정된다. 우리가 로봇과 가족이나 친구와 같은 유의미한 관계를 맺고 있다면, 인공지능 로봇이 의식을 갖지 않는 경우라 해도, 로봇에게 도덕적 지위를 부여해야 한다.

〈보기〉

ㄱ. 을과 정은 인공지능 로봇에게는 의식이 없다고 생각한다.
ㄴ. 인공지능 로봇에게 의식이 있어도 도덕적 지위를 부여할 수 없다고 생각하는 사람이 있다.
ㄷ. 인공지능 로봇에게 실제로 의식이 있다고 밝혀진다면, 네 명 중 한 명은 인공지능 로봇에게 도덕적 지위를 부여해야 하는가에 대한 입장을 바꿔야 한다.

① ㄱ
② ㄴ
③ ㄱ, ㄷ
④ ㄴ, ㄷ
⑤ ㄱ, ㄴ, ㄷ

문 13. 다음 글에서 추론할 수 있는 것만을 〈보기〉에서 모두 고르면?

○○부는 올여름 폭염으로 국가적 전력 부족 사태가 예상됨에 따라 '공공기관 에너지 절약 세부 실천대책'을 발표하였다. 이에 따르면 공공기관은 냉방설비를 가동할 때 냉방 온도를 25℃ 이상으로 설정하여야 한다. 또한 14~17시에는 불필요한 전기 사용을 자제하여야 한다.

○○부는 추가적으로, 예비전력을 기준으로 전력수급 위기단계를 준비단계(500만kW 미만 400만kW 이상), 관심단계(400만kW 미만 300만kW 이상), 주의단계(300만kW 미만 200만kW 이상), 경계단계(200만kW 미만 100만kW 이상), 심각단계(100만kW 미만) 순의 5단계로 설정하였다. 전력수급 상황에 따라 위기단계가 통보되면 공공기관은 아래 〈표〉에 따라 각 위기단계의 조치 사항을 이행하여야 한다. 이때의 조치 사항에는 그 전 위기단계까지의 조치 사항이 포함되어야 한다.

〈표〉 전력수급 위기단계별 조치 사항

위기단계	조치 사항
준비단계	실내조명과 승강기 사용 자제
관심단계	냉방 온도 28℃ 이상으로 조정
주의단계	냉방기 사용 중지, 실내조명 50% 이상 소등
경계단계	필수 기기를 제외한 모든 사무기기 전원 차단
심각단계	실내조명 완전 소등, 승강기 가동 중지

다만 장애인 승강기는 전력수급 위기단계와 관계없이 상시 가동하여야 한다. 또한 의료기관, 아동 및 노인 등 취약계층 보호시설은 냉방 온도 제한 예외 시설로서 자체적으로 냉방 온도를 설정하여 운영할 수 있다.

〈보기〉

ㄱ. 예비전력이 50만kW일 때 모든 공공기관은 실내조명을 완전 소등하여야 하며, 예비전력이 180만kW일 때는 50% 이상 소등하여야 한다.
ㄴ. 취약계층 보호시설에 해당하지 않는 공공기관은 예비전력이 280만kW일 때 냉방 온도를 24℃로 설정할 수 없으나, 예비전력이 750만kW일 때는 설정할 수 있다.
ㄷ. 전력수급 위기단계가 심각단계일 때 취약계층 보호시설에 해당하는 공공기관은 장애인 승강기를 가동할 수 있으나 취약계층 보호시설에 해당하지 않는 공공기관은 장애인 승강기 가동을 중지하여야 한다.

① ㄱ
② ㄷ
③ ㄱ, ㄴ
④ ㄴ, ㄷ
⑤ ㄱ, ㄴ, ㄷ

문 14. 다음 글의 내용이 참일 때, 반드시 참인 것만을 〈보기〉에서 모두 고르면?

갑은 〈공직 자세 교육과정〉, 〈리더십 교육과정〉, 〈글로벌 교육과정〉, 〈직무 교육과정〉, 〈전문성 교육과정〉의 다섯 개 과정으로 이루어진 공직자 교육 프로그램에 참여할 것을 고려하고 있다. 갑이 〈공직 자세 교육과정〉을 이수한다면 〈리더십 교육과정〉도 이수한다. 또한 갑이 〈글로벌 교육과정〉을 이수한다면 〈직무 교육과정〉과 〈전문성 교육과정〉도 모두 이수한다. 그런데 갑은 〈리더십 교육과정〉을 이수하지 않거나 〈전문성 교육과정〉을 이수하지 않는다.

〈보기〉

ㄱ. 갑은 〈공직 자세 교육과정〉을 이수하지 않거나 〈글로벌 교육과정〉을 이수하지 않는다.
ㄴ. 갑이 〈직무 교육과정〉을 이수하지 않는다면 〈글로벌 교육과정〉도 이수하지 않는다.
ㄷ. 갑은 〈공직 자세 교육과정〉을 이수하지 않는다.

① ㄱ
② ㄷ
③ ㄱ, ㄴ
④ ㄴ, ㄷ
⑤ ㄱ, ㄴ, ㄷ

문 15. 다음 글에서 갑이 새롭게 입수한 '정보'로 적절한 것은?

월요일부터 목요일까지 하루에 한 차례씩 시험 출제 회의가 열렸다. 회의에 참석한 시험위원들에 관한 자료를 정리하던 주무관 갑은 다음의 사실을 파악하였다.
○ 월요일에 참석한 시험위원은 모두 수요일에도 참석했다.
○ 화요일에 참석한 시험위원은 누구도 수요일에는 참석하지 않았다.
○ 수요일에 참석한 시험위원 중 적어도 한 사람은 목요일에도 참석했다.

갑은 이 사실에 새롭게 입수한 '정보'를 더하여 "월요일에는 참석하지 않았지만 목요일에는 참석한 시험위원이 적어도 한 사람은 있다."는 것을 알아내었다.

① 월요일에 참석하지 않은 시험위원이 적어도 한 사람은 있다.
② 화요일에 참석하지 않은 시험위원이 적어도 한 사람은 있다.
③ 수요일에 참석한 시험위원 중 적어도 한 사람은 목요일에 참석하지 않았다.
④ 목요일에는 참석하지 않았지만 월요일에는 참석한 시험위원이 적어도 한 사람은 있다.
⑤ 월요일에 참석한 시험위원 중에는 목요일에 참석한 시험위원은 없다.

문 16. 다음 글의 내용이 참일 때, 반드시 참인 것만을 〈보기〉에서 모두 고르면?

국제해양환경회의에 5명의 대표자가 참석하여 A, B, C, D 4개 정책을 두고 토론회를 열었다. 대표자들은 모두 각 정책에 대해 찬반 중 하나의 입장을 분명하게 표명했으며, 각자 하나 이상의 정책에 찬성하고 하나 이상의 정책에 반대한 것으로 드러났다. 그들의 입장을 정리한 결과는 다음과 같다.

○ A에 찬성하는 대표자는 2명이다.
○ A에 찬성하는 대표자는 모두 B에 찬성한다.
○ B에 찬성하는 대표자 중에 C에 찬성하는 사람과 반대하는 사람은 동수이다.
○ B와 D에 모두 찬성하는 대표자는 아무도 없다.
○ D에 찬성하는 대표자는 2명이다.
○ D에 찬성하는 대표자는 모두 C에 찬성한다.

〈보기〉

ㄱ. 3개 정책에 반대하는 대표자가 있다.
ㄴ. B에 찬성하는 대표자는 2명이다.
ㄷ. C에 찬성하는 대표자가 가장 많다.

① ㄱ
② ㄴ
③ ㄱ, ㄷ
④ ㄴ, ㄷ
⑤ ㄱ, ㄴ, ㄷ

문 17. 다음 글에서 추론할 수 있는 것만을 <보기>에서 모두 고르면?

포유동물의 발생 과정에서 폐는 가장 늦게 그 기능을 발휘하는 기관 중 하나이다. 폐 내부의 폐포는 숨을 들이마시면 부풀어 오르는데 이때 폐포로 들어온 공기와 폐포를 둘러싸고 있는 모세혈관의 혈액 사이에 기체교환이 일어난다. 즉 공기 중의 산소를 혈액으로 전달하고 혈액에 있는 이산화탄소가 폐포 내에 있는 공기로 배출된다. 폐포가 정상적으로 기능을 발휘하려면 폐포가 접촉해도 서로 들러붙지 않도록 하는 충분한 양의 계면 활성제가 필요하다. 폐포 세포가 분비하는 이 계면 활성제는 임신 기간이 거의 끝날 때쯤, 즉 사람의 경우 임신 약 34주째쯤, 충분히 폐포에 분비되어 비로소 호흡할 수 있는 폐가 형성된다.

태아의 폐가 정상 기능을 하게 되면 곧이어 출산이 일어난다. 쥐 실험을 통해 호흡이 가능한 폐의 형성과 출산이 어떻게 연동되는지 확인되었다. 임신한 실험 쥐의 출산일이 다가오면, 쥐의 태아 폐포에서는 충분한 양의 계면 활성제가 분비되고 그중 일부가 양수액으로 이동하여 양수액에 있는 휴면 상태의 대식세포를 활성화시킨다. 활성화된 대식세포는 양수액에서 모태 쥐의 자궁 근육 안으로 이동하여, 자궁 근육 안에서 물질 A를 분비하게 한다. 물질 A는 비활성 상태의 효소 B에 작용하여 그것을 활성 상태로 바꾸고 활성화된 효소 B는 자궁 근육 안에서 물질 C가 만들어지게 하는데, 물질 C는 효소 B가 없으면 만들어지지 않는다. 이렇게 만들어진 물질 C가 일정 수준의 농도가 되면 자궁 근육을 수축하게 하여 쥐의 출산이 일어나게 하는데, 물질 C가 일정 수준의 농도에 이르지 않으면 자궁 근육의 수축이 일어나지 않는다.

<보기>

ㄱ. 태아 시기 쥐의 폐포에서 물질 A가 충분히 발견되지 않는다면, 그 쥐의 폐는 정상적으로 기능을 발휘할 수 없다.

ㄴ. 임신 초기부터 효소 B가 모두 제거된 상태로 유지된 암쥐는 출산 시기가 되어도 자궁 근육의 수축이 일어나지 않는다.

ㄷ. 출산을 며칠 앞둔 암쥐의 자궁 근육에 물질 C를 주입하여 물질 C가 일정 수준의 농도에 이르게 되면 출산이 유도된다.

① ㄱ
② ㄴ
③ ㄱ, ㄷ
④ ㄴ, ㄷ
⑤ ㄱ, ㄴ, ㄷ

문 18. 다음 글에서 추론할 수 없는 것은?

물속에서 눈을 뜨면 물체를 뚜렷하게 볼 수 없다. 이는 공기에 대한 각막의 상대 굴절률이 물에 대한 각막의 상대 굴절률과 달라서 물속에서는 상이 망막에 선명하게 맺히기 힘들기 때문이다. 그런데 수경을 쓰면 빛이 공기에서 각막으로 굴절되어 망막에 들어오므로 상이 망막에 선명하게 맺혀서 물체를 뚜렷하게 볼 수 있다.

초기 형태의 수경은 덮개 형태의 두 부분으로 구성되어 있고 두 부분은 각각 오른쪽 눈과 왼쪽 눈을 덮고 있다. 한쪽 부분 안의 공기량이 약 7.5mL인 이 수경을 쓸 경우 3m 이상 잠수하면 결막 출혈이 생길 수 있다. 이런 현상은 다음과 같은 이유로 나타난다. 잠수를 하면 몸은 물의 압력인 수압을 받게 되는데, 수압은 잠수 깊이가 깊어질수록 커진다. 잠수 시 수압에 의해 신체가 압박되어 신체의 부피가 줄어들면서 체내 압력이 커져 수압과 같아지게 되는 반면, 수경 내부 공기의 부피는 변하지 않으므로 수경 내의 공기압인 수경 내압은 변하지 않는다. 이때 체내 압력이 수경 내압보다 일정 수준 이상 커지면 안구 안팎에 큰 압력 차이가 나타나 눈의 혈관이 압력차를 견디지 못하고 파열되어 결막 출혈이 일어난다. 초기 형태의 수경을 사용하던 해녀들은 깊이 잠수해 들어갈 때 흔히 이러한 결막 출혈을 경험하였다.

이러한 문제를 극복할 수 있도록 만들어진 수경 '부글래기'는 기존 수경에 공기가 담긴 고무주머니를 추가한 것인데 이 고무주머니는 수경 내부와 연결되어 있다. 이 수경은 잠수 시 수압에 의해 고무주머니가 압축되면, 고무주머니 내의 공기가 수압과 수경 내압이 같아질 때까지 수경 내로 이동하여 안구 안팎에 압력 차이가 나타나는 것을 막아 잠수 시 나타날 수 있는 결막 출혈을 방지한다. 우리나라에서는 모슬포 지역의 해녀들이 부글래기를 사용한 적이 있다.

오늘날 해녀들은 '큰눈' 또는 '왕눈'으로 불리는, 눈뿐만 아니라 코까지 덮는 수경을 사용한다. 이런 수경을 쓰면 잠수 시 수압에 의하여 폐가 압축되어 수압과 수경 내압이 같아질 때까지 폐의 공기가 기도와 비강을 거쳐 수경 내로 들어온다. 따라서 잠수 시 결막 출혈이 일어나지 않는다.

① 부글래기를 쓰고 잠수하면 빛이 공기에서 각막으로 굴절되어 망막에 들어와 물체를 뚜렷하게 볼 수 있다.

② 수경 내압은 큰눈을 쓰고 잠수했을 때보다 초기 형태의 수경을 쓰고 잠수했을 때가 더 크다.

③ 잠수 시 결막 출혈을 방지할 수 있는 수경이 모슬포 지역에서 사용된 적이 있다.

④ 왕눈을 쓰고 잠수하면 수경 내압과 체내 압력이 같아진다.

⑤ 체내 압력은 잠수하기 전보다 잠수했을 때가 더 크다.

문 19. 다음 글의 〈실험〉의 결과를 가장 잘 설명하는 것은?

　소자 X는 전류가 흐르게 되면 빛을 발생시키는 반도체 소자로, p형 반도체와 n형 반도체가 접합된 구조를 가지고 있다. X에 전류가 흐르게 되면, p형 반도체 부분에 정공이 주입되고 n형 반도체 부분에 전자가 주입된다. 이때 p형 반도체와 n형 반도체의 접합 부분에서는 정공과 전자가 서로 만나 광자, 즉 빛이 발생한다. 그런데 X에 주입되는 모든 정공과 전자가 빛을 발생시키지는 않는다. 어떤 정공과 전자는 서로 만나지 못하기도 하고, 어떤 정공과 전자는 서로 만나더라도 빛을 발생시키지 못한다. 내부 양자효율은 주입된 정공-전자 쌍 중 광자로 변환된 것의 비율을 의미한다. 예를 들어, X에 정공-전자 100쌍이 주입되었을 때 이 소자 내부에서 60개의 광자가 발생하였다면, 내부 양자효율은 0.6으로 계산된다. 이는 X의 성능을 나타내는 중요한 지표 중 하나로, X의 불순물 함유율에 의해서만 결정되고, 불순물 함유율이 낮을수록 내부 양자효율은 높아진다.
　X의 성능을 나타내는 또 하나의 지표로 외부 양자효율이 있다. 외부 양자효율은 X 내에서 발생한 광자가 X 외부로 방출되는 정도와 관련된 지표이다. X 내에서 발생한 광자가 X를 벗어나는 과정에서 일부는 반사되어 외부로 나가지 못한다. X 내에서 발생한 광자 중 X 외부로 벗어난 광자의 비율이 외부 양자효율로, 예를 들어 X 내에서 발생한 광자가 100개인데 40개의 광자만이 X 외부로 방출되었다면, 외부 양자효율은 0.4인 것이다. 외부 양자효율은 X의 굴절률에 의해서만 결정되며, 굴절률이 클수록 외부 양자효율은 낮아진다. 같은 개수의 정공-전자 쌍이 주입될 경우, X에서 방출되는 광자의 개수는 외부 양자효율과 내부 양자효율을 곱한 값이 클수록 많아진다.
　한 연구자는 X의 세 종류 A, B, C에 대해 다음과 같은 실험을 수행하였다. A와 B의 굴절률은 서로 같았지만, 모두 C의 굴절률보다는 작았다.

〈실험〉

　같은 개수의 정공-전자 쌍이 주입되는 회로에 A, B, C를 각각 연결하고 방출되는 광자의 개수를 측정하였다. 실험 결과, 방출되는 광자의 개수는 A가 가장 많았고 B와 C는 같았다.

① 불순물 함유율은 B가 가장 높고, A가 가장 낮다.
② 불순물 함유율은 C가 가장 높고, A가 가장 낮다.
③ 내부 양자효율은 C가 가장 높고, A가 가장 낮다.
④ 내부 양자효율은 A가 B보다 높고, C가 B보다 높다.
⑤ 내부 양자효율은 C가 A보다 높고, C가 B보다 높다.

문 20. 다음 글의 논증에 대한 평가로 적절한 것만을 〈보기〉에서 모두 고르면?

　사람의 특징 중 하나는 옷을 입는다는 것이다. 그렇다면 사람은 언제부터 옷을 입기 시작했을까? 사람이 옷을 입기 시작한 시점을 추정하기 위해 몇몇 생물학자들은 사람에 기생하는 이에 주목하였다. 사람을 숙주로 삼아 기생하는 이에는 두 종이 있는데, 하나는 옷에서 살아가며 사람 몸에서 피를 빨아 먹는 '사람 몸니'이고 다른 하나는 사람 두피에서 피를 빨아 먹으며 사는 '사람 머릿니'이다.
　사람 몸니가 의복류에 적응한 것을 볼 때, 그것들은 아마 사람이 옷을 입기 시작했던 무렵에 사람 머릿니에서 진화적으로 분기되었을 것이다. 생물의 DNA 염기서열은 시간이 지나면서 조금씩 무작위적으로 변하는데 특정한 서식 환경에서 특정한 염기서열이 선택되면서 해당 서식 환경에 적응한 새로운 종이 생겨난다. 그러므로 현재 사람 몸니와 사람 머릿니의 염기서열의 차이를 이용하여 두 종의 이가 공통 조상에서 분기된 시점을 추정할 수 있다. 이를 위해 우선 두 종의 염기서열을 분석하여 두 종 간의 염기서열에 차이가 나는 비율을 산출한다. 그러나 이것만으로 두 종이 언제 분기되었는지 결정할 수는 없다.
　사람 몸니와 사람 머릿니의 분기 시점을 추정하기 위해 침팬지의 털에서 사는 침팬지 이와 사람 머릿니를 이용할 수 있다. 우선 침팬지 이와 사람 머릿니의 염기서열을 비교하여 두 종 간의 염기서열에 차이가 나는 비율을 산출한다. 침팬지와 사람이 공통 조상에서 분기되면서 침팬지 이와 사람 머릿니도 공통 조상에서 분기되었다고 볼 수 있고, 화석학적 증거에 따르면 침팬지와 사람의 분기 시점이 약 550만 년 전이므로, 침팬지 이와 사람 머릿니 사이의 염기서열 차이는 550만 년 동안 누적된 변화로 볼 수 있다. 이로부터 1만 년당 이의 염기서열이 얼마나 변화하는지 계산할 수 있다. 이렇게 계산된 이의 염기서열의 변화율을 사람 머릿니와 사람 몸니의 염기서열의 차이에 적용하면, 사람이 옷을 입기 시작한 시점을 설득력 있게 추정할 수 있다. 연구 결과, 사람이 옷을 입기 시작한 시점은 약 12만 년 전 이후인 것으로 추정된다.

〈보기〉

ㄱ. 염기서열의 변화가 일정한 속도로 축적되는 것이 사실이라면 이 논증은 강화된다.
ㄴ. 침팬지 이와 사람 머릿니의 염기서열의 차이가 사람 몸니와 사람 머릿니의 염기서열의 차이보다 작다면 이 논증은 약화된다.
ㄷ. 염기서열 비교를 통해 침팬지와 사람의 분기 시점이 침팬지 이와 사람 머릿니의 분기 시점보다 50만 년 뒤였음이 밝혀진다면, 이 논증은 약화된다.

① ㄴ
② ㄷ
③ ㄱ, ㄴ
④ ㄱ, ㄷ
⑤ ㄱ, ㄴ, ㄷ

※ 다음 글을 읽고 물음에 답하시오. [문 21.~문 22.]

공리주의에 따르면, 행복은 쾌락의 총량에서 고통의 총량을 뺀 값으로 수치화하여 나타낼 수 있고, 어떤 행위에 대한 도덕적 판단은 그 행위가 산출하는 행복의 증감에 의존하고, 더 큰 행복을 낳는 선택을 하는 것이 옳은 행위이다.

공리주의자 A는 한 개체로 인한 행복의 증감을 다른 개체로 인한 행복의 증감으로 대체할 수 있다는 대체가능성 논제를 받아들여, 육식이 도덕적으로 옳은 행위가 될 수 있다고 주장한다. 예를 들어, 닭고기를 먹는 일은 닭에게 죽음을 발생시키지만, 더 많은 닭의 탄생에도 기여한다. 태어나는 닭의 수를 고려하면 육식을 위한 도축은 거기 연루된 고통까지 고려하더라도 닭 전체의 행복의 총량을 증진한다. 왜냐하면 한 동물이 일생 동안 누릴 쾌락의 총량은 고통의 총량보다 크기 때문이다.

공리주의자 B는 A의 주장이 틀렸다고 비판한다. A가 받아들이는 대체가능성 논제가 존재하지 않는 대상의 고통과 쾌락을 도덕적 판단의 근거로 삼기 때문이다.

이에 A는 두 여인의 임신에 관한 다음의 사고실험을 토대로 B의 주장을 반박한다. 갑은 임신 3개월 때 의사로부터 태아에게 심각하지만 쉽게 치유 가능한 건강 문제가 있다는 진단을 받았다. 갑이 부작용 없는 약 하나만 먹으면 아이의 건강 문제는 사라진다. 을은 의사로부터 만일 지금 임신하면 아이가 심각한 건강 문제를 갖게 되지만, 3개월 후에 임신하면 아무런 문제가 없을 것이라는 진단을 받았다. 이 상황에서 갑은 약을 먹지 않아서, 을은 기다리지 않고 임신해서 둘 다 심각한 건강 문제를 가진 아이를 낳았다고 하자. B의 주장에 따르면 둘 사이에는 중요한 차이가 있다. 갑의 경우에는 태어난 아이에게 해악을 끼쳤다고 할 수 있는 반면, 을의 경우는 그렇지 않다. 을이 태어난 아이에게 해악을 끼쳤다고 평가하려면 그 아이가 건강하게 태어날 수도 있었다는 전제가 필요한데, 만일 을이 3개월을 기다려 임신했다면 그 아이가 아닌 다른 아이가 잉태되었을 것이기 때문이다. 그러나 A에 따르면, 갑과 마찬가지로 을도 도덕적 잘못을 저질렀다는 것이 일반적인 직관이므로 이에 반하는 B의 주장은 수용하기 어렵다.

A는 B의 주장을 수용하기 어려운 이유를 미래세대에 대한 도덕적 책임 문제에서도 찾을 수 있다고 말한다. 만일 현세대가 지금과 같은 삶의 방식을 고수한다면, 온난화가 가속되어 지구 환경은 나빠질 것이다. 그 결과 미래세대의 고통이 증가되었다면 현세대는 이에 대한 도덕적 책임이 있다는 것이 일반적인 직관이다. 그러나 B의 주장에 따르면 그렇게 평가할 수 없다. 왜냐하면 현세대가 미래세대를 고려하여 기존과 다른 삶의 방식을 취하게 되면, 현세대가 기존 방식을 고수했을 때와는 다른 구성원으로 이루어진 미래세대가 생겨나기 때문이다. 그래서 을이 태어난 아이에게 잘못을 저질렀다고 말할 수 없는 것과 마찬가지로, 현세대도 미래세대가 겪는 고통에 대해 도덕적 책임이 없다고 말해야 한다. 그러나 A가 보기에 ㉠이는 수용하기 어렵다.

문 21. 위 글에 대한 분석으로 적절한 것만을 〈보기〉에서 모두 고르면?

〈보기〉
ㄱ. A의 주장에 따르면, 을의 행위는 도덕적으로 옳은 행위가 아니다.
ㄴ. 갑의 행위에 대한 B의 도덕적 평가는 대체가능성 논제의 수용 여부에 따라 달라지지 않는다.
ㄷ. B의 주장에 따르면, 을의 행위에 대한 도덕적 평가를 할 때 잉태되지 않은 존재의 쾌락이나 고통을 고려해서는 안 된다.

① ㄱ
② ㄷ
③ ㄱ, ㄴ
④ ㄴ, ㄷ
⑤ ㄱ, ㄴ, ㄷ

문 22. 위 글의 ㉠에 대한 평가로 적절한 것만을 〈보기〉에서 모두 고르면?

〈보기〉
ㄱ. 미래세대 구성원이 달라질 경우 미래세대가 누릴 행복의 총량이 변한다면, ㉠은 약화되지 않는다.
ㄴ. 아직 현실에 존재하지 않는다는 이유로 미래세대를 도덕적 고려에서 배제하는 것이 불합리하다면, ㉠은 약화된다.
ㄷ. 일반적인 직관에 반하는 결론이 도출된다고 해도 그러한 직관이 옳은지의 여부가 별도로 평가되어야 한다면, ㉠은 약화된다.

① ㄱ
② ㄴ
③ ㄱ, ㄷ
④ ㄴ, ㄷ
⑤ ㄱ, ㄴ, ㄷ

문 23. 정답 ① (ㄱ)

문 24. 정답 ⑤

문 25. 다음 글의 ㉠의 내용으로 적절한 것만을 <보기>에서 모두 고르면?

A시에 주민등록을 두고 거주하는 갑은 B시 관내에 있는 고등학교에, B시에 주민등록을 두고 거주하는 을은 A시 관내에 있는 고등학교에 신입생으로 입학하게 되었다. 갑과 을이 입학할 예정인 고등학교는 모두 교복을 입는 학교이다. 갑과 을은 A시와 B시에서 교복 구입비 지원사업을 시행하는 것을 확인하고, 교복 구입비 지원을 받을 수 있을 것으로 기대하였다. 그러나 확인 결과, 둘 중 한 명은 A시와 B시 어느 곳에서도 교복 구입비 지원을 받을 수 없다는 문제가 드러났다. A시와 B시는 ㉠이 학생의 문제를 해결하기 위해 조례의 일부를 개정하려 한다.

「A시 교복 지원 조례」
제2조(정의) 이 조례에서 사용하는 용어의 뜻은 다음과 같다.
1. "학교"란 「초·중등교육법」 제2조에 따른 학교 중 A시 관내 중·고등학교를 말한다.
제4조(지원대상) 교복 구입비 지원대상은 다음 각 호의 어느 하나에 해당하는 사람으로 한다.
1. 교복을 입는 학교에 신입생으로 입학하는 1학년 학생
2. 다른 시·도 또는 국외에서 제1호의 학교로 전입학하거나 편입학한 학생

「B시 교복 지원 조례」
제2조(정의) 이 조례에서 사용하는 용어의 정의는 다음과 같다.
1. "학교"란 「초·중등교육법」 제2조 규정에 해당하는 학교를 말한다.
제4조(지원대상) ① 교복 구입비 지원대상은 B시에 주민등록이 되어 있고, 중·고등학교에 입학하는 학생을 대상으로 한다.
② 제1항에 따른 입학생은 당해년도 신입생으로 한다.

<보기>

ㄱ. 「A시 교복 지원 조례」 제2조 제1호의 '학교 중 A시 관내 중·고등학교'를 '학교'로, 제4조 제1호의 '교복을 입는 학교에 신입생으로 입학하는 1학년 학생'을 'A시에 주민등록이 되어 있고, 교복을 입는 A시 관내 학교에 입학하는 신입생'으로 개정한다.

ㄴ. 「A시 교복 지원 조례」 제4조 제1호의 '교복을 입는 학교에 신입생으로 입학하는 1학년 학생'을 'A시에 주민등록이 되어 있고, 교복을 입는 학교에 신입생으로 입학하는 1학년 학생'으로 개정한다.

ㄷ. 「B시 교복 지원 조례」 제4조 제1항의 'B시에 주민등록이 되어 있고, 중·고등학교에 입학하는 학생'을 'B시 관내 중·고등학교에 입학하는 학생'으로 개정한다.

① ㄱ
② ㄷ
③ ㄱ, ㄴ
④ ㄴ, ㄷ
⑤ ㄱ, ㄴ, ㄷ

※ 수고하셨습니다.
※ 기출문제편 맨 마지막에 있는 OMR 카드에 마킹을 하세요.

제2영역 상황판단

문 1. 다음 글을 근거로 판단할 때 옳은 것은?

제00조(정의) 이 법에서 사용하는 용어의 정의는 다음과 같다.
1. "천문업무"란 우주에 대한 관측업무와 그에 따른 부대업무를 말한다.
2. "천문역법"이란 천체운행의 계산을 통하여 산출되는 날짜와 천체의 출몰시각 등을 정하는 방법을 말한다.
3. "윤초"란 지구자전속도의 불규칙성으로 인하여 발생하는 세계시와 세계협정시의 차이가 1초 이내로 되도록 보정하여주는 것을 말한다.
4. "그레고리력"이란 1년의 길이를 365.2425일로 정하는 역법체계로서 윤년을 포함하는 양력을 말한다.
5. "윤년"이란 그레고리력에서 여분의 하루인 2월 29일을 추가하여 1년 동안 날짜의 수가 366일이 되는 해를 말한다.
6. "월력요항"이란 관공서의 공휴일, 기념일, 24절기 등의 자료를 표기한 것으로 달력 제작의 기준이 되는 자료를 말한다.

제00조(천문역법) ① 천문역법을 통하여 계산되는 날짜는 양력인 그레고리력을 기준으로 하되, 음력을 병행하여 사용할 수 있다.
② 과학기술정보통신부장관은 천문역법의 원활한 관리를 위하여 윤초의 결정을 관장하는 국제기구가 결정·통보한 윤초를 언론매체나 과학기술정보통신부 인터넷 홈페이지 등을 통하여 지체 없이 발표하여야 한다.
③ 과학기술정보통신부장관은 한국천문연구원으로부터 필요한 자료를 제출받아 매년 6월 말까지 다음 연도의 월력요항을 작성하여 관보에 게재하여야 한다.

① 그레고리력은 윤년을 제외하는 양력을 말한다.
② 달력 제작의 기준이 되는 자료인 월력요항에는 24절기가 표기된다.
③ 과학기술정보통신부장관은 세계시와 세계협정시를 고려하여 윤초를 결정한다.
④ 천문역법을 통해 계산되는 날짜는 음력을 사용할 수 없고, 양력인 그레고리력을 기준으로 한다.
⑤ 과학기술정보통신부장관은 한국천문연구원으로부터 자료를 제출받아 매년 6월 말까지 그해의 월력요항을 작성하여 관보에 게재하여야 한다.

문 2. 다음 글을 근거로 판단할 때 옳은 것은?

제00조(법 적용의 기준) ① 새로운 법령 등은 법령 등에 특별한 규정이 있는 경우를 제외하고는 그 법령 등의 효력 발생 전에 완성되거나 종결된 사실관계 또는 법률관계에 대해서는 적용되지 아니한다.
② 당사자의 신청에 따른 처분은 법령 등에 특별한 규정이 있거나 처분 당시의 법령 등을 적용하기 곤란한 특별한 사정이 있는 경우를 제외하고는 처분 당시의 법령 등에 따른다.

제00조(처분의 효력) 처분은 권한이 있는 기관이 취소 또는 철회하거나 기간의 경과 등으로 소멸되기 전까지는 유효한 것으로 통용된다. 다만, 무효인 처분은 처음부터 그 효력이 발생하지 아니한다.

제00조(위법 또는 부당한 처분의 취소) ① 행정청은 위법 또는 부당한 처분의 전부나 일부를 소급하여 취소할 수 있다. 다만, 당사자의 신뢰를 보호할 가치가 있는 등 정당한 사유가 있는 경우에는 장래를 향하여 취소할 수 있다.
② 행정청은 제1항에 따라 당사자에게 권리나 이익을 부여하는 처분을 취소하려는 경우에는 취소로 인하여 당사자가 입게 될 불이익을 취소로 달성되는 공익과 비교·형량(衡量)하여야 한다. 다만, 다음 각 호의 어느 하나에 해당하는 경우에는 그러하지 아니하다.
1. 거짓이나 그 밖의 부정한 방법으로 처분을 받은 경우
2. 당사자가 처분의 위법성을 알고 있었거나 중대한 과실로 알지 못한 경우

① 새로운 법령 등은 법령 등에 특별한 규정이 있는 경우에는 그 법령 등의 효력 발생 전에 종결된 법률관계에 대해 적용될 수 있다.
② 무효인 처분의 경우 그 처분의 효력이 소멸되기 전까지는 유효한 것으로 통용된다.
③ 행정청은 부당한 처분의 일부는 소급하여 취소할 수 있으나 전부를 소급하여 취소할 수는 없다.
④ 당사자의 신청에 따른 처분은 처분 당시의 법령 등을 적용하기 곤란한 특별한 사정이 있는 경우에도 처분 당시의 법령 등에 따른다.
⑤ 당사자가 부정한 방법으로 자신에게 이익이 부여되는 처분을 받아 행정청이 그 처분을 취소하고자 하는 경우, 취소로 인해 당사자가 입게 될 불이익과 취소로 달성되는 공익을 비교·형량하여야 한다.

문 3. 다음 글을 근거로 판단할 때 옳은 것은?

제00조(조직 등) ① 자율방범대에는 대장, 부대장, 총무 및 대원을 둔다.
② 경찰서장은 자율방범대장이 추천한 사람을 자율방범대원으로 위촉할 수 있다.
③ 경찰서장은 자율방범대원이 이 법을 위반하여 파출소장이 해촉을 요청한 경우에는 해당 자율방범대원을 해촉해야 한다.
제00조(자율방범활동 등) ① 자율방범대는 다음 각 호의 활동(이하 '자율방범활동'이라 한다)을 한다.
 1. 범죄예방을 위한 순찰 및 범죄의 신고, 청소년 선도 및 보호
 2. 시·도경찰청장, 경찰서장, 파출소장이 지역사회의 안전을 위해 요청하는 활동
② 자율방범대원은 자율방범활동을 하는 때에는 자율방범활동 중임을 표시하는 복장을 착용하고 자율방범대원의 신분을 증명하는 신분증을 소지해야 한다.
③ 자율방범대원은 경찰과 유사한 복장을 착용해서는 안 되며, 경찰과 유사한 도장이나 표지 등을 한 차량을 운전해서는 안 된다.
제00조(금지의무) ① 자율방범대원은 자율방범대의 명칭을 사용하여 다음 각 호의 어느 하나에 해당하는 행위를 해서는 안 된다.
 1. 기부금품을 모집하는 행위
 2. 영리목적으로 자율방범대의 명의를 사용하는 행위
 3. 특정 정당 또는 특정인의 선거운동을 하는 행위
② 제1항 제3호를 위반한 자에 대해서는 3년 이하의 징역 또는 600만 원 이하의 벌금에 처한다.

① 파출소장은 자율방범대장이 추천한 사람을 자율방범대원으로 위촉할 수 있다.
② 자율방범대원이 범죄예방을 위한 순찰을 하는 경우, 경찰과 유사한 복장을 착용할 수 있다.
③ 자율방범대원이 영리목적으로 자율방범대의 명의를 사용한 경우, 3년 이하의 징역에 처한다.
④ 자율방범대원이 청소년 선도활동을 하는 경우, 자율방범활동 중임을 표시하는 복장을 착용하면 자율방범대원의 신분을 증명하는 신분증을 소지하지 않아도 된다.
⑤ 자율방범대원이 자율방범대의 명칭을 사용하여 기부금품을 모집했고 이를 이유로 파출소장이 그의 해촉을 요청한 경우, 경찰서장은 해당 자율방범대원을 해촉해야 한다.

문 4. 다음 글과 〈상황〉을 근거로 판단할 때 옳은 것은?

제○○조(허가신청) ① 대기관리권역에서 총량관리대상 오염물질을 배출량 기준을 초과하여 배출하는 사업장을 설치하거나 이에 해당하는 사업장으로 변경하려는 자는 환경부장관으로부터 사업장 설치의 허가를 받아야 한다. 허가받은 사항을 변경하는 경우에도 같다.
② 제1항의 허가 또는 변경허가를 받으려는 자는 사업장의 설치 또는 변경의 허가신청서를 환경부장관에게 제출하여야 한다.
제□□조(허가제한) 환경부장관은 제○○조 제1항에 따른 설치 또는 변경의 허가신청을 받은 경우, 그 사업장의 설치 또는 변경으로 인하여 지역배출허용총량의 범위를 초과하게 되면 이를 허가하여서는 아니 된다.
제△△조(허가취소 등) ① 사업자가 거짓이나 그 밖의 부정한 방법으로 제○○조 제1항에 따른 허가 또는 변경허가를 받은 경우, 환경부장관은 그 허가 또는 변경허가를 취소할 수 있다.
② 환경부장관은 다음 각 호의 자에 대하여 해당 사업장의 폐쇄를 명할 수 있다.
 1. 거짓이나 그 밖의 부정한 방법으로 제○○조 제1항에 따른 허가 또는 변경허가를 받은 자
 2. 제○○조 제1항에 따른 허가 또는 변경허가를 받지 아니하고 사업장을 설치·운영하는 자
제◇◇조(벌칙) 다음 각 호의 어느 하나에 해당하는 자는 7년 이하의 징역 또는 2억 원 이하의 벌금에 처한다.
 1. 제○○조 제1항에 따른 허가 또는 변경허가를 받지 아니하고 사업장을 설치하거나 변경한 자
 2. 제△△조 제2항에 따른 사업장폐쇄명령을 위반한 자

〈상황〉

甲~戊는 대기관리권역에서 총량관리대상 오염물질을 배출량 기준을 초과하여 배출하는 사업장을 설치하려 한다.

① 甲이 사업장 설치의 허가를 받은 경우, 이후 허가받은 사항을 변경하는 때에는 별도의 허가가 필요없다.
② 乙이 허가를 받지 않고 사업장을 설치한 경우, 7년의 징역과 2억 원의 벌금에 처한다.
③ 丙이 허가를 받지 않고 사업장을 설치·운영한 경우, 환경부장관은 해당 사업장의 폐쇄를 명할 수 있다.
④ 丁이 사업장 설치의 허가를 신청한 경우, 그 설치로 인해 지역배출허용총량의 범위를 초과하더라도 환경부장관은 이를 허가할 수 있다.
⑤ 戊가 사업장 설치의 허가를 부정한 방법으로 받은 경우에도 환경부장관은 그 허가를 취소할 수 없다.

문 5. 다음 글을 근거로 판단할 때 옳은 것은?

두부의 주재료는 대두(大豆)라는 콩이다. 50여 년 전만 해도, 모내기가 끝나는 5월쯤 대두의 씨앗을 심어 벼 베기가 끝나는 10월쯤 수확했다. 두부를 만들기 위해서 먼저 콩을 물에 불리는데, 겨울이면 하루 종일, 여름이면 반나절 정도 물에 담가둬야 한다. 콩을 적당히 불린 후 맷돌로 콩을 간다. 물을 조금씩 부어가며 콩을 갈면 맷돌 가운데에서 하얀색의 콩비지가 거품처럼 새어 나온다. 이 콩비지를 솥에 넣고 약한 불로 끓인다. 맷돌에서 막 갈려 나온 콩비지에서는 식물성 단백질에서 나는 묘한 비린내가 나는데, 익히면 이 비린내는 없어진다. 함지박 안에 삼베나 무명으로 만든 주머니를 펼쳐 놓고, 끓인 콩비지를 주머니에 담는다. 콩비지가 다 식기 전에 주머니의 입을 양쪽으로 묶고 그 사이에 나무 막대를 꽂아 돌리면서 마치 탕약 짜듯이 콩물을 빼낸다. 이 콩물을 두유라고 한다. 콩에 함유된 단백질은 두유에 녹아 있다.

두부는 두유를 응고시킨 음식이다. 두유의 응고를 위해 응고제가 필요한데, 예전에는 응고제로 간수를 사용했다. 간수의 주성분은 염화마그네슘이다. 두유에 함유된 식물성 단백질은 염화마그네슘을 만나면 응고된다. 두유에 간수를 넣고 잠시 기다리면 응고된 하얀 덩어리와 물로 분리된다. 하얀 덩어리는 주머니에 옮겨 담는다. 응고가 아직 다 되지 않았기 때문에 덩어리를 싼 주머니에서는 물이 흘러나온다. 함지박 위에 널빤지를 올리고 그 위에 입을 단단히 묶은 주머니를 올려놓는다. 또 다른 널빤지를 주머니 위에 얹고 무거운 돌을 올려놓는다. 이렇게 한참을 누르고 있으면 주머니에서 물이 빠져나오고 덩어리는 굳어져 두부의 모양을 갖추게 된다.

① 50여 년 전에는 5월쯤 그해 수확한 대두로 두부를 만들 수 있었다.
② 콩비지를 염화마그네슘으로 응고시키면 두부와 두유가 나온다.
③ 익힌 콩비지에서는 식물성 단백질로 인해서 비린내가 난다.
④ 간수는 두유에 함유된 식물성 단백질을 응고시키는 성질이 있다.
⑤ 여름에 두부를 만들기 위해서는 콩을 하루 종일 물에 담가둬야 한다.

문 6. 다음 글을 근거로 판단할 때, 처방에 따라 아기에게 더 먹여야 하는 해열시럽의 양은?

아기가 열이 나서 부모는 처방에 따라 해열시럽 4mL를 먹여야 하는데, 아기가 약 먹기를 거부했다. 부모는 꾀를 내어 배즙 4mL와 해열시럽 4mL를 균일하게 섞어 주었지만 아기는 맛이 이상했는지 4분의 1만 먹었다. 부모는 아기가 남긴 것 전부와 사과즙 50mL를 다시 균일하게 섞어 주었다. 아기는 그 절반을 먹더니 더 이상 먹지 않았다.

① 1.5mL
② 1.6mL
③ 2.0mL
④ 2.4mL
⑤ 2.5mL

문 7. 다음 글을 근거로 판단할 때, 甲주무관이 이용할 주차장은?

○ 甲주무관은 출장 중 총 11시간(09:00~20:00) 동안 요금이 가장 저렴한 주차장 한 곳을 이용하고자 한다.
○ 甲주무관의 자동차는 중형차이며, 3종 저공해차량이다.
○ 주차요금은 기본요금과 추가요금을 합산하여 산정하고, 할인대상인 경우 주차요금에 대하여 할인이 적용된다.
○ 일 주차권이 있는 주차장의 경우, 甲은 주차요금과 일 주차권 중 더 저렴한 것을 선택한다.
○ 주차장별 요금에 대한 정보는 아래와 같다.

구분	기본요금 (최초 1시간)	추가요금 (이후 30분마다)	비고
A주차장	2,000원	1,000원	-
B주차장	3,000원	1,500원	- 경차 전용 주차장 - 저공해차량 30% 할인
C주차장	3,000원	1,750원	- 경차 50% 할인 - 일 주차권 20,000원(당일 00:00~24:00 이용 가능)
D주차장	5,000원	700원	-
E주차장	5,000원	1,000원	- 경차, 저공해차량(1, 2종) 50% 할인 - 저공해차량(3종) 20% 할인 - 18:00~익일 07:00 무료

① A주차장
② B주차장
③ C주차장
④ D주차장
⑤ E주차장

④ 丁

문 9. 윗글을 근거로 판단할 때 옳은 것은?

① EDP의 부향률이 EDC의 부향률보다 높다.
② 흡수법은 많은 양의 향유를 값싸게 얻을 수 있는 방법이다.
③ 오늘날 많이 사용되는 향수의 대부분은 식물성 천연향료로 만들어진다.
④ 고가이고 향유의 함유량이 적은 원료에서 향유를 추출하고자 할 때는 흡수법보다는 압착법이 이용된다.
⑤ 부향률이 높은 향수일수록 향이 오래 지속되므로, 부향률이 가장 높은 향수가 일반적으로 가장 많이 사용된다.

문 10. 윗글과 〈대화〉를 근거로 판단할 때, 甲~戊 중 가장 늦은 시각까지 향수의 향이 남아 있는 사람은?

―〈대화〉―

甲: 나는 오늘 오후 4시에 향수를 뿌렸어. 내 향수에는 EDC라고 적혀 있었어.

乙: 난 오늘 오전 9시 30분에 향수를 뿌렸는데, 우리 중 내가 뿌린 향수의 향이 가장 강해.

丙: 내 향수의 부향률은 18%라고 적혀 있네. 나는 甲보다 5시간 전에 향수를 뿌렸어.

丁: 난 오늘 오후 2시에 戊와 함께 향수 가게에 들렀어. 난 가자마자 EDT라고 적힌 향수를 뿌렸고, 戊는 나보다 1시간 뒤에 EDP라고 적힌 걸 뿌렸어.

① 甲
② 乙
③ 丙
④ 丁
⑤ 戊

문 11. 다음 글을 근거로 판단할 때 옳은 것은?

제○○조(해수욕장의 구역) 관리청은 해수욕장을 이용하는 용도에 따라 물놀이구역과 수상레저구역으로 구분하여 관리·운영하여야 한다. 다만, 해수욕장 이용이나 운영에 상당한 불편을 초래하거나 효율성을 떨어뜨린다고 판단되는 경우에는 그러하지 아니하다.

제□□조(해수욕장의 개장기간 등) ① 관리청은 해수욕장의 특성이나 여건 등을 고려하여 해수욕장의 개장기간 및 개장시간을 정할 수 있다. 이 경우 관리청은 해수욕장협의회의 의견을 듣고, 미리 관계 행정기관의 장과 협의하여야 한다.
② 관리청은 해수욕장 이용자의 안전 확보나 해수욕장의 환경보전 등을 위하여 필요한 경우에는 해수욕장의 개장기간 또는 개장시간을 제한할 수 있다. 이 경우 제1항 후단을 준용한다.

제△△조(해수욕장의 관리·운영 등) ① 해수욕장은 관리청이 직접 관리·운영하여야 한다.
② 관리청은 제1항에도 불구하고 해수욕장의 효율적인 관리·운영을 위하여 필요한 경우 관할 해수욕장 관리·운영업무의 일부를 위탁할 수 있다.
③ 관리청은 제2항에 따라 해수욕장 관리·운영업무를 위탁하려는 경우 지역번영회·어촌계 등 지역공동체 및 공익법인 등을 수탁자로 우선 지정할 수 있다.
④ 제2항 및 제3항에 따라 수탁자로 지정받은 자는 위탁받은 관리·운영업무의 전부 또는 일부를 재위탁하여서는 아니 된다.

제◇◇조(과태료) ① 다음 각 호의 어느 하나에 해당하는 자에게는 500만 원 이하의 과태료를 부과한다.
  1. 거짓이나 부정한 방법으로 제△△조에 따른 수탁자로 지정받은 자
  2. 제△△조 제4항을 위반하여 위탁받은 관리·운영업무의 전부 또는 일부를 재위탁한 자
② 제1항에 따른 과태료는 관리청이 부과·징수한다.

① 관리청은 해수욕장의 효율적인 관리·운영을 위하여 필요한 경우, 관할 해수욕장 관리·운영업무의 전부를 위탁할 수 있다.
② 관리청은 해수욕장을 운영함에 있어 그 효율성이 떨어진다고 판단하더라도 물놀이구역과 수상레저구역을 구분하여 관리·운영하여야 한다.
③ 관리청이 해수욕장 관리·운영업무를 위탁하려는 경우, 공익법인을 수탁자로 우선 지정할 수 있으나 지역공동체를 수탁자로 우선 지정할 수는 없다.
④ 관리청으로부터 해수욕장 관리·운영업무를 위탁받은 공익법인이 이를 타 기관에 재위탁한 경우, 관리청은 그 공익법인에 대해 300만 원의 과태료를 부과할 수 있다.
⑤ 관리청은 해수욕장의 개장기간 및 개장시간을 정함에 있어 해수욕장의 특성이나 여건 등을 고려해야 하나, 관계 행정기관의 장과 협의할 필요는 없다.

문 12. 다음 글을 근거로 판단할 때 옳은 것은?

제○○조(119구조견교육대의 설치·운영 등) ① 소방청장은 체계적인 구조견 양성·교육훈련 및 보급 등을 위하여 119구조견교육대를 설치·운영하여야 한다.
② 119구조견교육대는 중앙119구조본부의 단위조직으로 한다.
③ 119구조견교육대가 관리하는 견(犬)은 다음 각 호와 같다.
 1. 훈련견: 구조견 양성을 목적으로 도입되어 훈련 중인 개
 2. 종모견: 훈련견 번식을 목적으로 보유 중인 개
제□□조(훈련견 교육 및 평가 등) ① 119구조견교육대는 관리하는 견에 대하여 입문 교육, 정기 교육, 훈련견 교육 등을 실시한다.
② 훈련견 평가는 다음 각 호의 평가로 구분하여 실시하고 각 평가에서 정한 요건을 모두 충족한 경우 합격한 것으로 본다.
 1. 기초평가: 훈련견에 대한 기본평가
  가. 생후 12개월 이상 24개월 이하일 것
  나. 기초평가 기준에 따라 총점 70점 이상을 득점하고, 수의검진 결과 적합판정을 받을 것
 2. 중간평가: 양성 중인 훈련견의 건강, 성품 변화, 발전 가능성 및 임무 분석 등의 판정을 위해 실시하는 평가
  가. 훈련 시작 12개월 이상일 것
  나. 중간평가 기준에 따라 총점 70점 이상을 득점하고, 수의진료소견 결과 적합판정을 받을 것
  다. 공격성 보유, 능력 상실 등의 결격사유가 없을 것
③ 훈련견 평가 중 어느 하나라도 불합격한 훈련견은 유관기관 등 외부기관으로 관리전환할 수 있다.
제△△조(종모견 도입) 훈련견이 종모견으로 도입되기 위해서는 제□□조 제2항에 따른 훈련견 평가에 모두 합격하여야 하며, 다음 각 호의 요건을 갖추어야 한다.
 1. 순수한 혈통일 것
 2. 생후 20개월 이상일 것
 3. 원친(遠親) 번식에 의한 견일 것

① 중앙119구조본부의 장은 구조견 양성 및 교육훈련 등을 위하여 119구조견교육대를 설치하여야 한다.
② 원친 번식에 의한 생후 20개월인 순수한 혈통의 훈련견은 훈련견 평가결과에 관계없이 종모견으로 도입될 수 있다.
③ 기초평가 기준에 따라 총점 80점을 득점하고, 수의검진 결과 적합판정을 받은 훈련견은 생후 15개월에 종모견으로 도입될 수 있다.
④ 생후 12개월에 훈련을 시작해 반년이 지난 훈련견이 결격사유 없이 중간평가 기준에 따라 총점 75점을 득점하고, 수의진료소견 결과 적합판정을 받는다면 중간평가에 합격한 것으로 본다.
⑤ 기초평가에서 합격했더라도 결격사유가 있어 중간평가에 불합격한 훈련견은 유관기관으로 관리전환할 수 있다.

문 13. 다음 글을 근거로 판단할 때, ㉠에 해당하는 수는?

○ 산타클로스는 연간 '착한 일 횟수'와 '울음 횟수'에 따라 어린이 甲~戊에게 선물 A, B 중 하나를 주거나 아무것도 주지 않는다.
○ 산타클로스가 선물을 나눠주는 방식은 다음과 같다. 어린이 별로 ('착한 일 횟수'×5)−('울음 횟수'× ㉠)의 값을 계산한다. 그 값이 10 이상이면 선물 A를 주고, 0 이상 10 미만이면 선물 B를 주며, 그 값이 음수면 선물을 주지 않는다. 이때, ㉠은 자연수이다.
○ 이 방식을 적용한 결과, 甲~戊 중 1명이 선물 A를 받았고, 3명이 선물 B를 받았으며, 1명은 선물을 받지 못했다.
○ 甲~戊의 연간 '착한 일 횟수'와 '울음 횟수'는 아래와 같다.

구분	착한 일 횟수	울음 횟수
甲	3	3
乙	3	2
丙	2	3
丁	1	0
戊	1	3

① 1
② 2
③ 3
④ 4
⑤ 5

문 14. 다음 글을 근거로 판단할 때, 甲이 작성한 보고서 한 건의 쪽수의 최댓값은?

A회사 직원인 甲은 근무일마다 동일한 쪽수의 보고서를 한 건씩 작성한다. 甲은 작성한 보고서를 회사의 임원들 각각에게 당일 출력하여 전달한다. 甲은 A회사에 1개월 전 입사하였으며 총 근무일은 20일을 초과하였다. 甲이 현재까지 출력한 총량은 1,000쪽이며, 임원은 2명 이상이다.

① 5
② 8
③ 10
④ 20
⑤ 40

문 15. 다음 글을 근거로 판단할 때, A~E 중 한 명만 화상강의 시스템에 접속해 있던 시각으로 가능한 것은?

○ 어제 9:00부터 9:30까지 진행된 수업시간 중 학생 A~E가 화상강의 시스템에 접속해 있던 시간은 아래와 같다.

학생	A	B	C	D	E
시간(분)	13	15	17	21	25

○ 학생들의 접속 횟수는 각 1회였다.
○ A와 C가 접속해 있던 시간은 서로 겹치지 않았다.

① 9:04
② 9:10
③ 9:15
④ 9:21
⑤ 9:24

문 16. 다음 글을 근거로 판단할 때, 甲이 만든 비밀번호 각 자리의 숫자를 모두 곱한 값은?

○ 甲은 1, 2, 3, 4 중에서 숫자를 골라 네 자리 비밀번호를 만들었다.
○ 비밀번호 각 자리의 숫자를 '모두 더한 값'과 '모두 곱한 값'이 같았다.

① 8
② 9
③ 10
④ 12
⑤ 16

문 17. 다음 글과 〈상황〉을 근거로 판단할 때, 甲에게 배정되는 금액은?

A부서는 소속 직원에게 원격지 전보에 따른 이전여비를 지원한다. A부서는 다음과 같은 지침에 따라 지원액을 배정하고자 한다.

○ 지원액 배정 지침
 - 이전여비 지원 예산 총액: 160만 원
 - 심사를 통해 원격지 전보에 해당하는 신청자만 배정대상자로 함
 - 예산 한도 내에서 지원 가능한 최대의 금액 배정
 - 배정대상자 신청액의 합이 지원 예산 총액을 초과할 경우에는 각 배정대상자의 '신청액 대비 배정액 비율'이 모두 같도록 삭감하여 배정

〈상황〉

다음은 이전여비 지원을 신청한 A부서 직원 甲~戊의 신청액과 원격지 전보 해당 여부이다.

구분	이전여비 신청액(원)	원격지 전보 해당 여부
甲	700,000	해당
乙	400,000	해당하지 않음
丙	500,000	해당
丁	300,000	해당
戊	500,000	해당

① 525,000원
② 560,000원
③ 600,000원
④ 620,000원
⑤ 630,000원

문 18. 다음 글과 〈상황〉을 근거로 판단할 때, 甲~戊 중 사업자로 선정되는 업체는?

○ △△부처는 □□사업에 대하여 용역 입찰공고를 하고, 각 입찰업체의 제안서를 평가하여 사업자를 선정하려 한다.
○ 제안서 평가점수는 입찰가격 평가점수(20점 만점)와 기술능력 평가점수(80점 만점)로 이루어진다.
○ 입찰가격 평가점수는 각 입찰업체가 제시한 가격에 따라 산정한다.
○ 기술능력 평가점수는 다음과 같은 방식으로 산정한다.
  - 5명의 평가위원이 평가한다.
  - 각 평가위원의 평가결과에서 최고점수와 최저점수를 제외한 나머지 3명의 점수를 산술평균하여 산정한다. 이때 최고점수가 복수인 경우 하나를 제외하며, 최저점수가 복수인 경우도 마찬가지이다.
○ 기술능력 평가점수에서 만점의 85% 미만의 점수를 받은 업체는 선정에서 제외한다.
○ 입찰가격 평가점수와 기술능력 평가점수를 합산한 점수가 가장 높은 업체를 선정한다. 이때 동점이 발생할 경우, 기술능력 평가점수가 가장 높은 업체를 선정한다.

〈상황〉

○ □□사업의 입찰에 참여한 업체는 甲~戊이다.
○ 각 업체의 입찰가격 평가점수는 다음과 같다.

(단위: 점)

구분	甲	乙	丙	丁	戊
평가점수	13	20	15	14	17

○ 각 업체의 기술능력에 대한 평가위원 5명의 평가결과는 다음과 같다.

(단위: 점)

구분	甲	乙	丙	丁	戊
A위원	68	65	73	75	65
B위원	68	73	69	70	60
C위원	68	62	69	65	60
D위원	68	65	65	65	70
E위원	72	65	69	75	75

① 甲
② 乙
③ 丙
④ 丁
⑤ 戊

문 19. 다음 글을 근거로 판단할 때, 甲~戊 중 금요일과 토요일의 초과근무 인정시간의 합이 가장 많은 근무자는?

○ A기업에서는 근무자가 출근시각과 퇴근시각을 입력하면 초과근무 '실적시간'과 '인정시간'이 분 단위로 자동 계산된다.
  - 실적시간은 근무자의 일과시간(월~금, 09:00~18:00)을 제외한 근무시간을 말한다.
  - 인정시간은 실적시간에서 개인용무시간을 제외한 근무시간을 말한다. 하루 최대 인정시간은 월~금요일은 4시간이며, 토요일은 2시간이다.
  - 재택근무를 하는 경우 실적시간을 인정하지 않는다.
○ A기업 근무자 甲~戊의 근무현황은 다음과 같다.

구분	금요일			토요일	
	출근시각	퇴근시각	비고	출근시각	퇴근시각
甲	08:55	20:00	–	10:30	13:30
乙	08:00	19:55	–	–	–
丙	09:00	21:30	개인용무시간 (19:00~19:30)	13:00	14:30
丁	08:30	23:30	재택근무	–	–
戊	07:00	21:30	–	–	–

① 甲
② 乙
③ 丙
④ 丁
⑤ 戊

문 20. 다음 글을 근거로 판단할 때, <보기>에서 甲의 시험과목별 점수로 옳은 것만을 모두 고르면?

○○국제교육과정 중에 있는 사람은 수료시험에서 5개 과목(A~E) 평균 60점 이상을 받고 한 과목도 과락(50점 미만)이 아니어야 수료할 수 있다.

甲은 수료시험에서 5개 과목 평균 60점을 받았으나 2개 과목이 과락이어서 ○○국제교육과정을 수료하지 못했다. 甲이 돌려받은 답안지에 점수는 기재되어 있지 않았고, 각 문항에 아래와 같은 표시만 되어 있었다. 이는 국적이 서로 다른 각 과목 강사가 자신의 국가에서 사용하는 방식으로 정답·오답 표시만 해놓은 결과였다.

과목	문항									
	1	2	3	4	5	6	7	8	9	10
A	○	○	×	○	×	○	×	○	○	○
B	V	×	V	V	V	×	V	×	V	V
C	/	○	○	○	○	/	/	○	/	○
D	○	○	V	V	V	○	○	V	V	V
E	/	/	/	/	×	×	/	/	/	/

※ 모든 과목은 각 10문항이며, 각 문항별 배점은 10점이다.

<보기>

시험과목	점수
ㄱ. A	70
ㄴ. B	30
ㄷ. C	60
ㄹ. D	40
ㅁ. E	80

① ㄱ, ㄴ
② ㄱ, ㄷ
③ ㄱ, ㄹ, ㅁ
④ ㄴ, ㄷ, ㄹ
⑤ ㄴ, ㄷ, ㅁ

문 21. 다음 글을 근거로 판단할 때, 식목일의 요일은?

다음은 가원이의 어느 해 일기장에서 서로 다른 요일의 일기를 일부 발췌하여 날짜순으로 나열한 것이다.

(1) 4월 5일 ○요일
오늘은 식목일이다. 동생과 한 그루의 사과나무를 심었다.
(2) 4월 11일 ○요일
오늘은 아빠와 뒷산에 가서 벚꽃을 봤다.
(3) 4월 □□일 수요일
나는 매주 같은 요일에만 데이트를 한다. 오늘 데이트도 즐거웠다.
(4) 4월 15일 ○요일
오늘은 친구와 미술관에 갔다. 작품들이 멋있었다.
(5) 4월 □□일 ○요일
내일은 대청소를 하는 날이어서 오늘은 휴식을 취했다.
(6) 4월 □□일 ○요일
나는 매달 마지막 일요일에만 대청소를 한다. 그래서 오늘 대청소를 했다.

① 월요일
② 화요일
③ 목요일
④ 금요일
⑤ 토요일

문 22. 다음 글을 근거로 판단할 때, 〈보기〉에서 옳은 것만을 모두 고르면?

○ 엘리베이터 안에는 각 층을 나타내는 버튼만 하나씩 있다.
○ 버튼을 한 번 누르면 해당 층에 가게 되고, 다시 누르면 취소된다. 취소된 버튼을 다시 누를 수 있다.
○ 1층에 계속해서 정지해 있던 빈 엘리베이터에 처음으로 승객 7명이 탔다.
○ 승객들이 버튼을 누른 횟수의 합은 10이며, 1층에서만 눌렀다.
○ 승객 3명은 4층에서, 2명은 5층에서 내렸다. 나머지 2명은 6층 이상의 서로 다른 층에서 내렸다.
○ 1층 외의 층에서 엘리베이터를 탄 승객은 없으며, 엘리베이터는 승객이 타거나 내린 층에서만 정지했다.

〈보기〉
ㄱ. 각 승객은 1개 이상의 버튼을 눌렀다.
ㄴ. 5번 누른 버튼이 있다면, 2번 이상 누른 다른 버튼이 있다.
ㄷ. 4층 버튼을 가장 많이 눌렀다.
ㄹ. 승객이 내리지 않은 층의 버튼을 누른 사람은 없다.

① ㄱ
② ㄴ
③ ㄱ, ㄷ
④ ㄴ, ㄹ
⑤ ㄷ, ㄹ

문 23. 다음 글을 근거로 판단할 때 옳은 것은?

A~E 간에 갖고 있는 상대방의 연락처에 대한 정보는 다음과 같다.

○ A는 3명의 연락처를 갖고 있는데, 그중 2명만 A의 연락처를 갖고 있다. 그런데 A의 연락처를 갖고 있는 사람은 총 3명이다.
○ B는 2명의 연락처를 갖고 있는데, 그 2명을 제외한 2명만 B의 연락처를 갖고 있다.
○ C는 A의 연락처만 갖고 있는데, A도 C의 연락처를 갖고 있다.
○ D는 2명의 연락처를 갖고 있다.
○ E는 B의 연락처만 갖고 있다.

① A는 B의 연락처를 갖고 있다.
② B는 D의 연락처를 갖고 있다.
③ C의 연락처를 갖고 있는 사람은 3명이다.
④ D의 연락처를 갖고 있는 사람은 A뿐이다.
⑤ E의 연락처를 갖고 있는 사람은 2명이다.

문 24. 다음 글을 근거로 판단할 때, ㉠에 들어갈 내용으로 옳은 것은?

시계수리공 甲은 고장 난 시계 A를 수리하면서 실수로 시침과 분침을 서로 바꾸어 조립하였다. 잘못 조립한 것을 모르고 있던 甲은 A에 전지를 넣어 작동시킨 후, A를 실제 시각인 정오로 맞추고 작업을 마무리하였다. 그랬더니 A의 시침은 정상일 때의 분침처럼, 분침은 정상일 때의 시침처럼 움직였다. 그 후 A가 처음으로 실제 시각을 가리킨 때는 ㉠ 사이였다.

① 오후 12시 55분 0초부터 오후 1시 정각
② 오후 1시 정각부터 오후 1시 5분 0초
③ 오후 1시 5분 0초부터 오후 1시 10분 0초
④ 오후 1시 10분 0초부터 오후 1시 15분 0초
⑤ 오후 1시 15분 0초부터 오후 1시 20분 0초

문 25. 다음 글을 근거로 판단할 때 옳은 것은?

제○○조(정의) 이 법에서 사용하는 용어의 뜻은 다음과 같다.
 1. "한부모가족"이란 모자가족 또는 부자가족을 말한다.
 2. "모(母)" 또는 "부(父)"란 다음 각 목의 어느 하나에 해당하는 자로서 아동인 자녀를 양육하는 자를 말한다.
  가. 배우자와 사별 또는 이혼하거나 배우자로부터 유기된 자
  나. 정신이나 신체의 장애로 장기간 노동능력을 상실한 배우자를 가진 자
  다. 교정시설·치료감호시설에 입소한 배우자 또는 병역복무 중인 배우자를 가진 자
  라. 미혼자
 3. "아동"이란 18세 미만(취학 중인 경우에는 22세 미만을 말하되, 병역의무를 이행하고 취학 중인 경우에는 병역의무를 이행한 기간을 가산한 연령 미만을 말한다)의 자를 말한다.
제□□조(지원대상자의 범위) ① 이 법에 따른 지원대상자는 제○○조 제1호부터 제3호까지의 규정에 해당하는 자로 한다.
② 제1항에도 불구하고 부모가 사망하거나 그 생사가 분명하지 아니한 아동을 양육하는 조부 또는 조모는 이 법에 따른 지원대상자가 된다.
제△△조(복지 급여 등) ① 국가나 지방자치단체는 지원대상자의 복지 급여 신청이 있으면 다음 각 호의 복지 급여를 실시하여야 한다.
 1. 생계비
 2. 아동교육지원비
 3. 아동양육비
② 이 법에 따른 지원대상자가 다른 법령에 따라 지원을 받고 있는 경우에는 그 범위에서 이 법에 따른 급여를 실시하지 아니한다. 다만, 제1항 제3호의 아동양육비는 지급할 수 있다.
③ 제1항 제3호의 아동양육비를 지급할 때에 다음 각 호의 어느 하나에 해당하는 경우에는 예산의 범위에서 추가적인 복지 급여를 실시하여야 한다.
 1. 미혼모나 미혼부가 5세 이하의 아동을 양육하는 경우
 2. 34세 이하의 모 또는 부가 아동을 양육하는 경우

① 5세인 자녀를 홀로 양육하는 자가 지원대상자가 되기 위해서는 미혼자여야 한다.
② 배우자와 사별한 자가 18개월간 병역의무를 이행한 22세의 대학생 자녀를 양육하는 경우, 지원대상자가 될 수 없다.
③ 부모의 생사가 불분명한 6세인 손자를 양육하는 조모에게는 복지 급여 신청이 없어도 생계비를 지급하여야 한다.
④ 30세인 미혼모가 5세인 자녀를 양육하는 경우, 아동양육비를 지급할 때 추가적인 복지 급여를 실시할 수 없다.
⑤ 지원대상자가 다른 법령에 따른 지원을 받고 있는 경우에도 국가나 지방자치단체는 아동양육비를 지급할 수 있다.

제3영역 자료해석

풀이 시간
- 시작: ___시 ___분 ~ 종료: ___시 ___분
- 총 : ___분

문 1. 다음 〈그림〉은 '갑' 지역의 리조트 개발 후보지 A~E의 지리정보 조사 결과이다. 이를 근거로 A~E 중 〈입지조건〉을 모두 만족하는 리조트 개발 후보지를 고르면?

〈그림〉 리조트 개발 후보지 A~E의 지리정보 조사 결과

□ 20만 원/m² 미만
▨ 20만 원/m² 이상 30만 원/m² 미만
■ 30만 원/m² 이상

─〈입지조건〉─
○ 나들목에서부터 거리가 6km 이내인 장소
○ 역에서부터 거리가 8km 이내인 장소
○ 지가가 30만 원/m² 미만인 장소
○ 해발고도가 100m 이상인 장소

① A ② B ③ C
④ D ⑤ E

문 2. 다음 〈표〉는 4월 5일부터 4월 11일까지 종합병원 A의 날짜별 진료 실적에 관한 자료이다. 4월 7일의 진료의사 1인당 진료환자 수는?

〈표〉 종합병원 A의 날짜별 진료 실적

(단위: 명)

구분 날짜	진료의사 수	진료환자 수	진료의사 1인당 진료환자 수
4월 5일	23	782	34
4월 6일	26	988	38
4월 7일	( )	580	( )
4월 8일	25	700	28
4월 9일	30	1,050	35
4월 10일	15	285	19
4월 11일	4	48	12
계	143	4,433	—

① 20
② 26
③ 29
④ 32
⑤ 38

문 3. 다음 〈표〉는 2022년 '갑'국 주요 수입 농산물의 수입경로별 수입량에 관한 자료이다. 이를 근거로 육로수입량 비중을 농산물별로 비교할 때, 육로수입량 비중이 가장 큰 농산물은?

〈표〉 2022년 '갑'국 주요 수입 농산물의 수입경로별 수입량

(단위: 톤)

수입경로 농산물	육로	해상	항공
콩	2,593	105,340	246,117
건고추	2,483	78,437	86,097
땅콩	2,260	8,219	26,146
참깨	2,024	12,986	76,812
팥	2,020	7,102	42,418

※ 1) 농산물별 수입량
　 = 농산물별 육로수입량 + 농산물별 해상수입량 + 농산물별 항공수입량

　2) 농산물별 육로수입량 비중(%) = $\frac{농산물별 육로수입량}{농산물별 수입량} \times 100$

① 건고추
② 땅콩
③ 참깨
④ 콩
⑤ 팥

문 4. 다음 〈표〉는 '갑'시 공공정책 홍보사업에 입찰한 A~F 홍보업체의 온라인 홍보매체 운영현황에 관한 자료이다. 이를 근거로 A~F홍보업체 중 〈선정방식〉에 따라 홍보업체를 고르면?

〈표〉 A~F홍보업체의 온라인 홍보매체 운영현황

(단위: 만 명)

구분 홍보업체	미디어채널 구독자 수	SNS 팔로워 수	공공정책 홍보경력
A	90	50	유
B	180	0	무
C	50	80	유
D	80	60	무
E	100	40	무
F	60	45	유

─〈선정방식〉─

○ 공공정책 홍보경력이 있는 홍보업체 중 인지도가 가장 높은 1곳과 공공정책 홍보경력이 없는 홍보업체 중 인지도가 가장 높은 1곳을 각각 선정함
○ 홍보업체 인지도 =
　(미디어채널 구독자 수 × 0.4) + (SNS 팔로워 수 × 0.6)

① A, D
② A, E
③ B, C
④ B, F
⑤ C, D

문 5. 다음은 2013~2022년 '갑'국 국방연구소가 출원한 지식재산권에 관한 자료이다. 제시된 〈표〉 이외에 〈보고서〉를 작성하기 위해 추가로 필요한 자료만을 〈보기〉에서 모두 고르면?

〈표〉 2013~2022년 '갑'국 국방연구소의 특허 출원 건수
(단위: 건)

연도 구분	2013	2014	2015	2016	2017	2018	2019	2020	2021	2022
국내 출원	287	368	385	458	514	481	555	441	189	77
국외 출원	34	17	9	26	21	13	21	16	2	3

─〈보고서〉─

'갑'국 국방연구소는 국방에 필요한 무기와 국방과학기술을 연구·개발하면서 특허, 상표권, 실용신안 등 관련 지식재산권을 출원하고 있다.

2013~2022년 '갑'국 국방연구소가 출원한 연도별 특허 건수는 2017년까지 매년 증가하였고, 2019년 이후에는 매년 감소하였다. 2013~2022년 국외 출원 특허 건수를 대상 국가별로 살펴보면, 미국에 출원한 특허가 매년 가장 많았다.

2013~2022년 '갑'국 국방연구소는 2015년에만 상표권을 출원하였으며, 그중 국외 출원은 없었다. 또한, 2016년부터 2년마다 1건씩 총 4건의 실용신안을 국내 출원하였다.

─〈보기〉─

ㄱ. '갑'국 국방연구소의 연도별 전체 특허 출원 건수
(단위: 건)

연도	2013	2014	2015	2016	2017	2018	2019	2020	2021	2022
전체	321	385	394	484	535	494	576	457	191	80

ㄴ. '갑'국 국방연구소의 국외 출원 대상 국가별 특허 출원 건수
(단위: 건)

연도 대상 국가	2013	2014	2015	2016	2017	2018	2019	2020	2021	2022
독일	1	1	1	0	0	0	0	0	0	0
미국	26	15	8	18	20	11	16	15	2	3
일본	0	1	0	2	0	0	1	1	0	0
영국	0	0	0	5	1	1	0	0	0	0
프랑스	7	0	0	0	0	0	0	0	0	0
호주	0	0	0	0	0	0	3	0	0	0
기타	0	0	0	1	0	1	1	0	0	0
계	34	17	9	26	21	13	21	16	2	3

ㄷ. '갑'국 국방연구소의 연도별 상표권 출원 건수
(단위: 건)

연도 구분	2013	2014	2015	2016	2017	2018	2019	2020	2021	2022
국내 출원	0	0	2	0	0	0	0	0	0	0
국외 출원	0	0	0	0	0	0	0	0	0	0

ㄹ. '갑'국 국방연구소의 연도별 실용신안 출원 건수
(단위: 건)

연도 구분	2013	2014	2015	2016	2017	2018	2019	2020	2021	2022
국내 출원	0	0	0	1	0	1	0	1	0	1
국외 출원	0	0	0	0	0	0	0	0	0	0

① ㄱ, ㄴ
② ㄱ, ㄷ
③ ㄴ, ㄷ
④ ㄷ, ㄹ
⑤ ㄴ, ㄷ, ㄹ

문 6. 다음 〈표〉는 2022년 A~E국의 연구개발 세액감면 현황에 관한 자료이다. 이에 대한 〈보기〉의 설명 중 옳은 것만을 모두 고르면?

〈표〉 2022년 A~E국의 연구개발 세액감면 현황

(단위: 백만 달러, %)

구분 국가	연구개발 세액감면액	GDP 대비 연구개발 세액감면액 비율	연구개발 총지출액 대비 연구개발 세액감면액 비율
A	3,613	0.20	4.97
B	12,567	0.07	2.85
C	2,104	0.13	8.15
D	4,316	0.16	10.62
E	6,547	0.13	4.14

〈보기〉

ㄱ. GDP는 C국이 E국보다 크다.
ㄴ. 연구개발 총지출액이 가장 큰 국가는 B국이다.
ㄷ. GDP 대비 연구개발 총지출액 비율은 A국이 B국보다 높다.

① ㄱ
② ㄴ
③ ㄷ
④ ㄴ, ㄷ
⑤ ㄱ, ㄴ, ㄷ

문 7. 다음 〈표〉는 2013~2022년 '갑'국의 농업진흥지역 면적에 관한 자료이다. 이에 대한 〈보고서〉의 설명 중 옳은 것만을 모두 고르면?

〈표〉 2013~2022년 '갑'국의 농업진흥지역 면적

(단위: 만ha)

구분 연도	전체 농지	농업진흥지역		
			논	밭
2013	180.1	91.5	76.9	14.6
2014	175.9	81.5	71.6	9.9
2015	171.5	80.7	71.0	9.7
2016	173.0	80.9	71.2	9.7
2017	169.1	81.1	71.4	9.7
2018	167.9	81.0	71.3	9.7
2019	164.4	78.0	67.9	10.1
2020	162.1	77.7	67.9	9.8
2021	159.6	77.8	68.2	9.6
2022	158.1	77.6	68.7	8.9

〈보고서〉

'갑'국은 우량농지를 보전하고 농지이용률을 높인다는 취지로 농업진흥지역을 지정하고 있다. 그러나, ㉠2014년부터 2022년까지 매년 농업진흥지역 면적은 전체 농지 면적의 50% 이하에 그치고 있다. 또한, ㉡같은 기간 농업진흥지역 면적은 매년 감소하여, 농업기반이 취약해지는 것으로 분석된다.
 농업진흥지역 면적은 2013년 91.5만ha에서 2022년 77.6만ha로 15% 이상 감소했으며, 이는 같은 기간 전체 농지 면적의 감소율보다 크다. 한편, ㉢농업진흥지역 면적에서 밭 면적이 차지하는 비중은 2013년 이후 매년 15% 이하이다.

① ㄱ
② ㄴ
③ ㄱ, ㄴ
④ ㄱ, ㄷ
⑤ ㄴ, ㄷ

문 8. 다음은 '갑'군의 농촌관광 사업에 관한 〈방송뉴스〉이다. 〈방송뉴스〉의 내용과 부합하는 자료는?

─〈방송뉴스〉─

앵커: 농촌경제 활성화를 위하여 ○○부가 추진해오고 있는 농촌관광 사업이 있습니다. 최근 감염병으로 인해 농촌관광 사업도 큰 어려움을 겪고 있다고 합니다. □□□기자가 어려움을 겪고 있는 농촌관광 사업에 대해 보도합니다.

기자: …(중략)… '갑'군은 농촌의 소득 다변화를 위하여 다양한 농촌관광 사업을 추진했습니다. 하지만 감염병 확산으로 2020년 '갑'군의 농촌관광 방문객 수와 매출액이 크게 줄었습니다. 농촌체험마을은 2020년 방문객 수와 매출액이 2019년에 비해 75% 이상 감소하였습니다. 농촌민박도 2020년 방문객 수와 매출액이 전년과 비교하여 30% 이상 줄어들었습니다. 다만, 농촌융복합사업장은 2020년 방문객 수와 매출액이 전년과 비교해 줄어든 비율이 농촌체험마을보다는 작았습니다.

①
(단위: 명, 천 원)

구분 연도	농촌체험마을		농촌민박		농촌융복합사업장	
	방문객 수	매출액	방문객 수	매출액	방문객 수	매출액
2019	1,118	12,280	2,968	98,932	395	6,109
2020	266	3,030	2,035	67,832	199	1,827

②
(단위: 명, 천 원)

구분 연도	농촌체험마을		농촌민박		농촌융복합사업장	
	방문객 수	매출액	방문객 수	매출액	방문객 수	매출액
2019	1,118	12,320	2,968	98,932	395	6,109
2020	266	3,180	2,035	67,832	199	1,827

③
(단위: 명, 천 원)

구분 연도	농촌체험마을		농촌민박		농촌융복합사업장	
	방문객 수	매출액	방문객 수	매출액	방문객 수	매출액
2019	1,118	12,280	2,968	98,932	395	6,309
2020	266	3,030	2,035	67,832	199	1,290

④
(단위: 명, 천 원)

구분 연도	농촌체험마을		농촌민박		농촌융복합사업장	
	방문객 수	매출액	방문객 수	매출액	방문객 수	매출액
2019	1,118	12,320	2,968	96,932	395	6,309
2020	266	3,180	2,035	70,069	199	1,290

⑤
(단위: 명, 천 원)

구분 연도	농촌체험마을		농촌민박		농촌융복합사업장	
	방문객 수	매출액	방문객 수	매출액	방문객 수	매출액
2019	1,118	12,280	2,968	96,932	395	6,109
2020	266	3,030	2,035	70,069	199	1,827

문 9. 다음 〈그림〉은 2020년과 2021년 '갑'국의 농림축수산물 종류별 수출입량에 관한 자료이다. 이에 대한 〈보기〉의 설명 중 옳은 것만을 모두 고르면?

〈그림〉 2020년과 2021년 농림축수산물 종류별 수출입량

※ 농림축수산물 종류는 농산물, 임산물, 축산물, 수산물로만 구분됨

〈보기〉
ㄱ. 2021년 농산물, 축산물, 수산물의 수출량은 각각 전년 대비 증가하였다.
ㄴ. 2021년 농림축수산물 총수입량은 전년 대비 증가하였다.
ㄷ. 수출량 대비 수입량 비율이 가장 높은 농림축수산물 종류는 2020년과 2021년이 같다.
ㄹ. 2021년 수출량의 전년 대비 증가율은 축산물이 가장 높다.

① ㄱ, ㄴ
② ㄱ, ㄷ
③ ㄱ, ㄹ
④ ㄴ, ㄷ
⑤ ㄴ, ㄹ

문 10. 다음 〈표〉는 조선왕조실록에 수록된 1401~1418년의 이상 기상 및 자연재해 발생 건수에 관한 자료이다. 이에 대한 〈보기〉의 설명 중 옳은 것만을 모두 고르면?

〈표〉 1401~1418년 이상 기상 및 자연재해 발생 건수

(단위: 건)

유형 연도	천둥번개	큰비	벼락	폭설	큰바람	우박	한파 및 이상고온	서리	짙은 안개	황충 피해	가뭄 및 홍수	지진 및 해일	전체
1401	2	1	6	0	2	8	3	7	5	1	3	1	39
1402	3	0	5	3	1	3	5	0	( )	2	2	2	41
1403	7	13	12	3	1	3	2	3	9	0	4	0	57
1404	1	18	0	0	1	4	2	0	3	0	0	0	29
1405	8	27	0	6	7	9	5	4	0	5	1	2	74
1406	4	( )	11	3	1	3	3	10	1	0	2	0	59
1407	4	14	8	4	1	3	4	2	2	3	4	0	49
1408	0	4	3	1	1	3	1	0	( )	3	0	0	23
1409	4	7	6	5	2	8	3	2	4	0	2	0	43
1410	14	14	5	1	2	6	1	1	5	2	6	1	58
1411	3	11	6	1	2	6	1	3	1	0	9	1	44
1412	4	8	4	2	5	6	2	0	3	2	2	0	38
1413	5	20	4	3	6	1	0	2	1	5	5	0	52
1414	4	21	7	3	3	3	5	5	0	6	6	0	58
1415	9	18	9	1	3	2	3	2	3	3	2	2	57
1416	5	11	5	1	5	2	0	3	4	1	3	0	40
1417	0	9	5	1	7	3	6	1	7	3	0	4	46
1418	5	17	0	0	6	2	0	2	0	3	3	1	39
합	83	( )	96	38	56	76	43	52	64	37	57	10	846

문 11. 다음 〈표〉는 위원회 회의참석수당 지급규정에 대한 자료이다. 이를 근거로 〈회의〉의 (가)~(라) 중 총지급액이 가장 큰 회의와 세 번째로 큰 회의를 바르게 연결한 것은?

정답: ③ (나) / (라)

④

문 13. 다음 〈표〉는 2018~2022년 '갑'국의 양자기술 분야별 정부 R&D 투자금액에 관한 자료이다. 〈표〉를 이용하여 작성한 자료로 옳지 않은 것은?

〈표〉 양자기술 분야별 정부 R&D 투자금액

(단위: 백만 원)

연도 분야	2018	2019	2020	2021	2022	합
양자컴퓨팅	61	119	200	285	558	1,223
양자내성암호	102	209	314	395	754	1,774
양자통신	110	192	289	358	723	1,672
양자센서	77	106	125	124	209	641
계	350	626	928	1,162	2,244	5,310

※ 양자기술은 양자컴퓨팅, 양자내성암호, 양자통신, 양자센서 분야로만 구분됨.

① 2019~2022년 양자통신 분야 정부 R&D 투자금액의 전년 대비 증가율

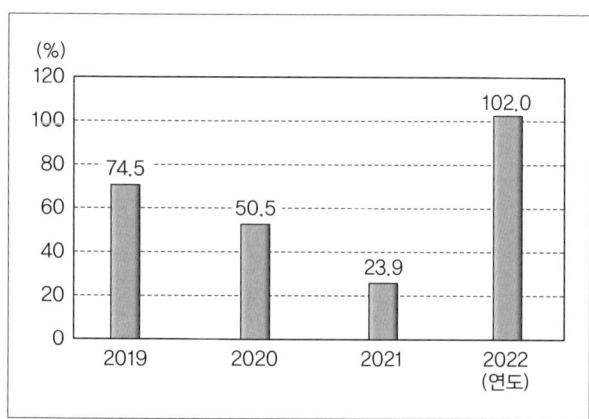

② 연도별 양자컴퓨팅, 양자통신 분야 정부 R&D 투자금액

③ 2018~2022년 양자기술 정부 R&D 총투자금액의 분야별 구성비

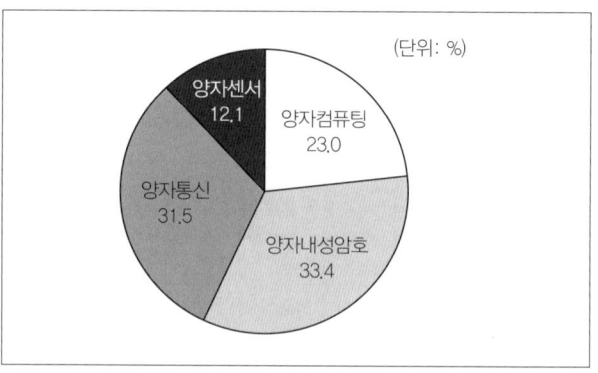

④ 연도별 양자내성암호 분야 정부 R&D 투자금액 대비 양자센서 분야 정부 R&D 투자금액 비율

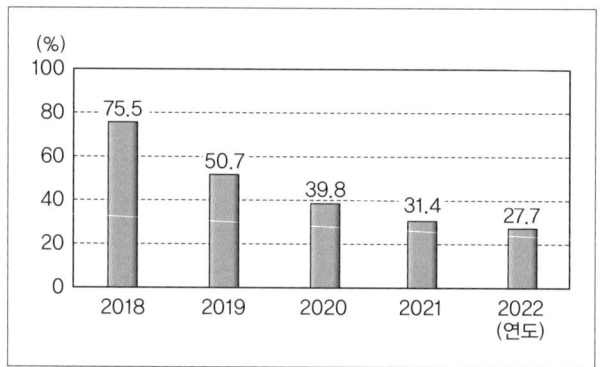

⑤ 2018~2022년 양자기술 정부 R&D 투자금액의 분야별 비중

문 14. 다음 〈표〉는 2017~2022년 '갑'국의 병해충 발생면적에 관한 자료이다. 이에 대한 〈보기〉의 설명 중 옳은 것만을 모두 고르면?

〈표〉 2017~2022년 '갑'국의 병해충 발생면적

(단위: ha)

연도 병해충	2017	2018	2019	2020	2021	2022
흰불나방	35,964	32,235	29,325	29,332	28,522	32,627
솔잎혹파리	35,707	38,976	( )	27,530	27,638	20,840
솔껍질깍지벌레	4,043	7,718	6,380	5,024	3,566	3,497
참나무시들음병	1,733	1,636	1,576	1,560	1,240	( )
전체	77,447	( )	69,812	63,446	60,966	58,451

─────〈보기〉─────

ㄱ. 2019~2022년 발생면적이 매년 감소한 병해충은 '솔껍질깍지벌레'뿐이다.

ㄴ. 전체 병해충 발생면적이 전년 대비 증가한 해는 2018년뿐이다.

ㄷ. 2019년 '솔잎혹파리' 발생면적은 2022년 '참나무시들음병' 발생면적의 30배 이상이다.

ㄹ. 2022년 병해충 발생면적의 전년 대비 증가율은 '참나무시들음병'이 '흰불나방'보다 낮다.

① ㄱ
② ㄷ
③ ㄱ, ㄴ
④ ㄷ, ㄹ
⑤ ㄱ, ㄴ, ㄹ

문 15. 다음은 '갑'국의 2017년과 2022년 A~H학생의 신장 및 체중과 체질량지수 분류기준에 관한 자료이다. 이에 대한 설명으로 옳지 않은 것은?

〈그림〉 2017년과 2022년 A~H학생의 신장 및 체중

〈표〉 '갑'국의 체질량지수 분류기준

(단위: kg/m²)

체질량지수	분류
20 미만	저체중
20 이상 25 미만	정상
25 이상 30 미만	과체중
30 이상 40 미만	비만
40 이상	고도비만

※ 체질량지수(kg/m²) = $\dfrac{체중}{신장^2}$

① '저체중'으로 분류된 학생의 수는 2022년이 2017년보다 많다.
② 2022년 A~H학생 체중의 평균은 2017년 대비 10% 이상 증가하였다.
③ 2017년과 2022년에 모두 '정상'으로 분류된 학생은 2명이다.
④ 2017년과 2022년 신장의 차이가 가장 큰 학생은 A이다.
⑤ 2022년 A~H학생의 체질량지수 중 가장 큰 값은 가장 작은 값의 2배 이상이다.

문 16. 다음은 2016~2022년 '갑'국의 스마트농업 정부연구비에 관한 자료이다. 이에 대한 〈보기〉의 설명 중 옳은 것만을 모두 고르면?

〈그림〉 연도별 스마트농업 정부연구비 및 연구과제 수

〈표〉 연도별·분야별 스마트농업 정부연구비

(단위: 백만 원)

연도 분야	2016	2017	2018	2019	2020	2021	2022	전체
데이터기반구축	3,520	4,583	8,021	10,603	11,677	16,581	18,226	73,211
자동화설비기기	27,082	19,975	23,046	25,377	22,949	24,330	31,383	( )
융합연구	3,861	9,540	15,154	27,513	26,829	31,227	40,723	( )

※ 스마트농업은 데이터기반구축, 자동화설비기기, 융합연구 분야로만 구분됨

〈보기〉

ㄱ. 스마트농업의 연구과제당 정부연구비가 가장 많은 해는 2016년이다.
ㄴ. 전체 정부연구비가 가장 많은 스마트농업 분야는 '자동화설비기기'이다.
ㄷ. 스마트농업 정부연구비의 전년 대비 증가율이 가장 높은 해는 2022년이다.
ㄹ. 2019년 대비 2022년 정부연구비 증가율이 가장 높은 스마트농업 분야는 '데이터기반구축'이다.

① ㄱ, ㄴ
② ㄱ, ㄷ
③ ㄷ, ㄹ
④ ㄱ, ㄴ, ㄹ
⑤ ㄴ, ㄷ, ㄹ

문 17. 다음 〈표〉는 A지역 산불피해 복구에 대한 국비 및 지방비 지원금액에 관한 자료이다. 이에 대한 〈보기〉의 설명 중 옳은 것만을 모두 고르면?

〈표 1〉 A지역 산불피해 복구에 대한 지원항목별, 재원별 지원금액

(단위: 천만 원)

재원 지원항목	국비	지방비	합
산림시설 복구	32,594	9,000	41,594
주택 복구	5,200	1,800	7,000
이재민 구호	2,954	532	3,486
상·하수도 복구	10,930	260	11,190
농경지 복구	1,540	340	1,880
생계안정 지원	1,320	660	1,980
기타	520	0	520
전체	55,058	( )	( )

〈표 2〉 A지역 산불피해 복구에 대한 부처별 국비 지원금액

(단위: 천만 원)

부처	행정 안전부	산림청	국토 교통부	환경부	보건 복지부	그 외	전체
지원금액	2,930	33,008	( )	9,520	350	240	55,058

〈보기〉

ㄱ. 기타를 제외하고, 국비 지원금액 대비 지방비 지원금액 비율이 가장 높은 지원항목은 '주택 복구'이다.
ㄴ. 산림청의 '산림시설 복구' 지원금액은 1,000억 원 이상이다.
ㄷ. 국토교통부의 지원금액은 전체 국비 지원금액의 20% 이상이다.
ㄹ. 전체 지방비 지원금액은 '상·하수도 복구' 국비 지원금액보다 크다.

① ㄱ, ㄴ
② ㄱ, ㄷ
③ ㄴ, ㄷ
④ ㄴ, ㄹ
⑤ ㄷ, ㄹ

문 18. 다음 〈표〉는 2022년도 '갑'국의 운전면허 종류별 응시자 및 합격자 수에 관한 자료이다. 이에 대한 설명으로 옳은 것은?

〈표〉 '갑'국의 운전면허 종류별 응시자 및 합격자 수

(단위: 명)

종류 \ 구분	응시자	남자	여자	합격자	남자	여자
전체	71,976	56,330	15,646	44,012	33,150	10,862
1종	29,507	( )	1,316	16,550	15,736	814
대형	4,199	4,149	50	995	991	4
보통	24,388	23,133	1,255	15,346	14,536	810
특수	920	909	11	209	209	0
2종	( )	( )	14,330	27,462	17,414	10,048
보통	39,312	25,047	14,265	26,289	16,276	10,013
소형	1,758	1,753	5	350	349	1
원동기	1,399	1,339	60	823	789	34

※ 합격률(%) = $\frac{합격자 수}{응시자 수}$ × 100

① 2종 면허 응시자 수는 1종 면허 응시자 수의 2배 이상이다.
② 전체 합격률은 60% 미만이다.
③ 1종 보통 면허 합격률은 2종 보통 면허 합격률보다 높다.
④ 1종 면허 남자 응시자 수는 2종 면허 남자 응시자 수보다 많다.
⑤ 1종 대형 면허 여자 합격률은 2종 소형 면허 여자 합격률보다 높다.

문 19. 다음 〈표〉는 2022년 A~E국의 국방비와 GDP, 군병력, 인구에 관한 자료이다. 이에 대한 〈보기〉의 설명 중 옳은 것만을 모두 고르면?

〈표〉 2022년 A~E국의 국방비와 GDP, 군병력, 인구

(단위: 억 달러, 만 명)

국가 \ 구분	국방비	GDP	군병력	인구
A	8,010	254,645	133	33,499
B	195	13,899	12	4,722
C	502	16,652	60	5,197
D	320	20,120	17	6,102
E	684	30,706	20	6,814

〈보기〉

ㄱ. 국방비가 가장 많은 국가의 국방비는 A~E국 국방비 합의 80% 이상이다.
ㄴ. 인구 1인당 GDP는 B국이 C국보다 크다.
ㄷ. 국방비가 많은 국가일수록 GDP 대비 국방비 비율이 높다.
ㄹ. 군병력 1인당 국방비는 A국이 D국의 3배 이상이다.

① ㄱ, ㄴ
② ㄱ, ㄹ
③ ㄴ, ㄷ
④ ㄱ, ㄷ, ㄹ
⑤ ㄴ, ㄷ, ㄹ

문 20. 다음은 '갑'국의 건설공사 안전관리비에 관한 자료이다. 이에 대한 〈보기〉의 설명 중 옳은 것만을 모두 고르면?

〈표〉 '갑'국의 건설공사 종류 및 대상액별 안전관리비 산정 기준

공사 종류 \ 구분 \ 대상액	5억 원 미만 요율(%)	5억 원 이상 50억 원 미만 요율(%)	5억 원 이상 50억 원 미만 기초액(천 원)	50억 원 이상 요율(%)
일반건설공사(갑)	2.93	1.86	5,350	1.97
일반건설공사(을)	3.09	1.99	5,500	2.10
중건설공사	3.43	2.35	5,400	2.46
철도·궤도신설공사	2.45	1.57	4,400	1.66
특수 및 기타 건설공사	1.85	1.20	3,250	1.27

〈안전관리비 산정 방식〉

○ 대상액이 5억 원 미만 또는 50억 원 이상인 경우,
  안전관리비 = 대상액 × 요율
○ 대상액이 5억 원 이상 50억 원 미만인 경우,
  안전관리비 = 대상액 × 요율 + 기초액

〈보기〉

ㄱ. 대상액이 10억 원인 경우, 안전관리비는 '일반건설공사(을)'가 '중건설공사'보다 적다.
ㄴ. 대상액이 4억 원인 경우, '일반건설공사(갑)'와 '철도·궤도신설공사'의 안전관리비 차이는 200만 원 이상이다.
ㄷ. '특수 및 기타 건설공사' 안전관리비는 대상액이 100억 원인 경우가 대상액이 10억 원인 경우의 10배 이상이다.

① ㄱ
② ㄴ
③ ㄱ, ㄷ
④ ㄴ, ㄷ
⑤ ㄱ, ㄴ, ㄷ

문 21. 다음 〈표〉는 '갑'국 재외국민의 5개 지역별 투표 결과에 관한 자료이다. 이에 대한 〈보기〉의 설명 중 옳은 것만을 모두 고르면?

〈표〉 재외국민 지역별 투표 결과
(단위: 개소, 명, %)

구분 \ 지역	제20대 선거 투표소 수	제20대 선거 선거인 수	제20대 선거 투표자 수	제20대 선거 투표율	제19대 선거 투표자 수	제19대 선거 투표율
아주	( )	110,818	78,051	70.4	106,496	74.0
미주	62	( )	50,440	68.7	68,213	71.7
유럽	47	32,591	25,629	( )	36,170	84.9
중동	21	6,818	5,658	83.0	8,210	84.9
아프리카	21	2,554	2,100	82.2	2,892	85.4
전체	219	226,162	161,878	71.6	221,981	75.3

※ 1) 투표율(%) = $\frac{투표자 수}{선거인 수} \times 100$
  2) '아주'는 '중동'을 제외한 아시아 및 오세아니아 지역을 의미함

〈보기〉

ㄱ. 제20대 선거에서 투표소 수는 '아주'가 '중동'의 4배 이상이다.
ㄴ. 제20대 선거에서 투표율이 가장 높은 지역과 가장 낮은 지역의 투표율 차이는 15%p 이상이다.
ㄷ. 제20대 선거에서 투표소당 선거인 수는 '미주'가 '유럽'보다 많다.
ㄹ. 제20대 선거와 제19대 선거의 선거인 수 차이가 큰 지역부터 순서대로 나열하면 '아주', '미주', '유럽', '중동', '아프리카' 순이다.

① ㄱ
② ㄹ
③ ㄷ, ㄹ
④ ㄱ, ㄴ, ㄷ
⑤ ㄴ, ㄷ, ㄹ

문 22. 다음 〈표〉는 2017~2021년 '갑'국의 해양사고 유형별 발생 건수와 인명피해 인원 현황이다. 〈표〉와 〈조건〉을 근거로 A~E에 해당하는 유형을 바르게 연결한 것은?

〈표 1〉 2017~2021년 해양사고 유형별 발생 건수
(단위: 건)

연도\유형	A	B	C	D	E
2017	258	65	29	96	160
2018	250	46	38	119	162
2019	244	110	61	132	228
2020	277	108	69	128	203
2021	246	96	54	149	174

〈표 2〉 2017~2021년 해양사고 유형별 인명피해 인원
(단위: 명)

연도\유형	A	B	C	D	E
2017	35	20	25	3	60
2018	19	25	1	0	52
2019	10	19	0	16	52
2020	8	25	2	8	79
2021	9	27	3	3	76

※ 해양사고 유형은 '안전사고', '전복', '충돌', '침몰', '화재폭발' 중 하나로만 구분됨

〈조건〉
○ 2017~2019년 동안 '안전사고' 발생 건수는 매년 증가한다.
○ 2020년 해양사고 발생 건수 대비 인명피해 인원의 비율이 두 번째로 높은 유형은 '전복'이다.
○ 해양사고 발생 건수는 매년 '충돌'이 '전복'의 2배 이상이다.
○ 2017~2021년 동안의 해양사고 인명피해 인원 합은 '침몰'이 '안전사고'의 50% 이하이다.
○ 2020년과 2021년의 해양사고 인명피해 인원 차이가 가장 큰 유형은 '화재폭발'이다.

	A	B	C	D	E
①	충돌	전복	침몰	화재폭발	안전사고
②	충돌	전복	화재폭발	안전사고	침몰
③	충돌	침몰	전복	화재폭발	안전사고
④	침몰	전복	안전사고	화재폭발	충돌
⑤	침몰	충돌	전복	안전사고	화재폭발

문 23. 다음 〈표〉는 2017~2022년 '갑'시의 택시 위법행위 유형별 단속건수에 관한 자료이다. 이에 대한 설명으로 옳은 것은?

〈표〉 2017~2022년 '갑'시의 택시 위법행위 유형별 단속건수
(단위: 건)

연도\유형	승차거부	정류소 정차 질서문란	부당요금	방범등 소등위반	사업구역 외 영업	기타	전체
2017	( )	1,110	125	1,001	123	241	4,166
2018	1,694	701	301	( )	174	382	4,131
2019	1,991	1,194	441	825	554	349	5,354
2020	717	1,128	51	769	2,845	475	( )
2021	130	355	40	1,214	1,064	484	( )
2022	43	193	268	( )	114	187	2,067

① 위법행위 단속건수 상위 2개 유형은 2017년과 2018년이 같다.
② '부당요금' 단속건수 대비 '승차거부' 단속건수 비율이 가장 높은 연도는 2017년이다.
③ 전체 단속건수가 가장 많은 연도는 2020년이다.
④ 전체 단속건수 중 '방범등 소등위반' 단속건수가 차지하는 비중은 매년 감소한다.
⑤ 2017년 '승차거부' 단속건수는 2022년 '방범등 소등위반' 단속건수보다 적다.

※ 다음 〈표〉는 '갑'국의 2022년 4~6월 A~D정유사의 휘발유와 경유 가격에 관한 자료이다. 다음 물음에 답하시오.
[문 24. ~ 문 25.]

〈표〉 정유사별 휘발유와 경유 가격

(단위: 원/L)

정유사 \ 월 유종	휘발유			경유		
	4	5	6	4	5	6
A	1,840	1,825	1,979	1,843	1,852	2,014
B	1,795	1,849	1,982	1,806	1,894	2,029
C	1,801	1,867	2,006	1,806	1,885	2,013
D	1,807	1,852	1,979	1,827	1,895	2,024

※ 가격은 해당 월의 정유사별 공시가임

문 24. 위 〈표〉에 대한 설명으로 옳은 것은?

① 휘발유와 경유의 가격 차이가 가장 큰 정유사는 매월 같다.
② 4월에 휘발유 가격보다 경유 가격이 낮은 정유사는 1개이다.
③ 5월 휘발유 가격이 가장 높은 정유사는 5월 경유 가격도 가장 높다.
④ 각 정유사의 경유 가격은 매월 높아졌다.
⑤ 각 정유사의 5월과 6월 가격 차이는 경유가 휘발유보다 크다.

문 25. 위 〈표〉와 다음 〈정보〉를 근거로 〈보기〉의 설명 중 옳은 것만을 모두 고르면?

〈정보〉

○ 가격 = 원가 + 유류세 + 부가가치세
○ 4월 유류세는 원가의 50%임
○ 부가가치세는 원가와 유류세를 합한 금액의 10%임

〈보기〉

ㄱ. 5월 B의 휘발유 유류세가 원가의 40%라면, 5월 B의 휘발유 원가는 1,300원/L 이상이다.
ㄴ. 5월 C의 경유 원가가 전월과 같다면, 5월 C의 경유 유류세는 600원/L 이상이다.
ㄷ. 6월 D의 경유 유류세가 4월과 같은 금액이라면, 6월 D의 경유 유류세는 원가의 50% 이상이다.

① ㄱ
② ㄴ
③ ㄷ
④ ㄱ, ㄴ
⑤ ㄴ, ㄷ

2022년 7월 23일 시행

2022년도 국가공무원 7급 공개경쟁채용 및 국가공무원 5급 및 7급 민간경력자 일괄채용 필기시험

응시번호		문제책형
성 명		㉮ 책형

【시 험 과 목】

제1영역	언어논리
제2영역	상황판단
제3영역	자료해석

※ 2022년 시험부터 1교시에는 언어논리 영역과 상황판단 영역이 동시에 치러지며, 2교시에는 자료해석 영역이 치러집니다.

<< 응시자 주의사항 >>

1. 시험시작 전에 시험문제를 열람하는 행위와 시험종료 후 답안지를 작성하는 행위는 공무원임용시험령 제51조에 의거 부정행위자로 처리됩니다.
2. 답안지 책형란의 책형표기는 시험시작 전 문제책 표지 앞면에 인쇄된 책형을 확인한 후 표기하시기 바랍니다.
3. 시험시작 즉시 과목편철 순서, 문제누락 여부, 인쇄상태 이상 유무 및 표지와 개별과목의 문제책형 일치여부 등을 확인한 후 문제책 표지에 응시번호, 성명을 기재합니다.
4. 시험이 시작되면 문제를 주의 깊게 읽은 후, 문항의 취지에 가장 적합한 하나의 정답만을 고르며, 문제내용에 관한 질문은 받지 않습니다.
5. 시험시간관리의 책임은 전적으로 수험생 본인에게 있습니다. 시험감독관의 시험종료 예고시간 고지 안내 및 시험실 내 비치된 시계가 있는 경우라도 시간이 정확하지 않을 수 있으니 본인의 시계로 반드시 확인하시기 바랍니다.

제1영역 언어논리

문 1. 다음 글의 내용과 부합하는 것은?

979년 송 태종은 거란을 공격하러 가는 길에 고려에 원병을 요청했다. 거란은 고려가 참전할 수도 있다는 염려에서 크게 동요했다. 하지만 고려는 송 태종의 요청에 응하지 않았다. 이후 거란은 송에 보복할 기회를 엿보는 한편, 송과 다시 싸우기 전에 고려를 압박해 앞으로도 송을 군사적으로 돕지 않겠다는 약속을 받아내고자 했다.

당시 거란과 고려 사이에는 압록강이 있었는데, 그 하류 유역에는 여진족이 살고 있었다. 이 여진족은 발해의 지배를 받았었지만, 발해가 거란에 의해 멸망한 후에는 어느 나라에도 속하지 않은 채 독자적 세력을 이루고 있었다. 거란은 이 여진족이 사는 땅을 여러 차례 침범해 대군을 고려로 보내는 데 적합한 길을 확보했다. 이후 993년에 거란 장수 소손녕은 군사를 이끌고 고려에 들어와 몇 개의 성을 공격했다. 이때 소손녕은 "고구려 옛 땅은 거란의 것인데 고려가 감히 그 영역을 차지하고 있으니 군사를 일으켜 그 땅을 찾아가고자 한다."라는 내용의 서신을 보냈다. 이 서신이 오자 고려 국왕 성종과 대다수 대신은 "옛 고구려의 영토에 해당하는 땅을 모두 내놓아야 군대를 거두겠다는 뜻이 아니냐?"라며 놀랐다. 하지만 서희는 소손녕이 보낸 서신의 내용은 핑계일 뿐이라고 주장했다. 그는 고려가 병력을 동원해 거란을 치는 일이 없도록 하겠다는 언질을 주면 소손녕이 철군할 것이라고 말했다. 이렇게 논의가 이어지고 있을 때 안융진에 있는 고려군이 소손녕과 싸워 이겼다는 보고가 들어왔다.

패배한 소손녕은 진군을 멈추고 협상을 원한다는 서신을 보내왔다. 이 서신을 받은 성종은 서희를 보내 협상하게 했다. 소손녕은 서희가 오자 "실은 고려가 송과 친하고 우리와는 소원하게 지내고 있어 침입하게 되었다."라고 했다. 이에 서희는 압록강 하류의 여진족 땅을 고려가 지배할 수 있게 묵인해 준다면, 거란과 국교를 맺을 뿐 아니라 거란과 송이 싸울 때 송을 군사적으로 돕지 않겠다는 뜻을 내비쳤다. 이 말을 들은 소손녕은 서희의 요구를 수용하기로 하고 퇴각했다. 이후 고려는 북쪽 국경 너머로 병력을 보내 압록강 하류의 여진족 땅까지 밀고 들어가 영토를 넓혔으며, 그 지역에 강동 6주를 두었다.

① 거란은 압록강 유역에 살던 여진족이 고려의 백성이라고 주장하였다.
② 여진족은 발해의 지배에서 벗어나기 위해 거란과 함께 고려를 공격하였다.
③ 소손녕은 압록강 유역의 여진족 땅을 빼앗아 강동 6주를 둔 후 그곳을 고려에 넘겼다.
④ 고려는 압록강 하류 유역에 있는 여진족의 땅으로 세력을 확대한 거란을 공격하고자 송 태종과 군사동맹을 맺었다.
⑤ 서희는 고려가 거란에 군사적 적대 행위를 하지 않겠다고 약속하면 소손녕이 군대를 이끌고 돌아갈 것이라고 보았다.

문 2. 다음 글에서 알 수 있는 것은?

세종이 즉위한 이듬해 5월에 대마도의 왜구가 충청도 해안에 와서 노략질하는 일이 벌어졌다. 이 왜구는 황해도 해주 앞바다에도 나타나 조선군과 교전을 벌인 후 명의 땅인 요동반도 방향으로 북상했다. 세종에게 왕위를 물려주고 상왕으로 있던 태종은 이종무에게 "북상한 왜구가 본거지로 되돌아가기 전에 대마도를 정벌하라!"라고 명했다. 이에 따라 이종무는 군사를 모아 대마도 정벌에 나섰다.

남북으로 긴 대마도에는 섬을 남과 북의 두 부분으로 나누는 중간에 아소만이라는 곳이 있는데, 이 만의 초입에 두지포라는 요충지가 있었다. 이종무는 이곳을 공격한 후 귀순을 요구하면 대마도주가 응할 것이라 보았다. 그는 6월 20일 두지포에 상륙해 왜인 마을을 불사른 후 계획대로 대마도주에게 서신을 보내 귀순을 요구했다. 하지만 대마도주는 이에 반응을 보이지 않았다. 분노한 이종무는 대마도주를 사로잡아 항복을 받아내기로 하고, 니로라는 곳에 병력을 상륙시켰다. 하지만 그곳에서 조선군은 매복한 적의 공격으로 크게 패했다. 이에 이종무는 군사를 거두어 거제도 견내량으로 돌아왔다.

이종무가 견내량으로 돌아온 다음 날, 태종은 요동반도로 북상했던 대마도의 왜구가 그곳으로부터 남하하던 도중 충청도에서 조운선을 공격했다는 보고를 받았다. 이 사건이 일어난 지 며칠 지나지 않았음을 알게 된 태종은 왜구가 대마도에 당도하기 전에 바다에서 격파해야 한다고 생각하고, 이종무에게 그들을 공격하라고 명했다. 그런데 이 명이 내려진 후에 새로운 보고가 들어왔다. 대마도의 왜구가 요동반도에 상륙했다가 크게 패배하는 바람에 살아남은 자가 겨우 300여 명에 불과하다는 것이었다. 이 보고를 접한 태종은 대마도주가 거느린 병사가 많이 죽어 그 세력이 꺾였으니 그에게 다시금 귀순을 요구하면 응할 것으로 판단했다. 이에 그는 이종무에게 내린 출진 명령을 취소하고, 측근 중 적임자를 골라 대마도주에게 귀순을 요구하는 사신으로 보냈다. 이 사신을 만난 대마도주는 고심 끝에 조선에 귀순하기로 했다.

① 해주 앞바다에 나타나 조선군과 싸운 대마도의 왜구가 요동반도를 향해 북상한 뒤 이종무의 군대가 대마도로 건너갔다.
② 조선이 왜구의 본거지인 대마도를 공격하기로 하자 명의 군대도 대마도까지 가서 정벌에 참여하였다.
③ 이종무는 세종이 대마도에 보내는 사절단에 포함되어 대마도를 여러 차례 방문하였다.
④ 태종은 대마도 정벌을 준비하였지만, 세종의 반대로 뜻을 이루지 못하였다.
⑤ 조선군이 대마도주를 사로잡기 위해 상륙하였다가 패배한 곳은 견내량이다.

문 3. 다음 글에서 알 수 없는 것은?

인간에 대한 혐오의 감정을 긍정적으로 바라보는 인식을 바탕으로, 이를 사회 안정의 도구로 활용해야 한다거나 법적 판단의 근거로 삼아야 한다는 주장은 영미법의 오래된 역사에서 그리 낯설지 않다. 그러나 혐오의 감정이 특정 개인과 집단을 배척하기 위한 강력한 무기로 이용되었다는 사실을 고려하면 이러한 주장이 얼마나 그릇된 것인지 이해할 수 있다.

일반적으로 우리는 분비물이나 배설물, 악취 등에 대해 그리고 시체와 같이 부패하고 퇴화하는 것들에 대해 혐오의 감정을 갖는다. 인간은 타자를 공격하는 데 이러한 오염물의 이미지를 사용한다. 이때 혐오는 특정 집단을 오염물인 것처럼 취급하고 자신은 오염되지 않은 쪽에 속함으로써 얻게 되는 심리적인 우월감 및 만족감과 연결되어 있다. 역사적으로 볼 때 이런 과정을 거쳐 오염물로 취급된 집단 중 하나가 유대인이다.

중세 이후 반유대주의 세력이 유대인에게 부여한 부정적 이미지는 점액성, 악취, 부패, 불결함과 같은 혐오스러운 것들과 결부되어 있다. 히틀러는 유대인을 깨끗하고 건강한 독일 민족의 몸속에 숨겨진, 썩어 가는 시체 속의 구더기라고 표현했다. 혐오스러운 적대자를 설정함으로써 자신의 야욕을 달성하려 했던 것이다. 불행하게도 대다수의 독일인은 이러한 야만적인 정치적 선동에 동의를 표했다. 심지어 유대인을 암세포, 종양, 세균 등으로 묘사하면서 이들을 비인간적 존재로 전락시키는 의학적 담론이 유행하기도 했다. 비인간적으로 묘사되는 유대인의 이미지는 나치가 만든 허상이었음에도 불구하고, 유대인과 연관된 혐오의 이미지는 아이들이 보는 당대의 동화 속에 담겨 있을 정도로 널리 퍼져 있었다.

① 혐오는 정치적 선동의 도구로 이용되지 않았다.
② 개인뿐만 아니라 집단도 혐오의 대상이 될 수 있다.
③ 혐오의 대상이 되는 집단은 비인간적으로 묘사되기도 한다.
④ 혐오의 감정을 법적 판단의 근거로 삼아야 한다는 입장이 있었다.
⑤ 인간에 대한 혐오의 감정은 타자를 혐오함으로써 주체가 얻을 수 있는 심리적인 만족감과 연관되어 있다.

문 4. 다음 글에서 알 수 없는 것은?

'계획적 진부화'는 의도적으로 수명이 짧은 제품이나 서비스를 생산함으로써 소비자들이 새로운 제품을 구매하도록 유도하는 마케팅 전략 중 하나이다. 여기에는 단순히 부품만 교체하는 것이 가능함에도 불구하고 새로운 제품을 구매하도록 유도하는 것도 포함된다.

계획적 진부화의 이유는 무엇일까? 첫째, 기업이 기존 제품의 가격을 인상하기 곤란한 경우, 신제품을 출시한 뒤 여기에 인상된 가격을 매길 수 있기 때문이다. 특히 제품의 기능은 거의 변함없이 디자인만 약간 개선한 신제품을 내놓고 가격을 인상하는 경우도 쉽게 볼 수 있다. 둘째, 중고품 시장에서 거래되는 기존 제품과의 경쟁을 피할 수 있기 때문이다. 자동차처럼 사용 기간이 긴 제품의 경우, 기업은 동일 유형의 제품을 팔고 있는 중고품 판매 업체와 경쟁해야만 한다. 그러나 기업이 새로운 제품을 출시하면, 중고품 시장에서 판매되는 기존 제품은 진부화되고 그 경쟁력도 하락한다. 셋째, 소비자들의 취향이 급속히 변화하는 상황에서 계획적 진부화로 소비자들의 만족도를 높일 수 있기 때문이다. 전통적으로 제품의 사용 기간을 결정짓는 요인은 기능적 특성이나 노후화·손상 등 물리적 특성이 주를 이루었지만, 최근에는 심리적 특성에도 많은 영향을 받고 있다. 이처럼 소비자들의 요구가 다양해지고 그 변화 속도도 빨라지고 있어, 기업들은 이에 대응하기 위해 계획적 진부화를 수행하기도 한다.

기업들은 계획적 진부화를 통해 매출을 확대하고 이익을 늘릴 수 있다. 기존 제품이 사용 가능한 상황에서도 신제품에 대한 소비자들의 수요를 자극하면 구매 의사가 커지기 때문이다. 반면, 기존 제품을 사용하는 소비자 입장에서는 크게 다를 것 없는 신제품 구입으로 불필요한 지출과 실질적인 손실이 발생할 수 있다는 점에서 계획적 진부화는 부정적으로 인식된다. 또한 환경이나 생태를 고려하는 거시적 관점에서도, 계획적 진부화는 소비자들에게 제공하는 가치에 비해 에너지나 자원의 낭비가 심하다는 비판을 받고 있다.

① 계획적 진부화로 소비자들은 불필요한 지출을 할 수 있다.
② 계획적 진부화는 기존 제품과 동일한 중고품의 경쟁력을 높인다.
③ 계획적 진부화는 소비자들의 요구에 대응하기 위하여 수행되기도 한다.
④ 계획적 진부화를 통해 기업은 기존 제품보다 비싼 신제품을 출시할 수 있다.
⑤ 계획적 진부화로 인하여 제품의 실제 사용 기간은 물리적으로 사용 가능한 수명보다 짧아질 수 있다.

문 5. 다음 글에서 알 수 없는 것은?

재화나 용역 중에는 비경합적이고 비배제적인 방식으로 소비되는 것들이 있다. 먼저 재화나 용역이 비경합적으로 소비된다는 말은, 그것에 대한 누군가의 소비가 다른 사람의 소비 가능성을 줄어들게 하지 않는다는 것을 뜻한다. 예컨대 10개의 사탕이 있는데 내가 8개를 먹어 버리면 다른 사람이 그 사탕을 소비할 가능성은 그만큼 줄어들게 된다. 반면에 라디오 방송 서비스 같은 경우는 내가 그것을 이용한다고 해서 다른 사람의 소비 가능성이 줄어들게 되지 않는다는 점에서 비경합적이다.

재화나 용역이 비배제적으로 소비된다는 말은, 그것이 공급되었을 때 누군가 그 대가를 지불하지 않았다고 해서 그 사람이 그 재화나 용역을 소비하지 못하도록 배제할 수 없다는 것을 뜻한다. 이러한 의미에서 국방 서비스는 비배제적으로 소비된다. 정부가 국방 서비스를 제공받는 모든 국민에게 그 비용을 지불하도록 하는 정책을 채택했다고 하자. 이때 어떤 국민이 이런 정책에 불만을 표하며 비용 지불을 거부한다고 해도 정부는 그를 국방 서비스의 수혜에서 배제하기 어렵다. 설령 그를 구속하여 감옥에 가두더라도 그는 국방 서비스의 수혜자 범위에서 제외되지 않는다.

비경합적이고 비배제적인 방식으로 소비되는 재화와 용역의 생산과 배분이 시장에서 제대로 이루어질 수 있을까? 국방의 예를 이어나가 보자. 대부분의 국민은 자신의 생명과 재산을 보호받고자 하는 욕구가 있고 국방 서비스에 대한 수요도 있기 마련이다. 그러나 만약 국방 서비스를 시장에서 생산하여 판매한다면, 경제적으로 합리적인 국민은 국방 서비스를 구매하지 않을 것이다. 왜냐하면 다른 이가 구매하는 국방 서비스에 자신도 무임승차할 수 있기 때문이다. 결과적으로 국방 서비스는 과소 생산되는 문제가 발생하고, 그 피해는 모든 국민에게 돌아가게 될 것이다. 따라서 이와 같은 유형의 재화나 용역을 사회적으로 필요한 만큼 생산하기 위해서는 국가가 개입해야 하기에 이런 재화나 용역에는 공공재라는 이름을 붙이는 것이다.

① 유료 공연에서 일정한 돈을 지불하지 않은 사람의 공연장 입장을 차단한다면, 그 공연은 배제적으로 소비될 수 있다.
② 국방 서비스를 소비하는 모든 국민에게 그 비용을 지불하도록 한다면, 그 서비스는 비경합적으로 소비될 수 없다.
③ 이용할 수 있는 수가 한정된 여객기 좌석은 경합적으로 소비될 수 있다.
④ 무임승차를 쉽게 방지할 수 없는 재화나 용역은 과소 생산될 수 있다.
⑤ 라디오 방송 서비스는 여러 사람이 비경합적으로 소비할 수 있다.

문 6. 다음 글의 핵심 논지로 가장 적절한 것은?

독일 통일을 지칭하는 '흡수 통일'이라는 용어는 동독이 일방적으로 서독에 흡수되었다는 인상을 준다. 그러나 통일 과정에서 동독 주민들이 보여준 행동을 고려하면 흡수 통일은 오해의 여지를 주는 용어일 수 있다.

1989년에 동독에서는 지방선거 부정 의혹을 둘러싼 내부 혼란이 발생했다. 그 과정에서 체제에 환멸을 느낀 많은 동독 주민들이 서독으로 탈출했고, 동독 곳곳에서 개혁과 개방을 주장하는 시위의 물결이 일어나기 시작했다. 초기 시위에서 동독 주민들은 여행·신앙·언론의 자유를 중심에 둔 내부 개혁을 주장했지만 이후 "우리는 하나의 민족이다!"라는 구호와 함께 동독과 서독의 통일을 요구하기 시작했다. 그렇게 변화하는 사회적 분위기 속에서 1990년 3월 18일에 동독 최초이자 최후의 자유총선거가 실시되었다.

동독 자유총선거를 위한 선거운동 과정에서 서독과 협력하는 동독 정당들이 생겨났고, 이들 정당의 선거운동에 서독 정당과 정치인들이 적극적으로 유세 지원을 하기도 했다. 초반에는 서독 사민당의 지원을 받으며 점진적 통일을 주장하던 동독 사민당이 우세했지만, 실제 선거에서는 서독 기민당의 지원을 받으며 급속한 통일을 주장하던 독일동맹이 승리하게 되었다. 동독 주민들이 자유총선거에서 독일동맹을 선택한 것은 그들 스스로 급속한 통일을 지지한 것이라고 할 수 있다. 이후 동독은 서독과 1990년 5월 18일에 「통화·경제·사회보장동맹의 창설에 관한 조약」을, 1990년 8월 31일에 「통일조약」을 체결했고, 마침내 1990년 10월 3일에 동서독 통일을 이루게 되었다.

이처럼 독일 통일의 과정에서 동독 주민들의 주체적인 참여를 확인할 수 있다. 독일 통일을 단순히 흡수 통일이라고 부른다면, 통일 과정에서 중요한 역할을 담당했던 동독 주민들을 배제한다는 오해를 불러일으킬 수 있다. 독일 통일의 과정을 온전히 이해하기 위해서는 동독 주민들의 활동에도 주목할 필요가 있다.

① 자유총선거에서 동독 주민들은 점진적 통일보다 급속한 통일을 지지하는 모습을 보여주었다.
② 독일 통일은 동독이 일방적으로 서독에 흡수되었다는 점에서 흔히 흡수 통일이라고 부른다.
③ 독일 통일은 분단국가가 합의된 절차를 거쳐 통일을 이루었다는 점에서 의의가 있다.
④ 독일 통일 전부터 서독의 정당은 물론 개인도 동독의 선거에 개입할 수 있었다.
⑤ 독일 통일의 과정에서 동독 주민들의 주체적 참여가 큰 역할을 하였다.

문 7. 다음 글의 (가)와 (나)에 들어갈 말을 적절하게 나열한 것은?

서양 사람들은 옛날부터 신이 자연 속에 진리를 감추어 놓았다고 믿고 그 진리를 찾기 위해 노력했다. 그들은 숨겨진 진리가 바로 수학이며 자연물 속에 비례의 형태로 숨어 있다고 생각했다. 또한 신이 자연물에 숨겨 놓은 수많은 진리 중에서도 인체 비례야말로 가장 아름다운 진리의 정수로 여겼다. 그래서 서양 사람들은 예로부터 이러한 신의 진리를 드러내기 위해서 완벽한 인체를 구현하는 데 몰두했다. 레오나르도 다빈치의 「인체 비례도」를 보면, 원과 정사각형을 배치하여 사람의 몸을 표현하고 있다. 가장 기본적인 기하 도형이 인체 비례와 관련 있다는 점에 착안하였던 것이다. 르네상스 시대 건축가들은 이러한 기본 기하 도형으로 건축물을 디자인하면 (가) 위대한 건물을 지을 수 있다고 생각했다.

건축에서 미적 표준으로 인체 비례를 활용하는 조형적 안목은 서양뿐 아니라 동양에서도 찾을 수 있다. 고대부터 중국이나 우리나라에서도 인체 비례를 건축물 축조에 활용하였다. 불국사의 청운교와 백운교는 3:4:5 비례의 직각삼각형으로 이루어져 있다. 이와 같은 비례로 건축하는 것을 '구고현(勾股弦)법'이라 한다. 뒤꿈치를 바닥에 대고 무릎을 직각으로 구부린 채 누우면 바닥과 다리 사이에 삼각형이 이루어지는데, 이것이 구고현법의 삼각형이다. 짧은 변인 구(勾)는 넓적다리에, 긴 변인 고(股)는 장딴지에 대응하고, 빗변인 현(弦)은 바닥의 선에 대응한다. 이 삼각형은 고대 서양에서 신성불가침의 삼각형이라 불렸던 것과 동일한 비례를 가지고 있다. 동일한 비례를 아름다움의 기준으로 삼았다는 점에서 (나) 는 것을 알 수 있다.

① (가): 인체 비례에 숨겨진 신의 진리를 구현한
   (나): 조형미에 대한 동서양의 안목이 유사하였다
② (가): 신의 진리를 넘어서는 인간의 진리를 구현한
   (나): 인체 실측에 대한 동서양의 계산법이 동일하였다
③ (가): 인체 비례에 숨겨진 신의 진리를 구현한
   (나): 건축물에 대한 동서양의 공간 활용법이 유사하였다
④ (가): 신의 진리를 넘어서는 인간의 진리를 구현한
   (나): 조형미에 대한 동서양의 안목이 유사하였다
⑤ (가): 인체 비례에 숨겨진 신의 진리를 구현한
   (나): 인체 실측에 대한 동서양의 계산법이 동일하였다

문 8. 다음 글의 ㉠~㉤에서 문맥에 맞지 않는 곳을 찾아 적절하게 수정한 것은?

반세기 동안 지속되던 냉전 체제가 1991년을 기점으로 붕괴되면서 동유럽 체제가 재편되었다. 동유럽에서는 연방에서 벗어나 많은 국가들이 독립하였다. 이 국가들은 자연스럽게 자본주의 시장경제를 받아들였는데, 이후 몇 년 동안 공통적으로 극심한 경제 위기를 경험하게 되었다. 급기야 IMF(국제통화기금)의 자금 지원을 받게 되는데, 이는 ㉠갑작스럽게 외부로부터 도입한 자본주의 시스템에 적응하는 일이 결코 쉽지 않다는 점을 보여준다.

이 과정에서 해당 국가 국민의 평균 수명이 급격하게 줄어들었는데, 이는 같은 시기 미국, 서유럽 국가들의 평균 수명이 꾸준히 늘었다는 것과 대조적이다. 이러한 현상에 대해 ㉡자본주의 시스템 도입을 적극적으로 지지했던 일부 경제학자들은 오래전부터 이어진 ㉢동유럽 지역 남성들의 과도한 음주와 흡연, 폭력과 살인 같은 비경제적 요소를 주된 원인으로 꼽았다. 즉 경제 체제의 변화와는 관련이 없다는 것이다.

이러한 주장에 의문을 품은 영국의 한 연구자는 해당 국가들의 건강 지표가 IMF의 자금 지원 전후로 어떻게 달라졌는지를 살펴보았다. 여러 사회적 상황을 고려하여 통계 모형을 만들고, ㉣IMF의 자금 지원을 받은 국가와 다른 기관에서 자금 지원을 받은 국가를 비교하였다. 같은 시기 독립한 동유럽 국가 중 슬로베니아만 유일하게 IMF가 아닌 다른 기관에서 돈을 빌렸다. 이때 두 곳의 차이는, IMF는 자금을 지원받은 국가에게 경제와 관련된 구조조정 프로그램을 실시하게 한 반면, 슬로베니아를 지원한 곳은 그렇게 하지 않았다는 점이다. IMF 구조조정 프로그램을 실시한 국가들은 ㉤실시 이전부터 결핵 발생률이 크게 증가했던 것으로 나타났다. 그러나 슬로베니아는 같은 기간에 오히려 결핵 사망률이 감소했다. IMF 구조조정 프로그램의 실시 여부는 국가별 결핵 사망률과 일정한 상관관계가 있었던 것이다.

① ㉠을 "자본주의 시스템을 갖추지 않고 지원을 받는 일"로 수정한다.
② ㉡을 "자본주의 시스템 도입을 적극적으로 반대했던"으로 수정한다.
③ ㉢을 "수출입과 같은 국제 경제적 요소"로 수정한다.
④ ㉣을 "IMF의 자금 지원 직후 경제 성장률이 상승한 국가와 하락한 국가"로 수정한다.
⑤ ㉤을 "실시 이후부터 결핵 사망률이 크게 증가했던 것"으로 수정한다.

문 9. 다음 글에서 추론할 수 없는 것은?

감염병 우려로 인해 △△시험 관리본부가 마련한 대책은 다음과 같다. 먼저 모든 수험생을 확진, 자가격리, 일반 수험생의 세 유형으로 구분한다. 그리고 수험생 유형별로 시험 장소를 안내하고 마스크 착용 규정을 준수하도록 한다.

〈표〉 수험생 유형과 증상에 따른 시험장의 구분

수험생	시험장	증상	세부 시험장
확진 수험생	생활치료센터	유·무 모두	센터장이 지정한 센터 내 장소
자가격리 수험생	특별 방역 시험장	유	외부 차단 1인용 부스
		무	회의실
일반 수험생	최초 공지한 시험장	유	소형 강의실
		무	중대형 강의실

모든 시험장에 공통적으로 적용되는 마스크 착용 규정은 다음과 같다. 첫째, 모든 수험생은 입실부터 퇴실 시점까지 의무적으로 마스크를 착용해야 한다. 둘째, 마스크는 KF99, KF94, KF80의 3개 등급만 허용한다. 마스크 등급을 표시하는 숫자가 클수록 방역 효과가 크다. 셋째, 마스크 착용 규정에서 특정 등급의 마스크 의무 착용을 명시한 경우, 해당 등급보다 높은 등급의 마스크 착용은 가능하지만 낮은 등급의 마스크 착용은 허용되지 않는다.

시험장에 따라 달리 적용되는 마스크 착용 규정은 다음과 같다. 첫째, 생활치료센터에서는 각 센터장이 내린 지침을 의무적으로 따라야 한다. 둘째, 특별 방역 시험장에서는 KF99 마스크를 의무적으로 착용해야 한다. 셋째, 소형 강의실과 중대형 강의실에서는 각각 KF99와 KF94 마스크 착용을 권장하지만 의무 사항은 아니다.

① 일반 수험생 중 유증상자는 KF80 마스크를 착용하고 시험을 치를 수 없다.
② 일반 수험생 중 무증상자는 KF80 마스크를 착용하고 시험을 치를 수 있다.
③ 자가격리 수험생 중 유증상자는 KF99 마스크를 착용하고 시험을 치를 수 있다.
④ 자가격리 수험생 중 무증상자는 KF94 마스크를 착용하고 시험을 치를 수 없다.
⑤ 확진 수험생은 생활치료센터장이 허용하는 경우 KF80 마스크를 착용하고 시험을 치를 수 있다.

문 10. 정답 ③ ㄱ, ㄷ

문 11. 정답 ④ ㄴ, ㄷ

문 12. 다음 글의 〈논증〉에 대한 분석으로 적절한 것만을 〈보기〉에서 모두 고르면?

우리는 죽음이 나쁜 것이라고 믿는다. 죽고 나면 우리가 존재하지 않기 때문이다. 루크레티우스는 우리가 존재하지 않기 때문에 죽음이 나쁜 것이라면 우리가 태어나기 이전의 비존재도 나쁘다고 말해야 한다고 생각했다. 그러나 우리는 태어나기 이전에 우리가 존재하지 않았다는 사실에 대해서 애석해 하지 않는다. 따라서 루크레티우스는 죽음 이후의 비존재에 대해서도 애석해 할 필요가 없다고 주장했다. 다음은 이러한 루크레티우스의 주장을 반박하는 논증이다.

〈논증〉

우리는 죽음의 시기가 뒤로 미루어짐으로써 더 오래 사는 상황을 상상해 볼 수 있다. 예를 들어, 50살에 교통사고로 세상을 떠난 누군가를 생각해 보자. 그 사고가 아니었다면 그는 70살이나 80살까지 더 살 수도 있었을 것이다. 그렇다면 50살에 그가 죽은 것은 그의 인생에 일어날 수 있는 여러 가능성 중에 하나였다. 그런데 ㉠내가 더 일찍 태어나는 것은 상상할 수 없다. 물론, 조산이나 제왕절개로 내가 조금 더 일찍 세상에 태어날 수도 있었을 것이다. 하지만 여기서 고려해야 할 것은 나의 존재의 시작이다. 나를 있게 하는 것은 특정한 정자와 난자의 결합이다. 누군가는 내 부모님이 10년 앞서 임신할 수 있었다고 주장할 수도 있다. 그러나 그랬다면 내가 아니라 나의 형제가 태어났을 것이다. 그렇기 때문에 '더 일찍 태어났더라면'이라고 말해도 그것이 실제로 내가 더 일찍 태어났을 가능성을 상상한 것이 아니다. 나의 존재는 내가 수정된 바로 그 특정 정자와 난자의 결합에 기초한다. 그러므로 ㉡내가 더 일찍 태어나는 일은 불가능하다. 나의 사망 시점은 달라질 수 있지만, 나의 출생 시점은 그렇지 않다. 그런 의미에서 출생은 내 인생 전체를 놓고 볼 때 하나의 필연적인 사건이다. 결국 죽음의 시기를 뒤로 미뤄 더 오래 사는 것은 가능하지만, 출생의 시기를 앞당겨 더 오래 사는 것은 불가능하다. 따라서 내가 더 일찍 태어나지 않은 것은 나쁜 일이 될 수 없다. 즉 죽음 이후와는 달리 ㉢태어나기 이전의 비존재는 나쁘다고 말할 수 없다.

〈보기〉

ㄱ. 냉동 보관된 정자와 난자가 수정되어 태어난 사람의 경우를 고려하면, ㉠은 거짓이다.

ㄴ. ㉠에 "어떤 사건이 가능하면, 그것의 발생을 상상할 수 있다."라는 전제를 추가하면, ㉡을 이끌어 낼 수 있다.

ㄷ. ㉢에 "태어나기 이전의 비존재가 나쁘다면, 내가 더 일찍 태어나는 것이 가능하다."라는 전제를 추가하면, ㉡의 부정을 이끌어 낼 수 있다.

① ㄱ
② ㄷ
③ ㄱ, ㄴ
④ ㄴ, ㄷ
⑤ ㄱ, ㄴ, ㄷ

※ 다음 글을 읽고 물음에 답하시오. [문 13.~문 14.]

인간은 지구상의 생명이 대량 멸종하는 사태를 맞이하고 있지만, 다른 한편으로는 실험실에서 인공적으로 새로운 생명체를 창조하고 있다. 이런 상황에서, 자연적으로 존재하는 종을 멸종으로부터 보존해야 한다는 생물 다양성의 보존 문제를 어떤 시각으로 바라보아야 할까? A는 생물 다양성을 보존해야 한다고 주장한다. 이를 위해 A는 다음과 같은 도구적 정당화를 제시한다. 우리는 의학적, 농업적, 경제적, 과학적 측면에서 이익을 얻기를 원한다. '생물 다양성 보존'은 이를 위한 하나의 수단으로 간주될 수 있다. 바로 그 수단이 우리가 원하는 이익을 얻는 최선의 수단이라는 것이 A의 첫 번째 전제이다. 그리고 (가) 는 것이 A의 두 번째 전제이다. 이 전제들로부터 우리에게는 생물 다양성을 보존할 의무와 필요성이 있다는 결론이 나온다.

이에 대해 B는 생물 다양성 보존이 우리가 원하는 이익을 얻는 최선의 수단이 아님을 지적한다. 특히 합성 생물학은 자연에 존재하는 DNA, 유전자, 세포 등을 인공적으로 합성하고 재구성해 새로운 생명체를 창조하는 것을 목표로 한다. B는 우리가 원하는 이익을 얻고자 한다면, 자연적으로 존재하는 생명체들을 대상으로 보존에 애쓰는 것보다는 합성 생물학을 통해 원하는 목표를 더 합리적이고 체계적으로 성취할 수 있을 것이라고 주장한다. 인공적인 생명체의 창조가 우리가 원하는 이익을 얻는 더 좋은 수단이므로, 생물 다양성 보존을 지지하는 도구적 정당화는 설득력을 잃는다는 것이다. 그래서 B는 A가 제시하는 도구적 정당화에 근거하여 생물 다양성을 보존하자고 주장하는 것은 옹호될 수 없다고 말한다.

한편 C는 모든 종은 보존되어야 한다고 주장하면서 생물 다양성 보존을 옹호한다. C는 대상의 가치를 평가할 때 그 대상이 갖는 도구적 가치와 내재적 가치를 구별한다. 대상의 도구적 가치란 그것이 특정 목적을 달성하는 데 얼마나 쓸모가 있느냐에 따라 인정되는 가치이며, 대상의 내재적 가치란 그 대상이 그 자체로 본래부터 갖고 있다고 인정되는 고유한 가치를 말한다. C에 따르면 생명체는 단지 도구적 가치만을 갖는 것이 아니다. 생명체를 오로지 도구적 가치로만 평가하는 것은 생명체를 그저 인간의 목적을 위해 이용되는 수단으로 보는 인간 중심적 태도이지만, C는 그런 태도는 받아들일 수 없다고 본다. 생명체의 내재적 가치 또한 인정해야 한다는 것이다. 그 생명체들이 속한 종 또한 그 쓸모에 따라서만 가치가 있는 것이 아니다. 그리고 내재적 가치를 지니는 것은 모두 보존되어야 한다. 이로부터 모든 종은 보존되어야 한다는 결론에 다다른다. 왜냐하면 (나) 때문이다.

문 13. 위 글의 (가)와 (나)에 들어갈 내용을 적절하게 나열한 것은?

① (가): 어떤 것이 우리가 원하는 이익을 얻는 최선의 수단이라면 우리에게는 그것을 실행할 의무와 필요성이 있다
   (나): 생명체의 내재적 가치는 종의 다양성으로부터 비롯되기

② (가): 어떤 것이 우리가 원하는 이익을 얻는 최선의 수단이 아니라면 우리에게는 그것을 실행할 의무와 필요성이 없다
   (나): 생명체의 내재적 가치는 종의 다양성으로부터 비롯되기

③ (가): 어떤 것이 우리가 원하는 이익을 얻는 최선의 수단이라면 우리에게는 그것을 실행할 의무와 필요성이 있다
   (나): 모든 종은 그 자체가 본래부터 고유의 가치를 지니기

④ (가): 어떤 것이 우리가 원하는 이익을 얻는 최선의 수단이 아니라면 우리에게는 그것을 실행할 의무와 필요성이 없다
   (나): 모든 종은 그 자체가 본래부터 고유의 가치를 지니기

⑤ (가): 우리에게 이익을 제공하는 수단 가운데 생물 다양성의 보존보다 더 나은 수단은 없다
   (나): 모든 종은 그 자체가 본래부터 고유의 가치를 지니기

문 14. 위 글에 대한 분석으로 적절한 것만을 〈보기〉에서 모두 고르면?

〈보기〉
ㄱ. A는 생물 다양성을 보존해야 한다고 주장하지만, B는 보존하지 않아도 된다고 주장한다.
ㄴ. B는 A의 두 전제가 참이더라도 A의 결론이 반드시 참이 되지는 않는다고 비판한다.
ㄷ. 자연적으로 존재하는 생명체가 도구적 가치를 가지느냐에 대한 A와 C의 평가는 양립할 수 있다.

① ㄱ
② ㄷ
③ ㄱ, ㄴ
④ ㄴ, ㄷ
⑤ ㄱ, ㄴ, ㄷ

문 15. 다음 논쟁에 대한 분석으로 적절한 것만을 〈보기〉에서 모두 고르면?

갑: 입증은 증거와 가설 사이의 관계에 대한 것이다. 내가 받아들이는 입증에 대한 입장은 다음과 같다. 증거 발견 후 가설의 확률 증가분이 있다면, 증거가 가설을 입증한다. 즉 증거 발견 후 가설이 참일 확률에서 증거 발견 전 가설이 참일 확률을 뺀 값이 0보다 크다면, 증거가 가설을 입증한다. 예를 들어보자. 사건 현장에서 용의자 X의 것과 유사한 발자국이 발견되었다. 그럼 발자국이 발견되기 전보다 X가 해당 사건의 범인일 확률은 높아질 것이다. 그렇다면 발자국 증거는 X가 범인이라는 가설을 입증한다. 그리고 증거 발견 후 가설의 확률 증가분이 클수록, 증거가 가설을 입증하는 정도가 더 커진다.

을: 증거가 가설이 참일 확률을 높인다고 하더라도, 그 증거가 해당 가설을 입증하지 못할 수 있다. 가령, X에게 강력한 알리바이가 있다고 해보자. 사건이 일어난 시간에 사건 현장과 멀리 떨어져 있는 X의 모습이 CCTV에 포착된 것이다. 그러면 발자국 증거가 X가 범인일 확률을 높인다고 하더라도, 그가 범인일 확률은 여전히 높지 않을 것이다. 그럼에도 불구하고 갑의 입장은 이러한 상황에서 발자국 증거가 X가 범인이라는 가설을 입증한다고 보게 만드는 문제가 있다. 이 문제는 내가 받아들이는 입증에 대한 다음 입장을 통해 해결될 수 있다. 증거 발견 후 가설의 확률 증가분이 있고 증거 발견 후 가설이 참일 확률이 1/2보다 크다면, 그리고 그런 경우에만 증거가 가설을 입증한다. 가령, 발자국 증거가 X가 범인일 확률을 높이더라도 증거 획득 후 확률이 1/2보다 작다면 발자국 증거는 X가 범인이라는 가설을 입증하지 못한다.

〈보기〉
ㄱ. 갑의 입장에서, 증거 발견 후 가설의 확률 증가분이 없다면 그 증거가 해당 가설을 입증하지 못한다.
ㄴ. 을의 입장에서, 어떤 증거가 주어진 가설을 입증할 경우 그 증거 획득 이전 해당 가설이 참일 확률은 1/2보다 크다.
ㄷ. 갑의 입장에서 어떤 증거가 주어진 가설을 입증하는 정도가 작더라도, 을의 입장에서 그 증거가 해당 가설을 입증할 수 있다.

① ㄴ
② ㄷ
③ ㄱ, ㄴ
④ ㄱ, ㄷ
⑤ ㄱ, ㄴ, ㄷ

문 16. 다음 글에서 추론할 수 있는 것은?

　　국제표준도서번호(ISBN)는 전세계에서 출판되는 각종 도서에 부여하는 고유한 식별 번호이다. 2007년부터는 13자리의 숫자로 구성된 ISBN인 ISBN-13이 부여되고 있지만, 2006년까지 출판된 도서에는 10자리의 숫자로 구성된 ISBN인 ISBN-10이 부여되었다.
　　ISBN-10은 네 부분으로 되어 있다. 첫 번째 부분은 책이 출판된 국가 또는 언어 권역을 나타내며 1~5자리를 가질 수 있다. 예를 들면, 대한민국은 89, 영어권은 0, 프랑스어권은 2, 중국은 7 그리고 부탄은 99936을 쓴다. 두 번째 부분은 국가별 ISBN 기관에서 그 국가에 있는 각 출판사에 할당한 번호를 나타낸다. 세 번째 부분은 출판사에서 그 책에 임의로 붙인 번호를 나타낸다. 마지막 네 번째 부분은 확인 숫자이다. 이 숫자는 0에서 10까지의 숫자 중 하나가 되는데, 10을 써야 할 때는 로마 숫자인 X를 사용한다. 부여된 ISBN-10이 유효한 것이라면 이 ISBN-10의 열 개 숫자에 각각 순서대로 10, 9, …, 2, 1의 가중치를 곱해서 각 곱셈의 값을 모두 더한 값이 반드시 11로 나누어 떨어져야 한다. 예를 들어, 어떤 책에 부여된 ISBN-10인 '89-89422-42-6'이 유효한 것인지 검사해 보자. (8×10)+(9×9)+(8×8)+(9×7)+(4×6)+(2×5)+(2×4)+(4×3)+(2×2)+(6×1)=352이고, 이 값은 11로 나누어 떨어지기 때문에 이 ISBN-10은 유효한 번호이다. 만약 어떤 ISBN-10의 숫자 중 어느 하나를 잘못 입력했다면 서점에 있는 컴퓨터는 즉시 오류 메시지를 화면에 보여줄 것이다.

① ISBN-10의 첫 번째 부분에 있는 숫자가 같으면 같은 나라에서 출판된 책이다.
② 임의의 책의 ISBN-10에 숫자 3자리를 추가하면 그 책의 ISBN-13을 얻는다.
③ ISBN-10이 '0-285-00424-7'인 책은 해당 출판사에서 424번째로 출판한 책이다.
④ ISBN-10의 두 번째 부분에 있는 숫자가 같은 서로 다른 두 권의 책은 동일한 출판사에서 출판된 책이다.
⑤ 확인 숫자 앞의 아홉 개의 숫자에 정해진 가중치를 곱하여 합한 값이 11의 배수인 ISBN-10이 유효하다면 그 확인 숫자는 반드시 0이어야 한다.

문 17. 다음 글의 내용이 참일 때, 갑이 반드시 수강해야 할 과목은?

　　갑은 A~E 과목에 대해 수강신청을 준비하고 있다. 갑이 수강하기 위해 충족해야 하는 조건은 다음과 같다.
　○ A를 수강하면 B를 수강하지 않고, B를 수강하지 않으면 C를 수강하지 않는다.
　○ D를 수강하지 않으면 C를 수강하고, A를 수강하지 않으면 E를 수강하지 않는다.
　○ E를 수강하지 않으면 C를 수강하지 않는다.

① A
② B
③ C
④ D
⑤ E

문 18. 다음 글의 내용이 참일 때, 반드시 참인 것만을 〈보기〉에서 모두 고르면?

　　△△처에서는 채용 후보자들을 대상으로 A, B, C, D 네 종류의 자격증 소지 여부를 조사하였다. 그 결과 다음과 같은 사실이 밝혀졌다.
　○ A와 D를 둘 다 가진 후보자가 있다.
　○ B와 D를 둘 다 가진 후보자는 없다.
　○ A나 B를 가진 후보자는 모두 C는 가지고 있지 않다.
　○ A를 가진 후보자는 모두 B는 가지고 있지 않다는 것은 사실이 아니다.

〈보기〉
ㄱ. 네 종류 중 세 종류의 자격증을 가지고 있는 후보자는 없다.
ㄴ. 어떤 후보자는 B를 가지고 있지 않고, 또 다른 후보자는 D를 가지고 있지 않다.
ㄷ. D를 가지고 있지 않은 후보자는 누구나 C를 가지고 있지 않다면, 네 종류 중 한 종류의 자격증만 가지고 있는 후보자가 있다.

① ㄱ
② ㄷ
③ ㄱ, ㄴ
④ ㄴ, ㄷ
⑤ ㄱ, ㄴ, ㄷ

문 19. ④ ㄴ, ㄷ

문 20. ③ ㄱ, ㄷ

문 21. 다음 글의 ㉠과 ㉡에 대한 평가로 적절한 것만을 〈보기〉에서 모두 고르면?

진화론에 따르면 개체는 배우자 선택에 있어서 생존과 번식에 유리한 개체를 선호할 것으로 예측된다. 그런데 생존과 번식에 유리한 능력은 한 가지가 아니므로 합리적 선택은 단순하지 않다. 예를 들어 배우자 후보 α와 β가 있는데, 사냥 능력은 α가 우수한 반면, 위험 회피 능력은 β가 우수하다고 하자. 이 경우 개체는 더 중요하다고 판단하는 능력에 기초하여 배우자를 선택하는 것이 합리적이다. 이를테면 사냥 능력에 가중치를 둔다면 α를 선택하는 것이 합리적이라는 것이다. 그런데 α와 β보다 사냥 능력은 떨어지나 위험 회피 능력은 β와 α의 중간쯤 되는 새로운 배우자 후보 γ가 나타난 경우를 생각해 보자. 이때 개체는 애초의 판단 기준을 유지할 수도 있고 변경할 수도 있다. 즉 애초의 판단 기준에 따르면 선택이 바뀔 이유가 없음에도 불구하고, 새로운 후보의 출현에 의해 판단 기준이 바뀌어 위험 회피 능력이 우수한 β를 선택할 수 있다.

한 과학자는 동물의 배우자 선택에 있어 새로운 배우자 후보가 출현하는 경우, ㉠애초의 판단 기준을 유지한다는 가설과 ㉡판단 기준에 변화가 발생한다는 가설을 검증하기 위해 다음과 같은 실험을 수행하였다.

〈실험〉

X 개구리의 경우, 암컷은 두 가지 기준으로 수컷을 고르는데, 수컷의 울음소리 톤이 일정할수록 선호하고 울음소리 빈도가 높을수록 선호한다. 세 마리의 수컷 A~C는 각각 다른 소리를 내는데, 울음소리 톤은 C가 가장 일정하고 B가 가장 일정하지 않다. 울음소리 빈도는 A가 가장 높고 C가 가장 낮다. 과학자는 A~C의 울음소리를 발정기의 암컷으로부터 동일한 거리에 있는 서로 다른 위치에서 들려주었다. 상황 1에서는 수컷 두 마리의 울음소리만을 들려주었으며, 상황 2에서는 수컷 세 마리의 울음소리를 모두 들려주고 각 상황에서 암컷이 어느 쪽으로 이동하는지 비교하였다. 암컷은 들려준 울음소리 중 가장 선호하는 쪽으로 이동한다.

〈보기〉

ㄱ. 상황 1에서 암컷에게 들려준 소리가 A, B인 경우 암컷이 A로, 상황 2에서는 C로 이동했다면, ㉠은 강화되지 않지만 ㉡은 강화된다.

ㄴ. 상황 1에서 암컷에게 들려준 소리가 B, C인 경우 암컷이 B로, 상황 2에서는 A로 이동했다면, ㉠은 강화되지만 ㉡은 강화되지 않는다.

ㄷ. 상황 1에서 암컷에게 들려준 소리가 A, C인 경우 암컷이 C로, 상황 2에서는 A로 이동했다면, ㉠은 강화되지 않지만 ㉡은 강화된다.

① ㄱ
② ㄷ
③ ㄱ, ㄴ
④ ㄴ, ㄷ
⑤ ㄱ, ㄴ, ㄷ

문 22. 다음 글의 ㉠과 ㉡에 대한 평가로 적절한 것만을 〈보기〉에서 모두 고르면?

18세기에는 빛의 본성에 관한 두 이론이 경쟁하고 있었다. ㉠입자이론은 빛이 빠르게 운동하고 있는 아주 작은 입자들의 흐름으로 구성되어 있다고 설명한다. 이에 따르면, 물속에서 빛이 굴절하는 것은 물이 빛을 끌어당기기 때문이며, 공기 중에서는 이런 현상이 발생하지 않기 때문에 결과적으로 물속에서의 빛의 속도가 공기 중에서보다 더 빠르다. 한편 ㉡파동이론은 빛이 매질을 통하여 파동처럼 퍼져 나간다는 가설에 기초한다. 이에 따르면, 물속에서 빛이 굴절하는 것은 파동이 전파되는 매질의 밀도가 달라지기 때문이며, 밀도가 높아질수록 파동의 속도는 느려지므로 결과적으로 물속에서의 빛의 속도가 공기 중에서보다 더 느리다.

또한 파동이론에 따르면 빛의 색깔은 파장에 따라 달라진다. 공기 중에서는 파장에 따라 파동의 속도가 달라지지 않지만, 물속에서는 파장에 따라 파동의 속도가 달라진다. 반면 입자이론에 따르면 공기 중에서건 물속에서건 빛의 속도는 색깔에 따라 달라지지 않는다.

두 이론을 검증하기 위해 다음과 같은 실험이 고안되었다. 두 빛이 같은 시점에 발진하여 경로 1 또는 경로 2를 통과한 뒤 빠른 속도로 회전하는 평면거울에 도달한다. 두 개의 경로에서 빛이 진행하는 거리는 같으나, 경로 1에서는 물속을 통과하고, 경로 2에서는 공기만을 통과한다. 평면거울에서 반사된 빛은 반사된 빛이 향하는 방향에 설치된 스크린에 맺힌다. 평면거울에 도달한 빛 중 속도가 빠른 빛은 먼저 도달하고 속도가 느린 빛은 나중에 도달하게 되는데, 평면거울이 빠르게 회전하고 있으므로 먼저 도달한 빛과 늦게 도달한 빛은 반사 각도에 차이가 생기게 된다. 따라서 두 빛이 서로 다른 속도를 가진다면 반사된 두 빛이 도착하는 지점이 서로 달라지며, 더 빨리 평면거울에 도달한 빛일수록 스크린의 오른쪽에, 더 늦게 평면거울에 도달한 빛일수록 스크린의 왼쪽에 맺히게 된다.

〈보기〉

ㄱ. 색깔이 같은 두 빛이 각각 경로 1과 2를 통과했을 때, 경로 1을 통과한 빛이 경로 2를 통과한 빛보다 스크린의 오른쪽에 맺힌다면 ㉠은 강화되고 ㉡은 약화된다.

ㄴ. 색깔이 다른 두 빛 중 하나는 경로 1을, 다른 하나는 경로 2를 통과했을 때, 경로 1을 통과한 빛이 경로 2를 통과한 빛보다 스크린의 왼쪽에 맺힌다면 ㉠은 약화되고 ㉡은 강화된다.

ㄷ. 색깔이 다른 두 빛이 모두 경로 1을 통과했을 때, 두 빛이 스크린에 맺힌 위치가 다르다면 ㉠은 약화되고 ㉡은 강화된다.

① ㄱ
② ㄴ
③ ㄱ, ㄷ
④ ㄴ, ㄷ
⑤ ㄱ, ㄴ, ㄷ

23. ②

24. ⑤

문 25. 다음 글의 〈논쟁〉에 대한 분석으로 적절한 것만을 〈보기〉에서 모두 고르면?

갑과 을은 △△국 「주거법」 제○○조의 해석에 대해 논쟁하고 있다. 그 조문은 다음과 같다.

제○○조(비거주자의 구분) ① 다음 각 호에 해당하는 △△국 국민은 비거주자로 본다.
1. 외국에서 영업활동에 종사하고 있는 사람
2. 2년 이상 외국에 체재하고 있는 사람. 이 경우 일시 귀국하여 3개월 이내의 기간 동안 체재한 경우 그 기간은 외국에 체재한 기간에 포함되는 것으로 본다.
3. 외국인과 혼인하여 배우자의 국적국에 6개월 이상 체재하는 사람
② 국내에서 영업활동에 종사하였거나 6개월 이상 체재하였던 외국인으로서 출국하여 외국에서 3개월 이상 체재 중인 사람의 경우에도 비거주자로 본다.

〈논쟁〉

쟁점 1: △△국 국민인 A는 일본에서 2년 1개월째 학교에 다니고 있다. A는 매년 여름방학과 겨울방학 기간에 일시 귀국하여 2개월씩 체재하였다. 이에 대해, 갑은 A가 △△국 비거주자로 구분된다고 주장하는 반면, 을은 그렇지 않다고 주장한다.

쟁점 2: △△국과 미국 국적을 모두 보유한 복수 국적자 B는 △△국 C법인에서 임원으로 근무하였다. B는 올해 C법인의 미국 사무소로 발령받아 1개월째 영업활동에 종사 중이다. 이에 대해, 갑은 B가 △△국 비거주자로 구분된다고 주장하는 반면, 을은 그렇지 않다고 주장한다.

쟁점 3: △△국 국민인 D는 독일 국적의 E와 결혼하여 독일에서 체재 시작 직후부터 5개월째 길거리 음악 연주를 하고 있다. 이에 대해, 갑은 D가 △△국 비거주자로 구분된다고 주장하는 반면, 을은 그렇지 않다고 주장한다.

〈보기〉

ㄱ. 쟁점 1과 관련하여, 일시 귀국하여 체재한 '3개월 이내의 기간'이 귀국할 때마다 체재한 기간의 합으로 확정된다면, 갑의 주장은 옳고 을의 주장은 그르다.

ㄴ. 쟁점 2와 관련하여, 갑은 B를 △△국 국민이라고 생각하지만 을은 외국인이라고 생각하기 때문이라고 하면, 갑과 을 사이의 주장 불일치를 설명할 수 있다.

ㄷ. 쟁점 3과 관련하여, D의 길거리 음악 연주가 영업활동이 아닌 것으로 확정된다면, 갑의 주장은 그르고 을의 주장은 옳다.

① ㄱ
② ㄷ
③ ㄱ, ㄴ
④ ㄴ, ㄷ
⑤ ㄱ, ㄴ, ㄷ

제2영역 상황판단

1초 합격예측! 모바일 성적결과분석표 발급 서비스

QR 코드로 접속하여 문제 풀이 시간을 측정하고, 자동채점 & 성적결과분석 서비스를 통해 지금 바로 실력을 점검해 보세요.
◀ http://eduwill.kr/PVRV

풀이 시간
• 시작: ___시 ___분 ~ 종료: ___시 ___분
• 총 : ___분

문 1. 다음 글을 근거로 판단할 때 옳은 것은?

> 제00조 재해경감 우수기업(이하 '우수기업'이라 한다)이란 재난으로부터 피해를 최소화하기 위한 재해경감활동으로 우수기업 인증을 받은 기업을 말한다.
> 제00조 ① 우수기업으로 인증받고자 하는 기업은 A부 장관에게 신청하여야 한다.
> ② A부 장관은 제1항에 따라 신청한 기업의 재해경감활동에 대하여 다음 각 호의 기준에 따라 평가를 실시하고 우수기업으로 인증할 수 있다.
> 1. 재난관리 전담조직을 갖출 것
> 2. 매년 1회 이상 종사자에게 재난관리 교육을 실시할 것
> 3. 재해경감활동 비용으로 총 예산의 5% 이상 할애할 것
> 4. 방재관련 인력을 총 인원의 2% 이상 갖출 것
> ③ 제2항 각 호의 충족 여부는 매년 1월 말을 기준으로 평가하며, 모든 요건을 갖춘 경우 우수기업으로 인증한다. 다만 제3호의 경우 최초 평가에 한하여 해당 기준을 3개월 내에 충족할 것을 조건으로 인증할 수 있다.
> ④ 제3항에서 정하는 평가 및 인증에 소요되는 비용은 신청하는 자가 부담한다.
> 제00조 A부 장관은 인증받은 우수기업을 6개월마다 재평가하여 다음 각 호의 어느 하나에 해당하는 때에는 인증을 취소할 수 있다. 다만 제1호의 경우에는 인증을 취소하여야 한다.
> 1. 거짓이나 그 밖의 부정한 방법으로 인증을 받은 경우
> 2. 인증 평가기준에 미달되는 경우
> 3. 양도·양수·합병 등에 의하여 인증받은 요건이 변경된 경우

① 처음 우수기업 인증을 받고자 하는 甲기업이 총 예산의 4%를 재해경감활동 비용으로 할애하였다면, 다른 모든 기준을 충족하였더라도 우수기업으로 인증받을 여지가 없다.

② A부 장관이 乙기업을 평가하여 2022. 2. 25. 우수기업으로 인증한 경우, A부 장관은 2022. 6. 25.까지 재평가를 해야 한다.

③ 丙기업이 우수기업 인증을 신청하는 경우, 인증에 소요되는 비용은 A부 장관이 부담한다.

④ 丁기업이 재난관리 전담조직을 갖춘 것처럼 거짓으로 신청서를 작성하여 우수기업으로 인증을 받은 경우라도, A부 장관은 인증을 취소하지 않을 수 있다.

⑤ 우수기업인 戊기업이 己기업을 흡수합병하면서 재평가 당시 일시적으로 방재관련 인력이 총 인원의 1.5%가 되었더라도, A부 장관은 戊기업의 인증을 취소하지 않을 수 있다.

문 2. 다음 글과 〈상황〉을 근거로 판단할 때, 김가을의 가족관계등록부에 기록해야 하는 내용이 아닌 것은?

> 제○○조 ① 가족관계등록부는 전산정보처리조직에 의하여 입력·처리된 가족관계 등록사항에 관한 전산정보자료를 제□□조의 등록기준지에 따라 개인별로 구분하여 작성한다.
> ② 가족관계등록부에는 다음 사항을 기록하여야 한다.
> 1. 등록기준지
> 2. 성명·본·성별·출생연월일 및 주민등록번호
> 3. 출생·혼인·사망 등 가족관계의 발생 및 변동에 관한 사항
> 제□□조 출생을 사유로 처음 등록을 하는 경우에는 등록기준지를 자녀가 따르는 성과 본을 가진 부 또는 모의 등록기준지로 한다.

〈상황〉

> 경기도 과천시 ☆☆로 1-11에 거주하는 김여름(金海 김씨)과 박겨울(密陽 박씨) 부부 사이에 2021년 10월 10일 경기도 수원시 영통구 소재 병원에서 남자아이가 태어났다. 이 부부는 태어난 아이의 이름을 김가을로 하고 과천시 ▽▽주민센터에 출생신고를 하였다. 김여름의 등록기준지는 부산광역시 남구 ◇◇로 2-22이며, 박겨울은 서울특별시 마포구 △△로 3-33이다.

① 서울특별시 마포구 △△로 3-33
② 부산광역시 남구 ◇◇로 2-22
③ 2021년 10월 10일
④ 金海
⑤ 남

문 3. 다음 글을 근거로 판단할 때 옳은 것은?

제00조 정비사업이란 도시기능을 회복하기 위하여 정비구역에서 정비기반시설을 정비하거나 주택 등 건축물을 개량 또는 건설하는 주거환경개선사업, 재개발사업, 재건축사업 등을 말한다.
제00조 특별자치시장·특별자치도지사·시장·군수·구청장(이하 '시장 등'이라 한다)은 노후불량건축물이 밀집하는 구역에 대하여 정비계획에 따라 정비구역을 지정할 수 있다.
제00조 시장 등이 아닌 자가 정비사업을 시행하려는 경우에는 토지 등 소유자로 구성된 조합을 설립해야 한다.
제00조 ① 시장 등이 아닌 사업시행자가 정비사업 공사를 완료한 때에는 시장 등의 준공인가를 받아야 한다.
② 제1항에 따라 준공인가신청을 받은 시장 등은 지체 없이 준공검사를 실시해야 한다.
③ 시장 등은 제2항에 따른 준공검사를 실시한 결과 정비사업이 인가받은 사업시행 계획대로 완료되었다고 인정되는 때에는 준공인가를 하고 공사의 완료를 해당 지방자치단체의 공보에 고시해야 한다.
④ 시장 등은 직접 시행하는 정비사업에 관한 공사가 완료된 때에는 그 완료를 해당 지방자치단체의 공보에 고시해야 한다.
제00조 ① 정비구역의 지정은 공사완료의 고시가 있은 날의 다음 날에 해제된 것으로 본다.
② 제1항에 따른 정비구역의 해제는 조합의 존속에 영향을 주지 않는다.

① 甲특별자치시장이 직접 정비사업을 시행하려는 경우에는 토지 등 소유자로 구성된 조합을 설립해야 한다.
② A도 乙군수가 직접 시행하는 정비사업에 관한 공사가 완료된 때에는 A도지사에게 준공인가신청을 해야 한다.
③ 丙시장이 사업시행자 B의 정비사업에 관해 준공인가를 하면, 토지 등 소유자로 구성된 조합은 해산된다.
④ 丁시장이 사업시행자 C의 정비사업에 관해 공사완료를 고시하면, 정비구역의 지정은 고시한 날 해제된다.
⑤ 戊시장이 직접 시행하는 정비사업에 관한 공사가 완료된 때에는 그 완료를 戊시의 공보에 고시해야 한다.

문 4. 다음 글을 근거로 판단할 때 옳은 것은?

제00조 ① 선박이란 수상 또는 수중에서 항행용으로 사용하거나 사용할 수 있는 배 종류를 말하며 그 구분은 다음 각 호와 같다.
 1. 기선: 기관(機關)을 사용하여 추진하는 선박과 수면비행선박(표면효과 작용을 이용하여 수면에 근접하여 비행하는 선박)
 2. 범선: 돛을 사용하여 추진하는 선박
 3. 부선: 자력(自力) 항행능력이 없어 다른 선박에 의하여 끌리거나 밀려서 항행되는 선박
② 소형선박이란 다음 각 호의 어느 하나에 해당하는 선박을 말한다.
 1. 총톤수 20톤 미만인 기선 및 범선
 2. 총톤수 100톤 미만인 부선
제00조 ① 매매계약에 의한 선박 소유권의 이전은 계약당사자 사이의 양도합의만으로 효력이 생긴다. 다만 소형선박 소유권의 이전은 계약당사자 사이의 양도합의와 선박의 등록으로 효력이 생긴다.
② 선박의 소유자(제1항 단서의 경우에는 선박의 매수인)는 선박을 취득(제1항 단서의 경우에는 매수)한 날부터 60일 이내에 선적항을 관할하는 지방해양수산청장에게 선박의 등록을 신청하여야 한다. 이 경우 총톤수 20톤 이상인 기선과 범선 및 총톤수 100톤 이상인 부선은 선박의 등기를 한 후에 선박의 등록을 신청하여야 한다.
③ 지방해양수산청장은 제2항의 등록신청을 받으면 이를 선박원부(船舶原簿)에 등록하고 신청인에게 선박국적증서를 발급하여야 한다.
제00조 선박의 등기는 등기할 선박의 선적항을 관할하는 지방법원, 그 지원 또는 등기소를 관할 등기소로 한다.

① 총톤수 80톤인 부선의 매수인 甲이 선박의 소유권을 취득하기 위해서는 매도인과 양도합의를 하고 선박을 등록해야 한다.
② 총톤수 100톤인 기선의 소유자 乙이 선박의 등기를 하기 위해서는 먼저 관할 지방해양수산청장에게 선박의 등록을 신청해야 한다.
③ 총톤수 60톤인 기선의 소유자 丙은 선박을 매수한 날부터 60일 이내에 해양수산부장관에게 선박의 등록을 신청해야 한다.
④ 총톤수 200톤인 부선의 소유자 丁이 선적항을 관할하는 등기소에 선박의 등기를 신청하면, 등기소는 丁에게 선박국적증서를 발급해야 한다.
⑤ 총톤수 20톤 미만인 범선의 매수인 戊가 선박의 등록을 신청하면, 관할 법원은 이를 선박원부에 등록하고 戊에게 선박국적증서를 발급해야 한다.

문 5. 다음 글을 근거로 판단할 때 옳은 것은?

조선 시대 쌀의 종류에는 가을철 논에서 수확한 벼를 가공한 흰색 쌀 외에 밭에서 자란 곡식을 가공함으로써 얻게 되는 회색 쌀과 노란색 쌀이 있었다. 회색 쌀은 보리의 껍질을 벗긴 보리쌀이었고, 노란색 쌀은 조의 껍질을 벗긴 좁쌀이었다.

남부 지역에서는 보리가 특히 중요시되었다. 가을 곡식이 바닥을 보이기 시작하는 봄철, 농민들의 희망은 들판에 넘실거리는 보리뿐이었다. 보리가 익을 때까지는 주린 배를 움켜쥐고 생활할 수밖에 없었고, 이를 보릿고개라 하였다. 그것은 보리를 수확하는 하지, 즉 낮이 가장 길고 밤이 가장 짧은 시기까지 지속되다가 사라지는 고개였다. 보리 수확기는 여름이었지만 파종 시기는 보리 종류에 따라 달랐다. 가을철에 파종하여 이듬해 수확하는 보리는 가을보리, 봄에 파종하여 그해 수확하는 보리는 봄보리라고 불렀다.

적지 않은 농부들은 보리를 수확하고 그 자리에 다시 콩을 심기도 했다. 이처럼 같은 밭에서 1년 동안 보리와 콩을 교대로 경작하는 방식을 그루갈이라고 한다. 그렇지만 모든 콩이 그루갈이로 재배된 것은 아니었다. 콩 수확기는 가을이었으나, 어떤 콩은 봄철에 파종해야만 제대로 자랄 수 있었고 어떤 콩은 여름에 심을 수도 있었다. 한편 조는 보리, 콩과 달리 모두 봄에 심었다. 그래서 봄철 밭에서는 보리, 콩, 조가 함께 자라는 것을 볼 수 있었다.

① 흰색 쌀과 여름에 심는 콩은 서로 다른 계절에 수확했다.
② 봄보리의 재배 기간은 가을보리의 재배 기간보다 짧았다.
③ 흰색 쌀과 회색 쌀은 논에서 수확된 곡식을 가공한 것이었다.
④ 남부 지역의 보릿고개는 가을 곡식이 바닥을 보이는 하지가 지나면서 더 심해졌다.
⑤ 보리와 콩이 함께 자라는 것은 볼 수 있었지만, 조가 이들과 함께 자라는 것은 볼 수 없었다.

문 6. 다음 글을 근거로 판단할 때, 〈보기〉에서 옳은 것만을 모두 고르면?

甲의 자동차에 장착된 내비게이션 시스템은 목적지까지 운행하는 도중 대안경로를 제안하는 경우가 있다. 이때 이 시스템은 기존경로와 비교하여 남은 거리와 시간이 어떻게 달라지는지 알려준다. 즉 목적지까지의 잔여거리(A)가 몇 km 증가·감소하는지, 잔여시간(B)이 몇 분 증가·감소하는지 알려준다. 甲은 기존경로와 대안경로 중 출발지부터 목적지까지의 평균속력이 더 높을 것으로 예상되는 경로를 항상 선택한다.

〈보기〉

ㄱ. A가 증가하고 B가 감소하면 甲은 항상 대안경로를 선택한다.
ㄴ. A와 B가 모두 증가하면 甲은 항상 대안경로를 선택한다.
ㄷ. A와 B가 모두 감소할 때 甲이 대안경로를 선택하는 경우가 있다.
ㄹ. A가 감소하고 B가 증가할 때 甲이 대안경로를 선택하는 경우가 있다.

① ㄱ, ㄴ
② ㄱ, ㄷ
③ ㄴ, ㄷ
④ ㄴ, ㄹ
⑤ ㄷ, ㄹ

2022년도 국가공무원 7급 공채 등 필기시험 상황판단 영역 ㉮ 책형 4쪽

문 7. 다음 글을 근거로 판단할 때 옳은 것은?

> 甲은 정기모임의 간식을 준비하기 위해 과일 가게에 들렀다. 甲이 산 과일의 가격과 수량은 아래 표와 같다. 과일 가게 사장이 준 영수증을 보니, 총 228,000원이어야 할 결제 금액이 총 237,300원이었다.
>
> | 구분 | 사과 | 귤 | 복숭아 | 딸기 |
> |---|---|---|---|---|
> | 1상자 가격(원) | 30,700 | 25,500 | 14,300 | 23,600 |
> | 구입 수량(상자) | 2 | 3 | 3 | 2 |

① 한 과일이 2상자 더 계산되었다.
② 두 과일이 각각 1상자 더 계산되었다.
③ 한 과일이 1상자 더 계산되고, 다른 한 과일이 1상자 덜 계산되었다.
④ 한 과일이 1상자 더 계산되고, 다른 두 과일이 각각 1상자 덜 계산되었다.
⑤ 두 과일이 각각 1상자 더 계산되고, 다른 두 과일이 각각 1상자 덜 계산되었다.

문 8. 다음 글과 〈상황〉을 근거로 판단할 때, 甲~戊 중 휴가지원사업에 참여할 수 있는 사람만을 모두 고르면?

> 〈2023년 휴가지원사업 모집 공고〉
> □ 사업 목적
>   ○ 직장 내 자유로운 휴가문화 조성 및 국내 여행 활성화
> □ 참여 대상
>   ○ 중소기업 · 비영리민간단체 · 사회복지법인 · 의료법인 근로자. 단, 아래 근로자는 참여 제외
>   − 병 · 의원 소속 의사
>   − 회계법인 및 세무법인 소속 회계사 · 세무사 · 노무사
>   − 법무법인 소속 변호사 · 변리사
>   ○ 대표 및 임원은 참여 대상에서 제외하나, 아래의 경우는 참여 가능
>   − 중소기업 및 비영리민간단체의 임원
>   − 사회복지법인의 대표 및 임원

〈상황〉
甲~戊의 재직정보는 아래와 같다.

구분	직장명	직장 유형	비고
간호사 甲	A병원	의료법인	근로자
노무사 乙	B회계법인	중소기업	근로자
사회복지사 丙	C복지센터	사회복지법인	대표
회사원 丁	D물산	대기업	근로자
의사 戊	E재단	비영리민간단체	임원

① 甲, 丙
② 甲, 戊
③ 乙, 丁
④ 甲, 丙, 戊
⑤ 乙, 丙, 丁

※ 다음 글을 읽고 물음에 답하시오. [문 9. ~ 문 10.]

'국민참여예산제도'는 국가 예산사업의 제안, 심사, 우선순위 결정과정에 국민을 참여케 함으로써 예산에 대한 국민의 관심도를 높이고 정부 재정운영의 투명성을 제고하기 위한 제도이다. 이 제도는 정부의 예산편성권과 국회의 예산심의·의결권 틀 내에서 운영된다.

국민참여예산제도는 기존 제도인 국민제안제도나 주민참여예산제도와 차이점을 지닌다. 먼저 '국민제안제도'가 국민들이 제안한 사항에 대해 관계부처가 채택 여부를 결정하는 방식이라면, 국민참여예산제도는 국민의 제안 이후 사업심사와 우선순위 결정과정에도 국민의 참여를 가능하게 함으로써 국민의 역할을 확대하는 방식이다. 또한 '주민참여예산제도'가 지방자치단체의 사무를 대상으로 하는 반면, 국민참여예산제도는 중앙정부가 재정을 지원하는 예산사업을 대상으로 한다.

국민참여예산제도에서는 3~4월에 국민사업제안과 제안사업 적격성 검사를 실시하고, 이후 5월까지 각 부처에 예산안을 요구한다. 6월에는 예산국민참여단을 발족하여 참여예산 후보사업을 압축한다. 7월에는 일반국민 설문조사와 더불어 예산국민참여단 투표를 통해 사업선호도 조사를 한다. 이러한 과정을 통해 선호순위가 높은 후보사업은 국민참여예산사업으로 결정되며, 8월에 재정정책자문회의의 논의를 거쳐 국무회의에서 정부예산안에 반영된다. 정부예산안은 국회에 제출되며, 국회는 심의·의결을 거쳐 12월까지 예산안을 확정한다.

예산국민참여단은 일반국민을 대상으로 전화를 통해 참여의사를 타진하여 구성한다. 무작위로 표본을 추출하되 성·연령·지역별 대표성을 확보하는 통계적 구성방법이 사용된다. 예산국민참여단원은 예산학교를 통해 국가재정에 대한 교육을 이수한 후, 참여예산 후보사업을 압축하는 역할을 맡는다. 예산국민참여단이 압축한 후보사업에 대한 일반국민의 선호도는 통계적 대표성이 확보된 표본을 대상으로 한 설문을 통해, 예산국민참여단의 사업선호도는 오프라인 투표를 통해 조사한다.

정부는 2017년에 2018년도 예산을 편성하면서 국민참여예산제도를 시범 도입하였는데, 그 결과 6개의 국민참여예산사업이 선정되었다. 2019년도 예산에는 총 39개 국민참여예산사업에 대해 800억 원이 반영되었다.

문 9. 윗글을 근거로 판단할 때 옳은 것은?

① 국민제안제도에서는 중앙정부가 재정을 지원하는 예산사업의 우선순위를 국민이 정할 수 있다.
② 국민참여예산사업은 국회 심의·의결 전에 국무회의에서 정부예산안에 반영된다.
③ 국민참여예산제도는 정부의 예산편성권 범위 밖에서 운영된다.
④ 참여예산 후보사업은 재정정책자문회의의 논의를 거쳐 제안된다.
⑤ 예산국민참여단의 사업선호도 조사는 전화설문을 통해 이루어진다.

문 10. 윗글과 〈상황〉을 근거로 판단할 때, 甲이 보고할 수치를 옳게 짝지은 것은?

〈상황〉

2019년도 국민참여예산사업 예산 가운데 688억 원이 생활밀착형사업 예산이고 나머지는 취약계층지원사업 예산이었다. 2020년도 국민참여예산사업 예산 규모는 2019년도에 비해 25% 증가했는데, 이 중 870억 원이 생활밀착형사업 예산이고 나머지는 취약계층지원사업 예산이었다. 국민참여예산제도에 관한 정부부처 담당자 甲은 2019년도와 2020년도 각각에 대해 국민참여예산사업 예산에서 취약계층지원사업 예산이 차지한 비율을 보고하려고 한다.

	2019년도	2020년도
①	13%	12%
②	13%	13%
③	14%	13%
④	14%	14%
⑤	15%	14%

문 11.

① A법 개정안

문 12.

② A   810만 원

문 13. 다음 글을 근거로 판단할 때, 〈보기〉에서 옳은 것만을 모두 고르면?

> 이번 주 甲의 요일별 기본업무량은 다음과 같다.
>
> | 요일 | 월 | 화 | 수 | 목 | 금 |
> |---|---|---|---|---|---|
> | 기본업무량 | 60 | 50 | 60 | 50 | 60 |
>
> 甲은 기본업무량을 초과하여 업무를 처리한 날에 '칭찬'을, 기본업무량 미만으로 업무를 처리한 날에 '꾸중'을 듣는다. 정확히 기본업무량만큼 업무를 처리한 날에는 칭찬도 꾸중도 듣지 않는다.
> 이번 주 甲은 방식1~방식3 중 하나를 선택하여 업무를 처리한다.
> 방식1: 월요일에 100의 업무량을 처리하고, 그다음 날부터는 매일 전날 대비 20 적은 업무량을 처리한다.
> 방식2: 월요일에 0의 업무량을 처리하고, 그다음 날부터는 매일 전날 대비 30 많은 업무량을 처리한다.
> 방식3: 매일 60의 업무량을 처리한다.

〈보기〉

ㄱ. 방식1을 선택할 경우 화요일에 꾸중을 듣는다.
ㄴ. 어느 방식을 선택하더라도 수요일에는 칭찬도 꾸중도 듣지 않는다.
ㄷ. 어느 방식을 선택하더라도 칭찬을 듣는 날수는 동일하다.
ㄹ. 칭찬을 듣는 날수에서 꾸중을 듣는 날수를 뺀 값을 최대로 하려면 방식2를 선택하여야 한다.

① ㄱ, ㄷ
② ㄱ, ㄹ
③ ㄴ, ㄷ
④ ㄴ, ㄹ
⑤ ㄴ, ㄷ, ㄹ

문 14. 다음 글을 근거로 판단할 때, 〈보기〉에서 옳은 것만을 모두 고르면?

> ○○부의 甲국장은 직원 연수 프로그램을 마련하기 위하여 乙주무관에게 직원 1,000명 전원을 대상으로 연수 희망 여부와 희망 지역에 대한 의견을 수렴할 것을 요청하였다. 이에 따라 乙은 설문조사를 실시하였고, 甲과 乙은 그 결과에 대해 대화를 나누고 있다.
> 甲: 설문조사는 잘 시행되었나요?
> 乙: 예. 직원 1,000명 모두 연수 희망 여부에 대해 응답하였습니다. 연수를 희망하는 응답자는 43%였으며, 남자직원의 40%와 여자직원의 50%가 연수를 희망하는 것으로 나타났습니다.
> 甲: 연수 희망자 전원이 희망 지역에 대해 응답했나요?
> 乙: 예. A지역과 B지역 두 곳 중에서 희망하는 지역을 선택하라고 했더니 B지역을 희망하는 비율이 약간 더 높았습니다. 그리고 연수를 희망하는 여자직원 중 B지역 희망 비율은 연수를 희망하는 남자직원 중 B지역 희망 비율의 2배인 80%였습니다.

〈보기〉

ㄱ. 전체 직원 중 남자직원의 비율은 50%를 넘는다.
ㄴ. 연수 희망자 중 여자직원의 비율은 40%를 넘는다.
ㄷ. A지역 연수를 희망하는 직원은 200명을 넘지 않는다.
ㄹ. B지역 연수를 희망하는 남자직원은 100명을 넘는다.

① ㄱ, ㄷ
② ㄴ, ㄷ
③ ㄴ, ㄹ
④ ㄱ, ㄴ, ㄹ
⑤ ㄱ, ㄷ, ㄹ

문 15. 다음 글을 근거로 판단할 때, 〈보기〉에서 甲이 지원금을 받는 경우만을 모두 고르면?

○ 정부는 자영업자를 지원하기 위하여 2020년 대비 2021년의 이익이 감소한 경우 이익 감소액의 10%를 자영업자에게 지원금으로 지급하기로 하였다.
○ 이익은 매출액에서 변동원가와 고정원가를 뺀 금액으로, 자영업자 甲의 2020년 이익은 아래와 같이 계산된다.

구분	금액	비고
매출액	8억 원	판매량(400,000단위) × 판매가격(2,000원)
변동원가	6.4억 원	판매량(400,000단위) × 단위당 변동원가(1,600원)
고정원가	1억 원	판매량과 관계없이 일정함
이익	0.6억 원	8억 원 − 6.4억 원 − 1억 원

〈보기〉

ㄱ. 2021년의 판매량, 판매가격, 단위당 변동원가, 고정원가는 모두 2020년과 같았다.
ㄴ. 2020년에 비해 2021년에 판매가격을 5% 인하하였고, 판매량, 단위당 변동원가, 고정원가는 2020년과 같았다.
ㄷ. 2020년에 비해 2021년에 판매량은 10% 증가하고 고정원가는 5% 감소하였으나, 판매가격과 단위당 변동원가는 2020년과 같았다.
ㄹ. 2020년에 비해 2021년에 판매가격을 5% 인상했음에도 불구하고 판매량이 25% 증가하였고, 단위당 변동원가와 고정원가는 2020년과 같았다.

① ㄴ
② ㄹ
③ ㄱ, ㄴ
④ ㄴ, ㄷ
⑤ ㄷ, ㄹ

문 16. 다음 글과 〈상황〉을 근거로 판단할 때 옳지 않은 것은?

○ □□시는 부서 성과 및 개인 성과에 따라 등급을 매겨 직원들에게 성과급을 지급하고 있다.
○ 부서 등급과 개인 등급은 각각 S, A, B, C로 나뉘고, 등급별 성과급 산정비율은 다음과 같다.

성과 등급	S	A	B	C
성과급 산정비율(%)	40	20	10	0

○ 작년까지 부서 등급과 개인 등급에 따른 성과급 산정비율의 산술평균을 연봉에 곱해 직원의 성과급을 산정해왔다.
성과급 = 연봉 × {(부서 산정비율 + 개인 산정비율)/2}
○ 올해부터 부서 등급과 개인 등급에 따른 성과급 산정비율 중 더 큰 값을 연봉에 곱해 성과급을 산정하도록 개편하였다.
성과급 = 연봉 × max{부서 산정비율, 개인 산정비율}

※ max{a, b}=a와 b 중 더 큰 값

〈상황〉

작년과 올해 □□시 소속 직원 甲~丙의 연봉과 성과 등급은 다음과 같다.

구분	작년			올해		
	연봉(만 원)	성과 등급		연봉(만 원)	성과 등급	
		부서	개인		부서	개인
甲	3,500	S	A	4,000	A	S
乙	4,000	B	S	4,000	S	A
丙	3,000	B	A	3,500	C	B

① 甲의 작년 성과급은 1,050만 원이다.
② 甲과 乙의 올해 성과급은 동일하다.
③ 甲~丙 모두 작년 대비 올해 성과급이 증가한다.
④ 올해 연봉과 성과급의 합이 가장 작은 사람은 丙이다.
⑤ 작년 대비 올해 성과급 상승률이 가장 큰 사람은 乙이다.

문 17. 다음 글을 근거로 판단할 때 옳은 것은?

> 甲부처 신입직원 선발시험은 전공, 영어, 적성 3개 과목으로 이루어진다. 3개 과목 합계 점수가 높은 사람순으로 정원까지 합격한다. 응시자는 7명(A~G)이며, 7명의 각 과목 성적에 대해서는 다음과 같은 사실이 알려졌다.
>
> ○ 전공시험 점수: A는 B보다 높고, B는 E보다 높고, C는 D보다 높다.
> ○ 영어시험 점수: E는 F보다 높고, F는 G보다 높다.
> ○ 적성시험 점수: G는 B보다도 높고 C보다도 높다.
>
> 합격자 선발 결과, 전공시험 점수가 일정 점수 이상인 응시자는 모두 합격한 반면 그 점수에 달하지 않은 응시자는 모두 불합격한 것으로 밝혀졌고, 이는 영어시험과 적성시험에서도 마찬가지였다.

① A가 합격하였다면, B도 합격하였다.
② G가 합격하였다면, C도 합격하였다.
③ A와 B가 합격하였다면, C와 D도 합격하였다.
④ B와 E가 합격하였다면, F와 G도 합격하였다.
⑤ B가 합격하였다면, B를 포함하여 적어도 6명이 합격하였다.

문 18. 다음 글을 근거로 판단할 때, 〈보기〉에서 옳은 것만을 모두 고르면?

> ○ 甲과 乙이 아래와 같은 방식으로 농구공 던지기 놀이를 하였다.
> - 甲과 乙은 각 5회씩 도전하고, 합계 점수가 더 높은 사람이 승리한다.
> - 2점 슛과 3점 슛을 자유롭게 선택하여 도전할 수 있으며, 성공하면 해당 점수를 획득한다.
> - 5회의 도전 중 4점 슛 도전이 1번 가능한데, '4점 도전'이라고 외친 후 뒤돌아서서 슛을 하여 성공하면 4점을 획득하고, 실패하면 1점을 잃는다.
> ○ 甲과 乙의 던지기 결과는 다음과 같았다.
>
> (성공: ○, 실패: ×)
>
> | 구분 | 1회 | 2회 | 3회 | 4회 | 5회 |
> |---|---|---|---|---|---|
> | 甲 | ○ | × | ○ | ○ | ○ |
> | 乙 | ○ | ○ | × | × | ○ |

〈보기〉

ㄱ. 甲의 합계 점수는 8점 이상이었다.
ㄴ. 甲이 3점 슛에 2번 도전하였고 乙이 승리하였다면, 乙은 4점 슛에 도전하였을 것이다.
ㄷ. 4점 슛뿐만 아니라 2점 슛, 3점 슛에 대해서도 실패 시 1점을 차감하였다면, 甲이 승리하였을 것이다.

① ㄱ
② ㄴ
③ ㄱ, ㄴ
④ ㄱ, ㄷ
⑤ ㄴ, ㄷ

문 19. 정답 ③ 7개

문 20. 정답 ③ 486

문 21. 정답 ⑤ 28명

문 22. 다음 글을 근거로 판단할 때, 〈보기〉에서 옳은 것만을 모두 고르면?

○ 甲, 乙, 丙 세 사람은 25개 문제(1~25번)로 구성된 문제집을 푼다.
○ 1회차에는 세 사람 모두 1번 문제를 풀고, 2회차부터는 직전 회차 풀이 결과에 따라 풀 문제가 다음과 같이 정해진다.
 - 직전 회차가 정답인 경우: 직전 회차의 문제 번호에 2를 곱한 후 1을 더한 번호의 문제
 - 직전 회차가 오답인 경우: 직전 회차의 문제 번호를 2로 나누어 소수점 이하를 버린 후 1을 더한 번호의 문제
○ 풀 문제의 번호가 25번을 넘어갈 경우, 25번 문제를 풀고 더 이상 문제를 풀지 않는다.
○ 7회차까지 문제를 푼 결과, 세 사람이 맞힌 정답의 개수는 같았고 한 사람이 같은 번호의 문제를 두 번 이상 푼 경우는 없었다.
○ 4, 5회차를 제외한 회차별 풀이 결과는 아래와 같다.

(정답: ○, 오답: ×)

구분	1	2	3	4	5	6	7
甲	○	○	×			○	×
乙	○	○	○			×	○
丙	○	×	○			○	×

〈보기〉

ㄱ. 甲과 丙이 4회차에 푼 문제 번호는 같다.
ㄴ. 4회차에 정답을 맞힌 사람은 2명이다.
ㄷ. 5회차에 정답을 맞힌 사람은 없다.
ㄹ. 乙은 7회차에 9번 문제를 풀었다.

① ㄱ, ㄴ
② ㄱ, ㄷ
③ ㄴ, ㄷ
④ ㄴ, ㄹ
⑤ ㄷ, ㄹ

문 23. 다음 글을 근거로 판단할 때 옳지 않은 것은?

△△팀원 7명(A~G)은 새로 부임한 팀장 甲과 함께 하는 환영식사를 계획하고 있다. 모든 팀원은 아래 조건을 전부 만족시키며 甲과 한 번씩만 식사하려 한다.

○ 함께 식사하는 총 인원은 4명 이하여야 한다.
○ 단둘이 식사하지 않는다.
○ 부팀장은 A, B뿐이며, 이 둘은 함께 식사하지 않는다.
○ 같은 학교 출신인 C, D는 함께 식사하지 않는다.
○ 입사 동기인 E, F는 함께 식사한다.
○ 신입사원 G는 부팀장과 함께 식사한다.

① A는 E와 함께 환영식사에 참석할 수 있다.
② B는 C와 함께 환영식사에 참석할 수 있다.
③ C는 G와 함께 환영식사에 참석할 수 있다.
④ D가 E와 함께 환영식사에 참석하는 경우, C는 부팀장과 함께 환영식사에 참석하게 된다.
⑤ G를 포함하여 총 4명이 함께 환영식사에 참석하는 경우, F가 참석하는 환영식사의 인원은 총 3명이다.

문 24. 다음 글을 근거로 판단할 때, ㉠에 해당하는 수는?

甲과 乙은 같은 층의 서로 다른 사무실에서 근무하고 있다. 각 사무실은 일직선 복도의 양쪽 끝에 위치하고 있으며, 두 사람은 복도에서 항상 자신만의 일정한 속력으로 걷는다.
甲은 약속한 시각에 乙에게 서류를 직접 전달하기 위해 자신의 사무실을 나섰다. 甲은 乙의 사무실에 도착하여 서류를 전달하고 곧바로 자신의 사무실로 돌아올 계획이었다.
한편 甲을 기다리고 있던 乙에게 甲의 사무실 쪽으로 가야 할 일이 생겼다. 그래서 乙은 甲이 도착하기로 약속한 시각보다 ㉠ 분 일찍 자신의 사무실을 나섰다. 乙은 출발한 지 4분 뒤 복도에서 甲을 만나 서류를 받았다. 서류 전달 후 곧바로 사무실로 돌아온 甲은 원래 예상했던 시각보다 2분 일찍 사무실로 복귀한 사실을 알게 되었다.

① 2
② 3
③ 4
④ 5
⑤ 6

문 25. 다음 글과 〈상황〉을 근거로 판단할 때 옳은 것은?

제00조 ① 재외공관에 근무하는 공무원(이하 '재외공무원'이라 한다)이 공무로 일시귀국하고자 하는 경우에는 장관의 허가를 받아야 한다.
② 공관장이 아닌 재외공무원이 공무 외의 목적으로 일시귀국하려는 경우에는 공관장의 허가를, 공관장이 공무 외의 목적으로 일시귀국하려는 경우에는 장관의 허가를 받아야 한다. 다만 재외공무원 또는 그 배우자의 직계존·비속이 사망하거나 위독한 경우에는 공관장이 아닌 재외공무원은 공관장에게, 공관장은 장관에게 각각 신고하고 일시귀국할 수 있다.
③ 재외공무원이 공무 외의 목적으로 일시귀국할 수 있는 기간은 연 1회 20일 이내로 한다. 다만 다음 각 호의 어느 하나에 해당하는 경우에는 이를 일시귀국의 횟수 및 기간에 산입하지 아니한다.
 1. 재외공무원의 직계존·비속이 사망하거나 위독하여 일시귀국하는 경우
 2. 재외공무원 또는 그 동반가족의 치료를 위하여 일시귀국하는 경우
④ 제2항에도 불구하고 다음 각 호의 어느 하나에 해당하는 경우에는 장관의 허가를 받아야 한다.
 1. 재외공무원이 연 1회 또는 20일을 초과하여 공무 외의 목적으로 일시귀국하려는 경우
 2. 재외공무원이 일시귀국 후 국내 체류기간을 연장하는 경우

─〈상황〉─

A국 소재 대사관에는 공관장 甲을 포함하여 총 3명의 재외공무원(甲∼丙)이 근무하고 있다. 아래는 올해 1월부터 7월 현재까지 甲∼丙의 일시귀국 현황이다.
○ 甲: 공무상 회의 참석을 위해 총 2회(총 25일)
○ 乙: 동반자녀의 관절 치료를 위해 총 1회(치료가 더 필요하여 국내 체류기간 1회 연장, 총 17일)
○ 丙: 직계존속의 회갑으로 총 1회(총 3일)

① 甲은 일시귀국 시 장관에게 신고하였을 것이다.
② 甲은 배우자의 직계존속이 위독하여 올해 추가로 일시귀국하기 위해서는 장관의 허가를 받아야 한다.
③ 乙이 직계존속의 회갑으로 인해 올해 3일간 추가로 일시귀국하기 위해서는 장관의 허가를 받아야 한다.
④ 乙이 공관장의 허가를 받아 일시귀국하였더라도 국내 체류기간을 연장하였을 때에는 장관의 허가를 받았을 것이다.
⑤ 丙이 자신의 혼인으로 인해 올해 추가로 일시귀국하기 위해서는 공관장의 허가를 받아야 한다.

제3영역 자료해석

문 1. 다음 〈그림〉은 2021년 7월 '갑'지역의 15세 이상 인구를 대상으로 한 경제활동인구조사 결과를 정리한 자료이다. 〈그림〉의 A, B에 해당하는 값을 바르게 나열한 것은?

〈그림〉 2021년 7월 경제활동인구조사 결과

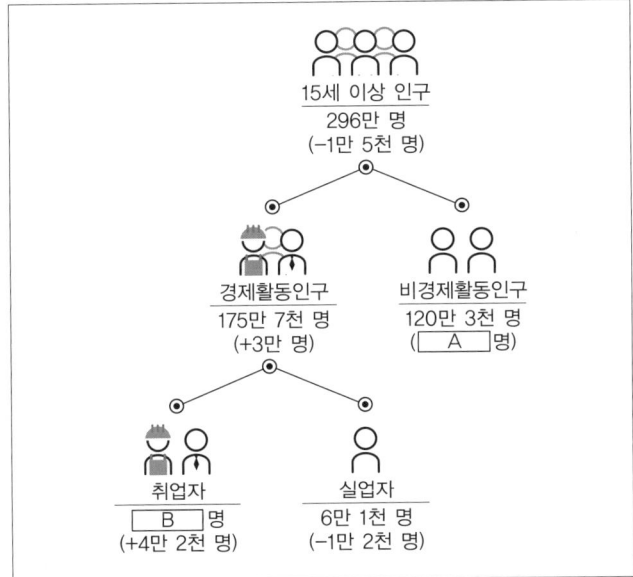

※ ( )는 2020년 7월 대비 증감 인구수임

	A	B
①	−4만 5천	169만 6천
②	−4만 5천	165만 4천
③	−1만 2천	172만 7천
④	−1만 2천	169만 6천
⑤	+4만 2천	172만 7천

문 2. 다음 〈표〉는 2017~2021년 '갑'국의 청구인과 피청구인에 따른 특허심판 청구건수에 관한 자료이다. 이에 대한 〈보기〉의 설명 중 옳은 것만을 모두 고르면?

〈표〉 청구인과 피청구인에 따른 특허심판 청구건수
(단위: 건)

연도	청구인 내국인		외국인	
	피청구인 내국인	외국인	내국인	외국인
2017	765	270	204	172
2018	889	1,970	156	119
2019	795	359	191	72
2020	771	401	93	230
2021	741	213	152	46

〈보기〉

ㄱ. 2019년 청구인이 내국인인 특허심판 청구건수의 전년 대비 감소율은 50% 이상이다.

ㄴ. 2021년 피청구인이 내국인인 특허심판 청구건수는 피청구인이 외국인인 특허심판 청구건수의 3배 이상이다.

ㄷ. 2017년 내국인이 외국인에게 청구한 특허심판 청구건수는 2020년 외국인이 외국인에게 청구한 특허심판 청구건수보다 많다.

① ㄱ
② ㄷ
③ ㄱ, ㄴ
④ ㄴ, ㄷ
⑤ ㄱ, ㄴ, ㄷ

문 3. 다음 〈보고서〉는 2018~2021년 '갑'국의 생활밀접업종 현황에 대한 자료이다. 〈보고서〉의 내용과 부합하지 않는 자료는?

〈보고서〉

생활밀접업종은 소매, 음식, 숙박, 서비스 등과 같이 일상생활과 밀접하게 관련된 재화 또는 용역을 공급하는 업종이다. 생활밀접업종 사업자 수는 2021년 현재 2,215천 명으로 2018년 대비 10% 이상 증가하였다. 2018년 대비 2021년 생활밀접업종 중 73개 업종에서 사업자 수가 증가하였는데, 이 중 스포츠시설운영업이 가장 높은 증가율을 기록하였고 펜션·게스트하우스, 애완용품점이 그 뒤를 이었다.

그러나 혼인건수와 출생아 수가 줄어드는 사회적 현상은 관련 업종에도 직접 영향을 미친 것으로 나타났다. 산부인과 병·의원 사업자 수는 2018년 이후 매년 감소하였다. 또한, 2018년 이후 예식장과 결혼상담소의 사업자 수도 각각 매년 감소하는 것으로 나타났다.

한편 복잡한 현대사회에서 전문직에 대한 수요는 꾸준히 증가하고 있다. 생활밀접업종을 소매, 음식, 숙박, 병·의원, 전문직, 교육, 서비스의 7개 그룹으로 분류했을 때 전문직 그룹의 2018년 대비 2021년 사업자 수 증가율이 17.6%로 가장 높았다.

① 생활밀접업종 사업자 수

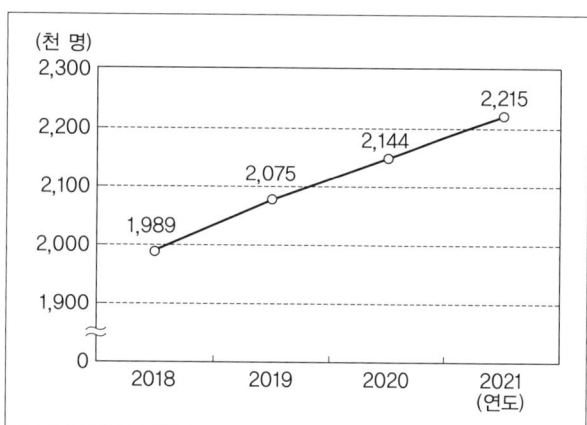

② 2018년 대비 2021년 생활밀접업종 사업자 수 증가율 상위 10개 업종

③ 주요 진료과목별 병·의원 사업자 수

(단위: 명)

진료과목＼연도	2018	2019	2020	2021
신경정신과	1,270	1,317	1,392	1,488
가정의학과	2,699	2,812	2,952	3,057
피부과·비뇨의학과	3,267	3,393	3,521	3,639
이비인후과	2,259	2,305	2,380	2,461
안과	1,485	1,519	1,573	1,603
치과	16,424	16,879	17,217	17,621
일반외과	4,282	4,369	4,474	4,566
성형외과	1,332	1,349	1,372	1,414
내과·소아과	10,677	10,861	10,975	11,130
산부인과	1,726	1,713	1,686	1,663

④ 예식장 및 결혼상담소 사업자 수

⑤ 2018년 대비 2021년 생활밀접업종의 7개 그룹별 사업자 수 증가율

문 4. 다음 〈표〉는 '갑'국 A위원회의 24~26차 회의 심의결과에 관한 자료이다. 이에 대한 〈보기〉의 설명 중 옳은 것만을 모두 고르면?

〈표〉 A위원회의 24~26차 회의 심의결과

회차 위원 \ 동의 여부	24 동의	24 부동의	25 동의	25 부동의	26 동의	26 부동의
기획재정부장관	○		○		○	
교육부장관	○			○	○	
과학기술정보통신부장관	○		○			○
행정안전부장관	○			○	○	
문화체육관광부장관	○			○	○	
농림축산식품부장관		○	○		○	
산업통상자원부장관		○		○		○
보건복지부장관	○		○		○	
환경부장관		○				○
고용노동부장관		○		○	○	
여성가족부장관	○			○	○	
국토교통부장관	○			○	○	
해양수산부장관	○			○	○	
중소벤처기업부장관		○				○
문화재청장	○			○	○	
산림청장	○			○	○	

※ 1) A위원회는 〈표〉에 제시된 16명의 위원으로만 구성됨
2) A위원회는 매 회차 개최 시 1건의 안건만을 심의함

〈보기〉

ㄱ. 24~26차 회의의 심의안건에 모두 동의한 위원은 6명이다.
ㄴ. 심의안건에 부동의한 위원 수는 매 회차 증가하였다.
ㄷ. 전체 위원의 $\frac{2}{3}$ 이상이 동의해야 심의안건이 의결된다면, 24~26차 회의의 심의안건은 모두 의결되었다.

① ㄱ
② ㄴ
③ ㄱ, ㄷ
④ ㄴ, ㄷ
⑤ ㄱ, ㄴ, ㄷ

문 5. 다음 〈표〉는 1990년대 이후 A~E도시의 시기별 및 자본금액별 창업 건수에 관한 자료이고, 〈보고서〉는 A~E 중 한 도시의 창업 건수에 관한 설명이다. 이를 근거로 판단할 때, 〈보고서〉의 내용에 부합하는 도시는?

〈표〉 A~E도시의 시기별 및 자본금액별 창업 건수

(단위: 건)

시기 도시 \ 자본금액	1990년대 1천만 원 미만	1990년대 1천만 원 이상	2000년대 1천만 원 미만	2000년대 1천만 원 이상	2010년대 1천만 원 미만	2010년대 1천만 원 이상	2020년 이후 1천만 원 미만	2020년 이후 1천만 원 이상
A	198	11	206	32	461	26	788	101
B	46	0	101	5	233	4	458	16
C	12	2	19	17	16	17	76	14
D	27	3	73	34	101	24	225	27
E	4	0	25	0	53	3	246	7

〈보고서〉

이 도시의 시기별 및 자본금액별 창업 건수는 다음과 같은 특징이 있다. 첫째, 1990년대 이후 모든 시기에서 자본금액 1천만 원 미만 창업 건수가 자본금액 1천만 원 이상 창업 건수보다 많다. 둘째, 자본금액 1천만 원 미만 창업 건수와 1천만 원 이상 창업 건수의 차이는 2010년대가 2000년대의 2배 이상이다. 셋째, 2020년 이후 전체 창업 건수는 1990년대 전체 창업 건수의 10배 이상이다. 넷째, 2020년 이후 전체 창업 건수 중 자본금액 1천만 원 이상 창업 건수의 비중은 3% 이상이다.

① A
② B
③ C
④ D
⑤ E

문 6. 다음 〈표〉는 '갑'국의 원료곡종별 및 등급별 가공단가와 A∼C지역의 가공량에 관한 자료이다. 이에 대한 〈보기〉의 설명 중 옳은 것만을 모두 고르면?

〈표 1〉 원료곡종별 및 등급별 가공단가

(단위: 천 원/톤)

원료곡종\등급	1등급	2등급	3등급
쌀	118	109	100
현미	105	97	89
보리	65	60	55

〈표 2〉 A∼C지역의 원료곡종별 및 등급별 가공량

(단위: 톤)

지역	원료곡종\등급	1등급	2등급	3등급	합계
A	쌀	27	35	25	87
A	현미	43	20	10	73
A	보리	5	3	7	15
B	쌀	23	25	55	103
B	현미	33	25	21	79
B	보리	9	9	5	23
C	쌀	30	35	20	85
C	현미	30	37	25	92
C	보리	8	30	2	40
전체	쌀	80	95	100	275
전체	현미	106	82	56	244
전체	보리	22	42	14	78

※ 가공비용 = 가공단가 × 가공량

〈보기〉

ㄱ. A지역의 3등급 쌀 가공비용은 B지역의 2등급 현미 가공비용보다 크다.
ㄴ. 1등급 현미 전체의 가공비용은 2등급 현미 전체 가공비용의 2배 이상이다.
ㄷ. 3등급 쌀과 3등급 보리의 가공단가가 각각 90천 원/톤, 50천 원/톤으로 변경될 경우, 지역별 가공비용 총액 감소폭이 가장 작은 지역은 A이다.

① ㄱ
② ㄷ
③ ㄱ, ㄴ
④ ㄱ, ㄷ
⑤ ㄴ, ㄷ

문 7. 다음 〈표〉는 재해위험지구 '갑', '을', '병'지역을 대상으로 정비사업 투자의 우선순위를 결정하기 위한 자료이다. '편익', '피해액', '재해발생위험도' 3개 평가 항목 점수의 합이 큰 지역일수록 우선순위가 높다. 이에 대한 〈보기〉의 설명 중 옳은 것만을 모두 고르면?

〈표 1〉 '갑'∼'병'지역의 평가 항목별 등급

지역\평가 항목	편익	피해액	재해발생위험도
갑	C	A	B
을	B	D	A
병	A	B	C

〈표 2〉 평가 항목의 등급별 배점

(단위: 점)

등급\평가 항목	편익	피해액	재해발생위험도
A	10	15	25
B	8	12	17
C	6	9	10
D	4	6	0

〈보기〉

ㄱ. '재해발생위험도' 점수가 높은 지역일수록 우선순위가 높다.
ㄴ. 우선순위가 가장 높은 지역과 가장 낮은 지역의 '피해액' 점수 차이는 '재해발생위험도' 점수 차이보다 크다.
ㄷ. '피해액' 점수와 '재해발생위험도' 점수의 합이 가장 큰 지역은 '갑'이다.
ㄹ. '갑'지역의 '편익' 등급이 B로 변경되면, 우선순위가 가장 높은 지역은 '갑'이다.

① ㄱ, ㄴ
② ㄱ, ㄷ
③ ㄴ, ㄹ
④ ㄱ, ㄷ, ㄹ
⑤ ㄴ, ㄷ, ㄹ

문 8. 다음 〈그림〉은 2017~2021년 '갑'국의 반려동물 사료 유형별 특허 출원건수에 관한 자료이다. 이에 대한 〈보기〉의 설명 중 옳은 것만을 모두 고르면?

〈그림〉 반려동물 사료 유형별 특허 출원건수

※ 반려동물 사료 유형은 식물기원, 동물기원, 미생물효소로만 구분함

─〈보기〉─

ㄱ. 2017~2021년 동안의 특허 출원건수 합이 가장 작은 사료 유형은 '미생물효소'이다.
ㄴ. 연도별 전체 특허 출원건수 대비 각 사료 유형의 특허 출원건수 비율은 '식물기원'이 매년 가장 높다.
ㄷ. 2021년 특허 출원건수의 전년 대비 증가율이 가장 높은 사료 유형은 '식물기원'이다.

① ㄱ
② ㄷ
③ ㄱ, ㄴ
④ ㄱ, ㄷ
⑤ ㄴ, ㄷ

문 9. 다음 〈표〉는 2019년과 2020년 지역별 전체주택 및 빈집 현황에 관한 자료이다. 이를 바탕으로 작성한 〈보고서〉의 A~C에 해당하는 내용을 바르게 나열한 것은?

〈표〉 2019년과 2020년 지역별 전체주택 및 빈집 현황

(단위: 호, %)

연도 구분 지역	2019			2020		
	전체 주택	빈집	빈집 비율	전체 주택	빈집	빈집 비율
서울특별시	2,953,964	93,402	3.2	3,015,371	96,629	3.2
부산광역시	1,249,757	109,651	8.8	1,275,859	113,410	8.9
대구광역시	800,340	40,721	5.1	809,802	39,069	4.8
인천광역시	1,019,365	66,695	6.5	1,032,774	65,861	6.4
광주광역시	526,161	39,625	7.5	538,275	41,585	7.7
대전광역시	492,797	29,640	6.0	496,875	26,983	5.4
울산광역시	391,596	33,114	8.5	394,634	30,241	7.7
세종특별자치시	132,257	16,437	12.4	136,887	14,385	10.5
경기도	4,354,776	278,815	6.4	4,495,115	272,358	6.1
강원도	627,376	84,382	13.4	644,023	84,106	13.1
충청북도	625,957	77,520	12.4	640,256	76,877	12.0
충청남도	850,525	107,609	12.7	865,008	106,430	12.3
전라북도	724,524	91,138	12.6	741,221	95,412	12.9
전라남도	787,816	121,767	15.5	802,043	122,103	15.2
경상북도	1,081,216	143,560	13.3	1,094,306	139,770	12.8
경상남도	1,266,739	147,173	11.6	1,296,944	150,982	11.6
제주특별자치도	241,788	36,566	15.1	246,451	35,105	14.2
전국	18,126,954	1,517,815	8.4	18,525,844	1,511,306	8.2

※ 빈집비율(%) = $\frac{빈집}{전체주택} \times 100$

─〈보고서〉─

2020년 우리나라 전체주택 수는 전년 대비 39만 호 이상 증가하였으나 빈집 수는 6천 호 이상 감소하여 빈집비율은 전년 대비 감소하였다. 특히 세종특별자치시의 빈집비율이 가장 큰 폭으로 감소하였다.

하지만 2020년에는 A 개 지역에서 빈집 수가 전년 대비 증가하였고, 전년 대비 빈집비율이 가장 큰 폭으로 증가한 지역은 B 였다. 빈집비율이 가장 높은 지역과 가장 낮은 지역의 빈집비율 차이는 2019년에 비해 2020년이 C 하였다.

	A	B	C
①	5	광주광역시	감소
②	5	전라북도	증가
③	6	광주광역시	증가
④	6	전라북도	증가
⑤	6	전라북도	감소

④ ㄱ, ㄴ, ㄹ

문 11. 다음 〈표〉는 2016~2020년 '갑'국의 해양사고 심판현황이다. 이에 대한 〈보기〉의 설명 중 옳은 것만을 모두 고르면?

〈표〉 2016~2020년 해양사고 심판현황

(단위: 건)

구분\연도	2016	2017	2018	2019	2020
전년 이월	96	100	( )	71	89
해당 연도 접수	226	223	168	204	252
심판대상	322	( )	258	275	341
재결	222	233	187	186	210

※ '심판대상' 중 '재결'되지 않은 건은 다음 연도로 이월함

─〈보기〉─

ㄱ. '심판대상' 중 '전년 이월'의 비중은 2018년이 2016년보다 높다.
ㄴ. 다음 연도로 이월되는 건수가 가장 많은 연도는 2016년이다.
ㄷ. 2017년 이후 '해당 연도 접수' 건수의 전년 대비 증가율이 가장 높은 연도는 2020년이다.
ㄹ. '재결' 건수가 가장 적은 연도에는 '해당 연도 접수' 건수도 가장 적다.

① ㄱ, ㄴ
② ㄱ, ㄷ
③ ㄴ, ㄷ
④ ㄴ, ㄹ
⑤ ㄷ, ㄹ

문 12. 다음 〈표〉는 '갑'주무관이 해양포유류 416종을 4가지 부류(A~D)로 나눈 후 2022년 기준 국제자연보전연맹(IUCN) 적색 목록 지표에 따라 분류한 자료이다. 이를 근거로 작성한 〈보고서〉의 A, B에 해당하는 해양포유류 부류를 바르게 연결한 것은?

〈표〉 해양포유류의 IUCN 적색 목록 지표별 분류 현황

(단위: 종)

지표\해양포유류 부류	A	B	C	D	합
절멸종(EX)	3	–	2	8	13
야생절멸종(EW)	–	–	–	2	2
심각한위기종(CR)	–	–	–	15	15
멸종위기종(EN)	11	1	–	48	60
취약종(VU)	7	2	8	57	74
위기근접종(NT)	2	–	–	38	40
관심필요종(LC)	42	2	1	141	186
자료부족종(DD)	2	–	–	24	26
미평가종(NE)	–	–	–	–	0
계	67	5	11	333	416

─〈보고서〉─

국제자연보전연맹(IUCN)의 적색 목록(Red List)은 지구 동식물종의 보전 상태를 나타내며, 각 동식물종의 보전 상태는 9개의 지표 중 1개로만 분류된다. 이 중 심각한위기종(CR), 멸종위기종(EN), 취약종(VU) 3개 지표 중 하나로 분류되는 동식물종을 멸종우려종(threatened species)이라 한다.

조사대상 416종의 해양포유류를 '고래류', '기각류', '해달류 및 북극곰', '해우류' 4가지 부류로 나눈 후, IUCN의 적색 목록 지표에 따라 분류해 보면 전체 조사대상의 약 36%가 멸종우려종에 속하고 있다. 특히, 멸종우려종 중 '고래류'가 차지하는 비중은 80% 이상이다. 또한 '해달류 및 북극곰'은 9개의 지표 중 멸종우려종 또는 관심필요종(LC)으로만 분류된 것으로 나타났다.

한편 해양포유류에 대한 과학적인 이해가 부족하여 26종은 자료부족종(DD)으로 분류되고 있다. 다만 '해달류 및 북극곰'과 '해우류'는 자료부족종(DD)으로 분류된 종이 없다.

	A	B
①	고래류	기각류
②	고래류	해우류
③	기각류	해달류 및 북극곰
④	기각류	해우류
⑤	해우류	해달류 및 북극곰

③ 300

④ 전체 학생의 월평균 사교육비 지출 수준에 따른 분포

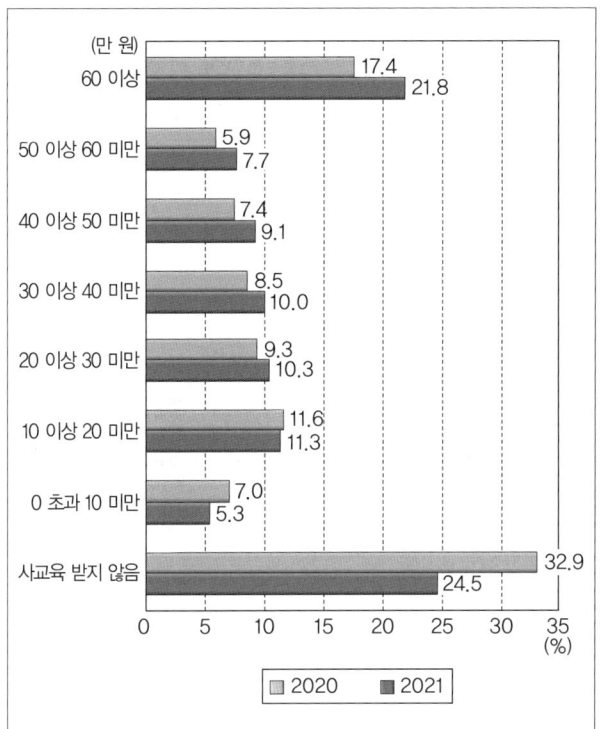

⑤ 방과후학교의 지출 총액과 참여율

(단위: 억 원, %)

구분 \ 연도	2019	2021
지출 총액	8,250	4,434
참여율	48.4	28.9

문 15. 다음 〈표〉는 '갑'국의 학교급별 여성 교장 수와 비율을 1980년부터 5년마다 조사한 자료이다. 이에 대한 설명으로 옳은 것은?

〈표〉 학교급별 여성 교장 수와 비율

(단위: 명, %)

학교급 조사연도	초등학교 여성 교장 수	초등학교 비율	중학교 여성 교장 수	중학교 비율	고등학교 여성 교장 수	고등학교 비율
1980	117	1.8	66	3.6	47	3.4
1985	122	1.9	98	4.9	60	4.0
1990	159	2.5	136	6.3	64	4.0
1995	222	3.8	181	7.6	66	3.8
2000	490	8.7	255	9.9	132	6.5
2005	832	14.3	330	12.0	139	6.4
2010	1,701	28.7	680	23.2	218	9.5
2015	2,058	34.5	713	24.3	229	9.9
2020	2,418	40.3	747	25.4	242	10.4

※ 1) 학교급별 여성 교장 비율(%) = 학교급별 여성 교장 수 / 학교급별 전체 교장 수 × 100
2) 교장이 없는 학교는 없으며, 각 학교의 교장은 1명임

① 2000년 이후 중학교 여성 교장 비율은 매년 증가한다.
② 초등학교 수는 2020년이 1980년보다 많다.
③ 고등학교 남성 교장 수는 1985년이 1990년보다 많다.
④ 1995년 초등학교 수는 같은 해 중학교 수와 고등학교 수의 합보다 많다.
⑤ 초등학교 여성 교장 수는 2020년이 2000년의 5배 이상이다.

문 16. 다음 〈표〉는 도지사 선거 후보자 A와 B의 TV 토론회 전후 '가'~'마'지역 유권자의 지지율에 대한 자료이고, 〈보고서〉는 이 중 한 지역의 지지율 변화를 분석한 자료이다. 〈보고서〉의 내용에 해당하는 지역을 '가'~'마' 중에서 고르면?

〈표〉 도지사 선거 후보자 TV 토론회 전후 지지율

(단위: %)

지역	시기	TV 토론회 전		TV 토론회 후	
	후보자	A	B	A	B
가		38	52	50	46
나		28	40	39	41
다		31	59	37	36
라		35	49	31	57
마		29	36	43	41

※ 1) 도지사 선거 후보자는 A와 B뿐임
2) 응답자는 '후보자 A 지지', '후보자 B 지지', '지지 후보자 없음' 중 하나만 응답하고, 무응답은 없음

〈보고서〉

도지사 선거 후보자 TV 토론회를 진행하기 전과 후에 실시한 이 지역의 여론조사 결과, 도지사 후보자 지지율 변화는 다음과 같다. TV 토론회 전에는 B후보자에 대한 지지율이 A후보자보다 10%p 이상 높게 집계되어 B후보자가 선거에 유리한 것으로 보였으나, TV 토론회 후에는 지지율 양상에 변화가 있는 것으로 분석된다.

TV 토론회 후 '지지 후보자 없음'으로 응답한 비율이 줄어 TV 토론회가 그동안 어떤 후보자에 투표할지 고민하던 유권자의 선택에 영향을 미친 것으로 판단된다. 또한, A후보자에 대한 지지율 증가폭이 B후보자보다 큰 것으로 나타나 TV 토론회를 통해 A후보자의 강점이 더 잘 드러났던 것으로 분석된다. 그러나 TV 토론회 후 두 후보자간 지지율 차이가 3%p 이내에 불과하여 이 지역에서 선거의 결과는 예측하기 어렵다.

① 가
② 나
③ 다
④ 라
⑤ 마

문 17. 다음 〈그림〉은 '갑'공업단지 내 8개 업종 업체 수와 업종별 스마트시스템 도입률 및 고도화율에 관한 자료이다. 이에 대한 〈보기〉의 설명 중 옳은 것만을 모두 고르면?

〈그림 1〉 업종별 업체 수

〈그림 2〉 업종별 스마트시스템 도입률 및 고도화율

※ 1) 도입률(%) = (업종별 스마트시스템 도입 업체 수 / 업종별 업체 수) × 100

2) 고도화율(%) = (업종별 스마트시스템 고도화 업체 수 / 업종별 스마트시스템 도입 업체 수) × 100

〈보기〉

ㄱ. 스마트시스템 도입 업체 수가 가장 많은 업종은 '자동차부품'이다.

ㄴ. 고도화율이 가장 높은 업종은 스마트시스템 고도화 업체 수도 가장 많다.

ㄷ. 업체 수 대비 스마트시스템 고도화 업체 수가 가장 높은 업종은 '항공기부품'이다.

ㄹ. 도입률이 가장 낮은 업종은 고도화율도 가장 낮다.

① ㄱ, ㄴ   ② ㄱ, ㄷ   ③ ㄱ, ㄹ
④ ㄴ, ㄷ   ⑤ ㄴ, ㄹ

문 18. 다음 〈표〉는 운전자 A~E의 정지시거 산정을 위해 '갑'시험장에서 측정한 자료이다. 〈표〉와 〈정보〉에 근거하여 맑은 날과 비 오는 날의 운전자별 정지시거를 바르게 연결한 것은?

〈표〉 운전자 A~E의 정지시거 산정을 위한 자료

(단위: m/초, 초, m)

구분 운전자	자동차	운행속도	반응시간	반응거리	마찰계수 맑은 날	마찰계수 비오는날
A	가	20	2.0	40	0.4	0.1
B	나	20	2.0	( )	0.4	0.2
C	다	20	1.6	( )	0.8	0.4
D	나	20	2.4	( )	0.4	0.2
E	나	20	1.4	( )	0.4	0.2

─〈정보〉─

○ 정지시거 = 반응거리 + 제동거리
○ 반응거리 = 운행속도 × 반응시간
○ 제동거리 = $\dfrac{(운행속도)^2}{2 \times 마찰계수 \times g}$

(단, g는 중력가속도이며 10m/초^{2}으로 가정함)

	운전자	맑은 날 정지시거[m]	비 오는 날 정지시거[m]
①	A	120	240
②	B	90	160
③	C	72	82
④	D	98	158
⑤	E	78	128

문 19. 다음 〈표〉와 〈그림〉은 '갑'국 8개 어종의 2020년 어획량에 관한 자료이다. 이에 대한 〈보기〉의 설명 중 옳은 것만을 모두 고르면?

〈표〉 8개 어종의 2020년 어획량

(단위: 톤)

어종	갈치	고등어	광어	멸치	오징어	전갱이	조기	참다랑어
어획량	20,666	64,609	5,453	26,473	23,703	19,769	23,696	482

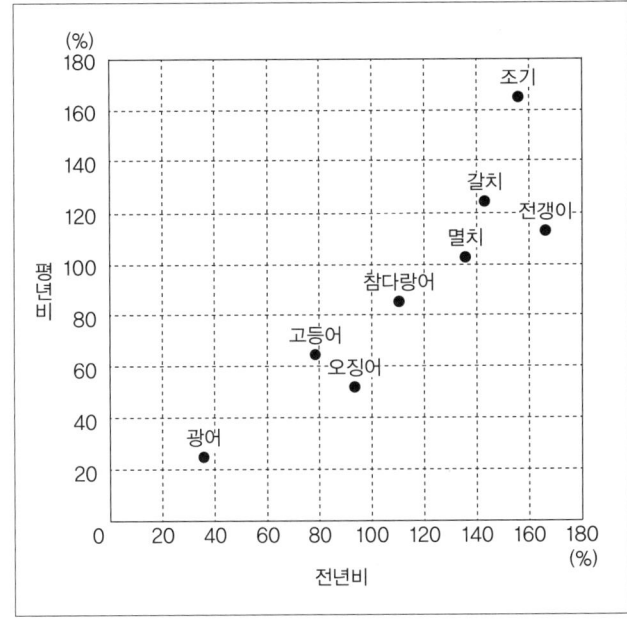

〈그림〉 8개 어종 2020년 어획량의 전년비 및 평년비

※ 1) 전년비(%) = $\dfrac{2020년\ 어획량}{2019년\ 어획량} \times 100$

2) 평년비(%) = $\dfrac{2020년\ 어획량}{2011\sim2020년\ 연도별\ 어획량의\ 평균} \times 100$

─〈보기〉─

ㄱ. 8개 어종 중 2019년 어획량이 가장 많은 어종은 고등어이다.
ㄴ. 8개 어종 각각의 2019년 어획량은 해당 어종의 2011~2020년 연도별 어획량의 평균보다 적다.
ㄷ. 2021년 갈치 어획량이 2020년과 동일하다면, 갈치의 2011~2021년 연도별 어획량의 평균은 2011~2020년 연도별 어획량의 평균보다 크다.

① ㄱ
② ㄴ
③ ㄱ, ㄷ
④ ㄴ, ㄷ
⑤ ㄱ, ㄴ, ㄷ

문 20. 다음 〈표〉는 2021년 A시에서 개최된 철인3종경기 기록이다. 이에 대한 〈보기〉의 설명 중 옳은 것만을 모두 고르면?

〈표〉 A시 개최 철인3종경기 기록

(단위: 시간)

종합기록 순위	국적	종합	수영	T1	자전거	T2	달리기
1	러시아	9:22:28	0:48:18	0:02:43	5:04:50	0:02:47	3:23:50
2	브라질	9:34:36	0:57:44	0:02:27	5:02:30	0:01:48	3:30:07
3	대한민국	9:37:41	1:04:14	0:04:08	5:04:21	0:03:05	3:21:53
4	대한민국	9:42:03	1:06:34	0:03:33	5:11:01	0:03:33	3:17:22
5	대한민국	9:43:50	( )	0:03:20	5:00:33	0:02:14	3:17:24
6	일본	9:44:34	0:52:01	0:03:28	5:25:59	0:02:56	3:20:10
7	러시아	9:45:06	1:08:32	0:03:55	5:07:46	0:03:02	3:21:51
8	독일	9:46:48	1:03:49	0:03:53	4:59:20	0:03:00	( )
9	영국	( )	1:07:01	0:03:37	5:07:07	0:03:55	3:26:27
10	중국	9:48:18	1:02:28	0:03:29	5:16:09	0:03:47	3:22:25

※ 1) 기록 '1:01:01'은 1시간 1분 1초를 의미함
2) 'T1', 'T2'는 각각 '수영'에서 '자전거', '자전거'에서 '달리기'로 전환하는 데 걸리는 시간임
3) 경기 참가 선수는 10명뿐이고, 기록이 짧을수록 순위가 높음

〈보기〉

ㄱ. '수영'기록이 한 시간 이하인 선수는 'T2'기록이 모두 3분 미만이다.
ㄴ. 종합기록 순위 2~10위인 선수 중, 종합기록 순위가 한 단계 더 높은 선수와의 '종합'기록 차이가 1분 미만인 선수는 3명뿐이다.
ㄷ. '달리기'기록 상위 3명의 국적은 모두 대한민국이다.
ㄹ. 종합기록 순위 10위인 선수의 '수영'기록 순위는 '수영'기록과 'T1'기록의 합산 기록 순위와 다르다.

① ㄱ, ㄴ
② ㄱ, ㄷ
③ ㄷ, ㄹ
④ ㄱ, ㄴ, ㄹ
⑤ ㄴ, ㄷ, ㄹ

문 21. 다음 〈표〉는 제품 A~E의 제조원가에 관한 자료이다. 제품 A~E 중 매출액이 가장 작은 제품은?

〈표〉 제품 A~E의 고정원가, 변동원가율, 제조원가율

(단위: 원, %)

제품 \ 구분	고정원가	변동원가율	제조원가율
A	60,000	40	25
B	36,000	60	30
C	33,000	40	30
D	50,000	20	10
E	10,000	50	10

※ 1) 제조원가 = 고정원가 + 변동원가
2) 고정원가율(%) = $\frac{고정원가}{제조원가} \times 100$
3) 변동원가율(%) = $\frac{변동원가}{제조원가} \times 100$
4) 제조원가율(%) = $\frac{제조원가}{매출액} \times 100$

① A
② B
③ C
④ D
⑤ E

※ 다음 〈표〉는 2018~2020년 '갑'국 방위산업의 매출액 및 종사자 수에 관한 자료이다. 다음 물음에 답하시오. [문 22. ~ 문 23.]

〈표 1〉 2018~2020년 '갑'국 방위산업의 국내외 매출액

(단위: 억 원)

연도 구분	2018	2019	2020
총매출액	136,493	144,521	153,867
국내 매출액	116,502	( )	( )
국외 매출액	19,991	21,048	17,624

〈표 2〉 2020년 '갑'국 방위산업의 기업유형별 매출액 및 종사자 수

(단위: 억 원, 명)

구분 기업유형	총매출액	국내 매출액	국외 매출액	종사자 수
대기업	136,198	119,586	16,612	27,249
중소기업	17,669	16,657	1,012	5,855
전체	153,867	( )	17,624	33,104

〈표 3〉 2018~2020년 '갑'국 방위산업의 분야별 매출액

(단위: 억 원)

연도 분야	2018	2019	2020
항공유도	41,984	45,412	49,024
탄약	24,742	21,243	25,351
화력	20,140	20,191	21,031
함정	18,862	25,679	20,619
기동	14,027	14,877	18,270
통신전자	14,898	15,055	16,892
화생방	726	517	749
기타	1,114	1,547	1,931
전체	136,493	144,521	153,867

〈표 4〉 2018~2020년 '갑'국 방위산업의 분야별 종사자 수

(단위: 명)

연도 분야	2018	2019	2020
A	9,651	10,133	10,108
B	6,969	6,948	6,680
C	3,996	4,537	4,523
D	3,781	3,852	4,053
E	3,988	4,016	3,543
화력	3,312	3,228	3,295
화생방	329	282	228
기타	583	726	674
전체	32,609	33,722	33,104

※ '갑'국 방위산업 분야는 기타를 제외하고 항공유도, 탄약, 화력, 함정, 기동, 통신전자, 화생방으로만 구분함

문 22. 위 〈표〉에 근거한 〈보기〉의 설명 중 옳은 것만을 모두 고르면?

〈보기〉

ㄱ. 방위산업의 국내 매출액이 가장 큰 연도에 방위산업 총매출액 중 국외 매출액 비중이 가장 작다.
ㄴ. '기타'를 제외하고, 2018년 대비 2020년 매출액 증가율이 가장 낮은 방위산업 분야는 '탄약'이다.
ㄷ. 2020년 방위산업의 기업유형별 종사자당 국외 매출액은 대기업이 중소기업의 4배 이상이다.
ㄹ. 2020년 '항공유도' 분야 대기업 국내 매출액은 14,500억 원 이상이다.

① ㄱ, ㄴ
② ㄱ, ㄷ
③ ㄴ, ㄹ
④ ㄷ, ㄹ
⑤ ㄱ, ㄴ, ㄹ

문 23. 위 〈표〉와 다음 〈보고서〉를 근거로 '항공유도'에 해당하는 방위산업 분야를 〈표 4〉의 A~E 중에서 고르면?

〈보고서〉

2018년 대비 2020년 '갑'국 방위산업의 총매출액은 약 12.7% 증가하였으나 방위산업 전체 종사자 수는 약 1.5% 증가하는 데 그쳤다. '기타'를 제외한 7개 분야에 대해 이를 구체적으로 분석하면 다음과 같다.

2018년 대비 2020년 방위산업 분야별 매출액은 모두 증가하였으나 종사자 수는 '통신전자', '함정', '항공유도' 분야만 증가하고 나머지 분야는 감소한 것으로 나타났다. 2018~2020년 동안 매출액과 종사자 수 모두 매년 증가한 방위산업 분야는 '통신전자'뿐이고, '탄약'과 '화생방' 분야는 종사자 수가 매년 감소하였다. 특히, '기동' 분야는 2018년 대비 2020년 매출액 증가율이 방위산업 분야 중 가장 높았지만 종사자 수는 가장 많이 감소하였다. 2018년 대비 2020년 '함정' 분야 매출액 증가율은 방위산업 전체 매출액 증가율보다 낮았으나 종사자 수는 방위산업 분야 중 가장 많이 증가하였다. 이에 따라 방위산업의 분야별 종사자당 매출액 순위에도 변동이 있었다. 2018년에는 '화력' 분야의 종사자당 매출액이 가장 컸고, 다음으로 '함정', '항공유도' 순으로 컸다. 한편, 2020년에는 '화력' 분야의 종사자당 매출액이 가장 컸고, 다음으로 '기동', '항공유도' 순으로 컸다.

① A
② B
③ C
④ D
⑤ E

문 24. 다음 〈표〉는 2021년 국가 A~D의 국내총생산, 1인당 국내총생산, 1인당 이산화탄소 배출량에 관한 자료이다. 이를 근거로 국가 A~D를 이산화탄소 총배출량이 가장 적은 국가부터 순서대로 바르게 나열한 것은?

〈표〉 국가별 국내총생산, 1인당 국내총생산, 1인당 이산화탄소 배출량

(단위: 달러, 톤CO_2eq.)

구분 국가	국내총생산	1인당 국내총생산	1인당 이산화탄소 배출량
A	20조 4,941억	62,795	16.6
B	4조 9,709억	39,290	9.1
C	1조 6,194억	31,363	12.4
D	13조 6,082억	9,771	7.0

※ 1) 1인당 국내총생산 = $\frac{국내총생산}{총인구}$

2) 1인당 이산화탄소 배출량 = $\frac{이산화탄소 총배출량}{총인구}$

① A, C, B, D
② A, D, C, B
③ C, A, D, B
④ C, B, A, D
⑤ D, B, C, A

문 25. 다음 〈표〉는 2019~2021년 '갑'국의 장소별 전기차 급속충전기 수에 관한 자료이다. 이에 대한 〈보기〉의 설명 중 옳은 것만을 모두 고르면?

〈표〉 장소별 전기차 급속충전기 수

(단위: 대)

구분	장소	2019	2020	2021
다중이용시설	쇼핑몰	807	1,701	2,701
	주유소	125	496	( )
	휴게소	( )	( )	2,099
	문화시설	757	1,152	1,646
	체육시설	272	498	604
	숙박시설	79	146	227
	여객시설	64	198	378
	병원	27	98	152
	소계	2,606	5,438	8,858
일반시설	공공시설	1,595	( )	( )
	주차전용시설	565	898	1,275
	자동차정비소	119	303	375
	공동주택	( )	102	221
	기타	476	499	522
	소계	2,784	4,550	6,145
전체		5,390	9,988	15,003

〈보기〉

ㄱ. 전체 급속충전기 수 대비 '다중이용시설' 급속충전기 수의 비율은 매년 증가한다.

ㄴ. '공공시설' 급속충전기 수는 '주차전용시설'과 '쇼핑몰' 급속충전기 수의 합보다 매년 많다.

ㄷ. '기타'를 제외하고, 2019년 대비 2021년 급속충전기 수의 증가율이 가장 큰 장소는 '주유소'이다.

ㄹ. 급속충전기 수는 '휴게소'가 '문화시설'보다 매년 많다.

① ㄱ, ㄴ
② ㄱ, ㄷ
③ ㄱ, ㄹ
④ ㄴ, ㄷ
⑤ ㄴ, ㄹ

PART 02

7급 PSAT 기출문제

2021년 기출문제	185
2020년 모의평가	227

2021년 7월 10일 시행

2021년도 국가공무원
7급 공개경쟁채용 제1차 필기시험

응시번호		문제책형	
성 명		㉯ 책형	

【시 험 과 목】

제1영역	언어논리
제2영역	자료해석
제3영역	상황판단

※ 2024년도~2022년도 시험과 2021년도 시험의 진행방식이 상이하므로 문제를 풀기 전 확인하시기 바랍니다.

<< 응시자 주의사항 >>

1. 시험시작 전에 시험문제를 열람하는 행위와 시험종료 후 답안지를 작성하는 행위는 공무원임용시험령 제51조에 의거 부정행위자로 처리됩니다.

2. 답안지 책형란의 책형표기는 시험시작 전 문제책 표지 앞면에 인쇄된 책형을 확인한 후 표기하시기 바랍니다.

3. 시험시작 즉시 과목편철 순서, 문제누락 여부, 인쇄상태 이상 유무 및 표지와 개별과목의 문제책형 일치여부 등을 확인한 후 문제책 표지에 응시번호, 성명을 기재합니다.

4. 시험이 시작되면 문제를 주의 깊게 읽은 후, 문항의 취지에 가장 적합한 하나의 정답만을 고르며, 문제내용에 관한 질문은 받지 않습니다.

5. 시험시간관리의 책임은 전적으로 수험생 본인에게 있습니다. 시험감독관의 시험종료 예고시간 고지 안내 및 시험실 내 비치된 시계가 있는 경우라도 시간이 정확하지 않을 수 있으니 본인의 시계로 반드시 확인하시기 바랍니다.

6. 시험시간은 영역별 60분씩입니다.

제1영역 언어논리

문 1. 다음 글에서 알 수 있는 것은?

우리나라 국기인 태극기에는 태극 문양과 4괘가 그려져 있는데, 중앙에 있는 태극 문양은 만물이 음양 조화로 생장한다는 것을 상징한다. 또 태극 문양의 좌측 하단에 있는 이괘는 불, 우측 상단에 있는 감괘는 물, 좌측 상단에 있는 건괘는 하늘, 우측 하단에 있는 곤괘는 땅을 각각 상징한다. 4괘가 상징하는 바는 그것이 처음 만들어질 때부터 오늘날까지 변함이 없다.

태극 문양을 그린 기는 개항 이전에도 조선 수군이 사용한 깃발 등 여러 개가 있는데, 태극 문양과 4괘만 사용한 기는 개항 후에 처음 나타났다. 1882년 5월 조미수호조규 체결을 위한 전권대신으로 임명된 이응준은 회담 장소에 내걸 국기가 없어 곤란해 하다가 회담 직전 태극 문양을 활용해 기를 만들고 그것을 회담장에 걸어두었다. 그 기에 어떤 문양이 담겼는지는 오랫동안 알려지지 않았다. 그런데 2004년 1월 미국 어느 고서점에서 미국 해군부가 조미수호조규 체결 한 달 후에 만든 『해상 국가들의 깃발들』이라는 책이 발견되었다. 이 책에는 이응준이 그린 것으로 짐작되는 '조선의 기'라는 이름의 기가 실려 있다. 그 기의 중앙에는 태극 문양이 있으며 네 모서리에 괘가 하나씩 있는데, 좌측 상단에 감괘, 우측 상단에 건괘, 좌측 하단에 곤괘, 우측 하단에 이괘가 있다.

조선이 국기를 공식적으로 처음 정한 것은 1883년의 일이다. 1882년 9월에 고종은 박영효를 수신사로 삼아 일본에 보내면서, 그에게 조선을 상징하는 기를 만들어 사용해 본 다음 귀국하는 즉시 제출하게 했다. 이에 박영효는 태극 문양이 가운데 있고 4개의 모서리에 각각 하나씩 괘가 있는 기를 만들어 사용한 후 그것을 고종에게 바쳤다. 고종은 이를 조선 국기로 채택하고 통리교섭사무아문으로 하여금 각국 공사관에 배포하게 했다. 이 기는 일본에 의해 강제 병합되기까지 국기로 사용되었는데, 언뜻 보기에 『해상 국가들의 깃발들』에 실린 '조선의 기'와 비슷하다. 하지만 자세히 보면 두 기는 서로 다르다. 조선 국기 좌측 상단에 있는 괘가 '조선의 기'에는 우측 상단에 있고, '조선의 기'의 좌측 상단에 있는 괘는 조선 국기의 우측 상단에 있다. 또 조선 국기의 좌측 하단에 있는 괘는 '조선의 기'의 우측 하단에 있고, '조선의 기'의 좌측 하단에 있는 괘는 조선 국기의 우측 하단에 있다.

① 미국 해군부는 통리교섭사무아문이 각국 공사관에 배포한 국기를 『해상 국가들의 깃발들』에 수록하였다.
② 조미수호조규 체결을 위한 회담 장소에서 사용하고자 이응준이 만든 기는 태극 문양이 담긴 최초의 기다.
③ 통리교섭사무아문이 배포한 기의 우측 상단에 있는 괘와 '조선의 기'의 좌측 하단에 있는 괘가 상징하는 것은 같다.
④ 오늘날 태극기의 우측 하단에 있는 괘와 고종이 조선 국기로 채택한 기의 우측 하단에 있는 괘는 모두 땅을 상징한다.
⑤ 박영효가 그린 기의 좌측 상단에 있는 괘는 물을 상징하고 이응준이 그린 기의 좌측 상단에 있는 괘는 불을 상징한다.

문 2. 다음 대화의 빈칸에 들어갈 내용으로 가장 적절한 것은?

갑: 국회에서 법률들을 제정하거나 개정할 때, 법률에서 조례를 제정하여 시행하도록 위임하는 경우가 있습니다. 그리고 이런 위임에 따라 지방자치단체에서는 조례를 새로 제정하게 됩니다. 각 지방자치단체가 법률의 위임에 따라 몇 개의 조례를 제정했는지 집계하여 '조례 제정 비율'을 계산하는데, 이 지표는 작년에 이어 올해도 지방자치단체의 업무 평가 기준에 포함되었습니다.

을: 그렇군요. 그 평가 방식이 구체적으로 어떻게 되고, A시의 작년 평가 결과는 어땠는지 말씀해 주세요.

갑: 먼저 그 해 1월 1일부터 12월 31일까지 법률에서 조례를 제정하도록 위임한 사항이 몇 건인지 확인한 뒤, 그중 12월 31일까지 몇 건이나 조례로 제정되었는지로 평가합니다. 작년에는 법률에서 조례를 제정하도록 위임한 사항이 15건이었는데, 그중 A시에서 제정한 조례는 9건으로 그 비율은 60%였습니다.

을: 그러면 올해는 조례 제정 상황이 어떻습니까?

갑: 1월 1일부터 7월 10일 현재까지 법률에서 조례를 제정하도록 위임한 사항은 10건인데, A시는 이 중 7건을 조례로 제정하였으며 조례로 제정하기 위하여 입법 예고 중인 것은 2건입니다. 현재 시의회에서 조례로 제정되기를 기다리며 계류 중인 것은 없습니다.

을: 모든 조례는 입법 예고를 거친 뒤 시의회에서 제정되므로, 현재 입법 예고 중인 2건은 입법 예고 기간이 끝나야만 제정될 수 있겠네요. 이 2건의 제정 가능성은 예상할 수 있나요?

갑: 어떤 조례는 신속히 제정되기도 합니다. 그러나 때로는 시의회가 계속 파행하기도 하고 의원들의 입장에 차이가 커 공전될 수도 있기 때문에 현재 시점에서 조례 제정 가능성을 단정하기는 어렵습니다.

을: 그러면 A시의 조례 제정 비율과 관련하여 알 수 있는 것은 무엇이 있을까요?

갑: A시는

① 현재 조례로 제정하기 위하여 입법 예고가 필요한 것이 1건입니다.
② 올 한 해의 조례 제정 비율이 작년보다 높아집니다.
③ 올 한 해 총 9건의 조례를 제정하게 됩니다.
④ 현재 시점을 기준으로 평가를 받으면 조례 제정 비율이 90%입니다.
⑤ 올 한 해 법률에서 조례를 제정하도록 위임 받은 사항이 작년보다 줄어듭니다.

문 3. 다음 글의 A~C에 대한 판단으로 가장 적절한 것은?

정책 네트워크는 다원주의 사회에서 정책 영역에 따라 실질적인 정책 결정권을 공유하고 있는 집합체이다. 정책 네트워크는 구성원 간의 상호 의존성, 외부로부터 다른 사회 구성원들의 참여 가능성, 의사결정의 합의 효율성, 지속성의 특징을 고려할 때 다음 세 가지 모형으로 분류될 수 있다.

특징 모형	상호 의존성	외부 참여 가능성	합의 효율성	지속성
A	높음	낮음	높음	높음
B	보통	보통	보통	보통
C	낮음	높음	낮음	낮음

A는 의회의 상임위원회, 행정 부처, 이익집단이 형성하는 정책 네트워크로서 안정성이 높아 마치 소정부와 같다. 행정부 수반의 영향력이 작은 정책 분야에서 집중적으로 나타나는 형태이다. A에서는 참여자 간의 결속과 폐쇄적 경계를 강조하며, 배타성이 매우 강해 다른 이익집단의 참여를 철저하게 배제하는 것이 특징이다.

B는 특정 정책과 관련해 이해관계를 같이하는 참여자들로 구성된다. B가 특정 이슈에 대해 유기적인 연계 속에서 기능하면, 전통적인 관료제나 A의 방식보다 더 효과적으로 정책 목표를 달성할 수 있다. B의 주요 참여자는 정치인, 관료, 조직화된 이익집단, 전문가 집단이며, 정책 결정은 주요 참여자 간의 합의와 협력에 의해 일어난다.

C는 특정 이슈를 중심으로 이해관계나 전문성을 가진 이익집단, 개인, 조직으로 구성되고, 참여자는 매우 자율적이고 주도적인 행위자이며 수시로 변경된다. 배타성이 강한 A만으로 정책을 모색하면 정책 결정에 영향을 미칠 수 있는 C와 같은 개방적 참여자들의 네트워크를 놓치기 쉽다. C는 관료제의 영향력이 작고 통제가 약한 분야에서 주로 작동하는데, 참여자가 많아 합의가 어려워 결국 정부가 위원회나 청문회를 활용하여 의견을 조정하려는 경우가 종종 발생한다.

① 외부 참여 가능성이 높은 모형은 관료제의 영향력이 작고 통제가 약한 분야에서 나타나기 쉽다.
② 상호 의존성이 보통인 모형에서는 배타성이 강해 다른 이익집단의 참여를 철저하게 배제한다.
③ 합의 효율성이 높은 모형이 가장 효과적으로 정책 목표를 달성할 수 있다.
④ A에 참여하는 이익집단의 정책 결정 영향력이 B에 참여하는 이익집단의 정책 결정 영향력보다 크다.
⑤ C에서는 참여자의 수가 많아질수록 네트워크의 지속성이 높아진다.

문 4. 다음 글에서 추론할 수 있는 것만을 〈보기〉에서 모두 고르면?

두 입자만으로 이루어지고 이들이 세 가지의 양자 상태 1, 2, 3 중 하나에만 있을 수 있는 계(system)가 있다고 하자. 여기서 양자 상태란 입자가 있을 수 있는 구별 가능한 어떤 상태를 지시하며, 입자는 세 가지 양자 상태 중 하나에 반드시 있어야 한다. 이때 그 계에서 입자들이 어떻게 분포할 수 있는지 경우의 수를 세는 문제는, 각 양자 상태에 대응하는 세 개의 상자 ①②③에 두 입자가 있는 경우의 수를 세는 것과 같다. 경우의 수는 입자들끼리 서로 구별 가능한지와 여러 개의 입자가 하나의 양자 상태에 동시에 있을 수 있는지에 따라 달라진다.
두 입자가 구별 가능하고, 하나의 양자 상태에 여러 개의 입자가 있을 수 있다고 가정하자. 이것을 'MB 방식'이라고 부르며, 두 입자는 각각 a, b로 표시할 수 있다. a가 1의 양자 상태에 있는 경우는 |ab| | | |, |a|b| |, |a| |b| 의 세 가지이고, a가 2의 양자 상태에 있는 경우와 a가 3의 양자 상태에 있는 경우도 각각 세 가지이다. 그러므로 MB 방식에서 경우의 수는 9이다.
두 입자가 구별되지 않고, 하나의 양자 상태에 여러 개의 입자가 있을 수 있다고 가정하자. 이것을 'BE 방식'이라고 부른다. 이때에는 두 입자 모두 a로 표시하게 되므로 |aa| | |, | |aa| |, | | |aa|, |a|a| |, |a| |a|, | |a|a|가 가능하다. 그러므로 BE 방식에서 경우의 수는 6이다.
두 입자가 구별되지 않고, 하나의 양자 상태에 하나의 입자만 있을 수 있다고 가정하자. 이것을 'FD 방식'이라고 부른다. 여기에서는 BE 방식과 달리 하나의 양자 상태에 두 개의 입자가 동시에 있는 경우는 허용되지 않으므로 |a|a| |, |a| |a|, | |a|a|만 가능하다. 그러므로 FD 방식에서 경우의 수는 3이다.
양자 상태의 가짓수가 다를 때에도 MB, BE, FD 방식 모두 위에서 설명한 대로 입자들이 놓이게 되고, 이때 경우의 수는 달라질 수 있다.

〈보기〉

ㄱ. 두 개의 입자에 대해, 양자 상태가 두 가지이면 BE 방식에서 경우의 수는 2이다.
ㄴ. 두 개의 입자에 대해, 양자 상태의 가짓수가 많아지면 FD 방식에서 두 입자가 서로 다른 양자 상태에 각각 있는 경우의 수는 커진다.
ㄷ. 두 개의 입자에 대해, 양자 상태가 두 가지 이상이면 경우의 수는 BE 방식에서보다 MB 방식에서 언제나 크다.

① ㄱ
② ㄷ
③ ㄱ, ㄴ
④ ㄴ, ㄷ
⑤ ㄱ, ㄴ, ㄷ

문 5. 다음 글에서 추론할 수 있는 것은?

생쥐가 새로운 소리 자극을 받으면 이 자극 신호는 뇌의 시상에 있는 청각시상으로 전달된다. 청각시상으로 전달된 자극 신호는 뇌의 편도에 있는 측핵으로 전달된다. 측핵에 전달된 신호는 편도의 중핵으로 전달되고, 중핵은 신체의 여러 기관에 전달할 신호를 만들어서 반응이 일어나게 한다.
연구자 K는 '공포' 또는 '안정'을 학습시켰을 때 나타나는 신경생물학적 특징을 탐구하기 위해 두 개의 실험을 수행했다.
첫 번째 실험에서 공포를 학습시켰다. 이를 위해 K는 생쥐에게 소리 자극을 준 뒤에 언제나 공포를 일으킬 만한 충격을 가하여, 생쥐에게 이 소리가 충격을 예고한다는 것을 학습시켰다. 이렇게 학습된 생쥐는 해당 소리 자극을 받으면 방어적인 행동을 취했다. 이 생쥐의 경우, 청각시상으로 전달된 소리 자극 신호는 학습을 수행하기 전 상태에서 전달되는 것보다 훨씬 센 강도의 신호로 증폭되어 측핵으로 전달된다. 이 증폭된 강도의 신호는 중핵을 거쳐 신체의 여러 기관에 전달되고 이는 학습된 공포 반응을 일으킨다.
두 번째 실험에서는 안정을 학습시켰다. 이를 위해 K는 다른 생쥐에게 소리 자극을 준 뒤에 항상 어떤 충격도 주지 않아서, 생쥐에게 이 소리가 안정을 예고한다는 것을 학습시켰다. 이렇게 학습된 생쥐는 이 소리를 들어도 방어적인 행동을 전혀 취하지 않았다. 이 경우 소리 자극 신호를 받은 청각시상에서 만들어진 신호가 측핵으로 전달되는 것이 억제되기 때문에 측핵에 전달된 신호는 매우 미약해진다. 대신 청각시상은 뇌의 선조체에서 반응을 일으킬 수 있는 자극 신호를 만들어서 선조체에 전달한다. 선조체는 안정 상태와 같은 긍정적이고 좋은 느낌을 느낄 수 있게 하는 것에 관여하는 뇌 영역인데, 선조체에서 반응이 세게 나타나면 안정감을 느끼게 되어 학습된 안정 반응을 일으킨다.

① 중핵에서 만들어진 신호의 세기가 강한 경우에는 학습된 안정 반응이 나타난다.
② 학습된 공포 반응을 일으키지 않는 소리 자극은 선조체에서 약한 반응이 일어나게 한다.
③ 학습된 공포 반응을 일으키는 소리 자극은 청각시상에서 선조체로 전달되는 자극 신호를 억제한다.
④ 학습된 안정 반응을 일으키는 청각시상에서 받는 소리 자극 신호는 학습된 공포 반응을 일으키는 청각시상에서 받는 소리 자극 신호보다 약하다.
⑤ 학습된 안정 반응을 일으키는 경우와 학습된 공포 반응을 일으키는 경우 모두, 청각시상에서 측핵으로 전달되는 신호의 세기가 학습하기 전과 달라진다.

문 6. 다음 글의 빈칸에 들어갈 내용으로 가장 적절한 것은?

민간 문화 교류 증진을 목적으로 열리는 국제 예술 공연의 개최가 확정되었다. 이번 공연이 민간 문화 교류 증진을 목적으로 열린다면, 공연 예술단의 수석대표는 정부 관료가 맡아서는 안 된다. 만일 공연이 민간 문화 교류 증진을 목적으로 열리고 공연 예술단의 수석대표는 정부 관료가 맡아서는 안 된다면, 공연 예술단의 수석대표는 고전음악 지휘자나 대중음악 제작자가 맡아야 한다. 현재 정부 관료 가운데 고전음악 지휘자나 대중음악 제작자는 없다. 예술단에 수석대표는 반드시 있어야 하며 두 사람 이상이 공동으로 맡을 수도 있다. 전체 세대를 아우를 수 있는 사람이 아니라면 수석대표를 맡아서는 안 된다. 전체 세대를 아우를 수 있는 사람이 극히 드물기에, 위에 나열된 조건을 다 갖춘 사람은 모두 수석대표를 맡는다.

누가 공연 예술단의 수석대표를 맡을 것인가와 더불어, 참가하는 예술인이 누구인가도 많은 관심의 대상이다. 그런데 아이돌 그룹 A가 공연 예술단에 참가하는 것은 분명하다. 왜냐하면 만일 갑이나 을이 수석대표를 맡는다면 A가 공연 예술단에 참가하는데, ☐☐☐☐☐☐☐☐☐☐☐☐☐☐☐☐ 때문이다.

① 갑은 고전음악 지휘자이며 전체 세대를 아우를 수 있기
② 갑이나 을은 대중음악 제작자 또는 고전음악 지휘자이기
③ 갑과 을은 둘 다 정부 관료가 아니며 전체 세대를 아우를 수 있기
④ 을이 대중음악 제작자가 아니라면 전체 세대를 아우를 수 없을 것이기
⑤ 대중음악 제작자나 고전음악 지휘자라면 누구나 전체 세대를 아우를 수 있기

문 7. 다음 글의 내용이 참일 때, 반드시 참인 것만을 〈보기〉에서 모두 고르면?

A 기술원 해수자원화기술 연구센터는 2014년 세계 최초로 해수전지 원천 기술을 개발한 바 있다. 연구센터는 해수전지 상용화를 위한 학술대회를 열었는데 학술대회로 연구원들이 자리를 비운 사이 누군가 해수전지 상용화를 위한 핵심 기술이 들어 있는 기밀 자료를 훔쳐 갔다. 경찰은 수사 끝에 바다, 다은, 은경, 경아를 용의자로 지목해 학술대회 당일의 상황을 물으며 이들을 심문했는데 이들의 답변은 아래와 같았다.

바다: 학술대회에서 발표된 상용화 아이디어 중 적어도 하나는 학술대회에 참석한 모든 사람들의 관심을 받았어요. 다은은 범인이 아니에요.
다은: 학술대회에 참석한 사람들은 누구나 학술대회에서 발표된 하나 이상의 상용화 아이디어에 관심을 가졌어요. 범인은 은경이거나 경아예요.
은경: 학술대회에 참석한 몇몇 사람은 학술대회에서 발표된 상용화 아이디어 중 적어도 하나에 관심이 있었어요. 경아는 범인이 아니에요.
경아: 학술대회에 참석한 모든 사람들이 어떤 상용화 아이디어에도 관심이 없었어요. 범인은 바다예요.

수사 결과 이들은 각각 참만을 말하거나 거짓만을 말한 것으로 드러났다. 그리고 네 명 중 한 명만 범인이었다는 것이 밝혀졌다.

〈보기〉

ㄱ. 바다와 은경의 말이 모두 참일 수 있다.
ㄴ. 다은과 은경의 말이 모두 참인 것은 가능하지 않다.
ㄷ. 용의자 중 거짓말한 사람이 단 한 명이면, 은경이 범인이다.

① ㄱ
② ㄴ
③ ㄱ, ㄷ
④ ㄴ, ㄷ
⑤ ㄱ, ㄴ, ㄷ

문 8. 다음 글의 내용이 참일 때, 반드시 참인 것만을 〈보기〉에서 모두 고르면?

최근 두 주 동안 직원들은 다음 주에 있을 연례 정책 브리핑을 준비해 왔다. 브리핑의 내용과 진행에 관해 알려진 바는 다음과 같다. 개인건강정보 관리 방식 변경에 관한 가안이 정책제안에 포함된다면, 보건정보의 공적 관리에 관한 가안도 정책제안에 포함될 것이다. 그리고 정책제안을 위해 구성되었던 국민건강 2025팀이 재편된다면, 앞에서 언급한 두 개의 가안이 모두 정책제안에 포함될 것이다. 개인건강정보 관리 방식 변경에 관한 가안이 정책제안에 포함되고 국민건강 2025팀 리더인 최 팀장이 다음 주 정책 브리핑을 총괄한다면, 프레젠테이션은 국민건강 2025팀의 팀원인 손공정씨가 맡게 될 것이다. 그런데 보건정보의 공적 관리에 관한 가안이 정책제안에 포함될 경우, 국민건강 2025팀이 재편되거나 다음 주 정책 브리핑을 위해 준비한 보도자료가 대폭 수정될 것이다. 한편, 직원들 사이에서는, 최 팀장이 다음 주 정책 브리핑을 총괄하면 팀원 손공정씨가 프레젠테이션을 담당한다는 말이 돌았는데 그 말은 틀린 것으로 밝혀졌다.

〈보기〉

ㄱ. 개인건강정보 관리 방식 변경에 관한 가안과 보건정보의 공적 관리에 관한 가안 중 어느 것도 정책제안에 포함되지 않는다.
ㄴ. 국민건강 2025팀은 재편되지 않고, 이 팀의 최 팀장이 다음 주 정책 브리핑을 총괄한다.
ㄷ. 보건정보의 공적 관리에 관한 가안이 정책제안에 포함된다면, 다음 주 정책 브리핑을 위해 준비한 보도자료가 대폭 수정될 것이다.

① ㄱ
② ㄴ
③ ㄱ, ㄷ
④ ㄴ, ㄷ
⑤ ㄱ, ㄴ, ㄷ

문 9. 다음 글의 내용이 참일 때, 반드시 참인 것은?

A, B, C, D를 포함해 총 8명이 학회에 참석했다. 이들에 관해서 알려진 정보는 다음과 같다.
○ 아인슈타인 해석, 많은 세계 해석, 코펜하겐 해석, 보른 해석 말고도 다른 해석들이 있고, 학회에 참석한 이들은 각각 하나의 해석만을 받아들인다.
○ 상태 오그라듦 가설을 받아들이는 이들은 모두 5명이고, 나머지는 이 가설을 받아들이지 않는다.
○ 상태 오그라듦 가설을 받아들이는 이들은 코펜하겐 해석이나 보른 해석을 받아들인다.
○ 코펜하겐 해석이나 보른 해석을 받아들이는 이들은 상태 오그라듦 가설을 받아들인다.
○ B는 코펜하겐 해석을 받아들이고, C는 보른 해석을 받아들인다.
○ A와 D는 상태 오그라듦 가설을 받아들인다.
○ 아인슈타인 해석을 받아들이는 이가 있다.

① 적어도 한 명은 많은 세계 해석을 받아들인다.
② 만일 보른 해석을 받아들이는 이가 두 명이면, A와 D가 받아들이는 해석은 다르다.
③ 만일 A와 D가 받아들이는 해석이 다르다면, 적어도 두 명은 코펜하겐 해석을 받아들인다.
④ 만일 오직 한 명만이 많은 세계 해석을 받아들인다면, 아인슈타인 해석을 받아들이는 이는 두 명이다.
⑤ 만일 코펜하겐 해석을 받아들이는 이가 세 명이면, A와 D 가운데 적어도 한 명은 보른 해석을 받아들인다.

문 10. 다음 글의 〈실험 결과〉에서 추론할 수 있는 것은?

연구자 K는 동물의 뇌 구조 변화가 일어나는 방식을 규명하기 위해 다음의 실험을 수행했다. 실험용 쥐를 총 세 개의 실험군으로 나누었다. 실험군 1의 쥐에게는 운동은 최소화하면서 학습을 시키는 '학습 위주 경험'을 하도록 훈련시켰다. 실험군 2의 쥐에게는 특별한 기술을 학습할 필요 없이 수행할 수 있는 쳇바퀴 돌리기를 통해 '운동 위주 경험'을 하도록 훈련시켰다. 실험군 3의 쥐에게는 어떠한 학습이나 운동도 시키지 않았다.

〈실험 결과〉
○ 뇌 신경세포 한 개당 시냅스의 수는 실험군 1의 쥐에서 크게 증가했고 실험군 2와 3의 쥐에서는 거의 변하지 않았다.
○ 뇌 신경세포 한 개당 모세혈관의 수는 실험군 2의 쥐에서 크게 증가했고 실험군 1과 3의 쥐에서는 거의 변하지 않았다.
○ 실험군 1의 쥐에서는 대뇌 피질의 지각 영역에서 구조 변화가 나타났고, 실험군 2의 쥐에서는 대뇌 피질의 운동 영역과 더불어 운동 활동을 조절하는 소뇌에서 구조 변화가 나타났다. 실험군 3의 쥐에서는 뇌 구조 변화가 거의 나타나지 않았다.

① 대뇌 피질의 구조 변화는 학습 위주 경험보다 운동 위주 경험에 더 큰 영향을 받는다.
② 학습 위주 경험은 뇌의 신경세포당 시냅스의 수에, 운동 위주 경험은 뇌의 신경세포당 모세혈관의 수에 영향을 미친다.
③ 학습 위주 경험과 운동 위주 경험은 뇌의 특정 부위에 있는 신경세포의 수를 늘려 그 부위의 뇌 구조를 변하게 한다.
④ 특정 형태의 경험으로 인해 뇌의 특정 영역에 발생한 구조 변화가 뇌의 신경세포당 모세혈관 또는 시냅스의 수를 변화시킨다.
⑤ 뇌가 영역별로 특별한 구조를 갖는 것이 그 영역에서 신경세포당 모세혈관 또는 시냅스의 수를 변화시켜 특정 형태의 경험을 더 잘 수행할 수 있게 한다.

문 11. 다음 글의 〈실험 결과〉에 대한 판단으로 적절한 것만을 〈보기〉에서 모두 고르면?

박쥐 X가 잡아먹을 수컷 개구리의 위치를 찾기 위해 사용하는 방법에는 두 가지가 있다. 하나는 수컷 개구리의 울음소리를 듣고 위치를 찾아내는 '음탐지' 방법이다. 다른 하나는 X가 초음파를 사용하여, 울음소리를 낼 때 커졌다 작아졌다 하는 울음주머니의 움직임을 포착하여 위치를 찾아내는 '초음파탐지' 방법이다. 울음주머니의 움직임이 없으면 이 방법으로 수컷 개구리의 위치를 찾을 수 없다.

〈실험〉
한 과학자가 수컷 개구리를 모방한 두 종류의 로봇개구리를 제작했다. 로봇개구리 A는 수컷 개구리의 울음소리를 내고, 커졌다 작아졌다 하는 울음주머니도 가지고 있다. 로봇개구리 B는 수컷 개구리의 울음소리만 내고, 커졌다 작아졌다 하는 울음주머니는 없다. 같은 수의 A 또는 B를 크기는 같지만 서로 다른 환경의 세 방 안에 같은 위치에 두었다. 세 방의 환경은 다음과 같다.

○ 방 1: 로봇개구리 소리만 들리는 환경
○ 방 2: 로봇개구리 소리뿐만 아니라, 로봇개구리가 있는 곳과 다른 위치에서 로봇개구리 소리와 같은 소리가 추가로 들리는 환경
○ 방 3: 로봇개구리 소리뿐만 아니라, 로봇개구리가 있는 곳과 다른 위치에서 로봇개구리 소리와 전혀 다른 소리가 추가로 들리는 환경

각 방에 같은 수의 X를 넣고 실제로 로봇개구리를 잡아먹기 위해 공격하는 데 걸리는 평균 시간을 측정했다. X가 로봇개구리의 위치를 빨리 알아낼수록 공격하는 데 걸리는 시간은 짧다.

〈실험 결과〉
○ 방 1: A를 넣은 경우는 3.4초였고 B를 넣은 경우는 3.3초로 둘 사이에 유의미한 차이는 없었다.
○ 방 2: A를 넣은 경우는 8.2초였고 B를 넣은 경우는 공격하지 않았다.
○ 방 3: A를 넣은 경우는 3.4초였고 B를 넣은 경우는 3.3초로 둘 사이에 유의미한 차이는 없었다.

〈보기〉
ㄱ. 방 1과 2의 〈실험 결과〉는, X가 음탐지 방법이 방해를 받는 환경에서는 초음파탐지 방법을 사용한다는 가설을 강화한다.
ㄴ. 방 2와 3의 〈실험 결과〉는, X가 소리의 종류를 구별할 수 있다는 가설을 강화한다.
ㄷ. 방 1과 3의 〈실험 결과〉는, 수컷 개구리의 울음소리와 전혀 다른 소리가 들리는 환경에서는 X가 초음파탐지 방법을 사용한다는 가설을 강화한다.

① ㄱ
② ㄷ
③ ㄱ, ㄴ
④ ㄴ, ㄷ
⑤ ㄱ, ㄴ, ㄷ

문 12. 다음 글에 대한 분석으로 적절한 것만을 〈보기〉에서 모두 고르면?

'자연화'란 자연과학의 방법론에 따라 자연과학이 수용하는 존재론을 토대 삼아 연구를 수행한다는 의미이다. 심리학을 자연과학의 하나라고 생각하는 철학자 A는, 인식론의 자연화를 주장하기 위해 다음의 〈논증〉을 제시하였다.

〈논증〉
(1) 전통적 인식론은 적어도 다음의 두 가지 목표를 가진다. 첫째, 세계에 관한 믿음을 정당화하는 것이고, 둘째, 세계에 관한 믿음을 나타내는 문장을 감각 경험을 나타내는 문장으로 번역하는 것이다.
(2) 전통적 인식론은 첫째 목표도 달성할 수 없고 둘째 목표도 달성할 수 없다.
(3) 만약 전통적 인식론이 이 두 가지 목표 중 어느 하나라도 달성할 수가 없다면, 전통적 인식론은 폐기되어야 한다.
(4) 전통적 인식론은 폐기되어야 한다.
(5) 만약 전통적 인식론이 폐기되어야 한다면, 인식론자는 전통적 인식론 대신 심리학을 연구해야 한다.
(6) 인식론자는 전통적 인식론 대신 심리학을 연구해야 한다.

〈보기〉
ㄱ. 전통적 인식론의 목표에 (1)의 '두 가지 목표' 외에 "세계에 관한 믿음이 형성되는 과정을 규명하는 것"이 추가된다면, 위 논증에서 (6)은 도출되지 않는다.
ㄴ. (2)를 "전통적 인식론은 첫째 목표를 달성할 수 없거나 둘째 목표를 달성할 수 없다."로 바꾸어도 위 논증에서 (6)이 도출된다.
ㄷ. (4)는 논증 안의 어떤 진술들로부터 나오는 결론일 뿐만 아니라 논증 안의 다른 진술의 전제이기도 하다.

① ㄱ
② ㄷ
③ ㄱ, ㄴ
④ ㄴ, ㄷ
⑤ ㄱ, ㄴ, ㄷ

문 13. 다음 글에 대한 분석으로 적절한 것만을 〈보기〉에서 모두 고르면?

어떤 사람이 당신에게 다음과 같이 제안했다고 하자. 당신은 호화 여행을 즐기게 된다. 다만 먼저 10만 원을 내야 한다. 여기에 하나의 추가 조건이 있다. 그것은 제안자의 말인 아래의 (1)이 참이면 그는 10만 원을 돌려주지 않고 약속대로 호화 여행은 제공하는 반면, (1)이 거짓이면 그는 10만 원을 돌려주고 약속대로 호화 여행도 제공한다는 것이다.

(1) 나는 당신에게 10만 원을 돌려주거나 ⓐ 당신은 나에게 10억 원을 지불한다.

당신은 이 제안을 받아들였고 10만 원을 그에게 주었다.

이때 어떤 결과가 따를지 검토해 보자. (1)은 참이거나 거짓일 것이다. (1)이 거짓이라고 가정해 보자. 그러면 추가 조건에 따라 그는 당신에게 10만 원을 돌려준다. 또한 가정상 (1)이 거짓이므로, ㉠ 그는 당신에게 10만 원을 돌려주지 않는다. 결국 (1)이 거짓이라고 가정하면 그는 당신에게 10만 원을 돌려준다는 것과 돌려주지 않는다는 것이 모두 성립한다. 이는 가능하지 않다. 따라서 ㉡ (1)은 참일 수밖에 없다. 그런데 (1)이 참이라면 추가 조건에 따라 그는 당신에게 10만 원을 돌려주지 않는다. 따라서 ⓐ가 반드시 참이어야 한다. 즉, ㉢ 당신은 그에게 10억 원을 지불한다.

〈보기〉
ㄱ. ㉠을 추론하는 데는 'A이거나 B'의 형식을 가진 문장이 거짓이면 A도 B도 모두 반드시 거짓이라는 원리가 사용되었다.
ㄴ. ㉡을 추론하는 데는 어떤 가정 하에서 같은 문장의 긍정과 부정이 모두 성립하는 경우 그 가정의 부정은 반드시 참이라는 원리가 사용되었다.
ㄷ. ㉢을 추론하는 데는 'A이거나 B'라는 형식의 참인 문장에서 A가 거짓인 경우 B는 반드시 참이라는 원리가 사용되었다.

① ㄱ
② ㄷ
③ ㄱ, ㄴ
④ ㄴ, ㄷ
⑤ ㄱ, ㄴ, ㄷ

문 14. 다음 글의 ㉠과 ㉡에 대한 평가로 적절한 것만을 〈보기〉에서 모두 고르면?

연역과 귀납. 이 두 종류의 방법은 지적 작업에서 사용될 수 있는 모든 추론을 포괄한다. 철학과 과학을 비롯한 모든 지적 작업에 연역적 방법이 필수적이라는 것을 부정하는 사람은 아무도 없다. 귀납적 방법의 경우 사정은 크게 다르다. 귀납적 방법이 철학적 작업에 들어설 여지가 없다고 믿는 사람이 있는가 하면, 한 걸음 더 나아가 어떠한 지적 작업에도 귀납적 방법이 불필요하다고 주장하는 사람들도 있다.

㉠ 귀납적 방법이 철학이라는 지적 작업에서 불필요하다는 견해는 독단적인 철학관에 근거한다. 이런 견해에 따르면 철학적 주장의 정당성은 선험적인 것으로, 경험적 지식을 확장하기 위해 사용되는 귀납적 방법에 의존할 수 없다. 그러나 이런 견해는 철학적 주장이 경험적 가설에 의존해서는 안 된다는 부당하게 편협한 철학관과 '귀납적 방법'의 모호성을 딛고 서 있다. 실제로 철학사에 나타나는 목적론적 신 존재 증명이나 외부 세계의 존재에 관한 형이상학적 논증 가운데는 귀납적 방법인 유비 논증과 귀추법을 교묘히 적용하고 있는 것도 있다.

㉡ 모든 지적 작업에서 귀납적 방법의 필요성을 부정하는 견해는 중요한 철학적 성과를 낳기도 하였다. 포퍼의 철학이 그런 사례 가운데 하나이다. 포퍼는 귀납적 방법의 정당화 가능성에 관한 회의적 결론을 받아들이고, 과학의 탐구가 귀납적 방법으로 진행된다는 견해는 근거가 없음을 보인다. 그에 따르면, 과학의 탐구 과정은 연역 논리 법칙에 따라 전개되는 추측과 반박의 작업으로 이루어진다. 이런 포퍼의 이론은 귀납적 방법의 필요성에 대한 전면적인 부정이 낳을 수 있는 흥미로운 결과 가운데 하나라고 할 수 있다.

〈보기〉

ㄱ. 과학의 탐구가 귀납적 방법에 의해 진행된다는 주장은 ㉠을 반박한다.

ㄴ. 철학의 일부 논증에서 귀추법의 사용이 불가피하다는 주장은 ㉡을 반박한다.

ㄷ. 연역 논리와 경험적 가설 모두에 의존하는 지적 작업이 있다는 주장은 ㉠과 ㉡을 모두 반박한다.

① ㄱ
② ㄴ
③ ㄱ, ㄷ
④ ㄴ, ㄷ
⑤ ㄱ, ㄴ, ㄷ

문 15. 다음 글의 갑~병에 대한 판단으로 적절한 것만을 〈보기〉에서 모두 고르면?

다음 두 삼단논법을 보자.
(1) 모든 춘천시민은 강원도민이다.
    모든 강원도민은 한국인이다.
    따라서 모든 춘천시민은 한국인이다.
(2) 모든 수학 고득점자는 우등생이다.
    모든 과학 고득점자는 우등생이다.
    따라서 모든 수학 고득점자는 과학 고득점자이다.

(1)은 타당한 삼단논법이지만 (2)는 부당한 삼단논법이다. 하지만 어떤 사람들은 (2)도 타당한 논증이라고 잘못 판단한다. 왜 이런 오류가 발생하는지 설명하기 위해 세 가지 입장이 제시되었다.

갑: 사람들은 '모든 A는 B이다'를 '모든 B는 A이다'로 잘못 바꾸는 경향이 있다. '어떤 A도 B가 아니다'나 '어떤 A는 B이다'라는 형태에서는 A와 B의 자리를 바꾸더라도 아무런 문제가 없다. 하지만 '모든 A는 B이다'라는 형태에서는 A와 B의 자리를 바꾸면 논리적 오류가 생겨난다.

을: 사람들은 '모든 A는 B이다'를 약한 의미로 이해해야 하는데도 강한 의미로 이해하는 잘못을 저지르는 경향이 있다. 여기서 약한 의미란 그것을 'A는 B에 포함된다'로 이해하는 것이고, 강한 의미란 그것을 'A는 B에 포함되고 또한 B는 A에 포함된다'는 뜻에서 'A와 B가 동일하다'로 이해하는 것이다.

병: 사람들은 전제가 모두 '모든 A는 B이다'라는 형태의 명제로 이루어진 것일 경우에는 결론도 그런 형태이기만 하면 타당하다고 생각하고, 전제 가운데 하나가 '어떤 A는 B이다'라는 형태의 명제로 이루어진 것일 경우에는 결론도 그런 형태이기만 하면 타당하다고 생각하는 경향이 있다.

〈보기〉

ㄱ. 대다수의 사람이 "어떤 과학자는 운동선수이다. 어떤 철학자도 과학자가 아니다."라는 전제로부터 "어떤 철학자도 운동선수가 아니다."를 타당하게 도출할 수 있는 결론이라고 응답했다는 심리 실험 결과는 갑에 의해 설명된다.

ㄴ. 대다수의 사람이 "모든 적색 블록은 구멍이 난 블록이다. 모든 적색 블록은 삼각 블록이다."라는 전제로부터 "모든 구멍이 난 블록은 삼각 블록이다."를 타당하게 도출할 수 있는 결론이라고 응답했다는 심리 실험 결과는 을에 의해 설명된다.

ㄷ. 대다수의 사람이 "모든 물리학자는 과학자이다. 어떤 컴퓨터 프로그래머는 과학자이다."라는 전제로부터 "어떤 컴퓨터 프로그래머는 물리학자이다."를 타당하게 도출할 수 있는 결론이라고 응답했다는 심리 실험 결과는 병에 의해 설명된다.

① ㄱ ② ㄷ
③ ㄱ, ㄴ ④ ㄴ, ㄷ
⑤ ㄱ, ㄴ, ㄷ

문 16. 다음 대화의 ㉠에 따라 〈계획안〉을 수정한 것으로 적절하지 않은 것은?

갑: 나눠드린 'A시 공공 건축 교육 과정' 계획안을 다 보셨죠? 이제 계획안을 어떻게 수정하면 좋을지 각자의 의견을 자유롭게 말씀해 주십시오.

을: 코로나19 상황을 고려해 대면 교육보다 온라인 교육이 좋겠습니다. 그리고 방역 활동에 모범을 보이는 차원에서 온라인 강의로 진행한다는 점을 강조하는 것이 좋겠습니다. 온라인 강의는 편안한 시간에 접속하여 수강하게 하고, 수강 가능한 기간을 명시해야 합니다. 게다가 온라인으로 진행하면 교육 대상을 A시 시민만이 아닌 모든 희망자로 확대하는 장점이 있습니다.

병: 좋은 의견입니다. 여기에 덧붙여 교육 대상을 공공 건축 업무 관련 공무원과 일반 시민으로 구분하는 것이 좋겠습니다. 관련 공무원과 일반 시민은 기반 지식에서 차이가 커 같은 내용으로 교육하기에 적합하지 않습니다. 업무와 관련된 직무 교육 과정과 일반 시민 수준의 교양 교육 과정으로 따로 운영하는 것이 좋겠습니다.

을: 교육 과정 분리는 좋습니다만, 공무원의 직무 교육은 참고할 자료가 많아 온라인 교육이 비효율적입니다. 직무 교육 과정은 다음에 논의하고, 이번에는 시민 대상 교양 과정으로만 진행하는 것이 좋겠습니다. 그리고 A시의 유명 공공 건축물을 활용해서 A시를 홍보하고 관심을 끌 수 있는 주제의 강의가 있으면 좋겠습니다.

병: 그게 좋겠네요. 마지막으로 덧붙이면 신청 방법이 너무 예전 방식입니다. 시 홈페이지에서 신청 게시판을 찾아가는 방법을 안내할 필요는 있지만, 요즘 같은 모바일 시대에 이것만으로는 부족합니다. A시 공식 어플리케이션에서 바로 신청서를 작성하고 제출할 수 있도록 하면 좋겠습니다.

갑: ㉠오늘 회의에서 나온 의견을 반영하여 계획안을 수정하도록 하겠습니다. 감사합니다.

〈계획안〉

A시 공공 건축 교육 과정

○ 강의 주제: 공공 건축의 미래/A시의 조경
○ 일시: 7. 12.(월) 19:00~21:00/7. 14.(수) 19:00~21:00
○ 장소: A시 청사 본관 5층 대회의실
○ 대상: A시 공공 건축에 관심 있는 A시 시민 누구나
○ 신청 방법: A시 홈페이지 → '시민참여' → '교육' → '공공 건축 교육 신청 게시판'에서 신청서 작성

① 강의 주제에 "건축가협회 선정 A시의 유명 공공 건축물 TOP 3"를 추가한다.
② 일시 항목을 "○ 기간: 7. 12.(월) 06:00~7. 16.(금) 24:00"으로 바꾼다.
③ 장소 항목을 "○ 교육방식: 코로나19 확산 방지를 위해 온라인 교육으로 진행"으로 바꾼다.
④ 대상을 "A시 공공 건축에 관심 있는 사람 누구나"로 바꾼다.
⑤ 신청 방법을 "A시 공식 어플리케이션을 통한 A시 공공 건축 교육 과정 간편 신청"으로 바꾼다.

문 17. 다음 글의 ㉠~㉣에 들어갈 내용에 대한 설명으로 가장 적절한 것은?

○○도는 2022년부터 '공공 기관 통합 채용' 시스템을 운영하여 공공 기관의 채용에 대한 체계적 관리와 비리 발생 예방을 도모할 계획이다. 기존에는 ○○도 산하 공공 기관들이 채용 전(全) 과정을 각기 주관하여 시행하였으나, 2022년부터는 ○○도가 채용 과정에 참여하기로 하였다. ○○도와 산하 공공 기관들이 '따로, 또 같이'하는 통합 채용을 통해 채용 과정의 투명성을 확보하고 기관별 특성에 맞는 인재 선발을 용이하게 하려는 것이다.

○○도는 채용 공고와 원서 접수를 하고 필기시험을 주관한다. 나머지 절차는 ○○도 산하 공공 기관이 주관하여 서류 심사 후 면접시험을 거쳐 합격자를 발표한다. 기존 채용 절차에서 서류 심사에 이어 필기시험을 치던 순서를 맞바꾸었는데, 이는 지원자에게 응시 기회를 확대 제공하기 위해서이다. 절차 변화에 대한 지원자의 혼란을 줄이기 위해 기존의 나머지 채용 절차는 그대로 유지하였다. 또 ○○도는 기존의 필기시험 과목인 영어·한국사·일반상식을 국가직무능력표준 기반 평가로 바꾸어 기존과 달리 실무 능력을 평가해서 인재를 선발할 수 있도록 제도를 보완하였다. ○○도는 이런 통합 채용 절차를 알기 쉽게 기존 채용 절차와 개선 채용 절차를 비교해서 도표로 나타내었다.

〈기존〉

주관 기관	㉠				
채용 절차	채용 공고 → 원서 접수 → ㉡ → ㉢ → ㉣ → 합격자 발표

〈개선〉

주관 기관	㉤	㉥
채용 절차	채용 공고 → 원서 접수 → ㉦ → ㉧ → ㉨ → 합격자 발표

① 개선 이후 ㉠에 해당하는 기관이 주관하는 채용 업무의 양은 이전과 동일할 것이다.
② ㉠과 같은 주관 기관이 들어가는 것은 ㉥이 아니라 ㉤이다.
③ ㉡과 ㉧에는 같은 채용 절차가 들어간다.
④ ㉢과 ㉦에서 지원자들이 평가받는 능력은 같다.
⑤ ㉣을 주관하는 기관과 ㉨을 주관하는 기관은 다르다.

문 18. 다음 글의 〈표〉에 대한 판단으로 적절한 것만을 〈보기〉에서 모두 고르면?

법제처 주무관 갑은 지방자치단체를 대상으로 조례 입안을 지원하고 있다. 갑은 지방자치단체가 조례 입안 지원 신청을 하는 경우, 두 가지 기준에 따라 나누어 신청 안들을 정리하고 있다. 해당 조례안의 입법 예고를 완료하였는지 여부를 기준으로 '완료'와 '미완료'로 나누고, 과거에 입안을 지원하였던 조례안 중에 최근에 접수된 조례안과 내용이 유사한 사례가 있는지를 판단하여 유사 사례 '있음'과 '없음'으로 나눈다. 유사 사례가 존재하지 않는 경우에만 갑은 팀장인 을에게 그 접수된 조례안의 주요 내용을 보고해야 한다.

최근 접수된 조례안 (가)는 지난 분기에 지원하였던 조례안과 많은 부분 유사한 내용을 담고 있다. 입법 예고는 현재 진행 중이다. 조례안 (나)의 경우는 입법 예고가 완료된 후에 접수되었고, 그 주요 내용이 지난해에 지원한 조례안의 주요 내용과 유사하다. 조례안 (다)는 주요 내용이 기존에 지원하였던 조례안과 유사성이 전혀 없는 새로운 내용을 규정하고 있으며, 입법 예고가 진행되지 않았다.

이상의 내용을 다음과 같은 형식으로 나타낼 수 있다.

〈표〉 입안 지원 신청 조례안별 분류

기준 \ 조례안	(가)	(나)	(다)
A	㉠	㉡	㉢
B	㉣	㉤	㉥

〈보기〉

ㄱ. A에 유사 사례의 유무를 따지는 기준이 들어가면, ㉣과 ㉥이 같다.
ㄴ. B에 따라 을에 대한 갑의 보고 여부가 결정된다면, ㉠과 ㉢은 같다.
ㄷ. ㉣과 ㉤이 같으면, ㉠과 ㉡이 같다.

① ㄱ
② ㄷ
③ ㄱ, ㄴ
④ ㄴ, ㄷ
⑤ ㄱ, ㄴ, ㄷ

문 19. 다음 대화의 ㉠으로 적절한 것만을 〈보기〉에서 모두 고르면?

갑: 우리 지역 장애인의 체육 활동을 지원하기 위한 '장애인 스포츠 강좌 지원사업'의 집행 실적이 저조하다고 합니다. 지원 바우처를 제대로 사용하지 못하고 있다는 의미인데요. 비장애인을 대상으로 하는 '일반 스포츠 강좌 지원사업'은 인기가 많아 예산이 금방 소진된다고 합니다. 과연 어디에 문제점이 있는 것일까요?

을: 바우처를 수월하게 사용하려면 사용 가능한 가맹 시설이 많이 있어야 합니다. 우리 지역의 '장애인 스포츠 강좌 지원사업' 가맹 시설은 10개소이며 '일반 스포츠 강좌 지원사업' 가맹 시설은 300개소입니다. 그런데 장애인들은 비장애인들에 비해 바우처를 사용하기 훨씬 어렵습니다. 혹시 장애인의 수에 비해 장애인 대상 가맹 시설의 수가 비장애인의 경우보다 턱없이 적어서 그런 것 아닐까요?

병: 글쎄요, 제 생각은 조금 다릅니다. 바우처 지원액이 너무 적은 것은 아닐까요? 장애인을 대상으로 하는 스포츠 강좌는 보조인력 비용 등 추가 비용으로 인해, 비장애인 대상 강좌보다 수강료가 높을 수 있습니다. 바우처를 사용한다 해도 자기 부담금이 여전히 크다면 장애인들은 스포츠 강좌를 이용하기 어려울 것입니다.

정: 하지만 제가 보기엔 장애인들의 주요 연령대가 사업에서 제외된 것 같습니다. 현재 본 사업의 대상 연령은 만 12세에서 만 49세까지인데, 장애인 인구의 고령자 인구 비율이 비장애인 인구에 비해 높다는 사실을 고려하면, 대상 연령의 상한을 적어도 만 64세까지 높여야 한다고 생각합니다.

갑: 모두들 좋은 의견 감사합니다. 오늘 회의에서 논의된 내용을 확인하기 위해 ㉠ 필요한 자료를 조사해 주세요.

〈보기〉

ㄱ. 장애인 및 비장애인 각각의 인구 대비 '스포츠 강좌 지원사업' 가맹 시설 수

ㄴ. 장애인과 비장애인 각각 '스포츠 강좌 지원사업'에 참여하기 위해 본인이 부담해야 하는 금액

ㄷ. 만 50세에서 만 64세까지의 장애인 중 스포츠 강좌 수강을 희망하는 인구와 만 50세에서 만 64세까지의 비장애인 중 스포츠 강좌 수강을 희망하는 인구

① ㄴ
② ㄷ
③ ㄱ, ㄴ
④ ㄱ, ㄷ
⑤ ㄱ, ㄴ, ㄷ

문 20. 다음 글에서 추론할 수 있는 것만을 〈보기〉에서 모두 고르면?

갑: 조(粗)출생률은 인구 1천 명당 출생아 수를 의미합니다. 조출생률은 인구 규모가 상이한 지역이나 시점 간의 출산 수준을 간편하게 비교할 때 유용한 지표입니다. 예를 들어, 2016년에 세종시보다 인구 규모가 훨씬 큰 경기도의 출생아 수는 10만 5천 명으로 세종시의 3천 명보다 많지만, 조출생률은 경기도가 8.4명이고 세종시는 14.6명입니다. 출산 수준은 세종시가 더 높다는 의미입니다.

을: 그렇군요. 그럼 합계 출산율은 무엇인가요?

갑: 합계 출산율은 여성 한 명이 평생 동안 낳을 것으로 예상되는 출생아 수를 의미합니다. 여성이 실제 평생 동안 낳은 아이 수를 측정하는 것은 가임 기간 35년이 지나야 산출할 수 있다는 문제가 있습니다. 이에 비해 합계 출산율은 여성 1명이 출산 가능한 시기를 15세부터 49세까지로 가정하고 그 사이의 각 연령대 출산율을 모두 합해서 얻습니다. 15~19세 연령대 출산율은 한 해 동안 15~19세 여성에게서 태어난 출생아 수를 15~19세 여성의 수로 나눈 수치인데, 15~19세부터 45~49세까지 7개 구간 각각의 연령대 출산율을 모두 합한 것이 합계 출산율입니다. 합계 출산율은 한 여성이 가임 기간 내내 특정 시기의 연령대 출산율 패턴을 그대로 따른다는 가정을 전제로 산출하므로 실제 출산 현실과 차이가 있을 수 있습니다.

을: 그렇다면 조출생률과 합계 출산율을 구별하는 이유가 뭐죠?

갑: 조출생률과 달리 합계 출산율은 성비 및 연령 구조에 따른 출산 수준의 차이를 표준화할 수 있는 장점이 있습니다. 예를 들어, 이스라엘의 합계 출산율은 3.0인 반면 남아프리카공화국은 2.5가량입니다. 하지만 조출생률은 거의 비슷하지요. 이것은 남아프리카공화국의 경우 전체 인구 대비 젊은 여성의 비율이 이스라엘보다 높기 때문입니다.

〈보기〉

ㄱ. 조출생률을 계산할 때는 전체 인구 대비 여성의 비율은 고려하지 않는다.

ㄴ. 두 나라가 인구 수와 조출생률에 차이가 없다면 각 나라의 합계 출산율에는 차이가 없다.

ㄷ. 합계 출산율은 한 명의 여성이 일생 동안 출산한 출생아의 수를 집계한 자료를 바탕으로 산출한다.

① ㄱ
② ㄴ
③ ㄱ, ㄷ
④ ㄴ, ㄷ
⑤ ㄱ, ㄴ, ㄷ

※ 다음 글을 읽고 물음에 답하시오. [문 21.~문 22.]

　미국의 일부 주에서 판사는 형량을 결정하거나 가석방을 허가하는 판단의 보조 자료로 양형 보조 프로그램 X를 활용한다. X는 유죄가 선고된 범죄자를 대상으로 그 사람의 재범 확률을 추정하여 그 결과를 최저 위험군을 뜻하는 1에서 최고 위험군을 뜻하는 10까지의 위험 지수로 평가한다.
　2016년 A는 X를 활용하는 플로리다 주 법정에서 선고받았던 7천여 명의 초범들을 대상으로 X의 예측 결과와 석방 후 2년간의 실제 재범 여부를 조사했다. 이 조사 결과를 토대로 한 ㉠A의 주장은 X가 흑인과 백인을 차별한다는 것이다. 첫째 근거는 백인의 경우 위험 지수 1로 평가된 사람이 가장 많고 10까지 그 비율이 차츰 감소한 데 비하여 흑인의 위험 지수는 1부터 10까지 고르게 분포되었다는 관찰 결과이다. 즉 고위험군으로 분류된 사람의 비율이 백인보다 흑인이 더 크다는 것이었다. 둘째 근거는 예측의 오류와 관련된 것이다. 2년 이내 재범을 (가) 사람 중에서 (나) 으로 잘못 분류되었던 사람의 비율은 흑인의 경우 45%인 반면 백인은 23%에 불과했고, 2년 이내 재범을 (다) 사람 중에서 (라) 으로 잘못 분류되었던 사람의 비율은 흑인의 경우 28%인 반면 백인은 48%로 훨씬 컸다. 종합하자면, 재범을 저지른 사람이든 그렇지 않은 사람이든, 흑인은 편파적으로 고위험군으로 분류된 반면 백인은 편파적으로 저위험군으로 분류된 것이다.
　X를 개발한 B는 A의 주장을 반박하는 논문을 발표하였다. B는 X의 목적이 재범 가능성에 대한 예측의 정확성을 높이는 것이며, 그 정확성에는 인종 간에 차이가 나타나지 않는다고 주장했다. B에 따르면, 예측의 정확성을 판단하는 데 있어 중요한 것은 고위험군으로 분류된 사람 중 2년 이내 재범을 저지른 사람의 비율과 저위험군으로 분류된 사람 중 2년 이내 재범을 저지르지 않은 사람의 비율이다. B는 전자의 비율이 백인 59%, 흑인 63%, 후자의 비율이 백인 71%, 흑인 65%라고 분석하고, 이 비율들은 인종 간에 유의미한 차이를 드러내지 않는다고 주장했다. 또 B는 X에 의해서 고위험군 혹은 저위험군으로 분류되기 이전의 흑인과 백인의 재범률, 즉 흑인의 기저재범률과 백인의 기저재범률 간에는 이미 상당한 차이가 있었으며, 이런 애초의 차이가 A가 언급한 예측의 오류 차이를 만들어 냈다고 설명한다. 결국 ㉡B의 주장은 X가 편파적으로 흑인과 백인의 위험 지수를 평가하지 않는다는 것이다.
　하지만 기저재범률의 차이로 인종 간 위험 지수의 차이를 설명하여, X가 인종차별적이라는 주장을 반박하는 것은 잘못이다. 기저재범률에는 미국 사회의 오래된 인종차별적 특징, 즉 흑인이 백인보다 범죄자가 되기 쉬운 사회 환경이 반영되어 있기 때문이다. 처음 범죄를 저질러서 재판을 받아야 하는 흑인을 생각해 보자. 그의 위험 지수를 판정할 때 사용되는 기저재범률은 그와 전혀 상관없는 다른 흑인들이 만들어 낸 것이다. 그런 기저재범률이 전혀 상관없는 사람의 형량이나 가석방 여부에 영향을 주는 것은 잘못이다. 더 나아가 이런 식으로 위험 지수를 평가받아 형량이 정해진 흑인들은 더 오랜 기간 교도소에 있게 될 것이며, 향후 재판받을 흑인들의 위험 지수를 더욱 높이는 결과를 가져오게 될 것이다. 따라서 ㉢X의 지속적인 사용은 미국 사회의 인종차별을 고착화한다.

문 21. 위 글의 (가)~(라)에 들어갈 말을 적절하게 나열한 것은?

	(가)	(나)	(다)	(라)
①	저지르지 않은	고위험군	저지른	저위험군
②	저지르지 않은	고위험군	저지른	고위험군
③	저지르지 않은	저위험군	저지른	저위험군
④	저지른	고위험군	저지르지 않은	저위험군
⑤	저지른	저위험군	저지르지 않은	고위험군

문 22. 위 글의 ㉠~㉢에 대한 평가로 적절한 것만을 〈보기〉에서 모두 고르면?

〈보기〉
ㄱ. 강력 범죄자 중 위험지수가 10으로 평가된 사람의 비율이 흑인과 백인 사이에 차이가 없다면, ㉠은 강화된다.
ㄴ. 흑인의 기저재범률이 높을수록 흑인에 대한 X의 재범 가능성 예측이 더 정확해진다면, ㉡은 약화된다.
ㄷ. X가 특정 범죄자의 재범률을 평가할 때 사용하는 기저재범률이 동종 범죄를 저지른 사람들로부터 얻은 것이라면, ㉢은 강화되지 않는다.

① ㄱ
② ㄷ
③ ㄱ, ㄴ
④ ㄴ, ㄷ
⑤ ㄱ, ㄴ, ㄷ

문 23. 다음 글의 빈칸에 들어갈 내용으로 가장 적절한 것은?

갑: 안녕하십니까. 저는 시청 토목정책과에 근무합니다. 부정 청탁을 받은 때는 신고해야 한다고 들었습니다.

을: 예, 「부정청탁 및 금품 등 수수의 금지에 관한 법률」(이하 '청탁금지법')에서는, 공직자가 부정 청탁을 받았을 때는 명확히 거절 의사를 표현해야 하고, 그랬는데도 상대방이 이후에 다시 동일한 부정 청탁을 해 온다면 소속 기관의 장에게 신고해야 한다고 규정합니다.

갑: '금품 등'에는 접대와 같은 향응도 포함되지요?

을: 물론이지요. 청탁금지법에 따르면, 공직자는 동일인으로부터 명목에 상관없이 1회 100만 원 혹은 매 회계연도에 300만 원을 초과하는 금품이나 접대를 받을 수 없습니다. 직무 관련성이 있는 경우에는 100만 원 이하라도 대가성 여부와 관계없이 처벌을 받습니다.

갑: '동일인'이라 하셨는데, 여러 사람이 청탁을 하는 경우는 어떻게 되나요?

을: 받는 사람을 기준으로 하여 따지게 됩니다. 한 공직자에게 여러 사람이 동일한 부정 청탁을 하며 금품을 제공하려 하였을 때에도 이들의 출처가 같다고 볼 수 있다면 '동일인'으로 해석됩니다. 또한 여러 행위가 계속성 또는 시간적·공간적 근접성이 있다고 판단되면, 합쳐서 1회로 간주될 수 있습니다.

갑: 실은, 연초에 있었던 지역 축제 때 저를 포함한 우리 시청 직원 90명은 행사에 참여한다는 차원으로 장터에 들러 1인당 8천 원씩을 지불하고 식사를 했는데, 이후에 그 식사는 X 회사 사장인 A의 축제 후원금이 1인당 1만 2천 원씩 들어간 것이라는 사실을 알게 되었습니다. 이에 대하여는 결국 대가성 있는 접대도 아니고 직무 관련성도 없는 것으로 확정되었으며, 추가된 식사비도 축제 주최 측에 돌려주었습니다. 그리고 이달 초에는 Y 회사의 임원인 B가 관급 공사 입찰을 도와달라고 청탁하면서 100만 원을 건네려 하길래 거절한 적이 있습니다. 그런데 어제는 고교 동창인 C가 찾아와 X회사 공장 부지의 용도 변경에 힘써 달라며 200만 원을 주려고 해서 단호히 거절하였습니다.

을: 그러셨군요. 말씀하신 것을 바탕으로 설명드리겠습니다. _____

① X 회사로부터 받은 접대는 시간적·공간적 근접성으로 보아 청탁금지법을 위반한 향응을 받은 것이 됩니다.

② Y 회사로부터 받은 제안의 내용은 청탁금지법상의 금품이라고는 할 수 없지만 향응에는 포함될 수 있습니다.

③ 청탁금지법상 A와 C는 동일인으로서 부정 청탁을 한 것이 됩니다.

④ 직무 관련성이 없다면 B와 C가 제시한 금액은 청탁금지법상의 허용 한도를 벗어나지 않습니다.

⑤ 현재는 청탁금지법상 C의 청탁을 신고할 의무가 생기지 않지만, C가 같은 청탁을 다시 한다면 신고해야 합니다.

문 24. 다음 글의 ㉠에 해당하는 내용으로 가장 적절한 것은?

A 시에 거주하면서 1세, 2세, 4세의 세 자녀를 기르는 갑은 육아를 위해 집에서 15km 떨어진 키즈 카페인 B 카페에 자주 방문한다. B 카페는 지역 유일의 키즈 카페라서 언제나 50여 구획의 주차장이 꽉 찰 정도로 성업 중이다. 최근 자동차를 교체하게 된 갑은 친환경 추세에 부응하여 전기차로 구매하였는데, B 카페는 전기차 충전시설이 없었다. 세 자녀를 돌보느라 거주지에서의 자동차 충전 시기를 놓치는 때가 많은 갑은 이러한 불편함을 호소하며 B 카페에 전기차 충전시설 설치를 요청하였다. 하지만 B 카페는, 충전시설을 설치하고 싶지만 비용이 문제라서 A 시의 「환경 친화적 자동차의 보급 및 이용 활성화를 위한 조례」(이하 '조례')에 따른 지원금이라도 받아야 간신히 설치할 수 있는 상황인데, 아래의 조문에서 보듯이 B 카페는 그에 해당하지 않는다고 설명하였다.

「환경 친화적 자동차의 보급 및 이용 활성화를 위한 조례」
제9조(충전시설 설치대상) ① 주차단위구획 100개 이상을 갖춘 다음 각호의 시설은 전기자동차 충전시설을 설치하여야 한다.
1. 판매·운수·숙박·운동·위락·관광·휴게·문화시설
2. 500세대 이상의 아파트, 근린생활시설, 기숙사
② 시장은 제1항의 설치대상에 대하여는 설치비용의 반액을 지원하여야 한다.
③ 시장은 제1항의 설치대상에 해당하지 않는 사업장에 대하여도 전기자동차 충전시설의 설치를 권고할 수 있다.

갑은 영유아와 같이 보호가 필요한 이들이 많이 이용하는 키즈 카페 등과 같은 사업장에도 전기차 충전시설의 설치를 지원해 줄 수 있는 근거를 조례에 마련해 달라는 민원을 제기하였다. 갑의 민원을 검토한 A 시 의회는 관련 규정의 보완이 필요하다고 인정하여, ㉠ 조례 제9조를 개정하였고, B 카페는 이에 근거한 지원금을 받아 전기차 충전시설을 설치하게 되었다.

① 제1항 제3호로 "다중이용시설(극장, 음식점, 카페, 주점 등 불특정다수인이 이용하는 시설을 말한다)"을 신설
② 제1항 제3호로 "교통약자(장애인·고령자·임산부·영유아를 동반한 사람, 어린이 등 일상생활에서 이동에 불편을 느끼는 사람을 말한다)를 위한 시설"을 신설
③ 제4항으로 "시장은 제2항에 따른 지원을 할 때 교통약자(장애인·고령자·임산부·영유아를 동반한 사람, 어린이 등 일상생활에서 이동에 불편을 느끼는 사람을 말한다)를 위한 시설을 우선적으로 지원하여야 한다."를 신설
④ 제4항으로 "시장은 제3항의 권고를 받아들이는 사업장에 대하여는 설치비용의 60퍼센트를 지원하여야 한다."를 신설
⑤ 제4항으로 "시장은 전기자동차 충전시설의 의무 설치대상으로서 조기 설치를 희망하는 사업장에는 설치 비용의 전액을 지원할 수 있다."를 신설

문 25. 다음 글의 〈논쟁〉에 대한 분석으로 적절한 것만을 〈보기〉에서 모두 고르면?

갑과 을은 「위원회의 운영에 관한 규정」 제8조에 대한 해석을 놓고 논쟁하고 있다. 그 조문은 다음과 같다.

제8조(위원장 및 위원) ① 위원장은 위촉된 위원들 중에서 투표로 선출한다.
② 위원장과 위원은 한 차례만 연임할 수 있다.
③ 위원장의 사임 등으로 보선된 위원장의 임기는 전임 위원장 임기의 남은 기간으로 한다.

〈논쟁〉

쟁점 1: A는 위원을 한 차례 연임하던 중 그 임기의 마지막 해에 위원장으로 선출되어, 2년에 걸쳐 위원장으로 활동하고 있다. 이에 대해, 갑은 A가 규정을 어기고 있다고 주장하지만, 을은 그렇지 않다고 주장한다.

쟁점 2: B가 위원장을 한 차례 연임하여 활동하던 중에 연임될 때의 투표 절차가 적법하지 않다는 이유로 위원장의 직위가 해제되었는데, 이후의 보선에 B가 출마하였다. 이에 대해, 갑은 B가 선출되면 규정을 어기게 된다고 주장하지만, 을은 그렇지 않다고 주장한다.

쟁점 3: C는 위원장을 한 차례 연임하였고, 다음 위원장으로 선출된 D는 임기 만료 직전에 사퇴하였는데, 이후의 보선에 C가 출마하였다. 이에 대해, 갑은 C가 선출되면 규정을 어기게 된다고 주장하지만, 을은 그렇지 않다고 주장한다.

〈보기〉

ㄱ. 쟁점 1과 관련하여, 갑은 위원으로서의 임기가 종료되면 위원장으로서의 자격도 없는 것으로 생각하지만, 을은 위원장이 되는 경우에는 그 임기나 연임 제한이 새롭게 산정된다고 생각하기 때문이라고 하면, 갑과 을 사이의 주장 불일치를 설명할 수 있다.

ㄴ. 쟁점 2와 관련하여, 갑은 위원장이 부적법한 절차로 당선되었더라도 그것이 연임 횟수에 포함된다고 생각하지만, 을은 그렇지 않다고 생각하기 때문이라고 하면, 갑과 을 사이의 주장 불일치를 설명할 수 있다.

ㄷ. 쟁점 3과 관련하여, 위원장 연임 제한의 의미가 '단절되는 일 없이 세 차례 연속하여 위원장이 되는 것만을 막는다'는 것으로 확정된다면, 갑의 주장은 옳고, 을의 주장은 그르다.

① ㄱ
② ㄷ
③ ㄱ, ㄴ
④ ㄴ, ㄷ
⑤ ㄱ, ㄴ, ㄷ

※ 수고하셨습니다.
※ 기출문제편 맨 마지막에 있는 OMR 카드에 마킹을 하세요.

제2영역 자료해석

QR 코드로 접속하여 문제 풀이 시간을 측정하고, 자동채점 & 성적결과분석 서비스를 통해 지금 바로 실력을 점검해 보세요.
◀ http://eduwill.kr/5bmF

풀이 시간
• 시작 : ___시 ___분 ~ 종료: ___시 ___분
• 총 : ___분

문 1. 다음 〈표〉와 〈보고서〉는 2019년 전국 안전체험관과 생활안전에 관한 자료이다. 제시된 〈표〉 이외에 〈보고서〉를 작성하기 위해 추가로 이용한 자료만을 〈보기〉에서 모두 고르면?

〈표〉 2019년 전국 안전체험관 규모별 현황
(단위: 개소)

전체	대형		중형		소형
	일반	특성화	일반	특성화	
473	25	7	5	2	434

─〈보고서〉─

2019년 생활안전 통계에 따르면 전국 473개소의 안전체험관이 운영 중인 것으로 확인되었다. 전국 안전체험관을 규모별로 살펴보면, 대형이 32개소, 중형이 7개소, 소형이 434개소였다. 이 중 대형 안전체험관은 서울이 가장 많고 경북, 충남이 그 뒤를 이었다.

전국 안전사고 사망자 수는 2015년 이후 매년 감소하다가 2018년에는 증가하였다. 교통사고 사망자 수는 2015년 이후 매년 줄어들었고, 특히 2018년에 전년 대비 11.2% 감소하였다.

2019년 분야별 지역안전지수 1등급 지역을 살펴보면 교통사고 분야는 서울, 경기, 화재 분야는 광주, 생활안전 분야는 경기, 부산으로 나타났다.

─〈보기〉─

ㄱ. 연도별 전국 교통사고 사망자 수
(단위: 명)

연도	2015	2016	2017	2018
사망자 수	4,380	4,019	3,973	3,529

ㄴ. 분야별 지역안전지수 4년 연속(2015~2018년) 1등급, 5등급 지역(시·도)

분야\등급	교통사고	화재	범죄	생활안전	자살
1등급	서울, 경기	-	세종	경기	경기
5등급	전남	세종	제주	제주	부산

ㄷ. 연도별 전국 안전사고 사망자 수
(단위: 명)

연도	2015	2016	2017	2018
사망자 수	31,582	30,944	29,545	31,111

ㄹ. 2018년 지역별 안전체험관 수

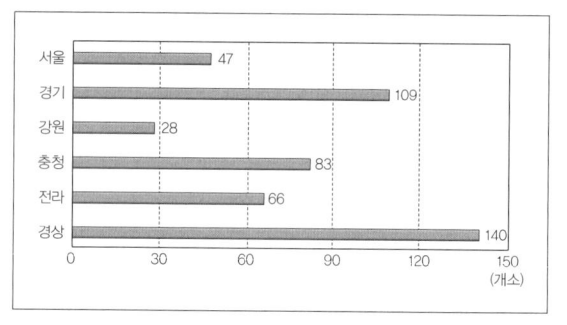

① ㄱ, ㄴ
② ㄱ, ㄷ
③ ㄴ, ㄹ
④ ㄱ, ㄷ, ㄹ
⑤ ㄴ, ㄷ, ㄹ

문 2. 다음 〈표〉는 아프리카연합이 주도한 임무단의 평화유지활동에 관한 자료이다. 이를 바탕으로 작성한 〈보고서〉의 설명 중 옳지 않은 것은?

〈표〉 임무단의 평화유지활동(2021년 5월 기준)
(단위: 명)

임무단	파견지	활동 기간	주요 임무	파견 규모
부룬디 임무단	부룬디	2003. 4. ~ 2004. 6.	평화협정 이행 지원	3,128
수단 임무단	수단	2004. 10. ~ 2007. 12.	다르푸르 지역 정전 감시	300
코모로 선거감시 지원 임무단	코모로	2006. 3. ~ 2006. 6.	코모로 대통령 선거 감시	462

소말리아 임무단	소말리아	2007. 1. ~ 현재	구호 활동 지원	6,000
코모로 치안 지원 임무단	코모로	2007. 5. ~ 2008. 10.	앙주앙 섬 치안 지원	350
다르푸르 지역 임무단	수단	2007. 7. ~ 현재	민간인 보호	6,000
우간다 임무단	우간다	2012. 3. ~ 현재	반군 소탕작전	3,350
말리 임무단	말리	2012. 12. ~ 2013. 7.	정부 지원	1,450
중앙아프리카 공화국 임무단	중앙아프리카 공화국	2013. 12. ~ 2014. 9.	안정 유지	5,961

─〈보고서〉─

아프리카연합은 아프리카 지역 분쟁 해결 및 평화 구축을 위하여 2021년 5월 현재까지 9개의 임무단을 구성하고 평화유지활동을 주도하였다. ㉠ 평화유지활동 중 가장 오랜 기간 동안 활동한 임무단은 '소말리아 임무단'이다. 이 임무는 소말리아 과도 연방정부가 아프리카연합에 평화유지군을 요청한 것을 계기로 시작되어 현재에 이르고 있다. 한편, ㉡ '코모로 선거감시 지원 임무단'은 가장 짧은 기간 동안 활동하였다. 2006년 코모로는 대통령 선거를 앞두고 아프리카연합에 지원을 요청하였고 같은 해 3월 시작된 평화유지활동은 선거가 끝난 6월에 임무가 종료되었다. ㉢ 아프리카연합이 현재까지 평화유지활동을 위해 파견한 임무단의 총규모는 25,000명 이상이며, 현재 활동 중인 임무단의 규모는 소말리아 6,000명, 수단 6,000명, 우간다 3,350명으로 총 15,000여 명이다.

아프리카연합은 아프리카 내의 문제를 자체적으로 해결하기 위해 다양한 임무단 활동을 활발히 수행하였다. 특히 ㉣ 수단과 코모로에서는 각각 2개의 임무단이 활동하였다.

현재 평화유지활동을 수행 중인 임무단은 3개이지만 ㉤ 2007년 10월 기준 평화유지활동을 수행 중이었던 임무단은 5개였다.

① ㉠
② ㉡
③ ㉢
④ ㉣
⑤ ㉤

문 3. 다음 〈그림〉은 2014 ~ 2020년 연말 기준 '갑'국의 국가채무 및 GDP에 관한 자료이다. 이에 대한 〈보기〉의 설명 중 옳은 것만을 모두 고르면?

〈그림 1〉 GDP 대비 국가채무 및 적자성채무 비율 추이

※ 국가채무 = 적자성채무 + 금융성채무

〈그림 2〉 GDP 추이

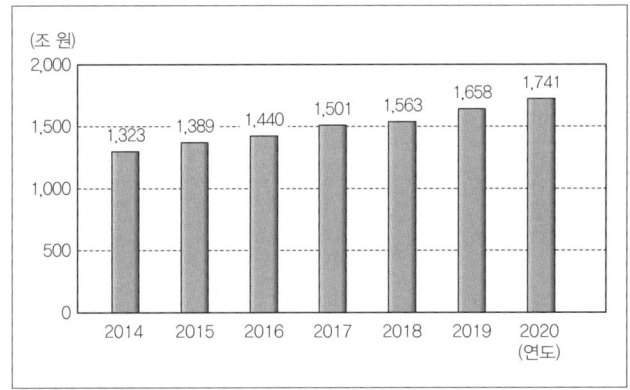

─〈보기〉─

ㄱ. 2020년 국가채무는 2014년의 1.5배 이상이다.
ㄴ. GDP 대비 금융성채무 비율은 매년 증가한다.
ㄷ. 적자성채무는 2019년부터 300조 원 이상이다.
ㄹ. 금융성채무는 매년 국가채무의 50% 이상이다.

① ㄱ, ㄴ
② ㄱ, ㄷ
③ ㄴ, ㄹ
④ ㄱ, ㄷ, ㄹ
⑤ ㄴ, ㄷ, ㄹ

문 4. 다음 〈표〉는 최근 이사한 100가구의 이사 전후 주택 규모에 관한 조사 결과이다. 이에 대한 〈보기〉의 설명 중 옳은 것만을 모두 고르면?

〈표〉 이사 전후 주택 규모 조사 결과

(단위: 가구)

이사 후 \ 이사 전	소형	중형	대형	합
소형	15	10	( )	30
중형	( )	30	10	( )
대형	5	10	15	( )
계	( )	( )	( )	100

※ 주택 규모는 '소형', '중형', '대형'으로만 구분하며, 동일한 주택 규모는 크기도 같음

〈보기〉
ㄱ. 주택 규모가 이사 전 '소형'에서 이사 후 '중형'으로 달라진 가구는 없다.
ㄴ. 이사 전후 주택 규모가 달라진 가구 수는 전체 가구 수의 50% 이하이다.
ㄷ. 주택 규모가 '대형'인 가구 수는 이사 전이 이사 후보다 적다.
ㄹ. 이사 후 주택 규모가 커진 가구 수는 이사 후 주택 규모가 작아진 가구 수보다 많다.

① ㄱ, ㄴ
② ㄱ, ㄷ
③ ㄴ, ㄹ
④ ㄷ, ㄹ
⑤ ㄱ, ㄴ, ㄷ

문 5. 다음 〈그림〉은 A사 플라스틱 제품의 제조공정도이다. 1,000kg의 재료가 '혼합' 공정에 투입되는 경우, '폐기 처리' 공정에 전달되어 투입되는 재료의 총량은 몇 kg인가?

〈그림〉 A사 플라스틱 제품의 제조공정도

※ 제조공정도 내 수치는 직진율$\left(=\dfrac{\text{다음 공정에 전달되는 재료의 양}}{\text{해당 공정에 투입되는 재료의 양}}\right)$을 의미함. 예를 들어, 가 →0.2→ 나 는 해당 공정 '가'에 100kg의 재료가 투입되면 이 중 20kg(=100kg×0.2)의 재료가 다음 공정 '나'에 전달되어 투입됨을 의미함

① 50
② 190
③ 230
④ 240
⑤ 280

문 6. 다음 〈그림〉은 12개 국가의 수자원 현황에 관한 자료이며, A~H는 각각 특정 국가를 나타낸다. 〈그림〉과 〈조건〉을 근거로 판단할 때, 국가명을 알 수 없는 것은?

〈그림〉 12개 국가의 수자원 현황

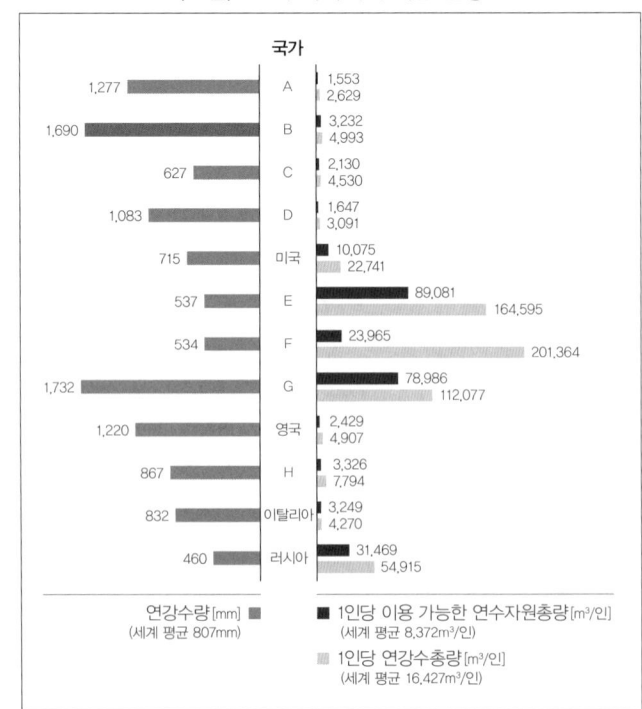

─〈조건〉─
○ '연강수량'이 세계 평균의 2배 이상인 국가는 일본과 뉴질랜드이다.
○ '연강수량'이 세계 평균보다 많은 국가 중 '1인당 이용 가능한 연수자원총량'이 가장 적은 국가는 대한민국이다.
○ '1인당 연강수총량'이 세계 평균의 5배 이상인 국가를 '연강수량'이 많은 국가부터 나열하면 뉴질랜드, 캐나다, 호주이다.
○ '1인당 이용 가능한 연수자원총량'이 영국보다 적은 국가 중 '1인당 연강수총량'이 세계 평균의 25% 이상인 국가는 중국이다.
○ '1인당 이용 가능한 연수자원총량'이 6번째로 많은 국가는 프랑스이다.

① B   ② C
③ D   ④ E
⑤ F

문 7. 다음 〈표〉는 학생 '갑'~'무'의 중간고사 3개 과목 점수에 관한 자료이다. 이에 대한 〈보기〉의 설명 중 옳은 것만을 모두 고르면?

〈표〉 '갑'~'무'의 중간고사 3개 과목 점수
(단위: 점)

과목 \ 학생	갑	을	병	정	무
성별	남	여	( )	여	남
국어	90	85	60	95	75
영어	90	85	100	65	100
수학	75	70	85	100	100

─〈보기〉─
ㄱ. 국어 평균 점수는 80점 이상이다.
ㄴ. 3개 과목 평균 점수가 가장 높은 학생과 가장 낮은 학생의 평균 점수 차이는 10점 이하이다.
ㄷ. 국어, 영어, 수학 점수에 각각 0.4, 0.2, 0.4의 가중치를 곱한 점수의 합이 가장 큰 학생은 '정'이다.
ㄹ. '갑'~'무'의 성별 수학 평균 점수는 남학생이 여학생보다 높다.

① ㄱ, ㄷ   ② ㄱ, ㄹ
③ ㄴ, ㄷ   ④ ㄱ, ㄷ, ㄹ
⑤ ㄴ, ㄷ, ㄹ

문 8. 다음 〈표〉는 2021~2027년 시스템반도체 중 인공지능반도체의 세계 시장 규모 전망이다. 이에 대한 〈보기〉의 설명 중 옳은 것만을 모두 고르면?

〈표〉 시스템반도체 중 인공지능반도체의 세계 시장 규모 전망
(단위: 억 달러, %)

구분 \ 연도	2021	2022	2023	2024	2025	2026	2027
시스템반도체	2,500	2,310	2,686	2,832	( )	3,525	( )
인공지능반도체	70	185	325	439	657	927	1,179
비중	2.8	8.0	( )	15.5	19.9	26.3	31.3

─〈보기〉─
ㄱ. 인공지능반도체 비중은 매년 증가한다.
ㄴ. 2027년 시스템반도체 시장 규모는 2021년보다 1,000억 달러 이상 증가한다.
ㄷ. 2022년 대비 2025년의 시장 규모 증가율은 인공지능반도체가 시스템반도체의 5배 이상이다.

① ㄷ   ② ㄱ, ㄴ
③ ㄱ, ㄷ   ④ ㄴ, ㄷ
⑤ ㄱ, ㄴ, ㄷ

문 9. 다음 〈표〉는 A~H 지역의 화물 이동 현황에 관한 자료이다. 이에 대한 〈보기〉의 설명 중 옳은 것만을 모두 고르면?

〈표〉 화물의 지역 내, 지역 간 이동 현황

(단위: 개)

도착 지역 출발 지역	A	B	C	D	E	F	G	H	합
A	65	121	54	52	172	198	226	89	977
B	56	152	61	55	172	164	214	70	944
C	29	47	30	22	62	61	85	30	366
D	24	61	30	37	82	80	113	45	472
E	61	112	54	47	187	150	202	72	885
F	50	87	38	41	120	188	150	55	729
G	78	151	83	73	227	208	359	115	1,294
H	27	66	31	28	94	81	116	46	489
계	390	797	381	355	1,116	1,130	1,465	522	6,156

※ 출발 지역과 도착 지역이 동일한 경우는 해당 지역 내에서 화물이 이동한 것임

〈보기〉

ㄱ. 도착 화물보다 출발 화물이 많은 지역은 3개이다.
ㄴ. 지역 내 이동 화물이 가장 적은 지역은 도착 화물도 가장 적다.
ㄷ. 지역 내 이동 화물을 제외할 때, 출발 화물과 도착 화물의 합이 가장 작은 지역은 출발 화물과 도착 화물의 차이도 가장 작다.
ㄹ. 도착 화물이 가장 많은 지역은 출발 화물 중 지역 내 이동 화물의 비중도 가장 크다.

① ㄱ, ㄴ
② ㄱ, ㄷ
③ ㄴ, ㄷ
④ ㄴ, ㄹ
⑤ ㄱ, ㄷ, ㄹ

문 10. 다음 〈표〉와 〈대화〉는 4월 4일 기준 지자체별 자가격리자 및 모니터링 요원에 관한 자료이다. 〈표〉와 〈대화〉를 근거로 C와 D에 해당하는 지자체를 바르게 나열한 것은?

〈표〉 지자체별 자가격리자 및 모니터링 요원 현황(4월 4일 기준)

(단위: 명)

구분	지자체	A	B	C	D
내국인	자가격리자	9,778	1,287	1,147	9,263
	신규 인원	900	70	20	839
	해제 인원	560	195	7	704
외국인	자가격리자	7,796	508	141	7,626
	신규 인원	646	52	15	741
	해제 인원	600	33	5	666
모니터링 요원		10,142	710	196	8,898

※ 해당일 기준 자가격리자 = 전일 기준 자가격리자 + 신규 인원 - 해제 인원

〈대화〉

갑: 감염병 확산에 대응하기 위한 회의를 시작합시다. 오늘은 대전, 세종, 충북, 충남의 4월 4일 기준 자가격리자 및 모니터링 요원 현황을 보기로 했는데, 각 지자체의 상황이 어떤가요?
을: 4개 지자체 중 세종을 제외한 3개 지자체에서 4월 4일 기준 자가격리자가 전일 기준 자가격리자보다 늘어났습니다.
갑: 모니터링 요원의 업무 부담과 관련된 통계 자료도 있나요?
을: 4월 4일 기준으로 대전, 세종, 충북은 모니터링 요원 대비 자가격리자의 비율이 1.8 이상입니다.
갑: 지자체에 모니터링 요원을 추가로 배치해야 할 것 같습니다. 자가격리자 중 외국인이 차지하는 비중이 4개 지자체 가운데 대전이 가장 높으니, 외국어 구사가 가능한 모니터링 요원을 대전에 우선 배치하는 방향으로 검토해 봅시다.

	C	D
①	충북	충남
②	충북	대전
③	충남	충북
④	세종	대전
⑤	대전	충북

문 11. 다음 〈그림〉과 〈조건〉은 직장인 '갑'~'병'이 마일리지 혜택이 있는 알뜰교통카드를 사용하여 출근하는 방법 및 교통비에 관한 자료이다. 이에 근거하여 월간 출근 교통비를 많이 지출하는 직장인부터 순서대로 나열하면?

〈그림〉 직장인 '갑'~'병'의 출근 방법 및 교통비 관련 정보

직장인	이동거리 A [m]	출근 1회당 대중교통요금[원]	이동거리 B [m]	월간 출근 횟수[회]	저소득층 여부
갑	600	3,200	200	15	O
을	500	2,300	500	22	X
병	400	1,800	200	22	O

─〈조건〉─

○ 월간 출근 교통비 = {출근 1회당 대중교통요금 − (기본 마일리지 + 추가 마일리지) × $\left(\frac{\text{마일리지 적용거리}}{800}\right)$} × 월간 출근 횟수

○ 기본 마일리지는 출근 1회당 대중교통요금에 따라 다음과 같이 지급함

출근 1회당 대중교통요금	2천 원 이하	2천 원 초과 3천 원 이하	3천 원 초과
기본 마일리지 (원)	250	350	450

○ 추가 마일리지는 저소득층에만 다음과 같이 지급함

출근 1회당 대중교통요금	2천 원 이하	2천 원 초과 3천 원 이하	3천 원 초과
추가 마일리지 (원)	100	150	200

○ 마일리지 적용거리(m)는 출근 1회당 도보·자전거로 이동한 거리의 합이며 최대 800m까지만 인정함

① 갑, 을, 병
② 갑, 병, 을
③ 을, 갑, 병
④ 을, 병, 갑
⑤ 병, 을, 갑

문 12. 다음 〈그림〉은 개발원조위원회 29개 회원국 중 공적개발원조액 상위 15개국과 국민총소득 대비 공적개발원조액 비율 상위 15개국 자료이다. 이에 대한 〈보기〉의 설명 중 옳은 것만을 모두 고르면?

〈그림 1〉 공적개발원조액 상위 15개 회원국

〈그림 2〉 국민총소득 대비 공적개발원조액 비율 상위 15개 회원국

─〈보기〉─

ㄱ. 국민총소득 대비 공적개발원조액 비율이 UN 권고 비율보다 큰 국가의 공적개발원조액 합은 250억 달러 이상이다.

ㄴ. 공적개발원조액 상위 5국의 공적개발원조액 합은 개발원조위원회 29개 회원국 공적개발원조액 합의 50% 이상이다.

ㄷ. 독일이 공적개발원조액만 30억 달러 증액하면 독일의 국민총소득 대비 공적개발원조액 비율은 UN 권고 비율 이상이 된다.

① ㄱ
② ㄷ
③ ㄱ, ㄴ
④ ㄴ, ㄷ
⑤ ㄱ, ㄴ, ㄷ

문 13. 다음 〈표〉는 '갑'국의 2020년 농업 생산액 현황 및 2021~2023년의 전년 대비 생산액 변화율 전망치에 관한 자료이다. 이에 대한 〈보기〉의 설명 중 옳은 것만을 모두 고르면?

〈표〉 농업 생산액 현황 및 변화율 전망치
(단위: 십억 원, %)

구분	2020년 생산액	전년 대비 생산액 변화율 전망치		
		2021년	2022년	2023년
농업	50,052	0.77	0.02	1.38
재배업	30,270	1.50	-0.42	0.60
축산업	19,782	-0.34	0.70	2.57
소	5,668	3.11	0.53	3.51
돼지	7,119	-3.91	0.20	1.79
닭	2,259	1.20	-2.10	2.82
달걀	1,278	5.48	3.78	3.93
우유	2,131	0.52	1.12	0.88
오리	1,327	-5.58	5.27	3.34

※ 축산업은 소, 돼지, 닭, 달걀, 우유, 오리의 6개 세부 항목으로만 구성됨

〈보기〉

ㄱ. 2021년 '오리' 생산액 전망치는 1.2조 원 이상이다.
ㄴ. 2021년 '돼지' 생산액 전망치는 같은 해 '농업' 생산액 전망치의 15% 이상이다.
ㄷ. '축산업' 중 전년 대비 생산액 변화율 전망치가 2022년보다 2023년이 낮은 세부 항목은 2개이다.
ㄹ. 2020년 생산액 대비 2022년 생산액 전망치의 증감폭은 '재배업'이 '축산업'보다 크다.

① ㄱ, ㄴ
② ㄱ, ㄷ
③ ㄴ, ㄹ
④ ㄱ, ㄷ, ㄹ
⑤ ㄴ, ㄷ, ㄹ

문 14. 다음 〈그림〉은 2020년 기준 A 공제회 현황에 관한 자료이다. 이에 대한 설명으로 옳지 않은 것은?

〈그림〉 2020년 기준 A 공제회 현황

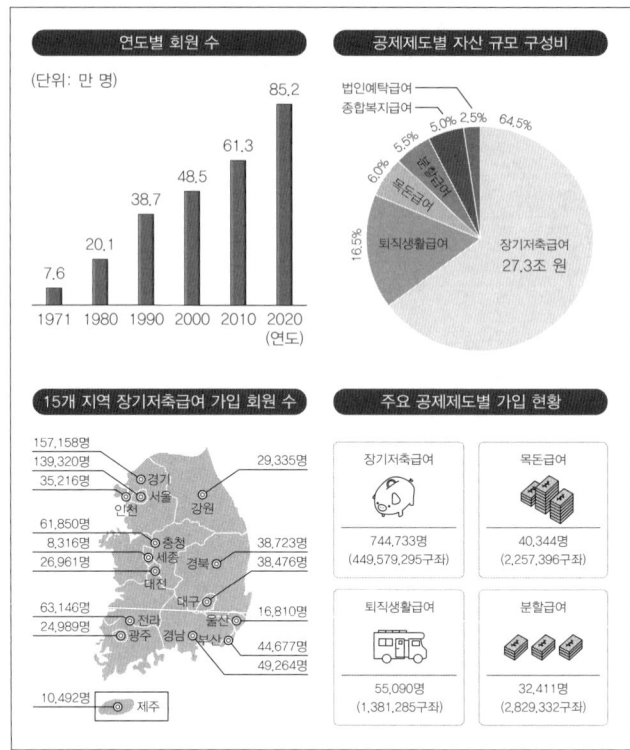

※ 1) 공제제도는 장기저축급여, 퇴직생활급여, 목돈급여, 분할급여, 종합복지급여, 법인예탁급여로만 구성됨
2) 모든 회원은 1개 또는 2개의 공제제도에 가입함

① 장기저축급여 가입 회원 수는 전체 회원의 85% 이하이다.
② 공제제도의 총자산 규모는 40조 원 이상이다.
③ 자산 규모 상위 4개 공제제도 중 2개의 공제제도에 가입한 회원은 2만 명 이상이다.
④ 충청의 장기저축급여 가입 회원 수는 15개 지역 평균 장기저축급여 가입 회원 수보다 많다.
⑤ 공제제도별 1인당 구좌 수는 장기저축급여가 분할급여의 5배 이상이다.

문 15. 다음은 국내 광고산업에 관한 문화체육관광부의 보도자료이다. 이에 부합하지 않는 자료는?

문화체육관광부	보도자료	사람이 있는 문화

보도일시	배포 즉시 보도해 주시기 바랍니다.		
배포일시	2020. 2. XX.	담당부서	□□□□국
담당과장	○○○ (044-203-○○○○)	담당자	사무관 △△△ (044-203-○○○○)

2018년 국내 광고산업 성장세 지속

○ 문화체육관광부는 국내 광고사업체의 현황과 동향을 조사한 '2019년 광고산업조사(2018년 기준)' 결과를 발표했다.
○ 이번 조사 결과에 따르면 2018년 기준 광고산업 규모는 17조 2,119억 원(광고사업체 취급액* 기준)으로, 전년 대비 4.5% 이상 증가했고, 광고사업체당 취급액 역시 증가했다.
  * 광고사업체 취급액은 광고주가 매체(방송국, 신문사 등)와 매체 외 서비스에 지불하는 비용 전체(수수료 포함)임
  - 업종별로 살펴보면 광고대행업이 6조 6,239억 원으로 전체 취급액의 38% 이상을 차지했으나, 취급액의 전년 대비 증가율은 온라인광고대행업이 16% 이상으로 가장 높다.
○ 2018년 기준 광고사업체의 매체 광고비* 규모는 11조 362억 원(64.1%), 매체 외 서비스 취급액은 6조 1,757억 원(35.9%)으로 조사됐다.
  * 매체 광고비는 방송매체, 인터넷매체, 옥외광고매체, 인쇄매체 취급액의 합임
  - 매체 광고비 중 방송매체 취급액은 4조 266억 원으로 가장 큰 비중을 차지하고 있으며, 그 다음으로 인터넷매체, 옥외광고매체, 인쇄매체 순으로 나타났다.
  - 인터넷매체 취급액은 3조 8,804억 원으로 전년 대비 6% 이상 증가했다. 특히, 모바일 취급액은 전년 대비 20% 이상 증가하여 인터넷 광고시장의 성장세를 이끌었다.
  - 한편, 간접광고(PPL) 취급액은 전년 대비 14% 이상 증가하여 1,270억 원으로 나타났으며, 그중 지상파TV와 케이블TV 간 비중의 격차는 5%p 이하로 조사됐다.

① 광고사업체 취급액 현황(2018년 기준)

② 인터넷매체(PC, 모바일) 취급액 현황

③ 간접광고(PPL) 취급액 현황

④ 업종별 광고사업체 취급액 현황

(단위: 개소, 억 원)

구분 업종	2018년 조사 (2017년 기준)		2019년 조사 (2018년 기준)	
	사업체 수	취급액	사업체 수	취급액
전체	7,234	164,133	7,256	172,119
광고대행업	1,910	64,050	1,887	66,239
광고제작업	1,374	20,102	1,388	20,434
광고전문서비스업	1,558	31,535	1,553	33,267
인쇄업	921	7,374	921	8,057
온라인광고대행업	780	27,335	900	31,953
옥외광고업	691	13,737	607	12,169

⑤ 매체별 광고사업체 취급액 현황(2018년 기준)

문 16. 다음 〈그림〉은 2020년 '갑'시의 교통사고에 관한 자료이다. 이에 대한 〈보기〉의 설명 중 옳은 것만을 모두 고르면?

〈그림 1〉 2020년 월별 교통사고 사상자

〈그림 2〉 2020년 월별 교통사고 건수

〈그림 3〉 2020년 교통사고 건수의 사고원인별 구성비

─〈보기〉─

ㄱ. 월별 교통사고 사상자는 가장 적은 달이 가장 많은 달의 60% 이하이다.

ㄴ. 2020년 교통사고 건당 사상자는 1.9명 이상이다.

ㄷ. '안전거리 미확보'가 사고원인인 교통사고 건수는 '중앙선 침범'이 사고원인인 교통사고 건수의 7배 이상이다.

ㄹ. 사고원인이 '안전운전의무 불이행'인 교통사고 건수는 2,000건 이하이다.

① ㄱ, ㄴ ② ㄱ, ㄷ
③ ㄴ, ㄷ ④ ㄷ, ㄹ
⑤ ㄱ, ㄴ, ㄹ

문 17. 다음 〈표〉와 〈정보〉는 A~J 지역의 지역발전 지표에 관한 자료이다. 이를 근거로 '가'~'라'에 들어갈 수 있는 값으로만 나열한 것은?

〈표〉 A~J 지역의 지역발전 지표

(단위: %, 개)

지표 지역	재정 자립도	시가화 면적 비율	10만 명당 문화시설 수	10만 명당 체육시설 수	주택 노후화율	주택 보급률	도로 포장률
A	83.8	61.2	4.1	111.1	17.6	105.9	92.0
B	58.5	24.8	3.1	(다)	22.8	93.6	98.3
C	65.7	35.7	3.5	103.4	13.5	91.2	97.4
D	48.3	25.3	4.3	128.0	15.8	96.6	100.0
E	(가)	20.7	3.7	133.8	12.2	100.3	99.0
F	69.5	22.6	4.1	114.0	8.5	91.0	98.1
G	37.1	22.9	7.7	110.2	20.5	103.8	91.7
H	38.7	28.8	7.8	102.5	19.9	(라)	92.5
I	26.1	(나)	6.9	119.2	33.7	102.5	89.6
J	32.6	21.3	7.5	113.0	26.9	106.1	87.9

─〈정보〉─

○ 재정자립도가 E보다 높은 지역은 A, C, F임

○ 시가화 면적 비율이 가장 낮은 지역은 주택노후화율이 가장 높은 지역임

○ 10만 명당 문화시설 수가 가장 적은 지역은 10만 명당 체육시설 수가 네 번째로 많은 지역임

○ 주택보급률이 도로포장률보다 낮은 지역은 B, C, D, F임

	가	나	다	라
①	58.6	20.9	100.9	92.9
②	60.8	19.8	102.4	92.5
③	63.5	20.1	115.7	92.0
④	65.2	20.3	117.1	92.6
⑤	65.8	20.6	118.7	93.7

문 18. 다음 〈표〉는 '갑'국 대학 기숙사 수용 및 기숙사비 납부 방식에 관한 자료이다. 이에 대한 〈보고서〉의 설명 중 옳은 것만을 모두 고르면?

〈표 1〉 2019년과 2020년 대학 기숙사 수용 현황
(단위: 명, %)

연도 구분 대학 유형		2020			2019		
		수용 가능 인원	재학생 수	수용률	수용 가능 인원	재학생 수	수용률
전체(196개교)		354,749	1,583,677	22.4	354,167	1,595,436	22.2
설립주체	국공립(40개교)	102,025	381,309	26.8	102,906	385,245	26.7
	사립(156개교)	( )	1,202,368	21.0	251,261	1,210,191	20.8
소재지	수도권(73개교)	122,099	672,055	18.2	119,940	676,479	( )
	비수도권(123개교)	232,650	911,622	25.5	234,227	918,957	25.5

※ 수용률(%) = $\frac{\text{수용 가능 인원}}{\text{재학생 수}} \times 100$

〈표 2〉 2020년 대학 기숙사비 납부 방식 현황
(단위: 개교)

납부 방식 기숙사 유형 대학 유형		카드납부 가능				현금분할납부 가능			
		직영	민자	공공	합계	직영	민자	공공	합계
전체(196개교)		27	20	0	47	43	25	9	77
설립주체	국공립(40개교)	20	17	0	37	18	16	0	34
	사립(156개교)	7	3	0	10	25	9	9	43
소재지	수도권(73개교)	3	2	0	5	16	8	4	28
	비수도권(123개교)	24	18	0	42	27	17	5	49

※ 각 대학은 한 가지 유형의 기숙사만 운영함

〈보고서〉

2020년 대학 기숙사 수용률은 22.4%로, 2019년의 22.2%에 비해 증가하였지만 여전히 20%대 초반에 그쳤다. 대학 유형별 기숙사 수용률은 사립대학보다는 국공립대학이 높고, 수도권대학보다는 비수도권대학이 높았다. 한편, ㉠ 2019년 대비 2020년 대학 유형별 기숙사 수용률은 국공립대학보다 사립대학이, 비수도권대학보다 수도권대학이 더 큰 폭으로 증가하였다.
2020년 대학 기숙사 수용 가능 인원의 변화를 설립 주체별로 살펴보면, ㉡ 국공립대학은 전년 대비 800명 이상 증가하였으나, 사립대학은 전년 대비 1,400명 이상 감소하였다. 소재지별로 살펴보면 수도권 대학의 기숙사 수용 가능 인원은 2019년 119,940명에서 2020년 122,099명으로 2,100명 이상 증가하였으나, 비수도권 대학은 2019년 234,227명에서 2020년 232,650명으로 1,500명 이상 감소하였다.
2020년 대학 기숙사비 납부 방식을 살펴보면, ㉢ 전체 대학 중 기숙사비 카드납부가 가능한 대학은 37.9%에 불과하였다. 이를 기숙사 유형별로 자세히 보면, ㉣ 카드납부가 가능한 공공기숙사는 없었고, 현금분할납부가 가능한 공공기숙사도 사립대학 9개교뿐이었다.

① ㄱ
② ㄱ, ㄴ
③ ㄱ, ㄹ
④ ㄷ, ㄹ
⑤ ㄴ, ㄷ, ㄹ

문 19. 다음 〈조건〉과 〈표〉는 2018 ~ 2020년 '가'부서 전체 직원 성과급에 관한 자료이다. 이를 근거로 판단할 때, '가'부서 전체 직원의 2020년 기본 연봉의 합은?

〈조건〉

○ 매년 각 직원의 기본 연봉은 변동 없음
○ 성과급은 전체 직원에게 각 직원의 성과등급에 따라 매년 1회 지급함
○ 성과급 = 기본 연봉 × 지급비율
○ 성과등급별 지급비율 및 인원수

성과등급 구분	S	A	B
지급비율	20%	10%	5%
인원수	1명	2명	3명

〈표〉 2018 ~ 2020년 '가'부서 전체 직원 성과급
(단위: 백만 원)

연도 직원	2018	2019	2020
갑	12.0	6.0	3.0
을	5.0	20.0	5.0
병	6.0	3.0	6.0
정	6.0	6.0	12.0
무	4.5	4.5	4.5
기	6.0	6.0	12.0

① 430백만 원
② 460백만 원
③ 490백만 원
④ 520백만 원
⑤ 550백만 원

문 20. 다음 〈표〉는 '갑'국 하수처리장의 1일 하수처리용량 및 지역등급별 방류수 기준이고, 〈그림〉은 지역등급 및 36개 하수처리장 분포이다. 이에 근거한 〈보기〉의 설명 중 옳은 것만을 모두 고르면?

〈표〉 하수처리장 1일 하수처리용량 및 지역등급별 방류수 기준

(단위: mg/L)

1일 하수처리용량	항목 지역등급	생물학적 산소요구량	화학적 산소요구량	총질소	총인
500m³ 이상	I	5 이하	20 이하	20 이하	0.2 이하
	II	5 이하	20 이하	20 이하	0.3 이하
	III	10 이하	40 이하	20 이하	0.5 이하
	IV	10 이하	40 이하	20 이하	2.0 이하
50m³ 이상 500m³ 미만	I~IV	10 이하	40 이하	20 이하	2.0 이하
50m³ 미만	I~IV	10 이하	40 이하	40 이하	4.0 이하

〈그림〉 지역등급 및 하수처리장 분포

―〈보기〉―
ㄱ. 방류수의 생물학적 산소요구량 기준이 '5mg/L 이하'인 하수처리장 수는 5개이다.
ㄴ. 1일 하수처리용량 500m³ 이상인 하수처리장 수는 1일 하수처리용량 50m³ 미만인 하수처리장 수의 1.5배 이상이다.
ㄷ. II등급 지역에서 방류수의 총인 기준이 '0.3mg/L 이하'인 하수처리장의 1일 하수처리용량 합은 최소 1,000m³이다.
ㄹ. 방류수의 총질소 기준이 '20mg/L 이하'인 하수처리장 수는 방류수의 화학적 산소요구량 기준이 '20mg/L 이하'인 하수처리장 수의 5배 이상이다.

① ㄱ, ㄴ
② ㄱ, ㄷ
③ ㄴ, ㄹ
④ ㄱ, ㄷ, ㄹ
⑤ ㄴ, ㄷ, ㄹ

문 21. 다음 〈표〉는 직원 '갑'~'무'에 대한 평가자 A~E의 직무평가 점수이다. 이에 대한 〈보기〉의 설명 중 옳은 것만을 모두 고르면?

〈표〉 직원 '갑'~'무'에 대한 평가자 A~E의 직무평가 점수

(단위: 점)

평가자 직원	A	B	C	D	E	종합점수
갑	91	87	( )	89	95	89.0
을	89	86	90	88	( )	89.0
병	68	76	( )	74	78	( )
정	71	72	85	74	( )	77.0
무	71	72	79	85	( )	78.0

※ 1) 직원별 종합점수는 해당 직원이 평가자 A~E로부터 부여받은 점수 중 최댓값과 최솟값을 제외한 점수의 평균임
2) 각 직원은 평가자 A~E로부터 각각 다른 점수를 부여받았음
3) 모든 평가자는 1~100점 중 1점 단위로 점수를 부여하였음

―〈보기〉―
ㄱ. '을'에 대한 직무평가 점수는 평가자 E가 가장 높다.
ㄴ. '병'의 종합점수로 가능한 최댓값과 최솟값의 차이는 5점 이상이다.
ㄷ. 평가자 C의 '갑'에 대한 직무평가 점수는 '갑'의 종합점수보다 높다.
ㄹ. '갑'~'무'의 종합점수 산출시, 부여한 직무평가 점수가 한 번도 제외되지 않은 평가자는 없다.

① ㄱ
② ㄱ, ㄹ
③ ㄴ, ㄷ
④ ㄱ, ㄴ, ㄹ
⑤ ㄴ, ㄷ, ㄹ

※ 다음 〈표 1〉과 〈표 2〉는 '갑'국 A~E 5개 도시의 지난 30년 월평균 지상 10m 기온과 월평균 지표면 온도이고, 〈표 3〉과 〈표 4〉는 도시별 설계적설하중과 설계기본풍속이다. 다음 물음에 답하시오. [문 22. ~ 문 23.]

〈표 1〉 도시별 월평균 지상 10m 기온

(단위: °C)

월\도시	A	B	C	D	E
1	-2.5	1.6	-2.4	-4.5	-2.3
2	-0.3	3.2	-0.5	-1.8	-0.1
3	5.2	7.4	4.5	4.2	5.1
4	12.1	13.1	10.7	11.4	12.2
5	17.4	17.6	15.9	16.8	17.2
6	21.9	21.1	15.9	16.8	21.3
7	25.9	25.0	24.0	24.5	24.4
8	25.4	25.7	24.9	24.3	25.0
9	20.8	21.2	20.7	18.9	19.7
10	14.4	15.9	14.5	12.1	13.0
11	6.9	9.6	7.2	4.8	6.1
12	-0.2	4.0	0.6	-1.7	-0.1

〈표 2〉 도시별 월평균 지표면 온도

(단위: °C)

월\도시	A	B	C	D	E
1	-2.4	2.7	-1.2	-2.7	0.3
2	-0.3	4.8	0.8	-0.7	2.8
3	5.6	9.3	6.3	4.8	8.7
4	13.4	15.7	13.4	12.6	16.3
5	19.7	20.8	19.4	19.1	22.0
6	24.8	24.2	24.5	24.4	25.9
7	26.8	27.7	26.8	26.9	28.4
8	27.4	28.5	27.5	27.0	29.0
9	22.5	19.6	22.8	21.4	23.5
10	14.8	17.9	15.8	13.5	16.9
11	6.2	10.8	7.5	5.3	8.6
12	-0.1	4.7	1.1	-0.7	2.1

〈표 3〉 도시별 설계적설하중

(단위: kN/m²)

도시	A	B	C	D	E
설계적설하중	0.5	0.5	0.7	0.8	2.0

〈표 4〉 도시별 설계기본풍속

(단위: m/s)

도시	A	B	C	D	E
설계기본풍속	30	45	35	30	40

문 22. 위 〈표〉를 근거로 〈보기〉의 설명 중 옳은 것만을 모두 고르면?

〈보기〉

ㄱ. '월평균 지상 10m 기온'이 가장 높은 달과 '월평균 지표면 온도'가 가장 높은 달이 다른 도시는 A뿐이다.

ㄴ. 2월의 '월평균 지상 10m 기온'은 영하이지만 '월평균 지표면 온도'가 영상인 도시는 C와 E이다.

ㄷ. 1월의 '월평균 지표면 온도'가 A~E 도시 중 가장 낮은 도시의 설계적설하중은 5개 도시 평균 설계적설하중보다 작다.

ㄹ. 설계기본풍속이 두 번째로 큰 도시는 8월의 '월평균 지상 10m 기온'도 A~E 도시 중 두 번째로 높다.

① ㄱ, ㄴ
② ㄴ, ㄷ
③ ㄴ, ㄹ
④ ㄷ, ㄹ
⑤ ㄱ, ㄷ, ㄹ

문 23. 폭설피해 예방대책으로 위 〈표 3〉에 제시된 도시별 설계적설하중을 수정하고자 한다. 〈규칙〉에 따라 수정하였을 때, A~E 도시 중 설계적설하중 증가폭이 두 번째로 큰 도시와 가장 작은 도시를 바르게 연결한 것은?

〈규칙〉

단계 1: 각 도시의 설계적설하중을 50% 증가시킨다.

단계 2: '월평균 지상 10m 기온'이 영하인 달이 3개 이상인 도시만 단계 1에 의해 산출된 값을 40% 증가시킨다.

단계 3: 설계기본풍속이 40m/s 이상인 도시만 단계 1~2를 거쳐 산출된 값을 20% 감소시킨다.

단계 4: 단계 1~3을 거쳐 산출된 값을 수정된 설계적설하중으로 한다. 단, 1.0kN/m² 미만인 경우 1.0kN/m²으로 한다.

	두 번째로 큰 도시	가장 작은 도시
①	A	B
②	A	C
③	B	D
④	D	B
⑤	D	C

문 24. 다음 〈표〉는 2017년과 2018년 '갑'국에 운항하는 항공사의 운송실적 및 피해구제 현황에 관한 자료이다. 〈표〉를 이용하여 작성한 그래프로 옳지 않은 것은?

〈표 1〉 2017년과 2018년 국적항공사의 노선별 운송실적

(단위: 천 명)

국적항공사	노선 연도	국내선 2017	국내선 2018	국제선 2017	국제선 2018
대형 항공사	태양항공	7,989	6,957	18,925	20,052
	무지개항공	5,991	6,129	13,344	13,727
저비용 항공사	알파항공	4,106	4,457	3,004	3,610
	에어세종	0	0	821	1,717
	청렴항공	3,006	3,033	2,515	2,871
	독도항공	4,642	4,676	5,825	7,266
	참에어	3,738	3,475	4,859	5,415
	동해항공	2,935	2,873	3,278	4,128
합계		32,407	31,600	52,571	58,786

〈표 2〉 2017년 피해 유형별 항공사의 피해구제 접수 건수 비율

(단위: %)

피해 유형 항공사	취소환불 위약금	지연 결항	정보제공 미흡	수하물 지연 파손	초과 판매	기타	합계
국적항공사	57.14	22.76	5.32	6.81	0.33	7.64	100.00
외국적항공사	49.06	27.77	6.89	6.68	1.88	7.72	100.00

〈표 3〉 2018년 피해 유형별 항공사의 피해구제 접수 건수

(단위: 건)

항공사	피해 유형	취소 환불 위약금	지연 결항	정보 제공 미흡	수하물 지연 파손	초과 판매	기타	합계	전년 대비 증가
대형 항공사	태양항공	31	96	0	7	0	19	153	13
	무지개항공	20	66	0	5	0	15	106	-2
저비용 항공사	알파항공	9	9	0	1	0	4	23	-6
	에어세종	19	10	2	1	0	12	44	7
	청렴항공	12	33	3	4	0	5	57	16
	독도항공	34	25	3	9	0	27	98	-35
	참에어	33	38	0	6	0	8	85	34
	동해항공	19	32	1	10	0	10	72	9
국적항공사		177	309	9	43	0	100	638	36
외국적항공사		161	201	11	35	0	78	486	7

① 2017년 피해 유형별 외국적항공사의 피해구제 접수 건수 대비 국적항공사의 피해구제 접수 건수 비

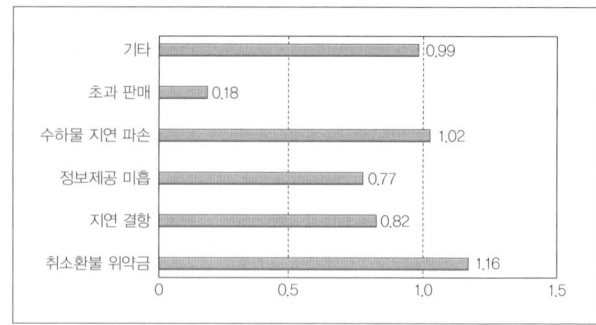

② 2017년 국적항공사별 피해구제 접수 건수 비중

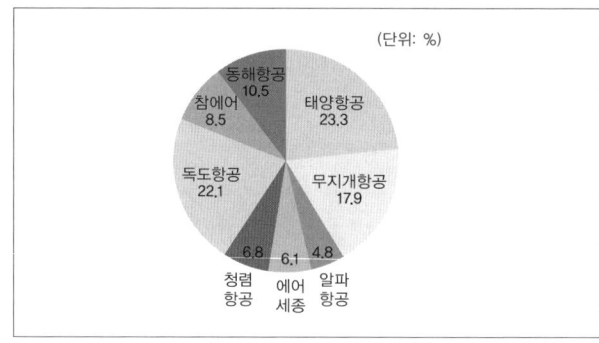

③ 2017년 피해 유형별 국적항공사의 피해구제 접수 건수

④ 2017년 대비 2018년 저비용 국적항공사의 전체 노선 운송실적 증가율

⑤ 대형 국적항공사의 전체 노선 운송실적 대비 피해구제 접수 건수 비

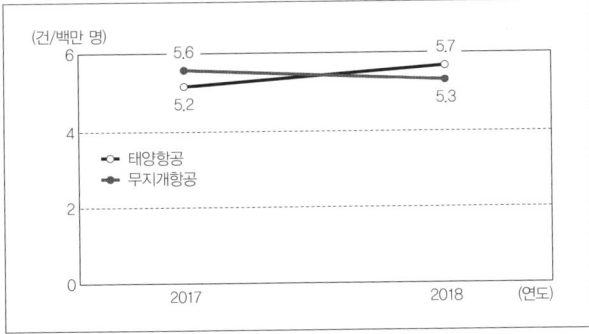

문 25. 다음 〈표〉는 2011~2020년 산불 건수 및 산불 가해자 검거 현황과 2020년 산불 원인별 가해자 검거 현황에 관한 자료이다. 이에 대한 〈보기〉의 설명 중 옳은 것만을 모두 고르면?

〈표 1〉 2011~2020년 산불 건수 및 산불 가해자 검거 현황

(단위: 건, %)

구분 연도	산불 건수	가해자 검거 건수	검거율
2011	277	131	47.3
2012	197	73	( )
2013	296	137	46.3
2014	492	167	33.9
2015	623	240	38.5
2016	391	( )	( )
2017	692	305	( )
2018	496	231	46.6
2019	653	239	36.6
2020	620	246	39.7
계	( )	1,973	( )

〈표 2〉 2020년 산불 원인별 산불 건수 및 가해자 검거 현황

(단위: 건, %)

구분 산불 원인	산불 건수	가해자 검거 건수	검거율
입산자 실화	( )	32	( )
논밭두렁 소각	49	45	( )
쓰레기 소각	65	( )	( )
담뱃불 실화	75	17	22.7
성묘객 실화	9	6	( )
어린이 불장난	1	1	100.0
건축물 실화	54	33	61.1
기타	150	52	34.7
전체	( )	246	39.7

※ 1) 산불 1건은 1개의 산불 원인으로만 분류함
2) 가해자 검거 건수는 해당 산불 발생 연도를 기준으로 집계함
3) 검거율(%) = $\frac{가해자\ 검거\ 건수}{산불\ 건수} \times 100$

〈보기〉

ㄱ. 2011~2020년 연평균 산불 건수는 500건 이하이다.
ㄴ. 산불 건수가 가장 많은 연도의 검거율은 산불 건수가 가장 적은 연도의 검거율보다 높다.
ㄷ. 2020년에는 기타를 제외하고 산불 건수가 적은 산불 원인일수록 검거율이 높다.
ㄹ. 2020년 전체 산불 건수 중 입산자 실화가 원인인 산불 건수의 비율은 35%이다.

① ㄱ, ㄴ
② ㄴ, ㄹ
③ ㄷ, ㄹ
④ ㄱ, ㄴ, ㄷ
⑤ ㄱ, ㄴ, ㄹ

문 1. 다음 글과 〈상황〉을 근거로 판단할 때 옳은 것은?

제00조 ① 다음 각 호의 어느 하나에 해당하는 사람은 주민등록지의 시장(특별시장·광역시장은 제외하고 특별자치도지사는 포함한다. 이하 같다)·군수 또는 구청장에게 주민등록번호(이하 '번호'라 한다)의 변경을 신청할 수 있다.
 1. 유출된 번호로 인하여 생명·신체에 위해를 입거나 입을 우려가 있다고 인정되는 사람
 2. 유출된 번호로 인하여 재산에 피해를 입거나 입을 우려가 있다고 인정되는 사람
 3. 성폭력피해자, 성매매피해자, 가정폭력피해자로서 유출된 번호로 인하여 피해를 입거나 입을 우려가 있다고 인정되는 사람
② 제1항의 신청 또는 제5항의 이의신청을 받은 주민등록지의 시장·군수·구청장(이하 '시장 등'이라 한다)은 ○○부의 주민등록번호변경위원회(이하 '변경위원회'라 한다)에 번호변경 여부에 관한 결정을 청구해야 한다.
③ 주민등록지의 시장 등은 변경위원회로부터 번호변경 인용결정을 통보받은 경우에는 신청인의 번호를 다음 각 호의 기준에 따라 지체 없이 변경하고 이를 신청인에게 통지해야 한다.
 1. 번호의 앞 6자리(생년월일) 및 뒤 7자리 중 첫째 자리는 변경할 수 없음
 2. 제1호 이외의 나머지 6자리는 임의의 숫자로 변경함
④ 제3항의 번호변경 통지를 받은 신청인은 주민등록증, 운전면허증, 여권, 장애인등록증 등에 기재된 번호의 변경을 위해서는 그 번호의 변경을 신청해야 한다.
⑤ 주민등록지의 시장 등은 변경위원회로부터 번호변경 기각결정을 통보받은 경우에는 그 사실을 신청인에게 통지해야 하며, 신청인은 통지를 받은 날부터 30일 이내에 그 시장 등에게 이의신청을 할 수 있다.

〈상황〉
甲은 주민등록번호 유출로 인해 재산상 피해를 입게 되자 주민등록번호 변경신청을 하였다. 甲의 주민등록지는 A광역시 B구이고, 주민등록번호는 980101-23456□□이다.

① A광역시장이 주민등록번호변경위원회에 甲의 주민등록번호 변경 여부에 관한 결정을 청구해야 한다.
② 주민등록번호변경위원회는 번호변경 인용결정을 하면서 甲의 주민등록번호를 다른 번호로 변경할 수 있다.
③ 주민등록번호변경위원회의 번호변경 인용결정이 있는 경우, 甲의 주민등록번호는 980101-45678□□으로 변경될 수 있다.
④ 甲의 주민등록번호가 변경된 경우, 甲이 운전면허증에 기재된 주민등록번호를 변경하기 위해서는 변경신청을 해야 한다.
⑤ 甲은 번호변경 기각결정을 통지받은 날부터 30일 이내에 주민등록번호변경위원회에 이의신청을 할 수 있다.

문 2. 다음 글을 근거로 판단할 때 옳은 것은?

제00조 ① 각 중앙관서의 장은 그 소관 물품관리에 관한 사무를 소속 공무원에게 위임할 수 있고, 필요하면 다른 중앙관서의 소속 공무원에게 위임할 수 있다.
② 제1항에 따라 각 중앙관서의 장으로부터 물품관리에 관한 사무를 위임받은 공무원을 물품관리관이라 한다.
제00조 ① 물품관리관은 물품수급관리계획에 정하여진 물품에 대하여는 그 계획의 범위에서, 그 밖의 물품에 대하여는 필요할 때마다 계약담당공무원에게 물품의 취득에 관한 필요한 조치를 할 것을 청구하여야 한다.
② 계약담당공무원은 제1항에 따른 청구가 있으면 예산의 범위에서 해당 물품을 취득하기 위한 필요한 조치를 하여야 한다.
제00조 물품은 국가의 시설에 보관하여야 한다. 다만 물품관리관이 국가의 시설에 보관하는 것이 물품의 사용이나 처분에 부적당하다고 인정하거나 그 밖에 특별한 사유가 있으면 국가 외의 자의 시설에 보관할 수 있다.
제00조 ① 물품관리관은 물품을 출납하게 하려면 물품출납공무원에게 출납하여야 할 물품의 분류를 명백히 하여 그 출납을 명하여야 한다.
② 물품출납공무원은 제1항에 따른 명령이 없으면 물품을 출납할 수 없다.
제00조 ① 물품출납공무원은 보관 중인 물품 중 사용할 수 없거나 수선 또는 개조가 필요한 물품이 있다고 인정하면 그 사실을 물품관리관에게 보고하여야 한다.
② 물품관리관은 제1항에 따른 보고에 의하여 수선이나 개조가 필요한 물품이 있다고 인정하면 계약담당공무원이나 그 밖의 관계 공무원에게 그 수선이나 개조를 위한 필요한 조치를 할 것을 청구하여야 한다.

① 물품출납공무원은 물품관리관의 명령이 없으면 자신의 재량으로 물품을 출납할 수 없다.
② A중앙관서의 장이 그 소관 물품관리에 관한 사무를 위임하고자 할 경우, B중앙관서의 소속 공무원에게는 위임할 수 없다.
③ 계약담당공무원은 물품을 국가의 시설에 보관하는 것이 그 사용이나 처분에 부적당하다고 인정하는 경우, 그 물품을 국가 외의 자의 시설에 보관할 수 있다.
④ 물품수급관리계획에 정해진 물품 이외의 물품이 필요한 경우, 물품관리관은 필요할 때마다 물품출납공무원에게 물품의 취득에 관한 필요한 조치를 할 것을 청구해야 한다.
⑤ 물품출납공무원은 보관 중인 물품 중 수선이 필요한 물품이 있다고 인정하는 경우, 계약담당공무원에게 수선에 필요한 조치를 할 것을 청구해야 한다.

문 3. 다음 글을 근거로 판단할 때 옳은 것은?

제○○조 ① 누구든지 법률에 의하지 아니하고는 우편물의 검열·전기통신의 감청 또는 통신사실확인자료의 제공을 하거나 공개되지 아니한 타인 상호간의 대화를 녹음 또는 청취하지 못한다.
② 다음 각 호의 어느 하나에 해당하는 자는 1년 이상 10년 이하의 징역과 5년 이하의 자격정지에 처한다.
 1. 제1항에 위반하여 우편물의 검열 또는 전기통신의 감청을 하거나 공개되지 아니한 타인 상호간의 대화를 녹음 또는 청취한 자
 2. 제1호에 따라 알게 된 통신 또는 대화의 내용을 공개하거나 누설한 자
③ 누구든지 단말기기 고유번호를 제공하거나 제공받아서는 안 된다. 다만 이동전화단말기 제조업체 또는 이동통신사업자가 단말기의 개통처리 및 수리 등 정당한 업무의 이행을 위하여 제공하거나 제공받는 경우에는 그러하지 아니하다.
④ 제3항을 위반하여 단말기기 고유번호를 제공하거나 제공받은 자는 3년 이하의 징역 또는 1천만 원 이하의 벌금에 처한다.
제□□조 제○○조의 규정에 위반하여, 불법검열에 의하여 취득한 우편물이나 그 내용, 불법감청에 의하여 지득(知得) 또는 채록(採錄)된 전기통신의 내용, 공개되지 아니한 타인 상호간의 대화를 녹음 또는 청취한 내용은 재판 또는 징계절차에서 증거로 사용할 수 없다.

① 甲이 불법검열에 의하여 취득한 乙의 우편물은 징계절차에서 증거로 사용할 수 있다.
② 甲이 乙과 정책용역을 수행하면서 乙과의 대화를 녹음한 내용은 재판에서 증거로 사용할 수 없다.
③ 甲이 乙과 丙 사이의 공개되지 않은 대화를 녹음하여 공개한 경우, 1천만 원의 벌금에 처해질 수 있다.
④ 이동통신사업자 甲이 乙의 단말기를 개통하기 위하여 단말기기 고유번호를 제공받은 경우, 1년의 징역에 처해질 수 있다.
⑤ 甲이 乙과 丙 사이의 우편물을 불법으로 검열한 경우, 2년의 징역과 3년의 자격정지에 처해질 수 있다.

문 4. 정답: ④ 1억 6,000만 원

문 5.

문 6.

문 7. 다음 글을 근거로 판단할 때, 마지막에 송편을 먹었다면 그 직전에 먹은 떡은?

> 원 쟁반의 둘레를 따라 쑥떡, 인절미, 송편, 무지개떡, 팥떡, 호박떡이 순서대로 한 개씩 시계방향으로 놓여 있다. 이 떡을 먹는 순서는 다음과 같은 규칙에 따른다. 특정한 떡을 시작점(첫 번째)으로 하여 시계방향으로 떡을 세다가 여섯 번째에 해당하는 떡을 먹는다. 떡을 먹고 나면 시계방향으로 이어지는 바로 다음 떡이 새로운 시작점이 된다. 이 과정을 반복하여 떡이 한 개 남게 되면 마지막으로 그 떡을 먹는다.

① 무지개떡
② 쑥떡
③ 인절미
④ 팥떡
⑤ 호박떡

문 8. 다음 글을 근거로 판단할 때, 甲이 구매하려는 두 상품의 무게로 옳은 것은?

> ○○마트에서는 쌀 상품 A~D를 판매하고 있다. 상품 무게는 A가 가장 무겁고, B, C, D 순서대로 무게가 가볍다. 무게 측정을 위해 서로 다른 두 상품을 저울에 올린 결과, 각각 35kg, 39kg, 44kg, 45kg, 50kg, 54kg으로 측정되었다. 甲은 가장 무거운 상품과 가장 가벼운 상품을 제외하고 두 상품을 구매하기로 하였다.

※ 상품 무게(kg)의 값은 정수이다.

① 19kg, 25kg
② 19kg, 26kg
③ 20kg, 24kg
④ 21kg, 25kg
⑤ 22kg, 26kg

문 9. 다음 글을 근거로 판단할 때, A 괘종시계가 11시 정각을 알리기 위한 마지막 종을 치는 시각은?

> A 괘종시계는 매시 정각을 알리기 위해 매시 정각부터 일정한 시간 간격으로 해당 시의 수만큼 종을 친다. 예를 들어 7시 정각을 알리기 위해서는 7시 정각에 첫 종을 치기 시작하여 일정한 시간 간격으로 총 7번의 종을 치는 것이다. 이 괘종시계가 정각을 알리기 위해 2번 이상 종을 칠 때, 종을 치는 시간 간격은 몇 시 정각을 알리기 위한 것이든 동일하다. A 괘종시계가 6시 정각을 알리기 위한 마지막 6번째 종을 치는 시각은 6시 6초이다.

① 11시 11초
② 11시 12초
③ 11시 13초
④ 11시 14초
⑤ 11시 15초

문 10. 다음 글을 근거로 판단할 때, 현재 시점에서 두 번째로 많은 양의 일을 한 사람은?

> A부서 주무관 5명(甲~戊)은 오늘 해야 하는 일의 양이 같다. 오늘 업무 개시 후 현재까지 한 일을 비교해 보면 다음과 같다.
> 甲은 丙이 아직 하지 못한 일의 절반에 해당하는 양의 일을 했다. 乙은 丁이 남겨 놓고 있는 일의 2배에 해당하는 양의 일을 했다. 丙은 자신이 현재까지 했던 일의 절반에 해당하는 일을 남겨 놓고 있다. 丁은 甲이 남겨 놓고 있는 일과 동일한 양의 일을 했다. 戊는 乙이 남겨 놓은 일의 절반에 해당하는 양의 일을 했다.

① 甲
② 乙
③ 丙
④ 丁
⑤ 戊

문 11. 다음 글과 〈대화〉를 근거로 판단할 때, 丙이 받을 수 있는 최대 성과점수는?

○ A과는 과장 1명과 주무관 4명(甲~丁)으로 구성되어 있으며, 주무관의 직급은 甲이 가장 높고, 乙, 丙, 丁 순으로 낮아진다.
○ A과는 프로젝트를 성공적으로 마친 보상으로 성과점수 30점을 부여받았다. 과장은 A과에 부여된 30점을 자신을 제외한 주무관들에게 분배할 계획을 세우고 있다.
○ 과장은 주무관들의 요구를 모두 반영하여 성과점수를 분배하려 한다.
○ 주무관들이 받는 성과점수는 모두 다른 자연수이다.

〈대화〉

甲: 과장님이 주시는 대로 받아야죠. 아! 그렇지만 丁보다는 제가 높아야 합니다.
乙: 이번 프로젝트 성공에는 제가 가장 큰 기여를 했으니, 제가 가장 높은 성과점수를 받아야 합니다.
丙: 기여도를 고려했을 때, 제 경우에는 상급자보다는 낮게 받고 하급자보다는 높게 받아야 합니다.
丁: 저는 내년 승진에 필요한 최소 성과점수인 4점만 받겠습니다.

① 6
② 7
③ 8
④ 9
⑤ 10

문 12. 다음 글을 근거로 판단할 때, 아기 돼지 삼형제와 각각의 집을 옳게 짝지은 것은?

○ 아기 돼지 삼형제는 엄마 돼지로부터 독립하여 벽돌집, 나무집, 지푸라기집 중 각각 다른 한 채씩을 선택하여 짓는다.
○ 벽돌집을 지을 때에는 벽돌만 필요하지만, 나무집은 나무와 지지대가, 지푸라기집은 지푸라기와 지지대가 재료로 필요하다. 지지대에 소요되는 비용은 집의 면적과 상관없이 나무집의 경우 20만 원, 지푸라기집의 경우 5만 원이다.
○ 재료의 1개당 가격 및 집의 면적 $1m^2$당 필요 개수는 아래와 같다.

구분	벽돌	나무	지푸라기
1개당 가격(원)	6,000	3,000	1,000
$1m^2$당 필요 개수	15	20	30

○ 첫째 돼지 집의 면적은 둘째 돼지 집의 2배이고, 셋째 돼지 집의 3배이다. 삼형제 집의 면적의 총합은 $11m^2$이다.
○ 모두 집을 짓고 나니, 둘째 돼지 집을 짓는 재료 비용이 가장 많이 들었다.

	첫째	둘째	셋째
①	벽돌집	나무집	지푸라기집
②	벽돌집	지푸라기집	나무집
③	나무집	벽돌집	지푸라기집
④	지푸라기집	벽돌집	나무집
⑤	지푸라기집	나무집	벽돌집

문 13. 다음 〈A기관 특허대리인 보수 지급 기준〉과 〈상황〉을 근거로 판단할 때, 甲과 乙이 지급받는 보수의 차이는?

─〈A기관 특허대리인 보수 지급 기준〉─

○ A기관은 특허출원을 특허대리인(이하 '대리인')에게 의뢰하고, 이에 따라 특허출원 건을 수임한 대리인에게 보수를 지급한다.
○ 보수는 착수금과 사례금의 합이다.
○ 착수금은 대리인이 작성한 출원서의 내용에 따라 〈착수금 산정 기준〉의 세부항목을 합산하여 산정한다. 단, 세부항목을 합산한 금액이 140만 원을 초과할 경우 착수금은 140만 원으로 한다.

〈착수금 산정 기준〉

세부항목	금액(원)
기본료	1,200,000
독립항 1개 초과분(1개당)	100,000
종속항(1개당)	35,000
명세서 20면 초과분(1면당)	9,000
도면(1도당)	15,000

※ 독립항 1개 또는 명세서 20면 이하는 해당 항목에 대한 착수금을 산정하지 않는다.

○ 사례금은 출원한 특허가 '등록결정'된 경우 착수금과 동일한 금액으로 지급하고, '거절결정'된 경우 0원으로 한다.

─〈상황〉─

○ 특허대리인 甲과 乙은 A기관이 의뢰한 특허출원을 각각 1건씩 수임하였다.
○ 甲은 독립항 1개, 종속항 2개, 명세서 14면, 도면 3도로 출원서를 작성하여 특허를 출원하였고, '등록결정'되었다.
○ 乙은 독립항 5개, 종속항 16개, 명세서 50면, 도면 12도로 출원서를 작성하여 특허를 출원하였고, '거절결정'되었다.

① 2만 원
② 8만 5천 원
③ 123만 원
④ 129만 5천 원
⑤ 259만 원

문 14. 다음 글과 〈상황〉을 근거로 판단할 때, 〈보기〉에서 옳은 것만을 모두 고르면?

□□부서는 매년 △△사업에 대해 사업자 자격 요건 재허가 심사를 실시한다.
○ 기본심사 점수에서 감점 점수를 뺀 최종심사 점수가 70점 이상이면 '재허가', 60점 이상 70점 미만이면 '허가 정지', 60점 미만이면 '허가 취소'로 판정한다.
 - 기본심사 점수: 100점 만점으로, ㉮~㉰의 4가지 항목(각 25점 만점) 점수의 합으로 한다. 단, 점수는 자연수이다.
 - 감점 점수: 과태료 부과의 경우 1회당 2점, 제재 조치의 경우 경고 1회당 3점, 주의 1회당 1.5점, 권고 1회당 0.5점으로 한다.

─〈상황〉─

2020년 사업자 A~C의 기본심사 점수 및 감점 사항은 아래와 같다.

사업자	기본심사 항목별 점수			
	㉮	㉯	㉰	㉱
A	20	23	17	?
B	18	21	18	?
C	23	18	21	16

사업자	과태료 부과 횟수	제재 조치 횟수		
		경고	주의	권고
A	3	–	–	6
B	5	–	3	2
C	4	1	2	–

─〈보기〉─

ㄱ. A의 ㉱ 항목 점수가 15점이라면 A는 재허가를 받을 수 있다.
ㄴ. B의 허가가 취소되지 않으려면 B의 ㉱ 항목 점수가 19점 이상이어야 한다.
ㄷ. C가 2020년에 과태료를 부과받은 적이 없다면 판정 결과가 달라진다.
ㄹ. 기본심사 점수와 최종심사 점수 간의 차이가 가장 큰 사업자는 C이다.

① ㄱ
② ㄴ
③ ㄱ, ㄴ
④ ㄴ, ㄷ
⑤ ㄷ, ㄹ

문 15. 다음 글과 〈상황〉을 근거로 판단할 때, 수질검사빈도와 수질기준을 둘 다 충족한 검사지점만을 모두 고르면?

□□법 제00조(수질검사빈도와 수질기준) ① 기초자치단체의 장인 시장·군수·구청장은 다음 각 호의 구분에 따라 지방상수도의 수질검사를 실시하여야 한다.
1. 정수장에서의 검사
  가. 냄새, 맛, 색도, 탁도(濁度), 잔류염소에 관한 검사: 매일 1회 이상
  나. 일반세균, 대장균, 암모니아성 질소, 질산성 질소, 과망간산칼륨 소비량 및 증발잔류물에 관한 검사: 매주 1회 이상
  단, 일반세균, 대장균을 제외한 항목 중 지난 1년간 검사를 실시한 결과, 수질기준의 10퍼센트를 초과한 적이 없는 항목에 대하여는 매월 1회 이상
2. 수도꼭지에서의 검사
  가. 일반세균, 대장균, 잔류염소에 관한 검사: 매월 1회 이상
  나. 정수장별 수도관 노후지역에 대한 일반세균, 대장균, 암모니아성 질소, 동, 아연, 철, 망간, 잔류염소에 관한 검사: 매월 1회 이상
3. 수돗물 급수과정별 시설(배수지 등)에서의 검사
  일반세균, 대장균, 암모니아성 질소, 동, 수소이온 농도, 아연, 철, 잔류염소에 관한 검사: 매 분기 1회 이상
② 수질기준은 아래와 같다.

항목	기준	항목	기준
대장균	불검출/100mL	일반세균	100CFU/mL 이하
잔류염소	4mg/L 이하	질산성 질소	10mg/L 이하

〈상황〉

甲시장은 □□법 제00조에 따라 수질검사를 실시하고 있다. 甲시 관할의 검사지점(A~E)은 이전 검사에서 매번 수질기준을 충족하였고, 이번 수질검사에서 아래와 같은 결과를 보였다.

검사지점	검사대상	검사결과	검사빈도
정수장 A	잔류염소	2mg/L	매일 1회
정수장 B	질산성 질소	11mg/L	매일 1회
정수장 C	일반세균	70CFU/mL	매월 1회
수도꼭지 D	대장균	불검출/100mL	매주 1회
배수지 E	잔류염소	2mg/L	매주 1회

※ 제시된 검사대상 외의 수질검사빈도와 수질기준은 모두 충족한 것으로 본다.

① A, D
② B, D
③ A, D, E
④ A, B, C, E
⑤ A, C, D, E

문 16. 다음 글과 〈상황〉을 근거로 판단할 때 옳은 것은?

○ 민원의 종류
  법정민원(인가·허가 등을 신청하거나 사실·법률관계에 관한 확인 또는 증명을 신청하는 민원), 질의민원(법령·제도 등에 관하여 행정기관의 설명·해석을 요구하는 민원), 건의민원(행정제도의 개선을 요구하는 민원), 기타민원(그 외 상담·설명 요구, 불편 해결을 요구하는 민원)으로 구분함
○ 민원의 신청
  문서(전자문서를 포함, 이하 같음)로 해야 하나, 기타민원은 구술 또는 전화로 가능함
○ 민원의 접수
  민원실에서 접수하고, 접수증을 교부하여야 함(단, 기타민원, 우편 및 전자문서로 신청한 민원은 접수증 교부를 생략할 수 있음)
○ 민원의 이송
  접수한 민원이 다른 행정기관의 소관인 경우, 접수된 민원문서를 지체 없이 소관 기관에 이송하여야 함
○ 처리결과의 통지
  접수된 민원에 대한 처리결과를 민원인에게 문서로 통지하여야 함(단, 기타민원의 경우와 통지에 신속을 요하거나 민원인이 요청하는 경우, 구술 또는 전화로 통지할 수 있음)
○ 반복 및 중복 민원의 처리
  민원인이 동일한 내용의 민원(법정민원 제외)을 정당한 사유 없이 3회 이상 반복하여 제출한 경우, 2회 이상 그 처리결과를 통지하였다면 그 후 접수되는 민원에 대하여는 바로 종결 처리할 수 있음

〈상황〉

○ 甲은 인근 공사장 소음으로 인한 불편 해결을 요구하는 민원을 A시에 제기하려고 한다.
○ 乙은 자신의 영업허가를 신청하는 민원을 A시에 제기하려고 한다.

① 甲은 구술 또는 전화로 민원을 신청할 수 없다.
② 乙은 전자문서로 민원을 신청할 수 없다.
③ 甲이 신청한 민원이 다른 행정기관 소관 사항인 경우라도, A시는 해당 민원을 이송 없이 처리할 수 있다.
④ A시는 甲이 신청한 민원에 대한 처리결과를 전화로 통지할 수 있다.
⑤ 乙이 동일한 내용의 민원을 이미 2번 제출하여 처리결과를 통지받았으나 정당한 사유 없이 다시 신청한 경우, A시는 해당 민원을 바로 종결 처리할 수 있다.

문 17. 다음 글과 〈상황〉을 근거로 판단할 때 옳지 않은 것은?

제00조 ① 건축물을 건축하거나 대수선하려는 자는 특별자치시장·특별자치도지사 또는 시장·군수·구청장의 허가를 받아야 한다. 다만 21층 이상의 건축물이나 연면적 합계 10만 제곱미터 이상인 건축물을 특별시나 광역시에 건축하려면 특별시장이나 광역시장의 허가를 받아야 한다.
② 허가권자는 제1항에 따른 허가를 받은 자가 다음 각 호의 어느 하나에 해당하면 허가를 취소하여야 한다. 다만 제1호에 해당하는 경우로서 정당한 사유가 있다고 인정되면 1년의 범위에서 공사의 착수기간을 연장할 수 있다.
 1. 허가를 받은 날부터 2년 이내에 공사에 착수하지 아니한 경우
 2. 제1호의 기간 이내에 공사에 착수하였으나 공사의 완료가 불가능하다고 인정되는 경우
제00조 ① ○○부 장관은 국토관리를 위하여 특히 필요하다고 인정하거나 주무부장관이 국방, 문화재보존, 환경보전 또는 국민경제를 위하여 특히 필요하다고 인정하여 요청하면 허가권자의 건축허가나 허가를 받은 건축물의 착공을 제한할 수 있다.
② 특별시장·광역시장·도지사(이하 '시·도지사'라 한다)는 지역계획이나 도시·군계획에 특히 필요하다고 인정하면 시장·군수·구청장의 건축허가나 허가를 받은 건축물의 착공을 제한할 수 있다.
③ ○○부 장관이나 시·도지사는 제1항이나 제2항에 따라 건축허가나 건축허가를 받은 건축물의 착공을 제한하려는 경우에는 주민의견을 청취한 후 건축위원회의 심의를 거쳐야 한다.
④ 제1항이나 제2항에 따라 건축허가나 건축물의 착공을 제한하는 경우 제한기간은 2년 이내로 한다. 다만 1회에 한하여 1년 이내의 범위에서 제한기간을 연장할 수 있다.

〈상황〉

甲은 20층의 연면적 합계 5만 제곱미터인 건축물을, 乙은 연면적 합계 15만 제곱미터인 건축물을 각각 A광역시 B구에 신축하려고 한다.

① 甲은 B구청장에게 건축허가를 받아야 한다.
② 甲이 건축허가를 받은 경우에도 A광역시장은 지역계획에 특히 필요하다고 인정하면 일정한 절차를 거쳐 甲의 건축물 착공을 제한할 수 있다.
③ B구청장은 주민의견을 청취한 후 건축위원회의 심의를 거쳐 건축허가를 받은 乙의 건축물 착공을 제한할 수 있다.
④ 乙이 건축허가를 받은 날로부터 2년 이내에 정당한 사유 없이 공사에 착수하지 않은 경우, A광역시장은 건축허가를 취소하여야 한다.
⑤ 주무부장관이 문화재보존을 위하여 특히 필요하다고 인정하여 요청하는 경우, ○○부 장관은 건축허가를 받은 乙의 건축물에 대해 최대 3년간 착공을 제한할 수 있다.

문 18. 다음 글을 근거로 판단할 때 옳지 않은 것은?

제00조 ① 정보공개심의회(이하 '심의회'라 한다)는 다음 각 호의 구분에 따라 10인 이내의 위원으로 구성한다.
 1. 내부 위원: 위원장 1인(○○실장)과 각 부서의 정보공개담당관 중 지명된 3인
 2. 외부 위원: 관련분야 전문가 중에서 총 위원수의 3분의 1 이상 위촉
② 위원은 특정 성별이 다른 성별의 2분의 1 이하가 되지 않도록 한다.
③ 위원장을 비롯한 내부 위원의 임기는 그 직위에 재직하는 기간으로 하며, 외부 위원의 임기는 2년으로 하되 2회에 한하여 연임할 수 있다.
④ 심의회는 위원장이 소집하고, 회의는 위원장을 포함한 재적위원 3분의 2 이상의 출석으로 개의하고 출석위원 3분의 2 이상의 찬성으로 의결한다.
⑤ 위원은 부득이한 이유로 참석할 수 없는 경우에는 서면으로 의견을 제출할 수 있다. 이 경우 해당 위원은 심의회에 출석한 것으로 본다.

① 외부 위원의 최대 임기는 6년이다.
② 정보공개심의회는 최소 6명의 위원으로 구성된다.
③ 정보공개심의회 내부 위원이 모두 여성일 경우, 정보공개심의회는 7명의 위원으로 구성될 수 있다.
④ 정보공개심의회가 8명의 위원으로 구성되면, 위원 3명의 찬성으로 의결되는 경우가 있다.
⑤ 위원장을 포함한 위원 5명이 직접 출석하여 이들 모두 안건에 찬성하고, 위원 2명이 부득이한 이유로 서면으로 의견을 제출한 경우, 제출된 서면 의견에 상관없이 해당 안건은 찬성으로 의결된다.

문 19. 다음 글을 근거로 판단할 때, 〈보기〉에서 옳은 것만을 모두 고르면?

> 2021년에 적용되는 ○○인재개발원의 분반 허용 기준은 아래와 같다.
> ○ 분반 허용 기준
> - 일반강의: 직전 2년 수강인원의 평균이 100명 이상이거나, 그 2년 중 1년의 수강인원이 120명 이상
> - 토론강의: 직전 2년 수강인원의 평균이 60명 이상이거나, 그 2년 중 1년의 수강인원이 80명 이상
> - 영어강의: 직전 2년 수강인원의 평균이 30명 이상이거나, 그 2년 중 1년의 수강인원이 50명 이상
> - 실습강의: 직전 2년 수강인원의 평균이 20명 이상
> ○ 이상의 기준에도 불구하고 직전년도 강의만족도 평가점수가 90점 이상이었던 강의는 위에서 기준으로 제시한 수강인원의 90% 이상이면 분반을 허용한다.

〈보기〉

ㄱ. 2019년과 2020년의 수강인원이 각각 100명과 80명이고 2020년 강의만족도 평가점수가 85점인 일반강의 A는 분반이 허용된다.

ㄴ. 2019년과 2020년의 수강인원이 각각 10명과 45명인 영어강의 B의 분반이 허용되지 않는다면, 2020년 강의만족도 평가점수는 90점 미만이었을 것이다.

ㄷ. 2019년 수강인원이 20명이고 2020년 강의만족도 평가점수가 92점인 실습강의 C의 분반이 허용되지 않는다면, 2020년 강의의 수강인원은 15명을 넘지 않았을 것이다.

① ㄴ
② ㄷ
③ ㄱ, ㄴ
④ ㄱ, ㄷ
⑤ ㄴ, ㄷ

문 20. 다음 글과 〈상황〉을 근거로 판단할 때, 〈사업 공모 지침 수정안〉의 밑줄 친 ㉮~㉲ 중 '관계부처 협의 결과'에 부합한 것만을 모두 고르면?

○ '대학 캠퍼스 혁신파크 사업'을 담당하는 A주무관은 신청 조건과 평가지표 및 배점을 포함한 〈사업 공모 지침 수정안〉을 작성하였다. 평가지표는 I~IV의 지표와 그 하위 지표로 구성되어 있다.

〈사업 공모 지침 수정안〉

㉮ □ 신청 조건
최소 1만m² 이상의 사업부지 확보. 단, 사업부지에는 건축물이 없어야 함
□ 평가지표 및 배점

평가지표	배점 현행	배점 수정
㉯ I. 개발 타당성	20	25
- 개발계획의 합리성	10	10
- 관련 정부사업과의 연계가능성	5	10
- 학습여건 보호 가능성	5	5
㉰ II. 대학의 사업 추진 역량과 의지	10	15
- 혁신파크 입주기업 지원 방안	5	5
- 사업 전담조직 및 지원체계	5	5
- 대학 내 주체 간 합의 정도	-	5
㉱ III. 기업 유치 가능성	10	10
- 기업의 참여 가능성	7	3
- 참여 기업의 재무건전성	3	7
㉲ IV. 시범사업 조기 활성화 가능성	10	삭제
- 대학 내 주체 간 합의 정도	5	이동
- 부지 조기 확보 가능성	5	삭제
합계	50	50

〈상황〉

A주무관은 〈사업 공모 지침 수정안〉을 작성한 후 뒤늦게 '관계부처 협의 결과'를 전달받았다. 그 내용은 다음과 같다.

○ 대학이 부지를 확보하는 것이 쉽지 않으므로 신청 사업부지 안에 건축물이 포함되어 있어도 신청 허용
○ 도시재생뉴딜사업, 창업선도대학 등 '관련 정부사업과의 연계가능성' 평가비중 확대
○ 시범사업 기간이 종료되었으므로 시범사업 조기 활성화와 관련된 평가지표를 삭제하되 '대학 내 주체 간 합의 정도'는 타 지표로 이동하여 계속 평가
○ 논의된 내용 이외의 하위 지표의 항목과 배점은 사업의 안정성을 위해 현행 유지

① 가, 나
② 가, 라
③ 나, 라
④ 다, 마
⑤ 나, 다, 마

문 21. 다음 글과 〈대화〉를 근거로 판단할 때, ㉠에 들어갈 丙의 대화내용으로 옳은 것은?

> 주무관 丁은 다음과 같은 사실을 알고 있다.
> ○ 이번 주 개업한 A식당은 평일 '점심(12시)'과 '저녁(18시)'으로만 구분해 운영되며, 해당 시각 이전에 예약할 수 있다.
> ○ 주무관 甲~丙은 A식당에 이번 주 월요일부터 수요일까지 서로 겹치지 않게 예약하고 각자 한 번씩 다녀왔다.

〈대화〉

甲: 나는 이번 주 乙의 방문후기를 보고 예약했어. 음식이 정말 훌륭하더라!
乙: 그렇지? 나도 나중에 들었는데 丙은 점심 할인도 받았대. 나도 다음에는 점심에 가야겠어.
丙: 월요일은 개업일이라 사람이 많을 것 같아서 피했어.
　　　　　　　　　㉠
丁: 너희 모두의 말을 다 들어보니, 각자 식당에 언제 갔는지를 정확하게 알겠다!

① 乙이 다녀온 바로 다음날 점심을 먹었지.
② 甲이 먼저 점심 할인을 받고 나에게 알려준 거야.
③ 甲이 우리 중 가장 늦게 갔었구나.
④ 월요일에 갔던 사람은 아무도 없구나.
⑤ 같이 가려고 했더니 이미 다들 먼저 다녀왔더군.

문 22. 다음 글과 〈상황〉을 근거로 판단할 때, 날씨 예보 앱을 설치한 잠재 사용자의 총수는?

> 내일 비가 오는지를 예측하는 날씨 예보시스템을 개발한 A청은 다음과 같은 날씨 예보 앱의 '사전테스트전략'을 수립하였다.
> ○ 같은 날씨 변화를 경험하는 잠재 사용자의 전화번호를 개인의 동의를 얻어 확보한다.
> ○ 첫째 날에는 잠재 사용자를 같은 수의 두 그룹으로 나누어, 한쪽은 "비가 온다"로 다른 한쪽에는 "비가 오지 않는다"로 메시지를 보낸다.
> ○ 둘째 날에는 직전일에 보낸 메시지와 날씨가 일치한 그룹을 다시 같은 수의 두 그룹으로 나누어, 한쪽은 "비가 온다"로 다른 한쪽에는 "비가 오지 않는다"로 메시지를 보낸다.
> ○ 이후 날에도 같은 작업을 계속 반복한다.
> ○ 보낸 메시지와 날씨가 일치하지 않은 잠재 사용자를 대상으로도 같은 작업을 반복한다. 즉, 직전일에 보낸 메시지와 날씨가 일치하지 않은 잠재 사용자를 같은 수의 두 그룹으로 나누어, 한쪽은 "비가 온다"로 다른 한쪽에는 "비가 오지 않는다"로 메시지를 보낸다.

〈상황〉

A청은 사전테스트전략대로 200,000명의 잠재 사용자에게 월요일부터 금요일까지 5일간 메시지를 보냈다. 받은 메시지와 날씨가 3일 연속 일치한 경우, 해당 잠재 사용자는 날씨 예보 앱을 그날 설치한 후 제거하지 않았다.

① 12,500명
② 25,000명
③ 37,500명
④ 43,750명
⑤ 50,000명

※ 다음 글을 읽고 물음에 답하시오. [문 23.~문 24.]

○ 국가는 지방자치단체인 시·군·구의 인구, 지리적 여건, 생활권·경제권, 발전가능성 등을 고려하여 통합이 필요한 지역에 대하여는 지방자치단체 간 통합을 지원해야 한다.
○ △△위원회(이하 '위원회')는 통합대상 지방자치단체를 발굴하고 통합방안을 마련한다. 지방자치단체의 장, 지방의회 또는 주민은 인근 지방자치단체와의 통합을 위원회에 건의할 수 있다. 단, 주민이 건의하는 경우에는 해당 지방자치단체의 주민투표권자 총수의 50분의 1 이상의 연서(連書)가 있어야 한다. 지방자치단체의 장, 지방의회 또는 주민은 위원회에 통합을 건의할 때 통합대상 지방자치단체를 관할하는 특별시장·광역시장 또는 도지사(이하 '시·도지사')를 경유해야 한다. 이 경우 시·도지사는 접수받은 통합건의서에 의견을 첨부하여 지체 없이 위원회에 제출해야 한다. 위원회는 위의 건의를 참고하여 시·군·구 통합방안을 마련해야 한다.
○ □□부 장관은 위원회가 마련한 시·군·구 통합방안에 따라 지방자치단체 간 통합을 해당 지방자치단체의 장에게 권고할 수 있다. □□부 장관은 지방자치단체 간 통합권고안에 관하여 해당 지방의회의 의견을 들어야 한다. 그러나 □□부 장관이 필요하다고 인정하여 해당 지방자치단체의 장에게 주민투표를 요구하여 실시한 경우에는 그렇지 않다. 지방자치단체의 장은 시·군·구 통합과 관련하여 주민투표의 실시 요구를 받은 때에는 지체 없이 이를 공표하고 주민투표를 실시해야 한다.
○ 지방의회 의견청취 또는 주민투표를 통하여 지방자치단체의 통합의사가 확인되면 '관계지방자치단체(통합대상 지방자치단체 및 이를 관할하는 특별시·광역시 또는 도)'의 장은 명칭, 청사 소재지, 지방자치단체의 사무 등 통합에 관한 세부사항을 심의하기 위하여 공동으로 '통합추진공동위원회'를 설치해야 한다.
○ 통합추진공동위원회의 위원은 관계지방자치단체의 장 및 그 지방의회가 추천하는 자로 한다. 통합추진공동위원회를 구성하는 각각의 관계지방자치단체 위원 수는 다음에 따라 산정한다. 단, 그 결과값이 자연수가 아닌 경우에는 소수점 이하의 수를 올림한 값을 관계지방자치단체 위원 수로 한다.

> 관계지방자치단체 위원 수 = [(통합대상 지방자치단체 수) × 6 + (통합대상 지방자치단체를 관할하는 특별시·광역시 또는 도의 수) × 2 + 1] ÷ (관계지방자치단체 수)

○ 통합추진공동위원회의 전체 위원 수는 위에 따라 산출된 관계지방자치단체 위원 수에 관계지방자치단체 수를 곱한 값이다.

문 23. 윗글을 근거로 판단할 때 옳은 것은?

① □□부 장관이 요구하여 지방자치단체의 통합과 관련한 주민투표가 실시된 경우에는 통합권고안에 대해 지방의회의 의견을 청취하지 않아도 된다.
② 지방의회가 의결을 통해 다른 지방자치단체와의 통합을 추진하고자 한다면 통합건의서는 시·도지사를 경유하지 않고 △△위원회에 직접 제출해야 한다.
③ 주민투표권자 총수가 10만 명인 지방자치단체의 주민들이 다른 인근 지방자치단체와의 통합을 △△위원회에 건의하고자 할 때, 주민 200명의 연서가 있으면 가능하다.
④ 통합추진공동위원회의 위원은 □□부 장관과 관계지방자치단체의 장이 추천하는 자로 한다.
⑤ 지방자치단체의 장은 해당 지방자치단체의 통합을 △△위원회에 건의할 때, 지방의회의 의결을 거쳐야 한다.

문 24. 윗글과 〈상황〉을 근거로 판단할 때, '통합추진공동위원회'의 전체 위원 수는?

―〈상황〉―

甲도가 관할하는 지방자치단체인 A군과 B군, 乙도가 관할하는 지방자치단체인 C군, 그리고 丙도가 관할하는 지방자치단체인 D군은 관련 절차를 거쳐 하나의 지방자치단체로 통합을 추진하고 있다. 현재 관계지방자치단체장은 공동으로 '통합추진공동위원회'를 설치하고자 한다.

① 42명
② 35명
③ 32명
④ 31명
⑤ 28명

문 25. 다음 글과 〈상황〉을 근거로 판단할 때, 괄호 안의 ㉠과 ㉡에 해당하는 것을 옳게 짝지은 것은?

○ 행정구역분류코드는 다섯 자리 숫자로 구성되어 있다.
○ 행정구역분류코드의 '처음 두 자리'는 광역자치단체인 시·도를 의미하는 고유한 값이다.
○ '그 다음 두 자리'는 광역자치단체인 시·도에 속하는 기초자치단체인 시·군·구를 의미하는 고유한 값이다. 단, 광역자치단체인 시에 속하는 기초자치단체는 군·구이다.
○ '마지막 자리'에는 해당 시·군·구가 기초자치단체인 경우 0, 자치단체가 아닌 경우 0이 아닌 임의의 숫자를 부여한다.
○ 광역자치단체인 시에 속하는 구는 기초자치단체이며, 기초자치단체인 시에 속하는 구는 자치단체가 아니다.

〈상황〉

○○시의 A구와 B구 중 B구의 행정구역분류코드의 첫 네 자리는 1003이며, 다섯 번째 자리는 알 수 없다.
甲은 ○○시가 광역자치단체인지 기초자치단체인지 모르는 상황에서, A구의 행정구역분류코드는 ○○시가 광역자치단체라면 (㉠), 기초자치단체라면 (㉡)이/가 가능하다고 판단하였다.

	㉠	㉡
①	10020	10021
②	10020	10033
③	10033	10034
④	10050	10027
⑤	20030	10035

2020년 11월 23일 시행

2020년도 국가공무원
7급 PSAT 모의평가

응시번호	
성 명	

문제책형
-

【시험과목】

제1영역	언어논리
제2영역	자료해석
제3영역	상황판단

※ 2024년도~2022년도 시험과 모의평가 시험의 진행방식이 상이하므로 문제를 풀기 전 확인하시기 바랍니다.

≪ 응시자 주의사항 ≫

1. <u>시험시작 전</u>에 시험문제를 열람하는 행위와 <u>시험종료 후</u> 답안지를 작성하는 행위는 공무원임용시험령 제51조에 의거 부정행위자로 처리됩니다.

2. 답안지 책형란의 책형표기는 시험시작 전 문제책 표지 앞면에 인쇄된 책형을 확인한 후 표기하시기 바랍니다.

3. 시험시작 즉시 과목편철 순서, 문제누락 여부, 인쇄상태 이상 유무 및 표지와 개별과목의 문제책형 일치여부 등을 확인한 후 문제책 표지에 응시번호, 성명을 기재합니다.

4. 시험이 시작되면 문제를 주의 깊게 읽은 후, <u>문항의 취지에 가장 적합한 하나의 정답만</u>을 고르며, 문제내용에 관한 질문은 받지 않습니다.

5. <u>시험시간관리의 책임은 전적으로 수험생 본인에게 있습니다.</u> 시험감독관의 시험종료 예고시간 고지 안내 및 시험실 내 비치된 시계가 있는 경우라도 시간이 정확하지 않을 수 있으니 본인의 시계로 반드시 확인하시기 바랍니다.

6. <u>시험시간은 영역별 60분씩</u>입니다.

제1영역 언어논리

문 1. 다음 글에서 알 수 있는 것은?

3·1운동 직후 상하이에 모여든 독립운동가들은 임시정부를 만들기 위한 첫걸음으로 조소앙이 기초한 대한민국임시헌장을 채택했다. 대한민국임시헌장을 기초할 때 조소앙은 국호를 '대한민국'으로 하고 정부 명칭도 '대한민국 임시정부'로 하자고 했다. 그 제안이 받아들여졌기 때문에 대한민국임시헌장 제1조에 "대한민국은 민주공화제로 함."이라는 문구가 담기게 된 것이다.

'대한민국'이란 한국인들이 만든 '민국'이라는 뜻이다. 여기서 '민국'이란 국민이 주인인 나라라는 의미가 담긴 용어다. 조소앙은 3·1운동이 일어나기 전, 대한제국 황제가 국민의 동의 없이 마음대로 국권을 일제에 넘겼다고 말하면서 국민은 국권을 포기한 적이 없다고 밝힌 대동단결선언을 발표한 적이 있다. 이 선언에는 "구한국 마지막 날은 신한국 최초의 날"이라는 문구가 담겨 있다. '신한국'이란 말 그대로 '새로운 한국'을 의미한다. 조소앙은 대한제국을 대신할 '새로운 한국'이란 다름 아닌 한국 국민이 주인인 나라라고 말했다.

조소앙의 주장은 대한민국 임시정부에 참여한 독립운동가들로부터 열렬한 지지를 받았다. 독립운동가들은 황제나 일본 제국주의자들이 지배하는 나라가 아니라 국민이 주권을 가진 나라를 만들어야 한다는 데 뜻을 모았다. 1941년에 대한민국 임시정부는 이러한 의지를 보다 선명하게 드러낸 건국강령을 발표하기도 했다. 1948년에 소집된 제헌국회도 대한민국임시헌장에 담긴 정신을 계승했다. 잘 알려진 것처럼 제헌국회는 제헌헌법을 만들었는데, 이 헌법에 우리나라의 명칭을 '대한민국'이라고 한 내용이 있다.

① 대한민국 임시정부는 건국강령을 통해 대한민국임시헌장을 공포했다.
② 조소앙은 대한민국 임시정부의 요청을 받아들여 대동단결선언을 만들었다.
③ 대한민국임시헌장이 공포되기 전에는 '한국'이라는 명칭을 사용한 독립운동가가 없었다.
④ 제헌국회는 대한제국의 정치 제도를 계승하기 위해 '대한민국'이라는 국호를 사용했다.
⑤ 대한민국 임시정부를 만드는 데 참여한 독립운동가들은 민주공화제를 받아들이는 데 합의했다.

문 2. 다음 글에서 알 수 있는 것은?

인조가 남한산성에서 청군에 포위되어 있을 때, 신하들은 척화론과 주화론으로 나뉘어 서로 대립했다. 척화론을 주장한 김상헌은 청에 항복하는 것은 있을 수 없는 일이라며 끝까지 저항하자고 했다. 그는 중화인 명을 버리고 오랑캐와 화의를 맺는 일은 군신의 의리를 버리는 것이라고 말했다. 그와 달리 주화론을 주장한 최명길은 "나아가 싸워 이길 수도 없고 물러나 지킬 수도 없으면 타협하는 수밖에 없다."라고 했다. 그는 명을 섬겨야 한다는 김상헌의 주장에는 동의하지만, 그보다 나라를 보존하는 것이 우선이라고 말했다. 나라가 없어지면 명을 섬기는 것도 불가능하므로 일단 항복한 후 후일을 기약하자는 것이었다.

주화론과 척화론 사이에서 고심하던 인조는 결국 최명길의 입장을 받아들여 청에 항복하는 길을 선택했다. 청군이 물러난 후에 척화론자들은 국왕이 항복의 수모를 당한 것이 모두 주화론자들 탓이라며 비난했다. 그들은 주화론자들을 배신자라고 공격하는 한편 김상헌을 절개 있는 인물이라고 추켜세웠다.

인조 때에는 척화론을 주장했던 사람들이 정국을 주도하지 못했기 때문에 주화론을 내세웠던 사람들이 정계에서 쫓겨나는 일은 벌어지지 않았다. 그러나 인조의 뒤를 이은 효종이 청에 복수하겠다는 북벌론을 내세우고, 예전에 척화론을 주장했던 자들을 중용하면서 최명길의 편에 섰던 사람들의 입지가 좁아졌다. 효종에 의해 등용되어 정계에 진출할 수 있었던 송시열은 인조가 남한산성에 피신해 있을 때 주화론을 주장했던 사람들과 그 후손들을 정계에서 배제해야 한다고 했다. 송시열 사후에 나타난 노론 세력은 최명길의 주장에 동조했던 사람들의 후손이 요직에 오르지 못하게 막았다. 이는 송시열의 뜻에 따른 것이었다. 이로써 김상헌의 가문인 안동 김씨들은 정계의 요직을 차지할 수 있었다.

① 최명길은 중화 중심의 세계관에서 벗어나야 한다는 생각에서 주화론을 주장했다.
② 효종은 송시열의 주장에 따라 청군의 항복 요구를 받아들이지 않기로 결정했다.
③ 김상헌은 명에 대한 군신의 의리를 지켜야 한다고 주장하면서 주화론에 맞섰다.
④ 인조는 청에 항복한 후 척화론을 받아들여 주화론자들을 정계에서 내쫓았다.

⑤ 노론 세력은 주화론을 받아들여야 한다고 인조를 설득했으나 뜻을 이루지 못했다.

문 3. 다음 글의 논지로 가장 적절한 것은?

사람들은 보통 질병이라고 하면 병균이나 바이러스를 떠올리고, 병에 걸리는 것은 개인적 요인 때문이라고 생각하곤 한다. 어떤 사람이 바이러스에 노출되었다면 그 사람이 평소에 위생 관리를 철저히 하지 않았기 때문이라고 여기는 것이다. 이는 발병 책임을 전적으로 질병에 걸린 사람에게 묻는 생각이다. 꾸준히 건강을 관리하지 않은 사람이나 비만, 허약 체질인 사람이 더 쉽게 병균에 노출된다고 생각하는 경향도 강하다. 그러나 발병한 사람들 전체를 고려하면, 성별, 계층, 직업 등의 사회적 요인에 따라 건강 상태나 질병 종류 및 그 심각성 등이 다르게 나타난다. 따라서 어떤 질병의 성격을 파악할 때 질병의 발생이 개인적 요인뿐만 아니라 계층이나 직업 등의 요인과도 관련될 수 있음을 고려해야 한다.

질병에 대처할 때도 사회적 요인을 고려해야 한다. 물론 어떤 사람들에게는 질병으로 인한 고통과 치료에 대한 부담이 가장 심각한 문제일 수 있다. 그러나 또 다른 사람들에게는 질병에 대한 사회적 편견과 낙인이 오히려 더 심각한 문제일 수 있다. 그들에게는 그러한 편견과 낙인이 더 큰 고통을 안겨 주기 때문이다. 질병이 나타나는 몸은 개인적 영역이면서 동시에 가족이나 직장과도 연결된 사회적인 것이다. 질병의 치료 역시 개인의 문제만으로 그치지 않고 가족과 사회의 문제로 확대되곤 한다. 나의 질병은 내 삶의 위기이자 가족의 근심거리가 되며 나아가 회사와 지역사회에도 긴장을 조성하기 때문이다. 요컨대 질병의 치료가 개인적 영역을 넘어서서 사회적 영역과 관련될 수밖에 없다는 것은 질병의 대처 과정에서 사회적 요인을 반드시 고려해야 한다는 점을 잘 보여준다.

① 병균이나 바이러스로 인한 신체적 이상 증상은 가정이나 지역사회에 위기를 야기할 수 있기에 중요한 사회적 문제이다.
② 한 사람의 몸은 개인적 영역인 동시에 사회적 영역이기에 발병의 책임을 질병에 걸린 사람에게만 묻는 것은 옳지 않다.
③ 질병으로 인한 신체적 고통보다 질병에 대한 사회적 편견으로 인한 고통이 더 크므로 이에 대한 사회적 대책이 필요하다.
④ 질병의 성격을 파악하고 질병에 대처하기 위해서는 사회적인 측면을 고려해야 한다.
⑤ 질병의 치료를 위해서는 개인적 차원보다 사회적 차원의 노력이 더 중요하다.

문 4. 다음 글의 빈칸에 들어갈 내용으로 가장 적절한 것은?

어떤 사람이 오존층을 파괴하는 냉각제를 사용하는 경우를 고려해보자. 오존층 파괴로 인해 무수히 많은 사람이 해악을 입었다고 하더라도, 이 한 사람의 행위가 어떤 특정 개인에게 미친 해악은 매우 미미하다고 말할 수 있을 것이다. 이때 그 사람은 그다지 죄책감을 느끼지 않을 수 있고, 따라서 자신에게 도덕적 책임이 있다는 것을 쉽게 인정하지 않을 수 있다. 이는 다음과 같은 사례를 통해 잘 설명된다.

〈사례〉

가난한 마을에 갑훈을 포함한 산적 100명이 들이닥쳐 약탈을 저질렀다. 을훈을 포함한 주민 100명에게는 각각 콩 100알씩이 있었는데 산적들은 각자 주민 한 명을 맡아 그 사람의 콩을 몽땅 빼앗았다. 그 결과 모든 주민이 굶주리게 되었다. 이때 갑훈이 콩을 빼앗은 상대가 을훈이었다. 각자가 특정 개인에게 큰 해악을 입혔다는 사실에 죄책감을 느낀 산적들은 두 번째 약탈에서는 방법을 바꾸기로 하였다. 갑훈을 포함한 산적 100명은 이번에는 각자가 을훈을 포함한 모든 주민 100명에게서 각각 콩 한 알씩만 빼앗기로 했다. 콩 한 알의 손실은 미미한 해악에 지나지 않으므로 이번에는 어떤 산적도 특정 주민에게 큰 고통을 준 것은 아니었다. 결과적으로 모든 주민은 이번에도 굶주리게 되었지만, 산적들은 별로 죄책감을 느끼지 않았다.

하지만 이른바 '공범 원리'를 받아들이는 사람들은, 타인의 악행에 가담한 경우 결과에 얼마나 영향을 주었는지와 무관하게 도덕적 책임이 있다고 주장한다. 냉각제의 집단적 사용에서 한 사람의 가담 여부가 특정 개인에게 단지 미미한 해악만을 보탠 것이라서 별로 죄책감이 느껴지지 않는다고 하더라도, 그 사람은 단지 그 해악의 공범이라는 이유만으로 그에 따른 도덕적 책임을 져야 한다는 것이다. 그러므로 '공범 원리'에 따른다면, ☐☐☐.

① 갑훈은 두 번째 저지른 약탈 행위에 대해서 더 큰 죄책감을 느껴야 한다.
② 전체 해악의 크기가 커질수록 해악에 가담한 사람들의 도덕적 책임도 커진다.
③ 첫 번째 약탈과 두 번째 약탈에서 갑훈이 을훈에게 입힌 해악에는 차이가 없다.
④ 갑훈에게 도덕적 책임이 있다는 점에서 첫 번째 약탈과 두 번째 약탈은 차이가 없다.
⑤ 두 차례 약탈에서 갑훈이 빼앗은 전체 콩알의 수가 같기 때문에 갑훈이 져야 할 도덕적 책임에는 차이가 없다.

문 5. 다음 글에서 알 수 있는 것은?

갑: 사전연명의료의향서를 제출하여 연명의료 거부 의사를 표명한 사람에 대해서 병원이 연명의료를 실행하지 않는다는 제도가 2018년 2월부터 도입되었습니다. 이 제도 도입 후에 실제로 사전연명의료의향서를 내는 사람이 날로 늘어나고, 민원을 제기하는 사람도 많아지는 것 같습니다. 어떤 민원들이 들어오고 있습니까?

을: 자신이 사는 곳에 사전연명의료의향서를 접수하는 곳이 없어 불편하다는 민원이 많았습니다. 연명의료 전문 상담사의 수가 적어 접수 현장에서 너무 오래 기다렸다고 불만을 표시하는 사람도 많습니다. 이러한 민원에 대응해 2020년 1월 1일부터 전화로 상담을 예약할 수 있는 시스템을 도입해 지금까지 원활하게 운영하고 있으며, 2020년 4월 1일부터 전국 모든 보건소에서 사전연명의료의향서를 받도록 조치했습니다. 더 말씀드리자면, 어떤 사람은 연명의료 전문 상담사로부터 상담을 받지 않아도 사전연명의료의향서를 낼 수 있게 해달라고 요청했습니다.

갑: 연명의료를 거부하는 것은 중대한 사안이니 신중히 사전연명의료의향서를 작성하게 해야 합니다. 지금까지 한 것처럼 연명의료 전문 상담사의 상담을 받게 하는 조치를 유지해 주시기 바랍니다. 한 가지 더 확인하고자 합니다. 전국 모든 보건소에서 사전연명의료의향서를 받기로 했지만, 연명의료 전문 상담사를 모든 보건소에 배치할 수 있는 것은 아니라고 합니다. 혹시 그에 대한 대책을 마련했습니까?

을: 연명의료 전문 상담사 배치가 어려운 보건소의 직원들을 대상으로 연명의료 관련 기본 필수교육을 실시하고, 그 교육을 이수한 직원이 민원인에게 연명의료에 대해 간단히 설명하게 할 방침입니다. 민원인들이 보건소 직원으로부터 설명을 들은 후 그 자리에서 전화로 연명의료 전문 상담사로부터 구체적인 내용을 상담받을 수 있도록 하겠습니다.

① 2018년 2월부터 전국 모든 보건소에서 연명의료 전문 상담사가 사전연명의료의향서를 접수하기 시작했다.
② 2020년 4월부터 연명의료를 실행하지 않고자 하는 병원은 보건소에 사전연명의료의향서를 제출해야 한다.
③ 연명의료를 받고자 하는 사람은 주소지 관할 보건소가 지정한 연명의료 전문 상담사로부터 기본 필수교육을 받아야 한다.
④ 사전연명의료의향서 접수기관이 있는 곳의 거주자 중 연명의료 전문 상담사의 상담을 받으려는 사람은 전화 예약 시스템을 이용해야 한다.
⑤ 연명의료 거부 의사가 있는 사람이 연명의료 전문 상담사의 상담을 받지 않은 상태에서 작성한 사전연명의료의향서는 받아들여지지 않는다.

문 6. 다음 대화의 빈칸에 들어갈 내용으로 가장 적절한 것은?

갑: 아시는 바와 같이 코로나19로 인한 위기 상황 속에서 어려움을 겪는 국민의 생계를 지원하기 위해 정부가 지난 5월에 전 국민을 대상으로 긴급재난지원금을 지급했습니다. 그런데 정부는 코로나19로 영업이 어려워진 소상공인 및 자영업자, 생계가 어려운 가구 등을 대상으로 지원금을 다시금 지급하기로 8월에 결정했습니다. 이 소식을 듣고 지원금 수령 가능 여부를 문의하는 민원인들이 많습니다. 문구점을 운영하는 A씨는 소상공인 및 자영업자에게 주는 지원금을 신청할 수 있는지 문의했습니다.

을: 이번에는 소상공인 및 자영업자의 일부, 생계 위기 가구 등에 지원금을 주게 되어 있습니다. 사회적 거리두기 2단계의 실시로 출입이 금지된 집합금지 및 집합제한업종의 자영업자는 특별한 증빙서류 없이 소상공인 및 자영업자 대상 지원금을 받을 수 있습니다. 또 사회적 거리두기 2.5단계부터 운영이 제한된 수도권의 카페나 음식점 등도 집합제한업종에 해당하여 지원금을 받을 수 있습니다. 집합금지 및 집합제한업종에 속하지 않더라도 연 매출 4억 원 이하라는 사실을 증명할 수 있는 자료와 함께 코로나19 확산으로 매출이 감소했음을 증빙하는 자료를 제출하면 지원금을 받을 수도 있습니다. A씨가 운영하는 가게가 집합금지 및 집합제한업종에 해당하는지 확인하셨습니까?

갑: 네, A씨가 운영하는 문구점은 집합금지 및 집합제한업종에 해당하지 않는 것으로 확인되었습니다.

을: 그렇다면 제가 말씀드린 내용을 바탕으로 A씨에게 적절한 답변을 해주시기 바랍니다.

갑: 잘 알겠습니다. 민원인 A씨에게 [_____] 고 말씀 드리겠습니다.

① 문구점은 일반 업종에 해당하지 않으므로 긴급재난지원금을 신청할 수 없다
② 지난 5월에 긴급재난지원금을 받았다는 사실을 증명하는 서류를 제출해야 한다
③ 문구점은 집합금지 및 집합제한업종에 해당하지 않는 것으로 확인되었기 때문에 지원금을 받을 수 없다
④ 사회적 거리두기 2.5단계부터 운영이 제한되거나 금지된 업종이 아니면 긴급재난지원금을 받을 수 없다
⑤ 연 매출 4억 원에 미치지 못하고 코로나19로 매출이 감소한 자영업자라면 증빙서류를 갖추어 신청할 수 있다

문 7. 다음 대화의 ㉠에 따라 〈계획안〉을 수정한 것으로 적절하지 않은 것은?

갑: 지금부터 회의를 시작하겠습니다. 이 자리는 '보고서 작성법 특강'의 개최계획 검토를 위한 자리입니다. 특강을 성공적으로 개최하기 위해서 어떻게 해야 하는지 각자의 의견을 자유롭게 말씀해주시기 바랍니다.
을: 특강 참석 대상을 명확하게 정하고 그에 따라 개최 일시가 조정되었으면 좋겠습니다. 주중에 계속 근무하는 현직 공무원인 경우, 아무래도 주말에는 특강 참석률이 저조합니다. 특강을 평일에 개최하되 참석 시간을 근무시간으로 인정해 준다면 참석률이 높아질 것 같습니다.
병: 공무원이 되기 위해 준비하고 있는 예비공무원들에게는 서울이 더 낫겠지만, 중앙부처 소속 공무원에게는 세종시가 접근성이 더 좋습니다. 특강 참석 대상이 누구인가에 따라 장소를 조정할 필요가 있습니다.
정: 주제가 너무 막연하게 표현되어 있습니다. 보고서의 형식이나 내용은 누구에게 보고하느냐에 따라 크게 달라집니다. 보고 대상이 명시적으로 드러날 수 있도록 주제를 더 구체적으로 표현하면 좋겠습니다.
무: 특강과 관련된 정보가 부족합니다. 강의에 관심이 있는 사람이라면 별도 비용이 있는지, 있다면 구체적으로 금액은 어떠한지 등이 궁금할 겁니다.
갑: 얼마 전에 비슷한 특강이 서울에서 개최되었으니 이번 특강은 현직 중앙부처 소속 공무원을 대상으로 진행하도록 하겠습니다. 참고로 특강 수강 비용은 무료입니다. ㉠오늘 회의에서 논의된 내용을 반영하여 특강 계획을 수정하도록 하겠습니다. 감사합니다.

─〈계획안〉─

보고서 작성법 특강

○ 주제: 보고서 작성 기법
○ 일시: 2021. 11. 6.(토) 10:00~12:00
○ 장소: 정부서울청사 본관 5층 대회의실
○ 대상: 현직 공무원 및 공무원을 꿈꾸는 누구나

① 주제를 '효율적 정보 제시를 위한 보고서 작성 기법'으로 변경한다.
② 일시를 '2021. 11. 10.(수) 10:00~12:00(특강 참여 시 근무시간으로 인정)'으로 변경한다.
③ 장소를 '정부세종청사 6동 대회의실'로 변경한다.
④ 대상을 '보고서 작성 능력을 키우고 싶은 현직 중앙부처 공무원'으로 변경한다.
⑤ 특강을 듣기 위한 별도 부담 비용이 없다고 안내하는 항목을 추가한다.

문 8. 다음 글의 〈표〉에 대한 판단으로 옳은 것만을 〈보기〉에서 모두 고르면?

우리 몸에는 세 종류의 중요한 근육이 있는데 이것들은 서로 다른 두 기준에 따라 각각 두 종류로 분류될 수 있다. 두 기준은 근육을 구성하는 근섬유에 줄무늬가 있는지의 여부와 근육의 움직임을 우리가 의식적으로 통제할 수 있는지의 여부이다.

세 종류의 중요한 근육 중 뼈대근육은 우리가 의식적으로 통제하여 사용할 수 있기 때문에 수의근이라고 하며 뼈에 부착되어 있다. 이 근육에 있는 근섬유에는 줄무늬가 있어서 줄무늬근으로 분류된다. 뼈대근육은 달리기, 들어 올리기와 같은 신체적 동작을 일으킨다. 우리가 신체적 운동을 통해 발달시키고자 하는 근육이 바로 뼈대근육이다.

뼈대근육과 다른 종류로서 내장근육이 있는데, 이 근육은 소화기관, 혈관, 기도에 있는 근육으로서 의식적인 통제하에 있는 것이 아니다. 내장근육에 있는 근섬유에는 줄무늬가 없어서 민무늬근으로 분류된다. 위나 다른 소화기관에 있는 근육은 꿈틀운동을 일으킨다. 혈관에 있는 근육은 혈관의 직경을 변화시켜서 피의 흐름을 촉진시킨다. 기도에 있는 근육은 기도의 직경을 변화시켜서 공기의 움직임을 촉진시킨다.

심장근육은 심장에서만 발견되는데 심장근육에 있는 근섬유에는 줄무늬가 있다. 심장근육은 심장벽을 구성하고 있고 심장을 수축시키는 역할을 하는데, 이 근육은 우리가 의식적으로 통제할 수 있는 것이 아니기 때문에 불수의근으로 분류된다.

지금까지 기술한 내용을 정리하면 다음과 같다.

〈표〉 근육의 종류와 특징

기준＼종류	뼈대근육	내장근육	심장근육
A	㉠	㉡	㉢
B	㉣	㉤	㉥

─〈보기〉─

ㄱ. ㉡과 ㉢이 같은 특징이라면, A에는 근섬유에 줄무늬가 있는지를 따지는 기준이 들어간다.
ㄴ. ㉣과 ㉥이 다른 특징이라면, B에는 근육의 움직임을 의식적으로 통제할 수 있는지를 따지는 기준이 들어간다.
ㄷ. ㉠에 '수의근'이 들어간다면, ㉤에는 '민무늬근'이 들어가야 한다.

① ㄱ
② ㄷ
③ ㄱ, ㄴ
④ ㄴ, ㄷ
⑤ ㄱ, ㄴ, ㄷ

문 9. 다음 글의 ㉠~㉤에 대한 설명으로 가장 적절한 것은?

세균은 산소에 대한 요구성과 내성에 따라 구분된다. '절대 호기성 세균'은 산소에 대한 내성이 있고 대사 과정에서 산소 호흡을 하기 때문에 산소의 농도가 높은 곳에서 잘 자랄 수 있다. 반면에 '미세 호기성 세균'은 산소 호흡을 하지만 산소에 대한 내성이 '절대 호기성 세균'보다 낮아서 '절대 호기성 세균'이 살아가는 환경의 산소 농도보다 낮은 농도의 산소에서만 살 수 있다. 두 종류의 세균은 모두 산소를 이용하는 호흡이 필수적이므로 산소가 없거나 너무 낮은 농도에서는 살 수 없다. '통성 세균'은 산소에 대한 내성이 있고, 산소가 있는 곳에서는 산소 호흡을 하고 산소가 없거나 너무 낮은 농도에서는 산소 호흡 대신 발효 과정을 통해 에너지를 만들어낼 수 있기 때문에 산소가 있는 환경과 없는 환경 모두에서 자랄 수 있다. 그러나 산소 호흡이 발효 과정보다 많은 에너지를 만들어내기 때문에 산소 농도가 높은 환경에서 더 잘 자란다. '혐기성 세균'은 산소 호흡을 할 수 없는 세균으로 발효 과정만을 통해 에너지를 만들어낸다. '혐기성 세균'은 산소에 대한 내성을 가지고 있어 산소가 있어도 자랄 수 있는 '내기 혐기성 세균'과 산소에 대한 내성이 없어 일정 농도 이상의 산소에 노출되면 사멸하는 '절대 혐기성 세균'으로 나뉜다. '내기 혐기성 세균'의 생장은 산소 농도와는 무관하다.

티오글리콜레이트 배양액을 담고 있는 시험관에서 배양액의 위쪽은 공기와 접하고 있어 산소가 충분하다. 시험관 배양액의 산소 농도는 시험관 아래쪽으로 갈수록 감소하며, 시험관의 맨 아래쪽에는 산소가 거의 없다. 아래 그림은 티오글리콜레이트 배양액을 담고 있는 5개의 시험관(㉠~㉤)에 '절대 호기성 세균', '미세 호기성 세균', '통성 세균', '내기 혐기성 세균', '절대 혐기성 세균' 중 하나를 배양한 결과를 나타내며, 각 시험관에는 서로 다른 세균이 배양되었다. 그림에서 검은색 점 각각은 살아있는 하나의 세균을 나타낸다.

① ㉠은 '통성 세균'이 자란 시험관이다.
② ㉡에서 자란 세균은 발효 과정으로 에너지를 만들어 낸다.
③ ㉢에서 자란 세균은 산소에 대한 내성이 없다.
④ ㉣에서 자란 세균은 산소 호흡을 할 수 없다.
⑤ ㉣과 ㉤은 모두 '혐기성 세균'이 자란 시험관이다.

문 10. 다음 글의 ㉠과 ㉡에 들어갈 진술로 가장 적절한 것은?

A학파의 가장 큰 특징은 토지 문제를 토지 시장에 국한시키지 않고 경제 전체의 흐름과 밀접하게 연결해서 파악한다는 점이다. A학파의 주장에 따르면, 토지 문제는 이용의 효율에만 관련되는 단순한 문제가 아니라 경제 성장, 실업, 물가 등의 거시 경제적 변수를 함께 고려해야만 하는 복잡한 문제이다. 그런 점에서 A학파는 토지 문제가 경기 변동과 직결될 뿐만 아니라 사회 정의와도 관련되는 것이라고 주장한다.

이와 달리 B학파는 다른 모든 종류의 상품과 마찬가지로 토지 문제 역시 수요·공급의 법칙에 따라 시장이 자율적으로 조정하도록 맡겨 두면 된다고 주장한다. B학파의 관점에 따르면, ㉠ 토지는 귀금속, 주식, 채권, 은행 예금만큼이나 좋은 투자 대상이다. 부동산의 자본 이득이 충분히 클 경우, 좋은 투자 대상이 되어 막대한 자금이 금융권으로부터 부동산 시장으로 흘러 들어간다. 반대로 자본 이득이 떨어지면 부동산에 투입되었던 자금이 금융권을 통해 회수되어 다른 시장으로 흘러 들어간다. 이와 같이 부동산의 자본 이득은 부동산 시장과 금융권 사이의 연결고리 역할을 한다.

A학파는 B학파와 달리 상품 투자와 토지 투자를 엄격히 구분한다. 상품 투자는 해당 상품의 가격을 상승시켜 상품 공급을 증가시킨다. 공급 증가는 다시 상품 투자의 억제 요인으로 작용하기 때문에 상품 투자에는 내재적 한계가 있기 마련이다. 그러나 ㉡ 그러므로 토지 투자의 경우에는 지가 상승이 투자를 조장하고 투자는 지가 상승을 더욱 부채질하는 악순환이 반복된다. A학파는 이런 악순환의 결과로 토지를 포함한 부동산 가격에 거품이 잔뜩 끼게 된다고 주장한다.

① ㉠: 토지에 대한 투자는 상품 투자의 일종으로 이해된다.
   ㉡: 토지 공급은 한정되어 있으므로 토지 투자는 상품 투자의 경우와는 달리 제어장치가 없다.
② ㉠: 토지에 대한 투자는 상품 투자의 일종으로 이해된다.
   ㉡: 토지 투자는 다른 상품의 생산 비용을 상승시켜 상품의 가격 상승으로 이어진다.
③ ㉠: 토지에 대한 투자는 상품 생산의 수단으로 활용된다.
   ㉡: 토지 공급은 한정되어 있으므로 토지 투자는 상품 투자의 경우와는 달리 제어장치가 없다.
④ ㉠: 토지 투자와 상품 투자는 거시경제적인 관점에서 상호 보완적 역할을 수행한다.
   ㉡: 토지 투자는 다른 상품의 생산 비용을 상승시켜 상품의 가격 상승으로 이어진다.
⑤ ㉠: 토지 투자와 상품 투자는 거시경제적인 관점에서 상호 보완적 역할을 수행한다.
   ㉡: 토지 공급은 한정되어 있으므로 토지 투자는 상품 투자의 경우와는 달리 제어장치가 없다.

문 11. 다음 글로부터 추론할 수 있는 것은?

사람의 혈액은 적혈구, 백혈구, 혈소판처럼 혈액 내에 존재하는 세포인 혈구 성분과 이러한 혈구 성분을 제외한 나머지 액상 성분인 혈장으로 나뉜다. 사람의 혈액을 구별하는 대표적인 방법은 혈액의 성분을 기준으로 삼는 ABO형 방법이다. 이에 따르면, 혈액은 적혈구의 표면에 붙어 있는 응집원과 혈장에 들어 있는 응집소의 유무 또는 종류를 기준으로 다음 표와 같이 구분할 수 있다.

혈액형	응집원	응집소
A	A형 응집원	응집소 β
B	B형 응집원	응집소 α
AB	A형 응집원 및 B형 응집원	없음
O	없음	응집소 α 및 응집소 β

이때, A형 응집원이 응집소 α와 결합하거나 B형 응집원이 응집소 β와 결합하면, 응집 반응이 일어난다. 이 반응은 혈액의 응고를 일으키는데, 혈액이 응고되면 혈액의 정상적인 흐름이 방해되어 심각한 문제가 발생할 수 있다. 혈액의 이러한 특성을 활용하면 수혈도를 작성할 수 있다.

① A형 응집원만을 선택적으로 제거한 A형 적혈구를 B형인 사람에게 수혈해도 응집 반응이 일어나지 않는다.
② B형 응집원만을 선택적으로 제거한 AB형 적혈구를 A형인 사람에게 수혈하면 응집 반응이 일어난다.
③ 응집소를 선택적으로 제거한 O형 혈장을 A형인 사람에게 수혈해도 응집 반응이 일어나지 않는다.
④ AB형인 사람은 어떤 혈액을 수혈 받아도 응집 반응이 일어나지 않는다.
⑤ O형인 사람은 어떤 적혈구를 수혈 받아도 응집 반응이 일어나지 않는다.

문 12. 다음 글의 ㉠을 이끌어내기 위해 추가해야 할 전제로 가장 적절한 것은?

A국에서는 교육 제도 개선을 추진하고 있다. 이와 관련하여 현재 거론되고 있는 방안 중 다음 네 조건을 모두 충족시키는 방안이 있다면, 정부는 그 방안을 추진해야 한다. 첫째, 공정한 기회 균등과 교육의 수월성을 함께 이룩할 수 있는 방안이어야 한다. 둘째, 신뢰할 수 있는 설문조사에서 가장 많은 국민이 선호하는 방안으로 선택한 것이어야 한다. 셋째, 정부의 기존 교육 재정만으로 실행될 수 있는 방안이어야 한다. 넷째, 가계의 교육 부담을 줄일 수 있는 방안이어야 한다.

현재 거론되고 있는 방안들 중 선호하는 것에 대하여 국민 2,000명을 대상으로 한 설문조사 결과, 300명이 대학교 평준화 도입을 꼽았고, 400명이 고등학교 자체 평가 확대를 꼽았으며, 600명이 대입 정시 확대와 수시 축소를 꼽았고, 700명이 고교 평준화 강화를 꼽았다. 이 설문조사는 표본을 치우치지 않게 잡아 신뢰할 수 있다.

현재 거론된 방안들 가운데 정부의 기존 교육 재정만으로 실행될 수 없는 것은 대학교 평준화 도입 방안뿐이다. 대입 정시 확대와 수시 축소 방안은 가계의 교육 부담을 감소시키지 못하지만 다른 방안들은 그렇지 않다. 고교 평준화 강화 방안은 공정한 기회 균등을 이룰 수 있는 방안임이 분명하다. 따라서 ㉠ 정부는 고교 평준화 강화 방안을 추진해야 한다.

① 고교 평준화 강화는 가장 많은 국민이 선호하는 방안이다.
② 고교 평준화 강화는 교육의 수월성을 이룩할 수 있는 방안이다.
③ 고교 평준화 강화는 가계의 교육 부담을 줄일 수 있는 방안이다.
④ 고교 평준화 강화는 정부의 기존 교육 재정만으로도 실행될 수 있는 방안이다.
⑤ 정부가 고교 평준화 강화 방안을 추진하지 않아도 된다면, 그 방안은 공정한 기회 균등과 교육의 수월성을 함께 이룩할 수 없는 방안이다.

※ 다음 글을 읽고 물음에 답하시오. [문 13. ~ 문 14.]

개정 근로기준법이 적용되면서 일명 '52시간 근무제'에 사람들이 큰 관심을 보였다. 하지만 개정 근로기준법에는 1주 최대 근로시간을 52시간으로 규정하는 조문이 명시적으로 추가된 것이 아니다. 다만, 기존 근로기준법에 "1주'란 휴일을 포함한 7일을 말한다"는 문장 하나가 추가되었을 뿐이다. 이 문장이 말하는 바는 상식처럼 보이는데, 이를 추가해서 어떻게 52시간 근무제를 확보할 수 있었을까?

월요일에서 금요일까지 1일 8시간씩 소정근로시간 동안 일하는 근로자를 생각해보자. 여기서 '소정근로시간'이란 근로자가 사용자와 합의하여 정한 근로시간을 말한다. 사실 기존 근로기준법에서도 최대 근로시간은 52시간으로 규정되어 있는 것처럼 보인다. 1일의 최대 소정근로시간이 8시간, 1주의 최대 소정근로시간이 40시간이고, 연장근로는 1주에 12시간까지만 허용되어 있으므로, 이를 단순 합산하면 총 52시간이 되기 때문이다. 그러나 기존 근로기준법에서는 최대 근로시간이 68시간이었다. 이는 휴일근로의 성격을 무엇으로 보느냐에 달려 있다. 기존 근로기준법에서 휴일근로는 소정근로도 아니고 연장근로도 아닌 것으로 간주되었다. 그래서 소정근로 40시간과 연장근로 12시간을 시키고 나서 추가로 휴일근로를 시키더라도 법 위반이 아니었다.

그런데 일요일은 휴일이지만, 토요일은 휴일이 아니라 근로 의무가 없는 휴무일이기에 특별한 규정이 없는 한 근로를 시킬 수가 없다. 따라서 기존 근로기준법하에서 더 근로를 시키고 싶던 기업들은 단체협약 등으로 '토요일을 휴일로 한다'는 특별 규정을 두는 일종의 꼼수를 쓰는 경우가 많았다. 이렇게 되면 토요일과 일요일, 2일 간 휴일근로를 추가로 시킬 수 있기에 최대 근로시간이 늘어나게 된다. 이것이 기존 판례의 입장이었다.

개정 근로기준법과 달리 왜 기존 판례는 ☐☐☐☐ 그 이유는 연장근로를 소정근로의 연장으로 보았고, 1주의 최대 소정근로시간을 정할 때 기준이 되는 1주를 5일에 입각하여 보았기 때문이다. 즉, 1주 중 소정근로일을 월요일부터 금요일까지의 5일로 보았기에 이 기간에 하는 근로만이 근로기준법상 소정근로시간의 한도에 포함된다고 본 것이다. 다만 이 입장에 따르더라도, 연장근로가 아닌 한 1일의 근로시간은 8시간을 초과할 수 없다고 기존 근로기준법에 규정되어 있기 때문에, 이미 52시간을 근로한 근로자에게 휴일에 1일 8시간을 넘는 근로를 시킬 수 없다. 그 결과 휴일근로로 가능한 시간은 16시간이 되어, 1주 68시간이 최대 근로시간이 된 것이다.

문 13. 위 글의 빈칸에 들어갈 내용으로 가장 적절한 것은?

① 휴일근로가 연장근로가 아니라고 보았을까?
② 토요일에 연장근로를 할 수 있다고 보았을까?
③ 1주의 최대 소정근로시간을 40시간으로 인정하였을까?
④ 1일의 최대 소정근로시간은 8시간을 초과할 수 없다고 보았을까?
⑤ 휴일에는 근로자의 합의가 없는 한 연장근로를 할 수 없다고 보았을까?

문 14. 위 글의 내용을 바르게 적용한 사람만을 〈보기〉에서 모두 고르면?

〈보기〉

갑: 개정 근로기준법에 의하면, 1주 중 3일 동안 하루 15시간씩 일한 사람의 경우, 총 근로시간이 45시간으로 52시간보다 적으니 법에 어긋나지 않아.

을: 개정 근로기준법에 의하면, 월요일부터 목요일까지 매일 10시간씩 일한 사람의 경우, 금요일에 허용되는 최대 근로시간은 12시간이야.

병: 기존 근로기준법에 의하면, 일요일 12시간을 일했으면 12시간 전부가 휴일근로시간이지, 연장근로시간이 아니야.

① 갑
② 을
③ 갑, 병
④ 을, 병
⑤ 갑, 을, 병

문 15. 다음 글의 내용이 참일 때, 반드시 참인 것은?

갑돌과 정순은 매일 커피를 마시는 흡연자이다. 을순과 병돌은 매년 치석을 없앤다. 그리고 치아의 색깔에 관한 다음의 사실이 알려져 있다.
○ 치석을 매년 없애지 않고 매일 커피를 마시는 사람의 경우, 그의 이가 노랄 확률은 60% 이상이다.
○ 치석을 매년 없애지 않는 흡연자의 경우, 그의 이가 노랄 확률은 80% 이상이다.
○ 치석을 매년 없애지 않고 매일 커피를 마시는 흡연자의 경우, 그의 이가 노랄 확률은 90% 이상이다.
○ 치석을 매년 없애는 사람의 경우, 그의 이가 노랄 확률은 그의 커피 섭취 및 흡연 여부와 무관하게 20% 미만이다.

① 갑돌의 이가 노랄 확률은 80% 이상이다.
② 을순의 이가 노랗지 않을 확률은 80% 미만이다.
③ 병돌이 흡연자라면, 그의 이가 노랄 확률은 20% 이상이다.
④ 병돌이 매일 커피를 마신다면, 그의 이가 노랄 확률은 20% 이상이다.
⑤ 정순이 치석을 매년 없애지 않는다면, 그의 이가 노랄 확률은 90% 이상이다.

문 16. 다음 글의 내용이 참일 때, 반드시 참인 것만을 〈보기〉에서 모두 고르면?

인접한 지방자치단체인 ○○군을 △△시에 통합하는 안건은 △△시의 5개 구인 A, B, C, D, E 중 3개 구 이상의 찬성으로 승인된다. 안건에 관한 입장은 찬성하거나 찬성하지 않거나 둘 중 하나이다. 각 구의 입장은 다음과 같다.
○ A가 찬성한다면 B와 C도 찬성한다.
○ C는 찬성하지 않는다.
○ D가 찬성한다면 A와 E 중 한 개 이상의 구는 찬성한다.

〈보기〉

ㄱ. B가 찬성하지 않는다면, 안건은 승인되지 않는다.
ㄴ. B가 찬성하는 경우 E도 찬성한다면, 안건은 승인된다.
ㄷ. E가 찬성하지 않는다면, D도 찬성하지 않는다.

① ㄱ
② ㄴ
③ ㄱ, ㄷ
④ ㄴ, ㄷ
⑤ ㄱ, ㄴ, ㄷ

문 17. 다음 글의 내용이 참일 때, 반드시 참인 것만을 〈보기〉에서 모두 고르면?

일반행정 직렬 주무관으로 새로 채용된 갑진, 을현, 병천은 행정안전부, 고용노동부, 보건복지부에 한 명씩 배치되는 것으로 정해졌다. 가인, 나운, 다은, 라연은 배치 결과를 궁금해 하며 다음과 같이 예측했는데, 이 중 한 명의 예측만 틀렸음이 밝혀졌다.
가인: 을현은 행정안전부에, 병천은 보건복지부에 배치될 거야.
나운: 을현이 행정안전부에 배치되면, 갑진은 고용노동부에 배치될 거야.
다은: 을현이 행정안전부에 배치되지 않으면, 병천이 행정안전부에 배치될 거야.
라연: 갑진은 고용노동부에, 병천은 행정안전부에 배치될 거야.

〈보기〉

ㄱ. 갑진은 고용노동부에 배치된다.
ㄴ. 을현은 행정안전부에 배치된다.
ㄷ. 라연의 예측은 틀렸다.

① ㄱ
② ㄴ
③ ㄱ, ㄷ
④ ㄴ, ㄷ
⑤ ㄱ, ㄴ, ㄷ

문 18. 다음 글의 ㉠에 대한 판단으로 적절한 것만을 〈보기〉에서 모두 고르면?

어떤 회사가 소비자들을 A부터 H까지 8개의 동질적인 집단으로 나누어, 이들을 대상으로 마케팅 활동의 효과를 살펴보는 실험을 하였다. 마케팅 활동은 구매 전 활동과 구매 후 활동으로 구성되는데, 구매 전 활동에는 광고와 할인 두 가지가 있고 구매 후 활동은 사후 서비스 한 가지뿐이다. 구매 전 활동이 끝난 뒤 구매율을 평가하고, 구매 후 활동까지 모두 마친 뒤 구매 전과 구매 후의 마케팅 활동을 종합하여 마케팅 만족도를 평가하였다. 구매율과 마케팅 만족도는 모두 a, b, c, d로 평가하였는데, a가 가장 높고 d로 갈수록 낮다. 이 회사가 수행한 ㉠실험의 결과는 다음과 같다.

○ A와 B를 대상으로는 구매 전 활동을 실시하지 않았는데 구매율은 d였다. 이 중 A에 대해서는 사후 서비스를 하였고 B에 대해서는 하지 않았는데, 마케팅 만족도는 각각 c와 d였다.

○ C와 D를 대상으로 구매 전 활동 중 광고만 하였더니 구매율은 c였다. 이 중 C에 대해서는 사후 서비스를 하였고 D에 대해서는 하지 않았는데, 마케팅 만족도는 각각 b와 c였다.

○ E와 F를 대상으로 구매 전 활동 중 할인 기회만 제공하였더니 구매율은 b였다. 이 중 E에 대해서는 사후 서비스를 하였고 F에 대해서는 하지 않았는데, 마케팅 만족도는 모두 b였다.

○ G와 H를 대상으로 구매 전 활동으로 광고와 함께 할인 기회를 제공하였더니 구매율은 b였다. 이 중 G에 대해서는 사후 서비스를 하였고 H에 대해서는 하지 않았는데, 마케팅 만족도는 각각 a와 b였다.

〈보기〉

ㄱ. 할인 기회를 제공한 경우가 제공하지 않은 경우보다 구매율이 높다.

ㄴ. 광고를 할 때, 사후 서비스를 한 경우가 하지 않은 경우보다 마케팅 만족도가 낮지 않다.

ㄷ. 사후 서비스를 하지 않을 때, 광고를 한 경우가 하지 않은 경우보다 마케팅 만족도가 높다.

① ㄱ
② ㄷ
③ ㄱ, ㄴ
④ ㄴ, ㄷ
⑤ ㄱ, ㄴ, ㄷ

문 19. 다음 글의 갑~병의 견해에 대한 분석으로 적절한 것만을 〈보기〉에서 모두 고르면?

우리는 'A라는 성질을 가진 대상이 모두 B라는 성질을 가진다.'고 주장할 때 'A는 모두 B이다.'라는 형식의 진술 U를 사용한다. A라는 성질을 가진 대상이 존재할 때, U가 언제 참이고 언제 거짓인지에 대한 어떤 의견 차이도 없다. 즉 A라는 성질을 가진 대상이 존재할 때, 그 대상들이 모두 B라는 성질을 가진다면 U는 참이고, 그 대상들 중 B라는 성질을 가지지 않는 대상이 있다면 U는 거짓이다. 하지만 A라는 성질을 가진 대상이 존재하지 않을 때, U가 언제 참이고 언제 거짓인지를 둘러싸고 여러 견해가 있다.

갑: U는 'A이면서 B가 아닌 대상은 하나도 없다.'는 주장으로 이해해야 한다. 만약 A인 대상이 존재하지 않는다면, A이면서 B가 아닌 대상은 당연히 존재하지 않는다. 따라서 A인 대상이 존재하지 않는 경우, U는 참이다.

을: U에는 'A이면서 B가 아닌 대상은 하나도 없다.'는 주장과 더불어 'A인 대상이 존재한다.'는 주장까지 담겨 있다. 그러므로 A인 대상이 존재하지 않는다면, 후자의 주장이 거짓이 되므로 U 역시 거짓이다.

병: A인 대상이 존재하지 않는다는 사실만 갖고 U가 참이라거나 거짓이라고 말해서는 안 된다. 오히려 A인 대상이 존재해야 한다는 것은 U를 참이나 거짓으로 판단하기 위해 먼저 성립해야 할 조건이다. 그러므로 A인 대상이 존재하지 않는다면, 이 조건을 충족하지 못한 것이므로 U는 참도 거짓도 아니다.

〈보기〉

ㄱ. 갑과 을은 'A인 대상이 존재하지만 B인 대상이 존재하지 않는다면, U는 거짓이다.'라는 것에 동의한다.

ㄴ. 을과 병은 'U가 참이라면, A인 대상이 존재한다.'는 것에 동의한다.

ㄷ. 갑과 병은 'U가 거짓이라면, A인 대상이 존재한다.'는 것에 동의한다.

① ㄱ
② ㄷ
③ ㄱ, ㄴ
④ ㄴ, ㄷ
⑤ ㄱ, ㄴ, ㄷ

문 20. 다음 글의 내용을 적용한 것으로 가장 적절한 것은?

연역논증은 전제를 통해 결론이 참이라는 사실을 100% 보장하려는 논증인데, 이 가운데 결론의 참을 100% 보장하는 논증을 '타당한 논증'이라 한다. 반면 귀납논증은 전제를 통해 결론을 개연적으로 뒷받침하려는 논증이다. 귀납논증 중에는 뒷받침하는 정도가 강한 것도 있고 약한 것도 있다. 귀납논증은 형식의 측면에서도 여러 가지로 분류될 수 있는데, 이 중 우리가 자주 쓰는 귀납논증은 다음과 같은 것이다.

○ 보편적 일반화: 유형 I에 속하는 n개의 개체를 조사해 보니 이들 모두에서 속성 P를 발견하였다. 따라서 유형 I에 속하는 모든 개체들은 속성 P를 가질 것이다.
○ 통계적 일반화: 유형 I에 속하는 n개의 개체를 조사해 보니 이들 가운데 m개에서 속성 P를 발견하였다. 따라서 유형 I에 속하는 모든 개체 중 m/n이 속성 P를 가질 것이다. 단, m/n은 0보다 크고 1보다 작다.
○ 통계적 삼단논법: 유형 I에 속하는 개체 중 m/n에서 속성 P를 발견하였다. 개체 α는 유형 I에 속한다. 따라서 개체 α는 속성 P를 가질 것이다. 단, m/n은 0보다 크고 1보다 작다.
○ 유비추론: 유형 I에 속하는 개체 α가 속성 P_1, P_2, P_3을 갖고, 유형 II에 속하는 개체 β도 똑같이 속성 P_1, P_2, P_3을 갖는다. 개체 α가 속성 P_4를 가진다는 사실이 발견되었다. 따라서 개체 β는 속성 P_4를 가질 것이다.

① '우리나라 공무원 중 여행과 음악을 모두 좋아하는 이들의 비율은 전체의 80%를 넘지 않는다. 따라서 우리나라 공무원 중 여행을 좋아하는 이들의 비율은 전체의 80%를 넘지 않을 것이다.'는 타당한 논증으로 분류된다.
② '우리나라 전체 공무원 중 100명을 조사해 보니 이들은 업무의 70% 이상을 효과적으로 수행하고 있다. 따라서 우리나라 전체 공무원들은 업무의 70% 이상을 효과적으로 수행하고 있을 것이다.'는 보편적 일반화로 분류된다.
③ '우리나라 공무원 중 30%가 운동을 좋아한다. 따라서 우리나라 20대 공무원 중 30%는 운동을 좋아할 것이다.'는 통계적 일반화로 분류된다.
④ '해외연수를 다녀온 공무원의 95%가 정부 정책을 지지한다. 공무원 갑은 정부 정책을 지지하고 있다. 따라서 갑은 해외연수를 다녀왔을 것이다.'는 통계적 삼단논법으로 분류된다.
⑤ '임신과 출산으로 태어난 을과 그를 복제하여 만든 병은 유전자와 신경 구조가 똑같다. 따라서 을과 병은 둘 다 80세 이상 살 것이다.'는 유비추론으로 분류된다.

문 21. 다음 글의 실험 결과가 강화하는 것만을 〈보기〉에서 모두 고르면?

한 연구진은 자극 X가 뇌에 미치는 영향을 밝히기 위한 실험을 수행하였다. 그들은 자극 X가 있는 환경에서 성장한 동물과 자극 X가 없는 환경에서 성장한 동물을 비교했을 때 뇌에 차이가 있을 것이라고 추측했다.

실험을 위해 동일한 조건의 연구용 쥐 100마리를 절반씩 나누어 각각 A와 B그룹으로 배정하였다. A그룹의 쥐는 자극 X에 노출된 반면, B그룹의 쥐는 자극 X에 노출되지 않았다. 자극 X를 제외한 다른 조건은 두 그룹에서 동일하였다. 일정 기간이 지나고 두 그룹 쥐의 뇌에 대해서 부위별로 무게 측정과 화학 분석이 이루어졌다. 그 결과 A그룹의 쥐는 B그룹의 쥐와 다른 점을 보여주었다.

두 그룹에서 나타난 가장 두드러진 차이점은 전체 뇌 무게에 대한 대뇌피질의 무게 비율이었다. 대뇌피질은 경험에 반응하고 운동, 기억, 학습, 감각적 입력을 관장하는 뇌의 한 부위이다. A그룹 쥐의 대뇌피질은 B그룹 쥐의 대뇌피질보다 더 무겁고 더 치밀했지만, 뇌의 나머지 부위의 무게에는 차이가 없었다.

또한 B그룹의 쥐의 뇌보다 A그룹의 쥐의 뇌에서는 크기가 큰 신경세포뿐만 아니라 신경교세포도 더 많이 발견되었다. 신경교세포는 뇌의 신경세포를 성장시켜 크기를 키우는 역할을 하는 세포이다. 세포의 DNA에 대한 RNA의 비율은 세포가 성장하지 않을 때보다 세포가 성장하여 크기가 커질 때 높아진다. 두 그룹의 쥐의 뇌를 분석한 결과, DNA에 대한 RNA의 비율이 높아진 뇌 신경세포가 B그룹보다 A그룹에 더 많이 있다는 사실이 확인되었다. A그룹의 쥐의 뇌에서는 신경전달물질 α가 더 많이 분비되었는데, 신경전달물질 α의 양은 A그룹 쥐의 뇌보다 B그룹 쥐의 뇌에서 약 30% 이상 더 적은 것으로 확인되었다.

〈보기〉

ㄱ. 자극 X가 있으면 없을 때보다 신경교세포의 수와 신경전달물질의 분비량이 많아진다.
ㄴ. 자극 X가 있으면 없을 때보다 전체 뇌 무게에 대한 대뇌피질의 무게 비율이 높아지고 대뇌피질이 촘촘해진다.
ㄷ. 자극 X가 없으면 있을 때보다 뇌 신경세포의 크기와 수가 늘어난다.

① ㄱ
② ㄷ
③ ㄱ, ㄴ
④ ㄴ, ㄷ
⑤ ㄱ, ㄴ, ㄷ

문 22. 다음 글의 ㉠을 강화하는 것만을 〈보기〉에서 모두 고르면?

1977년 캐나다의 실험에서 연구진은 인공 조미료 사카린이 인간에게 암을 일으킬 수 있는지를 밝히려고 약 200마리의 쥐를 사용해 실험했다. 실험 결과가 발표되자 그 활용의 타당성에 관해 비판이 제기되었다. 투여된 사카린의 양이 쥐가 먹는 음식의 5%로 너무 많다는 것이었다. 인간에게 그 양은 음료수 800병에 함유된 사카린 양인데, 누가 하루에 음료수를 800병이나 마시겠느냐는 비판이었다.

일리가 없는 말은 아니지만 ㉠이것은 합당한 비판이 아니다. 물론 인간에게 적용할 실험 결과를 얻으려면 인간이 사카린에 노출되는 상황을 그대로 재현하여 실험하는 것이 바람직하다. 그러나 일상적인 환경에서 대개의 발암물질은 유효성이 아주 낮아서 수천 명 중 한 명 정도의 비율로만 그 효과를 확인할 수 있다. 발암물질의 유효성은 몸에 해당 물질을 받아들인 개체들 가운데 암에 걸리는 개체의 비율에 의존하는데, 이 비율이 낮을수록 발암물질의 유효성이 낮아진다. 물론 발암물질의 유효성이 낮아도 그 피해는 클 수 있다. 예를 들어 유효성이 매우 낮은 경우라도, 관련 모집단이 수천만 명이라면 그로 인해 암에 걸리는 사람은 수만 명에 이를 수 있다. 이런 상황에서 발암물질의 효과를 확인하려는 동물 실험은 최소한 수만 마리의 쥐를 이용한 실험을 해야 유의미한 결과를 얻을 수 있다. 하지만 그렇게 많은 쥐를 이용해서 실험하는 것은 불가능하다.

이럴 때 택하는 전형적인 전략은 실험 대상의 수를 줄이고 발암물질의 투여량을 늘리는 것이다. 예를 들어 어떤 발암물질을 통상적인 수준에서 투여한다면 200마리의 쥐 가운데 암이 발생한 것은 거의 없을 것이다. 하지만 그 발암물질을 전체 음식의 5%로 늘리게 되면 200마리의 쥐 가운데에서도 암이 발생한 쥐의 수는 제법 늘어나게 될 것이다. 이렇게 발암물질의 투여량을 늘리면 실험 대상의 수를 줄이더라도 유의미한 실험 결과를 확보할 수 있는 것이다. 결국 사카린과 암 사이의 인과관계를 밝히려 한 1977년 실험과 그 활용의 타당성에 근본적인 잘못이 있다고 할 수 없다.

〈보기〉

ㄱ. 인간이든 쥐든 암이 발생하는 사례의 수는 발암물질의 섭취량에 비례한다.
ㄴ. 쥐에게 다량 투입하였을 때 암을 일으킨 물질 중에는 인간에게 발암물질이 아닌 것이 있다.
ㄷ. 발암물질의 유효성이 클수록 더 많은 수의 실험 대상을 확보해야 유의미한 실험 결과를 얻을 수 있다.

① ㄱ
② ㄷ
③ ㄱ, ㄴ
④ ㄴ, ㄷ
⑤ ㄱ, ㄴ, ㄷ

문 23. 다음 논쟁을 분석한 것으로 적절한 것만을 〈보기〉에서 모두 고르면?

A: 종 차별주의란 인간 종이 다른 생물 종과 생김새가 다르다는 이유만으로 특별한 대우를 받아야 한다는 주장이다. 이런 종 차별주의가 옳지 않다는 주장은 모든 종을 동등하게 대우해야 한다는 종 평등주의가 옳다는 말과 같다. 하지만 종 평등주의는 너무나 비상식적인 견해이다.

B: 종 차별주의를 거부하는 것과 종 평등주의를 받아들이는 것은 별개다. 모든 생명체를 동등하게 대우해야 한다는 종 평등주의는 이웃 사람을 죽이는 것이 그른 만큼 양배추를 뽑아 버리는 것도 그르다는 것을 암시한다. 그러나 양배추는 신경계와 뇌가 없으므로 어떠한 경험을 할 수도 어떠한 의식을 가질 수도 없다. 그런 양배추를 뽑아 버리는 것이, 의식을 가지고 높은 수준의 경험을 누리는 이웃 사람을 죽이는 행위와 같을 수 없다. 종 차별주의에 대한 거부는 생김새가 아닌 의식에 의한 차별적 대우를 부정하지 않는다.

C: 의식에 의한 차별이 정당하다는 주장이 옳다면, 각 인간이 가진 가치도 달라야 한다. 왜냐하면 인간마다 의식적 경험의 정도가 다르기 때문이다. 그러나 모든 인간이 동일한 존엄성과 무한한 생명 가치를 가진다는 것은 거부할 수 없는 윤리의 대전제이다. 따라서 의식을 이용하여 종 사이의 차별을 정당화한다면 이런 윤리의 대전제를 부정할 수밖에 없다.

〈보기〉

ㄱ. A는 종 차별주의와 종 평등주의가 서로 모순된다고 보지만 B는 그렇지 않다.
ㄴ. B와 C는 모든 인간이 동일한 존엄성과 무한한 생명 가치를 가진다는 견해에 동의한다.
ㄷ. C는 인간과 인간이 아닌 것 사이의 차별적 대우를 정당화하는 근거가 있다는 것에 동의하지만, A는 그렇지 않다.

① ㄱ
② ㄴ
③ ㄱ, ㄷ
④ ㄴ, ㄷ
⑤ ㄱ, ㄴ, ㄷ

문 24. 다음 글의 ㉠의 내용으로 가장 적절한 것은?

2020년 7월 2일이 출산 예정일이었던 갑은 2020년 6월 28일 아이를 출산하여, 2020년 7월 10일에 ○○구 건강관리센터 산모·신생아 건강관리 서비스를 신청하였다. 2020년 1월 1일에 ○○구에 주민등록이 된 이후 갑은 주민등록지를 변경하지 않았으며, 실제로 ○○구에 거주하였다. 갑의 신청을 검토한 ○○구는 「○○구 산모·신생아 건강관리 지원에 관한 조례」(이하 "조례"라 한다)와 「○○구 건강관리센터 운영규정」(이하 "운영규정"이라 한다)이 불일치한다는 문제를 발견하였다. 이에 ㉠ 운영규정과 조례 중 무엇도 위반하지 않고 갑이 30만 원 이하의 본인 부담금만으로 해당 서비스를 이용할 수 있도록 조례 또는 운영규정을 일부 개정하였다.

「○○구 산모·신생아 건강관리 지원에 관한 조례」
제8조(산모·신생아 건강관리 지원) ① 구청장은 출산 예정일 또는 출산일을 기준으로 6개월 전부터 계속하여 ○○구에 주민등록을 두고 있는 산모와 출산 예정일 또는 출산일을 기준으로 1년 전부터 계속하여 ○○구를 국내 체류지로 하여 외국인 등록을 하고 ○○구에 체류하는 외국인 산모에게 산모·신생아 건강관리 서비스를 제공할 수 있다.
② 구청장은 제1항에 따른 서비스의 본인 부담금을 이용금액 기준에 따라 30만 원 한도 내에서 서비스 수급자에게 부과할 수 있다.

「○○구 건강관리센터 운영규정」
제21조(산모·신생아 건강관리 지원) ① 다음 각 호의 어느 하나에 해당하는 사람은 산모·신생아 건강관리 서비스를 이용할 수 있다.
1. 출산일을 기준으로 6개월 전부터 계속하여 ○○구에 주민등록을 두고 실제로 ○○구에 거주하고 있는 산모
2. 출산일을 기준으로 6개월 전부터 ○○구를 국내 체류지로 하여 외국인 등록을 하고 실제로 ○○구에 체류하고 있는 외국인 산모
② 제1항에 따른 서비스를 이용하는 경우 서비스 수급자에게 본인 부담금이 부과될 수 있다. 그 산정은 「○○구 산모·신생아 건강관리 지원에 관한 조례」의 기준에 따른다.

① 운영규정 제21조 제3항과 조례 제8조 제3항으로 '신청일은 출산일 기준 10일을 경과할 수 없다.'를 신설한다.
② 운영규정 제21조 제1항의 '실제로 ○○구에 거주하고'와 '실제로 ○○구에 체류하고'를 삭제한다.
③ 운영규정 제21조 제2항의 '본인 부담금'을 '30만 원 이하의 본인 부담금'으로 개정한다.
④ 운영규정 제21조 제1항의 '출산일'을 모두 '출산 예정일 또는 출산일'로 개정한다.
⑤ 조례 제8조 제1항의 '1년'을 '6개월'로 개정한다.

문 25. 다음 글의 〈논쟁〉에 대한 분석으로 적절한 것만을 〈보기〉에서 모두 고르면?

갑과 을은 M국의 손해사정을 업으로 하는 법인 A, B의 「보험업법」 위반 여부에 대해 논쟁하고 있다. 이 논쟁은 「보험업법」의 일부 규정 속 손해사정사가 상근인지 여부, 그리고 각 법인의 손해사정사가 상근인지 여부가 불분명함에서 비롯되었다. 해당 법의 일부 조항은 다음과 같다.

「보험업법」
제○○조(손해사정업의 영업기준) ① 손해사정을 업으로 하려는 법인은 2명 이상의 상근 손해사정사를 두어야 한다. 이 경우 총리령으로 정하는 손해사정사의 구분에 따라 수행할 업무의 종류별로 1명 이상의 상근 손해사정사를 두어야 한다.
② 제1항에 따른 법인이 지점 또는 사무소를 설치하려는 경우에는 각 지점 또는 사무소별로 총리령으로 정하는 손해사정사의 구분에 따라 수행할 업무의 종류별로 1명 이상의 손해사정사를 두어야 한다.

〈논쟁〉
쟁점 1: 법인 A는 총리령으로 정하는 손해사정사의 구분에 따른 업무의 종류가 4개이고 각 종류마다 2명의 손해사정사를 두고 있는데, 갑은 법인 A가 「보험업법」 제○○조 제1항을 어기고 있다고 주장하지만 을은 그렇지 않다고 주장한다.
쟁점 2: 법인 B의 지점 및 사무소 각각은 총리령으로 정하는 손해사정사의 구분에 따른 업무의 종류가 2개씩이고 각 종류마다 1명의 손해사정사를 두고 있는데, 갑은 법인 B가 「보험업법」 제○○조 제2항을 어기고 있다고 주장하지만 을은 그렇지 않다고 주장한다.

〈보기〉
ㄱ. 쟁점 1과 관련하여, 법인 A에는 비상근 손해사정사가 2명 근무하고 있지만 이들이 수행하는 업무의 종류가 다르다는 사실이 밝혀진다면 갑의 주장은 옳지만 을의 주장은 옳지 않다.
ㄴ. 쟁점 2와 관련하여, 법인 B의 지점에 근무하는 손해사정사가 비상근일 경우에, 갑은 제○○조 제2항의 '손해사정사'가 반드시 상근이어야 한다고 생각하지만 을은 비상근이어도 무방하다고 생각한다는 사실은 법인 B에 대한 갑과 을 사이의 주장 불일치를 설명할 수 있다.
ㄷ. 법인 A 및 그 지점 또는 사무소에 근무하는 손해사정사와 법인 B 및 그 지점 또는 사무소에 근무하는 손해사정사가 모두 상근이라면, 을의 주장은 쟁점 1과 쟁점 2 모두에서 옳지 않다.

① ㄱ
② ㄴ
③ ㄱ, ㄷ
④ ㄴ, ㄷ
⑤ ㄱ, ㄴ, ㄷ

※ 수고하셨습니다.
※ 기출문제편 맨 마지막에 있는 OMR 카드에 마킹을 하세요.

문 1. 다음 〈보고서〉는 2019년 '갑'시의 5대 축제(A~E)에 관한 조사 결과이다. 이에 부합하지 않는 자료는?

─〈보고서〉─

'갑'시의 5대 축제를 분석·평가한 결과, 우수축제로 선정된 A 축제는 관람객 수, 인지도, 콘텐츠 영역에서 B 축제보다 높은 점수를 받았으나 경제적 효과 영역에서는 B 축제보다 낮은 점수를 받았다. 한편, 5대 축제의 관람객 만족도를 보면, 먹거리 만족도가 매년 떨어지고 있고 2019년에는 살거리 만족도도 2018년보다 낮아져 대책 마련이 시급하다는 평가도 있다.

설문조사에 따르면 축제 관련 정보 획득 매체는 연령대별로 차이를 보였다. 20대 이하와 30~40대는 각각 인터넷을 통해 정보를 획득한 관람객 수가 가장 많았다. 반면, 50대 이상은 현수막을 통해 정보를 획득한 관람객 수가 가장 많아 관람객의 연령대별 맞춤형 홍보 전략이 필요하다는 것을 보여준다.

축제로 인한 경제적 효과도 중요한 분석 대상이다. D 축제의 경우 취업자 수와 고용인 수 모두 가장 적지만, 고용인 1인당 취업자 수는 가장 많았다. 관람객 1인당 총지출액에서 숙박비의 비중이 가장 높은 축제는 C 축제이고 먹거리 비용의 비중이 가장 높은 축제는 E 축제이다.

① 5대 축제별 취업자 수와 고용인 수

② 5대 축제의 관람객 만족도

③ 5대 축제별 관람객 1인당 지출액

(단위: 원)

축제 구분	A	B	C	D	E
숙박비	22,514	9,100	27,462	3,240	4,953
먹거리 비용	18,241	19,697	15,303	8,882	20,716
왕복 교통비	846	1,651	9,807	1,448	810
상품 구입비	17,659	4,094	6,340	3,340	411
기타	9	48	102	255	1,117
총지출액	59,269	34,590	59,014	17,165	28,007

④ A, B 축제의 영역별 평가점수

⑤ 관람객의 연령대별 5대 축제 관련 정보 획득 매체

(단위: %)

매체 연령대	TV	인터넷	신문	현수막	기타
20대 이하	22.0	58.6	10.8	17.5	11.5
30~40대	25.4	35.0	16.5	18.0	9.0
50대 이상	35.0	20.2	21.0	29.5	8.0
전체	26.0	41.5	15.1	20.1	9.8

※ 중복응답 가능함

문 2. 정답 ① (B=70, E=47)

문 3. 정답 ① (ㄱ, ㄴ)

문 4. 다음 〈표〉는 2015~2019년 A~D 지역의 해양수질, 해조류 군집 및 해양 저서동물 출현종수에 관한 자료이다. 이에 대한 설명으로 옳지 않은 것은?

〈표 1〉 A~D 지역의 해양수질

(단위: mg/L)

측정항목	지역\연도	2015	2016	2017	2018	2019
용존산소량 (DO)	A	8.22	8.13	7.95	8.40	7.60
	B	8.18	8.23	8.12	8.60	8.10
	C	10.20	8.06	8.73	8.10	8.50
	D	7.51	6.97	7.39	8.43	8.35
화학적 산소 요구량 (COD)	A	1.73	1.38	1.19	1.54	1.34
	B	1.38	1.40	1.26	1.47	1.54
	C	2.35	2.29	1.71	1.59	1.69
	D	0.96	0.82	0.70	1.30	1.59
총질소 (Total-N)	A	0.16	0.14	0.16	0.15	0.12
	B	0.16	0.13	0.20	0.15	0.12
	C	0.45	0.51	0.68	0.11	0.08
	D	0.20	0.06	0.05	0.57	0.07

※ 해양수질 등급은 아래 기준으로 판정함
- 1등급은 DO가 7.50mg/L 이상이고 COD는 1.00mg/L 이하이며 Total-N이 0.30mg/L 이하인 경우임
- 2등급은 1등급에 해당하지 않으면서 DO가 2.00mg/L 이상이고 COD는 2.00mg/L 이하이며 Total-N이 0.60mg/L 이하인 경우임
- 등급 외는 1, 2등급에 해당하지 않는 경우임

〈표 2〉 A~D 지역의 해조류 군집 및 해양 저서동물 출현종수

(단위: 개)

항목	지역\연도	2015	2016	2017	2018	2019
해조류 군집 출현종수	A	108	77	46	48	48
	B	102	77	49	49	52
	C	26	27	28	29	27
	D	102	136	199	86	87
해양 저서동물 출현종수	A	147	79	126	134	153
	B	90	73	128	142	141
	C	112	34	58	85	102
	D	175	351	343	303	304

① 2015~2019년 A와 B 지역의 총질소(Total-N)의 연간 증감 방향은 매년 동일하다.
② 2016년 B 지역은 해조류 군집 출현종수의 전년 대비 증감률이 해양 저서동물 출현종수의 전년 대비 증감률보다 크다.
③ 2019년에는 해양 저서동물 출현종수가 가장 많은 지역이 총질소(Total-N)가 가장 낮다.
④ 2015년에 해양수질이 1등급인 지역은 D가 유일하다.
⑤ A와 C 지역의 해양수질은 2015년부터 2017년까지 2등급으로 일정하다.

문 5. 다음 〈그림〉과 〈표〉는 2018~2019년 '갑'국의 월별 최대전력수요와 전력수급현황에 관한 자료이다. 이에 대한 설명으로 옳은 것은?

〈그림〉 '갑'국의 월별 최대전력수요

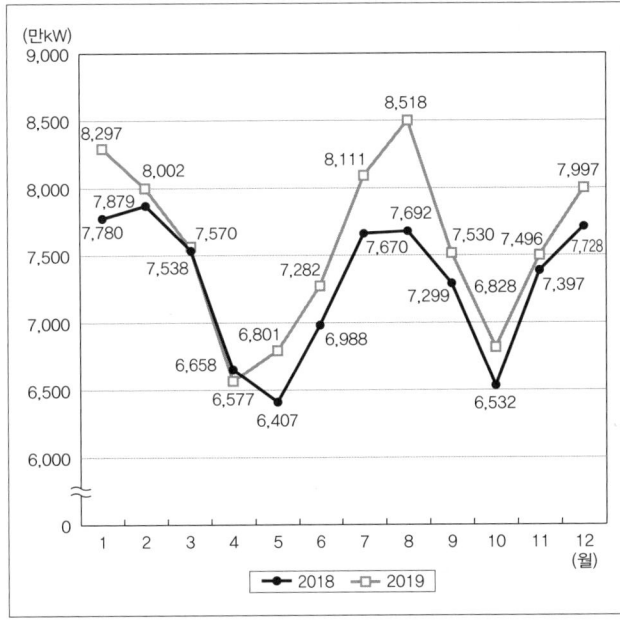

〈표〉 '갑'국의 전력수급현황

(단위: 만kW)

구분\시기	2018년 2월	2019년 8월
최대전력수요	7,879	8,518
전력공급능력	8,793	9,240

※ 1) 공급예비력 = 전력공급능력 − 최대전력수요
2) 공급예비율(%) = $\frac{공급예비력}{최대전력수요} \times 100$

① 공급예비력은 2018년 2월이 2019년 8월보다 작다.
② 공급예비율은 2018년 2월이 2019년 8월보다 낮다.
③ 2019년 1~12월 동안 최대전력수요의 월별 증감 방향은 2018년과 동일하다.
④ 해당 연도 1~12월 중 최대전력수요가 가장 큰 달과 가장 작은 달의 최대전력수요 차이는 2018년이 2019년보다 작다.
⑤ 2019년 최대전력수요의 전년동월 대비 증가율이 가장 높은 달은 1월이다.

문 6. 다음 〈표〉는 2018년 '갑'국 A~E 지역의 산사태 위험인자 현황에 관한 자료이다. 〈평가 방법〉에 근거하여 산사태 위험점수가 가장 높은 지역과 가장 낮은 지역을 바르게 나열한 것은?

〈표〉 A~E 지역의 산사태 위험인자 현황

위험인자\지역	A	B	C	D	E
경사길이(m)	180	220	150	80	40
모암	화성암	퇴적암	변성암(편마암)	변성암(천매암)	변성암(편마암)
경사위치	중하부	중상부	중하부	상부	중상부
사면형	상승사면	복합사면	하강사면	복합사면	평형사면
토심(cm)	160	120	70	110	80
경사도(°)	30	20	25	35	55

─〈평가 방법〉─

○ 산사태 위험인자의 평가점수는 다음과 같다.

위험인자\평가점수	0점	10점	20점	30점
경사길이(m)	50 미만	50 이상 100 미만	100 이상 200 미만	200 이상
모암	퇴적암	화성암	변성암(천매암)	변성암(편마암)
경사위치	하부	중하부	중상부	상부
사면형	상승사면	평형사면	하강사면	복합사면
토심(cm)	20 미만	20 이상 100 미만	100 이상 150 미만	150 이상
경사도(°)	40 이상	30 이상 40 미만	25 이상 30 미만	25 미만

○ 개별 지역의 산사태 위험점수는 6개 위험인자에 대한 평가점수의 합임

	가장 높은 지역	가장 낮은 지역
①	B	A
②	B	E
③	D	A
④	D	C
⑤	D	E

문 7. 다음 〈표〉는 '갑' 회사 구내식당의 월별 이용자 수 및 매출액에 관한 자료이고, 〈보고서〉는 '갑' 회사 구내식당 가격인상에 관한 내부검토 자료이다. '2019년 1월의 이용자 수 예측'에 대한 그래프로 〈표〉와 〈보고서〉의 내용에 부합하는 것은?

〈표〉 2018년 '갑' 회사 구내식당의 월별 이용자 수 및 매출액

(단위: 명, 천 원)

구분월	특선식 이용자 수	특선식 매출액	일반식 이용자 수	일반식 매출액	총매출액
7	901	5,406	1,292	5,168	10,574
8	885	5,310	1,324	5,296	10,606
9	914	5,484	1,284	5,136	10,620
10	979	5,874	1,244	4,976	10,850
11	974	5,844	1,196	4,784	10,628
12	952	5,712	1,210	4,840	10,552

※ 총매출액은 특선식 매출액과 일반식 매출액의 합임

─〈보고서〉─

2018년 12월 현재 회사 구내식당은 특선식(6,000원)과 일반식(4,000원)의 두 가지 메뉴를 판매하고 있다. 2018년 11월부터 구내식당 총매출액이 감소하고 있어 지난 2년 동안 동결되었던 특선식과 일반식 중 한 가지 메뉴의 가격을 2019년 1월부터 1,000원 인상할지를 검토하였다.

메뉴 가격에 변동이 없을 경우, 일반식 이용자와 특선식 이용자의 수가 모두 2018년 12월에 비해 감소하여 2019년 1월의 총매출액은 2018년 12월보다 감소할 것으로 예측된다.

특선식 가격만을 1,000원 인상하여 7,000원으로 할 경우, 특선식 이용자 수는 2018년 7월 이후 최저치 이하로 감소하지만, 가격 인상의 영향 등으로 총매출액은 2018년 10월 이상으로 증가할 것으로 예측된다.

일반식 가격만을 1,000원 인상하여 5,000원으로 할 경우, 일반식 이용자 수는 2018년 12월 대비 10% 이상 감소하며, 특선식 이용자 수는 2018년 10월보다 증가하지는 않으리라 예측된다.

②

③

④

⑤

문 8. 다음 〈표〉는 '갑'시에서 주최한 10km 마라톤 대회에 참가한 선수 A~D의 구간별 기록이다. 이에 대한 〈보기〉의 설명 중 옳은 것만을 모두 고르면?

〈표〉 선수 A~D의 10km 마라톤 대회 구간별 기록

구간 \ 선수	A	B	C	D
0~1km	5분 24초	5분 44초	6분 40초	6분 15초
1~2km	5분 06초	5분 42초	5분 27초	6분 19초
2~3km	5분 03초	5분 50초	5분 18초	6분 00초
3~4km	5분 00초	6분 18초	5분 15초	5분 54초
4~5km	4분 57초	6분 14초	5분 24초	5분 35초
5~6km	5분 10초	6분 03초	5분 03초	5분 27초
6~7km	5분 25초	5분 48초	5분 14초	6분 03초
7~8km	5분 18초	5분 39초	5분 29초	5분 24초
8~9km	5분 10초	5분 33초	5분 26초	5분 11초
9~10km	5분 19초	5분 03초	5분 36초	5분 15초
계	51분 52초	( )	54분 52초	57분 23초

※ 1) A~D는 출발점에서 동시에 출발하여 휴식 없이 완주함
   2) A~D는 각 구간 내에서 일정한 속도로 달림

〈보기〉

ㄱ. 출발 후 6km 지점을 먼저 통과한 선수부터 나열하면 A, C, D, B 순이다.

ㄴ. B의 10km 완주기록은 60분 이상이다.

ㄷ. 3~4km 구간에서 B는 C에게 추월당한다.

ㄹ. A가 10km 지점을 통과한 순간, D는 7~8km 구간을 달리고 있다.

① ㄱ, ㄴ
② ㄱ, ㄷ
③ ㄱ, ㄹ
④ ㄴ, ㄷ
⑤ ㄷ, ㄹ

문 9. 다음 〈그림〉은 OECD 회원국 중 5개국의 2018년 가정용, 산업용 전기요금 지수를 나타낸 것이다. 이에 대한 〈보기〉의 설명 중 옳은 것만을 모두 고르면?

〈그림〉 OECD 회원국 중 5개국의 가정용, 산업용 전기요금 지수

※ 1) OECD 각 국가의 전기요금은 100kWh당 평균 금액($)임
2) 가정용(산업용) 전기요금 지수 = $\frac{\text{해당 국가의 가정용(산업용) 전기요금}}{\text{OECD 평균 가정용(산업용) 전기요금}} \times 100$
3) 2018년 한국의 가정용, 산업용 전기요금은 100kWh당 각각 $120, $95임

〈보기〉

ㄱ. 산업용 전기요금은 일본이 가장 비싸고 가정용 전기요금은 독일이 가장 비싸다.
ㄴ. OECD 평균 전기요금은 가정용이 산업용의 1.5배 이상이다.
ㄷ. 가정용 전기요금이 한국보다 비싼 국가는 산업용 전기요금도 한국보다 비싸다.
ㄹ. 일본은 산업용 전기요금이 가정용 전기요금보다 비싸다.

① ㄱ, ㄴ
② ㄱ, ㄷ
③ ㄴ, ㄹ
④ ㄷ, ㄹ
⑤ ㄱ, ㄴ, ㄹ

문 10. 다음 〈표〉는 2014~2018년 공공기관 신규채용 합격자 현황에 관한 자료이다. 이를 이용하여 작성한 그래프로 옳지 않은 것은?

〈표 1〉 공공기관 신규채용 합격자 현황

(단위: 명)

연도 합격자	2014	2015	2016	2017	2018
전체	17,601	19,322	20,982	22,547	33,832
여성	7,502	7,664	8,720	9,918	15,530

〈표 2〉 공공기관 유형별 신규채용 합격자 현황

(단위: 명)

유형	연도 합격자	2014	2015	2016	2017	2018
공기업	전체	4,937	5,823	5,991	6,805	9,070
	여성	1,068	1,180	1,190	1,646	2,087
준정부기관	전체	5,055	4,892	6,084	6,781	9,847
	여성	2,507	2,206	2,868	3,434	4,947
기타 공공기관	전체	7,609	8,607	8,907	8,961	14,915
	여성	3,927	4,278	4,662	4,838	8,496

※ 공공기관은 공기업, 준정부기관, 기타 공공기관으로만 구성됨

① 공공기관 유형별 신규채용 합격자 현황

② 2016년 공공기관 유형별 신규채용 남성 합격자 현황

③ 공공기관 유형별 신규채용 합격자 중 여성 비중

④ 공공기관 신규채용 합격자의 전년 대비 증가율

⑤ 2018년 공공기관 신규채용 합격자의 공공기관 유형별 구성비

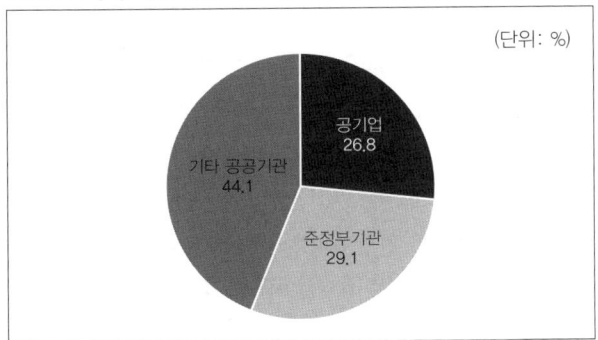

문 11. 다음 〈표〉는 2019년 기관 A~D 소속 퇴직예정공직자의 재취업을 위한 직무관련성 심사결과에 대한 자료이다. 〈표〉와 〈조건〉을 근거로 A~D에 해당하는 기관을 바르게 나열한 것은?

〈표〉 직무관련성 심사결과

(단위: 건)

기관 \ 구분	관련 있음	관련 없음	각하	전체
A	8	33	4	45
B	17	77	3	97
C	99	350	59	508
D	0	9	0	9

〈조건〉

○ 우주청의 전체 심사결과 중 '관련 없음'의 비중은 혁신청의 전체 심사결과 중 '관련 없음'의 비중보다 작다.
○ 기관별 전체 심사결과 중 '관련 없음'의 비중은 문화청이 가장 크다.
○ '각하' 건수는 과학청이 혁신청보다 많다.
○ '관련 없음' 대비 '관련 있음' 건수의 비는 과학청이 우주청보다 높다.

	A	B	C	D
①	과학청	문화청	혁신청	우주청
②	과학청	혁신청	우주청	문화청
③	문화청	혁신청	우주청	과학청
④	우주청	혁신청	과학청	문화청
⑤	혁신청	우주청	과학청	문화청

문 12. 다음 〈그림〉은 가구 A~L의 2020년 1월 주거비와 식비, 필수생활비에 관한 자료이다. 이에 대한 설명으로 옳은 것은?

〈그림 1〉 가구 A~L의 주거비와 식비

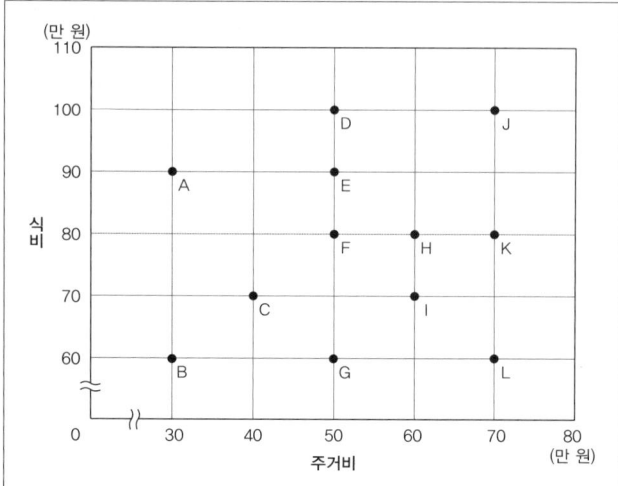

〈그림 2〉 가구 A~L의 식비와 필수생활비

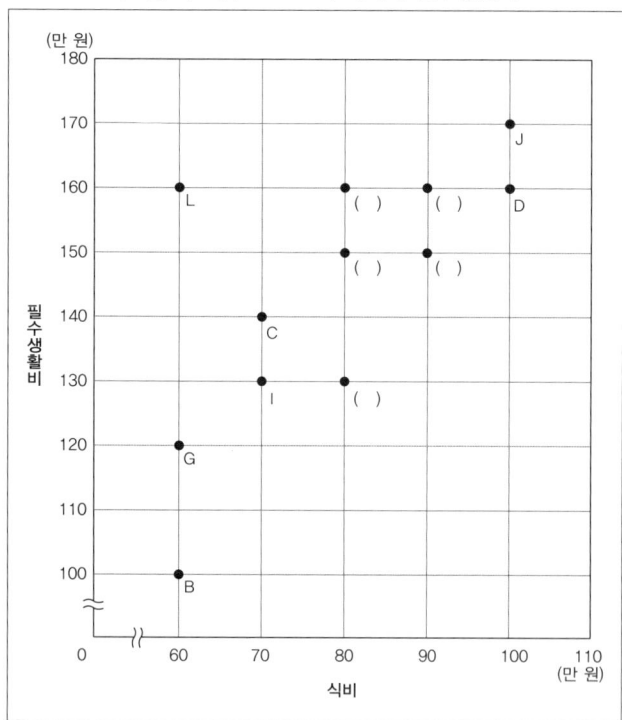

※ 필수생활비＝주거비 + 식비 + 의복비

① 의복비는 가구 A가 가구 B보다 작다.
② 의복비가 0원인 가구는 1곳이다.
③ 주거비가 40만 원 이하인 가구의 의복비는 각각 10만 원 이상이다.
④ 식비 하위 3개 가구 의복비의 합은 60만 원 이상이다.
⑤ 식비가 80만 원이면서 필수생활비가 130만 원인 가구는 K이다.

문 13. 다음 〈그림〉은 추락사고가 발생한 항공기 800대의 사고 발생 시점과 사고 원인을 정리한 자료이다. 이에 대한 〈보기〉의 설명 중 옳은 것만을 모두 고르면?

〈그림〉 항공기 추락사고의 사고 발생 시점과 사고 원인

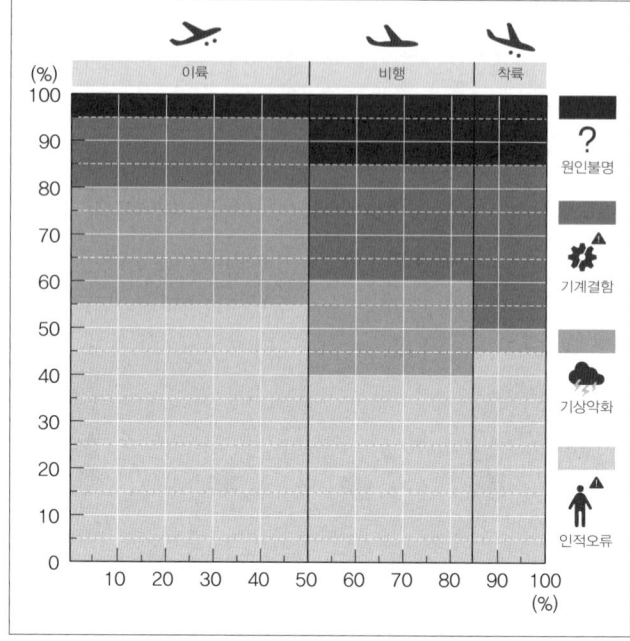

※ 사고 발생 시점은 이륙, 비행, 착륙 중 하나이며, 사고 원인은 인적오류, 기상악화, 기계결함, 원인불명 중 하나임

〈보기〉

ㄱ. 이륙 중에 인적오류로 추락한 항공기 수는 착륙 중에 원인불명으로 추락한 항공기 수의 12배 이상이다.
ㄴ. 비행 중에 원인불명으로 추락한 항공기 수는 착륙 중에 기계결함으로 추락한 항공기 수보다 많다.
ㄷ. 비행 중에 인적오류로 추락한 항공기 수는 이륙 중에 기계결함으로 추락한 항공기 수보다 56대 더 많다.
ㄹ. 기계결함으로 추락한 항공기 수는 추락사고가 발생한 항공기 수의 20% 이상이다.

① ㄱ, ㄴ
② ㄱ, ㄷ
③ ㄱ, ㄹ
④ ㄴ, ㄷ
⑤ ㄷ, ㄹ

문 14. 정답: ④ ㄱ, ㄷ

문 15. 정답: ① A

문 16. 다음 〈표〉는 2019년 '갑'국 국회의원선거의 당선자 수에 관한 자료이다. 이에 대한 〈보기〉의 설명 중 옳은 것만을 모두 고르면?

〈표〉 '갑'국 국회의원선거의 당선자 수
(단위: 명)

정당 권역	A	B	C	D	E	합
가	48	( )	0	1	7	65
나	2	( )	( )	0	0	( )
기타	55	98	2	1	4	160
전체	105	110	25	2	11	253

※ '갑'국의 정당은 A ~ E만 존재함

〈보기〉

ㄱ. E 정당 전체 당선자 중 '가' 권역 당선자가 차지하는 비중은 60% 이상이다.

ㄴ. 당선자 수의 합은 '가' 권역이 '나' 권역의 3배 이상이다.

ㄷ. C 정당 전체 당선자 중 '나' 권역 당선자가 차지하는 비중은 A 정당 전체 당선자 중 '가' 권역 당선자가 차지하는 비중의 2배 이상이다.

ㄹ. B 정당 당선자 수는 '나' 권역이 '가' 권역보다 많다.

① ㄱ, ㄴ
② ㄱ, ㄷ
③ ㄴ, ㄷ
④ ㄴ, ㄹ
⑤ ㄷ, ㄹ

문 17. 다음 〈표〉는 소프트웨어 경쟁력 종합점수 산출을 위한 영역별 가중치와 소프트웨어 경쟁력 종합순위 1~10위 국가의 영역별 순위 및 원점수에 관한 자료이다. 이에 대한 설명으로 옳지 않은 것은?

〈표 1〉 소프트웨어 경쟁력 종합점수 산출을 위한 영역별 가중치

영역	환경	인력	혁신	성과	활용
가중치	0.15	0.20	0.25	0.15	0.25

〈표 2〉 소프트웨어 경쟁력 평가대상 국가 중 종합순위 1~10위 국가의 영역별 순위 및 원점수
(단위: 점)

종합 순위	종합 점수	국가	환경		인력		혁신		성과		활용	
			순위	원점수	순위	원점수	순위	원점수	순위	원점수	순위	원점수
1	72.41	미국	1	67.1	1	89.6	1	78.5	2	54.8	2	66.3
2	47.04	중국	28	20.9	8	35.4	2	66.9	18	11.3	1	73.6
3	41.48	일본	6	50.7	10	34.0	3	44.8	19	10.5	7	57.2
4	( )	호주	5	51.6	6	37.9	7	33.1	22	9.2	3	62.8
5	( )	캐나다	17	37.7	15	29.5	4	42.9	16	13.3	6	57.6
6	38.35	스웨덴	9	42.6	5	38.9	8	28.1	3	26.5	10	52.7
7	38.12	영국	12	40.9	3	46.3	12	20.3	8	23.3	8	56.6
8	( )	프랑스	11	41.9	2	53.6	11	22.5	15	13.8	11	49.3
9	( )	핀란드	10	42.5	19	30.5	10	22.6	4	24.9	4	59.4
10	( )	한국	2	62.9	19	27.5	5	41.5	25	6.7	21	41.1

※ 1) 점수가 높을수록 순위가 높음
　 2) 영역점수 = 영역 원점수 × 영역 가중치
　 3) 종합점수는 5개 영역점수의 합임

① 종합순위가 한국보다 낮은 국가 중에 '성과' 영역 원점수가 한국의 8배 이상인 국가가 있다.
② 종합순위 3~10위 국가의 종합점수 합은 320점 이하이다.
③ 소프트웨어 경쟁력 평가대상 국가는 28개국 이상이다.
④ 한국은 5개 영역점수 중 '혁신' 영역점수가 가장 높다.
⑤ 일본의 '활용' 영역 원점수가 중국의 '활용' 영역 원점수로 같아지면 국가별 종합순위는 바뀐다.

문 18. 다음 〈표〉는 2019년 주요 7개 지역(A~G)의 재해 피해 현황이다. 이에 대한 설명으로 옳지 않은 것은?

〈표〉 2019년 주요 7개 지역의 재해 피해 현황

구분 지역	피해액 (천 원)	행정면적 (km²)	인구 (명)	1인당 피해액(원)
전국	187,282,994	100,387	51,778,544	3,617
A	2,898,417	1,063	2,948,542	983
B	2,883,752	10,183	12,873,895	224
C	3,475,055	10,540	3,380,404	1,028
D	7,121,830	16,875	1,510,142	4,716
E	24,482,562	8,226	2,116,770	11,566
F	86,648,708	19,031	2,691,706	32,191
G	( )	7,407	1,604,432	36,199

※ 피해밀도(원/km²) = 피해액 / 행정면적

① G 지역의 피해액은 전국 피해액의 35% 이하이다.
② 주요 7개 지역을 합친 지역의 1인당 피해액은 나머지 전체 지역의 1인당 피해액보다 크다.
③ D 지역과 F 지역을 합친 지역의 1인당 피해액은 전국 1인당 피해액의 5배 이상이다.
④ 피해밀도는 A 지역이 B 지역의 9배 이상이다.
⑤ 주요 7개 지역 중 피해밀도가 가장 낮은 지역은 D 지역이다.

문 19. 다음 〈표〉는 A사에서 실시한 철근강도 평가 샘플 수 및 합격률에 관한 자료이다. 이에 대한 설명으로 옳은 것은?

〈표〉 철근강도 평가 샘플 수 및 합격률

(단위: 개, %)

구분	종류	SD400	SD500	SD600	전체
샘플 수		35	( )	25	( )
평가 항목별 합격률	항복강도	100.0	95.0	92.0	96.0
	인장강도	100.0	100.0	88.0	( )
최종 합격률		100.0	( )	84.0	( )

※ 1) 평가한 철근 종류는 SD400, SD500, SD600뿐임
2) 항복강도와 인장강도 평가에서 모두 합격한 샘플만 최종 합격임
3) 합격률(%) = 합격한 샘플 수 / 샘플 수 × 100
4) 평가 결과는 합격 또는 불합격임

① SD500 샘플 수는 50개 이상이다.
② 인장강도 평가에서 합격한 SD600 샘플은 항복강도 평가에서도 모두 합격하였다.
③ 항복강도 평가에서 불합격한 SD500 샘플 수는 4개이다.
④ 최종 불합격한 전체 샘플 수는 5개 이하이다.
⑤ 항복강도 평가에서 불합격한 SD600 샘플 수는 최종 불합격한 SD500 샘플 수와 같다.

문 20. 다음 〈표〉는 2015년 와인 생산량 및 소비량 상위 8개국 현황에 관한 자료이다. 이에 대한 〈보기〉의 설명 중 옳은 것만을 모두 고르면?

〈표 1〉 2015년 와인 생산량 상위 8개국 현황

(단위: 천 L, %)

구분 국가	2015년 생산량	구성비	2013년 생산량 대비 증가율
이탈리아	4,950	17.4	-8.3
프랑스	4,750	16.7	12.8
스페인	3,720	13.1	-18.0
미국	2,975	10.4	-4.5
아르헨티나	1,340	4.7	-10.7
칠레	1,290	4.5	0.8
호주	1,190	4.2	-3.3
남아프리카공화국	1,120	3.9	22.4
계	21,335	74.9	-3.8

〈표 2〉 2015년 와인 소비량 상위 8개국 현황

(단위: 천 L, %)

구분 국가	2015년 생산량	구성비	2013년 생산량 대비 증가율
미국	3,320	13.3	6.5
프랑스	2,720	10.9	-3.5
이탈리아	2,050	8.2	-5.9
독일	2,050	8.2	1.0
중국	1,600	6.4	-8.4
영국	1,290	5.2	1.6
아르헨티나	1,030	4.1	-0.4
스페인	1,000	4.0	2.0
계	15,060	60.2	-0.8

※ 1) 구성비는 세계 와인 생산(소비)량에서 각 국가 생산(소비)량이 차지하는 비율임
2) 구성비와 증가율은 소수 둘째 자리에서 반올림한 값임

〈보기〉

ㄱ. 2015년 와인 생산량 상위 8개국 중 와인 소비량이 생산량보다 많은 국가는 1개이다.
ㄴ. 2015년 와인 생산량 상위 8개국만 와인 생산량이 각각 10%씩 증가했다면, 2015년 세계 와인 생산량은 30,000천 L 이상이었을 것이다.
ㄷ. 2015년 중국 와인 소비량은 같은 해 세계 와인 생산량의 6% 미만이다.
ㄹ. 2013년 스페인 와인 생산량은 같은 해 영국 와인 소비량의 3배 미만이다.

① ㄱ, ㄷ ② ㄴ, ㄹ
③ ㄷ, ㄹ ④ ㄱ, ㄴ, ㄷ
⑤ ㄱ, ㄴ, ㄹ

문 21. 다음 〈표〉는 2017년 부산항 해운항만산업 사업실적에 관한 자료이다. 이에 대한 〈보고서〉의 내용 중 업종 A~D에 해당하는 사업체 수의 합은?

〈표〉 2017년 부산항 해운항만산업 사업실적

(단위: 억 원, 개)

구분 업종	매출액	영업비용	영업이익	사업체 수
여객운송업	957	901	56	18
화물운송업	58,279	56,839	1,440	359
대리중개업	62,276	59,618	2,658	1,689
창고업	14,480	13,574	906	166
하역업	15,298	12,856	2,442	65
항만부대업	14,225	13,251	974	323
선용품공급업	58,329	54,858	3,471	1,413
수리업	8,275	7,493	782	478
전체	232,119	219,390	12,729	4,511

※ 영업이익률(%) = $\frac{영업이익}{매출액} \times 100$

〈보고서〉

2017년 부산항 해운항만산업 전체 매출액은 232,119억 원이다. 업종별로 보면, 매출액은 대리중개업이 가장 많고, 영업이익은 ＿A＿ 이 가장 많다.

2017년 부산항 해운항만산업 전체의 영업이익률은 약 5.5%이다. ＿B＿ 을 제외한 모든 업종이 10% 이하의 영업이익률을 기록하여 해운항만산업 고도화를 통한 부가가치 증대의 필요성을 보여준다.

2017년 부산항 해운항만산업 전체의 사업체당 매출액은 51억 원 이상이다. ＿C＿ 은 사업체당 매출액이 부산항 해운항만산업 전체의 사업체당 매출액보다 적지만, 사업체당 영업이익이 3억 원을 초과한다. 반면, ＿D＿ 은 부산항 해운항만산업 업종 중 사업체당 영업비용과 사업체당 매출액이 모두 가장 적다.

① 1,032 ② 1,967
③ 2,232 ④ 2,279
⑤ 3,333

문 22. 다음 〈표〉는 제품 A~E의 회수 시점의 평가 항목별 품질 상태를 나타낸 자료이다. 〈정보〉에 근거하여 재사용 또는 폐기까지의 측정 및 가공 작업에 소요되는 비용이 가장 적은 제품과 가장 많은 제품을 바르게 나열한 것은?

〈표〉 제품 A~E의 회수 시점의 평가 항목별 품질 상태

제품 \ 평가 항목	오염도	강도	치수
A	12	11	12
B	6	8	8
C	5	11	7
D	5	3	8
E	10	9	12

〈정보〉
○ 제품 품질 측정 및 가공 작업 공정

○ 단위작업별 내용 및 1회당 비용
(단위: 천 원)

단위작업	내용	비용
측정 작업	오염도 측정	5
	강도 측정	10
	치수 측정	2
가공 작업	세척	5
	열가공	50
	기계가공 치수 확대	20
	기계가공 치수 축소	10

※ 세척 1회 시 오염도 1 감소, 열가공 1회 시 강도 1 증가, 기계가공 1회 시 치수 1만큼 확대 또는 축소됨

	비용이 가장 적은 제품	비용이 가장 많은 제품
①	A	B
②	A	C
③	C	E
④	D	B
⑤	D	C

문 23. 다음 〈그림〉은 '갑'국의 2003~2019년 교통사고 현황에 관한 자료이다. 이를 근거로 2003년 인구와 2019년 인구 1만 명당 교통사고 건수를 바르게 나열한 것은?

〈그림 1〉 교통사고 건수 및 교통사고 사망자 수

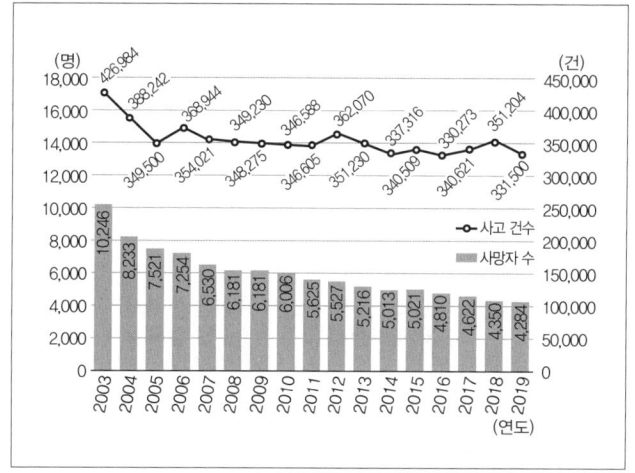

〈그림 2〉 인구 10만 명당 교통사고 사망자 수

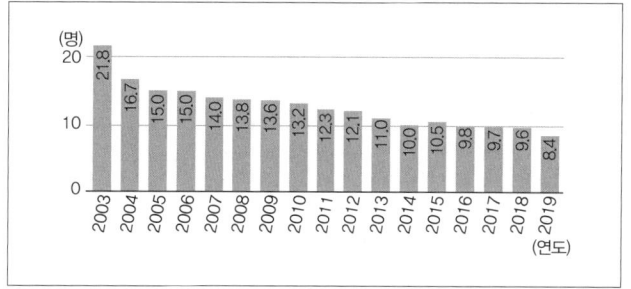

	2003년 인구(백만 명)	2019년 인구 1만 명당 교통사고 건수(건)
①	44	65
②	44	650
③	47	65
④	47	650
⑤	49	65

※ 다음 〈그림〉과 〈표〉는 세계 및 국내 조선업 현황에 대한 자료이다. 다음 물음에 답하시오. [문 24.~문 25.]

〈그림〉 세계 조선업 수주량 추이

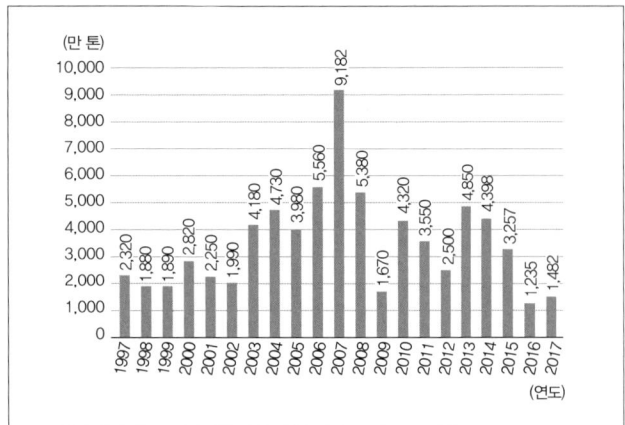

〈표 1〉 2014~2017년 국내 조선업 수주량 및 수주잔량

(단위: 만 톤, %)

구분 연도	수주량	전년 대비 증가율	수주잔량	전년 대비 증가율
2014	1,286	-30.1	3,302	-1.6
2015	1,066	( )	3,164	-4.2
2016	221	( )	2,043	( )
2017	619	( )	1,761	-13.8

※ 해당 연도 수주잔량 = 전년도 수주잔량 + 해당 연도 수주량 - 해당 연도 건조량

〈표 2〉 2014~2016년 국내 조선기자재업체 기업 규모별 업체 수 및 이자보상배율이 1 미만인 업체 비율

(단위: 개, %)

기업 규모	업체 수	2014	2015	2016
대형	20	15.0	20.0	25.0
중형	35	25.7	17.1	34.3
소형	96	19.8	28.1	38.5
전체	151	20.5	24.5	35.8

※ 1) 2014년 이후 기업 규모별 업체 수는 변화 없음
2) 비율은 소수 둘째 자리에서 반올림한 값임

문 24. 제시된 〈그림〉과 〈표〉 이외에 〈보고서〉를 작성하기 위해 추가로 필요한 자료만을 〈보기〉에서 모두 고르면?

─〈보고서〉─

세계 조선업 경기는 최악의 부진에서 벗어나는 모습이다. 2016년 세계 조선업의 수주량은 1997년 이후 최저치였다. 2017년 한국은 중국을 밀어내고 수주량 1위를 차지했는데, 이는 2012년 중국에 1위 자리를 내어준 이후 6년 만이다. 3대 조선강국으로 분류되는 일본은 자국 발주 확대에도 불구하고 세계 수주량의 5.8%까지 비중이 하락하였다.

2016년 국내 조선업은 전년대비 79.3% 감소한 수주량을 기록하면서 유례없는 수주절벽을 경험하였다. 그리고 수주량 급감의 영향으로 2016년 수주잔량은 2,043만 톤까지 줄어든 것으로 조사되었다. 2014~2016년 3년간 국내 조선업 평균 건조량이 약 1,295만 톤이었음을 고려하면 수주잔량은 2년 치 미만 일감에 불과한 것으로 나타나 우려는 더욱 커졌다.

2017년 국내 대형 조선사는 해양플랜트 수주량 증가에 힘입어 실적이 개선되고 있다. 그러나 국내 중소형 조선사는 여전히 부진에서 벗어나지 못하고 있으며 국내 조선기자재업체의 실적 회복도 어려울 것으로 전망된다.

─〈보기〉─

ㄱ. 2010~2017년 세계 조선업 수주량의 국가별 점유율
ㄴ. 2014~2016년 국내 조선업 건조량
ㄷ. 2014~2016년 중국 조선기자재업체 실적
ㄹ. 2010~2017년 국내 조선사 규모별 해양플랜트 수주량

① ㄱ, ㄴ
② ㄱ, ㄷ
③ ㄱ, ㄹ
④ ㄴ, ㄷ
⑤ ㄴ, ㄹ

문 25. 위 〈표〉에 근거한 〈보기〉의 설명 중 옳은 것만을 모두 고르면?

―〈보기〉―

ㄱ. 2014~2016년 중 국내 조선업 건조량이 가장 적은 해는 2016년이다.
ㄴ. 2014년 이후 국내 조선업 수주량의 전년 대비 증감률이 가장 큰 해는 2017년이다.
ㄷ. 2014년 이자보상배율이 1미만인 국내 조선기자재업체 수는 중형이 대형의 3배이다.
ㄹ. 이자보상배율이 1미만인 국내 조선기자재업체 수의 2015년 대비 2016년 증감폭이 가장 큰 기업 규모는 중형이다.

① ㄱ, ㄴ
② ㄴ, ㄷ
③ ㄴ, ㄹ
④ ㄷ, ㄹ
⑤ ㄱ, ㄷ, ㄹ

제3영역 상황판단

문 1. 다음 글과 〈상황〉을 근거로 판단할 때 옳은 것은?

제00조(적용범위) 이 규정은 중앙행정기관, 광역자치단체(광역자치단체와 기초자치단체 공동주관 포함)가 국제행사를 개최하기 위하여 10억 원 이상의 국고지원을 요청하는 경우에 적용한다.

제00조(정의) "국제행사"라 함은 5개국 이상의 국가에서 외국인이 참여하고, 총 참여자 중 외국인 비율이 5% 이상(총 참여자 200만 명 이상은 3% 이상)인 국제회의·체육행사·박람회·전시회·문화행사·관광행사 등을 말한다.

제00조(국고지원의 제외) 국제행사 중 다음 각 호에 해당하는 행사는 국고지원의 대상에서 제외된다. 이 경우 제외되는 시기는 다음 각 호 이후 최초 개최되는 행사의 해당 연도부터로 한다.
 1. 매년 1회 정기적으로 개최하는 국제행사로서 국고지원을 7회 받은 경우
 2. 그 밖의 주기로 개최하는 국제행사로서 국고지원을 3회 받은 경우

제00조(타당성조사, 전문위원회 검토의 대상 등) ① 국고지원의 타당성조사 대상은 국제행사의 개최에 소요되는 총 사업비가 50억 원 이상인 국제행사로 한다.
② 국고지원의 전문위원회 검토 대상은 국제행사의 개최에 소요되는 총 사업비가 50억 원 미만인 국제행사로 한다.
③ 제1항에도 불구하고 국고지원 비율이 총 사업비의 20% 이내인 경우 타당성조사를 전문위원회 검토로 대체할 수 있다.

〈상황〉

甲광역자치단체는 2021년에 제6회 A박람회를 국고지원을 받아 개최할 예정이다. A박람회는 매년 1회 총 250만 명이 참여하는 행사로서 20여 개국에서 8만 명 이상의 외국인들이 참여해 왔다. 2021년에도 동일한 규모의 행사가 예정되어 있다. 한편 2020년에 5번째로 국고지원을 받은 A박람회의 총 사업비는 40억 원이었으며, 이 중 국고지원 비율은 25%였다.

① 2021년에 총 250만 명의 참여자 중 외국인 참여자가 감소하여 6만 명이 되더라도 A박람회는 국제행사에 해당된다.
② 2021년에 A박람회가 예정대로 개최된다면, A박람회는 2022년에 국고지원의 대상에서 제외된다.
③ 2021년 총 사업비가 52억 원으로 증가하고 국고지원은 8억 원을 요청한다면, A박람회는 타당성조사 대상이다.
④ 2021년 총 사업비가 60억 원으로 증가하고 국고지원은 전년과 동일한 금액을 요청한다면, A박람회는 전문위원회 검토를 받을 수 있다.
⑤ 2021년 甲광역자치단체와 乙기초자치단체가 공동주관하여 전년과 동일한 총 사업비로 A박람회를 개최한다면, A박람회는 타당성조사 대상이다.

문 2. 다음 글을 근거로 판단할 때 옳은 것은?

제○○조(진흥기금의 징수) ① 영화위원회(이하 "위원회"라 한다)는 영화의 발전 및 영화·비디오물산업의 진흥을 위하여 영화상영관에 입장하는 관람객에 대하여 입장권 가액의 100분의 5의 진흥기금을 징수한다. 다만, 직전 연도에 제△△조 제1호에 해당하는 영화를 연간 상영일수의 100분의 60 이상 상영한 영화상영관에 입장하는 관람객에 대해서는 그러하지 아니하다.
② 영화상영관 경영자는 관람객으로부터 제1항의 규정에 따른 진흥기금을 매월 말일까지 징수하여 해당 금액을 다음 달 20일까지 위원회에 납부하여야 한다.
③ 위원회는 영화상영관 경영자가 제2항에 따라 관람객으로부터 수납한 진흥기금을 납부기한까지 납부하지 아니하였을 때에는 체납된 금액의 100분의 3에 해당하는 금액을 가산금으로 부과한다.
④ 위원회는 제2항에 따른 진흥기금 수납에 대한 위탁 수수료를 영화상영관 경영자에게 지급한다. 이 경우 수수료는 제1항에 따른 진흥기금 징수액의 100분의 3을 초과할 수 없다.
제△△조(전용상영관에 대한 지원) 위원회는 청소년 관객의 보호와 영화예술의 확산 등을 위하여 다음 각 호의 어느 하나에 해당하는 영화를 연간 상영일수의 100분의 60 이상 상영하는 영화상영관을 지원할 수 있다.
1. 애니메이션영화·단편영화·예술영화·독립영화
2. 제1호에 해당하지 않는 청소년관람가영화
3. 제1호 및 제2호에 해당하지 않는 국내영화

① 영화상영관 A에서 직전 연도에 연간 상영일수의 100분의 60 이상 청소년관람가 애니메이션영화를 상영한 경우 진흥기금을 징수한다.
② 영화상영관 경영자 B가 8월분 진흥기금 60만 원을 같은 해 9월 18일에 납부하는 경우, 가산금을 포함하여 총 61만 8천 원을 납부하여야 한다.
③ 관람객 C가 입장권 가액과 그 진흥기금을 합하여 영화상영관에 지불하는 금액이 12,000원이라고 할 때, 지불 금액 중 진흥기금은 600원이다.
④ 연간 상영일수가 매년 200일인 영화상영관 D에서 직전 연도에 단편영화를 40일, 독립영화를 60일 상영했다면 진흥기금을 징수하지 않는다.
⑤ 영화상영관 경영자 E가 7월분 진흥기금과 그 가산금을 합한 금액인 103만 원을 같은 해 8월 30일에 납부한 경우, 위원회는 E에게 최대 3만 원의 수수료를 지급할 수 있다.

문 3. 다음 글과 〈상황〉을 근거로 판단할 때 옳은 것은?

민사소송의 1심을 담당하는 법원으로는 지방법원과 지방법원지원(이하 "그 지원"이라 한다)이 있다. 지방법원과 그 지원이 재판을 담당하는 관할구역은 지역별로 정해져 있는데, 피고의 주소지를 관할하는 지방법원 또는 그 지원이 재판을 담당한다. 다만 금전지급청구소송은 원고의 주소지를 관할하는 지방법원 또는 그 지원도 재판을 할 수 있다.

한편, 지방법원이나 그 지원의 재판사무의 일부를 처리하기 위해서 그 관할구역 안에 시법원 또는 군법원(이하 "시·군법원"이라 한다)이 설치되어 있는 경우가 있다. 시·군법원은 지방법원 또는 그 지원이 재판하는 사건 중에서 소송물가액이 3,000만 원 이하인 금전지급청구소송을 전담하여 재판한다. 즉, 이러한 소송의 경우 원고 또는 피고의 주소지를 관할하는 시·군법원이 있으면 지방법원과 그 지원은 재판할 수 없고 시·군법원만이 재판한다.

※ 소송물가액: 원고가 승소하면 얻게 될 경제적 이익을 화폐 단위로 평가한 것

〈상황〉

○ 甲은 乙에게 빌려준 돈을 돌려받기 위해 소송물가액 3,000만 원의 금전지급청구의 소(이하 "A청구"라 한다)와 乙에게서 구입한 소송물가액 1억 원의 고려청자 인도청구의 소(이하 "B청구"라 한다)를 각각 1심 법원에 제기하려고 한다.
○ 甲의 주소지는 김포시이고 乙의 주소지는 양산시이다. 이들 주소지와 관련된 법원명과 그 관할구역은 다음과 같다.

법원명	관할구역
인천지방법원	인천광역시
인천지방법원 부천지원	부천시, 김포시
김포시법원	김포시
울산지방법원	울산광역시, 양산시
양산시법원	양산시

① 인천지방법원 부천지원은 A청구를 재판할 수 있다.
② 인천지방법원은 A청구를 재판할 수 있다.
③ 양산시법원은 B청구를 재판할 수 있다.
④ 김포시법원은 B청구를 재판할 수 있다.
⑤ 울산지방법원은 B청구를 재판할 수 있다.

문 4. 다음 글과 〈상황〉을 근거로 판단할 때 옳은 것은?

발명에 대해 특허권이 부여되기 위해서는 다음의 두 가지 요건 모두를 충족해야 한다.

첫째, 발명은 지금까지 세상에 없는 새로운 것, 즉 신규성이 있는 발명이어야 한다. 이미 누구나 알고 있는 발명에 대해서 독점권인 특허권을 부여하는 것은 부당하기 때문이다. 이때 발명이 신규인지 여부는 특허청에의 특허출원 시점을 기준으로 판단한다. 따라서 신규의 발명이라도 그에 대한 특허출원 전에 발명 내용이 널리 알려진 경우라든지, 반포된 간행물에 게재된 경우에는 특허출원 시점에는 신규성이 상실되었기 때문에 특허권이 부여되지 않는다. 그러나 발명자가 자발적으로 위와 같은 신규성을 상실시키는 행위를 하고 그날로부터 12개월 이내에 특허를 출원하면 신규성이 상실되지 않은 것으로 취급된다. 이를 '신규성의 간주'라고 하는데, 신규성을 상실시킨 행위를 한 발명자가 특허출원한 경우에만 신규성이 있는 것으로 간주된다.

둘째, 여러 명의 발명자가 독자적인 연구를 하던 중 우연히 동일한 발명을 완성하였다면, 발명의 완성 시기에 관계없이 가장 먼저 특허청에 특허출원한 발명자에게만 특허권이 부여된다. 이처럼 가장 먼저 출원한 발명자에게만 특허권이 부여되는 것을 '선출원주의'라고 한다. 따라서 특허청에 선출원된 어떤 발명이 신규성 상실로 특허권이 부여되지 못한 경우, 동일한 발명에 대한 후출원은 선출원주의로 인해 특허권이 부여되지 않는다.

〈상황〉

○ 발명자 甲, 乙, 丙은 각각 독자적인 연구개발을 수행하여 동일한 A발명을 완성하였다.
○ 甲은 2020. 3. 1. A발명을 완성하였지만 그 발명 내용을 비밀로 유지하다가 2020. 9. 2. 특허출원을 하였다.
○ 乙은 2020. 4. 1. A발명을 완성하자 2020. 6. 1. 간행되어 반포된 학술지에 그 발명 내용을 논문으로 게재한 후, 2020. 8. 1. 특허출원을 하였다.
○ 丙은 2020. 7. 1. A발명을 완성하자마자 바로 당일에 특허출원을 하였다.

① 甲이 특허권을 부여받는다.
② 乙이 특허권을 부여받는다.
③ 丙이 특허권을 부여받는다.
④ 甲, 乙, 丙이 모두 특허권을 부여받는다.
⑤ 甲, 乙, 丙 중 어느 누구도 특허권을 부여받지 못한다.

문 5. 다음 글과 〈상황〉을 근거로 판단할 때, 〈보기〉에서 옳은 것만을 모두 고르면?

제00조 ① "주택담보노후연금보증"이란 주택소유자가 주택에 저당권을 설정하고 금융기관으로부터 제2항에서 정하는 연금 방식으로 노후생활자금을 대출(이하 "주택담보노후연금대출"이라 한다)받음으로써 부담하는 금전채무를 주택금융공사가 보증하는 행위를 말한다. 이 경우 주택소유자 또는 주택소유자의 배우자는 60세 이상이어야 한다.
② 제1항의 연금 방식이란 다음 각 호의 어느 하나에 해당하는 방식을 말한다.
  1. 주택소유자가 생존해 있는 동안 노후생활자금을 매월 지급받는 방식
  2. 주택소유자가 선택하는 일정한 기간 동안 노후생활자금을 매월 지급받는 방식
  3. 제1호 또는 제2호의 어느 하나의 방식과, 주택소유자가 다음 각 목의 어느 하나의 용도로 사용하기 위하여 일정한 금액(단, 주택담보노후연금대출 한도의 100분의 50 이내의 금액으로 한다)을 지급받는 방식을 결합한 방식
  가. 해당 주택을 담보로 대출받은 금액 중 잔액을 상환하는 용도
  나. 해당 주택의 임차인에게 임대차보증금을 반환하는 용도

〈상황〉

A주택의 소유자 甲(61세)은 A주택에 저당권을 설정하여 주택담보노후연금보증을 통해 노후생활자금을 대출받고자 한다. 甲의 A주택에 대한 주택담보노후연금대출 한도액은 3억 원이다.

〈보기〉

ㄱ. 甲은 A주택의 임차인에게 임대차보증금을 반환하는 용도로 1억 원을 지급받고, 생존해 있는 동안 노후생활자금을 매월 지급받을 수 있다.
ㄴ. 甲의 배우자의 연령이 60세 이상이어야 주택담보노후연금보증을 통해 노후생활자금을 대출받을 수 있다.
ㄷ. 甲은 A주택을 담보로 대출받은 금액 중 잔액을 상환하는 용도로 1억 5천만 원을 지급받고, 향후 10년간 노후생활자금을 매월 지급받을 수 있다.

① ㄱ
② ㄴ
③ ㄱ, ㄷ
④ ㄴ, ㄷ
⑤ ㄱ, ㄴ, ㄷ

문 6. 다음 글과 〈상황〉을 근거로 판단할 때 옳은 것은?

제00조(지역개발 신청 동의 등) ① 지역개발 신청을 하기 위해서는 지역개발을 하고자 하는 지역의 총 토지면적의 3분의 2 이상에 해당하는 토지의 소유자의 동의 및 지역개발을 하고자 하는 지역의 토지의 소유자 총수의 2분의 1 이상의 동의를 받아야 한다.
② 지역개발 신청을 하기 위해서 필요한 동의자의 수는 다음 각 호의 기준에 따라 산정한다.
1. 토지는 지적도 상 1필의 토지를 1개의 토지로 한다.
2. 1개의 토지를 여러 명이 공동소유하는 경우에는 다른 공동소유자들을 대표하는 대표 공동소유자 1인만을 해당 토지의 소유자로 본다.
3. 1인이 여러 개의 토지를 소유하고 있는 경우에는 소유하는 토지의 수와 무관하게 1인으로 본다.
4. 지역개발을 하고자 하는 지역에 국유지가 있는 경우 국유지도 포함하여 토지면적을 산정하고, 그 토지의 재산관리청을 토지 소유자로 본다.

〈상황〉

○ X지역은 100개의 토지로 이루어져 있고, 토지면적 합계가 총 6km²이다.
○ 동의자 수 산정 기준에 따라 산정된 X지역 토지의 소유자는 모두 82인(이하 "동의대상자"라 한다)이고, 이 중에는 국유지 재산관리청 2인이 포함되어 있다.
○ 甲은 X지역에 토지 2개를 소유하고 있고, 해당 토지면적 합계는 X지역 총 토지면적의 4분의 1이다.
○ 乙은 X지역에 토지 10개를 소유하고 있고, 해당 토지면적 합계는 총 2km²이다.
○ 丙, 丁, 戊, 己는 X지역에 토지 1개를 공동소유하고 있고, 해당 토지면적은 1km²이다.

① 乙이 동의대상자 31인의 동의를 얻으면 지역개발 신청을 위한 X지역 토지의 소유자 총수의 2분의 1 이상의 동의 조건은 갖추게 된다.
② X지역에 대한 지역개발 신청에 甲~己 모두 동의한 경우, 나머지 동의대상자 중 38인의 동의를 얻으면 신청할 수 있다.
③ X지역에 토지 2개 이상을 소유하는 자는 甲, 乙뿐이다.
④ X지역의 1필의 토지면적은 0.06km²로 모두 동일하다.
⑤ X지역 안에 있는 국유지의 면적은 1.5km²이다.

문 7. 다음 글과 〈상황〉을 근거로 판단할 때, 甲~丁 가운데 근무계획이 승인될 수 있는 사람만을 모두 고르면?

〈유연근무제〉
□ 개념
  ○ 주 40시간을 근무하되, 근무시간을 유연하게 관리하여 1주일에 5일 이하로 근무하는 제도
□ 복무관리
  ○ 점심 및 저녁시간 운영
    - 근무 시작과 종료 시각에 관계없이 점심시간은 12:00~13:00, 저녁시간은 18:00~19:00의 각 1시간으로 하고 근무시간으로는 산정하지 않음
  ○ 근무시간 제약
    - 근무일의 경우, 1일 최대 근무시간은 12시간으로 하고 최소 근무시간은 4시간으로 함
    - 하루 중 근무시간으로 인정하는 시간대는 06:00~24:00로 한정함

〈상황〉

다음은 甲~丁이 제출한 근무계획을 정리한 것이며 위의 〈유연근무제〉에 부합하는 근무계획만 승인된다.

요일 직원	월	화	수	목	금
甲	08:00 ~ 18:00	08:00 ~ 18:00	09:00 ~ 13:00	08:00 ~ 18:00	08:00 ~ 18:00
乙	08:00 ~ 22:00	08:00 ~ 22:00	–	08:00 ~ 22:00	08:00 ~ 12:00
丙	08:00 ~ 24:00	08:00 ~ 24:00	–	08:00 ~ 22:00	–
丁	06:00 ~ 16:00	08:00 ~ 22:00	–	09:00 ~ 21:00	09:00 ~ 18:00

① 乙
② 甲, 丙
③ 甲, 丁
④ 乙, 丙
⑤ 乙, 丁

문 8. 정답 ③ (㉠ 14, ㉡ 16)

문 9. 정답 ④ (ㄱ, ㄴ, ㄹ)

문 10. 다음 글과 〈사무용품 배분방법〉을 근거로 판단할 때, 11월 1일 현재 甲기관의 직원 수는?

甲기관은 사무용품 절약을 위해 〈사무용품 배분방법〉으로 한 달 동안 사용할 네 종류(A, B, C, D)의 사무용품을 매월 1일에 배분한다. 이에 따라 11월 1일에 네 종류의 사무용품을 모든 직원에게 배분하였다. 甲기관이 배분한 사무용품의 개수는 총 1,050개였다.

─〈사무용품 배분방법〉─
○ A는 1인당 1개씩 배분한다.
○ B는 2인당 1개씩 배분한다.
○ C는 4인당 1개씩 배분한다.
○ D는 8인당 1개씩 배분한다.

① 320명
② 400명
③ 480명
④ 560명
⑤ 640명

문 11. 다음 글을 근거로 판단할 때, 예약할 펜션과 워크숍 비용을 옳게 짝지은 것은?

甲은 팀 워크숍을 추진하기 위해 펜션을 예약하려 한다. 팀원은 총 8명으로 한 대의 렌터카로 모두 같이 이동하여 워크숍에 참석한다. 워크숍 기간은 1박 2일이며, 甲은 워크숍 비용을 최소화하고자 한다.
○ 워크숍 비용은 아래와 같다.
　　워크숍 비용 = 왕복 교통비 + 숙박요금
○ 교통비는 렌터카 비용을 의미하며, 렌터카 비용은 거리 10km당 1,500원이다.
○ 甲은 다음 펜션 중 한 곳을 1박 예약한다.

구분	A 펜션	B 펜션	C 펜션
펜션까지 거리(km)	100	150	200
1박당 숙박요금(원)	100,000	150,000	120,000
숙박기준인원(인)	4	6	8

○ 숙박인원이 숙박기준인원을 초과할 경우, A~C 펜션 모두 초과 인원 1인당 1박 기준 10,000원씩 요금이 추가된다.

　예약할 펜션　　워크숍 비용
① 　　A　　　　 155,000원
② 　　A　　　　 170,000원
③ 　　B　　　　 215,000원
④ 　　C　　　　 150,000원
⑤ 　　C　　　　 180,000원

문 12. 다음 글을 근거로 판단할 때, 〈보기〉에서 옳은 것만을 모두 고르면?

○ 甲국은 매년 X를 100톤 수입한다. 甲국이 X를 수입할 수 있는 국가는 A국, B국, C국 3개국이며, 甲국은 이 중 한 국가로부터 X를 전량 수입한다.
○ X의 거래조건은 다음과 같다.

국가	1톤당 단가	관세율	1톤당 물류비
A국	12달러	0%	3달러
B국	10달러	50%	5달러
C국	20달러	20%	1달러

○ 1톤당 수입비용은 다음과 같다.
　1톤당 수입비용 = 1톤당 단가 + (1톤당 단가 × 관세율)
　　　　　　　　 + 1톤당 물류비
○ 특정 국가와 FTA를 체결하면 그 국가에서 수입하는 X에 대한 관세율이 0%가 된다.
○ 甲국은 지금까지 FTA를 체결한 A국으로부터만 X를 수입했다. 그러나 최근 A국으로부터 X의 수입이 일시 중단되었다.

─〈보기〉─
ㄱ. 甲국이 B국과도 FTA를 체결한다면, 기존에 A국에서 수입하던 것과 동일한 비용으로 X를 수입할 수 있다.
ㄴ. C국이 A국과 동일한 1톤당 단가를 제시하였다면, 甲국은 기존에 A국에서 수입하던 것보다 저렴한 비용으로 C국으로부터 X를 수입할 수 있다.
ㄷ. A국으로부터 X의 수입이 다시 가능해졌으나 1톤당 6달러의 보험료가 A국으로부터의 수입비용에 추가된다면, 甲국은 A국보다 B국에서 X를 수입하는 것이 수입비용 측면에서 더 유리하다.

① ㄱ
② ㄴ
③ ㄷ
④ ㄱ, ㄴ
⑤ ㄱ, ㄷ

문 13. 다음 글을 근거로 판단할 때, 올바른 우편번호의 첫자리와 끝자리 숫자의 합은?

> 다섯 자리 자연수로 된 우편번호가 있다. 甲과 乙은 실수로 '올바른 우편번호'에 숫자 2를 하나 추가하여 여섯 자리로 표기하였다. 甲은 올바른 우편번호의 끝자리 뒤에 2를 추가하였고, 乙은 올바른 우편번호의 첫자리 앞에 2를 추가하였다. 그 결과 甲이 잘못 표기한 우편번호 여섯 자리 수는 乙이 잘못 표기한 우편번호 여섯 자리 수의 3배가 되었다.
> 올바른 우편번호와 甲과 乙이 잘못 표기한 우편번호는 아래와 같다.
> ○ 올바른 우편번호: □□□□□
> ○ 甲이 잘못 표기한 우편번호: □□□□□②
> ○ 乙이 잘못 표기한 우편번호: ②□□□□□

① 11
② 12
③ 13
④ 14
⑤ 15

문 14. 다음 글을 근거로 판단할 때, 甲의 승패 결과는?

> 甲과 乙이 10회 실시한 가위바위보에 대해 다음과 같은 사실이 알려져 있다.
> ○ 甲은 가위 6회, 바위 1회, 보 3회를 냈다.
> ○ 乙은 가위 4회, 바위 3회, 보 3회를 냈다.
> ○ 甲과 乙이 서로 같은 것을 낸 적은 10회 동안 한 번도 없었다.

① 7승 3패
② 6승 4패
③ 5승 5패
④ 4승 6패
⑤ 3승 7패

문 15. 다음 글을 근거로 판단할 때, 甲과 인사교류를 할 수 있는 사람만을 모두 고르면?

> ○ 甲은 인사교류를 통해 ○○기관에서 타 기관으로 전출하고자 한다. 인사교류란 동일 직급간 신청자끼리 1:1로 교류하는 제도로서, 각 신청자가 속한 두 기관의 교류 승인 조건을 모두 충족해야 한다.
> ○ 기관별로 교류를 승인하는 조건은 다음과 같다.
>   ○○기관: 신청자간 현직급임용년월은 3년 이상 차이나지 않고, 연령은 7세 이상 차이나지 않는 경우
>   □□기관: 신청자간 최초임용년월은 5년 이상 차이나지 않고, 연령은 3세 이상 차이나지 않는 경우
>   △△기관: 신청자간 최초임용년월은 2년 이상 차이나지 않고, 연령은 5세 이상 차이나지 않는 경우
> ○ 甲(32세)의 최초임용년월과 현직급임용년월은 2015년 9월로 동일하다.
> ○ 甲과 동일 직급인 인사교류 신청자(A~E)의 인사 정보는 다음과 같다.

신청자	연령(세)	현 소속 기관	최초임용년월	현직급임용년월
A	30	□□	2016년 5월	2019년 5월
B	37	□□	2009년 12월	2017년 3월
C	32	△△	2015년 12월	2015년 12월
D	31	△△	2014년 1월	2014년 1월
E	35	△△	2017년 10월	2017년 10월

① A, B
② B, E
③ C, D
④ A, B, D
⑤ C, D, E

문 16. 다음 글을 근거로 판단할 때 옳지 않은 것은?

> 1에서부터 5까지 적힌 카드가 각 2장씩 10장이 있다. 5가 적힌 카드 중 하나를 맨 왼쪽에 놓고, 나머지 9장의 카드를 일렬로 배열하려고 한다. 카드는 왼쪽부터 1장씩 놓는데, 각 카드에 적혀 있는 수는 바로 왼쪽 카드에 적혀 있는 수보다 작거나, 같거나, 1만큼 커야 한다.
> 이 규칙에 따라 카드를 다음과 같이 배열하였다.
>
> | 5 | 1 | 2 | 3 | A | 3 | B | C | D | E |

① A로 가능한 수는 2가지이다.
② B는 4이다.
③ C는 5가 아니다.
④ D가 2라면 A, B, C, E를 모두 알 수 있다.
⑤ E는 1이나 2이다.

문 17. 정답: ⑤ 새조개

문 18. 정답: ② B<A<C

문 19. 다음 글을 근거로 판단할 때, △△부가 2021년에 국가인증 농가로 선정할 곳만을 모두 고르면?

○ △△부에서는 2021년 고품질·안전 농식품 생산을 선도하는 국가인증 농가를 3곳 선정하려고 한다. 선정 기준은 다음과 같다.
  - 친환경인증을 받으면 30점, 전통식품인증을 받으면 40점을 부여한다. 단, 두 인증을 모두 받은 경우 전통식품인증 점수만을 인정한다.
  - (나)와 (다) 지역 농가에는 친환경인증 또는 전통식품인증 유무에 의한 점수와 도농교류 활성화 점수 합의 10%를 가산점으로 부여한다.
  - 친환경인증 또는 전통식품인증 유무에 의한 점수, 도농교류 활성화 점수, 가산점을 합산하여 점수가 높은 순으로 선정한다.
  - 도농교류 활성화 점수가 50점 미만인 농가는 선정하지 않는다.
  - 동일 지역의 농가를 2곳 이상 선정할 수 없다.
○ 2021년 선정후보 농가(A~F) 현황은 다음과 같다.

농가	친환경 인증 유무	전통식품 인증 유무	도농교류 활성화 점수	지역
A	○	○	80	(가)
B	×	○	60	(가)
C	×	○	55	(나)
D	○	○	40	(다)
E	○	×	75	(라)
F	○	○	70	(라)

① A, C, F
② A, D, E
③ A, E, F
④ B, C, E
⑤ B, D, F

문 20. 다음 글을 근거로 판단할 때, 〈보기〉에서 옳은 것만을 모두 고르면?

○ 甲주무관은 A법률 개정안으로 (가), (나), (다) 총 세 가지를 준비하고 있다.
○ 이해관계자, 관계부처, 입법부의 수용가능성 및 국정과제 관련도의 4개 평가항목에 따라 평가점수를 부여하고 평가점수 총합이 가장 높은 개정안을 채택한다. 단, 다음의 사항을 고려한다.
  - 평가점수 총합이 동일한 경우, 국정과제 관련도 점수가 가장 높은 개정안을 채택한다.
  - 개정안의 개별 평가항목 점수 중 어느 하나라도 2점 미만인 경우, 해당 개정안은 채택하지 않는다.
○ 수용가능성 평가점수를 높일 수 있는 추가 절차는 아래와 같다. 단, 각 절차는 개정안마다 최대 2회 진행할 수 있다.
  - 이해관계자 수용가능성: 관계자간담회 1회당 1점 추가
  - 관계부처 수용가능성: 부처간회의 1회당 2점 추가
  - 입법부 수용가능성: 국회설명회 1회당 0.5점 추가
○ 수용가능성 평가항목별 점수를 높일 수 있는 추가 절차를 진행하지 않은 상태에서 개정안별 평가점수는 아래와 같다.

〈A법률 개정안 평가점수〉

| 개정안 | 수용가능성 | | | 국정과제 관련도 | 총합 |
	이해관계자	관계부처	입법부		
(가)	5	3	1	4	13
(나)	3	4	3	3	13
(다)	4	3	3	2	12

〈보기〉
ㄱ. 추가 절차를 진행하지 않는 경우, (나)가 채택된다.
ㄴ. 3개 개정안 모두를 대상으로 입법부 수용가능성을 높이는 절차를 최대한 진행하는 경우, (가)가 채택된다.
ㄷ. (나)에 대한 부처간회의를 1회 진행하고 (다)에 대한 관계자간담회를 2회 진행하는 경우, (다)가 채택된다.

① ㄱ
② ㄷ
③ ㄱ, ㄴ
④ ㄴ, ㄷ
⑤ ㄱ, ㄴ, ㄷ

문 21. 다음 글을 근거로 판단할 때, 〈보기〉에서 옳은 것만을 모두 고르면?

○ △△부는 적극행정 UCC 공모전에 참가한 甲~戊의 영상을 심사한다.
○ 총 점수는 UCC 조회수 등급에 따른 점수와 심사위원 평가점수의 합이고, 총 점수가 높은 순위에 따라 3위까지 수상한다.
○ UCC 조회수 등급에 따른 점수는 조회수에 따라 5등급(A, B, C, D, E)으로 나누어 부여된다. 최상위 A를 10점으로 하며 인접 등급 간의 점수 차이는 0.3점이다.
○ 심사위원 평가점수는 심사위원 (가)~(마)가 각각 부여한 점수(1~10의 자연수)에서 최고점 및 최저점을 제외한 3개 점수의 평균으로 계산한다. 이때 최고점이 복수인 경우에는 그중 한 점수만 제외하여 계산한다. 최저점이 복수인 경우에도 이와 동일하다.
○ 심사 결과는 다음과 같다.

개정안	조회수 등급	심사위원별 평가점수				
		(가)	(나)	(다)	(라)	(마)
甲	B	9	(㉠)	7	8	7
乙	B	9	8	7	7	7
丙	A	8	7	(㉡)	10	5
丁	B	5	6	7	7	7
戊	C	6	10	10	7	7

〈보기〉

ㄱ. ㉠이 5점이라면 乙의 총 점수가 甲의 총 점수보다 높다.
ㄴ. 丁은 ㉠과 ㉡에 상관없이 수상하지 못한다.
ㄷ. 戊는 조회수 등급을 D로 받았더라도 수상한다.
ㄹ. ㉠>㉡이면 甲의 총 점수가 丙의 총 점수보다 높다.

① ㄱ, ㄴ
② ㄱ, ㄷ
③ ㄴ, ㄷ
④ ㄴ, ㄹ
⑤ ㄷ, ㄹ

문 22. 다음 글과 〈상황〉을 근거로 판단할 때, 〈보기〉에서 옳은 것만을 모두 고르면?

甲국에서는 4개 기관(A~D)에 대해 전기, 후기 두 번의 평가를 실시하고 있다. 전기평가에서 낮은 점수를 받은 기관이 후기평가를 포기하는 것을 막기 위해 다음과 같은 최종평가점수 산정 방식을 사용하고 있다.

최종평가점수 = Max[0.5 × 전기평가점수 + 0.5 × 후기평가점수, 0.2 × 전기평가점수 + 0.8 × 후기평가점수]

여기서 사용한 Max[X, Y]는 X와 Y 중 큰 값을 의미한다. 즉, 전기평가점수와 후기평가점수의 가중치를 50:50으로 하여 산정한 점수와 20:80으로 하여 산정한 점수 중 더 높은 것이 해당 기관의 최종평가점수이다.

〈상황〉

4개 기관의 전기평가점수(100점 만점)는 다음과 같다.

기관	A	B	C	D
전기평가점수	60	70	90	80

4개 기관의 후기평가점수(100점 만점)는 모두 자연수이고, C기관의 후기평가점수는 70점이다. 최종평가점수를 통해 확인된 기관 순위는 1등부터 4등까지 A-B-D-C 순이며 동점인 기관은 없다.

〈보기〉

ㄱ. A기관의 후기평가점수는 B기관의 후기평가점수보다 최소 3점 높다.
ㄴ. B기관의 후기평가점수는 83점일 수 있다.
ㄷ. A기관과 D기관의 후기평가점수 차이는 5점일 수 있다.

① ㄱ
② ㄴ
③ ㄱ, ㄴ
④ ㄱ, ㄷ
⑤ ㄴ, ㄷ

문 23. ②

문 24. ①

문 25. 다음 글과 〈대화〉를 근거로 판단할 때, 乙~丁의 소속 과와 과 총원을 옳게 짝지은 것은?

○ A부서는 제1과부터 제4과까지 4개 과, 총 35명으로 구성되어 있다.
○ A부서 각 과 총원은 과장 1명을 포함하여 7명 이상이며, 그 수가 모두 다르다.
○ A부서에 '부여'된 내선번호는 7001번부터 7045번이다.
○ 제1과~제4과 순서대로 연속된 오름차순의 내선번호가 부여되는데, 각 과에는 해당 과 총원 이상의 내선번호가 부여된다.
○ 모든 직원은 소속 과의 내선번호 중 서로 다른 번호 하나를 각자 '배정'받는다.
○ 각 과 과장에게 배정된 내선번호는 해당 과에 부여된 내선번호 중에 제일 앞선다.
○ 甲~丁은 모두 A부서의 서로 다른 과 소속이다.

〈대화〉

甲: 홈페이지에 내선번호 알림을 새로 해야겠네요. 저희 과는 9명이고, 부여된 내선번호는 7016~7024번입니다.
乙: 甲주무관님 과는 총원과 내선번호 개수가 같네요. 저희 과 총원이 제일 많은데, 내선번호는 그보다 4개 더 있어요.
丙: 저희 과는 총원보다 내선번호가 3개 더 많아요. 아, 丁주무관님! 제 내선번호는 7034번이고, 저희 과장님 내선번호는 7025번이에요.
丁: 저희 과장님 내선번호 끝자리와 丙주무관님 과의 과장님 내선번호 끝자리가 동일하네요.

직원	소속 과	과 총원
① 乙	제1과	10명
② 乙	제4과	11명
③ 丙	제3과	8명
④ 丁	제1과	7명
⑤ 丁	제4과	8명

PART 03

민간경력자 PSAT
기출문제

2021년 기출문제	271
2020년 기출문제	311
2019년 기출문제	351
2018년 기출문제	391

2021년 7월 10일 시행

2021년도 국가공무원
5급 및 7급 민간경력자 일괄채용 필기시험

응시번호	
성 명	

문제책형
㉯ 책형

【시 험 과 목】

제1영역	언어논리
제2영역	자료해석
제3영역	상황판단

<< 응시자 주의사항 >>

1. 시험시작 전에 시험문제를 열람하는 행위와 시험종료 후 답안지를 작성하는 행위는 공무원임용시험령 제51조에 의거 부정행위자로 처리됩니다.

2. 답안지 책형란의 책형표기는 시험시작 전 문제책 표지 앞면에 인쇄된 책형을 확인한 후 표기하시기 바랍니다.

3. 시험시작 즉시 과목편철 순서, 문제누락 여부, 인쇄상태 이상 유무 및 표지와 개별과목의 문제책형 일치여부 등을 확인한 후 문제책 표지에 응시번호, 성명을 기재합니다.

4. 시험이 시작되면 문제를 주의 깊게 읽은 후, 문항의 취지에 가장 적합한 하나의 정답만을 고르며, 문제내용에 관한 질문은 받지 않습니다.

5. 시험시간관리의 책임은 전적으로 수험생 본인에게 있습니다. 시험감독관의 시험종료 예고시간 고지 안내 및 시험실 내 비치된 시계가 있는 경우라도 시간이 정확하지 않을 수 있으니 본인의 시계로 반드시 확인하시기 바랍니다.

6. 시험시간은 영역별 60분씩입니다.

제1영역 언어논리

문 1. 다음 글의 내용과 부합하는 것은?

고려 초기에는 지방 여러 곳에 불교 신자들이 모여 활동하는 '향도(香徒)'라는 이름의 단체가 있었다. 당시에 향도는 석탑을 만들어 사찰에 기부하는 활동과 '매향(埋香)'이라고 불리는 일을 했다. 매향이란 향나무를 갯벌에 묻어두는 행위를 뜻한다. 오랫동안 묻어둔 향나무를 침향이라고 하는데, 그 향이 특히 좋았다. 불교 신자들은 매향한 자리에서 나는 침향의 향기를 미륵불에게 바치는 제물이라고 여겼다. 매향과 석탑 조성에는 상당한 비용이 들어갔는데, 향도는 그 비용을 구성원으로부터 거두어들여 마련했다. 고려 초기에는 향도가 주도하는 매향과 석탑 조성 공사가 많았으며, 지방 향리들이 향도를 만들어 운영하는 것이 일반적이었다. 향리가 지방에 거주하는 사람들 가운데 비교적 재산이 많았기 때문이다. 고려 왕조는 건국 초에 불교를 진흥했는데, 당시 지방 향리들도 불교 신앙을 갖고 자기 지역의 불교 진흥을 위해 향도 활동에 참여했다.

향리들이 향도의 운영을 주도하던 때에는 같은 군현에 속한 향리들이 모두 힘을 합쳐 그 군현 안에 하나의 향도만 만드는 경우가 대다수였다. 그러한 곳에서는 향리들이 자신이 속한 향도가 매향과 석탑 조성 공사를 할 때마다 군현 내 주민들을 마음대로 동원해 필요한 노동을 시키는 일이 자주 벌어졌다. 그런데 12세기에 접어들어 향도가 주도하는 공사의 규모가 이전에 비해 작아지고 매향과 석탑 조성 공사의 횟수도 줄었다. 이러한 분위기 속에서도 하나의 군현 안에 여러 개의 향도가 만들어져 그 숫자가 늘었는데, 그중에는 같은 마을 주민들만을 구성원으로 한 것도 있었다. 13세기 이후를 고려 후기라고 하는데, 그 시기에는 마을마다 향도가 만들어졌다. 마을 단위로 만들어진 향도는 주민들이 자발적으로 만든 것으로서 그 대부분은 해당 마을의 모든 주민을 구성원으로 한 것이었다. 이런 향도들은 마을 사람들이 관혼상제를 치를 때 그것을 지원했으며 자기 마을 사람들을 위해 하천을 정비하거나 다리를 놓는 등의 일까지 했다.

① 고려 왕조는 불교 진흥을 위해 지방 각 군현에 향도를 조직하였다.
② 향도는 매향으로 얻은 침향을 이용해 향을 만들어 판매하는 일을 하였다.
③ 고려 후기에는 구성원이 장례식을 치를 때 그것을 돕는 일을 하는 향도가 있었다.
④ 고려 초기에는 지방 향리들이 자신이 관할하는 군현의 하천 정비를 위해 향도를 조직하였다.
⑤ 고려 후기로 갈수록 석탑 조성 공사의 횟수가 늘었으며 그로 인해 같은 마을 주민을 구성원으로 하는 향도가 나타났다.

문 2. 다음 글에서 알 수 있는 것은?

1883년에 조선과 일본이 맺은 조일통상장정 제41관에는 "일본인이 조선의 전라도, 경상도, 강원도, 함경도 연해에서 어업 활동을 할 수 있도록 허용한다."라는 내용이 있다. 당시 양측은 이 조항에 적시되지 않은 지방 연해에서 일본인이 어업 활동을 하는 것은 금하기로 했다. 이 장정 체결 직후에 일본은 자국의 각 부·현에 조선해통어조합을 만들어 조선 어장에 대한 정보를 제공하기 시작했다. 이러한 지원으로 조선 연해에서 조업하는 일본인이 늘었는데, 특히 제주도에는 일본인들이 많이 들어와 전복을 마구 잡는 바람에 주민들의 전복 채취량이 급감했다. 이에 제주목사는 1886년 6월에 일본인의 제주도 연해 조업을 금했다. 일본은 이 조치가 조일통상장정 제41관을 위반한 것이라며 항의했고, 조선도 이를 받아들여 조업 금지 조치를 철회하게 했다. 이후 조선은 일본인이 아무런 제약 없이 어업 활동을 하게 해서는 안 된다고 여기게 되었으며, 일본과 여러 차례 협상을 벌여 1889년에 조일통어장정을 맺었다.

조일통어장정에는 일본인이 조일통상장정 제41관에 적시된 지방의 해안선으로부터 3해리 이내 해역에서 어업 활동을 하고자 할 때는 조업하려는 지방의 관리로부터 어업준단을 발급받아야 한다는 내용이 있다. 어업준단의 유효기간은 발급일로부터 1년이었으며, 이를 받고자 하는 자는 소정의 어업세를 먼저 내야 했다. 이 장정 체결 직후에 일본은 조선해통어조합연합회를 만들어 자국민의 어업준단 발급 신청을 지원하게 했다. 이후 일본은 1908년에 '어업에 관한 협정'을 강요해 맺었다. 여기에는 앞으로 한반도 연해에서 어업 활동을 하려는 일본인은 대한제국 어업 법령의 적용을 받도록 한다는 조항이 있다. 대한제국은 이듬해에 한반도 해역에서 어업을 영위하고자 하는 자는 먼저 어업 면허를 취득해야 한다는 내용의 어업법을 공포했고, 일본은 자국민도 이 법의 적용을 받게 해야 한다는 입장을 관철했다. 일본은 1902년에 조선해통어조합연합회를 없애고 조선해수산조합을 만들었는데, 이 조합은 어업법 공포 후 일본인의 어업 면허 신청을 대행하는 등의 일을 했다.

① 조선해통어조합은 '어업에 관한 협정'에 따라 일본인의 어업 면허 신청을 대행하는 업무를 보았다.
② 조일통어장정에는 제주도 해안선으로부터 3해리 밖에서 조선인이 어업 활동을 하는 것을 모두 금한다는 조항이 있다.
③ 조선해통어조합연합회가 만들어져 활동하던 당시에 어업준단을 발급받고자 하는 일본인은 어업세를 내도록 되어 있었다.
④ 조일통상장정에는 조선해통어조합연합회를 조직해 일본인이 한반도 연해에서 조업할 수 있도록 지원한다는 내용이 있다.
⑤ 한반도 해역에서 조업하는 일본인은 조일통상장정 제41관에 따라 조선해통어조합으로부터 어업 면허를 발급받아야 하였다.

문 3. 다음 글에서 알 수 있는 것은?

비정규직 근로자들이 늘어나면서 '프레카리아트'라고 불리는 새로운 계급이 형성되고 있다. 프레카리아트란 '불안한(precarious)'이라는 단어와 '무산계급(proletariat)'이라는 단어를 합친 용어로 불안정한 고용 상태에 놓여 있는 사람들을 의미한다. 프레카리아트에 속한 사람들은 직장 생활을 하다가 쫓겨나 실업자가 되었다가 다시 직장에 복귀하기를 반복한다. 이들은 고용 보장, 직무 보장, 근로안전 보장 등 노동 보장을 받지 못하며, 직장 소속감도 없을 뿐만 아니라, 자신의 직업에 대한 전망이나 직업 정체성도 결여되어 있다. 프레카리아트는 분노, 무력감, 걱정, 소외를 경험할 수밖에 없는 '위험한 계급'으로 전락한다. 이는 의미 있는 삶의 길이 막혀 있다는 좌절감과 상대적 박탈감, 계속된 실패의 반복 때문이다. 이러한 사람들이 늘어나면 자연히 갈등, 폭력, 범죄와 같은 사회적 병폐들이 성행하여 우리 사회는 점점 더 불안해지게 된다.

프레카리아트와 비슷하지만 약간 다른 노동자 집단이 있다. 이른바 '긱 노동자'다. '긱(gig)'이란 기업들이 필요에 따라 단기 계약 등을 통해 임시로 인력을 충원하고 그때그때 대가를 지불하는 것을 의미한다. 예를 들어 방송사에서는 드라마를 제작할 때마다 적합한 사람들을 섭외하여 팀을 꾸리고 작업에 착수한다. 긱 노동자들은 고용주가 누구든 간에 자신이 보유한 고유의 직업 역량을 고용주에게 판매하면서, 자신의 직업을 독립적인 '프리랜서' 또는 '개인 사업자' 형태로 인식한다. 정보통신 기술의 발달은 긱을 더욱더 활성화한다. 정보통신 기술을 이용하면 긱 노동자의 모집이 아주 쉬워진다. 기업은 사업 아이디어만 좋으면 인터넷을 이용하여 필요한 긱 노동자를 모집할 수 있다. 기업이 긱을 잘 활용하면 경쟁력을 높여 정규직 위주의 기존 기업들을 앞서나갈 수 있다.

① 긱 노동자가 자신의 직업 형태에 대해 갖는 인식은 자신을 고용한 기업에 따라 달라지지 않는다.
② 정보통신 기술의 발달은 프레카리아트 계급과 긱 노동자 집단을 확산시킨다.
③ 긱 노동자 집단이 확산하면 프레카리아트 계급은 축소된다.
④ '위험한 계급'이 겪는 부정적인 경험이 적은 프레카리아트일수록 정규직 근로자로 변모할 가능성이 크다.
⑤ 비정규직 근로자에 대한 노동 보장의 강화는 프레카리아트 계급을 축소시키고 긱 노동자 집단을 확산시킨다.

문 4. 다음 글에서 알 수 없는 것은?

1859년에 프랑스의 수학자인 르베리에는 태양과 수성 사이에 미지의 행성이 존재한다는 가설을 세웠고, 그 미지의 행성을 '불칸'이라고 이름 붙였다. 당시의 천문학자들은 르베리에를 따라 불칸의 존재를 확신하고 그 첫 번째 관찰자가 되기 위해서 노력했다. 이렇게 확신한 이유는 르베리에가 불칸을 예측하는데 사용한 방식이 해왕성을 성공적으로 예측하는 데 사용한 방식과 동일했기 때문이다. 해왕성 예측의 성공으로 인해 르베리에에 대한, 그리고 불칸의 예측 방법에 대한 신뢰가 높았던 것이다.

르베리에 또한 죽을 때까지 불칸의 존재를 확신했는데, 그가 그렇게 확신할 수 있었던 것 역시 해왕성 예측의 성공 덕분이었다. 1781년에 천왕성이 처음 발견된 뒤, 천문학자들은 천왕성보다 더 먼 위치에 다른 행성이 존재할 경우에만 천왕성의 궤도에 대한 관찰 결과가 뉴턴의 중력 법칙에 따라 설명될 수 있다고 생각했다. 이에 르베리에는 관찰을 통해 얻은 천왕성의 궤도와 뉴턴의 중력 법칙에 따라 산출한 궤도 사이의 차이를 수학적으로 계산하여 해왕성의 위치를 예측했다. 천문학자인 갈레는 베를린 천문대에서 르베리에의 편지를 받은 그날 밤, 르베리에가 예측한 바로 그 위치에 해왕성이 존재한다는 사실을 확인하였다.

르베리에는 수성의 운동에 대해서도 일찍부터 관심을 가지고 있었다. 르베리에는 수성의 궤도에 대한 관찰 결과 역시 뉴턴의 중력 법칙으로 예측한 궤도와 차이가 있음을 제일 먼저 밝힌 뒤, 1859년에 그 이유를 천왕성-해왕성의 경우와 마찬가지로 수성의 궤도에 미지의 행성이 영향을 끼치기 때문이라는 가설을 세운다. 르베리에는 이 미지의 행성에 '불칸'이라는 이름까지 미리 붙였던 것이며, 마침 르베리에의 가설에 따라 이 행성을 발견했다고 주장하는 천문학자까지 나타났던 것이다. 하지만 불칸의 존재에 대해 의심하는 천문학자들 또한 있었고, 이후 아인슈타인의 상대성이론을 이용해 수성의 궤도를 정확하게 설명하는 데 성공함으로써 가상의 행성인 불칸을 상정해야 할 이유는 사라졌다.

① 르베리에에 의하면 수성의 궤도를 정확하게 설명하기 위해서는 뉴턴의 중력 법칙을 대신할 다른 법칙이 필요하지 않다.
② 르베리에에 의하면 천왕성의 궤도를 정확하게 설명하기 위해서는 뉴턴의 중력 법칙을 대신할 다른 법칙이 필요하다.
③ 수성의 궤도에 대한 르베리에의 가설에 기반하여 연구한 천문학자가 있었다.
④ 르베리에는 해왕성의 위치를 수학적으로 계산하여 추정하였다.
⑤ 르베리에는 불칸의 존재를 수학적으로 계산하여 추정하였다.

문 5. 다음 글의 빈칸에 들어갈 말로 가장 적절한 것은?

서구사회의 기독교적 전통하에서 이 전통에 속하는 이들은 자신들을 정상적인 존재로, 이러한 전통에 속하지 않는 이들을 비정상적인 존재로 구별하려 했다. 후자에 해당하는 대표적인 것이 적그리스도, 이교도들, 그리고 나병과 흑사병에 걸린 환자들이었는데, 그들에게 부과한 비정상성을 구체적인 형상을 통해 재현함으로써 그들이 전통 바깥의 존재라는 사실을 명확히 했다.

당연하게도 기독교에서 가장 큰 적으로 꼽는 것은 사탄의 대리자인 적그리스도였다. 기독교 초기, 몬티에랑데르나 힐데가르트 등이 쓴 유명한 저서들뿐만 아니라 적그리스도의 얼굴이 묘사된 모든 종류의 텍스트들에서 그의 모습은 충격적일 정도로 외설스러울 뿐만 아니라 받아들이기 힘들 정도로 추악하게 나타난다.

두 번째는 이교도들이었는데, 서유럽과 동유럽의 기독교인들이 이교도들에 대해 사용했던 무기 중 하나가 그들을 추악한 얼굴의 악마로 묘사하는 것이었다. 또한 이교도들이 즐겨 입는 의복이나 진미로 여기는 음식을 끔찍하게 묘사하여 이교도들을 자신들과는 분명히 구분되는 존재로 만들었다.

마지막으로, 나병과 흑사병에 걸린 환자들을 꼽을 수 있다. 당시의 의학 수준으로 그런 병들은 치료가 불가능했으며, 전염성이 있다고 믿어졌다. 때문에 자신을 정상적 존재라고 생각하는 사람들은 해당 병에 걸린 불행한 사람들을 신에게서 버림받은 죄인이자 공동체에서 추방해야 할 공공의 적으로 여겼다. 그들의 외모나 신체 또한 실제 여부와 무관하게 항상 뒤틀어지고 지극히 흉측한 모습으로 형상화되었다.

정리하자면, _____

① 서구의 종교인과 예술가들은 이방인을 추악한 이미지로 각인시키는 데 있어 중심적인 역할을 하였다.
② 서구의 기독교인들은 자신들보다 강한 존재를 추악한 존재로 묘사함으로써 심리적인 우월감을 확보하였다.
③ 정상적 존재와 비정상적 존재의 명확한 구별을 위해 추악한 형상을 활용하는 것은 동서고금을 막론하고 지속되어 왔다.
④ 서구의 기독교적 전통하에서 추악한 형상은 그 전통에 속하지 않는 이들을 전통에 속한 이들과 구분 짓기 위해 활용되었다.
⑤ 서구의 기독교인들이 자신들과는 다른 타자들을 추악하게 묘사했던 것은 다른 종교에 의해 자신들의 종교가 침해되는 것을 두려워했기 때문이다.

문 6. 다음 글의 흐름에 맞지 않는 곳을 ㉠~㉤에서 찾아 수정할 때 가장 적절한 것은?

에르고딕 이론에 따르면 그룹의 평균을 활용해 개인에 대한 예측치를 이끌어낼 수 있는데, 이를 위해서는 다음의 두 가지 조건을 먼저 충족해야 한다. 첫째는 그룹의 모든 구성원이 ㉠질적으로 동일해야 하며, 둘째는 그 그룹의 모든 구성원이 미래에도 여전히 동일해야 한다는 것이다. 특정 그룹이 이 두 가지 조건을 충족하면 해당 그룹은 '에르고딕'으로 인정되면서, ㉡그룹의 평균적 행동을 통해 해당 그룹에 속해 있는 개인에 대한 예측을 이끌어낼 수 있다.

그런데 이 이론에 대해 심리학자 몰레나는 다음과 같은 설명을 덧붙였다. "그룹 평균을 활용해 개인을 평가하는 것은 인간이 모두 동일하고 변하지 않는 냉동 클론이어야만 가능하겠지요? 그런데 인간은 냉동 클론이 아닙니다." 그런데도 등급화와 유형화 같은 평균주의의 결과물들은 정책 결정의 과정에서 중요한 근거로 쓰였다. 몰레나는 이와 같은 위험한 가정을 '에르고딕 스위치'라고 명명했다. 이는 평균주의의 유혹에 속아 집단의 평균에 의해 개인을 파악함으로써 ㉢실재하는 개인적 특성을 모조리 무시하게 되는 것을 의미한다.

지금 타이핑 실력이 뛰어나지 않은 당신이 타이핑 속도의 변화를 통해 오타를 줄이고 싶어 한다고 가정해 보자. 평균주의식으로 접근할 경우 여러 사람의 타이핑 실력을 측정한 뒤에 평균 타이핑 속도와 평균 오타 수를 비교하게 된다. 그 결과 평균적으로 타이핑 속도가 더 빠를수록 오타 수가 더 적은 것으로 나타났다고 하자. 이때 평균주의자는 당신이 타이핑의 오타 수를 줄이고 싶다면 ㉣타이핑을 더 빠른 속도로 해야 한다고 말할 것이다. 바로 여기가 '에르고딕 스위치'에 해당하는 지점인데, 사실 타이핑 속도가 빠른 사람들은 대체로 타이핑 실력이 뛰어난 편이며 그만큼 오타 수는 적을 수밖에 없다. 더구나 ㉤타이핑 실력이라는 요인이 통제된 상태에서 도출된 평균치를 근거로 당신에게 내린 처방은 적절하지 않을 가능성이 높다.

① ㉠을 '질적으로 다양해야 하며'로 고친다.
② ㉡을 '개인의 특성을 종합하여 집단의 특성에 대한 예측'으로 고친다.
③ ㉢을 '실재하는 그룹 간 편차를 모조리 무시'로 고친다.
④ ㉣을 '타이핑을 더 느린 속도로 해야 한다'로 고친다.
⑤ ㉤을 '타이핑 실력이라는 요인이 통제되지 않은 상태에서'로 고친다.

문 7. 다음 대화의 빈칸에 들어갈 내용으로 가장 적절한 것은?

갑: 이번 프로젝트는 정보 보안이 매우 중요해서 1인당 2대의 업무용 PC를 사용하기로 하였습니다. 원칙적으로, 1대는 외부 인터넷 접속만 할 수 있는 외부용 PC이고 다른 1대는 내부 통신망만 이용할 수 있는 내부용 PC입니다. 둘 다 통신을 제외한 다른 기능을 사용하는 데는 아무런 제한이 없습니다.
을: 외부용 PC와 내부용 PC는 각각 별도의 저장 공간을 사용하나요?
갑: 네, 맞습니다. 그러나 두 PC 간 자료를 공유하려면 두 가지 방법만 쓰도록 되어 있습니다. 첫 번째 방법은 이메일을 이용하는 것입니다. 본래 내부용 PC는 내부 통신망용이라 이메일 계정에 접속할 수 없지만, 프로젝트 팀장의 승인을 받아 ○○메일 계정에 접속한 뒤 자신의 ○○메일 계정으로 자료를 보내는 것만 허용하였습니다.
을: 그러면 첫 번째 방법은 내부용 PC에서 외부용 PC로 자료를 보낼 때만 가능하겠군요. 두 번째 방법을 이용하면 외부용 PC에서 내부용 PC로도 자료를 보낼 수 있나요?
갑: 물론입니다. 두 번째 방법은 내부용 PC와 외부용 PC에 설치된 자료 공유 프로그램을 이용하는 것인데, 이를 이용하면 두 PC 간 자료의 상호 공유가 가능합니다.
을: 말씀하신 자료 공유 프로그램을 이용하면 두 PC 사이에 자료를 자유롭게 공유할 수 있는 건가요?
갑: 파일 개수, 용량, 공유 횟수에는 제한이 없습니다. 다만, 이 프로그램을 사용할 때는 보안을 위해 프로젝트 팀장이 비밀번호를 입력해 주어야만 합니다.
을: 그렇군요. 그런데 외부용 PC로 ○○메일이 아닌 일반 이메일 계정에도 접속할 수 있나요?
갑: 아닙니다. 원칙적으로는 외부용 PC에서 자료를 보내거나 받기 위하여 사용 가능한 이메일 계정은 ○○메일뿐입니다. 그러나 예외적으로 필요한 경우에 한해 보안 부서에 공문으로 요청하여 승인을 받으면, 일반 이메일 계정에 접속하여 자료를 보내거나 받을 수 있습니다.
을: 아하! 외부 자문위원의 자료를 전달받아 내부용 PC에 저장하기 위해서는 _____

① 굳이 프로젝트 팀장이 비밀번호를 입력할 필요가 없겠군요.
② 사전에 보안 부서에 요청하여 외부용 PC로 일반 이메일 계정에 접속할 수 있는 권한을 부여받는 방법밖에 없겠네요.
③ 외부 자문위원의 PC에서 ○○메일 계정으로 자료를 보낸 뒤, 내부용 PC로 ○○메일 계정에 접속하여 자료를 내려받으면 되겠군요.
④ 외부 자문위원의 PC에서 일반 이메일 계정으로 자료를 보낸 뒤, 사전에 보안 부서의 승인을 받아 내부용 PC로 일반 이메일 계정에 접속하여 자료를 내려받으면 되겠네요.
⑤ 외부 자문위원의 PC에서 ○○메일 계정으로 자료를 보낸 뒤, 외부용 PC로 ○○메일 계정에 접속해 자료를 내려받아 자료 공유 프로그램을 이용하여 내부용 PC로 보내면 되겠네요.

문 8. 다음 글에 비추어 볼 때, 아래 〈그림〉의 ㉠~㉢에 들어갈 말을 적절하게 나열한 것은?

도시재생 사업의 목표는 지역 역량의 강화와 지역 가치의 제고라는 두 마리 토끼를 잡는 것이다. 그 결과, 아래 〈그림〉에서 지역의 상태는 A에서 A'으로 변화한다. 둘 중 하나라도 이루어지지 않는다면 도시재생 사업의 목표가 달성되었다고 볼 수 없다. 그러한 실패 사례의 하나가 젠트리피케이션이다. 이는 지역 역량이 강화되지 않은 채 지역 가치만 상승하는 현상을 의미한다.

도시재생 사업의 모범적인 양상은 지역 자산화이다. 지역 자산화는 두 단계로 이루어진다. 첫 번째 단계는 공동체 역량 강화 과정이다. 이는 지역 문제 해결을 위한 프로그램 및 정책 수립, 물리적 시설의 개선, 운영 관리 등으로 구성된 공공 주도 과정이다. 이를 통해 지역 가치와 지역 역량이 모두 낮은 상태에서 일단 지역 역량을 키워 지역 기반의 사회적 자본을 형성하게 된다. 그 다음 두 번째 단계로 전문화 과정이 이어진다. 전문화는 민간의 전문성과 창의성을 적극적으로 활용함으로써, 강화된 지역 역량의 토대 위에서 지역 가치 제고를 이끌어낸다. 이 과정에서 주민과 민간 조직의 전문성에 대한 신뢰를 바탕으로, 공유 시설이나 공간의 설계, 관리, 운영 등 많은 권한이 시민단체를 비롯한 중간 지원 조직에 통합적으로 위임된다.

〈그림〉

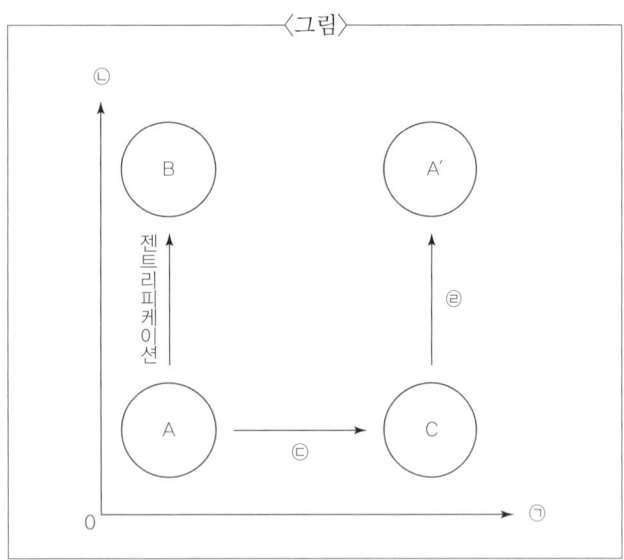

	㉠	㉡	㉢	㉣
①	지역 역량	지역 가치	공동체 역량 강화	전문화
②	지역 역량	지역 가치	공동체 역량 강화	지역 자산화
③	지역 역량	지역 가치	지역 자산화	전문화
④	지역 가치	지역 역량	공동체 역량 강화	지역 자산화
⑤	지역 가치	지역 역량	지역 자산화	전문화

문 9. 다음 글의 (가)와 (나)에 대한 판단으로 적절한 것만을 〈보기〉에서 모두 고르면?

확률적으로 가능성이 희박한 사건이 우리 주변에서 생각보다 자주 일어나는 것처럼 보인다. 왜 이러한 현상이 발생하는지를 설명하는 다음과 같은 두 입장이 있다.

(가) 만일 당신이 가능한 모든 결과들의 목록을 완전하게 작성한다면, 그 결과들 중 하나는 반드시 나타난다. 표준적인 정육면체 주사위를 던지면 1에서 6까지의 수 중 하나가 나오거나 어떤 다른 결과, 이를테면 주사위가 탁자 아래로 떨어져 찾을 수 없게 되는 일 등이 벌어질 수 있다. 동전을 던지면 앞면 또는 뒷면이 나오거나, 동전이 똑바로 서는 등의 일이 일어날 수 있다. 아무튼 가능한 결과 중 하나가 일어나리라는 것만큼은 확실하다.

(나) 한 사람에게 특정한 사건이 발생할 확률이 매우 낮더라도, 충분히 많은 사람에게는 그 사건이 일어날 확률이 매우 높을 수 있다. 예컨대 어떤 불행한 사건이 당신에게 일어날 확률은 낮을지 몰라도, 지구에 현재 약 70억 명이 살고 있으므로, 이들 중 한두 사람이 그 불행한 일을 겪고 있다는 것은 이상한 일이 아니다.

〈보기〉

ㄱ. 로또 복권 1장을 살 경우 1등에 당첨될 확률은 낮지만, 모든 가능한 숫자의 조합을 모조리 샀을 때 추첨이 이루어진다면 무조건 당첨된다는 사례는 (가)로 설명할 수 있다.

ㄴ. 어떤 사람이 교통사고를 당할 확률은 매우 낮지만, 대한민국에서 교통사고는 거의 매일 발생한다는 사례는 (나)로 설명할 수 있다.

ㄷ. 주사위를 수십 번 던졌을 때 1이 연속으로 여섯 번 나올 확률은 매우 낮지만, 수십만 번 던졌을 때는 이런 사건을 종종 볼 수 있다는 사례는 (가)로 설명할 수 있으나 (나)로는 설명할 수 없다.

① ㄱ
② ㄷ
③ ㄱ, ㄴ
④ ㄴ, ㄷ
⑤ ㄱ, ㄴ, ㄷ

문 10. ②

문 11. ④

문 12. 다음 대화의 빈칸에 들어갈 내용으로 가장 적절한 것은?

갑: 국회에서 법률들을 제정하거나 개정할 때, 법률에서 조례를 제정하여 시행하도록 위임하는 경우가 있습니다. 그리고 이런 위임에 따라 지방자치단체에서는 조례를 새로 제정하게 됩니다. 각 지방자치단체가 법률의 위임에 따라 몇 개의 조례를 제정했는지 집계하여 '조례 제정 비율'을 계산하는데, 이 지표는 작년에 이어 올해도 지방자치단체의 업무 평가 기준에 포함되었습니다.

을: 그렇군요. 그 평가 방식이 구체적으로 어떻게 되고, A시의 작년 평가 결과는 어땠는지 말씀해 주세요.

갑: 먼저 그 해 1월 1일부터 12월 31일까지 법률에서 조례를 제정하도록 위임한 사항이 몇 건인지 확인한 뒤, 그중 12월 31일까지 몇 건이나 조례로 제정되었는지로 평가합니다. 작년에는 법률에서 조례를 제정하도록 위임한 사항이 15건이었는데, 그중 A시에서 제정한 조례는 9건으로 그 비율은 60%였습니다.

을: 그러면 올해는 조례 제정 상황이 어떻습니까?

갑: 1월 1일부터 7월 10일 현재까지 법률에서 조례를 제정하도록 위임한 사항은 10건인데, A시는 이 중 7건을 조례로 제정하였으며 조례로 제정하기 위하여 입법 예고 중인 것이 2건입니다. 현재 시의회에서 조례로 제정되기를 기다리며 계류 중인 것은 없습니다.

을: 모든 조례는 입법 예고를 거친 뒤 시의회에서 제정되므로, 현재 입법 예고 중인 2건은 입법 예고 기간이 끝나야만 제정될 수 있겠네요. 이 2건의 제정 가능성은 예상할 수 있나요?

갑: 어떤 조례는 신속히 제정되기도 합니다. 그러나 때로는 시의회가 계속 파행하기도 하고 의원들의 입장에 차이가 커 공전될 수도 있기 때문에 현재 시점에서 조례 제정 가능성을 단정하기는 어렵습니다.

을: 그러면 A시의 조례 제정 비율과 관련하여 알 수 있는 것이 무엇이 있을까요?

갑: A시는 ☐

① 현재 조례로 제정하기 위하여 입법 예고가 필요한 것이 1건입니다.
② 올 한 해의 조례 제정 비율이 작년보다 높아집니다.
③ 올 한 해 총 9건의 조례를 제정하게 됩니다.
④ 현재 시점을 기준으로 평가를 받으면 조례 제정 비율이 90%입니다.
⑤ 올 한 해 법률에서 조례를 제정하도록 위임받은 사항이 작년보다 줄어듭니다.

문 13. 다음 글의 A~C에 대한 판단으로 가장 적절한 것은?

정책 네트워크는 다원주의 사회에서 정책 영역에 따라 실질적인 정책 결정권을 공유하고 있는 집합체이다. 정책 네트워크는 구성원 간의 상호 의존성, 외부로부터 다른 사회 구성원들의 참여 가능성, 의사결정의 합의 효율성, 지속성의 특징을 고려할 때 다음 세 가지 모형으로 분류될 수 있다.

특징 모형	상호 의존성	외부 참여 가능성	합의 효율성	지속성
A	높음	낮음	높음	높음
B	보통	보통	보통	보통
C	낮음	높음	낮음	낮음

A는 의회의 상임위원회, 행정 부처, 이익집단이 형성하는 정책 네트워크로서 안정성이 높아 마치 소정부와 같다. 행정부 수반의 영향력이 작은 정책 분야에서 집중적으로 나타나는 형태이다. A에서는 참여자 간의 결속과 폐쇄적 경계를 강조하며, 배타성이 매우 강해 다른 이익집단의 참여를 철저하게 배제하는 것이 특징이다.

B는 특정 정책과 관련해 이해관계를 같이하는 참여자들로 구성된다. B가 특정 이슈에 대해 유기적인 연계 속에서 기능하면, 전통적인 관료제나 A의 방식보다 더 효과적으로 정책 목표를 달성할 수 있다. B의 주요 참여자는 정치인, 관료, 조직화된 이익집단, 전문가 집단이며, 정책 결정은 주요 참여자 간의 합의와 협력에 의해 일어난다.

C는 특정 이슈를 중심으로 이해관계나 전문성을 가진 이익집단, 개인, 조직으로 구성되고, 참여자는 매우 자율적이고 주도적인 행위자이며 수시로 변경된다. 배타성이 강한 A만으로 정책을 모색하면 정책 결정에 영향을 미칠 수 있는 C와 같은 개방적 참여자들의 네트워크를 놓치기 쉽다. C는 관료제의 영향력이 작고 통제가 약한 분야에서 주로 작동하는데, 참여자가 많아 합의가 어려워 결국 정부가 위원회나 청문회를 활용하여 의견을 조정하려는 경우가 종종 발생한다.

① 외부 참여 가능성이 높은 모형은 관료제의 영향력이 작고 통제가 약한 분야에서 나타나기 쉽다.
② 상호 의존성이 보통인 모형에서는 배타성이 강해 다른 이익집단의 참여를 철저하게 배제한다.
③ 합의 효율성이 높은 모형이 가장 효과적으로 정책 목표를 달성할 수 있다.
④ A에 참여하는 이익집단의 정책 결정 영향력이 B에 참여하는 이익집단의 정책 결정 영향력보다 크다.
⑤ C에서는 참여자의 수가 많아질수록 네트워크의 지속성이 높아진다.

문 14. 다음 글에서 추론할 수 있는 것만을 〈보기〉에서 모두 고르면?

두 입자만으로 이루어지고 이들이 세 가지의 양자 상태 1, 2, 3 중 하나에만 있을 수 있는 계(system)가 있다고 하자. 여기서 양자 상태란 입자가 있을 수 있는 구별 가능한 어떤 상태를 지시하며, 입자는 세 가지 양자 상태 중 하나에 반드시 있어야 한다. 이때 그 계에서 입자들이 어떻게 분포할 수 있는지 경우의 수를 세는 문제는, 각 양자 상태에 대응하는 세 개의 상자 ⬜1 ⬜2 ⬜3 에 두 입자가 있는 경우의 수를 세는 것과 같다. 경우의 수는 입자들끼리 서로 구별 가능한지와 여러 개의 입자가 하나의 양자 상태에 동시에 있을 수 있는지에 따라 달라진다.

두 입자가 구별 가능하고, 하나의 양자 상태에 여러 개의 입자가 있을 수 있다고 가정하자. 이것을 'MB 방식'이라고 부르며, 두 입자는 각각 a, b로 표시할 수 있다. a가 1의 양자 상태에 있는 경우는 |ab| | | |, |a|b| |, |a| |b|의 세 가지이고, a가 2의 양자 상태에 있는 경우와 a가 3의 양자 상태에 있는 경우도 각각 세 가지이다. 그러므로 MB 방식에서 경우의 수는 9이다.

두 입자가 구별되지 않고, 하나의 양자 상태에 여러 개의 입자가 있을 수 있다고 가정하자. 이것을 'BE 방식'이라고 부른다. 이때에는 두 입자 모두 a로 표시하게 되므로 |aa| | |, | |aa| |, | | |aa|, |a|a| |, |a| |a|, | |a|a|가 가능하다. 그러므로 BE 방식에서 경우의 수는 6이다.

두 입자가 구별되지 않고, 하나의 양자 상태에 하나의 입자만 있을 수 있다고 가정하자. 이것을 'FD 방식'이라고 부른다. 여기에서는 BE 방식과 달리 하나의 양자 상태에 두 개의 입자가 동시에 있는 경우는 허용되지 않으므로 |a|a| |, |a| |a|, | |a|a|만 가능하다. 그러므로 FD 방식에서 경우의 수는 3이다.

양자 상태의 가짓수가 다를 때에도 MB, BE, FD 방식 모두 위에서 설명한 대로 입자들이 놓이게 되고, 이때 경우의 수는 달라질 수 있다.

〈보기〉

ㄱ. 두 개의 입자에 대해, 양자 상태가 두 가지이면 BE 방식에서 경우의 수는 2이다.

ㄴ. 두 개의 입자에 대해, 양자 상태의 가짓수가 많아지면 FD 방식에서 두 입자가 서로 다른 양자 상태에 각각 있는 경우의 수는 커진다.

ㄷ. 두 개의 입자에 대해, 양자 상태가 두 가지 이상이면 경우의 수는 BE 방식에서보다 MB 방식에서 언제나 크다.

① ㄱ
② ㄷ
③ ㄱ, ㄴ
④ ㄴ, ㄷ
⑤ ㄱ, ㄴ, ㄷ

문 15. 다음 글에서 추론할 수 있는 것은?

생쥐가 새로운 소리 자극을 받으면 이 자극 신호는 뇌의 시상에 있는 청각시상으로 전달된다. 청각시상으로 전달된 자극 신호는 뇌의 편도에 있는 측핵으로 전달된다. 측핵에 전달된 신호는 편도의 중핵으로 전달되고, 중핵은 신체의 여러 기관에 전달할 신호를 만들어서 반응이 일어나게 한다.

연구자 K는 '공포' 또는 '안정'을 학습시켰을 때 나타나는 신경생물학적 특징을 탐구하기 위해 두 개의 실험을 수행했다.

첫 번째 실험에서 공포를 학습시켰다. 이를 위해 K는 생쥐에게 소리 자극을 준 뒤에 언제나 공포를 일으킬 만한 충격을 가하여, 생쥐에게 이 소리가 충격을 예고한다는 것을 학습시켰다. 이렇게 학습된 생쥐는 해당 소리 자극을 받으면 방어적인 행동을 취했다. 이 생쥐의 경우, 청각시상으로 전달된 소리 자극 신호는 학습을 수행하기 전 상태에서 전달되는 것보다 훨씬 센 강도의 신호로 증폭되어 측핵으로 전달된다. 이 증폭된 강도의 신호는 중핵을 거쳐 신체의 여러 기관에 전달되고 이는 학습된 공포 반응을 일으킨다.

두 번째 실험에서는 안정을 학습시켰다. 이를 위해 K는 다른 생쥐에게 소리 자극을 준 뒤에 항상 어떤 충격도 주지 않아서, 생쥐에게 이 소리가 안정을 예고한다는 것을 학습시켰다. 이렇게 학습된 생쥐는 이 소리를 들어도 방어적인 행동을 전혀 취하지 않았다. 이 경우 소리 자극 신호를 받은 청각시상에서 만들어진 신호가 측핵으로 전달되는 것이 억제되기 때문에 측핵에 전달된 신호는 매우 미약해진다. 대신 청각시상은 뇌의 선조체에서 반응을 일으킬 수 있는 자극 신호를 만들어서 선조체에 전달한다. 선조체는 안정 상태와 같은 긍정적이고 좋은 느낌을 느낄 수 있게 하는 것에 관여하는 뇌 영역인데, 선조체에서 반응이 세게 나타나면 안정감을 느끼게 되어 학습된 안정 반응을 일으킨다.

① 중핵에서 만들어진 신호의 세기가 강한 경우에는 학습된 안정 반응이 나타난다.
② 학습된 공포 반응을 일으키지 않는 소리 자극은 선조체에서 약한 반응이 일어나게 한다.
③ 학습된 공포 반응을 일으키는 소리 자극은 청각시상에서 선조체로 전달되는 자극 신호를 억제한다.
④ 학습된 안정 반응을 일으키는 청각시상에서 받는 소리 자극 신호는 학습된 공포 반응을 일으키는 청각시상에서 받는 소리 자극 신호보다 약하다.
⑤ 학습된 안정 반응을 일으키는 경우와 학습된 공포 반응을 일으키는 경우 모두, 청각시상에서 측핵으로 전달되는 신호의 세기가 학습하기 전과 달라진다.

문 16. 다음 글의 빈칸에 들어갈 내용으로 가장 적절한 것은?

민간 문화 교류 증진을 목적으로 열리는 국제 예술 공연의 개최가 확정되었다. 이번 공연이 민간 문화 교류 증진을 목적으로 열린다면, 공연 예술단의 수석대표는 정부 관료가 맡아서는 안 된다. 만일 공연이 민간 문화 교류 증진을 목적으로 열리고 공연 예술단의 수석대표는 정부 관료가 맡아서는 안 된다면, 공연 예술단의 수석대표는 고전음악 지휘자나 대중음악 제작자가 맡아야 한다. 현재 정부 관료 가운데 고전음악 지휘자나 대중음악 제작자는 없다. 예술단에 수석대표는 반드시 있어야 하며 두 사람 이상이 공동으로 맡을 수도 있다. 전체 세대를 아우를 수 있는 사람이 아니라면 수석대표를 맡아서는 안 된다. 전체 세대를 아우를 수 있는 사람이 극히 드물기에, 위에 나열된 조건을 다 갖춘 사람은 모두 수석대표를 맡는다.

누가 공연 예술단의 수석대표를 맡을 것인가와 더불어, 참가하는 예술인이 누구인가도 많은 관심의 대상이다. 그런데 아이돌 그룹 A가 공연 예술단에 참가하는 것은 분명하다. 왜냐하면 만일 갑이나 을이 수석대표를 맡는다면 A가 공연 예술단에 참가하는데, _____ 때문이다.

① 갑은 고전음악 지휘자이며 전체 세대를 아우를 수 있기
② 갑이나 을은 대중음악 제작자 또는 고전음악 지휘자이기
③ 갑과 을은 둘 다 정부 관료가 아니며 전체 세대를 아우를 수 있기
④ 을이 대중음악 제작자가 아니라면 전체 세대를 아우를 수 없을 것이기
⑤ 대중음악 제작자나 고전음악 지휘자라면 누구나 전체 세대를 아우를 수 있기

문 17. 다음 글의 내용이 참일 때, 반드시 참인 것만을 〈보기〉에서 모두 고르면?

A기술원 해수자원화기술 연구센터는 2014년 세계 최초로 해수전지 원천 기술을 개발한 바 있다. 연구센터는 해수전지 상용화를 위한 학술대회를 열었는데 학술대회로 연구원들이 자리를 비운 사이 누군가 해수전지 상용화를 위한 핵심 기술이 들어 있는 기밀 자료를 훔쳐 갔다. 경찰은 수사 끝에 바다, 다은, 은경, 경아를 용의자로 지목해 학술대회 당일의 상황을 물으며 이들을 심문했는데 이들의 답변은 아래와 같았다.

바다: 학술대회에서 발표된 상용화 아이디어 중 적어도 하나는 학술대회에 참석한 모든 사람들의 관심을 받았어요. 다은은 범인이 아니에요.
다은: 학술대회에 참석한 사람들은 누구나 학술대회에서 발표된 하나 이상의 상용화 아이디어에 관심을 가졌어요. 범인은 은경이거나 경아예요.
은경: 학술대회에 참석한 몇몇 사람은 학술대회에서 발표된 상용화 아이디어 중 적어도 하나에 관심이 있었어요. 경아는 범인이 아니에요.
경아: 학술대회에 참석한 모든 사람들이 어떤 상용화 아이디어에도 관심이 없었어요. 범인은 바다예요.

수사 결과 이들은 각각 참만을 말하거나 거짓만을 말한 것으로 드러났다. 그리고 네 명 중 한 명만 범인이었다는 것이 밝혀졌다.

〈보기〉

ㄱ. 바다와 은경의 말이 모두 참일 수 있다.
ㄴ. 다은과 은경의 말이 모두 참인 것은 가능하지 않다.
ㄷ. 용의자 중 거짓말한 사람이 단 한 명이면, 은경이 범인이다.

① ㄱ
② ㄴ
③ ㄱ, ㄷ
④ ㄴ, ㄷ
⑤ ㄱ, ㄴ, ㄷ

문 18. 다음 글의 내용이 참일 때, 반드시 참인 것만을 〈보기〉에서 모두 고르면?

최근 두 주 동안 직원들은 다음 주에 있을 연례 정책 브리핑을 준비해 왔다. 브리핑의 내용과 진행에 관해 알려진 바는 다음과 같다. 개인건강정보 관리 방식 변경에 관한 가안이 정책제안에 포함된다면, 보건정보의 공적 관리에 관한 가안도 정책제안에 포함될 것이다. 그리고 정책제안을 위해 구성되었던 국민건강 2025 팀이 재편된다면, 앞에서 언급한 두 개의 가안이 모두 정책제안에 포함될 것이다. 개인건강정보 관리 방식 변경에 관한 가안이 정책제안에 포함되고 국민건강 2025 팀 리더인 최팀장이 다음 주 정책 브리핑을 총괄한다면, 프레젠테이션은 국민건강 2025 팀의 팀원인 손공정씨가 맡게 될 것이다. 그런데 보건정보의 공적 관리에 관한 가안이 정책제안에 포함될 경우, 국민건강 2025 팀이 재편되거나 다음 주 정책 브리핑을 위해 준비한 보도자료가 대폭 수정될 것이다. 한편, 직원들 사이에서는, 최팀장이 다음 주 정책 브리핑을 총괄하면 팀원 손공정씨가 프레젠테이션을 담당한다는 말이 돌았는데 그 말은 틀린 것으로 밝혀졌다.

― 〈보기〉 ―
ㄱ. 개인건강정보 관리 방식 변경에 관한 가안과 보건정보의 공적 관리에 관한 가안 중 어느 것도 정책제안에 포함되지 않는다.
ㄴ. 국민건강 2025 팀은 재편되지 않고, 이 팀의 최팀장이 다음 주 정책 브리핑을 총괄한다.
ㄷ. 보건정보의 공적 관리에 관한 가안이 정책제안에 포함된다면, 다음 주 정책 브리핑을 위해 준비한 보도자료가 대폭 수정될 것이다.

① ㄱ
② ㄴ
③ ㄱ, ㄷ
④ ㄴ, ㄷ
⑤ ㄱ, ㄴ, ㄷ

문 19. 다음 글의 내용이 참일 때, 반드시 참인 것은?

A, B, C, D를 포함해 총 8명이 학회에 참석했다. 이들에 관해서 알려진 정보는 다음과 같다.
○ 아인슈타인 해석, 많은 세계 해석, 코펜하겐 해석, 보른 해석 말고도 다른 해석들이 있고, 학회에 참석한 이들은 각각 하나의 해석만을 받아들인다.
○ 상태 오그라듦 가설을 받아들이는 이들은 모두 5명이고, 나머지는 이 가설을 받아들이지 않는다.
○ 상태 오그라듦 가설을 받아들이는 이들은 코펜하겐 해석이나 보른 해석을 받아들인다.
○ 코펜하겐 해석이나 보른 해석을 받아들이는 이들은 상태 오그라듦 가설을 받아들인다.
○ B는 코펜하겐 해석을 받아들이고, C는 보른 해석을 받아들인다.
○ A와 D는 상태 오그라듦 가설을 받아들인다.
○ 아인슈타인 해석을 받아들이는 이가 있다.

① 적어도 한 명은 많은 세계 해석을 받아들인다.
② 만일 보른 해석을 받아들이는 이가 두 명이면, A와 D가 받아들이는 해석은 다르다.
③ 만일 A와 D가 받아들이는 해석이 다르다면, 적어도 두 명은 코펜하겐 해석을 받아들인다.
④ 만일 오직 한 명만이 많은 세계 해석을 받아들인다면, 아인슈타인 해석을 받아들이는 이는 두 명이다.
⑤ 만일 코펜하겐 해석을 받아들이는 이가 세 명이면, A와 D 가운데 적어도 한 명은 보른 해석을 받아들인다.

문 20. 다음 글의 〈실험 결과〉에서 추론할 수 있는 것은?

연구자 K는 동물의 뇌 구조 변화가 일어나는 방식을 규명하기 위해 다음의 실험을 수행했다. 실험용 쥐를 총 세 개의 실험군으로 나누었다. 실험군1의 쥐에게는 운동은 최소화하면서 학습을 시키는 '학습 위주 경험'을 하도록 훈련시켰다. 실험군2의 쥐에게는 특별한 기술을 학습할 필요 없이 수행할 수 있는 쳇바퀴 돌리기를 통해 '운동 위주 경험'을 하도록 훈련시켰다. 실험군3의 쥐에게는 어떠한 학습이나 운동도 시키지 않았다.

〈실험 결과〉
○ 뇌 신경세포 한 개당 시냅스의 수는 실험군1의 쥐에서 크게 증가했고 실험군2와 3의 쥐에서는 거의 변하지 않았다.
○ 뇌 신경세포 한 개당 모세혈관의 수는 실험군 2의 쥐에서 크게 증가했고 실험군1과 3의 쥐에서는 거의 변하지 않았다.
○ 실험군1의 쥐에서는 대뇌 피질의 지각 영역에서 구조 변화가 나타났고, 실험군2의 쥐에서는 대뇌 피질의 운동 영역과 더불어 운동 활동을 조절하는 소뇌에서 구조 변화가 나타났다. 실험군3의 쥐에서는 뇌 구조 변화가 거의 나타나지 않았다.

① 대뇌 피질의 구조 변화는 학습 위주 경험보다 운동 위주 경험에 더 큰 영향을 받는다.
② 학습 위주 경험은 뇌의 신경세포당 시냅스의 수에, 운동 위주 경험은 뇌의 신경세포당 모세혈관의 수에 영향을 미친다.
③ 학습 위주 경험과 운동 위주 경험은 뇌의 특정 부위에 있는 신경세포의 수를 늘려 그 부위의 뇌 구조를 변하게 한다.
④ 특정 형태의 경험으로 인해 뇌의 특정 영역에 발생한 구조 변화가 뇌의 신경세포당 모세혈관 또는 시냅스의 수를 변화시킨다.
⑤ 뇌가 영역별로 특별한 구조를 갖는 것이 그 영역에서 신경세포당 모세혈관 또는 시냅스의 수를 변화시켜 특정 형태의 경험을 더 잘 수행할 수 있게 한다.

문 21. 다음 글의 〈실험 결과〉에 대한 판단으로 적절한 것만을 〈보기〉에서 모두 고르면?

> 박쥐 X가 잡아먹을 수컷 개구리의 위치를 찾기 위해 사용하는 방법에는 두 가지가 있다. 하나는 수컷 개구리의 울음소리를 듣고 위치를 찾아내는 '음탐지' 방법이다. 다른 하나는 X가 초음파를 사용하여, 울음소리를 낼 때 커졌다 작아졌다 하는 울음주머니의 움직임을 포착하여 위치를 찾아내는 '초음파탐지' 방법이다. 울음주머니의 움직임이 없으면 이 방법으로 수컷 개구리의 위치를 찾을 수 없다.
>
> 〈실험〉
> 한 과학자가 수컷 개구리를 모방한 두 종류의 로봇개구리를 제작했다. 로봇개구리 A는 수컷 개구리의 울음소리를 내고, 커졌다 작아졌다 하는 울음주머니도 가지고 있다. 로봇개구리 B는 수컷 개구리의 울음소리만 내고, 커졌다 작아졌다 하는 울음주머니는 없다. 같은 수의 A 또는 B를 크기는 같지만 서로 다른 환경의 세 방 안에 같은 위치에 두었다. 세 방의 환경은 다음과 같다.
> ○ 방1: 로봇개구리 소리만 들리는 환경
> ○ 방2: 로봇개구리 소리뿐만 아니라, 로봇개구리가 있는 곳과 다른 위치에서 로봇개구리 소리와 같은 소리가 추가로 들리는 환경
> ○ 방3: 로봇개구리 소리뿐만 아니라, 로봇개구리가 있는 곳과 다른 위치에서 로봇개구리 소리와 전혀 다른 소리가 추가로 들리는 환경
>
> 각 방에 같은 수의 X를 넣고 실제로 로봇개구리를 잡아먹기 위해 공격하는 데 걸리는 평균 시간을 측정했다. X가 로봇개구리의 위치를 빨리 알아낼수록 공격하는 데 걸리는 시간은 짧다.
>
> 〈실험 결과〉
> ○ 방1: A를 넣은 경우는 3.4초였고 B를 넣은 경우는 3.3초로 둘 사이에 유의미한 차이는 없었다.
> ○ 방2: A를 넣은 경우는 8.2초였고 B를 넣은 경우는 공격하지 않았다.
> ○ 방3: A를 넣은 경우는 3.4초였고 B를 넣은 경우는 3.3초로 둘 사이에 유의미한 차이는 없었다.

〈보기〉
ㄱ. 방1과 2의 〈실험 결과〉는, X가 음탐지 방법이 방해를 받는 환경에서는 초음파탐지 방법을 사용한다는 가설을 강화한다.
ㄴ. 방2와 3의 〈실험 결과〉는, X가 소리의 종류를 구별할 수 있다는 가설을 강화한다.
ㄷ. 방1과 3의 〈실험 결과〉는, 수컷 개구리의 울음소리와 전혀 다른 소리가 들리는 환경에서는 X가 초음파탐지 방법을 사용한다는 가설을 강화한다.

① ㄱ
② ㄷ
③ ㄱ, ㄴ
④ ㄴ, ㄷ
⑤ ㄱ, ㄴ, ㄷ

문 22. 다음 글에 대한 분석으로 적절한 것만을 〈보기〉에서 모두 고르면?

> '자연화'란 자연과학의 방법론에 따라 자연과학이 수용하는 존재론을 토대 삼아 연구를 수행한다는 의미이다. 심리학을 자연과학의 하나라고 생각하는 철학자 A는, 인식론의 자연화를 주장하기 위해 다음의 〈논증〉을 제시하였다.
>
> 〈논증〉
> (1) 전통적 인식론은 적어도 다음의 두 가지 목표를 가진다. 첫째, 세계에 관한 믿음을 정당화하는 것이고, 둘째, 세계에 관한 믿음을 나타내는 문장을 감각 경험을 나타내는 문장으로 번역하는 것이다.
> (2) 전통적 인식론은 첫째 목표도 달성할 수 없고 둘째 목표도 달성할 수 없다.
> (3) 만약 전통적 인식론이 이 두 가지 목표 중 어느 하나라도 달성할 수가 없다면, 전통적 인식론은 폐기되어야 한다.
> (4) 전통적 인식론은 폐기되어야 한다.
> (5) 만약 전통적 인식론이 폐기되어야 한다면, 인식론자는 전통적 인식론 대신 심리학을 연구해야 한다.
> (6) 인식론자는 전통적 인식론 대신 심리학을 연구해야 한다.

〈보기〉
ㄱ. 전통적 인식론의 목표에 (1)의 '두 가지 목표' 외에 "세계에 관한 믿음이 형성되는 과정을 규명하는 것"이 추가된다면, 위 논증에서 (6)은 도출되지 않는다.
ㄴ. (2)를 "전통적 인식론은 첫째 목표를 달성할 수 없거나 둘째 목표를 달성할 수 없다."로 바꾸어도 위 논증에서 (6)이 도출된다.
ㄷ. (4)는 논증 안의 어떤 진술들로부터 나오는 결론일 뿐만 아니라 논증 안의 다른 진술의 전제이기도 하다.

① ㄱ
② ㄷ
③ ㄱ, ㄴ
④ ㄴ, ㄷ
⑤ ㄱ, ㄴ, ㄷ

문 23. 다음 글에 대한 분석으로 적절한 것만을 〈보기〉에서 모두 고르면?

> 어떤 사람이 당신에게 다음과 같이 제안했다고 하자. 당신은 호화 여행을 즐기게 된다. 다만 먼저 10만 원을 내야 한다. 여기에 하나의 추가 조건이 있다. 그것은 제안자의 말인 아래의 (1)이 참이면 그는 10만 원을 돌려주지 않고 약속대로 호화 여행은 제공하는 반면, (1)이 거짓이면 그는 10만 원을 돌려주고 약속대로 호화 여행도 제공한다는 것이다.
>
> (1) 나는 당신에게 10만 원을 돌려주거나 ⓐ당신은 나에게 10억 원을 지불한다.
>
> 당신은 이 제안을 받아들였고 10만 원을 그에게 주었다.
> 이때 어떤 결과가 따를지 검토해 보자. (1)은 참이거나 거짓일 것이다. (1)이 거짓이라고 가정해 보자. 그러면 추가 조건에 따라 그는 당신에게 10만 원을 돌려준다. 또한 가정상 (1)이 거짓이므로, ㉠그는 당신에게 10만 원을 돌려주지 않는다. 결국 (1)이 거짓이라고 가정하면 그는 당신에게 10만 원을 돌려준다는 것과 돌려주지 않는다는 것이 모두 성립한다. 이는 가능하지 않다. 따라서 ㉡(1)은 참일 수밖에 없다. 그런데 (1)이 참이라면 추가 조건에 따라 그는 당신에게 10만 원을 돌려주지 않는다. 따라서 ⓐ가 반드시 참이어야 한다. 즉, ㉢당신은 그에게 10억 원을 지불한다.

〈보기〉

ㄱ. ㉠을 추론하는 데는 'A이거나 B'의 형식을 가진 문장이 거짓이면 A도 B도 모두 반드시 거짓이라는 원리가 사용되었다.

ㄴ. ㉡을 추론하는 데는 어떤 가정하에서 같은 문장의 긍정과 부정이 모두 성립하는 경우 그 가정의 부정은 반드시 참이라는 원리가 사용되었다.

ㄷ. ㉢을 추론하는 데는 'A이거나 B'라는 형식의 참인 문장에서 A가 거짓인 경우 B는 반드시 참이라는 원리가 사용되었다.

① ㄱ
② ㄷ
③ ㄱ, ㄴ
④ ㄴ, ㄷ
⑤ ㄱ, ㄴ, ㄷ

문 24. 다음 글의 ㉠과 ㉡에 대한 평가로 적절한 것만을 〈보기〉에서 모두 고르면?

> 연역과 귀납, 이 두 종류의 방법은 지적 작업에서 사용될 수 있는 모든 추론을 포괄한다. 철학과 과학을 비롯한 모든 지적 작업에 연역적 방법이 필수적이라는 것을 부정하는 사람은 아무도 없다. 귀납적 방법의 경우 사정은 크게 다르다. 귀납적 방법이 철학적 작업에 들어설 여지가 없다고 믿는 사람이 있는가 하면, 한 걸음 더 나아가 어떠한 지적 작업에도 귀납적 방법이 불필요하다고 주장하는 사람들도 있다.
> ㉠귀납적 방법이 철학이라는 지적 작업에서 불필요하다는 견해는 독단적인 철학관에 근거한다. 이런 견해에 따르면 철학적 주장의 정당성은 선험적인 것으로, 경험적 지식을 확장하기 위해 사용되는 귀납적 방법에 의존할 수 없다. 그러나 이런 견해는 철학적 주장이 경험적 가설에 의존해서는 안 된다는 부당하게 편협한 철학관과 '귀납적 방법'의 모호성을 딛고 서 있다. 실제로 철학사에 나타나는 목적론적 신 존재 증명이나 외부 세계의 존재에 관한 형이상학적 논증 가운데는 귀납적 방법인 유비 논증과 귀추법을 교묘히 적용하고 있는 것도 있다.
> ㉡모든 지적 작업에서 귀납적 방법의 필요성을 부정하는 견해는 중요한 철학적 성과를 낳기도 하였다. 포퍼의 철학이 그런 사례 가운데 하나이다. 포퍼는 귀납적 방법의 정당화 가능성에 관한 회의적 결론을 받아들이고, 과학의 탐구가 귀납적 방법으로 진행된다는 견해는 근거가 없음을 보인다. 그에 따르면, 과학의 탐구 과정은 연역 논리 법칙에 따라 전개되는 추측과 반박의 작업으로 이루어진다. 이런 포퍼의 이론은 귀납적 방법의 필요성에 대한 전면적인 부정이 낳을 수 있는 흥미로운 결과 가운데 하나라고 할 수 있다.

〈보기〉

ㄱ. 과학의 탐구가 귀납적 방법에 의해 진행된다는 주장은 ㉠을 반박한다.

ㄴ. 철학의 일부 논증에서 귀추법의 사용이 불가피하다는 주장은 ㉡을 반박한다.

ㄷ. 연역 논리와 경험적 가설 모두에 의존하는 지적 작업이 있다는 주장은 ㉠과 ㉡을 모두 반박한다.

① ㄱ
② ㄴ
③ ㄱ, ㄷ
④ ㄴ, ㄷ
⑤ ㄱ, ㄴ, ㄷ

문 25. 다음 글의 갑~병에 대한 판단으로 적절한 것만을 〈보기〉에서 모두 고르면?

다음 두 삼단논법을 보자.
(1) 모든 춘천시민은 강원도민이다.
 모든 강원도민은 한국인이다.
 따라서 모든 춘천시민은 한국인이다.
(2) 모든 수학 고득점자는 우등생이다.
 모든 과학 고득점자는 우등생이다.
 따라서 모든 수학 고득점자는 과학 고득점자이다.

(1)은 타당한 삼단논법이지만 (2)는 부당한 삼단논법이다. 하지만 어떤 사람들은 (2)도 타당한 논증이라고 잘못 판단한다. 왜 이런 오류가 발생하는지 설명하기 위해 세 가지 입장이 제시되었다.

갑: 사람들은 '모든 A는 B이다'를 '모든 B는 A이다'로 잘못 바꾸는 경향이 있다. '어떤 A도 B가 아니다'나 '어떤 A는 B이다'라는 형태에서는 A와 B의 자리를 바꾸더라도 아무런 문제가 없다. 하지만 '모든 A는 B이다'라는 형태에서는 A와 B의 자리를 바꾸면 논리적 오류가 생겨난다.

을: 사람들은 '모든 A는 B이다'를 약한 의미로 이해해야 하는데도 강한 의미로 이해하는 잘못을 저지르는 경향이 있다. 여기서 약한 의미란 그것을 'A는 B에 포함된다'로 이해하는 것이고, 강한 의미란 그것을 'A는 B에 포함되고 또한 B는 A에 포함된다'는 뜻에서 'A와 B가 동일하다'로 이해하는 것이다.

병: 사람들은 전제가 모두 '모든 A는 B이다'라는 형태의 명제로 이루어진 것일 경우에는 결론도 그런 형태이기만 하면 타당하다고 생각하고, 전제 가운데 하나가 '어떤 A는 B이다'라는 형태의 명제로 이루어진 것일 경우에는 결론도 그런 형태이기만 하면 타당하다고 생각하는 경향이 있다.

〈보기〉

ㄱ. 대다수의 사람이 "어떤 과학자는 운동선수이다. 어떤 철학자도 과학자가 아니다."라는 전제로부터 "어떤 철학자도 운동선수가 아니다."를 타당하게 도출할 수 있는 결론이라고 응답했다는 심리 실험 결과는 갑에 의해 설명된다.

ㄴ. 대다수의 사람이 "모든 적색 블록은 구멍이 난 블록이다. 모든 적색 블록은 삼각 블록이다."라는 전제로부터 "모든 구멍이 난 블록은 삼각 블록이다."를 타당하게 도출할 수 있는 결론이라고 응답했다는 심리 실험 결과는 을에 의해 설명된다.

ㄷ. 대다수의 사람이 "모든 물리학자는 과학자이다. 어떤 컴퓨터 프로그래머는 과학자이다."라는 전제로부터 "어떤 컴퓨터 프로그래머는 물리학자이다."를 타당하게 도출할 수 있는 결론이라고 응답했다는 심리 실험 결과는 병에 의해 설명된다.

① ㄱ
② ㄷ
③ ㄱ, ㄴ
④ ㄴ, ㄷ
⑤ ㄱ, ㄴ, ㄷ

※ 수고하셨습니다.
※ 기출문제편 맨 마지막에 있는 OMR 카드에 마킹을 하세요.

제2영역 자료해석

문 1. 다음 〈표〉는 2021년 우리나라 17개 지역의 도시재생 사업비이다. 이에 대한 〈보기〉의 설명 중 옳은 것만을 모두 고르면?

〈표〉 지역별 도시재생사업비

(단위: 억 원)

지역	사업비
서울	160
부산	240
대구	200
인천	80
광주	160
대전	160
울산	120
세종	0
경기	360
강원	420
충북	300
충남	320
전북	280
전남	320
경북	320
경남	440
제주	120
전체	( )

〈보기〉
ㄱ. 부산보다 사업비가 많은 지역은 8개이다.
ㄴ. 사업비 상위 2개 지역의 사업비 합은 사업비 하위 4개 지역의 사업비 합의 2배 이상이다.
ㄷ. 사업비가 전체 사업비의 10% 이상인 지역은 2개이다.

① ㄱ
② ㄷ
③ ㄱ, ㄴ
④ ㄴ, ㄷ
⑤ ㄱ, ㄴ, ㄷ

문 2. 다음 〈표〉는 전분기 대비 2분기의 권역별 지역경제 동향을 부문별로 정리한 자료이다. 이에 대한 〈보고서〉의 내용이 〈표〉와 부합하지 않은 부문은?

〈표〉 전분기 대비 2분기의 권역별 지역경제 동향

부문 \ 권역	수도권	동남권	충청권	호남권	대경권	강원권	제주권
제조업 생산	▲	–	▲	▲	▲	–	▽
서비스업 생산	–	▽	–	▽	–	–	▲
소비	▲	▽	–	–	–	–	–
설비투자	▲	–	▲	▲	▲	–	–
건설투자	–	▲	▽	▽	–	▽	▽
수출	▲	▽	▲	▲	▲	▲	–

※ 전분기 대비 경제동향은 ▲(증가), –(보합), ▽(감소)로만 구분됨

〈보고서〉

제조업 생산은 수도권과 충청권, 호남권, 대경권이 '증가'이고, 동남권 및 강원권이 '보합', 제주권이 '감소'였다. 서비스업 생산은 제주권이 '증가'이고, 동남권과 호남권이 '감소'인 가운데 나머지 권역이 '보합'이었다. 소비는 수도권이 '증가'이고 동남권이 '감소'였으며, 나머지 권역의 소비는 모두 '보합'이었다. 설비투자는 수도권과 충청권, 호남권, 대경권이 '증가'이고 나머지 권역이 '보합'이었다. 건설투자는 동남권만 '증가'인 반면, 수출은 동남권을 제외한 모든 권역이 '증가'였다.

① 제조업 생산
② 서비스업 생산
③ 소비
④ 건설투자
⑤ 수출

문 3. 다음 〈표〉는 2014~2018년 독립유공자 포상 인원에 관한 자료이다. 이에 대한 〈보기〉의 설명 중 옳은 것만을 모두 고르면?

〈표〉 연도별 독립유공자 포상 인원
(단위: 명)

연도\훈격	전체	건국훈장	독립장	애국장	애족장	건국포장	대통령표창
2014	341(10)	266(2)	4(0)	111(1)	151(1)	30(2)	45(6)
2015	510(21)	326(3)	2(0)	130(0)	194(3)	74(5)	110(13)
2016	312(14)	204(4)	0(0)	87(0)	117(4)	36(2)	72(8)
2017	269(11)	152(8)	1(0)	43(0)	108(8)	43(1)	74(2)
2018	355(60)	150(11)	0(0)	51(2)	99(9)	51(9)	154(40)

※ ( ) 안은 포상 인원 중 여성 포상 인원임

〈보기〉
ㄱ. 여성 건국훈장 포상 인원은 매년 증가한다.
ㄴ. 매년 건국훈장 포상 인원은 전체 포상 인원의 절반 이상이다.
ㄷ. 남성 애국장 포상 인원과 남성 애족장 포상 인원의 차이가 가장 큰 해는 2015년이다.
ㄹ. 건국포장 포상 인원 중 여성 비율이 가장 낮은 해에는 대통령표창 포상 인원 중 여성 비율도 가장 낮다.

① ㄱ, ㄴ
② ㄱ, ㄹ
③ ㄴ, ㄷ
④ ㄱ, ㄷ, ㄹ
⑤ ㄴ, ㄷ, ㄹ

문 4. 다음 〈표〉는 2020년 '갑'국 관세청의 민원 상담 현황에 관한 자료이고, 〈그림〉은 상담내용 A와 B의 민원인별 상담건수 구성비를 나타낸 자료이다. 이를 근거로 A와 B를 바르게 나열한 것은?

〈표〉 2020년 민원 상담 현황
(단위: 건)

상담내용\민원인	관세사	무역업체	개인	세관	선사/항공사	기타	합계
전산처리	24,496	63,475	48,658	1,603	4,851	4,308	147,391
수입	24,857	5,361	4,290	7,941	400	664	43,513
사전검증	22,228	5,179	1,692	241	2,247	3,586	35,173
징수	9,948	5,482	3,963	3,753	182	476	23,804
요건신청	4,944	12,072	380	37	131	251	17,815
수출	6,678	4,196	3,053	1,605	424	337	16,293
화물	3,846	896	36	3,835	2,619	3,107	14,339
환급	3,809	1,040	79	1,815	13	101	6,857

〈그림〉 상담내용 A와 B의 민원인별 상담건수 구성비(2020년)

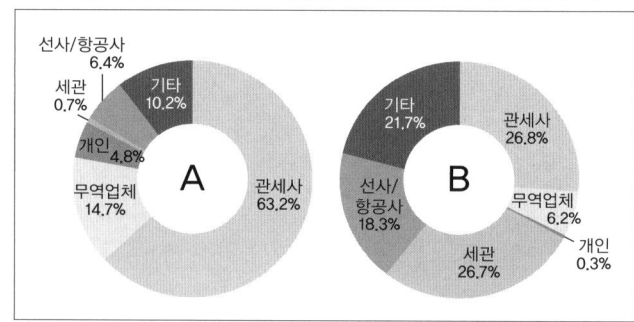

	A	B
①	수입	요건신청
②	사전검증	화물
③	사전검증	환급
④	환급	요건신청
⑤	환급	화물

문 5. 다음 〈표〉는 '갑'잡지가 발표한 세계 스포츠 구단 중 2020년 가치액 기준 상위 10개 구단에 관한 자료이다. 이에 대한 〈보기〉의 설명 중 옳은 것만을 모두 고르면?

〈표〉 2020년 가치액 상위 10개 스포츠 구단

(단위: 억 달러)

순위	구단	종목	가치액
1(1)	A	미식축구	58(58)
2(2)	B	야구	50(50)
3(5)	C	농구	45(39)
4(8)	D	농구	44(36)
5(9)	E	농구	42(33)
6(3)	F	축구	41(42)
7(7)	G	미식축구	40(37)
8(4)	H	축구	39(41)
9(11)	I	미식축구	37(31)
10(6)	J	축구	36(38)

※ ( ) 안은 2019년도 값임

〈보기〉

ㄱ. 2020년 상위 10개 스포츠 구단 중 전년보다 순위가 상승한 구단이 순위가 하락한 구단보다 많다.
ㄴ. 2020년 상위 10개 스포츠 구단 중 미식축구 구단 가치액 합은 농구 구단 가치액 합보다 크다.
ㄷ. 2020년 상위 10개 스포츠 구단 중 전년 대비 가치액 상승률이 가장 큰 구단의 종목은 미식축구이다.
ㄹ. 연도별 상위 10개 스포츠 구단의 가치액 합은 2019년이 2020년보다 크다.

① ㄱ, ㄴ
② ㄱ, ㄹ
③ ㄷ, ㄹ
④ ㄱ, ㄴ, ㄷ
⑤ ㄴ, ㄷ, ㄹ

문 6. 다음 〈표〉와 〈보고서〉는 A시 청년의 희망직업 취업 여부에 관한 조사 결과이다. 제시된 〈표〉 이외에 〈보고서〉를 작성하기 위해 추가로 이용한 자료만을 〈보기〉에서 모두 고르면?

〈표〉 전공계열별 희망직업 취업 현황

(단위: 명, %)

구분 \ 전공계열	전체	인문사회계열	이공계열	의약/교육/예체능계열
취업자 수	2,988	1,090	1,054	844
희망직업 취업률	52.3	52.4	43.0	63.7
희망직업 외 취업률	47.7	47.6	57.0	36.3

〈보고서〉

A시의 취업한 청년 2,988명을 대상으로 조사한 결과 52.3%가 희망직업에 취업했다고 응답하였다. 전공계열별로 살펴보면 의약/교육/예체능계열, 인문사회계열, 이공계열 순으로 희망직업 취업률이 높게 나타났다.

전공계열별로 희망직업을 선택한 동기를 살펴보면 이공계열과 의약/교육/예체능계열의 경우 '전공분야'라고 응답한 비율이 각각 50.3%와 49.9%였고, 인문사회계열은 그 비율이 33.3%였다. 전공계열별 희망직업의 선호도 분포를 분석한 결과, 인문사회계열은 '경영', 이공계열은 '연구직', 그리고 의약/교육/예체능계열은 '보건·의료·교육'에 대한 선호도가 가장 높았다.

한편, 전공계열별로 희망직업에 취업한 청년과 희망직업 외에 취업한 청년의 직장 만족도를 살펴보면 차이가 가장 큰 계열은 이공계열로 0.41점이었다.

〈보기〉

ㄱ. 구인·구직 추이

ㄴ. 전공계열별 희망직업 선호도 분포

(단위: %)

전공계열 희망직업	전체	인문 사회계열	이공계열	의약/교육/ 예체능계열
경영	24.2	47.7	15.4	5.1
연구직	19.8	1.9	52.8	1.8
보건·의료·교육	33.2	28.6	14.6	62.2
예술·스포츠	10.7	8.9	4.2	21.2
여행·요식	8.7	12.2	5.5	8.0
생산·농림어업	3.4	0.7	7.5	1.7

ㄷ. 전공계열별 희망직업 선택 동기 구성비

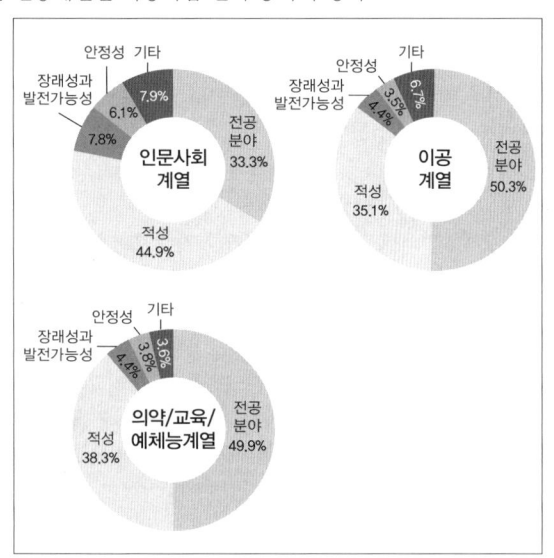

ㄹ. 희망직업 취업여부에 따른 항목별 직장 만족도(5점 만점)

(단위: 점)

항목 희망직업 취업여부	업무내용	소득	고용안정
전체	3.72	3.57	3.28
희망직업 취업	3.83	3.70	3.35
희망직업 외 취업	3.59	3.42	3.21

① ㄱ, ㄷ
② ㄱ, ㄹ
③ ㄴ, ㄷ
④ ㄱ, ㄴ, ㄹ
⑤ ㄴ, ㄷ, ㄹ

문 7. 다음 〈표〉는 A프로세서 성능 평가를 위한 8개 프로그램 수행 결과에 관한 자료이다. 이에 대한 설명으로 옳은 것은?

〈표〉 A프로세서 성능 평가를 위한 8개 프로그램 수행 결과

(단위: 십억 개, 초)

항목 프로그램	명령어 수	CPI	수행시간	기준시간	성능지표
숫자 정렬	2,390	0.70	669	9,634	14.4
문서 편집	221	2.66	235	9,120	38.8
인공지능 바둑	1,274	1.10	( )	10,490	18.7
유전체 분석	2,616	0.60	628	9,357	14.9
인공지능 체스	1,948	0.80	623	12,100	19.4
양자 컴퓨팅	659	0.44	116	20,720	178.6
영상 압축	3,793	0.50	759	22,163	29.2
내비게이션	1,250	1.00	500	7,020	( )

※ 1) CPI(clock cycles per instruction) = $\frac{\text{클럭 사이클 수}}{\text{명령어 수}}$

2) 성능지표 = $\frac{\text{기준시간}}{\text{수행시간}}$

① 명령어 수가 많은 프로그램일수록 수행시간이 길다.
② CPI가 가장 낮은 프로그램은 기준시간이 가장 길다.
③ 수행시간은 인공지능 바둑이 내비게이션보다 짧다.
④ 기준시간이 짧은 프로그램일수록 클럭 사이클 수가 적다.
⑤ 성능지표가 가장 낮은 프로그램은 내비게이션이다.

문 8. 다음 〈표〉와 〈그림〉은 2019년 '갑'국의 A~J지역별 산불피해 현황에 관한 자료이다. 이에 대한 〈보기〉의 설명 중 옳은 것만을 모두 고르면?

〈표〉 A~J지역별 산불 발생건수

(단위: 건)

지역	A	B	C	D	E	F	G	H	I	J
산불 발생건수	516	570	350	277	197	296	492	623	391	165

〈그림 1〉 A~J지역별 산불 발생건수 및 피해액

※ 산불 피해액은 산불로 인한 손실 금액을 의미함

〈그림 2〉 A~J지역별 산불 발생건수 및 피해재적

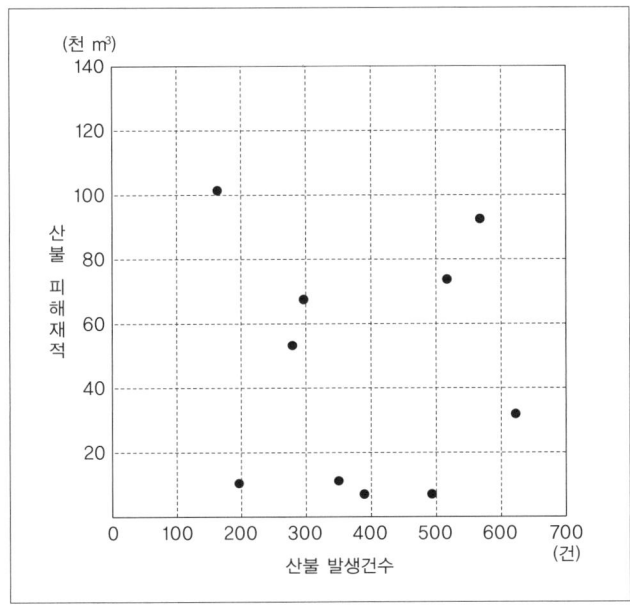

※ 산불 피해재적은 산불 피해를 입은 입목의 재적을 의미함

〈그림 3〉 A~J지역별 산불 발생건수 및 발생건당 피해면적

※ 산불 피해면적은 산불이 발생하여 지상입목, 관목, 시초 등을 연소시키면서 지나간 면적을 의미함

〈보기〉

ㄱ. 산불 발생건당 피해면적은 J지역이 가장 크다.

ㄴ. 산불 발생건당 피해재적은 B지역이 가장 크고 E지역이 가장 작다.

ㄷ. 산불 발생건당 피해액은 D지역이 가장 크고 B지역이 가장 작다.

ㄹ. 산불 피해면적은 H지역이 가장 크고 E지역이 가장 작다.

① ㄱ, ㄴ
② ㄱ, ㄷ
③ ㄱ, ㄹ
④ ㄴ, ㄷ
⑤ ㄷ, ㄹ

문 9. 다음 〈표〉는 2020년 '갑'국 A~E지역의 월별 최대 순간 풍속과 타워크레인 작업 유형별 작업제한 기준 순간 풍속에 관한 자료이다. 〈표〉와 〈정보〉에 근거하여 '가'~'다'를 큰 것부터 순서대로 나열한 것은?

〈표 1〉 A~E지역의 월별 최대 순간 풍속

(단위: m/s)

월\지역	A	B	C	D	E
1	15.7	12.8	18.4	26.9	23.4
2	14.5	13.5	19.0	25.7	(다)
3	19.5	17.5	21.5	23.5	24.5
4	18.9	16.7	19.8	24.7	26.0
5	13.7	21.0	14.1	22.8	21.5
6	16.5	18.8	17.0	29.0	24.0
7	16.8	22.0	25.0	32.3	31.5
8	15.8	29.6	25.2	33.0	31.6
9	21.5	19.9	(나)	32.7	34.2
10	18.2	16.3	19.5	21.4	28.8
11	12.0	17.3	20.1	22.2	19.2
12	19.4	(가)	20.3	26.0	23.9

〈표 2〉 타워크레인 작업 유형별 작업제한 기준 순간 풍속

(단위: m/s)

타워크레인 작업 유형	설치	운전
작업제한 기준 순간 풍속	15	20

※ 순간 풍속이 타워크레인 작업 유형별 작업제한 기준 이상인 경우, 해당 작업 유형에 대한 작업제한 조치가 시행됨

──〈정보〉──
○ B지역에서 타워크레인 작업제한 조치가 한 번도 시행되지 않은 '월'은 3개이다.
○ 매월 C지역의 최대 순간 풍속은 A지역보다 높고 D지역보다 낮다.
○ E지역에서 '설치' 작업제한 조치는 매월 시행되었고 '운전' 작업제한 조치는 2개 '월'을 제외한 모든 '월'에 시행되었다.

① 가, 나, 다
② 가, 다, 나
③ 나, 가, 다
④ 나, 다, 가
⑤ 다, 가, 나

문 10. 다음 〈표〉는 5개국의 발전원별 발전량 및 비중에 관한 자료이다. 이에 대한 설명으로 옳지 않은 것은?

〈표〉 5개국의 발전원별 발전량 및 비중

(단위: TWh, %)

국가	발전원\연도	원자력	화력 석탄	화력 LNG	화력 유류	수력	신재생 에너지	전체
독일	2010	140.6 (22.2)	273.5 (43.2)	90.4 (14.3)	8.7 (1.4)	27.4 (4.3)	92.5 (14.6)	633.1 (100.0)
	2015	91.8 (14.2)	283.7 (43.9)	63.0 (9.7)	6.2 (1.0)	24.9 (3.8)	177.3 (27.4)	646.9 (100.0)
미국	2010	838.9 (19.2)	1,994.2 (45.5)	1,017.9 (23.2)	48.1 (1.1)	286.3 (6.5)	193.0 (4.4)	4,378.4 (100.0)
	2015	830.3 (19.2)	1,471.0 (34.1)	1,372.6 (31.8)	38.8 (0.9)	271.1 (6.3)	333.3 ( )	4,317.1 (100.0)
프랑스	2010	428.5 (75.3)	26.3 (4.6)	23.8 (4.2)	5.5 (1.0)	67.5 (11.9)	17.5 (3.1)	569.1 (100.0)
	2015	437.4 ( )	12.2 (2.1)	19.8 (3.5)	2.2 (0.4)	59.4 (10.4)	37.5 (6.6)	568.5 (100.0)
영국	2010	62.1 (16.3)	108.8 (28.5)	175.3 (45.9)	5.0 (1.3)	6.7 (1.8)	23.7 (6.2)	381.6 (100.0)
	2015	70.4 (20.8)	76.7 (22.6)	100.0 (29.5)	2.1 (0.6)	9.0 (2.7)	80.9 ( )	339.1 (100.0)
일본	2010	288.2 (25.1)	309.5 (26.9)	318.6 (27.7)	100.2 (8.7)	90.7 (7.9)	41.3 (3.6)	1,148.5 (100.0)
	2015	9.4 (0.9)	343.2 (33.0)	409.8 (39.4)	102.5 (9.8)	91.3 (8.8)	85.1 (8.2)	1,041.3 (100.0)

※ 발전원은 원자력, 화력, 수력, 신재생 에너지로만 구성됨

① 2015년 프랑스의 전체 발전량 중 원자력 발전량의 비중은 75% 이하이다.
② 영국의 전체 발전량 중 신재생 에너지 발전량의 비중은 2010년 대비 2015년에 15%p 이상 증가하였다.
③ 2010년 석탄 발전량은 미국이 일본의 6배 이상이다.
④ 2010년 대비 2015년 전체 발전량이 증가한 국가는 독일뿐이다.
⑤ 2010년 대비 2015년 각 국가에서 신재생 에너지의 발전량과 비중은 모두 증가하였다.

문 11. 다음 〈표〉와 〈보고서〉는 2019년 전국 안전체험관과 생활안전에 관한 자료이다. 제시된 〈표〉 이외에 〈보고서〉를 작성하기 위해 추가로 이용한 자료만을 〈보기〉에서 모두 고르면?

〈표〉 2019년 전국 안전체험관 규모별 현황

(단위: 개소)

전체	대형		중형		소형
	일반	특성화	일반	특성화	
473	25	7	5	2	434

─〈보고서〉─

2019년 생활안전 통계에 따르면 전국 473개소의 안전체험관이 운영 중인 것으로 확인되었다. 전국 안전체험관을 규모별로 살펴보면, 대형이 32개소, 중형이 7개소, 소형이 434개소였다. 이 중 대형 안전체험관은 서울이 가장 많고 경북, 충남이 그 뒤를 이었다.

전국 안전사고 사망자 수는 2015년 이후 매년 감소하다가 2018년에는 증가하였다. 교통사고 사망자 수는 2015년 이후 매년 줄어들었고, 특히 2018년에 전년 대비 11.2% 감소하였다.

2019년 분야별 지역안전지수 1등급 지역을 살펴보면 교통사고 분야는 서울, 경기, 화재 분야는 광주, 생활안전 분야는 경기, 부산으로 나타났다.

─〈보기〉─

ㄱ. 연도별 전국 교통사고 사망자 수

(단위: 명)

연도	2015	2016	2017	2018
사망자 수	4,380	4,019	3,973	3,529

ㄴ. 분야별 지역안전지수 4년 연속(2015~2018년) 1등급, 5등급 지역(시·도)

등급\분야	교통사고	화재	범죄	생활안전	자살
1등급	서울, 경기	–	세종	경기	경기
5등급	전남	세종	제주	제주	부산

ㄷ. 연도별 전국 안전사고 사망자 수

(단위: 명)

연도	2015	2016	2017	2018
사망자 수	31,582	30,944	29,545	31,111

ㄹ. 2018년 지역별 안전체험관 수

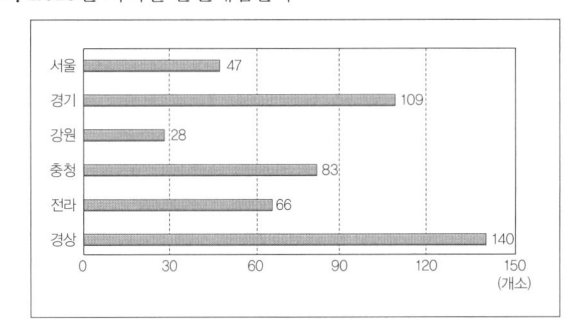

① ㄱ, ㄴ
② ㄱ, ㄷ
③ ㄴ, ㄹ
④ ㄱ, ㄷ, ㄹ
⑤ ㄴ, ㄷ, ㄹ

문 12. 다음 〈표〉는 아프리카연합이 주도한 임무단의 평화유지활동에 관한 자료이다. 이를 바탕으로 작성한 〈보고서〉의 설명 중 옳지 않은 것은?

〈표〉 임무단의 평화유지활동(2021년 5월 기준)

(단위: 명)

임무단	파견지	활동기간	주요 임무	파견규모
부룬디 임무단	부룬디	2003. 4.~ 2004. 6.	평화협정 이행 지원	3,128
수단 임무단	수단	2004. 10.~ 2007. 12.	다르푸르 지역 정전 감시	300
코모로 선거감시 지원 임무단	코모로	2006. 3.~ 2006. 6.	코모로 대통령 선거 감시	462
소말리아 임무단	소말리아	2007. 1.~ 현재	구호 활동 지원	6,000
코모로 치안 지원 임무단	코모로	2007. 5.~ 2008. 10.	앙주앙 섬 치안 지원	350
다르푸르 지역 임무단	수단	2007. 7.~ 현재	민간인 보호	6,000
우간다 임무단	우간다	2012. 3.~ 현재	반군 소탕작전	3,350
말리 임무단	말리	2012. 12.~ 2013. 7.	정부 지원	1,450
중앙아프리카 공화국 임무단	중앙아프리카 공화국	2013. 12.~ 2014. 9.	안정 유지	5,961

─〈보고서〉─

아프리카연합은 아프리카 지역 분쟁 해결 및 평화 구축을 위하여 2021년 5월 현재까지 9개의 임무단을 구성하고 평화유지활동을 주도하였다. ㉠평화유지활동 중 가장 오랜 기간 동안 활동한 임무단은 '소말리아 임무단'이다. 이 임무는 소말리아 과도 연방정부가 아프리카연합에 평화유지군을 요청한 것을 계기로 시작되어 현재에 이르고 있다. 한편, ㉡'코모로 선거감시 지원 임무단'은 가장 짧은 기간 동안 활동하였다. 2006년 코모로는 대통령 선거를 앞두고 아프리카연합에 지원을 요청하였고 같은 해 3월 시작된 평화유지활동은 선거가 끝난 6월에 임무가 종료되었다.
㉢아프리카연합이 현재까지 평화유지활동을 위해 파견한 임무단의 총규모는 25,000명 이상이며, 현재 활동 중인 임무단의 규모는 소말리아 6,000명, 수단 6,000명, 우간다 3,350명으로 총 15,000여 명이다.
아프리카연합은 아프리카 내의 문제를 자체적으로 해결하기 위해 다양한 임무단 활동을 활발히 수행하였다. 특히 ㉣수단과 코모로에서는 각각 2개의 임무단이 활동하였다.
현재 평화유지활동을 수행 중인 임무단은 3개이지만 ㉤2007년 10월 기준 평화유지활동을 수행 중이었던 임무단은 5개였다.

① ㉠
② ㉡
③ ㉢
④ ㉣
⑤ ㉤

문 13. 다음 〈그림〉은 2014~2020년 연말 기준 '갑'국의 국가채무 및 GDP에 관한 자료이다. 이에 대한 〈보기〉의 설명 중 옳은 것만을 모두 고르면?

〈그림 1〉 GDP 대비 국가채무 및 적자성채무 비율 추이

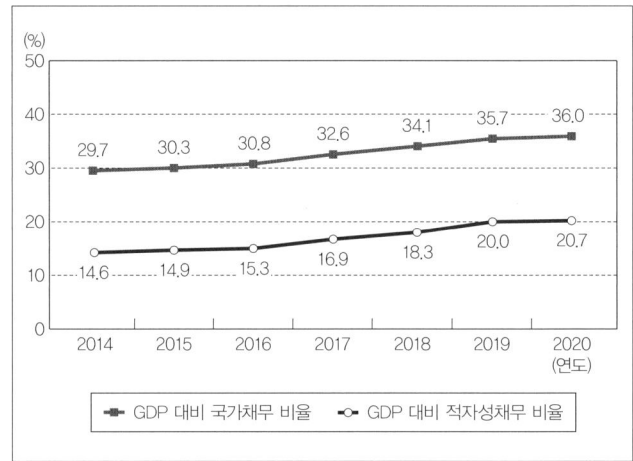

※ 국가채무 = 적자성채무 + 금융성채무

〈그림 2〉 GDP 추이

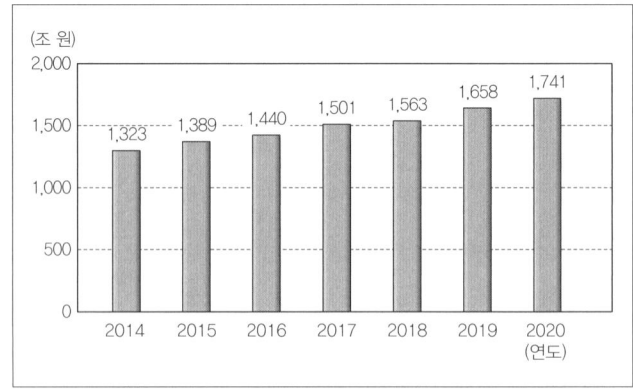

─〈보기〉─

ㄱ. 2020년 국가채무는 2014년의 1.5배 이상이다.
ㄴ. GDP 대비 금융성채무 비율은 매년 증가한다.
ㄷ. 적자성채무는 2019년부터 300조 원 이상이다.
ㄹ. 금융성채무는 매년 국가채무의 50% 이상이다.

① ㄱ, ㄴ
② ㄱ, ㄷ
③ ㄴ, ㄹ
④ ㄱ, ㄷ, ㄹ
⑤ ㄴ, ㄷ, ㄹ

문 14. 다음 〈표〉는 최근 이사한 100가구의 이사 전후 주택규모에 관한 조사 결과이다. 이에 대한 〈보기〉의 설명 중 옳은 것만을 모두 고르면?

〈표〉 이사 전후 주택규모 조사 결과

(단위: 가구)

이사 후 \ 이사 전	소형	중형	대형	합
소형	15	10	( )	30
중형	( )	30	10	( )
대형	5	10	15	( )
계	( )	( )	( )	100

※ 주택규모는 '소형', '중형', '대형'으로만 구분하며, 동일한 주택규모는 크기도 같음

〈보기〉
ㄱ. 주택규모가 이사 전 '소형'에서 이사 후 '중형'으로 달라진 가구는 없다.
ㄴ. 이사 전후 주택규모가 달라진 가구 수는 전체 가구 수의 50% 이하이다.
ㄷ. 주택규모가 '대형'인 가구 수는 이사 전이 이사 후보다 적다.
ㄹ. 이사 후 주택규모가 커진 가구 수는 이사 후 주택규모가 작아진 가구 수보다 많다.

① ㄱ, ㄴ
② ㄱ, ㄷ
③ ㄴ, ㄹ
④ ㄷ, ㄹ
⑤ ㄱ, ㄴ, ㄷ

문 15. 다음 〈그림〉은 A사 플라스틱 제품의 제조공정도이다. 1,000kg의 재료가 '혼합' 공정에 투입되는 경우, '폐기처리' 공정에 전달되어 투입되는 재료의 총량은 몇 kg인가?

〈그림〉 A사 플라스틱 제품의 제조공정도

※ 제조공정도 내 수치는 직진율 = (다음 공정에 전달되는 재료의 양 / 해당 공정에 투입되는 재료의 양)을 의미함. 예를 들어, 가 →0.2→ 나 는 해당 공정 '가'에 100kg의 재료가 투입되면 이 중 20kg(=100kg × 0.2)의 재료가 다음 공정 '나'에 전달되어 투입됨을 의미함

① 50
② 190
③ 230
④ 240
⑤ 280

문 16. 다음 〈그림〉은 12개 국가의 수자원 현황에 관한 자료이며, A~H는 각각 특정 국가를 나타낸다. 〈그림〉과 〈조건〉을 근거로 판단할 때, 국가명을 알 수 없는 것은?

〈그림〉 12개 국가의 수자원 현황

─〈조건〉─

○ '연강수량'이 세계 평균의 2배 이상인 국가는 일본과 뉴질랜드이다.
○ '연강수량'이 세계 평균보다 많은 국가 중 '1인당 이용 가능한 연수자원총량'이 가장 적은 국가는 대한민국이다.
○ '1인당 연강수총량'이 세계 평균의 5배 이상인 국가를 '연강수량'이 많은 국가부터 나열하면 뉴질랜드, 캐나다, 호주이다.
○ '1인당 이용 가능한 연수자원총량'이 영국보다 적은 국가 중 '1인당 연강수총량'이 세계 평균의 25% 이상인 국가는 중국이다.
○ '1인당 이용 가능한 연수자원총량'이 6번째로 많은 국가는 프랑스이다.

① B
② C
③ D
④ E
⑤ F

문 17. 다음 〈표〉는 학생 '갑'~'무'의 중간고사 3개 과목 점수에 관한 자료이다. 이에 대한 〈보기〉의 설명 중 옳은 것만을 모두 고르면?

〈표〉 '갑'~'무'의 중간고사 3개 과목 점수

(단위: 점)

과목	학생 성별	갑 남	을 여	병 ( )	정 여	무 남
국어		90	85	60	95	75
영어		90	85	100	65	100
수학		75	70	85	100	100

─〈보기〉─

ㄱ. 국어 평균 점수는 80점 이상이다.
ㄴ. 3개 과목 평균 점수가 가장 높은 학생과 가장 낮은 학생의 평균 점수 차이는 10점 이하이다.
ㄷ. 국어, 영어, 수학 점수에 각각 0.4, 0.2, 0.4의 가중치를 곱한 점수의 합이 가장 큰 학생은 '정'이다.
ㄹ. '갑'~'무'의 성별 수학 평균 점수는 남학생이 여학생보다 높다.

① ㄱ, ㄷ
② ㄱ, ㄹ
③ ㄴ, ㄷ
④ ㄱ, ㄷ, ㄹ
⑤ ㄴ, ㄷ, ㄹ

문 18. 다음 〈표〉는 2021~2027년 시스템반도체 중 인공지능반도체의 세계 시장규모 전망이다. 이에 대한 〈보기〉의 설명 중 옳은 것만을 모두 고르면?

〈표〉 시스템반도체 중 인공지능반도체의 세계 시장규모 전망

(단위: 억 달러, %)

구분 \ 연도	2021	2022	2023	2024	2025	2026	2027
시스템반도체	2,500	2,310	2,686	2,832	( )	3,525	( )
인공지능반도체	70	185	325	439	657	927	1,179
비중	2.8	8.0	( )	15.5	19.9	26.3	31.3

〈보기〉

ㄱ. 인공지능반도체 비중은 매년 증가한다.
ㄴ. 2027년 시스템반도체 시장규모는 2021년보다 1,000억 달러 이상 증가한다.
ㄷ. 2022년 대비 2025년의 시장규모 증가율은 인공지능반도체가 시스템반도체의 5배 이상이다.

① ㄷ
② ㄱ, ㄴ
③ ㄱ, ㄷ
④ ㄴ, ㄷ
⑤ ㄱ, ㄴ, ㄷ

문 19. 다음 〈표〉는 A~H지역의 화물 이동 현황에 관한 자료이다. 이에 대한 〈보기〉의 설명 중 옳은 것만을 모두 고르면?

〈표〉 화물의 지역 내, 지역 간 이동 현황

(단위: 개)

출발 지역 \ 도착 지역	A	B	C	D	E	F	G	H	합
A	65	121	54	52	172	198	226	89	977
B	56	152	61	55	172	164	214	70	944
C	29	47	30	22	62	61	85	30	366
D	24	61	30	37	82	80	113	45	472
E	61	112	54	47	187	150	202	72	885
F	50	87	38	41	120	188	150	55	729
G	78	151	83	73	227	208	359	115	1,294
H	27	66	31	28	94	81	116	46	489
계	390	797	381	355	1,116	1,130	1,465	522	6,156

※ 출발 지역과 도착 지역이 동일한 경우는 해당 지역 내에서 화물이 이동한 것임

〈보기〉

ㄱ. 도착 화물보다 출발 화물이 많은 지역은 3개이다.
ㄴ. 지역 내 이동 화물이 가장 적은 지역은 도착 화물도 가장 적다.
ㄷ. 지역 내 이동 화물을 제외할 때, 출발 화물과 도착 화물의 합이 가장 작은 지역은 출발 화물과 도착 화물의 차이도 가장 작다.
ㄹ. 도착 화물이 가장 많은 지역은 출발 화물 중 지역 내 이동 화물의 비중도 가장 크다.

① ㄱ, ㄴ
② ㄱ, ㄷ
③ ㄴ, ㄷ
④ ㄴ, ㄹ
⑤ ㄱ, ㄷ, ㄹ

문 20. 다음 〈표〉와 〈대화〉는 4월 4일 기준 지자체별 자가격리자 및 모니터링 요원에 관한 자료이다. 〈표〉와 〈대화〉를 근거로 C와 D에 해당하는 지자체를 바르게 나열한 것은?

〈표〉 지자체별 자가격리자 및 모니터링 요원 현황(4월 4일 기준)

(단위: 명)

구분	지자체	A	B	C	D
내국인	자가격리자	9,778	1,287	1,147	9,263
	신규 인원	900	70	20	839
	해제 인원	560	195	7	704
외국인	자가격리자	7,796	508	141	7,626
	신규 인원	646	52	15	741
	해제 인원	600	33	5	666
모니터링 요원		10,142	710	196	8,898

※ 해당일 기준 자가격리자 = 전일 기준 자가격리자 + 신규 인원 − 해제 인원

─────〈대화〉─────

갑: 감염병 확산에 대응하기 위한 회의를 시작합시다. 오늘은 대전, 세종, 충북, 충남의 4월 4일 기준 자가격리자 및 모니터링 요원 현황을 보기로 했는데, 각 지자체의 상황이 어떤가요?

을: 4개 지자체 중 세종을 제외한 3개 지자체에서 4월 4일 기준 자가격리자가 전일 기준 자가격리자보다 늘어났습니다.

갑: 모니터링 요원의 업무 부담과 관련된 통계 자료도 있나요?

을: 4월 4일 기준으로 대전, 세종, 충북은 모니터링 요원 대비 자가격리자의 비율이 1.8 이상입니다.

갑: 지자체에 모니터링 요원을 추가로 배치해야 할 것 같습니다. 자가격리자 중 외국인이 차지하는 비중이 4개 지자체 가운데 대전이 가장 높으니, 외국어 구사가 가능한 모니터링 요원을 대전에 우선 배치하는 방향으로 검토해 봅시다.

	C	D
①	충북	충남
②	충북	대전
③	충남	충북
④	세종	대전
⑤	대전	충북

문 21. 다음 〈그림〉과 〈조건〉은 직장인 '갑'~'병'이 마일리지 혜택이 있는 알뜰교통카드를 사용하여 출근하는 방법 및 교통비에 관한 자료이다. 이에 근거하여 월간 출근 교통비를 많이 지출하는 직장인부터 순서대로 나열하면?

〈그림〉 직장인 '갑'~'병'의 출근 방법 및 교통비 관련 정보

직장인	이동거리 A [m]	출근 1회당 대중교통요금[원]	이동거리 B [m]	월간 출근 횟수[회]	저소득층 여부
갑	600	3,200	200	15	O
을	500	2,300	500	22	X
병	400	1,800	200	22	O

─────〈조건〉─────

○ 월간 출근 교통비 =
{출근 1회당 대중교통요금 − (기본 마일리지 + 추가 마일리지)
× ($\frac{마일리지\ 적용거리}{800}$)} × 월간 출근 횟수

○ 기본 마일리지는 출근 1회당 대중교통요금에 따라 다음과 같이 지급함

출근 1회당 대중교통요금	2천 원 이하	2천 원 초과 3천 원 이하	3천 원 초과
기본 마일리지 (원)	250	350	450

○ 추가 마일리지는 저소득층에만 다음과 같이 지급함

출근 1회당 대중교통요금	2천 원 이하	2천 원 초과 3천 원 이하	3천 원 초과
추가 마일리지 (원)	100	150	200

○ 마일리지 적용거리(m)는 출근 1회당 도보·자전거로 이동한 거리의 합이며 최대 800m까지만 인정함

① 갑, 을, 병
② 갑, 병, 을
③ 을, 갑, 병
④ 을, 병, 갑
⑤ 병, 을, 갑

문 22. 다음 〈그림〉은 개발원조위원회 29개 회원국 중 공적개발원조액 상위 15개국과 국민총소득 대비 공적개발원조액 비율 상위 15개국 자료이다. 이에 대한 〈보기〉의 설명 중 옳은 것만을 모두 고르면?

〈그림 1〉 공적개발원조액 상위 15개 회원국

〈그림 2〉 국민총소득 대비 공적개발원조액 비율 상위 15개 회원국

〈보기〉

ㄱ. 국민총소득 대비 공적개발원조액 비율이 UN 권고 비율보다 큰 국가의 공적개발원조액 합은 250억 달러 이상이다.

ㄴ. 공적개발원조액 상위 5개국의 공적개발원조액 합은 개발원조위원회 29개 회원국 공적개발원조액 합의 50% 이상이다.

ㄷ. 독일이 공적개발원조액만 30억 달러 증액하면 독일의 국민총소득 대비 공적개발원조액 비율은 UN 권고 비율 이상이 된다.

① ㄱ
② ㄷ
③ ㄱ, ㄴ
④ ㄴ, ㄷ
⑤ ㄱ, ㄴ, ㄷ

문 23. 다음 〈표〉는 '갑'국의 2020년 농업 생산액 현황 및 2021~2023년의 전년 대비 생산액 변화율 전망치에 관한 자료이다. 이에 대한 〈보기〉의 설명 중 옳은 것만을 모두 고르면?

〈표〉 농업 생산액 현황 및 변화율 전망치

(단위: 십억 원, %)

구분	2020년 생산액	전년 대비 생산액 변화율 전망치		
		2021년	2022년	2023년
농업	50,052	0.77	0.02	1.38
재배업	30,270	1.50	−0.42	0.60
축산업	19,782	−0.34	0.70	2.57
소	5,668	3.11	0.53	3.51
돼지	7,119	−3.91	0.20	1.79
닭	2,259	1.20	−2.10	2.82
달걀	1,278	5.48	3.78	3.93
우유	2,131	0.52	1.12	0.88
오리	1,327	−5.58	5.27	3.34

※ 축산업은 소, 돼지, 닭, 달걀, 우유, 오리의 6개 세부항목으로만 구성됨

〈보기〉

ㄱ. 2021년 '오리' 생산액 전망치는 1.2조 원 이상이다.

ㄴ. 2021년 '돼지' 생산액 전망치는 같은 해 '농업' 생산액 전망치의 15% 이상이다.

ㄷ. '축산업' 중 전년 대비 생산액 변화율 전망치가 2022년보다 2023년이 낮은 세부항목은 2개이다.

ㄹ. 2020년 생산액 대비 2022년 생산액 전망치의 증감폭은 '재배업'이 '축산업'보다 크다.

① ㄱ, ㄴ
② ㄱ, ㄷ
③ ㄴ, ㄹ
④ ㄱ, ㄷ, ㄹ
⑤ ㄴ, ㄷ, ㄹ

문 24. 다음 〈그림〉은 2020년 기준 A공제회 현황에 관한 자료이다. 이에 대한 설명으로 옳지 않은 것은?

〈그림〉 2020년 기준 A공제회 현황

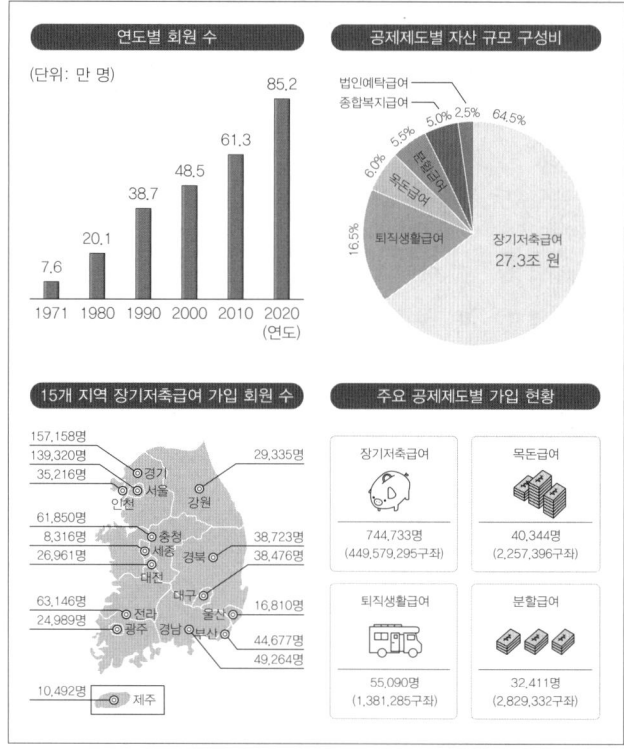

※ 1) 공제제도는 장기저축급여, 퇴직생활급여, 목돈급여, 분할급여, 종합복지급여, 법인예탁급여로만 구성됨
   2) 모든 회원은 1개 또는 2개의 공제제도에 가입함

① 장기저축급여 가입 회원 수는 전체 회원의 85% 이하이다.
② 공제제도의 총자산 규모는 40조 원 이상이다.
③ 자산 규모 상위 4개 공제제도 중 2개의 공제제도에 가입한 회원은 2만 명 이상이다.
④ 충청의 장기저축급여 가입 회원 수는 15개 지역 평균 장기저축급여 가입 회원 수보다 많다.
⑤ 공제제도별 1인당 구좌 수는 장기저축급여가 분할급여의 5배 이상이다.

문 25. 다음은 국내 광고산업에 관한 문화체육관광부의 보도자료이다. 이에 부합하지 않는 자료는?

| 문화체육관광부 | 보도자료 | 사람이 있는 문화 |

보도일시	배포 즉시 보도해 주시기 바랍니다.		
배포일시	2020. 2. XX.	담당부서	□□□□국
담당과장	○○○ (044-203-○○○○)	담당자	사무관 △△△ (044-203-○○○○)

2018년 국내 광고산업 성장세 지속

○ 문화체육관광부는 국내 광고사업체의 현황과 동향을 조사한 '2019년 광고산업조사(2018년 기준)' 결과를 발표했다.
○ 이번 조사 결과에 따르면 2018년 기준 광고산업 규모는 17조 2,119억 원(광고사업체 취급액* 기준)으로, 전년 대비 4.5% 이상 증가했고, 광고사업체당 취급액 역시 증가했다.
   * 광고사업체 취급액은 광고주가 매체(방송국, 신문사 등)와 매체 외 서비스에 지불하는 비용 전체(수수료 포함)임
   - 업종별로 살펴보면 광고대행업이 6조 6,239억 원으로 전체 취급액의 38% 이상을 차지했으나, 취급액의 전년 대비 증가율은 온라인광고대행업이 16% 이상으로 가장 높다.
○ 2018년 기준 광고사업체의 매체 광고비* 규모는 11조 362억 원(64.1%), 매체 외 서비스 취급액은 6조 1,757억 원(35.9%)으로 조사됐다.
   * 매체 광고비는 방송매체, 인터넷매체, 옥외광고매체, 인쇄매체 취급액의 합임
   - 매체 광고비 중 방송매체 취급액은 4조 266억 원으로 가장 큰 비중을 차지하고 있으며, 그다음으로 인터넷매체, 옥외광고매체, 인쇄매체 순으로 나타났다.
   - 인터넷매체 취급액은 3조 8,804억 원으로 전년 대비 6% 이상 증가했다. 특히, 모바일 취급액은 전년 대비 20% 이상 증가하여 인터넷 광고시장의 성장세를 이끌었다.
   - 한편, 간접광고(PPL) 취급액은 전년 대비 14% 이상 증가하여 1,270억 원으로 나타났으며, 그중 지상파TV와 케이블TV 간 비중의 격차는 5%p 이하로 조사됐다.

① 광고사업체 취급액 현황(2018년 기준)

② 인터넷매체(PC, 모바일) 취급액 현황

③ 간접광고(PPL) 취급액 현황

④ 업종별 광고사업체 취급액 현황

(단위: 개소, 억 원)

구분 업종	2018년 조사 (2017년 기준)		2019년 조사 (2018년 기준)	
	사업체 수	취급액	사업체 수	취급액
전체	7,234	164,133	7,256	172,119
광고대행업	1,910	64,050	1,887	66,239
광고제작업	1,374	20,102	1,388	20,434
광고전문서비스업	1,558	31,535	1,553	33,267
인쇄업	921	7,374	921	8,057
온라인광고대행업	780	27,335	900	31,953
옥외광고업	691	13,737	607	12,169

⑤ 매체별 광고사업체 취급액 현황(2018년 기준)

※ 수고하셨습니다.
※ 기출문제편 맨 마지막에 있는 OMR 카드에 마킹을 하세요.

제3영역 상황판단

풀이 시간
- 시작: ____시 ____분 ~ 종료: ____시 ____분
- 총 : ____분

문 1. 다음 글을 근거로 판단할 때 옳은 것은?

> 제00조 ① 사업주는 근로자가 조부모, 부모, 배우자, 배우자의 부모, 자녀 또는 손자녀(이하 '가족'이라 한다)의 질병, 사고, 노령으로 인하여 그 가족을 돌보기 위한 휴직(이하 '가족돌봄휴직'이라 한다)을 신청하는 경우 이를 허용하여야 한다. 다만 대체인력 채용이 불가능한 경우, 정상적인 사업 운영에 중대한 지장을 초래하는 경우, 근로자 본인 외에도 조부모의 직계비속 또는 손자녀의 직계존속이 있는 경우에는 그러하지 아니하다.
> ② 사업주는 근로자가 가족(조부모 또는 손자녀의 경우 근로자 본인 외에도 직계비속 또는 직계존속이 있는 경우는 제외한다)의 질병, 사고, 노령 또는 자녀의 양육으로 인하여 긴급하게 그 가족을 돌보기 위한 휴가(이하 '가족돌봄휴가'라 한다)를 신청하는 경우 이를 허용하여야 한다. 다만 근로자가 청구한 시기에 가족돌봄휴가를 주는 것이 정상적인 사업 운영에 중대한 지장을 초래하는 경우에는 근로자와 협의하여 그 시기를 변경할 수 있다.
> ③ 제1항 단서에 따라 사업주가 가족돌봄휴직을 허용하지 아니하는 경우에는 해당 근로자에게 그 사유를 서면으로 통보하여야 한다.
> ④ 가족돌봄휴직 및 가족돌봄휴가의 사용기간은 다음 각 호에 따른다.
> 1. 가족돌봄휴직 기간은 연간 최장 90일로 하며, 이를 나누어 사용할 수 있을 것
> 2. 가족돌봄휴가 기간은 연간 최장 10일로 하며, 일 단위로 사용할 수 있을 것. 다만 가족돌봄휴가 기간은 가족돌봄휴직 기간에 포함된다.
> 3. ○○부 장관은 감염병의 확산 등을 원인으로 심각단계의 위기경보가 발령되는 경우, 가족돌봄휴가 기간을 연간 10일의 범위에서 연장할 수 있다.

① 조부모와 부모를 함께 모시고 사는 근로자가 조부모의 질병을 이유로 가족돌봄휴직을 신청한 경우, 사업주는 가족돌봄휴직을 허용하지 않을 수 있다.

② 사업주는 근로자가 신청한 가족돌봄휴직을 허용하지 않는 경우, 해당 근로자에게 그 사유를 구술 또는 서면으로 통보해야 한다.

③ 정상적인 사업 운영에 중대한 지장을 초래하는 경우, 사업주는 근로자의 가족돌봄휴가 시기를 근로자와 협의 없이 변경할 수 있다.

④ 근로자가 가족돌봄휴가를 8일 사용한 경우, 사업주는 이와 별도로 그에게 가족돌봄휴직을 연간 90일까지 허용해야 한다.

⑤ 감염병의 확산으로 심각단계의 위기경보가 발령되고 가족돌봄휴가 기간이 5일 연장된 경우, 사업주는 근로자에게 연간 20일의 가족돌봄휴가를 허용해야 한다.

문 2. 다음 글을 근거로 판단할 때 옳은 것은?

> 제00조 ① 영화업자는 제작 또는 수입한 영화(예고편영화를 포함한다)에 대하여 그 상영 전까지 영상물등급위원회로부터 상영등급을 분류받아야 한다. 다만 다음 각 호의 어느 하나에 해당하는 영화에 대하여는 그러하지 아니하다.
> 1. 대가를 받지 아니하고 청소년이 포함되지 아니한 특정인에 한하여 상영하는 단편영화
> 2. 영화진흥위원회가 추천하는 영화제에서 상영하는 영화
> ② 제1항 본문의 규정에 의한 영화의 상영등급은 영화의 내용 및 영상 등의 표현 정도에 따라 다음 각 호와 같이 분류한다. 다만 예고편영화는 제1호 또는 제4호로 분류하고 청소년 관람불가 예고편영화는 청소년 관람불가 영화의 상영 전후에만 상영할 수 있다.
> 1. 전체관람가: 모든 연령에 해당하는 자가 관람할 수 있는 영화
> 2. 12세 이상 관람가: 12세 이상의 자가 관람할 수 있는 영화
> 3. 15세 이상 관람가: 15세 이상의 자가 관람할 수 있는 영화
> 4. 청소년 관람불가: 청소년은 관람할 수 없는 영화
> ③ 누구든지 제1항 및 제2항의 규정을 위반하여 상영등급을 분류받지 아니한 영화를 상영하여서는 안 된다.
> ④ 누구든지 제2항 제2호 또는 제3호의 규정에 의한 상영등급에 해당하는 영화의 경우에는 해당 영화를 관람할 수 있는 연령에 도달하지 아니한 자를 입장시켜서는 안 된다. 다만 부모 등 보호자를 동반하여 관람하는 경우에는 그러하지 아니하다.
> ⑤ 누구든지 제2항 제4호의 규정에 의한 상영등급에 해당하는 영화의 경우에는 청소년을 입장시켜서는 안 된다.

① 예고편영화는 12세 이상 관람가 상영등급을 받을 수 있다.

② 청소년 관람불가 영화의 경우, 청소년은 부모와 함께 영화관에 입장하여 관람할 수 있다.

③ 상영등급 분류를 받지 않은 영화의 경우, 영화업자는 영화진흥위원회가 추천한 △△영화제에서 상영할 수 없다.

④ 영화업자는 청소년 관람불가 예고편영화를 15세 이상 관람가 영화의 상영 직전에 상영할 수 있다.

⑤ 영화업자는 초청한 노인을 대상으로 상영등급을 분류받지 않은 단편영화를 무료로 상영할 수 있다.

문 3. 다음 글과 〈상황〉을 근거로 판단할 때 옳은 것은?

제00조 ① 집합건물을 건축하여 분양한 분양자와 분양자와의 계약에 따라 건물을 건축한 시공자는 구분소유자에게 제2항 각 호의 하자에 대하여 과실이 없더라도 담보책임을 진다.
② 제1항의 담보책임 존속기간은 다음 각 호와 같다.
  1. 내력벽, 주기둥, 바닥, 보, 지붕틀 및 지반공사의 하자: 10년
  2. 대지조성공사, 철근콘크리트공사, 철골공사, 조적(組積)공사, 지붕 및 방수공사의 하자: 5년
  3. 목공사, 창호공사 및 조경공사의 하자: 3년
③ 제2항의 기간은 다음 각 호의 날부터 기산한다.
  1. 전유부분: 구분소유자에게 인도한 날
  2. 공용부분: 사용승인일
④ 제2항 및 제3항에도 불구하고 제2항 각 호의 하자로 인하여 건물이 멸실(滅失)된 경우에는 담보책임 존속기간은 멸실된 날로부터 1년으로 한다.
⑤ 분양자와 시공자의 담보책임에 관하여 이 법에 규정된 것보다 매수인에게 불리한 특약은 효력이 없다.

※ 구분소유자: 집합건물(예: 아파트, 공동주택 등) 각 호실의 소유자
※ 담보책임: 집합건물의 하자로 인해 분양자, 시공자가 구분소유자에 대하여 지는 손해배상, 하자보수 등의 책임

〈상황〉

甲은 乙이 분양하는 아파트를 매수하려고 乙과 아파트 분양계약을 체결하였다. 丙건설사는 乙과의 계약에 따라 아파트를 시공하였고, 준공검사 후 아파트는 2020. 5. 1. 사용승인을 받았다. 甲은 아파트를 2020. 7. 1. 인도받고 등기를 완료하였다.

① 丙은 창호공사의 하자에 대해 2025. 7. 1.까지 담보책임을 진다.
② 丙은 철골공사의 하자에 과실이 없으면 담보책임을 지지 않는다.
③ 乙은 甲의 전유부분인 거실에 물이 새는 방수공사의 하자에 대해 2025. 5. 1.까지 담보책임을 진다.
④ 대지조성공사의 하자로 인하여 2023. 10. 1. 공용부분인 주차장 건물이 멸실된다면 丙은 2024. 7. 1. 이후에는 담보책임을 지지 않는다.
⑤ 乙이 甲과의 분양계약에서 지반공사의 하자에 대한 담보책임 존속기간을 5년으로 정한 경우라도, 2027. 10. 1. 그 하자가 발생한다면 담보책임을 진다.

문 4. 다음 글과 〈상황〉을 근거로 판단할 때, 甲의 계약 의뢰 날짜와 공고 종료 후 결과통지 날짜를 옳게 짝지은 것은?

○ A국의 정책연구용역 계약 체결을 위한 절차는 다음과 같다.

순서	단계	소요기간
1	계약 의뢰	1일
2	서류 검토	2일
3	입찰 공고	40일 (긴급계약의 경우 10일)
4	공고 종료 후 결과통지	1일
5	입찰서류 평가	10일
6	우선순위 대상자와 협상	7일

※ 소요기간은 해당 절차의 시작부터 종료까지 걸리는 기간이다. 모든 절차는 하루 단위로 주말(토, 일) 및 공휴일에도 중단이나 중복 없이 진행된다.

〈상황〉

A국 공무원인 甲은 정책연구용역 계약을 4월 30일에 체결하는 것을 목표로 계약부서에 긴급계약으로 의뢰하려 한다. 계약은 우선순위 대상자와 협상이 끝난 날의 다음 날에 체결된다.

	계약 의뢰 날짜	공고 종료 후 결과통지 날짜
①	3월 30일	4월 11일
②	3월 30일	4월 12일
③	3월 30일	4월 13일
④	3월 31일	4월 12일
⑤	3월 31일	4월 13일

문 5. 다음 글을 근거로 판단할 때, A에게 전달할 책의 제목과 A의 연구실 번호를 옳게 짝지은 것은?

○ 5명의 연구원(A~E)에게 책 1권씩을 전달해야 하고, 책 제목은 모두 다르다.
○ 5명은 모두 각자의 연구실에 있고, 연구실 번호는 311호부터 315호까지이다.
○ C는 315호, D는 312호, E는 311호에 있다.
○ B에게 「연구개발」, D에게 「공공정책」을 전달해야 한다.
○ 「전환이론」은 311호에, 「사회혁신」은 314호에, 「복지실천」은 315호에 전달해야 한다.

	책 제목	연구실 번호
①	「전환이론」	311호
②	「공공정책」	312호
③	「연구개발」	313호
④	「사회혁신」	314호
⑤	「복지실천」	315호

문 6. 다음 글을 근거로 판단할 때, ㉠에 해당하는 수는?

○○부처의 주무관은 모두 20명이며, 성과등급은 4단계(S, A, B, C)로 구성된다. 아래는 ○○부처 소속 직원들의 대화 내용이다.

甲주무관: 乙주무관 축하해! 작년에 비해 올해 성과등급이 비약적으로 올랐던데? 우리 부처에서 성과등급이 세 단계나 변한 주무관은 乙주무관 외에 없잖아.
乙주무관: 고마워. 올해는 평가방식을 많이 바꿨다며? 작년이랑 똑같은 성과등급을 받은 주무관은 우리 부처에서 한 명밖에 없어.
甲주무관: 그렇구나. 우리 부처에서 작년에 비해 성과등급이 한 단계 변한 주무관 수는 두 단계 변한 주무관 수의 2배라고 해.
乙주무관: 그러면 우리 부처에서 성과등급이 한 단계 변한 주무관은 (㉠)명이네.

① 4
② 6
③ 8
④ 10
⑤ 12

문 7. 다음 글을 근거로 판단할 때, 〈보기〉에서 옳은 것만을 모두 고르면?

A지역에는 독특한 결혼 풍습이 있다. 남자는 4개의 부족인 '잇파이·굼보·물으리·굿피'로 나뉘어 있고, 여자도 4개의 부족인 '잇파타·뿌타·마타·카포타'로 나뉘어 있다. 아래 〈표〉는 결혼을 할 수 있는 부족과 그 사이에서 출생하는 자녀가 어떤 부족이 되는지를 나타낸다. 예컨대 '잇파이' 남자는 '카포타' 여자와만 결혼할 수 있고, 그 사이에 낳은 아이가 남아면 '물으리', 여아면 '마타'로 분류된다. 모든 부족에게는 결혼할 수 있는 서로 다른 부족이 1:1로 대응하여 존재한다.

〈표〉

결혼할 수 있는 부족		자녀의 부족	
남자	여자	남아	여아
잇파이	카포타	물으리	마타
굼보	마타	굿피	카포타
물으리	뿌타	잇파이	잇파타
굿피	잇파타	굼보	뿌타

〈보기〉
ㄱ. 물으리와 뿌타의 친손자는 뿌타와 결혼할 수 있다.
ㄴ. 잇파이와 카포타의 친손자는 굿피이다.
ㄷ. 굼보와 마타의 외손녀는 카포타이다.
ㄹ. 굿피와 잇파타의 친손녀는 물으리와 결혼할 수 있다.

① ㄱ
② ㄱ, ㄹ
③ ㄷ, ㄹ
④ ㄱ, ㄴ, ㄷ
⑤ ㄴ, ㄷ, ㄹ

문 8. 다음 글을 근거로 판단할 때, 7월 1일부터 6일까지 지역 농산물 유통센터에서 판매된 甲의 수박 총 판매액은?

○ A시는 농산물의 판매를 촉진하기 위하여 지역 농산물 유통센터를 운영하고 있다. 해당 유통센터는 농산물을 수확 당일 모두 판매하는 것을 목표로 운영하며, 당일 판매하지 못한 농산물은 판매가에서 20%를 할인하여 다음 날 판매한다.
○ 농부 甲은 7월 1일부터 5일까지 매일 수확한 수박 100개씩을 수확 당일 A시 지역 농산물 유통센터에 공급하였다.

○ 甲으로부터 공급받은 수박의 당일 판매가는 개당 1만 원이며, 매일 판매된 수박 개수는 아래와 같았다. 단, 수확 당일 판매되지 않은 수박은 다음 날 모두 판매되었다.

날짜(일)	1	2	3	4	5	6
판매된 수박(개)	80	100	110	100	100	10

① 482만 원
② 484만 원
③ 486만 원
④ 488만 원
⑤ 490만 원

문 9. 다음 글을 근거로 판단할 때, 〈보기〉에서 옳은 것만을 모두 고르면?

A부처는 CO_2 배출량 감소를 위해 전기와 도시가스 사용을 줄이는 가구를 대상으로 CO_2 배출 감소량에 비례하여 현금처럼 사용할 수 있는 포인트를 지급하는 제도를 시행하고 있다. 전기는 5kWh, 도시가스는 1m³를 사용할 때 각각 2kg의 CO_2가 배출되며, 전기 1kWh당 사용 요금은 20원, 도시가스 1m³당 사용 요금은 60원이다.

〈보기〉

ㄱ. 매월 전기 요금과 도시가스 요금을 각각 1만 2천 원씩 부담하는 가구는 전기 사용으로 인한 월 CO_2 배출량이 도시가스 사용으로 인한 월 CO_2 배출량보다 적다.
ㄴ. 매월 전기 요금을 5만 원, 도시가스 요금을 3만 원 부담하는 가구는 전기와 도시가스 사용에 따른 월 CO_2 배출량이 동일하다.
ㄷ. 전기 1kWh를 절약한 가구는 도시가스 1m³를 절약한 가구보다 많은 포인트를 지급받는다.

① ㄱ
② ㄷ
③ ㄱ, ㄴ
④ ㄴ, ㄷ
⑤ ㄱ, ㄴ, ㄷ

문 10. 다음 글과 〈상황〉을 근거로 판단할 때, 〈보기〉에서 옳은 것만을 모두 고르면?

○ 지방자치단체는 공립 박물관·미술관을 설립하려는 경우 □□부로부터 설립타당성에 관한 사전평가(이하 '사전평가')를 받아야 한다.
○ 사전평가는 연 2회(상반기, 하반기) 진행한다.
 - 신청기한: 1월 31일(상반기), 7월 31일(하반기)
 - 평가기간: 2월 1일 ~ 4월 30일(상반기)
  8월 1일 ~ 10월 31일(하반기)
○ 사전평가 결과는 '적정' 또는 '부적정'으로 판정한다.
○ 지방자치단체가 동일한 공립 박물관·미술관 설립에 대해 3회 연속으로 사전평가를 신청하여 모두 '부적정'으로 판정받았다면, 그 박물관·미술관 설립에 대해서는 향후 1년간 사전평가 신청이 불가능하다.
○ 사전평가 결과 '적정'으로 판정되는 경우, 지방자치단체는 부지매입비를 제외한 건립비의 최대 40%를 국비로 지원받을 수 있다.

〈상황〉

아래의 〈표〉는 지방자치단체 A~C가 설립하려는 공립 박물관·미술관과 건립비를 나타낸 것이다.

〈표〉

지방자치단체	설립 예정 공립 박물관·미술관	건립비(원)	
		부지매입비	건물건축비
A	甲미술관	30억	70억
B	乙박물관	40억	40억
C	丙박물관	10억	80억

〈보기〉

ㄱ. 甲미술관을 국비 지원 없이 설립하기로 했다면, A는 사전평가를 거치지 않고도 甲미술관을 설립할 수 있다.
ㄴ. 乙박물관이 사전평가에서 '적정'으로 판정될 경우, B는 최대 32억 원까지 국비를 지원받을 수 있다.
ㄷ. 丙박물관이 2019년 하반기, 2020년 상반기, 2020년 하반기 사전평가에서 모두 '부적정'으로 판정된 경우, C는 丙박물관에 대한 2021년 상반기 사전평가를 신청할 수 없다.

① ㄱ
② ㄷ
③ ㄱ, ㄴ
④ ㄴ, ㄷ
⑤ ㄱ, ㄴ, ㄷ

문 11. 다음 글과 〈상황〉을 근거로 판단할 때 옳은 것은?

제00조 ① 다음 각 호의 어느 하나에 해당하는 사람은 주민등록지의 시장(특별시장·광역시장은 제외하고 특별자치도지사는 포함한다. 이하 같다)·군수 또는 구청장에게 주민등록번호(이하 '번호'라 한다)의 변경을 신청할 수 있다.
 1. 유출된 번호로 인하여 생명·신체에 위해를 입거나 입을 우려가 있다고 인정되는 사람
 2. 유출된 번호로 인하여 재산에 피해를 입거나 입을 우려가 있다고 인정되는 사람
 3. 성폭력피해자, 성매매피해자, 가정폭력피해자로서 유출된 번호로 인하여 피해를 입거나 입을 우려가 있다고 인정되는 사람
② 제1항의 신청 또는 제5항의 이의신청을 받은 주민등록지의 시장·군수·구청장(이하 '시장 등'이라 한다)은 ○○부의 주민등록번호변경위원회(이하 '변경위원회'라 한다)에 번호변경 여부에 관한 결정을 청구해야 한다.
③ 주민등록지의 시장 등은 변경위원회로부터 번호변경 인용결정을 통보받은 경우에는 신청인의 번호를 다음 각 호의 기준에 따라 지체 없이 변경하고 이를 신청인에게 통지해야 한다.
 1. 번호의 앞 6자리(생년월일) 및 뒤 7자리 중 첫째 자리는 변경할 수 없음
 2. 제1호 이외의 나머지 6자리는 임의의 숫자로 변경함
④ 제3항의 번호변경 통지를 받은 신청인은 주민등록증, 운전면허증, 여권, 장애인등록증 등에 기재된 번호의 변경을 위해서는 그 번호의 변경을 신청해야 한다.
⑤ 주민등록지의 시장 등은 변경위원회로부터 번호변경 기각결정을 통보받은 경우에는 그 사실을 신청인에게 통지해야 하며, 신청인은 통지를 받은 날부터 30일 이내에 그 시장 등에게 이의신청을 할 수 있다.

─〈상황〉─
甲은 주민등록번호 유출로 인해 재산상 피해를 입게 되자 주민등록번호 변경신청을 하였다. 甲의 주민등록지는 A광역시 B구이고, 주민등록번호는 980101-23456□□이다.

① A광역시장이 주민등록번호변경위원회에 甲의 주민등록번호 변경 여부에 관한 결정을 청구해야 한다.
② 주민등록번호변경위원회는 번호변경 인용결정을 하면서 甲의 주민등록번호를 다른 번호로 변경할 수 있다.
③ 주민등록번호변경위원회의 번호변경 인용결정이 있는 경우, 甲의 주민등록번호는 980101-45678□□으로 변경될 수 있다.
④ 甲의 주민등록번호가 변경된 경우, 甲이 운전면허증에 기재된 주민등록번호를 변경하기 위해서는 변경신청을 해야 한다.
⑤ 甲은 번호변경 기각결정을 통지받은 날부터 30일 이내에 주민등록번호변경위원회에 이의신청을 할 수 있다.

문 12. 다음 글을 근거로 판단할 때 옳은 것은?

제00조 ① 각 중앙관서의 장은 그 소관 물품관리에 관한 사무를 소속 공무원에게 위임할 수 있고, 필요하면 다른 중앙관서의 소속 공무원에게 위임할 수 있다.
② 제1항에 따라 각 중앙관서의 장으로부터 물품관리에 관한 사무를 위임받은 공무원을 물품관리관이라 한다.
제00조 ① 물품관리관은 물품수급관리계획에 정하여진 물품에 대하여는 그 계획의 범위에서, 그 밖의 물품에 대하여는 필요할 때마다 계약담당공무원에게 물품의 취득에 관한 필요한 조치를 할 것을 청구하여야 한다.
② 계약담당공무원은 제1항에 따른 청구가 있으면 예산의 범위에서 해당 물품을 취득하기 위한 필요한 조치를 하여야 한다.
제00조 물품은 국가의 시설에 보관하여야 한다. 다만 물품관리관이 국가의 시설에 보관하는 것이 물품의 사용이나 처분에 부적당하다고 인정하거나 그 밖에 특별한 사유가 있으면 국가 외의 자의 시설에 보관할 수 있다.
제00조 ① 물품관리관은 물품을 출납하게 하려면 물품출납공무원에게 출납하여야 할 물품의 분류를 명백히 하여 그 출납을 명하여야 한다.
② 물품출납공무원은 제1항에 따른 명령이 없으면 물품을 출납할 수 없다.
제00조 ① 물품출납공무원은 보관 중인 물품 중 사용할 수 없거나 수선 또는 개조가 필요한 물품이 있다고 인정하면 그 사실을 물품관리관에게 보고하여야 한다.
② 물품관리관은 제1항에 따른 보고에 의하여 수선이나 개조가 필요한 물품이 있다고 인정하면 계약담당공무원이나 그 밖의 관계 공무원에게 그 수선이나 개조를 위한 필요한 조치를 할 것을 청구하여야 한다.

① 물품출납공무원은 물품관리관의 명령이 없으면 자신의 재량으로 물품을 출납할 수 없다.
② A중앙관서의 장이 그 소관 물품관리에 관한 사무를 위임하고자 할 경우, B중앙관서의 소속 공무원에게는 위임할 수 없다.
③ 계약담당공무원은 물품을 국가의 시설에 보관하는 것이 그 사용이나 처분에 부적당하다고 인정하는 경우, 그 물품을 국가 외의 자의 시설에 보관할 수 있다.
④ 물품수급관리계획에 정해진 물품 이외의 물품이 필요한 경우, 물품관리관은 필요할 때마다 물품출납공무원에게 물품의 취득에 관한 필요한 조치를 할 것을 청구해야 한다.
⑤ 물품출납공무원은 보관 중인 물품 중 수선이 필요한 물품이 있다고 인정하는 경우, 계약담당공무원에게 수선에 필요한 조치를 할 것을 청구해야 한다.

문 13. 다음 글을 근거로 판단할 때 옳은 것은?

제○○조 ① 누구든지 법률에 의하지 아니하고는 우편물의 검열·전기통신의 감청 또는 통신사실확인자료의 제공을 하거나 공개되지 아니한 타인 상호간의 대화를 녹음 또는 청취하지 못한다.
② 다음 각 호의 어느 하나에 해당하는 자는 1년 이상 10년 이하의 징역과 5년 이하의 자격정지에 처한다.
 1. 제1항에 위반하여 우편물의 검열 또는 전기통신의 감청을 하거나 공개되지 아니한 타인 상호간의 대화를 녹음 또는 청취한 자
 2. 제1호에 따라 알게 된 통신 또는 대화의 내용을 공개하거나 누설한 자
③ 누구든지 단말기기 고유번호를 제공하거나 제공받아서는 안 된다. 다만 이동전화단말기 제조업체 또는 이동통신사업자가 단말기의 개통처리 및 수리 등 정당한 업무의 이행을 위하여 제공하거나 제공받는 경우에는 그러하지 아니하다.
④ 제3항을 위반하여 단말기기 고유번호를 제공하거나 제공받은 자는 3년 이하의 징역 또는 1천만 원 이하의 벌금에 처한다.
제□□조 제○○조의 규정에 위반하여, 불법검열에 의하여 취득한 우편물이나 그 내용, 불법감청에 의하여 지득(知得) 또는 채록(採錄)된 전기통신의 내용, 공개되지 아니한 타인 상호간의 대화를 녹음 또는 청취한 내용은 재판 또는 징계절차에서 증거로 사용할 수 없다.

① 甲이 불법검열에 의하여 취득한 乙의 우편물은 징계절차에서 증거로 사용할 수 있다.
② 甲이 乙과 정책용역을 수행하면서 乙과의 대화를 녹음한 내용은 재판에서 증거로 사용할 수 없다.
③ 甲이 乙과 丙 사이의 공개되지 않은 대화를 녹음하여 공개한 경우, 1천만 원의 벌금에 처해질 수 있다.
④ 이동통신사업자 甲이 乙의 단말기를 개통하기 위하여 단말기기 고유번호를 제공받은 경우, 1년의 징역에 처해질 수 있다.
⑤ 甲이 乙과 丙 사이의 우편물을 불법으로 검열한 경우, 2년의 징역과 3년의 자격정지에 처해질 수 있다.

문 14. 다음 글과 〈지원대상 후보 현황〉을 근거로 판단할 때, 기업 F가 받는 지원금은?

□□부는 2021년도 중소기업 광고비 지원사업 예산 6억 원을 기업에 지원하려 하며, 지원대상 선정 및 지원금 산정 방법은 다음과 같다.

○ 2020년도 총매출이 500억 원 미만인 기업만 지원하며, 우선 지원대상 사업분야는 백신, 비대면, 인공지능이다.
○ 우선 지원대상 사업분야 내 또는 우선 지원대상이 아닌 사업분야 내에서는 '소요 광고비 × 2020년도 총매출'이 작은 기업부터 먼저 선정한다.
○ 지원금 상한액은 1억 2,000만 원이나, 해당 기업의 2020년도 총매출이 100억 원 이하인 경우 상한액의 2배까지 지원할 수 있다. 단, 지원금은 소요 광고비의 2분의 1을 초과할 수 없다.
○ 위의 지원금 산정 방법에 따라 예산 범위 내에서 지급 가능한 최대 금액을 예산이 소진될 때까지 지원대상 기업에 순차로 배정한다.

〈지원대상 후보 현황〉

기업	2020년도 총매출(억 원)	소요 광고비 (억 원)	사업분야
A	600	1	백신
B	500	2	비대면
C	400	3	농산물
D	300	4	인공지능
E	200	5	비대면
F	100	6	의류
G	30	4	백신

① 없음
② 8,000만 원
③ 1억 2,000만 원
④ 1억 6,000만 원
⑤ 2억 4,000만 원

문 15. 다음 글의 ㉠과 ㉡에 해당하는 수를 옳게 짝지은 것은?

> 甲담당관: 우리 부서 전 직원 57명으로 구성되는 혁신조직을 출범시켰으면 합니다.
> 乙주무관: 조직은 어떻게 구성할까요?
> 甲담당관: 5~7명으로 구성된 10개의 소조직을 만들되, 5명, 6명, 7명 소조직이 각각 하나 이상 있었으면 합니다. 단, 각 직원은 하나의 소조직에만 소속되어야 합니다.
> 乙주무관: 그렇게 할 경우 5명으로 구성되는 소조직은 최소 (㉠)개, 최대 (㉡)개가 가능합니다.

	㉠	㉡
①	1	5
②	3	5
③	3	6
④	4	6
⑤	4	7

문 16. 다음 글을 근거로 판단할 때, 甲이 통합력에 투입해야 하는 노력의 최솟값은?

> ○ 업무역량은 기획력, 창의력, 추진력, 통합력의 4가지 부문으로 나뉜다.
> ○ 부문별 업무역량 값을 수식으로 나타내면 다음과 같다.
>
> > 부문별 업무역량 값
> > = (해당 업무역량 재능 × 4) + (해당 업무역량 노력 × 3)
> > ※ 재능과 노력의 값은 음이 아닌 정수이다.
>
> ○ 甲의 부문별 업무역량의 재능은 다음과 같다.
>
> | 기획력 | 창의력 | 추진력 | 통합력 |
> |---|---|---|---|
> | 90 | 100 | 110 | 60 |
>
> ○ 甲은 통합력의 업무역량 값을 다른 어떤 부문의 값보다 크게 만들고자 한다. 단, 甲이 투입 가능한 노력은 총 100이며 甲은 가능한 노력을 남김없이 투입한다.

① 67
② 68
③ 69
④ 70
⑤ 71

문 17. 다음 글을 근거로 판단할 때, 마지막에 송편을 먹었다면 그 직전에 먹은 떡은?

> 원 쟁반의 둘레를 따라 쑥떡, 인절미, 송편, 무지개떡, 팥떡, 호박떡이 순서대로 한 개씩 시계방향으로 놓여 있다. 이 떡을 먹는 순서는 다음과 같은 규칙에 따른다. 특정한 떡을 시작점(첫 번째)으로 하여 시계방향으로 떡을 세다가 여섯 번째에 해당하는 떡을 먹는다. 떡을 먹고 나면 시계방향으로 이어지는 바로 다음 떡이 새로운 시작점이 된다. 이 과정을 반복하여 떡이 한 개 남게 되면 마지막으로 그 떡을 먹는다.

① 무지개떡
② 쑥떡
③ 인절미
④ 팥떡
⑤ 호박떡

문 18. 다음 글을 근거로 판단할 때, 甲이 구매하려는 두 상품의 무게로 옳은 것은?

> ○○마트에서는 쌀 상품 A~D를 판매하고 있다. 상품 무게는 A가 가장 무겁고, B, C, D 순서대로 무게가 가볍다. 무게 측정을 위해 서로 다른 두 상품을 저울에 올린 결과, 각각 35kg, 39kg, 44kg, 45kg, 50kg, 54kg으로 측정되었다. 甲은 가장 무거운 상품과 가장 가벼운 상품을 제외하고 두 상품을 구매하기로 하였다.
>
> ※ 상품 무게(kg)의 값은 정수이다.

① 19kg, 25kg
② 19kg, 26kg
③ 20kg, 24kg
④ 21kg, 25kg
⑤ 22kg, 26kg

문 19. 다음 글을 근거로 판단할 때, A 괘종시계가 11시 정각을 알리기 위한 마지막 종을 치는 시각은?

> A 괘종시계는 매시 정각을 알리기 위해 매시 정각부터 일정한 시간 간격으로 해당 시의 수만큼 종을 친다. 예를 들어 7시 정각을 알리기 위해서는 7시 정각에 첫 종을 치기 시작하여 일정한 시간 간격으로 총 7번의 종을 치는 것이다. 이 괘종시계가 정각을 알리기 위해 2번 이상 종을 칠 때, 종을 치는 시간 간격은 몇 시 정각을 알리기 위한 것이든 동일하다. A 괘종시계가 6시 정각을 알리기 위한 마지막 6번째 종을 치는 시각은 6시 6초이다.

① 11시 11초
② 11시 12초
③ 11시 13초
④ 11시 14초
⑤ 11시 15초

문 20. 다음 글을 근거로 판단할 때, 현재 시점에서 두 번째로 많은 양의 일을 한 사람은?

> A부서 주무관 5명(甲~戊)은 오늘 해야 하는 일의 양이 같다. 오늘 업무 개시 후 현재까지 한 일을 비교해 보면 다음과 같다.
> 甲은 丙이 아직 하지 못한 일의 절반에 해당하는 양의 일을 했다. 乙은 丁이 남겨 놓고 있는 일의 2배에 해당하는 양의 일을 했다. 丙은 자신이 현재까지 했던 일의 절반에 해당하는 일을 남겨 놓고 있다. 丁은 甲이 남겨 놓고 있는 일과 동일한 양의 일을 했다. 戊는 乙이 남겨 놓은 일의 절반에 해당하는 양의 일을 했다.

① 甲
② 乙
③ 丙
④ 丁
⑤ 戊

문 21. 다음 글과 〈대화〉를 근거로 판단할 때, 丙이 받을 수 있는 최대 성과점수는?

> ○ A과는 과장 1명과 주무관 4명(甲~丁)으로 구성되어 있으며, 주무관의 직급은 甲이 가장 높고, 乙, 丙, 丁 순으로 낮아진다.
> ○ A과는 프로젝트를 성공적으로 마친 보상으로 성과점수 30점을 부여받았다. 과장은 A과에 부여된 30점을 자신을 제외한 주무관들에게 분배할 계획을 세우고 있다.
> ○ 과장은 주무관들의 요구를 모두 반영하여 성과점수를 분배하려 한다.
> ○ 주무관들이 받는 성과점수는 모두 다른 자연수이다.

〈대화〉

甲: 과장님이 주시는 대로 받아야죠. 아! 그렇지만 丁보다는 제가 높아야 합니다.
乙: 이번 프로젝트 성공에는 제가 가장 큰 기여를 했으니, 제가 가장 높은 성과점수를 받아야 합니다.
丙: 기여도를 고려했을 때, 제 경우에는 상급자보다는 낮게 받고 하급자보다는 높게 받아야 합니다.
丁: 저는 내년 승진에 필요한 최소 성과점수인 4점만 받겠습니다.

① 6
② 7
③ 8
④ 9
⑤ 10

문 22. 다음 글을 근거로 판단할 때, 아기 돼지 삼형제와 각각의 집을 옳게 짝지은 것은?

○ 아기 돼지 삼형제는 엄마 돼지로부터 독립하여 벽돌집, 나무집, 지푸라기집 중 각각 다른 한 채씩을 선택하여 짓는다.
○ 벽돌집을 지을 때에는 벽돌만 필요하지만, 나무집은 나무와 지지대가, 지푸라기집은 지푸라기와 지지대가 재료로 필요하다. 지지대에 소요되는 비용은 집의 면적과 상관없이 나무집의 경우 20만 원, 지푸라기집의 경우 5만 원이다.
○ 재료의 1개당 가격 및 집의 면적 1m²당 필요 개수는 아래와 같다.

구분	벽돌	나무	지푸라기
1개당 가격(원)	6,000	3,000	1,000
1m²당 필요 개수	15	20	30

○ 첫째 돼지 집의 면적은 둘째 돼지 집의 2배이고, 셋째 돼지 집의 3배이다. 삼형제 집의 면적의 총합은 11m²이다.
○ 모두 집을 짓고 나니, 둘째 돼지 집을 짓는 재료 비용이 가장 많이 들었다.

	첫째	둘째	셋째
①	벽돌집	나무집	지푸라기집
②	벽돌집	지푸라기집	나무집
③	나무집	벽돌집	지푸라기집
④	지푸라기집	벽돌집	나무집
⑤	지푸라기집	나무집	벽돌집

문 23. 다음 〈A기관 특허대리인 보수 지급 기준〉과 〈상황〉을 근거로 판단할 때, 甲과 乙이 지급받는 보수의 차이는?

─────〈A기관 특허대리인 보수 지급 기준〉─────

○ A기관은 특허출원을 특허대리인(이하 '대리인')에게 의뢰하고, 이에 따라 특허출원 건을 수임한 대리인에게 보수를 지급한다.
○ 보수는 착수금과 사례금의 합이다.
○ 착수금은 대리인이 작성한 출원서의 내용에 따라 〈착수금 산정 기준〉의 세부항목을 합산하여 산정한다. 단, 세부항목을 합산한 금액이 140만 원을 초과할 경우 착수금은 140만 원으로 한다.

〈착수금 산정 기준〉

세부항목	금액(원)
기본료	1,200,000
독립항 1개 초과분(1개당)	100,000
종속항(1개당)	35,000
명세서 20면 초과분(1면당)	9,000
도면(1도당)	15,000

※ 독립항 1개 또는 명세서 20면 이하는 해당 항목에 대한 착수금을 산정하지 않는다.

○ 사례금은 출원한 특허가 '등록결정'된 경우 착수금과 동일한 금액으로 지급하고, '거절결정'된 경우 0원으로 한다.

─────〈상황〉─────

○ 특허대리인 甲과 乙은 A기관이 의뢰한 특허출원을 각각 1건씩 수임하였다.
○ 甲은 독립항 1개, 종속항 2개, 명세서 14면, 도면 3도로 출원서를 작성하여 특허를 출원하였고, '등록결정'되었다.
○ 乙은 독립항 5개, 종속항 16개, 명세서 50면, 도면 12도로 출원서를 작성하여 특허를 출원하였고, '거절결정'되었다.

① 2만 원
② 8만 5천 원
③ 123만 원
④ 129만 5천 원
⑤ 259만 원

문 24. 다음 글과 〈상황〉을 근거로 판단할 때, 〈보기〉에서 옳은 것만을 모두 고르면?

□□부서는 매년 △△사업에 대해 사업자 자격 요건 재허가 심사를 실시한다.
○ 기본심사 점수에서 감점 점수를 뺀 최종심사 점수가 70점 이상이면 '재허가', 60점 이상 70점 미만이면 '허가 정지', 60점 미만이면 '허가 취소'로 판정한다.
 - 기본심사 점수: 100점 만점으로, ㉮~㉰의 4가지 항목(각 25점 만점) 점수의 합으로 한다. 단, 점수는 자연수이다.
 - 감점 점수: 과태료 부과의 경우 1회당 2점, 제재 조치의 경우 경고 1회당 3점, 주의 1회당 1.5점, 권고 1회당 0.5점으로 한다.

〈상황〉

2020년 사업자 A~C의 기본심사 점수 및 감점 사항은 아래와 같다.

사업자	기본심사 항목별 점수			
	㉮	㉯	㉰	㉱
A	20	23	17	?
B	18	21	18	?
C	23	18	21	16

사업자	과태료 부과 횟수	제재 조치 횟수		
		경고	주의	권고
A	3	–	–	6
B	5	–	3	2
C	4	1	2	–

〈보기〉

ㄱ. A의 ㉱ 항목 점수가 15점이라면 A는 재허가를 받을 수 있다.
ㄴ. B의 허가가 취소되지 않으려면 B의 ㉱ 항목 점수가 19점 이상이어야 한다.
ㄷ. C가 2020년에 과태료를 부과받은 적이 없다면 판정 결과가 달라진다.
ㄹ. 기본심사 점수와 최종심사 점수 간의 차이가 가장 큰 사업자는 C이다.

① ㄱ
② ㄴ
③ ㄱ, ㄴ
④ ㄴ, ㄷ
⑤ ㄷ, ㄹ

문 25. 다음 글과 〈상황〉을 근거로 판단할 때, 수질검사빈도와 수질기준을 둘 다 충족한 검사지점만을 모두 고르면?

□□법 제00조(수질검사빈도와 수질기준) ① 기초자치단체의 장인 시장·군수·구청장은 다음 각 호의 구분에 따라 지방상수도의 수질검사를 실시하여야 한다.

1. 정수장에서의 검사
   가. 냄새, 맛, 색도, 탁도(濁度), 잔류염소에 관한 검사: 매일 1회 이상
   나. 일반세균, 대장균, 암모니아성 질소, 질산성 질소, 과망간산칼륨 소비량 및 증발잔류물에 관한 검사: 매주 1회 이상
      단, 일반세균, 대장균을 제외한 항목 중 지난 1년간 검사를 실시한 결과, 수질기준의 10퍼센트를 초과한 적이 없는 항목에 대하여는 매월 1회 이상
2. 수도꼭지에서의 검사
   가. 일반세균, 대장균, 잔류염소에 관한 검사: 매월 1회 이상
   나. 정수장별 수도관 노후지역에 대한 일반세균, 대장균, 암모니아성 질소, 동, 아연, 철, 망간, 잔류염소에 관한 검사: 매월 1회 이상
3. 수돗물 급수과정별 시설(배수지 등)에서의 검사
   일반세균, 대장균, 암모니아성 질소, 동, 수소이온 농도, 아연, 철, 잔류염소에 관한 검사: 매 분기 1회 이상

② 수질기준은 아래와 같다.

항목	기준	항목	기준
대장균	불검출/100mL	일반세균	100CFU/mL 이하
잔류염소	4mg/L 이하	질산성 질소	10mg/L 이하

〈상황〉

甲시장은 □□법 제00조에 따라 수질검사를 실시하고 있다. 甲시 관할의 검사지점(A~E)은 이전 검사에서 매번 수질기준을 충족하였고, 이번 수질검사에서 아래와 같은 결과를 보였다.

검사지점	검사대상	검사결과	검사빈도
정수장 A	잔류염소	2mg/L	매일 1회
정수장 B	질산성 질소	11mg/L	매일 1회
정수장 C	일반세균	70CFU/mL	매월 1회
수도꼭지 D	대장균	불검출/100mL	매주 1회
배수지 E	잔류염소	2mg/L	매주 1회

※ 제시된 검사대상 외의 수질검사빈도와 수질기준은 모두 충족한 것으로 본다.

① A, D
② B, D
③ A, D, E
④ A, B, C, E
⑤ A, C, D, E

※ 수고하셨습니다.
※ 기출문제편 맨 마지막에 있는 OMR 카드에 마킹을 하세요.

2020년 7월 25일 시행

2020년도 국가공무원
5급 및 7급 민간경력자 일괄채용 필기시험

응시번호	
성 명	

문제책형
㉮ 책형

【시 험 과 목】

제1영역	언어논리
제2영역	자료해석
제3영역	상황판단

<< 응시자 주의사항 >>

1. <u>시험시작 전</u>에 시험문제를 열람하는 행위와 <u>시험종료 후</u> 답안지를 작성하는 행위는 공무원임용시험령 제51조에 의거 부정행위자로 처리됩니다.

2. 답안지 책형란의 책형표기는 시험시작 전 문제책 표지 앞면에 인쇄된 책형을 확인한 후 표기하시기 바랍니다.

3. 시험시작 즉시 <u>과목편철 순서, 문제누락 여부, 인쇄상태 이상 유무</u> 및 표지와 개별과목의 문제책형 일치여부 등을 확인한 후 문제책 표지에 응시번호, 성명을 기재합니다.

4. 시험이 시작되면 문제를 주의 깊게 읽은 후, <u>문항의 취지에 가장 적합한 하나의 정답만을 고르며</u>, 문제내용에 관한 질문은 받지 않습니다.

5. <u>시험시간관리의 책임은 전적으로 수험생 본인에게 있습니다.</u> 시험감독관의 시험종료 예고시간 고지 안내 및 시험실 내 비치된 시계가 있는 경우라도 시간이 정확하지 않을 수 있으니 본인의 시계로 반드시 확인하시기 바랍니다.

6. <u>시험시간은 영역별 60분씩</u>입니다.

제1영역 언어논리

문 1. 다음 글의 내용과 부합하지 않는 것은?

우리나라 헌법상 정부는 대통령과 행정부로 구성된다. 행정부에는 국무총리, 행정각부, 감사원 등이 있으며, 이들은 모두 대통령 소속하에 있다. 이외에도 행정부에는 국무회의와 각종 대통령 자문기관들이 있다.

우리나라 국무회의는 정부의 중요 정책에 대한 최고 심의기관으로, 그 설치를 헌법에서 규정하고 있다. 미국 대통령제의 각료회의는 헌법에 규정이 없는 편의상의 기구라는 점에서, 영국 의원내각제의 내각은 의결기관이라는 점에서 우리나라의 국무회의는 이들과 법적 성격이 다르다.

대통령이 국무회의 심의 결과에 구속되지 않는다는 점에서 국무회의는 자문기관과 큰 차이가 없다. 그러나 일반 대통령 자문기관들은 대통령이 임의적으로 요청하는 사항에 응하여 자문을 개진하는 것과 달리 국무회의는 심의 사항이 헌법에 명시되어 있으며 해당 심의는 필수적이라는 점에서 단순한 자문기관도 아니다.

행정각부의 장은 대통령, 국무총리와 함께 국무회의를 구성하는 국무위원임과 동시에 대통령이 결정한 정책을 집행하는 행정관청이다. 그러나 행정각부의 장이 국무위원으로서 갖는 지위와 행정관청으로서 갖는 지위는 구별된다. 국무위원으로서 행정각부의 장은 대통령, 국무총리와 법적으로 동등한 지위를 갖지만, 행정관청으로서 행정각부의 장은 대통령은 물론 상급 행정관청인 국무총리의 지휘와 감독에 따라야 한다.

① 감사원은 대통령 소속하에 있는 기관이다.
② 국무회의는 의결기관도 단순 자문기관도 아닌 심의기관이다.
③ 국무회의 심의 결과는 대통령을 구속한다는 점에서 국가의사를 표시한다.
④ 우리나라 헌법은 국무회의에서 반드시 심의하여야 할 사항을 규정하고 있다.
⑤ 국무총리와 행정각부의 장은 국무회의 심의 석상에서는 국무위원으로서 법적으로 동등한 지위를 갖는다.

문 2. 다음 글의 내용과 부합하는 것은?

조선 시대에는 각 고을에 '유향소'라는 기구가 있었다. 이 기구는 해당 지역의 명망가들로 구성되어 있었으며, 지방관을 보좌하고 아전을 감독하는 역할을 했다. 유향소는 그 회원들의 이름을 '향안'이라는 책자에 기록해 두었다. 향안에 이름이 오른 사람은 유향소의 장(長)인 좌수 혹은 별감을 선출하는 선거에 참여할 수 있었고, 유향소가 개최하는 회의에 참석해 지방 행정에 관한 의견을 개진할 수 있었다. 또 회원 자격을 획득한 후 일정한 기간이 지나면 좌수와 별감으로 뽑힐 수도 있었다.

향안에 이름이 오르는 것을 '입록'이라고 불렀다. 향안에 입록되는 것은 당시로서는 큰 영예였다. 16세기에 대부분의 유향소는 부친, 모친, 처가 모두 그 지역 출신이어야 향안에 입록될 수 있도록 했는데, 이 조건을 '삼향'이라고 불렀다. 그런데 당시에는 멀리 떨어진 고을의 가문과 혼인 관계를 맺는 일이 잦아 삼향의 조건을 갖춘 사람은 드물었다. 유향소가 이 조건을 고수한다면 전국적인 명망가라고 하더라도 유향소 회원이 되기 어려웠다. 이런 까닭에 삼향이라는 조건을 거두어들이는 유향소가 늘어났다. 그 결과 17세기에는 삼향의 조건을 갖추지 않았다는 이유로 향안 입록을 거부하는 유향소가 크게 줄었다.

한편 서얼이나 상민과 혼인한 사람은 어떤 경우라도 향안에 입록될 수 없었고, 이 규정이 사라진 적도 없었다. 향안에 들어가고자 하는 사람은 기존 유향소 회원들의 동의도 받아야 했다. 향안 입록 신청자가 생기면 유향소 회원들은 한곳에 모여 투표를 해 허용 여부를 결정했다. 입록 신청자를 받아들일지 결정하는 투표를 '권점'이라고 불렀다. 권점을 통과하기 위해서는 일정한 비율 이상의 찬성표가 나와야 했다. 이 때문에 향안에 이름을 올리려는 자는 평소 나쁜 평판이 퍼지지 않게 행실에 주의를 기울였다.

① 향안에 입록된 사람은 해당 지역 유향소의 별감이나 좌수를 뽑는 데 참여할 수 있었다.
② 각 지역 유향소들은 아전의 부정행위를 막기 위해 17세기에 향안 입록 조건을 완화하였다.
③ 유향소 회의에 참여할 자격을 얻기 위해서는 향안에 입록된 후에 다시 권점을 통과해야 하였다.
④ 16세기에는 서얼 가문과 혼인한 사람이 향안에 입록될 수 없었으나, 17세기에는 입록될 수 있었다.
⑤ 17세기에 새로이 유향소 회원이 된 사람들은 모두 삼향의 조건을 갖추고 권점을 통과한 인물이었다.

문 3. 다음 글에서 알 수 있는 것은?

부처의 말씀을 담은 경장과 그 해설서인 논장, 수행자의 계율을 담은 율장 외에 여러 가지 불교 관련 자료들을 모아 펴낸 것을 대장경이라고 부른다. 고려는 몇 차례 대장경 간행 사업을 벌였는데, 처음 대장경 간행에 돌입한 것은 거란의 침입을 받았던 현종 때 일이다. 당시 고려는 대장경을 만드는 데 필요한 자료들을 확보하지 못해 애를 먹다가 거란에서 만든 대장경을 수입해 분석한 후 선종 때 이를 완성했다. 이 대장경을 '초조대장경'이라고 부른다.

한편 고려는 몽골이 침략해 들어오자 불교 신앙으로 국난을 극복하겠다는 뜻에서 다시 대장경 제작 사업에 돌입했다. 이 대장경은 두 번째로 만든 것이라고 해서 '재조대장경'이라 불렀다. 고려는 재조대장경을 활자로 인쇄하기로 하고, 전국 각지에서 나무를 베어 경판을 만들었다. 완성된 경판의 숫자가 8만여 개에 이르기 때문에 이 대장경을 '팔만대장경'이라고도 부른다. 재조대장경을 찍어내기 위해 만든 경판은 현재까지 남아 있는데, 이는 전 세계에 남아 있는 대장경 인쇄용 경판 가운데 가장 오래된 것이다. 재조대장경판은 그 규모가 무척 커서 제작을 시작한 지 16년 만에 완성할 수 있었다.

재조대장경을 찍어내고자 수많은 경판을 만들었다는 사실에서 알 수 있듯이 한반도에서는 인쇄술이 일찍부터 발달해 있었다. 이를 잘 보여주는 유물이 불국사에서 발견된 『무구정광대다라니경』이다. 분석 결과, 이 유물은 통일신라 경덕왕 때 목판으로 찍어낸 것으로 밝혀졌다. 『무구정광대다라니경』은 목판으로 인쇄되어 전하는 자료 가운데 세계에서 가장 오래된 것이다. 금속활자를 이용한 인쇄술도 일찍부터 발달했다. 몽골의 1차 고려 침략이 시작된 해에 세계 최초로 금속활자를 이용한 『상정고금예문』이 고려에서 발간되었다고 알려져 있다. 이처럼 고려 사람들은 선진 인쇄술을 바탕으로 문화를 발전시켜 나갔다.

① 재조대장경판의 제작이 완료되기 전에 금속활자로 『상정고금예문』을 발간한 일이 있었던 것으로 전해진다.
② 재조대장경은 고려 현종 때 외적의 침입을 막고자 거란에서 들여온 대장경을 참고해 만든 것이다.
③ 고려 시대에 만들어진 대장경판으로서 현재 남아 있는 것 중 가장 오래된 것은 초조대장경판이다.
④ 『무구정광대다라니경』은 목판으로 인쇄되었으며, 재조대장경은 금속활자로 인쇄되었다.
⑤ 불교 진흥을 위해 고려 시대에 만들어진 최초의 대장경은 팔만대장경이다.

문 4. 다음 글에서 알 수 있는 것은?

많은 국가들의 소년사법 제도는 영국의 관습법에서 유래한다. 영국 관습법에 따르면 7세 이하 소년은 범죄 의도를 소유할 능력이 없는 것으로 간주되고, 8세 이상 14세 미만의 소년은 형사책임을 물을 수 없고, 14세 이상의 소년에 대해서는 형사책임을 물을 수 있다.

우리나라의 소년사법 역시 소년의 나이에 따라 세 그룹으로 구분하여 범죄 의도 소유 능력 여부와 형사책임 여부를 결정한다. 다만 그 나이의 기준을 9세 이하, 10세 이상 14세 미만, 그리고 14세 이상 19세 미만으로 구분할 뿐이다. 우리나라 『소년법』은 10세 이상 14세 미만의 소년 중 형벌 법령에 저촉되는 행위를 한 자를 촉법소년으로 규정하여 소년사법의 대상으로 하고 있다. 또한, 10세 이상 19세 미만의 소년 중 이유 없는 가출을 하거나 술을 마시는 행동을 하는 등 그대로 두면 장래에 범법행위를 할 우려가 있는 소년을 우범소년으로 규정하여 소년사법의 대상으로 하고 있다. 일부에서는 단순히 불량성이 있을 뿐 범죄를 저지르지 않았음에도 소년사법의 대상이 되는 우범소년 제도에 의문을 품기도 한다.

소년사법은 범죄를 저지르지 않은 소년까지도 사법의 대상으로 한다는 점에서 자기책임주의를 엄격히 적용하는 성인사법과 구별된다. 소년사법의 이러한 특징은 국가가 궁극적 보호자로서 아동을 양육하고 보호해야 한다는 국친 사상에 근거를 둔다. 과거 봉건 국가 시대에는 친부모가 자녀에 대한 양육·보호를 제대로 하지 못하는 경우 왕이 양육·보호책임을 진다고 믿었다. 이런 취지에서 오늘날에도 비록 죄를 범하지는 않았지만 그대로 둔다면 범행을 할 가능성이 있는 소년까지 소년사법의 대상으로 보는 것이다. 이처럼 소년사법의 철학적 기초에는 국친 사상이 있다.

① 국친 사상은 소년사법의 대상 범위를 축소하는 철학적 기초이다.
② 성인범도 국친 사상의 대상이 되어 범행할 가능성이 있으면 처벌을 받는다.
③ 우리나라 소년법상 촉법소년은 범죄 의도를 소유할 수 없는 것으로 간주된다.
④ 영국의 관습법상 7세의 소년은 범죄 의도는 소유할 수 있지만, 형사책임이 없는 것으로 간주된다.
⑤ 우리나라 소년법상 10세 이상 19세 미만의 소년은 범죄를 저지를 우려가 있으면 범죄를 저지르지 않아도 소년사법의 적용을 받을 수 있다.

문 5. 다음 글에서 알 수 있는 것은?

바르트는 언어를 '랑그', '스틸', '에크리튀르'로 구분해서 파악했다. 랑그는 영어의 'language'에 해당한다. 인간은 한국어, 중국어, 영어 등 어떤 언어를 공유하는 집단에서 태어난다. 그때 부모나 주변 사람들이 이야기하는 언어가 '모어(母語)'이고 그것이 랑그이다.

랑그에 대해 유일하게 말할 수 있는 사실은, 태어날 때부터 부모가 쓰는 언어여서 우리에게 선택권이 없다는 것이다. 인간은 '모어 속에 던져지는' 방식으로 태어나기 때문에 랑그에는 관여할 수 없다. 태어나면서 쉼 없이 랑그를 듣고 자라기 때문에 어느새 그 언어로 사고하고, 그 언어로 숫자를 세고, 그 언어로 말장난을 하고, 그 언어로 신어(新語)를 창조한다.

스틸의 사전적인 번역어는 '문체'이지만 실제 의미는 '어감'에 가깝다. 이는 언어에 대한 개인적인 호오(好惡)의 감각을 말한다. 누구나 언어의 소리나 리듬에 대한 호오가 있다. 글자 모양에 대해서도 사람마다 취향이 다르다. 이는 좋고 싫음의 문제이기 때문에 어쩔 도리가 없다. 따라서 스틸은 기호에 대한 개인적 호오라고 해도 좋다. 다시 말해 스틸은 몸에 각인된 것이어서 주체가 자유롭게 선택할 수 없다.

인간이 언어기호를 조작할 때에는 두 가지 규제가 있다. 랑그는 외적인 규제, 스틸은 내적인 규제이다. 에크리튀르는 이 두 가지 규제의 중간에 위치한다. 에크리튀르는 한국어로 옮기기 어려운데, 굳이 말하자면 '사회방언'이라고 할 수 있다. 방언은 한 언어의 큰 틀 속에 산재하고 있으며, 국소적으로 형성된 것이다. 흔히 방언이라고 하면 '지역방언'을 떠올리는데, 이는 태어나 자란 지역의 언어이므로 랑그로 분류된다. 하지만 사회적으로 형성된 방언은 직업이나 생활양식을 선택할 때 동시에 따라온다. 불량청소년의 말, 영업사원의 말 등은 우리가 선택할 수 있다.

① 랑그는 선택의 여지가 없지만, 스틸과 에크리튀르는 자유로운 선택이 가능하다.
② 방언에 대한 선택은 언어에 대한 개인의 호오 감각에 기인한다.
③ 동일한 에크리튀르를 사용하는 사람들은 같은 지역 출신이다.
④ 같은 모어를 사용하는 형제라도 스틸은 다를 수 있다.
⑤ 스틸과 에크리튀르는 언어 규제상 성격이 같다.

문 6. 다음 글에서 알 수 있는 것은?

도덕에 관한 이론인 정서주의는 언어 사용의 세 가지 목적에 주목한다. 첫째, 화자가 청자에게 정보를 전달하는 목적이다. 예를 들어, "세종대왕은 조선의 왕이다."라는 문장은 참 혹은 거짓을 판단할 수 있는 정보를 전달하고 있다. 둘째, 화자가 청자에게 행위를 하도록 요구하는 목적이다. "백성을 사랑하라."라는 명령문 형식의 문장은 청자에게 특정한 행위를 요구한다. 셋째, 화자의 태도를 청자에게 표현하는 목적이다. "세종대왕은 정말 멋져!"라는 감탄문 형식의 문장은 세종대왕에 대한 화자의 태도를 표현하고 있다.

정서주의자들은 도덕적 언어를 정보 전달의 목적으로 사용하는 것이 아니라, 사람의 행위에 영향을 주거나 자신의 태도를 표현하는 목적으로 사용한다고 말한다. "너는 거짓말을 해서는 안 된다."라고 말한다면, 화자는 청자가 그러한 행위를 하지 못하게 하려는 것이다. 따라서 이러한 진술은 정보를 전달하는 것이 아니라, "거짓말을 하지 마라."라고 명령하는 것이다.

정서주의자들에 따르면 태도를 표현하는 목적으로 도덕적 언어를 사용하는 것은 태도를 보고하는 것이 아니다. 만약 "나는 세종대왕을 존경한다."라고 말한다면 이 말은 화자가 세종대왕에 대해 긍정적인 태도를 지니고 있다는 사실을 보고하는 것이다. 즉, 이는 참 혹은 거짓을 판단할 수 있는 정보를 전달하는 문장이다. 반면, "세종대왕은 정말 멋져!"라고 외친다면 화자는 결코 어떤 종류에 관한 사실을 전달하거나, 태도를 갖고 있다고 보고하는 것이 아니다. 이는 화자의 세종대왕에 대한 태도를 표현하고 있는 것이다.

① 정서주의에 따르면 화자의 태도를 표현하는 문장은 참이거나 거짓이다.
② 정서주의에 따르면 도덕적 언어는 화자의 태도를 보고하는 데 사용된다.
③ 정서주의에 따르면 "세종대왕은 한글을 창제하였다."는 참도 거짓도 아니다.
④ 정서주의에 따르면 언어 사용의 가장 중요한 목적은 정보를 전달하는 것이다.
⑤ 정서주의에 따르면 도덕적 언어의 사용은 명령을 하거나 화자의 태도를 표현하기 위한 것이다.

문 7. 다음 글의 빈칸에 들어갈 내용으로 가장 적절한 것은?

텔레비전이라는 단어는 '멀리'라는 뜻의 그리스어 '텔레'와 '시야'를 뜻하는 라틴어 '비지오'에서 왔다. 원래 텔레비전은 우리가 멀리서도 볼 수 있도록 해주는 기기로 인식됐다. 하지만 조만간 텔레비전은 멀리에서 우리를 보이게 해줄 것이다. 오웰의 『1984』에서 상상한 것처럼, 우리가 텔레비전을 보는 동안 텔레비전이 우리를 감시할 것이다. 우리는 텔레비전에서 본 내용을 대부분 잊어버리겠지만, 텔레비전에 영상을 공급하는 기업은 우리가 만들어낸 데이터를 기반으로 하여 알고리즘을 통해 우리 입맛에 맞는 영화를 골라 줄 것이다. 나아가 인생에서 중요한 것들, 이를테면 어디서 일해야 하는지, 누구와 결혼해야 하는지도 대신 결정해 줄 것이다.

그들의 답이 늘 옳지는 않을 것이다. 그것은 불가능하다. 데이터 부족, 프로그램 오류, 삶의 근본적인 무질서 때문에 알고리즘은 실수를 범할 수밖에 없다. 하지만 완벽해야 할 필요는 없다. 평균적으로 우리 인간보다 낫기만 하면 된다. 그 정도는 그리 어려운 일이 아니다. 왜냐하면 대부분의 사람은 자신을 잘 모르기 때문이다. 사람들은 인생의 중요한 결정을 내리면서도 끔찍한 실수를 저지를 때가 많다. 데이터 부족, 프로그램 오류, 삶의 근본적인 무질서로 인한 고충도 인간이 알고리즘보다 훨씬 더 크게 겪는다.

우리는 알고리즘을 둘러싼 많은 문제들을 열거하고 나서, 그렇기 때문에 사람들은 결코 알고리즘을 신뢰하지 않을 거라고 결론 내릴 수도 있다. 하지만 그것은 민주주의의 모든 결점들을 나열한 후에 '제정신인 사람이라면 그런 체제는 지지하려 들지 않을 것'이라고 결론짓는 것과 비슷하다. 처칠의 유명한 말이 있지 않은가? "민주주의는 세상에서 가장 나쁜 정치 체제다. 다른 모든 체제를 제외하면." 알고리즘에 대해서도 마찬가지로 다음과 같은 결론을 내릴 수 있다. _____

① 알고리즘의 모든 결점을 제거하면 최선의 선택이 가능할 것이다.
② 우리는 자신이 무엇을 원하는지를 알기 위해서 점점 더 알고리즘에 의존한다.
③ 데이터를 가진 기업이 다수의 사람을 은밀히 감시하는 사례는 더 늘어날 것이다.
④ 실수를 범하기는 하지만 현실적으로 알고리즘보다 더 신뢰할 만한 대안을 찾기 어렵다.
⑤ 알고리즘이 갖는 결점이 지금은 보이지 않지만, 어느 순간 이 결점 때문에 우리의 질서가 무너질 것이다.

문 8. 다음 글에서 추론할 수 없는 것은?

아이를 엄격하게 키우는 것은 부모와 다른 사람들에 대해 반감과 공격성을 일으킬 수 있고, 그 결과 죄책감과 불안감을 낳으며, 결국에는 아이의 창조적인 잠재성을 해치게 된다. 반면에 아이를 너그럽게 키우는 것은 그와 같은 결과를 피하고, 더 행복한 인간관계를 만들며, 풍요로운 마음과 자기신뢰를 고취하고, 자신의 잠재력을 발전시킬 수 있도록 한다. 이와 같은 진술은 과학적 탐구의 범위에 속하는 진술이다. 논의의 편의상 이 두 주장이 실제로 강력하게 입증되었다고 가정해보자. 그렇다면 우리는 이로부터 엄격한 방식보다는 너그러운 방식으로 아이를 키우는 것이 더 좋다는 점이 과학적 연구에 의해 객관적으로 확립되었다고 말할 수 있을까?

위의 연구를 통해 확립된 것은 다음과 같은 조건부 진술일 뿐이다. 만약 우리의 아이를 죄책감을 지닌 혼란스러운 영혼이 아니라 행복하고 정서적으로 안정된 창조적인 개인으로 키우고자 한다면, 아이를 엄격한 방식보다는 너그러운 방식으로 키우는 것이 더 좋다. 이와 같은 진술은 상대적인 가치판단을 나타낸다. 상대적인 가치판단은 특정한 목표를 달성하려면 어떤 행위가 좋다는 것을 진술하는데, 이런 종류의 진술은 경험적 진술이고, 경험적 진술은 모두 관찰을 통해 객관적인 과학적 테스트가 가능하다. 반면 "아이를 엄격한 방식보다는 너그러운 방식으로 키우는 것이 더 좋다."라는 문장은 가령 "살인은 악이다."와 같은 문장처럼 절대적인 가치판단을 표현한다. 그런 문장은 관찰에 의해 테스트할 수 있는 주장을 표현하지 않는다. 오히려 그런 문장은 행위의 도덕적 평가기준 또는 행위의 규범을 표현한다. 절대적인 가치판단은 과학적 테스트를 통한 입증의 대상이 될 수 없다. 왜냐하면 그와 같은 판단은 주장을 표현하는 것이 아니라 행위의 기준이나 규범을 나타내기 때문이다.

① 아이를 엄격한 방식보다는 너그러운 방식으로 키우는 것이 더 좋다는 것은 경험적 진술이 아니다.
② 아이를 엄격한 방식보다는 너그러운 방식으로 키우는 것이 더 좋다는 것은 상대적인 가치판단이다.
③ 아이를 엄격한 방식보다는 너그러운 방식으로 키우는 것이 더 좋다는 것은 과학적 연구에 의해 객관적으로 입증될 수 있는 주장이 아니다.
④ 정서적으로 안정된 창조적 개인으로 키우려면, 아이를 엄격한 방식보다는 너그러운 방식으로 키우는 것이 더 좋다는 것은 상대적인 가치판단이다.
⑤ 정서적으로 안정된 창조적 개인으로 키우려면, 아이를 엄격한 방식보다는 너그러운 방식으로 키우는 것이 더 좋다는 것은 과학적으로 테스트할 수 있다.

문 9. 다음 글의 실험 결과를 가장 잘 설명하는 가설은?

한 무리의 개미들에게 둥지에서 먹이통 사이를 오가는 왕복 훈련을 시킨 후 120마리를 포획하여 20마리씩 6그룹으로 나눴다.

먼저 1~3그룹의 개미들을 10m 거리에 있는 먹이통으로 가게 한 후, 다음처럼 일부 그룹의 다리 길이를 조절하는 처치를 했다. 1그룹은 모든 다리의 끝 분절을 제거하여 다리 길이를 줄이고, 2그룹은 모든 다리에 돼지의 거친 털을 붙여 다리 길이를 늘이고, 3그룹은 다리 길이를 그대로 둔 것이다. 이렇게 처치를 끝낸 1~3그룹의 개미들을 둥지로 돌아가게 한 결과, 1그룹 개미들은 둥지에 훨씬 못 미쳐 멈췄고, 2그룹 개미들은 둥지를 훨씬 지나 멈췄으며, 3그룹 개미들만 둥지에서 멈췄다.

이제 4~6그룹의 개미들은 먹이통으로 출발하기 전에 미리 앞서와 같은 방식으로 일부 그룹의 다리 길이를 조절하는 처치를 했다. 즉, 4그룹은 다리 길이를 줄이고, 5그룹은 다리 길이를 늘이고, 6그룹은 다리 길이를 그대로 두었다. 이 개미들을 10m 거리에 있는 먹이통까지 갔다 오게 했더니, 4~6그룹의 개미 모두가 먹이통까지 갔다가 되돌아와 둥지에서 멈췄다. 4~6그룹의 개미들은 그룹별로 이동 거리의 차이가 없었다.

① 개미의 이동 거리는 다리 길이에 비례한다.
② 개미는 걸음 수에 따라서 이동 거리를 판단한다.
③ 개미의 다리 끝 분절은 개미의 이동에 필수적인 부위이다.
④ 개미는 다리 길이가 조절되고 나면 이동 거리를 측정하지 못한다.
⑤ 개미는 먹이를 찾으러 갈 때와 둥지로 되돌아올 때, 이동 거리를 측정하는 방법이 다르다.

문 10. 다음 글의 ㉠~㉢에 들어갈 일반 원칙을 바르게 나열한 것은?

우리가 하는 주장 가운데 어떤 것은 도덕적 주장이고 어떤 것은 도덕과 무관한 주장이다. 가령 아래의 (1)은 도덕적 주장인 반면 (2)는 도덕과 무관한 주장이라는 데 모두 동의할 것이다.
(1) 갑은 선한 사람이다.
(2) 을은 병을 싫어한다.
이런 종류의 주장과 관련한 일반 원칙으로 우리가 다음 세 가지를 받아들인다고 하자.
A: 어떤 주장이 도덕적 주장이라면, 그 주장의 부정도 도덕적 주장이다.
B: 어떤 주장이 도덕과 무관한 주장이라면, 그 주장의 부정도 도덕과 무관한 주장이다.
C: 도덕과 무관한 주장으로부터 도출된 것은 모두 도덕과 무관한 주장이다.

나아가 어떠한 주장이든지 그것은 도덕적 주장이거나 도덕과 무관한 주장이라고 해보자. 이때 우리는 다음의 (3)이 도덕적 주장이라는 것을 증명할 수 있다.
(3) 갑은 선한 사람이거나 을은 병을 싫어한다.
이를 위해 먼저 (3)이 도덕과 무관한 주장이라고 가정해보자. 우리는 이런 가정이 모순을 초래한다는 사실을 보일 것이다. (3)이 도덕과 무관한 주장이므로 일반 원칙 ㉠ 에 따라 우리는 다음의 (4)도 도덕과 무관한 주장이라고 해야 한다.
(4) 갑은 선한 사람이 아니고 을은 병을 싫어하지 않는다.
(4)가 도덕과 무관한 주장이므로 일반 원칙 ㉡ 에 따라 우리는 (4)로부터 도출되는 다음의 (5)도 도덕과 무관한 주장이라고 해야 한다.
(5) 갑은 선한 사람이 아니다.
하지만 우리는 애초에 (1)이 도덕적 주장이라는 점을 받아들였다. 그러므로 일반 원칙 ㉢ 에 따라 우리는 (1)을 부정한 것인 (5)가 도덕적 주장이라고 해야 한다. 마침내 우리는 (5)가 도덕과 무관한 주장이면서 또한 도덕적 주장이라는 모순된 결과에 다다르게 되었다. (3)이 도덕과 무관한 주장이라는 가정은 이처럼 모순을 초래하므로, 결국 우리는 (3)이 도덕적 주장이라고 결론내려야 한다.

	㉠	㉡	㉢
①	A	B	C
②	A	C	B
③	B	A	C
④	B	C	A
⑤	C	B	A

문 11. 다음 대화의 ㉠과 ㉡에 들어갈 말을 적절하게 짝지은 것은?

갑: 신입직원 가운데 일부가 봉사활동에 지원했습니다. 그리고 ㉠ .

을: 지금 하신 말씀에 따르자면, 제 판단으로는 하계연수에 참여하지 않은 사람 중에 신입직원이 있다는 결론이 나오는군요.

갑: 그렇게 판단하신 게 정확히 맞습니다. 아니, 잠깐만요. 아차, 제가 앞에서 말씀드린 부분 중에 오류가 있었군요. 죄송합니다. 신입직원 가운데 일부가 봉사활동에 지원했다는 것은 맞는데, 그다음이 틀렸습니다. 봉사활동 지원자는 전부 하계연수에도 참여했다고 말씀드렸어야 했습니다.

을: 알겠습니다. 그렇다면 아까와 달리 " ㉡ "라는 결론이 나오는 것이로군요.

갑: 바로 그렇습니다.

① ㉠: 하계연수 참여자 가운데는 봉사활동에 지원했던 사람이 없습니다.
　㉡: 신입직원 가운데 하계연수 참여자가 있다.

② ㉠: 하계연수 참여자 가운데는 봉사활동에 지원했던 사람이 없습니다.
　㉡: 신입직원 가운데 하계연수 참여자는 한 명도 없다.

③ ㉠: 하계연수 참여자는 모두 봉사활동에도 지원했던 사람입니다.
　㉡: 신입직원 가운데 하계연수 참여자는 한 명도 없다.

④ ㉠: 하계연수 참여자 가운데 봉사활동에도 지원했던 사람이 있습니다.
　㉡: 신입직원 가운데 하계연수 참여자가 있다.

⑤ ㉠: 하계연수 참여자 가운데 봉사활동에도 지원했던 사람이 있습니다.
　㉡: 신입직원은 모두 하계연수 참여자이다.

문 12. 다음 글의 내용이 참일 때, 대책회의에 참석하는 전문가의 최대 인원 수는?

　8명의 전문가 A~H를 대상으로 코로나19 대책회의 참석 여부에 관해 조사한 결과 다음과 같은 정보를 얻었다.
　○ A, B, C 세 사람이 모두 참석하면, D나 E 가운데 적어도 한 사람은 참석한다.
　○ C와 D 두 사람이 모두 참석하면, F도 참석한다.
　○ E는 참석하지 않는다.
　○ F나 G 가운데 적어도 한 사람이 참석하면, C와 E 두 사람도 참석한다.
　○ H가 참석하면, F나 G 가운데 적어도 한 사람은 참석하지 않는다.

① 3명
② 4명
③ 5명
④ 6명
⑤ 7명

문 13. 다음 글의 내용과 부합하는 것은?

　조선 시대에는 왕실과 관청이 필요로 하는 물품을 '공물'이라는 이름으로 백성들로부터 수취하는 제도가 있었다. 조선 왕조는 각 지역의 특산물이 무엇인지 조사한 후, 그 결과를 바탕으로 백성들이 내야 할 공물의 종류와 양을 지역마다 미리 규정해 두었다. 그런데 시간이 지남에 따라 환경 변화 등으로 그 물품이 생산되지 않는 곳이 많아졌다. 이에 백성들은 부과된 공물을 상인으로 하여금 생산지에서 구매해 대납하게 했는데, 이를 '방납'이라고 부른다.
　방납은 16세기 이후 크게 성행했다. 그런데 방납을 의뢰받은 상인들은 대개 시세보다 높은 값을 부르거나 품질이 떨어지는 물품을 대납해 부당 이익을 취했다. 이런 폐단이 날로 심해지자 "공물을 면포나 쌀로 거둔 후, 그것으로 필요한 물품을 관청이 직접 구매하자."라는 주장이 나타났다. 이런 주장은 임진왜란이 끝난 후 거세졌다. 한백겸과 이원익 등은 광해군 즉위 초에 경기도에 한해 '백성들이 소유한 토지의 다과에 따라 쌀을 공물로 거두고, 이렇게 수납한 쌀을 선혜청으로 운반해 국가가 필요로 하는 물품을 구매'하는 정책, 즉 '대동법'을 시행하자고 했다. 광해군이 이를 받아들이자 경기도민들은 크게 환영했다. 광해군은 이 정책에 대한 반응이 좋다는 것을 알고 경기도 외에 다른 곳으로 확대 시행할 것을 고려했으나 그렇게 하지는 못했다.
　광해군을 몰아내고 왕이 된 인조는 김육의 주장을 받아들여 강원도, 충청도, 전라도까지 대동법을 확대 시행했다. 그런데 그 직후 전국에 흉년이 들어 농민들이 제대로 쌀을 구하지 못할 정도가 되었다. 이에 인조는 충청도와 전라도에 대동법을 시행한다는 결정을 철회했다. 인조의 뒤를 이은 효종은 전라도 일부 지역과 충청도가 흉년에서 벗어났다고 생각해 그 지역들에 대동법을 다시 시행했고, 효종을 이은 현종도 전라도 전역에 대동법을 확대 시행했다. 이처럼 대동법 시행 지역은 조금씩 늘어났다.

① 현종은 방납의 폐단을 없애기 위해 대동법을 전국 모든 지역에 시행하였다.
② 효종은 김육의 요청대로 충청도, 전라도, 경상도에 대동법을 적용하였다.
③ 광해군이 국왕으로 재위할 때 공물을 쌀로 내게 하는 조치가 경기도에 취해졌다.
④ 인조는 이원익 등의 제안대로 방납이라는 방식으로 공물을 납부하는 행위를 전면 금지하였다.
⑤ 한백겸은 상인이 관청의 의뢰를 받아 특산물을 생산지에서 구매해 대납하는 것은 부당하다고 하였다.

문 14. 다음 글에서 알 수 있는 것은?

불교가 이 땅에 전래된 후 불교신앙을 전파하고자 신앙결사를 만든 승려가 여러 명 나타났다. 통일신라 초기에 왕실은 화엄종을 후원했는데, 화엄종 계통의 승려들은 수도에 대규모 신앙결사를 만들어 놓고 불교신앙에 관심을 가진 귀족들을 대상으로 불교 수행법을 전파했다. 통일신라가 쇠퇴기에 접어든 신라 하대에는 지방에도 신앙결사가 만들어졌다. 신라 하대에 나타난 신앙결사는 대부분 미륵 신앙을 지향하는 정토종 승려들이 만든 것이었다.

신앙결사 운동이 더욱 확장된 것은 고려 때의 일이다. 고려시대 가장 유명한 신앙결사는 지눌의 정혜사다. 지눌은 명종 때 거조사라는 절에서 정혜사라는 이름의 신앙결사를 만들었다. 그는 돈오점수 사상을 내세우고, 조계선이라는 수행 방법을 강조했다. 지눌이 만든 신앙결사에 참여해 함께 수행하는 승려가 날로 늘었다. 그 가운데 가장 유명한 사람이 요세라는 승려다. 요세는 무신집권자 최충헌이 명종을 쫓아내고 신종을 국왕으로 옹립한 해에 지눌과 함께 순천으로 근거지를 옮기는 도중에 따로 독립했다. 순천으로 옮겨 간 지눌은 그곳에서 정혜사라는 명칭을 수선사로 바꿔 활동했고, 요세는 강진에서 백련사라는 결사를 새로 만들어 활동했다.

지눌의 수선사는 불교에 대한 이해가 높은 사람들을 대상으로 다소 난해한 돈오점수 사상을 전파하는 데 주력했다. 그 때문에 대중적이지 않다는 평을 받았다. 요세는 지눌과 달리 불교 지식을 갖추지 못한 평민도 쉽게 수행할 수 있도록 간명하게 수행법을 제시한 천태종을 중시했다. 또 그는 평민들이 백련사에 참여하는 것을 당연하다고 여겼다. 백련사가 세워진 후 많은 사람들이 참여하자 권력층도 관심을 갖고 후원하기 시작했다. 명종 때부터 권력을 줄곧 독차지하고 있던 최충헌을 비롯해 여러 명의 고위 관료들이 백련사에 토지와 재물을 헌납해 그 활동을 도왔다.

① 화엄종은 돈오점수 사상을 전파하고자 신앙결사를 만들어 활동하였다.
② 백련사는 수선사와는 달리 조계선이라는 수행 방법을 고수해 주목받았다.
③ 요세는 무신이 권력을 잡고 있던 시기에 불교 신앙결사를 만들어 활동하였다.
④ 정혜사는 강진에서 조직되었던 반면 백련사는 순천에 근거지를 두고 활동하였다.
⑤ 지눌은 정토종 출신의 승려인 요세가 정혜사에 참여하자 그를 설득해 천태종으로 끌어들였다.

문 15. 다음 글의 빈칸에 들어갈 내용으로 가장 적절한 것은?

대안적 분쟁해결절차(ADR)는 재판보다 분쟁을 신속하게 해결한다고 알려져 있다. 그러나 재판이 서면 심리를 중심으로 진행되는 반면, ADR은 당사자 의견도 충분히 청취하기 때문에 재판보다 더 많은 시간이 소요된다. 그럼에도 불구하고 ADR이 재판보다 신속하다고 알려진 이유는 법원에 지나치게 많은 사건이 밀려 있어 재판이 더디게 이루어지기 때문이다.

법원행정처는 재판이 너무 더디다는 비난에 대응하기 위해 일선 법원에서도 사법형 ADR인 조정제도를 적극적으로 활용할 것을 독려하고 있다. 그러나 이는 법관이 신속한 조정안 도출을 위해 사건 당사자에게 화해를 압박하는 부작용을 낳을 수 있다. 사법형 ADR 활성화 정책은 법관의 증원 없이 과도한 사건 부담 문제를 해결하려는 미봉책일 뿐이다. 결국, 사법형 ADR 활성화 정책은 사법 불신으로 이어져 재판 정당성에 대한 국민의 인식을 더욱 떨어뜨리게 한다.

또한 사법형 ADR 활성화 정책은 민간형 ADR이 활성화되는 것을 저해한다. 분쟁 당사자들이 민간형 ADR의 조정안을 따르도록 하려면, 재판에서도 거의 같은 결과가 나온다는 확신이 들게 해야 한다. 그러기 위해서는 법원이 확고한 판례를 제시하여야 한다. 그런데 사법형 ADR 활성화 정책은 새롭고 복잡한 사건을 재판보다는 ADR로 유도하게 된다. 이렇게 되면 새롭고 복잡한 사건에 대한 판례가 만들어지지 않고, 민간형 ADR에서 분쟁을 해결할 기준도 마련되지 않게 된다. 결국 판례가 없는 수많은 사건들이 끊임없이 법원으로 밀려들게 된다.

따라서 _____ 먼저 법원은 본연의 임무인 재판을 통해 당사자의 응어리를 풀어 주겠다는 의식으로 접근해야 할 것이다. 그것이 현재 법원의 실정으로 어렵다고 판단되면, 국민의 동의를 구해 예산과 인력을 확충하는 방향으로 나아가는 것이 옳은 방법이다. 법원의 인프라를 확충하고 판례를 충실히 쌓아가면, 민간형 ADR도 활성화될 것이다.

① 분쟁 해결에 대한 사회적 관심을 높이도록 유도해야 한다.
② 재판이 추구하는 목표와 ADR이 추구하는 목표는 서로 다르지 않다.
③ 법원으로 폭주하는 사건 수를 줄이기 위해 시민들의 준법의식을 강화하여야 한다.
④ 법원은 재판에 주력하여야 하며 그것이 결과적으로 민간형 ADR의 활성화에도 도움이 된다.
⑤ 민간형 ADR 기관의 전문성을 제고하여 분쟁 당사자들이 굳이 법원에 가지 않더라도 신속하게 분쟁을 해결할 수 있게 만들어야 한다.

문 16. 다음 글의 흐름에 맞지 않는 곳을 ㉠~㉤에서 찾아 수정할 때 가장 적절한 것은?

> 경제적 차원에서 가장 불리한 계층, 예컨대 노예와 날품팔이는 ㉠특정한 종교 세력에 편입되거나 포교의 대상이 된 적이 없었다. 기독교 등 고대 종교의 포교활동은 이들보다는 소시민층, 즉 야심을 가지고 열심히 노동하며 경제적으로 합리적인 생활을 하는 계층을 겨냥하였다. 고대사회의 대농장에서 일하던 노예들에게 관심을 갖는 종교는 없었다.
> 모든 시대의 하층 수공업자 대부분은 ㉡독특한 소시민적 종교 경향을 지니고 있었다. 이들은 특히 공인되지 않은 종파적 종교성에 기우는 경우가 매우 흔하였다. 곤궁한 일상과 불안정한 생계 활동에 시달리며 동료의 도움에 의존해야 하는 하층 수공업자층은 공인되지 않은 신흥 종교집단이나 비주류 종교집단의 주된 포교 대상이었다.
> 근대에 형성된 프롤레타리아트는 ㉢종교에 우호적이며 관심이 많았다. 이들은 자신의 처지가 자신의 능력과 업적에 의존한다는 의식이 약하고 그 대신 사회적 상황이나 경기 변동, 법적으로 보장된 권력관계에 종속되어 있다는 의식이 강하였다. 이에 반해 자신의 처지가 주술적 힘, 신이나 우주의 섭리와 같은 것에 종속되어 있다는 견해에는 부정적이었다.
> 프롤레타리아트가 스스로의 힘으로 ㉣특정 종교 이념을 창출하는 것은 쉽지 않았다. 이들에게는 비종교적인 이념들이 삶을 지배하는 경향이 훨씬 우세했기 때문이다. 물론 프롤레타리아트 가운데 경제적으로 불안정한 최하위 계층과 지속적인 곤궁으로 인해 프롤레타리아트화의 위험에 처한 몰락하는 소시민 계층은 ㉤종교적 포교의 대상이 되기 쉬웠다. 특히 이들을 포섭한 많은 종교는 원초적 주술을 사용하거나, 아니면 주술적·광란적 은총 수여에 대한 대응물을 제공했다. 이 계층에서 종교 윤리의 합리적 요소보다 감정적 요소가 훨씬 더 쉽게 성장할 수 있었다.

① ㉠을 "고대 종교에서는 주요한 세력이자 포섭 대상이었다."로 수정한다.
② ㉡을 "종교나 정치와는 괴리된 삶을 살았다."로 수정한다.
③ ㉢을 "종교에 우호적이지도 관심이 많지도 않았다."로 수정한다.
④ ㉣을 "특정 종교 이념을 창출한 경우가 많았다."로 수정한다.
⑤ ㉤을 "종교보다는 정치집단의 포섭 대상이 되었다."로 수정한다.

문 17. 다음 글의 빈칸에 들어갈 내용으로 가장 적절한 것은?

> A는 말벌이 어떻게 둥지를 찾아가는지 알아내고자 했다. 이에 A는 말벌이 둥지에 있을 때, 둥지를 중심으로 솔방울들을 원형으로 배치했는데, 그 말벌은 먹이를 찾아 둥지를 떠났다가 다시 둥지로 잘 돌아왔다. 이번에는 말벌이 먹이를 찾아 둥지를 떠난 사이, A가 그 솔방울들을 수거하여 둥지 부근 다른 곳으로 옮겨 똑같이 원형으로 배치했다. 그랬더니 돌아온 말벌은 솔방울들이 치워진 그 둥지로 가지 않고 원형으로 배치된 솔방울들의 중심으로 날아갔다.
> 이러한 결과를 관찰한 A는 말벌이 방향을 찾을 때 솔방울이라는 물체의 재질에 의존한 것인지 혹은 솔방울들로 만든 모양에 의존한 것인지를 알아내고자 하였다. 그래서 이번에는 말벌이 다시 먹이를 찾아 둥지를 떠난 사이, 앞서 원형으로 배치했던 솔방울들을 치우고 그 자리에 돌멩이들을 원형으로 배치했다. 그리고 거기 있던 솔방울들을 다시 가져와 둥지를 중심으로 삼각형으로 배치했다. 그러자 A는 돌아온 말벌이 원형으로 배치된 돌멩이들의 중심으로 날아가는 것을 관찰할 수 있었다.
> 이 실험을 통해 A는 먹이를 찾으러 간 말벌이 둥지로 돌아올 때, ⬚⬚⬚⬚⬚는 결론에 이르렀다.

① 물체의 재질보다 물체로 만든 모양에 의존하여 방향을 찾는다.
② 물체로 만든 모양보다 물체의 재질에 의존하여 방향을 찾는다.
③ 물체의 재질과 물체로 만든 모양 모두에 의존하여 방향을 찾는다.
④ 물체의 재질이나 물체로 만든 모양에 의존하지 않고 방향을 찾는다.
⑤ 경우에 따라 물체의 재질에 의존하기도 하고 물체로 만든 모양에 의존하기도 하면서 방향을 찾는다.

문 18. 다음 글의 ㉠에 대한 진술로 적절하지 않은 것은?

해녀들이 고무 잠수복을 받아들일 때 잠수복 바지, 저고리, 모자, 버선은 받아들였으나 흥미롭게도 장갑은 제외시켰다. 손은 부피당 표면적이 커서 수중에서 열손실이 쉽게 일어나는 부위이다. 손의 온도가 떨어지면 움직임이 둔해지고 정확도가 떨어지므로 물속에서의 작업 수행 능력이 감소된다. 이런 점을 고려할 때 장갑 착용은 작업 능률을 향상시킬 것으로 생각되는데 수온이 낮은 겨울철에도 해녀들이 잠수 장갑을 끼지 않는 데는 어떤 이유가 있을 것이다. 그 이유를 알아보기 위하여 ㉠겨울철 해녀의 작업 시 장갑 착용이 손의 열손실에 어떤 영향을 미치는지 연구하였다.

겨울철에 해녀가 작업을 할 때, 장갑을 끼는 경우와 끼지 않는 경우에 손의 열손실을 측정하였다. 열손실은 단위시간당 손실되는 열의 양으로 측정하였다. 입수 초기에는 장갑을 낄 때나 안 낄 때나 손의 열손실이 증가하는데 장갑을 낄 때보다 안 낄 때 더 빠르게 증가한다. 그런데 입수 초기가 지나면 손의 열손실은 시간에 따라 점차 감소하는데 장갑을 낄 때보다 안 낄 때 더 빠르게 감소한다. 그래서 입수 후 약 20분이 지나면 손의 열손실이 장갑을 낄 때보다 안 낄 때 더 작아지는 기현상이 생긴다.

이러한 현상은 입수 시 나타나는 손의 열절연도 변화로 설명할 수 있다. 물체의 열손실은 그 물체의 열절연도에 의해 좌우되는데 열절연도가 커질수록 열손실이 작아진다. 입수 후 손의 열절연도는 장갑을 낄 때보다 안 낄 때 더 빠르게 증가하여 입수 후 약 20분이 지나면 손의 열손실이 장갑을 낄 때보다 안 낄 때 더 작아진다. 또한 팔의 열절연도도 입수 후 시간이 지남에 따라 장갑을 낄 때보다 안 낄 때 더 빠르게 증가하여 팔의 열손실은 장갑을 낄 때보다 안 낄 때 더 빠르게 감소한다.

① 손의 온도는 해녀의 작업 수행 능력에 영향을 준다.
② 장갑 착용 여부는 손과 팔의 열손실에 영향을 준다.
③ 입수 초기에는 장갑을 낄 때보다 안 낄 때 손의 열손실이 더 빠르게 증가한다.
④ 입수 후 시간이 지남에 따라 손의 열절연도는 장갑을 낄 때보다 안 낄 때 더 빠르게 증가한다.
⑤ 입수 후 장갑을 안 낄 때는 손의 열손실이 시간이 지남에 따라 증가한 후 감소하지만 장갑을 낄 때는 그렇지 않다.

문 19. 다음 글의 내용이 참일 때, 반드시 참인 것만을 〈보기〉에서 모두 고르면?

A, B, C, D, E는 스키, 봅슬레이, 컬링, 쇼트트랙, 아이스하키 등 총 다섯 종목 중 각자 한 종목을 관람하고자 한다. 스키와 봅슬레이는 산악지역에서 열리며, 나머지 종목은 해안지역에서 열린다. 다섯 명의 관람 종목에 대한 조건은 다음과 같다.

○ A, B, C, D, E는 서로 다른 종목을 관람한다.
○ A와 B는 서로 다른 지역에서 열리는 종목을 관람한다.
○ C는 스키를 관람한다.
○ B가 쇼트트랙을 관람하면, D가 봅슬레이를 관람한다.
○ E가 쇼트트랙이나 아이스하키를 관람하면, A는 봅슬레이를 관람한다.

〈보기〉

ㄱ. A가 봅슬레이를 관람하면, D는 아이스하키를 관람한다.
ㄴ. B는 쇼트트랙을 관람하지 않는다.
ㄷ. E가 쇼트트랙을 관람하면, B는 컬링이나 아이스하키를 관람한다.

① ㄱ
② ㄴ
③ ㄱ, ㄷ
④ ㄴ, ㄷ
⑤ ㄱ, ㄴ, ㄷ

문 20. 다음 글의 내용이 참일 때, 반드시 참인 것은?

도시발전계획의 하나로 관할 지역 안에 문화특화지역과 경제특화지역을 지정하여 활성화하는 정책을 추진하고 있는 A시와 관련하여 다음 사항이 알려졌다.

○ A시의 관할 지역은 동구와 서구로 나뉘어 있고 갑, 을, 병, 정, 무는 이 시에 거주하는 주민이다.
○ A시는 문화특화지역과 경제특화지역을 곳곳에 지정하였으나, 두 지역이 서로 겹치는 경우는 없다.
○ 문화특화지역으로 지정된 곳에서는 모두 유물이 발견되었다.
○ 동구에서 경제특화지역으로 지정된 곳의 주민은 모두 부유하다.
○ 서구에 거주하는 주민은 모두 아파트에 산다.

① 갑이 유물이 발견된 지역에 거주한다면, 그는 부유하지 않다.
② 을이 부유하다면, 그는 경제특화지역에 거주하고 있다.
③ 병이 아파트에 살지는 않지만 경제특화지역에 거주한다면, 그는 부유하다.
④ 정이 아파트에 살지 않는다면, 그는 유물이 발견되지 않은 지역에 거주한다.
⑤ 무가 문화특화지역에 거주한다면, 그는 아파트에 살지 않는다.

문 21. 다음 글의 ㉠으로 적절한 것은?

규범윤리학의 핵심 물음은 "무엇이 도덕적으로 올바른 행위인가?"이다. 이에 답하기 위해서는 '도덕 규범'이라고 불리는 도덕적 판단 기준에 대한 논의가 필요하다. 도덕적 판단 기준이 개개인의 주관적 판단에 의존한다고 여기는 사람들이 다수 있지만 이는 옳지 않은 생각이다. 도덕 규범은 그것이 무엇이든 우리의 주관적 판단에 의존하지 않는다. 이러한 주장이 반드시 참임은 다음 논증을 통해 보일 수 있다.

도덕 규범이면서 우리의 주관적 판단에 의존하는 규범이 있다고 가정하면, 문제가 생긴다. 우리는 다음 명제들을 의심의 여지없이 참이라고 받아들이기 때문이다. 첫째, 주관적 판단에 의존하는 규범은 모두 우연적 요소에 좌우된다. 둘째, 우연적 요소에 좌우되는 규범은 어느 것도 보편적으로 적용되지 않는다. 셋째, 보편적으로 적용되지 않는 규범은 그것이 무엇이든 객관성이 보장되지 않는다. 이 세 명제에 ㉠<u>하나의 명제</u>를 추가하기만 하면 주관적 판단에 의존하는 규범은 어느 것도 도덕 규범이 아니라는 것을 이끌어낼 수 있다. 이는 앞의 가정과 모순된다. 따라서 도덕 규범은 어느 것도 우리의 주관적 판단에 의존하지 않는다.

① 우연적 요소에 좌우되는 도덕 규범이 있다.
② 객관성이 보장되지 않는 규범은 어느 것도 도덕 규범이 아니다.
③ 객관성이 보장되는 규범은 그것이 무엇이든 보편적으로 적용된다.
④ 보편적으로 적용되는 규범은 어느 것도 우연적 요소에 좌우되지 않는다.
⑤ 주관적 판단에 의존하면서 보편적으로 적용되지 않는 도덕 규범이 있다.

문 22. 다음 갑~병의 주장에 대한 평가로 적절한 것만을 〈보기〉에서 모두 고르면?

갑: 어떤 나라의 법이 불공정하거나 악법이라고 해도 그 나라의 시민은 그것을 준수해야 한다. 그 나라의 시민으로 살아간다는 것이 법을 준수하겠다는 암묵적인 합의를 한 것이나 마찬가지이기 때문이다. 우리에게는 약속을 지켜야 할 의무가 있다. 만일 우리의 법이 마음에 들지 않았다면 처음부터 이 나라를 떠나 이웃 나라로 이주할 수 있는 자유가 언제나 있었던 것이다. 이 나라에서 시민으로 일정 기간 이상 살았다면 법을 그것의 공정 여부와 무관하게 마땅히 지켜야만 하는 것이 우리 시민의 의무이다.

을: 법을 지키겠다는 암묵적 합의는 그 법이 공정한 것인 한에서만 유효한 것이다. 만일 어떤 법이 공정하지 않다면 그런 법을 지키는 것은 오히려 타인의 인권을 침해할 소지가 있고, 따라서 그런 법의 준수를 암묵적 합의의 일부로 간주해서는 안 될 것이다. 그러므로 공정한 법에 대해서만 선별적으로 준수의 의무를 부과하는 것이 타당하다.

병: 법은 정합적인 체계로 구성되어 있어서 어떤 개별 법 조항도 다른 법과 무관하게 독자적으로 주어질 수 없다. 모든 법은 상호 의존적이어서 어느 한 법의 준수를 거부하면 반드시 다른 법의 준수 여부에도 영향을 미칠 수밖에 없다. 예를 들어, 조세법이 부자에게 유리하고 빈자에게 불리한 불공정한 법이라고 해서 그것 하나만 따로 떼어내어 선별적으로 거부한다는 것은 불가능하다. 그렇게 했다가는 결국 아무 문제가 없는 공정한 법의 준수 여부에까지 영향을 미치게 될 것이다. 따라서 법의 선별적 준수는 전체 법체계의 유지에 큰 혼란을 불러올 우려가 있으므로 받아들여서는 안 된다.

〈보기〉

ㄱ. 예외적인 경우에 약속을 지키지 않아도 된다면 갑의 주장은 강화된다.
ㄴ. 법의 공정성을 판단하는 별도의 기준이 없다면 을의 주장은 약화된다.
ㄷ. 이민자를 차별하는 법이 존재한다면 병의 주장은 약화된다.

① ㄱ
② ㄴ
③ ㄱ, ㄷ
④ ㄴ, ㄷ
⑤ ㄱ, ㄴ, ㄷ

문 23. 다음 글에 비추어 볼 때, 〈실험〉에 대한 분석으로 적절한 것만을 〈보기〉에서 모두 고르면?

통계학자들은 오직 두 가설, 즉 영가설과 대립가설만을 고려하는 경우가 있다. 여기서 영가설이란 취해진 조치가 조치의 대상에 아무런 영향을 주지 않는다는 가설이고, 대립가설이란 영향을 준다는 가설이다. 예컨대 의사의 조치가 특정 질병 치료에 아무런 효과도 없다는 가설은 영가설이고, 의사의 조치가 그 질병을 치료하는 데 효과가 있다는 가설은 대립가설이다.

─〈실험〉─

A는 다음의 두 가설과 관련하여 아래 실험을 수행하였다.
○ 가설 1: 쥐가 동일한 행동을 반복할 때 이전 행동에서 이루어진 강제조치가 다음번 행동에 영향을 준다.
○ 가설 2: 쥐가 동일한 행동을 반복할 때 이전 행동에서 이루어진 강제조치가 다음번 행동에 영향을 주지 않는다.
왼쪽 방향 또는 오른쪽 방향으로 갈 수 있는 갈림길이 있는 미로가 있다. 실험자는 쥐 1마리를 이 미로의 입구에 집어넣었다. 미로에 들어간 쥐가 갈림길에 도달하면 실험자가 개입하여 쥐가 한쪽 방향으로 가도록 강제조치했다. 그런 다음 실험자는 미로의 출구 부분에서 쥐를 꺼내 다시 미로의 입구에 집어넣고 쥐가 갈림길에서 어느 방향으로 가는지를 관찰하였다. 100마리의 쥐를 대상으로 이러한 실험을 실시한 결과 대부분의 쥐들은 이전에 가지 않았던 방향으로 갔다.

─〈보기〉─

ㄱ. 가설 1은 대립가설이고 가설 2는 영가설이다.
ㄴ. 〈실험〉의 결과는 대립가설을 강화한다.
ㄷ. 〈실험〉에서 미로에 처음 들어간 쥐들에게 갈림길에서 50마리의 쥐들은 왼쪽 방향으로, 나머지 50마리의 쥐들은 오른쪽 방향으로 가도록 실험자가 강제조치하였다는 사실이 밝혀진다면 영가설은 강화된다.

① ㄱ
② ㄷ
③ ㄱ, ㄴ
④ ㄴ, ㄷ
⑤ ㄱ, ㄴ, ㄷ

문 24. 다음 글의 ㉠을 강화하는 것만을 〈보기〉에서 모두 고르면?

동물의 감각이나 반응을 일으키는 최소한의 자극을 '식역'이라고 한다. 인간의 경우 일반적으로 40밀리 초 이하의 시각적 자극은 '보았다'고 답하는 경우가 거의 없다. 그렇다면 식역 이하의 시각적 자극은 우리에게 아무런 영향도 주지 않는 것일까?

연구자들은 사람들에게 식역 이하의 짧은 시간 동안 문자열을 먼저 제시한 후 뒤이어 의식적으로 지각할 수 있을 만큼 문자열을 제시하는 실험을 진행했다. 이 실험에서 연구자들은 먼저 제시된 문자열을 '프라임'으로, 뒤이어 제시된 문자열을 '타깃'으로 불렀다. 프라임을 식역 이하로 제시한 후 뒤이어 타깃을 의식적으로 볼 수 있을 만큼 제시했을 때 피험자들은 타깃 앞에 프라임이 있었다는 사실조차 알아차리지 못했다.

거듭된 실험을 통해 밝혀진 사실 가운데 하나는 피험자가 비록 보았다고 의식하지 못한 낱말일지라도 제시된 프라임이 타깃과 동일한 낱말인 경우 처리속도가 빨라진다는 것이었다. 예컨대 'radio' 앞에 'house'가 제시되었을 때보다 'radio'가 제시되었을 때 반응이 빨라졌다. 동일한 낱말의 반복이 인지 반응을 촉진한 것이었다. 식역 이하로 제시된 낱말임에도 불구하고 뒤이어 나온 낱말의 처리속도에 영향을 미친 이런 효과를 가리켜 '식역 이하의 반복 점화'라고 부른다.

흥미로운 점은, 프라임이 소문자로 된 낱말 'radio'이고 타깃이 대문자로 된 낱말 'RADIO'일 때 점화 효과가 나타났다는 것이다. 시각적으로 그 둘의 외양은 다르다. 그렇다면 두 종류의 표기에 익숙한 언어적, 문화적 관습에 따라 'radio'와 'RADIO'를 같은 낱말로 인지한 것으로 볼 수 있다. 이에 비추어 볼 때, ㉠식역 이하의 반복 점화는 추상적인 수준에서 나타나는 것으로 보인다.

─〈보기〉─

ㄱ. 같은 낱말을 식역 이하로 반복하여 여러 번 눈앞에 제시해도 피험자들은 그 낱말을 인지하지 못하였다.
ㄴ. 샛별이 금성이라는 것을 아는 사람에게 프라임으로 '금성'을 식역 이하로 제시한 후 타깃으로 '샛별'을 의식적으로 볼 수 있을 만큼 제시했을 때, 점화 효과가 나타나지 않았다.
ㄷ. 한국어와 영어에 능숙한 사람에게 'five'만을 의식적으로 볼 수 있을 만큼 제시한 경우보다 프라임으로 '다섯'을 식역 이하로 제시한 후 타깃으로 'five'를 의식적으로 볼 수 있을 만큼 제시했을 때, 'five'에 대한 반응이 더 빨랐다.

① ㄱ
② ㄷ
③ ㄱ, ㄴ
④ ㄴ, ㄷ
⑤ ㄱ, ㄴ, ㄷ

문 25. 다음 글에 대한 분석으로 적절한 것만을 〈보기〉에서 모두 고르면?

갑: 우리는 예전에 몰랐던 많은 과학 지식을 가지고 있다. 예를 들어, 과거에는 물이 산소와 수소로 구성된다는 것을 몰랐지만 현재는 그 사실을 알고 있다. 과거에는 어떤 기준 좌표에서 관찰하더라도 빛의 속도가 일정하다는 것을 몰랐지만 현재의 우리는 그 사실을 알고 있다. 이처럼 우리가 알게 된 과학 지식의 수는 누적적으로 증가하고 있으며, 이 점에서 과학은 성장한다고 말할 수 있다.

을: 과학의 역사에서 과거에 과학 지식이었던 것이 더 이상 과학 지식이 아닌 것으로 판정된 사례는 많다. 예를 들어, 과거에 우리는 플로지스톤 이론이 옳다고 생각했지만 현재 그 이론이 옳다고 생각하는 사람은 아무도 없다. 이런 점에서 과학 지식의 수는 누적적으로 증가하고 있지 않다.

병: 그렇다고 해서 과학이 성장한다고 말할 수 없는 것은 아니다. 과학에서 해결해야 할 문제들은 정해져 있으며, 그중 해결된 문제의 수는 증가하고 있다. 예를 들어 과거의 뉴턴 역학은 수성의 근일점 이동을 정확하게 예측할 수 없었지만 현재의 상대성 이론은 정확하게 예측할 수 있다. 따라서 해결된 문제의 수가 증가하고 있다는 이유에서 과학은 성장한다고 말할 수 있다.

정: 그렇게 말할 수 없다. 우리가 어떤 과학 이론을 받아들이냐에 따라서 해결해야 할 문제가 달라지고, 해결된 문제의 수가 증가했는지 판단할 수도 없기 때문이다. 서로 다른 이론을 받아들이는 사람들이 해결한 문제의 수는 서로 비교할 수 없다.

〈보기〉

ㄱ. 갑과 병은 모두 과학의 성장 여부를 평가할 수 있는 어떤 기준이 있다는 것을 인정한다.
ㄴ. 을은 과학 지식의 수가 실제로 누적적으로 증가하지 않는다는 이유로 갑을 비판한다.
ㄷ. 정은 과학의 성장 여부를 말할 수 있는 근거의 진위를 판단할 수 없다는 점을 들어 병을 비판한다.

① ㄱ
② ㄷ
③ ㄱ, ㄴ
④ ㄴ, ㄷ
⑤ ㄱ, ㄴ, ㄷ

제2영역 자료해석

문 1. 다음은 회계부정행위 신고 및 포상금 지급에 관한 〈보고서〉이다. 이를 작성하기 위해 사용된 자료만을 〈보기〉에서 모두 고르면?

〈보고서〉

2019년 회계부정행위 신고 건수는 모두 64건으로 2018년보다 29건 감소하였다. 회계부정행위 신고에 대한 최대 포상금 한도가 2017년 11월 규정 개정 후에는 1억 원에서 10억 원으로 상향됨에 따라 회계부정행위 신고에 대한 사회적 관심이 증가하여 2018년에는 신고 건수가 전년 대비 크게 증가(111.4%)하였다. 2019년 회계부정행위 신고 건수는 전년 대비 31.2% 감소하였지만 2013년부터 2016년까지 연간 최대 32건에 불과하였던 점을 감안하면 2017년 11월 포상금 규정 개정 전보다 여전히 높은 수준이었다.

〈보기〉

ㄱ. 회계부정행위 신고 현황

(단위: 건, %)

연도 구분	2017	2018	2019
회계부정행위 신고 건수	44	93	64
전년 대비 증가율	–	111.4	−31.2

ㄴ. 연도별 회계부정행위 신고 건수 추이(2013~2016년)

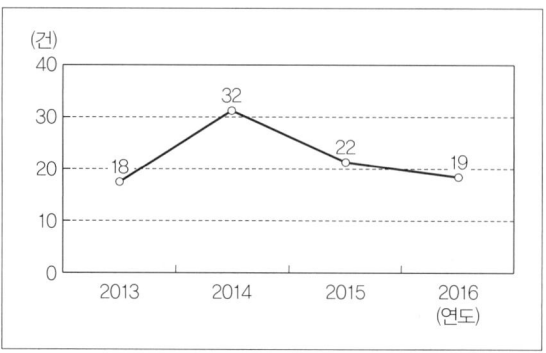

ㄷ. 회계부정행위 신고에 대한 최대 포상금 규정

(단위: 만 원)

시점	구분	최대 포상금 한도	
		자산총액 5천억 원 미만 기업	자산총액 5천억 원 이상 기업
2017년 11월 규정 개정	개정 후	50,000	100,000
	개정 전	5,000	10,000

ㄹ. 회계부정행위 신고 포상금 지급 현황

(단위: 건, 만 원)

연도 구분	2008~ 2015	2016	2017	2018	2019	합계
지급 건수	6	2	2	1	2	13
지급액	5,010	2,740	3,610	330	11,940	23,630

① ㄱ, ㄷ
② ㄴ, ㄹ
③ ㄷ, ㄹ
④ ㄱ, ㄴ, ㄷ
⑤ ㄱ, ㄴ, ㄹ

문 2. 정답: ③ 24개월

문 3. 정답: ④ ㄴ, ㄹ

문 4. 다음 〈표〉는 2019년 '갑'회사의 지점(A~E)별 매출 관련 현황에 관한 자료이다. 이에 대한 〈보기〉의 설명 중 옳은 것만을 모두 고르면?

〈표〉 '갑'회사의 지점별 매출 관련 현황

(단위: 억 원, 명)

구분\지점	A	B	C	D	E	전체
매출액	10	21	18	10	12	71
목표매출액	15	26	20	13	16	90
직원 수	5	10	8	3	6	32

※ 목표매출액 달성률(%) = $\frac{매출액}{목표매출액} \times 100$

〈보기〉
ㄱ. 직원 1인당 매출액이 가장 많은 지점은 D이다.
ㄴ. 목표매출액 달성률이 가장 높은 지점은 C이다.
ㄷ. 지점 매출액이 5개 지점 매출액의 평균을 초과하는 지점은 3곳이다.
ㄹ. 5개 지점의 매출액이 각각 20%씩 증가한다면, 전체 매출액은 전체 목표매출액을 초과한다.

① ㄱ, ㄴ
② ㄱ, ㄷ
③ ㄷ, ㄹ
④ ㄱ, ㄴ, ㄹ
⑤ ㄴ, ㄷ, ㄹ

문 5. 다음 〈표〉는 A~C가 참가한 사격게임 결과에 대한 자료이다. 〈표〉와 〈조건〉을 근거로 1~5라운드 후 A의 총적중 횟수의 최솟값과 C의 총적중 횟수의 최댓값의 차이를 구하면?

〈표〉 참가자의 라운드별 적중률 현황

(단위: %)

참가자\라운드	1	2	3	4	5
A	20.0	( )	60.0	37.5	( )
B	40.0	62.5	100.0	12.5	12.5
C	( )	62.5	80.0	( )	62.5

※ 사격게임 결과는 적중과 미적중으로만 구분함

〈조건〉
○ 1, 3라운드에는 각각 5발을 발사하고, 2, 4, 5라운드에는 각각 8발을 발사함
○ 각 참가자의 라운드별 적중 횟수는 최소 1발부터 최대 5발까지임
○ 참가자별로 1발만 적중시킨 라운드 횟수는 2회 이하임

① 10
② 11
③ 12
④ 13
⑤ 14

문 6. 다음 〈그림〉은 2015년 16개 지역의 초미세먼지 농도, 연령표준화 사망률 및 초미세먼지로 인한 조기사망자 수를 조사한 자료이다. 이에 대한 〈보기〉의 설명 중 옳은 것만을 고르면?

〈그림〉 지역별 초미세먼지 농도, 연령표준화사망률 및 초미세 먼지로 인한 조기사망자 수

※ 1) (지역, N)은 해당 지역의 초미세먼지로 인한 조기사망자 수가 N명임을 의미함
2) 연령표준화사망률은 인구구조가 다른 집단 간의 사망 수준을 비교하기 위하여 연령 구조가 사망률에 미치는 영향을 제거한 사망률을 의미함

〈보기〉
ㄱ. 초미세먼지로 인한 조기사망자 수가 가장 많은 지역은 서울이다.
ㄴ. 연령표준화사망률이 높은 지역일수록 초미세먼지로 인한 조기사망자 수는 적다.
ㄷ. 초미세먼지 농도가 가장 낮은 지역의 초미세먼지로 인한 조기사망자 수는 충청북도보다 많다.
ㄹ. 대구는 부산보다 연령표준화사망률은 높지만 초미세먼지로 인한 조기사망자 수는 적다.

① ㄱ, ㄴ
② ㄱ, ㄷ
③ ㄴ, ㄷ
④ ㄴ, ㄹ
⑤ ㄷ, ㄹ

문 7. 다음 〈표〉는 2018년과 2019년 14개 지역에 등록된 5톤 미만 어선 수에 관한 자료이다. 이에 대한 설명으로 옳은 것은?

〈표〉 2018년과 2019년 14개 지역에 등록된 5톤 미만 어선 수
(단위: 척)

연도	지역	1톤 미만	1톤 이상 2톤 미만	2톤 이상 3톤 미만	3톤 이상 4톤 미만	4톤 이상 5톤 미만
2019	부산	746	1,401	374	134	117
	대구	6	0	0	0	0
	인천	98	244	170	174	168
	울산	134	378	83	51	32
	세종	8	0	0	0	0
	경기	910	283	158	114	118
	강원	467	735	541	296	179
	충북	427	5	1	0	0
	충남	901	1,316	743	758	438
	전북	348	1,055	544	168	184
	전남	6,861	10,318	2,413	1,106	2,278
	경북	608	640	370	303	366
	경남	2,612	4,548	2,253	1,327	1,631
	제주	123	145	156	349	246
2018	부산	793	1,412	351	136	117
	대구	6	0	0	0	0
	인천	147	355	184	191	177
	울산	138	389	83	52	33
	세종	7	0	0	0	0
	경기	946	330	175	135	117
	강원	473	724	536	292	181
	충북	434	5	1	0	0
	충남	1,036	1,429	777	743	468
	전북	434	1,203	550	151	188
	전남	7,023	10,246	2,332	1,102	2,297
	경북	634	652	372	300	368
	경남	2,789	4,637	2,326	1,313	1,601
	제주	142	163	153	335	250

① 2019년 경기의 5톤 미만 어선 수의 전년 대비 증감률은 10% 미만이다.
② 2019년 대구를 제외한 각 지역에서 '1톤 미만' 어선 수는 전년보다 감소한다.

③ 2018년 대구, 세종, 충북을 제외한 각 지역에서 '1톤 이상 2톤 미만'부터 '4톤 이상 5톤 미만'까지 톤급이 증가할수록 어선 수는 감소한다.
④ 2018년과 2019년 모두 '1톤 이상 2톤 미만' 어선 수는 충남이 세 번째로 크다.
⑤ 2018년과 2019년 모두 '1톤 미만' 어선 수 대비 '3톤 이상 4톤 미만' 어선 수의 비가 가장 높은 지역은 인천이다.

문 8. 다음 〈표〉는 2008~2018년 '갑'국의 황산화물 배출권 거래 현황에 대한 자료이다. 〈표〉를 이용하여 작성한 그래프로 옳지 않은 것은?

〈표〉 2008~2018년 '갑'국의 황산화물 배출권 거래 현황

(단위: 건, kg, 원/kg)

연도	전체		무상거래		유상거래		거래가격		
	거래건수	거래량	거래건수	거래량	거래건수	거래량	최고	최저	평균
2008	10	115,894	3	42,500	7	73,394	1,000	30	319
2009	8	241,004	4	121,624	4	119,380	500	60	96
2010	32	1,712,694	9	192,639	23	1,520,055	500	50	58
2011	25	1,568,065	6	28,300	19	1,539,765	400	10	53
2012	32	1,401,374	7	30,910	25	1,370,464	400	30	92
2013	59	2,901,457	5	31,500	54	2,869,957	600	60	180
2014	22	547,500	1	2,000	21	545,500	500	65	269
2015	12	66,200	5	22,000	7	44,200	450	100	140
2016	10	89,500	3	12,000	7	77,500	500	150	197
2017	20	150,966	5	38,100	15	112,866	160	100	124
2018	28	143,324	3	5,524	25	137,800	250	74	140

① 2010~2013년 연도별 전체 거래의 건당 거래량

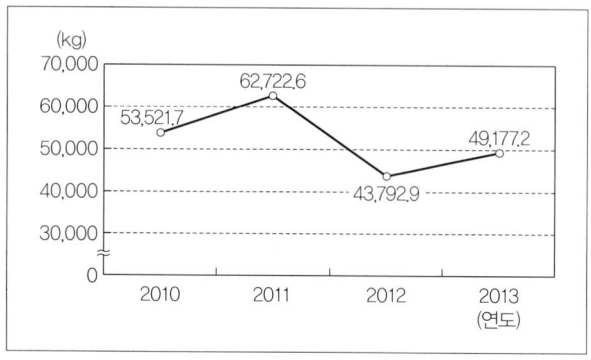

② 2009~2013년 유상거래 최고 가격과 최저 가격

③ 2013~2017년 유상거래 평균 가격

④ 2008년 전체 거래량 구성비

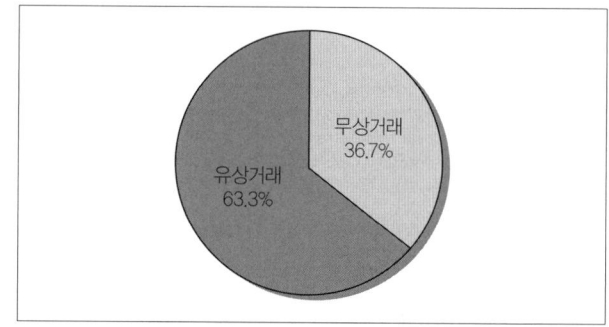

⑤ 2010~2013년 무상거래 건수와 유상거래 건수

문 9. 다음 〈표〉는 성인 남녀 1,500명을 대상으로 탈모 증상 경험 여부와 탈모 증상 경험자의 탈모 증상 완화 시도 방법에 관해 설문조사한 결과이다. 이에 대한 설명으로 옳지 않은 것은?

〈표 1〉 탈모 증상 경험 여부

구분		응답자 수(명)	탈모 증상 경험 여부(%)	
			있음	없음
성별	남성	743	28.8	71.2
	여성	757	15.2	84.8
연령대	20대	259	4.6	95.4
	30대	253	12.6	87.4
	40대	295	21.4	78.6
	50대	301	25.6	74.4
	60대	392	37.0	63.0
성별·연령대	남성 20대	136	5.1	94.9
	남성 30대	130	16.2	83.8
	남성 40대	150	30.0	70.0
	남성 50대	151	35.8	64.2
	남성 60대	176	49.4	50.6
	여성 20대	123	4.1	95.9
	여성 30대	123	8.9	91.1
	여성 40대	145	12.4	87.6
	여성 50대	150	15.3	84.7
	여성 60대	216	26.9	73.1

※ 1) 무응답과 복수응답은 없음
2) 소수점 아래 둘째 자리에서 반올림한 값임

〈표 2〉 탈모 증상 경험자의 탈모 증상 완화 시도 여부 및 방법

구분		응답자 수(명)	탈모 증상 완화 시도 방법(%)					시도하지 않음(%)
			모발관리제품사용	민간요법	치료제구입	병원진료	미용실탈모관리	
성별	남성	214	38.8	14.0	9.8	8.9	4.2	49.1
	여성	115	45.2	7.0	2.6	4.3	11.3	44.3
연령대	20대	12	50.0	0.0	16.7	16.7	16.7	0.0
	30대	32	62.5	12.5	6.3	9.4	9.4	25.0
	40대	63	52.4	7.9	6.3	12.7	7.9	36.5
	50대	77	46.8	15.6	10.4	5.2	10.4	39.0
	60대	145	26.2	11.7	6.2	4.1	2.8	62.8
부모의 탈모경험 여부	있음	236	47.0	14.8	8.1	7.2	8.9	41.1
	없음	93	24.7	4.3	7.5	7.5	1.1	62.4
탈모 증상의 심각성	심각함	150	45.3	16.0	13.3	13.3	10.0	34.0
	심각하지 않음	179	36.9	7.8	2.8	2.2	2.8	58.1

※ 1) 무응답은 없으며, 탈모 증상 완화 시도 방법에 대한 복수응답을 허용함
2) 소수점 아래 둘째 자리에서 반올림한 값임

① 남녀 각각 연령대가 높을수록 탈모 증상 경험자의 비율도 높다.
② 탈모 증상 경험자 중 탈모 증상 완화 시도 방법으로 미용실 탈모 관리를 받았다고 한 응답자의 수는 남성이 여성보다 많다.
③ 탈모 증상 경험자의 연령대가 낮을수록 탈모 증상 완화를 시도한 응답자의 비율이 높다.
④ 탈모 증상 경험자 중 부모의 탈모 경험이 있다고 한 응답자의 비율은 70% 이상이다.
⑤ 탈모 증상이 심각하다고 한 응답자 중 부모의 탈모 경험이 있다고 한 응답자는 57명 이상이다.

문 10. 다음 〈표〉는 도입과 출산을 통한 반달가슴곰 복원 현황에 관한 자료이다. 이에 대한 〈보기〉의 설명 중 옳은 것만을 모두 고르면?

〈표〉 도입과 출산을 통한 반달가슴곰 복원 현황
(단위: 개체)

구분		생존	자연적응	학습장	폐사	전체	폐사원인
도입처	러시아	13	5	8	9	22	· 자연사: 8 · 올무: 3 · 농약: 1 · 기타: 3
	북한	3	2	1	4	7	
	중국	3	0	3	1	4	
	서울대공원	6	5	1	1	7	
	청주동물원	1	0	1	0	1	
	소계	26	12	14	15	41	
출산방식	자연출산	41	39	2	5	46	· 자연사: 4 · 올무: 2
	증식장출산	7	4	3	1	8	
	소계	48	43	5	6	54	
계		74	55	19	21	95	—

※ 1) 도입처(출산방식)별 자연적응률(%)
$= \dfrac{\text{도입처(출산방식)별 자연적응 반달가슴곰 수}}{\text{도입처(출산방식)별 전체 반달가슴곰 수}} \times 100$

2) 도입처(출산방식)별 생존율(%)
$= \dfrac{\text{도입처(출산방식)별 생존 반달가슴곰 수}}{\text{도입처(출산방식)별 전체 반달가슴곰 수}} \times 100$

3) 도입처(출산방식)별 폐사율(%)
$= \dfrac{\text{도입처(출산방식)별 폐사 반달가슴곰 수}}{\text{도입처(출산방식)별 전체 반달가슴곰 수}} \times 100$

―〈보기〉―
ㄱ. 도입처가 서울대공원인 반달가슴곰의 자연적응률은 자연출산 반달가슴곰의 자연적응률보다 낮다.
ㄴ. 자연출산 반달가슴곰의 생존율은 90%를 넘는다.
ㄷ. 반달가슴곰의 폐사율은 자연출산이 증식장출산보다 낮다.
ㄹ. 도입처가 러시아인 반달가슴곰 중 적어도 두 개체의 폐사 원인은 '자연사'이다.

① ㄱ, ㄴ
② ㄱ, ㄷ
③ ㄴ, ㄹ
④ ㄱ, ㄷ, ㄹ
⑤ ㄴ, ㄷ, ㄹ

문 11. 다음은 세계 및 국내 드론 산업 현황에 관한 〈보고서〉이다. 이를 작성하기 위해 사용하지 않은 자료는?

―〈보고서〉―
세계의 드론 산업 시장은 주로 미국과 유럽을 중심으로 형성되어 왔으나, 2013년과 비교하여 2018년에는 유럽 시장보다 오히려 아시아·태평양 시장의 점유율이 더 높아졌다.
2017년 국내 드론 활용 분야별 사업체 수를 살펴보면, 농업과 콘텐츠 제작 분야의 사업체 수가 전체의 80% 이상을 차지하였고, 사업체 수의 전년 대비 증가율에 있어서는 교육 분야가 농업과 콘텐츠 제작 분야보다 각각 높았다. 2017년 국내 드론 활용 산업의 주요 관리 항목을 2013년 대비 증가율이 높은 항목부터 순서대로 나열하면, 조종자격 취득자 수, 장치신고 대수, 드론 활용 사업체 수 순이다.
우리나라는 성장 잠재력이 큰 드론 산업 육성을 위해 다양한 정책을 추진하고 있다. 특히 세계 최고 수준과의 기술 격차를 줄이기 위해 정부 R&D 예산 비중을 꾸준히 확대하고 있다. 2015~2017년 기술 분야별로 정부 R&D 예산 비중을 살펴보면, 기반기술과 응용서비스기술의 예산 비중의 합은 매년 65% 이상이다.

① 2016~2017년 국내 드론 활용 분야별 사업체 수 현황

② 2013년과 2018년 세계 드론 시장 점유율 현황

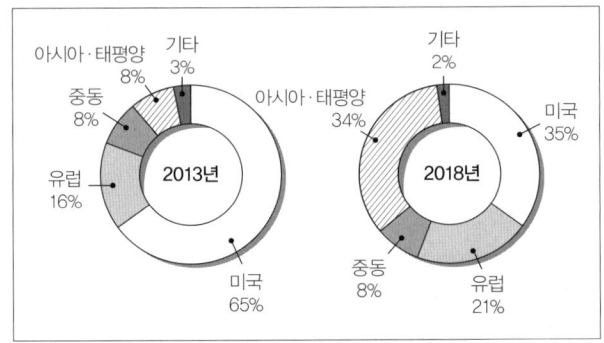

③ 2015~2017년 국내 드론 산업 관련 민간 R&D 기업규모별 투자 현황

(단위: 백만 원)

연도 구분	2015	2016	2017
대기업	2,138	10,583	11,060
중견기업	4,122	3,769	1,280
중소기업	11,500	29,477	43,312

④ 2015~2017년 국내 드론 산업 관련 기술 분야별 정부 R&D 예산 비중 현황

⑤ 2013~2017년 국내 드론 활용 산업의 주요 관리 항목별 현황

문 12. 다음 〈표〉는 A 대학 재학생 교육 만족도 조사 결과에 관한 자료이다. 이에 대한 〈보기〉의 설명 중 옳은 것만을 고르면?

〈표〉 A 대학 재학생 교육 만족도 조사 결과
(단위: 명, 점)

학년	항목 응답인원	전공	교양	시설	기자재	행정
1	2,374	3.90	3.70	3.78	3.73	3.63
2	2,349	3.95	3.75	3.76	3.71	3.64
3	2,615	3.96	3.74	3.74	3.69	3.66
4	2,781	3.94	3.77	3.75	3.70	3.65

※ 점수는 5점 만점이며, 점수가 높을수록 만족도가 높음

〈보기〉

ㄱ. '시설'과 '기자재' 항목은 응답인원이 많은 학년일수록 항목별 교육 만족도가 높다.
ㄴ. 항목별로 교육 만족도가 높은 순서대로 학년을 나열할 때, 순서가 일치하는 항목들이 있다.
ㄷ. 학년이 높아질수록 항목별 교육 만족도가 높아지는 항목은 1개이다.
ㄹ. 각 학년에서 교육 만족도가 가장 높은 항목은 모두 '전공'이다.

① ㄱ, ㄴ
② ㄱ, ㄷ
③ ㄴ, ㄷ
④ ㄴ, ㄹ
⑤ ㄷ, ㄹ

문 13. 다음 〈표〉는 2017~2019년 '갑'국 A~D 지역의 1인 1일당 단백질 섭취량과 지역별 전체 인구에 대한 자료이다. 〈표〉를 이용하여 작성한 그래프로 옳지 않은 것은?

〈표 1〉 지역별 1인 1일당 단백질 섭취량
(단위: g)

지역	연도	2017	2018	2019
A		50	60	75
B		100	100	110
C		100	90	80
D		50	50	50

※ 단백질은 동물성 단백질과 식물성 단백질로만 구성됨

〈표 2〉 지역별 1인 1일당 식물성 단백질 섭취량
(단위: g)

지역	연도	2017	2018	2019
A		25	25	25
B		10	30	50
C		20	20	20
D		10	5	5

〈표 3〉 지역별 전체 인구
(단위: 명)

지역	연도	2017	2018	2019
A		1,000	1,000	1,100
B		1,000	1,000	1,000
C		800	700	600
D		100	100	100

① 2017~2019년 B와 D 지역의 1인 1일당 동물성 단백질 섭취량

② 2019년 지역별 1일 단백질 총섭취량

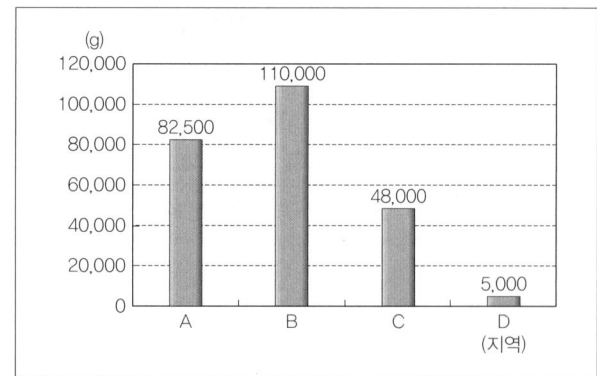

③ 2017년 지역별 1인 1일당 단백질 섭취량 구성비

④ 2017~2019년 A와 C 지역의 1인 1일당 동물성 단백질 섭취량과 1인 1일당 식물성 단백질 섭취량의 차이

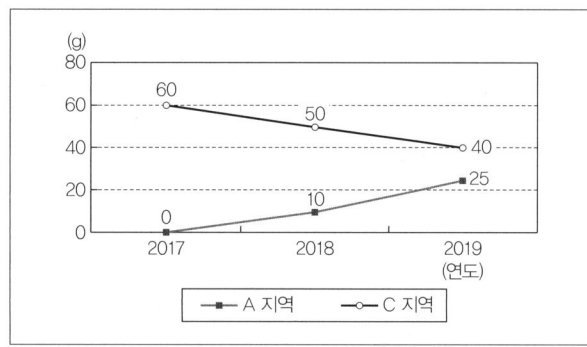

⑤ 지역별 2017년 대비 2018년 1인 1일당 식물성 단백질 섭취량 증감률

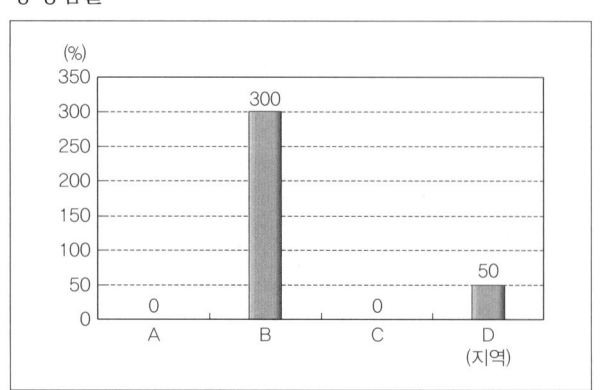

문 14. 다음 〈표〉는 2016~2019년 '갑'국의 방송통신 매체별 광고매출액에 관한 자료이다. 이에 대한 〈보기〉의 설명 중 옳은 것만을 고르면?

〈표〉 2016~2019년 방송통신 매체별 광고매출액

(단위: 억 원)

매체	세부 매체	2016	2017	2018	2019
방송	지상파TV	15,517	14,219	12,352	12,310
	라디오	2,530	2,073	1,943	1,816
	지상파DMB	53	44	36	35
	케이블PP	18,537	17,130	16,646	( )
	케이블SO	1,391	1,408	1,275	1,369
	위성방송	480	511	504	503
	소계	38,508	35,385	32,756	31,041
온라인	인터넷(PC)	19,092	20,554	19,614	19,109
	모바일	28,659	36,618	45,678	54,781
	소계	47,751	57,172	65,292	73,890

〈보기〉

ㄱ. 2017~2019년 동안 모바일 광고매출액의 전년 대비 증가율은 매년 30% 이상이다.

ㄴ. 2017년의 경우, 방송 매체 중 지상파TV 광고매출액이 차지하는 비중은 온라인 매체 중 인터넷(PC) 광고매출액이 차지하는 비중보다 작다.

ㄷ. 케이블PP의 광고매출액은 매년 감소한다.

ㄹ. 2016년 대비 2019년 광고매출액 증감률이 가장 큰 세부 매체는 모바일이다.

① ㄱ, ㄴ
② ㄱ, ㄷ
③ ㄴ, ㄷ
④ ㄴ, ㄹ
⑤ ㄷ, ㄹ

문 15. 다음 〈그림〉은 '갑'국 6개 지방청 전체의 부동산과 자동차 압류건수의 지방청별 구성비에 관한 자료이다. 〈그림〉과 〈조건〉을 근거로 B와 D에 해당하는 지방청을 바르게 나열한 것은?

〈그림 1〉 부동산 압류건수의 지방청별 구성비

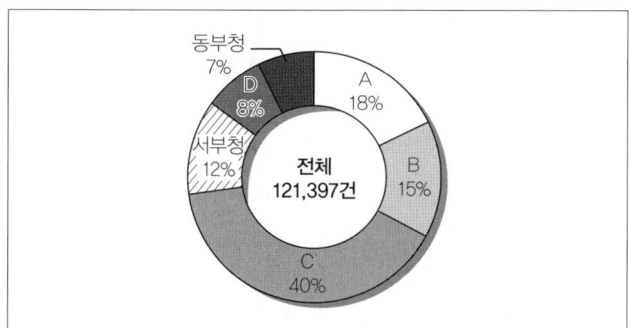

※ 지방청은 동부청, 서부청, 남부청, 북부청, 남동청, 중부청으로만 구성됨

〈그림 2〉 자동차 압류건수의 지방청별 구성비

―〈조건〉―
○ 자동차 압류건수는 중부청이 남동청의 2배 이상이다.
○ 남부청과 북부청의 부동산 압류건수는 각각 2만 건 이하이다.
○ 지방청을 부동산 압류건수와 자동차 압류건수가 큰 값부터 순서대로 각각 나열할 때, 순서가 동일한 지방청은 동부청, 남부청, 중부청이다.

	B	D
①	남동청	남부청
②	남동청	북부청
③	남부청	북부청
④	북부청	남부청
⑤	중부청	남부청

문 16. 다음 〈표〉는 조사연도별 국세 및 국세청세수와 국세청세수 징세비 및 국세청 직원 수 현황에 대한 자료이다. 〈보고서〉를 작성하기 위해 〈표〉 이외에 추가로 필요한 자료만을 〈보기〉에서 모두 고르면?

〈표 1〉 국세 및 국세청세수 현황
(단위: 억 원)

구분 조사연도	국세	국세청세수	일반회계	특별회계
2002	1,039,678	966,166	876,844	89,322
2007	1,614,591	1,530,628	1,479,753	50,875
2012	2,030,149	1,920,926	1,863,469	57,457
2017	2,653,849	2,555,932	2,499,810	56,122

〈표 2〉 국세청세수 징세비 및 국세청 직원 수 현황
(단위: 백만 원, 명)

구분 조사연도	징세비	국세청 직원 수
2002	817,385	15,158
2007	1,081,983	18,362
2012	1,339,749	18,797
2017	1,592,674	19,131

―〈보고서〉―
2017년 국세청세수는 255.6조 원으로, 전년도보다 22.3조 원 증가하였다. 세목별로는 소득세(76.8조 원), 부가가치세(67.1조 원), 법인세(59.2조 원) 순으로 높다. 세무서별로 살펴보면 세수 1위는 남대문세무서(11.6조 원), 2위는 수영세무서(10.9조 원)이다. 2017년 기준 국세청세수에서 특별회계가 차지하는 비중은 2.2%로서, 2002년 기준 9.2%와 비교해 감소하였다. 국세는 국세청세수에 관세청 소관분과 지방자치단체 소관분을 합한 금액으로, 2002년부터 2017년까지 국세 대비 국세청세수의 비율은 매년 증가 추세를 보인다. 2002년 기준 92.9%였던 국세 대비 국세청세수의 비율은 2017년에는 96.3%로 3.0%p 이상 증가하였다.
구체적으로 살펴보면, 국세청 직원 1인당 국세청세수는 2007년 8,336백만 원, 2017년 13,360백만 원으로 큰 폭의 상승세를 보인다. 국세청세수 100원당 징세비는 2017년 기준 0.62원으로 2002년 0.85원에 비해 20% 이상 감소하였다. 2017년 현재 19,131명의 국세청 직원들이 세수확보를 위해 노력 중이며, 국세청 직원 수는 2002년 대비 25% 이상 증가하였다.

―〈보기〉―
ㄱ. 2003~2016년의 국세 및 국세청세수
ㄴ. 2003~2016년의 관세청 소관분
ㄷ. 2017년의 세무서별·세목별 세수 실적
ㄹ. 2002~2017년의 국세청 직원 1인당 국세청세수

① ㄱ, ㄴ
② ㄱ, ㄷ
③ ㄴ, ㄹ
④ ㄱ, ㄷ, ㄹ
⑤ ㄴ, ㄷ, ㄹ

문 17. 다음 〈표〉는 '가'곤충도감에 기록된 분류군별 경제적 중요도와 '갑~병'국의 종의 수에 관한 자료이다. 이에 대한 〈보기〉의 설명 중 옳은 것만을 고르면?

〈표〉 분류군별 경제적 중요도와 '갑~병'국의 종의 수
(단위: 종)

분류군	경제적 중요도	국가			전체
		갑	을	병	
무시류	C	303	462	435	11,500
고시류	C	187	307	1,031	8,600
메뚜기목	A	297	372	1,161	34,300
강도래목	C	47	163	400	2,000
다듬이벌레목	B	12	83	280	4,400
털이목	C	4	150	320	2,800
이목	C	22	32	70	500
총채벌레목	A	87	176	600	5,000
노린재목	S	1,886	2,744	11,300	90,000
풀잠자리목	A	52	160	350	6,500
딱정벌레목	S	3,658	9,992	30,000	350,000
부채벌레목	C	7	22	60	300
벌목	S	2,791	4,870	17,400	125,000
밑들이목	C	11	44	85	600
벼룩목	C	40	72	250	2,500
파리목	S	1,594	4,692	18,000	120,000
날도래목	C	202	339	975	11,000
나비목	S	3,702	5,057	11,000	150,000

※ 해당 국가의 분류군별 종 다양성(%) = $\dfrac{\text{해당 국가의 분류군별 종의 수}}{\text{분류군별 전체 종의 수}} \times 100$

〈보기〉
ㄱ. 경제적 중요도가 S인 분류군 중, '갑'국에서 종의 수가 세 번째로 많은 분류군은 노린재목이다.
ㄴ. 경제적 중요도가 A인 분류군 중, '을'국에서 종의 수가 두 번째로 많은 분류군은 총채벌레목이다.
ㄷ. 경제적 중요도가 C인 분류군 중, '갑'국의 분류군별 종 다양성이 가장 낮은 분류군은 털이목이다.
ㄹ. 경제적 중요도가 S인 분류군 중, '병'국의 분류군별 종 다양성이 10% 이상인 분류군은 4개이다.

① ㄱ, ㄴ
② ㄱ, ㄷ
③ ㄴ, ㄷ
④ ㄴ, ㄹ
⑤ ㄷ, ㄹ

문 18. 다음 〈표〉는 '갑'공기업의 신규 사업 선정을 위한 2개 사업(A, B) 평가에 관한 자료이다. 〈표〉와 〈조건〉에 근거한 〈보기〉의 설명 중 옳은 것만을 고르면?

〈표 1〉 A와 B 사업의 평가 항목별 원점수

(단위: 점)

구분	평가 항목	A 사업	B 사업
사업적 가치	경영전략 달성 기여도	80	90
	수익창출 기여도	80	90
공적 가치	정부정책 지원 기여도	90	80
	사회적 편익 기여도	90	80
참여 여건	전문인력 확보 정도	70	70
	사내 공감대 형성 정도	70	70

※ 평가 항목별 원점수는 100점 만점임

〈표 2〉 평가 항목별 가중치

구분	평가 항목	가중치
사업적 가치	경영전략 달성 기여도	0.2
	수익창출 기여도	0.1
공적 가치	정부정책 지원 기여도	0.3
	사회적 편익 기여도	0.2
참여 여건	전문인력 확보 정도	0.1
	사내 공감대 형성 정도	0.1
계		1.0

〈조건〉

○ 신규 사업 선정을 위한 각 사업의 최종 점수는 평가 항목별 원점수에 해당 평가 항목의 가중치를 곱한 값을 모두 합하여 산정함
○ A와 B 사업 중 최종 점수가 더 높은 사업을 신규 사업으로 최종 선정함

〈보기〉

ㄱ. 각 사업의 6개 평가 항목 원점수의 합은 A사업과 B사업이 같다.
ㄴ. '공적 가치'에 할당된 가중치의 합은 '참여 여건'에 할당된 가중치의 합보다 작고, '사업적 가치'에 할당된 가중치의 합보다 크다.
ㄷ. '갑'공기업은 A사업을 신규 사업으로 최종 선정한다.
ㄹ. '정부정책 지원 기여도' 가중치와 '수익창출 기여도' 가중치를 서로 바꾸더라도 최종 선정되는 신규 사업은 동일하다.

① ㄱ, ㄴ
② ㄱ, ㄷ
③ ㄱ, ㄹ
④ ㄴ, ㄹ
⑤ ㄷ, ㄹ

문 19. 다음 〈표〉는 2016~2019년 '갑'조사기관이 발표한 이미지 분야 및 실체 분야 국가브랜드 상위 10개국을 나타낸 자료이다. 이를 바탕으로 작성한 〈보고서〉의 A~C에 해당하는 내용을 바르게 나열한 것은?

〈표〉 2016~2019년 국가브랜드 상위 10개국

연도 분야 순위	2016 이미지	2017 이미지	2018 이미지	2019 이미지	2019 실체
1	프랑스	독일	일본	미국	미국
2	일본	캐나다	독일	독일	독일
3	스웨덴	일본	미국	영국	프랑스
4	영국	미국	캐나다	일본	영국
5	독일	영국	영국	스위스	일본
6	미국	스위스	프랑스	스웨덴	스위스
7	스위스	프랑스	스웨덴	캐나다	호주
8	캐나다	스웨덴	호주	프랑스	스웨덴
9	네덜란드	이탈리아	스위스	호주	네덜란드
10	이탈리아	호주	오스트리아	네덜란드	캐나다

※ 1) 국가브랜드는 이미지 분야와 실체 분야로 나누어 각각 순위가 결정되며 공동 순위는 없음
2) 조사대상 국가는 매년 동일함

〈보고서〉

최근 국가브랜드의 중요성이 커지면서 국가브랜드 순위에 대한 관심이 높아지고 있다. '갑'조사기관이 발표한 2016~2019년 이미지 분야 및 실체 분야 국가브랜드 순위를 살펴보면, 미국의 이미지 분야 순위는 매년 ___A___ 하고 있다. 또한, 이 기간에 연도별 이미지 분야 순위가 모두 상위 10위 이내에 든 국가는 총 8개국이다.
2019년 이미지 분야 순위가 상위 10위 이내에 든 국가는 모두 2019년 실체 분야 순위도 상위 10위 이내에 들었다. 2019년 이미지 분야 순위 상위 10개국 중 2019년 이미지 분야 순위와 실체 분야 순위의 차이가 가장 큰 국가는 ___B___ 인 것으로 나타났다. 2017년 이미지 분야 순위 상위 10개국 중 2016년에 비해 2017년 이미지 분야 순위가 상승한 국가는 총 ___C___ 개국이었고, 특히 캐나다의 높은 순위 상승이 눈에 띈다. 2019년에는 2018년과 비교하여 이미지 분야 순위가 하락한 국가가 많았으나, 네덜란드의 경우 이미지 분야 순위가 상승하여 주목받고 있다.

	A	B	C
①	상승	캐나다	6
②	상승	프랑스	5
③	상승	프랑스	6
④	하락	스웨덴	5
⑤	하락	캐나다	6

문 20. 다음 〈그림〉은 W경제포럼이 발표한 25개 글로벌 리스크의 분류와 영향도 및 발생가능성 지수에 관한 자료이다. 이에 대한 설명으로 옳지 않은 것은?

〈그림〉 글로벌 리스크의 분류와 영향도 및 발생가능성 지수

① 모든 환경적 리스크의 발생가능성 지수 대비 영향도의 비는 1 이상이다.
② 영향도와 발생가능성 지수의 차이가 가장 큰 글로벌 리스크는 '대량 살상 무기'이다.
③ '에너지가격 충격'의 영향도 대비 발생가능성 지수의 비는 1 이하이다.
④ 영향도와 발생가능성 지수가 각각의 '전체 평균' 이하인 경제적 리스크의 수는 영향도나 발생가능성 지수가 각각의 '전체 평균' 이상인 경제적 리스크의 수보다 많다.
⑤ 모든 환경적 리스크는 영향도와 발생가능성 지수가 각각의 '전체 평균' 이상이다.

문 21. 다음 〈표〉는 '갑'국의 멸종위기종 지정 현황에 관한 자료이다. 이에 대한 설명으로 옳지 않은 것은?

〈표〉 멸종위기종 지정 현황

(단위: 종)

분류 \ 지정	멸종위기종	멸종위기Ⅰ급	멸종위기Ⅱ급
포유류	20	12	8
조류	63	14	49
양서·파충류	8	2	6
어류	27	11	16
곤충류	26	6	20
무척추동물	32	4	28
식물	88	11	77
전체	264	60	204

※ 멸종위기종은 멸종위기Ⅰ급과 멸종위기Ⅱ급으로 구분함

① 멸종위기종으로 '포유류'만 10종을 추가로 지정한다면, 전체 멸종위기종 중 '포유류'의 비율은 10% 이상이다.
② 각 분류에서 멸종위기종 중 멸종위기Ⅰ급의 비율은 '무척추동물'과 '식물'이 동일하다.
③ 각 분류의 멸종위기종에서 5종씩 지정을 취소한다면, 전체 멸종위기종 중 '조류'의 비율은 감소한다.
④ 각 분류에서 멸종위기종 중 멸종위기Ⅱ급의 비율은 '조류'가 '양서·파충류'보다 높다.
⑤ '포유류'를 제외한 모든 분류에서 각 분류의 멸종위기종 중 멸종위기Ⅱ급의 비율은 각 분류의 멸종위기종 중 멸종위기Ⅰ급의 비율보다 높다.

문 22. 다음 〈조사 개요〉와 〈표〉는 A 기관 5개 지방청에 대한 외부고객 만족도 조사 결과이다. 이에 대한 설명으로 옳지 않은 것은?

─〈조사 개요〉─
○ 조사기간: 2019년 7월 28일 ~ 2019년 8월 8일
○ 조사방법: 전화 조사
○ 조사목적: A 기관 5개 지방청 외부고객의 주소지 관할 지방청에 대한 만족도 조사
○ 응답자 수: 총 101명(조사항목별 무응답은 없음)
○ 조사항목: 업무 만족도, 인적 만족도, 시설 만족도

〈표〉 A 기관 5개 지방청 외부고객 만족도 조사 결과
(단위: 점)

구분	조사항목	업무 만족도	인적 만족도	시설 만족도
전체		4.12	4.29	4.20
성별	남자	4.07	4.33	4.19
	여자	4.15	4.27	4.20
연령대	30세 미만	3.82	3.83	3.70
	30세 이상 40세 미만	3.97	4.18	4.25
	40세 이상 50세 미만	4.17	4.39	4.19
	50세 이상	4.48	4.56	4.37
지방청	경인청	4.35	4.48	4.30
	동북청	4.20	4.39	4.28
	호남청	4.00	4.03	4.04
	동남청	4.19	4.39	4.30
	충청청	3.73	4.16	4.00

※ 1) 주어진 점수는 응답자의 조사항목별 만족도의 평균이며, 점수가 높을수록 만족도가 높음(5점 만점)
2) 점수는 소수점 아래 셋째 자리에서 반올림한 값임

① 모든 연령대에서 '업무 만족도'보다 '인적 만족도'가 높다.
② '업무 만족도'가 높은 지방청일수록 '인적 만족도'도 높다.
③ 응답자의 연령대가 높을수록 '업무 만족도'와 '인적 만족도'가 모두 높다.
④ '업무 만족도', '인적 만족도', '시설 만족도'의 합이 가장 큰 지방청은 경인청이다.
⑤ 남자 응답자보다 여자 응답자가 많다.

문 23. 다음 〈그림〉은 2019년 '갑'국의 가구별 근로장려금 산정기준에 관한 자료이다. 이에 대한 〈보기〉의 설명 중 옳은 것만을 모두 고르면?

〈그림〉 2019년 가구별 근로장려금 산정기준

※ 2019년 가구별 근로장려금은 2018년 가구별 자녀 수와 총급여액을 기준으로 산정함

─〈보기〉─
ㄱ. 2018년 총급여액이 1,000만 원이고 자녀가 1명인 가구의 2019년 근로장려금은 140만 원이다.
ㄴ. 2018년 총급여액이 800만 원 이하인 무자녀 가구는 2018년 총급여액이 많을수록 2019년 근로장려금도 많다.
ㄷ. 2018년 총급여액이 2,200만 원이고 자녀가 3명 이상인 가구의 2019년 근로장려금은 2018년 총급여액이 600만 원이고 자녀가 1명인 가구의 2019년 근로장려금보다 적다.
ㄹ. 2018년 총급여액이 2,000만 원인 가구의 경우, 자녀가 많을수록 2019년 근로장려금도 많다.

① ㄱ, ㄷ
② ㄱ, ㄹ
③ ㄴ, ㄷ
④ ㄱ, ㄴ, ㄹ
⑤ ㄴ, ㄷ, ㄹ

문 24. 다음 〈그림〉은 '갑'지역의 주민을 대상으로 육교 설치에 대한 찬성 또는 반대 의견을 3차례 조사한 결과이다. 이에 대한 설명으로 옳은 것은?

〈그림〉 '갑'지역 육교 설치에 대한 1~3차 조사 결과

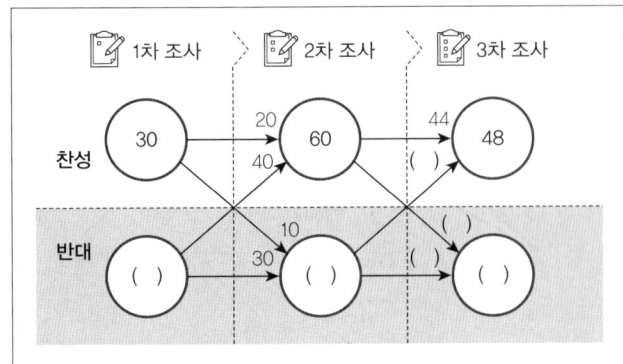

※ 1) 1~3차 조사에 응답한 사람은 모두 같고, 무응답과 복수응답은 없음
   2) 예를 들어, 찬성 30 → 60 은 1차 조사에서 찬성한다고 응답한 30명 중 20명이 2차 조사에서도 찬성한다고 응답하였고, 2차 조사에서 찬성한다고 응답한 사람은 총 60명임을 의미함

① 3차 조사에 응답한 사람은 130명 이상이다.
② 2차 조사에서 반대한다고 응답한 사람 중 3차 조사에서도 반대한다고 응답한 사람은 32명이다.
③ 2차 조사에서 찬성한다고 응답한 사람 중 3차 조사에서 반대한다고 응답한 사람은 20명이다.
④ 1차 조사에서 반대한다고 응답한 사람 중 3차 조사에서 찬성한다고 응답한 사람은 45명 이상이다.
⑤ 1~3차 조사에서 한 번도 의견을 바꾸지 않은 사람은 30명 이상이다.

문 25. 다음 〈그림〉과 〈표〉는 조사연도별 '갑'국 병사의 계급별 월급과 군내매점에서 판매하는 주요 품목 가격에 관한 자료이다. 이에 대한 설명으로 옳은 것은?

〈그림〉 조사연도별 병사의 계급별 월급

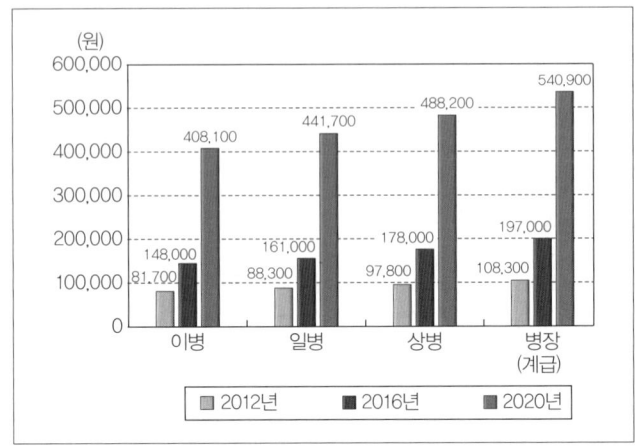

〈표〉 조사연도별 군내매점 주요 품목 가격

(단위: 원/개)

조사연도	캔커피	단팥빵	햄버거
2012	250	600	2,400
2016	300	1,000	2,800
2020	500	1,400	3,500

① 이병 월급은 2020년이 2012년보다 500% 이상 증액되었다.
② 2012년 대비 2016년 상병 월급 증가율은 2016년 대비 2020년 상병 월급 증가율보다 더 높다.
③ 군내매점 주요 품목 각각의 2012년 대비 2016년 가격인상률은 2016년 대비 2020년 가격인상률보다 낮다.
④ 일병이 한 달 월급만을 사용하여 군내매점에서 해당 연도 가격으로 140개의 단팥빵을 구매하고 남은 금액은 2016년이 2012년보다 15,000원 이상 더 많다.
⑤ 병장이 한 달 월급만을 사용하여 군내매점에서 해당 연도 가격으로 구매할 수 있는 햄버거의 최대 개수는 2020년이 2012년의 3배 이하이다.

제3영역 상황판단

풀이 시간
• 시작: ____시 ____분 ~ 종료: ____시 ____분
• 총 : ____분

문 1. 다음 글을 근거로 판단할 때 옳은 것은?

제00조 ① 광역교통위원회는 위원장 1명과 상임위원 1명 및 다음 각 호의 위원을 포함하여 30명 이내로 구성한다.
1. 대도시권 광역교통 관련 업무를 담당하는 중앙행정기관 소속 고위공무원 중 대통령령으로 정하는 사람
2. 대도시권에 포함되는 광역지방자치단체의 부단체장 중 대통령령으로 정하는 사람
3. 그 밖에 광역교통 관련 전문지식과 경험이 풍부한 사람
② 광역교통위원회의 위원장은 국토교통부장관의 제청으로 대통령이 임명하고, 위원은 국토교통부장관이 임명 또는 위촉한다.
제00조 ① 실무위원회는 다음 각 호의 사항을 심의한다.
1. 광역교통위원회에 부칠 안건의 사전검토 또는 조정에 관한 사항
2. 그 밖에 실무위원회의 위원장이 심의가 필요하다고 인정하는 사항
② 실무위원회의 위원장은 광역교통위원회의 상임위원이 된다.
③ 실무위원회의 위원은 다음 각 호의 사람이 된다.
1. 기획재정부·행정안전부·국토교통부 및 행정중심복합도시건설청 소속 공무원 중 소속 기관의 장이 지명하는 사람
2. 대도시권에 포함되는 시·도 또는 시·군·구(자치구를 말한다) 소속 공무원 중 소속 기관의 장이 광역교통위원회와 협의해 지명하는 사람
3. 교통·도시계획·재정·행정·환경 등 광역교통에 관한 학식과 경험이 풍부한 사람 중에서 광역교통위원회의 위원장이 성별을 고려해 위촉하는 50명 이내의 사람

① 실무위원회의 위원 위촉 시 성별은 고려하지 않는다.
② 광역교통위원회의 구성원은 실무위원회의 구성원이 될 수 없다.
③ 광역교통위원회 위원장의 위촉 없이도 실무위원회의 위원이 될 수 있다.
④ 공무원이 아닌 사람은 실무위원회의 위원은 될 수 있으나, 광역교통위원회의 위원은 될 수 없다.
⑤ 광역교통위원회의 위원으로 행정안전부 소속 공무원을 선정하는 경우 행정안전부장관이 임명한다.

문 2. 다음 글을 근거로 판단할 때 옳은 것은?

제○○조 이 법에서 사용하는 용어의 뜻은 다음과 같다.
1. '배아'란 인간의 수정란 및 수정된 때부터 발생학적으로 모든 기관이 형성되기 전까지의 분열된 세포군을 말한다.
2. '잔여배아'란 체외수정으로 생성된 배아 중 임신의 목적으로 이용하고 남은 배아를 말한다.
제△△조 ① 누구든지 임신 외의 목적으로 배아를 생성하여서는 아니 된다.
② 누구든지 배아를 생성할 때 다음 각 호의 어느 하나에 해당하는 행위를 하여서는 아니 된다.
1. 특정의 성을 선택할 목적으로 난자와 정자를 선별하여 수정시키는 행위
2. 사망한 사람의 난자 또는 정자로 수정하는 행위
3. 미성년자의 난자 또는 정자로 수정하는 행위. 다만 혼인한 미성년자가 그 자녀를 얻기 위하여 수정하는 경우는 제외한다.
③ 누구든지 금전, 재산상의 이익 또는 그 밖의 반대급부를 조건으로 배아나 난자 또는 정자를 제공 또는 이용하거나 이를 유인하거나 알선하여서는 아니 된다.
제□□조 ① 배아의 보존기간은 5년으로 한다. 다만 난자 또는 정자의 기증자가 배아의 보존기간을 5년 미만으로 정한 경우에는 이를 보존기간으로 한다.
② 제1항에도 불구하고 제1항의 기증자가 항암치료를 받는 경우 그 기증자는 보존기간을 5년 이상으로 정할 수 있다.
③ 배아생성의료기관은 제1항 또는 제2항에 따른 보존기간이 끝난 배아 중 제◇◇조에 따른 연구의 목적으로 이용하지 아니할 배아는 폐기하여야 한다.
제◇◇조 제□□조에 따른 배아의 보존기간이 지난 잔여배아는 발생학적으로 원시선(原始線)이 나타나기 전까지만 체외에서 다음 각 호의 연구 목적으로 이용할 수 있다.
1. 난임치료법 및 피임기술의 개발을 위한 연구
2. 희귀·난치병의 치료를 위한 연구

※ 원시선: 중배엽 형성 초기에 세포의 이동에 의해서 형성되는 배반(胚盤)의 꼬리쪽 끝에서 볼 수 있는 얇은 선

① 배아생성의료기관은 불임부부를 위해 반대급부를 조건으로 배아의 제공을 알선할 수 있다.
② 난자 또는 정자의 기증자는 항암치료를 받지 않더라도 배아의 보존기간을 6년으로 정할 수 있다.
③ 배아생성의료기관은 혼인한 미성년자의 정자를 임신 외의 목적으로 수정하여 배아를 생성할 수 있다.
④ 보존기간이 남은 잔여배아는 발생학적으로 원시선이 나타나기 전이라면 체내에서 난치병 치료를 위한 연구 목적으로 이용할 수 있다.
⑤ 생성 후 5년이 지나지 않은 잔여배아도 발생학적으로 원시선이 나타나기 전까지 체외에서 피임기술 개발을 위한 연구에 이용하는 것이 가능한 경우가 있다.

문 3. 다음 글을 근거로 판단할 때 옳은 것은?

제00조 ① 수입신고를 하려는 자(업소를 포함한다)는 해당 수입식품의 안전성 확보 등을 위하여 식품의약품안전처장이 정하는 기준에 따라 해외제조소에 대하여 위생관리 상태를 점검할 수 있다.
② 제1항에 따라 위생관리 상태를 점검한 자는 식품의약품안전처장에게 우수수입업소 등록을 신청할 수 있다.
③ 식품의약품안전처장은 제2항에 따라 신청된 내용이 식품의약품안전처장이 정하는 기준에 적합한 경우에는 우수수입업소 등록증을 신청인에게 발급하여야 한다.
④ 우수수입업소 등록의 유효기간은 등록된 날부터 3년으로 한다.
⑤ 식품의약품안전처장은 우수수입업소가 다음 각 호의 어느 하나에 해당하는 경우에는 그 등록을 취소하거나 시정을 명할 수 있다. 다만 우수수입업소가 제1호에 해당하는 경우에는 등록을 취소하여야 한다.
 1. 거짓이나 그 밖의 부정한 방법으로 등록된 경우
 2. 수입식품 수입·판매업의 시설기준을 위배하여 영업정지 2개월 이상의 행정처분을 받은 경우
 3. 수입식품에 대한 부당한 표시를 하여 영업정지 2개월 이상의 행정처분을 받은 경우
⑥ 제5항에 따라 등록이 취소된 업소는 그 취소가 있은 날부터 3년 동안 우수수입업소 등록을 신청할 수 없다.
제00조 ① 식품의약품안전처장은 수입신고된 수입식품에 대하여 관계공무원으로 하여금 필요한 검사를 하게 하여야 한다.
② 식품의약품안전처장은 수입신고된 수입식품이 다음 각 호의 어느 하나에 해당하는 경우에는 제1항에도 불구하고 수입식품의 검사 전부 또는 일부를 생략할 수 있다.
 1. 우수수입업소로 등록된 자가 수입하는 수입식품
 2. 해외우수제조업소로 등록된 자가 수출하는 수입식품

① 업소 甲이 우수수입업소 등록을 신청하기 위해서는 식품의약품안전처장이 정하는 기준에 따라 국내 자기업소에 대한 위생관리 상태를 점검하여야 한다.
② 업소 乙이 2020년 2월 20일에 우수수입업소로 등록되었다면, 그 등록은 2024년 2월 20일까지 유효하다.
③ 업소 丙이 부정한 방법으로 우수수입업소로 등록된 경우 식품의약품안전처장은 등록을 취소하지 않고 시정을 명할 수 있다.
④ 우수수입업소 丁이 수입식품 수입·판매업의 시설기준을 위배하여 영업정지 1개월의 행정처분을 받았다면, 그때로부터 3년 동안 丁은 우수수입업소 등록을 신청할 수 없다.
⑤ 식품의약품안전처장은 우수수입업소 戊가 수입신고한 수입식품에 대한 검사를 전부 생략할 수 있다.

문 4. 다음 글을 근거로 판단할 때, 〈보기〉에서 저작권자의 허락 없이 허용되는 행위만을 모두 고르면?

제00조 타인의 공표된 저작물의 내용·형식을 변환하거나 그 저작물을 복제·배포·공연 또는 공중송신(방송·전송을 포함한다)하기 위해서는 특별한 규정이 없는 한 저작권자의 허락을 받아야 한다.
제00조 ① 누구든지 공표된 저작물을 저작권자의 허락 없이 시각장애인을 위하여 점자로 복제·배포할 수 있다.
② 시각장애인을 보호하고 있는 시설, 시각장애인을 위한 특수학교 또는 점자도서관은 영리를 목적으로 하지 아니하고 시각장애인의 이용에 제공하기 위하여, 공표된 어문저작물을 저작권자의 허락 없이 녹음하여 복제하거나 디지털음성정보 기록방식으로 복제·배포 또는 전송할 수 있다.
제00조 ① 누구든지 공표된 저작물을 저작권자의 허락 없이 청각장애인을 위하여 한국수어로 변환할 수 있으며 이러한 한국수어를 복제·배포·공연 또는 공중송신할 수 있다.
② 청각장애인을 보호하고 있는 시설, 청각장애인을 위한 특수학교 또는 한국어수어통역센터는 영리를 목적으로 하지 아니하고 청각장애인의 이용에 제공하기 위하여, 공표된 저작물에 포함된 음성 및 음향 등을 저작권자의 허락 없이 자막 등 청각장애인이 인지할 수 있는 방식으로 변환할 수 있으며 이러한 자막 등을 청각장애인이 이용할 수 있도록 복제·배포·공연 또는 공중송신할 수 있다.

※ 어문저작물: 소설·시·논문·각본 등 문자로 이루어진 저작물

〈보기〉

ㄱ. 학교도서관이 공표된 소설을 청각장애인을 위하여 한국수어로 변환하고 이 한국수어를 복제·공중송신하는 행위
ㄴ. 한국어수어통역센터가 영리를 목적으로 청각장애인의 이용에 제공하기 위하여, 공표된 영화에 포함된 음성을 자막으로 변환하여 배포하는 행위
ㄷ. 점자도서관이 영리를 목적으로 하지 아니하고 시각장애인의 이용에 제공하기 위하여, 공표된 피아니스트의 연주 음악을 녹음하여 복제·전송하는 행위

① ㄱ
② ㄴ
③ ㄱ, ㄷ
④ ㄴ, ㄷ
⑤ ㄱ, ㄴ, ㄷ

문 5. 다음 글을 근거로 판단할 때 옳지 않은 것은?

이해충돌은 공직자들에게 부여된 공적 의무와 사적 이익이 충돌하는 갈등상황을 지칭한다. 공적 의무와 사적 이익이 충돌한다는 점에서 이해충돌은 공직부패와 공통점이 있다. 하지만 공직부패가 사적 이익을 위해 공적 의무를 저버리고 권력을 남용하는 것이라면, 이해충돌은 공적 의무와 사적 이익이 대립하는 객관적 상황 자체를 의미한다. 이해충돌하에서 공직자는 공적 의무가 아닌 사적 이익을 추구하는 결정을 내릴 위험성이 있지만 항상 그런 결정을 내리는 것은 아니다.

공직자의 이해충돌은 공직부패 발생의 상황요인이며 공직부패의 사전 단계가 될 수 있기 때문에 이에 대한 적절한 규제가 필요하다. 공직부패가 의도적 행위의 결과인 반면, 이해충돌은 의도하지 않은 상태에서 발생하는 상황이다. 또한 공직부패는 드문 현상이지만 이해충돌은 일상적으로 발생하기 때문에 직무수행 과정에서 빈번하게 나타날 수 있다. 그런 이유로 이해충돌에 대한 전통적인 규제는 공직부패의 사전예방에 초점이 맞추어져 있었다.

최근에는 이해충돌에 대한 규제의 초점이 정부의 의사결정 과정과 결과에 대한 신뢰성 확보로 변화되고 있다. 이는 정부의 의사결정 과정의 정당성과 공정성 자체에 대한 불신이 커지고, 그 결과가 시민의 요구와 선호를 충족하지 못하고 있다는 의구심이 제기되고 있는 상황을 반영하고 있다. 신뢰성 확보로 규제의 초점이 변화되면서 이해충돌의 개념이 확대되어, 외관상 발생 가능성이 있는 것만으로도 이해충돌에 대해 규제하는 것이 정당화되고 있다.

① 공직부패는 권력 남용과 관계없이 공적 의무와 사적 이익이 대립하는 객관적 상황 자체를 의미한다.
② 이해충돌 발생 가능성이 외관상으로만 존재해도 이해충돌에 대해 규제하는 것이 정당화되고 있다.
③ 공직자의 이해충돌과 공직부패는 공적 의무와 사적 이익의 충돌이라는 점에서 공통점이 있다.
④ 공직자의 이해충돌은 직무수행 과정에서 빈번하게 발생할 가능성이 있다.
⑤ 이해충돌에 대한 규제의 초점은 공직부패의 사전예방에서 정부의 의사결정 과정과 결과에 대한 신뢰성 확보로 변화되고 있다.

문 6. 다음 글을 근거로 판단할 때, A서비스를 이용할 수 있는 경우는?

A서비스는 공항에서 출국하는 승객이 공항 외의 지정된 곳에서 수하물을 보내고 목적지에 도착한 후 찾아가는 신개념 수하물 위탁서비스이다.

A서비스를 이용하고자 하는 승객은 ○○호텔에 마련된 체크인 카운터에서 본인 확인과 보안 절차를 거친 후 탑승권을 발급받고 수하물을 위탁하면 된다. ○○호텔 투숙객이 아니더라도 이 서비스를 이용할 수 있다.

○○호텔에 마련된 체크인 카운터는 매일 08:00~16:00에 운영된다. 인천공항에서 13:00~24:00에 출발하는 국제선 이용 승객을 대상으로 A서비스가 제공된다. 단, 미주노선(괌/사이판 포함)은 제외된다.

	숙박 호텔	항공기 출발 시각	출발지	목적지
①	○○호텔	15:30	김포공항	제주
②	◇◇호텔	14:00	김포공항	베이징
③	○○호텔	15:30	인천공항	사이판
④	◇◇호텔	21:00	인천공항	홍콩
⑤	○○호텔	10:00	인천공항	베이징

문 7. 다음 글을 근거로 판단할 때, 2019년의 무역의존도가 높은 순서대로 세 국가(A~C)를 나열한 것은?

A, B, C 세 국가는 서로 간에만 무역을 하고 있다. 2019년 세 국가의 수출액은 다음과 같다.
○ A의 B와 C에 대한 수출액은 각각 200억 달러와 100억 달러였다.
○ B의 A와 C에 대한 수출액은 각각 150억 달러와 100억 달러였다.
○ C의 A와 B에 대한 수출액은 각각 150억 달러와 50억 달러였다.

A, B, C의 2019년 국내총생산은 각각 1,000억 달러, 3,000억 달러, 2,000억 달러였고, 각 국가의 무역의존도는 다음과 같이 계산한다.

$$\text{무역의존도} = \frac{\text{총 수출액} + \text{총 수입액}}{\text{국내총생산}}$$

① A, B, C
② A, C, B
③ B, A, C
④ B, C, A
⑤ C, A, B

문 8. 다음 글을 근거로 판단할 때, <보기>에서 옳은 것만을 모두 고르면?

△△부처는 직원 교육에 사용할 교재를 외부 업체에 위탁하여 제작하려 한다. 업체가 제출한 시안을 5개의 항목으로 평가하고, 평가 점수의 총합이 가장 높은 시안을 채택한다. 평가 점수의 총합이 동점일 경우, 평가 항목 중 학습내용 점수가 가장 높은 시안을 채택한다. 5개의 업체가 제출한 시안(A~E)의 평가 결과는 다음과 같다.

(단위: 점)

시안 평가 항목(배점)	A	B	C	D	E
학습내용(30)	25	30	20	25	20
학습체계(30)	25	(㉠)	30	25	20
교수법(20)	20	17	(㉡)	20	15
학습평가(10)	10	10	10	5	10
학습매체(10)	10	10	10	10	10

─<보기>─
ㄱ. D와 E는 채택되지 않는다.
ㄴ. ㉡의 점수와 상관없이 C는 채택되지 않는다.
ㄷ. ㉠이 23점이라면 B가 채택된다.

① ㄱ
② ㄷ
③ ㄱ, ㄴ
④ ㄴ, ㄷ
⑤ ㄱ, ㄴ, ㄷ

문 9. 다음 글을 근거로 판단할 때, 숫자코드가 될 수 있는 것은?

숫자코드를 만드는 규칙은 다음과 같다.
○ 그림과 같이 작은 정사각형 4개로 이루어진 큰 정사각형이 있고, 작은 정사각형의 꼭짓점마다 1~9의 번호가 지정되어 있다.

○ 펜을 이용해서 9개의 점 중 임의의 하나의 점에서 시작하여 (이하 시작점이라 한다) 다른 점으로 직선을 그어 나간다.
○ 다른 점에 도달하면 펜을 종이 위에서 떼지 않고 또 다른 점으로 계속해서 직선을 그어 나간다. 단, 한번 그은 직선 위에 또 다른 직선을 겹쳐서 그을 수 없다.
○ 시작점을 포함하여 4개 이상의 점에 도달한 후 펜을 종이 위에서 뗄 수 있다. 단, 시작점과 동일한 점에서는 뗄 수 없다.
○ 펜을 종이에서 뗀 후, 그어진 직선이 지나는 점의 번호를 순서대로 모두 나열한 것이 숫자코드가 된다. 예를 들어 1번 점에서 시작하여 6번, 5번, 8번순으로 직선을 그었다면 숫자코드는 1658이다.

① 596
② 15953
③ 53695
④ 642987
⑤ 9874126

문 10. 다음 〈지정 기준〉과 〈신청 현황〉을 근거로 판단할 때, 신청병원(甲~戊) 중 산재보험 의료기관으로 지정되는 것은?

〈지정 기준〉

○ 신청병원 중 인력 점수, 경력 점수, 행정처분 점수, 지역별 분포 점수의 총합이 가장 높은 병원을 산재보험 의료기관으로 지정한다.
○ 전문의 수가 2명 이하이거나, 가장 가까이 있는 기존 산재보험 의료기관까지의 거리가 1km 미만인 병원은 지정 대상에서 제외한다.
○ 각각의 점수는 아래의 항목별 배점 기준에 따라 부여한다.

항목	배점 기준
인력 점수	전문의 수 7명 이상은 10점
	전문의 수 4명 이상 6명 이하는 8점
	전문의 수 3명 이하는 3점
경력 점수	전문의 평균 임상경력 1년당 2점(단, 평균 임상경력이 10년 이상이면 20점)
행정처분 점수	2명 이하의 의사가 행정처분을 받은 적이 있는 경우 10점
	3명 이상의 의사가 행정처분을 받은 적이 있는 경우 2점
지역별 분포 점수	가장 가까이 있는 기존 산재보험 의료기관이 8km 이상 떨어져 있을 경우, 인력 점수와 경력 점수 합의 20%에 해당하는 점수
	가장 가까이 있는 기존 산재보험 의료기관이 3km 이상 8km 미만 떨어져 있을 경우, 인력 점수와 경력 점수 합의 10%에 해당하는 점수
	가장 가까이 있는 기존 산재보험 의료기관이 3km 미만 떨어져 있을 경우, 인력 점수와 경력 점수 합의 20%에 해당하는 점수 감점

〈신청 현황〉

신청 병원	전문의 수	전문의 평균 임상 경력	행정처분을 받은 적이 있는 의사 수	가장 가까이 있는 기존 산재보험 의료기관까지의 거리
甲	6명	7년	4명	10km
乙	2명	17년	1명	8km
丙	8명	5년	0명	1km
丁	4명	11년	3명	2km
戊	3명	12년	2명	500m

① 甲
② 乙
③ 丙
④ 丁
⑤ 戊

문 11. 다음 글을 근거로 판단할 때 옳은 것은?

제00조 이 규칙은 법원이 소지하는 국가기밀에 속하는 문서 등의 보안업무에 관한 사항을 규정함을 목적으로 한다.
제00조 이 규칙에서 비밀이라 함은 그 내용이 누설되는 경우 국가안전보장에 유해한 결과를 초래할 우려가 있는 국가기밀로서 이 규칙에 의하여 비밀로 분류된 것을 말한다.
제00조 ① Ⅰ급비밀 취급 인가권자는 대법원장, 대법관, 법원행정처장으로 한다.
② Ⅱ급 및 Ⅲ급비밀 취급 인가권자는 다음과 같다.
 1. Ⅰ급비밀 취급 인가권자
 2. 사법연수원장, 고등법원장, 특허법원장, 사법정책연구원장, 법원공무원교육원장, 법원도서관장
 3. 지방법원장, 가정법원장, 행정법원장, 회생법원장
제00조 ① 비밀 취급 인가권자는 비밀을 취급 또는 비밀에 접근할 직원에 대하여 해당 등급의 비밀 취급을 인가한다.
② 비밀 취급의 인가는 대상자의 직책에 따라 필요한 최소한의 인원으로 제한하여야 한다.
③ 비밀 취급 인가를 받은 자가 다음 각 호의 어느 하나에 해당하는 경우에는 그 취급의 인가를 해제하여야 한다.
 1. 고의 또는 중대한 과실로 중대한 보안 사고를 범한 때
 2. 비밀 취급이 불필요하게 된 때
④ 비밀 취급의 인가 및 해제와 인가 등급의 변경은 문서로 하여야 하며 직원의 인사기록사항에 이를 기록하여야 한다.
제00조 ① 비밀 취급 인가권자는 임무 및 직책상 해당 등급의 비밀을 항상 사무적으로 취급하는 자에 한하여 비밀 취급을 인가하여야 한다.
② 비밀 취급 인가권자는 소속직원의 인사기록카드에 기록된 비밀 취급의 인가 및 해제사유와 임용 시의 신원조사회보서에 의하여 새로 신원조사를 행하지 아니하고 비밀 취급을 인가할 수 있다. 다만 Ⅰ급비밀 취급을 인가하는 때에는 새로 신원조사를 실시하여야 한다.

① 비밀 취급 인가의 해제는 구술로 할 수 있다.
② 법원행정처장은 Ⅰ급비밀, Ⅱ급비밀, Ⅲ급비밀 모두에 대해 취급 인가권을 가진다.
③ 비밀 취급 인가는 대상자의 직책에 따라 가능한 한 제한 없이 충분한 인원에게 하여야 한다.
④ 비밀 취급 인가를 받은 자가 중대한 보안 사고를 범한 경우 고의가 없었다면 그 취급의 인가를 해제할 수 없다.
⑤ 비밀 취급 인가권자는 소속직원에 대해 새로 신원조사를 행하지 아니하고 Ⅰ급비밀 취급을 인가할 수 있다.

문 12. 다음 글을 근거로 판단할 때 옳은 것은?

> 제○○조 ① 국유재산은 다음 각 호의 어느 하나에 해당하지 않는 경우에는 매각할 수 있다.
>   1. 제△△조에 의한 매각제한의 대상에 해당하는 경우
>   2. 제□□조에 의한 총괄청의 매각승인을 받지 않은 경우
> ② 국유재산의 매각은 일반경쟁입찰을 원칙으로 한다. 다만 필요한 경우에는 제한경쟁, 지명경쟁 또는 수의계약의 방법으로 매각할 수 있다.
> 제△△조 다음 각 호의 어느 하나에 해당하는 경우에는 매각할 수 없다.
>   1. 중앙관서의 장이 행정목적으로 사용하기 위하여 그 국유재산을 행정재산으로 사용 승인한 경우
>   2. 소유자 없는 부동산에 대하여 공고를 거쳐 국유재산으로 취득한 후 10년이 지나지 아니한 경우. 다만 해당 국유재산에 대하여 중앙관서의 장이 공익사업에 필요하다고 인정한 경우와 행정재산의 용도로 사용하던 소유자 없는 부동산을 행정재산으로 취득하였으나 그 행정재산을 당해 용도로 사용하지 아니하게 된 경우에는 그러하지 아니하다.
> 제□□조 ① 국유일반재산인 토지의 면적이 특별시·광역시 지역에서는 1,000제곱미터를, 그 밖의 시 지역에서는 2,000제곱미터를 초과하는 재산을 매각하고자 하는 경우에는 총괄청의 승인을 받아야 한다.
> ② 제1항에도 불구하고 다음 각 호의 어느 하나에 해당하는 경우에는 총괄청의 승인을 요하지 아니한다.
>   1. 수의계약의 방법으로 매각하는 경우
>   2. 다른 법률에 따른 무상귀속
>   3. 법원의 확정판결·결정 등에 따른 소유권의 변경

① 중앙관서의 장이 행정목적으로 사용하기 위하여 행정재산으로 사용 승인한 국유재산인 건물은 총괄청의 매각승인을 받아야 매각될 수 있다.
② 총괄청의 매각승인 대상인 국유일반재산이더라도 그 매각방법이 지명경쟁인 경우에는 총괄청의 승인 없이 매각할 수 있다.
③ 법원의 확정판결로 국유일반재산의 소유권을 변경하려는 경우 총괄청의 승인을 받아야 한다.
④ 광역시에 소재하는 국유일반재산인 1,500제곱미터 면적의 토지를 수의계약의 방법으로 매각하려는 경우에는 총괄청의 승인을 받아야 한다.
⑤ 행정재산의 용도로 사용하던 소유자 없는 500제곱미터 면적의 토지를 공고를 거쳐 행정재산으로 취득한 후 이를 당해 용도로 사용하지 않게 된 경우, 취득한 때로부터 10년이 경과하지 않았더라도 매각할 수 있다.

문 13. 다음 글을 근거로 판단할 때 옳은 것은?

> A국은 다음 5가지 사항을 반영하여 특허법을 제정하였다.
> (1) 새로운 기술에 의한 발명을 한 사람에게 특허권이라는 독점권을 주는 제도와 정부가 금전적 보상을 해주는 보상제도 중, A국은 전자를 선택하였다.
> (2) 특허권을 별도의 특허심사절차 없이 부여하는 방식과 신청에 의한 특허심사절차를 통해 부여하는 방식 중, A국은 후자를 선택하였다.
> (3) 새로운 기술에 의한 발명인지를 판단하는 데 있어서 전세계에서의 새로운 기술을 기준으로 하는 것과 국내에서의 새로운 기술을 기준으로 하는 것 중, A국은 후자를 선택하였다.
> (4) 특허권의 효력발생범위를 A국 영토 내로 한정하는 것과 A국 영토 밖으로 확대하는 것 중, A국은 전자를 선택하였다. 따라서 특허권이 부여된 발명을 A국 영토 내에서 특허권자의 허락 없이 무단으로 제조·판매하는 행위를 금지하며, 이를 위반한 자에게는 손해배상의무를 부과한다.
> (5) 특허권의 보호기간을 한정하는 방법과 한정하지 않는 방법 중, A국은 전자를 선택하였다. 그리고 그 보호기간은 특허권을 부여받은 날로부터 10년으로 한정하였다.

① A국에서 알려지지 않은 새로운 기술로 알코올램프를 발명한 자는 그 기술이 이미 다른 나라에서 널리 알려진 것이라도 A국에서 특허권을 부여받을 수 있다.
② A국에서 특허권을 부여받은 날로부터 11년이 지난 손전등을 제조·판매하기 위해서는 발명자로부터 허락을 받아야 한다.
③ A국에서 새로운 기술로 석유램프를 발명한 자는 A국 정부로부터 그 발명에 대해 금전적 보상을 받을 수 있다.
④ A국에서 새로운 기술로 필기구를 발명한 자는 특허심사절차를 밟지 않더라도 A국 내에서 다른 사람이 그 필기구를 무단으로 제조·판매하는 것을 금지시킬 수 있다.
⑤ A국에서 망원경에 대해 특허권을 부여받은 자는 다른 나라에서 그 망원경을 무단으로 제조 및 판매한 자로부터 A국 특허법에 따라 손해배상을 받을 수 있다.

문 14. 다음 글을 근거로 판단할 때 옳지 않은 것은?

최근 공직자의 재산상태와 같은 세세한 사생활 정보까지 공개하라는 요구가 높아지고 있다. 공직자의 사생활은 일반시민의 사생활만큼 보호될 필요가 없다는 것이 그 이유다. 비슷한 맥락에서 일찍이 플라톤은 통치자는 가족과 사유재산을 갖지 말아야 한다고 주장했다.

공직자의 사생활 보호에 대한 논의는 '동등한 사생활 보호의 원칙'과 '축소된 사생활 보호의 원칙'으로 구분된다. 동등한 사생활 보호의 원칙은 공직자의 사생활도 일반시민과 동등한 정도로 보호되어야 한다고 본다. 이 원칙의 지지자들은 우선 공직자의 사생활 보호로 공적으로 활용 가능한 인재가 증가한다는 점을 강조한다. 사생활이 보장되지 않으면 공직 희망자가 적어져 인재 활용이 제한되고 다양성도 줄어들게 된다는 것이다. 또한 이들은 선정적인 사생활 폭로가 난무하여 공공정책에 대한 실질적 토론과 민주적 숙고가 사라져 버릴 위험성에 대해서도 경고한다.

반면, 공직자는 일반시민보다 우월한 권력을 가지고 있다는 것과 시민을 대표한다는 것 때문에 축소된 사생활 보호의 원칙이 적용되어야 한다는 주장도 있다. 공직자는 일반시민이 아니기 때문에 동등한 사생활 보호의 원칙을 적용할 수 없다는 것이다. 이 원칙의 지지자들은 공직자들이 시민 생활에 영향을 미치는 결정을 내리기 때문에, 사적 목적을 위해 권력을 남용하지 않고 부당한 압력에 굴복하지 않으며 시민이 기대하는 정책을 추구할 가능성이 높은 사람이어야 한다고 주장한다. 즉 이러한 공직자가 행사하는 권력에 대해 책임을 묻기 위해서는 사생활 중 관련된 내용은 공개되어야 한다는 것이다. 또한 공직자는 시민을 대표하기 때문에 훌륭한 인간상으로 시민의 모범이 되어야 한다는 이유도 들고 있다.

① 축소된 사생활 보호의 원칙은 공직자와 일반시민의 사생활 보장의 정도가 달라야 한다고 본다.
② 통치자의 사생활에 대한 플라톤의 생각은 동등한 사생활 보호의 원칙보다 축소된 사생활 보호의 원칙에 더 가깝다.
③ 동등한 사생활 보호의 원칙을 지지하는 이유 중 하나는 공직자가 시민을 대표하는 훌륭한 인간상이어야 하기 때문이다.
④ 동등한 사생활 보호의 원칙을 지지하는 이유 중 하나는 사생활이 보장되지 않으면 공직 희망자가 적어질 수 있다고 보기 때문이다.
⑤ 축소된 사생활 보호의 원칙을 지지하는 이유 중 하나는 공직자가 일반시민보다 우월한 권력을 가지고 있다고 보기 때문이다.

문 15. 다음 글을 근거로 판단할 때, 〈보기〉에서 옳은 것만을 모두 고르면?

일반적인 내연기관에서는 휘발유와 공기가 엔진 내부의 실린더 속에서 압축된 후 점화 장치에 의하여 점화되어 연소된다. 이때의 연소는 휘발유의 주성분인 탄화수소가 공기 중의 산소와 반응하여 이산화탄소와 물을 생성하는 것이다. 여러 개의 실린더에서 규칙적이고 연속적으로 일어나는 '공기·휘발유' 혼합물의 연소에서 발생하는 힘으로 자동차는 달리게 된다. 그런데 간혹 실린더 내의 과도한 열이나 압력, 혹은 질 낮은 연료의 사용 등으로 인해 '노킹(knocking)' 현상이 발생하기도 한다. 노킹 현상이란 공기·휘발유 혼합물의 조기 연소 현상을 지칭한다. 공기·휘발유 혼합물이 점화되기도 전에 연소되는 노킹 현상이 지속되면 엔진의 성능은 급격히 저하된다.

자동차 연료로 사용되는 휘발유에는 '옥탄가(octane number)'라는 값에 따른 등급이 부여된다. 옥탄가는 휘발유의 특성을 나타내는 수치 중 하나로, 이 값이 높을수록 노킹 현상이 발생할 가능성은 줄어든다. 甲국에서는 보통, 중급, 고급으로 분류되는 세 가지 등급의 휘발유가 판매되고 있는데, 이 등급을 구분하는 최소 옥탄가의 기준은 각각 87, 89, 93이다. 하지만 甲국의 고산지대에 위치한 A시에서 판매되는 휘발유는 다른 지역의 휘발유보다 등급을 구분하는 최소 옥탄가의 기준이 등급별로 2씩 낮다. 이는 산소의 밀도가 낮아 노킹 현상이 발생할 가능성이 더 낮은 고산지대의 특징을 반영한 것이다.

〈보기〉

ㄱ. A시에서 고급 휘발유로 판매되는 휘발유의 옥탄가는 91 이상이다.
ㄴ. 실린더 내에 과도한 열이 발생하면 노킹 현상이 발생할 수 있다.
ㄷ. 노킹 현상이 일어나지 않는다면, 일반적인 내연기관 내부의 실린더 속에서 공기·휘발유 혼합물은 점화가 된 후에 연소된다.
ㄹ. 내연기관 내에서의 연소는 이산화탄소와 산소가 반응하여 물을 생성하는 것이다.

① ㄱ, ㄴ
② ㄱ, ㄹ
③ ㄷ, ㄹ
④ ㄱ, ㄴ, ㄷ
⑤ ㄴ, ㄷ, ㄹ

문 16. 다음 글과 〈국내이전비 신청현황〉을 근거로 판단할 때, 국내이전비를 지급받는 공무원만을 모두 고르면?

청사 소재지 이전에 따라 거주지를 이전하거나, 현 근무지 외의 지역으로 부임의 명을 받아 거주지를 이전하는 공무원은 다음 요건에 모두 부합하는 경우 국내이전비를 지급받는다.
첫째, 전임지에서 신임지로 거주지를 이전하고 이사화물도 옮겨야 한다. 다만 동일한 시(특별시, 광역시 및 특별자치시 포함)·군 및 섬(제주특별자치도 제외) 안에서 거주지를 이전하는 공무원에게는 국내이전비를 지급하지 않는다. 둘째, 거주지와 이사화물은 발령을 받은 후에 이전하여야 한다.

〈국내이전비 신청현황〉

공무원	전임지	신임지	발령 일자	이전 일자	이전여부 거주지	이사화물
甲	울산광역시 중구	울산광역시 북구	'20.2.13.	'20.2.20.	○	○
乙	경기도 고양시	세종특별 자치시	'19.12.3.	'19.12.5.	○	×
丙	광주광역시	대구광역시	'19.6.1.	'19.6.15.	×	○
丁	제주특별 자치도 서귀포시	제주특별 자치도 제주시	'20.1.2.	'20.1.13.	○	○
戊	서울특별시	충청북도 청주시	'19.9.3.	'19.9.8.	○	○
己	부산광역시	서울특별시	'20.4.25.	'20.4.1.	○	○

① 甲, 乙
② 乙, 丁
③ 丙, 己
④ 丁, 戊
⑤ 戊, 己

문 17. 다음 글과 〈상황〉을 근거로 판단할 때, 甲의 말이 최종적으로 위치하는 칸은?

○ 참가자는 그림과 같이 A~L까지 12개의 칸으로 구성된 게임판에서, A칸에 말을 놓고 시작한다.

○ 참가자는 ← 또는 → 버튼을 누를 수 있다.
○ 버튼을 맨 처음 누를 때, ← 버튼을 누르면 말을 반시계방향으로 1칸 이동하고 → 버튼을 누르면 말을 시계방향으로 1칸 이동한다.
○ 그 다음부터는 매번 버튼을 누르면, 그 버튼을 누르기 직전에 누른 버튼에 따라 아래와 같이 말을 이동한다.

누른 버튼	직전에 누른 버튼	말의 이동
←	←	반시계방향으로 2칸 이동
←	→	움직이지 않음
→	←	움직이지 않음
→	→	시계방향으로 2칸 이동

○ 참가자는 버튼을 총 5회 누른다.

〈상황〉

甲은 다음과 같이 버튼을 눌렀다.

누른 순서	1	2	3	4	5
누른 버튼	←	→	→	←	←

① A칸
② C칸
③ H칸
④ J칸
⑤ L칸

문 18. 다음 〈상황〉과 〈기준〉을 근거로 판단할 때, A기관이 원천징수 후 甲에게 지급하는 금액은?

〈상황〉

○○국 A기관은 甲을 '지역경제 활성화 위원회'의 외부 위원으로 위촉하였다. 甲은 2020년 2월 24일 오후 2시부터 5시까지 위원회에 참석해서 지역경제 활성화와 관련한 내용을 슬라이드 20면으로 발표하였다. A기관은 아래 〈기준〉에 따라 甲에게 해당 위원회 참석수당과 원고료를 지급한다.

〈기준〉

○ 참석수당 지급기준액

구분	단가
참석수당	• 기본료(2시간): 100,000원 • 2시간 초과 후 1시간마다 50,000원

○ 원고료 지급기준액

구분	단가
원고료	10,000원/A4 1면

※ 슬라이드 2면을 A4 1면으로 한다.

○ 위원회 참석수당 및 원고료는 기타소득이다.
○ 위원회 참석수당 및 원고료는 지급기준액에서 다음과 같은 기타소득세와 주민세를 원천징수하고 지급한다.
 − 기타소득세: (지급기준액 − 필요경비) × 소득세율(20%)
 − 주민세: 기타소득세 × 주민세율(10%)
 ※ 필요경비는 지급기준액의 60%로 한다.

① 220,000원
② 228,000원
③ 256,000원
④ 263,000원
⑤ 270,000원

문 19. 다음 글을 근거로 판단할 때, 비밀번호의 둘째 자리 숫자와 넷째 자리 숫자의 합은?

甲은 친구의 자전거를 빌려 타기로 했다. 친구의 자전거는 다이얼을 돌려 다섯 자리의 비밀번호를 맞춰야 열리는 자물쇠로 잠겨 있다. 각 다이얼은 0~9 중 하나가 표시된다.
자물쇠에 현재 표시된 숫자는 첫째 자리부터 순서대로 3-6-4-4-9이다. 친구는 비밀번호에 대해 다음과 같은 힌트를 주었다.

○ 비밀번호는 모두 다른 숫자로 구성되어 있다.
○ 자물쇠에 현재 표시된 모든 숫자는 비밀번호에 쓰이지 않는다.
○ 현재 짝수가 표시된 자리에는 홀수가, 현재 홀수가 표시된 자리에는 짝수가 온다. 단, 0은 짝수로 간주한다.
○ 비밀번호를 구성하는 숫자 중 가장 큰 숫자가 첫째 자리에 오고, 가장 작은 숫자가 다섯째 자리에 온다.
○ 비밀번호 둘째 자리 숫자는 현재 둘째 자리에 표시된 숫자보다 크다.
○ 서로 인접한 두 숫자의 차이는 5보다 작다.

① 7
② 8
③ 10
④ 12
⑤ 13

문 20. 다음 글을 근거로 판단할 때, 〈보기〉에서 옳은 것만을 모두 고르면?

○ 다음과 같이 9개의 도시(A~I)가 위치하고 있다.

A	B	C
D	E	F
G	H	I

○ A~I시가 미세먼지 저감을 위해 5월부터 차량 운행 제한 정책을 시행함에 따라 제한 차량의 도시 진입 및 도시 내 운행이 금지된다.
○ 모든 차량은 4개의 숫자로 된 차량번호를 부여받으며 각 도시의 제한 요건은 아래와 같다.

도시		제한 차량
A, E, F, I	홀수일	차량번호가 홀수로 끝나는 차량
	짝수일	차량번호가 짝수로 끝나는 차량
B, G, H	홀수일	차량번호가 짝수로 끝나는 차량
	짝수일	차량번호가 홀수로 끝나는 차량
C, D	월요일	차량번호가 1 또는 6으로 끝나는 차량
	화요일	차량번호가 2 또는 7로 끝나는 차량
	수요일	차량번호가 3 또는 8로 끝나는 차량
	목요일	차량번호가 4 또는 9로 끝나는 차량
	금요일	차량번호가 0 또는 5로 끝나는 차량
	토·일요일	없음

※ 단, 0은 짝수로 간주한다.

○ 도시 간 이동 시에는 도시 경계선이 서로 맞닿아 있지 않은 도시로 바로 이동할 수 없다. 예컨대 A시에서 E시로 이동하기 위해서는 반드시 B시나 D시를 거쳐야 한다.

〈보기〉

ㄱ. 甲은 5월 1일(토)에 E시에서 차량번호가 1234인 차량을 운행할 수 있다.
ㄴ. 乙은 5월 6일(목)에 차량번호가 5639인 차량으로 A시에서 D시로 이동할 수 있다.
ㄷ. 丙은 5월 중 어느 하루에 동일한 차량으로 A시에서 H시로 이동할 수 있다.
ㄹ. 丁은 5월 15일(토)에 차량번호가 9790인 차량으로 D시에서 F시로 이동할 수 있다.

① ㄱ, ㄴ
② ㄱ, ㄷ
③ ㄱ, ㄹ
④ ㄴ, ㄷ
⑤ ㄴ, ㄹ

문 21. 다음 글을 근거로 판단할 때, 〈보기〉에서 옳은 것만을 모두 고르면?

키가 서로 다른 6명의 어린이를 다음 그림과 같이 한 방향을 바라보도록 일렬로 세우려고 한다. 그림은 일렬로 세운 하나의 예이다. 한 어린이(이하 甲이라 한다)의 등 뒤에 甲보다 키가 큰 어린이가 1명이라도 있으면 A방향에서 甲의 뒤통수는 보이지 않고, 1명도 없으면 A방향에서 甲의 뒤통수는 보인다. 반대로 甲의 앞에 甲보다 키가 큰 어린이가 1명이라도 있으면 B방향에서 甲의 얼굴은 보이지 않고, 1명도 없으면 B방향에서 甲의 얼굴은 보인다.

자리번호 1번 2번 3번 4번 5번 6번

〈보기〉

ㄱ. A방향에서 보았을 때 모든 어린이의 뒤통수가 다 보이게 세우는 방법은 1가지뿐이다.
ㄴ. 키가 세 번째로 큰 어린이를 5번 자리에 세운다면, A방향에서 보았을 때 그 어린이의 뒤통수는 보이지 않는다.
ㄷ. B방향에서 2명의 얼굴만 보이도록 어린이들을 세웠을 때, A방향에서 6번 자리에 서 있는 어린이의 뒤통수는 보이지 않는다.
ㄹ. B방향에서 3명의 얼굴이 보인다면, A방향에서 4명의 뒤통수가 보일 수 없다.

① ㄱ, ㄴ
② ㄷ, ㄹ
③ ㄱ, ㄴ, ㄷ
④ ㄱ, ㄷ, ㄹ
⑤ ㄴ, ㄷ, ㄹ

문 22. 다음 글과 〈상황〉을 근거로 판단할 때, 〈보기〉에서 옳은 것만을 모두 고르면?

> A팀과 B팀은 다음과 같이 게임을 한다. A팀과 B팀은 각각 3명으로 구성되며, 왼손잡이, 오른손잡이, 양손잡이가 각 1명씩이다. 총 5라운드에 걸쳐 가위바위보를 하며 규칙은 아래와 같다.
> ○ 모든 선수는 1개 라운드 이상 출전하여야 한다.
> ○ 왼손잡이는 '가위'만 내고 오른손잡이는 '보'만 내며, 양손잡이는 '바위'만 낸다.
> ○ 각 라운드마다 가위바위보를 이긴 선수의 팀이 획득하는 점수는 다음과 같다.
> - 이긴 선수가 왼손잡이인 경우: 2점
> - 이긴 선수가 오른손잡이인 경우: 0점
> - 이긴 선수가 양손잡이인 경우: 3점
> ○ 두 팀은 1라운드를 시작하기 전에 각 라운드에 출전할 선수를 결정하여 명단을 제출한다.
> ○ 5라운드를 마쳤을 때 획득한 총 점수가 더 높은 팀이 게임에서 승리한다.

〈상황〉

다음은 3라운드를 마친 현재까지의 결과이다.

구분	1라운드	2라운드	3라운드	4라운드	5라운드
A팀	왼손잡이	왼손잡이	양손잡이		
B팀	오른손잡이	오른손잡이	오른손잡이		

※ 각 라운드에서 가위바위보가 비긴 경우는 없다.

〈보기〉

ㄱ. 3라운드까지 A팀이 획득한 점수와 B팀이 획득한 점수의 합은 4점이다.
ㄴ. A팀이 잔여 라운드에서 모두 오른손잡이를 출전시킨다면 B팀이 게임에서 승리한다.
ㄷ. B팀이 게임에서 승리하는 경우가 있다.

① ㄴ
② ㄷ
③ ㄱ, ㄴ
④ ㄱ, ㄷ
⑤ ㄱ, ㄴ, ㄷ

문 23. 다음 글을 근거로 판단할 때 옳은 것은?

> 네 사람(甲~丁)은 각각 주식, 채권, 선물, 옵션 중 서로 다른 하나의 금융상품에 투자하고 있으며, 투자액과 수익률도 각각 다르다.
> ○ 네 사람 중 투자액이 가장 큰 50대 주부는 주식에 투자하였다.
> ○ 30대 회사원 丙은 네 사람 중 가장 높은 수익률을 올려 아내와 여행을 다녀왔다.
> ○ 甲은 주식과 옵션에는 투자하지 않았다.
> ○ 40대 회사원 乙은 옵션에 투자하지 않았다.
> ○ 60대 사업가는 채권에 투자하지 않았다.

① 채권 투자자는 甲이다.
② 선물 투자자는 사업가이다.
③ 투자액이 가장 큰 사람은 乙이다.
④ 회사원은 옵션에 투자하지 않았다.
⑤ 가장 높은 수익률을 올린 사람은 선물 투자자이다.

문 24. 다음 글과 〈상황〉을 근거로 판단할 때, 공기청정기가 자동으로 꺼지는 시각은?

> ○ A학교 학생들은 방과 후에 자기주도학습을 위해 교실을 이용한다.
> ○ 교실 안에 있는 학생 각각은 매 순간 일정한 양의 미세먼지를 발생시켜, 10분마다 5를 증가시킨다.
> ○ 교실에 설치된 공기청정기는 매 순간 일정한 양의 미세먼지를 제거하여, 10분마다 15를 감소시킨다.
> ○ 미세먼지는 사람에 의해서만 발생하고, 공기청정기에 의해서만 제거된다.
> ○ 공기청정기는 매 순간 미세먼지 양을 표시하며 교실 내 미세먼지 양이 30이 되는 순간 자동으로 꺼진다.

〈상황〉

15시 50분 현재, A학교의 교실에는 아무도 없었고 켜져 있는 공기청정기가 나타내는 교실 내 미세먼지 양은 90이었다. 16시 정각에 학생 두 명이 교실에 들어와 공부를 시작하였고, 40분 후 학생 세 명이 더 들어와 공부를 시작하였다. 학생들은 모두 18시 정각에 교실에서 나왔다.

① 18시 50분   ② 19시 00분
③ 19시 10분   ④ 19시 20분
⑤ 19시 30분

문 25. 다음 글과 〈상황〉을 근거로 판단할 때, 갑돌이가 할 수 없는 행위는?

'AD카드'란 올림픽 및 패럴림픽에서 정해진 구역을 출입하거나 차량을 탑승하기 위한 권한을 증명하는 일종의 신분증이다. 모든 관계자들은 반드시 AD카드를 패용해야 해당 구역에 출입하거나 차량을 탑승할 수 있다. 아래는 AD카드에 담긴 정보에 대한 설명이다.

〈AD카드 예시〉

대회 구분	• 올림픽 AD카드에는 다섯 개의 원이 겹쳐진 '오륜기'가, 패럴림픽 AD카드에는 세 개의 반달이 나열된 '아지토스'가 부착된다. • 올림픽 기간 동안에는 올림픽 AD카드만이, 패럴림픽 기간 동안에는 패럴림픽 AD카드만이 유효하다. • 두 대회의 기간은 겹치지 않는다.
탑승권한	AD카드 소지자가 탑승 가능한 교통서비스를 나타낸다. 탑승권한 코드는 복수로 부여될 수 있다. | 코드 | 탑승 가능 교통서비스 | |---|---| | T1 | VIP용 지정차량 | | TA | 선수단 셔틀버스 | | TM | 미디어 셔틀버스 |
시설입장 권한	AD카드 소지자가 입장 가능한 시설을 나타낸다. 시설입장 권한 코드는 복수로 부여될 수 있다. | 코드 | 입장 가능 시설 | |---|---| | IBC | 국제 방송센터 | | HAL | 알파인 경기장 | | HCC | 컬링센터 | | OFH | 올림픽 패밀리 호텔 | | ALL | 모든 시설 |
특수구역 접근권한	AD카드 소지자가 시설 내부에서 접근 가능한 특수구역을 나타낸다. 특수구역 접근권한 코드는 복수로 부여될 수 있다. | 코드 | 접근 가능 구역 | |---|---| | 2 | 선수준비 구역 | | 4 | 프레스 구역 | | 6 | VIP 구역 |

─〈상황〉─

갑돌이는 올림픽 및 패럴림픽 관계자이다. 다음은 갑돌이가 패용한 AD카드이다.

① 패럴림픽 기간 동안 알파인 경기장에 들어간다.
② 패럴림픽 기간 동안 VIP용 지정차량에 탑승한다.
③ 올림픽 기간 동안 올림픽 패밀리 호텔에 들어간다.
④ 올림픽 기간 동안 컬링센터 내부에 있는 선수준비 구역에 들어간다.
⑤ 올림픽 기간 동안 미디어 셔틀버스를 타고 이동한 후 국제 방송센터에 들어간다.

2019년 7월 20일 시행

2019년도 국가공무원
5급 및 7급 민간경력자 일괄채용 필기시험

응시번호		문제책형	
성 명		㉯ 책형	

【시 험 과 목】

제1영역	언어논리
제2영역	자료해석
제3영역	상황판단

<< 응시자 주의사항 >>

1. <u>시험시작 전</u>에 시험문제를 열람하는 행위와 <u>시험종료 후</u> 답안지를 작성하는 행위는 공무원임용시험령 제51조에 의거 부정행위자로 처리됩니다.

2. 답안지 책형란의 책형표기는 시험시작 전 문제책 표지 앞면에 인쇄된 책형을 확인한 후 표기하시기 바랍니다.

3. 시험시작 즉시 <u>과목편철 순서, 문제누락 여부, 인쇄상태 이상 유무 및 표지와 개별과목의 문제책형 일치여부 등을 확인</u>한 후 문제책 표지에 응시번호, 성명을 기재합니다.

4. 시험이 시작되면 문제를 주의 깊게 읽은 후, <u>문항의 취지에 가장 적합한 하나의 정답만을 고르며</u>, 문제내용에 관한 질문은 받지 않습니다.

5. <u>시험시간관리의 책임은 전적으로 수험생 본인에게 있습니다.</u> 시험감독관의 시험종료 예고시간 고지 안내 및 시험실 내 비치된 시계가 있는 경우라도 시간이 정확하지 않을 수 있으니 본인의 시계로 반드시 확인하시기 바랍니다.

6. <u>시험시간은 영역별 60분씩</u>입니다.

제1영역 언어논리

문 1. 다음 글의 문맥상 (가)~(마)에 들어갈 내용으로 적절하지 않은 것은?

'방언(方言)'이라는 용어는 표준어와 대립되는 개념으로 사용될 수 있다. 이때 방언이란 '교양 있는 사람들이 두루 쓰는 현대 서울말'로서의 표준어가 아닌 말, 즉 비표준어라는 뜻을 갖는다. 가령 (가) 는 생각에는 방언을 비표준어로서 낮잡아 보는 인식이 담겨 있다. 이러한 개념으로서의 방언은 '사투리'라는 용어로 바뀌어 쓰이는 수가 많다. '충청도 사투리', '평안도 사투리'라고 할 때의 사투리는 대개 이러한 개념으로 쓰이는 경우이다. 이때의 방언이나 사투리는, 말하자면 표준어인 서울말이 아닌 어느 지역의 말을 가리키거나, 더 나아가 (나) 을 일컫는다. 이러한 용법에는 방언이 표준어보다 열등하다는 오해와 편견이 포함되어 있다. 여기에는 표준어보다 못하다거나 세련되지 못하고 규칙에 엄격하지 않다와 같은 부정적 평가가 담겨 있는 것이다. 그런가 하면 사투리는 한 지역의 언어 체계 전반을 뜻하기보다 그 지역의 말 가운데 표준어에는 없는, 그 지역 특유의 언어 요소만을 일컫기도 한다. (다) 고 할 때의 사투리가 그러한 경우에 해당된다.

언어학에서의 방언은 한 언어를 형성하고 있는 하위 단위로서의 언어 체계 전부를 일컫는 말로 사용된다. 가령 한국어를 예로 들면 한국어를 이루고 있는 각 지역의 말 하나하나, 즉 그 지역의 언어 체계 전부를 방언이라 한다. 서울말은 이 경우 표준어이면서 한국어의 한 방언이다. 그리고 나머지 지역의 방언들은 (라) . 이러한 의미에서의 '충청도 방언'은, 충청도에서만 쓰이는, 표준어에도 없고 다른 도의 말에도 없는 충청도 특유의 언어 요소만을 가리키는 것이 아니다. '충청도 방언'은 충청도의 토박이들이 전래적으로 써 온 한국어 전부를 가리킨다. 이 점에서 한국어는 (마) .

① (가): 바른말을 써야 하는 아나운서가 방언을 써서는 안 된다
② (나): 표준어가 아닌, 세련되지 못하고 격을 갖추지 못한 말
③ (다): 사투리를 많이 쓰는 사람과는 의사소통이 어렵다
④ (라): 한국어라는 한 언어의 하위 단위이기 때문에 방언이다
⑤ (마): 표준어와 지역 방언의 공통부분을 지칭하는 개념이다

문 2. 다음 글에서 알 수 있는 것은?

고려의 수도 개경 안에는 궁궐이 있고, 그 주변으로 가옥과 상점이 모여 시가지를 형성하고 있었다. 이 궁궐과 시가지를 둘러싼 성벽을 개경 도성이라고 불렀다. 개경 도성에는 여러 개의 출입문이 있었는데, 서쪽에 있는 문 가운데 가장 많은 사람이 드나든 곳은 선의문이었다. 동쪽에는 숭인문이라는 문도 있었다. 도성 안에는 선의문과 숭인문을 잇는 큰 도로가 있었다. 이 도로는 궁궐의 출입문인 광화문으로부터 도성 남쪽 출입문 방향으로 나 있는 다른 도로와 만나는데, 두 도로의 교차점을 십자가라고 불렀다.

고려 때에는 개경의 십자가로부터 광화문까지 난 거리를 남대가라고 불렀다. 남대가 양편에는 관청의 허가를 받아 영업하는 상점인 시전들이 도로를 따라 나란히 위치해 있었다. 이 거리는 비단이나 신발을 파는 시전, 과일 파는 시전 등이 밀집한 번화가였다. 고려 정부는 이 거리를 관리하기 위해 남대가의 남쪽 끝 지점에 경시서라는 관청을 두었다.

개경에는 남대가에만 시전이 있는 것이 아니었다. 십자가에서 숭인문 방향으로 몇백 미터를 걸어가면 그 도로 북쪽 편에 자남산이라는 조그마한 산이 있었다. 이 산은 도로에서 불과 몇십 미터 떨어져 있지 않은데, 그 산과 남대가 사이의 공간에 기름만 취급하는 시전들이 따로 모인 유시 골목이 있었다. 또 십자가에서 남쪽으로 이어진 길로 백여 미터만 가도 그 길에 접한 서쪽 면에 돼지고기만 따로 파는 저전들이 있었다. 이외에도 십자가와 선의문 사이를 잇는 길의 중간 지점에 수륙교라는 다리가 있었는데, 그 옆에 종이만 파는 저시 골목이 있었다.

① 남대가의 북쪽 끝에 궁궐의 출입문이 자리 잡고 있었다.
② 수륙교가 있던 곳으로부터 서북쪽 방향에 자남산이 있다.
③ 숭인문과 경시서의 중간 지점에 저시 골목이 위치해 있었다.
④ 선의문과 십자가를 연결하는 길의 중간 지점에 저전이 모여 있었다.
⑤ 십자가에서 유시 골목으로 가는 길의 중간 지점에 수륙교가 위치해 있었다.

문 3. 다음 글에서 알 수 없는 것은?

A효과란 기업이 시장에 최초로 진입하여 무형 및 유형의 이익을 얻는 것을 의미한다. 반면 뒤늦게 뛰어든 기업이 앞서 진출한 기업의 투자를 징검다리로 이용하여 성공적으로 시장에 안착하는 것을 B효과라고 한다. 물론 B효과는 후발진입기업이 최초진입기업과 동등한 수준의 기술 및 제품을 보다 낮은 비용으로 개발할 수 있을 때만 가능하다.

생산량이 증가할수록 평균생산비용이 감소하는 규모의 경제 효과 측면에서, 후발진입기업에 비해 최초진입기업이 유리하다. 즉, 대량 생산, 인프라 구축 등에서 우위를 조기에 확보하여 효율성 증대와 생산성 향상을 꾀할 수 있다. 반면 후발진입기업 역시 연구개발 투자 측면에서 최초진입기업에 비해 상대적으로 유리한 면이 있다. 후발진입기업의 모방 비용은 최초진입기업이 신제품 개발에 투자한 비용 대비 65% 수준이기 때문이다. 최초진입기업의 경우, 규모의 경제 효과를 얼마나 단기간에 이룰 수 있는가가 성공의 필수 요건이 된다. 후발진입기업의 경우, 절감된 비용을 마케팅 등에 효과적으로 투자하여 최초진입기업의 시장 점유율을 단기간에 빼앗아 오는 것이 성공의 핵심 조건이다.

규모의 경제 달성으로 인한 비용상의 이점 이외에도 최초진입기업이 누릴 수 있는 강점은 강력한 진입 장벽을 구축할 수 있다는 것이다. 시장에 최초로 진입했기에 소비자에게 우선적으로 인식된다. 그로 인해 후발진입기업에 비해 적어도 인지도 측면에서는 월등한 우위를 확보한다. 또한 기술적 우위를 확보하여 라이센스, 특허 전략 등을 통해 후발진입기업의 시장 진입을 방해하기도 한다. 뿐만 아니라 소비자들이 후발진입기업의 브랜드로 전환하려고 할 때 발생하는 노력, 비용, 심리적 위험 등을 마케팅에 활용하여 후발진입기업이 시장에 진입하기 어렵게 할 수도 있다. 결국 A효과를 극대화할 수 있는지는 규모의 경제 달성 이외에도 얼마나 오랫동안 후발주자가 진입하지 못하도록 할 수 있는가에 달려 있다.

① 최초진입기업은 후발진입기업에 비해 매년 더 많은 마케팅 비용을 사용한다.
② 후발진입기업의 모방 비용은 최초진입기업이 신제품 개발에 투자한 비용보다 적다.
③ 최초진입기업이 후발진입기업에 비해 인지도 측면에서 우위에 있다는 것은 A효과에 해당한다.
④ 후발진입기업이 성공하려면 절감된 비용을 효과적으로 투자하여 최초진입기업의 시장점유율을 단기간에 빼앗아 와야 한다.
⑤ 후발진입기업이 최초진입기업과 동등한 수준의 기술 및 제품을 보다 낮은 비용으로 개발할 수 없다면 B효과를 얻을 수 없다.

문 4. 다음 글에서 알 수 있는 것은?

1996년 미국, EU 및 캐나다는 일본에서 위스키의 주세율이 소주에 비해 지나치게 높다는 이유로 일본을 WTO에 제소했다. WTO 패널은 제소국인 미국, EU 및 캐나다의 손을 들어주었다. 이 판정을 근거로 미국과 EU는 한국에 대해서도 소주와 위스키의 주세율을 조정해줄 것을 요구했는데, 받아들여지지 않자 한국을 WTO에 제소했다. 당시 소주의 주세율은 증류식이 50%, 희석식이 35%였는데, 위스키의 주세율은 100%로 소주에 비해 크게 높았다. 한국에 위스키 원액을 수출하던 EU는 1997년 4월에 한국을 제소했고, 5월에는 미국도 한국을 제소했다. 패널은 1998년 7월에 한국의 패소를 결정했다.

패널의 판정은, 소주와 위스키가 직접적인 경쟁 관계에 있고 동시에 대체 관계가 존재하므로 국산품인 소주에 비해 수입품인 위스키에 높은 주세율을 적용하고 있는 한국의 주세 제도가 WTO 협정의 내국민대우 조항에 위배된다는 것이었다. 그리고 3개월 후 한국이 패널의 판정에 대해 상소했으나 상소 기구에서 패널의 판정이 그대로 인정되었다. 따라서 한국은 소주와 위스키 간 주세율의 차이를 해소해야 했는데, 그 방안은 위스키의 주세율을 낮추거나 소주의 주세율을 올리는 것이었다. 당시 어느 것이 옳은가에 대한 논쟁이 적지 않았다. 결국 소주의 주세율은 올리고 위스키의 주세율은 내려서, 똑같이 72%로 맞추는 방식으로 2000년 1월 주세법을 개정하여 차이를 해소했다.

① WTO 협정에 따르면, 제품 간 대체 관계가 존재하면 세율이 같아야 한다.
② 2000년 주세법 개정 결과 희석식 소주가 증류식 소주보다 주세율 상승폭이 컸다.
③ 2000년 주세법 개정 이후 소주와 위스키의 세금 총액은 개정 전에 비해 증가하였다.
④ 미국, EU 및 캐나다는 일본과의 WTO 분쟁 판정 결과를 근거로 한국에서도 주세율을 조정하고자 했다.
⑤ 한국의 소주와 위스키의 주세율을 일본과 동일하게 하라는 권고가 WTO 패널의 판정에 포함되어 있다.

문 5. 다음 글에서 추론할 수 있는 것은?

종자와 농약을 생산하는 대기업들은 자신들이 유전자 기술로 조작한 종자가 농약을 현저히 적게 사용해도 되기 때문에 농부들이 더 많은 이윤을 낼 수 있다고 주장하였다. 그러나 미국에서 유전자 변형 작물을 재배한 16년(1996년~2011년) 동안의 농약 사용량을 살펴보면, 이 주장은 사실이 아님을 알 수 있다.

유전자 변형 작물은 해충에 훨씬 더 잘 견디는 장점이 있다. 유전자 변형 작물이 해충을 막기 위해 자체적으로 독소를 만들어내기 때문이다. 독소를 함유한 유전자 변형 작물을 재배함으로써 일반 작물 재배와 비교하여 16년 동안 살충제 소비를 약 56,000톤 줄일 수 있었다. 그런데 제초제의 경우는 달랐다. 처음 4~5년 동안에는 제초제의 사용이 감소하였다. 그렇지만 전체 재배 기간을 고려하면 일반 작물 재배와 비교할 때 약 239,000톤이 더 소비되었다. 늘어난 제초제의 양에서 줄어든 살충제의 양을 빼면 일반 작물 재배와 비교하여 농약 사용이 재배 기간 16년 동안 183,000톤 증가했다.

M사의 제초제인 글리포세이트에 내성을 가진 유전자 변형 작물을 재배하기 시작한 농부들은 그 제초제를 매년 반복해서 사용했다. 이로 인해 그 지역에서는 글리포세이트에 대해 내성을 가진 잡초가 생겨났다. 이와 같이 제초제에 내성을 가진 잡초를 슈퍼잡초라고 부른다. 유전자 변형 작물을 재배하는 농지는 대부분 이러한 슈퍼잡초로 인해 어려움을 겪게 되었다. 슈퍼잡초를 제거하기 위해서는 제초제를 더 자주 사용하거나 여러 제초제를 섞어서 사용하거나 아니면 새로 개발된 제초제를 사용해야 한다. 이로 인해 농부들은 더 많은 비용을 지불할 수밖에 없었다.

① 유전자 변형 작물을 재배하는 지역에서는 모든 종류의 농약 사용이 증가했다.
② 유전자 변형 작물을 도입한 해부터 그 작물을 재배하는 지역에 슈퍼잡초가 나타났다.
③ 유전자 변형 작물을 도입한 후 일반 작물 재배의 경우에도 살충제의 사용이 증가했다.
④ 유전자 변형 작물 재배로 슈퍼잡초가 발생한 지역에서는 작물 생산 비용이 증가했다.
⑤ 유전자 변형 작물을 재배하는 지역과 일반 작물을 재배하는 지역에서 슈퍼잡초의 발생 정도가 비슷했다.

문 6. 다음 글의 빈칸에 들어갈 내용으로 가장 적절한 것은?

알레르기는 도시화와 산업화가 진행되는 지역에서 매우 빠르게 증가하고 있는데, 알레르기의 발병 원인에 대한 20세기의 지배적 이론은 알레르기는 병원균의 침입에 의해 발생하는 감염성 질병이라는 것이다. 하지만 1989년 영국 의사 S는 이 전통적인 이론에 맞서 다음 가설을 제시했다.

　　　　　　　　

S는 1958년 3월 둘째 주에 태어난 17,000명 이상의 영국 어린이를 대상으로 그들이 23세가 될 때까지 수집한 개인 정보 데이터베이스를 분석하여, 이 가설을 뒷받침하는 증거를 찾았다. 이들의 가족 관계, 사회적 지위, 경제력, 거주 지역, 건강 등의 정보를 비교 분석한 결과, 두 개 항목이 꽃가루 알레르기와 상관관계를 가졌다. 첫째, 함께 자란 형제자매의 수이다. 외동으로 자란 아이의 경우 형제가 서넛인 아이에 비해 꽃가루 알레르기에 취약했다. 둘째, 가족 관계에서 차지하는 서열이다. 동생이 많은 아이보다 손위 형제가 많은 아이가 알레르기에 걸릴 확률이 낮았다.

S의 주장에 따르면 가족 구성원이 많은 집에 사는 아이들은 가족 구성원, 특히 손위 형제들이 집 안으로 끌고 들어오는 온갖 병원균에 의한 잦은 감염 덕분에 장기적으로는 알레르기 예방에 오히려 유리하다. S는 유년기에 겪은 이런 감염이 꽃가루 알레르기를 비롯한 알레르기성 질환으로부터 아이들을 보호해 왔다고 생각했다.

① 알레르기는 유년기에 병원균 노출의 기회가 적을수록 발생 확률이 높아진다.
② 알레르기는 가족 관계에서 서열이 높은 가족 구성원에게 더 많이 발생한다.
③ 알레르기는 성인보다 유년기의 아이들에게 더 많이 발생한다.
④ 알레르기는 도시화에 따른 전염병의 증가로 인해 유발된다.
⑤ 알레르기는 형제가 많을수록 발생 확률이 낮아진다.

문 7. 다음 글에 대한 평가로 적절하지 않은 것은?

당신은 '행복 기계'에 들어갈 것인지 망설이고 있다. 만일 들어간다면 그 순간 당신은 기계에 들어왔다는 것을 완전히 잊게 되고, 이 기계를 만나기 전에는 맛보기 힘든 멋진 시간을 가상현실 기술을 통해 경험하게 된다. 단, 누구든 한 번 그 기계에 들어가면 삶을 마칠 때까지 거기서 나올 수 없다. 이 기계에는 고장도 오작동도 없다. 당신은 이 기계에 들어가겠는가? 우리의 삶은 고난과 좌절로 가득 차 있지만, 우리는 그것들이 실제로 사라지기를 원하지 그저 사라졌다고 믿기를 원하지 않는다. 이러한 사실은, 참인 믿음이 우리에게 아무런 이익이 되지 않거나 심지어 손해를 가져오는 경우에도 우리가 거짓인 믿음보다 참인 믿음을 가지기를 선호한다는 견해를 뒷받침한다.

돈의 가치는 숫자가 적힌 종이 자체에 있지 않다. 돈이 가치를 지니는 것은 그것이 좋은 것들을 얻는 도구로 기능하기 때문이다. 참인 믿음을 가지는 것이 유용한 경우가 많은 것은 사실이지만, 다른 것들을 얻기 위한 수단인 돈과 달리 참인 믿음은 그 자체로 가치가 있다. 그리고 행복 기계에 관한 우리의 태도는 이를 분명하게 보여 준다.

다른 것에 대한 선호로는 설명될 수 없는 원초적인 선호를 '기초 선호'라고 부른다. 가령 신체의 고통을 피하려는 것은 기초 선호로 보인다. 참인 믿음은 어떤가? 만약 참인 믿음이 기초 선호의 대상이 아니라면, 참인 믿음과 거짓인 믿음이 실용적 손익에서 동등할 경우 전자를 후자보다 더 선호해야 할 이유는 없다. 여기서 확인하게 되는 결론은, 참인 믿음이 기초 선호의 대상이라는 것이다. 그렇지 않다면, 사람들이 행복 기계에 들어가 행복한 거짓 믿음 속에 사는 편을 택하지 않을 이유가 없을 것이다.

① 대부분의 사람이 행복 기계에 들어가는 편을 택할 경우, 논지는 강화된다.
② 행복 기계가 현실에 존재하지 않는다는 사실이 논지를 약화하지는 않는다.
③ 치료를 위해 신체의 고통을 기꺼이 견디는 사람들이 있다고 해도 논지는 약화되지 않는다.
④ 행복 기계에 들어가지 않는 유일한 이유가 참과 무관한 실용적 이익임이 확인될 경우, 논지는 약화된다.
⑤ 실용적 이익이 없음에도 불구하고 우리가 수학적 참인 정리를 믿는 것을 선호한다는 사실은 논지를 강화한다.

문 8. 다음 글에 대한 분석으로 적절하지 않은 것은?

공포영화에 자주 등장하는 좀비는 철학에서도 자주 논의된다. 철학적 논의에서 좀비는 '의식을 갖지는 않지만 겉으로 드러나는 행동에서는 인간과 구별되지 않는 존재'로 정의된다. 이를 '철학적 좀비'라고 하자. ㉠인간은 고통을 느끼지만, 철학적 좀비는 고통을 느끼지 못한다. 즉 고통에 대한 의식을 가질 수 없는 존재라는 것이다. 그러나 ㉡철학적 좀비도 압정을 밟으면 인간과 마찬가지로 비명을 지르며 상처 부위를 부여잡을 것이다. 즉 행동 성향에서는 인간과 차이가 없다. 그렇기 때문에 겉으로 드러나는 모습만으로는 철학적 좀비와 인간을 구별할 수 없다. 그러나 ㉢인간과 철학적 좀비는 동일한 존재가 아니다. ㉣인간이 철학적 좀비와 동일한 존재라면, 인간도 고통을 느끼지 못하는 존재여야 한다.

물론 철학적 좀비는 상상의 산물이다. 그러나 우리가 철학적 좀비를 모순 없이 상상할 수 있다는 사실은 마음에 관한 이론인 행동주의에 문제가 있다는 점을 보여준다. 행동주의는 마음을 행동 성향과 동일시하는 입장이다. 이에 따르면, ㉤마음은 특정 자극에 따라 이러저러한 행동을 하려는 성향이다. ㉥행동주의가 옳다면, 인간이 철학적 좀비와 동일한 존재라는 점을 인정할 수밖에 없다. 그러나 인간과 달리 철학적 좀비는 마음이 없어서 어떤 의식도 가질 수 없는 존재다. 따라서 ㉦행동주의는 옳지 않다.

① ㉠과 ㉡은 동시에 참일 수 있다.
② ㉠과 ㉣이 모두 참이면, ㉢도 반드시 참이다.
③ ㉡과 ㉥이 모두 참이면, ㉤도 반드시 참이다.
④ ㉢과 ㉥이 모두 참이면, ㉦도 반드시 참이다.
⑤ ㉤과 ㉦은 동시에 거짓일 수 없다.

문 9. 다음 글의 내용이 참일 때, 참인지 거짓인지 알 수 있는 것만을 〈보기〉에서 모두 고르면?

머신러닝은 컴퓨터 공학에서 최근 주목받고 있는 분야이다. 이 중 샤펠식 과정은 성공적인 적용 사례들로 인해 우리에게 많이 알려진 학습 방법이다. 머신러닝의 사례 가운데 샤펠식 과정에 해당하면서 의사결정트리 방식을 따르지 않는 경우는 없다.
머신러닝은 지도학습과 비지도학습이라는 두 배타적 유형으로 나눌 수 있고, 모든 머신러닝의 사례는 이 두 유형 중 어디엔가 속한다. 샤펠식 과정은 모두 전자에 속한다. 머신러닝에서 새로 떠오르는 방법은 강화학습인데, 강화학습을 활용하는 모든 경우는 후자에 속한다. 그리고 의사결정트리 방식을 적용한 사례들 가운데 강화학습을 활용하는 머신러닝의 사례도 있다.

〈보기〉
ㄱ. 의사결정트리 방식을 적용한 모든 사례는 지도학습의 사례이다.
ㄴ. 샤펠식 과정의 적용 사례가 아니면서 의사결정트리 방식을 적용한 경우가 존재한다.
ㄷ. 강화학습을 활용하는 머신러닝 사례들 가운데 의사결정트리 방식이 적용되지 않은 경우는 없다.

① ㄴ
② ㄷ
③ ㄱ, ㄴ
④ ㄱ, ㄷ
⑤ ㄱ, ㄴ, ㄷ

문 10. 다음 글의 내용이 참일 때, 반드시 참인 것만을 〈보기〉에서 모두 고르면?

전통문화 활성화 정책의 일환으로 일부 도시를 선정하여 문화관광특구로 지정할 예정이다. 특구 지정 신청을 받아 본 결과, A, B, C, D, 네 개의 도시가 신청하였다. 선정과 관련하여 다음 사실이 밝혀졌다.
○ A가 선정되면 B도 선정된다.
○ B와 C가 모두 선정되는 것은 아니다.
○ B와 D 중 적어도 한 도시는 선정된다.
○ C가 선정되지 않으면 B도 선정되지 않는다.

〈보기〉
ㄱ. A와 B 가운데 적어도 한 도시는 선정되지 않는다.
ㄴ. B도 선정되지 않고 C도 선정되지 않는다.
ㄷ. D는 선정된다.

① ㄱ
② ㄴ
③ ㄱ, ㄷ
④ ㄴ, ㄷ
⑤ ㄱ, ㄴ, ㄷ

문 11. 다음 글의 내용과 부합하지 않는 것은?

기원전 3천 년쯤 처음 나타난 원시 수메르어 문자 체계는 두 종류의 기호를 사용했다. 한 종류는 숫자를 나타냈고, 1, 10, 60 등에 해당하는 기호가 있었다. 다른 종류의 기호는 사람, 동물, 사유물, 토지 등을 나타냈다. 두 종류의 기호를 사용하여 수메르인들은 많은 정보를 보존할 수 있었다.
이 시기의 수메르어 기록은 사물과 숫자에 한정되었다. 쓰기는 시간과 노고를 요구하는 일이었고, 기호를 읽고 쓸 줄 아는 사람은 얼마 되지 않았다. 이런 고비용의 기호를 장부 기록 이외의 일에 활용할 이유가 없었다. 현존하는 원시 수메르어 문서 가운데 예외는 하나뿐이고, 그 내용은 기록하는 일을 맡게 된 견습생이 교육을 받으면서 반복해서 썼던 단어들이다. 지루해진 견습생이 자기 마음을 표현하는 시를 적고 싶었더라도 그는 그렇게 할 수 없었다. 원시 수메르어 문자 체계는 완전한 문자 체계가 아니었기 때문이다. 완전한 문자 체계란 구어의 범위를 포괄하는 기호 체계, 즉 시를 포함하여 사람들이 말하는 것은 무엇이든 표현할 수 있는 체계이다. 반면에 불완전한 문자 체계는 인간 행동의 제한된 영역에 속하는 특정 종류의 정보만 표현할 수 있는 기호 체계다. 라틴어, 고대 이집트 상형문자, 브라유 점자는 완전한 문자 체계이다. 이것들로는 상거래를 기록하고, 상법을 명문화하고, 역사책을 쓰고, 연애시를 쓸 수 있다. 이와 달리 원시 수메르어 문자 체계는 수학의 언어나 음악 기호처럼 불완전했다. 그러나 수메르인들은 불편함을 느끼지 않았다. 그들이 문자를 만들어 쓴 이유는 구어를 고스란히 베끼기 위해서가 아니라 거래 기록의 보존처럼 구어로는 하지 못할 일을 하기 위해서였기 때문이다.

① 원시 수메르어 문자 체계는 구어를 보완하는 도구였다.
② 원시 수메르어 문자 체계는 감정을 표현하는 일에 적합하지 않았다.
③ 원시 수메르어 문자를 당시 모든 구성원이 사용할 줄 아는 것은 아니었다.
④ 원시 수메르어 문자는 사물과 숫자를 나타내는 데 상이한 종류의 기호를 사용하였다.
⑤ 원시 수메르어 문자와 마찬가지로 고대 이집트 상형문자는 구어의 범위를 포괄하지 못했다.

문 12. 다음 글에서 알 수 있는 것은?

조선 왕조가 개창될 당시에는 승려에게 군역을 부과하지 않는 것이 상례였는데, 이를 노리고 승려가 되어 군역을 피하는 자가 많았다. 태조 이성계는 이를 막기 위해 국왕이 되자마자 앞으로 승려가 되려는 자는 빠짐없이 일종의 승려 신분증인 도첩을 발급 받으라고 명했다. 그는 도첩을 받은 자만 승려가 될 수 있으며 도첩을 신청할 때는 반드시 면포 150필을 내야 한다는 규정을 공포했다. 그런데 평범한 사람이 면포 150필을 마련하기란 쉽지 않았다. 이 때문에 도첩을 위조해 승려 행세하는 자들이 생겨났다.

태종은 이 문제를 해결하고자 즉위한 지 16년째 되는 해에 담당 관청으로 하여금 도첩을 위조해 승려 행세하는 자를 색출하게 했다. 이처럼 엄한 대응책 탓에 도첩을 위조해 승려 행세하는 사람은 크게 줄어들었다. 하지만 정식으로 도첩을 받은 후 승려 명부에 이름만 올려놓고 실제로는 승려 생활을 하지 않는 부자가 많은 것이 드러났다. 이런 자들은 불교 지식도 갖추지 않은 것으로 나타났다. 태종과 태종의 뒤를 이은 세종은 태조가 세운 방침을 준수할 뿐 이 문제에 대해 특별한 대책을 내놓지 않았다.

세조는 이 문제를 해결하기 위해 즉위하자마자 담당 관청에 대책을 세우라고 명했다. 그는 수년 후 담당 관청이 작성한 방안을 바탕으로 새 규정을 시행하였다. 이 방침에는 도첩을 신청한 자가 내야 할 면포 수량을 30필로 낮추되 불교 경전인 심경, 금강경, 살달타를 암송하는 자에게만 도첩을 준다는 내용이 있었다. 세조의 뒤를 이은 예종은 규정을 고쳐 도첩 신청자가 납부해야 할 면포 수량을 20필 더 늘리고, 암송할 불경에 법화경을 추가하였다. 이처럼 기준이 강화되자 도첩 신청자 수가 줄어들었다. 이에 성종 때에는 세조가 정한 규정으로 돌아가자는 주장이 나왔다. 하지만 성종은 이를 거부하고, 예종 때 만들어진 규정을 그대로 유지했다.

① 태종은 도첩을 위조해 승려가 된 자를 색출한 후 면포 30필을 내게 했다.
② 태조는 자신이 국왕이 되기 전부터 승려였던 자들에게 면포 150필을 일괄적으로 거두어들였다.
③ 세조가 즉위한 해부터 심경, 금강경, 살달타를 암송한 자에게만 도첩을 발급한다는 규정이 시행되었다.
④ 성종은 법화경을 암송할 수 있다는 사실을 인정받은 자가 면포 20필을 납부할 때에만 도첩을 내주게 했다.
⑤ 세종 때 도첩 신청자가 내도록 규정된 면포 수량은 예종 때 도첩 신청자가 내도록 규정된 면포 수량보다 많았다.

문 13. 다음 글에서 알 수 있는 것은?

대부분의 미국 경찰관은 총격 사건을 경험하지 않고 은퇴하지만, 그럼에도 매년 약 600명이 총에 맞아 사망하고, 약 200명은 부상당한다. 미국에서 총격 사건 중 총기 발사 경험이 있는 경찰관 대부분이 심리적 문제를 보인다.

총격 사건을 겪은 경찰관을 조사한 결과, 총격 사건이 일어나는 동안 발생하는 중요한 심리현상 중의 하나가 시간·시각·청각왜곡을 포함하는 지각왜곡이었다. 83%의 경찰관이 총격이 오가는 동안 시간왜곡을 경험했는데, 그들 대부분은 한 시점에서 시간이 감속하여 모든 것이 느려진다고 느꼈다. 또한 56%가 시각왜곡을, 63%가 청각왜곡을 겪었다. 시각왜곡 중에서 가장 빈번한 증상은 한 가지 물체에만 주의가 집중되고 그 밖의 장면은 무시되는 것이다. 청각왜곡은 권총 소리, 고함 소리, 지시 사항 등의 소리를 제대로 듣지 못하는 것이다.

총격 사건에서 총기를 발사한 경찰관은 사건 후 수많은 심리증상을 경험한다. 가장 일반적인 심리증상은 높은 위험 지각, 분노, 불면, 고립감 등인데, 이러한 반응은 특히 총격 피해자 사망 시에 잘 나타난다. 총격 사건을 겪은 경찰관은 이전에 생각했던 것보다 자신의 직업이 더욱 위험하다고 지각하게 된다. 그들은 총격 피해자, 부서, 동료, 또는 사회에 분노를 느끼기도 하는데, 이는 자신을 누군가에게 총을 쏴야만 하는 상황으로 몰아넣었다는 생각 때문에 발생한다. 이러한 심리증상은 그 정도에서 큰 차이를 보였다. 37%의 경찰관은 심리증상이 경미했고, 35%는 중간 정도이며, 28%는 심각했다. 이러한 심리증상의 정도는 총격 사건이 발생한 상황에서 경찰관 자신의 총기 사용이 얼마나 정당했는가와 반비례하는 것으로 보인다. 수적으로 열세인 것, 권총으로 강력한 자동화기를 상대해야 하는 것 등의 요소가 총기 사용의 정당성을 높여 준다.

① 총격 사건 중에 경험하는 지각왜곡 중에서 청각왜곡이 가장 빈번하게 나타난다.
② 전체 미국 경찰관 중 총격 사건을 경험하는 사람이 경험하지 않는 사람보다 많다.
③ 총격 피해자가 사망했을 경우 경찰관이 경험하는 청각왜곡은 그렇지 않은 경우보다 심각할 것이다.
④ 총격 사건 후 경찰관이 느끼는 높은 위험 지각, 분노 등의 심리증상은 지각왜곡의 정도에 의해 영향을 받는다.
⑤ 범죄자가 경찰관보다 강력한 무기로 무장했을 경우 경찰관이 총격 사건 후 경험하는 심리증상은 반대의 경우보다 약할 것이다.

문 14. 다음 글에서 알 수 있는 것은?

탁주는 혼탁한 술이다. 탁주는 알코올 농도가 낮고, 맑지 않아 맛이 텁텁하다. 반면 청주는 탁주에 비해 알코올 농도가 높고 맑은 술이다. 그러나 얼마만큼 맑아야 청주이고 얼마나 흐려야 탁주인가 하는 질문에는 명쾌하게 답을 내리기가 쉽지 않다. 탁주의 정의 자체에 혼탁이라는 다소 불분명한 용어가 쓰이기 때문이다. 과학적이라고 볼 수는 없지만, 투명한 병에 술을 담고 그 병 뒤에 작은 물체를 두었을 경우 그 물체가 희미하게 보이거나 아예 보이지 않으면 탁주라고 부른다. 술을 담은 병 뒤에 둔 작은 물체가 희미하게 보일 때 이 술의 탁도는 350 ebc 정도이다. 청주의 탁도는 18ebc 이하이며, 탁주 중에 막걸리는 탁도가 1,500ebc 이상인 술이다.

막걸리를 만들기 위해서는 찹쌀, 보리, 밀가루 등을 시루에 쪄서 만든 지에밥이 필요하다. 적당히 말린 지에밥에 누룩, 효모와 물을 섞어 술독에 넣고 나서 며칠 지나면 막걸리가 만들어진다. 술독에서는 미생물에 의한 당화과정과 발효과정이 거의 동시에 일어나며, 이 두 과정을 통해 지에밥의 녹말이 알코올로 바뀌게 된다. 효모가 녹말을 바로 분해하지 못하므로, 지에밥에 들어 있는 녹말을 엿당이나 포도당으로 분해하는 당화과정에서는 누룩곰팡이가 중요한 역할을 한다. 누룩곰팡이가 갖고 있는 아밀라아제는 녹말을 잘게 잘라 엿당이나 포도당으로 분해한다. 이 당화과정에서 만들어진 엿당이나 포도당을 효모가 알코올로 분해하는 과정을 발효과정이라 한다. 당화과정과 발효과정 중에 나오는 에너지로 인하여 열이 발생하게 되며, 이 열로 술독 내부의 온도인 품온(品溫)이 높아진다. 품온은 막걸리의 질과 풍미를 결정하기에 적정 품온이 유지되도록 술독을 관리해야 하는데, 일반적인 적정 품온은 23~28℃이다.

※ ebc: 유럽양조협회에서 정한 탁도의 단위

① 청주와 막걸리의 탁도는 다르지만 알코올 농도는 같다.
② 지에밥의 녹말이 알코올로 변하면서 발생하는 열이 품온을 높인다.
③ 누룩곰팡이가 지닌 아밀라아제는 엿당이나 포도당을 알코올로 분해한다.
④ 술독에 넣는 효모의 양을 조절하면 청주와 막걸리를 구분하여 만들 수 있다.
⑤ 막걸리를 만들 때, 술독 안의 당화과정은 발효과정이 완료된 이후에 시작된다.

문 15. 다음 글에서 추론할 수 있는 것만을 〈보기〉에서 모두 고르면?

생산자가 어떤 자원을 투입물로 사용해서 어떤 제품이나 서비스 등의 산출물을 만드는 생산과정을 생각하자. 산출물의 가치에서 생산하는 데 소요된 모든 비용을 뺀 것이 '순생산가치'이다. 생산자가 생산과정에서 투입물 1단위를 추가할 때 순생산가치의 증가분이 '한계순생산가치'이다. 경제학자 P는 이를 ⓐ'사적(私的) 한계순생산가치'와 ⓑ'사회적 한계순생산가치'로 구분했다.

사적 한계순생산가치란 한 기업이 생산과정에서 투입물 1단위를 추가할 때 그 기업에 직접 발생하는 순생산가치의 증가분이다. 사회적 한계순생산가치란 한 기업이 투입물 1단위를 추가할 때 발생하는 사적 한계순생산가치에 그 생산에 의해 부가적으로 발생하는 사회적 비용을 빼고 편익을 더한 것이다. 여기서 이 생산과정에서 부가적으로 발생하는 사회적 비용이나 편익에는 그 기업의 사적 한계순생산가치가 포함되지 않는다.

〈보기〉

ㄱ. ⓐ의 크기는 기업의 생산이 사회에 부가적인 편익을 발생시키는지의 여부와 무관하게 결정된다.
ㄴ. 어떤 기업이 투입물 1단위를 추가할 때 사회에 발생하는 부가적인 편익이나 비용이 없는 경우, 이 기업이 야기하는 ⓐ와 ⓑ의 크기는 같다.
ㄷ. 기업 A와 기업 B가 동일한 투입물 1단위를 추가했을 때 각 기업에 의해 사회에 부가적으로 발생하는 비용이 같을 경우, 두 기업이 야기하는 ⓑ의 크기는 같다.

① ㄱ
② ㄷ
③ ㄱ, ㄴ
④ ㄴ, ㄷ
⑤ ㄱ, ㄴ, ㄷ

문 16. 다음 글의 ⓐ와 ⓑ에 들어가기에 적절한 것을 〈보기〉에서 골라 알맞게 짝지은 것은?

귀납주의란 과학적 탐구 방법의 핵심이 귀납이라는 입장이다. 즉, 과학적 이론은 귀납을 통해 만들어지고, 그 정당화 역시 귀납을 통해 이루어진다는 것이다. 그러나 실제 과학의 역사를 고려하면 귀납주의는 문제에 처하게 된다. 이러한 문제 상황은 다음과 같은 타당한 논증을 통해 제시될 수 있다.

만약 귀납이 과학의 역사에서 사용된 경우가 드물다면, 과학의 역사는 바람직한 방향으로 발전하지 않았거나 또는 귀납주의는 실제로 행해진 과학적 탐구 방법의 특징을 드러내는 데 실패했다고 보아야 한다. 과학의 역사가 바람직한 방향으로 발전하지 않았다면, 귀납주의에서는 수많은 과학적 지식을 정당화되지 않은 것으로 간주해야 한다. 그리고 귀납주의가 실제로 행해진 과학적 탐구 방법의 특징을 드러내는 데 실패했다면, 귀납주의는 과학적 탐구 방법에 대한 잘못된 이론이다. 그런데 우리는 과학의 역사가 바람직한 방향으로 발전하지 않았거나, 귀납주의가 실제로 행해진 과학적 탐구 방법의 특징을 드러내는 데 실패했다고 보아야 한다. 그 이유는   ⓐ   는 것이다. 그리고 이로부터 우리는 다음 결론을 도출하게 된다.   ⓑ .

〈보기〉

ㄱ. 과학의 역사에서 귀납이 사용된 경우는 드물다

ㄴ. 과학의 역사에서 귀납 외에도 다양한 방법들이 사용되었다

ㄷ. 귀납주의는 과학적 탐구 방법에 대한 잘못된 이론이고, 귀납주의에서는 수많은 과학적 지식을 정당화되지 않은 것으로 간주해야 한다

ㄹ. 귀납주의가 과학적 탐구 방법에 대한 잘못된 이론이라면, 귀납주의에서는 수많은 과학적 지식을 정당화되지 않은 것으로 간주해야 한다

ㅁ. 귀납주의가 과학적 탐구 방법에 대한 잘못된 이론이 아니라면, 귀납주의에서는 수많은 과학적 지식을 정당화되지 않은 것으로 간주해야 한다

	ⓐ	ⓑ
①	ㄱ	ㄷ
②	ㄱ	ㄹ
③	ㄱ	ㅁ
④	ㄴ	ㄹ
⑤	ㄴ	ㅁ

문 17. 다음 글의 ⊙에 대한 비판으로 가장 적절한 것은?

"프랑스 수도가 어디지?"라는 가영의 물음에 나정이 "프랑스 수도는 로마지."라고 대답했다고 하자. 나정이 가영에게 제공한 것을 정보라고 할 수 있을까? 정보의 일반적 정의는 '올바른 문법 형식을 갖추어 의미를 갖는 자료'다. 이 정의에 따르면 나정의 대답은 정보를 담고 있다. 다음 진술은 이런 관점을 대변하는 진리 중립성 논제를 표현한다. "정보를 준다는 것이 반드시 그 내용이 참이라는 것을 의미하지는 않는다." 이 논제의 관점에서 보자면, 올바른 문법 형식을 갖추어 의미를 해석할 수 있는 자료는 모두 정보의 자격을 갖는다. 그 내용이 어떤 사태를 표상하든, 참을 말하든, 거짓을 말하든 상관없다.

그러나 이 조건만으로는 불충분하다는 지적이 있다. 철학자 플로리디는 전달된 자료를 정보라고 하려면 그 내용이 참이어야 한다고 주장한다. 즉, 정보란 올바른 문법 형식을 갖춘, 의미 있고 참인 자료라는 것이다. 이를 ⊙진리성 논제라고 한다. 그라이스는 이렇게 말한다. "거짓 '정보'는 저급한 종류의 정보가 아니다. 그것은 아예 정보가 아니기 때문이다." 이 점에서 그 역시 이 논제를 받아들이고 있다.

이런 논쟁은 용어법에 관한 시시한 언쟁처럼 보일 수도 있지만, 두 진영 간에는 정보 개념이 어떤 역할을 해야 하는가에 대한 근본적인 견해 차이가 있다. 진리성 논제를 비판하는 사람들은 틀린 '정보'도 정보로 인정되어야 한다고 말한다. 자료의 내용이 그것을 이해하는 주체의 인지 행위에서 분명한 역할을 수행한다는 이유에서다. '프랑스 수도가 로마'라는 말을 토대로 가영은 이런저런 행동을 할 수 있다. 가령, 프랑스어를 배우기 위해 로마로 떠날 수도 있고, 프랑스 수도를 묻는 퀴즈에서 오답을 낼 수도 있다. 거짓인 자료는 정보가 아니라고 볼 경우, '정보'라는 말이 적절하게 사용되는 사례들의 범위를 부당하게 제한하는 꼴이 된다.

① '정보'라는 표현이 일상적으로 사용되는 사례가 모두 적절한 것은 아니다.

② 올바른 문법 형식을 갖추지 못한 자료는 정보라는 지위에 도달할 수 없다.

③ 사실과 다른 내용의 자료를 숙지하고 있는 사람은 정보를 안다고 볼 수 없다.

④ 내용이 거짓인 자료를 토대로 행동을 하는 사람은 자신이 의도한 결과에 도달할 수 없다.

⑤ 거짓으로 밝혀질 자료도 그것을 믿는 사람의 인지 행위에서 분명한 역할을 한다면 정보라고 볼 수 있다.

문 18. 다음 글의 논증을 약화하는 것만을 〈보기〉에서 모두 고르면?

인간 본성은 기나긴 진화 과정의 결과로 생긴 복잡한 전체다. 여기서 '복잡한 전체'란 그 전체가 단순한 부분들의 합보다 더 크다는 의미이다. 인간을 인간답게 만드는 것, 즉 인간에게 존엄성을 부여하는 것은 인간이 갖고 있는 개별적인 요소들이 아니라 이것들이 모여 만들어 내는 복잡한 전체이다. 또한 인간 본성이라는 복잡한 전체를 구성하고 있는 하부 체계들은 상호 간에 극단적으로 밀접하게 연관되어 있다. 따라서 그중 일부라도 인위적으로 변경하면, 이는 불가피하게 전체의 통일성을 무너지게 한다. 이 때문에 과학기술을 이용해 인간 본성을 인위적으로 변경하여 지금의 인간을 보다 향상된 인간으로 만들려는 시도는 금지되어야 한다. 이런 시도를 하는 사람들은 인간이 가져야 할 훌륭함이 무엇인지 스스로 잘 안다고 생각하며, 거기에 부합하지 않는 특성들을 선택해 이를 개선하고자 한다. 그러나 인간 본성의 '좋은' 특성은 '나쁜' 특성과 밀접하게 연결되어 있기 때문에, 후자를 개선하려는 시도는 전자에 대해서도 영향을 미칠 수밖에 없다. 예를 들어, 우리가 질투심을 느끼지 못한다면 사랑 또한 느끼지 못하게 된다는 것이다. 사랑을 느끼지 못하는 인간들이 살아가는 사회에서 어떤 불행이 펼쳐질지 우리는 가늠조차 할 수 없다. 즉 인간 본성을 선별적으로 개선하려 들면, 복잡한 전체를 무너뜨리는 위험성이 불가피하게 발생하게 된다. 따라서 우리는 인간 본성을 구성하는 어떠한 특성에 대해서도 그것을 인위적으로 개선하려는 시도에 반대해야 한다.

〈보기〉
ㄱ. 인간 본성은 인간이 갖는 도덕적 지위와 존엄성의 궁극적 근거이다.
ㄴ. 모든 인간은 자신을 포함하여 인간 본성을 지닌 모든 존재가 지금의 상태보다 더 훌륭하게 되길 희망한다.
ㄷ. 인간 본성의 하부 체계는 상호 분리된 모듈들로 구성되어 있기 때문에 인간 본성의 특정 부분을 인위적으로 변경하더라도 그 변화는 모듈 내로 제한된다.

① ㄱ
② ㄷ
③ ㄱ, ㄴ
④ ㄴ, ㄷ
⑤ ㄱ, ㄴ, ㄷ

문 19. 다음 글의 내용이 참일 때, 반드시 참인 것만을 〈보기〉에서 모두 고르면?

공군이 차기 전투기 도입에서 고려해야 하는 사항은 비행시간이 길어야 한다는 것, 정비시간이 짧아야 한다는 것, 폭탄 적재량이 많아야 한다는 것, 그리고 공대공 전투능력이 높아야 한다는 것, 이상 네 가지이다. 그리고 이 네 가지는 각각 그런 경우와 그런 경우의 반대 둘 중의 하나이며 그 중간은 없다.

전투기의 폭탄 적재량이 많거나 공대공 전투능력이 높다면, 정비시간은 길다. 반면에 비행시간이 길면 공대공 전투능력은 낮다. 공군은 네 가지 고려사항 중에서 최소한 두 가지 이상을 통과한 기종을 선정해야 한다. 그런데 공군은 위 고려사항 중에서 정비시간이 짧아야 한다는 조건만큼은 결코 포기할 수 없다는 입장이다. 따라서 정비시간이 짧아야 한다는 것은 차기 전투기로 선정되기 위한 필수적인 조건이다.

한편, 이번 전투기 도입 사업에 입찰한 업체들 중 하나인 A사는 비행시간이 길고 폭탄 적재량이 많은 기종을 제안했다. 언론에서는 A사의 기종이 선정될 것이라고 예측하였다. 이후 공군에서는 선정 조건에 맞게 네 고려사항 중 둘 이상을 통과한 기종의 전투기를 도입하였는데 그것이 A사의 기종이었는지는 아직 알려지지 않았다.

〈보기〉
ㄱ. 언론의 예측은 옳았다.
ㄴ. 공군이 도입한 기종은 비행시간이 길다.
ㄷ. 입찰한 업체의 기종이 공대공 전투능력이 높다면, 그 기종은 비행시간이 짧다.

① ㄱ
② ㄴ
③ ㄱ, ㄷ
④ ㄴ, ㄷ
⑤ ㄱ, ㄴ, ㄷ

문 20. ④

문 21. ④

문 22. 다음 글의 ㉠과 ㉡에 대한 평가로 적절하지 않은 것은?

미국 수정헌법 제1조는 국가가 시민들에게 진리에 대한 권위주의적 시각을 강제하는 일을 금지함으로써 정부가 다양한 견해들에 중립적이어야 한다는 중립성 원칙을 명시하였다. 특히 표현에 관한 중립성 원칙은 지난 수십 년에 걸쳐 발전해 왔다. 이 발전 과정의 초기에 미국 연방대법원은 표현의 자유를 부르짖는 급진주의자들의 요구에 선동적 표현의 위험성을 근거로 내세우며 맞섰다. 1940~50년대에 연방대법원은 수정헌법 제1조가 보호하는 표현과 그렇지 않은 표현을 구분하는 ㉠이중기준론을 표방하면서, 수정헌법 제1조의 보호 대상이 아닌 표현들이 있다고 판결했다. 추잡하고 음란한 말, 신성 모독적인 말, 인신공격이나 타인을 모욕하는 말, 즉 발언만으로도 누군가에게 해를 입히거나 사회의 양속을 해칠 말이 이에 포함되었다.

이중기준론의 비판자들은 연방대법원이 표현의 범주를 구분하는 과정에서 표현의 내용에 관한 가치 판단을 내림으로써 실제로 표현의 자유를 침해했다고 공격하였다. 1960~70년대를 거치며 연방대법원은 점차 비판자들의 견해를 수용했다. 1976년 연방대법원이 상업적 표현도 수정헌법 제1조의 보호범위에 포함된다고 판결한 데 이어, 인신 비방 발언과 음란성 표현 등도 표현의 자유에 포함되기에 이르렀다.

정부가 모든 표현에 대해 중립적이어야 한다는 원칙은 1970~80년대에 ㉡내용중립성 원칙을 통해 한층 더 또렷이 표명되었다. 내용중립성 원칙이란, 정부가 어떤 경우에도 표현되는 내용에 대한 평가에 근거하여 표현을 제한해서는 안 된다는 것이다. 다시 말해 정부는 표현되는 사상이나 주제나 내용을 이유로 표현을 제한할 수 없다. 이렇게 해석된 수정헌법 제1조에 따르면, 미국 정부는 특정 견해를 편들 수 없을 뿐만 아니라 어떤 문제가 공공의 영역에서 토론하거나 논쟁할 가치가 있는지 없는지 미리 판단하여 선택해서도 안 된다.

① 시민을 보호하기 위해 제한해야 할 만큼 저속한 표현의 기준을 정부가 정하는 것은 ㉠과 상충하지 않는다.
② 음란물이 저속하고 부도덕하다는 이유에서 음란물 유포를 금하는 법령은 ㉠과 상충한다.
③ 어떤 영화의 주제가 나치즘 찬미라는 이유에서 상영을 금하는 법령은 ㉡에 저촉된다.
④ 경쟁 기업을 비방하는 내용의 광고라는 이유로 광고의 방영을 금지하는 법령은 ㉡에 저촉된다.
⑤ 인신공격하는 표현으로 특정 정치인을 힐난하는 내용의 기획물이라는 이유로 TV 방송을 제재할 것인지에 관해 ㉠과 ㉡은 상반되게 답할 것이다.

문 23. 다음 글에서 알 수 없는 것은?

휴대전화를 뜻하는 '셀룰러폰'은 이동 통신 서비스에서 하나의 기지국이 담당하는 지역을 셀이라고 말한 것에서 유래하였다. 이동 통신은 주어진 총 주파수 대역폭을 다수의 사용자가 이용하므로 통화 채널당 할당된 주파수 대역을 재사용하는 기술이 무엇보다 중요하다. 이동 통신 회사들은 제한된 주파수 자원을 보다 효율적으로 사용하기 위하여 넓은 지역을 작은 셀로 나누고, 셀의 중심에 기지국을 만든다. 각 기지국마다 특정 주파수 대역을 사용해 서비스를 제공하는데, 일정 거리 이상 떨어진 기지국은 동일한 주파수 대역을 다시 사용함으로써 주파수 재사용률을 높인다. 예를 들면, 아래 그림은 특정 지역에 이동 통신 서비스를 제공하기 위하여 네 종류의 주파수 대역(F1, F2, F3, F4)을 사용하고 있다. 주파수 간섭 문제를 피하기 위해 인접한 셀들은 서로 다른 주파수 대역을 사용하지만, 인접하지 않은 셀에서는 이미 사용하고 있는 주파수 대역을 다시 사용하는 것을 볼 수 있다. 이렇게 셀을 구성하여 방대한 지역을 제한된 몇 개의 주파수 대역으로 서비스할 수 있다.

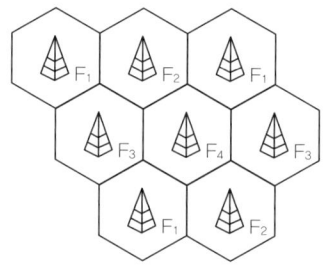

하나의 기지국이 감당할 수 있는 최대 통화량은 일정하다. 평지에서 기지국이 전파를 발사하면 전파의 장은 기지국을 중심으로 한 원 모양이지만, 서비스 지역에 셀을 배치하는 시스템 설계자는 해당 지역을 육각형의 셀로 디자인하여 중심에 기지국을 배치한다. 기지국의 전파 강도를 조절하여 셀의 반지름을 반으로 줄이면 면적은 약 1/4로 줄어들게 된다. 따라서 셀의 반지름을 반으로 줄일 경우 동일한 지역에는 셀의 수가 약 4배가 되고, 수용 가능한 통화량도 약 4배로 증가하게 된다. 이를 이용하여 시스템 설계자는 평소 통화량이 많은 곳은 셀의 반지름을 줄이고 통화량이 적은 곳은 셀의 반지름을 늘려 서비스 효율성을 높인다.

① 주파수 재사용률을 높이기 위해 기지국의 전파 강도를 높여 이동 통신 서비스를 제공한다.
② 제한된 수의 주파수 대역으로 넓은 지역에 이동 통신 서비스를 제공할 수 있다.
③ 인접 셀에서 같은 주파수 대역을 사용하면 주파수 간섭 문제가 발생할 수 있다.
④ 시스템 설계자는 서비스 지역의 통화량에 따라 셀의 반지름을 정한다.
⑤ 기지국 수를 늘리면 수용 가능한 통화량이 증가한다.

문 24. 다음 글에서 알 수 있는 것만을 <보기>에서 모두 고르면?

코페르니쿠스 체계에 대한 당대의 부정적 평가는, 일반적으로 그 당시 천문학자들이 가지고 있었던 비합리적인 종교적 편견에서 비롯되었다고 이해된다. 그러나 그들이 코페르니쿠스 체계를 거부한 데에는 나름 합리적인 이유가 있었다. 그들은 당대 최고의 천문학자였던 티코 브라헤가 코페르니쿠스 체계를 반증했다고 믿었기 때문이다.

티코 브라헤는, 코페르니쿠스 체계가 옳다면 공전 궤도상 서로 마주 보는 두 지점에서 한 별을 관찰했을 때 서로 다른 각도로 관찰된다는 점에 주목했다. 이처럼 지구가 공전 궤도에서 차지하는 상대적 위치에 따라 달라지는 별의 겉보기 각도 차이를 '연주시차'라고 한다. 티코 브라헤는 이 연주시차가 관찰되는지를 오랜 시간에 걸쳐 꼼꼼하게 조사했는데, 연주시차는 전혀 관찰되지 않았다. 티코 브라헤는 논리적 절차에 따라 코페르니쿠스 체계를 반증했다.

그러나 티코 브라헤의 반증은 후일 오류로 판명되었다. 현재 알려진 사실은 가장 가까운 별조차 연주시차가 너무 작아서 당시의 천문학 기술로는 누구도 연주시차를 관측할 수 없었다는 것이다. 이는 별이 태양계로부터 아주 멀리 떨어져 있다는 것을 의미한다. 흥미로운 점은 티코 브라헤가 자신이 관찰한 별이 너무 멀리 떨어져 있어서 당시의 관측 기술로는 연주시차가 관찰되지 않을 가능성을 고려했다는 사실이다. 그러나 티코 브라헤는 이런 가능성을 부정했다. 당시, 천체의 운동을 설명하는 유일한 이론은 아리스토텔레스의 자연학이었다. 그러나 연주시차가 관찰될 수 없을 만큼 별들이 멀리 떨어져 있다는 생각은 아리스토텔레스의 자연학과 양립할 수 없었다. 천체 운동에 대한 설명을 포기할 수 없었던 티코 브라헤는 결국 별이 그토록 멀리 떨어져 있다는 가능성을 부정할 수밖에 없었다.

<보기>
ㄱ. 티코 브라헤는 기술적 한계 때문에 연주시차가 관찰되지 않았을 가능성을 당시 천체 운동을 설명하던 이론에 근거하여 부정하였다.
ㄴ. 티코 브라헤는 반증 과정에서 관찰 내용에 대한 최선의 이론적 설명이 아니라 종교적 편견에 따른 비합리적 설명을 선택함으로써 오류에 빠지게 되었다.
ㄷ. 티코 브라헤의 반증은, '코페르니쿠스 체계가 옳다면 연주시차가 관찰된다. 연주시차는 관찰되지 않았다. 따라서 코페르니쿠스 체계는 옳지 않다.'의 절차로 재구성할 수 있다.

① ㄱ
② ㄴ
③ ㄱ, ㄷ
④ ㄴ, ㄷ
⑤ ㄱ, ㄴ, ㄷ

문 25. 다음 글의 빈칸에 들어갈 내용으로 가장 적절한 것은?

노랑초파리에 있는 Ir75a 유전자는 시큼한 냄새가 나는 아세트산을 감지하는 후각수용체 단백질을 만들 수 있다. 하지만 세이셸 군도의 토착종인 세셸리아초파리는 Ir75a 유전자를 가지고 있지만 아세트산 냄새를 못 맡는다. 따라서 이 세셸리아초파리의 Ir75a 유전자는 해당 단백질을 만들지 못하는 '위유전자(pseudogene)'라고 여겨졌다. 세셸리아초파리는 노니의 열매만 먹고 살기 때문에 아세트산의 시큼한 냄새를 못 맡아도 별 문제가 없다. 그런데 스위스 로잔대 연구진은 세셸리아초파리가 땀 냄새가 연상되는 프로피온산 냄새를 맡을 수 있다는 사실을 발견했다.

이 발견이 중요한 이유는 □□□□□□□ 그렇다면 세셸리아초파리의 Ir75a 유전자도 후각수용체 단백질을 만든다는 것인데, 왜 세셸리아초파리는 아세트산 냄새를 못 맡을까? 세셸리아초파리와 노랑초파리의 Ir75a 유전자가 만드는 후각수용체 단백질의 아미노산 서열을 비교한 결과, 냄새 분자가 달라붙는 걸로 추정되는 부위에서 세 군데가 달랐다. 단백질의 구조가 바뀌어 감지할 수 있는 냄새 분자의 목록이 달라진 것이다. 즉 노랑초파리의 Ir75a 유전자가 만드는 후각수용체는 아세트산과 프로피온산에 반응하고, 세셸리아초파리의 이것은 프로피온산과 들쩍지근한 다소 불쾌한 냄새가 나는 부티르산에 반응한다.

흥미롭게도 세셸리아초파리의 주식인 노니의 열매는 익으면서 부티르산이 연상되는 냄새가 강해진다. 연구자들은 세셸리아초파리의 Ir75a 유전자는 위유전자가 아니라 노랑초파리와는 다른 기능을 하는 후각수용체 단백질을 만드는 유전자로 진화한 것이라 주장하며, 세셸리아초파리의 Ir75a 유전자를 '위-위유전자(pseudo-pseudogene)'라고 불렀다.

① 세셸리아초파리가 주로 먹는 노니의 열매는 프로피온산 냄새가 나지 않기 때문이다.
② 프로피온산 냄새를 담당하는 후각수용체 단백질은 Ir75a 유전자와 상관이 없기 때문이다.
③ 노랑초파리에서 프로피온산 냄새를 담당하는 후각수용체 유전자는 위유전자가 되었기 때문이다.
④ 세셸리아초파리와 노랑초파리에서 Ir75a 유전자가 만드는 후각수용체 단백질이 똑같기 때문이다.
⑤ 노랑초파리에서 프로피온산 냄새를 담당하는 후각수용체 단백질을 만드는 것이 Ir75a 유전자이기 때문이다.

※ 수고하셨습니다.
※ 기출문제편 맨 마지막에 있는 OMR 카드에 마킹을 하세요.

제2영역 자료해석

풀이 시간
• 시작: ___시 ___분 ~ 종료: ___시 ___분
• 총 : ___분

문 1. 다음 〈표〉와 〈보고서〉는 '갑'국 13~19대 국회 의원입법안 발의 및 처리 현황에 대한 자료이다. 〈보고서〉를 작성하기 위해 〈표〉 이외에 추가로 필요한 자료만을 〈보기〉에서 모두 고르면?

〈표〉 국회 의원입법안 발의 및 처리 법안 수 현황
(단위: 건)

국회 구분	13대	14대	15대	16대	17대	18대	19대
발의 법안 수	570	321	1,144	1,912	6,387	12,220	16,728
처리 법안 수	352	167	687	1,028	2,893	4,890	6,626

※ 1) 법안 반영률(%) = 처리 법안 수 / 발의 법안 수 × 100
  2) 각 국회별로 국회의원 임기는 4년이고, 해당 국회에서 처리되지 않은 법안은 폐기됨

〈보고서〉

19대 국회의 의원입법안을 분석한 결과 16,728건이 발의되었고 이는 19대 국회 동안 월평균 340건 이상, 국회의원 1인당 50건 이상의 법안이 제출된 셈이다.
국회 상임위원회 활동으로 보면 상임위원회당 처리 법안 수가 13대 20.7건에서 19대 414.1건으로 20배 이상이 되었다. 하지만 국회 상임위원회 법안소위에도 오르지 않은 법안의 증가로 인해 13대 국회에서 61.8%에 달했던 법안 반영률은 19대에 39.6%까지 낮아졌다.
이처럼 국회 본연의 임무인 입법 기능이 저하되는 가운데 국회 국민청원 건수는 16대 이후로 감소하고 있다. 구체적으로는 13대 503건에서 지속적으로 증가해 16대에 765건으로 정점을 찍은 후 급감하였고, 19대 들어 227건에 그쳐 13대 이후 최저 수준을 기록하였다.

〈보기〉

ㄱ. 국회 국민청원 건수

국회	13대	14대	15대	16대	17대	18대	19대
건수(건)	503	534	595	765	432	272	227

ㄴ. 국회 국민청원 중 본회의 처리건수

국회	13대	14대	15대	16대	17대	18대	19대
건수(건)	13	11	3	4	4	3	2

ㄷ. 국회 상임위원회 수

국회	13대	14대	15대	16대	17대	18대	19대
상임 위원회 수(개)	17	16	16	17	17	16	16

ㄹ. 국회의원 수

국회	13대	14대	15대	16대	17대	18대	19대
의원 수(명)	299	299	299	273	299	299	300

① ㄱ, ㄴ
② ㄱ, ㄹ
③ ㄱ, ㄴ, ㄷ
④ ㄱ, ㄷ, ㄹ
⑤ ㄴ, ㄷ, ㄹ

문 2. 다음 〈그림〉과 〈표〉는 주요 10개국의 인간개발지수와 시민지식 평균점수 및 주요 지표에 관한 자료이다. 이에 대한 〈보기〉의 설명 중 옳은 것만을 모두 고르면?

〈그림〉 국가별 인간개발지수와 시민지식 평균점수의 산포도

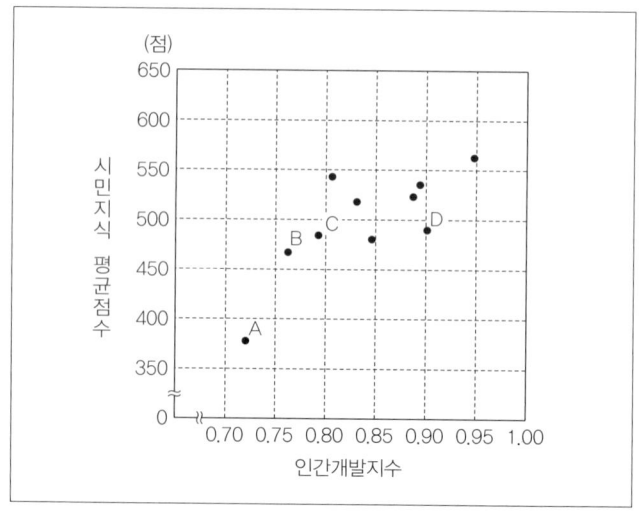

<표> 국가별 주요 지표

구분 국가	인간개발지수	최근 국회의원 선거투표율 (%)	GDP 대비 공교육비 비율 (%)	인터넷 사용률 (%)	1인당 GDP (달러)
벨기에	0.896	92.5	6.4	85	41,138
불가리아	0.794	54.1	3.5	57	16,956
칠레	0.847	49.3	4.6	64	22,145
도미니카공화국	0.722	69.6	2.1	52	13,375
이탈리아	0.887	75.2	4.1	66	33,587
대한민국	0.901	58.0	4.6	90	34,387
라트비아	0.830	58.9	4.9	79	22,628
멕시코	0.762	47.7	5.2	57	16,502
노르웨이	0.949	78.2	7.4	97	64,451
러시아	0.804	60.1	4.2	73	23,895

―〈보기〉―

ㄱ. A국의 인터넷 사용률은 60% 미만이다.
ㄴ. B국은 C국보다 GDP 대비 공교육비 비율이 낮다.
ㄷ. D국은 최근 국회의원 선거 투표율 하위 3개국 중 하나이다.
ㄹ. 1인당 GDP가 가장 높은 국가는 시민지식 평균점수도 가장 높다.

① ㄱ, ㄴ
② ㄱ, ㄷ
③ ㄱ, ㄹ
④ ㄴ, ㄷ
⑤ ㄴ, ㄹ

문 3. 다음 〈표〉는 2012~2017년 '갑'국의 화재발생 현황에 대한 자료이다. 이를 이용하여 작성한 그래프로 옳지 않은 것은?

〈표〉 '갑'국의 화재발생 현황

(단위: 건, 명)

구분 연도	화재발생 건수	인명피해자 수	구조활동 건수
2012	43,249	2,222	427,735
2013	40,932	2,184	400,089
2014	42,135	2,180	451,050
2015	44,435	2,093	479,786
2016	43,413	2,024	609,211
2017	44,178	2,197	655,485
평균	43,057	2,150	503,893

① 화재발생 건수

② 인명피해자 수 편차의 절댓값

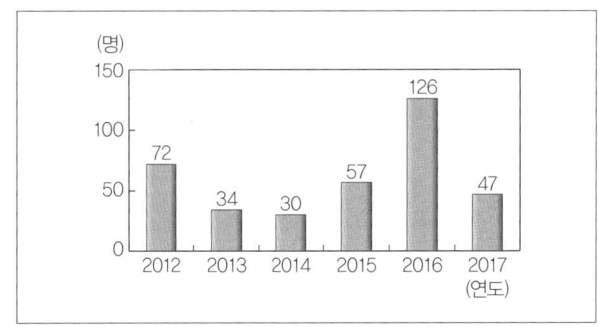

※ 인명피해자 수 편차는 해당 연도 인명피해자 수에서 평균 인명피해자 수를 뺀 값임

③ 구조활동 건수의 전년 대비 증가량

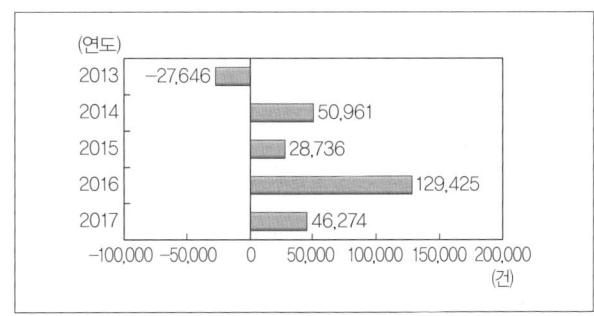

④ 화재발생 건수 대비 인명피해자 수 비율

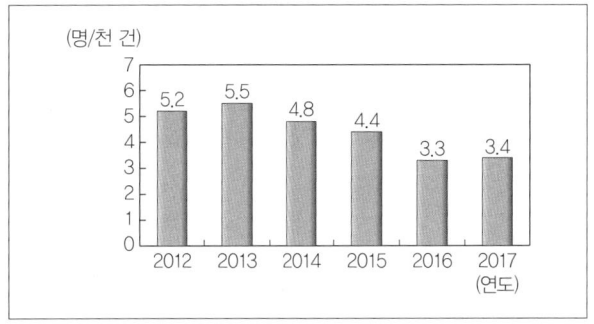

⑤ 화재발생 건수의 전년 대비 증가율

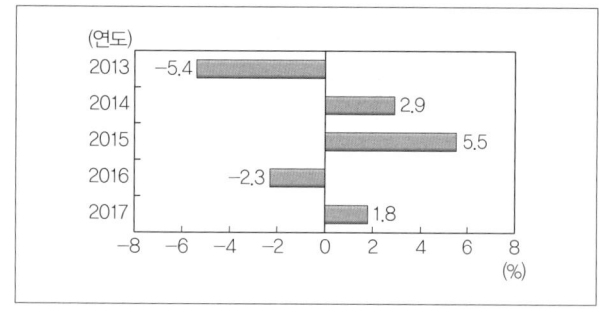

문 4. 다음 〈표〉는 2012~2018년 '갑'국의 지가변동률에 대한 자료이다. 이에 대한 〈보기〉의 설명 중 옳은 것만을 모두 고르면?

〈표〉 연도별 지가변동률

(단위: %)

연도 \ 지역	수도권	비수도권
2012	0.37	1.47
2013	1.20	1.30
2014	2.68	2.06
2015	1.90	2.77
2016	2.99	2.97
2017	4.31	3.97
2018	6.11	3.64

―〈보기〉―
ㄱ. 비수도권의 지가변동률은 매년 상승하였다.
ㄴ. 비수도권의 지가변동률이 수도권의 지가변동률보다 높은 연도는 3개이다.
ㄷ. 전년 대비 지가변동률 차이가 가장 큰 연도는 수도권과 비수도권이 동일하다.

① ㄱ
② ㄴ
③ ㄱ, ㄷ
④ ㄴ, ㄷ
⑤ ㄱ, ㄴ, ㄷ

문 5. 다음 〈그림〉과 〈표〉는 '갑'국을 포함한 주요 10개국의 학업성취도 평가 자료이다. 이에 대한 설명으로 옳은 것은?

〈그림〉 1998~2018년 '갑'국의 성별 학업성취도 평균점수

※ 학업성취도 평균점수는 소수점 아래 첫째 자리에서 반올림한 값임

〈표〉 2018년 주요 10개국의 학업성취도 평균점수 및 점수대별 누적 학생비율

(단위: 점, %)

구분 국가	평균 점수	625점 이상	550점 이상	475점 이상	400점 이상
A	621	54	81	94	99
갑	606	43	75	93	99
B	599	42	72	88	97
C	594	37	75	92	98
D	586	34	67	89	98
E	538	14	46	78	95
F	528	12	41	71	91
G	527	7	39	78	96
H	523	7	38	76	94
I	518	10	36	69	93

※ 학업성취수준은 수월수준(625점 이상), 우수수준(550점 이상 625점 미만), 보통수준(475점 이상 550점 미만), 기초수준(400점 이상 475점 미만), 기초수준 미달(400점 미만)로 구분됨

① '갑'국 남학생과 여학생의 평균점수 차이는 2018년이 1998년보다 크다.
② '갑'국의 평균점수는 2018년이 2014년보다 크다.
③ 2018년 주요 10개 국가는 '수월수준'의 학생비율이 높을수록 평균점수가 높다.
④ 2018년 주요 10개 국가 중 '기초수준 미달'의 학생비율이 가장 높은 국가는 I국이다.
⑤ 2018년 '우수수준'의 학생비율은 D국이 B국보다 높다.

문 6. 다음 〈표〉는 2017년과 2018년 주요 10개 자동차 브랜드 가치 평가에 관한 자료이다. 이에 대한 〈보기〉의 설명 중 옳은 것만을 모두 고르면?

〈표 1〉 브랜드 가치평가액

(단위: 억 달러)

연도 브랜드	2017	2018
TO	248	279
BE	200	218
BM	171	196
HO	158	170
FO	132	110
WO	56	60
AU	37	42
HY	35	41
XO	38	39
NI	32	31

〈표 2〉 브랜드 가치평가액 순위

구분	전체 제조업계 내 순위		자동차업계 내 순위	
브랜드 연도	2017	2018	2017	2018
TO	9	7	1	1
BE	11	10	2	2
BM	16	15	3	3
HO	19	19	4	4
FO	22	29	5	5
WO	56	56	6	6
AU	78	74	8	7
HY	84	75	9	8
XO	76	80	7	9
NI	85	90	10	10

〈보기〉

ㄱ. 2017년 대비 2018년 '전체 제조업계 내 순위'가 하락한 브랜드는 2017년 대비 2018년 브랜드 가치평가액도 감소하였다.
ㄴ. 2017년과 2018년의 브랜드 가치평가액 차이가 세 번째로 큰 브랜드는 BE이다.
ㄷ. 2017년 대비 2018년 '전체 제조업계 내 순위'와 '자동차 업계 내 순위'가 모두 상승한 브랜드는 2개뿐이다.
ㄹ. 연도별 '자동차업계 내 순위' 기준 상위 7개 브랜드 가치평가액 평균은 2018년이 2017년보다 크다.

① ㄱ, ㄴ
② ㄱ, ㄹ
③ ㄴ, ㄷ
④ ㄴ, ㄹ
⑤ ㄷ, ㄹ

문 7. 다음 〈표〉는 2019년 5월 10일 A 프랜차이즈의 지역별 가맹점 수와 결제 실적에 관한 자료이다. 이에 대한 설명으로 옳지 않은 것은?

〈표 1〉 A 프랜차이즈의 지역별 가맹점 수, 결제건수 및 결제금액

(단위: 개, 건, 만 원)

지역	구분	가맹점 수	결제건수	결제금액
서울		1,269	142,248	241,442
6대 광역시	부산	34	3,082	7,639
	대구	8	291	2,431
	인천	20	1,317	2,548
	광주	8	306	793
	대전	13	874	1,811
	울산	11	205	635
전체		1,363	148,323	257,299

〈표 2〉 A 프랜차이즈의 가맹점 규모별 결제건수 및 결제금액

(단위: 건, 만 원)

가맹점 규모	구분	결제건수	결제금액
소규모		143,565	250,390
중규모		3,476	4,426
대규모		1,282	2,483
전체		148,323	257,299

① '서울' 지역 소규모 가맹점의 결제건수는 137,000건 이하이다.
② 6대 광역시 가맹점의 결제건수 합은 6,000건 이상이다.
③ 결제건수 대비 결제금액을 가맹점 규모별로 비교할 때 가장 작은 가맹점 규모는 중규모이다.
④ 가맹점 수 대비 결제금액이 가장 큰 지역은 '대구'이다.
⑤ 전체 가맹점 수에서 '서울' 지역 가맹점 수 비중은 90% 이상이다.

문 8. 다음 〈표〉와 〈그림〉은 '갑'국의 방송사별 만족도지수, 질평가지수, 시청자평가지수를 나타낸 자료이다. 이에 대한 〈보기〉의 설명 중 옳은 것만을 모두 고르면?

〈표〉 방송사별 전체 및 주시청 시간대의 만족도지수와 질평가지수

유형	구분 방송사	전체 시간대		주시청 시간대	
		만족도지수	질평가지수	만족도지수	질평가지수
지상파	A	7.37	7.33	( )	7.20
	B	7.22	7.05	7.23	( )
	C	7.14	6.97	7.11	6.93
	D	7.32	7.16	( )	7.23
종합 편성	E	6.94	6.90	7.10	7.02
	F	7.75	7.67	( )	7.88
	G	7.14	7.04	7.20	( )
	H	7.03	6.95	7.08	7.00

〈그림〉 방송사별 주시청 시간대의 시청자평가지수

※ 전체(주시청) 시간대 시청자평가지수 =
$\left(\dfrac{\text{전체(주시청) 시간대 만족도지수} + \text{전체(주시청) 시간대 질평가지수}}{2}\right)$

〈보기〉

ㄱ. 각 지상파 방송사는 전체 시간대와 주시청 시간대 모두 만족도지수가 질평가지수보다 높다.

ㄴ. 각 종합편성 방송사의 질평가지수는 주시청 시간대가 전체 시간대보다 높다.

ㄷ. 각 지상파 방송사의 시청자평가지수는 전체 시간대가 주시청 시간대보다 높다.

ㄹ. 만족도지수는 주시청 시간대가 전체 시간대보다 높으면서 시청자평가지수는 주시청 시간대가 전체 시간대보다 낮은 방송사는 2개이다.

① ㄱ, ㄴ
② ㄱ, ㄷ
③ ㄴ, ㄹ
④ ㄱ, ㄷ, ㄹ
⑤ ㄴ, ㄷ, ㄹ

문 9. 다음 〈표〉와 〈그림〉은 2018년 A 대학의 학생상담 현황에 대한 자료이다. 이에 대한 〈보기〉의 설명 중 옳은 것만을 모두 고르면?

〈표〉 상담자별, 학년별 상담건수
(단위: 건)

상담자 \ 학년	1학년	2학년	3학년	4학년	합
교수	1,085	1,020	911	1,269	4,285
상담직원	154	97	107	56	414
진로컨설턴트	67	112	64	398	641
전체	1,306	1,229	1,082	1,723	5,340

〈그림 1〉 상담횟수별 학생 수

〈그림 2〉 전체 상담건수의 유형별 구성비

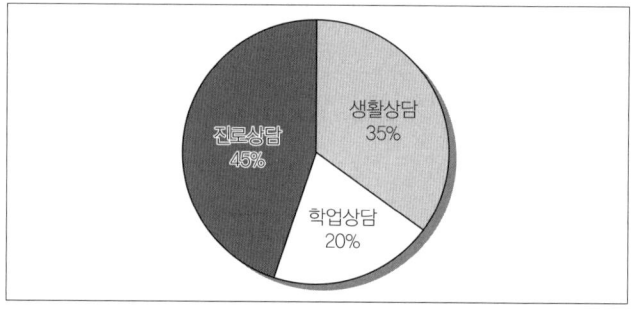

〈보기〉

ㄱ. 학년별 전체 상담건수 중 '상담직원'의 상담건수가 차지하는 비중이 큰 학년부터 순서대로 나열하면 1학년, 2학년, 3학년, 4학년 순이다.

ㄴ. '진로컨설턴트'가 상담한 유형이 모두 진로상담이고, '상담직원'이 상담한 유형이 모두 생활상담 또는 학업상담이라면, '교수'가 상담한 유형 중 진로상담이 차지하는 비중은 30% 이상이다.

ㄷ. 상담건수가 많은 학년부터 순서대로 나열하면 4학년, 1학년, 2학년, 3학년 순이다.

ㄹ. 최소 한 번이라도 상담을 받은 학생 수는 4,600명 이하이다.

① ㄱ, ㄷ
② ㄴ, ㄹ
③ ㄱ, ㄴ, ㄷ
④ ㄱ, ㄷ, ㄹ
⑤ ㄴ, ㄷ, ㄹ

문 10. 다음 〈표〉는 2018년 A~E 기업의 영업이익, 직원 1인당 영업이익, 평균연봉을 나타낸 자료이다. 〈보기〉의 설명을 근거로 '나', '라'에 해당하는 기업을 바르게 나열한 것은?

〈표〉 A~E 기업의 영업이익, 직원 1인당 영업이익, 평균연봉

(단위: 백만 원)

기업\항목	영업이익	직원 1인당 영업이익	평균연봉
가	83,600	34	66
나	33,900	34	34
다	21,600	18	58
라	24,600	7	66
마	50,100	30	75

〈보기〉

○ A는 B, C, E에 비해 직원 수가 많다.
○ C는 B, D, E에 비해 평균연봉 대비 직원 1인당 영업이익이 적다.
○ A, B, C의 영업이익을 합쳐도 D의 영업이익보다 적다.
○ E는 B에 비해 직원 1인당 영업이익이 적다.

	나	라
①	B	A
②	B	D
③	C	B
④	C	E
⑤	D	A

문 11. 다음 〈보고서〉는 2017년 세종특별자치시의 자원봉사 현황을 요약한 자료이다. 〈보고서〉의 내용을 작성하는 데 직접적인 근거로 활용되지 않은 자료는?

〈보고서〉

○ 자원봉사자 등록 현황

○ 자원봉사단체 등록 현황

○ 연령대별 자원봉사자 등록 현황

○ 자원봉사자 활동 현황

○ 자원봉사 누적시간대별 자원봉사 참여자 수 현황

① 2017년 세종특별자치시에 등록된 자원봉사단체별 회원 수 현황
② 2017년 세종특별자치시 인구 현황
③ 2017년 세종특별자치시에 등록된 성별, 연령별 자원봉사자 수 현황
④ 2017년 세종특별자치시 연간 1회 이상 활동한 자원봉사자 수 현황
⑤ 2017년 세종특별자치시 연령별, 1일 시간대별 자원봉사 참여자 수 현황

문 12. 다음 〈표〉는 2018년 '갑'국의 대학유형별 현황에 관한 자료이다. 이에 대한 〈보기〉의 설명 중 옳은 것만을 모두 고르면?

〈표〉 대학유형별 현황

(단위: 개, 명)

구분	유형	국립대학	공립대학	사립대학	전체
학교		34	1	154	189
학과		2,776	40	8,353	11,169
교원		15,299	354	49,770	65,423
	여성	2,131	43	12,266	14,440
직원		8,987	205	17,459	26,651
	여성	3,254	115	5,259	8,628
입학생		78,888	1,923	274,961	355,772
재적생		471,465	13,331	1,628,497	2,113,293
졸업생		66,890	1,941	253,582	322,413

─〈보기〉─

ㄱ. 학과당 교원 수는 공립대학이 사립대학보다 많다.
ㄴ. 전체 대학 입학생 수에서 국립대학 입학생 수가 차지하는 비율은 20% 이상이다.
ㄷ. 입학생 수 대비 졸업생 수의 비율은 공립대학이 국립대학보다 높다.
ㄹ. 각 대학유형에서 남성 직원 수가 여성 직원 수보다 많다.

① ㄱ, ㄷ
② ㄱ, ㄹ
③ ㄴ, ㄹ
④ ㄱ, ㄴ, ㄷ
⑤ ㄴ, ㄷ, ㄹ

문 13. 다음 〈표〉는 2014~2018년 '갑'국 체류외국인 수 및 체류외국인 범죄건수에 대한 자료이다. 이에 대한 〈보기〉의 설명 중 옳은 것만을 모두 고르면?

〈표〉 체류외국인 수 및 체류외국인 범죄건수

(단위: 명, 건)

구분	연도	2014	2015	2016	2017	2018
체류외국인 수		1,168,477	1,261,415	1,395,077	1,445,103	1,576,034
	합법체류 외국인 수	990,522	1,092,900	1,227,297	1,267,249	1,392,928
	불법체류 외국인 수	177,955	168,515	167,780	177,854	183,106
체류외국인 범죄건수		21,235	19,445	25,507	22,914	24,984
	합법체류 외국인 범죄건수	18,645	17,538	23,970	21,323	22,951
	불법체류 외국인 범죄건수	2,590	1,907	1,537	1,591	2,033

─〈보기〉─

ㄱ. 매년 불법체류외국인 수는 체류외국인 수의 10% 이상이다.
ㄴ. 불법체류외국인 범죄건수의 전년 대비 증가율이 가장 높은 해에 합법체류외국인 범죄건수의 전년 대비 증가율도 가장 높다.
ㄷ. 체류외국인 범죄건수가 전년에 비해 감소한 해에는 합법체류외국인 범죄건수와 불법체류외국인 범죄건수도 각각 전년에 비해 감소하였다.
ㄹ. 매년 합법체류외국인 범죄건수는 체류외국인 범죄건수의 80% 이상이다.

① ㄱ, ㄹ
② ㄴ, ㄷ
③ ㄴ, ㄹ
④ ㄱ, ㄴ, ㄷ
⑤ ㄱ, ㄷ, ㄹ

문 14. 다음 〈그림〉은 한국, 일본, 미국, 벨기에의 2010년, 2015년, 2020년 자동차 온실가스 배출량 기준에 관한 자료이다. 〈그림〉과 〈조건〉에 근거하여 A~D에 해당하는 국가를 바르게 나열한 것은?

〈그림〉 자동차 온실가스 배출량 기준

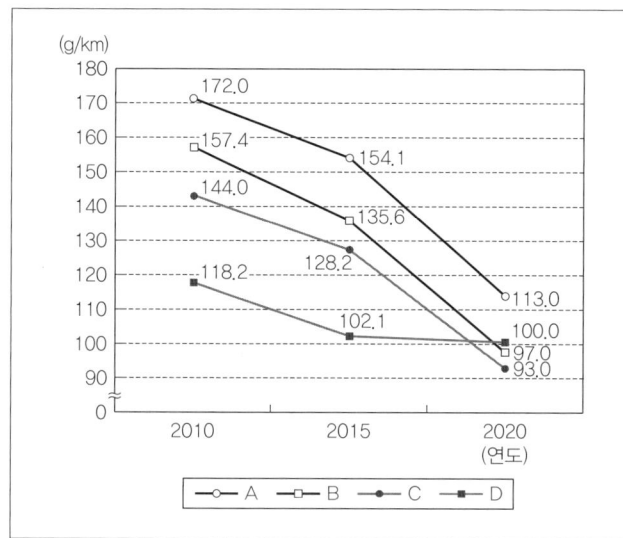

─〈조건〉─

○ 2010년 대비 2020년 자동차 온실가스 배출량 기준 감소율은 한국이 일본, 미국, 벨기에보다 높다.
○ 2015년 한국과 일본의 자동차 온실가스 배출량 기준 차이는 30g/km 이상이다.
○ 2020년 자동차 온실가스 배출량 기준은 미국이 한국과 벨기에보다 높다.

	A	B	C	D
①	미국	벨기에	한국	일본
②	미국	한국	벨기에	일본
③	벨기에	한국	미국	일본
④	일본	벨기에	한국	미국
⑤	한국	일본	벨기에	미국

문 15. 다음 〈그림〉은 '갑' 자치구의 예산내역에 관한 자료이다. 이에 대한 〈보기〉의 설명 중 옳은 것만을 모두 고르면?

〈그림〉 '갑' 자치구 예산내역

(단위: %)

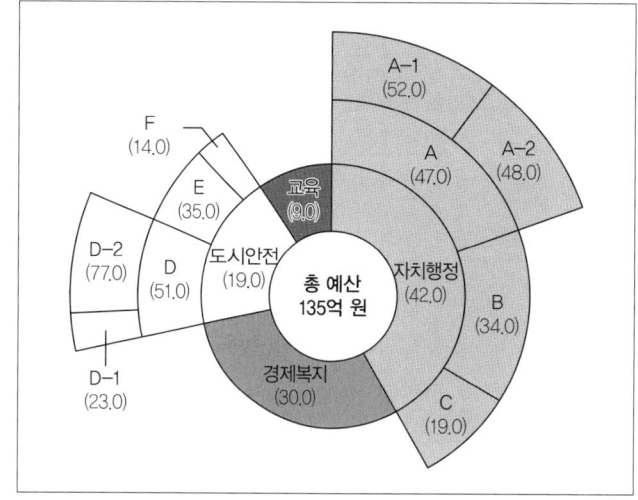

※ 1) 괄호 안의 값은 예산 비중을 의미함
 2) 예를 들어, A(47.0)은 A 사업의 예산이 '자치행정' 분야 예산의 47.0%임을 나타내고, D-1 사업의 예산은 3.0억 원임

─〈보기〉─

ㄱ. '교육' 분야 예산은 13억 원 이상이다.
ㄴ. C 사업 예산은 D 사업 예산보다 적다.
ㄷ. '경제복지' 분야 예산은 B 사업과 C 사업 예산의 합보다 많다.
ㄹ. '도시안전' 분야 예산은 A-2 사업 예산의 3배 이상이다.

① ㄱ, ㄴ
② ㄱ, ㄷ
③ ㄴ, ㄷ
④ ㄴ, ㄹ
⑤ ㄷ, ㄹ

문 16. 다음 〈표〉는 고려시대 왕의 혼인종류별 후비(后妃) 수를 조사한 것이다. 이에 대한 설명으로 옳지 않은 것은?

〈표〉 고려시대 왕의 혼인종류별 후비 수
(단위: 명)

왕	혼인종류	족외혼	족내혼	몽골출신	왕	혼인종류	족외혼	족내혼	몽골출신
1대	태조	29	0	–	19대	명종	0	1	–
2대	혜종	4	0	–	20대	신종	0	1	–
3대	정종	3	0	–	21대	희종	0	1	–
4대	광종	0	2	–	22대	강종	1	1	–
5대	경종	1	( )	–	23대	고종	0	1	–
6대	성종	2	1	–	24대	원종	1	0	–
7대	목종	1	1	–	25대	충렬왕	1	1	1
8대	현종	10	3	–	26대	충선왕	3	1	2
9대	덕종	3	2	–	27대	충숙왕	2	0	( )
10대	정종	5	0	–	28대	충혜왕	3	1	1
11대	문종	4	1	–	29대	충목왕	0	0	0
12대	순종	2	1	–	30대	충정왕	0	0	0
13대	선종	3	0	–	31대	공민왕	3	1	1
14대	헌종	0	0	–	32대	우왕	2	0	0
15대	숙종	1	0	–	33대	창왕	0	0	0
16대	예종	2	2	–	34대	공양왕	1	0	–
17대	인종	4	0	–	전체		( )	28	8
18대	의종	1	1	–					

※ 혼인종류는 족외혼, 족내혼, 몽골출신만으로 구성되며, 몽골출신과의 혼인은 충렬왕부터임

① 전체 족외혼 후비 수는 전체 족내혼 후비 수의 3배 이상이다.
② 몽골출신 후비 수가 가장 많은 왕은 충숙왕이다.
③ 태조부터 경종까지의 족내혼 후비 수의 합은 문종부터 희종까지의 족내혼 후비 수의 합과 같다.
④ 태조의 후비 수는 광종과 경종의 모든 후비 수의 합의 4배 이상이다.
⑤ 경종의 족내혼 후비 수가 충숙왕의 몽골출신 후비 수보다 많다.

문 17. 다음 〈그림〉은 '갑'국 국회의원 선거의 지역별 정당지지율에 관한 자료이다. 〈그림〉과 〈조건〉에 근거하여 선거구를 획정할 때, 〈보기〉 중 B 정당의 국회의원이 가장 많이 선출되는 선거구 획정 방법을 고르면?

〈그림〉 국회의원 선거의 지역별 정당지지율
(단위: %)

가 (90:10:0)	나 (80:20:0)	다 (70:20:10)	라 (40:50:10)
마 (60:20:20)	바 (60:10:30)	사 (30:30:40)	아 (10:60:30)
자 (30:60:10)	차 (20:40:40)	카 (20:20:60)	타 (10:80:10)

※ 괄호 안의 수치는 해당 지역의 각 정당지지율(A정당 : B정당 : C정당)을 의미함

─〈조건〉─

○ 3개 지역을 묶어서 1개의 선거구로 획정한다.
  – 지역 경계는 점선(⋯)으로 표시되며, 선거구 경계는 실선(─)으로 표시된다.
  – 아래 〈그림〉은 '가', '나', '바' 지역이 1개의 선거구로 획정됨을 의미한다.

| 가 | 나 |
| | 바 |

○ 선거구당 1명의 국회의원을 선출한다.
○ 선거구 내 지역별 각 정당지지율의 합이 가장 큰 정당의 후보가 국회의원으로 선출된다.

─〈보기〉─

ㄱ.
가	나	다	라
마	바	사	아
자	차	카	타

ㄴ.
가	나	다	라
마	바	사	아
자	차	카	타

ㄷ.
가	나	다	라
마	바	사	아
자	차	카	타

ㄹ.
가	나	다	라
마	바	사	아
자	차	카	타

ㅁ.
가	나	다	라
마	바	사	아
자	차	카	타

① ㄱ
② ㄴ
③ ㄷ
④ ㄹ
⑤ ㅁ

문 18. 다음 〈표〉는 '갑'국 A~E 대학의 재학생 수 및 재직 교원 수와 법정 필요 교원 수 산정기준에 관한 자료이다. 이에 근거하여 법정 필요 교원 수를 충족시키기 위해 충원해야 할 교원 수가 많은 대학부터 순서대로 나열하면?

〈표 1〉 재학생 수 및 재직 교원 수

(단위: 명)

대학 구분	A	B	C	D	E
재학생 수	900	30,000	13,300	4,200	18,000
재직 교원 수	44	1,260	450	130	860

〈표 2〉 법정 필요 교원 수 산정기준

재학생 수	법정 필요 교원 수
1,000명 미만	재학생 22명당 교원 1명
1,000명 이상 10,000명 미만	재학생 21명당 교원 1명
10,000명 이상 20,000명 미만	재학생 20명당 교원 1명
20,000명 이상	재학생 19명당 교원 1명

※ 법정 필요 교원 수 계산 시 소수점 아래 첫째 자리에서 올림

① B, C, D, A, E
② B, C, D, E, A
③ B, D, C, E, A
④ C, B, D, A, E
⑤ C, B, D, E, A

문 19. 다음 〈표〉는 2018년 행정구역별 공동주택의 실내 라돈 농도에 대한 자료이다. 이에 대한 〈보고서〉의 설명 중 옳은 것만을 모두 고르면?

〈표〉 행정구역별 공동주택 실내 라돈 농도

행정구역	조사대상 공동주택 수 (호)	평균값 (Bq/m^3)	중앙값 (Bq/m^3)	$200Bq/m^3$ 초과 공동주택 수 (호)
서울특별시	532	66.5	45.4	25
부산광역시	434	51.4	35.3	12
대구광역시	437	61.5	41.6	16
인천광역시	378	48.5	33.8	9
광주광역시	308	58.3	48.2	6
대전광역시	201	110.1	84.2	27
울산광역시	247	55.0	35.3	7
세종특별자치시	30	83.8	69.8	1
경기도	697	74.3	52.5	37
강원도	508	93.4	63.6	47
충청북도	472	86.3	57.8	32
충청남도	448	93.3	59.9	46
전라북도	576	85.7	56.7	40
전라남도	569	75.5	51.5	32
경상북도	610	72.4	48.3	34
경상남도	640	57.5	36.7	21
제주특별자치도	154	68.2	40.9	11
전국	7,241	-	-	403

〈보고서〉

우리나라에서는 2018년 처음으로 공동주택에 대한 '실내 라돈 권고 기준치'를 $200Bq/m^3$ 이하로 정하고 공동주택의 실내 라돈 농도를 조사하였다.

이번 공동주택 실내 라돈 농도 조사에서 ㉠조사대상 공동주택의 실내 라돈 농도 평균값은 경기도가 서울특별시의 1.1배 이상이다. 한편, ㉡행정구역별로 비교했을 때 실내 라돈 농도의 평균값이 클수록 중앙값도 컸으며 두 항목 모두 대전광역시가 가장 높았다. ㉢조사대상 공동주택 중 실내 라돈 농도가 실내 라돈 권고 기준치를 초과하는 공동주택의 비율이 5% 이상인 행정구역은 9곳이며, 10% 이상인 행정구역은 2곳으로 조사되었다.

① ㉠
② ㉡
③ ㉠, ㉢
④ ㉡, ㉢
⑤ ㉠, ㉡, ㉢

문 20. 다음 〈표〉는 콘크리트 유형별 기준강도 및 시험체 강도판정결과에 관한 자료이다. 〈표〉와 〈판정기준〉에 근거하여 (가), (나), (다)에 해당하는 강도판정결과를 바르게 나열한 것은?

〈표〉 콘크리트 유형별 기준강도 및 시험체 강도판정결과
(단위: MPa)

구분 콘크리트 유형	기준강도	시험체 강도				강도판정결과
		시험체 1	시험체 2	시험체 3	평균	
A	24	22.8	29.0	20.8	( )	(가)
B	27	26.1	25.0	28.1	( )	불합격
C	35	36.9	36.8	31.6	( )	(나)
D	40	36.4	36.3	47.6	40.1	합격
E	45	40.3	49.4	46.8	( )	(다)

※ 강도판정결과는 '합격'과 '불합격'으로 구분됨

〈판정기준〉

○ 아래 조건을 모두 만족하는 경우에만 강도판정결과가 '합격'이다.
  - 시험체 강도의 평균은 기준강도 이상이어야 한다.
  - 기준강도가 35MPa 초과인 경우에는 각 시험체 강도가 모두 기준강도의 90% 이상이어야 한다.
  - 기준강도가 35MPa 이하인 경우에는 각 시험체 강도가 모두 기준강도에서 3.5MPa을 뺀 값 이상이어야 한다.

	(가)	(나)	(다)
①	합격	합격	합격
②	합격	합격	불합격
③	합격	불합격	불합격
④	불합격	합격	합격
⑤	불합격	합격	불합격

문 21. 다음 〈표〉는 2017~2018년 '갑' 학교 학생식당의 메뉴별 제공횟수 및 만족도에 대한 자료이다. 〈표〉와 〈조건〉에 근거한 설명으로 옳지 않은 것은?

〈표〉 메뉴별 제공횟수 및 만족도
(단위: 회, 점)

구분 메뉴	제공횟수	만족도	
	2017	2017	2018
A	40	87	75
B	34	71	72
C	45	53	35
D	31	79	79
E	40	62	77
F	60	74	68
G	–	–	73
전체	250	–	–

〈조건〉

○ 전체 메뉴 제공횟수는 매년 250회로 일정하며, 2018년에는 메뉴 G만 추가되었고, 2019년에는 메뉴 H만 추가되었다.
○ 각 메뉴의 다음 연도 제공횟수는 당해 연도 만족도에 따라 아래와 같이 결정된다.

만족도	다음 연도 제공횟수
0점 이상 50점 미만	당해 연도 제공횟수 대비 100% 감소
50점 이상 60점 미만	당해 연도 제공횟수 대비 20% 감소
60점 이상 70점 미만	당해 연도 제공횟수 대비 10% 감소
70점 이상 80점 미만	당해 연도 제공횟수와 동일
80점 이상 90점 미만	당해 연도 제공횟수 대비 10% 증가
90점 이상 100점 이하	당해 연도 제공횟수 대비 20% 증가

① 메뉴 A~F 중 2017년 대비 2019년 제공횟수가 증가한 메뉴는 1개이다.
② 2018년 메뉴 G의 제공횟수는 9회이다.
③ 2019년 메뉴 H의 제공횟수는 42회이다.
④ 2019년 메뉴 E의 제공횟수는 메뉴 A의 제공횟수보다 많다.
⑤ 메뉴 A~G 중 2018년과 2019년 제공횟수의 차이가 두 번째로 큰 메뉴는 F이다.

문 22. 다음 〈그림〉과 〈표〉는 2017~2018년 A, B 기업이 '갑' 자동차 회사에 납품한 엔진과 변속기에 관한 자료이다. 이에 대한 설명으로 옳은 것은?

〈그림 1〉 연도별 '갑' 자동차회사가 납품받은 엔진과 변속기 개수의 합

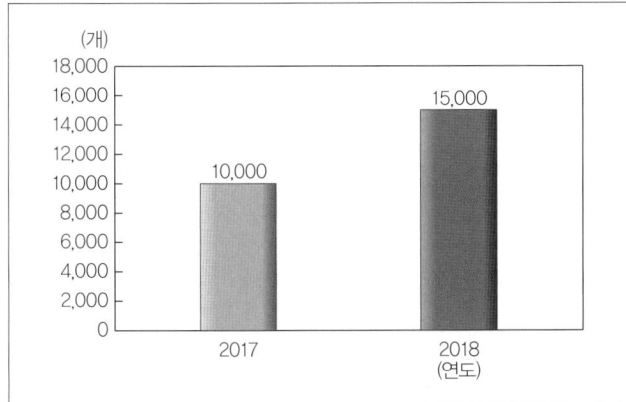

〈그림 2〉 2018년 기업별 엔진과 변속기 납품 개수의 합

〈그림 3〉 A 기업의 연도별 엔진과 변속기 납품 개수 비율

※ 1) '갑' 자동차회사는 엔진과 변속기를 2017년에는 A 기업으로부터만 납품받았으며, 2018년에는 A, B 두 기업에서만 납품받았음
2) A, B 기업은 '갑' 자동차회사에만 납품함
3) 매년 '갑' 자동차회사가 납품받는 엔진 개수는 변속기 개수와 같음

〈표〉 A, B 기업의 연도별 엔진과 변속기의 납품 단가
(단위: 만 원/개)

연도 \ 구분	엔진	변속기
2017	100	80
2018	90	75

① A 기업의 엔진 납품 개수는 2018년이 2017년의 80%이다.
② 2018년 B 기업은 변속기 납품 개수가 엔진 납품 개수의 12.5%이다.
③ '갑' 자동차회사가 납품받은 엔진과 변속기 납품액 합은 2018년이 2017년에 비해 30% 이상 증가하였다.
④ '갑' 자동차회사가 납품받은 변속기 납품 개수는 2018년이 2017년의 2배 이상이다.
⑤ 2018년 A, B 기업의 엔진 납품액 합은 변속기 납품액 합보다 작다.

문 23. 다음 〈표〉는 A~F 행정동으로 구성된 '갑'시의 자치구 개편 및 행정동 간 인접 현황에 관한 자료이다. 〈표〉와 〈조건〉에 근거한 설명으로 옳지 않은 것은?

〈표 1〉 행정동별 인구와 개편 전·후 자치구 현황

구분 행정동	인구(명)	개편 전 자치구	개편 후 자치구
A	1,500	가	( )
B	2,000	( )	( )
C	1,500	나	( )
D	1,500	( )	라
E	1,000	( )	마
F	1,500	다	( )

※ 자치구 개편 전·후 각 행정동의 인구 수는 변화없음

〈표 2〉 행정동 간 인접 현황

행정동	A	B	C	D	E	F
A		1	0	1	0	0
B	1		1	1	1	0
C	0	1		0	1	1
D	1	1	0		1	0
E	0	1	1	1		1
F	0	0	1	0	1	

※ 두 행정동이 인접하면 1, 인접하지 않으면 0임

〈조건〉
○ 개편 전 자치구는 '가', '나', '다' 3개이며, 개편 후 자치구는 '라', '마' 2개이다.
○ 개편 전에는 한 자치구에 2개의 행정동이 속하고, 개편 후에는 3개의 행정동이 속한다.
○ 동일 자치구에 속하는 행정동은 서로 인접하고 있으며, 행정동 간 인접 여부는 〈표 2〉에 따라 판단한다.

① 자치구 개편 전, 행정동 E는 자치구 '다'에 속한다.
② 자치구 개편 후, 행정동 C와 행정동 E는 같은 자치구에 속한다.
③ 자치구 개편 전, 자치구 '가'의 인구가 자치구 '나'의 인구보다 많다.
④ 자치구 개편 후, 자치구 '라'의 인구가 자치구 '마'의 인구보다 많다.
⑤ 행정동 B는 개편 전 자치구 '나'에 속하고, 개편 후 자치구 '라'에 속한다.

문 24. 다음 〈그림〉은 A 기업 4개팀 체육대회의 종목별 대진표 및 중간경기결과이며, 〈표〉는 종목별 승점 배점표이다. 이에 근거하여 남은 경기결과에 따른 최종 대회성적에 대한 설명으로 옳지 않은 것은?

〈그림〉A 기업 체육대회의 종목별 대진표 및 중간경기결과

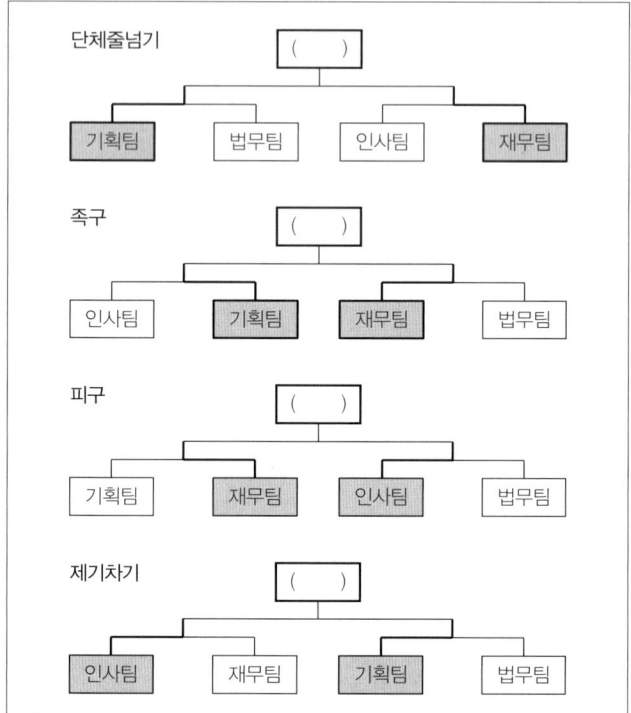

※ 굵은 선과 음영(▬)으로 표시된 팀은 이긴 팀을 의미하며, 결승전만을 남긴 상황임

〈표〉 종목별 승점 배점표

순위 \ 종목	단체줄넘기	족구	피구	제기차기
1위	120	90	90	60
2위	80	60	60	40
3·4위	40	30	30	20

※ 1) 최종 대회성적은 종목별 승점합계가 가장 높은 팀이 종합 우승, 두 번째로 높은 팀이 종합 준우승임
2) 승점합계가 동일한 팀이 나올 경우, 단체줄넘기 종목의 순위가 높은 팀이 최종 순위가 높음
3) 모든 경기에 무승부는 없음

① 남은 경기결과와 상관없이 법무팀은 종합 우승을 할 수 없다.
② 재무팀이 남은 경기 중 2종목에서 이기더라도 기획팀이 종합 우승을 할 수 있다.
③ 기획팀이 남은 경기에서 모두 지면, 재무팀이 종합 우승을 한다.
④ 재무팀이 남은 경기에서 모두 지더라도 재무팀은 종합 준우승을 한다.
⑤ 인사팀이 남은 경기에서 모두 이기더라도 인사팀은 종합 우승을 할 수 없다.

문 25. 다음 〈표〉, 〈정보〉, 〈그림〉은 A사의 공장에서 물류센터까지의 수송량과 수송비용에 관한 자료이다. 이에 대한 설명으로 옳지 않은 것은?

〈표〉 공장에서 물류센터까지의 수송량

(단위: 개)

공장 \ 물류센터	서울	부산	대구	광주
구미	0	200	( )	( )
청주	300	( )	0	0
덕평	300	0	0	0

─〈정보〉─

○ 해당 공장에서 각 물류센터까지의 수송량의 합은 해당 공장의 '최대공급량'보다 작거나 같다.
○ 각 공장에서 해당 물류센터까지의 수송량의 합은 해당 물류센터의 '최소요구량'보다 크거나 같다.
○ 공장별 '최대공급량'은 구미 600개, 청주 500개, 덕평 300개이다.
○ 물류센터별 '최소요구량'은 서울 600개, 부산 400개, 대구 200개, 광주 150개이다.
○ 수송비용=(수송량)×(개당 수송비용)
○ 총 수송비용은 각 공장에서 각 물류센터까지의 수송비용의 합이다.

〈그림〉 공장에서 물류센터까지의 개당 수송비용

(단위: 천 원/개)

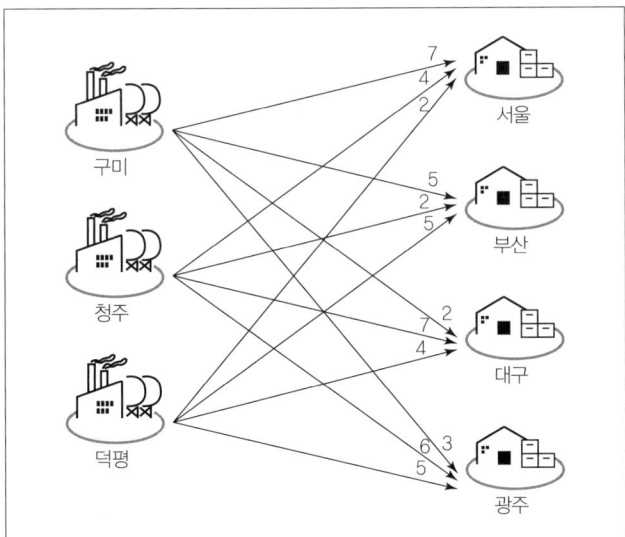

※ 예시: '청주 —2→ 부산'은 청주 공장에서 부산 물류센터까지의 개당 수송비용이 2천 원임을 의미함

① 청주 공장에서 부산 물류센터까지의 수송량은 200개이다.
② 총 수송비용을 최소화할 때, 구미 공장에서 광주 물류센터까지의 수송량은 150개이다.
③ 총 수송비용의 최소 금액은 405만 원이다.
④ 구미 공장에서 서울 물류센터까지의 개당 수송비용이 7천 원에서 8천 원으로 증가해도 총 수송비용의 최소 금액은 증가하지 않는다.
⑤ 구미 공장의 '최대공급량'이 600개에서 550개로 줄어들면, 총 수송비용의 최소 금액은 감소한다.

문 1. 다음 글을 근거로 판단할 때, 〈보기〉에서 옳은 것만을 모두 고르면?

> 제00조 지방자치단체의 장은 행정재산에 대하여 그 목적 또는 용도에 장애가 되지 않는 범위에서 사용 또는 수익을 허가할 수 있다.
> 제00조 ① 행정재산의 사용·수익허가기간은 그 허가를 받은 날부터 5년 이내로 한다.
> ② 지방자치단체의 장은 허가기간이 끝나기 전에 사용·수익허가를 갱신할 수 있다.
> ③ 제2항에 따라 사용·수익허가를 갱신받으려는 자는 사용·수익허가기간이 끝나기 1개월 전에 지방자치단체의 장에게 사용·수익허가의 갱신을 신청하여야 한다.
> 제00조 ① 지방자치단체의 장은 행정재산의 사용·수익을 허가하였을 때에는 매년 사용료를 징수한다.
> ② 지방자치단체의 장은 행정재산의 사용·수익을 허가할 때 다음 각 호의 어느 하나에 해당하면 제1항에도 불구하고 그 사용료를 면제할 수 있다.
> 1. 국가나 다른 지방자치단체가 직접 해당 행정재산을 공용·공공용 또는 비영리 공익사업용으로 사용하려는 경우
> 2. 천재지변이나 재난을 입은 지역주민에게 일정기간 사용·수익을 허가하는 경우
> 제00조 ① 지방자치단체의 장은 행정재산의 사용·수익허가를 받은 자가 다음 각 호의 어느 하나에 해당하면 그 허가를 취소할 수 있다.
> 1. 지방자치단체의 장의 승인 없이 사용·수익의 허가를 받은 행정재산의 원상을 변경한 경우
> 2. 해당 행정재산의 관리를 게을리하거나 그 사용 목적에 위배되게 사용한 경우
> ② 지방자치단체의 장은 사용·수익을 허가한 행정재산을 국가나 지방자치단체가 직접 공용 또는 공공용으로 사용하기 위하여 필요로 하게 된 경우에는 그 허가를 취소할 수 있다.
> ③ 제2항의 경우에 그 취소로 인하여 해당 허가를 받은 자에게 손실이 발생한 경우에는 이를 보상한다.

〈보기〉
ㄱ. A시의 장은 A시의 행정재산에 대하여 B기업에게 사용허가를 했더라도 국가가 그 행정재산을 직접 공용으로 사용하기 위해 필요로 하게 된 경우, 그 허가를 취소할 수 있다.
ㄴ. C시의 행정재산에 대하여 C시의 장이 천재지변으로 주택을 잃은 지역주민에게 임시 거처로 사용하도록 허가한 경우, C시의 장은 그 사용료를 면제할 수 있다.
ㄷ. D시의 행정재산에 대하여 사용허가를 받은 E기업이 사용 목적에 위배되게 사용한다는 이유로 허가가 취소되었다면, D시의 장은 E기업의 손실을 보상하여야 한다.
ㄹ. 2014년 3월 1일에 5년 기한으로 F시의 행정재산에 대하여 수익허가를 받은 G가 허가 갱신을 받으려면, 2019년 2월 28일까지 허가 갱신을 신청하여야 한다.

① ㄱ, ㄴ
② ㄴ, ㄷ
③ ㄷ, ㄹ
④ ㄱ, ㄴ, ㄹ
⑤ ㄴ, ㄷ, ㄹ

문 2. 다음 글과 〈상황〉을 근거로 판단할 때 옳은 것은?

제00조 이 법에서 사용하는 용어의 뜻은 다음과 같다.
1. '자연장(自然葬)'이란 화장한 유골의 골분(骨粉)을 수목·화초·잔디 등의 밑이나 주변에 묻어 장사하는 것을 말한다.
2. '개장(改葬)'이란 매장한 시신이나 유골을 다른 분묘에 옮기거나 화장 또는 자연장하는 것을 말한다.

제00조 ① 사망한 때부터 24시간이 지난 후가 아니면 매장 또는 화장을 하지 못한다.
② 누구든지 허가를 받은 공설묘지, 공설자연장지, 사설묘지 및 사설자연장지 외의 구역에 매장하여서는 안 된다.

제00조 ① 매장(단, 자연장 제외)을 한 자는 매장 후 30일 이내에 매장지를 관할하는 시장·군수·구청장(이하 '시장 등'이라 한다)에게 신고하여야 한다.
② 화장을 하려는 자는 화장시설을 관할하는 시장 등에게 신고하여야 한다.
③ 개장을 하려는 자는 다음 각 호의 구분에 따라 시신 또는 유골의 현존지(現存地) 또는 개장지(改葬地)를 관할하는 시장 등에게 각각 신고하여야 한다.
  1. 매장한 시신 또는 유골을 다른 분묘로 옮기거나 화장하는 경우: 시신 또는 유골의 현존지와 개장지
  2. 매장한 시신 또는 유골을 자연장하는 경우: 시신 또는 유골의 현존지

제00조 ① 국가, 시·도지사 또는 시장 등이 아닌 자는 가족묘지, 종중·문중묘지 등을 설치·관리할 수 있다.
② 제1항의 묘지를 설치·관리하려는 자는 해당 묘지 소재지를 관할하는 시장 등의 허가를 받아야 한다.

〈상황〉

甲은 90세의 나이로 2019년 7월 10일 아침 7시 A시에서 사망하였다. 이에 甲의 자녀는 이미 사망한 甲의 배우자 乙의 묘지(B시 소재 공설묘지)에서 유골을 옮겨 가족묘지를 만드는 것을 포함하여 장례에 대하여 논의하였다.

① 甲을 2019년 7월 10일 매장할 수 있다.
② 甲을 C시 소재 화장시설에서 화장하려는 경우, 그 시설을 관할하는 C시의 장에게 신고하여야 한다.
③ 甲의 자녀가 가족묘지를 설치·관리하려는 경우, 그 소재지의 관할 시장 등에게 신고하여야 한다.
④ 甲의 유골의 골분을 자연장한 경우, 자연장지 소재지의 관할 시장에게 2019년 8월 10일까지는 허가를 받아야 한다.
⑤ 乙의 유골을 甲과 함께 D시 소재 공설묘지에 합장하려는 경우, B시의 장과 D시의 장의 허가를 각각 받아야 한다.

문 3. 다음 글과 〈상황〉을 근거로 판단할 때, 甲이 납부해야 할 수수료를 옳게 짝지은 것은?

특허에 관한 절차를 밟는 사람은 다음 각 호의 수수료를 내야 한다.
1. 특허출원료
   가. 특허출원을 국어로 작성된 전자문서로 제출하는 경우: 매건 46,000원. 다만 전자문서를 특허청에서 제공하지 아니한 소프트웨어로 작성하여 제출한 경우에는 매건 56,000원으로 한다.
   나. 특허출원을 국어로 작성된 서면으로 제출하는 경우: 매건 66,000원에 서면이 20면을 초과하는 경우 초과하는 1면마다 1,000원을 가산한 금액
   다. 특허출원을 외국어로 작성된 전자문서로 제출하는 경우: 매건 73,000원
   라. 특허출원을 외국어로 작성된 서면으로 제출하는 경우: 매건 93,000원에 서면이 20면을 초과하는 경우 초과하는 1면마다 1,000원을 가산한 금액
2. 특허심사청구료: 매건 143,000원에 청구범위의 1항마다 44,000원을 가산한 금액

〈상황〉

甲은 청구범위가 3개 항으로 구성된 총 27면의 서면을 작성하여 1건의 특허출원을 하면서, 이에 대한 특허심사도 함께 청구한다.

	국어로 작성한 경우	외국어로 작성한 경우
①	66,000원	275,000원
②	73,000원	343,000원
③	348,000원	343,000원
④	348,000원	375,000원
⑤	349,000원	375,000원

문 4. 다음 글을 근거로 판단할 때 옳지 않은 것은?

조선시대 임금에게 올리는 진지상을 수라상이라 하였다. 수라는 올리는 시간 순서에 따라 각각 조(朝)수라, 주(晝)수라, 석(夕)수라로 구분되고, 조수라 전에 밥 대신 죽을 주식으로 올리는 죽(粥)수라도 있었다. 수라상은 두 개의 상, 즉 원(元)반과 협(狹)반에 차려졌다.

수라 전후에 반과(盤果)상이나 미음(米飮)상이 차려지기도 했는데, 반과상은 올리는 시간 순서에 따라 조다(早茶), 주다(晝茶), 만다(晩茶), 야다(夜茶) 등을 앞에 붙여서 달리 불렸다. 반과상은 국수를 주식으로 하고, 찬과 후식류를 자기(磁器)에 담아 한 상에 차렸다. 미음상은 미음을 주식으로 하고, 육류 음식인 고음(膏飮)과 후식류를 한 상에 차렸다.

다음은 경복궁을 출발한 행차 첫째 날과 둘째 날에 임금에게 올리기 위해 차린 전체 상차림이다.

첫째 날		둘째 날	
장소	상차림	장소	상차림
노량참	조다반과	화성참	죽수라
노량참	조수라	화성참	조수라
시흥참	주다반과	화성참	주다반과
시흥참	석수라	화성참	석수라
시흥참	야다반과	화성참	야다반과
중로	미음		

① 행차 둘째 날에 협반은 총 1회 사용되었다.
② 화성참에서는 미음이 주식인 상이 차려지지 않았다.
③ 행차 첫째 날 낮과 둘째 날 낮에는 주수라가 차려지지 않았다.
④ 행차 첫째 날 밤과 둘째 날 밤에는 후식류를 자기에 담은 상차림이 있었다.
⑤ 국수를 주식으로 한 상은 행차 첫째 날과 둘째 날을 통틀어 총 5회 차려졌다.

문 5. 다음 〈조건〉을 근거로 판단할 때, 〈보기〉에서 옳은 것만을 모두 고르면?

─〈조건〉─
○ 한글 단어의 '단어점수'는 그 단어를 구성하는 자음으로만 결정된다.
○ '단어점수'는 각기 다른 자음의 '자음점수'를 모두 더한 값을 그 단어를 구성하는 자음 종류의 개수로 나눈 값이다.
○ '자음점수'는 그 자음이 단어에 사용된 횟수만큼 2를 거듭제곱한 값이다. 단, 사용되지 않는 자음의 '자음점수'는 0이다.

○ 예를 들어 글자 수가 4개인 '셋방살이'는 ㅅ 3개, ㅇ 2개, ㅂ 1개, ㄹ 1개의 자음으로 구성되므로 '단어점수'는 $(2^3+2^2+2^1+2^1)/4$의 값이 4점이다.

※ 의미가 없는 글자의 나열도 단어로 인정한다.

─〈보기〉─
ㄱ. '각기'는 '논리'보다 단어점수가 더 높다.
ㄴ. 단어의 글자 수가 달라도 단어점수가 같을 수 있다.
ㄷ. 글자 수가 4개인 단어의 단어점수는 250점을 넘을 수 없다.

① ㄴ ② ㄷ ③ ㄱ, ㄴ
④ ㄱ, ㄷ ⑤ ㄱ, ㄴ, ㄷ

문 6. 다음 글을 근거로 판단할 때, 국제행사의 개최도시로 선정될 곳은?

甲사무관은 대한민국에서 열리는 국제행사의 개최도시를 선정하기 위해 다음과 같은 〈후보도시 평가표〉를 만들었다. 〈후보도시 평가표〉에 따른 점수와 〈국제해양기구의 의견〉을 모두 반영하여, 합산점수가 가장 높은 도시를 개최도시로 선정하고자 한다.

〈후보도시 평가표〉

구분	서울	인천	대전	부산	제주
1) 회의 시설 1,500명 이상 수용 가능한 대회의장 보유 등	A	A	C	B	C
2) 숙박 시설 도보거리에 특급 호텔 보유 등	A	B	A	A	C
3) 교통 공항접근성 등	B	A	C	B	B
4) 개최 역량 대규모 국제행사 개최 경험 등	A	C	C	A	B

※ A: 10점, B: 7점, C: 3점

─〈국제해양기구의 의견〉─
○ 외국인 참석자의 편의를 위해 '교통'에서 A를 받은 도시의 경우 추가로 5점을 부여해 줄 것
○ 바다를 끼고 있는 도시의 경우 추가로 5점을 부여해 줄 것
○ 예상 참석자가 2,000명 이상이므로 '회의 시설'에서 C를 받은 도시는 제외할 것

① 서울 ② 인천 ③ 대전
④ 부산 ⑤ 제주

문 7. 다음 글을 근거로 판단할 때, B구역 청소를 하는 요일은?

> 甲레스토랑은 매주 1회 휴업일(수요일)을 제외하고 매일 영업한다. 甲레스토랑의 청소시간은 영업일 저녁 9시부터 10시까지이다. 이 시간에 A구역, B구역, C구역 중 하나를 청소한다. 청소의 효율성을 위하여 청소를 한 구역은 바로 다음 영업일에는 하지 않는다. 각 구역은 매주 다음과 같이 청소한다.
> ○ A구역 청소는 일주일에 1회 한다.
> ○ B구역 청소는 일주일에 2회 하되, B구역 청소를 한 후 영업일과 휴업일을 가리지 않고 이틀간은 B구역 청소를 하지 않는다.
> ○ C구역 청소는 일주일에 3회 하되, 그중 1회는 일요일에 한다.

① 월요일과 목요일 ② 월요일과 금요일
③ 월요일과 토요일 ④ 화요일과 금요일
⑤ 화요일과 토요일

문 8. 다음 글을 근거로 판단할 때, 〈보기〉에서 옳은 것만을 모두 고르면?

> 甲은 결혼 준비를 위해 스튜디오 업체(A, B), 드레스 업체(C, D), 메이크업 업체(E, F)의 견적서를 각각 받았는데, 최근 생긴 B업체만 정가에서 10% 할인한 가격을 제시하였다. 아래 〈표〉는 각 업체가 제시한 가격의 총액을 계산한 결과이다. (단, A~F 각 업체의 가격은 모두 상이하다)

〈표〉

스튜디오	드레스	메이크업	총액
A	C	E	76만 원
이용 안 함	C	F	58만 원
A	D	E	100만 원
이용 안 함	D	F	82만 원
B	D	F	127만 원

〈보기〉
ㄱ. A업체 가격이 26만 원이라면, E업체 가격이 F업체 가격보다 8만 원 비싸다.
ㄴ. B업체의 할인 전 가격은 50만 원이다.
ㄷ. C업체 가격이 30만 원이라면, E업체 가격은 28만 원이다.
ㄹ. D업체 가격이 C업체 가격보다 26만 원 비싸다.

① ㄱ ② ㄴ
③ ㄷ ④ ㄴ, ㄷ
⑤ ㄷ, ㄹ

문 9. 다음 글과 〈상황〉을 근거로 판단할 때, 〈보기〉에서 옳은 것만을 모두 고르면?

> K국에서는 모든 법인에 대하여 다음과 같이 구분하여 주민세를 부과하고 있다.

구분	세액(원)
○ 자본금액 100억 원을 초과하는 법인으로서 종업원 수가 100명을 초과하는 법인	500,000
○ 자본금액 50억 원 초과 100억 원 이하 법인으로서 종업원 수가 100명을 초과하는 법인	350,000
○ 자본금액 50억 원을 초과하는 법인으로서 종업원 수가 100명 이하인 법인 ○ 자본금액 30억 원 초과 50억 원 이하 법인으로서 종업원 수가 100명을 초과하는 법인	200,000
○ 자본금액 30억 원 초과 50억 원 이하 법인으로서 종업원 수가 100명 이하인 법인 ○ 자본금액 10억 원 초과 30억 원 이하 법인으로서 종업원 수가 100명을 초과하는 법인	100,000
○ 그 밖의 법인	50,000

〈상황〉

법인	자본금액(억 원)	종업원 수(명)
甲	200	?
乙	20	?
丙	?	200

〈보기〉
ㄱ. 甲이 납부해야 할 주민세 최소 금액은 20만 원이다.
ㄴ. 乙의 종업원이 50명인 경우 10만 원의 주민세를 납부해야 한다.
ㄷ. 丙이 납부해야 할 주민세 최소 금액은 10만 원이다.
ㄹ. 甲, 乙, 丙이 납부해야 할 주민세 금액의 합계는 최대 110만 원이다.

① ㄱ, ㄴ
② ㄱ, ㄷ
③ ㄱ, ㄹ
④ ㄴ, ㄷ
⑤ ㄴ, ㄹ

문 10. 다음 〈재난관리 평가지침〉과 〈상황〉을 근거로 판단할 때 옳은 것은?

〈재난관리 평가지침〉

☐ 순위산정 기준
  ○ 최종순위 결정
    - 정량평가 점수(80점)와 정성평가 점수(20점)의 합으로 계산된 최종점수가 높은 순서대로 순위 결정
  ○ 동점기관 처리
    - 최종점수가 동점일 경우에는 정성평가 점수가 높은 순서대로 순위 결정
☐ 정성평가 기준
  ○ 지자체 및 민간분야와의 재난안전분야 협력(10점 만점)

평가	상	중	하
선정비율	20%	60%	20%
배점	10점	6점	3점

  ○ 재난관리에 대한 종합평가(10점 만점)

평가	상	중	하
선정비율	20%	60%	20%
배점	10점	5점	1점

〈상황〉

일부 훼손된 평가표는 아래와 같다. (단, 평가대상기관은 5개이다)

평가 기관	정량평가 (80점 만점)	정성평가 (20점 만점)
A	71	20
B	80	11
C	69	11
D	74	
E	66	

① A기관이 2위일 수도 있다.
② B기관이 3위일 수도 있다.
③ C기관이 4위일 가능성은 없다.
④ D기관이 3위일 가능성은 없다.
⑤ E기관은 어떠한 경우에도 5위일 것이다.

문 11. 다음 글과 〈상황〉을 근거로 판단할 때, 〈보기〉에서 옳은 것만을 모두 고르면?

제00조 ① 기획재정부장관은 각 국제금융기구에 출자를 할 때에는 국무회의의 심의를 거쳐 대통령의 승인을 받아 미합중국통화 또는 그 밖의 자유교환성 통화나 금(金) 또는 내국통화로 그 출자금을 한꺼번에 또는 분할하여 납입할 수 있다.
② 기획재정부장관은 제1항에 따라 내국통화로 출자하는 경우에 그 출자금의 전부 또는 일부를 국무회의의 심의를 거쳐 대통령의 승인을 받아 내국통화로 표시된 증권으로 출자할 수 있다.
제00조 ① 기획재정부장관은 전조(前條) 제2항에 따라 출자한 증권의 전부 또는 일부에 대하여 각 국제금융기구가 지급을 청구하면 지체 없이 이를 지급하여야 한다.
② 기획재정부장관은 제1항에 따른 지급의 청구를 받은 경우에 지급할 재원(財源)이 부족하여 그 청구금액의 전부 또는 일부를 지급할 수 없을 때에는 국무회의의 심의를 거쳐 대통령의 승인을 받아 한국은행으로부터 차입하여 지급하거나 한국은행으로 하여금 그 금액에 상당하는 증권을 해당 국제금융기구로부터 매입하게 할 수 있다.

〈상황〉

기획재정부장관은 적법한 절차에 따라 A국제금융기구에 일정액을 출자한다.

〈보기〉

ㄱ. 기획재정부장관은 출자금을 자유교환성 통화로 납입할 수 있다.
ㄴ. 기획재정부장관은 출자금을 내국통화로 분할하여 납입할 수 없다.
ㄷ. 출자금 전부를 내국통화로 출자하는 경우, 그중 일부액을 미합중국통화로 표시된 증권으로 출자할 수 있다.
ㄹ. 만약 출자금을 내국통화로 표시된 증권으로 출자한다면, A국제금융기구가 그 지급을 청구할 경우에 한국은행장은 지체 없이 이를 지급하여야 한다.

① ㄱ
② ㄴ
③ ㄱ, ㄹ
④ ㄷ, ㄹ
⑤ ㄴ, ㄷ, ㄹ

문 12. 다음 글과 〈상황〉을 근거로 판단할 때 옳은 것은?

매매목적물에 하자가 있는 경우, 하자가 있는 사실을 과실 없이 알지 못한 매수인은 매도인에 대하여 하자담보책임을 물어 계약을 해제하거나, 손해배상을 청구할 수 있다. 이때 매도인이 하자를 알았는지 여부나 그의 과실 유무를 묻지 않는다. 매매목적물의 하자는 통상 거래상의 관념에 비추어 그 물건이 지니고 있어야 할 품질·성질·견고성·성분 등을 갖추지 못해서 계약의 적합성을 갖지 못한 경우를 말한다. 가령 진품인 줄 알고 매수한 그림이 위작인 경우가 그렇다. 매수인은 이러한 계약해제권·손해배상청구권을 하자가 있는 사실을 안 날로부터 6개월 내에 행사하여야 한다.

한편 계약의 중요 부분에 착오가 있는 경우, 착오에 중대한 과실이 없는 계약당사자는 계약을 취소할 수 있다. 여기서 착오는 계약을 맺을 때에 실제로 없는 사실을 있는 사실로 잘못 알았거나 아니면 실제로 있는 사실을 없는 사실로 잘못 생각하듯이, 계약당사자(의사표시자)의 인식과 그 실제 사실이 어긋나는 경우를 가리킨다. 가령 위작을 진품으로 알고 매수한 경우가 그렇다. 이러한 취소권을 행사하려면, 착오자(착오로 의사표시를 한 사람)가 착오 상태에서 벗어난 날(예: 진품이 위작임을 안 날)로부터 3년 이내에, 계약을 체결한 날로부터 10년 이내에 행사하여야 한다. 착오로 인한 취소는 매도인의 하자담보책임과 다른 제도이다. 따라서 매매계약 내용의 중요 부분에 착오가 있는 경우, 매수인은 매도인의 하자담보책임이 성립하는지와 상관없이 착오를 이유로 매매계약을 취소할 수 있다.

〈상황〉

2018년 3월 10일 매수인 甲은 매도인 乙 소유의 '나루터그림'을 과실 없이 진품으로 믿고 1,000만 원에 매매계약을 체결한 당일 그림을 넘겨받았다. 그 후 2018년 6월 20일 甲은 나루터그림이 위작이라는 사실을 알게 되었다.

① 2018년 6월 20일 乙은 하자를 이유로 甲과의 매매계약을 해제할 수 있다.
② 2019년 6월 20일 甲은 乙에게 하자를 이유로 손해배상을 청구할 수 있다.
③ 2019년 6월 20일 甲은 착오를 이유로 乙과의 매매계약을 취소할 수 없다.
④ 乙이 매매계약 당시 위작이라는 사실을 과실 없이 알지 못하였더라도, 2019년 6월 20일 甲은 하자를 이유로 乙과의 매매계약을 해제할 수 있다.
⑤ 乙이 위작임을 알았더라도 2019년 6월 20일 甲은 하자를 이유로 乙과의 매매계약을 해제할 수 없지만, 착오를 이유로 취소할 수 있다.

문 13. 다음 글을 근거로 판단할 때 옳은 것은?

제00조 ① 재산명시절차의 관할법원은 재산명시절차에서 채무자가 제출한 재산목록의 재산만으로 집행채권의 만족을 얻기에 부족한 경우, 그 재산명시를 신청한 채권자의 신청에 따라 개인의 재산 및 신용에 관한 전산망을 관리하는 공공기관·금융기관·단체 등에 채무자 명의의 재산에 관하여 조회할 수 있다.
② 채권자가 제1항의 신청을 할 경우에는 조회할 기관·단체를 특정하여야 하며 조회에 드는 비용을 미리 내야 한다.
③ 법원이 제1항의 규정에 따라 조회할 경우에는 채무자의 인적 사항을 적은 문서에 의하여 해당 기관·단체의 장에게 채무자의 재산 및 신용에 관하여 그 기관·단체가 보유하고 있는 자료를 한꺼번에 모아 제출하도록 요구할 수 있다.
④ 공공기관·금융기관·단체 등은 정당한 사유 없이 제1항 및 제3항의 조회를 거부하지 못한다.
⑤ 제1항 및 제3항의 조회를 받은 기관·단체의 장이 정당한 사유 없이 거짓 자료를 제출하거나 자료를 제출할 것을 거부한 때에는 결정으로 500만 원 이하의 과태료에 처한다.

제00조 ① 누구든지 재산조회의 결과를 강제집행 외의 목적으로 사용하여서는 안 된다.
② 제1항의 규정에 위반한 사람은 2년 이하의 징역 또는 500만 원 이하의 벌금에 처한다.

① 채무자 甲이 제출한 재산목록의 재산만으로 집행채권의 만족을 얻기 부족한 경우에는 재산명시절차의 관할법원은 직권으로 금융기관에 甲 명의의 재산에 관해 조회할 수 있다.
② 재산명시절차의 관할법원으로부터 채무자 명의의 재산에 관해 조회를 받은 공공기관은 정당한 사유가 있는 경우 이를 거부할 수 있다.
③ 채무자 乙의 재산조회 결과를 획득한 채권자 丙은 해당 결과를 강제집행 외의 목적으로도 사용할 수 있다.
④ 재산명시절차의 관할법원으로부터 채무자 명의의 재산에 관해 조회를 받은 기관의 장이 정당한 사유 없이 자료제출을 거부하였다면, 법원은 결정으로 500만 원의 벌금에 처한다.
⑤ 채권자 丁이 채무자 명의의 재산에 관한 조회를 신청할 경우, 조회에 드는 비용은 재산조회가 종료된 후 납부하면 된다.

문 14. 다음 글을 근거로 판단할 때, <보기>에서 옳은 것만을 모두 고르면?

현대적 의미의 시력 검사법은 1909년 이탈리아의 나폴리에서 개최된 국제안과학회에서 란돌트 고리를 이용한 검사법을 국제 기준으로 결정하면서 탄생하였다. 란돌트 고리란 시력 검사표에서 흔히 볼 수 있는 C자형 고리를 말한다. 란돌트 고리를 이용한 시력 검사에서는 5m 거리에서 직경이 7.5mm인 원형 고리에 있는 1.5mm 벌어진 틈을 식별할 수 있는지 없는지를 판단한다. 5m 거리의 1.5mm이면 각도로 따져서 약 1′(1분)에 해당한다. 1°(1도)의 1/60이 1′이고, 1′의 1/60이 1″(1초)이다.

이 시력 검사법에서는 구분 가능한 최소 각도가 1′일 때를 1.0의 시력으로 본다. 시력은 구분 가능한 최소 각도와 반비례한다. 예를 들어 구분할 수 있는 최소 각도가 1′의 2배인 2′이라면 시력은 1.0의 1/2배인 0.5이다. 만약 이 최소 각도가 0.5′이라면, 즉 1′의 1/2배라면 시력은 1.0의 2배인 2.0이다. 마찬가지로 최소 각도가 1′의 4배인 4′이라면 시력은 1.0의 1/4배인 0.25이다. 일반적으로 시력 검사표에는 2.0까지 나와 있지만 실제로는 이보다 시력이 좋은 사람도 있다. 천문학자 A는 5″까지의 차이도 구분할 수 있었던 것으로 알려져 있다.

―――――――〈보기〉―――――――

ㄱ. 구분할 수 있는 최소 각도가 10′인 사람의 시력은 0.1이다.

ㄴ. 천문학자 A의 시력은 12인 것으로 추정된다.

ㄷ. 구분할 수 있는 최소 각도가 1.25′인 甲은 구분할 수 있는 최소 각도가 0.1′인 乙보다 시력이 더 좋다.

① ㄱ
② ㄱ, ㄴ
③ ㄴ, ㄷ
④ ㄱ, ㄷ
⑤ ㄱ, ㄴ, ㄷ

문 15. 다음 글을 근거로 판단할 때, <가락>을 연주하기 위해 ㉮를 누른 상태로 줄을 튕기는 횟수는?

줄이 하나인 현악기가 있다. 이 악기는 줄을 누를 수 있는 지점이 ㉮부터 ㉿까지 총 11곳 있고, 이 중 어느 한 지점을 누른 상태로 줄을 튕겨서 연주한다. ㉮를 누르고 줄을 튕기면 A음이 나고, ㉯를 누르고 줄을 튕기면 A음보다 반음 높은 소리가 난다. 이런 식으로 ㉮~㉿순으로 누르는 지점을 옮길 때마다 반음씩 더 높은 소리가 나며, 최저 A음부터 최고 G음까지 낼 수 있다.

이들 음은 다음과 같은 특징이 있다.
○ 반음 차이 두 개의 합은 한음 차이와 같다.
○ A음보다 B음이, C음보다 D음이, D음보다 E음이, F음보다 G음이 한음 높고, 둘 중 낮은 음보다 반음 높은 음은 낮은 음의 이름 오른쪽에 #을 붙여 표시한다.
○ B음보다 C음이, E음보다 F음이 반음 높다.

―――――――〈가락〉―――――――

E D# E D# E B D C A A A A B E G B C

① 0
② 1
③ 2
④ 3
⑤ 4

문 16. 다음 글을 근거로 판단할 때, <상황>의 ㉠과 ㉡을 옳게 짝지은 것은?

채용에서 가장 중요한 점은 조직에 적합한 인재의 선발, 즉 필요한 수준의 기본적 직무적성·태도 등 전반적 잠재력을 가진 지원자를 선발하는 것이다. 그러나 채용 과정에서 적합한 사람을 채용하지 않거나, 적합하지 않은 사람을 채용하는 경우도 있다. 적합한 지원자 중 탈락시킨 지원자의 비율을 오탈락률이라 하고, 적합하지 않은 지원자 중 채용한 지원자의 비율을 오채용률이라 한다.

―――――――〈상황〉―――――――

甲회사의 신입사원 채용 공고에 1,200명이 지원하여, 이 중에 360명이 채용되었다. 신입사원 채용 후 조사해 보니 1,200명의 지원자 중 회사에 적합한 지원자는 800명이었고, 적합하지 않은 지원자는 400명이었다. 채용된 360명의 신입사원 중 회사에 적합하지 않은 인원은 40명으로 확인되었다. 이에 따르면 오탈락률은 (㉠)%이고, 오채용률은 (㉡)%이다.

	㉠	㉡
①	40	5
②	40	10
③	55	10
④	60	5
⑤	60	10

문 17. 다음 글과 〈상황〉을 근거로 판단할 때, 甲, 乙, 丙의 자동차 번호 끝자리 숫자의 합으로 가능한 최댓값은?

○ A사는 자동차 요일제를 시행하고 있으며, 각 요일별로 운행할 수 없는 자동차 번호 끝자리 숫자는 아래와 같다.

요일	월	화	수	목	금
숫자	1, 2	3, 4	5, 6	7, 8	9, 0

○ 미세먼지 비상저감조치가 시행될 경우 A사는 자동차 요일제가 아닌 차량 홀짝제를 시행한다. 차량 홀짝제를 시행하는 날에는 시행일이 홀수이면 자동차 번호 끝자리 숫자가 홀수인 차량만 운행할 수 있고, 시행일이 짝수이면 자동차 번호 끝자리 숫자가 홀수가 아닌 차량만 운행할 수 있다.

〈상황〉

A사의 직원인 甲, 乙, 丙은 12일(월)부터 16일(금)까지 5일 모두 출근했고, 12일, 13일, 14일에는 미세먼지 비상저감조치가 시행되었다. 자동차 요일제와 차량 홀짝제로 인해 자동차를 운행할 수 없는 경우를 제외하면, 3명 모두 자신이 소유한 자동차로 출근을 했다. 다음은 甲, 乙, 丙이 16일에 출근한 후 나눈 대화이다.

○ 甲: 나는 12일에 내 자동차로 출근을 했어. 따져 보니 이번 주에 총 4일이나 내 자동차로 출근했어.
○ 乙: 저는 이번 주에 이틀만 제 자동차로 출근했어요.
○ 丙: 나는 이번 주엔 13일, 15일, 16일만 내 자동차로 출근할 수 있었어.

※ 甲, 乙, 丙은 자동차를 각각 1대씩 소유하고 있다.

① 14
② 16
③ 18
④ 20
⑤ 22

문 18. 다음 글을 근거로 판단할 때, 방에 출입한 사람의 순서는?

방에는 1부터 6까지의 번호가 각각 적힌 6개의 전구가 다음과 같이 놓여있다.

	왼쪽 ←					→ 오른쪽
전구 번호	1	2	3	4	5	6
상태	켜짐	켜짐	켜짐	꺼짐	꺼짐	꺼짐

총 3명(A~C)이 각각 한 번씩 홀로 방에 들어가 자신이 정한 규칙에 의해서만 전구를 켜거나 끄고 나왔다.

○ A는 번호가 3의 배수인 전구가 켜진 상태라면 그 전구를 끄고, 꺼진 상태라면 그대로 둔다.
○ B는 번호가 2의 배수인 전구가 켜진 상태라면 그 전구를 끄고, 꺼진 상태라면 그 전구를 켠다.
○ C는 3번 전구는 그대로 두고, 3번 전구를 기준으로 왼쪽과 오른쪽 중 켜진 전구의 개수가 많은 쪽의 전구를 전부 끈다. 다만 켜진 전구의 개수가 같다면 양쪽에 켜진 전구를 모두 끈다.

마지막 사람이 방에서 나왔을 때, 방의 전구는 모두 꺼져 있었다.

① A-B-C
② A-C-B
③ B-A-C
④ B-C-A
⑤ C-B-A

문 19. 정답: ① ㄱ

문 20. 정답: ④ ㄱ, ㄷ, ㄹ

문 21. 다음 글을 근거로 판단할 때, A시에서 B시까지의 거리는?

甲은 乙이 운전하는 자동차를 타고 A시에서 B시를 거쳐 C시로 가는 중이었다. A, B, C는 일직선상에 순서대로 있으며, 乙은 자동차를 일정한 속력으로 운전하여 도시 간 최단 경로로 이동했다. A시를 출발한 지 20분 후 甲은 乙에게 지금까지 얼마나 왔는지 물어보았다.
"여기서부터 B시까지 거리의 딱 절반만큼 왔어."라고 乙이 대답하였다.
그로부터 75km를 더 간 후에 甲은 다시 물어보았다.
"C시까지는 얼마나 남았지?"
乙은 다음과 같이 대답했다.
"여기서부터 B시까지 거리의 딱 절반만큼 남았어."
그로부터 30분 뒤에 甲과 乙은 C시에 도착하였다.

① 35km
② 40km
③ 45km
④ 50km
⑤ 55km

문 22. 다음 〈상황〉과 〈대화〉를 근거로 판단할 때 6월생은?

〈상황〉
○ 같은 해에 태어난 5명(지나, 정선, 혜명, 민경, 효인)은 각자 자신의 생일을 알고 있다.
○ 5명은 자신을 제외한 나머지 4명의 생일이 언제인지는 모르지만, 3월생이 2명, 6월생이 1명, 9월생이 2명이라는 사실은 알고 있다.
○ 아래 〈대화〉는 5명이 한 자리에 모여 나눈 대화를 순서대로 기록한 것이다.
○ 5명은 〈대화〉의 진행에 따라 상황을 논리적으로 판단하고, 솔직하게 대답한다.

〈대화〉
민경: 지나야, 네 생일이 5명 중에서 제일 빠르니?
지나: 그럴 수도 있지만 확실히는 모르겠어.
정선: 혜명아, 네가 지나보다 생일이 빠르니?
혜명: 그럴 수도 있지만 확실히는 모르겠어.
지나: 민경아, 넌 정선이가 몇 월생인지 알겠니?
민경: 아니, 모르겠어.
혜명: 효인아, 넌 민경이보다 생일이 빠르니?
효인: 그럴 수도 있지만 확실히는 모르겠어.

① 지나
② 정선
③ 혜명
④ 민경
⑤ 효인

문 23. 정답 ⑤

문 24. 정답 ④

문 25. 다음 글과 〈상황〉을 근거로 판단할 때, 〈보기〉에서 옳은 것만을 모두 고르면?

　소송절차의 '정지'란 소송이 개시된 뒤 절차가 종료되기 전에 소송절차가 법률상 진행되지 않는 상태를 말한다. 여기에는 '중단'과 '중지'가 있다.
　소송절차의 중단은 소송진행 중 당사자에게 소송을 수행할 수 없는 사유가 발생하였을 경우, 새로운 소송수행자가 나타나 소송에 관여할 수 있을 때까지 법률상 당연히 절차진행이 정지되는 것이다. 예컨대 당사자가 사망한 경우, 그 상속인이 소송을 수행할 수 있을 때까지 절차진행이 정지되며, 이후 상속인의 수계신청 또는 법원의 속행명령에 의해 중단이 해소되고 절차는 다시 진행된다. 다만 사망한 당사자에게 이미 변호사가 소송대리인으로 선임되어 있을 때는 변호사가 소송을 대리하는 데 지장이 없으므로 절차는 중단되지 않는다. 소송대리인인 변호사의 사망도 중단사유가 아니다. 당사자가 절차를 진행할 수 있기 때문이다.
　소송절차의 중지는 법원이나 당사자에게 소송을 진행할 수 없는 장애가 생겼거나 진행에 부적당한 사유가 발생하여 법률상 당연히 또는 법원의 재판에 의하여 절차가 정지되는 것이다. 이는 새로운 소송수행자로 교체되지 않는다는 점에서 중단과 다르다. 소송절차의 중지에는 당연중지와 재판중지가 있다. 당연중지는 천재지변이나 그 밖의 사고로 법원이 직무수행을 할 수 없게 된 경우에 법원의 재판 없이 당연히 절차진행이 정지되는 것을 말한다. 이 경우 법원의 직무수행불능 상태가 소멸함과 동시에 중지도 해소되고 절차는 진행된다. 재판중지는 법원이 직무수행을 할 수 있지만 당사자가 법원에 출석하여 소송을 진행할 수 없는 장애사유가 발생한 경우, 예컨대 전쟁이나 그 밖의 사유로 교통이 두절되어 당사자가 출석할 수 없는 경우에 법원의 재판에 의해 절차진행이 정지되는 것을 의미한다. 이때는 법원의 취소재판에 의하여 중지가 해소되고 절차는 진행된다.

※ 수계신청: 법원에 대해 중단된 절차의 속행을 구하는 신청

〈상황〉

　원고 甲과 피고 乙 사이에 대여금반환청구소송이 A법원에서 진행 중이다. 甲은 변호사 丙을 소송대리인으로 선임하였지만, 乙은 소송대리인을 선임하지 않았다.

〈보기〉

ㄱ. 소송진행 중 甲이 사망하였다면, 절차진행은 중단되며 甲의 상속인의 수계신청에 의해 중단이 해소되고 절차가 진행된다.
ㄴ. 소송진행 중 丙이 사망하였다면, 절차진행은 중단되며 甲이 새로운 변호사를 소송대리인으로 선임하면 중단은 해소되고 절차가 진행된다.
ㄷ. 소송진행 중 A법원의 건물이 화재로 전소(全燒)되어 직무수행이 불가능해졌다면, 절차진행은 중단되며 이후 A법원의 속행명령이 있으면 절차가 진행된다.
ㄹ. 소송진행 중 乙이 거주하고 있는 장소에서만 발생한 지진으로 교통이 두절되어 乙이 A법원에 출석할 수 없는 경우, A법원의 재판에 의해 절차진행이 중지되며 이후 A법원의 취소재판에 의해 중지는 해소되고 절차가 진행된다.

① ㄹ
② ㄱ, ㄴ
③ ㄱ, ㄹ
④ ㄴ, ㄷ
⑤ ㄷ, ㄹ

2018년 7월 21일 시행

2018년도 국가공무원
5급 및 7급 민간경력자 일괄채용 필기시험

응시번호		문제책형
성 명		㉮ 책형

【시험과목】

제1영역	언어논리
제2영역	자료해석
제3영역	상황판단

<< 응시자 주의사항 >>

1. <u>시험시작 전</u>에 시험문제를 열람하는 행위와 <u>시험종료 후</u> 답안지를 작성하는 행위는 공무원임용시험령 제51조에 의거 부정행위자로 처리됩니다.

2. 답안지 책형란의 책형표기는 시험시작 전 문제책 표지 앞면에 인쇄된 책형을 확인한 후 표기하시기 바랍니다.

3. 시험시작 즉시 <u>과목편철 순서</u>, 문제누락 여부, 인쇄상태 이상 유무 및 표지와 개별과목의 문제책형 일치여부 등을 확인한 후 문제책 표지에 응시번호, 성명을 기재합니다.

4. 시험이 시작되면 문제를 주의 깊게 읽은 후, <u>문항의 취지에 가장 적합한 하나의 정답만을 고르며</u>, 문제내용에 관한 질문은 받지 않습니다.

5. <u>시험시간관리의 책임은 전적으로 수험생 본인에게 있습니다.</u> 시험감독관의 시험종료 예고시간 고지 안내 및 시험실 내 비치된 시계가 있는 경우라도 시간이 정확하지 않을 수 있으니 본인의 시계로 반드시 확인하시기 바랍니다.

6. <u>시험시간은 영역별 60분씩</u>입니다.

제1영역 언어논리

문 1. 다음 글의 빈칸에 들어갈 진술로 가장 적절한 것은?

조선 후기에는 이앙법이 전국적으로 확산되었다. 이앙법을 수용하면 잡초 제거에 드는 시간과 노동력이 줄어든다. 상당수 역사학자들은 조선 후기 이앙법의 확대 수용 결과 광작(廣作)이 확산되고 상업적 농업 경영이 가능하게 되었다고 생각한다. 즉 한 사람이 경작할 수 있는 면적이 늘어남은 물론 많은 양의 다양한 농작물 수확이 가능하게 되어 판매까지 활성화되었다는 것이다. 그 결과 양반과 농민 가운데 다수의 부농이 나타나게 되었다고 주장한다.

그런데 A는 조선 후기에 다수의 양반이 광작을 통해 부농이 되었다는 주장을 근거가 없다고 비판한다. 그에 의하면 조선 전기에는 자녀 균분 상속이 일반적이었다. 그런데 균분 상속을 하게 되면 자식들이 소유하게 될 땅의 면적이 선대에 비해 줄어들게 된다. 이에 조선 후기 양반들은 가문의 경제력을 보전해야 한다고 생각해 대를 이을 장자에게만 전답을 상속해주기 시작했고, 그 결과 장자를 제외한 사람들은 영세한 소작인으로 전락했다는 것이 그의 주장이다.

또한 A는 조선 후기의 대다수 농민은 소작인이었으며, 그나마 이들이 소작할 수 있는 땅도 적었다고 주장한다. 그는 반복된 자연재해로 전답의 상당수가 황폐해져 전체적으로 경작지가 줄어들었기 때문에 이앙법 확산의 효과를 기대하기 어려운 여건이었다고 하였다. 이런 여건에서 정부의 재정 지출 증가로 농민의 부세 부담 또한 늘어났고, 늘어난 부세를 부담하기 위해 한정된 경작지에 되도록 많은 작물을 경작하려 한 결과 집약적 농업이 성행하게 되었다고 보았다. 그런데 집약적으로 농사를 짓게 되면 농업 생산력이 높아질 리 없다는 것이 그의 주장이다. 가령 면화를 재배하면서도 동시에 다른 작물을 면화 사이에 심어 기르는 경우가 많았는데, 이렇듯 제한된 면적에 한꺼번에 많은 양의 작물을 재배하면 지력이 떨어지고 수확량은 줄어들어 자연히 시장에 농산물을 내다팔 여력이 거의 없게 된다는 것이다.

요컨대 A의 주장은 _____는 것이다.

① 이앙법의 확산 효과는 시기별, 신분별로 다르게 나타났다
② 자녀 균분 상속제가 사라져 농작물 수확량이 급속히 감소하였다
③ 집약적 농업이 성행하였기 때문에 이앙법의 확산을 기대하기 어려웠다
④ 조선 후기에는 양반이든 농민이든 부농으로 성장할 수 있는 가능성이 높지 않았다
⑤ 대다수 농민이 광작과 상업적 농업에 주력했음에도 불구하고 자연재해로 인해 생산력은 오히려 낮아졌다

문 2. 다음 글의 ㉠~㉤에서 전체 흐름과 맞지 않는 한곳을 찾아 수정할 때, 가장 적절한 것은?

상업적 농업이란 전통적인 자급자족 형태의 농업과 달리 ㉠판매를 위해 경작하는 농업을 일컫는다. 농업이 상업화된다는 것은 산출할 수 있는 최대의 수익을 얻기 위해 경작이 이루어짐을 뜻한다. 이를 위해 쟁기질, 제초작업 등과 같은 생산 과정의 일부를 인간보다 효율이 높은 기계로 작업하게 되고, 농장에서 일하는 노동자도 다른 산업 분야처럼 경영상의 이유에 따라 쉽게 고용되고 해고된다. 이처럼 상업적 농업의 도입은 근대 사회의 상업화를 촉진한 측면이 있다.

홉스봄은 18세기 유럽에 상업적 농업이 도입되면서 일어난 몇 가지 변화에 주목했다. 중세 말기 장원의 해체로 인해 지주와 소작인 간의 인간적이었던 관계가 사라진 것처럼, ㉡농장주와 농장 노동자의 친밀하고 가까웠던 관계가 상업적 농업의 도입으로 인해 사라졌다. 토지는 삶의 터전이라기보다는 수익의 원천으로 여겨지게 되었고, 농장 노동자는 시세대로 고용되어 임금을 받는 존재로 변화하였다. 결국 대량 판매 시장을 위한 ㉢대규모 생산이 점점 더 강조되면서 기계가 인간을 대체하기 시작했다.

또한 상업적 농업의 도입은 중요한 사회적 결과를 가져왔다. 점차적으로 ㉣중간 계급으로의 수렴현상이 나타난 것이다. 저임금 구조의 고착화로 농장주와 농장 노동자 간의 소득 격차는 갈수록 벌어졌고, 농장 노동자의 처지는 위생과 복지의 양측면에서 이전보다 더욱 열악해졌다.

나아가 상업화로 인해 그동안 호혜성의 원리가 적용되어왔던 대상들의 성격이 변화하였는데, 특히 돈과 관련된 것, 즉 재산권이 그러했다. 수익을 얻기 위한 토지 매매가 본격화되면서 ㉤재산권은 공유되기보다는 개별화되었다. 이에 따라 이전에 평등주의 가치관이 우세했던 일부 유럽 국가에서조차 자원의 불평등한 분배와 사회적 양극화가 심화되었다.

① ㉠을 "개인적인 소비를 위해 경작하는 농업"으로 고친다.
② ㉡을 "농장주와 농장 노동자의 이질적이고 사용 관계에 가까웠던 관계"로 고친다.

③ ㉢을 "기술적 전문성이 점점 더 강조되면서 인간이 기계를 대체"로 고친다.
④ ㉣을 "계급의 양극화가 나타난 것이다."로 고친다.
⑤ ㉤을 "재산권은 개별화되기보다는 사회 구성원 내에서 공유되었다."로 고친다.

문 3. 다음 글에서 알 수 있는 것은?

공동의 번영과 조화를 뜻하는 공화(共和)에서 비롯된 공화국이라는 용어는 국가라는 정치 공동체 전체를 위해 때로는 개인의 양보가 필요할 수 있음을 전제하고 있다는 점에서 사회적 공공성 개념과 연결된다. 이미 1919년 임시정부가 출범하면서 '민주공화국'이라는 표현이 등장하였고 헌법 제1조에도 '대한민국은 민주공화국'이라고 명시되어 있지만, 분단 이후 북한도 '공화국'이라는 용어를 사용함에 따라 한국에서는 이 용어의 사용이 기피되었다. 냉전 체제의 고착화로 인해 반공이 국시가 되면서 '공화국'보다는 오히려 '자유민주주의'라는 용어가 훨씬 더 널리 사용되었는데, 이때에도 민주주의보다는 자유가 강조되었다.

그런데 해방 이후 한국 사회에 널리 유포된 자유의 개념은 대체로 서구의 고전적 자유주의 전통에서 비롯된 것이다. 이 전통에서 보자면, 자유란 '국가의 강제에 대립하여 자신의 사유 재산권을 자기 마음대로 행사할 수 있는 것'을 의미한다. 이 같은 자유 개념에 기초하고 있는 자유민주주의에서는 개인의 자유를 강조할수록 사회적 공공성은 약화될 수밖에 없다.

자유민주주의가 1960년대 이후 급속히 팽배하기 시작한 개인주의와 결합하면서 사회적 공공성은 더욱 후퇴하였다. 이 시기 군사정권이 내세웠던 "잘 살아보세."라는 표어는 우리 공동체 전체가 다 함께 잘 사는 것이라기보다는 사실상 나 또는 내 가족만큼은 잘 살아보자는 개인적 욕망의 합리화를 의미했다. 그 결과 공동체 전체의 번영을 위한 사회 전반의 공공성이 강화되기보다는 사유 재산의 증대를 위해 국가의 간섭을 배제해야 한다는 논리가 강화되었던 것이다.

① 한국 사회에서 자유민주주의라는 용어는 공화국의 이념을 충실하게 수용한 것이다.
② 임시정부에서 민주공화국이라는 용어를 사용한 것은 자유 주의 전통에 따른 것이다.
③ 고전적 자유주의에서 비롯된 자유 개념을 강조할수록 사회적 공공성이 약화될 수 있다.
④ 반공이 국시가 된 이후 국가 공동체에 대한 충성을 강조한 결과 공공성에 대한 관심이 증대되었다.
⑤ 1960년대 이후 개인주의와 자유민주주의의 결합은 공동체 전체의 번영이라는 사회적 결과를 낳았다.

문 4. 다음 글에서 알 수 있는 것은?

구글의 디지털도서관은 출판된 모든 책을 디지털화하여 온라인을 통해 제공하는 프로젝트이다. 이는 전 세계 모든 정보를 취합하여 정리한다는 목표에 따라 진행되며, 이미 1,500만 권의 도서를 스캔하였다. 덕분에 셰익스피어 저작집 등 저작권 보호 기간이 지난 책들이 무료로 서비스되고 있다.

이에 대해 미국 출판업계가 소송을 제기하였고, 2008년에 구글이 1억 2,500만 달러를 출판업계에 지급하는 것으로 양자 간 합의안이 도출되었다. 그러나 연방법원은 이 합의안을 거부하였다. 디지털도서관은 많은 사람들에게 혜택을 줄 수 있지만, 이는 구글의 시장독점을 초래할 우려가 있으며, 저작권 침해의 소지도 있기에 저작권자도 소송에 참여하라고 주문하였다.

구글의 지식 통합 작업은 많은 이점을 가져오겠지만, 모든 지식을 한곳에 집중시키는 것이 옳은 방향인가에 대해서는 숙고가 필요하다. 문명사회를 지탱하고 있는 사회계약이란 시민과 국가 간의 책임과 권리에 관한 암묵적 동의이며, 집단과 구성원 간, 또는 개인 간의 계약을 의미한다. 이러한 계약을 위해서는 쌍방이 서로에 대해 비슷한 정도의 지식을 가지고 있어야 한다는 전제조건이 충족되어야 한다. 그런데 지식 통합 작업을 통한 지식의 독점은 한쪽 편이 상대방보다 훨씬 많은 지식을 가지는 지식의 비대칭성을 강화한다. 따라서 사회계약의 토대 자체가 무너질 수 있다. 또한 지식 통합 작업은 지식을 수집하여 독자들에게 제공하고자 하는 것이지만, 더 나아가면 지식의 수집뿐만 아니라 선별하고 배치하는 편집 권한까지 포함하게 된다. 이에 따라 사람들이 알아도 될 것과 그렇지 않은 것을 결정하는 막강한 권력을 구글이 갖게 되는 상황이 초래될 수 있다.

① 구글과 저작권자의 갈등은 소송을 통해 해결되었다.
② 구글의 지식 통합 작업은 사회계약의 전제조건을 더 공고하게 할 것이다.
③ 구글의 지식 통합 작업은 독자들과 구글 사이에 평등한 권력 관계를 확대할 것이다.
④ 구글의 디지털도서관은 지금까지 스캔한 1,500만 권의 책을 무료로 서비스하고 있다.
⑤ 구글의 지식 통합 작업은 지식의 수집에서 편집권을 포함하는 것까지 확대될 수 있다.

문 5. 다음 글에서 알 수 있는 것은?

　체험사업을 운영하는 이들은 아이들에게 다양한 직업의 현장과 삶의 실상, 즉 현실을 체험하게 해 준다고 홍보한다. 직접 겪지 못하는 현실을 잠시나마 체험함으로써 미래에 더 좋은 선택을 할 수 있게 한다는 것이다. 체험은 생산자에게는 홍보와 돈벌이 수단이 되고, 소비자에게는 교육의 연장이자 주말 나들이 거리가 된다. 이런 필요와 전략이 맞물려 체험사업이 번성한다. 그러나 이때의 현실은 체험하는 사람의 필요와 여건에 맞추어 미리 짜놓은 현실, 치밀하게 계산된 현실이다. 다른 말로 하면 가상현실이다. 아이들의 상황을 고려해서 눈앞에 보일 만한 것, 손에 닿을 만한 것, 짧은 시간에 마칠 수 있는 것을 잘 계산해서 마련해 놓은 맞춤형 가상현실인 것이다. 눈에 보이지 않는 구조, 손에 닿지 않는 제도, 장기간 반복되는 일상은 체험행사에서는 제공될 수 없다.
　여기서 주목해야 할 것은 경험과 체험의 차이이다. 경험은 타자와의 만남이다. 반면 체험 속에서 인간은 언제나 자기 자신만을 볼 뿐이다. 타자들로 가득한 현실을 경험함으로써 인간은 스스로 변화하는 동시에 현실을 변화시킬 동력을 얻는다. 이와 달리 가상현실에서는 그것을 체험하고 있는 자신을 재확인하는 것으로 귀결되기 마련이다. 경험 대신 체험을 제공하는 가상현실은 실제와 가상의 경계를 모호하게 할 뿐만 아니라 우리를 현실에 순응하도록 이끈다. 요즘 미래 기술로 각광받는 디지털 가상현실 기술은 경험을 체험으로 대체하려는 오랜 시도의 결정판이다. 버튼 하나만 누르면 3차원으로 재현된 세계가 바로 앞에 펼쳐진다. 한층 빠르고 정교한 계산으로 구현한 가상현실은 우리에게 필요한 모든 것을 눈앞에서 체험할 수 있는 본격 체험사회를 예고하는 것만 같다.

① 체험사업은 장기간의 반복적 일상을 가상현실을 통해 경험하도록 해준다.
② 현실을 변화시킬 수 있는 동력은 체험이 아닌 현실을 경험함으로써 얻게 된다.
③ 가상현실은 실제와 가상 세계의 경계를 구분하여 자기 자신을 체험할 수 없도록 한다.
④ 체험사업은 아이들에게 타자와의 만남을 경험하게 해 줌으로써 경제적 이윤을 얻고 있다.
⑤ 디지털 가상현실 기술은 아이들에게 현실을 경험하게 함으로써 미래에 더 좋은 선택을 하도록 돕는다.

문 6. 다음 글에서 알 수 없는 것은?

　고대에는 별이 뜨고 지는 것을 통해 방위를 파악했다. 최근까지 서태평양 캐롤라인 제도의 주민은 현대식 항해 장치 없이도 방위를 파악하여 카누 하나만으로 드넓은 열대 바다를 항해하였다. 인류학자들에 따르면, 그들은 별을 나침반처럼 이용하여 여러 섬을 찾아다녔고 이때의 방위는 북쪽의 북극성, 남쪽의 남십자성, 그 밖에 특별히 선정한 별이 뜨고 지는 것에 따라 정해졌다.
　캐롤라인 제도는 적도의 북쪽에 있어서 그 주민들은 북쪽 수평선의 바로 위쪽에서 북극성을 볼 수 있다. 북극성은 천구의 북극점으로부터 매우 가까운 거리에서 작은 원을 그리며 공전한다. 천구의 북극점은 지구 자전축의 북쪽 연장선상에 있기 때문에 천구의 북극점에 있는 별은 공전을 하지 않고 정지된 것처럼 보인다. 이처럼 천구의 북극점에 있는 별을 제외하고 북극성을 포함한 별이 천구의 북극점을 중심으로 공전하는 것처럼 보이는 것은 지구가 자전하기 때문이다.
　캐롤라인 제도의 주민이 북쪽을 찾기 위해 이용했던 북극성은 자기(磁氣) 나침반보다 더 정확하게 천구의 북극점을 가리킨다. 이는 나침반의 바늘이 지구의 자전축으로부터 거리가 멀리 떨어져 있는 지구자기의 북극점을 향하기 때문이다. 또한 천구의 남극점 근처에서 쉽게 관측할 수 있는 고정된 별은 없으므로 캐롤라인 제도의 주민은 남극점 자체를 볼 수 없다. 그러나 남십자성이 천구의 남극점 주위를 돌고 있으므로 남쪽을 파악하는 데는 큰 어려움이 없다.

① 고대에 사용되었던 방위 파악 방법 중에는 최근까지 이용된 것도 있다.
② 캐롤라인 제도의 주민은 밤하늘에 있는 남십자성을 이용하여 남쪽을 알아낼 수 있었다.
③ 지구 자전축의 연장선상에 별이 있다면, 밤하늘을 보았을 때 그 별은 정지된 것처럼 보인다.
④ 자기 나침반을 이용하면 북극성을 이용할 때보다 더 정확히 천구의 북극점을 찾을 수 있다.
⑤ 캐롤라인 제도의 주민이 관찰한 별이 천구의 북극점을 중심으로 공전하는 것처럼 보이는 이유는 지구가 자전하기 때문이다.

문 7. 다음 글의 ⓐ와 ⓑ에 들어갈 말을 <보기>에서 골라 적절하게 나열한 것은?

갈릴레오는 망원경으로 목성을 항상 따라다니는 네 개의 위성을 관찰하였다. 이 관찰 결과는 지동설을 지지해 줄 수 있는 것이었다. 당시 지동설에 대한 반대 논증 중 하나는 다음과 같은 타당한 논증이었다.

(가) _____ⓐ_____.
(나) 달은 지구를 항상 따라 다닌다.
따라서 (다) 지구는 공전하지 않는다.

갈릴레오의 관찰 결과는 이 논증의 (가)를 반박할 수 있는 것이었다. 왜냐하면 목성이 공전한다는 것은 당시 천동설 학자들도 받아들이고 있었고 그의 관찰로 인해 위성들이 공전하는 목성을 따라다닌다는 것이 밝혀지는 셈이기 때문이다. 그런데 문제는 당시의 학자들이 망원경을 통한 관찰을 신뢰하지 않는다는 데 있었다. 당시 학자들 대부분은 육안을 통한 관찰로만 실제 존재를 파악할 수 있다고 믿었다. 따라서 갈릴레오는 망원경을 통한 관찰이 육안을 통한 관찰만큼 신뢰할 만하다는 것을 입증해야 했다. 이를 보이기 위해 그는 '빛 번짐 현상'을 활용하였다.

빛 번짐 현상이란, 멀리 떨어져 있는 작고 밝은 광원을 어두운 배경에서 볼 때 실제 크기보다 광원이 크게 보이는 현상이다. 육안으로 금성을 관찰할 경우, 금성이 주변 환경에 비해 더 밝게 보이는 밤에 관찰하는 것보다 낮에 관찰하는 것이 더 정확하다. 그런데 낮에 관찰한 결과는 연중 금성의 외견상 크기가 변한다는 것을 보여 준다.

그렇다면 망원경을 통한 관찰이 신뢰할 만하다는 것은 어떻게 보일 수 있었을까? 갈릴레오는 밤에 금성을 관찰할 때 망원경을 사용하면 빛 번짐 현상을 없앨 수 있다는 것을 강조하면서 다음과 같은 논증을 펼쳤다.

(라) _____ⓑ_____면, 망원경에 의한 관찰 자료를 신뢰할 수 있다.
(마) _____ⓑ_____.
따라서 (바) 망원경에 의한 관찰 자료를 신뢰할 수 있다.

결국 갈릴레오는 (마)를 입증함으로써, (바)를 보일 수 있었다.

─────────<보기>─────────

ㄱ. 지구가 공전한다면, 달은 지구를 따라 다니지 못한다
ㄴ. 달이 지구를 따라 다니지 못한다면, 지구는 공전한다
ㄷ. 낮에 망원경을 통해 본 금성의 크기 변화와 낮에 육안으로 관찰한 금성의 크기 변화가 유사하다
ㄹ. 낮에 망원경을 통해 본 금성의 크기 변화와 밤에 망원경을 통해 본 금성의 크기 변화가 유사하다
ㅁ. 낮에 육안으로 관찰한 금성의 크기 변화와 밤에 망원경을 통해 본 금성의 크기 변화가 유사하다

	ⓐ	ⓑ		ⓐ	ⓑ
①	ㄱ	ㄷ	②	ㄱ	ㅁ
③	ㄴ	ㄷ	④	ㄴ	ㄹ
⑤	ㄴ	ㅁ			

문 8. 다음 글에 대한 분석으로 적절한 것 만을 <보기>에서 모두 고르면?

우리는 흔히 행위를 윤리적 관점에서 '해야하는 행위'와 '하지 말아야 하는 행위'로 구분한다. 그리고 전자에는 '윤리적으로 옳음'이라는 가치 속성을, 후자에는 '윤리적으로 그름'이라는 가치 속성을 부여한다. 그런데 윤리적 담론의 대상이 되는 행위 중에는 윤리적으로 권장되는 행위나 윤리적으로 허용되는 행위도 존재한다.

윤리적으로 권장되는 행위는 자선을 베푸는 것과 같이 윤리적인 의무는 아니지만 윤리적으로 바람직하다고 판단되는 행위를 의미한다. 이와 달리 윤리적으로 허용되는 행위는 윤리적으로 그르지 않으면서 정당화 가능한 행위를 의미한다. 예를 들어, 응급환자를 태우고 병원 응급실로 달려가던 중 신호를 위반하고 질주하는 행위는 맥락에 따라 윤리적으로 정당화 가능한 행위라고 판단될 것이다. 우리가 윤리적으로 권장되는 행위나 윤리적으로 허용되는 행위에 대해 옳음이나 그름이라는 윤리적 가치 속성을 부여한다면, 이 행위들에는 윤리적으로 옳음이라는 속성이 부여될 것이다.

이런 점에서 '윤리적으로 옳음'이란 윤리적으로 해야 하는 행위, 권장되는 행위, 허용되는 행위 모두에 적용되는 매우 포괄적인 용어임에 유의할 필요가 있다. '윤리적으로 옳은 행위가 무엇인가?'라는 질문에 답할 때, 이러한 포괄성을 염두에 두지 않고, 윤리적으로 해야 하는 행위, 즉 적극적인 윤리적 의무에 대해서만 주목하는 경향이 있다. 하지만 구체적인 행위에 대해 '윤리적으로 옳은가?'라는 질문을 할 때에는 위와 같은 분류를 바탕으로 해당 행위가 해야 하는 행위인지, 권장되는 행위인지, 혹은 허용되는 행위인지 따져 볼 필요가 있다.

─────────<보기>─────────

ㄱ. 어떤 행위는 그 행위가 이루어진 맥락에 따라 윤리적으로 허용되는지의 여부가 결정된다.
ㄴ. '윤리적으로 옳은 행위가 무엇인가?'라는 질문에 답하기 위해서는 적극적인 윤리적 의무에만 주목해야 한다.
ㄷ. 윤리적으로 권장되는 행위와 윤리적으로 허용되는 행위에 대해서는 윤리적으로 옳음이라는 가치 속성이 부여될 수 있다.

① ㄱ ② ㄴ ③ ㄱ, ㄷ
④ ㄴ, ㄷ ⑤ ㄱ, ㄴ, ㄷ

문 9. 다음 글에서 추론할 수 없는 것은?

동물의 행동을 선하다거나 악하다고 평가할 수 없는 이유는 동물이 단지 본능적 욕구에 따라 행동할 뿐이기 때문이다. 오직 인간만이 욕구와 감정에 맞서서 행동할 수 있다. 인간만이 이성을 가지고 있다. 그러나 인간이 전적으로 이성적인 존재는 아니다. 다른 동물과 마찬가지로 인간 또한 감정과 욕구를 가진 존재다. 그래서 인간은 이성과 감정의 갈등을 겪게 된다.

그러한 갈등에도 불구하고 인간이 도덕적 행위를 할 수 있는 까닭은 이성이 우리에게 도덕적인 명령을 내리기 때문이다. 도덕적 명령에 따를 때에야 비로소 우리는 의무에서 비롯된 행위를 한 것이다. 만약 어떤 행위가 이성의 명령에 따른 것이 아닐 경우 그것이 결과적으로 의무와 부합할지라도 의무에서 나온 행위는 아니다. 의무에서 나온 행위가 아니라면 심리적 성향에서 비롯된 행위가 되는데, 심리적 성향에서 비롯된 행위는 도덕성과 무관하다. 불쌍한 사람을 보고 마음이 아파서 도움을 주었다면 이는 결국 심리적 성향에 따라 행동한 것이다. 그것은 감정과 욕구에 따른 것이기 때문에 도덕적 행위일 수가 없다.

감정이나 욕구와 같은 심리적 성향에 따른 행위가 도덕적일 수 없는 또 다른 이유는, 그것이 상대적이기 때문이다. 감정이나 욕구는 주관적이어서 사람마다 다르며, 같은 사람이라도 상황에 따라 변하기 마련이다. 때문에 이는 시공간을 넘어 모든 인간에게 적용될 수 있는 보편적인 도덕의 원리가 될 수 없다. 감정이나 욕구가 어떠하든지 간에 이성의 명령에 따르는 것이 도덕이다. 이러한 입장이 사랑이나 연민과 같은 감정에서 나온 행위를 인정하지 않는다거나 가치가 없다고 평가하는 것은 아니다. 단지 사랑이나 연민은 도덕적 차원의 문제가 아닐 뿐이다.

① 동물의 행위는 도덕적 평가의 대상이 아니다.
② 감정이나 욕구는 보편적인 도덕의 원리가 될 수 없다.
③ 심리적 성향에서 비롯된 행위는 도덕적 행위일 수 없다.
④ 이성의 명령에 따른 행위가 심리적 성향에 따른 행위와 일치하는 경우는 없다.
⑤ 인간의 행위 중에는 심리적 성향에서 비롯된 것도 있고 의무에서 나온 것도 있다.

문 10. 다음 글의 내용이 참일 때, 최종 선정되는 단체는?

○○부는 우수 문화예술 단체 A, B, C, D, E 중 한 곳을 선정하여 지원하려 한다. ○○부의 금번 선정 방침은 다음 두 가지다. 첫째, 어떤 형태로든 지원을 받고 있는 단체는 최종 후보가 될 수 없다. 둘째, 최종 선정 시 올림픽 관련 단체를 엔터테인먼트 사업(드라마, 영화, K-pop) 단체보다 우선한다.

A 단체는 자유무역협정을 체결한 갑국에 드라마 콘텐츠를 수출하고 있지만 올림픽과 관련된 사업은 하지 않는다. B는 올림픽의 개막식 행사를, C는 폐막식 행사를 각각 주관하는 단체다. E는 오랫동안 한국 음식문화를 세계에 보급해 온 단체다. A와 C 중 적어도 한 단체가 최종 후보가 되지 못한다면, 대신 B와 E 중 적어도 한 단체는 최종 후보가 된다. 반면 게임 개발로 각광을 받은 단체인 D가 최종 후보가 된다면, 한국과 자유무역협정을 체결한 국가와 교역을 하는 단체는 모두 최종 후보가 될 수 없다. 후보 단체들 중 가장 적은 부가가치를 창출한 단체는 최종 후보가 될 수 없고, 최종 선정은 최종 후보가 된 단체 중에서만 이루어진다.

○○부의 조사 결과, 올림픽의 개막식 행사를 주관하는 모든 단체는 이미 □□부로부터 지원을 받고 있다. 그리고 위 문화예술 단체 가운데 한국 음식문화 보급과 관련된 단체의 부가가치 창출이 가장 저조하였다.

① A
② B
③ C
④ D
⑤ E

문 11. 다음 글에서 알 수 있는 것은?

불교가 삼국에 선래될 때 내개 불경과 불상 그리고 사리가 들어왔다. 이에 예불을 올리고 불상과 사리를 모실 공간으로 사찰이 건립되었다. 불교가 전래된 초기에는 불상보다는 석가모니의 진신사리를 모시는 탑이 예배의 중심이 되었다.

불교에서 전하기를, 석가모니가 보리수 아래에서 열반에 든 후 화장(火葬)을 하자 여덟 말의 사리가 나왔다고 한다. 이것이 진신사리이며 이를 모시는 공간이 탑이다. 탑은 석가모니의 분신을 모신 곳으로 간주되어 사찰의 중심에 놓였다. 그러나 진신사리는 그 수가 한정되어 있었기 때문에 삼국시대 말기에는 사리를 대신하여 작은 불상이나 불경을 모셨다. 이제 탑은 석가모니의 분신을 모신 곳이 아니라 사찰의 상징적 건축물로 그 의미가 변했고, 예배의 중심은 탑에서 불상을 모신 금당으로 자연스럽게 옮겨 갔다.

삼국시대 사찰은 탑을 중심으로 하고 그 주위를 회랑*으로 두른 다음 부속 건물들을 정연한 비례에 의해 좌우대칭으로 배치하는 구성을 보였다. 그리하여 이 시기 사찰에서는 기본적으로 남문·중문·탑·금당·강당·승방 등이 남북으로 일직선상에 놓였다. 그리고 반드시 중문과 강당 사이를 회랑으로 연결하여 탑을 감쌌다. 동서양을 막론하고 모든 고대국가의 신전에는 이러한 회랑이 공통적으로 보이는데, 이는 신전이 성역임을 나타내기 위한 건축적 장치가 회랑이기 때문이다. 특히 삼국시대 사찰은 후대의 산사와 달리 도심 속 평지 사찰이었기 때문에 회랑이 필수적이었다.

※ 회랑: 종교 건축이나 궁궐 등에서 중요 부분을 둘러싸고 있는 지붕 달린 복도

① 삼국시대의 사찰에서 탑은 중문과 강당 사이에 위치한다.
② 진신사리를 모시는 곳은 탑에서 금당의 불상으로 바뀌었다.
③ 삼국시대 말기에는 진신사리가 부족하여 탑 안을 비워두었다.
④ 삼국시대 이후에는 평지 사찰과 산사를 막론하고 회랑을 세우지 않았다.
⑤ 탑을 사찰의 중심에 세웠던 것은 사찰이 성역임을 나타내기 위해서였다.

문 12. 다음 글의 내용 흐름상 가장 적절한 문단 배열의 순서는?

(가) 회전문의 축은 중심에 있다. 축을 중심으로 통상 네 짝의 문이 계속 돌게 되어 있다. 마치 계속 열려 있는 듯한 착각을 일으키지만, 사실은 네 짝의 문이 계속 안 또는 밖을 차단하도록 만든 것이다. 실질적으로는 열려 있는 순간 없이 계속 닫혀 있는 셈이다.

(나) 문은 열림과 닫힘을 위해 존재한다. 이 본연의 기능을 하지 못한다는 점에서 계속 닫혀 있는 문이 무의미하듯이, 계속 열려 있는 문 또한 그 존재 가치와 의미가 없다. 그런데 현대 사회의 문은 대부분의 경우 닫힌 구조로 사람들을 맞고 있다. 따라서 사람들을 환대하는 것이 아니라 박대하고 있다고 할 수 있다. 그 대표적인 예가 회전문이다. 가만히 회전문의 구조와 그 기능을 머릿속에 그려 보라. 그것이 어떤 식으로 열리고 닫히는지 알고는 놀랄 것이다.

(다) 회전문은 인간이 만들고 실용화한 문 가운데 가장 문명적이고 가장 발전된 형태로 보일지 모르지만, 사실상 열림을 가장한 닫힘의 연속이기 때문에 오히려 가장 야만적이며 가장 미개한 형태의 문이다.

(라) 또한 회전문을 이용하는 사람들은 회전문의 구조와 운동 메커니즘에 맞추어야 실수 없이 문을 통과해 안으로 들어가거나 밖으로 나올 수 있다. 어린아이, 허약한 사람, 또는 민첩하지 못한 노인은 쉽게 그것에 맞출 수 없다. 더구나 휠체어를 탄 사람이라면 더 말할 나위도 없다. 이들에게 회전문은 문이 아니다. 실질적으로 닫혀 있는 기능만 하는 문은 문이 아니기 때문이다.

① (가) - (나) - (라) - (다)
② (가) - (라) - (나) - (다)
③ (나) - (가) - (라) - (다)
④ (나) - (다) - (라) - (가)
⑤ (다) - (가) - (라) - (나)

문 13. 다음 글의 내용과 부합하는 것은?

　유교 전통에서는 이상적 정치가 군주 개인의 윤리적 실천에 의해 실현된다고 보았을 뿐 윤리와 구별되는 정치 그 자체의 독자적 영역을 설정하지는 않았다. 달리 말하면 유교 전통에서는 통치자의 윤리만을 문제 삼았을 뿐, 갈등하는 세력들 간의 공존을 위한 정치나 정치제도에는 관심을 두지 않았다. 유교 전통의 이런 측면은 동아시아에서의 민주주의의 실현 가능성을 제한하였다.
　'조화(調和)'를 이상으로 생각하는 유교의 전통 또한 차이와 갈등을 긍정하는 서구의 민주주의 정치 전통과는 거리가 있다. 유교 전통에 따르면, 인간의 행위와 사회 제도는 모두 자연의 운행처럼 조화를 이루어야 한다. 조화를 이루지 못하는 것은 근본적으로 그릇된 것이기 때문에 모든 것은 계절이 자연스럽게 변화하듯 조화를 실현해야 한다. 그러나 서구의 개인주의적 맥락에서 보자면 정치란 서로 다른 개인들 간의 갈등을 조정하는 제도적 장치를 마련하는 과정이었다. 그 결과 서구의 민주주의 사회에서는 다양한 정치적 입장들이 독자적인 형태를 취하면서 경쟁하며 공존할 수 있었다.
　물론 유교 전통하에서도 다양한 정치적 입장들이 존재했다고 주장할 수 있다. 군주 절대권이 인정되었다고 해도, 실질적 국가운영을 맡았던 것은 문사(文士) 계층이었고 이들은 다양한 정치적 견해를 군주에게 전달할 수 있었다. 문사 계층은 윤리적 덕목을 군주가 실천하도록 함으로써 갈등 자체가 발생하지 않도록 힘썼다. 또한 이들은 유교 윤리에서 벗어난 군주의 그릇된 행위를 비판하기도 하였다. 그렇다고 하더라도 이들이 서구의 계몽사상가들처럼 기존의 유교적 질서와 다른 정치적 대안을 제시할 수는 없었다. 이들에게 정치는 윤리와 구별되는 독자적 영역으로 인식되지 못하였다.

① 유교 전통에서 사회적 갈등을 원활히 관리하지 못하는 군주는 교체될 수 있었다.
② 유교 전통에서 문사 계층은 기존 유교적 질서와 다른 정치적 대안을 제시하지는 못했다.
③ 조화를 강조하는 유교 전통에서는 서구의 민주주의와 다른 새로운 유형의 민주주의가 등장하였다.
④ 유교 전통에서는 조화의 이상에 따라 군주의 주도로 갈등하는 세력이 공존하는 정치가 유지될 수 있었다.
⑤ 군주의 통치 행위에 대해 다양하게 비판할 수 있었던 유교 전통으로 인해 동아시아에서 민주주의가 발전하였다.

문 14. 다음 글에서 알 수 없는 것은?

　루머는 구전과 인터넷을 통해 확산되고, 그 과정에서 여러 사람들의 의견이 더해진다. 루머는 특히 사회적 불안감이 형성되었을 때 빠르게 확산되는데, 이는 사람들이 사회적·개인적 불안감을 해소하기 위한 수단으로 루머에 의지하기 때문이다.
　나아가 루머가 확산되는 데는 사회적 동조가 중요한 영향을 미친다. 사회적 동조란 '다수의 의견이나 사회적 규범에 개인의 의견과 행동을 맞추거나 동화시키는 경향'을 뜻한다. 사회적 동조는 루머가 사실로 인식되고 대중적으로 수용되는 과정에서도 큰 영향력을 행사한다.
　사회적 동조는 개인이 어떤 정보에 대해 판단하거나 그에 대한 태도를 결정하는 데 정당성을 제공한다. 다수의 의견을 따름으로써 어떤 정보를 믿는 것에 대한 합리적 이유를 갖게 되는 것이다. 실제로 루머에 대한 지지 댓글을 많이 본 사람들은 루머에 대한 반박 댓글을 많이 본 사람들에 비해 루머를 사실로 믿는 경향이 더욱 강한 것으로 나타났다. 또한 사회적 동조가 있는 상태에서는 개인의 성향과 상관없이 루머를 사실이라고 믿는 경우가 많았다.
　사회적 동조의 또 다른 역할은 사람들이 자신의 의견을 제시할 때 사회적 분위기를 고려하게 하는 것이다. 소속된 집단으로부터 소외되지 않기 위해서 다수에 의해 지지되는 의견을 따라가는 현상이 발생하기도 한다. 이와 같은 현상은 개인주의 문화권보다는 집단주의 문화권에 있는 사람들에게서 더 잘 나타난다. 집단주의 문화권 사람들은 루머를 믿는 사람들로부터 루머에 대한 정보를 얻고 그것을 근거로 하여 판단하며, 다른 사람들의 의견에 개인의 생각을 일치시키는 경향이 두드러진다.

① 사람들은 루머를 사회적 불안감을 해소하기 위한 수단으로 삼기도 한다.
② 사회적 동조는 개인이 루머를 사실로 받아들이는 결정을 함에 있어 정당성을 제공한다.
③ 집단주의 문화권에서는 개인주의 문화권보다 사회적 동조가 루머의 확산에 미치는 영향이 더 크게 나타난다.
④ 루머에 대한 반박 댓글을 많이 본 사람들이 지지 댓글을 많이 본 사람들보다 루머를 사실로 믿는 경향이 더 약하다.
⑤ 사회적 동조가 있을 때, 충동적인 사람들은 충동적이지 않은 사람들에 비해 루머를 사실로 믿는 경향이 더 강하다.

문 15. 다음 (가)~(다)에 대한 평가로 적절한 것만을 〈보기〉에서 모두 고르면?

(가) 기술의 발전 덕분에 더 풍요로운 세계를 만들 수 있다. 원료, 자본, 노동 같은 생산요소의 투입량을 줄이면서 산출량은 더 늘릴 수 있는 세계 말이다. 디지털 기술의 발전은 경외감을 불러일으키는 개선과 풍요의 엔진이 된다. 반면 그것은 시간이 흐를수록 부, 소득, 생활수준, 발전 기회 등에서 점점 더 큰 격차를 만드는 엔진이기도 하다. 즉 기술의 발전은 경제적 풍요와 격차를 모두 가져온다.

(나) 기술의 발전에 따른 풍요가 더 중요한 현상이며, 격차도 풍요라는 기반 위에 있기 때문에 모든 사람의 삶이 풍요로워지는 데 초점을 맞추어야 한다. 고도로 숙련된 노동자와 나머지 사람들과의 격차가 벌어지고 있다는 것을 인정하지만, 모든 사람들의 경제적 삶이 나아지고 있기에 누군가의 삶이 다른 사람보다 더 많이 나아지고 있다는 사실에 관심을 둘 필요가 없다.

(다) 중산층들이 과거에 비해 경제적으로 더 취약해졌기 때문에 기술의 발전에 따른 풍요보다 격차에 초점을 맞추어야 한다. 실제로 주택, 보건, 의료 등과 같이 그들의 삶에서 중요한 항목에 들어가는 비용의 증가율은 시간이 흐르면서 가계 소득의 증가율에 비해 훨씬 더 높아지고 있다. 설상가상으로 소득 분포의 밑바닥에 속한 가정에서 태어난 아이가 상층으로 이동할 기회는 점점 더 줄어들고 있다.

〈보기〉

ㄱ. 현재의 정보기술은 덜 숙련된 노동자보다 숙련된 노동자를 선호하고, 노동자보다 자본가에게 돌아가는 수익을 늘린다는 사실은 (가)의 논지를 약화한다.

ㄴ. 기술의 발전이 전 세계의 가난한 사람들에게도 도움을 주며, 휴대전화와 같은 혁신사례들이 모든 사람들의 소득과 기타 행복의 수준을 개선한다는 연구결과는 (나)의 논지를 강화한다.

ㄷ. 기술의 발전이 가져온 경제적 풍요가 엄청나게 벌어진 격차를 보상할 만큼은 아니라는 것을 보여 주는 자료는 (다)의 논지를 약화한다.

① ㄱ
② ㄴ
③ ㄱ, ㄷ
④ ㄴ, ㄷ
⑤ ㄱ, ㄴ, ㄷ

문 16. 다음 글에서 알 수 있는 것만을 〈보기〉에서 모두 고르면?

사람은 사진이나 영상만 보고도 어떤 사물의 이미지인지 아주 쉽게 분별하지만 컴퓨터는 매우 복잡한 과정을 거쳐야만 분별할 수 있다. 이를 해결하기 위해 컴퓨터가 스스로 학습하면서 패턴을 찾아내 분류하는 기술적 방식인 '기계학습'이 고안됐다. 기계학습을 통해 컴퓨터가 입력되는 수많은 데이터 중에서 비슷한 것들끼리 분류할 수 있도록 학습시킨다. 데이터 분류 방식을 컴퓨터에게 학습시키기 위해 많은 기계학습 알고리즘이 개발되었다.

기계학습 알고리즘은 컴퓨터에서 사용되는 사물 분별 방식에 기반하고 있는데, 이러한 사물 분별 방식은 크게 '지도 학습'과 '자율 학습' 두 가지로 나뉜다. 초기의 기계 학습 알고리즘들은 대부분 지도 학습에 기초하고 있다. 지도 학습 방식에서는 컴퓨터에 먼저 '이런 이미지가 고양이야'라고 학습시키면, 컴퓨터는 학습된 결과를 바탕으로 고양이 사진을 분별하게 된다. 따라서 사전 학습 데이터가 반드시 제공되어야 한다. 사전 학습 데이터가 적으면 오류가 커지므로 데이터의 양도 충분해야만 한다. 반면 지도 학습 방식보다 진일보한 방식인 자율 학습에서는 이 과정이 생략된다. '이런 이미지가 고양이야'라고 학습시키지 않아도 컴퓨터는 자율적으로 '이런 이미지가 고양이군'이라고 학습하게 된다. 이러한 자율 학습 방식을 응용하여 '심화신경망' 알고리즘을 활용한 기계학습 분야를 '딥러닝'이라고 일컫는다.

그러나 딥러닝 작업은 고도의 연산 능력이 요구되기 때문에, 웬만한 컴퓨팅 능력으로는 이를 시도하기 쉽지 않았다. A 교수가 1989년에 필기체 인식을 위해 심화신경망 알고리즘을 도입했을 때 연산에만 3일이 걸렸다는 사실은 잘 알려져 있다. 하지만 고성능 CPU가 등장하면서 연산을 위한 시간의 문제는 자연스럽게 해소되었다. 딥러닝 기술의 활용 범위는 RBM과 드롭아웃이라는 새로운 알고리즘이 개발된 후에야 비로소 넓어졌다.

〈보기〉

ㄱ. 지도 학습 방식을 사용하여 컴퓨터가 사물을 분별하기 위해서는 사전 학습 데이터가 주어져야 한다.

ㄴ. 자율 학습은 지도 학습보다 학습의 단계가 단축되었기에 낮은 연산 능력으로도 수행 가능하다.

ㄷ. 딥러닝 기술의 활용 범위는 새로운 알고리즘 개발보다는 고성능 CPU 등장 때문에 넓어졌다.

① ㄱ
② ㄷ
③ ㄱ, ㄴ
④ ㄴ, ㄷ
⑤ ㄱ, ㄴ, ㄷ

문 17. 다음 글의 주장을 강화하는 것만을 〈보기〉에서 모두 고르면?

우리는 물체까지의 거리 자체를 직접 볼 수는 없다. 거리는 눈과 그 물체를 이은 직선의 길이인데, 우리의 망막에는 직선의 한쪽 끝 점이 투영될 뿐이기 때문이다. 그러므로 물체까지의 거리 판단은 경험을 통한 추론에 의해서 이루어진다고 보아야 한다. 예컨대 우리는 건물, 나무 같은 친숙한 대상들의 크기가 얼마나 되는지, 이들이 주변 배경에서 얼마나 공간을 차지하는지 등을 경험을 통해 이미 알고 있다. 우리는 물체와 우리 사이에 혹은 물체 주위에 이런 친숙한 대상들이 어느 정도 거리에 위치해 있는지를 우선 지각한다. 이로부터 우리는 그 물체가 얼마나 멀리 떨어져 있는지를 추론하게 된다. 또한 그 정도 떨어진 다른 사물들이 보이는 방식에 대한 경험을 토대로, 그보다 작고 희미하게 보이는 대상들은 더 멀리 떨어져 있다고 판단한다. 거리에 대한 이런 추론은 과거의 경험에 기초하는 것이다.

반면에 물체가 손이 닿을 정도로 아주 가까이에 있는 경우, 물체까지의 거리를 지각하는 방식은 이와 다르다. 우리의 두 눈은 약간의 간격을 두고 서로 떨어져 있다. 이에 우리는 두 눈과 대상이 위치한 한 점을 연결하는 두 직선이 이루는 각의 크기를 감지함으로써 물체까지의 거리를 알게 된다. 물체를 바라보는 두 눈의 시선에 해당하는 두 직선이 이루는 각은 물체까지의 거리가 멀어질수록 필연적으로 더 작아진다. 대상까지의 거리가 몇 미터만 넘어도 그 각의 차이는 너무 미세해서 우리가 감지할 수 없다. 하지만 팔 뻗는 거리 안의 가까운 물체에 대해서는 그 각도를 감지하는 것이 가능하다.

〈보기〉

ㄱ. 100미터 떨어진 지점에 민수가 한 번도 본 적이 없는 대상만 보이도록 두고 다른 사물들은 보이지 않도록 민수의 시야 나머지 부분을 가리는 경우, 민수는 그 대상을 보고도 얼마나 떨어져 있는지 판단하지 못한다.

ㄴ. 아무것도 보이지 않는 캄캄한 밤에 안개 속의 숲길을 걷다가 앞쪽 멀리서 반짝이는 불빛을 발견한 태훈이가 불빛이 있는 곳까지의 거리를 어렵잖게 짐작한다.

ㄷ. 태어날 때부터 한쪽 눈이 실명인 영호가 30센티미터 거리에 있는 낯선 물체 외엔 어떤 것도 보이지 않는 상황에서 그 물체까지의 거리를 옳게 판단한다.

① ㄱ
② ㄷ
③ ㄱ, ㄴ
④ ㄴ, ㄷ
⑤ ㄱ, ㄴ, ㄷ

문 18. 다음 글의 '나'의 견해와 부합하는 것만을 〈보기〉에서 모두 고르면?

이제 '나'는 사람들이 동물실험의 모순적 상황을 직시하기를 바랍니다. 생리에 대한 실험이건, 심리에 대한 실험이건, 동물을 대상으로 하는 실험은 동물이 어떤 자극에 대해 반응하고 행동하는 양상이 인간과 유사하다는 것을 전제합니다. 동물실험을 옹호하는 측에서는 인간과 동물이 유사하기 때문에 실험결과에 실효성이 있다고 주장합니다. 그런데 설령 동물실험을 통해 아무리 큰 성과를 얻을지라도 동물실험 옹호론자들은 중대한 모순을 피할 수 없습니다. 그들은 인간과 동물이 다르다는 것을 실험에서 동물을 이용해도 된다는 이유로 제시하고 있기 때문입니다. 이것은 명백히 모순적인 상황이 아닐 수 없습니다.

이러한 모순적 상황은 영장류의 심리를 연구할 때 확연히 드러납니다. 최근 어느 실험에서 심리 연구를 위해 아기 원숭이를 장기간 어미 원숭이와 떼어놓아 정서적으로 고립시켰습니다. 사람들은 이 실험이 우울증과 같은 인간의 심리적 질환을 이해하기 위한 연구라는 구실을 앞세워 이 잔인한 행위를 합리화하고자 했습니다. 즉 이 실험은 원숭이가 인간과 유사하게 고통과 우울을 느끼는 존재라는 사실을 가정하고 있습니다. 인간과 동물이 심리적으로 유사하다는 사실을 인정하면서도 사람에게는 차마 하지 못할 잔인한 행동을 동물에게 하고 있는 것입니다.

또 동물의 피부나 혈액을 이용해서 제품을 실험할 때, 동물실험 옹호론자들은 이 실험이 오로지 인간과 동물 사이의 '생리적 유사성'에만 바탕을 두고 있을 뿐이라고 변명합니다. 이처럼 인간과 동물이 오로지 '생리적'으로만 유사할 뿐이라고 생각한다면, 이는 동물실험의 모순적 상황을 외면하는 것입니다.

〈보기〉

ㄱ. 동물실험은 동물이 인간과 유사하면서도 유사하지 않다고 가정하는 모순적 상황에 놓여 있다.

ㄴ. 인간과 동물 간 생리적 유사성에도 불구하고 심리적 유사성이 불확실하기 때문에 동물실험은 모순적 상황에 있다.

ㄷ. 인간과 원숭이 간에 심리적 유사성이 존재하기 때문에 인간의 우울증 연구를 위해 아기 원숭이를 정서적으로 고립시키는 실험은 윤리적으로 정당화된다.

① ㄱ
② ㄴ
③ ㄱ, ㄷ
④ ㄴ, ㄷ
⑤ ㄱ, ㄴ, ㄷ

문 19. 다음 글의 빈칸에 들어갈 진술로 가장 적절한 것은?

모두가 서로를 알고 지내는 작은 규모의 사회에서는 거짓이나 사기가 번성할 수 없다. 반면 그렇지 않은 사회에서는 누군가를 기만하여 이득을 보는 경우가 많이 발생한다. 이런 현상이 발생하는 이유를 확인하는 연구가 이루어졌다. A 교수는 그가 마키아벨리아니즘이라고 칭한 성격 특성을 지닌 사람을 판별하는 검사를 고안해냈다. 이 성격 특성은 다른 사람을 교묘하게 이용하고 기만하는 능력을 포함한다. 그의 연구는 사람들 중 일부는 다른 사람들을 교묘하게 이용하거나 기만하여 자기 이익을 챙긴다는 사실을 보여준다. 수백 명의 학생을 대상으로 한 조사에서, 마키아벨리아니즘을 갖는 것으로 분류된 학생들은 대체로 대도시 출신임이 밝혀졌다.

위 연구들이 보여 주는 바를 대도시 사람들의 상호작용을 이해하기 위해 확장시켜 보자. 일반적으로 낯선 사람들이 모여 사는 대도시에서는 자기 이익을 위해 다른 사람을 이용하는 성향을 지닌 사람이 많다고 생각하기 쉽다. 대도시 사람들은 모두가 사기꾼처럼 보인다는 주장이 일리 있게 들리기도 한다. 그러나 다른 사람들의 협조 성향을 이용하여 도움을 받으면서도 다른 사람에게 도움을 주지 않는 사람이 존재하기 위해서는 일정한 틈새가 만들어져 있어야 한다. ☐ 때문에 이 틈새가 존재할 수 있는 것이다. 이는 기생 식물이 양분을 빨아먹기 위해서는 건강한 나무가 있어야 하는 것과 같다. 나무가 건강을 잃게 되면 기생 식물 또한 기생할 터전을 잃게 된다. 그렇다면 어떤 의미에서는 모든 사람들이 사기꾼이라는 냉소적인 견해는 낯선 사람과의 상호작용을 잘못 이해한 것이다. 모든 사람들이 사기꾼이라면 사기를 칠 가능성도 사라지게 된다고 이해하는 것이 맞다.

① 대도시라는 환경적 특성
② 인간은 사회를 필요로 하기
③ 많은 사람들이 진정으로 협조하기
④ 많은 사람들이 이기적 동기에 따라 행동하기
⑤ 누가 마키아벨리아니즘을 갖고 있는지 판별하기 어렵기

문 20. 다음 글의 내용이 참일 때, 반드시 거짓인 것은?

사무관 갑, 을, 병, 정, 무는 정책조정부서에 근무하고 있다. 이 부서에서는 지방자치단체와의 업무 협조를 위해 지방의 네 지역으로 사무관들을 출장 보낼 계획을 수립하였다. 원활한 업무 수행을 위해서, 모든 출장은 위 사무관들 중 두 명 또는 세 명으로 구성된 팀 단위로 이루어진다. 네 팀이 구성되어 네 지역에 각각 한 팀씩 출장이 배정된다. 네 지역 출장 날짜는 모두 다르며, 모든 사무관은 최소한 한 번 출장에 참가한다. 이번 출장 업무를 총괄하는 사무관은 단 한 명밖에 없으며, 그는 네 지역 모두의 출장에 참가한다. 더불어 업무 경력을 고려하여, 단 한 지역의 출장에만 참가하는 것은 신임 사무관으로 제한한다. 정책조정부서에 근무하는 신임 사무관은 한 명밖에 없다. 이런 기준 아래에서 출장 계획을 수립한 결과, 을은 갑과 단둘이 가는 한 번의 출장 이외에 다른 어떤 출장도 가지 않으며, 병과 정이 함께 출장을 가는 경우는 단 한 번밖에 없다. 그리고 네 지역 가운데 광역시가 두 곳인데, 단 두 명의 사무관만이 두 광역시 모두에 출장을 간다.

① 갑은 이번 출장 업무를 총괄하는 사무관이다.
② 을은 광역시에 출장을 가지 않는다.
③ 병이 갑, 무와 함께 출장을 가는 지역이 있다.
④ 정은 총 세 곳에 출장을 간다.
⑤ 무가 출장을 가는 지역은 두 곳이고 그중 한 곳은 정과 함께 간다.

문 21. 다음 글에서 추론할 수 없는 것은?

미국과 영국은 1921년 워싱턴 강화회의를 기점으로 태평양 및 중국에 대한 일본의 침략을 견제하기 시작하였다. 가중되는 외교적 고립으로 인해 일본은 광물과 곡물을 수입하는 태평양 경로를 상실할 위험에 처하였다. 이에 대처하기 위해 일본은 식민지 조선의 북부 지역에서 광물과 목재 등 군수산업 원료를 약탈하는 데 주력하게 되었다. 콩 또한 확보해야 할 주요 물자 중 하나였는데, 콩은 당시 일본에서 선호하던 식량일 뿐만 아니라 군수산업을 위한 원료이기도 하였다.

일본은 확보된 공업 원료와 식량 자원을 자국으로 수송하는 물류 거점으로 함경도를 주목하였다. 특히 청진·나진·웅기 등 대륙 종단의 시발점이 되는 항구와 조선의 최북단 지역이던 무산·회령·종성·온성을 중시하였다. 또한 조선의 남부 지방에서는 면화, 북부 지방에서는 양모 생산을 장려하였던 조선총독부의 정책에 따라 두만강을 통해 바로 만주로 진출할 수 있는 회령·종성·온성은 양을 목축하는 축산 거점으로 부상하였다. 일본은 만주와 함경도에서 생산된 광물자원과 콩, 두만강변 원시림의 목재를 일본으로 수송하기 위해 함경선, 백무선 등의 철도를 잇따라 부설하였다. 더불어 무산과 회령, 경흥에서는 석탄 및 철광 광산을 본격적으로 개발하였다. 이에 따라 오지의 작은 읍이었던 무산·회령·종성·온성의 개발이 촉진되어 근대적 도시로 발전하였다. 일본의 정책들은 함경도를 만주와 같은 경제권으로 묶음으로써 조선의 다른 지역과 경제적으로 분리시켰다.

철도 부설 및 광산 개발을 위해 일본은 조선 노동자들을 강제 동원하였고, 수많은 조선 노동자들이 강제 노동 끝에 산록과 땅속 깊은 곳에서 비참한 삶을 마쳤다. 1935년 회령의 유선탄광에서 폭약이 터져 800여 명의 광부가 매몰돼 사망했던 사건은 그 단적인 예이다. 영화 「아리랑」의 감독 겸 주연이었던 나운규는 그의 고향 회령에서 청진까지 부설되었던 철도 공사에 조선인 노동자들이 강제 동원되어 잔혹한 노동에 혹사되는 참상을 목도하였다. 그때 그는 노동자들이 부르던 아리랑의 애달픈 노랫가락을 듣고 영화 「아리랑」의 기본 줄거리를 착상하였다.

① 영화 「아리랑」 감독의 고향에서 탄광 폭발사고가 발생하였다.
② 조선 최북단 지역의 몇몇 작은 읍들은 근대적 도시로 발전하였다.
③ 축산 거점에서 대륙 종단의 시발점이 되는 항구까지 부설된 철도가 있었다.
④ 군수산업 원료를 일본으로 수송하는 것이 함경선 부설의 목적 중 하나였다.
⑤ 일본은 함경도를 포함하여 한반도와 만주를 같은 경제권으로 묶는 정책을 폈다.

문 22. 다음 글에서 추론할 수 있는 것만을 〈보기〉에서 모두 고르면?

우리가 가진 믿음들은 때때로 여러 방식으로 표현된다. 예를 들어, 영희가 일으킨 교통사고 현장을 목격한 철수를 생각해보자. 영희는 철수가 아는 사람이므로, 현장을 목격한 철수는 영희가 사고를 일으켰다는 믿음을 가지게 되었다. 철수의 이런 믿음을 표현하는 한 가지 방법은 "철수는 영희가 교통사고를 일으켰다고 믿는다."라고 표현하는 것이다. 이것을 진술 A라고 하자. 진술 A의 의미를 분명히 생각해보기 위해서, "영희는 민호의 아내다."라고 가정해보자. 그럼 진술 A로부터 "철수는 민호의 아내가 교통사고를 일으켰다고 믿는다."가 참이라는 것이 반드시 도출되는가? 그렇지 않다. 왜냐하면 철수는 영희가 민호의 아내라는 것을 모를 수도 있고, 다른 사람의 아내로 잘못 알 수도 있기 때문이다.

한편 철수의 믿음은 "교통사고를 일으켰다고 철수가 믿고 있는 사람은 영희다."라고도 표현될 수 있다. 이것을 진술 B라고 하자. 다시 "영희는 민호의 아내다."라고 가정해보자. 그리고 진술 B로부터 "교통사고를 일으켰다고 철수가 믿고 있는 사람은 민호의 아내다."가 도출되는지 생각해보자. 진술 B는 '교통사고를 일으켰다고 철수가 믿고 있는 사람'이 가리키는 것과 '영희'가 가리키는 것이 동일하다는 것을 의미한다. 그리고 '영희'가 가리키는 것은 '민호의 아내'가 가리키는 것과 동일하다. 그러므로 '교통사고를 일으켰다고 철수가 믿고 있는 사람'이 가리키는 것은 '민호의 아내'가 가리키는 것과 동일하다. 따라서 진술 B로부터 "교통사고를 일으켰다고 철수가 믿고 있는 사람은 민호의 아내다."가 도출된다. 이처럼 철수의 믿음을 표현하는 두 방식 사이에는 차이가 있다.

〈보기〉

ㄱ. "영희는 민호의 아내가 아니다."라고 가정한다면, 진술 A로부터 "철수는 민호의 아내가 교통사고를 일으켰다고 믿지 않는다."가 도출된다.
ㄴ. "영희가 초보운전자이고 철수가 이 사실을 알고 있다."라고 가정한다면, 진술 A로부터 "철수는 어떤 초보 운전자가 교통사고를 일으켰다고 믿는다."가 도출된다.
ㄷ. "영희가 동철의 엄마이지만 철수는 이 사실을 모르고 있다."라고 가정한다면, 진술 B로부터 "교통사고를 일으켰다고 철수가 믿고 있는 사람은 동철의 엄마다."가 도출된다.

① ㄱ
② ㄴ
③ ㄱ, ㄷ
④ ㄴ, ㄷ
⑤ ㄱ, ㄴ, ㄷ

문 23. 다음 글에서 알 수 있는 것은?

주주 자본주의는 주주의 이윤을 극대화하는 것을 회사 경영의 목표로 하는 시스템을 말한다. 이 시스템은 자본가 계급을 사업가와 투자가로 나누어 놓았다. 그런데 주주 자본주의가 바꿔 놓은 것이 하나 더 있다. 그것은 바로 노동자의 지위다. 주식회사가 생기기 이전에는 노동자가 생산수단들을 소유할 수 없었지만 이제는 거의 모든 생산수단이 잘게 쪼개져 누구나 그 일부를 구입할 수 있다. 노동자는 사업가를 위해서 일하고 사업가는 투자가를 위해 일하지만, 투자가들 중에는 노동자도 있는 것이다.

주주 자본주의를 비판하는 사람들은 기업이 주주의 이익만을 고려한다면, 다수의 사람들이 이익을 얻는 것이 아니라 소수의 독점적인 투자가들만 이익을 보장받는다고 지적한다. 또한 그들은 주주의 이익뿐만 아니라 기업과 연계되어 있는 이해관계자들 전체, 즉 노동자, 소비자, 지역사회 등을 고려해야 한다고 주장한다. 이러한 입장을 이해관계자 자본주의라고 한다.

주주 자본주의와 이해관계자 자본주의는 '기업이 존재하는 목적이 무엇인가?'라는 물음에 대한 답변이라고 할 수 있다. 물론 오늘날의 기업들은 극단적으로 한 가지 형태를 띠는 것이 아니라 양자가 혼합된 모습을 보인다. 기업은 주주의 이익을 최우선적으로 고려하지만, 노조 활동을 인정하고, 지역과 환경에 투자하며, 기부와 봉사 등 사회적 활동을 위해 노력하기도 한다.

① 주주 자본주의에서 주주의 이익과 사회적 공헌이 상충할 때 기업은 사회적 공헌을 우선적으로 선택한다.
② 주주 자본주의에서는 과거에 생산수단을 소유할 수 없었던 이들이 그것을 부분적으로 소유할 수 있게 되었다.
③ 이해관계자 자본주의에서는 지역사회의 일반 주민까지도 기업 경영의 전반적 영역에서 주도적인 역할을 담당한다.
④ 주주 자본주의와 이해관계자 자본주의가 혼합되면 기업의 사회적 공헌활동은 주주 자본주의에서보다 약화될 것이다.
⑤ 주주 자본주의와 이해관계자 자본주의가 혼합된 형태의 기업은 지역사회의 이익을 높이는 것을 최우선적으로 고려한다.

문 24. 다음 ㉠과 ㉡에 들어갈 말을 가장 적절하게 나열한 것은?

음향학에 관련된 다음의 두 가지 명제는 세 개의 원형 판을 가지고 실험함으로써 입증될 수 있다. 하나의 명제는 "지름과 모양이 같은 동일 재질의 원형 판이 진동할 때 발생하는 진동수는 두께에 비례한다."이고 다른 명제는 "모양과 두께가 같은 동일 재질의 원형 판이 진동할 때 발생하는 진동수는 판 지름의 제곱에 반비례한다."이다. 이를 입증하기 위해 모양이 같은 동일 재질의 원형 판 A, B 그리고 C를 준비하되 A와 B는 두께가 같고 C는 두께가 A의 두께의 두 배이며, A와 C는 지름이 같고 B의 지름은 A의 지름의 절반이 되도록 한다. 판을 때려서 발생하는 음을 듣고 B는 A 보다 ㉠ 음을 내고, C는 A보다 ㉡ 음을 내는 것을 확인한다. 진동수가 두 배가 될 때 한 옥타브 높은 음이 나므로 두 명제는 입증이 된다.

	㉠	㉡
①	한 옥타브 낮은	두 옥타브 낮은
②	한 옥타브 높은	두 옥타브 높은
③	두 옥타브 낮은	한 옥타브 높은
④	두 옥타브 높은	한 옥타브 낮은
⑤	두 옥타브 높은	한 옥타브 높은

문 25. 다음 글의 내용이 참일 때, 가해자인 것이 확실한 사람(들)과 가해자가 아닌 것이 확실한 사람(들)의 쌍으로 적절한 것은?

폭력 사건의 용의자로 A, B, C가 지목되었다. 조사 과정에서 A, B, C가 각각 〈아래〉와 같이 진술하였는데, 이들 가운데 가해자는 거짓만을 진술하고 가해자가 아닌 사람은 참만을 진술한 것으로 드러났다.

〈아래〉

A: 우리 셋 중 정확히 한 명이 거짓말을 하고 있다.
B: 우리 셋 중 정확히 두 명이 거짓말을 하고 있다.
C: A, B 중 정확히 한 명이 거짓말을 하고 있다.

	가해자인 것이 확실	가해자가 아닌 것이 확실
①	A	C
②	B	없음
③	B	A, C
④	A, C	B
⑤	A, B, C	없음

※ 수고하셨습니다.
※ 기출문제편 맨 마지막에 있는 OMR 카드에 마킹을 하세요.

제2영역 자료해석

1초 합격예측! 모바일 성적결과분석표 발급 서비스

QR 코드로 접속하여 문제 풀이 시간을 측정하고, 자동채점 & 성적결과분석 서비스를 통해 지금 바로 실력을 점검해 보세요.
◀ http://eduwill.kr/VtU6

풀이 시간	• 시작: ___시 ___분 ~ 종료: ___시 ___분 • 총 : ___분

문 1. 다음 〈표〉는 '갑' 연구소에서 제습기 A~E의 습도별 연간소비전력량을 측정한 자료이다. 이에 대한 〈보기〉의 설명 중 옳은 것만을 모두 고르면?

〈표〉 제습기 A~E의 습도별 연간소비전력량

(단위: kWh)

습도 제습기	40%	50%	60%	70%	80%
A	550	620	680	790	840
B	560	640	740	810	890
C	580	650	730	800	880
D	600	700	810	880	950
E	660	730	800	920	970

─〈보기〉─

ㄱ. 습도가 70%일 때 연간소비전력량이 가장 적은 제습기는 A이다.
ㄴ. 각 습도에서 연간소비전력량이 많은 제습기부터 순서대로 나열하면, 습도 60%일 때와 습도 70%일 때의 순서는 동일하다.
ㄷ. 습도가 40%일 때 제습기 E의 연간소비전력량은 습도가 50%일 때 제습기 B의 연간소비전력량보다 많다.
ㄹ. 제습기 각각에서 연간소비전력량은 습도가 80%일 때가 40%일 때의 1.5배 이상이다.

① ㄱ, ㄴ
② ㄱ, ㄷ
③ ㄴ, ㄹ
④ ㄱ, ㄷ, ㄹ
⑤ ㄴ, ㄷ, ㄹ

문 2. 다음 〈표〉는 통신사 '갑', '을', '병'의 스마트폰 소매가격 및 평가점수 자료이다. 이에 대한 〈보기〉의 설명 중 옳은 것만을 모두 고르면?

〈표〉 통신사별 스마트폰의 소매가격 및 평가점수

(단위: 달러, 점)

통신사	스마트폰	소매가격	평가항목					종합품질점수
			화질	내비게이션	멀티미디어	배터리수명	통화성능	
갑	A	150	3	3	3	3	1	13
	B	200	2	2	3	1	2	( )
	C	200	3	3	3	1	1	( )
을	D	180	3	3	3	2	1	( )
	E	100	2	3	3	2	1	11
	F	70	2	1	3	2	1	( )
병	G	200	3	3	3	2	2	( )
	H	50	3	2	3	2	1	( )
	I	150	3	2	2	3	2	12

※ 스마트폰의 '종합품질점수'는 해당 스마트폰의 평가항목별 평가점수의 합임

─〈보기〉─

ㄱ. 소매가격이 200달러인 스마트폰 중 '종합품질점수'가 가장 높은 스마트폰은 C이다.
ㄴ. 소매가격이 가장 낮은 스마트폰은 '종합품질점수'도 가장 낮다.
ㄷ. 통신사 각각에 대해서 해당 통신사 스마트폰의 '통화성능' 평가점수의 평균을 계산하여 통신사별로 비교하면 '병'이 가장 높다.
ㄹ. 평가항목 각각에 대해서 스마트폰 A~I 평가점수의 합을 계산하여 평가항목별로 비교하면 '멀티미디어'가 가장 높다.

① ㄱ
② ㄷ
③ ㄱ, ㄴ
④ ㄴ, ㄹ
⑤ ㄷ, ㄹ

문 3. 다음 〈표〉는 2016년과 2017년 A~F 항공사의 공급석 및 탑승객 수를 나타낸 자료이다. 〈표〉를 이용하여 작성한 그래프로 옳지 않은 것은?

〈표〉 항공사별 공급석 및 탑승객 수

(단위: 만 개, 만 명)

항공사 구분 연도	공급석 수		탑승객 수	
	2016	2017	2016	2017
A	260	360	220	300
B	20	110	10	70
C	240	300	210	250
D	490	660	410	580
E	450	570	380	480
F	250	390	200	320
전체	1,710	2,390	1,430	2,000

① 연도별 A~F 항공사 전체의 공급석 및 탑승객 수

② 항공사별 탑승객 수

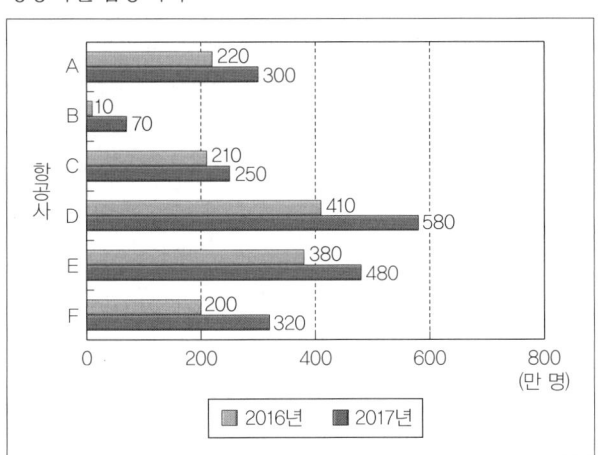

③ 2017년 탑승객 수의 항공사별 구성비

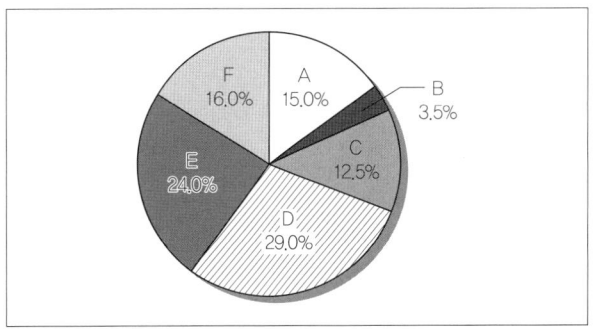

④ 2016년 대비 2017년 항공사별 공급석 수 증가량

⑤ 2017년 항공사별 잔여석 수

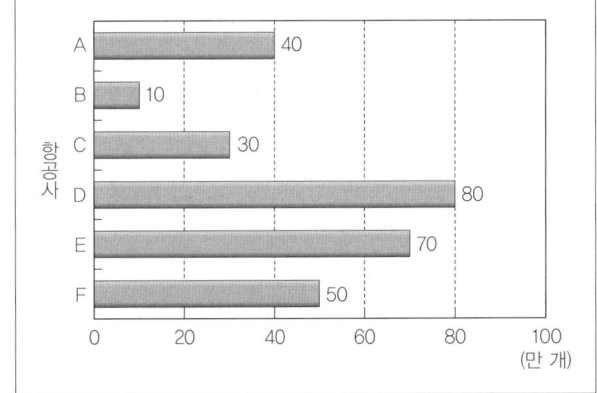

※ 잔여석 수=공급석 수-탑승객 수

문 4. 다음 〈그림〉은 A국의 2012~2017년 태양광 산업 분야 투자액 및 투자건수에 관한 자료이다. 이에 대한 설명으로 옳지 않은 것은?

〈그림〉 태양광 산업 분야 투자액 및 투자건수

① 2013~2017년 동안 투자액의 전년 대비 증가율은 2016년이 가장 높다.
② 2013~2017년 동안 투자건수의 전년 대비 증가율은 2017년이 가장 낮다.
③ 2012년과 2015년 투자건수의 합은 2017년 투자건수보다 작다.
④ 투자액이 가장 큰 연도는 2016년이다.
⑤ 투자건수는 매년 증가하였다.

문 5. 다음 〈표〉는 15개 종목이 개최된 2018 평창 동계올림픽 참가국 A~D의 메달 획득 결과를 나타낸 자료이다. 이에 대한 설명으로 옳은 것은?

〈표〉 2018 평창 동계 올림픽 참가국 A~D의 메달 획득 결과
(단위: 개)

국가 종목	A국 금	A국 은	A국 동	B국 금	B국 은	B국 동	C국 금	C국 은	C국 동	D국 금	D국 은	D국 동
노르딕복합	3	1	1					1				
루지	3	1	2	1							1	1
바이애슬론	3	1	3				1	3	2			
봅슬레이	3	1		1						1		1
쇼트트랙				1						1	1	3
스노보드		1	1	4	2	1				1	2	1
스켈레톤		1										
스키점프	1	3					2	1	2			
스피드스케이팅				1	2	1	1	1		1		
아이스하키	1			1							1	1
알파인스키				1	1	1	1	4	2			
컬링				1						1	1	
크로스컨트리				1			7	4	3			
프리스타일스키				1	2	1	1			4	2	1
피겨스케이팅	1					2				2		2

※ 빈칸은 0을 의미함

① 동일 종목에서, A국이 획득한 모든 메달 수와 B국이 획득한 모든 메달 수를 합하여 종목별로 비교하면, 15개 종목 중 스노보드가 가장 많다.
② A국이 획득한 금메달 수와 C국이 획득한 동메달 수는 같다.
③ A국이 루지, 봅슬레이, 스켈레톤 종목에서 획득한 모든 메달 수의 합은 C국이 크로스컨트리 종목에서 획득한 모든 메달 수보다 많다.
④ A~D국 중 메달을 획득한 종목의 수가 가장 많은 국가는 D국이다.
⑤ 획득한 은메달 수가 많은 국가부터 순서대로 나열하면 C, B, A, D국 순이다.

문 6. 다음 〈표〉는 A국의 흥행순위별 2017년 영화개봉작 정보와 월별 개봉편수 및 관객 수에 대한 자료이다. 이에 대한 설명으로 옳지 않은 것은?

〈표 1〉 A국의 흥행순위별 2017년 영화개봉작 정보

(단위: 천 명)

흥행순위	영화명	개봉시기	제작	관객 수
1	버스운전사	8월	국내	12,100
2	님과 함께	12월	국내	8,540
3	동조	1월	국내	7,817
4	거미인간	7월	국외	7,258
5	착한도시	10월	국내	6,851
6	군함만	7월	국내	6,592
7	소년경찰	8월	국내	5,636
8	더 퀸	1월	국내	5,316
9	투수와 야수	3월	국외	5,138
10	퀸스맨	9월	국외	4,945
11	썬더맨	10월	국외	4,854
12	꾸러기	11월	국내	4,018
13	가랑비	12월	국내	4,013
14	동래산성	10월	국내	3,823
15	좀비	6월	국외	3,689
16	행복의 질주	4월	국외	3,653
17	나의 이름은	4월	국외	3,637
18	슈퍼카인드	7월	국외	3,325
19	아이 캔 토크	9월	국내	3,279
20	캐리비안	5월	국외	3,050

※ 관객 수는 개봉일로부터 2017년 12월 31일까지 누적한 값임

〈표 2〉 A국의 2017년 월별 개봉편수 및 관객 수

(단위: 편, 천 명)

월 \ 제작 구분	국내 개봉편수	국내 관객 수	국외 개봉편수	국외 관객 수
1	35	12,682	105	10,570
2	39	8,900	96	6,282
3	31	4,369	116	9,486
4	29	4,285	80	6,929
5	31	6,470	131	12,210
6	49	4,910	124	10,194
7	50	6,863	96	14,495
8	49	21,382	110	8,504
9	48	5,987	123	6,733
10	35	12,964	91	8,622
11	56	6,427	104	6,729
12	43	18,666	95	5,215
전체	495	113,905	1,271	105,969

※ 관객 수는 당월 상영영화에 대해 월말 집계한 값임

① 흥행순위 1~20위 내의 영화 중 한 편의 영화도 개봉되지 않았던 달에는 국외제작영화 관객 수가 국내제작영화 관객 수보다 적다.
② 10월에 개봉된 영화 중 흥행순위 1~20위 내에 든 영화는 국내제작영화뿐이다.
③ 국외제작영화 개봉편수는 국내제작영화 개봉편수보다 매달 많다.
④ 국외제작영화 관객 수가 가장 많았던 달에 개봉된 영화 중 흥행순위 1~20위 내에 든 국외제작영화 개봉작은 2편이다.
⑤ 흥행순위가 1위인 영화의 관객 수는 국내제작영화 전체 관객 수의 10% 이상이다.

문 7. 다음 〈표〉는 조선시대 A지역 인구 및 사노비 비율에 대한 자료이다. 이에 대한 〈보기〉의 설명 중 옳은 것만을 모두 고르면?

〈표〉 A지역 인구 및 사노비 비율

조사 연도	인구(명)	인구 중 사노비 비율(%)			
		솔거노비	외거노비	도망노비	전체
1720	2,228	18.5	10.0	11.5	40.0
1735	3,143	13.8	6.8	12.8	33.4
1762	3,380	11.5	8.5	11.7	31.7
1774	3,189	14.0	8.8	12.0	34.8
1783	3,056	14.9	6.7	9.3	30.9
1795	2,359	18.2	4.3	6.5	29.0

※ 1) 사노비는 솔거노비, 외거노비, 도망노비로만 구분됨
   2) 비율은 소수점 둘째 자리에서 반올림한 값임

〈보기〉

ㄱ. A지역 인구 중 도망노비를 제외한 사노비가 차지하는 비율은 조사연도 중 1720년이 가장 높다.

ㄴ. A지역 사노비 수는 1774년이 1720년보다 많다.

ㄷ. A지역 사노비 중 외거노비가 차지하는 비율은 1720년이 1762년보다 높다.

ㄹ. A지역 인구 중 솔거노비가 차지하는 비율은 매 조사연도마다 낮아진다.

① ㄱ, ㄴ
② ㄱ, ㄷ
③ ㄷ, ㄹ
④ ㄱ, ㄴ, ㄹ
⑤ ㄴ, ㄷ, ㄹ

문 8. 다음 〈표〉는 2013~2017년 '갑'국의 사회간접자본(SOC) 투자규모에 관한 자료이다. 이에 대한 설명으로 옳지 않은 것은?

〈표〉 '갑'국의 사회간접자본(SOC) 투자규모
(단위: 조 원, %)

연도 구분	2013	2014	2015	2016	2017
SOC 투자규모	20.5	25.4	25.1	24.4	23.1
총지출 대비 SOC 투자규모 비중	7.8	8.4	8.6	7.9	6.9

① 2017년 총지출은 300조 원 이상이다.
② 2014년 'SOC 투자규모'의 전년 대비 증가율은 30% 이하이다.
③ 2014~2017년 동안 'SOC 투자규모'가 전년에 비해 가장 큰 비율로 감소한 해는 2017년이다.
④ 2014~2017년 동안 'SOC 투자규모'와 '총지출 대비 SOC 투자규모 비중'의 전년 대비 증감방향은 동일하다.
⑤ 2018년 'SOC 투자규모'의 전년 대비 감소율이 2017년과 동일하다면, 2018년 'SOC 투자규모'는 20조 원 이상이다.

문 9. 다음 〈표〉는 물품 A~E의 가격에 대한 자료이다. 〈조건〉에 부합하는 (가), (나), (다)로 가능한 것은?

〈표〉 물품 A~E의 가격
(단위: 원/개)

물품	가격
A	24,000
B	(가)
C	(나)
D	(다)
E	16,000

〈조건〉

○ '갑', '을', '병'의 배낭에 담긴 물품은 각각 다음과 같다.
  - 갑: B, C, D
  - 을: A, C
  - 병: B, D, E
○ 배낭에는 해당 물품이 한 개씩만 담겨 있다.
○ 배낭에 담긴 물품 가격의 합이 높은 사람부터 순서대로 나열하면 '갑', '을', '병' 순이다.
○ '병'의 배낭에 담긴 물품 가격의 합은 44,000원이다.

	(가)	(나)	(다)
①	11,000	23,000	14,000
②	12,000	14,000	16,000
③	12,000	19,000	16,000
④	13,000	19,000	15,000
⑤	13,000	23,000	15,000

문 10. 다음 〈표〉와 〈그림〉은 A국 초·중·고등학생 평균 키 및 평균 체중과 비만에 대한 자료이다. 이에 대한 〈보기〉의 설명 중 옳은 것만을 모두 고르면?

〈표 1〉 학교급별 평균 키 및 평균 체중 현황

(단위: cm, kg)

학교급	성별	2017년 키	2017년 체중	2016년 키	2016년 체중	2015년 키	2015년 체중	2014년 키	2014년 체중	2013년 키	2013년 체중
초	남	152.1	48.2	151.4	46.8	151.4	46.8	150.4	46.0	150.0	44.7
	여	152.3	45.5	151.9	45.2	151.8	45.1	151.1	44.4	151.0	43.7
중	남	170.0	63.7	169.7	62.3	169.2	61.9	168.9	61.6	168.7	60.5
	여	159.8	54.4	159.8	54.3	159.8	54.1	159.5	53.6	160.0	52.9
고	남	173.5	70.0	173.5	69.4	173.5	68.5	173.7	68.3	174.0	68.2
	여	160.9	57.2	160.9	57.1	160.9	56.8	161.1	56.2	161.1	55.4

〈표 2〉 2017년 학교급별 비만학생 구성비

(단위: %)

구분 학교급	성별	비만 아닌 학생	비만학생 경도 비만	비만학생 중등도 비만	비만학생 고도 비만	학생 비만율
초	남	82.6	8.5	7.3	1.6	17.4
	여	88.3	6.5	4.4	0.8	11.7
중	남	81.5	9.0	7.5	2.0	18.5
	여	86.2	7.5	4.9	1.4	13.8
고	남	79.5	8.7	8.4	3.4	20.5
	여	81.2	8.6	7.5	2.7	18.8
전체		83.5	8.1	6.5	1.9	16.5

※ '학생비만율'은 학생 중 비만학생(경도 비만+중등도 비만+고도 비만)의 구성비임

〈그림〉 연도별 초·중·고 전체의 비만학생 구성비

〈보기〉

ㄱ. 중학교 여학생의 평균 키는 매년 증가하였다.
ㄴ. 초·중·고 전체의 '학생비만율'은 매년 증가하였다.
ㄷ. 고등학교 남학생의 '학생비만율'은 2013년이 2017년보다 작다.
ㄹ. 2017년 '학생비만율'의 남녀 학생 간 차이는 중학생이 초등학생보다 작다.

① ㄱ, ㄴ
② ㄴ, ㄷ
③ ㄴ, ㄹ
④ ㄷ, ㄹ
⑤ ㄱ, ㄷ, ㄹ

문 11. 다음 〈그림〉은 A~F국의 2016년 GDP와 'GDP 대비 국가자산총액'을 나타낸 자료이다. 이에 대한 〈보기〉의 설명 중 옳은 것만을 모두 고르면?

〈그림〉 A~F국의 2016년 GDP와 'GDP 대비 국가자산총액'

※ GDP 대비 국가자산총액(%) = $\frac{국가자산총액}{GDP} \times 100$

〈보기〉
ㄱ. GDP가 높은 국가일수록 'GDP 대비 국가자산총액'이 작다.
ㄴ. A국의 GDP는 나머지 5개국 GDP의 합보다 크다.
ㄷ. 국가자산총액은 F국이 D국보다 크다.

① ㄱ
② ㄴ
③ ㄷ
④ ㄱ, ㄴ
⑤ ㄴ, ㄷ

문 12. 다음 〈그림〉은 아래 〈규칙〉에 따라 2에서 10까지의 서로 다른 자연수의 관계를 나타낸 것이다. 이때 '가', '나', '다'에 해당하는 수의 합은?

〈그림〉

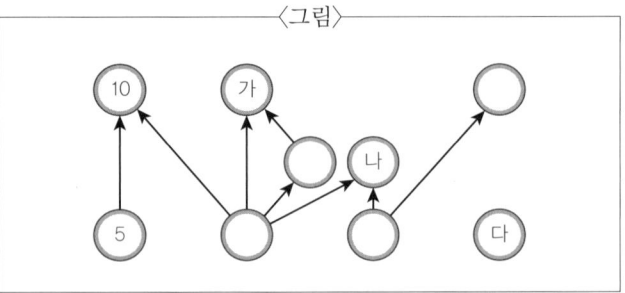

〈규칙〉
○ 〈그림〉에서 2에서 10까지의 자연수는 ◯ 안에 한 개씩만 사용되고, 사용되지 않는 자연수는 없다.
○ 2에서 10까지의 서로 다른 임의의 자연수 3개를 x, y, z라고 할 때,
 - ⓧ → ⓨ는 y가 x의 배수임을 나타낸다.
 - 화살표로 연결되지 않은 ⓩ는 z가 x, y와 약수나 배수 관계가 없음을 나타낸다.

① 20
② 21
③ 22
④ 23
⑤ 24

문 13. 다음 〈표〉는 7월 1~10일 동안 도시 A~E에 대한 인공지능 시스템의 예측 날씨와 실제 날씨이다. 이에 대한 〈보기〉의 설명 중 옳은 것만을 모두 고르면?

〈표〉 도시 A~E에 대한 예측 날씨와 실제 날씨

도시	구분	7.1	7.2	7.3	7.4	7.5	7.6	7.7	7.8	7.9	7.10
A	예측	비	흐림	맑음	비	맑음	맑음	비	비	맑음	흐림
A	실제	비	맑음	비	비	맑음	맑음	비	맑음	맑음	비
B	예측	맑음	비	비	맑음	흐림	맑음	맑음	비	맑음	맑음
B	실제	비	맑음	비	비	흐림	맑음	비	비	맑음	맑음
C	예측	비	비	비	맑음	비	비	비	맑음	비	비
C	실제	비	비	맑음	흐림	비	비	비	비	비	비
D	예측	비	비	맑음	맑음	맑음	비	비	비	맑음	비
D	실제	비	흐림	맑음	맑음	맑음	비	비	비	맑음	비
E	예측	비	비	비	비	비	비	맑음	흐림	비	비
E	실제	비	비	흐림	비	비	맑음	맑음	비	비	맑음

※ ☼: 맑음, ☁: 흐림, ☂: 비

〈보기〉

ㄱ. 도시 A에서는 예측 날씨가 '비'인 날 실제 날씨도 모두 '비'였다.

ㄴ. 도시 A~E 중 예측 날씨와 실제 날씨가 일치한 일수가 가장 많은 도시는 B이다.

ㄷ. 7월 1~10일 중 예측 날씨와 실제 날씨가 일치한 도시 수가 가장 적은 날짜는 7월 2일이다.

① ㄱ
② ㄴ
③ ㄷ
④ ㄴ, ㄷ
⑤ ㄱ, ㄴ, ㄷ

문 14. 다음 〈표〉는 1930~1934년 동안 A지역의 곡물 재배면적 및 생산량을 정리한 자료이다. 이에 대한 설명으로 옳은 것은?

〈표〉 A지역의 곡물 재배면적 및 생산량

(단위: 천 정보, 천 석)

곡물	구분	1930	1931	1932	1933	1934
미곡	재배면적	1,148	1,100	998	1,118	1,164
미곡	생산량	15,276	14,145	13,057	15,553	18,585
맥류	재배면적	1,146	773	829	963	1,034
맥류	생산량	7,347	4,407	4,407	6,339	7,795
두류	재배면적	450	283	301	317	339
두류	생산량	1,940	1,140	1,143	1,215	1,362
잡곡	재배면적	334	224	264	215	208
잡곡	생산량	1,136	600	750	633	772
서류	재배면적	59	88	87	101	138
서류	생산량	821	1,093	1,228	1,436	2,612
전체	재배면적	3,137	2,468	2,479	2,714	2,883
전체	생산량	26,520	21,385	20,585	25,176	31,126

① 1931~1934년 동안 재배면적의 전년 대비 증감방향은 미곡과 두류가 동일하다.
② 생산량은 매년 두류가 서류보다 많다.
③ 재배면적은 매년 잡곡이 서류의 2배 이상이다.
④ 1934년 재배면적당 생산량이 가장 큰 곡물은 미곡이다.
⑤ 1933년 미곡과 맥류 재배면적의 합은 1933년 곡물 재배면적 전체의 70% 이상이다.

문 15. 다음 〈그림〉은 주요국(한국, 미국, 일본, 프랑스)이 화장품산업 경쟁력 4대 분야에서 획득한 점수에 대한 자료이다. 이에 대한 설명으로 옳은 것은?

〈그림〉 주요국의 화장품산업 경쟁력 4대 분야별 점수

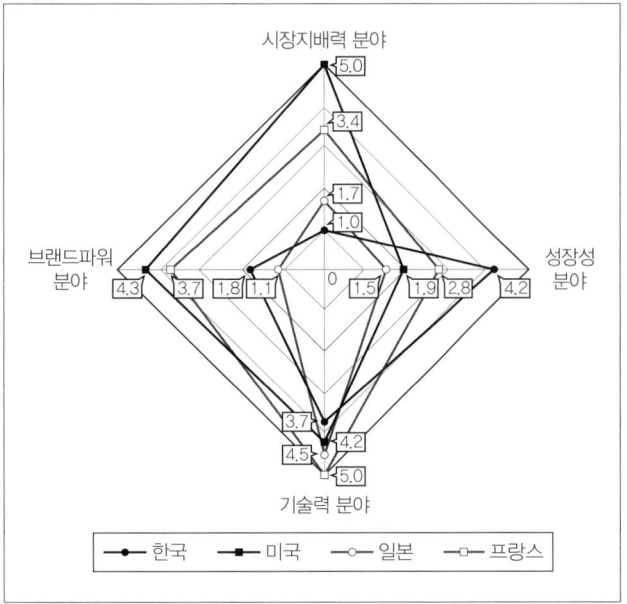

① 기술력 분야에서는 한국의 점수가 가장 높다.
② 성장성 분야에서 점수가 가장 높은 국가는 시장지배력 분야에서도 점수가 가장 높다.
③ 브랜드파워 분야에서 각국이 획득한 점수의 최댓값과 최솟값의 차이는 3 이하이다.
④ 미국이 4대 분야에서 획득한 점수의 합은 프랑스가 4대 분야에서 획득한 점수의 합보다 크다.
⑤ 시장지배력 분야의 점수는 일본이 프랑스보다 높지만 미국보다는 낮다.

문 16. 다음 〈그림〉은 기업 A, B의 2014~2017년 에너지원단위 및 매출액 자료이다. 이에 대한 〈보기〉의 설명 중 옳은 것만을 모두 고르면?

〈그림〉 기업 A, B의 2014~2017년 에너지원단위 및 매출액

※ 에너지원단위(TOE/백만 원)= $\dfrac{\text{에너지소비량(TOE)}}{\text{매출액(백만 원)}}$

〈보기〉
ㄱ. 기업 A, B는 각각 에너지원단위가 매년 감소하였다.
ㄴ. 기업 A의 에너지소비량은 매년 증가하였다.
ㄷ. 2016년 에너지소비량은 기업 B가 기업 A보다 많다.

① ㄱ
② ㄴ
③ ㄷ
④ ㄱ, ㄴ
⑤ ㄴ, ㄷ

문 17. 다음 〈표〉와 〈그림〉은 A지역 2016년 주요 버섯의 도·소매가와 주요 버섯 소매가의 전년 동분기 대비 등락액을 나타낸 자료이다. 이에 대한 〈보기〉의 설명 중 옳은 것만을 모두 고르면?

〈표〉 2016년 주요 버섯의 도·소매가

(단위: 원/kg)

버섯 종류	분기 구분	1분기	2분기	3분기	4분기
느타리	도매	5,779	6,752	7,505	7,088
	소매	9,393	9,237	10,007	10,027
새송이	도매	4,235	4,201	4,231	4,423
	소매	5,233	5,267	5,357	5,363
팽이	도매	1,886	1,727	1,798	2,116
	소매	3,136	3,080	3,080	3,516

〈그림〉 2016년 주요 버섯 소매가의 전년 동분기 대비 등락액

―〈보기〉―

ㄱ. 2016년 매분기 '느타리' 1kg의 도매가는 '팽이' 3kg의 도매가보다 높다.

ㄴ. 2015년 매분기 '팽이'의 소매가는 3,000원/kg 이상이다.

ㄷ. 2016년 1분기 '새송이'의 소매가는 2015년 4분기에 비해 상승했다.

ㄹ. 2016년 매분기 '느타리'의 소매가는 도매가의 1.5배 미만이다.

① ㄱ, ㄴ
② ㄱ, ㄷ
③ ㄴ, ㄷ
④ ㄴ, ㄹ
⑤ ㄷ, ㄹ

문 18. 다음 〈표〉는 A~E 면접관이 '갑'~'정' 응시자에게 부여한 면접 점수이다. 이에 대한 〈보기〉의 설명 중 옳은 것만을 모두 고르면?

〈표〉 '갑'~'정' 응시자의 면접 점수

(단위: 점)

응시자 면접관	갑	을	병	정	범위
A	7	8	8	6	2
B	4	6	8	10	( )
C	5	9	8	8	( )
D	6	10	9	7	4
E	9	7	6	5	4
중앙값	( )	( )	8	( )	―
교정점수	( )	8	( )	7	―

※ 1) 범위: 해당 면접관이 각 응시자에게 부여한 면접 점수 중 최댓값에서 최솟값을 뺀 값
2) 중앙값: 해당 응시자가 A~E 면접관에게 받은 모든 면접 점수를 크기순으로 나열할 때 한가운데 값
3) 교정점수: 해당 응시자가 A~E 면접관에게 받은 모든 면접 점수 중 최댓값과 최솟값을 제외한 면접 점수의 산술평균값

―〈보기〉―

ㄱ. 면접관 중 범위가 가장 큰 면접관은 B이다.

ㄴ. 응시자 중 중앙값이 가장 작은 응시자는 '정'이다.

ㄷ. 교정점수는 '병'이 '갑'보다 크다.

① ㄱ
② ㄴ
③ ㄱ, ㄷ
④ ㄴ, ㄷ
⑤ ㄱ, ㄴ, ㄷ

문 19. 다음 〈표〉는 2000년과 2013년 한국, 중국, 일본의 재화 수출액 및 수입액 자료이고, 〈용어 정의〉는 무역수지와 무역특화지수에 대한 설명이다. 이에 대한 〈보기〉의 설명 중 옳은 것만을 모두 고르면?

〈표〉 한국, 중국, 일본의 재화 수출액 및 수입액

(단위: 억 달러)

연도	국가 재화	한국 수출액	한국 수입액	중국 수출액	중국 수입액	일본 수출액	일본 수입액
2000	원자재	578	832	741	1,122	905	1,707
2000	소비재	117	104	796	138	305	847
2000	자본재	1,028	668	955	991	3,583	1,243
2013	원자재	2,015	3,232	5,954	9,172	2,089	4,760
2013	소비재	138	375	4,083	2,119	521	1,362
2013	자본재	3,444	1,549	12,054	8,209	4,541	2,209

〈용어 정의〉

○ 무역수지 = 수출액 − 수입액
 − 무역수지 값이 양(+)이면 흑자, 음(−)이면 적자이다.
○ 무역특화지수 = $\dfrac{수출액 - 수입액}{수출액 + 수입액}$
 − 무역특화지수의 값이 클수록 수출경쟁력이 높다.

〈보기〉

ㄱ. 2013년 한국, 중국, 일본 각각에서 원자재 무역수지는 적자이다.
ㄴ. 2013년 한국의 원자재, 소비재, 자본재 수출액은 2000년에 비해 각각 50% 이상 증가하였다.
ㄷ. 2013년 자본재 수출경쟁력은 일본이 한국보다 높다.

① ㄱ
② ㄴ
③ ㄱ, ㄴ
④ ㄱ, ㄷ
⑤ ㄴ, ㄷ

문 20. 다음 〈표〉는 A~D국의 성별 평균소득과 대학진학률의 격차지수만으로 계산한 '간이 성평등지수'에 관한 자료이다. 이에 대한 〈보기〉의 설명 중 옳은 것만을 모두 고르면?

〈표〉 A~D국의 성별 평균소득, 대학진학률 및 '간이 성평등지수'

(단위: 달러, %)

항목 국가	평균소득 여성	평균소득 남성	격차지수	대학진학률 여성	대학진학률 남성	격차지수	간이 성평등지수
A	8,000	16,000	0.50	68	48	1.00	0.75
B	36,000	60,000	0.60	( )	80	( )	( )
C	20,000	25,000	0.80	70	84	0.83	0.82
D	3,500	5,000	0.70	11	15	0.73	0.72

※ 1) 격차지수는 남성 항목값 대비 여성 항목값의 비율로 계산하며, 그 값이 1을 넘으면 1로 함.
2) '간이 성평등지수'는 평균소득 격차지수와 대학진학률 격차지수의 산술평균임.
3) 격차지수와 '간이 성평등지수'는 소수점 셋째 자리에서 반올림한 값임.

〈보기〉

ㄱ. A국의 여성 평균소득과 남성 평균소득이 각각 1,000달러씩 증가하면 A국의 '간이 성평등지수'는 0.80 이상이 된다.
ㄴ. B국의 여성 대학진학률이 85%이면 '간이 성평등지수'는 B국이 C국보다 높다.
ㄷ. D국의 여성 대학진학률이 4%p 상승하면 D국의 '간이 성평등지수'는 0.80 이상이 된다.

① ㄱ
② ㄴ
③ ㄷ
④ ㄱ, ㄴ
⑤ ㄱ, ㄷ

문 21. 다음 〈표〉와 〈그림〉은 2018년 테니스 팀 A~E의 선수 인원 수 및 총 연봉과 각각의 전년 대비 증가율에 대한 자료이다. 이에 대한 설명으로 옳지 않은 것은?

〈표〉 2018년 테니스팀 A~E의 선수 인원 수 및 총 연봉

(단위: 명, 억 원)

테니스 팀	선수 인원 수	총 연봉
A	5	15
B	10	25
C	8	24
D	6	30
E	6	24

※ 팀 선수 평균 연봉 = $\dfrac{\text{총 연봉}}{\text{선수 인원 수}}$

〈그림〉 2018년 테니스 팀 A~E의 선수 인원 수 및 총 연봉의 전년 대비 증가율

※ 전년 대비 증가율은 소수점 둘째 자리에서 반올림한 값임

① 2018년 '팀 선수 평균 연봉'은 D팀이 가장 많다.
② 2018년 전년 대비 증가한 선수 인원 수는 C팀과 D팀이 동일하다.
③ 2018년 A팀의 '팀 선수 평균 연봉'은 전년 대비 증가하였다.
④ 2018년 선수 인원 수가 전년 대비 가장 많이 증가한 팀은 총 연봉도 가장 많이 증가하였다.
⑤ 2017년 총 연봉은 A팀이 E팀보다 많다.

문 22. 다음 〈표〉는 A~D국의 연구개발비에 대한 자료이다. 다음 〈보고서〉를 작성하기 위해 〈표〉 이외에 추가로 필요한 자료만을 〈보기〉에서 모두 고르면?

〈표〉 A~D국의 연구개발비

연도	구분	국가 A	B	C	D
2016	연구개발비(억 달러)	605	4,569	1,709	1,064
2016	GDP 대비(%)	4.29	2.73	3.47	2.85
2015	민간연구개발비 : 정부연구개발비	24:76	35:65	25:75	30:70

※ 연구개발비 = 정부연구개발비 + 민간연구개발비

〈보고서〉

A~D국 모두 2015년에 비하여 2016년 연구개발비가 증가하였지만, A국은 약 3% 증가에 불과하여 A~D국 평균 증가율인 6% 수준에도 미치지 못했다. 특히, 2016년에 A국은 정부연구개발비 대비 민간연구개발비 비율이 가장 작다. 이는 2014~2016년 동안, A국 민간연구개발에 대한 정부의 지원금액이 매년 감소한 데 따른 것으로 분석된다.

〈보기〉

ㄱ. 2013~2015년 A~D국 전년 대비 GDP 증가율
ㄴ. 2015~2016년 연도별 A~D국 민간연구개발비
ㄷ. 2013~2016년 연도별 A국 민간연구개발에 대한 정부의 지원금액
ㄹ. 2014~2015년 A~D국 전년 대비 연구개발비 증가율

① ㄱ, ㄴ
② ㄱ, ㄹ
③ ㄴ, ㄷ
④ ㄴ, ㄹ
⑤ ㄷ, ㄹ

문 23. 다음 〈표〉는 근무지 이동 전 '갑' 회사의 근무 현황에 대한 자료이다. 〈표〉와 〈근무지 이동 지침〉에 따라 이동한 후 근무지별 인원 수로 가능한 것은?

〈표〉 근무지 이동 전 '갑' 회사의 근무 현황
(단위: 명)

근무지	팀명	인원 수
본관 1층	인사팀	10
	지원팀	16
	기획1팀	16
본관 2층	기획2팀	21
	영업1팀	27
본관 3층	영업2팀	30
	영업3팀	23
별관	-	0
전체		143

※ 1) '갑' 회사의 근무지는 본관 1, 2, 3층과 별관만 있음
   2) 팀별 인원 수의 변동은 없음

〈근무지 이동 지침〉
○ 본관 내 이동은 없고, 인사팀은 이동하지 않음
○ 팀별로 전원 이동하며, 본관에서 별관으로 2개 팀만 이동함
○ 1개 층에서는 최대 1개 팀만 별관으로 이동할 수 있음
○ 이동한 후 별관 인원 수는 40명을 넘지 않도록 함

①

②

③

④

⑤

2018년도 국가공무원 5급 및 7급 민간경력자 일괄채용 필기시험 | 자료해석 영역 | ㉮ 책형 | 14쪽

문 24. 다음 〈표 1〉은 창의경진대회에 참가한 팀 A, B, C의 '팀 인원 수' 및 '팀 평균점수'이며, 〈표 2〉는 〈표 1〉에 기초하여 '팀 연합 인원 수' 및 '팀 연합 평균점수'를 각각 산출한 자료이다. (가)와 (나)에 들어갈 값을 바르게 나열한 것은?

〈표 1〉 팀 인원 수 및 팀 평균점수

(단위: 명, 점)

팀	A	B	C
인원 수	( )	( )	( )
평균점수	40.0	60.0	90.0

※ 1) 각 참가자는 A, B, C팀 중 하나의 팀에만 속하고, 개인별로 점수를 획득함

2) 팀 평균점수 = $\dfrac{\text{해당 팀 참가자 개인별 점수의 합}}{\text{해당 팀 참가자 인원 수}}$

〈표 2〉 팀 연합 인원 수 및 팀 연합 평균점수

(단위: 명, 점)

팀 연합	A+B	B+C	C+A
인원 수	80	120	(가)
평균점수	52.5	77.5	(나)

※ 1) A+B는 A팀과 B팀, B+C는 B팀과 C팀, C+A는 C팀과 A팀의 인원을 합친 팀 연합임

2) 팀 연합 평균점수 = $\dfrac{\text{해당 팀 연합 참가자 개인별 점수의 합}}{\text{해당 팀 연합 참가자 인원 수}}$

	(가)	(나)
①	90	72.5
②	90	75.0
③	100	72.5
④	100	75.0
⑤	110	72.5

문 25. 다음 〈표〉는 참가자 A~D의 회차별 가위·바위·보 게임 기록 및 판정이고, 〈그림〉은 아래 〈규칙〉에 따른 5회차 게임 종료 후 A~D의 위치를 나타낸 것이다. 이때 (가), (나), (다)에 해당하는 것을 바르게 나열한 것은?

〈표〉 가위·바위·보 게임 기록 및 판정

회차 참가자	1 기록	1 판정	2 기록	2 판정	3 기록	3 판정	4 기록	4 판정	5 기록	5 판정
A	가위	승	바위	승	보	승	바위	( )	보	( )
B	가위	승	(가)	( )	바위	패	가위	( )	보	( )
C	보	패	가위	패	바위	패	(나)	( )	보	( )
D	보	패	가위	패	바위	패	가위	( )	(다)	( )

〈그림〉 5회차 게임 종료 후 A~D의 위치

〈규칙〉

○ A~D는 모두 출발점(★)에서 1회차 가위·바위·보 게임을 하고, 2회차부터는 직전 회차 게임 종료 후 각자의 위치에서 게임을 한다.

○ 각 회차의 판정에 따라 지거나 비기면 이동하지 않고, 가위로 이긴 사람은 왼쪽으로 3m, 바위로 이긴 사람은 오른쪽으로 1m, 보로 이긴 사람은 오른쪽으로 5m를 각각 이동하여 해당 회차 게임을 종료한다.

	(가)	(나)	(다)
①	가위	바위	보
②	가위	보	바위
③	바위	가위	보
④	바위	보	가위
⑤	보	바위	가위

※ 수고하셨습니다.
※ 기출문제편 맨 마지막에 있는 OMR 카드에 마킹을 하세요.

제3영역 상황판단

문 1. 다음 글을 근거로 판단할 때 옳은 것은?

정책의 쟁점 관리는 정책 쟁점에 대한 부정적 인식을 최소화하여 정책의 결정 및 집행에 우호적인 환경을 조성하기 위한 행위를 말한다. 이는 정책 쟁점이 미디어 의제로 전환된 후부터 진행된다.

정책의 쟁점 관리에서는 쟁점에 대한 지식수준과 관여도에 따라 공중(公衆)의 유형을 구분하여 공중의 특성에 맞는 전략적 대응방안을 제시한다. 어떤 쟁점에 대해 지식수준과 관여도가 모두 낮은 공중은 '비활동 공중'이라고 한다. 그러나 쟁점에 대한 지식수준이 낮더라도 쟁점에 노출되어 쟁점에 대한 관여도가 높아지게 되면 이들은 '환기 공중'으로 변화한다. 이러한 환기 공중이 쟁점에 대한 지식수준까지 높아지면 지식수준과 관여도가 모두 높은 '활동 공중'으로 변하게 된다. 쟁점에 대한 지식수준이 높지만 관여도가 높지 않은 공중은 '인지 공중'이라고 한다.

인지 공중은 사회의 다양한 쟁점에 관한 지식을 가지고 있지만 적극적으로 활동하지 않아 이른바 행동하지 않는 지식인이라고도 불리는데, 이들의 관여도를 높여 활동 공중으로 이끄는 것은 매우 어렵다. 이 때문에 이들이 정책 쟁점에 긍정적 태도를 가지게 하는 것만으로도 전략적 성공이라고 볼 수 있다. 반면 환기 공중은 지식수준은 낮지만 쟁점 관여도가 높은 편이어서 문제해결에 필요한 지식을 얻게 된다면 활동 공중으로 변화한다. 따라서 이들에게는 쟁점에 대한 미디어 노출을 증가시키거나 다른 사람과 쟁점에 대해 토론하게 함으로써 지식수준을 높이는 전략을 취할 필요가 있다. 한편 활동 공중은 쟁점에 대한 지식수준과 관여도가 모두 높기 때문에 조직화될 개연성이 크고, 자신의 목적을 이루기 위해 시간과 노력을 아낌없이 투자할 자세가 되어 있다. 정책의 쟁점 관리를 제대로 하려면 이들이 정책을 우호적으로 판단할 수 있도록 하는 다양한 전략을 마련하여야 한다.

① 정책의 쟁점 관리는 정책 쟁점이 미디어 의제로 전환되기 전에 이루어진다.
② 어떤 쟁점에 대한 지식수준이 높지만 관여도가 낮은 공중을 비활동 공중이라고 한다.
③ 비활동 공중이 어떤 쟁점에 노출되면서 관여도가 높아지면 환기 공중으로 변한다.
④ 공중은 한 유형에서 다른 유형으로 변화할 수 없기 때문에 정책의 쟁점 관리를 할 필요가 없다.
⑤ 인지 공중의 경우, 쟁점에 대한 미디어 노출을 증가시키고 다른 사람과 쟁점에 대해 토론하게 만든다면 활동 공중으로 쉽게 변한다.

문 2. 다음 글을 근거로 판단할 때 옳은 것은?

> 제○○조 ① 지방자치단체의 장은 하수도정비기본계획에 따라 공공하수도를 설치하여야 한다.
> ② 시·도지사는 공공하수도를 설치하고자 하는 때에는 사업시행지의 위치 및 면적, 설치하고자 하는 시설의 종류, 사업시행기간 등을 고시하여야 한다. 고시한 사항을 변경 또는 폐지하고자 하는 때에도 또한 같다.
> ③ 시장·군수·구청장(자치구의 구청장을 말한다. 이하 같다)은 공공하수도를 설치하려면 시·도지사의 인가를 받아야 한다.
> ④ 시장·군수·구청장은 제3항에 따라 인가받은 사항을 변경하거나 폐지하려면 시·도지사의 인가를 받아야 한다.
> ⑤ 시·도지사는 국가의 보조를 받아 설치하고자 하는 공공하수도에 대하여 제2항에 따른 고시 또는 제3항의 규정에 따른 인가를 하고자 할 때에는 그 설치에 필요한 재원의 조달 및 사용에 관하여 환경부장관과 미리 협의하여야 한다.
> 제□□조 ① 공공하수도관리청(이하 '관리청'이라 한다)은 관할 지방자치단체의 장이 된다.
> ② 공공하수도가 둘 이상의 지방자치단체의 장의 관할구역에 걸치는 경우, 관리청이 되는 자는 제○○조 제2항에 따른 공공하수도 설치의 고시를 한 시·도지사 또는 같은 조 제3항에 따른 인가를 받은 시장·군수·구청장으로 한다.
>
> ※ 공공하수도: 지방자치단체가 설치 또는 관리하는 하수도

① A자치구의 구청장이 관할구역 내에 공공하수도를 설치하려고 인가를 받았는데, 그 공공하수도가 B자치구에 걸치는 경우, 설치하려는 공공하수도의 관리청은 B자치구의 구청장이다.
② 시·도지사가 국가의 보조를 받아 공공하수도를 설치하려면, 그 설치에 필요한 재원의 조달 등에 관하여 환경부장관의 인가를 받아야 한다.
③ 시장·군수·구청장이 공공하수도 설치에 관하여 인가받은 사항을 폐지할 경우에는 시·도지사의 인가를 필요로 하지 않는다.
④ 시·도지사가 공공하수도 설치를 위해 고시한 사항은 변경할 수 없다.
⑤ 시장·군수·구청장이 공공하수도를 설치하려면 시·도지사의 인가를 받아야 한다.

문 3. 다음 글을 근거로 판단할 때 옳은 것은?

> 다산 정약용은 아전의 핵심적인 직책으로 향승(鄕丞)과 좌수(座首), 좌우별감(左右別監)을 들고 있다. 향승은 지방관서장인 현령의 행정보좌역이고, 좌수는 지방자치기관인 향청의 우두머리로 이방과 병방의 직무를 관장한다. 좌우별감은 좌수의 아랫자리인데, 좌별감은 호방과 예방의 직무를 관장하고, 우별감은 형방과 공방의 직무를 관장한다.
> 다산은 향승이 현령을 보좌해야 하는 자리이기 때문에 반드시 그 고을에서 가장 착한 사람, 즉 도덕성이 가장 높은 사람에게 그 직책을 맡겨야 한다고 하였다. 또한 좌수는 그 자리의 중요성을 감안하여 진실로 마땅한 사람으로 얻어야 한다고 강조하였다. 좌수를 선발하기 위해 다산이 제시한 방법은 다음과 같다. 먼저 좌수후보자들에게 모두 종사랑(從仕郞)의 품계를 주고 해마다 공적을 평가해 감사나 어사로 하여금 식년(式年)에 각각 9명씩을 추천하게 한다. 그리고 그 가운데 3명을 뽑아 경관(京官)에 임명하면, 자신을 갈고 닦아 명성이 있고 품행이 바른 사람이 그 속에서 반드시 나올 것이라고 주장했다. 좌우별감을 선발할 때에도 역시 마땅히 쓸 만한 사람을 골라 정사를 의논해야 한다고 했다.
> 다산은 아전을 임명할 때, 진실로 쓸 만한 사람을 얻지 못하면 그저 자리를 채우기는 하되 정사는 맡기지 말라고 했다. 아울러 아첨을 잘하는 자는 충성스럽지 못하므로 이를 잘 살피도록 권고했다. 한편 다산은 문관뿐만 아니라 무관의 자질에 대해서도 언급하였다. 그에 따르면 무관의 반열에 서는 자는 모두 굳세고 씩씩해 적을 막아낼 만한 기색이 있는 사람으로 뽑되, 도덕성을 첫째의 자질로 삼고 재주와 슬기를 다음으로 해야 한다고 강조하였다.
>
> ※ 식년(式年): 과거를 보는 시기로 정한 해

① 관직의 서열로 보면 좌우별감은 좌수의 상관이다.
② 다산이 주장하는 좌수 선발방법에 따르면, 향승은 식년에 3명의 좌수후보자를 추천한다.
③ 다산은 아전으로 쓸 만한 사람이 없을 때에는 자리를 채우지 말아야 한다고 하였다.
④ 다산은 경관 가운데 우수한 공적이 있는 사람에게 종사랑의 품계를 주어야 한다고 주장했다.
⑤ 다산은 무관의 자질로 재주와 슬기보다 도덕성이 우선한다고 보았다.

문 4. 다음 〈A도서관 자료 폐기 지침〉을 근거로 판단할 때 옳은 것은?

―〈A도서관 자료 폐기 지침〉―

가. 자료 선정
  도서관 직원은 누구든지 수시로 서가를 살펴보고, 이용하기 곤란하다고 생각되는 자료는 발견 즉시 회수하여 사무실로 옮겨야 한다.
나. 목록 작성
  사무실에 회수된 자료는 사서들이 일차적으로 갱신 대상을 추려내어 갱신하고, 폐기 대상 자료로 판단되는 것은 폐기심의대상 목록으로 작성하여 폐기심의위원회에 제출한다.
다. 폐기심의위원회 운영
  폐기심의위원회 회의(이하 '회의'라 한다)는 연 2회 정기적으로 개최한다. 회의는 폐기심의대상 목록과 자료의 실물을 비치한 회의실에서 진행되고, 위원들은 실물과 목록을 대조하여 확인하여야 한다. 폐기심의위원회는 폐기 여부만을 판정하며 폐기 방법의 결정은 사서에게 위임한다. 폐기 대상 판정 시 위원들 사이에 이견(異見)이 있는 자료는 당해 연도의 폐기 대상에서 제외하고, 다음 연도의 회의에서 재결정한다.
라. 폐기 방법
  (1) 기증: 상태가 양호하여 다른 도서관에서 이용될 수 있다고 판단되는 자료는 기증 의사를 공고하고 다른 도서관 등 희망하는 기관에 기증한다.
  (2) 이관: 상태가 양호하고 나름의 가치가 있는 자료는 자체 기록보존소, 지역 및 국가의 보존전문도서관 등에 이관한다.
  (3) 매각과 소각: 폐지로 재활용 가능한 자료는 매각하고, 폐지로도 매각할 수 없는 자료는 최종적으로 소각 처리한다.
마. 기록 보존 및 목록 최신화
  연도별로 폐기한 자료의 목록과 폐기 경위에 관한 기록을 보존하되, 폐기한 자료에 대한 내용을 도서관의 각종 현행 자료 목록에서 삭제하여 목록을 최신화한다.

※ 갱신: 손상된 자료의 외형을 수선하거나 복사본을 만듦

① 사서는 폐기심의대상 목록만을 작성하고, 자료의 폐기 방법은 폐기심의위원회가 결정한다.
② 폐기 대상 판정 시 폐기심의위원들 간에 이견이 있는 자료의 경우, 바로 다음 회의에서 그 자료의 폐기 여부가 논의되지 않을 수 있다.
③ 폐기심의위원회는 자료의 실물을 확인하지 않고 폐기 여부를 판정할 수 있다.
④ 매각 또는 소각한 자료는 현행자료 목록에서 삭제하고, 폐기 경위에 관한 기록도 제거하여야 한다.
⑤ 사서가 아닌 도서관 직원은, 이용하기 곤란하다고 생각되는 자료를 발견하면 갱신하거나 폐기심의대상 목록을 작성하여야 한다.

문 5. 다음 글을 근거로 판단할 때, 〈보기〉에서 옳은 것만을 모두 고르면?

제00조 ① 민사에 관한 분쟁의 당사자는 법원에 조정을 신청할 수 있다.
② 조정을 신청하는 당사자를 신청인이라고 하고, 그 상대방을 피신청인이라고 한다.
제00조 ① 신청인은 다음 각 호의 어느 하나에 해당하는 곳을 관할하는 지방법원에 조정을 신청해야 한다.
  1. 피신청인의 주소지, 피신청인의 사무소 또는 영업소 소재지, 피신청인의 근무지
  2. 분쟁의 목적물 소재지, 손해 발생지
② 조정사건은 조정담당판사가 처리한다.
제00조 ① 조정담당판사는 사건이 그 성질상 조정을 하기에 적당하지 아니하다고 인정하거나 신청인이 부당한 목적으로 조정신청을 한 것임을 인정하는 경우에는 조정을 하지 아니하는 결정으로 사건을 종결시킬 수 있다. 신청인은 이 결정에 대해서 불복할 수 없다.
② 조정담당판사는 신청인과 피신청인 사이에 합의가 성립되지 아니한 경우 조정 불성립으로 사건을 종결시킬 수 있다.
③ 조정담당판사는 신청인과 피신청인 사이에 합의된 사항이 조정조서에 기재되면 조정 성립으로 사건을 종결시킨다. 조정조서는 판결과 동일한 효력이 있다.
제00조 다음 각 호의 어느 하나에 해당하는 경우에는 조정신청을 한 때에 민사소송이 제기된 것으로 본다.
  1. 조정을 하지 아니하는 결정이 있는 경우
  2. 조정 불성립으로 사건이 종결된 경우

―〈보 기〉―

ㄱ. 신청인은 피신청인의 근무지를 관할하는 지방법원에 조정을 신청할 수 있다.
ㄴ. 조정을 하지 아니하는 결정을 조정담당판사가 한 경우, 신청인은 이에 대해 불복할 수 있다.
ㄷ. 신청인과 피신청인 사이에 합의된 사항이 기재된 조정조서는 판결과 동일한 효력을 갖는다.
ㄹ. 조정 불성립으로 사건이 종결된 경우, 사건이 종결된 때를 민사소송이 제기된 시점으로 본다.
ㅁ. 조정담당판사는 신청인이 부당한 목적으로 조정신청을 한 것으로 인정하는 경우, 조정 불성립으로 사건을 종결시킬 수 있다.

① ㄱ, ㄷ
② ㄴ, ㄹ
③ ㄱ, ㄷ, ㄹ
④ ㄱ, ㄷ, ㅁ
⑤ ㄴ, ㄹ, ㅁ

문 6. 다음 글을 근거로 판단할 때, 〈보기〉에서 옳은 것만을 모두 고르면?

제○○조 이 법에서 '폐교'란 학생 수 감소, 학교 통폐합 등의 사유로 폐지된 공립학교를 말한다.
제△△조 ① 시·도 교육감은 폐교재산을 교육용시설, 사회복지시설, 문화시설, 공공체육시설로 활용하려는 자 또는 소득증대시설로 활용하려는 자에게 그 폐교재산의 용도와 사용 기간을 정하여 임대할 수 있다.
② 제1항에 따라 폐교재산을 임대하는 경우, 연간 임대료는 해당 폐교재산평정가격의 1천분의 10을 하한으로 한다.
제□□조 ① 제△△조 제2항에도 불구하고 시·도 교육감은 다음 각 호의 어느 하나에 해당하는 경우에는 폐교재산의 연간 임대료를 감액하여 임대할 수 있다.
 1. 국가 또는 지방자치단체가 폐교재산을 교육용시설, 사회복지시설, 문화시설, 공공체육시설 또는 소득증대시설로 사용하려는 경우
 2. 단체 또는 사인(私人)이 폐교재산을 교육용시설, 사회복지시설, 문화시설 또는 공공체육시설로 사용하려는 경우
 3. 폐교가 소재한 시·군·구에 주민등록이 되어 있고 실제 거주하는 지역주민이 공동으로 폐교재산을 소득증대시설로 사용하려는 경우
② 전항에 따라 폐교재산의 임대를 감액하는 경우 연간 임대료의 감액분은 다음 각 호에서 정한 바를 초과하지 아니하는 범위에서 정한다.
 1. 교육용시설, 사회복지시설, 문화시설, 공공체육시설로 사용하는 경우: 제△△조 제2항에 따른 연간 임대료의 1천분의 500
 2. 소득증대시설로 사용하는 경우: 제△△조 제2항에 따른 연간 임대료의 1천분의 300

〈보기〉
ㄱ. 시·도 교육감은, 폐교가 소재하는 시·군·구에 거주하지 않으면서 폐교재산을 사회복지시설로 활용하려는 자에게 그 폐교재산을 임대할 수 있다.
ㄴ. 폐교재산평정가격이 5억 원인 폐교재산을 지방자치단체가 문화시설로 사용하려는 경우, 연간 임대료의 최저액은 250만 원이다.
ㄷ. 폐교가 소재한 군에 주민등록이 되어 있고 실제 거주하는 지역주민이 단독으로 폐교재산을 소득증대시설로 사용하려는 경우, 연간 임대료로 지불해야 할 최저액은 폐교재산평정가격의 0.7%이다.
ㄹ. 폐교재산을 활용하려는 자가 폐교 소재 지역주민이 아니어도 그 폐교재산을 공공체육시설로 사용할 수 있으나 임대료 감액은 받을 수 없다.

① ㄱ, ㄴ ② ㄱ, ㄷ ③ ㄱ, ㄴ, ㄹ
④ ㄱ, ㄷ, ㄹ ⑤ ㄴ, ㄷ, ㄹ

문 7. 다음 〈측량학 수업 필기〉를 근거로 판단할 때, 〈예제〉의 괄호 안에 들어갈 수는?

〈측량학 수업 필기〉
축 척: 실제 수평 거리를 지도상에 얼마나 축소해서 나타냈는지를 보여주는 비율. 1/50,000, 1/25,000, 1/10,000, 1/5,000 등을 일반적으로 사용함
 ex) 1/50,000은 실제 수평 거리 50,000cm를 지도상에 1cm로 나타냄
등고선: 지도에서 표고가 같은 지점들을 연결한 선
 → 표준 해면으로부터 지표의 어느 지점까지의 수직 거리
축척 1/50,000 지도에서는 표고 20m마다, 1/25,000 지도에서는 표고 10m마다, 1/10,000 지도에서는 표고 5m마다 등고선을 그림
 ex) 축척 1/50,000 지도에서 등고선이 그려진 모습

경사도: 어떤 두 지점 X와 Y를 잇는 사면의 경사도는 다음의 식으로 계산

$$경사도 = \frac{두\ 지점\ 사이의\ 표고\ 차이}{두\ 지점\ 사이의\ 실제\ 수평\ 거리}$$

〈예제〉

위의 지도는 축척 1/25,000로 제작되었다. 지도상의 지점 A와 B를 잇는 선분을 자로 재어 보니 길이가 4cm였다. 이때 두 지점 A와 B를 잇는 사면의 경사도는 (   )이다.

① 0.015
② 0.025
③ 0.03
④ 0.055
⑤ 0.7

문 8. 다음 글을 근거로 판단할 때, <보기>에서 옳은 것만을 모두 고르면?

> 소아기 예방접종 프로그램에 포함된 백신(A~C)은 지속적인 항체 반응을 위해서 2회 이상 접종이 필요하다.
> 최소 접종연령(첫 접종의 최소연령) 및 최소 접종간격을 지켰을 때 적절한 예방력이 생기며, 이러한 예방접종을 유효하다고 한다. 다만 최소 접종연령 및 최소 접종간격에서 4일 이내로 앞당겨서 일찍 접종을 한 경우에도 유효한 것으로 본다. 그러나 만약 5일 이상 앞당겨서 일찍 접종했다면 무효로 간주하고 최소 접종연령 및 최소 접종간격에 맞춰 다시 접종하여야 한다.
> 다음은 각 백신의 최소 접종연령 및 최소 접종간격을 나타낸 표이다.
>
> | 종류 | 최소 접종연령 | 최소 접종간격 | | | |
> |---|---|---|---|---|---|
> | | | 1, 2차 사이 | 2, 3차 사이 | 3, 4차 사이 | 4, 5차 사이 |
> | 백신 A | 12개월 | 12개월 | – | – | – |
> | 백신 B | 6주 | 4주 | 4주 | 6개월 | – |
> | 백신 C | 6주 | 4주 | 4주 | 6개월 | 6개월 |
>
> 다만 백신 B의 경우 만 4세 이후에 3차 접종을 유효하게 했다면, 4차 접종은 생략한다.

―<보기>―

ㄱ. 만 2세가 되기 전에 백신 A의 예방접종을 2회 모두 유효하게 실시할 수 있다.
ㄴ. 생후 45개월에 백신 B를 1차 접종했다면, 4차 접종은 반드시 생략한다.
ㄷ. 생후 40일에 백신 C를 1차 접종했다면, 생후 60일에 한 2차 접종은 유효하다.

① ㄱ
② ㄴ
③ ㄷ
④ ㄱ, ㄴ
⑤ ㄱ, ㄷ

문 9. 다음 글을 근거로 판단할 때, <그림 2>의 정육면체 아랫면에 쓰인 36개 숫자의 합은?

> 정육면체인 하얀 블록 5개와 검은 블록 1개를 일렬로 붙인 막대를 30개 만든다. 각 막대의 윗면에는 가장 위에 있는 블록부터, 아랫면에는 가장 아래에 있는 블록부터 세어 검은 블록이 몇 번째 블록인지를 나타내는 숫자를 쓴다. 이런 규칙에 따르면 <그림 1>의 예에서는 윗면에 2를, 아랫면에 5를 쓰게 된다.
> 다음으로 검은 블록 없이 하얀 블록 6개를 일렬로 붙인 막대를 6개 만든다. 검은 블록이 없으므로 윗면과 아랫면 모두에 0을 쓴다.
> 이렇게 만든 36개의 막대를 붙여 <그림 2>와 같은 큰 정육면체를 만들었더니, 윗면에 쓰인 36개 숫자의 합이 109였다.

<그림 1>   <그림 2>

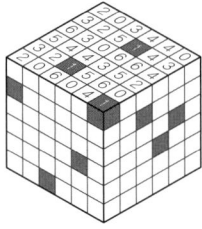

① 97
② 100
③ 101
④ 103
⑤ 104

문 10. 다음 글과 〈상황〉을 근거로 판단할 때, A복지관에 채용될 2명의 후보자는?

A복지관은 청소년업무 담당자 2명을 채용하고자 한다. 청소년업무 담당자들은 심리상담, 위기청소년지원, 진학지도, 지역안전망구축 등 4가지 업무를 수행해야 한다. 채용되는 2명은 서로 다른 업무를 맡아 4가지 업무를 빠짐없이 분담해야 한다.

4가지 업무에 관련된 직무역량으로는 의사소통역량, 대인관계역량, 문제해결역량, 정보수집역량, 자원관리역량 등 5가지가 있다. 각 업무를 수행하기 위해서는 반드시 해당 업무에 필요한 직무역량을 모두 갖춰야 한다. 아래는 이를 표로 정리한 것이다.

업무	필요 직무역량
심리상담	의사소통역량, 대인관계역량
위기청소년지원	의사소통역량, 문제해결역량
진학지도	문제해결역량, 정보수집역량
지역안전망구축	대인관계역량, 자원관리역량

〈상황〉

○ A복지관의 채용후보자는 4명(甲, 乙, 丙, 丁)이며, 각 채용후보자는 5가지 직무역량 중 3가지씩을 갖추고 있다.
○ 자원관리역량은 丙을 제외한 모든 채용후보자가 갖추고 있다.
○ 丁이 진학지도업무를 제외한 모든 업무를 수행하려면, 의사소통역량만 추가로 갖추면 된다.
○ 甲은 심리상담업무를 수행할 수 있고, 乙과 丙은 진학지도 업무를 수행할 수 있다.
○ 대인관계역량을 갖춘 채용후보자는 2명이다.

① 甲, 乙
② 甲, 丙
③ 乙, 丙
④ 乙, 丁
⑤ 丙, 丁

문 11. 다음 글을 근거로 판단할 때 옳지 않은 것은?

정부는 저출산 문제 해소를 위해 공무원이 안심하고 일과 출산·육아를 병행할 수 있도록 관련 제도를 정비하여 시행 중이다.

먼저 임신 12주 이내 또는 임신 36주 이상인 여성 공무원을 대상으로 하던 '모성보호시간'을 임신 기간 전체로 확대하여 임신부터 출산 시까지 근무시간을 1일에 2시간씩 단축할 수 있게 하였다.

다음으로 생후 1년 미만의 영아를 자녀로 둔 공무원을 대상으로 1주일에 2일에 한해 1일에 1시간씩 단축근무를 허용하던 '육아시간'을, 만 5세 이하 자녀를 둔 공무원을 대상으로 1주일에 2일에 한해 1일에 2시간 범위 내에서 사용할 수 있도록 하였다. 또한 부부 공동육아 실현을 위해 '배우자 출산휴가'를 10일(기존 5일)로 확대하였다.

마지막으로 어린이집, 유치원, 초·중·고등학교에서 공식적으로 주최하는 행사와 공식적인 상담에만 허용되었던 '자녀돌봄휴가'(공무원 1인당 연간 최대 2일)를 자녀의 병원진료·검진·예방접종 등에도 쓸 수 있도록 하고, 자녀가 3명 이상일 경우 1일을 가산할 수 있도록 하였다.

① 변경된 현행 제도에서는 변경 전에 비해 '육아시간'의 적용 대상 및 시간이 확대되었다.
② 변경된 현행 제도에 따르면, 초등학생 자녀 3명을 둔 공무원은 연간 3일의 '자녀돌봄휴가'를 사용할 수 있다.
③ 변경된 현행 제도에 따르면, 임신 5개월인 여성 공무원은 산부인과 진료를 받기 위해 '모성보호시간'을 사용할 수 있다.
④ 변경 전 제도에서 공무원은 초등학교 1학년인 자녀의 병원진료를 위해 '자녀돌봄휴가'를 사용할 수 있었다.
⑤ 변경된 현행 제도에 따르면, 만 2세 자녀를 둔 공무원은 '육아시간'을 사용하여 근무시간을 1주일에 총 4시간 단축할 수 있다.

문 12. 다음 글을 근거로 판단할 때, 〈보기〉에서 옳은 것만을 모두 고르면?

제○○조 ① 사업자는 소비자를 속이거나 소비자로 하여금 잘못 알게 할 우려가 있는 표시·광고 행위로서 공정한 거래질서를 해칠 우려가 있는 다음 각 호의 행위를 하거나 다른 사업자로 하여금 하게 하여서는 안 된다.
 1. 거짓·과장의 표시·광고
 2. 기만적인 표시·광고
 3. 부당하게 비교하는 표시·광고
 4. 비방적인 표시·광고
② 제1항을 위반하여 제1항 각 호의 행위를 하거나 다른 사업자로 하여금 하게 한 사업자는 2년 이하의 징역 또는 1억 5천만 원 이하의 벌금에 처한다.
제△△조 ① 공정거래위원회는 상품 등이나 거래 분야의 성질에 비추어 소비자 보호 또는 공정한 거래질서 유지를 위하여 필요한 경우에는 사업자가 표시·광고에 포함하여야 하는 사항(이하 '중요정보'라 한다)과 표시·광고의 방법을 고시할 수 있다.
② 공정거래위원회는 제1항에 따라 고시를 하려면 관계 행정기관의 장과 미리 협의하여야 한다. 이 경우 필요하다고 인정하면 공청회를 개최하여 사업자단체, 소비자단체, 그 밖의 이해관계인 등의 의견을 들을 수 있다.
③ 사업자가 표시·광고 행위를 하는 경우에는 제1항에 따라 고시된 중요정보를 표시·광고하여야 한다.
제□□조 ① 사업자가 제△△조 제3항을 위반하여 고시된 중요정보를 표시·광고하지 않은 경우에는 1억 원 이하의 과태료를 부과한다.
② 제1항에 따른 과태료는 공정거래위원회가 부과·징수한다.

〈보기〉
ㄱ. 공정거래위원회가 중요정보 고시 여부를 결정함에 있어 상품 등이나 거래 분야는 고려의 대상이 아니다.
ㄴ. 사업자A가 다른 사업자B로 하여금 공정한 거래질서를 해칠 우려가 있는 비방적인 표시·광고를 하게 한 경우, 공정거래위원회는 사업자A에게 과태료를 부과한다.
ㄷ. 사업자가 표시·광고 행위를 하면서 고시된 중요정보를 표시·광고하지 않은 경우, 공정거래위원회는 5천만 원의 과태료를 부과할 수 있다.
ㄹ. 공정거래위원회는 소비자 보호를 위해 필요한 경우, 사업자가 표시·광고에 포함하여야 하는 사항과 함께 그 표시·광고의 방법도 고시할 수 있다.

① ㄱ, ㄴ
② ㄱ, ㄷ
③ ㄴ, ㄷ
④ ㄴ, ㄹ
⑤ ㄷ, ㄹ

문 13. 다음 글을 근거로 판단할 때 옳은 것은?

군국기무처는 1894년 7월 27일부터 같은 해 12월 17일까지 존속한 최고 정책결정 기관이었다. 1894년 7월 흥선대원군을 추대한 새로운 정권이 수립되자, 그 이전부터 논의되어 오던 제도개혁을 실시하고자 합의체 형식의 초정부적 정책결정 기구인 군국기무처를 구성하였다. 이 기구의 이름은 1882년부터 1883년까지 존속하였던 기무처의 이름을 따서 흥선대원군이 명명하였다.

군국기무처가 실제로 활동한 기간은 약 3개월이었다. 이 기간 중 군국기무처는 40회의 회의를 통해 약 210건의 의안을 심의하여 통과시켰는데, 그중에는 189개의 개혁 의안도 포함되어 있었다. 군국기무처가 심의하여 통과시킨 의안은 국왕의 재가를 거쳐 국법으로 시행하였는데, 그 가운데는 전제왕권의 제약이나 재정제도의 일원화뿐만 아니라, 양반·상인 등 계급의 타파, 공·사노비제의 폐지, 조혼의 금지, 과부의 재가 허용 등 조선사회의 경제·사회질서를 근본적으로 변혁시키는 내용도 있었다. 여기에는 1880년대 이래 개화운동에서 강조한 개혁안과 더불어 동학운동에서 요구한 개혁안이 포함되기도 하였다. 군국기무처가 추진한 이때의 개혁을 갑오개혁이라고 부른다.

그러나 군국기무처의 기능은 청일전쟁에서 일본이 최초의 결정적인 승리를 거둔 1894년 9월 중순 이후 서서히 약화되기 시작하였다. 청일전쟁의 초기에는 조선의 개혁정권에 대해 회유정책을 쓰며 군국기무처의 활동에 간섭을 하지 않았던 일본이 청일전쟁의 승리가 확실해지자 적극적인 개입정책을 쓰기 시작하였던 것이다. 일본 정부가 새로 임명한 주한공사 이노우에는 군국기무처를 자신이 추진하려는 일본의 제도적 개입의 방해물로 간주하여 11월 20일 고종에게 요구한 20개의 안건에 군국기무처의 폐지를 포함시켰다. 고종도 그의 전제왕권을 제약한 군국기무처의 존재를 탐탁지 않게 여기던 터였으므로 이 기구를 12월 17일 칙령으로 폐지하였다.

① 흥선대원군은 군국기무처를 칙령으로 폐지하였다.
② 군국기무처는 기무처의 이름을 따서 고종이 명명하였다.
③ 일본의 청일전쟁 승리가 확실해지면서 군국기무처의 기능은 더욱 강화되었다.
④ 군국기무처는 실제 활동 기간 동안 월 평균 210건 이상의 개혁 의안을 통과시켰다.
⑤ 군국기무처가 통과시킨 의안에는 동학운동에서 요구한 개혁안이 담기기도 하였다.

문 14. 다음 글을 근거로 판단할 때, 〈보기〉에서 옳은 것만을 모두 고르면?

국회의원 선거는 목적에 따라 총선거, 재선거, 보궐선거 등으로 나누어진다. 대통령제 국가에서는 의원의 임기가 만료될 때 총선거가 실시된다. 반면 의원내각제 국가에서는 의원의 임기가 만료될 때뿐만 아니라 의원의 임기가 남아 있으나 총리(수상)에 의해 의회가 해산된 때에도 총선거가 실시된다.

대다수의 국가는 총선거로 전체 의원을 동시에 새롭게 선출하지만, 의회의 안정성과 연속성을 고려하여 전체 의석 중 일부만 교체하기도 한다. 이러한 예는 미국, 일본, 프랑스 등의 상원선거에서 나타나는데, 미국은 임기 6년의 상원의원을 매 2년마다 1/3씩, 일본은 임기 6년의 참의원을 매 3년마다 1/2씩 선출한다. 프랑스 역시 임기 6년의 상원의원을 매 3년마다 1/2씩 선출한다.

재선거는 총선거가 실시된 이후에 당선 무효나 선거 자체의 무효 사유가 발생하였을 때 다시 실시되는 선거를 말한다. 예를 들어 우리나라에서는 선거 무효 판결, 당선 무효, 당선인의 임기 개시 전 사망 등의 사유가 있는 경우에 재선거를 실시한다.

보궐선거는 의원이 임기 중 직책을 사퇴하거나 사망하는 등 부득이한 사유로 의정 활동을 수행할 수 없는 경우에 이를 보충하기 위해 실시되는 선거이다. 다수대표제를 사용하는 대부분의 국가는 보궐선거를 실시하는 반면, 비례대표제를 사용하는 대부분의 국가는 필요시 의원직을 수행할 승계인을 총선거 때 함께 정해 두어 보궐선거를 실시하지 않는다.

〈보기〉
ㄱ. 일본 참의원의 임기는 프랑스 상원의원의 임기와 같다.
ㄴ. 미국은 2년마다 전체 상원의원을 새로 선출한다.
ㄷ. 우리나라에서는 국회의원 당선인이 임기 개시 전 사망한 경우 재선거가 실시된다.
ㄹ. 다수대표제를 사용하는 대부분의 국가에서는 의원이 임기 중 사망하였을 때 보궐선거를 실시한다.

① ㄱ, ㄴ
② ㄱ, ㄷ
③ ㄴ, ㄹ
④ ㄱ, ㄷ, ㄹ
⑤ ㄴ, ㄷ, ㄹ

문 15. 다음 글을 근거로 판단할 때 옳은 것은?

제○○조 ① 무죄재판을 받아 확정된 사건(이하 '무죄재판사건'이라 한다)의 피고인은 무죄재판이 확정된 때부터 3년 이내에, 확정된 무죄재판사건의 재판서(이하 '무죄재판서'라 한다)를 법무부 인터넷 홈페이지에 게재하도록 해당 사건을 기소한 검사의 소속 지방검찰청에 청구할 수 있다.
② 피고인이 제1항의 무죄재판서 게재청구를 하지 아니하고 사망한 때에는 그 상속인이 이를 청구할 수 있다. 이 경우 같은 순위의 상속인이 여러 명일 때에는 상속인 모두가 그 청구에 동의하였음을 소명하는 자료도 함께 제출하여야 한다.
③ 무죄재판서 게재청구가 취소된 경우에는 다시 그 청구를 할 수 없다.
제□□조 ① 제○○조의 청구를 받은 날부터 1개월 이내에 무죄재판서를 법무부 인터넷 홈페이지에 게재하여야 한다.
② 다음 각 호의 어느 하나에 해당할 때에는 무죄재판서의 일부를 삭제하여 게재할 수 있다.
 1. 청구인이 무죄재판서 중 일부 내용의 삭제를 원하는 의사를 명시적으로 밝힌 경우
 2. 무죄재판서의 공개로 인하여 사건 관계인의 명예나 사생활의 비밀 또는 생명·신체의 안전이나 생활의 평온을 현저히 해칠 우려가 있는 경우
③ 제2항 제1호의 경우에는 청구인의 의사를 서면으로 확인하여야 한다.
④ 제1항에 따른 무죄재판서의 게재기간은 1년으로 한다.

① 무죄재판이 확정된 피고인 甲은 무죄재판이 확정된 때부터 3년 이내에 관할법원에 무죄재판서 게재청구를 할 수 있다.
② 무죄재판이 확정된 피고인 乙이 무죄재판서 게재청구를 취소한 후 사망한 경우, 乙의 상속인은 무죄재판이 확정된 때부터 3년 이내에 무죄재판서 게재청구를 할 수 있다.
③ 무죄재판이 확정된 피고인 丙이 무죄재판서 게재청구 없이 사망한 경우, 丙의 상속인은 같은 순위의 다른 상속인의 동의 없이 무죄재판서 게재청구를 할 수 있다.
④ 무죄재판이 확정된 피고인 丁이 무죄재판서 게재청구를 하면 그의 무죄재판서는 법무부 인터넷 홈페이지에 3년간 게재된다.
⑤ 무죄재판이 확정된 피고인 戊의 청구로 무죄재판서가 공개되면 사건 관계인의 명예를 현저히 해칠 우려가 있는 경우, 무죄재판서의 일부를 삭제하여 게재할 수 있다.

문 16. 다음 글과 〈상황〉을 근거로 판단할 때, 〈보기〉에서 옳은 것만을 모두 고르면?

> 제00조(유치권의 내용) 타인의 물건 또는 유가증권을 점유한 자는 그 물건이나 유가증권에 관하여 생긴 채권이 변제기에 있는 경우에는 변제를 받을 때까지 그 물건 또는 유가증권을 유치할 권리가 있다.
> 제00조(유치권의 불가분성) 유치권자는 채권 전부의 변제를 받을 때까지 유치물 전부에 대하여 그 권리를 행사할 수 있다.
> 제00조(유치권자의 선관의무) ① 유치권자는 선량한 관리자의 주의로 유치물을 점유하여야 한다.
> ② 유치권자는 채무자의 승낙 없이 유치물의 사용, 대여 또는 담보제공을 하지 못한다. 그러나 유치물의 보존에 필요한 사용은 그러하지 아니하다.
> 제00조(경매) 유치권자는 채권의 변제를 받기 위하여 유치물을 경매할 수 있다.
> 제00조(점유상실과 유치권소멸) 유치권은 점유의 상실로 인하여 소멸한다.
>
> ※ 유치: 물건 등을 일정한 지배 아래 둠

〈상황〉

> 甲은 아버지의 양복을 면접시험에서 입으려고 乙에게 수선을 맡겼다. 수선비는 다음 날까지 계좌로 송금하기로 하고 옷은 일주일 후 찾기로 하였다. 甲은 수선비를 송금하지 않은 채 일주일 후 옷을 찾으러 갔고, 옷 수선을 마친 乙은 수선비를 받을 때까지 수선한 옷을 돌려주지 않겠다며 유치권을 행사하고 있다.

〈보기〉

ㄱ. 甲이 수선비의 일부라도 지급한다면 乙은 수선한 옷을 돌려주어야 한다.
ㄴ. 甲이 수선한 옷을 돌려받지 못한 채 면접시험을 치렀고 이후 필요가 없어 옷을 찾으러 가지 않겠다고 한 경우, 乙은 수선비의 변제를 받기 위해 그 옷을 경매할 수 있다.
ㄷ. 甲이 수선을 맡긴 옷을 乙이 도둑맞아 점유를 상실하였다면 乙의 유치권은 소멸한다.
ㄹ. 甲이 수선비를 지급할 때까지, 乙은 수선한 옷을 甲의 승낙 없이 다른 사람에게 대여할 수 있다.

① ㄱ, ㄴ
② ㄱ, ㄹ
③ ㄴ, ㄷ
④ ㄷ, ㄹ
⑤ ㄴ, ㄷ, ㄹ

문 17. 다음 글을 근거로 판단할 때, 〈보기〉의 각 괄호 안에 들어갈 숫자의 합은?

> A부처와 B부처에 소속된 공무원 수는 각각 100명이고, 모두 소속된 부처에 있었다. 그런데 A부처는 국가 행사를 담당하게 되어 B부처에 9명의 인력지원을 요청하였다. B부처는 소속 공무원 100명 중 9명을 무작위로 선정해서 A부처에 지원 인력으로 보냈다. 얼마 후 B부처 역시 또 다른 국가 행사를 담당하게 되어 A부처에 인력지원을 요청하였다. A부처는 B부처로부터 지원받았던 인력을 포함한 109명 중 9명을 무작위로 선정해서 B부처에 지원 인력으로 보냈다.

〈보기〉

ㄱ. A부처와 B부처 간 인력지원이 한 차례씩 이루어진 후, A부처에 B부처 소속 공무원이 3명 남아 있다면 B부처에는 A부처 소속 공무원이 (　)명 있다.
ㄴ. A부처와 B부처 간 인력지원이 한 차례씩 이루어진 후, B부처에 A부처 소속 공무원이 2명 남아 있다면 A부처에는 B부처 소속 공무원이 (　)명 있다.

① 5
② 8
③ 10
④ 13
⑤ 15

문 18. 다음 글을 근거로 판단할 때, 甲~戊 중 가장 많은 지원금을 받는 신청자는?

A국은 신재생에너지 보급 사업 활성화를 위하여 신재생에너지 설비에 대한 지원 내용을 공고하였다. 〈지원 기준〉과 〈지원 신청 현황〉은 아래와 같다.

〈지원 기준〉

구분		용량(성능)	지원금 단가
태양광	단독주택	2kW 이하	kW당 80만 원
		2kW 초과 3kW 이하	kW당 60만 원
	공동주택	30kW 이하	kW당 80만 원
태양열	평판형·진공관형	10m² 이하	m²당 50만 원
		10m² 초과 20m² 이하	m²당 30만 원
지열	수직밀폐형	10kW 이하	kW당 60만 원
		10kW 초과	kW당 50만 원
연료전지	인산형 등	1kW 이하	kW당 2,100만 원

○ 지원금은 '용량(성능) × 지원금 단가'로 산정
○ 국가 및 지방자치단체 소유 건물은 지원 대상에서 제외
○ 전월 전력사용량이 450kWh 이상인 건물은 태양열 설비 지원 대상에서 제외
○ 용량(성능)이 〈지원 기준〉의 범위를 벗어나는 신청은 지원 대상에서 제외

〈지원 신청 현황〉

신청자	설비 종류	용량(성능)	건물 소유자	전월 전력사용량	비고
甲	태양광	8kW	개인	350kWh	공동주택
乙	태양열	15m²	개인	550kWh	진공관형
丙	태양열	5m²	국가	400kWh	평판형
丁	지열	15kW	개인	200kWh	수직밀폐형
戊	연료전지	3kW	개인	500kWh	인산형

① 甲
② 乙
③ 丙
④ 丁
⑤ 戊

문 19. 다음 글을 근거로 판단할 때, 〈보기〉에서 옳은 것만을 모두 고르면?

1부터 5까지 숫자가 하나씩 적힌 5장의 카드와 3개의 구역이 있는 다트판이 있다. 甲과 乙은 다음 방법에 따라 점수를 얻는 게임을 하기로 했다.

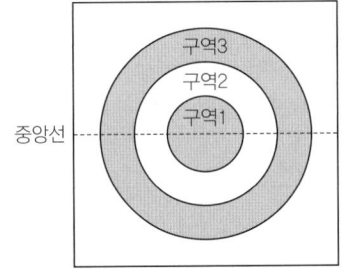

○ 우선 5장의 카드 중 1장을 임의로 뽑고, 그 후 다트를 1차 시기와 2차 시기에 각 1번씩 총 2번 던진다.
○ 뽑힌 카드에 적혀 있는 숫자가 '카드점수'가 되며 점수를 얻는 방법은 다음과 같다.

〈1차 시기 점수 산정 방법〉
- 다트가 구역1에 꽂힐 경우: 카드점수×3
- 다트가 구역2에 꽂힐 경우: 카드점수×2
- 다트가 구역3에 꽂힐 경우: 카드점수×1
- 다트가 그 외 영역에 꽂힐 경우: 카드점수×0

〈2차 시기 점수 산정 방법〉
- 다트가 다트판의 중앙선 위쪽에 꽂힐 경우: 2점
- 다트가 다트판의 중앙선 아래쪽에 꽂힐 경우: 0점

〈최종점수 산정 방법〉
- 최종 점수: 1차 시기 점수 + 2차 시기 점수

※ 다트판의 선에 꽂히는 경우 등 그 외 조건은 고려하지 않는다.

〈보기〉

ㄱ. 甲이 짝수가 적힌 카드를 뽑았다면, 최종점수는 홀수가 될 수 없다.
ㄴ. 甲이 숫자 2가 적힌 카드를 뽑았다면, 가능한 최종점수는 8가지이다.
ㄷ. 甲이 숫자 4가 적힌 카드를, 乙이 숫자 2가 적힌 카드를 뽑았다면, 가능한 甲의 최종점수 최댓값과 乙의 최종점수 최솟값의 차이는 14점이다.

① ㄱ
② ㄷ
③ ㄱ, ㄴ
④ ㄱ, ㄷ
⑤ ㄴ, ㄷ

문 20. 다음 글과 〈대화〉를 근거로 판단할 때 대장 두더지는?

○ 甲은 튀어나온 두더지를 뿅망치로 때리는 '두더지게임'을 했다.
○ 두더지는 총 5마리(A~E)이며, 이 중 1마리는 대장 두더지이고 나머지 4마리는 부하 두더지이다.
○ 대장 두더지를 맞혔을 때는 2점, 부하 두더지를 맞혔을 때는 1점을 획득한다.
○ 두더지게임 결과, 甲은 총 14점을 획득하였다.
○ 두더지게임이 끝난 후 두더지들은 아래와 같은 〈대화〉를 하였다.

〈대화〉

두더지 A: 나는 맞은 두더지 중에 가장 적게 맞았고, 맞은 횟수는 짝수야.
두더지 B: 나는 두더지 C와 똑같은 횟수로 맞았어.
두더지 C: 나와 두더지 A, 두더지 D가 맞은 횟수를 모두 더하면 모든 두더지가 맞은 횟수의 3/4이야.
두더지 D: 우리 중에 한 번도 맞지 않은 두더지가 1마리 있지만 나는 아니야.
두더지 E: 우리가 맞은 횟수를 모두 더하면 12번이야.

① 두더지 A
② 두더지 B
③ 두더지 C
④ 두더지 D
⑤ 두더지 E

문 21. 다음 〈상황〉을 근거로 판단할 때, 〈보기〉에서 옳은 것만을 모두 고르면?

〈상황〉

○ A위원회는 12명의 위원으로 구성되며, 위원 중에서 위원장을 선출한다.
○ 12명의 위원은 자신을 제외한 11명 중 서로 다른 2명에게 1표씩 투표하여 최다 득표자를 위원장으로 결정한다.
○ 최다 득표자가 여러 명인 경우 추첨을 통해 이들 중 1명을 위원장으로 결정한다.

※ 기권 및 무효표는 없다.

〈보기〉

ㄱ. 득표자 중 5표를 얻은 위원이 존재하고 추첨을 통해 위원장이 결정되었다면, 득표자는 3명 이하이다.
ㄴ. 득표자가 총 3명이고 그중 1명이 7표를 얻었다면, 위원장을 추첨으로 결정하지 않아도 된다.
ㄷ. 득표자 중 최다 득표자가 8표를 얻었고 추첨 없이 위원장이 결정되었다면, 득표자는 4명 이상이다.

① ㄴ
② ㄷ
③ ㄱ, ㄴ
④ ㄱ, ㄷ
⑤ ㄴ, ㄷ

문 22. 다음 글을 근거로 판단할 때, 〈보기〉에서 옳은 것만을 모두 고르면?

○ 甲 시청은 관내 도장업체(A~C)에 청사 바닥(면적: 60m²) 도장공사를 의뢰하려 한다.

〈관내 도장업체 정보〉

업체	1m²당 작업시간	시간당 비용
A	30분	10만 원
B	1시간	8만 원
C	40분	9만 원

○ 개별 업체의 작업속도는 항상 일정하다.
○ 여러 업체가 참여하는 경우, 각 참여 업체는 언제나 동시에 작업하며 업체당 작업시간은 동일하다. 이때 각 참여 업체가 작업하는 면은 겹치지 않는다.
○ 모든 업체는 시간당 비용에 비례하여 분당 비용을 받는다.
  (예: A가 6분 동안 작업한 경우 1만 원을 받는다)

〈보기〉

ㄱ. 작업을 가장 빠르게 끝내기 위해서는 A와 C에게만 작업을 맡겨야 한다.
ㄴ. B와 C에게 작업을 맡기는 경우, 작업 완료까지 24시간이 소요된다.
ㄷ. A, B, C에게 작업을 맡기는 경우, B와 C에게 작업을 맡기는 경우보다 많은 비용이 든다.

① ㄱ
② ㄴ
③ ㄷ
④ ㄱ, ㄴ
⑤ ㄴ, ㄷ

문 23. 다음 글을 근거로 판단할 때, 〈보기〉에서 옳은 것만을 모두 고르면?

○ 손글씨 대회 참가자 100명을 왼손으로만 필기할 수 있는 왼손잡이, 오른손으로만 필기할 수 있는 오른손잡이, 양손으로 모두 필기할 수 있는 양손잡이로 분류하고자 한다.
○ 참가자를 대상으로 아래 세 가지 질문을 차례대로 하여 해당하는 참가자는 한 번만 손을 들도록 하였다.
  [질문 1] 왼손으로만 필기할 수 있는 사람은?
  [질문 2] 오른손으로만 필기할 수 있는 사람은?
  [질문 3] 양손으로 모두 필기할 수 있는 사람은?
○ 양손잡이 중 일부는 제대로 알아듣지 못해 질문 1, 2, 3에 모두 손을 들었고, 그 외 모든 참가자는 올바르게 손을 들었다.
○ 질문 1에 손을 든 참가자는 16명, 질문 2에 손을 든 참가자는 80명, 질문 3에 손을 든 참가자는 10명이다.

〈보기〉

ㄱ. 양손잡이는 총 10명이다.
ㄴ. 왼손잡이 수는 양손잡이 수보다 많다.
ㄷ. 오른손잡이 수는 왼손잡이 수의 6배 이상이다.

① ㄱ
② ㄴ
③ ㄱ, ㄴ
④ ㄱ, ㄷ
⑤ ㄴ, ㄷ

문 24. 다음 글을 근거로 판단할 때, 〈보기〉에서 옳은 것만을 모두 고르면?

> 엘로 평점 시스템(Elo Rating System)은 체스 등 일대일 방식의 종목에서 선수들의 실력을 표현하는 방법으로 물리학자 아르파드 엘로(Arpad Elo)가 고안했다.
>
> 임의의 두 선수 X, Y의 엘로 점수를 각각 E_X, E_Y라 하고 X가 Y에게 승리할 확률을 P_{XY}, Y가 X에게 승리할 확률을 P_{YX}라고 하면, 각 선수가 승리할 확률은 다음 식과 같이 계산된다. 무승부는 고려하지 않으므로 두 선수가 승리할 확률의 합은 항상 1이 된다.
>
> $$P_{XY} = \frac{1}{1 + 10^{-(E_X - E_Y)/400}}$$
>
> $$P_{YX} = \frac{1}{1 + 10^{-(E_Y - E_X)/400}}$$
>
> 두 선수의 엘로 점수가 같다면, 각 선수가 승리할 확률은 0.5로 같다. 만약 한 선수가 다른 선수보다 엘로 점수가 200점 높다면, 그 선수가 승리할 확률은 약 0.76이 된다.
>
> 경기 결과에 따라 각 선수의 엘로 점수는 변화한다. 경기에서 승리한 선수는 그 경기에서 패배할 확률에 K를 곱한 만큼 점수를 얻고, 경기에서 패배한 선수는 그 경기에서 승리할 확률에 K를 곱한 만큼 점수를 잃는다(K는 상수로, 보통 32를 사용한다). 승리할 확률이 높은 경기보다 승리할 확률이 낮은 경기에서 승리했을 경우 더 많은 점수를 얻는다.

〈보기〉

ㄱ. 경기에서 승리한 선수가 얻는 엘로 점수와 그 경기에서 패배한 선수가 잃는 엘로 점수는 다를 수 있다.

ㄴ. K=32라면, 한 경기에서 아무리 강한 상대에게 승리해도 얻을 수 있는 엘로 점수는 32점 이하이다.

ㄷ. A가 B에게 패배할 확률이 0.1이라면, A와 B의 엘로 점수 차이는 400점 이상이다.

ㄹ. A가 B에게 승리할 확률이 0.8, B가 C에게 승리할 확률이 0.8이라면, A가 C에게 승리할 확률은 0.9 이상이다.

① ㄱ, ㄴ
② ㄴ, ㄹ
③ ㄱ, ㄴ, ㄷ
④ ㄱ, ㄷ, ㄹ
⑤ ㄴ, ㄷ, ㄹ

문 25. 다음 〈상황〉과 〈목차〉를 근거로 판단할 때, 〈보기〉에서 옳은 것만을 모두 고르면?

〈상황〉

○ 책 A는 〈목차〉와 같이 구성되어 있고, 비어 있는 쪽은 없다.
○ 책 A의 각 쪽은 모두 제1절부터 제14절까지 14개의 절 중 하나의 절에 포함된다.
○ 甲은 3월 1일부터 책 A를 읽기 시작해서, 1쪽부터 마지막 쪽인 133쪽까지 순서대로 읽는다.
○ 甲은 한번 읽기 시작한 절은 그날 모두 읽되, 하루에 최대 40쪽을 읽을 수 있다.
○ 甲은 절 제목에 '과학' 또는 '정책'이 들어간 절을 하루에 한 개 이상 읽는다.

〈목차〉

○ 시민참여
  제1절 시민참여의 등장 배경과 개념적 특성 ·················· 1
  제2절 과학기술정책의 특성과 시민참여 ······················· 4
  제3절 결론 ··· 21
○ 거버넌스 구조
  제4절 서론 ··· 31
  제5절 제3세대 과학기술혁신 정책이론과 거버넌스 ········· 34
  제6절 과학기술정책의 거버넌스 구조분석 모형 ············· 49
  제7절 결론 ··· 62
○ 연구기관 평가지표
  제8절 서론 ··· 65
  제9절 지적자본의 개념과 성과평가로의 활용가능성 ········ 68
  제10절 평가지표 전환을 위한 정책방향 ······················ 89
  제11절 결론 ··· 92
○ 기초연구의 경제적 편익
  제12절 과학기술연구와 경제성장 간의 관계 ················ 104
  제13절 공적으로 투자된 기초연구의 경제적 편익 ········· 107
  제14절 맺음말: 정책적 시사점 ································ 130

〈보기〉

ㄱ. 3월 1일에 甲은 책 A를 20쪽 이상 읽는다.

ㄴ. 3월 3일에 甲이 제6절까지 읽었다면, 甲은 3월 5일까지 책 A를 다 읽을 수 있다.

ㄷ. 甲이 책 A를 다 읽으려면 최소 5일 걸린다.

① ㄱ
② ㄴ
③ ㄱ, ㄴ
④ ㄱ, ㄷ
⑤ ㄴ, ㄷ

※ 수고하셨습니다.
※ 기출문제편 맨 마지막에 있는 OMR 카드에 마킹을 하세요.

에듀윌이
너를
지지할게
ENERGY

끝날 때까지는
끝난 게 아니다.

– 요기 베라(Yogi Berra)

여러분의 작은 소리
에듀윌은 크게 듣겠습니다.

본 교재에 대한 여러분의 목소리를 들려주세요.
공부하시면서 어려웠던 점, 궁금한 점,
칭찬하고 싶은 점, 개선할 점, 어떤 것이라도 좋습니다.

에듀윌은 여러분께서 나누어 주신 의견을
통해 끊임없이 발전하고 있습니다.

에듀윌 도서몰 book.eduwill.net
- 부가학습자료 및 정오표: 에듀윌 도서몰 → 도서자료실
- 교재 문의: 에듀윌 도서몰 → 문의하기 → 교재(내용, 출간) / 주문 및 배송

2026 에듀윌 7급/민간경력자 PSAT 10+7개년 기출문제집

발 행 일	2025년 8월 25일 초판
편 저 자	임현아, 윤은주, 김매실, 최진현, 박상현, 윤석민
펴 낸 이	양형남
펴 낸 곳	(주)에듀윌
I S B N	979-11-360-3877-7
등록번호	제25100-2002-000052호
주 소	08378 서울특별시 구로구 디지털로34길 55 코오롱싸이언스밸리 2차 3층

* 이 책의 무단 인용 · 전재 · 복제를 금합니다.

www.eduwill.net
대표전화 1600-6700

국가공무원 7급 공개경쟁채용 및 국가공무원 5급 및 7급 민간경력자 일괄채용 필기시험 답안지

컴퓨터용 흑색사인펜만 사용

책 형

[필적감정용 기재]
*아래 예시문을 옮겨 적으시오
본인은 OOO(응시자성명)임을 확인함

기 재 란

성 명
자필성명 | 본인 성명 기재
응시직렬
응시지역
시험장소

※시험감독관 서명
(성명을 정자로 기재하시기 바랍니다.)
빨간색 볼펜만 사용

※ 컴퓨터용 사인펜으로 마킹하
고 지우개로 지워서 사용하
세요!

합격자 수 2,100% 수직 상승! 매년 놀라운 성장

에듀윌 공무원은 '합격자 수'라는 확실한 결과로 증명하며 지금도 기록을 만들어 가고 있습니다.

합격자 수를 폭발적으로 증가시킨 합격패스

합격 시 수강료 100% 환급 + 합격할 때까지 평생 수강

※ 환급내용은 상품페이지 참고. 상품은 변경될 수 있음.

상품 페이지

* 2017/2022 에듀윌 공무원 과정 최종 환급자 수 기준

에듀윌에서 꿈을 이룬 합격생들의 진짜 합격스토리

에듀윌 강의·교재·학습시스템의 우수성을
합격으로 입증하였습니다!

김O범 지방직 9급 일반행정직 최종 합격

에듀윌의 체계적인 학습 관리 시스템 덕분에 합격!

에듀윌은 시스템도 체계적이고 학원도 좋았습니다. 저에게는 학원에서 진행하는 아케르 시스템이 큰 도움이 되었습니다. 아케르 시스템은 학원에 계시는 매니저님이 직접 1:1로 상담도 해주시고 학습 관리를 해주시는 시스템입니다. 제 담당 매니저님은 늘 진심으로 저와 함께 고민해주시고 제 건강이나 학습 상태도 상담해주시고, 전에 합격하신 선배님들이 어떤 식으로 학습을 진행했는지 조언해주셔서 많은 도움이 되었습니다. 수험생활에서 가장 힘든 것은 외로움과의 싸움이라고 생각하는데, 에듀윌 덕분에 주변에 제 편이 참 많다는 것을 느꼈고 공부하는 기간이 덜 힘들었던 것 같습니다.

이O민 지방교육청 교육행정직 9급 최종 합격

에듀윌만의 합리적인 가격과 시스템, 꼼꼼한 관리에 만족

에듀윌을 선택한 가장 큰 이유는 금액적인 부분입니다. 타사 패스보다 훨씬 저렴한 금액이라 금전적인 부분이 큰 부담인 수험생 입장에서는 가장 크게 다가오는 장점 중 하나라고 생각합니다. 또한 공통 교재를 사용한다는 점이 저에게는 큰 장점이었습니다. 각 커리큘럼별로 여러 교수님 수업을 들으며 공부할 수 있어서 저에게는 큰 장점이었습니다. 그리고 에듀윌 학원은 매니저님들께서 진심으로 수험생 한 명 한 명에게 관심을 가지고 꼼꼼히 관리해주신다는 점이 마음에 들어 등록하게 되었습니다. 실제로 제가 힘들거나 방향을 잃을 때마다 학원 학습 매니저님들과의 상담을 통해 잘 극복할 수 있었습니다.

전O준 국가직 9급 관세직 최종 합격

에듀윌은 공무원 합격으로 향하는 최고의 내비게이션

학교 특강 중에 현직 관세사 분께서 말씀해주신 관세직에 대한 간략한 정보만 가지고 에듀윌 학원을 방문하였습니다. 거기서 상담실장님과의 상담을 통해 관세직 공무원에 대해 자세히 알게 되었고 여기서 하면 합격할 것 같다는 확신이 들어 에듀윌과 함께 관세직만을 바라보고 관세직을 준비하였습니다. 흔들릴 때마다 에듀윌에 올라온 선배 합격자들의 합격수기를 읽으며 제가 합격수기를 쓰는 날을 상상을 했고, 학원의 매니저님과의 상담도 큰 도움이 되었습니다.

다음 합격의 주인공은 당신입니다!

더 많은 합격스토리

꿈을 현실로 만드는
에듀윌

공무원 교육
- 선호도 1위, 신뢰도 1위! 브랜드만족도 1위!
- 합격자 수 2,100% 폭등시킨 독한 커리큘럼

자격증 교육
- 9년간 아무도 깨지 못한 기록 합격자 수 1위
- 가장 많은 합격자를 배출한 최고의 합격 시스템

직영학원
- 검증된 합격 프로그램과 강의
- 1:1 밀착 관리 및 컨설팅
- 호텔 수준의 학습 환경

종합출판
- 온라인서점 베스트셀러 1위!
- 출제위원급 전문 교수진이 직접 집필한 합격 교재

어학 교육
- 토익 베스트셀러 1위
- 토익 동영상 강의 무료 제공

콘텐츠 제휴·B2B 교육
- 고객 맞춤형 위탁 교육 서비스 제공
- 기업, 기관, 대학 등 각 단체에 최적화된 고객 맞춤형 교육 및 제휴 서비스

부동산 아카데미
- 부동산 실무 교육 1위!
- 상위 1% 고소득 창업/취업 비법
- 부동산 실전 재테크 성공 비법

학점은행제
- 99%의 과목이수율
- 17년 연속 교육부 평가 인정 기관 선정

대학 편입
- 편입 교육 1위!
- 최대 200% 환급 상품 서비스

국비무료 교육
- '5년우수훈련기관' 선정
- K-디지털, 산대특 등 특화 훈련과정
- 원격국비교육원 오픈

에듀윌 교육서비스 **AI 교육** AI 프롬프트 연구소/AI CLASS(ChatGPT/AICE/노션 AI/중개업 AI 등) **공무원 교육** 9급공무원/소방공무원/계리직공무원 **자격증 교육** 공인중개사/주택관리사/손해평가사/감정평가사/노무사/전기기사/경비지도사/검정고시/소방설비기사/소방시설관리사/사회복지사1급/대기환경기사/수질환경기사/건축기사/토목기사/직업상담사/청소년상담사/전기기능사/산업안전기사/산업위생관리기사/건설안전기사/위험물산업기사/위험물기능사/유통관리사/물류관리사/행정사/한국사능력검정/한경TESAT/매경TEST/KBS한국어능력시험·실용글쓰기/IT자격증/국제무역사/무역영어/SQLD/ADsP **어학 교육** 토익 교재/토익 동영상 강의 **세무/회계** 전산세무회계/ERP정보관리사/재경관리사 **대학 편입** 편입 영어·수학/연고대/의약대/경찰대/논술/면접 **직영학원** 공무원학원/소방학원/공인중개사 학원/주택관리사 학원/전기기사 학원/편입학원 **종합출판** 공무원·자격증 수험교재 및 단행본 **학점은행제** 교육부 평가인정기관 원격평생교육원(사회복지사2급/경영학/CPA) **콘텐츠 제휴·B2B 교육** 교육 콘텐츠 제휴/기업 맞춤 자격증 교육/대학취업역량 강화 교육 **부동산 아카데미** 부동산 창업CEO/부동산 경매 마스터/부동산 컨설팅 **주택취업센터** 실무 특강/실무 아카데미 **국비무료 교육(국비교육원)** 전기기능사/전기(산업)기사/소방설비(산업)기사/IT(빅데이터/자바프로그램/파이썬)/게임그래픽/3D프린터/실내건축디자인/웹퍼블리셔/그래픽디자인/영상편집(유튜브) 디자인/온라인 쇼핑몰광고 및 제작(쿠팡, 스마트스토어)/전산세무회계/컴퓨터활용능력/ITQ/GTQ/직업상담사

교육문의 1600-6700 www.eduwill.net

에듀윌 직영학원에서 합격을 수강하세요

언제나 전문 학습 매니저와 상담이 가능한 안내데스크

고품질 영상 및 음향 장비를 갖춘 최고의 강의실

재충전을 위한 카페 분위기의 아늑한 휴게실

에듀윌의 상징 노란색의 환한 학원 입구

에듀윌 직영학원 대표전화

공인중개사 학원 02)815-0600	공무원 학원 02)6328-0600	편입 학원 02)6419-0600
주택관리사 학원 02)815-3388	소방 학원 02)6337-0600	부동산아카데미 02)6736-0600
전기기사 학원 02)6268-1400		

공무원학원 바로가기

세상을 움직이려면
먼저 나 자신을 움직여야 한다.

– 소크라테스(Socrates)

설문조사에 참여하고 스타벅스 아메리카노를 받아가세요!

에듀윌 7급/민간경력자 PSAT 기출문제집을 선택한 이유는 무엇인가요?
소중한 의견을 주신 여러분들에게 더욱더 완성도 있는 교재로 보답하겠습니다.

- **참여 방법** QR 코드 스캔 ▶ 설문조사 참여(1분만 투자하세요!)
- **이벤트 기간** 2025년 8월 25일~2026년 7월 31일
- **추첨 방법** 매월 1명 추첨 후 당첨자 개별 연락
- **경품** 스타벅스 아메리카노(tall size)

7급/민간경력자 PSAT 10+7개년 기출문제집 — 빠르게 확인하는 정답

7급/민간경력자 PSAT 기출문제

2025 언어논리
문1	①	문2	①	문3	③	문4	⑤	문5	②
문6	③	문7	④	문8	②	문9	③	문10	④
문11	③	문12	③	문13	①	문14	③	문15	④
문16	⑤	문17	④	문18	①	문19	①	문20	①
문21	⑤	문22	④	문23	②	문24	①	문25	⑤

2025 상황판단
문1	④	문2	①	문3	③	문4	⑤	문5	⑤
문6	①	문7	③	문8	⑤	문9	③	문10	②
문11	⑤	문12	④	문13	②	문14	②	문15	④
문16	①	문17	②	문18	⑤	문19	②	문20	②
문21	④	문22	⑤	문23	③	문24	④	문25	②

2025 자료해석
문1	④	문2	④	문3	⑤	문4	⑤	문5	②
문6	③	문7	⑤	문8	③	문9	③	문10	③
문11	①	문12	②	문13	①	문14	⑤	문15	⑤
문16	⑤	문17	②	문18	②	문19	⑤	문20	④
문21	①	문22	⑤	문23	⑤	문24	①	문25	⑤

2024 언어논리
문1	③	문2	④	문3	④	문4	③	문5	④
문6	②	문7	⑤	문8	①	문9	⑤	문10	②
문11	②	문12	②	문13	②	문14	④	문15	①
문16	②	문17	②	문18	②	문19	⑤	문20	④
문21	①	문22	④	문23	③	문24	②	문25	⑤

2024 상황판단
문1	⑤	문2	⑤	문3	②	문4	②	문5	①
문6	④	문7	②	문8	②	문9	②	문10	②
문11	①	문12	②	문13	②	문14	②	문15	⑤
문16	②	문17	①	문18	①	문19	②	문20	④
문21	②	문22	⑤	문23	②	문24	②	문25	①

2024 자료해석
문1	④	문2	①	문3	⑤	문4	⑤	문5	⑤
문6	④	문7	④	문8	⑤	문9	②	문10	④
문11	④	문12	④	문13	②	문14	②	문15	①
문16	④	문17	④	문18	②	문19	④	문20	①
문21	④	문22	②	문23	③	문24	④	문25	④

2023 언어논리
문1	②	문2	①	문3	②	문4	③	문5	③
문6	③	문7	④	문8	②	문9	②	문10	④
문11	①	문12	④	문13	②	문14	②	문15	⑤
문16	②	문17	②	문18	④	문19	⑤	문20	⑤
문21	⑤	문22	③	문23	①	문24	⑤	문25	②

2023 상황판단
문1	②	문2	⑤	문3	②	문4	②	문5	③
문6	①	문7	⑤	문8	④	문9	①	문10	⑤
문11	②	문12	②	문13	②	문14	②	문15	⑤
문16	①	문17	②	문18	②	문19	②	문20	⑤
문21	②	문22	⑤	문23	⑤	문24	⑤	문25	⑤

2023 자료해석
문1	①	문2	③	문3	②	문4	②	문5	⑤
문6	④	문7	②	문8	②	문9	②	문10	⑤
문11	②	문12	④	문13	②	문14	④	문15	⑤
문16	②	문17	⑤	문18	④	문19	②	문20	①
문21	③	문22	①	문23	②	문24	④	문25	②

2022 언어논리
문1	⑤	문2	①	문3	①	문4	②	문5	②
문6	⑤	문7	①	문8	⑤	문9	①	문10	③
문11	④	문12	②	문13	②	문14	②	문15	②
문16	②	문17	②	문18	②	문19	②	문20	②
문21	④	문22	⑤	문23	①	문24	②	문25	②

2022 상황판단
문1	⑤	문2	⑤	문3	⑤	문4	①	문5	②
문6	②	문7	③	문8	②	문9	②	문10	③
문11	②	문12	②	문13	②	문14	②	문15	②
문16	④	문17	④	문18	②	문19	②	문20	③
문21	⑤	문22	⑤	문23	②	문24	②	문25	④

2022 자료해석
문1	①	문2	⑤	문3	④	문4	①	문5	⑤
문6	④	문7	④	문8	②	문9	⑤	문10	④
문11	②	문12	④	문13	②	문14	④	문15	⑤
문16	②	문17	⑤	문18	②	문19	②	문20	①
문21	⑤	문22	⑤	문23	①	문24	④	문25	②

7급 PSAT 기출문제

2021 언어논리
문1	④	문2	①	문3	①	문4	④	문5	⑤
문6	①	문7	③	문8	④	문9	③	문10	②
문11	③	문12	⑤	문13	②	문14	⑤	문15	④
문16	⑤	문17	④	문18	②	문19	③	문20	①
문21	⑤	문22	③	문23	②	문24	⑤	문25	③

2021 자료해석
문1	②	문2	⑤	문3	②	문4	①	문5	④
문6	③	문7	③	문8	③	문9	⑤	문10	②
문11	③	문12	③	문13	④	문14	①	문15	③
문16	①	문17	④	문18	②	문19	④	문20	④
문21	②	문22	②	문23	⑤	문24	①	문25	⑤

2021 상황판단
문1	④	문2	①	문3	⑤	문4	④	문5	④
문6	①	문7	①	문8	③	문9	②	문10	⑤
문11	⑤	문12	⑤	문13	②	문14	④	문15	③
문16	④	문17	③	문18	⑤	문19	⑤	문20	⑤
문21	②	문22	④	문23	①	문24	②	문25	②

모의평가 언어논리
문1	⑤	문2	③	문3	④	문4	④	문5	⑤
문6	④	문7	④	문8	④	문9	②	문10	③
문11	①	문12	③	문13	③	문14	⑤	문15	⑤
문16	④	문17	②	문18	④	문19	④	문20	①
문21	②	문22	②	문23	④	문24	①	문25	②

모의평가 자료해석
문1	⑤	문2	①	문3	①	문4	⑤	문5	④
문6	②	문7	④	문8	②	문9	②	문10	②
문11	④	문12	②	문13	④	문14	④	문15	①
문16	②	문17	②	문18	③	문19	④	문20	⑤
문21	①	문22	⑤	문23	③	문24	⑤	문25	②

모의평가 상황판단
문1	④	문2	②	문3	⑤	문4	⑤	문5	③
문6	②	문7	②	문8	④	문9	②	문10	②
문11	②	문12	⑤	문13	②	문14	③	문15	③
문16	①	문17	②	문18	②	문19	④	문20	②
문21	④	문22	②	문23	②	문24	①	문25	⑤

민간경력자 PSAT 기출문제

2021 언어논리
문1	③	문2	③	문3	①	문4	②	문5	④
문6	⑤	문7	⑤	문8	①	문9	④	문10	②
문11	④	문12	①	문13	①	문14	④	문15	⑤
문16	①	문17	②	문18	④	문19	④	문20	②
문21	②	문22	⑤	문23	③	문24	②	문25	④

2021 자료해석
문1	⑤	문2	⑤	문3	④	문4	②	문5	①
문6	③	문7	⑤	문8	②	문9	④	문10	①
문11	②	문12	⑤	문13	②	문14	④	문15	⑤
문16	③	문17	④	문18	⑤	문19	⑤	문20	②
문21	③	문22	③	문23	③	문24	③	문25	③

2021 상황판단
문1	①	문2	⑤	문3	⑤	문4	②	문5	④
문6	⑤	문7	①	문8	②	문9	③	문10	②
문11	④	문12	①	문13	⑤	문14	⑤	문15	④
문16	①	문17	①	문18	③	문19	②	문20	③
문21	②	문22	⑤	문23	③	문24	④	문25	③

2020 언어논리
문1	③	문2	①	문3	①	문4	⑤	문5	④
문6	⑤	문7	④	문8	②	문9	②	문10	④
문11	①	문12	②	문13	③	문14	③	문15	④
문16	③	문17	①	문18	⑤	문19	④	문20	③
문21	②	문22	②	문23	⑤	문24	②	문25	⑤

2020 자료해석
문1	④	문2	④	문3	④	문4	①	문5	⑤
문6	⑤	문7	③	문8	⑤	문9	②	문10	④
문11	④	문12	④	문13	⑤	문14	④	문15	⑤
문16	②	문17	③	문18	②	문19	③	문20	①
문21	⑤	문22	③	문23	①	문24	⑤	문25	④

2020 상황판단
문1	③	문2	⑤	문3	⑤	문4	①	문5	①
문6	②	문7	④	문8	②	문9	⑤	문10	⑤
문11	②	문12	⑤	문13	①	문14	②	문15	④
문16	⑤	문17	②	문18	②	문19	①	문20	③
문21	③	문22	④	문23	③	문24	③	문25	④

2019 언어논리
문1	⑤	문2	①	문3	①	문4	②	문5	④
문6	①	문7	②	문8	③	문9	③	문10	③
문11	⑤	문12	⑤	문13	⑤	문14	②	문15	③
문16	③	문17	⑤	문18	②	문19	④	문20	④
문21	④	문22	②	문23	①	문24	③	문25	⑤

2019 자료해석
문1	④	문2	③	문3	④	문4	②	문5	⑤
문6	③	문7	①	문8	⑤	문9	②	문10	④
문11	⑤	문12	④	문13	①	문14	②	문15	③
문16	③	문17	②	문18	⑤	문19	③	문20	②
문21	⑤	문22	③	문23	③	문24	②	문25	⑤

2019 상황판단
문1	①	문2	②	문3	④	문4	①	문5	③
문6	②	문7	①	문8	②	문9	③	문10	⑤
문11	①	문12	⑤	문13	②	문14	②	문15	③
문16	⑤	문17	④	문18	⑤	문19	①	문20	④
문21	⑤	문22	③	문23	⑤	문24	④	문25	⑤

2018 언어논리
문1	④	문2	④	문3	③	문4	⑤	문5	②
문6	④	문7	②	문8	③	문9	④	문10	③
문11	①	문12	②	문13	④	문14	④	문15	②
문16	①	문17	①	문18	①	문19	③	문20	④
문21	⑤	문22	④	문23	⑤	문24	⑤	문25	②

2018 자료해석
문1	②	문2	⑤	문3	⑤	문4	①	문5	①
문6	②	문7	①	문8	④	문9	⑤	문10	③
문11	②	문12	④	문13	⑤	문14	②	문15	⑤
문16	④	문17	②	문18	③	문19	①	문20	③
문21	⑤	문22	⑤	문23	②	문24	④	문25	④

2018 상황판단
문1	③	문2	②	문3	③	문4	②	문5	①
문6	①	문7	③	문8	①	문9	①	문10	⑤
문11	④	문12	⑤	문13	②	문14	④	문15	⑤
문16	③	문17	①	문18	④	문19	④	문20	②
문21	⑤	문22	②	문23	③	문24	②	문25	①

2026

에듀윌
7급/민간경력자
PSAT
10+7개년 기출문제집

분석해설편

이 책의 차례
CONTENTS

무료 합격팩

- OMR 카드
- 빠르게 확인하는 정답

- 교재에 들어가며   5
- PSAT의 모든 것   6
- 이 책의 구성   8
- 이 책의 100% 활용법   12
- PSAT 유형의 모든 것   13
- PSAT 기출분석의 모든 것   14

PART 01 7급/민간경력자 PSAT 최신 기출문제

		기출문제편	분석해설편
2025	언어논리	22	12
	상황판단	34	26
	자료해석	44	39
2024	언어논리	60	60
	상황판단	73	74
	자료해석	85	86
2023	언어논리	102	106
	상황판단	115	121
	자료해석	126	134
2022	언어논리	142	152
	상황판단	155	167
	자료해석	167	180

PART 02 7급 PSAT 기출문제

		기출문제편	분석해설편
2021	언어논리	186	202
	자료해석	200	217
	상황판단	214	236
모의평가	언어논리	228	252
	자료해석	241	266
	상황판단	256	284

PART 03 민간경력자 PSAT 기출문제

		기출문제편	분석해설편
2021	언어논리	272	304
	자료해석	285	319
	상황판단	300	335
2020	언어논리	312	350
	자료해석	324	363
	상황판단	339	382
2019	언어논리	352	398
	자료해석	364	413
	상황판단	378	430
2018	언어논리	392	446
	자료해석	404	459
	상황판단	418	474

PART 01

7급/민간경력자 PSAT
최신 기출문제

2025년 기출문제 정답과 분석해설	10
2024년 기출문제 정답과 분석해설	58
2023년 기출문제 정답과 분석해설	104
2022년 기출문제 정답과 분석해설	150

2025년 7월 19일 시행

2025년도 국가공무원 7급 공개경쟁채용 및 국가공무원 5급 및 7급 민간경력자 일괄채용 필기시험

정답과 분석해설

나의 성적

영역	점수	풀이 시간
언어논리	____점	____분
상황판단	____점	____분
자료해석	____점	____분

합격선

영역	합격 가능권	합격 확실권
언어논리	72~76점	80~84점
상황판단	76~80점	80~84점
자료해석	72~76점	80~84점

풀이 시간

영역	기본	숙련
언어논리	60분	50분
상황판단	60분	50분
자료해석	60분	50분

7급

선발 인원	접수 인원	경쟁률
595명	26,511명	4.4 : 1

※경쟁률은 1차 합격자 선발 기준인 10배수로 산정

민간경력자

선발 인원	접수 인원	경쟁률
157명	3,304명	2.1 : 1

※경쟁률은 1차 합격자 선발 기준인 10배수로 산정

취약유형 분석표 제1영역 언어논리

문번	정답	난이도	유형	맞고 틀림
01	①	■□□	사실적 이해 > 정보 확인	○△×
02	①	■■□	사실적 이해 > 정보 확인	○△×
03	③	■□□	비판적 사고 > 지문에서 추론하기	○△×
04	⑤	■□□	비판적 사고 > 지문에서 추론하기	○△×
05	②	■■□	사실적 이해 > 정보 확인	○△×
06	③	■□□	사실적 이해 > 정보 확인	○△×
07	④	■■□	비판적 사고 > 판단하기	○△×
08	②	■■□	비판적 사고 > 빈칸 채우기	○△×
09	③	■□□	비판적 사고 > 판단하기	○△×
10	④	■■□	비판적 사고 > 지문에서 추론하기	○△×
11	③	■■□	사실적 이해 > 정보 확인	○△×
12	③	■■■	비판적 사고 > 지문에서 추론하기	○△×
13	①	■■□	비판적 사고 > 빈칸 채우기	○△×
14	③	■□□	사실적 이해 > 정보 확인	○△×
15	④	■■□	비판적 사고 > 논지 강화, 약화하기	○△×
16	⑤	■■■	사실적 이해 > 논리 게임	○△×
17	④	■■■	비판적 사고 > 빈칸 채우기	○△×
18	⑤	■■■	사실적 이해 > 논리 게임	○△×
19	②	■■■	비판적 사고 > 빈칸 채우기	○△×
20	④	■■□	비판적 사고 > 판단하기	○△×
21	⑤	■■□	비판적 사고 > 지문에서 추론하기	○△×
22	④	■■■	비판적 사고 > 판단하기	○△×
23	②	■■□	비판적 사고 > 지문에서 추론하기	○△×
24	①	■■□	비판적 사고 > 빈칸 채우기	○△×
25	⑤	■■■	비판적 사고 > 판단하기	○△×

· 확실히 맞힌 문항 수: _____ 문항
· 헷갈리거나 찍은 문항 수: _____ 문항
· 틀린 문항 수: _____ 문항

취약유형 분석표 제2영역 상황판단

문번	정답	난이도	유형	맞고 틀림
01	①	■□□	법조문형 > 규정확인	○ △ ×
02	①	■□□	법조문형 > 규정적용	○ △ ×
03	②	■□□	법조문형 > 규정적용	○ △ ×
04	②	■□□	법조문형 > 규정확인	○ △ ×
05	⑤	■□□	제시문형 > 정보확인	○ △ ×
06	①	■□□	연산추론형 > 수리계산	○ △ ×
07	②	■■□	퍼즐형 > 게임규칙	○ △ ×
08	⑤	■□□	제시문형 > 정보확인	○ △ ×
09	③	■■□	제시문형 > 정보확인	○ △ ×
10	④	■■□	연산추론형 > 대입비교	○ △ ×
11	⑤	■□□	법조문형 > 규정적용	○ △ ×
12	④	■□□	법조문형 > 규정확인	○ △ ×
13	③	■■□	법조문형 > 규정적용	○ △ ×
14	③	■■■	연산추론형 > 수리계산	○ △ ×
15	④	■■□	제시문형 > 분석추론	○ △ ×
16	②	■■□	퍼즐형 > 수리퀴즈	○ △ ×
17	①	■■□	퍼즐형 > 논리퀴즈	○ △ ×
18	①	■□□	연산추론형 > 대입비교	○ △ ×
19	②	■■□	퍼즐형 > 논리퀴즈	○ △ ×
20	③	■■□	퍼즐형 > 최댓값·최솟값 도출	○ △ ×
21	④	■■□	퍼즐형 > 최댓값·최솟값 도출	○ △ ×
22	③	■■■	퍼즐형 > 논리퀴즈	○ △ ×
23	③	■■□	연산추론형 > 대입비교	○ △ ×
24	④	■■■	퍼즐형 > 조건추론	○ △ ×
25	⑤	■■■	퍼즐형 > 게임·규칙	○ △ ×

- 확실히 맞힌 문항 수: _____ 문항
- 헷갈리거나 찍은 문항 수: _____ 문항
- 틀린 문항 수: _____ 문항

취약유형 분석표 제3영역 자료해석

문번	정답	난이도	유형	맞고 틀림
01	④	■□□	자료 읽기/추론 > 계산형	○ △ ×
02	④	■□□	자료 읽기 > 표/그림/빈칸 제시형	○ △ ×
03	⑤	■■□	자료 추론 > 추가로 필요한 자료 찾기	○ △ ×
04	④	■□□	자료 변환응용 > 표/그림 전환형	○ △ ×
05	②	■□□	자료 읽기/추론 > 계산형	○ △ ×
06	③	■□□	자료 읽기 > 표/그림/빈칸 제시형	○ △ ×
07	①	■■□	자료 읽기/추론 > 매칭형	○ △ ×
08	③	■■□	자료 읽기/추론 > 매칭형	○ △ ×
09	③	■■■	자료 읽기/추론 > 계산형	○ △ ×
10	③	■■□	자료 읽기 > 표/그림/빈칸 제시형	○ △ ×
11	①	■■□	자료 읽기/추론 > 계산형	○ △ ×
12	②	■□□	자료 읽기/추론 > 매칭형	○ △ ×
13	①	■■□	자료 읽기/추론 > 계산형	○ △ ×
14	③	■■□	자료 변환응용 > 자료/보고서 전환형	○ △ ×
15	⑤	■■■	자료 읽기/추론 > 계산형	○ △ ×
16	⑤	■■□	자료 읽기/추론 > 매칭형	○ △ ×
17	②	■■□	자료 읽기 > 표/그림/빈칸 제시형	○ △ ×
18	②	■■■	자료 읽기 > 표/그림/빈칸 제시형	○ △ ×
19	⑤	■■■	자료 읽기 > 표/그림/빈칸 제시형	○ △ ×
20	④	■■■	자료 읽기 > 표/그림/빈칸 제시형	○ △ ×
21	①	■■□	자료 읽기/추론 > 매칭형	○ △ ×
22	⑤	■■■	자료 읽기 > 표/그림/빈칸 제시형	○ △ ×
23	②	■■■	자료 읽기 > 표/그림/빈칸 제시형	○ △ ×
24	①	■■■	자료 추론 > 추가로 필요한 자료 찾기	○ △ ×
25	③	■■■	자료 읽기/추론 > 계산형	○ △ ×

- 확실히 맞힌 문항 수: _____ 문항
- 헷갈리거나 찍은 문항 수: _____ 문항
- 틀린 문항 수: _____ 문항

정답과 분석해설

2025 | 제1영역 언어논리(㉮ 책형)

기출 총평

이번 시험은 전체적으로 중상 이상의 난이도로 출제되어, 수험생의 논리적 사고력과 법령 해석 및 적용 능력을 정밀하게 평가하려는 의도가 뚜렷하게 드러났다. 단순한 개념 암기나 사실 확인보다는 제시된 조건을 바탕으로 복합적인 추론을 요구하는 문항이 많았으며, 특히 기저율 오류, 인식적 특권, 요소 분석 등과 관련된 문항에서는 사고의 전개 과정과 논리적 일관성이 매우 중요하게 작용하였다. 여기에 더불어 지문의 길이도 전체적으로 늘어나고 조건, 설문 조사 결과, 실험 결과 등등 다양한 형태의 지문이 등장하여 독해에 까다로움이 있었을 것으로 예상된다.

법령 해석형 문항의 경우, 실제 민원이나 행정 사례를 응용한 지문을 통해 문제 해결 능력을 측정하고자 하였으며, 개별 조항의 단순 해석을 넘어 실질적인 판단력과 사례 적용력이 요구되었다. 이 과정에서 공적 절차나 용어에 대한 정확한 이해, 예컨대 '확정일자'의 의미나 절차 등 실무적인 법 지식이 중요한 변수로 작용하였다.

또한, 선택지 간 유사성과 논리적 함정을 정교하게 배치하여, 단편적인 지식만으로는 정확한 판단을 내리기 어렵도록 설계되었다. 따라서 전체적으로 이번 시험은 고도의 사고력, 치밀한 독해력, 정확한 법적 개념 이해가 삼위일체로 요구되는 구조로, 수험생들에게는 평소 훈련된 사고력과 실전 감각이 필수적인 시험이었다. 더불어 사례형 문제에 대한 적용 연습과 조건 해석력을 강화하기 위한 연습이 필요하다.

문항 분석

문번	정답	난이도	유형
01	①	■□□	사실적 이해 > 정보 확인
02	①	■■□	사실적 이해 > 정보 확인
03	③	■□□	비판적 사고 > 지문에서 추론하기
04	⑤	■□□	비판적 사고 > 지문에서 추론하기
05	②	■■□	사실적 이해 > 정보 확인
06	③	■□□	사실적 이해 > 정보 확인
07	④	■■□	비판적 사고 > 판단하기
08	②	■■□	비판적 사고 > 빈칸 채우기
09	③	■□□	비판적 사고 > 판단하기
10	④	■■□	비판적 사고 > 지문에서 추론하기
11	③	■■□	사실적 이해 > 정보 확인
12	③	■■■	비판적 사고 > 지문에서 추론하기
13	①	■■□	비판적 사고 > 빈칸 채우기

문번	정답	난이도	유형
14	③	■□□	사실적 이해 > 정보 확인
15	④	■■□	비판적 사고 > 논지 강화, 약화하기
16	⑤	■■■	사실적 이해 > 논리 게임
17	④	■■■	비판적 사고 > 빈칸 채우기
18	⑤	■■■	사실적 이해 > 논리 게임
19	②	■■■	비판적 사고 > 빈칸 채우기
20	④	■■□	비판적 사고 > 판단하기
21	⑤	■■□	비판적 사고 > 지문에서 추론하기
22	④	■■■	비판적 사고 > 판단하기
23	②	■■■	비판적 사고 > 지문에서 추론하기
24	①	■■□	비판적 사고 > 빈칸 채우기
25	⑤	■■■	비판적 사고 > 판단하기

※ 해당 회차는 1초 합격예측 서비스의 데이터 누적 기간이 충분하지 않아 '정답률 및 선지별 선택률' 기재를 생략하였습니다.

출제 비중

기출문제편 P.22

01	①	02	①	03	③	04	⑤	05	②
06	③	07	④	08	②	09	③	10	④
11	③	12	③	13	①	14	③	15	④
16	⑤	17	④	18	⑤	19	②	20	④
21	⑤	22	④	23	②	24	①	25	⑤

01 ①

난이도 ■□□

| 문제 유형 | 사실적 이해 > 정보 확인
| 접근 전략 | 역사적 사실을 기반으로 한 정보 확인형 문제로, 지문에 제시된 인물, 장소, 사건의 관계를 정확히 파악하는 것이 중요하다. 선지는 주체를 바꾸거나 지문에 없는 내용을 추가하는 방식으로 오답을 구성하므로, 선지와 지문을 일대일로 대조하며 검토해야 한다. 핵심 사실에 밑줄을 긋고, 사건의 흐름을 정리하며 읽으면 정답을 빠르게 도출할 수 있다.

다음 글에서 알 수 있는 것은?

신라 수도였던 경주에는 기원후 4세기 후반에서 5세기 초 사이에 조성된 고분이 많은데, 이곳에서 당시 서아시아 사산조 페르시아에서 유행하던 양식의 물건이 많이 나왔다. 실제로 황남대총에서는 길쭉한 금판에 터키석으로 장식한 팔찌가 나왔는데, 사산조 페르시아 귀족들이 쓰던 팔찌와 그 모양이 같다. 계림로 14호 고분에서도 손잡이에 석류석이 박혀 있고 칼집 입구에 길쭉한 직사각형의 장식물이 붙은 보검이 나왔다. 이 역시 사산조 페르시아에서 유행한 모양 그대로이다. ▶1문단

이런 유물이 신라 고분에서 나온 이유는 무엇일까? 혹자는 신라에 수많은 서아시아인이 살면서 사산조 페르시아산 물건을 팔았기 때문이라고 말한다. 하지만 4세기 후반과 5세기 초 사이에 서아시아인이 신라에 살았다는 증거는 없다. 당시 서아시아인이 신라에 오는 것은 사실상 불가능에 가까운 일이었다. ▶2문단

4세기 후반 신라의 왕은 내물마립간이었다. 그는 고구려와 가깝게 지내면서 군사·외교적으로 큰 도움을 받았는데, 377년에 고구려 소수림왕의 허락을 받아 사신을 고구려 영토를 거쳐 전진에 보내는 데 성공했다. 이때 신라 사신은 전진의 황제 부견을 알현해 내물마립간의 친서를 전달했다. 부견은 370년에 중국 화북 지역을 장악한 뒤 곧바로 서쪽으로 진출해 서역의 여러 나라를 정복했으며, 실크로드를 통해 사산조 페르시아와 교류했다. 그 영향으로 신라 사신이 방문하기 얼마 전부터 전진에는 무려 만여 명에 달하는 사산조 페르시아 사람이 들어와 살기 시작했다. 내물마립간이 보낸 사신은 이들로부터 사산조 페르시아에서 유행하던 양식을 갖춘 보검과 팔찌를 사들여왔으며, 이 물건들이 황남대총과 계림로 14호 고분에 부장되었다가 오늘날에 이르러 발굴된 것이다. ▶3문단

① 전진의 황제 부견은 신라의 왕 내물마립간이 보낸 사신을 만난 일이 있다. ➡ (O) 3문단에서 "신라 사신은 전진의 황제 부견을 알현해 내물마립간의 친서를 전달했다"는 표현이 있으므로, 부견이 신라 사신을 직접 만난 사실이 지문에 명시되어 있다.

② 경주에 소재한 계림로 14호 고분에서 터키석으로 장식된 팔찌가 출토되었다. ➡ (X) 1문단에서 황남대총에서는 길쭉한 금판에 터키석으로 장식한 팔찌가 나왔다는 것을 알 수 있고, 계림로 14호 고분에서는 손잡이에 석류석이 박혀 있고 칼집 입구에 길쭉한 직사각형의 장식물이 붙은 보검이 나왔다고 하였다. 따라서 터키석 팔찌는 황남대총에서 출토된 것이다.

③ 사산조 페르시아는 전진과 함께 서역의 여러 나라를 정복하고 실크로드를 개척했다. ➡ (X) 3문단에서 "부견은 370년에 중국 화북 지역을 장악한 뒤 곧바로 서쪽으로 진출해 서역의 여러 나라를 정복했으며, 실크로드를 통해 사산조 페르시아와 교류했다"고 하였다. 이 문장에서 서역 정복의 주체는 전진이며, 사산조 페르시아는 교류한 나라일 뿐이다. 또한 실크로드 개척이라는 표현은 지문에서 찾아볼 수 없으며, 사산조 페르시아가 실크로드를 개척했다는 것은 지문 내용과도 다르다.

④ 고구려 소수림왕은 신라의 요청을 받아들여 전진에 사신을 보내 서아시아 지역에서 제작된 보검을 구해 주었다. ➡ (X) 3문단에서 "고구려 소수림왕의 허락을 받아 사신을 고구려 영토를 거쳐 전진에 보내는 데 성공했다"고 하였고, "신라 사신은 … 보검과 팔찌를 사들여왔다"고 서술한다. 즉, 신라의 내물마립간이 전진에 직접 사신을 보냈고, 고구려 소수림왕은 그 사신이 고구려 땅을 지나갈 수 있도록 경유를 허락한 역할이었을 뿐. 사신을 직접 보내거나, 보검을 구해 주었다는 것은 사실과 다르다.

⑤ 신라 사신은 부견의 도움으로 서아시아산 물건을 구해달라는 내용의 친서를 사산조 페르시아에 보낼 수 있었다. ➡ (X) 3문단에 신라 사신이 전진의 황제 부견에게 친서를 전달했다고만 명시되어 있고, 신라 사신이 사산조 페르시아에 친서를 보냈다는 언급은 없다. 또한 신라 사신이 사산조 페르시아 사람들에게서 페르시아 양식의 물건을 구입했다고 하였으므로 부견이 도움을 주었다고도 볼 수 없다.

02 ①

난이도 ■■□

| 문제 유형 | 사실적 이해 > 정보 확인
| 접근 전략 | 역사적 사실에 기반한 정보 확인형 문제로, 시간 순서와 사건 흐름을 정확히 이해하는 것이 중요하다. 주체(고조선, 한 무제, 낙랑군, 불내후 등)와 행위, 결과를 구분하며 읽으면 오답에 쉽게 속지 않는다. 특히 지문에 없는 내용 추가나 인물/조직의 역할 오해를 유도하는 선택지에 주의해야 한다.

다음 글의 내용과 부합하는 것은?

우리 역사상 최초의 국가인 고조선이 성장할 무렵 한반도 중·북부와 만주 곳곳에 '예족'이라는 종족이 살았으며, 그 가운데 오늘날의 함경도 일대에 있던 집단들을 통칭해 동예라고 부른다. 이들은 기원전 2세기 무렵 고조선에 복속되었는데, 고조선은 동예가 중국의 한(漢)과 직접 교역하지 못하게 막고 무역 이권을 독점했다. 이에 분노한 한 무제는 기원전 108년 고조선을 멸한 뒤 낙랑군을 비롯한 몇 개의 군현을 설치했다. 이때 한 무제는 동예가 있는 곳에 임둔군을 설치하고 그 아래에 여러 개의 현을 두었다. 그러나 한은 임둔군을 유지하는 데 너무 큰 비용이 든다고 여겨 기원전 82년 임둔군을 없앤 뒤 그에 속한 현들을 낙랑군에 넘겨 관리하게 했다. 하지만 낙랑군도 동예가 너무 험준한 곳에 있어서 관리를 보내기 어렵다고 판단했다. 이에 그곳에서 가장 강한 불내라는 집단의 우두머리에게 '불내후'라는 직위를 주어 동예의 모든 집단을 관리하게 하고, 불내후가 있는 곳에 동부도위라는 기구를 두어 그 동향을 감시하는 데 그쳤다. 그런데 불내후도 동예의 모든 집단을 직접 지배할 정도로 세력이 크지 않았기 때문에 각 집단에 자치권을 주고 집단들 사이에 발생하는 분쟁을 중재하는 역할만 했다. ▶1문단

이후 낙랑군은 동부도위를 유지하는 데 큰 비용이 든다는 이유로 기원후 30년에 이를 없애고, 동예의 모든 집단으로부터 우호 세력으로 남겠다는 다짐을 받아낸 뒤 독립시켜 주었다. 그러나 이들은 그 약속을 지키지 않고 불내후를 중심으로 뭉쳐 낙랑군을 여러 차례 공격했다. 거듭된 공격에 시달리던 낙랑군은 기원후 245년 대대적으로 군사를 일으켜 동예를 공격했으며, 이때 불내를 비롯한 동예의 모든 집단이 낙랑군에 항복했다. 이로써 동예는 낙랑군의 직접 지배 아래에 들어가게 되었는데, 이후 낙랑군이 고구려에 의해 정복되어 사라지게 되면서 동예가 있던 곳도 고구려 땅이 되었다. ▶2문단

① 불내라는 집단이 있던 곳은 고구려에 의해 낙랑군이 멸망한 뒤 고구려 영토가 되었다. ➡ (O) 마지막 문단에서 "낙랑군이 고구려에 의해 정복되어 사라지게 되면서 동예가 있던 곳도 고구려 땅이 되었다"고 설명한다. 불내는 동예의 핵심 집단이었으므로, 불내가 있던 곳도 결국 고구려의 영토가 된다는 말은 지문의 내용과 일치한다.

② 불내후는 오늘날의 함경도 일대에 살던 예족을 직접 다스리기 위해 낙랑군을 두었다. ➡ (X) 1문단에 따르면 낙랑군은 동예 지역이 험해서 관리를 직접 보내기 어려워 불내후에게 직위를 줘서 간접적으로 다스리려 했다고 설명한다. 즉, 낙랑군이 먼저 있었고, 불내후는 그에 따라 임명된 것이므로 '불내후가 낙랑군을 두었다'는 주어와 행위의 관계가 바뀐 잘못된 진술이다.

③ 고구려는 낙랑군을 정복한 뒤 그 지역을 다스리기 위해 동부도위라는 기구를 설치했다. ➡ (X) 1문단에서는 한나라가 동예를 감시하기 위해 '불내후'의 거점에 동부도위를 설치했다고 서술한다. 동부도위는 한(漢)이 설치한 기구이지, 고구려와는 아무 관련이 없다.

④ 고조선은 주변에 거주하는 예족의 여러 집단이 복속하자 그들을 다스리기 위해 임둔군을 설치했다. ➡ (X) 1문단에 따르면 고조선은 동예를 복속하고 한과의 교역을 막는 방식으로 무역 이권을 독점했으며, 이후 한 무제가 고조선을 멸망시키고 한나라가 임둔군을 설치했다고 서술한다. 즉, 임둔군은 고조선이 아니라 한 무제가 고조선을 멸한 뒤 설치한 것이다.

⑤ 한 무제는 동예가 고조선과 한의 교역을 중간에서 막고 무역 이권을 독점하는 것에 분노해 동예를 정복했다. ➡ (X) 1문단 중반에 "고조선은 동예가 중국의 한(漢)과 직접 교역하지 못하게 막고 무역 이권을 독점했다. 이에 분노한 한 무제는 고조선을 멸한 뒤 낙랑군을 비롯한 군현을 설치했다"고 하였다. 즉, 무역 이권을 독점한 주체는 고조선이며, 한 무제가 정복한 대상이 동예가 아니라 고조선이다.

03 ③   난이도 ■□□

| 문제 유형 | 비판적 사고 > 지문에서 추론하기

| 접근 전략 | 유니버설디자인, 인클루시브디자인, 배리어프리디자인의 개념과 관계를 구체적 사례와 비교하며 정리하는 것이 핵심이다. 지문에서 개념 간 차이와 맥락을 정확히 이해한 뒤 추론해야 한다. 특히 '포용성', '차별감', '누구를 위한 설계인지'라는 디자인의 방향성과 가치 기준에 주의하여 판단해야 한다.

다음 글에서 추론할 수 있는 것은?

우리 사회에는 다양한 연령, 신체 조건, 인지능력, 언어능력 등을 지닌 사람들이 함께 살아가고 있다. '유니버설디자인'은 제품과 서비스 등을 디자인할 때 다양한 특성을 지닌 사람들을 모두 포용해야 한다는 관점에서 디자인하는 것이다. 이 용어를 처음 사용한 사람은 미국의 건축가인데, 휠체어를 이용하는 장애인인 그는 장애인을 위해 디자인된 제품이나 서비스가 오히려 그들을 사회에서 격리하거나 소외하는 것을 자주 목격했다. 이에 장애인을 위한 특별한 디자인보다는 모든 사람이 사용할 수 있는 디자인을 만들어야 한다고 생각하고 유니버설디자인을 주장한 것이다. ▶1문단

이와 동일한 관점이 유럽에서는 '인클루시브디자인' 또는 '모두를위한디자인'이라는 용어로 제시된다. 영국 표준연구소의 정의에 따르면, 인클루시브디자인은 디자인을 특화할 필요 없이 최대한 많은 사람들이 접근하고 사용할 수 있도록 제품과 서비스를 디자인하는 것을 의미한다. 용어만 다를 뿐, 고령자, 어린이, 장애인, 임산부, 외국인 등 모두가 사용할 수 있는 디자인을 추구함으로써 인간의 존엄성을 지키고 평등을 실현하려 한다는 점에서 유니버설디자인과 관점이 동일하다. ▶2문단

이러한 디자인 관점은 사용상 걸림돌이 되는 요소를 제거하는 데 초점을 맞추어 온 기존의 '배리어프리디자인'보다 발전된 문제의식을 보여준다. 배리어프리디자인도 고령자 등이 일상에서 겪는 어려움을 해결하는 데 큰 기여를 했지만, 배리어프리디자인이 적용된 제품을 사용하는 과정에서 신체적 특성이 부각되거나 차별감을 느낄 수 있기 때문이다. 휠체어 사용자를 위해 지하철역 계단에 설치된 리프트가 이에 해당한다. 유니버설디자인의 관점은, 배리어프리디자인처럼 사용자를 다르게 취급하는 디자인은 좋은 해결책이 아니라고 본다. 휠체어 사용자를 포함하여 모두가 이용할 수 있는 엘리베이터가 그렇지 않은 리프트보다 바람직한 디자인이라는 것이다. ▶3문단

그러나 하나의 디자인을 모든 사람들이 사용할 수 있도록 만드는 일은 현실적으로 대단히 어렵다. 따라서 배제되는 사람을 최소화할 수 있는 제품과 서비스를 디자인하는 것이 유니버설디자인의 현실적 목표라고 할 수 있다. 예컨대, 원형 손잡이가 아니라 손에 장애가 있거나 양손에 물건을 든 사람도 위에서 살짝 누르기만 하면 문을 열 수 있는 레버형 손잡이가 유니버설디자인이 추구하는 해결책이다. ▶4문단

① 배리어프리디자인을 적용한 제품은 모두 인클루시브디자인이 적용된 제품이다. ➡ (X) 3문단에 따르면 배리어프리디자인은 신체적 특성을 강조하거나 차별감을 유발할 수 있어, 유니버설디자인 또는 인클루시브디자인보다 한 단계 이전의 개념으로 제시한다. 인클루시브디자인은 특화 없이 모두가 사용할 수 있도록 설계하는 것을 말하며, 배리어프리디자인은 특정 대상에게만 초점이 맞춰진다. 따라서 두 개념은 동일하지 않다.

② 배리어프리디자인이 적용된 제품을 쓰는 장애인은 차별받는 기분을 느끼지 않는다. ➡ (X) 3문단에서 "배리어프리디자인이 적용된 제품을 사용하는 과정에서 신체적 특성이 부각되거나 차별감을 느낄 수 있기 때문"이라고 명시한다. 즉, 리프트처럼 '장애인만 따로 쓰는 구조물'은 오히려 소외감을 줄 수 있다는 것이다. 그러므로 차별감을 느끼지 않는다고 단정짓는 표현은 지문과 반대되는 내용이다.

③ 장애인 화장실 대신 장애인과 비장애인 모두가 사용할 수 있는 화장실을 설치하는 것은 유니버설디자인을 추구한 사례이다. ➡ (O) 유니버설디자인은 특정 대상을 위한 특화된 디자인이 아닌, 모두가 함께 사용할 수 있는 디자인을 지향한다고 설명한다. 엘리베이터 사례와 마찬가지로, 장애인과 비장애인이 함께 쓰는 공용 화장실은 유니버설디자인의 이상에 부합하는 사례에 해당한다고 볼 수 있다.

④ 휠체어 사용자를 위해 주출입구 계단과 떨어진 곳에 별도로 설치된 경사로는 인클루시브디자인이 적용된 사례이다. ➡ (X) 3문단에서 사용자를 따로 취급하는 방식의 디자인, 예를 들어 리프트처럼 특정 사용자만을 위한 별도 구조물은 유니버설디자인의 관점에서 바람직하지 않다고 설명하고 있다. 인클루시브디자인은 유니버설디자인과 동일한 관점이므로, 떨어진 곳의 경사로는 인클루시브디자인 사례로 보기 어렵다.

⑤ 유니버설디자인의 관점은 모두를위한디자인의 관점보다 다양한 특성의 사람들을 더 많이 포용한다. ➡ (X) 2문단에서 유니버설디자인과 모두를위한디자인(인클루시브디자인)은 "용어만 다를 뿐 관점이 동일하다"고 명시하고 있다.

04 ⑤   난이도 ■□□

| 문제 유형 | 비판적 사고 > 지문에서 추론하기

| 접근 전략 | 이 문제는 필자가 말하고자 하는 핵심 논지(중심 주장)를 찾아야 하므로, 단락별 흐름과 사례의 목적을 꼼꼼히 파악해야 한다. 중간중간 나오는 사례는 핵심 주장을 뒷받침하는 설명이므로 이를 혼동하지 않아야 한다. 지문 전체에서 반복되는 핵심 문장은 "우리는 미적 가치를 스스로 이해한 것이 아니다"이므로, 이를 명확히 담고 있는 선지를 고르는 것이 핵심이다.

다음 글의 핵심 논지로 가장 적절한 것은?

미술에 관심이 많지 않은 사람이라도 다빈치의 「모나리자」나 미켈란젤로의 「천지창조」와 같은 유명한 그림의 미적 가치가 형편없다는 말에 동의하지 않을 것이다. 우리는 이 그림 정도는 책이나 온라인상에서 이미 수십 번을 보았을 것이고, 그 과정에서 작품 자체가 지닌 미적 가치의 위대함을 이해한다고 생각한다. 그런데 과연 미술작품의 미적 가치를 우리가 스스로 이해한 것일까? ▶1문단

일부 사람을 제외하면 우리 기억에 있는 「모나리자」나 「천지창조」는 원본을 사실에 가깝게 찍은 사진 이미지에 불과하다. 실제 본 적도 없으면서 우리가 「모나리자」나 「천지창조」에 감동하는 이유는 실제 그 그림에 내재된 미적 가치를 스스로 알아차렸기 때문이 아니라, 미술 분야 전문가들이 해석하는 미적 가치에 대한 설명과 해설을 들어서 생긴 일종의 학습효과 때문이다. 이것은 원본을 본 경우에도 다르지 않다. 루브르박물관이나 시스티나성당에 가서 「모나리자」와 「천지창조」를 직접 보고 올 기회가 생겼다고 하자. 그림을 보는 순간 깊이 감동받아 가슴이 떨릴 수도 있지만, 그것 역시 위대하다고 알려진 미술작품을 직접 알현한 것에 대한 흥분이지 그 대상의 미적 가치에 대한 이해와는 무관하다. ▶2문단

이번에는 「빌렌도르프의 비너스」나 이집트 기자에 있는 피라미드를 생각해 보자. 「빌렌도르프의 비너스」는 원시시대 다산의 상징으로 만들어진 거칠고 투박한 여인상이다. 그런데 거기에 '비너스'라는 이름을 붙이고, 투박한 돌덩어리에 불과한 그것에 질박미라는 미적 가치를 부여한 것은 후대 사람들이다. 다산을 기원하는 모습이라는 해석 역시 후대의 것이다. 그럼 기자의 피라미드는 어떨까? 고대 이집트인들에게 피라미드는 미술작품이 아니라, 귀신이 돌아올 육신을 보존하는 거대한 돌무덤이었다. 그런데 피라미드에 고고학적 가치뿐만 아니라 그 조형성을 바탕으로 미적 가치를 부여한 것은 후대 미술가들이다. 우리는 후대 미술가들의 설명과 해설을 기반으로 미적 가치를 이해한 것이지, 미술작품의 미적 가치를 스스로 이해한 것은 아니다. ▶3문단

① 미술작품의 미적 가치가 위대한지 아닌지는 학습할 수 없다.
➡ (X) 2문단에서 "미술 분야 전문가들이 해석하는 미적 가치에 대한 설명과 해설을 들어서 생긴 일종의 학습효과 때문이다"라고 서술하고 있다. 따라서 미적 가치는 학습을 통해 이해될 수 있다는 것이 필자의 입장인데, 그와 정반대의 주장을 담고 있으므로 옳지 않다.

② 미술작품의 미적 가치는 다양하기 때문에 단일한 기준으로 평가할 수 없다. ➡ (X) 지문은 평가 기준의 다양성이나 미적 가치 판단의 기준 자체에 대해 논하지 않고 있다. 중심 내용은 우리가 느끼는 미적 감동이 스스로의 판단이 아닌 타인의 해석에 의존한 것이라는 점이다. 지문의 핵심 논지와 관련 없는 내용이므로 적절하지 않다.

③ 미술작품의 원본을 실제로 보아야 그 작품의 미적 가치를 스스로 이해할 수 있다. ➡ (X) 2문단에 따르면 "위대하다고 알려진 미술작품을 직접 알현한 것에 대한 흥분이지 그 대상의 미적 가치에 대한 이해와는 무관하다"고 설명하고 있다.

④ 미술작품의 고고학적 가치를 이해하지 않고서는 미술작품의 미적 가치를 이해하지 못한다. ➡ (X) 3문단에서 기자의 피라미드는 본래 "귀신이 돌아올 육신을 보존하는 거대한 돌무덤"이었으며, 미적 가치는 후대 미술가들이 조형성을 바탕으로 부여한 것이라고 설명한다. 즉, 고고학적 가치와는 무관하게 후대 해석을 통해 미적 가치가 부여된 것이다.

⑤ 미술작품의 미적 가치는 우리 스스로 이해한 것이 아니라 타인의 해석을 바탕으로 이해한 것이다. ➡ (O) 필자는 우리가 느끼는 미적 감동은 전문가의 해석과 설명을 통해 생긴 학습효과이며, 스스로 작품의 가치를 인식한 것이 아니라는 점을 여러 예시로 강조하고 있다.

---

05 ② 난이도 ■■□

| 문제 유형 | 사실적 이해 > 정보 확인

| 접근 전략 | 오픈사이언스 개념을 중심으로 하위 개념들(오픈액세스, 오픈데이터, 오픈콜라보레이션)의 정의와 특징을 정확히 구별하는 것이 핵심이다. 지문에는 각각의 활동 목적과 시점, 공유 대상이 명확히 구분되어 있으므로, 용어를 바꾸거나 뒤섞은 선지를 경계해야 한다. 용어 정의와 적용 시점에 집중하여 지문과의 일치 여부를 판단하면 쉽게 풀 수 있다.

다음 글에서 알 수 있는 것은?

오픈사이언스는 디지털 기술을 활용하여 연구성과와 과정 및 그와 관련한 정보를 공개하는 일련의 활동을 총칭한다. 일찍이 오픈사이언스는 과학자들끼리 연구성과를 공개함으로써 상호 검증·발전시키는 연구문화 및 규범을 일컫는 개념이었으나, 디지털 기술의 발달로 성과 공개의 대상과 방식이 확장되면서 개방적인 연구 활동 전반을 일컫는 용어로 재개념화되었다. ▶1문단

연구성과 또는 과정의 개방은 최종 연구성과인 출판논문을 온라인상에 공개하는 오픈액세스라는 활동에서 시작되었다. 오픈액세스는 논문을 오프라인이 아닌 온라인에서 출판하는 활동으로 확장되었는데, 그 결과 기술적으로는 출판물의 생산과 이용에서 시공간적인 접근 제약을 줄이고, 경제적으로는 출판비용 부담의 감소를 통해 이용자의 접근 장벽을 낮추었다. ▶2문단

연구 과정 중 생산된 중간산출물을 공유하는 활동인 오픈데이터도 꾸준히 활성화되고 있다. 출판논문에는 포함되지 않은 연구데이터가 공개되기도 하고, 학술적 가치가 높은 일부 중간산출물은 출판논문과 별도로 연구자 사이에서 공유되기도 한다. 연구 완료 이후 이루어지는 최종 연구성과의 공개인 오픈액세스와 달리, 오픈데이터는 연구 과정의 개방화를 추동한다. 출판논문과 달리 중간산출물은 연구 과정 및 절차와 관련된 상세한 정보를 포함하기 때문이다. ▶3문단

오픈사이언스에 포함되는 활동의 하나로서 오픈콜라보레이션 또한 활성화되고 있다. 오픈콜라보레이션이란 연구의 최종산출물과 중간산출물을 제외한 그 외의 정보들을 온라인 플랫폼을 통해 공유함으로써 연구자들끼리 협력하는 활동을 말한다. 연구자 프로필 웹서비스 이용이나 소셜미디어 활용 등이 이에 해당한다. 오픈콜라보레이션을 통해 연구자들의 활동 영역은 온라인 네트워크로 연결된 가상 공간으로 확장되고 있다. ▶4문단

① 오픈사이언스는 그 용어의 의미가 개방적인 연구 활동을 일컫던 것에서 연구문화 및 규범을 가리키는 것으로 재개념화되었다.
➡ (X) 1문단에서 "오픈사이언스는 과학자들끼리 연구성과를 공개함으로써 상호 검증·발전시키는 연구문화 및 규범을 일컫는 개념이었으나… 개방적인 연구 활동 전반을 일컫는 용어로 재개념화되었다"고 서술하고 있다. 즉, 처음에는 연구문화·규범을 뜻했고, 이후에 개방적 활동이라는 순서로 확장된 것이다.

② 오픈데이터는 연구가 종료되기 전의 연구 과정에 관한 정보 및 그 과정에서 생산된 중간산출물의 공유를 촉진한다. ➡ (O) 3문단에 따르면 오픈데이터는 연구 완료 후의 최종 성과를 공개하는 오픈액세스와 달리, 연구 과정에서 생산된 중간산출물을 공유하는 활동이라 하며, 이 중간산출물은 연구 절차와 관련된 상세 정보를 담고 있어 연구 과정의 개방화를 이끄는 역할을 한다고 설명하고 있다.

③ 오픈액세스는 연구자들이 오프라인 공간에서 소통하고 협력하기 위한 플랫폼을 제공하는 활동이다. ➡ (X) 2문단에서 "오픈액세스는 논문을 오프라인이 아닌 온라인에서 출판하는 활동"이라고 정의하고 있으며, 이는 출판물의 공개 및 접근성 향상에 초점이 맞춰진 활동이다. 오픈액세스는 오프라인 협력 플랫폼과는 관련이 없다.

④ 오픈사이언스는 연구자 간 상호 검증이 가상 공간 바깥에서 이루어지도록 추동한다. ➡ (X) 4문단에서 오픈콜라보레이션을 통해 "연구자들의 활동 영역은 온라인 네트워크로 연결된 가상 공간으로 확장되고 있다"고 설명하고 있다. 즉, 오픈사이언스는 디지털 기술을 바탕으로 연구정보를 온라인에 공유하는 활동이다.

⑤ 오픈콜라보레이션은 연구 절차에 관한 정보 및 출판논문을 공유하는 연구 활동의 하나이다. ➡ (X) 4문단에 따르면 오픈사이언스에 포함되는 활동의 하나인 오픈콜라보레이션은 "최종산출물과 중간산출물을 제외한 그 외의 정보들을 공유하는 활동"이라고 명시한다. 즉, 출판논문(최종산출물)이나 연구 절차를 포함한 중간산출물은 오픈콜라보레이션의 공유 대상이 아니므로 옳지 않다.

06 ③ 난이도 ■□□

| 문제 유형 | 사실적 이해 > 정보 확인

| 접근 전략 | 한국 전자 기술의 산업화와 관련된 지문이다. 사실적 이해 중에서도 정보를 확인하는 문제이므로 처음부터 지문을 세밀하게 읽는 것은 불필요하다. 따라서 우선 빠르게 훑어 읽어 지문의 전체 구성을 파악한 후 선지에서 핵심 키워드를 찾아 해당 내용을 언급하고 있는 부분으로 다시 돌아가, 그 부분만 다시 읽으며 선지의 정보와 부합하는지를 자세하게 확인하는 방식으로 풀이하는 것이 시간 단축에 도움이 된다.

다음 글에서 알 수 있는 것은?

1948년 정부 수립 직후에 전기업공업통제협회와 같은 기관이 출범하기도 했지만, 한국에서 전자기술의 산업화에 대한 관심이 싹트기 시작한 것은 한국전쟁이 정전된 1953년 무렵이다. 미군이 전쟁 중 가지고 들어온 라디오와 가전기기 등이 전자기술의 산업화에 대한 관심을 촉발했다. 그런데 전자기술의 하나인 반도체 기술은 1960년대에 외국 반도체 기업들을 통해 국내에 도입되기 시작했다. 따라서 이 시기를 한국 반도체 산업의 태동기라 부를 수 있다. ▶1문단

1960년에 한국은 외자도입의 양적 확대에 초점을 둔 「외자도입촉진법」을 제정했다. 이 법을 통해 한국은 여러 나라와 국제기구로부터의 차관을 확대하여 경제 발전을 이루고자 했다. 1966년에는 「외자도입법」을 제정하였는데, 이 법은 외자도입의 양적 확대를 지양하고 질적 선별을 강화함과 더불어 외국 기업의 투자에 대한 제한을 철폐함으로써, 외국의 선진기술을 받아들이는 것을 장려하였다. 외국 반도체 기업들이 국내 자본과의 합작 또는 직접 투자의 방식으로 한국에 진출하기 시작한 것이 이 법의 제정을 전후한 시기였다. 1965년에 미국의 코미사가 한국 자본과의 합작 투자로 한국 최초의 반도체 조립 업체인 고미전자산업을 설립했다. 당시 반도체 생산을 주도했던 국가는 미국과 일본이었는데, 이들 국가의 기업들은 기술집약적인 공정과 노동집약적인 조립 생산을 분리했다. 그리고 저임금으로 장시간 노동할 수 있는 인력이 풍부해 노동집약적 생산에 적합한 한국에 반도체 제품을 단순 조립할 회사를 연이어 설립했다. ▶2문단

① 외국 반도체 기업 가운데 코미사는 합작 투자가 아닌 방식으로 한국에 진출했다. ➡ (X) 2문단에서 1965년에 미국의 코미사가 한국 자본과의 합작 투자로 한국 최초의 반도체 조립 업체인 고미전자산업을 설립했다고 하였다. 따라서 코미사는 합작 투자 방식으로 한국에 진출하였다.

② 한국 최초의 반도체 조립 업체가 설립된 것은 「외자도입촉진법」이 제정되기 이전이었다. ➡ (X) 2문단에서 외자도입촉진법 제정은 1960년, 고미전자산업 설립은 1965년이라고 하였다. 따라서 법 제정 이후에 조립 업체가 설립된 것을 알 수 있다.

③ 전기업공업통제협회가 출범할 당시 한국에 반도체 기술은 아직 도입되지 않은 상태였다. ➡ (O) 1문단에서 전기업공업통제협회는 1948년 출범, 반도체 기술 도입은 1960년대부터라고 하였다. 따라서 전기업공업통제협회 출범 당시엔 반도체 기술 미도입 상태였던 것으로 볼 수 있다.

④ 「외자도입법」이 제정됨으로써 여러 국제기구가 한국의 경제 발전을 위한 차관을 양적으로 확대했다. ➡ (X) 2문단에서 차관의 양적 확대는 1960년 외자도입촉진법의 내용임을 확인할 수 있고, '외자도입법(1966)'은 외자도입의 양적 확대를 지양하고 질적 선별을 강화함과 더불어 외국 기업의 투자에 대한 제한을 철폐함으로써, 외국의 선진기술을 받아들이는 것을 장려한 것이다. 따라서 외자도입법이 차관을 양적으로 확대했다고 보기 어렵다.

⑤ 한국전쟁 발발 이전부터 미군을 통해 유입된 라디오와 가전기기 등은 전자기술에 대한 관심을 촉발했다. ➡ (X) 1문단에서 한국에서 전자기술의 산업화에 대한 관심이 싹트기 시작한 것은 한국전쟁이 정전된 1953년 무렵이라고 하였으므로 한국 전쟁 발발 이전부터 전자기술에 대한 관심을 촉발했다고 보기 어렵다.

07 ④ 난이도 ■■□

| 문제 유형 | 비판적 사고 > 판단하기

| 접근 전략 | '오다'의 쓰임에 관한 지문이다. 다양한 사례와 쓰임으로 나누어 설명하고 있는 글이므로 이를 잘 구분하여 읽어야 한다. 또한 처음부터 글을 세밀하게 읽는 것보다는 선지의 핵심 키워드를 중심으로 지문에서 설명하는 부분을 발췌하여 읽고 비교하는 방법이 문제 풀이에 더 효과적이다.

다음 글의 ⊙~⑩을 문맥에 맞게 수정한 것으로 가장 적절한 것은?

'오다'는 ⊙화자의 위치를 기준으로 이동의 방향을 지시하는 것이 일반적이다. "창수가 나에게 오면 상세히 설명할게요."와 같은 표현이 그러하다. 그런데 '오다'가 화자의 위치가 아닌 청자의 위치로 이동할 때에 쓰이는 경우가 적지 않다. "창수가 당신에게 오면 잘 타일러 주세요."는 청자 중심의 표현이라고 할 수 있다. ▶1문단

그런데 '오다'가 ㉡화자 또는 청자의 위치와 무관하게 쓰이기도 한다. "여보, 창수가 회사에 오지 않았나 봐요."의 사례는 창수가 회사에 출근하지 않은 것을 어머니가 알고 나서 아버지에게 하는 발화이다. 여기에서 '오다'의 쓰임에 대해서 살펴보면, 창수의 이동 목적지인 회사는 화자나 청자의 위치와는 아무런 관련이 없다. 그런데도 이런 표현이 가능한 것은 '오다'가 반드시 대화 참여자의 실제 위치에 기초해서 발화되지 않을 수 있음을 보여준다. 여기서 '오다'는 대화 참여자의 실제 위치가 아닌 대화 참여자가 당연하다고 생각하는 규범적 위치, 곧 표준 위치를 기준으로 발화한 것이다. 출근해야 하는 창수에게 회사가 표준 위치라고 생각하는 것은 대화 참여자 누구에게나 충분히 가능한 일이다. 따라서 이때 '오다'는 ㉢이동체가 표준 위치인 회사를 향해서 이동하는 것을 나타낸다. ▶2문단

'오다'의 다른 예를 보자. "창희가 학교에 왔습니까?"는 어머니가 딸의 등교 여부를 알고 싶어서 담임 교사에게 전화로 한 발화이다. 여기에서 '오다'의 쓰임은 두 가지 관점에서 해석할 수 있다. 하나는 '학교'를 청자인 담임 교사가 있는 위치로 간주하고 청자 중심으로 이동했다고 보는 것이다. 다른 하나는 '학교'를 창희가 이동 목표로 삼는 표준 위치로 간주하고 표준 위치로 이동했다고 보는 것이다. 그런데 이 같은 발화는 담임 교사가 학교가 아닌 다른 곳, 예컨대 퇴근 후 집에 있을 때에도 사용할 수 있다. 따라서 여기에서 '오다'는 ㉣뒤의 해석보다는 앞의 해석으로 보는 것이 설득력이 있다. ▶3문단

또 다른 예를 보자. "집에 빨리 오너라."는 어머니가 집에 있으면서 외출 중인 딸에게 한 발화이다. 그런데 모녀가 시내에 함께 나왔다가 딸은 남고 어머니만 먼저 집에 들어가야 하는 상황을 가정해 보자. 이 경우에도 어머니가 딸에게 똑같이 말한다면 이는 ㉤화자의 도착 예정지를 기준으로 '오다'를 사용하고 있는 것이다. ▶4문단

① ⊙을 '화자의 위치에서 청자의 위치로의 이동을 지시하는'으로 수정한다. ➡ (X) 지문에서 "창수가 나에게 오면 상세히 설명할게요."에서는 청자가 아닌 화자에게 오는 것을 의미하므로 화자의 위치를 기준으로 쓰는 것이 적절하다. 따라서 수정안은 부적절하다.

② ㉡을 '화자의 위치와 관련이 있어야 하는 반면 청자의 위치와 무관하게'로 수정한다. ➡ (X) 지문에서 "여보, 창수가 회사에 오지 않았나 봐요."는 창수의 이동 목적지인 회사는 화자나 청자의 위치와는 아무런 관련이 없는 예시이므로, 수정안은 부적절하다.

16 • 7급/민간경력자 PSAT 10+7개년 기출문제집 • 분석해설편

③ ⓒ을 '이동체가 표준 위치인 회사에서 벗어나 이동하는'으로 수정한다. ➡ (X) 지문에서 회사는 대화 참여자가 당연하다고 생각하는 규범적 위치, 곧 표준 위치를 기준으로 발화한 것이므로 창수의 표준 위치는 회사가 된다. 따라서 수정안은 지문의 문맥과 완전히 반대되어 부적절하다.

④ ⓒ을 '앞의 해석보다는 뒤의 해석으로 보는'으로 수정한다. ➡ (O) 담임 교사가 학교가 아닌 다른 곳에 있을 때도 사용이 가능하므로 앞의 해석보다는 '학교'를 창희가 이동 목표로 삼는 표준 위치로 간주하고 표준 위치로 이동했다고 보는 뒤의 해석이 더 적절하다. 따라서 수정안은 적절하다.

⑤ ⓒ을 '화자가 현재 위치한 장소를 기준으로'로 수정한다. ➡ (X) 모녀가 시내에 함께 나왔다가 딸은 남고 어머니만 먼저 집에 들어가야 하는 상황이라면 화자가 현재 위치한 장소인 시내를 기준으로 '오다'를 사용하는 것은 적절하지 않다. 따라서 수정안은 부적절하다.

08 ② 난이도 ■■□

| 문제 유형 | 비판적 사고 > 빈칸 채우기
| 접근 전략 | 언어가 인간의 사고와 행동에 영향을 미친다는 주제를 사례 중심으로 설명하고 있는 글이다. 글에 명시된 정보는 물론 글에 명시되어 있지 않아도 문맥을 통해 유추해야하는 정보에 유의하여 읽어야 한다. 특히 빈칸에 들어갈 말은 결국 사례를 종합하여 정리하는 말이다. 따라서 글에 제시된 사례를 통해 글의 내용을 정리할 수 있는 내용을 유추하여야 한다.

다음 글의 (가)와 (나)에 들어갈 말을 적절하게 나열한 것은?

중국계 미국인 경제학자 첸은 언어가 인간의 사고와 행동에 어떻게 영향을 미치는가에 대해 관심을 가졌다. 그는 영어와 중국어의 친족 호칭의 차이점에 주목했다. 영어에서는 조부모의 바로 아래 세대 사람들 중 아버지를 제외한 남성 친족을 모두 '엉클'이라 부르지만, 중국어에서는 이 남성이 모계인지 부계인지, 혈연관계인지 결혼을 통해 맺어진 관계인지, 나의 부모보다 나이가 많은지 적은지가 구분되어 호칭에 드러난다. 예를 들어, 한국어의 큰아버지에 해당하는 중국어 '백부'라는 호칭을 사용할 때는 (가) 사실을 항상 무의식적으로 기억하게 된다. 이로부터 첸은 언어가 단순한 의사소통의 수단이 아니고 개인이 세상을 인식하는 방식을 재창조하고 편집하는 것이라고 생각하게 되었다. ▶1문단

이러한 생각에서 첸은 언어가 다르면 경제적 사고나 행동에서도 차이를 보일 것이라는 가설을 세웠다. 이 가설을 검증하기 위해 그가 살펴보고자 한 것은 시간에 관한 언어 표현의 차이였다. 미래 시제가 확실히 존재하는 언어권 사람들은 언어가 지배하는 무의식의 영역에서 미래를 현재와 동떨어진 것으로 인식할 것이고, 미래 시제가 현재 시제와 차이가 없는 언어권 사람들은 미래가 이미 현재와 다름없이 다가와 있다고 인식할 것이라고 생각한 첸은 76개국을 조사하여 흥미로운 사실을 발견하였다. '미래 시제가 엄격히 구분되는' 언어와 '문법상 현재와 미래에 차이가 없는' 언어를 비교했을 때, 두 언어의 모국어 사용자 집단 사이에 저축률이 현격한 차이가 있었던 것이다. 영어, 그리스어 등과 같은 전자의 언어를 모국어로 쓰는 사람들은 저축률이 낮고, 중국어, 핀란드어 등 후자의 언어를 모국어로 쓰는 사람들은 저축률이 높았다. 사람들이 (나) 는 점을 확인한 것이다. 이를 통해 첸은 언어가 저축과 같은 경제적 의사결정에도 영향을 미친다고 주장했다. ▶2문단

① (가): 그가 나의 부계 남성 혈족이며 내 아버지보다 나이가 많다는
  (나): 미래를 예측하기 쉬우면 저축을 적게 하고, 미래를 예측하기 어려우면 저축을 많이 한다 ➡ (X) (가) 지문에 따르면 '백부'는 큰아버지와 동의어로 그가 나의 부계 남성 혈족이며 내 아버지보다 나이가 많음을 알 수 있다. (나) 지문에 따르면 미래시제가 엄격히 구분되는 언어를 쓰는 사람들의 저축률이 낮고, 문법상 현재와 미래에 차이가 없는 언어를 쓰는 사람들의 저축률이 높다고 했는데 예측과는 관련이 없으므로 적절하지 않다.

② (가): 그가 나의 부계 남성 혈족이며 내 아버지보다 나이가 많다는
  (나): 미래를 현재와 동떨어진 것으로 여기면 저축을 적게 하고, 미래를 곧 다가올 현재라고 여기면 저축을 많이 한다 ➡ (O) (가) 지문에 따르면 '백부'는 큰아버지와 동의어로 그가 나의 부계 남성 혈족이며 내 아버지보다 나이가 많음을 알 수 있다. (나) 지문에 따르면 미래시제가 엄격히 구분되는 언어를 쓰는 사람들의 저축률이 낮고, 문법상 현재와 미래에 차이가 없는 언어를 쓰는 사람들의 저축률이 높으므로 사람들이 미래와 현재를 동떨어진 것으로 여기면 저축을 적게 하고, 미래를 곧 다가올 현재라고 여기면 저축을 많이 한다고 추론할 수 있다.

③ (가): 그와 내가 혈연으로 묶인 한 가족의 일원이라는
  (나): 미래를 예측하기 쉬우면 저축을 적게 하고, 미래를 예측하기 어려우면 저축을 많이 한다 ➡ (X) (가) 지문에 따르면 백부는 큰아버지이므로 혈연으로 묶인 한 가족의 일원이라는 점은 설명이 부족하다. (나) 지문에 따르면 미래시제가 엄격히 구분되는 언어를 쓰는 사람들의 저축률이 낮고, 문법상 현재와 미래에 차이가 없는 언어를 쓰는 사람들의 저축률이 높다고 했는데 예측과는 관련이 없으므로 적절하지 않다.

④ (가): 그가 나의 조부모의 바로 아래 세대 남성 혈족이라는
  (나): 미래를 현재와 동떨어진 것으로 여기면 저축을 적게 하고, 미래를 곧 다가올 현재라고 여기면 저축을 많이 한다 ➡ (X) (가) 우리말 큰아버지에 해당하는 표현이므로 조부모의 바로 아래 세대 남성 혈족이라는 설명은 부족하다. (나) 지문에 따르면 미래시제가 엄격히 구분되는 언어를 쓰는 사람들의 저축률이 낮고, 문법상 현재와 미래에 차이가 없는 언어를 쓰는 사람들의 저축률이 높으므로 사람들이 미래와 현재를 동떨어진 것으로 여기면 저축을 적게 하고, 미래를 곧 다가올 현재라고 여기면 저축을 많이 한다고 추론할 수 있다.

⑤ (가): 그가 나의 조부모의 바로 아래 세대 남성 혈족이라는
  (나): 미래를 예측하기 쉬우면 저축을 적게 하고, 미래를 예측하기 어려우면 저축을 많이 한다 ➡ (X) (가) 우리말 큰아버지에 해당하는 표현이므로 조부모의 바로 아래 세대 남성 혈족이라는 설명은 부족하다. (나) 지문에 따르면 미래시제가 엄격히 구분되는 언어를 쓰는 사람들의 저축률이 낮고, 문법상 현재와 미래에 차이가 없는 언어를 쓰는 사람들의 저축률이 높다고 했는데 예측과는 관련이 없으므로 적절하지 않다.

09 ③ 난이도 ■□□

| 문제 유형 | 비판적 사고 > 판단하기
| 접근 전략 | 대화에서 을과 병은 각자 악성 민원의 대처법과 줄이는 방법을 제안하고 있다. 따라서 제안을 할 때에는 제안과 관련된 뒷받침 자료가 필요하며 이러한 자료는 제안된 방법의 효과성을 검증할 수 있어야 한다.

다음 대화의 ⊙으로 적절한 것만을 <보기>에서 모두 고르면?

갑: 최근 우리 A시 행정복지센터에서 악성 민원을 견디다 못해 휴직한 직원이 3명이나 됩니다. 악성 민원에 대처하는 방법이라든가 악성 민원을 줄이는 방법이 있을까요?

을: 우리 행정복지센터에는 악성 민원 대응 매뉴얼이 마련되어 있지 않습니다. B시의 모든 공공 기관에서는 악성 민원 대응 매뉴얼대로 악성 민원에 대처하고 있는데, B시는 악성 민원 대응 매뉴얼 도입 이후 담당 직원들의 민원 스트레스가 현저히 감소했다고 합니다. 우리 센터도 악성 민원 대응 매뉴얼을 마련해서, 악성 민원으로 인한 직원들의 민원 스트레스를 줄여야 합니다.

병: 같은 내용의 민원을 반복적으로 제기하는 악성 민원에 대해 담당 직원에게 종결권을 부여하는 것도 좋은 방법입니다. 이 제도를 도입한 기관 직원들의 업무 만족도가 도입 이전보다 높아졌다고 합니다. C시 행정복지센터에도 악성 민원 종결권 제도를 도입하려고 몇 달 전부터 논의 중입니다. 우리 센터도 악성 민원 종결권 제도를 도입해서 직원들의 민원 업무 만족도를 높여야 합니다.

정: 같은 내용의 민원이라도 민원인이 욕설과 폭언을 하지 않도록 사전에 차단해야 합니다. 최근 D시의 모든 행정복지센터에서는 민원 응대 시 캠코더로 녹화되고 있음을 고지하는 정책을 시행하고 있습니다. D시에서는 이 정책 도입 이후 욕설과 폭언을 하는 민원인이 확실히 줄었다고 합니다. 우리 센터도 캠코더 사용 고지 정책을 도입해야 합니다.

갑: 의견 감사합니다. 오늘 제안된 방법의 효성 검증에 ⊙필요한 자료를 조사해 주십시오. 이를 바탕으로 일주일 뒤에 심층 논의를 진행하겠습니다.

〈보기〉

ㄱ. B시 공공 기관의 악성 민원 대응 매뉴얼 도입 후 담당 직원들의 민원 스트레스 감소 정도 → (O) 을에 따르면 B시의 모든 공공 기관에서는 악성 민원 대응 매뉴얼대로 악성 민원에 대처하고 있는데, B시는 악성 민원 대응 매뉴얼 도입 이후 담당 직원들의 민원 스트레스가 현저히 감소했다고 하므로 을이 제안한 방법을 검증하기 위해 필요한 자료이다.

ㄴ. A시와 C시의 행정복지센터 직원들의 민원 업무 만족도 차이 → (X) 병에 따르면 C시 행정복지센터에도 악성 민원 종결권 제도를 도입하려고 몇 달 전부터 논의 중으로 아직 도입하지 않았다. 따라서 A시와 C시의 직원들의 민원 업무 만족도 차이를 조사하는 것은 무의미하다.

ㄷ. D시의 행정복지센터의 캠코더 사용 고지 정책 도입 후 욕설과 폭언을 하는 민원인의 감소 정도 → (O) 정에 따르면 최근 D시의 모든 행정복지센터에서는 민원 응대 시 캠코더로 녹화되고 있음을 고지하는 정책을 시행하고 있다. D시에서는 이 정책 도입 이후 욕설과 폭언을 하는 민원인이 확실히 줄었다고 하므로 정이 제안한 방법을 검증하기 위해 필요한 자료이다.

① ㄱ ➡ (X)
② ㄴ ➡ (X)
③ ㄱ, ㄷ ➡ (O)
④ ㄴ, ㄷ ➡ (X)
⑤ ㄱ, ㄴ, ㄷ ➡ (X)

10 ④   난이도 ■■□

|문제 유형| 비판적 사고 > 지문에서 추론하기
|접근 전략| '디지털 지우개 서비스'에 관한 지문이다. 해당 서비스에서는 서비스의 각 단계와 단계별 주체가 도식으로 제시된 만큼 핵심적인 정보임을 유추할 수 있다. 따라서 지문을 독해할 때 서비스의 과정과 주체에 유의하여 읽는 자세가 필요하다.

다음 글의 ⊙~⋓에 대한 설명으로 적절한 것은?

○○청은 개인정보가 포함된 온라인 게시물의 삭제를 도와주는 '디지털 지우개' 서비스를 시작하였다. 이 서비스의 취지는 미성년 시절에 개인정보를 노출하였거나 타인이 무단으로 올린 게시물에 개인정보가 노출된 국민을 구제하기 위함이다.

이 서비스를 이용하려면 먼저 신청인이 ○○청 누리집에서 서비스를 신청해야 한다. 신청이 완료되면 ○○청은 신청 내용을 확인하는데, 이 단계에서 삭제 요청 대상 게시물에 신청인의 개인정보가 포함된 것인지를 판단한다. 포함된 것이 인정되면 ○○청은 해당 게시물을 관리하는 기관에 해당 게시물의 삭제를 요청한다.

게시물 삭제를 요청 받은 기관은 해당 게시물을 삭제하고 ○○청에 처리 결과를 알려야 한다. 그 뒤 ○○청은 해당 게시물이 삭제되었는지 검토하는데, 이 단계에서 해당 기관의 조치가 미흡한 경우 ○○청은 해당 기관에 삭제를 재요청한다. 게시물이 완전히 삭제된 것을 최종 확인하면 ○○청은 신청인에게 결과를 통보한다. 디지털 지우개 서비스의 진행 과정은 다음과 같다.

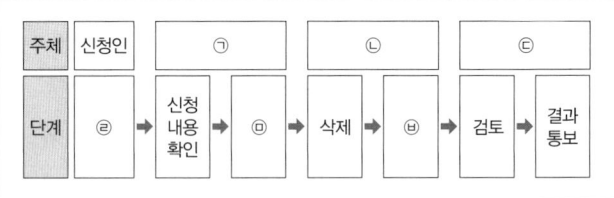

① 신청 내용 확인 단계에서 ⊙은 ㉡에게 신청인의 개인정보가 게시물에 포함되었는지 확인을 요청할 수 있다. ➡ (X) 신청 내용 확인 단계의 주체는 ○○청으로 이 단계에서 삭제 요청 대상 게시물에 신청인의 개인정보가 포함된 것인지를 판단한다. 따라서 삭제 단계의 주체인 해당 게시물을 관리하는 기관에 판단을 요청한다는 것은 적절하지 않다.
② ⊙과 ㉢은 다른 주체이다. ➡ (X) ⊙과 ㉢은 모두 ○○청이 주체이다.
③ 검토 단계에서 게시물 삭제 조치가 미흡한 것으로 판단되면 ㉣로 돌아간다. ➡ (X) 검토 단계에서 게시물 삭제 조치가 미흡한 것으로 판단되면 해당 기관에 삭제를 재요청하므로 ㉤에 해당한다.
④ 삭제 요청 대상 게시물에 신청인의 개인정보가 포함된 것이 인정되면 ㉤을 수행한다. ➡ (O) 삭제 요청 대상 게시물에 개인정보가 포함된 것이 인정되면 ○○청에서 해당 기관에 삭제를 요청하는 ㉤을 수행한다.
⑤ ㉥은 신청인에게 삭제 완료 사실을 통보하는 단계이다. ➡ (X) 신청인에게 삭제 완료 사실을 통보하는 단계는 가장 마지막 단계이므로 ㉥에 해당하지 않는다.

11 ③   난이도 ■■□

|문제 유형| 사실적 이해 > 정보 확인
|접근 전략| 인공 태양과 관련된 과학 분야 지문이다. 과학 지문은 생소한 용어가 많아 체감 난이도가 높지만 정작 글의 내용이나 선지의 구성은 다소 평이한 경우가 많다. 따라서 생소한 용어에 위축되지 않고 적극적으로 독해하면서 선지의 키워드를 확인한 후 지문에서 관련 정보를 찾아 발췌하여 읽는 방법이 효과적이다.

다음 글에서 알 수 없는 것은?

왜 지구에서 만들 인공태양은 태양보다 더 높은 온도를 갖는 상태를 유지해야 할까? 핵융합 반응은 플라스마의 밀도와 온도를 곱한 값이 일정 수준에 도달했을 때 발생한다. 플라스마 덩어리인 태양의 중심부 온도는 약 1,500만°C이지만, 태양은 큰 질량과 그에 따른 중력에 의해 내부의 플라스마 밀도가 높아서 핵융합 반응이 일어날 수 있다. 하지만 질량이 훨씬 작은 지구에서 태양과 유사한 밀도의 플라스마를 구현하기란 불가능하다. 따라서 플라스마의 온도를 태양보다 훨씬 더 높게, 즉 1억°C가 넘게 만들어야 지구에서도 태양에서와 같은 핵융합 반응이 일어나게 할 수 있다. 이를 위해 과학자들은 다양한 플라스마 가열 방식을 사용한다. ▶1문단

플라스마를 가열하는 방식 중에는 공명 가열과 중성 입자 빔 주입이 있다. 공명 가열은 플라스마 내에 있는 이온과 전자 중 무엇을 가열하는지에 따라 이온 공명 가열과 전자 공명 가열로 나뉜다. 외부에서 가하는 힘의 주파수가 힘이 가해진 이온이나 전자가 가진 고유 주파수와 같으면 공명이 일어난다. 공명이 일어나면 이온이나 전자는 원래보다 더 큰 진폭으로 진동을 하면서 해당 이온이나 전자를 가지고 있는 물질의 온도가 올라가게 된다. 이와 같이 공명을 일으키기 위해, 이온 공명 가열의 경우에는 수십 메가헤르츠 대역의 주파수를, 전자 공명 가열의 경우에는 수만~수십만 메가헤르츠 대역의 주파수를 사용한다. ▶2문단

중성 입자 빔 주입은 외부에서 가속된 고에너지의 중성 입자를 플라스마 속으로 투입하여 플라스마를 가열하는 방식이다. 투입된 중성 입자는 플라스마 내의 이온과 충돌을 일으켜 에너지를 전달하고 온도를 높인다. 중성 입자 빔 주입 방식과 공명 가열 방식을 사용하는 우리나라의 핵융합 연구

장치 케이스타는 1억°C에서 48초간 플라스마를 유지하는 실험에 성공하였다. ▶3문단

① 케이스타는 고온의 플라스마를 얻기 위해 공명 가열 방식을 사용하고 있다. ➡ (O) 3문단에서 케이스타는 공명 가열 방식을 사용한다고 밝히고 있다.

② 핵융합 장치에서 공명을 일으킬 때 전자의 경우는 이온의 경우보다 더 높은 주파수를 사용한다. ➡ (O) 공명을 일으키기 위해, 이온 가열의 경우에는 수십 메가헤르츠 대역의 주파수를, 전자 공명 가열의 경우에는 수만~수십만 메가헤르츠 대역의 주파수를 사용한다고 하였다.

③ 중성 입자 빔 주입 방식을 통해 플라스마 내로 투입되는 중성 입자는 플라스마 속에 들어와서 가속된다. ➡ (X) 3문단에서 중성 입자 빔 주입은 외부에서 가속된 고에너지의 중성 입자를 플라스마 속으로 투입하여 플라스마를 가열하는 방식이라고 밝히고 있으며 가속되는지는 알 수 없다.

④ 공명 가열은 외부에서 가해지는 힘의 주파수와 그 힘을 받는 이온이나 전자의 고유 주파수가 같을 때 가능하다. ➡ (O) 2문단에서 외부에서 가하는 힘의 주파수가 힘이 가해진 이온이나 전자가 가진 고유 주파수와 같으면 공명이 일어난다고 밝히고 있다.

⑤ 지구에서 플라스마의 밀도를 더 높일 수 있다면 1억°C보다 더 낮은 온도에서 핵융합 반응을 일으키는 것이 가능하다. ➡ (O) 1문단에서 핵융합 반응은 플라스마의 밀도와 온도를 곱한 값이 일정 수준에 도달했을 때 발생한다고 밝히고 있으므로 지구에서 플라스마의 밀도를 더 높일 수 있다면 1억°C보다 더 낮은 온도에서 핵융합 반응을 일으키는 것이 가능하다고 추론할 수 있다.

S 12 ③ 난이도 ■■■

| 문제 유형 | 비판적 사고 > 지문에서 추론하기
| 접근 전략 | 금속의 대전과 관련된 과학 분야 지문이다. 과학 지문은 생소한 용어가 많아 체감 난도가 높지만 정작 글의 내용이나 선지의 구성은 다소 평이한 경우가 많다. 따라서 생소한 용어에 위축되지 않고 적극적으로 독해하는 자세가 필요하다. 특히 과학 분야 지문의 추론하기 문제는 사실적 이해 문제처럼 지문에서 바로 확인되는 경우도 많다.

다음 글에서 추론할 수 있는 것만을 〈보기〉에서 모두 고르면?

도체인 금속 내부에는 음전하를 띤 다수의 자유 전자들이 존재하는데, 이것들은 금속 내에 고정된 양이온들 사이에서 자유롭게 움직일 수 있다. 도체 내부에서 자유 전자는 양이온들에 의해 당겨지고 다른 자유 전자들에 의해 밀쳐지면서, 각각에 작용하는 전기력의 합력이 0이 되도록 위치하게 된다. ▶1문단

금속에 전자들을 추가하여 금속을 대전시키면 추가된 전자들은 어디에 위치하게 될까? 대전된 상황에서도 금속 내부의 모든 전자에 작용하는 전기력의 합력은 0이어야 한다. 그런데 만약 금속 내부의 어떤 위치에 전자가 추가된다면, 이 전자는 새로운 전기력을 발생시킬 것이기 때문에 이를 상쇄하기 위해 원래 있던 자유 전자들이 이동할 것이고 이러한 이동으로 인해 또 다른 자유 전자들의 위치도 재조정되어야 한다. 그러나 이러한 위치 재조정은 금속 내부 공간에서는 완료될 수 없다. 따라서 금속 내부에는 새로운 전자가 놓일 자리가 없다. ▶2문단

금속이 대전될 때 추가된 전자들이 내부로 들어갈 수 없다면 그 전자들은 모두 표면에 존재할 수밖에 없다. 이 경우 대전된 금속의 내부에 있는 자유 전자에 작용하는 전기력의 합력은 0인 반면, 표면에 있는 전자에 작용하는 전기력의 합력은 0이 아니다. 이때 표면의 전자에는 표면에 수직인 바깥 방향으로 전기력의 합력이 작용한다. ▶3문단

〈보기〉
ㄱ. 대전되지 않은 금속 내부에서 자유 전자에 작용하는 전기력의 합력은 0이 된다. → (O) 1문단에서 도체 내부의 자유 전자는 양이온들에 의해 당겨지고 다른 자유 전자들에 의해 밀쳐지며, 전기력의 합력이 0이 되도록 위치한다고 명시되어 있다. 따라서 대전되지 않은 금속 내부에서 자유 전자에 작용하는 전기력의 합력은 0이 된다는 추론은 적절하다.

ㄴ. 금속에 전자들이 추가되면 금속 표면에 있는 전자는 외부로 향하는 전기력의 합력을 받는다. → (O) 3문단에서 금속이 대전될 때 추가된 전자들이 표면에 위치한다고 설명하고 있으며 표면의 전자에는 표면에 수직인 바깥 방향으로 전기력의 합력이 작용한다고 밝히고 있다. 따라서 "외부로 향하는 전기력의 합력"이라는 표현은 표면에 있는 전자에게 작용하는 전기력의 바깥 방향을 설명하는 것이므로 적절한 추론이다.

ㄷ. 도체가 대전되면 도체 내부의 자유 전자에 작용하는 전기력의 합력은 0이 아니다. → (X) 2문단에서 대전된 상황에서도 금속 내부의 모든 전자에 작용하는 전기력의 합력은 0이어야 한다고 했으므로 도체가 대전되면 도체 내부의 자유 전자에 작용하는 전기력의 합력은 0이 아니라는 것은 틀린 추론이다.

① ㄱ ➡ (X)
② ㄷ ➡ (X)
③ ㄱ, ㄴ ➡ (O)
④ ㄴ, ㄷ ➡ (X)
⑤ ㄱ, ㄴ, ㄷ ➡ (X)

13 ① 난이도 ■■□

| 문제 유형 | 비판적 사고 > 빈칸 채우기
| 접근 전략 | 조선 후기의 사회상에 대해 설명한 사회 분야 지문이다. 이처럼 다양한 개념어가 나오는 글에서는 개념어 간의 차이를 구분하는 것이 중요하다. 1문단에서 단어의 뜻을 상세하게 설명하고 있으므로 이 부분에 주목하여 개념 간의 차이를 이해해야 한다. 다양한 개념어가 나오면서 이들 간의 공통점과 차이점을 묻는 문제는 자주 출제되는 유형이므로 이를 유념하여 독해해야 한다.

다음 글의 (가)~(다)에 들어갈 말을 적절하게 나열한 것은?

조선 후기에 지주들은 소작인으로부터 소작료를 거둘 때, 수확된 결과물의 절반을 수취하는 정률제 방식, 곧 '타작'을 대부분의 논과 밭에 적용했지만, 일부 농토에는 정액제에 해당하는 '도지'를 적용하기도 했다. 도지는 토지를 이용한 대가인 지대량을 이른 봄철에 지주와 소작인이 미리 정하는 농업경영 형태이므로 풍흉에 따른 지대량의 변화가 없는 것이 원칙이었다. 도지가 적용된 논에서는 평년작의 절반 수준에서, 그리고 밭에서는 평년작의 절반보다 훨씬 낮은 수준에서 지대량이 정해지는 것이 일반적이었다.

(가) 은/는 다음과 같은 점에서 지주에게 여러 장점이 있었다. 첫째, 직접적인 관리가 어려운 원격지 소재 전답을 더 효율적으로 관리할 수 있었다. 소작인들의 수확물 은닉 여부를 일일이 감독할 필요가 없었기 때문이다. 둘째, 밭작물의 경우 수확 시기가 매우 다양한데, 이 방식을 적용하면 수확의 정도를 확인하기 위해 서로 다른 수확 시기마다 먼 곳까지 올 필요가 없었다. 이러한 방식하에서 만약 어느 해에 예상과는 달리 풍년이 들었다면, (나) 에게 훨씬 더 유리했다.

지주들은 18세기 후반부터 '집조'를 적용하기도 했다. 집조란 수확이 임박한 시점에 지주가 농사 상황을 실지 조사하여 그해의 작황 수준을 살펴본 다음, 현장에서 지대량을 결정하는 농업경영 형태이다. 이 방식은 당해 연도의 작황 수준이 비교적 정확히 반영된다는 측면에서 (다) 와/과 유사하다.

	(가)	(나)	(다)
①	도지	소작인	타작
②	도지	소작인	도지
③	도지	지주	타작
④	타작	소작인	도지
⑤	타작	지주	타작

➡ (O) (가)는 소작인들의 수확물 은닉 여부를 일일이 감독할 필요가 없는데 이 이유는 정액제에 해당하는 '도지'를 적용하기 때문이다. 이러한 방식에서 풍년이 들면 결과물의 절반을 수취하는 것이 아니라 지대량을 이른 봄철에 지주와 소작인이 미리 정하는 농업경영 형태이므로 (나) 소작인에게 훨씬 더 유리했다. 집조는 작황 수준이 비교적 정확히 반영되므로 수확된 결과물의 절반을 수취하는 정률제 방식인 (다) '타작'과 유사하다.

➡ (X)
➡ (X)
➡ (X)
➡ (X)

14 ③   난이도 ■□□

| 문제 유형 | 사실적 이해 > 정보 확인
| 접근 전략 | 말이 가축이 된 역사를 설명하는 글이다. 역사를 설명하는 글인 만큼 글이 통시적으로 전개되고 있으므로 시간의 흐름에 따른 변화에 주목하여 읽어야 한다. 정보를 확인하는 문제이므로 선지의 키워드를 먼저 확인한 후 지문에서 해당 부분을 찾아 비교하며 읽는 것이 문제 풀이 시간 단축에 유리하다.

다음 글에서 알 수 있는 것은?

　말은 정치·경제 발전의 중요한 수단이었다. 말은 빠르기도 하거니와 지구력이 좋고 힘이 세다. 행정, 농업, 목축업, 광업, 제조업, 운송, 통신, 전투 등 거의 모든 분야에서 말의 이런 능력이 활용되었다. 그렇기에 말의 능력을 활용한 지역은 그렇지 않은 지역보다 더 빠르게 발전하는 양상을 보였다. ▶1문단

　말은 인간에게 길들여지기 전에 야생에서 살았는데, 야생말은 시기별로 서식지의 분포가 달랐다. 기원전 1만 년경 후기 홍적세 시기까지 야생말은 유라시아의 전 지역과 아메리카 및 북부 아프리카에 서식했다. 그런데 이 시기부터 기원전 약 6천 년경 중기 충적세 시기에 이르는 동안 야생말의 서식 지역의 분포가 바뀌었다. 이 시기에 유라시아의 중북부 스텝 기후 지역을 제외한 대부분의 유라시아 지역에서 사람들이 식용을 목적으로 야생말을 대규모로 사냥했다. 이로 인해 이 스텝 기후 지역을 제외한 유라시아의 야생말은 거의 멸종하다시피 했다. 이와 달리 유라시아 중북부의 스텝 기후 지역은 인구가 많지 않아 인간으로부터 사냥을 당하는 경우가 적었으며, 이 덕분에 야생말은 생존할 수 있었다. ▶2문단

　이후 기원전 3,500년경 당나귀에 이어 야생말이 길들여졌다. 그 당시 메소포타미아 지역의 목축업자들이 북쪽으로 이동하면서 유라시아 중북부의 스텝 기후 지역에 들어갔는데, 그들은 이 지역에 살던 야생말을 길들이기 시작했다. 이때부터 인류는 말을 실생활에 이용했다. 말에 안장을 얹어 장거리 이동 수단으로 사용하기도 했고, 등에 짐을 실어 운송 수단으로 활용하기도 했다. 이뿐 아니라 전쟁과 농업에서도 말이 널리 사용되었다. 이런 과정을 거쳐 말은 인류 발전의 밑바탕이 되었다. ▶3문단

① 중기 충적세 시기에 야생말의 지구력이 좋아지기 시작했다. ➡ (X) 2문단에서 중기 충적세 시기에 야생말의 서식 지역의 분포가 바뀌었는데 이 이유는 유라시아의 중북부 스텝 기후 지역을 제외한 대부분의 유라시아 지역에서 사람들이 식용을 목적으로 야생말을 대규모로 사냥했다. 이로 인해 이 스텝 기후 지역을 제외한 유라시아의 야생말은 거의 멸종했다고 밝히고 있지만 야생말의 지구력이 좋아지기 시작했다는 것은 알 수 없다.

② 후기 홍적세 시기 이전부터 북부 아프리카에서는 야생말을 운송 수단으로 썼다. ➡ (X) 3문단에서 3,500년경 말을 길들이기 시작하면서 운송 수단으로 활용하기도 했다고 제시되어 있으므로 후기 홍적세 시기까지는 말을 운송 수단으로 쓰지 않았다는 것을 알 수 있다.

③ 기원전 3,500년경 유라시아 중북부의 스텝 기후 지역에 살던 야생말이 길들여지기 시작했다. ➡ (O) 2문단에서는 유라시아 중북부의 스텝 기후 지역은 인구가 많지 않아 인간으로부터 사냥을 당하는 경우가 적었으며, 이 덕분에 야생말은 생존할 수 있었다고 하였고 3문단에서 이후 기원전 3,500년경 당나귀에 이어 야생말이 길들여졌다고 밝히고 있으므로 두 정보를 종합하면 기원전 3,500년경 유라시아 중북부의 스텝 기후 지역에 살던 야생말이 길들여지기 시작했다고 알 수 있다.

④ 후기 홍적세 시기부터 초기 충적세 시기 사이에 인류는 농업과 운송 등의 실생활에 말을 이용했다. ➡ (X) 3문단에서 3,500년경 말을 길들이기 시작하면서 운송 수단으로 활용하기도 했다고 제시되어 있으므로 후기 홍적세 시기까지는 인류가 말을 실생활에 쓰지 않았다는 것을 알 수 있다.

⑤ 당나귀를 이동 수단으로 쓰던 지역은 말을 이동 수단으로 이용하던 지역보다 정치·경제적으로 더 발전했다. ➡ (X) 3문단에서 당나귀에 이어 야생말을 길들였다는 정보가 있을 뿐 당나귀를 이동 수단으로 쓰던 지역은 말을 이동 수단으로 이용하던 지역보다 정치·경제적으로 더 발전했는지는 알 수 없다.

15 ④   난이도 ■■□

| 문제 유형 | 비판적 사고 > 논지 강화, 약화하기
| 접근 전략 | 분석의 방법을 설명하는 지문이다. 요소 분석, 단위 분석 등의 개념어에 주목하여 둘의 차이를 비교하며 읽어야 한다. 특히 요소 분석의 한계가 나타나 그 해결책으로 단위 분석을 제시한 것이므로 이러한 구조를 파악하여 읽으면 문제 풀이에 더 큰 도움이 된다.

다음 글의 ⊙을 약화하는 것으로 가장 적절한 것은?

　분석은 자연과 사회의 다양한 현상에 대하여 왜 그런 현상이 나타나는지를 설명하기 위한 방법이다. 널리 쓰이는 것은 요소 분석으로, 설명의 대상을 적절한 요소들로 나누어 살피는 분석법이다. 요소 분석의 요체는 분석 대상인 전체와는 다른 속성을 지니면서도 합쳐지면 전체를 구성하는 부분, 즉 '요소'들을 찾아 제시하는 데 있다. 분석자는 그러한 요소들의 속성을 결합하여 대상 전체의 속성을 설명하려 할 것이다. ▶1문단

　그런데 어째서 물이 불을 끌 수 있는가 하는, 물의 속성에 관한 물음을 해명하려는 화학자가 있다고 해 보자. 만일 그가 물을 산소와 수소라는 두 요소로 분석했다면, 그는 수소가 타는 속성을 지닌 기체이고 산소도 연소를 돕는 속성을 지녔다는 사실 앞에서 당황하게 될 것이다. 산소와 수소라는 요소들로 물이 불을 끌 수 있는 이유를 설명할 수 없기 때문이다. 이것은 요소 분석이 지닌 한계를 암시한다. 전체의 속성을 이해하려는 이가 그것을 구성하는 요소들에만 주목할 경우, 이와 유사한 당혹감을 느끼게 될 위험이 크다. 해명되어야 할 속성이 분석 과정에서 증발해 버리고 요소들 간의 관계를 피상적으로 서술하는 일에 그치게 될 위험이 있는 것이다. 그런 분석으로는 설명에 도달할 수 없다. ▶2문단

　따라서 ⊙우리는 새로운 종류의 분석, 즉 단위 분석을 선택해야 한다. 단위 분석은 복잡하면서도 모종의 통일성을 지닌 전체를 '단위'로 나누는 분석이다. 단위란 앞에서 화학자의 분석이 주목했던 요소와 달리, 전체의 고유한 속성들을 고스란히 갖추고 있으면서 더 이상 나눌 수 없는, 전체의 살아 있는 부분을 가리킨다. 현상을 제대로 설명하려면 먼저 그런 부분들을 찾아내야 한다. 그렇게 할 때, 요소 분석의 한계를 극복하고 분석의 목적을 실현할 수 있다. ▶3문단

① 분석 대상을 시간 요소로 나누어 살피더라도 인과관계는 드러나지 않기 때문에 설명에 도움이 되지 않는다. ➡ (X) 시간 요소와 단위 분석은 연관성이 없으므로 단위 분석에 대한 적절한 비판이 되지 않는다.

② 요소들의 결합으로 대상 전체가 어떻게 구성되는지 보여주는 데 성공하더라도 그것은 대상의 속성을 설명하는 일과 다르다.
→ (X) 요소들의 결합으로 대상 전체가 어떻게 구성되는지 보여주는 것은 요소 분석과 관련이 있으므로 단위 분석에 대한 적절한 비판이 되지 않는다.

③ 요소 분석에서는 전체를 설명하기 위하여 요소들 간의 상호 관계까지 추가로 해명해야 하기 때문에 설명의 경제성이 삭감된다.
→ (X) 요소 분석이 설명의 경제성이 삭감된다는 것은 단위 분석을 해야하는 이유와는 관련 없는 요소 분석의 단점이므로 단위 분석에 대한 적절한 비판이 되지 않는다.

④ 단위가 전체의 속성들을 그대로 지닌다면 설명되어야 할 대상 자체와 다를 바 없으므로 단위 분석은 설명에 기여하지 못한다.
→ (O) 3문단에 따르면 단위 분석에서 단위는 전체의 고유한 속성들을 갖추고 있으면서 더 이상 나눌 수 없는 부분이므로 단위가 전체의 속성들을 그대로 지닌다면 설명되어야 할 대상 자체와 차이가 없다고 연결할 수 있기에 단위 분석은 설명에 기여하지 못한다고 주장할 수 있으므로 적절한 비판이 된다.

⑤ 설명의 적절성은 설명을 요구하는 구체적인 문제의 특성에 따라 달라지기 때문에 설명에는 다양한 단위 분석이 존재할 수 있다.
→ (X) 글에서는 요소 분석의 단점으로 단위 분석을 제안하고 있는데 이러한 요소 분석의 단점이 설명의 적절성과는 관련이 없으므로 적절한 비판이 되지 않는다.

16 ⑤ 난이도 ■■■

| 문제 유형 | 사실적 이해 > 논리 게임
| 접근 전략 | 참인 경우를 제시하여 이를 통해 반드시 참인 경우를 골라내는 논리 게임 문제이다. 이런 유형은 매번 출제되므로 조건들을 도식화하여 빠르게 정리하는 훈련을 하는 것이 도움이 된다.

다음 글의 내용이 참일 때 반드시 참인 것은?

△△부에서는 10월에 신설되는 ○○위원회에 파견할 인원을 선발하는 중이다. 박 주무관, 이 주무관, 선 주무관, 남 주무관, 오 주무관이 파견 대상 후보인데, 이와 관련하여 다음과 같은 사실이 알려졌다.
○ 박 주무관이 선발되면, 오 주무관도 선발된다.
○ 이 주무관이 선발되면, 남 주무관도 선발된다.
○ 선 주무관이 선발되면, 박 주무관도 선발된다.
○ 선 주무관이 선발되거나 이 주무관이 선발된다.

파견 대상 후보는 박, 이, 선, 남, 오 주무관으로 총 5명이다.
박 ○ → 오 ○
이 ○ → 남 ○
선 ○ → 박 ○
선 ○ or 이 ○

① 남 주무관이 선발된다. → (X) 이 주무관이 선발되면, 남 주무관이 선발되는데, 마지막 조건에 따라 선 주무관이나 이 주무관 둘 중에 한 명만 선발되므로 반드시 참일 수는 없다.
② 이 주무관과 선 주무관이 둘 다 선발된다. → (X) 마지막 조건에 따라 선 주무관과 이 주무관 중 한 명만 선발되므로 반드시 참일 수는 없다.
③ 박 주무관이 선발되거나 선 주무관이 선발된다. → (X) 세 번째 조건에 따라 선 주무관이 선발되면 박 주무관도 선발되므로 반드시 참일 수는 없다.
④ 오 주무관이 선발되지 않으면 박 주무관은 선발된다. → (X) 첫 번째 조건에 따라 박 주무관이 선발되면, 오 주무관도 선발되므로 반드시 참일 수는 없다.
⑤ 남 주무관과 오 주무관 중 적어도 한 사람은 선발된다. → (O) 마지막 조건에 따라 선 주무관이 선발되거나 이 주무관이 선발되고 첫 번째 조건에 따라 선 주무관이 선발되면 박 주무관이 선발되고, 박 주무관이 선발되면, 오 주무관도 선발되고, 이 주무관이 선발되면 남 주무관이 선발되므로 남 주무관과 오 주무관 중 적어도 한 사람이 선발되는 것은 반드시 참이다.

17 ④ 난이도 ■■■

| 문제 유형 | 비판적 사고 > 빈칸 채우기
| 접근 전략 | 심적 대상과 물리적 대상의 관계를 설명하는 인문 지문이다. 철학적 개념은 추상적이어서 깊이 있는 이해가 필요하므로 문맥을 고려하여 섬세하게 읽는 훈련이 필요하다.

다음 글의 빈칸에 들어갈 말로 가장 적절한 것은?

심적 대상이 있다면, 심적 대상은 물리적 대상과 같지 않다. 만약 심적 대상이 있고 심적 대상이 물리적 대상과 같지 않다면, 심적 대상의 소유자는 심적 대상에 접근할 수 있는 인식적 특권을 지닌다. 그런데 심적 대상의 소유자가 심적 대상에 접근할 수 있는 인식적 특권을 지닌다면, 심적 대상에 관해 그 소유자만이 알 수 있는 부분이 있다. 심적 대상에 관해 그 소유자만이 알 수 있는 부분이 있다면, 심적 대상에 관해 검증 불가능한 지식이 존재한다. 그러므로 심적 대상은 없다. 왜냐하면 _____.

① 심적 대상은 물리적 대상과 같지 않기 때문이다 → (X) 심적 대상과 물리적 대상이 같지 않다는 것은 이미 글의 초반부에 제시되어 있으므로 빈칸에 들어갈 말로 적절하지 않다.
② 심적 대상이 물리적 대상과 같다면 심적 대상은 없기 때문이다 → (X) 심적 대상이 물리적 대상과 같다면 글에서 설명하는 경우와는 다르므로 빈칸에 들어갈 말로 적절하지 않다.
③ 심적 대상에 관해 그 소유자만이 알 수 있는 부분이 있기 때문이다 → (X) 심적 대상에 관해 그 소유자만이 알 수 있는 부분이 있다면 심적 대상에 관해 검증 불가능한 지식이 존재한다고 글에 제시되어 있으므로 빈칸에 들어갈 말로 적절하지 않다.
④ 심적 대상에 관해 검증 불가능한 지식은 존재하지 않기 때문이다 → (O) 글에서 심적 대상에 관해 그 소유자만이 알 수 있는 부분이 있다면, 심적 대상에 관해 검증 불가능한 지식이 존재한다고 설명하고 있다. 따라서 심적 대상에 관해 검증 불가능한 지식이 존재하지 않는다면 심적 대상도 없는 것이기에 빈칸에 들어갈 말로 적절하다.
⑤ 심적 대상의 소유자가 심적 대상에 접근할 수 있는 인식적 특권을 지니기 때문이다 → (X) 심적 대상이 물리적 대상과 같지 않다면, 심적 대상의 소유자는 심적 대상에 접근할 수 있는 인식적 특권을 가진다고 글에서 설명하고 있으므로 심적 대상의 소유자가 심적 대상에 접근할 수 있는 인식적 특권을 지니기에 심적 대상은 없다는 것은 빈칸에 들어갈 말로 적절하지 않다.

18 ⑤ 난이도 ■■■

| 문제 유형 | 사실적 이해 > 논리 게임
| 접근 전략 | 참인 조건들을 통해 사람을 부서에 배치하는 여러 경우를 따져보는 논리 게임 문제이다. 이러한 유형은 매번 출제되는데 조건들을 표로 정리하여 풀이하는 것이 정확하고 신속한 해결에 효과적이다.

다음 글의 내용이 참일 때 반드시 참인 것은?

△△부에서는 3명의 과학기술 직군 수습 주무관 A, B, C와 3명의 행정 직군 수습 주무관 D, E, F를 4개 부서 갑, 을, 병, 정에 배치할 예정이다. 4개의 부서 중 2개의 부서에는 1명씩 배치되고 남은 2개의 부서에는 2명씩 배치된다. 이 배치와 관련하여 다음과 같은 사실이 알려졌다.
○ 갑 부서에는 수습 주무관이 1명만 배치된다.
○ 을 부서에는 과학기술 직군 수습 주무관이 배치되지 않는다.
○ 동일 직군의 수습 주무관은 같은 부서에 배치되지 않는다.
○ A와 D는 다른 수습 주무관 없이 혼자 배치된다.

2025 제1영역 언어논리 · 21

→ 제시된 자료를 표로 정리하면 다음과 같다.

부서	주무관 배치 조건	주무관 배치 결과
갑	※ 1명 배치 ※ 동일 직군의 수습 주무관은 같은 부서에 배치되지 않음	과학 직군 수습 주무관 1명만 배치 : A
을	※ 과학 기술 직군 수습 주무관 배치되지 않음. → 행정 직군 수습 주무관만 배치됨. ※ 동일 직군의 수습 주무관은 같은 부서에 배치되지 않음 → 행정 직군 수습 주무관 1명만 배치됨.	행정 직군 수습 주무관 1명만 배치 : D
병	※ 4개의 부서 중 2개의 부서에는 2명씩 배치됨. ※ 동일 직군의 수습 주무관은 같은 부서에 배치되지 않음 → 과학 직군, 행정 직군 한명 씩 배치됨.	모든 경우 가능 병(B)-정(E) / 병(B)-정(F) / 병(C)-정(E) / 병(C)-정(F) /
정	※ 4개의 부서 중 2개의 부서에는 2명씩 배치됨. ※ 동일 직군의 수습 주무관은 같은 부서에 배치되지 않음 → 과학 직군, 행정 직군 한명 씩 배치됨.	병(E)-정(B) / 병(F)-정(B) / 병(E)-정(C) / 병(F)-정(C)

① A가 갑 부서에 배치되고 C가 정 부서에 배치된다. ➡ (X)
② B가 병 부서에 배치되면 E가 정 부서에 배치된다. ➡ (X)
③ B가 정 부서에 배치되지 않고 C가 병 부서에 배치된다. ➡ (X)
④ D가 을 부서에 배치되지 않고 A도 갑 부서에 배치되지 않는다. ➡ (X)
⑤ F가 정 부서에 배치되면 E가 병 부서에 배치된다. ➡ (O) 동일 직군의 수습 주무관은 같은 부서에 배치되지 않으므로 F가 정 부서에 배치되면 E는 반드시 병 부서에 배치되어야 한다.

S 19 ② 난이도 ■■■

|문제 유형| 비판적 사고 > 빈칸 채우기
|접근 전략| 실험 수행에 관한 글이다. 실험은 가설 설정-실험-실험 해석의 단계로 이루어지므로 실험을 통해 확인하려는 가설이 끝까지 잘 확인되고 있는지를 확인하며 읽어야 한다.

다음 글의 (가)~(다)에 들어갈 말을 적절하게 나열한 것은?

독이 없는 어떤 개구리 종은 독이 있는 개구리 종의 외형을 모방함으로써 새로부터 잡아먹힐 위험을 줄인다. 이것은 의태의 예이다. 모방의 대상이 될 수 있는 종이 여럿일 경우 모방자는 어떤 종을 모방하는 것이 유리할까? 이를 알아보기 위해 다음의 〈실험〉을 수행하였다.

〈실 험〉
○○지역에는 독성이 강한 개구리 종 a와 독성이 약한 개구리 종 b가 있으며 이 두 종은 외형이 조금 다르다. 또한 그 지역에 있는 독 없는 개구리 종 c는 a를 모방하고, 독 없는 개구리 종 d는 b를 모방한다. 새 종 X는 a~d를 잡아먹을 수 있으며, 독성이 있는 개구리 종을 잡아먹으면 학습이 되어 이후 같은 외형을 가진 개구리를 잡아먹는 것을 회피한다.

실험1: a도 b도 잡아먹어 본 적이 없는 X에게 a를 잡아먹게 하였다. 이 새를 X-1이라고 하고 a, c, d를 잡아먹는지 관찰하였다. X-1은 a, c, d 어느 것도 잡아먹으려 하지 않았다.

실험2: a도 b도 잡아먹어 본 적이 없는 X에게 b를 잡아먹게 하였다. 이 새를 X-2라고 하고 b, c, d를 잡아먹는지 관찰하였다. X-2는 b와 d를 잡아먹으려 하지 않았지만, c를 잡아먹는 것은 회피하지 않았다.

〈실험 해석〉
독성이 (가) 개구리 종을 잡아먹어 학습된 새는 독성이 강한 개구리 종을 모방한 개구리 종과 독성이 약한 개구리 종을 모방한 개구리 종 중 어느 것도 잡아먹으려 하지 않았다. 독성이 (나) 개구리 종을 잡아먹어 학습된 새는 독성이 강한 개구리 종을 모방한 개구리 종을 잡아먹는 것을 회피하지 않았으나, 독성이 약한 개구리 종을 모방한 개구리 종은 잡아먹으려 하지 않았다. 따라서 ○○지역에 서식하는 독이 없는 개구리가 X에게 잡아먹히지 않으려면 독성이 (다) 개구리 종을 모방하는 것이 더 유리하다는 것을 알 수 있다.

	(가)	(나)	(다)	
①	강한	강한	강한	➡ (X)
②	강한	약한	약한	➡ (O) 독성이 강한 개구리 종을 잡아먹어 학습이 된 새는 독성이 약하거나 강한 종 모두를 잡아먹으려 하지 않았다. 독성이 약한 개구리 종을 잡아먹어 학습된 새는 독성이 강한 개구리 종을 모방한 개구리 종을 잡아 먹는 것을 회피하지 않았으나, 독성이 약한 개구리 종을 모방한 개구리 종은 회피했다. 따라서 독성이 약한 개구리 종을 모방하는 것이 두 종류의 새 모두 잡아먹기를 회피했기 때문에 생존에 더 유리하다.
③	강한	약한	강한	➡ (X)
④	약한	강한	약한	➡ (X)
⑤	약한	강한	강한	➡ (X)

20 ④ 난이도 ■■□

|문제 유형| 비판적 사고 > 판단하기
|접근 전략| 조사 결과를 통해 가설을 평가하는 문제이다. 조사의 과정에서 가설이 적절하게 검증되었는지를 확인하면서 조사의 과정에서 제시하는 조건과 결과를 면밀하게 파악하며 읽어야 한다.

다음 글의 ⓐ에 대한 평가로 적절한 것만을 〈보기〉에서 모두 고르면?

곤충 X는 유충에서 변태를 거쳐 성충이 된다. X의 변태에 관여하는 호르몬으로는 α와 β가 있다. 과학자 A가 조사한 결과는 다음과 같았다. X의 유충 시기에 α, β 각각의 혈중 농도는 변함없이 일정하였고, 성충 시기에도 α, β 각각의 혈중 농도는 변함없이 일정하였으나, 변태 시기 동안 α의 혈중 농도는 증가한 반면에 β의 혈중 농도는 감소하였다. X의 유충 시기에는 α의 혈중 농도가 β의 혈중 농도보다 낮았다. 이에 A는 ⓐX의 유충 시기보다 성충 시기에 α와 β의 혈중 농도 차이가 더 작다는 가설을 세웠다.

〈보기〉
ㄱ. X의 성충 시기에 α의 혈중 농도가 β의 혈중 농도보다 높다는 실험 결과가 나오면, ⓐ은 강화된다. → (X) X는 유충 시기에 α의 혈중 농도가 β의 혈중 농도보다 낮았으므로 X의 성충 시기에 α의 혈중 농도가 β의 혈중 농도보다 높다는 실험 결과가 나오면, ⓐ에서 유충 시기보다 성충 시기에 두 호르몬의 혈중 농도 차이가 더 작다는 가설은 확인할 수 없다.

ㄴ. X의 성충 시기에 β의 혈중 농도가 α의 혈중 농도보다 높다는 실험 결과가 나오면, ⓐ은 강화된다. → (O) X의 성충 시기에 β의 혈중 농도가 α의 혈중 농도보다 높다는 실험 결과가 나오면, 이미 유충 시기에도 α의 혈중 농도가 β의 혈중 농도보다 낮았으므로 변태 시기 동안 α의 혈중 농도는 증가한 반면에 β의 혈중 농도는 감소하였음에도 불구하고 이것이 유지된 것이므로 유충 시기보다 성충 시기에 두 호르몬의 혈중 농도 차이가 더 작다는 가설은 강화된다.

ㄷ. X의 성충 시기에 α와 β의 혈중 농도가 같다는 실험 결과가 나오면, ㉠은 강화된다. → (O) 이미 유충 시기에도 α의 혈중 농도가 β의 혈중 농도보다 낮았으므로 변태 시기 동안 α의 혈중 농도는 증가한 반면에 β의 혈중 농도는 감소하였음에도 불구하고 X의 성충 시기에 α와 β의 혈중 농도가 같다는 실험 결과가 나오면, 유충 시기보다 성충 시기에 두 호르몬의 혈중 농도 차이가 더 작다는 가설은 강화된다.

① ㄱ ➡ (X)
② ㄴ ➡ (X)
③ ㄱ, ㄷ ➡ (X)
④ ㄴ, ㄷ ➡ (O)
⑤ ㄱ, ㄴ, ㄷ ➡ (X)

※ 다음 글을 읽고 물음에 답하시오. [문 21.~문 22.]

다음은 사람들이 확률을 활용하여 어떻게 추론하는지를 연구하기 위해 고안한 설문지이다.

〈설문지〉

A시에는 택시가 총 100대 있는데, 이 중 초록색 택시가 90%, 파란색 택시가 10%이다. 그런데 안개가 낀 어느 날 밤에 택시 한 대가 사고를 일으키고 달아났다. 사고의 유일한 목격자인 갑은 달아난 택시가 파란색이었다고 증언했다. 이에 법정에서는 갑의 증언이 신뢰할 만한지 판단하기 위해 사고가 난 밤과 동일한 조건에서 실험하였다. 그 결과, 갑의 증언의 정확도는 80%임이 밝혀졌다. 즉, 갑이 초록색 택시를 초록색으로 알아맞힌 비율도, 파란색 택시를 파란색으로 알아맞힌 비율도 80%였다. 이를 바탕으로 올바르게 추론한 결과는 다음 중 어느 것인가?
(a) 그날 사고를 일으키고 달아난 택시가 파란색이었을 확률이 초록색이었을 확률보다 크다.
(b) 그날 사고를 일으키고 달아난 택시가 초록색이었을 확률이 파란색이었을 확률보다 크다.

정답은 (b)이다. 이것은 다음과 같이 설명할 수 있다. 사고 당시와 동일한 조건에서 A시의 모든 택시를 갑에게 보여 주는 실험을 했다고 가정해 보자. 이 실험에서 갑은 90대의 초록색 택시와 10대의 파란색 택시를 본다. 90대의 초록색 택시 중 그가 파란색이라고 부정확하게 식별한 것은 20%, 즉 18대이다. 그리고 10대의 파란색 택시 중 그가 파란색이라고 정확하게 식별한 것은 80%, 즉 8대이다. 결국 이 실험에서 갑이 파란색 택시라고 식별한 것은 모두 26대이지만, 이 중 단 8대만이 실제로 파란색이다. 따라서 갑이 본 달아난 택시가 실제로 파란색일 확률은 8/26로 약 31%이고, 초록색일 확률은 18/26로 약 69%이다.

그런데 설문 조사 결과, 대다수의 사람들이 (a)를 택했다. 그 이유는 사람들이 기저율을 무시하는 경향이 있기 때문인데, 이렇게 기저율을 무시하여 생기는 오류를 기저율 오류라고 한다. 위 설문지에는 A시의 전체 택시 중에서 파란색 택시의 비율 및 A시의 전체 택시 중에서 초록색 택시의 비율이 기저율로 제시되어 있다. (a)를 택했다면 갑의 증언의 정확도가 80%라는 사실에 초점을 맞춰 추론하면서 A시에 있는 대부분의 택시가 초록색이라는 사실을 무시했기 때문일 것이다.

우리가 합리적 추론을 하기 위해 지켜야 할 원칙 중 하나로 전체 증거의 원칙이 있다. 전체 증거의 원칙이란 확보된 모든 증거를 고려하여 추론해야 한다는 것이다. 위 설문지에서 (a)를 택한 사람들은 기저율을 고려하지 않고 갑의 증언의 정확도에만 초점을 맞춰 추론함으로써 전체 증거의 원칙을 어긴 것이다.

21 ⑤   난이도 ■■□

| 문제 유형 | 비판적 사고 > 지문에서 추론하기
| 접근 전략 | 기저율 오류와 전체 증거의 원칙을 기반으로 추론 능력을 평가하는 문제로 설문 조사 결과에 대한 정확한 이해가 필요하다.

위 글에서 추론할 수 있는 것은?

① 설문지에서 (b)가 옳다고 답변한 사람은 합리적 추론을 한 것이 아니다. ➡ (X) 글에 따르면 설문지에서 (b)가 옳다고 답변한 사람은 합리적 추론을 한 사람이다.

② A시의 택시 중 파란색 택시 비율에만 주목하여 (a)가 옳다고 답변한 사람은 합리적 추론을 한 것이다. ➡ (X) 글에 따르면 파란색 택시 비율에만 주목하면 오히려 (a)가 아닌 (b)를 고르기 어려워진다. 따라서 정확도만 고려하면 (a)를 택하게 되며, 이는 합리적 추론이 아니다.

③ 설문지의 조건에서 갑의 증언의 정확도만 70%로 바꿨을 때 (a)가 옳다고 답변한 사람은 기저율 오류를 저지른 것이 아니다. ➡ (X) 정확도를 70%로 낮춘다 해도 여전히 기저율(초록 90%)이 훨씬 크기 때문에, (a)를 택하면 여전히 기저율 오류에 해당한다.

④ 설문지의 조건에서 A시의 택시 대수만 총 1,000대로 바꿨을 때 (a)가 옳다고 답변한 사람은 기저율 오류를 저지른 것이 아니다. ➡ (X) 택시 대수가 100에서 1,000대로 바뀌어도 비율이 동일하다면(초록 900대, 파랑 100대), 기저율은 여전히 90% : 10%다. 따라서 기저율 오류에 해당한다.

⑤ A시의 택시 중 파란색 택시 비율과 갑의 증언의 정확도 중 하나라도 고려하지 않은 사람이 (b)가 답이라고 추론한다면, 그 사람은 전체 증거의 원칙을 지키지 않은 것이다. ➡ (O) 글에 따르면 전체 증거의 원칙은 모든 증거를 고려하는 것이다. 따라서 (b)가 정답이 되려면 기저율과 갑의 증언 정확도 모두 고려해야 한다. 결국 둘 중 하나라도 누락하면 전체 증거의 원칙을 어긴 것이 된다.

ⓢ 22 ④   난이도 ■■■

| 문제 유형 | 비판적 사고 > 판단하기
| 접근 전략 | 보기의 사례와 글의 공통점을 파악하는 것을 우선한다.

위 글에 비추어 볼 때, 〈사례〉에 대한 판단으로 적절한 것만을 〈보기〉에서 모두 고르면?

〈사례〉

을은 100만 명 중 한 명의 비율로 걸리는, 즉 기저율이 1/1,000,000인 병 X에 대한 검사를 받았다. 이 검사법의 정확도는 99%이다. 즉 이 검사법은 X에 걸렸을 때 99%의 확률로 양성 반응이 나타나고, 걸리지 않았을 때 99%의 확률로 음성 반응이 나타난다. 을은 X가 1/1,000,000의 확률로 걸리는 희귀병이라는 점과 그 검사법의 정확도에 대해 알고 있다.

─〈보기〉─
ㄱ. 을은 X에 대한 검사에서 양성 반응이 나올 확률이 그렇지 않을 확률보다 크다고 판단할 것이다. → (X) 〈사례〉에서 설명하고 있는 X는 기저율이 매우 낮아 검사 정확도가 높아도 거짓 양성일 경우가 더 많다. 양성이 나왔을 때 병일 확률은 0.99/0.99+9999.99이 약 0.0099%이다. 따라서 병이 아닐 확률은 99.9901%이다. 그러므로 을이 양성 반응이 나올 확률이 그렇지 않을 확률보다 크다는 것은 틀린 판단이다.
ㄴ. 을이 기저율을 무시한다면, 을은 X에 대한 검사에서 양성 반응이 나왔을 때, 자신이 X에 실제로 걸렸을 확률이 걸리지 않았을 확률보다 크다고 판단할 것이다. → (O) 을이 기저율을 무시하고 검사 정확도만 고려하면 양성이 나왔을 때 자신이 병에 걸렸을 확률을 99%로 착각하게 된다. 결국 이는 지문에서 설명하는 기저율 오류의 전형적인 예이다.
ㄷ. 을이 기저율을 무시하지 않는다면, 을은 X에 대한 검사에서 양성 반응이 나왔을 때, 자신이 X에 실제로 걸렸을 확률이 걸리지 않았을 확률보다 작다고 판단할 것이다. → (O) 을이 기저율을 무시하지 않으면 X는 기저율이 매우 낮으므로 양성 반응이 나와도 자신이 실제로 X에 걸렸을 확률이 걸리지 않았을 확률보다 작다고 판단할 수 있다. 기저율을 고려하면 검사 결과가 양성이 나왔을 때 병일 확률은 0.99/0.99+9999.99로 약 0.0099%이다. 따라서 병이 아닐 확률은 99.9901%이다.

① ㄱ ➡ (X)
② ㄷ ➡ (X)
③ ㄱ, ㄴ ➡ (X)
④ ㄴ, ㄷ ➡ (O)
⑤ ㄱ, ㄴ, ㄷ ➡ (X)

23 ②   난이도 ■■■

|문제 유형| 비판적 사고 > 지문에서 추론하기
|접근 전략| 적극행정 가산점 제도에 관한 글이다. 담고 있는 정보가 많은 글에서는 주로 핵심적인 정보를 표로 제시하는 경우가 많다. 이 글 역시 가산점의 구조를 표로 제시하고 있으므로 이를 적극 활용하여 각 직원이 얻을 수 있는 가산점의 범위를 찾는다.

다음 글에서 추론할 수 있는 것만을 〈보기〉에서 모두 고르면?

△△부는 '적극행정 가산점' 제도를 시행하고 있는데, 각 직원의 가산점은 유형 Ⅰ과 Ⅱ에서 받은 점수의 합으로 계산된다. 각 유형의 활동별 점수는 다음 표와 같다.

유형	활동	점수
Ⅰ	혁신적인 아이디어 제안	0~1
	예산을 절감하는 성과 창출	0~2
	국민 중점 민원 해결	0~3
Ⅱ	타 부서의 적극행정 추진에 협력	1
	적극행정 신규 사례 발굴	2

유형 Ⅰ에 속하는 활동에 대한 점수는 부서장의 요청과 이에 대한 평가단의 검증을 거쳐 확정된다. 이와 달리 유형 Ⅱ에 속하는 활동에 대한 점수는 외부 전문가들로 구성된 적극행정추진위원회가 요청하면 검증 없이 그대로 확정된다. 올해 △△부 직원에 대한 적극행정 가산점이 모두 확정되었는데, △△부에서 취합한 적극행정 가산점 요청 내역은 다음과 같다.

〈적극행정 가산점 요청 내역〉
○ 부서장의 요청
 - 직원 갑: 혁신적인 아이디어 제안
 - 직원 을: 국민 중점 민원 해결
 - 직원 병: 예산을 절감하는 성과 창출
○ 적극행정추진위원회의 요청
 - 직원 갑: 타 부서의 적극행정 추진에 협력
 - 직원 병: 적극행정 신규 사례 발굴
→ 각 직원 가산점의 최댓값과 최솟값을 표로 정리하면 다음과 같다.

직원	유형1	유형2 고정	총 가산점 범위
갑	0~1점(혁신적인 아이디어 제안)	1점(타 부서 협력)	1~2점
을	0~3점(국민 중점 민원 해결)	0점	0~3점
병	0~2점(예산 절감 성과 창출)	2점(신규 사례 발굴)	2~4점

─〈보기〉─
ㄱ. 적극행정 가산점은 갑이 을보다 높을 수 없다. → (X) 갑이 1~2점이고 을이 0~3점일 수 있기에 을이 0점이고 갑이 2점이면 갑이 을보다 높을 수 있다.
ㄴ. 적극행정 가산점은 을이 병보다 높을 수 없다. → (X) 을이 0~3점이고, 병이 2~4점일 수 있기에 병이 2점이고 을이 3점이면 을이 병보다 더 높을 수 있다.
ㄷ. 적극행정 가산점은 갑이 병보다 높을 수 없다. → (O) 갑이 1~2점이고, 병이 2~4점일 수 있기에 갑이 최고점 2점이고 병도 최저점이 2점이므로 같을 순 있어도 높을 수는 없다. 따라서 적절한 추론이다.

① ㄱ ➡ (X)
② ㄷ ➡ (O)
③ ㄱ, ㄴ ➡ (X)
④ ㄴ, ㄷ ➡ (X)
⑤ ㄱ, ㄴ, ㄷ ➡ (X)

24 ①   난이도 ■■□

|문제 유형| 비판적 사고 > 빈칸 채우기
|접근 전략| 마트의 의무휴업일에 관해 설명하는 대화문이다. 빈칸 채우기 문제의 경우 빈칸 직전의 문맥과 글의 전체적인 내용을 모두 고려하여 빈칸에 들어갈 내용을 추론해야 한다.

다음 대화의 (가)와 (나)에 들어갈 말을 적절하게 나열한 것은?

갑: 최근 우리 시에 있는 A마트가 의무휴업일에 영업을 했으니 이에 대해 조치해 달라는 민원이 접수되었습니다. 어떻게 처리하여야 할까요?
을: A마트가「유통산업발전법」에 규정된 의무휴업, 개설등록 등이 적용되는 대규모 점포에 해당하는지부터 확인해야 겠군요.
갑: A마트에서 제출한 사용승인 신청서의 내용을 확인해 보니,「유통산업발전법」제2조에 규정된 대규모 점포의 요건을 갖춘 것으로 보입니다. 따라서 영업 개시 전에 개설등록을 해야 하고 의무휴업일도 적용됩니다.
을: 그러면 A마트에 대해 의무휴업 적용 대상이라고 안내하고 기왕의 의무휴업 위반에 대한 제재를 부과해야 겠네요. 법령에 의하면 의무휴업 위반 횟수가 2회 이하이면 과태료 부과 대상이고 3회 이상이면 영업정지 처분 대상이니, 우선 A마트의 의무휴업 위반 횟수부터 파악해 봅시다.

갑: 우리 시의 의무휴업일이 매월 2, 4째 주 일요일인데 A마트는 지난주에 영업을 시작했으니까 위반 횟수는 1회이겠군요. 그런데 A마트가 아직 개설등록을 하지 않았는데 그래도 의무휴업이 적용되는 것인지부터 검토할 필요가 있겠네요.

을: 제가 전에 비슷한 사안을 처리했는데, 그때 산업통상자원부에 질의하여 [(가)] 의무휴업이 적용된다는 내용의 회신을 받았습니다.

갑: 그렇다면 A마트에 대해서는 의무휴업이 적용되지 않겠군요. 그런데 「유통산업발전법」을 보니까 개설등록을 하지 않고 대규모 점포를 개설하여 영업한 것은 위법하고 벌금형 부과 대상이네요.

을: 네, 그렇습니다. 다만 벌금형 부과는 우리 시에서 할 수는 없으니 수사기관에 고발하는 것까지만 할 수 있겠네요.

갑: 잘 알겠습니다. 그러면 민원인에게 A마트의 법령 위반 영업 행위에 대해 [(나)] 진행하겠다고 회신하겠습니다.

① (가): 개설등록을 하여 적법한 영업 요건을 충족해야
   (나): 수사기관에 고발하는 조치를 ➡ (O) (가) 부분 직전의 글 내용을 종합하면 A마트는 개설등록이 안 되어 있어 의무 휴업 규정이 적용되지 않는다. 따라서 개설등록을 하여 적법한 영업 요건을 충족해야 의무휴업이 적용된다가 적합하다. (나) A마트는 개설등록 없이 영업했으므로 의무휴업은 적용이 되지 않지만 개설등록 없이 영업한 행위는 위법이므로 수사 기관 고발은 가능하다. 따라서 수사기관에 고발하는 조치를 진행하겠다가 적합하다.

② (가): 개설등록을 하여 적법한 영업 요건을 충족해야
   (나): 수사기관에 고발하는 조치와 과태료 부과 처분을 ➡ (X)

③ (가): 대규모 점포에 해당해야
   (나): 수사기관에 고발하는 조치를 ➡ (X)

④ (가): 대규모 점포에 해당해야
   (나): 수사기관에 고발하는 조치와 영업정지 처분을 ➡ (X)

⑤ (가): 사용승인 처분을 받아야
   (나): 영업정지 처분을 ➡ (X)

S 25 ⑤   난이도 ■■■

| 문제 유형 | 비판적 사고 > 판단하기
| 접근 전략 | 법 지문은 설명하고 있는 법조문과 사례를 정확하게 이해한 후 문제를 해결한다. 특히 여기에서는 3가지 쟁점에 대해 갑과 을이 서로 다르게 해석하므로 둘의 차이를 적절히 분석해야 한다.

다음 글의 〈논쟁〉에 대한 분석으로 적절한 것만을 〈보기〉에서 모두 고르면?

갑과 을은 △△국 「주택임차인 보호법」 제3조, 제4조의 해석을 놓고 논쟁하고 있다. 그 조문은 다음과 같다.

제3조(대항력) ① 임차인이 임차주택에 대한 주민등록을 마친 때에는 임차주택을 매수한 제삼자에게 임대차 계약의 효력을 주장할 수 있다.
② 임차주택이 경매된 경우에 임차인이 그 경매 대금으로부터 다른 채권자보다 우선적으로 임대차 보증금을 배당 받으려면 임차주택에 대한 주민등록을 마쳐야 하고 확정일자가 기재된 임대차 계약서를 갖추어야 한다.
제4조(계약의 갱신) ① 임대인이 임대차 기간 종료 6개월 전부터 2개월 전까지의 기간에 임차인에게 계약 종료 통지를 하지 않으면 임차인은 임대차 계약이 자동으로 갱신되었다고 주장할 수 있다.

위 법의 적용 대상인 X주택을 그 소유자인 A가 B에게 임대했다. B는 X주택에 대한 주민등록을 마쳤다. 임대차 계약서에는 A의 자필로 계약일자가 기재되어 있고 확정일자는 없었다.

〈논쟁〉

쟁점 1: 임대차 기간 중 진행된 X주택에 대한 경매 절차를 통해 C가 X주택의 소유자가 되자 B는 C에게 임대차 계약의 효력을 주장한다. 이러한 B의 주장에 대해 갑은 타당하다고 하지만 을은 부당하다고 한다.

쟁점 2: 임대차 기간 중에 경매된 X주택의 경매 대금으로부터 B가 임대차 보증금을 다른 채권자인 D보다 우선적으로 배당 받을 수 있는지에 대해, 갑은 그렇다고 주장하고 을은 그렇지 않다고 주장한다.

쟁점 3: 임대차 기간 종료 6개월 전부터 2개월 전까지의 기간에 A가 B에게 계약 종료 통지를 하지 않았다. 임대차 계약 기간이 만료된 후 B는 임대차 계약 종료 통지를 했으나 A는 임대차 계약 갱신을 주장하는 경우, 갑은 임대차 계약이 갱신된 것으로 보아야 한다고 주장하나 을은 임대차 계약이 종료된 것으로 보아야 한다고 주장한다.

〈보기〉

ㄱ. 쟁점 1과 관련하여, 경매 절차를 통해 임차주택의 소유권을 취득한 자가 위 법 제3조제1항의 '임차주택을 매수한 제삼자'에 포함된다고 해석하면, 갑의 주장은 옳고 을의 주장은 옳지 않다. → (O) 경매를 통한 소유자도 제삼자에 포함된다면 B는 C에게 임대차 계약의 효력을 주장할 수 있으므로 갑의 주장은 옳고 을의 주장은 옳지 않다.

ㄴ. 쟁점 2와 관련하여, 갑은 임대인이 자필로 계약일자를 기재한 것도 위 법 제3조제2항의 확정일자가 기재된 것에 해당한다고 해석하고 을은 그렇지 않다고 해석하고 있다면, 갑과 을의 주장 불일치를 설명할 수 있다. → (O) 갑은 자필로 계약일자를 기재한 것도 확정일자가 기재된 것에 해당한다고 해석하므로 우선적으로 임대차 보증금을 받을 수 있다고 주장하고, 을은 그렇지 않으므로 우선적으로 임대차 보증금을 받을 수 없다고 주장한다.

ㄷ. 쟁점 3과 관련하여, 위 법 제4조제1항의 목적이 임차인의 선택을 최대한 존중하는 것이라고 해석하면, 갑의 주장은 옳지 않지만 을의 주장은 옳다. → (O) 제4조제1항의 목적이 임차인의 선택을 존중하는 것이라면, 계약 갱신을 주장하는 갑의 주장은 옳지 않지만 계약 종료를 주장하는 을의 주장은 옳다.

① ㄱ ➡ (X)
② ㄷ ➡ (X)
③ ㄱ, ㄴ ➡ (X)
④ ㄴ, ㄷ ➡ (X)
⑤ ㄱ, ㄴ, ㄷ ➡ (O)

정답과 분석해설

2025 | 제2영역 상황판단(⑪ 책형)

기출 총평

2025년 상황판단 영역은 2024년에 비해 연산추론형과 법조문형 문항의 비중이 증가하였고, 퍼즐형 및 제시문형 문항은 다소 줄어든 양상을 보였다. 특히 연산추론형 문항은 실제 행정업무에 활용될 수 있는 상황을 기반으로, 비용 계산, 조건 충족 여부, 최적 선택 등을 요구하며 실무형 PSAT 문항의 성격이 강화되었다.

법조문형 문항은 조문의 형식이 간결해졌지만, 적용 대상인 보기의 상황은 복잡하게 구성되어 있어, 단순한 조문 암기보다 조문 해석력과 적용 능력이 중요하게 작용하였다. 행정절차법, 권한 관계, 행정처분 요건 등 실제 공직 업무와 밀접한 조문이 출제되어 직무 적합성 검토의 도구로 기능하였다.

퍼즐형 문항은 전체적으로 줄어든 가운데, 배열이나 대우 관계보다는 선택지 구성과 판단 기준의 적용을 요하는 업무 유사형 문제가 중심을 이루었고, 기존의 전형적인 논리게임 방식보다는 과제 분담, 우선순위 판단, 조건 간 충돌 해결 등 실제 조직 내 의사결정 상황과 유사한 문항이 늘어나는 추세였다.

제시문형 문항은 일부 사례형 문항에서만 등장했으며, 정보의 양은 많지 않지만 문맥을 정확히 해석해야 풀 수 있도록 구성되었다. 불필요한 정보 없이 핵심 조건 중심의 압축된 제시문 구성이 특징이다.

전반적으로 문항의 길이와 정보량은 2024년과 유사하거나 다소 증가하였으나, 핵심 조건이 명확하게 정리되어 있어 정보 구조화 능력과 조건 적용 능력이 뛰어난 수험생에게는 체감 난도가 높지 않았을 것으로 보인다. 사고력과 실무 적용력을 균형 있게 측정하려는 PSAT의 출제 목적에 부합하는 방향으로 정비된 출제였다.

문항 분석

문번	정답	난이도	유형
01	①	■□□	법조문형 > 규정확인
02	①	■□□	법조문형 > 규정적용
03	②	■□□	법조문형 > 규정적용
04	②	■□□	법조문형 > 규정확인
05	⑤	■□□	제시문형 > 정보확인
06	①	■□□	연산추론형 > 수리계산
07	②	■■□	퍼즐형 > 게임규칙
08	⑤	■□□	제시문형 > 정보확인
09	③	■□□	제시문형 > 정보확인
10	④	■■□	연산추론형 > 대입비교
11	⑤	■□□	법조문형 > 규정적용
12	④	■□□	법조문형 > 규정확인
13	③	■□□	법조문형 > 규정적용
14	③	■■■	연산추론형 > 수리계산
15	④	■■□	제시문형 > 분석추론
16	②	■■□	퍼즐형 > 수리퀴즈
17	①	■■□	퍼즐형 > 논리퀴즈
18	①	■□□	연산추론형 > 대입비교
19	②	■■□	퍼즐형 > 논리퀴즈
20	③	■■□	퍼즐형 > 최댓값·최솟값 도출
21	④	■■□	퍼즐형 > 최댓값·최솟값 도출
22	③	■■■	퍼즐형 > 논리퀴즈
23	③	■■□	연산추론형 > 대입비교
24	④	■■■	퍼즐형 > 조건추론
25	⑤	■■■	퍼즐형 > 게임·규칙

※ 해당 회차는 1초 합격예측 서비스의 데이터 누적 기간이 충분하지 않아 '정답률 및 선지별 선택률' 기재를 생략하였습니다.

출제 비중

기출문제편 P.34

01	①	02	①	03	②	04	②	05	⑤
06	①	07	②	08	⑤	09	③	10	④
11	⑤	12	④	13	③	14	③	15	④
16	②	17	①	18	①	19	②	20	⑤
21	④	22	③	23	③	24	④	25	⑤

01 ①

난이도 ■□□

| 문제 유형 | 법조문형 > 규정확인

| 접근 전략 | 규정과 보기 선지의 일치 여부를 일대일 대응하면서 검토하는 문제이다. 특히, 예외가 되는 상황이 조문과 선지에 동일하게 언급되어 있는지 확인하면서 풀어야 한다. 또한, '~할 수 있다.', '~하여야 한다'와 같은 표현의 차이도 구분하여야 한다.

다음 글을 근거로 판단할 때 옳은 것은?

제00조(기상산업의 실태조사 등) ① 기상청장은 기상산업을 체계적으로 진흥하고 기본계획과 시행계획 등을 효율적으로 수립·추진하기 위하여 기상산업에 대한 실태조사(이하 '실태조사'라 한다)와 자료수집을 할 수 있다.
② 기상청장은 실태조사와 자료수집을 위하여 필요하다고 인정하면 관련 행정기관·연구기관·교육기관 또는 기상사업자 등에게 필요한 자료나 의견을 제출하도록 요청할 수 있다.
③ 기상청장은 실태조사를 기상산업에 관한 전문성을 갖춘 기관 또는 단체에 의뢰하여 실시할 수 있다.
④ 기상청장은 실태조사를 실시한 경우 그 결과를 기상청의 인터넷 홈페이지에 공표해야 한다.
제00조(기상정보의 제공) ① 기상청장은 기상사업자가 기상정보의 제공을 신청한 경우 정당한 이유가 없으면 그 정보를 제공하여야 한다.
② 제1항에 따라 기상청장이 기상정보를 제공할 때에는 그 기상정보의 제공에 드는 비용에 충당하기 위하여 수수료를 징수할 수 있다.
제00조(기상정보의 출처 명시 등) ① 기상사업자는 기상정보를 제3자에게 제공하는 경우 그 출처를 밝혀야 한다.
② 기상청장은 기상사업자가 제1항에 따른 출처를 밝히지 아니하는 경우에는 시정을 요구할 수 있다.

① 기상청장은 실태조사를 직접 실시하지 않고 기상산업에 관한 전문성을 갖춘 단체에 의뢰하여 실시할 수 있다. ➡ (O) 첫 번째 00조 제3항에 따르면 기상청장은 실태조사를 기상산업에 관한 전문성을 갖춘 기관 또는 단체에 의뢰하여 실시할 수 있다.

② 기상청장은 실태조사와 자료수집을 위해 필요한 경우, 관련 행정기관에게 필요한 자료의 제출을 요청할 수 있지만 기상사업자에게는 요청할 수 없다. ➡ (X) 첫 번째 00조 제2항에 따르면 기상청장은 실태조사와 자료수집을 위하여 필요하다고 인정하면 관련 행정기관·연구기관·교육기관 또는 기상사업자 등에게 필요한 자료나 의견을 제출하도록 요청할 수 있다.

③ 기상사업자는 기상청장으로부터 제공받은 기상정보를 제3자에게 제공할 수 없다. ➡ (X) 두 번째 00조 제1항에 의거하여 기상청장으로부터 기상정보를 제공받을 수 있고, 세 번째 00조 제1항에 따르면 기상사업자는 기상정보를 제3자에게 제공하는 경우 그 출처를 밝혀야 한다고 언급하고 있다. 따라서, 기상사업자는 기상청장으로부터 제공받은 기상정보의 출처를 밝혀 제3자에게 제공할 수 있다.

④ 기상청장이 기상사업자에게 기상정보를 제공할 때에는 기상정보의 경제적 가치에 해당하는 수수료를 징수하여야 한다. ➡ (X) 두 번째 00조 제2항에 의하면 기상청장이 기상정보를 제공할 때에는 기상정보의 경제적 가치가 아니라 제공에 드는 비용에 충당하기 위하여 수수료를 징수할 수 있다.

⑤ 기상청장은 기상산업 진흥을 위한 자료수집을 한 경우, 그 결과를 기상청 인터넷 홈페이지에 공표해야 한다. ➡ (X) 첫 번째 00조 제4항에 의하면 기상청장은 실태조사를 실시한 경우 그 결과를 기상청 인터넷 홈페이지에 공표해야 한다고 언급했다. 기상산업 진흥을 위한 자료수집의 결과를 공표하는 방식은 조문 내 별도의 언급이 없다.

02 ①

난이도 ■□□

| 문제 유형 | 법조문형 > 규정적용

| 접근 전략 | 규정을 구체적인 상황에 적용하는 문항으로, 각 선지에서 언급된 주체의 역할과 시점을 조문과 연결해 판단해야 한다. 특히 국제기구 분담금의 정의와 납부 예외 대상(출자금·출연금 포함 여부), 심의위원회의 기능, 보고 절차 등을 조목조목 확인해야 한다. 각각의 조항이 시간 순서와 함께 연결되므로, 조문의 흐름을 구조적으로 파악하면 정답 선지를 빠르게 선별할 수 있다.

다음 글을 근거로 판단할 때 옳은 것은?

제00조(정의) 이 법에서 '국제기구 분담금'이란 정부가 국제기구에 의무적으로 납부하여야 하는 경비 또는 국제기구와 협력사업 추진을 위하여 재량적으로 납부하는 경비를 말한다. 다만 국제금융기구 및 녹색기후기금에 납입하는 출자금 또는 출연금은 제외한다.
제00조(국제기구 분담금 심의위원회) ① 국제기구 분담금 관리에 관한 주요 사항을 심의·조정하기 위하여 외교부장관 소속으로 국제기구 분담금 심의위원회(이하 '위원회'라 한다)를 둔다.
② 위원회는 다음 각 호의 사항을 심의·조정한다.
  1. 중앙행정기관별 전년도 국제기구 분담금 납부실적 및 자체평가 결과
  2. 중앙행정기관별 다음 연도 국제기구 분담금 납부계획
제00조(국제기구 분담금 납부실적에 대한 자체평가 등) ① 중앙행정기관의 장은 소관 국제기구 분담금의 전년도 납부실적 및 납부목적 부합 여부에 대하여 매년 자체평가를 실시하여야 한다.
② 중앙행정기관의 장은 매년 3월 31일까지 소관 국제기구 분담금의 전년도 납부실적, 제1항에 따른 자체평가 결과 및 다음 연도 국제기구 분담금 납부계획을 위원회에 제출하여야 한다.
③ 외교부장관은 제2항에 따라 제출된 납부실적 등에 대한 위원회의 심의·조정 결과를 매년 5월 31일까지 기획재정부장관에게 송부하고, 기획재정부장관은 송부받은 위원회의 심의·조정 결과를 존중하여 다음 연도 예산안을 편성하여야 한다.

① 위원회는 중앙행정기관별 다음 연도 국제기구 분담금 납부계획을 심의·조정한다. ➡ (O) 위원회는 중앙행정기관별 다음 연도 국제기구 분담 납부계획을 심의·조정하는 기능을 수행한다. 제시문 두 번째 제00조 제2항 제2호에 명시되어 있다.

② 위원회는 중앙행정기관이 납부하는 국제기구 분담금의 납부목적 부합 여부에 대한 자체평가를 매년 실시하여야 한다. ➡ (X) 국제기구 분담금의 납부 목적 부합 여부에 대한 자체평가는 각 중앙행정기관의 장이 수행해야 하며, 위원회가 직접 평가를 실시하지 않는다. 이는 세 번째 제00조 제1항의 내용과 상반된다.

③ 환경부가 녹색기후기금에 출연금을 납입하였다면 환경부장관은 해당 납입실적을 위원회에 제출하여야 한다. ➡ (X) 첫 번째 제00조에 따르면 녹색기후기금에 납입하는 출자금 또는 출연금은 국제기구 분담금의 정의에서 제외된다. 따라서 환경부장관은 이와 관련한 납부실적을 위원회에 제출할 의무가 없다.

④ 외교부장관은 중앙행정기관의 장이 제출한 납부실적을 매년 3월 31일까지 기획재정부장관에게 송부하여야 한다. ➡ (X) 외교부장관은 위원회의 심의·조정 결과를 받아 기획재정부장관에게 송부하는 역할을 한다. 납부실적 제출의무는 중앙행정기관의 장에게 있고, 그 기한은 3월 31일까지이다. 이 선지는 주체와 기한이 모두 틀렸다.

⑤ 국제기구와의 협력사업 추진을 위하여 시민단체가 스스로 국제기구에 납부하는 경비는 국제기구 분담금에 해당한다. ➡ (X) 국제기구 분담금은 정부가 국제기구에 납부하는 의무적 또는 재량적 경비를 의미하며, 시민단체가 자율적으로 납부한 경비는 포함되지 않는다.

03 ②   난이도 ■□□

| 문제 유형 | 법조문형 > 규정적용
| 접근 전략 | 규정을 구체적인 상황에 적용하는 문항으로, 규정의 특허심판원과 심판관, 합의체에 대해 제시된 내용이 선지의 어느 부분에 적용하는지 파악한 다음 빠르게 해결할 수 있다.

다음 글을 근거로 판단할 때 옳은 것은?

제○○조(특허심판원) ① 특허·실용신안·디자인·상표에 관한 심판(이하 '심판사건'이라 한다)을 관장하게 하기 위하여 특허청장 소속으로 특허심판원을 둔다.
② 특허심판원에 특허심판원장(이하 '원장'이라 한다)과 심판관을 둔다.
제□□조(심판관 등의 지정) ① 원장은 각 심판사건에 대하여 제△△조에 따른 합의체를 구성할 심판관을 지정하여야 한다.
② 원장은 제1항에 따라 지정된 심판관 중에서 1명을 심판장으로 지정하여야 한다.
③ 제2항에도 불구하고 원장은 특히 중요하다고 인정되는 심판사건에 대해서는 원장 스스로 심판장이 될 수 있다.
④ 심판장은 그 심판사건에 관한 사무를 총괄한다.
제△△조(심판의 합의체, 심리 등) ① 심판은 3명 또는 5명의 심판관으로 구성되는 합의체가 한다.
② 제1항의 합의체의 합의는 과반수로 결정한다.
③ 심판은 구술심리 또는 서면심리로 한다. 다만 당사자가 구술심리를 신청하였을 때에는 서면심리만으로 결정할 수 있다고 인정되는 경우 외에는 구술심리를 하여야 한다.
④ 구술심리는 공개하여야 한다. 다만 공공의 질서 또는 선량한 풍속에 어긋날 우려가 있으면 그러하지 아니하다.

① 심판의 합의체는 심판장 1명과 심판관 1명으로 구성될 수 있다.
➡ (X) 제△△조 제1항에서 심판의 합의체는 3명 또는 5명의 심판관으로 구성된다고 기재했으므로 심판장 1명과 심판관 1명 총 2명이 심판의 합의체가 될 수는 없다.

② 원장이 심판장으로서 심판사건에 관한 사무를 총괄하는 경우가 있다. ➡ (O) 제□□조 제3항에서 원장은 특히 중요하다고 인정되는 심판사건에 대해 스스로 심판장이 될 수 있다고 했으므로 중요하다고 인정되는 사건에 대해 스스로 심판장으로서 사무를 총괄할 수 있다.

③ 합의체의 합의는 심판관 전원의 일치된 의견으로 결정한다.
➡ (X) 제△△조 제2항에 의거하여 합의체의 합의는 과반수로 결정된다.

④ 당사자가 구술심리를 신청한 경우에는 서면심리로 심판할 수 없다. ➡ (X) 제△△조 제3항에 의거하여 구술심리를 신청한 경우 서면심리만으로 결정할 수 있다고 인정되는 경우에는 서면심리로도 심판할 수 있다.

⑤ 서면심리로 심판하는 경우 그 심리는 공개하여야 한다. ➡ (X) 제△△조 제4항에서는 구술심리에 대한 공개의무를 규정한 바, 서면심리에 공개여부는 본 규정내 별도로 언급되어 있지 않다.

04 ②   난이도 ■□□

| 문제 유형 | 법조문형 > 규정확인
| 접근 전략 | 등록 주체, 요건, 유효기간 등 조건을 상황별로 분류해 정확하게 적용해야 하는 문항이다. 의료기관과 비의료기관에 적용되는 등록 요건이 다르고, 신고와 등록의 대상 관청도 서로 다르기 때문에 혼동을 피해야 한다. 특히 '또는'과 '갱신', '발급'과 같은 표현에 주목하여 각 행위가 적법한지 판단하는 것이 핵심이다.

다음 글을 근거로 판단할 때 옳은 것은?

제00조(의료 해외진출의 신고) ① 의료 해외진출을 하려는 의료기관의 개설자는 보건복지부장관에게 신고하여야 한다.
② 보건복지부장관은 제1항에 따른 신고를 한 의료기관의 개설자에게 의료 해외진출의 신고확인증을 발급하여야 한다.
제00조(외국인환자 유치에 대한 등록) ① 외국인환자를 유치하려는 의료기관은 다음 각 호의 요건을 갖추어 특별시장·광역시장·특별자치시장·도지사 또는 특별자치도지사(이하 '시·도지사'라 한다)에게 등록하여야 한다.
 1. 외국인환자를 유치하려는 진료과목별로 전문의를 1명 이상 둘 것
 2. 의료배상공제조합 또는 보건복지부령으로 정하는 의료사고배상책임보험에 가입하였을 것
② 외국인환자를 유치하려는 비의료기관은 다음 각 호의 요건을 갖추어 시·도지사에게 등록하여야 한다.
 1. 보건복지부령으로 정하는 보증보험에 가입하였을 것
 2. 국내에 사무소를 설치하였을 것
③ 시·도지사는 제1항에 따라 등록한 의료기관(이하 '외국인환자 유치의료기관'이라 한다) 및 제2항에 따라 등록한 비의료기관(이하 '외국인환자 유치사업자'라 한다)에게 등록증을 발급하여야 한다.
④ 제1항 및 제2항에 따른 등록의 유효기간은 등록일부터 3년으로 한다.
⑤ 제4항에 따른 유효기간이 만료된 후 계속하여 외국인환자를 유치하려는 자는 유효기간이 만료되기 전에 그 등록을 갱신하여야 한다.

① 의료 해외진출을 하려는 의료기관의 개설자는 시·도지사에게 등록하여야 한다. ➡ (X) 의료 해외진출을 하려는 의료기관의 개설자는 시·도지사가 아니라 보건복지부장관에게 신고해야 한다. 이는 제00조 제1항의 내용과 다르다.

② 외국인환자 유치를 위해 시·도지사에게 등록하려는 의료기관이 보건복지부령으로 정하는 의료사고배상책임보험에 가입하지 않는다면 의료배상공제조합에는 가입하여야 한다. ➡ (O) 외국인환자 유치를 위해 시·도지사에게 등록하려는 의료기관은 '의료배상공제조합' 또는 '보건복지부령으로 정하는 의료사고배상책임보험' 둘 중 하나에만 가입하면 요건을 충족한다. '또는'이라는 문구가 명시되어 있으므로 하나만 충족해도 무방하다.

③ 외국인환자 유치사업자는 등록일부터 3년이 지난 후에도 그 등록의 갱신 없이 계속하여 외국인환자를 유치할 수 있다. ➡ (X) 외국인환자 유치사업자의 등록 유효기간은 3년이다. 등록을 갱신하지 않으면 유효기간이 만료된 후 외국인환자를 계속 유치할 수 없다. 따라서 본 선지는 법령과 어긋난다.

④ 외국인환자를 유치하려는 비의료기관이 시·도지사에게 등록하기 위해서는 진료과목별로 전문의 1명 이상을 두어야 한다.
➡ (X) 진료과목별로 전문의를 두어야 하는 요건은 의료기관에만 해당하며, 비의료기관에는 적용되지 않는다. 비의료기관의 요건은 보증보험 가입과 국내 사무소 설치다.

⑤ 시·도지사는 국내에 사무소를 설치하지 않은 비의료기관에게 외국인환자 유치사업자 등록증을 발급할 수 있다. ➡ (X) 비의료기관이 외국인환자 유치사업자로 등록되기 위해서는 국내에 사무소를 설치해야 한다. 이를 충족하지 못하면 등록증을 발급받을 수 없다.

05 ⑤   난이도 ■□□

| 문제 유형 | 제시문형 > 정보확인
| 접근 전략 | 주어진 글은 조선시대의 소금 생산과 지역별 소금 생산 방식, 유통 경로에 관한 내용이다. 문단별로 주요 정보를 체크해 가면서 문제를 해결하도록 한다. 동해안과 서해안, 남해안의 생산방법 차이, 유통하는 경로와 방법에서 나오는 차이점에 초점을 맞춰가며 답을 찾도록 한다.

다음 글을 근거로 판단할 때 옳은 것은?

조선시대에는 서해안과 남해안을 중심으로 소금 생산이 활발했다. 소금의 최대 생산지는 평안도에서 전라도에 이르는 서해안의 갯벌 지대로, 대표적인 지역은 전라도 부안과 충청도 태안이었다. 이러한 소금 생산지에는 염장이라는 관청을 설치해 소금 생산을 관리하였다. ▶1문단

동해안의 소금 생산 방법은 서해안이나 남해안과 달랐다. 동해안에서는 바닷물을 끓여서 소금을 만들었다. 바닷물을 끓일 때 나무가 필요했기 때문에 소금 생산 지역의 주변 산은 대부분 민둥산이었다. 반면 서해안과 남해안은 조석(潮汐) 간만의 차를 이용했다. 해안가에 작은 둑을 쌓아 염전을 만들어 보름에 한 번씩 바닷물을 가두고, 가둔 물을 둑 안에서 자연 증발시켜 소금을 얻었다. 이처럼 자연 증발을 통해 얻은 소금이 천일염이다. ▶2문단

소금은 나루터를 중심으로 유통되었다. 예를 들어, 조선시대 경기도 일대 소금은 대부분 한강의 마포나루에 집결되었다. 그런 까닭으로 조선시대에는 마포염이라는 말이 있을 정도였다. 염전 하나 없는 마포가 소금으로 유명해진 것은 소금 유통의 중심지였기 때문이다. 경강상인은 마포나루를 비롯한 한강 일대의 나루터에 창고를 지어 놓고, 소금, 젓갈, 생선 등을 거래하였다. ▶3문단

① 동해안에서는 조석 간만의 차를 이용한 소금 생산 방식을 주로 사용하였다. ➡ (X) 2문단을 통해 조석 간만의 차를 이용한 소금 생산 방식을 주로 활용한 곳은 서해안과 남해안임을 알 수 있다.
② 조선시대에 경강상인에 의한 소금 거래는 이루어지지 않았다. ➡ (X) 3문단에서 경강상인은 소금, 젓갈, 생선 등을 거래했다고 언급하고 있다.
③ 조선시대 소금의 최대 생산지는 남해안의 갯벌 지대였다. ➡ (X) 1문단을 통해 소금의 최대 생산지는 평안도에서 전라도에 이르는 서해안의 갯벌 지대라고 판단할 수 있다.
④ 마포염은 마포에서 생산된 소금을 이르는 말이다. ➡ (X) 3문단에서 조선시대 경기도 일대 소금은 대부분 한강의 마포나루에 집결되어 마포염이라는 말이 있을 정도라고 하였으며, 염전 하나 없는 마포라고 하였으므로 마포염은 마포에서 생산된 소금을 이르는 말이 아니다.
⑤ 조선시대에 천일염은 염전에서 얻을 수 있었다. ➡ (O) 2문단에서 천일염은 해안가에 작은 둑을 쌓아 염전을 만들어서 바닷물을 가두고, 자연 증발을 통해 얻은 소금이라고 언급되어 있다.

06 ①   난이도 ■□□

| 문제 유형 | 연산추론형 > 수리계산
| 접근 전략 | 대화문 속 정보들을 바탕으로 식을 세우고, 주어진 총액에서 어묵 개수를 역산하는 계산형 문항이다. '떡볶이와 만두는 乙과 甲이 함께 먹었고, 만두는 무료'라는 조건을 반영하여 전체 식을 단순화시킬 수 있다. '甲이 乙보다 2개 더 먹었다'는 대등 조건을 변수에 반영하여 전체 어묵 개수에서 乙이 먹은 양을 역산하면 정확한 해답에 도달할 수 있다.

다음 글을 근거로 판단할 때, 乙이 먹은 어묵의 개수는?

甲: 분식집에서 얼마 냈어?
乙: 15,000원.
甲: 어묵 한 개 1,000원, 떡볶이 한 접시 3,000원, 만두 한 접시 2,000원이었잖아. 둘이 먹었는데 그렇게 많이 나왔어?
乙: 떡볶이 한 접시와 만두 한 접시를 먹었지. 그리고 어묵은 여러 개 먹었어. 그런데 사장님이 만둣값은 안 받으셨어.
甲: 어묵을 많이 먹긴 했나 보다.
乙: 네가 나보다 어묵을 두 개나 더 먹었잖아.

① 5 ➡ (O) 乙은 떡볶이 1접시(3,000원), 만두 1접시(무료), 어묵 여러 개를 먹었다. 甲은 乙보다 어묵을 2개 더 먹었다. 총 결제 금액은 15,000원이다. 乙이 어묵을 x개 먹었다고 하면, 어묵 가격은 1,000x원이다.
⇒ 전체 지출: 3,000(떡볶이) + 1,000x = 15,000
⇒ x = 12. 이 중 乙은 (12 − 2) ÷ 2 = 5개를 먹었다.
② 6 ➡ (X) 乙이 6개를 먹었다면 甲은 8개. 총 어묵 14개 → 14,000원 + 3,000원 = 17,000원으로 초과된다.
③ 7 ➡ (X) 乙이 7개를 먹었다면 甲은 9개. 총 16개 → 16,000원 + 3,000원 = 19,000원으로 초과된다.
④ 8 ➡ (X) 총 어묵이 18개라면 18,000 + 3,000 = 21,000원으로 초과된다.
⑤ 9 ➡ (X) 총 어묵이 20개라면 20,000 + 3,000 = 23,000원으로 초과된다.

07 ②   난이도 ■■□

| 문제 유형 | 퍼즐형 > 게임규칙
| 접근 전략 | 본 문제와 같은 형태는 주어진 O 조건과 14, 15번의 A라는 힌트, 15번까지의 정답갯수를 가지고 선지에 직접 적용하면서 답이 되는 선지를 찾는 것이 가장 빠른 풀이라고 볼 수 있다.

다음 글을 근거로 판단할 때, 16~20번 문항의 정답으로 가능한 것은?

甲은 5지선다형 20개 문항으로 구성된 시험을 출제한다. 각 문항의 선택지는 A, B, C, D, E이며, 정답별 문항 개수 및 정답 배열에 관한 조건은 다음과 같다.

○ A가 정답인 문항은 2개 이상 6개 이하여야 한다. B~E도 마찬가지이다.
○ 동일한 정답이 연속해서 3회 이상 나와서는 안 된다.

甲은 현재 15번 문항까지 출제하였다. 14번과 15번 문항의 정답은 모두 A이며, 15번까지 정답별 문항 개수는 다음과 같다.

정답	A	B	C	D	E
문항 개수	2	0	3	5	5

	16번	17번	18번	19번	20번
①	A	B	B	C	B

➡ (X) 16번이 A가 되면 14, 15, 16번 3문제 연속 A 정답이 되므로 동일한 정답이 연속해서 3회 이상 나와서는 안된다는 조건에 위배된다.

| ② | B | A | B | B | C |

➡ (O) 14, 15번과 다르게 16번이 B이므로 3문제 연속 정답인 경우에 해당하지 않고, 16~20번 안에서 동일한 정답이 연속해서 3회 나오지도 않는다. 20번까지 정답별 문항 개수는 A(3), B(3), C(4), D(5), E(5)개로 각 문제당 정답인 문항 개수가 2개 이상 6개 이하라는 첫 번째 조건도 충족하게 된다.

| ③ | B | A | D | B | D |

➡ (X) 18번, 20번 답이 D이므로 정답이 D인 문항 개수가 7개가 되어 첫 번째 조건에 위배된다.

| ④ | C | B | B | B | D |

➡ (X) 17번~19번 3문제 연속 B가 정답이므로 두 번째 조건에 위배된다.

⑤ D B E C A
➡ (X) B가 정답인 문항 개수가 총 20문항 중 1개밖에 안되므로 첫 번째 조건에 위배된다.

08 ⑤ 난이도 ■□□

| 문제 유형 | 제시문형 > 정보확인
| 접근 전략 | 장소 선택 조건을 주어진 표에 하나씩 적용하면서 소거해 나가는 방식으로 해결하는 정보확인형 문항이다. 기본 조건인 '세미나 시간 중복 없음', '프로젝터 사용 가능', '43명 이상 수용' 여부를 모두 충족하는지 먼저 확인한다. 여러 장소가 조건을 충족할 경우에는 다과 제공 여부를 추가 조건으로 활용하여 최종 후보를 결정해야 한다.

다음 글을 근거로 판단할 때, 세미나 장소 A~E 중 甲이 선정할 곳은?

○ △△부서 주무관 甲은 다음 조건에 따라 정책 세미나 개최를 위한 장소를 선정하고자 한다.
 - 세미나 시간은 14:00~16:00이며, 43명이 참석한다.
 - 세미나 시간 동안 해당 장소에 타 부서의 예약이 없어야 하며, 프로젝터 사용이 가능한 장소여야 한다.
 - 위 조건을 모두 만족하는 장소가 여러 곳인 경우, 그중 다과 제공이 가능한 장소가 있다면 그 장소를 선정한다.
○ 다음은 세미나 장소 A~E에 관한 정보이다.

장소	세미나 당일 타 부서 예약 현황	프로젝터 사용 가능 여부	최대 수용 가능 인원	다과 제공 가능 여부
A	13:00~15:00	○	65명	○
B	없음	○	40명	○
C	11:00~12:30	○	50명	×
D	없음	×	80명	×
E	없음	○	45명	○

① A ➡ (X) A는 13:00~15:00 타 부서 예약이 있다. 세미나 시간인 14:00~16:00 중복되므로 조건을 만족하지 못한다.
② B ➡ (X) B는 타 부서 예약이 없고 프로젝터 사용도 가능하지만, 최대 수용 인원이 40명으로 부족하다(43명 이상 필요). 따라서 부적합하다.
③ C ➡ (X) C는 타 부서 예약이 11:00~12:30이므로 시간 조건은 충족하고, 프로젝터도 사용 가능하며 수용 인원도 50명으로 충분하다. 그러나 다과 제공이 불가능하여 선택 기준에서 후순위로 밀린다.
④ D ➡ (X) D는 타 부서 예약이 없고 수용 인원도 충분하나, 프로젝터 사용이 불가능하다. 따라서 필수 조건을 충족하지 못한다.
⑤ E ➡ (○) E는 타 부서 예약이 없고, 프로젝터 사용 가능, 수용 인원 45명으로 조건을 모두 만족한다. 또한 다과 제공도 가능하여 우선 선정 대상이 된다.

※ 다음 글을 읽고 물음에 답하시오. [문 9. ~ 문 10.]

○○국은 노후의 건강증진 및 생활안정을 도모하고 부양가족의 부담을 덜어줌으로써 국민 삶의 질을 높이기 위해 노인장기요양보험제도를 시행 중이다. 이를 통해 고령이나 노인성 질병 등의 사유로 혼자 일상생활을 하기 어려운 노인에게 신체활동 또는 가사활동 지원 등의 장기요양급여를 제공하고 있다. ▶1문단
노인장기요양보험제도는 소득에 관계없이 심신기능의 상태를 고려한 요양 필요도에 따라 장기요양 인정을 받은 자에게 서비스를 제공하는 것이다. 이는 국민기초생활보장대상자 등 특정 저소득층을 대상으로 제공되는 기존 노인복지서비스와 차이가 있다. ▶2문단
노인장기요양보험제도 수급자(이하 '수급자'라 한다)가 제공받을 수 있는 급여로는 재가(在家)급여, 시설급여, 복지용구급여, 특별현금급여 네 가지가 있다. 재가급여는 노인요양시설에 입소하지 않은 수급자의 가정을 방문하여 제공하는 방문요양, 방문목욕, 방문간호와 재가 노인을 일정 시간 동안 요양기관에서 보호해 주는 주·야간보호로 이루어져 있다. 시설급여는 수급자를 노인요양시설에서 장기간 보호해 주는 것을 말한다. 복지용구급여는 심신기능이 저하되어 일상생활을 영위하는 데 지장이 있는 수급자에게 일상생활·신체활동 지원 및 인지기능의 유지·향상에 필요한 용구를 구입하거나 대여해 주는 것을 말한다. 단, 시설급여 수급자의 경우 복지용구급여는 제공받지 못한다. 특별현금급여는 수급자가 천재지변, 신체 또는 정신 등의 사유로 재가급여나 시설급여를 받을 수 없어 그 가족 등으로부터 방문요양에 상당하는 서비스를 받을 때 지급하는 현금급여를 뜻하며, 수급자에게 매월 15만 원씩 지급한다. ▶3문단
한편 노인장기요양보험제도 수급자에게는 본인부담금이 발생한다. 급여별 본인부담금은 다음과 같다. 재가급여의 경우 해당 장기요양급여비용의 100분의 15, 시설급여는 100분의 20, 복지용구급여는 100분의 15이다. 다만 국민기초생활보장대상자에게는 본인부담금이 발생하지 않는다. ▶4문단

09 ③ 난이도 ■■□

| 문제 유형 | 제시문형 > 정보확인
| 접근 전략 | 본 문제는 노인장기요양보험제도의 정의와 수급자가 제공받을 수 있는 급여 종류인 재가급여, 시설급여, 복지용구급여, 특별현금급여 4가지에 관한 내용으로 보기가 구성되어 있으므로, 2문단과 3문단에 초점을 맞춰 문제에 접근한다.

윗글을 근거로 판단할 때, 〈보기〉에서 옳은 것만을 모두 고르면?

〈보기〉
ㄱ. 노인장기요양보험제도의 지원 대상은 국민기초생활보장대상자 등 특정 저소득층이다. → (X) 2문단을 통해 노인장기요양보험제도는 '소득에 관계없이' 서비스를 제공함을 알 수 있다.
ㄴ. 노인요양시설에 입소해 장기간 보호받고 있는 수급자 A는 그 기간 동안 방문목욕급여를 받을 수 없다. → (○) 3문단에서 재가급여는 노인요양시설에 입소하지 않은 수급자의 가정을 방문하여 제공하는 서비스라고 언급되어 있으므로 노인요양시설에 입소해 장기간 보호받고 있는 수급자 A는 재가급여의 종류 중 하나인 방문목욕급여를 제공받을 수 없다.
ㄷ. 시설급여 수급자 B는 신체활동 지원에 필요한 용구인 성인용 보행기 대여에 대한 복지용구급여를 받을 수 없다. → (○) 3문단에서 시설급여 수급자는 복지용구급여를 제공받지 못한다고 언급되어 있으므로 시설급여 수급자 B는 복지용구급여를 받을 수 없다.
ㄹ. 재가급여나 시설급여를 제공받을 수 있음에도 가족으로부터 방문요양에 상당하는 서비스를 받는 C는 특별현금급여를 제공받을 수 있다. → (X) 3문단에서 특별현금급여는 '수급자가 재가급여나 시설급여를 받을 수 없어' 가족등으로부터 방문요양에 상당하는 서비스를 받는 경우에 지급하는 현금급여라고 한다.

① ㄱ, ㄴ ➡ (X) ㄱ이 틀린 선지이다.
② ㄱ, ㄹ ➡ (X) ㄱ과 ㄹ 모두 틀린 선지이다.
③ ㄴ, ㄷ ➡ (○) ㄴ과 ㄷ 모두 맞는 선지이다.
④ ㄴ, ㄹ ➡ (X) ㄹ이 틀린 선지이다.
⑤ ㄷ, ㄹ ➡ (X) ㄹ이 틀린 선지이다.

10 ④ 난이도 ■■□

| 문제 유형 | 연산추론형 > 대입비교
| 접근 전략 | 급여 항목별 단가에 이용 횟수를 곱해 총급여비용을 산출한 후, 본인부담률을 적용하여 각 수급자의 부담금을 비교하는 계산형 문항이다. 급여 유형별 본인부담금과 국민기초생활보장대상자에 대한 면제 조건을 정확히 반영해야 한다. 계산 실수를 방지하기 위해 급여별 금액과 횟수를 명확히 곱하고, 이후 본인부담률을 적용하는 것이 중요하다.

윗글과 〈상황〉을 근거로 판단할 때, 甲~丙을 이번 달 수급 현황에 따른 본인부담금이 높은 순서대로 나열한 것은?

〈상황〉

○ 노인장기요양보험제도 급여별 장기요양급여비용은 다음과 같다.

급여 유형	급여 내용	급여비용
재가급여	방문요양	2만 원/시간
	방문목욕	7만 원/회
	방문간호	4만 원/시간
	주·야간보호	1만 원/시간
시설급여	노인요양시설 보호	7만 원/일
복지용구급여	복지용구 구입	복지용구 구입비
	복지용구 대여	복지용구 대여료

○ 노인장기요양보험제도 수급자 甲~丙의 이번 달 수급 현황은 다음과 같다.

수급자	수급 내역	비고
甲	방문목욕 10회, 복지용구(전동침대) 구입	전동침대 구입비 30만 원
乙	주·야간보호 45시간, 방문요양 28시간	국민기초생활보장대상자
丙	노인요양시설 보호 11일	-

① 甲 > 乙 > 丙 ➡ (X)
② 甲 > 丙 > 乙 ➡ (X)
③ 乙 > 丙 > 甲 ➡ (X)
④ 丙 > 甲 > 乙 ➡ (O)
　　甲 재가급여: 방문목욕 70만 원 (10회 × 7만 원)
　　　복지용구급여: 전동침대 구입 30만 원
　　　본인부담금 = 100만 원 × 15% = 15만 원
　　乙 국민기초생활보장대상자
　　　본인부담금 = 0원
　　丙 시설급여: 노인요양시설 77만 원 (11일 × 7만 원)
　　　본인부담금 = 77만 원 × 20% = 15.4만 원
　　⇒ 본인부담금 순위는 '丙(15.4만) 〉 甲(15만) 〉 乙(0만)'이 된다.
⑤ 丙 > 乙 > 甲 ➡ (X)

11 ⑤ 난이도 ■□□

| 문제 유형 | 법조문형 > 규정적용
| 접근 전략 | 법조문이 행위 제한과 허가에 관한 사항이므로, 선지에서 행위 제한 조건과 예외적으로 허용되는 경우, 허가 가능한 행위에 대해 구분해 가면서 문제를 해결한다. 항별로 구체적인 예시에 해당하는 행위가 제시되어 있으므로, 선지 내 해당 행위가 제한되는 경우인지 허가되는 경우인지 구분해 가면서 읽는다.

다음 글을 근거로 판단할 때 옳은 것은?

제00조(행위제한) ① 사람이 거주하지 아니하거나 극히 제한된 지역에만 거주하는 섬으로서 자연생태계 보전을 위하여 환경부장관이 지정하여 고시하는 도서(이하 '특정도서'라 한다)에서 다음 각 호의 어느 하나에 해당하는 행위를 하여서는 아니 된다.
　1. 건축물 또는 공작물의 신축·증축
　2. 택지의 조성, 토지의 형질변경, 토지의 분할
　3. 도로의 신설
　4. 폐기물을 매립하거나 버리는 행위
② 제1항에도 불구하고 다음 각 호의 어느 하나에 해당하는 경우에는 제1항을 적용하지 아니한다.
　1. 군사·항해·조난구호 행위
　2. 재해의 발생 방지 및 대응을 위하여 필요한 행위
　3. 국가가 시행하는 해양자원개발 행위
③ 제2항에 따른 행위를 한 자는 그 행위의 내용과 결과를 환경부장관에게 통보하여야 한다.
제00조(허가) 환경부장관은 특정도서의 지정 목적에 지장이 없다고 인정하는 경우에는 다음 각 호의 어느 하나에 해당하는 행위를 허가할 수 있다. 다만 문화유산으로 지정된 특정도서에 대하여는 미리 국가유산청장과 협의하여야 한다.
　1. 국가나 지방자치단체가 등산로, 산책로, 공중화장실, 정자 등을 설치하는 행위
　2. 자연생태계의 연구·조사를 목적으로 하는 행위

① 특정도서에서의 도로 신설이 군사 행위인 경우 그 행위의 내용과 결과를 환경부장관에게 통보할 필요가 없다. ➡ (X) 첫 번째 00조 제3항에 의거하면 제2항의 행위를 한 자는 행위의 내용과 결과를 환경부장관에게 통보해야 한다. 제2항 제1호에 군사행위가 포함되어 있으므로 군사행위는 행위의 내용과 결과를 환경부장관에게 통보할 필요가 있다.
② 특정도서에 거주하는 주민은 재해발생 방지를 위해 필요한 경우에도 특정도서에서의 공작물 신축 행위를 할 수 없다. ➡ (X) 첫 번째 00조 제2항 제2호에 재해의 발생방지에 필요한 행위가 있으므로, 특정조서에 거주한 주민은 재해발생 방지를 위해 필요한 경우 제1항 제1호의 행위인 공작물의 신축, 증축 행위를 할 수 있다.
③ 환경부장관이 특정도서에서 건축물의 증축을 허가하기 위해서는 미리 국가유산청장과 협의하여야 한다. ➡ (X) 두 번째 00조에서 건물 증축을 위해 협의가 필요한 경우는 '문화유산으로 지정된 특정도서인 경우'만 미리 국가유산청과 협의를 진행해야 한다.
④ 민간기업이 영리 목적으로 특정도서에 산책로를 설치하려는 경우 환경부장관은 이를 허가할 수 있다. ➡ (X) 두 번째 00조 제1호에서 환경부장관이 허가하는 행위는 국가나 지방자치단체가 등산로 등을 설치하는 행위이므로 민간 기업이 영리 목적으로 산책로를 설치하는 경우에는 환경부장관이 허가하지 않을 수 있다.
⑤ 특정도서에서 자연생태계의 연구·조사를 목적으로 하는 행위에 대해 환경부장관의 허가를 얻으면 그 행위를 할 수 있다. ➡ (O) 두 번째 00조에서 허가하는 행위 중 제2호는 자연생태계의 연구·조사를 목적으로 하는 행위이므로 환경부장관의 허가를 받은 경우에는 해당행위를 할 수 있다.

12 ④

| 문제 유형 | 법조문형 > 규정확인
| 접근 전략 | 규정을 구체적인 상황에 적용하는 문항으로, 선지에 제시된 주체와 행위를 법령상 근거와 대조하여 판단해야 한다.
특히 '사업주의 의무'와 '고용노동부장관의 권한', '근로자대표의 요청권'이 각각 어떤 조항에 근거하며 어떻게 적용되는지를 확인하면 빠르게 해결할 수 있다. 개별 근로자의 건강정보 공개 여부와 관련된 단서 조항도 주의 깊게 살펴야 한다.

다음 글을 근거로 판단할 때 옳은 것은?

제○○조(특수건강진단 등) ① 사업주는 특수건강진단대상업무에 종사하는 근로자의 건강관리를 위하여 특수건강진단을 실시하여야 한다.
② 사업주는 제△△조 제1항에 따른 특수건강진단기관에서 특수건강진단을 실시하여야 한다.
제□□조(특수건강진단에 관한 사업주의 의무) ① 사업주는 특수건강진단을 실시하는 경우 근로자대표가 요구하면 근로자대표를 참석시켜야 한다.
② 사업주는 산업안전보건위원회 또는 근로자대표가 요구할 때에는 특수건강진단 결과에 대하여 설명하여야 한다. 다만 개별 근로자의 특수건강진단 결과는 본인의 동의 없이 공개해서는 아니 된다.
③ 사업주는 특수건강진단의 결과 근로자의 건강을 유지하기 위하여 필요하다고 인정할 때에는 작업장소 변경, 작업 전환, 근로시간 단축, 야간근로(오후 10시부터 다음 날 오전 6시까지 사이의 근로를 말한다)의 제한, 작업환경측정 또는 시설·설비의 설치·개선 등 적절한 조치를 하여야 한다.
제△△조(특수건강진단기관) ① 의료기관이 특수건강진단을 수행하려는 경우에는 고용노동부장관으로부터 특수건강진단을 할 수 있는 기관(이하 '특수건강진단기관'이라 한다)으로 지정받아야 한다.
② 고용노동부장관은 특수건강진단기관의 진단·분석 결과에 대한 정확성과 정밀도를 확보하기 위하여 특수건강진단기관의 진단·분석능력을 확인하고, 특수건강진단기관을 지도하거나 교육할 수 있다.
③ 고용노동부장관은 특수건강진단기관을 평가하고 그 결과(제2항에 따른 진단·분석능력의 확인 결과를 포함한다)를 공개할 수 있다.

① 사업주는 특수건강진단을 실시하는 경우 고용노동부장관이 요구하면 근로자대표를 참석시켜야 한다. ➡ (X) 사업주는 고용노동부장관이 요구한다고 하여 근로자대표를 참석시킬 의무가 생기지는 않는다. 법령에 따르면, 근로자대표가 요구할 경우에만 사업주는 그를 특수건강진단에 참석시켜야 한다. (제□□조 제1항)
② 근로자대표는 산업안전보건위원회의 동의 없이는 사업주가 특수건강진단 결과에 대하여 설명하도록 요구할 수 없다. ➡ (X) 근로자대표는 단독으로 사업주에게 진단 결과에 대한 설명을 요구할 수 있다. 즉, 산업안전보건위원회의 동의가 필요하지 않다. 제□□조 제2항 "산업안전보건위원회 또는 근로자대표가 요구할 때"라는 표현은 병렬구조다.
③ 산업안전보건위원회는 특수건강진단의 결과 근로자의 건강을 유지하기 위하여 필요하다고 인정할 때에는 야간근로를 제한하는 조치를 하여야 한다. ➡ (X) 야간근로 제한 조치 등 건강 유지 조치는 산업안전보건위원회가 수행하는 것이 아니라, 사업주의 책임이다. 위원회는 강제적 의무 주체가 아니며, 행위 주체는 전적으로 사업주다. (제□□조 제3항)
④ 고용노동부장관은 특수건강진단기관의 진단·분석능력 확인 결과를 포함하여 특수건강진단기관에 대한 평가 결과를 공개할 수 있다. ➡ (O) 고용노동부장관은 특수건강진단기관의 진단·분석능력 평가 결과를 포함한 기관 평가 결과를 공개할 수 있다. 이는 법령에서 명시적으로 허용된 사항이므로, 정답이다. (제△△조 제3항)
⑤ 사업주는 근로자대표의 요구가 있다면 개별 근로자의 특수건강진단 결과를 본인 동의 없이 공개할 수 있다. ➡ (X) 사업주는 개별 근로자의 특수건강진단 결과를 근로자대표의 요구가 있더라도 본인의 동의 없이 공개할 수 없다. 이는 근로자 개인의 건강정보에 대한 명백한 비공개 조항이다. (제□□조 제2항 단서)

13 ③

| 문제 유형 | 법조문형 > 규정적용
| 접근 전략 | 조문 별 주체가 되는 당사자가 소방대장, 시·도지사, 소방청장으로 나뉘어 있으므로 주체가 누구인지 파악하면서 조문과 선지를 읽어내야 한다. 각 조문의 호에 구체적으로 언급된 경우는 선지에 예시로 표현되는 경우가 많으므로 특히 주의해서 읽도록 한다.

다음 글을 근거로 판단할 때 옳은 것은?

제○○조(소방활동 종사명령, 소방활동 비용지급) ① 소방대장은 화재가 발생한 현장에서 소방활동을 위하여 필요할 때에는 그 현장에 있는 사람으로 하여금 사람을 구출하는 일 또는 불을 끄거나 불이 번지지 아니하도록 하는 일을 하게 할 수 있다.
② 제1항에 따른 명령에 따라 소방활동에 종사한 사람은 시·도지사로부터 소방활동의 비용을 지급받을 수 있다. 다만 다음 각 호의 어느 하나에 해당하는 사람의 경우에는 그러하지 아니하다.
  1. 건물·차량·선박·산림·인공구조물 또는 물건(이하 '소방대상물'이라고 한다)에 화재가 발생한 경우 그 소방대상물의 소유자·관리자 또는 점유자
  2. 고의 또는 과실로 화재를 발생시킨 사람
  3. 화재 또는 구조·구급 현장에서 물건을 가져간 사람
제□□조(강제처분 등) ① 소방대장은 사람을 구출하거나 불이 번지는 것을 막기 위하여 필요할 때에는 화재가 발생하거나 불이 번질 우려가 있는 소방대상물 및 토지에 대한 일시적 사용·사용제한 등 소방활동에 필요한 처분을 할 수 있다.
② 소방대장은 소방활동을 위하여 긴급하게 출동할 때에는 소방자동차의 통행과 소방활동에 방해가 되는 주차 또는 정차된 차량 및 물건 등을 제거하거나 이동시킬 수 있다.
③ 소방대장은 제2항에 따른 소방활동에 방해가 되는 주차 또는 정차된 차량의 제거나 이동을 위하여 관할 지방자치단체 등 관련 기관에 견인차량과 인력 등에 대한 지원을 요청할 수 있다.
④ 시·도지사는 제3항에 따라 견인차량과 인력 등을 지원한 자에게 비용을 지급할 수 있다.
제△△조(손실보상) 소방청장 또는 시·도지사는 다음 각 호의 어느 하나에 해당하는 자에게 손실보상을 하여야 한다.
  1. 제○○조 제1항에 따른 소방활동 종사로 인하여 사망하거나 부상을 입은 자
  2. 제□□조 제2항에 따른 처분으로 인하여 손실을 입은 자. 다만 법령을 위반하여 소방자동차의 통행과 소방활동에 방해가 된 경우는 제외한다.

① 화재가 발생한 건물의 소유자가 소방대장의 소방활동 종사명령에 따라 해당 건물에서 사람을 구출하는 일을 한 경우, 그는 소방활동의 비용을 지급받을 수 있다. ➡ (X) 제○○조 제2항 제1호에 따라 소방대상물의 소유자는 소방활동의 비용을 지급받을 수 없다.
② 과실로 화재를 발생시킨 사람이 소방대장의 소방활동 종사명령에 따라 불을 끄는 일을 하던 중 부상을 입은 경우, 그는 손실보상을 받을 수 없다. ➡ (X) 제△△조 제1호에 따라 제○○조 제1항에 따른 소방활동 종사로 인하여 부상을 입은 자는 손실보상을 받을 수 있다. 제○○조 제1항의 활동으로는 사람을 구출하는 일 또는 불을 끄거나 불이 번지지 아니하도록 하는 일이 해당하므로, 소방대장의 명령하에 불을 끄는 일을 하던 중 부상을 입게 되면 손실보상을 받을 수 있다.
③ 소방대장은 사람을 구출하기 위하여 필요할 때에는 불이 번질 우려가 있는 토지의 사용을 일시적으로 제한할 수 있다. ➡ (O) 제□□조 제1항에 따라 소방대장은 사람을 구출할 때 불이 번질 우려가 있는 토지에 대한 일시적 사용을 제한할 수 있다.

④ 소방대장이 화재진압을 위한 소방자동차의 긴급 출동에 방해가 되는 불법 주차 차량을 이동시키던 중 그 차량이 파손된 경우, 해당 차량을 주차한 소유자는 손실보상을 받는다. ➡ (X) 제△△조 제2호에서는 제□□조 제2항의 처분으로 손실을 입은 자 중에서 법령을 위반하여 소방자동차의 통행에 방해가 된 경우에는 손실보상을 제외한다고 명시하고 있다. 불법 주차 차량은 법령을 위반한 차량에 해당하므로 손실보상을 받을 수 없다.

⑤ 소방청장은 소방대장의 요청에 따라 견인차량을 지원한 자에게 견인비용을 지급하여야 한다. ➡ (X) 제□□조 제4항은 소방청장이 아닌 시도지사가 소방대장의 요청에 따라 견인차량을 지원한 자에게 견인비용을 지급할 수 있다.

S 14 ③

난이도 ■■■

| 문제 유형 | 연산추론형 > 수리계산
| 접근 전략 | A는 고정비가 들지만 단가가 저렴하고, B는 고정비가 없으나 단가가 두 배다. 생산량이 적을수록 고정비 부담이 크므로 A보다는 B가 유리하고, 일정 수 이상부터는 A를 먼저 가동하는 것이 합리적이다. 배분 기준이 되는 임계값을 계산하고 이를 기준으로 선지를 검토하면 빠르게 정답을 도출할 수 있다.

다음 글을 근거로 판단할 때, <보기>에서 옳은 것만을 모두 고르면?

甲기업은 A, B 두 개의 공장을 가지고 있으며, 두 공장에서 같은 제품을 생산한다. A에서는 제품 생산을 위해 설비를 가동하는 데 1일 100만 원의 가동비용이 발생하며, 제품 1개를 생산할 때마다 1만 원의 비용이 소요된다. B에서는 가동비용이 발생하지 않으며, 제품 1개를 생산할 때마다 2만 원의 비용이 소요된다. A, B 모두 하루에 각각 최대 150개까지 제품 생산이 가능하다. 甲기업은 최소 비용으로 1일 목표 생산량 Q개를 달성하도록 생산량을 A, B에 배분한다.

─────〈보기〉─────

ㄱ. Q가 120이라면 A에서만 생산해야 한다. → (O) A에서 120개를 생산하면, 고정비 100만 원 + 단가 1만 원 × 120 = 총 220만 원이다. 반면 B에서 120개를 생산할 경우, 고정비는 없지만 단가 2만 원이므로 총 240만 원이 든다. A공장에서만 생산하는 것이 더 저렴하므로, 이 보기는 옳다.

ㄴ. Q가 200이라면 B에서 150개를 생산해야 한다. → (X) A는 고정비 100만 원이 들지만, 생산량이 x일 때 총비용은 100 + 1x이다. B는 고정비 없이 단가만 적용되므로 2y이다.
A는 고정비 100만 원이 들지만, 생산량이 x일 때 총비용은 100 + 1x이다. B는 고정비 없이 생산량 y에 단가만 적용되므로 2y이다. 총 생산량 Q가 200이면 y = 200 - x이므로, 두 공장의 비용이 같아지는 임계 생산량은 100 + x = 2(200) ⇒ x = 100이다. 즉, A는 100개 이상 생산할 때 B보다 유리하다. Q가 200일 때, B 150개와 A 50개 조합은 A의 생산량이 100개 미만이므로 비효율적이다.

ㄷ. Q가 200일 때, A의 가동비용이 1일 50만 원으로 감소해도 A, B에 대한 배분량은 달라지지 않는다. → (O) A는 고정비가 있지만 단가가 저렴하고, B는 고정비는 없지만 단가가 비싸다. 따라서 A는 일정량 이상 생산해야 B보다 유리한데, Q = 200일 경우 비용을 줄이기 위해 A를 최대한 활용하는 것이 유리하다. 그리고 A의 하루 최대 생산량은 150개이므로, 최적 조합은 A 150개 + B 50개이다. 기존 고정비 100만 원일 때 총비용은 100 + 150 + 2 × 50 = 350만 원이고, 고정비가 50만 원으로 줄었을 때 총비용은 50 + 150 + 2 × 50 = 300만 원이다. 고정비가 줄어도 여전히 A 150, B 50 조합이 최소 비용이므로 배분량은 변하지 않는다.

① ㄱ ➡ (X)
② ㄴ ➡ (X)
③ ㄱ, ㄷ ➡ (O) 계산결과 ㄱ, ㄷ이 옳다
④ ㄴ, ㄷ ➡ (X)
⑤ ㄱ, ㄴ, ㄷ ➡ (X)

15 ④

난이도 ■■□

| 문제 유형 | 제시문형 > 분석추론
| 접근 전략 | 건강생활실천율의 정의에 대해 정확하게 이해하고 있어야 하고, 각 지역의 인구가 서로 다르다는 부분을 잊지 않고 선지를 파악해야 한다.

다음 글을 근거로 판단할 때 옳은 것은?

甲도는 A~E 총 5개 지역으로 이루어져 있으며, 각 지역의 인구는 서로 다르다. 甲도는 건강행태에 대한 전수조사를 매년 실시하고 있다. 조사하는 지표 중 하나인 건강생활실천율은 거주자 중 금연, 절주, 걷기를 모두 실천하는 사람의 비율이다. 지역별 건강생활실천율은 다음과 같다.

지역	A	B	C	D	E
건강생활실천율(%)	35	30	25	30	30

① A지역에서 금연, 절주, 걷기를 실천하는 사람의 비율이 각각 2%p씩 높아지면 건강생활실천율도 2%p 높아진다. ➡ (X) 각 항목이 2%p씩 늘어난다고 해서 3가지 항목을 모두 달성한 사람의 비율이 2%p 높아진다고 볼 수는 없다.

② 건강생활실천율이 증가하려면 금연, 절주, 걷기를 실천하는 사람의 비율 중 가장 낮은 값이 증가해야만 한다. ➡ (X) 건강생활실천율의 수치가 상승하기 위해서는 3가지 항목을 모두 달성한 사람의 비율이 늘어야 하므로, 단순히 가장 낮은 항목의 수치가 늘어난다고 해서 3가지 항목을 모두 달성한 사람의 비율이 높아진다고 단정할 수 없다.

③ 금연과 절주를 동시에 실천하는 사람의 비율은 B지역이 C지역보다 높다. ➡ (X) 건강생활실천율은 3가지 항목을 모두 달성한 사람의 비율을 의미하고 있으므로 2가지 조합을 동시에 실천한 사람의 비율은 본 수치를 가지고 유추할 수 없다.

④ D지역에서 걷기를 실천하는 사람의 비율은 최소 30%이다. ➡ (O) D의 건강생활실천율이 30%라는 사실은 D 지역에서 금연, 절주, 걷기를 모두 실천한 비율이 30%라는 의미이다. 따라서, 걷기를 실천한 사람의 비율은 최소 30%는 된다는 의미이므로 맞는 선지이다.

⑤ 甲도의 건강생활실천율은 30%이다. ➡ (X) 甲도의 전체 건강생활실천율은 甲도 전체 인구 중 금연, 절주, 걷기를 모두 실천한 사람의 인구 비중을 나타내는 값이다. 각 지역 인구가 모두 다르므로, A~E 지역의 건강생활실천율의 평균이 甲도 전체 건강생활실천율이라고 판단할 수 없다.

16 ②   난이도 ■■□

| 문제 유형 | 퍼즐형 > 수리퀴즈
| 접근 전략 | 총점 150점 이상, 각 과목별로 40점 이상을 만족해야 한다. 점수에 따라 수강료가 결정되므로, 점수가 낮을수록 수강료가 줄어든다. 단가가 높은 과목은 가능한 한 낮은 점수를 배정하고, 점수당 수강료가 저렴한 과목에는 더 많은 점수를 부여하는 방식으로 구성해야 비용을 최소화할 수 있다.

다음 글을 근거로 판단할 때, 甲이 자격증 취득 시 지불해야 하는 최소 수강료는?

甲은 자격증을 취득하려고 한다. 자격증 시험은 각각 100점 만점인 A, B, C 3과목으로 이루어져 있다. 3과목의 점수 합이 150점 이상이면 자격증 취득이 가능하지만, 어느 과목이라도 40점 미만을 받은 경우에는 과락으로 자격증을 취득할 수 없다. 甲은 학원에서 A, B, C 3과목을 모두 수강하되, 그 중 2과목은 일반과정, 1과목은 속성과정으로 수강하려고 한다. 甲이 다니는 학원은 수강 과목의 취득점수에 따라 사후적으로 수강료를 부과한다. 다음은 학원에서 수강할 수 있는 과목의 취득점수 1점당 수강료이다.

과목	취득점수 1점당 수강료(원)	
	일반과정	속성과정
A	5,000	10,000
B	3,000	7,000
C	10,000	13,000

① 810,000원 ➡ (X)
② 930,000원 ➡ (O) B의 일반과정이 1점당 3천 원으로 가장 저렴하므로 이를 먼저 선택하고, 다음으로 저렴한 A를 일반과정으로, C를 속성과정으로 배정한다. 각 과목은 40점 이상, 총합 150점 이상을 만족해야 하므로, 비용이 저렴한 과목에 점수를 최대한 배분하여 속성과정 점수를 최소화한다. 이때 최소 비용 조합은 B 일반과정 80점, A 일반과정 40점, C 속성과정 30점으로 총비용은 930,000원이며, 이는 조건을 만족하는 최소 금액이다.
A (일반과정): 40점 × 5,000원 = 200,000원
B (일반과정): 70점 × 3,000원 = 210,000원
C (속성과정): 40점 × 13,000원 = 520,000원
⇒ 총 수강료 = 930,000원
③ 970,000원 ➡ (X)
④ 1,010,000원 ➡ (X)
⑤ 1,030,000원 ➡ (X)

17 ①   난이도 ■■□

| 문제 유형 | 퍼즐형 > 논리퀴즈
| 접근 전략 | 주어진 대화와 글을 잘 파악하여 문제를 풀어내야 한다. 특히, 이와 같은 유형에서는 문제를 쉽게 접근하는 키가 되는 힌트를 빠르게 찾아내서 문제에 적용하는 것이 필요하다. 문제의 조건을 통해 답을 고르는 것이 어렵다고 판단되는 수험생의 경우 선지를 통해 대화 내의 조건에 일치하는지를 역으로 판단하여 답을 고르는 것도 좋은 방법이 될 수 있다.

다음 글과 〈대화〉를 근거로 판단할 때, 甲과 丙의 근무처와 직위를 옳게 나열한 것은?

○ 직급이 5급 이상인 공무원 甲, 乙, 丙은 서로 다른 우체국 A, B, C에서 근무하고 있다.
○ 각 우체국의 5급 이상 공무원에게는 국장, 과장, 팀장의 직위가 부여되며 그 현황은 다음과 같다.
  - A 우체국: 3급 1명(국장), 4급 2명(과장), 5급 1명(팀장)
  - B 우체국: 4급 1명(국장), 5급 3명(과장)
  - C 우체국: 5급 1명(국장)

〈대화〉

甲: 저는 C 우체국에서 근무하지 않아요.
乙: 저는 甲과 직급이 같아요.
丙: 저는 A 우체국에서 근무하지 않고, 乙이 근무하는 우체국의 어느 공무원보다도 직급이 높아요.

→ 본 대화에서 주어진 정보를 활용하면, 甲은 A 혹은 B 우체국에서 근무할 수 있고, 甲과 乙은 4급 혹은 5급임을 알 수 있다. 또한, 丙은 B 혹은 C 우체국에서 근무한다는 정보를 빠르게 파악할 수 있다.
丙이 만약 C 우체국에서 근무한다면, 乙은 A 혹은 B 우체국에서 근무하게 되는데 이는 丙의 대화 내 2번째 내용인 乙의 우체국 어느 공무원보다도 직급이 높다는 내용을 만족할 수 없게 된다.
따라서, 丙은 B 우체국에서 근무하게 된다. 丙은 직급이 乙이 근무하는 우체국 공무원보다 높아야 하므로 B 우체국에서 4급 국장임을 알 수 있다.
본 정보를 바탕으로 甲은 A 우체국에서 일하는 5급 팀장이고, 乙은 C 우체국에서 일하는 5급 국장임을 알 수 있다.

	甲	丙
①	A 우체국 팀장	B 우체국 국장	➡ (O) 맞는 선지이다.
②	A 우체국 과장	B 우체국 과장	➡ (X) 甲이 4급 과장이고, 丙이 5급 과장이면 丙 대화의 2번째 내용과 일치하지 않게 된다.
③	A 우체국 국장	B 우체국 국장	➡ (X) 甲이 3급 국장이 되면, 乙과 직급이 같은 경우가 발생하지 않게 된다.
④	B 우체국 과장	C 우체국 국장	➡ (X) 丙이 5급 국장이 되고, 丙 대화의 2번째 내용과 일치하지 않게 된다.
⑤	B 우체국 국장	C 우체국 국장	➡ (X) 丙이 5급 국장이 되고, 丙 대화의 2번째 내용과 일치하지 않게 된다.

18 ①

난이도 ■□□

| 문제 유형 | 연산추론형 > 대입비교
| 접근 전략 | 모든 기준을 충족하는 매물을 찾고, 2개 이상일 경우 '대한동'에 위치한 매물을 우선한다. 붙박이장 예외 조건에 따른 보증금 기준 차이를 정확히 반영해야 한다.

다음 글과 〈상황〉을 근거로 판단할 때, 아파트 매물 A~E 중 甲이 선택할 곳은?

○ 甲은 다음 기준에 따라 아파트 매물 중 한 곳을 선택하고자 한다.
- 10층 이상이고, 2025년 7월 내 입주 가능
- 담보 대출 없음
- 전세 보증금 2.3억 원 이하(단, 붙박이장이 있는 경우 2.5억 원 이하)

○ 위 기준을 모두 충족하는 매물이 2개 이상인 경우, 그중 대한동 매물이 있다면 그 매물을 선택한다.

〈상황〉

다음은 2025년 7월 1일 현재 아파트 매물의 정보이다.

매물	지역	동·호수	입주 가능 시기	전세 보증금 (억 원)	담보대출	붙박이장
A	대한동	1011동 1601호	즉시	2.5	없음	있음
B	대한동	503동 1704호	즉시	2.3	있음	없음
C	민국동	301동 1504호	즉시	2.0	없음	없음
D	대한동	308동 1306호	2025. 8. 1. 이후	2.0	없음	있음
E	민국동	616동 806호	즉시	2.3	없음	없음

※ 호수가 네 자리 수인 경우 앞 두 자리의 수, 호수가 세 자리 수인 경우 앞 한 자리의 수는 층을 의미한다. 예를 들어 1601호는 16층이다.

① A ➡ (O) 16층(10층 이상)이며, 입주 가능일 '즉시'로 7월 내 입주가 가능하고, 담보 대출이 없다. 단, 전세보증금은 2.5억 원으로 기준 초과이나, 붙박이장이 있어 예외 적용이 가능하다. 조건을 모두 충족하고, 대한동 매물이므로 우선 선택 대상이 된다.
② B ➡ (X) 담보 대출이 있어 조건에 맞지 않다.
③ C ➡ (X) 15층, 입주 '즉시', 담보 대출 없음, 전세보증금 2.0억 원으로 조건은 모두 충족하지만 민국동 소재로, A와 비교 시 우선순위에서 밀린다.
④ D ➡ (X) 입주 가능 시점이 2025년 8월 이후로, 7월 내 입주 조건에 맞지 않다.
⑤ E ➡ (X) 층수가 8층으로 10층 이상 조건에 미달한다.

19 ②

난이도 ■■□

| 문제 유형 | 퍼즐형 > 논리퀴즈
| 접근 전략 | 본 문제 유형은 다음 글에서 언급된 지원 대상을 먼저 판단하고, 지원 대상에 해당하는 직원들의 지원액을 각각 계산하여 더하면 된다. 지원 대상에서 조건을 모두 충족해야 하는지, 하나만 충족해도 되는지 구분하여 판단하고, 지원액에서 '단,' 이하의 조건에 유의하여 지원한도액을 계산하도록 한다.

다음 글과 〈상황〉을 근거로 판단할 때, A부서의 1개월치 월세 지원액의 합은?

A부서는 거주지와 근무지가 멀리 떨어져 있어 출퇴근에 어려움을 겪는 직원에게 매달 월세를 지원한다.

○ 지원 대상은 주택을 소유하지 않은 직원 중, 거주지와 근무지 간 편도 거리가 50km 이상이거나 통근 시간이 1시간 이상인 직원이다.

○ 지원액은 아래의 지급기준에 따라 지원 대상자 본인의 월세를 초과하지 않는 범위 내에서 최대로 한다. 단, 복수의 지급기준에 해당하는 경우에는 더 높은 지원 한도액을 적용한다.

지급기준	지원 한도액
장애, 질병 등으로 출퇴근에 어려움이 있는 자	35만 원
신규임용일로부터 3년이 지나지 않은 자	25만 원
그 이외의 자	20만 원

〈상황〉

A부서의 직원은 甲~戊이며, 이들의 정보는 아래와 같다. 이들 중 甲과 戊는 신규임용일로부터 3년이 지나지 않았으며, 乙은 질병으로 출퇴근에 어려움이 있다.

직원	거주지와 근무지 간 편도 거리	통근 시간	주택 소유 여부	월세
甲	50km	1시간 10분	○	45만 원
乙	45km	1시간	×	30만 원
丙	100km	1시간 30분	×	45만 원
丁	40km	50분	×	40만 원
戊	70km	1시간 40분	×	35만 원

① 70만 원 ➡ (X)
② 75만 원 ➡ (O) 지원 대상에 해당하는 직원을 우선 판단한다.
지원 대상의 조건으로는 ① 주택을 소유하지 않아야 하고, ② 거주지와 근무지 간 편도 거리가 50km 이상 혹은 통근 시간이 1시간 이상인 직원이어야 한다.
甲은 주택을 소유하고 있기 때문에 ① 조건에 해당하지 않아 월세 지원액을 받을 수 없다.
乙, 丙, 戊는 주택을 소유하지 않고 있고, 주지와 근무지 간 편도 거리가 50km 이상 혹은 통근 시간이 1시간 이상에 해당하므로 월세 지원액을 받을 대상에 포함된다.
丁의 경우 주택을 소유하고 있지는 않지만, 거주지와 근무지 간 편도 거리가 40km이고, 통근 시간이 50분이므로 ② 조건에 해당하지 않아 월세 지원액을 받을 수 없다.
다음으로 乙, 丙, 戊의 지원액을 각각 산출하도록 한다.

- 乙의 경우: 질병으로 출퇴근에 어려움이 있는 자로서 지원 한도액은 35만 원이지만, 지원액은 본인의 월세 금액을 초과하지 않으므로 30만 원이 지원된다.
- 丙의 경우: 지급 기준 '그 이외의 자'에 해당하므로 지원 한도액이 20만 원이고, 지원액이 본인의 월세 금액보다 작은 경우에는 지원액의 전액을 지급하므로 20만 원이 지원된다.

• 戊의 경우: 신규 임용일로부터 3년이 지나지 않은 자에 해당하므로 지원 한도액은 25만 원이고, 지원액은 본인의 월세 금액보다 작은 경우에는 지원액의 전액을 지급하므로 25만 원이 지원된다.

따라서, 총 A 부서의 1개월치 월세 지원액의 합은 30만 원 + 20만 원 + 25만 원 = ② 75만 원이다.

③ 80만 원 ➡ (X)
④ 95만 원 ➡ (X)
⑤ 100만 원 ➡ (X)

20 ③   난이도 ■■□

| 문제 유형 | 퍼즐형 > 최댓값·최솟값 도출
| 접근 전략 | 주어진 항목별 점수 기준에 따라 A~E 각 기업의 점수를 산정하고, 합산 점수가 7점을 초과하는 경우에만 세무조사 대상으로 분류한다. 단, 최근 1년 이내 세무조사를 받은 기업은 무조건 제외된다는 조건에 유의해야 한다.

다음 글과 〈상황〉을 근거로 판단할 때, A~E 중 세무조사 대상으로 지정될 기업만을 모두 고르면?

甲부처는 2025년 7월 1일 현재, 세무조사 대상 기업을 지정하려고 한다. 아래 기준에 따라 기업 A~E의 점수를 매기고, 그 합산 점수가 7점을 초과하는 경우 세무조사 대상 기업으로 지정한다. 단, 최근 1년 내 세무조사를 받은 기업은 제외한다.

○ 전년도 매출액
  − 500억 원 미만: 1점
  − 500억 원 이상 5,000억 원 미만: 3점
  − 5,000억 원 이상: 5점
○ 최근 1년간 탈세 의심 민원 건수
  − 1건당 0.5점
○ 전년도 부실 거래 건수
  − 1건당 0.3점
○ 최근 5년 내 성실 납세 기업으로 선정된 경우 1점 감해 줌

〈상황〉

2025년 7월 1일 현재, 기업 A~E의 정보는 다음과 같다.

기업	전년도 매출액 (억 원)	최근 1년간 탈세 의심 민원(건)	전년도 부실 거래 (건)	성실 납세 기업 선정 연도	최근 1년 내 세무조사 여부
A	1,700	5	7	2021년	×
B	480	10	4	2017년	×
C	6,250	6	2	2022년	○
D	3,000	7	5	2023년	×
E	5,000	3	3	2010년	×

① A, D ➡ (X)
② B, D ➡ (X)
③ B, E ➡ (O)
  A: 3점(매출) + 2.5점(민원) + 2.1점(부실) − 1점(감점) = 6.6점 → 대상 아님
  B: 1점(매출) + 5.0점(민원) + 1.2점(부실) = 7.2점 → 대상
  C: 세무조사 이력 있음 → 제외
  D: 3점(매출) + 3.5점(민원) + 1.5점(부실) − 1점(감점) = 7.0점 → 초과 아님 → 대상 아님
  E: 5점(매출) + 1.5점(민원) + 0.9점(부실) = 7.4점 → 대상
④ A, C, E ➡ (X)
⑤ B, D, E ➡ (X)

21 ④   난이도 ■■□

| 문제 유형 | 퍼즐형 > 최댓값·최솟값 도출
| 접근 전략 | 문제에서 함정이 될 만한 단서에 유의하면서 답을 도출해 낸다. 매주 월요일 점심과 저녁의 시점과 해야 할 일, 세탁의 주기에 유의하면서 셔츠의 최소 벌 수를 계산하도록 한다.

다음 글을 근거로 판단할 때, 甲의 셔츠의 최소 벌수는?

매일 아침 甲은 세탁소에서 찾아온 셔츠를 한 벌 꺼내 입는다. 그는 입었던 셔츠를 한데 모아 놓았다가 매주 월요일 점심에 세탁소에 모두 맡기고 온다. 매주 월요일 저녁에는 세탁이 다 된 셔츠를 세탁소에서 찾아온다. 셔츠 세탁에는 일주일이 소요되므로 찾아오는 셔츠는 그 전주 월요일 점심에 맡겼던 셔츠이다. 단, 세탁소에 다녀올 때는 그날 아침에 꺼내 입은 셔츠를 입는다.

① 7 ➡ (X)
② 8 ➡ (X)
③ 14 ➡ (X)
④ 15 ➡ (O) 매주 월요일 점심에 셔츠를 맡기고 오게 되므로, 이때 맡기게 되는 셔츠의 개수는 전 주 월~일까지 7벌의 셔츠가 된다. 따라서, 당일 월요일 입고 있는 셔츠 1벌과 저녁에 찾아오는 셔츠 개수 7벌을 더하게 되면 최소로 甲이 가지고 있어야 하는 벌 수는 15벌이 된다.
⑤ 16 ➡ (X)

S 22 ③   난이도 ■■■

| 문제 유형 | 퍼즐형 > 논리퀴즈
| 접근 전략 | 주어진 승부 규칙에 따라 카드 간 우열 관계를 순환 구조로 정리하고, 인물 간 승패 조건을 적용해 가능한 카드 분배 조합을 추론한다. 네 사람 간의 승패가 일종의 순환 구조를 이루고 있으므로, 해당 순환을 만족하는 카드 배열 중 甲의 카드를 확정하는 것이 중요하다.

다음 글을 근거로 판단할 때 옳은 것은?

甲~丁 4명은 동물카드를 이용한 게임을 하려 한다. 동물카드의 종류에는 사자, 불곰, 얼룩말, 하이에나 카드가 있으며, 승부를 정하는 방법은 다음과 같다.
○ 사자 카드는 얼룩말 카드를 이긴다.
○ 불곰 카드는 사자 카드를 이긴다.
○ 얼룩말 카드는 하이에나 카드를 이긴다.
○ 하이에나 카드는 사자 카드를 이긴다.
○ 그 외 카드 조합은 무승부로 한다.

甲~丁은 서로 다른 동물카드를 한 장씩 나누어 가졌으며, 다음과 같은 대화를 나누었다.
甲: 나는 丁과 겨루면 지게 돼.
乙: 내가 丁과 겨루면 이겨.
丙: 나와 丁이 겨루면 무승부야.

① 甲의 카드는 얼룩말 카드이다. ➡ (X) 丁이 하이에나일 때 甲은 사자여야 한다. 얼룩말이라면 하이에나에게 이기게 되어 "丁에게 진다"는 甲의 말과 모순된다.
② 乙의 카드는 하이에나 카드이다. ➡ (X) 丁이 하이에나일 경우, 하이에나는 자신과 무승부다. 그런데 乙은 丁에게 이긴다고 했으므로, 乙이 하이에나일 수는 없다.
③ 丙의 카드는 불곰 카드이다. ➡ (O) 丁이 하이에나일 경우, 불곰과 하이에나는 무승부이므로, 丁과 무승부였다는 丙의 말과 일치한다. 카드도 중복 없이 네 장 모두 다르게 분배되므로 가능하다.

④ 丁의 카드는 사자 카드이다. ➡ (X) 丁이 사자라면 丙과 무승부가 되려면 丙도 사자여야 한다. 하지만 문제에서 네 명이 서로 다른 카드를 가졌다고 했으므로, 丁과 丙이 같은 카드일 수 없어 모순이 생긴다.
⑤ 甲~丁이 가지고 있는 카드는 어느 것도 확정할 수 없다. ➡ (X) 丁이 하이에나일 때 나머지 사람들의 카드도 甲=사자, 乙=얼룩말, 丙=불곰, 丁=하이에나로 모두 정해진다.

23 ③

난이도 ■■□

| 문제 유형 | 연산추론형 > 대입비교
| 접근 전략 | 주어진 상황에서 甲은 한번에 식권을 모두 교환하려고 하기 때문에, 기존 식권의 총액을 우선 계산하고 이를 바탕으로 새로운 식권으로 교환할 수 있는 자연수의 해를 찾는 형태로 접근하면 된다.

다음 글과 〈상황〉을 근거로 판단할 때, 甲이 받을 새로운 식권의 개수는?

A부처의 구내식당에서는 점심 가격이 상승하여 기존 식권을 4,500원과 5,500원 두 종류의 새로운 식권으로 교환해 주고 있다. 교환할 때에는 식권의 종류에 상관없이 기존 식권의 총액과 새로운 식권의 총액이 동일하도록 교환한다. 그럴 수 없는 경우, 최소의 추가 금액을 결제하여 교환한다.

〈상황〉

甲은 기존 4,000원 식권 6장과 5,000원 식권 7장을 가지고 있다. 甲은 자신이 가진 모든 식권을 한 번에 교환하려고 한다.

① 10 ➡ (X)
② 11 ➡ (X)
③ 12 ➡ (O) 甲은 기존 식권을 새로운 식권 2종류로 총액을 최대한 맞추는 방식으로 교환하고자 한다.
 • 기존 식권의 총액 = 4,000원 식권 6장 + 5,000원 식권 7장 = 59,000원
 • 새로운 식권의 단가: 4,500원 또는 5,500원
따라서, 새로운 식권의 조합으로 총액이 59,000원이 되도록 해야 한다.
4,500원짜리 식권 x장, 5,500원짜리 식권 y장을 조합하여 4,500x + 5,500y = 59,000이 되도록 하는 x, y를 찾는다. 식권의 수량은 정수이기 때문에 x, y는 모두 정수이어야 한다.
식을 단순화하여 9x + 11y = 118이 되는 정수 x, y의 해를 찾도록 한다.

y	11y	118−11y	x=(118−11y)/9	정수 여부
0	0	118	13.1	x
1	11	107	11.9	x
2	22	96	10.7	x
3	33	85	9.4	x
4	44	74	8.2	x
5	55	63	7.0	o
6	66	52	5.8	x
7	77	41	4.6	x
8	88	30	3.3	x
9	99	19	2.1	x
10	110	8	0.9	x

따라서, 4,500원짜리 식권 7개, 5,500원짜리 식권 5개로 교환하면 추가 금액 없이 한 번에 교환할 수 있다.
답은 7개 + 5개 = ③ 12개가 된다.
[빠른풀이 TIP] 총 59,000원을 4,500원과 5,500원의 식권으로 교환하는 과정에서 4,500원 + 5,500원 = 10,000원이므로 59,000원 중 50,000원은 4,500원과 5,500원 각 5씩 교환하고, 나머지 9,000원은 4,500원짜리 식권 2개로 교환하면 된다.

④ 13 ➡ (X)
⑤ 14 ➡ (X)

ⓢ 24 ④

난이도 ■■■

| 문제 유형 | 퍼즐형 > 조건추론
| 접근 전략 | 기상 정보(맑음/비)와 씨앗별 발아 조건, 그리고 날짜별 싹이 튼 수(누적값)를 바탕으로 싹 튼 날짜를 역추론하여, 조건에 부합하는 씨앗의 순서를 찾는다. 특히 씨앗 C의 조건은 "총 3일 동안 비가 오면, 그 다음 날 발아"이지 연속 3일 비가 아님에 주의한다.

다음 글을 근거로 판단할 때, 씨앗 A~D의 싹이 튼 순서로 옳은 것은?

찬우는 봄을 맞이하여 네 종류의 씨앗(A~D)을 화단에 심었다. 화단에 심은 씨앗의 싹이 트는 조건은 각각 아래와 같다.
씨앗 A: 이틀 연속 날이 맑으면 다음 날에 싹이 튼다.
씨앗 B: 맑은 날 다음 날에 싹이 튼다.
씨앗 C: 비가 온 날이 총 사흘이 된 다음 날에 싹이 튼다.
씨앗 D: 이틀 연속 비가 오면 다음 날에 싹이 튼다.

찬우는 4월 1일 0시에 A~D를 하나씩 심었고, 이후 7일 동안 날짜별로 싹이 튼 씨앗의 개수는 다음과 같다.

4월 1일	4월 2일	4월 3일	4월 4일	4월 5일	4월 6일	4월 7일
0	1	0	1	0	1	1

※ 이 기간에 맑은 날은 내내 맑았고, 비가 온 날은 내내 비가 왔다.

① A−B−D−C ➡ (X)
② B−A−C−D ➡ (X)
③ B−A−D−C ➡ (X)
④ B−D−A−C ➡ (O) 4월 2일에 싹이 튼 씨앗은 4월 1일 하루의 날씨에 따라 바로 싹이 텄다. 이는 씨앗 B만 가능하고 4월 1일 날씨는 맑다.
4월 3일에는 씨앗이 발아하지 않았다. 만약 연속으로 맑았다면 씨앗 A가 발아했을 것이나, 싹이 트지 않았으므로 4월 2일에는 비가 왔다.
4월 4일에 싹이 나려면, 이틀 연속 비가 왔을 때 싹이 트는 D만 가능하다. 따라서 4월 3일에도 비가 왔다.
만약 4월 4일에도 비가 왔다면, 비가 온 날이 총 사흘이 되므로 4월 5일에는 씨앗 C가 발아해야 한다. 그러나 싹이 튼 씨앗은 없으므로 4월 4일 날씨는 맑다.
씨앗 A는 이틀 연속 맑아야 싹이 트기 때문에 4월 5일 날씨가 맑으면 4월 6일에 씨앗 A가 싹 틀 수 있다. 따라서 4월 5일 날씨는 맑다.
마지막으로 4월 6일에 비가 오면 총 사흘 간 비가 왔으므로 씨앗 C가 비로소 싹이 튼다.
따라서 싹이 튼 순서는 B−D−A−C 이다.
⑤ B−D−C−A ➡ (X)

25 ⑤

| 문제 유형 | 퍼즐형 > 게임·규칙
| 접근 전략 | 주어진 글을 먼저 파악한 상태에서 상황에 대한 각 직원의 대화 내용을 읽어내야 헷갈리지 않고, 문제를 올바르게 풀 수 있다. 3개 이상의 부서를 대상으로 안전 평가를 실시하고, 우수 또는 보완의 평가가 되며, 직전 평가에서 우수를 받으면 다음번 평가를 받지 않는다는 사실에 유의해야 한다.

다음 글과 〈상황〉을 근거로 판단할 때, 올해 A기업의 1~3분기 안전평가에서 '보완' 등급이 부여된 횟수는?

A기업에서는 매 분기 전체 5개 부서 중 3개 이상의 부서를 대상으로 안전평가를 실시하여 '우수' 또는 '보완' 등급을 부여한다. 안전평가 대상은 직전 분기 안전평가에서 보완 등급을 받은 부서이다. 다만 직전 분기에 보완 등급을 받은 부서가 2개 이하인 경우, 안전평가를 받은 지 오래된 순서대로 부서를 추가하여 평가한다.

〈상황〉

A기업은 올해 1월 초, 4월 초, 7월 초에 각각 1, 2, 3분기 안전평가를 실시하였다. 아래는 A기업의 서로 다른 부서에 속해 있는 5명(甲~戊)의 7월 말 대화이다.
甲: 이번 달 안전평가에서 3개 부서가 우수 등급을 받았대.
乙: 우리 부서는 1월 안전평가에서 우수 등급을 받았어.
丙: 우리 부서는 1월에 안전평가를 받지 않았어.
丁: 올해 우리 부서는 안전평가를 받지 않았어.
戊: 우리 부서는 매 분기마다 안전평가를 받았어.

① 1 ➡ (X)
② 2 ➡ (X)
③ 3 ➡ (X)
④ 4 ➡ (X)
⑤ 5 ➡ (O) A 기업의 7월 말 대화 내용을 기반으로 3번의 안전 평가 실시 내역을 정리하면 다음과 같다.

	1월 초	4월 초	7월 초
甲			
乙	우수		
丙	X		
丁	X	X	X
戊			

우선 1월 초에는 최소 3개 이상의 부서가 안전 평가를 받아야 하므로 甲과 戊의 부서가 평가를 받았음을 알 수 있다. 특히, 戊의 부서는 매 분기 안전 평가를 받았다고 언급했으므로 1월 초 평가와 4월 초 평가에서 '보완' 등급을 받았음을 파악할 수 있다.
만약 甲이 1월 초에 우수 등급을 받았다고 가정하면, 4월 초에 甲과 乙 모두 직전 평가에서 우수 등급을 받았으므로 재평가를 받지 않게 된다. 그렇게 되면 최소 3개의 부서가 평가를 받아야 하므로 戊를 제외하고 丙과 丁 부서가 평가를 받아야 하지만, 丁 부서는 1번도 평가를 받지 않았으므로 甲의 부서가 1월 초에 받은 등급은 보완 등급임을 알 수 있다.
甲은 보완 등급이므로 4월 초에 추가적으로 평가를 받고, 丙은 안전 평가를 받은지 오래된 경우에 해당하여 4월 초에 평가를 받은 부서는 甲과 丙, 戊임을 알 수 있다.
7월 초의 경우 3개 이상의 부서가 평가를 받았고, 3개의 부서가 우수 등급을 받았다. 만약 직전 분기에 보완 등급을 받은 부서가 2개 이하인 경우, 안전 평가를 받은 지 가장 오래된 丁의 부서가 7월에 평가를 받았어야 했지만, 丁의 부서가 7월 초 평가를 받지 않았으므로 4월 초의 평가에서 평가를 받은 3개의 부서 甲, 丙, 戊 모두 보완 등급을 받았음을 알 수 있다.

또한, 7월 초 평가에는 모두 우수등급을 받았다고 甲이 언급했으므로 7월 초에는 3개 부서 모두 우수 등급을 받았음을 알 수 있다. 따라서, A기업의 1~3분기 안전평가를 정리하면 아래 표와 같다. 보완 등급은 총 5번 부여되었다.

	1월 초	4월 초	7월 초
甲	보완	보완	우수
乙	우수	X	X
丙	X	보완	우수
丁	X	X	X
戊	보완	보완	우수

정답과 분석해설

2025 | 제3영역 자료해석(㉑ 책형)

기출 총평

2024년도 시험과 비교하면 체감 난도가 높게 느껴졌을 것이다. 문항 자체의 난도가 높다기 보다는 문항에서 1~2개의 보기가 까다롭게 제시되다 보니 문제 풀이 시간이 생각보다 많이 소요되었을 것이다. 첫째, 자료 읽기/추론형 중 일반적인 난이도의 문항들은 제시된 자료의 추이를 읽거나 자료를 비교하고, 사칙연산을 이용한 자료 계산형으로 출제되었다. 하지만, 난도가 높은 문항들은 제시된 자료에 나와 있는 식을 이용해 하나 하나 계산하기 보다는 나름의 가정(18번, 20번) 또는 식의 변환을 통한 자료 비교(22번, 24번) 등을 이용한 풀이를 요구하였다. 즉, 평소 기출 문제를 바탕으로 시험을 준비하되 특히, 자료에 주어진 식이나 조건을 가지고 계산에 집중하기 보다는 식을 변환하거나 활용할 수 있는 연습이 필요할 것으로 보인다.

둘째, 자료 변환형은 무난한 형태로 보고서의 내용을 찾거나 적용하는 형태로 출제되었다. 변환형은 최근 5년간 출제된 기출 문제 풀이를 통해 충분히 대비할 수 있다. 셋째, 자료 매칭형은 조건에 따라 자료를 나열하며 소거법을 이용하여 찾는 형태로 출제되었다. 매칭형은 자료를 나열하여 소거법을 이용하기 위해서는 자료를 자신만의 기준으로 나열하거나 보기를 소거시키는 연습을 하면 충분히 대비할 수 있다. 그러므로 내년 자료해석은 최근 5년간의 기출 문제 풀이를 통해 자료 비교형, 추이형, 계산형, 변환형을 연습하며, 자신만의 기준과 가정, 식을 변환하여 비교하는 연습이 꼭 필요할 것으로 보인다.

문항 분석

문번	정답	난이도	유형
01	④	■□□	자료 읽기/추론 > 계산형
02	④	■□□	자료 읽기 > 표/그림/빈칸 제시형
03	⑤	■■□	자료 추론 > 추가로 필요한 자료 찾기
04	④	■□□	자료 변환응용 > 표/그림 전환형
05	②	■□□	자료 읽기/추론 > 계산형
06	③	■□□	자료 읽기 > 표/그림/빈칸 제시형
07	①	■■□	자료 읽기/추론 > 매칭형
08	③	■■□	자료 읽기/추론 > 매칭형
09	③	■■■	자료 읽기/추론 > 계산형
10	③	■■□	자료 읽기 > 표/그림/빈칸 제시형
11	①	■■□	자료 읽기/추론 > 계산형
12	②	■□□	자료 읽기/추론 > 매칭형
13	①	■■□	자료 읽기/추론 > 계산형

문번	정답	난이도	유형
14	③	■■□	자료 변환응용 > 자료/보고서 전환형
15	⑤	■■■	자료 읽기/추론 > 계산형
16	⑤	■■□	자료 읽기/추론 > 매칭형
17	②	■■□	자료 읽기 > 표/그림/빈칸 제시형
18	②	■■■	자료 읽기 > 표/그림/빈칸 제시형
19	⑤	■■■	자료 읽기 > 표/그림/빈칸 제시형
20	④	■■■	자료 읽기 > 표/그림/빈칸 제시형
21	①	■■□	자료 읽기/추론 > 매칭형
22	⑤	■■■	자료 읽기 > 표/그림/빈칸 제시형
23	②	■■■	자료 읽기 > 표/그림/빈칸 제시형
24	①	■■■	자료 추론 > 추가로 필요한 자료 찾기
25	③	■■■	자료 읽기/추론 > 계산형

※ 해당 회차는 1초 합격예측 서비스의 데이터 누적 기간이 충분하지 않아 '정답률 및 선지별 선택률' 기재를 생략하였습니다.

출제 비중

01	④	02	④	03	⑤	04	④	05	②
06	③	07	①	08	③	09	③	10	③
11	①	12	②	13	①	14	③	15	⑤
16	⑤	17	②	18	②	19	⑤	20	④
21	①	22	⑤	23	②	24	①	25	③

01 ④

난이도 ■□□

| 문제 유형 | 자료 읽기/추론 > 계산형
| 접근 전략 | 퍼즐 대회 결과를 통해 가중치가 0, 0.5, 1이라는 것을 확인할 수 있으므로 빠른 계산을 통해 암산으로 선수별 점수를 구할 수 있다. 그런데 배점 및 색칠해져 있는 상황 등을 고려할 때 '갑'과 '을'은 종합점수가 낮다는 것을 알 수 있으므로 나머지 3명에 대해서만 종합점수를 확인하여 비교하도록 한다.

다음은 '갑'~'무'선수의 A퍼즐 대회 결과와 종합점수 산정 방법에 관한 자료이다. 이를 근거로 판단할 때, '갑'~'무' 중 종합점수가 가장 높은 선수는?

※A퍼즐 대회 문제는 1~4번뿐임.

─〈종합점수 산정 방법〉─

○ 문제별 획득 점수는 다음과 같다.

결과	획득 점수
□	0
▤	배점 × 0.5
■	배점 × 1.0

○ 문제별 획득 점수를 합하여 종합점수를 산정한다.

① 갑 ➡ (X)
② 을 ➡ (X)
③ 병 ➡ (X)
④ 정 ➡ (O) 종합점수 산정 방법에 따라 '갑'~'무'의 종합점수를 확인해 보면 다음과 같다.

• 갑: 20 × 0.5 + 30 × 1.0 + 30 × 1.0 + 40 × 0 = 70(점)
• 을: 20 × 0 + 30 × 1.0 + 30 × 0 + 40 × 1.0 = 70(점)
• 병: 20 × 1.0 + 30 × 0 + 30 × 0.5 + 40 × 1.0 = 75(점)
• 정: 20 × 1.0 + 30 × 1.0 + 30 × 0.5 + 40 × 0.5 = 85(점)
• 무: 20 × 0.5 + 30 × 0.5 + 30 × 0.5 + 40 × 1.0 = 80(점)

따라서 종합점수가 가장 높은 선수는 '정'이다.

⑤ 무 ➡ (X)

02 ④

난이도 ■□□

| 문제 유형 | 자료 읽기 > 표/그림/빈칸 제시형
| 접근 전략 | 자료 추이를 읽거나 증감률을 계산하는 문항이다. 특히, 증감률을 구하여 보기가 옳은지 그른지 판단하는 것 보다 보기에 주어진 수치를 가지고 자료에 대입을 해보면 더 빠르게 옳고 그름을 판단해 낼 수 있다. 선지 ㄷ에는 감소율이 20% 인지 물어볼 때, 2017년(44,009명)의 20%는 대략 8,800명이고, 2017년 (44,009명)에서 8,800명(20%)을 뺀 35,209명이 2023년(34,777명) 보다 크므로 감소율은 20% 이상인 것을 쉽게 판단해 낼 수 있다.

다음 〈표〉는 2017~2023년 '갑'시의 유치원 현황에 관한 자료이다. 이에 대한 〈보기〉의 설명 중 옳은 것만을 모두 고르면?

〈표〉 2017~2023년 '갑'시의 유치원 현황
(단위: 개, 명)

연도\구분	유치원수	원아수	교원수
2017	427	44,009	3,042
2018	430	42,324	3,095
2019	423	39,373	2,853
2020	403	38,319	2,920
2021	399	36,170	2,891
2022	396	35,427	2,909
2023	393	34,777	3,042

─〈보기〉─

ㄱ. 2018년 교원 1인당 원아수는 10명 이상이다. → (O) 2018년 교원 1인당 원아수는 $\frac{42,324}{3,095}$ > 100이므로 10명 이상이다.

ㄴ. 전년 대비 증감 방향은 유치원수와 원아수가 매년 동일하다. → (X) 유치원수의 전년 대비 증감 방향은 2017년 → 2018년(증가) → 2019년 (감소) → 2020년(감소) → 2021년(감소) → 2022년(감소) → 2023년(감소) 이고, 원아수의 전년 대비 증감 방향은 2017년 → 2018년(감소) → 2019년(감소) → 2020년(감소) → 2021년(감소) → 2022년(감소) → 2023년(감소)이다. 즉, 전년 대비 증감 방향은 2018년이 다르다.

ㄷ. 2017년 대비 2023년 원아수는 20% 이상 감소한다. → (O) 원아수는 2017년(44,009명) 대비 2023년(34,777명)에 9,232명 감소했고, 감소율은 $\frac{9,232}{44,009}$ × 100 ≒ 21(%)이므로 20% 이상 감소했다.

① ㄱ ➡ (X)
② ㄴ ➡ (X)
③ ㄷ ➡ (X)
④ ㄱ, ㄷ ➡ (O)
⑤ ㄱ, ㄴ, ㄷ ➡ (X)

03 ⑤ 난이도 ■■□

| 문제 유형 | 자료 추론 > 추가로 필요한 자료 찾기 |
| 접근 전략 | 단락별로 제시된 내용을 바탕으로 선택지와 비교하여 필요 여부를 확인하도록 한다. 이때, 필요 여부만 확인하면 되므로 직접 계산을 하여 비교할 필요는 없다. 제시된 내용에 대해서만 필요 여부만 확인할 수 있도록 한다.

다음은 2022년과 2023년 '갑'시의 민원건수에 관한 자료이다. 제시된 〈표〉 이외에 〈보고서〉를 작성하는 데 사용되지 않은 자료는?

〈표〉 2022년과 2023년 '갑'시의 월별 민원건수

(단위: 건)

월 \ 연도	2022	2023
1	10,639	9,834
2	9,163	9,595
3	9,464	12,025
4	9,939	11,417
5	10,879	12,365
6	10,597	12,422
7	11,064	13,961
8	11,186	14,281
9	11,222	13,393
10	11,516	12,890
11	11,324	11,991
12	9,873	11,771

2023년 '갑'시의 전체 민원건수는 145,945건으로 전년 126,866건 대비 15% 이상 증가하였다. 2023년 월별 민원건수는 8월에 가장 많았고, 1월을 제외하고 매월 전년 동월 대비 증가하였다.

2023년 분야별로는 '교통' 분야의 민원건수가 가장 많았고, 다음으로 '도로', '행정' 분야 순으로 많았다. 특히, 민원건수 상위 3개 분야가 전체 민원건수의 75% 이상을 차지하였다.

2023년 지역별로는 A지역의 민원건수가 60,433건으로 '갑'시 전체 민원건수의 40% 이상을 차지하였으며, B지역의 민원건수는 35,904건으로 그 뒤를 따랐다. B지역의 인구 100명당 민원건수는 30건 이상으로 '갑'시에 속한 A∼E지역 중 가장 많았다.

2023년 '갑'시 민원의 상위 10대 키워드에는 '불법주정차', '어린이 보호구역' 등 교통법규 관련 키워드와 '철도역 신설', '버스노선 신설' 등 교통환경 관련 키워드, 그리고 '소음', '악취' 등 주거환경 관련 키워드가 포함되었다.

① 2023년 '갑'시의 지역별 인구

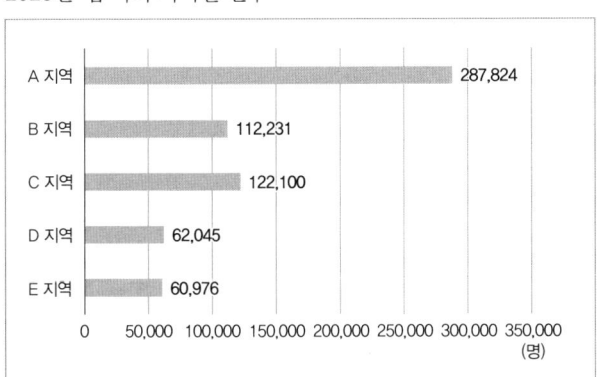

➡ (O) 세 번째 단락에서 지역별로 인구 100명당 민원건수에 관하여 언급하고 있으므로 2023년 '갑'시의 지역별 인구 자료는 필요하다.

② 2023년 '갑'시의 분야별 민원건수 비중

➡ (O) 두 번째 단락에서 분야별 민원건수 비중에 대해 언급하고 있으므로 2023년 '갑'시의 분야별 민원건수 비중 자료는 필요하다.

③ 2023년 '갑'시 민원의 상위 10대 키워드

순위	키워드
1	불법주정차
2	어린이 보호구역
3	장애인 전용구역
4	친환경차 충전구역
5	철도역 신설
6	버스노선 신설
7	소음
8	고속도로 개발
9	악취
10	소각장 폐쇄

➡ (O) 네 번째 단락에서 2023년 '갑'시 민원의 상위 10대 키워드에 관하여 언급하고 있으므로 필요한 자료이다.

④ 2023년 '갑'시의 지역별 민원건수

(단위: 건)

지역	A	B	C	D	E
민원건수	60,433	35,904	26,852	12,399	10,357

➡ (O) 세 번째 단락에서 '갑'시의 지역별 민원건수에 대해 언급하며 전체 민원건수의 비중을 다루고 있으므로 필요한 자료이다.

⑤ 2022년 대비 2023년 '갑'시의 민원건수 증가 및 감소 분야

증가 분야	감소 분야
교통 도로 행정	보건 세무 교육

➡ (X) 주어진 〈보고서〉의 내용 중 '갑'시의 민원건수 증가 및 감소 분야에 관한 언급이 없으므로 필요하지 않은 자료이다.

04 ④   난이도 ■□□

| 문제 유형 | 자료 변환응용 > 표/그림 전환형
| 접근 전략 | 보고서를 표나 그래프로 변환 시키는 유형으로 보고서에서 언급한 내용이 표나 그래프에 나와 있는지만 판단하면 된다. 이때, 표나 그래프의 제목 혹은 연도, 단위, 수치를 확인하여야 한다. 변환된 그래프나 표에 나타나 있는 수치가 모두 보고서에 제시되어 있지 않아도 제목, 연도, 추이가 맞다면 옳은 것으로 간주하며 풀어간다.

다음은 2024년 '갑'국의 공적개발원조에 대한 국민인식 조사 보고서이다. 〈보고서〉를 작성하는 데 사용되지 않은 자료는?

〈보고서〉

2024년 '갑'국 국민 1,200명을 대상으로 공적개발원조에 대한 인식을 조사했다. 공적개발원조에 대해 알고 있다는 응답자 비율은 83.8%이고 2021년 이후 증가 추세에 있는 것으로 나타났다. 공적개발원조 관련 정보를 접한 경로로는 'TV 또는 라디오'로 응답한 비율이 가장 높았고, '신문'과 '동영상 플랫폼'이 그 뒤를 이었다. 공적개발원조 제공에 대한 찬반조사 결과를 보면 찬성 비율은 77.8%로 반대 비율보다 높았으며, 특히 여성이 남성보다 찬성 비율이 높게 나타났다.

2024년 공적개발원조 규모에 대한 의견으로는 '부족함'이 48.0%, '적정함'이 31.2%, '과다함'이 20.8%로 나타났다. '갑'국의 2024년 공적개발원조 규모가 과다하다고 응답한 이유로는 '현재 경제상황이 나쁘기 때문에'라는 답변이 46.8%로 가장 많았고, '원조가 어떻게 사용되는지 모르기 때문에'라는 답변이 24.0%로 그 뒤를 이었다. 이에 따라, 공적개발원조 관련 교육의 확대 필요성이 대두되고 있다.

① 2020~2024년 공적개발원조에 대해 알고 있다는 응답자 비율

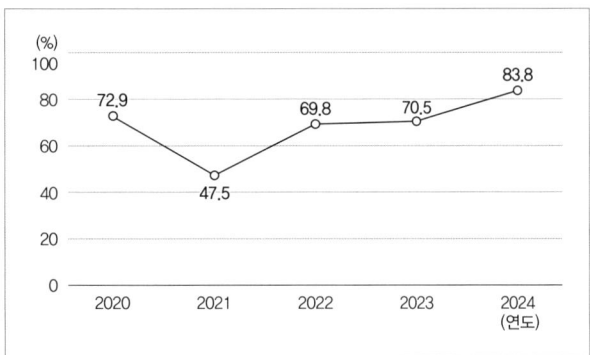

➡ (O) 공적개발원조에 대해 알고 있다는 응답자 비율은 83.8%이고, 2021년 이후 증가 추세에 있는 것으로 나타났다.

② 2024년 공적개발원조 규모에 대한 의견

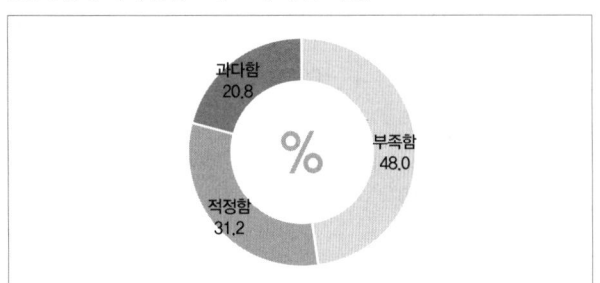

➡ (O) 2024년 공적개발원조 규모에 대한 의견으로는 '부족함'이 48.0%, '적정함'이 31.2%, '과다함'이 20.8%로 나타났다.

③ 2024년 공적개발원조 제공에 대한 찬반조사 결과

(단위: %)

성별	찬성		반대	
	매우 찬성한다	약간 찬성한다	약간 반대한다	매우 반대한다
전체	15.0	62.8	16.8	5.4
남성	18.3	55.6	19.2	6.9
여성	11.5	70.6	14.1	3.8

➡ (O) 공적개발원조 제공에 대한 찬반조사 결과를 보면 찬성 비율은 77.8%로 반대 비율보다 높았으며, 특히 여성이 남성보다 찬성비율이 높게 나타났다.

④ 2024년 공적개발원조 관련 교육 경로에 대한 선호도(중복 응답)

➡ (X) 공적개발원조 관련 교육의 확대 필요성이 대두되고 있다고 보고서에 나와 있을 뿐 공적개발원조 관련 교육 경로에 대한 선호도는 제시되어 있지 않다.

⑤ 2024년 공적개발원조 관련 정보를 접한 경로

➡ (O) 공적개발원조 관련 정보를 접한 경로로는 'TV 또는 라디오'로 응답한 비율이 가장 높았고, '신문'과 '동영상 플랫폼'이 그 뒤를 이었다.

05 ② 난이도 ■□□

| 문제 유형 | 자료 읽기/추론 > 계산형

| 접근 전략 | 주어진 자료를 통해 이용률을 구할 때, 제시된 풀이처럼 직접 계산을 모두 하지 않도록 해야 한다. 계산 결과에 대하여 비교만 하면 되므로 대략적인 값으로 계산해서 시간을 줄이도록 한다. 특히 천 단위 이하는 모두 생략하여 계산하여 비교하도록 한다. 예를 들면 A에서 4,000 ÷ 5,000 × 100 = 4 ÷ 5 × 100 = 80(%)이다.

다음 〈표〉는 2024년 '갑'국 원자력발전소 A~D의 발전량에 관한 자료이다. 이를 근거로 A~D를 이용률이 가장 높은 원자력발전소부터 순서대로 바르게 나열한 것은?

〈표〉 2024년 '갑'국 원자력발전소 A~D의 발전량 현황
(단위: GWh)

구분 원자력발전소	실제 발전량	최대 발전량
A	4,000	5,000
B	( )	9,000
C	6,000	( )
D	9,000	12,000
합계	26,000	35,000

※ 이용률(%) = $\dfrac{실제\ 발전량}{최대\ 발전량} \times 100$

① A, B, C, D ➡ (X)
② A, B, D, C ➡ (O) 원자력발전소별로 이용률을 구하면 다음과 같다.
- A: $\dfrac{4,000}{5,000} \times 100 = 80(\%)$
- B: 실제 발전량이 26,000 − 4,000 − 6,000 − 9,000 = 7,000(GWh)이므로
  $\dfrac{7,000}{9,000} \times 100 ≒ 77.8(\%)$
- C: 최대 발전량이 35,000 − 5,000 − 9,000 − 12,000 = 9,000(GWh)이므로
  $\dfrac{6,000}{9,000} \times 100 ≒ 66.7(\%)$
- D: $\dfrac{9,000}{12,000} \times 100 = 75(\%)$

따라서 이용률이 가장 높은 원자력발전소부터 순서대로 나열하면 A, B, D, C이다.
③ A, C, B, D ➡ (X)
④ B, A, C, D ➡ (X)
⑤ B, A, D, C ➡ (X)

06 ③ 난이도 ■□□

| 문제 유형 | 자료 읽기 > 표/그림/빈칸 제시형

| 접근 전략 | 표에 제시되는 점수가 그림으로 나타낸 문항으로 검은 원두는 1점을 의미하고, 흰 원두는 0점을 의미하므로 종합 평가점수 계산시 검은 원두를 더하기 보다는 전체 25점(각 항목당 5점)에서 흰 원두의 개수만큼 빼주는 게 더 빠른 결과를 도출할 수 있다.

다음 〈표〉는 '갑' 연구소가 지역별 커피 원두를 항목별로 평가한 결과이다. 이에 대한 설명으로 옳은 것은?

〈표〉 지역별 커피 원두의 항목별 평가결과

지역	원두	향	산미	단맛	쓴맛	바디감
아시아	인도네시아 자바	●●●●○	○○○○○	●●●○○	●●○○○	●○○○○
	인도네시아 만델링	●●●●○	○○○○○	●●●●●	●●●○○	●○○○○
	인도네시아 발리 칸타마니	●●●●○	○○○○○	●●●○○	●●○○○	●●○○○
	인도네시아 토리자	●●●●○	●●●●●	●●○○○	●●●○○	●○○○○
	인도 몬순드 말리바	●●●●○	○○○○○	○○○○○	●●○○○	●○○○○
아메리카	콜롬비아 슈프리모	●●●●○	●●●●○	●●●●○	●●●●○	●●●●○
	과테말라 SHB	●●●●○	●●●●○	●●●●○	●●●●○	●●●●○
	도미니카 AA	●○○○○	●●●●○	●●●●○	●●●●○	○○○○○
	브라질 산토스	●●●●○	●●●●○	●●●●○	●●●●○	●●●●○
	페루 HB GRADE1	●●●●○	●●●●○	●●●●○	●●●●○	●●●●○
아프리카	에티오피아 예가체프	●●●●○	●●●●○	●●●○○	●●●●○	●●●●○
	르완다 AB+	●●●●○	●●●●○	●●●●○	●●●●○	●●●●○
	짐바브웨 AA+	●●●●○	●●●●○	●●●●○	●●●●●	●●●●○
	케냐 AA	●●●●○	●●●●○	●●●○○	●●●●○	●●●●○

※ 1) ●(○)는 1(0)점을 나타내며, 항목별로 ● 1개당 1점을 부여하여 5점 척도로 항목별 평가점수를 계산함.
2) 종합 평가점수는 항목별 평가점수의 합임.

① '단맛'으로 원두를 비교할 때 가장 높은 점수를 받은 원두는 아프리카 지역의 원두이다. ➡ (X) '단맛'의 평가 점수 결과가 가장 높은 원두는 인도네시아 만델링(5점)으로 아시아 지역의 원두이다.
② 아프리카 지역의 원두는 모두 '향' 평가점수가 '단맛' 평가점수보다 높다. ➡ (X) 아프리카 지역의 원두 중 '향' 평가점수가 '단맛' 평가점수보다 높은 원두는 에티오피아 예가체프(4점)3점)와 케냐 AA(4점)3점) 뿐이다. 그러므로 모두 '향' 평가점수가 '단맛' 평가점수 보다 높은 것은 아니다.
③ 아메리카 지역은 '바디감'으로 원두를 비교할 때 가장 낮은 점수를 받은 원두가 '향'으로 원두를 비교할 때도 가장 낮은 점수를 받았다. ➡ (O) 아메리카 지역 '바디감' 평가점수가 가장 낮은 원두는 도미니카 AA(1점)이고, '향' 평가점수 역시 가장 낮은 원두는 도미니카 AA(2점) 원두이다.
④ 아시아 지역은 '산미'로 원두를 비교할 때 가장 높은 점수를 받은 원두가 종합 평가점수도 가장 높다. ➡ (X) 아시아 지역에서 '산미' 점수가 가장 높은 원두는 인도네시아 토리자(5점)이다. 아시아 지역 원두별 종합 평가점수는
- 인도네시아 자바: 15점(25−1−3−2−3−1)
- 인도네시아 만델링: 17점(25−1−3−3−1)
- 인도네시아 발리 칸타마니: 14점(25−1−3−2−3−2)
- 인도네시아 토리자: 18점(25−1−2−3−1)
- 인도 몬순드 말리바: 20점(25−1−1−2−1)

종합 평가점수가 가장 높은 원두는 인도 몬순드 말리바이므로 '산미' 평가점수가 가장 높은 원두가 종합 평가점수가 가장 높은 것은 아니다.
⑤ 각 지역에서 종합 평가점수가 가장 높은 원두의 종합 평가점수는 모두 같다. ➡ (X) 종합 평가점수가 가장 높은 원두는 아시아 지역 인도 몬순드 말리바(20점), 아메리카 지역 페루 HB GRADE1(20점), 아프리카 지역 짐바브웨 AA+(21점)이다. 이때, 아프리카 지역 짐바브웨 AA+(21점)의 경우 종합 평가점수가 아시아와 아메리카 지역과 다르다.

07 ①

| 문제 유형 | 자료 읽기/추론 > 매칭형

| 접근 전략 | 세 가지 항목에 대하여 주무관이 말하는 내용을 만족하는지 확인해야 한다. 이때, '제안개요'와 '제안업체 일반현황'의 항목에 대해서는 계산 자체가 어려운 것이 아니므로 빠르게 확인할 수 있는데, '사업수행계획' 항목에 대해서는 직접 계산하지 않아야 한다. 이 항목에 대해서는 세부항목 점수의 합이 총점의 절반이 되는지의 여부만 판단하면 되므로, '사업수행계획' 항목의 점수의 2배가 총점이 되는지의 여부를 통해 판단할 수 있도록 한다.

다음 〈표〉는 업체 A~E가 제출한 국립묘지 관리사업 제안서를 평가한 결과이고, 〈대화〉는 '갑'업체의 평가결과에 대한 팀장과 주무관 사이의 대화 내용이다. 이를 근거로 판단할 때, A~E 중 '갑'에 해당하는 업체는?

〈표〉 업체 A~E의 국립묘지 관리사업 제안서 평가결과
(단위: 점)

평가항목 세부항목 업체	제안개요		제안업체 일반현황		사업수행계획		총점
	제안요청서 부합성	사업 이해도	조직 관리능력	지식·기술능력	세부 계획	사후 관리	
A	4	10	6	14	32	10	76
B	8	6	10	12	24	8	68
C	6	4	8	16	34	2	70
D	8	6	4	20	36	8	82
E	10	6	10	16	28	6	76

※ 평가항목 점수는 해당 평가항목에 속한 세부항목 점수의 합이며, 총점은 각 평가항목 점수의 합임.

〈대화〉

윤 팀장: 이번 국립묘지 관리사업 제안서 평가는 어떻게 되었나요? 5개 업체가 입찰에 참여했는데, '갑' 업체부터 평가결과를 요약해주세요.

류 주무관: 네, '갑' 업체의 평가결과에 대해 말씀드리겠습니다. 먼저 '제안개요' 평가항목 점수를 보면 14점 이상으로 나타났습니다. 다음으로 '제안업체 일반현황'의 평가항목 점수는 최소 기준인 20점 이상이었고, 두 세부항목 간 점수 차이도 10점 미만이었습니다. 마지막으로 '사업수행계획'의 평가항목 점수는 총점의 50% 이상이었습니다.

① A ➡ (O) '제안개요'의 평가항목 점수가 14점 이상인 업체는 A(14점), B(14점), D(14점), E(16점)이다. 그리고 '제안업체 일반현황' 평가항목 점수가 20점 이상이면서 두 세부항목 간 점수 차이가 10점 미만인 업체는 A(20점, 8점), B(22점, 2점), C(24점, 8점), E(26점, 6점)이다. 또, '사업수행계획' 평가항목 점수가 총점의 50% 이상인 업체는 A(55.3%), C(51.4%), D(53.7%)이다.
따라서 세 항목에 대하여 모두 만족하는 업체는 A이다.

② B ➡ (X)
③ C ➡ (X)
④ D ➡ (X)
⑤ E ➡ (X)

08 ③

| 문제 유형 | 자료읽기/추론 > 매칭형

| 접근 전략 | 조건에 따른 경우의 수를 고려해야 하는 문항으로 "'내용만족도'는 자료청이 세무청 보다 높다."에서 자료청이 B기관일 때와 자료청이 C기관일 때의 경우로 나누어 풀어가면 쉽게 해결할 수 있다.

다음 〈표〉는 2024년 '갑'국 기관 A~D의 재직자 교육 프로그램에 대한 만족도 조사 결과이다. 〈표〉와 〈조건〉을 근거로 A~D에 해당하는 기관을 바르게 연결한 것은?

〈표〉 기관 A~D의 재직자 교육 프로그램 만족도
(단위: 명, 점)

기관	참여자	교육환경 만족도	내용 만족도	강사 만족도
A	190	4.2	4.1	4.3
B	120	3.9	4.0	3.8
C	180	4.6	4.8	4.1
D	150	3.8	3.6	3.9

※ A~D는 문화청, 발명청, 세무청, 자료청 중 하나임.

〈조건〉

○ '강사 만족도'가 '교육환경 만족도'보다 높은 기관은 발명청과 세무청이다.
→ '강사만족도'가 '교육환경 만족도' 보다 높은 기관은 A와 D기관이고, 발명청과 세무청 중 하나이다.
○ '내용 만족도'는 자료청이 세무청보다 높다.
→ 자료청은 B 또는 C기관 중 하나이며, '내용만족도'는 C기관 > A기관 > B기관 > D기관, 자료청(B 또는 C) > 세무청(A 또는 D) 이므로 자료청이 C라면 세무청은 A 또는 D기관이고, 자료청이 B기관 이라면 세무청은 D기관이 된다.
○ '참여자'는 문화청이 자료청보다 많다.
→ '문화청'은 B 또는 C기관 중 하나이며, '참여자'는 A기관 > C기관 > D기관 > B기관, 문화청 (B 또는 C) > 자료청(C 또는 B) 이므로 문화청은 C기관이다. 그러므로 문화청(C기관), 자료청(B기관), 세무청(D기관), 발명청(A기관)이다.

	A	B	C	D	
①	문화청	세무청	발명청	자료청	➡ (X)
②	발명청	문화청	자료청	세무청	➡ (X)
③	발명청	자료청	문화청	세무청	➡ (O)
④	세무청	문화청	자료청	발명청	➡ (X)
⑤	세무청	자료청	문화청	발명청	➡ (X)

S 09 ③   난이도 ■■■

| 문제 유형 | 자료 읽기/추론 > 계산형

| 접근 전략 | 〈보기〉의 모든 항목이 비율을 계산하는 것임을 알 수 있다. 이때, 비율 계산을 정확하게 하지 말고 근삿값으로 하여 계산하도록 한다. 또한 수치를 비교하는 것에 대해서도 정교한 계산보다는 비교하는 것 자체에만 집중하여 계산하도록 한다. 예를 들어 ㄴ에서 A 지역과 수도권의 전력자급률을 구했다면 해설에 제시된 것처럼 A 지역의 전력자급률에 2배를 한 값을 수도권의 전력자급률과 비교하는 것이다. 또한 ㄹ에서 각 지역의 전력자급률을 구할 때도 소비량에 1.5를 곱한 값을 발전량과 비교하는 것이다. 이때에도 소비량에 1.5를 곱한 값을 구할 때 (소비량)+(소비량의 절반)을 더한 값으로 계산하도록 한다.

다음 〈표〉는 2024년 '갑'국의 전력수급 현황에 관한 자료이다. 이에 대한 〈보기〉의 설명 중 옳은 것만을 모두 고르면?

〈표〉 '갑'국의 전력수급 현황

(단위: TWh)

구분	수도권	비수도권	A지역	B지역	C지역	D지역	전국
발전량	144.4	450.3	33.9	114.1	222.0	80.3	594.7
소비량	214.8	333.1	17.3	92.9	151.2	71.7	547.9

※ 전력자급률(%) = $\frac{발전량}{소비량} \times 100$

〈보기〉

ㄱ. 수도권 소비량은 전국 소비량의 40% 이상이다.
→ (X) $\frac{214.8}{547.9} \times 100 ≒ 39.2(\%)$이므로 수도권 소비량은 전국 소비량의 40% 미만이다.

ㄴ. 전력자급률은 A 지역이 수도권의 2배 이상이다.
→ (O) A 지역의 전력자급률은 $\frac{33.9}{17.3} \times 100 ≒ 196.0(\%)$이고 수도권은 $\frac{144.4}{214.8} \times 100 ≒ 67.2(\%)$이다. 67.2×2=134.4<196.0이므로 전력자급률은 A 지역이 수도권의 2배 이상이다.

ㄷ. C지역 발전량과 D지역 발전량의 합은 전국 발전량의 50% 이상이다.
→ (O) C 지역과 D 지역의 발전량 합계가 222.0+80.3=302.3(TWh)이므로 두 지역 발전량의 합은 전국 발전량의 $\frac{302.3}{594.7} \times 100 ≒ 50.8(\%)$이다. 즉, 50% 이상이다.

ㄹ. B∼D 각 지역의 전력자급률은 150% 이상이다.
→ (X) B∼D 지역의 전력자급률을 각각 구하면 다음과 같다.
• B 지역: $\frac{114.1}{92.9} \times 100 ≒ 122.8(\%)$
• C 지역: $\frac{222.0}{151.2} \times 100 ≒ 146.8(\%)$
• D 지역: $\frac{80.3}{71.7} \times 100 ≒ 112.0(\%)$
따라서 세 지역의 전력자급률은 150% 미만이다.

① ㄱ, ㄴ ➡ (X)
② ㄱ, ㄹ ➡ (X)
③ ㄴ, ㄷ ➡ (O)
④ ㄴ, ㄹ ➡ (X)
⑤ ㄷ, ㄹ ➡ (X)

10 ③   난이도 ■■□

| 문제 유형 | 자료 읽기 > 표/그림/빈칸 제시형

| 접근 전략 | 주어진 자료는 상대적인 크기를 나타내는 값으로 기준연도 대비 상대적인 값인 재고(출하)지수를 이해할 수 있어야 한다. 기준연도 2020년의 재고(출하)량을 100으로 할 때, 해당 연도의 값이 100보다 크다면(예를 들어 105) 2020년 대비 재고(출하)량이 얼마나 큰 지를 절대적인 값이 아닌 비율로서(예를 들어 5%) 이해할 수 있어야 한다.

다음 〈표〉는 2021∼2024년 '갑'국 제조업의 산업군별 재고지수 및 출하지수에 관한 자료이다. 이에 대한 〈보기〉의 설명 중 옳은 것만을 모두 고르면?

〈표〉 2021∼2024년 산업군별 재고지수 및 출하지수

연도	산업군 지수	고위기술 산업군	중고위기술 산업군	중저위기술 산업군	저위기술 산업군
2021	재고지수	102.9	80.0	89.9	91.8
	출하지수	96.2	102.8	116.7	108.5
2022	재고지수	106.6	91.4	93.8	90.0
	출하지수	92.2	107.1	111.6	107.3
2023	재고지수	112.2	98.9	96.4	95.9
	출하지수	93.4	106.0	106.4	104.7
2024	재고지수	95.0	97.7	97.5	94.9
	출하지수	93.8	104.6	105.9	103.7

※ 1) 산업군은 '고위기술산업군', '중고위기술산업군', '중저위기술산업군', '저위기술산업군'으로만 구성됨.
2) 재고(출하)지수는 기준연도 2020년의 재고(출하)량을 100으로 할 때, 해당 연도 재고(출하)량의 상대적인 값임.
3) 연도별 재고율(%) = $\frac{해당 연도의 재고지수}{해당 연도의 출하지수} \times 100$

〈보기〉

ㄱ. 2020년 이후 출하지수의 연도별 증감 방향이 '저위기술산업군'과 동일한 산업군은 '중저위기술산업군'뿐이다. → (O) 2020년 이후 출하지수의 연도별 증감 방향을 비교하면 다음과 같다.
• '저위기술산업군'과 '중저위기술산업군'은 2020년 → 2021년(증가) → 2022년(감소) → 2023년(감소) → 2024년(감소)
• '고위기술산업군' 2020년 → 2021년(감소) → 2022년(감소) → 2023년(증가) → 2024년(증가)
• '중고위기술산업군' 2020년 → 2021년(증가) → 2022년(증가) → 2023년(감소) → 2024년(감소)
그러므로 2020년 이후 출하지수의 연도별 증감 방향이 같은 산업군은 '저위기술산업군'과 '중저위기술산업군' 뿐이다.

ㄴ. 기준연도를 2024년으로 변경한다면, 모든 산업군별 재고지수는 매년 각각 100 이상이 된다. → (X) 현재 재고지수는 2020년의 재고량을 100으로 할 때, 해당 연도 재고량의 상대적인 값으로 2020년도 재고량 보다 큰지 적은지 비율을 비교할 수 있다. 이때, 기준연도를 2024년으로 변경 시 현재 재고지수가 2024년 보다 큰 산업군은 모두 100 이상이라 할 수 있다. 즉, 현재(2020년 기준) 재고지수가 2024년 보다 낮은 연도의 산업군 '중고위기술산업군', '중저위기술산업군', '저위기술산업군'이 있으므로 매년 각각 100이상이 되는 것은 아니다.

ㄷ. 재고율이 매년 100% 이상인 산업군은 '고위기술산업군'뿐이다.
→ (O) 재고율 = $\frac{재고지수}{출하지수}$ × 100이므로 재고율이 매년 100% 이상이 되려면 재고지수가 출하지수 보다 더 커야 한다.(재고지수 > 출하지수)
'중고위기술산업군', '중저위기술산업군', '저위기술산업군'은 모두 2021~2024년 모두 출하지수가 재고지수 보다 더 크므로 재고율이 매년 100% 이하가 된다.(재고지수 < 출하지수)
그러므로 '고위기술산업군'의 경우만 매년 재고지수가 출하지수 보다 더 크다.

① ㄱ ➡ (X)
② ㄴ ➡ (X)
③ ㄱ, ㄷ ➡ (O)
④ ㄴ, ㄷ ➡ (X)
⑤ ㄱ, ㄴ, ㄷ ➡ (X)

11 ①

난이도 ■■□

|문제 유형| 자료 읽기/추론 > 계산형

|접근 전략| ㄴ에서 순위가 높은 국가일수록 평균 승점이 높다는 것이 제시되었을 때, 모든 국가에 대해 각각의 평균 승점을 구하여 순위에 따라 평균 승점을 비교하는 형태의 내용이 아닐 것이라고 생각할 수 있다. 이에 따라 주어진 〈표〉에서 평균 승점을 구하는 과정을 통해 평균 승점이 뒤바뀌는 것을 생각하여, 순위가 높지만 평균 승점이 낮은 경우를 찾아야 한다.

다음 〈표〉는 통산 승점 기준 상위 9개 국가의 역대 FIFA 월드컵 본선 성적에 관한 자료이다. 이에 대한 〈보기〉의 설명 중 옳은 것만을 모두 고르면?

〈표〉 통산 승점 기준 상위 9개 국가의 역대 FIFA 월드컵 본선 성적

순위	국가	통산 승점	경기수	승리	무승부	패배
1	브라질	247	114	76	19	19
2	독일	225	112	68	21	23
3	아르헨티나	158	88	47	17	24
4	이탈리아	156	83	45	21	17
5	프랑스	131	73	39	14	20
6	잉글랜드	118	74	32	22	20
7	스페인	110	67	31	17	19
8	네덜란드	104	55	30	14	11
9	우루과이	88	59	25	13	21

※ 1) 평균 승점 = $\frac{통산 승점}{경기수}$
2) 승률 = $\frac{승리 경기수}{경기수}$

〈보기〉

ㄱ. 순위 8위 이내 국가 중 승률이 0.5 이하인 국가는 2개이다. → (O)
승리 경기수에 2를 곱하여 경기수가 되는지 확인하여 승률이 0.5가 되는지의 여부를 판단할 수 있다. 이에 따라 순위 8위 이내 국가 중 승률이 0.5 이하인 국가는 잉글랜드(74 > 32 × 2), 스페인(67 > 31 × 2)이므로 2개이다.

ㄴ. 순위가 높은 국가일수록 평균 승점이 높다. → (X) 3위 아르헨티나의 평균 승점은 $\frac{158}{88}$ ≒ 1.80이고 4위 이탈리아의 평균 승점은 $\frac{156}{83}$ ≒ 1.90이므로 순위가 높은 국가일수록 평균 승점이 높은 것은 아니다.

ㄷ. 경기수 중 무승부 경기수의 비중은 독일이 잉글랜드보다 크다.
→ (X) 독일과 잉글랜드의 무승부 경기수 비중을 확인해 보면 다음과 같다.
• 독일: $\frac{21}{112}$ × 100 ≒ 18.8(%)
• 잉글랜드: $\frac{22}{74}$ × 100 ≒ 29.7(%)
따라서 경기수 중 무승부 경기수의 비중은 잉글랜드가 독일보다 높다.
따라서 옳은 것은 ㄱ이다.

① ㄱ ➡ (O)
② ㄴ ➡ (X)
③ ㄷ ➡ (X)
④ ㄱ, ㄴ ➡ (X)
⑤ ㄱ, ㄷ ➡ (X)

12 ②

난이도 ■□□

|문제 유형| 자료 읽기/추론 > 매칭형

|접근 전략| 보고서에 주어진 내용대로 증감을 비교하거나 비율을 계산하는 매칭형 문항이다. 특히, 빈칸을 채울 때, 업종별 합계와 차종 전체 중 수치가 더 적은 차종 전체를 이용하여 계산하면 더 빠르게 구해낼 수 있다.

다음 〈표〉는 '갑'국의 '환경친화적 자동차 구매목표제' 시행에 따른 민간부문과 공공부문의 구매실적에 관한 자료이다. 이를 근거로 작성한 〈보고서〉의 (가)~(다)에 해당하는 내용을 바르게 연결한 것은?

〈표 1〉 2024년 민간부문 구매실적

(단위: 대)

업종구분	차종	하이브리드차	전기차	수소차	합계
공시대상기업집단		6,333	8,771	( )	15,177
자동차대여사업자		9,393	7,537	6	16,936
시내버스운송사업자		0	399	( )	407
일반택시운송사업자		0	64	0	64
화물자동차운수사업자	우수물류	4	68	0	72
	택배서비스	7	62	0	69
전체		15,737	16,901	87	32,725

〈표 2〉 2019~2024년 공공부문 구매실적

(단위: 대)

연도\차종	하이브리드차	전기차	수소차	합계
2019	833	2,104	61	2,998
2020	1,135	1,486	20	2,641
2021	1,916	2,366	109	4,391
2022	3,422	1,307	136	4,865
2023	682	2,813	174	3,669
2024	307	2,939	95	3,341

※ 환경친화적 자동차는 하이브리드차, 전기차, 수소차뿐임.

─〈보고서〉─

'갑'국에서는 에너지 절감을 위한 '환경친화적 자동차 구매목표제'를 2019년부터 시행하고 있다. 2024년 민간부문과 공공부문 구매실적의 합이 가장 큰 차종은 (가) 였다.

2024년 민간부문의 업종구분별 구매실적을 보면, 자동차대여사업자는 하이브리드차를 가장 많이 구매하였고 그 외의 업종구분에서는 전기차를 가장 많이 구매하였다. 한편, 전기차 구매실적 대비 수소차 구매실적 비율이 가장 높은 업종구분은 (나) (으)로 나타났다.

2019~2024년 공공부문 구매실적을 보면, 하이브리드차의 공공부문 구매실적은 정책 시행 시작연도인 2019년부터 매년 증가하여 (다) 년에 최대가 되었다가 이후 매년 감소하였다.

	A	B	D
①	전기차	공시대상기업집단	2022 ➡ (X)
②	전기차	시내버스운송사업자	2022 ➡ (O)

〈표 1〉 2024년 민간부문 구매실적 자료에서 빈칸을 계산하면 다음과 같다.

업종구분\차종	하이브리드차	전기차	수소차	합계
공시대상기업집단	6,333	8,771	73(=87−6−8)	15,177
자동차대여사업자	9,393	7,537	6	16,936
시내버스운송사업자	0	399	8(=407−399)	407
일반택시운송사업자	0	64	0	64
화물자동차운수사업자 우수물류	4	68	0	72
화물자동차운수사업자 택배서비스	7	62	0	69
전체	15,737	16,901	87	32,725

(가): 전기차
2024년 민간부문과 공공부문 구매실적의 합은 전기차 19,840대(16,901 + 2,939), 하이브리드차 16,044대(15,737 + 307), 수소차 182대(87 + 95) 이므로 전기차가 가장 크다.

(나): 시내버스운송사업자

전기차 구매실적 대비 수소차 구매실적 비율은 공시대상기업집단 $\frac{73}{8,771}$ ≒ 0.008, 자동차대여사업자 $\frac{6}{7,537}$ ≒ 0.0008, 시내버스운송사업자 $\frac{8}{399}$ ≒ 0.020이고, 일반택시운송사업자와 화물자동차운수사업자는 수소차 구매실적 0이므로 비율이 0이다. 그러므로 전기차 구매실적 대비 수소차 구매실적 비율이 가장 높은 업종은 시내버스운송사업자이다.

(다): 2022년
공공부문 구매실적의 전년 대비 증감을 보면 2019년 → 2020년(증가) → 2021년(증가) → 2022년(증가) → 2023년(감소) → 2024년(감소) 하므로 2019년부터 매년 증가하여 최대가 되어 이후 매년 감소한 해는 2022년이다.

③	전기차	시내버스운송사업자	2023 ➡ (X)
④	하이브리드차	공시대상기업집단	2023 ➡ (X)
⑤	하이브리드차	시내버스운송사업자	2023 ➡ (X)

13 ① 난이도 ■■□

|문제 유형| 자료 읽기/추론 > 계산형

|접근 전략| 해설에 제시된 것처럼 G, I, J는 주어진 〈그림〉에서 배양기의 위치를 통해 '갑'세포 생존지수 유형을 확인할 수 있다. 그리고 배양기 B의 '갑'세포 생존지수 유형이 '경고'임을 확인했을 때, 제시된 선택지에서 B, G, I, J가 없는 것은 ①, ③뿐이다. 따라서 A, H에 대해서만 그 값을 구하는 것으로 정답을 찾을 수 있는데, 둘 중 어느 하나를 먼저 계산하더라도 정답이 ①이라는 것을 알 수 있다.

다음 〈그림〉은 배양기 A~J의 온도지수 및 습도지수이고, 〈표〉는 '갑'세포 생존지수에 따른 배양환경 유형에 관한 자료이다. 이를 근거로 A~J 중 배양환경 유형이 '주의'인 배양기만을 모두 고르면?

〈그림〉 배양기 A~J의 온도지수 및 습도지수

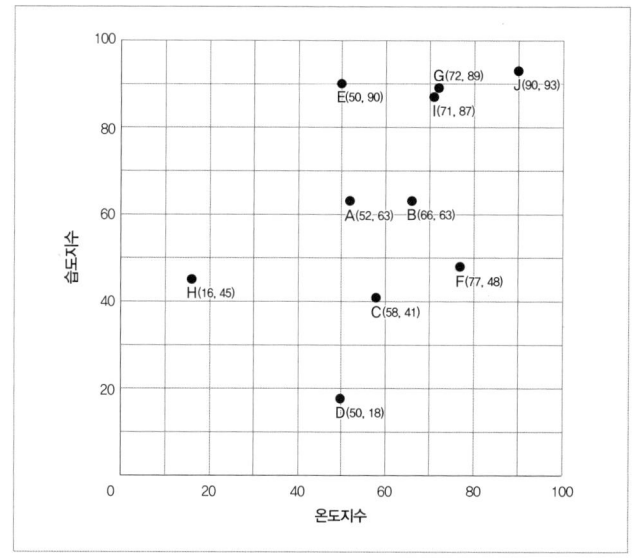

〈표〉 '갑'세포 생존지수에 따른 배양환경 유형

'갑'세포 생존지수	150 미만	150 이상 300 미만	300 이상 350 미만	350 이상
유형	양호	주의	경고	위험

※ '갑'세포 생존지수 = 3 × 온도지수 + 2 × 습도지수

① A, C, D ➡ (O) 알파벳 순서대로 '갑'세포 생존지수를 구해 보면 다음과 같다.
- A: 3 × 52 + 2 × 63 = 282 → 주의
  A와 온도지수는 비슷하나, 습도지수가 크게 증가한 E는 '갑'세포 생존지수가 300을 넘을 것으로 생각할 수 있다.
- B: 3 × 66 + 2 × 63 = 324 → 경고
  B보다 온도지수와 습도지수가 모두 높은 G, I, J는 모두 '갑'세포 생존지수가 300을 초과하였음을 알 수 있다.
- C: 3 × 58 + 2 × 41 = 256 → 주의
- D: 3 × 50 + 2 × 18 = 186 → 주의

- F: 3 × 77 + 2 × 48 = 327 → 경고
- H: 3 × 16 + 2 × 45 = 138 → 양호

따라서 배양환경 유형이 '주의'인 배양기는 A, C, D이다.

② B, E, F ➡ (X)
③ C, D, H ➡ (X)
④ E, G, I, J ➡ (X)
⑤ A, B, C, D, F ➡ (X)

14 ③ 　　　　　　　　　　　　　　난이도 ■■□

| 문제 유형 | 자료 변환응용 > 자료/보고서 전환형
| 접근 전략 | 이 문항은 보기 ①~⑤ 모두 동일한 형태의 자료로 제시되어 있으므로, 〈보고서〉에 주어진 내용 중 한 가지 요건으로 모든 보기와 비교를 하여 자료에 부합하지 않은 보기를 지우는 소거법을 이용하는 것이 더욱 효과적이다. 즉, 보고서에 '대통령표창'과 '국무총리표창'은 포상분야 및 포상인원이 각각 매년 증가하였다고 되어 있으나 보기 ②와 ④는 매년 증가한 것이 아니라는 것을 동시에 찾아 낼 수 있다.

다음 〈보고서〉는 2022~2024년 A부처의 정부포상 실적에 관한 자료이다. 〈보고서〉의 내용과 부합하는 자료는?

─〈보고서〉─

A부처는 민간기관의 참여 활성화를 위해 매년 정부포상을 실시하고 있다. 정부포상은 「정부 표창 규정」에 따라 '대통령표창', '국무총리표창', 그리고 '장관표창'으로 구분되고, 2022~2024년 A부처의 연도별 정부포상 실적은 다음과 같다.

먼저, '대통령표창'과 '국무총리표창'은 포상분야 및 포상인원이 각각 매년 증가하였다. 특히 '국무총리표창'의 포상분야는 2024년이 2022년 대비 20% 이상 증가하였다. 2024년 정부포상을 포상분야 1개당 포상인원이 많은 표창부터 순서대로 나열하면 '장관표창', '국무총리표창', '대통령표창' 순이다.

① (단위: 개, 명)

표창 \ 연도	2022		2023		2024	
	포상분야	포상인원	포상분야	포상인원	포상분야	포상인원
대통령표창	8	24	12	26	15	27
국무총리표창	25	112	27	132	28	141
장관표창	41	253	37	281	39	277

➡ (X) 보고서에 '국무총리표창'의 포상분야는 2024년이 2022년 대비 20% 이상 증가하였다고 제시되어 있지만, 2024년(28)은 2022년 (25) 대비 $\frac{28-25}{25} \times 100 = 12(\%)$ 증가하였으므로 20% 이상 증가한 것은 아니다.

② (단위: 개, 명)

표창 \ 연도	2022		2023		2024	
	포상분야	포상인원	포상분야	포상인원	포상분야	포상인원
대통령표창	8	21	12	25	9	27
국무총리표창	25	112	31	109	36	117
장관표창	44	253	43	281	45	297

➡ (X) 보고서에 '대통령표창'과 '국무총리표창'은 포상분야 및 포상인원이 각각 매년 증가하였다고 제시되어 있지만, '대통령표창' 포상분야는 2024년(9)이 2023년(12)보다 감소하였으므로 보고서의 내용에 부합하지 않는다.

③ (단위: 개, 명)

표창 \ 연도	2022		2023		2024	
	포상분야	포상인원	포상분야	포상인원	포상분야	포상인원
대통령표창	4	24	5	26	6	27
국무총리표창	25	112	27	132	30	141
장관표창	41	253	37	281	39	277

➡ (O) 보고서에 제시된 '대통령표창'과 '국무총리표창'은 포상분야 및 포상인원이 각각 매년 증가하였고, '국무총리표창'의 포상분야는 2024년(30)이 2022년(25) 대비 20%($\frac{30-25}{25} \times 100$) 이상 증가하였다. 또한, 2024년 포상분야 1개당 포상인원이 많은 표창부터 순서대로 나열하면 '장관표창'($\frac{277}{39}$ ≒ 7.1) > '국무총리표창' ($\frac{141}{30}$ ≒ 4.7) > '대통령표창'($\frac{27}{6}$ ≒ 4.5)순으로 보고서와 동일하게 제시되어 있다.

④ (단위: 개, 명)

표창 \ 연도	2022		2023		2024	
	포상분야	포상인원	포상분야	포상인원	포상분야	포상인원
대통령표창	8	21	9	25	9	27
국무총리표창	25	112	31	115	36	117
장관표창	44	281	43	253	45	257

➡ (X) 보고서에 '대통령표창'과 '국무총리표창'은 포상분야 및 포상인원이 각각 매년 증가하였다고 제시되어 있지만, '대통령표창' 포상분야는 2024년(9)이 2023년(9)과 동일하므로 보고서의 내용에 부합하지 않는다.

⑤ (단위: 개, 명)

표창 \ 연도	2022		2023		2024	
	포상분야	포상인원	포상분야	포상인원	포상분야	포상인원
대통령표창	4	24	5	26	6	27
국무총리표창	25	129	31	132	36	141
장관표창	41	351	37	281	39	314

➡ (X) 보고서에 2024년 포상분야 1개당 포상인원이 많은 표창부터 순서대로 나열하면 '장관표창' > '국무총리표창' > '대통령표창'순으로 제시되어 있지만, '대통령표창' $\frac{27}{6}$ = 4.5, '국무총리표창' $\frac{141}{36}$ ≒ 3.9, '장관표창' $\frac{314}{39}$ ≒ 8.0이므로 '장관표창 > 대통령표창 > 국무총리표창'의 순으로 나열되어 있다. 그러므로 보고서의 내용에 부합하지 않는다.

15 ⑤

난이도 ■■■

|문제 유형| 자료 읽기/추론 > 계산형
|접근 전략| 어느 정도 계산하여 〈보기〉의 내용이 〈보고서〉의 내용에 부합하는지 확인해야 하는 것도 있지만, 몇몇에 대해서는 시간을 단축할 수 있는 것도 있다. 예를 들어 ㄴ에서 2020년 부처 소속 행정기관위원회의 비중을 구한 뒤 80%를 초과한다는 것을 확인하였다면 2021~2022의 비중은 굳이 구하지 않아도 된다. 대통령 소속과 국무총리 소속 행정기관위원회 수는 82개로 동일하지만, 부처 소속 행정기관위원회 수만 증가하고 있음을 알 수 있다. 즉, 분모와 분자가 똑같은 수치로 증가하는 상황인데, 진분수 형태에서는 분모와 분자가 똑같은 수치로 증가하는 경우 분수의 값은 증가한다. 따라서 2021~2022년 부처 소속 행정기관위원회의 비중은 80%를 초과한다.

다음 〈보고서〉는 2024년 '갑'국의 행정기관위원회에 관한 자료이다. 〈보기〉의 자료 중 〈보고서〉의 내용에 부합하는 것만을 모두 고르면?

――〈보고서〉――

2024년 '갑'국의 행정기관위원회는 총 590개이고, 이중 행정위원회가 40개, 자문위원회가 550개였다. 행정기관위원회를 소속별로 보면 부처 소속이 514개로 가장 많았고, 다음으로 국무총리, 대통령 소속 순이었다. 그리고 부처 소속 행정기관위원회는 2020년 이후 매년 전체 행정기관위원회의 80% 이상을 차지한 것으로 나타났다.

2024년 행정기관위원회의 회의 개최 횟수를 살펴보면 4회 이상 회의를 개최한 행정기관위원회는 전체 행정기관위원회의 절반에도 미치지 못했다. 특히 회의를 한 번도 개최하지 않은 행정기관위원회는 69개로 나타났다.

2024년 행정기관위원회를 예산규모별로 보면 예산이 5천만 원을 초과한 행정기관위원회는 전체 행정기관위원회의 20%에도 미치지 못했다. 특히 예산이 미편성된 행정기관위원회가 전체 행정기관위원회의 55%를 넘었다.

――〈보기〉――

ㄱ. 2020~2024년 행정기관위원회 중 행정위원회 비중

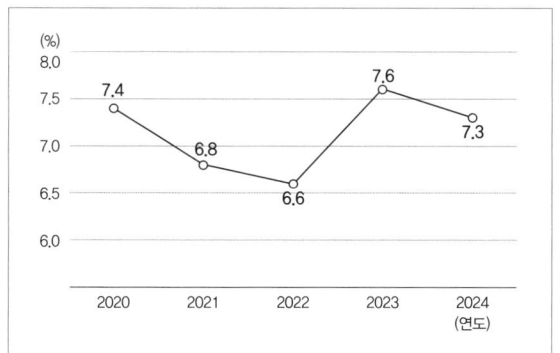

→ (X) 첫 번째 단락에 제시된 바와 같이 2024년 행정기관위원회 590개 중 행정위원회가 40개이므로 그 비중은 $\frac{40}{590} \times 100 ≒ 6.8(\%)$이다. 즉, 〈보고서〉의 내용과 부합하지 않는다.

ㄴ. 2020~2024년 소속별 행정기관위원회 수

→ (O) 연도별로 전체 행정기관위원회 중 부처 소속 행정기관위원회의 비중을 구하면 다음과 같다.

- 2020년: $\frac{503}{23+59+503} \times 100 ≒ 86.0(\%)$
- 2021년: $\frac{540}{22+60+540} \times 100 ≒ 86.8(\%)$
- 2022년: $\frac{554}{21+61+554} \times 100 ≒ 87.1(\%)$
- 2023년: $\frac{534}{19+62+534} \times 100 ≒ 86.8(\%)$
- 2024년: $\frac{514}{18+58+514} \times 100 ≒ 87.1(\%)$

따라서 2020년 이후 항상 80% 이상을 차지하고 있으므로 〈보고서〉의 내용과 부합한다.

ㄷ. 2024년 회의 개최 횟수별 행정기관위원회 수

(단위: 개)

회의 횟수	0회	1회	2회	3회	4회	5~10회	11~20회	21회 이상	전체
위원회 수	69	88	78	55	62	101	59	78	590

→ (X) 회의를 한 번도 개최하지 않은 행정기관위원회 수는 69개로 제시되어 있다. 그런데 회의를 4회 이상 개최한 행정기관위원회 수는 62+101+59+78=300(개)이므로 전체 행정기관위원회 수인 590개의 절반을 넘는다. 따라서 〈보고서〉의 내용과 부합하지 않는다.

ㄹ. 2024년 예산규모별 행정기관위원회 수

(단위: 백만 원, 개)

예산규모	미편성	0 초과 10 이하	10 초과 50 이하	50 초과 200 이하	200 초과 1,000 이하	1,000 초과
위원회 수	336	71	90	60	27	6

→ (O) 2024년 예산 규모가 5천만 원을 초과한 행정기관위원회 수는 60+27+6=93(개)이므로 전체 행정기관위원회의 $\frac{93}{590} \times 100 ≒ 15.8(\%)$이다. 즉, 20%에 미치지 못한다. 그리고 예산이 미편성된 행정기관위원회 336개는 전체의 $\frac{336}{590} \times 100 ≒ 56.9(\%)$이므로 전체 행정기관위원회의 55%를 넘으므로 〈보고서〉의 내용과 부합한다.

따라서 〈보고서〉의 내용과 부합하는 것은 ㄴ, ㄹ이다.

① ㄱ, ㄴ ➡ (X)
② ㄱ, ㄷ ➡ (X)
③ ㄱ, ㄹ ➡ (X)
④ ㄴ, ㄷ ➡ (X)
⑤ ㄴ, ㄹ ➡ (O)

16 ⑤ 난이도 ■■□

|문제 유형| 자료 읽기/추론 > 매칭형
|접근 전략| 이 문항은 매칭형 문항으로 '갑'국에 해당하는 국가를 찾는 유형이다. 즉, 보기에 제시되어 있는 5개 국가인 리비아(1위), 요르단(4위), 키르기스스탄(5위), 타지키스탄(8위), 튀르키예(3위)를 주어진 〈표〉에 체크한 후 주어진 조건에 해당되지 않는 소거법을 통해 '갑'국을 찾아가는 것이 더욱 효율적이다.

다음 〈표〉는 2022년과 2023년 A국의 중고차 수출량에 관한 자료이다. 〈표〉와 〈조건〉을 근거로 판단할 때, 2023년 A국의 중고차 수출량 기준 상위 10개 수출대상국 중 '갑'국에 해당하는 국가는?

〈표〉 2023년 A국의 중고차 수출량 기준 상위 10개 수출대상국으로의 2022년과 2023년 중고차 수출량

(단위: 대)

순위	수출대상국	2023	2022
1	리비아	150,087	54,826
2	이집트	58,534	37,197
3	튀르키예	48,501	21,689
4	요르단	30,865	40,762
5	키르기스스탄	30,734	13,741
6	아제르바이잔	17,584	7,675
7	아랍에미리트연합	16,777	7,137
8	타지키스탄	15,758	12,000
9	알바니아	13,752	1,811
10	몽골	10,735	5,491
	A국 전체	502,028	303,416

〈조건〉

○ 2023년 A국 전체 중고차 수출량에서 '갑'국으로의 중고차 수출량이 차지하는 비중은 10% 이하이다.
→ 2023년 A국 전체 중고차 수출량에서 수출량이 차지하는 비중이 10% 미만인 곳은 3~10위에 해당하는 국가가 '갑'국에 해당한다.

○ A국 전체 중고차 수출량에서 '갑'국으로의 중고차 수출량이 차지하는 비중은 2023년이 2022년보다 크다.
→ 수출량 비중을 계산하면, 2023은 $\frac{2023년 수출대상국}{2023년 전체}$ 이고, 2022년 $\frac{2022년 수출대상국}{2022년 전체}$ 이다. 이때, 2023년 전체는 2022년 전체 대비 198,612대 (502,028 − 303,416) 더 많으므로, $\frac{198,612}{303,416} \times 100 ≒ 65.5(\%)$의 증가율을 보인다. 즉, 2022년 수출대상국 대비 2023년 수출대상국 증가율이 65.5%보다 더 큰 국가를 찾으면 된다.

3위(21,689대 → 48,501대)는 2배(100%) 이상 되었으므로 증가율이 65.5% 이상이다.
4위(40,762대 → 30,865대)는 감소하였으므로 증가율이 65.5% 이하이다.
5위(13,741대 → 30,734대)는 2배(100%) 이상 되었으므로 증가율이 65.5% 이상이다.
6위(7,675대 → 17,584대)는 2배(100%) 이상 되었으므로 증가율이 65.5% 이상이다.
7위(7,137대 → 16,777대)는 2배(100%) 이상 되었으므로 증가율이 65.5% 이상이다.
8위(12,000대 → 15,758대)는 증가율이 $\frac{15,738 - 12,000}{12,000} \times 100 ≒ 31(\%)$이므로 증가율은 65.5% 이하이다.
9위(1,811대 → 13,752대)는 2배 이상이므로 증가율이 65.5% 이상이다.
10위(5,491대 → 10,735대)는 5,491대의 2배(10,982대)에 굉장히 근접하므로 증가율이 65.5% 이상이다.
그러므로 2022년 보다 2023년 중고차 수출 비중이 큰 국가는 3위, 5위, 6위, 7위, 9위, 10위이다. (4위와 8위 제외)

○ 2021년 대비 2022년 A국에서 '갑'국으로의 중고차 수출량 증가율이 20%라면, 2021년 A국에서 '갑'국으로의 중고차 수출량은 12,000대 이상이다.
→ 2021년 '갑'국으로의 중고차 수출량이 12,000대 이상이므로, 2022년 수출량 역시 적어도 12,000대 이상이 되어야 한다. 2022년 수출량이 12,000대 이상인 국가는 3위, 5위이다. (6위, 7위, 9위, 10위는 제외)
이때, 2021년 수출량이 12,000대라 두면, 2022년 수출량은 적어도 14,400대 (12,000대 × 1.2) 이상이 되어야 한다. 그러므로 2022년 수출량이 14,400대 이상인 국가는 3위인 튀르키예 이고, '갑'국에 해당한다.

① 리비아 ➡ (X)
② 요르단 ➡ (X)
③ 키르기스스탄 ➡ (X)
④ 타지키스탄 ➡ (X)
⑤ 튀르키예 ➡ (O)

17 ② 난이도 ■■□

|문제 유형| 자료 읽기 > 표/그림/빈칸 제시형
|접근 전략| 선택지 ②에서 '갑'시의 '도로 연장'이 1,352km라는 것을 확인하였다면 330 × 4 = 1,320 < 1,352임을 이용하여 '갑'시 '도로 연장'의 25%가 되지 않음을 알 수 있다. 또, ③에서 C, D 지역의 '시가화 면적'을 구하여 ④, ⑤의 내용을 확인할 수 있으므로 먼저 빠르게 계산해 놓으면 좋다는 것을 알 수 있다.

다음 〈표〉는 2024년 '갑'시 A~D지역의 도로 현황에 관한 자료이다. 이에 대한 설명으로 옳지 않은 것은?

〈표〉 2024년 '갑'시 A~D지역의 도로 현황

(단위: km, km², %)

지역	구분	도로 연장	도로 면적	시가화 면적	도로율
A		323	3.43	11.79	29.1
B		330	3.20	13.85	23.1
C		442	5.80	( )	22.2
D		257	2.35	( )	23.9

※ 1) '갑'시는 A~D지역으로만 구성됨.
2) 도로율(%) = $\frac{도로 면적}{시가화 면적} \times 100$

① '도로 연장'당 '도로 면적'은 A지역이 D지역보다 크다. ➡ (O) A, D 지역에 대하여 '도로 연장'당 '도로 면적'을 계산해 보면 다음과 같다.
- A 지역: $\frac{3.43}{323}$ ≒ 0.011
- D 지역: $\frac{2.35}{257}$ ≒ 0.009

따라서 A 지역이 D 지역보다 크다.

② B지역의 '도로 연장'은 '갑'시 '도로 연장'의 25% 이상이다.
➡ (X) '갑'시의 '도로 연장'이 323 + 330 + 442 + 257 = 1,352(km)이므로 B 지역은 '갑'시 '도로 연장'의 $\frac{330}{3,352}$ × 100 ≒ 24.4(%)이다. 즉, 25% 미만이다.

③ '도로율'이 가장 낮은 지역은 '시가화 면적'이 가장 크다. ➡ (O) C, D 지역의 '시가화 면적'을 구하면 다음과 같다.
- C 지역: 5.80 × 100 ÷ 22.2 ≒ 26.1(km²)
- D 지역: 2.35 × 100 ÷ 23.9 ≒ 9.8(km²)

이때, '도로율'이 가장 낮은 곳은 C 지역이므로 '도로율'이 가장 낮은 지역은 '시가화 면적'이 가장 크다.

④ D지역의 '시가화 면적'은 10km² 이하이다. ➡ (O) D 지역의 '시가화 면적'이 9.8km²이므로 10km² 이하이다.

⑤ '갑'시의 '시가화 면적'은 50km² 이상이다. ➡ (O) '갑'시의 '시가화 면적'은 11.79 + 13.85 + 26.1 + 9.8 = 61.54(km²)이므로 50km² 이상이다.

S 18 ②
난이도 ■■■

| 문제 유형 | 자료 읽기 > 표/그림/빈칸 제시형

| 접근 전략 | 자료의 증감추세, 증감율을 구해야 하는 문항이다. 특히, 두 개 이상의 주어진 자료의 합계가 동일할 때, 자료간의 연계성을 고려해 접근해야 한다. 즉, 보기 ② 번과 같이 2023년 전체 민원건수가 동일할 때, 생활불편, 눈부심, 심리불안 민원건수가 모두 공간조명 민원건수에 속한다는 가정을 통해 최소한의 공간조명 민원건수가 수면방해 민원건수에 해당한다는 것을 알아낼 수 있다.

다음 〈표〉는 2020~2024년 A시의 빛공해 민원건수에 관한 자료이다. 이에 대한 설명으로 옳은 것은?

〈표 1〉 피해유형별 빛공해 민원건수

(단위: 건)

피해유형\연도	수면방해	생활불편	눈부심	심리불안	전체
2020	2,014	217	177	5	2,413
2021	2,096	294	167	20	2,577
2022	1,490	388	264	26	2,168
2023	1,107	354	333	50	1,844
2024	885	502	390	57	1,834
계	7,592	1,755	1,331	158	10,836

〈표 2〉 조명종류별 빛공해 민원건수

(단위: 건)

조명종류\연도	공간조명	광고조명	전광판조명	장식조명	기타	전체
2020	1,792	353	53	75	140	2,413
2021	1,768	464	82	55	208	2,577
2022	1,176	626	41	107	218	2,168
2023	829	560	44	120	291	1,844
2024	827	522	90	101	294	1,834
계	6,392	2,525	310	458	1,151	10,836

① 장식조명 민원건수가 전년 대비 증가한 모든 해에는 전광판조명 민원건수도 전년 대비 증가한다. ➡ (X) 장식조명 민원건수가 전년 대비 증가한 해는 2022년, 2023년이고, 전광판조명 민원건수가 전년 대비 증가한 해는 2021년, 2023년, 2024년이다. 2022년의 경우 장식조명 민원건수는 전년 대비 증가했지만, 전광판조명 민원건수는 전년 대비 증가하지 않았다.

② 2023년 공간조명으로 인한 수면방해 민원건수는 92건 이상이다. ➡ (O) 〈표1〉과 〈표2〉의 연도별 민원건수는 동일하다. 즉, 피해유형과 조명종류별 빛공해 민원건수의 수가 동일하다는 것을 의미한다. 만약 2023년 생활불편(354건), 눈부심(333건), 심리불안(50건) 민원건수가 737건(354 + 333 + 50) 모두가 공간조명 민원건수에 해당한다면, 이를 제외한 남는 공간조명 민원건수인 92건(829−737)은 생활불편, 눈부심, 심리불안 민원건수를 제외한 수면방해 민원건수에 해당해야 한다. 즉, 적어도 92건 이상은 수면방해 민원건수에 포함된다는 것을 의미한다. 그러므로 2023년 공간조명으로 인한 수면방해 민원건수는 92건 이상이다.

③ 2021년 전체 민원건수 중 수면방해 민원건수의 비중은 85% 이상이다. ➡ (X) 2021년 전체 민원건수는 2,577건이고, 그 중 수면방해 민원건수는 2,096건 이므로 차지하는 비중은 $\frac{2,096}{2,577}$ × 100 ≒ 81.3(%)이므로 85% 이상 차지하는 것은 아니다.

④ 눈부심 민원건수의 전년 대비 증가율은 2024년이 가장 높다.
➡ (X) 눈부심 민원건수가 전년 대비 증가한 해는 2022년, 2023년, 2024년 이고, 전년 대비 증가량은 2022년 97건(264−167), 2023년 69건(333−264), 2024년 57건(390−333)이다. 이때, 3개의 연도 중 2022년이 전년 대비 증가량이 가장 크고, 2021년이 전년도 값 역시 가장 적으므로, 전년 대비 증가율은 2022년이 가장 높다. 전년 대비 증가율은 아래와 같다.
- 2022년: $\frac{97}{167}$ × 100 ≒ 58(%)
- 2023년: $\frac{69}{264}$ × 100 ≒ 26(%)
- 2024년: $\frac{57}{333}$ × 100 ≒ 17(%)

그러므로, 전년 대비 증가율은 2024년이 가장 높은 것은 아니다.

⑤ 기타를 제외하고 매년 조명종류의 민원건수 순위는 동일하다.
➡ (X) 기타를 제외한 조명종류의 민원건수 순위는 2020년 공간조명 > 광고조명 > 장식조명 > 전광판조명이지만, 2021년 공간조명 > 광고조명 > 전광판조명 > 장식조명이므로 2020년과 2021년의 순위는 다르다. 그러므로 매년 조명종류의 민원건수 순위가 동일한 것은 아니다.

19 ⑤   난이도 ■■■

|문제 유형| 자료 읽기 > 표/그림/빈칸 제시형
|접근 전략| 먼저 주어진 〈표〉를 채울 수 있는 만큼 채운 뒤 〈보기〉의 내용과 비교해 본다. 이때, 칸을 채우지 못한 곳에 대해 직접 값을 구하려고 하지 말고, 〈보기〉의 내용의 옳고 그름에 대해서만 판단할 수 있도록 한다. 제시된 해설과 같이 3~4월 물동량을 구하지 않더라도 추론하여 진위 여부를 판단할 수 있도록 한다.

다음 〈표〉는 2023년 '갑'항구의 월별 컨테이너 물동량에 관한 자료이다. 이에 대한 〈보기〉의 설명 중 옳은 것만을 모두 고르면?

〈표〉 2023년 '갑'항구의 월별 컨테이너 물동량
(단위: 천 TEU)

월\구분	물동량	누적 물동량
1	273	273
2	229	( )
3	( )	( )
4	( )	( )
5	282	1,370
6	280	1,650
7	287	( )
8	( )	2,222
9	307	2,529
10	300	( )
11	312	3,141
12	( )	3,461

※ 1) 누적 물동량은 1월부터 해당 월까지의 물동량을 합한 값임.
  2) 월평균 물동량은 1~12월 물동량의 합을 12(개월)로 나눈 값임.

〈보기〉
ㄱ. 8월 물동량은 7월 물동량보다 많다. → (X) 8월 물동량이 285(천 TEU)이므로 7월 물동량 287(천 TEU)보다 적다.
ㄴ. 1월 대비 12월 물동량의 증가율은 15% 이상이다. → (O) 12월 물동량이 320(천 TEU)이므로 1월 대비 $\frac{320-273}{273} \times 100 ≒ 17.2(\%)$ 증가하였다. 즉, 15% 이상 증가하였다.
ㄷ. 2023년 월평균 물동량보다 물동량이 많은 달은 5개 이상이다. → (O) 2023년 물동량의 합이 3,461(천 TEU)이므로 월평균 물동량은 $\frac{3,461}{12}$ ≒ 288.4(천 TEU)이다. 따라서 월평균 물동량보다 물동량이 많은 달은 9월, 10월, 11월, 12월이다. 이때, x+z=586 > 288.4×2=576.8이므로 두 값 모두 288.4보다 낮을 수 없다. 즉, 두 값 중 하나는 288.4를 넘을 것이므로 월평균 물동량보다 물동량이 많은 달은 5개 이상이다.

① ㄱ ➡ (X)
② ㄴ ➡ (X)
③ ㄷ ➡ (X)
④ ㄱ, ㄴ ➡ (X)
⑤ ㄴ, ㄷ ➡ (O) 〈표〉의 주석을 참고하여 빈칸에 들어갈 수치를 기입하면 다음과 같다.

월\구분	물동량	누적 물동량
1	273	273
2	229	502
3	x	y
4	z	1,088
5	282	1,370
6	280	1,650
7	287	1,937
8	285	2,222
9	307	2,529
10	300	2,829
11	312	3,141
12	320	3,461

이때, 502+x=y, y+z=1,088이다. 그리고 물동량 전체의 합이 누적 물동량의 맨 아래 칸의 수치이므로 2,875+x+z=3,461에서 x+z=586이다.

20 ④   난이도 ■■■

|문제 유형| 자료 읽기 > 표/그림/빈칸 제시형
|접근 전략| 이 문항은 자료를 비교하거나 계산하는 일반적인 자료읽기 문항이지만, 보기 ㄹ을 해설과 같이 계산하는 것은 쉽지 않다. 하지만, 증가율을 대략적으로 계산해 아래의 관점으로 풀어간다면 어렵지 않게 해결할 수 있다.
2021년 예산액 중 A(26.1%), C(33.4%)로 A 대비 대략 30% 증가했고, 2022년은 예산액 중 A(24.8%), C(30.5%)로 A 대비 대략 22% 증가했다. 이때, C의 예산액은 2021년 A(902억 원)에 대해 30% 증가한 1,172억 원이고, 2022년 A(1,129)에 대략 22% 증가한 1,370억 원이다.

다음은 '갑'국 공공기관 A~D의 예산액에 관한 자료이다. 이에 대한 〈보기〉의 설명 중 옳은 것만을 모두 고르면?

〈그림〉 2018~2023년 연도별 공공기관 예산액 중 A~D 예산액 비중

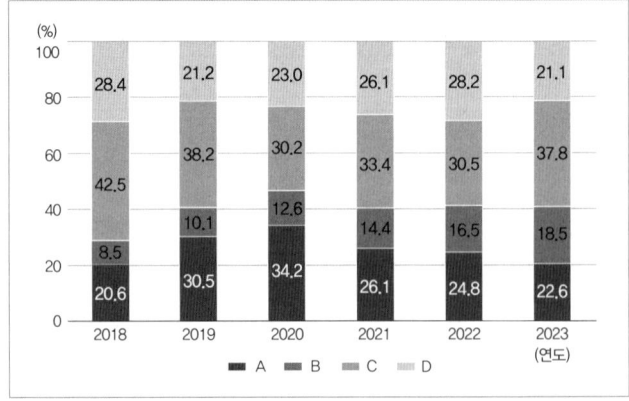

※ '갑'국 공공기관은 A~D뿐임.

⟨표⟩ 2021~2023년 연도별 공공기관 A의 예산액

(단위: 억 원)

구분	연도	2021	2022	2023
일반관리비	인건비	139	160	135
	경비	70	88	80
사업비		443	581	( )
출연금		250	250	260
합계		902	1,079	1,129

※ 예산액은 일반관리비(인건비, 경비), 사업비, 출연금으로만 구성됨.

⟨보기⟩

ㄱ. 2018~2023년 동안 공공기관 예산액 중 B의 예산액 비중은 매년 1%p 이상 증가하였다. → (O) 단위 %p는 값의 절대적인 증감(차이)을 의미한다. 2018~2023년 동안 B의 예산액 비중의 전년 대비 증감은 2018년 → 2019년(1.6%p) → 2020년(2.5%p) → 2021년(1.8%p) → 2022년(2.1%p) → 2023년(2%p)이므로 매년 1%p이상 증가하였다.

ㄴ. 2023년 A는 사업비가 출연금의 3배 이상이다. → (X) 2023년 A는 사업비가 출연금의 3배 이상이라고 언급되어 있으므로, 사업비를 780억 원(출연금의 3배)으로 가정하고 2023년 A예산액 총합을 구하면 1,255억 원(135 + 80 + 780 + 260)이고, 제시된 합계는 1,129억 원보다 더 크다. 그러므로, 사업비는 출연금의 3배 이상이 아니라 3배 이하이어야 한다.

ㄷ. 2021~2023년 동안 A는 매년 인건비가 일반관리비의 60% 이상이다. → (O) 일반관리비는 인건비와 경비의 합으로만 이루어져 있다. 이때, 인건비가 일반관리비의 60%라고 하면 경비는 40%에 해당한다. 즉, 일반관리비 대 경비의 비는 3:2(6:4)가 된다. 즉, 인건비는 경비의 1.5배를 의미하므로, 2021~2023년 동안 인건비가 경비보다 1.5배 이상인지를 확인해 보면 다음과 같다.

- 2021년 경비(70) × 1.5 = 105 < 인건비(139)
- 2022년 경비(88) × 1.5 = 132 < 인건비(160)
- 2023년 경비(80) × 1.5 = 120 < 인건비(135)

2021~2023년 동안 매년 인건비는 경비의 1.5배 이상이므로 일반관리비의 60% 이상을 차지한다.

ㄹ. 2022년 C의 예산액은 전년 대비 증가하였다. → (O) 2021년 A의 예산액은 902억 원이고, 공공기관 예산액 중 비중이 26.1%이므로 2022년 공공기관 전체 예산액은 약 3,456억 원(902 ÷ 26.1%)이다. 이때, C의 예산액은 33.4%를 차지하므로 약 1,154억 원(3,456 × 33.4%)이다.
2022년 A의 예산액은 1,079억 원이고, 공공기관 예산액 중 비중이 24.8%이므로 2022년 공공기관 전체 예산액은 약 4,350억 원(1,079 ÷ 24.8%)이다. 이때, C의 예산액은 30.5%를 차지하므로 약 1,327억 원(4,350 × 30.5%)이다.
그러므로 2022년 C의 예산액은 전년 대비 증가하였다.

① ㄱ, ㄴ ➡ (X)
② ㄱ, ㄷ ➡ (X)
③ ㄴ, ㄹ ➡ (X)
④ ㄱ, ㄷ, ㄹ ➡ (O)
⑤ ㄴ, ㄷ, ㄹ ➡ (X)

21 ①

난이도 ■■□

| 문제 유형 | 자료 읽기/추론 > 매칭형

| 접근 전략 | ⟨보고서⟩의 내용과 ⟨그림⟩을 연동하여 생각해야 한다. ⟨그림⟩에서 응시 인원과 미응시 인원의 증감을 바탕으로 하여 A의 값을 구하고 ⟨보고서⟩에서 응시 인원을 통해 미응시 인원을 구하고 그 중 '재학생' 수를 바탕으로 2025학년도 미응시 '재학생' 수를 구하도록 해야 한다. A~E의 모든 수치를 구하려고 하지 말고, 필요한 자료만 구분하여 추론 능력을 통해 그 수치를 구할 수 있어야 한다.

다음은 '갑'국의 2024학년도와 2025학년도 대학입학시험 응시 현황에 관한 자료이다. 이를 근거로 A와 D에 해당하는 값을 바르게 연결한 것은?

⟨보고서⟩

2024학년도 대학입학시험 응시 현황을 살펴보면, 응시원서 접수 인원은 504,588명이었고, 응시 인원은 그중 88.2%에 해당하는 444,870명이었다. 응시원서 접수 인원 중 '재학생'은 326,646명, '졸업생 및 검정고시학력 인정자'는 177,942명이었다. 응시 인원 중 '재학생'은 287,502명, '졸업생 및 검정고시학력 인정자'는 157,368명으로, 각각 응시 인원의 64.6%, 35.4%를 차지하였다.

⟨그림⟩ 2025학년도 대학입학시험 응시 현황

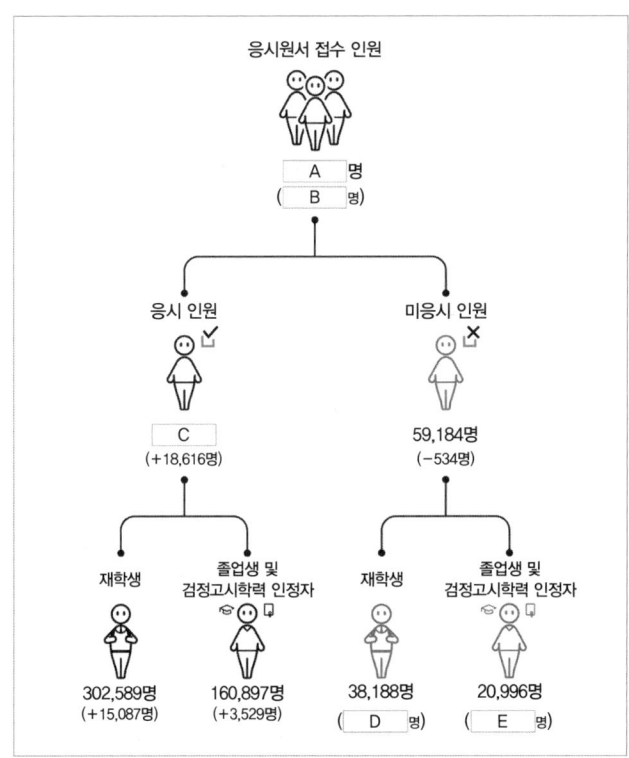

※ 1) ( ) 안의 수치는 2025학년도 인원에서 2024학년도 인원을 뺀 값임.
2) 응시원서 접수 인원은 '재학생', '졸업생 및 검정고시학력 인정자'로만 구분됨.

	A	B	
①	522,670	−956	➡ (O)

2025학년도 대학입학시험 응시 인원수는 2024년 대비 18,616명 증가하였고, 미응시 인원수는 534명 감소하였으므로 2025학년도 대학입학시험 응시원서 접수 인원은 2024년 대비 18,616−534=18,082(명) 증가하였다. 즉, B=18,082이다. 그리고 2025학년도 대학입학시험 응시원서 접수 인원은 504,588+18,082=522,670(명)이므로 A=522,670이다.
한편, 2024년 응시원서 접수 인원 중 '재학생'이 326,646명인데 응시 인원 중 '재학생'이 287,502명이므로 미응시 인원 중 '재학생'은 326,646−287,502=39,144(명)이다. 따라서 2025학년도 대학입학시험 응시원서 미응시 인원 중 '재학생' 수는 2024학년도 대비 39,144−38,188=956(명) 감소하였으므로 D=−956이다.

②	522,670	−926	➡ (X)
③	522,670	422	➡ (X)
④	523,738	−956	➡ (X)
⑤	523,738	422	➡ (X)

※ 다음 〈표〉는 2025년 1월 A 도매점 및 B 소매점의 수산물 가격과 '갑'~'무'요리사가 1월 5주 B 소매점에서 구매한 수산물에 관한 자료이다. 다음 물음에 답하시오. [문 22.~문 23.]

〈표 1〉 A 도매점의 주별 수산물 가격

(단위: 원/kg)

수산물	주	1	2	3	4	5	평균
어종	상태						
고등어	냉장	7,700	7,300	6,200	6,900	6,700	6,960
	냉동	5,500	5,600	5,300	5,400	5,600	5,480
갈치	냉동	11,600	11,600	12,100	( )	( )	13,000
오징어	냉장	16,500	16,100	13,500	13,800	14,300	14,840
	냉동	12,300	12,900	14,300	13,900	13,600	13,400
명태	냉동	2,400	2,300	2,200	2,100	2,300	2,260
멸치	건조	14,300	14,200	12,800	12,900	12,800	13,400

〈표 2〉 B 소매점의 주별 수산물 가격

(단위: 원/kg)

수산물	주	1	2	3	4	5	평균
어종	상태						
고등어	냉장	11,700	11,200	12,300	12,700	14,100	12,400
	냉동	12,200	13,500	11,500	11,400	12,800	12,280
갈치	냉동	15,200	15,700	13,600	( )	( )	14,000
오징어	냉장	26,700	24,800	26,300	25,300	26,400	25,900
	냉동	20,100	19,300	20,000	19,200	22,400	20,200
명태	냉동	5,700	5,400	5,500	5,400	6,100	5,620
멸치	건조	29,600	29,200	27,500	27,900	28,800	28,600

※ 1) A 도매점과 B 소매점은 제시된 수산물만 판매함.
 2) 주별 수산물 가격은 해당 주 동안 일정함.
 3) 평균은 1~5주 가격의 합을 5로 나눈 값임.

〈표 3〉 '갑'~'무'요리사의 1월 5주 B 소매점 구매 수산물 및 총구매액

(단위: kg, 원)

수산물	요리사	갑	을	병	정	무
어종	상태					
고등어	냉장	4	3	5	5	5
오징어	냉장	4	5	3	2	1
명태	냉동	2	2	2	3	4
총구매액		174,200	186,500	161,900	141,600	121,300

22 ⑤

난이도 ■■■

| 문제 유형 | 자료 읽기 > 표/그림/빈칸 제시형
| 접근 전략 | 주어진 자료에서 빈칸의 값을 추론해 내야 하는 자료 읽기형 문항으로 평균의 정의에 따라 구하기 보다는 평균의 성질(편차의 합은 0)을 이용하여 값을 예측하는 것이 더욱 효과적이다.

위 〈표〉에 대한 〈보기〉의 설명 중 옳은 것만을 모두 고르면?

―〈보기〉―

ㄱ. 냉동 고등어 가격의 전주 대비 증감 방향은 A 도매점과 B 소매점이 동일하다. → (X) 냉동 고등어의 전주 대비 증감 방향은 A 도매점 증가/감소/증가/증가이고, B 소매점 증가/감소/감소/증가이므로 A 도매점과 B 소매점의 증감 방향은 다르다.

ㄴ. 냉장 수산물 중 1주 가격 대비 3주 가격 증감률이 가장 큰 어종은 A 도매점과 B 소매점이 동일하다. → (O) 냉장 수산물은 고등어와 오징어이고, 1주 가격 대비 3주 가격 증감률은 다음과 같다.

A 도매점의 고등어 $\frac{6,200-7,700}{7,700} \times 100 ≒ -19.5(\%)$,

오징어 $\frac{13,500-16,500}{16,500} \times 100 ≒ -18.2(\%)$이다.

B 소매점의 고등어 $\frac{12,300-11,700}{11,700} \times 100 ≒ 5.1(\%)$,

오징어 $\frac{26,300-26,700}{26,700} \times 100 ≒ -1.5(\%)$이다.

이때, 증감률이 크다는 것은 부호가 아니라 절댓값이 큰 것을 의미하므로, A 도매점과 B 소매점 모두 고등어의 증감률이 더 크다.

ㄷ. A 도매점이 B 소매점보다 주별 냉동 갈치 가격이 높은 주가 있다.
→ (O) 평균이란 각 자료의 차이(편차)의 합이 0이 된다.
A 도매점의 경우 평균이 13,000이므로 편차를 구하면 1주(−1,400), 2주(−1,400), 3주(−900) 총 −3,700으로, 4주와 5주 편차의 합은 3,700이 되어야 한다. 평균이 13,000이므로 4주와 5주의 합은 13,000+13,000+3,700=29,700이 된다.
B 소매점의 경우 평균이 14,000이므로 편차를 구하면 1주(+1,200), 2주(+1,700), 3주(−400) 총 2,500으로, 4주와 5주 편차의 합은 −2,500이 되어야 한다. 평균이 14,000이므로 4주와 5주의 합은 14,000+14,000−2,500=25,500이 된다.
그러므로 4주와 5주의 합이 B 소매점보다 A 도매점이 더 높으므로 최소한 4주나 5주 중 적어도 한 주는 A 도매점의 냉동 갈치 가격이 더 높을 것으로 예상할 수 있다.

① ㄴ ➡ (X)
② ㄷ ➡ (X)
③ ㄱ, ㄴ ➡ (X)
④ ㄱ, ㄷ ➡ (X)
⑤ ㄴ, ㄷ ➡ (O)

S 23 ②   난이도 ■■■

| 문제 유형 | 자료 읽기 > 표/그림/빈칸 제시형
| 접근 전략 | 요리사별로 A 도매점 수산물 구매 가격을 구하고, 이에 따라 감소폭을 확인해야 하므로 계산을 많이 해야 한다. 이때, 가격이 가장 높고 도매와 소매에서 거래되는 가격 폭을 고려할 때, 오징어의 구매량이 많을수록 총구매액의 감소 폭이 크다는 것을 알 수 있으므로 문제를 해결할 시간이 없다면 가장 먼저 '을'에 대해서 생각해 볼 여지가 있다.

'갑'~'무'요리사가 〈표 3〉에서 구매한 수산물을 1월 5주에 A 도매점에서 구매한다면, 총구매액이 가장 큰 폭으로 감소하는 요리사는?

① 갑 ➡ (X)
② 을 ➡ (O) 각 요리사가 1월 5주에 A 도매점에서 수산물을 구매했다면 그 가격은 다음과 같다.
- 갑: 6,700 × 4 + 14,300 × 4 + 2,300 × 2 = 88,600(원)
- 을: 6,700 × 3 + 14,300 × 5 + 2,300 × 2 = 96,200(원)
- 병: 6,700 × 5 + 14,300 × 3 + 2,300 × 2 = 81,000(원)
- 정: 6,700 × 5 + 14,300 × 2 + 2,300 × 3 = 69,000(원)
- 무: 6,700 × 5 + 14,300 × 1 + 2,300 × 4 = 57,000(원)

이에 따라 요리사별로 총구매액 감소폭을 구해 보면 다음과 같다.
- 갑: 174,200 − 88,600 = 85,600(원)
- 을: 186,500 − 96,200 = 90,300(원)
- 병: 161,900 − 81,000 = 80,900(원)
- 정: 141,600 − 69,000 = 72,600(원)
- 무: 121,300 − 57,000 = 64,300(원)

따라서 총구매액이 가장 큰 폭으로 감소하는 요리사는 '을'이다.

③ 병 ➡ (X)
④ 정 ➡ (X)
⑤ 무 ➡ (X)

S 24 ①   난이도 ■■■

| 문제 유형 | 자료 추론 > 추가로 필요한 자료 찾기
| 접근 전략 | 주어진 지시 및 설명에 따라 변환점수를 구할 때 필요한 3가지 부문 배점을 구해야 한다(가중평균). 이때, 각 분야에서 부문 배점의 합이 100점이 되는 국가는 '논문'(중국), '특허'(미국), '전문가 평가'(미국)이다. 즉, '논문' : '특허' : '전문가 평가' 부문 배점의 가중치는 1:2:7이 된다는 것을 쉽게 알아낼 수 있다.

다음은 주요 10개국의 인공지능(AI) 반도체 분야에 대한 국가별 기술점수 산정 방법과 결과에 관한 자료이다. 이에 대한 〈보기〉의 설명 중 옳은 것만을 모두 고르면?

─〈국가별 기술점수 산정 방법〉─
○ 해당 국가의 원점수는 '논문', '특허', '전문가 평가' 3가지 부문별로 집계한다.
○ 해당 국가의 변환점수는 3가지 부문별로 다음과 같이 산출한다.
  − 해당 부문에서 원점수가 가장 높은 국가 원점수 대비 해당 국가 원점수의 비율을 구한다.
  − 위 비율에 해당 부문 배점을 곱하여 변환점수를 산출한다. (단, 3가지 부문 배점의 합은 100점임)
○ 해당 국가의 기술점수는 3가지 부문 변환점수를 합하여 산정한다.

〈표〉 AI 반도체 분야 주요 10개국 기술점수

(단위: 점)

부문 국가	논문		특허		전문가 평가		기술점수
점수	원점수	변환점수	원점수	변환점수	원점수	변환점수	
미국	511	6.7	4,104	20.0	1,000	70.0	96.7
중국	767	10.0	431	2.1	850	59.5	71.6
한국	153	2.0	248	1.2	835	58.5	61.7
영국	138	1.8	167	0.8	760	53.2	55.8
대만	45	0.6	22	0.1	770	53.9	54.6
이스라엘	14	0.2	117	0.6	760	53.2	54.0
일본	47	0.6	430	2.1	725	50.8	53.5
프랑스	56	0.7	143	0.7	710	49.7	51.1
독일	62	0.8	105	0.5	700	49.0	50.3
캐나다	73	1.0	85	0.4	680	47.6	49.0

※변환점수는 소수 둘째 자리에서 반올림한 값임.

─〈보기〉─
ㄱ. '전문가 평가' 부문 배점은 '논문'과 '특허' 부문 배점 합의 2배 이상이다. → (O) '전문가 평가' 부문 배점은 70점으로, '논문'과 '특허' 부문 배점 합(30점)보다 2배 이상 이다.

ㄴ. 독일의 '논문' 부문 원점수만 50점 증가한다면, 기술점수는 독일이 프랑스보다 높아진다. → (X) 독일의 '논문' 부문 현재 원점수는 62점이고, 변환점수는 0.8점이다. 이때, '논문' 부문 원점수가 50점 증가하면 62점의 약 80%($\frac{50}{62} \times 100$)이므로 변환점수는 0.64점(0.8점 × 80%) 올라간다. 프랑스 기술점수(51.1점)는 독일 기술점수(50.3점)보다 0.8점(51.1 − 50.3) 높으므로 독일의 '논문' 부문 원점수가 50점 올라가더라도 현재 기술점수의 차이를 뛰어넘을 수 없다. 그러므로 프랑스가 독일보다 기술점수가 더 높다.

ㄷ. '논문'과 '특허' 부문 배점이 서로 바뀐다면, 기술점수는 이스라엘이 대만보다 높아진다. → (X) 현재 '논문' 대 '특허'의 부문 배점의 비는 1:2이고, 기술점수는 대만(54.6점)이 이스라엘(54점)보다 0.6점 높다. 이때, 부문 배점이 서로 바뀌어서 2:1이 된다면, 대만의 '논문' 변환점수는 0.6점 높아지고, '특허' 변환점수는 0.05점 낮아지고, 이스라엘의 '논문' 변환점수는 0.2점 높아지고, '특허' 변환점수는 0.3점 낮아지게 된다. 즉, 기술점수의 경우 대만은 현재보다 0.55점(0.6 − 0.05) 높아지고, 이스라엘은 현재보다 0.1점(0.2 − 0.3) 낮아진다. 그러므로 현재 기술점수는 대만이 이스라엘보다 높고, 부문 배점이 바꾸어도 역시 대만이 이스라엘보다 높다.

① ㄱ ➡ (O) 국가별 기술점수 산정 방법을 이용하여 부문 배점을 구하면 다음과 같다.
− 해당 부문에서 원점수가 가장 높은 국가 원점수 대비 해당 국가 원점수의 비율을 구한다.

→ '논문'은 중국(767)의 원점수가 가장 높으므로 $\frac{767}{767} \times 100 = 100(\%)$이다.
→ '특허'는 미국(4,104)의 원점수가 가장 높으므로 $\frac{4,104}{4,104} \times 100 = 100(\%)$이다.
→ '전문가 평가'는 미국(1,000)의 원점수가 가장 높으므로 $\frac{1,000}{1,000} \times 100 = 100(\%)$이다.
- 위 비율에 해당 부문 배점을 곱하여 변환점수를 산출한다.
→ '논문'은 중국(100%) × 10 = 10점 이므로 배점은 10점이다.
→ '특허'는 미국(100%) × 20 = 20점 이므로 배점은 20점이다.
→ '전문가 평가'는 미국(100%) × 70 = 70점 이므로 배점은 70점이다.
즉, 각 부문 배점은 '논문' 10점, '특허' 20점, '전문가 평가' 70점 이다.('논문' : '특허' : '전문가 평가' = 1 : 2 : 7)

② ㄷ ➡ (X)
③ ㄱ, ㄴ ➡ (X)
④ ㄱ, ㄷ ➡ (X)
⑤ ㄴ, ㄷ ➡ (X)

25 ③ 난이도 ■■■

| 문제 유형 | 자료 읽기/추론 > 계산형

| 접근 전략 | 주어진 〈표〉를 해석할 수 있어야 한다. 해당 소득별로 나눈 그룹에서 국가가 띄엄띄엄 나와 있지만, 나머지 순위의 국가의 소득그룹을 어느 정도 확인할 수 있다는 것을 인지하여 문제를 해결하는 것이다. 중국(11위)이 중상소득그룹에 속해 있고 그다음으로 33위에 해당하는 말레이시아가 중상소득에 나타나 있으므로 12~32위까지는 고소득그룹에 속해 있음을 알 수 있는 것이다.

다음 〈표〉는 2024년 133개 국가를 대상으로 세계혁신지수(GII)를 조사하고 소득그룹별로 GII 기준 상위 10개 국가씩 나타낸 자료이다. 이에 대한 〈보기〉의 설명 중 옳은 것만을 모두 고르면?

〈표〉 2024년 소득그룹별 GII 기준 상위 10개 국가

소득그룹 (국가 수) 소득 그룹 내 순위	고소득(51)		중상소득(34)		중저소득(38)		저소득(10)	
	국가	GII 순위	국가	GII 순위	국가	GII 순위	국가	GII 순위
1	스위스	1	중국	11	인도	39	르완다	104
2	스웨덴	2	말레이시아	33	베트남	44	마다가스카르	110
3	미국	3	튀르키예	37	필리핀	53	토고	117
4	싱가포르	4	불가리아	38	우크라이나	60	우간다	121
5	영국	5	태국	41	이란	64	부룬디	127
6	대한민국	6	브라질	50	모로코	66	모잠비크	128
7	핀란드	7	세르비아	52	몽골	67	부르키나파소	129
8	네덜란드	8	인도네시아	54	요르단	73	에티오피아	130
9	독일	9	모리셔스	55	튀니지	81	말리	131
10	덴마크	10	멕시코	56	우즈베키스탄	83	니제르	132

※ 1) 조사 대상 133개 국가는 고소득그룹, 중상소득그룹, 중저소득그룹, 저소득그룹 중 하나로만 분류됨.
2) GII 순위는 133개 국가를 대상으로 부여되었으며 공동 순위는 없음.
3) 소득그룹 내 순위는 소득그룹별로 GII 순위가 높은 국가부터 순서대로 부여됨.

〈보기〉

ㄱ. GII 순위가 스위스보다 낮고 중국보다 높은 국가는 모두 고소득그룹 국가이다. → (O) GII 순위가 스위스(1위)보다 낮고 중국(11위)보다 높다면 2위부터 10위 국가 중 하나이므로 고소득그룹 국가이다.

ㄴ. GII 순위 41위부터 50위까지 국가 중 고소득그룹 국가 수는 7개이다. → (O) 41위 태국 이후 가장 높은 순위는 44위 베트남이므로 42, 43위는 고소득 국가에 속한다. 또, 45~49위 국가 또한 고소득 국가이므로 41위부터 50위까지 국가 중 고소득그룹 국가 수는 7개이다.

ㄷ. 마다가스카르보다 GII 순위가 낮으면서 저소득그룹이 아닌 국가 수는 14개이다. → (X) 마다가스카르의 GII 순위는 110위이다. GII 순위가 이보다 낮으면서 저소득그룹이 아닌 국가들의 순위는 111~116위, 118~120위, 122~126위, 133위이므로 그 개수는 6+3+5+1 = 15(개)이다.

ㄹ. 중상소득그룹과 중저소득그룹을 중소득그룹으로 묶으면, 필리핀의 중소득그룹 내 순위는 10위이다. → (O) 중상소득그룹과 중저소득그룹을 중소득그룹으로 묶으면 11~83위까지 중소득그룹에 해당한다. 그리고 12~32위는 고소득그룹에 속하므로 중소득그룹에 속하는 국가를 필리핀(53위) 이전까지 차례로 나타내면 중국(11위), 말레이시아(33위), 튀르키예(37위), 불가리아(38위), 인도(39위), 태국(41위), 베트남(44위), 브라질(50위), 세르비아(52위)이다. 따라서 필리핀의 중소득그룹 내 순위는 10위이다.

따라서 〈보기〉의 설명 중 옳은 것은 ㄱ, ㄴ, ㄹ이다.

① ㄱ, ㄷ ➡ (X)
② ㄱ, ㄴ, ㄷ ➡ (X)
③ ㄱ, ㄴ, ㄹ ➡ (O)
④ ㄱ, ㄷ, ㄹ ➡ (X)
⑤ ㄴ, ㄷ, ㄹ ➡ (X)

2024년 7월 27일 시행

2024년도 국가공무원 7급 공개경쟁채용 및 국가공무원 5급 및 7급 민간경력자 일괄채용 필기시험

정답과 분석해설

나의 성적

영역	점수	풀이 시간
언어논리	____점	____분
상황판단	____점	____분
자료해석	____점	____분

합격선

영역	합격 가능권	합격 확실권
언어논리	72~76점	80~84점
상황판단	76~80점	80~84점
자료해석	72~76점	80~84점

풀이 시간

영역	기본	숙련
언어논리	60분	50분
상황판단	60분	50분
자료해석	60분	50분

7급

선발 인원	응시 인원	경쟁률
654명	16,282명	2.48 : 1

※ 경쟁률은 1차 합격자 선발 기준인 10배수로 산정

민간경력자

선발 인원	접수 인원	경쟁률
180명	3,610명	2.0 : 1

※ 경쟁률은 1차 합격자 선발 기준인 10배수로 산정

취약유형 분석표 제1영역 언어논리

문번	정답	정답률	유형	맞고 틀림
01	③	96.7%	사실적 이해 > 정보 확인	○△×
02	④	61%	사실적 이해 > 정보 확인	○△×
03	④	76.2%	사실적 이해 > 정보 확인	○△×
04	③	66.5%	사실적 이해 > 정보 확인	○△×
05	④	81.4%	사실적 이해 > 정보 확인	○△×
06	②	93.3%	사실적 이해 > 정보 확인	○△×
07	⑤	83.3%	비판적 사고 > 판단하기	○△×
08	①	87.6%	비판적 사고 > 빈칸 채우기	○△×
09	⑤	92.9%	비판적 사고 > 빈칸 채우기	○△×
10	②	41.8%	비판적 사고 > 빈칸 채우기	○△×
11	②	38.1%	비판적 사고 > 판단하기	○△×
12	③	50%	사실적 이해 > 논리 게임	○△×
13	②	59.7%	사실적 이해 > 논리 게임	○△×
14	④	32.9%	비판적 사고 > 빈칸 채우기	○△×
15	①	56.5%	비판적 사고 > 지문에서 추론하기	○△×
16	②	82.6%	비판적 사고 > 지문에서 추론하기	○△×
17	⑤	82.8%	비판적 사고 > 빈칸 채우기	○△×
18	⑤	37.2%	비판적 사고 > 판단하기	○△×
19	③	51.4%	비판적 사고 > 논리적 결론의 전제·원인 찾기	○△×
20	③	50%	비판적 사고 > 논지 강화·약화하기	○△×
21	①	78.7%	사실적 이해 > 중심 내용 파악	○△×
22	④	54.2%	비판적 사고 > 지문에서 추론하기	○△×
23	③	71.7%	비판적 사고 > 판단하기	○△×
24	②	45%	비판적 사고 > 판단하기	○△×
25	③	65.5%	비판적 사고 > 판단하기	○△×

· 확실히 맞힌 문항 수: _____ 문항
· 헷갈리거나 찍은 문항 수: _____ 문항
· 틀린 문항 수: _____ 문항

취약유형 분석표 제2영역 상황판단

문번	정답	정답률	유형	맞고 틀림
01	⑤	92.7%	법조문형 > 규정확인	○ △ ×
02	⑤	71.6%	법조문형 > 규정적용	○ △ ×
03	②	83.9%	법조문형 > 규정확인	○ △ ×
04	④	51.7%	법조문형 > 규정적용	○ △ ×
05	①	97.1%	제시문형 > 정보확인	○ △ ×
06	②	71.8%	연산추론형 > 수리계산	○ △ ×
07	④	77.1%	퍼즐형 > 수리퀴즈	○ △ ×
08	④	83.3%	연산추론형 > 대입비교	○ △ ×
09	②	96.1%	제시문형 > 분석추론	○ △ ×
10	③	76.6%	연산추론형 > 대입비교	○ △ ×
11	①	95.6%	법조문형 > 규정적용	○ △ ×
12	④	27.1%	연산추론형 > 수리계산	○ △ ×
13	③	59.1%	제시문형 > 분석추론	○ △ ×
14	③	94.6%	퍼즐형 > 게임·규칙	○ △ ×
15	⑤	66.2%	퍼즐형 > 최댓값·최솟값 도출	○ △ ×
16	⑤	55.1%	퍼즐형 > 게임·규칙	○ △ ×
17	②	64.4%	연산추론형 > 수리계산	○ △ ×
18	①	77.2%	퍼즐형 > 논리퀴즈	○ △ ×
19	③	69.1%	연산추론형 > 수리계산	○ △ ×
20	④	52.5%	연산추론형 > 수리계산	○ △ ×
21	③	80.2%	퍼즐형 > 논리퀴즈	○ △ ×
22	④	37.8%	연산추론형 > 대입비교	○ △ ×
23	②	25.8%	연산추론형 > 수리계산	○ △ ×
24	⑤	30.2%	퍼즐형 > 수리퀴즈	○ △ ×
25	①	41.1%	퍼즐형 > 게임·규칙	○ △ ×

- 확실히 맞힌 문항 수: _____ 문항
- 헷갈리거나 찍은 문항 수: _____ 문항
- 틀린 문항 수: _____ 문항

취약유형 분석표 제3영역 자료해석

문번	정답	정답률	유형	맞고 틀림
01	④	85.6%	자료 읽기/추론 > 매칭형	○ △ ×
02	①	72%	자료 읽기/추론 > 계산형	○ △ ×
03	⑤	94.1%	자료 변환응용 > 표/그림 전환형	○ △ ×
04	⑤	81.1%	자료 읽기/추론 > 매칭형	○ △ ×
05	⑤	88.2%	자료 추론 > 추가로 필요한 자료 찾기	○ △ ×
06	④	76.9%	자료 읽기/추론 > 매칭형	○ △ ×
07	③	81.7%	자료 추론 > 추가로 필요한 자료 찾기	○ △ ×
08	②	86.6%	자료 읽기/추론 > 매칭형	○ △ ×
09	②	87.1%	자료 읽기 > 표 제시형	○ △ ×
10	②	76.3%	자료 읽기/추론 > 매칭형	○ △ ×
11	④	59.9%	자료 읽기 > 표 제시형	○ △ ×
12	③	74.6%	자료 읽기 > 표/빈칸 제시형	○ △ ×
13	③	85.4%	자료 읽기 > 표/그림 제시형	○ △ ×
14	②	80.5%	자료 읽기 > 표 제시형	○ △ ×
15	①	87%	자료 읽기/추론 > 매칭형	○ △ ×
16	⑤	45.9%	자료 읽기 > 표 제시형	○ △ ×
17	①	62.6%	자료 읽기 > 표/그림 제시형	○ △ ×
18	④	47.1%	자료 읽기 > 표 제시형	○ △ ×
19	②	60.4%	자료 읽기 > 표 제시형	○ △ ×
20	①	57.3%	자료 읽기 > 표 제시형	○ △ ×
21	④	43.2%	자료 변환응용 > 표/그림 전환형	○ △ ×
22	①	66.3%	자료 읽기 > 표/빈칸 제시형	○ △ ×
23	③	69.7%	자료 읽기 > 표 제시형	○ △ ×
24	④	36.3%	자료 변환응용 > 자료/보고서 전환형	○ △ ×
25	⑤	29.6%	자료 읽기 > 표/빈칸 제시형	○ △ ×

- 확실히 맞힌 문항 수: _____ 문항
- 헷갈리거나 찍은 문항 수: _____ 문항
- 틀린 문항 수: _____ 문항

정답과 분석해설

2024 | 제1영역 언어논리(㈔ 책형)

기출 총평

2024년 언어논리 시험은 전체적으로 난도가 대폭 상승한 점이 눈에 띈다. 제시문에서도 과학, 철학, 역사 등 까다로운 주제를 여럿 다루며 난이도를 조절하려는 의도가 보였다. 특히 후반부로 갈수록 조건이 많고 쟁점이 여럿인 제시문을 정확히 이해할 수 있어야 했고, 비판적 사고를 활용해야 하는 문제가 나와 문제를 푸는 데 걸리는 시간을 지연시켰다. 초반부에 나온, 사실적 이해를 바탕으로 지문의 내용과 선지를 단순 비교하는 '하' 수준의 문제도 전측대상피질, 사고(史庫), 인두법과 우두법 등 생소한 주제를 여럿 활용하여 낯설게 했다. 이 때문에 전체적으로 '하' 수준 문제의 비중이 줄고 '중~중상' 수준 문제의 비중이 늘었다고 체감하였을 것이다. 후반후에 나온 논리를 파악하는 지문의 경우, 논리적 구조를 분석하여 판단하고 빈칸을 채우거나 추론하는 문제는 이러한 유형이 매해 반복적으로 등장하고 있으므로 기출 문제를 풀어보며 지문을 섬세하게 읽고 분석하여 논리 구조를 파악하는 노력이 필요하다. 평소 언어 논리 기출 문제의 유형을 적절히 파악하고 정확한 독해를 위해 꾸준히 노력한다면 문제 풀이에 많은 도움이 될 것이다.

문항별 정답률 및 선지별 선택률

문번	정답	정답률(%)	선지별 선택률(%)				
			①	②	③	④	⑤
01	③	96.7	0.4	0.0	96.7	1.9	1.0
02	④	61	2.2	0.4	33.8	61	2.6
03	④	76.2	0.7	0.4	6.7	76.2	16
04	③	66.5	0.4	5.2	66.5	16	11.9
05	④	81.4	2.5	3	8.6	81.4	4.5
06	②	93.3	2.3	93.3	0.7	2.2	1.5
07	⑤	83.3	1.9	5.9	5.6	3.3	83.3
08	①	87.6	87.6	12	0.4	0.0	0.0
09	⑤	92.9	2.7	0.7	1.5	2.2	92.9
10	②	41.8	25.2	41.8	14.8	11	7.2
11	②	38.1	5.3	38.1	31.7	6.4	18.5
12	③	50	2.3	4.3	50	32.2	11.2
13	②	59.7	10.5	59.7	12.6	10.1	7.1

문번	정답	정답률(%)	선지별 선택률(%)				
			①	②	③	④	⑤
14	④	32.9	10.7	17.9	13.5	32.9	25
15	①	56.5	56.6	1.1	35.5	1.1	5.7
16	②	82.6	1.8	82.6	5.3	2.7	7.6
17	⑤	82.8	8.8	1.1	2.7	4.6	82.8
18	⑤	37.2	9.2	9.6	14	30	37.2
19	③	51.4	6.4	4.5	51.4	21.9	15.8
20	③	50	13.7	11.2	50	18.8	6.3
21	①	78.7	78.7	8.1	4.7	1.9	6.6
22	④	54.2	3.1	24.5	16.6	54.2	1.6
23	③	71.7	6.3	6.8	71.7	8	7.2
24	②	45	10	45	27.3	15.3	2.4
25	③	65.5	8.4	4.4	65.5	17.7	4

※ 음영 문항은 해당 회차에서 정답률이 가장 낮은 TOP 3 문항입니다.
※ 정답률 및 선지별 선택률 산정 기준: 약 1년간 누적된 자동채점 & 성적결과분석 서비스의 응시 데이터

출제 비중

기출문제편 P.60

01	③	02	④	03	④	04	③	05	④
06	②	07	⑤	08	①	09	⑤	10	②
11	②	12	③	13	②	14	④	15	①
16	②	17	⑤	18	②	19	③	20	③
21	①	22	④	23	③	24	②	25	③

01 ③ 정답률 96.7%

| 문제 유형 | 사실적 이해 > 정보 확인
| 접근 전략 | 한성전기회사의 설립과 운영 과정을 중심으로 서술하고 있다. 글의 흐름에 따라 지문의 내용을 빠르게 읽고 내용을 파악하는 연습이 필요하다. 핵심어 또는 핵심 문장에 밑줄을 그으면서 선지와 비교하면 어렵지 않게 정답을 찾아낼 수 있다. 선지가 글의 흐름에 따라 나열되어 있어 난도는 낮은 편이다.

다음 글의 내용과 부합하는 것은?

현재 서울의 청량리 근처에는 홍릉이라는 곳이 있다. 을미사변으로 일본인들에게 시해된 명성황후의 능이 조성된 곳이다. 고종은 홍릉을 자주 찾아 참배했는데, 그때마다 대규모로 가마꾼을 동원하는 등 불편이 작지 않았다. 개항 직후 우리나라에 들어와 경인철도회사를 운영하던 미국인 콜브란은 이 점을 거론하며 서대문에서 청량리까지 전차 노선을 부설해야 한다고 주장했다. ▶1문단

이전부터 전기와 전차 사업에 관심이 많았던 고종은 콜브란의 주장을 받아들여 전차 사업을 목적으로 하는 회사를 설립하기로 결심했다. 고종은 황실이 직접 회사를 설립하는 대신 민간인 김두승과 이근배로 하여금 농상공부에 회사를 만들겠다는 청원서를 내도록 권유했다. 이에 따라 김두승 등은 전기회사 설립 청원서를 농상공부에 제출한 뒤 허가를 받아 한성전기회사를 설립했다. 한성전기회사는 서울 시내 각지에 전기등을 설치하는 한편 전차 노선 부설 사업을 추진했다. 한성전기회사는 당초 남대문에서 청량리까지 전차 노선을 부설하기로 했으나 당시 부설 중이던 경인철도의 종착역이 서대문역으로 정해졌기 때문에 이와 연결하기 위해 계획을 수정해 서대문에서 청량리까지 부설하기로 변경했다. 이후, 변경된 계획대로 전차 노선이 부설되었으며, 1899년 5월에 정식 개통식이 거행되었다. ▶2문단

한성전기회사는 고종이 단독 출자한 자본금을 바탕으로 설립되고 운영되었지만, 전차 노선 부설에 필요한 공사비가 부족해지자 회사 재산을 담보로 콜브란으로부터 부족분을 빌려 공사를 마무리할 수 있었다. 콜브란은 1902년에 그 상환 기일이 돌아오자 회사 운영을 지원하기 위해 상환 기일을 2년 연장해주었다. 이후 1904년 상환 기일이 다가오자, 고종은 콜브란과 협의하여 채무액의 절반인 75만 원만 상환하고 나머지 금액만큼의 회사 자산을 콜브란에게 넘겨주었다. 이로써 콜브란은 고종과 함께 회사의 대주주가 되어 경영에 참여할 수 있게 되었다. 이때 고종과 콜브란은 한성전기회사를 한미전기회사로 재편하였고, 한미전기회사가 전차 및 전기등 사업을 이어받았다. ▶3문단

① 한성전기회사가 경인철도회사보다 먼저 설립되었다. ➡ (X) 1문단을 보면 경인철도회사를 운영하던 콜브란이 전차 노선을 부설해야 한다고 주장하여 고종이 한성전기회사를 설립하여 운영하였으므로, 한성전기회사보다 경인철도회사가 먼저 설립되었다는 것을 알 수 있다.

② 전차 노선의 시작점은 원래 서대문이었으나 나중에 남대문으로 바뀌었다. ➡ (X) 2문단에서 당초 남대문에서 청량리까지 전차 노선을 부설하기로 했으나 나중에 계획을 변경하여 서대문에서 청량리까지 부설하기로 변경했다고 하였다.

③ 한성전기회사가 전차 노선을 부설하는 데 부족한 자금은 미국인 콜브란이 빌려주었다. ➡ (O) 3문단에서 한성전기회사가 전차 노선 부설에 필요한 공사비가 부족해지자 콜브란으로부터 부족분을 빌려 공사를 마무리했다는 내용을 확인할 수 있다.

④ 서울 시내에 처음으로 전차 노선을 부설한 회사는 황실이 주도해 농상공부가 설립하였다. ➡ (X) 2문단에서 고종이 민간인 김두승과 이근배로 하여금 농상공부에 회사를 만들겠다는 청원서를 내도록 하였고, 김두승 등에 허가를 받아 한성전기회사를 설립했다는 것을 확인할 수 있다.

⑤ 서울 시내에서 전기등 설치 사업을 벌인 한미전기회사는 김두승과 이근배의 출자로 설립되었다. ➡ (X) 3문단에서 한성전기회사는 김두승과 이근배가 아닌 고종이 단독 출자한 자본금을 바탕으로 설립되고 운영되다가 콜브란의 자본금을 빌려 공동으로 회사의 경영에 참여하였고, 한미전기회사가 전차 및 전기등 사업을 이어받았다고 하였다.

02 ④ 정답률 61%

| 문제 유형 | 사실적 이해 > 정보 확인
| 접근 전략 | 조선시대 사고(史庫) 도서의 보존 관리와 관련된 책임 문제와 효율성 문제를 중심으로 서술하고 있다. 생소한 단어인 '포쇄'가 자주 등장하는데, 비교적 쉬운 문장으로 서술되어 있어 이해하는 데 어려움은 없을 것으로 보인다. 반복되는 핵심 키워드를 중심으로 글의 내용과 선지를 비교하며 소거한다.

다음 글에서 알 수 있는 것은?

사고(史庫)는 실록을 비롯한 국가의 귀중한 문헌을 보관하는 곳이었으므로 아무나 열 수 없었고, 반드시 중앙 정부에서 파견된 사관이 여는 것이 원칙이었다. 하지만 사관은 그 수가 얼마 되지 않아 사관만으로는 실록 편찬이나 사고의 도서 관리에 관한 모든 일을 담당하기에 벅찼다. 이에 중종 때에 사관을 보좌하기 위해 중앙과 지방에 겸직사관을 여러 명 두었다. ▶1문단

사고에 보관된 도서는 해충이나 곰팡이 피해를 입을 수 있었으므로 관리가 필요했다. 당시 도서를 보존, 관리하는 가장 효과적인 방법은 포쇄였다. 포쇄란 책을 서가에서 꺼내 바람과 햇볕에 일정 시간 노출시켜 책에 생길 수 있는 해충이나 곰팡이 등을 방지하거나 제거하는 것을 말한다. 사고 도서의 포쇄는 3년마다 정기적으로 실시되었다. ▶2문단

사고 도서의 포쇄를 위해서는 사고를 열어 책을 꺼내야 했고, 이 과정에서 귀중한 도서가 분실되거나 훼손될 수 있었다. 따라서 책임 있는 관리가 이 일을 맡아야 했고, 그래서 중앙 정부에서 사관을 파견토록 되어 있었다. 그런데 중종 14년 중종은 사관을 보내는 것은 비용이 많이 드는 등의 폐단이 있다고 하며, 지방 사고의 경우 지방 거주 겸직사관에게 포쇄를 맡기는 것이 효율적이라고 주장했다. 이에 대해 사고 관리의 책임 관청이었던 춘추관이 반대했다. 춘추관은 정식 사관이 아닌 겸직사관에게 포쇄를 맡기는 것은 문헌 보관의 일을 가벼이 볼 수 있는 계기가 될 거라고 주장했다. 그러나 중종은 이 의견을 따르지 않고 사고 도서의 포쇄를 겸직사관에게 맡겼다. 하지만 중종 23년에는 춘추관의 주장에 따라 사관을 파견하는 것으로 결정되었다. ▶3문단

포쇄 때는 반드시 포쇄 상황을 기록한 포쇄형지안이 작성되었다. 포쇄형지안에는 사고를 여닫을 때 이를 책임진 사람의 이름, 사고에서 꺼낸 도서의 목록, 포쇄에 사용한 약품 등을 자세하게 기록했다. 포쇄 때마다 포쇄형지안을 철저하게 작성하여, 사고에 보관된 문헌의 분실이나 훼손을 방지하고 책임 소재를 명확하게 함으로써 귀중한 문헌이 후세에 제대로 전달되도록 했다. ▶4문단

① 겸직사관은 포쇄의 전문가 중에서 선발되어 포쇄의 효율성이 높았다. ➡ (X) 1문단에서 중종 때에 사관을 보좌하기 위해 중앙과 지방에 겸직사관을 여러 명 두었다고 하였다. 포쇄는 책임 있는 관리자인 정식 사관이 맡아야 했던 일이므로 겸직사관은 포쇄의 전문가 중에 선발된 것이라 보기 어렵다.

② 중종은 포쇄를 위해 사관을 파견하면 문헌이 훼손되는 폐단이 생긴다고 주장했다. ➡ (X) 3문단에서 중종은 사관을 보내는 것이 비용이 많이 들기 때문에 지방 사고의 경우에는 지방 거주 겸직사관에게 포쇄를 맡기자고 주장했다. 그러므로 중종이 포쇄를 위해 사관을 파견하면 문헌이 훼손되는 폐단이 생긴다고 주장했다는 것은 적절하지 않다.

③ 춘추관은 겸직사관이 사고의 관리 책임을 맡으면 문헌 보관의 일을 경시할 수 있게 된다고 하며 겸직사관의 폐지를 주장했다. ➡ (X) 3문단에서 춘추관은 정식 사관이 아닌 겸직사관에게 포쇄를 맡기는 것은 문헌 보관의 일을 가벼이 볼 수 있는 계기가 될 것이라 주장하여 반대했다. 그러나 겸직사관의 폐지를 주장했다는 언급은 찾아볼 수 없다.

④ 사고 도서의 포쇄 상황을 기록한 포쇄형지안은 3년마다 정기적으로 작성되었다. ➡ (O) 2문단에서 사고 도서의 포쇄는 3년마다 정기적으로 실시되었다고 하였으므로 3년마다 포쇄 때 정기적으로 포쇄 상황을 기록한 포쇄형지안이 작성되었다는 것을 알 수 있다.

⑤ 도서에 피해를 입히는 해충을 막기 위해 사고 안에 약품을 살포했다. ➡ (X) 2문단에서 사고에 보관된 도서는 해충이나 곰팡이의 피해를 입을 수 있기 때문에 서가에서 꺼내 바람과 햇볕에 일정 시간 노출시켜 책에 생길 수 있는 해충이나 곰팡이 등을 방지하거나 제거하는 포쇄를 정기적으로 실시했다는 것을 알 수 있다. 그러나 도서에 피해를 입히는 해충을 막기 위해 사고 안에 약품을 살포했다는 내용은 확인할 수 없다.

03 ④   정답률 76.2%

| 문제 유형 | 사실적 이해 > 정보 확인
| 접근 전략 | 대한민국 헌법에 사용된 '국민'과 '인민'이라는 용어의 역사적 배경과 그에 따른 의미 차이, 현재의 혼란을 해결하기 위한 제안을 서술하고 있다. 중심 내용에 밑줄 긋고 '인민'과 '국민' 키워드의 의미를 파악하여 선지의 가부를 판단한다.

다음 글에서 알 수 있는 것은?

미국 헌법의 전문은 "우리 미합중국의 사람들은"이라는 구절로 시작한다. 여기서 '사람들'에 해당하는 대한민국 헌법상의 용어는 헌법 제정 주체로서의 '국민'이다. 대한민국 헌법의 전문은 "유구한 역사와 전통에 빛나는 우리 대한국민은"으로 시작한다. 이 구절들에서 '사람들'과 '국민'은 맥락상 동일한 의미를 지닌다. 그러나 이 단어들의 사전적 의미 사이에는 간극이 크다. '사람'은 보편적 인간을, '국민'은 국가의 구성원을 의미하기 때문이다. 그래서 '인민'이 '국민'보다 더 적절한 표현이라는 주장이 종종 제기되는데, 사실 대한민국의 제헌헌법 초안에서는 이 단어가 사용되었다. ▶1문단

대한민국 역사에서 '인민'은 개화기부터 통용된 자연스러운 말이며 정부 수립 전까지의 헌법 관련 문헌들 대부분에 빈번히 등장한다. 법학자 유진오가 기초한 제헌헌법의 초안도 "유구한 역사와 전통에 빛나는 우리들 조선 인민은"으로 시작한다. 그러나 '인민'은 공산당의 용어인데 어째서 그러한 말을 쓰려고 하느냐는 공박을 당했고, '인민'은 결국 제정된 제헌헌법에서 '국민'으로 대체되었다. ▶2문단

이에 유진오는 '인민'이 예부터 흔히 사용되어 온 말로 '국민'으로 환원될 수 없는 의미를 지니며, 미국 헌법에서도 국적을 가진 자들로 한정될 수 없는 경우에 '사람들'이 사용되었다고 지적했다. 또한 '국민'은 국가의 구성원이라는 점이 강조된 국가 우월적 표현이기 때문에, 국가조차도 함부로 침범할 수 없는 자유와 권리의 주체로서의 보편적 인간까지 함의하기에는 적절하지 못하다고 비판했다. ▶3문단

'인민'이 모두 '국민'으로 대체되면서 대한민국 헌법에서 혼란의 여지가 생긴 것은 사실이다. '국민'이 국적을 가진 자뿐만 아니라 천부인권을 지니는 보편적 인간까지 지칭하게 되었기 때문이다. 예를 들어 대한민국으로 여행을 온 외국인은 전자에 해당하지 않지만 후자에 속하는 것이 명백하다. 따라서 선거권, 사회권 등 국적을 기반으로 하는 권리까지 주어지는 것은 아니지만, 헌법상의 평등권, 자유권 등 기본적 인권은 보장되는 것이다. 이에 향후 헌법 개정이 있다면 그 기회에 보편적 인간을 의미하는 경우의 '국민'을 '사람들'로 바꾸자는 제안도 있다. ▶4문단

① 대한민국 역사에서 '인민'은 분단 후 공산주의 사상이 금기시되면서 사용되기 시작한 말이다. ➡ (X) 2문단에서 '인민'은 개화기부터 통용된 자연스러운 말이며 정부 수립 전까지의 헌법 관련 문헌들 대부분에 빈번히 등장한 말이라고 하였다. 그러므로 분단 후 공산주의 사상이 금기시되면서 사용되기 시작한 말이라는 것은 적절하지 않다.

② 대한민국으로 여행을 온 외국인은 대한민국 헌법상의 자유권을 보장받지 못한다. ➡ (X) 4문단에서 대한민국으로 여행 온 외국인은 국적을 기반으로 하는 권리까지 주어지는 것은 아니지만, 헌법상의 평등권, 자유권 등 기본적 인권은 보장된다고 하였다. 그러므로 여행을 온 외국인이 대한민국 헌법상의 자유권을 보장받지 못한다는 것은 적절하지 않다.

③ 미국 헌법에서 '사람들'은 보편적 인간이 아니라 미국 국적을 가진 자를 의미한다. ➡ (X) 3문단에서 미국 헌법에서 국적을 가진 자들로 한정될 수 없는 경우에 '사람들' 용어를 사용했다고 언급하였으므로 '사람들'은 미국 국적을 가진 자가 아닌 보편적 인간을 의미한다.

④ 법학자 유진오는 '국민'이 보편적 인간을 의미하기에는 적절하지 않다고 비판했다. ➡ (O) 3문단에서 유진오가 '국민'이 국가조차도 함부로 침범할 수 없는 자유와 권리의 주체로서의 보편적 인간까지 함의하기에는 적절하지 못하다고 비판했다고 하였으므로 지문에서 확인할 수 있는 내용이다.

⑤ 대한민국 제헌헌법에서는 '인민'이 사용되었으나 비판을 받아 이후의 개정을 통해 헌법에서 삭제되었다. ➡ (X) 2문단에서 '인민'은 공산당의 용어라며 공박을 당했고 그로 인해 '인민'은 제헌헌법에서 '국민'으로 대체되었다고 언급하였으므로, 개정을 통해 헌법에서 삭제되었다는 내용은 적절하지 않다.

04 ③   정답률 66.5%

| 문제 유형 | 사실적 이해 > 정보 확인
| 접근 전략 | 독서의 형태가 공동체 중심에서 개인 중심으로 변화하는 과정을 설명하며, 이 변화가 전근대와 근대 사회 간의 독서 문화의 추이임을 다루고 있다. 글의 주요 내용을 파악하고 핵심 정보를 바탕으로 각 선지가 이 내용과 일치하는지를 검토하여 판단한다.

다음 글에서 알 수 있는 것은?

필사문화와 초기 인쇄문화에서 독서는 대개 한 사람이 자신이 속한 집단 내에서 다른 사람들에게 책을 읽어서 들려주는 사회적 활동을 의미했다. 개인이 책을 소유하고 혼자 눈으로 읽는 묵독과 같은 오늘날의 독서 방식은 당시 대다수 사람에게 익숙한 일이 아니었다. 근대 초기만 해도 문맹률이 높았기 때문에 공동체적 독서와 음독이 지속되었다. ▶1문단

'공동체적 독서'는 하나의 읽을거리를 가족이나 지역·직업공동체가 공유하는 것을 의미한다. 이는 같은 책을 여러 사람이 돌려 읽는 윤독이 이루어졌을 뿐 아니라, 구연을 통하여 특정 공간에 모인 사람들이 책의 내용을 공유했음을 알려준다. 여기에는 도시와 농촌의 여염집 사랑방이나 안방에서 소규모로 이루어진 가족 구성원들의 독서, 도시와 촌락의 장시에서 주로 이루어진 구연을 통한 독서가 포함된다. 공동체적 독서의 목적은 독서에 참여한 사람들로 하여금 책의 사상과 정서에 공감하게 하는 데 있다. ▶2문단

음독은 '소리 내어 읽음'이라는 의미로서 낭송, 낭독, 구연을 포함한다. 낭송은 혼자서 책을 읽으며 암기와 감상을 위하여 읊조리는 행위를, 낭독은 다른 사람들에게 들려주기 위하여 보다 큰 소리로 책을 읽는 행위를 의미한다. 이에 비해 구연은 좀 더 큰 규모의 청중을 상대로 하며 책을 읽는 행위가 연기의 차원으로 높아진 것을 일컫는다. 이런 점에서 볼 때 음독은 공동체적 독서와 긴밀한 연관을 가질 수밖에 없지만, 음독이 꼭 공동체적 독서라고는 할 수 없다. ▶3문단

전근대 사회에서는 개인적 독서의 경우에도 묵독보다는 낭송이 더 일반적인 독서 형태였다. 그렇다고 해서 도식적으로 공동체적 독서와 음독을 전근대 사회의 독서 형태라 간주하고, 개인적 독서를 근대 이후의 독서 형태라 보는 것은 곤란하다. 현대 사회에서도 필요에 따라 공동체적 독서와 음독이 많이 행해지며, 반대로 전근대 사회에서도 지배계급이나 식자층의 독서는 자주 묵독으로 이루어졌을 것이기 때문이다. 다만 '공동체적 독서'에서 '개인적 독서'로의 이행은 전근대 사회에서 근대 사회로 이행하는 과정에서 확인되는 독서 문화의 추이라고 볼 수 있다. ▶4문단

① 필사문화를 통해 묵독이 유행하기 시작했다. ➡ (X) 1문단에서 필사문화와 초기 인쇄문화에서 독서는 집단 내에서 다른 사람들에게 책을 읽어주는 사회적 활동을 의미했다고 하였다. 그러므로 공동체적 독서와 음독이 지속되었다는 것을 알 수 있으므로 필사문화를 통해 묵독이 유행하기 시작했다고 볼 수 없다.

② 전근대 사회에서 낭송은 공동체적 독서를 의미한다. ➡ (X) 3문단에서 낭송, 낭독, 구연을 포함한 음독이 꼭 공동체적 독서라고 할 수 없다고 언급하며, 이어지는 4문단에서 공동체적 독서와 음독을 전근대 사회의 독서형태라고 간주하고, 개인적 독서를 근대 이후의 독서 형태라 보는 것은 곤란하다고 설명하고 있으므로 전근대 사회에서 낭송은 공동체적 독서를 의미한다고 보기 어렵다.

③ 공동체적 독서와 개인적 독서 모두 현대사회에서 행해지는 독서 형태이다. ➡ (O) 4문단에서 현대 사회에서도 필요에 따라 공동체적 독서와 음독이 많이 행해지며, 공동체적 독서에서 개인적 독서로의 이행은 전근대 사회에서 근대 사회로 이행하는 과정에서 확인되는 독서 문화의 추이라고 설명하고 있으므로 적절하다.

④ 근대 초기 식자층의 독서 방식이었던 음독은 높은 문맹률로 인해 생겨났다. ➡ (X) 1문단에서 근대 초기에 문맹률이 높기 때문에 공동체적 독서와 음독이 지속되었다고 하였는데, 음독을 지배계급이나 식자층의 독서라고 보기는 어렵다.

⑤ 근대 사회에서 윤독은 주로 도시와 촌락의 장시에서 이루어진 독서 형태였다. ➡ (X) 2문단에서 도시와 촌락의 장시에서 주로 이루어진 독서 형태는 구연이었음을 알 수 있다.

인두와 우두의 독력 차이로 사후 관리 또한 달랐음을 위 저작들에서 발견할 수 있다. 정약용은 접종 후에 나타나는 각종 후유증을 치료하기 위한 처방을 상세히 기재하고 있는 데 반해, 지석영은 그런 처방을 매우 간략하게 제시하거나 전혀 언급하지 않는다. ▶3문단

접종 방식의 차이도 두드러진다. 『종두요지』의 대표적인 접종 방식으로 두의 딱지를 말려 코 안으로 불어넣는 한묘법, 두의 딱지를 적셔 코 안에 접종하는 수묘법이 있다. 한묘법은 위험성이 높아서 급하게 효과를 보려고 할 때만 쓴 반면, 수묘법은 일반적으로 통용되었고 안전성 면에서도 보다 좋은 방법이었다. 이에 반해 우두 접종은 의료용 칼을 사용해서 팔뚝 부위에 일부러 흠집을 내어 접종했다. 종래의 인두법에서 코의 점막에 불어넣거나 묻혀서 접종하는 방식은 기도를 통한 발병 위험이 매우 높았기 때문이다. ▶4문단

① 우두법은 접종을 시작할 수 있는 나이가 인두법보다 더 어리다. ➡ (O) 2문단에서 인두 접종대상자는 생후 12개월이 지난 건강한 아이이고, 우두 접종대상자는 생후 70~100일 정도의 아이라고 하였으므로, 우두법이 인두법보다 접종할 수 있는 나이가 더 어리다는 것을 알 수 있다.

② 인두 접종 방식 가운데 수묘법이 한묘법보다 일반적으로 통용되는 접종 방식이었다. ➡ (O) 4문단에서 인두 접종 방식 가운데 위험성이 높은 한묘법보다 수묘법이 일반적으로 통용되었고, 안전성 면에서도 보다 좋은 방법이었다고 하였다.

③ 『종두요지』에는 접종 후에 나타나는 후유증을 치료하기 위한 처방이 제시되어 있었다. ➡ (O) 3문단에서 정약용은 각종 후유증을 치료하기 위한 처방을 상세히 기재하였다고 했으므로, 『종두요지』에 후유증을 치료하기 위한 처방이 제시되어 있다는 것을 알 수 있다.

④ 인두법은 의료용 칼을 사용하여 팔뚝 부위에 흠집을 낸 후 접종하는 방식이었다. ➡ (X) 4문단에서 의료용 칼을 사용해서 팔뚝 부위에 흠집을 내어 접종하는 방식은 우두 접종인 것을 알 수 있다.

⑤ 『우두신설』에 따르면 몸이 허약한 아이에게도 접종할 수 있었다. ➡ (O) 2문단에서 우두법은 아이의 몸 상태에 크게 좌우되지 않는다는 장점이 있다고 하였으므로, 몸이 허약한 아이에게도 접종할 수 있다는 것을 알 수 있다.

05 ④ 정답률 81.4%

| 문제 유형 | 사실적 이해 > 정보 확인
| 접근 전략 | 인두법과 우두법의 의학적 차이점을 다룬 글이며, 구체적으로는 두 가지 접종 방법의 접종대상자 선정, 사후 관리, 접종 방식에서의 차이점 등을 설명하고 있다. 주어진 글의 세부 사항을 정확히 분석하여 선지와 일치하는지 여부를 판단하는 것이 중요하다.

다음 글에서 알 수 없는 것은?

의학적 원리만을 놓고 볼 때 '인두법'과 '우두법'은 전혀 차이가 없다. 둘 다 두창을 이미 앓은 개체에서 미량의 딱지나 고름을 취해서 앓지 않은 개체에게 접종하는 방식이다. 그렇지만 인두법 저작인 정약용의 『종두요지』와 우두법 저작인 지석영의 『우두신설』을 비교하면 접종대상자의 선정, 사후 관리, 접종 방식 등 세부적인 측면에서 적지 않은 차이가 발견된다. ▶1문단

먼저, 접종대상자의 선정 과정을 보면 인두법이 훨씬 까다롭다. 접종대상자는 반드시 생후 12개월이 지난 건강한 아이여야 했다. 중병을 앓고 얼마 되지 않은 아이, 몸이 허약한 아이, 위급한 증세가 있는 아이는 제외되었다. 이렇게 접종대상자의 몸 상태에 세심하게 신경을 쓰는 까닭은 비록 소량이라고 하더라도 사람에게서 취한 두(痘)의 독이 강력했기 때문이다. 한편, 『우두신설』에서는 생후 70~100일 정도의 아이를 접종대상자로 하며, 아이의 몸 상태에 특별히 신경을 쓰지 않는다. 이는 우두의 독력이 인두보다 약한 데서 기인한다. 우두법은 접종 시기를 크게 앞당김으로써 두창 감염에 따른 위험을 줄였고, 아이의 몸 상태에 크게 좌우되지 않는다는 장점이 있었다. ▶2문단

06 ② 정답률 93.3%

| 문제 유형 | 사실적 이해 > 정보 확인
| 접근 전략 | 과학적 진보에 기여하는 이론의 평가 기준을 다룬 글로, 이론이 통합적 설명을 제공하고 새로운 현상을 예측하며, 예측이 실제로 맞는 경우 과학적 진보에 기여한다고 평가할 수 있지만, 예측이 맞지 않더라도 그 이론이 새로운 연구를 촉진하는 역할을 할 수 있다고 말하고 있다. 세 가지의 조건의 특성을 잘 살펴보며 선지의 가부를 판단한다.

다음 글에서 알 수 있는 것은?

과학자가 고안한 새로운 이론이 과학적 진보에 기여하는지를 평가할 때, 다음의 세 가지 조건이 고려된다. ▶1문단

첫째는 통합적 설명 조건이다. 새로운 이론은 여러 현상들을 통합하여 설명할 수 있는 단순한 개념 틀을 제공해야 한다. 예컨대 뉴턴의 새로운 이론은 오랫동안 서로 다르다고 여겨졌던 지상계의 운동과 천상계의 운동을 단지 몇 가지 개념을 통해 설명할 방법을 제시하였다. 하지만 통합적 설명 조건만을 만족한다고 해서 과학적 진보에 기여한다고 보기는 어렵다. ▶2문단

둘째는 새로운 현상의 예측 조건이다. 새로운 이론은 기존의 이론이 예측할 수 없는 새로운 현상을 예측해야 한다. 새로운 현상을 예측하면, 과학자들은 그 예측이 맞는지 확인하기 위해 다양한 반증 시도를 하게 된다. 그 과정에서 과학자들은 기존에 관심을 두지 않았던 영역을 탐구하게 되고 새로운 관측 방법을 개발한다. 통합적 설명 조건을 만족하면서 동시에 새로운 현상을 예측하여 반증 시도를 허용하는 이론이 과학적 진보에 기여하게 되는 것이다. ▶3문단

셋째는 통과 조건이다. 이 조건은 위 두 조건을 모두 만족하는 이론이 제시한 새로운 예측이 실제 관측이나 실험 결과에 들어맞아야 한다는 것을 뜻한다. 혹자는 통과 조건을 만족하지 못하고 반증된 이론은 실패한 이론이고 과학적 진보에 기여하지 못한다고 생각하지만, 그렇지 않다. 그런 이론도 새로운 이론을 고안하도록 과학자를 추동하는 역할을 하기 때문이다. 따라서 통과 조건을 만족하지 못하더라도 통합적 설명 조건과 새로운 현상의 예측 조건을 모두 만족하는 이론은 과학적 진보에 기여하는 것으로 평가할 수 있다. ▶4문단

① 단순하면서 통합적인 개념 틀을 제공하는 이론은 통과 조건을 만족한다. ➡ (X) 통합적 설명 조건과 통과 조건은 서로 다른 기준이므로, 단순하면서 통합적인 개념 틀을 제공하는 이론이 통과 조건을 만족한다고 할 수 없다.
② 통과 조건을 만족하지 못하더라도 과학적 진보에 기여하는 이론이 있을 수 있다. ➡ (O) 4문단에서 통과 조건을 만족하지 못하더라도 통합적 설명 조건과 새로운 현상의 예측 조건을 모두 만족하는 이론은 과학적 진보에 기여하는 것으로 평가할 수 있다고 설명하고 있으므로 적절하다.
③ 반증된 이론은 과학자들이 새로운 이론을 고안하도록 추동하는 역할을 하지 못한다. ➡ (X) 4문단에서 통과 조건을 만족하지 못하고 반증된 이론은 새로운 이론을 고안하도록 과학자를 추동하는 역할을 한다고 하였으므로 틀린 내용이다.
④ 새로운 현상의 예측 조건을 만족하지 못하는 이론은 통합적 설명 조건을 만족하지 못한다. ➡ (X) 새로운 현상의 예측 조건을 만족하지 못한다고 해서 통합적 설명 조건을 만족하지 못하는 것은 아니다.
⑤ 통합적 설명 조건과 새로운 현상의 예측 조건 중 하나만 만족하는 이론도 과학적 진보에 기여한다. ➡ (X) 3문단에서 통합적 설명 조건을 만족하면서 동시에 새로운 현상을 예측하여 반증 시도를 허용하는 이론이 과학적 진보에 기여하게 된다고 하였으므로, 과학적 진보에 기여하기 위해서는 두 조건을 모두 만족해야 한다.

07 ⑤   정답률 83.3%

|문제 유형| 비판적 사고 > 판단하기
|접근 전략| 글의 문맥 분석을 통해 글의 흐름에 맞지 않은 부분을 찾아 적절하게 수정했는지의 여부를 확인하는 유형의 문제이다. ㉠~㉤이 문장의 서술 흐름을 놓치지 않고 적합한지 여부를 판단하는 것이 중요하다. 문맥에서 무엇을 설명하는지 명확하게 이해한다면 어렵지 않게 풀 수 있다.

다음 글의 ㉠~㉤을 문맥에 맞게 수정한 것으로 가장 적절한 것은?

『논어』「자한」편 첫 문장은 일반적으로 "공자께서는 이익, 천명, 인(仁)에 대해서 드물게 말씀하셨다."라고 해석된다. 그런데 『논어』 전체에서 인이 총 106회 언급되었다는 사실과 이 문장 안에 포함된 '드물게(罕)'라는 말은 상충하는 것처럼 보인다. 이러한 충돌을 해결하기 위한 시도는 크게 두 가지 방향에서 이루어졌다. 먼저 해당 한자의 의미를 ㉠기존과 다르게 해석하여 이 문장에 대한 일반적 해석을 변경하는 방식으로 이를 해결하려는 시도가 있다. 하지만 이와 다른 방식으로 충돌을 해결할 수 있다고 믿었던 이들도 있다. 그들은 이 문장의 일반적 해석을 바꾸지 않고 다음과 같은 방법들로 문제를 풀려고 시도했다. ▶1문단

첫째, 어떤 이들은 정도를 나타내는 표현이 상대성을 가질 수 있다는 점에 주목했다. 사실, '드물게'라는 것이 과연 어느 정도의 횟수를 의미하는지는 분명하지 않다. '드물다'는 표현은 동일 선상에 있는 다른 것과의 비교를 염두에 둔 것이다. 따라서 ㉡인이 106회 언급되었다고 해도 다른 것에 비해서는 드물다고 평가할 수 있다. ▶2문단

둘째, 다른 이들은 텍스트의 형성 과정에 주목했다. 『논어』는 발화자와 기록자가 서로 다른데, 공자 사후 공자의 제자들은 각자가 기억하는 스승의 말이나 스승에 대한 그간의 기록을 모아서 『논어』를 편찬하였다. 이를 염두에 둔다면 다음과 같은 상황을 상상할 수 있다. 공자는 인에 대해 실제로 드물게 말했다. 공자가 인을 중시하면서도 그에 대해 드물게 언급하다 보니 제자들이 자주 물을 수밖에 없었다. 그 대화의 결과들을 끌어모은 것이 『논어』인 까닭에, 『논어』에는 ㉢인에 대한 기록이 많아질 수밖에 없었다. ▶3문단

셋째, ㉣이 문장을 기록한 제자의 개별적 특성에 주목했던 이들도 있다. 즉, 다른 제자들은 인에 대해 여러 차례 들었지만, 이 문장의 기록자만 드물게 들었을 수 있다. 공자는 질문하는 제자가 어떤 사람인지에 따라 각 제자에게 주는 가르침을 달리했다. 그렇다면 '드물게'는 이 문장을 기록한 제자의 어떤 특성 때문에 나타난 결과일 수 있다. ▶4문단

넷째, 어떤 이들은 시간의 변수를 도입했다. 기록자가 공자의 가르침을 돌아보면서 ㉤이 문장을 기록한 시점 이후에 공자는 정말로 인에 대해 드물게 말했는지도 모른다. 그리고 그 뒤 어느 시점부터 공자가 빈번하게 인에 대해 설파하기 시작했으며, 『논어』에 보이는 인에 대한 106회의 언급은 그 결과일 수 있다. ▶5문단

① ㉠을 "기존과 동일하게 해석하여 이 문장에 대한 일반적 해석을 준수하는 방식"으로 고친다. ➡ (X) 기존 해석을 변경하는 방식으로 고쳐야 하므로 일반적 해석을 준수하는 방식으로 고치는 것은 적절하지 않다.
② ㉡을 "인이 106회 언급되었다면 다른 어떤 것에 비해서도 드물다고 평가할 수 없다"로 고친다. ➡ (X) '드물다고 평가할 수 없다'는 것은 상충된 문제를 그대로 방치하는 논리이므로 적절한 수정이 아니다.
③ ㉢을 "인에 대한 기록이 적어질 수밖에 없었다"로 고친다. ➡ (X) 지문에서는 인에 대한 기록이 많아졌다는 점을 설명하고 있으므로 기록이 적어졌다는 내용은 부적절하다.
④ ㉣을 "『논어』를 편찬한 공자 제자들의 공통적 특성"으로 고친다. ➡ (X) 개별 제자의 특성을 언급하고 있으므로 공통적 특성으로 고치는 것은 적절하지 않다.
⑤ ㉤을 "이 문장을 기록했던 시점까지"로 고친다. ➡ (O) '그리고 그 뒤'를 통해 문장이 기록된 시점 이후 공자의 가르침이 변화했을 가능성을 고려하고 있으므로 "이 문장을 기록했던 시점까지"로 고치는 것이 적절하다.

08 ①   정답률 87.6%

|문제 유형| 비판적 사고 > 빈칸 채우기
|접근 전략| 이 글의 핵심 주제는 '좋아요' 버튼을 통해 형성된 온라인 전시 문화와 그로 인해 발생되는 문제이다. 주어진 글의 맥락을 정확히 이해하고, (가)와 (나)에 들어갈 적절한 문장을 글의 내용과 일치시키는 것이 중요하다.

다음 글의 (가)와 (나)에 들어갈 말을 짝지은 것으로 가장 적절한 것은?

오늘날 우리는 끊임없이 무엇인가를 전시하고 이에 대한 주변인의 반응을 기다린다. 특히 전시의 공간이 온라인 플랫폼으로 확장되면서 우리의 삶 자체가 전시물이 되는 시대에 살고 있다. 전시된 삶에 공감하는 익명의 사람들은 '좋아요' 버튼을 누른다. '좋아요'의 수가 많을수록 전시된 콘텐츠의 가치가 높아진다. 이제 얼마나 많은 수의 '좋아요'를 확보하느냐가 관건이 된다. ▶1문단

그러다 보니 우리는 손에 잡히지 않지만 눈으로 확인할 수 있는 누군가의 '좋아요'를 좇게 된다. '좋아요'는 전시된 콘텐츠에 대한 공감의 표현 방식이었지만, 어느 순간 관계가 역전되어 '좋아요'를 얻기 위해 콘텐츠를 가상 공간에 전시하기 시작한다. 이제 우리는 '좋아요'를 많이 얻을 수 있는 콘텐츠를 만들어내는 데 최선의 노력을 기울이게 된다. ▶2문단

이 관계의 역전은 문제를 일으킨다. '좋아요'의 선택을 받기 위해 노력하다 보면 어느 순간 현실에 존재하는 '나'가 사라지고 만다. 타인이 좋아할 만한 일상과 콘텐츠를 선별하거나 심지어 만들어서라도 전시하기 때문이다. (가) . 타인의 '좋아요'를 얻기 위해 현실에 존재하는 내가 사라지고 마는 아이러니를 직면하는 순간이다. ▶3문단

'좋아요'의 공동체 안에서는 타자도 존재하지 않는다. 이 공동체는 '좋아요'를 매개로 모인 서로 '같음'을 공유하는 사람들로 구성된다. 그래서 같은 것을 좋아하고 긍정하는 '좋아요'의 공동체 안에서 각자의 '다름'은 점차 사라진다. ☐(나)☐. 이제 공동체에서 그러한 타자를 환대하거나 그의 말을 경청하려는 사람은 점점 줄어들고, '다름'은 '좋아요'가 용납하지 않는 별개의 언어가 된다. ▶4문단

'좋아요'는 그 특유의 긍정성 덕분에 뿌리치기 힘든 유혹으로 다가온다. 하지만 '좋아요'에 함몰되는 순간 나와 타자를 동시에 잃어버릴 수 있다. 우리는 '좋아요'를 거부하는 타자들을 인정하고 그들의 말에 귀를 기울여야 한다. 이렇게 '좋아요'가 축출한 '다름'의 언어를 되찾아오기 시작할 때 '좋아요'의 아이러니에서 벗어날 수 있을 것이다. ▶5문단

① (가): '좋아요'를 얻기 위해 현실의 나와 다른 전시용 나를 제작하는 셈이다
   (나): '좋아요'를 거부하고 다른 의견을 내는 사람은 불편한 대상이자 배제의 대상이 된다 ➡ (O) (가)는 현실의 나는 사라지고 전시용 나만 남는다는 의미를 잘 전달하고, (나)는 '다름'을 인정하지 않고 배제의 대상이 된다는 내용이 문맥 흐름상 적합하다.

② (가): '좋아요'를 얻기 위해 현실의 나와 다른 전시용 나를 제작하는 셈이다
   (나): '좋아요'의 공동체에서는 어떠한 갈등이나 의견 대립도 발생하지 않는다 ➡ (X) (가)는 현실의 나는 사라지고 전시용 나만 남는다는 의미를 잘 전달하지만, (나)의 바로 뒤에 이어지는 '그러한 타자'를 감안하면 타자에 대해 설명하는 선지 ①이 더 적절하다.

③ (가): '좋아요'를 얻기 위해 나의 내면과 사생활까지도 타인에게 적극적으로 개방한다
   (나): '좋아요'를 거부하고 다른 의견을 내는 사람은 불편한 대상이자 배제의 대상이 된다 ➡ (X) (가)에서 나의 내면과 사생활의 개방은 주요 논점이 아니므로 적절하지 않다.

④ (가): '좋아요'를 얻기 위해 나의 내면과 사생활까지도 타인에게 적극적으로 개방한다
   (나): '좋아요'의 공동체에서는 어떠한 갈등이나 의견 대립도 발생하지 않는다 ➡ (X) (가)에서 나의 내면과 사생활의 개방은 주요 논점이 아니므로 적절하지 않으며, (나)의 바로 뒤에 이어지는 '그러한 타자'를 감안하면 타자에 대해 설명하는 선지 ①이 더 적절하다.

⑤ (가): '좋아요'를 얻기 위해 현실의 내가 가진 매력적 콘텐츠를 더욱 많이 발굴하는 것이다
   (나): '좋아요'의 공동체에서는 어떠한 갈등이나 의견 대립도 발생하지 않는다 ➡ (X) (가)에서 매력적 콘텐츠 발굴에 대한 언급은 적절하지 않으며, (나)의 바로 뒤에 이어지는 '그러한 타자'를 감안하면 타자에 대해 설명하는 선지 ①이 더 적절하다.

09 ⑤   정답률 92.9%

| 문제 유형 | 비판적 사고 > 빈칸 채우기
| 접근 전략 | 여행이 ACC를 자극하고 이로 인해 새로운 정보에 대한 판단을 지연시키는 과정을 설명하고 있다. 이 글의 핵심 내용과 빈칸의 역할을 파악하여 선지가 글의 내용과 일치하는지 확인함으로써 가장 적절한 내용을 선택하여 빈칸을 완성한다.

다음 글의 빈칸에 들어갈 내용으로 가장 적절한 것은?

여행가들은 종종 여행으로 세계에 대한 새로운 지식을 얻었을 뿐만 아니라 차별과 편견을 제거할 수 있었다고 말한다. 이 깨달음은 신경과학자들 덕분에 사실로 입증되었다. 신경과학자들은 여행이 뇌의 전측대상피질(ACC)을 자극한다는 것을 알아냈다. ACC는 자신이 가진 세계 모델을 기초로 앞으로 들어올 지각 정보의 기대치를 결정하고 새로 들어오는 지각 정보들을 추적한다. 새로 들어온 정보가 기대치에 맞지 않으면 ACC는 경보를 발령하고, 이 정보에 대한 판단을 지연시켜 새로운 정보를 분석할 시간을 제공한다. 정보에 대한 판단이 지연되면, 그에 대한 말과 행동 또한 미뤄진다. ACC의 경보가 발령되면 우리는 어색함을 느끼고 멈칫한다. 결국 ACC는 주변 환경을 더 면밀히 관찰하라고 촉구한다. ▶1문단

우리의 뇌는 의식적으로든 반사적으로든 끊임없이 판단을 내린다. 이와 관련하여 인지과학자들은 판단을 늦출수록 판단의 정확성이 높아진다는 사실을 발견했다. 오랜 시간을 들여 더 많은 관련 정보를 파악하는 것이 정확한 판단의 핵심이기 때문이다. 최후의 순간까지 정보에 대한 판단을 유보할수록 정확한 판단을 내릴 가능성이 커진다. ▶2문단

낯선 장소를 방문할 때 우리는 늘 어색함을 느낀다. 음식, 지리, 날씨 등 모든 게 기존의 세계 모델과 일치하지 않기 때문이다. 여행은 ACC를 자극하고, ACC의 경보 발령으로 우리는 신속한 판단이나 반사적 행동을 자제하게 된다. 따라서 더 이질적인 문화를 경험하면, 우리의 뇌는 ☐☐☐☐☐. ▶3문단

① ACC를 덜 활성화시킨다 ➡ (X) 신경과학자들은 여행이 뇌의 ACC를 자극한다는 것을 알아냈다. 여행은 ACC를 자극하고, ACC의 경보 발령으로 신속한 판단이나 반사적 행동을 자제하게 되므로 더 이질적인 문화를 경험하면 ACC는 활성화 된다.

② 더 적은 정보를 처리한다 ➡ (X) 새로 들어온 정보가 기대치에 맞지 않으면, ACC는 경보를 발령하고 정보에 대한 판단을 지연시켜 정보를 분석할 시간을 제공한다. 오랜 시간을 들여 더 많은 관련 정보를 파악하는 것이 정확한 판단의 핵심이기 때문이라고 언급하고 있으므로 이질적인 문화를 경험하면 우리의 뇌가 더 적은 정보를 처리한다는 것은 적절하지 않다.

③ 주변 환경에 더 친숙해진다 ➡ (X) ACC의 경보가 발령되면 우리는 어색함을 느끼고 멈칫해 주변 환경을 더 면밀히 관찰하라고 촉구한다. 그러므로 환경에 더 친숙해진다는 것은 적절하지 않다.

④ 기존의 세계 모델을 더 확신한다 ➡ (X) ACC는 기존의 세계 모델과 일치하지 않기 때문에 자신이 가진 세계 모델을 기초로 앞으로 들어올 지각 정보의 기대치를 결정하고 새로 들어오는 지각 정보들을 추적하므로 기존의 모델을 더 확신한다는 내용은 맞지 않는다.

⑤ 정보에 대한 판단을 더 지연시킨다 ➡ (O) ACC가 경보를 발령하면 판단을 지연시켜 정보에 대한 분석을 면밀하게 만든다고 하였으므로 빈칸에 들어갈 내용으로 가장 적절하다.

S 10 ②   정답률 41.8%

| 문제 유형 | 비판적 사고 > 빈칸 채우기
| 접근 전략 | 이 문제를 풀기 위해서는 정보 집합의 정합도를 확률적으로 정의하는 방법을 이해하고 적용하는 것이 중요하다.

다음 글의 빈칸에 들어갈 내용으로 가장 적절한 것은?

갑은 이번에 들어온 신입 사원 민철에 대해서 '그는 결혼하지 않았다.'라는 정보와 '그는 비혼이다.'라는 정보를 획득했다. 한편 을은 민철에 대해 '그는 결혼하지 않았다.'라는 정보와 '그에게는 아이가 있다.'라는 정보를 획득했다. 갑이 획득한 정보 집합과 을이 획득한 정보 집합 중에서 무엇이 더 정합적인가? 다르게 말해 어떤 집합 내 정보들이 서로 더 잘 들어맞는가? 갑의 정보 집합이 더 정합적이라고 여기는 것이 상식적이다. ▶1문단

그렇다면 이런 정보 집합의 정합성은 어떻게 측정할 수 있을까? 그 방법 중 하나인 C는 확률을 이용해 그 정합성의 정도, 즉 정합도를 측정한다. 여러 정보로 이루어진 정보 집합 S가 있다고 해보자. 방법 C에 따르면, S의 정합도는 ☐☐☐☐☐으로 정의된다. ▶2문단

그 정의에 따라 정합도를 측정하면, 위 갑과 을이 획득한 정보 집합의 정합성을 우리의 상식에 맞춰 비교할 수 있다. 갑이 획득한 정보에서 '그가 결

혼하지 않았으며 비혼일 확률'과 '그가 결혼하지 않았거나 비혼일 확률'은 모두 '그가 비혼일 확률'과 같다. 왜냐하면 결혼하지 않았다는 것과 비혼이라는 것은 서로 같은 말이기 때문이다. 따라서 방법 C에 따르면 갑이 획득한 정보 집합의 정합도는 1이다. ▶3문단

한편, '그가 결혼하지 않았으며 아이가 있을 확률'은 '그가 결혼하지 않았거나 아이가 있을 확률'보다 낮다. 왜냐하면 그가 결혼하지 않았거나 아이가 있는 경우에 비해, 그가 결혼하지 않고 아이가 있는 경우는 드물기 때문이다. 따라서 방법 C에 따르면 을의 정보 집합의 정합도는 1보다 작다. 이런 식으로 방법 C는 갑의 정보 집합의 정합도가 을의 정보 집합의 정합도보다 크다고 말해 준다. 그리고 그 점에서 갑의 정보 집합이 을의 정보 집합보다 더 정합적이라고 판단한다. 이는 우리 상식에 부합하는 결과이다. ▶4문단

① S의 정보 중 적어도 하나가 참일 확률을 S의 모든 정보가 참일 확률로 나눈 값 ➡ (X) 정합도의 정의와 맞지 않으므로 적절하지 않다.
② S의 모든 정보가 참일 확률을 S의 정보 중 적어도 하나가 참일 확률로 나눈 값 ➡ (O) 위 글에서 정보 집합의 정합성을 측정할 때, C는 확률을 이용해 정합도를 측정한다. 지문에서 제공하는 정보를 통해 방법 C를 알아내어 S의 정합도 원칙을 찾는 것이 중요하다.
• 3문단 갑이 획득한 정보: '그가 결혼하지 않았으며 비혼일 확률'(AND) = '그가 결혼하지 않았거나 비혼일 확률'(OR)은 결혼하지 않았다는 것은 비혼이라는 것과 같은 말이기 때문에 갑이 획득한 정보 집합의 정합도 1
• 4문단 을이 획득한 정보: '그가 결혼하지 않았으며 아이가 있을 확률'(AND) < '그가 결혼하지 않았거나 아이가 있을 확률'(OR)은 그가 결혼하지 않고 아이가 있는 경우보다 드물기 때문에 획득한 정보 집합의 정합도 < 1
방법 C에 따라, 갑의 정보 집합의 정합도가 을의 정보 집합의 정합도보다 크다는 것을 알 수 있다.
을의 정보 집합의 정합도가 1보다 작으려면 분자 < 분모이므로 분자에는 AND의 정보가 분모에는 OR의 정보가 와야 한다.
보기에서 적어도 참일 확률은 OR, S의 모든 정보가 AND이므로 4문단에서 알아낸 방법 C에 따라, S의 정합도는 ②번 S의 모든 정보가 참일 확률(AND) / 정보 중 적어도 하나가 참일 확률(OR)로 나눈 값으로 정의된다.
③ S의 정보 중 거짓해야 하나가 참일 확률을 S의 모든 정보가 참일 확률로 나눈 값 ➡ (X) 정합도의 정의와 맞지 않으므로 적절하지 않다.
④ S의 모든 정보가 참일 확률을 S의 정보 중 거짓해야 하나가 참일 확률로 나눈 값 ➡ (X) 정합도의 정의와 맞지 않으므로 적절하지 않다.
⑤ S의 정보 중 거짓해야 하나가 참일 확률을 S의 정보 중 적어도 하나가 참일 확률로 나눈 값 ➡ (X) 정합도의 정의와 맞지 않으므로 적절하지 않다.

S 11 ②   TOP3 정답률 38.1%

| 문제 유형 | 비판적 사고 > 판단하기
| 접근 전략 | 주어진 글의 논리적 구조를 이해하고 ㉠에 적절한 전제를 추가하여 논증을 완성하는 문제이다. 논증의 흐름을 파악하는 것이 중요하고, 논리적 결론을 도출하는 데 필요한 전제를 찾는 연습이 필요하다.

다음 글의 ㉠을 이끌어 내기 위해 추가해야 할 전제로 가장 적절한 것은?

우리는 보고, 듣고, 냄새를 맡는 등 지각적 경험을 한다. 우리가 지각적 경험이 가능한 이유는 이러한 지각을 야기하는 원인이 존재하기 때문이다. 나는 ㉠신의 마음이 바로 나의 지각을 야기하는 원인임을 논증을 통해 보이고자 한다. ▶1문단

이 세상에 존재하는 모든 것은 지각되는 것이고, 그러한 지각을 야기하는 원인이 존재한다. 그러한 원인이 존재한다면 그 원인은 내 마음속 관념이거나 나의 마음이거나 나 이외의 다른 마음 중 하나일 것이다. 하지만 나의 지각을 야기하는 원인은 내 마음속 관념이 아니다. 왜냐하면 지각이 관념의 원인이 될 수는 있지만 관념이 지각을 야기할 수는 없기 때문이다. ▶2문단

나의 지각을 야기하는 원인은 내 마음도 아니다. 왜냐하면 내 마음이 내 지각의 원인이라면 나는 내가 지각하는 바를 조종할 수 있어야 한다. 예를 들어, 내가 내 앞의 빨간 사과를 보고 있다고 해보자. 나는 이 사과를 빨간색으로 지각할 수밖에 없다. 아무리 내가 이 사과 색깔을 빨간색 대신 노란색으로 지각하려고 안간힘을 쓰더라도 이를 내 마음대로 바꿀 수는 없다. 그러므로 나의 지각을 야기하는 원인은 나 이외의 다른 마음이다. ▶3문단

나 이외의 다른 마음은 나 이외의 다른 사람의 마음이거나 사람이 아닌 다른 존재의 마음이다. 다른 사람의 마음이 내 지각을 야기하는 원인이 될 수 없다. 그들이 내가 지각하는 바를 조종할 수는 없기 때문이다. 그러므로 나의 지각을 야기하는 원인은 사람이 아닌 다른 존재의 마음이다. ▶4문단

① 내 마음속 관념이 곧 신이다. ➡ (X) 관념이 신이라는 것을 주장하지만 원인으로서 신의 마음을 도출하는 데 관계성이 없으므로 소거한다.
② 사람과 신 이외에 마음을 지닌 존재는 없다. ➡ (O) 사람들이 아닌 존재 중 마음을 지닌 존재가 없다면 신이 유일한 원인일 수밖에 없다고 이야기하므로 전제로 가장 적절하다.
③ 신의 마음은 나의 마음을 야기하는 원인이다. ➡ (X) 신이 내 마음을 야기한다고 주장하지만 나의 지각을 야기하는 원인으로 신의 역할을 논증하는 것이므로 적절하지 않다.
④ 감각기관을 통한 지각적 경험은 신뢰할 수 있다. ➡ (X) 지각의 신뢰성에 관한 내용으로, 지각의 원인에 대한 논증과는 관련 없으므로 소거한다.
⑤ 나 이외의 다른 마음만이 내가 지각하는 바를 조종할 수 있다.
➡ (X) 나의 지각을 조종할 수 있는 원인의 범위를 제한하는 내용이므로 적절하지 않다

12 ③   정답률 50%

| 문제 유형 | 사실적 이해 > 논리 게임
| 접근 전략 | 조건을 바탕으로 선지 중에서 반드시 참인 진술을 찾는 문제이다. 이를 해결하기 위해서는 조건을 논리적으로 분석하고 선지들을 검토하는 것이 중요하다. 평소 조건 추리 문제에 대한 학습을 충분히 하였다면 접근 방식을 쉽게 찾아낼 수 있다.

다음 글의 내용이 참일 때 반드시 참인 것은?

A부서에서는 새로 시작된 프로젝트에 다섯 명의 주무관 가은, 나은, 다은, 라은, 마은의 참여 여부를 점검하고 있다. 주무관들의 업무 전문성을 고려할 때, 다음과 같은 예측을 할 수 있었고 그 예측들은 모두 옳은 것으로 밝혀졌다.

○ 가은이 프로젝트에 참여하면 나은과 다은도 프로젝트에 참여한다.
○ 나은이 프로젝트에 참여하지 않으면 라은이 프로젝트에 참여한다.
○ 가은이 프로젝트에 참여하거나 마은이 프로젝트에 참여한다.

→ 내용을 정리하면 다음과 같다.
• G → (N∧D)
• ~N → L
• G∨M

① 가은이 프로젝트에 참여하지 않으면 나은이 프로젝트에 참여한다. ➡ (X) ~G → N 가은이 참여하지 않는다고 해서 반드시 나은이 참여한다고 할 수 없다.
② 다은이 프로젝트에 참여하면 마은이 프로젝트에 참여한다. ➡ (X) D → M 다은이 프로젝트에 참여한다고 해서 반드시 마은이 참여한다고 할 수 없다.
③ 다은이 프로젝트에 참여하거나 마은이 프로젝트에 참여한다.
➡ (O) D∨M 가은이 참여하는 경우에는 G → (N∧D)에 따라 다은이 프로젝트에

참여한다. 가은이 참여하지 않는 경우에는 G∨M에 의해 마은이 참여한다. 따라서 D∨M은 항상 참이다.

④ 라은이 프로젝트에 참여하면 마은이 프로젝트에 참여한다. ➡ (X)
L → M 라은이 프로젝트에 참여한다고 해서 반드시 마은이 참여한다고 할 수 없다.

⑤ 라은이 프로젝트에 참여하거나 마은이 프로젝트에 참여한다.
➡ (X) L∨M 첫 번째 예측에 의해 가은, 나은, 다은만 프로젝트에 참여할 수도 있으므로 반드시 참은 아니다.

13 ②   정답률 59.7%

| 문제 유형 | 사실적 이해 > 논리 게임
| 접근 전략 | 제시된 조건들의 내용과 관계를 바탕으로 지문에서 요구하고 있는 바를 찾는 문제 유형이다. 이 경우 서로 모순되는 문장을 찾고 여기에 다른 문장들을 더하여 모순되는 내용을 제외시키며 참인 문장을 골라내는 노력이 필요하다. 특히 '~하고(AND)'와 '~거나(OR)'를 잘 구분하여 '~하고'의 경우 모든 조건이 부합해야 하지만 '~거나'의 경우는 한 쪽만 부합해도 되는 것임을 확인하고 헷갈리지 않는 것이 중요하다. 특히 다양한 조건들 속에서 부정 표현을 놓치기 쉬우므로 잘 표시해 두는 것이 문제 풀이에 도움이 된다.

다음 글의 내용이 참일 때 반드시 참인 것은?

가훈은 모든 게임에서 2인 1조로 다른 조를 상대해야 한다. 게임은 구슬치기, 징검다리 건너기, 줄다리기, 설탕 뽑기 순으로 진행되며 다른 게임은 없다. 이에 가훈은 남은 참가자 갑, 을, 병, 정, 무 중 각각의 게임에 적합한 서로 다른 인물을 한 명씩 선택하여 조를 구성할 계획을 세웠다. 게임의 총괄 진행자는 가훈의 선택에 대해 다음과 같이 예측하였다.

○ 갑은 설탕 뽑기에 선택되고 무는 징검다리 건너기에 선택된다.
○ 을이 구슬치기에 선택되거나 정이 줄다리기에 선택된다.
○ 을은 구슬치기에 선택되지 않고 무는 징검다리 건너기에 선택되지 않는다.
○ 병은 어떤 게임에도 선택되지 않고 정은 줄다리기에 선택된다.
○ 무가 징검다리 건너기에 선택되거나 정이 줄다리기에 선택되지 않는다.

가훈의 조 구성 결과 이 중 네 예측은 옳고 나머지 한 예측은 그른 것으로 밝혀졌다.

→ 1번째 예측과 3번째 예측은 무의 징검다리 건너기 선택 부분에서 서로 모순되므로 두 예측 중 하나는 그른 예측이다. 더불어 2번째 예측과 3번째 예측은 을의 구슬치기 선택 부분에서 서로 모순되므로 두 예측 중 하나는 그른 예측이다. 따라서 3번째 예측이 그른 것이 될 경우 1번째 예측과 2번째 예측이 모두 옳은 예측이 된다.

3번째 예측을 그른 것으로 하고 나머지 1, 2, 4, 5번째 예측을 모두 종합하면 구슬치기에는 을, 징검다리 건너기에는 무, 줄다리기에는 정, 설탕 뽑기에는 갑이 선택되었고, 병은 아무 게임에도 선택되지 않았다.

① 갑이 어느 게임에도 선택되지 않았다. ➡ (X) 갑은 설탕 뽑기에 선택되었다.
② 을이 구슬치기에 선택되었다. ➡ (O) 을은 구슬치기에 선택되었다.
③ 병이 줄다리기에 선택되었다. ➡ (X) 병은 어떤 게임에도 선택되지 않았다.
④ 정이 징검다리 건너기에 선택되었다. ➡ (X) 정은 줄다리기에 선택되었다.
⑤ 무가 설탕 뽑기에 선택되었다. ➡ (X) 무는 징검다리 건너기에 선택되었다.

S 14 ④   TOP1 정답률 32.9%

| 문제 유형 | 비판적 사고 > 빈칸 채우기
| 접근 전략 | 지문에 나타난 정보를 나열하여 선지의 참과 거짓을 하나하나 따져보아야 한다. 특히 공 주무관에 대한 여러 정보가 나열되어 있으므로 끊어가면서 정리하여 독해하는 노력이 필요하다. 더불어 두 일 중 하나는 일어나는 것, 적어도 한 일은 일어나는 것 등 다양한 표현이 등장하므로 섬세하게 독해해야 한다.

다음 글의 빈칸에 들어갈 말로 적절한 것은?

문 주무관과 공 주무관은 하나의 팀을 이루어 문공 팀 제안서를 제출하였다. 이와 관련하여 공 주무관은 자신이 수집, 정리한 인사 관련 정보를 문 주무관과 다음과 같이 공유하였다. "강 주무관이 업무 평가에서 S등급을 받았다고 가정하면, 남 주무관이 업무 평가에서 S등급을 받은 경우 문공 팀 제안서가 폐기될 것입니다. 그런데 문공 팀 제안서가 폐기되는 일과 도 주무관이 전보 발령 대상이 되는 일, 둘 중 적어도 하나는 일어날 것입니다. 강 주무관과 남 주무관 둘 중 적어도 한 사람은 S등급을 받은 것이 분명합니다. 그런데 강 주무관만 S등급을 받고 남 주무관은 못 받는 그런 일은 없습니다. 다행히도, 문공 팀 제안서가 폐기되지 않고 심층 검토될 예정이라는 소식입니다."

그러나 공 주무관이 공유한 정보를 살펴보던 문 주무관은 자신이 입수한 정보를 공유하면서 공 주무관에게 말하였다. "공 주무관님, 그런데 조금 전 확인된 바로, ☐☐☐☐☐☐. 그렇다고 보면, 공 주무관님이 말씀하신 정보는 내적 일관성이 없고 따라서 전부 참일 수는 없습니다. 어딘가 최소한 한 군데는 잘못된 정보라는 말이지요. 지금으로선 어느 부분이 문제인지 알 수 없으니, 수고스럽더라도 어느 부분에 문제가 있는지 다시 확인해주셔야 하겠습니다."

→ 공 주무관의 인사 관련 정보를 정리하면 아래와 같다.
1. 강 주무관이 S등급을 받은 경우 문공 팀 제안서가 폐기된다.
2. 문공 팀 제안서가 폐기되는 일이나 도 주무관이 전보 발령 대상이 되는 일 중 하나는 일어난다.
3. 강 주무관과 남 주무관 둘 중 적어도 한 사람은 S등급을 받는다.
4. 강 주무관만 S등급을 받고 남 주무관은 못 받는 일은 없다.
5. 문공 팀 제안서가 폐기되지 않는다.

따라서 문공 팀 제안서가 폐기되지 않으므로 강 주무관이 업무 평가에서 S등급을 받지 못하고, 문공 팀 제안서가 폐기되는 일이 일어나지 않으니 도 주무관이 전보 발령 대상이 되는 일이 일어날 것이다. 그런데 강 주무관과 남 주무관 중 한 사람은 S등급을 받으므로 남 주무관이 S등급을 받는다. 이에 남 주무관이 S등급을 받은 경우 도 주무관이 전보 발령 대상이 아니라는 것이 확인되면 정보의 내적 일관성이 없는 것이 확인된다.

① 남 주무관은 업무 평가에서 S등급을 받았습니다 ➡ (X) 남 주무관이 업무 평가에서 S등급을 받은 것을 유추할 수 있다.
② 강 주무관은 업무 평가에서 S등급을 받지 못했습니다 ➡ (X) 강 주무관이 업무 평가에서 S등급을 받지 못한 것을 유추할 수 있다.
③ 도 주무관이 전보 발령 대상이 아닌 경우, 문공 팀 제안서가 폐기됩니다 ➡ (X) 도 주무관이 전보 발령 대상이 되는 것과 문공 팀 제안서가 폐기되는 것은 적어도 하나가 참이므로, 도 주무관이 전보 발령 대상이 아니면 문공 팀 제안서가 폐기된다.
④ 남 주무관이 업무 평가에서 S등급을 받은 경우, 도 주무관은 전보 발령 대상이 아닙니다 ➡ (O) 남 주무관이 업무 평가에서 S등급을 받은 경우, 도 주무관이 전보 발령 대상이 아님은 공 주무관의 인사 관련 정보에서 유추할 수 없다.
⑤ 강 주무관이 업무 평가에서 S등급을 받은 경우, 남 주무관도 업무 평가에서 S등급을 받습니다 ➡ (X) 지문에서 강 주무관만 S등급을 받고 남 주무관은 못 받는 일은 없다는 정보에 의거하여 강 주무관이 업무 평가에서 S등급을 받은 경우, 남 주무관도 업무 평가에서 S등급을 받는다는 것을 알 수 있다.

15 ①　정답률 56.5%

|문제 유형| 비판적 사고 > 지문에서 추론하기
|접근 전략| 지문을 읽고 추론할 수 있는 내용을 찾는 문제는 대부분 〈보기〉를 먼저 읽고 지문을 읽는 것이 문제 풀이 시간 단축에 유리하다. 특히 생소한 개념이 많은 과학 지문의 경우 작동 원리와 각각의 개념을 명확히 이해해야 문제를 해결할 수 있다.

다음 글에서 추론할 수 있는 것만을 〈보기〉에서 모두 고르면?

　종이와 같이 전류가 흐르지 않는 성질을 가진 물질을 절연체라 한다. 절연체는 전기적으로 중성이며 전하를 띠지 않는다. 그러나 어떤 상황에서는 전하 사이에 작용하는 힘인 전기력에 의한 운동이 가능하다. 어떻게 이러한 절연체의 운동이 가능한가를 알아보자. ▶1문단

　절연체는 전기적으로 중성이지만 그 안에는 무수히 많은 전하가 존재한다. 다만, 음전하와 양전하가 똑같은 숫자로 존재하며 물체에 균일하게 분포되어 있다. 이들에게 외부의 전하가 작용할 때 발생하는 전기력인 척력과 인력이 서로 상쇄되어 아무런 힘이 작용하지 않을 것처럼 보인다. ▶2문단

　그런데 외부에서 전기력이 작용하면 절연체 내부의 전하들은 개별적으로 그 힘에 반응한다. 가령, 양으로 대전된 물체에 의해서 절연체에 전기력이 작용하는 경우, 절연체 내부의 음전하는 대전된 물체 방향으로 끌려가는 힘인 인력을 받고, 양전하는 밀려나는 힘인 척력을 받는다. ▶3문단

　절연체 내부의 전하들은 이러한 전기력에 의해 미세하게 이동할 수 있는데, 음전하는 양으로 대전된 물체와 가까워지는 방향으로, 양전하는 멀어지는 방향으로 이동하게 된다. 그 결과 대전된 물체의 양전하와 절연체의 음전하 간의 인력이 대전된 물체의 양전하와 절연체의 양전하 간의 척력보다 커져 절연체는 대전된 물체 방향으로 끌려가게 된다. 전기력은 전하 간 거리가 멀수록 작아지는 특성이 있기 때문이다. 다만 절연체의 무게가 충분히 작아야만 이러한 전기력이 절연체의 무게를 극복하고 절연체를 끌어당길 수 있다. ▶4문단

─〈보기〉─

ㄱ. 절연체 내부 전하의 위치는 절연체 외부의 영향에 의해서 변할 수 있다. → (O) 4문단에서 절연체 내부의 전하들은 외부의 전기력에 의해 미세하게 이동할 수 있다고 하였으므로 적절하다.

ㄴ. 대전된 물체는 절연체 내 음전하와 양전하의 구성 비율을 변화시킬 수 있다. → (X) 3문단에서 양으로 대전된 물체에 의해 절연체에 전기력이 작용하면 절연체 내 음전하는 인력을 받고, 양전하는 척력을 받는다고 하였으나 구성 비율을 변화시킬 수 있다는 추론은 적절하지 않다.

ㄷ. 음으로 대전된 물체를 특정 무게 이하의 절연체에 가까이함으로써 절연체를 밀어내는 것이 가능하다. → (X) 4문단에서 양으로 대전된 물체는 절연체 내부의 음전하와는 가까워지는 방향으로, 양전하와는 멀어지는 방향으로 이동하며, 절연체는 대전된 물체 방향으로 끌려가게 된다고 하였으므로 적절하지 않다.

① ㄱ ➡ (O)
② ㄴ ➡ (X)
③ ㄱ, ㄷ ➡ (X)
④ ㄴ, ㄷ ➡ (X)
⑤ ㄱ, ㄴ, ㄷ ➡ (X)

16 ②　정답률 82.6%

|문제 유형| 비판적 사고 > 지문에서 추론하기
|접근 전략| 생소한 개념을 설명한 글을 읽고 정보의 일치, 불일치를 확인하는 문제이다. 특히 과학 지문에서는 근육 세포의 수축과 이완의 과정, 작용 기전 등이 매우 중요하므로 이러한 과정을 정확히 이해하는지를 물어보기 때문에 선지에서 언급된 내용이 나오는 부분을 꼼꼼하게 읽어내야 한다. 선지를 먼저 읽는 것이 문제 풀이 때 시간을 절약하기 유리하다.

다음 글에서 추론할 수 있는 것은?

　사람의 근육 운동은 근육 세포의 수축과 이완이 반복되면서 일어나며, 근육 세포의 수축과 이완이 정상적으로 일어나지 않으면 근육 마비가 일어난다. 근육 세포의 수축과 이완은 근육 세포와 인접해 있는 운동 신경 세포에서 아세틸콜린의 방출을 조절함으로써 일어날 수 있다. ▶1문단

　운동 신경 세포에 작용하는 신호에 의해 운동 신경 세포에서 아세틸콜린이 방출된다. 방출된 아세틸콜린은 근육 세포의 막에 있는 아세틸콜린 결합 단백질에 결합하고 이 근육 세포가 수축되게 한다. 뇌의 운동피질에서 유래한 신호가 운동 신경 세포에 작용하여 이와 같은 현상을 일으킬 수 있다. ▶2문단

　운동 신경 세포에서 아세틸콜린의 방출은 운동 신경 세포와 접하고 있는 억제성 신경 세포에 의해서도 조절될 수 있다. 억제성 신경 세포는 글리신을 방출하는데, 이 글리신은 운동 신경 세포에 작용하여 아세틸콜린의 방출을 막음으로써 근육 세포가 이완되게 한다. ▶3문단

　사람의 근육 운동에 영향을 미치는 물질 중에는 보툴리눔 독소와 파상풍 독소가 있다. 두 독소는 각각 병원균인 보툴리눔균과 파상풍균이 분비하는 독성 단백질이다. 보툴리눔 독소는 운동 신경 세포에 작용하여 아세틸콜린이 방출되는 것을 막아 근육 세포가 이완된 상태로 있게 하여 근육 마비를 일으킨다. 파상풍 독소는 억제성 신경 세포에 작용하여 글리신이 방출되는 것을 막아 근육 세포가 수축된 상태로 있게 하여 근육 마비를 일으킨다. ▶4문단

① 근육 세포의 막에는 글리신 결합 단백질이 있다. ➡ (X) 2문단에서 근육 세포의 막에는 아세틸콜린 결합 단백질이 있다고 하였으므로, 근육 세포의 막에는 글리신 결합 단백질이 있다는 것은 올바른 추론이 아니다.

② 보툴리눔 독소는 근육 세포의 수축이 일어나지 않게 하여 근육 마비를 일으킨다. ➡ (O) 4문단에서 보툴리눔 독소는 운동 신경 세포에 작용하여 아세틸콜린의 방출을 막아 근육 세포가 이완된 상태로 있게 하여 근육 마비를 일으킨다고 했으므로 근육 세포의 수축이 일어나지 않게 한다는 추론을 할 수 있다.

③ 운동 신경 세포에서 방출된 아세틸콜린은 억제성 신경 세포에서 글리신의 방출을 막는다. ➡ (X) 3문단에서 억제성 신경 세포가 글리신을 방출하고, 이 글리신이 운동 신경 세포에 작용한다고 하였으므로 운동 신경 세포의 막에 글리신 결합 단백질이 있다고 추론할 수 있다. 따라서 아세틸콜린이 글리신의 방출을 막는다는 것은 올바른 추론이 아니다.

④ 뇌의 운동피질에서 유래된 신호는 운동 신경 세포에서 아세틸콜린의 방출을 막아서 근육의 수축을 일으킨다. ➡ (X) 2문단에서 근육의 수축을 일으키는 과정을 설명하는데, 운동 신경 세포에서 아세틸콜린이 방출되어 근육의 수축을 일으킨다고 하였으므로 아세틸콜린의 방출을 막아서 근육의 수축을 일으킨다는 것은 올바른 추론이 아니다.

⑤ 파상풍 독소는 운동 신경 세포에서 방출된 아세틸콜린이 근육 세포의 막에 있는 결합 단백질에 결합할 수 없게 한다. ➡ (X) 4문단에서 파상풍 독소는 억제성 신경 세포에 작용하여 글리신이 방출되는 것을 막아 근육 세포가 수축된 상태로 있게 하여 근육 마비를 일으킨다고 하였으므로, 아세틸콜린이 근육 세포의 막에 있는 결합 단백질에 결합할 수 없게 한다는 추론은 옳지 않다.

17 ⑤ 정답률 82.8%

| 문제 유형 | 비판적 사고 > 빈칸 채우기
| 접근 전략 | 〈실험〉은 앞에서 설명하는 가설을 확인하기 위해 정교하게 짠 것으로, 지문의 내용과 긴밀하게 연관지어 실험의 내용을 분석해야 한다. 특히 가설을 정확하게 이해하고 문제를 풀어야 실수 없이 정답을 도출할 수 있다.

다음 글의 (가)와 (나)에 들어갈 말을 짝지은 것으로 가장 적절한 것은?

진공 상태에서 금속이나 반도체 물질에 높은 전압을 가하면 그 표면에서 전자가 방출된다. 방출된 전자가 형광체에 충돌하면 빛이 발생하는데, 이 빛을 이용하여 디스플레이를 만들 수 있다. 이런 디스플레이를 만들기 위해, 금속이나 반도체 물질로 만들어진 원기둥 형태의 나노 구조체가 기판에 고밀도로 존재하도록 제작하는 기술이 개발되고 있다. ▶1문단

고밀도의 나노 구조체가 있는 기판을 제작하려는 것은 나노 구조체의 밀도가 높을수록 단위 면적당 더 많은 양의 전자가 방출될 것이라는 가설 H1에 근거하고 있다. 그러나 기판의 단위 면적당 방출되는 전자의 양은 나노 구조체의 밀도가 일정 수준 이상으로 높아지면 오히려 줄어들게 될 것이라는 가설 H2를 주장하는 과학자들의 수가 많아지고 있다. 이는 나노 구조체가 너무 조밀하게 모여 있으면 나노 구조체 각각에 가해지는 실제 전압이 오히려 감소한다는 사실에 기반을 두고 있다. ▶2문단

과학자 L은 가설 H1과 가설 H2를 확인하기 위한 원기둥 형태의 금속 재질의 나노 구조체 X가 있는 기판을 제작하였다. 이 기판에 동일 거리에서 동일 전압을 가하여 다음의 실험을 수행하였다. ▶3문단

〈실험〉
실험 1: X가 있는 기판 A와 A보다 면적이 두 배이고 X의 개수가 네 배인 기판 B를 제작하였다. 이때 단위 면적당 방출된 전자의 양은 기판 A와 기판 B가 같았다.
실험 2: 단위 면적당 방출된 전자의 양은, 기판 C에 10,000개의 X가 있을 때보다 20,000개의 X가 있을 때 더 많았고, 기판 C에 20,000개의 X가 있을 때보다 30,000개의 X가 있을 때 더 적었다.

두 실험 중 실험 1은 가설 H1을 ___(가)___, 실험 2는 가설 H2를 ___(나)___.

	(가)	(나)	
①	강화하고	강화한다	➡ (X)
②	강화하고	약화한다	➡ (X)
③	약화하지 않고	약화한다	➡ (X)
④	약화하고	약화한다	➡ (X)
⑤	약화하고	강화한다	➡ (O)

지문에서 가설 H1은 나노 구조체의 밀도가 높을수록 단위 면적당 방출된 전자의 양이 많을 것이라 주장하고, 가설 H2는 나노 구조체의 밀도가 일정 수준 이상으로 높아지면 단위 면적당 방출된 전자의 양이 오히려 줄어들어 실제 전압이 감소할 것이라고 주장한다. 이에 실험 1은 기판 A와 면적은 2배, 나노 구조체 X의 개수는 4배로 밀도를 높인 기판 B를 비교했을 때 방출된 전자의 양은 둘이 같았다는 실험 결과를 도출하여, 나노 구조체의 밀도가 높을수록 단위 면적당 방출된 전자의 양이 많을 것이라는 가설 H1을 약화한다. 실험 2는 하나의 기판에 10,000개의 나노 구조체가 있을 때보다 20,000개의 나노 구조체가 있을 때 방출된 전자의 양이 더 늘었고 오히려 30,000개의 나노 구조체가 있을 때 20,000개의 나노 구조체가 있을 때보다 방출된 전자의 양이 더 줄었다는 실험 결과를 도출하면서 나노 구조체의 밀도가 일정 수준 이상이 되면 오히려 방출되는 전자의 양은 줄 것이라는 가설 H2를 강화한다.

ⓢ 18 ⑤ TOP2 정답률 37.2%

| 문제 유형 | 비판적 사고 > 판단하기
| 접근 전략 | 과학 지문은 개념을 정확히 이해해야 문제를 해결할 수 있다. 이 지문에서는 빛의 최소 세기를 결정하는 암전류의 크기와 빛의 최대 세기를 결정하는 광포화점의 크기를 설명하고 있으므로 둘의 차이를 명확히 알아야 실험 결과를 이해할 수 있다. 실험은 지문의 내용을 바탕으로 정교하게 짠 것이므로 실험 내용을 지문의 내용과 긴밀하게 연관지어 이해해야 한다. 이 지문처럼 빛의 세기가 기호로 제시된 경우에는 구체적인 숫자를 넣어서 문제를 해결하는 것이 바람직하다.

다음 글의 실험 결과를 가장 잘 설명하는 것은?

광검출기는 빛을 흡수하고 이를 전기 신호인 광전류로 변환하여 빛의 세기를 측정하는 장치로, 얼마나 넓은 범위의 세기를 측정할 수 있는지가 광검출기의 성능을 결정하는 주요 지표이다. ▶1문단

광검출기에서는 빛이 조사되지 않아도 열에너지의 유입 등 외부 요인에 의해 미세한 전류가 발생할 수 있는데, 이러한 전류를 암전류라 한다. 그런데 어떤 광검출기에 세기가 매우 작은 빛이 입력되어 암전류보다 작은 광전류가 발생한다면, 발생한 전류가 암전류에 의한 것인지 빛의 조사에 의한 것인지 구분할 수 없다. 따라서 이 빛의 세기는 이 광검출기에서 측정할 수 없다. ▶2문단

한편, 광검출기에는 광포화 현상이 발생하는데, 이는 광전류의 크기가 빛의 세기에 따라 증가하다가 특정 세기 이상의 빛이 입력되어도 광전류의 크기가 더 이상 증가하지 않고 일정하게 유지되는 것을 뜻한다. 광포화가 일어나기 위한 빛의 최소 세기를 광포화점이라 하고, 광검출기는 광포화점 이상의 세기를 갖는 서로 다른 빛에 대해서는 각각의 세기를 측정할 수 없다. 결국, 어떤 광검출기가 측정할 수 있는 빛의 최소 세기를 결정하는 암전류의 크기와 빛의 최대 세기를 결정하는 광포화점의 크기는 광검출기의 성능을 결정하는 주요 지표이다. ▶3문단

한 과학자는 세기가 서로 다른 빛 A~D를 이용하여 광검출기 Ⅰ과 Ⅱ의 성능 비교 실험을 하였다. 이때 빛의 세기는 A>B>C이며 D>C이다. 광검출기 Ⅰ과 Ⅱ로 A~D 각각의 빛의 세기를 측정할 수 있는 경우를 ○, 측정할 수 없는 경우를 ×로 정리하여 실험 결과를 아래 표에 나타내었다.

광검출기 \ 빛	A	B	C	D
Ⅰ	○	○	×	×
Ⅱ	×	○	×	○

▶4문단

① 두 광검출기가 각각 검출할 수 있는 빛의 최소 세기는 Ⅰ과 Ⅱ가 같고, 광포화점은 Ⅰ이 Ⅱ보다 작다. ➡ (X)
② 두 광검출기가 각각 검출할 수 있는 빛의 최소 세기는 Ⅰ이 Ⅱ보다 크고, 광포화점은 Ⅰ이 Ⅱ보다 작다. ➡ (X)
③ 두 광검출기가 각각 검출할 수 있는 빛의 최소 세기는 Ⅰ이 Ⅱ보다 작고, 광포화점은 Ⅰ이 Ⅱ보다 작다. ➡ (X)
④ 두 광검출기가 각각 검출할 수 있는 빛의 최소 세기는 Ⅰ이 Ⅱ보다 작고, 광포화점은 Ⅰ이 Ⅱ보다 크다. ➡ (X)
⑤ 두 광검출기가 각각 검출할 수 있는 빛의 최소 세기는 Ⅰ이 Ⅱ보다 크고, 광포화점은 Ⅰ이 Ⅱ보다 크다. ➡ (O) 빛의 세기는 A>B>C이며 D>C이므로 A, B, C를 각각 4, 3, 1로, D를 2로 생각하고 실험 결과를 보기로 한다. 실험 결과에 따르면 광검출기 Ⅰ과 Ⅱ는 모두 빛의 세기가 가장 작은 C는 측정하지 못했고, 그 다음으로 큰 D는 광검출기 Ⅱ만 측정 가능했다. 이에 검출할 수 있는 빛의 최소 세기는 광검출기 Ⅰ이 광검출기 Ⅱ보다 커서 최소 세기를 측정할 때에는 광검출기 Ⅰ의 성능이 떨어진다. 또한 빛의 세기가 가장 큰 A는 광검출기 Ⅰ로는 측정 가능했으나 광검출기 Ⅱ로는 측정이 불가했으므로 검출할 수 있는 빛의 최대 세기는 Ⅰ이 Ⅱ

보다 커서 최대 세기를 측정할 때에는 I 의 성능이 더 좋은 것을 알 수 있다.

※ 다음 글을 읽고 물음에 답하시오. [문 19.~문 20.]

우리가 임의의 명제 p를 지지하는 증거를 지니면 p에 대한 우리의 믿음은 인식적으로 정당화되고, p를 지지하는 증거를 지니지 않으면 p에 대한 우리의 믿음은 인식적으로 정당화되지 않는다. p에 대한 믿음이 인식적으로 정당화된 상황에서 p를 믿는 것은 우리의 인식적 의무일까? p를 믿는 것이 우리의 인식적 의무라면 이와 관련해 발생하는 문제는 없을까? 이 질문들과 관련해 의무론 논제, 비의지성 논제, 자유주의 논제를 고려해보자. ▶1문단

○ 의무론 논제: ㉠만약 우리가 p를 믿는다는 것이 인식적으로 정당화된다면 그것을 믿어야 하고, 만약 우리가 p를 믿는다는 것이 인식적으로 정당화되지 않는다면 그것을 믿어야 하는 것은 아니다. 즉 우리가 p를 믿어야 한다는 것은 우리가 p를 믿는다는 것이 인식적으로 정당화되기 위한 필요충분조건이다. 이것이 의무론 논제라 불리는 이유는 '우리가 p를 믿어야 한다.'는 것을 인식적 의무로 간주하기 때문이다.
○ 비의지성 논제: ㉡우리가 p를 믿는다는 것은 자유롭게 선택할 수 있는 것이 아니다. 즉 믿음은 선택의 대상이 아니다. 예를 들어, 갑이 창 밖에 있는 나무를 바라보며 창 밖에 나무가 있다는 것을 믿는다고 해보자. 이때 갑이 이를 믿지 않으려고 해도 그는 그럴 수 없다.
○ 자유주의 논제: ㉢만약 우리가 p를 믿는다는 것이 자유롭게 선택할 수 있는 것이 아니라면, 우리에게 p를 믿어야 할 인식적 의무는 없다. 예를 들어, 창 밖에 나무가 있다는 갑의 믿음이 비의지적이라면, 갑에게는 창 밖에 나무가 있다는 것을 믿어야 할 인식적 의무가 없다. ▶2문단

그런데 의무론 논제, 비의지성 논제, 자유주의 논제를 모두 받아들이면 ㉣우리가 p를 믿는다는 것은 인식적으로 정당화되지 않는다는 받아들이기 힘든 결론을 얻는다. 왜 그러한가? 이 논증은 다음과 같이 구성된다. 우선 우리가 p를 믿는다는 것이 자유롭게 선택할 수 있는 것이 아니라고, 즉 우리의 p에 대한 믿음이 비의지적이라고 하자. 그렇다면 자유주의 논제에 따라, 우리에게 p를 믿어야 할 인식적 의무는 없다. 그리고 의무론 논제에 따라, 우리가 p를 믿는다는 것은 인식적으로 정당화되지 않는다. 이러한 결론을 거부하려면 위 세 논제 중 적어도 하나를 거부해야 한다. ▶3문단

철학자 A는 자유주의 논제와 비의지성 논제는 받아들이면서 의무론 논제를 거부하여 위 논증의 결론을 거부한다. A에 따르면 위 논증에서 우리에게 p를 믿어야 할 인식적 의무가 없다는 것은 성립하지만, 우리에게 인식적 의무가 없더라도 그 믿음이 인식적으로 정당화될 수 있는 그런 경우가 있다. 위 예처럼 창 밖에 나무가 있다는 것을 믿어야 할 인식적 의무가 없더라도, 창 밖의 나무를 실제로 보고 있다는 것으로부터 그 믿음은 충분히 인식적으로 정당화될 수 있다. 따라서 위 논증의 결론은 거부된다. ▶4문단

철학자 B는 의무론 논제와 비의지성 논제는 받아들이면서 자유주의 논제를 거부하여 위 논증의 결론을 거부한다. B에 따르면 위 논증에서 우리의 p에 대한 믿음이 비의지적이더라도 그 믿음에 대한 인식적 의무는 있을 수 있다. 비유적으로 생각해 보자. 돈이 없어서 빚을 갚을지 말지에 대해 선택의 여지가 없다고 하더라도 빚을 갚아야 한다는 의무는 있다. B에 따르면 이러한 방식으로 비의지적인 믿음에 대한 인식적 의무에 대해 말할 수 있다. ▶5문단

19 ③ 정답률 51.4%

|문제 유형| 비판적 사고 > 논리적 결론의 전제·원인 찾기
|접근 전략| 철학 지문의 경우 논리의 흐름을 적절히 파악해야 한다. 따라서 전제와 결론을 잘 따지고 논리적으로 결론이 도출되는 과정을 중심으로 독해한다.

위 글의 ㉠~㉣에 대한 분석으로 적절한 것만을 〈보기〉에서 모두 고르면?

〈보기〉
ㄱ. ㉠과 ㉢만으로는 ㉣이 도출되지 않는다. → (O) 5문단에 따르면 ㉠과 ㉢만으로는 ㉣이 도출되지 않고 ㉡이 필요함을 알 수 있다.
ㄴ. ㉡의 부정으로부터 ㉢의 부정이 도출된다. → (X) ㉡을 부정하면 ㉢의 부정이 도출된다는 분석은 적절하지 않다. 철학자 B에 따르면 비의지성 논제를 부정하더라도 비의지적인 믿음에 대한 인식적 의무는 존재하기 때문이다.
ㄷ. ㉢과 "'지금 비가 오고 있다.'를 믿는다는 것이 비의지적이다."라는 전제로부터 "우리에게 '지금 비가 오고 있다.'를 믿어야 할 인식적 의무가 없다."는 것이 도출된다. → (O) 5문단에 따르면 ㉢과 "지금 비가 오고 있다.'를 믿는 것이 비의지적이다."라는 전제로부터 '지금 비가 오고 있다.'를 믿는 것이 비의지적이다.'를 믿어야 할 인식적 의무가 없다. 자유주의 논제를 받아들여 결론을 도출하게 된다.

① ㄱ ➡ (X)
② ㄴ ➡ (X)
③ ㄱ, ㄷ ➡ (O)
④ ㄴ, ㄷ ➡ (X)
⑤ ㄱ, ㄴ, ㄷ ➡ (X)

20 ③ 정답률 50%

|문제 유형| 비판적 사고 > 논지 강화·약화하기
|접근 전략| 철학 지문의 경우 철학자마다 고유한 자신의 논리가 있으므로 이러한 논리의 흐름을 적절히 파악해야 한다. 따라서 전제와 결론을 잘 따지고 논리적으로 결론이 도출되는 과정을 중심으로 독해한다.

위 글에 대한 평가로 적절한 것만을 〈보기〉에서 모두 고르면?

〈보기〉
ㄱ. "우리가 p를 믿는다는 것은 자유롭게 선택할 수 있는 것이다."는 것이 사실이면, 철학자 A의 입장은 약화된다. → (O) 철학자 A는 비의지성 논제를 받아들이고 있으므로 "우리가 p를 믿는다는 것은 자유롭게 선택할 수 있는 것이다."라는 것이 사실이면, 비의지성 논제와 반대되므로 A의 입장은 약화된다.
ㄴ. "우리에게 p를 믿어야 할 인식적 의무가 있다면 우리의 p에 대한 믿음이 인식적으로 정당화된다."는 것이 사실이면, 철학자 B의 입장은 강화된다. → (O) 철학자 B는 의무론 논제를 받아들이고 있으므로 "우리에게 p를 믿어야 할 인식적 의무가 있다면 우리의 p에 대한 믿음이 인식적으로 정당화된다."라는 것이 사실이면 의무론 논제와 일맥상통하므로 B의 입장은 강화된다.
ㄷ. "우리가 p를 믿는다는 것이 자유롭게 선택할 수 있는 것이 아니더라도 우리에게 p를 믿어야 할 인식적 의무가 있다."는 것이 사실이면, 철학자 A와 B의 입장은 약화된다. → (X) "우리가 p를 믿는다는 것이 자유롭게 선택할 수 있는 것이 아니더라도 우리에게 p를 믿어야 할 인식적 의무가 있다."라는 것이 사실이면, 우리에게 p를 믿어야 할 인식적 의무는 없다는 자유주의 논제를 거부하는 B의 입장은 약화되지 않는다.

① ㄱ ➡ (X)
② ㄷ ➡ (X)
③ ㄱ, ㄴ ➡ (O)
④ ㄴ, ㄷ ➡ (X)
⑤ ㄱ, ㄴ, ㄷ ➡ (X)

21 ① 정답률 78.7%

| 문제 유형 | 사실적 이해 > 중심 내용 파악
| 접근 전략 | 대화문이 지문으로 제시된 경우에는 대화의 주제와 쟁점, 각 발화자들의 입장을 정리하면서 읽어야 한다. 아동학대의 피해자가 많은 이유에 대하여 세 사람이 각자 다른 주장을 하고 있으므로 각 주장의 중심 내용을 빠르게 파악하고 〈보기〉의 적절성을 판단하여야 한다.

다음 대화의 ㉠으로 적절한 것만을 〈보기〉에서 모두 고르면?

갑: 현재 지방자치단체들에서는 아동학대 피해자들을 위해 아동보호 전문기관과 연계하여 적극적인 보호조치를 취하는 대응체계를 구축하고 있는데요. 그럼에도 불구하고 아동학대로부터 제대로 보호받지 못하는 피해자들이 여전히 많은 이유는 무엇일까요?

을: 제 생각에는 신속한 보호조치가 미흡한 것 같습니다. 현행 대응체계에서는 신고가 접수된 이후부터 실제 아동학대로 판단되어 보호조치가 취해지기까지 긴 시간이 소요됩니다. 신고를 해 놓고 보호조치를 기다리는 동안 또다시 학대를 받는 아동이 많은 것은 아닐까요?

병: 글쎄요. 저는 다른 이유가 있다고 생각합니다. 현행 대응체계에서는 일단 아동학대 신고가 접수되면 실제 아동학대로 판단될 수 있는 사례인지를 조사합니다. 그 결과 아동학대로 판단되지 않은 사례에 대해서는 보호조치가 취해지지 않는데요. 당장은 직접적인 학대 정황이 포착되지 않아 아동학대로 판단되지 않았으나, 실제로는 아동학대였던 경우가 많았을 것이라고 생각합니다.

정: 옳은 지적이긴 합니다. 하지만 저는 더 근본적인 문제가 있다고 생각합니다. 아동학대가 가까운 친인척에 의해 발생한다는 점, 그리고 피해자가 아동이라는 점 등으로 인해 신고 자체가 어려운 경우가 많습니다. 애당초 신고를 하기 어려우니 보호조치가 취해질 가능성 또한 낮은 것이지요.

갑: 모두들 좋은 의견 감사합니다. 오늘 회의에서 제시하신 의견을 뒷받침할 수 있는 ㉠자료 조사를 수행해 주세요.

―〈보기〉―

ㄱ. 을의 주장을 뒷받침하기 위해, 신고가 접수된 시점과 아동학대 판단 후 보호조치가 시행된 시점 사이에 아동학대가 재발한 사례의 수를 조사한다. → (O) 을은 아동학대의 피해자가 줄지 않는 이유로 신속한 보호조치의 미흡함을 주장하고 있다. 이에 아동학대 신고가 접수된 시점과 아동학대 판단 후 보호조치가 시행된 시점 사이에 보호조치가 시행되지 않아 아동학대가 재발한 사례가 타당한 근거가 될 수 있다.

ㄴ. 병의 주장을 뒷받침하기 위해, 아동학대로 판단되지 않은 신고 사례 가운데 보호조치가 취해지지 않은 사례가 차지하는 비중을 조사한다. → (X) 병은 아동학대의 피해자가 줄지 않는 이유로 직접적인 학대 정황이 포착되지 않아 아동학대로 판단되지 않은 경우가 많음을 주장하고 있다. 아동학대로 판단되지 않은 신고 사례는 모두 보호조치가 취해지지 않으므로 타당한 근거가 될 수 없다.

ㄷ. 정의 주장을 뒷받침하기 위해, 아동학대 피해자 가운데 친인척과 동거하지 않으며 보호조치를 받지 못한 사례의 수를 조사한다. → (X) 정은 아동학대의 피해자가 줄지 않는 이유로 가까운 친인척에 의해 학대가 일어나 신고 자체가 어렵다고 주장하고 있다. 친인척과의 동거 여부가 친인척에 의한 아동학대의 필요조건이라고 단정할 수 없으므로 타당한 근거가 될 수 없다.

① ㄱ ➡ (O)
② ㄴ ➡ (X)
③ ㄱ, ㄷ ➡ (X)
④ ㄴ, ㄷ ➡ (X)
⑤ ㄱ, ㄴ, ㄷ ➡ (X)

22 ④ 정답률 54.2%

| 문제 유형 | 비판적 사고 > 지문에서 추론하기
| 접근 전략 | 〈표〉와 함께 글이 제시되는 지문은 〈표〉가 지문의 내용을 뒷받침하므로 〈표〉를 유심히 읽어내야 한다. 〈표〉에서 판매 유형 및 방법에 따른 구분을 보여주고 있으므로 글만으로는 설명되지 않는 여러 정보를 알 수 있다.

다음 글에서 추론할 수 있는 것은?

현재 갑국의 소매업자가 상품을 판매할 수 있는 방식을 정리하면 〈표〉와 같다.

〈표〉 판매 유형 및 방법에 따른 구분

방법 유형	주문 방법	결제 방법	수령 방법
대면	영업장 방문	영업장 방문	영업장 방문
예약 주문	온라인	영업장 방문	영업장 방문
스마트 오더	온라인	온라인	영업장 방문
완전 비대면	온라인	온라인	배송

▶1문단

갑국은 주류에 대하여 국민 건강 증진 및 청소년 보호를 이유로 스마트 오더 및 완전 비대면 방식으로 판매하는 것을 금지해 왔다. 단, 전통주 제조자가 관할 세무서장의 사전 승인을 받은 경우, 그리고 음식점을 운영하는 음식업자가 주문받은 배달 음식과 함께 소량의 주류를 배달하는 경우에 예외적으로 주류의 완전 비대면 판매가 가능했다. ▶2문단

그러나 IT 기술 발전으로 인터넷 상점이나 휴대전화 앱 등을 이용한 재화 및 서비스의 구매 비중이 커져 주류 판매 관련 규제도 변해야 한다는 각계의 요청이 있었다. 이에 갑국 국세청은 관련 고시를 최근 개정하여 주류 소매업자가 이전과 다른 방식으로 주류를 판매하는 것도 허용했다. ▶3문단

이전에는 슈퍼마켓, 편의점 등을 운영하는 주류 소매업자는 대면 및 예약 주문 방식으로만 주류를 판매할 수 있었다. 그러나 개정안에 따르면 주류 소매업자가 스마트 오더 방식으로도 소비자에게 주류를 판매할 수 있게 되었다. 다만 완전 비대면 판매는 이전처럼 예외적인 경우에만 허용된다. ▶4문단

① 고시 개정과 무관하게 음식업자는 주류만 완전 비대면으로 판매할 수 있다. ➡ (X) 2문단에서 고시 개정 전에 음식업자는 주문받은 배달 음식과 함께 소량의 주류를 완전 비대면으로 판매가 가능했다고 하였으므로 잘못된 추론이다.

② 고시 개정 이전에는 슈퍼마켓을 운영하는 주류 소매업자는 온라인으로 주류 주문을 받을 수 없었다. ➡ (X) 〈표〉에 따르면 고시 개정 전에 주류 소매업자는 온라인으로 주류 주문을 받을 수 있었으므로 잘못된 추론이다.

③ 고시 개정 이전에는 주류를 구매하는 소비자는 반드시 영업장을 방문하여 상품을 대면으로 수령해야 했다. ➡ (X) 〈표〉와 2문단에 따르면 고시 개정 전에 소비자는 전통주를 구매하는 경우나 배달 음식과 함께 소량의 주류를 구매하는 경우 영업장을 방문하지 않고도 배송받을 수 있었으므로 잘못된 추론이다.

④ 고시 개정 이전에는 편의점을 운영하는 주류 소매업자는 주류 판매 대금을 온라인으로 결제받을 수 없었다. ➡ (O) 4문단에서 고시 개정 이전에는 편의점을 운영하는 주류 소매업자는 대면 및 예약 주문 방식으로만 주류를 판매할 수 있었다고 하였다. 〈표〉를 참고하면 대면 및 예약 주문 방식은 결제 방법이 영업장을 방문하는 수밖에 없으므로 판매 대금을 온라인으로 결제받을 수 없었다는 것은 옳은 추론이다.

⑤ 고시 개정 이후에는 전통주를 구매하는 소비자는 전통주 제소사의 영업장에 방문하여 주류를 구입할 수 없다. ➡ (X) 3문단에서 갑국 국세청은 관련 고시를 최근 개정하여 주류 소매업자가 이전과 다른 방식으로 주류를 판매하는 것도 허용했다고 하였다. 기존에 전통주는 영업장을 방문하여 대면으로

구매가 가능했으므로 고시 개정 이후에도 영업점 방문을 통한 대면 구매는 가능하다. 이에 잘못된 추론이다.

23 ③ 정답률 71.7%

| 문제 유형 | 비판적 사고 > 판단하기

| 접근 전략 | 우수기관 또는 취약기관으로 지정되는 기준이 매우 복잡하게 나와 있으므로 이러한 기준을 정확히 파악하는 것이 중요하다. 더불어 〈보기〉에서 추가로 제시되는 조건을 활용해 〈표〉의 빈칸을 추론할 수 있으므로 〈보기〉를 먼저 읽고 지문에 해당하는 부분을 발췌하여 읽는 것이 문제 풀이에 유리하다.

다음 글의 〈표〉에 대한 판단으로 적절한 것만을 〈보기〉에서 모두 고르면?

갑 부처는 민감정보 및 대규모 개인정보를 처리하는 공공기관에 대해 매년 「공공기관 개인정보 보호수준 평가」(이하 '보호수준 평가')를 실시한다. 갑 부처는 공공기관의 개인정보 보호 업무에 대한 관심도와 관리 수준을 평가하여 우수기관은 표창하고 취약기관에는 과태료를 부과할 수 있다.

보호수준 평가는 접근권한 관리, 암호화 조치, 접속기록 점검의 총 세 항목에 대해서 이루어진다. 각 항목에 대해 '상', '중', '하' 중 하나의 등급을 부여하며, 평가 대상 기관이 세 항목 모두 하 등급을 받으면 취약기관으로 지정된다. 평가 대상 기관이 두 항목에서 하 등급을 받는다면, 그것만으로는 취약기관으로 지정되지 않는다. 그러나 하 등급을 받은 항목의 수가 2년 연속 둘이라면, 그 기관은 취약기관으로 지정된다.

우수기관으로 지정되기 위해서는 당해 연도와 전년도에 각각 둘 이상의 항목에서 상 등급을 받고 당해 연도에는 하 등급을 받은 항목이 없어야 한다.

A기관과 B기관은 2023년과 2024년에 보호수준 평가를 받았으며, 각 항목에 대한 평가 결과는 〈표〉와 같다.

〈표〉 2023년과 2024년 보호수준 평가 결과

기관	항목 연도	접근권한 관리	암호화 조치	접속기록 점검
A	2023	㉠	중	㉡
A	2024	㉢	하	상
B	2023	㉣	상	하
B	2024	중	㉤	㉥

─〈보기〉─

ㄱ. ㉠과 ㉢이 다르면 A기관은 2024년에 우수기관으로도 취약기관으로도 지정되지 않는다. → (O) A기관의 2023년과 2024년의 접근권한 관리 항목의 평가 결과가 다르다면 2024년 ㉢이 '상'으로 평가받을 경우 둘 이상의 항목에서 '상' 등급을 받고 여기에 당해 연도에는 '하' 등급을 받은 항목이 없어야 하지만, 이미 암호화 조치 항목에서 '하'를 받았기 때문에 우수기관으로 지정되지 않는다. 또한 2023년에 ㉠에서 '하' 등급을 받았더라도 ㉠과 ㉢이 다르다는 조건에 의해 2023년에는 ㉢에서 '하' 등급을 받지 않았기 때문에 '하' 등급을 받은 항목의 수가 2년 연속 둘이 되지 않아 취약기관으로도 지정되지 않는다. 이에 적절한 판단이다.

ㄴ. ㉤과 ㉥이 모두 '하'라면 B기관은 2024년에 취약기관으로 지정된다. → (X) ㉤과 ㉥이 모두 '하'라고 해도 ㉣을 알 수 없기 때문에 B기관이 두 항목에서 2년 연속 '하' 등급을 받았는지 알 수 없다. 따라서 2024년에 취약기관으로 지정된다고 판단하기 어렵다.

ㄷ. 2024년에 A기관은 취약기관으로 지정되었고 B기관은 우수기관으로 지정되었다면, ㉡과 ㉤은 같지 않다. → (O) 2024년에 A기관이 취약기관으로 지정되었다면 ㉢, ㉡, ㉠은 모두 '하'를 받았을 것으로 추론할 수 있다. 더불어 B기관이 2024년에 우수기관으로 지정되었다면, ㉣은 전년도에 둘 이상의 항목에서 '상' 등급을 받았어야 하므로 '상'으로 유추할 수 있다. 따라서

㉡과 ㉤은 같지 않다는 판단은 적절하다.

① ㄱ ➡ (X)
② ㄴ ➡ (X)
③ ㄱ, ㄷ ➡ (O)
④ ㄴ, ㄷ ➡ (X)
⑤ ㄱ, ㄴ, ㄷ ➡ (X)

ⓢ 24 ② 정답률 45%

| 문제 유형 | 비판적 사고 > 판단하기

| 접근 전략 | 찬반이 나뉘는, 의견이 두 갈래로 갈리는 글에서는 의견이 같은 사람끼리 묶어서 지문을 빠른 시간에 정리하는 방식의 풀이가 필요하다. 글에서 갑과 병은 민원인이 산후관리비 및 출산관리비 지원 자격 요건에 부합하지 않는다고 생각하며, 을과 정, 무는 모두 민원인이 출산장려금의 지원 자격 요건에 부합한다고 생각한다.

다음 갑~무의 대화에 대한 분석으로 적절하지 않은 것은?

갑: 2017부터 우리 A시에 주민등록을 하여 거주해 오는 주민이 출산 직후인 2024년 4월 22일에 출산장려금과 산후관리비의 지원을 신청했습니다. 그런데 그 주민은 2023년 8월 30일부터 2023년 9월 8일까지 다른 지역으로 주민등록을 옮겨서 거주한 일이 있어서, 지원 대상이 될 수 없다고 통보하자 민원을 제기했습니다.

을: 안타까운 일이군요. 민원인은 요건상의 기간 중에 배우자의 직장 문제로 열흘 정도 다른 지역에 계셨을 뿐, 줄곧 우리 A시에 살고 계십니다.

갑: 「A시 산후관리비 및 출산장려금 지원에 관한 조례」(이하 'A시 조례') ㉠제3조의 산후관리비 지원 자격 요건은 "출산일 기준으로 12개월 전부터 신청일 현재까지 계속하여 A시에 주민등록을 둔 산모"라고 규정합니다. 어쩔 수 없습니다.

을: ㉡제7조의 출산장려금 지원 자격 요건은 제3조에서와 동일하게 규정되어 있는데 "계속하여"라는 문구는 없습니다. 그러니 출산장려금은 지급했어야 하는 것 아닙니까?

병: 그것도 또한 계속성을 요구한다고 해석해야 합니다. 우리와 인접한 B시의 「B시 출산장려금 지원 조례」(이하 'B시 조례') ㉢제2조의 출산장려금 지원 자격 요건은 A시 조례 제7조와 같은 취지와 형식의 문구로 되어 있으면서 계속성을 명시합니다. 다른 지방자치단체들의 조례도 마찬가지입니다.

정: 그러나 B시 조례를 잘 보면 출산 전 주민등록의 기간은 우리의 절반밖에 되지 않습니다. 이 점을 고려하면, 둘을 동일 선상에 놓고 보아서는 안 됩니다.

무: 판례를 고려하여 해석하는 것이 적절해 보입니다. 갱신되거나 반복된 근로계약에서는 그 사이 일부 공백 기간이 있더라도 근로관계의 계속성을 인정해야 한다는 판결이 있습니다. 근로자를 보호하는 취지인데요, 자녀를 두는 가정을 보호하려는 A시 조례의 두 지원 사업은 그와 일맥상통합니다. 계속성은 유연하게 해석합시다.

① 갑은 민원인이 ㉠을 갖추었는지 여부에 대한 판단에서 병과는 같고 무와는 다르다. ➡ (O) 갑과 병은 민원인이 산후관리비 및 출산관리비 지원 자격 요건에 부합하지 않는다고 생각하며, 무는 민원인이 출산장려금의 지원 자격 요건에 부합한다고 생각하고 있으므로 적절한 분석이다.

② 을은 ㉠에 관한 조항에 나오는 "계속하여"라는 문구의 의미를 갑, 병과 달리 이해한다. ➡ (X) 을은 '계속하여'라는 문구의 의미를 갑, 병과 동일하게 이해하고 있으므로 달리 이해하고 있다는 것은 적절하지 않은 분석이다.

③ 병은 ㉢에서처럼 주민등록의 계속성을 명시하는 것이 ㉡과 같은 경우보다 일반적이라고 이해한다. ➡ (O) 병은 다른 지방자치단체들의 조례도 마찬가지로 주민등록의 계속성을 요구한다고 해석해야 한다고 주장하고 있기 때문에 적절한 분석이다.

④ 정은 조문의 해석에서 ㉢에서의 주민등록 기간이 ㉡에서와 다르다는 점을 고려할 수 있다고 본다. ➡ (O) 정은 B시 조례는 출산 전 주민등록의 기간이 A시의 절반밖에 되지 않는다고 지적하며 ㉢에서의 주민등록 기간이 ㉡에서와는 다르다고 의견을 제시하므로 적절한 분석이다.

⑤ 무는 ㉠과 관련하여 일시적인 단절이 있어도 계속성의 요건이 충족될 수 있다고 본다. ➡ (O) 무는 근로계약을 예로 들며 ㉠과 관련해서도 민원인에게 일부 공백 기간이 있더라도 계속성을 인정해야 한다며 요건이 충족될 수 있다고 말하기 때문에 적절한 분석이다.

25 ③   정답률 65.5%

|문제 유형| 비판적 사고 > 판단하기
|접근 전략| 갑과 을이 논쟁하고 있는 제시문에서 〈논쟁〉을 벌이고 있는 쟁점을 먼저 판단하여야 문제 풀이에 유리하다.

다음 글의 〈논쟁〉에 대한 분석으로 적절한 것만을 〈보기〉에서 모두 고르면?

K국의 「형법」 제7조(이하 '현행 조항')는 다음과 같다.

> 제7조 죄를 지어 외국에서 형의 전부 또는 일부가 집행된 사람에 대해서는 선고하는 형을 감경 또는 면제할 수 있다.

최근 K국 의회에서는 현행 조항에서 "할 수 있다"의 문구를 "해야 한다"(이하 '개정 문구')로 개정하려 한다. 이에 대하여 갑과 을이 논쟁한다.

〈논쟁〉

쟁점 1: 갑은, 이중처벌 금지의 원칙에 따르면 외국에서 받은 형 집행은 K국에서 반드시 반영되어야 하는 것인데도 현행 조항은 법관이 그것을 아예 반영하지 않을 수 있는 재량까지 부여하기 때문에 어떻게든 개정은 해야 한다고 주장한다. 그러나 을은, 현행 조항은 이중처벌 금지의 원칙과 무관하기 때문에 개정 문구가 타당한지를 따질 것도 없이 그 원칙을 개정의 논거로 삼을 수 없다고 주장한다.

쟁점 2: 갑은, 현행 조항은 신체의 자유를 과도하게 제한하는 위헌적 조문이라서 향후 국민 기본권의 침해를 피할 수 없으므로 개정이 필요하다고 주장한다. 그러나 을은, 현재 K국 법원은 법률상의 재량을 합리적으로 행사하여 위헌의 사례 없이 사실상 개정 문구대로 운영하므로 현행 조항을 유지해도 된다고 맞선다.

〈보기〉

ㄱ. 쟁점 1과 관련하여, 을은 이중처벌 금지가 하나의 범죄행위에 대해 동일한 국가가 형벌권을 거듭 행사해서는 안 된다는 의미라고 해석하는 것이라면, 갑과 을 사이의 주장 불일치를 설명할 수 있다.
→ (O) 쟁점 1에 대하여 을은 하나의 범죄 행위에 대해 외국에서 형벌권을 행사하고 K국에서도 형벌권을 행사해서는 안 된다는 의미로 이중처벌 금지를 해석하고 있으며, 갑은 이중처벌 금지의 원칙에 따르면 외국에서 받은 형 집행이 그대로 K국에서 반영되어야 하는데 이 형이 제대로 반영하지 않을 수도 있다고 생각하기 때문에 을과 주장이 불일치한다.

ㄴ. 쟁점 2와 관련하여, 갑은 현행 조항으로 말미암아 헌법상 신체의 자유가 침해될 것이라고 전망하지만, 을은 그러한 전망에 동의하지 않는다. → (O) 쟁점 2에 대하여 갑은 현행 조항을 신체의 자유를 과도하게 제한하는 위헌적 조문이라고 생각하지만, 을은 현재 K국은 위헌의 사례 없이 사실상 개정 문구대로 운영하므로 현행 조항을 유지해도 된다고 맞서기 때문에 갑의 전망에 동의하지 않는다고 볼 수 있다.

ㄷ. '외국에서 형의 집행을 받은 피고인에게 K국 법원이 형을 선고할 때에는 이미 집행된 형량을 공제해야 한다.'는 내용으로 K국 의회가 현행 조항을 개정한다면, 갑과 을은 개정에 반대할 것이다.
→ (X) K국 의회가 현행 조항을 개정 문구로 개정한다면, 갑은 개정에 찬성하지만 을은 개정에 반대할 것이다.

① ㄱ ➡ (X)
② ㄷ ➡ (X)
③ ㄱ, ㄴ ➡ (O)
④ ㄴ, ㄷ ➡ (X)
⑤ ㄱ, ㄴ, ㄷ ➡ (X)

정답과 분석해설

2024 | 제2영역 상황판단(㉯ 책형)

기출 총평

2024년 상황판단 영역은 전년도에 비하여 법조문형 및 제시문 문항이 줄었고, 연산추론형과 퍼즐형 문항이 늘어났다. 연산추론형 문항은 내용을 빠르게 파악하고 정보를 구조화하여 적용하는 능력을 테스트하는 문항 중심으로 출제되었다. 각 문항에서 상황과 조건을 상세하게 풀어 설명하고, 적용 예시를 보여주는 등의 방식으로 수험자의 이해를 도우며 난이도를 조절하고 있다. 퍼즐형 문항은 역, 대우 등을 적용하는 논리형식이 출제되지 않았으며 게임·규칙 유형이 늘어났다. 전반적으로 사고력, 정보수집능력, 순발력 등 업무수행에 필요한 능력을 평가하는 PSAT의 목적에 부합하도록 출제되었다고 본다.

법조문형, 제시문형 문항은 정보확인을 통한 내용 파악이 중심으로 예년과 유사하게 출제되었다. 연산추론형 문항은 문항이 길지만 주어진 조건들을 정리하여 적용하면 답을 비교적 쉽게 찾을 수 있는 경우가 대부분이었다. 문장이나 표에서 제시한 정보는 대부분 모두 활용되므로 놓치지 않도록 주의를 기울여야 한다. 퍼즐형 문항 역시 명확하게 주어진 1개의 명제를 중심으로 다른 조건들을 하나씩 적용해 나가면 답을 찾을 수 있다. 문항의 길이는 확연히 늘어났으나 문제 접근성이 좋아져, 체감 난이도는 작년 대비 약간 낮았을 것으로 보인다.

문항별 정답률 및 선지별 선택률

문번	정답	정답률(%)	선지별 선택률(%)				
			①	②	③	④	⑤
01	⑤	92.7	1	0.4	0.5	5.4	92.7
02	⑤	71.6	2	18.1	0.5	7.8	71.6
03	②	83.9	0.0	83.8	8.8	5.9	1.5
04	④	51.7	0.5	19.5	6.3	51.7	22
05	①	97.1	97	1	2	0.0	0.0
06	②	71.8	6.9	71.8	12.9	5.9	2.5
07	④	77.1	9	1.4	9.5	77.1	3
08	④	83.3	1.5	12.2	1.5	83.3	1.5
09	②	96.1	1.5	96	0.5	1	1
10	③	76.6	2	10.4	76.6	8.5	2.5
11	①	95.6	95.6	0.5	1	2.9	0.0
12	④	27.1	0.5	0.5	4.9	27.1	67
13	③	59.1	29.6	1	59.1	3.9	6.4

문번	정답	정답률(%)	선지별 선택률(%)				
			①	②	③	④	⑤
14	③	94.6	2	3	94.5	0.5	0.0
15	⑤	66.2	12.3	9.7	9.7	2.1	66.2
16	⑤	55.1	6.1	13.3	12.2	13.3	55.1
17	②	64.4	14.3	64.4	12.8	7.4	1.1
18	①	77.2	77.3	7.4	5.9	3.5	5.9
19	③	69.1	4.2	14.1	69.1	11	1.6
20	④	52.5	2.6	1.5	11.1	52.5	32.3
21	③	80.2	3.5	4.6	80.2	4.1	7.6
22	④	37.8	16.1	20.6	16.1	37.8	9.4
23	②	25.8	11.5	25.8	9.5	31.1	22.1
24	⑤	30.2	8.9	21.4	13.5	26	30.2
25	①	41.1	41.1	28.1	16.2	10.8	3.8

※ 음영 문항은 해당 회차에서 정답률이 가장 낮은 TOP 3 문항입니다.
※ 정답률 및 선지별 선택률 산정 기준: 약 1년간 누적된 자동채점 & 성적결과분석 서비스의 응시 데이터

출제 비중

기출문제편 P.73

01	⑤	02	⑤	03	②	04	④	05	①
06	②	07	④	08	④	09	②	10	③
11	①	12	④	13	③	14	③	15	⑤
16	⑤	17	②	18	①	19	③	20	④
21	③	22	④	23	②	24	⑤	25	①

01 ⑤
정답률 92.7%

| 문제 유형 | 법조문형 > 규정확인

| 접근 전략 | 법령 문제는 법령 행사의 주체, 법령 적용 대상에 유의하여 문제를 풀어야 한다. 특히 다수의 주체가 나오는 경우 보고를 하는 쪽과 받는 쪽을 혼동하도록 하여 선지의 난도를 높이는 경우가 있으니 이를 특별히 유의하여야 한다. 각각의 주체들이 할 수 있는 것들이 모두 다르므로 꼼꼼하게 읽으며 옳지 않은 판단을 골라야 한다. 대부분 선지의 단어나 어구의 표현이 제시문에 그대로 나타나 있으므로 선지를 먼저 읽고 제시문의 해당 부분을 찾아서 옳고 그름을 판단하면 문제 풀이 시간을 줄일 수 있다.

다음 글을 근거로 판단할 때 옳은 것은?

제00조 ① A부장관은 클라우드컴퓨팅(cloud computing)에 관한 정책의 효과적인 수립·시행에 필요한 산업 현황과 통계를 확보하기 위한 실태조사(이하 '실태조사'라 한다)를 할 수 있다.
② A부장관은 실태조사를 위하여 필요한 경우에는 클라우드컴퓨팅서비스 제공자나 그 밖의 관련 기관 또는 단체에 자료의 제출이나 의견의 진술 등을 요청할 수 있다.
③ A부장관은 클라우드컴퓨팅의 발전과 이용 촉진 및 이용자 보호와 관련된 중앙행정기관(이하 '관계 중앙행정기관'이라 한다)의 장이 요구하는 경우 실태조사 결과를 통보하여야 한다.
④ A부장관은 실태조사를 할 때에는 다음 각 호의 사항을 내용에 포함하여야 한다.
 1. 클라우드컴퓨팅 관련 기업 현황 및 시장 규모
 2. 클라우드컴퓨팅기술 및 클라우드컴퓨팅서비스의 이용·보급 현황
 3. 클라우드컴퓨팅 산업의 인력 현황 및 인력 수요 전망
 4. 클라우드컴퓨팅 관련 연구개발 및 투자 규모
⑤ 실태조사는 현장조사, 서면조사, 통계조사 및 문헌조사 등의 방법으로 실시하되, 효율적인 실태조사를 위하여 필요한 경우에는 정보통신망 및 전자우편 등의 전자적 방식으로 실시할 수 있다.
제00조 ① 관계 중앙행정기관의 장은 클라우드컴퓨팅기술 및 클라우드컴퓨팅서비스에 관한 연구개발사업을 추진할 수 있다.
② 관계 중앙행정기관의 장은 기업·연구기관 등에 제1항에 따른 연구개발사업을 수행하게 하고 그 사업 수행에 드는 비용의 전부 또는 일부를 지원할 수 있다.
제00조 국가와 지방자치단체는 클라우드컴퓨팅기술 및 클라우드컴퓨팅서비스의 발전과 이용 촉진을 위하여 조세감면을 할 수 있다.

① 실태조사는 전자적 방식으로 실시하는 것을 원칙으로 하되, 필요한 경우 현장조사, 서면조사 등의 방법으로 실시할 수 있다. ➡ (X) 첫 번째 조 제5항에서 실태조사는 현장조사, 서면조사, 통계조사 및 문헌조사 등의 방법으로 실시하되, 효율적인 실태조사를 위하여 필요한 경우에는 전자적 방식으로 실시할 수 있다고 밝히고 있으므로 전자적 방식으로 실시하는 것이 원칙이라는 것은 옳지 않은 판단이다.

② 클라우드컴퓨팅기술 및 클라우드컴퓨팅서비스의 발전과 이용 촉진을 위하여 지방자치단체가 조세감면을 할 수는 없다. ➡ (X) 세 번째 조에서 클라우드컴퓨팅기술 및 클라우드컴퓨팅서비스의 발전과 이용 촉진을 위하여 국가와 지방자치단체는 조세감면을 할 수 있다고 밝히고 있으므로 옳지 않은 판단이다.

③ A부장관은 실태조사의 내용에 클라우드컴퓨팅 산업의 인력 현황을 포함해야 하지만, 인력 수요에 대한 전망을 포함시킬 필요는 없다. ➡ (X) 첫 번째 조 제4항 제3호에서 실태조사를 할 때에는 클라우드컴퓨팅 산업의 인력 현황 및 인력 수요 전망을 내용에 포함하여야 한다고 하였으므로 인력 수요에 대한 전망을 포함시킬 필요가 없다는 것은 옳지 않은 판단이다.

④ A부장관은 관계 중앙행정기관의 장에게 실태조사 결과를 요구할 수 있고, 이 경우 관계 중앙행정기관의 장은 그 결과를 A부장관에게 통보하여야 한다. ➡ (X) 첫 번째 조 제3항에서 A부장관은 관계 중앙행정기관의 장이 요구하면 실태조사 결과를 통보하여야 한다고 하였으므로 관계 중앙행정기관의 장이 A부장관에게 통보하여야 한다는 것은 옳지 않은 판단이다.

⑤ 관계 중앙행정기관의 장이 연구기관에 클라우드컴퓨팅기술 및 클라우드컴퓨팅서비스에 관한 연구개발사업을 수행하게 한 경우, 그 사업 수행에 드는 비용을 지원할 수 있다. ➡ (O) 두 번째 조 제2항에서 관계 중앙행정기관의 장은 연구기관에 제1항에 따른 연구개발사업을 수행하게 하고 그 사업 수행에 드는 비용의 전부 또는 일부를 지원할 수 있다고 밝히고 있으므로 옳은 판단이다.

02 ⑤
정답률 71.6%

| 문제 유형 | 법조문형 > 규정적용

| 접근 전략 | 법령 문제는 법령 행사의 주체, 법령 적용 대상에 유의하여 문제를 풀어야 한다. 특히 이 문항의 경우 제시문과 선지의 길이가 모두 길고 선지가 틀린 부분이 상대적으로 작아 답을 찾기 어려우므로 꼼꼼하고 정확하게 읽어야 한다. 선지에 사용된 단어와 표현이 그대로 제시문에 사용되는 경우가 빈번하므로 제시문을 먼저 읽기보다는 선지를 먼저 읽고 제시문의 해당 부분을 찾아 발췌독하여 문제를 해결하는 것이 훨씬 문제 풀이 시간을 단축할 수 있다. 특히 법령 문제의 경우 문제 풀이에 필요 없는 법령은 없으며 하부항목이 있는 조항은 꼭 출제된다는 점을 명심해야 한다.

다음 글을 근거로 판단할 때 옳은 것은?

제00조 이 법에서 사용하는 용어의 뜻은 다음과 같다.
 1. "산림병해충"이란 산림에 있는 식물과 산림이 아닌 지역에 있는 수목에 해를 끼치는 병과 해충을 말한다.
 2. "예찰"이란 산림병해충이 발생할 우려가 있거나 발생한 지역에 대하여 발생 여부, 발생 정도, 피해 상황 등을 조사하거나 진단하는 것을 말한다.
 3. "방제"란 산림병해충이 발생하지 아니하도록 예방하거나, 이미 발생한 산림병해충을 약화시키거나 제거하는 모든 활동을 말한다.
제00조 ① 산림소유자는 산림병해충이 발생할 우려가 있거나 발생하였을 때에는 예찰·방제에 필요한 조치를 하여야 한다.
② 산림청장, 시·도지사, 시장·군수·구청장 또는 지방산림청장은 산림병해충이 발생할 우려가 있거나 발생하였을 때에는 예찰·방제에 필요한 조치를 할 수 있다.
③ 시·도지사, 시장·군수·구청장 또는 지방산림청장(이하 '시·도지사 등'이라 한다)은 산림병해충이 발생할 우려가 있거나 발생하였을 때에는 산림소유자, 산림관리자, 산림사업 종사자, 수목의 소유자 또는 판매자 등에게 다음 각 호의 조치를 하도록 명할 수 있다. 이 경우 명령을 받은 자는 특별한 사유가 없으면 명령에 따라야 한다.
 1. 산림병해충이 있는 수목이나 가지 또는 뿌리 등의 제거
 2. 산림병해충이 발생할 우려가 있거나 발생한 산림용 종묘, 베어낸 나무, 조경용 수목 등의 이동 제한이나 사용 금지

3. 산림병해충이 발생할 우려가 있거나 발생한 종묘·토양의 소독
④ 시·도지사 등은 제3항 제2호에 따라 산림용 종묘, 베어낸 나무, 조경용 수목 등의 이동 제한이나 사용 금지를 명한 경우에는 그 내용을 해당 기관의 게시판 및 인터넷 홈페이지 등에 10일 이상 공고하여야 한다.
⑤ 시·도지사 등은 제3항 각 호의 조치이행에 따라 발생한 농약대금, 인건비 등의 방제비용을 예산의 범위에서 지원할 수 있다.

① 산림병해충이 발생하지 않도록 예방하는 활동은 방제에 해당하지 않는다. ➡ (X) 첫 번째 조 제3호에서 '방제'의 범위에 산림병해충이 발생하지 않도록 예방하는 활동이 포함되므로 옳지 않은 판단이다.
② 산림병해충이 발생할 우려가 있는 경우, 수목의 판매자는 예찰에 필요한 조치를 하여야 한다. ➡ (X) 두 번째 조 제1항에서 산림소유자는 산림병해충이 발생할 우려가 있으면 예찰에 필요한 조치를 하여야 한다고 밝히고 있으므로 옳지 않은 판단이다.
③ 산림병해충 발생으로 인한 조치 명령을 이행함에 따라 발생한 인건비는 시·도지사 등의 지원 대상이 아니다. ➡ (X) 두 번째 조 제5항에서 시·도지사 등은 조치이행에 따라 발생한 인건비 등의 방제비용을 예산의 범위에서 지원할 수 있다고 밝히고 있으므로 지원 대상이 아니라는 것은 옳지 않은 판단이다.
④ 산림병해충이 발생한 종묘에 대해 관할 구청장이 소독을 명한 경우, 그 내용을 구청 게시판 및 인터넷 홈페이지에 10일 이상 공고하여야 한다. ➡ (X) 두 번째 조 제4항에서 산림병해충이 일어나 이동 제한이나 사용 금지를 명한 경우 해당 기관의 게시판 및 인터넷 홈페이지에 10일 이상 공고하여야 한다고 밝히고 있으므로 소독을 명한 경우, 그 내용을 구청 게시판에 공고해야 한다는 것은 옳지 않은 판단이다.
⑤ 산림병해충이 발생하여 관할 지방산림청장이 해당 수목의 소유자에게 수목 제거를 명령하였더라도, 특별한 사유가 있으면 그 명령에 따르지 않을 수 있다. ➡ (O) 두 번째 조 제3항에서 명령을 받은 자는 특별한 사유가 없으면 명령에 따라야 한다고 하였으므로 특별한 사유가 있으면 명령에 따르지 않을 수 있다고 판단할 수 있다.

03 ②

정답률 83.9%

| 문제 유형 | 법조문형 > 규정확인
| 접근 전략 | 짧은 제시문과 선지로 출제되었지만 위촉, 호선, 인가 등 실생활에서 잘 쓰지 않는 표현이 자주 사용되어 난이도를 올리고 있다. 독해를 방해하는 생소한 단어가 나왔을 때는 앞뒤 문맥을 활용하면 대략적인 의미를 유추할 수 있다. 선지의 표현이 거의 그대로 제시문에 나타나므로 선지에서 등장하는 부분을 찾아 읽어 문제를 푸는 것이 시간 단축에 유리하다.

다음 글을 근거로 판단할 때 옳은 것은?

제00조 ① 게임물의 윤리성 및 공공성을 확보하고 사행심 유발 또는 조장을 방지하며 청소년을 보호하고 불법 게임물의 유통을 방지하기 위하여 ○○관리위원회(이하 '위원회'라 한다)를 둔다.
② 위원회는 위원장 1명을 포함한 9명 이내의 위원으로 구성하되, 위원장은 상임으로 한다.
③ 위원회의 위원은 문화예술·문화산업·청소년·법률·교육·정보통신·역사 분야에 종사하는 사람으로서 게임산업·아동 또는 청소년에 대한 전문성과 경험이 있는 사람 중에서 관련 단체의 장이 추천하는 사람을 A부장관이 위촉하며, 위원장은 위원 중에서 호선한다.
④ 위원장 및 위원의 임기는 3년으로 한다.
제00조 ① 위원회는 법인으로 한다.
② 위원회는 A부장관의 인가를 받아 주된 사무소의 소재지에서 설립등기를 함으로써 성립한다.

제00조 ① 위원회의 업무 및 회계에 관한 사항을 감사하기 위하여 위원회에 감사 1인을 둔다.
② 감사는 A부장관이 임명하며, 상임으로 한다.
③ 감사의 임기는 3년으로 한다.

① 감사와 위원의 임기는 다르다. ➡ (X) 첫 번째 조 제4항과 세 번째 조 제3항에 감사와 위원의 임기는 3년이라고 각각 명시되어 있으므로 감사와 위원의 임기는 다르다는 것은 옳지 않은 판단이다.
② 위원장과 감사는 상임으로 한다. ➡ (O) 첫 번째 조 제2항에서는 위원장을, 세 번째 조 제2항에서는 감사를 상임으로 한다고 명시하고 있으므로 이는 옳은 판단이다.
③ 위원장은 A부장관이 위원 중에서 지명한다. ➡ (X) 첫 번째 조 제3항에서 위원장은 위원 중에서 호선(조직의 구성원들이 그 가운데에서 사람을 뽑음)한다고 되어 있으므로 A부장관이 지명한다는 것은 옳지 않은 판단이다.
④ 위원회는 감사를 포함하여 9명으로 구성하여야 한다. ➡ (X) 첫 번째 조 제2항에서 위원회는 위원장 1명을 포함한 9명 이내의 위원으로 구성한다고 명시하고 있으므로 감사를 포함하여 9명으로 구성하여야 한다는 판단은 옳지 않다.
⑤ 위원회는 A부장관의 인가 여부와 관계없이 주된 사무소의 소재지에서 설립등기를 함으로써 성립할 수 있다. ➡ (X) 두 번째 조 제2항에서 위원회는 A부장관의 인가를 받아 주된 사무소의 소재지에서 설립등기를 함으로써 성립한다고 명시하고 있으므로 인가 여부와 관계없다는 판단은 옳지 않다.

04 ④

정답률 51.7%

| 문제 유형 | 법조문형 > 규정적용
| 접근 전략 | 종전 대법원 판례와 최근 대법원 판례를 비교하는 문제로 두 판례의 가장 큰 차이점을 이해해야 한다. 문제에 제시된 상황은 문제를 내기 위해 출제자가 정교하게 짜놓은 상황이므로 여기에 나타난 쟁점을 먼저 파악한 후 제시문을 독해하면 제시문을 이해하는 것이 훨씬 수월하다. 제사주재자를 결정하는데 가족들 간의 합의가 도출되지 않는 상황으로 남녀, 연령 등의 기준의 변화를 잘 읽어내야 한다. 직계비속이란 직계인 아랫사람을 뜻하는 말로 친자녀, 친손자, 친손녀를 일컫는다. 이 문제에서는 직계비속이란 단어의 의미를 모르면 문제 해결에 큰 어려움이 생긴다. 종전 대법원 판례에 따르면 사망한 사람의 직계비속으로서 장남과 장손자, 그후에는 장녀 순으로 제사주재자가 되며, 최근 대법원 판례에 따르면 연령을 기준으로 사망한 사람의 직계비속 중에 남녀 불문 최근친 중 연장자가 제사주재자가 된다고 하였다.

다음 글과 〈상황〉을 근거로 판단할 때, 제사주재자를 옳게 짝지은 것은?

사망한 사람의 제사를 주재하는 사람(이하 '제사주재자'라 한다)은 사망한 사람의 공동상속인들 간 협의에 의해 정하는 것이 원칙이다. 다만 공동상속인들 사이에 협의가 이루어지지 않을 때, 누구를 제사주재자로 결정할 것인지 문제가 된다. ▶1문단
종전 대법원 판례는, 제사주재자의 지위를 유지할 수 없는 특별한 사정이 없는 한 사망한 사람의 직계비속으로서 장남(장남이 이미 사망한 경우에는 장손자)이 제사주재자가 되고, 공동상속인들 중 아들이 없는 경우에는 장녀가 제사주재자가 된다고 하였다. 이 판례에 대해, 사망한 사람에게 아들, 손자가 있다는 이유만으로 여성 상속인이 자신의 의사와 무관하게 제사주재자가 되지 못한다는 점에서 양성평등의 원칙에 어긋난다는 비판이 있었다. ▶2문단
이를 반영해서 최근 대법원은 연령을 기준으로 하여 제사주재자가 결정되는 것으로 판례를 변경하였다. 즉, 공동상속인들 사이에 협의가 이루어지지 않으면, 제사주재자의 지위를 유지할 수 없는 특별한 사정이 없는 한 사망한 사람의 직계비속 가운데 남녀를 불문하고 최근친(最近親) 중 연장자가 제사주재자가 된다고 하였다. ▶3문단

─〈상황〉─
甲과 乙은 혼인하여 자녀 A(딸), B(아들), C(아들)를 두었다. B는 혼인하여 자녀 D(아들)가 있고, A와 C는 자녀가 없다. B는 2023. 5. 1. 43세로 사망하였고, 甲은 2024. 5. 1. 사망하였다. 2024. 6. 1. 현재 甲의 공동상속인인 乙(73세), A(50세), C(40세), D(20세)는 각자 자신이 甲의 제사주재자가 되겠다고 다투고 있다. 이들에게는 제사주재자의 지위를 유지할 수 없는 특별한 사정이 없다.

	종전 대법원 판례	최근 대법원 판례	
①	A	C	➡ (X) 종전 대법원 판례에 따르면 A는 여성 상속인으로서 제사주재자가 될 수 없다. 최근 대법원 판례에 따르면 A가 제사주재자가 되려는 의지가 있기에는 직계비속 중 연장자가 아니므로 제사주재자가 될 수 없다. A가 제사주재자가 되려는 의지가 있기에 "C"는 직계비속 중 연장자가 아니므로 제사주재자가 될 수 없다.
②	C	A	➡ (X) 종전 대법원 판례에 따르면 C는 장남이 아니므로 제자주재자가 될 수 없다. 최근 대법원 판례에 따르면 A는 직계비속 중 연장자이므로 제사주재자가 될 수 있다.
③	C	乙	➡ (X) 종전 대법원 판례에 따르면 C는 장남이 아니므로 제자주재자가 될 수 없다. 최근 대법원 판례에 따르면 乙은 직계비속이 아니므로 제사주재자가 될 수 없다.
④	D	A	➡ (O) 종전 대법원 판례에 따르면 D는 장남의 아들인 장손자이므로 제사주재자가 될 수 있다. 최근 대법원 판례에 따르면 A는 직계비속 중 연장자이므로 제사주재자가 될 수 있다.
⑤	D	乙	➡ (X) 종전 대법원 판례에 따르면 D는 장남의 아들인 장손자이므로 제사주재자가 될 수 있다. 최근 대법원 판례에 따르면 乙은 직계비속이 아니므로 제사주재자가 될 수 없다.

05 ①
정답률 97.1%

| 문제 유형 | 제시문형 > 정보확인
| 접근 전략 | 제시문형 문제의 전형적인 형태로 제시문의 문단 구성을 우선 파악하여 각 문단에서 말하는 내용을 알고 선지를 먼저 읽고 제시문을 자세히 읽어 문제 풀이 시간을 단축할 수 있다. 특히 선지에서 제시문의 표현을 모두 그대로 사용하고 있기에 제시문에서 해당 부분을 빠르게 찾을 수 있다. 하위 요소와 상위 요소가 나오는 글에서는 서로 순서를 바꾸어 선지로 구성하는 경우가 많으므로 둘의 상하 관계를 잘 파악하여야 한다.

다음 글을 근거로 판단할 때 옳은 것은?

자기조절력은 스스로 목표를 설정하고 그 목표를 달성하기 위해 집념과 끈기를 발휘하는 능력을 말한다. 또한 자기조절력은 자기 자신의 감정을 잘 조절하는 능력이기도 하며, 내가 나를 존중하는 능력이기도 하다. 자기조절을 하기 위해서는 도달하고 싶으나 아직 구현되지 않은 나의 미래 상태를 현재 나의 상태와 구별해 낼 수 있어야 한다. 자기조절력의 하위 요소로는 자기절제와 목표달성 등이 있다. 이러한 하위 요소들은 신경망과도 관련이 있는 것으로 알려져 있다. ▶1문단

우선 자기절제는 충동을 통제하고, 일상적이고도 전형적인 혹은 자동적인 행동을 분명한 의도를 바탕으로 억제하는 것이다. 이처럼 특정한 의도를 갖고 자신의 행동이나 생각을 의식적으로 억제하거나 마음먹은 대로 조절하는 능력은 복외측전전두피질과 내측전전두피질을 중심으로 한 신경망과 관련이 깊다. ▶2문단

한편 목표달성을 위해서는 두 가지 능력이 필요하다. 첫 번째는 자기 자신에 집중할 수 있는 능력이다. 나 자신에 집중하기 위해서는 끊임없이 자신을 되돌아보며 현재 나의 상태를 알아차리는 자기참조과정이 필요하다. 자기참조과정에 주로 관여하는 것은 내측전전두피질을 중심으로 후방대상피질과 설전부를 연결하는 신경망이다. 두 번째는 자신이 도달하고자 하는 대상에 집중할 수 있는 능력이다. 특정 대상에 주의를 집중하는 데 필요한 뇌 부위는 배외측전전두피질로 알려져 있다. 배외측전전두피질은 주로 내측전전두피질과 연결되어 작동한다. 내측전전두피질과 배외측전전두피질 간의 기능적 연결성이 강할수록 목표를 위해 에너지를 집중하고 지속적인 노력을 쏟아 부을 수 있는 능력이 높아진다. ▶3문단

① 자기조절을 위해서는 현재 나의 상태와 아직 구현되지 않은 나의 미래 상태를 구분할 수 있어야 한다. ➡ (O) 1문단에서 자기조절을 하기 위해서는 도달하고 싶으나 아직 구현되지 않은 나의 미래 상태를 현재 나의 상태와 구별해 낼 수 있어야 한다고 하였다.
② 내측전전두피질과 배외측전전두피질 간의 기능적 연결성이 약할수록 목표를 위한 집중력이 높아진다. ➡ (X) 3문단에서 내측전전두피질과 배외측전전두피질 간의 기능적 연결성이 강할수록 목표를 위해 에너지를 집중하고 노력을 쏟아 부을 수 있는 능력이 높아진다고 하였다.
③ 목표달성을 위해서는 일상적이고 전형적인 행동을 강화하는 능력이 필요하다. ➡ (X) 3문단에서 목표달성을 위해서는 자기 자신에 집중할 수 있는 능력과 자신이 도달하고자 하는 대상에 집중할 수 있는 능력이 필요하다고 하였다.
④ 자신이 도달하고자 하는 대상에 집중하는 과정을 자기참조과정이라 한다. ➡ (X) 3문단에서 자기참조과정이란 자신을 되돌아보며 현재 자신의 상태를 알아차리는 것이라고 하였다.
⑤ 자기조절력은 자기절제의 하위 요소이다. ➡ (X) 1문단에서 자기절제가 자기조절력의 하위 요소라고 하였다.

06 ②
정답률 71.8%

| 문제 유형 | 연산추론형 > 수리계산
| 접근 전략 | 수치 정보가 정확히 주어진 부분부터 계산을 시작한다. □의 총합을 구하는 문제이므로 각 □의 정확한 숫자를 알아낼 필요가 없다.

다음 글을 근거로 판단할 때, 보이지 않는 숫자를 모두 합한 값은?

甲~丁은 매일 최대한 많이 걷기로 하고 특정 시간에 만나서 각자의 걸음 수와 그 합을 기록하였다. 그 기록한 걸음 수의 합은 199,998걸음이었다. 그런데 수명이 다 된 펜으로 각자의 걸음 수를 쓴 탓이었는지 다음날에 보니 아래와 같이 다섯 개의 숫자(□)가 보이지 않았다.

甲:	□	5	7	0	1
乙:	8	4	□	9	8
丙:	8	3	□	□	4
丁:	□	6	7	1	5

① 13 ➡ (X)
② 14 ➡ (O) 甲~丁의 걸음 수의 합이 199,998걸음이 되는지 비교하며 계산한다. 일의 자리 합은 18(=1+8+4+5)이므로 1을 십의 자리로 올린다. 십의 자리는 9가 되어야 한다. (0+9+□+1)+1에서 9가 남으려면 "□=8"이어야 한다. 십의 자리 합계는 총 19가 되며, 다시 1을 백의 자리로 올린다. 백의 자리는 9가 되어야 하며, (7+□+□+7)+1에서 9가 남으려면 "□+□는 4"가 된다. 백의 자리는 총 19가 되며, 1을 천의 자리로 올린다. 천의 자리 합은 (5+4+3+6)+1=19이며, 만의 자리에 1을 올린다. 만의 자리의 합 (□+8+8+□)+1도 19가 되어야 하므로, 이때의 "□+□는 2"이다. 따라서 다섯 개의 □를 모두 합하면 8+4+2=14임을 알 수 있다.
③ 15 ➡ (X)
④ 16 ➡ (X)
⑤ 17 ➡ (X)

07 ④
정답률 77.1%

| 문제 유형 | 퍼즐형 > 수리퀴즈
| 접근 전략 | 주어진 조건 중 변동될 수 없는 조건을 찾아 추론을 시작하여야 한다. 최대 100g, 2가지 색 이상의 조건을 확인하여, 50g의 비중을 가진 파란색 공부터 검토하는 것이 좋다. 이를 기준으로 다른 조건을 1개씩 적용하면서 가능성을 검토해 나간다.

다음 글을 근거로 판단할 때, 〈보기〉에서 옳은 것만을 모두 고르면?

甲은 아래 3가지 색의 공을 〈조건〉에 따라 3개의 상자에 나누어 모두 담으려고 한다.

색	무게(g)	개수
빨강	30	3
노랑	40	2
파랑	50	2

〈조건〉
○ 각 상자에는 100g을 초과해 담을 수 없다.
○ 각 상자에는 적어도 2가지 색의 공을 담아야 한다.

➡ 3개의 상자에 각각 100g을 초과하여 담을 수 없고, 적어도 2가지 색의 공이 담겨야 한다. 파란색 공은 1개에 50g이므로 1상자에 1개만 담을 수 있다. 다음으로 무게가 큰 노란색은 개당 40g이므로 파란색 공과 함께 담을 때 총 90g의 첫 번째 박스를 만들 수 있다. 만약 노란색, 파란색 공을 각 1개씩 한 번 더 담아 두 번째 박스를 만든다면, 빨간색 공은 나머지 1박스에 모두 담겨야 하므로 조건에 부합하지 않는다. 따라서 두 번째 박스는 파란색 공 1개에 빨간색 공 1개가 더 담기며, 총 80g이 된다. 그리고 남은 노란색 공 1개와 빨간색 공 2개를 함께 담으면 총 100g이며, 세 번째 박스가 완성된다.

〈보기〉
ㄱ. 빨간색 공은 모두 서로 다른 상자에 담기게 된다. → (X) 빨간색 공은 두 번째, 세 번째 박스에만 담겨 있다.
ㄴ. 각 상자에 담긴 공 무게의 합은 서로 다르다. → (O) 첫 번째 박스는 90g, 두 번째 박스는 80g, 세 번째 박스는 100g이다.
ㄷ. 빨간색 공이 담긴 상자에는 파란색 공이 담기지 않는다. → (X) 두 번째 박스에 파란색 공과 빨간색 공이 함께 담겨 있다.
ㄹ. 3개의 상자 중에서 공 무게의 합이 가장 작은 상자에는 파란색 공이 담기게 된다. → (O) 무게가 가장 가벼운 두 번째 박스에 파란색 공이 담겨 있다.

① ㄱ, ㄴ ➡ (X)
② ㄱ, ㄷ ➡ (X)
③ ㄴ, ㄷ ➡ (X)
④ ㄴ, ㄹ ➡ (O)
⑤ ㄷ, ㄹ ➡ (X)

08 ④
정답률 83.3%

| 문제 유형 | 연산추론형 > 대입비교
| 접근 전략 | 가감 점수 표를 정확히 파악하여, 상단의 현황표에 적용한다. 가감점의 폭이 10점으로 동일하므로 계산 중 상호 혼동하지 않도록 주의한다.

다음 글을 근거로 판단할 때, A사가 투자할 작품만을 모두 고르면?

○ A사는 투자할 작품을 결정하려고 한다. 작품별 기본점수 등 현황은 다음과 같다.

현황 작품	기본 점수 (점)	스태프 인원 (명)	장르	감독의 최근 2개 작품 흥행 여부 (개봉연도)	
성묘	70	55	판타지	성공 (2009)	실패 (2015)
서울의 겨울	85	45	액션	실패 (2018)	실패 (2020)
만날 결심	75	50	추리	실패 (2020)	성공 (2022)
빅 포레스트	65	65	멜로	성공 (2011)	성공 (2018)

○ 최종점수는 작품별 기본점수에 아래 기준에 따른 점수를 가감해 산출한다.

기준	가감 점수
스태프 인원이 50명 미만	감점 10점
장르가 판타지	가점 10점
감독의 최근 2개 작품이 모두 흥행 성공	가점 10점
감독의 직전 작품이 흥행 실패	감점 10점

○ 최종점수가 75점 이상인 작품에 투자한다.

① 성묘, 만날 결심 ➡ (X)
② 성묘, 빅 포레스트 ➡ (X)
③ 서울의 겨울, 만날 결심 ➡ (X)
④ 만날 결심, 빅 포레스트 ➡ (O) 스태프 인원이 50명 미만인 영화는 서울의 겨울 1개이며 10점 감점된다. 장르가 판타지인 영화는 성묘이며 10점 가점된다. 감독의 최근 2개 작품이 모두 흥행에 성공한 것은 빅 포레스트만 해당되며 10점 가점된다. 감독의 직전 작품이 흥행에 실패한 것은 성묘와 서울의 겨울이며 각 10점 감점된다. 이와 같은 가감점을 기본점수와 합하면, 성묘 70점, 서울의 겨울 65점, 만날 결심 75점, 빅 포레스트 75점이 된다. A사 투자기준인 최종점수 75점 이상인 작품은 만날 결심, 빅 포레스트이다.
⑤ 서울의 겨울, 빅 포레스트 ➡ (X)

※ 다음 글을 읽고 물음에 답하시오. [문 9.~문 10.]

암호 기술은 일반적인 문장(평문)을 해독 불가능한 암호문으로 변환하거나, 암호문을 해독 가능한 평문으로 변환하기 위한 원리, 수단, 방법 등을 취급하는 기술을 말한다. 이 암호 기술은 암호화와 복호화로 구성된다. 암호화는 평문을 암호문으로 변환하는 것이며, 반대로 암호문에서 평문으로 변환하는 것은 복호화라 한다. ▶1문단

암호 기술에서 사용되는 알고리즘, 즉 암호 알고리즘은 대상 메시지를 재구성하는 방법이다. 암호 알고리즘에는 메시지의 각 원소를 다른 원소에 대응시키는 '대체'와 메시지의 원소들을 재배열하는 '치환'이 있다. 예를 들어 대체는 각 문자를 다른 문자나 기호로 일대일 대응시키는 것이고, 치환은 단어, 어절 등의 순서를 바꾸는 것이다. ▶2문단

암호 알고리즘에서는 보안을 강화하기 위해 키(key)를 사용하기도 한다. 키는 암호가 작동하는 데 필요한 값이다. 송신자와 수신자가 같은 키를 사용하면 대칭키 방식이라 하고, 다른 키를 사용하면 비대칭키 방식이라 한다. 대칭키 방식은 동일한 키로 상자를 열고 닫는 것이고, 비대칭키 방식은 서로 다른 키로 상자를 열고 닫는 것이다. 비대칭키 방식의 경우에는 수신자가 송신자의 키를 몰라도 자신의 키만 알면 복호화가 가능하다. 그리고 비대칭키 방식은 서로 다른 키를 사용하기 때문에, 키의 유출 염려가 덜해 조금 더 보안성이 높다고 알려져 있다. ▶3문단

한편 암호 알고리즘에 사용하기 위해 만들 수 있는 키의 수는 키를 구성하는 비트(bit)의 수에 따른다. 비트는 0과 1을 표현할 수 있는 가장 작은 단위인데, 예를 들어 8비트로 만들 수 있는 키의 수는 2^8, 즉 256개이다. 키를 구성하는 비트의 수가 많으면 많을수록 모든 키를 체크하는 데 시간이 오래 걸려 보안성이 높아진다. 256개 정도의 키는 컴퓨터로 짧은 시간에 모두 체크할 수 있으나, 100비트로 구성된 키가 사용되었다면 체크해야 할 키의 수가 2^{100}개에 달해 초당 100만 개의 키를 체크할 수 있는 컴퓨터를 사용하더라도 상당히 많은 시간이 걸릴 것이다. ▶4문단

56비트로 구성된 키를 사용하여 만든 암호 알고리즘에는 DES(Data Encryption Standard)가 있다. 그런데 오늘날 컴퓨팅 기술의 발전으로 인해 DES는 더 이상 안전하지 않아, DES보다는 DES를 세 번 적용한 삼중DES(triple DES)나 그 뒤를 이은 AES(Advanced Encryption Standard)를 사용하고 있다. ▶5문단

09 ②   정답률 96.1%

| 문제 유형 | 제시문형 > 분석추론

| 접근 전략 | 하나의 제시문으로 두 문제를 풀어야 하는 세트 구성의 문제에서는 대부분 앞의 문제는 글의 내용을 추리하거나 확인하는 문제, 뒤의 문제는 제시문의 내용을 새로운 상황에 적용하는 문제가 출제된다. 이때 뒤의 문제는 제시문의 한 부분만 읽고도 풀이가 가능하며 제시문에서 뒤의 문제를 풀기 위한 부분으로 사용된 부분은 대개 앞의 문제에서는 사용되지 않는다. 제시문의 한 부분으로 두 문제가 출제되면 난이도가 낮아지기 때문이다.

윗글을 근거로 판단할 때, 〈보기〉에서 옳은 것만을 모두 고르면?

―〈보기〉―

ㄱ. 복호화를 통하여 암호문을 평문으로 변환할 수 있다. → (O) 1문단에서 암호문에서 평문으로 변환하는 것을 복호화라고 한다고 하였다.

ㄴ. 비대칭키 방식의 경우, 수신자는 송신자의 키를 알아야 암호를 해독할 수 있다. → (X) 3문단에서 비대칭키 방식의 경우에는 수신자가 송신자의 키를 몰라도 자신의 키만 알면 복호화가 가능하다고 하였다.

ㄷ. 대체는 단어, 어절 등의 순서를 바꾸는 것이다. → (X) 2문단에서 단어, 어절 등의 순서를 바꾸는 것은 치환이라고 하였다.

ㄹ. 삼중 DES 알고리즘은 DES 알고리즘보다 안전성이 높다. → (O) 5문단에서 오늘날 컴퓨팅 기술의 발전으로 DES 암호 알고리즘은 더 이상 안전하지 않아 삼중 DES 암호 알고리즘을 사용한다고 하였다.

① ㄱ, ㄴ ➡ (X)
② ㄱ, ㄹ ➡ (O)
③ ㄴ, ㄷ ➡ (X)
④ ㄴ, ㄹ ➡ (X)
⑤ ㄷ, ㄹ ➡ (X)

10 ③   정답률 76.6%

| 문제 유형 | 연산추론형 > 대입비교

| 접근 전략 | 제시문의 일부분을 적용하여 해결할 수 있는 정교하게 짜여진 상황이 제시되었으므로 제시문의 내용과 긴밀하게 연관시켜 상황을 이해하여야 문제 풀이가 가능하다. 4문단에서 8비트로 만들 수 있는 키의 수는 2의 8제곱이라고 하였으므로 2의 56비트로 만들 수 있는 키의 수와 2의 60비트로 만들 수 있는 키의 수는 2의 4제곱의 곱만큼 차이가 난다. 따라서 2배마다 10만 원씩 비용이 상승한다고 하였으므로 4번 상승된 1,400,000원이 답이 된다.

윗글과 〈상황〉을 근거로 판단할 때, (가)에 해당하는 수는?

―〈보기〉―

2^{56}개의 키를 1초에 모두 체크할 수 있는 컴퓨터의 가격이 1,000,000원이다. 컴퓨터의 체크 속도가 2배가 될 때마다 컴퓨터는 10만 원씩 비싸진다. 60비트로 만들 수 있는 키를 1초에 모두 체크할 수 있는 컴퓨터의 최소 가격은 (가) 원이다.

① 1,100,000 ➡ (X)
② 1,200,000 ➡ (X)
③ 1,400,000 ➡ (O) 2의 60제곱은 2의 56제곱에 2의 4제곱만큼 곱해진 수이다. 컴퓨터의 체크 속도가 2배가 될 때마다 컴퓨터는 10만 원씩 비싸지므로 4번 비싸져서 1,400,000원이 된다.
④ 1,600,000 ➡ (X)
⑤ 2,000,000 ➡ (X)

11 ①   정답률 95.6%

| 문제 유형 | 법조문형 > 규정적용

| 접근 전략 | 법조문을 활용한 문제는 제시문을 먼저 읽기보다 선지를 먼저 읽고 해당 부분을 찾아 읽는 발췌독을 하는 것이 풀이 시간 단축에 유리하다. 특히 세부항목이 있는 조항은 반드시 선지에 등장하므로 유의해서 읽어야 한다.

다음 글을 근거로 판단할 때 옳은 것은?

제00조 ① A부장관은 김치산업의 활성화를 위한 제조기술 및 김치와 어울리는 식문화 보급을 위하여 필요한 전문인력을 양성할 수 있다.
② A부장관은 제1항에 따른 전문인력 양성을 위하여 대학·연구소 등 적절한 시설과 인력을 갖춘 기관·단체를 전문인력 양성기관으로 지정·관리할 수 있다.
③ A부장관은 제2항에 따라 지정된 전문인력 양성기관에 대하여 예산의 범위에서 그 양성에 필요한 경비를 지원할 수 있다.
④ A부장관은 김치산업 전문인력 양성기관이 다음 각 호의 어느 하나에 해당하는 경우에는 지정을 취소하거나 6개월 이내의 범위에서 기간을 정하여 업무의 전부 또는 일부를 정지할 수 있다. 다만, 제1호에 해당하는 경우에는 지정을 취소하여야 한다.
1. 거짓이나 그 밖의 부정한 방법으로 지정을 받은 경우
2. 지정받은 사항을 위반하여 업무를 행한 경우
3. 지정기준에 적합하지 아니하게 된 경우
제00조 ① 국가는 김치종주국의 위상제고, 김치의 연구·전시·체험 등을 위하여 세계 김치연구소를 설립하여야 한다.
② 국가와 지방자치단체는 세계 김치연구소의 효율적인 운영·관리를 위하여 필요한 경비를 예산의 범위에서 지원할 수 있다.
제00조 ① 국가와 지방자치단체는 김치산업의 육성, 김치의 수출 경쟁력 제고 및 해외시장 진출 활성화를 위하여 김치의 대표상품을 홍보하거나 해외시장을 개척하는 개인 또는 단체에 대하여 필요한 지원을 할 수 있다.
② A부장관은 김치의 품질향상과 국가 간 교역을 촉진하기 위하여 김치의 국제규격화를 추진하여야 한다.

① 김치산업 전문인력 양성기관으로 지정된 기관이 부정한 방법으로 지정을 받은 경우, A부장관은 그 지정을 취소하여야 한다.
  ➡ (O) 첫 번째 조 제4항에서 제1호에 해당하는 경우에는 지정을 취소하여야 한다고 명시하고 있으므로 옳은 판단이다.

② A부장관은 김치의 품질향상과 국가 간 교역을 촉진하기 위하여 김치의 국제규격화는 지양하여야 한다. ➡ (X) 세 번째 조 제2항에서 A

부장관은 김치의 품질향상과 국가 간 교역을 촉진하기 위하여 김치의 국제규격화를 추진하여야 한다고 하였으므로 옳지 않은 판단이다.

③ A부장관은 적절한 시설을 갖추지 못한 대학이라도 전문인력 양성을 위하여 해당 대학을 김치산업 전문인력 양성기관으로 지정할 수 있다. ➡ (X) 첫 번째 조 제2항에서 전문인력 양성을 위하여 대학·연구소 등 적절한 시설을 갖춘 기관·단체를 전문인력 양성기관으로 지정한다고 하였으므로 옳지 않은 판단이다.

④ 국가와 지방자치단체는 김치종주국의 위상제고를 위해 세계 김치연구소를 설립하여야 한다. ➡ (X) 두 번째 조 제1항에서 세계 김치연구소는 국가가 설립하여야 한다고 명시하였으므로 지방자치단체가 세계 김치연구소를 설립하여야 한다는 판단은 옳지 않다.

⑤ 지방자치단체가 김치의 해외시장 개척을 지원함에 있어서 개인은 그 지원대상이 아니다. ➡ (X) 세 번째 조 제1항에서 김치의 해외시장을 개척하는 개인에게도 필요한 지원을 할 수 있다고 하였으므로 개인은 지원대상이 아니라는 판단은 옳지 않다.

S 12 ④　　　　　　　　　　　　　TOP2 정답률 27.1%

| 문제 유형 | 연산추론형 > 수리계산 |
| 접근 전략 | 주어진 조건을 정확히 파악하여 적용한다. 언급한 기준에서 벗어나는 요소를 놓치지 않도록 주의한다. 중요도 상과 하, 보도자료만 언급하였으므로 이에 해당하지 않는 문서를 구분해야 한다. 표 안의 정보는 모두 활용되므로 조건을 대입할 때 놓치는 요소가 없도록 주의한다. |

다음 글을 근거로 판단할 때, 인쇄에 필요한 A4용지의 장수는?

甲주무관은 〈인쇄 규칙〉에 따라 문서 A~D를 각 1부씩 인쇄하였다.

〈인쇄 규칙〉
○ 문서는 A4용지에 인쇄한다.
○ A4용지 한 면에 2쪽씩 인쇄한다. 단, 중요도가 상에 해당하는 보도자료는 A4용지 한 면에 1쪽씩 인쇄한다.
○ 단면 인쇄를 기본으로 한다. 단, 중요도가 하에 해당하는 문서는 양면 인쇄한다.
○ 한 장의 A4용지에는 한 종류의 문서만 인쇄한다.

종류	유형	쪽수	중요도
A	보도자료	2	상
B	보도자료	34	중
C	보도자료	5	하
D	설명자료	3	상

① 11장 ➡ (X)
② 12장 ➡ (X)
③ 22장 ➡ (X)
④ 23장 ➡ (O) 중요도가 상에 해당하는 보도자료는 A4용지 한 면에 1쪽만 단면 인쇄하는데 A 보도자료는 쪽수가 2이므로 A4용지 2장이 필요하다. 중요도가 하에 해당하는 문서는 한 면에 2쪽씩 양면 인쇄하므로 C 보도자료는 4쪽이 1장에 들어가야 하는데 C 보도자료는 총 5쪽이므로 A4용지 2장이 필요하다. 중요도가 중에 해당하는 B 보도자료는 한 면에 2쪽씩 단면 인쇄하므로 A4용지 17장이 필요하다. D 설명자료는 보도자료가 아니므로 중요도가 상이더라도 한 면에 2쪽씩 단면 인쇄하므로 A4용지 2장이 필요하다. 따라서 인쇄에 필요한 A4용지의 장수는 23장(=2+17+2+2)이다.
⑤ 24장 ➡ (X)

13 ③　　　　　　　　　　　　　정답률 59.1%

| 문제 유형 | 제시문형 > 분석추론 |
| 접근 전략 | 제시문의 길이가 길고 내용이 다소 복잡하게 보일 수 있으나 각 문단의 내용들이 고르게 선지에 분포되어 있다. 더불어 제시문의 내용을 확실히 이해해야만 풀이가 가능하여 이름과 성 대신 이름과 부칭을 사용하는 문화, 부칭을 붙이는 원리와 예외 상황을 적절히 독해해야 한다. 특히 예외 상황은 꼭 출제되고 있으니 제시문을 읽을 때부터 유의해야 한다. |

다음 글을 근거로 판단할 때 옳은 것은?

이름 뒤에 성이 오는 보통의 서양식 작명법과 달리, A국에서는 별도의 성을 사용하지 않고 이름 뒤에 '부칭(父稱)'이 오도록 작명을 한다. 부칭은 이름을 붙이는 대상자의 아버지 이름에 접미사를 붙여서 만든다. 아들의 경우 그 아버지의 이름 뒤에 s와 손(son)을 붙이고, 딸의 경우 s와 도티르(dottir)를 붙여 '~의 아들' 또는 '~의 딸'이라는 의미를 가지는 부칭을 만든다. 예를 들어, 욘 스테파운손(Jon Stefansson)의 아들 피얄라르(Fjalar)는 '피얄라르 욘손(Fjalar Jonsson)', 딸인 카트린(Katrin)은 '카트린 욘스도티르(Katrin Jonsdottir)'가 되는 식이다. ▶1문단

같은 사회적 집단에 속해 있는 사람끼리 이름과 부칭이 같으면 할아버지의 이름까지 써서 작명하기도 한다. 예를 들어, 욘 토르손이라는 사람이 한 집단에 두 명 있는 경우에는 욘 토르손 아이나르소나르(Jon Thorsson Einarssonar)와 욘 토르손 스테파운소나르(Jon Thorsson Stefanssonar)와 같이 구분한다. 전자의 경우 '아이나르의 아들인 토르의 아들인 욘'을, 후자의 경우 '스테파운의 아들인 토르의 아들인 욘'을 의미한다. ▶2문단

한편 공식적인 자리에서 A국 사람들은 이름을 부르거나 이름과 부칭을 함께 부르며, 부칭만으로 서로를 부르지는 않는다. 또한 A국에서는 부칭이 아닌 이름의 영어 알파벳 순서로 정렬하여 전화번호부를 발행한다. ▶3문단

① 피얄라르 토르손 아이나르소나르(Fjalar Thorsson Einarssonar)로 불리는 사람의 할아버지의 부칭을 알 수 있다. ➡ (X) 2문단에서 욘 토르손 아이나르소나르는 아이나르의 아들인 토르의 아들인 욘이라고 설명하므로 피얄라르 토르손 아이나르소나르는 아이나르의 아들인 토르의 아들인 피얄라르를 뜻한다. 따라서 아버지의 부칭까지 알 수 있고 할아버지의 부칭은 알 수 없으므로 옳지 않은 판단이다.

② 피얄라르 욘손(Fjalar Jonsson)은 공식적인 자리에서 욘손으로 불린다. ➡ (X) 3문단에서 공식적인 자리에서 A국 사람들은 이름을 부르거나, 이름과 부칭을 함께 부르고 부칭만으로는 서로를 부르지 않는다고 하였으므로 피얄라르 욘손은 피얄라르 혹은 피얄라르 욘손으로 불리며, 욘손으로 불릴 것이라는 판단은 옳지 않다.

③ A국의 전화번호부에는 피얄라르 욘손(Fjalar Jonsson)의 아버지의 이름이 토르 아이나르손(Thor Einarsson)보다 먼저 나올 것이다. ➡ (O) 3문단에서 전화번호부는 부칭이 아닌 이름의 영어 알파벳 순서로 정렬한다고 하였다. 따라서 피얄라르 욘손의 아버지의 이름인 욘(Jon)이 토르 아이나르손의 이름인 토르(Thor)보다 알파벳 순서가 먼저이므로 전화번호부에 먼저 나올 것이라는 판단은 옳다.

④ 스테파운(Stefan)의 아들 욘(Jon)의 부칭과 손자 피얄라르(Fjalar)의 부칭은 같을 것이다. ➡ (X) 1문단에서 나온 부칭 붙이는 법에 따르면 스테파운의 아들 욘의 부칭은 스테파운손, 손자 피얄라르의 부칭은 욘손이므로 두 사람의 부칭이 같다는 판단은 옳지 않다.

⑤ 욘 스테파운손(Jon Stefansson)의 아들과 욘 토르손(Jon Thorsson)의 딸은 동일한 부칭을 사용할 것이다. ➡ (X) 1문단에서 아들과 딸은 각각 이름 뒤에 s와 손, s와 도티르를 붙인다고 하였으므로 욘 스테파운손의 아들은 욘손, 욘 토르손의 딸은 욘스도티르로 부칭을 사용할 것이다. 따라서 두 사람의 부칭이 동일할 것이라는 판단은 옳지 않다.

14 ③
정답률 94.6%

| 문제 유형 | 퍼즐형 > 게임·규칙

| 접근 전략 | 명확한 조건을 찾아 추론을 시작한다. 이를 기준으로 다른 조건을 1개씩 적용하면서 가능성을 검토해 나간다.

다음 글과 〈상황〉을 근거로 판단할 때, 〈보기〉에서 옳은 것만을 모두 고르면?

甲국은 국내 순위 1~10위 선수 10명 중 4명을 국가대표로 선발하고자 한다. 국가대표는 국내 순위가 높은 선수가 우선 선발되나, A, B, C팀 소속 선수가 최소한 1명씩은 포함되어야 한다.

─〈상황〉─
○ 국내 순위 1~10위 중 공동 순위는 없다.
○ 선수 10명 중 4명은 A팀, 3명은 B팀, 3명은 C팀 소속이다.
○ C팀 선수 중 국내 순위가 가장 낮은 선수가 A팀 선수 중 국내 순위가 가장 높은 선수보다 국내 순위가 높다.
○ B팀 소속 선수 3명의 국내 순위는 각각 2위, 5위, 8위이다.

➡ B팀 소속 선수 3명의 국내 순위가 확실히 주어져 있으므로 이를 활용한다. C팀 선수 3명 중 꼴찌가 A팀 선수 4명 중 선두보다 순위가 높으므로 1~10위 중 1, 3, 4위는 C팀이며 6, 7, 9, 10위는 A팀임을 알 수 있다.

─〈보기〉─
ㄱ. 국내 순위 1위 선수의 소속팀은 C팀이다. → (O) 1위 선수의 소속팀은 C팀이다.
ㄴ. A팀 소속 선수 중 국내 순위가 가장 낮은 선수는 9위이다. → (X) A팀 소속 선수 중 국내 순위가 가장 낮은 선수는 10위이다.
ㄷ. 국가대표 중 국내 순위가 가장 낮은 선수는 7위이다. → (X) 국가대표는 반드시 팀별 1명 이상 선발되어야 하므로 A팀 선두인 6위 선수가 포함된다.
ㄹ. 국내 순위 3위 선수와 4위 선수는 같은 팀이다. → (O) 3위, 4위 선수는 모두 C팀 소속이다.

① ㄱ, ㄴ ➡ (X)
② ㄱ, ㄷ ➡ (X)
③ ㄱ, ㄹ ➡ (O)
④ ㄴ, ㄷ ➡ (X)
⑤ ㄴ, ㄹ ➡ (X)

15 ⑤
정답률 66.2%

| 문제 유형 | 퍼즐형 > 최댓값·최솟값 도출

| 접근 전략 | 부피 비율과 가격 조건을 정확히 대입하여 산정한다. 최소 원료비용을 구해야 하므로 같은 부피의 물질을 만들 수 있으면서 가장 적은 비용이 드는 원료 물질을 선택한다.

다음 글을 근거로 판단할 때, Q를 100리터 생산하는 데 드는 최소 비용은?

○ 화학약품 Q를 생산하려면 A와 B를 2:1의 비율로 혼합해야 한다. 이 혼합물을 가공하면 B와 같은 부피의 Q가 생산된다. 예를 들어, A 2리터와 B 1리터를 혼합하여 가공하면 Q 1리터가 생산된다.
○ A는 원료 X와 Y를 1:2의 비율로 혼합하여 만든다. 이 혼합물을 가공하면 X와 같은 부피의 A가 생산된다. 예를 들어, X 1리터와 Y 2리터를 혼합하여 가공하면 A 1리터가 생산된다.
○ B는 원료 Z와 W를 혼합하여 만들거나, Z나 W만 사용하여 만든다. Z와 W를 혼합하여 가공하면 혼합비율에 관계없이 원료 절반 부피의 B가 생산된다. 예를 들어, Z와 W를 1리터씩 혼합하여 가공하면 B 1리터가 생산된다. 두 재료를 혼합하지 않고 Z나 W만 사용하여 가공하는 경우에도 마찬가지로 원료 절반 부피의 B가 생산된다.
○ 각 원료의 리터당 가격은 다음과 같다. 원료비 이외의 비용은 발생하지 않는다.

원료	X	Y	Z	W
가격(만 원/리터)	1	2	4	3

① 1,200만 원 ➡ (X)
② 1,300만 원 ➡ (X)
③ 1,400만 원 ➡ (X)
④ 1,500만 원 ➡ (X)
⑤ 1,600만 원 ➡ (O) Q는 B와 같은 부피만큼만 생산되며, A:B=2:1로 혼합해야 한다. 따라서 Q 100리터를 생산하기 위해서는 A 200리터와 B 100리터가 필요하다. A는 X:Y=1:2 비율로 혼합하며 X와 같은 부피가 생산된다. 따라서 X 200리터와 Y 400리터가 필요하다. X는 리터당 1만 원, Y는 리터당 2만 원이므로 A를 만들기 위해서는 총 1,000만 원의 비용이 발생된다. B는 Z와 W를 혼합하거나 Z, W 한 가지만 써도 된다. 단, 무엇을 쓰든 부피는 절반이 된다. 따라서 B 100리터를 만들기 위해서는 Z나 W 200리터가 필요하다. 이때 하단의 표를 보면 Z는 4(만 원/리터), W는 3(만 원/리터)이므로 W를 사용하는 것이 저렴하다. B를 만들기 위한 비용은 600만 원이 된다. 최종적으로 화학약품 Q를 생산하기 위한 최소 비용은 1,600만 원이다.

16 ⑤
정답률 55.1%

| 문제 유형 | 퍼즐형 > 게임·규칙

| 접근 전략 | 주어진 지문에서 가장 핵심적이고 확정적인 문장을 찾아서 추론을 시작한다. 이 문제에서는 "한 선수의 점수가 다른 선수보다 2점 많아지면 그 선수가 경기의 승자가 되고 경기가 종료된다."에 주목해야 한다. 다른 조건들은 가능성을 담고 있지만, 이 문장은 변동되지 않는 명확한 상황을 제시하고 있기 때문이다.

다음 글과 〈상황〉을 근거로 판단할 때, 〈보기〉에서 옳은 것만을 모두 고르면?

두 선수가 맞붙어 승부를 내는 스포츠 경기가 있다. 이 경기는 개별 게임으로 이루어져 있으며, 한 게임의 승부가 결정되면 그 게임의 승자는 1점을 얻고 패자는 점수를 얻지 못한다. 무승부는 없다. 개별 게임을 반복적으로 진행하여 한 선수의 점수가 다른 선수보다 2점 많아지면 그 선수가 경기의 승자가 되고 경기가 종료된다.

─〈상황〉─
두 선수 甲과 乙이 맞붙어 이 경기를 치른 결과, n번째 게임을 끝으로 甲이 경기의 승자가 되고 경기가 종료되었다. 단, n>3이다.

→ 승자는 1점, 패자는 0점, 무승부는 없다. 1:1게임을 반복하여 2점 차이가 나면 승자가 결정되는 게임이다. 〈상황〉 조건에서는 甲이 게임의 최종 승자이며 게임은 최소 네 번 이상 진행되었음을 알 수 있다. 이 게임에서 최종 승자가 되려면 반드시 마지막에 두 번 연달아 승리하여야 한다. 그리고 그 전까지는 반드시 짝수 번째 게임 종료 시 동점 상황이 이어져야 게임이 지속될 수 있다.

─────────────〈보기〉─────────────
ㄱ. n이 홀수인 경우가 있다. → (X) 두 선수가 동점이려면 게임을 짝수 번 해야 하며 이후 두 번을 연달아 이겨야 하므로 게임 횟수인 n은 항상 짝수가 된다.
ㄴ. (n−1)번째 게임에서 乙이 이겼을 수도 있다. → (X) 甲이 마지막 2회를 이겨야 승자가 되므로 (n−1)번째 게임에서는 반드시 甲이 이겨야 한다.
ㄷ. (n−2)번째 게임 종료 후 두 선수의 점수는 같았다. → (O) n번째, (n−1)번째 게임에서 甲이 연속 2회 승리하면서 2점 차로 경기의 승자가 되어야 하므로, (n−2)번째 게임에서는 반드시 동점이 되어야 한다.
ㄹ. (n−3)번째 게임에서 乙이 이겼을 수도 있다. → (O) 누가 승리하든 짝수 번째 게임 종료 시 동점이 된다면, 이어지는 두 게임에서 甲이 두 번 승리하여 승자가 될 수 있다. 따라서 (n−3)번째 게임에서는 乙이 이겼을 수 있다.

① ㄱ ➡ (X)
② ㄷ ➡ (X)
③ ㄱ, ㄴ ➡ (X)
④ ㄴ, ㄹ ➡ (X)
⑤ ㄷ, ㄹ ➡ (O)

17 ②
정답률 64.4%

| 문제 유형 | 연산추론형 > 수리계산
| 접근 전략 | 주어진 상황을 중심으로 지문의 조건을 적용해 나간다. 표에서 순위에 따른 점수를 통해 합계 시 도출될 수 있는 숫자를 추리할 수 있다. 공동 순위를 통한 점수 배분 공식을 통해서 나올 수 있는 숫자도 중요하다.

다음 글과 〈상황〉을 근거로 판단할 때, 甲이 치른 3경기의 순위를 모두 합한 수는?

10명의 선수가 참여하는 경기가 있다. 현재까지 3경기가 치러졌다. 참여한 선수에게는 매 경기의 순위에 따라 다음과 같이 점수를 부여한다.

순위	점수	순위	점수
1	100	6	8
2	50	7	6
3	30	8	4
4	20	9	2
5	10	10	1

만약 어떤 순위에 공동 순위가 나온다면, 그 순위를 포함하여 공동 순위자의 수만큼 이어진 순위 각각에 따른 점수의 합을 공동 순위자에게 동일하게 나누어 부여한다. 예를 들어 공동 3위가 3명이면, 공동 3위 각각에게 부여되는 점수는 (30+20+10)÷3으로 20이다. 이 경우 그다음 순위는 6위가 된다.

─────〈상황〉─────
○ 甲은 3경기에서 총 157점을 획득하였으며, 공동 순위는 한 번 기록하였다.
○ 치러진 3경기에서 공동 순위가 4명 이상인 경우는 없었다.

① 8 ➡ (X)
② 9 ➡ (O) 甲은 3경기에서 총 157점을 획득했다. 일의 자리가 7이 될 수 있는 순위는 2가지 경우가 있다. 7위(6점)와 10위(1점)를 기록하여 7점을 얻거나, 공동 6위가 2명이서 (8점+6점)/2=7점이 되는 경우이다. 만약 甲이 7위와 10위를 기록하여 7점을 얻었다면 나머지 한 경기에서 150점을 획득해야 한다. 그러나 1위의 점수가 100점이므로 불가능하다. 甲이 한 경기에서 공동 6위를 기록하여 7점을 획득했다면 나머지 두 경기에서 1위(100점), 2위(50점)를 기록하여 총 157점의 점수가 될 수 있다. 따라서 해당 순위를 모두 더한 1+2+6=9가 정답이다.
③ 10 ➡ (X)
④ 11 ➡ (X)
⑤ 12 ➡ (X)

18 ①
정답률 77.2%

| 문제 유형 | 퍼즐형 > 논리퀴즈
| 접근 전략 | 교차되는 여러 조건을 조합하여 주어지지 않은 정보를 알아내는 문제이다. 재빨리 표를 그려서 접근하는 것이 가장 효과적인 전략이다. 확실한 정보를 바탕으로 다른 조건을 하나씩 조합해 나가야 하는데, 이 경우에도 가능성을 좁힐 수 있는 조건부터 적용하는 것이 좋다.

다음 글을 근거로 판단할 때 옳지 않은 것은?

인터넷 장애로 인해 甲~丁은 '메일', '공지', '결재', '문의' 중 접속할 수 없는 메뉴가 각자 1개 이상 있다. 다음은 이에 관한 甲~丁의 대화이다.

甲: 나는 결재를 포함한 2개 메뉴에만 접속할 수 없고, 乙, 丙, 丁은 모두 이 2개 메뉴에 접속할 수 있어.
乙: 丙이나 丁이 접속하지 못하는 메뉴는 나도 전부 접속할 수 없어.
丙: 나는 문의에 접속해서 이번 오류에 대해 질문했어.
丁: 나는 공지에 접속할 수 없고, 丙은 공지에 접속할 수 있어.

→ 위 내용을 표로 정리하면 다음과 같다.

구분	메일	공지	결재	문의
甲	○	○	×	×
乙	×	×	○	○
丙		○		○
丁	( )	×	○	○

① 甲은 공지에 접속할 수 없다. ➡ (O) 丙과 丁의 대화를 바탕으로 丙은 문의, 공지에 접속할 수 있고, 丁은 공지에 접속할 수 없음을 알 수 있다. 甲은 결재를 포함한 2개 메뉴에만 접속할 수 없고 乙, 丙, 丁은 접속할 수 있다고 말했다.
丙은 문의, 공지, 결재에 접속할 수 있다. 단, 인터넷 장애로 인해 모든 사람은 접속할 수 없는 메뉴가 각자 1개 이상 있으므로 메일에는 접속할 수 없다.(②, ⑤번)
乙은 丙과 丁이 접속하지 못하는 메뉴는 모두 접속하지 못한다고 말했으므로 메일, 공지에 접속할 수 없다.(②번 보기) 한편, 甲이 접속하지 못하는 2개 메뉴를 乙이 접속할 수 있다고 하였으므로 乙은 2개 이상의 메뉴에 접속할 수 있어야 한다. 따라서 메일과 공지를 제외한 결재, 문의 2개 메뉴에 乙이 접속할 수 있음을 알 수 있다.(③번)
丁도 甲이 접속하지 못하는 2개 메뉴에 접속할 수 있으므로 결재, 문의에 접속할 수 있다.(④, ⑤번)
마지막으로 甲이 접속할 수 없는 2개 메뉴가 결재, 문의이기 때문에 메일, 공지에는 접속할 수 있다는 사실을 알 수 있다. 따라서 정답은 ①이 된다.
② 乙은 메일에 접속할 수 없다. ➡ (X)
③ 乙은 2개의 메뉴에 접속할 수 있다. ➡ (X)
④ 丁은 문의에 접속할 수 있다. ➡ (X)
⑤ 甲과 丙이 공통으로 접속할 수 있는 메뉴가 있다. ➡ (X)

19 ③ 정답률 69.1%

| 문제 유형 | 연산추론형 > 수리계산
| 접근 전략 | 주어진 조건을 공식으로 정리하여 손쉽게 계산할 수 있다. 실제 모습을 그림으로 그려보면 더욱 쉽다.

다음 글을 근거로 판단할 때, 1층 바닥면에서 2층 바닥면까지의 높이는?

1층 바닥면과 2층 바닥면이 계단으로 연결된 건물이 있다. A가 1층 바닥면에 서 있고, B가 2층 바닥면에 서 있을 때, A의 머리 끝과 B의 머리 끝의 높이 차이는 240cm이다. A와 B가 위치를 서로 바꾸는 경우, A와 B의 머리 끝의 높이 차이는 220cm이다. A와 B의 키는 1층 바닥면에서 2층 바닥면까지의 높이보다 크지 않다.

① 210cm ➡ (X)
② 220cm ➡ (X)
③ 230cm ➡ (O) 1층과 2층 사이의 높이를 X라고 할 때, A가 1층 바닥면에 서 있고 B가 2층 바닥면에 서 있는 경우는 X에 B의 키를 더한 총 높이에서 A의 키를 뺀 것에 해당한다. 이 높이가 240cm로 주어져 있으므로 식으로 정리하면 아래와 같다.
(X+B)−A=240cm
A와 B가 위치를 서로 바꾸는 경우는 높이(X)에 A의 키를 더하고 B의 키를 빼야 한다.
(X+A)−B=220cm
두 방정식을 합하여 계산하면 X=230cm임을 알 수 있다.
④ 240cm ➡ (X)
⑤ 250cm ➡ (X)

20 ④ 정답률 52.5%

| 문제 유형 | 연산추론형 > 수리계산
| 접근 전략 | 제외 조건부터 적용하여 검토 대상을 정리한다. 이후 산식을 적용하여 금액을 산정해 나간다. 문제에서 주어진 조건들은 대부분 모두 활용되므로 놓치는 조건이 없는지 마지막까지 주의한다.

다음 글을 근거로 판단할 때, 가장 많은 액수를 지급받을 예술단체의 배정액은?

□□부는 2024년도 예술단체 지원사업 예산 4억 원을 배정하려 한다. 지원 대상이 되는 예술단체의 선정 및 배정액 산정·지급 방법은 다음과 같다.
○ 2023년도 기준 인원이 30명 미만이거나 운영비가 1억 원 미만인 예술단체를 선정한다.
○ 사업분야가 공연인 단체의 배정액은 '(운영비 × 0.2)+(사업비 × 0.5)'로 산정한다.
○ 사업분야가 교육인 단체의 배정액은 '(운영비 × 0.5)+(사업비 × 0.2)'로 산정한다.
○ 인원이 많은 단체부터 순차적으로 지급한다. 다만 예산 부족으로 산정된 금액 전부를 지급할 수 없는 단체에는 예산 잔액을 배정액으로 한다.
○ 2023년도 기준 예술단체(A~D) 현황은 다음과 같다.

단체	인원(명)	사업분야	운영비(억 원)	사업비(억 원)
A	30	공연	1.8	5.5
B	28	교육	2.0	4.0
C	27	공연	3.0	3.0
D	33	교육	0.8	5.0

① 8,000만 원 ➡ (X)
② 1억 1,000만 원 ➡ (X)
③ 1억 4,000만 원 ➡ (X)
④ 1억 8,000만 원 ➡ (O) 2023년도 기준 인원이 30명 미만이거나 운영비가 1억 원 미만에 속하지 않는 단체는 A이다. B와 C는 인원, D는 운영비 조건에 해당된다. B와 D는 교육분야이므로 '(운영비 × 0.2)+(사업비 × 0.5)'를 적용하여 배정액을 계산하면 B는 1.8억 원이며, D는 1.4억 원이다. C는 공연분야이므로 '(운영비 × 0.5)+(사업비 × 0.2)'를 적용하여 배정액을 계산하면 2.1억 원이다. 예산은 인원이 많은 단체부터 순차적으로 지급하므로 인원이 33명인 D, 28명인 B, 27명인 C 순으로 배정받게 된다. 이때 예산 부족으로 산정된 금액을 전부 지급할 수 없는 단체는 잔액을 받게 된다. 총예산은 4억 원이므로 D 1.4억 원, B 1.8억 원을 배정하면 0.8억 원이 남고 C는 0.8억 원을 지급받게 된다. 따라서 가장 많은 배정액을 받는 것은 2.1억 원이 산정된 C가 아니라 1.8억 원 전액이 배정된 B이다.
⑤ 2억 1,000만 원 ➡ (X)

21 ③ 정답률 80.2%

| 문제 유형 | 퍼즐형 > 논리퀴즈
| 접근 전략 | 위치 정보와 날짜 정보 등을 구분하여 정리하고 추론해 나가야 한다. 대화의 내용을 보면 어느 자리에 앉아있는 사람이 출석 혹은 결석했는지를 주로 논하고 있다. 따라서 위치 정보부터 정리하여 사람을 구분하고, 이후 날짜별로 출결 여부를 파악하는 식의 구조적 사고가 중요하다.

다음 글과 〈대화〉를 근거로 판단할 때, 직무교육을 이수하지 못한 사람만을 모두 고르면?

甲~丁은 월요일부터 금요일까지 5일 동안 실시되는 직무교육을 받게 되었다. 교육장소에는 2×2로 배열된 책상이 있었으며, 앞줄에 2명, 뒷줄에 2명을 각각 나란히 앉게 하였다. 교육기간 동안 자리 이동은 없었다. 교육 첫째 날과 마지막 날은 4명 모두 교육을 받았다. 직무교육을 이수하기 위해서는 4일 이상 교육을 받아야 한다.

〈대화〉
甲: 교육 둘째 날에 내 바로 앞사람만 결석했어.
乙: 교육 둘째 날에 나는 출석했어.
丙: 교육 셋째 날에 내 바로 뒷사람만 결석했어.
丁: 교육 넷째 날에 내 바로 앞사람과 丁만 교육을 받았어.

① 乙 ➡ (X)
② 丙 ➡ (X)
③ 甲, 丙 ➡ (O) 대화를 살펴보면 甲, 丙, 丁은 앞과 뒤 순서를 말하고 있다. 이를 통해 甲, 丁은 뒷자리이며 丙은 앞자리에 앉아있음을 알 수 있다. 따라서 남은 乙은 앞자리가 된다. 甲은 교육 둘째 날에 내 바로 앞사람만 결석했다고 하였고, 乙은 둘째 날에 출석했다고 하였으므로 둘째 날에 결석한 것은 丙이다. 또한 甲은 丙의 뒷자리에 앉아있다는 것도 알 수 있다. 셋째 날에는 丙의 뒷사람만 결석했으므로 甲이 교육을 받지 않았다. 넷째 날에는 丁의 앞사람과 丁만 교육을 받았다. 丁의 앞사람은 乙이므로 결석한 것은 甲, 丙이다. 교육 첫째 날과 마지막 날은 4명이 모두 교육을 받았으며, 4일 이상 교육을 받아야 이수할 수 있다. 따라서 이수하지 못한 사람은 甲, 丙이다.
④ 甲, 丁 ➡ (X)
⑤ 乙, 丁 ➡ (X)

22 ④   정답률 37.8%

| 문제 유형 | 연산추론형 > 대입비교
| 접근 전략 | 나열된 숫자에서 같은 차이 값이 반복하여 나오기 위한 일정한 패턴을 찾아야 한다.

다음 글을 근거로 판단할 때, (가)에 해당하는 수는?

A공원의 다람쥐 열 마리는 각자 서로 다른 개수의 도토리를 모았는데, 한 다람쥐가 모은 도토리는 최소 1개부터 최대 10개까지였다. 열 마리 다람쥐는 두 마리씩 쌍을 이루어 그날 모은 도토리 일부를 함께 먹었다. 도토리를 모으고 먹는 이런 모습은 매일 동일하게 반복됐다. 이때 도토리를 먹는 방법은 정해져 있었다. 한 쌍의 다람쥐는 각자가 그날 모은 도토리 개수를 비교해서 그 차이 값에 해당하는 개수의 도토리를 함께 먹는다. 예를 들면, 1개의 도토리를 모은 다람쥐와 9개의 도토리를 모은 다람쥐가 쌍을 이루면 이 두 마리는 8개의 도토리를 함께 먹는다. ▶1문단

열 마리의 다람쥐를 이틀 동안 관찰한 결과, '첫째 날 각 쌍이 먹은 도토리 개수'는 모두 동일했고, '둘째 날 각 쌍이 먹은 도토리 개수'도 모두 동일했다. 하지만 '첫째 날 각 쌍이 먹은 도토리 개수'와 '둘째 날 각 쌍이 먹은 도토리 개수'는 서로 달랐고, 그 차이는 ____(가)____ 개였다. ▶2문단

① 1 ➡ (X)
② 2 ➡ (X)
③ 3 ➡ (X)
④ 4 ➡ (O) 한 쌍의 다람쥐가 그날 모은 도토리(1~10개)의 차이 값이 모두 동일한 2가지 경우를 찾는 문제이다.
 - 5개 차이 : (1, 6), (2, 7), (3, 8), (4, 9), (5, 10)
 - 1개 차이 : (1, 2), (3, 4), (5, 6), (7, 8), (9, 10)
도출된 2가지 경우에 대하여 다시 차이 값을 구해야 하므로 정답은 4(=5−1)이다.
⑤ 5 ➡ (X)

23 ②   TOP1 정답률 25.8%

| 문제 유형 | 연산추론형 > 수리계산
| 접근 전략 | 지문의 내용은 대부분 모두 활용되므로 모든 조건을 놓치지 않도록 주의해야 한다. 마지막 문장은 구체적인 날짜와 숫자를 제시하지 않지만, 문제를 푸는 데 결정적인 힌트를 제공하고 있다. 물탱크가 가득 차면 채우기를 중지한다는 내용을 통해, 채워지기만 하고 사용되지 않는 날이 있으며 이는 마지막 날이라는 점을 추론해야 한다.

다음 글을 근거로 판단할 때, 처음으로 물탱크가 가득 차는 날은?

신축 A아파트에는 용량이 10,000리터인 빈 물탱크가 있다. 관리사무소는 입주민의 입주 시작일인 3월 1일 00:00부터 이 물탱크에 물을 채우려고 한다. 관리사무소는 매일 00:00부터 00:10까지 물탱크에 물을 900리터씩 채운다. 전체 입주민의 1일 물 사용량은 3월 1일부터 3월 5일까지 300리터, 3월 6일부터 3월 10일까지 500리터, 3월 11일부터는 계속 700리터이다. 3월 15일에는 아파트 외벽 청소를 위해 청소업체가 물탱크의 물 1,000리터를 추가로 사용한다. 물을 채우는 시간이라도 물탱크가 가득 차면 물 채우기를 중지하고, 물을 채우는 시간에는 물을 사용할 수 없다.

① 4월 4일 ➡ (X)
② 4월 6일 ➡ (O) 매일 자정에 물탱크가 900리터씩 일정하게 채워지며, 사용량은 날짜에 따라 변화한다. 1~5일은 300리터, 6~10일은 500리터, 11일부터는 700리터이다. 15일에는 외벽 청소를 위해 1,000리터를 추가로 사용하므로 15일까지의 사용량은 총 (300×5)+(500×5)+(700×5)+1,000=8,500리터이다. 15일간 채워지는 양은 900×15=13,500리터이므로 남는 물의 양은 5,000리터이다. 16일부터는 매일 900리터가 채워지고 700리터가 사용되기 때문에 매일 200리터의 물이 늘어나게 된다.
단, 물탱크가 가득 차면 물 채우기를 중지하고, 물을 채우는 시간에 물이 줄어지는 않는다. 10,000리터가 가득 채워지게 되는 마지막 날에는 최대 900리터까지 물이 채워진 채로 물이 사용되지 않을 수도 있다. 이를 토대로 남은 5,000리터 중 900리터 미만의 용량, 즉 4,100리터 이상이 채워지는 날을 계산한다. 21일이 소요되며 4,200리터이다. 따라서 16일부터 21일간 매일 200리터씩 총 4,200리터가 채워지고 난 뒤, 다음 날 자정부터 물이 채워지기 시작하여 800리터까지 채워진 시점에 10,000리터의 물탱크가 가득 차게 된다. 소요일수를 더하면 총 37(=15+21+1)일이다. 3월은 31일까지 있으므로 처음으로 물탱크가 가득 차는 날은 4월 6일이다.
③ 4월 7일 ➡ (X)
④ 4월 9일 ➡ (X)
⑤ 4월 10일 ➡ (X)

24 ⑤   TOP3 정답률 30.2%

| 문제 유형 | 퍼즐형 > 수리퀴즈
| 접근 전략 | 문항별 점수를 모두 계산한 뒤 응시자별로 1~4번까지의 합계를 구한다. 이후 5번과 6번의 경우의 수를 적용하면 된다.
1번, 3번 문항의 추가점수는 1/3이다. 3은 소수점 이하의 숫자로 바꾸어 쓰기 불편한 분모이다. 전체적인 계산을 쉽게 하려면 모든 숫자에 3을 곱하여 문제를 풀고, ㄱ~ㄹ의 〈보기〉를 풀 때만 분모 3을 다시 붙여주면 된다.

다음 글을 근거로 판단할 때, 〈보기〉에서 옳은 것만을 모두 고르면?

甲~丁은 6문제로 구성된 직무능력시험 문제를 풀었다.
○ 정답을 맞힌 경우, 문제마다 기본점수 1점과 난이도에 따른 추가점수를 부여한다.
○ 추가점수는 다음 식에 따라 결정한다.

$$추가점수 = \frac{해당 문제를 틀린 사람의 수}{해당 문제를 맞힌 사람의 수}$$

○ 6문제의 기본점수와 추가점수를 모두 합한 총합 점수가 5점 이상인 사람이 합격한다.

甲~丁이 6문제를 푼 결과는 다음과 같고, 5번과 6번 문제의 결과는 찢어져 알 수가 없다.

(○: 정답, ×: 오답)

구분	1번	2번	3번	4번	5번	6번
甲	○	×	○	○		
乙	○	×	○	×		
丙	○	○	×	×		
丁	×	○	○	×		
정답률(%)	75	50	75	25	50	50

→ 기본점수 1점에 난이도에 따라 추가점수가 부여되는 구조이다. 먼저 추가점수를 구하면 1번은 1/3점, 2번은 1점, 3번은 1/3점, 4번은 3점이다. 5번과 6번은 정답률이 50%이므로 추가점수는 1이다. 기본점수와 추가점수를 더하면 1번은 4/3점, 2번은 2점, 3번은 4/3점, 4번은 4점, 5번은 2점, 6번은 2점이다.

〈보기〉

ㄱ. 甲이 최종적으로 받을 수 있는 최대 점수는 $\frac{32}{3}$점이다. → (O) 甲의 1~4번 문제 득점은 20/3(=4/3+4/3+3)이다. 5번과 6번을 모두 맞혔을 경우 4점을 추가로 획득한다. 따라서 최대점수는 32/3이다.

ㄴ. 1~4번 문제에서 받은 점수의 합은 乙이 가장 낮다. → (O) 甲은 20/3점(=4/3+4/3+3), 乙은 8/3점(=4/3+4/3), 丙은 10/3점(=4/3+2), 丁은 10/3점(=4/3+2)이므로 乙의 점수 합이 가장 낮다.

ㄷ. 4명 모두가 합격할 수는 없다. → (X) 甲은 1~4번 문제에서 이미 5점을 넘겼다. 따라서 5번과 6번을 나머지 3명(乙, 丙, 丁)이 맞힌 경우의 수를 계산한다. 총합 점수가 5점 이상이 되기 위해서 필요한 점수는 乙이 7/3점, 丙은 5/3점, 丁은 5/3점이다. 乙이 5~6번을 모두 맞히면 4점(=12/3)을 얻으므로 합격할 수 있다. 丙과 丁은 각각 1문제씩 더 맞히면 2점(=6/3)을 얻을 수 있으므로 합격할 수 있다. 따라서 4명 모두 합격할 수 있다.

ㄹ. 4명이 받은 점수의 총합은 24점이다. → (O) 1~4번 문제에서 4명이 받은 점수의 합계는 16점[=(20+8+10+10)/3]이다. 5번과 6번은 정답률을 고려했을 때 문제당 2점이며 각각 2명의 정답자가 나온다. 따라서 5~6번 문제에서 나오는 점수의 합계는 8점이 되며, 4명이 받은 점수의 총합은 24점(=16+8)이다.

① ㄱ, ㄷ ➡ (X)
② ㄴ, ㄷ ➡ (X)
③ ㄴ, ㄹ ➡ (X)
④ ㄱ, ㄴ, ㄷ ➡ (X)
⑤ ㄱ, ㄴ, ㄹ ➡ (O)

S 25 ①   정답률 41.1%

| 문제 유형 | 퍼즐형 > 게임·규칙
| 접근 전략 | 각 시점별 점수에 영향을 주는 요소를 정확히 파악한다. 지문 마지막의 "총점수에는 지난 1년간 획득한 점수만 산입된다."라는 조건에 따라 2024년 1월 1일의 총점이 어떻게 산정되는지 상세하게 설명하고 있다. 이에 따라 선수들의 총점의 변동과 챔피언십 대회 점수를 비교하여 각 선수의 랭킹을 도출하면 된다.

다음 〈상황〉을 근거로 판단할 때, 〈보기〉에서 옳은 것만을 모두 고르면?

〈상황〉

○ 테니스 선수 랭킹은 매달 1일 발표되며, 발표 전날로부터 지난 1년간 선수들이 각종 대회에 참가하여 획득한 점수의 합(이하 '총점수'라 한다)이 높은 순으로 순위가 매겨진다.
○ 매년 12월에는 챔피언십 대회(매년 12월 21일~25일)만 개최된다. 이 대회에는 당해 12월 1일 기준으로 랭킹 1~4위의 선수만 참가한다.
○ 매년 챔피언십 대회의 순위에 따른 획득 점수 및 2023년 챔피언십 대회 전후 랭킹은 아래와 같다. 단, 챔피언십 대회에서 공동 순위는 없다.

챔피언십 대회 성적	점수
우승	2000
준우승	1000
3위	500
4위	250

〈2023년 12월 1일〉

랭킹	선수	총점수
1위	A	7500
2위	B	7000
3위	C	6500
4위	D	5000
⋮	⋮	⋮

⇒

〈2024년 1월 1일〉

랭킹	선수	총점수
1위	C	7500
2위	B	7250
3위	D	7000
4위	A	6000
⋮	⋮	⋮

○ 총점수에는 지난 1년간 획득한 점수만 산입되므로, 〈2024년 1월 1일〉의 총점수에는 2022년 챔피언십 대회에서 획득한 점수는 빠지고, 2023년 챔피언십 대회에서 획득한 점수가 산입되었다.

〈보기〉

ㄱ. 2022년 챔피언십 대회 우승자는 A였다. → (O) 2022년 챔피언십 대회 우승자는 A였다.

ㄴ. 2023년 챔피언십 대회 4위는 B였다. → (O) 2023년 챔피언십 대회 4위는 B였다.

ㄷ. 2023년 챔피언십 대회 우승자는 C였다. → (X) 2023년 챔피언십 대회 우승자는 D였다.

ㄹ. 2022년 챔피언십 대회 3위는 D였다. → (X) 2022년 챔피언십 대회 3위는 D가 아니다. D는 작년에 출전하지 못했다.

① ㄱ, ㄴ ➡ (O) 매년 12월에는 당해 12월 1일 기준으로 랭킹 1~4위의 선수만 챔피언십 대회에 참가하여 점수를 얻을 수 있다. A선수는 총점 7500점에서 6000점이 되어 1500점이 떨어졌다. 챔피언십 대회 성적에 따른 점수표상 올해 3위를 하여 500점을 얻고 작년의 우승점수인 2000점이 빠졌을 경우 1500점이 떨어질 수 있다. B선수는 7,000점에서 7,250점이 되었다. 올해 4위로 250점을 얻었으며 작년에는 챔피언십 대회에 출전하지 못한 경우에 해당된다. C선수는 6,500점에서 7,500점이 되었다. 작년에는 출전하지 못했으나 올해 준우승하였을 때 나올 수 있는 점수이다.

② ㄱ, ㄷ ➡ (X)
③ ㄴ, ㄷ ➡ (X)
④ ㄴ, ㄹ ➡ (X)
⑤ ㄱ, ㄴ, ㄹ ➡ (X)

정답과 분석해설

2024 | 제3영역 자료해석(㉦ 책형)

기출 총평

2024년 자료해석 시험에서는 표/그림/빈칸 제시형의 자료 읽기 문제의 비중이 52%로 전년 대비 다소 높게 출제되었고, 계산형 문제의 비중은 4%로 전년도 비중(28%)보다 큰 폭으로 감소한 대신 매칭형 문제의 비중이 증가하였다. 이 외에 전반적인 문제 유형 및 난이도는 이전 연도와 비슷한 수준으로 출제되었다. 따라서 전반적인 흐름을 파악하기 위해서라도 기출 문제를 반드시 확인하고 접근할 필요가 있으며, 기출 문제를 해결함으로써 문제 해결 시간을 충분히 단축할 수 있다. 총 25문항 중 후반부에 난도가 높은 문항이 다소 포진해 있었지만, 초중반까지는 크게 계산이 요구되거나 복잡한 절차를 거쳐 해결해야 하는 문항이 크게 눈에 띄지 않아 시간을 단축할 수 있었다. 초중반까지는 〈보고서〉가 제시된 형태의 문항에서도 제시된 내용과 표/그림 등의 제목을 정확하게 파악한다면 시간을 많이 할애하지 않고 해결할 수 있었으며, 매칭형 문항 또한 내용이 복잡한 형태는 아니었기에 큰 무리 없이 진행할 수 있었을 것이다. 다만, 주어진 발문과 내용들을 빠르고 정확하게 파악하기 위한 문해력이 반드시 요구되며, 표나 그림 등을 보고 내용을 빠르게 인지할 수 있도록 기출 문제 등 다양한 문항들을 꾸준히 풀어 보며 준비하는 것이 합격의 당락을 결정지을 것으로 판단된다.

문항별 정답률 및 선지별 선택률

문번	정답	정답률(%)	선지별 선택률(%) ①	②	③	④	⑤
01	④	85.6	7.5	0.5	2.1	85.6	4.3
02	①	72	72	12.7	6.6	6	2.7
03	⑤	94.1	0.0	1.6	1.1	3.2	94.1
04	⑤	81.1	0.0	0.5	2.2	16.2	81.1
05	⑤	88.2	3.7	1.1	4.3	2.7	88.2
06	④	76.9	17.7	2.2	2.7	76.9	0.5
07	③	81.7	1.1	1.6	81.7	2.7	12.9
08	②	86.6	1.1	86.5	10.8	1.1	0.5
09	②	87.1	3.7	87.1	2.2	1.6	5.4
10	②	76.3	11.9	76.3	8.1	0.5	3.2
11	④	59.9	4.3	8	3.7	59.9	24.1
12	③	74.6	2.7	7.6	74.6	12.4	2.7
13	③	85.4	4.3	6.5	85.4	2.2	1.6

문번	정답	정답률(%)	선지별 선택률(%) ①	②	③	④	⑤
14	②	80.5	1.7	80.5	9.2	1.6	7
15	①	87	87	1.6	6.5	2.2	2.7
16	⑤	45.9	0.6	2.7	50.3	0.5	45.9
17	①	62.6	62.6	5.6	20.1	7.8	3.9
18	④	47.1	4.6	27.1	14.1	47.1	7.1
19	②	60.4	4.5	60.4	8.8	10.4	15.9
20	①	57.3	57.2	16.3	5.1	12.4	9
21	④	43.2	15.8	18.5	14.8	43.2	7.4
22	①	66.3	66.4	3.9	8.4	12.9	8.4
23	③	69.7	2.8	17.4	69.7	9	1.1
24	④	36.3	25.6	21.4	11.9	36.3	4.8
25	⑤	29.6	10.7	15.7	26.4	17.6	29.6

※ 음영 문항은 해당 회차에서 정답률이 가장 낮은 TOP 3 문항입니다.
※ 정답률 및 선지별 선택률 산정 기준: 약 1년간 누적된 자동채점 & 성적결과분석 서비스의 응시 데이터

출제 비중

- 자료 읽기 > 표/그림/빈칸 제시형: 52%
- 자료 읽기/추론 > 계산형: 4%
- 자료 읽기/추론 > 매칭형: 24%
- 자료 추론 > 추가로 필요한 자료 찾기: 8%
- 자료 변환응용 > 표/그림 전환형: 8%
- 자료 변환응용 > 자료/보고서 전환형: 4%

기출문제편 P.85

01	④	02	①	03	⑤	04	⑤	05	⑤
06	④	07	③	08	②	09	②	10	②
11	④	12	③	13	⑤	14	②	15	①
16	⑤	17	①	18	④	19	②	20	①
21	④	22	①	23	③	24	④	25	⑤

01 ④
정답률 85.6%

| 문제 유형 | 자료 읽기/추론 > 매칭형

| 접근 전략 | 2023년 5개 도시의 감염병 현황을 바탕으로 치명률이 가장 높은 도시와 가장 낮은 도시를 매칭하는 문제이다. 주석으로 제시된 계산식에 따라 5개 도시의 치명률을 계산하여 비교하면 된다. C도시와 D도시의 치명률을 비교할 때 환자 수는 2배가 되었지만, 사망자 수는 2배를 초과하여 증가하였으므로 D도시의 치명률이 높은 것을 알 수 있다. 이와 같은 방법으로 치명률을 직접 계산하지 않더라도 도시 간 치명률을 쉽게 비교할 수 있다.

다음 〈표〉는 2023년 도시 A∼E의 '갑' 감염병 현황에 관한 자료이다. 이를 근거로 치명률이 가장 높은 도시와 가장 낮은 도시를 바르게 연결한 것은?

〈표〉 2023년 도시 A∼E의 '갑' 감염병 현황

(단위: 명)

구분 도시	환자 수	사망자 수
A	300	16
B	20	1
C	50	2
D	100	6
E	200	9

※치명률(%) = $\frac{사망자 수}{환자 수} \times 100$

	가장 높은 도시	가장 낮은 도시	
①	A	C	➡ (X)
②	A	E	➡ (X)
③	D	B	➡ (X)
④	D	C	➡ (O)
⑤	D	E	➡ (X)

주어진 주석의 계산식에 따라 도시별 치명률을 확인하면 다음과 같다.
- A: $\frac{16}{300} \times 100 = \frac{16}{3}$(%)
- B: $\frac{1}{20} \times 100 = 5$(%)
- C: $\frac{2}{50} \times 100 = 4$(%)
- D: $\frac{6}{100} \times 100 = 6$(%)
- E: $\frac{9}{200} \times 100 = \frac{9}{2}$(%)

따라서 치명률이 가장 높은 도시는 D이고, 가장 낮은 도시는 C이다.

02 ①
정답률 72%

| 문제 유형 | 자료 읽기/추론 > 계산형

| 접근 전략 | 세 지역의 공사 건수와 평균 공사비가 제시되고, 두 지역 간의 공사 건수와 평균 공사비를 제시하면서 최종적으로 세 지역 전체 공사의 평균 공사비를 구하는 문제이다. 평균을 구하는 방법을 이용하여 각 지역에 대한 전체 공사비를 구할 수 있으므로, 이를 이용하여 세 지역의 전체 공사에 대한 평균 공사비를 구할 수 있다.

다음 〈그림〉은 2023년 A∼C구 공사 건수 및 평균 공사비를 나타낸 자료이다. 이를 근거로 계산한 2023년 A∼C구 전체 공사의 평균 공사비는?

〈그림〉 2023년 A∼C구 공사 건수 및 평균 공사비

① 26억 원 ➡ (O) A구 공사 3건의 평균 공사비가 30억 원이므로 전체 공사비는 30×3=90(억 원)이다. A구 공사+B구 공사 7건에 대하여 평균 공사비가 22억 원이므로 전체 공사비는 22×7=154(억 원)인데, A구 전체 공사비가 90억 원이므로 B구 전체 공사비는 154−90=64(억 원)이다. B구 공사+C구 공사 6건에 대하여 평균 공사비가 24억 원이므로 전체 공사비는 24×6=144(억 원)인데, B구 전체 공사비가 64억 원이므로 C구 전체 공사비는 144−64=80(억 원)이다.

따라서 A∼C구 전체 공사의 평균 공사비는 $\frac{90+64+80}{9} = \frac{234}{9} = 26$(억 원)이다.

② 27억 원 ➡ (X)
③ 28억 원 ➡ (X)
④ 29억 원 ➡ (X)
⑤ 30억 원 ➡ (X)

03 ⑤
정답률 94.1%

| 문제 유형 | 자료 변환응용 > 표/그림 전환형

| 접근 전략 | 2023년 문화예술교육 수강 현황에 관한 〈보고서〉를 제시하고, 선지 중에서 〈보고서〉를 작성하는 데 사용되지 않은 자료를 찾는 문제이다. 이러한 문제를 해결할 때에는 선지의 표/그림에서 제목을 먼저 확인할 필요가 있다. 그리고 보고서의 내용을 읽으며 해당 자료의 필요 여부를 판단한다.

다음 〈보고서〉는 '갑'시 시민의 2023년 문화예술교육 수강 현황에 관한 자료이다. 〈보고서〉를 작성하는 데 사용되지 않은 자료는?

─〈보고서〉─

'갑'시 시민 1,000명을 대상으로 2023년 한 해 동안의 문화예술교육 수강 현황을 조사한 결과, 316명이 수강 경험이 있다고 응답하였다. 문화예술교육 수강 경험이 있는 응답자가 가장 많이 수강한 상위 5개 분야는 기타를 제외하고 영화, 사진, 음악, 공예, 미술 순이었다. 문화예술교육 수강자의 평균 지출 비용은 38만 8천 원이었는데, 연령대별로는 40대가 48만 4천 원으로 가장 많았다. 또한 문화예술교육 수강자의 동반자 유형 구성을 살펴보면, '혼자(동반자 없음)' 수강한 비율은 50% 이상이었고, '친구 및 연인'과 함께 수강한 비율은 18.4%였다. 문화예술교육 인지 경로는 '인터넷 검색'이 33.2%로 가장 높았고, 다음으로 '주변 지인'이 19.0%였다. 수강한 문화예술교육의 교육방식은 '예술적 기량 향상을 위한 강습'이 27.5%로 가장 높았다. 문화예술교육 수강 장소별 만족도는 미술관이 가장 높았고, 그 다음으로 박물관, 공연장, 지역문화재단의 순이었다.

① 문화예술교육 수강 경험 유무 및 수강 분야 구성비

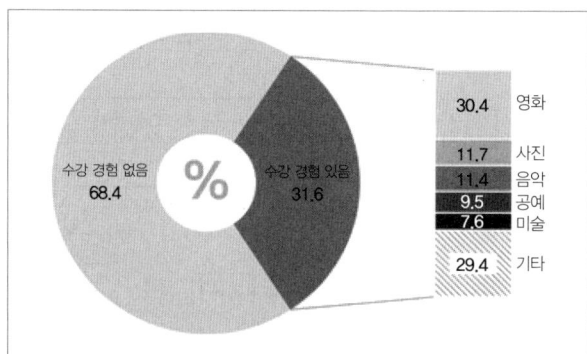

➡ (O) 〈보고서〉에서 '갑'시 시민 1,000명을 대상으로 2023년 한 해 동안의 문화예술교육 수강 현황을 조사한 결과, 316명이 수강 경험이 있다고 응답하였다고 하였다. 주어진 원 그래프에서 '수강 경험 있음'으로 응답한 사람 비율이 31.6%이므로 316명이다. 즉, 주어진 〈보고서〉를 작성하는 데 사용된 자료임을 알 수 있다.

② 문화예술교육 수강자의 연령대별 평균 지출 비용

(단위: 만 원)

연령대	20대 이하	30대	40대	50대	60대 이상	전체
평균 지출 비용	36.8	46.9	48.4	39.5	19.9	38.8

➡ (O) 〈보고서〉에서 문화예술교육 수강자의 평균 지출 비용은 38만 8천 원이었는데, 연령대별로는 40대가 48만 4천 원으로 가장 많았다고 하였다. 주어진 표에서 이와 똑같은 내용이 제시되어 있으므로 주어진 〈보고서〉를 작성하는 데 사용된 자료임을 알 수 있다.

③ 문화예술교육 수강자의 동반자 유형 구성비

(단위: %)

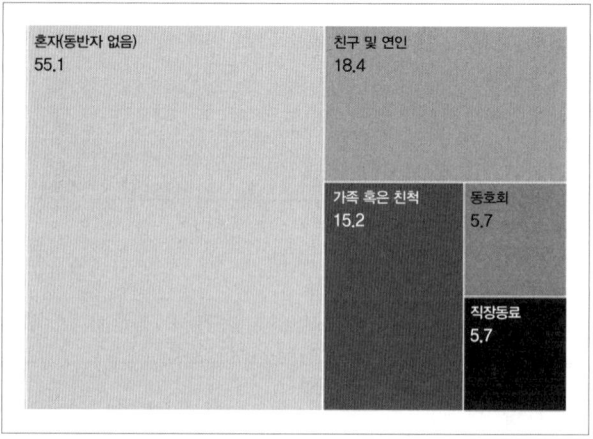

➡ (O) 〈보고서〉에서 문화예술교육 수강자의 동반자 유형 구성을 살펴보면, '혼자(동반자 없음)' 수강한 비율은 50% 이상이었고, '친구 및 연인'과 함께 수강한 비율은 18.4%였다고 하였다. 주어진 그림에서 '혼자(동반자 없음)' 수강한 비율이 55.1%이고 '친구 및 연인'과 함께 수강한 비율이 18.4%이므로 주어진 〈보고서〉를 작성하는 데 사용된 자료임을 알 수 있다.

④ 문화예술교육 인지 경로 상위 5개 비율

➡ (O) 〈보고서〉에서 문화예술교육 인지 경로는 '인터넷 검색'이 33.2%로 가장 높았고, 다음으로 '주변 지인'이 19.0%였다고 하였다. 주어진 그래프에서도 이와 같은 내용이 제시되어 있으므로 〈보고서〉를 작성하는 데 사용된 자료임을 알 수 있다.

⑤ 문화예술교육 수강 이유 상위 5개 비율

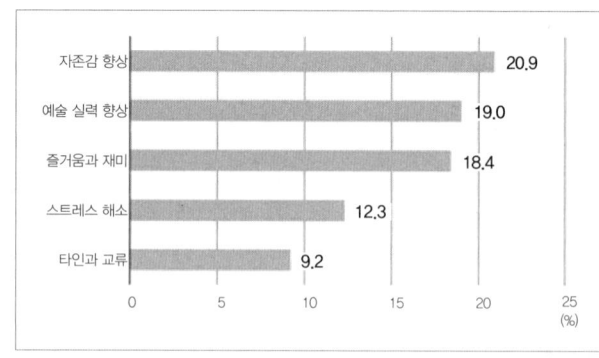

➡ (X) 〈보고서〉에서 수강한 문화예술교육의 교육방식은 '예술적 기량 향상을 위한 강습'이 27.5%로 가장 높았다고 하였다. 그리고 문화예술교육 수강 장소별 만족도는 미술관이 가장 높았고, 그 다음으로 박물관, 공연장, 지역문화재단의 순이었다고 하였다. 그런데 주어진 그래프에서는 수강 이유 상위 5개의 비율이 제시되어 있으므로 〈보고서〉를 작성하는 데 사용되지 않은 자료임을 알 수 있다.

04 ⑤

정답률 81.1%

|문제 유형| 자료 읽기/추론 > 매칭형
|접근 전략| 2023년 4개 어선에 대하여 잔존가치, 평년수익액, 선원 수를 <표>로 제시하고, <정보>를 통해 선원당 월 통상임금 고시액과 <표>의 내용을 바탕으로 감척지원금을 구하여 매칭하는 문제이다. 어선별로 감척지원금을 구할 때 <표>의 D어선이 어선 잔존가치, 평년수익액, 선원 수가 다른 세 어선에 비해 모두 낮은 것을 확인할 수 있으므로 직접 계산하지 않더라도 감척지원금이 가장 적은 것을 알 수 있다. 비슷한 방법으로 생각할 때, B어선과 C어선의 감척지원금을 구하여 비교하면 감척지원금이 가장 많은 어선을 찾을 수 있다.

다음은 2023년 '갑'국의 연근해 어선 감척지원금 산정에 관한 자료이다. 이를 근거로 어선 A~D 중 산정된 감척지원금이 가장 많은 어선과 가장 적은 어선을 바르게 연결한 것은?

─〈정보〉─
○ 감척지원금=어선 잔존가치+(평년수익액 × 3)+(선원 수 × 선원당 월 통상임금 고시액 × 6)
○ 선원당 월 통상임금 고시액: 5백만 원/명

〈표〉 감척지원금 신청 어선 현황

(단위: 백만 원, 명)

어선	어선 잔존가치	평년수익액	선원 수
A	170	60	6
B	350	80	8
C	200	150	10
D	50	40	3

→ 주어진 <정보>에 따라 어선별로 감축지원금을 구해 보면 다음과 같다.
• A: 170+60×3+6×5×6=530(백만 원)
• B: 350+80×3+8×5×6=830(백만 원)
• C: 200+150×3+10×5×6=950(백만 원)
• D: 50+40×3+3×5×6=260(백만 원)
따라서 감척지원금이 가장 많은 어선은 C이고, 가장 적은 어선은 D이다.

	가장 많은 어선	가장 적은 어선	
①	A	B	➡ (X)
②	A	C	➡ (X)
③	B	A	➡ (X)
④	B	D	➡ (X)
⑤	C	D	➡ (O)

05 ⑤

정답률 88.2%

|문제 유형| 자료 추론 > 추가로 필요한 자료 찾기
|접근 전략| 2022년과 2023년 주택소유통계에 관한 <보고서>를 작성하기 위해 연도별 주택소유 가구 수와 가구 주택소유율을 구하는 계산식 외에 더 필요한 자료를 <보기>에서 찾는 문제이다. <보기>에 제시된 추가 자료의 제목을 먼저 확인하고, <보고서>의 내용을 읽으며 각각의 필요성 유무를 판단하면 시간을 조금 더 단축하며 문제를 해결할 수 있다.

다음은 2022년과 2023년 '갑'국 주택소유통계에 관한 자료이다. 제시된 <표>와 <정보> 이외에 <보고서>를 작성하기 위해 추가로 필요한 자료만을 <보기>에서 모두 고르면?

〈표〉 2022년과 2023년 주택소유 가구 수

(단위: 만 가구)

연도	2022	2023
주택소유 가구 수	1,146	1,173

─〈정보〉─

가구 주택소유율(%) = (주택소유 가구 수 / 가구 수) × 100

─〈보고서〉─

'갑'국의 주택 수는 2022년 1,813만 호에서 2023년 1,853만 호로 2.2% 증가하였다. 개인소유 주택 수는 2022년 1,569만 호에서 2023년 1,597만 호로 1.8% 증가하였다. 주택소유 가구 수는 2022년 1,146만 가구에서 2023년 1,173만 가구로 2.4% 증가하였지만, 가구 주택소유율은 2022년 56.3%에서 2023년 56.0으로 감소하였다. 2023년 지역별 가구 주택소유율을 살펴보면, 상위 3개 지역은 A(64.4%), B(63.0%), C(61.0%)로 나타났다.

─〈보기〉─

ㄱ. 2019~2023년 '갑'국 주택 수 및 개인소유 주택 수

→ (O) <보고서>에 2022년과 2023년 주택 수 및 개인소유 주택 수의 증감에 관한 내용이 제시되어 있지만, 주어진 <표>와 <정보>에는 이와 관련한 내용이 없으므로 <보고서>를 작성하기 위해 필요한 자료이다.

ㄴ. 2022년과 2023년 '갑'국 가구 수

(단위: 만 가구)

연도	2022	2023
가구 수	2,034	2,093

→ (O) <보고서>에 2022년과 2023년 가구 주택소유율의 증감에 관한 내용이 제시되어 있다. 주어진 <표>에서 연도별 주택소유 가구 수가 제시되어 있고, <정보>에서 주택소유 가구 수와 가구 수를 이용하여 가구 주택소유율을 구하는 계산식이 제시되어 있으므로 <보고서>를 작성하기 위해 '갑'국의 가구 수에 관한 내용이 필요하다.

ㄷ. 2023년 '갑'국 지역별 가구 주택소유율 상위 3개 지역

(단위: %)

지역	A	B	C
가구 주택소유율	64.4	63.0	61.0

→ (O) <보고서>에 2023년 가구 주택소유율 상위 3개 지역에 관한 내용이 제시되어 있지만, 주어진 <표>와 <정보>에는 이와 관련한 내용이 없으므로 <보고서>를 작성하기 위해 필요한 자료이다.

ㄹ. 2023년 '갑'국 가구주 연령대별 가구 주택소유율

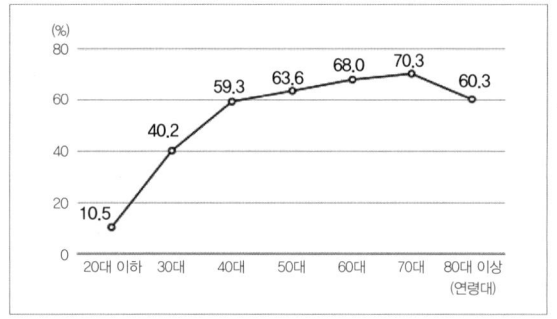

→ (X) 〈보고서〉에 '갑'국 가구주의 연령대별 가구 주택소유율에 관한 내용은 없으므로 〈보고서〉를 작성하기 위해 필요한 자료가 아니다.

① ㄱ, ㄴ ➡ (X)
② ㄱ, ㄹ ➡ (X)
③ ㄴ, ㄷ ➡ (X)
④ ㄴ, ㄹ ➡ (X)
⑤ ㄱ, ㄴ, ㄷ ➡ (O)

○ 평가항목 중 공중급유와 자체수리는 평가항목별로 '가능'이면 1점, '불가능'이면 0점을 부여한다.
○ '갑'국은 평가항목 점수의 합이 가장 큰 전투기를 구매한다. 단, 동점일 경우 그중에서 가격이 가장 낮은 전투기를 구매한다.

① A ➡ (X)
② B ➡ (X)
③ C ➡ (X)
④ D ➡ (O)
⑤ E ➡ (X)

〈평가방법〉에 따라 전투기별 평가항목에 따른 점수를 표로 나타내면 다음과 같다.

전투기 평가항목(점)	A	B	C	D	E
최고속력	5	1	3	2	4
미사일 탑재 수	4	5	2	3	1
항속거리	4	1	2	3	5
가격	1	4	3	5	2
공중급유	1	1	0	1	0
자체수리	0	1	0	1	1
합계	15	13	10	15	13

이때, 평가항목 점수의 합이 A와 D전투기가 15점으로 동점이므로, 가격이 더 낮은 D전투기를 구매한다.

06 ④
정답률 76.9%

|문제 유형| 자료 읽기/추론 > 매칭형
|접근 전략| 5대의 전투기 모델에 대하여 평가항목에 따른 제원을 보고 평가항목별 점수를 구하여 '갑'국이 구매할 전투기를 찾는 문제이다. 5대의 전투기에 대하여 〈평가방법〉에 따라 평가항목별 점수를 표로 나타내어 합계 점수를 구하면 '갑'국이 구매할 전투기를 찾을 수 있다.

다음은 '갑'국이 구매를 고려 중인 A~E전투기의 제원과 평가방법에 관한 자료이다. 이를 근거로 A~E 중 '갑'국이 구매할 전투기를 고르면?

〈표〉 A~E전투기의 평가항목별 제원
(단위: 마하, 개, km, 억 달러)

전투기 평가항목	A	B	C	D	E
최고속력	3.0	1.5	2.5	2.0	2.7
미사일 탑재 수	12	14	9	10	8
항속거리	1,400	800	1,200	1,250	1,500
가격	1.4	0.8	0.9	0.7	1.0
공중급유	가능	가능	불가능	가능	불가능
자체수리	불가능	가능	불가능	가능	가능

─〈평가방법〉─

○ 평가항목 중 최고속력, 미사일 탑재 수, 항속거리, 가격은 평가항목별로 전투기 간 상대평가를 하여 가장 우수한 전투기부터 5점, 4점, 3점, 2점, 1점 순으로 부여한다.
○ 최고속력은 높을수록, 미사일 탑재 수는 많을수록, 항속거리는 길수록, 가격은 낮을수록 전투기가 우수하다고 평가한다.

07 ③
정답률 81.7%

|문제 유형| 자료 추론 > 추가로 필요한 자료 찾기
|접근 전략| 2023년 배달대행과 퀵서비스 업종에 종사하는 운전자 실태에 관한 자료가 〈표〉로 제시되고, 〈보고서〉를 작성하기 위해 〈표〉 이외에 추가로 필요한 자료를 〈보기〉에서 찾는 문제이다. 〈보기〉에 제시된 자료의 제목을 먼저 확인하고, 〈보고서〉의 내용을 〈표〉의 내용과 비교하며 확인하여 추가로 필요한 자료인지 판단한다.

다음 〈표〉는 2023년 '갑'국에서 배달대행과 퀵서비스 업종에 종사하는 운전자 실태에 관한 자료이다. 제시된 〈표〉 이외에 〈보고서〉를 작성하기 위해 추가로 필요한 자료만을 〈보기〉에서 모두 고르면?

〈표 1〉 운전자 연령대 구성비 및 평균 연령
(단위: %, 세)

구분 업종	연령대					평균 연령
	20대 이하	30대	40대	50대	60대 이상	
배달대행	40.0	36.1	17.8	5.4	0.7	33.2
퀵서비스	0.0	3.1	14.1	36.4	46.4	57.8

〈표 2〉 이륜자동차 운전 경력 및 서비스 제공 경력의 평균
(단위: 년)

구분	업종	
	배달대행	퀵서비스
이륜자동차 운전 경력	7.4	19.8
서비스 제공 경력	2.8	13.7

〈표 3〉 일평균 근로시간 및 배달건수

(단위: 시간, 건)

구분 \ 업종	배달대행	퀵서비스
근로시간	10.8	9.8
운행시간	8.5	6.1
운행 외 시간	2.3	3.7
배달건수	41.5	15.1

─〈보고서〉─

'갑'국에서 배달대행과 퀵서비스 업종에 종사하는 운전자 실태를 조사한 결과는 다음과 같다. 두 업종 모두 이륜자동차를 이용하여 유사한 형태의 서비스를 제공하지만, 운전자 특성에는 큰 차이가 있었다. 우선, 운전자 평균 연령은 퀵서비스가 57.8세로 배달대행 33.2세보다 높았다. 이는 배달대행은 30대 이하 운전자 비중이 전체의 70% 이상이지만 퀵서비스는 50대 이상 운전자가 전체의 80% 이상을 차지하기 때문이다. 운전자의 이륜자동차 운전 경력의 평균과 서비스 제공 경력의 평균도 각각 퀵서비스가 배달대행에 비해 10년 이상 길었다. 한편, 운전자가 배달대행이나 퀵서비스 시장에 진입하기 위해서는 이륜자동차 구입 비용이 소요되는데, 신차와 중고차 구입 각각에서 배달대행이 퀵서비스보다 평균 구입 비용이 높았다. 또한, 운행시간과 운행 외 시간을 합한 일평균 근로시간은 배달대행이 퀵서비스보다 1.0시간 길었고, 월평균 근로일수도 배달대행이 퀵서비스보다 3일 이상 많은 것으로 나타났다.

─〈보기〉─

ㄱ. 이륜자동차 운전 경력 구성비

→ (X) 〈보고서〉에서 이륜자동차 운전 경력 구성비에 관한 내용이 제시되어 있지 않으므로 〈보고서〉를 작성하기 위해 필요한 자료가 아니다.

ㄴ. 서비스 제공 경력 구성비

(단위: %)

경력 \ 업종	5년 미만	5년 이상 10년 미만	10년 이상 15년 미만	15년 이상 20년 미만	20년 이상	전체
배달대행	81.9	15.8	2.3	0.0	0.0	100
퀵서비스	14.8	11.3	26.8	14.1	33.0	100

→ (X) 〈보고서〉에서 업종에 따른 서비스 제공 경력 구성비에 관한 내용이 제시되어 있지 않으므로 〈보고서〉를 작성하기 위해 필요한 자료가 아니다.

ㄷ. 배달대행 및 퀵서비스 시장 진입을 위한 이륜자동차 평균 구입 비용

→ (O) 〈보고서〉에서 '운전자가 배달대행이나 퀵서비스 시장에 진입하기 위해서는 이륜자동차 구입 비용이 소요되는데, 신차와 중고차 구입 각각에서 배달대행이 퀵서비스보다 평균 구입 비용이 높았다.'라고 하였다. 그런데 주어진 〈표〉에서는 배달대행 및 퀵서비스 시장 진입을 위한 이륜자동차 평균 구입 비용에 관한 내용이 제시되어 있지 않으므로 〈보고서〉를 작성하기 위해 필요한 자료이다.

ㄹ. 월평균 근로일수

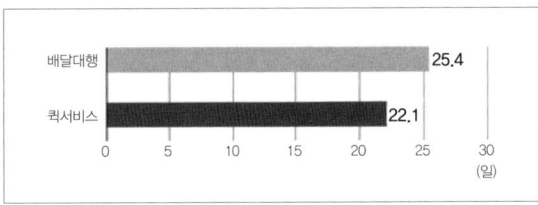

→ (O) 〈보고서〉에서 '운행시간과 운행 외 시간을 합한 일평균 근로시간은 배달대행이 퀵서비스보다 1.0시간 길었고, 월평균 근로일수도 배달대행이 퀵서비스보다 3일 이상 많은 것으로 나타났다.'라고 하였다. 〈표 3〉에서 일평균 근로시간을 제시하고 있지만, 월평균 근로일수에 관한 내용이 제시되어 있지 않으므로 〈보고서〉를 작성하기 위해 필요한 자료이다.

① ㄱ, ㄴ ➡ (X)
② ㄴ, ㄷ ➡ (X)
③ ㄷ, ㄹ ➡ (O)
④ ㄱ, ㄴ, ㄹ ➡ (X)
⑤ ㄱ, ㄷ, ㄹ ➡ (X)

---

08 ②   정답률 86.6%

|문제 유형| 자료 읽기/추론 > 매칭형

|접근 전략| 2023년 주요 10개 업종의 특허출원 현황에 관한 자료를 〈표〉로 제시하고, 〈정보〉의 내용을 바탕으로 A~C 업종이 무엇인지 확인하는 문제이다. 주어진 〈표〉의 수치에 집중하지 말고 〈정보〉를 통해 A~C 업종이 무엇인지 추론하는 데 집중하여 〈표〉에서도 필요한 자료만 살피는 것이 중요하다.

다음은 2023년 '갑'국 주요 10개 업종의 특허출원 현황에 관한 자료이다. 이를 근거로 A~C에 해당하는 업종을 바르게 연결한 것은?

⟨표⟩ 주요 10개 업종의 기업규모별 특허출원건수 및 특허출원기업 수

(단위: 건, 개)

업종 \ 구분	기업규모별 특허출원건수			특허출원 기업 수
	대기업	중견기업	중소기업	
A	25,234	1,575	4,730	1,725
전기장비	6,611	501	3,265	1,282
기계	1,314	1,870	5,833	2,360
출판	204	345	8,041	2,550
자동차	5,460	1,606	1,116	617
화학제품	2,978	917	2,026	995
의료	52	533	2,855	1,019
B	18	115	3,223	1,154
건축	113	167	2,129	910
C	29	7	596	370

※ 기업규모는 '대기업', '중견기업', '중소기업'으로만 구분됨.

⟨정보⟩

○ '중소기업' 특허출원건수가 해당 업종 전체 기업 특허출원건수의 90% 이상인 업종은 '연구개발', '전문서비스', '출판'이다. → 제시된 ⟨표⟩에서 A, B, C 업종에 대하여 전체 기업 특허출원건수 중 '중소기업' 특허출원건수의 비중을 확인해 본다. 이때, A 업종은 대기업의 특허출원건수가 중견기업 및 중소기업의 특허출원건수보다 많으므로 90% 미만이다. 따라서 B, C 업종은 '연구개발' 또는 '전문서비스'임을 알 수 있다.

○ '대기업' 특허출원건수가 '중견기업'과 '중소기업' 특허출원건수 합의 2배 이상인 업종은 '전자부품', '자동차'이다. → 제시된 ⟨표⟩의 A 업종에서 25,234 > 2 × (1,575 + 4,730) = 12,610이므로 '대기업' 특허출원건수가 '중견기업'과 '중소기업' 특허출원건수 합의 2배 이상이다. 따라서 A 업종은 '전자부품'이다.

○ 특허출원기업당 특허출원건수는 '연구개발'이 '전문서비스'보다 많다. → B, C 업종에 대하여 특허출원기업당 특허출원건수를 비교해 보면 다음과 같다.
 • B: $\frac{18+115+3,223}{1,154}$ ≒ 2.9(건/개)
 • C: $\frac{29+7+596}{370}$ ≒ 1.7(건/개)

	A	B	C	
①	연구개발	전자부품	전문서비스	➡ (X)
②	전자부품	연구개발	전문서비스	➡ (O)
③	전자부품	전문서비스	연구개발	➡ (X)
④	전문서비스	연구개발	전자부품	➡ (X)
⑤	전문서비스	전자부품	연구개발	➡ (X)

09 ② 정답률 87.1%

| 문제 유형 | 자료 읽기 > 표 제시형

| 접근 전략 | 2018년부터 2023년까지 짜장면 가격 및 가격지수와 짜장면 주재료 품목의 판매단위당 가격에 관한 자료를 바탕으로 옳은 설명을 찾는 문제이다. 선지 중 계산이 필요한 것은 정확하게 계산하여 문제를 해결하기보다는 대략적인 값을 구하여 비교하는 것이 효율적인 경우가 많다. 예를 들면, 선지 ①에서 2020년 짜장면 가격을 5,200원으로 놓고 계산하거나 선지 ②에서 2023년 짜장면 가격을 구할 때 2020년 짜장면 가격을 5,200원으로 낮춰서 구하면 계산도 간단하고 비교할 때도 용이하다.

다음 ⟨표⟩는 2018~2023년 짜장면 가격 및 가격지수와 짜장면 주재료 품목의 판매단위당 가격에 관한 자료이다. 이에 대한 설명으로 옳은 것은?

⟨표 1⟩ 2018~2023년 짜장면 가격 및 가격지수

(단위: 원)

구분 \ 연도	2018	2019	2020	2021	2022	2023
가격	5,011	5,201	5,276	5,438	6,025	( )
가격지수	95.0	98.6	100	103.1	114.2	120.6

※ 가격지수는 2020년 짜장면 가격을 100으로 할 때, 해당 연도 짜장면 가격의 상대적인 값임.

⟨표 2⟩ 2018~2023년 짜장면 주재료 품목의 판매단위당 가격

(단위: 원)

품목	판매단위	2018	2019	2020	2021	2022	2023
춘장	14kg	26,000	27,500	27,500	33,000	34,500	34,500
식용유	900mL	3,890	3,580	3,980	3,900	4,600	5,180
밀가루	1kg	1,280	1,280	1,280	1,190	1,590	1,880
설탕	1kg	1,630	1,680	1,350	1,790	1,790	1,980
양파	2kg	2,250	3,500	5,000	8,000	5,000	6,000
청오이	2kg	4,000	8,000	8,000	10,000	10,000	15,000
돼지고기	600g	10,000	10,000	10,000	13,000	15,000	13,000

※ 짜장면 주재료 품목은 제시된 7개뿐임.

① 짜장면 가격지수가 80.0이면 짜장면 가격은 4,000원 이하이다.
➡ (X) 짜장면 가격지수가 80.0일 때 짜장면의 가격은 5,276 × 0.8 = 4,220.8(원)이므로 짜장면의 가격은 4,000원 이상이다.

② 2023년 짜장면 가격은 2018년에 비해 20% 이상 상승하였다.
➡ (O) 2023년 짜장면 가격지수가 120.6이고, 2018년 짜장면 가격은 2020년보다 낮으므로 2023년 짜장면 가격은 2018년 대비 20% 이상 상승하였음을 알 수 있다.

③ 2018년에 비해 2023년 판매단위당 가격이 2배 이상인 짜장면 주재료 품목은 1개이다. ➡ (X) 2018년에 비해 2023년 판매단위당 가격이 2배 이상인 짜장면 주재료 품목은 양파와 청오이로, 총 2개이다.

④ 2020년에 식용유 1,800mL, 밀가루 2kg, 설탕 2kg의 가격 합계는 15,000원 이상이다. ➡ (X) 2020년 식용유 1,800mL의 가격은 3,980 × 2 = 7,960(원), 밀가루 2kg의 가격은 1,280 × 2 = 2,560(원), 설탕 2kg의 가격은 1,350 × 2 = 2,700(원)이다. 따라서 세 품목의 가격 합계는 7,960 + 2,560 + 2,700 = 13,220(원)이므로 15,000원 미만이다.

⑤ 매년 판매단위당 가격이 상승한 짜장면 주재료 품목은 2개 이상이다. ➡ (X) 매년 판매단위당 가격이 상승한 짜장면 주재료 품목은 없다.

10 ② 정답률 76.3%

| 문제 유형 | 자료 읽기/추론 > 매칭형

| 접근 전략 | 2017년부터 2023년까지 '어린이 안전 체험 교실' 사업 운영 현황에 관한 자료를 바탕으로 작성된 〈보고서〉에서 A~C에 해당하는 내용을 찾는 문제이다. 문단별로 내용을 확인하여 A~C에 해당하는 것을 찾으면 된다. 이때, 계산을 되도록 간단하게 하면 시간을 단축하는 데 도움이 될 수 있다. 예를 들어, 자원봉사자당 교육 참여 어린이 수를 구할 때 2019년 자원봉사자 수는 2017년 대비 약 1.5배 정도 증가하였는데, 교육 참여 어린이 수는 5배 이상 증가하였으므로 직접 계산하지 않더라도 2017년 대비 2019년에 자원봉사자당 교육 참여 어린이 수가 증가하였음을 알 수 있다.

다음 〈표〉는 2017~2023년 '갑'국의 '어린이 안전 체험 교실' 사업 운영 현황에 관한 자료이다. 이를 바탕으로 작성한 〈보고서〉의 A~C에 해당하는 내용을 바르게 연결한 것은?

〈표〉 2017~2023년 '어린이 안전 체험 교실' 사업 운영 현황
(단위: 개, 회, 명)

구분 연도	참여 자치 단체 수	운영 횟수	교육 참여 어린이 수	교육 참여 학부모 수	자원 봉사자 수
2017	9	11	10,265	6,700	2,083
2018	15	30	73,060	19,465	1,600
2019	14	38	55,780	15,785	2,989
2020	18	35	58,680	13,006	2,144
2021	19	39	61,380	11,660	2,568
2022	17	38	59,559	9,071	2,406
2023	18	40	72,261	8,619	2,071

─〈보고서〉─

안전 체험 시설이 없는 지역으로 찾아가는 '어린이 안전 체험 교실' 사업이 2017년부터 2023년까지 운영되었다. 해당 기간 동안 참여 자치 단체 수, 운영 횟수 등이 변화하였는데 그중 참여 자치 단체 수와 교육 참여 ⎯A⎯ 수의 전년 대비 증감 방향은 매년 같았다.
→ 2017년부터 2023년까지 참여 자치 단체 수는 전년 대비 [증가 → 감소 → 증가 → 증가 → 감소 → 증가]하였다. 이와 같은 증감을 나타내는 것은 교육 참여 ⓐ 어린이 수이다.

2021년은 사업 기간 중 참여 자치 단체 수가 가장 많았던 해로 2020년보다 운영 횟수와 교육 참여 어린이 수가 늘었다. 운영 횟수당 교육 참여 어린이 수는 2021년이 2020년보다 ⎯B⎯. → 운영 횟수당 교육 참여 어린이 수는 2020년에 $\frac{58,680}{35}$ ≒ 1,677(명/회)이고, 2021년에는 $\frac{61,380}{39}$ ≒ 1,574(명/회)이다. 따라서 2021년이 2020년보다 ⓑ 적었다.

본 사업에 자원봉사자도 꾸준히 참여하였다. 2019년에는 사업 기간 중 가장 많은 자원봉사자가 참여하였다. 자원봉사자당 교육 참여 어린이 수는 2019년이 2017년보다 ⎯C⎯. → 자원봉사자당 교육 참여 어린이 수는 2017년에 $\frac{10,265}{2,083}$ ≒ 4.9(명당 명)이고, 2019년에는 $\frac{55,780}{2,989}$ ≒ 18.7(명당 명)이다. 따라서 2019년이 2017년보다 ⓒ 많았다.

	A	B	C	
①	어린이	많았다	많았다	➡ (X)
②	어린이	적었다	많았다	➡ (O)
③	어린이	적었다	적었다	➡ (X)
④	학부모	많았다	적었다	➡ (X)
⑤	학부모	적었다	적었다	➡ (X)

11 ④ 정답률 59.9%

| 문제 유형 | 자료 읽기 > 표 제시형

| 접근 전략 | 2019년부터 2023년까지 항공편 지연 및 결항에 관한 자료를 바탕으로 〈보기〉의 설명이 옳은지 확인하는 문제이다. 〈보기〉의 설명 중 ㄷ은 특별한 계산 없이도 바로 옳은 것을 알 수 있으므로 나머지 두 설명이 옳은지의 여부를 판단하는 데 집중하도록 한다.

다음 〈표〉는 2019~2023년 '갑'국의 항공편 지연 및 결항에 관한 자료이다. 이에 대한 〈보기〉의 설명 중 옳은 것만을 모두 고르면?

〈표 1〉 2019~2023년 항공편 지연 현황
(단위: 편)

분기	월	국내선 2019	2020	2021	2022	2023	국제선 2019	2020	2021	2022	2023
1	1	0	0	0	0	0	1	0	0	1	0
1	2	0	0	0	0	0	0	0	0	0	2
1	3	0	0	0	0	0	6	0	0	0	0
2	4	0	0	0	0	0	0	0	2	0	1
2	5	1	0	0	0	0	5	0	0	1	0
2	6	0	0	0	0	0	0	0	10	11	1
3	7	40	0	0	3	68	53	23	11	83	55
3	8	3	0	0	3	1	27	58	61	111	50
3	9	0	0	0	0	161	7	48	46	19	368
4	10	0	93	0	23	32	21	45	44	98	72
4	11	0	0	0	1	0	0	0	0	5	11
4	12	0	0	0	0	0	2	1	6	0	17
전체		44	93	0	30	262	122	175	180	329	577

〈표 2〉 2019~2023년 항공편 결항 현황

(단위: 편)

구분		국내선					국제선				
분기	월	2019	2020	2021	2022	2023	2019	2020	2021	2022	2023
1	1	0	0	0	0	0	0	0	0	0	0
	2	0	0	0	0	0	0	0	0	0	14
	3	0	0	0	0	0	0	0	0	0	0
2	4	1	0	0	0	0	0	0	0	0	0
	5	6	0	0	0	0	10	0	0	0	0
	6	0	0	0	0	0	0	0	0	1	0
3	7	311	0	0	187	507	93	11	5	162	143
	8	62	0	0	1,008	115	39	11	71	127	232
	9	0	0	4	0	1,351	16	30	42	203	437
4	10	0	85	0	589	536	4	48	49	112	176
	11	0	0	0	0	0	0	0	0	0	4
	12	0	0	0	0	0	0	4	4	0	22
전체		380	85	4	1,784	2,509	162	104	171	605	1,028

─〈보기〉─

ㄱ. 2022년 3분기 국제선 지연 편수는 전년 동기 대비 100편 이상 증가하였다. → (X) 2021년 3분기 국제선 지연 편수는 11+61+46=118(편)이고 2022년 3분기 국제선 지연 편수는 83+111+19=213(편)이다. 따라서 2022년 3분기 국제선 지연 편수는 전년 동기 대비 213−118=95(편) 증가하였으므로 100편 미만으로 증가하였다.

ㄴ. 2023년 9월의 결항 편수는 국내선이 국제선의 3배 이상이다. → (O) 2023년 9월의 국내선 결항 편수는 1,351편이고 국제선은 437편이다. 이때, 437×3=1,311<1,351이므로 국내선이 국제선의 3배 이상이다.

ㄷ. 매년 1월과 3월에는 항공편 결항이 없었다. → (O) 〈표 2〉에서 매년 1월과 3월에 항공편 결항이 없었음을 확인할 수 있다.

① ㄱ ➡ (X)
② ㄷ ➡ (X)
③ ㄱ, ㄴ ➡ (X)
④ ㄴ, ㄷ ➡ (O)
⑤ ㄱ, ㄴ, ㄷ ➡ (X)

12 ③

정답률 74.6%

| 문제 유형 | 자료 읽기 > 표/빈칸 제시형

| 접근 전략 | 2022학년도 '갑'대학교 졸업생의 취업 및 진학 현황에 관한 자료를 바탕으로 옳지 않은 설명을 찾는 문제이다. 선지 ①, ③, ⑤에서 〈표〉의 빈칸과 관련된 내용을 다루고 있으므로 주석의 계산식을 바탕으로 빈칸에 들어갈 수치를 먼저 구하도록 한다. 이때, 선지 ③이 옳지 않은 것임을 알 수 있으므로 시간을 단축할 수 있다. 한편, 선지 ③과 ④에서 전체의 진학률과 취업률을 구할 때, 선지 및 해설에 제시되어 있는 것처럼 계열별로 증가한 진학자 수 또는 취업자 수를 구하지 않도록 한다. 계열별로 20%씩 진학자 수가 증가하거나 계열별로 10%씩 취업자 수가 증가하였다고 하였으므로 전체 진학자 수인 150명에서 20% 증가분을 계산하고, 전체 취업자 수인 1,100명에서 10% 증가분을 계산하여도 같은 결과를 나타내기 때문이다. 예를 들어, 전체 진학자 수인 150명에서 20%가 증가하면 150×1.2=180(명)인데, 이는 계열별로 20%씩 진학자 수가 증가한 것으로 계산하여 더한 값인 72+60+48=180(명)과 같다.

다음 〈표〉는 2022학년도 '갑'대학교 졸업생의 취업 및 진학 현황에 관한 자료이다. 이에 대한 설명으로 옳지 않은 것은?

〈표〉 2022학년도 '갑'대학교 졸업생의 취업 및 진학 현황

(단위: 명, %)

구분 계열	졸업생 수	취업자 수	취업률	진학자 수	진학률
A	800	500	( )	60	7.5
B	700	400	57.1	50	7.1
C	500	200	40.0	40	( )
전체	2,000	1,100	55.0	150	7.5

※ 1) 취업률(%) = $\frac{취업자 수}{졸업생 수}$ × 100

2) 진학률(%) = $\frac{진학자 수}{졸업생 수}$ × 100

3) 진로 미결정 비율(%) = 100 − (취업률 + 진학률)

① 취업률은 A계열이 B계열보다 높다. ➡ (O) A계열 취업률은 $\frac{500}{800}$ × 100=62.5(%)이므로 B계열 취업률 57.1%보다 높다.

② 진로 미결정 비율은 B계열이 C계열보다 낮다. ➡ (O) B계열의 진로 미결정 비율은 100−(57.1+7.1)=35.8(%)이다. C계열의 진학률이 $\frac{40}{500}$ × 100=8(%)이므로 진로 미결정 비율은 100−(40+8)=52(%)이다. 따라서 진로 미결정 비율은 B계열이 C계열보다 낮다.

③ 진학자 수만 계열별로 20%씩 증가한다면, 전체의 진학률은 10% 이상이 된다. ➡ (X) 진학자 수가 계열별로 20%씩 증가하면 A계열 진학자 수는 60×1.2=72(명), B계열 진학자 수는 50×1.2=60(명), C계열 진학자 수는 40×1.2=48(명)이다. 따라서 전체의 진학률은 $\frac{72+60+48}{2,000}$ × 100=9(%)이므로 10% 미만이다.

④ 취업자 수만 계열별로 10%씩 증가한다면, 전체의 취업률은 60% 이상이 된다. ➡ (O) 취업자 수가 계열별로 10%씩 증가하면 A계열 취업자 수는 500×1.1=550(명), B계열 취업자 수는 400×1.1=440(명), C계열 취업자 수는 200×1.1=220(명)이다. 따라서 전체의 취업률은 $\frac{550+440+220}{2,000}$ × 100=60.5(%)이므로 60% 이상이다.

⑤ 진학률은 A~C계열 중 C계열이 가장 높다. ➡ (O) C계열의 진학률이 $\frac{40}{500}$ × 100=8(%)이므로 A~C계열 중 진학률이 가장 높은 것은 C계열이다.

13 ③ 정답률 85.4%

| 문제 유형 | 자료 읽기 > 표/그림 제시형
| 접근 전략 | 〈그림〉으로 오이와 고추의 재배방식별 파종, 정식, 수확 가능 시기에 관한 자료가 제시되고, 이에 대한 설명으로 옳지 않은 것을 찾는 문제이다. 선지별로 내용이 옳은지 여부를 하나씩 확인하면 되는데, 특별한 계산이 요구되지 않으므로 주어진 〈그림〉과 선지의 내용을 정확하게 비교하여 판단하도록 한다.

다음 〈그림〉은 오이와 고추의 재배방식별 파종, 정식, 수확 가능 시기에 관한 자료이다. 이에 대한 설명으로 옳지 않은 것은?

〈그림〉 오이와 고추의 재배방식별 파종, 정식, 수확 가능 시기

① '촉성' 재배방식에서 정식이 가능한 달의 수는 오이가 고추보다 많다. ➡ (O) '촉성' 재배방식에서 정식이 가능한 달의 수는 오이가 12월과 1월 두 달이고, 고추가 12월 한 달이므로 오이가 고추보다 많다.

② 고추의 각 재배방식에서 파종 가능 시기와 정식 가능 시기의 차이는 1개월 이상이다. ➡ (O) 고추의 재배방식에 따라 파종 가능 시기와 정식 가능 시기의 차이를 확인해 보면 '촉성'은 2개월, '반촉성'은 3개월, '조숙'은 2개월, '보통'은 2개월, '억제'는 2개월이므로 모두 1개월 이상의 차이를 보인다.

③ 오이는 고추보다 정식과 수확이 모두 가능한 달의 수가 더 많다. ➡ (X) 정식과 수확이 모두 가능한 달은 오이와 고추 모두 2월, 4~6월이므로 두 작물은 서로 4개월로 같다.

④ 고추의 경우, 수확이 가능한 재배방식의 수는 7월이 가장 많다. ➡ (O) 고추는 7월에 '반촉성', '조숙', '보통', '억제'의 4개 재배방식으로 수확이 가능하여 가장 많다.

⑤ 오이의 재배방식 중 수확이 가능한 달의 수가 가장 적은 것은 '보통'이다. ➡ (O) 재배방식에 따라 오이의 수확이 가능한 달의 수를 확인해 보면 '촉성'은 4개월, '반촉성'은 4개월, '조숙'은 4개월, '보통'은 3개월, '억제'는 5개월이므로, 수확이 가능한 달의 수가 가장 적은 것은 '보통'이다.

14 ② 정답률 80.5%

| 문제 유형 | 자료 읽기 > 표 제시형
| 접근 전략 | 2019~2023년 양식 품목별 면허어업 건수에 관한 〈표〉의 내용과 선지의 내용을 비교하여 옳은지 확인한다. 특히 전년 대비 증가율을 구하여 비교하는 분수식에서 일일이 계산할 필요 없이 2020년의 경우 2022년보다 분모는 작고 분자는 크므로 전체 분수식의 값이 크다는 것을 빠르게 판단하도록 한다.

다음 〈표〉는 2019~2023년 '갑'국의 양식 품목별 면허어업 건수에 관한 자료이다. 이에 대한 설명으로 옳은 것은?

〈표〉 2019~2023년 양식 품목별 면허어업 건수

(단위: 건)

연도 양식 품목	2019	2020	2021	2022	2023
김	781	837	853	880	812
굴	1,292	1,314	1,317	1,293	1,277
새고막	1,076	1,093	1,096	1,115	1,121
바지락	570	587	576	582	565
미역	802	920	898	882	678
전체	4,521	4,751	4,740	4,752	4,453

※ 양식 품목은 '김', '굴', '새고막', '바지락', '미역'뿐임.

① '김' 면허어업 건수는 매년 증가한다. ➡ (X) '김' 면허어업 건수는 '2020년 837건 → 2021년 853건 → 2022년 880'건으로 증가하다가 2023년에는 812건으로 880-812=68(건) 감소했다.

② '굴'과 '새고막'의 면허어업 건수 합은 매년 전체의 50% 이상이다. ➡ (O) 2019~2023년 '굴'과 '새고막'의 면허어업 건수 합을 구하면 다음과 같다.

2019년	2020년	2021년	2022년	2023년
2,368건	2,407건	2,413건	2,408건	2,398건

따라서 매년 '(굴+새고막)×2 ≥ 전체'이므로 전체의 50% 이상임을 알 수 있다.

③ '바지락' 면허어업 건수의 전년 대비 증가율은 2020년이 2022년보다 낮다. ➡ (X) 2022년 '바지락' 면허어업 건수의 전년 대비 증가율은 $\frac{582-576}{576} \times 100 = \frac{6}{576} \times 100 ≒ 1.0(\%)$이고, 2020년 '바지락' 면허어업 건수의 전년 대비 증가율은 $\frac{587-570}{570} \times 100 = \frac{17}{570} \times 100 ≒ 3.0(\%)$이다. 따라서 '바지락' 면허어업 건수의 전년 대비 증가율은 2020년이 2022년보다 높다.

④ '미역' 면허어업 건수는 2023년이 2020년보다 많다. ➡ (X) 2023년 '미역' 면허어업 건수는 678건으로 2020년 '미역' 면허어업 건수 920건보다 적다.

⑤ 2023년에 면허어업 건수가 전년 대비 증가한 양식 품목은 2개이다. ➡ (X) 2022년 대비 2023년 면허어업 건수가 증가한 양식 품목은 새고막으로, 1개이다.

15 ① 정답률 87%

| 문제 유형 | 자료 읽기/추론 > 매칭형 |
| 접근 전략 | 〈보고서〉의 내용을 뒤에서 앞으로 읽으면서 풀면 후보 국가를 일부 추려서 하나씩 소거할 수 있다. |

다음은 2019~2022년 우리나라의 원산지별 목재펠릿 수입량에 관한 자료이다. 이를 근거로 A~E국 중 우리나라에 해당하는 국가를 고르면?

―〈보고서〉―

목재펠릿은 작은 원통형으로 성형한 목재 연료로, 재생 가능한 청정에너지원이며 바이오매스 발전에 사용되고 있다. 2022년 기준 국내 목재펠릿 이용량의 84%가 수입산으로, 전체 수입량은 전년 대비 10% 이상 증가하였다. 매년 전체 목재펠릿 수입량의 절반 이상이 베트남으로, 베트남에 대한 과도한 의존이 지속되고 있다. 2021년부터 충청남도 서산과 당진에 있는 바이오매스 발전소에 캐나다산 목재펠릿을 공급하면서 캐나다산 목재펠릿 수입이 증가하여 2022년 캐나다산 목재펠릿 수입량은 2019년 대비 30배 이상이 되었다. 또한, 2022년에는 유럽 시장에 수출길이 막힌 러시아산 목재펠릿의 수입량이 크게 증가하여 2022년 기준 러시아산이 우리나라 목재펠릿 수입량 2위를 차지하였다. 인도네시아산 목재펠릿 수입량은 2019년 이후 꾸준히 증가해 2022년에는 말레이시아산 목재펠릿 수입량을 추월하였다.

〈표 1〉 2019~2021년 우리나라의 원산지별 목재펠릿 수입량
(단위: 천 톤)

원산지 연도	베트남	말레이시아	캐나다	인도네시아	러시아	기타	전체
2019	1,941	520	11	239	99	191	3,001
2020	1,912	508	52	303	165	64	3,004
2021	2,102	406	329	315	167	39	3,358

〈표 2〉 2022년 A~E국의 원산지별 목재펠릿 수입량
(단위: 천 톤)

원산지 국가	베트남	말레이시아	캐나다	인도네시아	러시아	기타	전체
A	2,201	400	348	416	453	102	3,920
B	2,245	453	346	400	416	120	3,980
C	2,264	416	400	346	453	106	3,985
D	2,022	322	346	416	400	40	3,546
E	2,010	346	322	400	416	142	3,636

① A ➡ (O) 〈보고서〉 내용의 마지막 줄에 '인도네시아산 목재펠릿 수입량은 ~ 2022년에는 말레이시아산 목재펠릿 수입량을 추월하였으므로, 〈표 2〉에서 해당하는 국가는 A, D, E이다.
2022년에 러시아산 목재펠릿의 수입량이 크게 증가하여 우리나라 목재펠릿 수입량 2위를 차지하였으므로, A, D, E 중 D는 러시아가 2위가 아니므로 제외한다.
캐나다산 목재펠릿 수입이 증가하여 2022년에 2019년 대비 30배 이상이 되었으므로, 〈표 1〉에서 2019년 캐나다산 목재펠릿 수입량(11천 톤)의 30배 이상이려면 330천 톤 이상이어야 한다. 따라서 E가 제외되므로, 우리나라에 해당하는 국가는 A이다.
② B ➡ (X)
③ C ➡ (X)
④ D ➡ (X)
⑤ E ➡ (X)

S 16 ⑤ 정답률 45.9%

| 문제 유형 | 자료 읽기 > 표 제시형 |
| 접근 전략 | ㄹ을 먼저 확인한 후 ㄷ을 확인한다. ㄷ에서 2020년 대비 2022년 분자 증가폭은 2로 동일한데, 분모가 주민이용시설이 6이어서 주거체험시설 3의 2배이다. 따라서 증가율이 2배임을 알 수 있다. ㄴ에서 2017~2022년 전체 공공한옥시설 중 '문화전시시설'의 비율이 매년 20% 이상이려면, $\frac{문화전시시설}{전체\ 공공한옥시설} \times 100 \geq 20$이어야 하므로 '5 × 문화전시시설 ≥ 전체 공공한옥시설'이어야 한다. 매년 만족하므로 전체 한옥시설 중 '문화전시시설'의 비율은 매년 20% 이상이다. 마지막으로 ㄱ을 확인한다. |

다음 〈표〉는 2017~2022년 '갑'시 공공한옥시설의 유형별 현황에 관한 자료이다. 이에 대한 〈보기〉의 설명 중 옳은 것만을 모두 고르면?

〈표〉 2017~2022년 '갑'시 공공한옥시설의 유형별 현황
(단위: 개소)

연도 유형	2017	2018	2019	2020	2021	2022
문화전시시설	8	8	10	11	12	12
전통공예시설	14	14	11	10	( )	9
주민이용시설	3	3	5	6	8	8
주거체험시설	0	0	1	3	4	( )
한옥숙박시설	2	2	( )	0	0	0
전체	27	27	28	30	34	34

※ 공공한옥시설의 유형은 '문화전시시설', '전통공예시설', '주민이용시설', '주거체험시설', '한옥숙박시설'로만 구분됨.

―〈보기〉―

ㄱ. '전통공예시설'과 '한옥숙박시설'의 전년 대비 증감 방향은 매년 같다. → (X) 2018년~2022년 '전통공예시설'의 전년 대비 증감 방향은 '유지 → 감소 → 감소 → 유지 → 감소'이고, '한옥숙박시설'의 전년 대비 증감 방향은 '유지 → 감소 → 감소 → 유지 → 유지'이다. 따라서 증감 방향은 매년 같다고 말할 수 없다.

ㄴ. 전체 공공한옥시설 중 '문화전시시설'의 비율은 매년 20% 이상이다. → (O) 2017~2022년 전체 공공한옥시설 중 '문화전시시설'의 비율을 구하면 다음과 같다.

2017년	2018년	2019년	2020년	2021년	2022년
약 30%	약 30%	약 36%	약 37%	약 35%	약 35%

ㄷ. 2020년 대비 2022년 공공한옥시설의 유형별 증가율은 '주거체험시설'이 '주민이용시설'의 2배이다. → (O) 2020년 대비 2022년 공공한옥시설의 유형별 증가율은 '주거체험시설'의 경우 $\frac{5-3}{3} \times 100 ≒ 67(\%)$이고, '주민이용시설'의 경우 $\frac{8-6}{6} \times 100 ≒ 33(\%)$이므로 '주거체험시설'이 '주민이용시설'의 2배이다.

ㄹ. '한옥숙박시설'이 '주거체험시설'보다 많은 해는 2017년과 2018년뿐이다. → (O) '한옥숙박시설'이 '주거체험시설'보다 많은 해는 2017년(주거체험 0개소, 한옥숙박 2개소)과 2018년(주거체험 0개소, 한옥숙박 2개소)이다.

① ㄱ, ㄴ ➡ (X)
② ㄴ, ㄷ ➡ (X)
③ ㄴ, ㄹ ➡ (X)
④ ㄱ, ㄷ, ㄹ ➡ (X)
⑤ ㄴ, ㄷ, ㄹ ➡ (O)

17 ① 정답률 62.6%

| 문제 유형 | 자료 읽기 > 표/그림 제시형
| 접근 전략 | 선지 ①부터 순서대로 풀이해 보면, 최저개발국 직접투자 규모는 2015년 31,205 × 0.0280이고, 2023년 76,446 × 0.017이다. 해외직접투자 규모가 2배 이상 커졌는데, 비중 관련 수치는 2배 이상이 안 되므로 2023년 계산값이 더 큰 것을 알 수 있다.

다음 〈그림〉은 2015~2023년 '갑'국의 해외직접투자 규모와 최저개발국 직접투자 비중에 관한 자료이다. 이에 대한 설명으로 옳은 것은?

〈그림〉 해외직접투자 규모와 최저개발국 직접투자 비중

※ 최저개발국 직접투자 비중(%) = $\frac{\text{최저개발국 직접투자 규모}}{\text{해외직접투자 규모}} \times 100$

→ 주석에 따르면, '최저개발국 직접투자 비중(%) = $\frac{\text{최저개발국 직접투자 규모}}{\text{해외직접투자 규모}} \times 100$'
이므로 식을 정리하면,
'최저개발국 직접투자 규모 = 해외직접투자 규모 × $\frac{\text{최저개발국 직접투자 비중(%)}}{100}$'이다.
따라서 2015~2023년 최저개발국 직접투자 규모를 정리하면 다음과 같다.
(단위: 백만 달러)

2015년	2016년	2017년	2018년	2019년	2020년	2021년	2022년	2023년
약 874	약 574	약 425	약 732	약 631	약 826	약 1,236	약 2,005	약 1,300

① 최저개발국 직접투자 규모는 2023년이 2015년보다 크다. ➡ (O)
2023년 최저개발국 직접투자 규모는 약 1,300백만 달러로, 2015년 최저개발국 직접투자 규모인 약 874백만 달러보다 크다.

② 2021년 최저개발국 직접투자 비중은 전년보다 감소하였다.
➡ (X) 2021년 최저개발국 직접투자 비중은 1.9%로 전년 최저개발국 직접투자 비중인 1.6%보다 0.3%p 증가하였다.

③ 2018년 최저개발국 직접투자 규모는 10억 달러 이상이다. ➡ (X)
2018년 최저개발국 직접투자 규모는 약 732백만 달러 = 7억 3,200백만 달러로, 10억 달러 미만이다.

④ 2023년 해외직접투자 규모는 전년 대비 40% 이상 증가하였다.
➡ (X) 2023년 해외직접투자 규모는 전년 대비 $\frac{76,446-57,299}{57,299} \times 100 = \frac{19,147}{57,299} \times 100 ≒ 33(\%)$로, 40% 미만으로 증가하였다.

⑤ 2017년에 해외직접투자 규모와 최저개발국 직접투자 비중 모두 전년 대비 증가하였다. ➡ (X) 해외직접투자 규모는 '2016년 28,724백만 달러 < 2017년 30,375백만 달러'이고, 최저개발국 직접투자 비중은 '2016년 2.0% > 2017년 1.4%'로 전년 대비 감소하였다.

S 18 ④ 정답률 47.1%

| 문제 유형 | 자료 읽기 > 표 제시형
| 접근 전략 | 〈표〉에서 '가맹점당 매출액 = $\frac{\text{매출액}}{\text{가맹점}}$'이고, '가맹점 면적당 매출액 = $\frac{\text{매출액}}{\text{가맹점 면적}}$'이다. ㄴ을 먼저 살펴보면, 전체 가맹점 매출액의 합은 '가맹점 수 × 가맹점당 매출액'이다. 브랜드 A와 브랜드 B의 가맹점 수와 가맹점당 매출액이 가장 높은 편인데 어림잡아 식을 세우면 '147 × 583'과 '145 × 603'이다. 비교하면, 가맹점 수가 2 작은데 가맹점당 매출액은 20 커졌으므로 산출되는 전체 값은 더 크다. 그 다음으로 ㄷ을 보면, 브랜드별로 각각 전체 가맹점 매출액의 합을 계산하지 않아도 브랜드 E의 경우 가맹점당 매출액이 B, A 다음으로 크지만, 가맹점 수가 다른 브랜드 대비 현저히 적은 787개이므로 곱하면 산출되는 전체 가맹점 매출액의 합이 가장 작고 가맹점 면적당 매출액(32,543 vs 15,448)은 가맹점 수 비율(4,082 vs 787)만큼의 큰 차이는 없으므로 가맹점 면적의 합은 가장 작은 것을 알 수 있다. 마지막으로 ㄱ을 풀 때 최소 14개임에 유의한다.

다음 〈표〉는 '갑'국의 가맹점 수 기준 상위 5개 편의점 브랜드 현황에 관한 자료이다. 이에 대한 〈보기〉의 설명 중 옳은 것만을 모두 고르면?

〈표〉 가맹점 수 기준 상위 5개 편의점 브랜드 현황
(단위: 개, 천 원/개, 천 원/m²)

순위	브랜드	가맹점 수	가맹점당 매출액	가맹점 면적당 매출액
1	A	14,737	583,999	26,089
2	B	14,593	603,529	32,543
3	C	10,294	465,042	25,483
4	D	4,082	414,841	12,557
5	E	787	559,684	15,448

※ 가맹점 면적당 매출액(천 원/m²) = $\frac{\text{해당 브랜드 전체 가맹점 매출액의 합}}{\text{해당 브랜드 전체 가맹점 면적의 합}}$

〈보기〉

ㄱ. '갑'국의 전체 편의점 가맹점 수가 5만 개라면 편의점 브랜드 수는 최소 14개이다. → (X) 상위 5개 편의점 브랜드의 가맹점 수 합은 14,737 + 14,593 + 10,294 + 4,082 + 787 = 44,493(개)이다. '갑'국의 전체 편의점 가맹점 중 상위 5개를 제외하면 50,000 - 44,493 = 5,507(개)이고, 5위 브랜드 E의 가맹점 수가 787개이므로 6위 브랜드의 가맹점 수는 최대 786개일 수 있다. $\frac{5,507}{786} ≒ 7.01$이므로, 최소 5 + 8 = 13(개)의 편의점 브랜드 수가 존재함을 알 수 있다.

ㄴ. A~E 중, 가맹점당 매출액이 가장 큰 브랜드가 전체 가맹점 매출액의 합도 가장 크다. → (O) 전체 가맹점 매출액의 합은 '가맹점 수 × 가맹점당 매출액'이므로, 가맹점당 매출액이 가장 큰 브랜드인 B와 비슷한 브랜드 A의 전체 가맹점 매출액의 합을 계산해서 비교하면 다음과 같다.
• 브랜드 A: 14,737 × 583,999 = 8,606,393,263(천 원)
• 브랜드 B: 14,593 × 603,529 = 8,807,298,697(천 원)
따라서 가맹점당 매출액이 가장 큰 브랜드가 전체 가맹점 매출액의 합도 가장 크다.

ㄷ. A~E 중, 해당 브랜드 전체 가맹점 면적의 합이 가장 작은 편의점 브랜드는 E이다. → (O) 브랜드별 전체 가맹점 매출액의 합은 '가맹점 수 × 가맹점당 매출액'이고, 전체 가맹점 면적의 합은 $\frac{\text{전체 가맹점 매출액의 합}}{\text{가맹점 면적당 매출액}}$이므로 계산하면 다음과 같다.

브랜드	전체 가맹점 매출액의 합	전체 가맹점 면적의 합 (= 전체 가맹점 매출액의 합 / 가맹점 면적당 매출액)
A	14,737 × 583,999 = 8,606,393,263(천 원)	329,886
B	14,593 × 603,529 = 8,807,298,697(천 원)	270,636
C	10,294 × 465,042 = 4,787,142,348(천 원)	187,856
D	4,082 × 414,841 = 1,693,380,962(천 원)	134,856
E	787 × 559,684 = 440,471,308(천 원)	28,513

따라서 해당 브랜드 전체 가맹점 면적의 합이 가장 작은 편의점 브랜드는 E이다.

① ㄱ ➡ (X)
② ㄴ ➡ (X)
③ ㄷ ➡ (X)
④ ㄴ, ㄷ ➡ (O)
⑤ ㄱ, ㄴ, ㄷ ➡ (X)

19 ②   정답률 60.4%

|문제 유형| 자료 읽기 > 표 제시형
|접근 전략| 주석에서 '시설용량은 1일 가동 시 소각할 수 있는 최대량'이라고 했으므로, 최대량을 소각하면 일수로 얼마나 걸리는지 구할 수 있다. 순서대로 선지를 풀면, ①에서 연간소각실적과 관리인원 수치를 유사한 것끼리 비교하면 비교적 빠른 해결이 가능하다. C와 E를 통해 연간소각실적이 많다고 해서 관리인원 또한 많다는 설명은 적절하지 않다. 선지 ②를 계산하면 복잡하지만 옳은 선지라는 것을 알 수 있는데, 계산값이 복잡하므로 나머지 ③~⑤를 먼저 풀어서 ②를 도출하는 것도 방법이다.
선지 ③과 ④ 계산 시 각각 'A의 연간소각실적 < D의 연간소각실적 × 1.5'여야 하는데, 163,785톤 > 156,264톤이므로 1.5배보다 크다는 것을, 'C의 시설용량 ≥ 전체 시설용량 × 0.3'이어야 하는데, 750톤/일 < 869.4톤/일이므로 30% 미만임을 알 수 있다.

다음 〈표〉는 2023년 '갑'시 소각시설 현황에 관한 자료이다. 이에 대한 설명으로 옳은 것은?

〈표〉 2023년 '갑'시 소각시설 현황
(단위: 톤/일, 톤, 명)

소각시설	시설용량	연간소각실적	관리인원
전체	2,898	689,052	314
A	800	163,785	66
B	48	12,540	34
C	750	169,781	75
D	400	104,176	65
E	900	238,770	74

※시설용량은 1일 가동 시 소각할 수 있는 최대량임.

① '연간소각실적'이 많은 소각시설일수록 '관리인원'이 많다. ➡ (X) '연간소각실적'이 많은 소각시설부터 순서대로 나열하면 E, C, A, D, B이고, '관리인원'이 많은 소각시설부터 순서대로 나열하면 C, E, A, D, B이다. 따라서 '연간소각실적'이 많은 소각시설일수록 '관리인원'이 많다고 할 수 없다.

② '시설용량' 대비 '연간소각실적' 비율이 가장 높은 소각시설은 E이다. ➡ (O) 소각시설별로 '시설용량' 대비 '연간소각실적' 비율을 구하여 정리하면 다음과 같다.

A	B	C	D	E
$\frac{163,785}{800}$ ≒ 205	$\frac{12,540}{48}$ ≒ 261	$\frac{169,781}{750}$ ≒ 226	$\frac{104,176}{400}$ ≒ 260	$\frac{238,770}{900}$ ≒ 265

따라서 해당 비율이 가장 높은 소각시설은 E이다.

③ '연간소각실적'은 A가 D의 1.5배 이하이다. ➡ (X) 소각시설 A의 연간소각실적은 163,785톤으로, 소각시설 D의 $\frac{163,785}{104,176}$ ≒ 1.57(배)로 1.5배 이상이다.

④ C의 '시설용량'은 전체 '시설용량'의 30% 이상이다. ➡ (X) 소각시설 C의 '시설용량'은 750톤/일이며, 전체 '시설용량'인 2,898톤/일의 $\frac{750}{2,898}$ × 100 ≒ 26(%)로 30% 미만이다.

⑤ B의 2023년 가동 일수는 250일 미만이다. ➡ (X) 소각시설 B의 시설용량은 1일 48톤이고, 연간소각실적은 12,540톤이므로 가동 일수는 $\frac{12,540}{48}$ ≒ 261(일) 이상이다.

※ 다음 〈표〉는 2019~2023년 '갑'국 및 A지역의 식량작물 생산 현황에 관한 자료이다. 다음 물음에 답하시오. [문 20.~문 21.]

〈표 1〉 2019~2023년 식량작물 생산량
(단위: 톤)

연도 구분	2019	2020	2021	2022	2023
'갑'국 전체	4,397,532	4,374,899	4,046,574	4,456,952	4,331,597
A지역 전체	223,472	228,111	203,893	237,439	221,271
미곡	153,944	150,901	127,387	155,501	143,938
맥류	270	369	398	392	201
잡곡	29,942	23,823	30,972	33,535	30,740
두류	9,048	10,952	9,560	10,899	10,054
서류	30,268	42,066	35,576	37,112	36,338

〈표 2〉 2019~2023년 식량작물 생산 면적
(단위: ha)

연도 구분	2019	2020	2021	2022	2023
'갑'국 전체	924,470	924,291	906,106	905,034	903,885
A지역 전체	46,724	47,446	46,615	47,487	46,542
미곡	29,006	28,640	28,405	28,903	28,708
맥류	128	166	177	180	98
잡곡	6,804	6,239	6,289	6,883	6,317
두류	5,172	5,925	5,940	5,275	5,741
서류	5,614	6,476	5,804	6,246	5,678

※A지역 식량작물은 미곡, 맥류, 잡곡, 두류, 서류뿐임.

20 ① 정답률 57.3%

| 문제 유형 | 자료 읽기 > 표 제시형

| 접근 전략 | 선지 ①을 먼저 풀면 바로 확인 가능하다. 숫자가 복잡할 때는 어림잡아 자릿수를 맞춰서 식을 세우는 것도 방법인데 전년 대비 감소율을 구하는 분수식에서 A지역 전체와 '갑'국 전체의 분자는 비슷한데, 분모는 237보다 445가 훨씬 크므로 전체 분수값은 작음을 알 수 있다. 따라서 2023년 식량작물 생산량의 전년 대비 감소율은 A지역 전체가 '갑'국 전체보다 높다.

위 〈표〉에 대한 설명으로 옳지 않은 것은?

① 2023년 식량작물 생산량의 전년 대비 감소율은 A지역 전체가 '갑'국 전체보다 낮다. ➡ (X) 2023년 식량작물 생산량의 전년 대비 감소율은 A지역 전체의 경우 $\frac{237,439 - 221,271}{237,439} \times 100 ≒ 6.8(\%)$이고, '갑'국 전체의 경우 $\frac{4,456,952 - 4,331,597}{4,456,952} \times 100 ≒ 2.8(\%)$이므로 A지역 전체가 '갑'국 전체보다 높다.

② 2019년 대비 2023년 생산량 증감률이 가장 큰 A지역 식량작물은 맥류이다. ➡ (O) 식량작물별로 2019년 대비 2023년 생산량 증감률을 구하여 정리하면 다음과 같다.

미곡	맥류	잡곡	두류	서류
$\frac{10,006}{153,944} \times 100$	$\frac{69}{270} \times 100$	$\frac{798}{29,942} \times 100$	$\frac{1,006}{9,048} \times 100$	$\frac{6,070}{30,268} \times 100$
≒ 6.5(%)	≒ 25.6(%)	≒ 2.7(%)	≒ 11.1(%)	≒ 20.1(%)

따라서 2019년 대비 2023년 생산량 증감률이 가장 큰 A지역 식량작물은 '맥류'이다.
→ 식량작물별로 2019년 대비 2023년 생산량 증감률 식을 세웠을 때 맥류의 경우 분모가 분자의 4배 미만으로 가장 작다. 따라서 분수 전체의 값은 가장 클 것을 예상할 수 있다.

③ 미곡은 매년 A지역 전체 식량작물 생산 면적의 절반 이상을 차지한다. ➡ (O) A지역 전체 식량작물 생산 면적의 절반을 구하여 미곡의 생산 면적과 비교하면 다음과 같다.

(단위: ha)

연도 생산 면적	2019년	2020년	2021년	2022년	2023년
A지역 전체÷2	23,362	23,723	23,307.5	23,743.5	23,271
미곡	29,006	28,640	28,405	28,903	28,708

따라서 미곡은 매년 A지역 전체 식량작물 생산 면적의 절반 이상을 차지한다.

④ 2023년 생산 면적당 생산량이 가장 많은 A지역 식량작물은 서류이다. ➡ (O) 식량작물별로 2023년 생산 면적당 생산량을 구하여 정리하면 다음과 같다.

구분	미곡	맥류	잡곡	두류	서류
생산량	143,938	201	30,740	10,054	36,338
생산 면적	28,708	98	6,317	5,741	5,678
생산 면적당 생산량	약 5.0	약 2.1	약 4.9	약 1.8	약 6.4

따라서 2023년 생산 면적당 생산량이 가장 많은 A지역 식량작물은 '서류'이다.

⑤ A지역 전체 식량작물 생산량과 A지역 전체 식량작물 생산 면적의 전년 대비 증감 방향은 매년 같다. ➡ (O) 2020~2023년 A지역 전체 식량작물 생산량 증감 방향은 '증가 → 감소 → 증가 → 감소'이고, A지역 전체 식량작물 생산 면적의 전년 대비 증감 방향은 '증가 → 감소 → 증가 → 감소'로 매년 같다.

S 21 ④ TOP3 정답률 43.2%

| 문제 유형 | 자료 변환응용 > 표/그림 전환형

| 접근 전략 | ㄱ은 연도별로 전년 대비 얼마나 변했는지 확인하면 된다. ㄴ은 〈보기〉의 수치와 〈표〉의 수치를 비교하면 빠르게 확인할 수 있다. ㄷ은 증가율 수치를 2020년부터 2023년까지 어림잡아 30%, 40%, 40%, -20%로 바꿔 접근하면 좋다. ㄹ은 해당 비중에 근사한 값으로 나오는지를 확인하는 것이 시간 단축에 용이하다.

위 〈표〉를 이용하여 작성한 〈보기〉의 자료 중 옳은 것만을 모두 고르면?

〈보기〉

ㄱ. 2020~2023년 '갑'국 전체 식량작물 생산 면적의 전년 대비 감소량

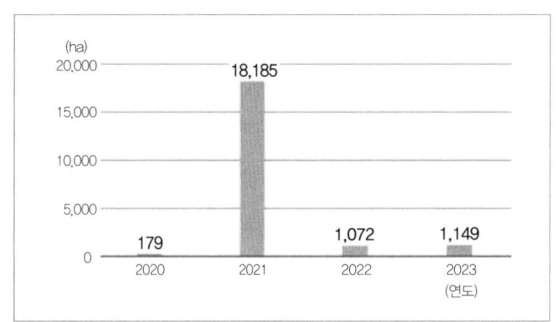

→ (O) 〈표 2〉를 살펴봤을 때 2020~2023년 '갑'국 전체 식량작물 생산 면적의 전년 대비 감소량을 구하면 다음과 같다.

2020년	2021년	2022년	2023년
924,470 −924,291 =179(ha)	924,291 −906,106 =18,185(ha)	906,106 −905,034 =1,072(ha)	905,034 −903,885 =1,149(ha)

ㄴ. 연도별 A지역 잡곡, 두류, 서류 생산량

→ (X) 〈표 1〉을 살펴보면 A지역 잡곡, 두류, 서류 생산량에 따른 3가지 식량작물의 생산량은 다음과 같다.

(단위: 톤)

구분	2019년	2020년	2021년	2022년	2023년
잡곡	29,942	23,823	30,972	33,535	30,740
두류	9,048	10,952	9,560	10,899	10,054
서류	30,268	42,066	35,576	37,112	36,338
합계	69,258	76,841	76,108	81,546	77,132

2021년 막대그래프를 보면, 잡곡과 서류 생산량이 서로 바뀌었으므로 〈표〉를 이용하여 작성한 그래프로 옳지 않다.

ㄷ. 2019년 대비 연도별 A지역 맥류 생산 면적 증가율

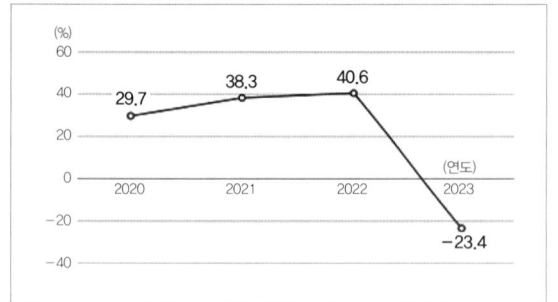

→ (O) 〈표 2〉를 참고하면, 2019년 대비 연도별 A지역 맥류 생산 면적 증가율은 다음과 같다.

- 2020년: $\frac{38}{128} \times 100 ≒ 29.7(\%)$
- 2021년: $\frac{49}{128} \times 100 ≒ 38.3(\%)$
- 2022년: $\frac{52}{128} \times 100 ≒ 40.6(\%)$
- 2023년: $\frac{-30}{128} \times 100 ≒ -23.4(\%)$

ㄹ. 2023년 A지역 식량작물 생산량 구성비

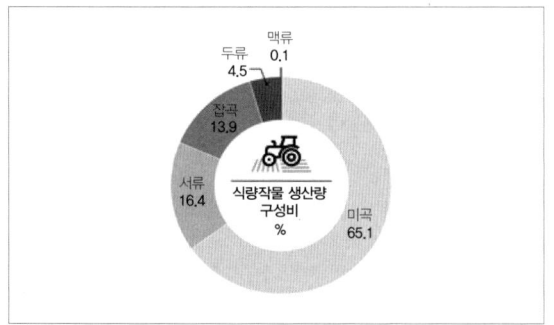

→ (O) 〈표 1〉을 참고하면 2023년 A지역 식량작물 생산량 구성비는 다음과 같다.

미곡	맥류	잡곡	두류	서류
$\frac{143,938}{221,271} \times 100 ≒ 65.1(\%)$	$\frac{201}{221,271} \times 100 ≒ 0.1(\%)$	$\frac{30,740}{221,271} \times 100 ≒ 13.9(\%)$	$\frac{10,054}{221,271} \times 100 ≒ 4.5(\%)$	$\frac{36,338}{221,271} \times 100 ≒ 16.4(\%)$

① ㄱ, ㄴ ➡ (X)
② ㄱ, ㄷ ➡ (X)
③ ㄴ, ㄹ ➡ (X)
④ ㄱ, ㄷ, ㄹ ➡ (O)
⑤ ㄴ, ㄷ, ㄹ ➡ (X)

22 ①
정답률 66.3%

|문제 유형| 자료 읽기 > 표/빈칸 제시형
|접근 전략| 선지를 순서대로 풀면, ①에서 '주의'인 곳은 지방소멸위험지수가 정확히 나와 있는 동부터 알아보면 5곳이므로 구해야 하는 E, I, K 중 한 곳이라도 추가로 나오면 옳지 않은 선지가 된다. E에서 20~39세 여성 인구가 65세 이상 인구의 50% 이상에 해당되기 때문에 5곳이 아님을 알 수 있다.

다음 〈표〉는 2022년 3월 기준 '갑'시 A~L동의 지방소멸위험지수 및 지방소멸위험 수준에 관한 자료이다. 이에 대한 설명으로 옳지 않은 것은?

〈표 1〉 2022년 3월 기준 '갑'시 A~L동의 지방소멸위험지수

(단위: 명)

동	총인구	65세 이상 인구	20~39세 여성 인구	지방소멸위험지수
A	14,056	2,790	1,501	0.54
B	23,556	3,365	( )	0.88
C	29,204	3,495	3,615	1.03
D	21,779	3,889	2,614	0.67
E	11,224	2,300	1,272	( )
F	16,792	2,043	2,754	1.35
G	19,163	2,469	3,421	1.39
H	27,146	4,045	4,533	1.12
I	23,813	2,656	4,123	( )
J	29,649	5,733	3,046	0.53
K	36,326	7,596	3,625	( )
L	15,226	2,798	1,725	0.62

※ 지방소멸위험지수 = $\frac{20\sim39세\ 여성\ 인구}{65세\ 이상\ 인구}$

〈표 2〉 지방소멸위험 수준

지방소멸위험지수	지방소멸위험 수준
1.5 이상	저위험
1.0 이상 1.5 미만	보통
0.5 이상 1.0 미만	주의
0.5 미만	위험

→ 〈표 1〉의 빈칸을 먼저 채우도록 한다. 주석을 참고하면 20~39세 여성 인구는 '지방소멸위험지수 × 65세 이상 인구'이므로 B동의 20~39세 여성 인구는 0.88 × 3,365명 ≒ 2,961(명)이다.

또한, E동, I동, K동의 지방소멸위험지수는 각각 $\frac{1,272}{2,300} ≒ 0.55$, $\frac{4,123}{2,656} ≒ 1.55$, $\frac{3,625}{7,596} ≒ 0.48$이다.

① 지방소멸위험 수준이 '주의'인 동은 5곳이다. ➡ (X) 지방소멸위험 수준이 '주의'인 경우는 〈표 2〉를 참고하면 0.5 이상 1.0 미만인 경우이므로, A동, B동, D동, E동, J동, L동이 해당한다. 따라서 총 6곳이다.

② '20~39세 여성 인구'는 B동이 G동보다 적다. ➡ (O) 20~39세 여성 인구는 B동의 경우 약 2,961명이고, G동의 경우 3,421명이므로 B동이 G동보다 적다.

③ 지방소멸위험지수가 가장 높은 동의 '65세 이상 인구'는 해당 동 '총인구'의 10% 이상이다. ➡ (O) 지방소멸위험지수가 1.55로 가장 높은 I동의 65세 이상 인구는 2,656명이고, 해당 동 총인구 23,813명의 10%는 2,381.3명이다. 따라서 65세 이상 인구가 총인구의 10% 이상이다.
④ '총인구'가 가장 많은 동은 지방소멸위험지수가 가장 낮다. ➡ (O) 총인구가 36,326명으로 가장 많은 K동의 지방소멸위험지수는 0.48로 가장 낮다.
⑤ 지방소멸위험 수준이 '보통'인 동의 '총인구' 합은 90,000명 이상이다. ➡ (O) 지방소멸위험 수준이 '보통'인 경우는 1.0 이상 1.5 미만으로 C동, F동, G동, H동으로 4곳이며 해당 동의 총인구 합은 29,204 + 16,792 + 19,163 + 27,146 = 92,305(명)이다. 따라서 90,000명 이상이다.

23 ③ 정답률 69.7%

| 문제 유형 | 자료 읽기 > 표 제시형
| 접근 전략 | 처리방법과 처리주체로 구분되어 처리실적이 한데 모인 자료이므로, 일일이 계산해야 한다. 또한, 선지 ②를 보면 '각 처리방법'이라 나와 있으므로 재활용, 소각, 매립을 모두 살펴봐야 한다. 그리고 선지 ③에서 '각 처리주체'라 나와 있으므로 공공, 자가, 위탁 모두 고려해야 하며 '공공'과 '자가'의 비교를 물어보므로 둘을 비교해야 한다.

다음 〈표〉는 2023년 '갑'국의 생활계 폐기물 처리실적에 관한 자료이다. 이에 대한 설명으로 옳은 것은?

〈표〉 2023년 처리방법별, 처리주체별 생활계 폐기물 처리실적
(단위: 만 톤)

처리방법 \ 처리주체	재활용	소각	매립	기타	합
공공	403	447	286	7	1,143
자가	14	5	1	1	21
위탁	870	113	4	119	1,106
계	1,287	565	291	127	2,270

① 전체 처리실적 중 '매립'의 비율은 15% 이상이다. ➡ (X) 전체 처리실적 2,270만 톤 중 매립 291만 톤이 차지하는 비율은 $\frac{291}{2,270} \times 100 ≒ 12.8(\%)$로, 15% 미만이다.
② 기타를 제외하고, 각 처리방법에서 처리실적은 '공공'이 '위탁'보다 많다. ➡ (X) 재활용의 경우 '공공' 처리실적은 403만 톤이고, '위탁' 처리실적은 870만 톤으로 '공공'이 '위탁'보다 적다.
③ 각 처리주체에서 '매립'의 비율은 '공공'이 '자가'보다 높다. ➡ (O) 처리주체인 공공의 경우 매립의 비율은 $\frac{286}{1,143} \times 100 ≒ 25.0(\%)$이고, 자가의 경우 매립의 비율은 $\frac{1}{21} \times 100 ≒ 4.8(\%)$이다. 따라서 각 처리주체에서 '매립'의 비율은 '공공'이 '자가'보다 높다.
④ 처리주체가 '위탁'인 생활계 폐기물 중 '재활용'의 비율은 75% 이하이다. ➡ (X) 처리주체가 '위탁'인 생활계 폐기물 1,106만 톤 중 재활용 870만 톤이 차지하는 비율은 $\frac{870}{1,106} \times 100 ≒ 78.7(\%)$로, 75% 이상이다.
⑤ '소각' 처리 생활계 폐기물 중 '공공'의 비율은 90% 이상이다. ➡ (X) '소각' 처리 생활계 폐기물 565만 톤 중 공공 447만 톤이 차지하는 비율은 $\frac{447}{565} \times 100 ≒ 79.1(\%)$로, 90% 미만이다.

S 24 ④ TOP2 정답률 36.3%

| 문제 유형 | 자료 변환응용 > 자료/보고서 전환형
| 접근 전략 | ㉢, ㉡, ㉠ 순으로 풀이하도록 하며, 상위 5개 시도 현황 등 순위 자료가 주어진 경우 범위 정보를 확인하는 문제라는 점에 유의하면 선지를 미리 제거할 수 있다.

다음 자료는 2020~2023년 우리나라 시도 행정심판위원회 사건 처리 현황이다. 이에 대한 〈보고서〉의 설명 중 옳은 것만을 모두 고르면?

〈표〉 2020~2022년 시도 행정심판위원회 인용률
(단위: %)

시도 \ 연도	2020	2021	2022
서울	18.4	15.9	16.3
부산	22.6	15.9	12.8
대구	35.9	39.9	38.4
인천	33.3	36.0	38.1
광주	22.2	30.6	36.0
대전	28.1	47.7	35.8
울산	33.0	38.1	50.9
세종	7.7	16.7	0.0
경기	23.3	19.6	22.3
강원	21.4	14.1	18.2
충북	23.6	28.5	24.3
충남	26.7	19.9	23.1
전북	31.7	34.0	22.1
전남	36.2	34.5	23.8
경북	10.6	23.3	22.9
경남	18.5	25.7	12.4
제주	31.6	25.3	26.2

※ 인용률(%) = $\frac{인용 건수}{처리 건수} \times 100$

〈그림〉 2022년과 2023년 시도 행정심판위원회 처리 건수 상위 5개 시도 현황

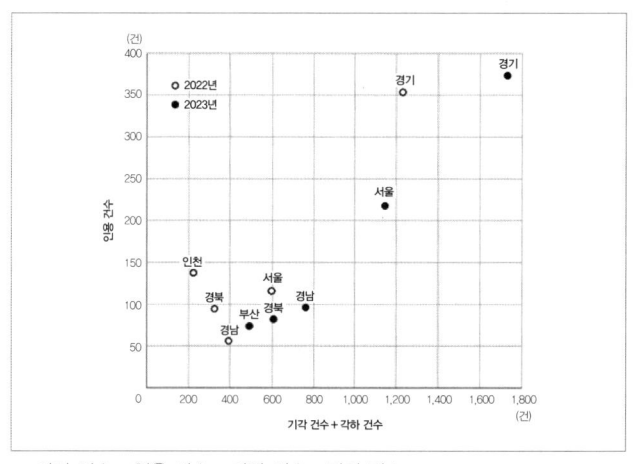

※ 처리 건수 = 인용 건수 + 기각 건수 + 각하 건수

―〈보고서〉―

2023년 우리나라 시도 행정심판위원회 처리 건수 상위 5개 시도는 경기, 서울, 경남, 경북, 부산이었다. 2022년에는 인천이 처리 건수 362건으로 상위 5개 시도에 속했으나, 2023년 부산에 자리를 넘겨주었다. 또한, ㉠2023년 처리 건수 상위 5개 시도의 처리 건수는 각각 전년 대비 증가하였다. → (O) 경기, 서울, 경남 3개 시도는 모두 처리 건수가 증가하였고(흰색 점이 검은색 점으로 우측+위쪽 이동), 경북은 인용 건수와 '기각 건수+각하 건수'의 좌표의 합을 어림잡아 계산하면 처리 건수는 증가하였음을 알 수 있다. 부산의 처리 건수는 2023년의 경우 570정도인데, 2022년의 경우 2022년 인천의 처리 건수는 약 330보다 적으므로 증가하였음을 알 수 있다. 인용 건수를 살펴보면, ㉡2023년 처리 건수가 가장 많은 시도의 2023년 인용 건수는 2022년 인용률이 가장 높은 시도의 2022년 인용 건수의 1.5배 이상이다. → (O) '처리 건수 = 인용 건수 + 기각 건수 + 각하 건수'인데 인용 건수가 350건보다 많고, (기각 건수 + 각하 건수)가 1,600건보다 많으므로 처리 건수가 가장 많은 시도는 '경기'이다. 2022년 인용률이 가장 높은 시도는 〈표〉를 참고하면 50.9%인 '울산(5위 밖)'이고, 5위인 '인천'의 처리 건수(350건)를 기준으로 보면, 울산의 인용 건수는 최대 350 × 50.9(%)≒178(건)이다. 2023년 '경기'의 인용 건수는 약 350건이므로 1.5배 이상이다. 인용률을 살펴보면, ㉢2020년부터 2023년까지 인용률이 매년 감소한 시도는 3개이다. → (X) 〈그림〉에서 2023년 인용률에 대해서 상위 5개 시도밖에 나와 있지 않으므로, 매년 감소한 시도가 3개 인지는 알 수 없다.

① ㄱ ➡ (X)
② ㄴ ➡ (X)
③ ㄷ ➡ (X)
④ ㄱ, ㄴ ➡ (O)
⑤ ㄱ, ㄴ, ㄷ ➡ (X)

25 ⑤   TOP1 정답률 29.6%

|문제 유형| 자료 읽기 > 표/빈칸 제시형
|접근 전략| ㄱ. 'Q2(2분위)와 Q3(3분위)의 평균값 = 중간값 = 25,000원'이므로, Q1(1분위)와 Q4(4분위)의 평균값도 25,000원이면 된다. 따라서 Q1 = 15,000원이므로 Q4는 35,000원임을 알 수 있다.
ㄷ. 평균 40,000원 이상이려면 1분위의 상대적 낮은 시간당 임금이 24,000원이므로 부족분은 16,000원인데, 2분위의 상대적 높은 시간당 임금과 3분위의 상대적 낮은 시간당 임금이 48,000원으로 각각 여분이 8,000원이 되므로 상쇄된다. '1분위의 상대적 높은 시간당 임금과 2분위의 상대적 낮은 시간당 임금에서의 부족분(28,800원) < 3분위의 상대적 높은 시간당 임금과 4분위의 상대적 높은/낮은 시간당 임금에서의 여유분(31,000원)'이므로 평균은 40,000원 이상이다.
ㄹ이 가장 풀이하기 어렵지만 ㄱ, ㄴ, ㄷ이 옳은 선지이므로 답을 찾는 데 어려움은 없다.

다음 〈표〉는 A회사 전체 임직원 100명의 직급별 인원과 시간당 임금에 관한 자료이다. 이에 대한 〈보기〉의 설명 중 옳은 것만을 모두 고르면?

〈표〉 A회사의 직급별 임직원 수와 시간당 임금

(단위: 명, 원)

구분 직급	임직원 수	시간당 임금					
		평균	최저	Q1	중간값	Q3	최고
공장 관리직	4	25,000	15,000	15,000	25,000	30,000	( )
공장 생산직	52	21,500	12,000	20,500	23,500	26,500	31,000
본사 임원	8	( )	24,000	25,600	48,000	48,000	55,000
본사 직원	36	22,000	11,500	16,800	23,500	27,700	29,000

※ 1) 해당 직급 임직원의 시간당 임금을 낮은 값부터 순서대로 나열하여 4등분한 각 집단을 나눌 순서에 따라 1분위, 2분위, 3분위, 4분위로 정함.
2) Q1과 Q3은 각각 1분위와 3분위에 속한 값 중 가장 높은 값임.
3) 해당 직급 임직원 수가 짝수인 경우, 중간값은 2분위에 속한 값 중 가장 높은 값과 3분위에 속한 값 중 가장 낮은 값의 평균임.

→ 먼저 주석 1)부터 3)까지를 해석하면 다음과 같다.

주석 1)에 따르면, 예를 들어 '공장 관리직'의 경우 임직원 수가 4명이므로 분위별로 1명이 들어간다는 것을 의미하며, '본사 직원'의 경우 임직원 수가 36명이므로 분위별로 9명이 들어간다는 것을 의미한다. 즉, 4등분했을 때 분위별로 동일한 인원이 들어간다는 것을 의미한다. 그리고 시간당 임금을 '낮은 값'부터 나열하여 1~4분위로 정한다고 했으므로, 1분위가 임금이 가장 낮고 4분위가 임금이 가장 높다.
주석 2)에 따르면, Q1은 1분위에 속한 임직원 중 가장 높은 사람의 임금이고 Q3은 3분위에 속한 임직원 중 가장 높은 사람의 임금을 의미한다.
주석 3)에 따르면, 예를 들어 '본사 임원'의 경우 임직원 수가 8명이므로 분위별 2명이 정해진다. 2분위에 속한 2명(임의 지정 P, Q) 중 임금이 상대적으로 높은 사람을 P라 하면 낮은 사람은 Q이다. 동일 방법으로 3분위에 속한 2명(임의 지정 R, S) 중 임금이 상대적으로 높은 사람을 R이라 하면 낮은 사람은 S이다. 그렇다면 중간값은 P의 임금과 S의 임금의 평균이다.

―〈보기〉―

ㄱ. 공장 관리직의 '시간당 임금' 최고액은 35,000원이다. → (O) 공장 관리직 임직원은 4명이고 평균이 25,000원이므로 전체임금은 100,000원임을 알 수 있다. 분위당 1명이므로 Q1(1분위) = 15,000원, Q3(3분위) = 30,000원이며, Q2를 x라 할 때 중간값이 25,000원이므로 2분위와 3분위의 평균값이 25,000원이어야 한다. 따라서 Q2(2분위) = 20,000(원)이고, Q4(4분위) = 100,000 − 65,000 = 35,000(원)임을 알 수 있다.

ㄴ. '시간당 임금'이 같은 본사 임원은 3명 이상이다. → (O) 최저=1분위 가장 낮은 임금에 해당=1분위(24,000원)
Q1=1분위 중 가장 높은 임금에 해당=1분위(25,600원)
Q3=3분위 중 가장 높은 임금에 해당=3분위(48,000원)
중간값=48,000원=(2분위 중 가장 높은 임금+3분위 중 가장 낮은 임금)÷2 이어야 하는데, 3분위 가장 높은 임금에 해당하는 Q3 = 48,000원이므로 3분위 중 가장 낮은 임금은 최대 48,000원이어야 한다. 따라서 2분위 가장 높은 임금 또한 평균 48,000원이 되어야 하므로 48,000원이어야 한다.
정리하면, 3분위 중 가장 높은/낮은 임금, 2분위 중 가장 높은 임금 모두 48,000원이므로 적어도 3명은 '시간당 임금'이 같은 것을 알 수 있다.

ㄷ. 본사 임원의 '시간당 임금' 평균은 40,000원 이상이다. → (O) ㄴ에서 구한 임직원의 시간당 임금을 표로 정리하면 다음과 같다.

임금	1분위	2분위	3분위	4분위
상대적 낮음	24,000	( )	48,000	( )
상대적 높음	25,600	48,000	48,000	55,000

2분위의 가장 낮은 시간당 임금을 25,600원, 4분위의 가장 낮은 시간당 임금을 48,000원으로 가정하면, 평균은 40,275원으로 40,000원 이상이다.

ㄹ. '시간당 임금'이 23,000원 이상인 임직원은 50명 미만이다. → (X) 공장 관리직 3분위와 4분위는 모두 23,000원 이상이므로 2명이 해당하고, 본사 임원은 모두 23,000원 이상이므로 8명이 해당한다. 그리고 공장 생산직 중간값(2분위 가장 높은 임금과 3분위 가장 낮은 임금의 평균)이 23,500원이므로 3분위 가장 낮은 임금은 23,500원보다 크다. 따라서 52명 중 절반은 23,000원 이상일 것이므로 최소 26명이 해당한다. 같은 해석으로 본사 직원 임직원 수 36명 중 절반인 18명도 중간값이 23,500원보다는 클 것이므로 최소 18명이 23,000원 이상일 것이다. 따라서 2+8+26+18=54(명) 이상의 '시간당 임금'은 23,000원 이상일 것이다.

① ㄱ, ㄴ ➡ (X)
② ㄱ, ㄹ ➡ (X)
③ ㄴ, ㄷ ➡ (X)
④ ㄷ, ㄹ ➡ (X)
⑤ ㄱ, ㄴ, ㄷ ➡ (O)

2023년 7월 22일 시행

2023년도 국가공무원 7급 공개경쟁채용 및 국가공무원 5급 및 7급 민간경력자 일괄채용 필기시험

정답과 분석해설

나의 성적

영역	점수	풀이 시간
언어논리	____점	____분
상황판단	____점	____분
자료해석	____점	____분

합격선

영역	합격 가능권	합격 확실권
언어논리	72~76점	80~84점
상황판단	76~80점	80~84점
자료해석	72~76점	80~84점

풀이 시간

영역	기본	숙련
언어논리	60분	50분
상황판단	60분	50분
자료해석	60분	50분

7급

선발 인원	응시 인원	경쟁률
720명	29,086명	4.04 : 1

※ 경쟁률은 1차 합격자 선발 기준인 10배수로 산정

민간경력자

선발 인원	접수 인원	경쟁률
198명	3,348명	1.7 : 1

※ 경쟁률은 1차 합격자 선발 기준인 10배수로 산정

취약유형 분석표 제1영역 언어논리

문번	정답	정답률	유형	맞고 틀림
01	②	72.8%	사실적 이해 > 정보 확인	○△×
02	①	91.1%	사실적 이해 > 정보 확인	○△×
03	②	85.4%	사실적 이해 > 중심 내용 파악	○△×
04	③	91.5%	사실적 이해 > 중심 내용 파악	○△×
05	③	85.9%	사실적 이해 > 정보 확인	○△×
06	③	88.3%	사실적 이해 > 정보 확인	○△×
07	④	93.9%	사실적 이해 > 정보 확인	○△×
08	②	89.2%	비판적 사고 > 판단하기	○△×
09	④	53.5%	비판적 사고 > 빈칸 채우기	○△×
10	④	59.2%	비판적 사고 > 빈칸 채우기	○△×
11	①	42.7%	비판적 사고 > 지문에서 추론하기	○△×
12	④	79.5%	비판적 사고 > 판단하기	○△×
13	①	50.2%	비판적 사고 > 판단하기	○△×
14	③	71.5%	비판적 사고 > 판단하기	○△×
15	⑤	28.6%	비판적 사고 > 판단하기	○△×
16	⑤	32.5%	사실적 이해 > 논리 게임	○△×
17	④	64.4%	비판적 사고 > 판단하기	○△×
18	②	65.4%	비판적 사고 > 지문에서 추론하기	○△×
19	④	50.2%	비판적 사고 > 판단하기	○△×
20	⑤	47.3%	비판적 사고 > 논지 강화·약화하기	○△×
21	⑤	60.0%	비판적 사고 > 판단하기	○△×
22	③	38.5%	비판적 사고 > 논지 강화·약화하기	○△×
23	①	72.6%	비판적 사고 > 판단하기	○△×
24	⑤	75.2%	비판적 사고 > 빈칸 채우기	○△×
25	②	60.7%	비판적 사고 > 판단하기	○△×

- 확실히 맞힌 문항 수: _____ 문항
- 헷갈리거나 찍은 문항 수: _____ 문항
- 틀린 문항 수: _____ 문항

취약유형 분석표 제2영역 상황판단

문번	정답	정답률	유형	맞고 틀림
01	②	93.4%	법조문형 > 규정확인	○ △ ×
02	①	68.5%	법조문형 > 규정적용	○ △ ×
03	⑤	79.6%	법조문형 > 규정적용	○ △ ×
04	③	82.9%	법조문형 > 규정적용	○ △ ×
05	④	96.0%	제시문형 > 정보확인	○ △ ×
06	①	85.4%	연산추론형 > 수리계산	○ △ ×
07	⑤	84.0%	연산추론형 > 수리계산	○ △ ×
08	④	89.5%	연산추론형 > 대입비교	○ △ ×
09	①	98.3%	제시문형 > 정보확인	○ △ ×
10	⑤	87.8%	제시문형 > 분석추론	○ △ ×
11	④	89.4%	법조문형 > 규정확인	○ △ ×
12	⑤	85.0%	법조문형 > 규정적용	○ △ ×
13	②	92.2%	퍼즐형 > 논리퀴즈	○ △ ×
14	④	76.0%	퍼즐형 > 최댓값·최솟값 도출	○ △ ×
15	①	86.7%	퍼즐형 > 논리퀴즈	○ △ ×
16	①	76.7%	퍼즐형 > 수리퀴즈	○ △ ×
17	②	79.7%	연산추론형 > 수리계산	○ △ ×
18	④	68.7%	연산추론형 > 수리계산	○ △ ×
19	③	68.5%	연산추론형 > 수리계산	○ △ ×
20	③	83.7%	연산추론형 > 수리계산	○ △ ×
21	②	52.4%	퍼즐형 > 논리퀴즈	○ △ ×
22	②	49.1%	퍼즐형 > 논리퀴즈	○ △ ×
23	④	49.1%	퍼즐형 > 논리퀴즈	○ △ ×
24	③	51.9%	퍼즐형 > 논리퀴즈	○ △ ×
25	⑤	69.1%	법조문형 > 규정적용	○ △ ×

- 확실히 맞힌 문항 수: _____ 문항
- 헷갈리거나 찍은 문항 수: _____ 문항
- 틀린 문항 수: _____ 문항

취약유형 분석표 제3영역 자료해석

문번	정답	정답률	유형	맞고 틀림
01	①	89.9%	자료 읽기/추론 > 매칭형	○ △ ×
02	③	95.3%	자료 읽기/추론 > 계산형	○ △ ×
03	②	91.9%	자료 읽기/추론 > 계산형	○ △ ×
04	③	83.8%	자료 읽기/추론 > 계산형	○ △ ×
05	⑤	89.8%	자료 추론 > 추가로 필요한 자료 찾기	○ △ ×
06	④	47.6%	자료 읽기 > 표 제시형	○ △ ×
07	①	39.9%	자료 변환응용 > 자료/보고서 전환형	○ △ ×
08	①	72.5%	자료 변환응용 > 표/그림 전환형	○ △ ×
09	②	73.0%	자료 읽기 > 그림 제시형	○ △ ×
10	⑤	71.1%	자료 읽기 > 표/빈칸 제시형	○ △ ×
11	③	54.6%	자료 읽기/추론 > 계산형	○ △ ×
12	①	60.4%	자료 읽기/추론 > 계산형	○ △ ×
13	⑤	54.5%	자료 변환응용 > 표/그림 전환형	○ △ ×
14	③	63.4%	자료 읽기 > 표/빈칸 제시형	○ △ ×
15	⑤	29.8%	자료 읽기 > 표/그림 제시형	○ △ ×
16	④	70.4%	자료 읽기 > 표/그림/빈칸 제시형	○ △ ×
17	④	67.4%	자료 읽기 > 표/빈칸 제시형	○ △ ×
18	④	64.5%	자료 읽기 > 표/빈칸 제시형	○ △ ×
19	②	70.4%	자료 읽기 > 표 제시형	○ △ ×
20	①	32.4%	자료 읽기/추론 > 계산형	○ △ ×
21	③	61.5%	자료 읽기 > 표/빈칸 제시형	○ △ ×
22	①	66.4%	자료 읽기/추론 > 매칭형	○ △ ×
23	③	68.4%	자료 읽기 > 표/빈칸 제시형	○ △ ×
24	④	87.0%	자료 읽기 > 표 제시형	○ △ ×
25	②	29.1%	자료 읽기/추론 > 계산형	○ △ ×

- 확실히 맞힌 문항 수: _____ 문항
- 헷갈리거나 찍은 문항 수: _____ 문항
- 틀린 문항 수: _____ 문항

정답과 분석해설

2023 | 제1영역 언어논리(⑩ 책형)

기출 총평

2023년 언어논리 시험은 2~3개 문항을 제외하면 전반적으로 풀이과정을 어렵지 않게 파악할 수 있는 문항으로 출제되었다. 문제 유형은 예년과 비슷한 패턴으로 구성되었으며, 공공기관의 시험 유형에 맞게 공무에 관계된 소재들이 대부분이었다. 과거의 문제 유형을 반복 학습하여 지문을 세심하게 읽어야 하는 문항들과, 반대로 지문을 빠르게 훑어낸 후 선지의 내용을 대입하며 풀어야 하는 문항들을 구분해 낼 수 있는 수험생들이었다면 큰 어려움을 겪지 않았을 것이다. 또한 중·후반부에 다소 난도 높은 문항을 대할 때, 한 문항에 집중하면서 전체 문제풀이 시간을 소모하여 시간 안배에 실패하지 않는지를 짚어볼 필요가 있다. 과감하게 마지막에 해결할 문항을 떼어 놓고 쉬운 것부터 해결하는 지혜가 필요하며, 많은 시간을 투입하고도 틀리는 우를 범하지 않도록 유의해야 한다. 평소에 어렵고 복잡한 지문을 읽는 연습을 충분히 해 두는 것이 언어논리 영역에 대한 두려움을 없애는 방법이 될 것이다.

문항별 정답률 및 선지별 선택률

문번	정답	정답률(%)	선지별 선택률(%)				
			①	②	③	④	⑤
01	②	72.8	0.5	72.8	1.4	22.5	2.8
02	①	91.1	91.1	0.9	6.5	1.0	0.5
03	②	85.4	0.0	85.4	1.0	12.2	1.4
04	③	91.5	0.5	1.0	91.5	5.6	1.4
05	③	85.9	3.3	2.3	85.9	1.0	7.5
06	③	88.3	3.8	0.9	88.3	2.3	4.7
07	④	93.9	0.0	2.8	1.0	93.9	2.3
08	②	89.2	0.5	89.2	0.0	8.0	2.3
09	④	53.5	3.8	8.5	1.8	53.5	32.4
10	④	59.2	7.2	15.6	13.7	59.2	4.3
11	①	42.7	42.7	5.6	35.5	6.2	10
12	④	79.5	0.0	4.3	1.0	79.5	15.2
13	①	50.2	50.2	22.7	18.8	7.3	1.0

문번	정답	정답률(%)	선지별 선택률(%)				
			①	②	③	④	⑤
14	③	71.5	12.1	2.0	71.5	7.2	7.2
15	⑤	28.6	20.2	12.3	15.7	23.2	28.6
16	⑤	32.5	13.0	14.0	16.0	24.5	32.5
17	④	64.4	1.4	3.0	4.8	64.4	26.4
18	②	65.4	8.2	65.4	2.4	19.7	4.3
19	④	50.2	8.0	26.3	9.0	50.2	6.5
20	⑤	47.3	3.5	6.4	16.7	26.1	47.3
21	⑤	60.0	10	9.0	12	9.0	60.0
22	③	38.5	23.5	14.5	38.5	14.5	9.0
23	①	72.6	72.6	4.0	8.0	3.5	11.9
24	⑤	75.2	9.4	5.0	6.4	4.0	75.2
25	②	60.7	4.0	60.7	7.5	24.3	3.5

※ 음영 문항은 해당 회차에서 정답률이 가장 낮은 TOP 3 문항입니다.
※ 정답률 및 선지별 선택률 산정 기준: 약 1년간 누적된 자동채점 & 성적결과분석 서비스의 응시 데이터

출제 비중

기출문제편 P.102

01	②	02	①	03	②	04	①	05	③
06	③	07	④	08	②	09	④	10	④
11	①	12	④	13	①	14	③	15	⑤
16	⑤	17	④	18	②	19	④	20	⑤
21	⑤	22	③	23	①	24	⑤	25	②

01 ②
정답률 72.8%

| 문제 유형 | 사실적 이해 > 정보 확인

| 접근 전략 | 역사적 사실을 서술한 지문에 대해 사실 관계에 부합하는 선지를 찾는 유형의 문제이다. 역사적 사실을 서술한 지문에는 생소한 단어가 자주 등장하므로 쉬운 문장을 이해하는 데에도 다소 어려움을 겪을 수 있지만, 핵심어에 밑줄을 그으며 정독한다면 어렵지 않게 정답을 찾아낼 수 있다.

다음 글에서 알 수 있는 것은?

고려 정부는 범죄를 예방하고 사회질서를 유지하기 위하여 여러 가지 방책을 마련하였다. 특히, 수도인 개경은 국왕을 위시하여 정부 관료 등 주요 인사들이 거주하고 있을 뿐 아니라 중요 기관이 밀집된 가장 핵심적인 곳이었다. 그래서 고려 정부는 개경의 중요한 기관과 거점을 지키기 위한 군사 조직을 두었다. 도성 안의 관청과 창고를 지키는 간수군, 도성의 여러 성문을 방어하는 위숙군, 시장이나 시가의 주요 장소에 배치되는 검점군이 그것이다. 간수군을 포함한 이들 세 군사 조직은 본연의 업무뿐 아니라 순찰을 비롯한 도성 안의 치안 활동까지 담당하였다. ▶1문단

하지만 개경의 도시화가 진전됨에 따라 전문적인 치안 기구의 필요성이 증대되었다. 이에 성종은 개경 시내를 순찰하고 검문을 실시하는 전문적인 치안 조직인 순검군을 조직하였다. 순검군의 설치는 도성을 방위하고 국왕을 지키는 군대의 기능과 도성의 치안 유지를 위한 경찰의 기능이 분리되고 전문화된 것을 의미한다. 기존 군사 조직은 본연의 업무만을 담당하게 되었으며, 순검군은 치안과 질서 유지를 위하여 도성 안에서 순찰 활동, 도적 체포, 비행이나 불법을 저지르는 사람에 대한 단속 등의 활동을 담당하게 되었다. ▶2문단

그런데 범죄 행위나 정치적 음모, 범죄자의 도피 등은 주로 야간에 많이 일어났다. 이에 정부는 야간 통행을 금지하고 날이 저물면 성문을 닫게 하였으며, 급한 공무나 질병, 출생 등 부득이한 경우에만 사전 신고를 받고 야간에 통행하도록 하였다. 야간 통행이 금지되는 매일 저녁부터 새벽까지 도성 내를 순찰하는 활동, 즉 야경은 순검군의 중요한 업무가 되었다. 순검군은 도성 내 군사 조직인 간수군, 위숙군, 검점군과 함께 개경의 안전을 책임지는 핵심적인 역할을 수행하였던 것이다. ▶3문단

① 개경은 고려의 다른 어떤 지역보다 범죄 행위가 많이 발생한 곳이었다. ➡ (X) 1문단에서 개경에 기관과 거점을 지키기 위한 군사 조직을 둔 이유는 개경이 국왕을 위시하여 정부 관료 등 주요 인사들이 거주하고 있을 뿐 아니라 중요 기관이 밀집된 가장 핵심적인 곳이었기 때문이라고 하였으나, 개경이 고려의 다른 어떤 지역보다 범죄 행위가 많이 발생한 곳인지는 지문을 통해서 알 수 없다.

② 순검군이 설치된 이후에도 도성의 성문을 지키는 임무는 위숙군에게 있었다. ➡ (O) 1문단에 따르면 도성의 여러 성문을 방어하는 것은 군사 조직인 위숙군의 임무였음을 알 수 있다. 2문단에서 전문적인 치안 조직인 순검군의 설치는 도성을 방위하고 국왕을 지키는 군대의 기능과 도성의 치안 유지를 위한 경찰의 기능이 분리되고 전문화된 것을 의미한다고 하였다. 또한 기존 군사 조직은 본연의 업무만을 담당하게 되었으며, 순검군은 치안과 질서 유지 활동을 담당하게 되었다고 하였다. 따라서 도성의 성문을 지키는 임무는 기존 군사 조직인 위숙군에게 있었

음을 알 수 있다.

③ 야간에 급한 용무로 시내를 통행하려는 사람은 먼저 시가지를 담당하는 검점군에 신고를 하였다. ➡ (X) 1문단에서 검점군은 시장이나 시가의 주요 장소에 배치되었다고 하였으며, 3문단에서 정부는 야간 통행을 금지하고, 급한 공무나 질병, 출생 등 부득이한 경우에만 사전 신고를 받고 야간에 통행하도록 하였음을 알 수 있다. 그러나 이것만으로 야간에 급한 용무로 시내를 통행하려는 사람은 먼저 시가지를 담당하는 검점군에 신고를 하였는지는 알 수 없다.

④ 순검군은 야간 통행이 금지되는 저녁부터 새벽 시간까지 순찰 활동을 하며 성문 방어에도 투입되었다. ➡ (X) 3문단에서 순검군은 야간 통행이 금지되는 매일 저녁부터 새벽 시간까지 순찰 활동을 하였다고 했으며, 1문단에서 성문을 방어하는 것은 위숙군의 임무라고 하였다. 또한 2문단에서 군사 조직인 위숙군과 치안 조직인 순검군의 기능이 분리되었다고 하였으므로 순검군이 성문 방어에 투입되었다는 것은 적절하지 않다.

⑤ 순검군의 설치 이후에 간수군을 비롯한 개경의 세 군사 조직은 군대의 기능과 경찰의 기능을 모두 수행하였다. ➡ (X) 순검군의 설치는 도성을 방위하고 국왕을 지키는 군대의 기능과 도성의 치안 유지를 위한 경찰의 기능이 분리되고 전문화된 것을 의미한다고 하였다. 또한 기존 군사 조직은 본연의 업무만을 담당하게 되었다고 했으므로 이때 개경의 세 군사 조직이 군대의 기능과 경찰의 기능을 모두 수행한 것은 아니다.

02 ①
정답률 91.1%

| 문제 유형 | 사실적 이해 > 정보 확인

| 접근 전략 | 일정 기간의 사실을 서사적으로 기술한 지문의 문제를 풀 때 우선 지문을 한 번 정독한 후, 재빨리 선지를 읽어 다시 확인해야 하는 부분이 무엇인지를 알아내는 것이 중요하다. 처음 지문을 읽을 때 누가, 언제, 무엇을 하였는지에 대한 부분에 저절로 밑줄을 그을 수 있도록 평소 서사적 지문 독해에 대해 충분히 연습해 둘 필요가 있다.

다음 글의 내용과 부합하는 것은?

고려 숙종 9년에 여진이 고려 동북면에 있는 정주성을 공격하였다. 고려는 윤관을 보내 여진을 막게 하였으며, 윤관이 이끄는 군대는 정주성 북쪽의 벽등수라는 곳에서 여진과 싸워 이겼다. 이에 여진은 사신을 보내 화의를 요청하였고, 고려는 이를 받아들였다. 그러나 윤관은 전투 과정에서 여진의 기병을 만나 고전하였기 때문에 대책을 세워야 한다고 생각하고, 숙종의 허락을 받아 별무반을 창설하였다. 별무반에는 기병인 신기군과 보병인 신보군, 적의 기병을 활로 막아내는 경궁군 등 다양한 부대가 편성되어 있었다. ▶1문단

윤관은 숙종의 뒤를 이은 예종 2년에 별무반을 이끌고 여진 정벌에 나섰다. 그는 정주성 북쪽으로 밀고 올라가 여진의 영주, 웅주, 복주, 길주를 점령하고 그곳에 성을 쌓았다. 이듬해 윤관은 정예 병사 8,000여 명을 이끌고 가한촌이라는 곳으로 나아갔다. 그런데 가한촌은 병목 지형이어서 병력을 지휘하기 어려웠다. 여진은 이러한 지형을 이용하여 길 양쪽에 매복하고 있다가 고려군을 기습하였다. 이때 윤관은 큰 위기를 맞이하였지만 멀리서 이를 본 척준경이 10여 명의 결사대를 이끌고 분전한 덕분에 영주로 탈출할 수 있었다. 이후 윤관은 여진의 끈질긴 공격을 물리치면서 함주, 공험진, 의주, 통태진, 평융진에도 성을 쌓아 총 9개의 성을 완성하였다. 윤관이 별무반을 이끌고 출정한 후 여진 지역에 쌓은 성이 모두 9개였기 때문에 그 지역을 동북 9성이라고 부른다. ▶2문단

하지만 여진은 이후 땅을 되찾기 위하여 여러 차례 웅주와 길주 등을 공격하였다. 윤관이 이끄는 고려군은 가까스로 이를 물리쳤지만, 여진이 성을 둘러싸고 길을 끊는 바람에 고립되는 일이 잦았다. 고려는 윤관 외에도 오연총 등을 파견하여 동북 9성에 대한 방비를 강화하였지만, 전투가 거듭될수록 병사들이 계속 희생되었고 물자 소비도 점점 많아졌다. 그래서 예종 4년에 여진이 자세를 낮추며 강화를 요청했을 때 고려는 이를 받아들이고 여진에 동북 9성 지역을 돌려주기로 하였다. ▶3문단

① 고려는 동북 9성을 방어하는 과정에서 병사들이 계속 희생되고 물자 소비도 늘어났기 때문에 여진의 강화 요청을 받아들였다.
➡ (O) 3문단에서 '고려는 윤관 외에도 오연총 등을 파견하여 동북 9성에 대한 방비를 강화하였지만, 전투가 거듭될수록 병사들이 계속 희생되고 물자 소비도 점점 많아졌다. 그래서 예종 4년에 여진이 자세를 낮추며 강화를 요청했을 때 고려는 이를 받아들이고 여진에 동북 9성 지역을 돌려주기로 하였다.'고 제시되어 있다.

② 오연총은 웅주에 있던 윤관이 여진군에 의해 고립된 사실을 알고 길주로부터 출정하여 그를 구출하였다. ➡ (X) 3문단에서 웅주와 길주를 공격한 여진에 의해 윤관이 이끄는 고려군이 고립되는 일이 잦았다고 하였다. 하지만 오연총이 길주로부터 출정하여 고립된 윤관을 구출하였는지에 대해서는 알 수 없다.

③ 윤관은 여진군과의 끈질긴 전투 끝에 가한촌을 점령하고 그곳에 성을 쌓아 동북 9성을 완성하였다. ➡ (X) 2문단에서 윤관은 가한촌이라는 곳으로 나아갔으나, 위기를 맞아 척준경의 도움으로 영주로 탈출하였다고 하였다. 이후 윤관은 여진의 끈질긴 공격을 물리치며 가한촌이 아닌, 함주, 공험진, 의주, 통태진, 평융진에도 성을 쌓아 총 9개의 성을 완성하였다고 했으므로 글의 내용에 부합하지 않는다.

④ 척준경은 가한촌 전투에서 패배한 고려군을 이끌고 길주로 후퇴하였다. ➡ (X) 2문단에 '윤관은 큰 위기를 맞이하였지만 멀리서 이를 본 척준경이 10여 명의 결사대를 이끌고 분전한 덕분에 영주로 탈출할 수 있었다.'고 제시되어 있다.

⑤ 예종이 즉위하고 다음 해에 신기군과 신보군, 경궁군이 창설되었다. ➡ (X) 1문단에 따르면, 별무반에는 신기군, 신보군, 경궁군 등 다양한 부대가 편성되어 있으며, 별무반은 예종이 즉위하고 다음 해가 아닌 윤관이 숙종의 허락을 받아 창설한 것임을 알 수 있다.

03 ②   정답률 85.4%

|문제 유형| 사실적 이해 > 중심 내용 파악
|접근 전략| 특정한 소재에 대하여, 단순한 사실로부터 필자의 독특한 시각에 의한 논점을 이끌어내는 지문이 등장하는 문제이다. 첫 번째 단락에서 필자가 주장하는 바의 요지가 드러난 것으로 추측할 수 있으며, 이후 이에 대한 반전이나 대립 관계가 나타나지 않는지를 살피면서 지문을 읽으면 처음의 핵심 논지가 그대로 유지되고 있음을 어렵지 않게 확인할 수 있다.

다음 글의 핵심 논지로 가장 적절한 것은?

우리는 보통 먹거리의 생산에 대해서는 책임을 묻는 것이 자연스럽다고 생각하면서도 먹거리의 소비는 책임져야 하는 행위로 생각하지 않는다. 우리는 무엇을 먹을 때 좋아하고 익숙한 것 그리고 싸고, 빠르고, 편리한 것을 찾아서 먹을 뿐이다. 그런데 먹는 일에도 윤리적 책임이 동반된다고 생각해 볼 수 있지 않을까? ▶1문단

먹는 행위를 두고 '잘 먹었다' 혹은 '잘 먹는다'고 말할 때 '잘'을 평가하는 기준은 무엇일까? 신체가 요구하는 영양분을 골고루 섭취하는 것은 생물학적 차원에서 잘 먹는 것이고, 섭취하는 음식을 통해 다양한 감각들을 만족시키며 개인의 취향을 계발하는 것은 문화적인 차원에서 잘 먹는 것이다. 그런데 이 경우들의 '잘'은 윤리적 의미를 띠고 있는 것 같지 않다. 이 두 경우는 먹는 행위를 개인적 경험의 차원으로 축소하기 때문이다. ▶2문단

'잘 먹는다'는 것의 윤리적 차원은 우리의 먹는 행위가 그저 개인적 차원에서 일어나는 일이 아니라, 다른 사람들, 동물들, 식물들, 서식지, 토양 등과 관계를 맺는 행위임을 인식하기 시작할 때 비로소 드러난다. 오늘날 먹거리의 전 지구적인 생산·유통·소비 체계 속에서, 우리는 이들을 경제적 자원으로만 간주하는 특정한 방식으로 이들과 관계를 맺고 있다. 그러한 관계의 방식은 공장식 사육, 심각한 동물 학대, 농약과 화학비료 사용에 따른 토양과 물의 오염, 동식물의 생존에 필수적인 서식지 파괴, 전통적인 농민 공동체의 파괴, 불공정한 노동 착취 등을 동반한다. ▶3문단

우리가 무엇을 어떻게 먹는가 하는 것은 결국 우리가 그런 관계망에 속한 인간이나 비인간 존재를 어떻게 대우하고 있는가를 드러내며, 불가피하게 이러한 관계망의 형성이나 유지 혹은 변화에 기여하게 된다. 우리의 먹는 행위에 따라 이런 관계망의 모습은 바뀔 수도 있다. 그렇기에 이러한 관계들은 먹는 행위를 윤리적 반성의 대상으로 끌어 올린다. ▶4문단

① 윤리적으로 잘 먹기 위해서는 육식을 지양해야 한다. ➡ (X) 3문단에서 '잘 먹는다'는 것의 윤리적 차원은 동물을 포함한 몇 가지 요소들과 관계를 맺는 행위임을 인식하기 시작할 때 비로소 드러난다고 하였다. 하지만 이것이 육식을 지양해야 한다는 논리로 발전하고 있지는 않다.

② 먹는 행위에 대해서도 윤리적 차원을 고려하여야 한다. ➡ (O) 1문단 마지막 부분에서 '먹는 일에도 윤리적 책임이 동반된다고 생각해 볼 수 있지 않을까?'라고 한 것이 지문의 화두이며, 이후 '먹는 것'의 윤리적 차원에 대한 의견이 이어지고 있다. 따라서 지문의 핵심 논지로 '먹는 행위에 대해서도 윤리적 차원을 고려하여야 한다.'는 것이 가장 적절하다.

③ 건강 증진이나 취향 만족을 위한 먹는 행위는 개인적 차원의 평가 대상일 뿐이다. ➡ (X) 2문단에서 건강 증진이나 취향 계발을 위해 먹는 행위는 개인적 차원의 평가 대상이라고 언급되어 있으나, 이는 지문의 핵심 논지로 보기 어렵다.

④ 먹는 행위는 동물, 식물, 토양 등의 비인간 존재와 인간 사이의 관계를 만들어낸다. ➡ (X) 먹는 행위가 동물, 식물, 토양 등의 비인간 존재와 인간 사이의 관계를 만들어낸다는 것 역시 핵심 논지를 뒷받침하는 사실일 뿐 그 자체가 핵심 논지는 아니다.

⑤ 먹는 행위를 평가할 때에는 먹거리의 소비자보다 생산자의 윤리적 책임을 더 고려하여야 한다. ➡ (X) 지문의 핵심 논지는 '먹는 행위에 대해서도 윤리적 차원을 고려하여야 한다.'는 것이며, 먹거리의 소비자와 생산자의 윤리적 책임을 구분하거나 어느 일방의 책임에 대한 경중을 논하고 있지는 않다.

04 ③   정답률 91.5%

|문제 유형| 사실적 이해 > 중심 내용 파악
|접근 전략| 핵심 논지가 후반부에 등장하는 유형의 지문이다. 이러한 유형은 자칫 글의 서두나 전반부에 나타나는 하위 주장을 핵심 논지로 파악하는 실수를 범할 수 있으며, 오답 선지 역시 그 점을 고려하여 구성되어 있다. 그러나 집중력을 갖고 글을 끝까지 읽는다면 필자의 핵심 주장을 쉽게 파악할 수 있다.

다음 글의 핵심 논지로 가장 적절한 것은?

지방분권화 시대를 맞아 지역의 균형 발전과 경제 활성화를 함께 도모할 수 있는 방안으로 지역문화콘텐츠의 역할이 강조되고 있다. 이와 관련하여 생태환경, 문화재, 유적지 등의 지역 자원을 이용해 지역에 생명을 불어넣고 지역의 특화된 가치를 창출하는 사례가 늘고 있다. 지역문화콘텐츠의 성공은 지역 산업의 동력이 될 뿐 아니라 지역민의 문화향유권 확장에 이바지한다는 점에서도 주목할 만하다. ▶1문단

그러나 지역문화콘텐츠의 전망이 밝기만 한 것은 아니다. 지역 내부의 문제로 우수한 문화자원이 빛을 보지 못하거나 특정 축제를 서로 자기 지역에 유치하기 위한 과잉 경쟁으로 지방자치단체가 몸살을 앓기도 한다. 또한, 불필요한 시설과 인프라 구축, 유사한 콘텐츠의 양산 및 미흡한 활용 등의 문제로 지역 예산을 헛되이 낭비한 사례도 적지 않다. ▶2문단

이러한 문제들이 많아지자, ○○부는 유사·중복 축제 행사를 통폐합하는 지방재정법 시행령과 심사 규칙 개정안을 내놓았다. 이 개정안은 특색 없는 콘텐츠를 정리하고 경쟁력 있는 콘텐츠 개발을 장려하는 것이 주목적이다. 하지만 이러한 방식만으로는 지역문화콘텐츠의 성공을 기대하기 어렵다.
▶3문단

그동안 지역문화 정책과 사업이 새로운 콘텐츠를 발굴·제작하는 데만 주력해 온 탓에 향유의 지속성 측면을 고려하지 못했다. 이로 인해, 관련 사업

은 일부 향유자만을 대상으로 하거나 단발적인 제작 지원에 그쳐 지역민의 문화자원 향유가 지속되는 데 어려움이 있었다. 향유자에 초점을 둔 실효성 있는 정책을 실현하려면, 향유의 지속성까지 염두에 두어야 한다. 콘텐츠와 향유자를 잇고, 향유자의 향유 경험을 지속시킬 때 콘텐츠는 영속할 수 있다. 향유자에 의한 콘텐츠의 공유와 확산이 활발하게 이루어지는 향유, 아울러 향유자가 콘텐츠의 소비·매개·재생산의 주체가 되는 향유를 위한 방안이 개발되어야 한다. 이러한 방안을 통해 이미 만들어진 우수한 지역문화콘텐츠의 생명력을 연장하고 콘텐츠 향유의 활성화를 꾀할 수 있다. ▶4문단

① 중앙정부와 지방자치단체의 협력을 통해 지역문화콘텐츠의 경쟁력을 강화해야 한다. ➡ (X) 지역문화콘텐츠의 경쟁력을 강화해야 한다는 것은 핵심 논지인 '지역문화콘텐츠 향유자의 향유 경험을 지속하게 할 방안 마련'을 위한 전제일 뿐, 그 자체가 글의 핵심 논지는 아니다.

② 새로운 콘텐츠의 발굴과 제작을 통해 지역문화콘텐츠의 생명력을 연장하고 활성화해야 한다. ➡ (X) 지역문화콘텐츠의 생명력을 연장하고 활성화해야 한다는 것 역시 당위성을 표현한 언급이며, 이를 위한 구체적인 방안을 제시한 내용에 우선하는 논지가 될 수 없다.

③ 지역문화콘텐츠를 향유자와 연결하고 향유자의 향유 경험을 지속하게 할 방안을 마련해야 한다. ➡ (O) 지문의 전반부에서 지역의 균형 발전과 경제 활성화를 함께 도모할 수 있는 방안으로 지역문화콘텐츠의 역할이 강조된다는 점을 언급하였으며, 이어서 그에 대한 문제점을 지적하고 지문의 후반부에 문제점에 대한 해결 방안을 제시하고 있다. 따라서 지역문화콘텐츠에 대한 향유의 지속성 즉, 지역문화콘텐츠를 향유자와 연결하고 향유자의 향유 경험을 지속하게 할 방안을 마련해야 한다는 것이 핵심 논지로 가장 적절하다.

④ 지역문화콘텐츠 향유자 스스로 자신이 콘텐츠의 소비·매개·재생산의 주체임을 인식해야 한다. ➡ (X) 지역문화콘텐츠 향유자 스스로 자신이 콘텐츠의 소비·매개·재생산의 주체임을 인식해야 한다는 것은 지문에 드러난 주장의 당위적 사실에 해당하며, 이를 위한 구체적 방법인 ③이 핵심 논지가 되어야 한다.

⑤ 지역문화콘텐츠가 지역 산업의 발전과 지역민의 문화 향유 기회 확대에 기여할 수 있도록 중앙정부의 경제적 지원이 증대되어야 한다. ➡ (X) 4문단에서 지역문화 정책과 사업이 일부 향유자만을 대상으로 하거나 단발적인 제작 지원에 그쳐 지역민의 문화자원 향유가 지속되는 데 어려움이 있었다고 하였다. 이는 지문에 드러난 주장이 단순히 지역민의 문화 향유 기회를 확대하기 위해 중앙정부의 경제적 지원이 증대되어야 한다는 점에 그치는 것이 아님을 의미한다.

05 ③ 정답률 85.9%

|문제 유형| 사실적 이해 > 정보 확인

|접근 전략| 이러한 유형의 문제는 지문에서 언급된 내용을 요약하거나, 다른 각도에서 언급함으로써 수험생들의 정확한 이해도를 묻는 경우가 대부분이다. 따라서 지문을 읽으며 행정적인 절차의 진행 주체나 시기, 조건 등을 올바르게 파악하고 선지를 점검하는 것이 문제 해결의 포인트라고 할 수 있다.

다음 글의 내용과 부합하지 않는 것은?

정부는 공공사업 수립·추진 과정에서 사회적 갈등이 예상되는 경우 갈등영향분석을 통해 해결책을 마련하여야 한다. 갈등은 다양한 요인 및 양태 그리고 복잡한 이해관계를 갖고 있다. 따라서 갈등영향분석의 실시 여부는 공공사업의 규모, 유형, 사업 관련 이해집단의 분포 등 다양한 지표들을 고려하여 판단하여야 한다. ▶1문단

갈등영향분석 실시 여부의 대표적인 판단 지표 중 하나는 실시 대상 사업의 경제적 규모이다. 해당 사업을 수행하는 기관장은 예비타당성 조사 실시 기준인 총사업비를 판단 지표로 활용하여 갈등영향분석의 실시 여부를 판단하되, 그 경제적 규모가 실시 기준 이상이라도 갈등 발생 여지가 없거나 미미한 경우에는 갈등관리심의위원회 심의를 거쳐 갈등영향분석을 실시하지 않을 수 있다. ▶2문단

실시 대상 사업의 유형도 갈등영향분석 실시 여부의 판단 지표가 된다. 쓰레기 매립지, 핵폐기물처리장 등 기피 시설의 입지 선정은 지역사회 갈등을 유발하는 대표적 유형이다. 이러한 사업 유형은 경제적 규모와 관계없이 반드시 갈등영향분석이 이루어져야 한다. 해당 사업을 수행하는 기관장은 대상 시설이 기피 시설인지 여부를 판단할 때, 단독으로 판단하지 말고 지역 주민 관점에서 검토할 수 있도록 민간 갈등관리전문가 등의 자문을 거쳐야 한다. ▶3문단

갈등영향분석을 시행하기로 결정했다면, 해당 사업을 수행하는 기관장 주관으로, 갈등관리심의위원회의 자문을 거쳐 해당 사업과 관련된 주요 이해당사자들이 중립적이라고 인정하는 전문가가 갈등영향분석서를 작성하여야 한다. 이렇게 작성된 갈등영향분석서는 반드시 모든 이해당사자들의 회람 후에 해당 기관장에게 보고되고 갈등관리심의위원회에서 심의되어야 한다. ▶4문단

① 정부가 갈등영향분석 실시 여부를 판단할 때 예비타당성 조사 실시 기준인 총사업비를 판단 지표로 활용한다. ➡ (O) 2문단에서 해당 사업을 수행하는 기관장은 예비타당성 조사 실시 기준인 총사업비를 판단 지표로 활용하여 갈등영향분석의 실시 여부를 판단한다고 하였다.

② 기피 시설 여부를 판단할 때 해당 사업을 수행하는 기관장이 별도 절차 없이 단독으로 판단해서는 안 된다. ➡ (O) 3문단에서 해당 사업을 수행하는 기관장은 대상 시설이 기피 시설인지 여부를 판단할 때, 단독으로 판단하지 말고 지역 주민 관점에서 검토할 수 있도록 민간 갈등관리전문가 등의 자문을 거쳐야 한다고 하였다.

③ 갈등영향분석서는 정부가 주관하여 중립적 전문가의 자문하에 해당 기관장이 작성하여야 한다. ➡ (X) 4문단에서 갈등영향분석을 시행하기로 결정했다면, 해당 사업을 수행하는 기관장 주관으로, 갈등관리심의위원회의 자문을 거쳐 해당 사업과 관련된 주요 이해당사자들이 중립적이라고 인정하는 전문가가 갈등영향분석서를 작성하여야 한다고 하였다. 따라서 해당 기관장이 작성해야 한다는 설명은 글의 내용에 부합하지 않는다.

④ 갈등영향분석서를 작성한 후에는 이해당사자가 회람하는 절차가 있어야 한다. ➡ (O) 4문단에서 갈등영향분석서는 반드시 모든 이해당사자들의 회람 후에 해당 기관장에게 보고되어야 한다고 하였다.

⑤ 갈등관리심의위원회는 갈등영향분석 실시 여부의 판단에 관여할 수 있다. ➡ (O) 2문단에서 경제적 규모가 실시 기준 이상이라도 갈등 발생 여지가 없거나 미미한 경우에는 갈등관리심의위원회 심의를 거쳐 갈등영향분석을 실시하지 않을 수 있다고 하였다. 따라서 갈등관리심의위원회는 심의 결과를 통해 갈등영향분석 실시 여부의 판단에 관여할 수 있음을 알 수 있다.

06 ③ 정답률 88.3%

|문제 유형| 사실적 이해 > 정보 확인

|접근 전략| 몇 가지 경우의 상황에 따라 해당되는 조건이나 요소가 상이하게 주어지는 유형의 글이다. 글에서 확인해야 할 점들이 분명하게 드러나므로, 지문을 읽어 내려가며 선지의 구성이 어떤 형태일지 짐작할 수 있어야 하며, 동일한 항목에 대한 서로 다른 내용 즉, 단계별 지원 대상, 지원 장소, 지원 인력, 지원 내용 등을 곧바로 파악, 밑줄을 그을 수 있어야 한다. 비교 항목들이 파악되면 선지의 내용에 대한 참/거짓 여부를 어렵지 않게 판별할 수 있는 난도가 낮은 문제이다.

다음 글에서 알 수 있는 것은?

○○시 교육청은 초·중학교 기초학력 부진학생의 기초학력 향상을 위해 3단계의 체계적인 지원체계를 구축하였다. 이는 학습 사각지대에 놓여있는 학생들을 조기에 발견하고, 학생 여건과 특성에 맞는 서비스를 제공하여 기초학력 부진을 해결하기 위한 조치이다. ▶1문단

1단계 지원은 기초학력 부진 판정을 받은 모든 학생을 대상으로 하며, 해당 학생에 대한 지도는 학교 내에서 담임교사가 담당한다. 학교 내에서 교사가 특별학습 프로그램을 진행하는 것이다. ▶2문단

2단계 지원은 기초학력 부진 판정을 받은 학생 중 복합적인 요인으로 어려움을 겪는 것으로 판정된 학생인 복합요인 기초학력 부진학생을 대상으로 권역학습센터에서 이루어진다. 권역학습센터는 권역별 1곳씩 총 5곳에 설치되어 있으며, 이곳에서 학습멘토 프로그램을 운영한다. 이 프로그램에 참여하는 지원 인력은 ○○시의 인증을 받은 학습상담사이며, 기초학력 부진학생의 학습멘토 역할을 담당하게 된다. ▶3문단

3단계 지원은 복합요인 기초학력 부진학생 중 주의력결핍 과잉행동장애 또는 난독증 등의 문제로 학습에 어려움을 겪는 학생을 대상으로 ○○시 학습종합클리닉센터에서 이루어진다. ○○시 학습종합클리닉센터는 교육청 차원에서 지역사회 교육 전문가를 초빙하여 해당 학생들을 위한 전문학습클리닉 프로그램을 운영한다. 이에 더해 소아정신과 전문의 등으로 이루어진 의료지원단을 구성하여 의료적 도움을 줄 수 있도록 한다. ▶4문단

① ○○시 학습종합클리닉센터는 ○○시에 총 5곳이 설치되어 있다. ➡ (X) ○○시 학습종합클리닉센터는 4문단에서 언급되었으나 몇 곳이 설치되어 있는지는 알 수 없다. 참고로 3문단에서 권역별 1곳씩 총 5곳에 설치되어 있다고 언급한 것은 권역학습센터에 해당한다.

② 기초학력 부진학생으로 판정된 학생은 학습멘토 프로그램에 참여할 수 없다. ➡ (X) 3문단에 따르면, 2단계 지원은 기초학력 부진 판정을 받은 학생 중 복합적인 요인으로 어려움을 겪는 것으로 판정된 학생인 복합요인 기초학력 부진학생을 대상으로 권역학습센터에서 이루어진다고 하였으며, 이곳에서 학습멘토 프로그램을 운영한다고 하였다. 따라서 기초학력 부진학생으로 판정된 학생은 학습멘토 프로그램에 참여할 수 있음을 알 수 있다.

③ 복합요인 기초학력 부진학생으로 판정된 학생 중 의료지원단의 의료적 도움을 받는 학생이 있을 수 있다. ➡ (O) 4문단에 따르면, 3단계 지원은 복합요인 기초학력 부진학생 중 주의력결핍 과잉행동장애 또는 난독증 등의 문제로 학습에 어려움을 겪는 학생을 대상으로 ○○시 학습종합클리닉센터에서 이루어진다고 하였다. ○○시 학습종합클리닉센터에서는 전문학습클리닉 프로그램을 운영하며, 소아정신과 전문의 등으로 구성된 의료지원단의 의료적 도움을 줄 수 있다고 하였다. 따라서 복합요인 기초학력 부진학생으로 판정된 학생 중에서 의료지원단의 의료적 도움을 받는 학생이 있을 수 있음을 알 수 있다.

④ 학습멘토 프로그램 및 전문학습클리닉 프로그램에 참여하는 지원 인력은 ○○시의 인증을 받지 않아도 된다. ➡ (X) 3단계 지원에 해당하는 전문학습클리닉 프로그램에 참여하는 지원 인력이 ○○시의 인증을 받지 않아도 되는지는 지문을 통해 알 수 없다. 3문단에 따르면 학습멘토 프로그램에 참여하는 지원 인력은 ○○시의 인증을 받은 학습상담사라고 하였다.

⑤ 난독증이 있는 학생은 기초학력 부진 판정을 받지 않았더라도 ○○시 학습종합클리닉센터에서 운영하는 프로그램에 참여할 수 있다. ➡ (X) 4문단에 따르면, ○○시 학습종합클리닉센터에서 운영하는 프로그램은 3단계 지원에 해당하는 것으로 3단계 지원은 복합요인 기초학력 부진학생 중 주의력결핍 과잉행동장애 또는 난독증 등의 문제로 학습에 어려움을 겪는 학생을 대상으로 한다. 따라서 난독증이 있는 학생이라도 기초학력 부진 판정을 받지 않았다면 3단계 지원 대상에 해당되지 않으므로 ○○시 학습종합클리닉센터에서 운영하는 프로그램에 참여할 수 없다.

07 ④
정답률 93.9%

| 문제 유형 | 사실적 이해 > 정보 확인

| 접근 전략 | 지문에 주어진 정보를 읽으며 안내문의 형태와 선지의 구성 등이 어떻게 이루어졌을지 짐작하지 못한다면 합격권에 들기 어렵다고 볼 수 있다. 본 문항과 같은 유형의 문제풀이 시간을 절약하여 다른 문제풀이에 할애할 수 있어야 한다. 발문을 읽고 지문의 모든 문장을 꼼꼼하게 읽을 필요가 없다는 점을 파악하여 가급적 빠르게 정답을 찾는 것이 관건이다.

다음 대화의 ㉠에 따라 〈안내〉를 수정한 것으로 적절하지 않은 것은?

갑: 지금부터 회의를 시작하겠습니다. 이 자리는 A시 시민안전보험의 안내문을 함께 검토하기 위한 자리입니다. A시 시민안전보험의 내용을 시민들에게 효과적으로 전달하기 위해서 수정 및 보완이 필요한 부분이 있다면 자유롭게 말씀해 주시기 바랍니다.

을: 시민안전보험의 혜택을 누릴 수 있는 대상이 더 정확하게 표현되면 좋겠습니다. 단순히 A시에서 생활하는 사람이 아닌 A시에 주민으로 등록한 사람이라는 점이 명확하게 드러나야 한다고 생각합니다.

병: 2024년도부터는 시민안전보험의 보장 항목이 기존의 8종에서 10종으로 확대되었습니다. 보장 항목을 안내하면서 새롭게 추가된 두 가지 항목인 개 물림 사고와 사회재난 사망 사고를 포함하면 좋겠습니다.

정: 시민안전보험의 보험 기간뿐만 아니라 청구 기간에 대한 정보도 필요합니다. 보험 기간 내에 발생한 사고에 대해서 사고 발생 시점을 기준으로 할 때 보험금을 언제까지 청구할 수 있는지에 대한 안내가 추가되면 좋을 것 같습니다.

무: 보험금을 어디로 그리고 어떻게 청구할 수 있는지에 대한 구체적 정보도 부족합니다. 시민안전보험에 관심을 가진 시민이라면 연락처 정보만으로는 부족하다고 여길 것 같습니다. 안내문에 보험금 청구에 필요한 대표적인 서류들을 제시하면 어떨까요?

갑: 좋은 의견을 개진해 주셔서 감사합니다. 참고로 최근 민간 기업과의 업무 협약을 통해 A시 누리집뿐만 아니라 코리아톡 앱을 통해서도 A시 시민안전보험에 관한 정보를 확인할 수 있게 되어 이 점 역시 이번에 안내할 계획입니다. 그럼 ㉠오늘 회의에서 논의된 내용을 반영하여 안내문을 수정하도록 하겠습니다. 감사합니다.

〈안내〉

우리 모두의 안전은 2024년 A시 시민안전보험 가입으로!
○ 가입 대상: A시 구성원 누구나
○ 보험 기간: 2024. 1. 1. ~ 2024. 12. 31.
○ 보장 항목: 대중교통 이용 중 상해·후유장애 등 총 8종의 사고 보장
○ 청구 방법: B보험사 통합상담센터로 문의
○ 참고 사항: 자세한 관련 내용은 A시 누리집을 통해서도 확인 가능

① 가입 대상을 'A시에 주민으로 등록한 사람 누구나'로 수정한다. ➡ (O) '을'은 'A시에 주민으로 등록한 사람이라는 점이 명확하게 드러나야 한다.'고 하였으므로 수정한 것이 적절하다.

② 보험 기간을 '2024. 1. 1. ~ 2024. 12. 31.(보험 기간 내 사고발생일로부터 3년 이내 보험금 청구 가능)'로 수정한다. ➡ (O) '정'은 '보험 기간 내에 발생한 사고에 대해서 사고 발생 시점을 기준으로 할 때 보험금을 언제까지 청구할 수 있는지에 대한 안내가 추가되면 좋을 것 같다.'고 하였으므로 수정한 것이 적절하다.

③ 보장 항목을 '대중교통 이용 중 상해·후유장애, 개 물림 사고, 사회재난 사망 사고 등 총 10종의 사고 보장'으로 수정한다. ➡ (O) '병'은 '보장 항목을 안내하면서 새롭게 추가된 두 가지 항목인 개 물림 사고와 사회재난 사망 사고를 포함하면 좋겠다.'고 하였으므로 수정한 것이 적절하다.

④ 청구 방법을 '청구 절차 및 필요 서류는 B보험사 통합상담센터(Tel. 15××-××××)로 문의'로 수정한다. ➡ (X) '무'는 연락처 정

보만으로는 부족하며, 안내문에 보험금 청구에 필요한 대표적인 서류들을 제시하는 것이 좋을 것 같다고 하였다. 따라서 청구 방법에 전화번호를 추가하는 것은 회의에서 논의된 내용이 아니므로 적절하지 않다.

⑤ 참고 사항을 '자세한 관련 내용은 A시 누리집 및 코리아톡 앱을 통해서도 확인 가능'으로 수정한다. ➡ (O) '갑'은 두 번째 발언에서 'A시 누리집뿐만 아니라 코리아톡 앱을 통해서도 A시 시민안전보험에 관한 정보를 확인할 수 있게 되어 이 점 역시 이번에 안내할 계획입니다.'라고 하였으므로 수정한 것이 적절하다.

08 ② 정답률 89.2%

| 문제 유형 | 비판적 사고 > 판단하기

| 접근 전략 | 어떤 주장이 타당하다는 것을 입증하기 위해 필요한 자료가 무엇인지를 알아내는 생소한 유형의 문제로, 논리적인 사고력이 요구된다. 본 문항을 해결하기 위해서는 각자가 주장한 바를 정확히 이해해야 하며, ㄱ~ㄷ의 자료가 주장한 바를 입증하는 데 꼭 필요한 것인지를 판단할 수 있어야 한다.

다음 대화의 ⊙으로 적절한 것만을 〈보기〉에서 모두 고르면?

갑: 최근 전동킥보드, 전동휠 등 개인형 이동장치 사고가 급증하고 있습니다. 도대체 무엇 때문에 이러한 현상이 나타나는 것일까요? 이에 대해 여러분은 어떤 의견을 가지고 있나요?

을: 원동기 면허만 있으면 19세 미만 미성년자도 개인형 이동장치를 이용할 수 있습니다. 하지만 원동기 면허가 없는 사람들도 많이 이용하고 있습니다. 안전 의식이 부족한 이용자가 증가해 사고가 더 많이 발생하는 것이지요.

병: 저는 개인형 이동장치의 경음기 부착 여부가 사고 발생 확률에 유의미한 영향을 미친다고 생각합니다. 현재 상당수의 개인형 이동장치는 경음기를 낼 수 있는 경음기가 부착되어 있지 않기 때문에 개인형 이동장치가 빠른 속도로 달려와도 주변에서 이를 인지하지 못하는 경우가 많습니다. 이것이 사고가 발생하는 주요한 원인이라고 생각합니다.

정: 저는 개인형 이동장치를 이용할 수 있는 인프라가 부족하다는 점이 가장 큰 원인이라고 생각합니다. 개인형 이동장치 이용자들은 안전한 운행이 가능한 도로를 원하고 있으나, 그러한 개인형 이동장치 전용도로를 갖춘 지역은 드뭅니다. 이처럼 인프라 수요를 공급이 따라가지 못해 사고가 발생하는 것입니다.

갑: 여러분 좋은 의견 제시해 주셔서 감사합니다. 그렇다면 말씀하신 의견을 검증하기 위해 ⊙필요한 자료를 조사해 주세요.

〈보기〉

ㄱ. 미성년자 중 원동기 면허 취득 비율과 19세 이상 성인 중 원동기 면허 취득 비율 → (X) '을'은 원동기 면허가 없는 사람들도 원동기를 많이 이용하고 있으며, 안전 의식이 부족한 이용자가 증가해 사고가 더 많이 발생하는 것이라 주장하고 있다. 이는 연령에 관계없이 원동기 면허가 없는 이용자가 문제라는 것이지, 미성년자와 19세 이상 성인 각각의 면허 취득 비율과는 관련 없는 것이므로 ㄱ은 '을'의 의견을 검증하기 위해 필요한 자료가 아니다.

ㄴ. 경음기가 부착된 개인형 이동장치 1대당 평균 사고 발생 건수와 경음기가 부착되지 않은 개인형 이동장치 1대당 평균 사고 발생 건수 → (O) '병'은 경음기 부착 여부를 사고 발생의 주요 원인으로 지목하고 있다. 따라서 경음기가 부착된 개인형 이동장치와 부착되지 않은 개인형 이동장치의 사고 발생 빈도를 확인하는 것으로 '병'의 의견을 검증할 수 있을 것이다. 따라서 ㄴ은 '병'의 의견을 검증하기 위해 필요한 자료이다.

ㄷ. 개인형 이동장치 등록 대수가 가장 많은 지역의 개인형 이동장치 사고 발생 건수와 개인형 이동장치 등록 대수가 가장 적은 지역의 개인형 이동장치 사고 발생 건수 → (X) '정'은 개인형 이동장치의 안전 운행이 가능한 전용도로가 부족하다는 점을 사고 발생의 주요 원인으로 지목하고 있다. 따라서 전용도로가 있는 지역과 없는 지역의 사고 발생 빈도에 관한 자료는 유의미할 것이나, 개인형 이동장치 등록 대수가 가장 많거나 혹은 가장 적은 지역이라는 점 자체는 전용도로 유무와 관계가 있다고 볼 수 없으므로 그러한 지역들의 개인형 이동장치 사고 발생 건수를 확인하는 것은 '정'의 의견을 검증하기 위해 필요한 자료가 아니다.

① ㄱ ➡ (X)
② ㄴ ➡ (O)
③ ㄱ, ㄷ ➡ (X)
④ ㄴ, ㄷ ➡ (X)
⑤ ㄱ, ㄴ, ㄷ ➡ (X)

09 ④ 정답률 53.5%

| 문제 유형 | 비판적 사고 > 빈칸 채우기

| 접근 전략 | 지문을 빨리 읽은 후 거꾸로 선지를 하나씩 대입해 가며 풀 수도 있으며, 앞뒤 맥락에 대한 논리적 사고를 통해 단번에 정답을 알아낼 수도 있다. 관건은 두 비교 국가의 인구수가 다를 수 있음을 얼마나 빨리 간파하느냐이다. 두 번째 문단의 도입부를 읽으면서 인구수가 다른 두 국가의 행복 정도를 단순 비교하는 것은 무의미하다는 점을 인지했다면 문제풀이 접근 전략이 성공적이라고 할 수 있다.

다음 글의 (가)와 (나)에 들어갈 말을 적절하게 짝지은 것은?

갑은 국민 개인의 삶의 질을 1부터 10까지의 수치로 평가하고 이 수치를 모두 더해 한 국가의 행복 정도를 정량화한다. 예를 들어, 삶의 질이 모두 5인 100명의 국민으로 구성된 국가의 행복 정도는 500이다. ▶1문단

갑은 이제 국가의 행복 정도가 클수록 더 행복한 국가라고 하면서 어느 국가가 더 행복한 국가인지까지도 서로 비교하고 평가할 수 있다고 주장한다. 하지만 갑의 주장은 받아들이기 어렵다. 행복한 국가라면 그 국가의 대다수 국민이 높은 삶의 질을 누리고 있다고 보는 것이 일반적인 직관인데, 이 직관과 충돌하는 결론이 나오기 때문이다. 예를 들어, A국과 B국의 행복 정도를 비교하는 다음의 경우를 생각해 보자. (가) , B국에서 가장 높은 삶의 질을 지닌 국민이 A국에서 가장 낮은 삶의 질을 지닌 국민보다 삶의 질 수치가 낮다. 그러면 갑은 (나) . 그러나 이러한 결론에 동의할 사람은 거의 없을 것이다. ▶2문단

① (가): A국의 행복 정도가 B국의 행복 정도보다 더 크지만
　(나): B국이 A국보다 더 행복한 국가라고 말해야 할 것이다
　➡ (X) 모든 B국 국민 개개인의 삶의 질 수치가 모든 A국 국민 개개인의 삶의 질 수치보다 낮을 경우, A국의 행복 정도가 B국의 행복 정도보다 더 크다면 갑은 A국이 더 행복한 국가라고 말해야 할 것이므로 적절하지 않다.

② (가): A국의 행복 정도가 B국의 행복 정도보다 더 크지만
　(나): A국이 B국보다 더 행복한 국가라고 말해야 할 것이다
　➡ (X) 모든 B국 국민 개개인의 삶의 질 수치가 모든 A국 국민 개개인의 삶의 질 수치보다 낮을 경우, A국의 행복 정도가 B국의 행복 정도보다 더 크다면 갑은 A국이 더 행복한 국가라고 말해야 할 것이며 그러한 결론에 거의 모든 사람이 동의할 것이므로 이 역시 적절하지 않다.

③ (가): A국의 행복 정도와 B국의 행복 정도가 같지만
　(나): B국이 A국보다 더 행복한 국가라고 말해야 할 것이다
　➡ (X) 모든 B국 국민 개개인의 삶의 질 수치가 모든 A국 국민 개개인의 삶의 질 수치보다 낮을 경우, 두 국가의 행복 정도가 같다면 갑은 두 국가 중 어느 국가가 더 행복한지 알 수 없다고 말해야 할 것이므로 적절하지 않다.

④ (가): B국의 행복 정도가 A국의 행복 정도보다 더 크지만
(나): B국이 A국보다 더 행복한 국가라고 말해야 할 것이다
➡ (O) B국에서 가장 높은 삶의 질을 지닌 국민이 A국에서 가장 낮은 삶의 질을 지닌 국민보다 삶의 질 수치가 낮다고 하였으므로 이는 모든 B국 국민 개개인의 삶의 질 수치는 모든 A국 국민 개개인의 삶의 질 수치보다 낮다는 것을 의미한다. 그럼에도 불구하고 B국 국민의 많은 인구수 때문에 B국의 행복 정도가 A국의 행복 정도보다 더 크다면(행복 정도 = 개인의 삶의 질 수치 × 인구수). 갑은 B국이 A국보다 더 행복한 국가라고 말해야 할 것이다. 따라서 ④는 (가)와 (나)에 들어갈 말로 적절하다.

⑤ (가): B국의 행복 정도가 A국의 행복 정도보다 더 크지만
(나): A국이 B국보다 더 행복한 국가라고 말해야 할 것이다
➡ (X) 모든 B국 국민 개개인의 삶의 질 수치가 모든 A국 국민 개개인의 삶의 질 수치보다 낮을 경우, B국의 행복 정도가 A국의 행복 정도보다 더 크다면 갑은 B국이 더 행복한 국가라고 말해야 할 것이므로 적절하지 않다.

③ ㄴ ㄱ ➡ (X) 자신이 행복하다고 느끼는 것은 적어도 주관적 심리 상태라는 조건이 충족된 것이며, 이때 객관적 조건 구비 여부에 따라 그 사람은 행복하다고 느낄 수도, 그렇지 않을 수도 있게 된다. 그러므로 ㄱ은 A의 행복 개념과 맞지 않는다.

④ ㄴ ㄷ ➡ (O) (가)와 (나) 사이에서 주관적 심리 상태가 행복의 충분조건이라고 할 수는 없다 하더라도 필수 조건임을 부정할 수는 없다고 하였다. 따라서 (가)에는 주관적 심리 상태로도 충분한 것은 아님을 의미하는 ㄴ이, (나)에는 주관적 심리 상태는 반드시 필요한 것임을 의미하는 ㄷ이 들어가야 논리적인 흐름이 이어진다.

⑤ ㄷ ㄴ ➡ (X) (가)와 (나) 사이에서 주관적 심리 상태가 행복의 충분조건이라고 할 수는 없다 하더라도 필수 조건임을 부정할 수는 없다고 하였다. 따라서 (가)에 ㄷ이, (나)에 ㄴ이 들어간다면, (가)와 (나) 사이에 언급된 말과 앞뒤 문맥이 논리적으로 연결될 수 없다.

10 ④ 정답률 59.2%

| 문제 유형 | 비판적 사고 > 빈칸 채우기
| 접근 전략 | 매년 한두 개씩 빠지지 않고 등장하는 유형의 문제이다. 주어진 지문의 길이도 짧고 핵심이 되는 논리관계도 하나이므로, 충분조건과 필요조건의 개념을 명확히 알고 있다면 어렵지 않게 정답을 찾을 수 있다. A의 행복 개념에 따라 ㄱ의 내용이 틀린 말이라는 것을 파악할 수 있어야 하며, 주어진 선지의 구성에 따라 ㄱ~ㄷ의 내용을 대입하면서 오답을 삭제해가는 방법이 가장 적절한 풀이법이다.

다음 글의 (가)와 (나)에 들어갈 말을 〈보기〉에서 골라 적절하게 짝지은 것은?

고대 철학자 A가 궁극적인 목적으로 삼았던 것은 행복한 삶이었다. 그런데 A가 가진 행복 개념은 현대인들이 가지고 있는 행복 개념과 다소 차이가 있다. 우리가 일상적으로 '행복'이라는 말을 사용할 때는 단순히 주관적 심리 상태를 지칭하는 경우가 많다. 하지만 A는 행복이 주관적 심리 상태만으로는 충분하지 않고, 그런 심리 상태를 뒷받침하는 객관적 조건이 반드시 갖추어져 있어야 한다고 생각했다. 요컨대, A가 사용한 행복 개념에 따르면, ___(가)___. 그러나 A는 행복이 주관적 심리 상태만으로는 충분하지 않다고 하더라도, 주관적 심리 상태가 행복의 필수 조건임은 부정할 수 없다고 보았다. 따라서 A에게는 ___(나)___.

─〈보기〉─

ㄱ. 자신이 행복하다고 느끼고 있으면서도 행복하지 않은 경우란 있을 수 없다
ㄴ. 자신이 행복하다고 느끼고 있으면서도 행복하지 않은 경우가 있을 수 있다
ㄷ. 자신이 행복하지 않다고 느끼고 있으면서도 행복한 경우란 있을 수 없다

(가) (나)

① ㄱ ㄴ ➡ (X) 자신이 행복하다고 느끼는 것은 적어도 주관적 심리 상태라는 조건이 충족된 것이며, 이때 객관적 조건 구비 여부에 따라 그 사람은 행복하다고 느낄 수도, 그렇지 않을 수도 있게 된다. 그러므로 ㄱ은 A의 행복 개념과 맞지 않는다.

② ㄱ ㄷ ➡ (X) 자신이 행복하다고 느끼는 것은 적어도 주관적 심리 상태라는 조건이 충족된 것이며, 이때 객관적 조건 구비 여부에 따라 그 사람은 행복하다고 느낄 수도, 그렇지 않을 수도 있게 된다. 그러므로 ㄱ은 A의 행복 개념과 맞지 않는다.

S 11 ① 정답률 42.7%

| 문제 유형 | 비판적 사고 > 지문에서 추론하기
| 접근 전략 | 충분조건과 필요조건의 개념에 대한 이해를 심층적으로 요구하고 있지 않아 지문의 내용만 집중하여 읽는다면 문제풀이가 복잡하지 않은 문제이다. 논리관계를 정확하게 파악하기 위해서는 내용을 분석적으로 이해해야 하므로 평소 지문을 꼼꼼하게 읽는 연습을 해야 한다.

다음 글에서 추론할 수 있는 것만을 〈보기〉에서 모두 고르면?

진수는 병원에서 급성 중이염을 진단 받고, 항생제 투여 결과 이틀 만에 크게 호전되었다. 진수의 중이염 증상이 빠르게 호전된 것을 '항생제 투여 때문'이라고 답하는 것은 자연스러운 설명이다. 그런데 이것이 좋은 설명이 되려면, 그러한 증상의 치유에 항생제의 투여가 관련되어 있음을 보여 줄 필요가 있다. ▶1문단

확률의 차이는 이러한 관련성을 보여 주는 한 가지 방식이다. 예컨대 급성 중이염 증상에 대해 항생제 투여 없이 그대로 자연 치유에 맡기는 경우, 그 증상이 치유될 확률이 20%라고 하자. 이를 기준으로 삼아서 항생제 투여가 급성 중이염의 치유에 대해 갖는 긍정적 효과와 부정적 효과를 구분할 수 있다. 가령 항생제 투여를 할 경우에 그 확률이 80%라면, 이는 항생제 투여가 급성 중이염의 치유에 긍정적 효과가 있음을 보여 주는 것이다. 거꾸로, 급성 중이염의 치유를 위해 개발 과정에 있는 신약을 투여했더니 그 확률이 10%라는 조사 결과가 있다면, 이는 신약 투여가 급성 중이염의 치유에 부정적 효과가 있음을 보여 주는 것이다. 물론 두 경우 모두, 급성 중이염의 치유에 투여된 약 이외의 다른 요인이 개입하지 않았다는 점이 보장되어야 한다. ▶2문단

─〈보기〉─

ㄱ. 투여된 약이 증상의 치유에 어떠한 효과도 없다는 것을 보이기 위해서는, 약을 투여하더라도 증상이 치유될 확률에 변화가 없을 뿐 아니라 약의 투여 이외의 다른 요인이 개입되지 않았다는 것이 밝혀져야 한다. → (O) 2문단에서는 항생제 투여 없이 자연 치유의 확률이 20%일 경우, 항생제 투여로 치유 확률이 80%가 되었다면 이를 긍정적 효과로, 신약 투여로 치유 확률이 10%가 되었다면 이를 부정적 효과가 있다고 보고 있다. 또한 이 결론을 위해 투여된 약 이외의 다른 요인이 개입되지 않아야 한다는 점을 전제하고 있다. 따라서 투여된 약이 증상의 치유에 어떠한 효과도 없다는 것을 보이기 위해서는, 약을 투여하더라도 증상이 치유될 확률에 변화가 없어야 할 것이며, 전제 조건인 약의 투여 이외의 다른 요인이 개입되지 않았다는 것 역시 밝혀져야 한다는 것은 적절한 추론이라고 할 수 있다.

ㄴ. 투여된 약이 증상의 치유에 긍정적인 효과가 있다는 것을 보이기 위해서는 증상이 치유될 확률이 약의 투여 이전보다 이후에 더 높

아지는 것을 보이는 것으로 충분하다. → (X) 투여된 약이 증상의 치유에 긍정적인 효과가 있다는 것을 보이기 위해서는, 증상이 치유될 확률이 약의 투여 이전보다 약의 투여 이후에 더 높아지는 것을 보이는 것뿐만 아니라, 전제 조건인 약의 투여 이외의 다른 요인이 개입되지 않았다는 것 역시 밝혀져야 한다.

ㄷ. 약 투여 이외의 다른 요인이 개입되지 않았다고 전제할 경우에, 투여된 약이 증상의 치유에 긍정적인 효과가 없다는 것을 보이기 위해서는 증상이 치유될 확률이 약의 투여 이전보다 이후에 더 낮아지는 것을 보이는 것이 필요하다. → (X) 약 투여 이외의 다른 요인이 개입되지 않았다고 전제할 경우에, 투여된 약이 증상의 치유에 긍정적인 효과가 없다는 것을 보이기 위해서는, 증상이 치유될 확률이 약의 투여 이전보다 이후에 더 낮아지는 것을 보이지 않더라도, 약의 투여 이전과 이후에 효과에 변화가 없다는 것을 보이는 것만으로도 충분하다.

① ㄱ ➡ (O)
② ㄴ ➡ (X)
③ ㄱ, ㄷ ➡ (X)
④ ㄴ, ㄷ ➡ (X)
⑤ ㄱ, ㄴ, ㄷ ➡ (X)

12 ④ 정답률 79.5%

| 문제 유형 | 비판적 사고 > 판단하기
| 접근 전략 | '의식'과 '도덕적 지위'라는 두 키워드를 놓고 네 명의 입장이 엇갈리고 있다. 각 주장의 조건과 결론에 밑줄을 그어 표시해 두고 ㄱ~ㄷ과 비교해 본다면 어느 분석에 모순이 있는지를 확인할 수 있다. 다만, 각 주장의 동일한 측면과 엇갈리는 측면이 혼재되어 있어 헷갈릴 소지가 있으므로 높은 집중력이 필요하다는 점에서 비교적 난도가 높은 문항으로 분류된다.

다음 갑~정의 논쟁에 대한 분석으로 적절한 것만을 〈보기〉에서 모두 고르면?

갑: 우리는 보통 인간이나 동물이 어떤 특성을 지니고 있어서 그에 부합하는 도덕적 지위를 갖는다고 생각한다. 의식이 바로 그런 특성이다. 나는 인공지능 로봇도 같은 방식으로 그 도덕적 지위를 결정해야 한다고 생각한다. 그래서 우리는 그런 로봇에게 의식이 있는지를 따져 봐야 할 것이다. 나는 인공지능 로봇이 의식을 갖는다고 생각한다.

을: 도덕적 지위를 결정하는 기준에 대해서는 나도 갑과 생각이 같다. 하지만 나는 바로 그런 이유에서 인공지능 로봇에게 도덕적 지위를 부여할 수 없다고 생각한다. 로봇은 기계이므로 의식을 갖는 것이 가능하지 않기 때문이다.

병: 나는 인공지능 로봇에게 의식이 있는지 없는지가 그것에게 도덕적 지위를 부여하느냐 마느냐를 결정하는 근거가 될 수 없다고 생각한다. 인공지능 로봇에게 의식이 있을 수도 있겠지만, 인간의 필요에 의해서 만든 도구적 존재에게 도덕적 지위를 부여하는 것은 말이 안 된다.

정: 어떤 존재의 도덕적 지위는 우리가 그 존재와 어떤 관계를 맺고 있는지에 따라 결정된다. 우리가 로봇과 가족이나 친구와 같은 유의미한 관계를 맺고 있다면, 인공지능 로봇이 의식을 갖지 않는 경우라 해도, 로봇에게 도덕적 지위를 부여해야 한다.

→ 네 명의 주장을 정리하면 다음과 같다.
• 갑: 로봇은 의식이 있음. 따라서 도덕적 지위를 가짐
• 을: 로봇은 의식이 없음. 따라서 도덕적 지위를 갖지 않음(도덕적 지위 결정 기준은 갑과 동일).
• 병: 의식의 유무는 도덕적 지위 부여의 근거가 되지 않음. 따라서 로봇이 의식이 있을 수도 있으나, 도덕적 지위를 부여할 수는 없음

• 정: 도덕적 지위는 인간과의 관계에 의해 결정됨. 따라서 로봇이 인간과 유의미한 관계를 맺고 있다면 의식을 갖지 않더라도 도덕적 지위를 부여해야 함

〈보기〉
ㄱ. 을과 정은 인공지능 로봇에게는 의식이 없다고 생각한다. → (X) 을은 인공지능 로봇에게 의식이 없다고 생각하지만, 정은 인공지능 로봇과 인간과의 관계에 대한 언급만 했을 뿐, 인공지능 로봇에게 의식이 없다고 단정하지는 않았다.

ㄴ. 인공지능 로봇에게 의식이 있어도 도덕적 지위를 부여할 수 없다고 생각하는 사람이 있다. → (O) 갑은 인공지능 로봇에게 의식이 있으므로 도덕적 지위를 갖는다고 생각하므로 ㄴ에서 언급한 사람이 아니다. 을은 갑과 동일한 도덕적 지위의 결정 기준을 갖고 있으므로 만일 인공지능 로봇에게 의식이 있다면 도덕적 지위를 부여해야 한다고 생각한다. 따라서 을 역시 ㄴ에서 언급한 사람이 아니다. 병은 인공지능 로봇의 의식 유무와 관계없이 도덕적 지위를 부여할 수 없다고 생각하므로 병은 ㄴ에서 언급한 사람에 해당한다. 정은 인간과의 관계 정도가 도덕적 지위 부여의 기준이 된다고 하였으므로 인공지능 로봇에게 의식이 있어도 인간과의 관계가 없다면 도덕적 지위를 부여할 수 없다고 생각한다. 따라서 정 역시 ㄴ에서 언급한 사람에 해당한다.

ㄷ. 인공지능 로봇에게 실제로 의식이 있다고 밝혀진다면, 네 명 중 한 명은 인공지능 로봇에게 도덕적 지위를 부여해야 하는가에 대한 입장을 바꿔야 한다. → (O) 갑은 인공지능 로봇에게 의식이 있다고 생각하므로 ㄷ에서 언급한 사람에서 제외된다. 을은 인공지능 로봇에게 의식이 없다고 생각하므로 만일 실제로 의식이 있다고 밝혀진다면, 도덕적 지위 부여에 대한 자신의 입장을 바꿔야 한다. 그러므로 을은 ㄷ에서 언급한 사람에 해당한다. 병은 인공지능 로봇의 의식 유무가 도덕적 지위 부여의 근거가 되지 않는다고 생각하므로 ㄷ에서 언급한 사람에 해당하지 않는다. 정 역시 인공지능 로봇의 인간과의 관계에 따라 도덕적 지위 부여 여부가 결정되어야 한다고 생각하므로 ㄷ에서 언급한 사람에 해당하지 않는다. 따라서 네 명 중 '을' 한 명만 입장을 바꿔야 하는 사람에 해당함을 알 수 있다.

① ㄱ ➡ (X)
② ㄴ ➡ (X)
③ ㄱ, ㄷ ➡ (X)
④ ㄴ, ㄷ ➡ (O)
⑤ ㄱ, ㄴ, ㄷ ➡ (X)

13 ① 정답률 50.2%

| 문제 유형 | 비판적 사고 > 판단하기
| 접근 전략 | 제시된 정보에 부합하는 행동이 무엇인지를 파악해야 하는 문제이다. 주어진 정보를 명확히 구분하여 이해해야 하며, 예외사항이 있다는 것을 간과해서는 안 된다. 이러한 유형의 문제는 정보에서 주의해야 할 요소가 무엇인지를 파악한 뒤 곧바로 선지의 내용을 확인하며 주어진 정보에 위배되는 점이 없는지를 알아보는 방법으로 접근해야 한다.

다음 글에서 추론할 수 있는 것만을 〈보기〉에서 모두 고르면?

○○부는 올여름 폭염으로 국가적 전력 부족 사태가 예상됨에 따라 '공공기관 에너지 절약 세부 실천대책'을 발표하였다. 이에 따르면 공공기관은 냉방설비를 가동할 때 냉방 온도를 25℃ 이상으로 설정하여야 한다. 또한 14~17시에는 불필요한 전기 사용을 자제하여야 한다. ▶1문단

○○부는 추가적으로, 예비전력을 기준으로 전력수급 위기단계를 준비단계(500만kW 미만 400만kW 이상), 관심단계(400만kW 미만 300만kW 이상), 주의단계(300만kW 미만 200만kW 이상), 경계단계(200만kW 미만 100만kW 이상), 심각단계(100만kW 미만) 순의 5단계로 설정하였다. 전력수급 상황에 따라 위기단계가 통보되면 공공기관은 아래 〈표〉에 따라 각 위

기단계의 조치 사항을 이행하여야 한다. 이때의 조치 사항에는 그 전 위기단계까지의 조치 사항이 포함되어야 한다.

〈표〉 전력수급 위기단계별 조치 사항

위기단계	조치 사항
준비단계	실내조명과 승강기 사용 자제
관심단계	냉방 온도 28℃ 이상으로 조정
주의단계	냉방기 사용 중지, 실내조명 50% 이상 소등
경계단계	필수 기기를 제외한 모든 사무기기 전원 차단
심각단계	실내조명 완전 소등, 승강기 가동 중지

▶ 2문단

다만 장애인 승강기는 전력수급 위기단계와 관계없이 상시 가동하여야 한다. 또한 의료기관, 아동 및 노인 등 취약계층 보호시설은 냉방 온도 제한 예외 시설로서 자체적으로 냉방 온도를 설정하여 운영할 수 있다. ▶ 3문단

─〈보기〉─

ㄱ. 예비전력이 50만kW일 때 모든 공공기관은 실내조명을 완전 소등하여야 하며, 예비전력이 180만kW일 때는 50% 이상 소등하여야 한다. → (O) 예비전력이 50만kW라면 심각단계이다. 심각단계에서는 모든 공공기관은 실내조명을 완전 소등하여야 한다. 예비전력이 180만kW라면 경계단계이다. 실내조명을 50% 이상 소등하는 것은 경계단계 전의 위기단계인 주의단계의 조치 사항이나, '조치 사항에는 그 전 위기단계까지의 조치 사항이 포함되어야 한다.'는 규정에 따라 주의단계의 조치사항이 경계단계에도 포함된다는 것을 알 수 있으므로 적절한 추론이 된다.

ㄴ. 취약계층 보호시설에 해당하지 않는 공공기관은 예비전력이 280만kW일 때 냉방 온도를 24℃로 설정할 수 없으나, 예비전력이 750만kW일 때는 설정할 수 있다. → (X) 취약계층 보호시설에 해당하지 않는 공공기관은 제시된 〈표〉와 관계없이 냉방설비를 가동할 때 냉방 온도를 25℃ 이상으로 설정하여야 한다는 것이 1문단에 제시되어 있다.

ㄷ. 전력수급 위기단계가 심각단계일 때 취약계층 보호시설에 해당하는 공공기관은 장애인 승강기를 가동할 수 있으나 취약계층 보호시설에 해당하지 않는 공공기관은 장애인 승강기 가동을 중지하여야 한다. → (X) 심각단계에서는 승강기 가동이 중지되나, 장애인 승강기는 전력수급 위기단계와 관계없이 상시 가동하여야 한다고 제시되어 있다. 따라서 장애인 승강기가 취약계층 보호시설에 해당하는 공공기관에 설치된 것인지 혹은 취약계층 보호시설에 해당하지 않는 공공기관에 설치된 것인지 여부에 관계없이 모든 장애인 승강기는 심각단계에서도 가동하여야 한다.

① ㄱ ➡ (O)
② ㄷ ➡ (X)
③ ㄱ, ㄴ ➡ (X)
④ ㄴ, ㄷ ➡ (X)
⑤ ㄱ, ㄴ, ㄷ ➡ (X)

14 ③

정답률 71.5%

| 문제 유형 | 비판적 사고 > 판단하기

| 접근 전략 | 주어진 정보를 도식화하여 명제 간의 관계를 정리하면 어렵지 않게 정답을 찾을 수 있다. 긴 과정명을 짧게 줄여 자신만 알아볼 수 있는 말로 표현하는 것이 문제풀이 요령이며, '그리고'와 '또는'을 구분하여 기호화할 수 있어야 한다.

다음 글의 내용이 참일 때, 반드시 참인 것만을 〈보기〉에서 모두 고르면?

갑은 〈공직 자세 교육과정〉, 〈리더십 교육과정〉, 〈글로벌 교육과정〉, 〈직무 교육과정〉, 〈전문성 교육과정〉의 다섯 개 과정으로 이루어진 공직자 교육 프로그램에 참여할 것을 고려하고 있다. 갑이 〈공직 자세 교육과정〉을 이수한다면 〈리더십 교육과정〉도 이수한다. 또한 갑이 〈글로벌 교육과정〉을 이수한다면 〈직무 교육과정〉과 〈전문성 교육과정〉도 모두 이수한다. 그런데 갑은 〈리더십 교육과정〉을 이수하지 않거나 〈전문성 교육과정〉을 이수하지 않는다.

→ 내용을 정리하면 다음과 같다.
• 공직 자세 교육과정 → 리더십 교육과정
• 글로벌 교육과정 → (직무 교육과정 ∨ 전문성 교육과정)
• ~리더십 교육과정 ∧ ~전문성 교육과정

─〈보기〉─

ㄱ. 갑은 〈공직 자세 교육과정〉을 이수하지 않거나 〈글로벌 교육과정〉을 이수하지 않는다. → (O) 만일 갑이 〈공직 자세 교육과정〉과 〈글로벌 교육과정〉을 모두 이수한다면, 위에서 정리한 첫 번째 명제와 두 번째 명제에 따라 갑은 다섯 개 과정 모두 이수해야 한다. 그러나 이는 세 번째 명제와 모순 관계가 되므로, 갑은 〈공직 자세 교육과정〉과 〈글로벌 교육과정〉 중 어느 한 개 이상을 이수하지 않아야 한다.

ㄴ. 갑이 〈직무 교육과정〉을 이수하지 않는다면 〈글로벌 교육과정〉도 이수하지 않는다. → (O) 위에서 정리한 두 번째 명제 관계의 대우명제는 '~(직무 교육과정 ∧ 전문성 교육과정) → ~글로벌 교육과정'이다. 따라서 〈직무 교육과정〉을 이수하지 않으면 〈글로벌 교육과정〉도 이수하지 않는다는 것을 알 수 있다.

ㄷ. 갑은 〈공직 자세 교육과정〉을 이수하지 않는다. → (X) 위에서 정리한 첫 번째 명제 관계의 대우명제에 따라 갑이 〈공직 자세 교육과정〉을 이수하지 않는 경우는 〈리더십 교육과정〉을 이수하지 않을 때이다. 그런데 세 번째 명제 관계에서는 갑은 〈리더십 교육과정〉은 이수하고 〈전문성 교육과정〉을 이수하지 않을 수도 있으므로 갑이 〈공직 자세 교육과정〉을 이수하지 않는다는 것은 반드시 참이라고 할 수 없다.

① ㄱ ➡ (X)
② ㄷ ➡ (X)
③ ㄱ, ㄴ ➡ (O)
④ ㄴ, ㄷ ➡ (X)
⑤ ㄱ, ㄴ, ㄷ ➡ (X)

15 ⑤

TOP 1 정답률 28.6%

| 문제 유형 | 비판적 사고 > 판단하기

| 접근 전략 | 명제를 도식화하여 정답을 찾는 어려운 문제이다. 이러한 유형의 문제는 주어진 명제를 논리적으로 분석하면서 선지의 내용이 분석된 결과에 부합하는지를 파악해야 해결할 수 있다. 두 가지 이상의 상황을 동시에 머릿속에 넣으면서 논리를 펼쳐야 하기 때문에 고도의 집중력이 요구된다. 평소 논리 관계에 대한 충분한 연습 과정이 필요하다.

다음 글에서 갑이 새롭게 입수한 '정보'로 적절한 것은?

월요일부터 목요일까지 하루에 한 차례씩 시험 출제 회의가 열렸다. 회의에 참석한 시험위원들에 관한 자료를 정리하던 주무관 갑은 다음의 사실을 파악하였다.

○ 월요일에 참석한 시험위원은 모두 수요일에도 참석했다.
○ 화요일에 참석한 시험위원은 누구도 수요일에는 참석하지 않았다.
○ 수요일에 참석한 시험위원 중 적어도 한 사람은 목요일에도 참석했다.

갑은 이 사실에 새롭게 입수한 '정보'를 더하여 "월요일에는 참석하지 않

았지만 목요일에는 참석한 시험위원이 적어도 한 사람은 있다."는 것을 알아내었다.

① 월요일에 참석하지 않은 시험위원이 적어도 한 사람은 있다. ➡ (X) 월요일 회의에 참석하지 않은 시험위원이 있을 수 있으나, 그것만으로 월요일 회의에 참석하지 않은 시험위원이 목요일 회의에 참석한 시험위원인지를 판단할 수는 없다.
② 화요일에 참석하지 않은 시험위원이 적어도 한 사람은 있다. ➡ (X) 화요일 회의에 참석하지 않은 시험위원이 있을 수 있으나, 그것만으로 화요일 회의에 참석하지 않은 시험위원이 목요일 회의에 참석한 시험위원인지를 판단할 수는 없다.
③ 수요일에 참석한 시험위원 중 적어도 한 사람은 목요일에 참석하지 않았다. ➡ (X) 목요일 회의에는 참석하지 않았고 수요일 회의에는 참석했다는 시험위원이 있다는 것은 목요일 회의에 참석한 시험위원을 파악하는 데 단서가 되지 못하므로 새롭게 입수한 정보가 되지 않는다.
④ 목요일에는 참석하지 않았지만 월요일에는 참석한 시험위원이 적어도 한 사람은 있다. ➡ (X) '목요일에는 참석하지 않았지만 월요일에는 참석한 시험위원이 적어도 한 사람은 있다.'는 것은 그와 반대인 '월요일에는 참석하지 않았지만 목요일에는 참석한 시험위원이 적어도 한 사람은 있다.'는 결론과 배치되는 명제로 상호 연관성을 찾을 수 없다. 따라서 새롭게 입수한 정보가 되지 않는다.
⑤ 월요일에 참석한 시험위원 중에는 목요일에 참석한 시험위원은 없다. ➡ (O) 주무관 갑이 파악한 세 개의 사실을 주의 깊게 보면 수요일 회의에 참석한 시험위원은 '월요일에만 참석한 시험위원'과 '월요일과 목요일에 참석한 시험위원' 두 가지 부류로 나눌 수 있다. 이것으로 보면 수요일 회의에 참석한 모든 시험위원은 월요일 회의에도 참석했다는 것을 알 수 있다. 그런데 갑이 추가로 알아낸 사실은 '월요일에 참석하지 않으면서 목요일에 참석한 시험위원이 있다.'는 것이다. 다시 말해, 이는 월요일과 목요일 중 목요일에만 참석한 시험위원이 있다는 것이므로, 이에 대한 전제가 되어야 할 사실은 월요일 회의에 참석한 시험위원 모두 목요일 회의에 참석하지 않았다는 ⑤와 같은 사실임을 알 수 있다.

S 16 ⑤ TOP 2 정답률 32.5%

| 문제 유형 | 사실적 이해 > 논리 게임
| 접근 전략 | 주어진 정보를 보고 표를 그려 문제를 해결해야 한다는 생각을 갖는 것이 문제풀이의 관건이다. 네 개의 정책과 5명의 대표자를 하나의 표로 만들어 정보에 따른 찬반 의견을 채워나가는 방식으로 접근하면 정보들의 상호 연관성에 따라 미제공 추가 정보까지 추론해 낼 수 있다. 문제에 내재된 logic은 시중의 참고서들이 다루는 조건 추리 방식과 크게 다르지 않으므로 평소 조건 추리 문제에 대한 학습을 충분히 하였다면 접근 방식을 쉽게 찾아낼 수 있다.

다음 글의 내용이 참일 때, 반드시 참인 것만을 〈보기〉에서 모두 고르면?

국제해양환경회의에 5명의 대표자가 참석하여 A, B, C, D 4개 정책을 두고 토론회를 열었다. 대표자들은 모두 각 정책에 대해 찬반 중 하나의 입장을 분명하게 표명했으며, 각자 하나 이상의 정책에 찬성하고 하나 이상의 정책에 반대한 것으로 드러났다. 그들의 입장을 정리한 결과는 다음과 같다.

○ A에 찬성하는 대표자는 2명이다.
○ A에 찬성하는 대표자는 모두 B에 찬성한다.
○ B에 찬성하는 대표자 중에 C에 찬성하는 사람과 반대하는 사람은 동수이다.
○ B와 D에 모두 찬성하는 대표자는 아무도 없다.
○ D에 찬성하는 대표자는 2명이다.
○ D에 찬성하는 대표자는 모두 C에 찬성한다.

→ 가장 먼저 다음과 같은 표를 그려 직접적으로 알 수 있는 정보들부터 빈칸에 채워 넣어 보아야 한다. 5명의 대표자를 갑, 을, 병, 정, 무로 대입할 수 있다.
A에 찬성하는 대표자가 2명이라고 하였으므로 임의로 갑과 을이 이에 해당한다고 가정한다. 이에 따라 A에 찬성하는 대표자는 모두 B에 찬성한다고 하였으므로 이 역시 직접적인 정보로 기재가 가능하다. 또한 B와 D에 모두 찬성하는 대표자는 아무도 없다는 점까지 드러난 정보이므로 아래와 같이 빈칸을 채울 수 있다.

구분	갑	을	병	정	무
A	찬성	찬성	반대	반대	반대
B	찬성	찬성			
C					
D				반대	반대

그런데 B에 찬성하는 대표자 중에 C에 찬성하는 사람과 반대하는 사람은 동수라고 하였으므로 B에 찬성하는 사람은 짝수인 2명 또는 4명이 되어야 한다. 만일 B에 찬성하는 대표자가 4명이라면 B와 D에 모두 찬성하는 대표자는 아무도 없다는 정보에 따라 D에 찬성하는 대표자는 1명이어야 할 것이다. 그러나 이는 D에 찬성하는 대표자가 2명이라는 정보와 모순되므로 결국 B에 찬성하는 사람은 2명인 것을 알 수 있다. 따라서 병, 정, 무는 B에 반대인 것을 알 수 있으며, 갑과 을은 C에 대하여 한 명씩 찬성과 반대 의견인 것도 알 수 있다. 여기까지의 정보를 정리하면 다음 표와 같다.

구분	갑	을	병	정	무
A	찬성	찬성	반대	반대	반대
B	찬성	찬성	반대	반대	반대
C	찬성 or 반대	반대 or 찬성			
D				반대	반대

추가로 D에 찬성하는 대표자가 2명이라고 하였으므로 병과 정을 이 2명이라고 가정할 수 있으며, 무는 D에 반대한다고 볼 수 있다. 이때 병과 정은 C에도 찬성한다는 것을 알 수 있으며, 나머지 C에 대한 무의 의견만 알아내면 모든 빈칸이 채워진다. 그런데 무는 A, B, D에 대하여 이미 반대 의견임을 알았으므로 대표자들은 모두 각자 하나 이상의 정책에 찬성한다는 기본 전제에 따라 C에 대한 무의 의견은 찬성인 것을 알 수 있다. 이와 같은 정보에 따라 모든 빈칸을 채워 정리하면 다음 표와 같다.

구분	갑	을	병	정	무
A	찬성	찬성	반대	반대	반대
B	찬성	찬성	반대	반대	반대
C	찬성 or 반대	반대 or 찬성	찬성	찬성	찬성
D	반대	반대	찬성	찬성	반대

─〈보기〉─
ㄱ. 3개 정책에 반대하는 대표자가 있다. → (O) 3개 정책에 반대하는 대표자는 무이다.
ㄴ. B에 찬성하는 대표자는 2명이다. → (O) B에 찬성하는 대표자는 갑과 을 2명이다.
ㄷ. C에 찬성하는 대표자가 가장 많다. → (O) C에 찬성하는 대표자는 4명이며, A, B, D에 찬성하는 대표자는 각각 2명씩이므로 C에 찬성하는 대표자가 가장 많다.

① ㄱ ➡ (X)
② ㄴ ➡ (X)
③ ㄱ, ㄷ ➡ (X)
④ ㄴ, ㄷ ➡ (X)
⑤ ㄱ, ㄴ, ㄷ ➡ (O)

17 ④ 정답률 64.4%

| 문제 유형 | 비판적 사고 > 판단하기
| 접근 전략 | 문장과 글의 형태로 주어진 정보를 핵심어와 화살표에 의한 요약 정보로 바꿀 수 있는 능력이 필요한 문항이다. 지문 후반부에 몇 개의 짧은 문장에 집중되어 제시된 주요 정보들을 복잡하게 생각하지 말고 곧바로 화살표를 이용하여 도식화할 수 있다면 어렵지 않게 정답을 찾아낼 수 있다.

다음 글에서 추론할 수 있는 것만을 〈보기〉에서 모두 고르면?

포유동물의 발생 과정에서 폐는 가장 늦게 그 기능을 발휘하는 기관 중 하나이다. 폐 내부의 폐포는 숨을 들이마시면 부풀어 오르는데 이때 폐포로 들어온 공기와 폐포를 둘러싸고 있는 모세혈관의 혈액 사이에 기체교환이 일어난다. 즉 공기 중의 산소를 혈액으로 전달하고 혈액에 있는 이산화탄소가 폐포 내에 있는 공기로 배출된다. 폐포가 정상적으로 기능을 발휘하려면 폐포가 접촉해도 서로 들러붙지 않도록 하는 충분한 양의 계면 활성제가 필요하다. 폐포 세포가 분비하는 이 계면 활성제는 임신 기간이 거의 끝날 때쯤, 즉 사람의 경우 임신 약 34주째쯤, 충분히 폐포에 분비되어 비로소 호흡할 수 있는 폐가 형성된다. ▶1문단

태아의 폐가 정상 기능을 하게 되면 곧이어 출산이 일어난다. 쥐 실험을 통해 호흡이 가능한 폐의 형성과 출산이 어떻게 연동되는지 확인되었다. 임신한 실험 쥐의 출산일이 다가오면, 쥐의 태아 폐포에서는 충분한 양의 계면 활성제가 분비되고 그중 일부가 양수액으로 이동하여 양수액에 있는 휴면 상태의 대식세포를 활성화시킨다. 활성화된 대식세포는 양수액에서 모태 쥐의 자궁 근육 안으로 이동하여, 자궁 근육 안에서 물질 A를 분비하게 한다. 물질 A는 비활성 상태의 효소 B에 작용하여 그것을 활성 상태로 바꾸고 활성화된 효소 B는 자궁 근육 안에서 물질 C가 만들어지게 하는데, 물질 C는 효소 B가 없으면 만들어지지 않는다. 이렇게 만들어진 물질 C가 일정 수준의 농도가 되면 자궁 근육을 수축하게 하여 쥐의 출산이 일어나게 하는데, 물질 C가 일정 수준의 농도에 이르지 않으면 자궁 근육의 수축이 일어나지 않는다. ▶2문단

〈보기〉

ㄱ. 태아 시기 쥐의 폐포에서 물질 A가 충분히 발견되지 않는다면, 그 쥐의 폐는 정상적으로 기능을 발휘할 수 없다. → (X) 물질 A의 분비에는 활성화된 대식세포가 직접적인 영향을 끼친다. 그러나 폐가 정상적으로 기능을 발휘하는 시기는 계면 활성제가 폐포에 충분히 분비되는 시점이라고 제시되어 있을 뿐, 폐의 정상적인 기능과 물질 A의 분비 여부가 직접적인 관계가 있다는 언급은 찾아볼 수 없다. 따라서 물질 A가 충분히 발견되지 않는다고 하여 폐가 정상적으로 기능을 발휘할 수 없다고 말할 수는 없다.

ㄴ. 임신 초기부터 효소 B가 모두 제거된 상태로 유지된 암쥐는 출산 시기가 되어도 자궁 근육의 수축이 일어나지 않는다. → (O) 2문단 후반부에는 효소 B가 없으면 물질 C가 만들어지지 않을 것이며, 물질 C가 일정한 농도에 이르지 않으면 자궁 근육의 수축이 일어나지 않는다고 제시되어 있다.

ㄷ. 출산을 며칠 앞둔 암쥐의 자궁 근육에 물질 C를 주입하여 물질 C가 일정 수준의 농도에 이르게 되면 출산이 유도된다. → (O) 2문단 마지막 문장에서 '물질 C가 일정 수준의 농도가 되면 자궁 근육을 수축하게 하여 쥐의 출산이 일어나게 하는데'라고 제시되어 있으므로 ㄷ의 추론은 적절하다.

① ㄱ ➡ (X)
② ㄴ ➡ (X)
③ ㄱ, ㄷ ➡ (X)
④ ㄴ, ㄷ ➡ (O)
⑤ ㄱ, ㄴ, ㄷ ➡ (X)

18 ② 정답률 65.4%

| 문제 유형 | 비판적 사고 > 지문에서 추론하기
| 접근 전략 | 지문의 길이가 길지만 수경과 압력에 관해 기술한 내용을 꼼꼼히 읽어보면 어렵지 않은 과학적 사실을 추론해 낼 수 있다. 평소에 많은 글을 읽는 훈련을 통해 어느 부분에서 선지의 내용이 구성될 것인가를 짐작할 수 있어야 한 번의 정독으로도 중요 부분을 찾아 밑줄을 그을 수 있을 것이다. 이런 연습으로 평이한 문항의 문제풀이 시간을 단축시킬 수 있어 전체 문항 풀이 시간을 여유 있게 활용할 수 있게 된다.

다음 글에서 추론할 수 없는 것은?

물속에서 눈을 뜨면 물체를 뚜렷하게 볼 수 없다. 이는 공기에 대한 각막의 상대 굴절률이 물에 대한 각막의 상대 굴절률과 달라서 물속에서는 상이 망막에 선명하게 맺히기 힘들기 때문이다. 그런데 수경을 쓰면 빛이 공기에서 각막으로 굴절되어 망막에 들어오므로 상이 망막에 선명하게 맺혀서 물체를 뚜렷하게 볼 수 있다. ▶1문단

초기 형태의 수경은 덮개 형태의 두 부분으로 구성되어 있고 두 부분은 각각 오른쪽 눈과 왼쪽 눈을 덮고 있다. 한쪽 부분 안의 공기량이 약 7.5mL인 이 수경을 쓸 경우 3m 이상 잠수하면 결막 출혈이 생길 수 있다. 이런 현상은 다음과 같은 이유로 나타난다. 잠수를 하면 몸은 물의 압력인 수압을 받게 되는데, 수압은 잠수 깊이가 깊어질수록 커진다. 잠수 시 수압에 의해 신체가 압박되어 신체의 부피가 줄어들면서 체내 압력이 커져 수압과 같아지게 되는 반면, 수경 내부 공기의 부피는 변하지 않으므로 수경 내의 공기압인 수경 내압은 변하지 않는다. 이때 체내 압력이 수경 내압보다 일정 수준 이상 커지면 안구 안팎에 큰 압력 차이가 나타나 눈의 혈관이 압력차를 견디지 못하고 파열되어 결막 출혈이 일어난다. 초기 형태의 수경을 사용하던 해녀들은 깊이 잠수해 들어갈 때 흔히 이러한 결막 출혈을 경험하였다. ▶2문단

이러한 문제를 극복할 수 있도록 만들어진 수경 '부글래기'는 기존 수경에 공기가 담긴 고무주머니를 추가한 것인데 이 고무주머니는 수경 내부와 연결되어 있다. 이 수경은 잠수 시 수압에 의해 고무주머니가 압착되면, 고무주머니 내의 공기가 수압과 수경 내압이 같아질 때까지 수경 내로 이동하여 안구 안팎에 압력 차이가 나타나는 것을 막아 잠수 시 나타날 수 있는 결막 출혈을 방지한다. 우리나라에서는 모슬포 지역의 해녀들이 부글래기를 사용한 적이 있다. ▶3문단

오늘날 해녀들은 '큰눈' 또는 '왕눈'으로 불리는, 눈뿐만 아니라 코까지 덮는 수경을 사용한다. 이런 수경을 쓰면 잠수 시 수압에 의하여 폐가 압축되어 수압과 수경 내압이 같아질 때까지 폐의 공기가 기도와 비강을 거쳐 수경 내로 들어온다. 따라서 잠수 시 결막 출혈이 일어나지 않는다. ▶4문단

① 부글래기를 쓰고 잠수하면 빛이 공기에서 각막으로 굴절되어 망막에 들어와 물체를 뚜렷하게 볼 수 있다. ➡ (O) 1문단에서 '수경을 쓰면 빛이 공기에서 각막으로 굴절되어 망막에 들어오므로 상이 망막에 선명하게 맺혀서 물체를 뚜렷하게 볼 수 있다.'고 하였다. 부글래기 역시 수경이므로 올바른 추론이다.

② 수경 내압은 큰눈을 쓰고 잠수했을 때보다 초기 형태의 수경을 쓰고 잠수했을 때가 더 크다. ➡ (X) 2문단에서 잠수 시 수압에 의해 신체가 압박되어 신체의 부피가 줄어들면서 체내 압력이 커져 수압과 같아지게 되는데, 초기 형태의 수경을 쓰면 체내 압력이 수경 내압보다 커져 결막 출혈이 일어난다고 하였다. 그러나 4문단에서 큰눈을 쓰면 폐의 공기가 수경 내로 들어와 수경 내압이 수압과 같아진다고 하였다. 이는 높아진 체내 압력만큼 수경 내압이 높아진다는 것을 의미한다. 따라서 수경 내압은 큰눈을 쓰고 잠수했을 때가 초기 형태의 수경을 쓰고 잠수했을 때보다 더 크다.

③ 잠수 시 결막 출혈을 방지할 수 있는 수경이 모슬포 지역에서 사용된 적이 있다. ➡ (O) 3문단에서 부글래기는 결막 출혈을 방지한다고 하였으며, 우리나라에서는 모슬포 지역의 해녀들이 부글래기를 사용한 적이 있다고 제시되어 있다.

④ 왕눈을 쓰고 잠수하면 수경 내압과 체내 압력이 같아진다. ➡ (O) 4문단에서 왕눈을 쓰고 잠수하면 폐의 공기가 기도와 비강을 거쳐 수경 내로 들어온다고 하였으므로 이는 3문단의 설명에서처럼 공기가 수압과 수경 내압이 같아질 때까지 수경 내로 이동하여 안구 안팎에 압력 차이가 나타나는 것을 막아준다는 것을 의미함을 알 수 있다.

⑤ 체내 압력은 잠수하기 전보다 잠수했을 때가 더 크다. ➡ (O) 2문단에서 잠수를 하면 몸은 물의 압력인 수압을 받게 되는데, 수압은 잠수 깊이가 깊어질수록 커진다고 하였으므로 체내 압력은 잠수하기 전보다 잠수를 했을 때 더 커진다는 것을 알 수 있다.

19 ④
정답률 50.2%

| 문제 유형 | 비판적 사고 > 판단하기
| 접근 전략 | 생소한 과학 용어가 등장하는 문항은 매년 출제되는 유형이다. 몇 가지 키워드인 내부 양자효율, 외부 양자효율, 불순물 함유율, 굴절률 등의 관계에 대해 명확하게 이해한 상태에서 선지를 읽으면 초급 수준의 수리적 개념만으로도 정답에 접근할 수 있다.

다음 글의 〈실험〉의 결과를 가장 잘 설명하는 것은?

소자 X는 전류가 흐르게 되면 빛을 발생시키는 반도체 소자로, p형 반도체와 n형 반도체가 접합된 구조를 가지고 있다. X에 전류가 흐르게 되면, p형 반도체 부분에 정공이 주입되고 n형 반도체 부분에 전자가 주입된다. 이 때 p형 반도체와 n형 반도체의 접합 부분에서는 정공과 전자가 서로 만나 광자, 즉 빛이 발생한다. 그런데 X에 주입되는 모든 정공과 전자가 빛을 발생시키지는 않는다. 어떤 정공과 전자는 서로 만나지 못하기도 하고, 어떤 정공과 전자는 서로 만나더라도 빛을 발생시키지 못한다. 내부 양자효율은 주입된 정공-전자 쌍 중 광자로 변환된 것의 비율을 의미한다. 예를 들어, X에 정공-전자 100쌍이 주입되었을 때 이 소자 내부에서 60개의 광자가 발생하였다면, 내부 양자효율은 0.6으로 계산된다. 이는 X의 성능을 나타내는 중요한 지표 중 하나로, X의 불순물 함유율에 의해서만 결정되고, 불순물 함유율이 낮을수록 내부 양자효율은 높아진다.

X의 성능을 나타내는 또 하나의 지표로 외부 양자효율이 있다. 외부 양자효율은 X 내에서 발생한 광자가 X 외부로 방출되는 정도와 관련된 지표이다. X 내에서 발생한 광자가 X를 벗어나는 과정에서 일부는 반사되어 외부로 나가지 못한다. X 내에서 발생한 광자 중 X 외부로 벗어난 광자의 비율이 외부 양자효율로, 예를 들어 X 내에서 발생한 광자가 100개인데 40개의 광자만이 X 외부로 방출되었다면, 외부 양자효율은 0.4인 것이다. 외부 양자효율은 X의 굴절률에 의해서만 결정되며, 굴절률이 클수록 외부 양자효율은 낮아진다. 같은 개수의 정공-전자 쌍이 주입될 경우, X에서 방출되는 광자의 개수는 외부 양자효율과 내부 양자효율을 곱한 값이 클수록 많아진다.

한 연구자는 X의 세 종류 A, B, C에 대해 다음과 같은 실험을 수행하였다. A와 B의 굴절률은 서로 같았지만, 모두 C의 굴절률보다는 작았다.

〈실험〉
같은 개수의 정공-전자 쌍이 주입되는 회로에 A, B, C를 각각 연결하고 방출되는 광자의 개수를 측정하였다. 실험 결과, 방출되는 광자의 개수는 A가 가장 많았고 B와 C는 같았다.

① 불순물 함유율은 B가 가장 높고, A가 가장 낮다. ➡ (X) 불순물 함유율은 내부 양자효율에 영향을 미치는 요인이다. 방출되는 광자의 개수가 A>B=C이며, 외부 양자효율이 A=B>C이다. 이때 B의 내부 양자효율이 A보다 낮다는 것 즉, B의 불순물 함유율이 A보다 높다는 것은 알 수 있으나, C보다 높은지는 알 수 없다. 또한 A의 방출되는 광자의 개수가 가장 많은 것은 불순물 함유율이 가장 낮기 때문이라고 단정할 수도 없다.

② 불순물 함유율은 C가 가장 높고, A가 가장 낮다. ➡ (X) 불순물 함유율은 내부 양자효율에 영향을 미치는 요인이다. 방출되는 광자의 개수가 A>B=C이며, 외부 양자효율이 A=B>C이다. 이때 C의 내부 양자효율이 B보다 높다는 것 즉, C의 불순물 함유율이 B보다 낮다는 것은 알 수 있다. 또한 A의 방출되는 광자의 개수가 가장 많은 것은 불순물 함유율이 가장 낮기 때문이라고 단정할 수도 없다.

③ 내부 양자효율은 C가 가장 높고, A가 가장 낮다. ➡ (X) A와 B의 굴절률은 서로 같았지만, 모두 C의 굴절률보다는 작았다는 것은 외부 양자효율이 A=B>C인 것을 의미한다. 그런데 실험 결과에서 방출되는 광자의 개수는 A가 가장 많았고 B와 C는 같았다고 하였다. 이때 내부 양자효율은 B<C인 것을 알 수 있으나, C가 가장 높은지는 알 수 없으며, A가 가장 낮다고 단정할 수도 없다.

④ 내부 양자효율은 A가 B보다 높고, C가 B보다 높다. ➡ (O) A와 B의 굴절률은 서로 같았지만, 모두 C의 굴절률보다는 작았다는 것은 외부 양자효율이 A=B>C인 것을 의미한다. 그런데 실험 결과에서 방출되는 광자의 개수는 A가 가장 많았고 B와 C는 같았다고 하였다. 방출되는 광자의 개수는 외부 양자효율과 내부 양자효율을 곱한 값이 클수록 많아지는 것이므로, 외부 양자효율이 동일한 A, B의 방출되는 광자의 개수가 A>B라면 내부 양자효율이 A>B인 것을 의미한다. 또한 외부 양자효율이 B>C인데 방출되는 광자의 개수가 B=C라면 이는 내부 양자효율이 B<C인 것을 의미하므로 ④는 적절하다.

⑤ 내부 양자효율은 C가 A보다 높고, C가 B보다 높다. ➡ (X) A와 B의 굴절률은 서로 같았지만, 모두 C의 굴절률보다는 작았다는 것은 외부 양자효율이 A=B>C인 것을 의미한다. 그런데 실험 결과에서 방출되는 광자의 개수는 A가 가장 많았고 B와 C는 같았다고 하였다. 따라서 C는 방출되는 광자의 개수와 외부 양자효율 모두 A보다 낮다는 사실만으로 C의 내부 양자효율이 A보다 높은지 여부를 알 수는 없다. 다만, 외부 양자효율이 B>C인데 방출되는 광자의 개수가 B=C라면 내부는 양자효율이 B<C인 것은 알 수 있다.

S 20 ⑤
정답률 47.3%

| 문제 유형 | 비판적 사고 > 논지 강화·약화하기
| 접근 전략 | 이 문제의 지문은 주어진 지문을 통해 말하고자 하는 내용 모두가 완벽하고 명확하게 설명된 것은 아니다. 특히 염기서열의 변화율, 12만 년의 계산 근거 등이 제시되어 있지 않다. 그러나 제시되지 않은 부분을 파악하는 데에 집착하지 말고 빨리 〈보기〉의 내용을 읽어 알아내야 하는 정보가 무엇인지를 파악하는 것이 문제풀이의 관건이다.

다음 글의 논증에 대한 평가로 적절한 것만을 〈보기〉에서 모두 고르면?

사람의 특징 중 하나는 옷을 입는다는 것이다. 그렇다면 사람은 언제부터 옷을 입기 시작했을까? 사람이 옷을 입기 시작한 시점을 추정하기 위해 몇몇 생물학자들은 사람에 기생하는 이에 주목하였다. 사람을 숙주로 삼아 기생하는 이에는 두 종이 있는데, 하나는 옷에서 살아가며 사람 몸에서 피를 빨아 먹는 '사람 몸니'이고 다른 하나는 사람 두피에서 피를 빨아 먹으며 사는 '사람 머릿니'이다. ▶1문단

사람 몸니가 의복류에 적응한 것을 볼 때, 그것들은 아마 사람이 옷을 입기 시작했던 무렵에 사람 머릿니에서 진화적으로 분기되었을 것이다. 생물의 DNA 염기서열은 시간이 지나면서 조금씩 무작위적으로 변하는데 특정한 서식 환경에서 특정한 염기서열이 선택되면서 해당 서식 환경에 적응한 새로운 종이 생겨난다. 그러므로 현재 사람 몸니와 사람 머릿니의 염기서열의 차이를 이용하여 두 종의 이가 공통 조상에서 분기된 시점을 추정할 수 있다. 이를 위해 우선 두 종의 염기서열을 분석하여 두 종 간의 염기서열에 차이가 나는 비율을 산출한다. 그러나 이것만으로 두 종이 언제 분기되었는지 결정할 수는 없다. ▶2문단

사람 몸니와 사람 머릿니의 분기 시점을 추정하기 위해 침팬지의 털에서 사는 침팬지 이와 사람 머릿니를 이용할 수 있다. 우선 침팬지 이와 사람 머릿니의 염기서열을 비교하여 두 종 간의 염기서열에 차이가 나는 비율을 산출한다. 침팬지와 사람이 공통 조상에서 분기되면서 침팬지 이와 사람 머릿니도 공통 조상에서 분기되었다고 볼 수 있고, 화석학적 증거에 따르면 침팬지와 사람의 분기 시점이 약 550만 년 전이므로, 침팬지 이와 사람 머릿니 사이의 염기서열 차이는 550만 년 동안 누적된 변화로 볼 수 있다. 이로부터 1만 년당 이의 염기서열이 얼마나 변화하는지 계산할 수 있다. 이렇게 계산된 이의 염기서열의 변화율을 사람 머릿니와 사람 몸니의 염기서열의 차이에 적용하면, 사람이 옷을 입기 시작한 시점을 설득력 있게 추정할 수 있다. 연구 결과, 사람이 옷을 입기 시작한 시점은 약 12만 년 전 이후인 것으로 추정된다. ▶3문단

─〈보기〉─
ㄱ. 염기서열의 변화가 일정한 속도로 축적되는 것이 사실이라면 이 논증은 강화된다. → (O) 3문단에서 1만 년당 이의 염기서열이 얼마나 변화하는지(이의 염기서열 변화율)를 계산하고 이를 다시 사람 머릿니와 사람 몸니의 염기서열의 차이에 적용하여 사람이 옷을 입기 시작한 시점을 추정할 수 있다고 하였다. 따라서 이것이 설득력을 얻으려면 염기서열의 변화가 일정한 속도로 축적되어야 1만 년당 이의 염기서열 변화율도 의미가 있게 된다. 그러므로 염기서열의 변화가 일정한 속도로 축적되는 것이 사실이라면 이 논증은 강화된다.

ㄴ. 침팬지 이와 사람 머릿니의 염기서열의 차이가 사람 몸니와 사람 머릿니의 염기서열의 차이보다 작다면 이 논증은 약화된다. → (O) 주어진 논증은 사람 몸니와 사람 머릿니의 염기서열의 차이에 따른 분기 시점을 추정하기 위하여 공통 조상인 침팬지 이와 사람 머릿니의 염기서열의 차이를 활용한다. 따라서 침팬지 이와 사람 머릿니의 염기서열의 차이가 사람 몸니와 사람 머릿니의 염기서열의 차이보다 더 작다면 이 논증은 약화될 수밖에 없다.

ㄷ. 염기서열 비교를 통해 침팬지와 사람의 분기 시점이 침팬지 이와 사람 머릿니의 분기 시점보다 50만 년 뒤였음이 밝혀진다면, 이 논증은 약화된다. → (O) 주어진 논증은 침팬지와 사람의 분기 시점(약 550만 년 전)과 침팬지 이와 사람 머릿니의 분기 시점이 동일하다는 전제를 통해 이루어지고 있다. 그러므로 만일 이 두 분기 시점 사이에 50만 년의 차이가 있다는 것이 밝혀진다면 1만 년당 이의 염기서열 변화율을 단순 계산하는 것이 설득력을 잃게 되어 전체 논증이 약화될 수밖에 없다.

① ㄴ ➡ (X)
② ㄷ ➡ (X)
③ ㄱ, ㄴ ➡ (X)
④ ㄱ, ㄷ ➡ (X)
⑤ ㄱ, ㄴ, ㄷ ➡ (O)

※ 다음 글을 읽고 물음에 답하시오. [문 21.~문 22.]

공리주의에 따르면, 행복은 쾌락의 총량에서 고통의 총량을 뺀 값으로 수치화하여 나타낼 수 있고, 어떤 행위에 대한 도덕적 판단은 그 행위가 산출하는 행복의 증감에 의존하고, 더 큰 행복을 낳는 선택을 하는 것이 옳은 행위이다. ▶1문단
공리주의자 A는 한 개체로 인한 행복의 증감을 다른 개체로 인한 행복의 증감으로 대체할 수 있다는 대체가능성 논제를 받아들여, 육식이 도덕적으로 옳은 행위가 될 수 있다고 주장한다. 예를 들어, 닭고기를 먹는 일은 닭에게 죽음을 발생시키지만, 더 많은 닭의 탄생에도 기여한다. 태어나는 닭의 수를 고려하면 육식을 위한 도축은 거기 연루된 고통까지 고려하더라도 닭 전체의 행복의 총량을 증진한다. 왜냐하면 한 동물이 일생 동안 누릴 쾌락의 총량은 고통의 총량보다 크기 때문이다. ▶2문단
공리주의자 B는 A의 주장이 틀렸다고 비판한다. A가 받아들이는 대체가능성 논제가 존재하지 않는 대상의 고통과 쾌락을 도덕적 판단의 근거로 삼기 때문이다. ▶3문단
이에 A는 두 여인의 임신에 관한 다음의 사고실험을 토대로 B의 주장을 반박한다. 갑은 임신 3개월 때 의사로부터 태아에게 심각하지만 쉽게 치유 가능한 건강 문제가 있다는 진단을 받았다. 갑이 부작용 없는 약 하나만 먹으면 아이의 건강 문제는 사라진다. 을은 의사로부터 만일 지금 임신하면 아이가 심각한 건강 문제를 갖게 되지만, 3개월 후에 임신하면 아무런 문제가 없을 것이라는 진단을 받았다. 이 상황에서 갑은 약을 먹지 않아서, 을은 기다리지 않고 임신해서 둘 다 심각한 건강 문제를 가진 아이를 낳았다고 하자. B의 주장에 따르면 둘 사이에는 중요한 차이가 있다. 갑의 경우에는 태어난 아이에게 해악을 끼쳤다고 할 수 있는 반면, 을의 경우는 그렇지 않다. 을이 태어난 아이에게 해악을 끼쳤다고 평가하려면 그 아이가 건강하게 태어날 수도 있었다는 전제가 필요한데, 만일 을이 3개월을 기다려 임신했다면 그 아이가 아닌 다른 아이가 잉태되었을 것이기 때문이다. 그러나 A에 따르면, 갑과 마찬가지로 을도 도덕적 잘못을 저질렀다는 것이 일반적인 직관이므로 이에 반하는 B의 주장은 수용하기 어렵다. ▶4문단

A는 B의 주장을 수용하기 어려운 이유를 미래세대에 대한 도덕적 책임 문제에서도 찾을 수 있다고 말한다. 만일 현세대가 지금과 같은 삶의 방식을 고수한다면, 온난화가 가속되어 지구 환경은 나빠질 것이다. 그 결과 미래세대의 고통이 증가되었다면 현세대는 이에 대한 도덕적 책임이 있다는 것이 일반적인 직관이다. 그러나 B의 주장에 따르면 그렇게 평가할 수 없다. 왜냐하면 현세대가 미래세대를 고려하여 기존과 다른 삶의 방식을 취하게 되면, 현세대가 기존 방식을 고수했을 때와는 다른 구성원으로 이루어진 미래세대가 생겨나기 때문이다. 그래서 을이 태어난 아이에게 잘못을 저질렀다고 말할 수 없는 것과 마찬가지로, 현세대도 미래세대가 겪는 고통에 대해 도덕적 책임이 없다고 말해야 한다. 그러나 A가 보기에 ㉠이는 수용하기 어렵다.
▶5문단

21 ⑤   정답률 60.0%

| 문제 유형 | 비판적 사고 > 판단하기
| 접근 전략 | 공리주의자 A, B의 주장, 갑과 을의 사례, 미래세대에 대한 현세대의 도덕적 책임 판단 등이 문제해결의 관건이 된다. 한 번의 정독만으로 지문의 모든 뜻을 파악하기 쉽지 않으나, ㄱ~ㄷ의 내용이 비교적 평이하므로 지문 파악을 위해 많은 시간을 들이기보다 재빨리 〈보기〉의 내용을 읽으면서 지문에서 필요한 내용만 다시 확인하는 접근법이 효과적이다.

위 글에 대한 분석으로 적절한 것만을 〈보기〉에서 모두 고르면?

─〈보기〉─
ㄱ. A의 주장에 따르면, 을의 행위는 도덕적으로 옳은 행위가 아니다. → (O) 4문단에서 '그러나 A에 따르면, 갑과 마찬가지로 을도 도덕적 잘못을 저질렀다는 것이 일반적인 직관이므로 이에 반하는 B의 주장은 수용하기 어렵다.'고 하였다.

ㄴ. 갑의 행위에 대한 B의 도덕적 평가는 대체가능성 논제의 수용 여부에 따라 달라지지 않는다. → (O) 3문단에서 B는 A가 받아들이는 대체가능성 논제가 존재하지 않는 대상의 고통과 쾌락을 도덕적 판단의 근거로 삼기 때문에 A의 주장이 틀렸다고 비판한다고 하였다. 그러나 갑의 행위는 임신 3개월째인 태아 즉, 이미 존재하는 대상에 관한 것이므로 이에 대한 B의 도덕적 평가는 대체가능성 논제 수용 여부에 따라 달라지지 않는다.

ㄷ. B의 주장에 따르면, 을의 행위에 대한 도덕적 평가를 할 때 잉태되지 않은 존재의 쾌락이나 고통을 고려해서는 안 된다. → (O) 3문단에서 B는 A가 받아들이는 대체가능성 논제가 존재하지 않는 대상의 고통과 쾌락을 도덕적 판단의 근거로 삼기 때문에 A의 주장이 틀렸다고 비판한다고 하였다. 따라서 B의 주장에 따르면, 잉태되지 않아 존재하지 않는 태아의 쾌락이나 고통에 대한 고려는 도덕적 평가에 개입되어서는 안 된다는 것이다.

① ㄱ ➡ (X)
② ㄷ ➡ (X)
③ ㄱ, ㄴ ➡ (X)
④ ㄴ, ㄷ ➡ (X)
⑤ ㄱ, ㄴ, ㄷ ➡ (O)

22 ③
TOP 3 정답률 38.5%

| 문제 유형 | 비판적 사고 > 논지 강화·약화하기

| 접근 전략 | 공리주의자 A, B의 주장, 갑과 을의 사례, 미래세대에 대한 현세대의 도덕적 책임 판단 등이 문제해결의 관건이 된다. 〈보기〉에서는 ㄱ~ㄷ이 ㉠을 약화시키는지 여부에 대해서만 물음을 던지고 있으므로 ㉠이 '존재하지 않는 미래세대의 고통에 대한 현세대의 도덕적 책임은 없다는 것은 수용하기 어렵다.'임을 기억하고 문제풀이에 접근해야 한다.

위 글의 ㉠에 대한 평가로 적절한 것만을 〈보기〉에서 모두 고르면?

─〈보기〉─

ㄱ. 미래세대 구성원이 달라질 경우 미래세대가 누릴 행복의 총량이 변한다면, ㉠은 약화되지 않는다. → (O) 미래세대 구성원이 달라질 경우 미래세대가 누릴 행복의 총량이 변한다면 현세대의 행위가 영향을 미치는 것이므로 이는 A의 주장에 부합한다. 따라서 B의 주장을 수용하기 어렵다는 A의 주장은 약화되지 않는다.

ㄴ. 아직 현실에 존재하지 않는다는 이유로 미래세대를 도덕적 고려에서 배제하는 것이 불합리하다면, ㉠은 약화된다. → (X) 아직 현실에 존재하지 않는다는 이유로 미래세대를 도덕적 고려에서 배제하는 것이 불합리하다는 것은 A의 주장에 부합한다. 따라서 이 경우 역시 B의 주장을 수용하기 어렵다는 A의 주장은 약화되지 않는다.

ㄷ. 일반적인 직관에 반하는 결론이 도출된다고 해도 그러한 직관이 옳은지의 여부가 별도로 평가되어야 한다면, ㉠은 약화된다. → (O) 4문단에 따르면, A의 주장은 일반적인 직관에 의존하고 있음을 알 수 있다. 따라서 일반적인 직관에 반하는 결론이 도출되거나 혹은 그러한 일반적인 직관 자체의 옳은지 여부가 별도로 평가되어야 한다면 A의 주장인 ㉠은 약화될 수밖에 없다.

① ㄱ ➡ (X)
② ㄴ ➡ (X)
③ ㄱ, ㄷ ➡ (O)
④ ㄴ, ㄷ ➡ (X)
⑤ ㄱ, ㄴ, ㄷ ➡ (X)

23 ①
정답률 72.6%

| 문제 유형 | 비판적 사고 > 판단하기

| 접근 전략 | 적극행정 담당자가 배정될 수 있는 두 가지 기준에 밑줄을 긋고 (가)~(라)가 어디에 해당하는지를 판단하면 실수를 하지 않는 한 정답을 찾아낼 수 있는 평이한 문제이다. '해당함', '해당하지 않음', '제출한 적 있음', '제출한 적 없음'이 헷갈리지 않도록 서로 다른 표시의 밑줄을 긋는 방법이 효과적인 접근법이 될 수 있다.

다음 글의 〈표〉에 대한 판단으로 적절한 것만을 〈보기〉에서 모두 고르면?

주무관 갑은 국민이 '적극행정 국민신청'을 하는 경우, '적극행정 국민신청제'의 두 기준을 충족하는지 검토한다. 이때 두 기준을 모두 충족한 신청안에만 적극행정 담당자를 배정하고, 두 기준 중 하나라도 충족하지 못한 신청안은 반려한다. ▶1문단

우선 신청안에 대해 '신청인이 같은 내용으로 민원이나 국민제안을 제출한 적이 있는지 여부'를 기준으로 하여 '제출한 적 있음'과 '제출한 적 없음'을 판단한다. 그리고 '신청인이 이전에 제출한 민원의 거부 또는 국민제안의 불채택 사유가 근거 법령의 미비나 불명확에 해당하는지 여부'를 기준으로 '해당함'과 '해당하지 않음'을 판단한다. 각각의 기준에서 '제출한 적 있음'과 '해당함'을 충족하는 신청안에만 적극행정 담당자가 배정된다. ▶2문단

최근에 접수된 안건 (가)는 신청인이 같은 내용의 민원을 제출한 적이 있으나, 근거 법령의 미비나 불명확 때문이 아니라 민원의 내용이 사인(私人) 간의 권리관계에 관한 것이어서 거부되었다. (나)는 신청인이 같은 내용의 국민제안을 제출한 적이 있으나, 근거 법령이 불명확하다는 이유로 불채택되었다. (다)는 신청인이 같은 내용으로 민원을 제출한 적이 있으나 근거 법령의 미비를 이유로 거부되었다. (라)는 신청인이 같은 내용의 민원이나 국민제안을 제출한 적이 없었다. ▶3문단

접수된 안건 (가)~(라)에 대해 두 기준 및 그것의 충족 여부를 위의 내용을 바탕으로 다음과 같은 형식의 〈표〉로 나타내었다.

〈표〉 적극행정 국민신청안 처리 현황

기준\안건	(가)	(나)	(다)	(라)
A	㉠	㉡	㉢	㉣
B	㉤	㉥	㉦	㉧

▶4문단

─〈보기〉─

ㄱ. A에 '신청인이 같은 내용의 민원이나 국민제안을 제출한 적이 있는지 여부'가 들어가면 ㉠과 ㉡이 같다. → (O) '신청인이 같은 내용의 민원이나 국민제안을 제출한 적이 있는지 여부'가 기준이 된다면 (라)를 제외한 (가), (나), (다)가 같아야 하므로 ㉠과 ㉡이 같게 된다.

ㄴ. ㉠과 ㉢이 서로 다르다면, B에 '신청인이 이전에 제출한 민원의 거부 또는 국민제안의 불채택 사유가 근거 법령의 미비나 불명확에 해당하는지 여부'가 들어간다. → (X) ㉠과 ㉢이 서로 다르다면, (가)와 (다)의 설명에 따라 ㉠은 '해당하지 않음', ㉢은 '해당함'이 되어야 한다. 따라서 이 경우 '신청인이 이전에 제출한 민원의 거부 또는 국민제안의 불채택 사유가 근거 법령의 미비나 불명확에 해당하는지 여부'는 B가 아닌 A에 들어가야 한다.

ㄷ. ㉤과 ㉥이 같다면 ㉦과 ㉧이 같다. → (X) ㉤과 ㉥이 같다면 (가)와 (나)의 설명에 따라 B에는 '신청인이 같은 내용으로 민원이나 국민제안을 제출한 적이 있는지 여부'가 들어가야 한다. 따라서 이 경우 ㉦에는 '제출한 적 있음'이, ㉧에는 '제출한 적 없음'이 들어가야 하므로 ㉦과 ㉧이 같지 않다.

① ㄱ ➡ (O)
② ㄴ ➡ (X)
③ ㄱ, ㄷ ➡ (X)
④ ㄴ, ㄷ ➡ (X)
⑤ ㄱ, ㄴ, ㄷ ➡ (X)

24 ⑤
정답률 75.2%

| 문제 유형 | 비판적 사고 > 빈칸 채우기

| 접근 전략 | 처음부터 집중력을 갖고 지문을 읽으면 정답을 쉽게 찾을 수 있다. 지문의 내용을 너무 자세하고 복잡하게 이해하려고 한다면 오히려 불필요한 논리에 빠질 수 있으므로 한 번의 정독 후 선지의 내용을 대입하며 정답을 찾는 접근법이 필요하다.

다음 대화의 빈칸에 들어갈 말로 가장 적절한 것은?

갑: 안녕하세요. 저는 A도의회 사무처에 근무하는 ○○○입니다. 「재난안전법」 제25조의2제5항에 따라, 재난 상황에 대비하여 기능연속성계획을 수립해야 한다는 말씀을 듣고 문의드립니다. A도의회도 기능연속성계획을 수립해야 하는지, 만일 수립해야 한다면 그 업무는 A도의회 의장의 업무인지 궁금합니다.

을: 「재난안전법」상 기능연속성계획을 수립하도록 규정된 기관에는 재난관리책임기관인 중앙행정기관·지방자치단체, 그리고 국회·법원·헌법재

판소·중앙선거관리위원회가 있습니다. 재난관리책임기관에서는 해당 기관의 장인 장관이나 시·도지사가, 국회·법원·헌법재판소·중앙선거관리위원회에서는 해당 기관의 행정사무를 처리하는 조직의 장이 기능연속성계획을 수립해야 합니다.

갑: 그러면 도의회는 성격상 유사한 의결기관인 국회의 경우에 준하여 도의회 사무처장이 기능연속성계획을 수립하면 될까요?

을: 도의회가 국회와 같은 의결기관이기는 하지만 국회에 준하여 판단해서는 안 됩니다. 「재난안전법」은 재난관리책임기관을 제3조제5호의 각 목에서 규정하고 있습니다. 가목에서는 중앙행정기관 및 지방자치단체를, 그리고 나목에서는 지방행정기관·공공기관·공공단체 및 재난관리의 대상이 되는 중요 시설의 관리기관 등으로서 대통령령으로 정하는 기관을 규정하고 있습니다. 그리고 「지방자치법」 제37조에 따르면 "지방자치단체에 주민의 대의기관인 의회를 둔다."라고 규정하여 도의회는 지방자치단체의 기관이기 때문에 도의회는 그 자체로 「재난안전법」에 명시된 재난관리책임기관이 아닙니다.

갑: 그렇다면 도의회에 관한 기능연속성계획은 수립되지 않아도 되는 것인가요?

을: 재난 발생 상황에서도 도의회가 연속성 있게 수행할 필요가 있는 핵심 기능이 있다고 판단되는지가 관건이겠습니다. 「재난안전법」상 그것을 판단할 권한은 해당 지방자치단체의 장에게 있습니다.

갑: 예, 그러면 _____.

① 재난 상황이 발생하면 A도의회의 핵심 기능 유지를 위해 A도지사의 판단을 거쳐 신속하게 기능연속성계획을 수립해야 하겠군요 ➡ (X) A도의회에 핵심 기능이 있는지 여부가 확정되지 않았으므로 'A도의회의 핵심 기능 유지를 위해'라는 전제는 적절하지 않다.

② A도의회는 재난 발생 시에도 수행해야 할 핵심 기능이 있기에 자체적으로 기능연속성계획을 수립해야 하겠군요 ➡ (X) A도의회에 핵심 기능이 있는지 여부가 확정되지 않았으므로 'A도의회는 재난 발생 시에도 수행해야 할 핵심 기능이 있기에'라는 전제는 적절하지 않다.

③ A도의회는 재난관리책임기관이므로 A도의회 의장이 재난에 대비한 기능연속성계획을 수립해야 하겠군요 ➡ (X) 을은 두 번째 발언 후반부에서 '도의회는 그 자체로 「재난안전법」에 명시된 재난관리책임기관이 아닙니다.'라고 하였으므로 빈칸에 들어갈 말로 적절하지 않다.

④ A도의회는 국회 같은 차원의 의결기능을 갖고 있지 않으므로 기능연속성계획을 수립할 일이 없겠군요 ➡ (X) 을은 두 번째 발언 초반부에서 '도의회가 국회와 같은 의결기관이기는 하지만'이라고 하였으므로 빈칸에 들어갈 말로 적절하지 않다.

⑤ A도의회에 관한 기능연속성계획이 수립되어야 하는지 여부는 A도지사의 판단에 따라 결정되겠군요 ➡ (O) 을은 마지막 발언에서 "「재난안전법」상 그것을 판단할 권한은 해당 지방자치단체의 장에게 있습니다.'라고 하였다. 따라서 A도의회에 관한 기능연속성계획이 수립되어야 하는지 여부는 A도지사의 판단에 따라 결정된다는 것을 의미하므로 ⑤는 빈칸에 들어갈 말로 가장 적절하다.

25 ② 정답률 60.7%

| 문제 유형 | 비판적 사고 > 판단하기

| 접근 전략 | ㄱ~ㄷ의 내용이 적절한지 여부는 세 개의 개정 내용을 대입했을 때 'A시와 B시 어느 곳에서도 교복 구입비 지원을 받을 수 없다.'는 문제가 해결되는지를 판단하여 결정할 수 있다. 다시 말해, 이는 개정 내용에 따라 갑과 을이 적어도 어느 한 곳에서는 교복 구입비를 지원받을 수 있어야 함을 의미한다. 이를 이해하고 나면 어렵지 않게 정답을 찾을 수 있다.

다음 글의 ㉠의 내용으로 적절한 것만을 <보기>에서 모두 고르면?

A시에 주민등록을 두고 거주하는 갑은 B시 관내에 있는 고등학교에, B시에 주민등록을 두고 거주하는 을은 A시 관내에 있는 고등학교에 신입생으로 입학하게 되었다. 갑과 을이 입학할 예정인 고등학교는 모두 교복을 입는 학교이다. 갑과 을은 A시와 B시에서 교복 구입비 지원사업을 시행하는 것을 확인하고, 교복 구입비 지원을 받을 수 있을 것으로 기대하였다. 그러나 확인 결과, 둘 중 한 명은 A시와 B시 어느 곳에서도 교복 구입비 지원을 받을 수 없다는 문제가 드러났다. A시와 B시는 ㉠이 학생의 문제를 해결하기 위해 조례의 일부를 개정하려 한다.

「A시 교복 지원 조례」
제2조(정의) 이 조례에서 사용하는 용어의 뜻은 다음과 같다.
1. "학교"란 「초·중등교육법」 제2조에 따른 학교 중 A시 관내 중·고등학교를 말한다.
제4조(지원대상) 교복 구입비 지원대상은 다음 각 호의 어느 하나에 해당하는 사람으로 한다.
1. 교복을 입는 학교에 신입생으로 입학하는 1학년 학생
2. 다른 시·도 또는 국외에서 제1호의 학교로 전입학하거나 편입학한 학생

「B시 교복 지원 조례」
제2조(정의) 이 조례에서 사용하는 용어의 정의는 다음과 같다.
1. "학교"란 「초·중등교육법」 제2조 규정에 해당하는 학교를 말한다.
제4조(지원대상) ① 교복 구입비 지원대상은 B시에 주민등록이 되어 있고, 중·고등학교에 입학하는 학생을 대상으로 한다.
② 제1항에 따른 입학생은 당해년도 신입생으로 한다.

→ 개정 전의 조례에 따르면 A시에서는 A시 관내 고등학교에 입학할 예정인 을만 교복 구입비를 지원받을 수 있으며, 이와 마찬가지로 B시에서도 B시에 주민등록이 되어 있는 을만 교복 구입비를 지원받을 수 있다.

〈보기〉

ㄱ. 「A시 교복 지원 조례」 제2조제1호의 '학교 중 A시 관내 중·고등학교'를 '학교'로, 제4조제1호의 '교복을 입는 학교에 신입생으로 입학하는 1학년 학생'을 'A시에 주민등록이 되어 있고, 교복을 입는 A시 관내 학교에 입학하는 신입생'으로 개정한다. → (X) 갑과 을 모두 'A시에 주민등록이 되어 있고, 교복을 입는 A시 관내 학교에 입학하는 신입생'에 해당하지 않는다. 따라서 이때 갑은 교복 구입비를 지원받을 수 없다.

ㄴ. 「A시 교복 지원 조례」 제4조제1호의 '교복을 입는 학교에 신입생으로 입학하는 1학년 학생'을 'A시에 주민등록이 되어 있고, 교복을 입는 학교에 신입생으로 입학하는 1학년 학생'으로 개정한다. → (X) 'A시에 주민등록이 되어 있고, 교복을 입는 학교에 신입생으로 입학하는 1학년 학생'으로 개정하여도 「A시 교복 지원 조례」 제2조제1호의 '학교'에 대한 용어 정의에 따라 ㄱ과 동일한 내용이 되므로 여전히 갑은 교복 구입비를 지원받을 수 없다.

ㄷ. 「B시 교복 지원 조례」 제4조제1항의 'B시에 주민등록이 되어 있고, 중·고등학교에 입학하는 학생'을 'B시 관내 중·고등학교에 입학하는 학생'으로 개정한다. → (O) 「B시 교복 지원 조례」 제4조제1항의 'B시에 주민등록이 되어 있고, 중·고등학교에 입학하는 학생'을 'B시 관내 중·고등학교에 입학하는 학생'으로 개정한다면 갑이 해당될 수 있다. 따라서 갑과 을 모두 교복 구입비를 지원받을 수 있게 된다.

① ㄱ ➡ (X)
② ㄷ ➡ (O)
③ ㄱ, ㄴ ➡ (X)
④ ㄴ, ㄷ ➡ (X)
⑤ ㄱ, ㄴ, ㄷ ➡ (X)

정답과 분석해설

2023 | 제2영역 상황판단(⑩ 책형)

기출 총평

전체적인 난도는 예년과 비슷하거나 좀 더 쉬웠다. 문항 제재들이 전반적으로 직무 상황과 밀접하게 관련된 내용들로 구성되어 있고, 출제 유형도 기출 문제와 크게 다르지 않았기 때문에 유형을 충분히 익히고 학습했다면 크게 어렵지 않았을 것이다.

유형별 출제 특징은 다음과 같이 살펴볼 수 있다. 규정확인과 규정적용을 묻는 문항은 7문항 출제되었는데, 이러한 출제는 실제 직무 상황에서 다루게 될 법령 내용 위주로 구성되었다는 점에서 시험의 목적에 잘 부합된다고 볼 수 있다. 제시문형 문항은 3문항이 출제되었고 제시문 내용을 이해하는 데 크게 어렵지 않은 수준에서 출제되었다. 연산추론형 문제와 퍼즐형 문제는 단순하게 생각하고 접근했다면 시간 소요가 적었을 문제들이었고, 계산 자체가 복잡하지 않았기 때문에 문제 해결에는 어려움이 없었으리라 생각된다. 특히 법조문형과 제시문형 문항들이 명확한 정답이 도출되도록 출제되었기 때문에 풀이시간을 관리하는 데 큰 어려움을 겪지 않았을 것으로 예상된다.

문항별 정답률 및 선지별 선택률

문번	정답	정답률(%)	선지별 선택률(%) ①	②	③	④	⑤
01	②	93.4	0.6	93.4	1.7	0.6	3.7
02	①	68.5	68.5	3.3	1.7	3.3	23.2
03	⑤	79.6	1.0	0.0	18.8	0.6	79.6
04	③	82.9	0.7	13.8	82.9	1.3	1.3
05	④	96.0	1.7	0.0	1.7	96.0	0.6
06	①	85.4	85.4	3.9	1.7	1.1	7.9
07	⑤	84.0	1.1	1.1	2.8	11.0	84.0
08	④	89.5	5.5	3.9	1.1	89.5	0.0
09	①	98.3	98.3	0.0	0.0	0.0	1.7
10	⑤	87.8	0.0	5.5	0.0	6.7	87.8
11	④	89.4	2.2	2.2	1.8	89.4	4.4
12	⑤	85.0	1.1	2.2	3.9	7.8	85.0
13	②	92.2	2.2	92.2	3.9	0.0	1.7

문번	정답	정답률(%)	선지별 선택률(%) ①	②	③	④	⑤
14	④	76.0	0.6	1.7	12.0	76.0	9.7
15	①	86.7	86.7	2.7	5.6	0.0	5.0
16	①	76.7	76.7	1.2	5.2	9.9	7.0
17	②	79.7	3.4	79.7	10.1	3.4	3.4
18	④	68.7	2.2	16.2	9.0	68.7	3.9
19	③	68.5	13.5	0.6	68.5	1.7	15.7
20	③	83.7	1.7	5.0	83.7	3.4	6.2
21	②	52.4	20.6	52.4	15.3	6.5	5.2
22	②	49.1	8.3	49.1	17.2	16.6	8.8
23	④	49.1	13.7	15.5	12.4	49.1	9.3
24	③	51.9	12.2	19.9	51.9	10.9	5.1
25	⑤	69.1	9.0	9.5	6.2	6.2	69.1

※ 음영 문항은 해당 회차에서 정답률이 가장 낮은 TOP 3 문항입니다.
※ 정답률 및 선지별 선택률 산정 기준: 약 1년간 누적된 자동채점 & 성적결과분석 서비스의 응시 데이터

출제 비중

기출문제편 P.115

01	②	02	①	03	⑤	04	③	05	④
06	①	07	⑤	08	④	09	①	10	⑤
11	④	12	⑤	13	②	14	④	15	①
16	①	17	②	18	④	19	③	20	③
21	②	22	②	23	②	24	③	25	⑤

01 ②
정답률 93.4%

| 문제 유형 | 법조문형 > 규정확인

| 접근 전략 | 법령 문제는 법령을 행사하는 주체와 그 내용을 정확하게 이해하고 풀어야 한다. 천문역법과 관련한 용어의 정의와 이를 관리하고 있는 주체가 해야 할 일들을 꼼꼼하게 확인하면 어렵지 않게 문항을 해결할 수 있다.

다음 글을 근거로 판단할 때 옳은 것은?

제00조(정의) 이 법에서 사용하는 용어의 정의는 다음과 같다.
1. "천문업무"란 우주에 대한 관측업무와 그에 따른 부대업무를 말한다.
2. "천문역법"이란 천체운행의 계산을 통하여 산출되는 날짜와 천체의 출몰시각 등을 정하는 방법을 말한다.
3. "윤초"란 지구자전속도의 불규칙성으로 인하여 발생하는 세계시와 세계협정시의 차이가 1초 이내로 되도록 보정하여주는 것을 말한다.
4. "그레고리력"이란 1년의 길이를 365.2425일로 정하는 역법체계로서 윤년을 포함하는 양력을 말한다.
5. "윤년"이란 그레고리력에서 여분의 하루인 2월 29일을 추가하여 1년 동안 날짜의 수가 366일이 되는 해를 말한다.
6. "월력요항"이란 관공서의 공휴일, 기념일, 24절기 등의 자료를 표기한 것으로 달력 제작의 기준이 되는 자료를 말한다.

제00조(천문역법) ① 천문역법을 통하여 계산되는 날짜는 양력인 그레고리력을 기준으로 하되, 음력을 병행하여 사용할 수 있다.
② 과학기술정보통신부장관은 천문역법의 원활한 관리를 위하여 윤초의 결정을 관장하는 국제기구가 결정·통보한 윤초를 언론매체나 과학기술정보통신부 인터넷 홈페이지 등을 통하여 지체 없이 발표하여야 한다.
③ 과학기술정보통신부장관은 한국천문연구원으로부터 필요한 자료를 제출받아 매년 6월 말까지 다음 연도의 월력요항을 작성하여 관보에 게재하여야 한다.

① 그레고리력은 윤년을 제외하는 양력을 말한다. ➡ (X) 첫 번째 조 제4호에서 그레고리력은 윤년을 포함하는 양력을 말한다고 했으므로 적절하지 않다.
② 달력 제작의 기준이 되는 자료인 월력요항에는 24절기가 표기된다. ➡ (O) 첫 번째 조 제6호에서 월력요항은 24절기 등의 자료를 표기한 것으로 달력 제작의 기준이 되는 자료를 말한다고 했으므로 적절하다.
③ 과학기술정보통신부장관은 세계시와 세계협정시를 고려하여 윤초를 결정한다. ➡ (X) 두 번째 조 제2항에서 윤초의 결정을 관장하는 곳은 국제기구임을 알 수 있으므로 적절하지 않다.
④ 천문역법을 통해 계산되는 날짜는 음력을 사용할 수 없고, 양력인 그레고리력을 기준으로 한다. ➡ (X) 두 번째 조 제1항에서 천문역법을 통해 계산되는 날짜는 음력을 병행하여 사용할 수 있음을 알 수 있으므로 적절하지 않다.
⑤ 과학기술정보통신부장관은 한국천문연구원으로부터 자료를 제출받아 매년 6월 말까지 그해의 월력요항을 작성하여 관보에 게재하여야 한다. ➡ (X) 두 번째 조 제3항에 따르면 과학기술정보통신부장관은 매년 6월 말까지 다음 연도의 월력요항을 작성하여 관보에 게재해야 한다.

02 ①
정답률 68.5%

| 문제 유형 | 법조문형 > 규정적용

| 접근 전략 | 법령 문제 중에서 규정을 그대로 묻는 문항이 아니라 이에 대한 적용을 묻는 문항은 각각의 상황에 따른 적용 여부와 예외 규정에 대한 내용을 정확하게 이해해야 한다. 특히 예외적 내용을 반대해석하거나 반대적용하는 선지가 다수 출제되므로 법령의 내용에 해당하는 상황을 정확하게 이해하는 것이 필요하다.

다음 글을 근거로 판단할 때 옳은 것은?

제00조(법 적용의 기준) ① 새로운 법령 등은 법령 등에 특별한 규정이 있는 경우를 제외하고는 그 법령 등의 효력 발생 전에 완성되거나 종결된 사실관계 또는 법률관계에 대해서는 적용되지 아니한다.
② 당사자의 신청에 따른 처분은 법령 등에 특별한 규정이 있거나 처분 당시의 법령 등을 적용하기 곤란한 특별한 사정이 있는 경우를 제외하고는 처분 당시의 법령 등에 따른다.
제00조(처분의 효력) 처분은 권한이 있는 기관이 취소 또는 철회하거나 기간의 경과 등으로 소멸되기 전까지는 유효한 것으로 통용된다. 다만, 무효인 처분은 처음부터 그 효력이 발생하지 아니한다.
제00조(위법 또는 부당한 처분의 취소) ① 행정청은 위법 또는 부당한 처분의 전부나 일부를 소급하여 취소할 수 있다. 다만, 당사자의 신뢰를 보호할 가치가 있는 등 정당한 사유가 있는 경우에는 장래를 향하여 취소할 수 있다.
② 행정청은 제1항에 따라 당사자에게 권리나 이익을 부여하는 처분을 취소하려는 경우에는 취소로 인하여 당사자가 입게 될 불이익을 취소로 달성되는 공익과 비교·형량(衡量)하여야 한다. 다만, 다음 각 호의 어느 하나에 해당하는 경우에는 그러하지 아니하다.
1. 거짓이나 그 밖의 부정한 방법으로 처분을 받은 경우
2. 당사자가 처분의 위법성을 알고 있었거나 중대한 과실로 알지 못한 경우

① 새로운 법령 등은 법령 등에 특별한 규정이 있는 경우에는 그 법령 등의 효력 발생 전에 종결된 법률관계에 대해 적용될 수 있다. ➡ (O) 첫 번째 조 제1항의 예외 규정이다.
② 무효인 처분의 경우 그 처분의 효력이 소멸되기 전까지는 유효한 것으로 통용된다. ➡ (X) 두 번째 조에 따라 무효인 처분은 처음부터 그 효력이 발생하지 않는다.
③ 행정청은 부당한 처분의 일부를 소급하여 취소할 수 있으나 전부를 소급하여 취소할 수는 없다. ➡ (X) 세 번째 조 제1항에서 행정청은 위법 또는 부당한 처분의 전부나 일부를 소급하여 취소할 수 있다고 했으므로 전부를 소급하여 취소할 수는 없다는 설명은 적절하지 않다.
④ 당사자의 신청에 따른 처분은 처분 당시의 법령 등을 적용하기 곤란한 특별한 사정이 있는 경우에도 처분 당시의 법령 등에 따른다. ➡ (X) 첫 번째 조 제2항에 따라 당사자의 신청에 따른 처분은 처분 당시의 법령 등을 적용하기 곤란한 특별한 사정이 있는 경우에는 처분 당시의 법령 등을 따르지 않는다고 하고 있으므로 적절하지 않다.
⑤ 당사자가 부정한 방법으로 자신에게 이익이 부여되는 처분을 받아 행정청이 그 처분을 취소하고자 하는 경우, 취소로 인해 당사자가 입게 될 불이익과 취소로 달성되는 공익을 비교·형량하여야 한다. ➡ (X) 세 번째 조 제2항 제1호에 따라 예외적 사유에 해당한다.

03 ⑤
정답률 79.6%

| 문제 유형 | 법조문형 > 규정적용

| 접근 전략 | 규정을 제시하고 이에 대한 적용을 묻는 문항이므로 각각의 상황에 따라 적용 여부를 정확하게 비교하고 판단해야 한다. 각 조항의 내용에 따라 가능한 행위와 불가능한 행위, 그리고 반드시 해야 하는 의무적인 행위 등의 적용을 살펴보면 선지의 내용을 정확하게 파악할 수 있다.

다음 글을 근거로 판단할 때 옳은 것은?

제00조(조직 등) ① 자율방범대에는 대장, 부대장, 총무 및 대원을 둔다.
② 경찰서장은 자율방범대장이 추천한 사람을 자율방범대원으로 위촉할 수 있다.
③ 경찰서장은 자율방범대원이 이 법을 위반하여 파출소장이 해촉을 요청한 경우에는 해당 자율방범대원을 해촉해야 한다.
제00조(자율방범활동 등) ① 자율방범대는 다음 각 호의 활동(이하 '자율방범활동'이라 한다)을 한다.
 1. 범죄예방을 위한 순찰 및 범죄의 신고, 청소년 선도 및 보호
 2. 시·도경찰청장, 경찰서장, 파출소장이 지역사회의 안전을 위해 요청하는 활동
② 자율방범대원은 자율방범활동을 하는 때에는 자율방범활동 중임을 표시하는 복장을 착용하고 자율방범대원의 신분을 증명하는 신분증을 소지해야 한다.
③ 자율방범대원은 경찰과 유사한 복장을 착용해서는 안 되며, 경찰과 유사한 도장이나 표지 등을 한 차량을 운전해서는 안 된다.
제00조(금지의무) ① 자율방범대원은 자율방범대의 명칭을 사용하여 다음 각 호의 어느 하나에 해당하는 행위를 해서는 안 된다.
 1. 기부금품을 모집하는 행위
 2. 영리목적으로 자율방범대의 명의를 사용하는 행위
 3. 특정 정당 또는 특정인의 선거운동을 하는 행위
② 제1항 제3호를 위반한 자에 대해서는 3년 이하의 징역 또는 600만 원 이하의 벌금에 처한다.

① 파출소장은 자율방범대장이 추천한 사람을 자율방범대원으로 위촉할 수 있다. ➡ (X) 첫 번째 조 제2항에서 자율방범대장이 추천한 사람을 자율방범대원으로 위촉하는 것은 경찰서장이므로 적절하지 않다.

② 자율방범대원이 범죄예방을 위한 순찰을 하는 경우, 경찰과 유사한 복장을 착용할 수 있다. ➡ (X) 두 번째 조 제3항에서 자율방범대원은 경찰과 유사한 복장을 착용해서는 안 된다고 했으므로 적절하지 않다.

③ 자율방범대원이 영리목적으로 자율방범대의 명의를 사용한 경우, 3년 이하의 징역에 처한다. ➡ (X) 세 번째 조 제1항 제2호에서 자율방범대원이 영리목적으로 자율방범대의 명의를 사용하는 행위는 금지된 행위임을 알 수 있지만, 동조 제2항에서 3년 이하의 징역에 처하는 행위는 동조 제1항 제3호에 해당하는 행위인 특정 정당 또는 특정인의 선거운동을 하는 행위임을 알 수 있다. 따라서 영리목적으로 자율방범대의 명의를 사용하는 행위는 징역에 처하는 행위에 해당하지 않는다.

④ 자율방범대원이 청소년 선도활동을 하는 경우, 자율방범활동 중임을 표시하는 복장을 착용하면 자율방범대원의 신분을 증명하는 신분증을 소지하지 않아도 된다. ➡ (X) 두 번째 조 제1항 제1호에서 청소년 선도 및 보호 활동은 자율방범활동에 포함됨을 알 수 있고, 동조 제2항에서 자율방범대원은 자율방범활동을 하는 때에는 자율방범활동 중임을 표시하는 복장을 착용하고 자율방범대원의 신분을 증명하는 신분증을 소지해야 한다. 따라서 신분증을 소지하지 않아도 된다는 설명은 적절하지 않다.

⑤ 자율방범대원이 자율방범대의 명칭을 사용하여 기부금품을 모집했고 이를 이유로 파출소장이 그의 해촉을 요청한 경우, 경찰서장은 해당 자율방범대원을 해촉해야 한다. ➡ (O) 세 번째 조 제1항 제1호에서 자율방범대원은 자율방범대의 명칭을 사용하여 기부금품을 모집하는 행위를 금지하고 있음을 알 수 있고, 첫 번째 조 제3항에서 경찰서장은 자율방범대원이 이 법을 위반하여 파출소장이 해촉을 요청한 경우에는 해당 자율방범대원을 해촉해야 함을 알 수 있으므로 적절하다.

04 ③
정답률 82.9%

| 문제 유형 | 법조문형 > 규정적용
| 접근 전략 | 규정의 내용을 구체적인 상황에 적용하는 문항이므로, 각각의 상황에 따라 규정의 적용 여부를 꼼꼼하게 비교해야 한다. 법령의 특성상 의무적인 행위와 그렇지 않은 행위, 예외로 적용되는 행위 등이 나뉜다는 것을 염두에 두고, 각 상황에 어떤 행위가 적용 가능한지를 살펴보면 선지의 내용을 정확히 이해하는데 도움이 된다.

다음 글과 〈상황〉을 근거로 판단할 때 옳은 것은?

제○○조(허가신청) ① 대기관리권역에서 총량관리대상 오염물질을 배출량 기준을 초과하여 배출하는 사업장을 설치하거나 이에 해당하는 사업장으로 변경하려는 자는 환경부장관으로부터 사업장 설치의 허가를 받아야 한다. 허가받은 사항을 변경하는 경우에도 같다.
② 제1항의 허가 또는 변경허가를 받으려는 자는 사업장의 설치 또는 변경의 허가신청서를 환경부장관에게 제출하여야 한다.
제□□조(허가제한) 환경부장관은 제○○조 제1항에 따른 설치 또는 변경의 허가신청을 받은 경우, 그 사업장의 설치 또는 변경으로 인하여 지역배출허용총량의 범위를 초과하게 되면 이를 허가하여서는 아니 된다.
제△△조(허가취소 등) ① 사업자가 거짓이나 그 밖의 부정한 방법으로 제○○조 제1항에 따른 허가 또는 변경허가를 받은 경우, 환경부장관은 그 허가 또는 변경허가를 취소할 수 있다.
② 환경부장관은 다음 각 호의 자에 대하여 해당 사업장의 폐쇄를 명할 수 있다.
 1. 거짓이나 그 밖의 부정한 방법으로 제○○조 제1항에 따른 허가 또는 변경허가를 받은 자
 2. 제○○조 제1항에 따른 허가 또는 변경허가를 받지 아니하고 사업장을 설치·운영하는 자
제◇◇조(벌칙) 다음 각 호의 어느 하나에 해당하는 자는 7년 이하의 징역 또는 2억 원 이하의 벌금에 처한다.
 1. 제○○조 제1항에 따른 허가 또는 변경허가를 받지 아니하고 사업장을 설치하거나 변경한 자
 2. 제△△조 제2항에 따른 사업장폐쇄명령을 위반한 자

─〈상황〉─

甲~戊는 대기관리권역에서 총량관리대상 오염물질을 배출량 기준을 초과하여 배출하는 사업장을 설치하려 한다.

① 甲이 사업장 설치의 허가를 받은 경우, 이후 허가받은 사항을 변경하는 때에는 별도의 허가가 필요없다. ➡ (X) 〈상황〉에서 甲은 대기관리권역에서 총량관리대상 오염물질을 배출량 기준을 초과하여 배출하는 사업장을 설치하려 함을 알 수 있고, 이러한 경우에는 제○○조 제2항에 따라 변경허가를 받으려는 자는 변경의 허가신청서를 환경부장관에게 제출하여야 함을 알 수 있으므로 변경하는 때에는 별도의 허가가 필요없다는 설명은 적절하지 않다.

② 乙이 허가를 받지 않고 사업장을 설치한 경우, 7년의 징역과 2억 원의 벌금에 처한다. ➡ (X) 〈상황〉에서 乙은 대기관리권역에서 총량관리대상 오염물질을 배출량 기준을 초과하여 배출하는 사업장을 설치하려 함을 알 수 있고, 제◇◇조 제1호에서 제○○조 제1항에 따른 허가 또는 변경허가를 받지 아니하고 사업장을 설치하거나 변경한 자는 7년 이하의 징역 또는 2억 이하의 벌금에 처함을 알 수 있다. 따라서 乙은 7년의 징역과 2억 원의 벌금 두 가지 모두에 처하게 되는 것이 아님을 알 수 있다.

③ 丙이 허가를 받지 않고 사업장을 설치·운영한 경우, 환경부장관은 해당 사업장의 폐쇄를 명할 수 있다. ➡ (O) 〈상황〉에서 丙은 대기관리권역에서 총량관리대상 오염물질을 배출량 기준을 초과하여 배출하는 사업장을 설치하려 함을 알 수 있고, 제△△조 제2항 제2호에서 제○○조 제1항에 따른 허가 또는 변경허가를 받지 아니하고 사업장을 설치·운영하는 자는 동조 제2항에서 환경부장관은 해당 사업장의 폐쇄를 명할 수 있음을 알 수 있다. 따라서 丙이 허락을 받지

않고 사업장을 설치·운영한 경우에는 환경부장관이 해당 사업장의 폐쇄를 명할 수 있으므로 적절하다.

④ 丁이 사업장 설치의 허가를 신청한 경우, 그 설치로 인해 지역배출허용총량의 범위를 초과하더라도 환경부장관은 이를 허가할 수 있다. ➡ (X)〈상황〉에서 丁은 대기관리권역에서 총량관리대상 오염물질을 배출량 기준을 초과하여 배출하는 사업장을 설치하려 함을 알 수 있고, 제ㅁㅁ조에서 사업장의 설치 또는 변경으로 인하여 지역배출허용총량의 범위를 초과하게 되면 이를 허가하여서는 안 됨을 알 수 있다. 따라서 丁이 사업장 설치의 허가를 신청했더라도 지역배출허용총량의 범위를 초과하면 환경부장관은 이를 허가할 수 없다.

⑤ 戊가 사업장 설치의 허가를 부정한 방법으로 받은 경우에도 환경부장관은 그 허가를 취소할 수 없다. ➡ (X)〈상황〉에서 戊는 대기관리권역에서 총량관리대상 오염물질을 배출량 기준을 초과하여 배출하는 사업장을 설치하려 함을 알 수 있고, 제△△조 제1항에서 사업장 설치의 허가를 부정한 방법으로 받은 경우에 환경부장관은 그 허가를 취소할 수 있음을 알 수 있다.

05 ④ 정답률 96.0%

| 문제 유형 | 제시문형 > 정보확인

| 접근 전략 | 글의 내용을 읽으면서 선지와의 일치 여부를 비교함으로써 해당 정보를 확인할 수 있는 능력이 필요하다. 제시문보다 선지를 먼저 보고 주요 개념을 익힌 후 제시문을 읽으면 해당 개념과 관련한 내용이 나올 때 선지와의 비교가 쉽다.

다음 글을 근거로 판단할 때 옳은 것은?

두부의 주재료는 대두(大豆)라는 콩이다. 50여 년 전만 해도, 모내기가 끝나는 5월쯤 대두의 씨앗을 심어 벼 베기가 끝나는 10월쯤 수확했다. 두부를 만들기 위해서 먼저 콩을 물에 불리는데, 겨울이면 하루 종일, 여름이면 반나절 정도 물에 담가둬야 한다. 콩을 적당히 불린 후 맷돌로 콩을 간다. 물을 조금씩 부어가며 콩을 갈면 맷돌 가운데에서 하얀색의 콩비지가 거품처럼 새어 나온다. 이 콩비지를 솥에 넣고 약한 불로 끓인다. 맷돌에서 막 갈려 나온 콩비지에서는 식물성 단백질에서 나는 묘한 비린내가 나는데, 익히면 이 비린내는 없어진다. 함지박 안에 삼베나 무명으로 만든 주머니를 펼쳐 놓고, 끓인 콩비지를 주머니에 담는다. 콩비지가 다 식기 전에 주머니의 입을 양쪽으로 묶고 그 사이에 나무 막대를 꽂아 돌리면서 마치 탕약 짜듯이 콩물을 빼낸다. 이 콩물을 두유라고 한다. 콩에 함유된 단백질은 두유에 녹아 있다. ▶1문단

두부는 두유를 응고시킨 음식이다. 두유의 응고를 위해 응고제가 필요한데, 예전에는 응고제로 간수를 사용했다. 간수의 주성분은 염화마그네슘이다. 두유에 함유된 식물성 단백질은 염화마그네슘을 만나면 응고된다. 두유에 간수를 넣고 잠시 기다리면 응고된 하얀 덩어리와 물로 분리된다. 하얀 덩어리는 주머니에 옮겨 담는다. 응고가 아직 다 되지 않았기 때문에 덩어리를 싼 주머니에서는 물이 흘러나온다. 함지박 위에 널빤지를 올리고 그 위에 입을 단단히 묶은 주머니를 올려놓는다. 또 다른 널빤지를 주머니 위에 얹고 무거운 돌을 올려놓는다. 이렇게 한참을 누르고 있으면 주머니에서 물이 빠져나오고 덩어리는 굳어져 두부의 모양을 갖추게 된다. ▶2문단

① 50여 년 전에는 5월쯤 그해 수확한 대두로 두부를 만들 수 있었다. ➡ (X) 1문단에서 50여 년 전에는 모내기가 끝나는 5월쯤 대두의 씨앗을 심어 벼 베기가 끝나는 10월쯤 수확했음을 알 수 있다. 따라서 5월쯤 그해 수확한 대두로 두부를 만들 수 있었다고 볼 수 없다.

② 콩비지를 염화마그네슘으로 응고시키면 두부와 두유가 나온다. ➡ (X) 1문단에서 콩비지는 콩을 갈면 새어 나오는 것임을 알 수 있고, 2문단에서 염화마그네슘은 두유를 응고시키는 응고제 성분임을 알 수 있다. 따라서 콩비지를 염화마그네슘으로 응고시키면 두부와 두유가 나온다고 볼 수 없다.

③ 익힌 콩비지에서는 식물성 단백질로 인해서 비린내가 난다. ➡ (X) 1문단에서 맷돌에서 막 갈려 나온 콩비지에서는 식물성 단백질에서 나는 묘한 비린

내가 나는데, 익히면 이 비린내는 없어짐을 알 수 있다. 따라서 익힌 콩비지에서는 비린내가 난다고 볼 수 없다.

④ 간수는 두유에 함유된 식물성 단백질을 응고시키는 성질이 있다. ➡ (O) 2문단에서 간수의 주성분은 염화마그네슘이며, 두유에 함유된 식물성 단백질은 염화마그네슘을 만나면 응고됨을 알 수 있으므로 적절하다.

⑤ 여름에 두부를 만들기 위해서는 콩을 하루 종일 물에 담가둬야 한다. ➡ (X) 1문단에서 두부를 만들기 위해서는 먼저 콩을 물에 불리는데, 겨울이면 하루 종일, 여름이면 반나절 정도 물에 담가둬야 함을 알 수 있다.

06 ① 정답률 85.4%

| 문제 유형 | 연산추론형 > 수리계산

| 접근 전략 | 주어진 상황에 따라 정해진 단순 계산의 결과를 정확하게 비교할 수 있어야 한다. 기본적인 계산 실수가 없이 포함된 조건들을 잘 따라간다면 쉽게 정답을 찾아낼 수 있다.

다음 글을 근거로 판단할 때, 처방에 따라 아기에게 더 먹여야 하는 해열시럽의 양은?

아기가 열이 나서 부모는 처방에 따라 해열시럽 4mL를 먹여야 하는데, 아기가 약 먹기를 거부했다. 부모는 꾀를 내어 배즙 4mL와 해열시럽 4mL를 균일하게 섞어 주었지만 아기는 맛이 이상했는지 4분의 1만 먹었다. 부모는 아기가 남긴 것 전부와 사과즙 50mL를 다시 균일하게 섞어 주었다. 아기는 그 절반을 먹더니 더 이상 먹지 않았다.

① 1.5mL ➡ (O) 처음 아기가 먹은 것은 배즙 4mL와 해열시럽 4mL가 균일하게 섞인 것의 4분의 1이다. 따라서 8mL 중에서 2mL를 먹었고, 이는 배즙 1mL와 해열시럽 1mL임을 알 수 있다. 아기가 두 번째 먹은 것은 남긴 것 전부인 배즙 3mL와 해열시럽 3mL, 그리고 사과즙 50mL가 균일하게 섞인 것임을 알 수 있다. 이 중 절반을 먹었으므로 배즙 1.5mL, 해열시럽 1.5mL, 사과즙 25mL를 먹었음을 알 수 있다. 아기가 먹은 해열시럽은 총 2.5mL이므로 처방에 따라 먹어야 할 4mL보다 1.5mL가 부족하다. 따라서 아기에게 더 먹여야 하는 해열시럽의 양은 1.5mL이다.

② 1.6mL ➡ (X)
③ 2.0mL ➡ (X)
④ 2.4mL ➡ (X)
⑤ 2.5mL ➡ (X)

07 ⑤ 정답률 84.0%

| 문제 유형 | 연산추론형 > 수리계산

| 접근 전략 | 주어진 상황에 따라 정해진 단순 계산의 결과를 정확하게 비교할 수 있어야 한다. 주차를 할 때 기본요금과 이후의 추가요금을 계산할 때 시간과 분 단위의 변환, 그리고 할인율의 적용 등을 각 주차장별로 정리해서 비교한다면 답을 쉽게 찾아낼 수 있다.

다음 글을 근거로 판단할 때, 甲주무관이 이용할 주차장은?

○ 甲주무관은 출장 중 총 11시간(09:00~20:00) 동안 요금이 가장 저렴한 주차장 한 곳을 이용하고자 한다.
○ 甲주무관의 자동차는 중형차이며, 3종 저공해차량이다.
○ 주차요금은 기본요금과 추가요금을 합산하여 산정하고, 할인대상인 경우 주차요금에 대하여 할인이 적용된다.
○ 일 주차권이 있는 주차장의 경우, 甲은 주차요금과 일 주차권 중 더 저렴한 것을 선택한다.
○ 주차장별 요금에 대한 정보는 아래와 같다.

구분	기본요금 (최초 1시간)	추가요금 (이후 30분마다)	비고
A주차장	2,000원	1,000원	–
B주차장	3,000원	1,500원	– 경차 전용 주차장 – 저공해차량 30% 할인
C주차장	3,000원	1,750원	– 경차 50% 할인 – 일 주차권 20,000원 (당일 00:00~24:00 이용 가능)
D주차장	5,000원	700원	–
E주차장	5,000원	1,000원	– 경차, 저공해차량(1, 2종) 50% 할인 – 저공해차량(3종) 20% 할인 – 18:00~익일 07:00 무료

① A주차장 ➡ (X) 기본요금이 최초 1시간에 2,000원이므로 10시간은 추가요금으로 계산해야 한다. 30분마다 1,000원. 1시간에 2,000원이므로 추가요금은 10시간 *2,000원=20,000원이다. 따라서 A주차장을 이용하면 총 요금이 22,000원이다.

② B주차장 ➡ (X) 기본요금이 최초 1시간 3,000원이므로 10시간은 추가요금으로 계산해야 한다. 30분마다 1,500원. 1시간에 3,000원이므로 추가요금은 10시간 *3,000원=30,000원이다. 총 금액이 33,000원이지만 甲의 차량은 저공해차량이기 때문에 30% 할인을 받아 B주차장을 이용하면 요금이 23,100원이다.

③ C주차장 ➡ (X) 기본요금이 최초 1시간 3,000원이므로 10시간은 추가요금으로 계산해야 한다. 30분마다 1,750원. 1시간에 3,500원이므로 추가요금은 10시간 *3,500원=35,000원이다. 총 금액이 38,000원이지만 일 주차권이 20,000원으로 더 저렴하므로 C주차장을 이용하면 요금이 20,000원이다.

④ D주차장 ➡ (X) 기본요금이 최초 1시간 5,000원이고 10시간은 추가요금으로 계산해야 한다. 30분마다 700원. 1시간에 1,400원이므로 추가요금은 10시간*1,400원=14,000원이다. 따라서 D주차장을 이용하면 요금이 19,000원이다.

⑤ E주차장 ➡ (O) 기본요금이 최초 1시간 5,000원이고 10시간은 추가요금으로 계산해야 한다. 그런데 18시부터 익일 7시까지는 무료이므로 甲이 주차하는 시간 중 18시부터 20시까지 2시간은 요금을 내지 않는다. 따라서 추가요금은 8시간만큼만 지불해야 한다. 30분마다 1,000원. 1시간에 2,000원이므로 추가요금은 8시간*2,000원=16,000원이다. 총 금액이 21,000원이지만 甲의 차량은 3종 저공해차량에 해당하여 20% 할인을 받아 E주차장을 이용하면 요금이 16,800원이다. 따라서 가장 저렴한 주차장은 E주차장이다.

08 ④ 정답률 89.5%

| 문제 유형 | 연산추론형 > 대입비교
| 접근 전략 | 주어진 상황에 따라 조건을 만족하는지를 대입해보면 비교적 쉽게 정답을 찾아낼 수 있다. 청년자산형성적금에 가입이 가능한 모든 조건을 살펴보고, 예외가 되는 조건을 꼼꼼하게 확인하면서 각 상황의 적용 여부를 판단해야 한다.

다음 글과 〈상황〉을 근거로 판단할 때, 2023년 현재 甲~戊 중 청년자산형성적금에 가입할 수 있는 사람은?

A국은 청년의 자산형성을 돕기 위해 비과세 혜택을 부여하는 청년자산형성적금을 운영하고 있다.

청년자산형성적금은 가입일이 속한 연도를 기준으로 직전과세연도의 근로소득과 사업소득의 합이 5,000만 원 이하인 청년이 가입할 수 있다. 단, 직전과세연도에 근로소득과 사업소득이 모두 없는 사람과 직전 2개년도 중 한 번이라도 금융소득 종합과세 대상자였던 사람은 가입할 수 없다.

청년은 19~34세인 사람을 의미한다. 단, 군복무기간은 나이를 계산할 때 포함하지 않는다. 예를 들어, 3년간 군복무를 한 36세인 사람은 군복무기간 3년을 제외하면 33세이므로 청년에 해당한다.

〈상황〉

이름	나이	직전과세연도 소득		최근 금융소득 종합과세 해당년도	군복무 기간
		근로소득	사업소득		
甲	20세	0원	0원	없음	없음
乙	36세	0원	5,000만 원	없음	없음
丙	29세	3,500만 원	1,000만 원	2022년	2년
丁	35세	4,500만 원	0원	2020년	2년
戊	27세	4,000만 원	1,500만 원	2021년	없음

① 甲 ➡ (X) 甲은 직전과세연도에 근로소득과 사업소득이 모두 없으므로 가입할 수 없다.

② 乙 ➡ (X) 乙은 군복무기간이 없어 나이가 36세이므로 청년에 해당하지 않아 가입할 수 없다.

③ 丙 ➡ (X) 丙은 2023년을 기준으로 직전 2개년도에 해당하는 2022년에 금융소득 종합과세 대상자였으므로 가입할 수 없다.

④ 丁 ➡ (O) 丁은 나이가 35세이지만 군복무기간 2년을 제외하면 33세이므로 청년에 해당한다. 직전과세연도 소득이 근로소득과 사업소득을 합쳐 4,500만 원이므로 5,000만 원 이하이고, 2020년에는 금융소득 종합과세 대상자였지만, 2023년을 기준으로 직전 2개년도에 해당하는 2021년과 2022년에는 금융소득 종합과세 대상자가 아니었으므로 丁은 가입할 수 있다.

⑤ 戊 ➡ (X) 戊는 직전과세연도 소득이 근로소득과 사업소득을 합쳐 5,500만 원이고, 2023년을 기준으로 직전 2개년도에 해당하는 2021년에 금융소득 종합과세 대상자였으므로 가입할 수 없다.

※ 다음 글을 읽고 물음에 답하시오. [문 9.~문 10.]

향수를 만드는 데 사용되는 향료는 천연향료와 합성향료로 나눌 수 있다. 천연향료에는 꽃, 잎, 열매 등의 원료에서 추출한 식물성 향료와 사향, 용연향 등의 동물성 향료가 있다. 합성향료는 채취하기 어렵거나 소량 생산되는 천연향료의 성분을 화학적으로 합성한 것이다. 오늘날 향수의 대부분은 천연향료와 합성향료를 배합하여 만들어진다. ▶1문단

천연향료는 다양한 방법을 통해 얻을 수 있는데, 다음 3가지 방법이 대표적이다. 첫째, 가장 널리 쓰이는 방법은 수증기 증류법이다. 이는 향수 원료에 수증기를 통과시켜서 농축된 향의 원액인 향유를 추출하는 방법이다. 이 방법은 원료를 고온으로 처리하기 때문에 열에 약한 성분이 파괴된다는 단점이 있으나, 한꺼번에 많은 양을 값싸게 얻을 수 있다는 장점이 있다. 둘째, 압착법은 과일 껍질 등과 같은 원료를 압착해서 향유를 얻는 방법이다. 열에 비교적 강하며 물에 잘 녹지 않는 향료에는 수증기 증류법이 이용되지만, 감귤류처럼 열에 약한 것에는 압착법이 이용된다. 셋째, 흡수법은 지방과 같은 비휘발성 용매를 사용하여 향유를 추출하는 방법이다. 원료가 고가이고 향유의 함유량이 적으며 열에 약하고 물에 잘 녹는 경우에는 흡수법이 이용된다. ▶2문단

한편, A국에서 판매되는 향수는 EDC, EDT, EDP, Parfum으로 나뉜다. 이는 부향률, 즉 향료의 함유량 정도에 따른 구분이다. 향수는 부향률이 높을수록 향이 강하고 지속시간이 길다. 먼저 EDC(Eau De Cologne)는 부향률이 2~5%로 지속시간이 1~2시간이다. 향의 지속시간이 가장 짧고 잔향이 거의 없으며, 향이 가볍고 산뜻하다. EDT(Eau De Toilette)는 부향률이 5~15%로 3~5시간 지속되며 일반적으로 가장 많이 사용된다. EDP(Eau De Parfum)는 부향률이 15~20%로 5~8시간 지속된다. 풍부한 향을 가지고 있으며, 오랜 시간 향이 유지되는 것을 선호하는 사람들에게 알맞다. Parfum은 부향률이 20~30%로 8~10시간 지속되며, 가장 향이 강하고 오래간다. ▶3문단

09 ①

정답률 98.3%

| 문제 유형 | 제시문형 > 정보확인
| 접근 전략 | 문단별로 다루고 있는 글의 정보가 무엇인지를 파악하고 이를 바탕으로 각 선지의 옳고 그름을 판단할 수 있는 능력이 필요하다. 선지를 먼저 읽으며 언급된 용어들을 눈에 익히고 이를 중심으로 제시문을 읽어가는 것이 시간을 단축할 수 있다.

윗글을 근거로 판단할 때 옳은 것은?

① EDP의 부향률이 EDC의 부향률보다 높다. ➡ (O) 3문단에서 EDP의 부향률은 15~20%이고 EDC의 부향률은 2~5%임을 알 수 있다. 따라서 EDP의 부향률이 EDC보다 높다는 설명은 적절하다.

② 흡수법은 많은 양의 향유를 값싸게 얻을 수 있는 방법이다. ➡ (X) 2문단에서 한꺼번에 많은 양을 값싸게 얻을 수 있다는 장점을 지닌 방법은 수증기 증류법임을 알 수 있으므로 흡수법이라는 설명은 적절하지 않다.

③ 오늘날 많이 사용되는 향수의 대부분은 식물성 천연향료로 만들어진다. ➡ (X) 1문단에서 오늘날 향수의 대부분은 천연향료와 합성향료를 배합해 만들어진다고 했으므로 식물성 천연향료로 만들어진다는 설명은 적절하지 않다.

④ 고가이고 향유의 함유량이 적은 원료에서 향유를 추출하고자 할 때는 흡수법보다는 압착법이 이용된다. ➡ (X) 2문단에서 원료가 고가이고 향유의 함유량이 적은 경우에는 흡수법이 이용됨을 알 수 있으므로 압착법이 이용된다는 설명은 적절하지 않다.

⑤ 부향률이 높은 향수일수록 향이 오래 지속되므로, 부향률이 가장 높은 향수가 일반적으로 가장 많이 사용된다. ➡ (X) 3문단에서 향수는 부향률이 높을수록 향이 강하고 지속시간이 길다는 것은 알 수 있지만 부향률이 EDP, Parfum보다 낮은 EDT가 일반적으로 가장 많이 사용된다고 하였으므로 적절하지 않다.

10 ⑤

정답률 87.8%

| 문제 유형 | 제시문형 > 분석추론
| 접근 전략 | 제시된 상황을 짐작하고 추측하는 과정에서 그 적절성을 판단해야 한다. 글의 내용 속 근거를 찾고 근거들이 연결되는 과정을 살펴보는 것이 중요하다. 글의 내용을 꼼꼼하게 읽고 이해한다면 선지별 옳고 그름을 쉽게 판단할 수 있다.

윗글과 〈대화〉를 근거로 판단할 때, 甲~戊 중 가장 늦은 시각까지 향수의 향이 남아 있는 사람은?

―〈대화〉―

甲: 나는 오늘 오후 4시에 향수를 뿌렸어. 내 향수에는 EDC라고 적혀 있었어.
乙: 난 오늘 오전 9시 30분에 향수를 뿌렸는데, 우리 중 내가 뿌린 향수의 향이 가장 강해.
丙: 내 향수의 부향률은 18%라고 적혀 있네. 나는 甲보다 5시간 전에 향수를 뿌렸어.
丁: 난 오늘 오후 2시에 戊와 함께 향수 가게에 들렀어. 난 가자마자 EDT라고 적힌 향수를 뿌렸고, 戊는 나보다 1시간 뒤에 EDP라고 적힌 걸 뿌렸어.

① 甲 ➡ (X) 甲이 뿌린 EDC는 지속시간이 1~2시간이므로 오후 4시에 뿌린 향수는 오후 5시~6시까지 지속될 것임을 알 수 있다.

② 乙 ➡ (X) 乙이 뿌린 향수가 가장 강하다고 했으므로 乙이 뿌린 향수가 Parfum임을 알 수 있다. Parfum은 지속시간이 8~10시간이므로 오전 9시 30분에 뿌린 향수는 오후 5시 30분~7시 30분까지 지속될 것임을 알 수 있다.

③ 丙 ➡ (X) 丙이 뿌린 향수는 부향률이 18%이므로 EDP임을 알 수 있고 EDP는 지속시간이 5~8시간이다. 丙은 甲이 뿌린 오후 4시보다 5시간 전에 향수를 뿌렸기 때문에 오후 4시~7시까지 지속될 것임을 알 수 있다.

④ 丁 ➡ (X) 丁이 뿌린 EDT는 지속시간이 3~5시간이다. 이에 오후 2시에 뿌린 향수는 오후 5시~7시까지 지속될 것임을 알 수 있다.

⑤ 戊 ➡ (O) 戊가 뿌린 EDP는 지속시간이 5~8시간이므로 丁이 뿌린 오후 2시보다 1시간 뒤인 오후 3시에 뿌린 향수는 오후 8시~11시까지 지속될 것임을 알 수 있다. 따라서 戊의 향수의 향이 가장 늦은 시각까지 남아 있다.

11 ④

정답률 89.4%

| 문제 유형 | 법조문형 > 규정확인
| 접근 전략 | 법령 문제는 법령을 행사하는 주체와 그 적용 대상이 무엇인지를 정확하게 이해해야 한다. 해수욕장의 관리 주체와 관리 대상, 그리고 행사할 수 있는 권한 등을 명확하게 정리하고, 이에 따른 예외 규정 및 위반 사항에 대한 내용까지 이해한다면 문항을 쉽게 해결할 수 있다.

다음 글을 근거로 판단할 때 옳은 것은?

제○○조(해수욕장의 구ة) 관리청은 해수욕장을 이용하는 용도에 따라 물놀이구역과 수상레저구역으로 구분하여 관리·운영하여야 한다. 다만, 해수욕장 이용이나 운영에 상당한 불편을 초래하거나 효율성을 떨어뜨린다고 판단되는 경우에는 그러하지 아니하다.
제□□조(해수욕장의 개장기간 등) ① 관리청은 해수욕장의 특성이나 여건 등을 고려하여 해수욕장의 개장기간 및 개장시간을 정할 수 있다. 이 경우 관리청은 해수욕장협의회의 의견을 듣고, 미리 관계 행정기관의 장과 협의하여야 한다.
② 관리청은 해수욕장 이용자의 안전 확보나 해수욕장의 환경보전 등을 위하여 필요한 경우에는 해수욕장의 개장기간 또는 개장시간을 제한할 수 있다. 이 경우 제1항 후단을 준용한다.
제△△조(해수욕장의 관리·운영 등) ① 해수욕장은 관리청이 직접 관리·운영하여야 한다.
② 관리청은 제1항에도 불구하고 해수욕장의 효율적인 관리·운영을 위하여 필요한 경우 관할 해수욕장 관리·운영업무의 일부를 위탁할 수 있다.
③ 관리청은 제2항에 따라 해수욕장 관리·운영업무를 위탁하려는 경우 지역 번영회·어촌계 등 지역공동체 및 공익법인 등을 수탁자로 우선 지정할 수 있다.
④ 제2항 및 제3항에 따라 수탁자로 지정받은 자는 위탁받은 관리·운영업무의 전부 또는 일부를 재위탁하여서는 아니 된다.
제◇◇조(과태료) ① 다음 각 호의 어느 하나에 해당하는 자에게는 500만 원 이하의 과태료를 부과한다.
1. 거짓이나 부정한 방법으로 제△△조에 따른 수탁자로 지정받은 자
2. 제△△조 제4항을 위반하여 위탁받은 관리·운영업무의 전부 또는 일부를 재위탁한 자
② 제1항에 따른 과태료는 관리청이 부과·징수한다.

① 관리청은 해수욕장의 효율적인 관리·운영을 위하여 필요한 경우, 관할 해수욕장 관리·운영업무의 전부를 위탁할 수 있다. ➡ (X) 제△△조 제2항에서 관리청은 해수욕장의 효율적인 관리·운영을 위하여 필요한 경우 관할 해수욕장 관리·운영업무의 일부를 위탁할 수 있지만 전부를 위탁할 수는 없다고 하였다.

② 관리청은 해수욕장을 운영함에 있어 그 효율성이 떨어진다고 판단하더라도 물놀이구역과 수상레저구역을 구분하여 관리·운영하여야 한다. ➡ (X) 제○○조에서 관리청은 해수욕장을 물놀이구역과 수상레저구역으로 구분하여 관리·운영하여야 하지만 효율성을 떨어뜨린다고 판단되는 경우에는 그러하지 아니함을 알 수 있으므로 적절하지 않다.

③ 관리청이 해수욕장 관리·운영업무를 위탁하려는 경우, 공익법인을 수탁자로 우선 지정할 수 있으나 지역공동체를 수탁자로 우선 지정할 수는 없다. ➡ (X) 제△△조 제3항에서 관리청은 지역공동체 및 공익법인 등을 수탁자로 우선 지정할 수 있음을 알 수 있으므로 지역공동체를 수탁자로 우선 지정할 수 없다는 설명은 적절하지 않다.

④ 관리청으로부터 해수욕장 관리·운영업무를 위탁받은 공익법인이 이를 타 기관에 재위탁한 경우, 관리청은 그 공익법인에 대해 300만 원의 과태료를 부과할 수 있다. ➡ (O) 제◇◇조 제1항 제2호에서 위탁받은 관리·운영업무의 전부 또는 일부를 재위탁한 자는 동조 제1항에 따라 500만 원 이하의 과태료가 부과됨을 알 수 있으므로 적절하다.

⑤ 관리청은 해수욕장의 개장기간 및 개장시간을 정함에 있어 해수욕장의 특성이나 여건 등을 고려해야 하나, 관계 행정기관의 장과 협의할 필요는 없다. ➡ (X) 제□□조 제1항에서 관리청은 해수욕장의 특성이나 여건 등을 고려하여 해수욕장의 개장기간 및 개장시간을 정할 수 있고, 이 경우 미리 관계 행정기관의 장과 협의하여야 함을 알 수 있으므로 협의할 필요가 없다는 설명은 적절하지 않다.

12 ⑤ 　　　　　　　　　　　　　　　정답률 85.0%

| 문제 유형 | 법조문형 > 규정적용

| 접근 전략 | 법령을 제시하고 이에 대한 적용을 묻는 문항은 각각의 상황에 따라 적용하는 주체와 적용 받는 대상이 달라지기 때문에 해당 법령의 내용을 정확하게 이해해야 한다. 각 조항에 따른 실시의 주체와 대상, 그리고 대상에 적용되는 다양한 기준 등을 잘 파악해야 선지의 정오를 정확하게 판단할 수 있다.

다음 글을 근거로 판단할 때 옳은 것은?

제○○조(119구조견교육대의 설치·운영 등) ① 소방청장은 체계적인 구조견 양성·교육훈련 및 보급 등을 위하여 119구조견교육대를 설치·운영하여야 한다.
② 119구조견교육대는 중앙119구조본부의 단위조직으로 한다.
③ 119구조견교육대가 관리하는 견(犬)은 다음 각 호와 같다.
　1. 훈련견: 구조견 양성을 목적으로 도입되어 훈련 중인 개
　2. 종모견: 훈련견 번식을 목적으로 보유 중인 개
제□□조(훈련견 교육 및 평가 등) ① 119구조견교육대는 관리하는 견에 대하여 입문 교육, 정기 교육, 훈련견 교육 등을 실시한다.
② 훈련견 평가는 다음 각 호의 평가로 구분하여 실시하고 각 평가에서 정한 요건을 모두 충족한 경우 합격한 것으로 본다.
　1. 기초평가: 훈련견에 대한 기본평가
　　가. 생후 12개월 이상 24개월 이하일 것
　　나. 기초평가 기준에 따라 총점 70점 이상을 득점하고, 수의검진 결과 적합판정을 받을 것
　2. 중간평가: 양성 중인 훈련견의 건강, 성품 변화, 발전 가능성 및 임무 분석 등의 판정을 위해 실시하는 평가
　　가. 훈련 시작 12개월 이상일 것
　　나. 중간평가 기준에 따라 총점 70점 이상을 득점하고, 수의진료소견 결과 적합판정을 받을 것
　　다. 공격성 보유, 능력 상실 등의 결격사유가 없을 것
③ 훈련견 평가 중 어느 하나라도 불합격한 훈련견은 유관기관 등 외부기관으로 관리전환할 수 있다.
제△△조(종모견 도입) 훈련견이 종모견으로 도입되기 위해서는 제□□조 제2항에 따른 훈련견 평가에 모두 합격하여야 하며, 다음 각 호의 요건을 갖추어야 한다.
　1. 순수한 혈통일 것
　2. 생후 20개월 이상일 것
　3. 원친(遠親) 번식에 의한 견일 것

① 중앙119구조본부의 장은 구조견 양성 및 교육훈련 등을 위하여 119구조견교육대를 설치하여야 한다. ➡ (X) 제○○조 제1항에서 119구조견교육대는 소방청장이 설치·운영한다고 했으므로 중앙119구조본부의 장이 설치해야 한다는 설명은 적절하지 않다.

② 원친 번식에 의한 생후 20개월인 순수한 혈통의 훈련견은 훈련견 평가결과에 관계없이 종모견으로 도입될 수 있다. ➡ (X) 제△△조에서 훈련견이 종모견으로 도입되기 위해서는 순수한 혈통, 생후 20개월 이상, 원친 번식에 의한 견이라는 요건을 모두 갖추고 제□□조 제2항에 따른 훈련견 평가에 모두 합격하여야 함을 알 수 있으므로, 훈련견 평가결과에 관계없이 종모견으로 도입될 수 있다는 설명은 적절하지 않다.

③ 기초평가 기준에 따라 총점 80점을 득점하고, 수의검진 결과 적합판정을 받은 훈련견은 생후 15개월에 종모견으로 도입될 수 있다. ➡ (X) 제△△조에서 훈련견이 종모견으로 도입되기 위해서는 순수한 혈통, 생후 20개월 이상, 원친 번식에 의한 견이라는 요건을 모두 갖추고 제□□조 제2항에 따른 훈련견 평가에 모두 합격하여야 함을 알 수 있으므로 기초평가 기준만 합격한 경우에는 종모견으로 도입될 수 없다.

④ 생후 12개월에 훈련을 시작해 반년이 지난 훈련견이 결격사유 없이 중간평가 기준에 따라 총점 75점을 득점하고, 수의진료소견 결과 적합판정을 받는다면 중간평가에 합격한 것으로 본다. ➡ (X) 제□□조 제2항 제2호 가목에서 중간평가는 훈련 시작 12개월 이상이어야 함을 알 수 있으므로, 반년이 지난 훈련견이 중간평가에 합격한다는 설명은 적절하지 않다.

⑤ 기초평가에서 합격했더라도 결격사유가 있어 중간평가에 불합격한 훈련견은 유관기관으로 관리전환할 수 있다. ➡ (O) 제□□조 제3항에서 훈련견 평가 중 어느 하나라도 불합격한 훈련견은 유관기관 등 외부기관으로 관리전환할 수 있으므로 적절하다.

13 ② 　　　　　　　　　　　　　　　정답률 92.2%

| 문제 유형 | 퍼즐형 > 논리퀴즈

| 접근 전략 | 제시된 조건을 기준으로 만족할 수 있는 범위를 설정한 후에 해당 숫자를 각 조건에 하나씩 대입하여 정오를 판단하는 것이 문제를 해결할 수 있는 방법이다.

다음 글을 근거로 판단할 때, ㉠에 해당하는 수는?

○ 산타클로스는 연간 '착한 일 횟수'와 '울음 횟수'에 따라 어린이 甲~戊에게 선물 A, B 중 하나를 주거나 아무것도 주지 않는다.
○ 산타클로스가 선물을 나눠주는 방식은 다음과 같다. 어린이별로 ('착한 일 횟수' × 5) - ('울음 횟수' × ㉠)의 값을 계산한다. 그 값이 10 이상이면 선물 A를 주고, 0 이상 10 미만이면 선물 B를 주며, 그 값이 음수면 선물을 주지 않는다. 이때, ㉠은 자연수이다.
○ 이 방식을 적용한 결과, 甲~戊 중 1명이 선물 A를 받았고, 3명이 선물 B를 받았으며, 1명은 선물을 받지 못했다.
○ 甲~戊의 연간 '착한 일 횟수'와 '울음 횟수'는 아래와 같다.

구분	착한 일 횟수	울음 횟수
甲	3	3
乙	3	2
丙	2	3
丁	1	0
戊	1	3

→ 산타클로스가 선물을 나눠주는 방식에 의하여 ㉠에 1~3까지 대입하여 정리하면 다음과 같다.

구분	'착한 일 횟수'×5	'울음 횟수'×1	'울음 횟수'×2	'울음 횟수'×3
甲	15	3	6	9
乙	15	2	4	6
丙	10	3	6	9
丁	5	0	0	0
戊	5	3	6	9

① 1 ➡ (X) 산타클로스가 선물을 나눠주는 방식에 의하여 계산한 값이 음수이면 선물을 주지 않고, 이에 해당하는 사람은 1명이다. ('울음 횟수'× ㉠)의 값이 ('착한 일 횟수'×5)의 값보다 크면 음수가 된다. ㉠에 1을 대입해보면 ('울음 횟수'× ㉠)의 값이 ('착한 일 횟수'×5)보다 더 큰 경우는 없으므로 1은 적절하지 않다.

② 2 ➡ (O) 산타클로스가 선물을 나눠주는 방식에 의하여 계산한 값이 음수이면 선물을 주지 않고, 이에 해당하는 사람은 1명이다. 또한 계산한 값이 10회 이상이면 선물 A를 주고, 이에 해당하는 사람은 1명이다. ㉠에 2를 대입하여 ('착한 일 횟수'×5)−('울음 횟수'× ㉠)를 계산해 보면 乙이 11회로, 10회 이상이 되어 선물 A를 받게 되고, 戊가 −1회로 음수에 해당하여 선물을 받지 못한다. 따라서 총 5명 중 선물 A를 받은 사람이 1명, 선물을 받지 못한 사람이 1명으로, 나머지 3명은 선물 B를 받게 된다. ㉠에는 2가 들어가는 것이 적절하다.

③ 3 ➡ (X) 산타클로스가 선물을 나눠주는 방식에 의하여 계산하였을 때 10회 이상이 되는 사람이 없어 3은 적절하지 않다.

④ 4 ➡ (X)

⑤ 5 ➡ (X)

14 ④
정답률 76.0%

| 문제 유형 | 퍼즐형 > 최댓값·최솟값 도출
| 접근 전략 | 조건에 따라 구성하고 있는 숫자의 경우의 수를 중심으로 하나씩 소거하여 정답을 찾아가는 것이 효과적인 방법이다.

다음 글을 근거로 판단할 때, 甲이 작성한 보고서 한 건의 쪽수의 최댓값은?

A회사 직원인 甲은 근무일마다 동일한 쪽수의 보고서를 한 건씩 작성한다. 甲은 작성한 보고서를 회사의 임원들 각각에게 당일 출력하여 전달한다. 甲은 A회사에 1개월 전 입사하였으며 총 근무일은 20일을 초과하였다. 甲이 현재까지 출력한 총량은 1,000쪽이며, 임원은 2명 이상이다.

① 5 ➡ (X)
② 8 ➡ (X)
③ 10 ➡ (X)
④ 20 ➡ (O) 甲이 출력한 총량은 1,000쪽이고 임원이 2명 이상이므로 근무일마다 작성한 보고서는 총 500쪽이 최댓값이다. 최소 20일을 근무했고 근무일마다 동일한 쪽수의 보고서를 작성했으므로 20일 × 보고서 한 건의 쪽수 = 500쪽의 식이 성립하고, 보고서 한 건의 쪽수는 평균 25쪽이다. 따라서 하루에 작성된 보고서 한 건의 쪽수는 25쪽을 넘을 수 없으므로 주어진 선지 중에서 최댓값은 20쪽이다.
⑤ 40 ➡ (X)

15 ①
정답률 86.7%

| 문제 유형 | 퍼즐형 > 논리퀴즈
| 접근 전략 | 명확하게 제시된 조건을 기준으로 세우고 각각의 경우의 수를 중심으로 상황을 적용하는 것이 정답을 쉽게 찾을 수 있는 방법이다.

다음 글을 근거로 판단할 때, A~E 중 한 명만 화상강의 시스템에 접속해 있던 시각으로 가능한 것은?

○ 어제 9:00부터 9:30까지 진행된 수업시간 중 학생 A~E가 화상강의 시스템에 접속해 있던 시간은 아래와 같다.

학생	A	B	C	D	E
시간(분)	13	15	17	21	25

○ 학생들의 접속 횟수는 각 1회였다.
○ A와 C가 접속해 있던 시간은 서로 겹치지 않았다.

① 9:04 ➡ (O) A와 C가 접속해 있던 시간은 서로 겹치지 않았고, 두 사람의 수강 시간을 합치면 30분임을 알 수 있다. 그리고 E의 접속 시간이 25분이므로 9:00~9:05 혹은 9:25~9:30에만 접속하지 않은 시간임을 알 수 있다. 따라서 다섯 명 중 한 명만 화상강의 시스템에 접속할 수 있는 시간은 9:00~9:05과 9:25~9:30인 것을 알 수 있으며, 이에 해당하는 시간은 9:04분이다.
② 9:10 ➡ (X)
③ 9:15 ➡ (X)
④ 9:21 ➡ (X)
⑤ 9:24 ➡ (X)

16 ①
정답률 76.7%

| 문제 유형 | 퍼즐형 > 수리퀴즈
| 접근 전략 | 선지에 등장하는 수를 중심으로 소인수분해를 하고, 이를 바탕으로 조건에 맞게 경우의 수를 구함으로써 해당되는 값들이 조건에 부합하는지를 비교해보면 정답을 쉽게 찾아낼 수 있다.

다음 글을 근거로 판단할 때, 甲이 만든 비밀번호 각 자리의 숫자를 모두 곱한 값은?

○ 甲은 1, 2, 3, 4 중에서 숫자를 골라 네 자리 비밀번호를 만들었다.
○ 비밀번호 각 자리의 숫자를 '모두 더한 값'과 '모두 곱한 값'이 같았다.

① 8 ➡ (O) 8을 소인수분해 하면 2^3이다. 이 값을 토대로 네 자리 비밀번호를 만들 수 있는 경우의 수는 2 2 2 1, 2 4 1 1 두 가지이다. 첫 번째의 경우는 네 자리를 더한 값이 7이고, 두 번째 경우는 네 자리를 더한 값이 8이다. 따라서 2 4 1 1로 비밀번호를 만든 경우에는 곱한 값인 8과 같으므로 적절하다.
② 9 ➡ (X) 9를 소인수분해 하면 3^2이다. 이 값을 토대로 네 자리 비밀번호를 만들 수 있는 경우의 수는 3 3 1 1 한 가지이다. 네 자리를 더한 값은 8이고, 곱한 값은 9이므로 같지 않다.
③ 10 ➡ (X) 10을 소인수분해 하면 2 * 5이다. 이 값을 토대로 네 자리 비밀번호를 만들 수 없다.
④ 12 ➡ (X) 12를 소인수분해 하면 2^2 * 3이다. 이 값을 토대로 네 자리 비밀번호를 만들 수 있는 경우의 수는 2 2 3 1, 4 3 1 1 두 가지이다. 첫 번째 경우는 네 자리를 더한 값이 8이고, 두 번째 경우는 네 자리를 더한 값이 9이므로 곱한 값인 12와 같지 않다.
⑤ 16 ➡ (X) 16을 소인수분해 하면 2^4이다. 이 값을 토대로 네 자리 비밀번호를 만들 수 있는 경우의 수는 2 2 2 2, 2 2 4 1, 4 4 1 1 세 가지이다. 첫 번째 경우는 네 자리를 더한 값이 8이고, 두 번째 경우는 네 자리를 더한 값이 9이고, 세 번째 경우는 네 자리를 더한 값이 10이므로 곱한 값인 16과 같지 않다.

17 ②
정답률 79.7%

| 문제 유형 | 연산추론형 > 수리계산
| 접근 전략 | 조건을 대입하여 계산해야 한다. 계산에서 실수만 하지 않는다면 정답을 쉽게 찾을 수 있다.

다음 글과 〈상황〉을 근거로 판단할 때, 甲에게 배정되는 금액은?

A부서는 소속 직원에게 원격지 전보에 따른 이전여비를 지원한다. A부서는 다음과 같은 지침에 따라 지원액을 배정하고자 한다.

○ 지원액 배정 지침
 - 이전여비 지원 예산 총액: 160만 원
 - 심사를 통해 원격지 전보에 해당하는 신청자만 배정대상자로 함
 - 예산 한도 내에서 지원 가능한 최대의 금액 배정
 - 배정대상자 신청액의 합이 지원 예산 총액을 초과할 경우에는 각 배정대상자의 '신청액 대비 배정액 비율'이 모두 같도록 삭감하여 배정

─〈상황〉─

다음은 이전여비 지원을 신청한 A부서 직원 甲~戊의 신청액과 원격지 전보 해당 여부이다.

구분	이전여비 신청액(원)	원격지 전보 해당 여부
甲	700,000	해당
乙	400,000	해당하지 않음
丙	500,000	해당
丁	300,000	해당
戊	500,000	해당

① 525,000원 ➡ (X)
② 560,000원 ➡ (O) 지원액 배정 지침에서 원격지 전보에 해당하는 신청자만 배정함을 알 수 있으므로 乙은 지원액을 받지 못한다. 나머지 네 사람의 신청액을 모두 합하면 700,000원 + 500,000원 + 300,000원 + 500,000원 = 2,000,000원임을 알 수 있다. 이전여비 지원 예산 총액이 160만 원이고, 예산 한도 내에서 지원 가능한 최대의 금액을 배정하고, 신청액의 합이 예산 총액을 초과할 경우에는 각 배정대상자의 '신청액 대비 배정액 비율'이 모두 같도록 삭감하여 배정함을 알 수 있다. 따라서 200만 원 대비 160만 원의 비율은 80%이므로 네 사람의 신청액은 80%에 해당하는 금액만 배정됨을 알 수 있다. 따라서 甲은 700,000원 * 0.8(80%) = 560,000원을 배정받음을 알 수 있다.
③ 600,000원 ➡ (X)
④ 620,000원 ➡ (X)
⑤ 630,000원 ➡ (X)

18 ④
정답률 68.7%

| 문제 유형 | 연산추론형 > 수리계산
| 접근 전략 | 계산한 값의 크기를 비교하는 것에 그치는 것이 아니라 각각의 조건에 따라 제외되는 경우와 포함되는 경우, 그리고 순위를 매기는 조건 등을 꼼꼼하게 비교해야 하기 때문에 해당 내용을 정확하게 이해하는 것이 문제를 해결하는 방법이다.

다음 글과 〈상황〉을 근거로 판단할 때, 甲~戊 중 사업자로 선정되는 업체는?

△△부처는 □□사업에 대하여 용역 입찰공고를 하고, 각 입찰업체의 제안서를 평가하여 사업자를 선정하려 한다.

○ 제안서 평가점수는 입찰가격 평가점수(20점 만점)와 기술능력 평가점수(80점 만점)로 이루어진다.
○ 입찰가격 평가점수는 각 입찰업체가 제시한 가격에 따라 산정한다.
○ 기술능력 평가점수는 다음과 같은 방식으로 산정한다.
 - 5명의 평가위원이 평가한다.
 - 각 평가위원의 평가결과에서 최고점수와 최저점수를 제외한 나머지 3명의 점수를 산술평균하여 산정한다. 이때 최고점수가 복수인 경우 하나를 제외하며, 최저점수가 복수인 경우도 마찬가지이다.
○ 기술능력 평가점수에서 만점의 85% 미만의 점수를 받은 업체는 선정에서 제외한다.
○ 입찰가격 평가점수와 기술능력 평가점수를 합산한 점수가 가장 높은 업체를 선정한다. 이때 동점이 발생할 경우, 기술능력 평가점수가 가장 높은 업체를 선정한다.

─〈상황〉─

○ □□사업의 입찰에 참여한 업체는 甲~戊이다.
○ 각 업체의 입찰가격 평가점수는 다음과 같다.

(단위: 점)

구분	甲	乙	丙	丁	戊
평가점수	13	20	15	14	17

○ 각 업체의 기술능력에 대한 평가위원 5명의 평가결과는 다음과 같다.

(단위: 점)

구분	甲	乙	丙	丁	戊
A위원	68	65	73	75	65
B위원	68	73	69	70	60
C위원	68	62	69	65	60
D위원	68	65	65	65	70
E위원	72	65	69	75	75

① 甲 ➡ (X) 甲의 기술능력 평가점수는 최고점 72점과 최저점 68점 하나를 제외한 나머지 3개의 평균점수가 68점이고, 입찰가격 평가점수인 13점을 합하면 총 81점을 받았다.
② 乙 ➡ (X) 乙의 기술능력 평가점수는 최고점 73점과 최저점 62점을 제외한 나머지 3개의 평균점수가 65점이고, 입찰가격 평가점수인 20점을 합하면 총 85점을 받았다. 하지만 기술능력 평가점수가 만점의 85%에 해당하는 점수인 68점 미만이므로 선정에서 제외된다.
③ 丙 ➡ (X) 丙의 기술능력 평가점수는 최고점 73점과 최저점 65점을 제외한 나머지 3개의 평균점수가 69점이고, 입찰가격 평가점수인 15점을 합하면 총 84점을 받았다.
④ 丁 ➡ (O) 丁의 기술능력 평가점수는 최고점 75점과 최저점 65점을 제외한 나머지 3개의 평균점수가 70점이고, 입찰가격 평가점수인 14점을 합하면 총 84점을 받았다. 乙의 85점보다 낮지만 乙은 기술능력 평가점수 미달로 선정에서 제외되고, 丙과 총점이 같지만 기술능력 평가점수가 높은 업체를 선정한다는 조건에 의해 丙보다 기술능력 평가점수가 1점 높은 丁이 사업자로 선정된다.
⑤ 戊 ➡ (X) 戊의 기술능력 평가점수는 최고점 75점과 최저점 60점을 제외한 나머지 3개의 평균점수가 65점이고, 입찰가격 평가점수인 17점을 합하면 총 82점이다. 하지만 기술능력 평가점수가 만점의 85%에 해당하는 점수인 68점 미만이므로 선정에서 제외된다.

19 ③

정답률 68.5%

| 문제 유형 | 연산추론형 > 수리계산
| 접근 전략 | 계산한 값을 바탕으로 각각의 상황에 따라 제외되는 경우와 그렇지 않은 경우, 그리고 허용되는 범위 등을 꼼꼼하게 계산해야 한다.

다음 글을 근거로 판단할 때, 甲~戊 중 금요일과 토요일의 초과근무 인정시간의 합이 가장 많은 근무자는?

○ A기업에서는 근무자가 출근시각과 퇴근시각을 입력하면 초과근무 '실적시간'과 '인정시간'이 분 단위로 자동 계산된다.
 - 실적시간은 근무자의 일과시간(월~금, 09:00~18:00)을 제외한 근무시간을 말한다.
 - 인정시간은 실적시간에서 개인용무시간을 제외한 근무시간을 말한다. 하루 최대 인정시간은 월~금요일은 4시간이며, 토요일은 2시간이다.
 - 재택근무를 하는 경우 실적시간을 인정하지 않는다.
○ A기업 근무자 甲~戊의 근무현황은 다음과 같다.

구분	금요일			토요일	
	출근시각	퇴근시각	비고	출근시각	퇴근시각
甲	08:55	20:00	–	10:30	13:30
乙	08:00	19:55	–	–	–
丙	09:00	21:30	개인용무시간 (19:00~19:30)	13:00	14:30
丁	08:30	23:30	재택근무	–	–
戊	07:00	21:30	–	–	–

① 甲 ➡ (X) 甲은 금요일에 출근시각이 08:55이므로 5분, 퇴근시각이 20:00이므로 2시간의 초과근무를 인정받고, 토요일은 총 3시간을 근무했지만 최대 인정시간이 2시간이므로 금요일, 토요일 초과근무 인정시간의 합은 4시간 5분이다.
② 乙 ➡ (X) 乙은 금요일에 출근시각이 08:00이므로 1시간, 퇴근시각이 19:55이므로 1시간 55분의 초과근무를 인정받아 총 초과근무 인정시간은 2시간 55분이다.
③ 丙 ➡ (O) 丙은 금요일에 09:00 정시에 출근하였고, 퇴근시각이 21:30이므로 3시간 30분을 인정받지만 개인용무시간 30분은 제외하여 3시간의 초과근무를 인정받는다. 토요일은 총 1시간 30분을 근무했으므로 모두 인정받는다. 따라서 초과근무 인정시간의 합은 4시간 30분이다.
④ 丁 ➡ (X) 丁은 재택근무를 했기 때문에 실적시간을 인정하지 않는다.
⑤ 戊 ➡ (X) 戊는 금요일에 출근시각이 07:00이므로 2시간, 퇴근시각이 21:30이므로 3시간 30분을 초과근무하여 총 5시간 30분의 초과근무를 하였지만 하루 최대 인정시간이 금요일에는 4시간이므로 초과근무 인정시간의 합은 4시간이다.

20 ③

정답률 83.7%

| 문제 유형 | 연산추론형 > 수리계산
| 접근 전략 | 주어진 조건 등을 바탕으로 제시된 상황에 적절한 값을 찾아내는 것이 중요하다. 이때 제시된 자료의 값에 따른 경우의 수를 정확하게 비교하고, 이를 통해 정답을 찾아가는 것이 문제를 해결하는 방법이다.

다음 글을 근거로 판단할 때, 〈보기〉에서 甲의 시험과목별 점수로 옳은 것만을 모두 고르면?

○○국제교육과정 중에 있는 사람은 수료시험에서 5개 과목(A~E) 평균 60점 이상을 받고 한 과목도 과락(50점 미만)이 아니어야 수료할 수 있다. 甲은 수료시험에서 5개 과목 평균 60점을 받았으나 2개 과목이 과락이어서 ○○국제교육과정을 수료하지 못했다. 甲이 돌려받은 답안지에 점수는 기재되어 있지 않았고, 각 문항에 아래와 같은 표시만 되어 있었다. 이는 국적이 서로 다른 각 과목 강사가 자신의 국가에서 사용하는 방식으로 정답·오답 표시만 해놓은 결과였다.

과목	문항									
	1	2	3	4	5	6	7	8	9	10
A	○	○	×	○	○	×	○	○	○	
B	V	×	V	V	V	×	V	×	V	V
C	/	○	○	○	○	/	/	○	/	/
D	○	○	V	V	V	○	○	V	V	V
E	/	/	/	/	×	×	/	/	/	/

※ 모든 과목은 각 10문항이며, 각 문항별 배점은 10점이다.

〈보기〉

시험과목	점수
ㄱ. A	70 → (O)
ㄴ. B	30 → (X)
ㄷ. C	60 → (X)
ㄹ. D	40 → (O)
ㅁ. E	80 → (O)

① ㄱ, ㄴ ➡ (X)
② ㄱ, ㄷ ➡ (X)
③ ㄱ, ㄹ, ㅁ ➡ (O) A과목과 B과목은 70점 혹은 30점, C과목과 D과목은 60점 혹은 40점, E과목은 80점 혹은 20점이다. 평균이 300점이므로 E과목이 80점이라면 220점이 필요하고, 이때 A과목과 B과목이 각각 70점이고 C과목과 D과목이 각각 40점이라면 220점이 된다. 따라서 A과목과 B과목은 70점, C과목과 D과목은 40점, E과목은 80점임을 알 수 있다. 만약 E과목이 20점이라면 280점이 필요하고, 이때는 A과목과 B과목이 각각 70점이고 C과목과 D과목이 각각 60점이어도 총점이 260점에 불과해 평균 60점이 되지 않는다. 또한 과락 과목도 E과목밖에 없다. 따라서 ㄱ, ㄹ, ㅁ이 적절하다.
④ ㄴ, ㄷ, ㄹ ➡ (X)
⑤ ㄴ, ㄷ, ㅁ ➡ (X)

21 ②

정답률 52.4%

| 문제 유형 | 퍼즐형 > 논리퀴즈
| 접근 전략 | 정해진 요일을 제외하고, 일자가 표시된 날의 간격에 따라 남은 요일을 대입하면서 일기의 요일 순서대로 배열 가능한 조합을 찾아야 한다.

다음 글을 근거로 판단할 때, 식목일의 요일은?

다음은 가윤이의 어느 해 일기장에서 서로 다른 요일의 일기를 일부 발췌하여 날짜순으로 나열한 것이다.

(1) 4월 5일 ○요일
  오늘은 식목일이다. 동생과 한 그루의 사과나무를 심었다.
(2) 4월 11일 ○요일
  오늘은 아빠와 뒷산에 가서 벚꽃을 봤다.
(3) 4월 □□일 수요일
  나는 매주 같은 요일에만 데이트를 한다. 오늘 데이트도 즐거웠다.
(4) 4월 15일 ○요일
  오늘은 친구와 미술관에 갔다. 작품들이 멋있었다.

(5) 4월 □□일 ○요일
    내일은 대청소를 하는 날이어서 오늘은 휴식을 취했다.
(6) 4월 □□일 ○요일
    나는 매달 마지막 일요일에만 대청소를 한다. 그래서 오늘 대청소를 했다.
→ 4월 5일 식목일에 ①~④ 순서대로 대입하여 정리하면 다음과 같다.

5일	6일	7일	8일	9일	10일	11일	12일	13일	14일	15일
월	화	수	목	금	토	일	월	화	수	목
화	수	목	금	토	일	월	화	수	목	금
목	금	토	일	월	화	수	목	금	토	일
금	토	일	월	화	수	목	금	토	일	월

① 월요일 ➡ (X) 4월 5일이 월요일이라면 4월 11일은 일요일이다. (6)은 대청소를 한 일요일이므로 (2)와 (6)이 모두 일요일이 된다. 따라서 서로 다른 요일의 일기가 되지 않으므로 식목일은 월요일이 될 수 없다.

② 화요일 ➡ (O) 4월 5일이 화요일이라면 4월 11일은 월요일이다. (3)은 수요일이고 (4)는 금요일, (5)와 (6)은 각각 토요일과 일요일이므로 서로 다른 요일의 일기가 된다. 따라서 식목일은 화요일이다.

③ 목요일 ➡ (X) 4월 5일이 목요일이라면 4월 11일은 수요일이다. (3)은 수요일이므로 (2)와 (3)이 모두 수요일이 된다. 따라서 서로 다른 요일의 일기가 되지 않으므로 식목일은 목요일이 될 수 없다.

④ 금요일 ➡ (X) 4월 5일이 금요일이라면 4월 11일은 목요일이다. (3)은 (4)인 4월 15일보다 빠른 수요일이므로 11일과 15일 사이의 수요일은 존재하지 않는다. 따라서 식목일은 금요일이 될 수 없다.

⑤ 토요일 ➡ (X) (5)는 토요일이므로 4월 5일이 토요일이라면 서로 다른 요일의 일기가 되지 않는다. 따라서 식목일은 토요일이 될 수 없다.

S 22 ②

TOP 1 정답률 49.1%

|문제 유형| 퍼즐형 > 논리퀴즈
|접근 전략| 승객이 내려야 하는 층의 경우는 취소하고 다시 눌렀을 때 짝수의 횟수가 된다는 것과 버튼을 누른 횟수의 합을 중심으로 최종 눌린 버튼을 추론한 후에, 이를 바탕으로 〈보기〉에 제시된 경우의 수를 판단해야 한다.

다음 글을 근거로 판단할 때, 〈보기〉에서 옳은 것만을 모두 고르면?

○ 엘리베이터 안에는 각 층을 나타내는 버튼만 하나씩 있다.
○ 버튼을 한 번 누르면 해당 층에 가게 되고, 다시 누르면 취소된다. 취소된 버튼을 다시 누를 수 있다.
○ 1층에 계속해서 정지해 있던 빈 엘리베이터에 처음으로 승객 7명이 탔다.
○ 승객들이 버튼을 누른 횟수의 합은 10이며, 1층에서만 눌렀다.
○ 승객 3명은 4층에서, 2명은 5층에서 내렸다. 나머지 2명은 6층 이상의 서로 다른 층에서 내렸다.
○ 1층 외의 층에서 엘리베이터를 탄 승객은 없으며, 엘리베이터는 승객이 타거나 내린 층에서만 정지했다.

〈보기〉
ㄱ. 각 승객은 1개 이상의 버튼을 눌렀다. → (X) 승객들이 버튼을 누른 횟수의 합은 10이고 총 4개의 층에서 승객들이 내렸다. 따라서 최소 4명의 승객들이 버튼을 1회 눌렀고, 나머지 6회를 몇 명의 승객이 눌렀는지는 알 수 없으므로 각 승객이 1개 이상의 버튼을 눌렀다는 설명은 적절하지 않다.

ㄴ. 5번 누른 버튼이 있다면, 2번 이상 누른 다른 버튼이 있다. → (O) 승객이 내린 4층을 5번 눌렀다면 나머지 5번은 3개의 층에서 나뉘어 눌려야 하고, 3개의 층에서 한 번씩 눌렀다면 2번은 다른 층을 눌렀다가 취소한 경우로 2번 누른 버튼이 있을 수 있다. 다른 층을 누르지 않았다면 3개의 층 중에서 한 층의 버튼을 취소했다가 다시 누르는 경우가 되기 때문에 2번 이상 누른 버튼이 존재하게 된다.

ㄷ. 4층 버튼을 가장 많이 눌렀다. → (X) 어느 층을 가장 많이 눌렀는지는 알 수 없다.

ㄹ. 승객이 내리지 않은 층의 버튼을 누른 사람은 없다. → (X) 승객들이 내린 층이 모두 눌려야 하기 때문에 4회 눌린다. 그리고 내리지 않은 층을 누르고 다시 취소하면 버튼이 2회 눌린 것이고, 나머지 4회는 승객들이 내려야 하는 층을 취소했다가 다시 누른 경우가 두 번 반복되면 가능해진다. 따라서 다른 층의 버튼을 누른 사람은 존재하는 것이 가능하다.

① ㄱ ➡ (X)
② ㄴ ➡ (O)
③ ㄱ, ㄷ ➡ (X)
④ ㄴ, ㄹ ➡ (X)
⑤ ㄷ, ㄹ ➡ (X)

S 23 ④

TOP 1 정답률 49.1%

|문제 유형| 퍼즐형 > 논리퀴즈
|접근 전략| 가장 단순하고 제한적인 조건을 갖고 있는 사람의 상황부터 고려한 후에 그에 따라 각 사람들이 연락처를 알고 있는 자의 유무를 판단하면서 선지의 내용을 골라내야 한다.

다음 글을 근거로 판단할 때 옳은 것은?

A~E 간에 갖고 있는 상대방의 연락처에 대한 정보는 다음과 같다.

○ A는 3명의 연락처를 갖고 있는데, 그 중 2명만 A의 연락처를 갖고 있다. 그런데 A의 연락처를 갖고 있는 사람은 총 3명이다.
○ B는 2명의 연락처를 갖고 있는데, 그 2명을 제외한 2명만 B의 연락처를 갖고 있다.
○ C는 A의 연락처만 갖고 있는데, A도 C의 연락처를 갖고 있다.
○ D는 2명의 연락처를 갖고 있다.
○ E는 B의 연락처만 갖고 있다.

→ 위 글에 따라 정리해보면, E는 B의 연락처만 가지고 있고 C는 A의 연락처만 가지고 있다. 또한 C와 A는 서로의 연락처를 가지고 있고, A의 연락처를 가지고 있는 사람은 총 3명이다. 따라서 B의 연락처만 가지고 있는 E를 제외한 나머지 B, C, D가 A의 연락처를 가지고 있음을 알 수 있다.

사람\연락처	A	B	C	D	E	가진 개수
A		○				3
B	○					2
C	○	×		×	×	1
D	○					2
E	×	○	×	×		1

→ A는 3명의 연락처를 가지고 있는데, 이미 알고 있는 C를 제외하고는 B, D, E 3명이 남는다. 여기서 B는 2명의 연락처를 가지고 있고, 그 2명을 제외한 나머지 2명만이 B의 연락처를 가지고 있다고 했으므로, B가 연락처를 알고 있는 A는 B의 연락처를 가지고 있지 않다. 따라서 A가 가진 3명의 연락처는 C, D, E라고 가정할 수 있다.

사람\연락처	A	B	C	D	E	가진 개수
A		×	○	○	○	3
B	○					2
C	○	×		×	×	1
D	○					2
E	×	○	×	×		1

→ B는 2명의 연락처를 가지고 있고, 그 2명을 제외한 나머지 2명만이 B의 연락처를 가지고 있다고 했으므로, B에게 연락처가 없는 2명이 B의 연락처를 알고 있고, B에게 연락처가 있는 2명이 B의 연락처를 모르고 있음을 알 수 있다. E는 B의 연락처를 알고 있으므로 B가 E의 연락처를 알 수 없고, 남은 C와 D 중 C는 A의 연락처만을 가지고 있다고 했으므로 C가 B의 연락처를 가지고 있지 않음을 알 수 있다. 따라서 B가 가진 2개의 연락처는 A와 C의 연락처이다. 그렇다면 반대로 B에게 연락처가 없는 D, E는 B의 연락처를 가지고 있음을 알 수 있다.

연락처 사람	A	B	C	D	E	가진 개수
A		×	○	○	○	3
B	○		○	×	×	2
C	○	×		×	×	1
D	○	○	×		×	2
E	×	○	×	×		1

① A는 B의 연락처를 갖고 있다. ➡ (X)
② B는 D의 연락처를 갖고 있다. ➡ (X)
③ C의 연락처를 갖고 있는 사람은 3명이다. ➡ (X) C의 연락처를 갖고 있는 사람은 A, B 2명이므로 적절하지 않다.
④ D의 연락처를 갖고 있는 사람은 A뿐이다. ➡ (O) D의 연락처를 갖고 있는 사람은 A밖에 없으므로 적절하다.
⑤ E의 연락처를 갖고 있는 사람은 2명이다. ➡ (X) E의 연락처를 갖고 있는 사람은 A밖에 없으므로 1명이다.

24 ③　TOP 2 정답률 51.9%

| 문제 유형 | 퍼즐형 > 논리퀴즈

| 접근 전략 | 복잡해 보이지만 시계의 움직임을 고려하면 쉽게 해결할 수 있다. 계산이 조금 어렵다고 느껴질 경우에는 선지마다 제시된 상황을 그림으로 그려보는 방법이 있지만 그런 경우에는 시간이 소요된다는 단점이 있다.

다음 글을 근거로 판단할 때, ㉠에 들어갈 내용으로 옳은 것은?

시계수리공 뿌은 고장 난 시계 A를 수리하면서 실수로 시침과 분침을 서로 바꾸어 조립하였다. 잘못 조립한 것을 모르고 있던 甲은 A에 전지를 넣어 작동시킨 후, A를 실제 시각인 정오로 맞추고 작업을 마무리하였다. 그랬더니 A의 시침은 정상일 때의 분침처럼, 분침은 정상일 때의 시침처럼 움직였다. 그 후 A가 처음으로 실제 시각을 가리킨 때는 ㉠ 사이였다.

① 오후 12시 55분 0초부터 오후 1시 정각 ➡ (X)
② 오후 1시 정각부터 오후 1시 5분 0초 ➡ (X)
③ 오후 1시 5분 0초부터 오후 1시 10분 0초 ➡ (O) 시침과 분침을 바꿔서 꼈지만 움직임은 시침이 분침처럼, 분침이 시침처럼 있었음을 알 수 있다. 따라서 원래 시각과 바뀐 시각이 일치하려면 시침과 분침이 같은 숫자를 향하는 시각일 때임을 짐작할 수 있다. 그런데 오후 1시 5분 0초일 때 1시를 나타내는 시침은 정확히 1을 가리키는 것이 아니라 1과 2 사이를 가리키고 있으므로 이때부터 1시 10분 0초 사이의 어느 지점에서 정확한 시각을 나타낼 것임을 알 수 있다.
④ 오후 1시 10분 0초부터 오후 1시 15분 0초 ➡ (X)
⑤ 오후 1시 15분 0초부터 오후 1시 20분 0초 ➡ (X)

25 ⑤　정답률 69.1%

| 문제 유형 | 법조문형 > 규정적용

| 접근 전략 | 한부모가족으로 지원대상자가 되는 범위와 복지 급여의 실시 및 중복 지원에 대한 다양한 규정을 선지에 제시된 상황에 적용하면서 꼼꼼하게 확인하는 것이 필요하다.

다음 글을 근거로 판단할 때 옳은 것은?

제○○조(정의) 이 법에서 사용하는 용어의 뜻은 다음과 같다.
1. "한부모가족"이란 모자가족 또는 부자가족을 말한다.
2. "모(母)" 또는 "부(父)"란 다음 각 목의 어느 하나에 해당하는 자로서 아동인 자녀를 양육하는 자를 말한다.
　가. 배우자와 사별 또는 이혼하거나 배우자로부터 유기된 자
　나. 정신이나 신체의 장애로 장기간 노동능력을 상실한 배우자를 가진 자
　다. 교정시설·치료감호시설에 입소한 배우자 또는 병역복무 중인 배우자를 가진 자
　라. 미혼자
3. "아동"이란 18세 미만(취학 중인 경우에는 22세 미만을 말하되, 병역의무를 이행하고 취학 중인 경우에는 병역의무를 이행한 기간을 가산한 연령 미만을 말한다)의 자를 말한다.
제□□조(지원대상자의 범위) ① 이 법에 따른 지원대상자는 제○○조 제1호부터 제3호까지의 규정에 해당하는 자로 한다.
② 제1항에도 불구하고 부모가 사망하거나 그 생사가 분명하지 아니한 아동을 양육하는 조부 또는 조모는 이 법에 따른 지원대상자가 된다.
제△△조(복지 급여 등) ① 국가나 지방자치단체는 지원대상자의 복지 급여 신청이 있으면 다음 각 호의 복지 급여를 실시하여야 한다.
1. 생계비
2. 아동교육지원비
3. 아동양육비
② 이 법에 따른 지원대상자가 다른 법령에 따라 지원을 받고 있는 경우에는 그 범위에서 이 법에 따른 급여를 실시하지 아니한다. 다만, 제1항 제3호의 아동양육비는 지급할 수 있다.
③ 제1항 제3호의 아동양육비를 지급할 때에 다음 각 호의 어느 하나에 해당하는 경우에는 예산의 범위에서 추가적인 복지 급여를 실시하여야 한다.
1. 미혼모나 미혼부가 5세 이하의 아동을 양육하는 경우
2. 34세 이하의 모 또는 부가 아동을 양육하는 경우

① 5세인 자녀를 홀로 양육하는 자가 지원대상자가 되기 위해서는 미혼자여야 한다. ➡ (X) 제□□조 제1항에서 지원대상자는 제○○조 제1호부터 제3호까지의 규정에 해당하는 자임을 알 수 있고, 제○○조의 제2호에서 가~다목에 따라 미혼자가 아니더라도 한부모가족 지원대상자가 될 수 있으므로 적절하지 않다.
② 배우자와 사별한 자가 18개월간 병역의무를 이행한 22세의 대학생 자녀를 양육하는 경우, 지원대상자가 될 수 없다. ➡ (X) 제○○조 제3호에서 아동은 취학 중인 경우에는 22세 미만을 말하되, 병역의무를 이행하고 취학 중인 경우에는 병역의무를 이행한 기간을 가산한 연령 미만인 자를 말함을 알 수 있다. 따라서 18개월간 병역 의무를 이행한 경우, 이 기간이 가산된 23세 6개월까지 아동으로 볼 수 있으므로 언급된 22세의 대학생 자녀는 지원대상자가 될 수 있다.
③ 부모의 생사가 불분명한 6세인 손자를 양육하는 조모에게는 복지 급여 신청이 없어도 생계비를 지급하여야 한다. ➡ (X) 제□□조 제2항에서 부모의 생사가 분명하지 아니한 아동을 양육하는 조부 또는 조모는 지원대상자가 되지만, 제△△조 제1항에서 지원대상자의 복지 급여 신청이 있으면 복지 급여를 실시하여야 함을 알 수 있다. 따라서 복지 급여 신청이 없어도 생계비를 지급하여야 한다고 볼 수 없으므로 적절하지 않다.

④ 30세인 미혼모가 5세인 자녀를 양육하는 경우, 아동양육비를 지급할 때 추가적인 복지 급여를 실시할 수 없다. ➡ (X) 제△△조 제2항에서 지원대상자가 다른 법령에 따라 지원을 받고 있는 경우에는 그 범위에서 급여를 실시하지 않지만, 제1항 제3호의 아동양육비는 지급할 수 있음을 알 수 있다. 동조 제3항에서 제1항 제3호의 아동양육비를 지급할 때에 해당하는 경우 중 제2호의 34세 이하의 모 또는 부가 아동을 양육하는 경우가 명시되어 있으므로 추가적인 복지 급여를 실시할 수 없다는 설명은 적절하지 않다.

⑤ 지원대상자가 다른 법령에 따른 지원을 받고 있는 경우에도 국가나 지방자치단체는 아동양육비를 지급할 수 있다. ➡ (O) 제△△조 제2항에서 지원대상자가 다른 법령에 따라 지원을 받고 있는 경우에는 그 범위에서 급여를 실시하지 않지만, 제1항 제3호의 아동양육비는 지급할 수 있음을 알 수 있으므로 적절하다.

2023 | 제3영역 자료해석(⑩ 책형)

기출 총평

2023년 자료해석 시험은 표/그림/빈칸 제시형과 계산형의 문제가 많이 출제되었다. 새로운 유형의 문제는 출제되지 않아 문제 자체를 해석하는데 어려움은 없었을 것이다. 계산이 필요 없이 바로 해결 가능한 1번 문제나 눈대중으로 해결할 수 있는 3번 문제와 같이 간단한 계산이나 비교만으로 해결할 수 있는 난이도 하의 문제들이 초반부에 많이 배치되어 있어 초반 체감 난도는 낮았을 것으로 예상된다. 중반부 이후로는 눈대중으로 계산할 수 없는 문제나 계산 자체는 간단하지만 많은 계산을 요하는 문제들이 출제되어 초반부에 시간 분배를 잘못했다면 전체 문제풀이에 어려움을 겪었을 것이다. 다만 순서대로 풀이하면 많은 계산이 필요하나 〈보기〉 조합에 따라 복잡한 계산은 하지 않아도 답을 구할 수 있거나 계산이 간단한 선지가 답이어서 실제 답을 구할 때는 많은 계산을 하지 않아도 되는 문제들이 있었으므로 평소에 어림계산으로 대소 비교를 하는 연습이나 문제풀이 순서에 대한 연습을 많이 한 경우 금방 해결하였을 것이다. 따라서 올해 자료해석 시험은 난도에 따른 문제별 시간 분배와 복잡한 계산이 필요한 문제에서의 문제풀이 순서 파악이 핵심이었다고 볼 수 있다. 다른 해에 비해 기본적인 유형의 문제들이 많이 출제되었고, 아주 쉬운 난도의 문제들도 있었지만 계산 과정이 전년도에 비해 까다로운 문제들이 있었으므로 전체적인 체감 난도는 전년도에 비해 조금 더 높을 것으로 예상된다.

문항별 정답률 및 선지별 선택률

문번	정답	정답률(%)	선지별 선택률(%) ①	②	③	④	⑤
01	①	89.9	89.9	0.7	6.0	3.4	0.0
02	③	95.3	2.0	2.7	95.3	0.0	0.0
03	②	91.9	1.4	91.9	2.0	2.0	2.7
04	③	83.8	4.0	0.7	83.8	0.7	10.8
05	⑤	89.8	4.1	2.0	3.4	0.7	89.8
06	④	47.6	4.1	30.0	12.2	47.6	6.1
07	①	39.9	39.9	2.7	2.7	53.3	1.4
08	①	72.5	72.5	3.5	15.5	2.2	6.3
09	②	73.0	6.7	73.0	7.4	9.5	3.4
10	⑤	71.1	4.7	1.3	14.8	8.1	71.1
11	③	54.6	5.7	29.7	54.6	5.0	5.0
12	④	60.4	5.0	4.4	7.9	60.4	22.3
13	⑤	54.5	17.9	2.8	7.6	17.2	54.5
14	③	63.4	4.1	6.3	63.4	4.1	22.1
15	⑤	29.8	18.3	12.2	23.7	16.0	29.8
16	④	70.4	11.3	7.0	1.4	70.4	9.9
17	④	67.4	8.5	2.8	9.2	67.4	12.1
18	④	64.5	2.2	5.0	13.8	64.5	14.5
19	②	70.4	11.3	70.4	2.1	13.4	2.8
20	①	32.4	32.4	7.4	32.4	6.6	21.2
21	③	61.5	2.2	9.6	61.5	4.4	22.3
22	①	66.4	66.4	6.6	13.9	10.2	2.9
23	③	68.4	6.6	17.6	68.4	4.4	3.0
24	④	87.0	2.2	0.7	6.5	87.0	3.6
25	②	29.1	7.9	29.1	33.9	9.4	19.7

※ 음영 문항은 해당 회차에서 정답률이 가장 낮은 TOP 3 문항입니다.
※ 정답률 및 선지별 선택률 산정 기준: 약 1년간 누적된 자동채점 & 성적결과분석 서비스의 응시 데이터

출제 비중

- 자료 읽기 > 표/그림/빈칸 제시형: 48%
- 자료 읽기/추론 > 계산형: 28%
- 자료 읽기/추론 > 매칭형: 8%
- 자료 추론 > 추가로 필요한 자료 찾기: 4%
- 자료 변환응용 > 표/그림 전환형: 8%
- 자료 변환응용 > 자료/보고서 전환형: 4%

01	①	02	③	03	②	04	③	05	⑤
06	④	07	①	08	①	09	②	10	⑤
11	③	12	④	13	⑤	14	③	15	⑤
16	④	17	④	18	④	19	②	20	①
21	③	22	①	23	③	24	④	25	②

01 ①

정답률 89.9%

| 문제 유형 | 자료 읽기/추론 > 매칭형

| 접근 전략 | 모든 〈조건〉을 만족하는 것을 찾는 문제는 각 〈조건〉을 만족하지 않는 것을 제외하면서 풀면 빠르게 해결할 수 있다.

다음 〈그림〉은 '갑' 지역의 리조트 개발 후보지 A~E의 지리정보 조사 결과이다. 이를 근거로 A~E 중 〈입지조건〉을 모두 만족하는 리조트 개발 후보지를 고르면?

〈그림〉 리조트 개발 후보지 A~E의 지리정보 조사 결과

―〈입지조건〉―
○ 나들목에서부터 거리가 6km 이내인 장소
○ 역에서부터 거리가 8km 이내인 장소
○ 지가가 30만 원/m² 미만인 장소
○ 해발고도가 100m 이상인 장소

① A ➡ (O) 나들목에서부터 거리가 6km 이내, 역에서부터 거리가 8km 이내, 지가가 30만 원/m² 미만, 해발고도가 100m 이상이라는 〈입지조건〉을 모두 만족한다.
② B ➡ (X) 역에서부터 거리가 8km를 초과하므로 적절하지 않다.
③ C ➡ (X) 해발고도가 100m 미만이므로 적절하지 않다.
④ D ➡ (X) 지가가 30만 원/m² 이상이므로 적절하지 않다.
⑤ E ➡ (X) 나들목에서부터 거리가 6km를 초과하고, 지가가 30만 원/m² 이상이며, 해발고도가 100m 미만이므로 적절하지 않다.

02 ③

정답률 95.3%

| 문제 유형 | 자료 읽기/추론 > 계산형

| 접근 전략 | 소수점 아래 첫째 자리에서 반올림, 올림, 내림을 하라는 조건이 없으므로 진료의사 1인당 진료환자 수는 딱 떨어지는 값임을 유추할 수 있다. 580 = 29 × 20이고, 26, 32, 38은 580의 약수가 아니다. 따라서 정답은 20 또는 29이다. 4월 7일을 제외하고, 나머지 날짜의 진료의사 수의 일의 자리 수만 계산했을 때 3+6+5+0+5+4=23으로 일의 자리 수가 3이고, 4월 5일부터 11일까지의 진료의사 수의 합계의 일의 자리 수가 3이므로 4월 7일의 진료의사 수의 일의 자리 수는 0이다. 즉, 4월 7일의 진료의사 수가 20명이므로 이 날의 진료의사 1인당 진료환자 수는 29명이다.

다음 〈표〉는 4월 5일부터 4월 11일까지 종합병원 A의 날짜별 진료 실적에 관한 자료이다. 4월 7일의 진료의사 1인당 진료환자 수는?

〈표〉 종합병원 A의 날짜별 진료 실적

(단위: 명)

날짜 \ 구분	진료의사 수	진료환자 수	진료의사 1인당 진료환자 수
4월 5일	23	782	34
4월 6일	26	988	38
4월 7일	( )	580	( )
4월 8일	25	700	28
4월 9일	30	1,050	35
4월 10일	15	285	19
4월 11일	4	48	12
계	143	4,433	―

① 20 ➡ (X)
② 26 ➡ (X)
③ 29 ➡ (O) 4월 7일의 진료의사 수는 143 − 23 − 26 − 25 − 30 − 15 − 4 = 20(명)이다. 따라서 4월 7일의 진료의사 1인당 진료환자 수는 580 ÷ 20 = 29(명)이다.
④ 32 ➡ (X)
⑤ 38 ➡ (X)

03 ②
정답률 91.9%

| 문제 유형 | 자료 읽기/추론 > 계산형
| 접근 전략 | 육로수입량은 모든 농산물이 비슷한 반면 해상수입량과 항공수입량의 합은 땅콩이 압도적으로 적으므로 정확하게 계산하지 않아도 땅콩의 육로수입량 비중이 가장 크다는 것을 알 수 있다. 다만 <표>에 나와 있는 농산물의 순서와 선지에 나와 있는 농산물의 순서가 다르므로 주의해야 한다.

다음 <표>는 2022년 '갑'국 주요 수입 농산물의 수입경로별 수입량에 관한 자료이다. 이를 근거로 육로수입량 비중을 농산물별로 비교할 때, 육로수입량 비중이 가장 큰 농산물은?

<표> 2022년 '갑'국 주요 수입 농산물의 수입경로별 수입량
(단위: 톤)

수입경로 농산물	육로	해상	항공
콩	2,593	105,340	246,117
건고추	2,483	78,437	86,097
땅콩	2,260	8,219	26,146
참깨	2,024	12,986	76,812
팥	2,020	7,102	42,418

※ 1) 농산물별 수입량
= 농산물별 육로수입량 + 농산물별 해상수입량 + 농산물별 항공수입량

2) 농산물별 육로수입량 비중(%) = $\frac{농산물별\ 육로수입량}{농산물별\ 수입량} \times 100$

① 건고추 ➡ (X) 건고추의 육로수입량 비중은 $\frac{2,483}{2,483+78,437+86,097} \times 100 ≒ 1.5(\%)$이다.

② 땅콩 ➡ (O) 땅콩의 육로수입량 비중은 $\frac{2,260}{2,260+8,219+26,146} \times 100 ≒ 6.2(\%)$이다. 따라서 다른 농산물에 비하여 육로수입량 비중이 가장 크다.

③ 참깨 ➡ (X) 참깨의 육로수입량 비중은 $\frac{2,024}{2,024+12,986+76,812} \times 100 ≒ 2.2(\%)$이다.

④ 콩 ➡ (X) 콩의 육로수입량 비중은 $\frac{2,593}{2,593+105,340+246,117} \times 100 ≒ 0.7(\%)$이다.

⑤ 팥 ➡ (X) 팥의 육로수입량 비중은 $\frac{2,020}{2,020+7,102+42,418} \times 100 ≒ 3.9(\%)$이다.

04 ③
정답률 83.8%

| 문제 유형 | 자료 읽기/추론 > 계산형
| 접근 전략 | 복잡한 계산은 아니나 시간 단축을 위해서는 계산해야 하는 항목의 개수를 최대한 줄여야 한다. 선지에 나와 있는 조합만 확인하면 되므로 공공정책 홍보경력이 있는 업체와 없는 업체로 나눈 뒤 두 그룹 중 더 빨리 확인 가능한 그룹부터 계산을 시작한다. 공공정책 홍보경력이 있는 홍보업체의 경우 F가 A보다 미디어채널 구독자 수와 SNS 팔로워 수가 더 적으므로 계산을 제외할 수 있고, 공공정책 홍보경력이 없는 홍보업체는 세 업체를 모두 계산해야 한다. 따라서 공공정책 홍보경력이 있는 홍보업체의 인지도부터 계산하고, C와 조합을 이룬 B, D만 계산한다. 각각 두 값을 비교하는 것이므로 각 업체들의 인지도를 정확히 구하는 것보다 A-C = (40×0.4) - (30×0.6) = 16 - 18, B-D = (100×0.4) - (60×0.6) = 40 - 36와 같이 차를 이용하여 대소를 비교하면 더욱 빠르게 해결할 수 있다.

다음 <표>는 '갑'시 공공정책 홍보사업에 입찰한 A~F홍보업체의 온라인 홍보매체 운영현황에 관한 자료이다. 이를 근거로 A~F홍보업체 중 <선정방식>에 따라 홍보업체를 고르면?

<표> A~F홍보업체의 온라인 홍보매체 운영현황
(단위: 만 명)

구분 홍보업체	미디어채널 구독자 수	SNS 팔로워 수	공공정책 홍보경력
A	90	50	유
B	180	0	무
C	50	80	유
D	80	60	무
E	100	40	무
F	60	45	유

─〈선정방식〉─

○ 공공정책 홍보경력이 있는 홍보업체 중 인지도가 가장 높은 1곳과 공공정책 홍보경력이 없는 홍보업체 중 인지도가 가장 높은 1곳을 각각 선정함
○ 홍보업체 인지도 =
(미디어채널 구독자 수 × 0.4) + (SNS 팔로워 수 × 0.6)

① A, D ➡ (X)
② A, E ➡ (X)
③ B, C ➡ (O) 공공정책 홍보경력이 있는 홍보업체는 A, C, F이다. 이때, F는 A보다 미디어채널 구독자 수와 SNS 팔로워 수가 모두 적으므로 F는 인지도가 가장 높은 홍보업체가 아니다. A의 인지도는 (90 × 0.4) + (50 × 0.6) = 66, C의 인지도는 (50 × 0.4) + (80 × 0.6) = 68로 C의 인지도가 가장 높다. 따라서 답은 C가 포함된 ③ 또는 ⑤이므로 B와 D만 확인한다. B의 인지도는 180 × 0.4 = 72이고, D의 인지도는 (80 × 0.4) + (60 × 0.6) = 68이므로 B의 인지도가 가장 높다. 따라서 공공정책 홍보경력이 있는 홍보업체 중 인지도가 가장 높은 곳은 C, 공공정책 홍보경력이 없는 홍보업체 중 인지도가 가장 높은 곳은 B이다.
④ B, F ➡ (X)
⑤ C, D ➡ (X)

05 ⑤
정답률 89.8%

| 문제 유형 | 자료 추론 > 추가로 필요한 자료 찾기
| 접근 전략 | 〈보고서〉에 나온 내용이 제시된 자료에 직접적으로 주어져 있지 않더라도 해당 자료를 통해 알 수 있는 내용은 추가로 필요한 자료가 아니다.

다음은 2013~2022년 '갑'국 국방연구소가 출원한 지식재산권에 관한 자료이다. 제시된 〈표〉 이외에 〈보고서〉를 작성하기 위해 추가로 필요한 자료만을 〈보기〉에서 모두 고르면?

〈표〉 2013~2022년 '갑'국 국방연구소의 특허 출원 건수
(단위: 건)

연도 구분	2013	2014	2015	2016	2017	2018	2019	2020	2021	2022
국내 출원	287	368	385	458	514	481	555	441	189	77
국외 출원	34	17	9	26	21	13	21	16	2	3

〈보고서〉

'갑'국 국방연구소는 국방에 필요한 무기와 국방과학기술을 연구·개발하면서 특허, 상표권, 실용신안 등 관련 지식재산권을 출원하고 있다. 2013~2022년 '갑'국 국방연구소가 출원한 연도별 특허 건수는 2017년까지 매년 증가하였고, 2019년 이후에는 매년 감소하였다. 2013~2022년 국외 출원 특허 건수를 대상 국가별로 살펴보면, 미국에 출원한 특허가 매년 가장 많았다.

2013~2022년 '갑'국 국방연구소는 2015년에만 상표권을 출원하였으며, 그중 국외 출원은 없었다. 또한, 2016년부터 2년마다 1건씩 총 4건의 실용신안을 국내 출원하였다.

〈보기〉

ㄱ. '갑'국 국방연구소의 연도별 전체 특허 출원 건수 → (×) 제시된 〈표〉의 국내 특허 출원 건수와 국외 특허 출원 건수를 합하면 '갑'국 국방연구소의 연도별 전체 특허 출원 건수를 알 수 있으므로 추가로 필요한 자료가 아니다.
(단위: 건)

연도	2013	2014	2015	2016	2017	2018	2019	2020	2021	2022
전체	321	385	394	484	535	494	576	457	191	80

ㄴ. '갑'국 국방연구소의 국외 출원 대상 국가별 특허 출원 건수 → (○) 〈보고서〉의 두 번째 문단에 '2013~2022년 국외 출원 특허 건수를 대상 국가별로 살펴보면, 미국에 출원한 특허가 매년 가장 많았다.'라고 주어져 있는데 제시된 〈표〉에는 해당하는 정보가 없으므로 추가로 필요한 자료이다.
(단위: 건)

연도 대상 국가	2013	2014	2015	2016	2017	2018	2019	2020	2021	2022
독일	1	1	1	0	0	0	0	0	0	0
미국	26	15	8	18	20	11	16	15	2	3
일본	0	1	0	2	0	0	1	1	0	0
영국	0	0	0	5	1	1	0	0	0	0
프랑스	7	0	0	0	0	0	0	0	0	0
호주	0	0	0	0	0	0	3	0	0	0
기타	0	0	0	1	0	1	1	0	0	0
계	34	17	9	26	21	13	21	16	2	3

ㄷ. '갑'국 국방연구소의 연도별 상표권 출원 건수 → (○) 〈보고서〉의 세 번째 문단에 '2013~2022년 '갑'국 국방연구소는 2015년에만 상표권을 출원하였으며, 그중 국외 출원은 없었다.'라고 주어져 있는데 제시된 〈표〉에는 해당하는 정보가 없으므로 추가로 필요한 자료이다.
(단위: 건)

연도 구분	2013	2014	2015	2016	2017	2018	2019	2020	2021	2022
국내 출원	0	0	2	0	0	0	0	0	0	0
국외 출원	0	0	0	0	0	0	0	0	0	0

ㄹ. '갑'국 국방연구소의 연도별 실용신안 출원 건수 → (○) 〈보고서〉의 세 번째 문단에 '2016년부터 2년마다 1건씩 총 4건의 실용신안을 국내 출원하였다.'라고 주어져 있는데 제시된 〈표〉에는 해당하는 정보가 없으므로 추가로 필요한 자료이다.
(단위: 건)

연도 구분	2013	2014	2015	2016	2017	2018	2019	2020	2021	2022
국내 출원	0	0	0	1	0	1	0	1	0	1
국외 출원	0	0	0	0	0	0	0	0	0	0

① ㄱ, ㄴ ➡ (×)
② ㄱ, ㄷ ➡ (×)
③ ㄴ, ㄷ ➡ (×)
④ ㄷ, ㄹ ➡ (×)
⑤ ㄴ, ㄷ, ㄹ ➡ (○)

S 06 ④
정답률 47.6%

| 문제 유형 | 자료 읽기 > 표 제시형
| 접근 전략 | 모든 값을 계산하면 시간이 오래 걸리는 문제이나 계산하는 값들의 비교를 통해 정확한 계산 없이 대소만 비교하였다면 간단하게 해결할 수 있는 문제이다. 우선 〈보기〉에 주어진 값을 계산할 수 있는 식을 세우고, 분모에 들어갈 값과 분자에 들어갈 값의 대소, 비율을 비교하고, 어림계산이 불가능한 경우만 정확히 계산한다. 또한 ㄱ, ㄷ은 비교대상이 두 개이므로 먼저 확인하고, ㄴ의 계산은 선지의 〈보기〉 조합에 따라 결정한다.

다음 〈표〉는 2022년 A~E국의 연구개발 세액감면 현황에 관한 자료이다. 이에 대한 〈보기〉의 설명 중 옳은 것만을 모두 고르면?

〈표〉 2022년 A~E국의 연구개발 세액감면 현황
(단위: 백만 달러, %)

구분 국가	연구개발 세액감면액	GDP 대비 연구개발 세액감면액 비율	연구개발 총지출액 대비 연구개발 세액감면액 비율
A	3,613	0.20	4.97
B	12,567	0.07	2.85
C	2,104	0.13	8.15
D	4,316	0.16	10.62
E	6,547	0.13	4.14

─〈보기〉─

ㄱ. GDP는 C국이 E국보다 크다. → (X) GDP 대비 연구개발 세액감면액 비율 = (연구개발 세액감면액 ÷ GDP) × 1000이므로 GDP = (연구개발 세액감면액 ÷ GDP 대비 연구개발 세액감면액 비율) × 1000이다. C국의 GDP는 (2,104 ÷ 0.13) × 100, E국의 GDP는 (6,547 ÷ 0.13) × 1000이다. C국은 E국보다 연구개발 세액감면액이 적고, GDP 대비 연구개발 세액감면액 비율은 같으므로 GDP는 C국이 E국보다 작다.

ㄴ. 연구개발 총지출액이 가장 큰 국가는 B국이다. → (O) 연구개발 총지출액 대비 연구개발 세액감면액 비율 = (연구개발 세액감면액 ÷ 연구개발 총지출액) × 1000이므로 연구개발 총지출액 = (연구개발 세액감면액 ÷ 연구개발 총지출액 대비 연구개발 세액감면액 비율) × 1000이다. B국은 다른 국가에 비해 연구개발 세액감면액이 가장 크고, 연구개발 총지출액 대비 연구개발 세액감면액 비율이 가장 작으므로 연구개발 총지출액이 가장 큰 국가는 B국이다.

ㄷ. GDP 대비 연구개발 총지출액 비율은 A국이 B국보다 높다. → (O) GDP 대비 연구개발 총지출액 비율 = {(연구개발 세액감면액 ÷ 연구개발 총지출액 대비 연구개발 세액감면액 비율) × 100} ÷ {(연구개발 세액감면액 ÷ GDP 대비 연구개발 세액감면액 비율) × 100} × 100 = (GDP 대비 연구개발 세액감면액 비율 ÷ 연구개발 총지출액 대비 연구개발 세액감면액 비율) × 1000이다. A국은 GDP 대비 연구개발 세액감면액 비율이 B국의 2배 이상이고, 연구개발 총지출액 대비 연구개발 세액감면액 비율이 B국의 2배 미만이므로 GDP 대비 연구개발 총지출액 비율은 A국이 B국보다 높다.

① ㄱ ➡ (X)
② ㄴ ➡ (X)
③ ㄷ ➡ (X)
④ ㄴ, ㄷ ➡ (O)
⑤ ㄱ, ㄴ, ㄷ ➡ (X)

S 07 ①   정답률 39.9%

| 문제 유형 | 자료 변환응용 > 자료/보고서 전환형
| 접근 전략 | 계산이 필요 없는 기호부터 확인한다. ⓒ은 계산이 필요 없는 기호이고, 옳지 않으므로 답은 ① 또는 ④이다. 따라서 ⊙은 항상 옳은 기호이므로 확인하지 않는다. ⓒ에서 2014년~2018년 농업진흥지역 면적이 약 80만ha이고, 80만ha의 15%는 12만ha이다. 2014년 이후 농업진흥지역 밭 면적은 모두 12만ha 미만이고, 농업진흥지역 면적은 80만ha를 초과하므로 농업진흥지역 면적에서 밭 면적이 차지하는 비중이 15% 미만임을 알 수 있다. 따라서 2013년만 정확히 계산하면 ⓒ의 옳고 그름을 바로 확인할 수 있다.

다음 〈표〉는 2013~2022년 '갑'국의 농업진흥지역 면적에 관한 자료이다. 이에 대한 〈보고서〉의 설명 중 옳은 것만을 모두 고르면?

〈표〉 2013~2022년 '갑'국의 농업진흥지역 면적
(단위: 만ha)

구분 연도	전체 농지	농업진흥지역		
			논	밭
2013	180.1	91.5	76.9	14.6
2014	175.9	81.5	71.6	9.9
2015	171.5	80.7	71.0	9.7
2016	173.0	80.9	71.2	9.7
2017	169.1	81.1	71.4	9.7
2018	167.9	81.0	71.3	9.7
2019	164.4	78.0	67.9	10.1
2020	162.1	77.7	67.9	9.8
2021	159.6	77.8	68.2	9.6
2022	158.1	77.6	68.7	8.9

─〈보고서〉─

'갑'국은 우량농지를 보전하고 농지이용률을 높인다는 취지로 농업진흥지역을 지정하고 있다. 그러나, ⊙2014년부터 2022년까지 매년 농업진흥지역 면적은 전체 농지 면적의 50% 이하에 그치고 있다. → (O) 농업진흥지역 면적 × 2와 전체 농지를 비교하였을 때, 2013년은 농업진흥지역 면적 × 2가 전체 농지보다 크지만 2014년부터 2022년까지는 전체 농지가 더 큰 값이므로 농업진흥지역 면적이 전체 농지 면적의 50% 이하이다. 또한, ⓒ같은 기간 농업진흥지역 면적은 매년 감소하여, 농업기반이 취약해지는 것으로 분석된다. → (X) 2016년, 2017년, 2021년에는 농업진흥지역 면적이 전년 대비 증가하였다. 농업진흥지역 면적은 2013년 91.5만ha에서 2022년 77.6만ha로 15% 이상 감소했으며, 이는 같은 기간 전체 농지 면적의 감소율보다 크다. 한편, ⓒ농업진흥지역 면적에서 밭 면적이 차지하는 비중은 2013년 이후 매년 15% 이하이다. → (X) 농업진흥지역 면적의 15%와 밭 면적을 비교해보았을 때, 2013년은 91.5 × 0.15 = 13.725 < 14.6으로 농업진흥지역 면적의 15%보다 밭 면적이 더 크다. 따라서 2013년의 농업진흥지역 면적에서 밭 면적이 차지하는 비중이 15%를 초과한다.

① ㄱ ➡ (O)
② ㄴ ➡ (X)
③ ㄱ, ㄴ ➡ (X)
④ ㄱ, ㄷ ➡ (X)
⑤ ㄴ, ㄷ ➡ (X)

08 ①   정답률 72.5%

| 문제 유형 | 자료 변환응용 > 표/그림 전환형
| 접근 전략 | 농촌민박과 관련된 설명에서 ①, ③에서 제시된 98,932천 원에서 67,832천 원으로 감소할 때의 비율이 ⑤에서 제시된 96,932천 원에서 70,069천 원으로 감소할 때의 비율보다 크고, ①, ⑤의 농촌융복합사업장 매출액이 동일하므로 답이 하나로 정해지기 위해서는 ①, ③만이 설명에 부합해야 한다. 마찬가지로 농촌융복합사업장과 관련된 설명에서 답이 하나로 정해지기 위해서는 ①만이 설명에 부합해야 한다. 따라서 농촌체험마을과 관련된 설명에서 정답을 ①, ③, ⑤로 추리고 난 뒤에는 계산을 하지 않아도 답을 구할 수 있다.

다음은 '갑'군의 농촌관광 사업에 관한 〈방송뉴스〉이다. 〈방송뉴스〉의 내용과 부합하는 자료는?

─〈방송뉴스〉─

앵커: 농촌경제 활성화를 위하여 ○○부가 추진해오고 있는 농촌관광 사업이 있습니다. 최근 감염병으로 인해 농촌관광 사업도 큰 어려움을 겪고 있다고 합니다. □□□기자가 어려움을 겪고 있는 농촌관광 사업에 대해 보도합니다.

기자: …(중략)… '갑'군은 농촌의 소득 다변화를 위하여 다양한 농촌관광 사업을 추진했습니다. 하지만 감염병 확산으로 2020년 '갑'군의 농촌관광 방문객 수와 매출액이 크게 줄었습니다. 농촌체험마을은 2020년 방문객 수와 매출액이 2019년에 비해 75% 이상 감소하였습니다. → 75% 이상 감소하였다는 것은 전년 대비 25% 이하가 되었다는 뜻이다. 선지에서 농촌체험마을의 매출액은 2019년 12,280천 원, 2020년 3,030천 원 또는 2019년 12,320천 원, 2020년 3,180천 원이다. 12,280 × 0.25 = 3,070, 12,320 × 0.25 = 3,080이므로 2020년 매출액이 2019년의 25% 이하인 선지는 ①, ③, ⑤이다. 농촌민박도 2020년 방문객 수와 매출액이 전년과 비교하여 30% 이상 줄어들었습니다. → 30% 이상 줄어들었다는 것은 전년 대비 70% 이하가 되었다는 뜻이다. ①, ③, ⑤에서 농촌민박의 매출액은 2019년 98,932천 원, 2020년 67,832천 원 또는 2019년 96,932천 원, 2020년 70,069천 원이다. 98,932 × 0.7 = 69,252.4, 96,932 × 0.7 = 67,852.4이므로 2020년 매출액이 2019년의 70% 이하인 선지는 ①, ③이다. 다만, 농촌융복합사업장은 2020년 방문객 수와 매출액이 전년과 비교해 줄어든 비율이 농촌체험마을보다는 작았습니다. → 농촌융복합사업장의 매출액은 ①의 경우 2019년 6,109천 원에서 1,827천 원으로 줄어들었고, ③의 경우 2019년 6,309천 원에서 1,290천 원으로 줄어들었다. 따라서 2019년 대비 2020년 매출액이 감소한 비율이 ①이 더 작으므로 답이 하나로 정해지기 위해서는 ①만 〈방송뉴스〉의 내용과 부합하는 자료이다.

① ➡ (O)

(단위: 명, 천 원)

구분 연도	농촌체험마을		농촌민박		농촌융복합사업장	
	방문객 수	매출액	방문객 수	매출액	방문객 수	매출액
2019	1,118	12,280	2,968	98,932	395	6,109
2020	266	3,030	2,035	67,832	199	1,827

② ➡ (X)

(단위: 명, 천 원)

구분 연도	농촌체험마을		농촌민박		농촌융복합사업장	
	방문객 수	매출액	방문객 수	매출액	방문객 수	매출액
2019	1,118	12,320	2,968	98,932	395	6,109
2020	266	3,180	2,035	67,832	199	1,827

③ ➡ (X)

(단위: 명, 천 원)

구분 연도	농촌체험마을		농촌민박		농촌융복합사업장	
	방문객 수	매출액	방문객 수	매출액	방문객 수	매출액
2019	1,118	12,280	2,968	98,932	395	6,309
2020	266	3,030	2,035	67,832	199	1,290

④ ➡ (X)

(단위: 명, 천 원)

구분 연도	농촌체험마을		농촌민박		농촌융복합사업장	
	방문객 수	매출액	방문객 수	매출액	방문객 수	매출액
2019	1,118	12,320	2,968	96,932	395	6,309
2020	266	3,180	2,035	70,069	199	1,290

⑤ ➡ (X)

(단위: 명, 천 원)

구분 연도	농촌체험마을		농촌민박		농촌융복합사업장	
	방문객 수	매출액	방문객 수	매출액	방문객 수	매출액
2019	1,118	12,280	2,968	96,932	395	6,109
2020	266	3,030	2,035	70,069	199	1,827

09 ② 정답률 73.0%

| 문제 유형 | 자료 읽기 > 그림 제시형
| 접근 전략 | 선지의 〈보기〉 조합에 따라 네 개의 〈보기〉 중 최대 세 개만 확인해도 답을 구할 수 있다. 이 중 ㄱ, ㄴ, ㄷ은 계산 없이 정오를 확인할 수 있으므로 ㄹ은 확인하지 않아도 된다.

다음 〈그림〉은 2020년과 2021년 '갑'국의 농림축수산물 종류별 수출입량에 관한 자료이다. 이에 대한 〈보기〉의 설명 중 옳은 것만을 모두 고르면?

〈그림〉 2020년과 2021년 농림축수산물 종류별 수출입량

※ 농림축수산물 종류는 농산물, 임산물, 축산물, 수산물로만 구분됨

〈보기〉

ㄱ. 2021년 농산물, 축산물, 수산물의 수출량은 각각 전년 대비 증가하였다. → (O) 수출량이 x축이고, 농산물, 축산물, 수산물 모두 2021년 값인 ■이 2020년 값인 ○보다 오른쪽에 위치하므로 옳은 설명이다.

ㄴ. 2021년 농림축수산물 총수입량은 전년 대비 증가하였다. → (X) 수산물과 축산물의 수입량은 2020년과 2021년이 동일하고, 농산물과 임산물의 수입량은 2020년이 2021년보다 많다. 따라서 2021년 농림축수산물 총수입량은 전년 대비 감소하였다.

ㄷ. 수출량 대비 수입량 비율이 가장 높은 농림축수산물 종류는 2020년과 2021년이 같다. → (O) 수출량 대비 수입량 비율은 원점에서 해당 좌표까지의 기울기와 동일하다. 따라서 수출량 대비 수입량 비율이 가장 높은 농림축수산물 종류는 2020년과 2021년 모두 기울기가 가장 큰 임산물이다.

ㄹ. 2021년 수출량의 전년 대비 증가율은 축산물이 가장 높다. → (X) 수산물의 2021년 수출량은 전년 대비 2배이고, 나머지의 2021년 수출량은 전년 대비 2배 미만이므로 2021년 수출량의 전년 대비 증가율은 수산물이 가장 높다.

① ㄱ, ㄴ ➡ (X)
② ㄱ, ㄷ ➡ (O)
③ ㄱ, ㄹ ➡ (X)
④ ㄴ, ㄷ ➡ (X)
⑤ ㄴ, ㄹ ➡ (X)

10 ⑤   정답률 71.1%

| 문제 유형 | 자료 읽기 > 표/빈칸 제시형

| 접근 전략 | ㄷ에서 '큰 비'를 제외하고, 상위 5개 유형을 구하면 '천둥번개', '벼락', '우박', '짙은 안개'이다. 1401년, 1402년, 1406년을 제외하고 '큰 비'는 위 네 유형을 제외한 자연재해보다 발생 건수가 많으므로 '큰 비'는 상위 5개 유형에 속한다. 따라서 ㄷ이 옳은 〈보기〉이므로 답은 ②, ④, ⑤ 중 하나로 추릴 수 있고, ㄴ이 계산이 간단하므로 ㄴ을 먼저 확인하면 문제를 빠르게 해결할 수 있다.

다음 〈표〉는 조선왕조실록에 수록된 1401~1418년의 이상 기상 및 자연재해 발생 건수에 관한 자료이다. 이에 대한 〈보기〉의 설명 중 옳은 것만을 모두 고르면?

〈표〉 1401~1418년 이상 기상 및 자연재해 발생 건수
(단위: 건)

유형\연도	천둥번개	큰비	벼락	폭설	큰바람	우박	한파 및 이상고온	서리	짙은 안개	황충피해	가뭄 및 홍수	지진 및 해일	전체
1401	2	1	6	0	2	8	3	7	5	1	3	1	39
1402	3	0	5	3	1	3	5	0	( )	2	2	2	41
1403	7	13	12	1	3	2	3	9	0	4	0	0	57
1404	1	18	0	0	1	4	2	0	3	0	0	0	29
1405	8	27	0	6	7	9	5	4	0	5	1	2	74
1406	4	( )	11	3	1	3	3	10	1	2	0	0	59
1407	4	14	8	4	3	4	2	2	3	4	0	1	49
1408	0	4	3	1	1	3	1	0	( )	3	0	0	23
1409	4	7	6	5	2	8	3	2	4	0	2	0	43
1410	14	14	5	1	2	5	1	5	2	5	2	1	58
1411	3	11	6	1	2	6	1	3	1	0	9	1	44
1412	4	8	4	2	6	2	1	5	3	2	2	0	38
1413	5	20	4	1	3	6	1	0	1	5	5	0	52
1414	5	21	5	1	4	4	2	5	3	2	2	0	58
1415	9	18	9	1	3	2	3	3	3	3	2	2	57
1416	5	11	5	1	5	2	0	3	1	2	3	0	40
1417	0	9	5	1	7	4	3	6	1	7	3	0	46
1418	5	17	0	0	6	2	0	2	0	3	3	1	39
합	83	( )	96	38	56	76	43	52	64	37	57	10	846

─〈보기〉─

ㄱ. 연도별 전체 발생 건수 상위 2개 연도의 발생 건수 합은 하위 2개 연도의 발생 건수 합의 3배 이상이다. → (X) 전체 발생 건수 상위 2개 연도는 1405년과 1406년으로 합은 74+59=133(건)이고, 하위 2개 연도는 1404년과 1408년으로 29+23=52(건)이다. 따라서 상위 2개 연도의 발생 건수 합은 하위 2개 연도의 발생 건수 합의 3배인 52×3=156(건)보다 적다.

ㄴ. '큰 비'가 가장 많이 발생한 해에는 '우박'도 가장 많이 발생했다. → (O) 1406년 '큰 비' 발생 건수는 59-4-11-3-1-3-3-10-1-2=21(건)이므로 '큰 비'가 가장 많이 발생한 해는 27건이 발생한 1405년이다. '우박'이 가장 많이 발생한 해는 9건이 발생한 1405년이다. 따라서 '큰 비'가 가장 많이 발생한 해와 '우박'이 가장 많이 발생한 해는 1405년으로 동일하다.

ㄷ. 1401~1418년 동안의 발생 건수 합 상위 5개 유형은 '천둥번개', '큰 비', '벼락', '우박', '짙은 안개'이다. → (O) '큰 비'의 발생 건수는 일부 해를 제외하고, 다른 자연재해보다 발생 건수가 많다. 따라서 정확히 계산하지 않아도 '큰 비'는 상위 5개 유형 중 하나에 속할 것임을 알 수 있다. '큰 비'를 제외하고, 상위 4개 유형은 많은 순서대로 '벼락', '천둥번개', '우박', '짙은 안개'이다. 따라서 상위 5개 유형은 '천둥번개', '큰 비', '벼락', '우박', '짙은 안개'이다.

ㄹ. 1402년에 가장 많이 발생한 유형은 1408년에도 가장 많이 발생했다. → (O) 1402년 '짙은 안개'는 41-3-5-3-1-3-5-2-2-2=15(건) 발생하였고, 1408년에는 23-4-3-1-1-3-1-3=7(건) 발생하였다. 따라서 1402년과 1408년 모두 '짙은 안개'가 가장 많이 발생하였다.

① ㄱ, ㄴ ➡ (X)
② ㄱ, ㄷ ➡ (X)
③ ㄴ, ㄹ ➡ (X)
④ ㄷ, ㄹ ➡ (X)
⑤ ㄴ, ㄷ, ㄹ ➡ (O)

11 ③   정답률 54.6%

| 문제 유형 | 자료 읽기/추론 > 계산형

| 접근 전략 | 모두 3인이 참석하므로 (가)~(라)의 총지급액을 정확히 계산하지 않아도 1인당 지급액의 대소 비교를 통해서 답을 구할 수 있다. (가), (다)는 회의참석비가 동일하고, (나), (라)는 회의참석비가 동일하다. (가)는 (다)보다 위원장과 위원의 1인당 안건검토비가 50천 원이 더 크고, 1인당 교통비는 13천 원 더 작다. 따라서 (가)의 총지급액이 (다)보다 크다. (나)는 (라)보다 위원장과 위원의 1인당 안건검토비가 50천 원이 더 크고, 1인당 교통비는 14천 원 더 작다. 따라서 (나)의 총지급액이 (라)보다 크다. 선지 조합에 따라 총지급액이 가장 큰 회의는 (나) 또는 (라)이므로 답은 ①, ②, ③ 중 하나이다. (가), (다)는 (라)보다 1인당 회의참석비가 50천 원 더 작다. (다)는 (라)보다 위원장과 위원의 1인당 안건검토비가 50천 원이 더 크고, 1인당 교통비는 5천 원이 더 작으므로 (다)와 (라)의 1인당 지급액 차는 50-50-5=-5(천 원)으로 총지급액은 (다)가 더 작다. (가)는 (라)보다 위원장과 위원의 1인당 안건검토비가 100천 원이 더 크고, 1인당 교통비는 18천 원 작으므로 (가)와 (라)의 1인당 지급액 차는 100-50-18=32(천 원)으로 총지급액은 (가)가 더 크다. 따라서 (나), (가), (라), (다) 순이다.

다음 〈표〉는 위원회 회의참석수당 지급규정에 대한 자료이다. 이를 근거로 〈회의〉의 (가)~(라) 중 총지급액이 가장 큰 회의와 세 번째로 큰 회의를 바르게 연결한 것은?

⟨표 1⟩ 위원회 회의참석수당 지급규정

(단위: 천 원/인)

구분		전체위원회		조정위원회		전문 위원회	기타 위원회
		전체 회의	소위	전체 회의	소위		
안건 검토비	위원장	300	250	200	150	200	150
	위원	250	200	150	100	150	100
회의참석비		회의시간이 2시간 미만인 경우 150 회의시간이 2시간 이상인 경우 200					
교통비		교통비 지급규정에 따라 정액 지급					

※ 1) 총지급액은 위원장과 위원의 회의참석수당 합임
　2) 위원(장) 회의참석수당 = 위원(장) 안건검토비 + 회의참석비 + 교통비

⟨표 2⟩ 교통비 지급규정

(단위: 천 원/인)

회의개최장소	1급지	2급지	3급지	4급지
교통비	12	16	25	30

※ 교통비는 회의개최장소의 등급에 따라 지급하고, 회의개최장소는 1~4급지로 구분됨

─⟨회의⟩─

(가) 1급지에서 개최되고 위원장 1인과 위원 2인이 참석하며, 회의시간이 1시간인 전체위원회 소위 → 전체위원회 소위이므로 안건검토비는 (250×1)+(200×2)=650(천 원)이고, 회의시간이 1시간이므로 회의참석비는 150×3=450(천 원), 1급지에서 개최되었으므로 교통비는 12×3=36(천 원)이다. 따라서 총지급액은 650+450+36=1,136(천 원)이다.

(나) 2급지에서 개최되고 위원장 1인과 위원 2인이 참석하며, 회의시간이 3시간인 조정위원회 전체회의 → 조정위원회 전체회의이므로 안건검토비는 (200×1)+(150×2)=500(천 원), 회의시간이 3시간이므로 회의참석비는 200×3=600(천 원), 2급지에서 개최되었으므로 교통비는 16×3=48(천 원)이다. 따라서 총지급액은 500+600+48=1,148(천 원)이다.

(다) 3급지에서 개최되고 위원장 1인과 위원 2인이 참석하며, 회의시간이 1시간인 전문위원회 → 전문위원회이므로 안건검토비는 (200×1)+(150×2)=500(천 원)이고, 회의시간이 1시간이므로 150×3=450(천 원), 3급지에서 개최되었으므로 교통비는 25×3=75(천 원)이다. 따라서 총지급액은 500+450+75=1,025(천 원)이다.

(라) 4급지에서 개최되고 위원장 1인과 위원 2인이 참석하며, 회의시간이 4시간인 기타 위원회 → 기타위원회이므로 안건검토비는 (150×1)+(100×2)=350(천 원)이고, 회의시간이 4시간이므로 회의참석비는 200×3=600(천 원), 4급지에서 개최되었으므로 교통비는 30×3=90(천 원)이다. 따라서 총지급액은 350+600+90=1,040(천 원)이다.

	총지급액이 가장 큰 회의	총지급액이 세 번째로 큰 회의	
①	(나)	(가)	➡ (X)
②	(나)	(다)	➡ (X)
③	(나)	(라)	➡ (O) 총지급액이 가장 큰 순서부터 나열하면 (나), (가), (라), (다)이므로 총지급액이 가장 큰 회의는 (나)이고, 총지급액이 세 번째로 큰 회의는 (라)이다.
④	(라)	(나)	➡ (X)
⑤	(라)	(다)	➡ (X)

12 ④

정답률 60.4%

|문제 유형| 자료 읽기/추론 > 계산형

|접근 전략| 식이 네 개가 주어져 있고, 각 식에 대입하는 값들이 ⟨표⟩에서 바로 제시된 것이 아니라 계산해서 알 수 있는 값이므로 많은 계산이 필요한 문제이다. 그러나 IT 분야 전체 등록특허의 피인용도 지수가 모두 동일하고, 식을 정리하여 영향력 지수는 피인용도 지수와 비례, 기술력 지수는 등록특허 피인용 횟수의 합에 비례한 것을 파악하였다면 문제를 빠르게 해결할 수 있다.

다음은 '갑'국의 특허 출원인 A~E의 IT 분야 등록특허별 피인용 횟수에 관한 자료이다. 이를 근거로 영향력 지수가 가장 큰 출원인과 기술력 지수가 가장 작은 출원인을 바르게 연결한 것은?

⟨표⟩ '갑'국의 특허 출원인 A~E의 IT 분야 등록특허별 피인용 횟수

(단위: 회)

특허 출원인	등록특허	피인용 횟수
A	A1	3
	A2	25
B	B1	1
	B2	3
	B3	20
C	C1	3
	C2	2
	C3	10
	C4	5
	C5	6
D	D1	12
	D2	21
	D3	15
E	E1	6
	E2	56
	E3	4
	E4	12

※ A~E는 IT 분야 외 등록특허가 없음

─⟨정보⟩─

○ 해당 출원인의 영향력 지수 = $\dfrac{\text{해당 출원인의 피인용도 지수}}{\text{IT 분야 전체 등록특허의 피인용도 지수}}$

○ 해당 출원인의 기술력 지수 = 해당 출원인의 영향력 지수 × 해당 출원인의 등록특허 수

○ 해당 출원인의 피인용도 지수 = $\dfrac{\text{해당 출원인의 등록특허 피인용 횟수의 합}}{\text{해당 출원인의 등록특허 수}}$

○ IT 분야 전체 등록특허의 피인용도 지수 = $\dfrac{\text{IT 분야 전체의 등록특허 피인용 횟수의 합}}{\text{IT 분야 전체의 등록특허 수}}$

	영향력 지수가 가장 큰 출원인	기술력 지수가 가장 작은 출원인	
①	A	B	➡ (X)
②	D	A	➡ (X)
③	D	C	➡ (X)
④	E	B	➡ (O) IT 분야 전체

등록특허의 피인용도 지수는 A~E가 모두 동일하므로 영향력 지수는 피인용도 지수에 비례한다. 선지 조합에 따르면 영향력 지수가 가장 큰 출원인은 A, D, E 중 하나이므로 A, D, E의 피인용도 지수만 확인한다. A는 등록특허 수가 2개이고, 등록특허 피인용 횟수의 합은 3+25=28이므로 A의 피인용도 지수는 28÷2=14이다. D는 등록특허 수가 3개이고, 등록특허 피인용 횟수의 합은 12+21+15=48이므로 D의 피인용도 지수는 48÷3=16이다. E는 등록특허 수가 4개이고, 등록특허 피인용 횟수의 합은 6+56+4+12=78이므로 E의 피인용도 지수는 78÷4=19.5이다. 따라서 영향력 지수가 가장 큰 출원인은 피인용도 지수가 가장 큰 E이다. 선지 조합에 따라 기술력 지수는 B와 C만 확인한다. 기술력 지수는 영향력 지수×등록특허 수이고, 영향력 지수에서 IT 분야 전체 등록특허의 피인용도 지수가 동일하므로 피인용도 지수×등록특허 수만 확인한다. 피인용도 지수×등록특허 수=(등록특허 피인용 횟수의 합/등록특허 수)×등록특허 수=등록특허 피인용 횟수의 합이므로 기술력 지수는 등록특허 피인용 횟수의 합에 비례한다. B의 등록특허 피인용 횟수의 합은 1+3+20=24, C의 등록특허 피인용 횟수의 합은 3+2+10+5+6=26이므로 B의 기술력 지수가 C의 기술력 지수보다 작다.

| ⑤ | E | C | ➡ (X) |

13 ⑤   정답률 54.5%

| 문제 유형 | 자료 변환응용 > 표/그림 전환형
| 접근 전략 | ⑤에서 2021년 양자센서의 정부 R&D 투자금액은 전년 대비 감소하고, 양자기술 정부 R&D 투자금액은 전년 대비 증가하여 양자센서의 정부 R&D 투자금액 비중은 전년 대비 2021년에 감소해야 한다. 그런데 ⑤에 따르면 양자센서의 투자금액 비중이 매년 증가하고 있으므로 옳지 않은 선지이다.

다음 〈표〉는 2018~2022년 '갑'국의 양자기술 분야별 정부 R&D 투자금액에 관한 자료이다. 〈표〉를 이용하여 작성한 자료로 옳지 않은 것은?

〈표〉 양자기술 분야별 정부 R&D 투자금액

(단위: 백만 원)

연도 분야	2018	2019	2020	2021	2022	합
양자컴퓨팅	61	119	200	285	558	1,223
양자내성암호	102	209	314	395	754	1,774
양자통신	110	192	289	358	723	1,672
양자센서	77	106	125	124	209	641
계	350	626	928	1,162	2,244	5,310

※ 양자기술은 양자컴퓨팅, 양자내성암호, 양자통신, 양자센서 분야로만 구분됨

① 2019~2022년 양자통신 분야 정부 R&D 투자금액의 전년 대비 증가율

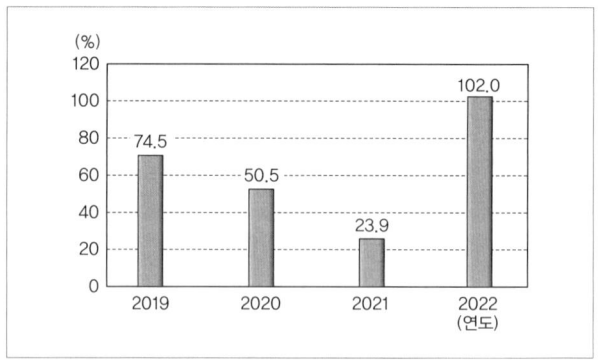

➡ (X) 2019년 $\frac{192-110}{110}\times 100 ≒ 74.5(\%)$, 2020년 $\frac{289-192}{192}\times 100 ≒ 50.5(\%)$,

2021년 $\frac{358-289}{289}\times 100 ≒ 23.9(\%)$, 2022년 $\frac{723-358}{358}\times 100 ≒ 102.0(\%)$

이다.

② 연도별 양자컴퓨팅, 양자통신 분야 정부 R&D 투자금액

➡ (X) 정부 R&D 투자금액은 양자컴퓨팅 분야가 61백만 원 → 119백만 원 → 200백만 원 → 285백만 원 → 558백만 원으로 증가하고, 양자통신 분야가 110백만 원 → 192백만 원 → 289백만 원 → 358백만 원 → 723백만 원으로 증가하고 있다.

③ 2018~2022년 양자기술 정부 R&D 총투자금액의 분야별 구성비

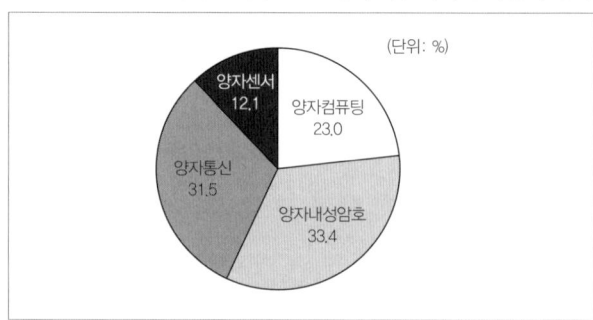

➡ (X) 2018~2022년 양자기술 정부 R&D 총투자금액의 분야별 구성비는 양자컴퓨팅 $\frac{1,223}{5,310}\times 100 ≒ 23.0(\%)$, 양자내성암호 $\frac{1,774}{5,310}\times 100 ≒ 33.4(\%)$, 양자통신 $\frac{1,672}{5,310}\times 100 ≒ 31.5(\%)$, 양자센서 $\frac{641}{5,310}\times 100 ≒ 12.1(\%)$이다.

④ 연도별 양자내성암호 분야 정부 R&D 투자금액 대비 양자센서 분야 정부 R&D 투자금액 비율

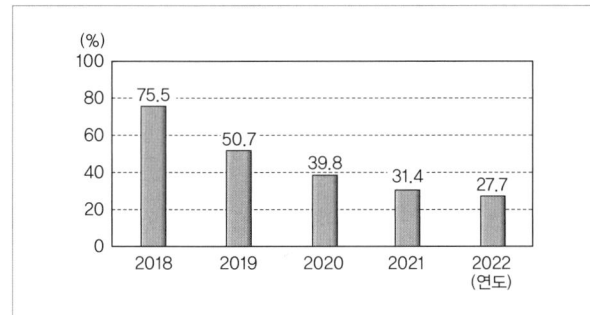

➡ (O) 연도별 양자내성암호 분야 정부 R&D 투자금액 대비 양자센서 분야 정부 R&D 투자금액 비율은 2018년 $\frac{77}{102} \times 100 ≒ 75.5(\%)$, 2019년 $\frac{106}{209} \times 100 ≒ 50.7(\%)$, 2020년 $\frac{125}{314} \times 100 ≒ 39.8(\%)$, 2021년 $\frac{124}{395} \times 100 ≒ 31.4(\%)$, 2022년 $\frac{209}{754} \times 100 ≒ 27.7(\%)$이다.

⑤ 2018~2022년 양자기술 정부 R&D 투자금액의 분야별 비중

➡ (X) 2018~2022년 양자기술 정부 R&D 투자금액의 분야별 비중을 계산하면 다음과 같다. 표와 달리 바 그래프에는 연도 순서가 반대로 제시되어 있으므로 옳지 않은 자료이다.

연도 분야	2018	2019	2020	2021	2022
양자컴퓨팅	17.4	19.0	21.6	24.5	24.9
양자내성암호	29.1	33.4	33.8	34.0	33.6
양자통신	31.4	30.7	31.1	30.8	32.2
양자센서	22.0	16.9	13.5	10.7	9.3

14 ③ 정답률 63.4%

|문제 유형| 자료 읽기 > 표/빈칸 제시형

|접근 전략| 2022년 '참나무시들음병'의 발생면적은 ㄴ을 제외한 모든 〈보기〉에서 필요한 값이므로 먼저 계산한다. 이 값만 계산하면 ㄱ이 옳은 〈보기〉임을 알 수 있고, ㄴ과 ㄹ만 확인하면 답을 구할 수 있다. ㄹ에서 어림계산을 하면 1,487이 1,240보다 20% 이상 크고, 32,627은 28,522보다 20%에 못 미치게 크다. 따라서 2022년 병해충 발생면적의 전년 대비 증가율은 '참나무시들음병'이 '흰불나방'보다 높다.

다음 〈표〉는 2017~2022년 '갑'국의 병해충 발생면적에 관한 자료이다. 이에 대한 〈보기〉의 설명 중 옳은 것만을 모두 고르면?

〈표〉 2017~2022년 '갑'국의 병해충 발생면적
(단위: ha)

병해충 \ 연도	2017	2018	2019	2020	2021	2022
흰불나방	35,964	32,235	29,325	29,332	28,522	32,627
솔잎혹파리	35,707	38,976	( )	27,530	27,638	20,840
솔껍질깍지벌레	4,043	7,718	6,380	5,024	3,566	3,497
참나무시들음병	1,733	1,636	1,576	1,560	1,240	( )
전체	77,447	( )	69,812	63,446	60,966	58,451

〈보기〉

ㄱ. 2019~2022년 발생면적이 매년 감소한 병해충은 '솔껍질깍지벌레'뿐이다. → (O) '흰불나방'은 2020년과 2022년에 발생면적이 전년 대비 증가하였고, '솔잎혹파리'는 2021년에 발생면적이 전년 대비 증가하였고, '참나무시들음병'의 2022년 발생면적은 58,451−32,627−20,840−3,497=1,487(ha)로 전년 대비 증가하였다. '솔껍질깍지벌레'의 발생면적은 2019~2022년 매년 감소하고 있으므로 옳은 설명이다.

ㄴ. 전체 병해충 발생면적이 전년 대비 증가한 해는 2018년뿐이다. → (O) 2018년 전체 병해충 발생면적은 32,235+38,976+7,718+1,636=80,565(ha)이므로 전년 대비 증가하였고, 나머지 해는 전년 대비 감소하였으므로 옳은 설명이다.

ㄷ. 2019년 '솔잎혹파리' 발생면적은 2022년 '참나무시들음병' 발생면적의 30배 이상이다. → (X) 2019년 '솔잎혹파리' 발생면적은 69,812−29,325−6,380−1,576=32,531(ha)이고, 2022년 '참나무시들음병'의 발생면적은 58,451−32,627−20,840−3,497=1,487(ha)이다. 1,487(ha)의 30배는 44,610(ha)이므로 2019년 '솔잎혹파리' 발생면적은 2022년 '참나무시들음병' 발생면적의 30배 미만이다.

ㄹ. 2022년 병해충 발생면적의 전년 대비 증가율은 '참나무시들음병'이 '흰불나방'보다 낮다. → (X) 2022년 병해충 발생면적의 전년 대비 증가율은 '참나무시들음병'이 $\frac{1,487-1,240}{1,240} \times 100 ≒ 20.0(\%)$, '흰불나방'이 $\frac{32,627-28,522}{28,522} \times 100 ≒ 14.4(\%)$이다. 따라서 2022년 병해충 발생면적의 전년 대비 증가율은 '참나무시들음병'이 '흰불나방'보다 높다.

① ㄱ ➡ (X)
② ㄷ ➡ (X)
③ ㄱ, ㄴ ➡ (O)
④ ㄷ, ㄹ ➡ (X)
⑤ ㄱ, ㄴ, ㄹ ➡ (X)

15 ⑤   TOP 2 정답률 29.8%

| **문제 유형** | 자료 읽기 > 표/그림 제시형

| **접근 전략** | 계산이 적은 선지부터 확인한다. ①은 계산이 필요 없고, ②는 합만으로 계산이 가능하므로 먼저 소거한다. ④는 가로 길이를 통해 대략적으로 확인 가능하다. 눈대중으로 가늠하였을 때, B, C, E, G, H는 가로 길이가 A에 한참 못 미치므로 A, D, F만 계산하면 A가 가장 큰 값이므로 ④도 옳은 설명이다. 남은 ③, ⑤ 중 ⑤는 각 학생의 신장과 체중의 비교를 통해 최대 다섯 번의 계산으로 확인이 가능하고, ③은 이보다 계산이 훨씬 많이 필요하므로 ⑤만 확인한다.

다음은 '갑'국의 2017년과 2022년 A~H학생의 신장 및 체중과 체질량지수 분류기준에 관한 자료이다. 이에 대한 설명으로 옳지 않은 것은?

〈그림〉 2017년과 2022년 A~H학생의 신장 및 체중

〈표〉 '갑'국의 체질량지수 분류기준

(단위: kg/m²)

체질량지수	분류
20 미만	저체중
20 이상 25 미만	정상
25 이상 30 미만	과체중
30 이상 40 미만	비만
40 이상	고도비만

※ 체질량지수(kg/m²) = $\frac{체중}{신장^2}$

① '저체중'으로 분류된 학생의 수는 2022년이 2017년보다 많다.
➡ (X) 체질량지수는 〈그림〉의 기울기와 같다. (2.00, 40), (2.50, 50), (3.00, 60), (3.50, 70), (4.00, 80)을 따라서 그었을 때, 이 선보다 아래에 있는 학생이 체질량지수가 20kg/m²미만 즉, '저체중'으로 분류된 학생이다. 이 선보다 아래에 있는 학생은 2017년에는 C, 2022년에는 B, C이므로 '저체중'으로 분류된 학생의 수는 2022년이 2017년보다 많다.

② 2022년 A~H학생 체중의 평균은 2017년 대비 10% 이상 증가하였다. ➡ (X) 2017년 A~H 학생의 체중의 합은 70+56+48+68+79+62+95+58=536(kg)이고, 2022년 A~H 학생의 체중의 합은 75+52+51+82+95+85+107+72=619(kg)이다. 평균에서 분모는 8로 동일하므로 평균은 합에 비례한다. 536(kg)의 10%는 53.6이며, 536+53.6=589.6(kg)이므로 2022년 체중의 합이 2017년 대비 10% 이상 증가하였다.

③ 2017년과 2022년에 모두 '정상'으로 분류된 학생은 2명이다.
➡ (X) B, C는 2022년에 '저체중'이었으므로 제외하고, 나머지만 체질량지수가 2017년과 2022년에 25kg/m²미만인지 확인한다. 신장²×25가 체중보다 큰 값이라면 체질량지수가 25kg/m²미만이다. A는 2017년 2.96×25=74>70, 2022년 3.35×25=83.75>75이므로 두 해 모두 '정상'이다. D는 2017년 3.20×25=80>68, 2022년 3.53×25=88.25>82이므로 두 해 모두 '정상'이다. E는 2017년 3.24×25=81>79, 2022년 3.46×25=86.5<95로 2022년에 '정상'이 아니다. F는 2017년 2.76×25=69>62이고, 2022년 3.06×25=76.5<85이므로 2022년에 '정상'이 아니다. G의 2017년 신장이 F의 2022년 신장과 동일하고, 체중은 더 나가므로 2017년에 G는 '정상'이 아니다. 2017년에 정상이 아니므로 2022년은 확인하지 않아도 된다. H는 2017년에 2.37×25=59.25>58이고, 2022년에 2.62×25=65.5<72로 2022년에 '정상'이 아니다. 따라서 두 해 모두 '정상'인 학생은 A, D 2명이다.

④ 2017년과 2022년 신장의 차이가 가장 큰 학생은 A이다. ➡ (X) 2017년과 2022년 신장 차이가 클수록 신장²의 차이도 클 것이므로 신장²의 차이로 비교해본다. 신장²의 차이는 A가 3.35−2.96=0.39(m²), B가 2.76−2.50=0.26(m²), C가 2.89−2.66=0.23(m²), D가 3.53−3.20=0.33(m²), E가 3.46−3.24=0.22(m²), F가 3.06−2.76=0.30(m²), G가 3.24−3.06=0.18(m²), H가 2.62−2.37=0.25(m²)이므로 2017년과 2022년 신장의 차이가 가장 큰 학생은 A이다.

⑤ 2022년 A~H학생의 체질량지수 중 가장 큰 값은 가장 작은 값의 2배 이상이다. ➡ (O) 2022년 체질량지수가 가장 작은 학생은 B 또는 C이다. C는 B보다 신장²의 값이 크면서 체중은 더 적게 나가므로 C의 체질량지수가 가장 작다. C의 체질량지수는 51÷2.89≒17.6(kg/m²)이다. 2022년 G는 A, D, E보다 신장²이 더 작고, 체중은 더 나간다. 따라서 A, D, E는 2022년 체질량지수가 가장 큰 학생이 아니다. 따라서 F, G, H의 체질량지수만 계산해보면 F는 85÷3.06≒27.8(kg/m²), G는 107÷3.24≒33.0(kg/m²), H는 72÷2.62≒27.5(kg/m²)이므로 G의 체질량지수가 가장 크다. 17.6×2=35.2>33.0이므로 체질량지수가 가장 큰 값 33.0kg/m²은 가장 작은 값 17.6kg/m²의 2배 미만이다.

16 ④   정답률 70.4%

| **문제 유형** | 자료 읽기 > 표/그림/빈칸 제시형

| **접근 전략** | 계산이 많이 필요한 문제이므로 최대한 계산을 하지 않고, 비교를 통해 대소 관계를 파악할 수 있어야 한다. 또한 모든 〈보기〉를 먼저 계산하고 답을 찾지 말고, 〈보기〉를 하나 확인할 때마다 선지를 소거하면서 문제를 푼다면 적게는 두 개, 많게는 세 개의 〈보기〉만 확인해도 답을 구할 수 있다. 계산이 가장 간단한 〈보기〉는 ㄹ이므로 ㄹ을 먼저 확인한다.

다음은 2016~2022년 '갑'국의 스마트농업 정부연구비에 관한 자료이다. 이에 대한 〈보기〉의 설명 중 옳은 것만을 모두 고르면?

〈그림〉 연도별 스마트농업 정부연구비 및 연구과제 수

⟨표⟩ 연도별·분야별 스마트농업 정부연구비

(단위: 백만 원)

연도 분야	2016	2017	2018	2019	2020	2021	2022	전체
데이터기반구축	3,520	4,583	8,021	10,603	11,677	16,581	18,226	73,211
자동화설비기기	27,082	19,975	23,046	25,377	22,949	24,330	31,383	( )
융합연구	3,861	9,540	15,154	27,513	26,829	31,227	40,723	( )

※ 스마트농업은 데이터기반구축, 자동화설비기기, 융합연구 분야로만 구분됨

⟨보기⟩

ㄱ. 스마트농업의 연구과제당 정부연구비가 가장 많은 해는 2016년이다. → (O) 2017년은 2016년보다 연구과제 수가 많고, 정부연구비는 적다. 2019년, 2020년은 연구과제 수가 2016년의 2배 이상인데 정부연구비는 2배 미만이다. 2021년, 2022년은 연구과제 수가 2016년의 3배 이상인데 정부연구비는 3배 미만이다. 2018년은 연구과제 수가 2016년의 1.5배이고, 정부연구비는 1.5배 미만이다. 따라서 스마트농업의 연구과제당 정부연구비가 가장 많은 해는 2016년이다.

ㄴ. 전체 정부연구비가 가장 많은 스마트농업 분야는 '자동화설비기기'이다. → (O) 2016~2018년 '자동화설비기기'의 정부연구비는 '융합연구'에 비해 약 23,000+10,000+8,000=41,000(백만 원) 많고, 2019~2022년에는 2,000+4,000+7,000+9,000=22,000(백만 원) 적다. 따라서 전체 정부연구비는 '자동화설비기기'가 '융합연구'보다 많고, 모든 해에 '데이터기반구축' 정부연구비보다 '자동화설비기기' 정부연구비가 더 많으므로 전체 정부연구비가 가장 많은 스마트농업 분야는 '자동화설비기기'이다.

ㄷ. 스마트농업 정부연구비의 전년 대비 증가율이 가장 높은 해는 2022년이다. → (X) 2017년과 2020년은 전년 대비 정부연구비가 감소하였으므로 계산에서 제외한다. 우선 증가액을 계산해보면 2018년 46,221−34,098=12,123(백만 원), 2019년 63,493−46,221=17,272(백만 원), 2021년 72,138−61,455=10,683(백만 원), 2022년 90,332−72,138=18,194(백만 원)이다. 따라서 2018년과 2019년은 증가액이 전년도 정부연구비의 30% 이상이고, 2022년은 30% 미만이므로 스마트농업 정부연구비의 전년 대비 증가율이 가장 높은 해는 2022년이 아니다.

ㄹ. 2019년 대비 2022년 정부연구비 증가율이 가장 높은 스마트농업 분야는 '데이터기반구축'이다. → (O) 앞의 두 자리만 어림하여도 '자동화설비기기'는 2019년의 정부연구비가 '데이터기반구축'보다 많고, 2022년 증가액이 '데이터기반구축'보다 적은 것을 알 수 있으므로 계산에서 제외한다. 2019년 '융합연구'의 정부연구비는 '데이터기반구축'의 2.5배 이상인데 2022년 '융합연구'의 정부연구비는 '데이터기반구축'의 2.5배 미만이다. 따라서 2019년 대비 2022년 정부연구비 증가율은 '데이터기반구축'이 가장 높다.

① ㄱ, ㄴ ➡ (X)
② ㄱ, ㄷ ➡ (X)
③ ㄷ, ㄹ ➡ (X)
④ ㄱ, ㄴ, ㄹ ➡ (O)
⑤ ㄴ, ㄷ, ㄹ ➡ (X)

17 ④

정답률 67.4%

| 문제 유형 | 자료 읽기 > 표/빈칸 제시형

| 접근 전략 | ㄴ의 경우 두 번만 계산해도 답을 알 수 있으므로 먼저 확인한다. ㄹ에서 지방비 지원금액이 큰 '산림시설 복구'와 '주택 복구'를 합하면 10,800천만 원으로 '상·하수도 복구' 지원금액 10,930천만 원에 아주 근접하므로 나머지 계산을 하지 않아도 ㄹ이 옳은 ⟨보기⟩임을 알 수 있다.

다음 ⟨표⟩는 A지역 산불피해 복구에 대한 국비 및 지방비 지원금액에 관한 자료이다. 이에 대한 ⟨보기⟩의 설명 중 옳은 것만을 모두 고르면?

⟨표 1⟩ A지역 산불피해 복구에 대한 지원항목별, 재원별 지원금액

(단위: 천만 원)

재원 지원항목	국비	지방비	합
산림시설 복구	32,594	9,000	41,594
주택 복구	5,200	1,800	7,000
이재민 구호	2,954	532	3,486
상·하수도 복구	10,930	260	11,190
농경지 복구	1,540	340	1,880
생계안정 지원	1,320	660	1,980
기타	520	0	520
전체	55,058	( )	( )

⟨표 2⟩ A지역 산불피해 복구에 대한 부처별 국비 지원금액

(단위: 천만 원)

부처	행정 안전부	산림청	국토 교통부	환경부	보건 복지부	그 외	전체
지원금액	2,930	33,008	( )	9,520	350	240	55,058

⟨보기⟩

ㄱ. 기타를 제외하고, 국비 지원금액 대비 지방비 지원금액 비율이 가장 높은 지원항목은 '주택 복구'이다. → (X) '주택 복구'의 국비는 '생계안정 지원'의 3배 이상이지만 지방비는 3배 미만이다. 따라서 '주택 복구'는 국비 지원금액 대비 지방비 지원금액 비율이 가장 높은 지원항목이 아니다.

ㄴ. 산림청의 '산림시설 복구' 지원금액은 1,000억 원 이상이다. → (O) 산림청을 제외한 부처에서 모두 '산림시설 복구'에 국비를 지원했다면 산림청을 제외한 부처의 '산림시설 복구' 지원금액은 55,058−33,008=22,050(천만 원)이다. '산림시설 복구' 국비 지원금액은 32,594천만 원이고, 32,594−22,050=10,544(천만 원)은 산림청이 지원해야 한다. 따라서 산림청의 '산림시설 복구' 지원금액은 최소 1,054.4(억 원)이다.

ㄷ. 국토교통부의 지원금액은 전체 국비 지원금액의 20% 이상이다. → (X) 국토교통부의 국비 지원금액은 55,058−2,930−33,008−9,520−350−240=9,010(천만 원)이다. 55,058×0.2=11,011.6>9,010이므로 국토교통부의 지원금액은 전체 국비 지원금액의 20% 미만이다.

ㄹ. 전체 지방비 지원금액은 '상·하수도 복구' 국비 지원금액보다 크다. → (O) 전체 지방비 지원금액은 9,000+1,800+532+260+340+660=12,592(천만 원)이므로, '상·하수도 복구' 국비 지원금액인 10,930천만 원보다 크다.

① ㄱ, ㄴ ➡ (X)
② ㄱ, ㄷ ➡ (X)
③ ㄴ, ㄷ ➡ (X)
④ ㄴ, ㄹ ➡ (O)
⑤ ㄷ, ㄹ ➡ (X)

18 ④ 정답률 64.5%

| 문제 유형 | 자료 읽기 > 표/빈칸 제시형
| 접근 전략 | 확인하는 선지 순서 혹은 풀이법에 따라 빈칸을 몰라도 되는 경우가 있으므로 빈칸을 모두 채우고 시작하기보다는 선지를 확인하면서 필요할 때만 채운다. ④는 두 번의 차 계산만으로 확인이 가능하므로 먼저 확인한다.

다음 〈표〉는 2022년도 '갑'국의 운전면허 종류별 응시자 및 합격자 수에 관한 자료이다. 이에 대한 설명으로 옳은 것은?

〈표〉 '갑'국의 운전면허 종류별 응시자 및 합격자 수
(단위: 명)

구분 종류	응시자	남자	여자	합격자	남자	여자
전체	71,976	56,330	15,646	44,012	33,150	10,862
1종	29,507	( )	1,316	16,550	15,736	814
대형	4,199	4,149	50	995	991	4
보통	24,388	23,133	1,255	15,346	14,536	810
특수	920	909	11	209	209	0
2종	( )	( )	14,330	27,462	17,414	10,048
보통	39,312	25,047	14,265	26,289	16,276	10,013
소형	1,758	1,753	5	350	349	1
원동기	1,399	1,339	60	823	789	34

※ 합격률(%) = $\frac{\text{합격자 수}}{\text{응시자 수}} \times 100$

① 2종 면허 응시자 수는 1종 면허 응시자 수의 2배 이상이다. ➡ (X)
2종 면허 응시자 수가 1종 면허 응시자 수의 2배 이상이라면 전체 응시자 수는 1종 면허 응시자 수의 3배 이상이어야 한다. 29,507의 3배는 약 90,0000이고, 전체 응시자 수는 이에 훨씬 못 미치므로 옳지 않다.

② 전체 합격률은 60% 미만이다. ➡ (X) 전체 응시자 수의 60%는 71,976 × 0.6 = 43,185.6(명)이고, 합격자 수는 44,012명이므로 전체 합격률은 60% 이상이다.

③ 1종 보통 면허 합격률은 2종 보통 면허 합격률보다 높다. ➡ (X)
1종 보통 면허 합격률은 $\frac{15,346}{24,388} \times 100 ≒ 62.9(\%)$이고, 2종 보통 면허 합격률은 $\frac{26,289}{39,312} \times 100 ≒ 66.9(\%)$이므로 2종 보통 면허 합격률이 1종 보통 면허 합격률보다 높다.

④ 1종 면허 남자 응시자 수는 2종 면허 남자 응시자 수보다 많다.
➡ (O) 1종 면허 남자 응시자 수는 29,507 − 1,316 = 28,191(명)이고, 2종 면허 남자 응시자 수는 56,330 − 28,191 = 28,139(명)이므로 1종 면허 남자 응시자 수가 2종 면허 남자 응시자 수보다 많다.

⑤ 1종 대형 면허 여자 합격률은 2종 소형 면허 여자 합격률보다 높다. ➡ (X) 여자 응시자 수는 1종 대형 면허가 2종 소형 면허의 10배이고, 여자 합격자 수는 1종 대형 면허가 2종 소형 면허의 4배이다. 따라서 여자 합격률은 2종 소형 면허가 1종 대형 면허보다 높다.

19 ② 정답률 70.4%

| 문제 유형 | 자료 읽기 > 표 제시형
| 접근 전략 | ㄴ과 ㄷ은 정확한 계산을 하지 않아도 정오를 판단할 수 있으므로 먼저 확인한다. ㄴ과 ㄷ이 모두 옳지 않으므로 ㄱ과 ㄹ을 계산하지 않아도 답은 ②이다.

다음 〈표〉는 2022년 A~E국의 국방비와 GDP, 군병력, 인구에 관한 자료이다. 이에 대한 〈보기〉의 설명 중 옳은 것만을 모두 고르면?

〈표〉 2022년 A~E국의 국방비와 GDP, 군병력, 인구
(단위: 억 달러, 만 명)

구분 국가	국방비	GDP	군병력	인구
A	8,010	254,645	133	33,499
B	195	13,899	12	4,722
C	502	16,652	60	5,197
D	320	20,120	17	6,102
E	684	30,706	20	6,814

〈보기〉

ㄱ. 국방비가 가장 많은 국가의 국방비는 A~E국 국방비 합의 80% 이상이다. → (O) A~E국 국방비의 합은 8,010 + 195 + 502 + 320 + 684 = 9,711(억 달러)이고, 이 값의 80%는 7,768.8억 달러이다. 따라서 국방비가 가장 많은 A국의 국방비 8,010억 달러는 A~E국 국방비 합의 80% 이상이다.

ㄴ. 인구 1인당 GDP는 B국이 C국보다 크다. → (X) C국의 인구는 B국보다 약 10% 더 많고, GDP는 C국이 B국보다 약 20% 더 많으므로 인구 1인당 GDP는 C국이 B국보다 크다.

ㄷ. 국방비가 많은 국가일수록 GDP 대비 국방비 비율이 높다. → (X) E국의 국방비는 C국의 국방비의 1.5배 미만인데 GDP는 1.5배 이상이다. 따라서 국방비는 E국이 C국보다 많지만, GDP 대비 국방비 비율은 C국이 E국보다 높다.

ㄹ. 군병력 1인당 국방비는 A국이 D국의 3배 이상이다. → (O) A국의 군병력 1인당 국방비와 D국의 군병력 1인당 국방비 × 3을 비교한다. A국의 군병력 1인당 국방비는 8,010 ÷ 133 ≒ 60.2(억 달러/만 명)이고, D국의 군병력 1인당 국방비 × 3은 (320 × 3) ÷ 17 ≒ 56.5(억 달러/만 명)이다. 따라서 군병력 1인당 국방비는 A국이 D국의 3배 이상이다.

① ㄱ, ㄴ ➡ (X)
② ㄱ, ㄹ ➡ (O)
③ ㄴ, ㄷ ➡ (X)
④ ㄱ, ㄷ, ㄹ ➡ (X)
⑤ ㄴ, ㄷ, ㄹ ➡ (X)

20 ①   TOP 3   정답률 32.4%

| 문제 유형 | 자료 읽기/추론 > 계산형 |
| 접근 전략 | 대상액의 단위는 억 원이고, 기초액의 단위는 천 원임에 유의한다. ㄴ은 단위가 만 원으로 주어져 있으므로 만 원으로 단위를 맞추어 계산하고, ㄱ과 ㄹ은 계산하기 편한 공통된 단위로 통일하여 계산한다. |

다음은 '갑'국의 건설공사 안전관리비에 관한 자료이다. 이에 대한 <보기>의 설명 중 옳은 것만을 모두 고르면?

<표> '갑'국의 건설공사 종류 및 대상액별 안전관리비 산정 기준

공사 종류 \ 구분	5억 원 미만 요율(%)	5억 원 이상 50억 원 미만 요율(%)	5억 원 이상 50억 원 미만 기초액(천 원)	50억 원 이상 요율(%)
일반건설공사(갑)	2.93	1.86	5,350	1.97
일반건설공사(을)	3.09	1.99	5,500	2.10
중건설공사	3.43	2.35	5,400	2.46
철도·궤도신설공사	2.45	1.57	4,400	1.66
특수 및 기타 건설공사	1.85	1.20	3,250	1.27

─〈안전관리비 산정 방식〉─
○ 대상액이 5억 원 미만 또는 50억 원 이상인 경우,
   안전관리비 = 대상액 × 요율
○ 대상액이 5억 원 이상 50억 원 미만인 경우,
   안전관리비 = 대상액 × 요율 + 기초액

─〈보기〉─
ㄱ. 대상액이 10억 원인 경우, 안전관리비는 '일반건설공사(을)'가 '중건설공사'보다 적다. → (O) 대상액이 10억 원인 경우 '일반건설공사(을)'의 안전관리비는 10억 원 × 0.0199 + 5,500천 원 = 199십만 원 + 55십만 원 = 254(십만 원)이다. '중건설공사'의 안전관리비는 10억 원 × 0.0235 + 5,400천 원 = 235십만 원 + 54십만 원 = 289(십만 원)이다.

ㄴ. 대상액이 4억 원인 경우, '일반건설공사(갑)'와 '철도·궤도신설공사'의 안전관리비 차이는 200만 원 이상이다. → (X) 대상액이 4억 원인 경우 '일반건설공사(갑)'와 '철도·궤도신설공사'의 안전관리비 차이는 4억 원 × (0.0293 − 0.0245) = 0.0192(억 원) = 192(만 원)이다.

ㄷ. '특수 및 기타 건설공사' 안전관리비는 대상액이 100억 원인 경우가 대상액이 10억 원인 경우의 10배 이상이다. → (X) '특수 및 기타 건설공사' 안전관리비는 대상액이 100억 원일 때, 100억 원 × 0.0127 = 1.27(억 원)이고, 대상액이 10억 원일 때, 10억 원 × 0.012 + 3,250천 원 = 0.12 + 0.03250 = 0.1525(억 원)이다. 따라서 0.1525 × 10 = 1.525 > 1.270이다.

① ㄱ ➡ (O)
② ㄴ ➡ (X)
③ ㄱ, ㄷ ➡ (X)
④ ㄴ, ㄷ ➡ (X)
⑤ ㄱ, ㄴ, ㄷ ➡ (X)

21 ③   정답률 61.5%

| 문제 유형 | 자료 읽기 > 표/빈칸 제시형 |
| 접근 전략 | ㄹ은 모든 지역에서의 제19대 선거인 수를 구하고, 제19대와 제20대 선거인 수의 차이를 구해야 하므로 계산이 복잡하고 많다. <보기> 조합에 따라 ㄱ, ㄴ, ㄷ만 확인하면 문제를 빠르게 해결할 수 있다. |

다음 <표>는 '갑'국 재외국민의 5개 지역별 투표 결과에 관한 자료이다. 이에 대한 <보기>의 설명 중 옳은 것만을 모두 고르면?

<표> 재외국민 지역별 투표 결과

(단위: 개소, 명, %)

지역 \ 구분	제20대 선거 투표소 수	제20대 선거 선거인 수	제20대 선거 투표자 수	제20대 선거 투표율	제19대 선거 투표자 수	제19대 선거 투표율
아주	( )	110,818	78,051	70.4	106,496	74.0
미주	62	( )	50,440	68.7	68,213	71.7
유럽	47	32,591	25,629	( )	36,170	84.9
중동	21	6,818	5,658	83.0	8,210	84.9
아프리카	21	2,554	2,100	82.2	2,892	85.4
전체	219	226,162	161,878	71.6	221,981	75.3

※ 1) 투표율(%) = 투표자 수 / 선거인 수 × 100
   2) '아주'는 '중동'을 제외한 아시아 및 오세아니아 지역을 의미함

─〈보기〉─
ㄱ. 제20대 선거에서 투표소 수는 '아주'가 '중동'의 4배 이상이다. → (X) 제20대 선거에서 '아주'의 투표소 수는 219 − 62 − 47 − 21 − 21 = 68(개소)로 '중동' 21개소의 4배(84개소) 미만이다.

ㄴ. 제20대 선거에서 투표율이 가장 높은 지역과 가장 낮은 지역의 투표율 차이는 15%p 이상이다. → (X) 제20대 선거에서 '유럽'의 투표율은 $\frac{25,629}{32,591} \times 100 ≒ 78.6(\%)$이다. 따라서 투표율이 가장 높은 지역인 '중동'과 가장 낮은 지역인 '미주'의 투표율의 차이는 83.0 − 68.7 = 14.3(%p)이다.

ㄷ. 제20대 선거에서 투표소당 선거인 수는 '미주'가 '유럽'보다 많다. → (O) 제20대 선거에서 '미주'의 선거인 수는 226,162 − 110,818 − 32,591 − 6,818 − 2,554 = 73,381(명)이다. 투표소 수는 '미주'가 '유럽'의 2배 미만이고, 선거인 수는 '미주'가 '유럽'의 2배 이상이므로 투표소당 선거인 수는 '미주'가 '유럽'보다 많다.

ㄹ. 제20대 선거와 제19대 선거의 선거인 수 차이가 큰 지역부터 순서대로 나열하면 '아주', '미주', '유럽', '중동', '아프리카' 순이다. → (O) 선거인 수는 투표자 수 × 100 ÷ 투표율이다. 따라서 제19대 선거에서 선거인 수를 계산해보면 '아주'가 143,914명, '미주'가 95,137명, '유럽'이 42,603명, '중동'이 9,670명, '아프리카'가 3,386명이다. 따라서 제20대 선거와 제19대 선거의 선거인 수 차이를 구해보면 '아주'가 33,096명, '미주'가 21,756명, '유럽'이 10,012명, '중동'이 2,852명, '아프리카'가 832명이다. 따라서 제20대 선거와 제19대 선거의 선거인 수 차이가 큰 지역부터 순서대로 나열하면 '아주', '미주', '유럽', '중동', '아프리카' 순이다.

① ㄱ ➡ (X)
② ㄹ ➡ (X)
③ ㄷ, ㄹ ➡ (O)
④ ㄱ, ㄴ, ㄷ ➡ (X)
⑤ ㄴ, ㄷ, ㄹ ➡ (X)

22 ① 정답률 66.4%

| 문제 유형 | 자료 읽기/추론 > 매칭형
| 접근 전략 | 매칭형 문제의 경우 유형을 하나로 특정할 수 있는 〈조건〉부터 확인한다. 해당하는 〈조건〉은 두 번째 〈조건〉과 다섯 번째 〈조건〉이고, 계산이 더 간단한 다섯 번째 〈조건〉부터 해결한다. 이 두 〈조건〉을 해결하면 '전복'을 하나로 특정할 수 있고, 선지 조합에 따라 '충돌'은 A 또는 E이므로 세 번째 〈조건〉만 해결하면 답을 구할 수 있다.

다음 〈표〉는 2017~2021년 '갑'국의 해양사고 유형별 발생 건수와 인명피해 인원 현황이다. 〈표〉와 〈조건〉을 근거로 A~E에 해당하는 유형을 바르게 연결한 것은?

〈표 1〉 2017~2021년 해양사고 유형별 발생 건수
(단위: 건)

연도\유형	A	B	C	D	E
2017	258	65	29	96	160
2018	250	46	38	119	162
2019	244	110	61	132	228
2020	277	108	69	128	203
2021	246	96	54	149	174

〈표 2〉 2017~2021년 해양사고 유형별 인명피해 인원
(단위: 명)

연도\유형	A	B	C	D	E
2017	35	20	25	3	60
2018	19	25	1	0	52
2019	10	19	0	16	52
2020	8	25	2	8	79
2021	9	27	3	3	76

※ 해양사고 유형은 '안전사고', '전복', '충돌', '침몰', '화재폭발' 중 하나로만 구분됨

〈조건〉
○ 2017~2019년 동안 '안전사고' 발생 건수는 매년 증가한다.
○ 2020년 해양사고 발생 건수 대비 인명피해 인원의 비율이 두 번째로 높은 유형은 '전복'이다.
○ 해양사고 발생 건수는 매년 '충돌'이 '전복'의 2배 이상이다.
○ 2017~2021년 동안의 해양사고 인명피해 인원 합은 '침몰'이 '안전사고'의 50% 이하이다.
○ 2020년과 2021년의 해양사고 인명피해 인원 차이가 가장 큰 유형은 '화재폭발'이다.

	A	B	C	D	E
①	충돌	전복	침몰	화재폭발	안전사고	➡ (O)

유형을 특정할 수 있는 다섯 번째 〈조건〉부터 확인한다. 2020년과 2021년 해양사고 인명피해 인원 차이는 A, C가 1명, B가 2명, E가 3명, D가 5명이므로 D가 '화재폭발'이다. 두 번째 〈조건〉을 확인하면 '전복'을 하나로 특정할 수 있으므로 두 번째 〈조건〉을 다음으로 확인한다. D가 '화재폭발'이므로 선지 조합에 따라 '전복'은 B 또는 C이다. B를 기준으로 대소를 비교하면 다음과 같다. B는 A, D보다 인명피해 인원이 많으면서 해양사고 발생 건수는 적고, C보다 인명피해 인원이 12배 이상이면서 해양사고

발생 건수는 2배 미만이다. E는 B보다 인명피해 인원은 3배 이상이면서, 해양사고 발생 건수는 2배 미만이다. 따라서 2020년 해양사고 발생 건수 대비 인명피해 인원의 비율은 B가 A, C, D보다 크고, E보다 작으므로 B가 '전복'이다. '충돌'은 A 또는 E이다. E의 해양사고 발생 건수는 2020년과 2021년에 B의 2배 미만이므로, A가 '충돌'이고, 첫 번째 〈조건〉과 네 번째 〈조건〉은 확인하지 않아도 C가 '침몰', E가 '안전사고'임을 알 수 있다.

| ② | 충돌 | 전복 | 화재폭발 | 안전사고 | 침몰 | ➡ (X)
| ③ | 충돌 | 침몰 | 전복 | 화재폭발 | 안전사고 | ➡ (X)
| ④ | 침몰 | 전복 | 안전사고 | 화재폭발 | 충돌 | ➡ (X)
| ⑤ | 침몰 | 충돌 | 전복 | 안전사고 | 화재폭발 | ➡ (X)

23 ③ 정답률 68.4%

| 문제 유형 | 자료 읽기 > 표/빈칸 제시형
| 접근 전략 | 빈칸을 채워서 해결 가능한 ①, ③, ⑤부터 확인한다. 각 선지는 두 개의 빈칸을 채워 해결하도록 되어 있는데 ③의 경우 2020년과 2021년의 유형별 단속건수를 비교해보았을 때, '사업구역 외 영업'에서 2020년이 2021년보다 1,800건 가량 많고, '방범등 소등위반'과 '기타'를 합하여도 500건 미만으로 적으므로 2021년은 전체 단속건수가 가장 많은 연도가 될 수 없다. 따라서 2020년도 전체 단속건수만 계산해도 되는 ③부터 해결한다.

다음 〈표〉는 2017~2022년 '갑'시의 택시 위법행위 유형별 단속건수에 관한 자료이다. 이에 대한 설명으로 옳은 것은?

〈표〉 2017~2022년 '갑'시의 택시 위법행위 유형별 단속건수
(단위: 건)

연도\유형	승차거부	정류소 정차 질서문란	부당요금	방범등 소등위반	사업구역 외 영업	기타	전체
2017	( )	1,110	125	1,001	123	241	4,166
2018	1,694	701	301	( )	174	382	4,131
2019	1,991	1,194	441	825	554	349	5,354
2020	717	1,128	51	769	2,845	475	( )
2021	130	355	40	1,214	1,064	484	( )
2022	43	193	268	( )	114	187	2,067

① 위법행위 단속건수 상위 2개 유형은 2017년과 2018년이 같다.
➡ (X) 2017년 '승차거부' 단속건수는 4,166 − 1,110 − 125 − 1,001 − 123 − 241 = 1,566(건), 2018년 '방범등 소등위반' 단속건수는 4,131 − 1,694 − 701 − 301 − 174 − 382 = 879(건)이다. 따라서 2017년의 위법행위 단속건수 상위 2개 유형은 '승차거부'와 '정류소 정차 질서문란'이고, 2018년의 위법행위 단속건수 상위 2개 유형은 '승차거부'와 '방범등 소등위반'으로 다르다.

② '부당요금' 단속건수 대비 '승차거부' 단속건수 비율이 가장 높은 연도는 2017년이다. ➡ (X) 2017년과 2020년도의 '승차거부' 단속건수는 '부당요금' 단속건수의 10배 이상이고, 나머지 연도에서는 10배 미만이므로 2017년과 2020년만 정확히 계산한다. '부당요금' 단속건수 대비 '승차거부' 단속건수 비율은 2017년 1,566 ÷ 125≒12.50이고, 2020년은 717 ÷ 51≒14.10이다. 따라서 '부당요금' 단속건수 대비 '승차거부' 단속건수 비율이 가장 높은 연도는 2020년이다.

③ 전체 단속건수가 가장 많은 연도는 2020년이다. ➡ (O) 2020년 전체 단속건수는 717 + 1,128 + 51 + 769 + 2,845 + 475 = 5,985(건)이고, 2021년 전체 단속건수는 130 + 355 + 40 + 1,214 + 1,064 + 484 = 3,287(건)이므로 전체 단속건수가 가장 많은 연도는 2020년이다.

④ 전체 단속건수 중 '방범등 소등위반' 단속건수가 차지하는 비중은 매년 감소한다. ➡ (X) 2021년 '방범등 소등위반' 단속건수는 2020년보다 많고, 전체 단속건수는 2021년이 2020년보다 적으므로 전체 단속건수 중 '방범등 소등위반' 단속건수가 차지하는 비중은 2021년에 전년 대비 증가한다.

⑤ 2017년 '승차거부' 단속건수는 2022년 '방범등 소등위반' 단속건수보다 적다. ➡ (X) 2017년 '승차거부' 단속건수는 1,566건이고, 2022년 '방범등 소등위반' 단속건수는 2,067 − 43 − 193 − 268 − 114 − 187 = 1,262(건)이다. 따라서 2017년 '승차거부' 단속건수는 2022년 '방범등 소등위반' 단속건수보다 많다.

※ 다음 〈표〉는 '갑'국의 2022년 4~6월 A~D정유사의 휘발유와 경유 가격에 관한 자료이다. 다음 물음에 답하시오. [문 24.~문 25.]

〈표〉 정유사별 휘발유와 경유 가격
(단위: 원/L)

정유사\유종\월	휘발유 4	휘발유 5	휘발유 6	경유 4	경유 5	경유 6
A	1,840	1,825	1,979	1,843	1,852	2,014
B	1,795	1,849	1,982	1,806	1,894	2,029
C	1,801	1,867	2,006	1,806	1,885	2,013
D	1,807	1,852	1,979	1,827	1,895	2,024

※ 가격은 해당 월의 정유사별 공시가임

---

24 ④

정답률 87.0%

| 문제 유형 | 자료 읽기 > 표 제시형
| 접근 전략 | 계산이 필요 없는 선지부터 해결한다. 해당하는 선지는 ②, ③, ④이고, ④가 옳은 설명이므로 ①, ⑤는 계산하지 않아도 문제를 해결할 수 있다.

위 〈표〉에 대한 설명으로 옳은 것은?

① 휘발유와 경유의 가격 차이가 가장 큰 정유사는 매월 같다.
➡ (X) 휘발유와 경유 가격 차이는 4월에는 D가 20원/L로 가장 크고, 5월에는 B가 45원/L로 가장 크다.

② 4월에 휘발유 가격보다 경유 가격이 낮은 정유사는 1개이다.
➡ (X) 4월에 모든 정유사에서 휘발유 가격보다 경유 가격이 높다.

③ 5월 휘발유 가격이 가장 높은 정유사는 5월 경유 가격도 가장 높다.
➡ (X) 5월 휘발유 가격이 가장 높은 정유사는 C이고, 경유 가격이 가장 높은 정유사는 D이다.

④ 각 정유사의 경유 가격은 매월 높아졌다. ➡ (O) 모든 정유사의 경유 가격이 매월 높아졌으므로 옳은 설명이다.

⑤ 각 정유사의 5월과 6월 가격 차이는 경유가 휘발유보다 크다.
➡ (X) C의 5월과 6월 휘발유 가격 차이는 139원/L, 경유 가격 차이는 128원/L이므로 휘발유가 경유보다 크다.

---

25 ②

TOP 1 정답률 29.1%

| 문제 유형 | 자료 읽기/추론 > 계산형
| 접근 전략 | 〈표〉에 주어진 자료는 원가가 아니라 공시가격이다. 가격을 계산하는 방법은 〈정보〉에 주어져 있으므로 각 〈보기〉별로 유류세에 관한 사항을 확인하고, 식에 대입하여 계산을 한다. ㄱ과 ㄴ에서 5월 B의 휘발유 원가, 5월 C의 경유 유류세를 정확하게 계산하는 것보다 식에 각각 1,300원/L, 600원/L를 대입하여 대소만 비교하면 비교적 문제를 빠르게 해결할 수 있다.

위 〈표〉와 다음 〈정보〉를 근거로 〈보기〉의 설명 중 옳은 것만을 모두 고르면?

〈정보〉
○ 가격 = 원가 + 유류세 + 부가가치세
○ 4월 유류세는 원가의 50%임
○ 부가가치세는 원가와 유류세를 합한 금액의 10%임

〈보기〉
ㄱ. 5월 B의 휘발유 유류세가 원가의 40%라면, 5월 B의 휘발유 원가는 1,300원/L 이상이다. → (X) 5월 B의 휘발유 원가가 P, 유류세가 원가의 40%라면 가격은 P + 0.4P + (P + 0.4P) × 0.1 = (1 + 0.4 + 0.14)P = 1.54P이다. 만약 5월 B의 휘발유 원가가 1,300원/L이라면 가격은 1.54 × 1,300 = 2,002(원/L)이다. 〈표〉에 주어진 5월 B의 휘발유 가격이 1,849원/L로 2,002원/L보다 낮으므로 5월 B의 휘발유 원가는 1,300원/L 미만이다.

ㄴ. 5월 C의 경유 원가가 전월과 같다면, 5월 C의 경유 유류세는 600원/L 이상이다. → (O) 4월 유류세는 원가의 50%이다. 따라서 4월 C의 경유 원가를 P라 하면 가격은 P + 0.5P + (P + 0.5P) × 0.1 = (1 + 0.5 + 0.15)P = 1.65P = 1,806(원)이다. 따라서 4월 C의 경유 원가는 1,806 ÷ 1.65≒1,095(원/L)이다. 5월 C의 경유 원가가 1,095원/L이고, 유류세가 600원/L라면 5월 C의 경유 가격은 1,095 + 600 + (1,095 + 600) × 0.1 = 1,864.5(원/L)이다. 〈표〉에 주어진 5월 C의 경유 가격이 1,885원/L로 1,864.5원/L보다 높으므로 유류세는 600원/L 이상이다.

ㄷ. 6월 D의 경유 유류세가 4월과 같은 금액이라면, 6월 D의 경유 유류세는 원가의 50% 이상이다. → (X) 4월 D의 경유 원가를 P라 하면 4월 D의 경유 가격은 P + 0.5P + (1.5P × 0.1) = 1.65P = 1,827(원/L)이므로 P≒1,107(원/L)이다. 따라서 4월 D의 경유 유류세는 0.5 × 1,107≒554(원/L)이다. 6월 D의 경유 원가를 Q라 하면 6월 D의 경유 가격은 Q + 554 + (Q + 554) × 0.1 = 1.1Q + 609.4 = 2,024(원/L)이다. 따라서 Q = 1,286원/L이고, 1,286 × 0.5 = 643 > 609.4이므로 6월 D의 경유 유류세는 원가의 50% 미만이다.

① ㄱ ➡ (X)
② ㄴ ➡ (O)
③ ㄷ ➡ (X)
④ ㄱ, ㄴ ➡ (X)
⑤ ㄴ, ㄷ ➡ (X)

2022년도 국가공무원 7급 공개경쟁채용 및 국가공무원 5급 및 7급 민간경력자 일괄채용 필기시험

2022년 7월 23일 시행

정답과 분석해설

나의 성적

영역	점수	풀이 시간
언어논리	____점	____분
상황판단	____점	____분
자료해석	____점	____분

합격선

영역	합격 가능권	합격 확실권
언어논리	72~76점	80~84점
상황판단	64~68점	72~76점
자료해석	68~72점	76~80점

풀이 시간

영역	기본	숙련
언어논리	60분	50분
상황판단	60분	50분
자료해석	60분	50분

7급

선발 인원	응시 인원	경쟁률
785명	33,527명	4.2 : 1

※ 경쟁률은 1차 합격자 선발 기준인 10배수로 산정

민간경력자

선발 인원	접수 인원	경쟁률
218명	3,055명	1.4 : 1

※ 경쟁률은 1차 합격자 선발 기준인 10배수로 산정

취약유형 분석표 제1영역 언어논리

문번	정답	정답률	유형	맞고 틀림
01	⑤	94.5%	사실적 이해 > 정보 확인	○△×
02	①	90.1%	사실적 이해 > 정보 확인	○△×
03	①	88.3%	사실적 이해 > 정보 확인	○△×
04	②	91.3%	사실적 이해 > 정보 확인	○△×
05	②	84.3%	사실적 이해 > 정보 확인	○△×
06	⑤	89.0%	사실적 이해 > 중심 내용 파악	○△×
07	①	81.2%	비판적 사고 > 빈칸 채우기	○△×
08	⑤	81.4%	비판적 사고 > 판단하기	○△×
09	①	81.2%	비판적 사고 > 지문에서 추론하기	○△×
10	③	65.5%	비판적 사고 > 판단하기	○△×
11	④	67.5%	비판적 사고 > 판단하기	○△×
12	⑤	24.0%	비판적 사고 > 판단하기	○△×
13	③	82.9%	비판적 사고 > 빈칸 채우기	○△×
14	②	21.7%	비판적 사고 > 판단하기	○△×
15	②	12.2%	비판적 사고 > 판단하기	○△×
16	⑤	30.6%	비판적 사고 > 지문에서 추론하기	○△×
17	④	48.9%	사실적 이해 > 논리 게임	○△×
18	③	28.6%	사실적 이해 > 논리 게임	○△×
19	④	23.9%	사실적 이해 > 논리 게임	○△×
20	③	74.1%	비판적 사고 > 지문에서 추론하기	○△×
21	④	26.6%	비판적 사고 > 판단하기	○△×
22	⑤	44.9%	비판적 사고 > 판단하기	○△×
23	②	43.9%	비판적 사고 > 빈칸 채우기	○△×
24	⑤	51.1%	비판적 사고 > 빈칸 채우기	○△×
25	④	38.3%	비판적 사고 > 판단하기	○△×

- 확실히 맞힌 문항 수: _____ 문항
- 헷갈리거나 찍은 문항 수: _____ 문항
- 틀린 문항 수: _____ 문항

취약유형 분석표 제2영역 상황판단

문번	정답	정답률	유형	맞고 틀림
01	⑤	74.8%	법조문형 > 규정확인	○ △ ×
02	①	82.5%	법조문형 > 규정적용	○ △ ×
03	⑤	86.2%	법조문형 > 규정확인	○ △ ×
04	①	73.7%	법조문형 > 규정확인	○ △ ×
05	②	73.0%	제시문형 > 정보확인	○ △ ×
06	②	72.6%	제시문형 > 분석추론	○ △ ×
07	③	81.1%	연산추론형 > 수리계산	○ △ ×
08	④	61.3%	제시문형 > 분석추론	○ △ ×
09	②	65.1%	제시문형 > 정보확인	○ △ ×
10	③	83.3%	연산추론형 > 수리계산	○ △ ×
11	①	58.0%	퍼즐형 > 논리퀴즈	○ △ ×
12	②	87.8%	연산추론형 > 대입비교	○ △ ×
13	③	78.5%	연산추론형 > 대입비교	○ △ ×
14	⑤	51.7%	연산추론형 > 대입비교	○ △ ×
15	①	73.5%	연산추론형 > 대입비교	○ △ ×
16	③	79.9%	연산추론형 > 대입비교	○ △ ×
17	④	61.1%	퍼즐형 > 논리퀴즈	○ △ ×
18	②	47.5%	퍼즐형 > 수리퀴즈	○ △ ×
19	③	39.9%	퍼즐형 > 최댓값·최솟값 도출	○ △ ×
20	③	37.3%	퍼즐형 > 수리퀴즈	○ △ ×
21	⑤	26.1%	연산추론형 > 수리계산	○ △ ×
22	④	52.7%	퍼즐형 > 논리퀴즈	○ △ ×
23	①	30.6%	퍼즐형 > 논리퀴즈	○ △ ×
24	④	22.1%	연산추론형 > 수리계산	○ △ ×
25	④	51.2%	법조문형 > 규정적용	○ △ ×

- 확실히 맞힌 문항 수: _____ 문항
- 헷갈리거나 찍은 문항 수: _____ 문항
- 틀린 문항 수: _____ 문항

취약유형 분석표 제3영역 자료해석

문번	정답	정답률	유형	맞고 틀림
01	①	93.8%	자료 읽기/추론 > 계산형	○ △ ×
02	⑤	83.8%	자료 읽기 > 표 제시형	○ △ ×
03	④	94.6%	자료 변환응용 > 표/그림 전환형	○ △ ×
04	①	83.0%	자료 읽기 > 표 제시형	○ △ ×
05	②	73.4%	자료 읽기/추론 > 매칭형	○ △ ×
06	①	76.5%	자료 읽기 > 표 제시형	○ △ ×
07	④	88.1%	자료 읽기 > 표 제시형	○ △ ×
08	①	67.4%	자료 읽기 > 그림 제시형	○ △ ×
09	⑤	79.7%	자료 읽기/추론 > 매칭형	○ △ ×
10	④	63.7%	자료 추론>추가로 필요한 자료 찾기	○ △ ×
11	②	40.4%	자료 읽기 > 표/빈칸 제시형	○ △ ×
12	③	78.5%	자료 읽기/추론 > 매칭형	○ △ ×
13	③	38.1%	자료 읽기/추론 > 계산형	○ △ ×
14	⑤	78.1%	자료 변환응용 > 표/그림 전환형	○ △ ×
15	④	24.5%	자료 읽기 > 표 제시형	○ △ ×
16	②	70.2%	자료 읽기/추론 > 매칭형	○ △ ×
17	②	76.6%	자료 읽기 > 그림 제시형	○ △ ×
18	⑤	69.4%	자료 읽기/추론 > 계산형	○ △ ×
19	③	57.1%	자료 읽기 > 표/그림 제시형	○ △ ×
20	①	48.5%	자료 읽기 > 표/빈칸 제시형	○ △ ×
21	③	41.9%	자료 읽기/추론 > 계산형	○ △ ×
22	⑤	38.9%	자료 읽기 > 표/빈칸 제시형	○ △ ×
23	①	55.5%	자료 읽기/추론 > 매칭형	○ △ ×
24	④	52.4%	자료 읽기/추론 > 계산형	○ △ ×
25	②	39.8%	자료 읽기 > 표/빈칸 제시형	○ △ ×

- 확실히 맞힌 문항 수: _____ 문항
- 헷갈리거나 찍은 문항 수: _____ 문항
- 틀린 문항 수: _____ 문항

정답과 분석해설

2022 | 제1영역 언어논리(㉮ 책형)

기출 총평

2022년 언어논리 시험은 전반적으로 쉽게 출제되어 자세히 살펴보아도 해석이 불가능한 난이도 극상의 문항은 없었다. 후반부에 나오는 소수의 복합 유형을 제외하고는 문항 구조 자체가 단순해서 이전 기출에 비해 문제 풀이 속도가 빨랐을 것이라 예상된다. 전반부에는 사실적 이해를 바탕으로 지문의 내용을 선지와 단순 비교하는 문제가 많았다. 게다가 추론이나 판단을 요구하는 지시문으로 구성되어 있지만 문제 풀이의 과정에서는 지문에 제시된 사실을 확인하는 수준에서 풀이가 가능한 문항도 있었다. 후반부에 지문 내용의 논리적 구조를 분석하여 글의 전체 흐름을 파악해야 하는 문항들은 다소 어렵게 느껴졌을 것이다. 지문의 논지를 파악하고 새롭게 제시된 조건이나 근거를 견주어 봤을 때 타당한지 여부를 판단하는 문제 풀이 연습을 꾸준히 하면 도움이 될 것이다.

문항별 정답률 및 선지별 선택률

문번	정답	정답률(%)	선지별 선택률(%)				
			①	②	③	④	⑤
01	⑤	94.5	0.9	0.2	2.1	2.3	94.5
02	①	90.1	90.1	2.3	4.0	0.9	2.7
03	①	88.3	88.3	1.2	0.6	7.0	2.9
04	②	91.3	0.3	91.3	2.1	1.3	5.0
05	②	84.3	5.6	84.3	1.7	7.4	1.0
06	⑤	89.0	7.3	0.6	2.3	0.8	89.0
07	①	81.2	81.2	0.9	4.9	0.8	12.2
08	⑤	81.4	2.4	5.4	3.5	7.3	81.4
09	①	81.2	81.2	4.4	1.1	5.0	8.3
10	③	65.5	14.8	4.6	65.5	11.6	3.5
11	④	67.5	2.0	11.8	2.7	67.5	16.0
12	⑤	24.0	18.7	20.3	18.5	18.5	24.0
13	③	82.9	5.7	0.6	82.9	3.5	7.3

문번	정답	정답률(%)	선지별 선택률(%)				
			①	②	③	④	⑤
14	②	21.7	23.4	21.7	19.3	12.5	23.1
15	②	12.2	6.3	12.2	27.5	46.3	7.7
16	⑤	30.6	13.4	5.4	3.9	46.7	30.6
17	④	48.9	17.7	8.1	16.2	48.9	9.1
18	③	28.6	6.7	4.6	28.6	23.5	36.6
19	④	23.9	11.5	34.2	14.0	23.9	16.4
20	③	74.1	14.8	2.7	74.1	5.6	2.8
21	④	26.6	17.3	18.0	9.3	26.6	28.8
22	⑤	44.9	9.3	5.5	27.8	12.5	44.9
23	②	43.9	24.2	43.9	10.0	13.5	8.4
24	⑤	51.1	1.9	15.7	22.5	8.8	51.1
25	④	38.3	8.7	22.7	12.1	38.3	18.2

※ 음영 문항은 해당 회차에서 정답률이 가장 낮은 TOP 3 문항입니다.
※ 정답률 및 선지별 선택률 산정 기준: 약 1년간 누적된 자동채점 & 성적결과분석 서비스의 응시 데이터

출제 비중

기출문제편 P.142

01	⑤	02	①	03	①	04	②	05	②
06	⑤	07	①	08	⑤	09	①	10	③
11	④	12	⑤	13	③	14	④	15	②
16	⑤	17	④	18	③	19	④	20	③
21	④	22	⑤	23	②	24	⑤	25	④

01 ⑤
정답률 94.5%

| 문제 유형 | 사실적 이해 > 정보 확인
| 접근 전략 | 역사적 사실을 서술한 지문의 내용에 부합하는 선지를 찾는 단순한 유형의 문제이다. 지문의 내용이 익히 아는 서희의 외교 담판에 대한 것이고 선지도 단어 하나 정도만 바꿔서 오답을 만든 경우가 많아 쉬운 편이다. 글의 흐름을 따라 지문의 내용을 빠르게 파악한 후에 차례대로 선지를 읽고 가부를 판단한다.

다음 글의 내용과 부합하는 것은?

979년 송 태종은 거란을 공격하러 가는 길에 고려에 원병을 요청했다. 거란은 고려가 참전할 수도 있다는 염려에서 크게 동요했다. 하지만 고려는 송 태종의 요청에 응하지 않았다. 이후 거란은 송에 보복할 기회를 엿보는 한편, 송과 다시 싸우기 전에 고려를 압박해 앞으로도 송을 군사적으로 돕지 않겠다는 약속을 받아내고자 했다. ▶1문단

당시 거란과 고려 사이에는 압록강이 있었는데, 그 하류 유역에는 여진족이 살고 있었다. 이 여진족은 발해의 지배를 받았지만, 발해가 거란에 의해 멸망한 후에는 어느 나라에도 속하지 않은 채 독자적 세력을 이루고 있었다. 거란은 이 여진족이 사는 땅을 여러 차례 침범해 대군을 고려로 보내는 데 적합한 길을 확보했다. 이후 993년에 거란 장수 소손녕은 군사를 이끌고 고려에 들어와 몇 개의 성을 공격했다. 이때 소손녕은 "고구려 옛 땅은 거란의 것인데 고려가 감히 그 영역을 차지하고 있으니 군사를 일으켜 그 땅을 찾아가고자 한다."라는 내용의 서신을 보냈다. 이 서신이 오자 고려 국왕 성종과 대다수 대신은 "옛 고구려의 영토에 해당하는 땅을 모두 내놓아야 군대를 거두겠다는 뜻이 아니냐?"라며 놀랐다. 하지만 서희는 소손녕이 보낸 서신의 내용은 핑계일 뿐이라고 주장했다. 그는 고려가 병력을 동원해 거란을 치는 일이 없도록 하겠다는 언질을 주면 소손녕이 철군할 것이라고 말했다. 이렇게 논의가 이어지고 있을 때 안융진에 있는 고려군이 소손녕과 싸워 이겼다는 보고가 들어왔다. ▶2문단

패배한 소손녕은 진군을 멈추고 협상을 원한다는 서신을 보내왔다. 이 서신을 받은 성종은 서희를 보내 협상하게 했다. 소손녕은 서희가 오자 "실은 고려가 송과 친하고 우리와는 소원하게 지내고 있어 침입하게 되었다."라고 했다. 이에 서희는 압록강 하류의 여진족 땅을 고려가 지배할 수 있게 묵인해 준다면, 거란과 국교를 맺을 뿐 아니라 거란과 송이 싸울 때 송을 군사적으로 돕지 않겠다는 뜻을 내비쳤다. 이 말을 들은 소손녕은 서희의 요구를 수용하기로 하고 퇴각했다. 이후 고려는 북쪽 국경 너머로 병력을 보내 압록강 하류의 여진족 땅까지 밀고 들어가 영토를 넓혔으며, 그 지역에 강동 6주를 두었다. ▶3문단

① 거란은 압록강 유역에 살던 여진족이 고려의 백성이라고 주장하였다. ➡ (X) 2문단에서 압록강 하류 유역에 살고 있던 여진족은 어느 나라에도 속하지 않은 채 독자적 세력을 이루고 있었다고 하였다. 그리고 거란은 여진족이 사는 땅을 침범해 고려로 가는 길을 확보했을 뿐. 여진족이 고려의 백성이라고 주장했다는 내용은 지문에 제시되어 있지 않다.

② 여진족은 발해의 지배에서 벗어나기 위해 거란과 함께 고려를 공격하였다. ➡ (X) 2문단에 따르면 여진족은 발해의 지배를 받았지만 발해가 거란에 의해 멸망한 후에는 어느 나라에도 속하지 않았다고 하였다. 그리고 여진족이 거란과 함께 고려를 공격했다는 내용은 지문에 나타나지 않는다.

③ 소손녕은 압록강 유역의 여진족 땅을 빼앗아 강동 6주를 둔 후 그곳을 고려에 넘겼다. ➡ (X) 3문단에서 고려는 소손녕이 퇴각한 이후 압록강 하류의 여진족 땅까지 밀고 들어가 영토를 넓히고 그 지역에 강동 6주를 두었다고 했다. 소손녕이 강동 6주를 둔 후 고려에 넘긴 것이 아니다.

④ 고려는 압록강 하류 유역에 있는 여진족의 땅으로 세력을 확대한 거란을 공격하고자 송 태종과 군사동맹을 맺었다. ➡ (X) 3문단에서 서희는 압록강 하류의 여진족 땅을 고려가 지배할 수 있게 묵인해 준다면 거란과 국교를 맺을 뿐 아니라 거란과 송이 싸울 때 송을 군사적으로 돕지 않겠다는 뜻을 보였고, 이 요구를 소손녕이 수용해 퇴각했다고 했다. 고려가 송과 군사동맹을 맺었다는 내용은 지문에 제시되어 있지 않다.

⑤ 서희는 고려가 거란에 군사적 적대 행위를 하지 않겠다고 약속하면 소손녕이 군대를 이끌고 돌아갈 것이라고 보았다. ➡ (O) 2문단에서 서희는 고려가 병력을 동원해 거란을 치는 일이 없도록 하겠다는 언질을 주면 소손녕이 철군할 것이라고 했다. 병력을 동원해 거란을 치는 일이 없도록 하겠다는 말은 군사적 적대 행위를 하지 않겠다는 말과 같고, 소손녕이 철군할 것이라는 말은 군대를 이끌고 돌아갈 것이라는 말과 같다.

02 ①
정답률 90.1%

| 문제 유형 | 사실적 이해 > 정보 확인
| 접근 전략 | 대마도 정벌과 관련된 사실적 내용의 지문을 바탕으로 이에 대해 바르게 서술한 선지를 고르는 유형이다. 지문에 등장하는 인명이나 지명을 파악하고 누가 어디에서 무엇을 했는지를 아는 것이 중요하다. 단어 하나 차이로 오답을 만든 선지가 대부분이라 난도는 쉬운 편이다.

다음 글에서 알 수 있는 것은?

세종이 즉위한 이듬해 5월에 대마도의 왜구가 충청도 해안에 와서 노략질하는 일이 벌어졌다. 이 왜구는 황해도 해주 앞바다에도 나타나 조선군과 교전을 벌인 후 명의 땅인 요동반도 방향으로 북상했다. 세종에게 왕위를 물려주고 상왕으로 있던 태종은 이종무에게 "북상한 왜구가 본거지로 되돌아가기 전에 대마도를 정벌하라!"라고 명했다. 이에 따라 이종무는 군사를 모아 대마도 정벌에 나섰다. ▶1문단

남북으로 긴 대마도에는 섬을 남과 북의 두 부분으로 나누는 중간에 아소만이라는 곳이 있는데, 이 만의 초입에 두지포라는 요충지가 있었다. 이종무는 이곳을 공격한 후 귀순을 요구하면 대마도주가 응할 것이라 보았다. 그는 6월 20일 두지포에 상륙해 왜인 마을을 불사른 후 계획대로 대마도주에게 서신을 보내 귀순을 요구했다. 하지만 대마도주는 이에 반응을 보이지 않았다. 분노한 이종무는 대마도주를 사로잡아 항복을 받아내기로 하고, 니로라는 곳에 병력을 상륙시켰다. 하지만 그곳에서 조선군은 매복한 적의 공격으로 크게 패했다. 이에 이종무는 군사를 거두어 거제도 견내량으로 돌아왔다. ▶2문단

이종무가 견내량으로 돌아온 다음 날, 태종은 요동반도로 북상했던 대마도의 왜구가 그곳으로부터 남하하던 도중 충청도에서 조운선을 공격했다는 보고를 받았다. 이 사건이 일어난 지 며칠 지나지 않았음을 알게 된 태종은 왜구가 대마도에 당도하기 전에 바다에서 격파해야 한다고 생각하고, 이종무에게 그들을 공격하라고 명했다. 그런데 이 명이 내려진 후에 새로운 보고가 들어왔다. 대마도의 왜구가 요동반도에 상륙했다가 크게 패배하는 바람에 살아남은 자가 겨우 300여 명에 불과하다는 것이었다. 이 보고를 접한 태종은 대마도주가 거느린 병사가 많이 죽어 그 세력이 꺾였으니 그에게 다시금 귀순을 요구하면 응할 것으로 판단했다. 이에 그는 이종무에게 내린 출진 명령을 취소하고, 측근 중 적임자를 골라 대마도주에게 귀순을 요구하는 사신으로 보냈다. 이 사신을 만난 대마도주는 고심 끝에 조선에 귀순하기로 했다. ▶3문단

① 해주 앞바다에 나타나 조선군과 싸운 대마도의 왜구가 요동반도를 향해 북상한 뒤 이종무의 군대가 대마도로 건너갔다.
➡ (O) 1문단에 따르면 왜구는 해주 앞바다에서 조선군과 교전을 벌인 후 요동반도 방향으로 북상했고, 이에 태종의 명으로 이종무는 군사를 모아 대마도 정벌에 나섰다.

② 조선이 왜구의 본거지인 대마도를 공격하기로 하자 명의 군대도 대마도까지 가서 정벌에 참여하였다. ➡ (X) 2문단에 이종무가 대마도를 공격한 내용이 나오지만 명의 군대가 이 정벌에 참여했다는 내용은 지문에 제시되어 있지 않다.

③ 이종무는 세종이 대마도에 보내는 사절단에 포함되어 대마도를 여러 차례 방문하였다. ➡ (X) 지문에 따르면 이종무는 군사를 모아 대마도 정벌에 나서거나 왜구를 바다에서 격파하기 위해 공격을 하려 했을 뿐, 사절단에 포함되어 대마도를 방문한 내용은 제시되어 있지 않다.

④ 태종은 대마도 정벌을 준비하였지만, 세종의 반대로 뜻을 이루지 못하였다. ➡ (X) 1문단에 따르면 태종은 대마도를 정벌하기 위해 이종무와 군사들을 대마도로 보냈다. 세종의 반대가 있어 뜻을 이루지 못했다는 내용은 지문에 제시되어 있지 않다.

⑤ 조선군이 대마도주를 사로잡기 위해 상륙하였다가 패배한 곳은 견내량이다. ➡ (X) 2문단에 따르면 조선군이 대마도주를 사로잡기 위해 상륙했다가 패배한 곳은 니로라는 곳이다. 견내량은 거제도에 있는데, 이종무가 대마도에서 크게 패한 후 군사를 거두어 돌아온 곳이다.

03 ①
정답률 88.3%

| 문제 유형 | 사실적 이해 > 정보 확인
| 접근 전략 | 지문은 인간에 대한 혐오의 감정에 대해 서술한 내용이고 선지는 지문에 등장하는 일부 문장을 가져와 나열한 정도의 수준이라서 쉽게 풀리는 문제이다. 다만, '알 수 없는 것'을 고르라는 문제의 발문을 잘 확인하고 풀도록 한다.

다음 글에서 알 수 없는 것은?

인간에 대한 혐오의 감정을 긍정적으로 바라보는 인식을 바탕으로, 이를 사회 안정의 도구로 활용해야 한다거나 법적 판단의 근거로 삼아야 한다는 주장은 영미법의 오래된 역사에서 그리 낯설지 않다. 그러나 혐오의 감정이 특정 개인과 집단을 배척하기 위한 강력한 무기로 이용되었다는 사실을 고려하면 이러한 주장이 얼마나 그릇된 것인지 이해할 수 있다. ▶1문단

일반적으로 우리는 분비물이나 배설물, 악취 등에 대해 그리고 시체와 같이 부패하고 퇴화하는 것들에 대해 혐오의 감정을 갖는다. 인간은 타자를 공격하는 데 이러한 오염물의 이미지를 사용한다. 이때 혐오는 특정 집단을 오염물인 것처럼 취급하고 자신은 오염되지 않은 쪽에 속함으로써 얻게 되는 심리적인 우월감 및 만족감과 연결되어 있다. 역사적으로 볼 때 이런 과정을 거쳐 오염물로 취급된 집단 중 하나가 유대인이다. ▶2문단

중세 이후 반유대주의 세력이 유대인에게 부여한 부정적 이미지는 점액성, 악취, 부패, 불결함과 같은 혐오스러운 것들과 결부되어 있다. 히틀러는 유대인을 깨끗하고 건강한 독일 민족의 몸속에 숨겨진, 썩어 가는 시체 속의 구더기라고 표현했다. 혐오스러운 적대자를 설정함으로써 자신의 야욕을 달성하려 했던 것이다. 불행하게도 대다수의 독일인은 이러한 야만적인 정치적 선동에 동의를 표했다. 심지어 유대인을 암세포, 종양, 세균 등으로 묘사하면서 이들을 비인간적 존재로 전락시키는 의학적 담론이 유행하기도 했다. 비인간적으로 묘사되는 유대인의 이미지는 나치가 만든 허상이었음에도 불구하고, 유대인과 연관된 혐오의 이미지는 아이들이 보는 당대의 동화 속에 담겨 있을 정도로 널리 퍼져 있었다. ▶3문단

① 혐오는 정치적 선동의 도구로 이용되지 않았다. ➡ (X) 3문단에 따르면 히틀러는 유대인을 혐오스러운 적대자로 설정했는데, 대다수의 독일인은 이러한 야만적인 정치적 선동에 동의를 표했다고 했다. 혐오가 정치적 선동의 도구로 이용된 예로 볼 수 있다.

② 개인뿐만 아니라 집단도 혐오의 대상이 될 수 있다. ➡ (O) 1문단에서 혐오의 감정이 특정 개인과 집단을 배척하기 위한 강력한 무기로 이용되었다고 했고, 2문단에서 혐오는 특정 집단을 오염물인 것처럼 취급한다고 하면서 역사적인 예로 유대인을 들었다. 따라서 개인뿐만 아니라 집단도 혐오의 대상이 될 수 있음을 알 수 있다.

③ 혐오의 대상이 되는 집단은 비인간적으로 묘사되기도 한다. ➡ (O) 3문단에 따르면 히틀러는 유대인을 '시체 속의 구더기'라고 표현했고, 심지어 당시에는 유대인을 암세포, 종양, 세균 등으로 묘사하면서 이들을 비인간적 존재로 전락시키는 의학적 담론이 유행하기도 했다. 따라서 혐오의 대상이 되는 집단이 비인간적으로 묘사되었음을 알 수 있다.

④ 혐오의 감정을 법적 판단의 근거로 삼아야 한다는 입장이 있었다. ➡ (O) 1문단에서 혐오의 감정을 법적 판단의 근거로 삼아야 한다는 주장이 영미법의 역사에 있었다고 했다.

⑤ 인간에 대한 혐오의 감정은 타자를 혐오함으로써 주체가 얻을 수 있는 심리적인 만족감과 연관되어 있다. ➡ (O) 2문단에서 혐오는 특정 집단을 오염물인 것처럼 취급하고 자신은 오염되지 않은 쪽에 속함으로써 얻게 되는 심리적인 우월감 및 만족감과 연결되어 있다고 했다.

04 ②
정답률 91.3%

| 문제 유형 | 사실적 이해 > 정보 확인
| 접근 전략 | '계획적 진부화'라는 마케팅 용어의 개념을 설명하고, 기업이 이러한 전략을 추진하는 이유 3가지를 제시한 다음 계획적 진부화에 대한 비판적 입장을 언급했다. 중심 내용에 밑줄을 그으며 읽은 후 선지의 가부를 판단한다. 지문의 내용에 어긋나는 선지를 골라야 한다는 점을 염두에 둔다.

다음 글에서 알 수 없는 것은?

'계획적 진부화'는 의도적으로 수명이 짧은 제품이나 서비스를 생산함으로써 소비자들이 새로운 제품을 구매하도록 유도하는 마케팅 전략 중 하나이다. 여기에는 단순히 부품만 교체하는 것이 가능함에도 불구하고 새로운 제품을 구매하도록 유도하는 것도 포함된다. ▶1문단

계획적 진부화의 이유는 무엇일까? 첫째, 기업이 기존 제품의 가격을 인상하기 곤란한 경우, 신제품을 출시한 뒤 여기에 인상된 가격을 매길 수 있기 때문이다. 특히 제품의 기능은 거의 변함없이 디자인만 약간 개선한 신제품을 내놓고 가격을 인상하는 경우도 쉽게 볼 수 있다. 둘째, 중고품 시장에서 거래되는 기존 제품과의 경쟁을 피할 수 있기 때문이다. 자동차처럼 사용 기간이 긴 제품의 경우, 기업은 동일 유형의 제품을 팔고 있는 중고품 판매 업체와 경쟁해야만 한다. 그러나 기업이 새로운 제품을 출시하면, 중고품 시장에서 판매되는 기존 제품은 진부화되고 그 경쟁력도 하락한다. 셋째, 소비자들의 취향이 급속히 변화하는 상황에서 계획적 진부화로 소비자들의 만족도를 높일 수 있기 때문이다. 전통적으로 제품의 사용 기간을 결정짓는 요인은 기능적 특성이나 노후화·손상 등 물리적 특성이 주를 이루었지만, 최근에는 심리적 특성에도 많은 영향을 받고 있다. 이처럼 소비자들의 요구가 다양해지고 그 변화 속도도 빨라지고 있어, 기업들은 이에 대응하기 위해 계획적 진부화를 수행하기도 한다. ▶2문단

기업들은 계획적 진부화를 통해 매출을 확대하고 이익을 늘릴 수 있다. 기존 제품이 사용 가능한 상황에서도 신제품에 대한 소비자들의 수요를 자극하면 구매 의사가 커지기 때문이다. 반면, 기존 제품을 사용하는 소비자 입장에서는 크게 다를 것 없는 신제품 구입으로 불필요한 지출과 실질적인 손실이 발생할 수 있다는 점에서 계획적 진부화는 부정적으로 인식된다. 또한 환경이나 생태를 고려하는 거시적 관점에서도, 계획적 진부화는 소비자들에게 제공하는 가치에 비해 에너지나 자원의 낭비가 심하다는 비판을 받고 있다. ▶3문단

① 계획적 진부화로 소비자들은 불필요한 지출을 할 수 있다. ➡ (O)

③ 계획적 진부화는 기존 제품과 동일한 중고품의 경쟁력을 높인다.
→ (X) 2문단에서 계획적 진부화를 통해 기업이 신제품을 출시하면 중고품은 진부화되고 그 경쟁력도 하락한다고 했다. 따라서 계획적 진부화는 기존 제품과 동일한 중고품의 경쟁력을 높인다고 볼 수 없다.

③ 계획적 진부화는 소비자들의 요구에 대응하기 위하여 수행되기도 한다. → (O) 2문단에서 소비자들의 취향이 급속히 변화하는 상황에서 계획적 진부화로 소비자들의 만족도를 높일 수 있다고 했다. 따라서 소비자들의 요구에 대응하기 위해 기업들은 계획적 진부화를 수행하기도 한다고 했다.

④ 계획적 진부화를 통해 기업은 기존 제품보다 비싼 신제품을 출시할 수 있다. → (O) 2문단에서 기업이 신제품을 출시한 뒤 여기에 인상된 가격을 매길 수 있다고 했다.

⑤ 계획적 진부화로 인하여 제품의 실제 사용 기간은 물리적으로 사용 가능한 수명보다 짧아질 수 있다. → (O) 3문단에서 기존 제품이 사용 가능한 상황에서도 신제품에 대한 소비자들의 수요를 자극하면 구매 의사가 커진다고 했다. 즉, 물리적으로 사용 가능한 제품을 가지고 있음에도 신제품을 갖고 싶은 심리적 요인으로 인해 신제품을 구입할 경우 기존 제품을 실제 사용하는 기간이 짧아질 수 있는 것이다.

05 ② 정답률 84.3%

| 문제 유형 | 사실적 이해 > 정보 확인
| 접근 전략 | 지문에서는 재화나 용역이 비경합적이거나 비배제적으로 소비된다는 말의 개념을 1, 2문단에서 차례로 예를 들어 설명한 후, 3문단에서 이러한 방식이 시장에서 적용될 수 없다는 점을 근거로 공공재의 개념을 제시하고 있다. 선지에는 지문의 내용을 재서술하거나 지문에서 언급한 개념을 다른 사례에 적용한 경우가 제시되어 있다.

다음 글에서 알 수 없는 것은?

재화나 용역 중에는 비경합적이고 비배제적인 방식으로 소비되는 것들이 있다. 먼저 재화나 용역이 비경합적으로 소비된다는 말은, 그것에 대한 누군가의 소비가 다른 사람의 소비 가능성을 줄어들게 하지 않는다는 것을 뜻한다. 예컨대 10개의 사탕이 있는데 내가 8개를 먹어 버리면 다른 사람이 그 사탕을 소비할 가능성은 그만큼 줄어들게 된다. 반면에 라디오 방송 서비스 같은 경우는 내가 그것을 이용한다고 해서 다른 사람의 소비 가능성이 줄어들게 되지 않는다는 점에서 비경합적이다. ▶1문단

재화나 용역이 비배제적으로 소비된다는 말은, 그것이 공급되었을 때 누군가 그 대가를 지불하지 않았다고 해서 그 사람이 그 재화나 용역을 소비하지 못하도록 배제할 수 없다는 것을 뜻한다. 이러한 의미에서 국방 서비스는 비배제적으로 소비된다. 정부가 국방 서비스를 제공받는 모든 국민에게 그 비용을 지불하도록 하는 정책을 채택했다고 하자. 이때 어떤 국민이 이런 정책에 불만을 표하며 비용 지불을 거부한다고 해도 정부는 그를 국방 서비스의 수혜에서 배제하기 어렵다. 설령 그를 구속하여 감옥에 가두더라도 그는 국방 서비스의 수혜자 범위에서 제외되지 않는다. ▶2문단

비경합적이고 비배제적인 방식으로 소비되는 재화와 용역의 생산과 배분이 시장에서 제대로 이루어질 수 있을까? 국방의 예를 이어나가 보자. 대부분의 국민은 자신의 생명과 재산을 보호받고자 하는 욕구가 있고 국방 서비스에 대한 수요도 있기 마련이다. 그러나 만약 국방 서비스를 시장에서 생산하여 판매한다면, 경제적으로 합리적인 국민은 국방 서비스를 구매하지 않을 것이다. 왜냐하면 다른 이가 구매하는 국방 서비스에 자신도 무임승차할 수 있기 때문이다. 결과적으로 국방 서비스는 과소 생산되는 문제가 발생하고, 그 피해는 모든 국민에게 돌아가게 될 것이다. 따라서 이와 같은 유형의 재화나 용역을 사회적으로 필요한 만큼 생산하기 위해서는 국가가 개입해야 하기에 이런 재화나 용역에는 공공재라는 이름을 붙이는 것이다. ▶3문단

① 유료 공연에서 일정한 돈을 지불하지 않은 사람의 공연장 입장을 차단한다면, 그 공연은 배제적으로 소비될 수 있다. → (O) 2문단에 따르면 재화나 용역이 비배제적으로 소비된다는 말은 누군가 공급에 대한 대가를 지불하지 않았다고 해서 그 사람이 그 재화나 용역을 소비하지 못하도록 배제할 수 없다는 뜻이다. 따라서 유료 공연의 비용을 지불하지 않은 사람이 공연장 입장을 차단당한다면 이는 공연이 배제적으로 소비된 것이라 볼 수 있다.

② 국방 서비스를 소비하는 모든 국민에게 그 비용을 지불하도록 한다면, 그 서비스는 비경합적으로 소비될 수 없다. → (X) 국방 서비스는 경합이나 비경합의 문제로 설명할 수 있는 것이 아니다. 2문단에서 어떤 국민이 비용 지불을 거부한다고 해도 정부는 그를 국방 서비스의 수혜에서 배제하기 어렵다고 했다. 즉, 국민들이 그 비용을 지불하든, 지불하지 않든 그 수혜에서 배제되지 않는다. 즉, 경합적으로 소비되는 것이 아니다.

③ 이용할 수 있는 수가 한정된 여객기 좌석은 경합적으로 소비될 수 있다. → (O) 1문단에서 사탕 10개 중 내가 8개를 먹어 버리면 다른 사람이 그 사탕을 소비할 가능성이 그만큼 줄어들게 된다고 했다. 이는 사탕이 경합적으로 소비된 예이다. 이와 유사한 예로 이용자의 수가 한정된 여객기 좌석도 경합적으로 소비될 수 있다.

④ 무임승차를 쉽게 방지할 수 없는 재화나 용역은 과소 생산될 수 있다. → (O) 3문단에서 국방 서비스는 비용 지불을 거부한 사람이 다른 이가 구매하는 국방 서비스에 무임승차할 수 있어 서비스가 과소 생산되는 문제가 발생할 수 있다고 했다.

⑤ 라디오 방송 서비스는 여러 사람이 비경합적으로 소비할 수 있다. → (O) 1문단에서 라디오 방송 서비스는 내가 그것을 이용한다고 해서 다른 사람의 소비 가능성이 줄어들게 되지 않는다는 점에서 비경합적이라고 했다.

06 ⑤ 정답률 89.0%

| 문제 유형 | 사실적 이해 > 중심 내용 파악
| 접근 전략 | 지문을 읽고 핵심 논지를 찾는 유형의 문제이다. 특정 세부 내용이나 일부 언급된 사실로 도출할 수 있는 내용이 아니라 지문 전체의 중심 내용을 아우를 수 있는 선지를 찾아야 한다. 1문단에서 독일의 통일 과정에서 보여 준 동독 주민들의 행동을 고려해야 한다고 했으므로 이에 초점을 두고 지문의 내용을 파악해야 한다.

다음 글의 핵심 논지로 가장 적절한 것은?

독일 통일을 지칭하는 '흡수 통일'이라는 용어는 동독이 일방적으로 서독에 흡수되었다는 인상을 준다. 그러나 통일 과정에서 동독 주민들이 보여준 행동을 고려하면 흡수 통일은 오해의 여지를 주는 용어일 수 있다. ▶1문단

1989년에 동독에서는 지방선거 부정 의혹을 둘러싼 내부 혼란이 발생했다. 그 과정에서 체제에 환멸을 느낀 많은 동독 주민들이 서독으로 탈출했고, 동독 곳곳에서 개혁과 개방을 주장하는 시위의 물결이 일어나기 시작했다. 초기 시위에서 동독 주민들은 여행·신앙·언론의 자유를 중심에 둔 내부 개혁을 주장했지만 이후 "우리는 하나의 민족이다!"라는 구호와 함께 동독과 서독의 통일을 요구하기 시작했다. 그렇게 변화하는 사회적 분위기 속에서 1990년 3월 18일에 동독 최초이자 최후의 자유총선거가 실시되었다. ▶2문단

동독 자유총선거를 위한 선거운동 과정에서 서독과 협력하는 동독 정당들이 생겨났고, 이들 정당의 선거운동에 서독 정당과 정치인들이 적극적으로 유세 지원을 하기도 했다. 초반에는 서독 사민당의 지원을 받으며 점진적 통일을 주장하던 동독 사민당이 우세했지만, 실제 선거에서는 서독 기민당의 지원을 받으며 급속한 통일을 주장하던 독일동맹이 승리하게 되었다. 동독 주민들이 자유총선거에서 독일동맹을 선택한 것은 그들 스스로 급속한 통일을 지지한 것이라고 할 수 있다. 이후 동독은 서독과 1990년 5월 18일에 「통화·경제·사회보장동맹의 창설에 관한 조약」을, 1990년 8월 31일에 「통일조약」을 체결했고, 마침내 1990년 10월 3일에 동서독 통일을 이루게 되었다. ▶3문단

이처럼 독일 통일의 과정에서 동독 주민들의 주체적인 참여를 확인할 수 있다. 독일 통일을 단순히 흡수 통일이라고 부른다면, 통일 과정에서 중요한 역할을 담당했던 동독 주민들을 배제한다는 오해를 불러일으킬 수 있다. 독일 통일의 과정을 온전히 이해하기 위해서는 동독 주민들의 활동에도 주목할 필요가 있다. ▶4문단

① 자유총선거에서 동독 주민들은 점진적 통일보다 급속한 통일을 지지하는 모습을 보여주었다. ➡ (X) 3문단에 있는 내용으로, 동독 주민들의 통일에 대한 입장이나 태도는 확인할 수 있지만 지문의 핵심 논지인 독일의 통일 과정에서 동독 주민들의 주체적인 참여가 큰 역할을 했다는 내용이 포함되어 있지 않다.
② 독일 통일은 동독이 일방적으로 서독에 흡수되었다는 점에서 흔히 흡수 통일이라고 부른다. ➡ (X) 1문단에서 '흡수 통일'이라는 용어가 동독이 일방적으로 서독에 흡수되었다는 인상을 주지만 이는 오해의 여지를 주는 용어라고 했다. 지문에서는 이에 반박하는 내용으로 글을 전개하고 있다.
③ 독일 통일은 분단국가가 합의된 절차를 거쳐 통일을 이루었다는 점에서 의의가 있다. ➡ (X) 2, 3문단을 통해 도출할 수 있는 내용이지만 핵심 논지로 보기는 어렵다.
④ 독일 통일 전부터 서독의 정당은 물론 개인도 동독의 선거에 개입할 수 있었다. ➡ (X) 3문단에서 동독 정당의 선거운동에 서독 정당과 정치인들이 적극적으로 유세 지원을 하기도 했다고 했으므로 맞는 내용이지만, 세부 내용에 불과하다.
⑤ 독일 통일의 과정에서 동독 주민들의 주체적 참여가 큰 역할을 하였다. ➡ (O) 4문단에서 독일 통일의 과정을 온전히 이해하기 위해서는 동독 주민들의 활동, 즉 주체적인 참여에 주목할 필요가 있다고 했으므로 핵심 논지로 적절하다.

07 ①
정답률 81.2%

|문제 유형| 비판적 사고 > 빈칸 채우기
|접근 전략| 빈칸 앞에 전개된 내용을 숙지하고 같은 논지를 반영한 선지를 찾아야 한다. 1문단에서는 서양에서 신의 진리를 드러내기 위해 인체 비례를 탐구했다는 내용이 나오므로 이를 건축에 적용해 (가)에 들어갈 말을 찾으면 되고, 2문단에서는 서양의 조형적 관점이 동양에서도 발견됐다고 했으므로 이러한 내용을 포함해 (나)에 들어갈 말을 찾으면 된다.

다음 글의 (가)와 (나)에 들어갈 말을 적절하게 나열한 것은?

서양 사람들은 옛날부터 신이 자연 속에 진리를 감추어 놓았다고 믿고 그 진리를 찾기 위해 노력했다. 그들은 숨겨진 진리가 바로 수학이며 자연물 속에 비례의 형태로 숨어 있다고 생각했다. 또한 신이 자연물에 숨겨 놓은 수많은 진리 중에서도 인체 비례야말로 가장 아름다운 진리의 정수로 여겼다. 그래서 서양 사람들은 예로부터 이러한 신의 진리를 드러내기 위해서 완벽한 인체를 구현하는 데 몰두했다. 레오나르도 다빈치의 「인체 비례도」를 보면, 원과 정사각형을 배치하여 사람의 몸을 표현하고 있다. 가장 기본적인 기하 도형이 인체 비례와 관련 있다는 점에 착안하였던 것이다. 르네상스 시대 건축가들은 이러한 기본 기하 도형으로 건축물을 디자인하면 (가) 위대한 건물을 지을 수 있다고 생각했다. ▶1문단

건축에서 미적 표준으로 인체 비례를 활용하는 조형적 안목은 서양뿐 아니라 동양에서도 찾을 수 있다. 고대부터 중국이나 우리나라에서도 인체 비례를 건축물 축조에 활용하였다. 불국사의 청운교와 백운교는 3:4:5 비례의 직각삼각형으로 이루어져 있다. 이와 같은 비례로 건축하는 것을 '구고현(勾股弦)법'이라 한다. 뒤꿈치를 바닥에 대고 무릎을 직각으로 구부린 채 누우면 바닥과 다리 사이에 삼각형이 이루어지는데, 이것이 구고현법의 삼각형이다. 짧은 변인 구(勾)는 넓적다리에, 긴 변인 고(股)는 장딴지에 대응하고, 빗변인 현(弦)은 바닥의 선에 대응한다. 이 삼각형은 고대 서양에서 신성불가침의 삼각형이라 불렸던 것과 동일한 비례를 가지고 있다. 동일한 비례를 아름다움의 기준으로 삼았다는 점에서 (나) 는 것을 알 수 있다. ▶2문단

① (가): 인체 비례에 숨겨진 신의 진리를 구현한
(나): 조형미에 대한 동서양의 안목이 유사하였다 ➡ (O)
(가): 1문단에서 서양 사람들은 예로부터 신의 진리를 드러내기 위해 완벽한 인체를 구현하는 데 몰두했다면서 기본적인 기하 도형으로 인체의 비례를 표현한 「인체 비례도」를 예로 들었다. 그 다음에 이어지는 문장도 이와 동일한 해석을 드러내야 한다. 따라서 르네상스 시대 건축가들이 기본 기하 도형으로 건축물을 디자인한 것은 인체 비례에 숨겨진 신의 진리를 구현한 건물을 지은 것으로 볼 수 있다. 지문에는 신의 진리를 탐구하는 것에 대한 내용만 있을 뿐 신의 진리를 넘어서는 또 다른 것을 구현한다는 내용은 드러나지 않는다.
(나): 2문단에서는 인체 비례를 활용하는 조형적 안목은 서양뿐 아니라 동양에서도 찾을 수 있다고 했다. 그 예로 구고현(勾股弦)법에 따라 건축된 불국사의 청운교와 백운교를 들고 있는데, 이는 고대 서양에서 신성불가침의 삼각형이라 불렸던 것과 동일한 비례를 가진다고 했다. 인체 비례를 건축물 축조에 활용한 사례가 유사하게 드러났으므로 동서양의 조형미에 대한 안목이 유사했다고 볼 수 있다. 인체 실측에 대한 계산법이나 공간 활용법에 대한 내용은 지문에 드러나지 않는다.
② (가): 신의 진리를 넘어서는 인간의 진리를 구현한
(나): 인체 실측에 대한 동서양의 계산법이 동일하였다 ➡ (X)
③ (가): 인체 비례에 숨겨진 신의 진리를 구현한
(나): 건축물에 대한 동서양의 공간 활용법이 유사하였다 ➡ (X)
④ (가): 신의 진리를 넘어서는 인간의 진리를 구현한
(나): 조형미에 대한 동서양의 안목이 유사하였다 ➡ (X)
⑤ (가): 인체 비례에 숨겨진 신의 진리를 구현한
(나): 인체 실측에 대한 동서양의 계산법이 동일하였다 ➡ (X)

08 ⑤
정답률 81.4%

|문제 유형| 비판적 사고 > 판단하기
|접근 전략| 글의 흐름에 맞지 않는 부분을 찾아 적절하게 수정했는지의 여부를 확인하는 유형의 문제이다. 앞뒤의 문장을 잘 읽으면 흐름에 어긋나는 부분을 쉽게 찾을 수 있다. 각 문단 안에서 문장의 서술 흐름을 놓치지 않고 읽는 것이 중요하다.

다음 글의 ㉠~㉤에서 문맥에 맞지 않는 곳을 찾아 적절하게 수정한 것은?

반세기 동안 지속되던 냉전 체제가 1991년을 기점으로 붕괴되면서 동유럽 체제가 재편되었다. 동유럽에서는 연방에서 벗어나 많은 국가들이 독립하였다. 이 국가들은 자연스럽게 자본주의 시장경제를 받아들였는데, 이후 몇 년 동안 공통적으로 극심한 경제 위기를 경험하게 되었다. 급기야 IMF(국제통화기금)의 자금 지원을 받게 되는데, 이는 ㉠갑작스럽게 외부로부터 도입한 자본주의 시스템에 적응하는 일이 결코 쉽지 않다는 점을 보여준다. ▶1문단

이 과정에서 해당 국가 국민의 평균 수명이 급격하게 줄어들었는데, 이는 같은 시기 미국, 서유럽 국가들의 평균 수명이 꾸준히 늘었다는 것과 대조적이다. 이러한 현상에 대해 ㉡자본주의 시스템 도입을 적극적으로 지지했던 일부 경제학자들은 오래전부터 이어진 ㉢동유럽 지역 남성들의 과도한 음주와 흡연, 폭력과 살인 같은 비경제적 요소를 주된 원인으로 꼽았다. 즉 경제 체제의 변화와는 관련이 없다는 것이다. ▶2문단

이러한 주장에 의문을 품은 영국의 한 연구자는 해당 국가들의 건강 지표가 IMF의 자금 지원 전후로 어떻게 달라졌는지를 살펴보았다. 여러 사회적 상황을 고려하여 통계 모형을 만들고, ㉣IMF의 자금 지원을 받은 국가와 다른 기관에서 자금 지원을 받은 국가를 비교하였다. 같은 시기 독립한 동유럽 국가 중 슬로베니아만 유일하게 IMF가 아닌 다른 기관에서 돈을 빌렸다. 이때 두 곳의 차이는, IMF는 자금을 지원받은 국가에게 경제와 관련된 구조조정 프로그램을 실시하게 한 반면, 슬로베니아를 지원한 곳은 그렇게 하지 않았다는 점이다. IMF 구조조정 프로그램을 실시한 국가들은 ㉤실시 이전부터 결핵 발생률이 크게 증가했던 것으로 나타났다. 그러나 슬로베니아는 같

① ㉠을 "자본주의 시스템을 갖추지 않고 지원을 받는 일"로 수정한다. ➡ (X) 1문단에서는 냉전 체제 이후 연방에서 벗어난 동유럽 국가들이 자본주의 시장경제를 받아들이면서 극심한 경제 위기를 경험하게 됐다고 했다. 이는 이전 체제와 다른 외부의 시스템에 대한 적응이 어려웠음을 알 수 있는 내용이다. 따라서 ㉠은 문맥에 맞는 내용이므로 수정이 불필요하다.

② ㉡을 "자본주의 시스템 도입을 적극적으로 반대했던"으로 수정한다. ➡ (X) 2문단 후반에 보면 국민의 평균 수명 감소가 경제 체제의 변화와는 무관하다는 내용이 있다. 이러한 주장은 자본주의 시스템 도입을 지지하는 세력이 할 수 있는 것이다. 따라서 ㉡은 글의 흐름에 맞는 내용으로 수정이 불필요하다.

③ ㉢을 "수출입과 같은 국제 경제적 요소"로 수정한다. ➡ (X) ㉢에 이어지는 문장이 국민 평균 수명 감소와 경제 체제의 변화는 관련이 없다는 내용이므로, 국민 평균 수명 감소 현상의 원인이 비경제적인 요소라는 내용이 ㉢에 나와야 한다. 따라서 ㉢은 맞는 내용이므로 수정이 불필요하다.

④ ㉣을 "IMF의 자금 지원 직후 경제 성장률이 상승한 국가와 하락한 국가"로 수정한다. ➡ (X) ㉣의 뒷부분에 IMF에서 자금을 지원받은 국가와 다른 기관에서 자금을 지원받은 슬로베니아의 차이가 언급되어 있다. 따라서 ㉣은 적절한 내용이므로 수정이 불필요하다.

⑤ ㉤을 "실시 이후부터 결핵 사망률이 크게 증가했던 것"으로 수정한다. ➡ (O) 3문단 마지막에 IMF 구조조정 프로그램의 실시 여부가 국가별 결핵 사망률과 상관관계가 있었다고 하였으므로, IMF의 개입 여부에 따라 그 이후 결과가 달라졌다는 내용이 나와야 한다. 따라서 ㉤은 '실시 이전'이 아니라 '실시 이후'로 수정해야 한다.

09 ①   정답률 81.2%

| 문제 유형 | 비판적 사고 > 지문에서 추론하기
| 접근 전략 | 지문에서 추론할 수 없는 것을 고르는 유형의 문제이다. 지문에 <표>가 포함되어 고려해야 할 것이 많은 것 같지만 비교적 단순한 문제이다. 수험생 유형별로 시험 장소와 마스크 착용 규정을 연결지어 선지의 가부를 확인한다.

다음 글에서 추론할 수 없는 것은?

감염병 우려로 인해 △△시험 관리본부가 마련한 대책은 다음과 같다. 먼저 모든 수험생을 확진, 자가격리, 일반 수험생의 세 유형으로 구분한다. 그리고 수험생 유형별로 시험 장소를 안내하고 마스크 착용 규정을 준수하도록 한다.

〈표〉 수험생 유형과 증상에 따른 시험장의 구분

수험생	시험장	증상	세부 시험장
확진 수험생	생활치료센터	유·무 모두	센터장이 지정한 센터 내 장소
자가격리 수험생	특별 방역 시험장	유	외부 차단 1인용 부스
		무	회의실
일반 수험생	최초 공지한 시험장	유	소형 강의실
		무	중대형 강의실

▶1문단

모든 시험장에 공통적으로 적용되는 마스크 착용 규정은 다음과 같다. 첫째, 모든 수험생은 입실부터 퇴실 시점까지 의무적으로 마스크를 착용해야 한다. 둘째, 마스크는 KF99, KF94, KF80의 3개 등급만 허용한다. 마스크 등급을 표시하는 숫자가 클수록 방역 효과가 크다. 셋째, 마스크 착용 규정에서 특정 등급의 마스크 의무 착용을 명시한 경우, 해당 등급보다 높은 등급의 마스크 착용은 가능하지만 낮은 등급의 마스크 착용은 허용되지 않는다.

▶2문단

시험장에 따라 달리 적용되는 마스크 착용 규정은 다음과 같다. 첫째, 생활치료센터에서는 각 센터장이 내린 지침을 의무적으로 따라야 한다. 둘째, 특별 방역 시험장에서는 KF99 마스크를 의무적으로 착용해야 한다. 셋째, 소형 강의실과 중대형 강의실에서는 각각 KF99와 KF94 마스크 착용을 권장하지만 의무 사항은 아니다. ▶3문단

① 일반 수험생 중 유증상자는 KF80 마스크를 착용하고 시험을 치를 수 없다. ➡ (X) 일반 수험생 중 유증상자는 소형 강의실에서 시험을 보게 되는데, 3문단에 따르면 소형 강의실에서는 KF99 마스크 착용을 권장하지만 의무 사항은 아니라고 했다. 또한 2문단에서 마스크는 KF99, KF94, KF80의 3개 등급만 허용한다고 했다. 따라서 일반 수험생 중 유증상자가 KF80 마스크를 착용했다고 해서 시험을 치를 수 없는 것은 아니다.

② 일반 수험생 중 무증상자는 KF80 마스크를 착용하고 시험을 치를 수 있다. ➡ (O) 일반 수험생 중 무증상자는 중대형 강의실에서 시험을 보게 되는데, 3문단에 따르면 중대형 강의실에서는 KF94 마스크 착용을 권장하지만 의무 사항은 아니라고 했다. 또한 2문단에서 마스크는 KF99, KF94, KF80의 3개 등급만 허용한다고 했다. 따라서 일반 수험생 중 무증상자는 KF80 마스크를 착용하고 시험을 치를 수 있다.

③ 자가격리 수험생 중 유증상자는 KF99 마스크를 착용하고 시험을 치를 수 있다. ➡ (O) 자가격리 수험생 중 유증상자는 특별 방역 시험장의 외부 차단 1인용 부스에서 시험을 보게 되는데, 3문단에 따르면 특별 방역 시험장에서는 KF99 마스크를 의무적으로 착용해야 한다. 따라서 자가격리 수험생 중 유증상자는 KF99 마스크를 착용하고 시험을 치를 수 있다.

④ 자가격리 수험생 중 무증상자는 KF94 마스크를 착용하고 시험을 치를 수 없다. ➡ (O) 자가격리 수험생 중 무증상자는 특별 방역 시험장의 회의실에서 시험을 보게 되는데, 3문단에 따르면 특별 방역 시험장에서는 KF99 마스크를 의무적으로 착용해야 한다. 또한 2문단에 따르면 특정 등급의 마스크 의무 착용을 명시한 경우 해당 등급보다 낮은 등급의 마스크 착용은 허용되지 않는다. 따라서 자가격리 수험생 중 무증상자는 KF99보다 등급이 낮은 KF94 마스크를 착용하고 시험을 치를 수 없다.

⑤ 확진 수험생은 생활치료센터장이 허용하는 경우 KF80 마스크를 착용하고 시험을 치를 수 있다. ➡ (O) 확진 수험생은 생활치료센터에서 시험을 보게 되는데, 3문단에서 생활치료센터에서는 각 센터장이 내린 지침을 의무적으로 따라야 한다고 했다. 따라서 확진 수험생은 생활치료센터장이 허용하는 경우 KF80 마스크를 착용하고 시험을 치를 수 있다.

10 ③ 정답률 65.5%

| 문제 유형 | 비판적 사고 > 판단하기
| 접근 전략 | 지문의 내용에 맞게 〈표〉를 적절하게 수정한 것을 고르는 문제이다. 2문단의 세부 내용을 빠뜨리지 않고 꼼꼼히 읽기만 하면 답을 생각보다 쉽게 찾을 수 있다. 사실적 이해 기반의 판단하기 문제 유형이므로 사실적 이해를 바탕으로 지문의 내용이 제시된 〈표〉에 적절하게 반영되었는지 확인하도록 한다.

다음 글의 〈표〉를 수정한 것으로 적절한 것만을 〈보기〉에서 모두 고르면?

○○부는 철새로 인한 국내 야생 조류 및 가금류 조류인플루엔자(Avian Influenza, AI) 바이러스 감염 확산 여부를 추적 조사하고 있다. AI 바이러스는 병원성 정도에 따라 고병원성과 저병원성 AI 바이러스로 구분한다. 발표 자료에 따르면, 2020년 10월 25일 충남 천안시에서는 야생 조류 분변에서 고병원성 AI 바이러스가 검출되었으며 이는 2018년 2월 1일 충남 아산시에서 검출된 이래 2년 8개월 만의 검출 사례였다. ▶1문단

최근 야생 조류 고병원성 AI 바이러스 검출 사례는 2020년 10월 25일부터 11월 21일까지 경기도에서 3건, 충남에서 2건이 발표되었고, 가금류 고병원성 AI 바이러스 검출 사례는 전국에서 총 3건이 발표되었다. 같은 기간에 야생 조류 저병원성 AI 바이러스 검출 후 발표된 사례는 전국에 총 8건이다. 또한 채집된 의심 야생 조류의 분변 검사 결과, 고병원성·저병원성 AI 바이러스 모두에 해당하지 않아 바이러스 미분리로 분류된 사례는 총 7건이다. 야생 조류 AI 바이러스 검출 현황은 고병원성 AI, 저병원성 AI, 검사 중으로 분류하고 바이러스 미분리는 야생 조류 AI 바이러스 검출 현황에 포함하지 않는다. 야생 조류 AI 바이러스가 검출되고 나서 고병원성 여부를 확인하기 위해 정밀 검사를 하는 데 상당한 기간이 소요되므로, 아직 검사 중인 것이 9건이다. 그중 하나인 제주도 하도리의 경우 11월 22일 고병원성 AI 바이러스 검출 여부를 발표할 예정이다. ▶2문단

○○부 주무관 갑은 2020년 10월 25일부터 11월 21일까지 발표된 야생 조류 AI 바이러스 검출 현황을 아래와 같이 〈표〉로 작성하였으나 검출 현황을 적절히 반영하지 않아 수정이 필요하다.

〈표〉 야생 조류 AI 바이러스 검출 현황
(기간: 2020년 10월 25일 ~ 2020년 11월 21일)

고병원성 AI	저병원성 AI	검사 중	바이러스 미분리
8건	8건	9건	7건

▶3문단

〈보기〉

ㄱ. 고병원성 AI 항목의 "8건"을 "5건"으로 수정한다. → (○) 2문단 전반부에서 야생 조류 고병원성 AI 바이러스 검출 사례는 경기도 3건, 충남 2건이라고 했으므로 전국 총 5건임을 알 수 있다. 다음으로 가금류 고병원성 AI 바이러스 검출 사례는 전국 총 3건이라고 했다. 〈표〉는 야생 조류 AI 바이러스 검출 현황을 나타내고 있으므로 가금류의 검출 사례는 포함하지 않아야 한다. 따라서 〈표〉의 고병원성 AI 항목의 '8건'을 '5건'으로 수정하는 것은 적절하다.

ㄴ. 검사 중 항목의 "9건"을 "8건"으로 수정한다. → (X) 2문단 후반부에서 야생 조류 AI 바이러스 검출 후 고병원성 여부를 확인하는 데 상당한 기간이 소요되어 아직 검사 중인 것이 9건이라고 했으므로 검사 중 항목의 '9건'은 수정할 필요가 없다.

ㄷ. "바이러스 미분리" 항목을 삭제한다. → (○) 2문단 중반부에서 야생 조류 AI 바이러스 검출 현황은 고병원성 AI, 저병원성 AI, 검사 중으로 분류하고 바이러스 미분리는 해당 현황에 포함하지 않는다고 했다. 따라서 〈표〉의 '바이러스 미분리' 항목은 삭제해야 한다.

① ㄱ ➡ (X)
② ㄴ ➡ (X)
③ ㄱ, ㄷ ➡ (○)
④ ㄴ, ㄷ ➡ (X)
⑤ ㄱ, ㄴ, ㄷ ➡ (X)

11 ④ 정답률 67.5%

| 문제 유형 | 비판적 사고 > 판단하기
| 접근 전략 | A~C 모두 인간 존엄성에 대해 비판적이다. 다만, 논지 전개의 차이가 있다. A는 인간 존엄성이라는 개념 자체의 무용성을 주장하고 있고, B와 C는 인간 존엄성을 인간 중심적 사고로 보아 다른 종이나 환경을 함부로 대하는 오만과 폭력에 대해 지적하고 있다. 즉, B와 C는 인간 존엄성을 인간 중심주의로 봤다는 점에서 입장이 유사하다.

다음 글의 A~C에 대한 평가로 적절한 것만을 〈보기〉에서 모두 고르면?

인간 존엄성은 모든 인간이 단지 인간이기 때문에 갖는 것으로서, 인간의 숭고한 도덕적 지위나 인간에 대한 윤리적 대우의 근거로 여겨진다. 다음은 인간 존엄성 개념에 대한 A~C의 비판이다.

A: 인간 존엄성은 그 의미가 무엇인지에 대해 사람마다 생각이 달라서 불명료할 뿐 아니라 무용한 개념이다. 가령 존엄성은 존엄사를 옹호하거나 반대하는 논증 모두에서 각각의 주장을 정당화하는 데 사용된다. 어떤 이는 존엄성이란 말을 '자율성의 존중'이라는 뜻으로, 어떤 이는 '생명의 신성함'이라는 뜻으로 사용한다. 결국 쟁점은 존엄성이 아니라 자율성의 존중이나 생명의 가치에 관한 문제이며, 존엄성이란 개념 자체는 그 논의에서 실질적으로 중요한 기여를 하지 않는다.

B: 인간의 권리에 대한 문서에서 존엄성이 광범위하게 사용되는 것은 기독교 신학과 같이 인간 존엄성을 언급하는 많은 종교적 문헌의 영향으로 보인다. 이러한 종교적 뿌리는 어떤 이에게는 가치 있는 것이지만, 다른 이에겐 그런 존엄성 개념을 의심할 근거가 되기도 한다. 특히 존엄성을 신이 인간에게 부여한 독특한 지위로 생각함으로써 인간이 스스로를 지나치게 높게 보도록 했다는 점은 비판을 받아 마땅하다. 이는 인간으로 하여금 인간이 아닌 종과 환경에 대해 인간 자신들이 원하는 것을 마음대로 해도 된다는 오만을 낳았다.

C: 인간 존엄성은 인간이 이성적 존재임을 들어 동물이나 세계에 대해 인간 중심적인 견해를 옹호해 온 근대 휴머니즘의 유산이다. 존엄성은 인간종이 그 자체로 다른 종이나 심지어 환경 자체보다 더 큰 가치가 있다고 생각하는 종족주의의 한 표현에 불과하다. 인간 존엄성은 우리가 서로를 가치 있게 여기도록 만들기도 하지만, 인간 외의 다른 존재에 대해서는 그 대상이 인간이라면 결코 용납하지 않았을 폭력적 처사를 정당화하는 근거로 활용된다.

〈보기〉

ㄱ. 많은 논란에도 불구하고 존엄사를 인정한 연명의료결정법의 시행은 A의 주장을 약화시키는 사례이다. → (X) A는 인간 존엄성 개념에 대한 입장을 밝히고 있는데, 인간 존엄성은 그 의미가 불명료해 무용한 개념이라고 했다. 예로 든 존엄사에 대해서도 존엄성보다는 자율성의 존중이나 생명의 가치에 관한 문제를 논해야 한다고 했다. 이는 존엄사에 대해 찬반 어느 한 쪽에 속하는 주장을 한 것이 아니다. 따라서 존엄사를 인정한 연명의료결정법이 시행된다고 해서 A의 주장을 약화시키지 않는다.

ㄴ. C의 주장은 화장품의 안전성 검사를 위한 동물실험의 금지를 촉구하는 캠페인의 근거로 활용될 수 있다. → (○) C는 인간 존엄성이 인간 중심적인 종족주의에 불과하다고 비판하고, 인간 외의 다른 존재에 대한 폭력적 처사를 정당화하기 위해 인간 존엄성을 근거로 활용한다고 했다. 따라서 C의 주장은 동물실험의 금지를 촉구하는 캠페인의 근거로 활용될 수 있다.

ㄷ. B와 C는 인간에게 특권적 지위를 부여하는 인간 중심적인 생각을 비판한다는 점에서 공통적이다. → (○) B는 종교적 뿌리를 둔 인간 존엄성이 인간이 스스로를 높게 보도록 해 인간 외의 종이나 환경에 대해 오만한 태도를 갖게 했다고 지적한다. 또한 C는 인간 존엄성은 인간 중심적인 견해로 인간종이 다른 종이나 환경보다 더 큰 가치가 있다고 생각하는 종족주의에 불과하다고 비판한다. 따라서 B와 C는 모두 인간 중심적인 생각을 비판하고 있다.

① ㄱ ➡ (X)
② ㄷ ➡ (X)
③ ㄱ, ㄴ ➡ (X)
④ ㄴ, ㄷ ➡ (O)
⑤ ㄱ, ㄴ, ㄷ ➡ (X)

S 12 ⑤   정답률 24.0%

| 문제 유형 | 비판적 사고 > 판단하기
| 접근 전략 | 특정 논증에 대한 분석으로 적절한 것을 고르는 유형의 문제이다. 〈논증〉의 흐름에 따라 ㉠이 참이면 ㉡을 도출할 수 있고, ㉡이 참이면 ㉢의 부정을 도출할 수 있다. 〈보기〉는 지문에 제시되지 않은 또 다른 근거를 들어 해당 진술의 참·거짓 여부를 묻거나, 새로운 전제를 추가했을 때 결론을 이끌어 낼 수 있는지 여부를 묻고 있다. 논리적 흐름을 고려해 타당한지 판단해야 한다.

다음 글의 〈논증〉에 대한 분석으로 적절한 것만을 〈보기〉에서 모두 고르면?

우리는 죽음이 나쁜 것이라고 믿는다. 죽고 나면 우리가 존재하지 않기 때문이다. 루크레티우스는 우리가 존재하지 않기 때문에 죽음이 나쁜 것이라면 우리가 태어나기 이전의 비존재도 나쁘다고 말해야 한다고 생각했다. 그러나 우리는 태어나기 이전에 우리가 존재하지 않았다는 사실에 대해서 애석해 하지 않는다. 따라서 루크레티우스는 죽음 이후의 비존재에 대해서도 애석해 할 필요가 없다고 주장했다. 다음은 이러한 루크레티우스의 주장을 반박하는 논증이다.

〈논증〉

우리는 죽음의 시기가 뒤로 미루어짐으로써 더 오래 사는 상황을 상상해 볼 수 있다. 예를 들어, 50살에 교통사고로 세상을 떠난 누군가를 생각해 보자. 그 사고가 아니었다면 그는 70살이나 80살까지 더 살 수도 있었을 것이다. 그렇다면 50살에 그가 죽은 것은 그의 인생에 일어날 수 있는 여러 가능성 중에 하나였다. 그런데 ㉠내가 더 일찍 태어나는 것은 상상할 수 없다. 물론, 조산이나 제왕절개로 내가 조금 더 일찍 세상에 태어날 수도 있었을 것이다. 하지만 여기서 고려해야 할 것은 나의 존재의 시작이다. 나를 있게 하는 것은 특정한 정자와 난자의 결합이다. 누군가는 내 부모님이 10년 앞서 임신할 수 있었다고 주장할 수도 있다. 그러나 그랬다면 내가 아니라 나의 형제가 태어났을 것이다. 그렇기 때문에 '더 일찍 태어났더라면'이라고 말해도 그것이 실제로 내가 더 일찍 태어났을 가능성을 상상한 것은 아니다. 나의 존재는 내가 수정된 바로 그 특정 정자와 난자의 결합에 기초한다. 그러므로 ㉡내가 더 일찍 태어나는 일은 불가능하다. 나의 사망 시점은 달라질 수 있지만, 나의 출생 시점은 그렇지 않다. 그런 의미에서 출생은 내 인생 전체를 놓고 볼 때 하나의 필연적인 사건이다. 결국 죽음의 시기를 뒤로 미뤄 더 오래 사는 것은 가능하지만, 출생의 시기를 앞당겨 더 오래 사는 것은 불가능하다. 따라서 내가 더 일찍 태어나지 않은 것은 나쁜 일이 될 수 없다. 즉 죽음 이후와는 달리 ㉢태어나기 이전의 비존재는 나쁘다고 말할 수 없다.

〈보기〉

ㄱ. 냉동 보관된 정자와 난자가 수정되어 태어난 사람의 경우를 고려하면, ㉠은 거짓이다. → (O) 〈논증〉에서는 나의 존재는 부모님의 특정 정자와 난자의 결합에 기초한다고 보기 때문에 출생 시점을 앞당길 수 없다고 본다. 10년 앞선 부모님의 정자와 난자는 내 것이 아니기 때문이다. 그런데 냉동 보관된 정자와 난자로 수정한다고 했을 때는 출생 시점을 앞당길 수 있다. 따라서 더 일찍 태어나는 일을 상상할 수 있으므로 ㉠은 거짓이 된다.

ㄴ. ㉠에 "어떤 사건이 가능하면, 그것의 발생을 상상할 수 있다."라는 전제를 추가하면, ㉡을 이끌어 낼 수 있다. → (O) '어떤 사건이 가능하면, 그것의 발생을 상상할 수 있다.'라는 것이 참이면 '어떤 사건의 발생을 상상할 수 없으면 그 사건은 불가능하다.'라는 것도 참이 된다. 이것을 전제로 했

을 때 '내가 더 일찍 태어나는 것을 상상할 수 없다.'에서 '내가 더 일찍 태어나는 것은 불가능하다.'를 도출할 수 있다. 즉, 새로운 전제를 추가해 ㉠에서 ㉡을 이끌어 낼 수 있다.

ㄷ. ㉢에 "태어나기 이전의 비존재가 나쁘다면, 내가 더 일찍 태어나는 것이 가능하다."라는 전제를 추가하면, ㉡의 부정을 이끌어 낼 수 있다. → (O) '태어나기 이전의 비존재가 나쁘다면, 내가 더 일찍 태어나는 것이 가능하다.'라는 전제가 추가된다면 '태어나기 이전의 비존재는 나쁘다.'가 참이므로 '내가 더 일찍 태어나는 것이 가능하다.'라는 결론을 도출할 수 있다. 즉, 이는 ㉡의 부정에 해당한다.

① ㄱ ➡ (X)
② ㄷ ➡ (X)
③ ㄱ, ㄴ ➡ (X)
④ ㄴ, ㄷ ➡ (X)
⑤ ㄱ, ㄴ, ㄷ ➡ (O)

※ 다음 글을 읽고 물음에 답하시오. [문 13.~문 14.]

인간은 지구상의 생명이 대량 멸종하는 사태를 맞이하고 있지만, 다른 한편으로는 실험실에서 인공적으로 새로운 생명체를 창조하고 있다. 이런 상황에서, 자연적으로 존재하는 종을 멸종으로부터 보존해야 한다는 생물 다양성의 보존 문제를 어떤 시각으로 바라보아야 할까? A는 생물 다양성을 보존해야 한다고 주장한다. 이를 위해 A는 다음과 같은 도구적 정당화를 제시한다. 우리는 의학적, 농업적, 경제적, 과학적 측면에서 이익을 얻기를 원한다. '생물 다양성 보존'은 이를 위한 하나의 수단으로 간주될 수 있다. 바로 그 수단이 우리가 원하는 이익을 얻는 최선의 수단이라는 것이 A의 첫 번째 전제이다. 그리고 ▢(가)▢는 것이 A의 두 번째 전제이다. 이 전제들로부터 우리에게는 생물 다양성을 보존할 의무와 필요성이 있다는 결론이 나온다. ▶1문단

이에 대해 B는 생물 다양성 보존이 우리가 원하는 이익을 얻는 최선의 수단이 아님을 지적한다. 특히 합성 생물학은 자연에 존재하는 DNA, 유전자, 세포 등을 인공적으로 합성하고 재구성해 새로운 생명체를 창조하는 것을 목표로 한다. B는 우리가 원하는 이익을 얻고자 한다면, 자연적으로 존재하는 생명체들을 대상으로 보존에 애쓰는 것보다는 합성 생물학을 통해 원하는 목표를 더 합리적이고 체계적으로 성취할 수 있을 것이라고 주장한다. 인공적인 생명체의 창조가 우리가 원하는 이익을 얻는 더 좋은 수단이므로, 생물 다양성 보존을 지지하는 도구적 정당화는 설득력을 잃는다는 것이다. 그래서 B는 A가 제시하는 도구적 정당화에 근거하여 생물 다양성을 보존하자고 주장하는 것은 옹호될 수 없다고 말한다. ▶2문단

한편 C는 모든 종은 보존되어야 한다고 주장하면서 생물 다양성 보존을 옹호한다. C는 대상의 가치를 평가할 때 그 대상이 갖는 도구적 가치와 내재적 가치를 구별한다. 대상의 도구적 가치란 그것이 특정 목적을 달성하는 데 얼마나 쓸모가 있느냐에 따라 인정되는 가치이며, 대상의 내재적 가치란 그 대상이 그 자체로 본래부터 갖고 있다고 인정되는 고유한 가치를 말한다. C에 따르면 생명체는 단지 도구적 가치만을 갖는 것이 아니다. 생명체를 오로지 도구적 가치로만 평가하는 것은 생명체를 그저 인간의 목적을 위해 이용되는 수단으로 보는 인간 중심적 태도이지만, C는 그런 태도는 받아들일 수 없다고 본다. 생명체의 내재적 가치 또한 인정해야 한다는 것이다. 그 생명체들이 속한 종 또한 그 쓸모에 따라서만 가치가 있는 것이 아니다. 그리고 내재적 가치를 지니는 것은 모두 보존되어야 한다. 이로부터 모든 종은 보존되어야 한다는 결론에 다다른다. 왜냐하면 ▢(나)▢ 때문이다. ▶3문단

13 ③ 정답률 82.9%

| 문제 유형 | 비판적 사고 > 빈칸 채우기
| 접근 전략 | 결론을 도출하기 위해 필요한 전제를 찾는 문제이다. 빈칸 두 개를 채워야 하는 문제 유형의 경우 먼저 선지를 읽고 제한된 답안의 개수를 파악하는 것이 중요하다. 이 문제는 각 빈칸에 들어갈 내용으로 세 가지 경우의 수가 있음을 알 수 있다. 빈칸 (가)에 들어갈 답을 확정하고 나면 빈칸 (나)에 들어갈 내용으로 둘 중 하나를 선택하기만 하면 된다.

위 글의 (가)와 (나)에 들어갈 내용을 적절하게 나열한 것은?

① (가): 어떤 것이 우리가 원하는 이익을 얻는 최선의 수단이라면 우리에게는 그것을 실행할 의무와 필요성이 있다
   (나): 생명체의 내재적 가치는 종의 다양성으로부터 비롯되기 ➡ (X)

② (가): 어떤 것이 우리가 원하는 이익을 얻는 최선의 수단이 아니라면 우리에게는 그것을 실행할 의무와 필요성이 없다
   (나): 생명체의 내재적 가치는 종의 다양성으로부터 비롯되기 ➡ (X)

③ (가): 어떤 것이 우리가 원하는 이익을 얻는 최선의 수단이라면 우리에게는 그것을 실행할 의무와 필요성이 있다
   (나): 모든 종은 그 자체가 본래부터 고유의 가치를 지니기 ➡ (O)

(가): A의 첫 번째 전제는 '생물 다양성 보존이 우리가 원하는 이익을 얻는 최선의 수단이다.'이고, 여기에 두 번째 전제인 (가)를 더해 '우리에게는 생물 다양성을 보존할 의무와 필요성이 있다.'는 결론을 얻어야 한다. 따라서 두 번째 전제는 '어떤 것이 우리가 원하는 이익을 얻는 최선의 수단이라면 우리에게는 그것을 실행할 의무와 필요성이 있다.'가 되어야 첫 번째 전제와 결론을 자연스럽게 연결할 수 있다.

(나): C는 내재적 가치를 지니는 것은 모두 보존되어야 한다고 주장한다. 이로부터 모든 종은 보존되어야 한다는 결론을 얻으려면 모든 종은 내재적 가치를 지닌다는 전제가 필요하다. 따라서 '모든 종은 그 자체가 본래부터 고유의 가치를 지니기' 때문에 모든 종은 보존되어야 한다는 내용이 적절하다.

④ (가): 어떤 것이 우리가 원하는 이익을 얻는 최선의 수단이 아니라면 우리에게는 그것을 실행할 의무와 필요성이 없다
   (나): 모든 종은 그 자체가 본래부터 고유의 가치를 지니기 ➡ (X)

⑤ (가): 우리에게 이익을 제공하는 수단 가운데 생물 다양성의 보존보다 더 나은 수단은 없다
   (나): 모든 종은 그 자체가 본래부터 고유의 가치를 지니기 ➡ (X)

S 14 ② TOP 2 정답률 21.7%

| 문제 유형 | 비판적 사고 > 판단하기
| 접근 전략 | 생물 다양성 보존에 대한 서로 다른 입장을 파악하고 이에 대한 분석으로 적절한 것을 고르는 유형의 문제이다. A와 C는 서로 다른 근거를 들어 생물 다양성 보존에 찬성하는 입장이고, B는 새로운 대안을 제시해 A의 주장에 반박하고 있다.

위 글에 대한 분석으로 적절한 것만을 〈보기〉에서 모두 고르면?

〈보기〉

ㄱ. A는 생물 다양성을 보존해야 한다고 주장하지만, B는 보존하지 않아도 된다고 주장한다. → (X) A가 생물 다양성을 보존해야 한다고 주장한 것은 맞지만, B가 이를 보존하지 않아도 된다고 주장한 것은 아니다. 2문단에서 B는 A가 근거로 삼는 도구적 정당화에 이의를 제기하며 설득력이 떨어진다고 지적했을 뿐, 생물 다양성을 보존해야 한다는 입장에 대해서는 찬반을 밝히지 않았다.

ㄴ. B는 A의 두 전제가 참이더라도 A의 결론이 반드시 참이 되지는 않는다고 비판한다. → (X) B는 A의 '생물 다양성이 우리가 원하는 이익을 얻는 최선의 수단이 된다.'라는 첫 번째 전제에 대해 반박하며 A의 주장이 설득력을 잃는다고 했다. A의 전제를 부정함으로써 결론의 타당성에 문제가 있음을 지적한 것이다. A의 두 전제가 참이라는 가정은 하지 않았다.

ㄷ. 자연적으로 존재하는 생명체가 도구적 가치를 가지느냐에 대한 A와 C의 평가는 양립할 수 있다. → (O) A는 생명체가 도구적 가치를 가진다는 입장이고, C는 생명체의 도구적 가치뿐만 아니라 내재적 가치도 인정해야 한다는 입장이다. 따라서 둘은 양립할 수 있다.

① ㄱ ➡ (X)
② ㄷ ➡ (O)
③ ㄱ, ㄴ ➡ (X)
④ ㄴ, ㄷ ➡ (X)
⑤ ㄱ, ㄴ, ㄷ ➡ (X)

S 15 ② TOP 1 정답률 12.2%

| 문제 유형 | 비판적 사고 > 판단하기
| 접근 전략 | 논리적 접근이 필요한 문제이다. 지문에 제시된 갑과 을의 진술이 참이라고 해서 해당 명제의 '역'이나 '이'도 참이 될 수는 없다. 각각의 입장이 무엇인지 파악한 후에 〈보기〉에 제시된 진술이 갑과 을의 입장을 논리적으로 반영했는지 판단한다.

다음 논쟁에 대한 분석으로 적절한 것만을 〈보기〉에서 모두 고르면?

갑: 입증은 증거와 가설 사이의 관계에 대한 것이다. 내가 받아들이는 입증에 대한 입장은 다음과 같다. 증거 발견 후 가설의 확률 증가분이 있다면, 증거가 가설을 입증한다. 즉 증거 발견 후 가설이 참일 확률에서 증거 발견 전 가설이 참일 확률을 뺀 값이 0보다 크다면, 증거가 가설을 입증한다. 예를 들어보자. 사건 현장에서 용의자 X의 것과 유사한 발자국이 발견되었다. 그럼 발자국이 발견되기 전보다 X가 해당 사건의 범인일 확률은 높아질 것이다. 그렇다면 발자국 증거는 X가 범인이라는 가설을 입증한다. 그리고 증거 발견 후 가설의 확률 증가분이 클수록, 증거가 가설을 입증하는 정도가 더 커진다.

을: 증거가 가설이 참일 확률을 높인다고 하더라도, 그 증거가 해당 가설을 입증하지 못할 수 있다. 가령, X에게 강력한 알리바이가 있다고 해보자. 사건이 일어난 시간에 사건 현장과 멀리 떨어져 있는 X의 모습이 CCTV에 포착된 것이다. 그러면 발자국 증거가 X가 범인일 확률을 높인다고 하더라도, 그가 범인일 확률은 여전히 높지 않을 것이다. 그럼에도 불구하고 갑의 입장은 이러한 상황에서 발자국 증거가 X가 범인이라는 가설을 입증한다고 보게 만드는 문제가 있다. 이 문제는 내가 받아들이는 입증에 대한 다음 입장을 통해 해결될 수 있다. 증거 발견 후 가설의 확률 증가분이 있고 증거 발견 후 가설이 참일 확률이 1/2보다 크다면, 그리고 그런 경우에만 증거가 가설을 입증한다. 가령, 발자국 증거가 X가 범인일 확률을 높이더라도 증거 획득 후 확률이 1/2보다 작다면 발자국 증거는 X가 범인이라는 가설을 입증하지 못한다.

〈보기〉

ㄱ. 갑의 입장에서, 증거 발견 후 가설의 확률 증가분이 없다면 그 증거가 해당 가설을 입증하지 못한다. → (X) 갑의 입장은 '증거 발견 후 가설의 확률 증가분이 있다면 증거가 가설을 입증한다.'이다. 갑의 입장이 맞다고 해서 이 진술의 부정에 해당하는 '증거 발견 후 가설의 확률 증가분이 없다면 그 증거가 해당 가설을 입증하지 못한다.'가 맞다고 볼 수는 없다. 명제가 참이더라도 명제의 이가 반드시 참은 아니기 때문이다.

ㄴ. 을의 입장에서, 어떤 증거가 주어진 가설을 입증할 경우 그 증거 획득 이전 해당 가설이 참일 확률은 1/2보다 크다. → (X) 을의 입장은 '증거 발견 후 가설의 확률 증가분이 있고 증거 발견 후 가설이 참일 확률이 1/2보다 크다면 증거가 가설을 입증한다.'이다. 두 가지 전제가 모두 참이어야 결론도 참인 경우이다. 을의 입장이 맞다고 해서 결론과 전제가 역전된 상황이나 증거 획득 이전의 상황까지 판단할 수는 없다.

ㄷ. 갑의 입장에서 어떤 증거가 주어진 가설을 입증하는 정도가 작더라도, 을의 입장에서 그 증거가 해당 가설을 입증할 수 있다. → (O) 어떤 증거가 주어진 가설을 입증하는 정도가 작더라도 을의 입장에서는 증거 발견 후 가설이 참일 확률이 1/2보다 크다면 그 증거가 해당 가설을 입증할 수 있다.

① ㄴ ➡ (X)
② ㄷ ➡ (O)
③ ㄱ, ㄴ ➡ (X)
④ ㄱ, ㄷ ➡ (X)
⑤ ㄱ, ㄴ, ㄷ ➡ (X)

16 ⑤   정답률 30.6%

| 문제 유형 | 비판적 사고 > 지문에서 추론하기
| 접근 전략 | 지문의 내용을 바탕으로 타당하게 추론할 수 있는 선지를 찾는 유형의 문제이다. 선지는 지문에 있는 내용 중 상관없는 내용을 서로 연결하거나 일부 내용만을 확대 해석해 오답을 만든 경우가 많다. ISBN-10의 각 부분에 대한 설명을 꼼꼼히 읽었으면 선지의 가부를 쉽게 확인할 수 있을 것이다.

다음 글에서 추론할 수 있는 것은?

국제표준도서번호(ISBN)는 전세계에서 출판되는 각종 도서에 부여하는 고유한 식별 번호이다. 2007년부터는 13자리의 숫자로 구성된 ISBN인 ISBN-13이 부여되고 있지만, 2006년까지 출판된 도서에는 10자리의 숫자로 구성된 ISBN인 ISBN-10이 부여되었다. ▶1문단

ISBN-10은 네 부분으로 되어 있다. 첫 번째 부분은 책이 출판된 국가 또는 언어 권역을 나타내며 1~5자리를 가질 수 있다. 예를 들면, 대한민국은 89, 영어권은 0, 프랑스어권은 2, 중국은 7 그리고 부탄은 99936을 쓴다. 두 번째 부분은 국가별 ISBN 기관에서 그 국가에 있는 각 출판사에 할당한 번호를 나타낸다. 세 번째 부분은 출판사에서 그 책에 임의로 붙인 번호를 나타낸다. 마지막 네 번째 부분은 확인 숫자이다. 이 숫자는 0에서 10까지의 숫자 중 하나가 되는데, 10을 써야 할 때는 로마 숫자인 X를 사용한다. 부여된 ISBN-10이 유효한 것이라면 이 ISBN-10의 열 개 숫자에 각각 순서대로 10, 9, ⋯, 2, 1의 가중치를 곱해서 각 곱셈의 값을 모두 더한 값이 반드시 11로 나누어 떨어져야 한다. 예를 들어, 어떤 책에 부여된 ISBN-10인 '89-89422-42-6'이 유효한 것인지 검사해 보자. (8×10)+(9×9)+(8×8)+(9×7)+(4×6)+(2×5)+(2×4)+(4×3)+(2×2)+(6×1)=352이고, 이 값은 11로 나누어 떨어지기 때문에 이 ISBN-10은 유효한 번호이다. 만약 어떤 ISBN-10의 숫자 중 어느 하나를 잘못 입력했다면 서점에 있는 컴퓨터는 즉시 오류 메시지를 화면에 보여줄 것이다. ▶2문단

① ISBN-10의 첫 번째 부분에 있는 숫자가 같으면 같은 나라에서 출판된 책이다. ➡ (X) 첫 번째 부분은 책이 출판된 국가 또는 언어 권역을 나타낸다. 즉, 다른 나라에서 출판된 책이더라도 언어 권역이 같다면 나라에 상관없이 같은 번호를 부여받는 것이다. 따라서 첫 번째 부분의 숫자가 같다고 해서 같은 나라에서 출판된 책이라고 단정할 수 없다.

② 임의의 책의 ISBN-10에 숫자 3자리를 추가하면 그 책의 ISBN-13을 얻는다. ➡ (X) 2006년까지 출판된 도서에는 10자리의 숫자로 구성된 ISBN인 ISBN-10이 부여되었고, 2007년부터는 13자리의 숫자로 구성된 ISBN-13이 부여되고 있다. ISBN은 책마다 고유하게 부여되는 식별 번호이므로 임의의 책에 부여된 ISBN-10에 숫자 3자리를 추가한다고 해서 ISBN-13을 얻는 것이 아니다.

③ ISBN-10이 '0-285-00424-7'인 책은 해당 출판사에서 424번째로 출판한 책이다. ➡ (X) ISBN-10의 세 번째 부분은 출판사에서 그 책에 임의로 붙인 번호이다. 출판된 순서를 나타내는지 아니면 다른 기준에 의해 번호를 부여하는지 지문에 제시되어 있지 않다. 따라서 세 번째 부분이 '00424'인 것을 보고 해당 출판사에서 424번째 출판한 책이라고 볼 수 없다.

④ ISBN-10의 두 번째 부분에 있는 숫자가 같은 서로 다른 두 권의 책은 동일한 출판사에서 출판된 책이다. ➡ (X) ISBN-10의 두 번째 부분은 국가별 ISBN 기관에서 그 국가에 있는 각 출판사에 할당한 번호이다. 따라서 국가마다 각 출판사에 할당하는 번호가 다를 수 있다. 나라가 다른데 단지 두 번째 부분의 숫자가 같다고 해서 동일한 출판사라고 볼 수는 없다.

⑤ 확인 숫자 앞의 아홉 개의 숫자에 정해진 가중치를 곱하여 합한 값이 11의 배수인 ISBN-10이 유효하다면 그 확인 숫자는 반드시 0이어야 한다. ➡ (O) 2문단 따르면 부여된 ISBN-10이 유효한 것이라면 열 개의 숫자에 정해진 가중치를 곱해서 각 곱셈의 값을 모두 더한 값이 반드시 11로 나누어 떨어져야 한다. 확인 숫자를 제외하고 아홉 개의 숫자만을 곱해서 합한 값이 11의 배수가 되어 ISBN-10이 유효하다면 확인 숫자는 0이 될 수밖에 없다.

17 ④   정답률 48.9%

| 문제 유형 | 사실적 이해 > 논리 게임
| 접근 전략 | 제시된 조건이 모두 참일 때 반드시 참인 것을 찾는 문제이다. 각 조건을 한눈에 보기 쉽게 도식화하고 연결해 주면 반드시 참인 명제가 보일 것이다.

다음 글의 내용이 참일 때, 갑이 반드시 수강해야 할 과목은?

갑은 A∼E 과목에 대해 수강신청을 준비하고 있다. 갑이 수강하기 위해 충족해야 하는 조건은 다음과 같다.

○ A를 수강하면 B를 수강하지 않고, B를 수강하지 않으면 C를 수강하지 않는다.
○ D를 수강하지 않으면 C를 수강하고, A를 수강하지 않으면 E를 수강하지 않는다.
○ E를 수강하지 않으면 C를 수강하지 않는다.

→ 내용을 정리하면 다음과 같다.
• A → ~B, ~B → ~C
• ~D → C, ~A → ~E
• ~E → ~C

각각의 명제를 연결하면 'E → A → ~B → ~C → D' 또는 'B → ~A → ~E → ~C → D'를 도출할 수 있다. A, B, E는 수강할 수도 있고 수강하지 않을 수도 있다. 그리고 C는 반드시 수강하지 않고, D는 반드시 수강한다.

① A ➡ (X)
② B ➡ (X)
③ C ➡ (X)
④ D ➡ (O)
⑤ E ➡ (X)

18 ③

정답률 28.6%

| 문제 유형 | 사실적 이해 > 논리 게임

| 접근 전략 | 주어진 조건이 모두 참일 때 반드시 참인 진술을 고르는 유형의 문제이다. 후보자의 수가 확정되지 않았지만 자격증의 종류가 4개로 한정되어 있으므로, 가능한 경우의 수를 생각해 본 후에 〈보기〉에 제시된 진술의 참·거짓 여부를 판단한다.

다음 글의 내용이 참일 때, 반드시 참인 것만을 〈보기〉에서 모두 고르면?

△△처에서는 채용 후보자들을 대상으로 A, B, C, D 네 종류의 자격증 소지 여부를 조사하였다. 그 결과 다음과 같은 사실이 밝혀졌다.

○ A와 D를 둘 다 가진 후보자가 있다.
○ B와 D를 둘 다 가진 후보자는 없다.
○ A나 B를 가진 후보자는 모두 C는 가지고 있지 않다.
○ A를 가진 후보자는 모두 B는 가지고 있지 않다는 것은 사실이 아니다.

―〈보기〉―

ㄱ. 네 종류 중 세 종류의 자격증을 가지고 있는 후보자는 없다. → (O)
A나 B를 가진 후보자는 모두 C는 가지고 있지 않고, B와 D를 둘 다 가진 후보자는 없다. 그렇다면 나올 수 있는 것은 'A A-B, A-D, B, C, C-D, D'이다. 따라서 세 종류의 자격증을 가지고 있는 후보자가 없음을 알 수 있다.

ㄴ. 어떤 후보자는 B를 가지고 있지 않고, 또 다른 후보자는 D를 가지고 있지 않다. → (O) 'A A-D, C, C-D, D'의 경우는 B를 가지고 있지 않고, 'A A-B, B, C'의 경우는 D를 가지고 있지 않다.

ㄷ. D를 가지고 있지 않은 후보자는 누구나 C를 가지고 있지 않다면, 네 종류 중 한 종류의 자격증만 가지고 있는 후보자가 있다. → (X)
'D를 가지고 있지 않은 후보자는 누구나 C를 가지고 있지 않다.'를 기호화하면 ~D → ~C가 되고 이 명제의 대우인 C → D가 도출된다. 즉, C를 가진 후보자는 항상 D를 가지므로 한 종류의 자격증을 가지기 위해서는 A만 가지거나 B만 가지거나 D만 가져야 한다. 그런데 두 종류의 자격증을 가진 후보자의 경우도 지문의 참인 사실에 위배되지 않으므로 한 종류의 자격증만 가지고 있는 후보자가 있다는 말은 반드시 참이라고 볼 수 없다.

① ㄱ ➡ (X)
② ㄷ ➡ (X)
③ ㄱ, ㄴ ➡ (O)
④ ㄴ, ㄷ ➡ (X)
⑤ ㄱ, ㄴ, ㄷ ➡ (X)

19 ④

TOP 3 정답률 23.9%

| 문제 유형 | 사실적 이해 > 논리 게임

| 접근 전략 | 먼저 지문의 내용을 간단하게 구조화해 각 명제 간의 관계를 파악해야 한다. 신입사원이 몇 명인지는 나타나 있지 않지만, 갑과 을의 단서를 통해 참이라고 확정지을 수 있는 전제를 바탕으로 다른 경우의 수를 따져보도록 한다.

다음 글의 내용이 참일 때, 반드시 참인 것만을 〈보기〉에서 모두 고르면?

신입사원을 대상으로 민원, 홍보, 인사, 기획 업무에 대한 선호를 조사하였다. 조사 결과 민원 업무를 선호하는 신입사원은 모두 홍보 업무를 선호하였지만, 그 역은 성립하지 않았다. 모든 업무 중 인사 업무만을 선호하는 신입사원은 있었지만, 민원 업무와 인사 업무를 모두 선호하는 신입사원은 없었다. 그리고 넷 중 세 개 이상의 업무를 선호하는 신입사원도 없었다. 신입사원 갑이 선호하는 업무에는 기획 업무가 포함되어 있었으며, 신입사원 을이 선호하는 업무에는 민원 업무가 포함되어 있었다.

→ 내용을 정리하면 다음과 같다.
• 민원 → 홍보
• ~(홍보 → 민원)
• ~민원 ∧ ~홍보 ∧ 인사 ∧ ~기획
• ~(민원∧인사)
• 한 개나 두 개의 업무 선호
• 갑: 기획 포함 / 을: 민원 포함

―〈보기〉―

ㄱ. 어떤 업무는 갑도 을도 선호하지 않는다. → (X) 을은 민원 업무를 선호하기 때문에 홍보 업무도 선호한다. 세 개 이상의 업무를 선호하는 신입사원은 없으므로, 을은 민원 업무와 홍보 업무를 선호하고 인사 업무와 기획 업무를 선호하지 않는다. 갑은 기획 업무를 선호하고, 민원 업무를 선호하면 홍보 업무도 선호하게 되어 세 개 이상이 되므로 민원 업무는 선호하지 않는다. 그리고 홍보와 인사 업무는 둘 중 하나를 선호할 수도 있고 둘 다 선호하지 않을 수도 있다. 그런데 만약 갑이 인사 업무를 선호하면 갑도 을도 선호하지 않는 업무는 없게 되므로 ㄱ은 반드시 참이 아니다.

ㄴ. 적어도 두 명 이상의 신입사원이 홍보 업무를 선호한다. → (O) 을이 홍보 업무를 선호하므로 한 명의 신입사원은 반드시 홍보 업무를 선호한다. 또한 업무에 대한 선호 조사를 한 결과 홍보 업무를 선호하지만 민원 업무를 선호하지 않는 신입사원이 있었다. 을은 민원과 홍보 업무를 모두 선호하므로 여기에 해당되지 않는다. 따라서 을을 제외한 다른 신입사원 가운데 홍보 업무는 선호하나 민원 업무는 선호하지 않는 신입사원이 1명 이상 있을 것이므로 을을 포함해 적어도 두 명 이상의 신입사원이 홍보 업무를 선호함을 알 수 있다.

ㄷ. 조사 대상이 된 업무 중에, 어떤 신입사원도 선호하지 않는 업무는 없다. → (O) 갑은 기획 업무를 선호하고 을은 민원과 홍보 업무를 선호한다는 것은 참이다. 그리고 인사 업무만을 선호하는 신입사원이 있다고 했으므로, 어떤 신입사원도 선호하지 않는 업무는 없다.

① ㄱ ➡ (X)
② ㄷ ➡ (X)
③ ㄱ, ㄴ ➡ (X)
④ ㄴ, ㄷ ➡ (O)
⑤ ㄱ, ㄴ, ㄷ ➡ (X)

20 ③

정답률 74.1%

| 문제 유형 | 비판적 사고 > 지문에서 추론하기

| 접근 전략 | 식물의 기공 개폐 원리를 2문단에서 설명한 후에 예외적인 경우를 3, 4문단에 제시하여, 글의 내용에서 추론할 수 있는 것을 고르는 문제이다. 기공은 공변세포의 부피가 커지면 열리는데 '청색광 → 양성자 펌프 작동 → 칼륨 및 염소이온 유입 → 물 유입 → 공변세포 부피 증가 → 기공 열림'의 순서를 파악한 후에 이러한 원리를 무시하고 나타나는 예외적인 경우를 파악하도록 한다.

다음 글에서 추론할 수 있는 것만을 〈보기〉에서 모두 고르면?

식물의 잎에 있는 기공은 대기로부터 광합성에 필요한 이산화탄소를 흡수하는 통로이다. 기공은 잎에 있는 세포 중 하나인 공변세포의 부피가 커지면 열리고 부피가 작아지면 닫힌다. ▶1문단

그렇다면 무엇이 공변세포의 부피에 변화를 일으킬까? 햇빛이 있는 낮에, 햇빛 속에 있는 청색광이 공변세포에 있는 양성자 펌프를 작동시킨다. 양성자 펌프의 작동은 공변세포 밖에 있는 칼륨이온과 염소이온이 공변세포 안으로 들어오게 한다. 공변세포 안에 이 이온들의 양이 많아짐에 따라 물이 공변세포 안으로 들어오고, 그 결과로 공변세포의 부피가 커져서 기공이 열린다. 햇빛이 없는 밤이 되면, 공변세포에 있는 양성자 펌프가 작동하지 않고 공변세포 안에 있던 칼륨이온과 염소이온은 밖으로 빠져나간다. 이에 따라 공변

세포 안에 있던 물이 밖으로 나가면서 세포의 부피가 작아져서 기공이 닫힌다. ▶2문단

공변세포의 부피는 식물이 겪는 수분스트레스 반응에 의해 조절될 수도 있다. 식물 안의 수분량이 줄어듦으로써 식물이 수분스트레스를 받는다. 수분스트레스를 받은 식물은 호르몬 A를 분비한다. 호르몬 A는 공변세포에 있는 수용체에 결합하여 공변세포 안에 있던 칼륨이온과 염소이온이 밖으로 빠져나가게 한다. 이에 따라 공변세포 안에 있던 물이 밖으로 나가면서 세포의 부피가 작아진다. 결국 식물이 수분스트레스를 받으면 햇빛이 있더라도 기공이 열리지 않는다. ▶3문단

또한 기공의 여닫힘은 미생물에 의해 조절되기도 한다. 예를 들면, 식물을 감염시킨 병원균 α는 공변세포의 양성자 펌프를 작동시키는 독소 B를 만든다. 이 독소 B는 공변세포의 부피를 늘려 기공이 닫혀 있어야 하는 때에도 열리게 하고, 결국 식물은 물을 잃어 시들게 된다. ▶4문단

〈보기〉

ㄱ. 한 식물의 동일한 공변세포 안에 있는 칼륨이온의 양은, 햇빛이 있는 낮에 햇빛의 청색광만 차단하는 필름으로 식물을 덮은 경우가 덮지 않은 경우보다 적다. → (O) 2문단에 따르면 햇빛의 청색광이 있으면 양성자 펌프가 작동해 밖에 있던 칼륨이온과 염소이온이 공변세포 안으로 들어오게 된다. 그런데 낮에 햇빛의 청색광을 차단하는 필름으로 식물을 덮으면 양성자 펌프가 작동하지 않아 밖에 있던 칼륨이온은 공변세포 안으로 들어오지 않을 것이다. 따라서 필름으로 식물을 덮은 경우가 덮지 않은 경우보다 공변세포 안의 칼륨이온의 양이 적을 것이라 추론할 수 있다.

ㄴ. 수분스트레스를 받은 식물에 양성자 펌프의 작동을 못하게 하면 햇빛이 있는 낮에 기공이 열린다. → (X) 3문단 마지막에 식물이 수분스트레스를 받으면 햇빛이 있더라도 기공이 열리지 않는다고 했다. 즉, 수분스트레스를 받은 식물은 낮에도 기공이 열리지 않는다. 식물이 수분스트레스를 받으면 호르몬 A를 분비해 공변세포 안의 칼륨이온과 염소이온이 밖으로 빠져나가게 한다고 했는데, 양성자 펌프의 작동까지 못하게 한다면 공변세포 밖의 칼륨이온과 염소이온이 공변세포 안으로 들어오지 않을 것이므로 기공은 열리지 않을 것이다.

ㄷ. 호르몬 A를 분비하는 식물이 햇빛이 있는 낮에 보이는 기공 개폐 상태와 병원균 α에 감염된 식물이 햇빛이 없는 밤에 보이는 기공 개폐 상태는 다르다. → (O) 3문단에 따르면 호르몬 A를 분비하는 식물은 햇빛이 있는 낮에도 기공이 열리지 않는다. 또한 4문단에 따르면 병원균 α에 감염된 식물은 독소 B를 만들어 공변세포의 부피를 늘려 기공이 닫혀 있어야 하는 때에도 열리게 한다. 즉, 햇빛이 없어 기공이 닫히는 밤에도 기공이 열릴 것이다. 따라서 이 둘의 기공 개폐 상태는 다르다.

① ㄱ ➡ (X)
② ㄴ ➡ (X)
③ ㄱ, ㄷ ➡ (O)
④ ㄴ, ㄷ ➡ (X)
⑤ ㄱ, ㄴ, ㄷ ➡ (X)

S 21 ④　　　　　　　　　　　　　　　　　　　　정답률 26.6%

| 문제 유형 | 비판적 사고 > 판단하기

| 접근 전략 | 수컷 개구리의 울음소리 톤은 C > A > B의 순으로 일정하고, 울음소리 빈도는 A > B > C 순으로 높다. 상황 1은 수컷 두 마리, 상황 2는 수컷 세 마리의 울음소리를 들려준 경우이다. 상황 1에서의 수컷 두 마리가 무엇인지 파악한 후에 상황 1, 2 각각의 상황에 적용된 기준이 무엇인지 확인해야 한다.

다음 글의 ⊙과 ⓒ에 대한 평가로 적절한 것만을 〈보기〉에서 모두 고르면?

진화론에 따르면 개체는 배우자 선택에 있어서 생존과 번식에 유리한 개체를 선호할 것으로 예측된다. 그런데 생존과 번식에 유리한 능력은 한 가지가 아니므로 합리적 선택은 단순하지 않다. 예를 들어 배우자 후보 α와 β가 있는데, 사냥 능력은 α가 우수한 반면, 위험 회피 능력은 β가 우수하다고 하자. 이 경우 개체는 더 중요하다고 판단하는 능력에 기초하여 배우자를 선택하는 것이 합리적이다. 이를테면 사냥 능력에 가중치를 둔다면 α를 선택하는 것이 합리적이라는 것이다. 그런데 α와 β보다 사냥 능력은 떨어지나 위험 회피 능력은 β와 α의 중간쯤 되는 새로운 배우자 후보 γ가 나타난 경우를 생각해 보자. 이때 개체는 애초의 판단 기준을 유지할 수도 있고 변경할 수도 있다. 즉 애초의 판단 기준에 따르면 선택이 바뀔 이유가 없음에도 불구하고, 새로운 후보의 출현에 의해 판단 기준이 바뀌어 위험 회피 능력이 우수한 β를 선택할 수 있다.

한 과학자는 동물의 배우자 선택에 있어 새로운 배우자 후보가 출현하는 경우, ⊙애초의 판단 기준을 유지한다는 가설과 ⓒ판단 기준에 변화가 발생한다는 가설을 검증하기 위해 다음과 같은 실험을 수행하였다.

〈실험〉

X 개구리의 경우, 암컷은 두 가지 기준으로 수컷을 고르는데, 수컷의 울음소리 톤이 일정할수록 선호하고 울음소리 빈도가 높을수록 선호한다. 세 마리의 수컷 A~C는 각각 다른 소리를 내는데, 울음소리 톤은 C가 가장 일정하고 B가 가장 일정하지 않다. 울음소리 빈도는 A가 가장 높고 C가 가장 낮다. 과학자는 A~C의 울음소리를 발성기의 암컷으로부터 동일한 거리에 있는 서로 다른 위치에서 들려주었다. 상황 1에서는 수컷 두 마리의 울음소리만을 들려주었으며, 상황 2에서는 수컷 세 마리의 울음소리를 모두 들려주고 각 상황에서 암컷이 어느 쪽으로 이동하는지 비교하였다. 암컷은 들려준 울음소리 중 가장 선호하는 쪽으로 이동한다.

〈보기〉

ㄱ. 상황 1에서 암컷에게 들려준 소리가 A, B인 경우 암컷이 A로, 상황 2에서는 C로 이동했다면, ⊙은 강화되지 않지만 ⓒ은 강화된다.
→ (X) 상황 1에서는 A와 B 중 A로 이동하고 상황 2에서는 A~C 중 C로 이동했다면, 암컷은 두 기준에서 모두 우월한 쪽으로 이동한 것이다. 따라서 어느 쪽 기준에 가중치를 뒀는지 알 수 없으므로 ⊙과 ⓒ을 강화했는지 여부를 판단할 수 없다. 만약, 울음소리 톤에 가중치를 뒀다면 애초의 판단 기준을 유지한 것이 되어 ⊙은 강화되고 ⓒ은 강화되지 않지만, 울음소리 빈도에 가중치를 뒀다면 판단 기준에 변화가 발생한 것이 되어 ⊙은 강화되지 않고 ⓒ이 강화되기 때문이다.

ㄴ. 상황 1에서 암컷에게 들려준 소리가 B, C인 경우 암컷이 B로, 상황 2에서는 A로 이동했다면, ⊙은 강화되지만 ⓒ은 강화되지 않는다.
→ (O) 상황 1에서 암컷에게 들려준 소리가 B, C인 경우 암컷이 B로 이동했다면 가중치를 둔 기준은 울음소리 빈도이고, 상황 2에서는 A로 이동했다면 여전히 울음소리 빈도를 기준으로 이동한 것이 된다. 즉, ⊙은 강화되지만 ⓒ은 강화되지 않는다.

ㄷ. 상황 1에서 암컷에게 들려준 소리가 A, C인 경우 암컷이 C로, 상황 2에서는 A로 이동했다면, ⊙은 강화되지 않지만 ⓒ은 강화된다.
→ (O) 상황 1에서 암컷에게 들려준 소리가 A, C인 경우 암컷이 C로 이동했다면 가중치를 둔 기준은 울음소리 톤이고, 상황 2에서는 A로 이동했다면 가중치를 둔 기준이 울음소리 빈도로 변경된 것이 된다. 즉, ⊙은 강화되지 않지만 ⓒ은 강화된다.

① ㄱ ➡ (X)
② ㄷ ➡ (X)
③ ㄱ, ㄴ ➡ (X)
④ ㄴ, ㄷ ➡ (O)
⑤ ㄱ, ㄴ, ㄷ ➡ (X)

22 ⑤ 정답률 44.9%

| 문제 유형 | 비판적 사고 > 판단하기
| 접근 전략 | 지문에 등장하는 핵심어에 대한 평가로 적절한 것을 고르는 문제이나, <보기>는 논지의 강화 및 약화 여부를 판단한 내용으로 구성되어 있어 복합 유형에 속한다. 실험의 조건이 달라졌을 때 나타나는 결과가 어떤 의미를 가지는지 정확하게 해석해야 한다. ㉠은 입자이론으로 물속에서 빛의 속도가 더 빠르며 색깔에 따른 속도 변화는 없다고 보는 입장이고, ㉡은 파동이론으로 물속에서 빛의 속도가 더 느리며 색깔에 따른 속도 변화가 있다고 보는 입장이다.

다음 글의 ㉠과 ㉡에 대한 평가로 적절한 것만을 <보기>에서 모두 고르면?

18세기에는 빛의 본성에 관한 두 이론이 경쟁하고 있었다. ㉠입자이론은 빛이 빠르게 운동하고 있는 아주 작은 입자들의 흐름으로 구성되어 있다고 설명한다. 이에 따르면, 물속에서 빛이 굴절하는 것은 물이 빛을 끌어당기기 때문이며, 공기 중에서는 이런 현상이 발생하지 않기 때문에 결과적으로 물속에서의 빛의 속도가 공기 중에서보다 더 빠르다. 한편 ㉡파동이론은 빛이 매질을 통하여 파동처럼 퍼져 나간다는 가설에 기초한다. 이에 따르면, 물속에서 빛이 굴절하는 것은 파동이 전파되는 매질의 밀도가 달라지기 때문이며, 밀도가 높아질수록 파동의 속도는 느려지므로 결과적으로 물속에서의 빛의 속도가 공기 중에서보다 더 느리다. ▶1문단

또한 파동이론에 따르면 빛의 색깔은 파장에 따라 달라진다. 공기 중에서는 파장에 따라 파동의 속도가 달라지지 않지만, 물속에서는 파장에 따라 파동의 속도가 달라진다. 반면 입자이론에 따르면 공기 중에서건 물속에서건 빛의 속도는 색깔에 따라 달라지지 않는다. ▶2문단

두 이론을 검증하기 위해 다음과 같은 실험이 고안되었다. 두 빛이 같은 시점에 발진하여 경로 1 또는 경로 2를 통과한 뒤 빠른 속도로 회전하는 평면거울에 도달한다. 두 개의 경로에서 빛이 진행하는 거리는 같으나, 경로 1에서는 물속을 통과하고, 경로 2에서는 공기만을 통과한다. 평면거울에서 반사된 빛은 반사된 빛이 향하는 방향에 설치된 스크린에 맺힌다. 평면거울에 도달한 빛 중 속도가 빠른 빛은 먼저 도달하고 속도가 느린 빛은 나중에 도달하게 되는데, 평면거울이 빠르게 회전하고 있으므로 먼저 도달한 빛과 늦게 도달한 빛은 반사 각도에 차이가 생기게 된다. 따라서 두 빛이 서로 다른 속도를 가진다면 반사된 두 빛이 도착하는 지점이 서로 달라지며, 더 빨리 평면거울에 도달한 빛일수록 스크린의 오른쪽에, 더 늦게 도달한 빛일수록 스크린의 왼쪽에 맺히게 된다. ▶3문단

─〈보기〉─
ㄱ. 색깔이 같은 두 빛이 각각 경로 1과 2를 통과했을 때, 경로 1을 통과한 빛이 경로 2를 통과한 빛보다 스크린의 오른쪽에 맺힌다면 ㉠은 강화되고 ㉡은 약화된다. → (O) 1문단에서 입자이론은 빛의 속도가 공기 중에서보다 물속에서 더 빠르다고 했다. 반면, 파동이론은 빛의 속도가 공기 중에서보다 물속에서 더 느리다고 했다. 경로 1은 물속을 통과하는데 공기만을 통과한 경로 2보다 스크린의 오른쪽에 맺혔다면 더 빨리 평면거울에 도달했다는 뜻이다. 즉, 물속을 통과한 빛의 속도가 더 빨랐다는 결과이므로 ㉠은 강화되고 ㉡은 약화된다.

ㄴ. 색깔이 다른 두 빛 중 하나는 경로 1을, 다른 하나는 경로 2를 통과했을 때, 경로 1을 통과한 빛이 경로 2를 통과한 빛보다 스크린의 왼쪽에 맺힌다면 ㉠은 약화되고 ㉡은 강화된다. → (O) 2문단에 따르면 파동이론은 빛의 색깔이 달라질 경우 공기 중에서는 파동 속도가 달라지지 않지만 물속에서는 파동의 속도가 달라진다고 봤다. 파동의 속도가 달라진다면 빛의 속도도 달라진 것이다. 반면, 입자이론은 공기 중이나 물속에서 색깔에 따라 빛의 속도가 달라지지 않는다는 입장이다. 색깔이 다른 두 빛 중 하나가 경로 1의 물속을 통과했을 때 경로 2의 공기만을 통과한 빛보다 속도가 느려졌다면 ㉠은 약화되고 ㉡은 강화된다.

ㄷ. 색깔이 다른 두 빛이 모두 경로 1을 통과했을 때, 두 빛이 스크린에 맺힌 위치가 다르다면 ㉠은 약화되고 ㉡은 강화된다. → (O) 색깔이 다른 두 빛이 모두 경로 1의 물속을 통과했을 때 두 빛이 스크린에 맺힌 위치가 달랐다면 이는 색깔에 따라 빛의 속도가 다르다는 말이다. 색깔이 다른 두 빛이 물속을 통과하면 빛의 속도가 달라진다는 파동이론을 뒷받침하는 근거이므로 ㉠은 약화되고 ㉡은 강화된다.

① ㄱ ➡ (X)
② ㄴ ➡ (X)
③ ㄱ, ㄷ ➡ (X)
④ ㄴ, ㄷ ➡ (X)
⑤ ㄱ, ㄴ, ㄷ ➡ (O)

23 ② 정답률 43.9%

| 문제 유형 | 비판적 사고 > 빈칸 채우기
| 접근 전략 | 두 사람의 대화를 읽고 보조금 신청 자격 요건을 파악하는 문제이다. '민원인의 농업인 및 농지 등록 여부'는 고려할 대상이 아니므로 관련된 선지는 과감히 소거한다. 마지막으로 이의 제기가 인용된 건이나 심의 진행 중인 건이 아니라 기각 건에 대해서만 알면 나머지는 신청 자격이 되기 때문에 '이의 제기 기각 건에 민원인이 제기한 건이 포함되었는지 여부'를 포함한 선지를 선택한다.

다음 대화의 빈칸에 들어갈 내용으로 가장 적절한 것은?

갑: 2022년에 A보조금이 B보조금으로 개편되었다고 들었습니다. 2021년에 A보조금을 수령한 민원인이 B보조금의 신청과 관련하여 문의하였습니다. 민원인이 중앙부처로 바로 연락하였다는데 B보조금 신청 자격을 알 수 있을까요?

을: B보조금 신청 자격은 A보조금과 같습니다. 해당 지자체에 농업경영정보를 등록한 농업인이어야 하고 지급 대상 토지도 해당 지자체에 등록된 농지 또는 초지여야 합니다.

갑: 네. 민원인의 자격 요건에 변동 사항은 없다는 것을 확인했습니다. 그 외에 다른 제한 사항은 없을까요?

을: 대상자 및 토지 요건을 모두 충족하더라도 전년도에 A보조금을 부정한 방법으로 수령했다고 판정된 경우에는 B보조금을 신청할 수가 없어요. 다만 부정한 방법으로 수령했다고 해당 지자체에서 판정하더라도 수령인은 일정 기간 동안 중앙부처에 이의를 제기할 수 있습니다. 이의 제기 심의 기간에는 수령인이 부정한 방법으로 수령하지 않은 것으로 봅니다.

갑: 우리 중앙부처의 2021년 A보조금 부정 수령 판정 현황이 어떻게 되죠?

을: 2021년 A보조금 부정 수령 판정 이의 제기 신청 기간은 만료되었습니다. 부정 수령 판정이 총 15건이 있었는데, 그중 11건에 대한 이의 제기 신청이 들어왔고 1건은 심의 후 이의 제기가 받아들여져 인용되었습니다. 9건은 이의 제기가 받아들여지지 않아 기각되었고 나머지 1건은 아직 이의 제기 심의 절차가 진행 중입니다.

갑: 그렇다면 제가 추가로 _____ 만 확인하고 나면 다른 사유를 확인하지 않고서도 민원인이 현재 B보조금 신청 자격이 되는지를 바로 알 수 있겠네요.

① 민원인의 부정 수령 판정 여부, 민원인의 이의 제기 여부, 이의 제기 심의 절차 진행 중인 건이 민원인이 제기한 건인지 여부
➡ (X)

② 민원인의 부정 수령 판정 여부, 민원인의 이의 제기 여부, 이의 제기 기각 건에 민원인이 제기한 건이 포함되었는지 여부 ➡ (O)
갑과 을의 대화 중 전반부의 내용을 보면 보조금 신청 자격에는 변동이 없음을 알 수 있다. 따라서 '민원인의 농업인 및 농지 등록 여부'는 확인할 필요가 없고 제한 사항만

살펴보면 된다. 을의 두 번째 발화에 따라 보조금을 부정 수령했다고 판정된 경우에는 신청이 제한되므로 '민원인의 부정 수령 판정 여부'를 확인해야 한다. 또한 판정 후에 이의 제기를 할 수 있는데 이의 제기 심의 기간에는 수령인이 부정한 방법으로 수령하지 않은 것으로 보기 때문에 '민원인의 이의 제기 여부'와 함께 '이의 제기 기각 건에 민원인이 제기한 건이 포함되었는지 여부'를 확인해야 한다. 이의 제기 기각 건에 민원인이 제기한 건이 포함되어 있지 않다면 이의 제기가 인용되었거나 심의 절차 진행 중이라는 의미이므로 보조금을 신청할 자격이 되기 때문이다.

③ 민원인의 농업인 및 농지 등록 여부, 민원인의 이의 제기 여부, 이의 제기 심의 절차 진행 중인 건의 심의 완료 여부 ➡ (X)
④ 민원인의 부정 수령 판정 여부, 민원인의 이의 제기 여부, 이의 제기 인용 건이 민원인이 제기한 건인지 여부 ➡ (X)
⑤ 민원인의 농업인 및 농지 등록 여부, 민원인의 부정 수령 판정 여부, 민원인의 이의 제기 여부 ➡ (X)

24 ⑤   정답률 51.1%

| 문제 유형 | 비판적 사고 > 빈칸 채우기
| 접근 전략 | 갑이 제기하는 입장과 다른 을의 입장이 무엇인지 파악해야 빈칸에 들어갈 말을 찾을 수 있다. 오답이 되는 선지들은 대화 내용과 일부 어긋나는 내용으로 구성되기 때문에 전체 대화의 내용과 가장 어울리는 것을 찾는다.

다음 대화의 빈칸에 들어갈 내용으로 가장 적절한 것은?

갑: 안녕하십니까? 저는 공립학교인 A고등학교 교감입니다. 우리 학교의 교육 방침을 명확히 밝히는 조항을 학교 규칙(이하 '학칙')에 새로 추가하려고 합니다. 이때 준수해야 할 것이 무엇입니까?
을: 네. 학교에서 학칙을 제정하고자 할 때에는 「초·중등교육법」(이하 '교육법')에 어긋나지 않는 범위에서 제정이 이루어져야 합니다.
갑: 그렇군요. 그래서 교육법 제8조 제1항의 학교의 장은 '법령'의 범위에서 학칙을 제정할 수 있다는 규정에 근거해서 학칙을 만들고 있습니다. 그런데 최근 우리 도(道) 의회에서 제정한 「학생인권조례」의 내용을 보니, 우리 학교에서 만들고 있는 학칙과 어긋나는 것이 있습니다. 이러한 경우에 법적 판단은 어떻게 됩니까?
을: _____.
갑: 교육법 제8조 제1항에서는 '법령'이라는 용어를 사용하고, 제10조 제2항에서는 '조례'라는 용어를 사용하고 있으니 교육법에서는 법령과 조례를 구분하는 것으로 보입니다.
을: 그것은 다른 문제입니다. 교육법 제10조 제2항의 조례는 법령의 위임을 받아 제정되는 위임 입법입니다. 제8조 제1항에서의 법령에는 조례가 포함된다고 해석하고 있으며, 이 경우에 제10조 제2항의 조례와는 그 성격이 다르다고 할 수 있습니다.
갑: 교육법 제8조 제1항은 초·중등학교 운영의 자율과 책임을 위한 것인데 이러한 조례로 인해서 오히려 학교 교육과 운영이 침해당하는 것 아닙니까?
을: 교육법 제8조 제1항의 목적은 학교의 자율과 책임을 당연히 존중하는 것입니다. 다만 학칙을 제정할 때에도 국가나 지자체에서 반드시 지킬 것을 요구하는 최소한의 한계를 법령의 범위라는 말로 표현한 것입니다. 더욱이 학생들의 학습권, 개성을 실현할 권리 등은 헌법에서 보장된 기본권에서 나오고 교육법 제18조의4에서도 학생의 인권을 보장하도록 규정하고 있습니다. 최근 「학생인권조례」도 이러한 취지에서 제정되었습니다.

① 학칙의 제정을 통하여 학교 운영의 자율과 책임뿐 아니라 학생들의 학습권과 개성을 실현할 권리가 제한될 수 있습니다 ➡ (X) 이 대화는 법령의 범위 안에서 학칙을 제정하는데 「학생인권조례」와 어긋나는 것이 있을 경우에 어떤 판단을 내려야 할지에 대한 논의이다. 학칙 제정 자체가 학교 운영과 학생들의 권리를 제한할 수 있다는 것은 논지에서 벗어난 내용이다.
② 법령에 조례가 포함된다고 해석할 여지는 없지만 교육법의 체계상 「학생인권조례」를 따라야 합니다 ➡ (X) 을은 세 번째 발화에서 제8조 제1항에서의 법령에는 조례가 포함된다고 해석하고 있다는 말을 했다. 따라서 법령에 조례가 포함된다고 해석할 여지가 없다는 것은 대화 내용에 어긋난다.
③ 교육법 제10조 제2항에 따라 조례는 입법 목적이나 취지와 관계없이 법령에 포함됩니다 ➡ (X) 을의 세 번째 발화에 따르면 교육법 제10조 제2항의 조례는 법령의 위임을 받아 제정되는 위임 입법이다. 법령에 포함되는 조례와는 그 성격이 다르다고 했다. 조례가 법령에 포함된다고 해석하는 것은 제8조 제1항이다.
④ 「학생인권조례」에는 교육법에 어긋나는 규정이 있지만 학칙은 이 조례를 따라야 합니다 ➡ (X) 을은 마지막 발화에서 교육법 제18조의4에서 학생의 인권을 보장하도록 규정하고 있으며 「학생인권조례」도 이러한 취지에서 제정되었다고 했다. 따라서 「학생인권조례」가 교육법에 어긋나는 규정이라는 말은 옳지 않다.
⑤ 법령의 범위에 있는 「학생인권조례」의 내용에 반하는 학칙은 교육법에 저촉됩니다 ➡ (O) 빈칸 앞에서는 갑이 조례의 내용이 학칙과 어긋나는 것에 대한 법적 판단을 묻고 있고, 빈칸 뒤에서는 갑이 법령과 조례를 구분하며 조례로 인해 학교 교육과 운영이 침해되는 것이 아닌지 묻고 있다. 이에 대해 을은 조례가 법령에 포함되며 학칙을 제정할 때에도 반드시 지켜야 하는 최소한의 한계를 법령의 범위로 표현한다고 했다. 이어서 「학생인권조례」는 이러한 법령의 취지 아래 제정되었다고 했다. 따라서 법령의 범위에 있는 「학생인권조례」의 내용에 반하는 학칙은 교육법에도 저촉된다는 내용이 빈칸에 들어가야 한다.

25 ④   정답률 38.3%

| 문제 유형 | 비판적 사고 > 판단하기
| 접근 전략 | 법 조문과 쟁점 세 가지를 제시하고 특정 사실이 확정되었을 경우 어느 쪽 주장의 근거가 되는지를 판단하는 유형의 문제다. 우선 법 조문의 항목별 내용을 파악하고 각 쟁점에 제기된 갑과 을의 서로 다른 논지를 이해해야 하며, 〈보기〉에 제시된 조건은 어떤 입장을 강화하는지 판단해야 한다.

다음 글의 〈논쟁〉에 대한 분석으로 적절한 것만을 〈보기〉에서 모두 고르면?

갑과 을은 △△국 「주거법」 제○○조의 해석에 대해 논쟁하고 있다. 그 조문은 다음과 같다.

제○○조(비거주자의 구분) ① 다음 각 호에 해당하는 △△국 국민은 비거주자로 본다.
  1. 외국에서 영업활동에 종사하고 있는 사람
  2. 2년 이상 외국에 체재하고 있는 사람. 이 경우 일시 귀국하여 3개월 이내의 기간 동안 체재한 경우 그 기간은 외국에 체재한 기간에 포함되는 것으로 본다.
  3. 외국인과 혼인하여 배우자의 국적국에 6개월 이상 체재하는 사람
② 국내에서 영업활동에 종사하였거나 6개월 이상 체재하였던 외국인으로서 출국하여 외국에서 3개월 이상 체재 중인 사람의 경우에도 비거주자로 본다.

〈논쟁〉
쟁점 1: △△국 국민인 A는 일본에서 2년 1개월째 학교에 다니고 있다. A는 매년 여름방학과 겨울방학 기간에 일시 귀국하여 2개월씩 체재하였다. 이에 대해, 갑은 A가 △△국 비거주자로 구분된다고 주장하는 반면, 을은 그렇지 않다고 주장한다.
쟁점 2: △△국과 미국 국적을 모두 보유한 복수 국적자 B는 △△국 C법인에서 임원으로 근무하였다. B는 올해 C법인의 미국 사무소로 발령받아 1개월째 영업활동에 종사 중이다. 이에 대해, 갑은 B가 △△국 비거주자로 구분된다고 주장하는 반면, 을은 그렇지 않다고 주장한다.

쟁점 3: △△국 국민인 D는 독일 국적의 E와 결혼하여 독일에서 체재 시작 직후부터 5개월째 길거리 음악 연주를 하고 있다. 이에 대해, 갑은 D가 △△국 비거주자로 구분된다고 주장하는 반면, 을은 그렇지 않다고 주장한다.

― 〈보기〉 ―

ㄱ. 쟁점 1과 관련하여, 일시 귀국하여 체재한 '3개월 이내의 기간'이 귀국할 때마다 체재한 기간의 합으로 확정된다면, 갑의 주장은 옳고 을의 주장은 그르다. → (X) A가 일시 귀국하여 2개월씩 체재한 기간에 대해 갑은 제1항 제2호에 의해 이것도 외국에 체재한 기간에 포함시켜 A를 비거주자로 구분했다. 그러나 '3개월 이내의 기간'이 귀국할 때마다 국내에 체재한 기간의 합으로 확정된다면 갑의 주장은 그르고 을의 주장은 옳다.

ㄴ. 쟁점 2와 관련하여, 갑은 B를 △△국 국민이라고 생각하지만 을은 외국인이라고 생각하기 때문이라고 하면, 갑과 을 사이의 주장 불일치를 설명할 수 있다. → (O) B가 미국에서 한 달째 영업활동에 종사하고 있는 것에 대해 갑은 제1항 제1호에 의해 외국에서 영업활동에 종사하고 있는 국민으로 보고 B를 비거주자로 구분했다. 그러나 을은 제2항에 의해 미국 국적을 지닌 외국인이 국내 C 법인에서 임원으로 근무하다가 현재 한 달째 외국에서 체재 중인 것으로 보고 B를 거주자로 구분했다. 즉, 복수 국적자인 B를 국민으로 볼지 외국인으로 볼지에 따라 주장 불일치가 일어난 것이라고 설명할 수 있다.

ㄷ. 쟁점 3과 관련하여, D의 길거리 음악 연주가 영업활동이 아닌 것으로 확정된다면, 갑의 주장은 그르고 을의 주장은 옳다. → (O) D가 외국인과 혼인하여 배우자의 국적국인 독일에서 5개월째 길거리 음악 연주를 하고 있는데, 갑은 제1항 제1호에 의해 이를 영업활동으로 보고 D를 비거주자로 구분했다. 그러나 을은 제1항 제3호에 의해 외국인과 혼인하여 배우자의 국적국에 6개월 이상 체재한 것은 아니므로 D를 거주자로 구분했다. D의 길거리 음악 연주가 영업활동이 아닌 것으로 확정된다면 갑의 주장은 그르고 을의 주장은 옳다.

① ㄱ ➡ (X)
② ㄷ ➡ (X)
③ ㄱ, ㄴ ➡ (X)
④ ㄴ, ㄷ ➡ (O)
⑤ ㄱ, ㄴ, ㄷ ➡ (X)

정답과 분석해설

2022 | 제2영역 상황판단(㉮ 책형)

기출 총평

2022년 상황판단 영역은 전년도에 비하여 법조문형 문항이 줄고 연산추론형과 퍼즐형 문항이 늘어났다. 비교적 평이한 연산추론형 문항이 제시된 전반부는 난이도 중 수준이었고, 퍼즐형과 다소 까다로운 연산추론형 문항이 제시된 후반부는 중상 정도의 수준으로 보이며, 이전과 다소 달라진 문항 배치와 출제 비중에 체감 난도는 다소 높았을 것으로 보인다.

법조문형 문항과 제시문형의 정보확인 문항은 내용 일치 여부 확인을 통해 어렵지 않게 판단할 수 있는 수준이므로 독해 연습을 통해 실수하지 않는 것이 중요하다. 연산추론형 문항은 계산해야 할 부분을 찾아 계산식을 세우거나 비교할 수치 등을 파악하는 것이 관건인데, 기존 유형이 유사하게 출제되므로 기출 문항 등을 통해 풀이법을 익혀 두어야 한다. 퍼즐형 문항 역시 풀이법을 알고 나면 간단한 문항들이 대다수이지만 막상 시험 문제로 접했을 때 이 지점을 파악하지 못하면 복잡한 풀이 과정으로 해결해야 하므로 다양한 기출, 예비 문항들을 통해 여러 유형을 연습해 보는 것이 중요하다.

문항별 정답률 및 선지별 선택률

문번	정답	정답률(%)	선지별 선택률(%)				
			①	②	③	④	⑤
01	⑤	74.8	21.3	1.2	0.5	2.2	74.8
02	①	82.5	82.5	3.5	0.2	13.2	0.6
03	⑤	86.2	1.2	7.3	2.7	2.6	86.2
04	①	73.7	73.7	3.2	7.5	7.1	8.5
05	②	73.0	10.6	73.0	5.7	9.1	1.6
06	②	72.6	3.3	72.6	3.2	8.1	12.8
07	③	81.1	0.2	1.2	81.1	6.4	11.1
08	④	61.3	32.6	3.4	0.5	61.3	2.2
09	②	65.1	9.3	65.1	2.2	18.7	4.7
10	③	83.3	3.7	6.8	83.3	4.1	2.1
11	①	58.0	58.0	6.3	28.8	3.2	3.7
12	②	87.8	3.5	87.8	1.4	1.2	6.1
13	③	78.5	1.5	2.2	78.5	15.4	2.4

문번	정답	정답률(%)	선지별 선택률(%)				
			①	②	③	④	⑤
14	⑤	51.7	10.8	10.8	12.5	14.2	51.7
15	①	73.5	73.5	8.6	4.8	9.8	3.3
16	③	79.9	3.3	6.2	79.9	3.6	7.0
17	④	61.1	10.4	4.4	10.4	61.1	13.7
18	②	47.5	5.8	47.5	23.0	6.4	17.3
19	③	39.9	32.6	14.7	39.9	6.4	6.4
20	③	37.3	51.1	3.5	37.3	4.1	4.0
21	⑤	26.1	11.2	18.7	25.6	18.4	26.1
22	④	52.7	6.0	5.0	30.6	52.7	5.7
23	①	30.6	30.6	4.2	6.5	16.5	42.2
24	④	22.1	29.3	11.6	23.5	22.1	13.5
25	④	51.2	11.2	10.3	14.9	51.2	12.4

※ 음영 문항은 해당 회차에서 정답률이 가장 낮은 TOP 3 문항입니다.
※ 정답률 및 선지별 선택률 산정 기준: 약 1년간 누적된 자동채점 & 성적결과분석 서비스의 응시 데이터

출제 비중

기출문제편 P.155

01	⑤	02	①	03	⑤	04	①	05	⑤
06	②	07	③	08	④	09	②	10	③
11	①	12	②	13	④	14	⑤	15	①
16	③	17	④	18	②	19	③	20	③
21	⑤	22	④	23	①	24	④	25	④

01 ⑤
정답률 74.8%

|문제 유형| 법조문형 > 규정확인

|접근 전략| 법령을 확인, 이해하는 문항에서는 제시된 기준과 함께 그 기준이 모두 충족되어야 하는지, 예외가 있다면 어느 경우이며 어떻게 적용되는지를 잘 살펴보아야 한다. 즉 '모든 요건을 갖춘 경우', '조건으로 인증'과 같은 부분을 주의 깊게 살피고, '~할 수 있다', '~하여야 한다'와 같은 표현의 차이를 구분하도록 한다.

다음 글을 근거로 판단할 때 옳은 것은?

제00조 재해경감 우수기업(이하 '우수기업'이라 한다)이란 재난으로부터 피해를 최소화하기 위한 재해경감활동으로 우수기업 인증을 받은 기업을 말한다.

제00조 ① 우수기업으로 인증받고자 하는 기업은 A부 장관에게 신청하여야 한다.

② A부 장관은 제1항에 따라 신청한 기업의 재해경감활동에 대하여 다음 각 호의 기준에 따라 평가를 실시하고 우수기업으로 인증할 수 있다.
  1. 재난관리 전담조직을 갖출 것
  2. 매년 1회 이상 종사자에게 재난관리 교육을 실시할 것
  3. 재해경감활동 비용으로 총 예산의 5% 이상 할애할 것
  4. 방재관련 인력을 총 인원의 2% 이상 갖출 것

③ 제2항 각 호의 충족 여부는 매년 1월 말을 기준으로 평가하며, 모든 요건을 갖춘 경우 우수기업으로 인증한다. 다만 제3호의 경우 최초 평가에 한하여 해당 기준을 3개월 내에 충족할 것을 조건으로 인증할 수 있다.

④ 제3항에서 정하는 평가 및 인증에 소요되는 비용은 신청하는 자가 부담한다.

제00조 A부 장관은 인증받은 우수기업을 6개월마다 재평가하여 다음 각 호의 어느 하나에 해당하는 때에는 인증을 취소할 수 있다. 다만 제1호의 경우에는 인증을 취소하여야 한다.
  1. 거짓이나 그 밖의 부정한 방법으로 인증을 받은 경우
  2. 인증 평가기준에 미달되는 경우
  3. 양도·양수·합병 등에 의하여 인증받은 요건이 변경된 경우

① 처음 우수기업 인증을 받고자 하는 甲기업이 총 예산의 4%를 재해경감활동 비용으로 할애하였다면, 다른 모든 기준을 충족하였더라도 우수기업으로 인증받을 여지가 없다. ➡ (X) 두 번째 조 제3항에 따르면 제2항 각 호의 모든 요건을 갖춘 경우 우수기업으로 인증하는데, 다만 제3호 '재해경감활동 비용으로 총 예산의 5% 이상 할애할 것'의 경우 최초 평가에 한하여 해당 기준을 3개월 내에 충족할 것을 조건으로 인증할 수 있다고 하였다. 처음 우수기업 인증을 받고자 하는 甲기업이 다른 모든 기준을 충족하였다면 충족시키지 못한 제3호의 기준을 3개월 내에 충족할 것을 조건으로 우수기업으로 인증받을 여지가 있다.

② A부 장관이 乙기업을 평가하여 2022. 2. 25. 우수기업으로 인증한 경우, A부 장관은 2022. 6. 25.까지 재평가를 해야 한다. ➡ (X) 세 번째 조에 따르면 A부 장관은 인증받은 우수기업을 6개월마다 재평가하여 일정한 경우 인증을 취소할 수 있다.

③ 丙기업이 우수기업 인증을 신청하는 경우, 인증에 소요되는 비용은 A부 장관이 부담한다. ➡ (X) 두 번째 조 제4항에 따르면 평가 및 인증에 소요되는 비용은 신청하는 자가 부담한다.

④ 丁기업이 재난관리 전담조직을 갖춘 것처럼 거짓으로 신청서를 작성하여 우수기업으로 인증을 받은 경우라도, A부 장관은 인증을 취소하지 않을 수 있다. ➡ (X) 세 번째 조에 따르면 A부 장관은 재평가 시 인증을 받은 기업이 제1호 '거짓이나 그 밖의 부정한 방법으로 인증을 받은 경우'에 해당하면 인증을 취소하여야 한다.

⑤ 우수기업인 戊기업이 己기업을 흡수합병하면서 재평가 당시 일시적으로 방재관련 인력이 총 인원의 1.5%가 되었더라도, A부 장관은 戊기업의 인증을 취소하지 않을 수 있다. ➡ (O) 두 번째 조 제2항의 평가 기준에서 재해경감 우수기업은 방재관련 인력을 총 인원의 2% 이상 갖추어야 함을 알 수 있다. 또한 세 번째 조에 따르면 A부 장관은 재평가 시 제3호 '양도·양수·합병 등에 의하여 인증받은 요건이 변경된 경우'에 해당할 때에 인증을 취소할 수 있다. 우수기업인 戊기업이 己기업을 흡수합병하면서 재평가 당시 방재관련 인력이 총 인원의 1.5%가 되었다면 합병으로 인증받은 요건이 변경된 경우에 해당하므로 인증을 취소할 수 있지만, 이는 반드시 인증을 취소하여야 하는 경우는 아니므로 A부 장관은 戊기업의 인증을 취소하지 않을 수도 있다.

02 ①
정답률 82.5%

|문제 유형| 법조문형 > 규정적용

|접근 전략| 규정을 구체적인 상황에 적용하는 문항으로, 선지에 가족관계등록부에 기록해야 할 내용으로 제시된 내용이 규정에서 제시한 기록해야 하는 사항 중 무엇에 해당하는지 파악하여 빠르게 해결할 수 있다. 등록기준지가 둘 다 선지에 제시되어 있으므로, 규정에서 등록기준지를 어떻게 정하는지 찾아 둘 중 어느 쪽이 옳은지 판단하도록 한다.

다음 글과 〈상황〉을 근거로 판단할 때, 김가을의 가족관계등록부에 기록해야 하는 내용이 아닌 것은?

제○○조 ① 가족관계등록부는 전산정보처리조직에 의하여 입력·처리된 가족관계 등록사항에 관한 전산정보자료를 제□□조의 등록기준지에 따라 개인별로 구분하여 작성한다.
② 가족관계등록부에는 다음 사항을 기록하여야 한다.
  1. 등록기준지
  2. 성명·본·성별·출생연월일 및 주민등록번호
  3. 출생·혼인·사망 등 가족관계의 발생 및 변동에 관한 사항

제□□조 출생을 사유로 처음 등록을 하는 경우에는 등록기준지를 자녀가 따르는 성과 본을 가진 부 또는 모의 등록기준지로 한다.

〈상황〉
경기도 과천시 ☆☆로 1-11에 거주하는 김여름(金海 김씨)과 박겨울(密陽 박씨) 부부 사이에 2021년 10월 10일 경기도 수원시 영통구 소재 병원에서 남자아이가 태어났다. 이 부부는 태어난 아이의 이름을 김가을로 하고 과천시 ▽▽주민센터에 출생신고를 하였다. 김여름의 등록기준지는 부산광역시 남구 ◇◇로 2-22이며, 박겨울은 서울특별시 마포구 △△로 3-33이다.

① 서울특별시 마포구 △△로 3-33 ➡ (X) 제□□조에 따르면 출생을 사유로 처음 등록을 하는 경우에는 등록기준지를 자녀가 따르는 성과 본을 가진 부 또는 모의 등록기준지로 한다. 〈상황〉에서 태어난 아이의 이름은 '김여름'의 성을 따라 '김가을'로 하였으므로, 박겨울의 등록기준지에 해당하는 '마포구 △△로 3-33'는 가족관계등록부에 기록하지 않아도 된다.

② 부산광역시 남구 ◇◇로 2-22 ➡ (O) 제○○조 제2항 제1호에 따르면 가족관계등록부에는 '등록기준지'를 기록해야 하며, 제□□조에 따르면 이는 자녀가

따르는 성과 본을 가진 부 또는 모의 등록기준지로 한다. 〈상황〉에서 태어난 아이의 이름은 '김여름'의 성을 따라 '김가을'로 하였으므로 '김여름'의 등록기준지인 '부산광역시 남구 ◇◇로 2-22'를 가족관계등록부에 기록해야 한다.

③ 2021년 10월 10일 ➡ (O) 제○○조 제2항 제2호에 따르면 가족관계등록부에는 출생연월일을 기록해야 하므로, 〈상황〉에서 태어난 아이의 출생연월일인 '2021년 10월 10일'을 가족관계등록부에 기록해야 한다.

④ 金海 ➡ (O) 제○○조 제2항 제2호에 따르면 가족관계등록부에는 본을 기록해야 하는데, 〈상황〉에서 태어난 아이는 '김여름'의 성과 본을 따랐으므로 '김여름'의 본인 '金海'를 가족관계등록부에 기록해야 한다.

⑤ 남 ➡ (O) 제○○조 제2항 제2호에 따르면 가족관계등록부에는 성별을 기록해야 하는데, 〈상황〉에서 태어난 아이의 성별은 남자이므로 성별인 '남'을 가족관계등록부에 기록해야 한다.

03 ⑤   정답률 86.2%

|문제 유형| 법조문형 > 규정확인
|접근 전략| 규정의 내용을 이해하기 위해서는 우선 각 항목의 주어를 정확히 파악하는 것이 중요하다. 즉 '시장 등'에 해당하는 범위를 확인하여 각 선지의 주어가 어느 쪽에 속하는지 파악해야 한다. 또한 준공인가 및 공사 완료 고시와 관련한 세부 사항들을 정확하게 파악하여 선지와 비교해 보도록 한다.

다음 글을 근거로 판단할 때 옳은 것은?

제00조 정비사업이란 도시기능을 회복하기 위하여 정비구역에서 정비사업시설을 정비하거나 주택 등 건축물을 개량 또는 건설하는 주거환경개선사업, 재개발사업, 재건축사업 등을 말한다.
제00조 특별자치시장·특별자치도지사·시장·군수·구청장(이하 '시장 등'이라 한다)은 노후불량건축물이 밀집하는 구역에 대하여 정비계획에 따라 정비구역을 지정할 수 있다.
제00조 시장 등이 아닌 자가 정비사업을 시행하려는 경우에는 토지 등 소유자로 구성된 조합을 설립해야 한다.
제00조 ① 시장 등이 아닌 사업시행자가 정비사업 공사를 완료한 때에는 시장 등의 준공인가를 받아야 한다.
② 제1항에 따라 준공인가신청을 받은 시장 등은 지체 없이 준공검사를 실시해야 한다.
③ 시장 등은 제2항에 따른 준공검사를 실시한 결과 정비사업이 인가받은 사업시행 계획대로 완료되었다고 인정되는 때에는 준공인가를 하고 공사의 완료를 해당 지방자치단체의 공보에 고시해야 한다.
④ 시장 등은 직접 시행하는 정비사업에 관한 공사가 완료된 때에는 그 완료를 해당 지방자치단체의 공보에 고시해야 한다.
제00조 ① 정비구역의 지정은 공사완료의 고시가 있는 날의 다음 날에 해제된 것으로 본다.
② 제1항에 따른 정비구역의 해제는 조합의 존속에 영향을 주지 않는다.

① 甲특별자치시장이 직접 정비사업을 시행하려는 경우에는 토지 등 소유자로 구성된 조합을 설립해야 한다. ➡ (X) 세 번째 조에 따르면 시장 등이 아닌 자가 정비사업을 시행하려는 경우에 토지 등 소유자로 구성된 조합을 설립해야 한다.

② A도 乙군수가 직접 시행하는 정비사업에 관한 공사가 완료된 때에는 A도지사에게 준공인가신청을 해야 한다. ➡ (X) 네 번째 조 제1항에 따르면 시장 등이 아닌 사업시행자가 정비사업 공사를 완료한 때 시장 등에게 준공인가를 신청해야 한다.

③ 丙시장이 사업시행자 B의 정비사업에 관해 준공인가를 하면, 토지 등 소유자로 구성된 조합은 해산된다. ➡ (X) 네 번째 조 제1항과 제3항에 따르면 시장 등이 아닌 사업시행자가 정비사업 공사를 완료한 때 시장 등에게 준공인가를 신청하고, 준공인가를 받으면 공사 완료가 고시된다. 그리고 다섯 번째 조 제2항에 따르면 공사 완료 고시로 정비구역의 지정이 해제되었을 때, 이 해제는 조합의 존속에 영향을 주지 않는다.

④ 丁시장이 사업시행자 C의 정비사업에 관해 공사 완료를 고시하면, 정비구역의 지정은 고시한 날 해제된다. ➡ (X) 다섯 번째 조 제1항에 따르면 공사 완료가 고시된 경우 정비구역의 지정은 고시가 있는 날의 다음 날 해제된다.

⑤ 戊시장이 직접 시행하는 정비사업에 관한 공사가 완료된 때에는 그 완료를 戊시의 공보에 고시해야 한다. ➡ (O) 네 번째 조 제4항에서 시장 등은 직접 시행하는 정비사업에 관한 공사가 완료된 때에는 그 완료를 해당 지방자치단체의 공보에 고시해야 한다.

04 ①   정답률 73.7%

|문제 유형| 법조문형 > 규정확인
|접근 전략| 규정의 이해를 묻는 문항으로 규정에 나타난 적용 범위와 단서, 담당 등을 정확히 파악해야 한다. 규정에 선박 및 소형선박의 종류가 제시되어 있으므로 이를 바탕으로 각 선지가 선박과 소형선박 중 어느 것을 다루고 있는지 파악하도록 한다. 그리고 선박의 종류에 따라 선박의 소유권 이전과 등기, 등록은 어떻게 이루어지는지 차이를 파악하는 한편 선박의 등기와 등록신청을 어디에서 담당하는지 파악하면 문제를 쉽게 해결할 수 있다.

다음 글을 근거로 판단할 때 옳은 것은?

제00조 ① 선박이란 수상 또는 수중에서 항행용으로 사용하거나 사용할 수 있는 배 종류를 말하며 그 구분은 다음 각 호와 같다.
1. 기선: 기관(機關)을 사용하여 추진하는 선박과 수면비행선박(표면효과 작용을 이용하여 수면에 근접하여 비행하는 선박)
2. 범선: 돛을 사용하여 추진하는 선박
3. 부선: 자력(自力) 항행능력이 없어 다른 선박에 의하여 끌리거나 밀려서 항행되는 선박
② 소형선박이란 다음 각 호의 어느 하나에 해당하는 선박을 말한다.
1. 총톤수 20톤 미만인 기선 및 범선
2. 총톤수 100톤 미만인 부선
제00조 ① 매매계약에 의한 선박 소유권의 이전은 계약당사자 사이의 양도합의만으로 효력이 생긴다. 다만 소형선박 소유권의 이전은 계약당사자 사이의 양도합의와 선박의 등록으로 효력이 생긴다.
② 선박의 소유자(제1항 단서의 경우에는 선박의 매수인)는 선박을 취득(제1항 단서의 경우에는 매수)한 날부터 60일 이내에 선적항을 관할하는 지방해양수산청장에게 선박의 등록을 신청하여야 한다. 이 경우 총톤수 20톤 이상인 기선과 범선 및 총톤수 100톤 이상인 부선은 선박의 등기를 한 후에 선박의 등록을 신청하여야 한다.
③ 지방해양수산청장은 제2항의 등록신청을 받으면 이를 선박원부(船舶原簿)에 등록하고 신청인에게 선박국적증서를 발급하여야 한다.
제00조 선박의 등기는 등기할 선박의 선적항을 관할하는 지방법원, 그 지원 또는 등기소를 관할 등기소로 한다.

① 총톤수 80톤인 부선의 매수인 甲이 선박의 소유권을 취득하기 위해서는 매도인과 양도합의를 하고 선박을 등록해야 한다. ➡ (O) 두 번째 조 제1항에 따르면 소형선박 소유권의 이전은 계약당사자 사이의 양도합의와 선박의 등록으로 효력이 생긴다. 첫 번째 조 제2항에서 총톤수 100톤 미만인 부선은 소형선박에 해당한다고 하였으므로, 소형선박인 총톤수 80톤인 부선의 소유권 이전을 위해서는 양도합의와 선박의 등록이 필요함을 알 수 있다.

② 총톤수 100톤인 기선의 소유자 乙이 선박의 등기를 하기 위해서는 먼저 관할 지방해양수산청장에게 선박의 등록을 신청해야 한다. ➡ (X) 두 번째 조 제2항에 따르면 총톤수 20톤 이상인 기선은 선박의 등기를 한 후에 선박의 등록을 신청하여야 한다.

③ 총톤수 60톤인 기선의 소유자 丙은 선박을 매수한 날부터 60일 이내에 해양수산부장관에게 선박의 등록을 신청해야 한다. ➡ (X)
두 번째 조 제2항에 따르면 선박의 소유자는 선박을 취득한 날부터 60일 이내에 선적항의 관할 지방해양수산청장에게 선박의 등록을 신청하여야 한다.

④ 총톤수 200톤인 부선의 소유자 丁이 선적항을 관할하는 등기소에 선박의 등기를 신청하면, 등기소는 丁에게 선박국적증서를 발급해야 한다. ➡ (X) 두 번째 조 제2항과 제3항에 따르면 총톤수 100톤 이상인 부선은 선박의 등기를 한 후에 선박의 등록을 신청하여야 하고, 이 등록신청을 받은 지방해양수산청장은 신청인에게 선박국적증서를 발급하여야 한다.

⑤ 총톤수 20톤 미만인 범선의 매수인 戊가 선박의 등록을 신청하면, 관할 법원은 이를 선박원부에 등록하고 戊에게 선박국적증서를 발급해야 한다. ➡ (X) 두 번째 조 제2항과 제3항에 따르면 선박의 등록신청을 받아 이를 선박원부에 등록하고 신청인에게 선박국적증서를 발급하여야 하는 것은 관할 지방해양수산청장이다.

05 ②
정답률 73.0%

|문제 유형| 제시문형 > 정보확인

|접근 전략| 제시된 글의 정보를 바탕으로 선지의 내용을 판단하는 문항이다. 글의 내용과 선지 내용을 비교하여 바로 판단할 수 있는 선지를 먼저 해결한 뒤, 글의 정보를 종합, 비교하여 판단해야 하는 선지를 꼼꼼히 살피도록 한다. 즉 공통점과 차이점을 파악해야 하는 대상이 제시된 경우 각 대상에 대해 설명한 내용을 확인하여 선지에서 잘못된 부분을 찾아내도록 한다.

다음 글을 근거로 판단할 때 옳은 것은?

조선 시대 쌀의 종류에는 가을철 논에서 수확한 벼를 가공한 흰색 쌀 외에 밭에서 자란 곡식을 가공함으로써 얻게 되는 회색 쌀과 노란색 쌀이 있었다. 회색 쌀은 보리의 껍질을 벗긴 보리쌀이었고, 노란색 쌀은 조의 껍질을 벗긴 좁쌀이었다. ▶1문단

남부 지역에서는 보리가 특히 중요시되었다. 가을 곡식이 바닥을 보이기 시작하는 봄철, 농민들의 희망은 들판에 넘실거리는 보리뿐이었다. 보리가 익을 때까지는 주린 배를 움켜쥐고 생활할 수밖에 없었고, 이를 보릿고개라 하였다. 그것은 보리를 수확하는 하지, 즉 낮이 가장 길고 밤이 가장 짧은 시기까지 지속되다가 사라지는 고개였다. 보리 수확기는 여름이었지만 파종 시기는 보리 종류에 따라 달랐다. 가을철에 파종하여 이듬해 수확하는 보리는 가을보리, 봄에 파종하여 그해 수확하는 보리는 봄보리라고 불렀다. ▶2문단

적지 않은 농부들은 보리를 수확하고 그 자리에 다시 콩을 심기도 했다. 이처럼 같은 밭에서 1년 동안 보리와 콩을 교대로 경작하는 방식을 그루갈이라고 한다. 그렇지만 모든 콩이 그루갈이로 재배된 것은 아니었다. 콩 수확기는 가을이었으나, 어떤 콩은 봄철에 파종해야만 제대로 자랄 수 있었고 어떤 콩은 여름에 심을 수도 있었다. 한편 조는 보리, 콩과 달리 모두 봄에 심었다. 그래서 봄철 밭에서는 보리, 콩, 조가 함께 자라는 것을 볼 수 있었다. ▶3문단

① 흰색 쌀과 여름에 심는 콩은 서로 다른 계절에 수확했다. ➡ (X)
1문단에서 흰색 쌀은 가을철 논에서 수확한 벼를 가공한 것이라고 하였고, 3문단에서 콩은 종에 따라 봄철에 파종해야 하는 경우도 있지만 여름에 심을 수도 있었는데 콩의 수확기는 가을이라고 하였다. 따라서 흰색 쌀과 여름에 심는 콩은 모두 가을에 수확함을 알 수 있다.

② 봄보리의 재배 기간은 가을보리의 재배 기간보다 짧았다. ➡ (O)
2문단에서 봄보리는 봄에 파종하여 그해 여름에 수확하는 보리, 가을보리는 가을철에 파종하여 이듬해 여름에 수확하는 보리임을 알 수 있다. 따라서 봄보리의 재배 기간은 가을보리의 재배 기간보다 짧았을 것임을 알 수 있다.

③ 흰색 쌀과 회색 쌀은 논에서 수확된 곡식을 가공한 것이었다. ➡ (X) 1문단에서 흰색 쌀은 가을철 논에서 수확한 벼를 가공한 것이라고 하였다. 그러나 회색 쌀은 밭에서 자란 곡식, 즉 보리의 껍질을 벗긴 보리쌀이라고 하였다.

④ 남부 지역의 보릿고개는 가을 곡식이 바닥을 보이는 하지가 지나면서 더 심해졌다. ➡ (X) 2문단에서 남부 지역의 보릿고개는 보리를 수확하는 하지까지 지속되다가 사라지는 고개였다고 하였으므로, 하지가 지나면서 더 심해졌다고 볼 수 없다.

⑤ 보리와 콩이 함께 자라는 것은 볼 수 있었지만, 조가 이들과 함께 자라는 것은 볼 수 없었다. ➡ (X) 3문단에서 봄철 밭에서는 보리, 콩, 조가 함께 자라는 것을 볼 수 있었다고 하였다.

06 ②
정답률 72.6%

|문제 유형| 제시문형 > 분석추론

|접근 전략| 주어진 정보를 바탕으로 선지 내용의 적절성을 추론적으로 파악하는 문항이다. 글에서 주어진 정보를 바탕으로 甲이 평균속력이 더 높을 것으로 예상되는 경로를 항상 선택하며 대안경로는 잔여거리와 잔여시간을 알려준다는 점을 파악하고, 〈보기〉의 상황에서 대안경로의 평균속력이 높아지는지 낮아지는지 또는 항상 높거나 낮다고 판단할 수 있는지 등을 판단하도록 한다.

다음 글을 근거로 판단할 때, 〈보기〉에서 옳은 것만을 모두 고르면?

甲의 자동차에 장착된 내비게이션 시스템은 목적지까지 운행하는 도중 대안경로를 제안하는 경우가 있다. 이때 이 시스템은 기존경로와 비교하여 남은 거리와 시간이 어떻게 달라지는지 알려준다. 즉 목적지까지의 잔여거리(A)가 몇 km 증가·감소하는지, 잔여시간(B)이 몇 분 증가·감소하는지 알려준다. 甲은 기존경로와 대안경로 중 출발지부터 목적지까지의 평균속력이 더 높을 것으로 예상되는 경로를 항상 선택한다.

〈보기〉

ㄱ. A가 증가하고 B가 감소하면 甲은 항상 대안경로를 선택한다. → (O)
甲은 기존경로와 대안경로 중 출발지부터 목적지까지의 평균속력이 더 높을 것으로 예상되는 경로를 항상 선택한다고 하였다. 대안경로의 목적지까지의 잔여거리(A)가 증가하고 잔여시간(B)이 감소하면 평균속력이 더 높을 것이므로 甲은 항상 대안경로를 선택할 것이다.

ㄴ. A와 B가 모두 증가하면 甲은 항상 대안경로를 선택한다. → (X) 대안경로의 목적지까지의 잔여거리(A)와 잔여시간(B)이 모두 증가하면 대안경로의 평균속력이 항상 기존경로의 평균속력보다 더 높지는 않을 것이므로 甲이 항상 대안경로를 선택하지는 않을 것이다.

ㄷ. A와 B가 모두 감소할 때 甲이 대안경로를 선택하는 경우가 있다.
→ (O) 대안경로의 목적지까지의 잔여거리(A)와 잔여시간(B)이 모두 감소하면 기존경로에 비해 대안경로의 평균속력이 기존경로의 평균속력보다 높을 수 있으므로, 甲이 대안경로를 선택하는 경우가 있을 수 있다.

ㄹ. A가 감소하고 B가 증가할 때 甲이 대안경로를 선택하는 경우가 있다. → (X) 대안경로의 목적지까지의 잔여거리(A)가 감소하고 잔여시간(B)이 증가하면 그에 따라 대안경로의 평균속력은 기존경로의 평균속력에 비해 낮아질 것이다. 따라서 이때 甲이 대안경로를 선택하는 경우는 없다.

① ㄱ, ㄴ ➡ (X)
② ㄱ, ㄷ ➡ (O)
③ ㄴ, ㄷ ➡ (X)
④ ㄴ, ㄹ ➡ (X)
⑤ ㄷ, ㄹ ➡ (X)

07 ③ 정답률 81.1%

| 문제 유형 | 연산추론형 > 수리계산
| 접근 전략 | 결제해야 할 금액과 실제 결제 금액의 차이를 확인한 뒤 과일 1상자당 가격을 통해 이 금액 차이가 나타날 수 있는 경우를 파악해 보면 답을 어렵지 않게 찾을 수 있다. 나머지 선지에 대해서도 제시된 상황의 결제 금액을 따져 봄으로써 오답을 검토하도록 한다.

다음 글을 근거로 판단할 때 옳은 것은?

甲은 정기모임의 간식을 준비하기 위해 과일 가게에 들렀다. 甲이 산 과일의 가격과 수량은 아래 표와 같다. 과일 가게 사장이 준 영수증을 보니, 총 228,000원이어야 할 결제 금액이 총 237,300원이었다.

구분	사과	귤	복숭아	딸기
1상자 가격(원)	30,700	25,500	14,300	23,600
구입 수량(상자)	2	3	3	2

① 한 과일이 2상자 더 계산되었다. ➡ (X) 한 과일이 2상자 더 계산되었다면 실제 결제 금액이 더 컸을 것이다.

② 두 과일이 각각 1상자 더 계산되었다. ➡ (X) 두 과일이 각각 1상자 더 계산되었다면 실제 결제 금액이 더 컸을 것이다.

③ 한 과일이 1상자 더 계산되고, 다른 한 과일이 1상자 덜 계산되었다. ➡ (O) 결제해야 할 금액 228,000원과 실제 결제 금액 237,300원의 차액은 9,300원이다. 이는 딸기 1상자 가격인 23,600원과 복숭아 한 상자 가격인 14,300원의 차액과 같다. 따라서 딸기가 1상자 더 계산되고, 복숭아 1상자가 덜 계산되었다고 볼 수 있다.

④ 한 과일이 1상자 더 계산되고, 다른 두 과일이 각각 1상자 덜 계산되었다. ➡ (X) 결제해야 할 금액보다 실제 결제 금액이 더 커야 하므로 1상자 가격이 가장 높은 사과가 1상자 더 계산되고, 가격이 낮은 복숭아와 딸기가 각각 1상자 덜 계산된 경우를 생각해 볼 수 있다. 이때 차액은 30,700원－(14,300원＋23,600원)＝－7,200원으로, 실제 결제 금액이 더 작아진다.

⑤ 두 과일이 각각 1상자 더 계산되고, 다른 두 과일이 각각 1상자 덜 계산되었다. ➡ (X) 두 과일이 각각 1상자 더 계산되고, 다른 두 과일이 각각 1상자 덜 계산되는 경우로는 다음의 세 가지 경우를 생각해 볼 수 있는데, 이때 실제 결제 금액이 총 237,300원인 경우는 없다.

더 계산된 두 과일의 가격	덜 계산된 두 과일의 가격	차액
사과＋귤 56,200원	복숭아＋딸기 37,900원	18,300원
사과＋딸기 54,300원	귤＋복숭아 39,800원	14,500원
귤＋딸기 49,100원	사과＋복숭아 45,000원	4,100원

08 ④ 정답률 61.3%

| 문제 유형 | 제시문형 > 분석추론
| 접근 전략 | 글에 주어진 정보를 바탕으로 사업 참여 대상에 해당하는 경우를 고르는 문항이다. 기본적인 참여 대상을 확인한 후 그에 속하지만 참여가 제외되는 경우, 참여 대상에 제외되나 참여 가능한 경우를 정확히 파악하면 해결할 수 있다.

다음 글과 〈상황〉을 근거로 판단할 때, 甲～戊 중 휴가지원사업에 참여할 수 있는 사람만을 모두 고르면?

〈2023년 휴가지원사업 모집 공고〉

□ 사업 목적
  ○ 직장 내 자유로운 휴가문화 조성 및 국내 여행 활성화
□ 참여 대상
  ○ 중소기업·비영리민간단체·사회복지법인·의료법인 근로자. 단, 아래 근로자는 참여 제외
    － 병·의원 소속 의사
    － 회계법인 및 세무법인 소속 회계사·세무사·노무사
    － 법무법인 소속 변호사·변리사
  ○ 대표 및 임원은 참여 대상에서 제외하나, 아래의 경우는 참여 가능
    － 중소기업 및 비영리민간단체의 임원
    － 사회복지법인의 대표 및 임원

〈상황〉

甲~戊의 재직정보는 아래와 같다.

구분	직장명	직장 유형	비고
간호사 甲	A병원	의료법인	근로자

→ (O) 의료법인 근로자이므로 참여 대상에 해당한다.

노무사 乙	B회계법인	중소기업	근로자

→ (X) 회계법인 소속 노무사는 참여 대상에서 제외된다.

사회복지사 丙	C복지센터	사회복지법인	대표

→ (O) 대표는 참여 대상에서 제외하나, 사회복지법인의 대표인 경우이므로 참여 가능하다.

회사원 丁	D물산	대기업	근로자

→ (X) 이 사업의 참여 대상은 중소기업·비영리민간단체·사회복지법인·의료법인 근로자이므로 대기업 근로자는 참여 대상에 해당하지 않는다.

의사 戊	E재단	비영리민간단체	임원

→ (O) 병원 소속 의사나 임원은 참여 대상에서 제외되나, 비영리민간단체 소속 의사이면서 비영리민간단체의 임원인 경우이므로 참여 가능하다.

① 甲, 丙 ➡ (X)
② 甲, 戊 ➡ (X)
③ 乙, 丁 ➡ (X)
④ 甲, 丙, 戊 ➡ (O)
⑤ 乙, 丙, 丁 ➡ (X)

※ 다음 글을 읽고 물음에 답하시오. [문 9.~문 10.]

'국민참여예산제도'는 국가 예산사업의 제안, 심사, 우선순위 결정과정에 국민을 참여케 함으로써 예산에 대한 국민의 관심도를 높이고 정부 재정운영의 투명성을 제고하기 위한 제도이다. 이 제도는 정부의 예산편성권과 국회의 예산심의·의결권 틀 내에서 운영된다. ▶1문단

국민참여예산제도는 기존 제도인 국민제안제도나 주민참여예산제도와 차이점을 지닌다. 먼저 '국민제안제도'가 국민들이 제안한 사항에 대해 관계부처가 채택 여부를 결정하는 방식이라면, 국민참여예산제도는 국민의 제안 이후 사업심사와 우선순위 결정과정에도 국민의 참여를 가능하게 함으로써 국민의 역할을 확대하는 방식이다. 또한 '주민참여예산제도'가 지방자치단체의 사무를 대상으로 하는 반면, 국민참여예산제도는 중앙정부가 재정을 지원하는 예산사업을 대상으로 한다. ▶2문단

국민참여예산제도에서는 3~4월에 국민사업제안과 제안사업 적격성 검사를 실시하고, 이후 5월까지 각 부처에 예산안을 요구한다. 6월에는 예산국민참여단을 발족하여 참여예산 후보사업을 압축한다. 7월에는 일반국민 설문조사와 더불어 예산국민참여단 투표를 통해 사업선호도 조사를 한다. 이러한 과정을 통해 선호순위가 높은 후보사업은 국민참여예산사업으로 결정되며, 8월에 재정정책자문회의 논의를 거쳐 국무회의에서 정부예산안에 반영된다. 정부예산안은 국회에 제출되며, 국회는 심의·의결을 거쳐 12월까지 예산안을 확정한다. ▶3문단

예산국민참여단은 일반국민을 대상으로 전화를 통해 참여의사를 타진하여 구성한다. 무작위로 표본을 추출하되 성·연령·지역별 대표성을 확보하는 통계적 구성방법이 사용된다. 예산국민참여단원은 예산학교를 통해 국가재정에 대한 교육을 이수한 후, 참여예산 후보사업을 압축하는 역할을 맡는다. 예산국민참여단이 압축한 후보사업에 대한 일반국민의 선호도는 통계적 대표성이 확보된 표본을 대상으로 한 설문을 통해, 예산국민참여단의 사업선호도는 오프라인 투표를 통해 조사한다. ▶4문단

정부는 2017년에 2018년도 예산을 편성하면서 국민참여예산제도를 시범 도입하였는데, 그 결과 6개의 국민참여예산사업이 선정되었다. 2019년도 예산에는 총 39개 국민참여예산사업에 대해 800억 원이 반영되었다. ▶5문단

09 ②
정답률 65.1%

| 문제 유형 | 제시문형 > 정보확인
| 접근 전략 | 제시된 글의 정보를 바탕으로 선지의 내용을 판단하는 문항이다. 각 선지에서 다루고 있는 내용이 제시된 부분을 찾아 글의 정보와 선지를 비교해 봄으로써 쉽게 해결할 수 있다. 특히 2문단에 제시된 제도 간의 차이점과 3문단에서 제시된 제도 시행 과정을 꼼꼼히 파악하는 것이 중요하다.

윗글을 근거로 판단할 때 옳은 것은?

① 국민제안제도에서는 중앙정부가 재정을 지원하는 예산사업의 우선순위를 국민이 정할 수 있다. ➡ (X) 2문단에 따르면 국민제안제도는 국민들이 제안한 사항에 대해 관계부처가 채택 여부를 결정하는 방식이고, 이와 달리 국민참여예산제도는 중앙정부가 재정을 지원하는 예산사업을 대상으로 하여 우선순위 결정과정에 국민의 참여를 가능하게 한 방식이라고 하였다.

② 국민참여예산사업은 국회 심의·의결 전에 국무회의에서 정부예산안에 반영된다. ➡ (O) 3문단에서 국민참여예산사업으로 결정된 사업은 국무회의에서 정부예산안에 반영되고, 이 정부예산안이 국회에 제출되어 국회의 심의·의결을 거치게 됨을 알 수 있다.

③ 국민참여예산제도는 정부의 예산편성권 범위 밖에서 운영된다.
➡ (X) 1문단에 따르면 국민참여예산제도는 정부의 예산편성권과 국회의 예산심의·의결권 틀 내에서 운영된다고 하였다.

④ 참여예산 후보사업은 재정정책자문회의의 논의를 거쳐 제안된다. ➡ (X) 3문단에서 예산국민참여단이 참여예산 후보사업을 압축한 뒤 설문조사와 투표 과정을 통해 선호순위가 높은 후보사업을 국민참여예산사업으로 결정하고, 이를 바탕으로 재정정책자문회의에서 논의함을 알 수 있다.

⑤ 예산국민참여단의 사업선호도 조사는 전화설문을 통해 이루어진다. ➡ (X) 3문단에 따르면 일반국민은 설문조사로, 예산국민참여단은 투표를 통해 사업선호도 조사를 한다고 하였다.

10 ③
정답률 83.3%

| 문제 유형 | 연산추론형 > 수리계산
| 접근 전략 | 제시된 글과 상황을 바탕으로 예산안에서 한 영역의 예산이 차지하는 비율을 계산해야 하는 문항이다. 글에서 파악해야 하는 정보는 2019년도 국민참여예산사업의 예산안이 800억 원이라는 부분이고, 이후에는 〈상황〉에 제시된 수치를 바탕으로 계산식을 세워야 한다. 먼저 구해야 하는 것이 무엇인지 파악하고 각각을 구하는 식을 세운 뒤 그 식에 들어갈 숫자를 구하여 계산하도록 한다.

윗글과 〈상황〉을 근거로 판단할 때, 甲이 보고할 수치를 옳게 짝지은 것은?

〈상황〉

2019년도 국민참여예산사업 예산 가운데 688억 원이 생활밀착형사업 예산이고 나머지는 취약계층지원사업 예산이었다. 2020년도 국민참여예산사업 예산 규모는 2019년도에 비해 25% 증가했는데, 이 중 870억 원이 생활밀착형사업 예산이고 나머지는 취약계층지원사업 예산이었다. 국민참여예산제도에 관한 정부부처 담당자 甲은 2019년도와 2020년도 각각에 대해 국민참여예산사업 예산에서 취약계층지원사업 예산이 차지한 비율을 보고하려고 한다.

	2019년도	2020년도	
①	13%	12%	➡ (X)
②	13%	13%	➡ (X)
③	14%	13%	➡ (O) 甲이 보고하고자 하는 수치는 2019년도와 2020년도 각각에 대해 국민참여예산사업 예산에서 취약계층지원사업 예산이 차지한 비율이다. 5문단에서 2019년도 예산에는 국민참여예산사업에 대해 800억 원이 반영되었다고 하였는데, 〈상황〉에서는 이 예산 가운데 688억 원이 생활밀착형사업 예산이고 나머지는 취약계층지원사업 예산이라고 하였다. 따라서 2019년도에 국민참여예산사업 예산에서 취약계층지원사업 예산이 차지한 비율은 (800억 원 - 688억 원)/800억 원 × 100 = 14%이다. 〈상황〉에서 2020년도 국민참여예산사업 예산 규모는 2019년도에 비해 25% 증가했다고 하였으므로 2020년도 국민참여예산사업 예산 규모는 800억 원 + (800억 원 × 0.25) = 1,000억 원이다. 그리고 이 중 870억 원이 생활밀착형사업 예산이고 나머지는 취약계층지원사업 예산이라고 하였으므로 2020년도에 국민참여예산사업 예산에서 취약계층지원사업 예산이 차지한 비율은 {(1,000억 원 - 870억 원)/1,000억 원} × 100 = 13%이다.
④	14%	14%	➡ (X)
⑤	15%	14%	➡ (X)

11 ① 정답률 58.0%

| 문제 유형 | 퍼즐형 > 논리퀴즈

| 접근 전략 | 주어진 기준에 따라 보고가 진행되는 순서를 판단하는 문항이다. 제시된 세 가지 기준 중 상황에 가장 먼저 적용해야 하는 기준을 찾고 이후 기준을 차례로 적용하여 보고 순서를 파악하도록 한다. 즉 '이상의 모든 기준과 무관하게'라는 표현을 바탕으로 기준 3을 가장 먼저 적용해야 함을 판단한 뒤, 기준 1에 따라 법 개정안 중 먼저 보고해야 하는 것을 파악하되 기준 2의 '위 기준에도 불구하고'라는 표현에 유의하여 두 번째, 세 번째로 보고해야 하는 것을 차례로 파악하도록 한다.

다음 글을 근거로 판단할 때, 네 번째로 보고되는 개정안은?

△△처에서 소관 법규 개정안 보고회를 개최하고자 한다. 보고회는 아래와 같은 기준에 따라 진행한다.

○ 법규 체계 순위에 따라 법 – 시행령 – 시행규칙의 순서로 보고한다. 법규 체계 순위가 같은 개정안이 여러 개 있는 경우 소관 부서명의 가나다순으로 보고한다. ▶기준 1
○ 한 부서에서 보고해야 하는 개정안이 여럿인 경우, 해당 부서의 첫 번째 보고 이후 위 기준에도 불구하고 그 부서의 나머지 소관 개정안을 법규 체계 순위에 따라 연달아 보고한다. ▶기준 2
○ 이상의 모든 기준과 무관하게 보고자가 국장인 경우 가장 먼저 보고한다.
▶기준 3

보고 예정인 개정안은 다음과 같다.

개정안명	소관 부서	보고자
A법 개정안	예산담당관	甲사무관
B법 개정안	기획담당관	乙과장
C법 시행령 개정안	기획담당관	乙과장
D법 시행령 개정안	국제화담당관	丙국장
E법 시행규칙 개정안	예산담당관	甲사무관

① A법 개정안 ➡ (O) 기준 3에 따라 보고자가 국장인 D법 시행령 개정안을 가장 먼저 보고한다. 기준 1에 따르면 법 – 시행령의 순서로 보고하되 같은 순위는 소관 부서명의 가나다순으로 보고해야 하므로 A법 개정안과 B법 개정안 중 소관 부서가 기획담당관인 B법 개정안을 두 번째 순서로 보고한다. 또한 기준 2에 따르면 한 부서에서 보고해야 하는 개정안이 여럿인 경우 해당 부서의 첫 번째 보고 이후 그 부서의 나머지 소관 개정안을 연달아 보고해야 하므로 기획담당관의 C법 시행령 개정안을 세 번째 순서로 보고한다. 그리고 그 다음 네 번째 순서로 A법 개정안을 보고한다.
② B법 개정안 ➡ (X) 기준 1에 따라 두 번째 순서로 보고한다.
③ C법 시행령 개정안 ➡ (X) 기준 2에 따라 B법 개정안에 이어 세 번째 순서로 보고한다.
④ D법 시행령 개정안 ➡ (X) 보고자가 국장이므로 기준 3에 따라 가장 먼저 보고한다.
⑤ E법 시행규칙 개정안 ➡ (X) 가장 마지막으로 보고한다.

12 ② 정답률 87.8%

| 문제 유형 | 연산추론형 > 대입비교

| 접근 전략 | 주어진 조건을 바탕으로 상황에 적용되는 계산을 하여 두 가지 경우의 결괏값을 비교하는 문항이다. 조건에서 사업 A와 사업 B에서 지원하는 내용을 확인한 뒤, 〈상황〉에서 甲이 수리하고자 하는 창호와 쉼터에 대해 각각 지원받을 수 있는 금액을 계산한다. 창호가 내부, 쉼터가 외부에 해당한다는 점과 본인부담 금액을 파악했을 때 선택할 수 있는 선지가 줄어들게 되므로 어렵지 않게 해결할 수 있다.

다음 글과 〈상황〉을 근거로 판단할 때, 甲이 선택할 사업과 받을 수 있는 지원금을 옳게 짝지은 것은?

○○군은 집수리지원사업인 A와 B를 운영하고 있다. 신청자는 하나의 사업을 선택하여 지원받을 수 있다. 수리 항목은 외부(방수, 지붕, 담장, 쉼터)와 내부(단열, 설비, 창호)로 나누어진다.

〈사업 A의 지원기준〉
○ 외부는 본인부담 10%를 제외한 나머지 소요비용을 1,250만 원 한도 내에서 전액 지원
○ 내부는 지원하지 않음

〈사업 B의 지원기준〉
○ 담장과 쉼터는 둘 중 하나의 항목만 지원하며, 각각 300만 원과 50만 원 한도 내에서 소요비용 전액 지원
○ 담장과 쉼터를 제외한 나머지 항목은 내·외부와 관계없이 본인부담 50%를 제외한 나머지 소요비용을 1,200만 원 한도 내에서 전액 지원

〈상황〉
甲은 본인 집의 창호와 쉼터를 수리하고자 한다. 소요비용은 각각 500만 원과 900만 원이다. 甲은 사업 A와 B 중 지원금이 더 많은 사업을 선택하여 신청하려고 한다.

	사업	지원금	
①	A	1,250만 원	➡ (X)
②	A	810만 원	➡ (O) 사업 A는 외부의 수리비용을 본인부담 10%를 제외하고 1,250만 원 한도 내에서 지원하며, 내부는 지원하지 않는다. 甲이 사업 A를 선택할 경우 내부에 해당하는 창호에 대해서는 지원받을 수 없고, 외부에 해당하는 쉼터의 수리비용 900만 원에 대해서는 본인부담 10%를 제외하고 810만 원을 지원받을 수 있다.

사업 B는 쉼터의 경우 50만 원 한도 내에서 소요비용 전액을 지원하고, 그 외 항목에 대해서는 본인부담 50%를 제외한 나머지 소요비용을 1,200만 원 한도 내에서 지원한다. 甲이 사업 B를 선택할 경우 쉼터의 수리비용은 50만 원까지 지원받을 수 있으며, 창호의 수리비용 500만 원에 대해서는 본인부담 50%를 제외하고 250만 원까지 지원받을 수 있으므로 총 300만 원을 지원받을 수 있다.

따라서 甲은 810만 원을 지원받을 수 있는 사업 A를 선택할 것이다. |
③	B	1,250만 원	➡ (X)
④	B	810만 원	➡ (X)
⑤	B	300만 원	➡ (X)

13 ③ 정답률 78.5%

| 문제 유형 | 연산추론형 > 대입비교
| 접근 전략 | 주어진 조건을 바탕으로 방식 1~3에서 처리하게 되는 업무량과, 이를 주어진 기본업무량과 비교하여 칭찬 또는 꾸중을 듣는 경우를 정리한 표를 간단히 작성하도록 한다. 그리고 이 표를 바탕으로 〈보기〉 선지의 적절성을 판단하면 풀이 시간을 줄일 수 있다.

다음 글을 근거로 판단할 때, 〈보기〉에서 옳은 것만을 모두 고르면?

이번 주 甲의 요일별 기본업무량은 다음과 같다.

요일	월	화	수	목	금
기본업무량	60	50	60	50	60

甲은 기본업무량을 초과하여 업무를 처리한 날에 '칭찬'을, 기본업무량 미만으로 업무를 처리한 날에 '꾸중'을 듣는다. 정확히 기본업무량만큼 업무를 처리한 날에는 칭찬도 꾸중도 듣지 않는다.
이번 주 甲은 방식 1~방식 3 중 하나를 선택하여 업무를 처리한다.
방식 1: 월요일에 100의 업무량을 처리하고, 그다음 날부터는 매일 전날 대비 20 적은 업무량을 처리한다.
방식 2: 월요일에 0의 업무량을 처리하고, 그다음 날부터는 매일 전날 대비 30 많은 업무량을 처리한다.
방식 3: 매일 60의 업무량을 처리한다.

→ 방식 1~3에 따라 처리하게 되는 업무량과 그에 따라 '칭찬'을 듣는 경우는 ○, '꾸중'을 듣는 경우는 △로 정리하면 다음과 같다.

요일	월	화	수	목	금
기본업무량	60	50	60	50	60
방식 1	○100	○80	60	△40	△20
방식 2	△0	△30	60	○90	○120
방식 3	60	○60	60	○60	60

〈보기〉

ㄱ. 방식 1을 선택할 경우 화요일에 꾸중을 듣는다. → (X) 방식 1을 선택할 경우 화요일에는 기본 업무량 50을 초과한 80의 업무량을 처리하게 되므로 칭찬을 들을 것이다.
ㄴ. 어느 방식을 선택하더라도 수요일에는 칭찬도 꾸중도 듣지 않는다. → (O) 방식 1~3 중 어느 방식을 선택하더라도 수요일에는 기본 업무량과 동일한 60의 업무량을 처리하게 되므로 칭찬도 꾸중도 듣지 않을 것이다.
ㄷ. 어느 방식을 선택하더라도 칭찬을 듣는 날수는 동일하다. → (O) 방식 1을 선택하면 월요일과 화요일에, 방식 2를 선택하면 목요일과 금요일에, 방식 3을 선택하면 화요일과 목요일에 각각 칭찬을 듣게 되므로, 어느 방식을 선택하더라도 칭찬을 듣는 날수는 이틀로 동일하다.
ㄹ. 칭찬을 듣는 날수에서 꾸중을 듣는 날수를 뺀 값을 최대로 하려면 방식 2를 선택하여야 한다. → (X) 방식 1과 방식 2는 칭찬을 듣는 날수와 꾸중을 듣는 날수가 각각 이틀씩으로 동일하고, 방식 3은 칭찬을 듣는 날수는 이틀이고 꾸중을 듣는 날은 없다. 따라서 칭찬을 듣는 날수에서 꾸중을 듣는 날수를 뺀 값을 최대로 하려면 방식 3을 선택해야 한다.

① ㄱ, ㄷ ➡ (X)
② ㄱ, ㄹ ➡ (X)
③ ㄴ, ㄷ ➡ (O)
④ ㄴ, ㄹ ➡ (X)
⑤ ㄴ, ㄷ, ㄹ ➡ (X)

14 ⑤ 정답률 51.7%

| 문제 유형 | 연산추론형 > 대입비교
| 접근 전략 | 제시된 비율을 바탕으로 구체적인 수치를 계산하여 〈보기〉 선지의 적절성을 판단하는 문항이다. 乙의 첫 번째 발언을 바탕으로 남녀 직원의 수와 연수를 희망하는 남녀 직원의 수를 구하여 ㄱ, ㄴ에 대하여 판단하고, 乙의 두 번째 발언을 바탕으로 B지역을 희망하는 남녀 직원의 수를 구하여 ㄷ, ㄹ에 대하여 판단하도록 한다.

다음 글을 근거로 판단할 때, 〈보기〉에서 옳은 것만을 모두 고르면?

○○부의 甲국장은 직원 연수 프로그램을 마련하기 위하여 乙주무관에게 직원 1,000명 전원을 대상으로 연수 희망 여부와 희망 지역에 대한 의견을 수렴할 것을 요청하였다. 이에 따라 乙은 설문조사를 실시하였고, 甲과 乙은 그 결과에 대해 대화를 나누고 있다.

甲: 설문조사는 잘 시행되었나요?
乙: 예. 직원 1,000명 모두 연수 희망 여부에 대해 응답하였습니다. 연수를 희망하는 응답자는 43%였으며, 남자직원의 40%와 여자직원의 50%가 연수를 희망하는 것으로 나타났습니다.

→ 乙의 첫 번째 발언에서 알 수 있는 내용을 정리하면 다음과 같다.
• 연수 희망자 수: 직원 1,000명 중 43% = 430명
• 남자직원 수(A)와 여자직원 수: 0.4A + 0.5(1,000 − A) = 430
 남자직원 수: 700명, 연수를 희망하는 남자직원 수: 280명
 여자직원 수: 300명, 연수를 희망하는 여자직원 수: 150명

甲: 연수 희망자 전원이 희망 지역에 대해 응답했나요?
乙: 예. A지역과 B지역 두 곳 중에서 희망하는 지역을 선택하라고 했더니 B지역을 희망하는 비율이 약간 더 높았습니다. 그리고 연수를 희망하는 여자직원 중 B지역 희망 비율은 연수를 희망하는 남자직원 중 B지역 희망 비율의 2배인 80%였습니다.

→ 乙의 두 번째 발언에서 알 수 있는 내용을 정리하면 다음과 같다.
• B지역을 희망하는 남자직원 수: 연수를 희망하는 남자직원(280명) 중 40% = 112명
• B지역을 희망하는 여자직원 수: 연수를 희망하는 여자직원(150명) 중 80% = 120명

〈보기〉

ㄱ. 전체 직원 중 남자직원의 비율은 50%를 넘는다. → (O) 전체 직원 1,000명 중 남자직원의 수는 700명이므로 전체 직원 중 남자직원의 비율은 50%를 넘는다.
ㄴ. 연수 희망자 중 여자직원의 비율은 40%를 넘는다. → (X) 연수 희망자 430명 중 여자직원은 150명이다. 따라서 연수 희망자 중 여자직원의 비율은 150/430 × 100 = 34%이다.
ㄷ. A지역 연수를 희망하는 직원은 200명을 넘지 않는다. → (O) 연수 희망자 중 B지역을 희망하는 인원은 남자직원 112명(남자 희망자의 40%)과 여자직원 120명(여자 희망자의 80%)으로 총 232명이다. 따라서 연수 희망자 430명 중 A지역 연수를 지망하는 직원의 수는 198명이다.
ㄹ. B지역 연수를 희망하는 남자직원은 100명을 넘는다. → (O) 연수를 희망하는 남자직원 280명 중 B지역 희망 비율은 40%라고 하였으므로, B지역 연수를 희망하는 남자직원의 수는 112명이다.

① ㄱ, ㄷ ➡ (X)
② ㄴ, ㄷ ➡ (X)
③ ㄴ, ㄹ ➡ (X)
④ ㄱ, ㄴ, ㄹ ➡ (X)
⑤ ㄱ, ㄷ, ㄹ ➡ (O)

15 ①   정답률 73.5%

| 문제 유형 | 연산추론형 > 대입비교
| 접근 전략 | 주어진 조건과 공식을 바탕으로 〈보기〉에 나타난 상황의 이익 변화를 파악하여 그 결과를 비교하는 문제이다. 이익은 매출액−변동원가−고정원가이고, 이익이 감소한 경우에 지원금을 지급한다는 점을 파악하고, 〈보기〉의 각 상황에서 이 세 요소가 어떻게 변화하는지 살펴보도록 한다.

다음 글을 근거로 판단할 때, 〈보기〉에서 甲이 지원금을 받는 경우만을 모두 고르면?

○ 정부는 자영업자를 지원하기 위하여 2020년 대비 2021년의 이익이 감소한 경우 이익 감소액의 10%를 자영업자에게 지원금으로 지급하기로 하였다.
○ 이익은 매출액에서 변동원가와 고정원가를 뺀 금액으로, 자영업자 甲의 2020년 이익은 아래와 같이 계산된다.

구분	금액	비고
매출액	8억 원	판매량(400,000단위) × 판매가격(2,000원)
변동원가	6.4억 원	판매량(400,000단위) × 단위당 변동원가(1,600원)
고정원가	1억 원	판매량과 관계없이 일정함
이익	0.6억 원	8억 원 − 6.4억 원 − 1억 원

〈보기〉

ㄱ. 2021년의 판매량, 판매가격, 단위당 변동원가, 고정원가는 모두 2020년과 같았다. → (X) 2020년 대비 2021년의 매출액, 변동원가, 고정원가에 변함이 없으므로 이익이 감소하지 않았을 것이다. 2020년 대비 2021년의 이익이 감소한 경우 이익 감소액의 10%를 지원금으로 지급한다고 하였으므로 甲은 지원금을 받을 수 없다.

ㄴ. 2020년에 비해 2021년에 판매가격을 5% 인하하였고, 판매량, 단위당 변동원가, 고정원가는 2020년과 같았다. → (O) 2020년에 비해 2021년에 판매가격을 5% 인하하였다면 매출액은 감소할 것이고 변동원가, 고정원가에 변함이 없으므로 이익이 감소하였을 것이다.

ㄷ. 2020년에 비해 2021년에 판매량은 10% 증가하고 고정원가는 5% 감소하였으나, 판매가격과 단위당 변동원가는 2020년과 같았다. → (X) 2021년 판매량은 10% 증가하였으므로 매출액과 변동원가도 각각 10% 증가하여 8.8억 원과 7.04억 원이 될 것이다. 그리고 고정원가는 1억 원에서 5% 감소했다고 하였으므로, 2021년의 이익은 8.8억−7.04억−0.95억=0.81억 원이다.

ㄹ. 2020년에 비해 2021년에 판매가격을 5% 인상했음에도 불구하고 판매량이 25% 증가하였고, 단위당 변동원가와 고정원가는 2020년과 같았다. → (X) 2021년에는 판매량과 판매가격의 증가로 매출액이 커져 매출액과 변동원가의 차이가 증가하였는데 고정원가는 그대로이므로 2021년의 이익은 2020년에 비해 증가하였을 것이다.

① ㄴ ➡ (O)
② ㄹ ➡ (X)
③ ㄱ, ㄴ ➡ (X)
④ ㄴ, ㄷ ➡ (X)
⑤ ㄷ, ㄹ ➡ (X)

16 ③   정답률 79.9%

| 문제 유형 | 연산추론형 > 대입비교
| 접근 전략 | 주어진 조건과 근거를 바탕으로 수리 연산을 활용하는 문제이다. 선지를 보면 작년 대비 올해 성과급 증가 여부와 성과급 상승률을 다루고 있으므로 작년과 올해 성과급을 계산하여 정리한 뒤 선지를 검토하는 것이 좋다.

다음 글과 〈상황〉을 근거로 판단할 때 옳지 않은 것은?

○ □□시는 부서 성과 및 개인 성과에 따라 등급을 매겨 직원들에게 성과급을 지급하고 있다.
○ 부서 등급과 개인 등급은 각각 S, A, B, C로 나뉘고, 등급별 성과급 산정비율은 다음과 같다.

성과 등급	S	A	B	C
성과급 산정비율(%)	40	20	10	0

○ 작년까지 부서 등급과 개인 등급에 따른 성과급 산정비율의 산술평균을 연봉에 곱해 직원의 성과급을 산정해왔다.
  성과급 = 연봉 × {(부서 산정비율 + 개인 산정비율)/2}
○ 올해부터 부서 등급과 개인 등급에 따른 성과급 산정비율 중 더 큰 값을 연봉에 곱해 성과급을 산정하도록 개편하였다.
  성과급 = 연봉 × max{부서 산정비율, 개인 산정비율}

※ max{a, b} = a와 b 중 더 큰 값

〈상황〉

작년과 올해 □□시 소속 직원 甲~丙의 연봉과 성과 등급은 다음과 같다.

구분	작년			올해		
	연봉 (만 원)	성과 등급		연봉 (만 원)	성과 등급	
		부서	개인		부서	개인
甲	3,500	S	A	4,000	A	S
乙	4,000	B	S	4,000	S	A
丙	3,000	B	A	3,500	C	B

→ 甲~丙의 작년과 올해 성과급을 정리하면 다음과 같다.

구분	작년	올해
甲	3,500만 원 × {(0.4+0.2)/2} = 1,050만 원	4,000만 원 × 0.4 = 1,600만 원
乙	4,000만 원 × {(0.1+0.4)/2} = 1,000만 원	4,000만 원 × 0.4 = 1,600만 원
丙	3,000만 원 × {(0.1+0.2)/2} = 450만 원	3,500만 원 × 0.1 = 350만 원

① 甲의 작년 성과급은 1,050만 원이다. ➡ (O) 甲의 작년 성과급은 3,500만 원 × {(0.4+0.2)/2}이므로 1,050만 원이다.
② 甲과 乙의 올해 성과급은 동일하다. ➡ (O) 甲과 乙은 올해 연봉이 4,000만 원이고 성과 등급 S를 적용받으므로 올해 성과급은 동일하다.
③ 甲~丙 모두 작년 대비 올해 성과급이 증가한다. ➡ (X) 甲과 乙은 작년 대비 올해 성과급이 증가하였지만, 丙은 450만 원에서 350만 원으로 감소하였다.
④ 올해 연봉과 성과급의 합이 가장 작은 사람은 丙이다. ➡ (O) 丙은 올해 연봉이 3,500만 원으로 가장 작고, 성과 등급 또한 甲, 乙과 달리 B이므로 연봉과 성과급의 합이 셋 중 가장 적다.
⑤ 작년 대비 올해 성과급 상승률이 가장 큰 사람은 乙이다. ➡ (O) 丙은 작년 대비 올해 성과급이 감소하였고, 甲의 작년 성과급은 1,050만 원, 乙의 작년 성과급은 1,000만 원인데 甲과 乙의 올해 성과급은 동일하므로 작년 대비 올해 성과급 상승률이 가장 큰 사람은 乙이다.

17 ④
정답률 61.1%

| 문제 유형 | 퍼즐형 > 논리퀴즈
| 접근 전략 | 주어진 상황과 조건 등을 종합적으로 고려하여 정답을 판단할 수 있어야 한다. 각 과목 성적을 제시한 내용을 바탕으로 비교 대상을 정확히 파악하여 더 높은 점수 간의 관계를 파악하는 한편, 전공시험, 영어시험, 적성시험 점수가 각각 일정 점수 이상인 응시자는 모두 합격하였다는 점을 바탕으로 선지에 대해 판단하도록 한다.

다음 글을 근거로 판단할 때 옳은 것은?

甲부처 신입직원 선발시험은 전공, 영어, 적성 3개 과목으로 이루어진다. 3개 과목 합계 점수가 높은 사람순으로 정원까지 합격한다. 응시자는 7명(A~G)이며, 7명의 각 과목 성적에 대해서는 다음과 같은 사실이 알려졌다.

○ 전공시험 점수: A는 B보다 높고, B는 E보다 높고, C는 D보다 높다.
○ 영어시험 점수: E는 F보다 높고, F는 G보다 높다.
○ 적성시험 점수: G는 B보다도 높고 C보다도 높다.

합격자 선발 결과, 전공시험 점수가 일정 점수 이상인 응시자는 모두 합격한 반면 그 점수에 달하지 않은 응시자는 모두 불합격한 것으로 밝혀졌고, 이는 영어시험과 적성시험에서도 마찬가지였다.

① A가 합격하였다면, B도 합격하였다. ➡ (X) B는 전공시험 점수가 A보다 낮으므로, B의 전공시험 점수가 일정 점수 이상이 아니라면 B는 불합격했을 것이다.
② G가 합격하였다면, C도 합격하였다. ➡ (X) C는 적성시험 점수가 G보다 낮으므로, C의 적성시험 점수가 일정 점수 이상이 아니라면 C는 불합격했을 것이다.
③ A와 B가 합격하였다면, C와 D도 합격하였다. ➡ (X) A와 B의 성적이 C와 D의 성적에 비해 높거나 낮은지 판단할 수 없다.
④ B와 E가 합격하였다면, F와 G도 합격하였다. ➡ (O) 전공시험 점수는 B>E이고, 영어시험 점수는 E>F>G이며, 적성시험 점수는 G>B이다. 각 과목 시험 점수가 일정 점수 이상인 응시자는 모두 합격하였다고 했으므로, B가 합격하였다면 적성시험 점수가 B보다 높은 G도 합격하였을 것이다. 그리고 G가 합격하였다면 영어시험 점수가 G보다 높은 F도 합격하였을 것이다.
⑤ B가 합격하였다면, B를 포함하여 적어도 6명이 합격하였다. ➡ (X) 전공시험 점수는 A>B이고, 적성시험 점수는 G>B이므로, B가 합격하였다면 A와 G도 합격하였을 것이다. 또한 영어시험 점수는 E>F>G이므로 G가 합격하였다면 E와 F도 합격하였을 것이다. 따라서 B가 합격하였다면 B를 포함하여 적어도 5명(A, B, E, F, G)이 합격하였을 것이다.

18 ②
정답률 47.5%

| 문제 유형 | 퍼즐형 > 수리퀴즈
| 접근 전략 | 주어진 상황과 조건 등을 종합적으로 고려하여 정답을 판단할 수 있어야 한다. 주어진 조건에서 실패하면 1점을 감점하는 것 등의 단서를 유의 깊게 보고, 각 상황에서 비교해야 하는 것이 甲과 乙이 얻을 수 있는 최대 점수 또는 최소 점수라는 점을 파악하여 그 점수가 나올 수 있는 경우를 구해 비교해 본다.

다음 글을 근거로 판단할 때, 〈보기〉에서 옳은 것만을 모두 고르면?

○ 甲과 乙이 아래와 같은 방식으로 농구공 던지기 놀이를 하였다.
  - 甲과 乙은 각 5회씩 도전하고, 합계 점수가 더 높은 사람이 승리한다.
  - 2점 슛과 3점 슛을 자유롭게 선택하여 도전할 수 있으며, 성공하면 해당 점수를 획득한다.
  - 5회의 도전 중 4점 슛 도전이 1번 가능한데, '4점 도전'이라고 외친 후 뒤돌아서서 슛을 하여 성공하면 4점을 획득하고, 실패하면 1점을 잃는다.

○ 甲과 乙의 던지기 결과는 다음과 같았다.

(성공: ○, 실패: ×)

구분	1회	2회	3회	4회	5회
甲	○	×	○	○	○
乙	○	○	×	×	○

〈보기〉
ㄱ. 甲의 합계 점수는 8점 이상이었다. → (X) 甲이 성공한 4번 모두 2점 슛을 하였고, 실패한 1번은 4점 슛에 도전하였다면 합계 점수는 7점이 된다.
ㄴ. 甲이 3점 슛에 2번 도전하였고 乙이 승리하였다면, 乙은 4점 슛에 도전하였을 것이다. → (O) 乙이 4점 슛에 도전하지 않았을 때 얻을 수 있는 최대 점수는 3점×3=9점이다. 甲이 3점 슛에 2번 도전하였다고 할 때 최소 점수를 얻게 되는 경우는 2회에 3점 슛을 했을 때(3+2+2+2)와 4점 슛을 했을 때(3-1+3+2+2)로 모두 9점을 얻게 된다. 따라서 乙이 승리하였다면 乙은 4점 슛에 도전하여 성공하였을 것이다.
ㄷ. 4점 슛뿐만 아니라 2점 슛, 3점 슛에 대해서도 실패 시 1점을 차감하였다면, 甲이 승리하였을 것이다. → (X) 2점 슛, 3점 슛에 대해서도 실패 시 1점을 차감하는 경우, 乙이 얻을 수 있는 최대 점수는 4+3-1+1+3=8점이다. 이때 甲이 얻을 수 있는 최소 점수인 7점(2×4-1)을 얻었다면 乙이 승리할 수 있다.

① ㄱ ➡ (X)
② ㄴ ➡ (O)
③ ㄱ, ㄴ ➡ (X)
④ ㄱ, ㄷ ➡ (X)
⑤ ㄴ, ㄷ ➡ (X)

S 19 ③
정답률 39.9%

| 문제 유형 | 퍼즐형 > 최댓값·최솟값 도출
| 접근 전략 | 주어진 조건들을 통해 양봉농가가 위치할 수 있는 지점들을 원 위에 그려 볼 수 있다. 이를 통해 원의 중심과 둘레에 양봉농가가 위치할 때 양봉농가가 최대로 있을 수 있다는 점을 파악하고 원의 둘레의 길이를 바탕으로 원의 둘레에 위치할 수 있는 양봉농가의 개수를 구하도록 한다.

다음 글을 근거로 판단할 때, A군 양봉농가의 최대 수는?

○ A군청은 양봉농가가 안정적으로 꿀을 생산할 수 있도록 양봉농가 간 거리가 12km 이상인 경우에만 양봉을 허가하고 있다.
○ A군은 반지름이 12km인 원 모양의 평지이며 군 경계를 포함한다.
○ A군의 외부에는 양봉농가가 존재하지 않는다.

※ 양봉농가의 면적은 고려하지 않음

① 5개 ➡ (X)
② 6개 ➡ (X)
③ 7개 ➡ (O) A군은 원 모양의 평지이고 군 경계를 포함하며, 양봉농가는 12km 간격으로 위치할 수 있는데 그 면적은 고려하지 않는다고 하였다. 따라서 A군에 양봉농가가 최대 수로 있기 위해서는 양봉농가가 원의 중심과 이로부터 12km 떨어진 원의 둘레에 해당하는 부분에 위치해야 한다. 또한 원의 둘레 부분에 위치하는 양봉농가들도 서로 간의 거리가 12km 이상이어야 하므로, 원의 중심과 원의 둘레에 꼭짓점을 둔 한 변의 길이가 12km인 정삼각형의 꼭짓점 위치에 양봉농가가 위치해야 한다. 이러한 정삼각형을 원 안에 그리면 다음과 같이 원 안에 내접한 정육각형의 형태가 나타나고, 양봉농가가 원의 중심과 정육각형의 각 꼭짓점에 모두 위치한다고 할 때 양봉농가는 총 7개가 있을 수 있다.

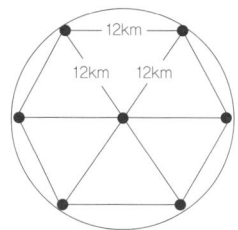

④ 8개 ➡ (X)
⑤ 9개 ➡ (X)

ⓢ 20 ③   정답률 37.3%

| 문제 유형 | 퍼즐형 > 수리퀴즈
| 접근 전략 | 만 나이에 대한 상식을 바탕으로 생일을 추측하고, 이를 바탕으로 연산을 해야 하는 문제이다. 만 나이는 생일에 한 살이 더해진다는 점을 바탕으로 그저께와 현재의 만 나이를 통해 생일을 추론하도록 한다.

다음 글을 근거로 판단할 때, ㉠에 해당하는 수는?

甲: 그저께 나는 만 21살이었는데, 올해 안에 만 23살이 될 거야.
乙: 올해가 몇 년이지?
甲: 올해는 2022년이야.
乙: 그러면 네 주민등록번호 앞 6자리의 각 숫자를 모두 곱하면 ㉠ 이구나.
甲: 그래, 맞아!

① 0 ➡ (X)
② 81 ➡ (X)
③ 486 ➡ (O) 올해 만 23살이 된다는 것을 통해 태어난 해는 2022년의 23년 전인 1999년임을 알 수 있다.
만 나이는 생일이 지날 때 올라간다. 올해 안에 만 23살이 된다는 것은 오늘은 지난해 생일에 만 22살이 된 상태이며, 아직 올해 생일은 지나지 않은 상태라는 의미이다. 그런데 그저께 만 21살이었다고 했으므로 만 22살이 된 것은 어제(= 지난해 생일)이고 오늘은 2022년이다. 그러므로 생일인 어제는 2021년 12월 31일이다.

그저께	어제 (2021년 생일)	오늘 (2022년)	……	2022년 생일
만 21살	만 22살	만 22살		만 23살

따라서 甲의 주민등록번호 앞 6자리의 숫자는 '991231'이며 각 숫자를 모두 곱하면 486이 된다.

④ 648 ➡ (X)
⑤ 2,916 ➡ (X)

ⓢ 21 ⑤   TOP 2 정답률 26.1%

| 문제 유형 | 연산추론형 > 수리계산
| 접근 전략 | 주어진 상황과 조건 등을 바탕으로 제시된 수리 연산을 활용하여 정답을 찾는 문항이다. 구해야 하는 것이 증원 요청 인원임을 파악한 뒤, 이를 계산하기 위해서 올해 검사 건수, 내년 예상 검사 건수, 내년의 직원당 검사 건수를 알아야 함을 확인한다. 그리고 이를 계산하는 식을 차례로 세운 뒤 알아야 할 증원 요청 인원을 구하는 식을 세워 답을 찾도록 한다.

다음 글과 〈상황〉을 근거로 판단할 때, 올해 말 A검사국이 인사부서에 증원을 요청할 인원은?

농식품 품질 검사를 수행하는 A검사국은 매년 말 다음과 같은 기준에 따라 인사부서에 인력 증원을 요청한다.
○ 다음 해 A검사국의 예상 검사 건수를 모두 검사하는 데 필요한 최소 직원 수에서 올해 직원 수를 뺀 인원을 증원 요청한다.
○ 직원별로 한 해 동안 수행할 수 있는 최대 검사 건수는 매년 정해지는 '기준 검사 건수'에서 아래와 같이 차감하여 정해진다.
 - 국장은 '기준 검사 건수'의 100%를 차감한다.
 - 사무 처리 직원은 '기준 검사 건수'의 100%를 차감한다.
 - 국장 및 사무 처리 직원을 제외한 모든 직원은 매년 근무시간 중에 품질 검사 교육을 이수해야 하므로, '기준 검사 건수'의 10%를 차감한다.
 - 과장은 '기준 검사 건수'의 50%를 추가 차감한다.

─〈상황〉─
○ 올해 A검사국에는 국장 1명, 과장 9명, 사무 처리 직원 10명을 포함하여 총 100명의 직원이 있다.
○ 내년에도 국장, 과장, 사무 처리 직원의 수는 올해와 동일하다.
○ 올해 '기준 검사 건수'는 100건이나, 내년부터는 검사 품질 향상을 위해 90건으로 하향 조정한다.
○ A검사국의 올해 검사 건수는 현 직원 모두가 한 해 동안 수행할 수 있는 최대 검사 건수와 같다.
○ 내년 A검사국의 예상 검사 건수는 올해 검사 건수의 120%이다.

→ • A검사국의 올해 검사 건수는 다음과 같다.
 - 국장과 사무 처리 직원은 100%를 차감하므로 0건
 - 과장은 기준 검사 건수의 10% + 50%를 차감하므로 1인당 40건
 - 국장, 사무 처리 직원, 과장 외 나머지 직원은 10%를 차감하므로 1인당 90건
따라서 올해 검사 건수는 {40 × 9(과장 수)} + {90 × 80(직원 수)}이다.

구분	국장	과장	사무 처리 직원	일반 직원
직원 수	1명	9명	10명	80명
1인당 검사 건수	0건	40건	0건	90건

• A검사국의 내년 예상 검사 건수는 올해 검사 건수의 120%이므로 {(40 × 9) + (90 × 80)} × 1.2이다.
• 내년에는 기준 검사 건수를 90건으로 하향 조정한다고 하였으므로, 과장은 1인당 90건에서 60%를 차감한 36건을, 나머지 직원은 1인당 10%를 차감한 81건을 검사할 수 있다.

구분	국장	과장	사무 처리 직원	일반 직원
직원 수	1명	9명	10명	80 + A명
1인당 검사 건수	0건	36건	0건	81건

• 다음 해 A검사국의 예상 검사 건수를 모두 검사하는 데 필요한 최소 직원 수에서 올해 직원 수를 뺀 인원을 증원 요청한다고 하였는데, 내년에도 국장, 과장, 사무 처리 직원의 수는 올해와 동일하다고 하였으므로 증원 요청할 직원은 모두 나머지 직원이다. 따라서 증원 요청할 인원을 A로 하면 다음과 같이 계산할 수 있다.

내년 예상 검사 건수		과장 검사 건수		나머지 직원 검사 건수
{(40 × 9) + (90 × 80)} × 1.2	=	36 × 9	+	81 × (80 + A)

따라서 증원 요청할 인원은 28명이다.

① 10명 ➡ (X)
② 14명 ➡ (X)
③ 18명 ➡ (X)
④ 21명 ➡ (X)
⑤ 28명 ➡ (O)

22 ④
정답률 52.7%

| 문제 유형 | 퍼즐형 > 논리퀴즈
| 접근 전략 | 주어진 상황과 조건에 따라 각 사람이 푼 문제 번호를 파악하면서 4, 5회차의 정답 여부를 확인하여 정리한 뒤 〈보기〉를 검토하도록 한다. 정리하다 보면 乙의 경우가 가장 쉽게 파악되므로 이를 먼저 파악한 뒤 여기에서 얻을 수 있는 근거를 바탕으로 나머지 경우에 대해서도 파악하는 것이 좋다.

다음 글을 근거로 판단할 때, 〈보기〉에서 옳은 것만을 모두 고르면?

○ 甲, 乙, 丙 세 사람은 25개 문제(1~25번)로 구성된 문제집을 푼다.
○ 1회차에는 세 사람 모두 1번 문제를 풀고, 2회차부터는 직전 회차 풀이 결과에 따라 풀 문제가 다음과 같이 정해진다.
  - 직전 회차가 정답인 경우: 직전 회차의 문제 번호에 2를 곱한 후 1을 더한 번호의 문제
  - 직전 회차가 오답인 경우: 직전 회차의 문제 번호를 2로 나누어 소수점 이하를 버린 후 1을 더한 번호의 문제
○ 풀 문제의 번호가 25번을 넘어갈 경우, 25번 문제를 풀고 더 이상 문제를 풀지 않는다.
○ 7회차까지 문제를 푼 결과, 세 사람이 맞힌 정답의 개수는 같았고 한 사람이 같은 번호의 문제를 두 번 이상 푼 경우는 없었다.
○ 4, 5회차를 제외한 회차별 풀이 결과는 아래와 같다.

(정답: ○, 오답: ×)

구분	1	2	3	4	5	6	7
甲	○	○	×			○	×
乙	○	○	○			×	○
丙	○	×	○			○	×

→ 각 회차의 정오답 여부와 문제 번호를 정리하면 다음과 같다.

구분	1	2	3	4	5	6	7
甲	1(○)	3(○)	7(×)	4(○)	9(○)	19(○)	25(×)

4회차가 오답이라면 5회차에는 3번을 풀게 되는데 한 사람이 같은 번호의 문제를 두 번 이상 푼 경우는 없었다고 하였으므로 4회차는 정답이다. 7회차까지 문제를 푼 결과 세 사람이 맞힌 정답의 개수는 같았다고 하였는데 乙이 맞힌 정답의 개수는 5개이므로, 甲 또한 정답의 개수가 5개이기 위해서는 5회차가 정답이어야 한다.

구분	1	2	3	4	5	6	7
乙	1(○)	3(○)	7(○)	15(×)	8(○)	17(×)	9(○)

4회차가 정답이라면 5회차에는 25번 문제를 풀게 되고 더 이상 문제를 풀지 않는데, 6, 7회차까지 풀었으므로 4회차는 오답이다. 5회차가 오답이라서 6회차에 5번을 풀었다면 7회차에 3번을 풀게 되므로 5회차가 정답이어야 한다.

구분	1	2	3	4	5	6	7
丙	1(○)	3(×)	2(○)	5(○)	11(○)	23(○)	25(×)

4회차가 오답이라면 5회차에는 3번을 풀게 되므로 4회차는 정답이다. 乙이 맞힌 정답의 개수는 5개이므로, 丙 또한 정답의 개수가 5개이기 위해서는 5회차가 정답이어야 한다.

〈보기〉

ㄱ. 甲과 丙이 4회차에 푼 문제 번호는 같다. → (×) 甲은 4회차에 4번, 丙은 4회차에 5번을 푼다.
ㄴ. 4회차에 정답을 맞힌 사람은 2명이다. → (○) 4회차에 정답을 맞힌 사람은 甲과 丙 2명이다.
ㄷ. 5회차에 정답을 맞힌 사람은 없다. → (×) 5회차에는 세 사람 모두 정답을 맞혔다.
ㄹ. 乙은 7회차에 9번 문제를 풀었다. → (○) 乙은 4회차에 15번을 푸는데 4회차가 정답이라면 5회차에는 25번 문제를 풀고 더 이상 문제를 풀지 않게 된다. 그러나 乙은 7회차까지 풀었으므로 4회차는 오답이고, 5회차에는 8번을 푼다. 한편 5회차가 오답이라면 6회차에는 5번을 풀고, 6회차는 오답이므로 7회차에 3번을 풀게 된다. 하지만 3번은 2회차에 푼 문제인데 한 사람이 같은 번호의 문제를 두 번 이상 푼 경우는 없다고 했으므로 7회차에 3번을 풀었다고 볼 수 없다. 따라서 5회차는 정답이고, 이에 따라 6회차, 7회차에는 각각 17번, 9번을 풀게 된다.

① ㄱ, ㄴ ➡ (×)
② ㄱ, ㄷ ➡ (×)
③ ㄴ, ㄷ ➡ (×)
④ ㄴ, ㄹ ➡ (○)
⑤ ㄷ, ㄹ ➡ (×)

S 23 ①
TOP 3 정답률 30.6%

| 문제 유형 | 퍼즐형 > 논리퀴즈
| 접근 전략 | 주어진 조건을 정확히 이해하고 각 선지를 조건에 따라 이해해 본다. 함께 식사하는 총 인원은 4명 이하여야 하므로 甲 외에 팀원은 3명까지 참석이 가능하다는 점과, 함께 식사하는 이들과 함께 식사하지 않는 이들을 파악하여 선지의 각 상황에 맞는 조를 짤 수 있는지 판단해 본다.

다음 글을 근거로 판단할 때 옳지 않은 것은?

△△팀원 7명(A~G)은 새로 부임한 팀장 甲과 함께 하는 환영식사를 계획하고 있다. 모든 팀원은 아래 조건을 전부 만족시키며 甲과 한 번씩만 식사하려 한다.

○ 함께 식사하는 총 인원은 4명 이하여야 한다.
○ 단둘이 식사하지 않는다.
○ 부팀장은 A, B뿐이며, 이 둘은 함께 식사하지 않는다.
○ 같은 학교 출신인 C, D는 함께 식사하지 않는다.
○ 입사 동기인 E, F는 함께 식사한다.
○ 신입사원 G는 부팀장과 함께 식사한다.

① A는 E와 함께 환영식사에 참석할 수 있다. ➡ (×) 부팀장 A와 E가 함께 식사한다면 F도 이 인원에 포함되어야 한다. 이때 G가 부팀장 B와 함께 식사하려면 함께 식사하지 않는 C, D가 남게 되므로 적절하지 않다.
② B는 C와 함께 환영식사에 참석할 수 있다. ➡ (○) 부팀장 A는 G와, D는 E, F와 각각 조를 이루면 부팀장 B와 C가 함께 환영식사에 참석할 수 있다.
③ C는 G와 함께 환영식사에 참석할 수 있다. ➡ (○) C와 G가 함께 환영식사에 참석한다면 이 자리에는 부팀장이 1명 있어야 한다. 그리고 다른 부팀장과 D, E와 F가 각각 조를 이루면 C와 G가 함께 참석하는 것이 가능하다.
④ D가 E와 함께 환영식사에 참석하는 경우, C는 부팀장과 함께 환영식사에 참석하게 된다. ➡ (○) D가 E와 함께 환영식사에 참석하면, 이 자리에는 F가 함께 하게 된다. 이때 부팀장 1명과 C, 다른 부팀장과 G가 각각 조를 이룰 수 있다.
⑤ G를 포함하여 총 4명이 함께 환영식사에 참석하는 경우, F가 참석하는 환영식사의 인원은 총 3명이다. ➡ (○) G를 포함하여 총 4명이 함께 환영식사를 한다면 여기에는 甲과 부팀장 1명, C, D 중 1명이 포함될 수 있다. 그리고 이때 F가 참석하는 환영식사에는 E가 함께해야 하므로 甲까지 총 3명이 함께 하게 된다.

24 ④   정답률 22.1%

| 문제 유형 | 연산추론형 > 수리계산
| 접근 전략 | 주어진 상황을 정리한 뒤 이끌어 낼 수 있는 사실을 추론하여 빈칸에 들어갈 적절한 수를 찾는 문항이다. 다양한 접근 방법이 있을 수 있으나 약속한 시간보다 몇 분 일찍 출발했는지 묻고 있다는 점에 초점을 맞춰 가장 빠르게 문제를 해결할 수 있는 방법을 찾는 것이 관건이다.

다음 글을 근거로 판단할 때, ㉠에 해당하는 수는?

甲과 乙은 같은 층의 서로 다른 사무실에서 근무하고 있다. 각 사무실은 일직선 복도의 양쪽 끝에 위치하고 있으며, 두 사람은 복도에서 항상 자신만의 일정한 속력으로 걷는다.

甲은 약속한 시각에 乙에게 서류를 직접 전달하기 위해 자신의 사무실을 나섰다. 甲은 乙의 사무실에 도착하여 서류를 전달하고 곧바로 자신의 사무실로 돌아올 계획이었다.

한편 甲을 기다리고 있던 乙에게 甲의 사무실 쪽으로 가야 할 일이 생겼다. 그래서 乙은 甲이 도착하기로 약속한 시각보다 ㉠ 분 일찍 자신의 사무실을 나섰다. 乙은 출발한 지 4분 뒤 복도에서 甲을 만나 서류를 받았다. 서류 전달 후 곧바로 사무실로 돌아온 甲은 원래 예상했던 시각보다 2분 일찍 사무실로 복귀한 사실을 알게 되었다.

① 2 ➡ (X)
② 3 ➡ (X)
③ 4 ➡ (X)
④ 5 ➡ (O) 乙은 甲이 도착하기로 약속한 시각보다 ㉠분 일찍 자신의 사무실을 나섰고 4분 뒤 복도에서 甲을 만났다. 그리고 甲은 서류 전달 후 사무실로 돌아왔을 때 예상 시각보다 2분 일찍 복귀했다. 만약 甲이 약속 장소인 乙의 사무실까지 왕복했다면 2분 더 걸렸을 것이라는 의미이므로, 乙과 만난 장소에서 1분 더 이동했다면 乙의 사무실에 도착했을 것이다. 이는 乙이 일찍 출발하여 이동한 4분만큼의 거리를 甲은 자신의 걷는 속력으로 1분 만에 이동한다는 의미이다. 따라서 ㉠분은 乙이 이동한 4분과 甲이 이동해야 할 1분을 더한 시간이다. 즉, 乙은 甲이 도착하기로 약속한 시각보다 5분 일찍 출발했다.
⑤ 6 ➡ (X)

25 ④   정답률 51.2%

| 문제 유형 | 법조문형 > 규정적용
| 접근 전략 | 제시된 규정을 구체적인 상황에 적용하는 문항이다. 재외공무원이 공관장인 경우와 아닌 경우, 일시귀국하는 사유가 공무인 경우와 공무 외인 경우, 공무 외인 경우 중 일시귀국의 횟수 및 기간에 산입하지 않는 경우 등과 이에 따라 신고가 필요한지 허가가 필요한지 등을 각각 파악, 정리하고 <상황>과 선지에 제시된 사례와 연결 지음으로써 쉽게 해결할 수 있다.

다음 글과 <상황>을 근거로 판단할 때 옳은 것은?

제00조 ① 재외공관에 근무하는 공무원(이하 '재외공무원'이라 한다)이 공무로 일시귀국하고자 하는 경우에는 장관의 허가를 받아야 한다.
② 공관장이 아닌 재외공무원이 공무 외의 목적으로 일시귀국하려는 경우에는 공관장의 허가를, 공관장이 공무 외의 목적으로 일시귀국하려는 경우에는 장관의 허가를 받아야 한다. 다만 재외공무원 또는 그 배우자의 직계존·비속이 사망하거나 위독한 경우에는 공관장이 아닌 재외공무원은 공관장에게, 공관장은 장관에게 각각 신고하고 일시귀국할 수 있다.
③ 재외공무원이 공무 외의 목적으로 일시귀국할 수 있는 기간은 연 1회 20일 이내로 한다. 다만 다음 각 호의 어느 하나에 해당하는 경우에는 이를 일시귀국의 횟수 및 기간에 산입하지 아니한다.
1. 재외공무원의 직계존·비속이 사망하거나 위독하여 일시귀국하는 경우
2. 재외공무원 또는 그 동반가족의 치료를 위하여 일시귀국하는 경우
④ 제2항에도 불구하고 다음 각 호의 어느 하나에 해당하는 경우에는 장관의 허가를 받아야 한다.
1. 재외공무원이 연 1회 또는 20일을 초과하여 공무 외의 목적으로 일시귀국하려는 경우
2. 재외공무원이 일시귀국 후 국내 체류기간을 연장하는 경우

〈상황〉
A국 소재 대사관에는 공관장 甲을 포함하여 총 3명의 재외공무원(甲~丙)이 근무하고 있다. 아래는 올해 1월부터 7월 현재까지 甲~丙의 일시귀국 현황이다.
○ 甲: 공무상 회의 참석을 위해 총 2회(총 25일)
○ 乙: 동반자녀의 관절 치료를 위해 총 1회(치료가 더 필요하여 국내 체류기간 1회 연장, 총 17일)
○ 丙: 직계존속의 회갑으로 총 1회(총 3일)

① 甲은 일시귀국 시 장관에게 신고하였을 것이다. ➡ (X) 제1항에 따르면 재외공무원이 공무로 일시귀국하고자 하는 경우에는 장관의 허가를 받아야 한다. 甲은 공무상 회의 참석을 위해 일시귀국하였으므로 장관의 허가를 받았을 것이다.
② 甲은 배우자의 직계존속이 위독하여 올해 추가로 일시귀국하기 위해서는 장관의 허가를 받아야 한다. ➡ (X) 제2항에 따르면 재외공무원 배우자의 직계존속이 위독한 경우에 공관장은 장관에게 신고하고 일시귀국할 수 있다. 甲은 공관장이므로 배우자의 직계존속이 위독하여 일시귀국하고자 할 때는 장관에게 신고해야 한다.
③ 乙이 직계존속의 회갑으로 인해 올해 3일간 추가로 일시귀국하기 위해서는 장관의 허가를 받아야 한다. ➡ (X) 제3항에서 재외공무원 동반가족의 치료를 위하여 일시귀국하는 경우에는 일시귀국의 횟수 및 기간에 산입하지 않는다고 하였으므로 동반자녀의 치료를 위해 일시귀국한 乙의 일시귀국 횟수 및 기간은 일시귀국할 수 있는 기간에 산입되지 않는다. 따라서 乙이 직계존속의 회갑으로 인해 올해 추가로 일시귀국할 때는 제2항에서 재외공무원이 공무 외의 목적으로 일시귀국하려는 경우에 공관장의 허가를 받아야 한다고 한 것에 따라 공관장의 허가를 받아야 한다.
④ 乙이 공관장의 허가를 받아 일시귀국하였더라도 국내 체류기간을 연장하였을 때에는 장관의 허가를 받았을 것이다. ➡ (O) 제4항에 따르면 재외공무원이 일시귀국 후 국내 체류기간을 연장하는 경우에는 장관의 허가를 받아야 한다. 따라서 乙이 일시귀국 이후 국내 체류기간을 연장하였을 때는 장관의 허가를 받았을 것이다.
⑤ 丙이 자신의 혼인으로 인해 올해 추가로 일시귀국하기 위해서는 공관장의 허가를 받아야 한다. ➡ (X) 제4항에 따르면 재외공무원이 연 1회를 초과하여 공무 외의 목적으로 일시귀국하려는 경우에는 장관의 허가를 받아야 한다. 丙은 직계존속의 회갑으로 총 1회 일시귀국하였으므로, 올해 혼인으로 인해 추가로 일시귀국하기 위해서는 장관의 허가를 받아야 한다.

정답과 분석해설

2022 | 제3영역 자료해석(㉮ 책형)

기출 총평

2022년 자료해석 시험은 전체적인 문제 유형 및 구성이 2022 5급 공채와 매우 유사하였다. 따라서 시험 전 반드시 5급 공채를 풀어보고, 새로운 출제 경향에 익숙해져야 한다. 작년 자료해석 시험에서는 인포그래픽 형태의 〈그림〉 자료가 많이 출제되었으나 올해는 인포그래픽 형태의 〈그림〉 자료는 출제되지 않았으며 〈보고서〉 유형의 문제가 많이 출제되었다. 기존 매칭형 문제는 〈표〉에 A~E가 주어지고 아래에 주어진 〈조건〉에 따라 A~E를 찾는 유형이었다면, 올해 시험에서는 이 〈조건〉이 〈보고서〉의 형태로 제시되었다. 기존 매칭형 문제는 각 〈조건〉만 확인하면 되었으나 〈보고서〉는 주어진 내용 중 필요한 내용만을 찾아야 하므로 시험장에서 지문의 길이에 당황했을 수 있다. 그러나 A~E를 찾는 과정이 복잡하지 않았으므로 침착하게 핵심 문장만 확인했다면 문제를 빠르게 해결할 수 있었다. 또 공식이 주어진 계산 형태의 문제가 많았으나 정확한 값을 도출하기보다 대소 관계를 비교하는 문제들이 많기 때문에 무작정 계산을 시작하는 것보다는 최대한 식을 간단하게 만든 다음 곱해지는 값과 나누어지는 값들의 대소 비교를 통해 최종 값의 대소를 비교하면 문제를 쉽게 해결할 수 있다. 올해와 같이 평이한 난도의 시험은 실수하지 않는 것이 관건이다. 많은 선지들이 대소 비교를 통해 구할 수 있는 선지였으므로 정확히 계산하지 않더라도 대소 비교를 통해 답을 구하는 연습을 반드시 해야 한다.

문항별 정답률 및 선지별 선택률

문번	정답	정답률(%)	선지별 선택률(%)					문번	정답	정답률(%)	선지별 선택률(%)				
			①	②	③	④	⑤				①	②	③	④	⑤
01	①	93.8	93.8	3.5	0.2	2.1	0.4	14	⑤	78.1	3.2	2.7	11.4	4.6	78.1
02	⑤	83.8	1.0	0.8	4.8	9.6	83.8	15	④	24.5	54.8	11.1	7.1	24.5	2.5
03	④	94.6	2.1	0.4	2.1	94.6	0.8	16	②	70.2	5.2	70.2	13.4	0.8	10.4
04	①	83.0	83.0	1.7	13.7	0.8	0.8	17	②	76.6	6.6	76.6	6.6	9.2	1.0
05	②	73.4	6.0	73.4	0.8	1.3	18.5	18	⑤	69.4	6.1	5.2	11.2	8.1	69.4
06	①	76.5	76.5	5.7	5.4	11.2	1.2	19	③	57.1	21.0	7.4	57.1	6.5	8.0
07	④	88.1	3.3	4.0	0.4	88.1	4.2	20	①	48.5	48.5	13.7	8.4	22.6	6.8
08	①	67.4	67.4	5.0	3.1	24.3	0.2	21	③	41.9	6.8	15.7	41.9	16.7	18.9
09	⑤	79.7	0.8	2.5	11.3	5.7	79.7	22	⑤	38.9	20.8	24.7	9.3	6.3	38.9
10	④	63.7	0.6	4.4	5.9	63.7	25.4	23	①	55.5	55.5	5.7	22.7	12.3	3.8
11	②	40.4	28.7	40.4	22.3	2.3	6.3	24	④	52.4	7.4	10.5	16.3	52.4	13.4
12	③	78.5	2.1	3.6	78.5	14.1	1.7	25	②	39.8	21.2	39.8	16.7	15.0	7.3
13	③	38.1	5.8	13.9	38.1	33.1	9.1								

※ 음영 문항은 해당 회차에서 정답률이 가장 낮은 TOP 3 문항입니다.
※ 정답률 및 선지별 선택률 산정 기준: 약 1년간 누적된 자동채점 & 성적결과분석 서비스의 응시 데이터

출제 비중

기출문제편 P.167

01	①	02	⑤	03	④	04	①	05	②
06	①	07	④	08	①	09	⑤	10	④
11	②	12	③	13	③	14	⑤	15	④
16	②	17	②	18	⑤	19	③	20	①
21	③	22	⑤	23	①	24	④	25	②

01 ① 정답률 93.8%

| 문제 유형 | 자료 읽기/추론 > 계산형

| 접근 전략 | 전년 대비 증감량을 이용하여 A와 B에 들어갈 값을 알맞게 계산하는 문제이다. B의 경우 이미 주어진 값을 빼기만 하면 되므로 먼저 계산한다. B에 해당하는 선지들의 천의 자리가 다르므로 천의 자리만 계산하면 7−1=6이므로 B는 169만 6천이다. A도 천의 자리가 다르므로 천의 자리만 계산하면 5−7=−2이고, −2−3=−5이므로 A는 −4만 5천이다.

다음 〈그림〉은 2021년 7월 '갑'지역의 15세 이상 인구를 대상으로 한 경제활동인구조사 결과를 정리한 자료이다. 〈그림〉의 A, B에 해당하는 값을 바르게 나열한 것은?

〈그림〉 2021년 7월 경제활동인구조사 결과

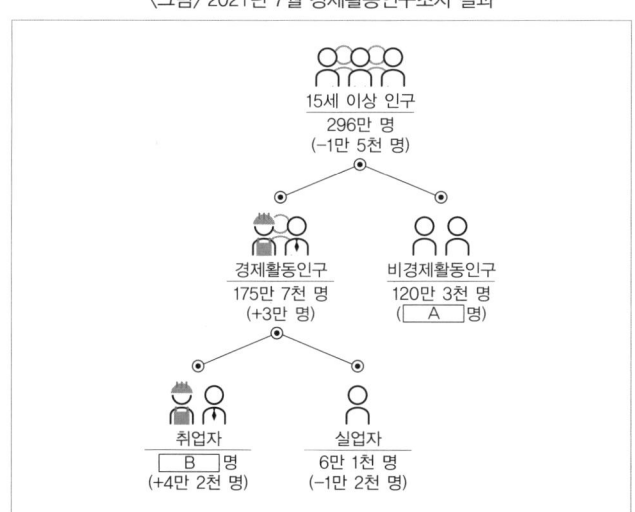

※ ( )는 2020년 7월 대비 증감 인구수임

	A	B
①	−4만 5천	169만 6천	➡ (O) 2020년 15세 이상 인구는 296만 명 + 1만 5천 명 = 297만 5천 명이고, 2020년 경제활동인구는 175만 7천 명 − 3만 명 = 172만 7천 명이므로 2020년 비경제활동인구는 297만 5천 명 − 172만 7천 명 = 124만 8천 명이다. 따라서 2020년 비경제활동인구 A는 120만 3천 명 − 124만 8천 명 = −4만 5천 명이다. 2021년 경제활동인구가 175만 7천 명이고, 실업자가 6만 1천 명이므로 2021년 취업자 B는 175만 7천 명 − 6만 1천 명 = 169만 6천 명이다.
②	−4만 5천	165만 4천	➡ (X)
③	−1만 2천	172만 7천	➡ (X)
④	−1만 2천	169만 6천	➡ (X)
⑤	+4만 2천	172만 7천	➡ (X)

02 ⑤ 정답률 83.8%

| 문제 유형 | 자료 읽기 > 표 제시형

| 접근 전략 | 청구인과 피청구인에 따른 특허심판 청구건수 자료를 바탕으로 옳은 것을 찾는 문제이다. 간단한 〈보기〉인 ㄱ, ㄷ을 먼저 확인하였을 때 ㄱ과 ㄷ이 옳은 〈보기〉이므로 ㄴ을 확인하지 않아도 답은 ⑤임을 알 수 있다.

다음 〈표〉는 2017∼2021년 '갑'국의 청구인과 피청구인에 따른 특허심판 청구건수에 관한 자료이다. 이에 대한 〈보기〉의 설명 중 옳은 것만을 모두 고르면?

〈표〉 청구인과 피청구인에 따른 특허심판 청구건수
(단위: 건)

청구인	내국인		외국인	
연도 \ 피청구인	내국인	외국인	내국인	외국인
2017	765	270	204	172
2018	889	1,970	156	119
2019	795	359	191	72
2020	771	401	93	230
2021	741	213	152	46

〈보기〉

ㄱ. 2019년 청구인이 내국인인 특허심판 청구건수의 전년 대비 감소율은 50% 이상이다. → (O) 청구인이 내국인인 특허심판 청구건수는 2018년 889 + 1,970 = 2,859(건), 2019년 795 + 359 = 1,154(건)으로 1,154 × 2 = 2,308 < 2,859이므로 감소율이 50% 이상이다.

ㄴ. 2021년 피청구인이 내국인인 특허심판 청구건수는 피청구인이 외국인인 특허심판 청구건수의 3배 이상이다. → (O) 213 × 3 = 639 < 741, 46 × 3 = 138 < 152이다. 즉, 2021년 청구인이 내국인일 때와 외국인일 때 모두 피청구인이 내국인인 특허심판 청구건수는 피청구인이 외국인인 특허심판 청구건수의 3배 이상이므로 2021년 피청구인이 내국인인 특허심판 청구건수는 피청구인이 외국인인 특허심판 청구건수의 3배 이상이다.

ㄷ. 2017년 내국인이 외국인에게 청구한 특허심판 청구건수는 2020년 외국인이 외국인에게 청구한 특허심판 청구건수보다 많다. → (O) 2017년 내국인이 외국인에게 청구한 특허심판 청구건수는 270건이고, 2020년 외국인이 외국인에게 청구한 특허심판 청구건수는 230건이므로 옳은 설명이다.

① ㄱ ➡ (X)
② ㄷ ➡ (X)
③ ㄱ, ㄴ ➡ (X)
④ ㄴ, ㄷ ➡ (X)
⑤ ㄱ, ㄴ, ㄷ ➡ (O)

03 ④

정답률 94.6%

| 문제 유형 | 자료 변환응용 > 표/그림 전환형
| 접근 전략 | 〈보고서〉의 내용을 〈그림〉 또는 〈표〉로 알맞게 전환하는 유형이다. 〈보고서〉의 내용을 모두 확인하기보다는 각 선지의 제목을 읽고, 해당하는 내용을 〈보고서〉에서 찾은 뒤 값을 대조하면 문제를 빠르게 해결할 수 있다.

다음 〈보고서〉는 2018~2021년 '갑'국의 생활밀접업종 현황에 대한 자료이다. 〈보고서〉의 내용과 부합하지 않는 자료는?

〈보고서〉

생활밀접업종은 소매, 음식, 숙박, 서비스 등과 같이 일상생활과 밀접하게 관련된 재화 또는 용역을 공급하는 업종이다. 생활밀접업종 사업자 수는 2021년 현재 2,215천 명으로 2018년 대비 10% 이상 증가하였다. 2018년 대비 2021년 생활밀접업종 중 73개 업종에서 사업자 수가 증가하였는데, 이 중 스포츠시설운영업이 가장 높은 증가율을 기록하였고 펜션·게스트하우스, 애완용품점이 그 뒤를 이었다.

그러나 혼인건수와 출생아 수가 줄어드는 사회적 현상은 관련 업종에도 직접 영향을 미친 것으로 나타났다. 산부인과 병·의원 사업자 수는 2018년 이후 매년 감소하였다. 또한, 2018년 이후 예식장과 결혼상담소의 사업자 수도 각각 매년 감소하는 것으로 나타났다.

한편 복잡한 현대사회에서 전문직에 대한 수요는 꾸준히 증가하고 있다. 생활밀접업종을 소매, 음식, 숙박, 병·의원, 전문직, 교육, 서비스의 7개 그룹으로 분류했을 때 전문직 그룹의 2018년 대비 2021년 사업자 수 증가율이 17.6%로 가장 높았다.

① 생활밀접업종 사업자 수

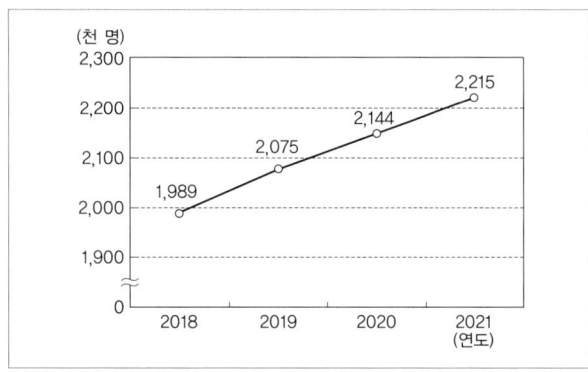

➡ (O) 〈보고서〉의 첫 번째 문단, 두 번째 문장에 "생활밀접업종 사업자 수는 2021년 현재 2,215천 명으로 2018년 대비 10% 이상 증가하였다."라고 되어 있다. 제시된 〈그림〉에서 2021년 생활밀접업종 사업자 수가 2,215천 명이고, 1,989 × 1.1 = 2,187.9 < 2,215로 2018년 대비 10% 이상 증가하였으므로 〈보고서〉의 내용과 부합한다.

② 2018년 대비 2021년 생활밀접업종 사업자 수 증가율 상위 10개 업종

➡ (O) 〈보고서〉의 첫 번째 문단, 세 번째 문장에 "2018년 대비 2021년 생활밀접업종 중 73개 업종에서 사업자 수가 증가하였는데, 이 중 스포츠시설운영업이 가장 높은 증가율을 기록하였고 펜션·게스트하우스, 애완용품점이 그 뒤를 이었다."라고 되어 있다. 제시된 〈그림〉에서 스포츠시설운영업, 펜션·게스트하우스, 애완용품점 순으로 증가율이 높으므로 〈보고서〉의 내용과 부합한다.

③ 주요 진료과목별 병·의원 사업자 수

(단위: 명)

연도 진료과목	2018	2019	2020	2021
신경정신과	1,270	1,317	1,392	1,488
가정의학과	2,699	2,812	2,952	3,057
피부과·비뇨의학과	3,267	3,393	3,521	3,639
이비인후과	2,259	2,305	2,380	2,461
안과	1,485	1,519	1,573	1,603
치과	16,424	16,879	17,217	17,621
일반외과	4,282	4,369	4,474	4,566
성형외과	1,332	1,349	1,372	1,414
내과·소아과	10,677	10,861	10,975	11,130
산부인과	1,726	1,713	1,686	1,663

➡ (O) 〈보고서〉의 두 번째 문단, 두 번째 문장에 "산부인과 병·의원 사업자 수는 2018년 이후 매년 감소하였다."라고 되어 있다. 제시된 〈표〉에서 산부인과는 2018년 이후 1,726명, 1,713명, 1,686명, 1,663명으로 매년 감소하므로 〈보고서〉의 내용과 부합한다.

④ 예식장 및 결혼상담소 사업자 수

➡ (X) 〈보고서〉의 두 번째 문단, 세 번째 문장에 "또한, 2018년 이후 예식장과 결혼상담소의 사업자 수도 각각 매년 감소하는 것으로 나타났다."라고 되어 있다. 제시된 〈그림〉에서 결혼상담소 사업자 수는 2018년 이후 매년 감소하고 있으나 예식장 사업자 수는 2018년 1,192명에서 2019년 1,222명으로 증가하였으므로 〈보고서〉의 내용과 부합하지 않는다.

⑤ 2018년 대비 2021년 생활밀접업종의 7개 그룹별 사업자 수 증가율

➡ (O) 〈보고서〉의 세 번째 문단, 두 번째 문장에 "생활밀접업종을 소매, 음식, 숙박, 병·의원, 전문직, 교육, 서비스의 7개 그룹으로 분류했을 때 전문직 그룹의 2018년 대비 2021년 사업자 수 증가율이 17.6%로 가장 높았다."라고 되어 있다. 제시된 〈그

림〉에서 생활밀접업종이 소매, 음식, 숙박, 병·의원, 전문직, 교육, 서비스의 7개 그룹으로 분류되어 있고, 이 중 전문직 그룹의 2018년 대비 2021년 사업자 수 증가율이 17.6%로 가장 높으므로 〈보고서〉의 내용과 부합한다.

① ㄱ ➡ (O)
② ㄴ ➡ (X)
③ ㄱ, ㄷ ➡ (X)
④ ㄴ, ㄷ ➡ (X)
⑤ ㄱ, ㄴ, ㄷ ➡ (X)

04 ① 정답률 83.0%

| 문제 유형 | 자료 읽기 > 표 제시형
| 접근 전략 | A위원회의 24~26차 회의 심의결과에 대한 설명 중 옳은 것을 찾는 문제이다. 단순히 동의, 부동의 수만 세어봐도 답을 구할 수 있는 문제이다. 가장 간단한 〈보기〉인 ㄴ을 먼저 확인해보면 옳지 않으므로 답은 ① 또는 ③이다. 따라서 ㄷ만 확인해도 답을 구할 수 있다.

다음 〈표〉는 '갑'국 A위원회의 24~26차 회의 심의결과에 관한 자료이다. 이에 대한 〈보기〉의 설명 중 옳은 것만을 모두 고르면?

〈표〉 A위원회의 24~26차 회의 심의결과

회차 위원 \ 동의 여부	24 동의	24 부동의	25 동의	25 부동의	26 동의	26 부동의
기획재정부장관	○		○		○	
교육부장관	○			○	○	
과학기술정보통신부장관		○	○			○
행정안전부장관	○			○	○	
문화체육관광부장관	○					
농림축산식품부장관		○	○			○
산업통상자원부장관			○			○
보건복지부장관	○		○		○	
환경부장관				○		○
고용노동부장관			○		○	
여성가족부장관	○		○		○	
국토교통부장관	○		○		○	
해양수산부장관	○		○		○	
중소벤처기업부장관		○				○
문화재청장	○		○		○	
산림청장	○				○	

※ 1) A위원회는 〈표〉에 제시된 16명의 위원으로만 구성됨
2) A위원회는 매 회차 개최 시 1건의 안건만을 심의함

〈보기〉
ㄱ. 24~26차 회의의 심의안건에 모두 동의한 위원은 6명이다. → (O) 기획재정부장관, 보건복지부장관, 여성가족부장관, 국토교통부장관, 해양수산부장관, 문화재청장의 여섯 명 위원이 24~26차 회의의 심의안건에 모두 동의하였다.
ㄴ. 심의안건에 부동의한 위원 수는 매 회차 증가하였다. → (X) 25차에 6명, 26차에 4명으로 감소하였으므로 옳지 않다.
ㄷ. 전체 위원의 $\frac{2}{3}$ 이상이 동의해야 심의안건이 의결된다면, 24~26차 회의의 심의안건은 모두 의결되었다. → (X) 주석에서 A위원회의 위원이 16명이라고 제시되어 있고, 16명의 $\frac{2}{3}$ 이상은 11명 이상이다. 부동의 위원 수가 5명 이하인지만 확인하면 되므로 ㄷ은 옳지 않다는 것을 알 수 있다.

05 ② 정답률 73.4%

| 문제 유형 | 자료 읽기/추론 > 매칭형
| 접근 전략 | 〈보고서〉에서 설명하고 있는 도시를 〈표〉에서 찾는 문제이다. 〈보고서〉를 읽으면서 해당하지 않는 도시를 제외하면서 문제를 푼다.

다음 〈표〉는 1990년대 이후 A~E도시의 시기별 및 자본금액별 창업 건수에 관한 자료이고, 〈보고서〉는 A~E 중 한 도시의 창업 건수에 관한 설명이다. 이를 근거로 판단할 때, 〈보고서〉의 내용에 부합하는 도시는?

〈표〉 A~E도시의 시기별 및 자본금액별 창업 건수
(단위: 건)

시기 자본금액 도시	1990년대 1천만 원 미만	1990년대 1천만 원 이상	2000년대 1천만 원 미만	2000년대 1천만 원 이상	2010년대 1천만 원 미만	2010년대 1천만 원 이상	2020년 이후 1천만 원 미만	2020년 이후 1천만 원 이상
A	198	11	206	32	461	26	788	101
B	46	0	101	5	233	4	458	16
C	12	2	19	17	16	17	76	14
D	27	3	73	34	101	24	225	27
E	4	0	25	0	53	3	246	7

〈보고서〉
이 도시의 시기별 및 자본금액별 창업 건수는 다음과 같은 특징이 있다. 첫째, 1990년대 이후 모든 시기에서 자본금액 1천만 원 미만 창업 건수가 자본금액 1천만 원 이상 창업 건수보다 많다. 둘째, 자본금액 1천만 원 미만 창업 건수와 1천만 원 이상 창업 건수의 차이는 2010년대가 2000년대의 2배 이상이다. 셋째, 2020년 이후 전체 창업 건수는 1990년대 전체 창업 건수의 10배 이상이다. 넷째, 2020년 이후 전체 창업 건수 중 자본금액 1천만 원 이상 창업 건수의 비중은 3% 이상이다.

① A ➡ (X)
② B ➡ (O) C의 경우 2010년대에 자본금액 1천만 원 미만 창업 건수가 자본금액 1천만 원 이상 창업 건수보다 적으므로 "첫째" 설명에 부합하지 않는다. D의 경우 2000년대 자본금액 1천만 원 미만 창업 건수와 1천만 원 이상 창업 건수의 차이는 73-34=39(건)이고, 2010년대 자본금액 1천만 원 미만 창업 건수와 1천만 원 이상 창업 건수의 차이는 101-24=77(건)이다. 39×2=78>77이므로 D는 "둘째" 설명에 부합하지 않는다. A의 2020년 이후 전체 창업 건수는 788+101=889(건), 1990년대 전체 창업 건수는 198+11=209(건)으로 10배 미만이므로 A는 "셋째" 설명에 부합하지 않는다. B의 2020년 이후 전체 창업 건수는 458+16=474(건)이고, 474×0.03=14.22<16이므로 자본금액 1천만 원 이상 창업 건수의 비중은 3% 이상이다. E의 2020년 이후 전체 창업 건수는 246+7=253(건)이고, 253×0.03=7.59>7이므로 자본금액 1천만 원 이상 창업 건수의 비중은 3% 미만이다. 따라서 E는 "넷째" 설명에 부합하지 않는다. 즉, 〈보고서〉의 모든 설명에 부합하는 도시는 B이다.
③ C ➡ (X)
④ D ➡ (X)
⑤ E ➡ (X)

06 ①
정답률 76.5%

|문제 유형| 자료 읽기 > 표 제시형
|접근 전략| 가공비용 = 가공단가 × 가공량 공식을 이용하여 A~C 지역의 쌀, 현미, 보리 가공비용을 구하는 문제이다. 정확한 값을 물어보는 선지가 아니므로 곱하는 값들의 대소를 비교하면 정확히 계산하지 않아도 문제를 해결할 수 있다.

다음 〈표〉는 '갑'국의 원료곡종별 및 등급별 가공단가와 A~C지역의 가공량에 관한 자료이다. 이에 대한 〈보기〉의 설명 중 옳은 것만을 모두 고르면?

〈표 1〉 원료곡종별 및 등급별 가공단가
(단위: 천 원/톤)

원료곡종\등급	1등급	2등급	3등급
쌀	118	109	100
현미	105	97	89
보리	65	60	55

〈표 2〉 A~C지역의 원료곡종별 및 등급별 가공량
(단위: 톤)

지역	원료곡종	1등급	2등급	3등급	합계
A	쌀	27	35	25	87
	현미	43	20	10	73
	보리	5	3	7	15
B	쌀	23	25	55	103
	현미	33	25	21	79
	보리	9	9	5	23
C	쌀	30	35	20	85
	현미	30	37	25	92
	보리	8	30	2	40
전체	쌀	80	95	100	275
	현미	106	82	56	244
	보리	22	42	14	78

※ 가공비용 = 가공단가 × 가공량

〈보기〉

ㄱ. A지역의 3등급 쌀 가공비용은 B지역의 2등급 현미 가공비용보다 크다. → (O) A지역의 3등급 쌀 가공비용은 100 × 25천 원이고, B지역의 2등급 현미 가공비용은 97 × 25천 원이다. 가공량은 동일하고, 가공단가는 A지역의 3등급 쌀이 더 높으므로 가공비용은 A지역의 3등급 쌀이 더 크다.

ㄴ. 1등급 현미 전체의 가공비용은 2등급 현미 전체 가공비용의 2배 이상이다. → (X) 1등급 현미의 전체 가공비용은 106 × 105 = (100 + 6)(100 + 5) = 10,000 + 1,100 + 30 = 11,130(천 원)이고, 2등급 현미의 전체 가공비용은 82 × 97 = (90 − 8)(90 + 7) = 8,100 − 90 − 56 = 7,954(천 원)이다. 7,954 × 2 = 15,908 > 11,130이므로 1등급 현미 전체의 가공비용은 2등급 현미 전체 가공비용의 2배 미만이다.

ㄷ. 3등급 쌀과 3등급 보리의 가공단가가 각각 90천 원/톤, 50천 원/톤으로 변경될 경우, 지역별 가공비용 총액 감소폭이 가장 작은 지역은 A이다. → (X) 감소폭을 물었으므로 3등급 쌀과 3등급 보리 가공단가의 차이만 계산한다. A는 (10 × 25 + 5 × 7)천 원, B는 (10 × 55 + 5 × 5)천 원, C는 (10 × 20 + 5 × 2)천 원 감소한다. C는 A, B보다 3등급 쌀과 3등급 보리의 가공량이 모두 적으므로 감소폭은 C가 가장 적다.

① ㄱ ➡ (O)
② ㄷ ➡ (X)
③ ㄱ, ㄴ ➡ (X)
④ ㄱ, ㄷ ➡ (X)
⑤ ㄴ, ㄷ ➡ (X)

07 ④
정답률 88.1%

|문제 유형| 자료 읽기 > 표 제시형
|접근 전략| 재해위험지구 정비사업 투자의 우선순위를 구하는 문제이다. 〈표 1〉의 등급 옆에 점수를 써놓으면 〈보기〉에 대한 내용을 한눈에 파악하기 쉽다.

다음 〈표〉는 재해위험지구 '갑', '을', '병'지역을 대상으로 정비사업 투자의 우선순위를 결정하기 위한 자료이다. '편익', '피해액', '재해발생위험도' 3개 평가 항목 점수의 합이 큰 지역일수록 우선순위가 높다. 이에 대한 〈보기〉의 설명 중 옳은 것만을 모두 고르면?

〈표 1〉 '갑'~'병'지역의 평가 항목별 등급

지역\평가 항목	편익	피해액	재해발생위험도
갑	C	A	B
을	B	D	A
병	A	B	C

〈표 2〉 평가 항목의 등급별 배점
(단위: 점)

등급\평가 항목	편익	피해액	재해발생위험도
A	10	15	25
B	8	12	17
C	6	9	10
D	4	6	0

→ '갑'~'병'지역의 평가 항목별 점수 및 총합(우선순위)을 정리하면 다음과 같다.

지역\평가 항목	편익	피해액	재해발생 위험도	총합 (우선순위)
갑	C(6)	A(15)	B(17)	38(2)
을	B(8)	D(6)	A(25)	39(1)
병	A(10)	B(12)	C(10)	32(3)

〈보기〉

ㄱ. '재해발생위험도' 점수가 높은 지역일수록 우선순위가 높다. → (O) '재해발생위험도' 점수는 을, 갑, 병 순으로 높고, 우선순위도 을, 갑, 병 순으로 높으므로 옳은 설명이다.

ㄴ. 우선순위가 가장 높은 지역과 가장 낮은 지역의 '피해액' 점수 차이는 '재해발생위험도' 점수 차이보다 크다. → (X) 우선순위가 가장 높은 지역은 '을'지역, 가장 낮은 지역은 '병'지역이고, 두 지역의 '피해액' 점수 차이는 12 − 6 = 6(점), '재해발생위험도' 점수 차이는 25 − 10 = 15(점)이므로 옳지 않다.

ㄷ. '피해액' 점수와 '재해발생위험도' 점수의 합이 가장 큰 지역은 '갑'이다. → (O) '피해액' 점수와 '재해발생위험도' 점수의 합은 '갑'지역이 15 + 17 = 32(점), '을'지역이 6 + 25 = 31(점), '병'지역이 12 + 10 = 22(점)이므로 '갑'지역이 가장 크다.

ㄹ. '갑'지역의 '편익' 등급이 B로 변경되면, 우선순위가 가장 높은 지역은 '갑'이다. → (O) '갑'지역의 '편익' 등급이 B로 변경되면 2점이 높아지므로 총합이 40점이 되어 '갑'지역의 우선순위가 가장 높아진다.

① ㄱ, ㄴ ➡ (X)
② ㄱ, ㄷ ➡ (X)
③ ㄴ, ㄹ ➡ (X)
④ ㄱ, ㄷ, ㄹ ➡ (O)
⑤ ㄴ, ㄷ, ㄹ ➡ (X)

① ㄱ ➡ (O)
② ㄷ ➡ (X)
③ ㄱ, ㄴ ➡ (X)
④ ㄱ, ㄷ ➡ (X)
⑤ ㄴ, ㄷ ➡ (X)

08 ① 정답률 67.4%

| 문제 유형 | 자료 읽기 > 그림 제시형
| 접근 전략 | 2017~2021년 반려동물 사료 유형별 특허 출원건수를 바탕으로 해결하는 문제이다. 정확한 값을 구하기보다는 비율을 비교하여 대소 관계를 구하면 문제를 쉽게 해결할 수 있다.

다음 〈그림〉은 2017~2021년 '갑'국의 반려동물 사료 유형별 특허 출원건수에 관한 자료이다. 이에 대한 〈보기〉의 설명 중 옳은 것만을 모두 고르면?

〈그림〉 반려동물 사료 유형별 특허 출원건수

※ 반려동물 사료 유형은 식물기원, 동물기원, 미생물효소로만 구분함

─〈보기〉─

ㄱ. 2017~2021년 동안의 특허 출원건수 합이 가장 작은 사료 유형은 '미생물효소'이다. → (O) '미생물효소' 특허 출원건수는 매년 '식물기원' 특허 출원건수 이하이고, '동물기원'보다 2017년에 −3건, 2018년에 +3건, 2019년에 −2건, 2020년에 −2건, 2021년에 +2건으로 총합은 '동물기원'보다 2건이 적다. 따라서 2017~2021년 동안의 특허 출원건수 합이 가장 작은 사료 유형은 '미생물효소'이다.

ㄴ. 연도별 전체 특허 출원건수 대비 각 사료 유형의 특허 출원건수 비율은 '식물기원'이 매년 가장 높다. → (X) 전체 특허 출원건수 대비 특허 출원건수 비율에서 전체 특허 출원건수의 값은 동일하므로 해당 비율의 대소는 각 사료 유형의 특허 출원건수의 대소와 동일하다. 2019년의 경우 '동물기원'이 '식물기원'보다 특허 출원건수가 더 많으므로 2019년의 전체 특허 출원건수 대비 특허 출원건수 비율은 '동물기원'이 더 높다.

ㄷ. 2021년 특허 출원건수의 전년 대비 증가율이 가장 높은 사료 유형은 '식물기원'이다. → (X) 2021년 '식물기원'과 '미생물효소'의 특허 출원건수는 전년 대비 2배 이상이다. '식물기원'은 전년 대비 $\frac{25}{12} = \left(2 + \frac{1}{12}\right)$배이고, '미생물효소'는 전년 대비 $\frac{17}{8} = \left(2 + \frac{1}{8}\right)$배이다. $\frac{1}{8}$이 $\frac{1}{12}$보다 크므로 '미생물효소'의 증가율이 '식물기원'보다 더 높다.

09 ⑤ 정답률 79.7%

| 문제 유형 | 자료 읽기/추론 > 매칭형
| 접근 전략 | 〈표〉의 2019년, 2020년 지역별 전체주택 및 빈집 현황을 바탕으로 〈보고서〉의 빈칸을 채우는 문제이다. B에 주어진 선지는 광주광역시 또는 전라북도이므로 B를 구할 때는 광주광역시와 전라북도의 값만 비교하면 쉽게 답을 찾을 수 있다.

다음 〈표〉는 2019년과 2020년 지역별 전체주택 및 빈집 현황에 관한 자료이다. 이를 바탕으로 작성한 〈보고서〉의 A~C에 해당하는 내용을 바르게 나열한 것은?

〈표〉 2019년과 2020년 지역별 전체주택 및 빈집 현황

(단위: 호, %)

연도 구분 지역	2019			2020		
	전체 주택	빈집	빈집 비율	전체 주택	빈집	빈집 비율
서울특별시	2,953,964	93,402	3.2	3,015,371	96,629	3.2
부산광역시	1,249,757	109,651	8.8	1,275,859	113,410	8.9
대구광역시	800,340	40,721	5.1	809,802	39,069	4.8
인천광역시	1,019,365	66,695	6.5	1,032,774	65,861	6.4
광주광역시	526,161	39,625	7.5	538,275	41,585	7.7
대전광역시	492,797	29,640	6.0	496,875	26,983	5.4
울산광역시	391,596	33,114	8.5	394,634	30,241	7.7
세종특별자치시	132,257	16,437	12.4	136,887	14,385	10.5
경기도	4,354,776	278,815	6.4	4,495,115	272,358	6.1
강원도	627,376	84,382	13.4	644,023	84,106	13.1
충청북도	625,957	77,520	12.4	640,256	76,877	12.0
충청남도	850,525	107,609	12.7	865,008	106,430	12.3
전라북도	724,524	91,138	12.6	741,221	95,412	12.9
전라남도	787,816	121,767	15.5	802,043	122,103	15.2
경상북도	1,081,216	143,560	13.3	1,094,306	139,770	12.8
경상남도	1,266,739	147,173	11.6	1,296,944	150,982	11.6
제주특별자치도	241,788	36,566	15.1	246,451	35,105	14.2
전국	18,126,954	1,517,815	8.4	18,525,844	1,511,306	8.2

※ 빈집비율(%) = $\frac{빈집}{전체주택} \times 100$

―〈보고서〉―

2020년 우리나라 전체주택 수는 전년 대비 39만 호 이상 증가하였으나 빈집 수는 6천 호 이상 감소하여 빈집비율은 전년 대비 감소하였다. 특히 세종특별자치시의 빈집비율이 가장 큰 폭으로 감소하였다.

하지만 2020년에는 ☐A☐ 개 지역에서 빈집 수가 전년 대비 증가하였고, 전년 대비 빈집비율이 가장 큰 폭으로 증가한 지역은 ☐B☐ 였다. 빈집비율이 가장 높은 지역과 가장 낮은 지역의 빈집비율 차이는 2019년에 비해 2020년이 ☐C☐ 하였다.

	A	B	C	
①	5	광주광역시	감소	➡ (X)
②	5	전라북도	증가	➡ (X)
③	6	광주광역시	증가	➡ (X)
④	6	전라북도	증가	➡ (X)
⑤	6	전라북도	감소	➡ (O)

2020년에 전년 대비 빈집 수가 증가한 지역은 서울특별시, 부산광역시, 광주광역시, 전라북도, 전라남도, 경상남도로 여섯 개 지역이다. 따라서 A는 6이다. 광주광역시는 2020년 빈집비율이 전년 대비 0.2%p 증가하였고, 전라북도는 0.3%p 증가하였다. 따라서 B는 전라북도이다. 2019년 빈집비율이 가장 높은 지역은 전라남도로 15.5%이고, 가장 낮은 지역은 서울특별시로 3.2%이다. 2020년 빈집비율이 가장 높은 지역은 전라남도로 15.2%이고, 가장 낮은 지역은 서울특별시로 3.2%이다. 서울특별시의 빈집비율은 동일하고, 전라남도의 빈집비율은 2019년 대비 2020년에 감소하였으므로 두 지역의 빈집비율 차이는 2019년 대비 2020년에 감소하였다.

10 ④ 정답률 63.7%

| 문제 유형 | 자료 추론 > 추가로 필요한 자료 찾기
| 접근 전략 | 〈보고서〉를 작성하기 위하여 추가로 필요한 자료를 찾는 문제이다. 〈표〉에서 이미 주어진 내용일 수도 있으므로 〈보고서〉에 있는 내용이라도 추가로 필요한 자료가 아닐 수 있음에 유의한다. 〈표〉에 오후, 저녁 돌봄교실의 학년별 학생 수와 비율, 지원대상 유형별 오후돌봄교실 이용학생 현황이 나와 있으므로 〈보고서〉에서 이 자료 이외의 내용을 확인한다.

다음 〈표〉와 〈보고서〉는 2021년 '갑'국의 초등돌봄교실에 관한 자료이다. 제시된 〈표〉 이외에 〈보고서〉를 작성하기 위해 추가로 필요한 자료만을 〈보기〉에서 모두 고르면?

〈표 1〉 2021년 초등돌봄교실 이용학생 현황

(단위: 명, %)

구분	학년	1	2	3	4	5	6	합
오후돌봄교실	학생 수	124,000	91,166	16,421	7,708	3,399	2,609	245,303
	비율	50.5	37.2	6.7	3.1	1.4	1.1	100.0
저녁돌봄교실	학생 수	5,215	3,355	772	471	223	202	10,238
	비율	50.9	32.8	7.5	4.6	2.2	2.0	100.0

〈표 2〉 2021년 지원대상 유형별 오후돌봄교실 이용학생 현황

(단위: 명, %)

구분	지원대상 유형	우선지원대상					일반지원대상	합
		저소득층	한부모	맞벌이	기타	소계		
오후돌봄교실	학생 수	23,066	6,855	174,297	17,298	221,516	23,787	245,303
	비율	9.4	2.8	71.1	7.1	90.3	9.7	100.0

―〈보고서〉―

2021년 '갑'국의 초등돌봄교실 이용학생은 오후돌봄교실 245,303명, 저녁돌봄교실 10,238명이다. 오후돌봄교실의 경우 2021년 기준 전체 초등학교의 98.9%가 참여하고 있다.

오후돌봄교실의 우선지원대상은 저소득층 가정, 한부모 가정, 맞벌이 가정, 기타로 구분되며, 맞벌이 가정이 전체 오후돌봄교실 이용학생의 71.1%로 가장 많고 다음으로 저소득층 가정이 9.4%로 많다.

저녁돌봄교실의 경우 17시부터 22시까지 운영하고 있으나, 19시를 넘는 늦은 시간까지 이용하는 학생 비중은 11.2%에 불과하다. 2021년 현재 저녁돌봄교실 이용학생은 1~2학년이 8,570명으로 전체 저녁돌봄교실 이용학생의 83.7%를 차지한다.

초등돌봄교실 담당인력은 돌봄전담사, 현직교사, 민간위탁업체로 다양하다. 담당인력 구성은 돌봄전담사가 10,237명으로 가장 많고, 다음으로 현직교사 1,480명, 민간위탁업체 565명 순이다. 그중 돌봄전담사는 무기계약직이 6,830명이고 기간제가 3,407명이다.

―〈보기〉―

ㄱ. 연도별 오후돌봄교실 참여 초등학교 수 및 참여율

(단위: 개, %)

구분	연도	2016	2017	2018	2019	2020	2021
	학교 수	5,652	5,784	5,938	5,972	5,998	6,054
	참여율	96.0	97.3	97.3	96.9	97.0	98.9

→ (O) 〈보고서〉 첫 번째 문단의 두 번째 문장에 "오후돌봄교실의 경우 2021년 기준 전체 초등학교의 98.9%가 참여하고 있다."라고 되어 있다. 그러나 해당 내용은 〈표〉에 주어져 있지 않으므로 2021년 초등학교의 오후돌봄교실 참여율이 포함된 자료가 추가로 필요하다.

ㄴ. 2021년 저녁돌봄교실 이용학생의 이용시간별 분포

(단위: 명, %)

구분	이용시간	17~18시	17~19시	17~20시	17~21시	17~22시	합
	이용학생 수	6,446	2,644	1,005	143	0	10,238
	비율	63.0	25.8	9.8	1.4	0.0	100.0

→ (O) 〈보고서〉 세 번째 문단의 첫 번째 문장에 "저녁돌봄교실의 경우 17시부터 22시까지 운영하고 있으나, 19시를 넘는 늦은 시간까지 이용하는 학생 비중은 11.2%에 불과하다."라고 되어 있다. 저녁돌봄교실 이용학생 비율이 주어져 있으나 시간대별로 나와 있지는 않으므로 2021년 저녁돌봄교실 이용학생의 이용시간별 분포가 포함된 자료가 추가로 필요하다.

ㄷ. 2021년 저녁돌봄교실 이용학생의 학년별 분포

(단위: 명, %)

구분	학년	1~2	3~4	5~6	합
	이용학생 수	8,570	1,243	425	10,238
	비율	83.7	12.1	4.2	100.0

→ (X) 2021년 저녁돌봄교실 이용학생의 학년별 분포는 〈표 1〉에서 확인할 수 있으므로 추가로 필요하지 않다.

ㄹ. 2021년 초등돌봄교실 담당인력 현황

(단위: 명, %)

구분	돌봄전담사			현직 교사	민간위탁 업체	합
	무기계약직	기간제	소계			
인력	6,830	3,407	10,237	1,480	565	12,282
비율	55.6	27.7	83.3	12.1	4.6	100.0

→ (O) 〈보고서〉 세 번째 문단에 초등돌봄교실 담당인력 현황에 대해 제시되어 있다. 그러나 해당 내용은 〈표〉에서 확인할 수 없으므로 초등돌봄교실 담당인력 현황이 포함된 자료가 추가로 필요하다.

① ㄱ, ㄴ ➡ (X)
② ㄱ, ㄷ ➡ (X)
③ ㄷ, ㄹ ➡ (X)
④ ㄱ, ㄴ, ㄹ ➡ (O)
⑤ ㄴ, ㄷ, ㄹ ➡ (X)

ㄷ. 2017년 이후 '해당 연도 접수' 건수의 전년 대비 증가율이 가장 높은 연도는 2020년이다. → (O) 2017년 이후 '해당 연도 접수' 건수가 전년 대비 증가한 해는 2019년, 2020년이다. 전년 대비 증가율은 2019년이 $\frac{36}{168} \times 100$, 2020년이 $\frac{48}{204} \times 100$이다. 따라서 분자는 2020년이 2019년의 $\frac{4}{3}$ 배이다. $168 \times \frac{4}{3} = 224$이므로 $\frac{36}{168} \times 100 = \frac{48}{224} \times 100$이다. 따라서 $\frac{48}{224} < \frac{48}{204}$이므로 '해당 연도 접수' 건수의 전년 대비 증가율이 가장 높은 연도는 2020년이다.

ㄹ. '재결' 건수가 가장 적은 연도에는 '해당 연도 접수' 건수도 가장 적다. → (X) '재결' 건수가 가장 적은 연도는 2019년이고, '해당 연도 접수' 건수가 가장 적은 해는 2018년이므로 옳지 않다.

① ㄱ, ㄴ ➡ (X)
② ㄱ, ㄷ ➡ (O)
③ ㄴ, ㄷ ➡ (X)
④ ㄴ, ㄹ ➡ (X)
⑤ ㄷ, ㄹ ➡ (X)

11 ②

정답률 40.4%

| 문제 유형 | 자료 읽기 > 표/빈칸 제시형

| 접근 전략 | 2016~2020년 해양사고 심판현황을 바탕으로 옳은 〈보기〉를 고르는 문제이다. 〈보기〉가 네 개이고, 선지 구성이 〈보기〉 두 개로 조합되어 있으므로 최소 두 개, 최대 세 개의 〈보기〉만 해결하면 답을 구할 수 있다. 따라서 ㄱ, ㄴ, ㄷ, ㄹ 중 단순 비교로 해결 가능한 ㄴ, ㄹ을 먼저 확인한다. ㄴ, ㄹ이 옳지 않은 〈보기〉이므로 답은 ㄱ, ㄷ이다.

다음 〈표〉는 2016~2020년 '갑'국의 해양사고 심판현황이다. 이에 대한 〈보기〉의 설명 중 옳은 것만을 모두 고르면?

〈표〉 2016~2020년 해양사고 심판현황

(단위: 건)

구분 \ 연도	2016	2017	2018	2019	2020
전년 이월	96	100	( )	71	89
해당 연도 접수	226	223	168	204	252
심판대상	322	( )	258	275	341
재결	222	233	187	186	210

※ '심판대상' 중 '재결'되지 않은 건은 다음 연도로 이월함

〈보기〉

ㄱ. '심판대상' 중 '전년 이월'의 비중은 2018년이 2016년보다 높다.
→ (O) 2017년 '심판대상' 건수는 100 + 223 = 323(건)이고, 2018년 '전년 이월' 건수는 323 - 233 = 90(건)이다. 2016년의 '심판대상'은 2018년보다 20% 이상 더 많은데 '전년 이월' 건수는 10% 미만으로 많으므로 '심판대상' 중 '전년 이월'의 비중은 2018년이 2016년보다 더 높다.

ㄴ. 다음 연도로 이월되는 건수가 가장 많은 연도는 2016년이다. → (X) '전년 이월' 건수는 전년도의 다음 연도 이월 건수와 동일하다. 2020년의 다음 연도 이월 건수는 341 - 210 = 131(건)이다. 따라서 2016~2020년 중 다음 연도 이월 건수가 가장 많은 연도는 2020년이다.

12 ③

정답률 78.5%

| 문제 유형 | 자료 읽기/추론 > 매칭형

| 접근 전략 | 〈보고서〉의 내용을 바탕으로 A, B에 해당하는 해양포유류를 찾는 문제이다. C, D에 해당하는 해양포유류가 있다면 이 해양포유류는 A, B에 해당하지 않는 것임에 유의하며 문제를 풀어나간다.

다음 〈표〉는 '갑'주무관이 해양포유류 416종을 4가지 부류(A~D)로 나눈 후 2022년 기준 국제자연보전연맹(IUCN) 적색 목록 지표에 따라 분류한 자료이다. 이를 근거로 작성한 〈보고서〉의 A, B에 해당하는 해양포유류 부류를 바르게 연결한 것은?

〈표〉 해양포유류의 IUCN 적색 목록 지표별 분류 현황

(단위: 종)

지표 \ 해양포유류 부류	A	B	C	D	합
절멸종(EX)	3	–	2	8	13
야생절멸종(EW)	–	–	–	2	2
심각한위기종(CR)	–	–	–	15	15
멸종위기종(EN)	11	1	–	48	60
취약종(VU)	7	2	8	57	74
위기근접종(NT)	2	–	–	38	40
관심필요종(LC)	42	2	1	141	186
자료부족종(DD)	2	–	–	24	26
미평가종(NE)	–	–	–	–	0
계	67	5	11	333	416

2022 제3영역 자료해석 • 187

─〈보고서〉─

국제자연보전연맹(IUCN)의 적색 목록(Red List)은 지구 동식물종의 보전 상태를 나타내며, 각 동식물종의 보전 상태는 9개의 지표 중 1개로만 분류된다. 이 중 심각한위기종(CR), 멸종위기종(EN), 취약종(VU) 3개 지표 중 하나로 분류되는 동식물종을 멸종우려종(threatened species)이라 한다.

조사대상 416종의 해양포유류를 '고래류', '기각류', '해달류 및 북극곰', '해우류' 4가지 부류로 나눈 후, IUCN의 적색 목록 지표에 따라 분류해 보면 전체 조사대상의 약 36%가 멸종우려종에 속하고 있다. 특히, 멸종우려종 중 '고래류'가 차지하는 비중은 80% 이상이다. 또한 '해달류 및 북극곰'은 9개의 지표 중 멸종우려종 또는 관심필요종(LC)으로만 분류된 것으로 나타났다.

한편 해양포유류에 대한 과학적인 이해가 부족하여 26종은 자료부족종(DD)으로 분류되고 있다. 다만 '해달류 및 북극곰'과 '해우류'는 자료부족종(DD)으로 분류된 종이 없다.

	A	B	
①	고래류	기각류	➡ (X)
②	고래류	해우류	➡ (X)
③	기각류	해달류 및 북극곰	➡ (O)

〈보고서〉의 첫 번째 문단에 따르면 심각한위기종(CR), 멸종위기종(EN), 취약종(VU) 3개 지표 중 하나로 분류되는 동식물종이 멸종우려종이라 하였다. 두 번째 문단에서 멸종우려종 중 '고래류'가 차지하는 비중이 80% 이상이라 하였으므로 세 개 종의 합이 가장 큰 D가 '고래류'이다. 또 '해달류 및 북극곰'은 멸종우려종 또는 관심필요종으로만 분류되었다고 했는데 A, C는 절멸종으로도 분류되었으므로 B가 '해달류 및 북극곰'이다. '해달류 및 북극곰'과 '해우류'는 자료부족종으로 분류된 종이 없다. B, C가 이에 해당하는데 B가 '해달류 및 북극곰'이므로 C가 '해우류'이다. 따라서 A는 '기각류'이다.

④	기각류	해우류	➡ (X)
⑤	해우류	해달류 및 북극곰	➡ (X)

S 13 ③   TOP 2 정답률 38.1%

|문제 유형| 자료 읽기/추론 > 계산형

|접근 전략| 공유킥보드 대여요금 산정방식을 이용하여 A~D의 공유킥보드 대여요금을 계산하는 문제이다. 운영사 A는 5분 이하로 대여하였을 때 가장 저렴하고, 운영사 D는 분당대여료가 가장 낮으므로 어느 시점에는 대여요금이 가장 낮아진다. 따라서 (가), (나)에 해당하는 운영사는 B와 C만 가능하다는 것을 이용해서 문제를 해결한다.

다음 〈표〉와 〈조건〉은 공유킥보드 운영사 A~D의 2022년 1월 기준 대여요금제와 대여방식이고 〈보고서〉는 공유킥보드 대여요금제 변경 이력에 관한 자료이다. 〈보고서〉에서 (다)에 해당하는 값은?

〈표〉 공유킥보드 운영사 A~D의 2022년 1월 기준 대여요금제
(단위: 원)

운영사 구분	A	B	C	D
잠금해제료	0	250	750	1,600
분당대여료	200	150	120	60

─〈조건〉─

○ 대여요금 = 잠금해제료 + 분당대여료 × 대여시간
○ 공유킥보드 이용자는 공유킥보드 대여시간을 분단위로 미리 결정하고 운영사 A~D의 대여요금을 산정한다.
○ 공유킥보드 이용자는 산정된 대여요금이 가장 낮은 운영사의 공유킥보드를 대여한다.

─〈보고서〉─

2022년 1월 기준 대여요금제에 따르면 운영사 (가) 는 이용자의 대여시간이 몇 분이더라도 해당 대여시간에 대해 운영사 A~D 중 가장 낮은 대여요금을 제공하지 못하는 것으로 나타났다. 자사 공유킥보드가 1대도 대여되지 않고 있음을 확인한 운영사 (가) 는 2월부터 잠금해제 이후 처음 5분간 분당대여료를 면제하는 것으로 대여요금제를 변경하였다.

운영사 (나) 가 2월 기준 대여요금제로 운영사 A~D의 대여요금을 재산정한 결과, 이용자의 대여시간이 몇 분이더라도 해당 대여시간에 대해 운영사 A~D 중 가장 낮은 대여요금을 제공하지 못하는 것을 파악하였다. 이에 운영사 (나) 는 3월부터 분당대여료를 50원 인하하는 것으로 대여요금제를 변경하였다.

그 결과 대여시간이 20분일 때, 3월 기준 대여요금제로 산정된 운영사 (가) 와 (나) 의 공유킥보드 대여요금 차이는 (다) 원이다.

① 200 ➡ (X)
② 250 ➡ (X)
③ 300 ➡ (O) t분 뒤 운영사 A의 대여요금은 200t원, 운영사 B의 대여요금은 250 + 150t원, 운영사 C의 대여요금은 750 + 120t원, 운영사 D의 대여요금은 1,600 + 60t원이다. 따라서 t분 뒤 운영사 A의 대여요금이 운영사 B보다 높다면 200t − (250 + 150t) > 0, 50t − 250 > 0, t > 5이다. t분 뒤 운영사 B의 대여요금이 운영사 C보다 높다면 (250 + 150t) − (750 + 120t) > 0, 30t − 500 > 0, t > 16.7이다. t분 뒤 운영사 B의 대여요금이 운영사 D보다 높다면 (250 + 150t) − (1,600 + 60t) > 0, 90t − 1,350 > 0, t > 15이다. 즉, 운영사 A는 5분 이하일 때, 운영사 B는 6~15분일 때, 운영사 D는 15분 이상일 때부터 이용하는 것이 가장 저렴하므로 대여시간에 관계없이 운영사 C는 가장 저렴하지 않다. 따라서 (가)는 운영사 C이고, 2월 기준 요금제의 경우 C가 B보다 항상 저렴하므로 (나)는 운영사 B이다. 운영사 C가 5분간 분당대여료를 면제한다면 20분 대여 시 대여요금은 750 + 15 × 120 = 2,550(원)이고, 운영사 B가 분당대여료를 50원 인하한다면 20분 대여 시 대여요금은 250 + 20 × 100 = 2,250(원)이다. 따라서 두 운영사의 공유킥보드 대여요금 차이는 2,550 − 2,250 = 300(원)이다.

④ 350 ➡ (X)
⑤ 400 ➡ (X)

14 ⑤ 정답률 78.1%

| 문제 유형 | 자료 변환응용 > 표/그림 전환형
| 접근 전략 | 〈보고서〉의 내용을 〈그림〉 또는 〈표〉로 알맞게 전환하는 유형이다. 〈보고서〉보다는 각 선지의 제목을 먼저 읽고, 해당하는 내용을 〈보고서〉에서 찾은 뒤 값을 대조하면 문제를 빠르게 해결할 수 있다.

다음 〈보고서〉는 2021년 '갑'국 사교육비 조사결과에 대한 자료이다. 〈보고서〉의 내용과 부합하지 않는 자료는?

― 〈보고서〉 ―

2021년 전체 학생 수는 532만 명으로 전년보다 감소하였지만, 사교육비 총액은 23조 4천억 원으로 전년 대비 20% 이상 증가하였다. 또한, 사교육의 참여율과 주당 참여시간도 전년 대비 증가한 것으로 나타났다.

2021년 전체 학생의 1인당 월평균 사교육비는 전년 대비 20% 이상 증가하였고, 사교육 참여학생의 1인당 월평균 사교육비 또한 전년 대비 6% 이상 증가하였다. 2021년 전체 학생 중 월평균 사교육비를 20만 원 미만 지출한 학생의 비중은 전년 대비 감소하였으나, 60만 원 이상 지출한 학생의 비중은 전년 대비 증가한 것으로 나타났다.

한편, 2021년 방과후학교 지출 총액은 4,434억 원으로 2019년 대비 50% 이상 감소하였으며, 방과후학교 참여율 또한 28.9%로 2019년 대비 15.0%p 이상 감소하였다.

① 전체 학생 수와 사교육비 총액

(단위: 만 명, 조 원)

구분 \ 연도	2020	2021
전체 학생 수	535	532
사교육비 총액	19.4	23.4

➡ (O) 〈보고서〉의 첫 번째 문단, 첫 번째 문장에 '2021년 전체 학생 수는 532만 명으로 전년보다 감소하였지만, 사교육비 총액은 23조 4천억 원으로 전년 대비 20% 이상 증가하였다.'라고 되어 있다. 〈표〉에서 2021년 전체 학생 수가 532만 명으로 전년도 535만 명보다 감소하였고, 2021년 사교육비 총액은 23.4조 원으로 19.4 × 1.2 = 23.28 < 23.4이므로 전년 대비 20% 이상 증가하였다. 따라서 〈보고서〉의 내용과 부합하는 자료이다.

② 사교육의 참여율과 주당 참여시간

(단위: %, 시간)

구분 \ 연도	2020	2021
참여율	67.1	75.5
주당 참여시간	5.3	6.7

➡ (O) 〈보고서〉의 첫 번째 문단, 두 번째 문장에 '사교육의 참여율과 주당 참여시간도 전년 대비 증가한 것으로 나타났다.'라고 되어 있다. 〈표〉에서 사교육 참여율이 67.1%에서 75.5%로 증가하였고, 주당 참여시간이 5.3시간에서 6.7시간으로 증가하였다. 따라서 〈보고서〉의 내용과 부합하는 자료이다.

③ 학생 1인당 월평균 사교육비

➡ (O) 〈보고서〉의 두 번째 문단, 첫 번째 문장에 '2021년 전체 학생의 1인당 월평균 사교육비는 전년 대비 20% 이상 증가하였고, 사교육 참여학생의 1인당 월평균 사교육비 또한 전년 대비 6% 이상 증가하였다.'라고 되어 있다. 〈그림〉에서 전체 학생 1인당 월평균 사교육비가 30.2 × 1.2 = 36.24 < 36.7로 20% 이상 증가하였고, 사교육 참여학생 1인당 월평균 사교육비가 45.0 × 1.06 = 47.7 < 48로 6% 이상 증가하였다. 따라서 〈보고서〉의 내용과 부합하는 자료이다.

④ 전체 학생의 월평균 사교육비 지출 수준에 따른 분포

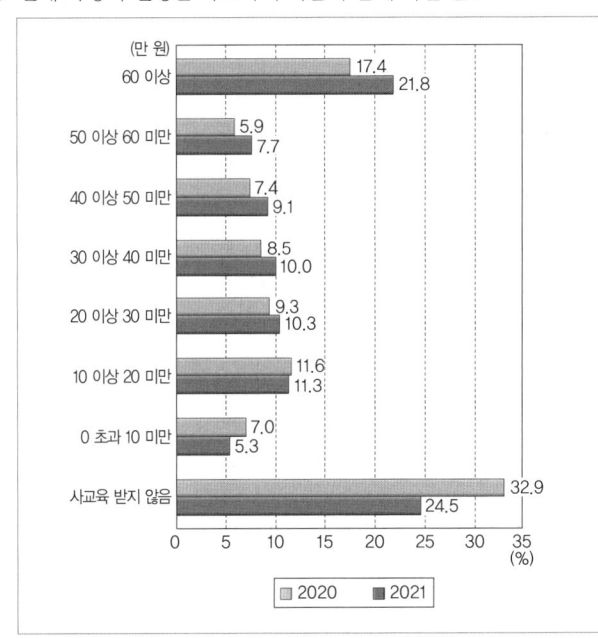

➡ (O) 〈보고서〉의 두 번째 문단, 두 번째 문장에 '2021년 전체 학생 중 월평균 사교육비를 20만 원 미만 지출한 학생의 비중은 전년 대비 감소하였으나, 60만 원 이상 지출한 학생의 비중은 전년 대비 증가한 것으로 나타났다.'라고 되어 있다. 〈그림〉에서 월평균 사교육비를 20만 원 미만으로 지출한 학생의 비중은 2020년 11.6 + 7.0 + 32.9 = 51.5(%)에서 2021년 11.3 + 5.3 + 24.5 = 41.1(%)로 감소하였고, 60만 원 이상 지출한 학생의 비중은 2020년 17.4%에서 2021년 21.8%로 증가하였다. 따라서 〈보고서〉의 내용과 부합하는 자료이다.

⑤ 방과후학교의 지출 총액과 참여율

(단위: 억 원, %)

구분 \ 연도	2019	2021
지출 총액	8,250	4,434
참여율	48.4	28.9

➡ (X) 〈보고서〉의 세 번째 문단에 '2021년 방과후학교 지출 총액은 4,434억 원으로 2019년 대비 50% 이상 감소하였으며, 방과후학교 참여율 또한 28.9%로 2019년 대비 15.0%p 이상 감소하였다.'라고 되어 있다. 〈표〉에 제시된 2019년 방과후학교 지출 총액의 50%는 8,250 × 0.5 = 4,125(억 원)이고, 2021년 방과후학교 지출 총액은

4,434억 원이다. 즉, 4,125 < 4,4340이므로 2021년 방과후학교 지출 총액은 2019년 대비 50% 미만으로 감소하였다. 따라서 〈보고서〉의 내용과 부합하지 않는 자료이다.

S 15 ④   TOP 1 정답률 24.5%

| 문제 유형 | 자료 읽기 > 표 제시형
| 접근 전략 | 〈표〉의 학교급별 여성 교장 수와 비율을 바탕으로 옳은 것을 찾는 문제이다. 각 학교당 교장은 반드시 1명이므로 여성 교장 수와 비율을 알면 전체 교장 수와 전체 학교 수, 남자 교장 수를 알 수 있다.

다음 〈표〉는 '갑'국의 학교급별 여성 교장 수와 비율을 1980년부터 5년마다 조사한 자료이다. 이에 대한 설명으로 옳은 것은?

〈표〉 학교급별 여성 교장 수와 비율

(단위: 명, %)

학교급 조사연도	초등학교 여성 교장 수	초등학교 비율	중학교 여성 교장 수	중학교 비율	고등학교 여성 교장 수	고등학교 비율
1980	117	1.8	66	3.6	47	3.4
1985	122	1.9	98	4.9	60	4.0
1990	159	2.5	136	6.3	64	4.0
1995	222	3.8	181	7.6	66	3.8
2000	490	8.7	255	9.9	132	6.5
2005	832	14.3	330	12.0	139	6.4
2010	1,701	28.7	680	23.2	218	9.5
2015	2,058	34.5	713	24.3	229	9.9
2020	2,418	40.3	747	25.4	242	10.4

※ 1) 학교급별 여성 교장 비율(%) = $\frac{\text{학교급별 여성 교장 수}}{\text{학교급별 전체 교장 수}} \times 100$
2) 교장이 없는 학교는 없으며, 각 학교의 교장은 1명임

① 2000년 이후 중학교 여성 교장 비율은 매년 증가한다. ➡ (X) 주어진 자료는 '5년마다' 조사한 자료이다. 따라서 '매년' 증가하는지는 알 수 없다.
② 초등학교 수는 2020년이 1980년보다 많다. ➡ (X) 1980년 초등학교 여성 교장 수는 117명, 비율은 1.8%이고, 2020년 초등학교 여성 교장 수는 2,418명, 비율은 40.3%이다. $\frac{2,418}{40.3} \times 100 = 6,000$(명)이다. 만약 1980년대 초등학교 전체 교장 수가 6,000명이라면 이 중 1.8%는 6,000 × 0.018 = 108(명)이다. 그런데 1980년 초등학교 여성 교장 수가 117명으로 108명보다 많으므로 초등학교 전체 교장 수는 6,000명보다 많다. 교장은 한 학교당 한 명이므로 초등학교 수는 1980년이 2020년보다 많다.
③ 고등학교 남성 교장 수는 1985년이 1990년보다 많다. ➡ (X) 1985년, 1990년 고등학교 여성 교장 비율은 4.0%로 동일하고, 고등학교 여성 교장 수는 1990년이 1985년보다 많다. 따라서 고등학교 전체 교장 수도 더 많을 것이다. 고등학교 여성 교장 비율이 4.0%라면 고등학교 남성 교장 비율은 96.0%로 두 해가 동일하고, 고등학교 전체 교장 수가 더 많으므로 고등학교 남성 교장 수도 1990년이 1985년보다 많다.
④ 1995년 초등학교 수는 같은 해 중학교 수와 고등학교 수의 합보다 많다. ➡ (O) 1995년 초등학교 수는 $\frac{222}{3.8} \times 100 = \frac{444}{7.6} \times 100$개이고, 중학교 수는 $\frac{181}{7.6} \times 100$개, 고등학교 수는 $\frac{66}{3.8} \times 100 = \frac{132}{7.6} \times 100$개이다. 181 + 132 = 313 < 4440이므로 1995년 초등학교 수는 같은 해 중학교 수와 고등학교 수의 합보다 많다.

⑤ 초등학교 여성 교장 수는 2020년이 2000년의 5배 이상이다.
➡ (X) 490 × 5 = 2,450 > 2,4180이므로 초등학교 여성 교장 수는 2020년이 2000년의 5배 미만이다.

16 ②   정답률 70.2%

| 문제 유형 | 자료 읽기/추론 > 매칭형
| 접근 전략 | 〈보고서〉에서 설명하고 있는 지역을 〈표〉에서 찾는 문제이다. 〈보고서〉를 읽으면서 해당하지 않는 지역을 제외하면서 문제를 푼다. 응답자는 '후보자 A 지지', '후보자 B 지지'뿐만 아니라 '지지 후보자 없음'도 있음에 유의한다.

다음 〈표〉는 도지사 선거 후보자 A와 B의 TV 토론회 전후 '가'~'마' 지역 유권자의 지지율에 대한 자료이고, 〈보고서〉는 이 중 한 지역의 지지율 변화를 분석한 자료이다. 〈보고서〉의 내용에 해당하는 지역을 '가'~'마' 중에서 고르면?

〈표〉 도지사 선거 후보자 TV 토론회 전후 지지율

(단위: %)

지역 \ 시기 후보자	TV 토론회 전 A	TV 토론회 전 B	TV 토론회 후 A	TV 토론회 후 B
가	38	52	50	46
나	28	40	39	41
다	31	59	37	36
라	35	49	31	57
마	29	36	43	41

※ 1) 도지사 선거 후보자는 A와 B뿐임
2) 응답자는 '후보자 A 지지', '후보자 B 지지', '지지 후보자 없음' 중 하나만 응답하고, 무응답은 없음

〈보고서〉

도지사 선거 후보자 TV 토론회를 진행하기 전과 후에 실시한 이 지역의 여론조사 결과, 도지사 후보자 지지율 변화는 다음과 같다. TV 토론회 전에는 B후보자에 대한 지지율이 A후보자보다 10%p 이상 높게 집계되어 B후보자가 선거에 유리한 것으로 보였으나, TV 토론회 후에는 지지율 양상에 변화가 있는 것으로 분석된다.

TV 토론회 후 '지지 후보자 없음'으로 응답한 비율이 줄어 TV 토론회가 그동안 어떤 후보자에 투표할지 고민하던 유권자의 선택에 영향을 미친 것으로 판단된다. 또한, A후보자에 대한 지지율 증가폭이 B후보자보다 큰 것으로 나타나 TV 토론회를 통해 A후보자의 강점이 더 잘 드러났던 것으로 분석된다. 그러나 TV 토론회 후 두 후보자간 지지율 차이가 3%p 이내에 불과하여 이 지역에서 선거의 결과는 예측하기 어렵다.

① 가 ➡ (X)
② 나 ➡ (O) 〈보고서〉 첫 번째 문단에서는 TV 토론회 전에는 B후보자에 대한 지지율이 A후보자보다 10%p 이상 높게 집계되었다고 하였는데 '마' 지역은 B후보자가 A후보자보다 7%p 높으므로 제외한다. 〈보고서〉 두 번째 문단에서는 TV 토론회 후 '지지 후보자 없음'으로 응답한 비율이 줄었다고 하였는데 '다' 지역은 지지 후보자가 있는 비율이 31 + 59 = 90(%)에서 37 + 36 = 73(%)로 줄었으므로 '지지 후보자 없음'으로 응답한 비율이 늘었다. 따라서 '다' 지역은 제외한다. 다음으로 TV 토론회 후 A후보자에 대한 지지율 증가폭이 B후보자보다 큰 것으로 나타났다고 하였는데, '라' 지역은 A후보자의 지지율이 감소하였고, B후보자의 지지율이 증가하였으므로 제외한다. TV 토론회 후 두 후보자 간 지지율 차이가 3%p 이내에 불과하였다고 하였는데 '가' 지역

은 50 − 46 = 4(%p)이므로 제외한다. 따라서 남은 지역은 '나' 지역이고, 〈보고서〉의 모든 내용에 부합한다.

③ 다 ➡ (X)
④ 라 ➡ (X)
⑤ 마 ➡ (X)

17 ②   정답률 76.6%

| 문제 유형 | 자료 읽기 > 그림 제시형
| 접근 전략 | 업종별 스마트시스템 도입률 및 고도화율을 바탕으로 옳은 설명을 찾는 문제이다. 도입률과 고도화율식을 이용하면 업종별 스마트시스템 도입 업체 수, 업종별 스마트시스템 고도화 업체 수를 알 수 있다. 모든 〈보기〉에서 정확한 값을 요구하지 않으므로 도입률, 고도화율, 업체 수 비교를 통해 정오를 판단할 수 있다.

다음 〈그림〉은 '갑'공업단지 내 8개 업종 업체 수와 업종별 스마트시스템 도입률 및 고도화율에 관한 자료이다. 이에 대한 〈보기〉의 설명 중 옳은 것만을 모두 고르면?

〈그림 1〉 업종별 업체 수

〈그림 2〉 업종별 스마트시스템 도입률 및 고도화율

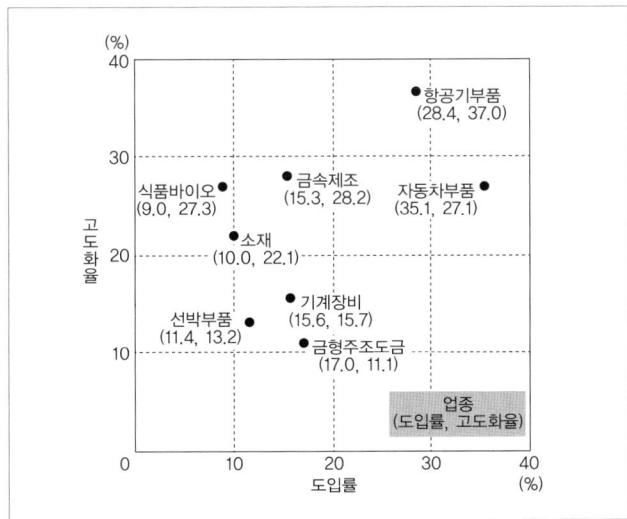

※ 1) 도입률(%) = $\dfrac{\text{업종별 스마트시스템 도입 업체 수}}{\text{업종별 업체 수}} \times 100$

2) 고도화율(%) = $\dfrac{\text{업종별 스마트시스템 고도화 업체 수}}{\text{업종별 스마트시스템 도입 업체 수}} \times 100$

─〈보기〉─

ㄱ. 스마트시스템 도입 업체 수가 가장 많은 업종은 '자동차부품'이다.
→ (O) 스마트시스템 도입 업체 수는 도입률 × 업체 수 ÷ 100이다. ÷100은 모두 동일한 값이므로 대소 비교는 도입률 × 업체 수만 계산한다. '자동차부품'은 '선박부품', '금형주조금', '식품바이오', '항공기부품'보다 도입률과 업체 수가 모두 많으므로 스마트시스템 도입 업체 수도 더 많다. '기계장비', '소재', '금속제조'는 '자동차부품'보다 업체 수가 2배 미만이면서 도입률은 '자동차부품'이 2배 이상 크다. 따라서 도입률 × 업체 수 ÷ 100은 '자동차부품'이 가장 크다.

ㄴ. 고도화율이 가장 높은 업종은 스마트시스템 고도화 업체 수도 가장 많다. → (X) 도입률 × 고도화율 = $\dfrac{\text{업종별 스마트시스템 고도화 업체 수}}{\text{업종별 업체 수}} \times$ 10,000이므로 업종별 스마트시스템 고도화 업체 수는 도입률 × 고도화율 × 업종별 업체 수 ÷ 10,000이다. ÷10,000은 모두 동일한 값이므로 대소 비교는 도입률 × 고도화율 × 업종별 업체 수만 계산한다. 고도화율이 가장 높은 업종은 '항공기부품'이다. '항공기부품'의 스마트시스템 고도화 업체 수는 28.4 × 37.0 × 95이고, '자동차부품'의 스마트시스템 고도화 업체 수는 35.1 × 27.1 × 766이다. 즉, 도입률 × 고도화율 값은 비슷하면서 업종별 업체 수는 '자동차부품'이 훨씬 많으므로 스마트시스템 고도화 업체 수는 '자동차부품'이 '항공기부품'보다 많다. 따라서 '항공기부품'의 스마트시스템 고도화 업체 수가 가장 많지 않으므로 옳지 않은 설명이다.

ㄷ. 업체 수 대비 스마트시스템 고도화 업체 수가 가장 높은 업종은 '항공기부품'이다.
→ (O) 도입률 × 고도화율 ÷ 10,000 = $\dfrac{\text{업종별 스마트시스템 고도화 업체 수}}{\text{업종별 업체 수}}$ 이다. '자동차부품'을 제외한 업종은 '항공기부품'보다 도입률과 고도화율이 모두 더 낮으므로 '자동차부품'과 '항공기부품'만 계산해서 비교한다. ÷10,000은 모두 동일한 값이므로 대소는 도입률 × 고도화율만 계산하여 확인한다. '항공기부품'은 28.4 × 37.0 = 1,050.8, '자동차부품'은 35.1 × 27.1 = 951.21이다. 따라서 업체 수 대비 스마트시스템 고도화 업체 수가 가장 높은 업종은 '항공기부품'이다.

ㄹ. 도입률이 가장 낮은 업종은 고도화율도 가장 낮다. → (X) 도입률이 가장 낮은 업종은 '식품바이오'이고, 고도화율이 가장 낮은 업종은 '금형주조도금'이다.

① ㄱ, ㄴ ➡ (X)
② ㄱ, ㄷ ➡ (O)
③ ㄱ, ㄹ ➡ (X)
④ ㄴ, ㄷ ➡ (X)
⑤ ㄴ, ㄹ ➡ (X)

18 ⑤ 정답률 69.4%

문제 유형 | 자료 읽기/추론 > 계산형
접근 전략 | 〈정보〉의 계산식을 이용하여 맑은 날 정지시거, 비 오는 날 정지시거를 계산하는 문제이다. 운행속력이 모두 20m/초로 동일하고, 마찰계수가 0.1, 0.2, 0.4, 0.8로 배수 관계에 있으므로 제동거리는 하나의 값만 계산하면 나머지 값을 쉽게 구할 수 있다.

다음 〈표〉는 운전자 A~E의 정지시거 산정을 위해 '갑'시험장에서 측정한 자료이다. 〈표〉와 〈정보〉에 근거하여 맑은 날과 비 오는 날의 운전자별 정지시거를 바르게 연결한 것은?

〈표〉 운전자 A~E의 정지시거 산정을 위한 자료
(단위: m/초, 초, m)

구분 운전자	자동차	운행속력	반응시간	반응거리	마찰계수 맑은 날	마찰계수 비 오는 날
A	가	20	2.0	40	0.4	0.1
B	나	20	2.0	( )	0.4	0.2
C	다	20	1.6	( )	0.8	0.4
D	나	20	2.4	( )	0.4	0.2
E	나	20	1.4	( )	0.4	0.2

〈정보〉
○ 정지시거 = 반응거리 + 제동거리
○ 반응거리 = 운행속력 × 반응시간
○ 제동거리 = $\frac{(운행속력)^2}{2 \times 마찰계수 \times g}$
(단, g는 중력가속도이며 10m/초²으로 가정함)

→ A의 비 오는 날 제동거리는 $\frac{20^2}{2 \times 0.1 \times 10}$ = 200(m)이다. 따라서 B, D, E의 비 오는 날 제동거리는 100m, A, B, D, E의 맑은 날과 C의 비 오는 날 제동거리는 50m, C의 맑은 날 제동거리는 25m이다. 운행속력이 모두 동일하므로 B의 반응거리도 40m이고, C의 반응거리는 40 × 0.8 = 32(m), D의 반응거리는 40 × 1.2 = 48(m), E의 반응거리는 40 × 0.7 = 28(m)이다.

	운전자	맑은 날 정지시거[m]	비 오는 날 정지시거[m]
①	A	120	240

➡ (X) A의 맑은 날 정지시거는 40 + 50 = 90(m)이고, 비 오는 날 정지시거는 40 + 200 = 240(m)이다. A의 맑은 날 정지시거가 틀렸으므로 옳지 않다.

| ② | B | 90 | 160 |

➡ (X) B의 맑은 날 정지시거는 40 + 50 = 90(m)이고, 비 오는 날 정지시거는 40 + 100 = 140(m)이다. B의 비 오는 날 정지시거가 틀렸으므로 옳지 않다.

| ③ | C | 72 | 82 |

➡ (X) C의 맑은 날 정지시거는 32 + 25 = 57(m)이고, 비 오는 날 정지시거는 32 + 50 = 82(m)이다. C의 맑은 날 정지시거가 틀렸으므로 옳지 않다.

| ④ | D | 98 | 158 |

➡ (X) D의 맑은 날 정지시거는 48 + 50 = 98(m), 비 오는 날 정지시거는 48 + 100 = 148(m)이다. D의 비 오는 날 정지시거가 틀렸으므로 옳지 않다.

| ⑤ | E | 78 | 128 |

➡ (O) E의 맑은 날 정지시거는 28 + 50 = 78(m), 비 오는 날 정지시거는 28 + 100 = 128(m)이다. 맑은 날 정지시거와 비 오는 날 정지시거가 모두 옳다.

19 ③ 정답률 57.1%

문제 유형 | 자료 읽기 > 표/그림 제시형
접근 전략 | 8개 어종의 2020년 어획량과 전년비 및 평년비를 이용하여 옳은 설명을 찾는 문제이다. 전년비가 100을 초과하면 2020년 어획량이 더 많은 것이고, 100 미만이면 2020년 어획량이 더 적은 것이다.

다음 〈표〉와 〈그림〉은 '갑'국 8개 어종의 2020년 어획량에 관한 자료이다. 이에 대한 〈보기〉의 설명 중 옳은 것만을 모두 고르면?

〈표〉 8개 어종의 2020년 어획량
(단위: 톤)

어종	갈치	고등어	광어	멸치	오징어	전갱이	조기	참다랑어
어획량	20,666	64,609	5,453	26,473	23,703	19,769	23,696	482

〈그림〉 8개 어종 2020년 어획량의 전년비 및 평년비

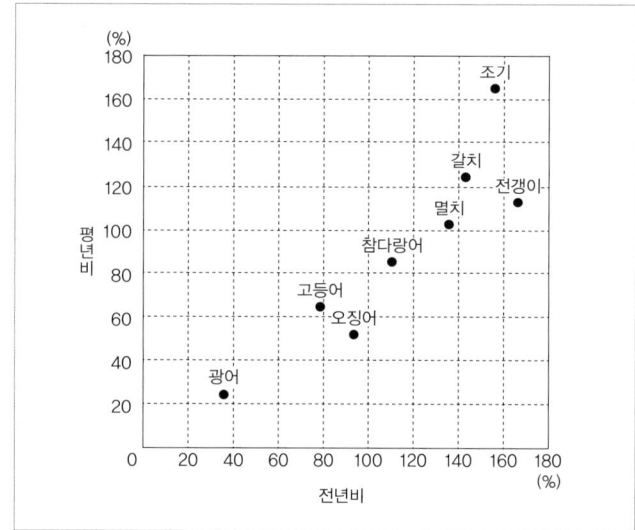

※ 1) 전년비(%) = $\frac{2020년 어획량}{2019년 어획량}$ × 100

2) 평년비(%) = $\frac{2020년 어획량}{2011\sim2020년 연도별 어획량의 평균}$ × 100

〈보기〉
ㄱ. 8개 어종 중 2019년 어획량이 가장 많은 어종은 고등어이다. → (O)
광어를 제외한 어종은 고등어보다 전년비가 높으면서 2020년 어획량이 더 적다. 따라서 2019년 어획량 또한 고등어가 더 많다. 광어는 전년비가 고등어의 절반이나 2020년 어획량이 고등어의 10분의 1 미만이므로 2019년 어획량 또한 고등어가 광어보다 많다.

ㄴ. 8개 어종 각각의 2019년 어획량은 해당 어종의 2011~2020년 연도별 어획량의 평균보다 적다. → (X) 평년비 ÷ 전년비를 계산하면 2011~2020년 연도별 어획량의 평균 대비 2019년 어획량을 알 수 있다. 평년비 ÷ 전년비가 1보다 작은 경우 2011~2020년 연도별 어획량 평균 대비 2019년 어획량이 더 적은 것이고, 이는 결국 평년비가 전년비보다 작다는 것을 의미한다. 조기의 경우 평년비가 160% 초과, 전년비가 160% 미만이므로 평년비가 전년비보다 크다. 따라서 조기의 2019년 어획량은 2011~2020년 연도별 어획량의 평균보다 많으므로 옳지 않다.

ㄷ. 2021년 갈치 어획량이 2020년과 동일하다면, 갈치의 2011~2021년 연도별 어획량의 평균은 2011~2020년 연도별 어획량의 평균보다 크다. → (O) 갈치의 평년비가 120% 초과이므로 2020년 갈치의 어획량은 2011~2020년 연도별 어획량의 평균보다 많다. 따라서 2021년 갈치의 어획량도 2011~2020년 연도별 어획량의 평균보다 더 많고, 더 큰 값을 포함해 평균을 낸다면 2011~2021년 연도별 어획량의 평균은 더 커질 것이다.

① ㄱ ➡ (X)
② ㄴ ➡ (X)
③ ㄱ, ㄷ ➡ (O)
④ ㄴ, ㄷ ➡ (X)
⑤ ㄱ, ㄴ, ㄷ ➡ (X)

20 ①

정답률 48.5%

| 문제 유형 | 자료 읽기 > 표/빈칸 제시형
| 접근 전략 | A시 개최 철인3종경기 기록을 바탕으로 옳은 설명을 찾는 문제이다. 빈칸을 먼저 채우기보다는 〈보기〉에서 필요한 경우 계산하여 풀이 시간을 줄이도록 한다.

다음 〈표〉는 2021년 A시에서 개최된 철인3종경기 기록이다. 이에 대한 〈보기〉의 설명 중 옳은 것만을 모두 고르면?

〈표〉 A시 개최 철인3종경기 기록

(단위: 시간)

종합기록 순위	국적	종합	수영	T1	자전거	T2	달리기
1	러시아	9:22:28	0:48:18	0:02:43	5:04:50	0:02:47	3:23:50
2	브라질	9:34:36	0:57:44	0:02:27	5:02:30	0:01:48	3:30:07
3	대한민국	9:37:41	1:04:14	0:04:08	5:04:21	0:03:05	3:21:53
4	대한민국	9:42:03	1:06:34	0:03:33	5:11:01	0:03:33	3:17:22
5	대한민국	9:43:50	( )	0:03:20	5:00:33	0:02:14	3:17:24
6	일본	9:44:34	0:52:01	0:03:28	5:25:59	0:02:56	3:20:10
7	러시아	9:45:06	1:08:32	0:03:55	5:07:46	0:03:02	3:21:51
8	독일	9:46:48	1:03:49	0:03:53	4:59:20	0:03:00	( )
9	영국	( )	1:07:01	0:03:37	5:07:07	0:03:55	3:26:27
10	중국	9:48:18	1:02:28	0:03:29	5:16:09	0:03:47	3:22:25

※ 1) 기록 '1:01:01'은 1시간 1분 1초를 의미함
  2) 'T1', 'T2'는 각각 '수영'에서 '자전거', '자전거'에서 '달리기'로 전환하는 데 걸리는 시간임
  3) 경기 참가 선수는 10명뿐이고, 기록이 짧을수록 순위가 높음

〈보기〉

ㄱ. '수영'기록이 한 시간 이하인 선수는 'T2'기록이 모두 3분 미만이다.
→ (O) 5위 선수는 4위 선수보다 종합기록이 1분 47초 늦고, '자전거'는 10분 30초 가량 빠르며, 'T2'는 1분 20초 가량 빠르고, 'T1', '달리기'는 비슷하다. 따라서 4위 선수의 '수영'기록이 5위 선수보다 12분 가량 빨라야 하므로 5위 선수의 '수영'기록은 1:18:34 부근일 것이다. 따라서 '수영'기록이 한 시간 이하인 선수는 1위, 2위, 6위 선수이다. 이 선수들의 'T2'기록은 각각 2분 47초, 1분 48초, 2분 56초로 3분 미만이다.

ㄴ. 종합기록 순위 2~10위인 선수 중, 종합기록 순위가 한 단계 더 높은 선수와의 '종합'기록 차이가 1분 미만인 선수는 3명뿐이다. → (O) 9위 영국 선수의 '종합'기록은 9시간 48분 7초이다. 따라서 종합기록 순위가 한 단계 더 높은 선수와의 '종합'기록 차이가 1분 미만인 선수는 6위, 7위, 10위인 선수 세 명뿐이다.

ㄷ. '달리기'기록 상위 3명의 국적은 모두 대한민국이다. → (X) 대한민국 국적 선수 중 종합기록 순위가 3위인 선수는 6위, 7위 선수보다 '달리기'기록이 늦다. 따라서 '달리기'기록 상위 3명의 국적이 모두 대한민국인 것은 아니다.

ㄹ. 종합기록 순위 10위인 선수의 '수영'기록 순위는 '수영'기록과 'T1'기록의 합산 기록 순위와 다르다. → (X) 종합기록 순위 10위인 선수의 '수영'기록 순위는 종합기록 순위 1위, 2위, 6위인 선수에 이어 4위이다. 1위, 2위, 6위 선수의 'T1'기록은 10위 선수보다 짧다. 따라서 10위 선수는 '수영과 T1'기록 합이 여전히 1위, 2위, 6위 선수보다 작다. 이 세 선수를 제외하고, 10위인 선수보다 'T1'기록이 짧은 선수는 5위 선수이다. 이 선수의 'T1'기록은 10위 선수보다 9초가 빠르나 '수영'기록은 1시간 18분 부근일 것으로 예측하였으므로 '수영'기록은 약 14분이 더 느리므로 10위인 선수의 순위에 영향을 주지 않는다. 따라서 종합기록 순위 10위인 선수의 '수영'기록 순위는 '수영'기록과 'T1'기록의 합산 기록 순위와 동일하게 4위이다.

① ㄱ, ㄴ ➡ (O)
② ㄱ, ㄷ ➡ (X)
③ ㄷ, ㄹ ➡ (X)
④ ㄱ, ㄴ, ㄹ ➡ (X)
⑤ ㄴ, ㄷ, ㄹ ➡ (X)

21 ③   정답률 41.9%

| 문제 유형 | 자료 읽기/추론 > 계산형

| 접근 전략 | 고정원가, 변동원가율, 제조원가율과 제조원가와 각 원가율 계산식을 이용하여 해결하는 문제이다. 모든 값을 하나씩 구하려면 시간이 너무 많이 소요되므로 주어진 식을 변형하여 〈표〉에 주어진 값으로 매출액을 구하는 식을 먼저 세운다. 제조원가 = 고정원가 + 변동원가이므로 고정원가율 + 변동원가율 = 100이다. 이를 이용하여 고정원가율을 구하고, 고정원가율 × 제조원가율 = $\frac{고정원가}{매출액}$ × 10,000이므로 매출액 = $\frac{고정원가}{고정원가율 \times 제조원가율}$ × 10,000이다. × 10,000은 동일한 값이므로 $\frac{고정원가}{고정원가율 \times 제조원가율}$ 만 계산하면 알 수 있다. 이때 정확한 매출액을 구하는 것이 아니라 대소만 비교하는 것이므로 고정원가율, 제조원가율, 고정원가의 비율 대소 비교를 통해 답을 쉽게 찾을 수 있다.

다음 〈표〉는 제품 A~E의 제조원가에 관한 자료이다. 제품 A~E 중 매출액이 가장 작은 제품은?

〈표〉 제품 A~E의 고정원가, 변동원가율, 제조원가율

(단위: 원, %)

구분 제품	고정원가	변동원가율	제조원가율
A	60,000	40	25
B	36,000	60	30
C	33,000	40	30
D	50,000	20	10
E	10,000	50	10

※ 1) 제조원가 = 고정원가 + 변동원가

2) 고정원가율(%) = $\frac{고정원가}{제조원가}$ × 100

3) 변동원가율(%) = $\frac{변동원가}{제조원가}$ × 100

4) 제조원가율(%) = $\frac{제조원가}{매출액}$ × 100

① A ➡ (X)
② B ➡ (X)
③ C ➡ (O) $\frac{고정원가}{고정원가율 \times 제조원가율}$ 를 통해 대소를 비교한다. 고정원가가 클수록, 고정원가율과 제조원가율이 작을수록 매출액이 더 크다. A, C의 고정원가율은 60%, B의 고정원가율은 40%, D의 고정원가율은 80%, E의 고정원가율은 50%이다. A는 C보다 고정원가가 크고, 제조원가율이 작으면서 고정원가율은 동일하므로 C의 매출액이 더 작다. B는 C보다 고정원가가 크고, 제조원가율이 동일하면서 고정원가율은 더 작으므로 C의 매출액이 더 작다. C는 D보다 제조원가율이 3배이고, 고정원가율이 0.75배이면서 고정원가는 D가 C보다 크다. 따라서 C의 매출액이 더 작다. C의 고정원가는 E 고정원가의 3.3배이고, 제조원가율이 3배, 고정원가율이 1.2배이다. 따라서 C의 분자는 E의 3.3배이고, 분모는 3 × 1.2 = 3.6배이므로 C의 매출액이 E보다 더 작다. 따라서 매출액이 가장 작은 제품은 C이다.
④ D ➡ (X)
⑤ E ➡ (X)

※ 다음 〈표〉는 2018~2020년 '갑'국 방위산업의 매출액 및 종사자 수에 관한 자료이다. 다음 물음에 답하시오. [문 22.~문 23.]

〈표 1〉 2018~2020년 '갑'국 방위산업의 국내외 매출액

(단위: 억 원)

구분	연도	2018	2019	2020
총매출액		136,493	144,521	153,867
국내 매출액		116,502	( )	( )
국외 매출액		19,991	21,048	17,624

〈표 2〉 2020년 '갑'국 방위산업의 기업유형별 매출액 및 종사자 수

(단위: 억 원, 명)

구분 기업유형	총매출액	국내 매출액	국외 매출액	종사자 수
대기업	136,198	119,586	16,612	27,249
중소기업	17,669	16,657	1,012	5,855
전체	153,867	( )	17,624	33,104

〈표 3〉 2018~2020년 '갑'국 방위산업의 분야별 매출액

(단위: 억 원)

분야	연도	2018	2019	2020
항공유도		41,984	45,412	49,024
탄약		24,742	21,243	25,351
화력		20,140	20,191	21,031
함정		18,862	25,679	20,619
기동		14,027	14,877	18,270
통신전자		14,898	15,055	16,892
화생방		726	517	749
기타		1,114	1,547	1,931
전체		136,493	144,521	153,867

〈표 4〉 2018~2020년 '갑'국 방위산업의 분야별 종사자 수

(단위: 명)

분야	연도	2018	2019	2020
A		9,651	10,133	10,108
B		6,969	6,948	6,680
C		3,996	4,537	4,523
D		3,781	3,852	4,053
E		3,988	4,016	3,543
화력		3,312	3,228	3,295
화생방		329	282	228
기타		583	726	674
전체		32,609	33,722	33,104

※ '갑'국 방위산업 분야는 기타를 제외하고 항공유도, 탄약, 화력, 함정, 기동, 통신전자, 화생방으로만 구분함

22 ⑤ TOP 3 정답률 38.9%

|문제 유형| 자료 읽기 > 표/빈칸 제시형

|접근 전략| 〈표〉에 주어진 2018~2020년 '갑'국 방위산업 자료를 바탕으로 옳은 설명을 찾는 문제이다. 2020년의 국내 매출액은 〈표 1〉과 〈표 2〉에 동일하게 빈칸으로 제시되어 있다. 두 빈칸이 같은 값이므로 두 번 계산하지 않고, 〈보기〉에서 필요한 경우에만 빈칸을 계산한다. ㄴ의 경우 증가율을 한 눈에 파악하기 힘들고, 계산이 복잡하므로 가장 마지막으로 확인한다. ㄱ과 ㄹ이 옳은 〈보기〉이므로 ㄴ과 ㄷ은 계산하지 않아도 답이 ⑤임을 알 수 있다.

위 〈표〉에 근거한 〈보기〉의 설명 중 옳은 것만을 모두 고르면?

〈보기〉

ㄱ. 방위산업의 국내 매출액이 가장 큰 연도에 방위산업 총매출액 중 국외 매출액 비중이 가장 작다. → (O) 방위산업의 국내 매출액이 가장 큰 연도는 총매출액이 가장 크고, 국외 매출액이 가장 적은 2020년이다. 다른 해보다 총매출액이 크고, 국외 매출액이 더 적으므로 국외 매출액 비중은 2020년이 가장 적다.

ㄴ. '기타'를 제외하고, 2018년 대비 2020년 매출액 증가율이 가장 낮은 방위산업 분야는 '탄약'이다. → (O) 〈보기〉에 주어진 방위산업의 2018년 대비 2020년 매출액 증가율을 먼저 계산하고, 나머지 방위산업에 대입해서 비교한다. '탄약'의 2018년 대비 2020년 매출액 증가율은 $\frac{25,351-24,742}{24,742} \times 100 ≒ 2.5(\%)$이다. '항공유도', '함정', '기동', '통신전자'는 모두 10% 부근이거나 더 증가하였고, '화력'은 4% 가량 증가하였다. '화생방'은 $\frac{749-726}{726} \times 100 ≒ 3.2(\%)$이므로 '기타'를 제외하고, 2018년 대비 2020년 매출액 증가율이 가장 낮은 방위산업 분야는 '탄약'이다.

ㄷ. 2020년 방위산업의 기업유형별 종사자당 국외 매출액은 대기업이 중소기업의 4배 이상이다. → (X) 2020년 방위산업의 종사자당 국외 매출액은 대기업의 경우 $\frac{16,612}{27,249} ≒ 0.61$(억 원), 중소기업의 경우 $\frac{1,012}{5,855} ≒ 0.17$(억 원)이다. 0.17 × 4 = 0.68 > 0.61이므로 2020년 방위산업 종사자당 국외 매출액은 대기업이 중소기업의 4배 미만이다.

ㄹ. 2020년 '항공유도' 분야 대기업 국내 매출액은 14,500억 원 이상이다. → (O) 만약 2020년 중소기업의 총매출액이 '항공유도' 분야 매출액이라면 '항공유도' 분야 대기업의 매출액은 49,024 - 17,669 = 31,355(억 원)이다. 만약 2020년 대기업 국외 매출액이 모두 '항공유도' 분야 매출액이라면 '항공유도' 분야 대기업 국내 매출액은 31,355 - 16,612 = 14,743(억 원)이다. 따라서 대기업의 '항공유도' 분야 국내 매출액이 최소 14,743억 원이므로 항상 14,500억 원 이상이다.

① ㄱ, ㄴ ➡ (X)
② ㄱ, ㄷ ➡ (X)
③ ㄴ, ㄹ ➡ (X)
④ ㄷ, ㄹ ➡ (X)
⑤ ㄱ, ㄴ, ㄹ ➡ (O)

23 ① 정답률 55.5%

|문제 유형| 자료 읽기/추론 > 매칭형

|접근 전략| 〈보고서〉의 설명을 바탕으로 '항공유도'에 해당하는 방위산업을 〈표〉에서 찾는 문제이다. 〈보고서〉를 읽으면서 해당하지 않는 방위산업을 제외하면서 문제를 풀어나간다. 이미 확인한 분야에 대한 설명은 확인하지 말고, 〈표 4〉는 종사자 수에 관해 나와 있으므로 〈보고서〉에서 종사자 수에 관한 설명만 확인한다.

위 〈표〉와 다음 〈보고서〉를 근거로 '항공유도'에 해당하는 방위산업 분야를 〈표 4〉의 A~E 중에서 고르면?

〈보고서〉

2018년 대비 2020년 '갑'국 방위산업의 총매출액은 약 12.7% 증가하였으나 방위산업 전체 종사자 수는 약 1.5% 증가하는 데 그쳤다. '기타'를 제외한 7개 분야에 대해 이를 구체적으로 분석하면 다음과 같다.

2018년 대비 2020년 방위산업 분야별 매출액은 모두 증가하였으나 종사자 수는 '통신전자', '함정', '항공유도' 분야만 증가하고 나머지 분야는 감소한 것으로 나타났다. 2018~2020년 동안 매출액과 종사자 수 모두 매년 증가한 방위산업 분야는 '통신전자'뿐이고, '탄약'과 '화생방' 분야는 종사자 수가 매년 감소하였다. 특히, '기동' 분야는 2018년 대비 2020년 매출액 증가율이 방위산업 분야 중 가장 높았지만 종사자 수는 가장 많이 감소하였다. 2018년 대비 2020년 '함정' 분야 매출액 증가율은 방위산업 전체 매출액 증가율보다 낮았으나 종사자 수는 방위산업 분야 중 가장 많이 증가하였다. 이에 따라 방위산업의 분야별 종사자당 매출액 순위에도 변동이 있었다. 2018년에는 '화력' 분야의 종사자당 매출액이 가장 컸고, 다음으로 '함정', '항공유도' 순으로 컸다. 한편, 2020년에는 '화력' 분야의 종사자당 매출액이 가장 컸고, 다음으로 '기동', '항공유도' 순으로 컸다.

① A ➡ (O) 〈보고서〉 두 번째 문단 전반부에서 2018년 대비 2020년 종사자 수는 '통신전자', '함정', '항공유도' 분야만 증가하였다고 하였다. A~E 중 2018년 대비 2020년 종사자 수가 감소한 방위산업은 B, E이므로 B와 E는 '항공유도'가 아니다. 또한 2018~2020년 동안 매출액과 종사자 수가 매년 증가한 방위산업 분야는 '통신전자'뿐이라 하였으므로 이에 해당하는 방위산업은 D이다. 따라서 A 또는 C가 '함정' 또는 '항공유도'이다. 따라서 〈보고서〉에서 '함정' 또는 '항공유도'를 설명한 부분만 확인해본다. 2018년 대비 2020년 '함정' 분야 종사자 수는 방위산업 분야 중 가장 많이 증가하였다고 하였다. A는 500명 미만, C는 500명 이상 증가하였으므로 C가 '함정', A가 '항공유도'이다.

② B ➡ (X)
③ C ➡ (X)
④ D ➡ (X)
⑤ E ➡ (X)

24 ④ 정답률 52.4%

| 문제 유형 | 자료 읽기/추론 > 계산형

| 접근 전략 | 국가별 국내총생산, 1인당 국내총생산, 1인당 이산화탄소 배출량과 주어진 식을 이용하여 이산화탄소 총배출량을 계산하는 문제이다. 1)에서 총인구 = $\frac{국내총생산}{1인당 국내총생산}$, 2)에서 이산화탄소 총배출량 = 1인당 이산화탄소 배출량 × 총인구임을 알 수 있다. 따라서 이산화탄소 총배출량 = 1인당 이산화탄소 배출량 × $\frac{국내총생산}{1인당 국내총생산}$ 이다. 모든 값을 구하기 전에 우선 두 개의 값을 비교해 선지를 추린다. 만약 A가 B보다 이산화탄소 총배출량이 많다면 답은 ④ 또는 ⑤이고, D와 A, B, C 중 하나의 값 비교를 통해 답을 구할 수 있다. 만약 A가 B보다 이산화탄소 총배출량이 적다면 답은 ①, ②, ③ 중 하나이고, A와 C, C와 D의 대소 비교를 통해 답을 구할 수 있다.

다음 〈표〉는 2021년 국가 A~D의 국내총생산, 1인당 국내총생산, 1인당 이산화탄소 배출량에 관한 자료이다. 이를 근거로 국가 A~D를 이산화탄소 총배출량이 가장 적은 국가부터 순서대로 바르게 나열한 것은?

〈표〉 국가별 국내총생산, 1인당 국내총생산, 1인당 이산화탄소 배출량

(단위: 달러, 톤CO_2eq.)

구분 국가	국내총생산	1인당 국내총생산	1인당 이산화탄소 배출량
A	20조 4,941억	62,795	16.6
B	4조 9,709억	39,290	9.1
C	1조 6,194억	31,363	12.4
D	13조 6,082억	9,771	7.0

※ 1) 1인당 국내총생산 = $\frac{국내총생산}{총인구}$

2) 1인당 이산화탄소 배출량 = $\frac{이산화탄소 총배출량}{총인구}$

① A, C, B, D ➡ (X)
② A, D, C, B ➡ (X)
③ C, A, D, B ➡ (X)
④ C, B, A, D ➡ (O) A는 1인당 이산화탄소 배출량이 B, C보다 크고, 국내총생산이 4배 이상이면서 1인당 국내총생산은 2배 미만이다. 따라서 A의 이산화탄소 총배출량은 B, C보다 크다. 이에 해당하는 선지는 ④ 또는 ⑤이다. 따라서 D가 A, B, C 중 하나의 값보다 작다면 ⑤, 크다면 ④가 답이다. D의 국내총생산은 C의 10배 이상이고, 1인당 국내 총생산은 약 $\frac{1}{4}$이지만 1인당 이산화탄소 배출량은 2배 미만이다. 따라서 D의 이산화탄소 총배출량이 C보다 크므로 답은 ④이다.
⑤ D, B, C, A ➡ (X)

25 ② 정답률 39.8%

| 문제 유형 | 자료 읽기 > 표/빈칸 제시형

| 접근 전략 | 연도별·장소별 전기차 급속충전기 수에 대한 설명으로 옳은 것을 찾는 문제이다. ㄱ을 제외하고, 모든 〈보기〉가 빈칸을 알아야 하는 문제이므로 빈칸을 먼저 계산한다. 일반시설의 빈칸을 채우는 것이 더 간단하므로 '공공시설'을 먼저 채운다. ㄷ을 확인하기 위해서는 2021년 '주유소', '공공시설', 2019년 '휴게소', '공동주택'의 값을 모두 계산하고, 증가율까지 계산해야 하므로 가장 마지막으로 확인한다. 따라서 ㄱ, ㄴ, ㄹ만 확인하면 ㄱ은 옳은 〈보기〉, ㄴ과 ㄹ은 옳지 않은 〈보기〉이므로 ㄷ은 확인하지 않아도 답은 ②이다.

다음 〈표〉는 2019~2021년 '갑'국의 장소별 전기차 급속충전기 수에 관한 자료이다. 이에 대한 〈보기〉의 설명 중 옳은 것만을 모두 고르면?

〈표〉 장소별 전기차 급속충전기 수

(단위: 대)

구분	연도 장소	2019	2020	2021
다중 이용 시설	쇼핑몰	807	1,701	2,701
	주유소	125	496	( )
	휴게소	( )	( )	2,099
	문화시설	757	1,152	1,646
	체육시설	272	498	604
	숙박시설	79	146	227
	여객시설	64	198	378
	병원	27	98	152
	소계	2,606	5,438	8,858
일반 시설	공공시설	1,595	( )	( )
	주차전용시설	565	898	1,275
	자동차정비소	119	303	375
	공동주택	( )	102	221
	기타	476	499	522
	소계	2,784	4,550	6,145
전체		5,390	9,988	15,003

〈보기〉

ㄱ. 전체 급속충전기 수 대비 '다중이용시설' 급속충전기 수의 비율은 매년 증가한다. → (O) 2019년 전체 급속충전기 수는 '다중이용시설' 급속충전기 수의 2배 이상이고, 2020년은 2배 미만이므로 2019년 대비 2020년 전체 급속충전기 수 대비 '다중이용시설' 급속충전기 수 비율은 증가하였다. 2020년 대비 2021년 전체 급속충전기 수는 9,988 × 1.5 = 14,982 < 15,003으로 약 50% 증가하였으나 '다중이용시설' 급속충전기 수는 5,438 × 1.6 = 87,008 < 8,858로 60% 이상 증가하였다. 따라서 2020년 대비 2021년 전체 급속충전기 수 대비 '다중이용시설' 급속충전기 수 비율도 증가하였다. 따라서 전체 급속충전기 수 대비 '다중이용시설' 급속충전기 수 비율은 매년 증가한다.

ㄴ. '공공시설' 급속충전기 수는 '주차전용시설'과 '쇼핑몰' 급속충전기 수의 합보다 매년 많다. → (X) '공공시설' 급속충전기 수는 2020년의 경우 4,550 − 898 − 303 − 102 − 499 = 2,748(대), 2021년의 경우 6,145 − 1,275 − 375 − 221 − 522 = 3,752(대)이다. '주차전용시설'과 '쇼핑몰' 급속충전기 수의 합은 2019년의 경우 565 + 807 = 1,372(대), 2020년의 경우 898 + 1,701 = 2,599(대), 2021년의 경우 1,275 + 2,701 = 3,976(대)이므로 2021년에는 '공공시설' 급속충전기 수가 '주차전용시설'과 '쇼핑몰' 급속충전기 수의 합보다 적다.

ㄷ. '기타'를 제외하고, 2019년 대비 2021년 급속충전기 수의 증가율이 가장 큰 장소는 '주유소'이다. → (O) 2021년 '주유소'의 급속충전기 수는 8,858 − 2,701 − 2,099 − 1,646 − 604 − 227 − 378 − 152 = 1,051(대)이고, 2019년 '휴게소'의 급속충전기 수는 2,606 − 807 − 125 − 757 − 272 − 79 − 64 − 27 = 475(대)이고, 2019년 '공동주택'의 급속충전기 수는 2,784 − 1,595 − 565 − 119 − 476 = 29(대)이고, 2021년 '공공시설'의 급속충전기 수는 3,752대이다. 따라서 2021년 '주유소'의 급속충전기 수는 2019년의 8배 이상이다. '주유소'를 제외한 모든 장소의 2019년 값에 8을 곱하였을 때 2021년의 급속충전기 수보다 큰 값이 나오므로 2019년 대비 2021년 급속충전기 수의 증가율은 '주유소'가 가장 크다.

ㄹ. 급속충전기 수는 '휴게소'가 '문화시설'보다 매년 많다. → (X) 2019년 '휴게소'의 급속 충전기 수는 475대이고, 2020년 '휴게소'의 급속 충전기 수는 5,438 − 1,701 − 496 − 1,152 − 498 − 146 − 198 − 98 = 1,149(대)이다. 따라서 2019년, 2020년의 '휴게소' 급속 충전기 수는 '문화시설'보다 적으므로 옳지 않다.

① ㄱ, ㄴ ➡ (X)
② ㄱ, ㄷ ➡ (O)
③ ㄱ, ㄹ ➡ (X)
④ ㄴ, ㄷ ➡ (X)
⑤ ㄴ, ㄹ ➡ (X)

PART 02

7급 PSAT 기출문제

2021년 기출문제 정답과 분석해설	200
2020년 모의평가 정답과 분석해설	250

2021년 7월 10일 시행

2021년도 국가공무원 7급 공개경쟁채용 제1차 필기시험

정답과 분석해설

나의 성적

영역	점수	풀이 시간
언어논리	___점	___분
자료해석	___점	___분
상황판단	___점	___분

합격선

영역	합격 가능권	합격 확실권
언어논리	72~76점	80~84점
자료해석	68~72점	76~80점
상황판단	70~74점	78~82점

풀이 시간

영역	기본	숙련
언어논리	60분	50분
자료해석	60분	50분
상황판단	60분	50분

선발 인원 / 응시 인원 / 경쟁률

선발 인원	응시 인원	경쟁률
815명	24,723명	3:1

※경쟁률은 1차 합격자 선발 기준인 10배수로 산정

취약유형 분석표 제1영역 언어논리

문번	정답	정답률	유형	맞고 틀림
01	④	66.1%	사실적 이해 > 정보 확인	○△×
02	①	34.2%	비판적 사고 > 빈칸 채우기	○△×
03	①	92.3%	비판적 사고 > 판단하기	○△×
04	④	79.9%	비판적 사고 > 지문에서 추론하기	○△×
05	⑤	68.1%	비판적 사고 > 지문에서 추론하기	○△×
06	①	33.3%	비판적 사고 > 빈칸 채우기	○△×
07	③	50.8%	사실적 이해 > 논리 게임	○△×
08	④	39.8%	사실적 이해 > 논리 게임	○△×
09	③	60.9%	사실적 이해 > 논리 게임	○△×
10	②	90.5%	비판적 사고 > 지문에서 추론하기	○△×
11	③	65.5%	비판적 사고 > 판단하기	○△×
12	④	63.1%	비판적 사고 > 판단하기	○△×
13	⑤	53.4%	비판적 사고 > 판단하기	○△×
14	②	40.9%	비판적 사고 > 판단하기	○△×
15	④	42.6%	비판적 사고 > 판단하기	○△×
16	⑤	39.8%	비판적 사고 > 판단하기	○△×
17	①	85.8%	비판적 사고 > 빈칸 채우기	○△×
18	③	62.9%	비판적 사고 > 판단하기	○△×
19	③	69.1%	비판적 사고 > 유사한 내용·사례 찾기	○△×
20	①	70.9%	비판적 사고 > 지문에서 추론하기	○△×
21	①	83.9%	비판적 사고 > 빈칸 채우기	○△×
22	②	66.1%	비판적 사고 > 판단하기	○△×
23	⑤	45.6%	비판적 사고 > 빈칸 채우기	○△×
24	④	47.3%	비판적 사고 > 유사한 내용·사례 찾기	○△×
25	③	60.6%	비판적 사고 > 판단하기	○△×

- 확실히 맞힌 문항 수: _____ 문항
- 헷갈리거나 찍은 문항 수: _____ 문항
- 틀린 문항 수: _____ 문항

취약유형 분석표 제2영역 자료해석

문번	정답	정답률	유형	맞고 틀림
01	②	77.4%	자료 추론 > 추가로 필요한 자료 찾기	○△×
02	⑤	86.5%	자료 변환응용 > 자료/보고서 전환형	○△×
03	②	75.8%	자료 읽기 > 그림 제시형	○△×
04	①	90.9%	자료 읽기 > 표/빈칸 제시형	○△×
05	④	71.8%	자료 읽기/추론 > 계산형	○△×
06	③	84.8%	자료 읽기/추론 > 매칭형	○△×
07	④	72.5%	자료 읽기 > 표/빈칸 제시형	○△×
08	⑤	45%	자료 읽기 > 표/빈칸 제시형	○△×
09	⑤	56.3%	자료 읽기 > 표 제시형	○△×
10	②	86.2%	자료 읽기/추론 > 매칭형	○△×
11	③	62.9%	자료 읽기/추론 > 계산형	○△×
12	③	61.4%	자료 읽기 > 그림 제시형	○△×
13	④	59.7%	자료 읽기 > 표 제시형	○△×
14	①	53.7%	자료 읽기 > 그림 제시형	○△×
15	③	58.4%	자료 변환응용 > 자료/보고서 전환형	○△×
16	①	55.9%	자료 읽기 > 그림 제시형	○△×
17	④	83.6%	자료 읽기/추론 > 계산형	○△×
18	③	74.4%	자료 변환응용 > 자료/보고서 전환형	○△×
19	③	67%	자료 읽기/추론 > 계산형	○△×
20	④	57.1%	자료 읽기 > 표/그림 제시형	○△×
21	②	37.6%	자료 읽기 > 빈칸 제시형	○△×
22	②	60.9%	자료 읽기 > 표 제시형	○△×
23	⑤	33.3%	자료 읽기/추론 > 매칭형	○△×
24	①	16.8%	자료 변환응용 > 표/그림 전환형	○△×
25	⑤	50.5%	자료 읽기 > 빈칸 제시형	○△×

- 확실히 맞힌 문항 수: _____ 문항
- 헷갈리거나 찍은 문항 수: _____ 문항
- 틀린 문항 수: _____ 문항

취약유형 분석표 제3영역 상황판단

문번	정답	정답률	유형	맞고 틀림
01	④	85.8%	법조문형 > 규정적용	○△×
02	①	83.2%	법조문형 > 규정확인	○△×
03	⑤	80.5%	법조문형 > 규정적용	○△×
04	④	51.8%	연산추론형 > 수리계산	○△×
05	④	61.3%	퍼즐형 > 최댓값·최솟값 도출	○△×
06	①	57.5%	퍼즐형 > 최댓값·최솟값 도출	○△×
07	①	63.6%	퍼즐형 > 논리퀴즈	○△×
08	③	79.2%	퍼즐형 > 논리퀴즈	○△×
09	②	48.2%	퍼즐형 > 수리퀴즈	○△×
10	③	66.1%	퍼즐형 > 논리퀴즈	○△×
11	②	83.9%	퍼즐형 > 최댓값·최솟값 도출	○△×
12	⑤	70.9%	퍼즐형 > 수리퀴즈	○△×
13	③	68.5%	연산추론형 > 대입비교	○△×
14	④	69.1%	연산추론형 > 대입비교	○△×
15	③	74.8%	법조문형 > 규정적용	○△×
16	④	86.6%	법조문형 > 규정적용	○△×
17	④	75.5%	법조문형 > 규정적용	○△×
18	④	60.7%	법조문형 > 규정확인	○△×
19	⑤	70.3%	제시문형 > 분석추론	○△×
20	⑤	77.3%	제시문형 > 정보확인	○△×
21	②	45.5%	퍼즐형 > 논리퀴즈	○△×
22	⑤	23.3%	퍼즐형 > 수리퀴즈	○△×
23	①	71.6%	제시문형 > 정보확인	○△×
24	②	27.2%	제시문형 > 분석추론	○△×
25	②	41.6%	퍼즐형 > 논리퀴즈	○△×

- 확실히 맞힌 문항 수: _____ 문항
- 헷갈리거나 찍은 문항 수: _____ 문항
- 틀린 문항 수: _____ 문항

2021 | 제1영역 언어논리(㉯ 책형)

기출 총평

전체적으로 판단하기 유형의 문항 수가 많은 편이었는데 대부분 복합 유형의 형태로, 지시문은 판단하기 유형에 속하는 질문 형태이나 지문과 〈보기〉를 함께 독해할 때 논지 강화·약화하기나 구체적인 내용·사례 찾기, 지문에서 추론하기 유형의 풀이 과정을 동시에 적용해야 하는 문제가 적지 않았다. 정보 확인이나 지문에서 추론하기 유형의 문제에서는 지문에 개념어나 추상어가 다수 노출되어 독해에 어려움을 주는 경우가 있어 가능하면 빠르게 논지를 파악해야 시간을 단축할 수 있었을 것이다. 논리 게임 유형의 경우에는 논리적 구조를 쉽게 도식화할 수 있는 문항보다 다소 열린 구조로 경우의 수를 모두 따져보며 선지의 진위를 판별해야 하는 문항들이 있었다. 시간이 다소 소요될 수 있으므로 평소에 논리적 흐름에 따라 서술 문장의 구조를 파악하는 연습을 하는 것이 좋다. 후반부에는 실무에 가까운 구체적인 사례를 지문에 제시해 법 조항이나 조례를 적용해 보거나 제도나 규정을 개선해 보는 풀이 과정을 요구하는 문항들이 많았다. 일반적인 상식 여부를 평가하는 문항뿐만 아니라 실제 상황에 대처하는 실무 능력을 평가하는 문항들이 앞으로도 이와 같이 출제될 가능성이 높아 보인다.

문항 분석

문번	정답	정답률	유형
01	④	66.1%	사실적 이해 > 정보 확인
02	①	34.2%	비판적 사고 > 빈칸 채우기
03	①	92.3%	비판적 사고 > 판단하기
04	④	79.9%	비판적 사고 > 지문에서 추론하기
05	⑤	68.1%	비판적 사고 > 지문에서 추론하기
06	①	33.3%	비판적 사고 > 빈칸 채우기
07	③	50.8%	사실적 이해 > 논리 게임
08	④	39.8%	사실적 이해 > 논리 게임
09	③	60.9%	사실적 이해 > 논리 게임
10	②	90.5%	비판적 사고 > 지문에서 추론하기
11	③	65.5%	비판적 사고 > 판단하기
12	④	63.1%	비판적 사고 > 판단하기
13	⑤	53.4%	비판적 사고 > 판단하기

문번	정답	정답률	유형
14	②	40.9%	비판적 사고 > 판단하기
15	④	42.6%	비판적 사고 > 판단하기
16	⑤	39.8%	비판적 사고 > 판단하기
17	③	85.8%	비판적 사고 > 빈칸 채우기
18	③	62.9%	비판적 사고 > 판단하기
19	③	69.1%	비판적 사고 > 유사한 내용·사례 찾기
20	①	70.9%	비판적 사고 > 지문에서 추론하기
21	①	83.9%	비판적 사고 > 빈칸 채우기
22	②	66.1%	비판적 사고 > 판단하기
23	⑤	45.6%	비판적 사고 > 빈칸 채우기
24	④	47.3%	비판적 사고 > 유사한 내용·사례 찾기
25	③	60.6%	비판적 사고 > 판단하기

※ 음영 문항은 해당 회차에서 정답률이 가장 낮은 TOP 3 문항입니다.
※ 정답률 산정 기준: 약 1년간 누적된 자동채점 & 성적결과분석 서비스의 응시 데이터

출제 비중

기출문제편 P.186

01	④	02	①	03	①	04	④	05	⑤
06	①	07	③	08	④	09	③	10	②
11	③	12	④	13	⑤	14	②	15	④
16	⑤	17	③	18	③	19	③	20	①
21	①	22	②	23	⑤	24	④	25	③

01 ④   정답률 66.1%

| 문제 유형 | 사실적 이해 > 정보 확인
| 접근 전략 | 태극기를 시기와 만든 이에 따라 개항 이전에 사용된 태극 문양의 기, 이응준이 만든 '조선의 기', 박영효가 만들고 고종이 채택한 조선 국기, 오늘날의 태극기로 구분할 수 있다. 우선 서술 대상과 각각의 서술 내용이 일치하는지 파악하고 시기별 특정 위치의 괘가 무엇인지를 정확하게 확인해야 한다.

다음 글에서 알 수 있는 것은?

우리나라 국기인 태극기에는 태극 문양과 4괘가 그려져 있는데, 중앙에 있는 태극 문양은 만물이 음양 조화로 생장한다는 것을 상징한다. 또 태극 문양의 좌측 하단에 있는 이괘는 불, 우측 상단에 있는 감괘는 물, 좌측 상단에 있는 건괘는 하늘, 우측 하단에 있는 곤괘는 땅을 각각 상징한다. 4괘가 상징하는 바는 그것이 처음 만들어질 때부터 오늘날까지 변함이 없다. ▶1문단

태극 문양을 그린 기는 개항 이전에도 조선 수군이 사용한 깃발 등 여러 개가 있는데, 태극 문양과 4괘만 사용한 기는 개항 후에 처음 나타났다. 1882년 5월 조미수호조규 체결을 위한 전권대신으로 임명된 이응준은 회담 장소에 내걸 국기가 없어 곤란해 하다가 회담 직전 태극 문양을 활용해 기를 만들고 그것을 회담장에 걸어두었다. 그 기에 어떤 문양이 담겼는지는 오랫동안 알려지지 않았다. 그런데 2004년 1월 미국 어느 고서점에서 미국 해군부가 조미수호조규 체결 한 달 후에 만든 『해상 국가들의 깃발들』이라는 책이 발견되었다. 이 책에는 이응준이 그린 것으로 짐작되는 '조선의 기'라는 이름의 기가 실려 있다. 그 기의 중앙에는 태극 문양이 있으며 네 모서리에 괘가 하나씩 있는데, 좌측 상단에 감괘, 우측 상단에 건괘, 좌측 하단에 곤괘, 우측 하단에 이괘가 있다. ▶2문단

조선이 국기를 공식적으로 처음 정한 것은 1883년의 일이다. 1882년 9월에 고종은 박영효를 수신사로 삼아 일본에 보내면서, 그에게 조선을 상징하는 기를 만들어 사용해 본 다음 귀국하는 즉시 제출하게 했다. 이에 박영효는 태극 문양이 가운데 있고 4개의 모서리에 각각 하나씩 괘가 있는 기를 만들어 사용한 후 그것을 고종에게 바쳤다. 고종은 이를 조선 국기로 채택하고 통리교섭사무아문으로 하여금 각국 공사관에 배포하게 했다. 이 기는 일본에 의해 강제 병합되기까지 국기로 사용되었는데, 언뜻 보기에 『해상 국가들의 깃발들』에 실린 '조선의 기'와 비슷하다. 하지만 자세히 보면 두 기는 서로 다르다. 조선 국기 좌측 상단에 있는 괘가 '조선의 기'에는 우측 상단에 있고, '조선의 기'의 좌측 상단에 있는 괘는 조선 국기의 우측 상단에 있다. 또 조선 국기의 좌측 하단에 있는 괘는 '조선의 기'의 우측 하단에 있고, '조선의 기'의 좌측 하단에 있는 괘는 조선 국기의 우측 하단에 있다. ▶3문단

① 미국 해군부는 통리교섭사무아문이 각국 공사관에 배포한 국기를 『해상 국가들의 깃발들』에 수록하였다. ➡ (X) 2문단에서 미국 해군부는 조미수호조규 체결 시기인 1882년 5월에서 한 달 후에 『해상 국가들의 깃발들』이라는 책을 만들었으며 이 책에는 이응준이 만든 '조선의 기'가 실려있다고 했다. 3문단에 따르면 고종이 박영효가 만든 조선 국기를 공식적으로 정하고 통리교섭사무아문을 통해 각국 공사관에 배포한 것은 1883년의 일이다. 따라서 서명과 수록된 기의 명칭이 일치하지 않는다.

② 조미수호조규 체결을 위한 회담 장소에서 사용하고자 이응준이 만든 기는 태극 문양이 담긴 최초의 기다. ➡ (X) 2문단에서 태극 문양을 그린 기는 개항 이전에도 조선 수군이 사용했다고 하였으므로 1882년 5월 조미수호조규 체결 당시 이응준이 만든 기는 태극 문양이 담긴 최초의 기가 아니다.

③ 통리교섭사무아문이 배포한 기의 우측 상단에 있는 괘와 '조선의 기'의 좌측 하단에 있는 괘가 상징하는 것은 같다. ➡ (X) 3문단에 따르면 통리교섭사무아문이 배포한 기인 조선 국기의 우측 상단에 있는 괘는 '조선의 기'의 좌측 하단이 아니라 좌측 상단에 있는 괘임을 알 수 있다.

④ 오늘날 태극기의 우측 하단에 있는 괘와 고종이 조선 국기로 채택한 기의 우측 하단에 있는 괘는 모두 땅을 상징한다. ➡ (O) 1문단에서 오늘날 태극기의 우측 하단에는 땅을 상징하는 곤괘가 있다고 했다. 그리고 3문단에서 고종이 조선 국기로 채택한 기의 우측 하단의 괘는 '조선의 기'에서 좌측 하단에 있다고 했다. 2문단에 따르면 '조선의 기'의 좌측 하단에는 곤괘가 있으므로 오늘날 태극기와 고종이 조선 국기로 채택한 기의 우측 하단의 괘는 모두 땅을 상징함을 알 수 있다.

⑤ 박영효가 그린 기의 좌측 상단에 있는 괘는 물을 상징하고 이응준이 그린 기의 좌측 상단에 있는 괘는 불을 상징한다. ➡ (X) 3문단에서 박영효가 그린 기는 고종이 조선 국기로 채택한 것으로, 조선 국기 좌측 상단에 있는 괘는 이응준이 그린 '조선의 기'의 우측 상단에 있다고 했다. 또한 1~2문단에 따르면 '조선의 기' 우측 상단의 괘는 건괘로 하늘을 상징하고, 좌측 상단에 있는 괘는 감괘로 물을 상징한다. 따라서 각 괘가 상징하는 바가 다르다.

S 02 ①   TOP2 정답률 34.2%

| 문제 유형 | 비판적 사고 > 빈칸 채우기
| 접근 전략 | 갑과 을의 발언을 바탕으로 현재 시점에서 판단할 수 있는 내용이 무엇인지 찾는 유형이다. 지문에 제시되지 않은 것을 단정적으로 말할 수 없으므로 지나친 추측은 지양하도록 한다. 더불어 올해 조례 제정 상황은 1월 1일부터 7월 10일까지에 해당하는 내용임을 간과한다면 함정에 빠질 수 있다.

다음 대화의 빈칸에 들어갈 내용으로 가장 적절한 것은?

갑: 국회에서 법률들을 제정하거나 개정할 때, 법률에서 조례를 제정하여 시행하도록 위임하는 경우가 있습니다. 그리고 이런 위임에 따라 지방자치단체에서는 조례를 새로 제정하게 됩니다. 각 지방자치단체가 법률의 위임에 따라 몇 개의 조례를 제정했는지 집계하여 '조례 제정 비율'을 계산하는데, 이 지표는 작년에 이어 올해도 지방자치단체의 업무 평가 기준에 포함되었습니다.

을: 그렇군요. 그 평가 방식이 구체적으로 어떻게 되고, A시의 작년 평가 결과는 어땠는지 말씀해 주세요.

갑: 먼저 그 해 1월 1일부터 12월 31일까지 법률에서 조례를 제정하도록 위임한 사항이 몇 건인지 확인한 뒤, 그중 12월 31일까지 몇 건이나 조례로 제정되었는지로 평가합니다. 작년에는 법률에서 조례를 제정하도록 위임한 사항이 15건이었는데, 그중 A시에서 제정한 조례는 9건으로 그 비율은 60%였습니다.

을: 그러면 올해는 조례 제정 상황이 어떻습니까?

갑: 1월 1일부터 7월 10일 현재까지 법률에서 조례를 제정하도록 위임한 사항은 10건인데, A시는 이 중 7건을 조례로 제정하였으며 조례로 제정하기 위하여 입법 예고 중인 것은 2건입니다. 현재 시의회에서 조례로 제정되기를 기다리며 계류 중인 것은 없습니다.

을: 모든 조례는 입법 예고를 거친 뒤 시의회에서 제정되므로, 현재 입법 예고 중인 2건은 입법 예고 기간이 끝나야만 제정될 수 있겠네요. 이 2건의 제정 가능성은 예상할 수 있나요?

갑: 어떤 조례는 신속히 제정되기도 합니다. 그러나 때로는 시의회가 계속 파행하기도 하고 의원들의 입장에 차이가 커 공전될 수도 있기 때문에 현재 시점에서 조례 제정 가능성을 단정하기는 어렵습니다.

을: 그러면 A시의 조례 제정 비율과 관련하여 알 수 있는 것은 무엇이 있을까요?
갑: A시는 ☐

① 현재 조례로 제정하기 위하여 입법 예고가 필요한 것이 1건입니다. ➡ (O) 모든 조례는 입법 예고를 거친 후 제정된다고 하였다. 현재 총 10건의 사항 중 7건을 조례로 제정했고 2건은 입법 예고 중이다. 따라서 입법 예고가 필요한 것은 나머지 1건이므로 빈칸에 들어갈 내용으로 적절하다.

② 올 한 해의 조례 제정 비율이 작년보다 높아집니다. ➡ (X) 갑이 말한 올해의 조례 제정 상황은 1월 1일부터 7월 10일 현재까지에 해당하는 것으로, 한 해 전체를 말한 것이 아니다. 따라서 하반기에 법률에서 조례를 제정하도록 위임하는 사항이 더 있다면 조례 제정 비율이 작년보다 높다고 단정할 수 없다.

③ 올 한 해 총 9건의 조례를 제정하게 됩니다. ➡ (X) 이미 제정된 것과 입법 예고 중인 조례를 제외하고 나머지 1건이 추후에 입법 예고될 수도 있고, 하반기에 조례를 제정하도록 위임하는 사항이 더 추가될 수도 있다. 따라서 올 한 해 제정된 조례의 건수를 확정할 수는 없다.

④ 현재 시점을 기준으로 평가를 받으면 조례 제정 비율이 90%입니다. ➡ (X) 입법 예고 기간이 끝나야만 제정될 수 있으므로 현 시점에 제정된 조례는 7건이다. 따라서 70%가 된다.

⑤ 올 한 해 법률에서 조례를 제정하도록 위임 받은 사항이 작년보다 줄어듭니다. ➡ (X) 7월 10일까지 법률에서 조례를 제정하도록 위임한 사항은 10건이지만 하반기에 더 늘어날 수 있으므로 ⑤는 제시문의 갑과 을의 발언으로 알 수 없다.

03 ① 정답률 92.3%

|문제 유형| 비판적 사고 > 판단하기
|접근 전략| 판단하기와 정보 확인 유형의 복합적인 형태이다. 지문의 표와 A, B, C 모형에 대해 설명한 각 문단의 내용이 명시적으로 드러나 있으므로 어렵지 않게 풀 수 있다.

다음 글의 A~C에 대한 판단으로 가장 적절한 것은?

정책 네트워크는 다원주의 사회에서 정책 영역에 따라 실질적인 정책 결정권을 공유하고 있는 집합체이다. 정책 네트워크는 구성원 간의 상호 의존성, 외부로부터 다른 사회 구성원들의 참여 가능성, 의사결정의 합의 효율성, 지속성의 특징을 고려할 때 다음 세 가지 모형으로 분류될 수 있다.

특징 모형	상호 의존성	외부 참여 가능성	합의 효율성	지속성
A	높음	낮음	높음	높음
B	보통	보통	보통	보통
C	낮음	높음	낮음	낮음

▶1문단

A는 의회의 상임위원회, 행정 부처, 이익집단이 형성하는 정책 네트워크로서 안정성이 높아 마치 소정부와 같다. 행정부 수반의 영향력이 작은 정책 분야에서 집중적으로 나타나는 형태이다. A에서는 참여자 간의 결속과 폐쇄적 경계를 강조하며, 배타성이 매우 강해 다른 이익집단의 참여를 철저하게 배제하는 것이 특징이다. ▶2문단

B는 특정 정책과 관련해 이해관계를 같이하는 참여자들로 구성된다. B가 특정 이슈에 대해 유기적인 연계 속에서 기능하면, 전통적인 관료제나 A의 방식보다 더 효과적으로 정책 목표를 달성할 수 있다. B의 주요 참여자는 정치인, 관료, 조직화된 이익집단, 전문가 집단이며, 정책 결정은 주요 참여자 간의 합의와 협력에 의해 일어난다. ▶3문단

C는 특정 이슈를 중심으로 이해관계나 전문성을 가진 이익집단, 개인, 조직으로 구성되고, 참여자는 매우 자율적이고 주도적인 행위자이며 수시로 변경된다. 배타성이 강한 A만으로 정책을 모색하면 정책 결정에 영향을 미

칠 수 있는 C와 같은 개방적 참여자들의 네트워크를 놓치기 쉽다. C는 관료제의 영향력이 작고 통제가 약한 분야에서 주로 작동하는데, 참여자가 많아 합의가 어려워 결국 정부가 위원회나 청문회를 활용하여 의견을 조정하려는 경우가 종종 발생한다. ▶4문단

① 외부 참여 가능성이 높은 모형은 관료제의 영향력이 작고 통제가 약한 분야에서 나타나기 쉽다. ➡ (O) 외부 참여 가능성이 높은 모형은 C로, 4문단에서 C는 관료제의 영향력이 작고 통제가 약한 분야에서 작동한다고 했으므로 C에 대한 판단으로 적절하다.

② 상호 의존성이 보통인 모형에서는 배타성이 강해 다른 이익집단의 참여를 철저하게 배제한다. ➡ (X) 상호 의존성이 보통인 모형은 B로, 2문단에 따르면 배타성이 강해 다른 이익집단의 참여를 철저하게 배제하는 것은 A의 특징임을 알 수 있으므로 이는 적절하지 않다.

③ 합의 효율성이 높은 모형이 가장 효과적으로 정책 목표를 달성할 수 있다. ➡ (X) 합의 효율성이 높은 모형은 A인데, 3문단에서 B가 A의 방식보다 더 효과적으로 정책 목표를 달성할 수 있다고 했다. 따라서 A가 가장 효과적으로 정책 목표를 달성할 수 있다는 판단은 적절하지 않다.

④ A에 참여하는 이익집단의 정책 결정 영향력이 B에 참여하는 이익집단의 정책 결정 영향력보다 크다. ➡ (X) B에서는 정책 결정이 참여자 간의 합의에 의해 일어난다. A에서는 정책 결정의 방법이나 이에 대한 구성원들의 영향력이 나타나 있지 않으므로, 이는 알 수 없는 내용이다.

⑤ C에서는 참여자의 수가 많아질수록 네트워크의 지속성이 높아진다. ➡ (X) C는 지속성이 낮은 특징을 보이는데, 4문단에서 C는 참여자가 많아 합의가 어려워 결국 정부가 개입해 의견을 조정하려는 경우가 종종 발생한다고 한 것을 바탕으로 참여자의 수가 많아질수록 네트워크의 지속성이 높아진다고 판단한 것은 적절하지 않다.

04 ④ 정답률 79.9%

|문제 유형| 비판적 사고 > 지문에서 추론하기
|접근 전략| 첫 문단에 다소 낯선 용어들이 등장해 개념을 잡기 쉽지 않을 수도 있는데, 결국 서로 다른 조건을 바탕으로 경우의 수를 따지는 문제 유형이다. 양자 상태가 두 가지 이상이면 MB 방식의 경우의 수가 가장 크고 FD 방식의 경우의 수가 가장 작다.

다음 글에서 추론할 수 있는 것만을 〈보기〉에서 모두 고르면?

두 입자만으로 이루어지고 이들이 세 가지의 양자 상태 1, 2, 3 중 하나에만 있을 수 있는 계(system)가 있다고 하자. 여기서 양자 상태란 입자가 있을 수 있는 구별 가능한 어떤 상태를 지시하며, 입자는 세 가지 양자 상태 중 하나에 반드시 있어야 한다. 이때 그 계에서 입자들이 어떻게 분포할 수 있는지 경우의 수를 세는 문제는, 각 양자 상태에 대응하는 세 개의 상자 ⌐1⌐2⌐3⌐에 두 입자가 있는 경우의 수를 세는 것과 같다. 경우의 수는 입자들끼리 서로 구별 가능한지와 여러 개의 입자가 하나의 양자 상태에 동시에 있을 수 있는지에 따라 달라진다. ▶1문단

두 입자가 구별 가능하고, 하나의 양자 상태에 여러 개의 입자가 있을 수 있다고 가정하자. 이것을 'MB 방식'이라고 부르며, 두 입자는 각각 a, b로 표시할 수 있다. a가 1의 양자 상태에 있는 경우는 ⌐ab⌐⌐⌐, ⌐a⌐b⌐⌐, ⌐a⌐⌐b⌐의 세 가지이고, a가 2의 양자 상태에 있는 경우와 a가 3의 양자 상태에 있는 경우도 각각 세 가지이다. 그러므로 MB 방식에서 경우의 수는 9이다. ▶2문단

두 입자가 구별되지 않고, 하나의 양자 상태에 여러 개의 입자가 있을 수 있다고 가정하자. 이것을 'BE 방식'이라고 부른다. 이때에는 두 입자 모두 a로 표시하게 되므로 ⌐aa⌐⌐⌐, ⌐⌐aa⌐⌐, ⌐⌐⌐aa⌐, ⌐a⌐a⌐⌐, ⌐a⌐⌐a⌐, ⌐⌐a⌐a⌐가 가능하다. 그러므로 BE 방식에서 경우의 수는 6이다. ▶3문단

두 입자가 구별되지 않고, 하나의 양자 상태에 하나의 입자만 있을 수 있다고 가정하자. 이것을 'FD 방식'이라고 부른다. 여기에서는 BE 방식과 달리 하나의 양자 상태에 두 개의 입자가 동시에 있는 경우는 허용되지 않으므로 ⊞aa⊞, ⊞a⊞a⊞, ⊞⊞aa만 가능하다. 그러므로 FD 방식에서 경우의 수는 3이다. ▶4문단

양자 상태의 가짓수가 다를 때에도 MB, BE, FD 방식 모두 위에서 설명한 대로 입자들이 놓이게 되고, 이때 경우의 수는 달라질 수 있다. ▶5문단

〈보기〉

ㄱ. 두 개의 입자에 대해, 양자 상태가 두 가지이면 BE 방식에서 경우의 수는 2이다. → (X) BE 방식은 두 입자가 구별되지 않고 하나의 양자 상태에 여러 개의 입자가 있을 수 있다. 따라서 이 경우 aa⊞⊞, ⊞aa⊞, a⊞⊞a의 세 가지가 가능하다. 즉, 경우의 수는 3이다.

ㄴ. 두 개의 입자에 대해, 양자 상태의 가짓수가 많아지면 FD 방식에서 두 입자가 서로 다른 양자 상태에 각각 있는 경우의 수는 커진다. → (O) FD 방식은 두 입자가 구별되지 않고 하나의 양자 상태에 하나의 입자만 있다. 이 경우에 양자 상태의 가짓수가 많아지면 경우의 수는 커질 수밖에 없다. 예를 들어 양자 상태의 가짓수가 3일 경우에는 경우의 수가 3이지만, 양자 상태의 가짓수가 4일 경우에는 6이 된다.

ㄷ. 두 개의 입자에 대해, 양자 상태가 두 가지 이상이면 경우의 수는 BE 방식에서보다 MB 방식에서 언제나 크다. → (O) MB 방식은 두 입자가 구별되지만, BE 방식은 두 입자가 구별되지 않기 때문에 MB 방식의 경우의 수가 항상 클 수밖에 없다.

① ㄱ ➡ (X)
② ㄷ ➡ (X)
③ ㄱ, ㄴ ➡ (X)
④ ㄴ, ㄷ ➡ (O)
⑤ ㄱ, ㄴ, ㄷ ➡ (X)

05 ⑤ 정답률 68.1%

| 문제 유형 | 비판적 사고 > 지문에서 추론하기
| 접근 전략 | 1문단에서 소리 자극 신호의 일반적인 경로를 언급한 후, 그 다음 문단에서 공포와 안정을 학습시킨 서로 다른 실험을 대비하여 각 과정이 어떻게 다른지를 기술하고 있다. 이처럼 과정의 흐름을 파악해야 하는 지문은 어휘 하나를 다르게 하여 오답을 만들 수 있으므로 지문을 읽을 때 순서대로 핵심어를 표시해 두는 것이 좋다.

다음 글에서 추론할 수 있는 것은?

생쥐가 새로운 소리 자극을 받으면 이 자극 신호는 뇌의 시상에 있는 청각시상으로 전달된다. 청각시상으로 전달된 자극 신호는 뇌의 편도에 있는 측핵으로 전달된다. 측핵에 전달된 신호는 편도의 중핵으로 전달되고, 중핵은 신체의 여러 기관에 전달할 신호를 만들어서 반응이 일어나게 한다. ▶1문단

연구자 K는 '공포' 또는 '안정'을 학습시켰을 때 나타나는 신경생물학적 특징을 탐구하기 위해 두 개의 실험을 수행했다. ▶2문단

첫 번째 실험에서 공포를 학습시켰다. 이를 위해 K는 생쥐에게 소리 자극을 준 뒤에 언제나 공포를 일으킬 만한 충격을 가하여, 생쥐에게 이 소리가 충격을 예고한다는 것을 학습시켰다. 이렇게 학습된 생쥐는 해당 소리 자극을 받으면 방어적인 행동을 취했다. 이 생쥐의 경우, 청각시상으로 전달된 소리 자극 신호는 학습을 수행하기 전 상태에서 전달되는 것보다 훨씬 센 강도의 신호로 증폭되어 측핵으로 전달된다. 이 증폭된 강도의 신호는 중핵을 거쳐 신체의 여러 기관에 전달되고 이는 학습된 공포 반응을 일으킨다. ▶3문단

두 번째 실험에서는 안정을 학습시켰다. 이를 위해 K는 다른 생쥐에게 소리 자극을 준 뒤에 항상 어떤 충격도 주지 않아서, 생쥐에게 이 소리가 안정을 예고한다는 것을 학습시켰다. 이렇게 학습된 생쥐는 이 소리를 들어도 방어적인 행동을 전혀 취하지 않았다. 이 경우 소리 자극 신호를 받은 청각시상에서 만들어진 신호가 측핵으로 전달되는 것이 억제되기 때문에 측핵에 전달된 신호는 매우 미약해진다. 대신 청각시상은 뇌의 선조체에서 반응을 일으킬 수 있는 자극 신호를 만들어서 선조체에 전달한다. 선조체는 안정 상태와 같은 긍정적이고 좋은 느낌을 느낄 수 있게 하는 것에 관여하는 뇌 영역인데, 선조체에서 반응이 세게 나타나면 안정감을 느끼게 되어 학습된 안정 반응을 일으킨다. ▶4문단

① 중핵에서 만들어진 신호의 세기가 강한 경우에는 학습된 안정 반응이 나타난다. ➡ (X) 3문단에 따르면 공포를 학습한 경우 청각시상으로 전달된 소리 자극 신호는 센 강도의 신호로 증폭되어 측핵으로 전달되고 이 신호는 중핵을 거쳐 여러 기관에 전달된다고 하였다. 따라서 중핵에서 만들어진 신호의 세기가 강한 경우에는 안정 반응이 아닌 공포 반응이 나타날 것이라고 추론할 수 있다.

② 학습된 공포 반응을 일으키지 않는 소리 자극은 선조체에서 약한 반응이 일어나게 한다. ➡ (X) 지문에서는 학습된 공포 반응과 학습된 안정 반응에 대한 설명은 제시되어 있지만, 학습된 공포 반응을 일으키지 않는 소리 자극에 대한 설명은 제시되어 있지 않다. 따라서 학습된 공포 반응을 일으키지 않는 소리 자극이 선조체에서 약한 반응이 일어나게 하는지는 알 수 없다.

③ 학습된 공포 반응을 일으키는 소리 자극은 청각시상에서 선조체로 전달되는 자극 신호를 억제한다. ➡ (X) 3문단에 따르면 학습된 공포 반응을 일으키는 소리 자극은 청각시상에서 측핵으로 전달되고 중핵을 거쳐 신체의 여러 기관으로 전달될 뿐 선조체로 전달되는 자극 신호를 억제하지는 않는다.

④ 학습된 안정 반응을 일으키는 청각시상에서 받는 소리 자극 신호는 학습된 공포 반응을 일으키는 청각시상에서 받는 소리 자극 신호보다 약하다. ➡ (X) 4문단에 따르면 학습된 안정 반응을 일으키는 청각시상에서 받는 소리 자극 신호는 측핵에 미약하게 전달되는 대신 선조체에 강하게 전달되기 때문에 그 소리 자극 신호 자체가 약한 것은 아니다.

⑤ 학습된 안정 반응을 일으키는 경우와 학습된 공포 반응을 일으키는 경우 모두, 청각시상에서 측핵으로 전달되는 신호의 세기가 학습하기 전과 달라진다. ➡ (O) 3문단에 따르면 학습된 공포 반응을 일으키는 경우에는 학습을 수행하기 전 상태에서 전달되는 신호보다 훨씬 센 강도의 신호로 전달된다. 그리고 4문단에 따르면 학습된 안정 반응을 일으키는 경우에는 청각시상에서 만들어진 신호가 측핵으로 전달되는 것이 억제되어 매우 미약해진다. 따라서 학습 후의 신호 세기가 학습 전과 다르다는 것을 추론할 수 있다.

06 ① 　　　　　　　　　　　　　　　　　　TOP1 정답률 33.3%

| 문제 유형 | 비판적 사고 > 빈칸 채우기

| 접근 전략 | 1문단에 공연 예술단의 수석대표가 갖춰야 할 조건이 나열되어 있고, 2문단에 따라 갑이나 을 둘 중 하나가 이 조건을 충족하면 된다. 가장 필수적인 세 가지 조건은 '정부 관료가 아닌 사람', '고전음악 지휘자나 대중음악 제작자', '전체 세대를 아우르는 사람' 이 두 가지이다.

다음 글의 빈칸에 들어갈 내용으로 가장 적절한 것은?

민간 문화 교류 증진을 목적으로 열리는 국제 예술 공연의 개최가 확정되었다. 이번 공연이 민간 문화 교류 증진을 목적으로 열린다면, 공연 예술단의 수석대표는 정부 관료가 맡아서는 안 된다. 만일 공연이 민간 문화 교류 증진을 목적으로 열리고 공연 예술단의 수석대표는 정부 관료가 맡아서는 안 된다면, 공연 예술단의 수석대표는 고전음악 지휘자나 대중음악 제작자가 맡아야 한다. 현재 정부 관료 가운데 고전음악 지휘자나 대중음악 제작자는 없다. 예술단에 수석대표는 반드시 있어야 하며 두 사람 이상이 공동으로 맡을 수도 있다. 전체 세대를 아우를 수 있는 사람이 아니라면 수석대표를 맡아서는 안 된다. 전체 세대를 아우를 수 있는 사람이 극히 드물기에, 위에 나열된 조건을 다 갖춘 사람은 모두 수석대표를 맡는다. ▶1문단

누가 공연 예술단의 수석대표를 맡을 것인가와 더불어, 참가하는 예술인이 누구인가도 많은 관심의 대상이다. 그런데 아이돌 그룹 A가 공연 예술단에 참가하는 것은 분명하다. 왜냐하면 만일 갑이나 을이 수석대표를 맡는다면 A가 공연 예술단에 참가하는데, ＿＿＿＿＿＿ 때문이다. ▶2문단

→ 내용을 정리하면 다음과 같다.
㉠ 민간 문화 교류 증진 목적
㉡ 민간 문화 교류 증진 목적 → ~정부 관료
㉢ (민간 문화 교류 증진 목적 ∧ ~정부 관료) → (고전음악 ∨ 대중음악)
㉣ 정부 관료 → (~고전음악 ∧ ~대중음악)
㉤ 대표 반드시 있음. 두 사람 이상 공동으로 가능. 대표는 전체 세대를 아우를 수 있는 사람
㉥ 이상의 조건을 모두 갖춘 경우 모두 수석대표
㉦ (갑 ∨ 을) → A 참가

A가 반드시 참가한다고 하였으므로, '갑 ∨ 을'이 생략된 전제임을 알 수 있다. 따라서 빈칸에는 '갑 ∨ 을'이 반드시 도출될 수 있는 내용이 들어가야 한다.
먼저 ㉠, ㉡으로부터 '~정부 관료'가 도출된다. 한편, ㉢으로부터 '고전음악 ∨ 대중음악'을 도출해 낼 수 있다.
따라서 갑 또는 을이 수석대표가 되기 위해서는 이하의 조건 1, 2를 모두 갖추어야 한다.
• 조건 1: '~정부 관료' 또는, '고전음악 ∨ 대중음악'이어야 한다.
• 조건 2: 세대 전체를 아우를 수 있어야 한다.

① 갑은 고전음악 지휘자이며 전체 세대를 아우를 수 있기 ➡ (O) 갑이 고전음악 지휘자라면 정부 관료가 아니고, 여기에 더해 세대 전체를 아우를 수 있다면 수석대표로서의 조건을 충족하므로 정답이다.
② 갑이나 을은 대중음악 제작자 또는 고전음악 지휘자이기 ➡ (X) 대중음악 제작자 또는 고전음악 지휘자이면서 세대 전체를 아우를 수 있어야 한다는 조건도 충족시켜야 한다.
③ 갑과 을은 둘 다 정부 관료가 아니며 전체 세대를 아우를 수 있기 ➡ (X) 고전음악 지휘자나 대중음악 제작자여야 한다는 조건을 충족시켜야 한다.
④ 을이 대중음악 제작자가 아니라면 전체 세대를 아우를 수 없을 것이기 ➡ (X) 대중음악 제작자인 것과 전체 세대를 아우를 수 있는지 여부는 연결지어 생각해야 할 문제가 아니라 수석대표가 충족해야 할 각각의 조건이다. 따라서 두 조건을 모두 충족하지 않으므로 적절하지 않다.
⑤ 대중음악 제작자나 고전음악 지휘자라면 누구나 전체 세대를 아우를 수 있기 ➡ (X) 대중음악 제작자나 고전음악 지휘자인 것과 전체 세대를 아우를 수 있는지 여부는 연결지어 생각해야 할 문제가 아니라 수석대표가 충족해야 할 각각의 조건이다. 따라서 두 조건을 모두 충족하지 않으므로 적절하지 않다.

07 ③ 　　　　　　　　　　　　　　　　　　정답률 50.8%

| 문제 유형 | 사실적 이해 > 논리 게임

| 접근 전략 | 용의자의 말을 제시하고 이들 중 참만을 말하거나 거짓만을 말한 사람이 있다고 하는, 경우의 수가 다양하게 나올 수 있는 문제 유형이다. 이 경우에는 지문을 빠르게 읽어 내용을 파악한 후 <보기> 각 항목의 진위를 판단하는 데에 시간을 더 들이는 것이 좋다. 지문의 내용만으로 반드시 참인 것을 확정지을 수 없기 때문이다.

다음 글의 내용이 참일 때, 반드시 참인 것만을 <보기>에서 모두 고르면?

A 기술원 해수자원화기술 연구센터는 2014년 세계 최초로 해수전지 원천기술을 개발한 바 있다. 연구센터는 해수전지 상용화를 위한 학술대회를 열었는데 학술대회로 연구원들이 자리를 비운 사이 누군가 해수전지 상용화를 위한 핵심 기술이 들어 있는 기밀 자료를 훔쳐 갔다. 경찰은 수사 끝에 바다, 다은, 은경, 경아를 용의자로 지목해 학술대회 당일의 상황을 물으며 이들을 심문했는데 이들의 답변은 아래와 같았다.

바다: 학술대회에서 발표된 상용화 아이디어 중 적어도 하나는 학술대회에 참석한 모든 사람들의 관심을 받았어요. 다은은 범인이 아니에요.
다은: 학술대회에 참석한 사람들은 누구나 학술대회에서 발표된 하나 이상의 상용화 아이디어에 관심을 가졌어요. 범인은 은경이거나 경아예요.
은경: 학술대회에 참석한 몇몇 사람은 학술대회에서 발표된 상용화 아이디어 중 적어도 하나에 관심이 있었어요. 경아는 범인이 아니에요.
경아: 학술대회에 참석한 모든 사람들이 어떤 상용화 아이디어에도 관심이 없었어요. 범인은 바다예요.

수사 결과 이들은 각각 참만을 말하거나 거짓만을 말한 것으로 드러났다. 그리고 네 명 중 한 명만이 범인이었다는 것이 밝혀졌다.

〈보기〉

ㄱ. 바다와 은경의 말이 모두 참일 수 있다. → (O) '몇몇 사람은 상용화된 아이디어 중 적어도 하나에 관심이 있었다'라는 은경의 말은 '상용화 아이디어 중 적어도 하나는 모두의 관심을 받았다'는 바다의 말에 포함되므로 모두 참일 수 있다. 또한 경아의 진술은 거짓이 되고, 이를 바다와 다은, 은경의 진술과 양립 가능하도록 하려면 바다는 범인이 아니라는 사실이 도출된다. 한편 다은이 거짓인 경우, 은경과 양립할 수 없기 때문에 다은의 진술은 참이 된다. 따라서 이 경우 은경만이 범인이다.

ㄴ. 다은과 은경의 말이 모두 참인 것은 가능하지 않다. → (X) 누구나 하나 이상의 상용화 아이디어에 관심을 가졌다'는 다은의 말과 '몇몇 사람은 상용화된 아이디어 중 적어도 하나에 관심이 있었다는 은경의 말은 모두 참일 수 있다. 또한 경아의 진술은 거짓이 되고 이는 다은, 은경의 진술과 양립 가능하다. 바다의 진술이 참인 경우 은경만이 범인이 되고, 이는 다은, 은경의 진술 및 경아가 거짓일 경우의 경아의 진술과 양립 가능하다.

ㄷ. 용의자 중 거짓말한 사람이 단 한 명이면, 은경이 범인이다. → (O) 경아가 거짓말을 하고 바다, 다은, 은경이 참말을 한 경우, 범인은 바다가 아니고 은경 한 사람이므로 성립 가능하다. 한편 경아의 진술은 바다, 다은, 은경 각각의 진술과 동시에 참일 수 없다. 결국 경아가 거짓말을 한 경우만이 성립 가능하고, 이때 범인은 은경이다.

① ㄱ ➡ (X)
② ㄴ ➡ (X)
③ ㄱ, ㄷ ➡ (O)
④ ㄴ, ㄷ ➡ (X)
⑤ ㄱ, ㄴ, ㄷ ➡ (X)

S 08 ④   TOP3 정답률 39.8%

|문제 유형| 사실적 이해 > 논리 게임
|접근 전략| 우선 문장으로 서술된 명제를 도식화하여 관계를 파악하는 것이 중요하다. 마지막 부분에 거짓으로 판명난 명제가 풀이의 핵심이므로 거기에서 출발하도록 한다.

다음 글의 내용이 참일 때, 반드시 참인 것만을 〈보기〉에서 모두 고르면?

최근 두 주 동안 직원들은 다음 주에 있을 연례 정책 브리핑을 준비해 왔다. 브리핑의 내용과 진행에 관해 알려진 바는 다음과 같다. 개인건강정보 관리 방식 변경에 관한 가안이 정책제안에 포함된다면, 보건정보의 공적 관리에 관한 가안도 정책제안에 포함될 것이다. 그리고 정책제안을 위해 구성되었던 국민건강 2025팀이 재편된다면, 앞에서 언급한 두 개의 가안이 모두 정책제안에 포함될 것이다. 개인건강정보 관리 방식 변경에 관한 가안이 정책제안에 포함되고 국민건강 2025팀 리더인 최 팀장이 다음 주 정책 브리핑을 총괄한다면, 프레젠테이션은 국민건강 2025팀의 팀원인 손공정씨가 맡게 될 것이다. 그런데 보건정보의 공적 관리에 관한 가안이 정책제안에 포함될 경우, 국민건강 2025팀이 재편되거나 다음 주 정책 브리핑을 위해 준비한 보도자료가 대폭 수정될 것이다. 한편, 직원들 사이에서는, 최 팀장이 다음 주 정책 브리핑을 총괄하면 팀원 손공정씨가 프레젠테이션을 담당한다는 말이 돌았는데 그 말은 틀린 것으로 밝혀졌다.

→ 내용을 정리하면 다음과 같다.
ⓐ 개인건강정보 관리 방식 변경에 관한 가안이 정책제안에 포함
ⓑ 보건정보의 공적 관리에 관한 가안이 정책제안에 포함
ⓒ 정책제안을 위해 구성되었던 국민건강 2025팀이 재편
ⓓ 국민건강 2025팀 리더 최 팀장이 다음 주 정책 브리핑 총괄
ⓔ 정책 브리핑 프레젠테이션은 국민건강 2025팀의 팀원 손공정씨가 담당
ⓕ 다음 주 정책 브리핑 보도자료가 대폭 수정
㉠ ⓐ → ⓑ
㉡ ⓒ → (ⓐ∧ⓑ)
㉢ (ⓐ∧ⓓ) → ⓔ
㉣ ⓑ → (ⓒ∨ⓕ)
㉤ ⓓ → ⓔ는 거짓

㉤은 ~(~ⓓ∨ⓔ)와 동치이므로 ⓓ∧~ⓔ가 도출된다. 즉, ~ⓔ이므로 ㉢의 대우에 의하여 ~ⓐ∨~ⓓ가 성립하는데, ⓓ이므로 ~ⓐ가 도출된다. 또한 ~ⓐ로부터 ㉠의 대우에 의해 ~ⓒ가 도출된다.

〈보기〉
ㄱ. 개인건강정보 관리 방식 변경에 관한 가안과 보건정보의 공적 관리에 관한 가안 중 어느 것도 정책제안에 포함되지 않는다. → (X) ⓑ는 ㉠, ㉡의 후건이므로 ~ⓐ, ~ⓒ만으로는 ⓑ의 참과 거짓을 알 수 없다.
ㄴ. 국민건강 2025팀은 재편되지 않고, 이 팀의 최 팀장이 다음 주 정책 브리핑을 총괄한다. → (O) ~ⓒ, ⓓ가 도출되었으므로 반드시 참이다.
ㄷ. 보건정보의 공적 관리에 관한 가안이 정책제안에 포함된다면, 다음 주 정책 브리핑을 위해 준비한 보도자료가 대폭 수정될 것이다. → (O) ~ⓒ가 도출되었으므로 ㉣은 ⓑ → ⓕ로 표현될 수 있다. 따라서 반드시 참이다.

① ㄱ ➡ (X)
② ㄴ ➡ (X)
③ ㄱ, ㄷ ➡ (X)
④ ㄴ, ㄷ ➡ (O)
⑤ ㄱ, ㄴ, ㄷ ➡ (X)

09 ③   정답률 60.9%

|문제 유형| 사실적 이해 > 논리 게임
|접근 전략| 각각의 진술을 바탕으로 반드시 참인 것을 고르는 문제 유형으로, 전체 범주나 가짓수를 제한적으로 제시한 것이 아니므로 경우의 수를 따져봐야 한다. 먼저 확정된 사실을 전제로 참이라고 할 수 있는 진술을 하나씩 확보해 나가야 한다.

다음 글의 내용이 참일 때, 반드시 참인 것은?

A, B, C, D를 포함해 총 8명이 학회에 참석했다. 이들에 관해서 알려진 정보는 다음과 같다.
○ 아인슈타인 해석, 많은 세계 해석, 코펜하겐 해석, 보른 해석 말고도 다른 해석들이 있고, 학회에 참석한 이들은 각각 하나의 해석만을 받아들인다.
○ 상태 오그라듦 가설을 받아들이는 이들은 모두 5명이고, 나머지는 이 가설을 받아들이지 않는다.
○ 상태 오그라듦 가설을 받아들이는 이들은 코펜하겐 해석이나 보른 해석을 받아들인다.
○ 코펜하겐 해석이나 보른 해석을 받아들이는 이들은 상태 오그라듦 가설을 받아들인다.
○ B는 코펜하겐 해석을 받아들이고, C는 보른 해석을 받아들인다.
○ A와 D는 상태 오그라듦 가설을 받아들인다.
○ 아인슈타인 해석을 받아들이는 이가 있다.

① 적어도 한 명은 많은 세계 해석을 받아들인다. ➡ (X) 해석의 종류는 다양하고 학회에 참석한 이들이 받아들이는 해석이 각각 다른 것이 아니라 동일한 것일 수도 있으므로, 많은 세계 해석을 받아들이는 이가 적어도 한 명은 있다고 단정할 수 없다. 따라서 이 진술은 반드시 참이라고 할 수 없다.

② 만일 보른 해석을 받아들이는 이가 두 명이면, A와 D가 받아들이는 해석은 다르다. ➡ (X) 보른 해석을 받아들이는 이가 두 명이면 그중 하나는 C일 것이고 다른 하나는 특정할 수 없다. A와 D가 상태 오그라듦 가설을 받아들이므로 코펜하겐 해석이나 보른 해석을 받아들인다는 것은 참이지만 둘 다 코펜하겐 해석을 받아들일 수도 있기 때문이다. C 외에 보른 해석을 받아들이는 이가 A와 D가 아닌 다른 4명 중에 있을 수도 있으므로 이 진술은 반드시 참이라고 할 수 없다.

③ 만일 A와 D가 받아들이는 해석이 다르다면, 적어도 두 명은 코펜하겐 해석을 받아들인다. ➡ (O) A와 D는 상태 오그라듦 가설을 받아들이므로 코펜하겐 해석이나 보른 해석을 받아들일 것이다. 그런데 A와 D가 받아들이는 해석이 다르다면 A가 코펜하겐 해석을 받아들일 경우 D는 보른 해석을 받아들이고, A가 보른 해석을 받아들일 경우 D는 코펜하겐 해석을 받아들일 것이다. 또한 B가 코펜하겐 해석을 받아들인다고 했으므로, 적어도 두 명은 코펜하겐 해석을 받아들인다는 진술은 반드시 참이다.

④ 만일 오직 한 명만이 많은 세계 해석을 받아들인다면, 아인슈타인 해석을 받아들이는 이는 두 명이다. ➡ (X) 학회에 참석하는 이는 8명으로 제한되어 있지만, 해석의 경우는 지문에 제시된 것 외에 더 있다고 했으므로 해석의 가짓수는 제한되지 않는다. 따라서 A~D 외의 참석자들이 어떤 해석을 받아들이는지는 지문의 내용만으로 알 수 없다. 더불어 많은 세계 해석을 받아들이는 것과 아인슈타인 해석을 받아들이는 것 사이의 연관 관계는 파악하기 어렵다.

⑤ 만일 코펜하겐 해석을 받아들이는 이가 세 명이면, A와 D 가운데 적어도 한 명은 보른 해석을 받아들인다. ➡ (X) 코펜하겐 해석을 받아들이는 이가 세 명이면 B 외에 두 명이 더 있다는 말인데, 대상자는 A와 D, 그리고 상태 오그라듦 가설을 받아들이는 또 다른 한 명이 더 있다. 그런데 이 셋 중 A와 D가 모두 코펜하겐 해석을 받아들인다는 경우의 수가 있으므로, A와 D 중 적어도 한 명은 보른 해석을 받아들인다는 진술은 반드시 참이 아니다.

10 ② 정답률 90.5%

| 문제 유형 | 비판적 사고 > 지문에서 추론하기
| 접근 전략 | 지문의 내용을 근거로 추론할 수 있는 것을 찾는 문제 유형이다. 인과 관계를 역으로 해석하거나 서로 관계없는 것을 연관 지어 해석하는 오류는 범하지 않도록 한다.

다음 글의 〈실험 결과〉에서 추론할 수 있는 것은?

연구자 K는 동물의 뇌 구조 변화가 일어나는 방식을 규명하기 위해 다음의 실험을 수행했다. 실험용 쥐를 총 세 개의 실험군으로 나누었다. 실험군 1의 쥐에게는 운동은 최소화하면서 학습을 시키는 '학습 위주 경험'을 하도록 훈련시켰다. 실험군 2의 쥐에게는 특별한 기술을 학습할 필요 없이 수행할 수 있는 쳇바퀴 돌리기를 통해 '운동 위주 경험'을 하도록 훈련시켰다. 실험군 3의 쥐에게는 어떠한 학습이나 운동도 시키지 않았다.

〈실험 결과〉
○ 뇌 신경세포 한 개당 시냅스의 수는 실험군 1의 쥐에서 크게 증가했고 실험군 2와 3의 쥐에서는 거의 변하지 않았다.
○ 뇌 신경세포 한 개당 모세혈관의 수는 실험군 2의 쥐에서 크게 증가했고 실험군 1과 3의 쥐에서는 거의 변하지 않았다.
○ 실험군 1의 쥐에서는 대뇌 피질의 지각 영역에서 구조 변화가 나타났고, 실험군 2의 쥐에서는 대뇌 피질의 운동 영역과 더불어 운동 활동을 조절하는 소뇌에서 구조 변화가 나타났다. 실험군 3의 쥐에서는 뇌 구조 변화가 거의 나타나지 않았다.

① 대뇌 피질의 구조 변화는 학습 위주 경험보다 운동 위주 경험에 더 큰 영향을 받는다. ➡ (X) 세 번째 실험 결과에 따르면 실험군 1의 쥐에서 대뇌 피질의 지각 영역에서 구조 변화가 나타났고, 실험군 2의 쥐에서 대뇌 피질의 운동 영역과 소뇌에서 구조 변화가 나타났다. 지문을 통해 대뇌 피질의 구조 변화가 서로 다른 영역에서 나타났다는 것을 알 수 있을 뿐, 구조 변화에 미치는 영향력의 차이는 추론할 수는 없다.

② 학습 위주 경험은 뇌의 신경세포당 시냅스의 수에, 운동 위주 경험은 뇌의 신경세포당 모세혈관의 수에 영향을 미친다. ➡ (O) 첫 번째 실험 결과를 통해 '학습 위주의 경험'은 시냅스의 수에, 두 번째 실험 결과를 통해 '운동 위주의 경험'은 모세혈관의 수에 영향을 미치는 것을 추론할 수 있다.

③ 학습 위주 경험과 운동 위주 경험은 뇌의 특정 부위에 있는 신경세포의 수를 늘려 그 부위의 뇌 구조를 변하게 한다. ➡ (X) 뇌 신경세포 한 개당 시냅스의 수나 모세혈관의 수에 영향을 미치는 것이지 신경세포의 수를 늘리는 것은 아니다.

④ 특정 형태의 경험으로 인해 뇌의 특정 영역에 발생한 구조 변화가 뇌의 신경세포당 모세혈관 또는 시냅스의 수를 변화시킨다. ➡ (X) 첫 번째, 두 번째 실험 결과를 통해 특정 형태의 경험으로 인해 뇌의 신경세포 한 개당 시냅스나 모세혈관의 수가 변화한다는 사실을 알 수 있고, 세 번째 실험 결과를 통해 뇌의 특정 영역에 구조 변화가 발생한다는 것은 알 수 있다. 하지만 뇌의 특정 영역의 구조 변화가 모세혈관 또는 시냅스의 수에 변화를 주는지는 알 수 없다. 즉, 'A → B'와 'A → C'를 통해 'C → B'를 추론할 수는 없다.

⑤ 뇌가 영역별로 특별한 구조를 갖는 것이 그 영역에서 신경세포당 모세혈관 또는 시냅스의 수를 변화시켜 특정 형태의 경험을 더 잘 수행할 수 있게 한다. ➡ (X) 특정 형태의 경험이 뇌의 특정 영역에 변화를 주거나 신경세포당 모세혈관 또는 시냅스 수에 변화를 주는 것이지 뇌가 영역별로 특별한 구조를 갖는 것이 특정 형태의 경험을 더 잘 수행하게 하는지는 알 수 없다.

11 ③ 정답률 65.5%

| 문제 유형 | 비판적 사고 > 판단하기
| 접근 전략 | 각각의 실험군에 적용된 조건이 서로 어떻게 다른지 파악하고 그에 따른 실험 결과를 통해 X가 각각의 실험군에서 어떤 방법을 사용하였는지 추론해야 한다. 방 1은 어떠한 조작도 가하지 않은 대조군이고, 방 2와 3은 실험군에 해당한다. 방 2와 3에는 서로 다른 변인을 적용하는데 표적과 유사한 소리를 추가한 것이 방 2이고 표적과 전혀 다른 소리를 추가한 것이 방 3이다. 방 1에 비해 방 2와 3에서 어떤 실험 결과를 얻었는지 비교해 본다.

다음 글의 〈실험 결과〉에 대한 판단으로 적절한 것만을 〈보기〉에서 모두 고르면?

박쥐 X가 잡아먹을 수컷 개구리의 위치를 찾기 위해 사용하는 방법에는 두 가지가 있다. 하나는 수컷 개구리의 울음소리를 듣고 위치를 찾아내는 '음탐지' 방법이다. 다른 하나는 X가 초음파를 사용하여, 울음소리를 낼 때 커졌다 작아졌다 하는 울음주머니의 움직임을 포착하여 위치를 찾아내는 '초음파탐지' 방법이다. 울음주머니의 움직임이 없으면 이 방법으로 수컷 개구리의 위치를 찾을 수 없다.

〈실험〉
한 과학자가 수컷 개구리를 모방한 두 종류의 로봇개구리를 제작했다. 로봇개구리 A는 수컷 개구리의 울음소리를 내고, 커졌다 작아졌다 하는 울음주머니도 가지고 있다. 로봇개구리 B는 수컷 개구리의 울음소리만 내고, 커졌다 작아졌다 하는 울음주머니는 없다. 같은 수의 A 또는 B를 크기는 같지만 서로 다른 환경의 세 방 안에 같은 위치에 두었다. 세 방의 환경은 다음과 같다.

○ 방 1: 로봇개구리 소리만 들리는 환경
○ 방 2: 로봇개구리 소리뿐만 아니라, 로봇개구리가 있는 곳과 다른 위치에서 로봇개구리 소리와 같은 소리가 추가로 들리는 환경
○ 방 3: 로봇개구리 소리뿐만 아니라, 로봇개구리가 있는 곳과 다른 위치에서 로봇개구리 소리와 전혀 다른 소리가 추가로 들리는 환경

각 방에 같은 수의 X를 넣고 실제로 로봇개구리를 잡아먹기 위해 공격하는 데 걸리는 평균 시간을 측정했다. X가 로봇개구리의 위치를 빨리 알아낼수록 공격하는 데 걸리는 시간은 짧다.

〈실험 결과〉
○ 방 1: A를 넣은 경우는 3.4초였고 B를 넣은 경우는 3.3초로 둘 사이에 유의미한 차이는 없었다.
○ 방 2: A를 넣은 경우는 8.2초였고 B를 넣은 경우는 공격하지 않았다.
○ 방 3: A를 넣은 경우는 3.4초였고 B를 넣은 경우는 3.3초로 둘 사이에 유의미한 차이는 없었다.

〈보기〉
ㄱ. 방 1과 2의 〈실험 결과〉는, X가 음탐지 방법이 방해를 받는 환경에서는 초음파탐지 방법을 사용한다는 가설을 강화한다. → (O) 실험 결과에 따르면 X가 방 1에서는 A와 B를 모두 비슷한 시간 내에 찾아냈지만 방 2에서는 A의 위치만 찾아냈다. 방 1에 비해 방 2에는 표적의 소리에 방해가 되는 유사한 소리를 추가했기 때문인데, 여기에서 A만 찾고 B를 찾지 못했다는 것은 B에 울음주머니가 없다는 요인 때문이다. X가 방해가 되는 다른 유사한 소리가 섞여 있을 때 음탐지 방법으로 표적을 찾을 수 있었다면 방 2에서도 A와 B를 모두 찾았을 것이다. 그러나 A만 찾았다는 것은 음탐지가 방해를 받는 환경에서는 초음파탐지 방법을 사용한다는 가설을 강화한다.

ㄴ. 방 2와 3의 〈실험 결과〉는, X가 소리의 종류를 구별할 수 있다는 가설을 강화한다. → (O) 방 2와 3에는 표적 이외의 방해가 되는 소리가 추가되고 있다. 다만, 방 2에서는 표적의 소리와 유사한 소리가, 방 3에서는 표적의 소리와 전혀 다른 소리가 추가되었다는 점이 차이가 보인다. 그런데 방 3에서는 방해 요인이 추가되지 않은 대조군과 동일하게 A와 B를 찾았다. 따라서 X가 음탐지 방법을 통해 소리의 종류를 구별할 수 있다는 가설을 강화한다.

ㄷ. 방 1과 3의 〈실험 결과〉는, 수컷 개구리의 울음소리와 전혀 다른 소리가 들리는 환경에서는 X가 초음파탐지 방법을 사용한다는 가설을 강화한다. → (X) B가 울음주머니가 없음에도 불구하고 X가 방 1과 3에서 모두 B를 찾아냈으므로 초음파탐지 방법이 아닌 음탐지 방법으로 표적과 전혀 다른 소리를 구별할 수 있었음을 알 수 있다. 따라서 표적의 소리와 전혀 다른 소리가 들리는 방 3과 같은 환경에서 X가 초음파탐지 방법을 사용한다는 가설을 강화하지 못한다.

① ㄱ ➡ (X)
② ㄷ ➡ (X)
③ ㄱ, ㄴ ➡ (O)
④ ㄴ, ㄷ ➡ (X)
⑤ ㄱ, ㄴ, ㄷ ➡ (X)

12 ④   정답률 63.1%

| 문제 유형 | 비판적 사고 > 판단하기
| 접근 전략 | 익숙하지 않은 관념어들이 등장해 낯설게 느껴질 수 있지만 〈논증〉의 과정을 차례로 따라가며 지문의 내용을 이해하면 된다. 목표가 추가되거나 조건을 일부 수정하더라도 (3)에 의해 전통적 인식론은 폐기되어야 한다는 점이 확정되면서 마지막 결론이 도출될 수밖에 없는 구조이다.

다음 글에 대한 분석으로 적절한 것만을 〈보기〉에서 모두 고르면?

'자연화'란 자연과학의 방법론에 따라 자연과학이 수용하는 존재론을 토대 삼아 연구를 수행한다는 의미이다. 심리학을 자연과학의 하나라고 생각하는 철학자 A는, 인식론의 자연화를 주장하기 위해 다음의 〈논증〉을 제시하였다.

〈논증〉
(1) 전통적 인식론은 적어도 다음의 두 가지 목표를 가진다. 첫째, 세계에 관한 믿음을 정당화하는 것이고, 둘째, 세계에 관한 믿음을 나타내는 문장을 감각 경험을 나타내는 문장으로 번역하는 것이다.
(2) 전통적 인식론은 첫째 목표도 달성할 수 없고 둘째 목표도 달성할 수 없다.
(3) 만약 전통적 인식론이 이 두 가지 목표 중 어느 하나라도 달성할 수가 없다면, 전통적 인식론은 폐기되어야 한다.
(4) 전통적 인식론은 폐기되어야 한다.
(5) 만약 전통적 인식론이 폐기되어야 한다면, 인식론자는 전통적 인식론 대신 심리학을 연구해야 한다.
(6) 인식론자는 전통적 인식론 대신 심리학을 연구해야 한다.

〈보기〉
ㄱ. 전통적 인식론의 목표에 (1)의 '두 가지 목표' 외에 "세계에 관한 믿음이 형성되는 과정을 규명하는 것"이 추가된다면, 위 논증에서 (6)은 도출되지 않는다. → (X) (1)에서 두 가지 목표 외에 다른 것이 추가되더라도 (2)에 의해 두 가지 목표를 달성할 수 없다고 했을 때 (3)에 의해 전통적 인식론이 폐기되어야 한다는 결론이 나온다면 (6)은 도출될 것이다. 따라서 ㄱ은 적절한 분석이 아니다.
ㄴ. (2)를 "전통적 인식론은 첫째 목표를 달성할 수 없거나 둘째 목표를 달성할 수 없다."로 바꾸어도 위 논증에서 (6)이 도출된다. → (O) (2)를 이와 같이 바꿔도 (3)에 의해 전통적 인식론은 폐기되어야 한다는 결론으로 이어져 (6)이 도출될 수 있으므로 적절한 분석이다.
ㄷ. (4)는 논증 안의 어떤 진술들로부터 나오는 결론일 뿐만 아니라 논증 안의 다른 진술의 전제이기도 하다. → (O) (4)는 (1)~(3)으로부터 나오는 결론이자, (5)~(6)의 전제가 되기도 하므로 적절한 분석이다.

① ㄱ ➡ (X)
② ㄷ ➡ (X)
③ ㄱ, ㄴ ➡ (X)
④ ㄴ, ㄷ ➡ (O)
⑤ ㄱ, ㄴ, ㄷ ➡ (X)

13 ⑤   정답률 53.4%

| 문제 유형 | 비판적 사고 > 판단하기
| 접근 전략 | 논리 영역의 기본적인 원리를 이해하고 있다면 수월하게 풀 수 있는 문제이다. 즉 'A or B'는 둘 중 적어도 하나는 참이라는 점, 이 명제가 거짓이라면 '~A and ~B'가 참이라는 점, 진술 문장의 긍정과 부정이 모두 성립할 경우 모순 관계가 되므로 해당 진술은 참이 될 수 없다는 점 등 기본적인 개념에 대한 설명을 포함하고 있다.

다음 글에 대한 분석으로 적절한 것만을 〈보기〉에서 모두 고르면?

어떤 사람이 당신에게 다음과 같이 제안했다고 하자. 당신은 호화 여행을 즐기게 된다. 다만 먼저 10만 원을 내야 한다. 여기에 하나의 추가 조건이 있다. 그것은 제안자의 말인 아래의 (1)이 참이면 그는 10만 원을 돌려주지 않고 약속대로 호화 여행은 제공하는 반면, (1)이 거짓이면 그는 10만 원을 돌려주고 약속대로 호화 여행도 제공한다는 것이다.

(1) 나는 당신에게 10만 원을 돌려주거나 ⓐ <u>당신은 나에게 10억 원을 지불한다.</u>

당신은 이 제안을 받아들였고 10만 원을 그에게 주었다.

이때 어떤 결과가 따를지 검토해 보자. (1)은 참이거나 거짓일 것이다. (1)이 거짓이라고 가정해 보자. 그러면 추가 조건에 따라 그는 당신에게 10만 원을 돌려준다. 또한 가정상 (1)이 거짓이므로, ㉠ <u>그는 당신에게 10만 원을 돌려주지 않는다.</u> 결국 (1)이 거짓이라고 가정하면 그는 당신에게 10만 원을 돌려준다는 것과 돌려주지 않는다는 것이 모두 성립한다. 이는 가능하지 않다. 따라서 ㉡ <u>(1)은 참일 수밖에 없다.</u> 그런데 (1)이 참이라면 추가 조건에 따라 그는 당신에게 10만 원을 돌려주지 않는다. 따라서 ⓐ가 반드시 참이어야 한다. 즉, ㉢ <u>당신은 그에게 10억 원을 지불한다.</u>

〈보기〉
ㄱ. ㉠을 추론하는 데는 'A이거나 B'의 형식을 가진 문장이 거짓이면 A도 B도 모두 반드시 거짓이라는 원리가 사용되었다. → (O) (1)은 '나는 당신에게 10만 원을 돌려준다'와 '당신은 나에게 10억 원을 지불한다' 중 적어도 하나는 수행된다는 것으로 'A or B'로 기호화할 수 있다. 이를 거짓이라고 했을 때 '~A and ~B'가 되므로 A와 B가 둘 다 거짓이 된다.
ㄴ. ㉡을 추론하는 데는 어떤 가정 하에서 같은 문장의 긍정과 부정이 모두 성립하는 경우 그 가정의 부정은 반드시 참이라는 원리가 사용되었다. → (O) (1)이 거짓이라고 할 경우에 '나는 당신에게 10만 원을 돌려준다'와 그의 반대인 '나는 당신에게 10만 원을 돌려주지 않는다'가 모두 성립하여 모순이므로 (1)은 반드시 참일 수밖에 없다. 즉 어떤 가정에 의해 같은 문장의 긍정과 부정이 모두 성립하게 되면 그 가정은 거짓이고 그 부정이 반드시 참이라는 원리가 사용된 것이다.
ㄷ. ㉢을 추론하는 데는 'A이거나 B'라는 형식의 참인 문장에서 A가 거짓인 경우 B는 반드시 참이라는 원리가 사용되었다. → (O) (1)이 참일 경우 A와 B 중 적어도 하나는 성립한다. 그러나 ㉢ 앞의 진술에 의해 '~A'이므로 B는 반드시 참일 수밖에 없다.

① ㄱ ➡ (X)
② ㄷ ➡ (X)
③ ㄱ, ㄴ ➡ (X)
④ ㄴ, ㄷ ➡ (X)
⑤ ㄱ, ㄴ, ㄷ ➡ (O)

14 ② 정답률 40.9%

| 문제 유형 | 비판적 사고 > 판단하기
| 접근 전략 | 지문에서 두 가지 견해를 파악한 후에 〈보기〉에 나오는 각각의 주장이 이들을 반박하는 것인지 판단해야 하는 유형이다. ㉠과 ㉡에 대해 논의할 때 사용한 근거가 〈보기〉에서 혼용되어 나타나고 있으므로 이를 잘 분별해야 한다.

다음 글의 ㉠과 ㉡에 대한 평가로 적절한 것만을 〈보기〉에서 모두 고르면?

연역과 귀납, 이 두 종류의 방법은 지적 작업에서 사용될 수 있는 모든 추론을 포괄한다. 철학과 과학을 비롯한 모든 지적 작업에 연역적 방법이 필수적이라는 것을 부정하는 사람은 아무도 없다. 귀납적 방법의 경우 사정은 크게 다르다. 귀납적 방법이 철학적 작업에 들어설 여지가 없다고 믿는 사람이 있는가 하면, 한 걸음 더 나아가 어떠한 지적 작업에도 귀납적 방법이 불필요하다고 주장하는 사람들도 있다. ▶1문단

㉠ 귀납적 방법이 철학이라는 지적 작업에서 불필요하다는 견해는 독단적인 철학관에 근거한다. 이런 견해에 따르면 철학적 주장의 정당성은 선험적인 것으로, 경험적 지식을 확장하기 위해 사용되는 귀납적 방법에 의존할 수 없다. 그러나 이런 견해는 철학적 주장이 경험적 가설에 의존해서는 안 된다는 부당하게 편협한 철학관과 '귀납적 방법'의 모호성을 딛고 서 있다. 실제로 철학사에 나타나는 목적론적 신 존재 증명이나 외부 세계의 존재에 관한 형이상학적 논증 가운데는 귀납적 방법인 유비 논증과 귀추법을 교묘히 적용하고 있는 것도 있다. ▶2문단

㉡ 모든 지적 작업에서 귀납적 방법의 필요성을 부정하는 견해는 중요한 철학적 성과를 낳기도 하였다. 포퍼의 철학이 그런 사례 가운데 하나이다. 포퍼는 귀납적 방법의 정당화 가능성에 관한 회의적 결론을 받아들이고, 과학의 탐구가 귀납적 방법으로 진행된다는 견해는 근거가 없음을 보인다. 그에 따르면, 과학의 탐구 과정은 연역 논리 법칙에 따라 전개되는 추측과 반박의 작업으로 이루어진다. 이런 포퍼의 이론은 귀납적 방법의 필요성에 대한 전면적인 부정이 낳을 수 있는 흥미로운 결과 가운데 하나라고 할 수 있다. ▶3문단

〈보기〉

ㄱ. 과학의 탐구가 귀납적 방법에 의해 진행된다는 주장은 ㉠을 반박한다. →(X) ㉠은 귀납적 방법이 철학적 작업에 불필요하다는 견해이므로, 과학의 탐구가 귀납적 방법에 의해 진행된다는 주장이 이를 지지하지도 반박하지도 않는다.

ㄴ. 철학의 일부 논증에서 귀추법의 사용이 불가피하다는 주장은 ㉡을 반박한다. →(O) ㉡은 철학을 포함한 모든 지적 작업에 귀납적 방법이 불필요하다는 견해인데, 2문단에 따르면 귀납적 방법인 귀추법이 철학적 논증에 적용되기도 한다고 했으므로 이 주장은 ㉡을 반박한다.

ㄷ. 연역 논리와 경험적 가설 모두에 의존하는 지적 작업이 있다는 주장은 ㉠과 ㉡을 모두 반박한다. →(X) 연역과 귀납의 방법에 모두 의존하는 지적 작업이 있다는 주장은 ㉡을 반박하지만, ㉠은 철학적 작업에 국한된 견해이므로 전적으로 반박되지는 않는다.

① ㄱ ➡ (X)
② ㄴ ➡ (O)
③ ㄱ, ㄷ ➡ (X)
④ ㄴ, ㄷ ➡ (X)
⑤ ㄱ, ㄴ, ㄷ ➡ (X)

15 ④ 정답률 42.6%

| 문제 유형 | 비판적 사고 > 판단하기
| 접근 전략 | 부당한 삼단논법에서 오류가 발생하는 이유를 세 가지 관점에서 서술하고, 구체적인 사례를 적용해 보는 문제 유형이다. 내용적으로는 논리 게임 유형에 해당하지만 문제 풀이 과정에서는 구체적인 사례에 적용하는 작업이 필요하다.

다음 글의 갑~병에 대한 판단으로 적절한 것만을 〈보기〉에서 모두 고르면?

다음 두 삼단논법을 보자.

(1) 모든 춘천시민은 강원도민이다.
   모든 강원도민은 한국인이다.
   따라서 모든 춘천시민은 한국인이다.
(2) 모든 수학 고득점자는 우등생이다.
   모든 과학 고득점자는 우등생이다.
   따라서 모든 수학 고득점자는 과학 고득점자이다.

(1)은 타당한 삼단논법이지만 (2)는 부당한 삼단논법이다. 하지만 어떤 사람들은 (2)도 타당한 논증이라고 잘못 판단한다. 왜 이런 오류가 발생하는지 설명하기 위해 세 가지 입장이 제시되었다.

갑: 사람들은 '모든 A는 B이다'를 '모든 B는 A이다'로 잘못 바꾸는 경향이 있다. '어떤 A도 B가 아니다'나 '어떤 A는 B이다'라는 형태에서는 A와 B의 자리를 바꾸더라도 아무런 문제가 없다. 하지만 '모든 A는 B이다'라는 형태에서는 A와 B의 자리를 바꾸면 논리적 오류가 생겨난다.

을: 사람들은 '모든 A는 B이다'를 약한 의미로 이해해야 하는데도 강한 의미로 이해하는 잘못을 저지르는 경향이 있다. 여기서 약한 의미란 그것을 'A는 B에 포함된다'로 이해하는 것이고, 강한 의미란 그것을 'A는 B에 포함되고 또한 B는 A에 포함된다'는 뜻에서 'A와 B가 동일하다'로 이해하는 것이다.

병: 사람들은 전제가 모두 '모든 A는 B이다'라는 형태의 명제로 이루어진 것일 경우에는 결론도 그런 형태이기만 하면 타당하다고 생각하고, 전제 가운데 하나가 '어떤 A는 B이다'라는 형태의 명제로 이루어진 것일 경우에는 결론도 그런 형태이기만 하면 타당하다고 생각하는 경향이 있다.

〈보기〉

ㄱ. 대다수의 사람이 "어떤 과학자는 운동선수이다. 어떤 철학자도 과학자가 아니다."라는 전제로부터 "어떤 철학자도 운동선수가 아니다."를 타당하게 도출할 수 있는 결론이라고 응답했다는 심리 실험 결과는 갑에 의해 설명된다. →(X) '어떤 A는 B이다' 형태의 전제로부터 '어떤 A는 B이다' 형태의 결론을 도출했으므로 이는 병에 의해 설명된다.

ㄴ. 대다수의 사람이 "모든 적색 블록은 구멍이 난 블록이다. 모든 적색 블록은 삼각 블록이다."라는 전제로부터 "모든 구멍이 난 블록은 삼각 블록이다."를 타당하게 도출할 수 있는 결론이라고 응답했다는 심리 실험 결과는 을에 의해 설명된다. →(O) '모든 적색 블록은 구멍이 난 블록이다.'와 '모든 적색 블록은 삼각 블록이다.'를 강한 의미로 이해해 A가 B와 동일한 것으로 이해한 경우이다. 'a=b, a=c'를 통해 'b=c'라고 판단해 '모든 구멍이 난 블록은 삼각 블록이다.'라는 결론을 얻었기 때문이다. 따라서 이는 을에 의해 설명된다.

ㄷ. 대다수의 사람이 "모든 물리학자는 과학자이다. 어떤 컴퓨터 프로그래머는 과학자이다."라는 전제로부터 "어떤 컴퓨터 프로그래머는 물리학자이다."를 타당하게 도출할 수 있는 결론이라고 응답했다는 심리 실험 결과는 병에 의해 설명된다. →(O) 두 가지 전제 중 '어떤 컴퓨터 프로그래머는 과학자이다'라는 전제가 있어 그와 유사한 형태인 '어떤 컴퓨터 프로그래머는 물리학자이다'를 타당한 결론이라고 본 것이다. 전제 가운데 하나가 '어떤 A는 B이다'라는 형태의 명제로 이루어진 경우에는 결론도 그런 형태이기만 하면 타당하다고 생각하는 병에 의해 설명이 가능하다.

① ㄱ ➡ (X)
② ㄷ ➡ (X)
③ ㄱ, ㄴ ➡ (X)
④ ㄴ, ㄷ ➡ (O)
⑤ ㄱ, ㄴ, ㄷ ➡ (X)

S 16 ⑤   정답률 39.8%

| 문제 유형 | 비판적 사고 > 판단하기
| 접근 전략 | 발언자 을과 병의 의견에 따라 계획안을 적절하게 수정하였는지를 확인하는 문제 유형이다. 추론이나 판단의 사고 과정보다는 내용 일치 여부를 확인하는 과정이 필요한 문제로 난도가 쉬운 편이다.

다음 대화의 ㉠에 따라 〈계획안〉을 수정한 것으로 적절하지 않은 것은?

갑: 나눠드린 'A시 공공 건축 교육 과정' 계획안을 다 보셨죠? 이제 계획안을 어떻게 수정하면 좋을지 각자의 의견을 자유롭게 말씀해 주십시오.
을: 코로나19 상황을 고려해 대면 교육보다 온라인 교육이 좋겠습니다. 그리고 방역 활동에 모범을 보이는 차원에서 온라인 강의로 진행한다는 점을 강조하는 것이 좋겠습니다. 온라인 강의는 편안한 시간에 접속하여 수강하게 하고, 수강 가능한 기간을 명시해야 합니다. 게다가 온라인으로 진행하면 교육 대상을 A시 시민만이 아닌 모든 희망자로 확대하는 장점이 있습니다.
병: 좋은 의견입니다. 여기에 덧붙여 교육 대상을 공공 건축 업무 관련 공무원과 일반 시민으로 구분하는 것이 좋겠습니다. 관련 공무원과 일반 시민은 기반 지식에서 차이가 커 같은 내용으로 교육하기에 적합하지 않습니다. 업무와 관련된 직무 교육 과정과 일반 시민 수준의 교양 교육 과정으로 따로 운영하는 것이 좋겠습니다.
을: 교육 과정 분리는 좋겠습니다만, 공무원의 직무 교육은 참고할 자료가 많아 온라인 교육이 비효율적입니다. 직무 교육 과정은 다음에 논의하고, 이번에는 시민 대상 교양 과정으로만 진행하는 것이 좋겠습니다. 그리고 A시의 유명 공공 건축물을 활용해서 A시를 홍보하고 관심을 끌 수 있는 주제의 강의가 있으면 좋겠습니다.
병: 그게 좋겠네요. 마지막으로 덧붙이면 신청 방법이 너무 예전 방식입니다. A시 홈페이지에서 신청 게시판을 찾아가는 방법을 안내할 필요는 있지만, 요즘 같은 모바일 시대에 이것만으로는 부족합니다. A시 공식 어플리케이션에서 바로 신청서를 작성하고 제출할 수 있도록 하면 좋겠습니다.
갑: ㉠오늘 회의에서 나온 의견을 반영하여 계획안을 수정하도록 하겠습니다. 감사합니다.

─〈계획안〉─
A시 공공 건축 교육 과정
○ 강의 주제: 공공 건축의 미래/A시의 조경
○ 일시: 7. 12.(월) 19:00 ~ 21:00/7. 14.(수) 19:00 ~ 21:00
○ 장소: A시 청사 본관 5층 대회의실
○ 대상: A시 공공 건축에 관심 있는 A시 시민 누구나
○ 신청 방법: A시 홈페이지 → '시민참여' → '교육' → '공공 건축 교육 신청 게시판'에서 신청서 작성

① 강의 주제에 "건축가협회 선정 A시의 유명 공공 건축물 TOP 3"를 추가한다. ➡ (O) 을의 두 번째 발언에 A시의 유명 공공 건축물을 활용하여 A시를 홍보하자는 의견이 있으므로 이와 같이 강의 주제를 추가하는 것은 적절하다.
② 일시 항목을 "○ 기간: 7. 12.(월) 06:00 ~ 7. 16.(금) 24:00"으로 바꾼다. ➡ (O) 을의 첫 번째 발언에 온라인 강의는 편안한 시간에 접속하되 수강 가능한 기간을 명시해야 한다는 의견이 있다. 기간은 12~16일로 제한되고 시간은 오전 6시부터 자정까지로 수정한 것은 을의 의견에 따라 적절하게 수정한 것이다.
③ 장소 항목을 "○ 교육방식: 코로나19 확산 방지를 위해 온라인 교육으로 진행"으로 바꾼다. ➡ (O) 을의 첫 번째 발언에 대면 교육보다는 온라인 교육으로 진행하자는 의견이 있으므로 교육 방식을 비대면으로 수정한 것은 적절하다.
④ 대상을 "A시 공공 건축에 관심 있는 사람 누구나"로 바꾼다. ➡ (O) 을의 첫 번째 발언에 따라 A시 시민만이 아닌 일반 시민 중 모든 희망자로 교육 대상을 확대한 것은 적절하다.
⑤ 신청 방법을 "A시 공식 어플리케이션을 통한 A시 공공 건축 교육 과정 간편 신청"으로 바꾼다. ➡ (X) 병의 두 번째 발언을 보면 홈페이지에서 신청하는 방법 외에도 모바일 어플리케이션을 활용해 신청서를 작성, 제출하도록 하자는 의견이 있다. 따라서 신청 방법을 모바일 어플리케이션으로 전면 전환하는 것이 아닌 홈페이지와 모바일 어플리케이션을 모두 활용할 수 있도록 〈계획안〉을 수정해야 한다.

17 ③   정답률 85.8%

| 문제 유형 | 비판적 사고 > 빈칸 채우기
| 접근 전략 | 지문의 내용을 도표로 정리할 수 있는지를 확인하는 문제 유형이다. 글의 순서에 따라 내용을 요약하고 중심 내용을 구조화할 수 있어야 한다.

다음 글의 ㉠~㉥에 들어갈 내용에 대한 설명으로 가장 적절한 것은?

○○도는 2022년부터 '공공 기관 통합 채용' 시스템을 운영하여 공공 기관의 채용에 대한 체계적 관리와 비리 발생 예방을 도모할 계획이다. 기존에는 ○○도 산하 공공 기관들이 채용 전(全) 과정을 각기 주관하여 시행하였으나, 2022년부터는 ○○도가 채용 과정에 참여하기로 하였다. ○○도와 산하 공공 기관들이 '따로, 또 같이'하는 통합 채용을 통해 채용 과정의 투명성을 확보하고 기관별 특성에 맞는 인재 선발을 용이하게 하려는 것이다. ▶1문단

○○도는 채용 공고와 원서 접수를 하고 필기시험을 주관한다. 나머지 절차는 ○○도 산하 공공 기관이 주관하여 서류 심사 후 면접시험을 거쳐 합격자를 발표한다. 기존 채용 절차에서 서류 심사에 이어 필기시험을 치던 순서를 맞바꾸었는데, 이는 지원자에게 응시 기회를 확대 제공하기 위해서이다. 절차 변화에 대한 지원자의 혼란을 줄이기 위해 기존의 나머지 채용 절차는 그대로 유지하였다. 또 ○○도는 기존의 필기시험 과목인 영어·한국사·일반상식을 국가직무능력표준 기반 평가로 바꾸어 기존과 달리 실무 능력을 평가해서 인재를 선발할 수 있도록 제도를 보완하였다. ○○도는 이런 통합 채용 절차를 알기 쉽게 기존 채용 절차와 개선 채용 절차를 비교해서 도표로 나타내었다. ▶2문단

① 개선 이후 ㉠에 해당하는 기관이 주관하는 채용 업무의 양은 이전과 동일할 것이다. ➡ (X) 기존의 주관 기관은 ○○도 산하 공공 기관이었으나, 개선 후에는 ○○도가 채용 공고와 원서 접수를 하고 필기시험을 주관하면 나머지 절차는 ○○도 산하 공공 기관이 주관한다. 따라서 ㉠에 해당하는 산하 공공 기관이

기존에는 전 과정을 주관하여 시행하였으나, 개선 후에는 ○○도가 필기시험까지 주관하므로 산하 공공 기관의 업무는 줄어들 것이다.
② ㉠과 같은 주관 기관이 들어가는 것은 ㉥이 아니라 ㉤이다. ➡ (X) 채용 공고부터 필기시험까지 채용 과정의 전반부는 ○○도가 진행하고 서류 심사와 면접시험은 산하 공공 기관이 진행하므로 ㉤은 ○○도, ㉥은 산하 공공 기관임을 알 수 있다. ㉠과 같은 주관 기관이 들어가는 것은 ㉥이 아닌 ㉤이다.
③ ㉡과 ㉢에는 같은 채용 절차가 들어간다. ➡ (O) 2문단에서 기존 채용 절차에서 서류 심사에 이어 필기시험을 치던 순서를 맞바꾸었다고 했으므로 ㉡과 ㉢에는 동일한 채용 절차인 서류 심사가 들어갈 것이다.
④ ㉢과 ㉦에서 지원자들이 평가받는 능력은 같다. ➡ (X) ㉢과 ㉦에는 필기시험이 들어가는데, 2문단에서 기존의 필기시험 과목인 영어·한국사·일반상식을 국가직무능력표준 기반 평가로 바꾸어 기존과 달리 실무 능력을 평가한다고 하였다. 따라서 기존과 개선 후의 필기시험에서 지원자들을 평가하는 능력이 달라짐을 알 수 있다.
⑤ ㉣을 주관하는 기관과 ㉧을 주관하는 기관은 다르다. ➡ (X) ㉣과 ㉧에는 면접시험이 들어가는데 둘 다 ○○도 산하 공공 기관이 주관한다.

18 ③   정답률 62.9%

| 문제 유형 | 비판적 사고 > 판단하기
| 접근 전략 | 1문단을 통해 분류 기준을 파악하고 2문단을 통해 (가)~(다)의 결과를 확인하여 〈표〉에 대입하면 된다. 다만 기준 A와 B가 확정되지 않았으므로 〈보기〉의 내용을 바탕으로 A와 B의 빈칸에 들어갈 말을 정하고 나머지 빈칸에 어떤 결과를 대입해야 할지 판단하면 된다.

다음 글의 〈표〉에 대한 판단으로 적절한 것만을 〈보기〉에서 모두 고르면?

법제처 주무관 갑은 지방자치단체를 대상으로 조례 입안을 지원하고 있다. 갑은 지방자치단체가 조례 입안 지원 신청을 하는 경우, 두 가지 기준에 따라 나누어 신청 안들을 정리하고 있다. 해당 조례안의 입법 예고를 완료하였는지 여부를 기준으로 '완료'와 '미완료'로 나누고, 과거에 입안을 지원하였던 조례안 중에 최근에 접수된 조례안과 내용이 유사한 사례가 있는지를 판단하여 유사 사례 '있음'과 '없음'으로 나눈다. 유사 사례가 존재하지 않는 경우에만 갑은 팀장인 을에게 그 접수된 조례안의 주요 내용을 보고해야 한다. ▶1문단

최근 접수된 조례안 (가)는 지난 분기에 지원하였던 조례안과 많은 부분 유사한 내용을 담고 있다. 입법 예고는 현재 진행 중이다. 조례안 (나)의 경우는 입법 예고가 완료된 후에 접수되었고, 그 주요 내용이 지난해에 지원한 조례안의 주요 내용과 유사하다. 조례안 (다)는 주요 내용이 기존에 지원하였던 조례안과 유사성이 전혀 없는 새로운 내용을 규정하고 있으며, 입법 예고가 진행되지 않았다. ▶2문단

이상의 내용을 다음과 같은 형식으로 나타낼 수 있다.

〈표〉 입안 지원 신청 조례안별 분류

기준 \ 조례안	(가)	(나)	(다)
A	㉠	㉡	㉢
B	㉣	㉤	㉥

▶3문단

→ 제시된 〈표〉를 정리하면 다음과 같다.
ㄱ에 따라 A에 유사 사례의 유무를 따지는 기준, B에 입법 예고 완료 여부를 따지는 기준이 들어간다고 하면 다음과 같이 표를 완성할 수 있다.

기준 \ 조례안	(가)	(나)	(다)
A	㉠ 있음	㉡ 있음	㉢ 없음
B	㉣ 미완료	㉤ 완료	㉥ 미완료

〈보기〉

ㄱ. A에 유사 사례의 유무를 따지는 기준이 들어가면, ㉣과 ㉥이 같다.
→ (O) A에 유사 사례의 유무를 따지는 기준이 들어가면 B에는 입법 예고 완료 여부를 따지는 기준이 들어갈 것이다. (가)는 입법 예고가 현재 진행 중이므로 ㉣에는 미완료가, (다)는 입법 예고가 진행되지 않았으므로 ㉥에도 미완료가 들어갈 것이므로 ㉣과 ㉥은 같다.

ㄴ. B에 따라 을에 대한 갑의 보고 여부가 결정된다면, ㉠과 ㉢은 같다.
→ (O) 1문단에 따르면 유사 사례가 존재하지 않는 경우에만 팀장에게 보고해야 한다. B에 따라 을에 대한 갑의 보고 여부가 결정된다면 B에 유사 사례의 유무를 따지는 기준이 들어가는 것이다. 그렇다면 A에는 입법 예고 완료 여부를 따지는 기준이 들어가고 (가)와 (다)의 입법 예고 완료 여부는 각각 미완료 상태이므로 ㉠과 ㉢은 같다.

ㄷ. ㉣과 ㉥이 같으면, ㉠과 ㉡이 같다. → (X) ㉣과 ㉥이 같으면 B에 유사 사례의 유무를 따지는 기준이 들어갈 것이다. 그렇다면 A에는 입법 예고 완료 여부를 따지는 기준이 들어가므로 ㉠에는 미완료, ㉡에는 완료가 들어갈 것이므로 ㉠과 ㉡은 서로 다른 상태가 들어감을 알 수 있다.

① ㄱ ➡ (X)
② ㄷ ➡ (X)
③ ㄱ, ㄴ ➡ (O)
④ ㄴ, ㄷ ➡ (X)
⑤ ㄱ, ㄴ, ㄷ ➡ (X)

19 ③   정답률 69.1%

| 문제 유형 | 비판적 사고 > 유사한 내용·사례 찾기
| 접근 전략 | 지문에 제시된 대화의 주제는 '장애인 스포츠 강좌 지원사업의 집행 실적 저조에 대한 문제점 파악'이다. 이에 대해 을, 병, 정이 각기 다른 관점에서 의견을 개진했는데 이를 뒷받침할 근거 자료로 적절한 것을 〈보기〉에서 모두 고르면 된다.

다음 대화의 ㉠으로 적절한 것만을 〈보기〉에서 모두 고르면?

갑: 우리 지역 장애인의 체육 활동을 지원하기 위한 '장애인 스포츠 강좌 지원사업'의 집행 실적이 저조하다고 합니다. 지원 바우처를 제대로 사용하지 못하고 있다는 의미인데요. 비장애인을 대상으로 하는 '일반 스포츠 강좌 지원사업'은 인기가 많아 예산이 금방 소진된다고 합니다. 과연 어디에 문제점이 있는 것일까요?

을: 바우처를 수월하게 사용하려면 사용 가능한 가맹 시설이 많이 있어야 합니다. 우리 지역의 '장애인 스포츠 강좌 지원사업' 가맹 시설은 10개소이며 '일반 스포츠 강좌 지원사업' 가맹 시설은 300개소입니다. 그런데 장애인들은 비장애인들에 비해 바우처를 사용하기 훨씬 어렵습니다. 혹시 장애인의 수에 비해 장애인 대상 가맹 시설의 수가 비장애인의 경우보다 턱없이 적어서 그런 것 아닐까요?

병: 글쎄요. 제 생각은 조금 다릅니다. 바우처 지원액이 너무 적은 것은 아닐까요? 장애인을 대상으로 하는 스포츠 강좌는 보조인력 비용 등 추가 비용으로 인해, 비장애인 대상 강좌보다 수강료가 높을 수 있습니다. 바우처를 사용한다 해도 자기 부담금이 여전히 크다면 장애인들은 스포츠 강좌를 이용하기 어려울 것입니다.

정: 하지만 제가 보기엔 장애인들의 주요 연령대가 사업에서 제외된 것 같습니다. 현재 본 사업의 대상 연령은 만 12세에서 만 49세까지인데, 장애인 인구의 고령자 인구 비율이 비장애인 인구에 비해 높다는 사실을 고려하면, 대상 연령의 상한을 적어도 만 64세까지 높여야 한다고 생각합니다.

갑: 모두들 좋은 의견 감사합니다. 오늘 회의에서 논의된 내용을 확인하기 위해 ㉠ 필요한 자료를 조사해 주세요.

―〈보기〉―
ㄱ. 장애인 및 비장애인 각각의 인구 대비 '스포츠강좌 지원사업' 가맹 시설 수 → (O) 을은 장애인을 대상으로 한 가맹 시설의 수가 비장애인의 경우보다 적어 실적이 조조한 것이라고 보았으므로 ㄱ은 을의 의견을 뒷받침할 수 있는 자료로 적절하다.
ㄴ. 장애인과 비장애인 각각 '스포츠강좌 지원사업'에 참여하기 위해 본인이 부담해야 하는 금액 → (O) 병은 장애인 대상의 스포츠 강좌는 추가 비용으로 인해 수강료가 높을 수 있으나 바우처 지원액이 적어 장애인의 자기 부담금이 높아지면 스포츠강좌를 이용하기 어려울 것이라고 지적하였다. 따라서 ㄴ은 병의 의견을 뒷받침할 수 있는 자료로 적절하다.
ㄷ. 만 50세에서 만 64세까지의 장애인 중 스포츠 강좌 수강을 희망하는 인구와 만 50세에서 만 64세까지의 비장애인 중 스포츠 강좌 수강을 희망하는 인구 → (X) 정은 주요 연령대가 사업에 제외되었다는 점을 지적하며 현재 만 49세까지인 대상 연령을 만 64세까지 높여야 한다는 의견을 제시하고 있다. 그렇다면 현재 본 사업에서 제외된 만 50세~만 64세까지의 장애인 중 수강을 희망하는 인구를 파악할 필요가 있을 것이다. 그러나 비장애인의 경우는 조사할 필요가 없으므로 이는 정의 의견을 뒷받침할 자료로 불필요하다.

① ㄴ ➡ (X)　　② ㄷ ➡ (X)
③ ㄱ, ㄴ ➡ (O)　　④ ㄱ, ㄷ ➡ (X)
⑤ ㄱ, ㄴ, ㄷ ➡ (X)

20 ①
정답률 70.9%

| 문제 유형 | 비판적 사고 > 지문에서 추론하기
| 접근 전략 | 조출생률과 합계 출산율이라는 두 개념을 정의하고 예를 들어 설명하는 지문을 바탕으로 그에 대한 추론으로 적절한 것을 고르는 문제 유형이다. 각 개념에 작용하는 요인이 무엇인지 파악할 필요가 있다.

다음 글에서 추론할 수 있는 것만을 〈보기〉에서 모두 고르면?

갑: 조(粗)출생률은 인구 1천 명당 출생아 수를 의미합니다. 조출생률은 인구 규모가 상이한 지역이나 시점 간의 출산 수준을 간편하게 비교할 때 유용한 지표입니다. 예를 들어, 2016년에 세종시보다 인구 규모가 훨씬 큰 경기도의 출생아 수는 10만 5천 명으로 세종시의 3천 명보다 많지만, 조출생률은 경기도가 8.4명이고 세종시는 14.6명입니다. 출산 수준은 세종시가 더 높다는 의미입니다.
을: 그렇군요. 그럼 합계 출산율은 무엇인가요?
갑: 합계 출산율은 여성 한 명이 평생 동안 낳을 것으로 예상되는 출생아 수를 의미합니다. 여성이 실제 평생 동안 낳은 아이 수를 측정하는 것은 가임 기간 35년이 지나야 산출할 수 있다는 문제가 있습니다. 이에 비해 합계 출산율은 여성 1명이 출산 가능한 시기를 15세부터 49세까지로 가정하고 그 사이의 각 연령대 출산율을 모두 합해서 얻습니다. 15~19세 연령대 출산율은 한 해 동안 15~19세 여성에게서 태어난 출생아 수를 15~19세 여성의 수로 나눈 수치인데, 15~19세부터 45~49세까지 7개 구간 각각의 연령대 출산율을 모두 합한 것이 합계 출산율입니다. 합계 출산율은 한 여성이 가임 기간 내내 특정 시기의 연령대 출산율 패턴을 그대로 따른다는 가정을 전제로 산출하므로 실제 출산 현실과 차이가 있을 수 있습니다.
을: 그렇다면 조출생률과 합계 출산율을 구별하는 이유가 뭐죠?
갑: 조출생률과 달리 합계 출산율은 성비 및 연령 구조에 따른 출산 수준의 차이를 표준화할 수 있는 장점이 있습니다. 예를 들어, 이스라엘의 합계 출산율은 3.0인 반면 남아프리카공화국은 2.5가량입니다. 하지만 조출생률은 거의 비슷하지요. 이것은 남아프리카공화국의 경우 전체 인구 대비 젊은 여성의 비율이 이스라엘보다 높기 때문입니다.

―〈보기〉―
ㄱ. 조출생률을 계산할 때는 전체 인구 대비 여성의 비율은 고려하지 않는다. → (O) 조출생률은 인구 1천 명당 출생아 수를 의미하므로 인구 대비 여성의 비율은 고려 대상이 아니다.
ㄴ. 두 나라가 인구 수와 조출생률에 차이가 없다면 각 나라의 합계 출산율에는 차이가 없다. → (X) 두 나라가 인구 수와 조출생률에 차이가 없더라도 인구 대비 여성의 비율이 다르면 합계 출산율에 차이가 있을 수 있다.
ㄷ. 합계 출산율은 한 명의 여성이 일생 동안 출산한 출생아의 수를 집계한 자료를 바탕으로 산출한다. → (X) 합계 출산율은 여성 1명의 일생이 아니라 출산 가능한 시기를 한정한 후 그 사이의 각 연령대 출산율을 모두 합해서 얻는다.

① ㄱ ➡ (O)
② ㄴ ➡ (X)
③ ㄱ, ㄷ ➡ (X)
④ ㄴ, ㄷ ➡ (X)
⑤ ㄱ, ㄴ, ㄷ ➡ (X)

※ 다음 글을 읽고 물음에 답하시오. [문 21.~문 22.]

미국의 일부 주에서 판사는 형량을 결정하거나 가석방을 허가하는 판단의 보조 자료로 양형 보조 프로그램 X를 활용한다. X는 유죄가 선고된 범죄자를 대상으로 그 사람의 재범 확률을 추정하여 그 결과를 최저 위험군을 뜻하는 1에서 최고 위험군을 뜻하는 10까지의 위험 지수로 평가한다. ▶1문단

2016년 A는 X를 활용하는 플로리다 주 법정에서 선고받았던 7천여 명의 초범들을 대상으로 X의 예측 결과와 석방 후 2년간의 실제 재범 여부를 조사했다. 이 조사 결과를 토대로 한 ㉠A의 주장은 X가 흑인과 백인을 차별한다는 것이다. 첫째 근거는 백인의 경우 위험 지수 1로 평가된 사람이 가장 많고 10까지 그 비율이 차츰 감소한 데 비하여 흑인의 위험 지수는 1부터 10까지 고르게 분포되었다는 관찰 결과이다. 즉 고위험군으로 분류된 사람의 비율이 백인보다 흑인이 더 크다는 것이었다. 둘째 근거는 예측의 오류와 관련된 것이다. 2년 이내 재범을 (가) 사람 중에서 (나) 으로 잘못 분류되었던 사람의 비율은 흑인의 경우 45%인 반면 백인은 23%에 불과했고, 2년 이내 재범을 (다) 사람 중에서 (라) 으로 잘못 분류되었던 사람의 비율은 흑인의 경우 28%인 반면 백인은 48%로 훨씬 컸다. 종합하자면, 재범을 저지른 사람이든 그렇지 않은 사람이든, 흑인은 편파적으로 고위험군으로 분류된 반면 백인은 편파적으로 저위험군으로 분류된 것이다. ▶2문단

X를 개발한 B는 A의 주장을 반박하는 논문을 발표하였다. B는 X의 목적이 재범 가능성에 대한 예측의 정확성을 높이는 것이며, 그 정확성에는 인종 간에 차이가 나타나지 않는다고 주장했다. B에 따르면, 예측의 정확성을 판단하는 데 있어 중요한 것은 고위험군으로 분류된 사람 중 2년 이내 재범을 저지른 사람의 비율과 저위험군으로 분류된 사람 중 2년 이내 재범을 저지르지 않은 사람의 비율이다. B는 전자의 비율이 백인 59%, 흑인 63%, 후자의 비율이 백인 71%, 흑인 65%라고 분석하고, 이 비율들은 인종 간에 유의미한 차이를 드러내지 않는다고 주장했다. 또 B는 X에 의해서 고위험군 혹은 저위험군으로 분류되기 이전의 흑인과 백인의 재범률, 즉 흑인의 기저재범률과 백인의 기저재범률 간에는 이미 상당한 차이가 있었으며, 이런 애초의 차이가 A가 언급한 예측의 오류 차이를 만들어 냈다고 설명한다. 결국 ㉡B의 주장은 X가 편파적으로 흑인과 백인의 위험 지수를 평가하지 않는다는 것이다. ▶3문단

하지만 기저재범률의 차이로 인종 간 위험 지수의 차이를 설명하여, X가 인종차별적이라는 주장을 반박하는 것은 잘못이다. 기저재범률에는 미국 사회의 오래된 인종차별적 특징, 즉 흑인이 백인보다 범죄자가 되기 쉬운 사회 환경이 반영되어 있기 때문이다. 처음 범죄를 저질러서 재판을 받아야 하는

흑인을 생각해 보자. 그의 위험 지수를 판정할 때 사용되는 기저재범률은 그와 전혀 상관없는 다른 흑인들이 만들어 낸 것이다. 그런 기저재범률이 전혀 상관없는 사람의 형량이나 가석방 여부에 영향을 주는 것은 잘못이다. 더 나아가 이런 식으로 위험 지수를 평가받아 형량이 정해진 흑인들은 더 오랜 기간 교도소에 있게 될 것이며, 향후 재판받을 흑인들의 위험 지수를 더욱 높이는 결과를 가져오게 될 것이다. 따라서 ⓒX의 지속적인 사용은 미국 사회의 인종차별을 고착화한다. ▶4문단

ㄷ. X가 특정 범죄자의 재범률을 평가할 때 사용하는 기저재범률이 동종 범죄를 저지른 사람들로부터 얻은 것이라면, ⓒ은 강화되지 않는다. → (O) 3문단에서 흑인의 기저재범률과 백인의 기저재범률 간에는 이미 상당한 차이가 있다고 했으며, 4문단에서 흑인이 재판받을 때 그와 전혀 상관없는 다른 흑인들에 의해 만들어진 기저재범률을 사용한다고 했다. 이를 통해 인종에 따라 기저재범률은 차이를 보인다는 것을 알 수 있다. 그런데 이 기저재범률이 같은 인종이 아니라 동종 범죄를 저지른 사람으로부터 얻은 것이라면 ⓒ은 강화되지 않는다.

① ㄱ ➡ (X)
② ㄷ ➡ (O)
③ ㄱ, ㄴ ➡ (X)
④ ㄴ, ㄷ ➡ (X)
⑤ ㄱ, ㄴ, ㄷ ➡ (X)

21 ① 정답률 83.9%

| 문제 유형 | 비판적 사고 > 빈칸 채우기

| 접근 전략 | A의 주장은 X가 흑인과 백인을 차별한다는 것이고, 이에 대한 해석의 내용은 2문단 마지막 부분에 나와 있다. 흑인은 고위험군으로 잘못 분류된 비율이 크고 백인은 저위험군으로 잘못 분류된 비율이 컸다는 것인데, (가)와 (나)는 전자에 해당하고 (다)와 (라)는 후자에 해당한다는 것을 파악할 수 있어야 한다.

위 글의 (가)~(라)에 들어갈 말을 적절하게 나열한 것은?

	(가)	(나)	(다)	(라)	
①	저지르지 않은	고위험군	저지른	저위험군	➡ (O)

2문단 마지막 문장에서 흑인은 편파적으로 고위험군으로 분류된 반면, 백인은 편파적으로 저위험군으로 분류되었다고 했다. 그러므로 흑인의 경우 재범을 저지르지 않았으나 고위험군으로 잘못 분류된 비율이 크고, 백인의 경우 재범을 저질렀으나 저위험군으로 분류된 비율이 큰 것으로 조사 결과가 나왔다는 것을 알 수 있다.

②	저지르지 않은	고위험군	저지른	고위험군	➡ (X)
③	저지르지 않은	저위험군	저지른	저위험군	➡ (X)
④	저지른	고위험군	저지르지 않은	저위험군	➡ (X)
⑤	저지른	저위험군	저지르지 않은	고위험군	➡ (X)

22 ② 정답률 66.1%

| 문제 유형 | 비판적 사고 > 판단하기

| 접근 전략 | 서로 다른 A와 B의 주장을 제시한 후에 구체적인 사례를 가정하여 어느 주장을 강화하는지 판단하는 유형이다. A는 X가 인종차별을 한다는 입장이고 B는 이에 반박하고 있다. ⓒ은 A의 주장과 같은 입장이다. X를 사용할 때 인종 차이가 정확성에 영향을 미친다면 ㉠을 강화하고, 인종 차이의 요인이 제거된다면 ⓒ을 강화할 것이다.

위 글의 ㉠~ⓒ에 대한 평가로 적절한 것만을 〈보기〉에서 모두 고르면?

〈보기〉

ㄱ. 강력 범죄자 중 위험지수가 10으로 평가된 사람의 비율이 흑인과 백인 사이에 차이가 없다면, ㉠은 강화된다. → (X) 최고 위험지수에 해당하는 10으로 평가된 사람 가운데 인종 간 차이가 없다면, X가 흑인과 백인을 차별한다는 ㉠은 약화된다.

ㄴ. 흑인의 기저재범률이 높을수록 흑인에 대한 X의 재범 가능성 예측이 더 정확해진다면, ⓒ은 약화된다. → (X) B는 X의 목적이 재범 가능성에 대한 정확한 예측이며 여기에는 인종 간 차이가 나타나지 않는다고 했다. 따라서 흑인에 대한 X의 재범 가능성 예측 정확도가 커져도 ⓒ은 강화되거나 약화되지 않는다.

23 ⑤ 정답률 45.6%

| 문제 유형 | 비판적 사고 > 빈칸 채우기

| 접근 전략 | 을의 발언을 통해 청탁금지법의 규정 내용을 서술하고 갑의 발언으로 구체적인 사례 세 가지를 제시한 후 각 사례의 법 위반 여부를 법률에 따라 판단하는 문제 유형이다. 선지에는 각 사례의 위반 여부와 그 근거가 제시되어 있으므로 용어 하나라도 잘못 설명된 것은 없는지 세부적으로 따져 봐야 한다.

다음 글의 빈칸에 들어갈 내용으로 가장 적절한 것은?

갑: 안녕하십니까. 저는 시청 토목정책과에 근무합니다. 부정 청탁을 받은 때는 신고해야 한다고 들었습니다.

을: 예, 「부정청탁 및 금품 등 수수의 금지에 관한 법률」(이하 '청탁금지법')에서는, 공직자가 부정 청탁을 받았을 때는 명확히 거절 의사를 표현해야 하고, 그랬는데도 상대방이 이후에 다시 동일한 부정 청탁을 해 온다면 소속 기관의 장에게 신고해야 한다고 규정합니다.

갑: '금품 등'에는 접대와 같은 향응도 포함되지요?

을: 물론이지요. 청탁금지법에 따르면, 공직자는 동일인으로부터 명목에 상관없이 1회 100만 원 혹은 매 회계연도에 300만 원을 초과하는 금품이나 접대를 받을 수 없습니다. 직무 관련성이 있는 경우에는 100만 원 이하라도 대가성 여부와 관계없이 처벌을 받습니다.

갑: '동일인'이라 하셨는데, 여러 사람이 청탁을 하는 경우는 어떻게 되나요?

을: 받는 사람을 기준으로 하여 따지게 됩니다. 한 공직자에게 여러 사람이 동일한 부정 청탁을 하며 금품을 제공하려 하였을 때에도 이들의 출처가 같다고 볼 수 있다면 '동일인'으로 해석됩니다. 또한 여러 행위가 계속성 또는 시간적·공간적 근접성이 있다고 판단되면, 합쳐서 1회로 간주될 수 있습니다.

갑: 실은, 연초에 있었던 지역 축제 때 저를 포함한 우리 시청 직원 90명은 행사에 참여한다는 차원으로 장터에 들러 1인당 8천 원씩을 지불하고 식사를 했는데, 이후에 그 식사는 X 회사 사장인 A의 축제 후원금이 1인당 1만 2천 원씩 들어간 것이라는 사실을 알게 되었습니다. 이에 대하여는 결국 대가성 있는 접대도 아니고 직무 관련성도 없는 것으로 확정되었으며, 추가된 식사비도 축제 주최 측에 돌려주었습니다. 그리고 이달 초에는 Y 회사의 임원인 B가 관급 공사 입찰을 도와달라고 청탁하면서 100만 원을 건네려 하길래 거절한 적이 있습니다. 그런데 어제는 고교 동창인 C가 찾아와 X 회사 공장 부지의 용도 변경에 힘써 달라며 200만 원을 주려고 해서 단호히 거절하였습니다.

을: 그러셨군요. 말씀하신 것을 바탕으로 설명드리겠습니다.

① X 회사로부터 받은 접대는 시간적·공간적 근접성으로 보아 청탁금지법을 위반한 향응을 받은 것이 됩니다. ➡ (X) X 회사로부터 받은 접대는 시청 직원 90명이 받은 것이므로 받는 사람을 기준으로 따졌을 때 청탁금지법을 위반한 향응이라고 보기 어렵다.

② Y 회사로부터 받은 제안의 내용은 청탁금지법상의 금품이라고는 할 수 없지만 향응에는 포함될 수 있습니다. ➡ (X) Y 회사로부터 받은 100만 원은 청탁금지법상의 금품이라고 할 수 있다.

③ 청탁금지법상 A와 C는 동일인으로서 부정 청탁을 한 것이 됩니다. ➡ (X) A의 축제 후원금은 결과적으로 대가성도 없고 직무 관련성도 없는 것으로 확정되었는데, C는 X 회사의 공장 부지 용도 변경과 관련해 부정 청탁을 한 것이다.

④ 직무 관련성이 없다면 B와 C가 제시한 금액은 청탁금지법상의 허용 한도를 벗어나지 않습니다. ➡ (X) 을의 두 번째 발언에 제시된 청탁금지법에 따르면 명목에 상관없이 100만 원을 초과하는 금품을 받을 수 없으므로 B는 청탁금지법상의 허용 한도를 벗어났다.

⑤ 현재는 청탁금지법상 C의 청탁을 신고할 의무가 생기지 않지만, C가 같은 청탁을 다시 한다면 신고해야 합니다. ➡ (O) 을의 첫 번째 발언에 제시된 청탁금지법에 따르면 부정 청탁을 받았을 때 명확히 거절 의사를 표현해야 하고 동일한 부정 청탁을 다시 할 경우에는 소속 기관의 장에게 신고해야 한다. C의 부정 청탁을 거절한 후에 동일한 청탁을 다시 해 온다면 신고의 의무가 생긴다.

24 ④   정답률 47.3%

|문제 유형| 비판적 사고 > 유사한 내용·사례 찾기
|접근 전략| B 카페는 조례 제9조의 설치 대상 자격 요건에 해당되지 않아 지원금을 받을 수 없는 상태이다. 조례 제9조 제1항에 따르면 주차단위구획 100개 이상을 갖춘 시설이어야 하는데, B 카페는 50여 구획만을 갖추고 있다. 따라서 설치 대상의 기준이 되는 주차단위구획의 수를 줄이는 방법으로 개정하거나 설치 대상에 포함되지 못하더라도 다른 요건을 충족하면 지원을 받을 수 있도록 추가 조항을 신설하면 된다.

다음 글의 ⊙에 해당하는 내용으로 가장 적절한 것은?

A 시에 거주하면서 1세, 2세, 4세의 세 자녀를 기르는 갑은 육아를 위해 집에서 15km 떨어진 키즈 카페인 B 카페에 자주 방문한다. B 카페는 지역 유일의 키즈 카페라서 언제나 50여 구획의 주차장이 꽉 찰 정도로 성업 중이다. 최근 자동차를 교체하게 된 갑은 친환경 추세에 부응하여 전기차로 구매하였는데, B 카페는 전기차 충전시설이 없었다. 세 자녀를 돌보느라 거주지에서의 자동차 충전 시기를 놓치는 때가 많은 갑은 이러한 불편함을 호소하며 B 카페에 전기차 충전시설 설치를 요청하였다. 하지만 B 카페는, 충전시설을 설치하고 싶지만 비용이 문제라서 A 시의 「환경 친화적 자동차의 보급 및 이용 활성화를 위한 조례」(이하 '조례')에 따른 지원금이라도 받아야 간신히 설치할 수 있는 상황인데, 아래의 조문에서 보듯이 B 카페는 그에 해당하지 않는다고 설명하였다.

> 「환경 친화적 자동차의 보급 및 이용 활성화를 위한 조례」
> 제9조(충전시설 설치대상) ① 주차단위구획 100개 이상을 갖춘 다음 각호의 시설은 전기자동차 충전시설을 설치하여야 한다.
> 1. 판매·운수·숙박·운동·위락·관광·휴게·문화시설
> 2. 500세대 이상의 아파트, 근린생활시설, 기숙사
> ② 시장은 제1항의 설치대상에 대하여는 설치비용의 반액을 지원하여야 한다.
> ③ 시장은 제1항의 설치대상에 해당하지 않는 사업장에 대하여도 전기자동차 충전시설의 설치를 권고할 수 있다.

갑은 영유아와 같이 보호가 필요한 이들이 많이 이용하는 키즈 카페 등과 같은 사업장에도 전기차 충전시설의 설치를 지원해 줄 수 있는 근거를 조례에 마련해 달라는 민원을 제기하였다. 갑의 민원을 검토한 A 시 의회는 관련 규정의 보완이 필요하다고 인정하여, ⊙ 조례 제9조를 개정하였고, B 카페는 이에 근거한 지원금을 받아 전기차 충전시설을 설치하게 되었다.

① 제1항 제3호로 "다중이용시설(극장, 음식점, 카페, 주점 등 불특정다수인이 이용하는 시설을 말한다)"을 신설 ➡ (X) B 카페는 제1항 제1호에서 지정한 시설에 이미 포함되므로 이 조항을 신설할 필요는 없다.

② 제1항 제3호로 "교통약자(장애인·고령자·임산부·영유아를 동반한 사람, 어린이 등 일상생활에서 이동에 불편을 느끼는 사람을 말한다)를 위한 시설"을 신설 ➡ (X) B 카페는 제1항 제1호에서 지정한 시설에 이미 포함되므로 이 조항을 신설할 필요는 없다.

③ 제4항으로 "시장은 제2항에 따른 지원을 할 때 교통약자(장애인·고령자·임산부·영유아를 동반한 사람, 어린이 등 일상생활에서 이동에 불편을 느끼는 사람을 말한다)를 위한 시설을 우선적으로 지원하여야 한다."를 신설 ➡ (X) B 카페는 주차단위구획이 100개 미만이어서 설치 대상에 포함되지 못하였다. 이 조항은 선행하는 제1항을 전제로 하고 있으므로 신설하더라도 B 카페는 지원금을 받을 수 없다.

④ 제4항으로 "시장은 제3항의 권고를 받아들이는 사업장에 대하여는 설치비용의 60퍼센트를 지원하여야 한다."를 신설 ➡ (O) 주차단위구획이 50여 개인 B 카페는 제1항에 해당하는 시설이 아니므로 설치 대상이 아니지만, 제3항에 의해 설치 대상에 해당되지 않는 사업장이 시장의 권고를 받아들일 경우에 설치 비용을 지원한다는 조항이 추가된다면 지원금을 받아 전기차 충전시설을 설치할 수 있을 것이다.

⑤ 제4항으로 "시장은 전기자동차 충전시설의 의무 설치대상으로서 조기 설치를 희망하는 사업장에는 설치 비용의 전액을 지원할 수 있다."를 신설 ➡ (X) B 카페는 주차단위구획이 100개 미만이기에 의무 설치 대상에 포함되지 못한 것이다. 이 조항은 선행하는 제1항을 전제로 하고 있으며 지원 비율의 차이에 대한 내용이므로 신설하더라도 B 카페는 지원금을 받을 수 없다.

25 ③   정답률 60.6%

|문제 유형| 비판적 사고 > 판단하기
|접근 전략| 규정을 제시하고 그에 대한 논쟁을 쟁점 3개로 제시하고 있다. 각 쟁점에는 구체적인 사례가 나와 있는데 이에 대한 갑과 을의 상반된 입장이 나타나 있다. 이를 파악한 후에 <보기>의 분석이 적절한지 판단해야 하기 때문에 고려해야 할 사항이 많다. 시간 관계상 '쟁점 1-ㄱ, 쟁점 2-ㄴ, 쟁점 3-ㄷ'의 순서로 짝지어 독해하도록 한다.

다음 글의 <논쟁>에 대한 분석으로 적절한 것만을 <보기>에서 모두 고르면?

갑과 을은 「위원회의 운영에 관한 규정」 제8조에 대한 해석을 놓고 논쟁하고 있다. 그 조문은 다음과 같다.

> 제8조(위원장 및 위원) ① 위원장은 위촉된 위원들 중에서 투표로 선출한다.
> ② 위원장과 위원은 한 차례만 연임할 수 있다.
> ③ 위원장의 사임 등으로 보선된 위원장의 임기는 전임 위원장 임기의 남은 기간으로 한다.

<논쟁>
쟁점 1: A는 위원을 한 차례 연임하던 중 그 임기의 마지막 해에 위원장으로 선출되어, 2년에 걸쳐 위원장으로 활동하고 있다. 이에 대해, 갑은 A가 규정을 어기고 있다고 주장하지만, 을은 그렇지 않다고 주장한다.
쟁점 2: B가 위원장을 한 차례 연임하여 활동하던 중에 연임될 때의 투표 절차가 적법하지 않다는 이유로 위원장의 직위가 해제되었는데, 이후

의 보선에 B가 출마하였다. 이에 대해, 갑은 B가 선출되면 규정을 어기게 된다고 주장하지만, 을은 그렇지 않다고 주장한다.

쟁점 3: C는 위원장을 한 차례 연임하였고, 다음 위원장으로 선출된 D는 임기 만료 직전에 사퇴하였는데, 이후의 보선에 C가 출마하였다. 이에 대해, 갑은 C가 선출되면 규정을 어기게 된다고 주장하지만, 을은 그렇지 않다고 주장한다.

〈보기〉

ㄱ. 쟁점 1과 관련하여, 갑은 위원으로서의 임기가 종료되면 위원장으로서의 자격도 없는 것으로 생각하지만, 을은 위원장이 되는 경우에는 그 임기나 연임 제한이 새롭게 산정된다고 생각하기 때문이라고 하면, 갑과 을 사이의 주장 불일치를 설명할 수 있다. → (O) A의 경우 위원을 연임하던 중 마지막 해에 위원장으로 선출되었는데 쟁점 1은 위원으로서의 임기를 기준으로 볼 것인가, 또는 위원으로서의 임기와 위원장으로서의 임기를 구별해서 볼 것인가의 문제이다. 따라서 ㄱ은 적절한 분석이다.

ㄴ. 쟁점 2와 관련하여, 갑은 위원장이 부적법한 절차로 당선되었더라도 그것이 연임 횟수에 포함된다고 생각하지만, 을은 그렇지 않다고 생각하기 때문이라고 하면, 갑과 을 사이의 주장 불일치를 설명할 수 있다. → (O) B의 경우 갑이 B가 선출되면 규정을 어긴다고 본 것은 부적합한 이유로 위원장에 선출되었더라도 연임을 한 것이라 보았기 때문이다. 따라서 ㄴ은 적절한 분석이다.

ㄷ. 쟁점 3과 관련하여, 위원장 연임 제한의 의미가 '단절되는 일 없이 세 차례 연속하여 위원장이 되는 것만을 막는다'는 것으로 확정된다면, 갑의 주장은 옳고, 을의 주장은 그르다. → (X) C의 경우 연임한 후 단절되었다가 다시 위원장에 선출되려고 출마했다. 여기에서 위원장 연임 제한의 의미가 '단절되는 일 없이 세 차례 연속하여 위원장이 되는 것만을 막는다'라는 것으로 확정되면 연속 두 차례 연임만 불가하고 단절되었다가 다시 선출되는 것은 가능한 일이 된다. 따라서 갑의 주장은 그르고, 을의 주장은 옳다.

① ㄱ ➡ (X)
② ㄷ ➡ (X)
③ ㄱ, ㄴ ➡ (O)
④ ㄴ, ㄷ ➡ (X)
⑤ ㄱ, ㄴ, ㄷ ➡ (X)

정답과 분석해설

2021 | 제2영역 자료해석(⑭ 책형)

기출 총평

국가직 7급 PSAT 시험은 2021년에 첫 시행되었다. 처음 시행된 만큼 난도에 대해 많은 관심이 쏠렸는데 5, 7급 민경채 PSAT 시험보다는 난도가 높고, 5급 공채 PSAT 시험보다는 난도가 낮았다. 대체적으로 예상했던 것보다 높은 난도로 출제되었다는 평가를 보였다. 문제 유형은 7급 PSAT 예시문항, 인사혁신처 모의평가와 유사하게 출제되었다. 2021년도 5급 공채 PSAT 자료해석 시험에서 인포그래픽 문제가 다수 출제되었는데 이와 마찬가지로 7급 PSAT 시험에서도 인포그래픽 문제가 출제되었고, 일반적인 〈보고서〉나 줄글 형태의 매칭형 문제 외에 대화문, 보도자료 등과 같이 실무형 문제가 출제되었다. 이는 5급 공채, 5, 7급 민경채 PSAT 시험에서도 같은 경향을 보이는 만큼 앞으로 실무형 문제들이 더 늘어날 것으로 예상된다. 한편 국가직 7급 PSAT 시험은 5, 7급 민경채 PSAT 시험과 동일한 날에 시행되었는데 자료해석의 경우 25문제 중 1~15번까지의 문제가 동일하게 출제되었다. 후반 10문제의 난도가 높고, 계산이 필요한 문제들이 앞의 15문제보다 더 많이 포진되어 있어 문제를 끝까지 풀지 못한 수험생들이 다수 있었을 것으로 예상된다. 기존 5, 7급 민경채 PSAT과 5급 공채 PSAT 기출문제를 통해 유형별 접근 방법과 어림셈으로 계산하는 법, 선지 구성에 따라 모든 선지를 풀지 않고도 답을 찾아낼 수 있는 법을 연습하여 문제 풀이 시간을 단축해야 한다.

문항 분석

문번	정답	정답률	유형
01	②	77.4%	자료 추론 > 추가로 필요한 자료 찾기
02	⑤	86.5%	자료 변환응용 > 자료/보고서 전환형
03	②	75.8%	자료 읽기 > 그림 제시형
04	①	90.9%	자료 읽기 > 표/빈칸 제시형
05	④	71.8%	자료 읽기/추론 > 계산형
06	③	84.8%	자료 읽기/추론 > 매칭형
07	④	72.5%	자료 읽기 > 표/빈칸 제시형
08	⑤	45%	자료 읽기 > 표/빈칸 제시형
09	⑤	56.3%	자료 읽기 > 표 제시형
10	②	86.2%	자료 읽기/추론 > 매칭형
11	③	62.9%	자료 읽기/추론 > 계산형
12	③	61.4%	자료 읽기 > 그림 제시형
13	④	59.7%	자료 읽기 > 표 제시형

문번	정답	정답률	유형
14	①	53.7%	자료 읽기 > 그림 제시형
15	③	58.4%	자료 변환응용 > 자료/보고서 전환형
16	①	55.9%	자료 읽기 > 그림 제시형
17	④	83.6%	자료 읽기/추론 > 계산형
18	③	74.4%	자료 변환응용 > 자료/보고서 전환형
19	③	67%	자료 읽기/추론 > 계산형
20	④	57.1%	자료 읽기 > 표/그림 제시형
21	②	37.6%	자료 읽기 > 빈칸 제시형
22	②	60.9%	자료 읽기 > 표 제시형
23	⑤	33.3%	자료 읽기/추론 > 매칭형
24	①	16.8%	자료 변환응용 > 표/그림 전환형
25	⑤	50.5%	자료 읽기 > 빈칸 제시형

※ 음영 문항은 해당 회차에서 정답률이 가장 낮은 TOP 3 문항입니다.
※ 정답률 산정 기준: 약 1년간 누적된 자동채점 & 성적결과분석 서비스의 응시 데이터

출제 비중

01	②	02	⑤	03	②	04	①	05	④
06	③	07	④	08	⑤	09	⑤	10	②
11	③	12	②	13	④	14	①	15	②
16	①	17	④	18	③	19	③	20	④
21	②	22	②	23	⑤	24	①	25	⑤

기출문제편 P.200

01 ②
정답률 77.4%

| 문제 유형 | 자료 추론 > 추가로 필요한 자료 찾기
| 접근 전략 | 〈보고서〉 작성에 필요한 자료를 찾는 문제이다. 이 문제에서 〈표〉는 문제 풀이에 의미가 없는 자료이므로 〈표〉와 중복되는 〈보기〉가 존재하는지 여부만 확인하고 넘어간다. 〈보기〉에 주어진 자료의 제목이 〈보고서〉에 나와 있는지 먼저 확인하고, 〈보고서〉와 해당 자료가 일치하는지 확인하면 문제를 빠르게 풀 수 있다.

다음 〈표〉와 〈보고서〉는 2019년 전국 안전체험관과 생활안전에 관한 자료이다. 제시된 〈표〉 이외에 〈보고서〉를 작성하기 위해 추가로 이용한 자료만을 〈보기〉에서 모두 고르면?

〈표〉 2019년 전국 안전체험관 규모별 현황
(단위: 개소)

전체	대형		중형		소형
	일반	특성화	일반	특성화	
473	25	7	5	2	434

─〈보고서〉─

2019년 생활안전 통계에 따르면 전국 473개소의 안전체험관이 운영 중인 것으로 확인되었다. 전국 안전체험관을 규모별로 살펴보면, 대형이 32개소, 중형이 7개소, 소형이 434개소였다. 이 중 대형 안전체험관은 서울이 가장 많고 경북, 충남이 그 뒤를 이었다. ▶1문단

전국 안전사고 사망자 수는 2015년 이후 매년 감소하다가 2018년에는 증가하였다. 교통사고 사망자 수는 2015년 이후 매년 줄어들었고, 특히 2018년에 전년 대비 11.2% 감소하였다. ▶2문단

2019년 분야별 지역안전지수 1등급 지역을 살펴보면 교통사고 분야는 서울, 경기, 화재 분야는 광주, 생활안전 분야는 경기, 부산으로 나타났다. ▶3문단

─〈보기〉─

ㄱ. 연도별 전국 교통사고 사망자 수
(단위: 명)

연도	2015	2016	2017	2018
사망자 수	4,380	4,019	3,973	3,529

→ (O) 〈보고서〉 2문단에 "교통사고 사망자 수는 2015년 이후 매년 줄어들었고, 특히 2018년에 전년 대비 11.2% 감소하였다"라고 나와 있고, 이는 〈표〉의 자료와 일치한다. 따라서 ㄱ은 〈보고서〉를 작성하기 위해 추가로 이용되었다.

ㄴ. 분야별 지역안전지수 4년 연속(2015~2018년) 1등급, 5등급 지역 (시·도)

등급 \ 분야	교통사고	화재	범죄	생활안전	자살
1등급	서울, 경기	–	세종	경기	경기
5등급	전남	세종	제주	제주	부산

→ (X) 〈보고서〉에는 2019년 분야별 지역안전지수 1등급 지역에 대해 제시되어 있지만, ㄴ은 2015년부터 2018년까지 4년 연속 분야별 지역안전지수 1등급, 5등급 지역에 대한 것이므로 〈보고서〉 작성에 이용되지 않았다.

ㄷ. 연도별 전국 안전사고 사망자 수
(단위: 명)

연도	2015	2016	2017	2018
사망자 수	31,582	30,944	29,545	31,111

→ (O) 〈보고서〉 2문단에 따르면 "전국 안전사고 사망자 수는 2015년 이후 매년 감소하다가 2018년에는 증가하였다"라고 제시되어 있고, 이는 〈표〉의 자료와 일치한다. 따라서 ㄷ은 〈보고서〉를 작성하기 위해 추가로 이용되었다.

ㄹ. 2018년 지역별 안전체험관 수

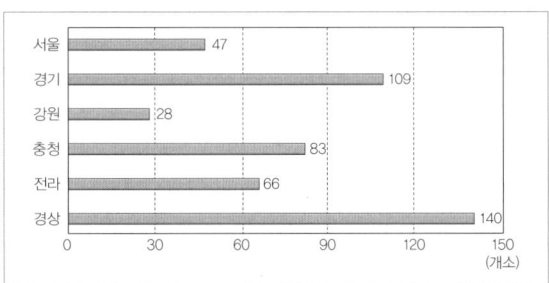

→ (X) 〈보고서〉에는 2019년 안전체험관 수에 대해 제시되어 있지만 ㄹ은 2018년 지역별 안전체험관 수에 대한 것이므로 〈보고서〉 작성에 이용되지 않았다.

① ㄱ, ㄴ ➡ (X)
② ㄱ, ㄷ ➡ (O)
③ ㄴ, ㄹ ➡ (X)
④ ㄱ, ㄷ, ㄹ ➡ (X)
⑤ ㄴ, ㄷ, ㄹ ➡ (X)

02 ⑤
정답률 86.5%

| 문제 유형 | 자료 변환응용 > 자료/보고서 전환형
| 접근 전략 | 〈표〉에 주어진 임무단의 평화유지활동 자료를 바탕으로 〈보고서〉 내용의 옳고 그름을 판단하는 문제이다. 〈보고서〉에서 밑줄 친 부분만 읽으면 문제를 빠르게 해결할 수 있다.

다음 〈표〉는 아프리카연합이 주도한 임무단의 평화유지활동에 관한 자료이다. 이를 바탕으로 작성한 〈보고서〉의 설명 중 옳지 않은 것은?

<표> 임무단의 평화유지활동(2021년 5월 기준)

(단위: 명)

임무단	파견지	활동 기간	주요 임무	파견 규모
부룬디 임무단	부룬디	2003. 4. ~ 2004. 6.	평화협정 이행 지원	3,128
수단 임무단	수단	2004. 10. ~ 2007. 12.	다르푸르 지역 정전 감시	300
코모로 선거감시 지원 임무단	코모로	2006. 3. ~ 2006. 6.	코모로 대통령 선거 감시	462
소말리아 임무단	소말리아	2007. 1. ~ 현재	구호 활동 지원	6,000
코모로 치안 지원 임무단	코모로	2007. 5. ~ 2008. 10.	앙주앙 섬 치안 지원	350
다르푸르 지역 임무단	수단	2007. 7. ~ 현재	민간인 보호	6,000
우간다 임무단	우간다	2012. 3. ~ 현재	반군 소탕작전	3,350
말리 임무단	말리	2012. 12. ~ 2013. 7.	정부 지원	1,450
중앙아프리카 공화국 임무단	중앙아프리카 공화국	2013. 12. ~ 2014. 9.	안정 유지	5,961

─〈보고서〉─

아프리카연합은 아프리카 지역 분쟁 해결 및 평화 구축을 위하여 2021년 5월 현재까지 9개의 임무단을 구성하고 평화유지활동을 주도하였다. ㉠ 평화유지활동 중 가장 오랜 기간 동안 활동한 임무단은 '소말리아 임무단'이다. → (O) 현재는 2021년 5월이다. 따라서 '소말리아 임무단'은 2007년 1월부터 2021년 5월까지 14년 이상 활동하고 있으므로 다른 임무단에 비해 평화유지활동을 오래하였다. 이 임무는 소말리아 과도 연방정부가 아프리카연합에 평화유지군을 요청한 것을 계기로 시작되어 현재에 이르고 있다. 한편, ㉡'코모로 선거감시 지원 임무단'은 가장 짧은 기간 동안 활동하였다. → (O) '코모로 선거감시 지원 임무단'은 4개월간 활동하였으므로 다른 임무단에 비해 평화유지활동을 짧게 하였다. 2006년 코모로는 대통령 선거를 앞두고 아프리카연합에 지원을 요청하였고 같은 해 3월 시작된 평화유지활동은 선거가 끝난 6월에 임무가 종료되었다.

㉢ 아프리카연합이 현재까지 평화유지활동을 위해 파견한 임무단의 총규모는 25,000명 이상이며, → (O) 현재까지 총규모는 3,128 + 300 + 462 + 6,000 + 350 + 6,000 + 3,350 + 1,450 + 5,961 = 27,001(명)이다. 현재 활동 중인 임무단의 규모는 소말리아 6,000명, 수단 6,000명, 우간다 3,350명으로 총 15,000여 명이다.

아프리카연합은 아프리카 내의 문제를 자체적으로 해결하기 위해 다양한 임무단 활동을 활발히 수행하였다. 특히 ㉣ 수단과 코모로에서는 각각 2개의 임무단이 활동하였다. → (O) 수단에서는 '수단 임무단'과 '다르푸르 지역 임무단'이 임무단 활동을 수행하였고, 코모로에서는 '코모로 선거감시 지원 임무단'과 '코모로 치안 지원 임무단'이 임무단 활동을 수행하였다.

현재 평화유지활동을 수행 중인 임무단은 3개이지만 ㉤ 2007년 10월 기준 평화유지활동을 수행 중이었던 임무단은 5개였다. → (X) 2007년 10월 기준 평화유지활동을 수행 중이었던 임무단은 '수단 임무단', '소말리아 임무단', '코모로 치안 지원 임무단', '다르푸르 지역 임무단'으로 총 4개이다.

① ㉠ ➡ (O)
② ㉡ ➡ (O)
③ ㉢ ➡ (O)
④ ㉣ ➡ (O)
⑤ ㉤ ➡ (X)

03 ② 정답률 75.8%

| 문제 유형 | 자료 읽기 > 그림 제시형

| 접근 전략 | 〈그림〉에 주어진 국가채무 및 GDP에 관한 자료를 바탕으로 GDP 대비 금융성채무와 국가채무, 적자성채무, 금융성채무를 구하는 문제이다. GDP 대비 채무 비율에 GDP를 곱하면 항목별 채무를 구할 수 있고, 금융성채무는 '국가채무 – 적자성채무'의 식을 이용하여 구할 수 있다.

다음 〈그림〉은 2014~2020년 연말 기준 '갑'국의 국가채무 및 GDP에 관한 자료이다. 이에 대한 〈보기〉의 설명 중 옳은 것만을 모두 고르면?

〈그림 1〉 GDP 대비 국가채무 및 적자성채무 비율 추이

※ 국가채무 = 적자성채무 + 금융성채무

〈그림 2〉 GDP 추이

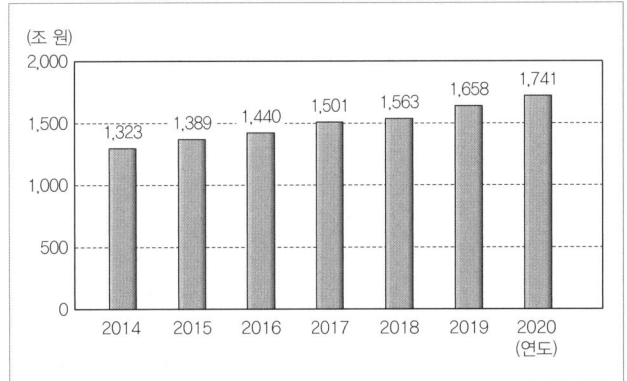

─〈보기〉─

ㄱ. 2020년 국가채무는 2014년의 1.5배 이상이다. → (O) 2020년 국가채무는 0.36 × 1,741 = 626.76(조 원)이고, 2014년 국가채무는 0.297 × 1,323 = 392.931(조 원)이다. 400의 1.5배가 600인데 2014년 국가채무는 400 이하, 2020년 국가채무는 600 이상이므로 2020년 국가채무는 2014년 국가채무의 1.5배 이상이다.

ㄴ. GDP 대비 금융성채무 비율은 매년 증가한다. → (X) 국가채무는 적자성채무와 금융성채무의 합이다. GDP 대비 금융성채무 비율은 GDP 대비 국가채무 비율에서 GDP 대비 적자성채무 비율을 뺀 값이다. 따라서 GDP 대비 금융성채무는 '15.1 → 15.4 → 15.5 → 15.7 → 15.8 → 15.7 → 15.3'으로 2019년부터 감소한다.

ㄷ. 적자성채무는 2019년부터 300조 원 이상이다. → (O) GDP 대비 적자성채무 비율과 GDP는 매년 증가하므로 적자성채무도 매년 증가한다. 적자성채무는 2018년 1,563 × 0.183 ≒ 286(조 원), 2019년 1,658 × 0.2 = 331.6(조 원)이다. 따라서 적자성채무는 2019년부터 300조 원 이상이다.

ㄹ. 금융성채무는 매년 국가채무의 50% 이상이다. → (X) 국가채무 대비 금융성채무 비율은 GDP 대비 국가채무 비율 대비 GDP 대비금융성채무 비율과 동일하다. '국가채무 = 적자성채무 + 금융성채무'이므로 GDP 대비 국가채무 비율의 50% 이상을 GDP 대비 적자성채무 비율이 차지한다면 GDP 대비 금융성채무 비율은 50% 미만이 된다. 2017년의 GDP 대비 국가채무 비율이 32.6% 이고 GDP 대비 적자성채무 비율은 18.3%로 GDP 대비 국가채무 비율의 절반인 32.6 × 0.5 = 16.3(%)를 초과한다. 따라서 GDP 대비 적자성채무 비율이 GDP 대비 국가채무 비율의 50% 이상이므로 GDP 대비 금융성채무 비율은 GDP 대비 국가채무 비율의 50% 미만이다.

① ㄱ, ㄴ ➡ (X)
② ㄱ, ㄷ ➡ (O)
③ ㄴ, ㄹ ➡ (X)
④ ㄱ, ㄷ, ㄹ ➡ (X)
⑤ ㄴ, ㄷ, ㄹ ➡ (X)

ㄹ. 이사 후 주택 규모가 커진 가구 수는 이사 후 주택 규모가 작아진 가구 수보다 많다. → (X) 이사 전 '소형'에서 이사 후 '중형', '대형'으로 달라진 가구 수는 0 + 5 = 5(가구)이고, 이사 전 '중형'에서 '대형'으로 달라진 가구 수는 10(가구)이다. 따라서 이사 후 주택 규모가 커진 가구 수는 총 5 + 10 = 15(가구)이다. 이사 전 '중형'에서 이사 후 '소형'으로 달라진 가구 수는 10(가구)이고, 이사 전 '대형'에서 이사 후 '소형', '중형'으로 달라진 가구 수는 5 + 10 = 15(가구)이다. 따라서 이사 후 주택 규모가 작아진 가구 수는 10 + 15 = 25(가구)이다.

① ㄱ, ㄴ ➡ (O)
② ㄱ, ㄷ ➡ (X)
③ ㄴ, ㄹ ➡ (X)
④ ㄷ, ㄹ ➡ (X)
⑤ ㄱ, ㄴ, ㄷ ➡ (X)

04 ① 정답률 90.9%

|문제 유형| 자료 읽기 > 표/빈칸 제시형
|접근 전략| 이사 전후 주택 규모를 계산하여 비교하는 문제이다. 가로 또는 세로의 합을 이용하여 빈칸을 채우는 문제이므로 빈칸이 하나인 항목을 먼저 공략하여 빈칸을 채운다.

다음 〈표〉는 최근 이사한 100가구의 이사 전후 주택 규모에 관한 조사 결과이다. 이에 대한 〈보기〉의 설명 중 옳은 것만을 모두 고르면?

〈표〉 이사 전후 주택 규모 조사 결과

(단위: 가구)

이사 후 \ 이사 전	소형	중형	대형	합
소형	15	10	( )	30
중형	( )	30	10	( )
대형	5	10	15	( )
계	( )	( )	( )	100

※ 주택 규모는 '소형', '중형', '대형'으로만 구분하며, 동일한 주택 규모는 크기도 같음

〈보기〉

ㄱ. 주택 규모가 이사 전 '소형'에서 이사 후 '중형'으로 달라진 가구는 없다. → (O) '대형'으로 이사한 가구는 총 5 + 10 + 15 = 30(가구)이다. 전체 가구의 합이 100가구이므로 '중형' 가구의 합은 100 - 30 - 30 = 40(가구)이다. '중형'으로 이사한 가구는 총 30 + 10 = 40(가구)이므로 이사 전 '소형'에서 이사 후 '중형'으로 달라진 가구는 없다.

ㄴ. 이사 전후 주택 규모가 달라진 가구 수는 전체 가구 수의 50% 이하이다. → (O) 이사 전후 주택 규모가 달라진 가구 수 비율은 100에서 이사 전후 주택 규모가 동일한 가구 수 비율을 뺀 값과 동일하다. 이사 전후 주택 규모가 동일한 가구 수는 15 + 30 + 15 = 60(가구)이고, 전체 가구는 100가구이므로 이사 전후 주택 규모가 동일한 가구 수 비율은 60%이다. 따라서 이사 전후 주택 규모가 달라진 가구 수는 100 - 60 = 40(%)이다.

ㄷ. 주택 규모가 '대형'인 가구 수는 이사 전이 이사 후보다 적다. → (X) 이사 전 '대형'에서 이사 후 '소형'으로 달라진 가구는 30 - 15 - 10 = 5(가구)이다. 따라서 이사 전 주택 규모가 '대형'인 가구 수는 5 + 10 + 15 = 30(가구)이고, 이사 후 주택 규모가 '대형'인 가구 수는 5 + 10 + 15 = 30(가구)로 동일하다.

05 ④ 정답률 71.8%

|문제 유형| 자료 읽기/추론 > 계산형
|접근 전략| 〈그림〉에 주어진 플라스틱 제품의 제조공정도를 바탕으로 '폐기처리' 공정에 전달되어 투입되는 재료의 총량을 계산하는 문제이다. '폐기처리' 공정의 선행 공정을 먼저 파악하고, 각 공정 순서에 따른 직진율의 곱을 합한 뒤 1,000kg을 곱하여 계산한다.

다음 〈그림〉은 A사 플라스틱 제품의 제조공정도이다. 1,000kg의 재료가 '혼합' 공정에 투입되는 경우, '폐기 처리' 공정에 전달되어 투입되는 재료의 총량은 몇 kg인가?

〈그림〉 A사 플라스틱 제품의 제조공정도

※ 제조공정도 내 수치는 직진율($= \frac{\text{다음 공정에 전달되는 재료의 양}}{\text{해당 공정에 투입되는 재료의 양}}$)을 의미함. 예를 들어, 가 →0.2→ 나 는 해당 공정 '가'에 100kg의 재료가 투입되면 이 중 20kg (= 100kg × 0.2)의 재료가 다음 공정 '나'에 전달되어 투입됨을 의미함

① 50 ➡ (X)
② 190 ➡ (X)
③ 230 ➡ (X)
④ 240 ➡ (O) '혼합 → 성형 → 재작업 → 폐기 처리', '혼합 → 성형 → 조립 → 검사 → 폐기 처리', '혼합 → 성형 → 재작업 → 조립 → 검사 → 폐기 처리'의 세 가지 방식으로 폐기 처리가 이루어진다. 따라서 '폐기 처리' 공정에 전달되어 투입되는 재료의 총량은 1,000 × {(1 × 0.1 × 0.5) + (1 × 0.9 × 1 × 0.2) + (1 × 0.1 × 0.5 × 1 × 0.2)} = 1,000 × (0.05 + 0.18 + 0.01) = 240(kg)이다.
⑤ 280 ➡ (X)

06 ③ 정답률 84.8%

| 문제 유형 | 자료 읽기/추론 > 매칭형

| 접근 전략 | 〈조건〉을 바탕으로 〈그림〉에서 A~H에 해당하는 국가를 찾는 문제이다. 첫 번째 〈조건〉을 제외한 〈조건〉들은 모두 국가를 하나로 특정할 수 있다. 가장 많은 국가를 찾을 수 있는 세 번째 〈조건〉을 가장 먼저 확인한다.

다음 〈그림〉은 12개 국가의 수자원 현황에 관한 자료이며, A~H는 각각 특정 국가를 나타낸다. 〈그림〉과 〈조건〉을 근거로 판단할 때, 국가명을 알 수 없는 것은?

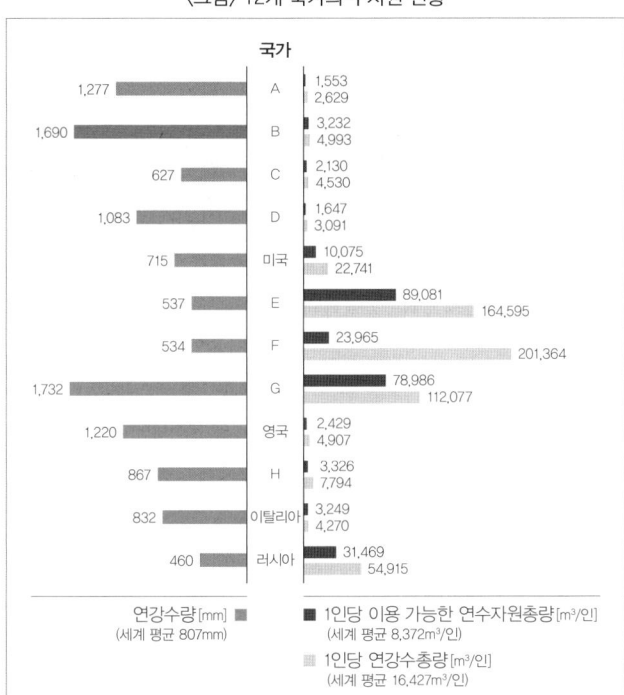

〈그림〉 12개 국가의 수자원 현황

─〈조건〉─

○ '연강수량'이 세계 평균의 2배 이상인 국가는 일본과 뉴질랜드이다. → '연강수량'의 세계 평균이 807mm이므로 세계 평균의 2배는 1,614mm이다. '연강수량'이 1,614mm 이상인 국가는 B와 G이다.

○ '연강수량'이 세계 평균보다 많은 국가 중 '1인당 이용 가능한 연수자원총량'이 가장 적은 국가는 대한민국이다. → A는 '연강수량'이 807mm보다 많으면서 '1인당 이용 가능한 연수자원총량'이 1,553m³/인으로 가장 적다. 따라서 A는 대한민국이다.

○ '1인당 연강수총량'이 세계 평균의 5배 이상인 국가를 '연강수량'이 많은 국가부터 나열하면 뉴질랜드, 캐나다, 호주이다. → '1인당 연강수총량'의 세계 평균은 16,427m³/인이므로 세계 평균의 5배는 82,135m³/인이다. '1인당 연강수총량'이 82,135m³/인보다 많은 국가는 E, F, G이다. 이 국가들 중 '연강수량'이 많은 국가부터 나열하면 G, E, F이므로 뉴질랜드가 G, 캐나다가 E, 호주가 F이다. 따라서 일본이 B이다.

○ '1인당 이용 가능한 연수자원총량'이 영국보다 적은 국가 중 '1인당 연강수총량'이 세계 평균의 25% 이상인 국가는 중국이다. → 영국의 '1인당 이용 가능한 연수자원총량'은 2,429m³/인으로 이보다 적은 국가는 C, D이고, '1인당 연강수총량'의 세계 평균의 25%는 16,427 × 0.25 ≒ 4,106.8(m³/인)이다. 따라서 중국에 해당하는 국가는 C이다.

○ '1인당 이용 가능한 연수자원총량'이 6번째로 많은 국가는 프랑스이다. → '1인당 이용 가능한 연수자원총량'은 E, G, 러시아, F, 미국, H 순이므로 프랑스는 H이다.

① B ➡ (O)
② C ➡ (O)
③ D ➡ (X) D는 주어진 〈조건〉을 통해 알 수 없다.
④ E ➡ (O)
⑤ F ➡ (O)

07 ④ 정답률 72.5%

| 문제 유형 | 자료 읽기 > 표/빈칸 제시형

| 접근 전략 | 〈표〉에 주어진 '갑'~'무'의 중간고사 과목 점수를 바탕으로 학생별 평균, 과목별 평균 등을 계산하는 문제이다. 평균은 가평균+{(가평균과 변량의 차이)의 합 ÷ 자료의 개수}로 구할 수 있다. 또한 평균은 $\frac{자료의\ 총합}{자료의\ 개수}$이므로 '평균 × 자료의 개수 = 자료의 총합'임을 이용하면 문제를 빠르게 풀 수 있다.

다음 〈표〉는 학생 '갑'~'무'의 중간고사 3개 과목 점수에 관한 자료이다. 이에 대한 〈보기〉의 설명 중 옳은 것만을 모두 고르면?

〈표〉 '갑'~'무'의 중간고사 3개 과목 점수

(단위: 점)

과목	학생 성별	갑 남	을 여	병 ( )	정 여	무 남
국어		90	85	60	95	75
영어		90	85	100	65	100
수학		75	70	85	100	100

─〈보기〉─

ㄱ. 국어 평균 점수는 80점 이상이다. → (O) 가평균을 80점이라고 하였을 때 가평균과 변량의 차이의 합이 0 이상이면 평균 점수는 80점 이상, 0 미만이면 평균 점수가 80점 미만이다. 따라서 차이의 합은 10+5+(−20)+15+(−5) =5(점)이므로 평균은 80점 이상이다.

ㄴ. 3개 과목 평균 점수가 가장 높은 학생과 가장 낮은 학생의 평균 점수 차이는 10점 이하이다. → (X) 3개 과목 평균 점수 순위는 3개 과목 총합 순위와 동일하다. 학생별 과목 총합은 '갑'이 90+90+75=255(점), '을' 85+85+70=240(점), '병'이 60+100+85=245(점), '정'이 95+65+100 =260(점), '무'가 75+100+100=275(점)이다. 따라서 평균 점수가 가장 높은 학생은 '무', 가장 낮은 학생은 '을'이고, 두 학생의 점수 차이가 275−240 = 35(점)이므로 평균은 $\frac{35}{3}$ ≒ 11.7(점) 차이 난다.

ㄷ. 국어, 영어, 수학 점수에 각각 0.4, 0.2, 0.4의 가중치를 곱한 점수의 합이 가장 큰 학생은 '정'이다. → (O) '을'은 모든 과목의 점수가 '갑'보다 낮으므로 합이 가장 큰 학생이 아니다. '병'은 '무'보다 모든 과목의 점수가 낮거나 같으므로 합이 가장 큰 학생이 아니다. 따라서 '갑', '정', '무'만 계산해 본다. 0.4 × 국어 + 0.2 × 영어 + 0.4 × 수학 = 0.2 × {2 × (국어+수학)+영어}와 같으므로 순위는 2 × (국어+수학)+영어로 비교한다. '갑'이 2 × (90+75)+ 90 = 420(점), '정'이 2 × (95+100)+65 = 455(점), '무'가 2 × (75+100)+ 100 = 450(점)이므로 합이 가장 큰 학생은 '정'이다.

ㄹ. '갑'~'무'의 성별 수학 평균 점수는 남학생이 여학생보다 높다. → (O) 만약 '병'을 제외하고 남학생과 여학생의 평균을 구하면 남학생의 수학 점수 평균은 87.5점, 여학생의 수학 점수 평균은 85점이 된다. '병'의 수학 점수가 85점이므로 만약 '병'이 남학생이라면 남학생의 수학 점수 평균은 85점 초과 87.5점 미만이므로 여학생의 수학 점수 평균보다 높고, 만약 '병'이 여학생이라면 여학생의 수학 점수 평균은 그대로 85점이므로 남학생의 수학 점수 평균보다 낮을 것이다. 따라서 '병'의 성별에 관계없이 항상 남학생의 수학 점수 평균이 여학생보다 높다.

① ㄱ, ㄷ ➡ (X)
② ㄱ, ㄹ ➡ (X)
③ ㄴ, ㄷ ➡ (X)
④ ㄱ, ㄷ, ㄹ ➡ (O)
⑤ ㄴ, ㄷ, ㄹ ➡ (X)

S 08 ⑤ 정답률 45%

| 문제 유형 | 자료 읽기 > 표/빈칸 제시형
| 접근 전략 | 〈표〉에 주어진 자료를 바탕으로 연도별 인공지능반도체 비중, 시스템반도체 시장 규모를 계산하는 문제이다. 모든 〈보기〉가 빈칸을 알아야 해결할 수 있는 문제이므로 빈칸을 먼저 채우고 시작한다.

다음 〈표〉는 2021∼2027년 시스템반도체 중 인공지능반도체의 세계 시장 규모 전망이다. 이에 대한 〈보기〉의 설명 중 옳은 것만을 모두 고르면?

〈표〉 시스템반도체 중 인공지능반도체의 세계 시장 규모 전망

(단위: 억 달러, %)

연도 구분	2021	2022	2023	2024	2025	2026	2027
시스템반도체	2,500	2,310	2,686	2,832	( )	3,525	( )
인공지능반도체	70	185	325	439	657	927	1,179
비중	2.8	8.0	( )	15.5	19.9	26.3	31.3

─〈보기〉─

ㄱ. 인공지능반도체 비중은 매년 증가한다. → (O) 2023년 인공지능반도체 비중은 $\frac{325}{2,686} \times 100 ≒ 12.1(\%)$이다. 따라서 인공지능반도체 비중은 매년 증가한다.

ㄴ. 2027년 시스템반도체 시장 규모는 2021년보다 1,000억 달러 이상 증가한다. → (O) 2027년 시스템반도체 시장 규모는 $\frac{1,179}{0.313} ≒ 3,767$(억 달러)이다. 따라서 2021년보다 약 3,767 − 2,500 = 1,267(억 달러) 증가한다.

ㄷ. 2022년 대비 2025년의 시장 규모 증가율은 인공지능반도체가 시스템반도체의 5배 이상이다. → (O) 2025년 시스템반도체 시장 규모는 $\frac{657}{0.199} ≒ 3,302$(억 달러)이다. 2022년 대비 2025년 시스템반도체 시장 규모 증가율은 $\frac{3,302 − 2,310}{2,310} \times 100 ≒ 42.9(\%)$, 인공지능반도체 시장 규모 증가율은 $\frac{657 − 185}{185} \times 100 ≒ 255.1(\%)$이다. 시스템반도체 시장 규모 증가율의 5배는 5 × 42.9 = 214.5(%)이므로 인공지능반도체 시장 규모 증가율이 시스템반도체 시장 규모 증가율의 5배 이상이다.

① ㄷ ➡ (X)
② ㄱ, ㄴ ➡ (X)
③ ㄱ, ㄷ ➡ (X)
④ ㄴ, ㄷ ➡ (X)
⑤ ㄱ, ㄴ, ㄷ ➡ (O)

09 ⑤ 정답률 56.3%

| 문제 유형 | 자료 읽기 > 표 제시형
| 접근 전략 | 〈표〉에 주어진 화물의 지역 내, 지역 간 이동 현황을 바탕으로 지역별 출발 화물과 도착 화물을 비교하는 문제이다. 세로가 출발 지역, 가로가 도착 지역이므로 출발 화물의 합은 세로, 도착 화물의 합은 가로로 주어진다는 것을 헷갈리지 말아야 한다. 정확한 값을 물어보는 것이 아니라 대소 관계를 묻는 〈보기〉가 많으므로 정확히 계산하기보다는 대략적인 값으로 비교하고 넘어간다. 또한 ㄱ, ㄴ은 계산이 필요 없는 〈보기〉이므로 먼저 해결하면 ㄱ은 옳은 〈보기〉, ㄴ은 옳지 않은 〈보기〉이므로 답은 ② 또는 ⑤이고, ㄷ은 확인하지 않아도 된다.

다음 〈표〉는 A∼H 지역의 화물 이동 현황에 관한 자료이다. 이에 대한 〈보기〉의 설명 중 옳은 것만을 모두 고르면?

〈표〉 화물의 지역 내, 지역 간 이동 현황

(단위: 개)

도착 지역 출발 지역	A	B	C	D	E	F	G	H	합
A	65	121	54	52	172	198	226	89	977
B	56	152	61	55	172	164	214	70	944
C	29	47	30	22	62	61	85	30	366
D	24	61	30	37	82	80	113	45	472
E	61	112	54	47	187	150	202	72	885
F	50	87	38	41	120	188	150	55	729
G	78	151	83	73	227	208	359	115	1,294
H	27	66	31	28	94	81	116	46	489
계	390	797	381	355	1,116	1,130	1,465	522	6,156

※ 출발 지역과 도착 지역이 동일한 경우는 해당 지역 내에서 화물이 이동한 것임

─〈보기〉─

ㄱ. 도착 화물보다 출발 화물이 많은 지역은 3개이다. → (O) A, B, D 3개 지역은 도착 화물보다 출발 화물이 많다.

ㄴ. 지역 내 이동 화물이 가장 적은 지역은 도착 화물도 가장 적다. → (X) C 지역은 지역 내 이동 화물이 30개로 가장 적지만, 도착 화물은 D 지역이 355개로 가장 적다.

ㄷ. 지역 내 이동 화물을 제외할 때, 출발 화물과 도착 화물의 합이 가장 작은 지역은 출발 화물과 도착 화물의 차이도 가장 작다. → (O) 출발 화물과 도착 화물의 차이를 먼저 구한다. 차이를 구할 때는 지역 내 이동 화물이 제외되므로 |출발 화물 계 − 도착 화물 계|로 계산 가능하다. C, H를 제외한 지역은 모두 출발 화물과 도착 화물의 차이가 100개 이상이다. C는 381 − 366 = 15(개), H는 522 − 489 = 33(개)이다. 따라서 C 지역이 출발 화물과 도착 화물의 차이가 가장 작다. C 지역의 지역 내 이동 화물을 제외한 출발 화물과 도착 화물의 합은 366 + 381 − (2 × 30) = 687(개)이다. A, B, E, F, G 지역은 출발 화물이 687개 이상이면서 '도착 화물 − 2 × 지역 내 이동 화물'이 양수이므로 지역 내 이동 화물을 제외한 출발 화물과 도착 화물의 합이 687개를 초과한다. D 지역은 472 + 355 − (2 × 37) = 753(개), H 지역은 489 + 522 − (2 × 46) = 919(개)이므로 지역 내 이동 화물을 제외한 출발 화물과 도착 화물의 합 또한 C 지역이 가장 작다.

ㄹ. 도착 화물이 가장 많은 지역은 출발 화물 중 지역 내 이동 화물의 비중도 가장 크다. → (O) 도착 화물이 가장 많은 지역은 G 지역이다. G 지역의 출발 화물 중 지역 내 이동 화물 비중은 $\frac{359}{1,294} \times 100 ≒ 27.7(\%)$이므로 약 $\frac{1}{4}$이다. 모든 지역의 출발 화물 합을 4로 나누었을 때 값이 지역 내 이동 화

물보다 훨씬 큰 값이므로 출발 화물 중 지역 내 이동 화물의 비중은 25%에 크게 미치지 못한다. 따라서 G 지역은 도착 화물도 가장 많고, 출발 화물 중 지역 내 이동 화물의 비중도 가장 크다.

① ㄱ, ㄴ ➡ (X)
② ㄱ, ㄷ ➡ (X)
③ ㄴ, ㄷ ➡ (X)
④ ㄴ, ㄹ ➡ (X)
⑤ ㄱ, ㄷ, ㄹ ➡ (O)

10 ② 정답률 86.2%

| 문제 유형 | 자료 읽기/추론 > 매칭형

| 접근 전략 | 지자체별 자가격리자 및 모니터링 요원에 관한 〈대화〉를 바탕으로 〈표〉의 A~D 지역을 찾는 문제이다. 〈대화〉에서 해당하는 지자체를 찾는 것보다 해당하지 않는 지자체를 찾는 것이 빠르다.

다음 〈표〉와 〈대화〉는 4월 4일 기준 지자체별 자가격리자 및 모니터링 요원에 관한 자료이다. 〈표〉와 〈대화〉를 근거로 C와 D에 해당하는 지자체를 바르게 나열한 것은?

〈표〉 지자체별 자가격리자 및 모니터링 요원 현황(4월 4일 기준)

(단위: 명)

구분	지자체	A	B	C	D
내국인	자가격리자	9,778	1,287	1,147	9,263
	신규 인원	900	70	20	839
	해제 인원	560	195	7	704
외국인	자가격리자	7,796	508	141	7,626
	신규 인원	646	52	15	741
	해제 인원	600	33	5	666
모니터링 요원		10,142	710	196	8,898

※ 해당일 기준 자가격리자 = 전일 기준 자가격리자 + 신규 인원 - 해제 인원

〈대화〉

갑: 감염병 확산에 대응하기 위한 회의를 시작합시다. 오늘은 대전, 세종, 충북, 충남의 4월 4일 기준 자가격리자 및 모니터링 요원 현황을 보기로 했는데, 각 지자체의 상황이 어떤가요?

을: 4개 지자체 중 세종을 제외한 3개 지자체에서 4월 4일 기준 자가격리자가 전일 기준 자가격리자보다 늘어났습니다. → A, C, D 지역은 내국인과 외국인 모두 신규 인원이 해제 인원보다 많으므로 자가격리자가 증가하였다. 따라서 B 지역이 세종이다.

갑: 모니터링 요원의 업무 부담과 관련된 통계 자료도 있나요?

을: 4월 4일 기준으로 대전, 세종, 충북은 모니터링 요원 대비 자가격리자의 비율이 1.8 이상입니다. → A 지역의 모니터링 요원의 1.8배가 10,142 × 1.8 = 18,255.6(명)이고, 자가격리자는 9,778 + 7,796 = 17,574(명)이다. 따라서 모니터링 요원 대비 자가격리자의 비율이 1.8 미만이므로 A 지역이 충남이다.

갑: 지자체에 모니터링 요원을 추가로 배치해야 할 것 같습니다. 자가격리자 중 외국인이 차지하는 비중이 4개 지자체 가운데 대전이 가

장 높으니, 외국어 구사가 가능한 모니터링 요원을 대전에 우선 배치하는 방향으로 검토해 봅시다. → C 지역과 D 지역 중 C 지역은 내국인이 외국인의 약 10배에 가깝고, D 지역은 내국인이 외국인의 1.5배에 미치지 못한다. 따라서 D 지역이 대전, C 지역이 충북이다.

	C	D
①	충북	충남 ➡ (X)
②	충북	대전 ➡ (O)
③	충남	충북 ➡ (X)
④	세종	대전 ➡ (X)
⑤	대전	충북 ➡ (X)

11 ③ 정답률 62.9%

| 문제 유형 | 자료 읽기/추론 > 계산형

| 접근 전략 | 〈그림〉에 주어진 '갑'~'병'의 출근 관련 정보를 〈조건〉에 주어진 수식에 대입하여 월간 출근 교통비를 구하는 문제이다. 사칙연산은 '소괄호 → 중괄호 → 대괄호' 순으로 계산하고, '곱셈(나눗셈) → 덧셈(뺄셈)' 순으로 계산한다.

다음 〈그림〉과 〈조건〉은 직장인 '갑'~'병'이 마일리지 혜택이 있는 알뜰교통카드를 사용하여 출근하는 방법 및 교통비에 관한 자료이다. 이에 근거하여 월간 출근 교통비를 많이 지출하는 직장인부터 순서대로 나열하면?

〈그림〉 직장인 '갑'~'병'의 출근 방법 및 교통비 관련 정보

직장인	이동거리 A [m]	출근 1회당 대중교통요금[원]	이동거리 B [m]	월간 출근 횟수[회]	저소득층 여부
갑	600	3,200	200	15	O
을	500	2,300	500	22	X
병	400	1,800	200	22	O

〈조건〉

○ 월간 출근 교통비 = {출근 1회당 대중교통요금 - (기본 마일리지 + 추가 마일리지) × ($\frac{마일리지 적용거리}{800}$)} × 월간 출근 횟수

○ 기본 마일리지는 출근 1회당 대중교통요금에 따라 다음과 같이 지급함

출근 1회당 대중교통요금	2천 원 이하	2천 원 초과 3천 원 이하	3천 원 초과
기본 마일리지(원)	250	350	450

○ 추가 마일리지는 저소득층에만 다음과 같이 지급함

출근 1회당 대중교통요금	2천 원 이하	2천 원 초과 3천 원 이하	3천 원 초과
추가 마일리지(원)	100	150	200

○ 마일리지 적용거리(m)는 출근 1회당 도보·자전거로 이동한 거리의 합이며 최대 800m까지만 인정함

① 갑, 을, 병 ➡ (X)
② 갑, 병, 을 ➡ (X)
③ 을, 갑, 병 ➡ (O) '갑'의 월간 출근 교통비가 3,200원이므로 기본 마일리지는 450원이고, 저소득층이므로 200원의 추가 마일리지를 얻는다. 마일리지 적용거리는 600 + 200 = 800(m)이다. 따라서 '갑'의 월간 출근 교통비는 $\left\{3,200-(450+200)\times\left(\frac{800}{800}\right)\right\}\times 15 = 38,250$(원)이다.

'을'의 월간 출근 교통비가 2,300원이므로 기본 마일리지는 350원이고, 추가 마일리지는 없다. 총 이동거리가 500 + 500 = 1,000(m)이므로 마일리지 적용거리는 800m이다. 따라서 '을'의 월간 출근 교통비는 $\left\{2,300-350\times\left(\frac{800}{800}\right)\right\}\times 22 = 42,900$(원)이다.

'병'의 월간 출근 교통비가 1,800원이므로 기본 마일리지는 250원이고, 저소득층이므로 100원의 추가 마일리지를 얻는다. 마일리지 적용거리는 400 + 200 = 600(m)이다.

따라서 '병'의 월간 출근 교통비는 $\left\{1,800-(250+100)\times\left(\frac{600}{800}\right)\right\}\times 22 = 33,825$(원)이다.

따라서 월간 출근 교통비는 '을, 갑, 병' 순으로 많다.
④ 을, 병, 갑 ➡ (X)
⑤ 병, 을, 갑 ➡ (X)

12 ③   정답률 61.4%

| 문제 유형 | 자료 읽기 > 그림 제시형
| 접근 전략 | 〈그림 1〉과 〈그림 2〉의 공적개발원조액 및 국민총소득 대비 공적개발원조액 비율을 바탕으로 계산하는 문제이다. 개발조위원회 회원국은 29개이고, 〈그림〉에 주어진 국가는 상위 15개국이다. 상위 16위 이하인 국가의 공적개발원조액 및 국민총소득 대비 공적개발원조액 비율은 상위 15위 국가보다 낮다는 것을 이용한다.

다음 〈그림〉은 개발조위원회 29개 회원국 중 공적개발원조액 상위 15개국과 국민총소득 대비 공적개발원조액 비율 상위 15개국 자료이다. 이에 대한 〈보기〉의 설명 중 옳은 것만을 모두 고르면?

〈그림 1〉 공적개발원조액 상위 15개 회원국

〈그림 2〉 국민총소득 대비 공적개발원조액 비율 상위 15개 회원국

〈보기〉

ㄱ. 국민총소득 대비 공적개발원조액 비율이 UN 권고 비율보다 큰 국가의 공적개발원조액 합은 250억 달러 이상이다. → (O) 해당하는 국가는 룩셈부르크, 노르웨이, 스페인, 덴마크, 영국이다. 노르웨이, 스페인, 덴마크, 영국의 공적개발원조액의 합은 4.3 + 2.7 + 2.5 + 19.4 = 28.9(십억 달러)이므로 룩셈부르크의 공적개발원조액에 상관없이 해당 국가들의 공적개발원조액의 합은 250억 달러 이상이다.

ㄴ. 공적개발원조액 상위 5개국의 공적개발원조액 합은 개발원조위원회 29개 회원국 공적개발원조액 합의 50% 이상이다. → (O) 공적개발원조액 상위 5개국의 공적개발원조액의 합은 33.0 + 24.1 + 19.4 + 12.0 + 11.7 = 100.2(십억 달러)이다. 상위 15개 국가의 공적개발원조액이 2.5십억 달러이므로 공적개발원조액 상위 16위에서 29위 국가의 공적개발원조액은 최대 2.5십억 달러이다. 따라서 개발조위원회 29개 회원국의 공적개발원조액 합은 최대 상위 15개국 소계 137.5십억 달러에 14 × 2.5 = 35(십억 달러)를 합한 172.5십억 달러이다. 이때 공적개발원조액 상위 5개국의 공적개발원조액의 합은 전체 개발조위원회 공적개발원조액 합의 50% 이상이다.

ㄷ. 독일이 공적개발원조액만 30억 달러 증액하면 독일의 국민총소득 대비 공적개발원조액 비율은 UN 권고 비율 이상이 된다. → (X) 독일의 국민총소득은 $\frac{24.1}{0.0061}$ ≒ 3,950.8(십억 달러)이다. 만약 공적개발원조액을 3십억 달러 증액하면 공적개발원조액은 27.1십억 달러이고, 국민총소득은 3,953.8십억 달러이다. 이때 공적개발원조액의 권고액은 3,953.8 × 0.007 = 27.6766(십억 달러)로 27.1십억 달러 이상이므로 국민총소득 대비 공적개발원조액 비율은 0.7% 미만이다.

① ㄱ ➡ (X)
② ㄷ ➡ (X)
③ ㄱ, ㄴ ➡ (O)
④ ㄴ, ㄷ ➡ (X)
⑤ ㄱ, ㄴ, ㄷ ➡ (X)

13 ④ 정답률 59.7%

| 문제 유형 | 자료 읽기 > 표 제시형
| 접근 전략 | 〈표〉의 2020년 농업 생산액 현황 및 전년 대비 생산액 변화율 전망치에 따라 2021~2023년의 생산액을 계산하는 문제이다. 계산이 간단한 〈보기〉부터 해결하면 모든 〈보기〉를 계산하지 않고 답을 구할 수 있다.

다음 〈표〉는 '갑'국의 2020년 농업 생산액 현황 및 2021~2023년의 전년 대비 생산액 변화율 전망치에 관한 자료이다. 이에 대한 〈보기〉의 설명 중 옳은 것만을 모두 고르면?

〈표〉 농업 생산액 현황 및 변화율 전망치

(단위: 십억 원, %)

구분	2020년 생산액	전년 대비 생산액 변화율 전망치		
		2021년	2022년	2023년
농업	50,052	0.77	0.02	1.38
재배업	30,270	1.50	−0.42	0.60
축산업	19,782	−0.34	0.70	2.57
소	5,668	3.11	0.53	3.51
돼지	7,119	−3.91	0.20	1.79
닭	2,259	1.20	−2.10	2.82
달걀	1,278	5.48	3.78	3.93
우유	2,131	0.52	1.12	0.88
오리	1,327	−5.58	5.27	3.34

※ 축산업은 소, 돼지, 닭, 달걀, 우유, 오리의 6개 세부 항목으로만 구성됨

〈보기〉

ㄱ. 2021년 '오리' 생산액 전망치는 1.2조 원 이상이다. → (○) 2021년 '오리' 생산액 전망치는 1,327×(1−0.0558)≒1,253(십억 원)=1.253(조 원)이다.

ㄴ. 2021년 '돼지' 생산액 전망치는 같은 해 '농업' 생산액 전망치의 15% 이상이다. → (X) 2021년 '돼지' 생산액 전망치는 7,119×(1−0.0391)≒6,840.6(십억 원)이고, '농업' 생산액 전망치는 50,052×(1+0.0077)≒50,437.4(십억 원)이다. '농업' 생산액 전망치의 15%는 50,437.4×0.15=7,565.61(십억 원)으로 '돼지' 생산액 전망치보다 높다.

ㄷ. '축산업' 중 전년 대비 생산액 변화율 전망치가 2022년보다 2023년이 낮은 세부 항목은 2개이다. → (○) '우유'와 '오리'는 2023년의 전년 대비 생산액 변화율 전망치가 2022년보다 낮다.

ㄹ. 2020년 생산액 대비 2022년 생산액 전망치의 증감폭은 '재배업'이 '축산업'보다 크다. → (○) '재배업'의 2022년 생산액 전망치는 30,270×(1+0.015)×(1−0.0042)≒30,595(십억 원)이고, 증감폭은 30,595−30,270=325(십억 원)이다. '축산업'의 2022년 생산액 전망치는 19,782×(1−0.0034)×(1+0.007)≒19,853(십억 원)이고, 증감폭은 19,853−19,782=71(십억 원)이다. 따라서 증감폭은 '재배업'이 더 크다.

① ㄱ, ㄴ ➡ (X)
② ㄱ, ㄷ ➡ (X)
③ ㄴ, ㄹ ➡ (X)
④ ㄱ, ㄷ, ㄹ ➡ (○)
⑤ ㄴ, ㄷ, ㄹ ➡ (X)

14 ① 정답률 53.7%

| 문제 유형 | 자료 읽기 > 그림 제시형
| 접근 전략 | 〈그림〉에 주어진 2020년 기준 A 공제회 현황을 바탕으로 각 공제제도별 회원 수 및 자산 규모를 계산하는 문제이다. 나눗셈보다 곱셈이 간편하므로 정확한 비율을 묻는 문제가 아니라면 곱셈식을 이용하여 비교한다.

다음 〈그림〉은 2020년 기준 A 공제회 현황에 관한 자료이다. 이에 대한 설명으로 옳지 않은 것은?

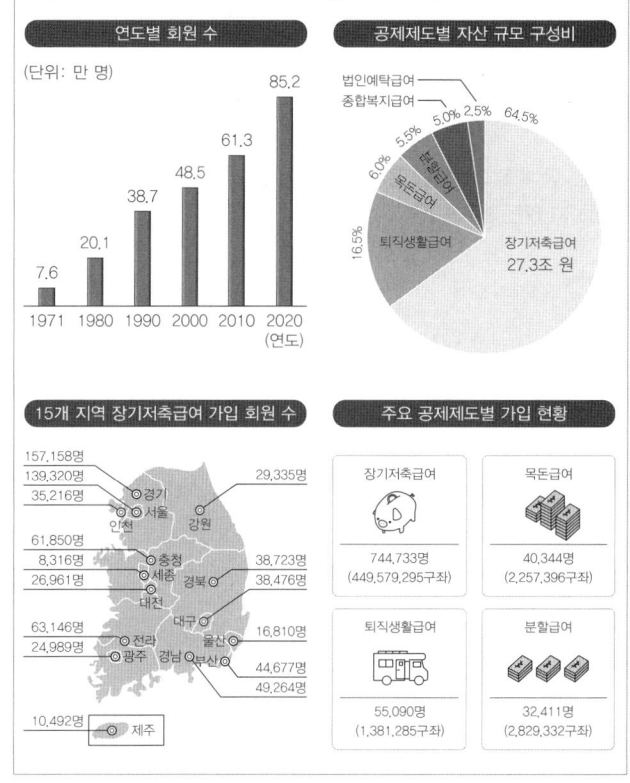

〈그림〉 2020년 기준 A 공제회 현황

※ 1) 공제제도는 장기저축급여, 퇴직생활급여, 목돈급여, 분할급여, 종합복지급여, 법인예탁급여로만 구성됨
2) 모든 회원은 1개 또는 2개의 공제제도에 가입함

① 장기저축급여 가입 회원 수는 전체 회원의 85% 이하이다. ➡ (X) 장기저축급여 가입 회원 수는 744,733명이고, 전체 회원은 852,000명이다. 전체 회원의 85%는 852,000×0.85=724,200(명)이므로 장기저축급여 가입 회원 수가 전체 회원의 85%를 초과한다.

② 공제제도의 총자산 규모는 40조 원 이상이다. ➡ (○) 장기저축급여는 27.3조 원이고, 비율은 64.5%이다. 따라서 총자산 규모는 27.3÷0.645≒42.3(조 원)이다. 만약 공제제도 총자산 규모가 40조 원이라면 장기저축급여가 40×0.645=25.8(조 원)이 되는데 실제 장기저축급여는 이보다 큰 값이므로 공제제도의 총자산 규모가 40조 원을 초과할 것이라는 점을 이용해서 문제를 풀 수도 있다.

③ 자산 규모 상위 4개 공제제도 중 2개의 공제제도에 가입한 회원은 2만 명 이상이다. ➡ (○) 상위 4개 공제제도 가입자 수는 744,733+40,344+55,090+32,411=872,578(명)이고, 전체 가입자 수는 852,000명이다. 따라서 872,578−852,000=20,578(명)이 두 개의 주요 공제제도에 가입하였다.

④ 충청의 장기저축급여 가입 회원 수는 15개 지역 평균 장기저축급여 가입 회원 수보다 많다. ➡ (○) 장기저축급여 가입 회원 총 수가 744,733명이므로 15개 지역 평균 장기저축급여 가입 회원 수는 744,733÷15≒49,649(명)이다. 충청의 장기저축급여 가입 회원 수는 61,850명으로 15개 지역 평균 장기저축급여 가입 회원 수보다 많다. 충청의 장기저축급여 가입 회원 수의 15배는 61,850×15=927,750

(명)으로 744,733명을 초과하므로 충청의 장기저축급여 가입 회원 수가 더 많다는 점을 이용해서 문제를 풀 수 있다.

⑤ 공제제도별 1인당 구좌 수는 장기저축급여가 분할급여의 5배 이상이다. ➡ (O) 장기저축급여의 1인당 구좌 수는 449,579,295 ÷ 744,733 ≒ 603.7(구좌)이고, 분할급여의 1인당 구좌 수는 2,829,332 ÷ 32,411 ≒ 87.3(구좌)이다. 87.3 × 5 = 436.5 < 603.7이므로 ⑤의 설명은 옳다.

15 ③   정답률 58.4%

| 문제 유형 | 자료 변환응용 > 자료/보고서 전환형
| 접근 전략 | 국내 광고산업에 대한 〈보도자료〉의 내용을 올바르게 표시한 자료를 찾는 문제이다. 〈보도자료〉 형태가 생소하긴 하지만 내용은 〈보고서〉와 다를 바 없다. 〈보도자료〉는 읽을 필요가 없고, 각 자료의 제목이 〈보도자료〉에 나와 있는지를 확인한 후 내용이 일치하는지를 확인하면 문제를 빠르게 풀 수 있다.

다음은 국내 광고산업에 관한 문화체육관광부의 보도자료이다. 이에 부합하지 않는 자료는?

[보도자료 - 문화체육관광부]
배포일시: 2020. 2. XX.
담당부서: □□□□국
담당과장: ○○○ (044-203-○○○○)
담당자: 사무관 △△△ (044-203-○○○○)

2018년 국내 광고산업 성장세 지속

○ 문화체육관광부는 국내 광고사업체의 현황과 동향을 조사한 '2019년 광고산업조사(2018년 기준)' 결과를 발표했다.
○ 이번 조사 결과에 따르면 2018년 기준 광고산업 규모는 17조 2,119억 원(광고사업체 취급액* 기준)으로, 전년 대비 4.5% 이상 증가했고, 광고사업체당 취급액 역시 증가했다.
  * 광고사업체 취급액은 광고주가 매체(방송국, 신문사 등)와 매체 외 서비스에 지불하는 비용 전체(수수료 포함)임
  – 업종별로 살펴보면 광고대행업이 6조 6,239억 원으로 전체 취급액의 38% 이상을 차지했으나, 취급액의 전년 대비 증가율은 온라인광고대행업이 16% 이상으로 가장 높다.
○ 2018년 기준 광고사업체의 매체 광고비* 규모는 11조 362억 원(64.1%), 매체 외 서비스 취급액은 6조 1,757억 원(35.9%)으로 조사됐다.
  * 매체 광고비는 방송매체, 인터넷매체, 옥외광고매체, 인쇄매체 취급액의 합임
  – 매체 광고비 중 방송매체 취급액은 4조 266억 원으로 가장 큰 비중을 차지하고 있으며, 그 다음으로 인터넷매체, 옥외광고매체, 인쇄매체 순으로 나타났다.
  – 인터넷매체 취급액은 3조 8,804억 원으로 전년 대비 6% 이상 증가했다. 특히, 모바일 취급액은 전년 대비 20% 이상 증가하여 인터넷 광고시장의 성장세를 이끌었다.
  – 한편, 간접광고(PPL) 취급액은 전년 대비 14% 이상 증가하여 1,270억 원으로 나타났으며, 그중 지상파TV와 케이블TV 간 비중의 격차는 5%p 이하로 조사됐다.

① 광고사업체 취급액 현황(2018년 기준)

➡ (O) 〈보도자료〉의 세 번째 내용을 보면 "2018년 기준 광고사업체의 매체 광고비 규모는 11조 362억 원(64.1%), 매체 외 서비스 취급액은 6조 1,757억 원(35.9%)으로 조사됐다"라고 제시되어 있다. 이는 〈그림〉과 일치하므로 〈보도자료〉에 부합한다.

② 인터넷매체(PC, 모바일) 취급액 현황

➡ (O) 〈보도자료〉의 세 번째 내용을 보면 "인터넷매체 취급액은 3조 8,804억 원으로 전년 대비 6% 이상 증가했다. 특히, 모바일 취급액은 전년 대비 20% 이상 증가하여 인터넷 광고시장의 성장세를 이끌었다"라고 제시되어 있다. 이는 〈그림〉과 일치하므로 〈보도자료〉에 부합한다.

③ 간접광고(PPL) 취급액 현황

➡ (X) 〈보도자료〉의 세 번째 내용을 보면 "간접광고(PPL) 취급액은 전년 대비 14% 이상 증가하여 1,270억 원으로 나타났으며, 그중 지상파TV와 케이블TV 간 비중의 격차는 5%p 이하로 조사됐다"라고 제시되어 있다. 〈그림〉에 따르면 간접광고(PPL) 취급액은 전년 대비 $\frac{1,270-1,108}{1,108} \times 100 ≒ 14.6(\%)$ 증가하였으므로 〈보도자료〉에 부합하지만 지상파TV와 케이블TV 간 비중의 격차는 $\frac{573-498}{1,270} \times 100 ≒ 5.9(\%p)$로 5%p를 초과하므로 〈보도자료〉에 부합하지 않는다.

④ 업종별 광고사업체 취급액 현황

(단위: 개소, 억 원)

구분 업종	2018년 조사(2017년 기준)		2019년 조사(2018년 기준)	
	사업체 수	취급액	사업체 수	취급액
전체	7,234	164,133	7,256	172,119
광고대행업	1,910	64,050	1,887	66,239
광고제작업	1,374	20,102	1,388	20,434
광고전문서비스업	1,558	31,535	1,553	33,267
인쇄업	921	7,374	921	8,057
온라인광고대행업	780	27,335	900	31,953
옥외광고업	691	13,737	607	12,169

➡ (O) 〈보도자료〉의 두 번째 내용을 보면 "업종별로 살펴보면 광고대행업이 6조 6,239억 원으로 전체 취급액의 38% 이상을 차지했으나, 취급액의 전년 대비 증가율은 온라인광고대행업이 16% 이상으로 가장 높다"라고 제시되어 있다. 이는 〈표〉와 일치하므로 〈보도자료〉에 부합한다.

⑤ 매체별 광고사업체 취급액 현황(2018년 기준)

➡ (O) 〈보도자료〉의 세 번째 내용을 보면 "매체 광고비 중 방송매체 취급액은 4조 266억 원으로 가장 큰 비중을 차지하고 있으며, 그 다음으로 인터넷매체, 옥외광고매체, 인쇄매체 순으로 나타났다"라고 제시되어 있다. 이는 〈그림〉과 일치하므로 〈보도자료〉에 부합한다.

16 ①   정답률 55.9%

| 문제 유형 | 자료 읽기 > 그림 제시형

| 접근 전략 | 2020년 월별 교통사고 사상자 및 교통사고 건수, 교통사고 건수의 사고원인별 구성비 자료를 통해 계산하는 문제이다. ㄱ~ㄹ이 모두 계산이 필요한 〈보기〉이므로 상대적으로 계산이 간단한 ㄱ과 ㄷ을 먼저 구한다. ㄱ, ㄷ을 확인하면 ㄴ은 반드시 옳은 〈보기〉이므로 ㄹ만 추가로 계산하면 된다.

다음 〈그림〉은 2020년 '갑'시의 교통사고에 관한 자료이다. 이에 대한 〈보기〉의 설명 중 옳은 것만을 모두 고르면?

〈그림 1〉 2020년 월별 교통사고 사상자

〈그림 2〉 2020년 월별 교통사고 건수

〈그림 3〉 2020년 교통사고 건수의 사고원인별 구성비

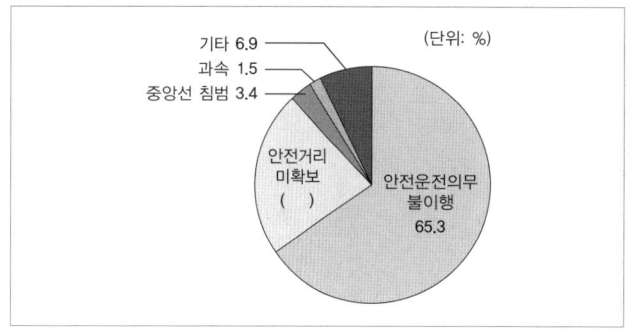

〈보기〉

ㄱ. 월별 교통사고 사상자는 가장 적은 달이 가장 많은 달의 60% 이하이다. → (O) 월별 교통사고 사상자가 가장 적은 달은 1월로 492명이고, 가장 많은 달은 8월로 841명이다. 841 × 0.6 = 504.6 ≥ 492이므로 ㄱ은 옳은 설명이다.

ㄴ. 2020년 교통사고 건당 사상자는 1.9명 이상이다. → (O) 2020년 연간 교통사고 사상자는 492 + 536 + 589 + 640 + 734 + 612 + 665 + 841 + 670 + 592 + 594 + 507 = 7,472(명)이고, 교통사고 건수는 240 + 211 + 263 + 269 + 307 + 277 + 260 + 311 + 302 + 273 + 256 + 249 = 3,218(건)이다.

따라서 교통사고 건당 사상자는 $\frac{7,472}{3,218} ≒ 2.3$(명)이므로 ㄴ의 설명은 옳다. 계산을 하지 않고도 매월 교통사고 건당 사상자가 2명 이상이므로 연간 교통사고 건당 사상자도 2명 이상이 됨을 알 수 있다.

ㄷ. '안전거리 미확보'가 사고원인인 교통사고 건수는 '중앙선 침범'이 사고원인인 교통사고 건수의 7배 이상이다. → (X) 비율로 계산 가능하다. '안전거리 미확보'의 구성비는 100 − 65.3 − 3.4 − 1.5 − 6.9 = 22.9(%)이다. 따라서 3.4 × 7 = 23.8 > 22.9이므로 '안전거리 미확보'가 사고원인인 교통사고 건수는 '중앙선 침범'이 사고원인인 교통사고 건수의 7배 미만이다.

ㄹ. 사고원인이 '안전운전의무 불이행'인 교통사고 건수는 2,000건 이하이다. → (X) 2020년 교통사고 건수는 3,218건이다. 사고원인이 '안전운전의무 불이행'인 교통사고의 구성비는 65.3%이므로 3,218 × 0.653 ≒ 2,101(건)으로 2,000건을 초과한다. 만약 사고원인이 '안전운전의무 불이행'인 교통사고가 2,000건이라면 총 교통사고 건수는 $2,000 \times \frac{100}{63.2} ≒ 3,165$(건)이다. 따라서 월평균 사고 건수가 255건이 되어야 하는데 3개 달을 제외하고는 모두 264건을 많이 초과한다. 따라서 월평균 사고 건수가 264건을 많이 초과하므로 총 교통사고 건수는 3,063건을 많이 초과할 것이고, 사고원인이 '안전운전의무 불이행'인 교통사고 건수도 2,000건을 초과할 것임을 이용하여 문제를 풀 수도 있다.

① ㄱ, ㄴ ➡ (O)
② ㄱ, ㄷ ➡ (X)
③ ㄴ, ㄷ ➡ (X)
④ ㄷ, ㄹ ➡ (X)
⑤ ㄱ, ㄴ, ㄹ ➡ (X)

17 ④   정답률 83.6%

|문제 유형| 자료 읽기/추론 > 계산형
|접근 전략| 〈정보〉를 바탕으로 〈표〉의 가~라 값을 유추하는 문제이다. 가~라의 값이 하나의 특정 값이 아니라 범위로 주어지므로 가~라의 값이 어떤 값보다 크고, 어떤 값보다 작은지 범위를 정확하게 구해야 한다.

다음 〈표〉와 〈정보〉는 A~J 지역의 지역발전 지표에 관한 자료이다. 이를 근거로 '가'~'라'에 들어갈 수 있는 값으로만 나열한 것은?

〈표 1〉 A~J 지역의 지역발전 지표

(단위: %, 개)

지표 지역	재정 자립도	시가화 면적 비율	10만 명당 문화시설 수	10만 명당 체육시설 수	주택 노후화율	주택 보급률	도로 포장률
A	83.8	61.2	4.1	111.1	17.6	105.9	92.0
B	58.5	24.8	3.1	(다)	22.8	93.6	98.3
C	65.7	35.7	3.5	103.4	13.5	91.2	97.4
D	48.3	25.3	4.3	128.0	15.8	96.6	100.0
E	(가)	20.7	3.7	133.8	12.2	100.3	99.0
F	69.5	22.6	4.1	114.0	8.5	91.0	98.1
G	37.1	22.9	7.7	110.2	20.5	103.8	91.7
H	38.7	28.8	7.8	102.5	19.9	(라)	92.5
I	26.1	(나)	6.9	119.2	33.7	102.5	89.6
J	32.6	21.3	7.5	113.0	26.9	106.1	87.9

〈정보〉

○ 재정자립도가 E보다 높은 지역은 A, C, F임 → A, C, F 중 재정자립도가 가장 낮은 지역은 C이고, E의 재정자립도는 C의 재정자립도 65.7보다 낮다. A, C, F 외의 지역은 재정자립도가 E보다 낮아야 한다. 나머지 지역 중 재정자립도가 가장 큰 지역은 B로 58.5이다. 따라서 C의 재정자립도는 58.5보다 높으므로 E가 될 수 있는 값은 58.5 < (가) < 65.7이므로 ⑤는 답이 아니다.

○ 시가화 면적 비율이 가장 낮은 지역은 주택노후화율이 가장 높은 지역임 → 주택노후화율이 가장 높은 지역은 I이다. 따라서 I의 시가화 면적 비율이 가장 낮아야 한다. I를 제외하고 시가화 면적 비율이 가장 낮은 지역은 E이므로 I의 시가화 면적 비율은 E의 시가화 면적 비율 20.7보다 낮다. 따라서 (나) < 20.7이므로, ①은 답이 아니다.

○ 10만 명당 문화시설수 가 가장 적은 지역은 10만 명당 체육시설 수가 네 번째로 많은 지역임 → 10만 명당 문화시설 수가 가장 적은 지역은 B이다. B의 10만 명당 체육시설 수가 네 번째로 많다고 하였을 때, 10만 명당 체육시설 수가 세 번째로 많은 지역은 I로 119.2이고, 10만 명당 체육시설 수가 다섯 번째로 많은 지역은 F로 114.0이다. 따라서 114.0 < (다) < 119.2이므로, ①, ②는 답이 아니다.

○ 주택보급률이 도로포장률보다 낮은 지역은 B, C, D, F임 → B, C, D, F를 제외하고는 주택보급률이 도로포장률보다 같거나 더 높다. 따라서 (라) ≥ 92.5이므로 ③은 답이 아니다.

	가	나	다	라	
①	58.6	20.9	100.9	92.9	➡ (X)
②	60.8	19.8	102.4	92.5	➡ (X)
③	63.5	20.1	115.7	92.0	➡ (X)
④	65.2	20.3	117.1	92.6	➡ (O)
⑤	65.8	20.6	118.7	93.7	➡ (X)

18 ③   정답률 74.4%

|문제 유형| 자료 변환응용 > 자료/보고서 전환형
|접근 전략| 〈표〉의 내용을 바탕으로 〈보고서〉를 작성하는 문제이다. 〈보고서〉 문제는 전체 내용을 읽지 않고, 밑줄 친 부분만 읽으면 되지만 이 문제에서 ⓒ의 경우 묻고자 하는 내용의 주어가 밑줄 앞부분에 주어져 있다는 것에 주의한다.

다음 〈표〉는 '갑'국 대학 기숙사 수용 및 기숙사비 납부 방식에 관한 자료이다. 이에 대한 〈보고서〉의 설명 중 옳은 것만을 모두 고르면?

〈표 1〉 2019년과 2020년 대학 기숙사 수용 현황

(단위: 명, %)

대학 유형	연도 구분	2020			2019		
		수용 가능 인원	재학생 수	수용률	수용 가능 인원	재학생 수	수용률
전체(196개교)		354,749	1,583,677	22.4	354,167	1,595,436	22.2
설립 주체	국공립 (40개교)	102,025	381,309	26.8	102,906	385,245	26.7
	사립 (156개교)	( )	1,202,368	21.0	251,261	1,210,191	20.8
소재 지	수도권 (73개교)	122,099	672,055	18.2	119,940	676,479	( )
	비수도권 (123개교)	232,650	911,622	25.5	234,227	918,957	25.5

※ 수용률(%) = $\frac{수용 가능 인원}{재학생 수} \times 100$

⟨표 2⟩ 2020년 대학 기숙사비 납부 방식 현황

(단위: 개교)

납부 방식 / 대학 유형		카드납부 가능				현금분할납부 가능			
	기숙사 유형	직영	민자	공공	합계	직영	민자	공공	합계
전체(196개교)		27	20	0	47	43	25	9	77
설립주체	국공립 (40개교)	20	17	0	37	18	16	0	34
	사립 (156개교)	7	3	0	10	25	9	9	43
소재지	수도권 (73개교)	3	2	0	5	16	8	4	28
	비수도권 (123개교)	24	18	0	42	27	17	5	49

※ 각 대학은 한 가지 유형의 기숙사만 운영함

─⟨보고서⟩─

2020년 대학 기숙사 수용률은 22.4%로, 2019년의 22.2%에 비해 증가하였지만 여전히 20%대 초반에 그쳤다. 대학 유형별 기숙사 수용률은 사립대학보다는 국공립대학이 높고, 수도권대학보다는 비수도권대학이 높았다. 한편, ㉠ 2019년 대비 2020년 대학 유형별 기숙사 수용률은 국공립대학보다 사립대학이, 비수도권대학보다 수도권대학이 더 큰 폭으로 증가하였다. → (O) 2019년 수도권대학의 기숙사 수용률은 $\frac{119,940}{676,479} \times 100 ≒ 17.7(\%)$이다. 2019년 대비 2020년 국공립대학의 기숙사 수용률은 0.1%p 증가, 사립대학의 기숙사 수용률은 0.2%p 증가, 수도권대학의 기숙사 수용률은 0.5%p 증가, 비수도권대학의 기숙사 수용률은 동일하다. 따라서 기숙사 수용률의 증가폭이 '사립대학 > 국공립대학, 수도권대학 > 비수도권대학'이므로 옳은 설명이다.

2020년 대학 기숙사 수용가능 인원의 변화를 설립주체별로 살펴보면, ㉡ 국공립대학은 전년 대비 800명 이상 증가하였으나, 사립대학은 전년 대비 1,400명 이상 감소하였다. → (X) 국공립대학의 2019년도 기숙사 수용 가능 인원은 102,906명, 2020년도 기숙사 수용 가능 인원은 102,025명으로 800명 이상 감소하였으므로 옳지 않다. 소재지별로 살펴보면 수도권 대학의 기숙사 수용 가능 인원은 2019년 119,940명에서 2020년 122,099명으로 2,100명 이상 증가하였으나, 비수도권 대학은 2019년 234,227명에서 2020년 232,650명으로 1,500명 이상 감소하였다.

2020년 대학 기숙사비 납부 방식을 살펴보면, ㉢ 전체 대학 중 기숙사비 카드납부가 가능한 대학은 37.9%에 불과하였다. → (X) 전체 대학은 196개교이고, 기숙사비 카드납부가 가능한 대학은 47개교이므로 $\frac{47}{196} \times 100 ≒ 24.0(\%)$이다. 이를 기숙사 유형별로 자세히 보면, ㉣ 카드납부가 가능한 공공기숙사는 없었고, 현금분할납부가 가능한 공공기숙사도 사립대학 9개교뿐이었다. → (O) 공공기숙사 중 카드납부가 가능한 곳은 없고, 현금분할납부가 가능한 공공기숙사 또한 국공립대학은 0개교, 사립대학은 9개교로 ㉣의 설명은 옳다.

① ㄱ ➡ (X)
② ㄱ, ㄴ ➡ (X)
③ ㄱ, ㄹ ➡ (O)
④ ㄷ, ㄹ ➡ (X)
⑤ ㄴ, ㄷ, ㄹ ➡ (X)

---

19 ③   정답률 67%

| 문제 유형 | 자료 읽기/추론 > 계산형
| 접근 전략 | ⟨조건⟩과 ⟨표⟩를 바탕으로 각 연도별 직원들의 성과등급을 계산하는 문제이다. '갑~기' 간의 성과등급이나 연봉에 관한 정보는 주어져 있지 않고, 각 직원들별 연도별 성과급의 변화만 알 수 있다. A등급의 지급비율은 B의 2배, S등급의 지급비율은 A등급의 2배, B등급의 4배이고, S등급 인원수는 1명, A등급 인원수는 2명, B등급의 인원수는 3명임을 이용하여 문제를 푼다.

다음 ⟨조건⟩과 ⟨표⟩는 2018~2020년 '가'부서 전체 직원 성과급에 관한 자료이다. 이를 근거로 판단할 때, '가'부서 전체 직원의 2020년 기본 연봉의 합은?

─⟨조건⟩─

○ 매년 각 직원의 기본 연봉은 변동 없음
○ 성과급은 전체 직원에게 각 직원의 성과등급에 따라 매년 1회 지급함
○ 성과급 = 기본 연봉 × 지급비율
○ 성과등급별 지급비율 및 인원수

구분 \ 성과등급	S	A	B
지급비율	20%	10%	5%
인원수	1명	2명	3명

⟨표⟩ 2018~2020년 '가'부서 전체 직원 성과급

(단위: 백만 원)

직원 \ 연도	2018	2019	2020
갑	12.0	6.0	3.0
을	5.0	20.0	5.0
병	6.0	3.0	6.0
정	6.0	6.0	12.0
무	4.5	4.5	4.5
기	6.0	6.0	12.0

① 430백만 원 ➡ (X)
② 460백만 원 ➡ (X)
③ 490백만 원 ➡ (O) '갑'의 2018년도 성과급은 2020년도의 4배이다. 가능한 조합은 2018년도 성과등급이 S등급, 2020년도 성과등급이 B등급일 때뿐이다. 따라서 2019년도 성과등급은 A등급이다. S등급은 매년 1명이므로 2018년도에는 더 이상 S등급인 직원이 없다. '을'의 2019년도 성과급이 2018년도, 2020년도의 4배이다. 가능한 조합은 2019년도 성과등급이 S등급, 2018년도와 2020년도의 성과등급이 B등급일 때뿐이다. S등급은 매년 1명이므로 2019년도에는 더 이상 S등급인 직원이 없다. '병'의 2018년도, 2020년도 성과급이 2019년도의 2배이다. 따라서 A등급, S등급 조합이거나 B등급, A등급 조합이 되는데 2018년도에는 '갑'이 이미 S등급이므로 '병'은 S등급이 될 수 없고, A등급이다. 따라서 2018년도와 2020년도의 성과등급이 A등급이고, 2019년도의 성과등급이 B등급이다. '무'는 매년 성과급이 동일하다. 따라서 S등급일 수 없으므로 매년 B등급이거나 A등급이 된다. '갑', '을', '병', '무'의 2020년도 성과등급이 S등급이 아니므로 '정' 또는 '기'의 성과등급이 S등급이다. '정'과 '기'의 성과급이 매년 서로 동일하므로 누가 S등급이 되더라도 전체 연봉 합은 동일하다. '정'의 2020년도 성과등급이 S등급이라면 2018년도와 2019년도 성과등급은 A등급이다. 따라서 '기'의 2020년도 성과등급은 A등급, 2018년도와 2019년도 성과등급은 B등급이 되어야 한다. 2018년도, 2019년도, 2020년도 모두 현재 S등급이 1명, A등급이 2명, B등급이 2명이므로 남은 등급은 B등급이다. 따라서 '무'는 매년 B등급이다. 따라서

2020년도에 '갑', '을', '무'가 B등급, '병', '기'가 A등급, '정'이 S등급이므로 '가'부서 전체 직원의 2020년 기본 연봉의 합은 $\frac{(3.0+5.0+4.5)}{0.05} + \frac{(6.0+12.0)}{0.1} + \frac{12.0}{0.2} =$ 490(백만 원)이다.

④ 520백만 원 ➡ (X)
⑤ 550백만 원 ➡ (X)

20 ④
정답률 57.1%

| 문제 유형 | 자료 읽기 > 표/그림 제시형
| 접근 전략 | 〈표〉의 하수처리장 1일 하수처리용량 및 지역등급별 방류수를 기준으로 〈그림〉에 주어진 하수처리장의 1일 하수처리용량 및 지역등급별 방류수를 구하는 문제이다. 계산 문제가 아니므로 〈보기〉 자체는 어렵지 않지만 기준이 여러 가지이고, 〈그림〉에서 두 가지 내용을 파악해야 하므로 시간이 많이 소요되는 문제이다. 한눈에 파악하기 위해 각 하수처리장 위에 지역등급과 1일 하수처리용량을 간단하게 적어두면 문제를 빠르게 푸는 데 도움이 될 수 있다.

(1, 1) 4등급, 500↑	(1, 2) 4등급, 50↓	(1, 3) 3등급, 50-500	(1, 4) 3등급, 500↑	(1, 5) 4등급, 50-500	(1, 6) 4등급, 500↑
(2, 1) 4등급, 50↓	(2, 2) 3등급, 500↑	(2, 3) 3등급, 50-500	(2, 4) 3등급, 50-500	(2, 5) 3등급, 50↓	(2, 6) 4등급, 50↓
(3, 1) 4등급, 500↑	(3, 2) 2등급, 50-500	(3, 3) 2등급, 50-500	(3, 4) 2등급, 50↓	(3, 5) 3등급, 500↑	(3, 6) 3등급, 50↓
(4, 1) 2등급, 50-500	(4, 2) 1등급, 500↑	(4, 3) 1등급, 500↑	(4, 4) 1등급, 50-500	(4, 5) 1등급, 500↑	(4, 6) 2등급, 50-500
(5, 1) 2등급, 500↑	(5, 2) 2등급, 50↓	(5, 3) 3등급, 500↑	(5, 4) 2등급, 500↑	(5, 5) 2등급, 50-500	(5, 6) 2등급, 50↓
(6, 1) 3등급, 500↑	(6, 2) 3등급, 50-500	(6, 3) 3등급, 50↓	(6, 4) 4등급, 500↑	(6, 5) 4등급, 50-500	(6, 6) 4등급, 500↑

다음 〈표〉는 '갑'국 하수처리장의 1일 하수처리용량 및 지역등급별 방류수 기준이고, 〈그림〉은 지역등급 및 36개 하수처리장 분포이다. 이에 근거한 〈보기〉의 설명 중 옳은 것만을 모두 고르면?

〈표〉 하수처리장 1일 하수처리용량 및 지역등급별 방류수 기준

(단위: mg/L)

1일 하수처리용량	항목 지역등급	생물학적 산소요구량	화학적 산소요구량	총질소	총인
500m³ 이상	I	5 이하	20 이하	20 이하	0.2 이하
	II	5 이하	20 이하	20 이하	0.3 이하
	III	10 이하	40 이하	20 이하	0.5 이하
	IV	10 이하	40 이하	20 이하	2.0 이하
50m³ 이상 500m³ 미만	I~IV	10 이하	40 이하	20 이하	2.0 이하
50m³ 미만	I~IV	10 이하	40 이하	40 이하	4.0 이하

〈그림〉 지역등급 및 하수처리장 분포

지역 등급	하수처리장 1일 하수처리용량
□ I	〈L〉 500m³ 이상
□ II	〈M〉 50m³ 이상 500m³ 미만
□ III	〈S〉 50m³ 미만
■ IV	

─〈보기〉─

ㄱ. 방류수의 생물학적 산소요구량 기준이 '5mg/L 이하'인 하수처리장 수는 5개이다. → (O) 생물학적 산소요구량 기준이 '5mg/L 이하'이려면 1일 하수처리용량이 500m³ 이상이고, 지역등급이 I 등급 또는 II 등급이어야 한다. 이에 해당하는 하수처리장은 (4, 2), (4, 3), (4, 5), (5, 1), (5, 4)으로 5개이다.

ㄴ. 1일 하수처리용량 500m³ 이상인 하수처리장 수는 1일 하수처리량 50m³ 미만인 하수처리장 수의 1.5배 이상이다. → (X) 1일 하수처리용량이 500m³ 이상인 하수처리장은 (1, 1), (1, 4), (1, 6), (2, 2), (3, 1), (3, 5), (4, 2), (4, 3), (4, 5), (5, 1), (5, 4), (6, 1), (6, 4), (6, 6)으로 14개이고, 50m³ 미만인 하수처리장 수는 (1, 2), (2, 1), (2, 5), (2, 6), (3, 3), (3, 6), (5, 2), (5, 3), (5, 6), (6, 3)으로 10개이다. 따라서 1일 하수처리용량 500m³ 이상인 하수처리장 수는 1일 하수처리용량 50m³ 미만인 하수처리장 수의 1.4배이다.

ㄷ. II등급 지역에서 방류수의 총인 기준이 '0.3mg/L 이하'인 하수처리장의 1일 하수처리용량 합은 최소 1,000m³이다. → (O) II등급 지역에서 방류수의 총인 기준이 '0.3mg/L 이하'이려면 1일 하수처리용량이 500m³ 이상이어야 한다. 따라서 해당하는 하수처리장은 (5, 1), (5, 4) 두 군데이므로 1일 하수처리용량의 합은 최소 2 × 500 = 1,000(m³)이다.

ㄹ. 방류수의 총질소 기준이 '20mg/L 이하'인 하수처리장 수는 방류수의 화학적 산소요구량 기준이 '20mg/L 이하'인 하수처리장 수의 5배 이상이다. → (O) 방류수의 총질소 기준이 '20mg/L 이하'이려면 1일 하수처리용량이 50m³ 이상이기만 하면 된다. 따라서 해당하는 하수처리장 수는 전체 36개 하수처리장 중 1일 하수처리용량이 50m³인 하수처리장 10개를 제외한 26개이다. 방류수의 화학적 산소요구량 기준이 '20mg/L 이하'이려면 1일 하수처리용량이 500m³이고, 지역등급이 I 등급 또는 II 등급이어야 한다. 따라서 해당하는 하수처리장 수는 (4, 2), (4, 3), (4, 5), (5, 1), (5, 4)으로 5개이다. 5 × 5 = 25 < 26이므로 옳은 설명이다.

① ㄱ, ㄴ ➡ (X)
② ㄱ, ㄷ ➡ (X)
③ ㄴ, ㄹ ➡ (X)
④ ㄱ, ㄷ, ㄹ ➡ (O)
⑤ ㄴ, ㄷ, ㄹ ➡ (X)

21 ② TOP3 정답률 37.6%

| 문제 유형 | 자료 읽기 > 빈칸 제시형 |

접근 전략 | 각주의 종합점수 계산 방법을 바탕으로 A~E가 '갑'~'무'에게 부여한 점수를 추론하는 문제이다. 빈칸을 제외한 직무평가 점수 중 평가점수가 가장 높은 것과 가장 낮은 것을 제외하고는 반드시 종합점수에 포함된다. 따라서 종합점수×3=값이 주어진 직무평가 점수 중 두 번째 값+값이 주어진 직무평가 점수 중 세 번째 값+□이므로 □=종합점수×3-값이 주어진 직무평가 점수 중 두 번째 값-값이 주어진 직무평가 점수 중 세 번째 값이다. □에 해당하는 값은 값이 주어진 직무평가 점수 중 가장 낮은 점수일 수도 있고, 가장 높은 점수일 수도 있고, 그 사이의 값일 수도 있다. □가 세 가지 중 어떤 값이 나올 수 있는지 경우의 수를 나누어 문제를 푼다.

다음 〈표〉는 직원 '갑'~'무'에 대한 평가자 A~E의 직무평가 점수이다. 이에 대한 〈보기〉의 설명 중 옳은 것만을 모두 고르면?

〈표〉 직원 '갑'~'무'에 대한 평가자 A~E의 직무평가 점수
(단위: 점)

평가자\직원	A	B	C	D	E	종합점수
갑	91	87	( )	89	95	89.0
을	89	86	90	88	( )	89.0
병	68	76	( )	74	78	( )
정	71	72	85	74	( )	77.0
무	71	72	79	85	( )	78.0

※ 1) 직원별 종합점수는 해당 직원이 평가자 A~E로부터 부여받은 점수 중 최댓값과 최솟값을 제외한 점수의 평균임
2) 각 직원은 평가자 A~E로부터 각각 다른 점수를 부여받았음
3) 모든 평가자는 1~100점 중 1점 단위로 점수를 부여하였음

〈보기〉

ㄱ. '을'에 대한 직무평가 점수는 평가자 E가 가장 높다. → (O) 주어진 '을'의 점수 중 두 번째, 세 번째 값은 88점, 89점이고, 종합점수×3 = 89.0×3 = 267(점)이다. 따라서 종합점수에 반영된 점수는 267-88-89=90(점)이다. 이는 C가 부여한 값이므로 B와 E의 직무평가 점수가 제외된 것이다. 따라서 B는 가장 낮은 값이고, E는 가장 높은 값이다.

ㄴ. '병'의 종합점수로 가능한 최댓값과 최솟값의 차이는 5점 이상이다. → (X) 만약 C가 부여한 점수가 68점보다 낮다면 종합점수의 값은 $\frac{68+74+76}{3} ≒ 72.7$(점)으로 가장 낮고, C가 부여한 점수가 78점보다 높다면 종합점수의 값은 $\frac{74+76+78}{3} ≒ 76$(점)으로 가장 높다. 따라서 가능한 최댓값과 최솟값의 차이는 76-72.7=3.3(점)이다.

ㄷ. 평가자 C의 '갑'에 대한 직무평가 점수는 '갑'의 종합점수보다 높다. → (X) □=3×89.0-89-91=87(점)으로 B가 부여한 점수이다. 따라서 평가자 C의 '갑'에 대한 직무평가 점수는 87점 미만으로 '갑'의 종합점수 89.0점보다 낮다.

ㄹ. '갑'~'무'의 종합점수 산출 시, 부여한 직무평가 점수가 한 번도 제외되지 않은 평가자는 없다. → (O) ㄷ에 따르면 '갑'의 종합점수 산출 시 평가자 C와 E가 부여한 직무평가 점수가 제외되었으며, ㄱ에 따르면 '을'의 종합점수 산출 시 평가자 B와 E가 부여한 직무평가 점수가 제외되었다. '정'의 경우 □=3×77.0-72-74=85(점)으로 평가자 C가 부여한 점수이다. 즉, 평가자 A와 E가 부여한 직무평가 점수가 제외되었다. '무'의 경우 □=3×78.0-72-79=83(점)이므로 평가자 A와 D가 부여한 직무평가 점수가 아니다. 즉, 평가자 E가 부여한 직무평가 점수가 83점이고, 평가자 A와 D가 부여한 직무평가 점수가 제외되었다. 따라서 종합점수 산출 시 평가자 A~E가 부여한 직무평가 점수는 적어도 1명이 제외되었다.

① ㄱ ➡ (X)
② ㄱ, ㄹ ➡ (O)
③ ㄴ, ㄷ ➡ (X)
④ ㄱ, ㄴ, ㄹ ➡ (X)
⑤ ㄴ, ㄷ, ㄹ ➡ (X)

※ 다음 〈표 1〉과 〈표 2〉는 '갑'국 A~E 5개 도시의 지난 30년 월평균 지상 10m 기온과 월평균 지표면 온도이고, 〈표 3〉과 〈표 4〉는 도시별 설계적설하중과 설계기본풍속이다. 다음 글을 읽고 물음에 답하시오. [문 22.~문 23.]

〈표 1〉 도시별 월평균 지상 10m 기온
(단위: ℃)

월\도시	A	B	C	D	E
1	-2.5	1.6	-2.4	-4.5	-2.3
2	-0.3	3.2	-0.5	-1.8	-0.1
3	5.2	7.4	4.5	4.2	5.1
4	12.1	13.1	10.7	11.4	12.2
5	17.4	17.6	15.9	16.8	17.2
6	21.9	21.1	20.4	21.5	21.3
7	25.9	25.0	24.0	24.5	24.4
8	25.4	25.7	24.9	24.3	25.0
9	20.8	21.2	20.7	18.9	19.7
10	14.4	15.9	14.5	12.1	13.0
11	6.9	9.6	7.2	4.8	6.1
12	-0.2	4.0	0.6	-1.7	-0.1

〈표 2〉 도시별 월평균 지표면 온도
(단위: ℃)

월\도시	A	B	C	D	E
1	-2.4	2.7	-1.2	-2.7	0.3
2	-0.3	4.8	0.8	-0.7	2.8
3	5.6	9.3	6.3	4.8	8.7
4	13.4	15.7	13.4	12.6	16.3
5	19.7	20.8	19.4	19.1	22.0
6	24.8	24.2	24.5	24.4	25.9
7	26.8	27.7	26.8	26.9	28.4
8	27.4	28.5	27.5	27.0	29.0
9	22.5	19.6	22.8	21.4	23.5
10	14.8	17.9	15.8	13.5	16.9
11	6.2	10.8	7.5	5.3	8.6
12	-0.1	4.7	1.1	-0.7	2.1

〈표 3〉 도시별 설계적설하중
(단위: kN/m²)

도시	A	B	C	D	E
설계적설하중	0.5	0.5	0.7	0.8	2.0

〈표 4〉 도시별 설계기본풍속

(단위: m/s)

도시	A	B	C	D	E
설계기본풍속	30	45	35	30	40

22 ②
정답률 60.9%

| 문제 유형 | 자료 읽기 > 표 제시형
| 접근 전략 | 〈표 1〉~〈표 4〉에 주어진 '갑'국 A~E 5개 도시의 지난 30년 월평균 지상 10m 기온과 월평균 지표면 온도, 도시별 설계적설하중과 설계기본풍속 자료를 바탕으로 비교하는 문제이다. 계산이 필요한 〈보기〉가 하나밖에 없으므로 〈표〉만 꼼꼼히 확인하면 쉽게 해결할 수 있는 문제이다.

위 〈표〉를 근거로 〈보기〉의 설명 중 옳은 것만을 모두 고르면?

〈보기〉

ㄱ. '월평균 지상 10m 기온'이 가장 높은 달과 '월평균 지표면 온도'가 가장 높은 달이 다른 도시는 A뿐이다. → (X) D 또한 '월평균 지상 10m 기온'이 가장 높은 달이 7월이고, '월평균 지표면 온도'가 가장 높은 달이 8월이므로 서로 다르다.

ㄴ. 2월의 '월평균 지상 10m 기온'은 영하이지만 '월평균 지표면 온도'가 영상인 도시는 C와 E이다. → (O) 2월의 '월평균 지상 10m 기온'이 영하인 도시는 A, C, D, E이고, '월평균 지표면 온도'가 영상인 도시는 B, C, E이므로 두 조건을 모두 만족하는 도시는 C와 E이다.

ㄷ. 1월의 '월평균 지표면 온도'가 A~E 도시 중 가장 낮은 도시의 설계적설하중은 5개 도시 평균 설계적설하중보다 작다. → (O) 1월의 '월평균 지표면 온도'가 가장 낮은 도시는 D이다. D의 설계적설하중은 0.8로 5개 도시 평균 설계적설하중 $\frac{0.5+0.5+0.7+0.8+2.0}{5}$ = 0.9보다 작다.

ㄹ. 설계기본풍속이 두 번째로 큰 도시는 8월의 '월평균 지상 10m 기온'도 A~E 도시 중 두 번째로 높다. → (X) 설계기본풍속이 두 번째로 큰 도시는 E이고, 8월의 '월평균 지상 10m 기온'이 두 번째로 높은 도시는 A이다.

① ㄱ, ㄴ ➡ (X)
② ㄴ, ㄷ ➡ (O)
③ ㄴ, ㄹ ➡ (X)
④ ㄷ, ㄹ ➡ (X)
⑤ ㄱ, ㄷ, ㄹ ➡ (X)

S 23 ⑤
TOP2 정답률 33.3%

| 문제 유형 | 자료 읽기/추론 > 매칭형
| 접근 전략 | 〈규칙〉을 바탕으로 각 단계별 설계적설하중을 계산하는 문제이다. 문제에서 묻고자 하는 것은 단계 4까지 완료하고 난 후의 설계적설하중이 아니라 원래의 설계적설하중 대비 단계 4까지 완료하고 난 후의 설계적설하중의 증가폭임에 주의한다.

폭설피해 예방대책으로 위 〈표 3〉에 제시된 도시별 설계적설하중을 수정하고자 한다. 〈규칙〉에 따라 수정하였을 때, A~E 도시 중 설계적설하중 증가폭이 두 번째로 큰 도시와 가장 작은 도시를 바르게 연결한 것은?

〈규칙〉

각 단계를 거친 후 각 도시별 설계적설하중이 다음과 같다.
단계 1: 각 도시의 설계적설하중을 50% 증가시킨다. → A: 0.5×1.5 = 0.75(kN/m²), B: 0.5×1.5 = 0.75(kN/m²), C: 0.7×1.5 = 1.05(kN/m²), D: 0.8×1.5 = 1.2(kN/m²), E: 2.0×1.5 = 3.0(kN/m²)

단계 2: '월평균 지상 10m 기온'이 영하인 달이 3개 이상인 도시만 단계 1에 의해 산출된 값을 40% 증가시킨다. → '월평균 지상 10m 기온'이 영하인 달이 3개 이상인 도시는 A, D, E이다. A: 0.75×1.4 = 1.05(kN/m²), B: 0.75(kN/m²), C: 1.05(kN/m²), D: 1.2×1.4 = 1.68(kN/m²), E: 3.0×1.4 = 4.2(kN/m²)

단계 3: 설계기본풍속이 40m/s 이상인 도시만 단계 1~2를 거쳐 산출된 값을 20% 감소시킨다. → 설계기본풍속이 40m/s 이상인 도시는 B와 E이다. A: 1.05(kN/m²), B: 0.75×0.8 = 0.6(kN/m²), C: 1.05(kN/m²), D: 1.68(kN/m²), E: 4.2×0.8 = 3.36(kN/m²)

단계 4: 단계 1~3을 거쳐 산출된 값을 수정된 설계적설하중으로 한다. 단, 1.0kN/m² 미만인 경우 1.0kN/m²으로 한다. → B만 설계적설하중이 1.0kN/m²미만이므로 1.0(kN/m²)으로 한다. A: 1.05(kN/m²), B: 1.0(kN/m²), C: 1.05(kN/m²), D: 1.68(kN/m²), E: 3.36(kN/m²)

	두 번째로 큰 도시	가장 작은 도시	
①	A	B	➡ (X)
②	A	C	➡ (X)
③	B	D	➡ (X)
④	D	B	➡ (X)
⑤	D	C	➡ (O)

설계적설하중의 증가폭은 A는 1.05 − 0.5 = 0.55(kN/m²), B는 1.0 − 0.5 = 0.5(kN/m²), C는 1.05 − 0.7 = 0.35(kN/m²), D는 1.68 − 0.8 = 0.88(kN/m²), E는 3.36 − 2.0 = 1.36(kN/m²)이다. 따라서 증가폭이 두 번째로 큰 도시는 D이고, 증가폭이 가장 작은 도시는 C이다.

S 24 ①

TOP1 정답률 16.8%

| 문제 유형 | 자료 변환응용 > 표/그림 전환형
| 접근 전략 | 〈표〉에 주어진 '갑'국 운항 항공사별 현황을 그래프로 변형하는 문제이다. 제시된 그래프는 모두 〈표〉를 바탕으로 작성할 수 있고, 계산이 필요하므로 그래프별로 하나의 값만 번갈아가며 틀린 값이 나올 때까지만 확인한다.

다음 〈표〉는 2017년과 2018년 '갑'국에 운항하는 항공사의 운송실적 및 피해구제 현황에 관한 자료이다. 〈표〉를 이용하여 작성한 그래프로 옳지 않은 것은?

〈표 1〉 2017년과 2018년 국적항공사의 노선별 운송실적

(단위: 천 명)

국적항공사	노선	국내선		국제선	
	연도	2017	2018	2017	2018
대형 항공사	태양항공	7,989	6,957	18,925	20,052
	무지개항공	5,991	6,129	13,344	13,727
저비용 항공사	알파항공	4,106	4,457	3,004	3,610
	에어세종	0	0	821	1,717
	청렴항공	3,006	3,033	2,515	2,871
	독도항공	4,642	4,676	5,825	7,266
	참에어	3,738	3,475	4,859	5,415
	동해항공	2,935	2,873	3,278	4,128
합계		32,407	31,600	52,571	58,786

〈표 2〉 2017년 피해 유형별 항공사의 피해구제 접수 건수 비율

(단위: %)

항공사 \ 피해 유형	취소환불 위약금	지연 결항	정보제공 미흡	수하물 지연 파손	초과 판매	기타	합계
국적항공사	57.14	22.76	5.32	6.81	0.33	7.64	100.00
외국적항공사	49.06	27.77	6.89	6.68	1.88	7.72	100.00

〈표 3〉 2018년 피해 유형별 항공사의 피해구제 접수 건수

(단위: 건)

항공사	피해 유형	취소환불 위약금	지연 결항	정보 제공 미흡	수하물 지연 파손	초과 판매	기타	합계	전년 대비 증가
대형 항공사	태양항공	31	96	0	7	0	19	153	13
	무지개항공	20	66	0	5	0	15	106	-2
저비용 항공사	알파항공	9	9	0	1	0	4	23	-6
	에어세종	19	10	2	1	0	12	44	7
	청렴항공	12	33	3	4	0	5	57	16
	독도항공	34	25	3	9	0	27	98	-35
	참에어	33	38	0	6	0	8	85	34
	동해항공	19	32	1	10	0	10	72	9
국적항공사		177	309	9	43	0	100	638	36
외국적항공사		161	201	11	35	0	78	486	7

① 2017년 피해 유형별 외국적항공사의 피해구제 접수 건수 대비 국적항공사의 피해구제 접수 건수 비

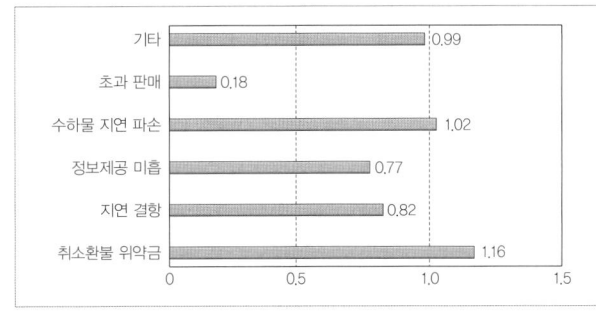

➡ (X) 〈표 3〉에서 2018년도 국적항공사의 피해구제 접수 건수가 638건이고, 전년 대비 36건이 증가하였으므로 2017년도 국적항공사의 피해구제 접수 건수는 638 – 36 = 602(건)이다. 2018년도 외국적항공사의 피해구제 접수 건수가 486건이고, 전년 대비 7건이 증가하였으므로 2017년도 외국적항공사의 피해구제 접수 건수는 486 – 7 = 479(건)이다. 〈표 2〉는 2017년 피해 유형별 항공사의 피해구제 접수 건수 비율이므로 국적항공사의 비율에 602, 외국적항공사의 비율에 479를 곱하면 각 피해 유형별 접수 건수를 알 수 있다. 따라서 국적항공사와 외국적항공사의 피해구제 접수 건수와 외국적항공사 대비 국적항공사의 피해구제 접수 건수 비는 다음과 같다.

〈표〉 2017년 피해 유형별 항공사의 피해구제 접수 건수 및 외국적항공사 대비 국적항공사의 피해구제 접수 건수 비

(단위: 건)

항공사 \ 피해 유형	취소환불 위약금	지연 결항	정보제공 미흡	수하물 지연 파손	초과 판매	기타
국적항공사(A)	344	137	32	41	2	46
외국적항공사(B)	235	133	33	32	9	37
A/B	1.46	1.03	0.97	1.28	0.22	1.24

따라서 계산 결과와 그래프가 일치하지 않으므로 옳지 않다. 모든 값이 다르므로 이 중 하나의 값만 비교해도 답을 구할 수 있다.

② 2017년 국적항공사별 피해구제 접수 건수 비중

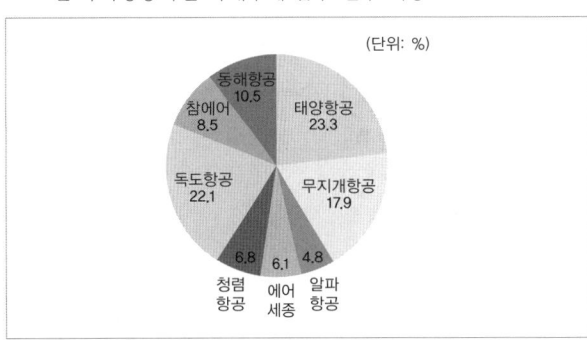

➡ (O) 〈표 3〉에서 2017년 국적항공사별 피해구제 접수 건수 비중을 알 수 있다. 태양항공은 153 – 13 = 140(건), 무지개항공은 106 – (–2) = 108(건), 알파항공은 23 – (–6) = 29(건), 에어세종은 44 – 7 = 37(건), 청렴항공은 57 – 16 = 41(건), 독도항공은 98 – (–35) = 133(건), 참에어는 85 – 34 = 51(건), 동해항공은 72 – 9 = 63(건)이고, 전체는 638 – 36 = 602(건)이다. 따라서 2017년 국적항공사별 피해구제 접수 건수 비중은 '해당 국적항공사의 피해구제 접수 건수 ÷ 전체 국적항공사의 피해구제 접수 건수 × 100'을 통해 구할 수 있고, 계산 결과는 다음과 같다.

〈표〉 2017년 국적항공사별 피해구제 접수 건수 비중

(단위: %)

태양항공	무지개항공	알파항공	에어세종	청렴항공	독도항공	참에어	동해항공
23.3	17.9	4.8	6.1	6.8	22.1	8.5	10.5

따라서 계산 결과와 그래프가 일치하므로 옳다.

③ 2017년 피해 유형별 국적항공사의 피해구제 접수 건수

➡ (O) 〈표 3〉에서 2018년도 국적항공사의 피해구제 접수 건수가 638건이고, 전년 대비 36건이 증가하였으므로 2017년도 국적항공사의 피해구제 접수 건수는 638 - 36 = 602(건)이다. 〈표 2〉는 2017년 피해 유형별 항공사의 피해구제 접수 건수 비율이므로 국적항공사의 비율에 602를 곱하면 각 피해 유형별 접수 건수를 알 수 있으며, 계산 결과는 다음과 같다.

〈표〉 2017년 피해 유형별 국적항공사의 피해구제 접수

(단위: 건)

피해 유형 항공사	취소환불 위약금	지연 결항	정보제공 미흡	수하물 지연 파손	초과 판매	기타	합계
국적항공사(A)	344	137	32	41	2	46	602

따라서 계산 결과와 그래프가 일치하므로 옳다.

④ 2017년 대비 2018년 저비용 국적항공사의 전체 노선 운송실적 증가율

➡ (O) 〈표 1〉에서 저비용 국적항공사의 2017년, 2018년 전체 노선 운송실적(국내선 + 국제선 운송실적)과 2017년 대비 2018년의 전체 노선 운송실적 증가율을 계산하면 다음과 같다.

〈표〉 2017년, 2018년 저비용 국적항공사의 전체 노선 운송실적

(단위: 천 명, %)

구분	알파항공	에어세종	청렴항공	독도항공	참에어	동해항공
2017년(A)	7,110	821	5,521	10,467	8,597	6,213
2018년(B)	8,067	1,717	5,904	11,942	8,890	7,001
(B-A)/A×100	13.5	109.1	6.9	14.1	3.4	12.7

따라서 계산 결과와 그래프가 일치하므로 옳다.

⑤ 대형 국적항공사의 전체 노선 운송실적 대비 피해구제 접수 건수 비

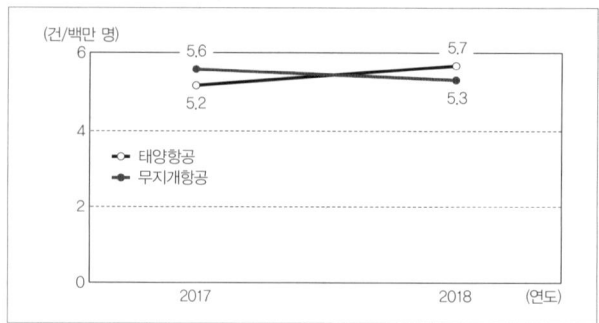

➡ (O) 태양항공의 2017년도 전체 노선 운송실적은 7,989 + 18,925 = 26,914(천 명) ≒ 26.9(백만 명), 2018년도 전체 노선 운송실적은 6,957 + 20,052 = 27,009(천 명) ≒ 27.0(백만 명), 2017년도 피해구제 접수 건수는 153 - 13 = 140(건), 2018년도 피해구제 접수 건수는 153건이다. 무지개항공의 2017년도 전체 노선 운송실적은 5,991 + 13,344 = 19,335(천 명) ≒ 19.3(백만 명), 2018년도 전체 노선 운송실적은 6,129 + 13,727 = 19,856(건) ≒ 19.9(백만 명), 2017년도 피해구제 접수 건수는 106 - (-2) = 108(건), 2018년도 피해구제 접수 건수는 106건이다. 따라서 연도별 대형 국적항공사의 전체 노선 운송실적(백만 명) 대비 피해구제 접수 건수 비는 2017년도 태양항공은 $\frac{140}{26.9}$ ≒ 5.2(건/백만 명), 2018년도 태양항공은 $\frac{153}{27.0}$ ≒ 5.7(건/백만 명), 2017년도 무지개항공은 $\frac{108}{19.3}$ ≒ 5.6(건/백만 명), 2018년도 무지개항공은 $\frac{106}{19.9}$ ≒ 5.3(건/백만 명)이다. 따라서 계산 결과와 그래프가 일치하므로 옳다.

25 ⑤ 정답률 50.5%

| 문제 유형 | 자료 읽기 > 빈칸 제시형

| 접근 전략 | 2011 ~ 2020년 산불 건수 및 산불 가해자 검거 현황, 2020년 산불 원인별 가해자 검거 현황 자료를 바탕으로 빈칸을 계산하는 문제이다. 빈칸이 많으므로 빈칸을 먼저 채우고 〈보기〉를 확인하는 것보다 〈보기〉를 먼저 읽고, 필요한 빈칸만 계산한다.

다음 〈표〉는 2011 ~ 2020년 산불 건수 및 산불 가해자 검거 현황과 2020년 산불 원인별 가해자 검거 현황에 관한 자료이다. 이에 대한 〈보기〉의 설명 중 옳은 것만을 모두 고르면?

〈표 1〉 2011 ~ 2020년 산불 건수 및 산불 가해자 검거 현황

(단위: 건, %)

연도 \ 구분	산불 건수	가해자 검거 건수	검거율
2011	277	131	47.3
2012	197	73	( )
2013	296	137	46.3
2014	492	167	33.9
2015	623	240	38.5
2016	391	( )	( )
2017	692	305	( )
2018	496	231	46.6
2019	653	239	36.6
2020	620	246	39.7
계	( )	1,973	( )

〈표 2〉 2020년 산불 원인별 산불 건수 및 가해자 검거 현황

(단위: 건, %)

구분 산불 원인	산불 건수	가해자 검거 건수	검거율
입산자 실화	( )	32	( )
논밭두렁 소각	49	45	( )
쓰레기 소각	65	( )	( )
담뱃불 실화	75	17	22.7
성묘객 실화	9	6	( )
어린이 불장난	1	1	100.0
건축물 실화	54	33	61.1
기타	150	52	34.7
전체	( )	246	39.7

※ 1) 산불 1건은 1개의 산불 원인으로만 분류함
2) 가해자 검거 건수는 해당 산불 발생 연도를 기준으로 집계함
3) 검거율(%) = $\frac{\text{가해자 검거 건수}}{\text{산불 건수}} \times 100$

〈보기〉

ㄱ. 2011~2020년 연평균 산불 건수는 500건 이하이다. → (O) 500과의 차이를 합해서 0 이하의 값이 나오면 옳다. −223−303−204−8+123−109+192−4+153+120 = −263이므로 옳다.

ㄴ. 산불 건수가 가장 많은 연도의 검거율은 산불 건수가 가장 적은 연도의 검거율보다 높다. → (O) 산불 건수가 가장 많은 연도는 2017년이고, 검거율은 $\frac{305}{692} \times 100 ≒ 44.1(\%)$이다. 산불 건수가 가장 적은 연도는 2012년이고, 검거율은 $\frac{73}{197} \times 100 ≒ 37.1(\%)$로 2017년도가 더 높다.

ㄷ. 2020년에는 기타를 제외하고 산불 건수가 적은 산불 원인일수록 검거율이 높다. → (X) 논밭두렁 소각의 검거율은 $\frac{45}{49} \times 100 ≒ 91.8(\%)$이다. 성묘객 실화로 인한 검거율은 $\frac{6}{9} \times 100 ≒ 66.7(\%)$이다. 따라서 논밭두렁 소각으로 인한 산불 건수는 성묘객 실화로 인한 산불 건수보다 많고, 검거율 또한 더 높으므로 옳지 않다.

ㄹ. 2020년 전체 산불 건수 중 입산자 실화가 원인인 산불 건수의 비율은 35%이다. → (O) 2020년 전체 산불 건수는 620건이다. 이 중 입산자 실화가 원인인 산불 건수는 620−49−65−75−9−1−54−150 = 217(건)이다. 620×0.35 = 217이므로 옳다.

① ㄱ, ㄴ ➡ (X)
② ㄴ, ㄹ ➡ (X)
③ ㄷ, ㄹ ➡ (X)
④ ㄱ, ㄴ, ㄷ ➡ (X)
⑤ ㄱ, ㄴ, ㄹ ➡ (O)

정답과 분석해설

2021 | 제3영역 상황판단(㉯ 책형)

기출 총평

전반적으로 규정이나 제시문의 내용을 묻는 문항이 상당히 많이 출제되었다. 문항의 난도가 크게 높은 수준은 아니었지만, 수식 계산이나 논리적인 추론을 요구하는 선지들도 포함되어 있어 수험생의 입장에서는 꼼꼼하게 살펴보아야 할 필요가 있었다. 연산추론형의 문항들은 이미 기출문제를 통해 익숙해진 수험생들에게는 크게 어렵지 않았을 것으로 판단된다. 논리퀴즈 문항의 경우도 난도가 높은 편은 아니었고 7급을 준비하는 과정에서 5급 PSAT도 함께 풀어본 수험생이라면 제시된 정보의 활용 여부를 쉽게 판단하고 선지를 골라낼 수 있었을 것으로 생각된다. 또한 경우에 따라서는 제시된 정보와 선지들을 끝까지 읽지 않아도 소거하는 방식으로도 쉽게 정답을 골라낼 수 있었을 것으로 보인다. 한편 7급 PSAT 상황판단영역의 경우 5급 공채나 5, 7급 민간경력자 PSAT 시험과 문제 유형이 비슷하였다. 따라서 꾸준히 5급 공채나 5, 7급 민간경력자 PSAT 기출문제의 유형들을 풀이하고 정리하면서 시간을 조절한 수험생이라면 충분히 고득점을 노려볼 수 있다.

문항 분석

문번	정답	정답률	유형
01	④	85.8%	법조문형 > 규정적용
02	①	83.2%	법조문형 > 규정확인
03	⑤	80.5%	법조문형 > 규정적용
04	④	51.8%	연산추론형 > 수리계산
05	④	61.3%	퍼즐형 > 최댓값·최솟값 도출
06	①	57.5%	퍼즐형 > 최댓값·최솟값 도출
07	①	63.6%	퍼즐형 > 논리퀴즈
08	③	79.2%	퍼즐형 > 논리퀴즈
09	②	48.2%	퍼즐형 > 수리퀴즈
10	③	66.1%	퍼즐형 > 논리퀴즈
11	②	83.9%	퍼즐형 > 최댓값·최솟값 도출
12	⑤	70.9%	퍼즐형 > 수리퀴즈
13	③	68.5%	연산추론형 > 대입비교

문번	정답	정답률	유형
14	④	69.1%	연산추론형 > 대입비교
15	③	74.8%	법조문형 > 규정적용
16	④	86.6%	법조문형 > 규정적용
17	③	75.5%	법조문형 > 규정적용
18	④	60.7%	법조문형 > 규정확인
19	⑤	70.3%	제시문형 > 분석추론
20	⑤	77.3%	제시문형 > 정보확인
21	②	45.5%	퍼즐형 > 논리퀴즈
22	⑤	23.3%	퍼즐형 > 수리퀴즈
23	①	71.6%	제시문형 > 정보확인
24	②	27.2%	제시문형 > 분석추론
25	②	41.6%	퍼즐형 > 논리퀴즈

※ 음영 문항은 해당 회차에서 정답률이 가장 낮은 TOP 3 문항입니다.
※ 정답률 산정 기준: 약 1년간 누적된 자동채점 & 성적결과분석 서비스의 응시 데이터

출제 비중

기출문제편 P.214

01	④	02	①	03	⑤	04	④	05	④
06	①	07	①	08	③	09	②	10	③
11	②	12	⑤	13	③	14	④	15	③
16	④	17	③	18	④	19	⑤	20	⑤
21	②	22	⑤	23	①	24	②	25	②

01 ④
정답률 85.8%

|문제 유형| 법조문형 > 규정적용
|접근 전략| 제시된 조항의 내용을 바탕으로 주어진 상황을 판단하는 문항이다. 주민등록번호 변경과 관련해서 청구할 수 있는 조건, 청구받는 기관, 변경이 이루어지는 절차 등을 꼼꼼하게 살펴보고 제시된 상황과 하나씩 비교하며 소거해 가는 방식으로 문항을 풀면 정답을 골라낼 수 있다.

다음 글과 〈상황〉을 근거로 판단할 때 옳은 것은?

제00조 ① 다음 각 호의 어느 하나에 해당하는 사람은 주민등록지의 시장(특별시장·광역시장은 제외하고 특별자치도지사는 포함한다. 이하 같다)·군수 또는 구청장에게 주민등록번호(이하 '번호'라 한다)의 변경을 신청할 수 있다.
1. 유출된 번호로 인하여 생명·신체에 위해를 입거나 입을 우려가 있다고 인정되는 사람
2. 유출된 번호로 인하여 재산에 피해를 입거나 입을 우려가 있다고 인정되는 사람
3. 성폭력피해자, 성매매피해자, 가정폭력피해자로서 유출된 번호로 인하여 피해를 입거나 입을 우려가 있다고 인정되는 사람
② 제1항의 신청 또는 제5항의 이의신청을 받은 주민등록지의 시장·군수·구청장(이하 '시장 등'이라 한다)은 ○○부의 주민등록번호변경위원회(이하 '변경위원회'라 한다)에 번호변경 여부에 관한 결정을 청구해야 한다.
③ 주민등록지의 시장 등은 변경위원회로부터 번호변경 인용결정을 통보받은 경우에는 신청인의 번호를 다음 각 호의 기준에 따라 지체 없이 변경하고 이를 신청인에게 통지해야 한다.
1. 번호의 앞 6자리(생년월일) 및 뒤 7자리 중 첫째 자리는 변경할 수 없음
2. 제1호 이외의 나머지 6자리는 임의의 숫자로 변경함
④ 제3항의 번호변경 통지를 받은 신청인은 주민등록증, 운전면허증, 여권, 장애인등록증 등에 기재된 번호의 변경을 위해서는 그 번호의 변경을 신청해야 한다.
⑤ 주민등록지의 시장 등은 변경위원회로부터 번호변경 기각결정을 통보받은 경우에는 그 사실을 신청인에게 통지해야 하며, 신청인은 통지를 받은 날부터 30일 이내에 그 시장 등에게 이의신청을 할 수 있다.

〈상황〉
甲은 주민등록번호 유출로 인해 재산상 피해를 입게 되자 주민등록번호 변경신청을 하였다. 甲의 주민등록지는 A광역시 B구이고, 주민등록번호는 980101-23456□□이다.

① A광역시장이 주민등록번호변경위원회에 甲의 주민등록번호 변경 여부에 관한 결정을 청구해야 한다. ➡ (X) 제2항에 따르면 주민등록번호 변경 여부에 관한 결정을 청구하는 것은 주민등록지의 시장 등이나, 제1항에서 광역시장은 제외한다고 하였으므로 B구의 구청장이 甲의 주민등록번호의 변경 여부에 관한 결정을 청구해야 한다.

② 주민등록번호변경위원회는 번호변경 인용결정을 하면서 甲의 주민등록번호를 다른 번호로 변경할 수 있다. ➡ (X) 제3항에서 주민등록지의 시장 등은 변경위원회로부터 번호변경 인용결정을 통보받은 경우에는 신청인의 번호를 지체 없이 변경함을 알 수 있다. 즉 주민등록번호변경위원회가 번호를 변경하는 것이 아니다.

③ 주민등록번호변경위원회의 번호변경 인용결정이 있는 경우, 甲의 주민등록번호는 980101-45678□□으로 변경될 수 있다. ➡ (X) 제3항 제1호에 따르면 번호의 뒤 7자리 중 첫째 자리는 변경할 수 없다.

④ 甲의 주민등록번호가 변경된 경우, 甲이 운전면허증에 기재된 주민등록번호를 변경하기 위해서는 변경신청을 해야 한다. ➡ (O) 제4항에서 번호변경 통지를 받은 신청인은 운전면허증 등에 기재된 번호의 변경을 신청해야 함을 알 수 있다.

⑤ 甲은 번호변경 기각결정을 통지받은 날부터 30일 이내에 주민등록번호변경위원회에 이의신청을 할 수 있다. ➡ (X) 제5항에서 번호변경 기각결정을 통보받은 신청인은 30일 이내에 그 시장 등에게 이의신청을 할 수 있다. 주민등록번호변경위원회에 신청하는 것이 아니다.

02 ①
정답률 83.2%

|문제 유형| 법조문형 > 규정확인
|접근 전략| 제시된 법조문을 올바르게 해석하고 그 내용을 이해하여 옳은 것을 고르는 문항으로, 물품출납과 관련해 각 역할에 대한 이해와 과정 등을 꼼꼼하게 살펴보아야 한다. 또한 선지에서 진술된 내용 자체는 조항과 동일하더라도 행위의 주체 혹은 청구를 할 수 있는 대상 등에 따라 정오가 갈릴 수 있으므로 각 내용들을 꼼꼼하게 파악해야 정답을 정확하게 찾아낼 수 있다.

다음 글을 근거로 판단할 때 옳은 것은?

제00조 ① 각 중앙관서의 장은 그 소관 물품관리에 관한 사무를 소속 공무원에게 위임할 수 있고, 필요하면 다른 중앙관서의 소속 공무원에게 위임할 수 있다.
② 제1항에 따라 각 중앙관서의 장으로부터 물품관리에 관한 사무를 위임받은 공무원을 물품관리관이라 한다.
제00조 ① 물품관리관은 물품수급관리계획에 정하여진 물품에 대하여는 그 계획의 범위에서, 그 밖의 물품에 대하여는 필요할 때마다 계약담당공무원에게 물품의 취득에 관한 필요한 조치를 할 것을 청구하여야 한다.
② 계약담당공무원은 제1항에 따른 청구가 있으면 예산의 범위에서 해당 물품을 취득하기 위한 필요한 조치를 하여야 한다.
제00조 물품은 국가의 시설에 보관하여야 한다. 다만 물품관리관이 국가의 시설에 보관하는 것이 물품의 사용이나 처분에 부적당하다고 인정하거나 그 밖에 특별한 사유가 있으면 국가 외의 자의 시설에 보관할 수 있다.
제00조 ① 물품관리관은 물품을 출납하게 하려면 물품출납공무원에게 출납하여야 할 물품의 분류를 명백히 하여 그 출납을 명하여야 한다.
② 물품출납공무원은 제1항에 따른 명령이 없으면 물품을 출납할 수 없다.
제00조 ① 물품출납공무원은 보관 중인 물품 중 사용할 수 없거나 수선 또는 개조가 필요한 물품이 있다고 인정하면 그 사실을 물품관리관에게 보고하여야 한다.
② 물품관리관은 제1항에 따른 보고에 의하여 수선이나 개조가 필요한 물품이 있다고 인정하면 계약담당공무원이나 그 밖의 관계 공무원에게 그 수선이나 개조를 위한 필요한 조치를 할 것을 청구하여야 한다.

① 물품출납공무원은 물품관리관의 명령이 없으면 자신의 재량으로 물품을 출납할 수 없다. ➡ (O) 네 번째 조 제2항에 따르면 물품출납공무원은 제1항에 따른 물품관리관의 명령이 없으면 물품을 출납할 수 없다.

② A중앙관서의 장이 그 소관 물품관리에 관한 사무를 위임하고자 할 경우, B중앙관서의 소속 공무원에게는 위임할 수 없다. ➡ (X) 첫 번째 조 제1항에서 필요하면 다른 중앙관서의 소속 공무원에게 위임할 수 있음을 알 수 있다.

③ 계약담당공무원은 물품을 국가의 시설에 보관하는 것이 그 사용이나 처분에 부적당하다고 인정하는 경우, 그 물품을 국가 외의 자의 시설에 보관할 수 있다. ➡ (X) 세 번째 조에 따르면 물품을 국가의 시설에 보관하는 것이 물품의 사용이나 처분에 부적당하다고 인정할 수 있는 사람은 계약담당공무원이 아닌 물품관리관이다.
④ 물품수급관리계획에 정해진 물품 이외의 물품이 필요한 경우, 물품관리관은 필요할 때마다 물품출납공무원에게 물품의 취득에 관한 필요한 조치를 할 것을 청구해야 한다. ➡ (X) 두 번째 조 제1항에서 물품수급관리계획에 정하여진 물품 이외의 물품을 취득하기 위한 필요한 조치를 청구할 대상은 물품출납공무원이 아닌 계약담당공무원임을 알 수 있다.
⑤ 물품출납공무원은 보관 중인 물품 중 수선이 필요한 물품이 있다고 인정하는 경우, 계약담당공무원에게 수선에 필요한 조치를 할 것을 청구해야 한다. ➡ (X) 다섯 번째 조 제1항과 제2항에 따르면 물품출납공무원은 수선 및 개조가 필요한 물품이 있다고 인정하면 그 사실을 물품관리관에게 보고해야 하고, 물품관리관이 계약담당공무원이나 그 밖의 관계 공무원에게 그 수선이나 개조를 위한 필요한 조치를 할 것을 청구하여야 한다.

03 ⑤
정답률 80.5%

| 문제 유형 | 법조문형 > 규정적용
| 접근 전략 | 규정이 제시되고 이에 대한 적용을 묻는 문항은 각각의 상황에 따라 적용의 여부가 달라지기 때문에 해당 규정의 내용을 정확하게 이해해야 한다. 우편물이나 전기통신의 감청 등에 관한 법률에 따라 처벌의 대상 혹은 예외 사항이 어떤 경우인지를 정확하게 이해하고 선지에 적용해야 정답을 골라낼 수 있다.

다음 글을 근거로 판단할 때 옳은 것은?

제○○조 ① 누구든지 법률에 의하지 아니하고는 우편물의 검열·전기통신의 감청 또는 통신사실확인자료의 제공을 하거나 공개되지 아니한 타인 상호간의 대화를 녹음 또는 청취하지 못한다.
② 다음 각 호의 어느 하나에 해당하는 자는 1년 이상 10년 이하의 징역과 5년 이하의 자격정지에 처한다.
 1. 제1항에 위반하여 우편물의 검열 또는 전기통신의 감청을 하거나 공개되지 아니한 타인 상호간의 대화를 녹음 또는 청취한 자
 2. 제1호에 따라 알게 된 통신 또는 대화의 내용을 공개하거나 누설한 자
③ 누구든지 단말기기 고유번호를 제공하거나 제공받아서는 안 된다. 다만 이동전화단말기 제조업체 또는 이동통신사업자가 단말기의 개통처리 및 수리 등 정당한 업무의 이행을 위하여 제공하거나 제공받는 경우에는 그러하지 아니하다.
④ 제3항을 위반하여 단말기기 고유번호를 제공하거나 제공받은 자는 3년 이하의 징역 또는 1천만 원 이하의 벌금에 처한다.
제□□조 제○○조의 규정에 위반하여, 불법검열에 의하여 취득한 우편물이나 그 내용, 불법감청에 의하여 지득(知得) 또는 채록(採錄)된 전기통신의 내용, 공개되지 아니한 타인 상호간의 대화를 녹음 또는 청취한 내용은 재판 또는 징계절차에서 증거로 사용할 수 없다.

① 甲이 불법검열에 의하여 취득한 乙의 우편물은 징계절차에서 증거로 사용할 수 있다. ➡ (X) 제□□조에 따르면 불법검열에 의해 취득한 우편물은 증거로 사용할 수 없다.
② 甲이 乙과 정책용역을 수행하면서 乙과의 대화를 녹음한 내용은 재판에서 증거로 사용할 수 없다. ➡ (X) 제□□조에 따르면 공개되지 아니한 타인 상호간의 대화를 녹음 또는 청취한 내용은 증거로 사용할 수 없지만, 甲이 자신과 乙의 대화를 녹음한 내용을 재판에서 증거로 사용할 수 없다는 규정은 없다.
③ 甲이 乙과 丙 사이의 공개되지 않은 대화를 녹음하여 공개한 경우, 1천만 원의 벌금에 처해질 수 있다. ➡ (X) 제○○조 제2항 제1호와 제2호에서 공개되지 아니한 타인 상호간의 대화를 녹음하거나 청취 또는 공개, 누설한 자는 1년 이상 10년 이하의 징역과 5년 이하의 자격정지에 처해짐을 알 수 있다.

④ 이동통신사업자 甲이 乙의 단말기를 개통하기 위하여 단말기기 고유번호를 제공받은 경우, 1년의 징역에 처해질 수 있다. ➡ (X) 제○○조 제3항에서 누구든지 단말기기 고유번호를 제공받아서는 안 되나, 이동통신사업자가 단말기기 개통처리 및 수리 등 정당한 업무의 이행을 위해 단말기기 고유번호를 제공받는 경우에는 처벌받지 않음을 알 수 있다.
⑤ 甲이 乙과 丙 사이의 우편물을 불법으로 검열한 경우, 2년의 징역과 3년의 자격정지에 처해질 수 있다. ➡ (O) 제○○조 제2항 제1호에 따르면 타인의 우편물을 불법으로 검열한 경우, 1년 이상 10년 이하의 징역과 5년 이하의 자격정지에 처해진다.

04 ④
정답률 51.8%

| 문제 유형 | 연산추론형 > 수리계산
| 접근 전략 | 조건과 구체적인 수치를 제시하고 조건에 따라 결괏값을 계산해야 하는 문항으로, 정확한 계산은 물론이고 제시된 조건들을 꼼꼼하게 살펴보아야 한다. 지원금을 받을 수 있는 조건과 제외되는 사유, 우선적으로 지원되는 경우 등을 확인해야 한다. 또한 최대 지원금의 범위를 확인하여 이를 비교해 가며 계산하는 것이 문항을 쉽게 해결할 수 있는 방법이다.

다음 글과 〈지원대상 후보 현황〉을 근거로 판단할 때, 기업 F가 받는 지원금은?

○ □□부는 2021년도 중소기업 광고비 지원사업 예산 6억 원을 기업에 지원하려 하며, 지원대상 선정 및 지원금 산정 방법은 다음과 같다.
○ 2020년도 총매출이 500억 원 미만인 기업만 지원하며, 우선 지원대상 사업분야는 백신, 비대면, 인공지능이다. → 총매출이 500억 원 미만인 기업만 지원한다고 했으므로 A, B는 제외된다. 그리고 백신, 비대면, 인공지능이 우선 지원대상 사업분야이므로 D, E, G가 이에 해당된다.
○ 우선 지원대상 사업분야 내 또는 우선 지원대상이 아닌 사업분야 내에서는 '소요 광고비 × 2020년도 총매출'이 작은 기업부터 먼저 선정한다. → 우선 지원대상이 아닌 사업분야 내에서는 '소요 광고비 × 2020년도 총매출'이 작은 기업부터 먼저 선정한다고 했고 '소요 광고비 × 총매출'이 C는 1200억 원, F는 600억 원이므로 F가 먼저 선정된다.
○ 지원금 상한액은 1억 2,000만 원이나, 해당 기업의 2020년도 총매출이 100억 원 이하인 경우 상한액의 2배까지 지원할 수 있다. 단, 지원금은 소요 광고비의 2분의 1을 초과할 수 없다. → 지원금 상한액은 1억 2,000만 원이지만 해당 기업의 2020년도 총매출이 100억 원 이하인 경우 상한액의 2배까지 지원이 가능하고 소요 광고비의 2분의 1을 초과할 수 없다. D와 E는 2020년도 총매출이 100억 원을 넘고, 소요 광고비의 2분의 1이 각각 2억 원과 2억 5천만 원이므로 각각 1억 2천만 원씩 지원받는다. G는 총매출이 100억 원 이하이므로 2억 4천만 원까지 지원이 가능하지만, 소요 광고비의 2분의 1인 2억 원까지 지원받을 수 있다.
○ 위의 지원금 산정 방법에 따라 예산 범위 내에서 지급 가능한 최대 금액을 예산이 소진될 때까지 지원대상 기업에 순차로 배정한다.

〈지원대상 후보 현황〉

기업	2020년도 총매출(억 원)	소요 광고비 (억 원)	사업분야
A	600	1	백신
B	500	2	비대면
C	400	3	농산물
D	300	4	인공지능
E	200	5	비대면
F	100	6	의류
G	30	4	백신

① 없음 ➡ (X)
② 8,000만 원 ➡ (X)
③ 1억 2,000만 원 ➡ (X)
④ 1억 6,000만 원 ➡ (O) F는 총매출이 100억 원 이하이므로 2억 4천만 원까지 지원 가능하고, 소요 광고비의 2분의 1은 3억 원이므로 전액이 가능하다. 하지만 지원사업 예산은 6억 원으로, D, E, G의 지원금 4억 4천만 원을 제외하면 남은 지원사업 예산은 1억 6천만 원이므로 F가 받게 될 지원금은 1억 6천만 원이다.
⑤ 2억 4,000만 원 ➡ (X)

05 ④
정답률 61.3%

|문제 유형| 퍼즐형 > 최댓값·최솟값 도출
|접근 전략| 주어진 조건에 따라 상황을 판단하여 최솟값 혹은 최댓값을 도출해 내는 문항이다. 이 문항은 반드시 구성되어야 하는 소조직과 그 구성원의 숫자를 배제한 다음 문제를 풀어 나가는 것이 편리하다. 그 다음으로 구성 형태가 확정되지 않은 소조직에 대하여 문항에서 요구하는 5명으로 구성되는 소조직의 최솟값과 최댓값을 구하여 문제를 푸는 것이 관건이다.

다음 글의 ㉠과 ㉡에 해당하는 수를 옳게 짝지은 것은?

甲담당관: 우리 부서 전 직원 57명으로 구성되는 혁신조직을 출범시켰으면 합니다.
乙주무관: 조직은 어떻게 구성할까요?
甲담당관: 5~7명으로 구성된 10개의 소조직을 만들되, 5명, 6명, 7명 소조직이 각각 하나 이상 있었으면 합니다. 단, 각 직원은 하나의 소조직에만 소속되어야 합니다.
乙주무관: 그렇게 할 경우 5명으로 구성되는 소조직은 최소 (㉠)개, 최대 (㉡)개가 가능합니다.

　　㉠　　㉡
① 1　　5 ➡ (X)
② 3　　5 ➡ (X)
③ 3　　6 ➡ (X)
④ 4　　6 ➡ (O) 조건을 보면 소조직을 10개로 만들되, 소조직의 구성 인원은 5명~7명이고 구성원이 5명, 6명, 7명인 소조직이 반드시 각각 하나 이상 있어야 한다. 이때 전 직원 중 소조직의 형태가 결정되지 않은 인원은 57-(5+6+7)=39(명)이다. 또한 형태가 결정되지 않은 7개의 소조직에는 최소한 각 5명이 소속되어야 하므로, 7개의 소조직에 각각 5명씩 총 35명이 소속된다. 따라서 소조직에 소속되지 않은 나머지 4명의 직원을 배분하여 정답을 찾을 수 있다.

• ㉠: 5명으로 구성되는 소조직의 수가 최소가 되려면, 소조직에 속하지 않은 4명이 최대한 많은 수의 소조직에 소속되어야 하므로 소조직마다 1명씩 소속하게 되어, 5명으로 구성된 소조직은 3개가 되고 6명으로 구성된 소조직은 4개가 된다. 이때 이미 결정된 소조직까지 모두 더하면 구성 인원이 5명인 소조직은 4개, 6명인 소조직은 5개, 7명인 소조직은 1개가 된다. 따라서 5명으로 구성되는 소조직의 최솟값은 4이다.

• ㉡: 5명으로 구성되는 소조직의 수가 최대가 되려면, 소조직에 속하지 않은 4명이 최대한 적은 수의 소조직에 소속되어야 하므로 소조직마다 2명씩 소속하게 되어, 5명으로 구성된 소조직은 5개가 되고 7명으로 구성된 소조직은 2개가 된다. 이때 이미 결정된 소조직까지 모두 더하면 구성 인원이 5명인 소조직은 6개, 6명인 소조직은 1개, 7명인 소조직은 3개가 된다. 따라서 5명으로 구성되는 소조직의 최댓값은 6이다.

⑤ 4　　7 ➡ (X)

06 ①
정답률 57.5%

|문제 유형| 퍼즐형 > 최댓값·최솟값 도출
|접근 전략| 주어진 조건들을 가지고 특정 목적을 달성하기 위한 최솟값을 구하는 문항이다. 각 업무역량의 값에 따라 최대의 조건을 설정하고, 이 상황에서 각 선지의 값을 하나씩 소거하는 방식으로 해결할 수 있다.

다음 글을 근거로 판단할 때, 甲이 통합력에 투입해야 하는 노력의 최솟값은?

○ 업무역량은 기획력, 창의력, 추진력, 통합력의 4가지 부문으로 나뉜다.
○ 부문별 업무역량 값을 수식으로 나타내면 다음과 같다.

부문별 업무역량 값
= (해당 업무역량 재능 × 4) + (해당 업무역량 노력 × 3)
※ 재능과 노력의 값은 음이 아닌 정수이다.

○ 甲의 부문별 업무역량의 재능은 다음과 같다.

기획력	창의력	추진력	통합력
90	100	110	60

○ 甲은 통합력의 업무역량 값을 다른 어떤 부문의 값보다 크게 만들고자 한다. 단, 甲이 투입 가능한 노력은 총 100이며 甲은 가능한 노력을 남김없이 투입한다.

① 67 ➡ (O) 각 부문별 업무역량 값은 해당 업무역량 재능에 4를 곱한 것과 해당 업무역량 노력에 3을 곱한 것을 더한 값이다. 업무역량 재능에 4를 곱한 값을 비교해 보면, 각각 360, 400, 440, 240으로, 통합력 업무역량 재능과 가장 큰 값인 추진력 업무역량 재능을 비교했을 때 200의 차이가 나고 선지들의 값에 3을 곱하면 각각 201, 204, 207, 210, 213이다. 67을 대입하면 통합력은 240+(67×3)=441이 되고, 추진력에는 노력을 전혀 기울이지 말아야 한다. 창의력의 재능×4는 400이므로 39까지 역량을 더할 수 있고, 이를 3으로 나누면 노력은 13까지 투입가능하다. 나머지 20은 기획력에 투입하면 총 60이 더해지므로 4200이다. 따라서 67이 甲이 통합력에 투입해야 하는 노력의 최솟값이다.

② 68 ➡ (X)
③ 69 ➡ (X)
④ 70 ➡ (X)
⑤ 71 ➡ (X)

07 ①
정답률 63.6%

|문제 유형| 퍼즐형 > 논리퀴즈
|접근 전략| 주어진 규칙과 상황 등을 종합적으로 고려하여 정답을 판단할 수 있어야 한다. 어느 위치에서 시작하더라도 하나의 경우를 반복하고 난 후의 상황을 송편을 먹은 상황으로 적용하면 정답을 쉽게 찾아낼 수 있다.

다음 글을 근거로 판단할 때, 마지막에 송편을 먹었다면 그 직전에 먹은 떡은?

원 쟁반의 둘레를 따라 쑥떡, 인절미, 송편, 무지개떡, 팥떡, 호박떡이 순서대로 한 개씩 시계방향으로 놓여 있다. 이 떡을 먹는 순서는 다음과 같은 규칙에 따른다. 특정한 떡을 시작점(첫 번째)으로 하여 시계방향으로 떡을 세다가 여섯 번째에 해당하는 떡을 먹는다. 떡을 먹고 나면 시계방향으로 이어지는 바로 다음 떡이 새로운 시작점이 된다. 이 과정을 반복하여 떡이 한 개 남게 되면 마지막으로 그 떡을 먹는다.

① 무지개떡 ➡ (O) 쑥떡을 시작점으로 가정하면, 여섯 번째 떡인 호박떡을 가장 처음 먹게 된다. 그러면 쑥떡이 다시 새로운 시작점이 되고 이로부터 여섯 번째 떡을 계산하면 쑥떡을 두 번째로 먹게 된다. 또다시 인절미가 새로운 시작점이 되고 여섯 번째 떡을 계산하면 송편을 세 번째로 먹게 된다. 그 다음 무지개떡이 새로운 시작점이 되고 여섯 번째 떡을 계산하면 인절미를 네 번째로 먹게 되고, 무지개떡과 팥떡 두 개가 남는다. 그리고 다시 무지개떡이 새로운 시작점이 되어 여섯 번째 떡을 계산하면 팥떡을 다섯 번째로 먹게 된다. 무지개떡이 하나만 남은 경우, 그 직전에 먹은 떡은 시계방향으로 다음 차례에 있는 팥떡이므로, 이를 송편에 적용하면 마지막에 송편을 먹었을 때 그 직전에 먹은 떡은 시계방향으로 다음 차례에 있는 무지개떡이다.
② 쑥떡 ➡ (X)
③ 인절미 ➡ (X)
④ 팥떡 ➡ (X)
⑤ 호박떡 ➡ (X)

08 ③   정답률 79.2%

| 문제 유형 | 퍼즐형 > 논리퀴즈
| 접근 전략 | 주어진 조건을 종합적으로 따져 정답을 판단할 수 있어야 한다. 네 가지 상품을 두 개씩 저울에 무게 측정을 할 수 있는 경우의 수를 파악하고, 이에 따라 각각의 경우의 수에 따른 무게값을 찾고, 조건에 맞는 값을 골라내면 쉽게 해결할 수 있다.

다음 글을 근거로 판단할 때, 甲이 구매하려는 두 상품의 무게로 옳은 것은?

○○마트에서는 쌀 상품 A~D를 판매하고 있다. 상품 무게는 A가 가장 무겁고, B, C, D 순서대로 무게가 가볍다. 무게 측정을 위해 서로 다른 두 상품을 저울에 올린 결과, 각각 35kg, 39kg, 44kg, 45kg, 50kg, 54kg으로 측정되었다. 甲은 가장 무거운 상품과 가장 가벼운 상품을 제외하고 두 상품을 구매하기로 하였다.

※ 상품 무게(kg)의 값은 정수이다.

① 19kg, 25kg ➡ (X)
② 19kg, 26kg ➡ (X)
③ 20kg, 24kg ➡ (O) A가 가장 무겁고 B, C, D 순서대로 무게가 가볍다고 했으므로 서로 다른 두 상품을 저울에 올렸을 때 A+B > A+C > A+D 또는 B+C > B+D > C+D 순서대로 무게가 무겁다. 각각을 저울에 올린 결과에 대입하면 아래 표와 같이 정리할 수 있다.

A+B	A+C	A+D 또는 B+C	B+D	C+D
54	50	45 또는 44	39	35

이때 A+B−(B+D) = 54−39 = A−D = 15가 되고, A = 15+D가 된다. 이 식을 A+D에 대입하면 15+D+D = 2D+15가 되고, 결괏값은 홀수가 된다. 따라서 A+D의 결괏값은 홀수인 45가 되고 B+C는 44가 된다. 선지에서 44kg에 해당하는 것이 ①과 ③이므로 B와 C의 값에 각각 대입해 보면 된다. B가 25kg이고, C가 19kg이면 A와 B가 더한 값을 통해 A가 29kg임을 알 수 있고, A와 C를 더한 값이 48kg이어야 함을 알 수 있다. 이 값이 50kg과 차이가 있으므로 B는 24kg, C는 20kg이다. 참고로 해설은 B>C>D 순으로 무게가 가볍다고 가정하고 풀이했으나, 'B, C, D 순서대로 무게가 가볍다.'라는 표현은 B<C<D 순으로 가볍다는 의미로 이해할 수도 있다. 이때에는 위의 해설의 B와 D를 바꾸어 풀이를 진행하면 된다.
④ 21kg, 25kg ➡ (X)
⑤ 22kg, 26kg ➡ (X)

S09 ②   정답률 48.2%

| 문제 유형 | 퍼즐형 > 수리퀴즈
| 접근 전략 | 주어진 상황과 조건 등을 바탕으로 제시된 수리 연산을 활용하여 정답을 판단하는 문항으로, 예시로 제시된 상황을 바탕으로 조건을 만족하는지 판단하며 풀어 가는 것이 도움이 된다.

다음 글을 근거로 판단할 때, A 괘종시계가 11시 정각을 알리기 위한 마지막 종을 치는 시각은?

A 괘종시계는 매시 정각을 알리기 위해 매시 정각부터 일정한 시간 간격으로 해당 시의 수만큼 종을 친다. 예를 들어 7시 정각을 알리기 위해서는 7시 정각에 첫 종을 치기 시작하여 일정한 시간 간격으로 총 7번의 종을 치는 것이다. 이 괘종시계가 정각을 알리기 위해 2번 이상 종을 칠 때, 종을 치는 시간 간격은 몇 시 정각을 알리기 위한 것이든 동일하다. A 괘종시계가 6시 정각을 알리기 위한 마지막 6번째 종을 치는 시각은 6시 6초이다.

① 11시 11초 ➡ (X)
② 11시 12초 ➡ (O) A 괘종시계가 6시 정각을 알리기 위해 마지막 6번째 종을 치는 시각은 6시 6초이다. 6시 정각에 첫 종을 치기 시작했으므로, 5번의 종이 치는 동안 6초가 지난다. 따라서 종을 치는 시간 간격은 1.2초이다. 또한 괘종시계는 일정한 시간 간격으로 종을 친다고 했으므로, 11시를 알리기 위해서는 11시 정각에 첫 종을 친 이후로 10번의 종이 울려야 하고 12초가 필요하다. 따라서 11시 12초에 마지막 종이 울린다.
③ 11시 13초 ➡ (X)
④ 11시 14초 ➡ (X)
⑤ 11시 15초 ➡ (X)

10 ③   정답률 66.1%

| 문제 유형 | 퍼즐형 > 논리퀴즈
| 접근 전략 | 주어진 상황과 조건 등을 종합적으로 고려하여 정답을 판단할 수 있어야 한다. 각 사람들이 해야 할 일의 양과 한 일의 양, 그리고 각 사람들의 업무량을 비교하는 내용들을 꼼꼼하게 확인하고 비교하면 쉽게 정답을 찾을 수 있다.

다음 글을 근거로 판단할 때, 현재 시점에서 두 번째로 많은 양의 일을 한 사람은?

A부서 주무관 5명(甲~戊)은 오늘 해야 하는 일의 양이 같다. 오늘 업무 개시 후 현재까지 한 일을 비교해 보면 다음과 같다.

甲은 丙이 아직 하지 못한 일의 절반에 해당하는 양의 일을 했다. 乙은 丁이 남겨 놓고 있는 일의 2배에 해당하는 양의 일을 했다. 丙은 자신이 현재까지 했던 일의 절반에 해당하는 일을 남겨 놓고 있다. 丁은 甲이 남겨 놓고 있는 일과 동일한 양의 일을 했다. 戊는 乙이 남겨 놓은 일의 절반에 해당하는 양의 일을 했다.

① 甲 ➡ (X)
② 乙 ➡ (X)
③ 丙 ➡ (O) 다섯 명의 주무관 중에서 丙만 다른 사람과의 비교가 없이 업무량을 설정할 수 있도록 제시되어 있다. 편의상 丙이 현재까지 했던 일을 100으로 설정하면, 절반에 해당하는 일을 남겨 놓았으므로 50이 남아 있고, 오늘 해야 하는 일의 양은 150이다. 甲은 丙이 하지 못한 일의 절반에 해당하는 양의 일을 했으므로 25만큼 했다. 丁은 甲이 남겨 놓고 있는 일과 동일한 양의 일을 했으므로 150−25 = 125만큼 했다. 乙은 丁이 남겨 놓고 있는 일의 2배에 해당하는 양의 일을 했으므로 25×2 = 50만큼 했다. 戊는 乙이 남겨 놓은 일의 절반에 해당하는 양의 일을 했으므로 100÷2 = 50만큼 했다. 따라서 일을 가장 많이 한 사람은 丁이고, 두 번째로 많은 양의 일을 한 사람은 丙이다.

④ 丁 ➡ (X)
⑤ 戊 ➡ (X)

11 ② 정답률 83.9%

| 문제 유형 | 퍼즐형 > 최댓값·최솟값 도출
| 접근 전략 | 주어진 조건에 따라 〈대화〉에서 제시된 상황을 판단하여 丙이 받을 수 있는 성과점수의 최댓값을 도출해 내는 문항이다. 네 사람의 요구조건 중에서 구체적인 수치가 나온 점수를 바탕으로, 다른 사람들의 조건들을 모두 고려하며 경우의 수를 찾으면 쉽게 구할 수 있다.

다음 글과 〈대화〉를 근거로 판단할 때, 丙이 받을 수 있는 최대 성과점수는?

○ A과는 과장 1명과 주무관 4명(甲~丁)으로 구성되어 있으며, 주무관의 직급은 甲이 가장 높고, 乙, 丙, 丁 순으로 낮아진다.
○ A과는 프로젝트를 성공적으로 마친 보상으로 성과점수 30점을 부여받았다. 과장은 A과에 부여된 30점을 자신을 제외한 주무관들에게 분배할 계획을 세우고 있다.
○ 과장은 주무관들의 요구를 모두 반영하여 성과점수를 분배하려 한다.
○ 주무관들이 받는 성과점수는 모두 다른 자연수이다.

〈대화〉
甲: 과장님이 주시는 대로 받아야죠. 아! 그렇지만 丁보다는 제가 높아야 합니다.
乙: 이번 프로젝트 성공에는 제가 가장 큰 기여를 했으니, 제가 가장 높은 성과점수를 받아야 합니다.
丙: 기여도를 고려했을 때, 제 경우에는 상급자보다는 낮게 받고 하급자보다는 높게 받아야 합니다.
丁: 저는 내년 승진에 필요한 최소 성과점수인 4점만 받겠습니다.

① 6 ➡ (X)
② 7 ➡ (O) A과 과장은 주무관들의 요구를 모두 반영할 것이므로, 丁의 요구대로 丁에게 4점을 줄 것이다. 丙은 자신의 상급자보다는 낮게, 자신의 하급자보다는 높게 점수를 받아야 한다고 했고, 甲, 乙, 丙 중 丙의 직급이 가장 낮으므로, 남은 26점을 순차적으로 주어야 한다. 3명에게 9점씩 주면 27점이므로, 9점, 9점, 8점을 주면 26점이 된다. 하지만 乙이 가장 높은 점수를 받아야 하므로, 甲은 9점, 乙은 10점, 丙은 7점을 받게 된다.
③ 8 ➡ (X)
④ 9 ➡ (X)
⑤ 10 ➡ (X)

12 ⑤ 정답률 70.9%

| 문제 유형 | 퍼즐형 > 수리퀴즈
| 접근 전략 | 주어진 조건과 근거를 바탕으로 수리 연산을 활용하여 정답을 판단하는 문항이다. 집을 짓기 위해 소요되는 단위 면적당 비용과 집을 지을 수 있는 총 면적 및 각 아기 돼지의 집 면적 등을 비교함으로써 문항을 해결할 수 있다.

다음 글을 근거로 판단할 때, 아기 돼지 삼형제와 각각의 집을 옳게 짝지은 것은?

○ 아기 돼지 삼형제는 엄마 돼지로부터 독립하여 벽돌집, 나무집, 지푸라기집 중 각각 다른 한 채씩을 선택하여 짓는다.

○ 벽돌집을 지을 때에는 벽돌만 필요하지만, 나무집은 나무와 지지대가, 지푸라기집은 지푸라기와 지지대가 재료로 필요하다. 지지대에 소요되는 비용은 집의 면적과 상관없이 나무집의 경우 20만 원, 지푸라기집의 경우 5만 원이다.
○ 재료의 1개당 가격 및 집의 면적 1m²당 필요 개수는 아래와 같다.

구분	벽돌	나무	지푸라기
1개당 가격(원)	6,000	3,000	1,000
1m²당 필요 개수	15	20	30

○ 첫째 돼지 집의 면적은 둘째 돼지 집의 2배이고, 셋째 돼지 집의 3배이다. 삼형제 집의 면적의 총합은 11m²이다.
○ 모두 집을 짓고 나니, 둘째 돼지 집을 짓는 재료 비용이 가장 많이 들었다.

	첫째	둘째	셋째	
①	벽돌집	나무집	지푸라기집	➡ (X)
②	벽돌집	지푸라기집	나무집	➡ (X)
③	나무집	벽돌집	지푸라기집	➡ (X)
④	지푸라기집	벽돌집	나무집	➡ (X)
⑤	지푸라기집	나무집	벽돌집	➡ (O)

제시된 조건에서 벽돌집은 1m²당 9만 원, 나무집은 6만 원, 지푸라기집은 3만 원이 필요하다. 그리고 나무집과 지푸라기집은 지지대 비용으로 각각 20만 원과 5만 원이 별도로 소요된다. 아기 돼지 삼형제의 집 면적은 첫째 돼지 집이 둘째 돼지 집의 2배이므로, 둘째 돼지 집의 면적을 a라고 했을 때, 첫째 돼지 집의 면적은 2a가 되고, 셋째 돼지 집의 면적을 b라고 했을 때, 첫째 돼지 집의 면적은 3b가 된다. 이를 바탕으로 방정식을 풀면 a=1.5b이므로 3b+1.5b+b=11이 되고, b는 2가 된다. 따라서 첫째 돼지 집의 면적은 6m², 둘째 돼지 집의 면적은 3m², 셋째 돼지 집의 면적은 2m²이다. 이를 바탕으로 각 돼지들의 집 종류별 소요되는 비용을 정리하면 다음과 같다.

구분	첫째 돼지	둘째 돼지	셋째 돼지
벽돌집	6,000×15×6 =54(만 원)	6,000×15×3 =27(만 원)	6,000×15×2 =18(만 원)
나무집	3,000×20×6+ 지지대 비용(20만 원) =56(만 원)	3,000×20×3+ 지지대 비용(20만 원) =38(만 원)	3,000×20×2+ 지지대 비용(20만 원) =32(만 원)
지푸라기집	1,000×30×6+ 지지대 비용(5만 원) =23(만 원)	1,000×30×3+ 지지대 비용(5만 원) =14(만 원)	1,000×30×2+ 지지대 비용(5만 원) =11(만 원)

둘째 돼지 집의 소요 비용이 가장 많이 들었으므로 둘째 돼지는 나무집을 지어야 하고, 이때 들어간 비용 38만 원을 넘지 않는 선에서 첫째 돼지가 집을 지어야 하므로 첫째 돼지는 지푸라기집을 지어야 한다. 그리고 셋째 돼지는 벽돌집을 지어야 한다.

13 ③ 정답률 68.5%

| 문제 유형 | 연산추론형 > 대입비교
| 접근 전략 | 구체적인 수치를 바탕으로 제시된 〈상황〉에 적용하며 해결해야 하는 문항은 상황이 제시되기 전과 이후에 달라지는 계산 값에 대해 유의하며 접근해야 한다. 보수 지급 기준에 따라 최대로 받을 수 있는 착수금과 그에 따른 사례금 등을 정확하게 비교하면 문항을 쉽게 해결할 수 있다.

다음 〈A기관 특허대리인 보수 지급 기준〉과 〈상황〉을 근거로 판단할 때, 甲과 乙이 지급받는 보수의 차이는?

〈A기관 특허대리인 보수 지급 기준〉
○ A기관은 특허출원을 특허대리인(이하 '대리인')에게 의뢰하고, 이에 따라 특허출원 건을 수임한 대리인에게 보수를 지급한다.
○ 보수는 착수금과 사례금의 합이다.

○ 착수금은 대리인이 작성한 출원서의 내용에 따라 〈착수금 산정 기준〉의 세부항목을 합산하여 산정한다. 단, 세부항목을 합산한 금액이 140만 원을 초과할 경우 착수금은 140만 원으로 한다.

〈착수금 산정 기준〉

세부항목	금액(원)
기본료	1,200,000
독립항 1개 초과분(1개당)	100,000
종속항(1개당)	35,000
명세서 20면 초과분(1면당)	9,000
도면(1도당)	15,000

※ 독립항 1개 또는 명세서 20면 이하는 해당 항목에 대한 착수금을 산정하지 않는다.

○ 사례금은 출원한 특허가 '등록결정'된 경우 착수금과 동일한 금액으로 지급하고, '거절결정'된 경우 0원으로 한다.

〈상황〉

○ 특허대리인 甲과 乙은 A기관이 의뢰한 특허출원을 각각 1건씩 수임하였다.
○ 甲은 독립항 1개, 종속항 2개, 명세서 14면, 도면 3도로 출원서를 작성하여 특허를 출원하였고, '등록결정'되었다.
○ 乙은 독립항 5개, 종속항 16개, 명세서 50면, 도면 12도로 출원서를 작성하여 특허를 출원하였고, '거절결정'되었다.

① 2만 원 ➡ (X)
② 8만 5천 원 ➡ (X)
③ 123만 원 ➡ (O) 두 사람이 받을 수 있는 착수금은 각각 최대 140만 원이고, '등록결정'이 되면 착수금의 2배를, '거절결정'이 되면 착수금만 받게 된다. 乙은 종속항만으로도 이미 56만 원이며, '거절결정'이 되었기 때문에 최종 보수가 140만 원이다. 甲은 독립항과 명세서는 별도의 착수금을 받지 못하고, 종속항 2개 7만 원, 도면 3도 4만 5천 원을 추가로 받아 총 131만 5천 원의 착수금을 받는다. 그리고 '등록결정'이 되었으므로 총 263만 원의 보수를 받는다. 乙의 140만 원을 빼면 두 사람 보수의 차이는 123만 원이 된다.
④ 129만 5천 원 ➡ (X)
⑤ 259만 원 ➡ (X)

14 ④   정답률 69.1%

|문제 유형| 연산추론형 > 대입비교
|접근 전략| 구체적인 수치를 바탕으로 여러 상황들에 대해 비교하며 해결해야 하는 문항은 상황이 제시되기 전과 이후에 달라지는 계산 값에 대해 유의하며 접근해야 한다. 사업자 자격 요건에 따른 기본심사 점수와 감점 요소 등을 각 사업자별로 정확하게 계산하여 판단하면 정답을 쉽게 찾아낼 수 있다.

다음 글과 〈상황〉을 근거로 판단할 때, 〈보기〉에서 옳은 것만을 모두 고르면?

□□부서는 매년 △△사업에 대해 사업자 자격 요건 재허가 심사를 실시한다.
○ 기본심사 점수에서 감점 점수를 뺀 최종심사 점수가 70점 이상이면 '재허가', 60점 이상 70점 미만이면 '허가 정지', 60점 미만이면 '허가 취소'로 판정한다.
 - 기본심사 점수: 100점 만점으로, ㉮~㉰의 4가지 항목(각 25점 만점) 점수의 합으로 한다. 단, 점수는 자연수이다.

 - 감점 점수: 과태료 부과의 경우 1회당 2점, 제재 조치의 경우 경고 1회당 3점, 주의 1회당 1.5점, 권고 1회당 0.5점으로 한다.

〈상황〉

2020년 사업자 A~C의 기본심사 점수 및 감점 사항은 아래와 같다.

사업자	기본심사 항목별 점수			
	㉮	㉯	㉰	㉱
A	20	23	17	?
B	18	21	18	?
C	23	18	21	16

사업자	과태료 부과 횟수	제재 조치 횟수		
		경고	주의	권고
A	3	-	-	6
B	5	-	3	2
C	4	1	2	-

〈보기〉

ㄱ. A의 ㉱ 항목 점수가 15점이라면 A는 재허가를 받을 수 있다. → (X) 사업자 A의 감점 점수는 과태료 6점(3회×2점), 권고 3점(6회×0.5점)으로 총 9점이다. A의 ㉱가 15점이라면 기본 점수 75점에서 9점이 감점되어 총 66점이다. 66점은 '허가 정지'이다.
ㄴ. B의 허가가 취소되지 않으려면 B의 ㉱ 항목 점수가 19점 이상이어야 한다. → (O) 사업자 B의 감점 점수는 과태료 10점(5회×2점), 주의 4.5점(3회×1.5점), 권고 1점(2회×0.5점)으로 총 15.5점이다. ㉱가 19점이면 기본 점수 76점에서 15.5점이 감점되어 60.5점이 되므로 '허가 취소' 판정을 받지 않게 된다.
ㄷ. C가 2020년에 과태료를 부과받은 적이 없다면 판정 결과가 달라진다. → (O) 사업자 C의 감점 점수는 과태료 8점(4회×2점), 경고 3점(1회×3점), 주의 3점(2회×1.5점)으로 총 14점이다. 기본심사 점수가 78점이므로 과태료가 없다면 '재허가'이지만, 14점을 뺀 점수는 64점이므로 '허가 정지' 처분을 받게 된다.
ㄹ. 기본심사 점수와 최종심사 점수 간의 차이가 가장 큰 사업자는 C이다. → (X) 감점이 가장 큰 사업자는 B이므로 기본심사 점수와 최종심사 점수 간의 차이가 가장 큰 사업자는 B이다.

① ㄱ ➡ (X)
② ㄴ ➡ (X)
③ ㄱ, ㄴ ➡ (X)
④ ㄴ, ㄷ ➡ (O)
⑤ ㄷ, ㄹ ➡ (X)

15 ③   정답률 74.8%

|문제 유형| 법조문형 > 규정적용
|접근 전략| 제시된 규정을 해석하고 이를 구체적인 상황에 적용하는 능력을 평가하는 문항이다. 제시된 상황에 어긋나는 규정이나 예외 규정 등이 무엇인지 꼼꼼하게 확인하는 것이 가장 중요하다.

다음 글과 〈상황〉을 근거로 판단할 때, 수질검사빈도와 수질기준을 둘 다 충족한 검사지점만을 모두 고르면?

□□법 제00조(수질검사빈도와 수질기준) ① 기초자치단체의 장인 시장·군수·구청장은 다음 각 호의 구분에 따라 지방상수도의 수질검사를 실시하여야 한다.
1. 정수장에서의 검사
   가. 냄새, 맛, 색도, 탁도(濁度), 잔류염소에 관한 검사: 매일 1회 이상
   나. 일반세균, 대장균, 암모니아성 질소, 질산성 질소, 과망간산칼륨 소비량 및 증발잔류물에 관한 검사: 매주 1회 이상
      단, 일반세균, 대장균을 제외한 항목 중 지난 1년간 검사를 실시한 결과, 수질기준의 10퍼센트를 초과한 적이 없는 항목에 대하여는 매월 1회 이상
2. 수도꼭지에서의 검사
   가. 일반세균, 대장균, 잔류염소에 관한 검사: 매월 1회 이상
   나. 정수장별 수도관 노후지역에 대한 일반세균, 대장균, 암모니아성 질소, 동, 아연, 철, 망간, 잔류염소에 관한 검사: 매월 1회 이상
3. 수돗물 급수과정별 시설(배수지 등)에서의 검사
   일반세균, 대장균, 암모니아성 질소, 동, 수소이온 농도, 아연, 철, 잔류염소에 관한 검사: 매 분기 1회 이상
② 수질기준은 아래와 같다.

항목	기준	항목	기준
대장균	불검출/100mL	일반세균	100CFU/mL 이하
잔류염소	4mg/L 이하	질산성 질소	10mg/L 이하

─〈상황〉─

甲시장은 □□법 제00조에 따라 수질검사를 실시하고 있다. 甲시 관할의 검사지점(A~E)은 이전 검사에서 매번 수질기준을 충족하였고, 이번 수질검사에서 아래와 같은 결과를 보였다.

검사지점	검사대상	검사결과	검사빈도
정수장 A	잔류염소	2mg/L	매일 1회
정수장 B	질산성 질소	11mg/L	매일 1회
정수장 C	일반세균	70CFU/mL	매월 1회
수도꼭지 D	대장균	불검출/100mL	매주 1회
배수지 E	잔류염소	2mg/L	매주 1회

※ 제시된 검사대상 외의 수질검사빈도와 수질기준은 모두 충족한 것으로 본다.

- 정수장 A: 제1항 제1호 가목에 따르면 정수장은 잔류염소에 관한 검사를 매일 1회 이상 해야 하고, 제2항에서 잔류염소의 기준이 4mg/L 이하임을 알 수 있다.
- 정수장 B: 제1항 제1호 나목에 따르면 정수장은 질산성 질소에 관한 검사를 매주 1회 이상 해야 하고, 제2항에서 질산성 질소의 기준이 10mg/L 이하임을 알 수 있다. B는 검사결과 11mg/L이므로 기준을 충족하지 못했다.
- 정수장 C: 제1항 제1호 나목에 따르면 정수장은 일반세균에 관한 검사를 매주 1회 이상 해야 하지만, C는 매월 1회 했으므로 기준을 충족하지 못했다.
- 수도꼭지 D: 제1항 제2호 가목에 따르면 수도꼭지는 대장균에 관한 검사를 매월 1회 이상 해야 하고, 제2항에서 대장균의 기준은 불검출/100mL임을 알 수 있다.
- 배수지 E: 제1항 제3호에 따르면 배수지는 잔류염소에 관한 검사를 매 분기 1회 이상 해야 하고, 제2항에서 잔류염소의 기준이 4mg/L 이하임을 알 수 있다.

① A, D ➡ (X)
② B, D ➡ (X)
③ A, D, E ➡ (O)
④ A, B, C, E ➡ (X)
⑤ A, C, D, E ➡ (X)

16 ④   정답률 86.6%

| 문제 유형 | 법조문형 > 규정적용
| 접근 전략 | 규정이 제시되고 이에 대한 적용을 묻는 문항은 각각의 상황에 따라 적용의 여부가 달라지기 때문에 해당 규정의 내용을 정확하게 이해해야 한다. 민원의 종류에 따라 신청, 접수, 이송, 통지 등의 방법이 달라지고, 이러한 방법들에 대하여 선지들이 구성되었으므로 제시된 법령을 꼼꼼하게 확인하는 것이 필요하다.

다음 글과 〈상황〉을 근거로 판단할 때 옳은 것은?

○ 민원의 종류
  법정민원(인가·허가 등을 신청하거나 사실·법률관계에 관한 확인 또는 증명을 신청하는 민원), 질의민원(법령·제도 등에 관하여 행정기관의 설명·해석을 요구하는 민원), 건의민원(행정제도의 개선을 요구하는 민원), 기타민원(그 외 상담·설명 요구, 불편 해결을 요구하는 민원)으로 구분함
○ 민원의 신청
  문서(전자문서를 포함, 이하 같음)로 해야 하나, 기타민원은 구술 또는 전화로 가능함
○ 민원의 접수
  민원실에서 접수하고, 접수증을 교부하여야 함(단, 기타민원, 우편 및 전자문서로 신청한 민원은 접수증 교부를 생략할 수 있음)
○ 민원의 이송
  접수한 민원이 다른 행정기관의 소관인 경우, 접수된 민원문서를 지체 없이 소관 기관에 이송하여야 함
○ 처리결과의 통지
  접수된 민원에 대한 처리결과를 민원인에게 문서로 통지하여야 함(단, 기타민원의 경우와 통지에 신속을 요하거나 민원인이 요청하는 경우, 구술 또는 전화로 통지할 수 있음)
○ 반복 및 중복 민원의 처리
  민원인이 동일한 내용의 민원(법정민원 제외)을 정당한 사유 없이 3회 이상 반복하여 제출한 경우, 2회 이상 그 처리결과를 통지하였다면 그 후 접수되는 민원에 대하여는 바로 종결 처리할 수 있음

─〈상황〉─

○ 甲은 인근 공사장 소음으로 인한 불편 해결을 요구하는 민원을 A시에 제기하려고 한다.
○ 乙은 자신의 영업허가를 신청하는 민원을 A시에 제기하려고 한다.

① 甲은 구술 또는 전화로 민원을 신청할 수 없다. ➡ (X) 甲이 제기하는 민원은 불편 해결을 요구하는 것이므로 기타민원에 해당하고, 기타민원은 구술 또는 전화로 신청이 가능하다.
② 乙은 전자문서로 민원을 신청할 수 없다. ➡ (X) 乙이 제기하는 민원은 영업허가를 신청하는 것이므로 법정민원에 해당하고, 법정민원은 문서(전자문서 포함)로 해야 한다.
③ 甲이 신청한 민원이 다른 행정기관 소관 사항인 경우라도, A시는 해당 민원을 이송 없이 처리할 수 있다. ➡ (X) 접수한 민원이 다른 행정기관의 소관인 경우에는 지체 없이 소관 기관에 이송해야 한다.
④ A시는 甲이 신청한 민원에 대한 처리결과를 전화로 통지할 수 있다. ➡ (O) 접수된 민원 중에서 기타민원의 경우는 구술 또는 전화로 통지할 수 있다.
⑤ 乙이 동일한 내용의 민원을 이미 2번 제출하여 처리결과를 통지받았으나 정당한 사유 없이 다시 신청한 경우, A시는 해당 민원을 바로 종결 처리할 수 있다. ➡ (X) 乙이 제기하는 민원은 법정민원이므로 2회 이상 그 처리결과를 통지하였더라도 그 후 접수되는 민원에 대해 바로 종결 처리할 수 없다.

17 ③   정답률 75.5%

| 문제 유형 | 법조문형 > 규정적용

| 접근 전략 | 규정이 제시되고 이에 대한 적용을 묻는 문항은 각각의 상황에 따라 적용의 여부가 달라지기 때문에 해당 규정의 내용을 정확하게 이해해야 한다. 건축물의 건축 허가와 취소, 제한 등의 규정과 관련해서 승인 및 허가의 주체와 각각의 방법들에 대해 정확하게 파악하고 문항에서 제시된 사례에 적용하여 문항을 해결해야 한다.

다음 글과 〈상황〉을 근거로 판단할 때 옳지 않은 것은?

제00조 ① 건축물을 건축하거나 대수선하려는 자는 특별자치시장·특별자치도지사 또는 시장·군수·구청장의 허가를 받아야 한다. 다만 21층 이상의 건축물이나 연면적 합계 10만 제곱미터 이상인 건축물을 특별시나 광역시에 건축하려면 특별시장이나 광역시장의 허가를 받아야 한다.
② 허가권자는 제1항에 따른 허가를 받은 자가 다음 각 호의 어느 하나에 해당하면 허가를 취소하여야 한다. 다만 제1호에 해당하는 경우로서 정당한 사유가 있다고 인정되면 1년의 범위에서 공사의 착수기간을 연장할 수 있다.
 1. 허가를 받은 날부터 2년 이내에 공사에 착수하지 아니한 경우
 2. 제1호의 기간 이내에 공사에 착수하였으나 공사의 완료가 불가능하다고 인정되는 경우
제00조 ① ○○부 장관은 국토관리를 위하여 특히 필요하다고 인정하거나 주무부장관이 국방, 문화재보존, 환경보전 또는 국민경제를 위하여 특히 필요하다고 인정하여 요청하면 허가권자의 건축허가나 허가를 받은 건축물의 착공을 제한할 수 있다.
② 특별시장·광역시장·도지사(이하 '시·도지사'라 한다)는 지역계획이나 도시·군계획에 특히 필요하다고 인정하면 시장·군수·구청장의 건축허가나 허가를 받은 건축물의 착공을 제한할 수 있다.
③ ○○부 장관이나 시·도지사는 제1항이나 제2항에 따라 건축허가나 건축허가를 받은 건축물의 착공을 제한하려는 경우에는 주민의견을 청취한 후 건축위원회의 심의를 거쳐야 한다.
④ 제1항이나 제2항에 따라 건축허가나 건축물의 착공을 제한하는 경우 제한기간은 2년 이내로 한다. 다만 1회에 한하여 1년 이내의 범위에서 제한기간을 연장할 수 있다.

〈상황〉
甲은 20층의 연면적 합계 5만 제곱미터인 건축물을, 乙은 연면적 합계 15만 제곱미터인 건축물을 각각 A광역시 B구에 신축하려고 한다.

① 甲은 B구청장에게 건축허가를 받아야 한다. ➡ (O) 첫 번째 조 제1항에서 21층 이상의 건축물이나 연면적 합계 10만 제곱미터 이상인 건축물이 아니면 구청장의 허가를 받아야 함을 알 수 있다. 甲은 20층의 연면적 합계 5만 제곱미터인 건축물이므로 구청장의 허가를 받아야 한다.
② 甲이 건축허가를 받은 경우에도 A광역시장은 지역계획에 특히 필요하다고 인정하면 일정한 절차를 거쳐 甲의 건축물 착공을 제한할 수 있다. ➡ (O) 두 번째 조 제2항에서 광역시장은 지역계획에 특히 필요하다고 인정하면 구청장의 건축허가를 받은 건축물의 착공을 제한할 수 있음을 알 수 있다.
③ B구청장은 주민의견을 청취한 후 건축위원회의 심의를 거쳐 건축허가를 받은 乙의 건축물 착공을 제한할 수 있다. ➡ (X) 두 번째 조 제3항에서 건축허가를 받은 건축물의 착공을 제한하려는 경우에는 주민의견을 청취한 후 건축위원회의 심의를 거쳐야 함을 알 수 있다. 동조 제1항, 제2항에 따르면 이때의 주체는 장관이나 시·도지사이므로 B구청장은 해당되지 않는다.
④ 乙이 건축허가를 받은 날로부터 2년 이내에 정당한 사유 없이 공사에 착수하지 않은 경우, A광역시장은 건축허가를 취소하여야 한다. ➡ (O) 첫 번째 조 제2항 제1호에서 허가권자는 허가를 받은 날부터 2년 이내에 공사에 착수하지 아니한 경우에는 정당한 사유가 없다면 허가를 취소하여야 함을 알 수 있다.
⑤ 주무부장관이 문화재보존을 위하여 특히 필요하다고 인정하여 요청하는 경우, ○○부 장관은 건축허가를 받은 乙의 건축물에 대해 최대 3년간 착공을 제한할 수 있다. ➡ (O) 두 번째 조 제1항에서 주무부장관이 문화재보존을 위하여 특히 필요하다고 인정하여 요청하면 ○○부 장관은 허가를 받은 건축물의 착공을 제한할 수 있음을 알 수 있고, 동조 제4항에서 제한기간은 2년 이내이지만 1회에 한하여 1년 이내의 범위에서 제한기간을 연장할 수 있음을 알 수 있다. 따라서 최대 3년간 착공을 제한할 수 있다.

18 ④   정답률 60.7%

| 문제 유형 | 법조문형 > 규정확인

| 접근 전략 | 법령 문제는 법령의 단서나 예외 부분, 그리고 법령 행사의 주체, 법령 적용의 대상을 가장 신경 써서 풀어야 한다. 정보공개심의회의 구성 요건과 관련된 사항을 확인해야 하고, 위원들의 임기 및 심의회가 개의되고 찬성으로 의결되는 각각의 조건들을 꼼꼼하게 이해해야 문항을 정확하게 풀어낼 수 있다.

다음 글을 근거로 판단할 때 옳지 않은 것은?

제00조 ① 정보공개심의회(이하 '심의회'라 한다)는 다음 각 호의 구분에 따라 10인 이내의 위원으로 구성한다.
 1. 내부 위원: 위원장 1인(○○실장)과 각 부서의 정보공개담당관 중 지명된 3인
 2. 외부 위원: 관련분야 전문가 중에서 총 위원수의 3분의 1 이상 위촉
② 위원은 특정 성별이 다른 성별의 2분의 1 이하가 되지 않도록 한다.
③ 위원장을 비롯한 내부 위원의 임기는 그 직위에 재직하는 기간으로 하며, 외부 위원의 임기는 2년으로 하되 2회에 한하여 연임할 수 있다.
④ 심의회는 위원장이 소집하고, 회의는 위원장을 포함한 재적위원 3분의 2 이상의 출석으로 개의하고 출석위원 3분의 2 이상의 찬성으로 의결한다.
⑤ 위원은 부득이한 이유로 참석할 수 없는 경우에는 서면으로 의견을 제출할 수 있다. 이 경우 해당 위원은 심의회에 출석한 것으로 본다.

① 외부 위원의 최대 임기는 6년이다. ➡ (O) 제3항에 따르면 외부 위원의 임기는 2년으로 하되 2회에 한하여 연임할 수 있으므로 최대 임기는 6년이다.
② 정보공개심의회는 최소 6명의 위원으로 구성된다. ➡ (O) 제1항 제1호에 따르면 내부 위원은 최소 4명이고, 동조 제2호에 따르면 외부 위원은 총 위원수의 3분의 1 이상 위촉해야 하므로 최소 2명임을 알 수 있다. 따라서 정보공개심의회는 최소 6명의 위원으로 구성된다.
③ 정보공개심의회 내부 위원이 모두 여성일 경우, 정보공개심의회는 7명의 위원으로 구성될 수 있다. ➡ (O) 제2항에서 위원은 특정 성별이 다른 성별의 2분의 1 이하가 되지 않아야 하므로, 내부 위원 4명이 모두 여성일 경우, 총 위원수를 감안하면 남성은 3명 이상 6명 이하야 한다. 따라서 내부 위원이 모두 여성일 경우, 정보공개심의회는 7명의 위원으로 구성될 수 있다.
④ 정보공개심의회가 8명의 위원으로 구성되면, 위원 3명의 찬성으로 의결되는 경우가 있다. ➡ (X) 제4항에서 심의회는 재직위원 3분의 2 이상의 출석으로 개의하고 출석위원 3분의 2 이상의 찬성으로 의결함을 알 수 있다. 정보공개심의회가 8명이면 3분의 2 이상인 6명이 출석해야 개의가 되고, 이 중 4명 이상이 찬성해야 의결이 됨을 알 수 있다.
⑤ 위원장을 포함한 위원 5명이 직접 출석하여 이들 모두 안건에 찬성하고, 위원 2명이 부득이한 이유로 서면으로 의견을 제출한 경우, 제출된 서면 의견에 상관없이 해당 안건은 찬성으로 의결된다. ➡ (O) 제5항에서 부득이 참석할 수 없는 경우에는 서면으로 의견을 제출할 수 있고, 이 경우 해당 위원은 심의회에 출석한 것으로 본다. 5명이 직접 출석하고 2명이 서면으로 의견을 제출하면 총 7명이 출석한 것이고, 3분의 2 이상인 5명 이상의 의결이 필요하므로 서면으로 제출한 의견에 상관없이 의결된다.

19 ⑤ 정답률 70.3%

| 문제 유형 | 제시문형 > 분석추론

| 접근 전략 | 제시문을 이해하고 이에 대한 내용을 적용하여 추론하는 문항은 각각의 경우에 따라 적용 여부를 정확하게 이해하고 비교할 수 있어야 한다. 인재개발원 강의의 분반 허용 기준을 바탕으로 제시된 상황을 꼼꼼하게 비교해야 하고, 분반이 허용되는 예외 사항을 바탕으로 어떤 경우에 분반이 불가능한지를 추론할 수 있어야 한다.

다음 글을 근거로 판단할 때, 〈보기〉에서 옳은 것만을 모두 고르면?

2021년에 적용되는 ○○인재개발원의 분반 허용 기준은 아래와 같다.

○ 분반 허용 기준
  - 일반강의: 직전 2년 수강인원의 평균이 100명 이상이거나, 그 2년 중 1년의 수강인원이 120명 이상
  - 토론강의: 직전 2년 수강인원의 평균이 60명 이상이거나, 그 2년 중 1년의 수강인원이 80명 이상
  - 영어강의: 직전 2년 수강인원의 평균이 30명 이상이거나, 그 2년 중 1년의 수강인원이 50명 이상
  - 실습강의: 직전 2년 수강인원의 평균이 20명 이상
○ 이상의 기준에도 불구하고 직전년도 강의만족도 평가점수가 90점 이상이었던 강의는 위에서 기준으로 제시한 수강인원의 90% 이상이면 분반을 허용한다.

〈보기〉

ㄱ. 2019년과 2020년의 수강인원이 각각 100명과 80명이고 2020년 강의만족도 평가점수가 85점인 일반강의 A는 분반이 허용된다. → (X) 일반강의 A는 직전 2년 수강인원의 평균이 100명을 넘지 않고, 2년 중 1년의 수강인원이 120명을 넘지 않으며, 직전년도 강의만족도 평가점수도 90점 이상이 아니므로 분반이 불가능하다.

ㄴ. 2019년과 2020년의 수강인원이 각각 10명과 45명인 영어강의 B의 분반이 허용되지 않는다면, 2020년 강의만족도 평가점수는 90점 미만이었을 것이다. → (O) 영어강의 B는 직전 2년 수강인원의 평균이 30명을 넘지 않고, 2년 중 1년의 수강인원이 50명을 넘지 않으므로 분반이 불가능하다. 하지만 직전년도인 2020년 강의만족도 평가 점수가 90점을 넘으면 기준으로 제시한 수강인원의 90% 이상이면 분반이 허용되므로, 2년 중 1년의 수강인원 50명의 90%인 45명을 충족한다. 그런데 분반이 허용되지 않았다면 직전년도의 평가점수가 90점을 넘지 않았음을 추론할 수 있다.

ㄷ. 2019년 수강인원이 20명이고 2020년 강의만족도 평가점수가 92점인 실습강의 C의 분반이 허용되지 않는다면, 2020년 강의의 수강인원은 15명을 넘지 않았을 것이다. → (O) 실습강의 C는 직전 2년 수강인원의 평균이 20명을 넘으면 분반이 가능하고, 20명이 넘지 않으면 직전년도인 2020년 강의만족도 평가 점수가 90점을 넘으면 분반이 가능하다. 해당 강의의 평가 점수가 92점인데 분반이 허용되지 않았다면, 2년간 수강인원의 평균이 20명을 넘지 않았어야 하고, 그 인원의 90%인 18명도 넘지 않아야 한다. 2020년 강의의 수강인원이 16명일 경우부터 직전 2년 수강인원의 평균이 18명이 되므로, 15명을 넘지 않았음을 추론할 수 있다.

① ㄴ ➡ (X)
② ㄷ ➡ (X)
③ ㄱ, ㄴ ➡ (X)
④ ㄱ, ㄷ ➡ (X)
⑤ ㄴ, ㄷ ➡ (O)

20 ⑤ 정답률 77.3%

| 문제 유형 | 제시문형 > 정보확인

| 접근 전략 | 제시된 글의 정보를 바탕으로 선택지의 내용을 판단하는 문항이다. 수정이 된 문서의 내용을 새롭게 전달된 다양한 상황들과 비교하여 수정의 여부를 판단해야 하므로, 꼼꼼하게 내용을 비교하는 것이 필요하다.

다음 글과 〈상황〉을 근거로 판단할 때, 〈사업 공모 지침 수정안〉의 밑줄 친 ㉮~㉲ 중 '관계부처 협의 결과'에 부합한 것을 모두 고르면?

○ '대학 캠퍼스 혁신파크 사업'을 담당하는 A주무관은 신청 조건과 평가지표 및 배점을 포함한 〈사업 공모 지침 수정안〉을 작성하였다. 평가지표는 Ⅰ~Ⅳ의 지표와 그 하위 지표로 구성되어 있다.

〈사업 공모 지침 수정안〉

㉮ □ 신청 조건
최소 1만m² 이상의 사업부지 확보. 단, 사업부지에는 건축물이 없어야 함
□ 평가지표 및 배점

평가지표	배점 현행	배점 수정
㉯ Ⅰ. 개발 타당성	20	25
- 개발계획의 합리성	10	10
- 관련 정부사업과의 연계가능성	5	10
- 학습여건 보호 가능성	5	5
㉰ Ⅱ. 대학의 사업 추진 역량과 의지	10	15
- 혁신파크 입주기업 지원 방안	5	5
- 사업 전담조직 및 지원체계	5	5
- 대학 내 주체 간 합의 정도	-	5
㉱ Ⅲ. 기업 유치 가능성	10	10
- 기업의 참여 가능성	7	3
- 참여 기업의 재무건전성	3	7
㉲ Ⅳ. 시범사업 조기 활성화 가능성	10	삭제
- 대학 내 주체 간 합의 정도	5	이동
- 부지 조기 확보 가능성	5	삭제
합계	50	50

〈상황〉

A주무관은 〈사업 공모 지침 수정안〉을 작성한 후 뒤늦게 '관계부처 협의 결과'를 전달받았다. 그 내용은 다음과 같다.

○ 대학이 부지를 확보하는 것이 쉽지 않으므로 신청 사업부지 안에 건축물이 포함되어 있어도 신청 허용
○ 도시재생뉴딜사업, 창업선도대학 등 '관련 정부사업과의 연계가능성' 평가비중 확대
○ 시범사업 기간이 종료되었으므로 시범사업 조기 활성화와 관련된 평가지표를 삭제하되 '대학 내 주체 간 합의 정도'는 타 지표로 이동하여 계속 평가
○ 논의된 내용 이외의 하위 지표의 항목과 배점은 사업의 안정성을 위해 현행 유지

- ㉠ → (X) 신청 사업 부지 안에 건축물이 포함되어 있어도 신청이 허용됨을 알 수 있다.
- ㉡ → (O) 정부사업과의 연계가능성 평가비중은 확대해야 하는데, 5점에서 10점으로 확대되었다.
- ㉢ → (O) 대학 내 주체 간 합의 정도가 옮겨져 5점을 배정하였다.
- ㉣ → (X) 논의된 내용 이외의 하위 지표의 항목과 배점은 현행 유지해야 하지만 두 지표 모두 달라졌다.
- ㉤ → (O) 시범사업 조기 활성화 가능성은 삭제하되, 대학 내 주체 간 합의 정도는 이동되었다.

① ㉠, ㉡ ➡ (X)
② ㉠, ㉣ ➡ (X)
③ ㉡, ㉣ ➡ (X)
④ ㉢, ㉤ ➡ (X)
⑤ ㉡, ㉢, ㉤ ➡ (O)

S 21 ②   정답률 45.5%

| 문제 유형 | 퍼즐형 > 논리퀴즈
| 접근 전략 | 주어진 조건에 따라 〈보기〉에서 제시된 상황을 판단하여 해당 문항의 옳고 그름을 판단할 수 있어야 한다. 각 대화자들의 대화를 통해 각자가 식당에 간 시점을 정확하게 특정할 수 있는 조건을 제시한 내용을 골라낼 수 있어야 한다.

다음 글과 〈대화〉를 근거로 판단할 때, ㉠에 들어갈 丙의 대화내용으로 옳은 것은?

주무관 丁은 다음과 같은 사실을 알고 있다.
○ 이번 주 개업한 A식당은 평일 '점심(12시)'과 '저녁(18시)'으로만 구분해 운영되며, 해당 시각 이전에 예약할 수 있다.
○ 주무관 甲~丙은 A식당에 이번 주 월요일부터 수요일까지 서로 겹치지 않게 예약하고 각자 한 번씩 다녀왔다.

〈대화〉

甲: 나는 이번 주 乙의 방문후기를 보고 예약했어. 음식이 정말 훌륭하더라!
乙: 그렇지? 나도 나중에 들렀는데 丙은 점심 할인도 받았대. 나도 다음에는 점심에 가야겠어.
丙: 월요일은 개업일이라 사람이 많을 것 같아서 피했어. ㉠
丁: 너희 모두의 말을 다 들어보니, 각자 식당에 언제 갔는지를 정확하게 알겠다!

① 乙이 다녀온 바로 다음날 점심을 먹었지. ➡ (X) 甲은 乙의 방문후기를 보고 식당을 방문했고, 乙은 저녁을 먹었으므로 월요일과 화요일 중에 방문했으며, 丙은 화요일과 수요일 중에 점심에 방문했다. 乙이 다녀온 바로 다음날 甲이 점심을 먹었다 하더라도 乙이 월요일 저녁, 甲이 화요일 점심, 丙이 수요일 점심 또는 乙이 화요일 저녁, 丙이 화요일 점심, 甲이 수요일 점심에 방문한 경우의 수가 가능하므로 특정할 수 없다.

② 甲이 먼저 점심 할인을 받고 나에게 알려준 거야. ➡ (O) 甲이 丙보다 먼저 점심 할인을 받았다면 甲은 화요일 점심, 丙은 수요일 점심으로 특정되고, 乙은 월요일 저녁으로 특정할 수 있다.

③ 甲이 우리 중 가장 늦게 갔구나. ➡ (X) 甲이 가장 늦게 갔을 때 乙이 월요일 저녁, 丙이 화요일 점심에 갔다면, 甲은 수요일 점심 또는 저녁 모두 가능하므로 특정할 수 없다.

④ 월요일에 갔던 사람은 아무도 없구나. ➡ (X) 월요일에 갔던 사람이 아무도 없을 때 乙이 화요일 저녁, 丙이 화요일 점심에 갔다면, 甲은 수요일 점심 또는 저녁 모두 가능하므로 특정할 수 없다.

⑤ 같이 가려고 했더니 이미 다들 먼저 다녀왔더군. ➡ (X) 丙이 가장 마지막에 갔다고 했을 때 乙이 월요일 저녁, 丙이 수요일 점심에 갔다면, 甲은 화요일 점심 또는 저녁 모두 가능하므로 특정할 수 없다.

S 22 ⑤   TOP1 정답률 23.3%

| 문제 유형 | 퍼즐형 > 수리퀴즈
| 접근 전략 | 주어진 조건에 따라 〈보기〉에서 제시된 상황을 판단하여 해당 문항의 옳고 그름을 판단할 수 있어야 한다. 제시된 내용이 많아 정보가 많을 것처럼 보일 수 있지만, 의외로 주어진 조건을 바탕으로 단순하게 해결할 수 있는 문항이다.

다음 글과 〈상황〉을 근거로 판단할 때, 날씨 예보 앱을 설치한 잠재 사용자의 총수는?

내일 비가 오는지를 예측하는 날씨 예보시스템을 개발한 A청은 다음과 같은 날씨 예보 앱의 '사전테스트전략'을 수립하였다.
○ 같은 날씨 변화를 경험하는 잠재 사용자의 전화번호를 개인의 동의를 얻어 확보한다.
○ 첫째 날에는 잠재 사용자를 같은 수의 두 그룹으로 나누어, 한쪽은 "비가 온다"로 다른 한쪽에는 "비가 오지 않는다"로 메시지를 보낸다.
○ 둘째 날에는 직전일에 보낸 메시지와 날씨가 일치한 그룹을 다시 같은 수의 두 그룹으로 나누어, 한쪽은 "비가 온다"로 다른 한쪽에는 "비가 오지 않는다"로 메시지를 보낸다.
○ 이후 날에도 같은 작업을 계속 반복한다.
○ 보낸 메시지와 날씨가 일치하지 않은 잠재 사용자를 대상으로도 같은 작업을 반복한다. 즉, 직전일에 보낸 메시지와 날씨가 일치하지 않은 잠재 사용자를 같은 수의 두 그룹으로 나누어, 한쪽은 "비가 온다"로 다른 한쪽에는 "비가 오지 않는다"로 메시지를 보낸다.

〈상황〉

A청은 사전테스트전략대로 200,000명의 잠재 사용자에게 월요일부터 금요일까지 5일간 메시지를 보냈다. 받은 메시지와 날씨가 3일 연속 일치한 경우, 해당 잠재 사용자는 날씨 예보 앱을 그날 설치한 후 제거하지 않았다.

① 12,500명 ➡ (X)
② 25,000명 ➡ (X)
③ 37,500명 ➡ (X)
④ 43,750명 ➡ (X)
⑤ 50,000명 ➡ (O) 비가 오거나 오지 않는 경우 두 경우만이 존재하므로 메시지를 받은 사람의 절반은 받은 메시지와 날씨가 일치하고, 다른 절반은 일치하지 않는다. 따라서 연속해서 3일간 메시지와 날씨가 일치하려면, 월요일부터 3일간 일치하는 경우, 월요일에는 불일치 하였으나 화요일부터 일치하는 경우, 화요일에는 불일치하였으나 수요일부터 일치하는 경우가 있다.

i) 월요일부터 수요일까지 날씨와 메시지가 일치하는 사람은
$200,000 \times \frac{1}{2} \times \frac{1}{2} \times \frac{1}{2} = 25,000$(명)이 된다.

ii) 월요일에는 불일치 하였으나, 화요일부터 목요일까지 날씨와 메시지가 일치하는 사람은 $200,000 \times \frac{1}{2} \times \frac{1}{2} \times \frac{1}{2} \times \frac{1}{2} = 12,500$(명)이 된다.

iii) 화요일에는 불일치하였으나, 화요일부터 목요일까지 날씨와 메시지가 일치하는 사람은 월요일에는 일치한 경우와 월요일에도 일치하지 않은 경우 모두가 가능하므로 $200,000 \times \frac{1}{2} \times \frac{1}{2} \times \frac{1}{2} \times \frac{1}{2} \times 2 = 12,500$(명)이 된다.

따라서 위 i), ii), iii)의 인원을 더하면 $25,000 + 12,500 + 12,500 = 50,000$(명)이 된다.

※ 다음 글을 읽고 물음에 답하시오. [문 23.~문 24.]

○ 국가는 지방자치단체인 시·군·구의 인구, 지리적 여건, 생활권·경제권, 발전가능성 등을 고려하여 통합이 필요한 지역에 대하여는 지방자치단체 간 통합을 지원해야 한다.
○ △△위원회(이하 '위원회')는 통합대상 지방자치단체를 발굴하고 통합방안을 마련한다. 지방자치단체의 장, 지방의회 또는 주민은 인근 지방자치단체와의 통합을 위원회에 건의할 수 있다. 단, 주민이 건의하는 경우에는 해당 지방자치단체의 주민투표권자 총수의 50분의 1 이상의 연서(連書)가 있어야 한다. 지방자치단체의 장, 지방의회 또는 주민은 위원회에 통합을 건의할 때 통합대상 지방자치단체를 관할하는 특별시장·광역시장 또는 도지사(이하 '시·도지사')를 경유해야 한다. 이 경우 시·도지사는 접수받은 통합건의서에 의견을 첨부하여 지체 없이 위원회에 제출해야 한다. 위원회는 위의 건의를 참고하여 시·군·구 통합방안을 마련해야 한다.
○ □□부 장관은 위원회가 마련한 시·군·구 통합방안에 따라 지방자치단체 간 통합을 해당 지방자치단체의 장에게 권고할 수 있다. □□부 장관은 지방자치단체 간 통합권고안에 관하여 해당 지방의회의 의견을 들어야 한다. 그러나 □□부 장관이 필요하다고 인정하여 해당 지방자치단체의 장에게 주민투표를 요구하여 실시한 경우에는 그렇지 않다. 지방자치단체의 장은 시·군·구 통합과 관련하여 주민투표의 실시 요구를 받은 때에는 지체 없이 이를 공표하고 주민투표를 실시해야 한다.
○ 지방의회 의견청취 또는 주민투표를 통하여 지방자치단체의 통합의사가 확인되면 '관계지방자치단체(통합대상 지방자치단체 및 이를 관할하는 특별시·광역시 또는 도)'의 장은 명칭, 청사 소재지, 지방자치단체의 사무 등 통합에 관한 세부사항을 심의하기 위하여 공동으로 '통합추진공동위원회'를 설치해야 한다.
○ 통합추진공동위원회의 위원은 관계지방자치단체의 장 및 그 지방의회가 추천하는 자로 한다. 통합추진공동위원회를 구성하는 각각의 관계지방자치단체 위원 수는 다음에 따라 산정한다. 단, 그 결과값이 자연수가 아닌 경우에는 소수점 이하의 수를 올림한 값을 관계지방자치단체 위원 수로 한다.

> 관계지방자치단체 위원 수=[(통합대상 지방자치단체 수)×6+(통합대상 지방자치단체를 관할하는 특별시·광역시 또는 도의 수)×2+1]÷(관계지방자치단체 수)

○ 통합추진공동위원회의 전체 위원 수는 위에 따라 산출된 관계지방자치단체 위원 수에 관계지방자치단체 수를 곱한 값이다.

23 ① 정답률 71.6%

| 문제 유형 | 제시문형 > 정보확인
| 접근 전략 | 제시된 글의 정보를 바탕으로 선택지의 내용을 판단하는 문항이다. 문단별로 다루어지고 있는 글의 정보가 무엇인지를 파악하고 이를 바탕으로 선택지의 옳고 그름을 판단할 수 있는 능력이 필요하다. 선택지를 먼저 읽고 각 선택지에 언급된 용어들을 중심으로 글을 읽어가는 것이 시간을 단축할 수 있다.

윗글을 근거로 판단할 때 옳은 것은?

① □□부 장관이 요구하여 지방자치단체의 통합과 관련한 주민투표가 실시된 경우에는 통합권고안에 대해 지방의회의 의견을 청취하지 않아도 된다. ➡ (O) 세 번째 항목에서 □□부 장관이 필요하다고 인정하여 해당 지방자치단체의 장에게 주민투표를 요구하여 실시한 경우에는 해당 지방의회의 의견을 듣지 않아도 됨을 알 수 있다.

② 지방의회가 의결을 통해 다른 지방자치단체와의 통합을 추진하고자 한다면 통합건의서는 시·도지사를 경유하지 않고 △△위원회에 직접 제출해야 한다. ➡ (X) 두 번째 항목에서 지방의회가 통합을 건의하는 경우에는 시·도지사를 경유해야 함을 알 수 있다.

③ 주민투표권자 총수가 10만 명인 지방자치단체의 주민들이 다른 인근 지방자치단체와의 통합을 △△위원회에 건의하고자 할 때, 주민 200명의 연서가 있으면 가능하다. ➡ (X) 두 번째 항목에서 주민이 건의하는 경우 주민투표권자 총수의 50분의 1 이상의 연서가 있어야 함을 알 수 있다. 주민투표권자 총수가 10만 명일 때 50분의 1은 2천 명이다.

④ 통합추진공동위원회의 위원은 □□부 장관과 관계지방자치단체의 장이 추천하는 자로 한다. ➡ (X) 다섯 번째 항목에서 통합추진공동위원회의 위원은 관계지방자치단체의 장 및 그 지방의회가 추천하는 자로 함을 알 수 있다.

⑤ 지방자치단체의 장은 해당 지방자치단체의 통합을 △△위원회에 건의할 때, 지방의회의 의결을 거쳐야 한다. ➡ (X) 두 번째 항목에서 지방자치단체의 장은 지방자치단체의 통합을 위원회에 건의할 수 있음을 알 수 있다. 이때 지방의회의 의결을 거쳐야 한다는 것은 제시되지 않았다.

24 ② TOP2 정답률 27.2%

| 문제 유형 | 제시문형 > 분석추론
| 접근 전략 | 제시된 글의 정보를 바탕으로 제시된 상황을 파악하고 적용해야 하는 문항이다. 미루어 짐작해서 추론하고 그 추론 내용의 적절성을 판단하는 것이지만, 근거가 되는 것은 제시문의 내용이므로 제시문의 내용과 정확하게 연결되는지를 살펴보는 것이 중요하다. 해당 제시문의 내용을 꼼꼼하게 읽고 내용을 이해한다면 선택지의 옳고 그름을 쉽게 판단할 수 있다.

윗글과 〈상황〉을 근거로 판단할 때, '통합추진공동위원회'의 전체 위원 수는?

〈상황〉

甲도가 관할하는 지방자치단체인 A군과 B군, 乙도가 관할하는 지방자치단체인 C군, 그리고 丙도가 관할하는 지방자치단체인 D군은 관련 절차를 거쳐 하나의 지방자치단체로 통합을 추진하고 있다. 현재 관계지방자치단체장은 공동으로 '통합추진공동위원회'를 설치하고자 한다.

① 42명 ➡ (X)
② 35명 ➡ (O) 여섯 번째 항목에서 통합추진공동위원회의 전체 위원 수는 다섯 번째 항목을 통해 산출된 관계지방자치단체 위원 수를 먼저 구하고, 그 수에 관계지방자치단체 수를 곱함을 알 수 있다. 관계지방자치단체 위원 수를 구하기 위해 통합대상 지방자치단체 수와 이를 관할하는 특별시, 광역시 또는 도의 수를 알아야 한다. 통합대상 지방자치단체 수는 A군, B군, C군, D군으로 총 4개, 이를 관할하는 단체의 수는 甲도, 乙도, 丙도로 총 3개이다. 이를 바탕으로 식을 만들면, [(4×6)+(3×2+1)]÷7=약 4.30이다. 이때 결과값이 자연수가 아닌 경우에는 소수점 이하의 수를 올림한 값을 관계지방자치단체 위원 수로 하므로, 관계지방자치단체 위원 수는 5명이고, 여기에 관계지방자치단체 수인 7을 곱한 35명이 통합추진공동위원회의 전체 위원 수임을 알 수 있다.
③ 32명 ➡ (X)
④ 31명 ➡ (X)
⑤ 28명 ➡ (X)

25 ②

TOP3 정답률 41.6%

|문제 유형| 퍼즐형 > 논리퀴즈
|접근 전략| 주어진 조건에 따라 〈보기〉에서 제시된 상황을 판단하여 해당 문항의 옳고 그름을 판단할 수 있어야 한다. 행정구역분류코드를 부여하는 방식에 대해 정확하게 살펴보아야 하고, 경우에 따라 숫자가 달라지는 상황을 정확하게 이해해야 한다. 이를 바탕으로 제시된 상황에 적용하면 문항을 쉽게 해결할 수 있다.

다음 글과 〈상황〉을 근거로 판단할 때, 괄호 안의 ⊙과 ⓒ에 해당하는 것을 옳게 짝지은 것은?

○ 행정구역분류코드는 다섯 자리 숫자로 구성되어 있다.
○ 행정구역분류코드의 '처음 두 자리'는 광역자치단체인 시·도를 의미하는 고유한 값이다.
○ '그 다음 두 자리'는 광역자치단체인 시·도에 속하는 기초자치단체인 시·군·구를 의미하는 고유한 값이다. 단, 광역자치단체인 시에 속하는 기초자치단체는 군·구이다.
○ '마지막 자리'에는 해당 시·군·구가 기초자치단체인 경우 0, 자치단체가 아닌 경우 0이 아닌 임의의 숫자를 부여한다.
○ 광역자치단체인 시에 속하는 구는 기초자치단체이며, 기초자치단체인 시에 속하는 구는 자치단체가 아니다.

〈상황〉

○○시의 A구와 B구 중 B구의 행정구역분류코드의 첫 네 자리는 1003이며, 다섯 번째 자리는 알 수 없다.
甲은 ○○시가 광역자치단체인지 기초자치단체인지 모르는 상황에서, A구의 행정구역분류코드는 ○○시가 광역자치단체라면 (⊙), 기초자치단체라면 (ⓒ)이/가 가능하다고 판단하였다.

	⊙	ⓒ	
①	10020	10021	➡ (X)
②	10020	10033	➡ (O)

- ⊙ → ○○시 B구의 행정구역분류코드의 첫 네 자리는 10030이라고 할 때, 10은 광역자치단체인 ○○시의 고유한 값이다. 따라서 A구의 첫 두 자리는 10이다. 다음 두 자리는 기초자치단체인 각각의 구의 고유한 값이므로, A구의 다음 두 자리는 B구의 고유한 값인 03과는 달라야 하고, 마지막 숫자는 0이어야 한다.
- ⓒ → ○○시가 기초자치단체라면, 첫 두 자리 10은 ○○시가 속한 광역자치단체인 도의 고유번호이다. 다음 두 자리는 A구와 B구가 속한 공통의 기초단체인 ○○시의 고유한 값이다. 따라서 첫 네 자리는 10030이어야 한다. 또한 A구는 자치단체가 아님을 알 수 있으므로, 마지막 숫자는 0이외의 모든 수가 가능하다.
- 결국 이를 모두 만족하는 값은 ⊙ 10020, ⓒ 100330이다.

③	10033	10034	➡ (X)
④	10050	10027	➡ (X)
⑤	20030	10035	➡ (X)

2020년 11월 23일 시행

2020년도 국가공무원 7급 PSAT 모의평가

정답과 분석해설

나의 성적

영역	점수	풀이 시간
언어논리	____점	____분
자료해석	____점	____분
상황판단	____점	____분

합격선

영역	합격 가능권	합격 확실권
언어논리	72~76점	82~84점
자료해석	68~72점	76~80점
상황판단	68~72점	77~81점

풀이 시간

영역	기본	숙련
언어논리	60분	50분
자료해석	60분	50분
상황판단	60분	50분

선발 인원 / 응시 인원 / 경쟁률

선발 인원	응시 인원	경쟁률
-	-	-

취약유형 분석표 제1영역 언어논리

문번	정답	정답률	유형	맞고 틀림
01	⑤	86.9%	사실적 이해 > 정보 확인	○△×
02	③	98%	사실적 이해 > 정보 확인	○△×
03	④	70.7%	사실적 이해 > 정보 확인	○△×
04	④	88.9%	비판적 사고 > 빈칸 채우기	○△×
05	⑤	84.8%	사실적 이해 > 정보 확인	○△×
06	⑤	99%	비판적 사고 > 빈칸 채우기	○△×
07	①	83.8%	사실적 이해 > 정보 확인	○△×
08	④	80.8%	비판적 사고 > 판단하기	○△×
09	②	93.9%	비판적 사고 > 유사한 내용·사례 찾기	○△×
10	①	80.8%	비판적 사고 > 빈칸 채우기	○△×
11	①	34.3%	비판적 사고 > 지문에서 추론하기	○△×
12	②	62.6%	비판적 사고 > 논리적 결론의 전제·원인 찾기	○△×
13	①	78.6%	비판적 사고 > 빈칸 채우기	○△×
14	②	34.7%	비판적 사고 > 유사한 내용·사례 찾기	○△×
15	⑤	87.6%	사실적 이해 > 논리 게임	○△×
16	③	45.5%	사실적 이해 > 논리 게임	○△×
17	①	42.7%	사실적 이해 > 논리 게임	○△×
18	③	49%	비판적 사고 > 판단하기	○△×
19	⑤	24%	사실적 이해 > 논리 게임	○△×
20	②	55.7%	비판적 사고 > 유사한 내용·사례 찾기	○△×
21	③	85.7%	비판적 사고 > 논지 강화·약화하기	○△×
22	①	81.4%	비판적 사고 > 논지 강화·약화하기	○△×
23	①	58.8%	비판적 사고 > 판단하기	○△×
24	④	67.4%	비판적 사고 > 판단하기	○△×
25	②	67.4%	비판적 사고 > 판단하기	○△×

- 확실히 맞힌 문항 수: _____ 문항
- 헷갈리거나 찍은 문항 수: _____ 문항
- 틀린 문항 수: _____ 문항

취약유형 분석표 제2영역 자료해석

문번	정답	정답률	유형	맞고 틀림
01	⑤	93.8%	자료 변환응용 > 자료/보고서 전환형	○ △ ×
02	①	98.7%	자료 읽기 > 표/빈칸 제시형	○ △ ×
03	①	86.3%	자료 읽기 > 표 제시형	○ △ ×
04	⑤	71.3%	자료 읽기 > 표 제시형	○ △ ×
05	④	91.3%	자료 읽기 > 표/그림 제시형	○ △ ×
06	②	82.5%	자료 읽기/추론 > 계산형	○ △ ×
07	③	50%	자료 변환응용 > 자료/보고서 전환형	○ △ ×
08	②	73.8%	자료 읽기/추론 > 계산형	○ △ ×
09	①	59%	자료 읽기 > 그림 제시형	○ △ ×
10	③	67.5%	자료 변환응용 > 표/그림 전환형	○ △ ×
11	④	58.4%	자료 읽기/추론 > 매칭형	○ △ ×
12	③	83.1%	자료 읽기 > 그림 제시형	○ △ ×
13	③	76.3%	자료 읽기 > 그림 제시형	○ △ ×
14	④	72.7%	자료 읽기 > 표/그림 제시형	○ △ ×
15	①	39.2%	자료 읽기/추론 > 계산형	○ △ ×
16	②	89.7%	자료 읽기 > 표/빈칸 제시형	○ △ ×
17	⑤	43.8%	자료 읽기 > 표/빈칸 제시형	○ △ ×
18	⑤	43.8%	자료 읽기 > 표/빈칸 제시형	○ △ ×
19	⑤	36.6%	자료 읽기 > 표/빈칸 제시형	○ △ ×
20	④	27.9%	자료 읽기 > 표 제시형	○ △ ×
21	④	53.6%	자료 변환응용 > 자료/보고서 전환형	○ △ ×
22	①	52.2%	자료 읽기/추론 > 매칭형	○ △ ×
23	③	50.7%	자료 읽기/추론 > 계산형	○ △ ×
24	③	54.3%	자료 추론 > 추가로 필요한 자료 찾기	○ △ ×
25	②	20.9%	자료 읽기 > 표/빈칸 제시형	○ △ ×

- 확실히 맞힌 문항 수: _____ 문항
- 헷갈리거나 찍은 문항 수: _____ 문항
- 틀린 문항 수: _____ 문항

취약유형 분석표 제3영역 상황판단

문번	정답	정답률	유형	맞고 틀림
01	④	61.1%	법조문형 > 규정적용	○ △ ×
02	⑤	35.7%	법조문형 > 규정확인	○ △ ×
03	⑤	72.2%	제시문형 > 분석추론	○ △ ×
04	⑤	48.6%	제시문형 > 분석추론	○ △ ×
05	③	87.5%	법조문형 > 규정적용	○ △ ×
06	②	63.4%	법조문형 > 규정적용	○ △ ×
07	①	62%	연산추론형 > 대입비교	○ △ ×
08	③	91.7%	제시문형 > 분석추론	○ △ ×
09	④	46.5%	제시문형 > 정보확인	○ △ ×
10	④	94.4%	퍼즐형 > 수리퀴즈	○ △ ×
11	②	45.8%	연산추론형 > 대입비교	○ △ ×
12	⑤	90.3%	연산추론형 > 대입비교	○ △ ×
13	②	64.3%	퍼즐형 > 수리퀴즈	○ △ ×
14	④	93.1%	퍼즐형 > 게임·규칙	○ △ ×
15	③	93.1%	연산추론형 > 대입비교	○ △ ×
16	③	72.5%	퍼즐형 > 논리퀴즈	○ △ ×
17	⑤	93.1%	연산추론형 > 대입비교	○ △ ×
18	②	83.3%	연산추론형 > 대입비교	○ △ ×
19	①	79.2%	연산추론형 > 대입비교	○ △ ×
20	④	76.4%	연산추론형 > 대입비교	○ △ ×
21	③	71.4%	연산추론형 > 대입비교	○ △ ×
22	①	38.1%	퍼즐형 > 수리퀴즈	○ △ ×
23	②	76.1%	제시문형 > 정보확인	○ △ ×
24	①	70.8%	제시문형 > 분석추론	○ △ ×
25	⑤	53.1%	퍼즐형 > 논리퀴즈	○ △ ×

- 확실히 맞힌 문항 수: _____ 문항
- 헷갈리거나 찍은 문항 수: _____ 문항
- 틀린 문항 수: _____ 문항

정답과 분석해설

2020 | 제1영역 언어논리

기출 총평

2020년도 7급 PSAT 모의평가 언어논리 영역은 전반적으로 난이도가 평이하게 출제되었다. 전체적으로 주어진 지문을 이해하는 데 있어 누가 더 빨리 도식화된 자료나 도표를 활용하여 한눈에 이해할 수 있는 문제풀이 구조를 만들어 내느냐가 관건이 되는 문항, 서술된 사실 간의 논리적 연결고리를 중간에 놓치지 않고 결론을 도출할 때까지 유지할 수 있느냐가 관건이 되는 문항, 법령을 실제 상황에 활용하여 논리에 의한 명확한 인과관계를 적용할 수 있느냐가 관건이 되는 문항 등으로 구성되었다. 특히 명제를 기호화한 후 대우 명제를 활용해 복잡하게 얽힌 문장 간의 연결 관계를 파악하고 결론을 도출하는 문항이 출제되지 않은 것이 눈에 띄는 특징으로 보인다. 언어논리는 말 그대로 언어로 구성된 문장으로부터 정보를 습득해야 하는 영역이다. 짧은 문장에 나타난 간단한 정보라 할지라도 글을 읽으며 머릿속에 저장해야 할 문장이 2~3개 추가되면 점차 복잡한 구조로 빠져들게 되어 어느새 논리적인 흐름을 놓치게 되는 경우가 많다. 또한 순차적인 논리의 흐름에 따라 이해하기 쉽게 설명된 지문보다 문장의 순서를 바꾸거나 인과관계를 섞어 놓은 문항들은 전체 글을 이해하는 데 더 어려움이 따른다. 이를 위해 평소 집중해 글을 읽으며 문장 간의 논리관계와 상관관계를 냉철하게 파악해 보는 습관을 갖는 것이 주효할 것이다. 특히 한 번에 이해하기 어렵고 용어나 행동양식 등이 생소한 과학, 역사, 법학 분야의 글을 자주 접하여 글 속에 내재된 논리를 찾아 도식화해 보는 연습은 언어논리 영역의 실력 향상에 많은 도움이 될 수 있다.

문항 분석

문번	정답	정답률	유형
01	⑤	86.9%	사실적 이해 > 정보 확인
02	③	98%	사실적 이해 > 정보 확인
03	④	70.7%	사실적 이해 > 정보 확인
04	④	88.9%	비판적 사고 > 빈칸 채우기
05	⑤	84.8%	사실적 이해 > 정보 확인
06	⑤	99%	비판적 사고 > 빈칸 채우기
07	①	83.8%	사실적 이해 > 정보 확인
08	④	80.8%	비판적 사고 > 판단하기
09	②	93.9%	비판적 사고 > 유사한 내용·사례 찾기
10	①	80.8%	비판적 사고 > 빈칸 채우기
11	①	34.3%	비판적 사고 > 지문에서 추론하기
12	②	62.6%	비판적 사고 > 논리적 결론의 전제·원인 찾기
13	①	78.6%	비판적 사고 > 빈칸 채우기

문번	정답	정답률	유형
14	②	34.7%	비판적 사고 > 유사한 내용·사례 찾기
15	⑤	87.6%	사실적 이해 > 논리 게임
16	③	45.5%	사실적 이해 > 논리 게임
17	①	42.7%	사실적 이해 > 논리 게임
18	③	49%	비판적 사고 > 판단하기
19	⑤	24%	사실적 이해 > 논리 게임
20	②	55.7%	비판적 사고 > 유사한 내용·사례 찾기
21	③	85.7%	비판적 사고 > 논지 강화·약화하기
22	①	81.4%	비판적 사고 > 논지 강화·약화하기
23	①	58.8%	비판적 사고 > 판단하기
24	④	67.4%	비판적 사고 > 판단하기
25	②	67.4%	비판적 사고 > 판단하기

※ 음영 문항은 해당 회차에서 정답률이 가장 낮은 TOP 3 문항입니다.
※ 정답률 산정 기준: 약 1년간 누적된 자동채점 & 성적결과분석 서비스의 응시 데이터

출제 비중

01	⑤	02	③	03	④	04	④	05	⑤
06	⑤	07	①	08	④	09	②	10	①
11	①	12	②	13	①	14	②	15	⑤
16	③	17	①	18	③	19	⑤	20	②
21	③	22	①	23	①	24	④	25	②

기출문제편 P.228

01 ⑤ 정답률 86.9%

| 문제 유형 | 사실적 이해 > 정보 확인

| 접근 전략 | 대한민국 국호가 3·1운동 직후 구성된 대한민국 임시정부에서 채택한 대한민국임시헌장에서부터 시작되었고, 건국강령과 제헌헌법을 통해 확정되었음을 서사적으로 서술하고 있다. 글의 흐름을 파악하며 지문을 읽으면서 주요 키워드를 중심으로 선지를 소거해 나가야 한다.

다음 글에서 알 수 있는 것은?

3·1운동 직후 상하이에 모여든 독립운동가들은 임시정부를 만들기 위한 첫걸음으로 조소앙이 기초한 대한민국임시헌장을 채택했다. 대한민국임시헌장을 기초할 때 조소앙은 국호를 '대한민국'으로 하고 정부 명칭도 '대한민국 임시정부'로 하자고 했다. 그 제안이 받아들여졌기 때문에 대한민국임시헌장 제1조에 "대한민국은 민주공화제로 함."이라는 문구가 담기게 된 것이다. ▶1문단

'대한민국'이란 한국인들이 만든 '민국'이라는 뜻이다. 여기서 '민국'이란 국민이 주인인 나라라는 의미가 담긴 용어다. 조소앙은 3·1운동이 일어나기 전, 대한제국 황제가 국민의 동의 없이 마음대로 국권을 일제에 넘겼다고 말하면서 국민은 국권을 포기한 적이 없다고 밝힌 대동단결선언을 발표한 적이 있다. 이 선언에는 "구한국 마지막 날은 신한국 최초의 날"이라는 문구가 담겨 있다. '신한국'이란 말 그대로 '새로운 한국'을 의미한다. 조소앙은 대한제국을 대신할 '새로운 한국'이란 다름 아닌 한국 국민이 주인인 나라라고 말했다. ▶2문단

조소앙의 주장은 대한민국 임시정부에 참여한 독립운동가들로부터 열렬한 지지를 받았다. 독립운동가들은 황제나 일본 제국주의자들이 지배하는 나라가 아니라 국민이 주권을 가진 나라를 만들어야 한다는 데 뜻을 모았다. 1941년에 대한민국 임시정부는 이러한 의지를 보다 선명하게 드러낸 건국강령을 발표하기도 했다. 1948년에 소집된 제헌국회도 대한민국임시헌장에 담긴 정신을 계승했다. 잘 알려진 것처럼 제헌국회는 제헌헌법을 만들었는데, 이 헌법에 우리나라의 명칭을 '대한민국'이라고 한 내용이 있다. ▶3문단

① 대한민국 임시정부는 건국강령을 통해 대한민국임시헌장을 공포했다. ➡ (X) 3문단에 따르면 건국강령은 1941년에 발표되었고, 1문단에 따르면 대한민국임시헌장은 3·1운동 직후에 채택되었다. 따라서 시기적으로 건국강령보다 대한민국임시헌장이 빠르므로 적절하지 않다.

② 조소앙은 대한민국 임시정부의 요청을 받아들여 대동단결선언을 만들었다. ➡ (X) 2문단에 따르면 조소앙은 3·1운동이 일어나기 전에 대동단결선언을 발표하였음을 알 수 있고, 1문단에 따르면 '대한민국 임시정부'는 3·1운동 이후 구성되었다.

③ 대한민국임시헌장이 공포되기 전에는 '한국'이라는 명칭을 사용한 독립운동가가 없었다. ➡ (X) 2문단에서 대동단결선언의 '구한국'이라는 표현을 보았을 때 대한제국도 '한국'으로 불렸음을 알 수 있다.

④ 제헌국회는 대한제국의 정치 제도를 계승하기 위해 '대한민국'이라는 국호를 사용했다. ➡ (X) 3문단에 따르면 제헌국회는 대한민국임시헌장에 담긴 정신("대한민국은 민주공화제로 함.")을 계승했다고 하였다. 제헌국회는 대한제국의 정치 제도인 제정(帝政, 황제가 다스리는 군주 제도의 정치)을 계승하지 않았다.

⑤ 대한민국 임시정부를 만드는 데 참여한 독립운동가들은 민주공화제를 받아들이는 데 합의했다. ➡ (O) 1문단에 따르면 대한민국임시헌장 제1조에 "대한민국은 민주공화제로 함."이라는 문구로 임시정부에 참여한 인사들이 민주공화제를 받아들이는 데 합의했음이 담긴 것으로 알 수 있으므로 ⑤는 적절하다.

02 ③ 정답률 98%

| 문제 유형 | 사실적 이해 > 정보 확인

| 접근 전략 | 인조가 남한산성에 고립되어 있던 시절 신하들은 주화론과 척화론으로 나뉘었고 인조는 결국 주화론을 따랐으나, 이후 효종과 송시열의 시대부터는 주화론을 주장했던 사람들과 그 후손의 요직 진출을 막으면서 대표적 척화론자인 김상헌의 가문인 안동 김씨가 정계의 요직을 차지하게 된 내용을 서사 구조로 설명하고 있다. 키워드 중심으로 선지를 소거해 나가야 한다.

다음 글에서 알 수 있는 것은?

인조가 남한산성에서 청군에 포위되어 있을 때, 신하들은 척화론과 주화론으로 나뉘어 서로 대립했다. 척화론을 주장한 김상헌은 청에 항복하는 것은 있을 수 없는 일이라며 끝까지 저항하자고 했다. 그는 중화인 명을 버리고 오랑캐와 화의를 맺는 일은 군신의 의리를 버리는 것이라고 말했다. 그와 달리 주화론을 주장한 최명길은 "나아가 싸워 이길 수도 없고 물러나 지킬 수도 없으면 타협하는 수밖에 없다."라고 했다. 그는 명을 섬겨야 한다는 김상헌의 주장에는 동의하지만, 그보다 나라를 보존하는 것이 우선이라고 말했다. 나라가 없어지면 명을 섬기는 것도 불가능하므로 일단 항복한 후 후일을 기약하자는 것이었다. ▶1문단

주화론과 척화론 사이에서 고심하던 인조는 결국 최명길의 입장을 받아들여 청에 항복하는 길을 선택했다. 청군이 물러난 후에 척화론자들은 국왕이 항복의 수모를 당한 것이 모두 주화론자들 탓이라며 비난했다. 그들은 주화론자들을 배신자라고 공격하는 한편 김상헌을 절개 있는 인물이라고 추켜세웠다. ▶2문단

인조 때에는 척화론을 주장했던 사람들이 정국을 주도하지 못했기 때문에 주화론을 내세웠던 사람들이 정계에서 쫓겨나는 일은 벌어지지 않았다. 그러나 인조의 뒤를 이은 효종이 청에 복수하겠다는 북벌론을 내세우고, 예전에 척화론을 주장했던 자들을 중용하면서 최명길의 편에 섰던 사람들의 입지가 좁아졌다. 효종에 의해 등용되어 정계에 진출할 수 있었던 송시열은 인조가 남한산성에 피신해 있을 때 주화론을 주장했던 사람들과 그 후손들을 정계에서 배제해야 한다고 했다. 송시열 사후에 나타난 노론 세력은 최명길의 주장에 동조했던 사람들의 후손이 요직에 오르지 못하게 막았다. 이는 송시열의 뜻에 따른 것이었다. 이로써 김상헌의 가문인 안동 김씨들은 정계의 요직을 차지할 수 있었다. ▶3문단

① 최명길은 중화 중심의 세계관에서 벗어나야 한다는 생각에서 주화론을 주장했다. ➡ (X) 1문단에 따르면 최명길은 명을 섬겨야 한다는 주장에는 동의하였으나 다만, 일단 항복한 후 후일을 기약하자는 입장이었다.

② 효종은 송시열의 주장에 따라 청군의 항복 요구를 받아들이지 않기로 결정했다. ➡ (X) 3문단에 따르면 효종 때는 이미 청군에 항복한 이후이다.

③ 김상헌은 명에 대한 군신의 의리를 지켜야 한다고 주장하면서 주화론에 맞섰다. ➡ (O) 1문단의 "그는 중화인 명을 버리고 오랑캐와 화의를 맺는 일은 군신의 의리를 버리는 것"에서 확인할 수 있듯, 명에 대한 군신의 의리를 지키자는 김상헌의 주장에 부합하는 적절한 선지이다.

④ 인조는 청에 항복한 후 척화론을 받아들여 주화론자들을 정계에서 내쫓았다. ➡ (X) 3문단에 따르면 인조 때에는 척화론을 주장했던 사람들이 정국을 주도하지 못했기 때문에 주화론을 내세웠던 사람들이 정계에서 쫓겨나지 않았다.

⑤ 노론 세력은 주화론을 받아들여야 한다고 인조를 설득했으나 뜻을 이루지 못했다. ➡ (X) 3문단에 따르면 노론 세력은 주화론을 주장했던 사람들의 후손이 요직에 오르지 못하게 막았음을 알 수 있다. 즉, 척화론에 가까웠다.

03 ④

정답률 70.7%

| 문제 유형 | 사실적 이해 > 정보 확인
| 접근 전략 | 질병의 원인이 개인적 요인에 그치지 않고 사회적 요인과도 관련될 수 있으며, 질병에 대처할 때도 사회적 요인을 고려해야 함을 대립구조형으로 설명하고 있다. 질병의 원인을 파악하는 것에 대한 개인적·사회적 요인의 내용을 비교하며 지문을 읽어나가면서 각 문단의 중심 내용을 요약하고 필자의 주장이 무엇인지 파악해야 한다.

다음 글의 논지로 가장 적절한 것은?

사람들은 보통 질병이라고 하면 병균이나 바이러스를 떠올리고, 병에 걸리는 것은 개인적 요인 때문이라고 생각하곤 한다. 어떤 사람이 바이러스에 노출되었다면 그 사람이 평소에 위생 관리를 철저히 하지 않았기 때문이라고 여기는 것이다. 이는 발병 책임을 전적으로 질병에 걸린 사람에게 묻는 생각이다. 꾸준히 건강을 관리하지 않은 사람이나 비만, 허약 체질인 사람이 더 쉽게 병균에 노출된다고 생각하는 경향도 강하다. 그러나 발병한 사람들 전체를 고려하면, 성별, 계층, 직업 등의 사회적 요인에 따라 건강 상태나 질병 종류 및 그 심각성 등이 다르게 나타난다. 따라서 어떤 질병의 성격을 파악할 때 질병의 발생이 개인적 요인뿐만 아니라 계층이나 직업 등의 요인과도 관련될 수 있음을 고려해야 한다. ▶1문단

질병에 대처할 때도 사회적 요인을 고려해야 한다. 물론 어떤 사람들에게는 질병으로 인한 고통과 치료에 대한 부담이 가장 심각한 문제일 수 있다. 그러나 또 다른 사람들에게는 질병에 대한 사회적 편견과 낙인이 오히려 더 심각한 문제일 수 있다. 그들에게는 그러한 편견과 낙인이 더 큰 고통을 안겨 주기 때문이다. 질병이 나타나는 몸은 개인적 영역이면서 동시에 가족이나 직장과도 연결된 사회적인 것이다. 질병의 치료 역시 개인의 문제만으로 그치지 않고 가족과 사회의 문제로 확대되곤 한다. 나의 질병은 내 삶의 위기이자 가족의 근심거리가 되며 나아가 회사와 지역사회에도 긴장을 조성하기 때문이다. 요컨대 질병의 치료가 개인적 영역을 넘어서서 사회적 영역과 관련될 수밖에 없다는 것은 질병의 대처 과정에서 사회적 요인을 반드시 고려해야 한다는 점을 잘 보여준다. ▶2문단

① 병균이나 바이러스로 인한 신체적 이상 증상은 가정이나 지역사회에 위기를 야기할 수 있기에 중요한 사회적 문제이다. ➡ (X) 지문의 내용 중 일부의 미시적 내용만 다루고 있어 논지로 적절하지 않다.

② 한 사람의 몸은 개인적 영역인 동시에 사회적 영역이기에 발병의 책임을 질병에 걸린 사람에게만 묻는 것은 옳지 않다. ➡ (X) 지문의 내용 중 일부의 미시적 내용만 다루고 있어 논지로 적절하지 않다.

③ 질병으로 인한 신체적 고통보다 질병에 대한 사회적 편견으로 인한 고통이 더 크므로 이에 대한 사회적 대책이 필요하다. ➡ (X) 지문의 내용 중 일부의 미시적 내용만 다루고 있어 논지로 적절하지 않다.

④ 질병의 성격을 파악하고 질병에 대처하기 위해서는 사회적인 측면을 고려해야 한다. ➡ (O) 질병의 성격을 파악하고 질병에 대처하기 위해서는 개인적 요인을 넘어서 사회적 요인을 고려해야 한다는 것이 지문의 논지이다.

⑤ 질병의 치료를 위해서는 개인적 차원보다 사회적 차원의 노력이 더 중요하다. ➡ (X) 지문의 내용 중 일부의 미시적 내용만 다루고 있어 논지로 적절하지 않다.

04 ④

정답률 88.9%

| 문제 유형 | 비판적 사고 > 빈칸 채우기
| 접근 전략 | '공범 원리'의 의미에 대한 설명과 사례를 제시하고 있다. 지문의 내용과 선지가 일치하는지 확인하면서 빈칸에 들어갈 내용이 무엇인지 파악해야 한다.

다음 글의 빈칸에 들어갈 내용으로 가장 적절한 것은?

어떤 사람이 오존층을 파괴하는 냉각제를 사용하는 경우를 고려해보자. 오존층 파괴로 인해 무수히 많은 사람이 해악을 입었다고 하더라도, 이 한 사람의 행위가 어떤 특정 개인에게 미친 해악은 매우 미미하다고 말할 수 있을 것이다. 이때 그 사람은 그다지 죄책감을 느끼지 않을 수 있고, 따라서 자신에게 도덕적 책임이 있다는 것을 쉽게 인정하지 않을 수 있다. 이는 다음과 같은 사례를 통해 잘 설명된다.

〈사례〉
가난한 마을에 갑훈을 포함한 산적 100명이 들이닥쳐 약탈을 저질렀다. 을훈을 포함한 주민 100명에게는 각각 콩 100알씩이 있었는데 산적들은 각자 주민 한 명을 맡아 그 사람의 콩을 몽땅 빼앗았다. 그 결과 모든 주민이 굶주리게 되었다. 이때 갑훈이 콩을 빼앗은 상대가 을훈이었다. 각자가 특정 개인에게 큰 해악을 입혔다는 사실에 죄책감을 느낀 산적들은 두 번째 약탈에서는 방법을 바꾸기로 하였다. 갑훈을 포함한 산적 100명은 이번에는 각자가 을훈을 포함한 모든 주민 100명에게서 각각 콩 한 알씩만 빼앗기로 했다. 콩 한 알의 손실은 미미한 해악에 지나지 않으므로 이번에는 어떤 산적도 특정 주민에게 큰 고통을 준 것은 아니었다. 결과적으로 모든 주민은 이번에도 굶주리게 되었지만, 산적들은 별로 죄책감을 느끼지 않았다.

하지만 이른바 '공범 원리'를 받아들이는 사람들은, 타인의 악행에 가담한 경우 결과에 얼마나 영향을 주었는지와 무관하게 도덕적 책임이 있다고 주장한다. 냉각제의 집단적 사용에서 한 사람의 가담 여부가 특정 개인에게 단지 미미한 해악만을 보탠 것이라서 별로 죄책감이 느껴지지 않는다고 하더라도, 그 사람은 단지 그 해악의 공범이라는 이유만으로 그에 따른 도덕적 책임을 져야 한다는 것이다. 그러므로 '공범 원리'에 따른다면, ▨▨▨▨▨▨▨▨▨▨

① 갑훈은 두 번째 저지른 약탈 행위에 대해서 더 큰 죄책감을 느껴야 한다. ➡ (X)

② 전체 해악의 크기가 커질수록 해악에 가담한 사람들의 도덕적 책임도 커진다. ➡ (X)

③ 첫 번째 약탈과 두 번째 약탈에서 갑훈이 을훈에게 입힌 해악에는 차이가 없다. ➡ (X)

④ 갑훈에게 도덕적 책임이 있다는 점에서 첫 번째 약탈과 두 번째 약탈은 차이가 없다. ➡ (O) 〈사례〉에 따르면 '공범 원리'는 타인의 악행에 가담한 경우 결과에 얼마나 영향을 주었는지와 무관하게 도덕적 책임이 있다고 보고 있음을 알 수 있다. 따라서 '공범 원리'에 따른다면 갑훈이 을훈의 콩을 몽땅 빼앗은 첫 번째 약탈이나 을훈의 콩을 한 알만 빼앗은 두 번째 약탈이나 동일하게 도덕적 책임이 있다는 것이다.

⑤ 두 차례 약탈에서 갑훈이 빼앗은 전체 콩알의 수가 같기 때문에 갑훈이 져야 할 도덕적 책임에는 차이가 없다. ➡ (X)

05 ⑤ 정답률 84.8%

| 문제 유형 | 사실적 이해 > 정보 확인
| 접근 전략 | 7급 PSAT 시험에서 다수 출제되고 있는 실무형 지문으로서 업무 담당자 간의 대화 내용을 파악해야 하는 문제 유형이다. '갑'과 '을'의 질문과 답변에서 사전연명의료의향서 제출 절차에 대한 정보를 파악해야 한다.

다음 글에서 알 수 있는 것은?

갑: 사전연명의료의향서를 제출하여 연명의료 거부 의사를 표명한 사람에 대해서 병원이 연명의료를 실행하지 않는다는 제도가 2018년 2월부터 도입되었습니다. 이 제도 도입 후에 실제로 사전연명의료의향서를 내는 사람이 날로 늘어나고, 민원을 제기하는 사람도 많아지는 것 같습니다. 어떤 민원들이 들어오고 있습니까?

을: 자신이 사는 곳에 사전연명의료의향서를 접수하는 곳이 없어 불편하다는 민원이 많았습니다. 연명의료 전문 상담사의 수가 적어 접수 현장에서 너무 오래 기다렸다고 불만을 표시하는 사람도 많습니다. 이러한 민원에 대응해 2020년 1월 1일부터 전화로 상담을 예약할 수 있는 시스템을 도입해 지금까지 원활하게 운영하고 있으며, 2020년 4월 1일부터 전국 모든 보건소에서 사전연명의료의향서를 받도록 조치했습니다. 더 말씀드리자면, 어떤 사람은 연명의료 전문 상담사로부터 상담을 받지 않아도 사전연명의료의향서를 낼 수 있게 해달라고 요청했습니다.

갑: 연명의료를 거부하는 것은 중대한 사안이니 신중히 사전연명의료의향서를 작성하게 해야 합니다. 지금까지 한 것처럼 연명의료 전문 상담사의 상담을 받게 하는 조치를 유지해 주시기 바랍니다. 한 가지 더 확인하고자 합니다. 전국 모든 보건소에서 사전연명의료의향서를 받기로 했지만, 연명의료 전문 상담사를 모든 보건소에 배치할 수 있는 것은 아니라고 합니다. 혹시 그에 대한 대책을 마련했습니까?

을: 연명의료 전문 상담사 배치가 어려운 보건소의 직원들을 대상으로 연명의료 관련 기본 필수교육을 실시하고, 그 교육을 이수한 직원이 민원인에게 연명의료에 대해 간단히 설명하게 할 방침입니다. 민원인들이 보건소 직원으로부터 설명을 들은 후 그 자리에서 전화로 연명의료 전문 상담사로부터 구체적인 내용을 상담받을 수 있도록 하겠습니다.

① 2018년 2월부터 전국 모든 보건소에서 연명의료 전문 상담사가 사전연명의료의향서를 접수하기 시작했다. ➡ (X) '을'의 첫 번째 발언에 따르면 2020년 4월 1일부터 전국의 모든 보건소에서 사전연명의료의향서를 받도록 조치하였음을 알 수 있다. 갑의 두 번째 발언에 따르면 연명의료 전문 상담사를 배치할 수 있는 것은 아니라고 하였다.

② 2020년 4월부터 연명의료를 실행하지 않고자 하는 병원은 보건소에 사전연명의료의향서를 제출해야 한다. ➡ (X) 갑의 두 번째 발언에 따르면 병원이 아닌 연명의료를 거부하는 개인이 사전연명의료의향서를 제출하는 것이다.

③ 연명의료를 받고자 하는 사람은 주소지 관할 보건소가 지정한 연명의료 전문 상담사로부터 기본 필수교육을 받아야 한다. ➡ (X) '을'의 두 번째 발언에 따르면 연명의료 전문 상담사를 배치하기 어려운 보건소 직원들을 대상으로 연명의료 관련 기본 필수교육을 실시할 방침이다.

④ 사전연명의료의향서 접수기관이 있는 곳의 거주자 중 연명의료 전문 상담사의 상담을 받으려는 사람은 전화 예약 시스템을 이용해야 한다. ➡ (X) 모든 경우에 전화 예약 시스템을 이용해야 하는 것은 아니다. 연명의료 전문 상담사를 배치하기 어려운 보건소의 경우, 민원인들이 보건소 직원으로부터 설명을 들은 후 그 자리에서 전화로 연명의료 전문 상담사로부터 상담을 받을 수 있도록 하겠다고 제시되어 있다.

⑤ 연명의료 거부 의사가 있는 사람이 연명의료 전문 상담사의 상담을 받지 않은 상태에서 작성한 사전연명의료의향서는 받아들여지지 않는다. ➡ (O) '갑'의 두 번째 발언에 따르면 사전연명의료의향서 작성 시 연명의료 전문 상담사의 상담을 받게 하는 조치는 유지하라고 하였으므로 적절하다.

06 ⑤ 정답률 99%

| 문제 유형 | 비판적 사고 > 빈칸 채우기
| 접근 전략 | 코로나 재난지원금을 지출하는 기준과 관련하여 실무자들이 대화하고 있다. '을'이 이야기하는 코로나 재난지원금 신청 기준을 범주화하여 파악한 후 선지의 정오를 판단한다.

다음 대화의 빈칸에 들어갈 내용으로 가장 적절한 것은?

갑: 아시는 바와 같이 코로나 19로 인한 위기 상황 속에서 어려움을 겪는 국민의 생계를 지원하기 위해 정부가 지난 5월에 전 국민을 대상으로 긴급재난지원금을 지급했습니다. 그런데 정부는 코로나 19로 영업이 어려워진 소상공인 및 자영업자, 생계가 어려운 가구 등을 대상으로 지원금을 다시금 지급하기로 8월에 결정했습니다. 이 소식을 듣고 지원금 수령 가능 여부를 문의하는 민원인들이 많습니다. 문구점을 운영하는 A씨는 소상공인 및 자영업자에게 주는 지원금을 신청할 수 있는지 문의했습니다.

을: 이번에는 소상공인 및 자영업자의 일부, 생계 위기 가구 등에 지원금을 주게 되어 있습니다. 사회적 거리두기 2단계의 실시로 출입이 금지된 집합금지 및 집합제한업종의 자영업자는 특별한 증빙서류 없이 소상공인 및 자영업자 대상 지원금을 받을 수 있습니다. 또 사회적 거리두기 2.5단계부터 운영이 제한된 수도권의 카페나 음식점 등도 집합제한업종에 해당하여 지원금을 받을 수 있습니다. 집합금지 및 집합제한업종에 속하지 않더라도 연 매출 4억 원 이하라는 사실을 증명할 수 있는 자료와 함께 코로나 19 확산으로 매출이 감소했음을 증빙하는 자료를 제출하면 지원금을 받을 수도 있습니다. A씨가 운영하는 가게가 집합금지 및 집합제한업종에 해당하는지 확인하셨습니까?

갑: 네, A씨가 운영하는 문구점은 집합금지 및 집합제한업종에 해당하지 않는 것으로 확인되었습니다.

을: 그렇다면 제가 말씀드린 내용을 바탕으로 A씨에게 적절한 답변을 해주시기 바랍니다.

갑: 잘 알겠습니다. 민원인 A씨에게 ☐☐☐☐☐고 말씀 드리겠습니다.

① 문구점은 일반 업종에 해당하지 않으므로 긴급재난지원금을 신청할 수 없다 ➡ (X) 을의 발언에 따르면 일반 업종도 연 매출이 4억 원 이하이고 코로나 19 확산으로 매출이 감소했음을 증빙하는 자료를 제출하면 긴급재난지원금을 받을 수 있다.

② 지난 5월에 긴급재난지원금을 받았다는 사실을 증명하는 서류를 제출해야 한다 ➡ (X) 지문에 지난번에 긴급재난지원금을 받은 사실을 증명하는 서류를 제출해야 한다는 내용은 제시되어 있지 않다.

③ 문구점은 집합금지 및 집합제한업종에 해당하지 않는 것으로 확인되었기 때문에 지원금을 받을 수 없다 ➡ (X) 일반 업종도 연 매출이 4억 원 이하이고 코로나 19 확산으로 매출이 감소했음을 증빙하는 자료를 제출하면 긴급재난지원금을 받을 수 있다.

④ 사회적 거리두기 2.5단계부터 운영이 제한되거나 금지된 업종이 아니면 긴급재난지원금을 받을 수 없다 ➡ (X) 집합금지 및 집합제한업종 외에 일반 업종도 연 매출이 4억 원 이하이고 코로나 19 확산으로 매출이 감소했음을 증빙하는 자료를 제출하면 긴급재난지원금을 받을 수 있다.

⑤ 연 매출 4억 원에 미치지 못하고 코로나 19로 매출이 감소한 자영업자라면 증빙서류를 갖추어 신청할 수 있다 ➡ (O) A씨가 운영하는 문구점은 집합금지 및 집합제한업종에 해당하지 않는 일반 업종이다. 이 경우 연 매출이 4억 원 이하이고 코로나 19 확산으로 매출이 감소할 수 있는 자료를 갖추어 긴급재난지원금을 신청할 수 있다.

07 ①   정답률 83.8%

| 문제 유형 | 사실적 이해 > 정보 확인
| 접근 전략 | '보고서 작성법 특강'과 관련된 〈계획안〉을 수정하기 위한 실무자들 간의 대화 내용이다. 실무자들의 의견을 파악한 후 선지의 정오를 판단한다.

다음 대화의 ㉠에 따라 〈계획안〉을 수정한 것으로 적절하지 않은 것은?

갑: 지금부터 회의를 시작하겠습니다. 이 자리는 '보고서 작성법 특강'의 개최계획 검토를 위한 자리입니다. 특강을 성공적으로 개최하기 위해서 어떻게 해야 하는지 각자의 의견을 자유롭게 말씀해주시기 바랍니다.

을: 특강 참석 대상을 명확하게 정하고 그에 따라 개최 일시가 조정되었으면 좋겠습니다. 주중에 계속 근무하는 현직 공무원인 경우, 아무래도 주말에는 특강 참석률이 저조합니다. 특강을 평일에 개최하되 참석 시간을 근무시간으로 인정해 준다면 참석률이 높아질 것 같습니다.

병: 공무원이 되기 위해 준비하고 있는 예비공무원들에게는 서울이 더 낫겠지만, 중앙부처 소속 공무원에게는 세종시가 접근성이 더 좋습니다. 특강 참석 대상이 누구인가에 따라 장소를 조정할 필요가 있습니다.

정: 주제가 너무 막연하게 표현되어 있습니다. 보고서의 형식이나 내용은 누구에게 보고하느냐에 따라 크게 달라집니다. 보고 대상이 명시적으로 드러날 수 있도록 주제를 더 구체적으로 표현하면 좋겠습니다.

무: 특강과 관련된 정보가 부족합니다. 강의에 관심이 있는 사람이라면 별도 비용이 있는지, 있다면 구체적으로 금액은 어떠한지 등이 궁금할 겁니다.

갑: 얼마 전에 비슷한 특강이 서울에서 개최되었으니 이번 특강은 현직 중앙부처 소속 공무원을 대상으로 진행하도록 하겠습니다. 참고로 특강 수강 비용은 무료입니다. ㉠오늘 회의에서 논의된 내용을 반영하여 특강 계획을 수정하도록 하겠습니다. 감사합니다.

〈계획안〉

보고서 작성법 특강
○ 주제: 보고서 작성 기법
○ 일시: 2021. 11. 6.(토) 10:00~12:00
○ 장소: 정부서울청사 본관 5층 대회의실
○ 대상: 현직 공무원 및 공무원을 꿈꾸는 누구나

① 주제를 '효율적 정보 제시를 위한 보고서 작성 기법'으로 변경한다. ➡ (X) '정'은 보고 대상이 명시적으로 드러날 수 있도록 주제를 더 구체적으로 표현하면 좋겠다고 했으나 주제를 수정한 ①에는 보고 대상이 명시적으로 드러나지 않는다.

② 일시를 '2021. 11. 10.(수) 10:00~12:00(특강 참여 시 근무시간으로 인정)'으로 변경한다. ➡ (O) '을'이 특강 개최일을 평일로 조정하고 특강에 참석하는 시간을 근무 시간으로 인정해 준다면 참석률이 높아질 것 같다고 말한 의견이 반영되어 있으므로 적절하다.

③ 장소를 '정부세종청사 6동 대회의실'로 변경한다. ➡ (O) '병'이 현직 중앙부처 소속 공무원에게는 세종시가 접근성이 더 좋다고 한 내용이 반영되어 있으므로 적절하다.

④ 대상을 '보고서 작성 능력을 키우고 싶은 현직 중앙부처 공무원'으로 변경한다. ➡ (O) '을'의 의견을 반영해 특강 참석 대상을 명확히 제시하였으며, '갑'의 마지막 발화에서 "이번 특강은 현직 중앙부처 소속 공무원을 대상으로 진행"하겠다고 한 내용이 반영되어 있으므로 적절하다.

⑤ 특강을 듣기 위한 별도 부담 비용이 없다고 안내하는 항목을 추가한다. ➡ (O) '무'의 의견을 반영해 비용에 대한 정보를 추가한 것으로, '갑'이 마지막 발화에서 특강 수강 비용이 무료라고 하였으므로 이를 안내하는 항목을 추가하는 것은 적절하다.

08 ④   정답률 80.8%

| 문제 유형 | 비판적 사고 > 판단하기
| 접근 전략 | 근육의 종류에는 뼈대근육, 내장 근육, 심장근육이 있고 줄무늬의 유무, 근육의 움직임에 대한 통제 여부에 따라 줄무늬근과 민무늬근, 수의근과 불수의근으로 분류됨을 설명하면서 각 근육의 종류에 맞는 특성을 제시하고 있다. 지문의 내용을 기반으로 〈표〉를 채우면 아래와 같다.

기준＼종류	뼈대근육	내장근육	심장근육
줄무늬/민무늬	줄무늬	민무늬	줄무늬
수의근/불수의근	수의근	불수의근	불수의근

이와 같이 지문의 내용을 기준으로 〈표〉를 정리하여 〈보기〉의 정오를 파악해야 한다.

다음 글의 〈표〉에 대한 판단으로 옳은 것만을 〈보기〉에서 모두 고르면?

우리 몸에는 세 종류의 중요한 근육이 있는데 이것들은 서로 다른 두 기준에 따라 각각 두 종류로 분류될 수 있다. 두 기준은 근육을 구성하는 근섬유에 줄무늬가 있는지의 여부와 근육의 움직임을 우리가 의식적으로 통제할 수 있는지의 여부이다.

세 종류의 중요한 근육 중 뼈대근육은 우리가 의식적으로 통제하여 사용할 수 있기 때문에 수의근이라고 하며 뼈에 부착되어 있다. 이 근육에 있는 근섬유에는 줄무늬가 있어서 줄무늬근으로 분류된다. 뼈대근육은 달리기, 들어 올리기와 같은 신체적 동작을 일으킨다. 우리가 신체적 운동을 통해 발달시키고자 하는 근육이 바로 뼈대근육이다.

뼈대근육과 다른 종류로서 내장근육이 있는데, 이 근육은 소화기관, 혈관, 기도에 있는 근육으로서 의식적인 통제하에 있는 것이 아니다. 내장근육에 있는 근섬유에는 줄무늬가 없어서 민무늬근으로 분류된다. 위나 다른 소화기관에 있는 근육은 꿈틀운동을 일으킨다. 혈관에 있는 근육은 혈관의 직경을 변화시켜서 피의 흐름을 촉진시킨다. 기도에 있는 근육은 기도의 직경을 변화시켜서 공기의 움직임을 촉진시킨다.

심장근육은 심장에서만 발견되는데 심장근육에 있는 근섬유에는 줄무늬가 있다. 심장근육은 심장벽을 구성하고 있고 심장을 수축시키는 역할을 하는데, 이 근육은 우리가 의식적으로 통제할 수 있는 것이 아니기 때문에 불수의근으로 분류된다.

지금까지 기술한 내용을 정리하면 다음과 같다.

〈표〉 근육의 종류와 특징

기준＼종류	뼈대근육	내장근육	심장근육
A	㉠	㉡	㉢
B	㉣	㉤	㉥

〈보기〉

ㄱ. ㉡과 ㉢이 같은 특징이라면, A에는 근섬유에 줄무늬가 있는지를 따지는 기준이 들어간다. → (X) ㉡과 ㉢이 같은 특징이라면 A에는 수의근인지 불수의근인지 여부가 들어가야 하므로 적절하지 않다.

ㄴ. ㉣과 ㉥이 다른 특징이라면, B에는 근육의 움직임을 의식적으로 통제할 수 있는지를 따지는 기준이 들어간다. → (O) 뼈대근육과 심장근육은 근육의 움직임을 의식적으로 통제할 수 있는지의 여부의 차이가 있으므로 ㄴ의 설명은 적절하다.

ㄷ. ㉠에 '수의근'이 들어간다면, ㉥에는 '민무늬근'이 들어가야 한다. → (O) ㉠에 '수의근'이 들어간다면 A에는 '근육의 움직임을 의식적으로 통제

할 수 있는지의 여부'라는 기준이 들어가고 B에는 '근섬유에 줄무늬가 있는지의 여부'라는 기준이 들어가므로, ⓒ에는 '민무늬근'이 들어간다.

① ㄱ ➡ (X)
② ㄷ ➡ (X)
③ ㄱ, ㄴ ➡ (X)
④ ㄴ, ㄷ ➡ (O)
⑤ ㄱ, ㄴ, ㄷ ➡ (X)

09 ②   정답률 93.9%

| 문제 유형 | 비판적 사고 > 유사한 내용·사례 찾기
| 접근 전략 | 호기성 세균과 혐기성 세균의 정의를 파악한 뒤, ㉠~㉤의 그림이 각각 어느 것에 대응하는지 찾아야 한다. 지문 내용에 비추어 보았을 때 ㉠은 절대 호기성 세균, ㉡은 절대 혐기성 세균, ㉢은 통성 세균, ㉣은 미세 호기성 세균, ㉤은 내기 혐기성 세균에 해당한다는 것을 파악해야 한다.

다음 글의 ㉠~㉤에 대한 설명으로 가장 적절한 것은?

세균은 산소에 대한 요구성과 내성에 따라 구분된다. '절대 호기성 세균'은 산소에 대한 내성이 있고 대사 과정에서 산소 호흡을 하기 때문에 산소의 농도가 높은 곳에서 잘 자랄 수 있다. 반면에 '미세 호기성 세균'은 산소 호흡을 하지만 산소에 대한 내성이 '절대 호기성 세균'보다 낮아서 '절대 호기성 세균'이 살아가는 환경의 산소 농도보다 낮은 농도의 산소에서만 살 수 있다. 두 종류의 세균은 모두 산소를 이용하는 호흡이 필수적이므로 산소가 없거나 너무 낮은 농도에서는 살 수 없다. '통성 세균'은 산소에 대한 내성이 있고, 산소가 있는 곳에서는 산소 호흡을 하고 산소가 없거나 너무 낮은 농도에서는 산소 호흡 대신 발효 과정을 통해 에너지를 만들어낼 수 있기 때문에 산소가 있는 환경과 없는 환경 모두에서 자랄 수 있다. 그러나 산소 호흡이 발효 과정보다 많은 에너지를 만들어내기 때문에 산소 농도가 높은 환경에서 더 잘 자란다. '혐기성 세균'은 산소 호흡을 할 수 없는 세균으로 발효 과정만을 통해 에너지를 만들어낸다. '혐기성 세균'은 산소에 대한 내성을 가지고 있어 산소가 있어도 자랄 수 있는 '내기 혐기성 세균'과 산소에 대한 내성이 없어 일정 농도 이상의 산소에 노출되면 사멸하는 '절대 혐기성 세균'으로 나뉜다. '내기 혐기성 세균'의 생장은 산소 농도와는 무관하다. ▶1문단

티오글리콜레이트 배양액을 담고 있는 시험관에서 배양액의 위쪽은 공기와 접하고 있어 산소가 충분하다. 시험관 배양액의 산소 농도는 시험관 아래쪽으로 갈수록 감소하며, 시험관의 맨 아래쪽에는 산소가 거의 없다. 아래 그림은 티오글리콜레이트 배양액을 담고 있는 5개의 시험관(㉠~㉤)에 '절대 호기성 세균', '미세 호기성 세균', '통성 세균', '내기 혐기성 세균', '절대 혐기성 세균' 중 하나를 배양한 결과를 나타내며, 각 시험관에는 서로 다른 세균이 배양되었다. 그림에서 검은색 점 각각은 살아있는 하나의 세균을 나타낸다. ▶2문단

① ㉠은 '통성 세균'이 자란 시험관이다. ➡ (X) 1문단에 따르면 ㉠은 산소의 농도가 높은 곳에서 잘 자랄 수 있는 '절대 호기성 세균'이 자란 시험관이다.

② ㉡에서 자란 세균은 발효 과정으로 에너지를 만들어 낸다. ➡ (O) 1문단에 따르면 ㉡은 산소에 대한 내성이 없어 일정 농도 이상의 산소에 노출되면 사멸되는 '절대 혐기성 세균'이다. 혐기성 세균은 발효 과정만을 통해 에너지를 만들어 내므로 ㉡에 대한 설명으로 적절하다.

③ ㉢에서 자란 세균은 산소에 대한 내성이 없다. ➡ (X) 1문단에 따르면 ㉢에서 자란 세균은 '통성 세균'으로, 이는 산소에 대한 내성이 있어 산소가 있어도 잘 자랄 수 있다.

④ ㉣에서 자란 세균은 산소 호흡을 할 수 없다. ➡ (X) 1문단에 따르면 ㉣에서 자란 세균은 '미세 호기성 세균'으로, 호기성 세균은 산소 호흡을 한다. 다만, 산소에 대한 내성이 '절대 호기성 세균'인 ㉠보다 낮아서 ㉠이 살아가는 환경의 산소 농도보다 낮은 농도의 산소에서만 살 수 있다.

⑤ ㉣과 ㉤은 모두 '혐기성 세균'이 자란 시험관이다. ➡ (X) 1문단에 따르면 ㉣은 '미세 호기성 세균', ㉤은 '내기 혐기성 세균'이 자란 시험관이다.

10 ①   정답률 80.8%

| 문제 유형 | 비판적 사고 > 빈칸 채우기
| 접근 전략 | 토지 문제를 파악할 때 거시경제적 변수와 사회 정의를 고려해야 한다는 A학파와 시장의 수요·공급 원칙에 맡겨 두어야 한다는 B학파의 주장을 대립구조형으로 제시하고 있다. 이 두 학파의 공통점과 차이점을 파악하여 빈칸에 들어갈 가장 알맞은 문장을 찾아야 한다.

다음 글의 ㉠과 ㉡에 들어갈 진술로 가장 적절한 것은?

A학파의 가장 큰 특징은 토지 문제를 토지 시장에 국한시키지 않고 경제 전체의 흐름과 밀접하게 연결해서 파악한다는 점이다. A학파의 주장에 따르면, 토지 문제는 이용의 효율에만 관련되는 단순한 문제가 아니라 경제 성장, 실업, 물가 등의 거시경제적 변수를 함께 고려해야만 하는 복잡한 문제이다. 그런 점에서 A학파는 토지 문제가 경기 변동과 직결될 뿐만 아니라 사회 정의와도 관련되는 것이라고 주장한다.

이와 달리 B학파는 다른 모든 종류의 상품과 마찬가지로 토지 문제 역시 수요·공급의 법칙에 따라 시장이 자율적으로 조정하도록 맡겨 두면 된다고 주장한다. B학파의 관점에 따르면, ㉠ 토지는 귀금속, 주식, 채권, 은행 예금만큼이나 좋은 투자 대상이다. 부동산의 자본 이득이 충분히 클 경우, 좋은 투자 대상이 되어 막대한 자금이 금융권으로부터 부동산 시장으로 흘러 들어간다. 반대로 자본 이득이 떨어지면 부동산에 투입되었던 자금이 금융권을 통해 회수되어 다른 시장으로 흘러 들어간다. 이와 같이 부동산의 자본 이득은 부동산 시장과 금융권 사이의 연결고리 역할을 한다.

A학파는 B학파와 달리 상품 투자와 토지 투자를 엄격히 구분한다. 상품 투자는 해당 상품의 가격을 상승시켜 상품 공급을 증가시킨다. 공급 증가는 다시 상품 투자의 억제 요인으로 작용하기 때문에 상품 투자에는 내재적 한계가 있기 마련이다. 그러나 ㉡ 그러므로 토지 투자의 경우에는 지가 상승이 투자를 조장하고 투자는 지가 상승을 더욱 부채질하는 악순환이 반복된다. A학파는 이런 악순환의 결과로 토지를 포함한 부동산 가격에 거품이 잔뜩 끼게 된다고 주장한다.

① ㉠: 토지에 대한 투자는 상품 투자의 일종으로 이해된다.
　㉡: 토지 공급은 한정되어 있으므로 토지 투자는 상품 투자의 경우와는 달리 제어장치가 없다.
➡ (O) ㉠에는 B학파의 주장을 요약하는 내용이 들어가야 한다는 점에서 "토지에 대한 투자는 상품 투자의 일종으로 이해된다"가 가장 적절하다. 또한 ㉡에는 토지 문제는 시장의 수요·공급 원칙에 맡겨 두어야 한다는 B학파 주장에 대한 A학파 반론의 근거가 들어가야 하므로 "토지 공급은 한정되어 있으므로 토지 투자는 상품 투자의 경우와는 달리 제어장치가 없다"가 적절하다.

② ㉠: 토지에 대한 투자는 상품 투자의 일종으로 이해된다.
　㉡: 토지 투자는 다른 상품의 생산 비용을 상승시켜 상품의 가격 상승으로 이어진다.
➡ (X)
③ ㉠: 토지에 대한 투자는 상품 생산의 수단으로 활용된다.
　㉡: 토지 공급은 한정되어 있으므로 토지 투자는 상품 투자의 경우와는 달리 제어장치가 없다.
➡ (X)
④ ㉠: 토지 투자와 상품 투자는 거시경제적인 관점에서 상호 보완적 역할을 수행한다.
　㉡: 토지 투자는 다른 상품의 생산 비용을 상승시켜 상품의 가격 상승으로 이어진다.
➡ (X)
⑤ ㉠: 토지 투자와 상품 투자는 거시경제적인 관점에서 상호 보완적 역할을 수행한다.
　㉡: 토지 공급은 한정되어 있으므로 토지 투자는 상품 투자의 경우와는 달리 제어장치가 없다.
➡ (X)

S 11 ①
TOP2 정답률 34.3%

| 문제 유형 | 비판적 사고 > 지문에서 추론하기
| 접근 전략 | ABO 혈액형의 응집원과 응집소에 의한 응집 반응과 이를 통한 수혈도 작성에 대해 설명하는 지문이다. 지문의 전반적인 내용 흐름과 표를 통하여 선지의 정오를 파악해야 한다. 참고로, 관련된 내용을 알고 있다면 표를 분석하는 것만으로도 충분히 내용을 추론할 수 있다.

다음 글로부터 추론할 수 있는 것은?

사람의 혈액은 적혈구, 백혈구, 혈소판처럼 혈액 내에 존재하는 세포인 혈구 성분이 이러한 혈구 성분을 제외한 나머지 액상 성분인 혈장으로 나뉜다. 사람의 혈액을 구별하는 대표적인 방법은 혈액의 성분을 기준으로 삼는 ABO형 방법이다. 이에 따르면, 혈액은 적혈구의 표면에 붙어 있는 응집원과 혈장에 들어 있는 응집소의 유무 또는 종류를 기준으로 다음 표와 같이 구분할 수 있다.

혈액형	응집원	응집소
A	A형 응집원	응집소 β
B	B형 응집원	응집소 α
AB	A형 응집원 및 B형 응집원	없음
O	없음	응집소 α 및 응집소 β

이때, A형 응집원이 응집소 α와 결합하거나 B형 응집원이 응집소 β와 결합하면, 응집 반응이 일어난다. 이 반응은 혈액의 응고를 일으키는데, 혈액이 응고되면 혈액의 정상적인 흐름이 방해되어 심각한 문제가 발생할 수 있다. 혈액의 이러한 특성을 활용하면 수혈도를 작성할 수 있다.

① A형 응집원만을 선택적으로 제거한 A형 적혈구를 B형인 사람에게 수혈해도 응집 반응이 일어나지 않는다. ➡ (O) 응집원이 제거되면 응집소만으로는 아무런 응집 반응이 일어나지 않을 것이라는 점에서 적절한 추론이다.
② B형 응집원만을 선택적으로 제거한 AB형 적혈구를 A형인 사람에게 수혈하면 응집 반응이 일어난다. ➡ (X) B형 응집원이 모두 제거되었다면 A형 응집소 β와 아무런 응집 반응이 일어나지 않을 것이다.
③ 응집소를 선택적으로 제거한 O형 혈장을 A형인 사람에게 수혈해도 응집 반응이 일어나지 않는다. ➡ (X) 응집소 β를 선택적으로 제거했다면 응집소 α가 여전히 남아서 A형 응집원과 반응을 일으킬 것이므로 응집 반응이 일어날 것이다.
④ AB형인 사람은 어떤 혈액을 수혈 받아도 응집 반응이 일어나지 않는다. ➡ (X) AB형인 사람은 A형, B형, O형 중 어떤 혈액형을 수혈 받아도 응집 반응이 일어날 수 있다.
⑤ O형인 사람은 어떤 적혈구를 수혈 받아도 응집 반응이 일어나지 않는다. ➡ (X) O형인 사람은 A형, B형, AB형 중 어떤 혈액형을 수혈 받아도 응집 반응이 일어날 수 있다.

12 ②
정답률 62.6%

| 문제 유형 | 비판적 사고 > 논리적 결론의 전제·원인 찾기
| 접근 전략 | 교육 제도 개선 방안의 네 가지 조건을 설명하고 결론을 제시한 뒤, 결론이 성립되기 위해 추가적으로 필요한 전제를 묻는 문항이다. 결론이 몇 가지 조건을 충족하는지 확인한 후 빠져 있는 것이 무엇인지 찾는다.

다음 글의 ㉠을 이끌어내기 위해 추가해야 할 전제로 가장 적절한 것은?

A국에서는 교육 제도 개선을 추진하고 있다. 이와 관련하여 현재 거론되고 있는 방안 중 다음 네 조건을 모두 충족시키는 방안이 있다면, 정부는 그 방안을 추진해야 한다. 첫째, 공정한 기회 균등과 교육의 수월성을 함께 이룩할 수 있는 방안이어야 한다. 둘째, 신뢰할 수 있는 설문조사에서 가장 많은 국민이 선호하는 방안으로 선택한 것이어야 한다. 셋째, 정부의 기존 교육 재정만으로 실행될 수 있는 방안이어야 한다. 넷째, 가계의 교육 부담을 줄일 수 있는 방안이어야 한다.

현재 거론되고 있는 방안들 중 선호하는 것에 대하여 국민 2,000명을 대상으로 한 설문조사 결과, 300명이 대학교 평준화 도입을 꼽았고, 400명이 고등학교 자체 평가 확대를 꼽았으며, 600명이 대입 정시 확대와 수시 축소를 꼽았고, 700명이 고교 평준화 강화를 꼽았다. 이 설문조사는 표본을 치우치지 않게 잡아 신뢰할 수 있다.

현재 거론된 방안들 가운데 정부의 기존 교육 재정만으로 실행될 수 없는 것은 대학교 평준화 도입 방안뿐이다. 대입 정시 확대와 수시 축소 방안은 가계의 교육 부담을 감소시키지 못하지만 다른 방안들은 그렇지 않다. 고교 평준화 강화 방안은 공정한 기회 균등을 이룰 수 있는 방안임이 분명하다. 따라서 ㉠ 정부는 고교 평준화 강화 방안을 추진해야 한다.

① 고교 평준화 강화는 가장 많은 국민이 선호하는 방안이다. ➡ (X)
② 고교 평준화 강화는 교육의 수월성을 이룩할 수 있는 방안이다. ➡ (O) 지문에서 고교 평준화 강화 방안은 네 가지 조건 중 가장 많은 국민이 선호하는 방안으로 선택되었고, 정부의 기존 교육 재정만으로 실행 가능하며, 가계의 교육 부담을 줄일 수 있는 방안이자 공정한 기회 균등을 이룰 수 있는 방안이다. 따라서 교육의 수월성 조건만 추가하면 교육 제도 개선 방안으로 선택될 수 있다.
③ 고교 평준화 강화는 가계의 교육 부담을 줄일 수 있는 방안이다. ➡ (X)
④ 고교 평준화 강화는 정부의 기존 교육 재정만으로도 실행될 수 있는 방안이다. ➡ (X)
⑤ 정부가 고교 평준화 강화 방안을 추진하지 않아도 된다면, 그 방안은 공정한 기회 균등과 교육의 수월성을 함께 이룩할 수 없는 방안이다. ➡ (X)

※ 다음 글을 읽고 물음에 답하시오. [문 13.~문 14.]

개정 근로기준법이 적용되면서 일명 '52시간 근무제'에 사람들이 큰 관심을 보였다. 하지만 개정 근로기준법에는 1주 최대 근로시간을 52시간으로 규정하는 조문이 명시적으로 추가된 것이 아니다. 다만, 기존 근로기준법에 "1주란 휴일을 포함한 7일을 말한다'는 문장 하나가 추가되었을 뿐이다. 이 문장이 말하는 바는 상식처럼 보이는데, 이를 추가해서 어떻게 52시간 근무제를 확보할 수 있었을까?

월요일에서 금요일까지 1일 8시간씩 소정근로시간 동안 일하는 근로자를 생각해보자. 여기서 '소정근로시간'이란 근로자가 사용자와 합의하여 정한 근로시간을 말한다. 사실 기존 근로기준법에서도 최대 근로시간은 52시간으로 규정되어 있는 것처럼 보인다. 1일의 최대 소정근로시간이 8시간, 1주의 최대 소정근로시간이 40시간이고, 연장근로는 1주에 12시간까지만 허용되어 있으므로, 이를 단순 합산하면 총 52시간이 되기 때문이다. 그러나 기존 근로기준법에서는 최대 근로시간이 68시간이었다. 이는 휴일근로의 성격을 무엇으로 보느냐에 달려 있다. 기존 근로기준법에서 휴일근로는 소정근로도 아니고 연장근로도 아닌 것으로 간주되었다. 그래서 소정근로 40시간과 연장근로 12시간을 시키고 나서 추가로 휴일근로를 시키더라도 법 위반이 아니었다.

그런데 일요일은 휴일이지만, 토요일은 휴일이 아니라 근로의무가 없는 휴무일이기에 특별한 규정이 없는 한 근로를 시킬 수가 없다. 따라서 기존 근로기준법하에서 더 근로를 시키고 싶던 기업들은 단체협약 등으로 '토요일을 휴일로 한다'는 특별규정을 두는 일종의 꼼수를 쓰는 경우가 많았다. 이렇게 되면 토요일과 일요일, 2일 간 휴일근로를 추가로 시킬 수 있기에 최대 근로시간이 늘어나게 된다. 이것이 기존 판례의 입장이었다.

개정 근로기준법과 달리 왜 기존 판례는 ☐☐☐☐☐☐☐☐☐ 그 이유는 연장근로를 소정근로의 연장으로 보았고, 1주의 최대 소정근로시간을 정할 때 기준이 되는 1주를 5일에 입각하여 보았기 때문이다. 즉, 1주 중 소정근로일을 월요일부터 금요일까지의 5일로 보았기에 이 기간에 하는 근로만이 근로기준법상 소정근로시간의 한도에 포함된다고 본 것이다. 다만 이 입장에 따르더라도, 연장근로가 아닌 한 1일의 근로시간이 8시간을 초과할 수 없다고 기존 근로기준법에 규정되어 있기 때문에, 이미 52시간을 근로한 근로자에게 휴일에 1일 8시간을 넘는 근로를 시킬 수 없다. 그 결과 휴일근로로 가능한 시간은 16시간이 되어, 1주 68시간이 최대 근로시간이 된 것이다.

13 ① 정답률 78.6%

| 문제 유형 | 비판적 사고 > 빈칸 채우기
| 접근 전략 | 개정 근로기준법에 "1주란 휴일을 포함한 7일을 말한다'라는 문장 하나가 추가되었을 뿐인데 52시간 근무제가 확보된 이유가 무엇인지를 설명하고 있다. 빈칸 뒤에 나온 내용을 중심으로 빈칸에 들어갈 내용을 파악해야 한다.

위 글의 빈칸에 들어갈 내용으로 가장 적절한 것은?

① 휴일근로가 연장근로가 아니라고 보았을까? ➡ (O) 빈칸 뒤에는 연장근로를 소정근로의 연장으로 보았고, 소정근로일은 월요일부터 금요일까지의 5일로 보았다는 내용 등이 이어지고 있다. 따라서 빈칸의 질문에는 휴일근로를 연장근로로 보지 않았던 이유를 묻는 질문이 들어가는 것이 가장 적절하다.
② 토요일에 연장근로를 할 수 있다고 보았을까? ➡ (X)
③ 1주의 최대 소정근로시간을 40시간으로 인정하였을까? ➡ (X)
④ 1일의 최대 소정근로시간은 8시간을 초과할 수 없다고 보았을까? ➡ (X)
⑤ 휴일에는 근로자의 합의가 없는 한 연장근로를 할 수 없다고 보았을까? ➡ (X)

S 14 ② TOP3 정답률 34.7%

| 문제 유형 | 비판적 사고 > 유사한 내용·사례 찾기
| 접근 전략 | 개정 근로기준법에서 "1주란 휴일을 포함한 7일을 말한다'라는 문장 하나가 추가되었을 뿐인데 52시간 근무제가 확보된 이유가 무엇인지를 설명하고 있다. 이를 파악하고 〈보기〉 내용이 바르게 적용되어 있는지 확인해 나가야 한다.

위 글의 내용을 바르게 적용한 사람만을 〈보기〉에서 모두 고르면?

〈보기〉

갑: 개정 근로기준법에 의하면, 1주 중 3일 동안 하루 15시간씩 일한 사람의 경우, 총 근로시간이 45시간으로 52시간보다 적으니 법에 어긋나지 않아. → (X) 3일 동안 최대 근로시간은 소정근로시간 24시간에 연장근로시간 12시간을 더한 36시간 이내여야 하므로 적절하지 않다.
을: 개정 근로기준법에 의하면, 월요일부터 목요일까지 매일 10시간씩 일한 사람의 경우, 금요일에 허용되는 최대 근로시간은 12시간이야. → (O) 개정 근로기준법에 따르면 1주의 최대 근로 시간은 52시간이므로 적절한 내용이다.
병: 기존 근로기준법에 의하면, 일요일 12시간을 일했으면 12시간 전부가 휴일근로시간이지, 연장근로시간이 아니야. → (X) 기존 근로기준법에는 연장근로가 아닌 1일의 근로시간은 8시간을 초과할 수 없다고 규정되어 있다. 따라서 일요일에 12시간을 일할 수 없으므로 적절하지 않다.

① 갑 ➡ (X)
② 을 ➡ (O)
③ 갑, 병 ➡ (X)
④ 을, 병 ➡ (X)
⑤ 갑, 을, 병 ➡ (X)

15 ⑤ 정답률 87.6%

| 문제 유형 | 사실적 이해 > 논리 게임
| 접근 전략 | 지문에서 알 수 있는 인물들의 상태를 아래와 같이 표로 정리하거나 도식화하여 문제를 해결한다.

구분	커피	흡연	치석 제거
갑돌	○	○	
을순			○
병돌			○
정순	○	○	

다음 글의 내용이 참일 때, 반드시 참인 것은?

갑돌과 정순은 매일 커피를 마시는 흡연자이다. 을순과 병돌은 매년 치석을 없앤다. 그리고 치아의 색깔에 관한 다음의 사실이 알려져 있다.

○ 치석을 매년 없애지 않고 매일 커피를 마시는 사람의 경우, 그의 이가 노랄 확률은 60% 이상이다.
○ 치석을 매년 없애지 않는 흡연자의 경우, 그의 이가 노랄 확률은 80% 이상이다.
○ 치석을 매년 없애지 않고 매일 커피를 마시는 흡연자의 경우, 그의 이가 노랄 확률은 90% 이상이다.
○ 치석을 매년 없애는 사람의 경우, 그의 이가 노랄 확률은 그의 커피 섭취 및 흡연 여부와 무관하게 20% 미만이다.

① 갑돌의 이가 노랄 확률은 80% 이상이다. ➡ (X) 지문의 정보만으로는 갑돌이 매년 치석을 없애는지 알 수 없으므로 반드시 참이라 할 수 없다.
② 을순의 이가 노랗지 않을 확률은 80% 미만이다. ➡ (X) 을순은 매년 치석을 없애므로 이가 노랄 확률은 20% 미만이다. 따라서 을순의 이가 노랗지 않을 확률은 80% 이상이다.
③ 병돌이 흡연자라면, 그의 이가 노랄 확률은 20% 이상이다. ➡ (X) 병돌은 매년 치석을 없애므로 흡연 여부와 무관하게 이가 노랄 확률은 20% 미만이다.
④ 병돌이 매일 커피를 마신다면, 그의 이가 노랄 확률은 20% 이상이다. ➡ (X) 병돌은 매년 치석을 없애므로 커피 섭취 여부와 무관하게 이가 노랄 확률은 20% 미만이다.
⑤ 정순이 치석을 매년 없애지 않는다면, 그의 이가 노랄 확률은 90% 이상이다. ➡ (O) 정순은 매일 커피를 마시는 흡연자이므로 치석을 매년 없애지 않는다면, 그의 이가 노랄 확률은 90% 이상이다.

S 16 ③ 정답률 45.5%

| 문제 유형 | 사실적 이해 > 논리 게임
| 접근 전략 | 지문의 명제를 아래와 같이 정리한 후, 대우 명제를 활용해서 문제를 해결한다.
- A → B and C
- ~C
- D → A or E

다음 글의 내용이 참일 때, 반드시 참인 것만을 〈보기〉에서 모두 고르면?

인접한 지방자치단체인 ○○군을 △△시에 통합하는 안건은 △△시의 5개 구인 A, B, C, D, E 중 3개 구 이상의 찬성으로 승인된다. 안건에 관한 입장은 찬성하거나 찬성하지 않거나 둘 중 하나이다. 각 구의 입장은 다음과 같다.

○ A가 찬성한다면 B와 C도 찬성한다.
○ C는 찬성하지 않는다.
○ D가 찬성한다면 A와 E 중 한 개 이상의 구는 찬성한다.

〈보기〉
ㄱ. B가 찬성하지 않는다면, 안건은 승인되지 않는다. → (O) 'A → B and C'의 대우 명제는 '~ B or ~ C → ~ A'이다. 또한 지문의 내용에 따르면 '~C'는 참이므로, B가 찬성하지 않을 경우 A, B, C 모두 찬성하지 않게 되어 찬성하는 구가 3개 이상이 될 수 없으므로 안건은 승인되지 않는다.
ㄴ. B가 찬성하는 경우 E도 찬성한다면, 안건은 승인된다. → (X) B와 E가 찬성한다고 해서 A와 D의 찬성 여부를 알 수 없어 3개의 구가 찬성할 것인지 확정할 수 없으므로 적절하지 않다.
ㄷ. E가 찬성하지 않는다면, D도 찬성하지 않는다. → (O) '~C'이고 '~ B or ~ C → ~ A'이므로, 두 명제에 의해 '~ A'와 '~C'는 확정이다. 'D → A or E'의 대우 명제는 '~ A and ~ E → ~ D'이다. 따라서 E가 찬성하지 않는다면, A와 E가 찬성하지 않으므로 D도 찬성하지 않는다는 것은 반드시 참이다.

① ㄱ ➡ (X)
② ㄴ ➡ (X)
③ ㄱ, ㄷ ➡ (O)
④ ㄴ, ㄷ ➡ (X)
⑤ ㄱ, ㄴ, ㄷ ➡ (X)

S 17 ① 정답률 42.7%

| 문제 유형 | 사실적 이해 > 논리 게임
| 접근 전략 | 지문의 발언을 표로 정리하면 다음과 같다. 상호 모순적인 가인이 거짓인 경우와 라연이 거짓인 경우를 나누어 판단한다.

구분	행정안전부	고용노동부	보건복지부
가인	을현	갑진	병천
나운	을현 →	갑진	
다은	~을현 → 병천		
라연	병천	갑진	을현

다음 글의 내용이 참일 때, 반드시 참인 것만을 〈보기〉에서 모두 고르면?

일반행정 직렬 주무관으로 새로 채용된 갑진, 을현, 병천은 행정안전부, 고용노동부, 보건복지부에 한 명씩 배치되는 것으로 정해졌다. 가인, 나운, 다은, 라연은 배치 결과를 궁금해 하며 다음과 같이 예측했는데, 이 중 한 명의 예측만 틀렸음이 밝혀졌다.

가인: 을현은 행정안전부에, 병천은 보건복지부에 배치될 거야.
나운: 을현이 행정안전부에 배치되면, 갑진은 고용노동부에 배치될 거야.
다은: 을현이 행정안전부에 배치되지 않으면, 병천이 행정안전부에 배치될 거야.
라연: 갑진은 고용노동부에, 병천은 행정안전부에 배치될 거야.

〈보기〉
ㄱ. 갑진은 고용노동부에 배치된다. → (O) 가인이 거짓인 경우나 라연이 거짓인 경우에도 갑진은 고용노동부에 배치되므로 반드시 참이다.
ㄴ. 을현은 행정안전부에 배치된다. → (X) 가인이 거짓인 경우 참이 아니다.
ㄷ. 라연의 예측은 틀렸다. → (X) 가인이 거짓일 수도 있고 라연이 거짓일 수도 있으므로 반드시 참은 아니다.

① ㄱ ➡ (O)
② ㄴ ➡ (X)
③ ㄱ, ㄷ ➡ (X)
④ ㄴ, ㄷ ➡ (X)
⑤ ㄱ, ㄴ, ㄷ ➡ (X)

18 ③ 정답률 49%

| 문제 유형 | 비판적 사고 > 판단하기 |
| 접근 전략 | 실험의 결과를 아래와 같이 정리하면 ㉠에 대한 판단의 정오를 찾기가 수월하다. |

구분	A	B	C	D	E	F	G	H
구매 전	×	×	광고	광고	할인	할인	광고/할인	광고/할인
사후	○	×	○	×	○	×	○	×
구매율	d	d	c	c	b	b	b	b
만족도	c	d	b	c	b	b	a	b

※ a > b > c > d

다음 글의 ㉠에 대한 판단으로 적절한 것만을 〈보기〉에서 모두 고르면?

　어떤 회사가 소비자들을 A부터 H까지 8개의 동질적인 집단으로 나누어, 이들을 대상으로 마케팅 활동의 효과를 살펴보는 실험을 하였다. 마케팅 활동은 구매 전 활동과 구매 후 활동으로 구성되는데, 구매 전 활동에는 광고와 할인 두 가지가 있고 구매 후 활동은 사후 서비스 한 가지뿐이다. 구매 전 활동이 끝난 뒤 구매율을 평가하고, 구매 후 활동까지 모두 마친 뒤 구매 전과 구매 후의 마케팅 활동을 종합하여 마케팅 만족도를 평가하였다. 구매율과 마케팅 만족도는 모두 a, b, c, d로 평가하였는데, a가 가장 높고 d로 갈수록 낮다. 이 회사가 수행한 ㉠ 실험의 결과는 다음과 같다.

○ A와 B를 대상으로는 구매 전 활동을 실시하지 않았는데 구매율은 d였다. 이 중 A에 대해서는 사후 서비스를 하였고 B에 대해서는 하지 않았는데, 마케팅 만족도는 각각 c와 d였다.
○ C와 D를 대상으로 구매 전 활동 중 광고만 하였더니 구매율은 c였다. 이 중 C에 대해서는 사후 서비스를 하였고 D에 대해서는 하지 않았는데, 마케팅 만족도는 각각 b와 c였다.
○ E와 F를 대상으로 구매 전 활동 중 할인 기회만 제공하였더니 구매율은 b였다. 이 중 E에 대해서는 사후 서비스를 하였고 F에 대해서는 하지 않았는데, 마케팅 만족도는 모두 b였다.
○ G와 H를 대상으로 구매 전 활동으로 광고와 함께 할인 기회를 제공하였더니 구매율은 b였다. 이 중 G에 대해서는 사후 서비스를 하였고 H에 대해서는 하지 않았는데, 마케팅 만족도는 각각 a와 b였다.

〈보기〉

ㄱ. 할인 기회를 제공한 경우가 제공하지 않은 경우보다 구매율이 높다. → (O) 할인 기회가 제공된 E, F, G, H가 제공되지 않은 A, B, C, D보다 구매율이 더 높은 것을 접근 전략에 정리한 표를 통해 알 수 있다.
ㄴ. 광고를 할 때, 사후 서비스를 한 경우가 하지 않은 경우보다 마케팅 만족도가 낮지 않다. → (O) 광고와 사후 서비스를 모두 한 경우는 C, G이며 광고만 하고 사후 서비스를 하지 않은 경우는 D, H이다. C, G의 마케팅 만족도는 b, a이며, D, H는 c, b이므로 동일한 만족도인 b가 있어 어느 쪽의 마케팅 만족도가 다른 한쪽보다 낮다고 말할 수 없다.
ㄷ. 사후 서비스를 하지 않을 때, 광고를 한 경우가 하지 않은 경우보다 마케팅 만족도가 높다. → (X) D와 F를 비교하면 광고를 하지 않고 할인한 경우의 마케팅 만족도가 더 높으므로 ㄷ의 내용은 적절하지 않다.

① ㄱ ➡ (X)
② ㄷ ➡ (X)
③ ㄱ, ㄴ ➡ (O)
④ ㄴ, ㄷ ➡ (X)
⑤ ㄱ, ㄴ, ㄷ ➡ (X)

S 19 ⑤ TOP1 정답률 24%

| 문제 유형 | 사실적 이해 > 논리 게임 |
| 접근 전략 | 'A ⊂ B'라는 진술 U의 참과 거짓을 판단할 때, A가 공집합이라면 U가 참인지 거짓인지를 판단하는 것과 관련된 진술들의 정오를 판단하는 문제 유형이다. 형식 논리적으로 옳은지를 기준으로 판단해야 한다. |

다음 글의 갑~병의 견해에 대한 분석으로 적절한 것만을 〈보기〉에서 모두 고르면?

　우리는 'A라는 성질을 가진 대상이 모두 B라는 성질을 가진다.'고 주장할 때 'A는 모두 B이다.'라는 형식의 진술 U를 사용한다. A라는 성질을 가진 대상이 존재할 때, U는 언제 참이고 언제 거짓인지에 대한 어떤 의견 차이도 없다. 즉 A라는 성질을 가진 대상이 존재할 때, 그 대상들이 모두 B라는 성질을 가진다면 U는 참이고, 그 대상들 중 B라는 성질을 가지지 않는 대상이 있다면 U는 거짓이다. 하지만 A라는 성질을 가진 대상이 존재하지 않을 때, U가 언제 참이고 언제 거짓인지를 둘러싸고 여러 견해가 있다.

갑: U는 'A이면서 B가 아닌 대상은 하나도 없다.'는 주장으로 이해해야 한다. 만약 A인 대상이 존재하지 않는다면, A이면서 B가 아닌 대상은 당연히 존재하지 않는다. 따라서 A인 대상이 존재하지 않는 경우, U는 참이다.
을: U에는 'A이면서 B가 아닌 대상은 하나도 없다.'는 주장과 더불어 'A인 대상이 존재한다.'는 주장까지 담겨 있다. 그러므로 A인 대상이 존재하지 않는다면, 후자의 주장이 거짓이 되므로 U 역시 거짓이다.
병: A인 대상이 존재하지 않는다는 사실만 갖고 U가 참이라거나 거짓이라고 말해서는 안 된다. 오히려 A인 대상이 존재해야 한다는 것은 U를 참이나 거짓으로 판단하기 위해 먼저 성립해야 할 조건이다. 그러므로 A인 대상이 존재하지 않는다면, 이 조건을 충족하지 못한 것이므로 U는 참도 거짓도 아니다.

〈보기〉

ㄱ. 갑과 을은 'A인 대상이 존재하지만 B인 대상이 존재하지 않는다면, U는 거짓이다.'라는 것에 동의한다. → (O) '갑'과 '을'은 A가 반드시 존재해야 하는지에 대해서만 의견이 나뉜다. 따라서 B가 존재하지 않는 경우에는 진술 U가 거짓이라는 것에 동의한다.
ㄴ. 을과 병은 'U가 참이라면, A인 대상이 존재한다.'는 것에 동의한다. → (O) '을'과 '병'은 진술 U가 참이라면 A는 반드시 존재해야 함을 전제하고 있다는 점에서 공통되므로 적절한 진술이다.
ㄷ. 갑과 병은 'U가 거짓이라면, A인 대상이 존재한다.'는 것에 동의한다. → (O) '갑'과 '병'은 U가 거짓이라면 A는 반드시 존재해야 함을 전제하고 있다는 점에서 공통되므로 적절한 진술이다.

① ㄱ ➡ (X)
② ㄷ ➡ (X)
③ ㄱ, ㄴ ➡ (X)
④ ㄴ, ㄷ ➡ (X)
⑤ ㄱ, ㄴ, ㄷ ➡ (O)

20 ②   정답률 55.7%

| 문제 유형 | 비판적 사고 > 유사한 내용·사례 찾기
| 접근 전략 | 귀납논증의 종류로서 보편적 일반화, 통계적 일반화, 통계적 삼단논법, 유비추론을 각각 병렬적으로 설명하고 있다. 주어진 선지가 각 개념의 요건에 해당하는지를 판단하는 방식으로 해결한다.

다음 글의 내용을 적용한 것으로 가장 적절한 것은?

연역논증은 전제를 통해 결론이 참이라는 사실을 100% 보장하려는 논증인데, 이 가운데 결론의 참을 100% 보장하는 논증을 '타당한 논증'이라 한다. 반면 귀납논증은 전제를 통해 결론을 개연적으로 뒷받침하려는 논증이다. 귀납논증 중에는 뒷받침하는 정도가 강한 것도 있고 약한 것도 있다. 귀납논증은 형식의 측면에서도 여러 가지로 분류될 수 있는데, 이 중 우리가 자주 쓰는 귀납논증은 다음과 같은 것이다.

○ 보편적 일반화: 유형 I에 속하는 n개의 개체를 조사해 보니 이들 모두에서 속성 P를 발견하였다. 따라서 유형 I에 속하는 모든 개체들은 속성 P를 가질 것이다.

○ 통계적 일반화: 유형 I에 속하는 n개의 개체를 조사해 보니 이들 가운데 m개에서 속성 P를 발견하였다. 따라서 유형 I에 속하는 모든 개체 중 m/n이 속성 P를 가질 것이다. 단, m/n은 0보다 크고 1보다 작다.

○ 통계적 삼단논법: 유형 I에 속하는 개체 중 m/n에서 속성 P를 발견하였다. 개체 a는 유형 I에 속한다. 따라서 개체 a는 속성 P를 가질 것이다. 단, m/n은 0보다 크고 1보다 작다.

○ 유비추론: 유형 I에 속하는 개체 a가 속성 P_1, P_2, P_3을 갖고, 유형 II에 속하는 개체 $β$도 똑같이 속성 P_1, P_2, P_3을 갖는다. 개체 a가 속성 P_4를 가진다는 사실이 발견되었다. 따라서 개체 $β$는 속성 P_4를 가질 것이다.

① '우리나라 공무원 중 여행과 음악을 모두 좋아하는 이들의 비율은 전체의 80%를 넘지 않는다. 따라서 우리나라 공무원 중 여행을 좋아하는 이들의 비율은 전체의 80%를 넘지 않을 것이다.'는 타당한 논증으로 분류된다. ➡ (X) 여행만을 좋아하는 사람이 계산되지 않았으므로 여행을 좋아하는 사람들의 비율이 80%를 넘지 않는다고 말할 수 없다.

② '우리나라 전체 공무원 중 100명을 조사해 보니 이들은 업무의 70% 이상을 효과적으로 수행하고 있다. 따라서 우리나라 전체 공무원들은 업무의 70% 이상을 효과적으로 수행하고 있을 것이다.'는 보편적 일반화로 분류된다. ➡ (O) 보편적 일반화는 일부 개체에서 발견된 속성이 모든 개체에게 적용될 것이라는 개념이다. ②에서는 전체 공무원 중 일부가 업무의 70% 이상을 효과적으로 수행하고 있다고 하였고 따라서 공무원 모두가 이러한 속성을 가질 것으로 보고 있으므로 보편적 일반화에 해당한다.

③ '우리나라 공무원 중 30%가 운동을 좋아한다. 따라서 우리나라 20대 공무원 중 30%는 운동을 좋아할 것이다.'는 통계적 일반화로 분류된다. ➡ (X) 우리나라 공무원(전체) 중 30%가 운동을 좋아한다고 해서 20대 공무원(일부 집단) 중 30%가 운동을 좋아한다는 결론을 내리는 것은 통계적 일반화라 볼 수 없다.

④ '해외연수를 다녀온 공무원의 95%가 정부 정책을 지지한다. 공무원 갑은 정부 정책을 지지하고 있다. 따라서 갑은 해외연수를 다녀왔을 것이다.'는 통계적 삼단논법으로 분류된다. ➡ (X) '정부 정책을 지지한다'는 것을 유형 I에 속하는 개체로 보기 어려우므로 통계적 삼단논법이라 볼 수 없다.

⑤ '임신과 출산으로 태어난 을과 그를 복제하여 만든 병은 유전자와 신경 구조가 똑같다. 따라서 을과 병은 둘 다 80세 이상 살 것이다.'는 유비추론으로 분류된다. ➡ (X) 복제해서 만들었다 하여 모든 속성이 같다고 보기 힘들다는 점에서 유비추론으로 분류할 수 없다. 또한 '80세 이상 살 것'이라는 속성은 을과 병의 속성이 아니라는 점에서 이 속성이 을과 병 모두에게 나타날 것이라고 추론하는 것을 유비추론으로 볼 수 없다.

21 ③   정답률 85.7%

| 문제 유형 | 비판적 사고 > 논지 강화·약화하기
| 접근 전략 | 자극 X가 뇌에 미치는 영향을 밝히기 위해 자극 X를 가한 A 그룹의 쥐와 자극 X를 가하지 않은 B 그룹의 쥐의 차이를 비교하고 있다. 각각의 대조가 되는 지점을 파악하여 <보기>의 내용 중 실험 결과가 강화하는 것을 판단한다.

다음 글의 실험 결과가 강화하는 것만을 <보기>에서 모두 고르면?

한 연구진은 자극 X가 뇌에 미치는 영향을 밝히기 위해 실험을 수행하였다. 그들은 자극 X가 있는 환경에서 성장한 동물과 자극 X가 없는 환경에서 성장한 동물을 비교했을 때 뇌에 차이가 있을 것이라고 추측했다. ▶1문단

실험을 위해 동일한 조건의 연구용 쥐 100마리를 절반씩 나누어 각각 A와 B 그룹으로 배정하였다. A 그룹의 쥐는 자극 X에 노출된 반면, B 그룹의 쥐는 자극 X에 노출되지 않았다. 자극 X를 제외한 다른 조건은 두 그룹에서 동일하였다. 일정 기간이 지나고 두 그룹 쥐의 뇌에 대해서 부위별로 무게 측정과 화학 분석이 이루어졌다. 그 결과 A 그룹의 쥐는 B 그룹의 쥐와 다른 점을 보여주었다. ▶2문단

두 그룹에서 나타난 가장 두드러진 차이점은 전체 뇌 무게에 대한 대뇌피질의 무게 비율이었다. 대뇌피질은 경험에 반응하고 운동, 기억, 학습, 감각적 입력을 관장하는 뇌의 한 부위이다. A 그룹 쥐의 대뇌피질은 B 그룹 쥐의 대뇌피질보다 더 무겁고 더 치밀했지만, 뇌의 나머지 부위의 무게에는 차이가 없었다. ▶3문단

또한 B 그룹의 쥐의 뇌보다 A 그룹의 쥐의 뇌에서는 크기가 큰 신경세포뿐만 아니라 신경교세포도 더 많이 발견되었다. 신경교세포는 뇌의 신경세포를 성장시켜 크기를 키우는 역할을 하는 세포이다. 세포의 DNA에 대한 RNA의 비율은 세포가 성장하지 않을 때보다 세포가 성장하여 크기가 커질 때 높아진다. 두 그룹의 쥐의 뇌를 분석한 결과, DNA에 대한 RNA의 비율이 높아진 뇌 신경세포가 B 그룹보다 A 그룹에 더 많이 있다는 사실이 확인되었다. A 그룹의 쥐의 뇌에서는 신경전달물질 a가 더 많이 분비되었는데, 신경전달물질 a의 양은 A 그룹 쥐의 뇌보다 B 그룹 쥐의 뇌에서 약 30% 이상 더 적은 것으로 확인되었다. ▶4문단

─〈보기〉─

ㄱ. 자극 X가 있으면 없을 때보다 신경교세포의 수와 신경전달물질의 분비량이 많아진다. → (O) 4문단에 따르면 A 그룹 쥐의 뇌에서 신경교세포가 더 많이 발견되고 신경전달물질 a가 더 많이 분비되었으므로, 실험 결과가 강화하는 이론이다.

ㄴ. 자극 X가 있으면 없을 때보다 전체 뇌 무게에 대한 대뇌피질의 무게 비율이 높아지고 대뇌피질이 촘촘해진다. → (O) 3문단에서 A 그룹 쥐의 대뇌피질이 더 무겁고 더 치밀하다고 했으므로, 실험 결과가 강화하는 이론이다.

ㄷ. 자극 X가 없으면 있을 때보다 뇌 신경세포의 크기와 수가 늘어난다. → (X) 4문단에 따르면 A 그룹 쥐의 뇌에서 신경교세포가 더 많이 발견되었으며, 신경교세포는 뇌의 신경세포를 성장시켜 크기를 키우는 역할을 한다고 하였다. 따라서 자극 X가 없을 때 뇌 신경세포의 크기가 더 커진다고 한 것은 지문에 제시된 실험 결과에 배치되는 내용으로 ㄷ은 적절하지 않다.

① ㄱ ➡ (X)
② ㄷ ➡ (X)
③ ㄱ, ㄴ ➡ (O)
④ ㄴ, ㄷ ➡ (X)
⑤ ㄱ, ㄴ, ㄷ ➡ (X)

22 ① 정답률 81.4%

| 문제 유형 | 비판적 사고 > 논지 강화·약화하기
| 접근 전략 | 사카린과 암의 상관관계에 대한 연구가 사카린 과다 투여의 방식으로 진행된 이유에 대하여 논증하고 있는 지문이다. 주장의 근거로 지문에 제시된 내용에 부합하는 적절한 〈보기〉를 찾아야 한다.

다음 글의 ㉠을 강화하는 것만을 〈보기〉에서 모두 고르면?

1977년 캐나다의 실험에서 연구진은 인공 조미료 사카린이 인간에게 암을 일으킬 수 있는지를 밝히려고 약 200마리의 쥐를 사용해 실험했다. 실험 결과가 발표되자 그 활용의 타당성에 관해 비판이 제기되었다. 투여된 사카린의 양이 쥐가 먹는 음식의 5%로 너무 많다는 것이었다. 인간에게 그 양은 음료수 800병에 함유된 사카린 양인데, 누가 하루에 음료수를 800병이나 마시겠느냐는 비판이었다.

일리가 없는 말은 아니지만 ㉠이것은 합당한 비판이 아니다. 물론 인간에게 적용할 실험 결과를 얻으려면 인간이 사카린에 노출되는 상황을 그대로 재현하여 실험하는 것이 바람직하다. 그러나 일상적인 환경에서 대개의 발암물질은 유효성이 아주 낮아서 수천 명 중 한 명 정도의 비율로만 그 효과를 확인할 수 있다. 발암물질의 유효성은 몸에 해당 물질을 받아들인 개체들 가운데 암에 걸리는 개체의 비율에 의존하는데, 이 비율이 낮을수록 발암물질의 유효성이 낮아진다. 물론 발암물질의 유효성이 낮아도 그 피해는 클 수 있다. 예를 들어 유효성이 매우 낮은 경우라도, 관련 모집단이 수천만 명이라면 그로 인해 암에 걸리는 사람은 수만 명에 이를 수 있다. 이런 상황에서 발암물질의 효과를 확인하려는 동물 실험은 최소한 수만 마리의 쥐를 이용한 실험을 해야 유의미한 결과를 얻을 수 있다. 하지만 그렇게 많은 쥐를 이용해서 실험하는 것은 불가능하다.

이럴 때 택하는 전형적인 전략은 실험 대상의 수를 줄이고 발암물질의 투여량을 늘리는 것이다. 예를 들어 어떤 발암물질을 통상적인 수준에서 투여한다면 200마리의 쥐 가운데 암이 발생한 것은 거의 없을 것이다. 하지만 그 발암물질을 전체 음식의 5%로 늘리게 되면 200마리의 쥐 가운데에서도 암이 발생한 쥐의 수는 제법 늘어나게 될 것이다. 이렇게 발암물질의 투여량을 늘리면 실험 대상의 수를 줄이더라도 유의미한 실험 결과를 확보할 수 있는 것이다. 결국 사카린과 암 사이의 인과관계를 밝히려 한 1977년 실험과 그 활용의 타당성에 근본적인 잘못이 있다고 할 수 없다.

〈보기〉

ㄱ. 인간이든 쥐든 암이 발생하는 사례의 수는 발암물질의 섭취량에 비례한다. → (O) 쥐에서 유의미한 실험 결과를 얻기 위해서는 발암물질의 투여량을 늘려야 한다는 지문의 내용은 쥐의 사례가 인간에게 적용될 수 있음을 전제하고 있다. 따라서 ㄱ은 실험의 타당성을 강화하는 내용이 될 수 있다.

ㄴ. 쥐에게 다량 투입하였을 때 암을 일으킨 물질 중에는 인간에게 발암물질이 아닌 것이 있다. → (X) ㄴ은 쥐와 인간이 유사할 것이라는 전제에 대한 반례가 되므로 ㉠을 약화시킨다.

ㄷ. 발암물질의 유효성이 클수록 더 많은 수의 실험 대상을 확보해야 유의미한 실험 결과를 얻을 수 있다. → (X) ㄷ은 실험 대상 수를 많이 확보하기 어려운 경우 투여량을 늘림으로써 비슷한 결과를 얻을 수 있다는 지문의 내용을 반박하는 것이므로 ㉠을 약화시킨다.

① ㄱ ➡ (O)
② ㄷ ➡ (X)
③ ㄱ, ㄴ ➡ (X)
④ ㄴ, ㄷ ➡ (X)
⑤ ㄱ, ㄴ, ㄷ ➡ (X)

23 ① 정답률 58.8%

| 문제 유형 | 비판적 사고 > 판단하기
| 접근 전략 | A는 종 차별주의의 입장. B는 종 차별주의를 거부하더라도 의식이 없는 생물에 대한 차별적 대우는 가능하다는 입장. C는 종 평등주의의 입장이다. 각각의 입장에 대한 정확한 이해를 기반으로 〈보기〉의 적절성을 판단한다.

다음 논쟁을 분석한 것으로 적절한 것만을 〈보기〉에서 모두 고르면?

A: 종 차별주의란 인간 종이 다른 생물 종과 생김새가 다르다는 이유만으로 특별한 대우를 받아야 한다는 주장이다. 이런 종 차별주의가 옳지 않다는 주장은 모든 종을 동등하게 대우해야 한다는 종 평등주의가 옳다는 말과 같다. 하지만 종 평등주의는 너무나 비상식적인 견해이다.

B: 종 차별주의를 거부하는 것과 종 평등주의를 받아들이는 것은 별개다. 모든 생명체를 동등하게 대우해야 한다는 종 평등주의는 이웃 사람을 죽이는 것이 그른 만큼 양배추를 뽑아 버리는 것도 그르다는 것을 암시한다. 그러나 양배추는 신경계와 뇌가 없으므로 어떠한 경험을 할 수도 어떠한 의식을 가질 수도 없다. 그런 양배추를 뽑아 버리는 것이, 의식을 가지고 높은 수준의 경험을 누리는 이웃 사람을 죽이는 행위와 같을 수 없다. 종 차별주의에 대한 거부는 생김새가 아닌 의식에 의한 차별적 대우를 부정하지 않는다.

C: 의식에 의한 차별이 정당하다는 주장이 옳다면, 각 인간이 가진 가치도 달라야 한다. 왜냐하면 인간마다 의식적 경험의 정도가 다르기 때문이다. 그러나 모든 인간이 동일한 존엄성과 무한한 생명 가치를 가진다는 것은 거부할 수 없는 윤리의 대전제이다. 따라서 의식을 이용하여 종 사이의 차별을 정당화한다면 이런 윤리의 대전제를 부정할 수밖에 없다.

〈보기〉

ㄱ. A는 종 차별주의와 종 평등주의가 서로 모순된다고 보지만 B는 그렇지 않다. → (O) A는 종 차별주의와 종 평등주의를 모순관계로 보는 반면, B는 모순관계로 보지 않는다는 점에서 ㄱ은 적절하다.

ㄴ. B와 C는 모든 인간이 동일한 존엄성과 무한한 생명 가치를 가진다는 견해에 동의한다. → (X) B는 인간 중에서도 의식을 가지지 못하는 인간에 대해서는 존엄성과 생명 가치가 동일하지 않다는 해석이 가능하므로, B와 C가 모든 인간이 동일한 존엄성과 무한한 생명 가치를 가진다는 데에 동의한다는 설명은 적절하지 않다.

ㄷ. C는 인간과 인간이 아닌 것 사이의 차별적 대우를 정당화하는 근거가 있다는 것에 동의하지만, A는 그렇지 않다. → (X) C는 "그러나 모든 인간이 동일한 존엄성과 무한한 생명 가치를 가진다는 것은 거부할 수 없는 윤리의 대전제이다. 따라서 의식을 이용하여 종 사이의 차별성을 정당화한다면 이런 윤리의 대전제를 부정할 수밖에 없다"라고 하였다. 따라서 C가 인간과 인간이 아닌 것 사이의 차별을 인정한다고 보기 어려우므로 ㄷ은 적절하지 않다.

① ㄱ ➡ (O)
② ㄴ ➡ (X)
③ ㄱ, ㄷ ➡ (X)
④ ㄴ, ㄷ ➡ (X)
⑤ ㄱ, ㄴ, ㄷ ➡ (X)

24 ④ 정답률 67.4%

| 문제 유형 | 비판적 사고 > 판단하기
| 접근 전략 | 법학적성시험 추리논증 문항에서 많이 출제되는 법학논증 유형 문항이다. 이러한 문항은 지문의 요건에 맞게 법률을 해석하고 적용하거나 그 요건에 맞춰 법률의 내용을 수정하는 형태로 출제된다. 먼저 지문에 제시된 법률의 요건을 명확히 파악해야 한다.

다음 글의 ㉠의 내용으로 가장 적절한 것은?

2020년 7월 2일이 출산 예정일이었던 갑은 2020년 6월 28일 아이를 출산하여, 2020년 7월 10일에 ○○구 건강관리센터 산모·신생아 건강관리 서비스를 신청하였다. 2020년 1월 1일에 ○○구에 주민등록이 된 이후 갑은 주민등록지를 변경하지 않았으며, 실제로 ○○구에 거주하였다. 갑의 신청을 검토한 ○○구는 「○○구 산모·신생아 건강관리 지원에 관한 조례」(이하 "조례"라 한다)와 「○○구 건강관리센터 운영규정」(이하 "운영규정"이라 한다)이 불일치한다는 문제를 발견하였다. 이에 ㉠ 운영규정과 조례 중 무엇도 위반하지 않고 갑이 30만 원 이하의 본인 부담금만으로 해당 서비스를 이용할 수 있도록 조례 또는 운영규정을 일부 개정하였다.

「○○구 산모·신생아 건강관리 지원에 관한 조례」
제8조(산모·신생아 건강관리 지원) ① 구청장은 출산 예정일 또는 출산일을 기준으로 6개월 전부터 계속하여 ○○구에 주민등록을 두고 있는 산모와 출산 예정일 또는 출산일을 기준으로 1년 전부터 계속하여 ○○구를 국내 체류지로 하여 외국인 등록을 하고 ○○구에 체류하는 외국인 산모에게 산모·신생아 건강관리 서비스를 제공할 수 있다.
② 구청장은 제1항에 따른 서비스의 본인 부담금을 이용금액 기준에 따라 30만 원 한도 내에서 서비스 수급자에게 부과할 수 있다.

「○○구 건강관리센터 운영규정」
제21조(산모·신생아 건강관리 지원) ① 다음 각 호의 어느 하나에 해당하는 사람은 산모·신생아 건강관리 서비스를 이용할 수 있다.
1. 출산일을 기준으로 6개월 전부터 계속하여 ○○구에 주민등록을 두고 실제로 ○○구에 거주하고 있는 산모
2. 출산일을 기준으로 6개월 전부터 ○○구를 국내 체류지로 하여 외국인 등록을 하고 실제로 ○○구에 체류하고 있는 외국인 산모
② 제1항에 따른 서비스를 이용하는 경우 서비스 수급자에게 본인 부담금이 부과될 수 있다. 그 산정은 「○○구 산모·신생아 건강관리 지원에 관한 조례」의 기준에 따른다.

① 운영규정 제21조 제3항과 조례 제8조 제3항으로 '신청일은 출산일 기준 10일을 경과할 수 없다.'를 신설한다. ➡ (X)
② 운영규정 제21조 제1항의 '실제로 ○○구에 거주하고'와 '실제로 ○○구에 체류하고'를 삭제한다. ➡ (X)
③ 운영규정 제21조 제2항의 '본인 부담금'을 '30만 원 이하의 본인 부담금'으로 개정한다. ➡ (X)
④ 운영규정 제21조 제1항의 '출산일'을 모두 '출산 예정일 또는 출산일'로 개정한다. ➡ (O) 조례에는 '출산 예정일 또는 출산일'로 규정되어 있으나 운영규정에는 '출산일'만 규정되어 있어 둘 사이의 불일치가 발생하였다. 이에 '갑'이 해당 조례와 운영규정에 모두 부합하게 서비스를 받을 수 있도록 하려면 운영규정의 내용을 조례에 맞추어 '출산 예정일 또는 출산일'로 개정하여야 한다.
⑤ 조례 제8조 제1항의 '1년'을 '6개월'로 개정한다. ➡ (X)

25 ② 정답률 67.4%

| 문제 유형 | 비판적 사고 > 판단하기
| 접근 전략 | 「보험업법」상 손해사정사를 두어야 하는 기준에 대하여 쟁점 1과 쟁점 2에서 '갑'과 '을'이 「보험업법」의 내용을 위반한 것인지에 대한 견해로 대립하고 있다. 전형적인 법률 삼단논법과 법학적 해석이 적용되는 사례로서 법률의 요건에 쟁점이 해당되는지를 판단하여 <보기>에 대한 적절성을 판단한다.

다음 글의 <논쟁>에 대한 분석으로 적절한 것만을 <보기>에서 모두 고르면?

갑과 을은 M국의 손해사정을 업으로 하는 법인 A, B의 「보험업법」 위반 여부에 대해 논쟁하고 있다. 이 논쟁은 「보험업법」의 일부 규정 속 손해사정사가 상근인지 여부, 그리고 각 법인의 손해사정사가 상근인지 여부가 불분명함에서 비롯되었다. 해당 법의 일부 조항은 다음과 같다.

「보험업법」
제○○조(손해사정업의 영업기준) ① 손해사정을 업으로 하려는 법인은 2명 이상의 상근 손해사정사를 두어야 한다. 이 경우 총리령으로 정하는 손해사정사의 구분에 따라 수행할 업무의 종류별로 1명 이상의 상근 손해사정사를 두어야 한다.
② 제1항에 따른 법인이 지점 또는 사무소를 설치하려는 경우에는 각 지점 또는 사무소별로 총리령으로 정하는 손해사정사의 구분에 따라 수행할 업무의 종류별로 1명 이상의 손해사정사를 두어야 한다.

<논쟁>
쟁점 1: 법인 A는 총리령으로 정하는 손해사정사의 구분에 따른 업무의 종류가 4개이고 각 종류마다 2명의 손해사정사를 두고 있는데, 갑은 법인 A가 「보험업법」 제○○조 제1항을 어기고 있다고 주장하지만 을은 그렇지 않다고 주장한다.
쟁점 2: 법인 B의 지점 및 사무소 각각은 총리령으로 정하는 손해사정사의 구분에 따른 업무의 종류가 2개씩이고 각 종류마다 1명의 손해사정사를 두고 있는데, 갑은 법인 B가 「보험업법」 제○○조 제2항을 어기고 있다고 주장하지만 을은 그렇지 않다고 주장한다.

<보기>
ㄱ. 쟁점 1과 관련하여, 법인 A에는 비상근 손해사정사가 2명 근무하고 있지만 이들이 수행하는 업무의 종류가 다르다는 사실이 밝혀진다면 갑의 주장은 옳지만 을의 주장은 옳지 않다. → (X) 쟁점 1에 따르면 법인 A에는 총 8명의 손해사정사가 근무하고 있다. 그런데 그중 2명이 비상근이고 각기 다른 업무를 수행하고 있다면 나머지 6명은 상근이고 모든 업무마다 상근이 1명 이상 있으므로 법인 A는 「보험업법」을 위반하지 않았다. 따라서 '갑'의 주장은 옳지 않고 '을'의 주장이 옳다.
ㄴ. 쟁점 2와 관련하여, 법인 B의 지점에 근무하는 손해사정사가 비상근일 경우에, 갑은 제○○조 제2항의 '손해사정사'가 반드시 상근이어야 한다고 생각하지만 을은 비상근이어도 무방하다고 생각한다는 사실은 법인 B에 대한 갑과 을 사이의 주장 불일치를 설명할 수 있다. → (O) 현재 법인 B는 「보험업법」 제○○조 제2항의 문언에 맞게 손해사정사를 고용하고 있다. 그러나 이들 손해사정사가 비상근일 경우 「보험업법」 제○○조 제2항의 손해사정사를 상근으로 해석하느냐, 비상근으로 해석하느냐에 따라 법인 B가 해당 조항을 위배하는지 여부에 대한 판단이 달라질 수 있다는 점에서 ㄴ은 적절한 설명이다.
ㄷ. 법인 A 및 그 지점 또는 사무소에 근무하는 손해사정사와 법인 B 및 그 지점 또는 사무소에 근무하는 손해사정사가 모두 상근이라면, 을의 주장은 쟁점 1과 쟁점 2 모두에서 옳지 않다. → (X) 법인 A와 B의 손해사정사가 모두 상근이라면 쟁점 1과 쟁점 2 모두에서 을의 주장은 옳다.

① ㄱ ➡ (X)
② ㄴ ➡ (O)
③ ㄱ, ㄷ ➡ (X)
④ ㄴ, ㄷ ➡ (X)
⑤ ㄱ, ㄴ, ㄷ ➡ (X)

2020 | 제2영역 자료해석

기출 총평

처음으로 시행되는 국가공무원 7급 PSAT 필기시험을 대비하기 위해 시행된 모의고사이다. 자료해석 영역의 출제 비중은 5급 공채 PSAT, 민경채 PSAT과 유사하였으며 난이도는 민경채 PSAT 자료해석보다는 5급 공채 PSAT 자료해석에 가까웠다. 5급 공채 PSAT처럼 계산이 복잡하거나 자료 길이가 아주 길지는 않았으나, 문제와 계산방법을 올바르게 파악해야 하는 문제들이 다수 출제되었다. 이러한 문제를 빨리 해결할 수 있도록 각주에 주어진 수식을 변형하여 적절한 수치를 계산하는 연습과 어림셈으로 계산하는 연습이 필요하다. 〈그림〉 제시형 문제에서는 X축과 Y축을 모두 파악해야 하는 점 그래프, 13번과 같은 새로운 형태의 〈그림〉, 22번의 공정도가 출제되었다. 실제 2021년도 7급 PSAT 자료해석에서도 공정도와 인포그래픽이 출제된 것으로 보아 앞으로 다양한 형태의 〈그림〉을 파악해 해결하는 문제들이 다수 출제될 것으로 예상된다. 이외의 유형들은 5급 공채 PSAT, 민경채 PSAT의 출제 경향에 크게 벗어나지 않으므로 유형별로 접근 전략을 익혀두면 7급 PSAT을 공략할 수 있을 것이다.

문항 분석

문번	정답	정답률	유형
01	⑤	93.8%	자료 변환응용 > 자료/보고서 전환형
02	①	98.7%	자료 읽기 > 표/빈칸 제시형
03	①	86.3%	자료 읽기 > 표 제시형
04	⑤	71.3%	자료 읽기 > 표 제시형
05	④	91.3%	자료 읽기 > 표/그림 제시형
06	②	82.5%	자료 읽기/추론 > 계산형
07	③	50%	자료 변환응용 > 자료/보고서 전환형
08	②	73.8%	자료 읽기/추론 > 계산형
09	①	59%	자료 읽기 > 그림 제시형
10	③	67.5%	자료 변환응용 > 표/그림 전환형
11	④	58.4%	자료 읽기/추론 > 매칭형
12	③	83.1%	자료 읽기 > 그림 제시형
13	③	76.3%	자료 읽기 > 그림 제시형

문번	정답	정답률	유형
14	④	72.7%	자료 읽기 > 표/그림 제시형
15	①	39.2%	자료 읽기/추론 > 계산형
16	②	89.7%	자료 읽기 > 표/빈칸 제시형
17	⑤	43.8%	자료 읽기 > 표/빈칸 제시형
18	⑤	43.8%	자료 읽기 > 표/빈칸 제시형
19	⑤	36.6%	자료 읽기 > 표/빈칸 제시형
20	④	27.9%	자료 읽기 > 표 제시형
21	④	53.6%	자료 변환응용 > 자료/보고서 전환형
22	①	52.2%	자료 읽기/추론 > 매칭형
23	③	50.7%	자료 읽기/추론 > 계산형
24	③	54.3%	자료 추론 > 추가로 필요한 자료 찾기
25	②	20.9%	자료 읽기 > 표/빈칸 제시형

※ 음영 문항은 해당 회차에서 정답률이 가장 낮은 TOP 3 문항입니다.
※ 정답률 산정 기준: 약 1년간 누적된 자동채점 & 성적결과분석 서비스의 응시 데이터

출제 비중

기출문제편 P.241

01	⑤	02	①	03	①	04	⑤	05	④
06	②	07	③	08	②	09	①	10	③
11	④	12	③	13	③	14	④	15	①
16	②	17	⑤	18	⑤	19	⑤	20	④
21	④	22	①	23	③	24	③	25	②

01 ⑤   정답률 93.8%

| 문제 유형 | 자료 변환응용 > 자료/보고서 전환형
| 접근 전략 | 〈보고서〉의 내용과 일치하는 자료를 확인하는 문제이다. 〈보고서〉의 각 문장마다 사용된 자료들을 찾으면서 순차적으로 탐색하는 과정이 필요하다.

다음 〈보고서〉는 2019년 '갑'시의 5대 축제(A~E)에 관한 조사 결과이다. 이에 부합하지 않는 자료는?

〈보고서〉

'갑'시의 5대 축제를 분석·평가한 결과, 우수축제로 선정된 A 축제는 관람객 수, 인지도, 콘텐츠 영역에서 B 축제보다 높은 점수를 받았으나 경제적 효과 영역에서는 B 축제보다 낮은 점수를 받았다. 한편, 5대 축제의 관람객 만족도를 보면, 먹거리 만족도가 매년 떨어지고 있고 2019년에는 살거리 만족도도 2018년보다 낮아져 대책 마련이 시급하다는 평가도 있다. ▶1문단

설문조사에 따르면 축제 관련 정보 획득 매체는 연령대별로 차이를 보였다. 20대 이하와 30~40대는 각각 인터넷을 통해 정보를 획득한 관람객 수가 가장 많았다. 반면, 50대 이상은 현수막을 통해 정보를 획득한 관람객 수가 가장 많아 관람객의 연령대별 맞춤형 홍보 전략이 필요하다는 것을 보여준다. ▶2문단

축제로 인한 경제적 효과도 중요한 분석 대상이다. D 축제의 경우 취업자 수와 고용인 수 모두 가장 적지만, 고용인 1인당 취업자 수는 가장 많았다. 관람객 1인당 총지출액에서 숙박비의 비중이 가장 높은 축제는 C 축제이고 먹거리 비용의 비중이 가장 높은 축제는 E 축제이다. ▶3문단

① 5대 축제별 취업자 수와 고용인 수

➡ (O) 〈보고서〉 3문단의 "D 축제의 경우 취업자 수와 고용인 수 모두 가장 적지만, 고용인 1인당 취업자 수는 가장 많았다."라는 것은 ①의 자료에 부합한다. 취업자 및 고용인의 수는 바로 확인할 수 있지만 고용인 1인당 취업자 수는 계산이 필요하다. D 축제의 고용인 1인당 취업자 수는 3명이 넘지만, 나머지 축제들은 3명을 넘지 못한다.

② 5대 축제의 관람객 만족도

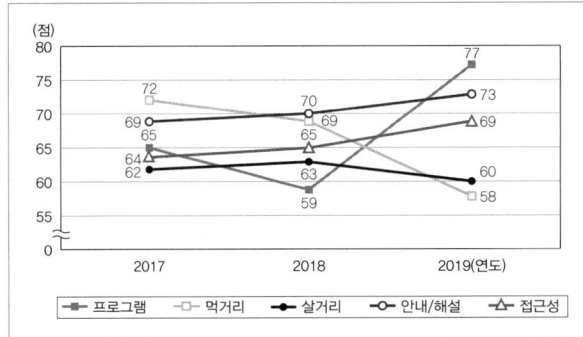

➡ (O) 〈보고서〉 1문단의 "5대 축제의 관람객 만족도를 보면, 먹거리 만족도가 매년 떨어지고 있고 2019년에는 살거리 만족도도 2018년보다 낮아져 대책 마련이 시급하다는 평가도 있다."라는 것은 ②의 자료와 비교한다. 대책 마련이 시급하다는 내용에 대한 자료는 찾을 수 없지만 이는 만족도를 바탕으로 분석한 내용임을 알 수 있다. 먹거리 만족도는 2017년부터 2019년까지 72점, 69점, 58점으로 지속적으로 떨어지고 있으며, 살거리 만족도 역시 2018년 63점에서 2019년 60점으로 낮아졌다.

③ 5대 축제별 관람객 1인당 지출액

(단위: 원)

축제 구분	A	B	C	D	E
숙박비	22,514	9,100	27,462	3,240	4,953
먹거리 비용	18,241	19,697	15,303	8,882	20,716
왕복 교통비	846	1,651	9,807	1,448	810
상품 구입비	17,659	4,094	6,340	3,340	411
기타	9	48	102	255	1,117
총지출액	59,269	34,590	59,014	17,165	28,007

➡ (O) 〈보고서〉 3문단의 "관람객 1인당 총지출액에서 숙박비의 비중이 가장 높은 축제는 C 축제이고 먹거리 비용의 비중이 가장 높은 축제는 E 축제이다."라는 것은 ③의 자료에 부합한다. 비중이란 총지출액에서 해당 항목이 차지하고 있는 만큼을 뜻하므로, 총지출액을 분모로 하여 계산해야 한다. 숙박비가 총지출액에서 차지하는 비중이 큰 것은 A와 C이다. 총지출액은 C가 A보다 적지만, 숙박비는 C가 A보다 더 많으므로 숙박비의 비중이 가장 높은 축제는 C 축제이다. 또한 먹거리의 비중이 50%가 넘는 것은 B, D, E이다. D는 B보다 총지출액은 더 적지만 먹거리 비용이 더 많으므로, E의 먹거리 비용의 비중이 더 높다. E의 총지출액은 D의 2배 미만이지만, 먹거리 비용은 2배 이상이므로 E의 먹거리 비용의 비중이 더 높다. 따라서 먹거리 비용의 비중이 가장 높은 축제는 E 축제이다.

④ A, B 축제의 영역별 평가점수

➡ (O) 〈보고서〉 1문단의 "A 축제는 관람객 수, 인지도, 콘텐츠 영역에서 B 축제보다 높은 점수를 받았으나 경제적 효과 영역에서는 B 축제보다 낮은 점수를 받았다."라는 것은 ④의 자료에 부합한다. 관람객 수(8점 > 5점), 인지도(13점 > 11점), 콘텐츠(20점 > 13점) 영역에서 A 축제의 점수가 B 축제의 점수보다 높다. 반면, 경제적 효과(11점 < 15점) 영역에서는 B 축제가 A 축제보다 높은 점수를 받았다.

⑤ 관람객의 연령대별 5대 축제 관련 정보 획득 매체
(단위: %)

매체 연령대	TV	인터넷	신문	현수막	기타
20대 이하	22.0	58.6	10.8	17.5	11.5
30~40대	25.4	35.0	16.5	18.0	9.0
50대 이상	35.0	20.2	21.0	29.5	8.0
전체	26.0	41.5	15.1	20.1	9.8

※ 중복응답 가능함

➡ (X) 〈보고서〉 2문단 "설문조사에 따르면 축제 관련 정보 획득 매체는 연령대별로 차이를 보였다. 20대 이하와 30~40대는 각각 인터넷을 통해 정보를 획득한 관람객 수가 가장 많았다. 반면, 50대 이상은 현수막을 통해 정보를 획득한 관람객 수가 가장 많아 관람객의 연령대별 맞춤형 홍보 전략이 필요하다는 것을 보여준다."라는 것은 ⑤의 자료와 관련 있다. 하지만 ⑤의 자료에 따르면 20대 이하와 30~40대는 인터넷을 통한 정보 획득이, 50대 이상은 TV를 통한 정보 획득이 가장 많은 비중을 차지한다. 따라서 이는 〈보고서〉의 내용에 부합하지 않는다.

02 ①
정답률 98.7%

| 문제 유형 | 자료 읽기 > 표/빈칸 제시형
| 접근 전략 | 주어진 〈조건〉을 통해 하나의 간편식으로 전체 간편식의 합을 표현할 수 있는 식을 도출해야 한다. 평균이 제시되어 있으므로 이를 이용하여 총합을 구하면 답을 구할 수 있다.

다음 〈표〉는 2019년 10월 첫 주 '갑' 편의점의 간편식 A~F의 판매량에 관한 자료이다. 〈표〉와 〈조건〉을 이용하여 간편식 B, E의 판매량을 바르게 나열한 것은?

〈표〉 간편식 A~F의 판매량
(단위: 개)

간편식	A	B	C	D	E	F	평균
판매량	95	( )	( )	( )	( )	43	70

〈조건〉
○ A와 C의 판매량은 같다.
○ B와 D의 판매량은 같다.
○ E의 판매량은 D보다 23개 적다.

　　B　　E
① 70　　47　➡ (O) 첫 번째 〈조건〉을 통해 C는 95(개)임을 알 수 있다. 두 번째 〈조건〉에서 B=D임을 확인한다. 세 번째 〈조건〉에서 E=D-23=B-23(개)임을 확인한다.

간편식	A	B	C	D	E	F	평균
판매량	95	B	95	B	B-23	43	70

평균이 70개임을 이용하여 계산식을 세운다.
A+B+C+D+E+F=70×6=420(개)
95+B+95+B+(B-23)+43=420(개)
3B=420-95-95+23-43=210(개)
따라서 B의 판매량은 70개, E의 판매량은 47개이다.

② 70　　57　➡ (X)
③ 83　　47　➡ (X)
④ 83　　60　➡ (X)
⑤ 85　　62　➡ (X)

03 ①
정답률 86.3%

| 문제 유형 | 자료 읽기 > 표 제시형
| 접근 전략 | 〈보기〉에서 먼저 구해야 하는 것과 나중에 구해야 하는 것을 구분한 후 내용을 확인하는 것이 풀이시간을 줄일 수 있는 방법이다.

다음 〈표〉는 2015~2019년 '갑'국의 가스사고 현황에 관한 자료이다. 이에 대한 〈보기〉의 설명 중 옳은 것만을 모두 고르면?

〈표 1〉 원인별 사고건수
(단위: 건)

연도 원인	2015	2016	2017	2018	2019
사용자 취급부주의	41	41	41	38	31
공급자 취급부주의	23	16	22	26	29
제품노후	4	12	19	12	18
고의사고	21	16	16	12	9
타공사	2	6	4	8	7
자연재해	12	9	5	3	3
시설미비	18	20	11	23	24
전체	121	120	118	122	121

〈표 2〉 사용처별 사고건수
(단위: 건)

연도 사용처	2015	2016	2017	2018	2019
주택	48	50	39	42	47
식품접객업소	21	10	27	14	20
특수허가업소	14	14	16	16	12
공급시설	3	7	5	5	6
차량	4	5	4	5	6
제1종 보호시설	3	8	6	8	5
공장	9	6	7	6	4
다중이용시설	0	0	0	0	1
야외	19	20	14	26	20
전체	121	120	118	122	121

〈보기〉
ㄱ. 2015년 대비 2019년 사고건수의 증가율은 '공급자 취급부주의'가 '시설미비'보다 작다. → (O) 〈표 1〉을 통해 2015년 대비 2019년 사고건수의 증가율을 구할 수 있다. '공급자 취급부주의'의 경우 $\frac{29-23}{23} \times 100 = \frac{6}{23} \times 100$이고, '시설미비'의 경우 $\frac{24-18}{18} \times 100 = \frac{6}{18} \times 100$이다. 분자는 같으나 분모는 '공급자 취급부주의'가 '시설미비'보다 더 크다. 따라서 '공급자 취급부주의'의 증가율이 '시설미비'의 증가율보다 작다.

ㄴ. '주택'과 '차량'의 연도별 사고건수 증감 방향은 같다. → (O) 〈표 2〉를 통해 구할 수 있다. '주택'의 각 연도별 증감 방향은 ╱╲╱╱이다. '차량'의 각 연도별 증감 방향 역시 ╱╲╱╱이다. 따라서 두 사용처의 연도별 사고건수 증감 방향은 일치한다.

ㄷ. 2016년에는 사고건수 기준 상위 2가지 원인에 의한 사고건수의 합이 나머지 원인에 의한 사고건수의 합보다 적다. → (X) ㄷ은 2016년 상위 2가지 원인에 의한 사고건수의 합이 전체 사고건수의 절반이 넘는지, 넘지 않는지를 묻는 내용이다. 2016년 사고건수 기준 상위 2가지 원인은 '사용자 취급부주의'(41건)와 '시설미비'(20건)이다. 두 가지 원인에 의한 사고건수의 합은 61건으로 원인별 전체 사고건수는 120건이므로 틀린 내용이다.

ㄹ. 전체 사고건수에서 '주택'이 차지하는 비중은 매년 35% 이상이다. → (X) ㄹ에서 '매년 35% 이상'이라고 하였으므로 '주택'이 가장 적게 차지하고 있는 연도의 비중이 35%를 넘는지 확인한다. 매년 전체 사고건수는 약 120건으로 유사하고, '주택'의 사고건수가 가장 적은 연도는 2017년(39건)이다. 2017년 '주택'이 차지하는 비중은 $\frac{39}{118} \times 100$으로 약 33%이다.

① ㄱ, ㄴ ➡ (O)
② ㄱ, ㄹ ➡ (X)
③ ㄴ, ㄷ ➡ (X)
④ ㄱ, ㄷ, ㄹ ➡ (X)
⑤ ㄴ, ㄷ, ㄹ ➡ (X)

04 ⑤   정답률 71.3%

|문제 유형| 자료 읽기 > 표 제시형

|접근 전략| 주어진 〈표〉가 복잡해 보이지만, 선지에서 요구하는 부분을 차근차근 따라가면 어렵지 않게 풀 수 있는 문제이다. 해양수질을 기준에 따라 정확하게 판단하는 것이 관건이다.

다음 〈표〉는 2015~2019년 A~D 지역의 해양수질, 해조류 군집 및 해양 저서동물 출현종수에 관한 자료이다. 이에 대한 설명으로 옳지 않은 것은?

〈표 1〉 A~D 지역의 해양수질
(단위: mg/L)

측정항목	지역 \ 연도	2015	2016	2017	2018	2019
용존 산소량 (DO)	A	8.22	8.13	7.95	8.40	7.60
	B	8.18	8.23	8.12	8.60	8.10
	C	10.20	8.06	8.73	8.10	8.50
	D	7.51	6.97	7.39	8.43	8.35
화학적 산소 요구량 (COD)	A	1.73	1.38	1.19	1.54	1.34
	B	1.38	1.40	1.26	1.47	1.54
	C	2.35	2.29	1.71	1.59	1.69
	D	0.96	0.82	0.70	1.30	1.59
총질소 (Total-N)	A	0.16	0.14	0.16	0.15	0.12
	B	0.16	0.13	0.20	0.15	0.12
	C	0.45	0.51	0.68	0.11	0.08
	D	0.20	0.06	0.05	0.57	0.07

※ 해양수질 등급은 아래 기준으로 판정함
• 1등급은 DO가 7.50mg/L 이상이고 COD는 1.00mg/L 이하이며 Total-N이 0.30mg/L 이하인 경우임
• 2등급은 1등급에 해당하지 않으면서 DO가 2.00mg/L 이상이고 COD는 2.00mg/L 이하이며 Total-N이 0.60mg/L 이하인 경우임
• 등급 외는 1, 2등급에 해당하지 않는 경우임

〈표 2〉 A~D 지역의 해조류 군집 및 해양 저서동물 출현종수
(단위: 개)

항목	지역 \ 연도	2015	2016	2017	2018	2019
해조류 군집 출현종수	A	108	77	46	48	48
	B	102	77	49	49	52
	C	26	27	28	29	27
	D	102	136	199	86	87
해양 저서동물 출현종수	A	147	79	126	134	153
	B	90	73	128	142	141
	C	112	34	58	85	102
	D	175	351	343	303	304

① 2015~2019년 A와 B 지역의 총질소(Total-N)의 연간 증감 방향은 매년 동일하다. ➡ (O) A지역과 B지역의 총질소의 연간 증감 방향은 ╲╱╲╲으로 동일하다.

② 2016년 B 지역은 해조류 군집 출현종수의 전년 대비 증감률이 해양 저서동물 출현종수의 전년 대비 증감률보다 크다. ➡ (O) 2016년 B지역의 해조류 군집 출현종수의 전년 대비 증감률은 $\frac{102-77}{102} \times 100 ≒ 24.5(\%)$이고, 해양 저서동물 출현종수의 전년 대비 증감률은 $\frac{90-73}{90} \times 100 ≒ 18.9(\%)$이다. 따라서 해조류 군집 출현종수의 증감률이 해양 저서동물 출현종수의 증감률보다 크다.

③ 2019년에는 해양 저서동물 출현종수가 가장 많은 지역이 총질소(Total-N)가 가장 낮다. ➡ (O) 2019년 해양 저서동물 출현종수가 가장 많은 지역은 D지역이며, 2019년 총질소가 가장 낮은 지역도 D지역이다.

④ 2015년에 해양수질이 1등급인 지역은 D가 유일하다. ➡ (O) 해양수질 1등급을 판정하는 기준은 OR이 아닌 AND로 판단해야 한다. 용존 산소량, 화학적 산소 요구량, 총질소의 세 가지 조건을 모두 만족해야 1등급이 될 수 있다. 2015년에 세 가지 조건을 모두 충족한 지역은 D가 유일하다.

⑤ A와 C 지역의 해양수질은 2015년부터 2017년까지 2등급으로 일정하다. ➡ (X) A지역은 2015년부터 2017년까지 2등급 수질을 판단하는 기준을 모두 충족하고 있다. 따라서 A 지역은 2등급으로 일정하다. 반면 C지역은 용존 산소량의 경우 기준에 부합하지만 화학적 산소 요구량은 2015년과 2016년이, 총질소는 2017년이 기준에 어긋났다. 따라서 C 지역은 2015년부터 2017년까지 2등급이 아니다.

05 ④   정답률 91.3%

|문제 유형| 자료 읽기 > 표/그림 제시형

|접근 전략| 월별 최대 전력수요를 나타낸 〈그림〉과 전력수급현황을 보여주는 〈표〉를 이용하여 공급예비력과 공급예비율을 정확하게 구해야 한다.

다음 〈그림〉과 〈표〉는 2018~2019년 '갑'국의 월별 최대전력수요와 전력수급현황에 관한 자료이다. 이에 대한 설명으로 옳은 것은?

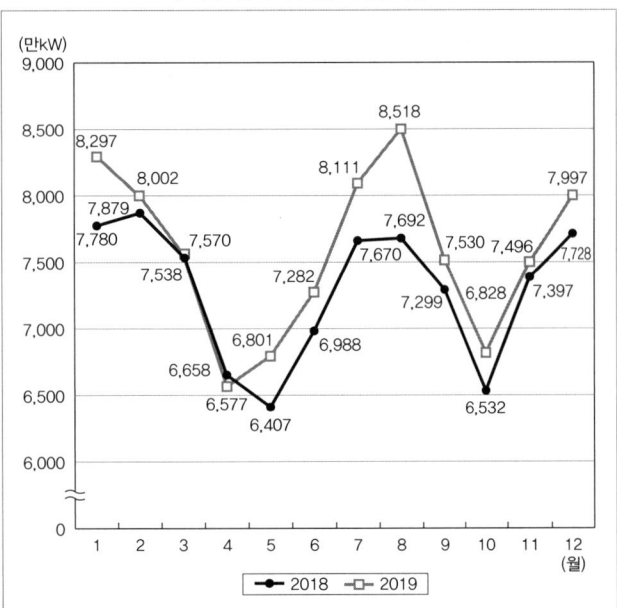

〈그림〉 '갑'국의 월별 최대전력수요

〈표〉 '갑'국의 전력수급현황
(단위: 만kW)

구분 \ 시기	2018년 2월	2019년 8월
최대전력수요	7,879	8,518
전력공급능력	8,793	9,240

※ 1) 공급예비력 = 전력공급능력 − 최대전력수요
2) 공급예비율(%) = $\dfrac{\text{공급예비력}}{\text{최대전력수요}} \times 100$

① 공급예비력은 2018년 2월이 2019년 8월보다 작다. ➡ (X) 2018년 2월의 공급예비력은 8,793 − 7,879 = 914(만kW)이다. 2019년 8월의 공급예비력은 9,240 − 8,518 = 722(만kW)이다. 따라서 공급예비력은 2018년 2월보다 2019년 8월이 작다.

② 공급예비율은 2018년 2월이 2019년 8월보다 낮다. ➡ (X) 2018년 2월의 공급예비율은 $\dfrac{914}{7,879} \times 100$이고, 2019년 8월의 공급예비율은 $\dfrac{722}{8,518} \times 100$이다. 두 값을 비교해보면 $\dfrac{914}{7,879}$(2018년 2월) > $\dfrac{1}{9}$ > $\dfrac{722}{8,518}$(2019년 8월)이다.

③ 2019년 1~12월 동안 최대전력수요의 월별 증감 방향은 2018년과 동일하다. ➡ (X) 〈그림〉에서 두 연도의 최대전력수요의 증감 방향은 대체로 일치하지만, 1월에서 2월, 4월에서 5월의 경우 증감 방향은 반대이다.

④ 해당 연도 1~12월 중 최대전력수요가 가장 큰 달과 가장 작은 달의 최대전력수요 차이는 2018년이 2019년보다 작다. ➡ (O) 2018년의 최대전력수요가 가장 큰 달은 2월로 7,879만kW이고, 가장 작은 달은 5월로 6,407만kW이다. 이 둘의 차이는 1,472만kW이다. 2019년의 최대전력수요가 가장 큰 달은 8월로 8,518만kW이며, 최대전력수요가 가장 작은 달은 4월로 6,577만kW이다. 이 둘의 차이는 1,941만kW이다. 따라서 최대전력수요가 가장 큰 달과 가장 작은 달의 차이는 2019년보다 2018년이 작다.

⑤ 2019년 최대전력수요의 전년동월 대비 증가율이 가장 높은 달은 1월이다. ➡ (X) 〈그림〉에서 1월보다 8월의 차이가 더 크므로 1월과 8월을 우선 비교해 본다. 1월의 경우 7,780만kW에서 8,297만kW로 변화하였고, 8월의 경우 7,692만kW에서 8,518만kW로 변화하였다. 즉, 2018년 월별 최대전력수요는 8월이 더 낮으면서 2019년 월별 최대전력수요는 1월보다 8월이 더 높다. 따라서 2019년 최대전력수요의 전년동월 대비 증가율은 1월보다 8월이 더 높다.

06 ②
정답률 82.5%

|문제 유형| 자료 읽기/추론 > 계산형
|접근 전략| 〈평가 방법〉의 위험인자 순으로 점수를 하나씩 넣는 과정에서 실수하지 않아야 한다. 이상과 미만을 잘 구분하여 평가점수를 책정하면 쉽게 해결할 수 있는 문제이다.

다음 〈표〉는 2018년 '갑'국 A~E 지역의 산사태 위험인자 현황에 관한 자료이다. 〈평가 방법〉에 근거하여 산사태 위험점수가 가장 높은 지역과 가장 낮은 지역을 바르게 나열한 것은?

〈표〉 A~E 지역의 산사태 위험인자 현황

위험인자 \ 지역	A	B	C	D	E
경사길이(m)	180	220	150	80	40
모암	화성암	퇴적암	변성암(편마암)	변성암(천매암)	변성암(편마암)
경사위치	중하부	중상부	중하부	상부	중상부
사면형	상승사면	복합사면	하강사면	복합사면	평형사면
토심(cm)	160	120	70	110	80
경사도(°)	30	20	25	35	55

〈평가 방법〉

○ 산사태 위험인자의 평가점수는 다음과 같다.

위험인자 \ 평가점수	0점	10점	20점	30점
경사길이(m)	50 미만	50 이상 100 미만	100 이상 200 미만	200 이상
모암	퇴적암	화성암	변성암(천매암)	변성암(편마암)
경사위치	하부	중하부	중상부	상부
사면형	상승사면	평형사면	하강사면	복합사면
토심(cm)	20 미만	20 이상 100 미만	100 이상 150 미만	150 이상
경사도(°)	40 이상	30 이상 40 미만	25 이상 30 미만	25 미만

○ 개별 지역의 산사태 위험점수는 6개 위험인자에 대한 평가점수의 합임

	가장 높은 지역	가장 낮은 지역	
①	B	A	➡ (X)
②	B	E	➡ (O) 〈평가 방법〉의 위험인자 순으로 점수를 채우면 다음과 같다.

위험인자 \ 지역	A	B	C	D	E
경사길이(m)	20점	30점	20점	10점	0점
모암	10점	0점	30점	20점	30점
경사위치	10점	20점	10점	30점	20점
사면형	0점	30점	20점	30점	10점
토심(cm)	30점	20점	20점	20점	10점
경사도(°)	10점	30점	20점	10점	0점

총합을 내면,
- A: 20 + 10 + 10 + 0 + 30 + 10 = 80(점)
- B: 30 + 0 + 20 + 30 + 20 + 30 = 130(점)
- C: 20 + 30 + 10 + 20 + 10 + 20 = 110(점)
- D: 10 + 20 + 30 + 30 + 20 + 10 = 120(점)
- E: 0 + 30 + 20 + 10 + 10 + 0 = 70(점)

따라서 가장 높은 지역은 B이고, 가장 낮은 지역은 E이다.

③   D   A   ➡ (X)
④   D   C   ➡ (X)
⑤   D   E   ➡ (X)

07 ③   정답률 50%

| 문제 유형 | 자료 변환응용 > 자료/보고서 전환형
| 접근 전략 | 총매출액은 (특선식 이용자 수 × 매출액)+(일반식 이용자 수 × 매출액)을 이용하여 계산해야 하므로 시간이 오래 걸린다. 따라서 메뉴 가격 변동에 따라 특선식 이용자 수, 일반식 이용자 수가 보고서에 맞게 변화하였는지 먼저 확인한 후 알맞지 않은 선지는 먼저 제거하고 남은 선지에 대해서만 총매출액을 구한다.

다음 〈표〉는 '갑' 회사 구내식당의 월별 이용자 수 및 매출액에 관한 자료이고, 〈보고서〉는 '갑' 회사 구내식당 가격인상에 관한 내부검토 자료이다. '2019년 1월의 이용자 수 예측'에 대한 그래프로 〈표〉와 〈보고서〉의 내용에 부합하는 것은?

〈표〉 2018년 '갑' 회사 구내식당의 월별 이용자 수 및 매출액
(단위: 명, 천 원)

구분 월	특선식 이용자 수	특선식 매출액	일반식 이용자 수	일반식 매출액	총매출액
7	901	5,406	1,292	5,168	10,574
8	885	5,310	1,324	5,296	10,606
9	914	5,484	1,284	5,136	10,620
10	979	5,874	1,244	4,976	10,850
11	974	5,844	1,196	4,784	10,628
12	952	5,712	1,210	4,840	10,552

※ 총매출액은 특선식 매출액과 일반식 매출액의 합임

〈보고서〉

2018년 12월 현재 회사 구내식당은 특선식(6,000원)과 일반식(4,000원)의 두 가지 메뉴를 판매하고 있다. 2018년 11월부터 구내식당 총매출액이 감소하고 있어 지난 2년 동안 동결되었던 특선식과 일반식 중 한 가지 메뉴의 가격을 2019년 1월부터 1,000원 인상할지를 검토하였다.

메뉴 가격에 변동이 없을 경우, 일반식 이용자와 특선식 이용자의 수가 모두 2018년 12월에 비해 감소하여, → 메뉴 가격에 변동이 없는 경우 일반식 이용자 수는 210명 미만, 특선식 이용자 수는 52명 미만이다. ①은 메뉴 가격에 변동이 없을 때 일반식 이용자수가 220명이므로 옳지 않다. 2019년 1월의 총매출액은 2018년 12월보다 감소할 것으로 예측된다. → 일반식 이용자와 특선식 이용자의 수가 모두 감소한다면 총매출액 또한 감소할 것이므로 확인할 필요가 없다.

특선식 가격만을 1,000원 인상하여 7,000원으로 할 경우, 특선식 이용자 수는 2018년 7월 이후 최저치 이하로 감소하지만, → 특선식 가격만을 1,000원 인상한 경우, 특선식 이용자 수는 85명 이하여야 한다. ②는 특선식만 1,000원 인상하였을 때 특선식 이용자 수가 90명이므로 옳지 않다. 가격 인상의 영향 등으로 총매출액은 2018년 10월 이상으로 증가할 것으로 예측된다. → 이용자 수 변화를 먼저 확인하였을 때 ① ② ⑤가 답이 아니므로 ③ ④만 확인하면 된다. 특선식만 1,000원 인상하였을 때 특선식 이용자 수와 일반식이용자 수가 모두 ④보다 ③이 많다. 따라서 총매출액 또한 ③이 더 클 것이므로 반드시 ③이 답이 되어야 한다.

일반식 가격만을 1,000원 인상하여 5,000원으로 할 경우, 일반식 이용자 수는 2018년 12월 대비 10% 이상 감소하며, → 일반식만 1,000원 인상한 경우 일반식 이용자 수는 1,210×0.9=1,089(명) 이하로 감소한다. ⑤는 일반식만 1,000원 인상하였을 때 일반식 이용자 수가 1,090명이므로 옳지 않다. 특선식 이용자 수는 2018년 10월보다 증가하지는 않으리라 예측된다. → 일반식만 1,000원 인상한 경우 특선식 이용자 수는 79명 이하이다. 모든 선지가 이를 만족한다.

①

➡ (X) 메뉴 가격이 변동 없을 때, 일반식 이용자 수가 1,210명 이상이므로 옳지 않다.

②

➡ (X) 특선식만 1,000원 인상하였을 때, 특선식 이용자 수가 885명을 초과하므로 옳지 않다.

③

➡ (O) 이용자 수에 관한 설명을 모두 만족하고, 특선식만 1,000원 인상하였을 때, 특선식 이용자 수와 일반식 이용자 수가 모두 ④보다 많으므로 총매출액도 ④보다 많다. 만약 ④가 옳은 선지라면 ③도 옳은 선지가 되므로 모순이다. 따라서 ③만 옳다.

④

➡ (X) 이용자 수에 관한 설명을 모두 만족하지만 특선식만 1,000원 인상하였을 때, 특선식 이용자 수와 일반식 이용자 수가 모두 ③보다 적으므로 답이 될 수 없다.

⑤

➡ (X) 일반식만 1,000원 인상하였을 때, 일반식 이용자 수가 1,089명을 초과하므로 옳지 않다.

08 ② 정답률 73.8%

| 문제 유형 | 자료 읽기/추론 > 계산형
| 접근 전략 | 단순한 수치들이 나와 있지만 하나하나 계산했을 때 많은 시간이 소요되므로 최대한 간소하게 계산하는 것이 필요하다.

다음 〈표〉는 '갑'시에서 주최한 10km 마라톤 대회에 참가한 선수 A~D의 구간별 기록이다. 이에 대한 〈보기〉의 설명 중 옳은 것만을 모두 고르면?

〈표〉 선수 A~D의 10km 마라톤 대회 구간별 기록

구간 \ 선수	A	B	C	D
0~1km	5분 24초	5분 44초	6분 40초	6분 15초
1~2km	5분 06초	5분 42초	5분 27초	6분 19초
2~3km	5분 03초	5분 50초	5분 18초	6분 00초
3~4km	5분 00초	6분 18초	5분 15초	5분 54초
4~5km	4분 57초	6분 14초	5분 24초	5분 35초
5~6km	5분 10초	6분 03초	5분 03초	5분 27초
6~7km	5분 25초	5분 48초	5분 14초	6분 03초
7~8km	5분 18초	5분 39초	5분 29초	5분 24초
8~9km	5분 10초	5분 33초	5분 26초	5분 11초
9~10km	5분 19초	5분 03초	5분 36초	5분 15초
계	51분 52초	( )	54분 52초	57분 23초

※ 1) A~D는 출발점에서 동시에 출발하여 휴식 없이 완주함
2) A~D는 각 구간 내에서 일정한 속도로 달림

〈보기〉
ㄱ. 출발 후 6km 지점을 먼저 통과한 선수부터 나열하면 A, C, D, B 순이다. → (O) 출발 후 6km 지점을 먼저 통과한 선수는 6km 지점까지의 누적 기록이 더 짧을 것이다. A의 경우 5~6km 구간을 제외하고 모든 구간에서 나머지 선수보다 기록이 짧다. 5~6km 구간에서는 C보다 7초가 느린데 다른 구간에서는 C보다 7초 이상 더 빠르다. 따라서 A의 누적 기록이 가장 짧다. C는 0~1km 구간을 제외하고, B와 D보다 기록이 짧다. 다른 구간에서 B와 D보다 기록이 월등히 짧으므로 C의 누적 기록은 B, D보다 짧다. 6분을 기준으로 B와 D의 기록을 더해 보면 B는 −16−18−10+18+14+3=−9(초)이고, D는 15+19+0−6−25−33=−30(초)이다. 따라서 D의 누적 기록은 B보다 짧다. 따라서 출발 후 6km 지점을 먼저 통과한 선수는 A, C, D, B 순이다.

ㄴ. B의 10km 완주기록은 60분 이상이다. → (X) B가 총 10개의 구간을 평균 6분의 기록으로 달렸을 때 완주기록이 60분이 된다. 각 구간별로 6분을 기준으로 ±를 구해서 합을 냈을 때 +라면 완주기록이 60분 이상이다. 6분을 기준으로 구간별 기록을 더해 보면 −126(초)로 음수이므로 B의 10km 완주기록은 60분 이하이다.

ㄷ. 3~4km 구간에서 B는 C에게 추월당한다. → (O) 0~1km 구간에서 B는 C보다 56초 빨랐다. 1~2km 구간에서는 C가 B보다 15초 빨랐다. 2~3km 구간에서는 C가 B보다 32초 빨랐다. 정리하면 3km가 되는 지점에서 B는 C보다 9초 빠르다. 3~4km 구간에서 C는 B보다 1분 3초 빠른 페이스로 달린다. 구간 내에서 일정한 속도로 달린다고 했기 때문이므로 즉, 3~4km 구간 초반에 C는 B를 추월하게 될 것이다.

ㄹ. A가 10km 지점을 통과한 순간, D는 7~8km 구간을 달리고 있다. → (X) ㄹ은 A가 완주한 순간 D가 달리고 있는 구간이 어디인지 파악하라는 것을 의미한다. A가 완주한 순간 D는 5분 31초 뒤쳐져 있는 상황이다. 9~10km 구간을 D는 5분 15초만에 달렸기 때문에 8~9km 구간을 달리고 있을 것이다.

① ㄱ, ㄴ ➡ (X)
② ㄱ, ㄷ ➡ (O)
③ ㄱ, ㄹ ➡ (X)
④ ㄴ, ㄷ ➡ (X)
⑤ ㄷ, ㄹ ➡ (X)

09 ① 정답률 59%

| 문제 유형 | 자료 읽기 > 그림 제시형
| 접근 전략 | 전기요금 지수를 바탕으로 전기요금을 도출해낼 수 있는지를 묻는 문제이다. 〈그림〉 각주에 제시된 한국의 전기요금을 이용하여 OECD 평균 전기요금을 구할 수 있어야 한다. 그리고 지수가 나타내는 바를 정확하게 이해해야 한다.

다음 〈그림〉은 OECD 회원국 중 5개국의 2018년 가정용, 산업용 전기요금 지수를 나타낸 것이다. 이에 대한 〈보기〉의 설명 중 옳은 것만을 모두 고르면?

⟨그림⟩ OECD 회원국 중 5개국의 가정용, 산업용 전기요금 지수

※ 1) OECD 각 국가의 전기요금은 100kWh당 평균 금액($)임
2) 가정용(산업용) 전기요금 지수 = $\dfrac{\text{해당 국가의 가정용(산업용) 전기요금}}{\text{OECD 평균 가정용(산업용) 전기요금}} \times 100$
3) 2018년 한국의 가정용, 산업용 전기요금은 100kWh당 각각 $120, $95임

―⟨보기⟩―

ㄱ. 산업용 전기요금은 일본이 가장 비싸고 가정용 전기요금은 독일이 가장 비싸다. → (O) OECD 평균이라는 같은 기준을 사용하기 때문에 지수의 크기 비교를 통해 가장 비싼 요금인지를 판단할 수 있다. 일본의 산업용 전기요금 지수는 160으로 가장 비싸고 독일의 가정용 전기요금 지수는 203으로 가장 비싸다.

ㄴ. OECD 평균 전기요금은 가정용이 산업용의 1.5배 이상이다. → (O) ⟨그림⟩ 각주를 통해 식을 세울 수 있다. OECD 평균 가정용(산업용) 전기요금은 $\dfrac{\text{해당국 가정용(산업용) 전기요금}}{\text{해당국 가정용(산업용) 전기요금 지수}} \times 100$으로 구할 수 있다. 한국의 전기요금을 통해 OECD 평균 전기요금을 구하면 OECD 평균 가정용 전기요금은 $\dfrac{120}{75} \times 100 = 160($)$이고, OECD 평균 산업용 전기요금은 $\dfrac{95}{95} \times 100 = 100($)$이다. 따라서 가정용이 산업용의 1.5배 이상이다.

ㄷ. 가정용 전기요금이 한국보다 비싼 국가는 산업용 전기요금도 한국보다 비싸다. → (X) 가정용 전기요금 지수가 한국보다 큰 나라들이 산업용 전기요금 지수도 큰지 확인하면 된다. 한국보다 가정용 전기요금 지수가 큰 나라는 미국, 일본, 독일이다. 이 가운데 미국은 한국보다 산업용 전기요금 지수가 낮다.

ㄹ. 일본은 산업용 전기요금이 가정용 전기요금보다 비싸다. → (X) OECD 평균 전기요금은 가정용이 $160, 산업용이 $1000이므로 일본의 가정용 전기요금은 $\dfrac{160 \times 138}{100} = 220.8($)$이고, 산업용 전기요금은 $\dfrac{100 \times 160}{100} = 160($)$이다. 따라서 일본의 가정용 전기요금이 산업용 전기요금보다 비싸므로 ㄹ은 적절하지 않다.

① ㄱ, ㄴ ➡ (O)
② ㄱ, ㄷ ➡ (X)
③ ㄴ, ㄹ ➡ (X)
④ ㄷ, ㄹ ➡ (X)
⑤ ㄱ, ㄴ, ㄹ ➡ (X)

10 ③ 정답률 67.5%

| 문제 유형 | 자료 변환응용 > 표/그림 전환형
| 접근 전략 | ⟨표⟩에서 제시된 자료를 바탕으로 정보를 가공할 수 있는지를 묻는 문제이다. ⟨표⟩를 바탕으로 도출할 수 없거나 잘못 도출한 ⟨그림⟩을 찾아야 한다. 전체에서 일부가 차지하고 있는 만큼을 나타내는 비중이나 전년 대비 증가율과 같은 용어에 대한 이해가 필요하다.

다음 ⟨표⟩는 2014~2018년 공공기관 신규채용 합격자 현황에 관한 자료이다. 이를 이용하여 작성한 그래프로 옳지 않은 것은?

⟨표 1⟩ 공공기관 신규채용 합격자 현황

(단위: 명)

합격자 \ 연도	2014	2015	2016	2017	2018
전체	17,601	19,322	20,982	22,547	33,832
여성	7,502	7,664	8,720	9,918	15,530

⟨표 2⟩ 공공기관 유형별 신규채용 합격자 현황

(단위: 명)

유형	합격자 \ 연도	2014	2015	2016	2017	2018
공기업	전체	4,937	5,823	5,991	6,805	9,070
	여성	1,068	1,180	1,190	1,646	2,087
준정부기관	전체	5,055	4,892	6,084	6,781	9,847
	여성	2,507	2,206	2,868	3,434	4,947
기타 공공기관	전체	7,609	8,607	8,907	8,961	14,915
	여성	3,927	4,278	4,662	4,838	8,496

※ 공공기관은 공기업, 준정부기관, 기타 공공기관으로만 구성됨

① 공공기관 유형별 신규채용 합격자 현황

➡ (O) ⟨표 2⟩에서 확인할 수 있는 정보이다. 공기업, 준정부기관, 기타 공공기관의 2014년부터 2018년까지 합격자가 몇 명이었는지 확인함으로써 진위를 확인할 수 있다.

② 2016년 공공기관 유형별 신규채용 남성 합격자 현황

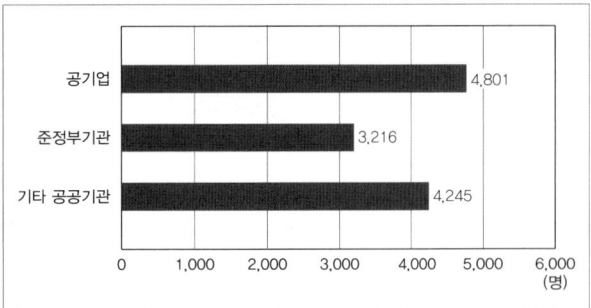

➡ (O) 〈표 2〉에서 구할 수 있는 정보이다. 전체 합격자에서 여성 합격자의 수를 빼면 남성 합격자의 수이다. 2016년도 신규채용 합격자 현황을 바탕으로 계산해 보면 옳은 자료임을 확인할 수 있다.

③ 공공기관 유형별 신규채용 합격자 중 여성 비중

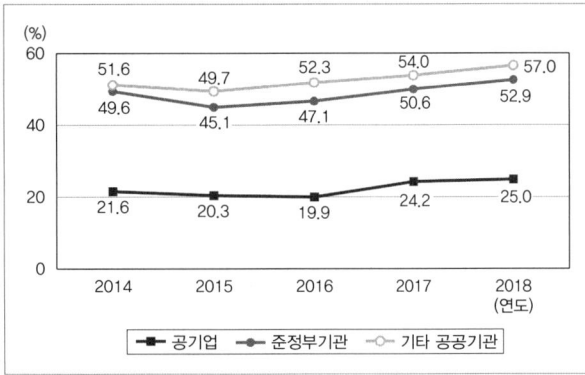

➡ (X) 여성 비중은 $\frac{여성\ 합격자\ 수}{전체\ 합격자\ 수} \times 100$으로 구할 수 있다. 예를 들어 2018년 공기업을 계산을 해 보면 여성의 비중은 $\frac{2,087}{9,070} \times 100 ≒ 23(\%)$임을 확인할 수 있다. 위 〈그림〉에서는 25.0%이므로 해당 자료를 이용하여 작성한 그래프로 적절하지 않다.

④ 공공기관 신규채용 합격자의 전년 대비 증가율

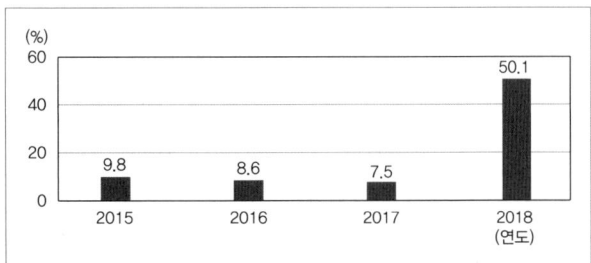

➡ (O) 공공기관 신규채용 합격자의 전년 대비 증가율은 2015년의 경우 $\frac{(19,322-17,601)}{17,601} \times 100 ≒ 9.8(\%)$, 2016년의 경우 $\frac{(20,982-19,322)}{19,322} \times 100 ≒ 8.6(\%)$, 2017년의 경우 $\frac{(22,547-20,982)}{20,982} \times 100 ≒ 7.5(\%)$, 2018년의 경우 $\frac{(33,832-22,547)}{22,547} \times 100 ≒ 50.1(\%)$이다. 따라서 〈그림〉과 일치한다.

⑤ 2018년 공공기관 신규채용 합격자의 공공기관 유형별 구성비

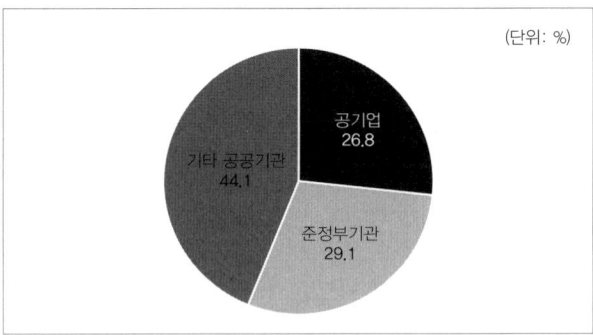

➡ (O) 2018년 공공기관 신규채용 합격자의 공공기관 유형별 구성비는 공기업의 경우 $\frac{9,070}{33,832} \times 100 ≒ 26.8(\%)$, 준정부기관의 경우 $\frac{9,847}{33,832} \times 100 ≒ 29.1(\%)$, 기타 공공기관의 경우 $\frac{14,915}{33,832} \times 100 ≒ 44.1(\%)$이다.

11 ④   정답률 58.4%

| 문제 유형 | 자료 읽기/추론 > 매칭형
| 접근 전략 | 〈조건〉이 제시되는 문제의 경우 어떤 〈조건〉을 가장 먼저 해결할 것인지를 정하는 것이 중요하다. 하나의 값을 확정할 수 있는 〈조건〉을 먼저 해결하고, 그 다음 첫 번째 〈조건〉과 같은 범주에 있는 〈조건〉들을 선택하여 해결한다.

다음 〈표〉는 2019년 기관 A~D 소속 퇴직예정공직자의 재취업을 위한 직무관련성 심사결과에 대한 자료이다. 〈표〉와 〈조건〉을 근거로 A~D에 해당하는 기관을 바르게 나열한 것은?

〈표〉 직무관련성 심사결과
(단위: 건)

기관 \ 구분	관련 있음	관련 없음	각하	전체
A	8	33	4	45
B	17	77	3	97
C	99	350	59	508
D	0	9	0	9

─〈조건〉─
○ 우주청의 전체 심사결과 중 '관련 없음'의 비중은 혁신청의 전체 심사결과 중 '관련 없음'의 비중보다 작다.
○ 기관별 전체 심사결과 중 '관련 없음'의 비중은 문화청이 가장 크다.
○ '각하' 건수는 과학청이 혁신청보다 많다.
○ '관련 없음' 대비 '관련 있음' 건수의 비는 과학청이 우주청보다 높다.

	A	B	C	D	
①	과학청	문화청	혁신청	우주청	➡ (X)
②	과학청	혁신청	우주청	문화청	➡ (X)
③	문화청	혁신청	우주청	과학청	➡ (X)
④	우주청	혁신청	과학청	문화청	➡ (O) 가장 확실하게

구할 수 있는 두 번째 〈조건〉부터 구한다. 전체 심사 가운데 '관련 없음'이 100% 차지하고 있는 D가 문화청임을 확인할 수 있다. 다음으로는 세 번째 〈조건〉이다. 과학청이 혁신청보다 '각하' 건수는 많기 때문에 과학청은 '각하' 건수가 가장 작을 수는 없다. 따라서 과학청은 B가 될 수 없다. 즉, B는 혁신청이나 우주청이다. 다음은 첫 번째

〈조건〉을 고려한다. 남은 A, B, C의 '관련 없음'의 비중을 각각 구해 본다.

- A = $\frac{33}{45} < \frac{33}{44}$ = 0.75
- B = $\frac{77}{97} > \frac{77}{100}$ = 0.77
- C = $\frac{350}{508} < \frac{700}{1,000}$ = 0.7

B>0.77>0.75>A>0.7>C이다. 비중은 B, A, C 순이다. 따라서 B는 혁신청이 된다. B가 우주청이라면 첫 번째 〈조건〉은 성립하지 않는다. 마지막으로 네 번째 〈조건〉을 구한다. A와 C는 각각 우주청과 과학청 중 하나이다. '관련 없음' 대비 '관련 있음' 건수의 비를 구해 본다.

- A = $\frac{8}{33}$ ≒ 0.24
- C = $\frac{99}{350}$ ≒ 0.28

C가 A보다 더 크다. 따라서 과학청은 C, 우주청은 A가 된다.

⑤ 혁신청   우주청   과학청   문화청 ➡ (X)

12 ③   정답률 83.1%

| 문제 유형 | 자료 읽기 > 그림 제시형
| 접근 전략 | 〈그림 2〉 각주에 제시된 '필수생활비 = 식비 + 의복비'라는 식을 통해 식비와 주거비를 표시한 〈그림 1〉과 식비와 필수생활비를 표시한 〈그림 2〉를 분석하여 의복비를 도출할 수 있는지를 묻는 문제이다. 특히 정확한 비용이 도출되지 않고 범위로만 파악할 수 있는 가구들이 존재하므로 그 범위를 잘 찾아야 한다.

다음 〈그림〉은 가구 A~L의 2020년 1월 주거비와 식비, 필수생활비에 관한 자료이다. 이에 대한 설명으로 옳은 것은?

〈그림 1〉 가구 A~L의 주거비와 식비

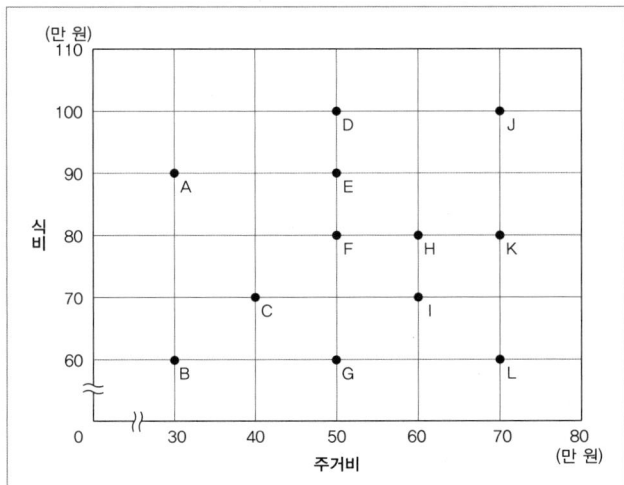

〈그림 2〉 가구 A~L의 식비와 필수생활비

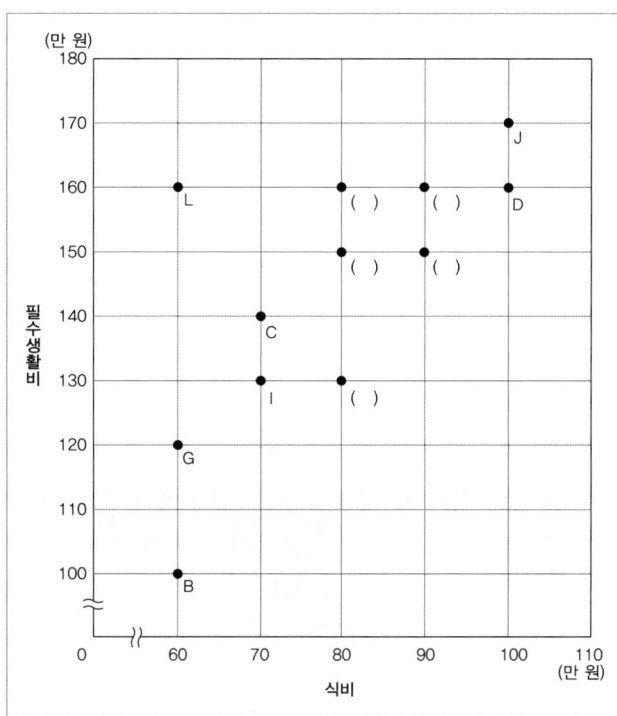

※ 필수생활비 = 주거비 + 식비 + 의복비

① 의복비는 가구 A가 가구 B보다 작다. ➡ (X) B의 식비와 주거비의 합은 90만 원이고 필수생활비가 100만 원이므로 의복비는 10만 원이다. A의 식비는 90만 원으로 〈그림 2〉에서 식비 90만 원에 해당하는 것은 두 개이다. A의 식비와 주거비를 합치면 120만 원이다. 필수생활비 150만 원과 160만 원 가운데 어느 쪽이 A가 된다고 해도 A의 의복비 범위는 30~40만 원으로 의복비는 가구 B가 가구 A보다 작다.

② 의복비가 0원인 가구는 1곳이다. ➡ (X) 식비와 주거비를 합친 값이 필수생활비와 동일한 곳을 구하라는 뜻이다. J의 경우 식비와 주거비의 합이 170만 원이고, 필수생활비도 170만 원으로 의복비가 0원이다. I 역시 식비와 주거비의 합이 130만 원이고, 필수생활비도 130만 원으로 의복비가 0원이다. 따라서 의복비가 0원인 가구는 2곳이다.

③ 주거비가 40만 원 이하인 가구의 의복비는 각각 10만 원 이상이다. ➡ (O) 주거비가 40만 원 이하인 가구는 A, B, C이다. ①에서 A와 B의 의복비는 10만 원 이상임을 확인할 수 있다. C의 식비와 주거비의 합이 110만 원이고 필수생활비가 140만 원이므로 의복비는 30만 원이다. 따라서 주거비가 40만 원 이하인 가구 A, B, C 모두 의복비가 각각 10만 원 이상이다.

④ 식비 하위 3개 가구 의복비의 합은 60만 원 이상이다. ➡ (X) 식비 하위 3개 가구는 B, G, L이다. B의 의복비는 10만 원이다. G는 식비와 주거비의 합이 110만 원이고 필수생활비는 120만 원이므로 의복비는 10만 원이다. L은 식비와 주거비의 합이 130만 원이고 필수생활비는 160만 원이므로 의복비는 30만 원이다. 따라서 식비 하위 3개 가구 의복비의 합은 10+10+30=50(만 원)이다.

⑤ 식비가 80만 원이면서 필수생활비가 130만 원인 가구는 K이다. ➡ (X) 식비가 80만 원인 가구는 F, H, K이다. K는 식비와 주거비의 합이 150만 원이다. 따라서 K의 필수생활비는 130만 원이 될 수 없다.

13 ③ 정답률 76.3%

| 문제 유형 | 자료 읽기 > 그림 제시형
| 접근 전략 | 자료 읽기 유형에서 일반적으로 출제되는 〈그림〉보다 더 복잡한 〈그림〉이 등장하였다. 이륙, 비행, 착륙의 세 유형의 사고 발생 시점을 하나로 묶어 놓은 〈그림〉이므로 〈보기〉에서 요구하는 바를 쫓아가면서 혼동하지 않는 것이 중요하다.

다음 〈그림〉은 추락사고가 발생한 항공기 800대의 사고 발생 시점과 사고 원인을 정리한 자료이다. 이에 대한 〈보기〉의 설명 중 옳은 것만을 모두 고르면?

〈그림〉 항공기 추락사고의 사고 발생 시점과 사고 원인

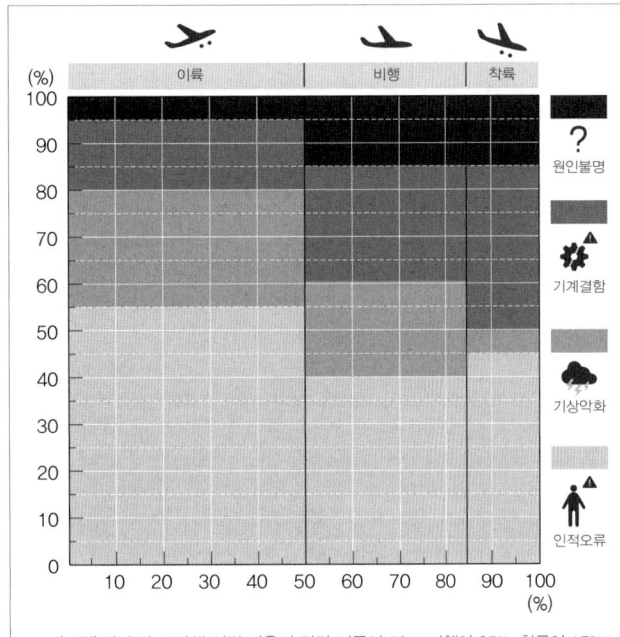

→ 〈그림〉에서 사고 발생 시점 비율이 각각 이륙이 50%, 비행이 35%, 착륙이 15%를 차지하고 있음을 파악해야 한다. 즉, 사고 발생 시점별 항공기 수는 이륙이 400대, 비행이 280대, 착륙이 120대이다.

※ 사고 발생 시점은 이륙, 비행, 착륙 중 하나이며, 사고 원인은 인적오류, 기상악화, 기계결함, 원인불명 중 하나임

〈보기〉

ㄱ. 이륙 중에 인적오류로 추락한 항공기 수는 착륙 중에 원인불명으로 추락한 항공기 수의 12배 이상이다. → (O) 이륙 중에 인적오류로 추락한 항공기 수는 400 × 0.55 = 220(대)이다. 착륙 중에 원인불명으로 추락한 항공기 수는 120 × 0.15 = 18(대)이다. 따라서 이륙 중에 인적오류로 추락한 항공기 수는 착륙 중에 원인불명으로 추락한 항공기 수의 약 12.2배이므로 ㄱ은 옳다.

ㄴ. 비행 중에 원인불명으로 추락한 항공기 수는 착륙 중에 기계결함으로 추락한 항공기 수보다 많다. → (X) 비행 중에 원인불명으로 추락한 항공기 수는 280 × 0.15 = 42(대)이고, 착륙 중에 기계결함으로 추락한 항공기 수는 120 × 0.35 = 42(대)이다. 따라서 비행 중 원인불명으로 추락한 항공기 수와 착륙 중 기계결함으로 추락한 항공기 수는 같다.

ㄷ. 비행 중에 인적오류로 추락한 항공기 수는 이륙 중에 기계결함으로 추락한 항공기 수보다 56대 더 많다. → (X) 비행 중에 인적오류로 추락한 항공기 수는 280 × 0.4 = 112(대)이고, 이륙 중에 기계결함으로 추락한 항공기 수는 400 × 0.15 = 60(대)이다. 따라서 비행 중 인적오류로 추락한 항공기 수는 이륙 중에 기계결함으로 추락한 항공기 수보다 52대 더 많다.

ㄹ. 기계결함으로 추락한 항공기 수는 추락사고가 발생한 항공기 수의 20% 이상이다. → (O) 기계결함으로 추락한 항공기 수는 (400 × 0.15) + (280 × 0.25) + (120 × 0.35) = 60 + 70 + 42 = 172(대)이다. 추락사고가 발생한 항공기 수의 20%는 800 × 0.2 = 160(대)이므로 옳은 설명이다.

① ㄱ, ㄴ ➡ (X)
② ㄱ, ㄷ ➡ (X)
③ ㄱ, ㄹ ➡ (O)
④ ㄴ, ㄷ ➡ (X)
⑤ ㄷ, ㄹ ➡ (X)

14 ④ 정답률 72.7%

| 문제 유형 | 자료 읽기 > 표/그림 제시형
| 접근 전략 | 〈보기〉 선지를 선택해서 풀 수 있는 문제가 아니라 모두 구해야만 정답을 얻을 수 있는 문제이다. 특히 비행과 촬영을 위한 〈조건〉이 서로 다르다는 점을 파악해야 한다.

다음 〈표〉는 '갑'국의 2020년 3월 1 ~ 15일 기상상황과 드론 비행 및 촬영 허가신청 결과에 관한 자료이다. 〈표〉와 〈조건〉에 근거한 〈보기〉의 설명으로 옳은 것만을 모두 고르면?

〈표〉 기상상황과 드론 비행 및 촬영 허가신청 결과

구분		기상상황			허가신청 결과	
날짜	항목	지자기지수	풍속(m/s)	날씨	비행	촬영
3월 1일		1	3	비	불허	불허
3월 2일		2	2	맑음	불허	불허
3월 3일		3	3	흐림	허가	허가
3월 4일		4	1	비	허가	허가
3월 5일		5	7	흐림	허가	허가
3월 6일		5	12	흐림	허가	허가
3월 7일		5	5	맑음	허가	허가
3월 8일		4	3	맑음	허가	허가
3월 9일		6	6	맑음	허가	허가
3월 10일		3	4	흐림	허가	불허
3월 11일		4	3	흐림	허가	불허
3월 12일		2	2	맑음	허가	허가
3월 13일		2	13	맑음	허가	허가
3월 14일		3	5	비	허가	허가
3월 15일		1	3	맑음	허가	허가

─〈조건〉─

○ 기상상황 항목별 드론 비행 및 촬영 기준

항목 \ 구분	비행	촬영
지자기지수	5 미만	10 미만
풍속(m/s)	10 미만	5 미만
날씨	☀ 또는 ☁	☀ 또는 ☁

○ 기상상황 항목별 비행 기준을 모두 충족하고 비행 허가신청 결과가 '허가'일 때, 비행에 적합함
○ 기상상황 항목별 촬영 기준을 모두 충족하고 촬영 허가신청 결과가 '허가'일 때, 촬영에 적합함
○ 기상상황 항목별 비행 및 촬영 기준을 모두 충족하고 비행 및 촬영 허가신청 결과가 모두 '허가'일 때, 항공촬영에 적합함

─〈보기〉─

ㄱ. 비행에 적합한 날은 총 6일이다. → (O) 첫 번째 〈조건〉에 따라 비행에 적합한 날은 지자기지수가 5 미만, 풍속이 100m/s 미만, 날씨가 맑음 또는 구름, 비행 허가신청 결과가 '허가'를 모두 충족하는 날이다. 비가 오는 날씨에는 비행이 불가능하다. 따라서 3월 1일, 3월 4일, 3월 14일은 제외한다. 비행 허가신청 결과가 허가여야 하므로 남은 날 중 3월 2일은 제외한다. 남은 날 중 지자기지수와 풍속, 비행기준을 모두 충족한 날은 3월 3일, 3월 8일, 3월 10일, 3월 11일, 3월 12일, 3월 15일이다.

ㄴ. 촬영에 적합한 날은 총 5일이다. → (X) 두 번째 〈조건〉에 따라 촬영에 적합한 날은 지자기지수가 0 미만, 풍속이 5m/s 미만, 날씨가 맑음 또는 구름, 촬영 허가신청 결과가 '허가'를 모두 충족하는 날이다. 풍속 및 날씨 기준은 비행 허가신청 기준과 동일하고, 지자기지수 기준은 더 높다. 또한 비행이 불허인 날은 촬영도 불허이므로 비행을 할 수 있는 날 중 촬영 허가신청 결과가 '허가'인 날이 촬영에 적합한 날이다. 따라서 해당하는 날은 3월 10일, 3월 11일을 제외한 3월 3일, 3월 8일, 3월 12일, 3월 15일이다.

ㄷ. 항공촬영에 적합한 날은 총 4일이다. → (O) 세 번째 〈조건〉에 따라 비행 및 촬영기준을 모두 충족하고 비행 및 촬영 허가신청 결과가 모두 허가일 때 항공 촬영에 적합하다. 비행기준을 만족하면 촬영기준도 만족하고 촬영이 허가인 날은 비행도 허가이므로 촬영에 적합한 날은 곧 항공 촬영에 적합한 날이다. 따라서 해당하는 날은 3월 3일, 3월 8일, 3월 12일, 3월 15일이다.

① ㄱ ➡ (X)
② ㄷ ➡ (X)
③ ㄱ, ㄴ ➡ (X)
④ ㄱ, ㄷ ➡ (O)
⑤ ㄴ, ㄷ ➡ (X)

S 15 ①

정답률 39.2%

| 문제 유형 | 자료 읽기/추론 > 계산형
| 접근 전략 | 짧지만 다양한 변환 과정을 거쳐야만 정답에 도달할 수 있는 문제이다. 길이와 비율과 밀도의 관계를 살펴서 산림경영단지 면적을 구할 수 있는 식을 도출하는 것이 가장 빠르게 풀 수 있는 방법이다. 분석이 정확하게 되면 간단한 계산으로 구할 수 있는 문제이다.

다음 〈표〉는 산림경영단지 A~E의 임도 조성 현황에 관한 자료이다. 이 경우 면적이 가장 넓은 산림경영단지는?

〈표〉 산림경영단지 A~E의 임도 조성 현황

(단위: %, km, km/ha)

구분\산림경영단지	작업임도 비율	간선임도 길이	임도 밀도
A	30	70	15
B	20	40	10
C	30	35	20
D	50	20	10
E	40	60	20

※ 1) 임도 길이(km) = 작업임도 길이 + 간선임도 길이

2) 작업임도 비율(%) = $\frac{작업임도\ 길이}{임도\ 길이} \times 100$

3) 간선임도 비율(%) = $\frac{간선임도\ 길이}{임도\ 길이} \times 100$

4) 임도 밀도(km/ha) = $\frac{임도\ 길이}{산림경영단지\ 면적}$

① A ➡ (O) 구해야 하는 것은 산림경영단지 면적이다. 면적과 관련된 식을 최우선으로 찾는다. 산림경영단지 면적은 $\frac{임도\ 길이}{임도\ 밀도}$ 이다. 임도는 작업임도와 간선임도로 구성되어 있다. 즉, 간선임도 비율은 '100 − 작업임도 비율'이다. 간선임도 비율과 간선임도 길이를 알기 때문에 임도 길이도 구할 수 있다. 간선임도 길이를 간선임도 비율로 나누어 임도 길이를 계산한다.

• A 임도 길이 = 70 ÷ 70% = 100(km)
• B 임도 길이 = 40 ÷ 80% = 50(km)
• C 임도 길이 = 35 ÷ 70% = 50(km)
• D 임도 길이 = 20 ÷ 50% = 40(km)
• E 임도 길이 = 60 ÷ 60% = 100(km)

이제 면적을 구해 보면,
• A 면적 = 100 ÷ 15 ≒ 6.7(km/ha)
• B 면적 = 50 ÷ 10 = 5(km/ha)
• C 면적 = 50 ÷ 20 = 2.5(km/ha)
• D 면적 = 40 ÷ 10 = 4(km/ha)
• E 면적 = 100 ÷ 20 = 5(km/ha)

따라서 면적이 가장 큰 산림경영단지는 A이다.

② B ➡ (X)
③ C ➡ (X)
④ D ➡ (X)
⑤ E ➡ (X)

16 ②

정답률 89.7%

| 문제 유형 | 자료 읽기 > 표/빈칸 제시형
| 접근 전략 | 먼저 권역별로 각 정당들이 국회의원선거 당선자를 몇 명이나 배출했는지를 구해야 한다. 주어진 〈보기〉 가운데 먼저 해결할 수 있는 선지와 나중에 해결할 수 있는 선지를 정하는 것이 관건이다.

다음 〈표〉는 2019년 '갑'국 국회의원선거의 당선자 수에 관한 자료이다. 이에 대한 〈보기〉의 설명 중 옳은 것만을 모두 고르면?

〈표〉 '갑'국 국회의원선거의 당선자 수

(단위: 명)

정당\권역	A	B	C	D	E	합
가	48	( )	0	1	7	65

나	2	( )	( )	0	0	( )
기타	55	98	2	1	4	160
전체	105	110	25	2	11	253

※ '갑'국의 정당은 A~E만 존재함

→ 〈표〉의 빈칸을 채우면 다음과 같다.

정당 권역	A	B	C	D	E	합
가	48	9	0	1	7	65
나	2	3	23	0	0	28
기타	55	98	2	1	4	160
전체	105	110	25	2	11	253

〈보기〉

ㄱ. E 정당 전체 당선자 중 '가' 권역 당선자가 차지하는 비중은 60% 이상이다. → (O) E 정당의 '가' 권역 당선자가 차지하는 비중은 $\frac{7}{11} \times 100$이다. $\frac{7}{11} > \frac{6}{10}$이므로 ㄱ은 옳은 내용이다.

ㄴ. 당선자 수의 합은 '가' 권역이 '나' 권역의 3배 이상이다. → (X) '가' 권역의 총 당선자 수는 65명, '나' 권역의 총 당선자 수는 28명이다. 따라서 당선자 수의 합은 '가' 권역이 '나' 권역의 3배 미만이다.

ㄷ. C 정당 전체 당선자 중 '나' 권역 당선자가 차지하는 비중은 A 정당 전체 당선자 중 '가' 권역 당선자가 차지하는 비중의 2배 이상이다. → (O) C 정당의 '나' 권역 당선자가 차지하는 비중은 $\frac{23}{25} \times 100 = 92(\%)$이다. A 정당의 '가' 권역 당선자가 차지하는 비중은 $\frac{48}{105} \times 100 ≒ 46(\%)$이다.

ㄹ. B 정당 당선자 수는 '나' 권역이 '가' 권역보다 많다. → (X) B 정당의 '가' 권역의 당선자는 9명, '나' 권역의 당선자는 3명이므로 '가' 권역이 '나' 권역보다 많다.

① ㄱ, ㄴ ➡ (X)
② ㄱ, ㄷ ➡ (O)
③ ㄴ, ㄷ ➡ (X)
④ ㄴ, ㄹ ➡ (X)
⑤ ㄷ, ㄹ ➡ (X)

ⓢ 17 ⑤   정답률 43.8%

| 문제 유형 | 자료 읽기 > 표/빈칸 제시형
| 접근 전략 | 각 영역별 순위와 종합순위 사이의 차이를 이해하여 종합순위 10위 안에 들지 못하더라도 존재하는 국가가 있다는 사실을 파악해야 한다.

다음 〈표〉는 소프트웨어 경쟁력 종합점수 산출을 위한 영역별 가중치와 소프트웨어 경쟁력 종합순위 1~10위 국가의 영역별 순위 및 원점수에 관한 자료이다. 이에 대한 설명으로 옳지 않은 것은?

〈표 1〉 소프트웨어 경쟁력 종합점수 산출을 위한 영역별 가중치

영역	환경	인력	혁신	성과	활용
가중치	0.15	0.20	0.25	0.15	0.25

〈표 2〉 소프트웨어 경쟁력 평가대상 국가 중 종합순위 1~10위 국가의 영역별 순위 및 원점수

(단위: 점)

종합 순위	종합 점수	국가	환경		인력		혁신		성과		활용	
			순위	원점수	순위	원점수	순위	원점수	순위	원점수	순위	원점수
1	72.41	미국	1	67.1	1	89.6	1	78.5	2	54.8	2	66.3
2	47.04	중국	28	20.9	8	35.4	2	66.9	18	11.3	1	73.6
3	41.48	일본	6	50.7	10	34.0	3	44.8	19	10.5	7	57.2
4	( )	호주	5	51.6	6	37.9	7	33.1	22	9.2	3	62.8
5	( )	캐나다	17	37.7	15	29.5	4	42.9	16	13.3	6	57.6
6	38.35	스웨덴	9	42.6	5	38.9	8	28.1	3	26.5	10	52.7
7	38.12	영국	12	40.9	3	46.3	12	20.5	6	23.3	8	56.6
8	( )	프랑스	11	41.9	2	53.6	11	22.5	15	13.8	11	49.3
9	( )	핀란드	10	42.5	14	30.5	10	22.6	4	24.9	4	59.4
10	( )	한국	2	62.9	19	27.5	5	41.5	25	6.7	21	41.1

※ 1) 점수가 높을수록 순위가 높음
2) 영역점수 = 영역 원점수 × 영역 가중치
3) 종합점수는 5개 영역점수의 합임

① 종합순위가 한국보다 낮은 국가 중에 '성과' 영역 원점수가 한국의 8배 이상인 국가가 있다. ➡ (O) 한국의 '성과' 영역 원점수의 8배는 53.6점이다. '성과' 영역에서 전체 2위인 미국의 원점수는 54.8점이다. 종합점수 상위 10개국 가운데 '성과' 영역에서 1위를 한 나라가 없다. 즉, '성과' 영역에서 1위를 한 나라는 종합순위 10위 밖이다. 따라서 한국의 8배 이상인 국가가 있음을 알 수 있다.

② 종합순위 3~10위 국가의 종합점수 합은 320점 이하이다. ➡ (O) 종합순위 3~10위 국가의 종합점수 산술평균이 40점 이하인지를 묻는 것이다. 만약 3, 4, 5위 국가의 종합점수가 41.4점 이상이라고 해도 40점 이상인 부분은 1.4 × 3 = 4.2(점) 정도이다. 반면 8부터 10위까지 3개국의 종합점수가 38.1점 이상이라고 하여도 40점 이하인 부분은 1.9 × 3 = 5.7(점)으로 40점 이상인 부분보다 크다. 6위와 7위도 40점 이하이기 때문에 3~10위 국가의 종합점수 합은 320점 이하이다.

③ 소프트웨어 경쟁력 평가대상 국가는 28개국 이상이다. ➡ (O) 〈표〉에서 가장 낮은 순위를 기록한 나라는 '환경' 영역의 중국으로 28위이다. 따라서 적어도 28개국이 있다는 것을 알 수 있다.

④ 한국은 5개 영역점수 중 '혁신' 영역점수가 가장 높다. ➡ (O) 한국의 '인력', '성과', '활용' 영역은 원점수와 가중치 모두 '혁신' 영역보다 낮거나 같다. 따라서 '인력', '성과', '활용' 영역점수는 '혁신' 영역점수보다 낮다. '환경'은 62.9 × 0.15 = 9.435(점), '혁신'은 41.5 × 0.25 = 10.375(점)이므로 '환경' 영역점수가 '혁신' 영역점수보다 낮다.

⑤ 일본의 '활용' 영역 원점수가 중국의 '활용' 영역 원점수로 같아지면 국가별 종합순위는 바뀐다. ➡ (X) 일본의 '활용' 영역 원점수가 57.2점에서 73.6점으로 변하게 되면 16.4점이 증가한다. 여기에 '활용' 영역의 가중치인 0.25를 적용하면 종합점수는 16.4 × 0.25 = 4.1(점) 증가한다. 종합점수에서 중국과 일본의 차이는 47.04 − 41.48 = 5.56(점)으로 국가별 종합순위는 변함이 없다.

S 18 ⑤   정답률 43.8%

| 문제 유형 | 자료 읽기 > 표/빈칸 제시형
| 접근 전략 | 계산해서 풀기에는 제시된 수치와 단위가 지나치게 난해한 문제이다. 간략한 계산으로 구할 수 있는 것부터 풀어가는 현명함이 필요하다.

다음 〈표〉는 2019년 주요 7개 지역(A~G)의 재해 피해 현황이다. 이에 대한 설명으로 옳지 않은 것은?

〈표〉 2019년 주요 7개 지역의 재해 피해 현황

지역 \ 구분	피해액 (천 원)	행정면적 (km²)	인구 (명)	1인당 피해액(원)
전국	187,282,994	100,387	51,778,544	3,617
A	2,898,417	1,063	2,948,542	983
B	2,883,752	10,183	12,873,895	224
C	3,475,055	10,540	3,380,404	1,028
D	7,121,830	16,875	1,510,142	4,716
E	24,482,562	8,226	2,116,770	11,566
F	86,648,708	19,031	2,691,706	32,191
G	( )	7,407	1,604,432	36,199

※ 피해밀도(원/km²) = 피해액 / 행정면적

① G 지역의 피해액은 전국 피해액의 35% 이하이다. ➡ (O) G 지역의 1인당 피해액에 인구 수를 곱하면 전체 피해액이 나온다. G 지역의 피해액은 58,078,834천 원이다. 이를 전국 피해액에 대비해 보면 약 31%이다.

② 주요 7개 지역을 합친 지역의 1인당 피해액은 나머지 전체 지역의 1인당 피해액보다 크다. ➡ (O) 주요 7개 지역의 피해액은 2,898,417 + 2,883,752 + 3,475,055 + 7,121,830 + 24,482,562 + 86,648,708 + 58,078,834 = 185,589,158(천 원)이고, 인구는 2,948,542 + 12,873,895 + 3,380,404 + 1,510,142 + 2,116,770 + 2,691,706 + 1,604,432 = 27,125,891(명)이다. 즉, 주요 7개 지역의 피해액은 전국 피해액의 대부분을 차지하지만 인구는 총 인구의 절반을 약간 넘는다. 따라서 주요 7개 지역은 나머지 전체 지역과 인구 수는 비슷하지만 피해액은 훨씬 크므로 주요 7개 지역을 합친 지역의 1인당 피해액이 나머지 전체 지역의 1인당 피해액보다 크다.

③ D 지역과 F 지역을 합친 지역의 1인당 피해액은 전국 1인당 피해액의 5배 이상이다. ➡ (O) 전국 1인당 피해액의 5배는 3,617 × 5 = 18,085(원)이다. D 지역과 F 지역을 합친 지역의 1인당 피해액을 구해야 한다. 만약 D 지역과 F 지역의 인구 수가 같다면 평균은 약 18,453원이다. 그러나 실제로는 F 지역의 인구가 D 지역의 인구보다 훨씬 많다. 따라서 두 지역을 합친 지역의 1인당 피해액은 18,453원 이상일 것이다. 즉, 5배 이상이라는 것은 옳은 내용이다.

④ 피해밀도는 A 지역이 B 지역의 9배 이상이다. ➡ (O) 면적을 비교하면 B 지역은 A 지역의 9.58배 정도이다. 하지만 피해액이 거의 비슷하므로 피해밀도는 A 지역이 B 지역의 9배 이상이 된다.

⑤ 주요 7개 지역 중 피해밀도가 가장 낮은 지역은 D 지역이다. ➡ (X) C 지역과 비교한다. C 지역은 D 지역에 비해 피해액은 절반 이하이지만 행정면적은 절반 이하가 아니다. 즉, C 지역의 피해밀도가 D 지역보다 낮다.

S 19 ⑤   TOP3 정답률 36.6%

| 문제 유형 | 자료 읽기 > 표/빈칸 제시형
| 접근 전략 | 95%의 합격률은 5%의 불합격률을 의미한다. 즉, 합격률을 통해 불합격률을 떠올려 푼다면 더 간단한 계산을 통해 답을 구할 수 있다.

다음 〈표〉는 A사에서 실시한 철근강도 평가 샘플 수 및 합격률에 관한 자료이다. 이에 대한 설명으로 옳은 것은?

〈표〉 철근강도 평가 샘플 수 및 합격률

(단위: 개, %)

구분 \ 종류		SD400	SD500	SD600	전체
샘플 수		35	( )	25	( )
평가 항목별 합격률	항복강도	100.0	95.0	92.0	96.0
	인장강도	100.0	100.0	88.0	( )
최종 합격률		100.0	( )	84.0	( )

※ 1) 평가한 철근 종류는 SD400, SD500, SD600뿐임
  2) 항복강도와 인장강도 평가에서 모두 합격한 샘플만 최종 합격임
  3) 합격률(%) = 합격한 샘플 수 / 샘플 수 × 100
  4) 평가 결과는 합격 또는 불합격임

① SD500 샘플 수는 50개 이상이다. ➡ (X) SD500의 샘플 수를 A라고 했을 때, 전체 샘플 수는 A + 60이다. 항복강도 평가에서 불합격한 샘플 수에 관한 식을 세워 계산하면 A를 구할 수 있다.
(A × 0.05) + (25 × 0.08) = (A + 60) × 0.04
0.05A + 2 = 0.04A + 2.4
0.01A = 0.4
∴ A = 40
따라서 SD500의 샘플 수는 40개이다.

② 인장강도 평가에서 합격한 SD600 샘플은 항복강도 평가에서도 모두 합격하였다. ➡ (X) 항복강도와 인장강도를 모두 합격한 샘플만 최종 합격이다. 만약 인장강도 평가에서 합격한 모든 샘플이 항복강도 평가에서도 합격했다면 최종 합격률은 84.0%가 아닌 88.0% 이상이어야 한다. 인장강도 평가를 합격한 샘플이 88.0%이기 때문이다.

③ 항복강도 평가에서 불합격한 SD500 샘플 수는 4개이다. ➡ (X) 불합격한 SD500 샘플 수는 40 × 0.05 = 2(개)이다.

④ 최종 불합격한 전체 샘플 수는 5개 이하이다. ➡ (X) SD500의 불합격 샘플 수는 2개이고, SD600의 최종 불합격 샘플 수는 25 × 0.16 = 4(개)이다. 따라서 최종 불합격한 전체 샘플 수는 6개이다.

⑤ 항복강도 평가에서 불합격한 SD600 샘플 수는 최종 불합격한 SD500 샘플 수와 같다. ➡ (O) 항복강도 평가에서 불합격한 SD600 샘플 수는 25 × 0.08 = 2(개)이다. 그리고 최종 불합격한 SD500 샘플 수 역시 2개이다.

20 ④ TOP2 정답률 27.9%

| 문제 유형 | 자료 읽기 > 표 제시형 |
| 접근 전략 | 2013년 생산량 대비 증가율이 +라면 2015년의 수치는 커진 것이고, 2013년 생산량 대비 증가율이 −라면 2015년의 수치는 작아진 것이다. 2013년 생산량 대비 증가율을 이용하여 2015년이나 2013년의 수치를 구할 수 있다면 어렵지 않게 해결할 수 있다.

다음 〈표〉는 2015년 와인 생산량 및 소비량 상위 8개국 현황에 관한 자료이다. 이에 대한 〈보기〉의 설명 중 옳은 것만을 모두 고르면?

〈표 1〉 2015년 와인 생산량 상위 8개국 현황
(단위: 천 L, %)

국가 \ 구분	2015년 생산량	구성비	2013년 생산량 대비 증가율
이탈리아	4,950	17.4	−8.3
프랑스	4,750	16.7	12.8
스페인	3,720	13.1	−18.0
미국	2,975	10.4	−4.5
아르헨티나	1,340	4.7	−10.7
칠레	1,290	4.5	0.8
호주	1,190	4.2	−3.3
남아프리카공화국	1,120	3.9	22.4
계	21,335	74.9	−3.8

〈표 2〉 2015년 와인 소비량 상위 8개국 현황
(단위: 천 L, %)

국가 \ 구분	2015년 생산량	구성비	2013년 생산량 대비 증가율
미국	3,320	13.3	6.5
프랑스	2,720	10.9	−3.5
이탈리아	2,050	8.2	−5.9
독일	2,050	8.2	1.0
중국	1,600	6.4	−8.4
영국	1,290	5.2	1.6
아르헨티나	1,030	4.1	−0.4
스페인	1,000	4.0	2.0
계	15,060	60.2	−0.8

※ 1) 구성비는 세계 와인 생산(소비)량에서 각 국가 생산(소비)량이 차지하는 비율임
2) 구성비와 증가율은 소수 둘째 자리에서 반올림한 값임

〈보기〉
ㄱ. 2015년 와인 생산량 상위 8개국 중 와인 소비량이 생산량보다 많은 국가는 1개이다. → (O) 미국의 경우 2015년 와인 생산량(2,975천 L)보다 와인 소비량(3,320천 L)이 더 많았다. 나머지 상위 국가들은 와인 생산량이 와인 소비량보다 많았다.

ㄴ. 2015년 와인 생산량 상위 8개국만 와인 생산량이 각각 10%씩 증가했다면, 2015년 세계 와인 생산량은 30,000천L 이상이었을 것이다. → (O) 2015년 와인 생산량 상위 8개국의 와인 생산량은 전체 와인 생산량의 약 75%이다. 따라서 전체 와인 생산량은 $21,335 \times \frac{4}{3} ≒ 28,447$(천 L)이다. 와인 생산량 상위 8개국만 와인 생산량이 10% 증가한다면 세계 와인 생산량은 $21,335 \times 0.1 = 2,133.5$(천 L) 증가한다. 따라서 세계 와인 생산량이 $28,447 + 2,133.5 = 30,580.5$(천 L)로 30,000천 L 이상이었을 것이다.

ㄷ. 2015년 중국 와인 소비량은 같은 해 세계 와인 생산량의 6% 미만이다. → (O) 2015년 중국 와인 소비량은 1,600천 L이다. 같은 해 세계 와인 생산량은 $21,335 \div 0.75 ≒ 28,447$(천 L)이다. 세계 와인 생산량의 6%는 $28,447 \times 0.06 ≒ 1,707$(천 L)이다. 따라서 2015년 중국 와인 소비량은 같은 해 세계 와인 생산량의 6% 미만이다.

ㄹ. 2013년 스페인 와인 생산량은 같은 해 영국 와인 소비량의 3배 미만이다. → (X) 2013년 스페인 와인 생산량은 $3,720 \div 0.82 ≒ 4,537$(천 L)이고, 2013년 영국 와인 소비량은 $1,290 \div 1.016 ≒ 1,270$(천 L)이다. 따라서 2013년 스페인 와인 생산량은 같은 해 영국 와인 소비량의 3배 이상이다.

① ㄱ, ㄷ ➡ (X)
② ㄴ, ㄹ ➡ (X)
③ ㄷ, ㄹ ➡ (X)
④ ㄱ, ㄴ, ㄷ ➡ (O)
⑤ ㄱ, ㄴ, ㄹ ➡ (X)

21 ④ 정답률 53.6%

| 문제 유형 | 자료 변환응용 > 자료/보고서 전환형 |
| 접근 전략 | 각 사업체에 대한 설명을 보고 어떤 사업체인지 유추하는 문제이다. 주어진 자료가 많다고 느낄 수 있으나 〈보고서〉에서 주어진 〈조건〉에 부합하는 사업체를 찾아가는 과정으로 풀이하면 의외로 쉽게 답을 구할 수 있는 문제이다.

다음 〈표〉는 2017년 부산항 해운항만산업 사업실적에 관한 자료이다. 이에 대한 〈보고서〉의 내용 중 업종 A ~ D에 해당하는 사업체 수의 합은?

〈표〉 2017년 부산항 해운항만산업 사업실적
(단위: 억 원, 개)

업종 \ 구분	매출액	영업비용	영업이익	사업체 수
여객운송업	957	901	56	18
화물운송업	58,279	56,839	1,440	359
대리중개업	62,276	59,618	2,658	1,689
창고업	14,480	13,574	906	166
하역업	15,298	12,856	2,442	65
항만부대업	14,225	13,251	974	323
선용품공급업	58,329	54,858	3,471	1,413
수리업	8,275	7,493	782	478
전체	232,119	219,390	12,729	4,511

※ 영업이익률(%) = $\frac{\text{영업이익}}{\text{매출액}} \times 100$

─⟨보고서⟩─

2017년 부산항 해운항만산업 전체 매출액은 232,119억 원이다. 업종별로 보면, 매출액은 대리중개업이 가장 많고, 영업이익은 [A]이 가장 많다. → 영업이익은 선용품공급업이 가장 많다. 이는 〈표〉에서 바로 확인할 수 있다. 선용품공급업의 사업체 수는 1,413이다.

2017년 부산항 해운항만산업 전체의 영업이익률은 약 5.5%이다. [B]을 제외한 모든 업종이 10% 이하의 영업이익률을 기록하여 해운항만산업 고도화를 통한 부가가치 증대의 필요성을 보여준다. → B는 10%를 초과하는 영업이익률을 기록하였다고 볼 수 있다. 영업이익률이 10%를 초과하는 업종은 하역업이다. 하역업의 사업체 수는 65개이다.

2017년 부산항 해운항만산업 전체의 사업체당 매출액은 51억 원 이상이다. [C]은 사업체당 매출액이 부산항 해운항만산업 전체의 사업체당 매출액보다 적지만, 사업체당 영업이익이 3억 원을 초과한다. → 매출액이 사업체당 51억 원을 곱했을 때보다 작으면서 영업이익이 사업체당 3억 원을 곱했을 때보다 큰 업종은 항만부대업이다. 항만부대업의 사업체 수는 323개이다. 반면, [D]은 부산항 해운항만산업 업종 중 사업체당 영업비용과 사업체당 매출액이 모두 가장 적다. → 수리업의 사업체당 영업비용은 약 15.7억 원이고 사업체당 매출액은 약 17.3억 원으로 모든 해운항만산업 가운데 가장 적다. 수리업의 사업체 수는 478개이다.

따라서 A~D에 해당하는 사업체 수의 합은 1,413+65+323+478=2,279(개)이다.

① 1,032 ➡ (X)
② 1,967 ➡ (X)
③ 2,232 ➡ (X)
④ 2,279 ➡ (O)
⑤ 3,333 ➡ (X)

22 ① 정답률 52.2%

|문제 유형| 자료 읽기/추론 > 매칭형
|접근 전략| 〈정보〉에서 제공된 '제품 품질 측정 및 가공 작업 공정'은 코딩 작업과 동일한 과정이다. 화살표 방향에 맞춰서 주어진 조건들을 판단하는 작업을 해야 한다. 각 분기점에서 '예'와 '아니오'를 나누는 기준들을 정확하게 파악해야만 올바른 판단을 내릴 수 있다. 그리고 오염도와 강도에는 폐기가 있지만 치수에서는 폐기가 없고 치수를 맞추는 과정만 있다는 것을 기억해 두어야 한다.

다음 〈표〉는 제품 A~E의 회수 시점의 평가 항목별 품질 상태를 나타낸 자료이다. 〈정보〉에 근거하여 재사용 또는 폐기까지의 측정 및 가공 작업에 소요되는 비용이 가장 적은 제품과 가장 많은 제품을 바르게 나열한 것은?

〈표〉 제품 A~E의 회수 시점의 평가 항목별 품질 상태

평가 항목 제품	오염도	강도	치수
A	12	11	12
B	6	8	8
C	5	11	7
D	5	3	8
E	10	9	12

─⟨정보⟩─

○ 제품 품질 측정 및 가공 작업 공정

○ 단위작업별 내용 및 1회당 비용
(단위: 천 원)

단위작업	내용	비용
측정 작업	오염도 측정	5
	강도 측정	10
	치수 측정	2
가공 작업	세척	5
	열가공	50
	기계가공 치수 확대	20
	기계가공 치수 축소	10

※ 세척 1회 시 오염도 1 감소, 열가공 1회 시 강도 1 증가, 기계가공 1회 시 치수 1만큼 확대 또는 축소됨

	비용이 가장 적은 제품	비용이 가장 많은 제품
①	A	B	➡ (O) 각 제품

별 공정은 다음과 같다.
• A: 오염도 측정 1회, 폐기
• B: 오염도 측정 2회, 세척 1회, 강도 측정 3회, 열가공 2회, 치수 측정 3회, 치수 확대 2회
• C: 오염도 측정 1회, 강도 측정 1회, 치수 측정 4회, 치수 확대 3회
• D: 오염도 측정 1회, 강도 측정 1회, 폐기
• E: 오염도 측정 6회, 세척 5회, 강도 측정 2회, 열가공 1회, 치수 측정 3회, 치수 축소 2회

따라서 각 제품별 비용은 다음과 같다.
• A: 5×1=5(천 원)
• B: (5×2)+(5×1)+(10×3)+(50×2)+(2×3)+(20×2)=191(천 원)
• C: (5×1)+(10×1)+(2×4)+(20×3)=83(천 원)
• D: (5×1)+(10×1)=15(천 원)
• E: (5×6)+(5×5)+(10×2)+(50×1)+(2×3)+(10×2)=151(천 원)

따라서 소요되는 비용이 가장 적은 제품은 A이고, 가장 많은 제품은 B이다.

②	A	C	➡ (X)
③	C	E	➡ (X)
④	D	B	➡ (X)
⑤	D	C	➡ (X)

23 ③
정답률 50.7%

| 문제 유형 | 자료 읽기/추론 > 계산형
| 접근 전략 | 교통사고 건수와 교통사고 사망자 수를 알려주는 정보를 놓치지 말아야 한다. 또한 문제에서 요구하는 단위가 1만 명당인지, 10만 명당인지에 따라 계산값이 달라지므로 단위에 표시하며 문제를 읽어 나간다.

다음 〈그림〉은 '갑'국의 2003∼2019년 교통사고 현황에 관한 자료이다. 이를 근거로 2003년 인구와 2019년 인구 1만 명당 교통사고 건수를 바르게 나열한 것은?

	2003년 인구(백만 명)	2019년 인구 1만 명당 교통사고 건수(건)	
①	44	65	➡ (X)
②	44	650	➡ (X)
③	47	65	➡ (O)

2003년 교통사고 사망자 수를 인구 10만 명당 교통사고 사망자 수로 나누면 2003년 전체 인구를 알 수 있다. 즉, 2003년 인구는 10,246÷21.8=470(10만 명)이다. 그런데 선지에서는 백만 명 단위로 인구 수를 구하기 때문에 10만 명당 교통사고 사망자 수로 얻은 수치에서 자릿수를 하나 줄여야 한다. 따라서 47백만 명이 된다. 2019년 인구 1만 명당 교통사고 건수를 구하기 위해 먼저 2019년 인구를 구해야 한다. 2019년 교통사고 사망자 수를 2019년 인구 10만 명당 교통사고 사망자 수로 나누면 된다. 즉, 2019년 인구는 4,284÷8.4=510(십만 명)이다. 이는 10만 명당으로 구한 것이다. 선지에서는 1만 명당으로 묻고 있기 때문에 10을 곱해 자릿수를 하나

늘리면 5,100만 명이 된다. 따라서 2019년 인구 1만 명당 교통사고 건수는 331,500÷5,100=65(건)이다.

④	47	650	➡ (X)
⑤	49	65	➡ (X)

※ 다음 〈그림〉과 〈표〉는 세계 및 국내 조선업 현황에 대한 자료이다. 다음 물음에 답하시오. [문 24.∼문 25.]

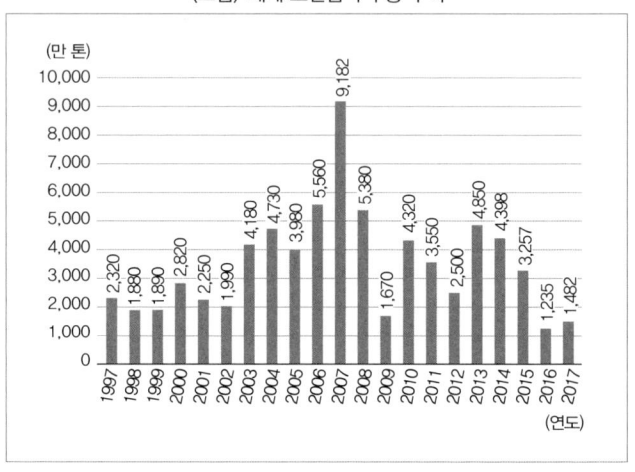

〈표 1〉 2014∼2017년 국내 조선업 수주량 및 수주잔량

(단위: 만 톤, %)

연도 \ 구분	수주량	전년 대비 증가율	수주잔량	전년 대비 증가율
2014	1,286	−30.1	3,302	−1.6
2015	1,066	( )	3,164	−4.2
2016	221	( )	2,043	( )
2017	619	( )	1,761	−13.8

※ 해당 연도 수주잔량 = 전년도 수주잔량 + 해당 연도 수주량 − 해당 연도 건조량

〈표 2〉 2014∼2016년 국내 조선기자재업체 기업 규모별 업체 수 및 이자보상배율이 1 미만인 업체 비율

(단위: 개, %)

기업 규모	업체 수	연도 2014	2015	2016
대형	20	15.0	20.0	25.0
중형	35	25.7	17.1	34.3
소형	96	19.8	28.1	38.5
전체	151	20.5	24.5	35.8

※ 1) 2014년 이후 기업 규모별 업체 수는 변화 없음
  2) 비율은 소수 둘째 자리에서 반올림한 값임

24 ③   정답률 54.3%

| 문제 유형 | 자료 추론 > 추가로 필요한 자료 찾기
| 접근 전략 | 〈표 1〉과 〈표 2〉에서 제공하는 정보를 면밀히 살펴보지 않고, 문제를 급하게 푼다면 피하기 힘든 함정이 있는 문제이다. 〈표 1〉 각주를 통해 건조량을 구할 수 있다는 것을 파악하고 끝까지 신중하게 읽어야 한다.

제시된 〈그림〉과 〈표〉 이외에 〈보고서〉를 작성하기 위해 추가로 필요한 자료만을 〈보기〉에서 모두 고르면?

─────────〈보고서〉─────────

　세계 조선업 경기는 최악의 부진에서 벗어나는 모습이다. 2016년 세계 조선업의 수주량은 1997년 이후 최저치였다. 2017년 한국은 중국을 밀어내고 수주량 1위를 차지했는데, 이는 2012년 중국에 1위 자리를 내어준 이후 6년 만이다. 3대 조선강국으로 분류되는 일본은 자국 발주 확대에도 불구하고 세계 수주량의 5.8%까지 비중이 하락하였다. ▶1문단

　2016년 국내 조선업은 전년대비 79.3% 감소한 수주량을 기록하면서 유례없는 수주절벽을 경험하였다. 그리고 수주량 급감의 영향으로 2016년 수주잔량은 2,043만 톤까지 줄어든 것으로 조사되었다. 2014～2016년 3년간 국내 조선업 평균 건조량이 약 1,295만 톤이었음을 고려하면 수주잔량은 2년 치 미만 일감에 불과한 것으로 나타나 우려는 더욱 커졌다. ▶2문단

　2017년 국내 대형 조선사는 해양플랜트 수주량 증가에 힘입어 실적이 개선되고 있다. 그러나 국내 중소형 조선사는 여전히 부진에서 벗어나지 못하고 있으며 국내 조선기자재업체의 실적 회복도 어려울 것으로 전망된다. ▶3문단

→ 〈보고서〉의 내용을 살펴보면 다음과 같다.
- 〈보고서〉 1문단의 "세계 조선업 경기는 최악의 부진에서 벗어나는 모습이다. 2016년 세계 조선업의 수주량은 1997년 이후 최저치였다."라는 내용은 〈그림〉에서 확인할 수 있다.
- 〈보고서〉 1문단의 "2017년 한국은 중국을 밀어내고 수주량 1위를 차지했는데, 이는 2012년 중국에 1위 자리를 내어준 이후 6년 만이다."라는 내용은 〈그림〉과 〈표〉에서 확인할 수 없다. 따라서 '2010～2017년 세계 조선업 수주량의 국가별 점유율' 자료가 추가로 필요하다.
- 〈보고서〉 1문단의 "3대 조선강국으로 분류되는 일본은 자국 발주 확대에도 불구하고 세계 수주량의 5.8%까지 비중이 하락하였다."라는 내용 역시 '2010～2017년 세계 조선업 수주량의 국가별 점유율' 자료를 통해 구할 수 있다.
- 〈보고서〉 2문단의 "2016년 국내 조선업은 전년 대비 79.3% 감소한 수주량을 기록하면서 유례없는 수주절벽을 경험하였다. 그리고 수주량 급감의 영향으로 2016년 수주잔량은 2,043만 톤까지 줄어든 것으로 조사되었다."라는 것은 〈표 1〉을 통해 구할 수 있다.
- 〈보고서〉 2문단의 "2014～2016년 3년간 국내 조선업 평균 건조량이 약 1,295만 톤이었음을 고려하면 수주잔량은 2년 치 미만 일감에 불과한 것으로 나타나 우려는 더욱 커졌다."라는 내용은 해당 연도 건조량은 '전년도 수주잔량 + 해당 연도 수주량 − 해당 연도 수주잔량'으로 구할 수 있는데, 이는 〈표 1〉에서 확인 가능하다.
- 〈보고서〉 3문단의 "2017년 국내 대형 조선사는 해양플랜트 수주량 증가에 힘입어 실적이 개선되고 있다."라는 것은 〈그림〉과 〈표〉에서 확인할 수 없다. 따라서 '2010～2017년 국내 조선사 규모별 해양플랜트 수주량' 자료가 추가로 필요하다.

─────────〈보기〉─────────

ㄱ. 2010～2017년 세계 조선업 수주량의 국가별 점유율 → (O) 이는 〈그림〉과 〈표〉에서 확인할 수 없다. 따라서 2010～2017년 세계 조선업 수주량의 국가별 점유율이 추가 자료로 필요하다.
ㄴ. 2014～2016년 국내 조선업 건조량 → (X) 이는 〈표 1〉을 바탕으로 구할 수 있는 수치이므로 추가로 필요한 자료에 해당하지 않는다.
ㄷ. 2014～2016년 중국 조선기자재업체 실적 → (X) 〈보고서〉에서는 중국 조선기자재업체 실적에 대한 내용이 언급되어 있지 않다. 따라서 추가로 필요한 자료에 해당하지 않는다.
ㄹ. 2010～2017년 국내 조선사 규모별 해양플랜트 수주량 → (O) 이는 〈그림〉과 〈표〉에서 확인할 수 없다. 따라서 2010～2017년 국내 조선사 규모별 해양플랜트 수주량이 추가 자료로 필요하다.

① ㄱ, ㄴ ➡ (X)
② ㄱ, ㄷ ➡ (X)
③ ㄱ, ㄹ ➡ (O)
④ ㄴ, ㄷ ➡ (X)
⑤ ㄴ, ㄹ ➡ (X)

S 25 ②   TOP1 정답률 20.9%

| 문제 유형 | 자료 읽기 > 표/빈칸 제시형
| 접근 전략 | 증감률은 비율(%)이지만, 증감폭은 수치(개)이다. 증감폭이 가장 크다고 하더라도 증감률 또한 가장 큰 것이 아닐 수 있다는 점에 유의하도록 한다.

위 〈표〉에 근거한 〈보기〉의 설명 중 옳은 것만을 모두 고르면?

─────────〈보기〉─────────

ㄱ. 2014～2016년 중 국내 조선업 건조량이 가장 적은 해는 2016년이다. → (X) 해당 연도 건조량은 '전년도 수주잔량 + 해당 연도 수주량 − 해당 연도 수주잔량'으로 구할 수 있다. 2014년의 건조량은 계산이 복잡하므로 2015년부터 확인한다. 2015년 이후 연도별 건조량은 2015년의 경우 3,302 + 1,066 − 3,164 = 1,204(만 톤), 2016년의 경우 3,164 + 221 − 2,043 = 1,342(만 톤)이다. 따라서 건조량이 가장 적은 해는 2016년이 아니다.
ㄴ. 2014년 이후 국내 조선업 수주량의 전년 대비 증감률이 가장 큰 해는 2017년이다. → (O) 2015년과 2016년은 수주량이 전년 대비 감소하였고, 2017년은 증가하였다. 따라서 2014년 이후 국내 조선업 수주량의 전년 대비 증감률이 양수인 해는 2017년이 유일하므로 ㄴ은 적절하다.
ㄷ. 2014년 이자보상배율이 1미만인 국내 조선기자재업체 수는 중형이 대형의 3배이다. → (O) 2014년 이자보상배율이 1 미만인 국내 조선기자재업체 수는 중형이 35 × 0.257 ≒ 9(개), 대형이 20 × 0.15 = 3(개)이므로 ㄷ은 적절하다.
ㄹ. 이자보상배율이 1미만인 국내 조선기자재업체 수의 2015년 대비 2016년 증감폭이 가장 큰 기업 규모는 중형이다. → (X) 2014년 이후 기업 규모별 업체 수가 동일하므로 증감폭은 '업체 수 × (해당 연도의 비율 − 전년도의 비율)'로 구할 수 있다. 2015년 대비 2016년 증감폭은 대형의 경우 20 × (0.25 − 0.20) = 1(개), 중형의 경우 35 × (0.343 − 0.171) ≒ 6(개), 소형의 경우 96 × (0.385 − 0.281) ≒ 10(개)이다. 따라서 소형의 증감폭이 가장 크다.

① ㄱ, ㄴ ➡ (X)
② ㄴ, ㄷ ➡ (O)
③ ㄴ, ㄹ ➡ (X)
④ ㄷ, ㄹ ➡ (X)
⑤ ㄱ, ㄷ, ㄹ ➡ (X)

정답과 분석해설

2020 | 제3영역 상황판단

기출 총평

전반적으로 최근 PSAT 유형과 경향과 유사하였다. 규정이나 제시문을 묻는 문항이 10문항 출제되었는데, 단순하게 내용만 확인하도록 하는 문항보다는 간단한 수리적 추론이나 논리적 추론을 함께 묻는 경우가 많아 내용을 꼼꼼하게 살펴보도록 구성되어 있다. 퍼즐형 문항의 경우 다양한 영역들을 묻고 있고, 난도는 실제 기출 문항과 크게 다르지 않았을 것으로 판단된다. 그리고 일부 문항의 경우는 제시된 선지로부터 소거하는 방식을 활용해 정답을 쉽게 골라낼 수 있었을 것으로 보인다. 연산추론형에서 수리계산 유형의 문제는 없었지만, 퍼즐형에서 수리퀴즈의 비율이 가장 높고, 규정이나 제시문 유형에서 수리적 추론을 함께 묻고 있는 문항들이 일부 포함되어 있기 때문에 실제 PSAT를 준비하는 데에 크게 도움이 되는 세트라고 볼 수 있다. 5급뿐만 아니라 민경채 시험에서의 상황판단 영역 문항들과 비교해 보아도 그 유형이 크게 다르지 않다. 한편 본 모의평가는 최근의 이슈가 될 만한 제재들과 직무 상황들을 다루고 있다. 따라서 실제 출제될 가능성이 있는 제재들을 중심으로 자신의 문제풀이능력을 직접적으로 테스트해 볼 수 있다. 또한 실제 소요되는 시간을 정확하게 측정하여 자신의 학습 방법을 점검하고, 틀린 문항의 유형에 대한 분석까지 병행된다면 실제 시험에서 자신이 원하는 점수를 달성하는 데 본 모의평가가 효과적으로 활용될 수 있을 것으로 판단된다.

문항 분석

문번	정답	정답률	유형
01	④	61.1%	법조문형 > 규정적용
02	⑤	35.7%	법조문형 > 규정확인
03	⑤	72.2%	제시문형 > 분석추론
04	⑤	48.6%	제시문형 > 분석추론
05	③	87.5%	법조문형 > 규정적용
06	②	63.4%	법조문형 > 규정적용
07	①	62%	연산추론형 > 대입비교
08	③	91.7%	제시문형 > 분석추론
09	④	46.5%	제시문형 > 정보확인
10	④	94.4%	퍼즐형 > 수리퀴즈
11	②	45.8%	연산추론형 > 대입비교
12	⑤	90.3%	연산추론형 > 대입비교
13	②	64.3%	퍼즐형 > 수리퀴즈

문번	정답	정답률	유형
14	④	93.1%	퍼즐형 > 게임·규칙
15	③	93.1%	연산추론형 > 대입비교
16	③	72.5%	퍼즐형 > 논리퀴즈
17	⑤	93.1%	연산추론형 > 대입비교
18	②	83.3%	연산추론형 > 대입비교
19	①	79.2%	연산추론형 > 대입비교
20	③	76.4%	연산추론형 > 대입비교
21	③	71.4%	연산추론형 > 대입비교
22	①	38.1%	퍼즐형 > 수리퀴즈
23	②	76.1%	제시문형 > 정보확인
24	①	70.8%	제시문형 > 분석추론
25	⑤	53.1%	퍼즐형 > 논리퀴즈

※ 음영 문항은 해당 회차에서 정답률이 가장 낮은 TOP 3 문항입니다.
※ 정답률 산정 기준: 약 1년간 누적된 자동채점 & 성적결과분석 서비스의 응시 데이터

출제 비중

01	④	02	⑤	03	⑤	04	⑤	05	③
06	②	07	①	08	③	09	④	10	④
11	②	12	⑤	13	②	14	④	15	③
16	③	17	⑤	18	②	19	①	20	③
21	③	22	①	23	②	24	④	25	⑤

01 ④ 정답률 61.1%

| 문제 유형 | 법조문형 > 규정적용

| 접근 전략 | 법조문의 제목을 통해 해당 법조항의 내용을 빠르게 파악한 후, 〈상황〉을 확인하여 선지를 소거해 나가면 된다. 총 사업비가 50억 원 이상인 국제행사는 원칙적으로 타당성조사 대상이지만, 국고지원 비율이 총 사업비의 20% 이내인 경우 타당성조사를 전문위원회 검토로 대체할 수 있음에 주의한다.

다음 글과 〈상황〉을 근거로 판단할 때 옳은 것은?

제00조(적용범위) 이 규정은 중앙행정기관, 광역자치단체(광역자치단체와 기초자치단체 공동주관 포함)가 국제행사를 개최하기 위하여 10억 원 이상의 국고지원을 요청하는 경우에 적용한다.

제00조(정의) "국제행사"라 함은 5개국 이상의 국가에서 외국인이 참여하고, 총 참여자 중 외국인 비율이 5% 이상(총 참여자 200만 명 이상은 3% 이상)인 국제회의·체육행사·박람회·전시회·문화행사·관광행사 등을 말한다.

제00조(국고지원의 제외) 국제행사 중 다음 각 호에 해당하는 행사는 국고지원의 대상에서 제외된다. 이 경우 제외되는 시기는 다음 각 호 이후 최초 개최되는 행사의 해당 연도부터로 한다.
1. 매년 1회 정기적으로 개최하는 국제행사로서 국고지원을 7회 받은 경우
2. 그 밖의 주기로 개최하는 국제행사로서 국고지원을 3회 받은 경우

제00조(타당성조사, 전문위원회 검토의 대상 등) ① 국고지원의 타당성조사 대상은 국제행사의 개최에 소요되는 총 사업비가 50억 원 이상인 국제행사로 한다.
② 국고지원의 전문위원회 검토 대상은 국제행사의 개최에 소요되는 총 사업비가 50억 원 미만인 국제행사로 한다.
③ 제1항에도 불구하고 국고지원 비율이 총 사업비의 20% 이내인 경우 타당성조사를 전문위원회 검토로 대체할 수 있다.

―〈상황〉―

甲광역자치단체는 2021년에 제6회 A박람회를 국고지원을 받아 개최할 예정이다. A박람회는 매년 1회 총 250만 명이 참여하는 행사로서 20여 개국에서 8만 명 이상의 외국인들이 참여해 왔다. 2021년에도 동일한 규모의 행사가 예정되어 있다. 한편 2020년에 5번째로 국고지원을 받은 A박람회의 총 사업비는 40억 원이었으며, 이 중 국고지원 비율은 25%였다.

① 2021년에 총 250만 명의 참여자 중 외국인 참여자가 감소하여 6만 명이 되더라도 A박람회는 국제행사에 해당된다. ➡ (X) 두 번째 조항에 따르면 총 참여자 200만 명 이상인 국제회의 등은 총 참여자 중 외국인 비율이 3% 이상이어야 국제행사에 해당된다. 총 250만 명의 참여자 중 외국인 참여자가 6만 명이라면 총 참여자 중 외국인 비율이 3% 미만이므로 국제행사에 해당되지 않는다.

② 2021년에 A박람회가 예정대로 개최된다면, A박람회는 2022년에 국고지원의 대상에서 제외된다. ➡ (X) 세 번째 조항 제1호에 따르면 매년 1회 정기적으로 개최하는 국제행사로서 국고지원을 7회 받은 경우, 이후 최초 개최되는 행사의 해당 연도부터는 국고지원의 대상에서 제외된다. A박람회는 매년 1회 정기적으로 개최되는 국제행사이다. 따라서 2021년에 A박람회가 예정대로 개최된다면, A박람회는 2021년에 6번째로 국고지원을 받는 것이므로 2022년 국고지원 대상에서 제외되지 않는다.

③ 2021년 총 사업비가 52억 원으로 증가하고 국고지원은 8억 원을 요청한다면, A박람회는 타당성조사 대상이다. ➡ (X) 첫 번째 조항에 따르면 국제행사를 개최하기 위하여 10억 원 이상의 국고지원을 요청하는 경우에만 제시된 법률이 적용된다. 따라서 국고지원을 8억 원 요청한다면 제시된 법률 자체가 적용되지 않으므로 A박람회가 타당성조사 대상인지는 알 수 없다.

④ 2021년 총 사업비가 60억 원으로 증가하고 국고지원은 전년과 동일한 금액을 요청한다면, A박람회는 전문위원회 검토를 받을 수 있다. ➡ (O) 2020년 A박람회의 총 사업비는 40억 원이었으며, 이 중 국고지원 비율이 25%이므로 2020년 A박람회의 국고지원 액수는 10억 원이었다. 네 번째 조항의 제3항에 따르면 국고지원 비율이 총 사업비의 20% 이내인 경우 타당성조사를 전문위원회 검토로 대체할 수 있다고 하였으므로 2021년 A박람회의 총 사업비가 60억 원이고, 국고지원은 전년과 동일하게 10억 원이라면, 국고지원 비율이 총 사업비의 20%(12억 원) 이내가 되어 2021년 개최될 A박람회는 전문위원회 검토를 받을 수 있다.

⑤ 2021년 甲광역자치단체와 乙기초자치단체가 공동주관하여 전년과 동일한 총 사업비로 A박람회를 개최한다면, A박람회는 타당성조사 대상이다. ➡ (X) 네 번째 조항의 제1항 및 제2항에 따르면 국제행사의 개최에 소요되는 총 사업비가 50억 원 이상인 국제행사는 타당성조사 대상이 되고, 50억 원 미만인 국제행사는 전문위원회 검토 대상이 된다. 2020년 A박람회의 총 사업비는 40억 원이었으므로, 2021년 甲광역자치단체와 乙기초자치단체가 공동주관하여 전년과 동일한 총 사업비로 A박람회를 개최한다면, A박람회는 전문위원회 검토 대상이다.

S 02 ⑤ TOP1 정답률 35.7%

| 문제 유형 | 법조문형 > 규정확인

| 접근 전략 | 주어진 법조문의 내용을 올바르게 해석하고 파악하였는지를 평가하는 규정확인 문제에 해당한다. 전체 법조항의 구체적인 내용을 이해하려고 하기보다는 선지의 진위를 파악하는 데 필요한 정보들이 어디에 있는지를 빠르게 찾아 확인한 후 정오를 파악하여 문제풀이 시간을 절약하도록 한다.

다음 글을 근거로 판단할 때 옳은 것은?

제○○조(진흥기금의 징수) ① 영화위원회(이하 "위원회"라 한다)는 영화의 발전 및 영화·비디오물산업의 진흥을 위하여 영화상영관에 입장하는 관람객에 대하여 입장권 가액의 100분의 5의 진흥기금을 징수한다. 다만, 직전 연도에 제△△조 제1호에 해당하는 영화를 연간 상영일수의 100분의 60 이상 상영한 영화상영관에 입장하는 관람객에 대해서는 그러하지 아니하다.
② 영화상영관 경영자는 관람객으로부터 제1항의 규정에 따른 진흥기금을 매월 말일까지 징수하여 해당 금액을 다음 달 20일까지 위원회에 납부하여야 한다.
③ 위원회는 영화상영관 경영자가 제2항에 따라 관람객으로부터 수납한 진흥기금을 납부기한까지 납부하지 아니하였을 때에는 체납된 금액의 100분의 3에 해당하는 금액을 가산금으로 부과한다.
④ 위원회는 제2항에 따른 진흥기금 수납에 대한 위탁수수료를 영화상영관 경영자에게 지급한다. 이 경우 수수료는 제1항에 따른 진흥기금 징수액의 100분의 3을 초과할 수 없다.

제△△조(전용상영관에 대한 지원) 위원회는 청소년 관객의 보호와 영화예술의 확산 등을 위하여 다음 각 호의 어느 하나에 해당하는 영화를 연간 상영일수의 100분의 60 이상 상영하는 영화상영관을 지원할 수 있다.
1. 애니메이션영화·단편영화·예술영화·독립영화
2. 제1호에 해당하지 않는 청소년관람가영화
3. 제1호 및 제2호에 해당하지 않는 국내영화

① 영화상영관 A에서 직전 연도에 연간 상영일수의 100분의 60 이상 청소년관람가 애니메이션영화를 상영한 경우 진흥기금을 징수한다. ➡ (X) 제○○조 제1항 및 제△△조 제1호에 따르면 직전 연도에 애니메이션영화·단편영화·예술영화·독립영화를 연간 상영일수의 100분의 60 이상 상영한 영화상영관에 입장하는 관람객에 대해서는 진흥기금을 징수하지 않는다. 따라서 영화상영관 A에는 진흥기금을 징수하지 않는다.

② 영화상영관 경영자 B가 8월분 진흥기금 60만 원을 같은 해 9월 18일에 납부하는 경우, 가산금을 포함하여 총 61만 8천 원을 납부하여야 한다. ➡ (X) 제○○조 제2항에 따르면 영화상영관 경영자는 관람객으로부터 진흥기금을 매월 말일까지 징수하여 다음 달 20일까지 위원회에 납부하여야 한다. 따라서 영화상영관 경영자 B가 8월분 진흥기금을 같은 해 9월 18일에 납부했다면 가산금이 부과되지 않는다.

③ 관람객 C가 입장권 가액과 그 진흥기금을 합하여 영화상영관에 지불하는 금액이 12,000원이라고 할 때, 지불 금액 중 진흥기금은 600원이다. ➡ (X) 제○○조 제1항에 따르면 영화위원회가 징수하는 진흥기금은 입장권 가액의 100분의 5이다. 따라서 관람객 C가 지불하는 진흥기금이 600원이라면 입장권 가액은 12,000원이 되고, 입장권 가액과 그 진흥기금을 합하여 영화상영관에 지불하는 금액은 12,600원이 되어야 한다.

④ 연간 상영일수가 매년 200일인 영화상영관 D에서 직전 연도에 단편영화를 40일, 독립영화를 60일 상영했다면 진흥기금을 징수하지 않는다. ➡ (X) 제○○조 제1항 및 제△△조 제1호에 따르면 직전 연도에 애니메이션영화·단편영화·예술영화·독립영화를 연간 상영일수의 100분의 60 이상 상영한 영화상영관에 입장하는 관람객에 대해서는 진흥기금을 징수하지 않는다. 따라서 연간 상영일수가 매년 200일인 영화상영관 D에서 직전 연도에 단편영화와 독립영화를 합쳐 총 100일 상영하였다면, 200일의 60%인 120일에 미달하기 때문에 진흥기금을 징수하여야 한다.

⑤ 영화상영관 경영자 E가 7월분 진흥기금과 그 가산금을 합한 금액인 103만 원을 같은 해 8월 30일에 납부한 경우, 위원회는 E에게 최대 3만 원의 수수료를 지급할 수 있다. ➡ (O) 제○○조 제3항에 따르면 가산금은 체납된 진흥기금 금액의 100분의 3이다. 영화상영관 경영자 E가 납부한 7월분 진흥기금과 그 가산금을 합한 금액이 103만 원이라면 진흥기금은 100만 원, 가산금은 3만 원임을 알 수 있다. 그런데 제○○조 제4항에서 진흥기금 수납에 대한 위탁수수료는 진흥기금 징수액의 100분의 3을 초과할 수 없다고 하였으므로, 진흥기금 징수액이 100만 원인 경우 위원회는 E에게 최대 3만 원의 수수료를 지급할 수 있다.

---

03 ⑤ 정답률 72.2%

| 문제 유형 | 제시문형 > 분석추론

| 접근 전략 | 제시문에 따르면 시·군법원은 소송물가액이 3,000만 원 이하인 금전지급청구소송을 전담하여 재판한다. 〈상황〉에서 주어진 금전지급청구가 아닌 인도청구의 경우에는 시·군법원에서 재판할 수 없음에 주의한다.

다음 글과 〈상황〉을 근거로 판단할 때 옳은 것은?

민사소송의 1심을 담당하는 법원으로는 지방법원과 지방법원지원(이하 "그 지원"이라 한다)이 있다. 지방법원과 그 지원이 재판을 담당하는 관할구역은 지역별로 정해져 있는데, 피고의 주소지를 관할하는 지방법원 또는 그 지원이 재판을 담당한다. 다만 금전지급청구소송은 원고의 주소지를 관할하는 지방법원 또는 그 지원도 재판할 수 있다. ▶1문단

한편, 지방법원이나 그 지원의 재판사무의 일부를 처리하기 위해서 그 관할구역 안에 시법원 또는 군법원(이하 "시·군법원"이라 한다)이 설치되어 있는 경우가 있다. 시·군법원은 지방법원 또는 그 지원이 재판하는 사건 중에서 소송물가액이 3,000만 원 이하인 금전지급청구소송을 전담하여 재판한다. 즉, 이러한 소송의 경우 원고 또는 피고의 주소지를 관할하는 시·군법원이 있으면 지방법원과 그 지원은 재판할 수 없고 시·군법원만이 재판한다. ▶2문단

※ 소송물가액: 원고가 승소하면 얻게 될 경제적 이익을 화폐 단위로 평가한 것

─〈상황〉─

○ 甲은 乙에게 빌려준 돈을 돌려받기 위해 소송물가액 3,000만 원의 금전지급청구의 소(이하 "A청구"라 한다)와 乙에게서 구입한 소송물가액 1억 원의 고려청자 인도청구의 소(이하 "B청구"라 한다)를 각각 1심 법원에 제기하려고 한다.
○ 甲의 주소지는 김포시이고 乙의 주소지는 양산시이다. 이들 주소지와 관련된 법원명과 그 관할구역은 다음과 같다.

법원명	관할구역
인천지방법원	인천광역시
인천지방법원 부천지원	부천시, 김포시
김포시법원	김포시
울산지방법원	울산광역시, 양산시
양산시법원	양산시

① 인천지방법원 부천지원은 A청구를 재판할 수 있다. ➡ (X) 1문단에 따르면 금전지급청구소송은 원고 또는 피고의 주소지를 관할하는 지방법원 또는 그 지원이 재판할 수 있다. 또한 2문단에 따르면 시·군법원은 소송물가액이 3,000만 원 이하인 금전지급청구소송을 전담하여 재판하는데, 이 경우 원고 또는 피고의 주소지를 관할하는 시·군법원이 있으면 지방법원과 그 지원은 재판할 수 없고 시·군법원만이 재판한다. A청구는 甲이 乙에게 빌려준 돈을 돌려받기 위한 소송물가액 3,000만 원의 금전지급청구의 소로서, 원고 甲의 주소지는 김포시, 피고 乙의 주소지는 양산시이므로 김포시법원과 양산시법원에서만 재판할 수 있다. 따라서 지방법원지원인 인천지방법원 부천지원은 A청구를 재판할 수 없다.

② 인천지방법원은 A청구를 재판할 수 있다. ➡ (X) A청구는 甲이 乙에게 빌려준 돈을 돌려받기 위한 소송물가액 3,000만 원의 금전지급청구의 소로서, 원고 甲의 주소지는 김포시, 피고 乙의 주소지는 양산시이므로, 김포시법원과 양산시법원에서만 재판할 수 있어 인천지방법원은 A청구를 재판할 수 없다.

③ 양산시법원은 B청구를 재판할 수 있다. ➡ (X) B청구는 甲이 乙에게서 구입한 고려청자 인도청구의 소로서, 소송물가액이 1억 원이므로, 시·군법원에서 재판할 수 없다. 따라서 피고 乙의 주소지는 양산시이므로, 울산지방법원이 재판을 담당한다.

④ 김포시법원은 B청구를 재판할 수 있다. ➡ (X) B청구는 甲이 乙에게서 구입한 고려청자 인도청구의 소로서, 소송물가액이 1억 원이다. 따라서 피고 乙의 주소지는 양산시이므로 울산지방법원이 재판을 담당한다.

⑤ 울산지방법원은 B청구를 재판할 수 있다. ➡ (O) 1문단에 따르면 민사소송은 피고의 주소지를 관할하는 지방법원 또는 그 지원이 담당한다. B청구는 甲이 乙에게서 구입한 고려청자 인도청구의 소로서, 소송물가액이 1억 원이다. 따라서 乙의 주소지는 양산시이므로 울산지방법원이 재판을 담당한다.

S 04 ⑤ 정답률 48.6%

| 문제 유형 | 제시문형 > 분석추론

| 접근 전략 | 선출원된 발명이 신규성 상실로 특허권이 부여되지 못한 경우에는 후출원에 대해서도 특허권이 부여되지 않음에 유의하도록 한다.

다음 글과 〈상황〉을 근거로 판단할 때 옳은 것은?

발명에 대해 특허권이 부여되기 위해서는 다음의 두 가지 요건 모두를 충족해야 한다. ▶1문단

첫째, 발명은 지금까지 세상에 없는 새로운 것, 즉 신규성이 있는 발명이어야 한다. 이미 누구나 알고 있는 발명에 대해서 독점권인 특허권을 부여하는 것은 부당하기 때문이다. 이때 발명이 신규인지 여부는 특허청에의 특허출원 시점을 기준으로 판단한다. 따라서 신규의 발명이라도 그에 대한 특허출원 전에 발명 내용이 널리 알려진 경우라든지, 반포된 간행물에 게재된 경우에는 특허출원 시점에는 신규성이 상실되었기 때문에 특허권이 부여되지 않는다. 그러나 발명자가 자발적으로 위와 같은 신규성을 상실시키는 행위를 하고 그날로부터 12개월 이내에 특허를 출원하면 신규성이 상실되지 않은 것으로 취급된다. 이를 '신규성의 간주'라고 하는데, 신규성을 상실시킨 행위를 한 발명자가 특허출원한 경우에만 신규성이 있는 것으로 간주된다. ▶2문단

둘째, 여러 명의 발명자가 독자적인 연구를 하던 중 우연히 동일한 발명을 완성하였다면, 발명의 완성 시기에 관계없이 가장 먼저 특허청에 특허출원한 발명자에게만 특허권이 부여된다. 이처럼 가장 먼저 출원한 발명자에게만 특허권이 부여되는 것을 '선출원주의'라고 한다. 따라서 특허청에 선출원된 어떤 발명이 신규성 상실로 특허권이 부여되지 못할 경우, 동일한 발명에 대한 후출원은 선출원주의로 인해 특허권이 부여되지 않는다. ▶3문단

〈상황〉
○ 발명자 甲, 乙, 丙은 각각 독자적인 연구개발을 수행하여 동일한 A발명을 완성하였다.
○ 甲은 2020. 3. 1. A발명을 완성하였지만 그 발명 내용을 비밀로 유지하다가 2020. 9. 2. 특허출원을 하였다.
○ 乙은 2020. 4. 1. A발명을 완성하자 2020. 6. 1. 간행되어 반포된 학술지에 그 발명 내용을 논문으로 게재한 후, 2020. 8. 1. 특허출원을 하였다.
○ 丙은 2020. 7. 1. A발명을 완성하자마자 바로 당일에 특허출원을 하였다.

① 甲이 특허권을 부여받는다. ➡ (X)
② 乙이 특허권을 부여받는다. ➡ (X)
③ 丙이 특허권을 부여받는다. ➡ (X)
④ 甲, 乙, 丙이 모두 특허권을 부여받는다. ➡ (X)
⑤ 甲, 乙, 丙 중 어느 누구도 특허권을 부여받지 못한다. ➡ (O) 2문단에 따르면 신규의 발명이라도 그에 대한 특허출원 전에 발명 내용이 널리 알려진 경우라든지, 반포된 간행물에 게재된 경우에는 특허출원 시점에는 신규성이 상실되었기 때문에 특허권이 부여되지 않는다. 丙은 2020. 7. 1. 가장 먼저 특허출원을 하였으나, 乙이 이보다 앞선 2020. 6. 1. 간행되어 반포된 학술지에 그 발명 내용을 논문으로 게재하였으므로, 丙의 특허출원 시점에는 신규성이 상실되어 특허권이 부여되지 않는다. 한편 3문단에 따르면 특허청에 선출원된 어떤 발명이 신규성 상실로 특허권이 부여되지 못할 경우, 동일한 발명에 대한 후출원은 선출원주의로 인해 특허권이 부여되지 않는데 甲과 乙은 丙보다 늦은 2020. 9. 2., 2020. 8. 1.에 각각 특허출원을 하였으므로, 선출원주의로 인해 특허권이 부여되지 않는다. 따라서 甲, 乙, 丙 모두 특허권을 부여받지 못한다. 특히 乙은 '신규성의 간주'에 의해 특허권을 부여받을 수 있다고 판단할 수 있으나, '선출원주의'에 의해 특허권을 부여받을 수 없게 된 것이다.

05 ③   정답률 87.5%

| 문제 유형 | 법조문형 > 규정적용
| 접근 전략 | 〈보기〉 항목의 진위를 파악하는 데 필요한 정보들을 주택담보노후연금대출과 관련한 법조문에서 확인한 후 주어진 〈상황〉에 적용하여 해결하는 문제로, 주택소유자 또는 주택소유자의 배우자 중 한 사람이 60세 이상이기만 하면 주택담보노후연금대출이 가능함에 유의하도록 한다.

다음 글과 〈상황〉을 근거로 판단할 때, 〈보기〉에서 옳은 것만을 모두 고르면?

제00조 ① "주택담보노후연금보증"이란 주택소유자가 주택에 저당권을 설정하고 금융기관으로부터 제2항에서 정하는 연금 방식으로 노후생활자금을 대출(이하 "주택담보노후연금대출"이라 한다)받음으로써 부담하는 금전채무를 주택금융공사가 보증하는 행위를 말한다. 이 경우 주택소유자 또는 주택소유자의 배우자는 60세 이상이어야 한다.
② 제1항의 연금 방식이란 다음 각 호의 어느 하나에 해당하는 방식을 말한다.
 1. 주택소유자가 생존해 있는 동안 노후생활자금을 매월 지급받는 방식
 2. 주택소유자가 선택하는 일정한 기간 동안 노후생활자금을 매월 지급받는 방식
 3. 제1호 또는 제2호의 어느 하나의 방식과, 주택소유자가 다음 각 목의 어느 하나의 용도로 사용하기 위하여 일정한 금액(단, 주택담보노후연금대출 한도의 100분의 50 이내의 금액으로 한다)을 지급받는 방식을 결합한 방식
 가. 해당 주택을 담보로 대출받은 금액 중 잔액을 상환하는 용도
 나. 해당 주택의 임차인에게 임대차보증금을 반환하는 용도

〈상황〉
A주택의 소유자 甲(61세)은 A주택에 저당권을 설정하여 주택담보노후연금보증을 통해 노후생활자금을 대출받고자 한다. 甲의 A주택에 대한 주택담보노후연금대출 한도액은 3억 원이다.

〈보기〉
ㄱ. 甲은 A주택의 임차인에게 임대차보증금을 반환하는 용도로 1억 원을 지급받고, 생존해 있는 동안 노후생활자금을 매월 지급받을 수 있다. → (O) 제00조 제2항 제3호에 따르면 주택소유자가 생존해 있는 동안 노후생활자금을 매월 지급받는 방식과 해당 주택의 임차인에게 임대차보증금을 반환하는 용도로 사용하기 위하여 일정한 금액(주택담보노후연금대출 한도의 100분의 50 이내)을 지급받는 방식을 결합할 수 있다. 따라서 甲은 A주택의 임차인에게 임대차보증금을 반환하는 용도로 주택담보노후연금대출 한도액(3억 원)의 50% 이내인 1억 원을 지급받고, 생존해 있는 동안 노후생활자금을 매월 지급받을 수 있다.
ㄴ. 甲의 배우자의 연령이 60세 이상이어야 주택담보노후연금보증을 통해 노후생활자금을 대출받을 수 있다. → (X) 제00조 제1항에 따르면 주택담보노후연금보증을 통해 노후생활자금을 대출받기 위해서는 주택소유자 또는 주택소유자의 배우자 중 한 사람이 60세 이상이어야 하므로 甲의 연령이 61세여서 甲의 배우자의 연령이 60세 미만이더라도 주택담보노후연금보증을 통해 노후생활자금을 대출받는 것이 가능하다.
ㄷ. 甲은 A주택을 담보로 대출받은 금액 중 잔액을 상환하는 용도로 1억 5천만 원을 지급받고, 향후 10년간 노후생활자금을 매월 지급받을 수 있다. → (O) 제00조 제2항 제3호에 따르면 주택소유자가 선택하는 일정한 기간 동안 노후생활자금을 매월 지급받는 방식과 해당 주택을 담보로 대출받은 금액 중 잔액을 상환하는 용도로 사용하기 위하여 일정한 금액(주택담보노후연금대출 한도의 100분의 50 이내)을 지급받는 방식을 결합할 수 있다. 따라서 甲은 A주택을 담보로 대출받은 금액 중 잔액을 상환하는 용도로 주택담보노후연금대출 한도액(3억 원)의 50% 이내인 1억 5천만 원을 지급받고, 향후 10년간 노후생활자금을 매월 지급받을 수 있다.

① ㄱ ➡ (X)
② ㄴ ➡ (X)
③ ㄱ, ㄷ ➡ (O)
④ ㄴ, ㄷ ➡ (X)
⑤ ㄱ, ㄴ, ㄷ ➡ (X)

06 ②
정답률 63.4%

| 문제 유형 | 법조문형 > 규정적용
| 접근 전략 | 상당히 높은 난도의 문제로, 특히 지역개발 신청을 하기 위한 동의 요건 및 동의자의 수 산정 기준에 유의하여 문제를 해결하도록 한다.

다음 글과 〈상황〉을 근거로 판단할 때 옳은 것은?

제00조(지역개발 신청 동의 등) ① 지역개발 신청을 하기 위해서는 지역개발을 하고자 하는 지역의 총 토지면적의 3분의 2 이상에 해당하는 토지의 소유자의 동의 및 지역개발을 하고자 하는 지역의 토지의 소유자 총수의 2분의 1 이상의 동의를 받아야 한다.

② 지역개발 신청을 하기 위해서 필요한 동의자의 수는 다음 각 호의 기준에 따라 산정한다.
1. 토지는 지적도상 1필의 토지를 1개의 토지로 한다.
2. 1개의 토지를 여러 명이 공동소유하는 경우에는 다른 공동소유자들을 대표하는 대표 공동소유자 1인만을 해당 토지의 소유자로 본다.
3. 1인이 여러 개의 토지를 소유하고 있는 경우에는 소유하는 토지의 수와 무관하게 1인으로 본다.
4. 지역개발을 하고자 하는 지역에 국유지가 있는 경우 국유지도 포함하여 토지면적을 산정하고, 그 토지의 재산관리청을 토지 소유자로 본다.

─────〈상황〉─────
○ X지역은 100개의 토지로 이루어져 있고, 토지면적 합계가 총 6km²이다.
○ 동의자 수 산정 기준에 따라 산정된 X지역 토지의 소유자는 모두 82인(이하 "동의대상자"라 한다)이고, 이 중에는 국유지 재산관리청 2인이 포함되어 있다.
○ 甲은 X지역에 토지 2개를 소유하고 있고, 해당 토지면적 합계는 X지역 총 토지면적의 4분의 1이다.
○ 乙은 X지역에 토지 10개를 소유하고 있고, 해당 토지면적 합계는 총 2km²이다.
○ 丙, 丁, 戊, 己는 X지역에 토지 1개를 공동소유하고 있고, 해당 토지면적은 1km²이다.

① 乙이 동의대상자 31인의 동의를 얻으면 지역개발 신청을 위한 X지역 토지의 소유자 총수의 2분의 1 이상의 동의 조건은 갖추게 된다. ➡ (X) 제00조 제2항에 따르면 지역개발을 하고자 하는 지역의 토지 소유자 총수의 2분의 1 이상의 동의 조건을 충족해야 한다. 제00조 제2항 제3호에 따르면 1인이 여러 개의 토지를 소유하고 있는 경우에는 소유하는 토지의 수와 무관하게 1인으로 보게 되므로, 乙은 1인의 소유자로 산정된다. 즉 乙이 동의대상자 31인의 동의를 얻으면 총 32인의 토지 소유자의 동의를 얻은 것이 되어 지역개발 신청을 위한 X지역 토지 소유자 총수의 2분의 1 이상의 동의 조건을 충족할 수 없다.

② X지역에 대한 지역개발 신청에 甲~己 모두 동의한 경우, 나머지 동의대상자 중 38인의 동의를 얻으면 신청할 수 있다. ➡ (O) 제00조 제1항에 따르면 지역개발 신청을 하기 위해서는 지역개발을 하고자 하는 지역의 총 토지면적의 3분의 2 이상에 해당하는 토지 소유자의 동의 및 지역개발을 하고자 하는 지역의 토지 소유자 총수의 2분의 1 이상의 동의가 필요하다.
X지역에 대한 지역개발 신청에 甲~己 모두 동의한 경우, 이들이 소유한 토지면적의 합을 따져보면, 甲이 X지역에 소유한 토지면적 합계는 X지역 총 토지면적의 4분의 1, 즉 1.5km²이고 乙이 X지역에 소유한 토지면적 합계는 총 2km², 丙, 丁, 戊, 己가 X지역에 공동으로 소유한 토지면적의 합계는 1km²이다. 그러므로 甲~己가 소유한 토지면적을 모두 합하면 4.5km²로서 X지역의 총 토지면적의 3분의 2 이상에 해당한다. 따라서 지역개발을 하고자 하는 지역의 총 토지면적의 3분의 2 이상에 해당하는 토지의 소유자의 동의 요건을 충족하였다.
한편 X지역 토지의 소유자는 모두 82인이므로, 지역개발을 하고자 하는 지역의 토지 소유자 총수의 2분의 1 이상의 동의 요건을 충족하려면, X지역 토지 소유자 중 41인 이

상의 동의를 받아야 한다. 제00조 제2항 제3호에 따르면 1인이 여러 개의 토지를 소유하고 있는 경우에는 소유하는 토지의 수와 무관하게 1인으로 보게 되므로, 甲과 乙은 각각 1인의 소유자로 산정된다. 또한 제00조 제2항 제2호에 따르면 1개의 토지를 여러 명이 공동소유하는 경우에는 다른 공동소유자들을 대표하는 대표 공동소유자 1인만을 해당 토지의 소유자로 보게 되므로, 丙, 丁, 戊, 己 네 사람 중 대표 공동소유자 1인만이 소유자로 산정된다. 따라서 X지역에 대한 지역개발 신청에 甲~己 모두 동의한 경우 甲~己는 총 3인으로 산정되므로, 나머지 동의대상자 중 38인의 동의가 있다면 총 41인의 토지 소유자의 동의를 얻은 것이 되어 지역개발을 하고자 하는 지역의 토지 소유자 총수의 2분의 1 이상의 동의 요건을 충족하게 된다.

③ X지역에 토지 2개 이상을 소유하는 자는 甲, 乙뿐이다. ➡ (X) X지역은 100개의 토지로 이루어져 있는데 甲은 이 중 토지 2개를, 乙은 토지 10개를, 丙, 丁, 戊, 己는 토지 1개를 공동소유하고 있다. 따라서 甲~己가 소유하고 있는 토지는 모두 13개이고 남는 토지는 87개가 된다. 한편 X지역 토지의 소유자는 모두 82인이므로 3인으로 산정된 甲~己를 제외한 나머지 토지 소유자는 79인이 되며 그렇다면 79인이 87개의 토지를 소유하고 있는 것이므로 甲, 乙 이외에도 X지역에 토지 2개 이상을 소유한 자가 있음을 알 수 있다.

④ X지역의 1필의 토지면적은 0.06km²로 모두 동일하다. ➡ (X) 제00조 제2항 제1호에 따르면 지적도상 1필의 토지를 1개의 토지로 한다. 만약 X지역의 1필의 토지면적이 0.06km²로 모두 동일하다면, 甲은 X지역에 토지 2개를 소유하고 있으므로 甲이 X지역에 소유한 토지면적 합계는 0.12km²이어야 하는데, 甲이 X지역에 소유한 토지면적 합계는 X지역 총 토지면적의 4분의 1, 즉 1.5km²라고 하였으므로, X지역의 1필의 토지면적이 모두 0.06km²로 동일한 것은 아님을 알 수 있다.

⑤ X지역 안에 있는 국유지의 면적은 1.5km²이다. ➡ (X) X지역 토지의 소유자는 모두 82인이므로 3인으로 산정된 甲~己를 제외한 나머지 토지 소유자는 79인이 된다. 또한 甲~己가 소유한 토지면적을 모두 합하면 4.5km²가 되므로, 甲~己를 제외한 나머지 토지 소유자 79인이 소유한 토지면적은 1.5km²이어야 한다. 그런데 나머지 토지 소유자 79인 중 국유지 재산관리청은 2인에 불과하므로, 나머지 토지면적인 1.5km² 전체가 국유지일 수는 없다.

07 ①
정답률 62%

| 문제 유형 | 연산추론형 > 대입비교
| 접근 전략 | 주어진 규칙이나 지침 등을 이용하여 나타날 결과를 추론하거나 상황을 평가하는 대입비교 문제에 해당한다. 주어진 〈유연근무제〉 요건을 정확히 파악한 후, 甲~丁이 제출한 근무계획이 제시된 〈유연근무제〉 요건에 부합하는지 빠르게 확인하여 올바른 선지를 골라내야 한다. 제시문상의 기준을 〈상황〉에 그대로 적용하는 문제로 난도가 낮은 문항이기 때문에 실수하지 않도록 주의한다.

다음 글과 〈상황〉을 근거로 판단할 때, 甲~丁 가운데 근무계획이 승인될 수 있는 사람만을 모두 고르면?

─────〈유연근무제〉─────
□ 개념
  ○ 주 40시간을 근무하되, 근무시간을 유연하게 관리하여 1주일에 5일 이하로 근무하는 제도
□ 복무관리
  ○ 점심 및 저녁시간 운영
    − 근무 시작과 종료 시각에 관계없이 점심시간은 12:00~13:00, 저녁시간은 18:00~19:00의 각 1시간으로 하고 근무시간으로는 산정하지 않음
  ○ 근무시간 제약
    − 근무일의 경우, 1일 최대 근무시간은 12시간으로 하고 최소 근무시간은 4시간으로 함
    − 하루 중 근무시간으로 인정하는 시간대는 06:00~24:00로 한정함

─〈상황〉─

다음은 甲~丁이 제출한 근무계획을 정리한 것이며 위의 〈유연근무제〉에 부합하는 근무계획만 승인된다.

요일 직원	월	화	수	목	금
甲	08:00 ~ 18:00	08:00 ~ 18:00	09:00 ~ 13:00	08:00 ~ 18:00	08:00 ~ 18:00
乙	08:00 ~ 22:00	08:00 ~ 22:00	-	08:00 ~ 22:00	08:00 ~ 12:00
丙	08:00 ~ 24:00	08:00 ~ 24:00	-	08:00 ~ 22:00	-
丁	06:00 ~ 16:00	08:00 ~ 22:00	-	09:00 ~ 21:00	09:00 ~ 18:00

① 乙 ➡ (O) 乙은 월, 화, 목요일에 점심, 저녁시간을 제외하고 12시간씩 근무하고, 금요일에 4시간을 근무하여 총 주 40시간을 근무하게 된다. 따라서 〈유연근무제〉에 부합하는 근무계획으로 승인될 수 있다.

② 甲, 丙 ➡ (X) 甲은 수요일 근무시간이 점심시간을 제외하고 3시간이어서, 1일 최소 근무시간 요건인 4시간을 충족하지 못하고 월, 화, 목, 금요일은 점심, 저녁시간을 제외하고 각각 9시간, 수요일은 3시간 근무로 주 40시간 근무 요건도 충족하지 못한다. 또한 丙은 월, 화요일 근무시간이 점심, 저녁시간을 제외하고 14시간이어서, 1일 최대 근무시간 요건인 12시간을 충족하지 못한다.

③ 甲, 丁 ➡ (X) 甲은 수요일 근무시간이 점심시간을 제외하고 3시간이어서, 1일 최소 근무시간 요건인 4시간을 충족하지 못할 뿐만 아니라 총 주 39시간 근무로 주 40시간 근무 요건도 충족하지 못한다. 또한 丁은 월, 화, 목, 금요일에 점심, 저녁시간을 제외하고 각각 9시간, 12시간, 10시간, 8시간을 근무하여 총 주 39시간을 근무하게 되므로 주 40시간 근무 요건을 충족하지 못한다.

④ 乙, 丙 ➡ (X) 乙은 월, 화, 목요일에 점심, 저녁시간을 제외하고 각각 12시간, 금요일에 4시간을 근무하여 총 주 40시간을 근무하게 된다. 따라서 〈유연근무제〉에 부합하는 근무계획으로 승인될 수 있으나 丙은 월, 화요일 근무시간이 점심, 저녁시간을 제외하고 14시간이어서, 1일 최대 근무시간 요건인 12시간을 충족하지 못한다.

⑤ 乙, 丁 ➡ (X) 乙은 근무계획이 승인될 수 있으나 丁은 월, 화, 목, 금요일에 점심, 저녁시간을 제외하고 각각 9시간, 12시간, 10시간, 8시간을 근무하게 되므로 주 40시간 근무 요건을 충족하지 못해 근무계획이 승인될 수 없다.

08 ③ 정답률 91.7%

| 문제 유형 | 제시문형 > 분석추론

| 접근 전략 | 제시문에서 주어진 하계 올림픽과 동계 올림픽의 차수를 산정하는 기준을 정확히 파악한 후 이를 주어진 상황에 적용하여 답을 도출하되, 하계 올림픽의 차수는 대회가 개최되지 못하더라도 무조건 4년마다 1회씩 추가되고, 동계 올림픽의 차수는 실제로 열린 대회만으로 정해짐에 유의한다.

다음 글을 근거로 판단할 때, ㉠과 ㉡에 들어갈 수를 옳게 짝지은 것은?

올림픽은 원칙적으로 4년에 한 번씩 개최되는 세계 최대 규모의 스포츠 대회이다. 제1회 하계 올림픽은 1896년 그리스 아테네에서, 제1회 동계 올림픽은 1924년 프랑스 샤모니에서 개최되었다. 그런데 두 대회의 차수(次數)를 계산하는 방식은 서로 다르다. ▶1문단

올림픽 사이의 기간인 4년을 올림피아드(Olympiad)라 부르는데, 하계 올림픽의 차수는 올림피아드를 기준으로 계산한다. 이전 대회부터 하나의 올림피아드만큼 시간이 흐르면 올림픽 대회 차수가 하나씩 올라가게 된다. 대회가 개최되지 못해도 올림피아드가 사라지는 것은 아니기 때문에 대회 차수에는 영향을 미치지 않는다. 실제로 하계 올림픽은 제1·2차 세계대전으로 세 차례(1916년, 1940년, 1944년) 개최되지 못하였다, 1912년 제5회 스톡홀름 올림픽 다음으로 1920년에 벨기에 안트베르펜에서 개최된 올림픽은 제7회 대회였다. 마찬가지로 1936년 제11회 베를린 올림픽 다음으로 개최된 1948년 런던 올림픽은 제(㉠)회 대회였다. 반면에 동계 올림픽의 차수는 실제로 열린 대회만으로 정해진다. 동계 올림픽은 제2차 세계대전으로 두 차례(1940년, 1944년) 열리지 못하였는데, 1936년 제4회 동계 올림픽 다음 대회인 1948년 동계 올림픽은 제5회 대회였다. 이후 2020년 전까지 올림픽이 개최되지 않은 적은 없다. ▶2문단

1992년까지 동계·하계 올림픽은 같은 해 치러졌으나 그 이후로는 IOC 결정에 따라 분리되어 2년 격차로 개최되었다. 1994년 노르웨이 릴레함메르에서 열린 동계 올림픽 대회는 이 결정에 따라 처음으로 하계 올림픽에 2년 앞서 치러진 대회였다. 이를 기점으로 동계 올림픽은 지금까지 4년 주기로 빠짐없이 개최되고 있다. ▶3문단

대한민국은 1948년 런던 하계 올림픽에 처음 출전하여, 1976년 제21회 몬트리올 하계 올림픽과 1992년 제(㉡)회 알베르빌 동계 올림픽에서 각각 최초로 금메달을 획득하였다. ▶4문단

	㉠	㉡	
①	12	16	➡ (X)
②	12	21	➡ (X)
③	14	16	➡ (O)

• ㉠: 2문단에 따르면 하계 올림픽의 차수는 4년의 올림피아드를 기준으로 계산하며, 대회가 개최되지 못하더라도 대회 차수에는 영향을 미치지 않는다고 하였다. 따라서 1936년 제11회 베를린 올림픽 다음으로 개최된 1948년 런던 올림픽은 베를린 올림픽으로부터 12년이 지났으니, 11회에서 3회가 추가되어 ㉠은 14회가 된다.

• ㉡: 2문단에 따르면 동계 올림픽의 차수는 실제로 열린 대회만으로 정해지며, 1948년 제5회 동계 올림픽 이후 2020년 전까지 올림픽이 개최되지 않은 적은 없다. 따라서 1992년 알베르빌 동계 올림픽은 1948년 제5회 동계 올림픽과 44년의 차이가 있으므로 5회에서 11회가 추가되어 ㉡은 16회가 된다.

따라서 ㉠은 14이고, ㉡은 16이다.

| ④ | 14 | 19 | ➡ (X) |
| ⑤ | 14 | 21 | ➡ (X) |

S 09 ④ 정답률 46.5%

| 문제 유형 | 제시문형 > 정보확인

| 접근 전략 | 제시문의 내용을 〈보기〉의 지문과 비교하여 정오를 판단하면 간단히 해결할 수 있는 문제로, 〈보기〉의 정오를 판단하는 데 필요한 키워드에 체크하면서 읽으면 시간을 단축할 수 있다.

다음 글을 근거로 판단할 때, 〈보기〉에서 옳은 것만을 모두 고르면?

기상예보는 일기예보와 기상특보로 구분할 수 있다. 일기예보는 단기예보, 중기예보, 장기예보 등 시간에 따른 것이고, 기상특보는 주의보, 경보 등 기상현상의 정도에 따른 것이다. ▶1문단

일기예보 중 가장 짧은 기간을 예보하는 단기예보는 3시간 예보와 일일예보로 나뉜다. 3시간 예보는 오늘과 내일의 날씨를 예보하며, 매일 0시 발표부터 시작하여 3시간 간격으로 1일 8회 발표한다. 일일예보는 오늘과 내일, 모레의 날씨를 1일 단위(0시~24시)로 예보하며 매일 5시, 11시, 17시, 23시에 발표한다. 다음으로 중기예보에는 주간예보와 1개월 예보가 있다. 주

간예보는 일일예보를 포함하여 일일예보가 예보한 기간의 다음 날부터 5일간의 날씨를 추가로 예보하며 매일 발표한다. 1개월 예보는 앞으로 한 달간의 기상전망을 발표한다. 마지막으로 장기예보는 계절예보로서 봄, 여름, 가을, 겨울의 각 계절별 기상전망을 발표한다. ▶2문단

　기상특보는 주의보와 경보로 나뉜다. 주의보는 재해가 일어날 가능성이 있는 경우에, 경보는 중대한 재해가 예상될 때 발표하는 것이다. 주의보가 발표된 후 기상현상의 경과가 악화된다면 경보로 승격 발표되기도 한다. 또한 기상특보의 기준은 지역마다 다를 수도 있다. 대설주의보의 예보 기준은 24시간 신(新)적설량이 대도시일 때 5cm 이상, 일반지역일 때 10cm 이상, 울릉도일 때 20cm 이상이다. 대설경보의 예보 기준은 24시간 신적설량이 대도시일 때 20cm 이상, 일반지역일 때 30cm 이상, 울릉도일 때 50cm 이상이다. ▶3문단

〈보기〉

ㄱ. 월요일에 발표되는 주간예보에는 그 다음 주 월요일의 날씨가 포함된다. → (O) 2문단에 따르면 주간예보는 일일예보를 포함하여 일일예보가 예보한 기간의 다음 날부터 5일간의 날씨를 추가로 예보한다. 일일예보는 오늘과 내일, 모레의 날씨를 예보하므로, 여기에 5일을 더하면 주간예보는 오늘로부터 7일 후의 날씨까지 예보하게 된다. 따라서 월요일에 발표되는 주간예보에는 그 다음 주 월요일의 날씨가 포함된다.

ㄴ. 일일예보의 발표 시각과 3시간 예보의 발표 시각은 겹치지 않는다. → (O) 2문단에 따르면 3시간 예보는 매일 0시부터 3시간 간격으로 1일 8회 발표하며, 일일예보는 매일 5시, 11시, 17시, 23시에 발표한다. 따라서 3시간 예보는 0시, 3시, 6시, 9시, 12시, 15시, 18시, 21시에 발표하기 때문에 일일예보의 발표 시각과 3시간 예보의 발표 시각은 겹치지 않는다.

ㄷ. 오늘 23시에 발표된 일일예보는 오늘 5시에 발표된 일일예보보다 18시간 더 먼 미래의 날씨까지 예보한다. → (X) 2문단에 따르면 일일예보는 오늘과 내일, 모레의 날씨를 1일 단위(0시~24시)로 예보하므로 같은 날 발표된 일일예보는 모두 모레 24시까지의 날씨를 예보한다. 따라서 오늘 23시에 발표된 일일예보가 오늘 5시에 발표된 일일예보보다 18시간 더 먼 미래의 날씨까지 예보하지는 않는다.

ㄹ. 대도시 A의 대설경보 예보 기준은 울릉도의 대설주의보 예보 기준과 같다. → (O) 3문단에 따르면 대도시의 대설경보 예보 기준은 24시간 신적설량이 20cm 이상, 울릉도의 대설주의보 예보 기준 또한 24시간 신적설량이 20cm 이상이므로 대도시 A의 대설경보 예보 기준은 울릉도의 대설주의보 예보 기준과 같음을 알 수 있다.

① ㄱ, ㄴ ➡ (X)
② ㄱ, ㄷ ➡ (X)
③ ㄷ, ㄹ ➡ (X)
④ ㄱ, ㄴ, ㄹ ➡ (O)
⑤ ㄴ, ㄷ, ㄹ ➡ (X)

10 ④

정답률 94.4%

|문제 유형| 퍼즐형 > 수리퀴즈

|접근 전략| 제시문에서 주어진 사무용품의 총 개수와 〈사무용품 배분방법〉을 바탕으로 사무용품을 배분받은 직원 수를 알아내도록 한다. 이때 D는 8인당 1개씩 배분하므로 최소 8명의 직원이 필요함을 빠르게 인지하는 것이 문제풀이의 핵심이 된다.

다음 글과 〈사무용품 배분방법〉을 근거로 판단할 때, 11월 1일 현재 甲 기관의 직원 수는?

　甲기관은 사무용품 절약을 위해 〈사무용품 배분방법〉으로 한 달 동안 사용할 네 종류(A, B, C, D)의 사무용품을 매월 1일에 배분한다. 이에 따라 11월 1일에 네 종류의 사무용품을 모든 직원에게 배분하였다. 甲기관이 배분한 사무용품의 개수는 총 1,050개였다.

〈사무용품 배분방법〉

○ A는 1인당 1개씩 배분한다.
○ B는 2인당 1개씩 배분한다.
○ C는 4인당 1개씩 배분한다.
○ D는 8인당 1개씩 배분한다.

① 320명 ➡ (X)
② 400명 ➡ (X)
③ 480명 ➡ (X)
④ 560명 ➡ (O) 사무용품 A의 개수를 a라 하면, 배분 인원에 의해 사무용품 B, C, D의 개수는 각각 $\frac{a}{2}$, $\frac{a}{4}$, $\frac{a}{8}$가 된다. 이를 모두 더한 것이 1,050개라 하였으므로 $a+\frac{a}{2}+\frac{a}{4}+\frac{a}{8}=1,050$이고 이를 풀면, $\frac{8a+4a+2a+a}{8}=\frac{15a}{8}=1,050$이므로 $a=560$이다. 따라서 甲기관의 직원 수는 560명이다.
⑤ 640명 ➡ (X)

11 ②

TOP3 정답률 45.8%

|문제 유형| 연산추론형 > 대입비교

|접근 전략| 제시문을 바탕으로 각 펜션 예약 시 워크숍 비용을 산정한 후 이를 비교하여 워크숍 비용이 가장 낮은 펜션을 최종 선택하면 쉽게 정답을 골라낼 수 있다. 특히 워크숍 비용은 왕복 교통비를 기준으로 계산하므로 '렌터카 비용×2'를 해야 한다는 점에 주의하도록 한다.

다음 글을 근거로 판단할 때, 예약할 펜션과 워크숍 비용을 옳게 짝지은 것은?

　甲은 팀 워크숍을 추진하기 위해 펜션을 예약하려 한다. 팀원은 총 8명으로 한 대의 렌터카로 모두 같이 이동하여 워크숍에 참석한다. 워크숍 기간은 1박 2일이며, 甲은 워크숍 비용을 최소화하고자 한다.
○ 워크숍 비용은 아래와 같다.
　　　워크숍 비용 = 왕복 교통비 + 숙박요금
○ 교통비는 렌터카 비용을 의미하며, 렌터카 비용은 거리 10km당 1,500원이다.
○ 甲은 다음 펜션 중 한 곳을 1박 예약한다.

구분	A 펜션	B 펜션	C 펜션
펜션까지 거리(km)	100	150	200
1박당 숙박요금(원)	100,000	150,000	120,000
숙박기준인원(인)	4	6	8

○ 숙박인원이 숙박기준인원을 초과할 경우, A~C 펜션 모두 초과 인원 1인당 1박 기준 10,000원씩 요금이 추가된다.

예약할 펜션	워크숍 비용	
① A	155,000원	➡ (X)

② A 170,000원 ➡ (O) 워크숍 비용은 왕복 교통비 + 숙박요금이다. 교통비는 거리 10km당 1,500원이므로, 거리 1km당 교통비는 150원이며, 왕복 교통비를 구하기 위해서는 편도 교통비의 2배를 구해야 한다. 따라서 A 펜션 예약 시 왕복 교통비는 100km × 150원 × 2 = 30,000원, B 펜션 예약 시 왕복 교통비는 150km × 150원 × 2 = 45,000원, C 펜션 예약 시 왕복 교통비는 200km × 150원 × 2 = 60,000원이다. 한편 숙박인원이 숙박기준인원을 초과할 경우 초과 인원 1인당 1박 기준 10,000원씩 요금이 추가되는데 甲의 팀원은 총 8명이므로, A 펜션 예약 시에는 1박당 숙박요금 100,000원에 40,000원의 추가요금이, B 펜션 예약 시에는 1박당 숙박요금 150,000원에 20,000원의 추가요금이 발생하고 C 펜션 예약 시에는 1박당 숙박요금 120,000원 외에 추가요금은 발생하지 않는다. 따라서 A 펜션 예약 시 숙박요금은 140,000원, B 펜션 예약 시 숙박요금은 170,000, C 펜션 예약 시 숙박요금은 120,000원이다. 그러므로 워크숍 비용은 A 펜션 예약 시 30,000 + 140,000 = 170,000(원), B 펜션 예약 시 45,000 + 170,000 = 215,000(원), C 펜션 예약 시 60,000 + 120,000 = 180,000(원)이 되어 결국 A 펜션 예약 시 170,000원으로 가장 저렴하므로, 甲이 워크숍 비용을 최소화하기 위해서는 A 펜션을 예약해야 한다.

③ B 215,000원 ➡ (X)
④ C 150,000원 ➡ (X)
⑤ C 180,000원 ➡ (X)

12 ⑤   정답률 90.3%

| 문제 유형 | 연산추론형 > 대입비교
| 접근 전략 | 제시문을 바탕으로 각 국가로부터 X 수입 시의 1톤당 수입비용을 산정한 후 이를 비교, 평가하여 〈보기〉의 옳고 그름을 판단해 내야 한다. 이때 FTA를 체결하면 그 국가에서 수입하는 X에 대한 관세율이 0%가 됨을 잊지 않도록 한다.

다음 글을 근거로 판단할 때, 〈보기〉에서 옳은 것만을 모두 고르면?

○ 甲국은 매년 X를 100톤 수입한다. 甲국이 X를 수입할 수 있는 국가는 A국, B국, C국 3개국이며, 甲국은 이 중 한 국가로부터 X를 전량 수입한다.
○ X의 거래조건은 다음과 같다.

국가	1톤당 단가	관세율	1톤당 물류비
A국	12달러	0%	3달러
B국	10달러	50%	5달러
C국	20달러	20%	1달러

○ 1톤당 수입비용은 다음과 같다.
  1톤당 수입비용 = 1톤당 단가 + (1톤당 단가 × 관세율) + 1톤당 물류비
○ 특정 국가와 FTA를 체결하면 그 국가에서 수입하는 X에 대한 관세율이 0%가 된다.
○ 甲국은 지금까지 FTA를 체결한 A국으로부터만 X를 수입했다. 그러나 최근 A국으로부터 X의 수입이 일시 중단되었다.

─〈보기〉─

ㄱ. 甲국이 B국과도 FTA를 체결한다면, 기존에 A국에서 수입하던 것과 동일한 비용으로 X를 수입할 수 있다. → (O) 1톤당 수입비용 = 1톤당 단가 + (1톤당 단가 × 관세율) + 1톤당 물류비가 되며, 특정 국가와 FTA를 체결하면 그 국가에서 수입하는 X에 대한 관세율이 0%가 된다. 따라서 甲국이 B국과 FTA를 체결한다면, B국에서 수입되는 X의 1톤당 수입비용은 단가와 물류비만 더한 10달러 + 5달러 = 15달러가 된다. A국에서 수입되는 X의 1톤당 수입비용 역시 12달러 + 3달러 = 15달러이므로, 甲국이 B국과도 FTA를 체결한다면 기존에 A국에서 수입하던 것과 동일한 비용으로 X를 수입할 수 있다.

ㄴ. C국이 A국과 동일한 1톤당 단가를 제시하였다면, 甲국은 기존에 A국에서 수입하던 것보다 저렴한 비용으로 C국으로부터 X를 수입할 수 있다. → (X) C국에서 수입되는 X의 1톤당 단가가 A국과 동일하게 12달러라면, C국에서 수입되는 X의 1톤당 수입비용은 12달러 + (12달러 × 20%) + 1달러 = 15.4달러가 된다. 그런데 A국에서 수입되는 X의 1톤당 수입비용은 12달러 + 3달러 = 15달러이므로, C국이 A국과 동일한 1톤당 단가를 제시하더라도 기존에 A국에서 수입하는 비용이 더 저렴하다.

ㄷ. A국으로부터 X의 수입이 다시 가능해졌으나 1톤당 6달러의 보험료가 A국으로부터의 수입비용에 추가된다면, 甲국은 A국보다 B국에서 X를 수입하는 것이 수입비용 측면에서 더 유리하다. → (O) A국에서 수입되는 X의 기존 1톤당 수입비용은 15달러인데, 여기에 1톤당 6달러의 보험료가 추가된다면 A국에서 수입되는 X의 1톤당 수입비용은 21달러가 된다. B국에서 수입되는 X의 1톤당 수입비용은 10달러 + (10달러 × 50%) + 5달러 = 20달러이므로 甲국은 A국보다 B국에서 X를 수입하는 것이 더 유리하다.

① ㄱ ➡ (X)
② ㄴ ➡ (X)
③ ㄷ ➡ (X)
④ ㄱ, ㄴ ➡ (X)
⑤ ㄱ, ㄷ ➡ (O)

13 ②   정답률 64.3%

| 문제 유형 | 퍼즐형 > 수리퀴즈
| 접근 전략 | 올바른 우편번호의 첫자리와 끝자리 숫자 두 개만 알아내면 되므로, 우편번호 전체를 알아낼 필요가 없다는 점에 유의한다.

다음 글을 근거로 판단할 때, 올바른 우편번호의 첫자리와 끝자리 숫자의 합은?

다섯 자리 자연수로 된 우편번호가 있다. 甲과 乙은 실수로 '올바른 우편번호'에 숫자 2를 하나 추가하여 여섯 자리로 표기하였다. 甲은 올바른 우편번호의 끝자리 뒤에 2를 추가하였고, 乙은 올바른 우편번호의 첫자리 앞에 2를 추가하였다. 그 결과 甲이 잘못 표기한 우편번호 여섯 자리 수는 乙이 잘못 표기한 우편번호 여섯 자리 수의 3배가 되었다.

올바른 우편번호와 甲과 乙이 잘못 표기한 우편번호는 아래와 같다.

○ 올바른 우편번호: ☐☐☐☐☐
○ 甲이 잘못 표기한 우편번호: ☐☐☐☐☐2
○ 乙이 잘못 표기한 우편번호: 2☐☐☐☐☐

① 11 ➡ (X)
② 12 ➡ (O) 甲이 잘못 표기한 우편번호 여섯 자리 수는 乙이 잘못 표기한 우편번호 여섯 자리 수의 3배가 되므로, 이를 수식으로 표현하면 a b c d e 2 = 2 a b c d e × 3이 된다. 이때 e에 3을 곱하였을 때 나오는 일의 자리 수가 甲이 잘못 표기한 우편번호의 끝자리 숫자인 2와 같아야 한다. 3을 곱하였을 때 일의 자리가 2가 나오는 숫자는 4뿐이므로, e는 4이다. 또한 2a에 3을 곱하여 나온 첫자리 숫자와 같아야 하는데 28 × 3 = 84이므로 여기에 부합하는 숫자는 8뿐이다. 즉 a는 8이다. 따라서 올바른 우편번호의 첫자리와 끝자리 숫자의 합은 a + e = 8 + 4 = 12가 된다. 또는 다음과 같이 간단하게 풀 수 있다. (2 a b c d e) × 3 = a b c d e 2이고, 이때 a b c d e 를 x라고 하면, (200,000+x) × 3 =10x + 20이므로, x는 85714임을 알 수 있다.

③ 13 ➡ (X)
④ 14 ➡ (X)
⑤ 15 ➡ (X)

14 ④ 정답률 93.1%

|문제 유형| 퍼즐형 > 게임·규칙

|접근 전략| 게임에 관한 규칙과 조건들을 종합하여 나타낼 수 있는 결과를 논리적으로 추론하는 게임·규칙 문제에 해당한다. 제시문에서 나타난 전제조건에 따르면 甲과 乙은 서로 같은 것을 낸 적이 한 번도 없었으므로, 한 사람이 가위를 낼 때 다른 사람은 바위 또는 보를 냈음을 알 수 있고, 이에 따라 승패를 추론할 수 있어야 한다.

다음 글을 근거로 판단할 때, 甲의 승패 결과는?

> 甲과 乙이 10회 실시한 가위바위보에 대해 다음과 같은 사실이 알려져 있다.
> ○ 甲은 가위 6회, 바위 1회, 보 3회를 냈다.
> ○ 乙은 가위 4회, 바위 3회, 보 3회를 냈다.
> ○ 甲과 乙이 서로 같은 것을 낸 적은 10회 동안 한 번도 없었다.

① 7승 3패 ➡ (X)
② 6승 4패 ➡ (X)
③ 5승 5패 ➡ (X)
④ 4승 6패 ➡ (O) 甲과 乙은 서로 같은 것을 낸 적이 10회 동안 한 번도 없었으므로, 甲이 가위를 낼 때 乙은 바위나 보를 냈고, 乙이 가위를 낼 때 甲은 바위나 보를 냈음을 알 수 있다. 甲이 가위를 낸 것이 6회인데 이때 乙은 바위 3회, 보 3회를 냈으므로 甲은 3승 3패가 된다. 한편 乙이 가위를 낸 것이 4회인데 이때 甲은 바위 1회, 보 3회를 냈으므로 乙은 3승 1패가 되고, 甲을 기준으로 하면 1승 3패가 된다. 따라서 甲은 총 4승 6패를 하였다.
⑤ 3승 7패 ➡ (X)

15 ③ 정답률 93.1%

|문제 유형| 연산추론형 > 대입비교

|접근 전략| 인사교류는 각 신청자가 속한 두 기관의 교류 승인 조건을 모두 충족해야 하므로, 甲이 속한 ○○기관의 교류 승인 조건뿐만 아니라 인사교류 신청자의 소속에 따라 □□기관 또는 △△기관의 교류 승인 조건도 따져보아야 한다.

다음 글을 근거로 판단할 때, 甲과 인사교류를 할 수 있는 사람만을 모두 고르면?

> ○ 甲은 인사교류를 통해 ○○기관에서 타 기관으로 전출하고자 한다. 인사교류란 동일 직급 간 신청자끼리 1:1로 교류하는 제도로서, 각 신청자가 속한 두 기관의 교류 승인 조건을 모두 충족해야 한다.
> ○ 기관별로 교류를 승인하는 조건은 다음과 같다.
>   ○○기관: 신청자 간 현직급임용년월은 3년 이상 차이나지 않고, 연령은 7세 이상 차이나지 않는 경우
>   □□기관: 신청자 간 최초임용년월은 5년 이상 차이나지 않고, 연령은 3세 이상 차이나지 않는 경우
>   △△기관: 신청자 간 최초임용년월은 2년 이상 차이나지 않고, 연령은 5세 이상 차이나지 않는 경우
> ○ 甲(32세)의 최초임용년월과 현직급임용년월은 2015년 9월로 동일하다.
> ○ 甲과 동일 직급인 인사교류 신청자(A~E)의 인사 정보는 다음과 같다.

신청자	연령(세)	현 소속 기관	최초임용년월	현직급임용년월
A	30	□□	2016년 5월	2019년 5월
B	37	□□	2009년 12월	2017년 3월
C	32	□□	2015년 12월	2015년 12월
D	31	△△	2014년 1월	2014년 1월
E	35	△△	2017년 10월	2017년 10월

① A, B ➡ (X) 甲의 현직급임용년월은 2015년 9월인데, A의 현직급임용년월은 2019년 5월이어서 현직급임용년월이 3년 이상 차이가 나므로, 甲이 속한 ○○기관의 교류 승인 조건에 따라 甲은 A와 인사교류를 할 수 없다. 또한 甲의 최초임용년월은 2015년 9월인데 B의 최초임용년월은 2009년 12월이어서 최초임용년월이 5년 이상 차이가 나며, 甲은 32세인데 B는 37세여서 연령 또한 3세 이상 차이가 나므로 □□기관의 교류 승인 조건에 따라 B와도 인사교류를 할 수 없다.

② B, E ➡ (X) 甲의 최초임용년월은 2015년 9월인데 B의 최초임용년월은 2009년 12월이므로 최초임용년월이 5년 이상 차이가 나며, 甲은 32세인데 B는 37세여서 연령 또한 3세 이상 차이가 난다. 따라서 B가 속한 □□기관의 교류 승인 조건에 따라 B는 甲과 인사교류를 할 수 없다. 또한 甲의 최초임용년월은 2015년 9월인데 E의 최초임용년월은 2017년 10월이어서 최초임용년월이 2년 이상 차이가 나므로, E가 속한 △△기관의 교류 승인 조건에 따라 E는 甲과 인사교류를 할 수 없다.

③ C, D ➡ (O) 인사교류는 각 신청자가 속한 두 기관의 교류 승인 조건을 모두 충족해야 한다. 먼저 甲이 속한 ○○기관의 교류 승인 조건을 살펴보면, 신청자 간 현직급임용년월은 3년 이상 차이나지 않고, 연령은 7세 이상 차이나지 않아야 한다.
- A: 연령을 살펴보면 甲은 32세이고 A~E 중 甲과 연령이 7세 이상 차이나는 사람은 존재하지 않는다. 그러나 甲의 현직급임용년월이 2015년 9월인데, A의 현직급임용년월은 2019년 5월이어서 현직급임용년월이 3년 이상 차이가 난다. 따라서 A는 甲과 인사교류를 할 수 없다.
- B: B가 속한 □□기관의 교류 승인 조건을 살펴보면, 신청자 간 최초임용년월은 5년 이상 차이나지 않고, 연령은 3세 이상 차이나지 않아야 한다. 甲의 최초임용년월은 2015년 9월이고 B의 최초임용년월은 2009년 12월이므로 최초임용년월이 5년 이상 차이가 나며, 甲은 32세, B는 37세로 연령 또한 3세 이상 차이가 난다. 따라서 B는 甲과 인사교류를 할 수 없다.
- C: C가 속한 □□기관의 교류 승인 조건을 살펴보면, 신청자 간 최초임용년월은 5년 이상 차이나지 않고, 연령은 3세 이상 차이나지 않아야 한다. C의 경우에는 최초임용년월이 2015년 12월로 甲의 최초임용년월과 5년 이상 차이나지 않고, 연령도 3세 이상 차이나지 않아서 甲과 인사교류를 할 수 있다.
- D: D가 속한 △△기관의 교류 승인 조건을 살펴보면, 신청자 간 최초임용년월은 2년 이상 차이나지 않고, 연령은 5세 이상 차이나지 않아야 한다. D의 경우에는 최초임용년월이 2014년 1월로 甲의 최초임용년월과 2년 이상 차이나지 않고, 연령도 5세 이상 차이나지 않으므로 甲과 인사교류를 할 수 있다.
- E: E가 속한 △△기관의 교류 승인 조건을 살펴보면, 신청자 간 최초임용년월은 2년 이상 차이나지 않고, 연령은 5세 이상 차이나지 않아야 한다. 甲의 최초임용년월은 2015년 9월인데 E의 최초임용년월은 2017년 10월이어서 최초임용년월이 2년 이상 차이가 난다. 따라서 E는 甲과 인사교류를 할 수 없다.

④ A, B, D ➡ (X) D는 甲과 인사교류를 할 수 있으나 A의 경우 현직급임용년월이 2019년 5월이어서 甲과 현직급임용년월이 3년 이상 차이가 나므로, 甲이 속한 ○○기관의 교류 승인 조건에 따라 甲과 인사교류를 할 수 없고 B 또한 甲과 최초임용년월이 5년 이상 차이가 나며, 연령도 3세 이상 차이가 나므로 □□기관의 교류 승인 조건에 따라 甲과 인사교류를 할 수 없다.

⑤ C, D, E ➡ (X) C, D는 甲과 인사교류를 할 수 있으나 E의 경우 최초임용년월이 2017년 10월이어서 甲과 최초임용년월이 2년 이상 차이가 나므로, E가 속한 △△기관의 교류 승인 조건에 따라 甲과 인사교류를 할 수 없다.

16 ③ 정답률 72.5%

| 문제 유형 | 퍼즐형 > 논리퀴즈
| 접근 전략 | 주어진 상황에서 남은 카드는 1, 2, 4, 4, 5이며, 각 카드에 적혀 있는 수는 바로 왼쪽 카드에 적혀 있는 수보다 작거나, 같거나, 1만큼 커야 하므로 A에는 2와 4가 들어갈 수 있다는 점에서 출발하여 가능한 카드 배열을 추론해 본다.

다음 글을 근거로 판단할 때 옳지 않은 것은?

1에서부터 5까지 적힌 카드가 각 2장씩 10장이 있다. 5가 적힌 카드 중 하나를 맨 왼쪽에 놓고, 나머지 9장의 카드를 일렬로 배열하려고 한다. 카드는 왼쪽부터 1장씩 놓는데, 각 카드에 적혀 있는 수는 바로 왼쪽 카드에 적혀 있는 수보다 작거나, 같거나, 1만큼 커야 한다.
이 규칙에 따라 카드를 다음과 같이 배열하였다.

| 5 | 1 | 2 | 3 | A | 3 | B | C | D | E |

① A로 가능한 수는 2가지이다. ➡ (O) 1에서부터 5까지 적힌 카드가 각 2장씩 10장이 있으므로, 남은 카드는 1, 2, 4, 4, 5이다. 각 카드에 적혀 있는 수는 바로 왼쪽 카드에 적혀 있는 수보다 작거나, 같거나, 1만큼 커야 하므로 A가 1일 경우 오른쪽 카드 3이 1보다 2만큼 크기 때문에 조건을 충족하지 못하고, A가 5인 경우도 왼쪽의 카드 3보다 2만큼 크기 때문에 역시 조건을 충족하지 못한다. 따라서 A에는 2와 4가 들어갈 수 있으므로 A로 가능한 수는 2가지이다.

② B는 4이다. ➡ (O) B가 5라면, 왼쪽의 카드 3보다 2만큼 크기 때문에 조건을 충족하지 못하고 B가 1이라면 C는 2가 되고 A는 4가 된다. 이 경우 남은 수는 4와 5뿐인데 둘 다 C의 2보다 2 이상 크기 때문에 D가 될 수 없으므로 B는 1이 아니다. B가 2라면, A는 4가 되고 남은 수는 1, 4, 5인데 이 경우 C에는 2보다 작거나, 같거나, 1만큼 큰 수만 들어갈 수 있어 1이 들어가게 되는데 남은 수인 4, 5 둘 다 C의 1보다 3 이상 크기 때문에 D가 될 수 없으므로 B는 2도 아니다. 따라서 B는 4임을 알 수 있다.

③ C는 5가 아니다. ➡ (X) 1에서부터 5까지 적힌 카드가 각 2장씩 10장이 있으므로, 남은 카드는 1, 2, 4, 4, 5이다. 각 카드에 적혀 있는 수는 바로 왼쪽 카드에 적혀 있는 수보다 작거나, 같거나, 1만큼 커야 하므로 A가 1일 경우 오른쪽 카드 3이 1보다 2만큼 크기 때문에 조건을 충족하지 못하고, A가 5인 경우도 왼쪽의 카드 3보다 2만큼 크기 때문에 역시 조건을 충족하지 못한다. 따라서 A에는 2와 4가 들어갈 수 있다. A에 2와 4가 들어갈 경우 가능한 카드의 배열은 다음과 같다.

ⅰ) A가 2일 경우(남는 수는 1, 4, 5)

| 5 | 1 | 2 | 3 | A/2 | 3 | B/4 | C/4 | D/5 | E/1 |
| | | | | | | B/4 | C/5 | D/4 | E/1 |

ⅱ) A가 4일 경우(남는 수는 1, 2, 4, 5)

| 5 | 1 | 2 | 3 | A/4 | 3 | B/4 | C/5 | D/4 | E/1 |
| | | | | | | B/4 | C/5 | D/4 | E/2 |

두 경우의 남는 숫자인 1, 2, 4, 5 중 2와 4가 2만큼의 차이라는 점에 주목하면, 1과 2는 4와 5보다 오른쪽에 위치해야 한다는 점을 알 수 있다. 따라서 B와 C에는 4와 5 중에서 들어갈 수 있으며 여섯 번째 숫자가 3이므로 B에는 4, C에는 5 또는 B, C에 모두 4가 들어가야 한다. 그러므로 위와 같은 4가지의 가능한 수 배열이 생긴다. 따라서 C에는 5가 들어갈 수 있다.

④ D가 2라면 A, B, C, E를 모두 알 수 있다. ➡ (O) D가 2라면 A, B, C, E를 모두 알 수 있을 뿐 아니라, D의 숫자가 확정되기만 하면 나머지 A, B, C, E의 모든 수 배열을 알 수 있다.

⑤ E는 1이나 2이다. ➡ (O) 주어진 상황에서 남은 카드는 1, 2, 4, 4, 5이므로, E에 4나 5가 들어갈 수 있는지를 살펴보아야 한다. E가 4라면, ②에서 설명한 바와 같이 B는 4이므로, A는 2가 된다. 그렇다면 남은 카드인 1, 5가 C, D에 위치해야 하는데, C가 1일 경우 D는 이보다 4만큼 큰 수인 5가 될 수 없고, C가 5일 경우 D는 1이 되는데, 이 경우 E인 4가 1보다 3만큼 커서 조건을 충족하지 못한다. 따라서 E는 4가 될 수 없다. 한편 E가 5라면 앞서 설명한 바와 같이 B는 4이고, A가 2일 경우 남은 카드인 1, 4가 C, D에 위치해야 하는데, C가 1일 경우 D에는 이보다 3만큼 큰 수인 4가 들어갈 수 없고, C가 4일 경우 D는 1이 되는데, 이 경우 E에 들어간 5가 1보다 4만큼 커서 조건을 충족하지 못한다. 만약 A가 4일 경우 남은 카드인 1, 2가 C, D에 위치해야 하는데, C가 1일 경우 D는 2가 되고 이 경우 E에 위치한 5가 2보다 3만큼 커서 조건을 충족하지 못한다. 그리고 C가 2일 경우 D는 1이 되는데, 이 경우에도 E에 위치한 5가 1보다 4만큼 커서 조건을 충족하지 않으므로 E는 5가 될 수 없다. 즉 E는 4나 5가 될 수 없으므로 1 또는 2임을 알 수 있다.

17 ⑤ 정답률 93.1%

| 문제 유형 | 연산추론형 > 대입비교
| 접근 전략 | 제시문에 나타난 각 수산자원별 포획·채취 금지 기준과 〈상황〉에 주어진 그 예외 요건을 잘 적용하여 포획·채취 금지 대상을 빠르게 골라내도록 한다.

다음 글과 〈상황〉을 근거로 판단할 때, 2021년 포획·채취 금지 고시의 대상이 되는 수산자원은?

매년 A~H 지역에서 포획·채취 금지가 고시되는 수산자원은 아래 〈기준〉에 따른다.

〈기준〉

수산자원	금지기간	금지지역
대구	5월 1일~ 7월 31일	A, B
전어	9월 1일~12월 31일	E, F, G
꽃게	6월 1일~ 7월 31일	A, B, C
소라	3월 1일~ 5월 31일	E, F
	5월 1일~ 6월 30일	D, G
새조개	3월 1일~ 3월 31일	H

〈상황〉

정부는 경제상황을 고려해서 2021년에 한하여 다음 중 어느 하나에 해당하는 경우, 〈기준〉에 따른 포획·채취 금지 고시의 대상에서 제외한다.
○ 소비장려 수산자원: 전어
○ 소비촉진 기간: 4월 1일~ 7월 31일
○ 지역경제활성화 지역: C, D, E, F

① 대구 ➡ (X) 4월 1일~7월 31일은 소비촉진 기간이므로, 〈기준〉에 따른 금지기간이 이 기간에 속하는 대구는 2021년 포획·채취 금지 고시의 대상에서 제외된다.

② 전어 ➡ (X) 전어는 소비장려 수산자원이므로, 2021년 포획·채취 금지 고시의 대상에서 제외된다.

③ 꽃게 ➡ (X) 4월 1일~7월 31일은 소비촉진 기간이므로, 〈기준〉에 따른 금지기간이 이 기간에 속하는 꽃게는 2021년 포획·채취 금지 고시의 대상에서 제외된다.

④ 소라 ➡ (X) 〈기준〉에 따른 두 번째 행의 소라 포획·채취 금지기간이 소비촉진 기간에 속하고, 첫 번째 행의 소라 포획·채취 금지지역이 지역경제활성화 지역에 속하므로 소라는 2021년 포획·채취 금지 고시의 대상에서 제외된다.

⑤ 새조개 ➡ (O) 새조개는 〈기준〉에 따른 금지기간과 금지지역이 모두 포획·채취 금지 고시 대상 제외 요건에 해당하지 않으므로, 2021년 포획·채취 금지 고시의 대상이 된다.

18 ②
정답률 83.3%

|문제 유형| 연산추론형 > 대입비교

|접근 전략| 제시문을 바탕으로 각 자동차 구매 시 지불 금액을 산정한 후 그 크기를 비교하면 어렵지 않게 정답을 골라낼 수 있는 문제이다.

다음 글과 〈상황〉을 근거로 판단할 때, A~C 자동차 구매 시 지불 금액을 비교한 것으로 옳은 것은?

○ 甲국은 전기차 및 하이브리드 자동차 보급을 장려하기 위해 다음과 같이 보조금과 세제 혜택을 제공한다.
- 정부는 차종을 고려하여 자동차 1대 당 보조금을 정액 지급한다. 중형 전기차에 대해서는 1,500만 원, 소형 전기차에 대해서는 1,000만 원, 하이브리드차에 대해서는 500만 원을 지급한다.
- 정부는 차종을 고려하여 아래 〈기준〉에 따라 세제 혜택을 제공한다. 자동차 구입 시 발생하는 세금은 개별소비세, 교육세, 취득세뿐이며, 개별소비세는 자동차 가격의 10%, 교육세는 2%, 취득세는 5%의 금액이 책정된다.

〈기준〉

구분	개별소비세	교육세	취득세
중형 전기차	비감면	전액감면	전액감면
소형 전기차	전액감면		전액감면
하이브리드차	전액감면		비감면

○ 자동차 구매 시 지불 금액은 다음과 같다.
지불 금액 = 자동차 가격 - 보조금 + 세금

〈상황〉
(단위: 만 원)

자동차	차종	자동차 가격
A	중형 전기차	4,000
B	소형 전기차	3,500
C	하이브리드차	3,500

① A<B<C ➡ (X)
② B<A<C ➡ (O)
- A: 중형 전기차에 대해서는 1,500만 원의 보조금이 지급되며, 개별소비세는 비감면, 교육세 및 취득세는 전액감면이 된다. 개별소비세는 자동차 가격의 10%이므로, 자동차 가격이 4,000만 원인 A 자동차 구매 시 총 지불 금액은 4,000만 원 - 1,500만 원 + 400만 원 = 2,900만 원이다.
- B: 소형 전기차에 대해서는 1,000만 원의 보조금이 지급되며, 세금은 모두 전액감면되므로 자동차 가격이 3,500만 원인 B 자동차 구매 시 총 지불 금액은 3,500만 원 - 1,000만 원 = 2,500만 원이다.
- C: 하이브리드차에 대해서는 500만 원의 보조금이 지급되며, 취득세는 비감면, 개별소비세 및 교육세는 전액감면이 된다. 취득세는 자동차 가격의 5%이므로, 자동차 가격이 3,500만 원인 C 자동차의 총 지불 금액은 3,500만 원 - 500만 원 + 175만 원 = 3,175만 원이다.

따라서 A~C 자동차 구매 시 지불 금액을 비교하면 B<A<C이다.

③ B<C<A ➡ (X)
④ C<A<B ➡ (X)
⑤ C<B<A ➡ (X)

19 ①
정답률 79.2%

|문제 유형| 연산추론형 > 대입비교

|접근 전략| 제시문을 바탕으로 각 선정후보 농가에 부여되는 점수를 산정한 후 이를 비교하여 국가인증 농가를 최종 선정한다. 이때 동일 지역의 농가를 2곳 이상 선정할 수 없다는 점을 통해 A, B와 E, F 중 각각 한 곳씩만 선정할 수 있음을 유추하여야 한다.

다음 글을 근거로 판단할 때, △△부가 2021년에 국가인증 농가로 선정할 곳만을 모두 고르면?

○ △△부에서는 2021년 고품질·안전 농식품 생산을 선도하는 국가인증 농가 3곳 선정하려고 한다. 선정 기준은 다음과 같다.
- 친환경인증을 받으면 30점, 전통식품인증을 받으면 40점을 부여한다. 단, 두 인증을 모두 받은 경우 전통식품인증 점수만을 인정한다.
- (나)와 (다) 지역 농가에는 친환경인증 또는 전통식품인증 유무에 의한 점수와 도농교류 활성화 점수 합의 10%를 가산점으로 부여한다.
- 친환경인증 또는 전통식품인증 유무에 의한 점수, 도농교류 활성화 점수, 가산점을 합산하여 점수가 높은 순으로 선정한다.
- 도농교류 활성화 점수가 50점 미만인 농가는 선정하지 않는다.
- 동일 지역의 농가를 2곳 이상 선정할 수 없다.

○ 2021년 선정후보 농가(A~F) 현황은 다음과 같다.

농가	친환경 인증 유무	전통식품 인증 유무	도농교류 활성화 점수	지역
A	○	○	80	(가)
B	×	○	60	(가)
C	×	○	55	(나)
D	○	○	40	(다)
E	○	×	75	(라)
F	○	○	70	(라)

① A, C, F ➡ (O) 먼저, 도농교류 활성화 점수가 50점 미만인 농가는 선정하지 않는다고 하였으므로 이 점수가 40점인 D를 제일 먼저 선정에서 제외한다.
또한 동일 지역의 농가를 2곳 이상 선정할 수 없으므로, (가) 지역에 속하는 A, B와 (라) 지역에 속하는 E, F 중 각각 한 곳만 선정될 수 있는데 국가인증 농가를 총 3곳 선정해야 하므로, C는 반드시 선정된다.
(가) 지역에 속하는 A, B를 비교하면 A, B는 둘 다 전통식품인증을 받았으므로 동일하게 40점을 부여받고(A는 친환경인증도 받았으나 두 인증을 모두 받은 경우 전통식품인증 점수만을 인정하므로 40점만을 부여받는다). 도농교류 활성화 점수는 A가 20점 더 높으므로, A와 B 중에서는 A가 선정된다.
(라) 지역에 속하는 E, F를 비교하면 E는 친환경인증을 받았으므로 30점을 부여받고, F는 친환경인증과 전통식품인증을 모두 받았으므로 전통식품인증 점수 40점을 부여받는다. 도농교류 활성화 점수는 각각 75점, 70점으로 F가 5점 낮으나 총점은 F가 5점 높으므로 E와 F 중에서는 F가 선정된다.
따라서 A, C, F가 국가인증 농가로 선정된다.

② A, D, E ➡ (X)
③ A, E, F ➡ (X)
④ B, C, E ➡ (X)
⑤ B, D, F ➡ (X)

20 ③
정답률 76.4%

| 문제 유형 | 연산추론형 > 대입비교

| 접근 전략 | 제시문 및 〈보기〉를 바탕으로 각각의 A법률 개정안에 부여되는 점수를 산정한 후, 이를 비교하여 〈보기〉의 옳고 그름을 판단해 낸다. 특히 이때 개정안의 개별 평가항목 점수 중 어느 하나라도 2점 미만인 경우 해당 개정안은 채택하지 않음에 주의하도록 한다.

다음 글을 근거로 판단할 때, 〈보기〉에서 옳은 것만을 모두 고르면?

○ 甲주무관은 A법률 개정안으로 (가), (나), (다) 총 세 가지를 준비하고 있다.
○ 이해관계자, 관계부처, 입법부의 수용가능성 및 국정과제 관련도의 4개 평가항목에 따라 평가점수를 부여하고 평가점수 총합이 가장 높은 개정안을 채택한다. 단, 다음의 사항을 고려한다.
  – 평가점수 총합이 동일한 경우, 국정과제 관련도 점수가 가장 높은 개정안을 채택한다.
  – 개정안의 개별 평가항목 점수 중 어느 하나라도 2점 미만인 경우, 해당 개정안은 채택하지 않는다.
○ 수용가능성 평가점수를 높일 수 있는 추가 절차는 아래와 같다. 단, 각 절차는 개정안마다 최대 2회 진행할 수 있다.
  – 이해관계자 수용가능성: 관계자간담회 1회당 1점 추가
  – 관계부처 수용가능성: 부처간회의 1회당 2점 추가
  – 입법부 수용가능성: 국회설명회 1회당 0.5점 추가
○ 수용가능성 평가항목별 점수를 높일 수 있는 추가 절차를 진행하지 않은 상태에서 개정안별 평가점수는 아래와 같다.

〈A법률 개정안 평가점수〉

개정안	수용가능성			국정과제 관련도	총합
	이해관계자	관계부처	입법부		
(가)	5	3	1	4	13
(나)	3	4	3	3	13
(다)	4	3	3	2	12

─〈보기〉─

ㄱ. 추가 절차를 진행하지 않는 경우, (나)가 채택된다. → (O) 평가점수 총합이 가장 높은 개정안을 채택하되, 개정안의 개별 평가항목 점수 중 어느 하나라도 2점 미만인 경우 해당 개정안은 채택하지 않는다. (가), (나)가 총합 13점으로 평가점수의 총합이 가장 높으나, (가)의 입법부 수용가능성 점수가 1점이어서 (가)는 채택될 수 없다. 따라서 추가 절차를 진행하지 않는 경우, (나)가 채택된다.

ㄴ. 3개 개정안 모두를 대상으로 입법부 수용가능성을 높이는 절차를 최대한 진행하는 경우, (가)가 채택된다. → (O) 입법부 수용가능성을 높이려면 국회설명회를 진행하면 되고, 국회설명회 1회당 0.5점이 추가된다. 추가 절차는 개정안마다 최대 2회 진행할 수 있으므로, 모든 개정안에 대해 입법부 수용가능성을 높이는 절차를 최대한 진행하는 경우 모든 개정안마다 국회설명회를 2회 진행하여 1점씩 추가하면 된다. 이 경우 (가), (나)가 14점으로 평가점수의 총합이 가장 높고, (가)의 입법부 수용가능성 점수가 2점이 되어 2점 미만 경우에 해당하지 않는다. 평가점수 총합이 동일한 경우 국정과제 관련도 점수가 가장 높은 개정안을 채택하므로, 국정과제 관련도 점수가 더 높은 (가)가 채택된다. 즉 3개 개정안 모두를 대상으로 입법부 수용가능성을 높이는 절차를 최대한 진행하는 경우, (가)가 채택된다.

ㄷ. (나)에 대한 부처간회의를 1회 진행하고 (다)에 대한 관계자간담회를 2회 진행하는 경우, (다)가 채택된다. → (X) 관계자간담회 1회당 1점, 부처간회의 1회당 2점이 추가되므로, (나)에 대한 부처간회의를 1회 진행하면 2점, (다)에 대한 관계자간담회를 2회 진행하면 2점이 추가된다. 이 경우 (나)의 총점이 15점, (다)의 총점이 14점이 되므로, 평가점수 총합이 가장 높은 (나)가 채택된다. 따라서 (나)에 대한 부처간회의를 1회 진행하고 (다)에 대한 관계자간담회를 2회 진행하는 경우, (나)가 채택된다.

① ㄱ ➡ (X)
② ㄷ ➡ (X)
③ ㄱ, ㄴ ➡ (O)
④ ㄴ, ㄷ ➡ (X)
⑤ ㄱ, ㄴ, ㄷ ➡ (X)

21 ③
정답률 71.4%

| 문제 유형 | 연산추론형 > 대입비교

| 접근 전략 | 점수가 모두 제시된 참가자들의 총 점수를 먼저 구해 놓고 각 참가자의 점수를 비교해 보되, UCC 조회수 등급에 따른 점수는 인접 등급 간의 점수 차이가 0.3점에 불과하다는 점에 유의한다.

다음 글을 근거로 판단할 때, 〈보기〉에서 옳은 것만을 모두 고르면?

○ △△부는 적극행정 UCC 공모전에 참가한 甲~戊의 영상을 심사한다.
○ 총 점수는 UCC 조회수 등급에 따른 점수와 심사위원 평가점수의 합이고, 총 점수가 높은 순위에 따라 3위까지 수상한다.
○ UCC 조회수 등급에 따른 점수는 조회수에 따라 5등급(A, B, C, D, E)으로 나누어 부여된다. 최상위 A를 10점으로 하며 인접 등급 간의 점수 차이는 0.3점이다.
○ 심사위원 평가점수는 심사위원 (가)~(마)가 각각 부여한 점수(1~10의 자연수)에서 최고점 및 최저점을 제외한 3개 점수의 평균으로 계산한다. 이때 최고점이 복수인 경우에는 그중 한 점수만 제외하여 계산한다. 최저점이 복수인 경우에도 이와 동일하다.
○ 심사 결과는 다음과 같다.

참가자	조회수 등급	심사위원별 평가점수				
		(가)	(나)	(다)	(라)	(마)
甲	B	9	(㉠)	7	8	7
乙	B	9	8	7	7	7
丙	A	8	7	(㉡)	10	5
丁	B	5	6	7	7	7
戊	C	6	10	10	7	7

→ 점수가 모두 제시되어 빈칸이 없는 참가자들의 총 점수를 구해 보면, 乙은 (8+7+7)의 평균 +B(9.7점)이고, 丁은 (7+7+6)의 평균 +B(9.7점), 戊는 (10+7+7)의 평균 +C(9.4점)가 된다.

─〈보기〉─

ㄱ. ㉠이 5점이라면 乙의 총 점수가 甲의 총 점수보다 높다. → (X) ㉠이 5점이라면, 甲의 최고점은 9점, 최저점은 5점이 되어 총 점수는 (8+7+7)의 평균 +B(9.7점)이 된다. 이때 乙의 총 점수 역시 (8+7+7)의 평균 +B(9.7점)이므로 동점이 되어 乙의 총 점수가 甲의 총 점수보다 높다고 할 수 없다.

ㄴ. 丁은 ㉠과 ㉡에 상관없이 수상하지 못한다. → (O) 丁의 총 점수는 이미 乙과 戊의 총 점수보다 낮다. 따라서 丁이 3위로 수상하기 위해서는 甲, 丙의 총 점수보다 모두 높아야 하는데 甲의 ㉠이 7보다 작더라도 甲의 총 점수는 (8+7+7)의 평균 +B(9.7점)이 되어 丁의 총 점수보다 높고 丙의 ㉡이 5보다 작더라도 丙의 총 점수는 (8+7+5)의 평균 +A(10점)가 되어 丁의 총 점수보다 높다. 따라서 丁은 ㉠과 ㉡에 상관없이 수상하지 못한다.

ㄷ. 戊는 조회수 등급을 D로 받았더라도 수상한다. → (O) 戊의 조회수 등급이 D이더라도 戊의 총 점수는 (10+7+7)의 평균＋D(9.1점)로 여전히 乙과 丁의 총 점수보다 높다. 따라서 甲, 丙의 총 점수와 상관없이 戊는 최소 3위 안에 들게 되므로, 戊는 조회수 등급을 D로 받았더라도 수상한다.

ㄹ. ㉠>㉡이면 甲의 총 점수가 丙의 총 점수보다 높다. → (X) ㉠이 10점, ㉡이 9점이라고 가정하면, 甲의 총 점수는 (9+8+7)의 평균＋B(9.7점)가 되고, 丙의 총 점수는 (9+8+7)의 평균＋A(10점)가 되어 丙의 총 점수가 甲의 총 점수보다 높아지게 된다. 따라서 ㉠>㉡이면 반드시 甲의 총 점수가 丙의 총 점수보다 높다고 할 수 없다.

① ㄱ, ㄴ ➡ (X)
② ㄱ, ㄷ ➡ (X)
③ ㄴ, ㄷ ➡ (O)
④ ㄴ, ㄹ ➡ (X)
⑤ ㄷ, ㄹ ➡ (X)

S 22 ① TOP2 정답률 38.1%

| 문제 유형 | 퍼즐형 > 수리퀴즈

| 접근 전략 | C기관의 전기평가점수 및 후기평가점수와 최종 순위가 나와 있으므로, 이를 바탕으로 순위를 역순으로 살펴나가면 〈보기〉의 정오를 판단할 수 있을 것이다. 이때 C를 제외한 각 기관의 구체적인 점수를 알 수 없으므로 최소 점수를 구하도록 한다.

다음 글과 〈상황〉을 근거로 판단할 때, 〈보기〉에서 옳은 것만을 모두 고르면?

甲국에서는 4개 기관(A~D)에 대해 전기, 후기 두 번의 평가를 실시하고 있다. 전기평가에서 낮은 점수를 받은 기관이 후기평가를 포기하는 것을 막기 위해 다음과 같은 최종평가점수 산정 방식을 사용하고 있다.

최종평가점수 ＝ Max[0.5×전기평가점수＋0.5×후기평가점수,
0.2×전기평가점수＋0.8×후기평가점수]

여기서 사용한 Max[X, Y]는 X와 Y 중 큰 값을 의미한다. 즉, 전기평가점수와 후기평가점수의 가중치를 50:50으로 하여 산정한 점수와 20:80으로 하여 산정한 점수 중 더 높은 것이 해당 기관의 최종평가점수이다.

─〈상황〉─

4개 기관의 전기평가점수(100점 만점)는 다음과 같다.

기관	A	B	C	D
전기평가점수	60	70	90	80

4개 기관의 후기평가점수(100점 만점)는 모두 자연수이고, C기관의 후기평가점수는 70점이다. 최종평가점수를 통해 확인된 기관 순위는 1등부터 4등까지 A-B-D-C 순이며 동점인 기관은 없다.
→ 전기평가점수와 후기평가점수의 가중치를 50:50으로 하여 산정한 점수와 20:80으로 하여 산정한 점수 중 더 높은 것이 해당 기관의 최종평가점수이므로, 후기평가점수가 전기평가점수보다 높으면 후기평가점수의 가중치가 높은 20:80으로 점수를 산정하게 되고, 전기평가점수가 후기평가점수보다 높으면 50:50으로 점수를 산정하게 된다. 한편 A, B, D 모두 최종평가점수가 80을 초과하여야 하므로, 후기평가점수가 전기평가점수보다 높아야 한다. 따라서 A, B, D의 최종평가점수는 후기평가의 가중치가 높은 20:80으로 산정하여야 한다.

─〈보기〉─

ㄱ. A기관의 후기평가점수는 B기관의 후기평가점수보다 최소 3점 높다. → (O) A기관의 후기평가점수를 a, B기관의 후기평가점수를 b라고 하면, A기관의 최종평가점수가 B기관의 최종평가점수보다 높으므로 0.2×60＋0.8×a > 0.2×70＋0.8×b가 성립한다. 따라서 a>b＋2.5가 도출되고, a와 b는 자연수이므로 a≥b＋3이 성립한다.

ㄴ. B기관의 후기평가점수는 83점일 수 있다. → (X) C기관의 전기평가점수는 90, 후기평가점수는 70이므로, C기관의 최종평가점수는 80점이다. 최종평가점수를 통해 확인된 기관 순위는 1등부터 4등까지 A-B-D-C 순이므로, 전기평가점수가 80점인 D가 C보다 높은 최종평가점수를 받기 위해서는 D의 후기평가점수가 80점보다 높아야 해서 최소 81점이어야 하고 이 경우 D의 최종평가점수는 최소 80.8점이 된다.
전기평가점수가 70점인 B가 D보다 높은 최종평가점수를 받기 위해서는 B의 최종평가점수가 80.8점보다 높아야 하는데 이를 위해서는 B의 후기평가점수가 전기평가점수보다 높아야 할 것이므로, B의 최종평가점수＝(70점×0.2)＋(후기평가점수×0.8)>80.8점이어야 한다. 이때 B의 최종평가점수가 80.8점보다 높기 위한 B의 후기평가점수의 최소 자연수는 84가 되므로, B는 후기평가점수로 최소 84점을 받아야 하며 이 경우 B의 최종평가점수는 최소 81.2점이 된다. 이를 종합하면 B기관의 후기평가점수는 최소 84점이어야 하므로 B기관의 후기평가점수는 83점일 수 없다.

ㄷ. A기관과 D기관의 후기평가점수 차이는 5점일 수 있다. → (X) A기관의 후기평가점수를 a, B기관의 후기평가점수를 b, D기관의 후기평가점수를 d라고 하면, B기관의 최종평가점수가 D기관의 최종평가점수보다 높으므로 0.2×70＋0.8×b>0.2×80＋0.8×d가 성립한다. 따라서 b>d＋2.5가 도출되고, b와 d는 자연수이므로 b≥d＋3이 성립한다. 한편 ㄱ에서 본 바와 같이 a≥b＋3이므로, 이를 종합하면 a≥b＋3≥d＋6이 성립한다.

① ㄱ ➡ (O)
② ㄴ ➡ (X)
③ ㄱ, ㄴ ➡ (X)
④ ㄱ, ㄷ ➡ (X)
⑤ ㄴ, ㄷ ➡ (X)

※ **다음 글을 읽고 물음에 답하시오. [문 23.~문 24.]**

독립운동가 김우전 선생은 일제강점기 광복군으로 활약한 인물로, 광복군의 무전통신을 위한 한글 암호를 만든 것으로 유명하다. 1922년 평안북도 정주 태생인 선생은 일본에서 대학을 다니던 중 재일학생 민족운동 비밀결사단체인 '조선민족 고유문화유지계몽단'에 가입했다. 1944년 1월 일본군에 징병돼 중국으로 파병됐지만 같은 해 5월 말 부대를 탈출해 광복군에 들어갔다. ▶1문단

1945년 3월 미 육군 전략정보처는 일본이 머지않아 패망할 것으로 보아 한반도 진공작전을 계획하고 중국에서 광복군과 함께 특수훈련을 하고 있었다. 이 시기에 선생은 한글 암호인 W-K(우전킴) 암호를 만들었다. W-K 암호는 한글의 자음과 모음, 받침을 구분하여 만들어진 암호체계이다. 자음과 모음을 각각 두 자리 숫자로, 받침은 자음을 나타내는 두 자리 숫자의 앞에 '00'을 붙여 네 자리로 표시한다. ▶2문단

W-K 암호체계에서 자음은 '11~29'에, 모음은 '30~50'에 순서대로 대응된다. 받침은 자음 중 ㄱ~ㅎ을 이용하여 '0011'부터 '0024'에 순서대로 대응된다. 예를 들어 '김'은 W-K 암호로 변환하면 'ㄱ'은 11, 'ㅣ'는 39, 받침 'ㅁ'은 0015이므로 '11390015'가 된다. 같은 방식으로 '1334001114390016'은 '독립'으로, '13402430001213340011143900161530001121742'는 '대한독립만세'로 해독된다. 모든 숫자를 붙여 쓰기 때문에 상당히 길지만 네 자리씩 끊어 읽으면 된다. ▶3문단

하지만 어렵사리 만든 W-K 암호는 결국 쓰이지 못했다. 작전 준비가 한창이던 1945년 8월 일본이 갑자기 항복했기 때문이다. 이 암호에 대한 기록은 비밀에 부쳐져 미국 국가기록원에 소장되었다가 1988년 비밀이 해제되어 세상에 알려졌다. ▶4문단

※ W-K 암호체계에서 자음의 순서는 ㄱ, ㄴ, ㄷ, ㄹ, ㅁ, ㅂ, ㅅ, ㅇ, ㅈ, ㅊ, ㅋ, ㅌ, ㅍ, ㅎ, ㄲ, ㄸ, ㅃ, ㅆ, ㅉ 이고, 모음의 순서는 ㅏ, ㅑ, ㅓ, ㅕ, ㅗ, ㅛ, ㅜ, ㅠ, ㅡ, ㅣ, ㅐ, ㅒ, ㅔ, ㅖ, ㅘ, ㅙ, ㅚ, ㅝ, ㅞ, ㅟ, ㅢ 이다.

23 ② 정답률 76.1%

| 문제 유형 | 제시문형 > 정보확인

| 접근 전략 | 주요 키워드를 표시하고 내용을 체크해 가면서 제시문을 속독한 후 〈보기〉와 비교한다. 특히 3문단에 나타난 W-K 암호체계의 설계 및 표기방법을 이해하는 것이 문제를 해결하는 데 있어 핵심이 된다.

윗글을 근거로 판단할 때, 〈보기〉에서 옳은 것만을 모두 고르면?

―〈보기〉―

ㄱ. 김우전 선생은 일본군에 징병되었을 때 무전통신을 위해 W-K 암호를 만들었다. → (X) 1문단에 의하면 김우전 선생은 1944년 1월 일본군에 징병돼 중국으로 파병됐지만 같은 해 5월 말 부대를 탈출해 광복군에 들어갔고 그 후 1945년 3월 미 육군 전략정보처가 중국에서 광복군과 함께 특수훈련을 하고 있을 시기에 W-K(우전킴) 암호를 만들었다. 따라서 김우전 선생이 일본군에 징병되었을 때 무전통신을 위해 W-K 암호를 만든 것이 아니다.

ㄴ. W-K 암호체계에서 한글 단어를 변환한 암호문의 자릿수는 4의 배수이다. → (O) 2문단에서 W-K 암호체계에서는 자음과 모음을 각각 두 자리 숫자로, 받침은 자음을 나타내는 두 자리 숫자의 앞에 '00'을 붙여 네 자리로 표시함을 알 수 있다. 따라서 W-K 암호체계에서 한글 단어를 변환한 암호문의 자릿수는 받침이 없는 글자는 네 자리 숫자, 받침이 있는 글자는 여덟 자리 숫자가 되므로 결국 4의 배수가 된다.

ㄷ. W-K 암호체계에서 '183000152400'은 한글 단어로 해독될 수 없다. → (O) '183000152400'을 네 자리씩 끊어 읽으면, 가운데 '0015'는 받침임을 알 수 있다. 그렇다면 마지막 네 자리인 '2400' 중 '00'은 모음이어야 하는데, 모음은 '30~50'에 순서대로 대응되므로, '00'이 모음이 될 수는 없어 한글 단어로 해독될 수 없다.

ㄹ. W-K 암호체계에서 한글 '궤'는 '11363239'로 변환된다. → (X) 제시문의 주석에 따르면 '궤'는 19번째 모음이며, 'ㅜ + ㅓ + ㅣ'로 나누어 변환하지 않는다. 따라서 W-K 암호체계에서 한글 '궤'는 '11363239'가 아니라 '1148'로 변환된다.

① ㄱ, ㄴ ➡ (X)
② ㄴ, ㄷ ➡ (O)
③ ㄷ, ㄹ ➡ (X)
④ ㄱ, ㄴ, ㄹ ➡ (X)
⑤ ㄱ, ㄷ, ㄹ ➡ (X)

24 ① 정답률 70.8%

| 문제 유형 | 제시문형 > 분석추론

| 접근 전략 | 제시문에 나타난 W-K 암호체계의 표기방법을 발문에 제시된 '3·1운동!'에 올바르게 적용하면 쉽게 정답을 골라낼 수 있다. 특히 각 선지에서 숫자가 다른 부분이 어느 글자에 해당하는지 확인한 후, 규칙을 대입해 보면 문제를 더 빠르게 해결할 수 있다.

윗글과 다음 〈조건〉을 근거로 판단할 때, '3·1운동!'을 옳게 변환한 것은?

―〈조건〉―

숫자와 기호를 표현하기 위하여 W-K 암호체계에 다음의 규칙이 추가되었다.

○ 1~9의 숫자는 차례대로 '51~59', 0은 '60'으로 변환하고, 끝에 '00'을 붙여 네 자리로 표시한다.
○ 온점(.)은 '70', 가운뎃점(·)은 '80', 느낌표(!)는 '66', 물음표(?)는 '77'로 변환하고, 끝에 '00'을 붙여 네 자리로 표시한다.

① 53008000510018360012133400186600 ➡ (O) '3·1운동!'의 각 글자를 W-K 암호체계로 변환하면, 3은 '5300', 가운뎃점(·)은 '8000', 1은 '5100', 운은 ㅇ이 8번째 자음이고, ㅜ가 7번째 모음, ㄴ이 2번째 자음인 받침이므로 '18360012', 동은 ㄷ이 3번째 자음이고, ㅗ가 5번째 모음, ㅇ이 8번째 자음인 받침이므로 '13340018', 느낌표(!)는 '6600'으로 표시된다. 따라서 '3·1운동!'을 W-K 암호체계로 변환하면 53008000510018360012133400186600이 된다.
② 53008000510018360012133500186600 ➡ (X)
③ 53007000510018360012133400187700 ➡ (X)
④ 53700051183600121334001766600 ➡ (X)
⑤ 53800051183600121335001777700 ➡ (X)

25 ⑤ 정답률 53.1%

| 문제 유형 | 퍼즐형 > 논리퀴즈

| 접근 전략 | 주어진 기본조건 속에서 〈대화〉의 진행에 따라 경우를 따져 접근하는 문제이다. 즉 제시문에서 부서의 총원과 내선번호 배정 조건을 제공해 주었으므로, 이를 기초로 4명의 〈대화〉를 살펴보면서 확정적인 정보를 대입하여 가능한 경우를 따지거나 가능하지 않은 경우를 소거해 나가는 방식을 사용하면 4명 각각의 소속 과와 과 총원을 판단해 낼 수 있다.

다음 글과 〈대화〉를 근거로 판단할 때, 乙~丁의 소속 과와 과 총원을 옳게 짝지은 것은?

○ A부서는 제1과부터 제4과까지 4개 과, 총 35명으로 구성되어 있다.
○ A부서 각 과 총원은 과장 1명을 포함하여 7명 이상이며, 그 수가 모두 다르다.
○ A부서에 '부여'된 내선번호는 7001번부터 7045번이다.
○ 제1과~제4과 순서대로 연속된 오름차순의 내선번호가 부여되는데, 각 과에는 해당 과 총원 이상의 내선번호가 부여된다.
○ 모든 직원은 소속 과의 내선번호 중 서로 다른 번호 하나를 각자 '배정'받는다.
○ 각 과 과장에게 배정된 내선번호는 해당 과에 부여된 내선번호 중에 제일 앞선다.
○ 甲~丁은 모두 A부서의 서로 다른 과 소속이다.

─────────────〈대화〉─────────────
甲: 홈페이지에 내선번호 알림을 새로 해야겠네요. 저희 과는 9명이고, 부여된 내선번호는 7016~7024번입니다.
乙: 甲주무관님 과는 총원과 내선번호 개수가 같네요. 저희 과 총원이 제일 많은데, 내선번호는 그보다 4개 더 있어요.
丙: 저희 과는 총원보다 내선번호가 3개 더 많아요. 아, 丁주무관님! 제 내선번호는 7034번이고, 저희 과장님 내선번호는 7025번이에요.
丁: 저희 과장님 내선번호 끝자리와 丙주무관님 과의 과장님 내선번호 끝자리가 동일하네요.

	직원	소속 과	과 총원	
①	乙	제1과	10명	➡ (X) 乙이 속한 과는 총원 11명이다.
②	乙	제4과	11명	➡ (X) 乙이 속한 과는 제1과이다.
③	丙	제3과	8명	➡ (X) 丙이 속한 과는 총원 7명이다.
④	丁	제1과	7명	➡ (X) 丁이 속한 과는 제4이고 총원은 8명이다.
⑤	丁	제4과	8명	➡ (O) 甲이 속한 과는 9명이고, 부여된 내선번호는 7016~7024번이다. 또한 丙이 속한 과는 과장의 내선번호가 7025번이고 丙의 내선번호가 7034번이므로 최소한 7025번부터 7034번까지는 丙이 속한 과의 내선번호가 되며. 丙이 속한 과는 총원보다 내선번호가 3개 더 많다. 그리고 丁이 속한 과의 과장의 내선번호 끝자리와 丙이 속한 과의 과장의 내선번호 끝자리가 동일하다고 하였으므로, 丁이 속한 과의 과장의 내선번호 끝자리는 5여야 하고 7005, 7015, 7035, 7045 중 하나가 될 것이다. 그러나 제시문에서 각 과 총원은 과장 1명을 포함하여 7명 이상이며, 각 과 과장의 내선번호는 해당 과에 부여된 내선번호 중에 제일 앞선다는 조건이 있으므로 丁이 속한 과의 과장의 내선번호가 7005일 수는 없다. 이 경우 그 앞의 내선번호 7001~7004번으로 구성된 과가 존재해야 하는데 4명으로 구성된 과는 존재할 수 없기 때문이다. 그리고 甲이 속한 과의 내선번호가 7016부터 시작되기 때문에 이와 이어지는 7015번은 해당 과의 마지막 내선번호가 되므로 과장의 번호가 될 수 없고, 7045의 경우에도 마지막 내선번호이므로 과장의 번호가 될 수 없다. 따라서 丁이 속한 과의 과장의 내선번호는 7035가 되어야 한다.

그렇다면 丁이 속한 과의 내선번호는 과장의 내선번호인 7035번부터 7045번까지가 되며. 丙이 속한 과의 내선번호는 7025번부터 7034번까지로 확정된다. 丙이 속한 과는 총원보다 내선번호가 3개 더 많다고 하였으므로 丙이 속한 과의 총원은 7명. 甲이 속한 과의 내선번호는 7016번부터 7024번까지이고 총원은 9명이므로, 자연히 乙이 속한 과의 내선번호는 나머지 번호인 7001번부터 7015번이 된다. 乙이 속한 과는 내선번호가 총원보다 4개 더 있다고 하였으므로, 총원은 11명이며 A부서의 총원은 35명이므로, 丁이 속한 과의 총원은 나머지 8명임을 알 수 있다.

제1과~제4과 순서대로 연속된 오름차순의 내선번호가 부여된다고 하였으므로, 甲~丁이 소속된 과의 결론을 정리하면 다음과 같다.

구분	甲의 과	乙의 과	丙의 과	丁의 과	합계
과별 인원수	9명	11명	7명	8명	35명
과별 내선번호 개수	9개	15개	10개	11개	45개
과별 내선번호	7016~7024	7001~7015	7025~7034	7035~7045	—
	제2과	제1과	제3과	제4과	

모든 꽃이 봄에 피지는 않는다.

– 노먼 프랜시스(Norman Francis)

PART 03

민간경력자 PSAT 기출문제

2021년 기출문제 정답과 분석해설	302
2020년 기출문제 정답과 분석해설	348
2019년 기출문제 정답과 분석해설	396
2018년 기출문제 정답과 분석해설	444

2021년 7월 10일 시행
2021년도 국가공무원 5급 및 7급 민간경력자 일괄채용 필기시험

정답과 분석해설

나의 성적

영역	점수	풀이 시간
언어논리	____점	____분
자료해석	____점	____분
상황판단	____점	____분

합격선

영역	합격 가능권	합격 확실권
언어논리	72~76점	80~84점
자료해석	64~68점	72~76점
상황판단	72~76점	80~84점

풀이 시간

영역	기본	숙련
언어논리	60분	50분
자료해석	60분	50분
상황판단	60분	50분

선발 인원 / 응시 인원 / 경쟁률

선발 인원	응시 인원	경쟁률
231명	3,176명	1.4 : 1

※ 경쟁률은 1차 합격자 선발 기준인 10배수로 산정

취약유형 분석표 제1영역 언어논리

문번	정답	정답률	유형	맞고 틀림
01	③	79.9%	사실적 이해 > 정보 확인	○△×
02	③	74.5%	사실적 이해 > 정보 확인	○△×
03	①	62.2%	사실적 이해 > 정보 확인	○△×
04	②	57.5%	사실적 이해 > 정보 확인	○△×
05	④	92.1%	비판적 사고 > 빈칸 채우기	○△×
06	⑤	82.1%	비판적 사고 > 판단하기	○△×
07	⑤	62.0%	비판적 사고 > 빈칸 채우기	○△×
08	①	88.9%	비판적 사고 > 빈칸 채우기	○△×
09	③	87.6%	비판적 사고 > 판단하기	○△×
10	②	85.5%	비판적 사고 > 판단하기	○△×
11	④	65.6%	사실적 이해 > 정보 확인	○△×
12	①	26.4%	비판적 사고 > 빈칸 채우기	○△×
13	①	89.9%	비판적 사고 > 판단하기	○△×
14	④	63.5%	비판적 사고 > 지문에서 추론하기	○△×
15	⑤	60.1%	비판적 사고 > 지문에서 추론하기	○△×
16	①	22.2%	비판적 사고 > 빈칸 채우기	○△×
17	③	43.5%	사실적 이해 > 논리 게임	○△×
18	④	35.1%	사실적 이해 > 논리 게임	○△×
19	③	54.8%	사실적 이해 > 논리 게임	○△×
20	②	88.8%	비판적 사고 > 지문에서 추론하기	○△×
21	③	57.7%	비판적 사고 > 판단하기	○△×
22	④	51.4%	비판적 사고 > 판단하기	○△×
23	⑤	43.9%	비판적 사고 > 판단하기	○△×
24	②	33.7%	비판적 사고 > 판단하기	○△×
25	④	43.2%	비판적 사고 > 판단하기	○△×

- 확실히 맞힌 문항 수: _____ 문항
- 헷갈리거나 찍은 문항 수: _____ 문항
- 틀린 문항 수: _____ 문항

취약유형 분석표 제2영역 자료해석

문번	정답	정답률	유형	맞고 틀림
01	⑤	77.0%	자료 읽기 > 표/빈칸 제시형	○ △ ×
02	⑤	91.4%	자료 변환응용 > 자료/보고서 전환형	○ △ ×
03	④	60.7%	자료 읽기 > 표 제시형	○ △ ×
04	②	92.4%	자료 읽기/추론 > 매칭형	○ △ ×
05	①	79.7%	자료 읽기 > 표 제시형	○ △ ×
06	③	48.3%	자료 추론 > 추가로 필요한 자료 찾기	○ △ ×
07	⑤	78.3%	자료 읽기 > 표/빈칸 제시형	○ △ ×
08	②	59.7%	자료 읽기 > 표/그림 제시형	○ △ ×
09	④	88.7%	자료 읽기/추론 > 계산형	○ △ ×
10	①	81.1%	자료 읽기 > 표/빈칸 제시형	○ △ ×
11	②	72.7%	자료 추론 > 추가로 필요한 자료 찾기	○ △ ×
12	⑤	83.6%	자료 변환응용 > 자료/보고서 전환형	○ △ ×
13	②	61.9%	자료 읽기 > 그림 제시형	○ △ ×
14	①	86.0%	자료 읽기 > 표/빈칸 제시형	○ △ ×
15	④	66.6%	자료 읽기/추론 > 계산형	○ △ ×
16	③	83.5%	자료 읽기/추론 > 매칭형	○ △ ×
17	④	62.2%	자료 읽기 > 표/빈칸 제시형	○ △ ×
18	⑤	42.9%	자료 읽기 > 표/빈칸 제시형	○ △ ×
19	⑤	51.8%	자료 읽기 > 표 제시형	○ △ ×
20	②	72.6%	자료 읽기/추론 > 매칭형	○ △ ×
21	③	60.3%	자료 읽기/추론 > 계산형	○ △ ×
22	③	48.7%	자료 읽기 > 그림 제시형	○ △ ×
23	④	46.9%	자료 읽기 > 표 제시형	○ △ ×
24	①	47.5%	자료 읽기 > 그림 제시형	○ △ ×
25	③	50.4%	자료 변환응용 > 자료/보고서 전환형	○ △ ×

- 확실히 맞힌 문항 수: _____ 문항
- 헷갈리거나 찍은 문항 수: _____ 문항
- 틀린 문항 수: _____ 문항

취약유형 분석표 제3영역 상황판단

문번	정답	정답률	유형	맞고 틀림
01	①	79.7%	법조문형 > 규정확인	○ △ ×
02	⑤	69.2%	법조문형 > 규정확인	○ △ ×
03	⑤	70.9%	법조문형 > 규정적용	○ △ ×
04	②	48.8%	퍼즐형 > 수리퀴즈	○ △ ×
05	④	91.5%	퍼즐형 > 논리퀴즈	○ △ ×
06	⑤	84.0%	연산추론형 > 수리계산	○ △ ×
07	①	70.7%	퍼즐형 > 논리퀴즈	○ △ ×
08	③	80.3%	연산추론형 > 수리계산	○ △ ×
09	③	69.8%	연산추론형 > 대입비교	○ △ ×
10	②	89.3%	연산추론형 > 대입비교	○ △ ×
11	④	84.1%	법조문형 > 규정적용	○ △ ×
12	①	80.2%	법조문형 > 규정확인	○ △ ×
13	⑤	65.5%	법조문형 > 규정적용	○ △ ×
14	④	45.4%	연산추론형 > 수리계산	○ △ ×
15	④	47.5%	퍼즐형 > 최댓값·최솟값 도출	○ △ ×
16	①	52.9%	퍼즐형 > 최댓값·최솟값 도출	○ △ ×
17	①	47.8%	퍼즐형 > 논리퀴즈	○ △ ×
18	③	74.2%	퍼즐형 > 논리퀴즈	○ △ ×
19	②	33.6%	퍼즐형 > 수리퀴즈	○ △ ×
20	③	59.9%	퍼즐형 > 논리퀴즈	○ △ ×
21	②	73.9%	퍼즐형 > 최댓값·최솟값 도출	○ △ ×
22	⑤	57.6%	퍼즐형 > 수리퀴즈	○ △ ×
23	③	59.7%	연산추론형 > 대입비교	○ △ ×
24	④	68.9%	연산추론형 > 대입비교	○ △ ×
25	③	59.5%	법조문형 > 규정적용	○ △ ×

- 확실히 맞힌 문항 수: _____ 문항
- 헷갈리거나 찍은 문항 수: _____ 문항
- 틀린 문항 수: _____ 문항

정답과 분석해설

2021 | 제1영역 언어논리(㉯ 책형)

기출 총평

전반부에는 난이도 하에 가까운 문항이 포진해 있어 시간 절약에 도움이 되었을 것이다. 그러나 후반부에는 복합 유형이 많았는데, 발문은 판단하기 유형에 속하지만 지문과 <보기>를 함께 독해할 때 논지 강화·약화하기나 유사한 전제·사례 찾기, 지문에서 추론하기 유형의 풀이 과정을 동시에 적용해야 했다. 무엇보다 지문에 개념어나 추상어가 다수 노출된 경우가 있어 빠르게 서술 흐름을 파악해야 풀이 시간을 단축할 수 있었다. 논리 게임 유형의 경우, 제한된 범주 안에서 논리적 구조를 도식화할 수 있는 것보다 다소 열린 범주로 경우의 수를 따져본 후 각 항목의 진위를 파악해야 하는 문항들이 있었다. 답을 명확히 찾아내기가 모호한 경우가 많으므로 평소에 논리적 흐름에 따라 서술 문장의 구조를 파악하는 연습을 하는 것이 도움이 될 것이다. 또한 빈칸 채우기 유형의 경우에는 지문의 내용을 바탕으로 중심 내용을 요약하거나 결론을 도출하면 되는 문항, 이해를 돕는 표나 그래프가 제시되어 지문의 길이에 비해 쉽게 요지를 파악할 수 있는 문항 등이 출제되어 어렵지 않게 풀이할 수 있었을 것이다. 항상 기억해야 할 것은 모든 답은 지문 안에 있다는 것이다. 지나친 추측이나 확대 해석은 지양하고 지문의 논지를 벗어나지 않는 선에서 제시된 근거를 바탕으로 선지의 가부를 판단하도록 한다.

문항별 정답률 및 선지별 선택률

문번	정답	정답률(%)	선지별 선택률(%)				
			①	②	③	④	⑤
01	③	79.9	8.1	1.4	79.9	5.6	5.0
02	③	74.5	3.0	2.1	74.5	11.6	8.8
03	①	62.2	62.2	5.6	5.4	4.9	21.9
04	②	57.5	26.1	57.5	3.4	2.5	10.5
05	④	92.1	2.1	0.9	3.2	92.1	1.7
06	⑤	82.1	3.3	4.2	4.2	6.2	82.1
07	⑤	62.0	1.8	12.1	9.3	14.8	62.0
08	①	88.9	88.9	1.9	7.2	0.9	1.1
09	③	87.6	0.2	0.5	87.6	4.1	7.6
10	②	85.5	2.7	85.5	1.9	9.9	0.0
11	④	65.6	2.7	16.4	9.5	65.6	5.8
12	①	26.4	26.4	54.2	2.5	6.0	10.9
13	①	89.9	89.9	0.7	2.3	5.9	1.2
14	④	63.5	1.7	20.8	7.5	63.5	6.5
15	⑤	60.1	0.2	2.5	12.8	24.4	60.1
16	①	22.2	22.2	19.4	39.1	10.2	9.1
17	③	43.5	18.4	15.2	43.5	8.7	14.2
18	④	35.1	11.4	8.3	40.0	35.1	5.2
19	③	54.8	8.0	17.1	54.8	7.6	12.5
20	②	88.8	1.7	88.8	2.6	6.1	0.8
21	③	57.7	16.5	7.9	57.7	11.9	6.0
22	④	51.4	6.5	18.5	9.3	51.4	14.3
23	⑤	43.9	5.3	15.2	11.8	23.8	43.9
24	②	33.7	5.7	33.7	13.8	29.8	17.0
25	④	43.2	8.6	15.8	16.8	43.2	15.6

※ 파란색 음영 문항은 해당 회차에서 정답률이 가장 낮은 TOP 3 문항입니다.
※ 문항별 정답률 산정 기준: 약 1년간 누적된 자동채점 & 성적결과분석 서비스의 응시 데이터

출제 비중

기출문제편 P.272

01	③	02	③	03	①	04	②	05	④
06	⑤	07	⑤	08	①	09	③	10	②
11	④	12	①	13	④	14	④	15	⑤
16	①	17	③	18	④	19	③	20	②
21	③	22	④	23	⑤	24	②	25	④

01 ③
정답률 79.9%

| 문제 유형 | 사실적 이해 > 정보 확인

| 접근 전략 | 고려 시대 향도의 운영 주체와 활동에 대한 내용 일치 여부를 확인하는 문제이다. 고려 초기와 후기의 향도 운영 주체가 누구인지, 그들이 한 일이 무엇인지를 바르게 연결한 것을 고른다. 지문에 없는 내용 또는 잘못된 내용이 언급된 것을 소거해 가며 답을 찾도록 한다.

다음 글의 내용과 부합하는 것은?

고려 초기에는 지방 여러 곳에 불교 신자들이 모여 활동하는 '향도(香徒)'라는 이름의 단체가 있었다. 당시에 향도는 석탑을 만들어 사찰에 기부하는 활동과 '매향(埋香)'이라고 불리는 일을 했다. 매향이란 향나무를 갯벌에 묻어두는 행위를 뜻한다. 오랫동안 묻어둔 향나무를 침향이라고 하는데, 그 향이 특히 좋았다. 불교 신자들은 매향한 자리에서 나는 침향의 향기를 미륵불에게 바치는 제물이라고 여겼다. 매향과 석탑 조성에는 상당한 비용이 들어갔는데, 향도는 그 비용을 구성원으로부터 거두어들여 마련했다. 고려 초기에는 향도가 주도하는 매향과 석탑 조성 공사가 많았으며, 지방 향리들이 향도를 만들어 운영하는 것이 일반적이었다. 향리가 지방에 거주하는 사람들 가운데 비교적 재산이 많았기 때문이다. 고려 왕조는 건국 초에 불교를 진흥했는데, 당시 지방 향리들도 불교 신앙을 갖고 자기 지역의 불교 진흥을 위해 향도 활동에 참여했다. ▶1문단

향리들이 향도의 운영을 주도하던 때에는 같은 군현에 속한 향리들이 모두 힘을 합쳐 그 군현 안에 하나의 향도만 만드는 경우가 대다수였다. 그러한 곳에서는 향리들이 자신이 속한 향도가 매향과 석탑 조성 공사를 할 때마다 군현 내 주민들을 마음대로 동원해 필요한 노동을 시키는 일이 자주 벌어졌다. 그런데 12세기에 접어들어 향도가 주도하는 공사의 규모가 이전에 비해 작아지고 매향과 석탑 조성 공사의 횟수도 줄었다. 이러한 분위기 속에서도 하나의 군현 안에 여러 개의 향도가 만들어져 그 숫자가 늘었는데, 그중에는 같은 마을 주민들만을 구성원으로 한 것도 있었다. 13세기 이후를 고려 후기라고 하는데, 그 시기에는 마을마다 향도가 만들어졌다. 마을 단위로 만들어진 향도는 주민들이 자발적으로 만든 것으로서 그 대부분은 해당 마을의 모든 주민을 구성원으로 한 것이었다. 이런 향도들은 마을 사람들이 관혼상제를 치를 때 그것을 지원했으며 자기 마을 사람들을 위해 하천을 정비하거나 다리를 놓는 등의 일까지 했다. ▶2문단

① 고려 왕조는 불교 진흥을 위해 지방 각 군현에 향도를 조직하였다. ➡ (X) 1문단에서 고려 왕조가 건국 초에 불교를 진흥했다고 했으나, 향도를 만들어 운영한 것은 지방 향리들이었음을 알 수 있다. 또한 2문단에서도 향리들이 향도의 운영을 주도하였다고 했다. 따라서 고려 왕조가 향도를 조직했다는 내용은 지문의 내용과 부합하지 않는다.

② 향도는 매향으로 얻은 침향을 이용해 향을 만들어 판매하는 일을 하였다. ➡ (X) 1문단에서 불교 신자들은 매향한 자리에서 나는 침향의 향기를 미륵불에게 바치는 제물이라고 여겼음을 알 수 있다. 침향을 이용해 향을 만들어 판매하는 행위를 했는지는 알 수 없다.

③ 고려 후기에는 구성원이 장례식을 치를 때 그것을 돕는 일을 하는 향도가 있었다. ➡ (O) 2문단 후반부에서 고려 후기 향도들은 마을 단위로 만들어져 마을 사람들이 관혼상제를 치를 때 그것을 지원했다고 했다. 따라서 관혼상제의 하나인 상례, 즉 장례식을 치를 때도 그것을 돕는 향도가 있었음을 알 수 있다.

④ 고려 초기에는 지방 향리들이 자신이 관할하는 군현의 하천 정비를 위해 향도를 조직하였다. ➡ (X) 1문단에서 고려 초기 지방 향리들은 자기 지역의 불교 진흥을 위해 향도 활동에 참여했으며, 군현 단위로 비용이 많이 들어가는 매향과 석탑 조성 공사를 했음을 알 수 있다. 하천을 정비하거나 다리를 놓는 등의 일은 고려 후기 주민들이 자발적으로 만든 마을 단위의 향도에서 한 일이다.

⑤ 고려 후기로 갈수록 석탑 조성 공사의 횟수가 늘었으며 그로 인해 같은 마을 주민을 구성원으로 하는 향도가 나타났다. ➡ (X) 2문단 중반부에서 12세기에 접어들어 향도가 주도하는 매향과 석탑 조성 공사의 횟수가 줄었다고 했으므로 본 선지는 지문의 내용과 부합하지 않는다.

02 ③
정답률 74.5%

| 문제 유형 | 사실적 이해 > 정보 확인

| 접근 전략 | 유사해 보이는 용어의 의미를 이해하고 그 관계를 파악한 후에 선지의 일치 여부를 판단해야 하는 문제이다. 어휘 하나를 교체해 오답을 만든 것이기 때문에, 조일통상장정과 조일통어장정의 내용이 무엇인지, 조선해통어조합과 조선해통어조합연합회, 조선해수산조합이 만들어진 시기와 역할은 무엇인지 구분해 알아야 한다.

다음 글에서 알 수 있는 것은?

1883년에 조선과 일본이 맺은 조일통상장정 제41관에는 "일본인이 조선의 전라도, 경상도, 강원도, 함경도 연해에서 어업 활동을 할 수 있도록 허용한다."라는 내용이 있다. 당시 양측은 이 조항에 적시되지 않은 지방 연해에서 일본인이 어업 활동을 하는 것은 금하기로 했다. 이 장정 체결 직후에 일본은 자국의 각 부·현에 조선해통어조합을 만들어 조선 어장에 대한 정보를 제공하기 시작했다. 이러한 지원으로 조선 연해에서 조업하는 일본인이 늘었는데, 특히 제주도에는 일본인들이 많이 들어와 전복을 마구 잡는 바람에 주민들의 전복 채취량이 급감했다. 이에 제주목사는 1886년 6월에 일본인의 제주도 연해 조업을 금했다. 일본은 이 조치가 조일통상장정 제41관을 위반한 것이라며 항의했고, 조선도 이를 받아들여 조업 금지 조치를 철회하게 했다. 이후 조선은 일본인이 아무런 제약 없이 어업 활동을 하게 해서는 안 된다고 여기게 되었으며, 일본과 여러 차례 협상을 벌여 1889년에 조일통어장정을 맺었다. ▶1문단

조일통어장정에는 일본인이 조일통상장정 제41관에 적시된 지방의 해안선으로부터 3해리 이내 해역에서 어업 활동을 하고자 할 때는 조업하려는 지방의 관리로부터 어업준단을 발급받아야 한다는 내용이 있다. 어업준단의 유효기간은 발급일로부터 1년이었으며, 이를 받고자 하는 자는 소정의 어업세를 먼저 내야 했다. 이 장정 체결 직후에 일본은 조선해통어조합연합회를 만들어 자국민의 어업준단 발급 신청을 지원하게 했다. 이후 일본은 1908년에 '어업에 관한 협정'을 강요해 맺었다. 여기에는 앞으로 한반도 연해에서 어업 활동을 하려는 일본인은 대한제국 어업 법령의 적용을 받도록 한다는 조항이 있다. 대한제국은 이듬해에 한반도 해역에서 어업을 영위하고자 하는 자는 먼저 어업 면허를 취득해야 한다는 내용의 어업법을 공포했고, 일본은 자국민도 이 법의 적용을 받게 해야 한다는 입장을 관철했다. 일본은 1902년에 조선해통어조합연합회를 없애고 조선해수산조합을 만들었는데, 이 조합은 어업법 공포 후 일본인의 어업 면허 신청을 대행하는 등의 일을 했다. ▶2문단

① 조선해통어조합은 '어업에 관한 협정'에 따라 일본인의 어업 면허 신청을 대행하는 업무를 보았다. ➡ (X) 1문단에 따르면 조선해통어조합은 조일통상장정을 체결한 직후 일본이 조선 어장에 대한 정보를 자국에 제공하기 위해 각 부·현에 만든 것임을 알 수 있다. '어업에 관한 협정'에 따라 일본인의 어업 면허

신청을 대행하는 업무를 본 것은 조선해수산조합임을 2문단을 통해 알 수 있다.

② 조일통어장정에는 제주도 해안선으로부터 3해리 밖에서 조선인이 어업 활동을 하는 것을 모두 금한다는 조항이 있다. ➡ (X) 2문단에서 조일통어장정에는 일본인이 조일통상장정 제41관에 적시된 지방의 해안선으로부터 3해리 이내 해역에서 어업 활동을 하고자 할 때는 조업하려는 지방의 관리로부터 어업준단을 발급받아야 한다는 내용이 있다고 했다. 조일통어장정은 조선인이 아니라 일본인이 조선의 해역에서 어업 활동을 하는 것과 관련된 조약이다.

③ 조선해통어조합연합회가 만들어져 활동하던 당시에 어업준단을 발급받고자 하는 일본인은 어업세를 내도록 되어 있었다. ➡ (O) 2문단에서 조일통어장정 체결 직후에 일본은 조선해통어조합연합회를 만들어 자국민의 어업준단 발급 신청을 지원하게 했다고 했으며, 어업준단을 받고자 하는 자는 소정의 어업세를 먼저 내야 했다고 제시되어 있다.

④ 조일통상장정에는 조선해통어조합연합회를 조직해 일본인이 한반도 연해에서 조업할 수 있도록 지원한다는 내용이 있다. ➡ (X) 1문단에 따르면 조일통상장정 제41관에서 일본인이 조선의 일부 지역 연해에서 어업 활동을 할 수 있도록 허용하였고, 이 장정 체결 직후에 일본은 조선해통어조합을 만들어 조선 어장에 대한 정보를 자국에 제공했다. 그러나 조일통상장정에 조선해통어조합연합회에 대한 내용이 언급되어 있는지는 알 수 없다.

⑤ 한반도 해역에서 조업하는 일본인은 조일통상장정 제41관에 따라 조선해통어조합으로부터 어업 면허를 발급받아야 하였다. ➡ (X) 2문단에 따르면 한반도 해역에서 조업하는 일본인은 조일통어장정에 따라 조업하려는 지방의 관리로부터 어업준단을 발급받아야 한다. 조선해통어조합연합회는 어업준단 발급 신청을 지원하는 역할을 했다.

03 ①

정답률 62.2%

| 문제 유형 | 사실적 이해 > 정보 확인
| 접근 전략 | 프레카리아트와 긱 노동자라는 핵심 용어를 제시하고 각각에 대해 설명하는 지문이다. 이 둘을 비교하거나 대조하는 내용은 지문에 제시되지 않았으므로 선지에서 이 둘의 관계나 영향 여부를 언급했다면 과감히 소거하도록 한다.

다음 글에서 알 수 있는 것은?

비정규직 근로자들이 늘어나면서 '프레카리아트'라고 불리는 새로운 계급이 형성되고 있다. 프레카리아트란 '불안한(precarious)'이라는 단어와 '무산계급(proletariat)'이라는 단어를 합친 용어로 불안정한 고용 상태에 놓여 있는 사람들을 의미한다. 프레카리아트에 속한 사람들은 직장 생활을 하다가 쫓겨나 실업자가 되었다가 다시 직장에 복귀하기를 반복한다. 이들은 고용 보장, 직무 보장, 근로안전 보장 등 노동 보장을 받지 못하며, 직장 소속감도 없을 뿐만 아니라, 자신의 직업에 대한 전망이나 직업 정체성도 결여되어 있다. 프레카리아트는 분노, 무력감, 걱정, 소외를 경험할 수밖에 없는 '위험한 계급'으로 전락한다. 이는 의미 있는 삶의 길이 막혀 있다는 좌절감과 상대적 박탈감, 계속된 실패의 반복 때문이다. 이러한 사람들이 늘어나면 자연히 갈등, 폭력, 범죄와 같은 사회적 병폐들이 성행하여 우리 사회는 점점 더 불안해지게 된다. ▶1문단

프레카리아트와 비슷하지만 약간 다른 노동자 집단이 있다. 이른바 '긱 노동자'다. '긱(gig)'이란 기업들이 필요에 따라 단기 계약 등을 통해 임시로 인력을 충원하고 그때그때 대가를 지불하는 것을 의미한다. 예를 들어 방송사에서는 드라마를 제작할 때마다 적합한 사람들을 섭외하여 팀을 꾸리고 작업에 착수한다. 긱 노동자들은 고용주가 누구든 간에 자신이 보유한 고유의 직업 역량을 고용주에게 판매하면서, 자신의 직업을 독립적인 '프리랜서' 또는 '개인 사업자' 형태로 인식한다. 정보통신 기술의 발달은 긱을 더욱더 활성화한다. 정보통신 기술을 이용하면 긱 노동자의 모집이 아주 쉬워진다. 기업은 사업 아이디어만 좋으면 인터넷을 이용하여 필요한 긱 노동자를 모집할 수 있다. 기업이 긱을 잘 활용하면 경쟁력을 높여 정규직 위주의 기존 기업들을 앞서나갈 수 있다. ▶2문단

① 긱 노동자가 자신의 직업 형태에 대해 갖는 인식은 자신을 고용한 기업에 따라 달라지지 않는다. ➡ (O) 2문단 중반부에서 긱 노동자들은 고용주가 누구든 간에 자신의 직업을 독립적인 프리랜서 또는 개인 사업자 형태로 인식한다고 했다. 따라서 자신의 직업 형태에 대한 인식이 고용주에 따라 달라지지 않음을 알 수 있다.

② 정보통신 기술의 발달은 프레카리아트 계급과 긱 노동자 집단을 확산시킨다. ➡ (X) 2문단에 정보통신 기술의 발달이 긱을 더욱더 활성화시킨다는 내용은 있지만, 프레카리아트 계급에 어떠한 영향을 주는지는 알 수 없다.

③ 긱 노동자 집단이 확산하면 프레카리아트 계급은 축소된다. ➡ (X) 프레카리아트와 비슷하지만 약간 다른 긱 노동자 집단에 대해 설명하고 있을 뿐, 이 두 집단의 관계를 비교해 설명한 내용은 없다.

④ '위험한 계급'이 겪는 부정적인 경험이 적은 프레카리아트일수록 정규직 근로자로 변모할 가능성이 크다. ➡ (X) 1문단에 프레카리아트는 불안정한 고용 상태에 놓인 사람들로 위험한 계급으로 전락한다는 내용만 있을 뿐. 이러한 경험이 적으면 정규직 근로자로 변모할 가능성이 큰지에 대해서는 언급하고 있지 않다.

⑤ 비정규직 근로자에 대한 노동 보장의 강화는 프레카리아트 계급을 축소시키고 긱 노동자 집단을 확산시킨다. ➡ (X) 1문단을 통해 비정규직 근로자에 대한 노동 보장 강화가 프레카리아트 계급 축소에 영향을 줄 수 있을 거라는 예상은 할 수 있지만, 이에 대해 단언할 수는 없다. 또한 이것이 긱 노동자 집단 확산에 영향을 주는지는 지문의 내용만으로는 알 수 없다.

04 ②

정답률 57.5%

| 문제 유형 | 사실적 이해 > 정보 확인
| 접근 전략 | 해왕성의 존재를 예측한 것을 바탕으로 미지의 행성인 불칸의 존재를 예측하려고 했던 르베리에의 이야기를 서술한 지문이다. 수성의 궤도는 천왕성의 궤도와는 다르게 새로운 법칙으로 설명되었다는 마지막 부분의 내용을 바탕으로 답을 찾아야 한다.

다음 글에서 알 수 없는 것은?

1859년에 프랑스의 수학자인 르베리에는 태양과 수성 사이에 미지의 행성이 존재한다는 가설을 세웠고, 그 미지의 행성을 '불칸'이라고 이름 붙였다. 당시의 천문학자들은 르베리에를 따라 불칸의 존재를 확신하고 그 첫 번째 관찰자가 되기 위해서 노력했다. 이렇게 확신한 이유는 르베리에가 불칸을 예측하는 데 사용한 방식이 해왕성을 성공적으로 예측하는 데 사용한 방식과 동일했기 때문이다. 해왕성 예측의 성공으로 인해 르베리에에 대한, 그리고 불칸의 예측 방법에 대한 신뢰가 높았던 것이다. ▶1문단

르베리에 또한 죽을 때까지 불칸의 존재를 확신했는데, 그가 그렇게 확신할 수 있었던 것 역시 해왕성 예측의 성공 덕분이었다. 1781년에 천왕성이 처음 발견된 뒤, 천문학자들은 천왕성보다 더 먼 위치에 다른 행성이 존재할 경우에만 천왕성의 궤도에 대한 관찰 결과가 뉴턴의 중력 법칙에 따라 설명될 수 있다고 생각했다. 이에 르베리에는 관찰을 통해 얻은 천왕성의 궤도와 뉴턴의 중력 법칙에 따라 산출한 궤도 사이의 차이를 수학적으로 계산하여 해왕성의 위치를 예측했다. 천문학자인 갈레는 베를린 천문대에서 르베리에의 편지를 받은 그날 밤, 르베리에가 예측한 바로 그 위치에 해왕성이 존재한다는 사실을 확인하였다. ▶2문단

르베리에는 수성의 운동에 대해서도 일찍부터 관심을 가지고 있었다. 르베리에는 수성의 궤도에 대한 관찰 결과 역시 뉴턴의 중력 법칙으로 예측한 궤도와 차이가 있음을 제일 먼저 밝힌 뒤, 1859년에 그 이유를 천왕성-해왕성의 경우와 마찬가지로 수성의 궤도에 미지의 행성이 영향을 끼치기 때문이라는 가설을 세운다. 르베리에는 이 미지의 행성에 '불칸'이라는 이름까지 미리 붙였던 것이며, 마침 르베리에의 가설에 따라 이 행성을 발견했다고 주장하는 천문학자까지 나타났던 것이다. 하지만 불칸의 존재에 대해 의심하는 천문학자들 또한 있었고, 이후 아인슈타인의 상대성이론을 이용해 수성의

궤도를 정확하게 설명하는 데 성공함으로써 가상의 행성인 불칸을 상정해야 할 이유는 사라졌다. ▶3문단

① 르베리에에 의하면 수성의 궤도를 정확하게 설명하기 위해서는 뉴턴의 중력 법칙을 대신할 다른 법칙이 필요하지 않다. ➡ (O) 3문단에 따르면 르베리에는 수성의 궤도에 대한 관찰 결과 역시 뉴턴의 중력 법칙으로 예측한 궤도와 차이가 있음을 밝힌 뒤, 수성의 궤도에 미지의 행성이 영향을 끼치기 때문이라는 가설을 세운다. 이는 뉴턴의 중력 법칙 외에 다른 법칙의 존재 가능성에 대해서는 고려하지 않은 것이다.

② 르베리에에 의하면 천왕성의 궤도를 정확하게 설명하기 위해서는 뉴턴의 중력 법칙을 대신할 다른 법칙이 필요하다. ➡ (X) 2문단에 따르면 르베리에는 관찰을 통해 얻은 천왕성의 궤도와 뉴턴의 중력 법칙에 따라 산출한 궤도 사이의 차이를 수학적으로 계산하여 해왕성의 위치를 예측했다. 즉, 뉴턴의 중력 법칙을 바탕으로 가설을 세우고 해왕성의 존재까지 밝힌 것이다. 따라서 르베리에는 뉴턴의 중력 법칙을 대신할 다른 법칙이 필요하다고 보지 않았다.

③ 수성의 궤도에 대한 르베리에의 가설에 기반하여 연구한 천문학자가 있었다. ➡ (O) 1문단에서 르베리에를 따라 불칸의 존재를 확신하고 그 첫 번째 관찰자가 되기 위해 노력한 천문학자들이 있었다고 했다. 불칸은 르베리에가 이름 붙인 태양과 수성 사이의 미지의 행성이다. 따라서 수성의 궤도에 대한 르베리에의 가설에 기반하여 연구한 천문학자가 있었음을 알 수 있다.

④ 르베리에는 해왕성의 위치를 수학적으로 계산하여 추정하였다. ➡ (O) 2문단에서 수학자인 르베리에는 관찰을 통해 얻은 천왕성의 궤도와 뉴턴의 중력 법칙에 따라 산출한 궤도 사이의 차이를 수학적으로 계산하여 해왕성의 위치를 예측했다고 했다.

⑤ 르베리에는 불칸의 존재를 수학적으로 계산하여 추정하였다. ➡ (O) 2문단에 따르면 르베리에는 수학적으로 계산하여 해왕성의 존재를 예측했고, 1문단에서 르베리에가 불칸을 예측하는 데 사용한 방식이 해왕성을 예측하는 데 사용한 방식과 동일했다고 했으므로 불칸 역시 수학적으로 계산하여 추정했음을 알 수 있다.

05 ④
정답률 92.1%

| 문제 유형 | 비판적 사고 > 빈칸 채우기
| 접근 전략 | 빈칸에 들어갈 알맞은 문장을 찾는 유형인 동시에 지문의 전체 내용을 요약 및 정리하여 중심 내용을 고르는 문제이다. 두괄식 구성의 글이므로, 첫 번째 문단의 내용을 정리해 다른 말로 서술한 선지를 고르면 된다.

다음 글의 빈칸에 들어갈 말로 가장 적절한 것은?

서구사회의 기독교적 전통하에서 이 전통에 속하는 이들은 자신들을 정상적인 존재로, 이러한 전통에 속하지 않는 이들을 비정상적인 존재로 구별하려 했다. 후자에 해당하는 대표적인 것이 적그리스도, 이교도들, 그리고 나병과 흑사병에 걸린 환자들이었는데, 그들에게 부과한 비정상성을 구체적인 형상을 통해 재현함으로써 그들이 전통 바깥의 존재라는 사실을 명확히 했다. ▶1문단

당연하게도 기독교에서 가장 큰 적으로 꼽는 것은 사탄의 대리자인 적그리스도였다. 기독교 초기, 몽티에랑데르나 힐데가르트 등이 쓴 유명한 저서들뿐만 아니라 적그리스도의 얼굴이 묘사된 모든 종류의 텍스트들에서 그의 모습은 충격적일 정도로 외설스러울 뿐만 아니라 받아들이기 힘들 정도로 추악하게 나타난다. ▶2문단

두 번째는 이교도들이었는데, 서유럽과 동유럽의 기독교인들이 이교도들에 대해 사용했던 무기 중 하나가 그들을 추악한 얼굴의 악마로 묘사하는 것이었다. 또한 이교도들이 즐겨 입는 의복이나 진미로 여기는 음식을 끔찍하게 묘사하여 이교도들을 자신들과는 분명히 구분되는 존재로 만들었다. ▶3문단

마지막으로, 나병과 흑사병에 걸린 환자들을 꼽을 수 있다. 당시의 의학 수준으로 그런 병들은 치료가 불가능했으며, 전염성이 있다고 믿어졌다. 때문에 자신을 정상적 존재라고 생각하는 사람들은 해당 병에 걸린 불행한 사람들을 신에게서 버림받은 죄인이자 공동체에서 추방해야 할 공공의 적으로 여겼다. 그들의 외모나 신체 또한 실제 여부와 무관하게 항상 뒤틀리고 지극히 흉측한 모습으로 형상화되었다. ▶4문단

정리하자면, ＿＿＿＿＿＿＿＿＿＿＿＿＿＿＿＿＿＿＿＿＿＿＿
▶5문단

① 서구의 종교인과 예술가들은 이방인을 추악한 이미지로 각인시키는 데 있어 중심적인 역할을 하였다. ➡ (X) 서구사회의 기독교적 전통에 속하는 이들이 그것에 속하지 않는 이들을 어떻게 구분 지었는지에 대한 내용이지, 그 역할을 한 종교인과 예술가들에 주목하고 있지는 않다.

② 서구의 기독교인들은 자신들보다 강한 존재를 추악한 존재로 묘사함으로써 심리적인 우월감을 확보하였다. ➡ (X) 서구의 기독교인들이 자신들보다 강한 존재를 추악하게 묘사한 것이 아니라, 기독교적 전통에 속하지 않는 이들을 비정상적이고 추악한 존재로 묘사한 것이다.

③ 정상적 존재와 비정상적 존재의 명확한 구별을 위해 추악한 형상을 활용하는 것은 동서고금을 막론하고 지속되어 왔다. ➡ (X) 제시된 지문은 서구의 기독교에 대해서만 언급하고 있을 뿐, 동서양을 모두 아울러 말하고 있지는 않다.

④ 서구의 기독교적 전통하에서 추악한 형상은 그 전통에 속하지 않는 이들을 전통에 속한 이들과 구분 짓기 위해 활용되었다. ➡ (O) 1문단에서 기독교적 전통에 속하지 않는 이들에게 부과한 비정상성을 구체적인 형상을 통해 재현함으로써 그들이 전통 바깥의 존재라는 사실을 명확히 했다고 하였다. 이를 구체적으로 설명한 것이 2~4문단이고, 5문단에서 이를 다시 한번 정리하고 있으므로 본 선지의 내용이 빈칸에 들어갈 말로 가장 적절하다.

⑤ 서구의 기독교인들이 자신들과는 다른 타자들을 추악하게 묘사했던 것은 다른 종교에 의해 자신들의 종교가 침해되는 것을 두려워했기 때문이다. ➡ (X) 서구의 기독교인들이 자신들과는 다른 타자들을 추악하게 묘사해 그들을 명확히 구분 지었다는 것은 알 수 있지만, 그 이유가 자신들의 종교가 침해되는 것을 두려워했기 때문인지는 알 수 없다.

06 ⑤
정답률 82.1%

| 문제 유형 | 비판적 사고 > 판단하기
| 접근 전략 | 글의 흐름에 맞지 않는 곳을 찾아 적절하게 수정했는지의 여부를 확인하는 문제이다. 앞뒤의 문장을 잘 읽으면 흐름에 어긋나는 부분을 쉽게 찾을 수 있다. 각 문단 안에서 문장의 서술 흐름을 놓치지 않고 읽는 것이 중요하다.

다음 글의 흐름에 맞지 않는 곳을 ㉠~㉢에서 찾아 수정할 때 가장 적절한 것은?

에르고딕 이론에 따르면 그룹의 평균을 활용해 개인에 대한 예측치를 이끌어낼 수 있는데, 이를 위해서는 다음의 두 가지 조건을 먼저 충족해야 한다. 첫째는 그룹의 모든 구성원이 ㉠질적으로 동일해야 하며, 둘째는 그 그룹의 모든 구성원이 미래에도 여전히 동일해야 한다는 것이다. 특정 그룹이 이 두 가지 조건을 충족하면 해당 그룹은 '에르고딕'으로 인정되면서, ㉡그룹의 평균적 행동을 통해 해당 그룹에 속해 있는 개인에 대한 예측을 이끌어낼 수 있다. ▶1문단

그런데 이 이론에 대해 심리학자 몰레나는 다음과 같은 설명을 덧붙였다. "그룹 평균을 활용해 개인을 평가하는 것은 인간이 모두 동일하고 변하지 않는 냉동 클론이어야만 가능하겠지요? 그런데 인간은 냉동 클론이 아닙니다." 그런데도 등급화와 유형화 같은 평균주의의 결과물들은 정책 결정의 과정에서 중요한 근거로 쓰였다. 몰레나는 이와 같은 위험한 가정을 '에르고딕 스위치'라고 명명했다. 이는 평균주의의 유혹에 속아 집단의 평균에 의해 개인을 파악함으로써 ㉢실재하는 개인적 특성을 모조리 무시하게 되는 것을 의미한다. ▶2문단

지금 타이핑 실력이 뛰어나지 않은 당신이 타이핑 속도의 변화를 통해 오타를 줄이고 싶어 한다고 가정해 보자. 평균주의식으로 접근할 경우 여러 사람의 타이핑 실력을 측정한 뒤에 평균 타이핑 속도와 평균 오타 수를 비교하게 된다. 그 결과 평균적으로 타이핑 속도가 더 빠를수록 오타 수가 더 적은 것으로 나타났다고 하자. 이때 평균주의자는 당신이 타이핑의 오타 수를 줄이고 싶다면 ㉣타이핑을 더 빠른 속도로 해야 한다고 말할 것이다. 바로 여기가 '에르고딕 스위치'에 해당하는 지점인데, 사실 타이핑 속도가 빠른 사람들은 대체로 타이핑 실력이 뛰어난 편이며 그만큼 오타 수는 적을 수밖에 없다. 더구나 ㉤타이핑 실력이라는 요인이 통제된 상태에서 도출된 평균치를 근거로 당신에게 내린 처방은 적절하지 않을 가능성이 높다. ▶3문단

① ㉠을 '질적으로 다양해야 하며'로 고친다. ➡ (X) ㉠ 바로 다음 '둘째' 내용에서 미래에도 여전히 동일해야 한다는 것이다라고 했으므로, 질적으로 동일해야 한다는 것은 흐름에 맞는 내용이다.
② ㉡을 '개인의 특성을 종합하여 집단의 특성에 대한 예측'으로 고친다. ➡ (X) 1문단에서 에르고딕 이론에 따르면 그룹의 평균을 활용해 개인에 대한 예측치를 이끌어낼 수 있다고 했으므로, ㉡은 글의 흐름에 맞는 내용이다.
③ ㉢을 '실재하는 그룹 간 편차를 모조리 무시'로 고친다. ➡ (X) 2문단의 몰레나의 설명에 따르면, 개인은 모두 동일하고 변하지 않는 냉동 클론이 아니다. 따라서 집단 평균에 의해 개인을 파악함으로써 실재하는 개인적 특성을 모두 무시하게 된다는 것은 지문의 흐름에 맞는 내용이다.
④ ㉣을 '타이핑을 더 느린 속도로 해야 한다'로 고친다. ➡ (X) ㉣ 앞에서 평균적으로 타이핑 속도가 더 빠를수록 오타 수가 더 적은 것으로 나타났다고 가정하였다.
⑤ ㉤을 '타이핑 실력이라는 요인이 통제되지 않은 상태에서'로 고친다. ➡ (O) 3문단에 따르면 타이핑 실력을 통제하지 않은 상태에서 실력이 서로 다른 사람들의 타이핑 속도와 오타 수를 측정한 후에 평균치를 도출하였다고 했으므로, ㉤을 적절하게 수정한 것이다.

07 ⑤ 정답률 62.0%

| 문제 유형 | 비판적 사고 > 빈칸 채우기
| 접근 전략 | 외부 자문위원으로부터 받은 자료는 외부용 PC로만 받을 수 있고 그 자료를 다시 내부용 PC로 보내는 작업을 거쳐야 한다는 점, 외부 자문위원이 보내는 자료는 일반 이메일 계정이나 ○○메일 계정으로 모두 받을 수 있고, 외부용 PC에서 내부용 PC로 자료를 보낼 때는 공유 프로그램을 이용하며, 이때 프로젝트 팀장이 비밀번호를 입력해야 한다는 점을 파악한다면 쉽게 문제를 풀 수 있다.

다음 대화의 빈칸에 들어갈 내용으로 가장 적절한 것은?

갑: 이번 프로젝트는 정보 보안이 매우 중요해서 1인당 2대의 업무용 PC를 사용하기로 하였습니다. 원칙적으로, 1대는 외부 인터넷 접속만 할 수 있는 외부용 PC이고 다른 1대는 내부 통신망만 이용할 수 있는 내부용 PC입니다. 둘 다 통신을 제외한 다른 기능을 사용하는 데는 아무런 제한이 없습니다.
을: 외부용 PC와 내부용 PC는 각각 별도의 저장 공간을 사용하나요?
갑: 네, 맞습니다. 그러나 두 PC 간 자료를 공유하려면 두 가지 방법만 쓰도록 되어 있습니다. 첫 번째 방법은 이메일을 이용하는 것입니다. 본래 내부용 PC는 내부 통신망용이라 이메일에 접속할 수 없지만, 프로젝트 팀장의 승인을 받아 ○○메일 계정에 접속한 뒤 자신의 ○○메일 계정으로 자료를 보내는 것만 허용하였습니다.
을: 그러면 첫 번째 방법은 내부용 PC에서 외부용 PC로 자료를 보낼 때만 가능하겠군요. 두 번째 방법을 이용하면 외부용 PC에서 내부용 PC로도 자료를 보낼 수 있나요?
갑: 물론입니다. 두 번째 방법은 내부용 PC와 외부용 PC에 설치된 자료 공유 프로그램을 이용하는 것인데, 이를 이용하면 두 PC 간 자료의 상호 공유가 가능합니다.
을: 말씀하신 자료 공유 프로그램을 이용하면 두 PC 사이에 자료를 자유롭게 공유할 수 있는 건가요?
갑: 파일 개수, 용량, 공유 횟수에는 제한이 없습니다. 다만, 이 프로그램을 사용할 때는 보안을 위해 프로젝트 팀장이 비밀번호를 입력해 주어야만 합니다.
을: 그렇군요. 그런데 외부용 PC로 ○○메일이 아닌 일반 이메일 계정에도 접속할 수 있나요?
갑: 아닙니다. 원칙적으로는 외부용 PC에서 자료를 보내거나 받기 위하여 사용 가능한 이메일 계정은 ○○메일뿐입니다. 그러나 예외적으로 필요한 경우에 한해 보안 부서에 공문으로 요청하여 승인을 받으면, 일반 이메일 계정에 접속하여 자료를 보내거나 받을 수 있습니다.
을: 아하! 외부 자문위원의 자료를 전달받아 내부용 PC에 저장하기 위해서는 _____

① 굳이 프로젝트 팀장이 비밀번호를 입력할 필요가 없겠군요.
➡ (X) 외부용 PC에서 내부용 PC로 자료를 보내기 위해서는 자료 공유 프로그램을 이용해야 하며, 이를 이용하기 위해서는 프로젝트 팀장이 비밀번호를 입력해야 한다.
② 사전에 보안 부서에 요청하여 외부용 PC로 일반 이메일 계정에 접속할 수 있는 권한을 부여받는 방법밖에 없겠네요. ➡ (X) 외부 자문위원의 자료를 일반 이메일 계정으로 받을 수도 있지만 ○○메일 계정으로도 받을 수 있기 때문에 방법이 하나만 있는 것은 아니다.
③ 외부 자문위원의 PC에서 ○○메일 계정으로 자료를 보낸 뒤, 내부용 PC로 ○○메일 계정에 접속하여 자료를 내려받으면 되겠군요. ➡ (X) 내부용 PC는 ○○메일 계정에 접속할 수 있지만 자료를 보내는 것만 허용되어 있다. 외부 자문위원의 PC에서 ○○메일 계정으로 자료를 보내면 외부용 PC로 받기 때문에 다시 외부용 PC에서 내부용 PC로 자료를 보내는 단계를 거쳐야 한다.
④ 외부 자문위원의 PC에서 일반 이메일 계정으로 자료를 보낸 뒤, 사전에 보안 부서의 승인을 받아 내부용 PC로 일반 이메일 계정에 접속하여 자료를 내려받으면 되겠네요. ➡ (X) 내부용 PC는 ○○메일 계정에 접속할 수 있지만 자료를 보내는 것만 허용되어 있다. 외부 자문위원의 PC에서 일반 이메일 계정으로 자료를 보내면 외부용 PC로 받기 때문에 다시 외부용 PC에서 내부용 PC로 자료를 보내는 단계를 거쳐야 한다.
⑤ 외부 자문위원의 PC에서 ○○메일 계정으로 자료를 보낸 뒤, 외부용 PC로 ○○메일 계정에 접속해 자료를 내려받아 자료 공유 프로그램을 이용하여 내부용 PC로 보내면 되겠네요. ➡ (O) 외부 자문위원의 PC에서 ○○메일 계정으로 자료를 보내면 외부용 PC로 ○○메일 계정에 접속해 자료를 받을 수 있다. 그 다음 공유 프로그램을 이용해 내부용 PC로 자료를 보내면 되므로 이 선지는 빈칸에 들어갈 내용으로 적절하다.

08 ① 정답률 88.9%

| 문제 유형 | 비판적 사고 > 빈칸 채우기
| 접근 전략 | 지문의 내용을 바탕으로 그래프의 각 항목이 무엇인지 찾는 유형이다. 빈칸 네 개에 들어갈 적절한 말의 조합을 찾는 문제이기 때문에 하나를 특정하면 답이 아닌 것을 소거해 정답의 범주를 좁혀 갈 수 있다.

다음 글에 비추어 볼 때, 아래 〈그림〉의 ㉠~㉣에 들어갈 말을 적절하게 나열한 것은?

도시재생 사업의 목표는 지역 역량의 강화와 지역 가치의 제고라는 두 마리 토끼를 잡는 것이다. 그 결과, 아래 〈그림〉에서 지역의 상태는 A에서 A'으로 변화한다. 둘 중 하나라도 이루어지지 않는다면 도시재생 사업의 목표가 달성되었다고 볼 수 없다. 그러한 실패 사례의 하나가 젠트리피케이션이다. 이는 지역 역량이 강화되지 않은 채 지역 가치만 상승하는 현상을 의미한다. ▶1문단

도시재생 사업의 모범적인 양상은 지역 자산화이다. 지역 자산화는 두 단계로 이루어진다. 첫 번째 단계는 공동체 역량 강화 과정이다. 이는 지역 문제 해결을 위한 프로그램 및 정책 수립, 물리적 시설의 개선, 운영 관리 등으로 구성된 공공 주도 과정이다. 이를 통해 지역 가치와 지역 역량이 모두 낮은 상태에서 일단 지역 역량을 키워 지역 기반의 사회적 자본을 형성하게 된다. 그 다음 두 번째 단계로 전문화 과정이 이어진다. 전문화는 민간의 전문성과 창의성을 적극적으로 활용함으로써, 강화된 지역 역량의 토대 위에서 지역 가치 제고를 이끌어낸다. 이 과정에서 주민과 민간 조직의 전문성에 대한 신뢰를 바탕으로, 공유 시설이나 공간의 설계, 관리, 운영 등 많은 권한이 시민단체를 비롯한 중간 지원 조직에 통합적으로 위임된다. ▶2문단

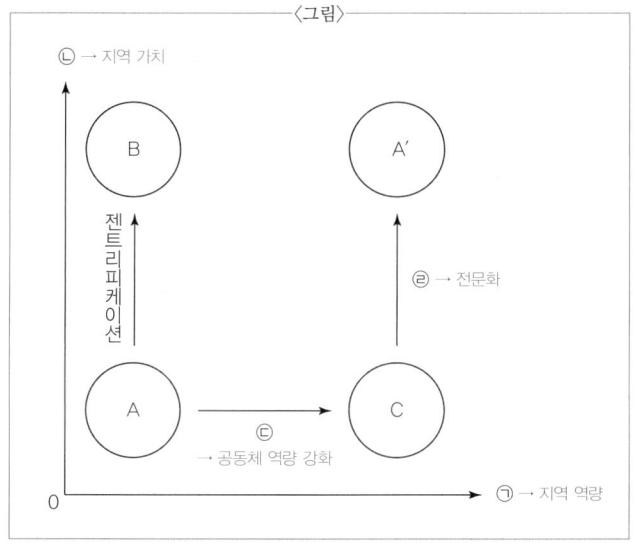

	㉠	㉡	㉢	㉣	
①	지역 역량	지역 가치	공동체 역량 강화	전문화	➡ (O)

1문단에서 도시재생 사업의 실패 사례로 젠트리피케이션을 언급했는데, 이는 A에서 B로 변화한 것을 가리킨다. 이 경우는 지역 역량이 강화되지 않은 채 지역 가치만 상승한 것이라고 했으므로 ㉠에는 '지역 역량', ㉡에는 '지역 가치'가 들어가야 한다. 2문단에서 도시재생 사업의 모범 양상으로 지역 자산화를 예로 들었는데, A에서 C로 변화하는 첫 번째 단계는 공동체 역량 강화 과정, C에서 A'로 변화하는 두 번째 단계는 전문화 과정이라고 했다. 따라서 ㉢과 ㉣에는 각각 '공동체 역량 강화', '전문화'가 들어가야 적절하다.

②	지역 역량	지역 가치	공동체 역량 강화	지역 자산화	➡ (X)
③	지역 역량	지역 가치	지역 자산화	전문화	➡ (X)
④	지역 가치	지역 역량	공동체 역량 강화	지역 자산화	➡ (X)
⑤	지역 가치	지역 역량	지역 자산화	전문화	➡ (X)

09 ③   정답률 87.6%

| 문제 유형 | 비판적 사고 > 판단하기

| 접근 전략 | 확률에 대한 두 가지 입장을 제시하고 〈보기〉의 구체적인 사례들이 어느 쪽에 해당하는지 판단하는 문제 유형이다. 유사한 사례를 서술한 문장들 사이에는 비슷한 어휘들이 사용되는데, 이를테면 '(가) 가능한 모든 결과들의 목록을 완전하게 작성한다면 ~ 하나는 반드시 나타난다.'와 'ㄱ. 모든 가능한 숫자의 조합을 모조리 샀을 때 ~ 무조건 당첨된다'와 같은 경우이다. 이러한 표현에 유의하여 〈보기〉의 내용을 확인하도록 한다.

다음 글의 (가)와 (나)에 대한 판단으로 적절한 것만을 〈보기〉에서 모두 고르면?

확률적으로 가능성이 희박한 사건이 우리 주변에서 생각보다 자주 일어나는 것처럼 보인다. 왜 이러한 현상이 발생하는지를 설명하는 다음과 같은 두 입장이 있다.

(가) 만일 당신이 가능한 모든 결과들의 목록을 완전하게 작성한다면, 그 결과들 중 하나는 반드시 나타난다. 표준적인 정육면체 주사위를 던지면 1에서 6까지의 수 중 하나가 나오거나 어떤 다른 결과, 이를테면 주사위가 탁자 아래로 떨어져 찾을 수 없게 되는 일 등이 벌어질 수 있다. 동전을 던지면 앞면 또는 뒷면이 나오거나, 동전이 똑바로 서는 등의 일이 일어날 수 있다. 아무튼 가능한 결과 중 하나가 일어나리라는 것만큼은 확실하다.

(나) 한 사람에게 특정한 사건이 발생할 확률이 매우 낮더라도, 충분히 많은 사람에게는 그 사건이 일어날 확률이 매우 높을 수 있다. 예컨대 어떤 불행한 사건이 당신에게 일어날 확률은 낮을지 몰라도, 지구에 현재 약 70억 명이 살고 있으므로, 이들 중 한두 사람이 그 불행한 일을 겪고 있다는 것은 이상한 일이 아니다.

〈보기〉

ㄱ. 로또 복권 1장을 살 경우 1등에 당첨될 확률은 낮지만, 모든 가능한 숫자의 조합을 모조리 샀을 때 추첨이 이루어진다면 무조건 당첨된다는 사례는 (가)로 설명할 수 있다. → (O) 로또 복권의 모든 가능한 숫자의 조합을 모조리 샀다는 것은 가능한 모든 결과들의 목록을 완전하게 작성한 것과 같다. 그 결과들 중 하나는 반드시 당첨될 것이므로 이를 (가)로 설명할 수 있다는 판단은 적절하다.

ㄴ. 어떤 사람이 교통사고를 당할 확률은 매우 낮지만, 대한민국에서 교통사고는 거의 매일 발생한다는 사례는 (나)로 설명할 수 있다. → (O) 어떤 특정한 한 사람이 교통사고를 당할 확률은 매우 낮지만 대한민국에서 교통사고가 거의 매일 발생한다는 것은, 충분히 많은 사람에게는 그 사건이 일어날 확률이 매우 높다는 설명과 일치하므로 이를 (나)로 설명할 수 있다는 판단은 적절하다.

ㄷ. 주사위를 수십 번 던졌을 때 1이 연속으로 여섯 번 나올 확률은 매우 낮지만, 수십만 번 던졌을 때는 이런 사건을 종종 볼 수 있다는 사례는 (가)로 설명할 수 있으나 (나)로는 설명할 수 없다. → (X) 주사위를 수십 번 던졌을 때 1이 연속으로 나올 확률은 매우 낮지만 던지는 횟수를 충분히 늘려 수십만 번 던진다면 그 확률은 높을 수 있다. 이는 (나)로 설명할 수 있으므로 ㄷ은 적절하지 않다.

① ㄱ ➡ (X)
② ㄷ ➡ (X)
③ ㄱ, ㄴ ➡ (O)
④ ㄴ, ㄷ ➡ (X)
⑤ ㄱ, ㄴ, ㄷ ➡ (X)

10 ②

정답률 85.5%

| 문제 유형 | 비판적 사고 > 판단하기

| 접근 전략 | A와 B의 입장 차이는 과학 연구비 지원을 위해 공공 자원을 배분할 때 어떤 원칙에 따를 것인가에 있다. 따라서 이 입장 차이를 파악하고 〈보기〉의 사실들이 무엇을 강화하는지 판단해야 한다. 여기서 A는 자원이 주류 연구자에게 편중되면 전체의 발전 가능성이 저해된다는 입장이고, B는 공정성과 효율성을 고려해 우수한 연구 성과를 보이는 주류 연구자에게 자원을 집중해야 한다는 입장이다.

다음 논쟁에 대한 평가로 적절한 것만을 〈보기〉에서 모두 고르면?

A: 현실적으로 과학 연구를 위해서는 상당한 규모의 연구비가 필요하기 때문에, 연구자들에게 공공 자원을 배분하는 역할을 하는 사람들은 자신들의 결정이 해당 분야의 발전에 큰 영향을 미친다는 사실을 유념해야 한다. 그들의 의사결정에서 가장 중요한 문제는 공공 자원을 어떤 원칙에 따라 배분할 것인가이다. 각 분야의 주류 견해를 형성하고 있는 연구자들에게만 자원이 편중되어 비주류 연구들이 고사된다면, 그 결과 해당 분야 전체의 발전은 저해될 것이다.

B: 과학 연구에 공공 자원을 배분하는 기준으로는 무엇보다 연구 성과가 우선되어야 한다. 객관적으로 드러난 연구 성과가 가장 우수한 연구자에게 자원을 우선 배분하는 것이 공정성에도 부합할 뿐 아니라, 투자의 사회적 효율성도 높일 수 있다.

A: 그와 같은 원칙으로는 한 분야의 주류 연구자들이 자원을 독점하게 될 가능성이 높다. 비주류 연구에서 우수한 연구 성과가 나오는 일은 상대적으로 드물거나 오랜 시간이 걸리기 때문이다. 특정 분야 내에 상충되는 내용을 가진 연구들이 많을수록 그 분야의 발전 가능성도 커진다. 이는 한 연구의 문제점을 파악하는 것이 자체 시각만으로는 쉽지 않으며, 문제가 감지되더라도 다른 연구자의 관점이 개입되어야 그 문제의 성격이 명확히 파악될 수 있다는 것을 뜻한다.

B: 우수한 연구에 자원을 집중하는 것이 효율성 측면에서 바람직하다. 최근의 과학 연구에서는 연구비 규모가 큰 과제일수록 더 우수한 성과를 얻는 경향이 강해지고 있기 때문이다. 과학의 발전을 위해 성과가 저조한 연구자들이 난립하는 것보다 우수한 연구자에게 자원을 집중적으로 투입하는 것이 낫다.

〈보기〉

ㄱ. 공공 자원을 연구 성과에 따라 배분하지 않으면 도덕적 해이가 발생할 가능성이 커진다는 사실은 A의 주장을 강화한다. → (X) 공공 자원을 연구 성과에 따라 배분하지 않으면 도덕적 해이가 발생할 가능성이 커진다는 것은 연구 성과에 따라 자원을 배분해야 한다는 B의 주장을 강화한다.

ㄴ. 연구 성과에 대한 평가가 시간이 지나 뒤집히는 경우가 자주 있다는 사실은 B의 주장을 강화한다. → (X) 연구 성과에 대한 평가가 시간이 지나 뒤집히는 경우가 자주 있다는 것은 연구 성과를 객관적인 것으로 가정한 B의 주장을 약화한다.

ㄷ. 성과만을 기준으로 연구자들을 차등 대우하면 연구자들의 사기가 저하되어 해당 분야 전체의 발전이 저해된다는 사실은 A의 주장을 강화하지만 B의 주장은 강화하지 않는다. → (O) 성과만을 기준으로 연구자들을 차등 대우하면 연구자들의 사기가 저하되어 해당 분야 전체의 발전이 저해된다는 것은 A의 첫 번째 발언에 언급된 내용이다. 즉, A는 각 분야의 주류 견해를 형성하고 있는 연구자들에게만 자원이 편중되어 비주류 연구가 고사된다면 그 결과 해당 분야 전체의 발전이 저해될 것이라고 본다. 이에 반해, B는 객관적으로 드러난 연구 성과가 가장 우수한 연구자에게 자원을 집중해야 한다는 입장이다. 따라서 성과만을 기준으로 연구자들을 차등 대우하면 연구자들의 사기가 저하되어 해당 분야 전체의 발전이 저해된다는 사실은 A의 주장은 강화하지만 B의 주장은 강화하지 않는다.

① ㄴ ➡ (X)
② ㄷ ➡ (O)
③ ㄱ, ㄴ ➡ (X)
④ ㄱ, ㄷ ➡ (X)
⑤ ㄱ, ㄴ, ㄷ ➡ (X)

11 ④

정답률 65.6%

| 문제 유형 | 사실적 이해 > 정보 확인

| 접근 전략 | 태극기를 시기와 만든 이에 따라 개항 이전에 사용된 태극 문양의 기, 이응준이 만든 '조선의 기', 박영효가 만들고 고종이 채택한 조선 국기, 오늘날의 태극기로 구분해 볼 수 있다. 우선 서술 대상과 이에 대한 서술 내용이 일치하는지 파악한다. 그리고 4괘의 위치가 서로 다르므로 시기별 특정 위치의 괘가 무엇인지를 정확하게 확인해야 한다.

다음 글에서 알 수 있는 것은?

우리나라 국기인 태극기에는 태극 문양과 4괘가 그려져 있는데, 중앙에 있는 태극 문양은 만물이 음양 조화로 생장한다는 것을 상징한다. 또 태극 문양의 좌측 하단에 있는 이괘는 불, 우측 상단에 있는 감괘는 물, 좌측 상단에 있는 건괘는 하늘, 우측 하단에 있는 곤괘는 땅을 각각 상징한다. 4괘가 상징하는 바는 그것이 처음 만들어질 때부터 오늘날까지 변함이 없다. ▶1문단

태극 문양을 그린 기는 개항 이전에도 조선 수군이 사용한 깃발 등 여러 개가 있는데, 태극 문양과 4괘만 사용한 기는 개항 후에 처음 나타났다. 1882년 5월 조미수호조규 체결을 위한 전권대신으로 임명된 이응준은 회담 장소에 내걸 국기가 없어 곤란해 하다가 회담 직전 태극 문양을 활용해 기를 만들고 그것을 회담장에 걸어두었다. 그 기에 어떤 문양이 담겼는지는 오랫동안 알려지지 않았다. 그런데 2004년 1월 미국 어느 고서점에서 미국 해군부가 조미수호조규 체결한 달 후에 만든 『해상 국가들의 깃발들』이라는 책이 발견되었다. 이 책에는 이응준이 그린 것으로 짐작되는 '조선의 기'라는 이름의 기가 실려 있다. 그 기의 중앙에는 태극 문양이 있으며 네 모서리에 괘가 하나씩 있는데, 좌측 상단에 감괘, 우측 상단에 건괘, 좌측 하단에 곤괘, 우측 하단에 이괘가 있다. ▶2문단

조선이 국기를 공식적으로 처음 정한 것은 1883년의 일이다. 1882년 9월에 고종은 박영효를 수신사로 삼아 일본에 보내면서, 그에게 조선을 상징하는 기를 만들어 사용해 본 다음 귀국하는 즉시 제출하게 했다. 이에 박영효는 태극 문양이 가운데 있고 4개의 모서리에 각각 하나씩 괘가 있는 기를 만들어 사용한 후 그것을 고종에게 바쳤다. 고종은 이를 조선 국기로 채택하고 통리교섭사무아문으로 하여금 각국 공사관에 배포하게 했다. 이 기는 일본에 의해 강제 병합되기까지 국기로 사용되었는데, 언뜻 보기에 『해상 국가들의 깃발들』에 실린 '조선의 기'와 비슷하다. 하지만 자세히 보면 두 기는 서로 다르다. 조선 국기 좌측 상단에 있는 괘가 '조선의 기'에는 우측 상단에 있고, '조선의 기'의 좌측 상단에 있는 괘는 조선 국기의 우측 상단에 있다. 또 조선 국기의 좌측 하단에 있는 괘는 '조선의 기'의 우측 하단에 있고, '조선의 기'의 좌측 하단에 있는 괘는 조선 국기의 우측 하단에 있다. ▶3문단

① 미국 해군부는 통리교섭사무아문이 각국 공사관에 배포한 국기를 『해상 국가들의 깃발들』에 수록하였다. ➡ (X) 2문단에서 미국 해군부는 조미수호조규 체결 시기인 1882년 5월에서 한 달 후에 『해상 국가들의 깃발들』이라는 책을 만들었다고 했고, 3문단에서는 고종이 조선 국기를 공식적으로 정하고 통리교섭사무아문을 통해 각국 공사관에 배포한 것은 1883년의 일이라고 했다. 따라서 설명과 수록된 기의 명칭이 일치하지 않는다.

② 조미수호조규 체결을 위한 회담 장소에서 사용하고자 이응준이 만든 기는 태극 문양이 담긴 최초의 기다. ➡ (X) 2문단에서 태극 문양을 그린 기는 개항 이전에도 조선 수군이 사용했다고 했으므로 1882년 조미수호조규 체결 당시에 이응준이 만든 기가 태극 문양이 담긴 최초의 기는 아니었다.

③ 통리교섭사무아문이 배포한 기의 우측 상단에 있는 괘와 '조선의

기'의 좌측 하단에 있는 괘가 상징하는 것은 같다. ➡ (X) 3문단에 따르면 통리교섭사무아문이 배포한 기인 조선 국기의 우측 상단에 있는 괘는 '조선의 기'의 좌측 하단이 아니라 좌측 상단에 있는 괘임을 알 수 있다.

④ 오늘날 태극기의 우측 하단에 있는 괘와 고종이 조선 국기로 채택한 기의 우측 하단에 있는 괘는 모두 땅을 상징한다. ➡ (O) 1문단에서 오늘날 태극기의 우측 하단에는 땅을 상징하는 곤괘가 있다고 했다. 그리고 3문단에서 고종이 조선 국기로 채택한 기의 우측 하단에는 '조선의 기'의 좌측 하단에 있는 괘가 있다고 했으며, 2문단에 따르면 '조선의 기'의 좌측 하단에는 곤괘가 있다고 했다. 따라서 선지의 내용과 같이 모두 땅을 상징하는 곤괘가 해당 위치에 있음을 알 수 있다.

⑤ 박영효가 그린 기의 좌측 상단에 있는 괘는 물을 상징하고 이응준이 그린 기의 좌측 상단에 있는 괘는 불을 상징한다. ➡ (X) 3문단에서 박영효가 그린 기는 고종이 조선 국기로 채택한 것인데, 이 조선 국기 좌측 상단에 있는 괘는 이응준이 그린 '조선의 기'의 우측 상단에 있다고 했다. 2문단에 따르면 이는 건괘에 해당해 하늘을 상징한다. 또한 이응준이 그린 기의 좌측 상단에 있는 괘는 감괘로 물을 상징한다.

S 12 ① TOP 2 정답률 26.4%

|문제 유형| 비판적 사고 > 빈칸 채우기
|접근 전략| 갑과 을의 발언을 바탕으로 현재 시점에서 판단할 수 있는 내용은 무엇인지 찾는 유형이다. 지문에 제시되지 않은 것은 단정적으로 말할 수 없으므로 지나친 추측은 지양한다. 더불어 올해 조례 제정 상황은 1월 1일부터 7월 10일까지에 해당하는 내용임을 간과한다면 함정에 빠질 수 있다.

다음 대화의 빈칸에 들어갈 내용으로 가장 적절한 것은?

갑: 국회에서 법률들을 제정하거나 개정할 때, 법률에서 조례를 제정하여 시행하도록 위임하는 경우가 있습니다. 그리고 이런 위임에 따라 지방자치단체에서는 조례를 새로 제정하게 됩니다. 각 지방자치단체가 법률의 위임에 따라 몇 개의 조례를 제정했는지 집계하여 '조례 제정 비율'을 계산하는데, 이 지표는 작년에 이어 올해도 지방자치단체의 업무 평가 기준에 포함되었습니다.

을: 그렇군요. 그 평가 방식이 구체적으로 어떻게 되고, A시의 작년 평가 결과는 어땠는지 말씀해 주세요.

갑: 먼저 그 해 1월 1일부터 12월 31일까지 법률에서 조례를 제정하도록 위임한 사항이 몇 건인지 확인한 뒤, 그중 12월 31일까지 몇 건이나 조례로 제정되었는지로 평가합니다. 작년에는 법률에서 조례를 제정하도록 위임한 사항이 15건이었는데, 그중 A시에서 제정한 조례는 9건으로 그 비율은 60%였습니다.

을: 그러면 올해는 조례 제정 상황이 어떻습니까?

갑: 1월 1일부터 7월 10일 현재까지 법률에서 조례를 제정하도록 위임한 사항은 10건인데, A시는 이 중 7건을 조례로 제정하였으며 조례로 제정하기 위하여 입법 예고 중인 것은 2건입니다. 현재 시의회에서 조례로 제정되기를 기다리며 계류 중인 것은 없습니다.

을: 모든 조례는 입법 예고를 거친 뒤 시의회에서 제정되므로, 현재 입법 예고 중인 2건은 입법 예고 기간이 끝나야만 제정될 수 있겠네요. 이 2건의 제정 가능성은 예상할 수 있나요?

갑: 어떤 조례는 신속히 제정되기도 합니다. 그러나 때로는 시의회가 계속 파행하기도 하고 의원들의 입장에 차이가 커 공전될 수도 있기 때문에 현재 시점에서 조례 제정 가능성을 단정하기는 어렵습니다.

을: 그러면 A시의 조례 제정 비율과 관련하여 알 수 있는 것은 무엇이 있을까요?

갑: A시는 _____

① 현재 조례로 제정하기 위하여 입법 예고가 필요한 것이 1건입니다. ➡ (O) 현재 총 10건의 사항 중 7건을 조례로 제정했고 2건은 입법 예고 중이다. 따라서 입법 예고가 필요한 것은 나머지 1건이다.

② 올 한 해의 조례 제정 비율이 작년보다 높아집니다. ➡ (X) 갑이 말한 올해의 조례 제정 상황은 1월 1일부터 7월 10일 현재까지에 해당하는 것으로, 한 해 전체를 말한 것이 아니다. 따라서 하반기에 법률에서 조례를 제정하도록 위임하는 사항이 더 있다면 조례 제정 비율이 작년보다 높다고 단정할 수 없다.

③ 올 한 해 총 9건의 조례를 제정하게 됩니다. ➡ (X) 이미 제정된 것과 입법 예고 중인 조례를 제외하고 나머지 1건이 추후에 입법 예고될 수도 있고, 하반기에 조례를 제정하도록 위임하는 사항이 더 추가될 수도 있으므로 올 한 해 제정된 조례의 건수를 확정할 수는 없다.

④ 현재 시점을 기준으로 평가를 받으면 조례 제정 비율이 90%입니다. ➡ (X) 입법 예고 기간이 끝나야만 제정이 될 수 있으므로, 현 시점에 제정된 조례는 7개이다. 따라서 70%가 된다.

⑤ 올 한 해 법률에서 조례를 제정하도록 위임받은 사항이 작년보다 줄어듭니다. ➡ (X) 7월 10일까지 법률에서 조례를 제정하도록 위임한 사항은 10건이지만 하반기에 더 늘어날 수 있으므로 본 선지의 내용은 지문의 갑과 을의 발언으로 알 수 없다.

13 ① 정답률 89.9%

|문제 유형| 비판적 사고 > 판단하기
|접근 전략| 판단하기와 정보 확인 유형의 복합적인 형태이다. 지문의 표와 A, B, C 모형에 대해 설명한 각 문단의 내용이 명시적으로 드러나 있으므로 어렵지 않게 풀이할 수 있다.

다음 글의 A~C에 대한 판단으로 가장 적절한 것은?

정책 네트워크는 다원주의 사회에서 정책 영역에 따라 실질적인 정책 결정권을 공유하고 있는 집합체이다. 정책 네트워크는 구성원 간의 상호 의존성, 외부로부터 다른 사회 구성원들의 참여 가능성, 의사결정의 합의 효율성, 지속성의 특징을 고려할 때 다음 세 가지 모형으로 분류될 수 있다.

특징 모형	상호 의존성	외부 참여 가능성	합의 효율성	지속성
A	높음	낮음	높음	높음
B	보통	보통	보통	보통
C	낮음	높음	낮음	낮음

▶1문단

A는 의회의 상임위원회, 행정 부처, 이익집단이 형성하는 정책 네트워크로서 안정성이 높아 마치 소정부와 같다. 행정부 수반의 영향력이 작은 정책 분야에서 집중적으로 나타나는 형태이다. A에서는 참여자 간의 결속과 폐쇄적 경계를 강조하며, 배타성이 매우 강해 다른 이익집단의 참여를 철저하게 배제하는 것이 특징이다. ▶2문단

B는 특정 정책과 관련해 이해관계를 같이하는 참여자들로 구성된다. B가 특정 이슈에 대해 유기적인 연계 속에서 기능하면, 전통적인 관료제나 A의 방식보다 더 효과적으로 정책 목표를 달성할 수 있다. B의 주요 참여자는 정치인, 관료, 조직화된 이익집단, 전문가 집단이며, 정책 결정은 주요 참여자 간의 합의와 협력에 의해 일어난다. ▶3문단

C는 특정 이슈를 중심으로 이해관계나 전문성을 가진 이익집단, 개인, 조직으로 구성되고, 참여자는 매우 자율적이고 주도적인 행위자이며 수시로 변경된다. 배타성이 강한 A만으로 정책을 모색하면 정책 결정에 영향을 미칠 수 있는 C와 같은 개방적 참여자들의 네트워크를 놓치기 쉽다. C는 관료제의 영향력이 작고 통제가 약한 분야에서 주로 작동하는데, 참여자가 많아 합의가 어려워 결국 정부가 위원회나 청문회를 활용하여 의견을 조정하려는 경우가 종종 발생한다. ▶4문단

① 외부 참여 가능성이 높은 모형은 관료제의 영향력이 작고 통제가 약한 분야에서 나타나기 쉽다. ➡ (O) 외부 참여 가능성이 높은 모형은 C인데, 4문단에서 C는 관료제의 영향력이 작고 통제가 약한 분야에서 주로 작동한다고 했으므로 C에 대한 판단으로 적절하다.
② 상호 의존성이 보통인 모형에서는 배타성이 강해 다른 이익집단의 참여를 철저하게 배제한다. ➡ (X) 상호 의존성이 보통인 모형은 B이고, 2문단에 따르면 배타성이 강해 다른 이익집단의 참여를 철저하게 배제하는 모형은 A이므로 이 판단은 적절하지 않다.
③ 합의 효율성이 높은 모형이 가장 효과적으로 정책 목표를 달성할 수 있다. ➡ (X) 합의 효율성이 높은 모형은 A인데, 3문단에서 B가 A의 방식보다 더 효과적으로 정책 목표를 달성할 수 있다고 했으므로 A가 가장 효과적으로 정책 목표를 달성할 수 있다는 판단은 적절하지 않다.
④ A에 참여하는 이익집단의 정책 결정 영향력이 B에 참여하는 이익집단의 정책 결정 영향력보다 크다. ➡ (X) B에서는 정책 결정이 참여자 간의 합의와 협력에 의해 일어난다. A에서는 정책 결정의 방법이나 이에 대한 구성원의 영향력이 나타나 있지 않으므로 이는 알 수 없는 내용이다.
⑤ C에서는 참여자의 수가 많아질수록 네트워크의 지속성이 높아진다. ➡ (X) C는 지속성이 낮은 특징을 보이는데, 4문단에서 C는 참여자가 많아 합의가 어려워 결국 정부가 개입해 의견을 조정하려는 경우가 종종 발생한다고 하였으므로, 참여자의 수가 많아질수록 네트워크의 지속성이 높아진다고 판단한 것은 적절하지 않다.

14 ④ 정답률 63.5%

| 문제 유형 | 비판적 사고 > 지문에서 추론하기
| 접근 전략 | 첫 문단에 다소 낯선 용어들이 등장해 개념을 잡기 쉽지 않을 수도 있는데, 결국 서로 다른 조건을 바탕으로 경우의 수를 따지는 문제 유형이다. 양자 상태가 두 가지 이상이면 MB 방식의 경우의 수가 가장 크고 FD 방식의 경우의 수가 가장 작다.

다음 글에서 추론할 수 있는 것만을 〈보기〉에서 모두 고르면?

두 입자만으로 이루어지고 이들이 세 가지의 양자 상태 1, 2, 3 중 하나에만 있을 수 있는 계(system)가 있다고 하자. 여기서 양자 상태란 입자가 있을 수 있는 구별 가능한 어떤 상태를 지시하며, 입자는 세 가지 양자 상태 중 하나에 반드시 있어야 한다. 이때 그 계에서 입자들이 어떻게 분포할 수 있는지 경우의 수를 세는 문제는, 각 양자 상태에 대응하는 세 개의 상자 1 2 3 에 두 입자가 있는 경우의 수를 세는 것과 같다. 경우의 수는 입자들끼리 서로 구별 가능한지와 여러 개의 입자가 하나의 양자 상태에 동시에 있을 수 있는지에 따라 달라진다. ▶1문단

두 입자가 구별 가능하고, 하나의 양자 상태에 여러 개의 입자가 있을 수 있다고 가정하자. 이것을 'MB 방식'이라고 부르며, 두 입자는 각각 a, b로 표시할 수 있다. a가 1의 양자 상태에 있는 경우는 ab , a b , a   b 의 세 가지이고, a가 2의 양자 상태에 있는 경우와 a가 3의 양자 상태에 있는 경우도 각각 세 가지이다. 그러므로 MB 방식에서 경우의 수는 9이다. ▶2문단

두 입자가 구별되지 않고, 하나의 양자 상태에 여러 개의 입자가 있을 수 있다고 가정하자. 이것을 'BE 방식'이라고 부른다. 이때에는 두 입자 모두 a로 표시하게 되므로 aa , aa ,   aa , a a , a a ,   a a 가 가능하다. 그러므로 BE 방식에서 경우의 수는 6이다. ▶3문단

두 입자가 구별되지 않고, 하나의 양자 상태에 하나의 입자만 있을 수 있다고 가정하자. 이것을 'FD 방식'이라고 부른다. 여기에서는 BE 방식과 달리 하나의 양자 상태에 두 개의 입자가 동시에 있는 경우는 허용되지 않으므로 a a , a a ,   a a 만 가능하다. 그러므로 FD 방식에서 경우의 수는 3이다. ▶4문단

양자 상태의 가짓수가 다를 때에도 MB, BE, FD 방식 모두 위에서 설명한 대로 입자들이 놓이게 되고, 이때 경우의 수는 달라질 수 있다. ▶5문단

〈보기〉

ㄱ. 두 개의 입자에 대해, 양자 상태가 두 가지이면 BE 방식에서 경우의 수는 2이다. → (X) BE 방식은 두 입자가 구별되지 않고 하나의 양자 상태에 여러 개의 입자가 있을 수 있다. 따라서 이 경우 aa , aa , a a 의 세 가지가 가능하다. 즉, 경우의 수는 3이다.

ㄴ. 두 개의 입자에 대해, 양자 상태의 가짓수가 많아지면 FD 방식에서 두 입자가 서로 다른 양자 상태에 각각 있는 경우의 수는 커진다. → (O) FD 방식은 두 입자가 구별되지 않고 하나의 양자 상태에 하나의 입자만 있다. 이 경우에 양자 상태의 가짓수가 많아지면 경우의 수는 커질 수밖에 없다. 예를 들면, 양자 상태의 가짓수가 3일 경우에는 경우의 수가 3이지만, 양자 상태의 가짓수가 4일 경우에는 6이 된다.

ㄷ. 두 개의 입자에 대해, 양자 상태가 두 가지 이상이면 경우의 수는 BE 방식에서보다 MB 방식에서 언제나 크다. → (O) MB 방식은 두 입자가 구별 가능하고 BE 방식은 두 입자가 구별되지 않기 때문에 MB 방식의 경우의 수가 항상 클 수밖에 없다.

① ㄱ ➡ (X)
② ㄷ ➡ (X)
③ ㄱ, ㄴ ➡ (X)
④ ㄴ, ㄷ ➡ (O)
⑤ ㄱ, ㄴ, ㄷ ➡ (X)

15 ⑤ 정답률 60.1%

| 문제 유형 | 비판적 사고 > 지문에서 추론하기
| 접근 전략 | 첫 번째 문단에서 소리 자극 신호의 일반적인 경로를 언급한 후, 그 다음 문단에서 공포와 안정을 학습시킨 서로 다른 실험을 대비하여 각 과정이 어떻게 다른지를 기술하고 있다. 이렇게 과정의 흐름을 파악해야 하는 지문의 경우에는 어휘 하나를 다르게 하여 오답을 만들 수 있기 때문에, 지문을 읽을 때 순서대로 핵심어에 표시를 해 두는 것이 좋다.

다음 글에서 추론할 수 있는 것은?

생쥐가 새로운 소리 자극을 받으면 이 자극 신호는 뇌의 시상에 있는 청각시상으로 전달된다. 청각시상으로 전달된 자극 신호는 뇌의 편도에 있는 측핵으로 전달된다. 측핵에 전달된 신호는 편도의 중핵으로 전달되고, 중핵은 신체의 여러 기관에 전달할 신호를 만들어서 반응이 일어나게 한다. ▶1문단

연구자 K는 '공포' 또는 '안정'을 학습시켰을 때 나타나는 신경생물학적 특징을 탐구하기 위해 두 개의 실험을 수행했다. ▶2문단

첫 번째 실험에서 공포를 학습시켰다. 이를 위해 K는 생쥐에게 소리 자극을 준 뒤에 언제나 공포를 일으킬 만한 충격을 가하여, 생쥐에게 이 소리가 충격을 예고한다는 것을 학습시켰다. 이렇게 학습된 생쥐는 해당 소리 자극을 받으면 방어적인 행동을 취했다. 이 생쥐의 경우, 청각시상으로 전달된 소리 자극 신호는 학습을 수행하기 전 상태에서 전달되는 것보다 훨씬 센 강도의 신호로 증폭되어 측핵으로 전달된다. 이 증폭된 강도의 신호는 중핵을 거쳐 신체의 여러 기관에 전달되고 이는 학습된 공포 반응을 일으킨다. ▶3문단

두 번째 실험에서는 안정을 학습시켰다. 이를 위해 K는 다른 생쥐에게 소리 자극을 준 뒤에 항상 어떤 충격도 주지 않아서, 생쥐에게 이 소리가 안정을 예고한다는 것을 학습시켰다. 이렇게 학습된 생쥐는 이 소리를 들어도 방어적인 행동을 전혀 취하지 않았다. 이 경우 소리 자극 신호를 받은 청각시상에서 만들어진 신호가 측핵으로 전달되는 것이 억제되기 때문에 측핵에 전달된 신호는 매우 미약해진다. 대신 청각시상은 뇌의 선조체에서 반응을 일으

킬 수 있는 자극 신호를 만들어서 선조체에 전달한다. 선조체는 안정 상태와 같은 긍정적이고 좋은 느낌을 느낄 수 있게 하는 것에 관여하는 뇌 영역인데, 선조체에서 반응이 세게 나타나면 안정감을 느끼게 되어 학습된 안정 반응을 일으킨다. ▶4문단

① 중핵에서 만들어진 신호의 세기가 강한 경우에는 학습된 안정 반응이 나타난다. ➡ (X) 3문단에 따르면 공포를 학습한 경우 청각시상으로 전달된 소리 자극 신호는 센 강도의 신호로 증폭되어 측핵으로 전달되고 이 신호는 중핵을 거쳐 여러 기관에 전달된다고 하였다. 따라서 중핵에서 만들어진 신호의 세기가 강한 경우에는 안정 반응이 아니라 공포 반응이 나타날 것이다.

② 학습된 공포 반응을 일으키지 않는 소리 자극은 선조체에서 약한 반응이 일어나게 한다. ➡ (X) 제시된 지문에는 학습된 공포 반응과 학습된 안정 반응에 대한 설명은 제시되어 있지만, 학습된 공포 반응을 일으키지 않는 소리 자극에 대한 설명은 제시되어 있지 않다. 따라서 학습된 공포 반응을 일으키지 않는 소리 자극이 선조체에서 약한 반응이 일어나게 하는지는 알 수 없다.

③ 학습된 공포 반응을 일으키는 소리 자극은 청각시상에서 선조체로 전달되는 자극 신호를 억제한다. ➡ (X) 3문단에 따르면 학습된 공포 반응을 일으키는 소리 자극은 청각시상에서 측핵으로 전달되고 중핵을 거쳐 신체의 여러 기관으로 전달될 뿐 선조체로 전달되는 자극 신호를 억제하지는 않는다.

④ 학습된 안정 반응을 일으키는 청각시상에서 받는 소리 자극 신호는 학습된 공포 반응을 일으키는 청각시상에서 받는 소리 자극 신호보다 약하다. ➡ (X) 4문단에 따르면 학습된 안정 반응을 일으키는 청각시상에서 받는 소리 자극 신호는 측핵에 미약하게 전달되는 대신 선조체에 강하게 전달되기 때문에 그 소리 자극 신호 자체가 약한 것은 아니다.

⑤ 학습된 안정 반응을 일으키는 경우와 학습된 공포 반응을 일으키는 경우 모두, 청각시상에서 측핵으로 전달되는 신호의 세기가 학습하기 전과 달라진다. ➡ (O) 3문단에 따르면 학습된 공포 반응을 일으키는 경우에는 학습을 수행하기 전 상태에서 전달되는 신호보다 훨씬 센 강도의 신호로 전달된다. 그리고 4문단에 따르면 학습된 안정 반응을 일으키는 경우에는 청각시상에서 만들어진 신호가 측핵으로 전달되는 것이 억제되어 매우 미약해진다. 따라서 두 경우 모두 학습 후의 신호 세기가 학습 전과 다르다는 것을 추론할 수 있다.

16 ①   TOP 1 정답률 22.2%

| 문제 유형 | 비판적 사고 > 빈칸 채우기
| 접근 전략 | 1문단에 공연 예술단의 수석대표가 갖춰야 할 조건이 나열되어 있고, 2문단에 따라 갑이나 을 중 하나가 이 조건을 충족하면 된다. 가장 필수적인 세 가지 조건은 '정부 관료가 아닌 사람', '고전음악 지휘자나 대중음악 제작자', '전체 세대를 아우르는 사람'이다.

다음 글의 빈칸에 들어갈 내용으로 가장 적절한 것은?

민간 문화 교류 증진을 목적으로 열리는 국제 예술 공연의 개최가 확정되었다. 이번 공연이 민간 문화 교류 증진을 목적으로 열린다면, 공연 예술단의 수석대표는 정부 관료가 맡아서는 안 된다. 만일 공연이 민간 문화 교류 증진을 목적으로 열리고 공연 예술단의 수석대표는 정부 관료가 맡아서는 안 된다면, 공연 예술단의 수석대표는 고전음악 지휘자나 대중음악 제작자가 맡아야 한다. 현재 정부 관료 가운데 고전음악 지휘자나 대중음악 제작자는 없다. 예술단에 수석대표는 반드시 있어야 하며 두 사람 이상이 공동으로 맡을 수도 있다. 전체 세대를 아우를 수 있는 사람이 아니라면 수석대표를 맡아서는 안 된다. 전체 세대를 아우를 수 있는 사람이 극히 드물기에, 위에 나열된 조건을 다 갖춘 사람은 모두 수석대표를 맡는다. ▶1문단

누가 공연 예술단의 수석대표를 맡을 것인가와 더불어, 참가하는 예술인이 누구인가도 많은 관심의 대상이다. 그런데 아이돌 그룹 A가 공연 예술단에 참가하는 것은 분명하다. 왜냐하면 만일 갑이나 을이 수석대표를 맡는다면 A가 공연 예술단에 참가하는데, _____ 때문이다. ▶2문단

→ 제시된 내용을 정리하면 다음과 같다.
㉠ 민간 문화 교류 증진 목적
㉡ 민간 문화 교류 증진 목적 → ~정부 관료
㉢ (민간 문화 교류 증진 목적 ∧ ~정부 관료) → (고전음악 ∨ 대중음악)
㉣ 정부 관료 → (~고전음악 ∧ ~대중음악)
㉤ 대표 반드시 있어야 함. 두 사람 이상 공동으로 가능. 대표는 전체 세대를 아우를 수 있는 사람
㉥ 이상의 조건을 모두 갖춘 경우 모두 수석대표
㉦ (갑 ∨ 을) → A 참가
A가 반드시 참가한다고 하였으므로, '갑 ∨ 을'이 생략된 전제임을 알 수 있다. 따라서 빈칸에는 '갑 ∨ 을'이 반드시 도출될 수 있는 내용이 들어가야 한다.
먼저 ㉠, ㉡으로부터 '~정부 관료'가 도출된다. 한편, ㉢으로부터 '고전음악 ∨ 대중음악'을 도출해 낼 수 있다.
따라서 갑 또는 을이 수석대표가 되기 위해서는 이하의 조건 1, 2를 모두 갖추어야 한다.
• 조건 1: '~정부 관료' 그리고 '고전음악 ∨ 대중음악'이어야 한다.
• 조건 2: 전체 세대를 아우를 수 있어야 한다.

① 갑은 고전음악 지휘자이며 전체 세대를 아우를 수 있기 ➡ (O) 갑이 고전음악 지휘자라면 정부 관료가 아니고, 여기에 더해 세대 전체를 아우를 수 있다면 수석대표로서의 조건을 충족하므로 정답이다.

② 갑이나 을은 대중음악 제작자 또는 고전음악 지휘자이기 ➡ (X) 대중음악 제작자 또는 고전음악 지휘자이면서 세대 전체를 아우를 수 있어야 한다는 조건도 충족시켜야 한다.

③ 갑과 을은 둘 다 정부 관료가 아니며 전체 세대를 아우를 수 있기 ➡ (X) 고전음악 지휘자나 대중음악 제작자여야 한다는 조건을 충족시켜야 한다.

④ 을이 대중음악 제작자가 아니라면 전체 세대를 아우를 수 없을 것이기 ➡ (X) 대중음악 제작자인 것과 전체 세대를 아우를 수 있는지 여부는 연결지어 생각해야 할 문제가 아니라 수석대표가 충족해야 할 각각의 조건이다. 따라서 두 조건을 모두 충족하지 않으므로 적절하지 않다.

⑤ 대중음악 제작자나 고전음악 지휘자라면 누구나 전체 세대를 아우를 수 있기 ➡ (X) 대중음악 제작자나 고전음악 지휘자인 것과 전체 세대를 아우를 수 있는지 여부는 연결지어 생각해야 할 문제가 아니라 수석대표가 충족해야 할 각각의 조건이다. 따라서 두 조건을 모두 충족하지 않으므로 적절하지 않다.

17 ③   정답률 43.5%

| 문제 유형 | 사실적 이해 > 논리 게임
| 접근 전략 | 용의자의 말을 제시하고 이들 중 참만을 말하거나 거짓만을 말한 사람이 있다고 하는, 경우의 수가 다양하게 나올 수 있는 문제 유형이다. 이러한 경우에는 지문을 빠르게 읽어 내용을 파악한 후 〈보기〉 각 항목의 진위를 판단하는 데에 시간을 더 들이는 것이 좋다. 지문의 내용만으로 반드시 참인 것을 확정지을 수 없기 때문이다.

다음 글의 내용이 참일 때, 반드시 참인 것만을 〈보기〉에서 모두 고르면?

A기술원 해수자원화기술 연구센터는 2014년 세계 최초로 해수전지 원천 기술을 개발한 바 있다. 연구센터는 해수전지 상용화를 위한 학술대회를 열었는데 학술대회로 연구원들이 자리를 비운 사이 누군가 해수전지 상용화를 위한 핵심 기술이 들어 있는 기밀 자료를 훔쳐 갔다. 경찰은 수사 끝에 바다, 다은, 은경, 경아를 용의자로 지목해 학술대회 당일의 상황을 물으며 이들을 심문했는데 이들의 답변은 아래와 같았다.

바다: 학술대회에서 발표된 상용화 아이디어 중 적어도 하나는 학술대회에 참석한 모든 사람들의 관심을 받았어요. 다은은 범인이 아니에요.

다은: 학술대회에 참석한 사람들은 누구나 학술대회에서 발표된 하나 이상의 상용화 아이디어에 관심을 가졌어요. 범인은 은경이거나 경아예요.

은경: 학술대회에 참석한 몇몇 사람은 학술대회에서 발표된 상용화 아이디어 중 적어도 하나에 관심이 있었어요. 경아는 범인이 아니에요.

경아: 학술대회에 참석한 모든 사람들이 어떤 상용화 아이디어에도 관심이 없었어요. 범인은 바다예요.

수사 결과 이들은 각각 참만을 말하거나 거짓만을 말한 것으로 드러났다. 그리고 네 명 중 한 명만 범인이었다는 것이 밝혀졌다.

〈보기〉

ㄱ. 바다와 은경의 말이 모두 참일 수 있다. → (O) '몇몇 사람은 상용화 아이디어 중 적어도 하나에 관심이 있었다'는 은경의 말은 '상용화 아이디어 중 적어도 하나는 모두의 관심을 받았다'는 바다의 말에 포함되므로 모두 참일 수 있다. 또한 경아의 진술은 거짓이 되고, 이를 바다와 다은, 은경의 진술과 양립 가능하도록 하려면 바다는 범인이 아니라는 사실이 도출된다. 한편, 다은이 거짓인 경우, 은경과 양립할 수 없기 때문에 다은의 진술은 참이 된다. 따라서 이 경우 은경만이 범인이다.

ㄴ. 다은과 은경의 말이 모두 참인 것은 가능하지 않다. → (X) '누구나 하나 이상의 상용화 아이디어에 관심을 가졌다'는 다은의 말과 '몇몇 사람은 상용화 아이디어 중 적어도 하나에 관심이 있었다'는 은경의 말은 모두 참일 수 있다. 또한 경아의 진술은 거짓이 되고 이는 다은, 은경의 진술과 양립 가능하다. 바다의 진술이 참인 경우 은경만이 범인이 되고, 이는 다은, 은경의 진술 및 경아가 거짓일 경우의 경아의 진술과 양립 가능하다.

ㄷ. 용의자 중 거짓말한 사람이 단 한 명이면, 은경이 범인이다. → (O) 경아가 거짓말을 하고 바다, 다은, 은경이 참말을 한 경우, 범인은 바다가 아니고 은경 한 사람이므로 성립 가능하다. 한편, 경아의 진술은 바다, 다은, 은경 각각의 진술과 동시에 참일 수 없다. 결국, 경아가 거짓말을 한 경우만이 성립 가능하고, 이때 범인은 은경이다.

① ㄱ ➡ (X)
② ㄴ ➡ (X)
③ ㄱ, ㄷ ➡ (O)
④ ㄴ, ㄷ ➡ (X)
⑤ ㄱ, ㄴ, ㄷ ➡ (X)

S 18 ④
정답률 35.1%

| 문제 유형 | 사실적 이해 > 논리 게임

| 접근 전략 | 우선 문장으로 서술된 명제를 도식화해 관계를 파악하는 것이 중요하다. 마지막 부분에 거짓으로 판명 난 명제가 풀이의 핵심이므로 거기에서 출발하도록 한다.

다음 글의 내용이 참일 때, 반드시 참인 것만을 〈보기〉에서 모두 고르면?

최근 두 주 동안 직원들은 다음 주에 있을 연례 정책 브리핑을 준비해 왔다. 브리핑의 내용과 진행에 관해 알려진 바는 다음과 같다. 개인건강정보 관리 방식 변경에 관한 가안이 정책제안에 포함된다면, 보건정보의 공적 관리에 관한 가안도 정책제안에 포함될 것이다. 그리고 정책제안을 위해 구성되었던 국민건강 2025 팀이 재편된다면, 앞에서 언급한 두 개의 가안이 모두 정책제안에 포함될 것이다. 개인건강정보 관리 방식 변경에 관한 가안이 정책제안에 포함되고 국민건강 2025 팀 리더인 최팀장이 다음 주 정책 브리핑을 총괄한다면, 프레젠테이션은 국민건강 2025 팀의 팀원인 손공정씨가 맡게 될 것이다. 그런데 보건정보의 공적 관리에 관한 가안이 정책제안에 포함될 경우, 국민건강 2025 팀이 재편되거나 다음 주 정책 브리핑을 위해 준비한 보도자료가 대폭 수정될 것이다. 한편, 직원들 사이에서는, 최팀장이 다음 주 정책 브리핑을 총괄하면 팀원 손공정씨가 프레젠테이션을 담당한다는 말이 돌았는데 그 말은 틀린 것으로 밝혀졌다.

→ 제시된 내용을 정리하면 다음과 같다.

ⓐ 개인건강정보 관리 방식 변경에 관한 가안이 정책제안에 포함

ⓑ 보건정보의 공적 관리에 관한 가안이 정책제안에 포함
ⓒ 정책제안을 위해 구성되었던 국민건강 2025 팀이 재편
ⓓ 국민건강 2025 팀 최팀장이 다음 주 정책 브리핑 총괄
ⓔ 정책 브리핑 프레젠테이션은 국민건강 2025 팀 팀원 손공정씨가 담당
ⓕ 다음 주 정책 브리핑 보도자료가 대폭 수정

㉠ ⓐ → ⓑ
㉡ ⓒ → (ⓐ ∧ ⓑ)
㉢ (ⓐ ∧ ⓓ) → ⓔ
㉣ ⓑ → (ⓒ ∨ ⓕ)
㉤ (ⓓ → ⓔ)는 거짓

㉤은 ~(~ⓓ ∨ ⓔ)와 동치이므로 ⓓ ∧ ~ⓔ가 도출된다. 즉, ~ⓔ이므로 ㉢의 대우에 의하여 ~ⓐ ∨ ~ⓓ가 성립하는데, ⓓ이므로 ~ⓐ가 도출된다. 또한 ~ⓐ로부터 ㉠의 대우에 의해 ~ⓑ가 도출된다.

〈보기〉

ㄱ. 개인건강정보 관리 방식 변경에 관한 가안과 보건정보의 공적 관리에 관한 가안 중 어느 것도 정책제안에 포함되지 않는다. → (X) ⓑ는 ㉠, ㉡의 후건이므로 ~ⓐ, ~ⓒ만으로는 ⓑ의 참과 거짓을 알 수 없다.

ㄴ. 국민건강 2025 팀은 재편되지 않고, 이 팀의 최팀장이 다음 주 정책 브리핑을 총괄한다. → (O) ~ⓒ, ⓓ가 도출되었으므로 반드시 참이다.

ㄷ. 보건정보의 공적 관리에 관한 가안이 정책제안에 포함된다면, 다음 주 정책 브리핑을 위해 준비한 보도자료가 대폭 수정될 것이다. → (O) ~ⓒ가 도출되었으므로 ⓔ은 ⓑ → ⓕ로 표현될 수 있다. 따라서 반드시 참이다.

① ㄱ ➡ (X)
② ㄴ ➡ (X)
③ ㄱ, ㄷ ➡ (X)
④ ㄴ, ㄷ ➡ (O)
⑤ ㄱ, ㄴ, ㄷ ➡ (X)

19 ③
정답률 54.8%

| 문제 유형 | 사실적 이해 > 논리 게임

| 접근 전략 | 각각의 진술을 바탕으로 반드시 참인 것을 고르는 유형인데, 전체 범주나 가짓수를 제한적으로 제시한 것이 아니기 때문에 경우의 수를 따져봐야 한다. 먼저, 확정된 사실을 전제로 참이라고 할 수 있는 진술을 하나씩 확보해 나가도록 한다.

다음 글의 내용이 참일 때, 반드시 참인 것은?

A, B, C, D를 포함해 총 8명이 학회에 참석했다. 이들에 관해서 알려진 정보는 다음과 같다.

○ 아인슈타인 해석, 많은 세계 해석, 코펜하겐 해석, 보른 해석 말고도 다른 해석들이 있고, 학회에 참석한 이들은 각각 하나의 해석만을 받아들인다.
○ 상태 오그라듦 가설을 받아들이는 이들은 모두 5명이고, 나머지는 이 가설을 받아들이지 않는다.
○ 상태 오그라듦 가설을 받아들이는 이들은 코펜하겐 해석이나 보른 해석을 받아들인다.
○ 코펜하겐 해석이나 보른 해석을 받아들이는 이들은 상태 오그라듦 가설을 받아들인다.
○ B는 코펜하겐 해석을 받아들이고, C는 보른 해석을 받아들인다.
○ A와 D는 상태 오그라듦 가설을 받아들인다.
○ 아인슈타인 해석을 받아들이는 이가 있다.

① 적어도 한 명은 많은 세계 해석을 받아들인다. ➡ (X) 해석의 종류는 다양하고 학회에 참석한 이들이 받아들이는 해석이 각각 다른 것이 아니라 동일한 것일 수도 있으므로, 많은 세계 해석을 받아들이는 이가 적어도 한 명 있다고 단정할 수 없다. 따라서 이 진술은 반드시 참이라고 할 수 없다.

② 만일 보른 해석을 받아들이는 이가 두 명이면, A와 D가 받아들이는 해석은 다르다. ➡ (X) 보른 해석을 받아들이는 이가 두 명이면 그중 하나는 C일 것이고 다른 하나는 특정할 수가 없다. A와 D가 상태 오그라듦 가설을 받아들이므로 코펜하겐 해석이나 보른 해석을 받아들인다는 것은 참이지만 둘 다 코펜하겐 해석을 받아들일 수도 있기 때문이다. C 외에 보른 해석을 받아들이는 이가 A와 D가 아닌 다른 4명 중에 있을 수도 있으므로 이 진술은 반드시 참이라고 할 수 없다.

③ 만일 A와 D가 받아들이는 해석이 다르다면, 적어도 두 명은 코펜하겐 해석을 받아들인다. ➡ (O) A와 D는 상태 오그라듦 가설을 받아들이므로 코펜하겐 해석이나 보른 해석을 받아들일 것이다. 그런데 A와 D가 받아들이는 해석이 다르다면 A가 코펜하겐 해석을 받아들일 경우 D는 보른 해석을 받아들이고, A가 보른 해석을 받아들일 경우 D는 코펜하겐 해석을 받아들일 것이다. 즉, B가 코펜하겐 해석을 받아들인다고 했으므로, 적어도 두 명은 코펜하겐 해석을 받아들인다는 진술은 반드시 참이다.

④ 만일 오직 한 명만이 많은 세계 해석을 받아들인다면, 아인슈타인 해석을 받아들이는 이는 두 명이다. ➡ (X) 학회에 참석하는 이는 8명으로 제한되어 있지만, 해석의 경우는 지문에 제시된 것 외에 더 있다고 했으므로 해석의 가짓수는 제한되지 않는다. 따라서 A~D 외의 참석자들이 어떤 해석을 받아들이는지는 지문의 내용만으로 알 수 없다. 더불어 많은 세계 해석을 받아들이는 것과 아인슈타인 해석을 받아들이는 것 사이의 연관 관계는 파악하기 어렵다.

⑤ 만일 코펜하겐 해석을 받아들이는 이가 세 명이면, A와 D 가운데 적어도 한 명은 보른 해석을 받아들인다. ➡ (X) 코펜하겐 해석을 받아들이는 이가 세 명이면 B 외에 두 명이 더 있다는 말인데, 대상자는 A와 D, 그리고 상태 오그라듦 가설을 받아들이는 또 다른 한 명이 있다. 그런데 이 셋 중 A와 D가 모두 코펜하겐 해석을 받아들인다는 경우의 수가 있으므로, A와 D 중 적어도 한 명은 보른 해석을 받아들인다는 진술은 반드시 참이라고 할 수 없다.

20 ②

정답률 88.8%

|문제 유형| 비판적 사고 > 지문에서 추론하기
|접근 전략| 지문의 내용을 근거로 추론할 수 있는 것을 찾는 유형이다. 인과 관계를 역으로 해석하거나 서로 관계없는 것을 연관 지어 해석하는 오류를 범하지 않도록 한다.

다음 글의 〈실험 결과〉에서 추론할 수 있는 것은?

연구자 K는 동물의 뇌 구조 변화가 일어나는 방식을 규명하기 위해 다음의 실험을 수행했다. 실험용 쥐를 총 세 개의 실험군으로 나누었다. 실험군1의 쥐에게는 운동은 최소화하면서 학습을 시키는 '학습 위주 경험'을 하도록 훈련시켰다. 실험군2의 쥐에게는 특별한 기술을 학습할 필요 없이 수행할 수 있는 쳇바퀴 돌리기를 통해 '운동 위주 경험'을 하도록 훈련시켰다. 실험군3의 쥐에게는 어떠한 학습이나 운동도 시키지 않았다.

〈실험 결과〉
○ 뇌 신경세포 한 개당 시냅스의 수는 실험군1의 쥐에서 크게 증가했고 실험군2와 3의 쥐에서는 거의 변하지 않았다.
○ 뇌 신경세포 한 개당 모세혈관의 수는 실험군 2의 쥐에서 크게 증가했고 실험군1과 3의 쥐에서는 거의 변하지 않았다.
○ 실험군1의 쥐에서는 대뇌 피질의 지각 영역에서 구조 변화가 나타났고, 실험군2의 쥐에서는 대뇌 피질의 운동 영역과 더불어 운동 활동을 조절하는 소뇌에서 구조 변화가 나타났다. 실험군3의 쥐에서는 뇌 구조 변화가 거의 나타나지 않았다.

① 대뇌 피질의 구조 변화는 학습 위주 경험보다 운동 위주 경험에 더 큰 영향을 받는다. ➡ (X) 세 번째 실험 결과에 따르면 실험군1의 쥐에서 대뇌 피질의 지각 영역에서 구조 변화가 나타났고, 실험군2의 쥐에서 대뇌 피질의 운동 영역과 더불어 소뇌에서 구조 변화가 나타났다. 지문을 통해 대뇌 피질의 구조 변화가 서로 다른 영역에서 나타났다는 것만을 알 수 있을 뿐, 구조 변화에 미치는 영향력의 차이는 추론할 수 없다.

② 학습 위주 경험은 뇌의 신경세포당 시냅스의 수에, 운동 위주 경험은 뇌의 신경세포당 모세혈관의 수에 영향을 미친다. ➡ (O) 첫 번째 실험 결과를 통해 학습 위주 경험은 시냅스의 수에 영향을 미치고, 두 번째 실험 결과를 통해 운동 위주의 경험은 모세혈관의 수에 영향을 미친다는 점을 추론할 수 있다.

③ 학습 위주 경험과 운동 위주 경험은 뇌의 특정 부위에 있는 신경세포의 수를 늘려 그 부위의 뇌 구조를 변하게 한다. ➡ (X) 뇌 신경세포 한 개당 시냅스의 수나 모세혈관의 수에 영향을 미치는 것이지 신경세포의 수를 늘리는 것은 아니다.

④ 특정 형태의 경험으로 인해 뇌의 특정 영역에 발생한 구조 변화가 뇌의 신경세포당 모세혈관 또는 시냅스의 수를 변화시킨다.
➡ (X) 첫 번째, 두 번째 실험 결과를 통해 특정 형태의 경험으로 인해 뇌의 신경세포 한 개당 시냅스나 모세혈관의 수가 변화한다는 사실을 알 수 있고, 세 번째 실험 결과를 통해 뇌의 특정 영역에 구조 변화가 발생한다는 사실을 알 수 있다. 그렇지만 뇌의 특정 영역 구조 변화가 모세혈관 또는 시냅스의 수에 변화를 주는지는 알 수 없다. 즉, 'A→B'와 'A→C'를 통해 'C→B'를 추론할 수는 없다.

⑤ 뇌가 영역별로 특별한 구조를 갖는 것이 그 영역에서 신경세포당 모세혈관 또는 시냅스의 수를 변화시켜 특정 형태의 경험을 더 잘 수행할 수 있게 한다. ➡ (X) 특정 형태의 경험이 뇌의 특정 영역에 변화를 주거나 신경세포당 모세혈관 또는 시냅스 수에 변화를 주는 것이지 뇌가 영역별로 특별한 구조를 갖는 것이 특정 형태의 경험을 더 잘 수행하게 하는지는 알 수 없다.

21 ③

정답률 57.7%

|문제 유형| 비판적 사고 > 판단하기
|접근 전략| 각각의 실험군에 적용된 조건이 서로 어떻게 다른지 파악하고 그에 따른 실험 결과를 통해 X가 각각의 실험군에서 어떤 방법을 사용하였는지 추론해야 한다. 방1은 어떠한 조작도 가하지 않은 대조군이고, 방2와 3은 실험군에 해당한다. 방2와 3에는 서로 다른 변인을 적용했는데 표적과 유사한 소리를 추가한 것이 방2이고 표적과 전혀 다른 소리를 추가한 것이 방3이다. 방1에 비해 방2와 3에서 어떤 실험 결과를 얻었는지 비교해 본다.

다음 글의 〈실험 결과〉에 대한 판단으로 적절한 것만을 〈보기〉에서 모두 고르면?

박쥐 X가 잡아먹을 수컷 개구리의 위치를 찾기 위해 사용하는 방법에는 두 가지가 있다. 하나는 수컷 개구리의 울음소리를 듣고 위치를 찾아내는 '음탐지' 방법이다. 다른 하나는 X가 초음파를 사용하여, 울음소리를 낼 때 커졌다 작아졌다 하는 울음주머니의 움직임을 포착하여 위치를 찾아내는 '초음파탐지' 방법이다. 울음주머니의 움직임이 없으면 이 방법으로 수컷 개구리의 위치를 찾을 수 없다.

〈실험〉
한 과학자가 수컷 개구리를 모방한 두 종류의 로봇개구리를 제작했다. 로봇개구리 A는 수컷 개구리의 울음소리를 내고, 커졌다 작아졌다 하는 울음주머니도 가지고 있다. 로봇개구리 B는 수컷 개구리의 울음소리만 내고, 커졌다 작아졌다 하는 울음주머니는 없다. 같은 수의 A 또는 B를 크기는 같지만 서로 다른 환경의 세 방 안에 같은 위치에 두었다. 세 방의 환경은 다음과 같다.

○ 방1: 로봇개구리 소리만 들리는 환경

○ 방2: 로봇개구리 소리뿐만 아니라, 로봇개구리가 있는 곳과 다른 위치에서 로봇개구리 소리와 같은 소리가 추가로 들리는 환경
○ 방3: 로봇개구리 소리뿐만 아니라, 로봇개구리가 있는 곳과 다른 위치에서 로봇개구리 소리와 전혀 다른 소리가 추가로 들리는 환경

각 방에 같은 수의 X를 넣고 실제로 로봇개구리를 잡아먹기 위해 공격하는 데 걸리는 평균 시간을 측정했다. X가 로봇개구리의 위치를 빨리 알아낼수록 공격하는 데 걸리는 시간은 짧다.

〈실험 결과〉
○ 방1: A를 넣은 경우는 3.4초였고 B를 넣은 경우는 3.3초로 둘 사이에 유의미한 차이는 없었다.
○ 방2: A를 넣은 경우는 8.2초였고 B를 넣은 경우는 공격하지 않았다.
○ 방3: A를 넣은 경우는 3.4초였고 B를 넣은 경우는 3.3초로 둘 사이에 유의미한 차이는 없었다.

〈보기〉
ㄱ. 방1과 2의 〈실험 결과〉는, X가 음탐지 방법이 방해를 받는 환경에서는 초음파탐지 방법을 사용한다는 가설을 강화한다. → (O) 실험 결과에 따르면 X가 방1에서는 A와 B를 모두 비슷한 시간 내에 찾아냈지만 방2에서는 A의 위치만 찾아냈다. 방1에 비해 방2에는 표적의 소리에 방해가 되는 유사한 소리를 추가했기 때문인데, 여기에서 A만 찾고 B를 찾지 못했다는 것은 B에 울음주머니가 없다는 요인 때문이다. 방해가 되는 다른 유사한 소리가 섞여 있을 때 X가 음탐지 방법으로 표적을 찾을 수 있었다면 방2에서도 A와 B를 모두 찾았을 것이다. 그러나 A만 찾았다는 것은 음탐지가 방해를 받는 환경에서는 초음파탐지 방법을 사용한다는 가설을 강화한다.

ㄴ. 방2와 3의 〈실험 결과〉는, X가 소리의 종류를 구별할 수 있다는 가설을 강화한다. → (O) 방2와 3에는 표적 이외의 방해가 되는 소리가 추가되었다. 다만, 방2에서는 표적의 소리와 유사한 소리가, 방3에서는 표적의 소리와 전혀 다른 소리가 추가되었다는 점이 차이를 보인다. 그런데 방3에서는 방해 요인이 추가되지 않은 대조군과 동일하게 A와 B를 찾았다. 따라서 X가 음탐지 방법을 통해 소리의 종류를 구별할 수 있다는 가설을 강화한다.

ㄷ. 방1과 3의 〈실험 결과〉는, 수컷 개구리의 울음소리와 전혀 다른 소리가 들리는 환경에서는 X가 초음파탐지 방법을 사용한다는 가설을 강화한다. → (X) B가 울음주머니가 없음에도 불구하고 X가 방1과 3에서 모두 B를 찾아냈으므로 초음파탐지가 아닌 음탐지 방법으로 표적과 전혀 다른 소리를 구별할 수 있었다는 점을 알 수 있다. 따라서 표적의 소리와 전혀 다른 소리가 들리는 방3과 같은 환경에서 X가 초음파탐지 방법을 사용한다는 가설을 강화하지 못한다.

① ㄱ ➡ (X)
② ㄷ ➡ (X)
③ ㄱ, ㄴ ➡ (O)
④ ㄴ, ㄷ ➡ (X)
⑤ ㄱ, ㄴ, ㄷ ➡ (X)

22 ④
정답률 51.4%

| 문제 유형 | 비판적 사고 > 판단하기

| 접근 전략 | 익숙하지 않은 관념어들이 등장해 낯설게 느껴질 수 있지만 〈논증〉의 과정을 차례로 따라가며 지문의 내용을 이해하면 된다. 목표가 추가되거나 조건을 일부 수정하더라도 (3)에 의해 전통적 인식론은 폐기되어야 한다는 점이 확정되면서 마지막 결론이 도출될 수밖에 없는 구조이다.

다음 글에 대한 분석으로 적절한 것만을 〈보기〉에서 모두 고르면?

'자연화'란 자연과학의 방법론에 따라 자연과학이 수용하는 존재론을 토대 삼아 연구를 수행한다는 의미이다. 심리학을 자연과학의 하나라고 생각하는 철학자 A는, 인식론의 자연화를 주장하기 위해 다음의 〈논증〉을 제시하였다.

〈논증〉
(1) 전통적 인식론은 적어도 다음의 두 가지 목표를 가진다. 첫째, 세계에 관한 믿음을 정당화하는 것이고, 둘째, 세계에 관한 믿음을 나타내는 문장을 감각 경험을 나타내는 문장으로 번역하는 것이다.
(2) 전통적 인식론은 첫째 목표도 달성할 수 없고 둘째 목표도 달성할 수 없다.
(3) 만약 전통적 인식론이 이 두 가지 목표 중 어느 하나라도 달성할 수가 없다면, 전통적 인식론은 폐기되어야 한다.
(4) 전통적 인식론은 폐기되어야 한다.
(5) 만약 전통적 인식론이 폐기되어야 한다면, 인식론자는 전통적 인식론 대신 심리학을 연구해야 한다.
(6) 인식론자는 전통적 인식론 대신 심리학을 연구해야 한다.

〈보기〉
ㄱ. 전통적 인식론의 목표에 (1)의 '두 가지 목표' 외에 "세계에 관한 믿음이 형성되는 과정을 규명하는 것"이 추가된다면, 위 논증에서 (6)은 도출되지 않는다. → (X) (1)에서 두 가지 목표 외에 다른 것이 추가되더라도 (2)에 의해 두 가지 목표를 달성할 수 없다고 했을 때 (3)에 의해 전통적 인식론이 폐기되어야 한다는 결론이 나온다면 (6)은 도출될 것이다. 따라서 이는 적절한 분석이 아니다.

ㄴ. (2)를 "전통적 인식론은 첫째 목표를 달성할 수 없거나 둘째 목표를 달성할 수 없다."로 바꾸어도 위 논증에서 (6)이 도출된다. → (O) (2)를 이와 같이 바꿔도 (3)에 의해 전통적 인식론은 폐기되어야 한다는 결론으로 이어져 (6)이 도출될 수 있으므로 적절한 분석이다.

ㄷ. (4)는 논증 안의 어떤 진술들로부터 나오는 결론일 뿐만 아니라 논증 안의 다른 진술의 전제이기도 하다. → (O) (4)는 (1)~(3)으로부터 나오는 결론이자, (5)~(6)의 전제가 되기도 하므로 적절한 분석이다.

① ㄱ ➡ (X)
② ㄷ ➡ (X)
③ ㄱ, ㄴ ➡ (X)
④ ㄴ, ㄷ ➡ (O)
⑤ ㄱ, ㄴ, ㄷ ➡ (X)

23 ⑤
정답률 43.9%

| 문제 유형 | 비판적 사고 > 판단하기

| 접근 전략 | 논리 영역의 기본적인 원리를 이해하고 있다면 수월하게 풀 수 있는 문제이다. 즉 'A or B'는 둘 중 적어도 하나는 참이라는 점, 이 명제가 거짓이라면 '~A and ~B'가 참이라는 점, 진술 문장의 긍정과 부정이 모두 성립할 경우 모순 관계가 되므로 해당 진술은 참이 될 수 없다는 점 등 기본적인 개념에 대한 설명을 포함하고 있다.

다음 글에 대한 분석으로 적절한 것만을 〈보기〉에서 모두 고르면?

어떤 사람이 당신에게 다음과 같이 제안했다고 하자. 당신은 호화 여행을 즐기게 된다. 다만 먼저 10만 원을 내야 한다. 여기에 하나의 추가 조건이 있다. 그것은 제안자의 말인 아래의 (1)이 참이면 그는 10만 원을 돌려주지 않고 약속대로 호화 여행은 제공하는 반면, (1)이 거짓이면 그는 10만 원을 돌려주고 약속대로 호화 여행도 제공한다는 것이다.

(1) 나는 당신에게 10만 원을 돌려주거나 ⓐ당신은 나에게 10억 원을 지불한다.

당신은 이 제안을 받아들였고 10만 원을 그에게 주었다.

이때 어떤 결과가 따를지 검토해 보자. (1)은 참이거나 거짓일 것이다. (1)이 거짓이라고 가정해 보자. 그러면 추가 조건에 따라 그는 당신에게 10만 원을 돌려준다. 또한 가정상 (1)이 거짓이므로, ㉠그는 당신에게 10만 원을 돌려주지 않는다. 결국 (1)이 거짓이라고 가정하면 그는 당신에게 10만 원을 돌려준다는 것과 돌려주지 않는다는 것이 모두 성립한다. 이는 가능하지 않다. 따라서 ㉡(1)은 참일 수밖에 없다. 그런데 (1)이 참이라면 추가 조건에 따라 그는 당신에게 10만 원을 돌려주지 않는다. 따라서 ⓐ가 반드시 참이어야 한다. 즉, ㉢당신은 그에게 10억 원을 지불한다.

─〈보기〉─
ㄱ. ㉠을 추론하는 데는 'A이거나 B'의 형식을 가진 문장이 거짓이면 A도 B도 모두 반드시 거짓이라는 원리가 사용되었다. → (O) (1)은 '나는 당신에게 10만 원을 돌려준다'와 '당신은 나에게 10억 원을 지불한다' 중 적어도 하나는 수행된다는 것으로 'A or B'로 기호화할 수 있다. 이것을 거짓이라고 했을 때 '~A and ~B'가 되므로 A와 B 둘 다 거짓이 된다.

ㄴ. ㉡을 추론하는 데는 어떤 가정하에서 같은 문장의 긍정과 부정이 모두 성립하는 경우 그 가정의 부정은 반드시 참이라는 원리가 사용되었다. → (O) (1)이 거짓이라고 할 경우에 '나는 당신에게 10만 원을 돌려준다'와 그의 반대인 '나는 당신에게 10만 원을 돌려주지 않는다'가 모두 성립해서 모순이 되므로 (1)은 반드시 참일 수밖에 없다. 즉, 어떤 가정에 의해 같은 문장의 긍정과 부정이 모두 성립하게 되면 그 가정은 거짓이고 그 부정이 반드시 참이라는 원리가 사용된 것이다.

ㄷ. ㉢을 추론하는 데는 'A이거나 B'라는 형식의 참인 문장에서 A가 거짓인 경우 B는 반드시 참이라는 원리가 사용되었다. → (O) (1)이 참일 경우 A와 B 중 적어도 하나는 성립한다. 그런데 ㉠ 앞의 진술에 의해 ~A이므로 B는 반드시 참일 수밖에 없다.

① ㄱ ➡ (X)
② ㄷ ➡ (X)
③ ㄱ, ㄴ ➡ (X)
④ ㄴ, ㄷ ➡ (X)
⑤ ㄱ, ㄴ, ㄷ ➡ (O)

24 ②
TOP 3 정답률 33.7%

| 문제 유형 | 비판적 사고 > 판단하기
| 접근 전략 | 지문에서 두 가지 견해를 파악한 후에 〈보기〉에 나오는 각각의 주장이 이들을 반박하는 것인지 판단해야 하는 유형이다. ㉠과 ㉡에 대해 논의할 때 사용한 근거가 〈보기〉에서 혼용되어 나타나고 있으므로 이를 잘 분별해야 한다.

다음 글의 ㉠과 ㉡에 대한 평가로 적절한 것만을 〈보기〉에서 모두 고르면?

연역과 귀납, 이 두 종류의 방법은 지적 작업에서 사용될 수 있는 모든 추론을 포괄한다. 철학과 과학을 비롯한 모든 지적 작업에 연역적 방법이 필수적이라는 것을 부정하는 사람은 아무도 없다. 귀납적 방법의 경우 사정은 크게 다르다. 귀납적 방법이 철학적 작업에 들어설 여지가 없다고 믿는 사람이 있는가 하면, 한 걸음 더 나아가 어떠한 지적 작업에도 귀납적 방법이 불필요하다고 주장하는 사람들도 있다. ▶1문단

㉠귀납적 방법이 철학이라는 지적 작업에서 불필요하다는 견해는 독단적인 철학관에 근거한다. 이런 견해에 따르면 철학적 주장의 정당성은 선험적인 것으로, 경험적 지식을 확장하기 위해 사용되는 귀납적 방법에 의존할 수 없다. 그러나 이런 견해는 철학적 주장이 경험적 가설에 의존해서는 안 된다는 부당하게 편협한 철학관과 '귀납적 방법'의 모호성을 딛고 서 있다. 실제로 철학사에 나타나는 목적론적 신 존재 증명이나 외부 세계의 존재에 관한 형이상학적 논증 가운데는 귀납적 방법인 유비 논증과 귀추법을 교묘히 적용하고 있는 것도 있다. ▶2문단

㉡모든 지적 작업에서 귀납적 방법의 필요성을 부정하는 견해는 중요한 철학적 성과를 낳기도 하였다. 포퍼의 철학이 그런 사례 가운데 하나이다. 포퍼는 귀납적 방법의 정당화 가능성에 관한 회의적 결론을 받아들이고, 과학의 탐구가 귀납적 방법으로 진행된다는 견해는 근거가 없음을 보인다. 그에 따르면, 과학의 탐구 과정은 연역 논리 법칙에 따라 전개되는 추측과 반박의 작업으로 이루어진다. 이런 포퍼의 이론은 귀납적 방법의 필요성에 대한 전면적인 부정이 낳을 수 있는 흥미로운 결과 가운데 하나라고 할 수 있다. ▶3문단

─〈보기〉─
ㄱ. 과학의 탐구가 귀납적 방법에 의해 진행된다는 주장은 ㉠을 반박한다. → (X) ㉠은 귀납적 방법이 철학적 작업에 불필요하다는 견해이므로, 과학의 탐구가 귀납적 방법에 의해 진행된다는 주장을 지지하지도 반박하지도 않는다.

ㄴ. 철학의 일부 논증에서 귀추법의 사용이 불가피하다는 주장은 ㉡을 반박한다. → (O) ㉡은 철학을 포함한 모든 지적 작업에 귀납적 방법이 불필요하다는 견해인데, 2문단에 따르면 귀납적 방법인 귀추법이 철학적 논증에 적용되기도 하므로 이 주장은 ㉡을 반박한다.

ㄷ. 연역 논리와 경험적 가설 모두에 의존하는 지적 작업이 있다는 주장은 ㉠과 ㉡을 모두 반박한다. → (X) 연역과 귀납의 방법에 모두 의존하는 지적 작업이 있다는 주장은 ㉡을 반박하지만, ㉠은 철학적 작업에 국한된 견해이므로 전적으로 반박되지 않는다.

① ㄱ ➡ (X)
② ㄴ ➡ (O)
③ ㄱ, ㄷ ➡ (X)
④ ㄴ, ㄷ ➡ (X)
⑤ ㄱ, ㄴ, ㄷ ➡ (X)

25 ④
정답률 43.2%

| 문제 유형 | 비판적 사고 > 판단하기
| 접근 전략 | 부당한 삼단논법에서 오류가 발생하는 이유를 세 가지 관점에서 서술하고, 구체적인 사례에 적용해 보는 문제 유형이다. 내용적으로는 논리 게임 유형에 해당하지만 문제 풀이 과정에서는 구체적인 사례에 적용하는 작업이 필요하다.

다음 글의 갑~병에 대한 판단으로 적절한 것만을 〈보기〉에서 모두 고르면?

다음 두 삼단논법을 보자.
(1) 모든 춘천시민은 강원도민이다.
  모든 강원도민은 한국인이다.
  따라서 모든 춘천시민은 한국인이다.
(2) 모든 수학 고득점자는 우등생이다.
  모든 과학 고득점자는 우등생이다.
  따라서 모든 수학 고득점자는 과학 고득점자이다.

(1)은 타당한 삼단논법이지만 (2)는 부당한 삼단논법이다. 하지만 어떤 사람들은 (2)도 타당한 논증이라고 잘못 판단한다. 왜 이런 오류가 발생하는지 설명하기 위해 세 가지 입장이 제시되었다.

갑: 사람들은 '모든 A는 B이다'를 '모든 B는 A이다'로 잘못 바꾸는 경향이 있다. '어떤 A도 B가 아니다'나 '어떤 A는 B이다'라는 형태에서는 A와 B의 자리를 바꾸더라도 아무런 문제가 없다. 하지만 '모든 A는 B이다'라는 형태에서는 A와 B의 자리를 바꾸면 논리적 오류가 생겨난다.

을: 사람들은 '모든 A는 B이다'를 약한 의미로 이해해야 하는데도 강한 의미로 이해하는 잘못을 저지르는 경향이 있다. 여기서 약한 의미란 그것을 'A는 B에 포함된다'로 이해하는 것이고, 강한 의미란 그것을 'A는 B에 포함되고 또한 B는 A에 포함된다'는 뜻에서 'A와 B가 동일하다'로 이해하는 것이다.

병: 사람들은 전제가 모두 '모든 A는 B이다'라는 형태의 명제로 이루어진 것일 경우에는 결론도 그런 형태이기만 하면 타당하다고 생각하고, 전제 가운데 하나가 '어떤 A는 B이다'라는 형태의 명제로 이루어진 것일 경우에는 결론도 그런 형태이기만 하면 타당하다고 생각하는 경향이 있다.

〈보기〉

ㄱ. 대다수의 사람이 "어떤 과학자는 운동선수이다. 어떤 철학자도 과학자가 아니다."라는 전제로부터 "어떤 철학자도 운동선수가 아니다."를 타당하게 도출할 수 있는 결론이라고 응답했다는 심리 실험 결과는 갑에 의해 설명된다. → (X) '어떤 A는 B이다'라는 형태의 전제로부터 '어떤 A는 B이다'라는 형태의 결론을 도출했으므로 이는 병에 의해 설명된다.

ㄴ. 대다수의 사람이 "모든 적색 블록은 구멍이 난 블록이다. 모든 적색 블록은 삼각 블록이다."라는 전제로부터 "모든 구멍이 난 블록은 삼각 블록이다."를 타당하게 도출할 수 있는 결론이라고 응답했다는 심리 실험 결과는 을에 의해 설명된다. → (O) '모든 적색 블록은 구멍이 난 블록이다'와 '모든 적색 블록은 삼각 블록이다'를 강한 의미로 이해해 A가 B와 동일한 것으로 이해한 경우이다. 'a=b, a=c'를 통해 'b=c'라고 판단해 '모든 구멍이 난 블록은 삼각 블록이다'라는 결론을 얻었기 때문이다. 따라서 이는 을에 의해 설명된다.

ㄷ. 대다수의 사람이 "모든 물리학자는 과학자이다. 어떤 컴퓨터 프로그래머는 과학자이다."라는 전제로부터 "어떤 컴퓨터 프로그래머는 물리학자이다."를 타당하게 도출할 수 있는 결론이라고 응답했다는 심리 실험 결과는 병에 의해 설명된다. → (O) 두 가지 전제 가운데 '어떤 컴퓨터 프로그래머는 과학자이다.'라는 전제가 있어 그와 유사한 형태인 '어떤 컴퓨터 프로그래머는 물리학자이다.'를 타당한 결론이라고 본 것이다. 전제 가운데 하나가 '어떤 A는 B이다'라는 형태의 명제로 이루어진 경우에는 결론도 그런 형태이기만 하면 타당하다고 생각하는 병에 의해 설명이 가능하다.

① ㄱ ➡ (X)
② ㄷ ➡ (X)
③ ㄱ, ㄴ ➡ (X)
④ ㄴ, ㄷ ➡ (O)
⑤ ㄱ, ㄴ, ㄷ ➡ (X)

정답과 분석해설

2021 | 제2영역 자료해석(ⓑ 책형)

기출 총평

2021년 자료해석 시험은 과년도 기출에 비하여 자료의 길이가 짧은 문제가 많이 출제되었고, 생소한 형태의 〈그림〉 또한 출제되지 않아 비교적 쉽게 문제를 풀 수 있었다. 특히, 〈보고서〉를 작성하기 위해 추가로 필요한 자료를 찾는 문제, 권역별 지역경제 동향을 〈보고서〉로 나타내는 문제, 타워 크레인 작업 유형별 작업제한 기준 순간 풍속에 따라 '가'~'다'의 대소를 비교하는 문제, 임무단의 평화유지활동을 〈보고서〉로 나타내는 문제 등은 계산이 필요 없거나 아주 간단한 계산만 필요하였으므로 빠르고 쉽게 문제를 풀 수 있었다. 지역별 산불피해 현황 문제의 경우 〈그림 1〉, 〈그림 2〉는 피해액 및 피해재적이 나타난 반면, 〈그림 3〉에는 발생건당 피해면적이 나와 있어 자료의 제목을 꼼꼼히 읽지 않았다면 함정에 빠질 수 있는 문제였다. 하지만 〈그림 1〉, 〈그림 2〉에서 원점과 각 점을 이은 직선의 기울기가 곧 발생건당 피해액(피해재적)이라는 것을 파악했다면 이 문제 또한 계산 없이 풀 수 있는 문제였다. 이사 전후 주택규모를 조사한 자료, 화물의 지역 내, 지역 간 이동 현황을 나타낸 자료는 가로와 세로에 주어진 항목이 무엇인지 주의하여 문제를 풀어야 한다. 표/그림/빈칸 제시형 문제들도 정확한 계산을 요하는 문제들보다는 대소를 비교하는 문제들이 많았으므로 평소 전체 값을 정확히 계산하는 연습보다는 답을 간단히 도출하는 방식을 찾는 연습이 필요하다.

문항별 정답률 및 선지별 선택률

문번	정답	정답률(%)	①	②	③	④	⑤
01	⑤	77.0	3.6	0.2	16.9	2.3	77.0
02	⑤	91.4	0.6	0.8	0.2	7.0	91.4
03	④	60.7	4.6	31.2	1.5	60.7	2.0
04	②	92.4	2.3	92.4	2.1	0.4	2.8
05	①	79.7	79.7	7.1	1.0	3.6	8.6
06	③	48.3	0.2	0.0	48.3	1.7	49.8
07	⑤	78.3	4.7	3.6	5.5	7.9	78.3
08	②	59.7	8.4	59.7	23.7	3.4	4.8
09	④	88.7	0.4	8.1	2.3	88.7	0.5
10	①	81.1	81.1	7.2	3.4	2.3	6.0
11	②	72.7	3.0	72.7	0.2	13.5	10.6
12	⑤	83.6	1.1	4.0	6.5	4.8	83.6
13	②	61.9	6.5	61.9	7.6	9.1	14.9

문번	정답	정답률(%)	①	②	③	④	⑤
14	①	86.0	86.0	2.3	4.4	1.1	6.2
15	④	66.6	10.3	2.6	20.3	66.6	0.2
16	③	83.5	2.8	11.1	83.5	1.3	1.3
17	④	62.2	22.6	9.8	2.4	62.2	3.0
18	⑤	42.9	1.1	38.6	15.0	2.4	42.9
19	⑤	51.8	14.6	10.6	7.8	15.2	51.8
20	②	72.6	7.4	72.6	11.7	6.5	1.8
21	③	60.3	18.5	5.8	60.3	11.3	4.1
22	③	48.7	10.4	4.4	48.7	15.3	21.2
23	④	46.9	10.6	30.0	7.0	46.9	5.5
24	①	47.5	47.5	4.9	21.2	15.5	10.9
25	③	50.4	5.8	20.1	50.4	18.4	5.3

※ 파란색 음영 문항은 해당 회차에서 정답률이 가장 낮은 TOP 3 문항입니다.
※ 문항별 정답률 산정 기준: 약 1년간 누적된 자동채점 & 성적결과분석 서비스의 응시 데이터

출제 비중

기출문제편 P.285

01	⑤	02	⑤	03	④	04	②	05	①
06	③	07	⑤	08	②	09	④	10	①
11	②	12	⑤	13	②	14	①	15	④
16	③	17	④	18	⑤	19	⑤	20	②
21	③	22	③	23	④	24	①	25	③

01 ⑤
정답률 77.0%

| 문제 유형 | 자료 읽기 > 표/빈칸 제시형
| 접근 전략 | 〈표〉의 지역별 도시재생사업비 자료를 바탕으로 지역 간 도시재생사업비를 비교하는 문제이다. 일의 자리가 모두 0이므로 앞의 두 자릿수만 계산하면 문제를 빠르게 해결할 수 있다.

다음 〈표〉는 2021년 우리나라 17개 지역의 도시재생사업비이다. 이에 대한 〈보기〉의 설명 중 옳은 것만을 모두 고르면?

〈표〉 지역별 도시재생사업비

(단위: 억 원)

지역	사업비
서울	160
부산	240
대구	200
인천	80
광주	160
대전	160
울산	120
세종	0
경기	360
강원	420
충북	300
충남	320
전북	280
전남	320
경북	320
경남	440
제주	120
전체	( )

─〈보기〉─

ㄱ. 부산보다 사업비가 많은 지역은 8개이다. → (O) 부산보다 사업비가 많은 지역은 경기, 강원, 충북, 충남, 전북, 전남, 경북, 경남으로 8개이다.

ㄴ. 사업비 상위 2개 지역의 사업비 합은 사업비 하위 4개 지역의 사업비 합의 2배 이상이다. → (O) 사업비 상위 2개 지역은 경남과 강원으로 두 지역의 합은 440 + 420 = 860(억 원)이고, 사업비 하위 4개 지역은 세종, 인천, 울산, 제주로 네 지역의 합은 0 + 80 + 120 + 120 = 320(억 원)이다. 따라서 860 > 2 × 320 = 640으로 옳은 설명이다.

ㄷ. 사업비가 전체 사업비의 10% 이상인 지역은 2개이다. → (O) 전체 사업비는 160 + 240 + 200 + 80 + 160 + 160 + 120 + 360 + 420 + 300 + 320 + 280 + 320 + 320 + 440 + 120 = 4,000(억 원)이다. 따라서 사업비가 0.1 × 4,000 = 400(억 원) 이상인 지역은 강원, 경남으로 2개이다.

① ㄱ ➡ (X)
② ㄷ ➡ (X)
③ ㄱ, ㄴ ➡ (X)
④ ㄴ, ㄷ ➡ (X)
⑤ ㄱ, ㄴ, ㄷ ➡ (O)

02 ⑤
정답률 91.4%

| 문제 유형 | 자료 변환응용 > 자료/보고서 전환형
| 접근 전략 | 〈표〉에 주어진 권역별 전분기 대비 2분기의 지역경제 동향을 바탕으로 〈보고서〉 내용의 옳고 그름을 판단하는 문제이다. 〈보고서〉의 전체 내용을 읽지 않고도, 선지에 나오는 부분만 밑줄 친 다음 해당 내용만 읽고 비교하면 문제를 빠르게 해결할 수 있다.

다음 〈표〉는 전분기 대비 2분기의 권역별 지역경제 동향을 부문별로 정리한 자료이다. 이에 대한 〈보고서〉의 내용이 〈표〉와 부합하지 않은 부문은?

〈표〉 전분기 대비 2분기의 권역별 지역경제 동향

부문 \ 권역	수도권	동남권	충청권	호남권	대경권	강원권	제주권
제조업 생산	▲	–	▲	▲	▲	–	▽
서비스업 생산	–	▽	–	▽	–	–	▲
소비	▲	▽	–	–	–	–	–
설비투자	▲	–	▲	▲	▲	–	–
건설투자	–	▲	▽	▽	–	▽	▽
수출	▲	▽	▲	▲	▲	▲	–

※ 전분기 대비 경제동향은 ▲(증가), –(보합), ▽(감소)로만 구분됨

─〈보고서〉─

제조업 생산은 수도권과 충청권, 호남권, 대경권이 '증가'이고, 동남권 및 강원권이 '보합', 제주권이 '감소'였다. → (O) 제조업 생산은 수도권, 충청권, 호남권, 대경권이 '▲', 동남권, 강원권이 '–', 제주권이 '▽'이다. 서비스업 생산은 제주권이 '증가'이고, 동남권과 호남권이 '감소'인 가운데 나머지 권역이 '보합'이었다. → (O) 서비스업 생산은 제주권이 '▲'이고, 동남권, 호남권이 '▽', 나머지 권역이 '–'이다. 소비는 수도권이 '증가'이고 동남권이 '감소'였으며, 나머지 권역의 소비는 모두 '보합'이었다. → (O) 소비는 수도권이 '▲', 동남권이 '▽'이고, 나머지 권역이 '–'이다. 설비투자는 수도권과 충청권, 호남권, 대경권이 '증가'이고 나머지 권역이 '보합'이었다. 건설투자는 동남권만 '증가'인 반면, → (O) 건설투자는 동남권만 '▲'이고, 나머지 권역이 '▽' 또는 '–'이다. 수출은 동남권을 제외한 모든 권역이 '증가'였다. → (X) 수출은 동남권이 '▽', 제주권이 '–'이고, 나머지 권역이 '▲'이다.

① 제조업 생산 ➡ (O)   ② 서비스업 생산 ➡ (O)
③ 소비 ➡ (O)   ④ 건설투자 ➡ (O)
⑤ 수출 ➡ (X)

03 ④ 정답률 60.7%

| 문제 유형 | 자료 읽기 > 표 제시형
| 접근 전략 | 〈표〉에 주어진 연도별 독립유공자 포상 인원 자료를 바탕으로 성별, 훈격별 포상 인원을 비교하는 문제이다. 남성의 포상 인원은 전체 포상 인원-여성 포상 인원임을 이용하여 문제를 풀어야 한다.

다음 〈표〉는 2014~2018년 독립유공자 포상 인원에 관한 자료이다. 이에 대한 〈보기〉의 설명 중 옳은 것만을 모두 고르면?

〈표〉 연도별 독립유공자 포상 인원
(단위: 명)

연도＼훈격	전체	건국훈장	독립장	애국장	애족장	건국포장	대통령표창
2014	341(10)	266(2)	4(0)	111(1)	151(1)	30(2)	45(6)
2015	510(21)	326(3)	2(0)	130(0)	194(3)	74(5)	110(13)
2016	312(14)	204(4)	0(0)	87(0)	117(4)	36(2)	72(8)
2017	269(11)	152(8)	1(0)	43(0)	108(8)	43(1)	74(2)
2018	355(60)	150(11)	0(0)	51(2)	99(9)	51(9)	154(40)

※ ( ) 안은 포상 인원 중 여성 포상 인원임

〈보기〉
ㄱ. 여성 건국훈장 포상 인원은 매년 증가한다. → (O) 여성 건국훈장 포상 인원은 매년 2 → 3 → 4 → 8 → 11명으로 증가한다.
ㄴ. 매년 건국훈장 포상 인원은 전체 포상 인원의 절반 이상이다. → (X) 2018년에는 건국훈장 포상 인원의 2배인 300명이 전체 포상 인원인 355명에 미치지 못하므로 건국훈장 포상 인원이 전체 포상 인원의 절반 미만이다.
ㄷ. 남성 애국장 포상 인원과 남성 애족장 포상 인원의 차이가 가장 큰 해는 2015년이다. → (O) 남성 포상 인원은 전체 포상 인원-여성 포상 인원이다. 따라서 남성 애국장 포상 인원과 남성 애족장 포상 인원의 차이는 2014년의 경우 (151-1)-(111-1)=40(명), 2015년의 경우 (194-3)-130=61(명), 2016년의 경우 (117-4)-87=26(명), 2017년의 경우 (108-8)-43=57(명), 2018년의 경우 (99-9)-(51-2)=41(명)으로 2015년에 차이가 가장 크다.
ㄹ. 건국포장 포상 인원 중 여성 비율이 가장 낮은 해에는 대통령표창 포상 인원 중 여성 비율도 가장 낮다. → (O) 2017년에는 2014년, 2016년보다 전체 건국포장 포상 인원이 많지만 여성 건국포장 포상 인원은 더 적다. 2015년, 2018년은 전체 건국포장 포상 인원이 2017년의 2배 미만이지만 여성 건국포장 포상 인원은 2배를 초과한다. 따라서 건국포장 포상 인원 중 여성 비율이 가장 낮은 해는 2017년이다. 한편 2017년에는 2014년, 2016년보다 전체 대통령표창 포상 인원이 많지만 여성 대통령표창 포상 인원은 더 적다. 2015년, 2018년은 전체 대통령표창 포상 인원이 2017년의 3배 미만이지만 여성 대통령표창 포상 인원은 3배를 초과한다. 따라서 대통령표창 포상 인원 중 여성 비율이 가장 낮은 해도 2017년이다.

① ㄱ, ㄴ ➡ (X)
② ㄱ, ㄹ ➡ (X)
③ ㄴ, ㄷ ➡ (X)
④ ㄱ, ㄷ, ㄹ ➡ (O)
⑤ ㄴ, ㄷ, ㄹ ➡ (X)

04 ② 정답률 92.4%

| 문제 유형 | 자료 읽기/추론 > 매칭형
| 접근 전략 | 〈표〉에 주어진 2020년 민원 상담 현황을 바탕으로 〈그림〉의 A, B를 찾는 문제이다. 모든 상담내용에 대하여 민원인별 상담건수 구성비를 구하지 않고, 선지에 주어진 상담내용에 대한 특정 민원인의 비율만 계산하면 답을 쉽게 찾을 수 있다.

다음 〈표〉는 2020년 '갑'국 관세청의 민원 상담 현황에 관한 자료이고, 〈그림〉은 상담내용 A와 B의 민원인별 상담건수 구성비를 나타낸 자료이다. 이를 근거로 A와 B를 바르게 나열한 것은?

〈표〉 2020년 민원 상담 현황
(단위: 건)

상담내용＼민원인	관세사	무역업체	개인	세관	선사/항공사	기타	합계
전산처리	24,496	63,475	48,658	1,603	4,851	4,308	147,391
수입	24,857	5,361	4,290	7,941	400	664	43,513
사전검증	22,228	5,179	1,692	241	2,247	3,586	35,173
징수	9,948	5,482	3,963	3,753	182	476	23,804
요건신청	4,944	12,072	380	37	131	251	17,815
수출	6,678	4,196	3,053	1,605	424	337	16,293
화물	3,846	896	36	3,835	2,619	3,107	14,339
환급	3,809	1,040	79	1,815	13	101	6,857

〈그림〉 상담내용 A와 B의 민원인별 상담건수 구성비(2020년)

	A	B
①	수입	요건신청	➡ (X)
②	사전검증	화물	➡ (O) 정확한 비율을 알지 않아도 답을 구할 수 있으므로 전체 상담건수의 10%, 20%를 구한 뒤 기타 상담건수(A 10.2%, B 21.7%)와 비교해본다. 수입은 전체 상담건수의 10%가 약 4,300건이고, 기타 상담건수는 664건으로 크게 차이난다. 사전검증은 전체 상담건수의 10%가 약 3,500건이고, 기타 상담건수는 3,586건이므로 유사하다. 환급은 전체 상담건수의 10%가 약 685건이고, 기타 상담건수는 101건으로 크게 차이난다. 따라서 A는 사전검증이다. A가 사전검증인 경우 B는 화물 또는 환급이다. 화물은 전체 상담건수의 20%가 약 2,900건이고, 기타 상담건수는 3,107건이므로 유사하다. 환급은 전체 상담건수의 20%가 약 1,300건이고, 기타 상담건수는 101건으로 크게 차이난다. 따라서 B는 화물이다.
③	사전검증	환급	➡ (X)
④	환급	요건신청	➡ (X)
⑤	환급	화물	➡ (X)

05 ①
정답률 79.7%

| 문제 유형 | 자료 읽기 > 표 제시형
| 접근 전략 | 〈표〉에 주어진 2020년 가치액 상위 10개 스포츠 구단의 2020년 순위 및 가치액과 2019년 순위 및 가치액을 비교하는 문제이다. 가치액을 모두 더해 비교하는 것보다 2019년과 2020년의 차이만 더하면 문제를 빠르게 해결할 수 있다.

다음 〈표〉는 '갑'잡지가 발표한 세계 스포츠 구단 중 2020년 가치액 기준 상위 10개 구단에 관한 자료이다. 이에 대한 〈보기〉의 설명 중 옳은 것만을 모두 고르면?

〈표〉 2020년 가치액 상위 10개 스포츠 구단
(단위: 억 달러)

순위	구단	종목	가치액
1(1)	A	미식축구	58(58)
2(2)	B	야구	50(50)
3(5)	C	농구	45(39)
4(8)	D	농구	44(36)
5(9)	E	농구	42(33)
6(3)	F	축구	41(42)
7(7)	G	미식축구	40(37)
8(4)	H	축구	39(41)
9(11)	I	미식축구	37(31)
10(6)	J	축구	36(38)

※ ( ) 안은 2019년도 값임

〈보기〉

ㄱ. 2020년 상위 10개 스포츠 구단 중 전년보다 순위가 상승한 구단이 순위가 하락한 구단보다 많다. → (O) 2020년 전년 대비 순위가 상승한 구단은 C, D, E, I로 네 구단이고, 순위가 하락한 구단은 F, H, J로 세 구단이다.

ㄴ. 2020년 상위 10개 스포츠 구단 중 미식축구 구단 가치액 합은 농구 구단 가치액 합보다 크다. → (O) 미식축구 구단 가치액의 합은 58+40+37=135(억 달러)이고, 농구 구단 가치액의 합은 45+44+42=131(억 달러)이다.

ㄷ. 2020년 상위 10개 스포츠 구단 중 전년 대비 가치액 상승률이 가장 큰 구단의 종목은 미식축구이다. → (X) 가치액이 전년 대비 상승한 구단은 C, D, E, G, I이다. C는 전년 대비 6억 달러, D는 8억 달러, E는 9억 달러, G는 3억 달러, I는 6억 달러 상승하였다. G는 D, E,I보다 전년도 가치액이 크면서 상승액은 더 작으므로 가치액 상승률이 가장 큰 구단이 아니다. C는 I보다 전년도 가치액이 크면서 상승액은 동일하므로 가치액 상승률이 가장 큰 구단이 아니다. 따라서 D, E, I의 가치액 상승률만 계산해보면 D는 $\frac{8}{36} \times 100 ≒ 22(\%)$, E는 $\frac{9}{33} \times 100 ≒ 27(\%)$, I는 $\frac{6}{31} \times 100 ≒ 19(\%)$이므로 전년 대비 가치액 상승률이 가장 큰 구단은 미식축구가 아니다. 따라서 농구는 미식축구보다 2019년 가치액이 더 작으면서 상승액은 더 크므로 가치액 상승률이 가장 크다.

ㄹ. 연도별 상위 10개 스포츠 구단의 가치액 합은 2019년이 2020년보다 크다. → (X) I구단을 제외하고, A~J구단의 2019년과 2020년 가치액 차이의 합은 0+0+6+8+9+(-1)+3+(-2)+(-2)=21(억 달러)이다. 2019년 순위가 10위인 구단의 가치액은 9위인 E구단의 가치액보다 작고, 11위인 I구단의 가치액보다 크다. 따라서 31억 달러 이상 33억 달러 이하이다. 2020년 I구단의 가치액이 37억 원이므로 항상 2019년 10위 구단의 가치액보다 크다. 따라서 2019년과 2020년 상위 10개 스포츠 구단의 가치액 차이의 합은 양수가 되므로 2020년의 상위 10개 스포츠 구단의 가치액의 합이 2019년 대비 더 크다.

① ㄱ, ㄴ ➡ (O) ② ㄱ, ㄹ ➡ (X)
③ ㄷ, ㄹ ➡ (X) ④ ㄱ, ㄴ, ㄷ ➡ (X)
⑤ ㄴ, ㄷ, ㄹ ➡ (X)

S 06 ③
정답률 48.3%

| 문제 유형 | 자료 추론 > 추가로 필요한 자료 찾기
| 접근 전략 | 〈보고서〉 작성에 필요한 자료를 찾는 문제이다. 이 문제에서 〈표〉는 문제 풀이에 의미가 없는 자료이므로 〈표〉와 중복되는 〈보기〉가 존재하는지 여부만 확인하고 넘어간다. 〈보기〉에 주어진 자료의 제목이 〈보고서〉에 나와있는지 먼저 확인하면 문제를 빠르게 해결할 수 있다.

다음 〈표〉와 〈보고서〉는 A시 청년의 희망직업 취업 여부에 관한 조사 결과이다. 제시된 〈표〉 이외에 〈보고서〉를 작성하기 위해 추가로 이용한 자료만을 〈보기〉에서 모두 고르면?

〈표〉 전공계열별 희망직업 취업 현황
(단위: 명, %)

구분 \ 전공계열	전체	인문사회계열	이공계열	의약/교육/예체능계열
취업자 수	2,988	1,090	1,054	844
희망직업 취업률	52.3	52.4	43.0	63.7
희망직업 외 취업률	47.7	47.6	57.0	36.3

〈보고서〉

A시의 취업한 청년 2,988명을 대상으로 조사한 결과 52.3%가 희망직업에 취업했다고 응답하였다. 전공계열별로 살펴보면 의약/교육/예체능계열, 인문사회계열, 이공계열 순으로 희망직업 취업률이 높게 나타났다.

전공계열별로 희망직업을 선택한 동기를 살펴보면 이공계열과 의약/교육/예체능계열의 경우 '전공분야'라고 응답한 비율이 각각 50.3%와 49.9%였고, 인문사회계열은 그 비율이 33.3%였다. 전공계열별 희망직업의 선호도 분포를 분석한 결과, 인문사회계열은 '경영', 이공계열은 '연구직', 그리고 의약/교육/예체능계열은 '보건·의료·교육'에 대한 선호도가 가장 높았다.

한편, 전공계열별로 희망직업에 취업한 청년과 희망직업 외에 취업한 청년의 직장 만족도를 살펴보면 차이가 가장 큰 계열은 이공계열로 0.41점이었다.

〈보기〉

ㄱ. 구인·구직 추이

→ (X) 구인·구직 추이는 〈보고서〉에 없는 내용이다.

ㄴ. 전공계열별 희망직업 선호도 분포

(단위: %)

전공계열 희망직업	전체	인문 사회계열	이공계열	의약/교육/ 예체능계열
경영	24.2	47.7	15.4	5.1
연구직	19.8	1.9	52.8	1.8
보건·의료·교육	33.2	28.6	14.6	62.2
예술·스포츠	10.7	8.9	4.2	21.2
여행·요식	8.7	12.2	5.5	8.0
생산·농림어업	3.4	0.7	7.5	1.7

→ (O) 〈보고서〉 2문단에 "전공계열별 희망직업의 선호도 분포를 분석한 결과, 인문사회계열은 '경영', 이공계열은 '연구직', 그리고 의약/교육/예체능계열은 '보건·의료·교육'에 대한 선호도가 가장 높았다."라고 제시되어 있고, 〈표〉의 자료와 일치하므로 해당 자료는 〈보고서〉를 작성하기 위해 추가로 이용되었다.

ㄷ. 전공계열별 희망직업 선택 동기 구성비

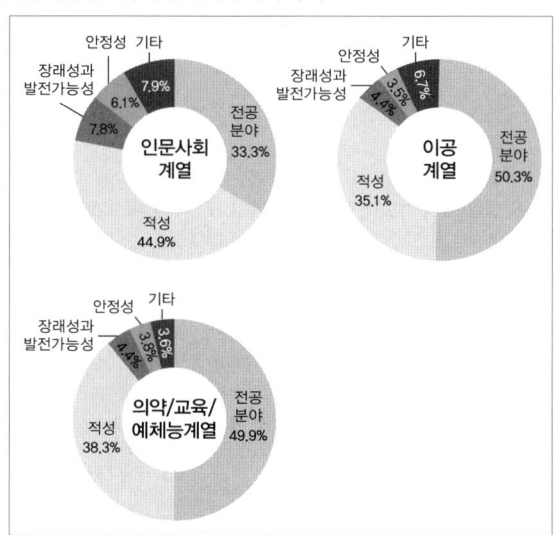

→ (O) 〈보고서〉 2문단에 "전공계열별로 희망직업을 선택한 동기를 살펴보면 이공계열과 의약/교육/예체능계열의 경우 '전공분야'라고 응답한 비율이 각각 50.3%와 49.9%였고, 인문사회계열은 그 비율이 33.3%였다."라고 제시되어 있고, 〈그림〉의 자료와 일치하므로 해당 자료는 〈보고서〉를 작성하기 위해 추가로 이용되었다.

ㄹ. 희망직업 취업여부에 따른 항목별 직장 만족도(5점 만점)

(단위: 점)

희망직업 취업여부	업무내용	소득	고용안정
전체	3.72	3.57	3.28
희망직업 취업	3.83	3.70	3.35
희망직업 외 취업	3.59	3.42	3.21

→ (X) 〈보고서〉에 전공계열별 희망직업 취업여부에 따른 직장 만족도는 주어져 있지만 희망직업 취업여부에 따른 항목별 직장 만족도는 주어져 있지 않으므로 해당 자료는 〈보고서〉 작성에 이용되지 않았다.

① ㄱ, ㄷ ➡ (X)
② ㄱ, ㄹ ➡ (X)
③ ㄴ, ㄷ ➡ (O)
④ ㄱ, ㄴ, ㄹ ➡ (X)
⑤ ㄴ, ㄷ, ㄹ ➡ (X)

07 ⑤

정답률 78.3%

|문제 유형| 자료 읽기 > 표/빈칸 제시형
|접근 전략| 〈표〉에 주어진 A프로세서 성능 평가를 위한 8개 프로그램 수행 결과와 각주의 수식을 바탕으로 각 프로그램의 성능을 비교하는 문제이다. 각주의 수식을 변형해서 수행시간과 클럭 사이클 수를 구할 수 있어야 한다. '~할수록 ~하다'와 같은 비교 문제나 '가장 ~한 것'을 찾는 문제는 반례가 하나라도 존재하면 옳지 않은 것이다.

다음 〈표〉는 A프로세서 성능 평가를 위한 8개 프로그램 수행 결과에 관한 자료이다. 이에 대한 설명으로 옳은 것은?

〈표〉 A프로세서 성능 평가를 위한 8개 프로그램 수행 결과

(단위: 십억 개, 초)

항목 프로그램	명령어 수	CPI	수행 시간	기준 시간	성능 지표
숫자 정렬	2,390	0.70	669	9,634	14.4
문서 편집	221	2.66	235	9,120	38.8
인공지능 바둑	1,274	1.10	( )	10,490	18.7
유전체 분석	2,616	0.60	628	9,357	14.9
인공지능 체스	1,948	0.80	623	12,100	19.4
양자 컴퓨팅	659	0.44	116	20,720	178.6
영상 압축	3,793	0.50	759	22,163	29.2
내비게이션	1,250	1.00	500	7,020	( )

※ 1) CPI(clock cycles per instruction) = $\dfrac{\text{클럭 사이클 수}}{\text{명령어 수}}$

2) 성능지표 = $\dfrac{\text{기준시간}}{\text{수행시간}}$

① 명령어 수가 많은 프로그램일수록 수행시간이 길다. ➡ (X) 유전체 분석은 숫자 정렬보다 명령어 수가 많지만 수행시간은 숫자 정렬보다 짧다.

② CPI가 가장 낮은 프로그램은 기준시간이 가장 길다. ➡ (X) CPI가 가장 낮은 프로그램은 양자 컴퓨팅이고, 기준시간이 가장 긴 프로그램은 영상 압축이다.

③ 수행시간은 인공지능 바둑이 내비게이션보다 짧다. ➡ (X) 수행시간은 $\dfrac{\text{기준시간}}{\text{성능지표}}$이다. 따라서 인공지능 바둑의 수행시간은 $\dfrac{10,490}{18.7} ≒ 561.0$(초)이다. 따라서 인공지능 바둑의 수행시간은 내비게이션 수행시간 500초보다 길다.

④ 기준시간이 짧은 프로그램일수록 클럭 사이클 수가 적다. ➡ (X) 클럭 사이클 수는 'CPI × 명령어 수'이다. 양자 컴퓨팅은 기준시간이 인공지능 체스보다 길지만 CPI와 명령어 수가 인공지능 체스보다 적으므로 클럭 사이클 수도 더 적다.

⑤ 성능지표가 가장 낮은 프로그램은 내비게이션이다. ➡ (O) 내비게이션의 성능지표는 $\dfrac{7,020}{500} = 14.04$(초)이다. 따라서 성능지표는 내비게이션이 가장 낮다.

08 ②

정답률 59.7%

| 문제 유형 | 자료 읽기 > 표/그림 제시형

| 접근 전략 | 〈표〉에 주어진 A~J지역별 산불 발생건수를 바탕으로 〈그림〉에 주어진 점들이 어느 지역인지 파악하고, 〈그림〉의 산불 피해액, 피해재적, 발생건당 피해면적을 바탕으로 비교하는 문제이다. 〈그림 1〉과 〈그림 2〉에서 산불 발생건당 피해액 및 피해재적은 $\frac{피해액(피해재적)}{발생건수}$ 이므로 원점과 각 점을 이었을 때의 기울기에 해당한다. 따라서 기울기가 가파를수록 발생건당 피해액 및 피해재적이 큰 것이다. 〈그림 3〉의 경우 y축이 산불 발생건당 피해면적이므로 y값이 곧 산불 발생건당 피해면적이고, 총 피해면적은 '발생건당 피해면적 × 발생건수'이다.

다음 〈표〉와 〈그림〉은 2019년 '갑'국의 A~J지역별 산불피해 현황에 관한 자료이다. 이에 대한 〈보기〉의 설명 중 옳은 것만을 모두 고르면?

〈표〉 A~J지역별 산불 발생건수

(단위: 건)

지역	A	B	C	D	E	F	G	H	I	J
산불 발생건수	516	570	350	277	197	296	492	623	391	165

〈그림 1〉 A~J지역별 산불 발생건수 및 피해액

※ 산불 피해액은 산불로 인한 손실 금액을 의미함

〈그림 2〉 A~J지역별 산불 발생건수 및 피해재적

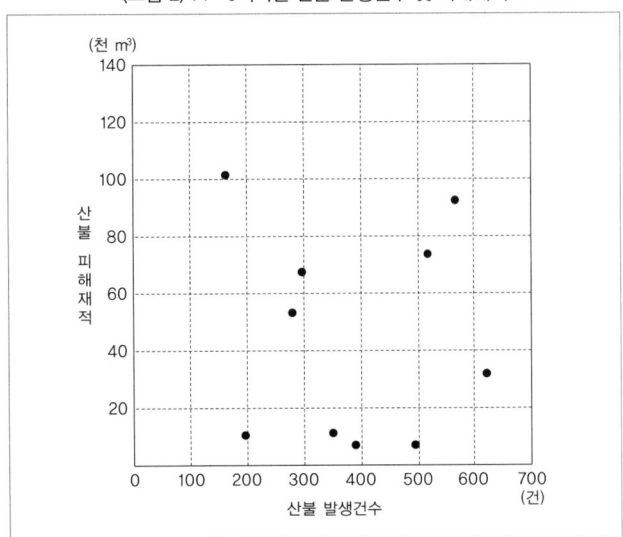

※ 산불 피해재적은 산불 피해를 입은 입목의 재적을 의미함

〈그림 3〉 A~J지역별 산불 발생건수 및 발생건당 피해면적

※ 산불 피해면적은 산불이 발생하여 지상입목, 관목, 시초 등을 연소시키면서 지나간 면적을 의미함

〈보기〉

ㄱ. 산불 발생건당 피해면적은 J지역이 가장 크다. → (O) 산불 발생건당 피해면적이 가장 큰 지역은 〈그림 3〉에서 가장 높은 지점에 위치한 지역이다. 이 지역은 산불 발생건수가 160건 부근이므로 J지역이다.

ㄴ. 산불 발생건당 피해재적은 B지역이 가장 크고 E지역이 가장 작다. → (X) 산불 발생건당 피해재적은 $\frac{산불 피해재적}{산불 발생건수}$ 이므로 기울기를 이용하면 된다. 〈그림 2〉에서 기울기가 가장 가파른 지역은 산불 발생건수가 160건 부근인 J지역이고, 기울기가 가장 완만한 지역은 산불 발생건수가 500건 부근인 G지역이다. 따라서 산불 발생건당 피해재적은 J지역이 가장 크고, G지역이 가장 작다.

ㄷ. 산불 발생건당 피해액은 D지역이 가장 크고 B지역이 가장 작다. → (O) 산불 발생건당 피해액은 $\frac{산불 피해액}{산불 발생건수}$ 이므로 기울기를 이용하면 된다. 〈그림 1〉에서 기울기가 가장 가파른 지역은 산불 발생건수가 280건 부근인 D지역이고, 기울기가 가장 완만한 지역은 산불 발생건수가 580건 부근인 B지역이다. 따라서 산불 발생건당 피해액은 D지역이 가장 크고, B지역이 가장 작다.

ㄹ. 산불 피해면적은 H지역이 가장 크고 E지역이 가장 작다. → (X) H지역은 B지역과 산불 발생건수가 유사하지만 B지역은 H지역보다 산불 발생건당 피해면적이 2배 이상이다. 따라서 B지역의 산불 피해면적이 H지역보다 크므로 옳지 않다.

① ㄱ, ㄴ ➡ (X)
② ㄱ, ㄷ ➡ (O)
③ ㄱ, ㄹ ➡ (X)
④ ㄴ, ㄷ ➡ (X)
⑤ ㄷ, ㄹ ➡ (X)

09 ④ 정답률 88.7%

| 문제 유형 | 자료 읽기/추론 > 계산형
| 접근 전략 | 〈표 2〉에 주어진 작업제한 기준 순간 풍속과 〈정보〉를 바탕으로 〈표 1〉의 '가', '나', '다'의 값을 유추하는 문제이다. 순간 풍속이 15m/s 미만이면 모든 작업이 진행되고, 15m/s 이상 20m/s 미만이면 설치는 제한, 운전만 진행되고, 20m/s 이상이면 설치와 운전은 모두 제한된다.

다음 〈표〉는 2020년 '갑'국 A~E지역의 월별 최대 순간 풍속과 타워크레인 작업 유형별 작업제한 기준 순간 풍속에 관한 자료이다. 〈표〉와 〈정보〉에 근거하여 '가'~'다'를 큰 것부터 순서대로 나열한 것은?

〈표 1〉 A~E지역의 월별 최대 순간 풍속
(단위: m/s)

월\지역	A	B	C	D	E
1	15.7	12.8	18.4	26.9	23.4
2	14.5	13.5	19.0	25.7	(다)
3	19.5	17.5	21.5	23.5	24.5
4	18.9	16.7	19.8	24.7	26.0
5	13.7	21.0	14.1	22.8	21.5
6	16.5	18.8	17.0	29.0	24.0
7	16.8	22.0	25.0	32.3	31.1
8	15.8	29.6	25.2	33.0	31.6
9	21.5	19.9	(나)	32.7	34.2
10	18.2	16.3	19.5	21.4	28.8
11	12.0	17.3	20.1	22.2	19.2
12	19.4	(가)	20.3	26.0	23.9

〈표 2〉 타워크레인 작업 유형별 작업제한 기준 순간 풍속
(단위: m/s)

타워크레인 작업 유형	설치	운전
작업제한 기준 순간 풍속	15	20

※ 순간 풍속이 타워크레인 작업 유형별 작업제한 기준 이상인 경우, 해당 작업 유형에 대한 작업제한 조치가 시행됨

〈정보〉
○ B지역에서 타워크레인 작업제한 조치가 한 번도 시행되지 않은 '월'은 3개이다. → 12월을 제외하고, B지역에서 타워크레인 작업제한 조치가 한 번도 시행되지 않은 '월'은 1월, 2월이다. 따라서 12월 또한 작업제한 조치가 시행되지 않아야 하므로 15m/s 미만이다.
○ 매월 C지역의 최대 순간 풍속은 A지역보다 높고 D지역보다 낮다. → C지역 9월 최대 순간 풍속은 21.5m/s 초과 32.7m/s 미만이다.
○ E지역에서 '설치' 작업제한 조치는 매월 시행되었고 '운전' 작업제한 조치는 2개 '월'을 제외한 모든 '월'에 시행되었다. → E지역은 '설치' 작업제한 조치가 매월 시행되었으므로 매월 15m/s 이상이다. 2월을 제외하고, '운전' 작업제한 조치가 시행되지 않은 월은 11월뿐이다. 따라서 2월에도 '운전' 작업제한 조치가 시행되지 않아야 하므로 15m/s 이상 20m/s 미만이다.

① 가, 나, 다 ➡ (X)
② 가, 다, 나 ➡ (X)
③ 나, 가, 다 ➡ (X)
④ 나, 다, 가 ➡ (O) '가'는 15m/s 미만, '나'는 21.5m/s 초과 32.7m/s 미만, '다'는 15m/s 이상 20m/s 미만이므로 '나', '다', '가' 순이다.
⑤ 다, 가, 나 ➡ (X)

10 ① 정답률 81.1%

| 문제 유형 | 자료 읽기 > 표/빈칸 제시형
| 접근 전략 | 〈표〉에 주어진 5개국의 발전원별 발전량 및 비중을 바탕으로 비교하는 문제이다. 발전원은 원자력, 화력, 수력, 신재생 에너지로만 구성되므로 발전원의 비중의 합은 100임을 이용하여 계산한다.

다음 〈표〉는 5개국의 발전원별 발전량 및 비중에 관한 자료이다. 이에 대한 설명으로 옳지 않은 것은?

〈표〉 5개국의 발전원별 발전량 및 비중
(단위: TWh, %)

국가	연도	원자력	화력			수력	신재생 에너지	전체
			석탄	LNG	유류			
독일	2010	140.6 (22.2)	273.5 (43.2)	90.4 (14.3)	8.7 (1.4)	27.4 (4.3)	92.5 (14.6)	633.1 (100.0)
	2015	91.8 (14.2)	283.7 (43.9)	63.0 (9.7)	6.2 (1.0)	24.9 (3.8)	177.3 (27.4)	646.9 (100.0)
미국	2010	838.9 (19.2)	1,994.2 (45.5)	1,017.9 (23.2)	48.1 (1.1)	286.3 (6.5)	193.0 (4.4)	4,378.4 (100.0)
	2015	830.3 (19.2)	1,471.0 (34.1)	1,372.6 (31.8)	38.8 (0.9)	271.1 (6.3)	333.3 ( )	4,317.1 (100.0)
프랑스	2010	428.5 (75.3)	26.3 (4.6)	23.8 (4.2)	5.5 (1.0)	67.5 (11.9)	17.5 (3.1)	569.1 (100.0)
	2015	437.4 ( )	12.2 (2.1)	19.8 (3.5)	2.2 (0.4)	59.4 (10.4)	37.5 (6.6)	568.5 (100.0)
영국	2010	62.1 (16.3)	108.8 (28.5)	175.3 (45.9)	5.0 (1.3)	6.7 (1.8)	23.7 (6.2)	381.6 (100.0)
	2015	70.4 (20.8)	76.7 (22.6)	100.0 (29.5)	2.1 (0.6)	9.0 (2.7)	80.9 ( )	339.1 (100.0)
일본	2010	288.2 (25.1)	309.5 (26.9)	318.6 (27.7)	100.2 (8.7)	90.7 (7.9)	41.3 (3.6)	1,148.5 (100.0)
	2015	9.4 (0.9)	343.2 (33.0)	409.8 (39.4)	102.5 (9.8)	91.3 (8.8)	85.1 (8.2)	1,041.3 (100.0)

※ 발전원은 원자력, 화력, 수력, 신재생 에너지로만 구성됨

① 2015년 프랑스의 전체 발전량 중 원자력 발전량의 비중은 75% 이하이다. ➡ (X) 100에서 원자력을 제외한 나머지 발전원의 비중을 빼면 100 − 2.1 − 3.5 − 0.4 − 10.4 − 6.6 = 77(%)이다.
② 영국의 전체 발전량 중 신재생 에너지 발전량의 비중은 2010년 대비 2015년에 15%p 이상 증가하였다. ➡ (O) 2015년 영국의 신재생 에너지 발전량 비중은 100에서 신재생 에너지를 제외한 나머지 발전원의 비중을 뺀 100 − 20.8 − 22.6 − 29.5 − 0.6 − 2.7 = 23.8(%)이다. 따라서 2010년 대비 2015년에 23.8 − 6.2 = 17.6(%p) 증가하였다.
③ 2010년 석탄 발전량은 미국이 일본의 6배 이상이다. ➡ (O) 2010년 미국 석탄 발전량은 1,994.2TWh로, 일본 석탄 발전량의 6배인 6 × 309.5 = 1,857(TWh) 이상이다.
④ 2010년 대비 2015년 전체 발전량이 증가한 국가는 독일뿐이다. ➡ (O) 독일은 2010년 633.1TWh에서 2015년 646.9TWh로 증가하였고, 나머지 국가는 모두 감소하였다.
⑤ 2010년 대비 2015년 각 국가에서 신재생 에너지의 발전량과 비중은 모두 증가하였다. ➡ (O) 2015년 미국의 신재생 에너지의 비중은 100 − 19.2 − 34.1 − 31.8 − 0.9 − 6.3 = 7.7(%)이다. 따라서 모든 국가에서 신재생 에너지의 발전량과 비중은 모두 증가하였다.

11 ②
정답률 72.7%

| 문제 유형 | 자료 추론 > 추가로 필요한 자료 찾기

| 접근 전략 | 〈보고서〉 작성에 필요한 자료를 찾는 문제이다. 이 문제에서 〈표〉는 문제 풀이에 의미가 없는 자료이므로 〈표〉와 중복되는 〈보기〉가 존재하는지 여부만 확인하고 넘어간다. 〈보기〉에 주어진 자료의 제목이 〈보고서〉에 나와 있는지 먼저 확인하고, 〈보고서〉와 해당 자료가 일치하는지 확인하면 문제를 빠르게 풀 수 있다.

다음 〈표〉와 〈보고서〉는 2019년 전국 안전체험관과 생활안전에 관한 자료이다. 제시된 〈표〉 이외에 〈보고서〉를 작성하기 위해 추가로 이용한 자료만을 〈보기〉에서 모두 고르면?

〈표〉 2019년 전국 안전체험관 규모별 현황
(단위: 개소)

전체	대형		중형		소형
	일반	특성화	일반	특성화	
473	25	7	5	2	434

〈보고서〉

2019년 생활안전 통계에 따르면 전국 473개소의 안전체험관이 운영 중인 것으로 확인되었다. 전국 안전체험관을 규모별로 살펴보면, 대형이 32개소, 중형이 7개소, 소형이 434개소였다. 이 중 대형 안전체험관은 서울이 가장 많고 경북, 충남이 그 뒤를 이었다.

전국 안전사고 사망자 수는 2015년 이후 매년 감소하다가 2018년에는 증가하였다. 교통사고 사망자 수는 2015년 이후 매년 줄어들었고, 특히 2018년에 전년 대비 11.2% 감소하였다.

2019년 분야별 지역안전지수 1등급 지역을 살펴보면 교통사고 분야는 서울, 경기, 화재 분야는 광주, 생활안전 분야는 경기, 부산으로 나타났다.

〈보기〉

ㄱ. 연도별 전국 교통사고 사망자 수
(단위: 명)

연도	2015	2016	2017	2018
사망자 수	4,380	4,019	3,973	3,529

→ (O) 〈보고서〉 2문단에 "교통사고 사망자 수는 2015년 이후 매년 줄어들었고, 특히 2018년에 전년 대비 11.2% 감소하였다."라고 제시되어 있고, 위 자료와 일치한다. 따라서 해당 자료는 〈보고서〉를 작성하기 위해 추가로 이용되었다.

ㄴ. 분야별 지역안전지수 4년 연속(2015~2018) 1등급, 5등급 지역 (시·도)

분야 등급	교통사고	화재	범죄	생활안전	자살
1등급	서울, 경기	-	세종	경기	경기
5등급	전남	세종	제주	제주	부산

→ (X) 〈보고서〉에는 2019년 분야별 지역안전지수 1등급 지역에 대한 내용이 제시되어 있지만, 해당 자료는 2015~2018년 연속 분야별 지역안전지수 1등급, 5등급 지역에 대한 것이므로 〈보고서〉 작성에 이용되지 않았다.

ㄷ. 연도별 전국 안전사고 사망자 수
(단위: 명)

연도	2015	2016	2017	2018
사망자 수	31,582	30,944	29,545	31,111

→ (O) 〈보고서〉 2문단에 "전국 안전사고 사망자 수는 2015년 이후 매년 감소하다가 2018년에는 증가하였다."라고 제시되어 있고, 위 자료와 일치한다. 따라서 해당 자료는 〈보고서〉를 작성하기 위해 추가로 이용되었다.

ㄹ. 2018년 지역별 안전체험관 수

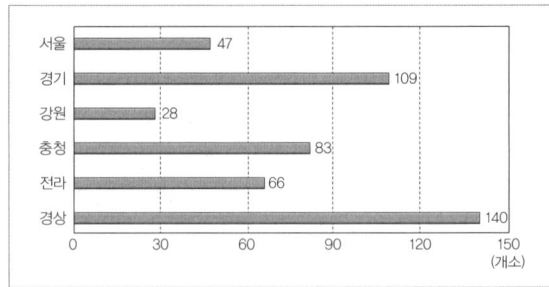

→ (X) 〈보고서〉에는 2019년 안전체험관 수에 대해 제시되어 있지만 해당 자료는 2018년 지역별 안전체험관 수에 대한 것이므로 〈보고서〉 작성에 이용되지 않았다.

① ㄱ, ㄴ ➡ (X)
② ㄱ, ㄷ ➡ (O)
③ ㄴ, ㄹ ➡ (X)
④ ㄱ, ㄷ, ㄹ ➡ (X)
⑤ ㄴ, ㄷ, ㄹ ➡ (X)

12 ⑤
정답률 83.6%

| 문제 유형 | 자료 변환응용 > 자료/보고서 전환형

| 접근 전략 | 〈표〉에 주어진 임무단 평화유지활동 자료를 바탕으로 〈보고서〉 내용의 옳고 그름을 판단하는 문제이다. 〈보고서〉에서 밑줄 친 부분만 읽으면 문제를 빠르게 해결할 수 있다.

다음 〈표〉는 아프리카연합이 주도한 임무단의 평화유지활동에 관한 자료이다. 이를 바탕으로 작성한 〈보고서〉의 설명 중 옳지 않은 것은?

〈표〉 임무단의 평화유지활동(2021년 5월 기준)
(단위: 명)

임무단	파견지	활동기간	주요 임무	파견규모
부룬디 임무단	부룬디	2003. 4.~ 2004. 6.	평화협정 이행 지원	3,128
수단 임무단	수단	2004. 10.~ 2007. 12.	다르푸르 지역 정전 감시	300
코모로 선거감시 지원 임무단	코모로	2006. 3.~ 2006. 6.	코모로 대통령 선거 감시	462
소말리아 임무단	소말리아	2007. 1.~ 현재	구호 활동 지원	6,000
코모로 치안 지원 임무단	코모로	2007. 5.~ 2008. 10.	앙주앙 섬 치안 지원	350
다르푸르 지역 임무단	수단	2007. 7.~ 현재	민간인 보호	6,000
우간다 임무단	우간다	2012. 3.~ 현재	반군 소탕작전	3,350
말리 임무단	말리	2012. 12.~ 2013. 7.	정부 지원	1,450
중앙아프리카 공화국 임무단	중앙아프리카 공화국	2013. 12.~ 2014. 9.	안정 유지	5,961

─〈보고서〉─

아프리카연합은 아프리카 지역 분쟁 해결 및 평화 구축을 위하여 2021년 5월 현재까지 9개의 임무단을 구성하고 평화유지활동을 주도하였다. ㉠ 평화유지활동 중 가장 오랜 기간 동안 활동한 임무단은 '소말리아 임무단'이다. → (O) 현재는 2021년 5월이다. 따라서 '소말리아 임무단'은 2007년 1월부터 2021년 5월까지 14년 이상 활동하고 있으므로 다른 임무단에 비해 평화유지활동을 오래하였다. 이 임무는 소말리아 과도 연방정부가 아프리카연합에 평화유지군을 요청한 것을 계기로 시작되어 현재에 이르고 있다. 한편, ㉡ '코모로 선거감시 지원 임무단'은 가장 짧은 기간 동안 활동하였다. → (O) 코모로 선거감시 지원 임무단은 4개월간 활동하였으므로 다른 임무단에 비해 평화유지활동을 가장 짧게 하였다. 2006년 코모로는 대통령 선거를 앞두고 아프리카연합에 지원을 요청하였고 같은 해 3월 시작된 평화유지활동은 선거가 끝난 6월에 임무가 종료되었다.

㉢ 아프리카연합이 현재까지 평화유지활동을 위해 파견한 임무단의 총규모는 25,000명 이상이며, → (O) 현재까지 총규모는 3,128 + 300 + 462 + 6,000 + 350 + 6,000 + 3,350 + 1,450 + 5,961 = 27,001(명)이다. 현재 활동 중인 임무단의 규모는 소말리아 6,000명, 수단 6,000명, 우간다 3,350명으로 총 15,000여 명이다.

아프리카연합은 아프리카 내의 문제를 자체적으로 해결하기 위해 다양한 임무단 활동을 활발히 수행하였다. 특히 ㉣ 수단과 코모로에서는 각각 2개의 임무단이 활동하였다. → (O) 수단에서는 '수단 임무단'과 '다르푸르 지역 임무단'이 임무단 활동을 수행하였고, 코모로에서는 '코모로 선거감시 지원 임무단'과 '코모로 치안 지원 임무단'이 임무단 활동을 수행하였다.

현재 평화유지활동을 수행 중인 임무단은 3개이지만 ㉤ 2007년 10월 기준 평화유지활동을 수행 중이었던 임무단은 5개였다. → (X) 2007년 10월 기준 평화유지활동을 수행 중이었던 임무단은 '수단 임무단', '소말리아 임무단', '코모로 치안 지원 임무단', '다르푸르 지역 임무단'으로 4개이다.

① ㉠ ➡ (O)   ② ㉡ ➡ (O)   ③ ㉢ ➡ (O)
④ ㉣ ➡ (O)   ⑤ ㉤ ➡ (X)

13 ② 정답률 61.9%

|문제 유형| 자료 읽기 > 그림 제시형
|접근 전략| 〈그림〉에 주어진 국가채무 및 GDP에 관한 자료를 바탕으로 GDP 대비 금융성채무와 국가채무, 적자성채무, 금융성채무를 구하는 문제이다. GDP 대비 채무 비율에 GDP를 곱하면 각 항목별 채무를 구할 수 있고, 금융성채무는 '국가채무−적자성채무'의 식을 이용하여 구할 수 있다.

다음 〈그림〉은 2014~2020년 연말 기준 '갑'국의 국가채무 및 GDP에 관한 자료이다. 이에 대한 〈보기〉의 설명 중 옳은 것만을 모두 고르면?

〈그림 1〉 GDP 대비 국가채무 및 적자성채무 비율 추이

※ 국가채무 = 적자성채무 + 금융성채무

〈그림 2〉 GDP 추이

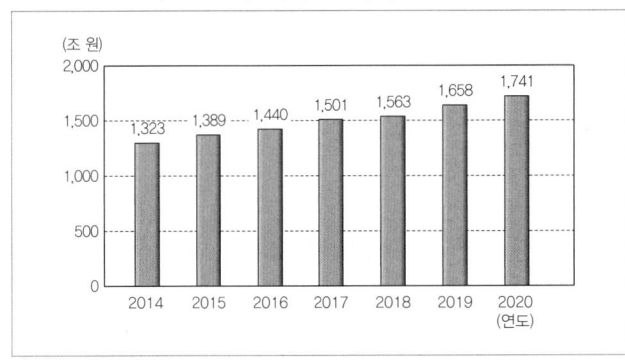

─〈보기〉─

ㄱ. 2020년 국가채무는 2014년의 1.5배 이상이다. → (O) 2020년 국가채무는 0.36 × 1,741 = 626.76(조 원)이고, 2014년 국가채무는 0.297 × 1,323 = 392.931(조 원)이다. 400의 1.5배가 600인데 2014년 국가채무는 400 이하, 2020년 국가채무는 600 이상이므로 2020년 국가채무는 2014년 국가채무의 1.5배 이상이다.

ㄴ. GDP 대비 금융성채무 비율은 매년 증가한다. → (X) 국가채무는 적자성채무와 금융성채무의 합이므로 'GDP 대비 금융성채무 비율'은 'GDP 대비 국가채무 비율'에서 'GDP 대비 적자성채무 비율'을 뺀 값이다. 따라서 'GDP 대비 금융성채무 비율'은 15.1 → 15.4 → 15.5 → 15.7 → 15.8 → 15.7 → 15.3으로 2019년부터 감소한다.

ㄷ. 적자성채무는 2019년부터 300조 원 이상이다. → (O) 'GDP 대비 적자성채무 비율'과 GDP는 매년 증가하므로 적자성채무도 매년 증가한다. 적자성채무는 2018년 1,563 × 0.183 ≒ 286(조 원), 2019년 1,658 × 0.2 = 331.6(조 원)이다. 따라서 적자성채무는 2019년부터 300조 원 이상이다.

ㄹ. 금융성채무는 매년 국가채무의 50% 이상이다. → (X) 국가채무 대비 금융성채무 비율은 'GDP 대비 국가채무 비율' 대비 'GDP 대비 금융성채무 비율'과 동일하다. 국가채무는 '적자성채무+금융성채무'이므로 'GDP 대비 국가채무 비율'의 50% 이상을 'GDP 대비 적자성채무 비율'이 차지한다면 'GDP 대비 금융성채무 비율'은 50% 미만이 된다. 2017년의 'GDP 대비 국가채무 비율'은 32.6%이고, 'GDP 대비 적자성채무 비율'은 16.9%로 'GDP 대비 국가채무 비율'의 절반인 32.6 × 0.5 = 16.3(%)를 초과한다. 따라서 'GDP 대비 적자성채무 비율'이 'GDP 대비 국가채무 비율'의 50% 이상이므로 'GDP 대비 금융성채무 비율'은 'GDP 대비 국가채무 비율'의 50% 미만이다.

① ㄱ, ㄴ ➡ (X)
② ㄱ, ㄷ ➡ (O)
③ ㄴ, ㄹ ➡ (X)
④ ㄱ, ㄷ, ㄹ ➡ (X)
⑤ ㄴ, ㄷ, ㄹ ➡ (X)

14 ① 정답률 86.0%

| 문제 유형 | 자료 읽기 > 표/빈칸 제시형
| 접근 전략 | 이사 전후 주택규모를 계산하여 비교하는 문제이다. 가로 또는 세로의 합을 이용하여 빈칸을 채우는 문제이므로 빈칸이 하나인 항목을 먼저 공략하여 빈칸을 채운다.

다음 〈표〉는 최근 이사한 100가구의 이사 전후 주택규모에 관한 조사 결과이다. 이에 대한 〈보기〉의 설명 중 옳은 것만을 모두 고르면?

〈표〉 이사 전후 주택규모 조사 결과

(단위: 가구)

이사 후 \ 이사 전	소형	중형	대형	합
소형	15	10	( )	30
중형	( )	30	10	( )
대형	5	10	15	( )
계	( )	( )	( )	100

※ 주택규모는 '소형', '중형', '대형'으로만 구분하며, 동일한 주택규모는 크기도 같음

〈보기〉

ㄱ. 주택규모가 이사 전 '소형'에서 이사 후 '중형'으로 달라진 가구는 없다. → (O) '대형'으로 이사한 가구는 총 5 + 10 + 15 = 30(가구)이다. 전체 가구의 합이 100가구이므로 이사 후 '중형' 가구의 합은 100 − 30 − 30 = 40(가구)이다. '중형'으로 이사한 가구는 40가구이므로 이사 전 '소형'에서 이사 후 '중형'으로 달라진 가구는 없다.

ㄴ. 이사 전후 주택규모가 달라진 가구 수는 전체 가구 수의 50% 이하이다. → (O) 이사 전후 주택규모가 달라진 가구 수 비율은 100에서 이사 전후 주택규모가 동일한 가구 수 비율을 뺀 값과 동일하다. 이사 전후 주택규모가 동일한 가구 수는 15 + 30 + 15 = 60(가구)이고, 전체 가구는 100가구이므로 이사 전후 주택규모가 동일한 가구 수 비율은 60%이다. 따라서 이사 전후 주택규모가 달라진 가구 수는 전체 가구 수의 100 − 60 = 40(%)이다.

ㄷ. 주택규모가 '대형'인 가구 수는 이사 전이 이사 후보다 적다. → (X) 이사 전 '대형'에서 이사 후 '소형'으로 달라진 가구는 30 − 15 − 10 = 5(가구)이다. 따라서 이사 전 주택규모가 '대형'인 가구 수는 5 + 10 + 15 = 30(가구)이고, 이사 후 주택규모가 '대형'인 가구 수는 5 + 10 + 15 = 30(가구)로 동일하다.

ㄹ. 이사 후 주택규모가 커진 가구 수는 이사 후 주택규모가 작아진 가구 수보다 많다. → (X) 이사 전 '소형'에서 이사 후 '중형', '대형'으로 달라진 가구 수는 0 + 5 = 5(가구)이고, 이사 전 '중형'에서 이사 후 '대형'으로 달라진 가구 수는 10가구이다. 따라서 이사 후 주택규모가 커진 가구 수는 총 5 + 10 = 15(가구)이다. 한편 이사 전 '중형'에서 이사 후 '소형'으로 달라진 가구 수는 10가구이고, 이사 전 '대형'에서 이사 후 '소형', '중형'으로 달라진 가구 수는 5 + 10 = 15(가구)이다. 따라서 이사 후 주택규모가 작아진 가구 수는 10 + 15 = 25(가구)이다.

① ㄱ, ㄴ ➡ (O)
② ㄱ, ㄷ ➡ (X)
③ ㄴ, ㄹ ➡ (X)
④ ㄷ, ㄹ ➡ (X)
⑤ ㄱ, ㄴ, ㄷ ➡ (X)

15 ④ 정답률 66.6%

| 문제 유형 | 자료 읽기/추론 > 계산형
| 접근 전략 | 〈그림〉에 주어진 플라스틱 제품의 제조공정도를 바탕으로 '폐기처리' 공정에 전달되어 투입되는 재료의 총량을 계산하는 문제이다. '폐기처리' 공정의 선행 공정을 먼저 파악하고, 각 공정 순서에 따른 직진율의 곱을 합한 뒤 1,000kg을 곱하여 계산한다.

다음 〈그림〉은 A사 플라스틱 제품의 제조공정도이다. 1,000kg의 재료가 '혼합' 공정에 투입되는 경우, '폐기처리' 공정에 전달되어 투입되는 재료의 총량은 몇 kg인가?

〈그림〉 A사 플라스틱 제품의 제조공정도

※ 제조공정도 내 수치는 직진율(= 다음 공정에 전달되는 재료의 양 / 해당 공정에 투입되는 재료의 양)을 의미함

예를 들어, 가 →0.2→ 나 는 해당 공정 '가'에 100kg의 재료가 투입되면 이 중 20kg(= 100kg × 0.2)의 재료가 다음 공정 '나'에 전달되어 투입됨을 의미함

① 50 ➡ (X)
② 190 ➡ (X)
③ 230 ➡ (X)
④ 240 ➡ (O) '혼합 → 성형 → 재작업 → 폐기처리', '혼합 → 성형 → 조립 → 검사 → 폐기처리', '혼합 → 성형 → 재작업 → 조립 → 검사 → 폐기처리'의 세 가지 방식으로 폐기처리가 이루어진다. 따라서 '폐기처리' 공정에 전달되어 투입되는 재료의 총량은 1,000 × {(1 × 1 × 0.5) + (1 × 0.9 × 1 × 0.2) + (1 × 0.1 × 0.5 × 1 × 0.2)} = 1,000 × (0.05 + 0.18 + 0.01) = 240(kg)이다.
⑤ 280 ➡ (X)

16 ③ 정답률 83.5%

| 문제 유형 | 자료 읽기/추론 > 매칭형
| 접근 전략 | 〈조건〉에 국가별 수자원 현황을 바탕으로 〈그림〉에서 A~H에 해당하는 국가를 찾는 문제이다. 첫 번째 〈조건〉을 제외한 〈조건〉들은 모두 국가를 하나로 특정할 수 있다. 가장 많은 국가를 찾을 수 있는 세 번째 〈조건〉을 가장 먼저 확인한다.

다음 〈그림〉은 12개 국가의 수자원 현황에 관한 자료이며, A~H는 각각 특정 국가를 나타낸다. 〈그림〉과 〈조건〉을 근거로 판단할 때, 국가명을 알 수 없는 것은?

⟨그림⟩ 12개 국가의 수자원 현황

국가	연강수량[mm]	1인당 이용 가능한 연수자원총량[m³/인]	1인당 연강수총량[m³/인]
A	1,277	1,553	2,629
B	1,690	3,232	4,993
C	627	2,130	4,530
D	1,083	1,647	3,091
미국	715	10,075	22,741
E	537	89,081	164,595
F	534	23,965	201,364
G	1,732	78,986	112,077
영국	1,220	2,429	4,907
H	867	3,326	7,794
이탈리아	832	3,249	4,270
러시아	460	31,469	54,915

연강수량[mm] (세계 평균 807mm)
1인당 이용 가능한 연수자원총량[m³/인] (세계 평균 8,372m³/인)
1인당 연강수총량[m³/인] (세계 평균 16,427m³/인)

─⟨조건⟩─

○ '연강수량'이 세계 평균의 2배 이상인 국가는 일본과 뉴질랜드이다. → '연강수량'의 세계 평균이 807mm이므로 세계 평균의 2배는 1,614mm이다. '연강수량'이 1,614mm 이상인 국가는 B와 G이다.

○ '연강수량'이 세계 평균보다 많은 국가 중 '1인당 이용 가능한 연수자원총량'이 가장 적은 국가는 대한민국이다. → A는 '연강수량'이 807mm보다 많으면서 '1인당 이용 가능한 연수자원총량'이 1,553m³/인으로 가장 적다. 따라서 A는 대한민국이다.

○ '1인당 연강수총량'이 세계 평균의 5배 이상인 국가를 '연강수량'이 많은 국가부터 나열하면 뉴질랜드, 캐나다, 호주이다. → '1인당 연강수총량'의 세계 평균은 16,427m³/인이므로 세계 평균의 5배는 82,135m³/인이다. '1인당 연강수량'이 82,135m³/인보다 많은 국가는 E, F, G이다. 이 국가를 '연강수량'이 많은 국가부터 나열하면 G, E, F이므로 뉴질랜드가 G, 캐나다가 E, 호주가 F이다. 따라서 일본이 B이다.

○ '1인당 이용 가능한 연수자원총량'이 영국보다 적은 국가 중 '1인당 연강수총량'이 세계 평균의 25% 이상인 국가는 중국이다. → 영국의 '1인당 이용 가능한 연수자원총량'은 2,429m³/인으로 이보다 적은 국가는 C, D이고, '1인당 연강수총량'의 세계 평균의 25%는 16,427 × 0.25 ≒ 4,106.8(m³/인)이다. 따라서 중국에 해당하는 국가는 C이다.

○ '1인당 이용 가능한 연수자원총량'이 6번째로 많은 국가는 프랑스이다. → '1인당 이용 가능한 연수자원총량'은 E, G, 러시아, F, 미국, H 순이므로 프랑스는 H이다.

① B ➡ (O)
② C ➡ (O)
③ D ➡ (X) D는 주어진 ⟨조건⟩에서 알 수 없다.
④ E ➡ (O)
⑤ F ➡ (O)

17 ④   정답률 62.2%

|문제 유형| 자료 읽기 > 표/빈칸 제시형
|접근 전략| ⟨표⟩에 주어진 '갑'~'무'의 중간고사 과목 점수를 바탕으로 학생별 평균, 과목별 평균 등을 계산하는 문제이다. 평균은 가평균+{(가평균과 변량의 차이)의 합÷자료의 개수}로 구할 수 있다. 또한 평균은 $\frac{자료의 총합}{자료의 개수}$이므로 '평균 × 자료의 개수'가 자료의 총합임을 이용하면 문제를 빠르게 해결할 수 있다.

다음 ⟨표⟩는 학생 '갑'~'무'의 중간고사 3개 과목 점수에 관한 자료이다. 이에 대한 ⟨보기⟩의 설명 중 옳은 것만을 모두 고르면?

⟨표⟩ '갑'~'무'의 중간고사 3개 과목 점수

(단위: 점)

과목	학생	갑	을	병	정	무
	성별	남	여	( )	여	남
국어		90	85	60	95	75
영어		90	85	100	65	100
수학		75	70	85	100	100

─⟨보기⟩─

ㄱ. 국어 평균 점수는 80점 이상이다. → (O) 가평균을 80점이라고 하였을 때 가평균과 변량의 차이의 합이 0 이상이면 평균 점수는 80점 이상, 0 미만이면 평균 점수가 80점 미만이다. 따라서 가평균과 변량의 차이의 합은 10+5+(−20)+15+(−5)=5(점)이므로 평균은 80점 이상이다.

ㄴ. 3개 과목 평균 점수가 가장 높은 학생과 가장 낮은 학생의 평균 점수 차이는 10점 이하이다. → (X) 3개 과목 평균 점수 순위는 3개 과목 총합 순위와 동일하다. 학생별 과목 총합은 '갑'이 90+90+75=255(점), '을'이 85+85+70=240(점), '병'이 60+100+85=245(점), '정'이 95+65+100=260(점), '무'가 75+100+100=275(점)이다. 따라서 평균 점수가 가장 높은 학생은 '무', 가장 낮은 학생은 '을'이고, 두 학생의 점수 차이가 275−240=35(점)이므로 평균은 $\frac{35}{3}$ ≒ 11.7(점) 차이 난다.

ㄷ. 국어, 영어, 수학 점수에 각각 0.4, 0.2, 0.4의 가중치를 곱한 점수의 합이 가장 큰 학생은 '정'이다. → (O) '을'은 모든 과목의 점수가 '갑'보다 낮으므로 합이 가장 큰 학생이 아니다. '병'은 '무'보다 모든 과목의 점수가 낮거나 같으므로 합이 가장 큰 학생이 아니다. 따라서 '갑', '정', '무'만 계산해본다. 0.4 × 국어 + 0.2 × 영어 + 0.4 × 수학 = 0.2 × {2 × (국어 + 수학) + 영어}와 같으므로 순위는 2 × (국어 + 수학) + 영어로 비교한다. '갑'이 2 × (90 + 75) + 90 = 420(점), '정'이 2 × (95 + 100) + 65 = 455(점), '무'가 2 × (75 + 100) + 100 = 450(점)이므로 합이 가장 큰 학생은 '정'이다.

ㄹ. '갑'~'무'의 성별 수학 평균 점수는 남학생이 여학생보다 높다. → (O) '병'을 제외하고 남학생과 여학생의 평균을 구해보면 남학생의 수학 점수 평균은 87.5점, 여학생의 수학 점수 평균은 85점이 된다. '병'의 수학 점수가 85점이므로 만약 '병'이 남학생이라면 남학생의 수학 점수 평균은 85점 초과 87.5점 미만이므로 여학생의 수학 점수 평균보다 높고, 만약 '병'이 여학생이라면 여학생의 수학 점수 평균은 그대로 85점이므로 남학생의 수학 점수 평균보다 낮을 것이다. 따라서 '병'의 성별에 관계없이 항상 남학생의 수학 점수 평균이 여학생보다 높다.

① ㄱ, ㄷ ➡ (X)
② ㄱ, ㄹ ➡ (X)
③ ㄴ, ㄷ ➡ (X)
④ ㄱ, ㄷ, ㄹ ➡ (O)
⑤ ㄴ, ㄷ, ㄹ ➡ (X)

18 ⑤ TOP 1 정답률 42.9%

| 문제 유형 | 자료 읽기 > 표/빈칸 제시형
| 접근 전략 | 〈표〉에 주어진 자료를 바탕으로 연도별 인공지능반도체 비중, 시스템반도체 시장규모를 계산하는 문제이다. 모든 〈보기〉가 빈칸을 알아야 해결할 수 있는 문제이므로 빈칸을 먼저 채우고 시작한다.

다음 〈표〉는 2021∼2027년 시스템반도체 중 인공지능반도체의 세계 시장규모 전망이다. 이에 대한 〈보기〉의 설명 중 옳은 것만을 모두 고르면?

〈표〉 시스템반도체 중 인공지능반도체의 세계 시장규모 전망

(단위: 억 달러, %)

구분 \ 연도	2021	2022	2023	2024	2025	2026	2027
시스템반도체	2,500	2,310	2,686	2,832	( )	3,525	( )
인공지능반도체	70	185	325	439	657	927	1,179
비중	2.8	8.0	( )	15.5	19.9	26.3	31.3

〈보기〉

ㄱ. 인공지능반도체 비중은 매년 증가한다. → (O) 2023년 인공지능반도체 비중은 $\frac{325}{2,686} \times 100 ≒ 12.1(\%)$이다. 따라서 인공지능반도체 비중은 매년 증가한다.

ㄴ. 2027년 시스템반도체 시장규모는 2021년보다 1,000억 달러 이상 증가한다. → (O) 2027년 시스템반도체 시장규모는 $\frac{1,179}{0.313} ≒ 3,767$(억 달러)이다. 따라서 2021년보다 약 3,767 − 2,500 = 1,267(억 달러) 증가한다.

ㄷ. 2022년 대비 2025년의 시장규모 증가율은 인공지능반도체가 시스템반도체의 5배 이상이다. → (O) 2025년 시스템반도체 시장규모는 $\frac{657}{0.199} ≒ 3,302$(억 달러)이다. 2022년 대비 2025년 시스템반도체 시장규모 증가율은 $\frac{3,302 - 2,310}{2,310} \times 100 ≒ 42.9(\%)$, 인공지능반도체 시장규모 증가율은 $\frac{657 - 185}{185} \times 100 ≒ 255.1(\%)$이다. 시스템반도체 시장규모 증가율의 5배는 5 × 42.9 = 214.5(%)이므로 인공지능반도체 시장규모 증가율이 시스템반도체 시장규모 증가율의 5배 이상이다.

① ㄷ ➡ (X)
② ㄱ, ㄴ ➡ (X)
③ ㄱ, ㄷ ➡ (X)
④ ㄴ, ㄷ ➡ (X)
⑤ ㄱ, ㄴ, ㄷ ➡ (O)

19 ⑤ 정답률 51.8%

| 문제 유형 | 자료 읽기 > 표 제시형
| 접근 전략 | 〈표〉에 주어진 화물의 지역 내, 지역 간 이동 현황을 바탕으로 지역별 출발 화물과 도착 화물을 비교하는 문제이다. 세로가 출발 지역, 가로가 도착 지역이므로 출발 화물의 합은 세로, 도착 화물의 합은 가로로 주어진다는 것을 헷갈리지 말아야 한다. 정확한 값을 물어보는 것이 아니라 대소 관계를 묻는 〈보기〉가 많으므로 정확히 계산하기보다는 대략적인 값으로 비교하고 넘어간다. 또한 ㄱ, ㄴ은 계산이 필요 없는 〈보기〉이므로 먼저 해결하면 ㄱ은 옳은 〈보기〉, ㄴ은 옳지 않은 〈보기〉이므로 답은 ② 또는 ⑤이고, ㄷ은 확인하지 않아도 된다.

다음 〈표〉는 A∼H지역의 화물 이동 현황에 관한 자료이다. 이에 대한 〈보기〉의 설명 중 옳은 것만을 모두 고르면?

〈표〉 화물의 지역 내, 지역 간 이동 현황

(단위: 개)

출발 지역 \ 도착 지역	A	B	C	D	E	F	G	H	합
A	65	121	54	52	172	198	226	89	977
B	56	152	61	55	172	164	214	70	944
C	29	47	30	22	62	61	85	30	366
D	24	61	30	37	82	80	113	45	472
E	61	112	54	47	187	150	202	72	885
F	50	87	38	41	120	188	150	55	729
G	78	151	83	73	227	208	359	115	1,294
H	27	66	31	28	94	81	116	46	489
계	390	797	381	355	1,116	1,130	1,465	522	6,156

※ 출발 지역과 도착 지역이 동일한 경우는 해당 지역 내에서 화물이 이동한 것임

〈보기〉

ㄱ. 도착 화물보다 출발 화물이 많은 지역은 3개이다. → (O) A, B, D 3개 지역은 도착 화물보다 출발 화물이 많다.

ㄴ. 지역 내 이동 화물이 가장 적은 지역은 도착 화물도 가장 적다. → (X) C지역은 지역 내 이동 화물이 30개로 가장 적지만 도착 화물은 D지역이 355개로 가장 적다.

ㄷ. 지역 내 이동 화물을 제외할 때, 출발 화물과 도착 화물의 합이 가장 작은 지역은 출발 화물과 도착 화물의 차이도 가장 작다. → (O) 출발 화물과 도착 화물의 차이를 먼저 구해본다. 차이를 구할 때는 지역 내 이동 화물이 제외되므로 |출발 화물 계 − 도착 화물 계|로 계산 가능하다. C, H를 제외한 지역은 모두 출발 화물과 도착 화물의 차이가 100개 이상이다. C지역은 381 − 366 = 15(개), H지역은 522 − 489 = 33(개)이다. 따라서 C지역이 출발 화물과 도착 화물의 차이가 가장 작다. C지역의 지역 내 이동 화물을 제외한 출발 화물과 도착 화물의 합은 366 + 381 − (2 × 30) = 687(개)이다. A, B, E, F, G지역은 출발 화물이 687개 이상이면서 '도착 화물 − 2 × 지역 내 이동 화물'이 양수이므로 지역 내 이동 화물을 제외한 출발 화물과 도착 화물의 합이 687개를 초과한다. D지역은 472 + 355 − (2 × 37) = 753(개), H지역은 489 + 522 − (2 × 46) = 919(개)이므로 지역 내 이동 화물을 제외한 출발 화물과 도착 화물의 합 또한 C지역이 가장 작다.

ㄹ. 도착 화물이 가장 많은 지역은 출발 화물 중 지역 내 이동 화물의 비중도 가장 크다. → (O) 도착 화물이 가장 많은 지역은 G지역이다. G지역의 출발 화물 중 지역 내 이동 화물 비중은 $\frac{359}{1,294} \times 100 ≒ 27.7(\%)$이다. 약 $\frac{1}{4}$이다. 모든 지역의 출발 화물 합을 4로 나누었을 때 값이 지역 내 이동 화물보다 훨씬 큰 값이므로 출발 화물 중 지역 내 이동 화물의 비중은 25%에 크게 미치지 못한다. 따라서 G지역은 도착 화물도 가장 많고, 출발 화물 중 지역 내 이동 화물의 비중도 가장 크다.

① ㄱ, ㄴ ➡ (X)
② ㄱ, ㄷ ➡ (X)
③ ㄴ, ㄷ ➡ (X)
④ ㄴ, ㄹ ➡ (X)
⑤ ㄱ, ㄷ, ㄹ ➡ (O)

20 ② 정답률 72.6%

| 문제 유형 | 자료 읽기/추론 > 매칭형

| 접근 전략 | 지자체별 자가격리자 및 모니터링 요원에 관한 〈대화〉를 바탕으로 〈표〉의 A~D지역을 찾는 문제이다. 〈대화〉에서 해당하는 지자체를 찾는 것보다 해당하지 않는 지자체를 찾는 것이 빠르다.

다음 〈표〉와 〈대화〉는 4월 4일 기준 지자체별 자가격리자 및 모니터링 요원에 관한 자료이다. 〈표〉와 〈대화〉를 근거로 C와 D에 해당하는 지자체를 바르게 나열한 것은?

〈표〉 지자체별 자가격리자 및 모니터링 요원 현황(4월 4일 기준)
(단위: 명)

구분	지자체	A	B	C	D
내국인	자가격리자	9,778	1,287	1,147	9,263
	신규 인원	900	70	20	839
	해제 인원	560	195	7	704
외국인	자가격리자	7,796	508	141	7,626
	신규 인원	646	52	15	741
	해제 인원	600	33	5	666
모니터링 요원		10,142	710	196	8,898

※ 해당일 기준 자가격리자 = 전일 기준 자가격리자 + 신규 인원 - 해제 인원

〈대화〉

갑: 감염병 확산에 대응하기 위한 회의를 시작합시다. 오늘은 대전, 세종, 충북, 충남의 4월 4일 기준 자가격리자 및 모니터링 요원 현황을 보기로 했는데, 각 지자체의 상황이 어떤가요?

을: 4개 지자체 중 세종을 제외한 3개 지자체에서 4월 4일 기준 자가격리자가 전일 기준 자가격리자보다 늘어났습니다. → A, C, D지역은 내국인과 외국인 모두 신규 인원이 해제 인원보다 많으므로 자가격리자가 증가하였다. 따라서 B지역이 세종이다.

갑: 모니터링 요원의 업무 부담과 관련된 통계 자료도 있나요?

을: 4월 4일 기준으로 대전, 세종, 충북은 모니터링 요원 대비 자가격리자의 비율이 1.8 이상입니다. → A지역의 모니터링 요원의 1.8배가 10,142 × 1.8 = 18,255.6(명)이고, 자가격리자는 9,778 + 7,796 = 17,574(명)이다. 따라서 모니터링 요원 대비 자가격리자의 비율이 1.8 미만이므로 A지역이 충남이다.

갑: 지자체에 모니터링 요원을 추가로 배치해야 할 것 같습니다. 자가격리자 중 외국인이 차지하는 비중이 4개 지자체 가운데 대전이 가장 높으니, 외국어 구사가 가능한 모니터링 요원을 대전에 우선 배치하는 방향으로 검토해 봅시다. → C지역과 D지역 중 C지역은 내국인이 외국인의 약 10배에 가깝고, D지역은 내국인이 외국인의 1.5배에 미치지 못한다. 따라서 D지역이 대전, C지역이 충북이다.

	C	D	
①	충북	충남	➡ (X)
②	충북	대전	➡ (O)
③	충남	충북	➡ (X)
④	세종	대전	➡ (X)
⑤	대전	충북	➡ (X)

21 ③ 정답률 60.3%

| 문제 유형 | 자료 읽기/추론 > 계산형

| 접근 전략 | 〈그림〉에 주어진 '갑'~'병'의 출근 관련 정보를 〈조건〉에 주어진 수식에 대입하여 월간 출근 교통비를 구하는 문제이다. 사칙연산은 소괄호 → 중괄호 → 대괄호 순으로 계산하고, 곱셈(나눗셈) → 덧셈(뺄셈) 순으로 계산한다.

다음 〈그림〉과 〈조건〉은 직장인 '갑'~'병'이 마일리지 혜택이 있는 알뜰교통카드를 사용하여 출근하는 방법 및 교통비에 관한 자료이다. 이에 근거하여 월간 출근 교통비를 많이 지출하는 직장인부터 순서대로 나열하면?

〈그림〉 직장인 '갑'~'병'의 출근 방법 및 교통비 관련 정보

직장인	이동거리 A [m]	출근 1회당 대중교통요금[원]	이동거리 B [m]	월간 출근 횟수[회]	저소득층 여부
갑	600	3,200	200	15	O
을	500	2,300	500	22	X
병	400	1,800	200	22	O

〈조건〉

○ 월간 출근 교통비 = {출근 1회당 대중교통요금 - (기본 마일리지 + 추가 마일리지) × ($\frac{마일리지\ 적용거리}{800}$)} × 월간 출근 횟수

○ 기본 마일리지는 출근 1회당 대중교통요금에 따라 다음과 같이 지급함

출근 1회당 대중교통요금	2천 원 이하	2천 원 초과 3천 원 이하	3천 원 초과
기본 마일리지(원)	250	350	450

○ 추가 마일리지는 저소득층에만 다음과 같이 지급함

출근 1회당 대중교통요금	2천 원 이하	2천 원 초과 3천 원 이하	3천 원 초과
추가 마일리지(원)	100	150	200

○ 마일리지 적용거리(m)는 출근 1회당 도보·자전거로 이동한 거리의 합이며 최대 800m까지만 인정함

① 갑, 을, 병 ➡ (X)
② 갑, 병, 을 ➡ (X)
③ 을, 갑, 병 ➡ (O) '갑'의 출근 1회당 대중교통요금은 3,200원이므로 기본 마일리지는 450원이고, 저소득층이므로 200원의 추가 마일리지를 얻는다. 마일리지 적용거리는 600 + 200 = 800(m)이다. 따라서 '갑'의 월간 출근 교통비는 {3,200 - (450 + 200) × ($\frac{800}{800}$)} × 15 = 38,250(원)이다.

'을'의 출근 1회당 대중교통요금은 2,300원이므로 기본 마일리지는 350원이고, 추가 마일리지는 없다. 총 이동거리가 500 + 500 = 1,000(m)이므로 마일리지 적용거리는 800m이다. 따라서 '을'의 월간 출근 교통비는 {2,300 - 350 × ($\frac{800}{800}$)} × 22 = 42,900(원)이다.

'병'의 출근 1회당 대중교통요금은 1,800원이므로 기본 마일리지는 250원이고, 저소득층이므로 100원의 추가 마일리지를 얻는다. 마일리지 적용거리는 400 + 200 = 600(m)이다. 따라서 '병'의 월간 출근 교통비는 {1,800 - (250 + 100) × ($\frac{600}{800}$)} × 22 = 33,825(원)이다.

따라서 월간 출근 교통비는 '을', '갑', '병' 순으로 많다.
④ 을, 병, 갑 ➡ (×)
⑤ 병, 을, 갑 ➡ (×)

S 22 ③   정답률 48.7%

| 문제 유형 | 자료 읽기 > 그림 제시형
| 접근 전략 | 〈그림 1〉과 〈그림 2〉의 공적개발원조액 및 국민총소득 대비 공적개발원조액 비율을 바탕으로 계산하는 문제이다. 개발원조위원회 회원국은 29개이고, 〈그림〉에 주어진 국가는 상위 15개국이다. 상위 16위 이하인 국가의 공적개발원조액 및 국민총소득 대비 공적개발원조액 비율은 상위 15위 국가보다 낮다는 것을 이용한다.

다음 〈그림〉은 개발원조위원회 29개 회원국 중 공적개발원조액 상위 15개국과 국민총소득 대비 공적개발원조액 비율 상위 15개국 자료이다. 이에 대한 〈보기〉의 설명 중 옳은 것만을 모두 고르면?

〈그림 1〉 공적개발원조액 상위 15개 회원국

〈그림 2〉 국민총소득 대비 공적개발원조액 비율 상위 15개 회원국

─────〈보기〉─────
ㄱ. 국민총소득 대비 공적개발원조액 비율이 UN 권고 비율보다 큰 국가의 공적개발원조액 합은 250억 달러 이상이다. → (O) 해당하는 국가는 룩셈부르크, 노르웨이, 스페인, 덴마크, 영국이다. 노르웨이, 스페인, 덴마크, 영국의 공적개발원조액의 합이 4.3 + 2.7 + 2.5 + 19.4 = 28.9(십억 달러)이므로 룩셈부르크의 공적개발원조액에 상관없이 해당 국가들의 공적개발원조액의 합은 250억 달러 이상이다.
ㄴ. 공적개발원조액 상위 5개국의 공적개발원조액 합은 개발원조위원회 29개 회원국 공적개발원조액 합의 50% 이상이다. → (O) 공적개발원조액 상위 5개국의 공적개발원조액의 합은 33.0 + 24.1 + 19.4 + 12.0 + 11.7 = 100.2(십억 달러)이다. 상위 15위 국가의 공적개발원조액이 2.5십억 달러이므로 공적개발원조액 상위 16위에서 29위 국가의 공적개발원조액은 최대 2.5십억 달러이다. 따라서 개발원조위원회 29개 회원국의 공적개발원조액 합은 최대 상위 15개국 소계 137.5십억 달러에 14 × 2.5 = 35(십억 달러)를 합한 172.5십억 달러이다. 이때 공적개발원조액 상위 5개국의 공적개발원조액의 합은 전체 개발원조위원회 공적개발원조액 합의 50% 이상이다.
ㄷ. 독일이 공적개발원조액만 30억 달러 증액하면 독일의 국민총소득 대비 공적개발원조액 비율은 UN 권고 비율 이상이 된다. → (×) 독일의 국민총소득은 $\frac{24.1}{0.0061}$ ≒ 3,950.8(십억 달러)이다. 만약 공적개발원조액을 3십억 달러 증액하면 공적개발원조액은 27.1십억 달러이다. 3,950.8 × 0.007 = 27.6556(십억 달러)로 27.1십억 달러 이상이므로 국민총소득 대비 공적개발원조액 비율은 0.7% 미만이다.

① ㄱ ➡ (×)   ② ㄷ ➡ (×)
③ ㄱ, ㄴ ➡ (O)   ④ ㄴ, ㄷ ➡ (×)
⑤ ㄱ, ㄴ, ㄷ ➡ (×)

S 23 ④   TOP 2 정답률 46.9%

| 문제 유형 | 자료 읽기 > 표 제시형
| 접근 전략 | 〈표〉의 2020년 농업 생산액 현황 및 전년 대비 생산액 변화율 전망치에 따라 2021~2023년의 생산액을 계산하는 문제이다. 계산이 간단한 〈보기〉부터 해결하면 모든 〈보기〉를 계산하지 않고도 답을 구할 수 있다.

다음 〈표〉는 '갑'국의 2020년 농업 생산액 현황 및 2021~2023년의 전년 대비 생산액 변화율 전망치에 관한 자료이다. 이에 대한 〈보기〉의 설명 중 옳은 것만을 모두 고르면?

〈표〉 농업 생산액 현황 및 변화율 전망치

(단위: 십억 원, %)

구분	2020년 생산액	전년 대비 생산액 변화율 전망치		
		2021년	2022년	2023년
농업	50,052	0.77	0.02	1.38
재배업	30,270	1.50	−0.42	0.60
축산업	19,782	−0.34	0.70	2.57
소	5,668	3.11	0.53	3.51
돼지	7,119	−3.91	0.20	1.79
닭	2,259	1.20	−2.10	2.82
달걀	1,278	5.48	3.78	3.93
우유	2,131	0.52	1.12	0.88
오리	1,327	−5.58	5.27	3.34

※ 축산업은 소, 돼지, 닭, 달걀, 우유, 오리의 6개 세부항목으로만 구성됨

─────〈보기〉─────
ㄱ. 2021년 '오리' 생산액 전망치는 1.2조 원 이상이다. → (O) 2021년 '오리' 생산액 전망치는 1,327 × (1 − 0.0558) ≒ 1,253(십억 원) = 1.253(조 원)이다.
ㄴ. 2021년 '돼지' 생산액 전망치는 같은 해 '농업' 생산액 전망치의 15% 이상이다. → (×) 2021년 '돼지' 생산액 전망치는 7,119 × (1 − 0.0391) ≒

6,840.6(십억 원)이고, '농업' 생산액 전망치는 50,052 × (1 + 0.0077) ≒ 50,437.4(십억 원)이다. '농업' 생산액 전망치의 15%는 50,437.4 × 0.15 = 7,565.61(십억 원)으로 '돼지' 생산액 전망치보다 높다.

ㄷ. '축산업' 중 전년 대비 생산액 변화율 전망치가 2022년보다 2023년이 낮은 세부항목은 2개이다. → (O) '우유'와 '오리'는 2023년의 전년 대비 생산액 변화율 전망치가 2022년보다 낮다.

ㄹ. 2020년 생산액 대비 2022년 생산액 전망치의 증감폭은 '재배업'이 '축산업'보다 크다. → (O) '재배업'의 2022년 생산액 전망치는 30,270 × (1 + 0.015) × (1 − 0.0042) ≒ 30,595(십억 원)이고, 증감폭은 30,595 − 30,270 = 325(십억 원)이다. '축산업'의 2022년 생산액 전망치는 19,782 × (1 − 0.0034) × (1 + 0.007) ≒ 19,853(십억 원)이고, 증감폭은 19,853 − 19,782 = 71(십억 원)이다. 따라서 증감폭은 '재배업'이 더 크다.

① ㄱ, ㄴ ➡ (X)
② ㄱ, ㄷ ➡ (X)
③ ㄴ, ㄹ ➡ (X)
④ ㄱ, ㄷ, ㄹ ➡ (O)
⑤ ㄴ, ㄷ, ㄹ ➡ (X)

S 24 ①   TOP 3   정답률 47.5%

| 문제 유형 | 자료 읽기 > 그림 제시형

| 접근 전략 | 〈그림〉에 주어진 2020년 기준 A공제회 현황을 바탕으로 각 공제제도별 회원 수 및 자산 규모를 계산하는 문제이다. 나눗셈보다 곱셈이 간편하므로 정확한 비율을 묻는 문제가 아니라면 곱셈식을 이용하여 비교한다.

다음 〈그림〉은 2020년 기준 A공제회 현황에 관한 자료이다. 이에 대한 설명으로 옳지 않은 것은?

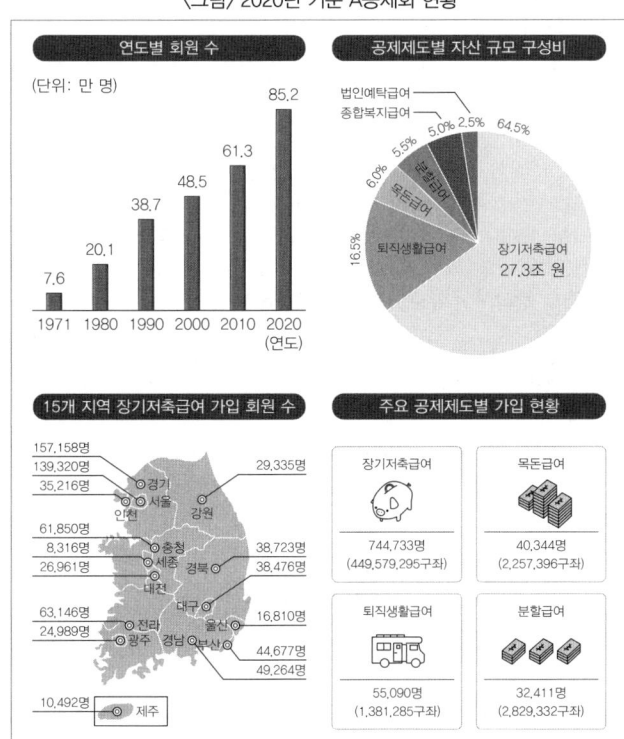

〈그림〉 2020년 기준 A공제회 현황

※ 1) 공제제도는 장기저축급여, 퇴직생활급여, 목돈급여, 분할급여, 종합복지급여, 법인예탁급여로만 구성됨
2) 모든 회원은 1개 또는 2개의 공제제도에 가입함

① 장기저축급여 가입 회원 수는 전체 회원의 85% 이하이다. ➡ (X) 장기저축급여 가입 회원 수는 744,733명이고, 전체 회원은 852,000명이다. 전체 회원의 85%는 852,000 × 0.85 = 724,200(명)이므로 장기저축급여 가입 회원 수가 전체 회원의 85%를 초과한다.

② 공제제도의 총자산 규모는 40조 원 이상이다. ➡ (O) 장기저축급여는 27.3조 원이고, 비율은 64.5%이다. 따라서 총자산 규모는 27.3 ÷ 0.645 ≒ 42.3(조 원)이다. 만약 공제제도 총자산 규모가 40조 원이라면 장기저축급여가 40 × 0.645 = 25.8(조 원)이 되는데 실제 장기저축급여는 이보다 큰 값이므로 공제제도의 총자산 규모도 40조 원을 초과할 것이라는 점을 이용해서 문제를 풀 수도 있다.

③ 자산 규모 상위 4개 공제제도 중 2개의 공제제도에 가입한 회원은 2만 명 이상이다. ➡ (O) 상위 4개 공제제도 가입자 수는 744,733 + 40,344 + 55,090 + 32,411 = 872,578(명)이고, 전체 가입자 수는 852,000명이다. 따라서 872,578 − 852,000 = 20,578(명) 이상이 두 개의 주요 공제제도에 가입하였다.

④ 충청의 장기저축급여 가입 회원 수는 15개 지역 평균 장기저축급여 가입 회원 수보다 많다. ➡ (O) 장기저축급여 총 회원 수가 744,733명이므로 15개 지역 평균 장기저축급여 가입 회원 수는 744,733 ÷ 15 ≒ 49,649(명)이다. 충청의 장기저축급여 가입 회원 수는 61,850명으로 15개 지역 평균 장기저축급여 가입 회원 수보다 많다. 충청의 장기저축급여 가입 회원 수의 15배는 61,850 × 15 = 927,750(명)으로 744,733명을 초과하므로 충청의 장기저축급여 가입 회원 수가 더 많다는 점을 이용해서 문제를 풀 수도 있다.

⑤ 공제제도별 1인당 구좌 수는 장기저축급여가 분할급여의 5배 이상이다. ➡ (O) 장기저축급여의 1인당 구좌 수는 449,579,295 ÷ 744,733 ≒ 603.7(구좌)이고, 분할급여의 1인당 구좌 수는 2,829,332 ÷ 32,411 ≒ 87.3(구좌)이다. 87.3 × 5 = 436.5 < 603.7이므로 옳은 설명이다.

25 ③   정답률 50.4%

| 문제 유형 | 자료 변환응용 > 자료/보고서 전환형

| 접근 전략 | 국내 광고산업에 대한 〈보도자료〉의 내용을 올바르게 표시한 자료를 찾는 문제이다. 〈보도자료〉 형태가 생소하긴 하지만 내용은 〈보고서〉와 다를 바 없다. 〈보도자료〉의 내용을 전부 읽기보다는 각 자료의 제목이 〈보도자료〉에 나와 있는지를 확인한 뒤 해당 자료가 〈보도자료〉의 내용과 일치하는지를 확인하면 문제를 빠르게 해결할 수 있다.

다음은 국내 광고산업에 관한 문화체육관광부의 보도자료이다. 이에 부합하지 않는 자료는?

문화체육관광부	보도자료	사람이 있는 문화
보도일시	배포 즉시 보도해 주시기 바랍니다.	
배포일시	2020. 2. XX.	담당부서	□□□□국
담당과장	○○○ (044-203-○○○○)	담당자	사무관 △△△ (044-203-○○○○)

2018년 국내 광고산업 성장세 지속

○ 문화체육관광부는 국내 광고사업체의 현황과 동향을 조사한 '2019년 광고산업조사(2018년 기준)' 결과를 발표했다.

○ 이번 조사 결과에 따르면 2018년 기준 광고산업 규모는 17조 2,119억 원(광고사업체 취급액* 기준)으로, 전년 대비 4.5% 이상 증가했고, 광고사업체당 취급액 역시 증가했다.

  * 광고사업체 취급액은 광고주가 매체(방송국, 신문사 등)와 매체 외 서비스에 지불하는 비용 전체(수수료 포함)임

- 업종별로 살펴보면 광고대행업이 6조 6,239억 원으로 전체 취급액의 38% 이상을 차지했으나, 취급액의 전년 대비 증가율은 온라인광고대행업이 16% 이상으로 가장 높다.
○ 2018년 기준 광고사업체의 매체 광고비* 규모는 11조 362억 원(64.1%), 매체 외 서비스 취급액은 6조 1,757억 원(35.9%)으로 조사됐다.
* 매체 광고비는 방송매체, 인터넷매체, 옥외광고매체, 인쇄매체 취급액의 합임
  - 매체 광고비 중 방송매체 취급액은 4조 266억 원으로 가장 큰 비중을 차지하고 있으며, 그다음으로 인터넷매체, 옥외광고매체, 인쇄매체 순으로 나타났다.
  - 인터넷매체 취급액은 3조 8,804억 원으로 전년 대비 6% 이상 증가했다. 특히, 모바일 취급액은 전년 대비 20% 이상 증가하여 인터넷 광고시장의 성장세를 이끌었다.
  - 한편, 간접광고(PPL) 취급액은 전년 대비 14% 이상 증가하여 1,270억 원으로 나타났으며, 그중 지상파TV와 케이블TV 간 비중의 격차는 5%p 이하로 조사됐다.

① 광고사업체 취급액 현황(2018년 기준)

➡ (O) 〈보도자료〉의 세 번째 내용을 보면 "2018년 기준 광고사업체의 매체 광고비 규모는 11조 362억 원(64.1%), 매체 외 서비스 취급액은 6조 1,757억 원(35.9%)으로 조사됐다."라고 제시되어 있다. 이는 〈그림〉과 일치하므로 〈보도자료〉와 부합한다.

② 인터넷매체(PC, 모바일) 취급액 현황

➡ (O) 〈보도자료〉의 세 번째 내용을 보면 "인터넷매체 취급액은 3조 8,804억 원으로 전년 대비 6% 이상 증가했다. 특히, 모바일 취급액은 전년 대비 20% 이상 증가하여 인터넷 광고시장의 성장세를 이끌었다."라고 제시되어 있다. 이는 〈그림〉과 일치하므로 〈보도자료〉와 부합한다.

③ 간접광고(PPL) 취급액 현황

➡ (X) 〈보도자료〉의 세 번째 내용을 보면 "간접광고(PPL) 취급액은 전년 대비 14% 이상 증가하여 1,270억 원으로 나타났으며, 그중 지상파TV와 케이블TV 간 비중의 격차는 5%p 이하로 조사됐다."라고 제시되어 있다. 〈그림〉에 따르면 간접광고(PPL) 취급액은 전년 대비 $\frac{1,270-1,108}{1,108} \times 100 ≒ 14.6(\%)$ 증가하였으므로 〈보도자료〉와 부합하지만 지상파TV와 케이블TV 간 비중의 격차는 $\frac{573-498}{1,270} \times 100 ≒ 5.9(\%p)$로 5%p를 초과하므로 〈보도자료〉와 부합하지 않는다.

④ 업종별 광고사업체 취급액 현황

(단위: 개소, 억 원)

구분	2018년 조사(2017년 기준)		2019년 조사(2018년 기준)	
업종	사업체 수	취급액	사업체 수	취급액
전체	7,234	164,133	7,256	172,119
광고대행업	1,910	64,050	1,887	66,239
광고제작업	1,374	20,102	1,388	20,434
광고전문서비스업	1,558	31,535	1,553	33,267
인쇄업	921	7,374	921	8,057
온라인광고대행업	780	27,335	900	31,953
옥외광고업	691	13,737	607	12,169

➡ (O) 〈보도자료〉의 두 번째 내용을 보면 "업종별로 살펴보면 광고대행업이 6조 6,239억 원으로 전체 취급액의 38% 이상을 차지했으나, 취급액의 전년 대비 증가율은 온라인광고대행업이 16% 이상으로 가장 높다."라고 제시되어 있다. 이는 〈표〉와 일치하므로 〈보도자료〉와 부합한다.

⑤ 매체별 광고사업체 취급액 현황(2018년 기준)

➡ (O) 〈보도자료〉의 세 번째 내용을 보면 "매체 광고비 중 방송매체 취급액은 4조 266억 원으로 가장 큰 비중을 차지하고 있으며, 그다음으로 인터넷매체, 옥외광고매체, 인쇄매체 순으로 나타났다."라고 제시되어 있다. 이는 〈그림〉과 일치하므로 〈보도자료〉와 부합한다.

정답과 분석해설

2021 | 제3영역 상황판단(㉯ 책형)

기출 총평

제시된 규정을 확인하거나 규정의 내용을 상황에 적용하는 유형의 문항과 수리퀴즈 또는 논리퀴즈 유형의 문항이 절반 이상의 비중을 차지하고 있어 수험생들의 전반적인 체감 난도는 높았을 것으로 예측된다.

다양한 상황에서 제시되는 규정의 내용을 이해하고 적용해야 하는 문항들의 정보가 보다 정교해져서 꼼꼼하게 확인해야 한다. 민간경력자 채용 PSAT 시험의 상황판단 영역에서 이러한 경향은 더 강화될 것으로 추측되는데, 이는 실제 다른 직무 환경에서 근무하다가 새로이 공직 환경에 적응해야 하는 지원자들의 직무능력을 측정할 수 있기 때문이다.

주어진 규정을 확인하고 문항을 해결하는 유형은 독해 능력에 따라 결정되는 것이 크지만, 논리퀴즈 유형은 익숙한 유형이 아니기 때문에 기출 문항 등을 통해 꾸준히 준비하는 것이 필요하다. 따라서 기출 문항들을 통해 유형을 꼼꼼하게 확인하고 많은 양의 문제를 풀어봄으로써 자신의 문제풀이 시간과 취득 점수를 어느 정도 안정화하는 것이 필요하다. 다양한 문항을 많이 풀어봄으로써 PSAT 상황판단 영역에서 자주 출제되는 유형과 용어들을 익혀 두는 것이 실전에서 도움이 될 것이다.

문항별 정답률 및 선지별 선택률

문번	정답	정답률(%)	①	②	③	④	⑤
01	①	79.7	79.7	4.9	0.5	4.9	10.0
02	⑤	69.2	10.3	11.5	6.4	2.6	69.2
03	⑤	70.9	3.9	2.1	16.0	7.1	70.9
04	②	48.8	8.5	48.8	33.3	2.6	6.8
05	④	91.5	2.8	3.1	1.5	91.5	1.1
06	⑤	84.0	0.3	13.1	2.1	0.5	84.0
07	①	70.7	70.7	8.1	12.0	6.8	2.4
08	③	80.3	3.2	4.5	80.3	8.4	3.6
09	③	69.8	14.8	5.3	69.8	7.9	2.2
10	②	89.3	3.7	89.3	1.3	5.5	0.2
11	④	84.1	13.6	1.3	1.0	84.1	0.0
12	①	80.2	80.2	1.0	11.5	2.3	5.0
13	⑤	65.5	1.8	23.2	6.3	3.2	65.5

문번	정답	정답률(%)	①	②	③	④	⑤
14	④	45.4	9.2	1.8	14.2	45.4	29.4
15	④	47.5	18.8	15.1	13.0	47.5	5.6
16	①	52.9	52.9	16.3	12.9	9.4	8.5
17	①	47.8	47.8	8.9	26.2	10.0	7.1
18	③	74.2	5.2	12.2	74.2	6.1	2.3
19	②	33.6	48.9	33.6	13.3	2.8	1.4
20	③	59.9	4.0	16.0	59.9	15.5	4.6
21	②	73.9	3.2	73.9	8.3	1.9	12.7
22	⑤	57.6	5.9	2.5	8.4	25.6	57.6
23	③	59.7	14.1	8.8	59.7	12.6	4.8
24	④	68.9	4.0	7.4	8.0	68.9	11.7
25	③	59.5	10.8	2.0	59.5	3.2	24.5

※ 파란색 음영 문항은 해당 회차에서 정답률이 가장 낮은 TOP 3 문항입니다.
※ 문항별 정답률 산정 기준: 약 1년간 누적된 자동채점 & 성적결과분석 서비스의 응시 데이터

출제 비중

								기출문제편 P.300	
01	①	02	⑤	03	⑤	04	②	05	④
06	⑤	07	①	08	③	09	③	10	②
11	④	12	①	13	⑤	14	②	15	④
16	①	17	①	18	③	19	②	20	③
21	②	22	③	23	③	24	④	25	③

01 ①
정답률 79.7%

| 문제 유형 | 법조문형 > 규정확인
| 접근 전략 | 법령 문제는 법령의 단서나 예외 부분, 그리고 법령 행사의 주체, 법령 적용의 대상을 가장 신경 써서 풀어야 한다. 가족돌봄휴가와 가족돌봄휴직의 차이를 구별하고 각각의 상황에 따라 휴가 또는 휴직을 사용할 수 있는 조건 등을 꼼꼼하게 구분할 수 있어야 문항을 해결할 수 있다.

다음 글을 근거로 판단할 때 옳은 것은?

제00조 ① 사업주는 근로자가 조부모, 부모, 배우자, 배우자의 부모, 자녀 또는 손자녀(이하 '가족'이라 한다)의 질병, 사고, 노령으로 인하여 그 가족을 돌보기 위한 휴직(이하 '가족돌봄휴직'이라 한다)을 신청하는 경우 이를 허용하여야 한다. 다만 대체인력 채용이 불가능한 경우, 정상적인 사업 운영에 중대한 지장을 초래하는 경우, 근로자 본인 외에도 조부모의 직계비속 또는 손자녀의 직계존속이 있는 경우에는 그러하지 아니하다.
② 사업주는 근로자가 가족(조부모 또는 손자녀의 경우 근로자 본인 외에도 직계비속 또는 직계존속이 있는 경우는 제외한다)의 질병, 사고, 노령 또는 자녀의 양육으로 인하여 긴급하게 그 가족을 돌보기 위한 휴가(이하 '가족돌봄휴가'라 한다)를 신청하는 경우 이를 허용하여야 한다. 다만 근로자가 청구한 시기에 가족돌봄휴가를 주는 것이 정상적인 사업 운영에 중대한 지장을 초래하는 경우에는 근로자와 협의하여 그 시기를 변경할 수 있다.
③ 제1항 단서에 따라 사업주가 가족돌봄휴직을 허용하지 아니하는 경우에는 해당 근로자에게 그 사유를 서면으로 통보하여야 한다.
④ 가족돌봄휴직 및 가족돌봄휴가의 사용기간은 다음 각 호에 따른다.
 1. 가족돌봄휴직 기간은 연간 최장 90일로 하며, 이를 나누어 사용할 수 있을 것
 2. 가족돌봄휴가 기간은 연간 최장 10일로 하며, 일 단위로 사용할 수 있을 것. 다만 가족돌봄휴가 기간은 가족돌봄휴직 기간에 포함된다.
 3. ○○부 장관은 감염병의 확산 등을 원인으로 심각단계의 위기경보가 발령되는 경우, 가족돌봄휴가 기간을 연간 10일의 범위에서 연장할 수 있다.

① 조부모와 부모를 함께 모시고 사는 근로자가 조부모의 질병을 이유로 가족돌봄휴직을 신청한 경우, 사업주는 가족돌봄휴직을 허용하지 않을 수 있다. ➡ (O) 제1항에서 사업주는 근로자가 가족의 질병 등으로 가족을 돌보기 위한 휴직을 신청하는 경우 이를 허용해야 하지만 대체인력 채용이 불가능한 경우, 정상적인 사업 운영에 중대한 지장을 초래하는 경우, 근로자 본인 외에도 조부모의 직계비속 또는 손자녀의 직계존속이 있는 경우에는 허용하지 않을 수 있음을 알 수 있다.
② 사업주는 근로자가 신청한 가족돌봄휴직을 허용하지 않는 경우, 해당 근로자에게 그 사유를 구술 또는 서면으로 통보해야 한다.
 ➡ (X) 제3항에 따르면 사업주가 가족돌봄휴직을 허용하지 아니하는 경우에는 해당 근로자에게 그 사유를 서면으로 통보해야 한다.
③ 정상적인 사업 운영에 중대한 지장을 초래하는 경우, 사업주는 근로자의 가족돌봄휴가 시기를 근로자와 협의 없이 변경할 수 있

다. ➡ (X) 제2항에 따르면 가족돌봄휴가를 주는 것이 정상적인 사업 운영에 중대한 지장을 초래하는 경우에는 근로자와 협의하여 그 시기를 변경할 수 있다.
④ 근로자가 가족돌봄휴가를 8일 사용한 경우, 사업주는 이와 별도로 그에게 가족돌봄휴직을 연간 90일까지 허용해야 한다. ➡ (X) 제4항 제2호에서 가족돌봄휴가 기간은 연간 최장 10일로 하며, 가족돌봄휴직 기간에 포함됨을 알 수 있다. 또한 제4항 제1호에 따르면 가족돌봄휴직 기간은 연간 최장 90일로 한다고 했으므로 근로자가 가족돌봄휴가를 8일 사용한 경우, 사업주는 가족돌봄휴직을 82일까지 허용해야 한다.
⑤ 감염병의 확산으로 심각단계의 위기경보가 발령되고 가족돌봄휴가 기간이 5일 연장된 경우, 사업주는 근로자에게 연간 20일의 가족돌봄휴가를 허용해야 한다. ➡ (X) 제4항 제2호에서 가족돌봄휴가 기간은 연간 최장 10일임을 알 수 있고, 동항 제3호에서 감염병의 확산 등을 원인으로 가족돌봄휴가 기간을 연간 10일의 범위에서 연장할 수 있음을 알 수 있다. 따라서 감염병의 확산으로 가족돌봄휴가는 5일이 연장될 수 있고, 이때 사업주는 가족돌봄휴가의 최장 10일에 5일을 더한 15일의 돌봄휴가를 허용해야 한다.

02 ⑤
정답률 69.2%

| 문제 유형 | 법조문형 > 규정확인
| 접근 전략 | 주어진 법조문을 정확히 이해했는지 묻는 문항은 법조문을 올바르게 해석하고 그 내용을 이해해야 한다. 영화의 상영등급을 분류하는 기준을 꼼꼼하게 살피고, 이에 따라 등급이 책정되는 규정을 확인하며 정확하게 비교할 수 있어야 문항을 해결할 수 있다.

다음 글을 근거로 판단할 때 옳은 것은?

제00조 ① 영화업자는 제작 또는 수입한 영화(예고편영화를 포함한다)에 대하여 그 상영 전까지 영상물등급위원회로부터 상영등급을 분류받아야 한다. 다만 다음 각 호의 어느 하나에 해당하는 영화에 대하여는 그러하지 아니하다.
 1. 대가를 받지 아니하고 청소년이 포함되지 아니한 특정인에 한하여 상영하는 단편영화
 2. 영화진흥위원회가 추천하는 영화제에서 상영하는 영화
② 제1항 본문의 규정에 의한 영화의 상영등급은 영화의 내용 및 영상 등의 표현 정도에 따라 다음 각 호와 같이 분류한다. 다만 예고편영화는 제1호 또는 제4호로 분류하고 청소년 관람불가 예고편영화는 청소년 관람불가 영화의 상영 전후에만 상영할 수 있다.
 1. 전체관람가: 모든 연령에 해당하는 자가 관람할 수 있는 영화
 2. 12세 이상 관람가: 12세 이상의 자가 관람할 수 있는 영화
 3. 15세 이상 관람가: 15세 이상의 자가 관람할 수 있는 영화
 4. 청소년 관람불가: 청소년은 관람할 수 없는 영화
③ 누구든지 제1항 및 제2항의 규정을 위반하여 상영등급을 분류받지 아니한 영화를 상영하여서는 안 된다.
④ 누구든지 제2항 제2호 또는 제3호의 규정에 의한 상영등급에 해당하는 영화의 경우에는 해당 영화를 관람할 수 있는 연령에 도달하지 아니한 자를 입장시켜서는 안 된다. 다만 부모 등 보호자를 동반하여 관람하는 경우에는 그러하지 아니하다.
⑤ 누구든지 제2항 제4호의 규정에 의한 상영등급에 해당하는 영화의 경우에는 청소년을 입장시켜서는 안 된다.

① 예고편영화는 12세 이상 관람가 상영등급을 받을 수 있다. ➡ (X) 제2항에 따르면 예고편영화는 제1호 또는 제4호로 분류하므로, 전체관람가 또는 청소년 관람불가로만 분류된다.
② 청소년 관람불가 영화의 경우, 청소년은 부모와 함께 영화관에 입장하여 관람할 수 있다. ➡ (X) 제5항에서 누구든지 제2항 제4호의 규정에 의한 상영등급에 해당하는 청소년 관람불가 영화의 경우에는 청소년을 입장시켜서는 안 됨을 알 수 있다.

③ 상영등급 분류를 받지 않은 영화의 경우, 영화업자는 영화진흥위원회가 추천한 △△영화제에서 상영할 수 없다. ➡ (X) 제1항 제2호에서 영화진흥위원회가 추천하는 영화제에서 상영하는 영화는 상영등급을 분류받지 않아도 됨을 알 수 있다.

④ 영화업자는 청소년 관람불가 예고편영화를 15세 이상 관람가 영화의 상영 직전에 상영할 수 있다. ➡ (X) 제2항에 따르면 청소년 관람불가 예고편영화는 청소년 관람불가 영화의 상영 전후에만 상영할 수 있다.

⑤ 영화업자는 초청한 노인을 대상으로 상영등급을 분류받지 않은 단편영화를 무료로 상영할 수 있다. ➡ (O) 제1항 제1호에서 대가를 받지 아니하고 청소년이 포함되지 아니한 특정인에 한하여 상영하는 단편영화는 상영등급을 분류받지 않아도 됨을 알 수 있다.

03 ⑤

정답률 70.9%

|문제 유형| 법조문형 > 규정적용

|접근 전략| 규정이 제시되고 이에 대한 적용을 묻는 문항은 각각의 〈상황〉에 따라 적용 여부가 달라지기 때문에 해당 규정의 내용을 정확하게 이해해야 한다. 집합건물의 담보책임 존속기간이 각 해당 사항에 따라 달라지고 있음을 확인하고 각 사항에 맞게 분류할 수 있어야 한다. 또한 적용되는 기산일 및 예외사항에 대한 부분들을 정확히 파악한다면 문항을 쉽게 해결할 수 있다.

다음 글과 〈상황〉을 근거로 판단할 때 옳은 것은?

제00조 ① 집합건물을 건축하여 분양한 분양자와 분양자와의 계약에 따라 건물을 건축한 시공자는 구분소유자에게 제2항 각 호의 하자에 대하여 과실이 없더라도 담보책임을 진다.
② 제1항의 담보책임 존속기간은 다음 각 호와 같다.
 1. 내력벽, 주기둥, 바닥, 보, 지붕틀 및 지반공사의 하자: 10년
 2. 대지조성공사, 철근콘크리트공사, 철골공사, 조적(組積)공사, 지붕 및 방수공사의 하자: 5년
 3. 목공사, 창호공사 및 조경공사의 하자: 3년
③ 제2항의 기간은 다음 각 호의 날부터 기산한다.
 1. 전유부분: 구분소유자에게 인도한 날
 2. 공용부분: 사용승인일
④ 제2항 및 제3항에도 불구하고 제2항 각 호의 하자로 인하여 건물이 멸실(滅失)된 경우에는 담보책임 존속기간은 멸실된 날로부터 1년으로 한다.
⑤ 분양자와 시공자의 담보책임에 관하여 이 법에 규정된 것보다 매수인에게 불리한 특약은 효력이 없다.

※ 구분소유자: 집합건물(예 아파트, 공동주택 등) 각 호실의 소유자
※ 담보책임: 집합건물의 하자로 인해 분양자, 시공자가 구분소유자에 대하여 지는 손해배상, 하자보수 등의 책임

〈상황〉
甲은 乙이 분양하는 아파트를 매수하려고 乙과 아파트 분양계약을 체결하였다. 丙건설사는 乙과의 계약에 따라 아파트를 시공하였고, 준공검사 후 아파트는 2020. 5. 1. 사용승인을 받았다. 甲은 아파트를 2020. 7. 1. 인도받고 등기를 완료하였다.

① 丙은 창호공사의 하자에 대해 2025. 7. 1.까지 담보책임을 진다.
➡ (X) 제2항 제3호에 따르면 창호공사의 하자 담보책임 기간은 3년이고, 제3항 제1호에서 전유부분은 구분소유자에게 인도한 날부터 하자 담보책임 기간을 기산함을 알 수 있다. 〈상황〉에서 丙은 구분소유자인 甲에게 인도한 날인 2020. 7. 1.부터 3년간 담보책임을 진다.

② 丙은 철골공사의 하자에 과실이 없으면 담보책임을 지지 않는다.
➡ (X) 제2항 제2호에 따르면 철골공사의 하자 담보책임 기간은 5년이고, 제1항에서 시공자는 하자에 대하여 과실이 없더라도 담보책임을 짐을 알 수 있다.

③ 乙은 甲의 전유부분인 거실에 물이 새는 방수공사의 하자에 대해 2025. 5. 1.까지 담보책임을 진다. ➡ (X) 제1항에서 분양한 분양자는 구분소유자에게 하자에 대하여 담보책임을 짐을 알 수 있고, 제2항 제2호에 따르면 방수공사의 하자 담보책임 기간은 5년이며, 제3항 제1호에서 전유부분은 구분소유자에 인도한 날부터 하자 담보책임 기간을 기산함을 알 수 있다. 〈상황〉에서 乙은 구분소유자 甲에게 아파트를 인도한 날인 2020. 7. 1.부터 5년간 담보책임을 진다.

④ 대지조성공사의 하자로 인하여 2023. 10. 1. 공용부분인 주차장 건물이 멸실된다면 丙은 2024. 7. 1. 이후에는 담보책임을 지지 않는다. ➡ (X) 제4항에 따르면 건물이 멸실된 경우에는 담보책임 존속기간은 멸실된 날로부터 1년으로 한다. 2023. 10. 1.에 주차장 건물이 멸실된다면 담보책임은 1년 동안 지속되므로 2024. 10. 1. 이후에 담보책임을 지지 않게 된다.

⑤ 乙이 甲과의 분양계약에서 지반공사의 하자에 대한 담보책임 존속기간을 5년으로 정한 경우라도, 2027. 10. 1. 그 하자가 발생한다면 담보책임을 진다. ➡ (O) 제2항 제1호에 따르면 지반공사의 하자 담보책임 기간은 10년이고, 제5항에서 분양자와 시공자의 담보책임에 관하여 이 법에 규정된 것보다 매수인에게 불리한 특약은 효력이 없음을 알 수 있다. 〈상황〉에서 甲이 매수인이므로 乙과의 분양계약에서 담보책임 존속기간을 5년으로 정하더라도 10년 이내인 2027. 10. 1.에 해당 하자가 발생한다면 담보책임을 지게 된다.

04 ②

정답률 48.8%

|문제 유형| 퍼즐형 > 수리퀴즈

|접근 전략| 주어진 조건과 근거를 바탕으로 제시된 수리 연산을 활용하여 정답을 판단하는 문항이다. 조건으로 제시된 소요기간을 바탕으로 절차에 따라 각 단계별로 진행되는 일자를 정확하게 파악하면 문항을 쉽게 해결할 수 있다.

다음 글과 〈상황〉을 근거로 판단할 때, 甲의 계약 의뢰 날짜와 공고 종료 후 결과통지 날짜를 옳게 짝지은 것은?

○ A국의 정책연구용역 계약 체결을 위한 절차는 다음과 같다.

순서	단계	소요기간
1	계약 의뢰	1일
2	서류 검토	2일
3	입찰 공고	40일 (긴급계약의 경우 10일)
4	공고 종료 후 결과통지	1일
5	입찰서류 평가	10일
6	우선순위 대상자와 협상	7일

※ 소요기간은 해당 절차의 시작부터 종료까지 걸리는 기간이다. 모든 절차는 하루 단위로 주말(토, 일) 및 공휴일에도 중단이나 중복 없이 진행된다.

〈상황〉
A국 공무원 甲은 정책연구용역 계약을 4월 30일에 체결하는 것을 목표로 계약부서에 긴급계약으로 의뢰하려 한다. 계약은 우선순위 대상자와 협상이 끝난 날의 다음 날에 체결된다.

　　계약 의뢰 날짜　　공고 종료 후 결과통지 날짜
① 　3월 30일　　　　　4월 11일　　　➡ (X)
② 　3월 30일　　　　　4월 12일　　　➡ (O) 〈상황〉에서 정책연구용역 계약을 4월 30일에 체결하는 것이 목표이고, 우선순위 대상자와 협상이 끝난 날의 다음 날에 계약이 체결됨을 알 수 있으므로 우선순위 대상자와 협상은 4월 29일에 끝난다. 우선순위 대상자와 협상의 소요기간이 7일이므로, 그 전 단계인 입찰서류 평가는 4월 22일에 끝나고, 그 전 단계인 공고 종료 후 결과통지는 입찰서류 평가 소요기간인 10일 전, 즉 4월 12일에 끝난다. 따라서 공고 종료 후 결과통지

날짜는 4월 12일이다. 그 전 단계인 입찰 공고는 긴급계약이므로 총 10일이 소요되고, 4월 11일에 끝나야 하므로 서류 검토는 4월 1일에 마쳐야 한다. 서류 검토는 2일이 소요되므로 계약 의뢰 날짜는 3월 30일이다.

③ 3월 30일   4월 13일   ➡ (X)
④ 3월 31일   4월 12일   ➡ (X)
⑤ 3월 31일   4월 13일   ➡ (X)

05 ④ 정답률 91.5%

| 문제 유형 | 퍼즐형 > 논리퀴즈
| 접근 전략 | 주어진 조건에 따라 상황을 판단하여 옳은 선지를 골라낼 수 있어야 한다. 조건으로 제시된 연구원들의 연구실 번호와 전달된 책의 명칭을 대응해 가며 소거하는 방식으로 정답을 찾으면 문항을 빠르게 해결할 수 있다.

다음 글을 근거로 판단할 때, A에게 전달할 책의 제목과 A의 연구실 번호를 옳게 짝지은 것은?

○ 5명의 연구원(A~E)에게 책 1권씩을 전달해야 하고, 책 제목은 모두 다르다.
○ 5명은 모두 각자의 연구실에 있고, 연구실 번호는 311호부터 315호까지이다.
○ C는 315호, D는 312호, E는 311호에 있다.
○ B에게 「연구개발」, D에게 「공공정책」을 전달해야 한다.
○ 「전환이론」은 311호에, 「사회혁신」은 314호에, 「복지실천」은 315호에 전달해야 한다.

	책 제목	연구실 번호	
①	「전환이론」	311호	➡ (X)
②	「공공정책」	312호	➡ (X)
③	「연구개발」	313호	➡ (X)
④	「사회혁신」	314호	➡ (O)

A~E를 나열하고, 각 조건들을 하나씩 대입하면 A에게 전달할 책의 제목과 연구실 번호를 알 수 있다. 이때 D는 연구실 번호와 전달할 책의 명칭이 나와 있고, C는 315호를 사용하는데, 「복지실천」이 315호로 전달됨을 알 수 있다. 그리고 E는 311호를 사용하는데, 「전환이론」은 311호로 전달됨을 알 수 있다. 따라서 'C: 315호, 「복지실천」, D: 312호, 「공공정책」, E: 311호, 「전환이론」'임을 알 수 있다. 해당 내용들을 모두 소거하면, B에게 「연구개발」이 전달되므로 A는 「사회혁신」을 전달받아야 하고, 마지막 조건에서 「사회혁신」은 314호에 전달됨을 알 수 있다. 따라서 A에게 전달할 책의 제목은 「사회혁신」, 연구실 번호는 314호이다.

구분	A	B	C	D	E
연구실 번호	314호	313호	315호	312호	311호
책 제목	「사회혁신」	「연구개발」	「복지시설」	「공공정책」	「전환이론」

⑤ 「복지실천」 315호 ➡ (X)

06 ⑤ 정답률 84.0%

| 문제 유형 | 연산추론형 > 수리계산
| 접근 전략 | 주어진 조건을 살펴본 후 공식에 대입하여 결괏값을 계산해 내는 문항으로 성과등급이 변한 주무관의 수를 모르기 때문에 미지수로 설정하고, 이를 바탕으로 총원 20명을 성립하는 방정식을 세우면 쉽게 문항을 해결할 수 있다.

다음 글을 근거로 판단할 때, ⊙에 해당하는 수는?

○○부처의 주무관은 모두 20명이며, 성과등급은 4단계(S, A, B, C)로 구성된다. 아래는 ○○부처 소속 직원들의 대화 내용이다.

甲주무관: 乙주무관 축하해! 작년에 비해 올해 성과등급이 비약적으로 올랐던데? 우리 부처에서 성과등급이 세 단계나 변한 주무관은 乙주무관 외에는 없잖아.
乙주무관: 고마워. 올해는 평가방식을 많이 바꿨다며? 작년이랑 똑같은 성과등급을 받은 주무관도 우리 부처에서 한 명밖에 없어.
甲주무관: 그렇구나. 우리 부처에서 작년에 비해 성과등급이 한 단계 변한 주무관 수는 두 단계 변한 주무관 수의 2배라고 해.
乙주무관: 그러면 우리 부처에서 성과등급이 한 단계 변한 주무관은 (⊙)명이네.

① 4 ➡ (X)
② 6 ➡ (X)
③ 8 ➡ (X)
④ 10 ➡ (X)
⑤ 12 ➡ (O) 성과등급이 세 단계 변한 주무관은 1명, 성과등급이 동일한 주무관은 1명이다. 그리고 성과등급이 한 단계 변한 주무관 수는 두 단계 변한 주무관 수의 두 배이므로, 한 단계 변한 주무관 수를 2A, 두 단계 변한 주무관 수를 A로 설정하면 '1 + 1 + A + 2A = 20'과 같은 방정식이 성립된다. 이를 바탕으로 A의 값을 구하면 6이다. 성과등급이 한 단계 변한 주무관 수는 2A이므로 2 × 6 = 12(명)이다. 따라서 ⊙은 12이다.

07 ① 정답률 70.7%

| 문제 유형 | 퍼즐형 > 논리퀴즈
| 접근 전략 | 주어진 조건에 따라 〈보기〉에서 제시된 상황의 옳고 그름을 판단할 수 있어야 한다. 각 부족별로 결혼이 가능한 부족을 바탕으로 자녀의 부족을 확인하고, 이에 따라 다시 결혼이 가능한 부족을 대응함으로써 손자 혹은 손녀의 부족을 파악하면 문항을 쉽게 해결할 수 있다.

다음 글을 근거로 판단할 때, 〈보기〉에서 옳은 것만을 모두 고르면?

A지역에는 독특한 결혼 풍습이 있다. 남자는 4개의 부족인 '잇파이·굼보·물으리·굿피'로 나뉘어 있고, 여자도 4개의 부족인 '잇파타·뿌타·마타·카포타'로 나뉘어 있다. 아래 〈표〉는 결혼을 할 수 있는 부족과 그 사이에서 출생하는 자녀가 어떤 부족이 되는지를 나타낸다. 예컨대 '잇파이' 남자는 '카포타' 여자와만 결혼할 수 있고, 그 사이에 낳은 아이가 남아면 '물으리', 여아면 '마타'로 분류된다. 모든 부족에게는 결혼할 수 있는 서로 다른 부족이 1:1로 대응하여 존재한다.

〈표〉

결혼할 수 있는 부족		자녀의 부족	
남자	여자	남아	여아
잇파이	카포타	물으리	마타
굼보	마타	굿피	카포타
물으리	뿌타	잇파이	잇파타
굿피	잇파타	굼보	뿌타

─────────〈보기〉─────────
ㄱ. 물으리와 뿌타의 친손자는 뿌타와 결혼할 수 있다. → (O) 물으리와 뿌타의 친손자이므로 아들의 부족을 먼저 확인해야 한다. 물으리와 뿌타의 아들은 잇파이이고, 이 아들이 카포타와 결혼하여 얻은 아들, 즉 물으리와 뿌타의 친손자는 물으리이다. 물으리는 뿌타와 결혼할 수 있다.
ㄴ. 잇파이와 카포타의 친손자는 굿피이다. → (X) 잇파이와 카포타의 친손자이므로 아들의 부족을 먼저 확인해야 한다. 잇파이와 카포타의 아들은 물으리이고, 이 아들이 뿌타와 결혼하여 얻은 아들, 즉 잇파이와 카포타의 친손자는 잇파이이다.
ㄷ. 굼보와 마타의 외손녀는 카포타이다. → (X) 굼보와 마타의 외손녀이므로 딸의 부족을 먼저 확인해야 한다. 굼보와 마타의 딸은 카포타이고, 이 딸이 잇파이와 결혼하여 얻은 딸, 즉 굼보와 마타의 외손녀는 마타이다.
ㄹ. 굿피와 잇파타의 친손녀는 물으리와 결혼할 수 있다. → (X) 굿피와 잇파타의 친손녀이므로 아들의 부족을 먼저 확인해야 한다. 굿피와 잇파타의 아들은 굼보이고, 이 아들이 마타와 결혼하여 얻은 딸, 즉 굿피와 잇파타의 친손녀는 카포타이다. 카포타는 잇파이와 결혼할 수 있고 물으리와 결혼할 수 없다.

① ㄱ ➡ (O)
② ㄱ, ㄹ ➡ (X)
③ ㄷ, ㄹ ➡ (X)
④ ㄱ, ㄴ, ㄷ ➡ (X)
⑤ ㄴ, ㄷ, ㄹ ➡ (X)

08 ③   정답률 80.3%

| 문제 유형 | 연산추론형 > 수리계산
| 접근 전략 | 주어진 구체적인 수치들을 공식에 대입하여 결괏값을 계산해야 하는 문항으로, 정확한 계산은 물론이고, 제시된 조건들을 꼼꼼하게 살펴보아야 한다. 매일 판매된 수박의 금액을 정확하게 파악하고 이에 따른 계산을 실수하지 않는다면 어렵지 않게 해결할 수 있다.

다음 글을 근거로 판단할 때, 7월 1일부터 6일까지 지역 농산물 유통센터에서 판매된 甲의 수박 총 판매액은?

○ A시는 농산물의 판매를 촉진하기 위하여 지역 농산물 유통센터를 운영하고 있다. 해당 유통센터는 농산물을 수확 당일 모두 판매하는 것을 목표로 운영하며, 당일 판매하지 못한 농산물은 판매가에서 20%를 할인하여 다음 날 판매한다.
○ 농부 甲은 7월 1일부터 5일까지 매일 수확한 수박 100개씩을 수확 당일 A시 지역 농산물 유통센터에 공급하였다.
○ 甲으로부터 공급받은 수박의 당일 판매가는 개당 1만 원이며, 매일 판매된 수박 개수는 아래와 같았다. 단, 수확 당일 판매되지 않은 수박은 다음 날 모두 판매되었다.

날짜(일)	1	2	3	4	5	6
판매된 수박(개)	80	100	110	100	100	10

① 482만 원 ➡ (X)
② 484만 원 ➡ (X)
③ 486만 원 ➡ (O) 수박은 매일 100개를 공급하고, 당일 판매하는 수박의 가격은 1만 원, 다음 날 판매하는 수박의 가격은 20%가 할인된 8천 원임을 알 수 있다. 1일에 80개의 수박이 팔렸으므로 수익은 80만 원이고, 20개는 2일에 팔린다. 2일에 팔린 100개 중에서 20개는 전날 남은 수박이므로 수익은 20(개)×8,000(원)+80(개)×10,000(원)이다. 2일에 다시 20개가 남았고, 이는 3일에 팔렸으므로 3일의 수익은 20(개)×8,000(원)+90(개)×10,000(원)이다. 3일에 10개가 남았고, 이는 4일에 팔렸으므로 4일의 수익은 10(개)×8,000(원)+90(개)×10,000(원)이다. 4일에 다시 10개가 남았고, 이는 5일에 팔렸으므로 5일의 수익은 10(개)×8,000(원)+90(개)×10,000(원)이다. 5일에 남은 10개는 6일에 모두 팔렸으므로 6일의 수익은 10(개)×8,000(원)이다. 이를 계산하면, 800,000(원)+{20(개)×8,000(원)+80(개)×10,000(원)}+{20(개)×8,000(원)+90(개)×10,000(원)}+{10(개)×8,000(원)+90(개)×10,000(원)}+{10(개)×8,000(원)+90(개)×10,000(원)}+{10(개)×8,000(원)}이므로 수박 총 판매액은 486만 원이다.
④ 488만 원 ➡ (X)
⑤ 490만 원 ➡ (X)

09 ③   정답률 69.8%

| 문제 유형 | 연산추론형 > 대입비교
| 접근 전략 | 구체적인 수치를 바탕으로 여러 상황들에 대해 비교하며 해결해야 하는 문항은 상황이 제시되기 전과 이후에 달라지는 계산 값에 대해 유의하며 접근해야 한다. 그리고 비율을 제시하며 두 가지 이상의 상황을 비교하는 경우에는 전체 값을 임의로 설정하고 이를 바탕으로 가상의 값을 통해 크기를 비교하면 보다 빠르게 문항을 해결하고 접근할 수 있다. 전기와 도시가스의 단위당 CO_2 배출량과 전기와 도시가스의 사용 요금 책정 방식을 정확하게 살펴보고 문항에 접근하면 정답을 쉽게 골라낼 수 있다.

다음 글을 근거로 판단할 때, 〈보기〉에서 옳은 것만을 모두 고르면?

A부처는 CO_2 배출량 감소를 위해 전기와 도시가스 사용을 줄이는 가구를 대상으로 CO_2 배출 감소량에 비례하여 현금처럼 사용할 수 있는 포인트를 지급하는 제도를 시행하고 있다. 전기는 5kWh, 도시가스는 $1m^3$를 사용할 때 각각 2kg의 CO_2가 배출되며, 전기 1kWh당 사용 요금은 20원, 도시가스 $1m^3$당 사용 요금은 60원이다.

─────────〈보기〉─────────
ㄱ. 매월 전기 요금과 도시가스 요금을 각각 1만 2천 원씩 부담하는 가구는 전기 사용으로 인한 월 CO_2 배출량이 도시가스 사용으로 인한 월 CO_2 배출량보다 적다. → (O) 전기는 5kWh를 사용할 때 2kg의 CO_2가 배출되고, 1kWh당 사용 요금은 20원이다. 따라서 도시가스와 동일한 요금 60원을 내면 3kWh를 사용한 것이고, 2kg보다 적은 양의 CO_2가 배출된다. 전기 요금과 도시가스 요금이 같으면 전기로 인한 CO_2 배출량이 더 적다.
ㄴ. 매월 전기 요금을 5만 원, 도시가스 요금을 3만 원 부담하는 가구는 전기와 도시가스 사용에 따른 월 CO_2 배출량이 동일하다. → (O) 전기를 5kWh 사용하면 요금이 100원이다. 5만 원을 100원으로 나누면 500이므로 매월 전기 요금을 5만 원 부담하는 가구는 매월 1,000kg의 CO_2를 배출한다. 또한 도시가스 $1m^3$를 사용하면 요금이 60원이다. 3만 원을 60원으로 나누면 500이므로 매월 전기 요금을 3만 원 부담하는 가구는 매월 1,000kg의 CO_2를 배출한다. 따라서 전기로 인한 CO_2 배출량과 도시가스로 인한 CO_2 배출량이 동일하다.
ㄷ. 전기 1kWh를 절약한 가구는 도시가스 $1m^3$를 절약한 가구보다 많은 포인트를 지급받는다. → (X) 전기 1kWh를 절약하면 2kg보다 적은 양의 CO_2를 배출하게 된다. A부처는 CO_2 배출 감소량에 비례하여 현금처럼 사용할 수 있는 포인트를 지급하므로 전기 1kWh를 절약하는 가구가 도시가스 $1m^3$를 절약한 가구보다 더 적은 포인트를 지급받는다.

① ㄱ ➡ (X)
② ㄷ ➡ (X)
③ ㄱ, ㄴ ➡ (O)
④ ㄴ, ㄷ ➡ (X)
⑤ ㄱ, ㄴ, ㄷ ➡ (X)

10 ② 정답률 89.3%

|문제 유형| 연산추론형 > 대입비교

|접근 전략| 구체적인 수치를 바탕으로 여러 상황들을 비교하며 해결해야 하는 문항은 〈상황〉이 제시되기 전과 이후에 달라지는 계산 값에 유의하며 접근해야 한다. 지방자치단체의 박물관과 미술관 건립비 지원 여부를 정확히 살펴보아야 하고, 이때 지원되는 금액이 어느 정도인지도 조건에 따라 달라질 수 있으므로 꼼꼼하게 살펴보아야 한다.

다음 글과 〈상황〉을 근거로 판단할 때, 〈보기〉에서 옳은 것만을 모두 고르면?

○ 지방자치단체는 공립 박물관·미술관을 설립하려는 경우 □□부로부터 설립타당성에 관한 사전평가(이하 '사전평가')를 받아야 한다.
○ 사전평가는 연 2회(상반기, 하반기) 진행한다.
  - 신청기한: 1월 31일(상반기), 7월 31일(하반기)
  - 평가기간: 2월 1일~4월 30일(상반기)
             8월 1일~10월 31일(하반기)
○ 사전평가 결과는 '적정' 또는 '부적정'으로 판정한다.
○ 지방자치단체가 동일한 공립 박물관·미술관 설립에 대해 3회 연속으로 사전평가를 신청하여 모두 '부적정'으로 판정받았다면, 그 박물관·미술관 설립에 대해서는 향후 1년간 사전평가 신청이 불가능하다.
○ 사전평가 결과 '적정'으로 판정되는 경우, 지방자치단체는 부지매입비를 제외한 건립비의 최대 40%를 국비로 지원받을 수 있다.

〈상황〉

아래의 〈표〉는 지방자치단체 A~C가 설립하려는 공립 박물관·미술관과 건립비를 나타낸 것이다.

〈표〉

지방자치단체	설립 예정 공립 박물관·미술관	건립비(원)	
		부지매입비	건물건축비
A	甲미술관	30억	70억
B	乙박물관	40억	40억
C	丙박물관	10억	80억

〈보기〉

ㄱ. 甲미술관을 국비 지원 없이 설립하기로 했다면, A는 사전평가를 거치지 않고도 甲미술관을 설립할 수 있다. → (X) 지방자치단체는 공립 박물관·미술관을 설립하는 경우 사전평가를 받아야 한다. 따라서 국비 지원을 받지 않더라도 사전평가는 의무이다.

ㄴ. 乙박물관이 사전평가에서 '적정'으로 판정될 경우, B는 최대 32억 원까지 국비를 지원받을 수 있다. → (X) 사전평가 결과 '적정'으로 판정되면 부지매입비를 제외한 건립비의 최대 40%를 국비로 지원받을 수 있다. 乙박물관은 건물건축비 40억 원의 40%인 16억 원을 지원받을 수 있다.

ㄷ. 丙박물관이 2019년 하반기, 2020년 상반기, 2020년 하반기 사전평가에서 모두 '부적정'으로 판정된 경우, C는 丙박물관에 대한 2021년 상반기 사전평가를 신청할 수 없다. → (O) 사전평가는 연 2회 진행되며, 3회 연속 사전평가를 신청하여 모두 '부적정'으로 판정받으면 향후 1년간 사전평가 신청이 불가능하다.

① ㄱ ➡ (X)
② ㄷ ➡ (O)
③ ㄱ, ㄴ ➡ (X)
④ ㄴ, ㄷ ➡ (X)
⑤ ㄱ, ㄴ, ㄷ ➡ (X)

11 ④ 정답률 84.1%

|문제 유형| 법조문형 > 규정적용

|접근 전략| 제시된 조항의 내용을 바탕으로 주어진 〈상황〉을 판단하는 문항이다. 주민등록번호 변경과 관련해서 청구할 수 있는 조건, 청구받는 기관, 변경이 이루어지는 절차 등을 꼼꼼하게 살펴보고 제시된 〈상황〉과 하나씩 비교하며 소거해 가는 방식으로 문항을 풀면 정답을 골라낼 수 있다.

다음 글과 〈상황〉을 근거로 판단할 때 옳은 것은?

제00조 ① 다음 각 호의 어느 하나에 해당하는 사람은 주민등록지의 시장(특별시장·광역시장은 제외하고 특별자치도지사는 포함한다. 이하 같다)·군수 또는 구청장에게 주민등록번호(이하 '번호'라 한다)의 변경을 신청할 수 있다.
1. 유출된 번호로 인하여 생명·신체에 위해를 입거나 입을 우려가 있다고 인정되는 사람
2. 유출된 번호로 인하여 재산에 피해를 입거나 입을 우려가 있다고 인정되는 사람
3. 성폭력피해자, 성매매피해자, 가정폭력피해자로서 유출된 번호로 인하여 피해를 입거나 입을 우려가 있다고 인정되는 사람
② 제1항의 신청 또는 제5항의 이의신청을 받은 주민등록지의 시장·군수·구청장(이하 '시장 등'이라 한다)은 ○○부의 주민등록번호변경위원회(이하 '변경위원회'라 한다)에 번호변경 여부에 관한 결정을 청구해야 한다.
③ 주민등록지의 시장 등은 변경위원회로부터 번호변경 인용결정을 통보받은 경우에는 신청인의 번호를 다음 각 호의 기준에 따라 지체 없이 변경하고 이를 신청인에게 통지해야 한다.
1. 번호의 앞 6자리(생년월일) 및 뒤 7자리 중 첫째 자리는 변경할 수 없음
2. 제1호 이외의 나머지 6자리는 임의의 숫자로 변경함
④ 제3항의 번호변경 통지를 받은 신청인은 주민등록증, 운전면허증, 여권, 장애인등록증 등에 기재된 번호의 변경을 위해서는 그 번호의 변경을 신청해야 한다.
⑤ 주민등록지의 시장 등은 변경위원회로부터 번호변경 기각결정을 통보받은 경우에는 그 사실을 신청인에게 통지해야 하며, 신청인은 통지를 받은 날부터 30일 이내에 그 시장 등에게 이의신청을 할 수 있다.

〈상황〉

甲은 주민등록번호 유출로 인해 재산상 피해를 입게 되자 주민등록번호 변경신청을 하였다. 甲의 주민등록지는 A광역시 B구이고, 주민등록번호는 980101-23456□□이다.

① A광역시장이 주민등록번호변경위원회에 甲의 주민등록번호 변경 여부에 관한 결정을 청구해야 한다. ➡ (X) 제1항에 따르면 광역시장은 제외되고 주민등록지의 구청장에게 주민등록번호의 변경을 신청할 수 있다. 따라서 주민등록번호변경위원회에 갑의 주민등록번호 변경 여부에 관한 결정을 청구하는 주체는 B구의 구청장이다.

② 주민등록번호변경위원회는 번호변경 인용결정을 하면서 甲의 주민등록번호를 다른 번호로 변경할 수 있다. ➡ (X) 제3항에서 주민등록지의 시장 등은 변경위원회로부터 번호변경 인용결정을 통보받은 경우에는 신청인의 번호를 지체 없이 변경함을 알 수 있다. 즉 주민등록번호변경위원회가 번호를 변경하는 것이 아니다.

③ 주민등록번호변경위원회의 번호변경 인용결정이 있는 경우, 甲의 주민등록번호는 980101-45678□□으로 변경될 수 있다. ➡ (X) 제3항 제1호에 따르면 번호의 뒤 7자리 중 첫째 자리는 변경할 수 없다.

④ 甲의 주민등록번호가 변경된 경우, 甲이 운전면허증에 기재된 주민등록번호를 변경하기 위해서는 변경신청을 해야 한다. ➡ (O) 제4항에서 번호변경 통지를 받은 신청인은 운전면허증 등에 기재된 번호의 변경을 신청해야 함을 알 수 있다.

⑤ 甲은 번호변경 기각결정을 통지받은 날부터 30일 이내에 주민등록번호변경위원회에 이의신청을 할 수 있다. ➡ (X) 제5항에 따르면 번호변경 기각결정을 통보받은 신청인은 30일 이내에 그 시장 등에게 이의신청을 할 수 있다. 주민등록번호변경위원회에 신청하는 것이 아니다.

12 ①
정답률 80.2%

| 문제 유형 | 법조문형 > 규정확인

| 접근 전략 | 제시된 법조문을 올바르게 해석하고 그 내용을 이해하여 옳은 것을 고르는 문항으로, 물품출납과 관련해 각 역할을 이해하며 과정 등을 꼼꼼하게 살펴보아야 한다. 또한 선지에서 진술의 내용 자체는 조항과 동일하더라도 행위의 주체 혹은 청구를 할 수 있는 대상 등에 따라 정오가 갈릴 수 있으므로 각 내용들을 꼼꼼하게 파악해야 정답을 정확하게 찾아낼 수 있다.

다음 글을 근거로 판단할 때 옳은 것은?

제00조 ① 각 중앙관서의 장은 그 소관 물품관리에 관한 사무를 소속 공무원에게 위임할 수 있고, 필요하면 다른 중앙관서의 소속 공무원에게 위임할 수 있다.
② 제1항에 따라 각 중앙관서의 장으로부터 물품관리에 관한 사무를 위임받은 공무원을 물품관리관이라 한다.
제00조 ① 물품관리관은 물품수급관리계획에 정하여진 물품에 대하여는 그 계획의 범위에서, 그 밖의 물품에 대하여는 필요할 때마다 계약담당공무원에게 물품의 취득에 관한 필요한 조치를 할 것을 청구하여야 한다.
② 계약담당공무원은 제1항에 따른 청구가 있으면 예산의 범위에서 해당 물품을 취득하기 위한 필요한 조치를 하여야 한다.
제00조 물품은 국가의 시설에 보관하여야 한다. 다만 물품관리관이 국가의 시설에 보관하는 것이 물품의 사용이나 처분에 부적당하다고 인정하거나 그 밖에 특별한 사유가 있으면 국가 외의 자의 시설에 보관할 수 있다.
제00조 ① 물품관리관은 물품을 출납하게 하려면 물품출납공무원에게 출납하여야 할 물품의 분류를 명백히 하여 그 출납을 명하여야 한다.
② 물품출납공무원은 제1항에 따른 명령이 없으면 물품을 출납할 수 없다.
제00조 ① 물품출납공무원은 보관 중인 물품 중 사용할 수 없거나 수선 또는 개조가 필요한 물품이 있다고 인정하면 그 사실을 물품관리관에게 보고하여야 한다.
② 물품관리관은 제1항에 따른 보고에 의하여 수선이나 개조가 필요한 물품이 있다고 인정하면 계약담당공무원이나 그 밖의 관계 공무원에게 그 수선이나 개조를 위한 필요한 조치를 할 것을 청구하여야 한다.

① 물품출납공무원은 물품관리관의 명령이 없으면 자신의 재량으로 물품을 출납할 수 없다. ➡ (O) 네 번째 조 제2항에 따르면 물품출납공무원은 제1항에 따른 물품관리관의 명령이 없으면 물품을 출납할 수 없다.
② A중앙관서의 장이 그 소관 물품관리에 관한 사무를 위임하고자 할 경우, B중앙관서의 소속 공무원에게는 위임할 수 없다. ➡ (X) 첫 번째 조 제1항에서 필요하면 다른 중앙관서의 소속 공무원에게 위임할 수 있음을 알 수 있다.
③ 계약담당공무원은 물품을 국가의 시설에 보관하는 것이 그 사용이나 처분에 부적당하다고 인정하는 경우, 그 물품을 국가 외의 자의 시설에 보관할 수 있다. ➡ (X) 세 번째 조에 따르면 특별한 사유가 있으면 국가 외의 자의 시설에 보관할 수 있는 사람은 계약담당공무원이 아닌 물품관리관이다.
④ 물품수급관리계획에 정해진 물품 이외의 물품이 필요한 경우, 물품관리관은 필요할 때마다 물품출납공무원에게 물품의 취득에 관한 필요한 조치를 할 것을 청구해야 한다. ➡ (X) 두 번째 조 제1항에서 물품수급관리계획에 정하여진 물품 이외의 물품을 취득하기 위한 필요한 조치를 청구할 대상은 물품출납공무원이 아닌 계약담당공무원임을 알 수 있다.

⑤ 물품출납공무원은 보관 중인 물품 중 수선이 필요한 물품이 있다고 인정하는 경우, 계약담당공무원에게 수선에 필요한 조치를 할 것을 청구해야 한다. ➡ (X) 다섯 번째 조 제1항과 제2항에 따르면 물품출납공무원은 수선 및 개조가 필요한 물품이 있다고 인정하면 그 사실을 물품관리관에게 보고하여야 하고, 물품관리관이 계약담당공무원이나 그 밖의 관계 공무원에게 그 수선이나 개조를 위한 필요한 조치를 할 것을 청구하여야 한다.

13 ⑤
정답률 65.5%

| 문제 유형 | 법조문형 > 규정적용

| 접근 전략 | 규정이 제시되고 이에 대한 적용을 묻는 문항은 각각의 상황에 따라 적용의 여부가 달라지기 때문에 해당 규정의 내용을 정확하게 이해해야 한다. 우편물의 검열이나 전기통신의 감청 등에 관한 법률에 따라 처벌의 대상 혹은 예외 사항이 어떤 경우인지를 정확하게 이해하여 선지에 적용해야 정답을 골라낼 수 있다.

다음 글을 근거로 판단할 때 옳은 것은?

제○○조 ① 누구든지 법률에 의하지 아니하고는 우편물의 검열·전기통신의 감청 또는 통신사실확인자료의 제공을 하거나 공개되지 아니한 타인 상호간의 대화를 녹음 또는 청취하지 못한다.
② 다음 각 호의 어느 하나에 해당하는 자는 1년 이상 10년 이하의 징역과 5년 이하의 자격정지에 처한다.
 1. 제1항에 위반하여 우편물의 검열 또는 전기통신의 감청을 하거나 공개되지 아니한 타인 상호간의 대화를 녹음 또는 청취한 자
 2. 제1호에 따라 알게 된 통신 또는 대화의 내용을 공개하거나 누설한 자
③ 누구든지 단말기기 고유번호를 제공하거나 제공받아서는 안 된다. 다만 이동전화단말기 제조업체 또는 이동통신사업자가 단말기의 개통처리 및 수리 등 정당한 업무의 이행을 위하여 제공하거나 제공받는 경우에는 그러하지 아니하다.
④ 제3항을 위반하여 단말기기 고유번호를 제공하거나 제공받은 자는 3년 이하의 징역 또는 1천만 원 이하의 벌금에 처한다.
제□□조 제○○조의 규정에 위반하여, 불법검열에 의하여 취득한 우편물이나 그 내용, 불법감청에 의하여 지득(知得) 또는 채록(採錄)된 전기통신의 내용, 공개되지 아니한 타인 상호간의 대화를 녹음 또는 청취한 내용은 재판 또는 징계절차에서 증거로 사용할 수 없다.

① 甲이 불법검열에 의하여 취득한 乙의 우편물은 징계절차에서 증거로 사용할 수 있다. ➡ (X) 제□□조에 따르면 불법검열에 의해 취득한 우편물은 징계절차에서 증거로 사용할 수 없다.
② 甲이 乙과 정책용역을 수행하면서 乙과의 대화를 녹음한 내용은 재판에서 증거로 사용할 수 없다. ➡ (X) 제□□조에 따르면 공개되지 아니한 타인 상호간의 대화를 녹음 또는 청취한 내용은 증거로 사용할 수 없지만, 甲이 자신과 乙의 대화를 녹음한 내용은 재판에서 증거로 사용할 수 있다.
③ 甲이 乙과 丙 사이의 공개되지 않은 대화를 녹음하여 공개한 경우, 1천만 원의 벌금에 처해질 수 있다. ➡ (X) 제○○조 제2항 제1호에서 공개되지 아니한 타인 상호간의 대화를 녹음하거나 청취하면 1년 이상 10년 이하의 징역과 5년 이하의 자격정지에 처함을 알 수 있다.
④ 이동통신사업자 甲이 乙의 단말기를 개통하기 위하여 단말기기 고유번호를 제공받은 경우, 1년의 징역에 처해질 수 있다. ➡ (X) 제○○조 제3항에서 누구든지 단말기기 고유번호를 제공받아서는 안 되나, 이동통신사업자가 단말기 개통처리 및 수리 등 정당한 업무의 이행을 위해 단말기기 고유번호를 제공받는 경우에는 처벌받지 않음을 알 수 있다.
⑤ 甲이 乙과 丙 사이의 우편물을 불법으로 검열한 경우, 2년의 징역과 3년의 자격정지에 처해질 수 있다. ➡ (O) 제○○조 제2항 제1호에 따르면 타인의 우편물을 불법으로 검열한 경우, 1년 이상 10년 이하의 징역과 5년 이하의 자격정지에 처한다.

14 ④　　TOP 2 정답률 45.4%

| 문제 유형 | 연산추론형 > 수리계산

| 접근 전략 | 조건과 구체적인 수치를 제시하고 조건에 따라 결괏값을 계산해야 하는 문항으로, 정확한 계산은 물론이고 제시된 조건들을 꼼꼼하게 살펴보아야 한다. 지원금을 받을 수 있는 조건과 제외되는 사유, 우선적으로 지원되는 경우 등을 확인해야 한다. 또한 최대 지원금의 범위를 확인하여 이를 비교해 가며 계산하는 것이 문항을 쉽게 해결할 수 있는 방법이다.

다음 글과 〈지원대상 후보 현황〉을 근거로 판단할 때, 기업 F가 받는 지원금은?

　□□부는 2021년도 중소기업 광고비 지원사업 예산 6억 원을 기업에 지원하려 하며, 지원대상 선정 및 지원금 산정 방법은 다음과 같다.

○ 2020년도 총매출이 500억 원 미만인 기업만 지원하며, 우선 지원대상 사업분야는 백신, 비대면, 인공지능이다. → 총매출이 500억 원 미만인 기업만 지원한다고 했으므로 A, B는 제외된다. 그리고 백신, 비대면, 인공지능이 우선 지원대상 사업분야이므로 D, E, G는 지원을 받는다.

○ 우선 지원대상 사업분야 내 또는 우선 지원대상이 아닌 사업분야 내에서는 '소요 광고비 × 2020년도 총매출'이 작은 기업부터 먼저 선정한다. → 우선 지원대상이 아닌 사업분야 내에서는 '소요 광고비 × 2020년도 총매출'이 작은 기업부터 먼저 선정한다고 했고, 소요 광고비 × 총매출은 C가 1,200억 원, F가 600억 원이므로 F가 먼저 선정된다.

○ 지원금 상한액은 1억 2,000만 원이나, 해당 기업의 2020년도 총매출이 100억 원 이하인 경우 상한액의 2배까지 지원할 수 있다. 단, 지원금은 소요 광고비의 2분의 1을 초과할 수 없다. → 지원금 상한액은 1억 2,000만 원이지만 해당 기업의 2020년도 총매출이 100억 원 이하인 경우 상한액의 2배까지 지원이 가능하고 소요 광고비의 2분의 1을 초과할 수 없다. D와 E는 총매출이 100억 원을 넘고, 소요 광고비의 2분의 1이 각각 2억 원과 2억 5천만 원이므로 각각 1억 2천만 원씩 지원받는다. G는 총매출이 100억 원 이하이므로 2억 4천만 원까지 지원이 가능하지만, 소요 광고비의 2분의 1인 2억 원까지 지원받을 수 있다.

○ 위의 지원금 산정 방법에 따라 예산 범위 내에서 지급 가능한 최대 금액을 예산이 소진될 때까지 지원대상 기업에 순차로 배정한다.

〈지원대상 후보 현황〉

기업	2020년도 총매출 (억 원)	소요 광고비 (억 원)	사업분야
A	600	1	백신
B	500	2	비대면
C	400	3	농산물
D	300	4	인공지능
E	200	5	비대면
F	100	6	의류
G	30	4	백신

① 없음 ➡ (X)
② 8,000만 원 ➡ (X)
③ 1억 2,000만 원 ➡ (X)
④ 1억 6,000만 원 ➡ (O) F는 총매출이 100억 원 이하이므로 2억 4천만 원까지 지원 가능하고, 소요 광고비의 2분의 1은 3억 원이므로 전액이 가능하다. 하지만 지원사업 예산은 6억 원으로, D, E, G의 지원금 4억 4천만 원을 제외하면 남은 지원사업 예산은 1억 6천만 원이므로 F가 받게 될 지원금은 1억 6천만 원이다.
⑤ 2억 4,000만 원 ➡ (X)

15 ④　　TOP 3 정답률 47.5%

| 문제 유형 | 퍼즐형 > 최댓값·최솟값 도출

| 접근 전략 | 주어진 조건에 따라 상황을 판단하여 최솟값 혹은 최댓값을 도출해 내는 문항이다. 이 문항은 반드시 구성되어야 하는 소조직과 그 구성원의 숫자를 배제한 다음 문제를 풀어 나가는 것이 편리하다. 그 다음으로 구성 형태가 확정되지 않은 소조직에 대하여 문항에서 요구하는 5명으로 구성되는 소조직의 최솟값과 최댓값을 구하여 문제를 푸는 것이 관건이다.

다음 글의 ⊙과 ⓒ에 해당하는 수를 옳게 짝지은 것은?

甲담당관: 우리 부서 전 직원 57명으로 구성되는 혁신조직을 출범시켰으면 합니다.

乙주무관: 조직은 어떻게 구성할까요?

甲담당관: 5~7명으로 구성된 10개의 소조직을 만들되, 5명, 6명, 7명 소조직이 각각 하나 이상 있었으면 합니다. 단, 각 직원은 하나의 소조직에만 소속되어야 합니다.

乙주무관: 그렇게 할 경우 5명으로 구성되는 소조직은 최소 (⊙)개, 최대 (ⓒ)개가 가능합니다.

　　⊙　　ⓒ
① 1　　5 ➡ (X)
② 3　　5 ➡ (X)
③ 3　　6 ➡ (X)
④ 4　　6 ➡ (O) 조건을 보면 소조직을 10개로 만들되, 소조직의 구성 인원은 5명~7명이고 구성원이 5명, 6명, 7명인 소조직이 반드시 각각 하나 이상 있어야 한다. 이때 전 직원 중 소조직의 형태가 결정되지 않은 인원은 57-(5+6+7)=39이므로 39명이다. 또한 형태가 결정되지 않은 7개의 소조직에는 최소한 각 5명이 소속되어야 하므로, 7개의 소조직에 각각 5명씩 총 35명이 소속된다. 따라서 소조직에 소속되지 않은 나머지 4명의 직원을 배분하여 정답을 찾을 수 있다.

• ⊙: 5명으로 구성되는 소조직의 수가 최소가 되려면, 소조직에 소속되지 않은 4명이 최대한 많은 수의 소조직에 소속되어야 하므로 소조직마다 1명씩 소속하게 되어, 5명으로 구성된 소조직은 3개가 되고 6명으로 구성된 소조직은 4개가 된다. 이때 이미 결정된 소조직까지 모두 더하면 구성 인원이 5명인 소조직은 4개, 6명인 소조직은 5개, 7명인 소조직은 1개가 된다. 따라서 5명으로 구성되는 소조직의 최솟값은 4이다.

• ⓒ: 5명으로 구성되는 소조직의 수가 최대가 되려면, 소조직에 소속되지 않은 4명이 최대한 적은 수의 소조직에 소속되어야 하므로 소조직마다 2명씩 소속하게 되어, 5명으로 구성된 소조직은 5개가 되고 7명으로 구성된 소조직은 2개가 된다. 이때 이미 결정된 소조직까지 모두 더하면 구성 인원이 5명인 소조직은 6개, 6명인 소조직은 1개, 7명인 소조직은 3개가 된다. 따라서 5명으로 구성되는 소조직의 최댓값은 6이다.

⑤ 4　　7 ➡ (X)

16 ① 정답률 52.9%

| 문제 유형 | 퍼즐형 > 최댓값·최솟값 도출
| 접근 전략 | 주어진 조건들을 가지고 특정 목적을 달성하기 위한 최솟값을 구하는 문항이다. 각 업무역량의 값에 따라 최대의 조건을 설정하고, 이 상황에서 각 선지의 값을 하나씩 소거하는 방식으로 해결할 수 있다.

다음 글을 근거로 판단할 때, 甲이 통합력에 투입해야 하는 노력의 최솟값은?

○ 업무역량은 기획력, 창의력, 추진력, 통합력의 4가지 부문으로 나뉜다.
○ 부문별 업무역량 값을 수식으로 나타내면 다음과 같다.

> 부문별 업무역량 값
> = (해당 업무역량 재능 × 4) + (해당 업무역량 노력 × 3)
> ※ 재능과 노력의 값은 음이 아닌 정수이다.

○ 甲의 부문별 업무역량의 재능은 다음과 같다.

기획력	창의력	추진력	통합력
90	100	110	60

○ 甲은 통합력의 업무역량 값을 다른 어떤 부문의 값보다 크게 만들고자 한다. 단, 甲이 투입 가능한 노력은 총 100이며 甲은 가능한 노력을 남김없이 투입한다.

① 67 ➡ (O) 각 부문별 업무역량 값은 해당 업무역량 재능에 4를 곱한 것과 해당 업무역량 노력에 3을 곱한 것을 더한 값이다. 업무역량 재능에 4를 곱한 값을 비교해 보면 각각 360, 400, 440, 240으로, 통합력 업무역량 재능과 가장 큰 값인 추진력 업무역량 재능을 비교했을 때 200의 차이가 나고 선지들의 값에 3을 곱하면 각각 201, 204, 207, 210, 213이다. 노력에 67을 대입하면 통합력의 업무역량 값은 240 + (67 × 3) = 441이 되고, 추진력에는 노력을 전혀 기울이지 말아야 한다. 창의력 업무역량 재능에 4를 곱한 값은 400이므로 39까지 역량을 더할 수 있고, 이를 3으로 나누면 노력은 13까지 가능하다. 나머지 20(100 − 67 − 13)은 기획력에 투입하면 기획력의 업무역량 값은 360 + (20 × 3) = 420이다. 따라서 67이 甲이 통합력에 투입해야 하는 노력의 최솟값이다.
② 68 ➡ (X)
③ 69 ➡ (X)
④ 70 ➡ (X)
⑤ 71 ➡ (X)

ⓢ 17 ① 정답률 47.8%

| 문제 유형 | 퍼즐형 > 논리퀴즈
| 접근 전략 | 주어진 규칙과 상황 등을 종합적으로 고려하여 정답을 판단할 수 있어야 한다. 어느 위치에서 시작하더라도 하나의 경우를 반복하고 난 후의 상황을 송편을 먹은 상황으로 적용하면 정답을 쉽게 찾아낼 수 있다.

다음 글을 근거로 판단할 때, 마지막에 송편을 먹었다면 그 직전에 먹은 떡은?

원 쟁반의 둘레를 따라 쑥떡, 인절미, 송편, 무지개떡, 팥떡, 호박떡이 순서대로 한 개씩 시계방향으로 놓여 있다. 이 떡을 먹는 순서는 다음과 같은 규칙에 따른다. 특정한 떡을 시작점(첫 번째)으로 하여 시계방향으로 떡을 세다가 여섯 번째에 해당하는 떡을 먹는다. 떡을 먹고 나면 시계방향으로 이어지는 바로 다음 떡이 새로운 시작점이 된다. 이 과정을 반복하여 떡이 한 개 남게 되면 마지막으로 그 떡을 먹는다.

① 무지개떡 ➡ (O) 쑥떡을 시작점으로 가정하면, 여섯 번째 떡인 호박떡을 가장 처음 먹게 된다. 그러면 쑥떡이 다시 새로운 시작점이 되고 이로부터 여섯 번째 떡을 계산하면 쑥떡을 두 번째로 먹게 된다. 또다시 인절미가 새로운 시작점이 되고 여섯 번째 떡을 계산하면 송편을 세 번째로 먹게 된다. 그 다음 무지개떡이 새로운 시작점이 되고 여섯 번째 떡을 계산하면 인절미를 네 번째로 먹게 되고, 무지개떡과 팥떡 두 개가 남는다. 그리고 다시 무지개떡이 새로운 시작점이 되어 여섯 번째 떡을 계산하면 팥떡을 다섯 번째로 먹게 된다. 무지개떡이 하나만 남은 경우, 그 직전에 먹은 떡은 시계방향으로 다음 차례에 있는 팥떡이므로, 이를 송편에 적용하면 마지막에 송편을 먹었을 때 그 직전에 먹은 떡은 시계방향으로 다음 차례에 있는 무지개떡이다.
② 쑥떡 ➡ (X)
③ 인절미 ➡ (X)
④ 팥떡 ➡ (X)
⑤ 호박떡 ➡ (X)

18 ③ 정답률 74.2%

| 문제 유형 | 퍼즐형 > 논리퀴즈
| 접근 전략 | 주어진 조건을 종합적으로 따져 정답을 판단할 수 있어야 한다. 네 가지 상품을 두 개씩 저울에 올려 무게 측정을 할 수 있는 경우의 수를 파악하고, 이에 따라 각각의 경우의 수에 따른 무게를 찾고, 조건에 맞는 값을 골라내면 문항을 쉽게 해결할 수 있다.

다음 글을 근거로 판단할 때, 甲이 구매하려는 두 상품의 무게로 옳은 것은?

○○마트에서는 쌀 상품 A~D를 판매하고 있다. 상품 무게는 A가 가장 무겁고, B, C, D 순서대로 무게가 가볍다. 무게 측정을 위해 서로 다른 두 상품을 저울에 올린 결과, 각각 35kg, 39kg, 44kg, 45kg, 50kg, 54kg으로 측정되었다. 甲은 가장 무거운 상품과 가장 가벼운 상품을 제외하고 두 상품을 구매하기로 하였다.

※ 상품 무게(kg)의 값은 정수이다.

① 19kg, 25kg ➡ (X)
② 19kg, 26kg ➡ (X)
③ 20kg, 24kg ➡ (O) A가 가장 무겁고 B, C, D 순서대로 무게가 가볍다고 했으므로 서로 다른 두 상품을 저울에 올렸을 때 A + B > A + C > A + D 또는 B + C > B + D > C + D 순서대로 무게가 무겁다. 각각을 저울에 올린 결과와 무게를 대입하면 아래 표와 같이 정리할 수 있다.

A+B	A+C	A+D 또는 B+C	B+D	C+D
54	50	45 또는 44	39	35

이때 A + B − (B + D) = 54 − 39 = A − D = 15가 되고, A = 15 + D가 된다. 이 식을 A + D에 대입하면 15 + D + D = 2D + 15가 되고, 결괏값은 홀수가 된다. 따라서 A + D의 결괏값은 홀수인 45가 되고 B + C는 44가 된다. 선지에서 두 상품의 무게 합이 44kg에 해당하는 것이 ①과 ③이므로 B와 C의 값에 각각 대입해 보면 된다. B가 25kg이고, C가 19kg이면 A와 B가 더한 값을 통해 A가 29kg임을 알 수 있고, A와 C를 더한 값이 48kg이어야 함을 알 수 있다. 이 값이 50kg와 차이가 있으므로 B는 24kg, C는 20kg이다.
④ 21kg, 25kg ➡ (X)
⑤ 22kg, 26kg ➡ (X)

19 ② TOP 1 정답률 33.6%

| 문제 유형 | 퍼즐형 > 수리퀴즈
| 접근 전략 | 주어진 상황과 조건 등을 바탕으로 제시된 수리 연산을 활용하여 정답을 판단하는 문항으로, 예시로 제시된 상황을 바탕으로 조건을 만족하는지 판단하며 풀어 가는 것이 도움이 된다.

다음 글을 근거로 판단할 때, A 괘종시계가 11시 정각을 알리기 위한 마지막 종을 치는 시각은?

A 괘종시계는 매시 정각을 알리기 위해 매시 정각부터 일정한 시간 간격으로 해당 시의 수만큼 종을 친다. 예를 들어 7시 정각을 알리기 위해서는 7시 정각에 첫 종을 치기 시작하여 일정한 시간 간격으로 총 7번의 종을 치는 것이다. 이 괘종시계가 정각을 알리기 위해 2번 이상 종을 칠 때, 종을 치는 시간 간격은 몇 시 정각을 알리기 위한 것이든 동일하다. A 괘종시계가 6시 정각을 알리기 위한 마지막 6번째 종을 치는 시각은 6시 6초이다.

① 11시 11초 ➡ (X)
② 11시 12초 ➡ (O) A 괘종시계가 6시 정각을 알리기 위해 마지막 6번째 종을 치는 시각은 6시 6초이다. 6시 정각에 첫 종을 치기 시작했으므로, 5번의 종이 치는 동안 6초가 지난다. 괘종시계는 일정한 시간 간격으로 종을 친다고 했으므로, 11시를 알리기 위해서는 11시 정각에 첫 종을 친 이후로 10번의 종을 쳐야 하고 12초가 필요하다. 따라서 11시 12초에 마지막 종을 친다.
③ 11시 13초 ➡ (X)
④ 11시 14초 ➡ (X)
⑤ 11시 15초 ➡ (X)

20 ③ 정답률 59.9%

| 문제 유형 | 퍼즐형 > 논리퀴즈
| 접근 전략 | 주어진 상황과 조건 등을 종합적으로 고려하여 정답을 판단할 수 있어야 한다. 각 사람들이 해야 할 일의 양과 한 일의 양, 그리고 각 사람들의 업무량을 비교하는 내용들을 꼼꼼하게 확인하면 쉽게 정답을 찾을 수 있다.

다음 글을 근거로 판단할 때, 현재 시점에서 두 번째로 많은 양의 일을 한 사람은?

A부서 주무관 5명(甲~戊)은 오늘 해야 하는 일의 양이 같다. 오늘 업무 개시 후 현재까지 한 일을 비교해 보면 다음과 같다.
甲은 丙이 아직 하지 못한 일의 절반에 해당하는 양의 일을 했다. 乙은 丁이 남겨 놓고 있는 일의 2배에 해당하는 양의 일을 했다. 丙은 자신이 현재까지 했던 일의 절반에 해당하는 일을 남겨 놓고 있다. 丁은 甲이 남겨 놓고 있는 일과 동일한 양의 일을 했다. 戊는 乙이 남겨 놓은 일의 절반에 해당하는 양의 일을 했다.

① 甲 ➡ (X)
② 乙 ➡ (X)
③ 丙 ➡ (O) 5명의 주무관 중에서 丙만 다른 사람과의 비교 없이 업무량을 설정할 수 있도록 제시되어 있다. 편의상 丙이 현재까지 했던 일을 1000으로 설정하면, 절반에 해당하는 일을 남겨 놓았으므로 500이 남아 있고, 오늘 해야 하는 일의 양은 1500이다. 甲은 丙이 하지 못한 일의 절반에 해당하는 양의 일을 했으므로 250만큼 했다. 丁은 甲이 남겨 놓고 있는 일과 동일한 양의 일을 했으므로 1500 - 250 = 1250만큼 했다. 乙은 丁이 남겨 놓고 있는 일의 2배에 해당하는 양의 일을 했으므로 250 × 2 = 500만큼 했다. 戊는 乙이 남겨 놓은 일의 절반에 해당하는 양의 일을 했으므로 1000 ÷ 2 = 500만큼 했다. 따라서 일을 가장 많이 한 사람은 丁이고, 두 번째로 많은 일을 한 사람은 丙이다.
④ 丁 ➡ (X)
⑤ 戊 ➡ (X)

21 ② 정답률 73.9%

| 문제 유형 | 퍼즐형 > 최댓값·최솟값 도출
| 접근 전략 | 주어진 조건에 따라 <대화>에서 제시된 상황을 판단하여 丙이 받을 수 있는 성과점수의 최댓값을 도출해 내는 문항이다. 네 사람의 요구조건 중에서 구체적인 수치가 나온 점수를 바탕으로, 다른 사람들의 조건들을 모두 고려하며 경우의 수를 찾으면 정답을 쉽게 구할 수 있다.

다음 글과 <대화>를 근거로 판단할 때, 丙이 받을 수 있는 최대 성과점수는?

○ A과는 과장 1명과 주무관 4명(甲~丁)으로 구성되어 있으며, 주무관의 직급은 甲이 가장 높고, 乙, 丙, 丁 순으로 낮아진다.
○ A과는 프로젝트를 성공적으로 마친 보상으로 성과점수 30점을 부여받았다. 과장은 A과에 부여된 30점을 자신을 제외한 주무관들에게 분배할 계획을 세우고 있다.
○ 과장은 주무관들의 요구를 모두 반영하여 성과점수를 분배하려 한다.
○ 주무관들이 받는 성과점수는 모두 다른 자연수이다.

─〈대화〉─

甲: 과장님이 주시는 대로 받아야죠. 아! 그렇지만 丁보다는 제가 높아야 합니다.
乙: 이번 프로젝트 성공에는 제가 가장 큰 기여를 했으니, 제가 가장 높은 성과점수를 받아야 합니다.
丙: 기여도를 고려했을 때, 제 경우에는 상급자보다는 낮게 받고 하급자보다는 높게 받아야 합니다.
丁: 저는 내년 승진에 필요한 최소 성과점수인 4점만 받겠습니다.

① 6 ➡ (X)
② 7 ➡ (O) A과 과장은 주무관들의 요구를 모두 반영할 것이므로, 丁의 요구대로 丁에게 4점을 줄 것이다. 丙은 자신의 상급자보다는 낮게, 자신의 하급자보다는 높게 점수를 받아야 한다고 했고, 甲, 乙, 丙 중 丙의 직급이 가장 낮으므로, 남은 26점을 순차적으로 주어야 한다. 3명에게 9점씩 주면 27점이므로, 9점, 9점, 8점을 주면 26점이 된다. 하지만 乙이 가장 높은 점수를 받아야 하므로, 甲은 9점, 乙은 10점, 丙은 7점을 받게 된다.
③ 8 ➡ (X)
④ 9 ➡ (X)
⑤ 10 ➡ (X)

22 ⑤ 정답률 57.6%

| 문제 유형 | 퍼즐형 > 수리퀴즈
| 접근 전략 | 주어진 조건과 근거를 바탕으로 수리 연산을 활용하여 정답을 판단하는 문항이다. 집을 짓기 위해 소요되는 단위 면적당 비용과 집을 지을 수 있는 총 면적 및 각 아기 돼지의 집 면적 등을 비교함으로써 문항을 해결할 수 있다.

다음 글을 근거로 판단할 때, 아기 돼지 삼형제와 각각의 집을 옳게 짝 지은 것은?

○ 아기 돼지 삼형제는 엄마 돼지로부터 독립하여 벽돌집, 나무집, 지푸라기집 중 각각 다른 한 채씩을 선택하여 짓는다.
○ 벽돌집을 지을 때에는 벽돌만 필요하지만, 나무집은 나무와 지지대가, 지푸라기집은 지푸라기와 지지대가 재료로 필요하다. 지지대에 소요되는 비용은 집의 면적과 상관없이 나무집의 경우 20만 원, 지푸라기집의 경우 5만 원이다.

344 • 7급/민간경력자 PSAT 10+7개년 기출문제집 • 분석해설편

○ 재료의 1개당 가격 및 집의 면적 1m²당 필요 개수는 아래와 같다.

구분	벽돌	나무	지푸라기
1개당 가격(원)	6,000	3,000	1,000
1m²당 필요 개수	15	20	30

○ 첫째 돼지 집의 면적은 둘째 돼지 집의 2배이고, 셋째 돼지 집의 3배이다. 삼형제 집의 면적의 총합은 11m²이다.
○ 모두 집을 짓고 나니, 둘째 돼지 집을 짓는 재료 비용이 가장 많이 들었다.

	첫째	둘째	셋째	
①	벽돌집	나무집	지푸라기집	➡ (X)
②	벽돌집	지푸라기집	나무집	➡ (X)
③	나무집	벽돌집	지푸라기집	➡ (X)
④	지푸라기집	벽돌집	나무집	➡ (X)
⑤	지푸라기집	나무집	벽돌집	➡ (O)

제시된 조건에서 벽돌집은 1m²당 6,000×15=9만 원, 나무집은 3,000×20=6만 원, 지푸라기집은 1,000×30=3만 원이 필요하다. 그리고 나무집과 지푸라기집은 지지대 비용으로 각각 20만 원과 5만 원이 별도로 소요된다. 아기 돼지 삼형제의 집 면적은 첫째 돼지 집이 둘째 돼지 집의 2배이므로, 둘째 돼지 집의 면적을 a라고 했을 때, 첫째 돼지 집의 면적은 2a가 되고, 셋째 돼지 집의 면적을 b라고 했을 때, 첫째 돼지 집의 면적은 3b가 된다. 이를 바탕으로 방정식을 풀면 a는 1.5b이므로 3b+1.5b+b=11이 되고, b는 2가 된다. 따라서 첫째 돼지 집의 면적은 6m², 둘째 돼지 집의 면적은 3m², 셋째 돼지 집의 면적은 2m²이다. 이를 바탕으로 각 돼지들의 집 종류별 소요되는 비용을 정리하면 다음과 같다.

구분	첫째 돼지	둘째 돼지	셋째 돼지
벽돌집	6,000×15×6 =54(만 원)	6,000×15×3 =27(만 원)	6,000×15×2 =18(만 원)
나무집	3,000×20×6+ 지지대 비용(20만 원) =56(만 원)	3,000×20×3+ 지지대 비용(20만 원) =38(만 원)	3,000×20×2+ 지지대 비용(20만 원) =32(만 원)
지푸라기집	1,000×30×6+ 지지대 비용(5만 원) =23(만 원)	1,000×30×3+ 지지대 비용(5만 원) =14(만 원)	1,000×30×2+ 지지대 비용(5만 원) =11(만 원)

둘째 돼지 집의 소요 비용이 가장 많이 들었으므로 둘째 돼지는 나무집을 지어야 하고, 이때 들어간 비용 38만 원을 넘지 않는 선에서 첫째 돼지가 집을 지어야 하므로 첫째 돼지는 지푸라기집을 지어야 한다. 그리고 셋째 돼지는 벽돌집을 지어야 한다.

23 ③   정답률 59.7%

| 문제 유형 | 연산추론형 > 대입비교
| 접근 전략 | 구체적인 수치를 바탕으로 제시된 〈상황〉에 적용하며 해결해야 하는 문항은 〈상황〉이 제시되기 전과 이후에 달라지는 계산 값에 대해 유의하며 접근해야 한다. 보수 지급 기준에 따라 최대로 받을 수 있는 금액과 그에 따른 성공 보수 등을 정확하게 비교하면 문항을 쉽게 해결할 수 있다.

다음 〈A기관 특허대리인 보수 지급 기준〉과 〈상황〉을 근거로 판단할 때, 甲과 乙이 지급받는 보수의 차이는?

─〈A기관 특허대리인 보수 지급 기준〉─
○ A기관은 특허출원을 특허대리인(이하 '대리인')에게 의뢰하고, 이에 따라 특허출원 건을 수임한 대리인에게 보수를 지급한다.
○ 보수는 착수금과 사례금의 합이다.
○ 착수금은 대리인이 작성한 출원서의 내용에 따라 〈착수금 산정 기준〉의 세부항목을 합산하여 산정한다. 단, 세부항목을 합산한 금액이 140만 원을 초과할 경우 착수금은 140만 원으로 한다.

〈착수금 산정 기준〉

세부항목	금액(원)
기본료	1,200,000
독립항 1개 초과분(1개당)	100,000
종속항(1개당)	35,000
명세서 20면 초과분(1면당)	9,000
도면(1도당)	15,000

※ 독립항 1개 또는 명세서 20면 이하는 해당 항목에 대한 착수금을 산정하지 않는다.

○ 사례금은 출원한 특허가 '등록결정'된 경우 착수금과 동일한 금액으로 지급하고, '거절결정'된 경우 0원으로 한다.

─〈상황〉─
○ 특허대리인 甲과 乙은 A기관이 의뢰한 특허출원을 각각 1건씩 수임하였다.
○ 甲은 독립항 1개, 종속항 2개, 명세서 14면, 도면 3도로 출원서를 작성하여 특허를 출원하였고, '등록결정'되었다.
○ 乙은 독립항 5개, 종속항 16개, 명세서 50면, 도면 12도로 출원서를 작성하여 특허를 출원하였고, '거절결정'되었다.

① 2만 원 ➡ (X)
② 8만 5천 원 ➡ (X)
③ 123만 원 ➡ (O) 두 사람이 받을 수 있는 착수금은 최대 140만 원이고, '등록결정'이 되면 착수금의 2배를, '거절결정'이 되면 착수금만 받게 된다. 乙은 종속항만으로도 이미 56만 원이므로 착수금은 140만 원이고, '거절결정'이 되었기 때문에 최종 보수가 140만 원이다. 甲은 독립항과 명세서는 별도의 착수금을 받지 못하고, 종속항 2개 7만 원, 도면 3도 4만 5천 원을 추가로 받아 총 131만 5천 원의 착수금을 받는다. 그리고 '등록결정'이 되었으므로 총 263만 원의 보수를 받는다. 甲의 보수 263만 원에서 乙의 보수 140만 원을 빼면 甲과 乙이 지급받는 보수의 차이는 123만 원이 된다.
④ 129만 5천 원 ➡ (X)
⑤ 259만 원 ➡ (X)

24 ④   정답률 68.9%

| 문제 유형 | 연산추론형 > 대입비교
| 접근 전략 | 구체적인 수치를 바탕으로 여러 〈상황〉에 대해 비교하며 해결해야 하는 문항은 〈상황〉이 제시되기 전과 이후에 달라지는 계산 값에 대해 유의하며 접근해야 한다. 사업자 자격 요건에 따른 기본심사 점수와 감점 요소 등을 각 사업자별로 정확하게 계산하여 판단하면 정답을 쉽게 찾아낼 수 있다.

다음 글과 〈상황〉을 근거로 판단할 때, 〈보기〉에서 옳은 것만을 모두 고르면?

□□부서는 매년 △△사업에 대해 사업자 자격 요건 재허가 심사를 실시한다.
○ 기본심사 점수에서 감점 점수를 뺀 최종심사 점수가 70점 이상이면 '재허가', 60점 이상 70점 미만이면 '허가 정지', 60점 미만이면 '허가 취소'로 판정한다.
- 기본심사 점수: 100점 만점으로, ㉮~㉰의 4가지 항목(각 25점 만점) 점수의 합으로 한다. 단, 점수는 자연수이다.
- 감점 점수: 과태료 부과의 경우 1회당 2점, 제재 조치의 경우 경고 1회당 3점, 주의 1회당 1.5점, 권고 1회당 0.5점으로 한다.

〈상황〉

2020년 사업자 A~C의 기본심사 점수 및 감점 사항은 아래와 같다.

사업자	기본심사 항목별 점수			
	㉮	㉯	㉰	㉱
A	20	23	17	?
B	18	21	18	?
C	23	18	21	16

사업자	과태료 부과 횟수	제재 조치 횟수		
		경고	주의	권고
A	3	-	-	6
B	5	-	3	2
C	4	1	2	-

〈보기〉

ㄱ. A의 ㉱ 항목 점수가 15점이라면 A는 재허가를 받을 수 있다. → (X) 사업자 A의 감점 점수는 과태료 6점(3회×2점), 권고 3점(6회×0.5점)으로 총 9점이다. A의 ㉱가 15점이라면 기본 점수 75점에서 9점이 감점되어 총 66점이다. 66점은 '허가 정지'이다.

ㄴ. B의 허가가 취소되지 않으려면 B의 ㉱ 항목 점수가 19점 이상이어야 한다. → (○) 사업자 B의 감점 점수는 과태료 10점(5회×2점), 주의 4.5점(3회×1.5점), 권고 1점(2회×0.5점)으로 총 15.5점이다. ㉱가 19점이면 기본 점수 76점에서 15.5점이 감점되어 60.5점이 되므로 '허가 취소' 판정을 받지 않게 된다.

ㄷ. C가 2020년에 과태료를 부과받은 적이 없다면 판정 결과가 달라진다. → (○) 사업자 C의 감점 점수는 과태료 8점(4회×2점), 경고 3점(1회×3점), 주의 3점(2회×1.5점)으로 총 14점이다. 기본심사점수 78점에서 감점점수 14점을 뺀 현재 점수는 64점이므로 '허가정지' 처분을 받게 되지만, 과태료가 없다면 64+8 = 72점이므로 '재허가' 판정을 받게 된다.

ㄹ. 기본심사 점수와 최종심사 점수 간의 차이가 가장 큰 사업자는 C이다. → (X) 감점 점수가 가장 큰 사업자는 B이므로 기본심사 점수와 최종심사 점수 간의 차이가 가장 큰 사업자는 B이다.

① ㄱ ➡ (X)
② ㄴ ➡ (X)
③ ㄱ, ㄴ ➡ (X)
④ ㄴ, ㄷ ➡ (○)
⑤ ㄷ, ㄹ ➡ (X)

25 ③ 정답률 59.5%

| 문제 유형 | 법조문형 > 규정적용

| 접근 전략 | 제시된 규정을 해석하고 이를 구체적인 〈상황〉에 적용하는 능력을 평가하는 문항이다. 제시된 〈상황〉에 어긋나는 규정이나 예외 규정 등이 무엇인지 꼼꼼하게 확인하는 것이 가장 중요하다.

다음 글과 〈상황〉을 근거로 판단할 때, 수질검사빈도와 수질기준을 둘 다 충족한 검사지점만을 모두 고르면?

□□법 제00조(수질검사빈도와 수질기준) ① 기초자치단체의 장인 시장·군수·구청장은 다음 각 호의 구분에 따라 지방상수도의 수질검사를 실시하여야 한다.

1. 정수장에서의 검사
   가. 냄새, 맛, 색도, 탁도(濁度), 잔류염소에 관한 검사: 매일 1회 이상
   나. 일반세균, 대장균, 암모니아성 질소, 질산성 질소, 과망간산칼륨 소비량 및 증발잔류물에 관한 검사: 매주 1회 이상
      단, 일반세균, 대장균을 제외한 항목 중 지난 1년간 검사를 실시한 결과, 수질기준의 10퍼센트를 초과한 적이 없는 항목에 대하여는 매월 1회 이상
2. 수도꼭지에서의 검사
   가. 일반세균, 대장균, 잔류염소에 관한 검사: 매월 1회 이상
   나. 정수장별 수도관 노후지역에 대한 일반세균, 대장균, 암모니아성 질소, 동, 아연, 철, 망간, 잔류염소에 관한 검사: 매월 1회 이상
3. 수돗물 급수과정별 시설(배수지 등)에서의 검사
   일반세균, 대장균, 암모니아성 질소, 동, 수소이온 농도, 아연, 철, 잔류염소에 관한 검사: 매 분기 1회 이상

② 수질기준은 아래와 같다.

항목	기준	항목	기준
대장균	불검출/100mL	일반세균	100CFU/mL 이하
잔류염소	4mg/L 이하	질산성 질소	10mg/L 이하

〈상황〉

甲시장은 □□법 제00조에 따라 수질검사를 실시하고 있다. 甲시 관할의 검사지점(A~E)은 이전 검사에서 매번 수질기준을 충족하였고, 이번 수질검사에서 아래와 같은 결과를 보였다.

검사지점	검사대상	검사결과	검사빈도
정수장 A	잔류염소	2mg/L	매일 1회
정수장 B	질산성 질소	11mg/L	매일 1회
정수장 C	일반세균	70CFU/mL	매월 1회
수도꼭지 D	대장균	불검출/100mL	매주 1회
배수지 E	잔류염소	2mg/L	매주 1회

※ 제시된 검사대상 외의 수질검사빈도와 수질기준은 모두 충족한 것으로 본다.

① A, D ➡ (X)
② B, D ➡ (X)
③ A, D, E ➡ (○)
- 정수장 A: 제1항 제1호 가목에 따르면 정수장은 잔류염소에 관한 검사를 매일 1회 이상 해야 하고, 제2항에서 잔류염소의 기준은 4mg/L 이하임을 알 수 있다.
- 정수장 B: 제1항 제1호 나목에 따르면 정수장은 질산성 질소에 관한 검사를 매주 1회 이상 해야 하고, 제2항에서 질산성 질소의 기준은 10mg/L 이하임을 알 수 있다. B는 검사결과 11mg/L이므로 기준을 충족하지 못했다.
- 정수장 C: 제1항 제1호 나목에 따르면 정수장은 일반세균에 관한 검사를 매주 1회 이상 해야 하지만, C는 매월 1회 했으므로 기준을 충족하지 못했다.
- 수도꼭지 D: 제1항 제2호 가목에 따르면 수도꼭지는 대장균에 관한 검사를 매월 1회 이상 해야 하고, 제2항에서 대장균의 기준은 불검출/100mL임을 알 수 있다.
- 배수지 E: 제1항 제3호에 따르면 배수지는 잔류염소에 관한 검사를 매 분기 1회 이상 해야 하고, 제2항에서 잔류염소의 기준은 4mg/L 이하임을 알 수 있다.

④ A, B, C, E ➡ (X)
⑤ A, C, D, E ➡ (X)

2020년 7월 25일 시행

2020년도 국가공무원 5급 및 7급 민간경력자 일괄채용 필기시험

정답과 분석해설

나의 성적

영역	점수	풀이 시간
언어논리	___점	___분
자료해석	___점	___분
상황판단	___점	___분

합격선

영역	합격 가능권	합격 확실권
언어논리	64~68점	72~76점
자료해석	60~64점	68~72점
상황판단	64~68점	72~76점

풀이 시간

영역	기본	숙련
언어논리	60분	50분
자료해석	60분	50분
상황판단	60분	50분

선발 인원 / 응시 인원 / 경쟁률

선발 인원	응시 인원	경쟁률
247명	6,056명	2.5 : 1

※ 경쟁률은 1차 합격자 선발 기준인 10배수로 산정

취약유형 분석표 제1영역 언어논리

문번	정답	정답률	유형	맞고 틀림
01	③	84.2%	사실적 이해 > 정보 확인	○△×
02	①	85.7%	사실적 이해 > 정보 확인	○△×
03	①	66.7%	사실적 이해 > 정보 확인	○△×
04	⑤	94.0%	사실적 이해 > 정보 확인	○△×
05	④	87.4%	사실적 이해 > 정보 확인	○△×
06	⑤	78.6%	사실적 이해 > 정보 확인	○△×
07	④	78.4%	비판적 사고 > 빈칸 채우기	○△×
08	②	54.0%	비판적 사고 > 지문에서 추론하기	○△×
09	②	56.0%	비판적 사고 > 논리적 결론의 전제·원인 찾기	○△×
10	④	84.6%	비판적 사고 > 빈칸 채우기	○△×
11	①	51.2%	비판적 사고 > 빈칸 채우기	○△×
12	②	40.6%	사실적 이해 > 논리 게임	○△×
13	③	93.3%	사실적 이해 > 정보 확인	○△×
14	③	89.4%	사실적 이해 > 정보 확인	○△×
15	④	86.0%	비판적 사고 > 빈칸 채우기	○△×
16	③	89.6%	비판적 사고 > 판단하기	○△×
17	①	97.0%	비판적 사고 > 빈칸 채우기	○△×
18	⑤	70.1%	비판적 사고 > 지문에서 추론하기	○△×
19	④	72.5%	사실적 이해 > 논리 게임	○△×
20	③	84.6%	사실적 이해 > 논리 게임	○△×
21	②	86.1%	비판적 사고 > 논리적 결론의 전제·원인 찾기	○△×
22	②	68.3%	비판적 사고 > 판단하기	○△×
23	③	48.2%	비판적 사고 > 판단하기	○△×
24	②	77.5%	비판적 사고 > 논지 강화·약화하기	○△×
25	⑤	63.8%	비판적 사고 > 판단하기	○△×

- 확실히 맞힌 문항 수: _____ 문항
- 헷갈리거나 찍은 문항 수: _____ 문항
- 틀린 문항 수: _____ 문항

취약유형 분석표 제2영역 자료해석

문번	정답	정답률	유형	맞고 틀림
01	④	84.2%	자료 변환응용 > 자료/보고서 전환형	○ △ ×
02	③	82.4%	자료 읽기 > 표 제시형	○ △ ×
03	④	83.9%	자료 읽기 > 표 제시형	○ △ ×
04	①	88.6%	자료 읽기/추론 > 계산형	○ △ ×
05	⑤	63.7%	자료 읽기 > 표/빈칸 제시형	○ △ ×
06	⑤	88.7%	자료 읽기 > 그림 제시형	○ △ ×
07	①	65.0%	자료 읽기 > 표 제시형	○ △ ×
08	②	81.9%	자료 변환응용 > 표/그림 전환형	○ △ ×
09	②	78.5%	자료 읽기 > 표 제시형	○ △ ×
10	④	70.8%	자료 읽기/추론 > 계산형	○ △ ×
11	③	93.9%	자료 변환응용 > 자료/보고서 전환형	○ △ ×
12	④	81.7%	자료 읽기 > 표 제시형	○ △ ×
13	⑤	53.7%	자료 변환응용 > 표/그림 전환형	○ △ ×
14	⑤	72.3%	자료 읽기 > 표/빈칸 제시형	○ △ ×
15	④	76.0%	자료 읽기/추론 > 매칭형	○ △ ×
16	②	49.5%	자료 추론 > 추가로 필요한 자료 찾기	○ △ ×
17	③	77.5%	자료 읽기 > 표 제시형	○ △ ×
18	④	83.9%	자료 읽기 > 표 제시형	○ △ ×
19	③	38.7%	자료 읽기/추론 > 매칭형	○ △ ×
20	①	76.5%	자료 읽기 > 그림 제시형	○ △ ×
21	③	77.6%	자료 읽기 > 표 제시형	○ △ ×
22	②	76.5%	자료 읽기 > 표 제시형	○ △ ×
23	①	57.7%	자료 읽기 > 그림 제시형	○ △ ×
24	⑤	77.5%	자료 읽기 > 빈칸/그림 제시형	○ △ ×
25	④	68.4%	자료 읽기 > 표/그림 제시형	○ △ ×

- 확실히 맞힌 문항 수: _____ 문항
- 헷갈리거나 찍은 문항 수: _____ 문항
- 틀린 문항 수: _____ 문항

취약유형 분석표 제3영역 상황판단

문번	정답	정답률	유형	맞고 틀림
01	③	69.4%	법조문형 > 규정확인	○ △ ×
02	⑤	68.7%	법조문형 > 규정확인	○ △ ×
03	⑤	84.2%	법조문형 > 규정확인	○ △ ×
04	①	32.2%	법조문형 > 규정적용	○ △ ×
05	①	92.9%	제시문형 > 정보확인	○ △ ×
06	④	81.4%	제시문형 > 분석추론	○ △ ×
07	②	86.9%	연산추론형 > 대입비교	○ △ ×
08	⑤	81.2%	퍼즐형 > 수리퀴즈	○ △ ×
09	⑤	82.1%	퍼즐형 > 논리퀴즈	○ △ ×
10	①	64.2%	연산추론형 > 대입비교	○ △ ×
11	②	86.6%	법조문형 > 규정확인	○ △ ×
12	⑤	63.3%	법조문형 > 규정확인	○ △ ×
13	①	96.5%	제시문형 > 분석추론	○ △ ×
14	③	94.3%	제시문형 > 정보확인	○ △ ×
15	④	90.2%	제시문형 > 정보확인	○ △ ×
16	④	90.5%	제시문형 > 분석추론	○ △ ×
17	⑤	91.2%	퍼즐형 > 논리퀴즈	○ △ ×
18	②	86.8%	연산추론형 > 수리계산	○ △ ×
19	②	85.7%	퍼즐형 > 논리퀴즈	○ △ ×
20	③	79.5%	제시문형 > 분석추론	○ △ ×
21	③	86.2%	퍼즐형 > 논리퀴즈	○ △ ×
22	④	82.2%	퍼즐형 > 게임·규칙	○ △ ×
23	②	70.9%	퍼즐형 > 논리퀴즈	○ △ ×
24	③	56.3%	퍼즐형 > 수리퀴즈	○ △ ×
25	④	87.6%	제시문형 > 분석추론	○ △ ×

- 확실히 맞힌 문항 수: _____ 문항
- 헷갈리거나 찍은 문항 수: _____ 문항
- 틀린 문항 수: _____ 문항

정답과 분석해설

2020 | 제1영역 언어논리(㉮ 책형)

기출 총평

전반적으로 난이도 중에 해당하는 문항들이 많았다. 아주 쉬운 문항은 없었으며 지문의 내용을 정확하게 이해하는 것이 관건이었다. 특히 정보 확인 유형의 문항들이 많았는데, 대부분 지문과 선지의 직접 대조를 통해 해결이 가능한 문항들이었다. 하지만 단어 하나를 바꾸거나 문장의 수식 관계나 인과 관계를 조금 비틀어 구성한 선지들도 있어 실수하지 않도록 주의가 필요했다. 한편 난이도 상에 해당하는 문항들의 경우 지문의 독해 난도는 높지 않으나, 복합 유형으로 구성되어 여러 단계의 문제 풀이 과정을 거쳐야 하기 때문에 시간 소모가 컸을 것으로 예상된다. 빈칸 채우기 유형은 논지의 흐름에 따라 결론이나 가설을 추론하는 문제, 필요한 전제를 추가하는 문제, 실험 과정을 보여 주고 결과를 찾는 문제 등 다양한 방식으로 출제되었다. 무엇보다 지문을 읽는 동안 빈칸에 들어갈 내용을 확정하지 못하고 선지를 하나씩 대입해서 가장 적절한 것을 골라야 하는 문제의 경우, 시간 안배가 중요하게 작용했을 것으로 보인다. 논리 게임 유형의 문제 중에서는 반드시 참인 것을 고르는 유형이 아니라, 경우의 수 가운데 최대로 나올 수 있는 수를 고르는 유형이 다소 어렵게 느껴질 수 있다. 따라서 논리 게임 유형의 다양한 문제들을 꾸준히 접하고 그것들을 해결하는 패턴을 익혀야 할 것이다.

문항별 정답률 및 선지별 선택률

문번	정답	정답률(%)	선지별 선택률(%)				
			①	②	③	④	⑤
01	③	84.2	3.7	4.0	84.2	1.3	6.8
02	①	85.7	85.7	2.0	6.8	3.0	2.5
03	①	66.7	66.7	7.8	10.1	11.8	3.6
04	⑤	94.0	2.6	0.7	2.0	0.7	94.0
05	④	87.4	8.1	1.6	2.2	87.4	0.7
06	⑤	78.6	7.7	10.0	1.9	1.8	78.6
07	④	78.4	13.8	1.8	1.0	78.4	5.0
08	②	54.0	13.0	54.0	10.3	4.3	18.4
09	②	56.0	2.1	56.0	3.6	12.8	25.5
10	④	84.6	3.3	2.3	4.1	84.6	5.7
11	①	51.2	51.2	1.9	1.9	32.7	12.3
12	②	40.6	18.0	40.6	17.2	14.4	9.8
13	③	93.3	0.8	0.7	93.3	0.5	4.7
14	③	89.4	6.1	2.4	89.4	0.8	1.3
15	④	86.0	0.9	2.4	0.3	86.0	10.4
16	③	89.6	2.2	2.6	89.6	4.0	1.6
17	①	97.0	97.0	1.4	0.2	0.6	0.8
18	⑤	70.1	4.0	4.1	4.0	17.8	70.1
19	④	72.5	2.2	6.4	10.3	72.5	8.6
20	③	84.6	2.6	7.1	84.6	4.3	1.4
21	②	86.1	2.2	86.1	3.5	4.6	3.6
22	②	68.3	0.9	68.3	1.0	27.8	2.0
23	③	48.2	32.0	2.6	48.2	2.0	15.2
24	②	77.5	8.1	77.5	4.3	5.1	5.0
25	⑤	63.8	6.2	2.1	20.7	7.2	63.8

※ 파란색 음영 문항은 해당 회차에서 정답률이 가장 낮은 TOP 3 문항입니다.
※ 정답률 및 선지별 선택률 산정 기준: 약 1년간 누적된 자동채점 & 성적결과분석 서비스의 응시 데이터

출제 비중

기출문제편 P.312

01	③	02	①	03	①	04	⑤	05	④
06	⑤	07	④	08	②	09	②	10	④
11	①	12	②	13	②	14	③	15	④
16	③	17	①	18	⑤	19	④	20	③
21	②	22	②	23	③	24	②	25	⑤

01 ③

정답률 84.2%

| 문제 유형 | 사실적 이해 > 정보 확인
| 접근 전략 | 지문의 정보가 선지와 일치하는지 여부를 따지는 유형이다. 지문의 내용이 거의 그대로 선지에 나와 있기 때문에 답을 쉽게 찾을 수 있다. 다만 지문의 내용과 부합하지 않는 것을 찾는 문제이므로, 발문을 잘 읽고 선지를 확인해야 한다.

다음 글의 내용과 부합하지 않는 것은?

　우리나라 헌법상 정부는 대통령과 행정부로 구성된다. 행정부에는 국무총리, 행정각부, 감사원 등이 있으며, 이들은 모두 대통령 소속하에 있다. 이외에도 행정부에는 국무회의와 각종 대통령 자문기관들이 있다. ▶1문단

　우리나라 국무회의는 정부의 중요 정책에 대한 최고 심의기관으로, 그 설치를 헌법에서 규정하고 있다. 미국 대통령제의 각료회의는 헌법에 규정이 없는 편의상의 기구라는 점에서, 영국 의원내각제의 내각은 의결기관이라는 점에서 우리나라의 국무회의는 이들과 법적 성격이 다르다. ▶2문단

　대통령이 국무회의 심의 결과에 구속되지 않는다는 점에서 국무회의는 자문기관과 큰 차이가 없다. 그러나 일반 대통령 자문기관들은 대통령이 임의적으로 요청하는 사항에 응하여 자문을 개진하는 것과 달리 국무회의는 심의 사항이 헌법에 명시되어 있으며 해당 심의는 필수적이라는 점에서 단순한 자문기관도 아니다. ▶3문단

　행정각부의 장은 대통령, 국무총리와 함께 국무회의를 구성하는 국무위원임과 동시에 대통령이 결정한 정책을 집행하는 행정관청이다. 그러나 행정각부의 장이 국무위원으로서 갖는 지위와 행정관청으로서 갖는 지위는 구별된다. 국무위원으로서 행정각부의 장은 대통령, 국무총리와 법적으로 동등한 지위를 갖지만, 행정관청으로서 행정각부의 장은 대통령은 물론 상급행정관청인 국무총리의 지휘와 감독에 따라야 한다. ▶4문단

① 감사원은 대통령 소속하에 있는 기관이다. ➡ (O) 1문단에 따르면 행정부에는 국무총리, 행정각부, 감사원 등이 있으며, 이들은 모두 대통령 소속하에 있다.

② 국무회의는 의결기관도 단순 자문기관도 아닌 심의기관이다.
➡ (O) 2문단에 따르면 우리나라의 국무회의는 정부의 중요 정책에 대한 최고 심의기관으로, 의결기관인 영국 내각과 법적 성격이 다르다. 또한 3문단에 따르면 국무회의의 해당 심의는 필수적이라는 점에서 단순한 자문기관도 아니다.

③ 국무회의 심의 결과는 대통령을 구속한다는 점에서 국가의사를 표시한다. ➡ (X) 3문단에 대통령이 국무회의 심의 결과에 구속되지 않는다고 나와 있으므로 본 선지는 글의 내용과 부합하지 않는다.

④ 우리나라 헌법은 국무회의에서 반드시 심의하여야 할 사항을 규정하고 있다. ➡ (O) 3문단에 따르면 국무회의는 심의 사항이 헌법에 명시되어 있다.

⑤ 국무총리와 행정각부의 장은 국무회의 심의 석상에서는 국무 위원으로서 법적으로 동등한 지위를 갖는다. ➡ (O) 4문단에 따르면 국무위원으로서 행정각부의 장은 대통령, 국무총리와 법적으로 동등한 지위를 갖는다.

02 ①

정답률 85.7%

| 문제 유형 | 사실적 이해 > 정보 확인
| 접근 전략 | 지문의 내용과 선지의 일치 여부를 확인하는 문제 유형이다. 이 유형에서는 선지를 구성할 때 지문의 내용을 가져오되 일부를 바꿔 오답을 만드는 경우가 많다. 따라서 지문의 세부 내용을 꼼꼼히 읽을 필요가 있다.

다음 글의 내용과 부합하는 것은?

　조선 시대에는 각 고을에 '유향소'라는 기구가 있었다. 이 기구는 해당 지역의 명망가들로 구성되어 있었으며, 지방관을 보좌하고 아전을 감독하는 역할을 했다. 유향소는 그 회원들의 이름을 '향안'이라는 책자에 기록해 두었다. 향안에 이름이 오른 사람은 유향소의 장(長)인 좌수 혹은 별감을 선출하는 선거에 참여할 수 있었고, 유향소가 개최하는 회의에 참석해 지방행정에 관한 의견을 개진할 수 있었다. 또 회원 자격을 획득한 후 일정한 기간이 지나면 좌수와 별감으로 뽑힐 수도 있었다. ▶1문단

　향안에 이름이 오르는 것을 '입록'이라고 불렀다. 향안에 입록되는 것은 당시로서는 큰 영예였다. 16세기에 대부분의 유향소는 부친, 모친, 처가 모두 그 지역 출신이어야 향안에 입록될 수 있도록 했는데, 이 조건을 '삼향'이라고 불렀다. 그런데 당시에는 멀리 떨어진 고을의 가문과 혼인 관계를 맺는 일이 잦아 삼향의 조건을 갖춘 사람은 드물었다. 유향소가 이 조건을 고수한다면 전국적인 명망가라고 하더라도 유향소 회원이 되기 어려웠다. 이런 까닭에 삼향이라는 조건을 거두어들이는 유향소가 늘어났다. 그 결과 17세기에는 삼향의 조건을 갖추지 않았다는 이유로 향안 입록을 거부하는 유향소가 크게 줄었다. ▶2문단

　한편 서얼이나 상민과 혼인한 사람은 어떤 경우라도 향안에 입록될 수 없었고, 이 규정이 사라진 적도 없었다. 향안에 들어가고자 하는 사람은 기존 유향소 회원들의 동의도 받아야 했다. 향안 입록 신청자가 생기면 유향소 회원들은 한곳에 모여 투표를 해 허용 여부를 결정했다. 입록 신청자를 받아들일지 결정하는 투표를 '권점'이라고 불렀다. 권점을 통과하기 위해서는 일정한 비율 이상의 찬성표가 나와야 했다. 이 때문에 향안에 이름을 올리려는 자는 평소 나쁜 평판이 퍼지지 않게 행실에 주의를 기울였다. ▶3문단

① 향안에 입록된 사람은 해당 지역 유향소의 별감이나 좌수를 뽑는 데 참여할 수 있었다. ➡ (O) 1문단에 따르면 향안에 이름이 오른 사람은 유향소의 장인 좌수 혹은 별감을 선출하는 선거에 참여할 수 있었다.

② 각 지역 유향소들은 아전의 부정행위를 막기 위해 17세기에 향안 입록 조건을 완화하였다. ➡ (X) 2문단에서 향안에 입록되려면 부친, 모친, 처가 모두 그 지역 출신이어야 하는 '삼향'이라는 조건을 갖춰야 한다고 했다. 그런데 삼향을 갖춘 사람이 매우 드물었기 때문에 17세기에는 많은 유향소에서 삼향이라는 조건을 거두어들여 향안 입록 조건을 완화하였다. 즉 17세기에 향안 입록 조건을 완화한 것은 부정행위를 막기 위해서가 아니라 삼향이라는 조건을 갖춘 사람이 드물었기 때문임을 알 수 있다.

③ 유향소 회의에 참여할 자격을 얻기 위해서는 향안에 입록된 후에 다시 권점을 통과해야 하였다. ➡ (X) 3문단에 따르면 '권점'은 유향소 회원들이 한곳에 모여 입록 신청자를 받아들일지 결정하는 투표이다. 따라서 권점을 통과해야 향안에 입록될 수 있었음을 알 수 있다.

④ 16세기에는 서얼 가문과 혼인한 사람이 향안에 입록될 수 없었으나, 17세기에는 입록될 수 있었다. ➡ (X) 3문단에 따르면 서얼이나 상민과 혼인한 사람은 어떤 경우라도 향안에 입록될 수 없었고, 이 규정이 사라진 적도 없었다. 따라서 서얼 가문과 혼인한 사람은 17세기에도 향안에 입록될 수 없었다.

⑤ 17세기에 새로이 유향소 회원이 된 사람들은 모두 삼향의 조건을 갖추고 권점을 통과한 인물이었다. ➡ (X) 2문단에 따르면 17세기에는 삼향이라는 조건을 거두어들이는 유향소가 늘어나, 이 조건을 갖추지 않아도 향안에 입록될 수 있었다.

03 ① 정답률 66.7%

| 문제 유형 | 사실적 이해 > 정보 확인
| 접근 전략 | 선지를 보면 지문의 내용을 그대로 옮겨 오지 않고, 지시 대상 두 개를 서로 비교하거나 수식 어구와 피수식어를 다양하게 조합해 구성하였음을 알 수 있다. 따라서 지문에 등장하는 '초조대장경', '재조대장경(팔만대장경)', 『무구정광대다라니경』 등과 관련해 제작 시기와 인쇄 방법 등을 정확히 파악해야 한다.

다음 글에서 알 수 있는 것은?

부처의 말씀을 담은 경장과 그 해설서인 논장, 수행자의 계율을 담은 율장 외에 여러 가지 불교 관련 자료들을 모아 펴낸 것을 대장경이라고 부른다. 고려는 몇 차례 대장경 간행 사업을 벌였는데, 처음 대장경 간행에 돌입한 것은 거란의 침입을 받았던 현종 때 일이다. 당시 고려는 대장경을 만드는 데 필요한 자료들을 확보하지 못해 애를 먹다가 거란에서 만든 대장경을 수입해 분석한 후 선종 때 이를 완성했다. 이 대장경을 '초조대장경'이라고 부른다. ▶1문단

한편 고려는 몽골이 침략해 들어오자 불교 신앙으로 국난을 극복하겠다는 뜻에서 다시 대장경 제작 사업에 돌입했다. 이 대장경은 두 번째로 만든 것이라고 해서 '재조대장경'이라 불렀다. 고려는 재조대장경을 활자로 인쇄하기로 하고, 전국 각지에서 나무를 베어 경판을 만들었다. 완성된 경판의 숫자가 8만여 개에 이르기 때문에 이 대장경을 '팔만대장경'이라고도 부른다. 재조대장경을 찍어내기 위해 만든 경판은 현재까지 남아 있는데, 이는 전 세계에 남아 있는 대장경 인쇄용 경판 가운데 가장 오래된 것이다. 재조대장경판은 그 규모가 무척 커서 제작을 시작한 지 16년 만에 완성할 수 있었다. ▶2문단

재조대장경을 찍어내고자 수많은 경판을 만들었다는 사실에서 알 수 있듯이 한반도에서는 인쇄술이 일찍부터 발달해 있었다. 이를 잘 보여 주는 유물이 불국사에서 발견된 『무구정광대다라니경』이다. 분석 결과, 이 유물은 통일신라 경덕왕 때 목판으로 찍어낸 것으로 밝혀졌다. 『무구정광대다라니경』은 목판으로 인쇄되어 전하는 자료 가운데 세계에서 가장 오래된 것이다. 금속활자를 이용한 인쇄술도 일찍부터 발달했다. 몽골의 1차 고려 침략이 시작된 해에 세계 최초로 금속활자를 이용한 『상정고금예문』이 고려에서 발간되었다고 알려져 있다. 이처럼 고려 사람들은 선진 인쇄술을 바탕으로 문화를 발전시켜 나갔다. ▶3문단

① 재조대장경판의 제작이 완료되기 전에 금속활자로 『상정고금예문』을 발간한 일이 있었던 것으로 전해진다. ➡ (O) 2문단에 따르면 재조대장경판은 몽골이 침략해 들어올 때 제작을 시작했고, 제작을 시작한 지 16년 만에 완성할 수 있었다. 또한 3문단에 따르면 몽골의 1차 고려 침략이 시작된 해에 세계 최초로 금속활자를 이용한 『상정고금예문』이 고려에서 발간되었다고 알려져 있다. 따라서 재조대장경판의 제작 완료 전에 『상정고금예문』이 발간되었음을 알 수 있다.

② 재조대장경은 고려 현종 때 외적의 침입을 막고자 거란에서 들여온 대장경을 참고해 만든 것이다. ➡ (X) 1문단에 따르면 고려 현종 때 외적의 침입을 막고자 거란에서 들여온 대장경을 참고해 만든 것은 초조대장경이다.

③ 고려 시대에 만들어진 대장경판으로서 현재 남아 있는 것 중 가장 오래된 것은 초조대장경판이다. ➡ (X) 2문단에 따르면 현재까지 남아 있는 대장경 인쇄용 경판 가운데 가장 오래된 것은 재조대장경이다.

④ 『무구정광대다라니경』은 목판으로 인쇄되었으며, 재조대장경은 금속활자로 인쇄되었다. ➡ (X) 3문단에 따르면 『무구정광대다라니경』은 목판으로 찍어낸 것이 맞다. 그런데 2문단에서 고려는 재조대장경을 활자로 인쇄하기로 하고, 전국 각지에서 나무를 베어 경판을 만들었다고 했으므로 재조대장경도 금속활자가 아닌 목판으로 인쇄되었음을 알 수 있다.

⑤ 불교 진흥을 위해 고려 시대에 만들어진 최초의 대장경은 팔만대장경이다. ➡ (X) 1문단을 보면 처음 대장경 간행에 돌입한 것은 현종 때의 일이고, 선종 때 '초조대장경'을 완성했음을 알 수 있다.

04 ⑤ 정답률 94.0%

| 문제 유형 | 사실적 이해 > 정보 확인
| 접근 전략 | 지문의 내용과 선지의 일치 여부를 확인하는 유형이다. 지문에서는 다른 국가의 소년사법 제도에 대해 소개한 후 이와 다른 우리나라 소년사법의 대상 범위에 대해 서술하고 있다. 따라서 우리나라 소년사법의 대상이 되는 연령대 구분과 소년사법의 사상과 특징을 파악한 후, 선지와의 일치 여부를 확인하도록 한다.

다음 글에서 알 수 있는 것은?

많은 국가들의 소년사법 제도는 영국의 관습법에서 유래한다. 영국 관습법에 따르면 7세 이하 소년은 범죄 의도를 소유할 능력이 없는 것으로 간주되고, 8세 이상 14세 미만의 소년은 형사책임을 물을 수 없고, 14세 이상의 소년에 대해서는 형사책임을 물을 수 있다. ▶1문단

우리나라의 소년사법 역시 소년의 나이에 따라 세 그룹으로 구분하여 범죄 의도 소유 능력 여부와 형사책임 여부를 결정한다. 다만 그 나이의 기준을 9세 이하, 10세 이상 14세 미만, 그리고 14세 이상 19세 미만으로 구분할 뿐이다. 우리나라 『소년법』은 10세 이상 14세 미만의 소년 중 형벌 법령에 저촉되는 행위를 한 자를 촉법소년으로 규정하여 소년사법의 대상으로 하고 있다. 또한, 10세 이상 19세 미만의 소년 중 이유 없는 가출을 하거나 술을 마시는 행동을 하는 등 그대로 두면 장래에 범법행위를 할 우려가 있는 소년을 우범소년으로 규정하여 소년사법의 대상으로 하고 있다. 일부에서는 단순히 불량성이 있을 뿐 범죄를 저지르지 않았음에도 소년사법의 대상이 되는 우범소년 제도에 의문을 품기도 한다. ▶2문단

소년사법은 범죄를 저지르지 않은 소년까지도 사법의 대상으로 한다는 점에서 자기책임주의를 엄격히 적용하는 성인사법과 구별된다. 소년사법의 이러한 특징은 국가가 궁극적 보호자로서 아동을 양육하고 보호해야 한다는 국친 사상에 근거를 둔다. 과거 봉건 국가 시대에는 친부모가 자녀에 대한 양육·보호를 제대로 하지 못하는 경우 왕이 양육·보호책임을 진다고 믿었다. 이런 취지에서 오늘날에도 비록 죄를 범하지는 않았지만 그대로 둔다면 범행을 할 가능성이 있는 소년까지 소년사법의 대상으로 보는 것이다. 이처럼 소년사법의 철학적 기초에는 국친 사상이 있다. ▶3문단

① 국친 사상은 소년사법의 대상 범위를 축소하는 철학적 기초이다. ➡ (X) 3문단에 따르면 국친 사상에 근거를 둔 소년사법은 죄를 범하지는 않았지만 그대로 둔다면 범행을 할 가능성이 있는 소년까지 사법의 대상으로 본다. 따라서 국친 사상은 소년사법의 대상 범위를 확대하는 철학적 기초임을 알 수 있다.

② 성인범도 국친 사상의 대상이 되어 범행할 가능성이 있으면 처벌을 받는다. ➡ (X) 3문단에 따르면 소년사법은 범죄를 저지르지 않은 소년까지도 사법의 대상으로 한다는 점에서 자기책임주의를 엄격히 적용하는 성인사법과 구별된다. 따라서 성인범은 국친 사상의 대상이 되지 않음을 알 수 있다.

③ 우리나라 소년법상 촉법소년은 범죄 의도를 소유할 수 없는 것으로 간주된다. ➡ (X) 2문단에 따르면 우리나라의 소년사법은 범죄 의도 소유 능력 여부와 형사책임 여부를 결정하는 나이 기준을 9세 이하, 10세 이상 14세 미만, 14세 이상 19세 미만으로 구분한다. 촉법소년은 10세 이상 14세 미만의 소년 중 형벌 법령에 저촉되는 행위를 한 자로 소년사법의 대상이다. 따라서 우리나라 소년법상 촉법소년은 범죄 의도를 소유할 수 있는 것으로 간주됨을 알 수 있다.

④ 영국의 관습법상 7세의 소년은 범죄 의도는 소유할 수 있지만, 형사책임이 없는 것으로 간주된다. ➡ (X) 1문단에서 영국 관습법에 따르면 7세 이하 소년은 범죄 의도를 소유할 능력이 없는 것으로 간주된다고 하였다.

⑤ 우리나라 소년법상 10세 이상 19세 미만의 소년은 범죄를 저지를 우려가 있으면 범죄를 저지르지 않아도 소년사법의 적용을 받을 수 있다. ➡ (O) 2문단에 따르면 우리나라 『소년법』은 10세 이상 19세 미만의 소년 중 그대로 두면 장래에 범법행위를 할 우려가 있는 소년을 우범소년으로 규정하여 소년사법의 대상으로 하고 있다.

05 ④ 정답률 87.4%

| 문제 유형 | 사실적 이해 > 정보 확인
| 접근 전략 | 지문에 등장하는 지시 대상인 랑그, 스틸, 에크리튀르의 개념을 선지에서 정확하게 서술하고 있는지 확인하는 문제 유형이다. 따라서 선지에 나오는 '선택의 여지, 방언에 대한 선택, 같은 지역 출신' 등의 표현에 중점을 두고, 지문을 읽으면서 각 대상들 간의 공통점과 차이점을 파악해야 한다.

다음 글에서 알 수 있는 것은?

바르트는 언어를 '랑그', '스틸', '에크리튀르'로 구분해서 파악했다. 랑그는 영어의 'language'에 해당한다. 인간은 한국어, 중국어, 영어 등 어떤 언어를 공유하는 집단에서 태어난다. 그때 부모나 주변 사람들이 이야기하는 언어가 '모어(母語)'이고 그것이 랑그이다. ▶1문단

랑그에 대해 유일하게 말할 수 있는 사실은, 태어날 때부터 부모가 쓰는 언어여서 우리에게 선택권이 없다는 것이다. 인간은 '모어 속에 던져지는' 방식으로 태어나기 때문에 랑그에는 관여할 수 없다. 태어나면서 쉼 없이 랑그를 듣고 자라기 때문에 어느새 그 언어로 사고하고, 그 언어로 숫자를 세고, 그 언어로 말장난을 하고, 그 언어로 신어(新語)를 창조한다. ▶2문단

스틸의 사전적인 번역어는 '문체'이지만 실제 의미는 '어감'에 가깝다. 이는 언어에 대한 개인적인 호오(好惡)의 감각을 말한다. 누구나 언어의 소리나 리듬에 대한 호오가 있다. 글자 모양에 대해서도 사람마다 취향이 다르다. 이는 좋고 싫음의 문제이기 때문에 어쩔 도리가 없다. 따라서 스틸은 기호에 대한 개인적 호오라고 해도 좋다. 다시 말해 스틸은 몸에 각인된 것이어서 주체가 자유롭게 선택할 수 없다. ▶3문단

인간이 언어기호를 조작할 때에는 두 가지 규제가 있다. 랑그는 외적인 규제, 스틸은 내적인 규제이다. 에크리튀르는 이 두 가지 규제의 중간에 위치한다. 에크리튀르는 한국어로 옮기기 어려운데, 굳이 말하자면 '사회방언'이라고 할 수 있다. 방언은 한 언어의 큰 틀 속에 산재하고 있으며, 국소적으로 형성된 것이다. 흔히 방언이라고 하면 '지역방언'을 떠올리는데, 이는 태어나 자란 지역의 언어이므로 랑그로 분류된다. 하지만 사회적으로 형성된 방언은 직업이나 생활양식을 선택할 때 동시에 따라온다. 불량청소년의 말, 영업사원의 말 등은 우리가 선택할 수 있다. ▶4문단

① 랑그는 선택의 여지가 없지만, 스틸과 에크리튀르는 자유로운 선택이 가능하다. ➡ (X) 3문단에 따르면 스틸은 몸에 각인된 것이어서 주체가 자유롭게 선택할 수 없다. 따라서 스틸도 랑그와 마찬가지로 선택의 여지가 없음을 알 수 있다.

② 방언에 대한 선택은 언어에 대한 개인의 호오 감각에 기인한다. ➡ (X) 3문단에 따르면 언어에 대한 개인적인 호오 감각은 스틸에 해당한다. 하지만 4문단에서 사회방언은 에크리튀르, 지역방언은 랑그로 분류된다고 하였으므로 방언은 스틸에 해당되지 않음을 알 수 있다.

③ 동일한 에크리튀르를 사용하는 사람들은 같은 지역 출신이다. ➡ (X) 4문단에 따르면 방언이라고 하면 보통 지역방언을 떠올리지만 이는 태어나 자란 지역의 언어이므로 랑그로 분류된다. 동일한 에크리튀르를 사용하는 사람들은 같은 직업이나 생활방식을 선택한 이들이다.

④ 같은 모어를 사용하는 형제라도 스틸은 다를 수 있다. ➡ (O) 3문단에 따르면 스틸은 언어에 대한 개인적인 호오로서 몸에 각인된 것이다. 따라서 개인마다 다름을 알 수 있다.

⑤ 스틸과 에크리튀르는 언어 규제상 성격이 같다. ➡ (X) 4문단에 따르면 스틸은 내적인 규제인 반면, 에크리튀르는 외적인 규제와 내적인 규제의 중간에 위치한다. 따라서 언어 규제상 성격이 서로 다름을 알 수 있다.

06 ⑤ 정답률 78.6%

| 문제 유형 | 사실적 이해 > 정보 확인
| 접근 전략 | 이 문제는 2문단에 명시적으로 드러나 있는 지문의 중심 내용을 바탕으로 선지의 정오를 쉽게 판단할 수 있다. 즉, 정서주의자들은 도덕적 언어를 정보 전달의 목적이 아니라 사람의 행위에 영향을 주거나 자신의 태도를 표현하는 목적으로 사용한다고 보고 있음을 염두에 두고 선지를 읽어야 한다. '정보 전달'이나 '참이나 거짓의 판단', '화자의 태도 보고' 등에 대한 서술이 포함되어 있으면 지문의 내용과 일치하지 않는 선지이다.

다음 글에서 알 수 있는 것은?

도덕에 관한 이론인 정서주의는 언어 사용의 세 가지 목적에 주목한다. 첫째, 화자가 청자에게 정보를 전달하는 목적이다. 예를 들어, "세종대왕은 조선의 왕이다."라는 문장은 참 혹은 거짓을 판단할 수 있는 정보를 전달하고 있다. 둘째, 화자가 청자에게 행위를 하도록 요구하는 목적이다. "백성을 사랑하라."라는 명령문 형식의 문장은 청자에게 특정한 행위를 요구한다. 셋째, 화자의 태도를 청자에게 표현하는 목적이다. "세종대왕은 정말 멋져!"라는 감탄문 형식의 문장은 세종대왕에 대한 화자의 태도를 표현하고 있다. ▶1문단

정서주의자들은 도덕적 언어를 정보 전달의 목적으로 사용하는 것이 아니라, 사람의 행위에 영향을 주거나 자신의 태도를 표현하는 목적으로 사용한다고 말한다. "너는 거짓말을 해서는 안 된다."라고 말한다면, 화자는 청자가 그러한 행위를 하지 못하게 하려는 것이다. 따라서 이러한 진술은 정보를 전달하는 것이 아니라, "거짓말을 하지 마라."라고 명령하는 것이다. ▶2문단

정서주의자들에 따르면 태도를 표현하는 목적으로 도덕적 언어를 사용하는 것은 태도를 보고하는 것이 아니다. 만약 "나는 세종대왕을 존경한다."라고 말한다면 이 말은 화자가 세종대왕에 대해 긍정적인 태도를 지니고 있다는 사실을 보고하는 것이다. 즉, 이는 참 혹은 거짓을 판단할 수 있는 정보를 전달하는 문장이다. 반면, "세종대왕은 정말 멋져!"라고 외친다면 화자는 결코 어떤 종류에 관한 사실을 전달하거나, 태도를 갖고 있다고 보고하는 것이 아니다. 이는 화자의 세종대왕에 대한 태도를 표현하고 있는 것이다. ▶3문단

① 정서주의에 따르면 화자의 태도를 표현하는 문장은 참이거나 거짓이다. ➡ (X) 1문단에 따르면 화자의 태도를 표현하는 문장은 감탄문 형식의 문장이다. 3문단에 따르면 태도를 표현하는 목적의 문장은 참 혹은 거짓을 판단할 수 있는 정보를 전달하는 문장이 아니다.

② 정서주의에 따르면 도덕적 언어는 화자의 태도를 보고하는 데 사용된다. ➡ (X) 3문단에 따르면 정서주의자들이 태도를 표현하는 목적으로 도덕적 언어를 사용하는 것은 태도를 보고하는 것이 아니다.

③ 정서주의에 따르면 "세종대왕은 한글을 창제하였다."는 참도 거짓도 아니다. ➡ (X) 1문단에 따르면 "세종대왕은 한글을 창제하였다."는 참 혹은 거짓을 판단할 수 있는 정보를 전달하고 있는 문장이다.

④ 정서주의에 따르면 언어 사용의 가장 중요한 목적은 정보를 전달하는 것이다. ➡ (X) 2문단에 따르면 정서주의자들은 도덕적 언어를 정보 전달의 목적으로 사용하는 것이 아니라, 사람의 행위에 영향을 주거나 자신의 태도를 표현하는 목적으로 사용한다고 말한다. 즉 정서주의자들이 말하는 언어 사용의 가장 중요한 목적은 사람의 행위에 영향을 주거나 자신의 태도를 표현하는 데 있다.

⑤ 정서주의에 따르면 도덕적 언어의 사용은 명령을 하거나 화자의 태도를 표현하기 위한 것이다. ➡ (O) 2문단에 따르면 정서주의자들은 도덕적 언어를 정보 전달의 목적으로 사용하는 것이 아니라, 사람의 행위에 영향을 주거나 자신의 태도를 표현하는 목적으로 사용한다고 말한다.

07 ④ 정답률 78.4%

| 문제 유형 | 비판적 사고 > 빈칸 채우기
| 접근 전략 | 빈칸에 들어갈 말을 찾는 문제로, 지문의 결론에 해당하는 내용을 찾는 유형이다. 논지는 마지막 3문단에서 파악하면 된다. 필자는 많은 문제들로 인해 알고리즘을 신뢰할 수 없다고 해도 결국 다른 대안이 없기 때문에 알고리즘을 선택할 수밖에 없음을, 민주주의에 대한 처칠의 발언에 빗대어 언급하고 있다.

다음 글의 빈칸에 들어갈 내용으로 가장 적절한 것은?

텔레비전이라는 단어는 '멀리'라는 뜻의 그리스어 '텔레'와 '시야'를 뜻하는 라틴어 '비지오'에서 왔다. 원래 텔레비전은 우리가 멀리서도 볼 수 있도록 해 주는 기기로 인식됐다. 하지만 조만간 텔레비전은 멀리에서 우리를 보이게 해줄 것이다. 오웰의 『1984』에서 상상한 것처럼, 우리가 텔레비전을 보는 동안 텔레비전이 우리를 감시할 것이다. 우리는 텔레비전에서 본 내용을 대부분 잊어버리겠지만, 텔레비전에 영상을 공급하는 기업은 우리가 만들어낸 데이터를 기반으로 하여 알고리즘을 통해 우리 입맛에 맞는 영화를 골라 줄 것이다. 나아가 인생에서 중요한 것들, 이를테면 어디서 일해야 하는지, 누구와 결혼해야 하는지도 대신 결정해 줄 것이다. ▶1문단

그들의 답이 늘 옳지는 않을 것이다. 그것은 불가능하다. 데이터 부족, 프로그램 오류, 삶의 근본적인 무질서 때문에 알고리즘은 실수를 범할 수밖에 없다. 하지만 완벽해야 할 필요는 없다. 평균적으로 우리 인간보다 낫기만 하면 된다. 그 정도는 그리 어려운 일이 아니다. 왜냐하면 대부분의 사람은 자신을 잘 모르기 때문이다. 사람들은 인생의 중요한 결정을 내리면서도 끔찍한 실수를 저지를 때가 많다. 데이터 부족, 프로그램 오류, 삶의 근본적인 무질서로 인한 고충도 인간이 알고리즘보다 훨씬 더 크게 겪는다. ▶2문단

우리는 알고리즘을 둘러싼 많은 문제들을 열거하고 나서, 그렇기 때문에 사람들은 결코 알고리즘을 신뢰하지 않을 거라고 결론 내릴 수도 있다. 하지만 그것은 민주주의의 모든 결점들을 나열한 후에 '제정신인 사람이라면 그런 체제는 지지하려 들지 않을 것'이라고 결론짓는 것과 비슷하다. 처칠의 유명한 말이 있지 않은가? "민주주의는 세상에서 가장 나쁜 정치 체제다. 다른 모든 체제를 제외하면." 알고리즘에 대해서도 마찬가지로 다음과 같은 결론을 내릴 수 있다. ▶3문단

① 알고리즘의 모든 결점을 제거하면 최선의 선택이 가능할 것이다.
  ➡ (X) 2문단에 따르면 데이터 부족, 프로그램 오류, 삶의 근본적인 무질서 때문에 알고리즘은 실수를 범할 수밖에 없다. 즉 필자가 알고리즘의 결점을 제거할 수 있다고 본 것이 아니다.

② 우리는 자신이 무엇을 원하는지를 알기 위해서 점점 더 알고리즘에 의존한다. ➡ (X) 인간이 무엇을 원하는지 알기 위해서 알고리즘에 더 의존하게 된다는 결론을 이끌어 낼 만한 내용은 지문에 제시되어 있지 않다.

③ 데이터를 가진 기업이 다수의 사람을 은밀히 감시하는 사례는 더 늘어날 것이다. ➡ (X) 1문단을 통해 데이터를 가진 기업이 다수의 사람을 은밀히 감시하는 사례가 더 늘어날 것임을 알 수 있지만, 이는 지문의 논지와는 관련이 없다.

④ 실수를 범하기는 하지만 현실적으로 알고리즘보다 더 신뢰할 만한 대안을 찾기 어렵다. ➡ (O) 3문단의 다른 체제라는 대안이 없기 때문에 결점이 많지만 민주주의를 선택할 수밖에 없다는 처칠의 말을 적용해 보면, 실수를 범하기는 하지만 현실적으로 알고리즘보다 더 신뢰할 만한 대안을 찾기 어렵다는 결론을 이끌어 낼 수 있다.

⑤ 알고리즘이 갖는 결점이 지금은 보이지 않지만, 어느 순간 이 결점 때문에 우리의 질서가 무너질 것이다. ➡ (X) 2문단에서 알고리즘은 실수를 범할 수밖에 없지만 완벽할 필요는 없고 평균적으로 인간보다 낫기만 하면 된다고 했다. 따라서 알고리즘의 결점 때문에 우리의 질서가 무너질 것이라는 것은 확대 해석이다.

08 ② 정답률 54.0%

| 문제 유형 | 비판적 사고 > 지문에서 추론하기
| 접근 전략 | 지문의 내용을 통해 추론할 수 없는 것을 고르는 문제 유형이다. 지문에서 상대적인 가치판단과 절대적인 가치판단을 대조하고 있으므로, 이 둘을 변별할 수 있어야 한다. 선지 ①~③의 '아이를 엄격한 방식보다는 너그러운 방식으로 키우는 것이 더 좋다.'라는 문장은 절대적 가치판단에 의한 진술이고, 선지 ④, ⑤의 '정서적으로 안정된 창조적 개인으로 키우려면, 아이를 엄격한 방식보다는 너그러운 방식으로 키우는 것이 더 좋다.'라는 문장은 상대적인 가치판단에 의한 진술이다. 따라서 뒤따르는 서술 내용이 적절한지 확인해야 한다.

다음 글에서 추론할 수 없는 것은?

아이를 엄격하게 키우는 것은 부모와 다른 사람들에 대해 반감과 공격성을 일으킬 수 있고, 그 결과 죄책감과 불안감을 낳으며, 결국에는 아이의 창조적인 잠재성을 해치게 된다. 반면에 아이를 너그럽게 키우는 것은 그와 같은 결과를 피하고, 더 행복한 인간관계를 만들며, 풍요로운 마음과 자기신뢰를 고취하고, 자신의 잠재력을 발전시킬 수 있도록 한다. 이와 같은 진술은 과학적 탐구의 범위에 속하는 진술이다. 논의의 편의상 이 두 주장이 실제로 강력하게 입증되었다고 가정해보자. 그렇다면 우리는 이로부터 엄격한 방식보다는 너그러운 방식으로 아이를 키우는 것이 더 좋다는 점이 과학적 연구에 의해 객관적으로 확립되었다고 말할 수 있을까? ▶1문단

위의 연구를 통해 확립된 것은 다음과 같은 조건부 진술일 뿐이다. 만약 우리의 아이를 죄책감을 지닌 혼란스러운 영혼이 아니라 행복하고 정서적으로 안정된 창조적인 개인으로 키우고자 한다면, 아이를 엄격한 방식보다는 너그러운 방식으로 키우는 것이 더 좋다. 이와 같은 진술은 상대적인 가치판단을 나타낸다. 상대적인 가치판단은 특정한 목표를 달성하려면 어떤 행위가 좋다는 것을 진술하는데, 이런 종류의 진술은 경험적 진술이고, 경험적 진술은 모두 관찰을 통해 객관적인 과학적 테스트가 가능하다. 반면 "아이를 엄격한 방식보다는 너그러운 방식으로 키우는 것이 더 좋다."라는 문장은 가령 "살인은 악이다."와 같은 문장처럼 절대적인 가치판단을 표현한다. 그런 문장은 관찰에 의해 테스트할 수 있는 주장을 표현하지 않는다. 오히려 그런 문장은 행위의 도덕적 평가기준 또는 행위의 규범을 표현한다. 절대적인 가치판단은 과학적 테스트를 통한 입증의 대상이 될 수 없다. 왜냐하면 그와 같은 판단은 주장을 표현하는 것이 아니라 행위의 기준이나 규범을 나타내기 때문이다. ▶2문단

① 아이를 엄격한 방식보다는 너그러운 방식으로 키우는 것이 더 좋다는 것은 경험적 진술이 아니다. ➡ (O) 2문단에 따르면 "아이를 엄격한 방식보다는 너그러운 방식으로 키우는 것이 더 좋다."라는 문장은 절대적인 가치판단을 표현한다. 따라서 경험적 진술이 아니다.

② 아이를 엄격한 방식보다는 너그러운 방식으로 키우는 것이 더 좋다는 것은 상대적인 가치판단이다. ➡ (X) 2문단에 따르면 조건부 진술은 상대적인 가치판단을 나타내는데, 이것은 경험적 진술에 해당한다. 그러나 '아이를 엄격한 방식보다는 너그러운 방식으로 키우는 것이 더 좋다.'는 것은 행위의 기준이나 규범을 나타내기 때문에 절대적인 가치판단이다.

③ 아이를 엄격한 방식보다는 너그러운 방식으로 키우는 것이 더 좋다는 것은 과학적 연구에 의해 객관적으로 입증될 수 있는 주장이 아니다. ➡ (O) 2문단에 따르면 경험적 진술은 모두 관찰을 통해 객관적인 과학적 테스트가 가능하다. 그런데 '아이를 엄격한 방식보다는 너그러운 방식으로 키우는 것이 더 좋다.'는 것은 절대적인 가치판단을 표현하는 문장으로 과학적 테스트를 통한 입증의 대상이 될 수 없다.

④ 정서적으로 안정된 창조적 개인으로 키우려면, 아이를 엄격한 방식보다는 너그러운 방식으로 키우는 것이 더 좋다는 것은 상대적인 가치판단이다. ➡ (O) 2문단에 따르면 '정서적으로 안정된 창조적 개인으로 키우려면, 아이를 엄격한 방식보다는 너그러운 방식으로 키우는 것이 더 좋다.'는 것은 조건부 진술로 상대적인 가치판단을 나타낸다.

⑤ 정서적으로 안정된 창조적 개인으로 키우려면, 아이를 엄격한 방

식보다는 너그러운 방식으로 키우는 것이 더 좋다는 것은 과학적으로 테스트할 수 있다. ➡ (O) 2문단에 따르면 '정서적으로 안정된 창조적 개인으로 키우려면, 아이를 엄격한 방식보다는 너그러운 방식으로 키우는 것이 더 좋다.'는 것은 경험적 진술로 모두 관찰을 통해 객관적인 과학적 테스트가 가능하다.

09 ②
정답률 56.0%

| 문제 유형 | 비판적 사고 > 논리적 결론의 전제·원인 찾기
| 접근 전략 | 실험의 과정과 결과를 서술한 지문을 읽은 후 역으로 그 실험의 가설을 찾는 문제 유형이다. 먼저 2문단의 1~3그룹 실험과 3문단의 4~6그룹 실험의 조건이 어떻게 다른지를 파악해야 한다. 그다음에 변화를 준 조건은 무엇이고, 대조 그룹과의 차이는 무엇인지를 바탕으로 가설을 세우면 된다.

다음 글의 실험 결과를 가장 잘 설명하는 가설은?

한 무리의 개미들에게 둥지에서 먹이통 사이를 오가는 왕복 훈련을 시킨 후 120마리를 포획하여 20마리씩 6그룹으로 나눴다. ▶1문단

먼저 1~3그룹의 개미들을 10m 거리에 있는 먹이통으로 가게 한 후, 다음처럼 일부 그룹의 다리 길이를 조절하는 처치를 했다. 1그룹은 모든 다리의 끝 분절을 제거하여 다리 길이를 줄이고, 2그룹은 모든 다리에 돼지의 거친 털을 붙여 다리 길이를 늘이고, 3그룹은 다리 길이를 그대로 둔 것이다. 이렇게 처치를 끝낸 1~3그룹의 개미들을 둥지로 돌아가게 한 결과, 1그룹 개미들은 둥지에 훨씬 못 미쳐 멈췄고, 2그룹 개미들은 둥지를 훨씬 지나 멈췄으며, 3그룹 개미들만 둥지에서 멈췄다. ▶2문단

이제 4~6그룹의 개미들은 먹이통으로 출발하기 전에 미리 앞서와 같은 방식으로 일부 그룹의 다리 길이를 조절하는 처치를 했다. 즉, 4그룹은 다리 길이를 줄이고, 5그룹은 다리 길이를 늘이고, 6그룹은 다리 길이를 그대로 두었다. 이 개미들을 10m 거리에 있는 먹이통까지 갔다 오게 했더니, 4~6그룹의 개미 모두가 먹이통까지 갔다가 되돌아와 둥지에서 멈췄다. 4~6그룹의 개미들은 그룹별로 이동 거리의 차이가 없었다. ▶3문단

① 개미의 이동 거리는 다리 길이에 비례한다. ➡ (X) 1~3그룹의 경우 둥지로 돌아올 때 개미의 이동 거리는 다리 길이에 비례했지만, 4~6그룹은 다리 길이와 상관없이 이동 거리가 같았으므로 본 선지는 지문의 실험에 대한 가설로 적절하지 않다.

② 개미는 걸음 수에 따라서 이동 거리를 판단한다. ➡ (O) 1~3그룹 개미들은 먹이통까지 갈 때의 걸음 수가 모두 동일했다. 그래서 돌아올 때도 그 걸음 수를 기억해 동일한 걸음 수로 돌아왔다. 하지만 돌아올 때는 다리 길이가 달라졌기 때문에 멈춘 지점도 비례해서 달라졌던 것이다. 4~6그룹 개미들은 먹이통까지 갈 때 걸음 수가 서로 달랐다. 다리 길이가 긴 개미는 다리 길이가 짧은 개미에 비해 상대적으로 걸음 수가 적었을 것이다. 다만 각 그룹의 개미들은 다리 길이에 맞게 갈 때 걸음 수를 기억했고 돌아올 때도 동일한 걸음 수로 둥지까지 온 것이다. 그래서 모두 둥지에서 멈출 수 있었다. 이를 통해 개미는 걸음 수에 따라서 이동 거리를 판단한다는 가설이 지문의 실험에 어울리는 가설임을 알 수 있다.

③ 개미의 다리 끝 분절은 개미의 이동에 필수적인 부위이다. ➡ (X) 개미의 다리 끝 분절이 이동에 필수적인지의 여부는 지문의 실험과 관계가 없다.

④ 개미는 다리 길이가 조절되고 나면 이동 거리를 측정하지 못한다. ➡ (X) 4~6그룹의 경우 다리 길이가 조절되어도 이동 거리를 측정할 수 있음을 알 수 있다.

⑤ 개미는 먹이를 찾으러 갈 때와 둥지로 되돌아올 때, 이동 거리를 측정하는 방법이 다르다. ➡ (X) 먹이통으로 갈 때 둥지로 돌아올 때 개미의 거리 측정 방법이 다른지는 알 수 없다.

10 ④
정답률 84.6%

| 문제 유형 | 비판적 사고 > 빈칸 채우기
| 접근 전략 | 특정한 결론을 증명하기 위해서 논리의 흐름에 따라 빈칸에 들어갈 말을 찾는 유형이다. 먼저 도덕적 주장과 도덕과 무관한 주장을 확인하고 일반 원칙으로 내세운 A~C의 내용을 이해한 후 (3)과 (4), (4)와 (5), (5)와 (1)이 서로 부정 관계임을 파악해야 한다. 빈칸의 앞뒤에서 A~C 원칙과 유사한 어휘나 표현을 사용하고 있으므로 맥락만 잘 파악하면 쉽게 답을 찾을 수 있다.

다음 글의 ㉠~㉢에 들어갈 일반 원칙을 바르게 나열한 것은?

우리가 하는 주장 가운데 어떤 것은 도덕적 주장이고 어떤 것은 도덕과 무관한 주장이다. 가령 아래의 (1)은 도덕적 주장인 반면 (2)는 도덕과 무관한 주장이라는 데 모두 동의할 것이다.

(1) 갑은 선한 사람이다.
(2) 을은 병을 싫어한다.

이런 종류의 주장과 관련한 일반 원칙으로 우리가 다음 세 가지를 받아들인다고 하자.

A: 어떤 주장이 도덕적 주장이라면, 그 주장의 부정도 도덕적 주장이다.
B: 어떤 주장이 도덕과 무관한 주장이라면, 그 주장의 부정도 도덕과 무관한 주장이다.
C: 도덕과 무관한 주장으로부터 도출된 것은 모두 도덕과 무관한 주장이다.

나아가 어떠한 주장이든 그것은 도덕적 주장이거나 도덕과 무관한 주장이라고 해보자. 이때 우리는 다음의 (3)이 도덕적 주장이라는 것을 증명할 수 있다.

(3) 갑은 선한 사람이거나 을은 병을 싫어한다.

이를 위해 먼저 (3)이 도덕과 무관한 주장이라고 가정해보자. 우리는 이런 가정이 모순을 초래한다는 사실을 보일 것이다. (3)이 도덕과 무관한 주장이므로 일반 원칙 ㉠ 에 따라 우리는 다음의 (4)도 도덕과 무관한 주장이라고 해야 한다.

(4) 갑은 선한 사람이 아니고 을은 병을 싫어하지 않는다.

(4)가 도덕과 무관한 주장이므로 일반 원칙 ㉡ 에 따라 우리는 (4)로부터 도출되는 다음의 (5)도 도덕과 무관한 주장이라고 해야 한다.

(5) 갑은 선한 사람이 아니다.

하지만 우리는 애초에 (1)이 도덕적 주장이라는 점을 받아들였다. 그러므로 일반 원칙 ㉢ 에 따라 우리는 (1)을 부정한 것인 (5)가 도덕적 주장이라고 해야 한다. 마침내 우리는 (5)가 도덕과 무관한 주장이면서 또한 도덕적 주장이라는 모순된 결과에 다다르게 되었다. (3)이 도덕과 무관한 주장이라는 가정은 이처럼 모순을 초래하므로, 결국 우리는 (3)이 도덕적 주장이라고 결론내려야 한다.

	㉠	㉡	㉢	
①	A	B	C	➡ (X)
②	A	C	B	➡ (X)
③	B	A	C	➡ (X)
④	B	C	A	➡ (O) ㉠의 앞뒤 내용을 종합하면 (3)이 도덕과 무관한 주장이므로 (4)도 도덕과 무관한 주장임을 알 수 있고 이를 통해 (4)가 (3)의 부정에 해당함을 알 수 있다. 따라서 ㉠에는 B가 들어가야 한다. ㉡의 앞뒤 내용을 종합하면 (4)가 도덕과 무관한 주장이므로 (4)로부터 도출되는 (5)도 도덕과 무관한 주장임을 알 수 있고, (5)는 (4)에서 도출한 주장에 해당하므로 ㉡에는 C가 들어감을 알 수 있다. 마지막으로 (5)는 (1)의 부정인데 (5)가 도덕과 무관한 주장이면서 도덕적 주장이라는 모순된 결과에 이른다고 했으므로, ㉢에는 A가 들어가야 함을 알 수 있다.
⑤	C	B	A	➡ (X)

11 ①

TOP 3 정답률 51.2%

| 문제 유형 | 비판적 사고 > 빈칸 채우기

| 접근 전략 | 지문에 제시된 조건을 보고 결론을 도출하기 위해 추가해야 할 조건과 조건을 바꿨을 때 도출할 수 있는 결론을 찾아야 한다. 선지를 먼저 보면 ㉠과 ㉡이 각기 세 종류로 나뉨을 알 수 있다. 제시된 조건과 결론만을 보고 빈칸에 들어갈 문장을 유추해 볼 수 있지만, 경우의 수가 많을 때는 선지의 해당 내용을 빈칸에 직접 대입해 보고 결론이 도출되는지를 따져 봐도 된다.

다음 대화의 ㉠과 ㉡에 들어갈 말을 적절하게 짝지은 것은?

갑: 신입직원 가운데 일부가 봉사활동에 지원했습니다. 그리고 ㉠ .
을: 지금 하신 말씀에 따르자면, 제 판단으로는 하계연수에 참여하지 않은 사람 중에 신입직원이 있다는 결론이 나오는군요.
갑: 그렇게 판단하신 게 정확히 맞습니다. 아니, 잠깐만요. 아차, 제가 앞에서 말씀드린 부분 중에 오류가 있었군요. 죄송합니다. 신입직원 가운데 일부가 봉사활동에 지원했다는 것은 맞는데, 그다음이 틀렸습니다. 봉사활동 지원자는 전부 하계연수에도 참여했다고 말씀드렸어야 했습니다.
을: 알겠습니다. 그렇다면 아까와 달리 " ㉡ "라는 결론이 나오는 것이로군요.
갑: 바로 그렇습니다.

→ 제시된 조건들을 정리하면 다음과 같다.
• ⓐ: 신입직원 일부가 봉사활동에 지원함
• ⓑ: 하계연수에 참여하지 않은 신입직원이 있음
• ⓒ: 봉사활동 지원자는 모두 하계연수에 참여함

① ㉠: 하계연수 참여자 가운데는 봉사활동에 지원했던 사람이 없습니다.
㉡: 신입직원 가운데 하계연수 참여자가 있다. ➡ (O) 'ⓐ∧㉠→ⓑ'가 되기 위해서는 봉사활동을 지원한 사람은 하계연수에 참여하지 않았다는 조건이 추가되어야 한다. 따라서 이 명제의 대우에 해당하는 '하계연수 참여자 가운데는 봉사활동에 지원했던 사람이 없다.'가 ㉠에 들어가야 한다. 'ⓐ∧ⓒ→㉡'이 되기 위해서는 봉사활동을 지원한 신입직원 일부는 하계연수에 참여했다고 볼 수 있으므로 '신입직원 가운데 하계연수 참여자가 있다.'가 ㉡에 들어가는 것이 적절하다.

② ㉠: 하계연수 참여자 가운데는 봉사활동에 지원했던 사람이 없습니다.
㉡: 신입직원 가운데 하계연수 참여자는 한 명도 없다. ➡ (X)

③ ㉠: 하계연수 참여자는 모두 봉사활동에도 지원했던 사람입니다.
㉡: 신입직원 가운데 하계연수 참여자는 한 명도 없다. ➡ (X)

④ ㉠: 하계연수 참여자 가운데 봉사활동에도 지원했던 사람이 있습니다.
㉡: 신입직원 가운데 하계연수 참여자가 있다. ➡ (X)

⑤ ㉠: 하계연수 참여자 가운데 봉사활동에도 지원했던 사람이 있습니다.
㉡: 신입직원은 모두 하계연수 참여자이다. ➡ (X)

12 ②

TOP 1 정답률 40.6%

| 문제 유형 | 사실적 이해 > 논리 게임

| 접근 전략 | 제시된 조건을 바탕으로 최대 인원 수를 파악하는 유형이다. 즉 누가 참석 또는 불참하는지를 확정 짓는 것이 아니라 참석 가능한 최대 인원이 몇 명인지를 알아내야 하는 문제이다. 우선 불참 여부가 확정된 조건을 시작으로 이와 연관된 다른 조건의 명제를 통해 불참자를 하나씩 확정해 가는 소거하는 방식으로 문제를 풀면 된다.

다음 글의 내용이 참일 때, 대책회의에 참석하는 전문가의 최대 인원 수는?

8명의 전문가 A~H를 대상으로 코로나19 대책회의의 참석 여부에 관해 조사한 결과 다음과 같은 정보를 얻었다.

○ A, B, C 세 사람이 모두 참석하면, D나 E 가운데 적어도 한 사람은 참석한다.
○ C와 D 두 사람이 모두 참석하면, F도 참석한다.
○ E는 참석하지 않는다.
○ F나 G 가운데 적어도 한 사람이 참석하면, C와 E 두 사람도 참석한다.
○ H가 참석하면, F나 G 가운데 적어도 한 사람은 참석하지 않는다.

→ 제시된 조건들을 정리하면 다음과 같다.
• ⓐ: A∧B∧C→D∨E
• ⓑ: C∧D→F
• ⓒ: ~E
• ⓓ: F∨G→C∧E
• ⓔ: H→~F∨~G

ⓒ와 ⓓ의 '대우(~C∨~E→~F∧~G)'에 의해 E, F, G는 참석하지 않음을 알 수 있다. 그리고 ⓑ의 '대우(~F→~C∨~D)'에 의해 C나 D 중에 한 명은 참석하지 않음을 알 수 있다. 그런데 C가 참석하고 D가 참석하지 않을 경우에는 ⓐ의 '대우'에 의해 A, B 둘 중 한 명이 불참하게 되어 최대 참석 인원 수는 3명이 된다. 그러나 C가 참석하지 않고 D가 참석할 경우에는 A, B, H의 조건이 충분하지 않아 불참 여부를 확정 지을 수 없어 최대 참석 인원 수는 4명이 된다. 따라서 확정된 불참자는 E, F, G 3명에 C와 D 중 1명이 불참하므로 최대 참석 인원은 4명이 된다.

① 3명 ➡ (X)
② 4명 ➡ (O)
③ 5명 ➡ (X)
④ 6명 ➡ (X)
⑤ 7명 ➡ (X)

13 ③

정답률 93.3%

| 문제 유형 | 사실적 이해 > 정보 확인

| 접근 전략 | 지문의 내용과 선지의 일치 여부를 하나씩 확인해야 하는 문제이다. 선지를 보면 왕이나 인물의 이름을 바꿔서 문장을 구성하거나 지역명 하나를 바꿔 넣어 오답을 만든 경우가 대부분이다. 따라서 지문을 읽을 때 왕의 이름에 표시를 해 시대를 구분하고, 시대별로 관련 인물과 지역을 연결해 두면 선지 내용의 정오를 쉽게 판별할 수 있다.

다음 글의 내용과 부합하는 것은?

조선 시대에는 왕실과 관청이 필요로 하는 물품을 '공물'이라는 이름으로 백성들로부터 수취하는 제도가 있었다. 조선 왕조는 각 지역의 특산물이 무엇인지 조사한 후, 그 결과를 바탕으로 백성들이 내야 할 공물의 종류와 양을 지역마다 미리 규정해두었다. 그런데 시간이 지남에 따라 환경 변화 등으로 그 물품이 생산되지 않는 곳이 많아졌다. 이에 백성들은 부과된 공물을 상인으로 하여금 생산지에서 구매해 대납하게 했는데, 이를 '방납'이라고 부른다. ▶1문단

방납은 16세기 이후 크게 성행했다. 그런데 방납을 의뢰받은 상인들은 대개 시세보다 높은 값을 부르거나 품질이 떨어지는 물품을 대납해 부당 이익을 취했다. 이런 폐단이 날로 심해지자 "공물을 면포나 쌀로 거둔 후, 그것으로 필요한 물품을 관청이 직접 구매하자."라는 주장이 나타났다. 이런 주장은 임진왜란이 끝난 후 거세졌다. 한백겸과 이원익 등은 광해군 즉위 초에 경기도에 한해 '백성들이 소유한 토지의 다과에 따라 쌀을 공물로 거두고, 이렇게 수납한 쌀을 선혜청으로 운반해 국가가 필요로 하는 물품을 구매'하는 정책, 즉 '대동법'을 시행하자고 했다. 광해군이 이를 받아들이자 경기도민들은 크게 환영했다. 광해군은 이 정책에 대한 반응이 좋다는 것을 알고 경기도 외

에 다른 곳으로 확대 시행할 것을 고려했으나 그렇게 하지는 못했다. ▶2문단

광해군을 몰아내고 왕이 된 인조는 김육의 주장을 받아들여 강원도, 충청도, 전라도까지 대동법을 확대 시행했다. 그런데 그 직후 전국에 흉년이 들어 농민들이 제대로 쌀을 구하지 못할 정도가 되었다. 이에 인조는 충청도와 전라도에 대동법을 시행한다는 결정을 철회했다. 인조의 뒤를 이은 효종은 전라도 일부 지역과 충청도가 흉년에서 벗어났다고 생각해 그 지역들에 대동법을 다시 시행했고, 효종을 이은 현종도 전라도 전역에 대동법을 확대 시행했다. 이처럼 대동법 시행 지역은 조금씩 늘어났다. ▶3문단

① 현종은 방납의 폐단을 없애기 위해 대동법을 전국 모든 지역에 시행하였다. ➡ (X) 2문단에 따르면 임진왜란이 끝난 후 방납의 폐단을 없애기 위해 대동법을 시행하자는 주장이 거세졌고, 광해군 즉위 초에 경기도에 한해 대동법을 시행하기 시작했다. 또한 3문단에 따르면 인조와 효종이 강원도, 충청도, 전라도 일부 지역에 대동법을 시행한 것에 이어 현종이 전라도 전역에 대동법을 확대 시행했다. 이처럼 대동법 시행 지역은 조금씩 늘어났지만 현종이 전국 모든 지역에 대동법을 시행한 것은 아니다.

② 효종은 김육의 요청대로 충청도, 전라도, 경상도에 대동법을 적용하였다. ➡ (X) 3문단에 따르면 효종이 아니라 인조가 김육의 주장을 받아들여 강원도, 충청도, 전라도에 대동법을 확대 시행했다. 이때 경상도는 대동법 시행 지역에 포함되어 있지 않았다.

③ 광해군이 국왕으로 재위할 때 공물을 쌀로 내게 하는 조치가 경기도에 취해졌다. ➡ (O) 2문단에 따르면 광해군 즉위 초에 경기도에 한해 쌀을 공물로 거두는 정책인 대동법이 시행되었다.

④ 인조는 이원익 등의 제안대로 방납이라는 방식으로 공물을 납부하는 행위를 전면 금지하였다. ➡ (X) 2문단에 따르면 이원익 등의 제안으로 대동법을 시행한 것은 인조가 아니라 광해군이다. 또한 방납을 전면 금지했는지 여부는 지문에 나와 있지 않아 알 수 없다.

⑤ 한백겸은 상인이 관청의 의뢰를 받아 특산물을 생산지에서 구매해 대납하는 것은 부당하다고 하였다. ➡ (X) 2문단에 한백겸이 대동법을 시행하자고 주장했다는 언급은 있지만, 방납이 부당하다고 했는지의 여부는 지문에 나와 있지 않아 알 수 없다.

14 ③ 　　　　　　　　　　　　　　　　 정답률 89.4%

| 문제 유형 | 사실적 이해 > 정보 확인
| 접근 전략 | 지문의 내용과 선지의 일치 여부를 하나씩 확인해야 하는 문제이다. 선지를 보면 신앙결사의 명칭이나 인물의 이름, 지역명이 혼재되어 뒤죽박죽인 문장으로 오답을 구성했음을 알 수 있다. 따라서 지문을 읽을 때 신앙결사를 중심으로 이와 연결된 대표 인물, 불교 종파 명칭, 지역명을 연결해 두면 선지 내용의 정오를 쉽게 판별할 수 있다.

다음 글에서 알 수 있는 것은?

불교가 이 땅에 전래된 후 불교신앙을 전파하고자 신앙결사를 만든 승려가 여러 명 나타났다. 통일신라 초기에 왕실은 화엄종을 후원했는데, 화엄종 계통의 승려들은 수도에 대규모 신앙결사를 만들어 놓고 불교신앙에 관심을 가진 귀족들을 대상으로 불교 수행법을 전파했다. 통일신라가 쇠퇴기에 접어든 신라 하대에는 지방에도 신앙결사가 만들어졌다. 신라 하대에 나타난 신앙결사는 대부분 미륵 신앙을 지향하는 정토종 승려들이 만든 것이었다. ▶1문단

신앙결사 운동이 더욱 확장된 것은 고려 때의 일이다. 고려 시대 가장 유명한 신앙결사는 지눌의 정혜사다. 지눌은 명종 때 거조사라는 절에서 정혜사라는 이름의 신앙결사를 만들었다. 그는 돈오점수 사상을 내세우고, 조계선이라는 수행 방법을 강조했다. 지눌이 만든 신앙결사에 참여해 함께 수행하는 승려가 날로 늘었다. 그 가운데 가장 유명한 사람이 요세라는 승려다. 요세는 무신집권자 최충헌이 명종을 쫓아내고 신종을 국왕으로 옹립한 해에 지눌과 함께 순천으로 근거지를 옮기는 도중에 따로 독립했다. 순천으로 옮겨 간 지눌은 그곳에서 정혜사라는 명칭을 수선사로 바꾸어 활동했고, 요세는 강진에서 백련사라는 결사를 새로 만들어 활동했다. ▶2문단

지눌의 수선사는 불교에 대한 이해가 높은 사람들을 대상으로 다소 난해한 돈오점수 사상을 전파하는 데 주력했다. 그 때문에 대중적이지 않다는 평을 받았다. 요세는 지눌과 달리 불교 지식을 갖추지 못한 평민도 쉽게 수행할 수 있도록 간명하게 수행법을 제시한 천태종을 중시했다. 또 그는 평민들이 백련사에 참여하는 것을 당연하다고 여겼다. 백련사가 세워진 후 많은 사람들이 참여하자 권력층도 관심을 갖고 후원하기 시작했다. 명종 때부터 권력을 줄곧 독차지하고 있던 최충헌을 비롯해 여러 명의 고위 관료들이 백련사에 토지와 재물을 헌납해 그 활동을 도왔다. ▶3문단

① 화엄종은 돈오점수 사상을 전파하고자 신앙결사를 만들어 활동하였다. ➡ (X) 2문단에 따르면 돈오점수 사상을 전파하고자 신앙결사를 만들어 활동한 것은 지눌이다. 화엄종이 불교 수행법을 전파하고자 신앙결사를 만들었다는 것은 알 수 있지만 어떤 사상을 전파했는지는 지문에 나와 있지 않아 알 수 없다.

② 백련사는 수선사와는 달리 조계선이라는 수행 방법을 고수해 주목받았다. ➡ (X) 2문단에 따르면 조계선은 지눌이 강조했던 수행 방법이다. 조계선을 고수한 지눌이 만든 신앙결사는 백련사가 아니라 수선사이다. 백련사는 천태종을 중시한 요세가 만든 신앙결사이다.

③ 요세는 무신이 권력을 잡고 있던 시기에 불교 신앙결사를 만들어 활동하였다. ➡ (O) 2문단에 따르면 요세는 무신집권자 최충헌이 신종을 국왕으로 옹립한 해에 지눌과 함께 순천으로 근거지를 옮기는 도중에 따로 독립하였고, 강진에서 백련사라는 결사를 새로 만들어 활동했다.

④ 정혜사는 강진에서 조직되었던 반면 백련사는 순천에 근거지를 두고 활동하였다. ➡ (X) 정혜사는 거조사라는 절에서 만들어진 신앙결사이고, 강진에서 조직된 신앙결사는 백련사이다. 순천에 근거지를 두고 활동한 신앙결사인 수선사는 지눌이 조직한 정혜사의 명칭을 바꾼 것이다.

⑤ 지눌은 정토종 출신의 승려인 요세가 정혜사에 참여하자 그를 설득해 천태종으로 끌어들였다. ➡ (X) 정토종은 신라 하대에 나타난 신앙결사인데, 요세가 정토종 출신이라는 내용은 지문에 제시되어 있지 않다. 또한 천태종은 요세가 백련사를 조직한 후 제시했던 수행 방법이다.

15 ④ 　　　　　　　　　　　　　　　　 정답률 86.0%

| 문제 유형 | 비판적 사고 > 빈칸 채우기
| 접근 전략 | 지문을 읽고 빈칸에 들어갈 논지를 파악하는 문제 유형이다. 앞서 서술된 내용을 바탕으로 접속사 '따라서' 다음에 이어질 필자의 종합적인 견해를 찾아야 한다. 그리고 빈칸 뒤에 이어지는 내용이 이를 뒷받침할 만한지 판단해 보면 된다. 지문의 핵심 용어가 생소해서 다소 어렵게 느껴질 수 있으므로 전반적인 내용의 흐름을 통해 개념을 이해할 필요가 있다.

다음 글의 빈칸에 들어갈 내용으로 가장 적절한 것은?

대안적 분쟁해결절차(ADR)는 재판보다 분쟁을 신속하게 해결한다고 알려져 있다. 그러나 재판이 서면 심리를 중심으로 진행되는 반면, ADR은 당사자 의견도 충분히 청취하기 때문에 재판보다 더 많은 시간이 소요된다. 그럼에도 불구하고 ADR이 재판보다 신속하다고 알려진 이유는 법원에 지나치게 많은 사건이 밀려 있어 재판이 더디게 이루어지기 때문이다. ▶1문단

법원행정처는 재판이 너무 더디다는 비난에 대응하기 위해 일선 법원에서도 사법형 ADR인 조정제도를 적극적으로 활용할 것을 독려하고 있다. 그러나 이는 법관이 신속한 조정안 도출을 위해 사건 당사자에게 화해를 압박하는 부작용을 낳을 수 있다. 사법형 ADR 활성화 정책은 법관의 증원 없이 과도한 사건 부담 문제를 해결하려는 미봉책일 뿐이다. 결국, 사법형 ADR 활성화 정책은 사법 불신으로 이어져 재판 정당성에 대한 국민의 인식을 더욱 떨어뜨리게 한다. ▶2문단

또한 사법형 ADR 활성화 정책은 민간형 ADR이 활성화되는 것을 저해한

다. 분쟁 당사자들이 민간형 ADR의 조정안을 따르도록 하려면, 재판에서도 거의 같은 결과가 나온다는 확신이 들게 해야 한다. 그러기 위해서는 법원이 확고한 판례를 제시하여야 한다. 그런데 사법형 ADR 활성화 정책은 새롭고 복잡한 사건을 재판보다는 ADR로 유도하게 된다. 이렇게 되면 새롭고 복잡한 사건에 대한 판례가 만들어지지 않고, 민간형 ADR에서 분쟁을 해결할 기준도 마련되지 않게 된다. 결국 판례가 없는 수많은 사건들이 끊임없이 법원으로 밀려들게 된다. ▶3문단

따라서 [   ] 먼저 법원은 본연의 임무인 재판을 통해 당사자의 응어리를 풀어 주겠다는 의식으로 접근해야 할 것이다. 그것이 현재 법원의 실정으로 어렵다고 판단되면, 국민의 동의를 구해 예산과 인력을 확충하는 방향으로 나아가는 것이 옳은 방법이다. 법원의 인프라를 확충하고 판례를 충실히 쌓아가면, 민간형 ADR도 활성화될 것이다. ▶4문단

① 분쟁 해결에 대한 사회적 관심을 높이도록 유도해야 한다. ➡ (X) 분쟁 해결에 대한 사회적 관심을 유도하자는 내용은 지문의 논지와 관련이 없다.
② 재판이 추구하는 목표와 ADR이 추구하는 목표는 서로 다르지 않다. ➡ (X) 지문의 내용은 재판과 ADR의 목표가 아니라 재판과 ADR의 활성화 방안에 초점이 있다.
③ 법원으로 폭주하는 사건 수를 줄이기 위해 시민들의 준법의식을 강화하여야 한다. ➡ (X) 시민의 준법의식을 강화하자는 내용은 지문의 논지와 관련이 없다.
④ 법원은 재판에 주력하여야 하며 그것이 결과적으로 민간형 ADR의 활성화에도 도움이 된다. ➡ (O) 3문단에서는 사법형 ADR 활성화가 민간형 ADR을 저해한다면서 법원에서 확고한 판례를 제시해야 할 필요성을 언급하였다. 따라서 법원의 재판이 우선되어야 한다는 내용이 빈칸에 들어가야 한다. 즉, 법원은 재판에 주력해야 하며 그것이 결과적으로 민간형 ADR의 활성화에 도움이 된다는 내용이 들어가면 뒤에 이어지는 4문단 후반부의 내용과도 자연스럽게 연결된다.
⑤ 민간형 ADR 기관의 전문성을 제고하여 분쟁 당사자들이 굳이 법원에 가지 않더라도 신속하게 분쟁을 해결할 수 있게 만들어야 한다. ➡ (X) 지문은 민간형 ADR의 활성화만 주장하고 있지 않으며, 법원의 재판이 전제되어야 한다는 점을 언급하고 있다.

16 ③ 정답률 89.6%

| 문제 유형 | 비판적 사고 > 판단하기
| 접근 전략 | 글의 흐름에 맞지 않는 곳을 찾아 적절하게 수정했는지의 여부를 판단하는 유형이다. 이 유형의 문제를 풀 때는 해당 문단의 내용을 살펴보고 밑줄 친 부분의 앞뒤 맥락에 맞는 문장인지 확인해야 한다. 특히 지문에 등장하는 노예, 하층 수공업자, 프롤레타리아트와 종교의 관계는 어떠한지에 주안점을 두고 각각의 입장 차이를 확인해야 한다.

다음 글의 흐름에 맞지 않는 곳을 ⑦~⑩에서 찾아 수정할 때 가장 적절한 것은?

경제적 차원에서 가장 불리한 계층, 예컨대 노예와 날품팔이는 ⑦특정한 종교 세력에 편입되거나 포교의 대상이 된 적이 없었다. 기독교 등 고대 종교의 포교활동은 이들보다는 소시민층, 즉 야심을 가지고 열심히 노동하며 경제적으로 합리적인 생활을 하는 계층을 겨냥하였다. 고대사회의 대농장에서 일하던 노예들에게 관심을 갖는 종교는 없었다. ▶1문단

모든 시대의 하층 수공업자 대부분은 ⓒ독특한 소시민적 종교 경향을 지니고 있었다. 이들은 특히 공인되지 않은 종파적 종교성에 기우는 경우가 매우 흔하였다. 곤궁한 일상과 불안정한 생계 활동에 시달리며 동료의 도움에 의존해야 하는 하층 수공업자층은 공인되지 않은 신흥 종교집단이나 비주류 종교집단의 주된 포교 대상이었다. ▶2문단

근대에 형성된 프롤레타리아트는 ⓒ종교에 우호적이며 관심이 많았다. 이들은 자신의 처지가 자신의 능력과 업적에 의존한다는 의식이 약하고 그

대신 사회적 상황이나 경기 변동, 법적으로 보장된 권력관계에 종속되어 있다는 의식이 강하였다. 이에 반해 자신의 처지가 주술적 힘, 신이나 우주의 섭리와 같은 것에 종속되어 있다는 견해에는 부정적이었다. ▶3문단

프롤레타리아트가 스스로의 힘으로 ②특정 종교 이념을 창출하는 것은 쉽지 않았다. 이들에게는 비종교적인 이념들이 삶을 지배하는 경향이 훨씬 우세했기 때문이다. 물론 프롤레타리아트 가운데 경제적으로 불안정한 최하위 계층과 지속적인 곤궁으로 인해 프롤레타리아트화의 위험에 처한 몰락하는 소시민계층은 ⑩종교적 포교의 대상이 되기 쉬웠다. 특히 이들을 포섭한 많은 종교는 원초적 주술을 사용하거나, 아니면 주술적·광란적 은총 수여에 대한 대응물을 제공했다. 이 계층에서 종교 윤리의 합리적 요소보다 감정적 요소가 훨씬 더 쉽게 성장할 수 있었다. ▶4문단

① ⑦을 "고대 종교에서는 주요한 세력이자 포섭 대상이었다."로 수정한다. ➡ (X) ⑦은 글의 흐름에 맞는 내용이다. 1문단에 따르면 고대사회에서 노예들에게 관심을 갖는 종교는 없었다. 따라서 선지와 같이 노예와 날품팔이를 고대 종교의 주요한 세력이자 포섭 대상으로 보는 것은 적절하지 않다.
② ⓒ을 "종교나 정치와는 괴리된 삶을 살았다."로 수정한다. ➡ (X) 2문단에 따르면 하층 수공업자들은 공인되지 않은 종파적 종교성에 기우는 경우가 흔했으므로 이를 ⓒ과 같이 독특한 소시민적 종교 경향이라고 보아도 무방하다. 하층 수공업자들은 신흥 또는 비주류 종교집단의 주된 포교 대상이었으므로 이들이 선지와 같이 종교와 괴리된 삶을 살았다고 볼 수 없다.
③ ⓒ을 "종교에 우호적이지도 관심이 많지도 않았다."로 수정한다. ➡ (O) 3문단에 따르면 근대 프롤레타리아트는 자신의 처지가 주술적 힘, 신이나 우주의 섭리 같은 것에 종속되어 있다는 견해에 부정적이었다. ⓒ은 이와 상반되므로, 선지와 같이 "종교에 우호적이지도 관심이 많지도 않았다."와 같이 수정하는 것이 적절하다.
④ ②을 "특정 종교 이념을 창출한 경우가 많았다."로 수정한다. ➡ (X) 후행하는 문장에 비종교적인 이념들이 우세했다는 내용이 있으므로, 특정 종교 이념을 창출하는 것이 쉽지 않았다는 ②의 내용은 적절하다.
⑤ ⑩을 "종교보다는 정치집단의 포섭 대상이 되었다."로 수정한다. ➡ (X) 후행하는 문장에 소시민계층을 포섭한 종교에 대한 언급이 있으므로, 이들이 종교적 포교의 대상이 되기 쉬웠다는 ⑩의 내용은 적절하다.

17 ① 정답률 97.0%

| 문제 유형 | 비판적 사고 > 빈칸 채우기
| 접근 전략 | 실험의 과정을 이해한 후 실험 결과에 해당하는 문장을 찾는 문제 유형이다. 따라서 논리적으로 타당한 결론을 찾으면 된다. 지문에는 두 가지 실험이 나오는데, 첫 번째 실험을 통해 말벌이 둥지가 아닌 원형으로 배치된 솔방울을 보고 돌아옴을 알 수 있고, 두 번째 실험을 통해 말벌이 솔방울이라는 물체의 재질이 아닌 원형으로 배치된 모양을 보고 돌아옴을 알 수 있다.

다음 글의 빈칸에 들어갈 내용으로 가장 적절한 것은?

A는 말벌이 어떻게 둥지를 찾아가는지 알아내고자 했다. 이에 A는 말벌이 둥지에 있을 때, 둥지를 중심으로 솔방울들을 원형으로 배치했는데, 그 말벌은 먹이를 찾아 둥지를 떠났다가 다시 둥지로 잘 돌아왔다. 이번에는 말벌이 먹이를 찾아 둥지를 떠난 사이, A가 그 솔방울들을 수거하여 둥지 부근 다른 곳으로 옮겨 똑같이 원형으로 배치했다. 그랬더니 돌아온 말벌은 솔방울들이 치워진 그 둥지로 가지 않고 원형으로 배치된 솔방울들의 중심으로 날아갔다. ▶1문단

이러한 결과를 관찰한 A는 말벌이 방향을 찾을 때 솔방울이라는 물체의 재질에 의존한 것인지 혹은 솔방울들로 만든 모양에 의존한 것인지를 알아내고자 하였다. 그래서 이번에는 말벌이 다시 먹이를 찾아 둥지를 떠난 사이, 앞서 원형으로 배치했던 솔방울들을 치우고 그 자리에 돌멩이들을 원형으로 배치했다. 그리고 거기 있던 솔방울들을 다시 가져와 둥지를 중심으로 삼각

형으로 배치했다. 그러자 A는 돌아온 말벌이 원형으로 배치된 돌멩이들의 중심으로 날아가는 것을 관찰할 수 있었다. ▶2문단

이 실험을 통해 A는 먹이를 찾으러 간 말벌이 둥지로 돌아올 때, ▢▢▢는 결론에 이르렀다. ▶3문단

① 물체의 재질보다 물체로 만든 모양에 의존하여 방향을 찾는다
➡ (O) 지문에 나온 실험 결과를 통해 말벌이 물체의 재질이 아닌 모양에 의존해 방향을 찾는다는 결론을 얻을 수 있다.

② 물체로 만든 모양보다 물체의 재질에 의존하여 방향을 찾는다
➡ (X) 말벌이 물체의 재질에 의존해 방향을 찾는다면 삼각형 모양으로 배치된 솔방울 쪽으로 날아갔을 것이다.

③ 물체의 재질과 물체로 만든 모양 모두에 의존하여 방향을 찾는다
➡ (X) 두 번째 실험을 통해 말벌이 재질이 아닌 모양에 의존하여 방향을 찾는다는 것을 알 수 있다. 재질과 모양 둘 다에 의존하는 것은 아니다.

④ 물체의 재질이나 물체로 만든 모양에 의존하지 않고 방향을 찾는다 ➡ (X) 말벌이 물체의 재질이나 모양에 의존하지 않는다면 먹이를 찾은 후 말벌은 항상 동일한 위치, 즉 둥지로 돌아왔을 것이다. 실험의 조건을 달리했을 때 그에 따른 말벌의 이동 방향이 달라지므로 말벌이 방향을 찾는 데 분명히 영향을 미치는 조건이 있음을 알 수 있다.

⑤ 경우에 따라 물체의 재질에 의존하기도 하고 물체로 만든 모양에 의존하기도 하면서 방향을 찾는다 ➡ (X) 두 번째 실험을 통해 말벌이 재질이 아닌 모양에 의존하여 방향을 찾는다는 것을 알 수 있다. 경우에 따라 의존 대상이 바뀌는 것은 아니다.

18 ⑤   정답률 70.1%

| 문제 유형 | 비판적 사고 > 지문에서 추론하기
| 접근 전략 | 지문의 핵심 용어에 대한 진술로 적절하지 않은 것을 고르는 문제 유형이다. 지문은 겨울철 해녀의 작업 시 장갑의 착용 여부가 손의 열손실에 미치는 영향에 대해 서술하고 있다. 2문단에서는 장갑 착용 여부에 따른 손의 열손실 차이를, 3문단에서는 장갑 착용 여부에 따른 손의 열절연도 변화와 그로 인한 손과 팔의 열손실 정도의 차이를 파악해야 한다.

다음 글의 ㉠에 대한 진술로 적절하지 않은 것은?

해녀들이 고무 잠수복을 받아들일 때 잠수복 바지, 저고리, 모자, 버선은 받아들였으나 흥미롭게도 장갑은 제외시켰다. 손은 부피당 표면적이 커서 수중에서 열손실이 쉽게 일어나는 부위이다. 손의 온도가 떨어지면 움직임이 둔해지고 정확도가 떨어지므로 물속에서의 작업 수행 능력이 감소된다. 이런 점을 고려할 때 장갑 착용은 작업 능률을 향상시킬 것으로 생각되는데 수온이 낮은 겨울철에도 해녀들이 잠수 장갑을 끼지 않는 데는 어떤 이유가 있을 것이다. 그 이유를 알아보기 위하여 ㉠겨울철 해녀의 작업 시 장갑 착용이 손의 열손실에 어떤 영향을 미치는지 연구하였다. ▶1문단

겨울철에 해녀가 작업을 할 때, 장갑을 끼는 경우와 끼지 않는 경우에 손의 열손실을 측정하였다. 열손실은 단위시간당 손실되는 열의 양으로 측정하였다. 입수 초기에는 장갑을 낄 때나 안 낄 때나 손의 열손실이 증가하는데 장갑을 낄 때보다 안 낄 때 더 빠르게 증가한다. 그런데 입수 초기가 지나면 손의 열손실은 시간에 따라 점차 감소하는데 장갑을 낄 때보다 안 낄 때 더 빠르게 감소한다. 그래서 입수 후 약 20분이 지나면 손의 열손실이 장갑을 낄 때보다 안 낄 때 더 작아지는 기현상이 생긴다. ▶2문단

이러한 현상은 입수 시 나타나는 손의 열절연도 변화로 설명할 수 있다. 물체의 열손실은 그 물체의 열절연도에 의해 좌우되는데 열절연도가 커질수록 열손실이 작아진다. 입수 후 손의 열절연도는 장갑을 낄 때보다 안 낄 때 더 빠르게 증가하여 입수 후 약 20분이 지나면 손의 열손실이 장갑을 낄 때보다 안 낄 때 더 작아진다. 또한 팔의 열절연도도 입수 후 시간이 지남에 따라 장갑을 낄 때보다 안 낄 때 더 빠르게 증가하여 팔의 열손실은 장갑을 낄 때보다 안 낄 때 더 빠르게 감소한다. ▶3문단

① 손의 온도는 해녀의 작업 수행 능력에 영향을 준다. ➡ (O) 1문단에 따르면 손의 온도가 떨어지면 움직임이 둔해지고 정확도가 떨어지므로 물속에서의 작업 수행 능력이 감소된다.

② 장갑 착용 여부는 손과 팔의 열손실에 영향을 준다. ➡ (O) 3문단에 따르면 장갑을 안 낄 때 손과 팔의 열절연도가 빠르게 증가하여 시간이 지나면 손과 팔의 열손실이 장갑을 낄 때보다 안 낄 때 더 작아진다.

③ 입수 초기에는 장갑을 낄 때보다 안 낄 때 손의 열손실이 더 빠르게 증가한다. ➡ (O) 2문단에 따르면 입수 초기에는 장갑을 낄 때와 안 낄 때 모두 손의 열손실이 증가하는데 장갑을 낄 때보다 안 낄 때 더 빠르게 증가한다.

④ 입수 후 시간이 지남에 따라 손의 열절연도는 장갑을 낄 때보다 안 낄 때 더 빠르게 증가한다. ➡ (O) 3문단에 따르면 입수 후 손의 열절연도는 장갑을 낄 때보다 안 낄 때 더 빠르게 증가한다.

⑤ 입수 후 장갑을 안 낄 때는 손의 열손실이 시간이 지남에 따라 증가한 후 감소하지만 장갑을 낄 때는 그렇지 않다. ➡ (X) 2문단에 따르면 입수 초기에는 장갑을 낄 때나 안 낄 때나 손의 열손실이 증가하고 입수 초기가 지나면 손의 열손실은 시간에 따라 점차 감소한다. 즉, 장갑 착용 여부와 상관 없이 입수 후 손의 열손실은 시간이 지남에 따라 증가한 후 감소한다. 다만 장갑을 낄 때보다 안 낄 때 손의 열손실이 더 빠르게 증가하고 더 빠르게 감소할 뿐이다.

19 ④   정답률 72.5%

| 문제 유형 | 사실적 이해 > 논리 게임
| 접근 전략 | 제시된 조건을 바탕으로 반드시 참인 것을 모두 고르는 문제 유형이다. 전제 조건으로 제시된 '서로 다른 종목을 관람함, 두 지역으로 나뉘어 열림'을 먼저 파악하고, 나머지 조건들로 A~E의 상관관계를 도식화하여 풀이하도록 한다.

다음 글의 내용이 참일 때, 반드시 참인 것만을 〈보기〉에서 모두 고르면?

A, B, C, D, E는 스키, 봅슬레이, 컬링, 쇼트트랙, 아이스하키 등 총 다섯 종목 중 각자 한 종목을 관람하고자 한다. 스키와 봅슬레이는 산악지역에서 열리며, 나머지 종목은 해안지역에서 열린다. 다섯 명의 관람 종목에 대한 조건은 다음과 같다.
○ A, B, C, D, E는 서로 다른 종목을 관람한다.
○ A와 B는 서로 다른 지역에서 열리는 종목을 관람한다.
○ C는 스키를 관람한다.
○ B가 쇼트트랙을 관람하면, D가 봅슬레이를 관람한다.
○ E가 쇼트트랙이나 아이스하키를 관람하면, A는 봅슬레이를 관람한다.
→ 제시된 조건들을 정리하면 다음과 같다.
• 조건 1: A, B, C, D, E 서로 다른 종목
• 조건 2: A, B 서로 다른 지역(스키, 봅슬레이: 산악지역/나머지: 해안지역)
• 조건 3: C 스키
• 조건 4: B 쇼트트랙 → D 봅슬레이
• 조건 5: E 쇼트트랙 or 아이스하키 → A 봅슬레이

〈보기〉

ㄱ. A가 봅슬레이를 관람하면, D는 아이스하키를 관람한다. → (X) A가 봅슬레이를 관람하면, 조건 2와 조건 3에 의해 B는 컬링, 쇼트트랙, 아이스하키 중 하나를 관람하게 된다. A와 C가 확정되었으므로 D와 B와 같이 컬링, 쇼트트랙, 아이스하키 중 하나를 관람하게 된다. 그리고 B가 쇼트트랙을 관람하면 조건 4에 의해 D는 봅슬레이를 관람하게 된다. 그러나 제시된 조건이 충분하지 않아 D가 아이스하키를 관람한다는 진술을 확정 지을 수 없으므로 ㄱ은 반드시 참이 아니다.

ㄴ. B는 쇼트트랙을 관람하지 않는다. → (O) 조건 4가 참이면 B는 쇼트트랙, C는 스키, D는 봅슬레이를 관람하게 되는데, 이럴 경우 A와 B가 같은 지역인 해안지역에서 열리는 종목을 관람하게 되어 조건 2가 거짓이 되므로 B가 쇼트트랙을 관람하지 않는다는 진술은 반드시 참이다.

ㄷ. E가 쇼트트랙을 관람하면, B는 컬링이나 아이스하키를 관람한다. → (O) E가 쇼트트랙을 관람하면, 조건 5에 의해 A는 봅슬레이를 관람하게 된다. C는 스키를 관람하므로, B가 컬링이나 아이스하키 중 하나를 관람한다는 진술은 반드시 참이다.

① ㄱ ➡ (X)
② ㄴ ➡ (X)
③ ㄱ, ㄷ ➡ (X)
④ ㄴ, ㄷ ➡ (O)
⑤ ㄱ, ㄴ, ㄷ ➡ (X)

20 ③   정답률 84.6%

| 문제 유형 | 사실적 이해 > 논리 게임
| 접근 전략 | 제시된 조건을 바탕으로 선지의 내용을 참이라고 할 수 있는지 하나씩 따져 봐야 하는 유형이다. 제시된 조건이 참이라고 해서 그 '이'나 '역'이 반드시 참인 것은 아니므로, 확대 해석하지 않도록 주의해야 한다.

다음 글의 내용이 참일 때, 반드시 참인 것은?

도시발전계획의 하나로 관할 지역 안에 문화특화지역과 경제특화지역을 지정하여 활성화하는 정책을 추진하고 있는 A시와 관련하여 다음 사항이 알려졌다.
○ A시의 관할 지역은 동구와 서구로 나뉘어 있고 갑, 을, 병, 정, 무는 이 시에 거주하는 주민이다.
○ A시는 문화특화지역과 경제특화지역을 곳곳에 지정하였으나, 두 지역이 서로 겹치는 경우는 없다.
○ 문화특화지역으로 지정된 곳에서는 모두 유물이 발견되었다.
○ 동구에서 경제특화지역으로 지정된 곳의 주민은 모두 부유하다.
○ 서구에 거주하는 주민은 모두 아파트에 산다.
→ 제시된 조건들을 정리하면 다음과 같다.
ⓐ: 동구, 서구/갑, 을, 병, 정, 무
ⓑ: 문화특화지역과 경제특화지역은 겹치지 않음
ⓒ: 문화특화지역에서 모두 유물 발견
ⓓ: 동구+경제특화지역의 주민은 모두 부유함
ⓔ: 서구 주민은 모두 아파트에 거주

① 갑이 유물이 발견된 지역에 거주한다면, 그는 부유하지 않다. ➡ (X) 갑이 유물이 발견된 지역에 거주한다면 ⓒ에 의해 그가 문화특화지역에 거주함을 알 수 있다. 그런데 이 지역에 거주한다고 해서 모두 부유하지 않은 것은 아니다.

② 을이 부유하다면, 그는 경제특화지역에 거주하고 있다. ➡ (X) ⓓ가 참이라고 해서 그 '역'이 참인 것은 아니다. 따라서 을이 부유하다고 해서 그가 반드시 경제특화지역에 거주한다고 볼 수 없다.

③ 병이 아파트에 살지는 않지만 경제특화지역에 거주한다면, 그는 부유하다. ➡ (O) 병이 아파트에 살지 않는다면 ⓔ에 의해 그가 동구 주민인 것을 알 수 있다. 이에 더해서 병이 경제특화지역에 거주한다면 ⓓ에 의해 그가 부유함을 알 수 있다. 따라서 본 선지의 진술은 반드시 참이다.

④ 정이 아파트에 살지 않는다면, 그는 유물이 발견되지 않은 지역에 거주한다. ➡ (X) 정이 아파트에 살지 않는다면 ⓔ에 의해 그가 동구 주민인 것을 알 수 있지만 경제특화지역(유물이 발견되지 않은 지역)에 거주하는지는 알 수 없다.

⑤ 무가 문화특화지역에 거주한다면, 그는 아파트에 살지 않는다. ➡ (X) 문화특화지역은 서구나 동구 모두에 지정될 수 있으므로, 무가 문화특화지역에 거주한다고 해서 서구 주민(아파트에 거주)이 아니라고는 할 수 없다.

21 ②   정답률 86.1%

| 문제 유형 | 비판적 사고 > 논리적 결론의 전제·원인 찾기
| 접근 전략 | 가정에 모순이 있음을 이끌어 내기 위해, 제시된 명제들 외에 추가해야 할 명제를 찾는 유형이다. 먼저 2문단에 제시된 명제들을 논리적 흐름에 맞게 순차적으로 나열해 본 후 마지막 추가되어야 할 명제를 찾으면 된다. 그 명제는 앞에서 제시한 '주관적 판단에 의존하는 규범은 도덕 규범이다.'라는 가정과 모순이 되어야 한다.

다음 글의 ㉠으로 적절한 것은?

규범윤리학의 핵심 물음은 "무엇이 도덕적으로 올바른 행위인가?"이다. 이에 답하기 위해서는 '도덕 규범'이라고 불리는 도덕적 판단 기준에 대한 논의가 필요하다. 도덕적 판단 기준이 개개인의 주관적 판단에 의존한다고 여기는 사람들이 다수있지만 이는 옳지 않은 생각이다. 도덕 규범은 그것이 무엇이든 우리의 주관적 판단에 의존하지 않는다. 이러한 주장이 반드시 참임은 다음 논증을 통해 보일 수 있다. ▶1문단

도덕 규범이면서 우리의 주관적 판단에 의존하는 규범이 있다고 가정하면, 문제가 생긴다. 우리는 다음 명제들을 의심의 여지없이 참이라고 받아들이기 때문이다. 첫째, 주관적 판단에 의존하는 규범은 모두 우연적 요소에 좌우된다. 둘째, 우연적 요소에 좌우되는 규범은 어느 것도 보편적으로 적용되지 않는다. 셋째, 보편적으로 적용되지 않는 규범은 그것이 무엇이든 객관성이 보장되지 않는다. 이 세 명제에 ㉠하나의 명제를 추가하기만 하면 주관적 판단에 의존하는 규범은 어느 것도 도덕 규범이 아니라는 것을 이끌어 낼 수 있다. 이는 앞의 가정과 모순된다. 따라서 도덕 규범은 어느 것도 우리의 주관적 판단에 의존하지 않는다. ▶2문단

① 우연적 요소에 좌우되는 도덕 규범이 있다. ➡ (X)
② 객관성이 보장되지 않는 규범은 어느 것도 도덕 규범이 아니다. ➡ (O) 2문단에 제시된 명제들을 논리적으로 나열하면 '주관적 판단에 의존하는 규범 → 우연적 요소에 좌우되는 규범 → 보편적으로 적용되지 않는 규범 → 객관성이 보장되지 않는 규범'이다. 따라서 마지막 부분에 '객관성이 보장되지 않는 규범은 도덕적 규범이 아니다.'라는 명제를 추가하면 앞의 가정과 모순된다.
③ 객관성이 보장되는 규범은 그것이 무엇이든 보편적으로 적용된다. ➡ (X)
④ 보편적으로 적용되는 규범은 어느 것도 우연적 요소에 좌우되지 않는다. ➡ (X)
⑤ 주관적 판단에 의존하면서 보편적으로 적용되지 않는 도덕 규범이 있다. ➡ (X)

22 ②   정답률 68.3%

| 문제 유형 | 비판적 사고 > 판단하기
| 접근 전략 | '갑, 을, 병'의 주장을 제시하고 각각에 대한 평가의 적절성을 판단하는 문제 유형이다. 〈보기〉는 특정 조건으로 인해 주장이 강화되는지 혹은 약화되는지 여부를 묻고 있는데 갑~병 서로 간의 견해 차이를 판단하는 내용은 없으므로, 지문의 내용을 '갑-ㄱ/을-ㄴ/병-ㄷ' 셋으로 분리해서 독해하는 것이 더 효율적이다.

다음 갑~병의 주장에 대한 평가로 적절한 것만을 〈보기〉에서 모두 고르면?

갑: 어떤 나라의 법이 불공정하거나 악법이라고 해도 그 나라의 시민은 그것을 준수해야 한다. 그 나라의 시민으로 살아간다는 것이 법을 준수하겠다는 암묵적인 합의를 한 것이나 마찬가지이기 때문이다. 우리에게는 약속을 지켜야 할 의무가 있다. 만일 우리의 법이 마음에 들지 않았다면 처음부터 이 나라를 떠나 이웃 나라로 이주할 수 있는 자유가 언제나 있었던 것이다. 이 나라에서 시민으로 일정 기간 이상 살았다면 법을 그것의 공정 여부와 무관하게 마땅히 지켜야만 하는 것이 우리 시민의 의무이다.

을: 법을 지키겠다는 암묵적 합의는 그 법이 공정한 것인 한에서만 유효한 것이다. 만일 어떤 법이 공정하지 않다면 그런 법을 지키는 것은 오히려 타인의 인권을 침해할 소지가 있고, 따라서 그런 법의 준수를 암묵적 합의의 일부로 간주해서는 안 될 것이다. 그러므로 공정한 법에 대해서만 선별적으로 준수의 의무를 부과하는 것이 타당하다.

병: 법은 정합적인 체계로 구성되어 있어서 어떤 개별 법 조항도 다른 법과 무관하게 독자적으로 주어질 수 없다. 모든 법은 상호 의존적이어서 어느 한 법의 준수를 거부하면 반드시 다른 법의 준수 여부에도 영향을 미칠 수밖에 없다. 예를 들어, 조세법이 부자에게 유리하고 빈자에게 불리한 불공정한 법이라고 해서 그것 하나만 따로 떼어내어 선별적으로 거부한다는 것은 불가능하다. 그렇게 했다가는 결국 아무 문제가 없는 공정한 법의 준수 여부에까지 영향을 미치게 될 것이다. 따라서 법의 선별적 준수는 전체 법체계의 유지에 큰 혼란을 불러올 우려가 있으므로 받아들여서는 안 된다.

〈보기〉

ㄱ. 예외적인 경우에 약속을 지키지 않아도 된다면 갑의 주장은 강화된다. → (X) 갑은 법의 공정 여부와 무관하게 예외 없이 법을 반드시 준수해야 한다는 입장이다. 따라서 예외적인 경우에 약속을 지키지 않아도 된다면 갑의 주장은 약화된다.

ㄴ. 법의 공정성을 판단하는 별도의 기준이 없다면 을의 주장은 약화된다. → (O) 을은 공정한 법만 준수해야 한다는 입장이다. 따라서 법의 공정성 여부를 판단할 수 없다면 을의 주장은 약화된다.

ㄷ. 이민자를 차별하는 법이 존재한다면 병의 주장은 약화된다. → (X) 병은 법의 선별적 준수, 즉 어느 한 법만 따로 떼어내어 준수를 거부하는 것을 반대하는 입장이다. 따라서 만약 이민자를 차별하는 법이 이민자에 불리하기 때문에 거부해야 한다고 한다면 병의 주장은 약화될 수 있다. 하지만 이민자를 차별하는 법이 존재한다는 것 자체는 병의 주장을 약화하지도 강화하지도 않는다.

① ㄱ ➡ (X)
② ㄴ ➡ (O)
③ ㄱ, ㄷ ➡ (X)
④ ㄴ, ㄷ ➡ (X)
⑤ ㄱ, ㄴ, ㄷ ➡ (X)

S 23 ③ **TOP 2** 정답률 48.2%

| 문제 유형 | 비판적 사고 > 판단하기
| 접근 전략 | 〈실험〉 결과를 분석한 내용의 적절성 여부를 판단하는 문제 유형이다. 먼저 지문에서 핵심 용어의 개념을 파악하고, 구체적인 〈실험〉에 이를 적용하여 분석해야 한다. 그리고 분석 내용을 바탕으로 〈보기〉의 문장의 적절성을 판단해야 한다. 지문과 〈보기〉의 내용이 어려운 편은 아니지만, 여러 단계의 문제 풀이 과정을 거쳐야 하는 복합 유형이므로 집중력이 필요하다.

다음 글에 비추어 볼 때, 〈실험〉에 대한 분석으로 적절한 것만을 〈보기〉에서 모두 고르면?

통계학자들은 오직 두 가설, 즉 영가설과 대립가설만을 고려하는 경우가 있다. 여기서 영가설이란 취해진 조치가 조치의 대상에 아무런 영향을 주지 않는다는 가설이고, 대립가설이란 영향을 준다는 가설이다. 예컨대 의사의 조치가 특정 질병 치료에 아무런 효과도 없다는 가설은 영가설이고, 의사의 조치가 그 질병을 치료하는 데 효과가 있다는 가설은 대립가설이다.

〈실험〉

A는 다음의 두 가설과 관련하여 아래 실험을 수행하였다.
○ 가설 1: 쥐가 동일한 행동을 반복할 때 이전 행동에서 이루어진 강제조치가 다음번 행동에 영향을 준다.
○ 가설 2: 쥐가 동일한 행동을 반복할 때 이전 행동에서 이루어진 강제조치가 다음번 행동에 영향을 주지 않는다.

왼쪽 방향 또는 오른쪽 방향으로 갈 수 있는 갈림길이 있는 미로가 있다. 실험자는 쥐 1마리를 이 미로의 입구에 집어넣었다. 미로에 들어간 쥐가 갈림길에 도달하면 실험자가 개입하여 쥐가 한쪽 방향으로 가도록 강제조치했다. 그런 다음 실험자는 미로의 출구 부분에서 쥐를 꺼내 다시 미로의 입구에 집어넣고 쥐가 갈림길에서 어느 방향으로 가는지를 관찰하였다. 100마리의 쥐를 대상으로 이러한 실험을 실시한 결과 대부분의 쥐들은 이전에 가지 않았던 방향으로 갔다.

〈보기〉

ㄱ. 가설 1은 대립가설이고 가설 2는 영가설이다. → (O) 가설 1은 이전 행동의 강제조치가 다음 행동에 영향을 준다고 보기 때문에 대립가설에 해당하고, 가설 2는 이전 행동의 강제조치가 다음 행동에 영향을 주지 않는다고 보기 때문에 영가설에 해당한다.

ㄴ. 〈실험〉의 결과는 대립가설을 강화한다. → (O) 〈실험〉은 실험자의 강제조치가 쥐로 하여금 이전에 가지 않았던 방향으로 가도록 영향을 주었기 때문에 대립가설을 강화한다.

ㄷ. 〈실험〉에서 미로에 처음 들어간 쥐들에게 갈림길에서 50마리의 쥐들은 왼쪽 방향으로, 나머지 50마리의 쥐들은 오른쪽 방향으로 가도록 실험자가 강제조치하였다는 사실이 밝혀진다면 영가설은 강화된다. → (X) 50마리씩 서로 다른 방향으로 가도록 강제조치를 하였을 때 대부분의 쥐가 이전에 가지 않았던 방향으로 간다면 대립가설을 강화한다. 영가설은 강제조치가 대상에 아무런 영향을 주지 않는다는 가설이다.

① ㄱ ➡ (X)
② ㄷ ➡ (X)
③ ㄱ, ㄴ ➡ (O)
④ ㄴ, ㄷ ➡ (X)
⑤ ㄱ, ㄴ, ㄷ ➡ (X)

24 ② 정답률 77.5%

| 문제 유형 | 비판적 사고 > 논지 강화·약화하기
| 접근 전략 | 지문을 읽고 결론에 해당하는 문장을 강화하는 뒷받침 내용을 찾는 문제 유형이다. 따라서 〈보기〉에 제시된 구체적인 사례가 지문의 핵심 용어 '식역 이하의 반복 점화'를 강화하는 것인지 살펴봐야 한다. 즉 3문단에 나온 것처럼 식역 이하로 제시된 낱말의 반복이 뒤이어 나온 낱말의 처리속도에 영향을 미치는 경우라면 ㉠을 강화하는 것으로 볼 수 있다.

다음 글의 ㉠을 강화하는 것만을 〈보기〉에서 모두 고르면?

동물의 감각이나 반응을 일으키는 최소한의 자극을 '식역'이라고 한다. 인간의 경우 일반적으로 40밀리 초 이하의 시각적 자극은 '보았다'고 답하는 경우가 거의 없다. 그렇다면 식역 이하의 시각적 자극은 우리에게 아무런 영향도 주지 않는 것일까? ▶1문단

연구자들은 사람들에게 식역 이하의 짧은 시간 동안 문자열을 먼저 제시한 후 뒤이어 의식적으로 지각할 수 있을 만큼 문자열을 제시하는 실험을 진행했다. 이 실험에서 연구자들은 먼저 제시된 문자열을 '프라임'으로, 뒤이어 제시된 문자열을 '타깃'으로 불렀다. 프라임을 식역 이하로 제시한 후 뒤이어 타깃을 의식적으로 볼 수 있을 만큼 제시했을 때 피험자들은 타깃 앞에 프라임이 있었다는 사실조차 알아차리지 못했다. ▶2문단

거듭된 실험을 통해 밝혀진 사실 가운데 하나는 피험자가 비록 보았다고 의식하지 못한 낱말일지라도 제시된 프라임이 타깃과 동일한 낱말인 경우 처리속도가 빨라진다는 것이었다. 예컨대 'radio' 앞에 'house'가 제시되었을 때보다 'radio'가 제시되었을 때 반응이 빨라졌다. 동일한 낱말의 반복이 인지 반응을 촉진한 것이었다. 식역 이하로 제시된 낱말임에도 불구하고 뒤이어 나온 낱말의 처리속도에 영향을 미친 이런 효과를 가리켜 '식역 이하의 반복 점화'라고 부른다. ▶3문단

흥미로운 점은, 프라임이 소문자로 된 낱말 'radio'이고 타깃이 대문자로 된 낱말 'RADIO'일 때 점화 효과가 나타났다는 것이다. 시각적으로 그 둘의 외양은 다르다. 그렇다면 두 종류의 표기에 익숙한 언어적, 문화적 관습에 따라 'radio'와 'RADIO'를 같은 낱말로 인지한 것으로 볼 수 있다. 이에 비추어 볼 때, ㉠식역 이하의 반복 점화는 추상적인 수준에서 나타나는 것으로 보인다. ▶4문단

〈보기〉

ㄱ. 같은 낱말을 식역 이하로 반복하여 여러 번 눈앞에 제시해도 피험자들은 그 낱말을 인지하지 못하였다. → (X) 같은 낱말을 식역 이하로 반복 제시했을 때 피험자가 낱말을 인지하지 못했다면 이는 ㉠을 강화하지 못한다.

ㄴ. 샛별이 금성이라는 것을 아는 사람에게 프라임으로 '금성'을 식역 이하로 제시한 후 타깃으로 '샛별'을 의식적으로 볼 수 있을 만큼 제시했을 때, 점화 효과가 나타나지 않았다. → (X) '금성'과 '샛별'은 연관성이 있는 낱말이므로, '금성'을 식역 이하로 반복 제시하였으나 '샛별'을 인지하는 데에 효과가 없었다면 이는 ㉠을 강화하지 못한다.

ㄷ. 한국어와 영어에 능숙한 사람에게 'five'만을 의식적으로 볼 수 있을 만큼 제시한 경우보다 프라임으로 '다섯'을 식역 이하로 제시한 후 타깃으로 'five'를 의식적으로 볼 수 있을 만큼 제시했을 때, 'five'에 대한 반응이 더 빨랐다. → (O) '다섯'과 'five'는 연관성이 있는 낱말이므로, '다섯'을 식역 이하로 반복 제시했을 때 'five'에 대한 반응이 빨랐다면 이는 ㉠을 강화한다.

① ㄱ ➡ (X)
② ㄷ ➡ (O)
③ ㄱ, ㄴ ➡ (X)
④ ㄴ, ㄷ ➡ (X)
⑤ ㄱ, ㄴ, ㄷ ➡ (X)

25 ⑤ 정답률 63.8%

| 문제 유형 | 비판적 사고 > 판단하기
| 접근 전략 | 갑~정의 견해 차이를 분석한 내용으로 적절한 것을 고르는 문제 유형이다. 따라서 지문을 읽고 갑~정의 의견을 파악한 후 이를 동일한 입장끼리 분류해야 한다. 갑과 병은 과학의 성장을 긍정하는 입장이고, 을과 정은 각각 갑과 병을 비판하는 입장이다. 〈보기〉를 읽고 이러한 입장 차이가 적절하게 서술되었는지, 반박의 근거는 맞는지 등을 확인해야 한다.

다음 글에 대한 분석으로 적절한 것만을 〈보기〉에서 모두 고르면?

갑: 우리는 예전에 몰랐던 많은 과학 지식을 가지고 있다. 예를 들어, 과거에는 물이 산소와 수소로 구성된다는 것을 몰랐지만 현재는 그 사실을 알고 있다. 과거에는 어떤 기준 좌표에서 관찰하더라도 빛의 속도가 일정하다는 것을 몰랐지만 현재의 우리는 그 사실을 알고 있다. 이처럼 우리가 알게 된 과학 지식의 수는 누적적으로 증가하고 있으며, 이 점에서 과학은 성장한다고 말할 수 있다.

을: 과학의 역사에서 과거에 과학 지식이었던 것이 더 이상 과학 지식이 아닌 것으로 판정된 사례는 많다. 예를 들어, 과거에 우리는 플로지스톤 이론이 옳다고 생각했지만 현재 그 이론이 옳다고 생각하는 사람은 아무도 없다. 이런 점에서 과학 지식의 수는 누적적으로 증가하고 있지 않다.

병: 그렇다고 해서 과학이 성장한다고 말할 수 없는 것은 아니다. 과학에서 해결해야 할 문제들은 정해져 있으며, 그중 해결된 문제의 수는 증가하고 있다. 예를 들어 과거의 뉴턴 역학은 수성의 근일점 이동을 정확하게 예측할 수 없었지만 현재의 상대성 이론은 정확하게 예측할 수 있다. 따라서 해결된 문제의 수가 증가하고 있다는 이유에서 과학은 성장한다고 말할 수 있다.

정: 그렇게 말할 수 없다. 우리가 어떤 과학 이론을 받아들이냐에 따라서 해결해야 할 문제가 달라지고, 해결된 문제의 수가 증가했는지 판단할 수도 없기 때문이다. 서로 다른 이론을 받아들이는 사람들이 해결한 문제의 수는 서로 비교할 수 없다.

〈보기〉

ㄱ. 갑과 병은 모두 과학의 성장 여부를 평가할 수 있는 어떤 기준이 있다는 것을 인정한다. → (O) 갑과 병은 모두 과학을 성장하는 것으로 보고 있다. 갑은 우리가 알게 된 과학 지식의 수가 누적적으로 증가하고 있으므로 과학이 성장한다고 보았으며 병은 과학에서 해결된 문제의 수가 증가하고 있으므로 과학이 성장한다고 보았다. 따라서 갑과 병은 과학의 성장 여부를 평가할 수 있는 기준이 있다는 것을 인정하고 있음을 알 수 있다.

ㄴ. 을은 과학 지식의 수가 실제로 누적적으로 증가하지 않는다는 이유로 갑을 비판한다. → (O) 을은 과거에 과학 지식이었던 것이 후대에 아닌 것으로 판정된 사례가 많다는 점을 들어 과학 지식이 누적적으로 증가하고 있지 않다고 주장한다. 이는 갑이 과학의 성장 근거로 제시한 것을 정면으로 반박하는 의견이므로 을이 갑의 의견을 비판하고 있음을 알 수 있다.

ㄷ. 정은 과학의 성장 여부를 말할 수 있는 근거의 진위를 판단할 수 없다는 점을 들어 병을 비판한다. → (O) 정은 서로 다른 과학 이론을 받아들인 경우 해결한 문제의 수가 달라지기 때문에 결과적으로 과학에서 해결된 문제의 수가 증가했는지의 진위는 알 수 없다는 입장이다. 이는 병이 과학의 성장 근거로 제시한 것을 반박하는 의견이므로 정이 병의 의견을 비판하고 있음을 알 수 있다.

① ㄱ ➡ (X)
② ㄷ ➡ (X)
③ ㄱ, ㄴ ➡ (X)
④ ㄴ, ㄷ ➡ (X)
⑤ ㄱ, ㄴ, ㄷ ➡ (O)

정답과 분석해설

2020 | 제2영역 자료해석(㉮ 책형)

기출 총평

2020년 자료해석 시험은 수치 계산 문제가 다수 포함되어 있어 시간이 부족함을 느꼈을 수 있고, 이전보다 〈보고서〉 유형이 많이 출제되었다. 가구별 근로장려금 산정기준에 관한 자료를 분석하는 문제, 육교 설치에 대한 찬성 또는 반대 의견을 조사한 3차례 조사 결과를 분석하는 문제는 계산으로만 바로 도출되는 단순 계산이 아니라 여러 단계의 계산을 거쳐 답을 도출해야 하고, 한 번 더 생각해 봐야 하는 문제로 출제되었다. 장학금 유형에 따른 학기별 장학생 수와 장학금 총액을 파악하는 문제, 지역별 14개 지역에 등록된 5톤 미만 어선 수를 파악하는 문제, 탈모 증상 경험 여부와 탈모 증상 경험자의 탈모 증상 완화 시도 방법에 따른 설문 조사 자료를 분석하는 문제, 곤충도감에 기록된 분류군별 경제적 중요도와 종의 수를 파악하는 문제는 제시된 자료의 양이 많고 묻는 내용이 다양하여 실수를 유발할 수 있는 문제로 출제되었다. 2020년 자료해석 시험에서는 자료의 길이도 길고 선지가 다양하게 출제되어 시간 내 풀기에 어려움을 느꼈을 수 있고, 계산 압박이 컸으며, 헷갈리는 문제가 제법 있었다. 이에 따라 정확한 계산을 요구하는 문제인지, 반드시 정확한 계산을 하지 않아도 풀 수 있는 문제인지를 재빠르게 파악하여 문제에 접근하는 것이 중요하다.

문항별 정답률 및 선지별 선택률

문번	정답	정답률(%)	선지별 선택률(%)				
			①	②	③	④	⑤
01	④	84.2	10.5	0.3	1.1	84.2	3.9
02	③	82.4	6.2	5.8	82.4	4.8	0.8
03	④	83.9	5.0	0.6	6.0	83.9	4.5
04	①	88.6	88.6	4.6	0.4	5.1	1.3
05	⑤	63.7	10.5	5.9	10.2	9.7	63.7
06	⑤	88.7	0.6	3.8	3.1	3.8	88.7
07	①	65.0	65.0	4.4	6.0	4.2	20.4
08	②	81.9	4.8	81.9	1.7	10.6	1.0
09	②	78.5	2.7	78.5	6.1	6.1	6.6
10	④	70.8	7.7	9.3	5.4	70.8	6.8
11	③	93.9	2.7	0.7	93.9	1.3	1.4
12	④	81.7	1.8	0.7	2.5	81.7	13.3
13	⑤	53.7	4.7	6.8	19.1	15.7	53.7

문번	정답	정답률(%)	선지별 선택률(%)				
			①	②	③	④	⑤
14	⑤	72.3	1.6	2.4	12.1	11.6	72.3
15	④	76.0	6.0	2.7	11.6	76.0	3.7
16	②	49.5	2.7	49.5	3.2	30.5	14.1
17	③	77.5	10.2	1.9	77.5	6.7	3.7
18	②	83.9	2.3	83.9	7.2	2.0	4.6
19	③	38.7	1.6	59.1	38.7	0.3	0.3
20	①	76.5	76.5	1.5	9.2	10.8	2.0
21	③	77.6	3.0	3.9	77.6	7.5	8.0
22	②	76.5	1.5	76.5	2.5	1.2	18.3
23	①	57.7	57.7	30.2	2.5	6.2	3.4
24	⑤	77.5	2.1	2.6	3.5	14.3	77.5
25	④	68.4	4.6	3.4	9.6	68.4	14.0

※ 파란색 음영 문항은 해당 회차에서 정답률이 가장 낮은 TOP 3 문항입니다.
※ 정답률 및 선지별 선택률 산정 기준: 약 1년간 누적된 자동채점 & 성적결과분석 서비스의 응시 데이터

출제 비중

01	④	02	③	03	④	04	①	05	⑤
06	⑤	07	①	08	②	09	②	10	④
11	③	12	④	13	⑤	14	⑤	15	④
16	②	17	③	18	②	19	③	20	①
21	③	22	②	23	①	24	⑤	25	④

01 ④ 정답률 84.2%

| 문제 유형 | 자료 변환응용 > 자료/보고서 전환형
| 접근 전략 | 〈보고서〉의 내용을 작성하기 위해 사용된 자료를 찾는 문제로, 〈보고서〉의 내용을 먼저 파악하기 전에 〈보기〉에 제시된 자료의 제목을 확인하여 이와 관련 있는 내용을 〈보고서〉에서 찾을 수 있는지를 파악하는 것이 효율적이다.

다음은 회계부정행위 신고 및 포상금 지급에 관한 〈보고서〉이다. 이를 작성하기 위해 사용된 자료만을 〈보기〉에서 모두 고르면?

〈보고서〉

2019년 회계부정행위 신고 건수는 모두 64건으로 2018년보다 29건 감소하였다. 회계부정행위 신고에 대한 최대 포상금 한도가 2017년 11월 규정 개정 후에는 1억 원에서 10억 원으로 상향됨에 따라 회계부정행위 신고에 대한 사회적 관심이 증가하여 2018년에는 신고 건수가 전년 대비 크게 증가(111.4%)하였다. 2019년 회계부정행위 신고 건수는 전년 대비 31.2% 감소하였지만 2013년부터 2016년까지 연간 최대 32건에 불과하였던 점을 감안하면 2017년 11월 포상금 규정 개정 전보다 여전히 높은 수준이었다.

〈보기〉

ㄱ. 회계부정행위 신고 현황
(단위: 건, %)

연도 구분	2017	2018	2019
회계부정행위 신고 건수	44	93	64
전년 대비 증가율	–	111.4	-31.2

→ (O) 〈보고서〉에는 2019년 회계부정행위 신고 건수가 모두 64건으로 2018년보다 29건 감소하였고, 2018년에는 신고 건수가 전년 대비 증가 (111.4%)하였다고 작성되어 있다. 이는 〈표〉를 통해 파악할 수 있다.

ㄴ. 연도별 회계부정행위 신고 건수 추이(2013~2016년)

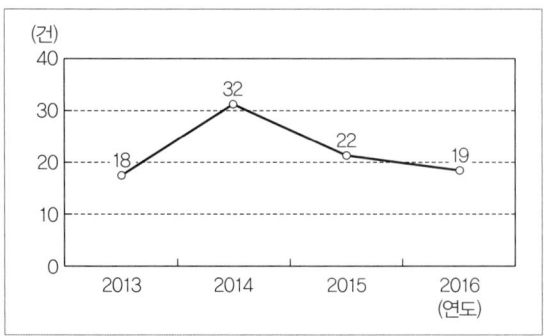

→ (O) 〈보고서〉에는 회계부정행위 신고 건수가 2013년부터 2016년까지 연간 최대 32건에 불과하였다고 작성되어 있다. 이는 〈그림〉을 통해 파악할 수 있다.

ㄷ. 회계부정행위 신고에 대한 최대 포상금 규정
(단위: 만 원)

시점	구분	최대 포상금 한도	
		자산총액 5천억 원 미만 기업	자산총액 5천억 원 이상 기업
2017년 11월 규정 개정	개정 후	50,000	100,000
	개정 전	5,000	10,000

→ (O) 〈보고서〉에는 회계부정행위 신고에 대한 최대 포상금 한도가 2017년 11월 규정 개정 후에는 1억 원에서 10억 원으로 상향되었다고 작성되어 있다. 이는 〈표〉를 통해 파악할 수 있다.

ㄹ. 회계부정행위 신고 포상금 지급 현황
(단위: 건, 만 원)

연도 구분	2008~ 2015	2016	2017	2018	2019	합계
지급 건수	6	2	2	1	2	13
지급액	5,010	2,740	3,610	330	11,940	23,630

→ (X) 〈보고서〉에는 회계부정행위 신고 포상금 지급 건수와 지급액에 대한 내용이 나타나 있지 않다. 따라서 〈표〉는 〈보고서〉를 작성하기 위해 사용된 자료로 볼 수 없다.

① ㄱ, ㄷ ➡ (X)
② ㄴ, ㄹ ➡ (X)
③ ㄷ, ㄹ ➡ (X)
④ ㄱ, ㄴ, ㄷ ➡ (O)
⑤ ㄱ, ㄴ, ㄹ ➡ (X)

02 ③ 정답률 82.4%

| 문제 유형 | 자료 읽기 > 표 제시형
| 접근 전략 | 〈표〉에 나타난 공법별 공사기간과 공사비를 통해 각 공법의 항목별 공사비를 더하여 총공사비를 최소화할 수 있는 공법을 공종별로 구한 후 공종별 공사기간을 더하면 구할 수 있다.

다음 〈표〉는 '갑'건축물을 건설하기 위한 공종의 공법별 공사기간 및 항목별 공사비에 관한 자료이다. 〈표〉와 〈조건〉에 근거하여 총공사비를 최소화하도록 공법을 적용할 때, 총공사기간은?

〈표〉 공종의 공법별 공사기간 및 항목별 공사비
(단위: 개월, 억 원)

공종	공법	공사기간	항목별 공사비		
			재료비	노무비	경비
토공사	A	4	4	6	4
	B	3	7	5	3
	C	3	5	5	3
골조공사	D	12	30	20	14
	E	14	24	20	15
	F	15	24	24	16
마감공사	G	6	50	30	10
	H	7	50	24	12

─〈조건〉─
○ 공종, 공법, 항목별 공사비는 각각 제시된 3가지, 8종류, 3항목만 있음
○ 공사는 세 가지 공종을 모두 포함하고, 공종별로 한 종류의 공법만을 적용함
○ 항목별 공사비는 해당 공법의 공사기간 동안 소요되는 해당 항목의 총비용임
○ 총공사기간은 공종별로 적용한 공법의 공사기간의 합이고, 총공사비는 공종별로 적용한 공법의 항목별 공사비의 총합임

① 22개월 ➡ (X)
② 23개월 ➡ (X)
③ 24개월 ➡ (O) 〈표〉를 통해 각 공종의 공법별 공사기간과 총공사비를 나타내면 다음과 같다.

(단위: 개월, 억 원)

구분		공사기간	총공사비
토공사	A	4	4+6+4=14
	B	3	7+5+3=15
	C	3	5+5+3=13
골조공사	D	12	30+20+14=64
	E	14	24+20+15=59
	F	15	24+24+16=64
마감공사	G	6	50+30+10=90
	H	7	50+24+12=86

토공사의 경우 총공사비를 최소화할 수 있는 공법은 C 공법이고, 이때의 공사기간은 3개월이다. 골조공사의 경우 총공사비를 최소화할 수 있는 공법은 E 공법이고, 이때의 공사기간은 14개월이다. 마감공사의 경우 총공사비를 최소화할 수 있는 공법은 H 공법이고, 이때의 공사기간은 7개월이다. 따라서 총공사비를 최소화하도록 공법을 적용할 때 총공사기간은 3+14+7=24(개월)이다.
④ 25개월 ➡ (X)
⑤ 26개월 ➡ (X)

03 ④
정답률 83.9%

| 문제 유형 | 자료 읽기 > 표 제시형
| 접근 전략 | 〈표〉에 나타난 학기별 장학금 유형에 따른 장학생 수와 장학금 총액을 비교하여 파악하는 문제이다. 1인당 장학금은 $\frac{장학금\ 총액}{장학생\ 수}$ 으로 구할 수 있으므로 이를 통해 장학생 1인당 장학금이 가장 많은 장학금 유형을 파악할 수 있다.

다음 〈표〉는 2017~2019년 '갑'대학의 장학금 유형(A~E)별 지급 현황에 관한 자료이다. 이에 대한 〈보기〉의 설명 중 옳은 것만을 고르면?

〈표〉 2017~2019년 '갑'대학의 장학금 유형별 지급 현황
(단위: 명, 백만 원)

학기	구분	장학금 유형 A	B	C	D	E
2017년	1학기	장학생 수	112	22	66	543	2,004
		장학금 총액	404	78	230	963	2,181
	2학기	장학생 수	106	26	70	542	1,963
		장학금 총액	379	91	230	969	2,118
2018년	1학기	장학생 수	108	21	79	555	1,888
		장학금 총액	391	74	273	989	2,025
	2학기	장학생 수	112	20	103	687	2,060
		장학금 총액	404	70	355	1,216	2,243
2019년	1학기	장학생 수	110	20	137	749	2,188
		장학금 총액	398	70	481	1,330	2,379
	2학기	장학생 수	104	20	122	584	1,767
		장학금 총액	372	70	419	1,039	1,904

※ '갑'대학의 학기는 매년 1학기와 2학기만 존재함

─〈보기〉─
ㄱ. 2017~2019년 동안 매 학기 장학생 수가 증가하는 장학금 유형은 1개이다. → (X) 2017~2019년 동안 장학생 수는 A 유형의 경우 감소 → 증가 → 감소하였고, B 유형의 경우 증가 → 감소 → 일정하였으며, C 유형의 경우 증가 → 감소하였고, D 유형의 경우 감소 → 증가 → 감소하였으며, E 유형의 경우 감소 → 증가 → 감소하였다. 따라서 2017~2019년 동안 매 학기 장학생 수가 증가하는 장학금 유형은 존재하지 않는다.

ㄴ. 2018년 1학기에 비해 2018년 2학기에 장학생 수와 장학금 총액이 모두 증가한 장학금 유형은 4개이다. → (O) 2018년 1학기에 비해 2018년 2학기에 장학생 수가 증가한 장학금 유형은 A, C, D, E이고, 2018년 1학기에 비해 2018년 2학기에 장학금 총액이 증가한 장학금 유형 또한 A, C, D, E이다.

ㄷ. 2019년 2학기 장학생 1인당 장학금이 가장 많은 장학금 유형은 B이다. → (X) 장학생 1인당 장학금은 $\frac{장학금\ 총액}{장학생\ 수}$을 통해 구할 수 있다. 2019년 2학기 장학생 1인당 장학금은 A 유형의 경우 $\frac{372}{104}$≒3.6(백만 원), B 유형의 경우 $\frac{70}{20}$=3.5(백만 원), C 유형의 경우 $\frac{419}{122}$≒3.4(백만 원), D 유형의 경우 $\frac{1,039}{584}$≒1.8(백만 원), E 유형의 경우 $\frac{1,904}{1,767}$≒1.1(백만 원)이다. 따라서 2019년 2학기 장학생 1인당 장학금이 가장 많은 장학금 유형은 A이다.

ㄹ. E 장학금 유형에서 장학생 수와 장학금 총액이 가장 많은 학기는 2019년 1학기이다. → (O) E 장학금 유형에서 장학생 수는 2019년 1학기에 2,188명으로 가장 많고, 장학금 총액 또한 2019년 1학기에 2,379백만 원으로 가장 많다.

① ㄱ, ㄴ ➡ (X)
② ㄱ, ㄷ ➡ (X)
③ ㄴ, ㄷ ➡ (X)
④ ㄴ, ㄹ ➡ (O)
⑤ ㄷ, ㄹ ➡ (X)

04 ① 정답률 88.6%

| 문제 유형 | 자료 읽기/추론 > 계산형

| 접근 전략 | 〈표〉의 수치를 이용하여 목표매출액 달성률을 구하고, 직원 1인당 매출액을 구하여 파악하는 문제이다. 수치가 간단한 편이므로 빠른 시간에 정확하게 파악할 수 있어야 한다.

다음 〈표〉는 2019년 '갑'회사의 지점(A~E)별 매출 관련 현황에 관한 자료이다. 이에 대한 〈보기〉의 설명 중 옳은 것만을 모두 고르면?

〈표〉 '갑'회사의 지점별 매출 관련 현황
(단위: 억 원, 명)

구분\지점	A	B	C	D	E	전체
매출액	10	21	18	10	12	71
목표매출액	15	26	20	13	16	90
직원 수	5	10	8	3	6	32

※ 목표매출액 달성률(%) = $\frac{매출액}{목표매출액} \times 100$

〈보기〉

ㄱ. 직원 1인당 매출액이 가장 많은 지점은 D이다. → (O) 직원 1인당 매출액은 $\frac{매출액}{직원 수}$으로 구할 수 있다. 직원 1인당 매출액은 A 지점의 경우 $\frac{10}{5}$=2(억 원), B 지점의 경우 $\frac{21}{10}$=2.1(억 원), C 지점의 경우 $\frac{18}{8}$=2.25(억 원), D 지점의 경우 $\frac{10}{3}$≒3.3(억 원), E 지점의 경우 $\frac{12}{6}$=2(억 원)이다. 따라서 직원 1인당 매출액이 가장 많은 지점은 D 지점이다.

ㄴ. 목표매출액 달성률이 가장 높은 지점은 C이다. → (O) 목표매출액 달성률은 $\frac{매출액}{목표매출액} \times 100$으로 구할 수 있다. 목표매출액 달성률은 A 지점의 경우 $\frac{10}{15} \times 100$≒66.7(%), B 지점의 경우 $\frac{21}{26} \times 100$≒80.8(%), C 지점의 경우 $\frac{18}{20} \times 100$=90(%), D 지점의 경우 $\frac{10}{13} \times 100$≒76.9(%), E 지점의 경우 $\frac{12}{16} \times 100$=75(%)이다. 따라서 목표매출액 달성률이 가장 높은 지점은 C이다.

ㄷ. 지점 매출액이 5개 지점 매출액의 평균을 초과하는 지점은 3곳이다. → (X) 5개 지점 매출액의 평균은 $\frac{71}{5}$=14.2(억 원)이다. 따라서 지점 매출액이 14.2억 원을 초과하는 지점은 B와 C이다.

ㄹ. 5개 지점의 매출액이 각각 20%씩 증가한다면, 전체 매출액은 전체 목표매출액을 초과한다. → (X) 5개 지점의 매출액이 각각 20%씩 증가하면 전체 매출액도 20% 증가하므로 전체 매출액은 71×(1+0.2)=85.2(억 원)이 된다. 따라서 전체 매출액인 85.2억 원은 전체 목표매출액인 90억 원을 초과하지 않는다.

① ㄱ, ㄴ ➡ (O)
② ㄱ, ㄷ ➡ (X)
③ ㄷ, ㄹ ➡ (X)
④ ㄱ, ㄴ, ㄹ ➡ (X)
⑤ ㄴ, ㄷ, ㄹ ➡ (X)

05 ⑤ 정답률 63.7%

| 문제 유형 | 자료 읽기 > 표/빈칸 제시형

| 접근 전략 | 적중 횟수가 최솟값을 갖는 경우는 라운드별 적중 횟수가 최소 1발이고 참가자별로 1발만 적중시킨 라운드 횟수가 최대 2회인 경우이다. 적중 횟수가 최댓값을 갖는 경우는 라운드별 적중 횟수가 최대 5발이고 참가자별로 1발만 적중시킨 라운드 횟수가 최소 0회인 경우이다.

다음 〈표〉는 A~C가 참가한 사격게임 결과에 대한 자료이다. 〈표〉와 〈조건〉을 근거로 1~5라운드 후 A의 총적중 횟수의 최솟값과 C의 총적중 횟수의 최댓값의 차이를 구하면?

〈표〉 참가자의 라운드별 적중률 현황
(단위: %)

참가자\라운드	1	2	3	4	5
A	20.0	( )	60.0	37.5	( )
B	40.0	62.5	100.0	12.5	12.5
C	( )	62.5	80.0	( )	62.5

※ 사격게임 결과는 적중과 미적중으로만 구분함

〈조건〉

○ 1, 3라운드에는 각각 5발을 발사하고, 2, 4, 5라운드에는 각각 8발을 발사함
○ 각 참가자의 라운드별 적중 횟수는 최소 1발부터 최대 5발까지임
○ 참가자별로 1발만 적중시킨 라운드 횟수는 2회 이하임

① 10 ➡ (X)
② 11 ➡ (X)
③ 12 ➡ (X)
④ 13 ➡ (X)
⑤ 14 ➡ (O) 적중 횟수는 $\frac{적중률 \times 발사 횟수}{100}$로 구할 수 있다. 〈표〉와 〈조건〉을 통해 참가자의 라운드별 적중 횟수를 나타내면 다음과 같다.

구분	1라운드	2라운드	3라운드	4라운드	5라운드
A	1발	(1발~5발)	3발	3발	(1발~5발)
B	2발	5발	5발	1발	1발
C	(1발~5발)	5발	4발	(1발~5발)	5발

참가자별로 1발만 적중시킨 라운드 횟수는 2회 이하이므로 A의 경우 총적중 횟수의 최솟값은 1+1+3+3+2=10(발)이고, C의 경우 총적중 횟수의 최댓값은 5+5+4+5+5=24(발)이다. 따라서 A의 총적중 횟수의 최솟값과 C의 총적중 횟수의 최댓값의 차이는 24-10=14(발)이다.

06 ⑤ 정답률 88.7%

| 문제 유형 | 자료 읽기 > 그림 제시형
| 접근 전략 | 〈그림〉에 제시된 숫자는 초미세먼지로 인한 조기사망자 수를 나타내고, 가로축은 초미세먼지 농도를, 세로축은 연령표준화사망률을 나타낸다. 연령표준화사망률이 높을수록 초미세먼지로 인한 조기사망자 수가 많다고 단정 짓는 실수를 범하지 않도록 한다.

다음 〈그림〉은 2015년 16개 지역의 초미세먼지 농도, 연령표준화사망률 및 초미세먼지로 인한 조기사망자 수를 조사한 자료이다. 이에 대한 〈보기〉의 설명 중 옳은 것만을 고르면?

〈그림〉 지역별 초미세먼지 농도, 연령표준화사망률 및 초미세먼지로 인한 조기사망자 수

※ 1) (지역, N)은 해당 지역의 초미세먼지로 인한 조기사망자 수가 N명임을 의미함
2) 연령표준화사망률은 인구구조가 다른 집단 간의 사망 수준을 비교하기 위하여 연령 구조가 사망률에 미치는 영향을 제거한 사망률을 의미함

〈보기〉

ㄱ. 초미세먼지로 인한 조기사망자 수가 가장 많은 지역은 서울이다.
→ (X) 초미세먼지로 인한 조기사망자 수는 2,352명으로 경기도가 가장 많다.

ㄴ. 연령표준화사망률이 높은 지역일수록 초미세먼지로 인한 조기사망자 수는 적다. → (X) 대구와 울산의 경우를 보면 대구의 연령표준화사망률이 울산의 연령표준화사망률보다 높지만 초미세먼지로 인한 조기사망자 수는 대구가 672명, 울산이 222명으로 대구가 울산보다 많다.

ㄷ. 초미세먼지 농도가 가장 낮은 지역의 초미세먼지로 인한 조기사망자 수는 충청북도보다 많다. → (O) 초미세먼지 농도가 가장 낮은 지역은 강원도이다. 초미세먼지로 인한 조기사망자 수는 강원도의 경우 443명이고, 충청북도는 403명으로 강원도가 충청북도보다 많다.

ㄹ. 대구는 부산보다 연령표준화사망률은 높지만 초미세먼지로 인한 조기사망자 수는 적다. → (O) 대구의 연령표준화사망률은 부산보다 높다. 초미세먼지로 인한 조기사망자 수는 대구의 경우 672명이고, 부산의 경우 947명으로 대구가 부산보다 적다.

① ㄱ, ㄴ ➡ (X)
② ㄱ, ㄷ ➡ (X)
③ ㄴ, ㄷ ➡ (X)
④ ㄴ, ㄹ ➡ (X)
⑤ ㄷ, ㄹ ➡ (O)

07 ① 정답률 65.0%

| 문제 유형 | 자료 읽기 > 표 제시형
| 접근 전략 | 〈표〉는 지역별 톤급 어선 수를 보여 주고 있다. 선지를 보면 수치를 정확하게 계산하는 것을 요구하기보다는 크기나 비율을 비교하는 내용이므로 대략적으로 판단하여 푸는 것이 효율적이다.

다음 〈표〉는 2018년과 2019년 14개 지역에 등록된 5톤 미만 어선 수에 관한 자료이다. 이에 대한 설명으로 옳은 것은?

〈표〉 2018년과 2019년 14개 지역에 등록된 5톤 미만 어선 수
(단위: 척)

연도	톤급 지역	1톤 미만	1톤 이상 2톤 미만	2톤 이상 3톤 미만	3톤 이상 4톤 미만	4톤 이상 5톤 미만
2019	부산	746	1,401	374	134	117
	대구	6	0	0	0	0
	인천	98	244	170	174	168
	울산	134	378	83	51	32
	세종	8	0	0	0	0
	경기	910	283	158	114	118
	강원	467	735	541	296	179
	충북	427	5	1	0	0
	충남	901	1,316	743	758	438
	전북	348	1,055	544	168	184
	전남	6,861	10,318	2,413	1,106	2,278
	경북	608	640	370	303	366
	경남	2,612	4,548	2,253	1,327	1,631
	제주	123	145	156	349	246
2018	부산	793	1,412	351	136	117
	대구	6	0	0	0	0
	인천	147	355	184	191	177
	울산	138	389	83	52	33
	세종	7	0	0	0	0
	경기	946	330	175	135	117
	강원	473	724	536	292	181
	충북	434	5	1	0	0
	충남	1,036	1,429	777	743	468
	전북	434	1,203	550	151	188
	전남	7,023	10,246	2,332	1,102	2,297
	경북	634	652	372	300	368
	경남	2,789	4,637	2,326	1,313	1,601
	제주	142	163	153	335	250

① 2019년 경기의 5톤 미만 어선 수의 전년 대비 증감률은 10% 미만이다. ➡ (O) 경기의 5톤 미만 어선 수는 2018년의 경우 946+330+175+135+117=1,703(척)이고, 2019년의 경우 910+283+158+114+118=1,583(척)이다. 따라서 2019년 경기의 5톤 미만 어선 수의 전년 대비 증감률은 $\left|\frac{(1,583-1,703)}{1,703}\right| \times 100 ≒ |-7|(\%)$로, 10% 미만이다.

② 2019년 대구를 제외한 각 지역에서 '1톤 미만' 어선 수는 전년보다 감소한다. ➡ (X) 2019년 세종의 경우 '1톤 미만' 어선 수는 전년보다 증가하였다.

③ 2018년 대구, 세종, 충북을 제외한 각 지역에서 '1톤 이상 2톤 미만'부터 '4톤 이상 5톤 미만'까지 톤급이 증가할수록 어선 수는 감소한다. ➡ (X) 2018년 부산, 울산, 경기, 강원, 충남의 경우 '1톤 이상 2톤 미만'부터 '4톤 이상 5톤 미만'까지 톤급이 증가할수록 어선 수가 감소하지만, 인천, 전북, 전남, 경북, 경남, 제주의 경우는 '1톤 이상 2톤 미만'부터 '4톤 이상 5톤 미만'까지 톤급이 증가할수록 어선 수가 감소한다고 볼 수 없다.

④ 2018년과 2019년 모두 '1톤 이상 2톤 미만' 어선 수는 충남이 세 번째로 크다. ➡ (X) '1톤 이상 2톤 미만' 어선 수는 2018년의 경우 전남 > 경남 > 충남 > 부산 > 전북 > 강원 > 경북 > 울산 > 인천 > 경기 > 제주 > 충북 > 대구 = 세종 순이고, 2019년의 경우 전남 > 경남 > 부산 > 충남 > 전북 > 강원 > 경북 > 울산 > 경기 > 인천 > 제주 > 충북 > 대구 = 세종 순이다. 따라서 '1톤 이상 2톤 미만' 어선 수는 2018년의 경우 충남이 세 번째로 크고, 2019년의 경우 부산이 세 번째로 크다.

⑤ 2018년과 2019년 모두 '1톤 미만' 어선 수 대비 '3톤 이상 4톤 미만' 어선 수의 비가 가장 높은 지역은 인천이다. ➡ (X) '1톤 미만' 어선 수 대비 '3톤 이상 4톤 미만' 어선 수의 비가 높은 경우는 '1톤 미만' 어선 수보다 '3톤 이상 4톤 미만' 어선 수가 많은 경우이다. '1톤 미만' 어선 수보다 '3톤 이상 4톤 미만' 어선 수가 많은 지역은 2018년의 경우와 2019년의 경우 모두 인천과 제주이다. 2018년 '1톤 미만' 어선 수 대비 '3톤 이상 4톤 미만' 어선 수의 비는 인천의 경우 $\frac{191}{147} ≒ 1.30$이고, 제주의 경우 $\frac{335}{142} ≒ 2.4$로 제주가 인천보다 높다. 2019년 '1톤 미만' 어선 수 대비 '3톤 이상 4톤 미만' 어선 수의 비는 인천의 경우 $\frac{174}{98} ≒ 1.80$이고, 제주의 경우 $\frac{349}{123} ≒ 2.8$로 제주가 인천보다 높다. 따라서 2018년과 2019년 모두 '1톤 미만' 어선 수 대비 '3톤 이상 4톤 미만' 어선 수의 비가 가장 높은 지역은 제주이다.

08 ②
정답률 81.9%

| 문제 유형 | 자료 변환응용 > 표/그림 전환형
| 접근 전략 | 〈표〉의 수치를 이용하여 나타낸 그래프를 찾는 문제이다. 별도로 수치의 계산이 필요한 그래프를 제외하고 〈표〉에 제시된 단순한 수치만으로도 파악할 수 있는 그래프를 먼저 살펴보도록 한다.

다음 〈표〉는 2008~2018년 '갑'국의 황산화물 배출권 거래 현황에 대한 자료이다. 〈표〉를 이용하여 작성한 그래프로 옳지 않은 것은?

〈표〉 2008~2018년 '갑'국의 황산화물 배출권 거래 현황
(단위: 건, kg, 원/kg)

연도	전체		무상거래		유상거래		거래가격		
	거래 건수	거래량	거래 건수	거래량	거래 건수	거래량	최고	최저	평균
2008	10	115,894	3	42,500	7	73,394	1,000	30	319
2009	8	241,004	4	121,624	4	119,380	500	60	96
2010	32	1,712,694	9	192,639	23	1,520,055	500	50	58
2011	25	1,568,065	6	28,300	19	1,539,765	400	10	53
2012	32	1,401,374	7	30,910	25	1,370,464	400	30	92
2013	59	2,901,457	5	31,500	54	2,869,957	600	60	180
2014	22	547,500	1	2,000	21	545,500	600	65	269
2015	12	66,200	5	22,000	7	44,200	450	100	140
2016	10	89,500	3	12,000	7	77,500	500	150	197
2017	20	150,966	5	38,100	15	112,866	160	100	124
2018	28	143,324	3	5,524	25	137,800	250	74	140

① 2010~2013년 연도별 전체 거래의 건당 거래량

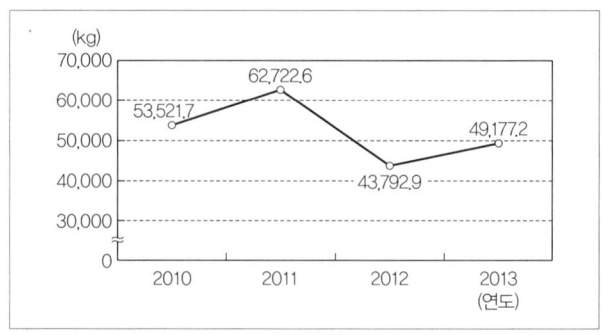

➡ (O) 전체 거래의 건당 거래량은 $\frac{전체\ 거래량}{거래\ 건수}$으로 구할 수 있다. 〈표〉에서 전체 거래의 건당 거래량은 2010년의 경우 $\frac{1,712,694}{32} ≒ 53,521.7(kg)$, 2011년의 경우 $\frac{1,568,065}{25} = 62,722.6(kg)$, 2012년의 경우 $\frac{1,401,374}{32} ≒ 43,792.9(kg)$, 2013년의 경우 $\frac{2,901,457}{59} ≒ 49,177.2(kg)$이다. 이는 〈그림〉과 일치한다.

② 2009~2013년 유상거래 최고 가격과 최저 가격

➡ (X) 유상거래 최고 가격은 2009년의 경우 500원/kg, 2010년의 경우 500원/kg, 2011년의 경우 400원/kg, 2012년의 경우 400원/kg, 2013년의 경우 600원/kg이다. 유상거래 최저 가격은 2009년의 경우 60원/kg, 2010년의 경우 50원/kg, 2011년의 경우 10원/kg, 2012년의 경우 30원/kg, 2013년의 경우 60원/kg이다. 유상거래 최고 가격은 2009~2013년 모두 〈그림〉과 일치하지만 유상거래 최저 가격은 2011년이 〈그림〉과 일치하지 않는다.

③ 2013~2017년 유상거래 평균 가격

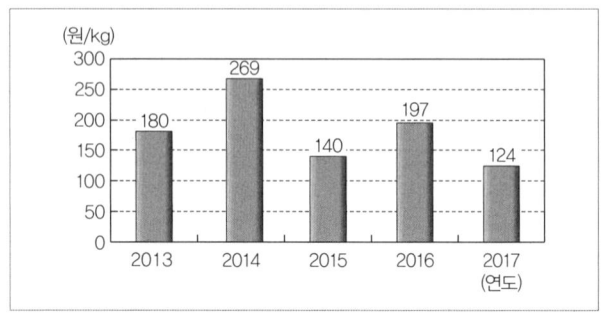

➡ (O) 유상거래 평균 가격은 2013년의 경우 180원/kg, 2014년의 경우 269원/kg, 2015년의 경우 140원/kg, 2016년의 경우 197원/kg, 2017년의 경우 124원/kg이다. 이는 〈그림〉과 일치한다.

④ 2008년 전체 거래량 구성비

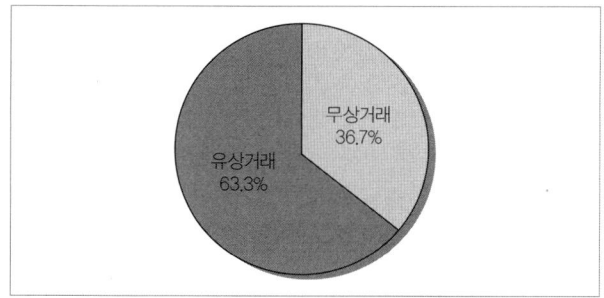

➡ (O) 2008년 전체 거래량에서 무상거래 거래량이 차지하는 비중은 $\frac{42,500}{115,894}$ × 100 ≒ 36.7(%)이고, 전체 거래량에서 유상거래 거래량이 차지하는 비중은 $\frac{73,394}{115,894}$ × 100 ≒ 63.3(%)이다. 이는 〈그림〉과 일치한다.

⑤ 2010~2013년 무상거래 건수와 유상거래 건수

➡ (O) 무상거래 건수는 2010년의 경우 9건, 2011년의 경우 6건, 2012년의 경우 7건, 2013년의 경우 5건이다. 유상거래 건수는 2010년의 경우 23건, 2011년의 경우 19건, 2012년의 경우 25건, 2013년의 경우 54건이다. 이는 〈그림〉과 일치한다.

09 ② 정답률 78.5%

| 문제 유형 | 자료 읽기 > 표 제시형
| 접근 전략 | 선지를 보고 〈표 1〉에서 찾을 내용인지, 〈표 2〉에서 찾을 내용인지를 파악하는 것이 중요하다. 교집합의 최솟값을 구하는 요령을 터득하면 어렵지 않게 해결할 수 있을 것이다.

다음 〈표〉는 성인 남녀 1,500명을 대상으로 탈모 증상 경험 여부와 탈모 증상 경험자의 탈모 증상 완화 시도 방법에 관해 설문조사한 결과이다. 이에 대한 설명으로 옳지 않은 것은?

〈표 1〉 탈모 증상 경험 여부

구분		응답자 수 (명)	탈모 증상 경험 여부(%)	
			있음	없음
성별	남성	743	28.8	71.2
	여성	757	15.2	84.8
연령대	20대	259	4.6	95.4
	30대	253	12.6	87.4
	40대	295	21.4	78.6
	50대	301	25.6	74.4
	60대	392	37.0	63.0
성별·연령대	남성 20대	136	5.1	94.9
	남성 30대	130	16.2	83.8
	남성 40대	150	30.0	70.0
	남성 50대	151	35.8	64.2
	남성 60대	176	49.4	50.6
	여성 20대	123	4.1	95.9
	여성 30대	123	8.9	91.1
	여성 40대	145	12.4	87.6
	여성 50대	150	15.3	84.7
	여성 60대	216	26.9	73.1

※ 1) 무응답과 복수응답은 없음
2) 소수점 아래 둘째 자리에서 반올림한 값임

〈표 2〉 탈모 증상 경험자의 탈모 증상 완화 시도 여부 및 방법

구분		응답자 수(명)	탈모 증상 완화 시도 방법(%)					시도 하지 않음 (%)
			모발 관리 제품 사용	민간 요법	치료제 구입	병원 진료	미용실 탈모 관리	
성별	남성	214	38.8	14.0	9.8	8.9	4.2	49.1
	여성	115	45.2	7.0	2.6	4.3	11.3	44.3
연령대	20대	12	50.0	0.0	16.7	16.7	16.7	0.0
	30대	32	62.5	12.5	6.3	9.4	9.4	25.0
	40대	63	52.4	7.9	6.3	12.7	7.9	36.5
	50대	77	46.8	15.6	10.4	5.2	10.4	39.0
	60대	145	26.2	11.7	6.2	4.1	2.8	62.8
부모의 탈모경험 여부	있음	236	47.0	14.8	8.1	7.2	8.9	41.1
	없음	93	24.7	4.3	7.5	7.5	1.1	62.4
탈모 증상의 심각성	심각함	150	45.3	16.0	13.3	13.3	10.0	34.0
	심각하지 않음	179	36.9	7.8	2.8	2.2	2.8	58.1

※ 1) 무응답은 없으며, 탈모 증상 완화 시도 방법에 대한 복수응답을 허용함
2) 소수점 아래 둘째 자리에서 반올림한 값임

① 남녀 각각 연령대가 높을수록 탈모 증상 경험자의 비율도 높다.
➡ (O) 〈표 1〉에서 남성의 경우 탈모 증상 경험자 비율은 20대 5.1%, 30대 16.2%, 40대 30.0%, 50대 35.8%, 60대 49.4%로 연령대가 높을수록 탈모 증상 경험자의 비율이 높다. 여성의 경우도 탈모 증상 경험자 비율은 20대 4.1%, 30대 8.9%, 40대 12.4%, 50대 15.3%, 60대 26.9%로 연령대가 높을수록 탈모 증상 경험자의 비율이 높다.

② 탈모 증상 경험자 중 탈모 증상 완화 시도 방법으로 미용실 탈모 관리를 받았다고 한 응답자의 수는 남성이 여성보다 많다. ➡ (X)
〈표 2〉에서 탈모 증상 경험자 중 탈모 증상 완화 시도 방법으로 미용실 탈모 관리를 받았다고 한 응답자 수는 남성의 경우 214 × 4.2% ≒ 9(명)이고, 여성의 경우 115 × 11.3% ≒ 13(명)으로, 남성이 여성보다 적다.

③ 탈모 증상 경험자의 연령대가 낮을수록 탈모 증상 완화를 시도한 응답자의 비율이 높다. ➡ (O) 〈표 2〉에서 탈모 증상 경험자의 연령대가 낮을수록 탈모 증상 완화를 시도하지 않은 응답자의 비율이 낮다. 이를 통해 탈모 증상 경험자의 연령대가 낮을수록 탈모 증상 완화를 시도한 응답자의 비율이 높음을 알 수 있다.

④ 탈모 증상 경험자 중 부모의 탈모 경험이 있다고 한 응답자의 비율은 70% 이상이다. ➡ (O) 탈모 증상 경험자 수는 214+115=329(명)이고, 부모의 탈모 경험이 있다고 한 응답자 수는 236명이므로 탈모 증상 경험자 중 부모의 탈모 경험이 있다고 한 응답자의 비율은 $\frac{236}{329} \times 100 ≒ 71.7(\%)$이다.

⑤ 탈모 증상이 심각하다고 한 응답자 중 부모의 탈모 경험이 있다고 한 응답자는 57명 이상이다. ➡ (O) 탈모 증상이 심각하다고 한 응답자 수는 150명이고, 탈모 증상이 심각하지 않다고 한 응답자 수는 179명이며, 부모의 탈모 경험이 있다고 한 응답자는 236명이다. 탈모 증상이 심각하다고 한 응답자 중 부모의 탈모 경험이 있다고 한 응답자의 최솟값은 부모의 탈모 경험이 있다고 한 응답자에서 탈모 증상이 심각하지 않다고 한 응답자 수를 뺀 것으로 이는 236−179=57(명)이다. 따라서 탈모 증상이 심각하다고 한 응답자 중 부모의 탈모 경험이 있다고 한 응답자는 57명 이상이다.

10 ④   정답률 70.8%

| 문제 유형 | 자료 읽기/추론 > 계산형
| 접근 전략 | 〈표〉의 각주에 제시된 자연적응률, 생존율, 폐사율 계산식을 통해 선지 내용을 파악할 수 있어야 한다. 제시된 숫자가 간단한 편이므로 빠르고 정확하게 계산하는 것이 요구된다.

다음 〈표〉는 도입과 출산을 통한 반달가슴곰 복원 현황에 관한 자료이다. 이에 대한 〈보기〉의 설명 중 옳은 것만을 모두 고르면?

〈표〉 도입과 출산을 통한 반달가슴곰 복원 현황
(단위: 개체)

구분		생존	자연적응	학습장	폐사	전체	폐사원인
도입처	러시아	13	5	8	9	22	· 자연사: 8 · 올무: 3 · 농약: 1 · 기타: 3
	북한	3	2	1	4	7	
	중국	3	0	3	1	4	
	서울대공원	6	5	1	1	7	
	청주동물원	1	0	1	0	1	
	소계	26	12	14	15	41	
출산방식	자연출산	41	39	2	5	46	· 자연사: 4 · 올무: 2
	증식장출산	7	4	3	1	8	
	소계	48	43	5	6	54	
계		74	55	19	21	95	−

※ 1) 도입처(출산방식)별 자연적응률(%)
  = $\frac{도입처(출산방식)별 자연적응 반달가슴곰 수}{도입처(출산방식)별 전체 반달가슴곰 수} \times 100$
2) 도입처(출산방식)별 생존율(%)
  = $\frac{도입처(출산방식)별 생존 반달가슴곰 수}{도입처(출산방식)별 전체 반달가슴곰 수} \times 100$
3) 도입처(출산방식)별 폐사율(%)
  = $\frac{도입처(출산방식)별 폐사 반달가슴곰 수}{도입처(출산방식)별 전체 반달가슴곰 수} \times 100$

〈보기〉
ㄱ. 도입처가 서울대공원인 반달가슴곰의 자연적응률은 자연출산 반달가슴곰의 자연적응률보다 낮다. → (O) 도입처가 서울대공원인 반달가슴곰의 자연적응률은 $\frac{5}{7} \times 100 ≒ 71.4(\%)$이고, 자연출산 반달가슴곰의 자연적응률은 $\frac{39}{46} \times 100 ≒ 84.8(\%)$이다. 따라서 도입처가 서울대공원인 반달가슴곰의 자연적응률이 자연출산 반달가슴곰의 자연적응률보다 낮다.

ㄴ. 자연출산 반달가슴곰의 생존율은 90%를 넘는다. → (X) 자연출산 반달가슴곰의 생존율은 $\frac{41}{46} \times 100 ≒ 89.1(\%)$로, 90%를 넘지 않는다.

ㄷ. 반달가슴곰의 폐사율은 자연출산이 증식장출산보다 낮다. → (O) 반달가슴곰의 폐사율은 자연출산의 경우 $\frac{5}{46} \times 100 ≒ 10.9(\%)$이고, 증식장출산의 경우 $\frac{1}{8} \times 100 = 12.5(\%)$로, 자연출산이 증식장출산보다 낮다.

ㄹ. 도입처가 러시아인 반달가슴곰 중 적어도 두 개체의 폐사원인은 '자연사'이다. → (O) 도입처가 러시아인 폐사 반달가슴곰 수는 9개체이고, 도입처가 러시아가 아닌 폐사 반달가슴곰 수는 6개체인데, 폐사원인이 '자연사'인 경우에 해당하는 반달가슴곰 수는 8개체이므로 도입처가 러시아인 반달가슴곰 중 적어도 2개체의 폐사원인은 '자연사'에 해당한다.

① ㄱ, ㄴ ➡ (X)
② ㄱ, ㄷ ➡ (X)
③ ㄴ, ㄹ ➡ (X)
④ ㄱ, ㄷ, ㄹ ➡ (O)
⑤ ㄴ, ㄷ, ㄹ ➡ (X)

11 ③   정답률 93.9%

| 문제 유형 | 자료 변환응용 > 자료/보고서 전환형
| 접근 전략 | 〈보고서〉를 작성하기 위해 필요한 자료를 파악하는 문제이다. 〈보고서〉의 내용을 먼저 읽어 파악하려 하지 말고 선지의 제목을 보고 〈보고서〉의 내용에서 선지의 제목과 관련된 내용을 파악하도록 한다.

다음은 세계 및 국내 드론 산업 현황에 관한 〈보고서〉이다. 이를 작성하기 위해 사용하지 않은 자료는?

〈보고서〉

세계의 드론 산업 시장은 주로 미국과 유럽을 중심으로 형성되어 왔으나, 2013년과 비교하여 2018년에는 유럽 시장보다 오히려 아시아·태평양 시장의 점유율이 더 높아졌다.

2017년 국내 드론 활용 분야별 사업체 수를 살펴보면, 농업과 콘텐츠 제작 분야의 사업체 수가 전체의 80% 이상을 차지하였고, 사업체 수의 전년 대비 증가율에 있어서는 교육 분야가 농업과 콘텐츠 제작 분야보다 각각 높았다. 2017년 국내 드론 활용 산업의 주요 관리 항목을 2013년 대비 증가율이 높은 항목부터 순서대로 나열하면, 조종자격 취득자 수, 장치신고 대수, 드론 활용 사업체 수 순이다.

우리나라는 성장 잠재력이 큰 드론 산업 육성을 위해 다양한 정책을 추진하고 있다. 특히 세계 최고 수준과의 기술 격차를 줄이기 위해 정부 R&D 예산 비중을 꾸준히 확대하고 있다. 2015~2017년 기술 분야별로 정부 R&D 예산 비중을 살펴보면, 기반기술과 응용서비스기술의 예산 비중의 합은 매년 65% 이상이다.

① 2016~2017년 국내 드론 활용 분야별 사업체 수 현황

➡ (O) 〈보고서〉에는 2017년 농업과 콘텐츠 제작 분야의 사업체 수가 전체의 80% 이상을 차지하고 사업체 수의 전년 대비 증가율에 있어서 교육 분야가 농업과 콘텐츠 제작 분야보다 각각 높았다고 작성되어 있다. 이는 〈그림〉을 통해 파악할 수 있다.

② 2013년과 2018년 세계 드론 시장 점유율 현황

➡ (O) 〈보고서〉에는 2013년과 비교하여 2018년에는 유럽 시장보다 아시아·태평양 시장의 점유율이 더 높아졌다고 작성되어 있다. 이는 〈그림〉을 통해 파악할 수 있다.

③ 2015~2017년 국내 드론 산업 관련 민간 R&D 기업규모별 투자 현황

(단위: 백만 원)

구분\연도	2015	2016	2017
대기업	2,138	10,583	11,060
중견기업	4,122	3,769	1,280
중소기업	11,500	29,477	43,312

➡ (X) 〈보고서〉에는 국내 드론 산업 관련 민간 R&D 기업규모별 투자에 대한 내용이 작성되어 있지 않다. 따라서 〈표〉는 〈보고서〉를 작성하기 위해 사용되지 않았다.

④ 2015~2017년 국내 드론 산업 관련 기술 분야별 정부 R&D 예산 비중 현황

➡ (O) 〈보고서〉에는 2015~2017년 기반기술과 응용서비스기술의 정부 R&D 예산 비중의 합이 매년 65% 이상이라고 작성되어 있다. 이는 〈그림〉을 통해 파악할 수 있다.

⑤ 2013~2017년 국내 드론 활용 산업의 주요 관리 항목별 현황

➡ (O) 〈보고서〉에는 2017년 국내 드론 활용 산업의 주요 관리 항목을 2013년 대비 증가율이 높은 항목부터 나열하면 조종자격 취득자 수, 장치신고 대수, 드론 활용 사업체 수 순이라고 작성되어 있다. 이는 〈그림〉을 통해 파악할 수 있다.

12 ④   정답률 81.7%

|문제 유형| 자료 읽기 > 표 제시형
|접근 전략| 〈표〉에 나타나 있는 학년별 항목에 따른 교육 만족도 점수를 파악하여 응답인원과 항목별 교육 만족도의 관계, 학년별 교육 만족도 순위를 비교하는 문제이다. 수치가 비슷하므로 혼동하지 않도록 한다.

다음 〈표〉는 A 대학 재학생 교육 만족도 조사 결과에 관한 자료이다. 이에 대한 〈보기〉의 설명 중 옳은 것만을 고르면?

〈표〉 A 대학 재학생 교육 만족도 조사 결과

(단위: 명, 점)

학년\항목	응답인원	전공	교양	시설	기자재	행정
1	2,374	3.90	3.70	3.78	3.73	3.63
2	2,349	3.95	3.75	3.76	3.71	3.64
3	2,615	3.96	3.74	3.74	3.69	3.66
4	2,781	3.94	3.77	3.75	3.70	3.65

※ 점수는 5점 만점이며, 점수가 높을수록 만족도가 높음

─〈보기〉─

ㄱ. '시설'과 '기자재' 항목은 응답인원이 많은 학년일수록 항목별 교육 만족도가 높다. → (X) 응답인원은 4학년 > 3학년 > 1학년 > 2학년 순이고, '시설' 항목과 '기자재' 항목의 교육 만족도는 1학년 > 2학년 > 4학년 > 3학년 순이다. 따라서 '시설'과 '기자재' 항목은 응답인원이 많은 학년일수록 항목별 교육 만족도가 높다고 볼 수 없다.

ㄴ. 항목별로 교육 만족도가 높은 순서대로 학년을 나열할 때, 순서가 일치하는 항목들이 있다. → (O) 교육 만족도가 높은 순서대로 학년을 나열하면 '전공' 항목의 경우 3학년 > 2학년 > 4학년 > 1학년 순이고, '교양' 항목의 경우 4학년 > 2학년 > 3학년 > 1학년 순이며, '시설' 항목과 '기자재' 항목의 경우 1학년 > 2학년 > 4학년 > 3학년 순이고, '행정' 항목의 경우 3학년 > 4학년 > 2학년 > 1학년 순이다. 따라서 교육 만족도 순서가 일치하는 항목은 '시설' 항목과 '기자재' 항목이다.

ㄷ. 학년이 높아질수록 항목별 교육 만족도가 높아지는 항목은 1개이다. → (X) 학년이 높아질수록 항목별 교육 만족도가 높아지는 항목은 없다.

ㄹ. 각 학년에서 교육 만족도가 가장 높은 항목은 모두 '전공'이다. → (O)
'전공' 항목의 교육 만족도가 다른 항목보다 훨씬 큰 3.9점대이므로, 각 학년에서 교육 만족도가 가장 높다.

① ㄱ, ㄴ ➡ (X)
② ㄱ, ㄷ ➡ (X)
③ ㄴ, ㄷ ➡ (X)
④ ㄴ, ㄹ ➡ (O)
⑤ ㄷ, ㄹ ➡ (X)

S 13 ⑤   TOP 3 정답률 53.7%

| 문제 유형 | 자료 변환응용 > 표/그림 전환형
| 접근 전략 | 제시된 〈표〉에서 단백질 섭취량은 식물성 단백질 섭취량+동물성 단백질 섭취량이므로 〈표 1〉과 〈표 2〉를 통해 1인 1일당 동물성 단백질 섭취량을 구할 수 있다. 다만, 1인 1일당 단백질 섭취량인지 1일 단백질 총섭취량인지를 혼동하지 않아야 한다.

다음 〈표〉는 2017~2019년 '갑'국 A~D 지역의 1인 1일당 단백질 섭취량과 지역별 전체 인구에 대한 자료이다. 〈표〉를 이용하여 작성한 그래프로 옳지 않은 것은?

〈표 1〉 지역별 1인 1일당 단백질 섭취량
(단위: g)

연도 지역	2017	2018	2019
A	50	60	75
B	100	100	110
C	100	90	80
D	50	50	50

※ 단백질은 동물성 단백질과 식물성 단백질로만 구성됨

〈표 2〉 지역별 1인 1일당 식물성 단백질 섭취량
(단위: g)

연도 지역	2017	2018	2019
A	25	25	25
B	10	30	50
C	20	20	20
D	10	5	5

〈표 3〉 지역별 전체 인구
(단위: 명)

연도 지역	2017	2018	2019
A	1,000	1,000	1,100
B	1,000	1,000	1,000
C	800	700	600
D	100	100	100

① 2017~2019년 B와 D 지역의 1인 1일당 동물성 단백질 섭취량

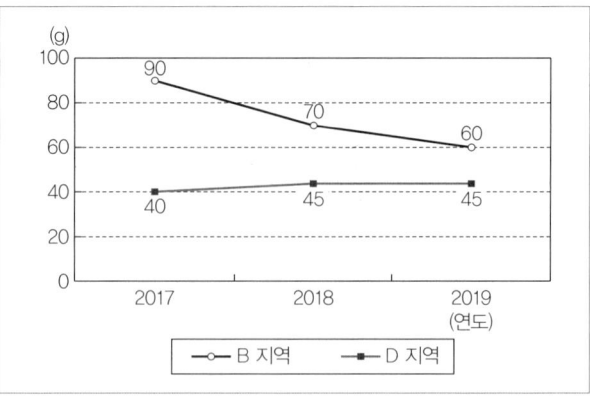

➡ (O) 1인 1일당 동물성 단백질 섭취량은 '1인 1일당 단백질 섭취량-1인 1일당 식물성 단백질 섭취량'으로 구할 수 있다. B 지역의 1인 1일당 동물성 단백질 섭취량은 2017년의 경우 100-10=90(g), 2018년의 경우 100-30=70(g), 2019년의 경우 110-50=60(g)이다. D 지역의 1인 1일당 동물성 단백질 섭취량은 2017년의 경우 50-10=40(g), 2018년의 경우 50-5=45(g), 2019년의 경우 50-5=45(g)이다. 이는 〈그림〉과 일치한다.

② 2019년 지역별 1일 단백질 총섭취량

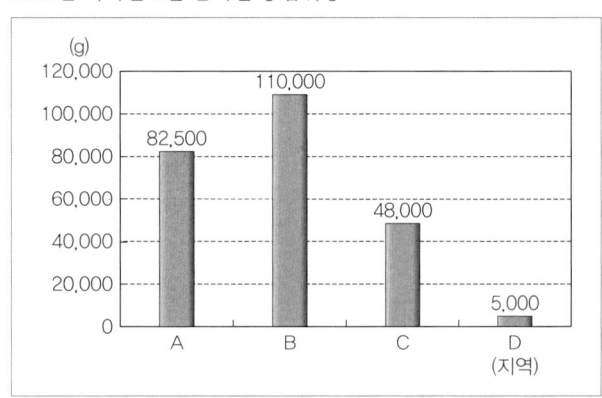

➡ (O) 1일 단백질 총섭취량은 '1인 1일당 단백질 섭취량×전체 인구'로 구할 수 있다. 2019년 지역별 1일 단백질 총섭취량은 A 지역의 경우 75×1,100=82,500(g), B 지역의 경우 110×1,000=110,000(g), C 지역의 경우 80×600=48,000(g), D 지역의 경우 50×100=5,000(g)이다. 이는 〈그림〉과 일치한다.

③ 2017년 지역별 1인 1일당 단백질 섭취량 구성비

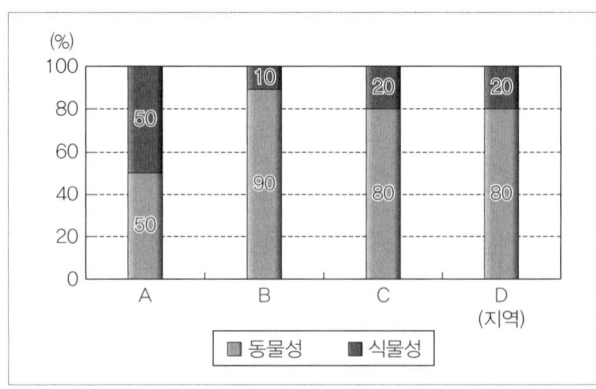

➡ (O) 2017년 지역별 1인 1일당 식물성 단백질 섭취량 구성비는 A 지역의 경우 $\frac{25}{50}×100=50(\%)$, B 지역의 경우 $\frac{10}{100}×100=10(\%)$, C 지역의 경우 $\frac{20}{100}×100=20(\%)$, D 지역의 경우 $\frac{10}{50}×100=20(\%)$이다. 1인 1일당 동물성 단백질 섭취량 구성비는 '100-1인 1일당 식물성 단백질 섭취량 구성비'로 구할 수 있으므로

2017년 지역별 1인 1일당 동물성 단백질 섭취량 구성비는 A 지역의 경우 50%, B 지역의 경우 90%, C 지역의 경우 80%, D 지역의 경우 80%이다. 이는 〈그림〉과 일치한다.

④ 2017~2019년 A와 C 지역의 1인 1일당 동물성 단백질 섭취량과 1인 1일당 식물성 단백질 섭취량의 차이

➡ (O) A 지역의 1인 1일당 동물성 단백질 섭취량과 1인 1일당 식물성 단백질 섭취량의 차이는 2017년의 경우 25−25=0(g), 2018년의 경우 35−25=10(g), 2019년의 경우 50−25=25(g)이다. C 지역의 1인 1일당 동물성 단백질 섭취량과 1인 1일당 식물성 단백질 섭취량의 차이는 2017년의 경우 80−20=60(g), 2018년의 경우 70−20=50(g), 2019년의 경우 60−20=40(g)이다. 이는 〈그림〉과 일치한다.

⑤ 지역별 2017년 대비 2018년 1인 1일당 식물성 단백질 섭취량 증감률

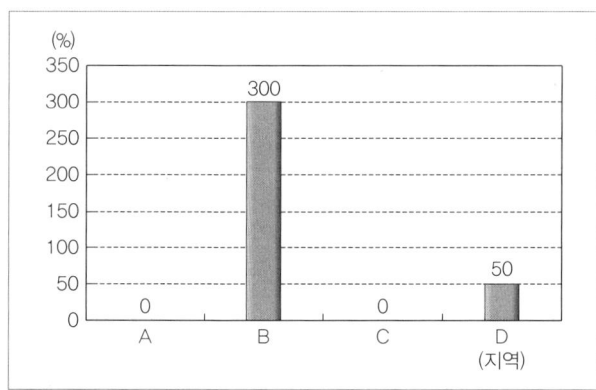

➡ (X) 2017년 대비 2018년 1인 1일당 식물성 단백질 섭취량 증감률은

$\left|\dfrac{(2018년\ 1인\ 1일당\ 식물성\ 단백질\ 섭취량 - 2017년\ 1인\ 1일당\ 식물성\ 단백질\ 섭취량)}{2017년\ 1인\ 1일당\ 식물성\ 단백질\ 섭취량}\right|$

×100으로 구할 수 있다. 2017년 대비 2018년 1인 1일당 식물성 단백질 섭취량 증감률은 A 지역의 경우 $\left|\dfrac{(25-25)}{25} \times 100\right|=0$(%), B 지역의 경우 $\left|\dfrac{(30-10)}{10} \times 100\right|$ =|200|(%), C 지역의 경우 $\left|\dfrac{(20-20)}{20} \times 100\right|=0$(%), D 지역의 경우 $\left|\dfrac{(5-10)}{10} \times 100\right|=|-50|$(%)이다. 이는 〈그림〉과 일치하지 않는다.

14 ⑤   정답률 72.3%

| 문제 유형 | 자료 읽기 > 표/빈칸 제시형

| 접근 전략 | 〈표〉는 매체별 광고매출액을 나타낸 것으로, 2019년 케이블PP의 광고매출액은 2019년 방송 소계에서 케이블PP를 제외한 광고매출액을 뺀 값이다. 전년 대비 증가율, 광고매출액이 차지하는 비중, 광고매출액 증감률 등을 구하기 위한 기준값을 혼동하지 않도록 한다.

다음 〈표〉는 2016~2019년 '갑'국의 방송통신 매체별 광고매출액에 관한 자료이다. 이에 대한 〈보기〉의 설명 중 옳은 것만을 고르면?

〈표〉 2016~2019년 방송통신 매체별 광고매출액
(단위: 억 원)

매체	세부 매체	2016	2017	2018	2019
방송	지상파TV	15,517	14,219	12,352	12,310
	라디오	2,530	2,073	1,943	1,816
	지상파DMB	53	44	36	35
	케이블PP	18,537	17,130	16,646	( )
	케이블SO	1,391	1,408	1,275	1,369
	위성방송	480	511	504	503
	소계	38,508	35,385	32,756	31,041
온라인	인터넷(PC)	19,092	20,554	19,614	19,109
	모바일	28,659	36,618	45,678	54,781
	소계	47,751	57,172	65,292	73,890

〈보기〉

ㄱ. 2017~2019년 동안 모바일 광고매출액의 전년 대비 증가율은 매년 30% 이상이다. → (X) 모바일 광고매출액의 전년 대비 증가율은 2017년의 경우 $\dfrac{(36,618-28,659)}{28,659} \times 100 ≒ 27.8$(%), 2018년의 경우 $\dfrac{(45,678-36,618)}{36,618}$ ×100≒24.7(%), 2019년의 경우 $\dfrac{(54,781-45,678)}{45,678} \times 100 ≒ 19.9$(%)이다. 따라서 2017~2019년 동안 모바일 광고매출액의 전년 대비 증가율은 매년 30%를 넘지 않는다.

ㄴ. 2017년의 경우, 방송 매체 중 지상파TV 광고매출액이 차지하는 비중은 온라인 매체 중 인터넷(PC) 광고매출액이 차지하는 비중보다 작다. → (X) 2017년 방송 매체 중 지상파TV 광고매출액이 차지하는 비중은 $\dfrac{14,219}{35,385} \times 100 ≒ 40.2$(%)이고, 2017년 온라인 매체 중 인터넷(PC) 광고매출액이 차지하는 비중은 $\dfrac{20,554}{57,172} \times 100 ≒ 36.0$(%)로, 방송 매체 중 지상파TV 광고매출액이 차지하는 비중이 크다.

ㄷ. 케이블PP의 광고매출액은 매년 감소한다. → (O) 2019년 케이블PP의 광고매출액은 31,041−(12,310+1,816+35+1,369+503)=15,008(억 원)이다. 따라서 케이블PP의 광고매출액은 매년 감소하였다.

ㄹ. 2016년 대비 2019년 광고매출액 증감률이 가장 큰 세부 매체는 모바일이다. → (O) 2016년 대비 2019년 광고매출액 증감률은 다음과 같다.

지상파TV	$\left\|\dfrac{(12,310-15,517)}{15,517} \times 100\right\| ≒ \|-20.7\|$(%)
라디오	$\left\|\dfrac{(1,816-2,530)}{2,530} \times 100\right\| ≒ \|-28.2\|$(%)
지상파DMB	$\left\|\dfrac{(35-53)}{53} \times 100\right\| ≒ \|-34.0\|$(%)

케이블PP	$\left	\frac{(15{,}008-18{,}537)}{18{,}537}\times 100\right	\fallingdotseq	-19.0	(\%)$
케이블SO	$\left	\frac{(1{,}369-1{,}391)}{1{,}391}\times 100\right	\fallingdotseq	-1.6	(\%)$
위성방송	$\left	\frac{(503-480)}{480}\times 100\right	\fallingdotseq	4.8	(\%)$
인터넷(PC)	$\left	\frac{(19{,}109-19{,}092)}{19{,}092}\times 100\right	\fallingdotseq	0.1	(\%)$
모바일	$\left	\frac{(54{,}781-28{,}659)}{28{,}659}\times 100\right	\fallingdotseq	91.1	(\%)$

따라서 2016년 대비 2019년 광고매출액 증감률이 가장 큰 세부 매체는 모바일이다.

① ㄱ, ㄴ ➡ (X)
② ㄱ, ㄷ ➡ (X)
③ ㄴ, ㄷ ➡ (X)
④ ㄴ, ㄹ ➡ (X)
⑤ ㄷ, ㄹ ➡ (O)

15 ④ 정답률 76.0%

| 문제 유형 | 자료 읽기/추론 > 매칭형
| 접근 전략 | 〈조건〉을 통해 〈그림 1〉과 〈그림 2〉를 분석하여 A~D에 해당하는 지방청을 찾는 문제이다. 〈조건〉과 선지 구성을 통해 선지에서 해당하지 않는 지방청을 제외시키면 문제를 보다 쉽게 해결할 수 있다.

다음 〈그림〉은 '갑'국 6개 지방청 전체의 부동산과 자동차 압류건수의 지방청별 구성비에 관한 자료이다. 〈그림〉과 〈조건〉을 근거로 B와 D에 해당하는 지방청을 바르게 나열한 것은?

〈그림 1〉 부동산 압류건수의 지방청별 구성비

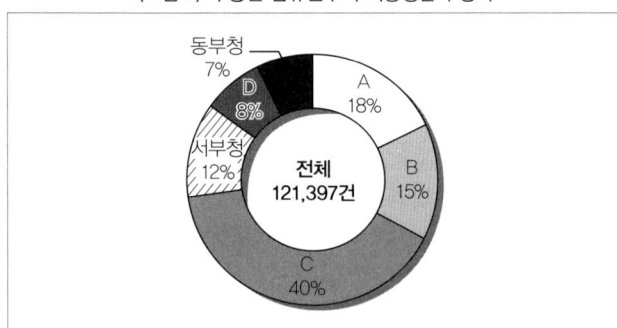

※ 지방청은 동부청, 서부청, 남부청, 북부청, 남동청, 중부청으로만 구성됨

〈그림 2〉 자동차 압류건수의 지방청별 구성비

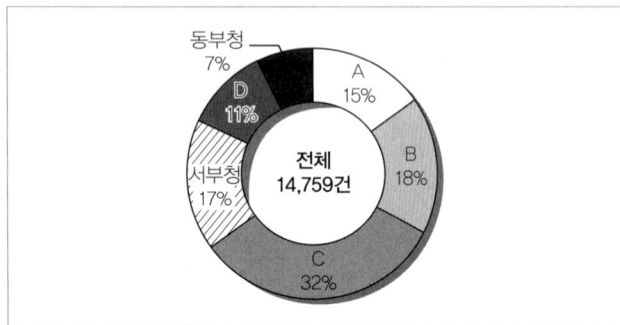

―〈조건〉―
○ 자동차 압류건수는 중부청이 남동청의 2배 이상이다. → 〈그림 2〉에서 자동차 압류건수가 2배 이상 차이가 나는 조합은 A와 C, C와 D이다. 따라서 B는 중부청과 남동청 모두에 해당하지 않는다. C는 중부청이다.
○ 남부청과 북부청의 부동산 압류건수는 각각 2만 건 이하이다. → 〈그림 1〉에서 부동산 압류건수가 각각 2만 건 이하인 경우는 부동산 압류건수의 구성비가 약 16.5%($\fallingdotseq \frac{20{,}000}{121{,}397}\times 100$)보다 낮은 경우로, 이에 해당하는 지방청은 B와 D이다. 따라서 B와 D는 각각 남부청과 북부청 중 하나에 해당한다. A는 남동청이다.
○ 지방청을 부동산 압류건수와 자동차 압류건수가 큰 값부터 순서대로 각각 나열할 때, 순서가 동일한 지방청은 동부청, 남부청, 중부청이다. → 부동산 압류건수가 큰 순서로 나열하면 C > A > B > 서부청 > D > 동부청 순이고, 자동차 압류건수가 큰 순서로 나열하면 C > B > 서부청 > A > D > 동부청 순이다. 순서가 동일한 지방청은 C, D, 동부청이고, C는 중부청이므로 D는 남부청에 해당한다. 따라서 B는 북부청에 해당한다.

　　B　　　　D
① 남동청　　남부청 ➡ (X)
② 남동청　　북부청 ➡ (X)
③ 남부청　　북부청 ➡ (X)
④ 북부청　　남부청 ➡ (O)
⑤ 중부청　　남부청 ➡ (X)

S 16 ② TOP 2 정답률 49.5%

| 문제 유형 | 자료 추론 > 추가로 필요한 자료 찾기
| 접근 전략 | 제시된 〈표 1〉과 〈표 2〉 자료 외에 〈보고서〉 작성을 위해 추가로 필요한 자료를 찾는 문제이다. 〈보고서〉의 내용을 먼저 파악하기보다는 〈보기〉의 자료 제목을 먼저 확인하여 이를 〈보고서〉와 제시된 〈표〉를 통해 추가로 필요한 자료인지를 파악하는 것이 효율적이다.

다음 〈표〉는 조사연도별 국세 및 국세청세수와 국세청세수 징세비 및 국세청 직원 수 현황에 대한 자료이다. 〈보고서〉를 작성하기 위해 〈표〉 이외에 추가로 필요한 자료만을 〈보기〉에서 모두 고르면?

〈표 1〉 국세 및 국세청세수 현황

(단위: 억 원)

구분 조사연도	국세	국세청세수	일반회계	특별회계
2002	1,039,678	966,166	876,844	89,322
2007	1,614,591	1,530,628	1,479,753	50,875
2012	2,030,149	1,920,926	1,863,469	57,457
2017	2,653,849	2,555,932	2,499,810	56,122

〈표 2〉 국세청세수 징세비 및 국세청 직원 수 현황

(단위: 백만 원, 명)

구분 조사연도	징세비	국세청 직원 수
2002	817,385	15,158
2007	1,081,983	18,362
2012	1,339,749	18,797
2017	1,592,674	19,131

─〈보고서〉─

2017년 국세청세수는 255.6조 원으로, 전년도보다 22.3조 원 증가하였다. 세목별로는 소득세(76.8조 원), 부가가치세(67.1조 원), 법인세(59.2조 원) 순으로 높다. 세무서별로 살펴보면 세수 1위는 남대문세무서(11.6조 원), 2위는 수영세무서(10.9조 원)이다. 2017년 기준 국세청세수에서 특별회계가 차지하는 비중은 2.2%로서, 2002년 기준 9.2%와 비교해 감소하였다. 국세는 국세청세수에 관세청 소관분과 지방자치단체 소관분을 합한 금액으로, 2002년부터 2017년까지 국세 대비 국세청세수의 비율은 매년 증가 추세를 보인다. 2002년 기준 92.9%였던 국세 대비 국세청세수의 비율은 2017년에는 96.3%로 3.0%p 이상 증가하였다.

구체적으로 살펴보면, 국세청 직원 1인당 국세청세수는 2007년 8,336백만 원, 2017년 13,360백만 원으로 큰 폭의 상승세를 보인다. 국세청세수 100원당 징세비는 2017년 기준 0.62원으로 2002년 0.85원에 비해 20% 이상 감소하였다. 2017년 현재 19,131명의 국세청 직원들이 세수확보를 위해 노력 중이며, 국세청 직원 수는 2002년 대비 25% 이상 증가하였다.

─〈보기〉─

ㄱ. 2003~2016년의 국세 및 국세청세수 → (O) 〈보고서〉에는 2017년 국세청세수가 전년도보다 22.3조 원이 증가하였고, 2002년부터 2017년까지 국세 대비 국세청세수의 비율이 매년 증가 추세를 보이고 있다고 작성되어 있다. 〈표 1〉에서는 2002년, 2007년, 2012년, 2017년의 국세 및 국세청세수만 제시되어 있으므로 2003~2016년의 국세 및 국세청세수 자료는 추가로 필요하다.

ㄴ. 2003~2016년의 관세청 소관분 → (X) 〈보고서〉에는 국세가 국세청세수에 관세청 소관분과 지방자치단체 소관분을 합한 금액이라고 작성되어 있으나 관세청 소관분과 관련된 내용은 작성되어 있지 않다. 따라서 2003~2016년의 관세청 소관분 자료는 추가로 필요하지 않다.

ㄷ. 2017년의 세무서별·세목별 세수 실적 → (O) 〈보고서〉에는 2017년 세목별로 소득세, 부가가치세, 법인세 순으로 국세청세수가 높고, 남대문세무서, 수영세무서 순으로 국세청세수가 높다고 작성되어 있다. 따라서 2017년 세무서별·세목별 세수 실적 자료는 추가로 필요하다.

ㄹ. 2002~2017년의 국세청 직원 1인당 국세청세수 → (X) 〈보고서〉에는 국세청 직원 1인당 국세청세수를 2007년과 2017년을 비교하고 있고, 이는 제시된 〈표 1〉과 〈표 2〉를 통해 파악할 수 있다. 따라서 2002~2017년의 국세청 직원 1인당 국세청세수 자료는 추가로 필요하지 않다.

① ㄱ, ㄴ ➡ (X)
② ㄱ, ㄷ ➡ (O)
③ ㄴ, ㄹ ➡ (X)
④ ㄱ, ㄷ, ㄹ ➡ (X)
⑤ ㄴ, ㄷ, ㄹ ➡ (X)

17 ③   정답률 77.5%

| 문제 유형 | 자료 읽기 > 표 제시형
| 접근 전략 | 〈표〉에서 경제적 중요도에 따른 각국의 종의 수를 비교하거나, 경제적 중요도에 따른 해당 국가의 분류군별 종 다양성을 구하는 공식을 통해 종 다양성을 비교하는 문제이다. 제시된 분류군이 많으므로 경제적 중요도에 따라 묶음 표시를 해 놓으면 비교하는 데 수월할 수 있다.

다음 〈표〉는 '가'곤충도감에 기록된 분류군별 경제적 중요도와 '갑~병'국의 종의 수에 관한 자료이다. 이에 대한 〈보기〉의 설명 중 옳은 것만을 고르면?

〈표〉 분류군별 경제적 중요도와 '갑~병'국의 종의 수
(단위: 종)

분류군	경제적 중요도	갑	을	병	전체
무시류	C	303	462	435	11,500
고시류	C	187	307	1,031	8,600
메뚜기목	A	297	372	1,161	34,300
강도래목	C	47	163	400	2,000
다듬이벌레목	B	12	83	280	4,400
털이목	C	4	150	320	2,800
이목	C	22	32	70	500
총채벌레목	A	87	176	600	5,000
노린재목	S	1,886	2,744	11,300	90,000
풀잠자리목	A	52	160	350	6,500
딱정벌레목	S	3,658	9,992	30,000	350,000
부채벌레목	C	7	22	60	300
벌목	S	2,791	4,870	17,400	125,000
밑들이목	C	11	44	85	600
벼룩목	C	40	72	250	2,500
파리목	S	1,594	4,692	18,000	120,000
날도래목	C	202	339	975	11,000
나비목	S	3,702	5,057	11,000	150,000

※ 해당 국가의 분류군별 종 다양성(%) = $\dfrac{\text{해당 국가의 분류군별 종의 수}}{\text{분류군별 전체 종의 수}} \times 100$

─〈보기〉─

ㄱ. 경제적 중요도가 S인 분류군 중, '갑'국에서 종의 수가 세 번째로 많은 분류군은 노린재목이다. → (X) 경제적 중요도가 S인 분류군은 노린재목, 딱정벌레목, 벌목, 파리목, 나비목이다. 이들의 '갑'국에서 종의 수가 많은 순서로 나열해 보면 나비목 > 딱정벌레목 > 벌목 > 노린재목 > 파리목 순이다. 따라서 경제적 중요도가 S인 분류군 중, '갑'국에서 종의 수가 세 번째로 많은 분류군은 벌목이다.

ㄴ. 경제적 중요도가 A인 분류군 중, '을'국에서 종의 수가 두 번째로 많은 분류군은 총채벌레목이다. → (O) 경제적 중요도가 A인 분류군은 메뚜기목, 총채벌레목, 풀잠자리목이다. 이들의 '을'국에서 종의 수가 많은 순서로 나열해 보면 메뚜기목 > 총채벌레목 > 풀잠자리목 순이다. 따라서 경제적 중요도가 A인 분류군 중, '을'국에서 종의 수가 두 번째로 많은 분류군은 총채벌레목이다.

ㄷ. 경제적 중요도가 C인 분류군 중, '갑'국의 분류군별 종 다양성이 가장 낮은 분류군은 털이목이다. → (O) 경제적 중요도가 C인 분류군은 무시류, 고시류, 강도래목, 털이목, 이목, 부채벌레목, 밑들이목, 벼룩목, 날도래목이다. '갑'국에서 이들의 종 다양성은 다음과 같다.

무시류	$\frac{303}{11,500} \times 100 \fallingdotseq 2.6(\%)$
고시류	$\frac{187}{8,600} \times 100 \fallingdotseq 2.2(\%)$
강도래목	$\frac{47}{2,000} \times 100 \fallingdotseq 2.4(\%)$
털이목	$\frac{4}{2,800} \times 100 \fallingdotseq 0.1(\%)$
이목	$\frac{22}{500} \times 100 = 4.4(\%)$
부채벌레목	$\frac{7}{300} \times 100 \fallingdotseq 2.3(\%)$
밑들이목	$\frac{11}{600} \times 100 \fallingdotseq 1.8(\%)$
벼룩목	$\frac{40}{2,500} \times 100 = 1.6(\%)$
날도래목	$\frac{202}{11,000} \times 100 \fallingdotseq 1.8(\%)$

따라서 '갑'국의 분류군별 종 다양성이 가장 낮은 분류군은 털이목이다.

ㄹ. 경제적 중요도가 S인 분류군 중, '병'국의 분류군별 종 다양성이 10% 이상인 분류군은 4개이다. → (X) 경제적 중요도가 S인 분류군은 노린재목, 딱정벌레목, 벌목, 파리목, 나비목이다. '병'국에서 이들의 종 다양성은 다음과 같다.

노린재목	$\frac{11,300}{90,000} \times 100 \fallingdotseq 12.6(\%)$
딱정벌레목	$\frac{30,000}{350,000} \times 100 \fallingdotseq 8.6(\%)$
벌목	$\frac{17,400}{125,000} \times 100 \fallingdotseq 13.9(\%)$
파리목	$\frac{18,000}{120,000} \times 100 = 15(\%)$
나비목	$\frac{11,000}{150,000} \times 100 \fallingdotseq 7.3(\%)$

따라서 '병'국의 분류군별 종 다양성이 10% 이상인 분류군은 노린재목, 벌목, 파리목으로 3개이다.

① ㄱ, ㄴ ➡ (X)
② ㄱ, ㄷ ➡ (X)
③ ㄴ, ㄷ ➡ (O)
④ ㄴ, ㄹ ➡ (X)
⑤ ㄷ, ㄹ ➡ (X)

18 ②   정답률 83.9%

| 문제 유형 | 자료 읽기 > 표 제시형
| 접근 전략 | 〈표 1〉에 나타난 평가 항목별 원점수와 〈표 2〉에 나타난 평가 항목별 가중치를 통해 〈조건〉에 제시된 최종 점수 산정 방식에 따라 '갑'공기업의 최종 선정 신규 사업을 파악하는 문제이다. A 사업과 B 사업의 각 평가 항목별 원점수 차이를 통해 용이하게 파악할 수 있다.

다음 〈표〉는 '갑'공기업의 신규 사업 선정을 위한 2개 사업(A, B) 평가에 관한 자료이다. 〈표〉와 〈조건〉에 근거한 〈보기〉의 설명 중 옳은 것만을 고르면?

〈표 1〉 A와 B 사업의 평가 항목별 원점수
(단위: 점)

구분	평가 항목	A 사업	B 사업
사업적 가치	경영전략 달성 기여도	80	90
	수익창출 기여도	80	90
공적 가치	정부정책 지원 기여도	90	80
	사회적 편익 기여도	90	80
참여 여건	전문인력 확보 정도	70	70
	사내 공감대 형성 정도	70	70

※ 평가 항목별 원점수는 100점 만점임

〈표 2〉 평가 항목별 가중치

구분	평가 항목	가중치
사업적 가치	경영전략 달성 기여도	0.2
	수익창출 기여도	0.1
공적 가치	정부정책 지원 기여도	0.3
	사회적 편익 기여도	0.2
참여 여건	전문인력 확보 정도	0.1
	사내 공감대 형성 정도	0.1
계		1.0

─〈조건〉─
○ 신규 사업 선정을 위한 각 사업의 최종 점수는 평가 항목별 원점수에 해당 평가 항목의 가중치를 곱한 값을 모두 합하여 산정함
○ A와 B 사업 중 최종 점수가 더 높은 사업을 신규 사업으로 최종 선정함

─〈보기〉─
ㄱ. 각 사업의 6개 평가 항목 원점수의 합은 A 사업과 B 사업이 같다.
→ (O) 6개 평가 항목 원점수의 합은 A 사업의 경우 80+80+90+90+70+70=480(점)이고, B 사업의 경우 90+90+80+80+70+70=480(점)으로 같다.

ㄴ. '공적 가치'에 할당된 가중치의 합은 '참여 여건'에 할당된 가중치의 합보다 작고, '사업적 가치'에 할당된 가중치의 합보다 크다. → (X) '공적 가치'에 할당된 가중치의 합은 0.3+0.2=0.5이고, '참여 여건'에 할당된 가중치의 합은 0.1+0.1=0.2이며, '사업적 가치'에 할당된 가중치의 합은 0.2+0.1=0.3이다. 따라서 '공적 가치'에 할당된 가중치의 합은 '참여 여건'에 할당된 가중치의 합보다 크고, '사업적 가치'에 할당된 가중치의 합보다 크다.

ㄷ. '갑'공기업은 A 사업을 신규 사업으로 최종 선정한다. → (O) 각 사업의 최종 점수는 A 사업의 경우 (80×0.2)+(80×0.1)+(90×0.3)+(90×0.2)+(70×0.1)+(70×0.1)=83(점)이고, B 사업의 경우 (90×0.2)+(90×0.1)+(80×0.3)+(80×0.2)+(70×0.1)+(70×0.1)=81(점)이다. 따라서 '갑'공기업은 A 사업을 신규 사업으로 최종 선정한다.

ㄹ. '정부정책 지원 기여도' 가중치와 '수익창출 기여도' 가중치를 서로 바꾸더라도 최종 선정되는 신규 사업은 동일하다. → (X) '정부정책 지원 기여도' 가중치와 '수익창출 기여도' 가중치를 서로 바꾸면 최종 점수는 A 사업의 경우 (80×0.2)+(80×0.3)+(90×0.1)+(90×0.2)+(70×0.1)+(70×0.1)=81(점)이고, B 사업의 경우 (90×0.2)+(90×0.3)+(80×0.1)+(80×0.2)+(70×0.1)+(70×0.1)=83(점)이다. 따라서 '정부정책 지원 기여도' 가중치와 '수익창출 기여도' 가중치를 서로 바꾸면 '갑'공기업은 B 사업을 신규 사업으로 최종 선정한다.

① ㄱ, ㄴ ➡ (X)
② ㄱ, ㄷ ➡ (O)
③ ㄱ, ㄹ ➡ (X)
④ ㄴ, ㄹ ➡ (X)
⑤ ㄷ, ㄹ ➡ (X)

S 19 ③   TOP 1 정답률 38.7%

| 문제 유형 | 자료 읽기/추론 > 매칭형
| 접근 전략 | 〈표〉를 바탕으로 작성된 〈보고서〉에서 A~C에 해당하는 내용을 파악하는 문제이다. 〈보고서〉에서 기준이 되는 연도를 반드시 확인하도록 한다. 호주의 경우 2016년 국가브랜드 상위 10개국에는 해당되지 않았으나 2017년에는 해당되므로, 2017년 이미지 분야 순위 상위 10개국을 기준으로 하여 2016년에 비해 2017년 이미지 분야 순위가 상승한 국가에 해당함을 주의하도록 한다.

다음 〈표〉는 2016~2019년 '갑'조사기관이 발표한 이미지 분야 및 실체 분야 국가브랜드 상위 10개국을 나타낸 자료이다. 이를 바탕으로 작성한 〈보고서〉의 A~C에 해당하는 내용을 바르게 나열한 것은?

〈표〉 2016~2019년 국가브랜드 상위 10개국

순위 \ 연도 분야	2016 이미지	2017 이미지	2018 이미지	2019 이미지	2019 실체
1	프랑스	독일	일본	미국	미국
2	일본	캐나다	독일	독일	독일
3	스웨덴	일본	미국	영국	프랑스
4	영국	미국	캐나다	일본	영국
5	독일	영국	영국	스위스	일본
6	미국	스위스	프랑스	스웨덴	스위스
7	스위스	프랑스	스웨덴	캐나다	호주
8	캐나다	스웨덴	호주	프랑스	스웨덴
9	네덜란드	이탈리아	스위스	호주	네덜란드
10	이탈리아	호주	오스트리아	네덜란드	캐나다

※ 1) 국가브랜드는 이미지 분야와 실체 분야로 나누어 각각 순위가 결정되며 공동 순위는 없음
2) 조사대상 국가는 매년 동일함

〈보고서〉

최근 국가브랜드의 중요성이 커지면서 국가브랜드 순위에 대한 관심이 높아지고 있다. '갑'조사기관이 발표한 2016~2019년 이미지 분야 및 실체 분야 국가브랜드 순위를 살펴보면, 미국의 이미지 분야 순위는 매년 [A] 하고 있다. 또한, 이 기간에 연도별 이미지 분야 순위가 모두 상위 10위 이내에 든 국가는 총 8개국이다.

2019년 이미지 분야 순위가 상위 10위 이내에 든 국가는 모두 2019년 실체 분야 순위도 상위 10위 이내에 들었다. 2019년 이미지 분야 순위 상위 10개국 중 2019년 이미지 분야 순위와 실체 분야 순위의 차이가 가장 큰 국가는 [B] 인 것으로 나타났다. 2017년 이미지 분야 순위 상위 10개국 중 2016년에 비해 2017년 이미지 분야 순위가 상승한 국가는 총 [C] 개국이었고, 특히 캐나다의 높은 순위 상승이 눈에 띈다. 2019년에는 2018년과 비교하여 이미지 분야 순위가 하락한 국가가 많았으나, 네덜란드의 경우 이미지 분야 순위가 상승하여 주목받고 있다.

	A	B	C	
①	상승	캐나다	6	➡ (X)
②	상승	프랑스	5	➡ (X)
③	상승	프랑스	6	➡ (O)
④	하락	스웨덴	5	➡ (X)
⑤	하락	캐나다	6	➡ (X)

미국의 이미지 분야 순위는 2016년의 경우 6위, 2017년의 경우 4위, 2018년의 경우 3위, 2019년의 경우 1위로 매년 상승하고 있으므로 A에는 '상승'이 들어간다. 2019년 이미지 분야 순위 상위 10개국 중 2019년 이미지 분야 순위와 실체 분야 순위의 차이가 가장 큰 국가는 프랑스로, 프랑스는 2019년 이미지 분야 순위는 8위이고 2019년 실체 분야 순위는 3위로 순위의 차이가 가장 크다. 따라서 B에는 '프랑스'가 들어간다. 2017년 이미지 분야 순위 상위 10개국 중 2016년에 비해 2017년에 이미지 분야 순위가 상승한 국가는 독일, 캐나다, 미국, 스위스, 이탈리아, 호주로 6개국이었다. 따라서 C에는 '6'이 들어간다.

20 ①
정답률 76.5%

| 문제 유형 | 자료 읽기 > 그림 제시형
| 접근 전략 | 글로벌 리스크별 영향도와 발생가능성 지수를 분석하는 문제이다. 복잡하게 보이는 〈그림〉과 달리 글로벌 리스크별 영향도와 발생가능성 지수를 파악할 수 있으면 쉽게 접근할 수 있는 문제이다.

다음 〈그림〉은 W경제포럼이 발표한 25개 글로벌 리스크의 분류와 영향도 및 발생가능성 지수에 관한 자료이다. 이에 대한 설명으로 옳지 않은 것은?

〈그림〉 글로벌 리스크의 분류와 영향도 및 발생가능성 지수

① 모든 환경적 리스크의 발생가능성 지수 대비 영향도의 비는 1 이상이다. ➡ (X) '생태계 붕괴'의 경우 발생가능성 지수보다 영향도가 크므로 발생가능성 지수 대비 영향도의 비가 1 이상이지만, '인위적 환경재앙', '자연 재해', '기후변화 적응 실패', '극한 기후'의 경우 발생가능성 지수가 영향도보다 크므로 발생가능성 지수 대비 영향도의 비가 1보다 작다.

② 영향도와 발생가능성 지수의 차이가 가장 큰 글로벌 리스크는 '대량 살상 무기'이다. ➡ (O) 글로벌 리스크의 발생가능성 지수와 영향도가 같은 지점을 이은 선에서 멀리 있을수록 영향도와 발생가능성 지수의 차이가 크다. 따라서 영향도와 발생가능성 지수의 차이가 가장 큰 글로벌 리스크는 '대량 살상 무기'이다.

③ '에너지가격 충격'의 영향도 대비 발생가능성 지수의 비는 1 이하이다. ➡ (O) '에너지가격 충격'의 영향도는 3.2이고 발생가능성 지수는 3.0이므로 영향도 대비 발생가능성 지수의 비는 1보다 작다.

④ 영향도와 발생가능성 지수가 각각의 '전체 평균' 이하인 경제적 리스크의 수는 영향도나 발생가능성 지수가 각각의 '전체 평균' 이상인 경제적 리스크의 수보다 많다. ➡ (O) 영향도와 발생가능성 지수가 각각의 '전체 평균' 이하인 경제적 리스크는 '디플레이션', '인플레이션', '에너지가격 충격', '중요기반시설 실패', '실업', '재정 매커니즘 실패'로 6개이고, 영향도나 발생가능성 지수가 각각의 '전체 평균' 이상인 경제적 리스크는 없다.

⑤ 모든 환경적 리스크는 영향도와 발생가능성 지수가 각각의 '전체 평균' 이상이다. ➡ (O) 환경적 리스크는 '인위적 환경재앙', '생태계 붕괴', '자연 재해', '기후변화적응 실패', '극한 기후'로, 이들은 모두 영향도와 발생가능성 지수가 각각의 '전체 평균' 이상이다.

21 ③
정답률 77.6%

| 문제 유형 | 자료 읽기 > 표 제시형
| 접근 전략 | 〈표〉에서 멸종위기종 중 멸종위기 I 급의 비율과 멸종위기 II 급의 비율을 비교할 때에는 분모가 멸종위기종으로 같으므로 멸종위기 I 급의 종수와 멸종위기 II 급의 종수를 비교하면 된다.

다음 〈표〉는 '갑'국의 멸종위기종 지정 현황에 관한 자료이다. 이에 대한 설명으로 옳지 않은 것은?

〈표〉 멸종위기종 지정 현황
(단위: 종)

분류\지정	멸종위기종	멸종위기 I 급	멸종위기 II 급
포유류	20	12	8
조류	63	14	49
양서·파충류	8	2	6
어류	27	11	16
곤충류	26	6	20
무척추동물	32	4	28
식물	88	11	77
전체	264	60	204

※ 멸종위기종은 멸종위기 I 급과 멸종위기 II 급으로 구분함

① 멸종위기종으로 '포유류'만 10종을 추가로 지정한다면, 전체 멸종위기종 중 '포유류'의 비율은 10% 이상이다. ➡ (O) 멸종위기종으로 '포유류'만 10종을 추가로 지정한다면 전체 멸종위기종 중 '포유류'의 비율은 $\frac{30}{274} \times 100 = 10.9(\%)$로, 10% 이상이다.

② 각 분류에서 멸종위기종 중 멸종위기 I 급의 비율은 '무척추동물'과 '식물'이 동일하다. ➡ (O) 각 분류에서 멸종위기종 중 멸종위기 I 급의 비율은 '무척추동물'의 경우 $\frac{4}{32} \times 100 = 12.5(\%)$이고, '식물'의 경우 $\frac{11}{88} \times 100 = 12.5(\%)$로 동일하다.

③ 각 분류의 멸종위기종에서 5종씩 지정을 취소한다면, 전체 멸종위기종 중 '조류'의 비율은 감소한다. ➡ (X) 전체 멸종위기종 중 '조류'의 비율은 $\frac{63}{264} \times 100 = 23.9(\%)$이다. 각 분류의 멸종위기종에서 5종씩 지정을 취소한다면, 전체 멸종위기종은 $264-(5 \times 7)=229$(종)이 되어 전체 멸종위기종 중 '조류'의 비율은 $\frac{58}{229} \times 100 = 25.3(\%)$로 증가한다.

④ 각 분류에서 멸종위기종 중 멸종위기 II 급의 비율은 '조류'가 '양서·파충류'보다 높다. ➡ (O) 각 분류에서 멸종위기종 중 멸종위기 II 급의 비율은 '조류'의 경우 $\frac{49}{63} \times 100 = 77.8(\%)$이고, '양서·파충류'의 경우 $\frac{6}{8} \times 100 = 75(\%)$로, '조류'가 '양서·파충류'보다 높다.

⑤ '포유류'를 제외한 모든 분류에서 각 분류의 멸종위기종 중 멸종위기 II 급의 비율은 각 분류의 멸종위기종 중 멸종위기 I 급의 비율보다 높다. ➡ (O) '포유류'를 제외한 모든 분류에서 멸종위기 II 급의 종수가 멸종위기 I 급의 종수보다 많다. 따라서 '포유류'를 제외한 모든 분류에서 각 분류의 멸종위기종 중 멸종위기 II 급의 비율은 각 분류의 멸종위기종 중 멸종위기 I 급의 비율보다 높다.

22 ②

정답률 76.5%

| 문제 유형 | 자료 읽기 > 표 제시형

| 접근 전략 | 성별, 연령대별, 지방청별 조사항목에 대한 만족도 조사 결과를 분석하는 문제이다. 선지에서 묻고자 하는 바를 정확하게 파악하여 <표>에 제시된 수치를 비교하여 빠르게 파악할 수 있어야 한다.

다음 <조사 개요>와 <표>는 A 기관 5개 지방청에 대한 외부고객 만족도 조사 결과이다. 이에 대한 설명으로 옳지 않은 것은?

─〈조사 개요〉─
○ 조사기간: 2019년 7월 28일~2019년 8월 8일
○ 조사방법: 전화 조사
○ 조사목적: A 기관 5개 지방청 외부고객의 주소지 관할 지방청에 대한 만족도 조사
○ 응답자 수: 총 101명(조사항목별 무응답은 없음)
○ 조사항목: 업무 만족도, 인적 만족도, 시설 만족도

〈표〉 A 기관 5개 지방청 외부고객 만족도 조사 결과
(단위: 점)

구분	조사항목	업무 만족도	인적 만족도	시설 만족도
전체		4.12	4.29	4.20
성별	남자	4.07	4.33	4.19
	여자	4.15	4.27	4.20
연령대	30세 미만	3.82	3.83	3.70
	30세 이상 40세 미만	3.97	4.18	4.25
	40세 이상 50세 미만	4.17	4.39	4.19
	50세 이상	4.48	4.56	4.37
지방청	경인청	4.35	4.48	4.30
	동북청	4.20	4.39	4.28
	호남청	4.00	4.03	4.04
	동남청	4.19	4.39	4.30
	충청청	3.73	4.16	4.00

※ 1) 주어진 점수는 응답자의 조사항목별 만족도의 평균이며, 점수가 높을수록 만족도가 높음(5점 만점)
2) 점수는 소수점 아래 셋째 자리에서 반올림한 값임

① 모든 연령대에서 '업무 만족도'보다 '인적 만족도'가 높다. ➡ (O)
만족도 순위는 30세 미만의 경우 인적 만족도 > 업무 만족도 > 시설 만족도 순이고, 30세 이상 40세 미만의 경우 시설 만족도 > 인적 만족도 > 업무 만족도 순이며, 40세 이상 50세 미만의 경우 인적 만족도 > 시설 만족도 > 업무 만족도 순이고, 50세 이상의 경우 인적 만족도 > 업무 만족도 > 시설 만족도 순이다. 따라서 모든 연령대에서 '인적 만족도'가 '업무 만족도'보다 높다.

② '업무 만족도'가 높은 지방청일수록 '인적 만족도'도 높다. ➡ (X)
'업무 만족도'가 높은 순위는 경인청 > 동북청 > 동남청 > 호남청 > 충청청 순이고, '인적 만족도'가 높은 순위는 경인청 > 동북청=동남청 > 충청청 > 호남청 순이다. 따라서 '업무 만족도'가 높은 지방청일수록 '인적 만족도'가 높다고 볼 수 없다.

③ 응답자의 연령대가 높을수록 '업무 만족도'와 '인적 만족도'가 모두 높다. ➡ (O) '업무 만족도'의 경우 연령대가 높아질수록 높아지고 있으며, '인적 만족도'의 경우에도 연령대가 높아질수록 높아지고 있다.

④ '업무 만족도', '인적 만족도', '시설 만족도'의 합이 가장 큰 지방청은 경인청이다. ➡ (O) '업무 만족도', '인적 만족도', '시설 만족도'의 합은 경인청의 경우 4.35+4.48+4.30=13.13(점), 동북청의 경우 4.20+4.39+4.28=12.87(점), 호남청의 경우 4.00+4.03+4.04=12.07(점), 동남청의 경우 4.19+4.39+4.30=12.88(점), 충청청의 경우 3.73+4.16+4.00=11.89(점)으로, 경인청이 가장 크다.

⑤ 남자 응답자보다 여자 응답자가 많다. ➡ (O) '업무 만족도'와 '인적 만족도'의 전체 평균이 남자의 평균보다 여자의 평균에 가깝다. 이를 통해 남자 응답자보다 여자 응답자가 많음을 알 수 있다.

23 ①

정답률 57.7%

| 문제 유형 | 자료 읽기 > 그림 제시형

| 접근 전략 | 2018년 총급여액을 기준으로 무자녀 가구, 자녀 1인 가구, 자녀 2인 가구, 자녀 3인 이상 가구별 2019년 근로장려금을 비교하는 문제이다. 총급여액이 많을수록 근로장려금이 많다고 오해해서는 안 된다.

다음 <그림>은 2019년 '갑'국의 가구별 근로장려금 산정기준에 관한 자료이다. 이에 대한 <보기>의 설명 중 옳은 것만을 모두 고르면?

〈그림〉 2019년 가구별 근로장려금 산정기준

※ 2019년 가구별 근로장려금은 2018년 가구별 자녀 수와 총급여액을 기준으로 산정함

─〈보기〉─

ㄱ. 2018년 총급여액이 1,000만 원이고 자녀가 1명인 가구의 2019년 근로장려금은 140만 원이다. → (O) 자녀가 1명인 가구의 2019년 근로장려금은 2018년 총급여액이 800만 원 이상 1,300만 원 이하인 경우 140만 원이다. 따라서 2018년 총급여액이 1,000만 원이고 자녀가 1명인 가구의 2019년 근로장려금은 140만 원이다.

ㄴ. 2018년 총급여액이 800만 원 이하인 무자녀 가구는 2018년 총급여액이 많을수록 2019년 근로장려금도 많다. → (X) 무자녀 가구의 2019년 근로장려금은 2018년 총급여액이 600만 원 이상 900만 원 이하인 경우에 70만 원으로 가장 높다. 따라서 2018년 총급여액이 800만 원 이하인 무자녀 가구는 2018년 총급여액이 많을수록 2019년 근로장려금이 많다고 할 수 없다.

ㄷ. 2018년 총급여액이 2,200만 원이고 자녀가 3명 이상인 가구의 2019년 근로장려금은 2018년 총급여액이 600만 원이고 자녀가 1명인 가구의 2019년 근로장려금보다 적다. → (O) 자녀가 3명 이상인 가구는 2018년 총급여액이 2,200만 원이면 2019년 근로장려금은 50만 원이다. 자녀가 1명인 가구는 2018년 총급여액이 600만 원이면 2019년 근로장려금은 105만 원이다.

ㄹ. 2018년 총급여액이 2,000만 원인 가구의 경우, 자녀가 많을수록 2019년 근로장려금도 많다. → (X) 2018년 총급여액이 2,000만 원인 가구의 경우, 무자녀 가구와 자녀가 1명인 가구는 모두 2019년 근로장려금이 0원이다. 따라서 2018년 총급여액이 2,000만 원인 가구의 경우, 자녀가 많을수록 2019년 근로장려금이 많다고 할 수 없다.

① ㄱ, ㄷ ➡ (O)
② ㄱ, ㄹ ➡ (X)
③ ㄴ, ㄷ ➡ (X)
④ ㄱ, ㄴ, ㄹ ➡ (X)
⑤ ㄴ, ㄷ, ㄹ ➡ (X)

24 ⑤   정답률 77.5%

| 문제 유형 | 자료 읽기 > 빈칸/그림 제시형
| 접근 전략 | 〈그림〉의 빈칸에 해당하는 응답자 수를 채워 넣어야 한다. 각 조사별로 응답한 사람은 같고 무응답과 복수응답이 없으므로 각 조사에서 찬성과 반대의 합이 같아야 한다.

다음 〈그림〉은 '갑'지역의 주민을 대상으로 육교 설치에 대한 찬성 또는 반대 의견을 3차례 조사한 결과이다. 이에 대한 설명으로 옳은 것은?

〈그림〉 '갑'지역 육교 설치에 대한 1~3차 조사 결과

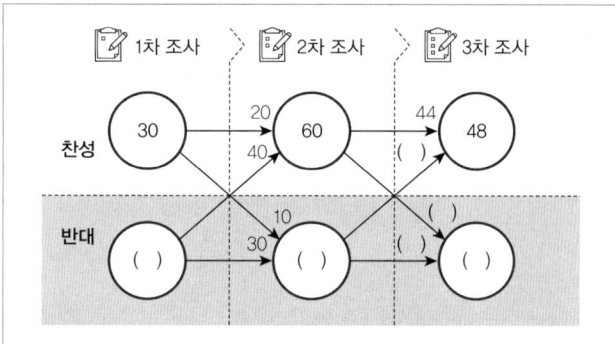

※ 1) 1~3차 조사에 응답한 사람은 모두 같고, 무응답과 복수응답은 없음

2) 예를 들어, 찬성 30 → 60 은 1차 조사에서 찬성한다고 응답한 30명 중 20명이 2차 조사에서도 찬성한다고 응답하였고, 2차 조사에서 찬성한다고 응답한 사람은 총 60명임을 의미함

① 3차 조사에 응답한 사람은 130명 이상이다. ➡ (X) 〈그림〉의 빈칸을 채우면 다음과 같다.

따라서 3차 조사에 응답한 사람은 48+52=100(명)이다.
② 2차 조사에서 반대한다고 응답한 사람 중 3차 조사에서도 반대한다고 응답한 사람은 32명이다. ➡ (X) 2차 조사에서 반대한다고 응답한 사람은 40명이고, 이 중 36명은 3차 조사에서도 반대한다고 응답하였다. 따라서 2차 조사에서 반대한다고 응답한 사람 중 3차 조사에서도 반대한다고 응답한 사람은 36명이다.
③ 2차 조사에서 찬성한다고 응답한 사람 중 3차 조사에서 반대한다고 응답한 사람은 20명이다. ➡ (X) 2차 조사에서 찬성한다고 응답한 사람은 60명이고, 이 중 3차 조사에서 반대한다고 응답한 사람은 16명이다. 따라서 2차 조사에서 찬성한다고 응답한 사람 중 3차 조사에서 반대한다고 응답한 사람은 16명이다.
④ 1차 조사에서 반대한다고 응답한 사람 중 3차 조사에서 찬성한다고 응답한 사람은 45명 이상이다. ➡ (X) 1차 조사에서 반대한다고 응답한 사람은 70명이고, 이 중 30명은 2차 조사에서 반대한다고 응답하였고, 2차 조사에서 반대한다고 응답한 사람 중 4명은 3차 조사에서 찬성한다고 응답하였으므로 최대 4명이다. 1차 조사에서 반대한다고 응답한 사람 중 40명은 2차 조사에서 찬성한다고 응답하였고, 이 40명이 모두 3차 조사에서 찬성한다고 응답하였다면 최대 40명이 된다. 따라서 1차 조사에서 반대한다고 응답한 사람 중 3차 조사에서 찬성한다고 응답한 사람은 최대 44명이다.
⑤ 1~3차 조사에서 한 번도 의견을 바꾸지 않은 사람은 30명 이상이다. ➡ (O) 1~3차 조사에서 모두 찬성한다고 응답한 사람은 최소 4명, 최대 20명이고, 1~3차 조사에서 모두 반대한다고 응답한 사람은 최소 26명, 최대 30명이다. 따라서 1~3차 조사에서 한 번도 의견을 바꾸지 않은 사람은 30명 이상이다.

25 ④   정답률 68.4%

| 문제 유형 | 자료 읽기 > 표/그림 제시형
| 접근 전략 | 〈그림〉에 나타난 계급별 월급을 연도별로 비교하거나, 〈그림〉에 제시된 연도별 병사의 계급에 따른 월급으로 〈표〉에 나타난 군내매점 주요 품목을 구매할 수 있는 개수를 구하는 문제이다.

다음 〈그림〉과 〈표〉는 조사연도별 '갑'국 병사의 계급별 월급과 군내매점에서 판매하는 주요 품목 가격에 관한 자료이다. 이에 대한 설명으로 옳은 것은?

〈그림〉 조사연도별 병사의 계급별 월급

〈표〉 조사연도별 군내매점 주요 품목 가격

(단위: 원/개)

조사연도 \ 품목	캔커피	단팥빵	햄버거
2012	250	600	2,400
2016	300	1,000	2,800
2020	500	1,400	3,500

① 이병 월급은 2020년이 2012년보다 500% 이상 증액되었다. ➡ (X)
이병 월급의 2012년 대비 2020년 증가율은 $\frac{(408,100-81,700)}{81,700} \times 100 ≒ 400(\%)$이다.

② 2012년 대비 2016년 상병 월급 증가율은 2016년 대비 2020년 상병 월급 증가율보다 더 높다. ➡ (X) 2012년 대비 2016년 상병 월급 증가율은 $\frac{(178,000-97,800)}{97,800} \times 100 ≒ 82(\%)$이고, 2016년 대비 2020년 상병 월급 증가율은 $\frac{(488,200-178,000)}{178,000} \times 100 ≒ 174.3(\%)$이다. 따라서 2012년 대비 2016년 상병 월급 증가율은 2016년 대비 2020년 상병 월급 증가율보다 낮다.

③ 군내매점 주요 품목 각각의 2012년 대비 2016년 가격인상률은 2016년 대비 2020년 가격인상률보다 낮다. ➡ (X) 군내매점 주요 품목 각각의 2012년 대비 2016년 가격인상률과 2016년 대비 2020년 가격인상률은 다음과 같다.

구분	캔커피	단팥빵	햄버거
2012년 대비 2016년 가격인상률	$\frac{(300-250)}{250} \times 100$ $=20(\%)$	$\frac{(1,000-600)}{600} \times 100$ $≒66.7(\%)$	$\frac{(2,800-2,400)}{2,400} \times 100 ≒ 16.7(\%)$
2016년 대비 2020년 가격인상률	$\frac{(500-300)}{300} \times 100$ $≒66.7(\%)$	$\frac{(1,400-1,000)}{1,000} \times 100 = 40(\%)$	$\frac{(3,500-2,800)}{2,800} \times 100 = 25(\%)$

단팥빵의 경우 2012년 대비 2016년 가격인상률이 2016년 대비 2020년 가격인상률보다 높다.

④ 일병이 한 달 월급만을 사용하여 군내매점에서 해당 연도 가격으로 140개의 단팥빵을 구매하고 남은 금액은 2016년이 2012년보다 15,000원 이상 더 많다. ➡ (O) 2012년의 경우 일병의 한 달 월급은 88,300원이고, 군내매점에서 단팥빵 140개를 구매했을 때의 지출은 140개×600원=84,000(원)이므로 남은 금액은 88,300−84,000=4,300(원)이다. 2016년의 경우 일병의 한 달 월급은 161,000원이고, 군내매점에서 단팥빵 140개를 구매했을 때의 지출은 140개×1,000원=140,000(원)이므로 남은 금액은 161,000−140,000=21,000(원)이다. 따라서 남은 금액은 2016년이 2012년보다 21,000−4,300=16,700(원)만큼 많다.

⑤ 병장이 한 달 월급만을 사용하여 군내매점에서 해당 연도 가격으로 구매할 수 있는 햄버거의 최대 개수는 2020년이 2012년의 3배 이하이다. ➡ (X) 2012년의 경우 병장의 한 달 월급은 108,300원이고, 군내매점에서 2012년의 가격으로 구매할 수 있는 햄버거의 최대 개수는 $\frac{108,300}{2,400} ≒ 45(개)$이다. 2020년의 경우 병장의 한 달 월급은 540,900원이고, 군내매점에서 2020년의 가격으로 구매할 수 있는 햄버거의 최대 개수는 $\frac{540,900}{3,500} ≒ 154(개)$이다. 따라서 병장이 한 달 월급만을 사용하여 군내매점에서 해당 연도 가격으로 구매할 수 있는 햄버거의 최대 개수는 2020년이 2012년의 3.4배($≒ \frac{154}{45}$)로, 3배 이상이다.

정답과 분석해설

2020 | 제3영역 상황판단(㉮ 책형)

기출 총평

법조문이나 제시문을 주고, 이에 대한 이해를 묻는 문항의 유형은 꾸준히 출제되는 경향을 보이고 있다. 다만, 과년도 기출문제에 비해서 문항의 난도가 많이 낮아진 편이고, 제시된 내용과 선지만 정확하게 읽는다면 어렵지 않게 정답을 찾아낼 수 있는 문항들이 많았다. 2018년 상황판단 시험부터 퍼즐형의 출제 비중이 늘어난 점이 눈에 띄는데, 이는 민간경력자를 채용하는 과정에서 글을 읽고 이에 대한 사실 정보들을 확인하고 이해하는 능력만을 중시하는 것이 아니라 다양한 실제 상황들에 대해 판단해야 하는 능력이 중요해졌음을 시사한다. 특히, 퍼즐형 문항의 경우는 조금만 주의를 기울이면 해결하는 과정이 어렵지 않게 설계되어 있으므로 실제 시험 시간에 집중해서 문항을 읽어가야 하는 것이 필수적이라 할 수 있다. 또한 제시문의 길이가 길어진 측면과 함께 선지를 중심으로 제시문의 내용을 적용해서 정답을 찾아낼 수 있는 문항이 많아졌기 때문에 꾸준한 연습을 통해 이러한 유형에 적응하는 것이 필요하다고 할 수 있다.

문항별 정답률 및 선지별 선택률

문번	정답	정답률(%)	선지별 선택률(%) ①	②	③	④	⑤	문번	정답	정답률(%)	선지별 선택률(%) ①	②	③	④	⑤
01	③	69.4	13.2	2.8	69.4	2.5	12.1	14	③	94.3	0.6	2.7	94.3	1.3	1.1
02	⑤	68.7	5.6	1.6	4.9	19.2	68.7	15	④	90.2	4.8	0.3	0.6	90.2	4.1
03	⑤	84.2	6.8	0.6	3.8	4.6	84.2	16	④	90.5	0.3	0.3	1.0	90.5	7.9
04	①	32.2	32.2	1.7	60.6	1.4	4.1	17	⑤	91.2	5.0	0.6	1.0	2.2	91.2
05	①	92.9	92.9	2.8	2.4	0.3	1.6	18	②	86.8	3.7	86.8	4.6	2.6	2.3
06	④	81.4	1.9	2.2	6.5	81.4	8.0	19	②	85.7	1.4	85.7	6.8	4.8	1.3
07	②	86.9	8.9	86.9	1.4	1.4	1.4	20	③	79.5	3.5	8.3	79.5	5.0	3.7
08	⑤	81.2	5.6	6.2	3.8	3.2	81.2	21	③	86.2	3.9	0.8	86.2	6.2	2.9
09	⑤	82.1	2.6	2.6	6.9	5.8	82.1	22	④	82.2	1.8	5.0	5.0	82.2	6.0
10	①	64.2	64.2	12.0	6.0	12.3	5.5	23	②	70.9	8.0	70.9	5.2	12.8	3.1
11	②	86.6	1.3	86.6	0.5	8.4	3.2	24	③	56.3	6.9	5.1	56.3	13.0	18.7
12	⑤	63.3	3.1	10.5	2.5	20.6	63.3	25	④	87.6	5.9	1.1	2.3	87.6	3.1
13	①	96.5	96.5	0.3	1.3	1.1	0.8								

※ 파란색 음영 문항은 해당 회차에서 정답률이 가장 낮은 TOP 3 문항입니다.
※ 문항별 정답률 산정 기준: 약 1년간 누적된 자동채점 & 성적결과분석 서비스의 응시 데이터

출제 비중

기출문제편 P.339

01	③	02	⑤	03	⑤	04	①	05	①
06	④	07	②	08	⑤	09	⑤	10	①
11	②	12	⑤	13	①	14	③	15	④
16	④	17	⑤	18	②	19	②	20	③
21	③	22	④	23	②	24	③	25	④

01 ③
정답률 69.4%

| 문제 유형 | 법조문형 > 규정확인
| 접근 전략 | 법령 문제는 법령 행사의 주체, 법령 적용의 대상에 유의하여 문제를 풀어야 한다. 광역교통위원회의 구성과 실무위원회의 구성에 대한 규정을 확인하고, 해당 선지의 내용을 비교해 본다. 각각의 조항을 무조건 읽기보다는 선지의 내용을 미리 읽고 해당되는 핵심어들을 감안하여 규정의 내용을 비교해 보는 것이 좋다.

다음 글을 근거로 판단할 때 옳은 것은?

제00조 ① 광역교통위원회는 위원장 1명과 상임위원 1명 및 다음 각 호의 위원을 포함하여 30명 이내로 구성한다.
1. 대도시권 광역교통 관련 업무를 담당하는 중앙행정기관 소속 고위공무원 중 대통령령으로 정하는 사람
2. 대도시권에 포함되는 광역지방자치단체의 부단체장 중 대통령령으로 정하는 사람
3. 그 밖에 광역교통 관련 전문지식과 경험이 풍부한 사람
② 광역교통위원회의 위원장은 국토교통부장관의 제청으로 대통령이 임명하고, 위원은 국토교통부장관이 임명 또는 위촉한다.

제00조 ① 실무위원회는 다음 각 호의 사항을 심의한다.
1. 광역교통위원회에 부칠 안건의 사전검토 또는 조정에 관한 사항
2. 그 밖에 실무위원회의 위원장이 심의가 필요하다고 인정하는 사항
② 실무위원회의 위원장은 광역교통위원회의 상임위원이 된다.
③ 실무위원회의 위원은 다음 각 호의 사람이 된다.
1. 기획재정부·행정안전부·국토교통부 및 행정중심복합도시건설청 소속 공무원 중 소속 기관의 장이 지명하는 사람
2. 대도시권에 포함되는 시·도 또는 시·군·구(자치구를 말한다) 소속 공무원 중 소속 기관의 장이 광역교통위원회와 협의해 지명하는 사람
3. 교통·도시계획·재정·행정·환경 등 광역교통에 관한 학식과 경험이 풍부한 사람 중에서 광역교통위원회의 위원장이 성별을 고려해 위촉하는 50명 이내의 사람

① 실무위원회의 위원 위촉 시 성별은 고려하지 않는다. ➡ (X) 두 번째 조 제3항 제3호에서 광역교통위원회의 위원장이 성별을 고려해 위촉하는 50명 이내의 사람이 실무위원회의 위원이 될 수 있음을 알 수 있다.
② 광역교통위원회의 구성원은 실무위원회의 구성원이 될 수 없다. ➡ (X) 두 번째 조 제2항에서 실무위원회의 위원장은 광역교통위원회의 상임위원이 됨을 알 수 있다. 광역교통위원회의 구성원이 실무위원회의 구성원이 될 수 있는 것이므로 옳지 않은 설명이다.
③ 광역교통위원회 위원장의 위촉 없이도 실무위원회의 위원이 될 수 있다. ➡ (O) 두 번째 조 제3항 제1호, 제2호에서 광역교통위원회 위원장의 위촉 없이도 소속 기관의 장이 지명(또는 광역교통위원회와 협의해 지명)하는 사람 등이 실무위원회의 위원이 될 수 있음을 알 수 있다.
④ 공무원이 아닌 사람은 실무위원회의 위원은 될 수 있으나, 광역교통위원회의 위원은 될 수 없다. ➡ (X) 두 번째 조 제3항 제3호에서 교통·도시계획·재정·행정·환경 등 광역교통에 관한 학식과 경험이 풍부한 사람 중에서 광역교통위원회의 위원장이 성별을 고려해 위촉하는 50명 이내의 사람은 공무원이 아닌 사람도 실무위원회의 위원이 될 수 있음을 알 수 있다. 또한 첫 번째 조 제1항 제3호에서 그 밖에 광역교통 관련 전문지식과 경험이 풍부한 사람은 공무원이 아니더라도 광역교통위원회의 위원이 될 수 있음을 알 수 있다.
⑤ 광역교통위원회의 위원으로 행정안전부 소속 공무원을 선정하는 경우 행정안전부장관이 임명한다. ➡ (X) 첫 번째 조 제2항에서 광역교통위원회의 위원은 국토교통부장관이 임명 또는 위촉함을 알 수 있다.

02 ⑤
정답률 68.7%

| 문제 유형 | 법조문형 > 규정확인
| 접근 전략 | 법령에 활용되는 용어 및 기준들을 정확하게 이해하고 문항에 접근해야 한다. 법조문 특유의 형식과 구조를 파악하면 비교적 짧은 시간에 정답을 골라낼 수 있다. 배아와 관련해서 가능한 것과 가능하지 않은 것들을 구별하고 비교하며 선지의 내용을 판단해야 한다.

다음 글을 근거로 판단할 때 옳은 것은?

제○○조 이 법에서 사용하는 용어의 뜻은 다음과 같다.
1. '배아'란 인간의 수정란 및 수정된 때부터 발생학적으로 모든 기관이 형성되기 전까지의 분열된 세포군을 말한다.
2. '잔여배아'란 체외수정으로 생성된 배아 중 임신의 목적으로 이용하고 남은 배아를 말한다.
제△△조 ① 누구든지 임신 외의 목적으로 배아를 생성하여서는 아니 된다.
② 누구든지 배아를 생성할 때 다음 각 호의 어느 하나에 해당하는 행위를 하여서는 아니 된다.
1. 특정의 성을 선택할 목적으로 난자와 정자를 선별하여 수정시키는 행위
2. 사망한 사람의 난자 또는 정자로 수정하는 행위
3. 미성년자의 난자 또는 정자로 수정하는 행위. 다만 혼인한 미성년자가 그 자녀를 얻기 위하여 수정하는 경우는 제외한다.
③ 누구든지 금전, 재산상의 이익 또는 그 밖의 반대급부를 조건으로 배아나 난자 또는 정자를 제공 또는 이용하거나 이를 유인하거나 알선하여서는 아니 된다.
제□□조 ① 배아의 보존기간은 5년으로 한다. 다만 난자 또는 정자의 기증자가 배아의 보존기간을 5년 미만으로 정한 경우에는 이를 보존기간으로 한다.
② 제1항에도 불구하고 제1항의 기증자가 항암치료를 받는 경우 그 기증자는 보존기간을 5년 이상으로 정할 수 있다.
③ 배아생성의료기관은 제1항 또는 제2항에 따른 보존기간이 끝난 배아 중 제◇◇조에 따른 연구의 목적으로 이용하지 아니할 배아는 폐기하여야 한다.
제◇◇조 제□□조에 따른 배아의 보존기간이 지난 잔여배아는 발생학적으로 원시선(原始線)이 나타나기 전까지만 체외에서 다음 각 호의 연구 목적으로 이용할 수 있다.
1. 난임치료법 및 피임기술의 개발을 위한 연구
2. 희귀·난치병의 치료를 위한 연구

※ 원시선: 중배엽 형성 초기에 세포의 이동에 의해서 형성되는 배반(胚盤)의 꼬리쪽 끝에서 볼 수 있는 얇은 선

① 배아생성의료기관은 불임부부를 위해 반대급부를 조건으로 배아의 제공을 알선할 수 있다. ➡ (X) 제△△조 제3항에 따르면 누구든지 반대급부를 조건으로 배아나 난자 또는 정자를 제공 또는 이용하거나 이를 유인하거나 알선하여서는 아니 된다.
② 난자 또는 정자의 기증자는 항암치료를 받지 않더라도 배아의 보존기간을 6년으로 정할 수 있다. ➡ (X) 제□□조 제1항에 따르면 배아의 보존기간은 5년이고 동조 제2항에 따르면 기증자가 항암치료를 받는 경우에 보존기간을 5년 이상으로 정할 수 있다.

③ 배아생성의료기관은 혼인한 미성년자의 정자를 임신 외의 목적으로 수정하여 배아를 생성할 수 있다. ➡ (X) 제△△조 제2항 제3호에 따르면 혼인한 미성년자가 그 자녀를 얻기 위해 수정하는 경우에는 배아를 생성할 수 있지만, 그 외의 목적으로 미성년자의 난자 또는 정자로 수정하는 행위는 금지되어 있다.
④ 보존기간이 남은 잔여배아는 발생학적으로 원시선이 나타나기 전이라면 체내에서 난치병 치료를 위한 연구 목적으로 이용할 수 있다. ➡ (X) 제◇◇조에 따르면 배아의 보존기간이 지난 잔여배아는 발생학적으로 원시선이 나타나기 전까지만 체외에서 연구 목적으로 이용할 수 있다. 즉 보존기간이 지난 잔여배아여야 하고 난치병 치료를 위한 연구 목적으로 사용하더라도 체내에서는 불가능하므로 옳지 않은 설명이다.
⑤ 생성 후 5년이 지나지 않은 잔여배아도 발생학적으로 원시선이 나타나기 전까지 체외에서 피임기술 개발을 위한 연구에 이용하는 것이 가능한 경우가 있다. ➡ (O) 제□□조 제1항 단서에 따르면 난자 또는 정자의 기증자가 배아의 보존기간을 5년 미만으로 정한 경우에는 이를 보존기간으로 하므로, 기증자가 보존기간을 5년 미만으로 정하였다면 생성 후 5년이 지나지 않은 잔여배아도 보존기간이 지날 수 있고, 제◇◇조 제1호에서 배아의 보존기간이 지난 잔여배아를 발생학적으로 원시선이 나타나기 전까지 체외에서 피임기술의 개발을 위한 연구에 이용할 수 있음을 알 수 있다.

03 ⑤ 정답률 84.2%

| 문제 유형 | 법조문형 > 규정확인
| 접근 전략 | 법령에 따른 다양한 발생 상황을 이해하고 적용할 수 있는 능력이 요구되는 문항이다. 규정에서 제시하고 있는 다양한 기준들을 바탕으로 수입신고에 대한 부분들과 우수수입업소 등록 여부 및 취소사유에 대해 판단할 수 있어야 한다.

다음 글을 근거로 판단할 때 옳은 것은?

제00조 ① 수입신고를 하려는 자(업소를 포함한다)는 해당 수입식품의 안전성 확보 등을 위하여 식품의약품안전처장이 정하는 기준에 따라 해외제조업소에 대하여 위생관리 상태를 점검할 수 있다.
② 제1항에 따라 위생관리 상태를 점검한 자는 식품의약품안전처장에게 우수수입업소 등록을 신청할 수 있다.
③ 식품의약품안전처장은 제2항에 따라 신청된 내용이 식품의약품안전처장이 정하는 기준에 적합한 경우에는 우수수입업소 등록증을 신청인에게 발급하여야 한다.
④ 우수수입업소 등록의 유효기간은 등록된 날부터 3년으로 한다.
⑤ 식품의약품안전처장은 우수수입업소가 다음 각 호의 어느 하나에 해당하는 경우에는 그 등록을 취소하거나 시정을 명할 수 있다. 다만 우수수입업소가 제1호에 해당하는 경우에는 등록을 취소하여야 한다.
 1. 거짓이나 그 밖의 부정한 방법으로 등록된 경우
 2. 수입식품 수입·판매업의 시설기준을 위배하여 영업정지 2개월 이상의 행정처분을 받은 경우
 3. 수입식품에 대한 부당한 표시를 하여 영업정지 2개월 이상의 행정처분을 받은 경우
⑥ 제5항에 따라 등록이 취소된 업소는 그 취소가 있은 날부터 3년 동안 우수수입업소 등록을 신청할 수 없다.
제00조 ① 식품의약품안전처장은 수입신고된 수입식품에 대하여 관계공무원으로 하여금 필요한 검사를 하게 하여야 한다.
② 식품의약품안전처장은 수입신고된 수입식품이 다음 각 호의 어느 하나에 해당하는 경우에는 제1항에도 불구하고 수입식품의 검사 전부 또는 일부를 생략할 수 있다.
 1. 우수수입업소로 등록된 자가 수입하는 수입식품
 2. 해외우수제조업소로 등록된 자가 수출하는 수입식품

① 업소 甲이 우수수입업소 등록을 신청하기 위해서는 식품의약품안전처장이 정하는 기준에 따라 국내 자기업소에 대한 위생관리 상태를 점검하여야 한다. ➡ (X) 첫 번째 조 제1항과 제2항에 따르면 수입신고를 하려는 자는 식품의약품안전처장이 정하는 기준에 따라 해외제조업소에 대하여 위생관리 상태를 점검할 수 있고 위생관리 상태를 점검한 자는 식품의약품안전처장에게 우수수입업소 등록을 신청할 수 있다. 즉 甲은 국내 자기업소가 아닌, 해외제조업소에 대한 위생관리 상태를 점검해야 한다.
② 업소 乙이 2020년 2월 20일에 우수수입업소로 등록되었다면, 그 등록은 2024년 2월 20일까지 유효하다. ➡ (X) 첫 번째 조 제4항에서 우수수입업소 등록의 유효기간은 등록된 날부터 3년으로 함을 알 수 있다. 따라서 그 등록은 2023년 2월 20일까지 유효하다.
③ 업소 丙이 부정한 방법으로 우수수입업소로 등록된 경우 식품의약품안전처장은 등록을 취소하지 않고 시정을 명할 수 있다. ➡ (X) 첫 번째 조 제5항에 따르면 식품의약품안전처장은 우수수입업소가 거짓이나 그 밖의 부정한 방법으로 등록된 경우에는 등록을 취소해야 한다.
④ 우수수입업소 丁이 수입식품 수입·판매업의 시설기준을 위배하여 영업정지 1개월의 행정처분을 받았다면, 그때로부터 3년 동안 丁은 우수수입업소 등록을 신청할 수 없다. ➡ (X) 첫 번째 조 제5항 제2호에 따르면 수입식품 수입·판매업의 시설기준을 위배하여 영업정지 2개월 이상의 행정처분을 받은 경우에는 등록을 취소하거나 시정을 명할 수 있고 동조 제6항에 따르면 등록이 취소된 업소는 취소된 날로부터 3년 동안 우수수입업소 등록을 신청할 수 없다. 丁은 1개월 영업정지를 받았기 때문에 우수수입업소 등록을 신청할 수 있다.
⑤ 식품의약품안전처장은 우수수입업소 戊가 수입신고한 수입식품에 대한 검사를 전부 생략할 수 있다. ➡ (O) 두 번째 조 제2항 제1호에 따르면 식품의약품안전처장은 우수수입업소로 등록된 자가 수입하는 수입식품에 대해서는 수입식품의 검사 전부 또는 일부를 생략할 수 있다.

S 04 ① TOP 1 정답률 32.2%

| 문제 유형 | 법조문형 > 규정적용
| 접근 전략 | 제시된 규정을 바탕으로 <보기>의 옳고 그름을 판단하는 문항이다. 저작권의 범위에 따라 이용이 가능한 저작물이 무엇인지, 각각의 상황에 따라 추가적인 조건이나 단서가 제공되는지를 파악해야 한다. 저작권이 허락되는 경우와 허락되지 않는 경우에 대해 정확하게 비교하는 것이 핵심이다.

다음 글을 근거로 판단할 때, <보기>에서 저작권자의 허락 없이 허용되는 행위만을 모두 고르면?

제00조 타인의 공표된 저작물의 내용·형식을 변환하거나 그 저작물을 복제·배포·공연 또는 공중송신(방송·전송을 포함한다)하기 위해서는 특별한 규정이 없는 한 저작권자의 허락을 받아야 한다.
제00조 ① 누구든지 공표된 저작물을 저작권자의 허락 없이 시각장애인을 위하여 점자로 복제·배포할 수 있다.
② 시각장애인을 보호하고 있는 시설, 시각장애인을 위한 특수학교 또는 점자도서관은 영리를 목적으로 하지 아니하고 시각장애인의 이용에 제공하기 위하여, 공표된 어문저작물을 저작권자의 허락 없이 녹음하여 복제하거나 디지털음성정보 기록방식으로 복제·배포 또는 전송할 수 있다.
제00조 ① 누구든지 공표된 저작물을 저작권자의 허락 없이 청각장애인을 위하여 한국수어로 변환할 수 있으며 이러한 한국수어를 복제·배포·공연 또는 공중송신할 수 있다.
② 청각장애인을 보호하고 있는 시설, 청각장애인을 위한 특수학교 또는 한국어수어통역센터는 영리를 목적으로 하지 아니하고 청각장애인의 이용에 제공하기 위하여, 공표된 저작물에 포함된 음성 및 음향 등을 저작권자의 허락 없이 자막 등 청각장애인이 인지할 수 있는 방식으로 변환할 수 있으며 이

러한 자막 등을 청각장애인이 이용할 수 있도록 복제·배포·공연 또는 공중송신할 수 있다.

※ 어문저작물: 소설·시·논문·각본 등 문자로 이루어진 저작물

─〈보기〉─
ㄱ. 학교도서관이 공표된 소설을 청각장애인을 위하여 한국수어로 변환하고 이 한국수어를 복제·공중송신하는 행위 → (O) 세 번째 조 제1항에 따르면 누구든지 공표된 저작물을 저작권자의 허락 없이 청각장애인을 위하여 한국수어로 변환할 수 있고 이러한 한국수어를 복제·배포·공연 또는 공중송신할 수 있다.
ㄴ. 한국어수어통역센터가 영리를 목적으로 청각장애인의 이용에 제공하기 위하여, 공표된 영화에 포함된 음성을 자막으로 변환하여 배포하는 행위 → (X) 세 번째 조 제2항에 따르면 한국수어통역센터는 청각장애인의 이용에 제공하기 위해 공표된 저작물에 포함된 음성 등을 저작권자의 허락 없이 자막으로 변환하여 배포할 수는 있으나 영리를 목적으로 해서는 안 된다.
ㄷ. 점자도서관이 영리를 목적으로 하지 아니하고 시각장애인의 이용에 제공하기 위하여, 공표된 피아니스트의 연주 음악을 녹음하여 복제·전송하는 행위 → (X) 두 번째 조 제2항에 따르면 점자도서관이 영리를 목적으로 하지 아니하고 시각장애인의 이용에 제공하기 위하여 저작권자의 허락 없이 녹음하여 디지털음성정보 기록방식으로 복제·전송할 수 있는 것은 공표된 '어문저작물'이다.

① ㄱ ➡ (O)
② ㄴ ➡ (X)
③ ㄱ, ㄷ ➡ (X)
④ ㄴ, ㄷ ➡ (X)
⑤ ㄱ, ㄴ, ㄷ ➡ (X)

05 ①   정답률 92.9%

|문제 유형| 제시문형 > 정보확인
|접근 전략| 제시된 글의 정보를 바탕으로 선지의 내용을 판단하는 문항으로서 문단별로 다루고 있는 글의 정보가 무엇인지를 파악하고 이를 바탕으로 선지의 옳고 그름을 판단해야 한다. 이해충돌과 공직부패의 개념을 바탕으로 공통점과 차이점을 비교하여 문제를 해결할 수 있다.

다음 글을 근거로 판단할 때 옳지 않은 것은?

이해충돌은 공직자들에게 부여된 공적 의무와 사적 이익이 충돌하는 갈등 상황을 지칭한다. 공적 의무와 사적 이익이 충돌한다는 점에서 이해충돌은 공직부패와 공통점이 있다. 하지만 공직부패가 사적 이익을 위해 공적 의무를 저버리고 권력을 남용하는 것이라면, 이해충돌은 공적 의무와 사적 이익이 대립하는 객관적 상황 자체를 의미한다. 이해충돌하에서 공직자는 공적 의무가 아닌 사적 이익을 추구하는 결정을 내릴 위험성이 있지만 항상 그런 결정을 내리는 것은 아니다. ▶1문단

공직자의 이해충돌은 공직부패 발생의 상황요인이며 공직부패의 사전 단계가 될 수 있기 때문에 이에 대한 적절한 규제가 필요하다. 공직부패가 의도적 행위의 결과인 반면, 이해충돌은 의도하지 않은 상태에서 발생하는 상황이다. 또한 공직부패는 드문 현상이지만 이해충돌은 일상적으로 발생하기 때문에 직무수행 과정에서 빈번하게 나타날 수 있다. 그런 이유로 이해충돌에 대한 전통적인 규제는 공직부패의 사전예방에 초점이 맞추어져 있었다. ▶2문단

최근에는 이해충돌에 대한 규제의 초점이 정부의 의사결정 과정과 결과에 대한 신뢰성 확보로 변화되고 있다. 이는 정부의 의사결정 과정의 정당성과 공정성 자체에 대한 불신이 커지고, 그 결과가 시민의 요구와 선호를 충족하지 못하고 있다는 의구심이 제기되고 있는 상황을 반영하고 있다. 신뢰성 확보로 규제의 초점이 변화되면서 이해충돌의 개념이 확대되어, 외관상 발생 가능성이 있는 것만으로도 이해충돌에 대해 규제하는 것이 정당화되고 있다. ▶3문단

① 공직부패는 권력 남용과 관계없이 공적 의무와 사적 이익이 대립하는 객관적 상황 자체를 의미한다. ➡ (X) 1문단에서 공직부패가 사적 이익을 위해 공적 의무를 저버리고 권력을 남용하는 것임을 알 수 있다.
② 이해충돌 발생 가능성이 외관상으로만 존재해도 이해충돌에 대해 규제하는 것이 정당화되고 있다. ➡ (O) 3문단에서 이해충돌의 개념이 확대되어 외관상 발생 가능성이 있는 것만으로도 이해충돌에 대해 규제하는 것이 정당화되고 있음을 알 수 있다.
③ 공직자의 이해충돌과 공직부패는 공적 의무와 사적 이익의 충돌이라는 점에서 공통점이 있다. ➡ (O) 1문단에서 공적 의무와 사적 이익이 충돌한다는 점에서 이해충돌은 공직부패와 공통점이 있다고 하였다.
④ 공직자의 이해충돌은 직무수행 과정에서 빈번하게 발생할 가능성이 있다. ➡ (O) 2문단에서 이해충돌은 일상적으로 발생하기 때문에 직무수행 과정에서 빈번하게 나타날 수 있다고 하였다.
⑤ 이해충돌에 대한 규제의 초점은 공직부패의 사전예방에서 정부의 의사결정 과정과 결과에 대한 신뢰성 확보로 변화되고 있다. ➡ (O) 2문단과 3문단에 따르면 이해충돌에 대한 전통적인 규제는 공직부패의 사전예방에 초점이 맞추어져 있었으나, 최근에는 초점이 정부의 의사결정 과정과 결과에 대한 신뢰성 확보로 변화되고 있다.

06 ④   정답률 81.4%

|문제 유형| 제시문형 > 분석추론
|접근 전략| 글에서 주어진 정보를 바탕으로 A서비스를 받을 수 있는 숙박 호텔과 이용이 가능한 시간, 노선 등을 확인하고 선지에 제시된 각 조건들을 하나씩 소거해 가는 방식으로 문항을 해결할 수 있다.

다음 글을 근거로 판단할 때, A서비스를 이용할 수 있는 경우는?

A서비스는 공항에서 출국하는 승객이 공항 외의 지정된 곳에서 수하물을 보내고 목적지에 도착한 후 찾아가는 신개념 수하물 위탁서비스이다.

A서비스를 이용하고자 하는 승객은 ○○호텔에 마련된 체크인 카운터에서 본인 확인과 보안 절차를 거친 후 탑승권을 발급받고 수하물을 위탁하면 된다. ○○호텔 투숙객이 아니더라도 이 서비스를 이용할 수 있다.

○○호텔에 마련된 체크인 카운터는 매일 08:00~16:00에 운영된다. 인천공항에서 13:00~24:00에 출발하는 국제선 이용 승객을 대상으로 A서비스가 제공된다. 단, 미주노선(괌/사이판 포함)은 제외된다.

숙박 호텔	항공기 출발 시각	출발지	목적지	
① ○○호텔	15:30	김포공항	제주	➡ (X) A서비스는 출발지가 인천공항이고 국제선 이용 승객을 대상으로 제공된다.
② ◇◇호텔	14:00	김포공항	베이징	➡ (X) A서비스는 출발지가 인천공항인 승객을 대상으로 제공된다.
③ ○○호텔	15:30	인천공항	사이판	➡ (X) A서비스는 국제선 중에서 괌과 사이판을 포함한 미주노선에는 제공되지 않는다.
④ ◇◇호텔	21:00	인천공항	홍콩	➡ (O) A서비스는 ○○호텔 투숙객이 아니더라도 이용할 수 있고 인천공항에서 13:00~24:00에 출발하는 국제선으로서 미주노선이 아닌 경우 이용이 가능하다.
⑤ ○○호텔	10:00	인천공항	베이징	➡ (X) A서비스는 항공기 출발 시각이 13:00~24:00인 경우에 이용할 수 있다.

07 ② 정답률 86.9%

| 문제 유형 | 연산추론형 > 대입비교
| 접근 전략 | 제시된 조건에 따라 해당 내용의 적용을 살펴본 후에 계산한 값을 바탕으로 비교하는 문항의 경우에는 정확한 계산은 물론이고 제시된 조건들을 꼼꼼하게 살펴보아야 한다. 주어진 무역의존도 계산 공식을 바탕으로, 각 국가마다 수입액과 수출액을 도출하고 이를 바탕으로 정확하게 계산한다면 쉽게 문항을 해결할 수 있다.

다음 글을 근거로 판단할 때, 2019년의 무역의존도가 높은 순서대로 세 국가(A~C)를 나열한 것은?

A, B, C 세 국가는 서로 간에만 무역을 하고 있다. 2019년 세 국가의 수출액은 다음과 같다.

○ A의 B와 C에 대한 수출액은 각각 200억 달러와 100억 달러였다.
○ B의 A와 C에 대한 수출액은 각각 150억 달러와 100억 달러였다.
○ C의 A와 B에 대한 수출액은 각각 150억 달러와 50억 달러였다.

A, B, C의 2019년 국내총생산은 각각 1,000억 달러, 3,000억 달러, 2,000억 달러였고, 각 국가의 무역의존도는 다음과 같이 계산한다.

$$무역의존도 = \frac{총\ 수출액 + 총\ 수입액}{국내총생산}$$

① A, B, C ➡ (X)
② A, C, B ➡ (O) A국은 B국과 C국에게 각각 200억 달러, 100억 달러를 수출하고 B국과 C국으로부터 각각 150억 달러씩을 수입했다. 이를 바탕으로 A국의 무역의존도를 계산하면, $\frac{(200+100)+(150+150)}{1,000} = 0.6$(억 달러)이다. B국은 A국과 C국에게 각각 150억 달러, 100억 달러를 수출하고 A국과 C국으로부터 각각 200억 달러, 50억 달러씩을 수입했다. 이를 바탕으로 B국의 무역의존도를 계산하면 $\frac{(150+100)+(200+50)}{3,000} ≒ 0.17$(억 달러)이다. C국은 A국과 B국에게 각각 150억 달러, 50억 달러를 수출하고 A국과 B국으로부터 각각 100억 달러씩을 수입했다. 이를 바탕으로 C국의 무역의존도를 계산하면, $\frac{(150+50)+(100+100)}{2,000} = 0.2$(억 달러)이다. 따라서 무역의존도가 높은 순서대로 세 국가를 나열하면 A > C > B의 순서임을 알 수 있다.
③ B, A, C ➡ (X)
④ B, C, A ➡ (X)
⑤ C, A, B ➡ (X)

08 ⑤ 정답률 81.2%

| 문제 유형 | 퍼즐형 > 수리퀴즈
| 접근 전략 | 주어진 조건과 근거를 바탕으로 제시된 수리 연산을 활용하여 정답을 판단하는 문항이다. 수리 연산 과정이 복잡하지는 않지만, 빈칸에 어떤 수가 들어가느냐에 따라 크기의 값이 달라진다는 것을 이해하고 정확히 비교해야 한다. 각 시안에 배정된 항목별 점수를 확인하고 평가 점수의 총합이 동점일 경우 어떤 항목이 우선되느냐에 따라 채택되는 시안이 달라질 수 있다는 것을 염두에 두고 조건을 적용하면 정답을 어렵지 않게 찾아낼 수 있다.

다음 글을 근거로 판단할 때, <보기>에서 옳은 것만을 모두 고르면?

△△부처는 직원 교육에 사용할 교재를 외부 업체에 위탁하여 제작하려 한다. 업체가 제출한 시안을 5개의 항목으로 평가하고, 평가 점수의 총합이 가장 높은 시안을 채택한다. 평가 점수의 총합이 동점일 경우, 평가 항목 중 학습내용 점수가 가장 높은 시안을 채택한다. 5개의 업체가 제출한 시안(A~E)의 평가 결과는 다음과 같다.

(단위: 점)

평가 항목(배점) \ 시안	A	B	C	D	E
학습내용(30)	25	30	20	25	20
학습체계(30)	25	(㉠)	30	25	20
교수법(20)	20	17	(㉡)	20	15
학습평가(10)	10	10	10	5	10
학습매체(10)	10	10	10	10	10

〈보기〉

ㄱ. D와 E는 채택되지 않는다. → (O) A~E 시안의 평가 점수를 모두 계산해 보면 A=90점, B=67점+(㉠), C=70점+(㉡), D=85점, E=75점이다. D와 E는 A보다 점수가 낮으므로 채택될 수 없다.
ㄴ. ㉡의 점수와 상관없이 C는 채택되지 않는다. → (O) ㉡의 최대 점수가 20점이기 때문에 C의 최대 점수는 90점이다. 이때 A와 C의 점수가 90점으로 같아지는데 평가 점수의 총합이 동점일 경우 학습내용 점수가 높은 시안을 채택한다 하였고 A의 학습내용 점수가 25점으로 C의 20점보다 높으므로 C는 채택될 수 없다.
ㄷ. ㉠이 23점이라면 B가 채택된다. → (O) ㉠이 23점이면 B의 점수는 90점으로 A와 같다. 이때는 학습내용 점수를 비교해야 하는데, B의 학습내용 점수가 30점으로 A의 25점보다 높으므로 B가 채택된다.

① ㄱ ➡ (X)
② ㄷ ➡ (X)
③ ㄱ, ㄴ ➡ (X)
④ ㄴ, ㄷ ➡ (X)
⑤ ㄱ, ㄴ, ㄷ ➡ (O)

09 ⑤ 정답률 82.1%

| 문제 유형 | 퍼즐형 > 논리퀴즈
| 접근 전략 | 주어진 조건과 근거를 바탕으로 경우의 수를 계산하는 문제이다. 제시된 조건에 따라 가능한 숫자코드를 찾는 것보다 선지에 제시된 숫자코드를 바탕으로 직선을 그어 가면서 문항을 해결하는 것이 시간을 효율적으로 활용하는 방법이 될 수 있다.

다음 글을 근거로 판단할 때, 숫자코드가 될 수 있는 것은?

숫자코드를 만드는 규칙은 다음과 같다.

○ 그림과 같이 작은 정사각형 4개로 이루어진 큰 정사각형이 있고, 작은 정사각형의 꼭짓점마다 1~9의 번호가 지정되어 있다.

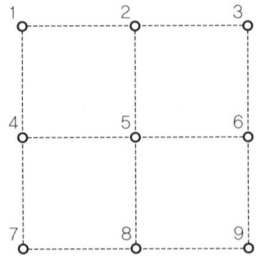

○ 펜을 이용해서 9개의 점 중 임의의 하나의 점에서 시작하여(이하 시작점이라 한다) 다른 점으로 직선을 그어 나간다.
○ 다른 점에 도달하면 펜을 종이 위에서 떼지 않고 또 다른 점으로 계속해서 직선을 그어 나간다. 단, 한번 그은 직선 위에 또 다른 직선을 겹쳐서 그을 수 없다.

○ 시작점을 포함하여 4개 이상의 점에 도달한 후 펜을 종이 위에서 뗄 수 있다. 단, 시작점과 동일한 점에서는 뗄 수 없다.
○ 펜을 종이에서 뗀 후, 그어진 직선이 지나는 점의 번호를 순서대로 모두 나열한 것이 숫자코드가 된다. 예를 들어 1번 점에서 시작하여 6번, 5번, 8번순으로 직선을 그었다면 숫자코드는 1658이다.

① 596 ➡ (X) 시작점을 포함해 4개 이상의 점에 도달해야 펜을 종이 위에서 뗄 수 있다. 596은 3개의 점만 도달한 것이므로 옳지 않다.
② 15953 ➡ (X) 한번 그은 직선 위에 또 다른 직선을 겹쳐서 그을 수 없다. 15953에서 595는 같은 직선을 겹치게 되므로 옳지 않다.
③ 53695 ➡ (X) 시작점과 동일한 점에서는 뗄 수 없다고 하였는데 53695는 5에서 시작해 5에서 끝나는 것이므로 옳지 않다.
④ 642987 ➡ (X) 642987은 6에서 4를 그을 때 5를 지나가게 된다. 따라서 64라는 숫자코드는 생성될 수 없다.
⑤ 9874126 ➡ (O) 9874126은 점을 따라 직선을 그을 때 겹치는 선이 없고, 4개 이상의 점에 도달한 것이며 시작점과 동일한 점에서 펜을 뗀 것도 아니므로 숫자코드가 될 수 있다.

10 ①
정답률 64.2%

| 문제 유형 | 연산추론형 > 대입비교
| 접근 전략 | 각 의료기관의 항목별 점수를 바탕으로, 신청병원이 산재보험 의료기관으로 지정될 수 있는 요건을 갖추고 있는지와 점수의 합산 값을 함께 비교하도록 한다.

다음 〈지정 기준〉과 〈신청 현황〉을 근거로 판단할 때, 신청병원(甲~戊) 중 산재보험 의료기관으로 지정되는 것은?

〈지정 기준〉

○ 신청병원 중 인력 점수, 경력 점수, 행정처분 점수, 지역별 분포 점수의 총합이 가장 높은 병원을 산재보험 의료기관으로 지정한다.
○ 전문의 수가 2명 이하이거나, 가장 가까이 있는 기존 산재보험 의료기관까지의 거리가 1km 미만인 병원은 지정 대상에서 제외한다.
○ 각각의 점수는 아래의 항목별 배점 기준에 따라 부여한다.

항목	배점 기준
인력 점수	전문의 수 7명 이상은 10점
	전문의 수 4명 이상 6명 이하는 8점
	전문의 수 3명 이하는 3점
경력 점수	전문의 평균 임상경력 1년당 2점(단, 평균 임상경력이 10년 이상이면 20점)
행정처분 점수	2명 이하의 의사가 행정처분을 받은 적이 있는 경우 10점
	3명 이상의 의사가 행정처분을 받은 적이 있는 경우 2점
지역별 분포 점수	가장 가까이 있는 기존 산재보험 의료기관이 8km 이상 떨어져 있을 경우, 인력 점수와 경력 점수 합의 20%에 해당하는 점수
	가장 가까이 있는 기존 산재보험 의료기관이 3km 이상 8km 미만 떨어져 있을 경우, 인력 점수와 경력 점수 합의 10%에 해당하는 점수
	가장 가까이 있는 기존 산재보험 의료기관이 3km 미만 떨어져 있을 경우, 인력 점수와 경력 점수 합의 20%에 해당하는 점수 감점

〈신청 현황〉

신청 병원	전문의 수	전문의 평균 임상경력	행정처분을 받은 적이 있는 의사 수	가장 가까이 있는 기존 산재보험 의료기관까지의 거리
甲	6명	7년	4명	10km
乙	2명	17년	1명	8km
丙	8명	5년	0명	1km
丁	4명	11년	3명	2km
戊	3명	12년	2명	500m

① 甲 ➡ (O) 甲은 인력 점수 8점, 경력 점수 14점, 행정처분 점수 2점, 지역별 분포 점수 4.4점으로 총 28.4점이다. 지정 대상에서 제외되지 않는 병원 중 총점이 가장 높으므로 산재보험 의료기관으로 지정된다.
② 乙 ➡ (X) 乙은 전문의 수가 2명 이하이기 때문에 지정 대상에서 제외되는 병원이다.
③ 丙 ➡ (X) 丙은 인력 점수 10점, 경력 점수 10점, 행정처분 점수 10점, 지역별 분포 점수 4점 감점이므로 총 26점이다. 甲보다 점수가 낮으므로 산재보험 의료기관으로 지정될 수 없다.
④ 丁 ➡ (X) 丁은 인력 점수 8점, 경력 점수 20점, 행정처분 점수 2점, 지역별 분포 점수 5.6점 감점이므로 총 24.4점이다. 甲보다 점수가 낮으므로 산재보험 의료기관으로 지정될 수 없다.
⑤ 戊 ➡ (X) 戊는 가장 가까이 있는 기존 산재보험 의료기관까지의 거리가 1km가 넘지 않기 때문에 지정 대상에서 제외되는 병원이다.

11 ②
정답률 86.6%

| 문제 유형 | 법조문형 > 규정확인
| 접근 전략 | 규정을 제시하고 이에 대한 적용을 묻는 문항은 각각의 경우에 따라 적용 여부를 정확하게 이해하고 비교할 수 있어야 한다. 국가기밀을 관리할 수 있는 주체별 권한의 적용을 알아야 하고, 각 국가기밀의 인가 및 취소와 관련한 내용들을 이해하고 선지에 적용할 수 있어야 한다.

다음 글을 근거로 판단할 때 옳은 것은?

제00조 이 규칙은 법원이 소지하는 국가기밀에 속하는 문서 등의 보안업무에 관한 사항을 규정함을 목적으로 한다.
제00조 이 규칙에서 비밀이라 함은 그 내용이 누설되는 경우 국가안전보장에 유해한 결과를 초래할 우려가 있는 국가기밀로서 이 규칙에 의하여 비밀로 분류된 것을 말한다.
제00조 ① I 급비밀 취급 인가권자는 대법원장, 대법관, 법원행정처장으로 한다.
② II급 및 III급비밀 취급 인가권자는 다음과 같다.
1. I 급비밀 취급 인가권자
2. 사법연수원장, 고등법원장, 특허법원장, 사법정책연구원장, 법원공무원교육원장, 법원도서관장
3. 지방법원장, 가정법원장, 행정법원장, 회생법원장
제00조 ① 비밀 취급 인가권자는 비밀을 취급 또는 비밀에 접근할 직원에 대하여 해당 등급의 비밀 취급을 인가한다.
② 비밀 취급의 인가는 대상자의 직책에 따라 필요한 최소한의 인원으로 제한하여야 한다.
③ 비밀 취급 인가를 받은 자가 다음 각 호의 어느 하나에 해당하는 경우에는 그 취급의 인가를 해제하여야 한다.
1. 고의 또는 중대한 과실로 중대한 보안 사고를 범한 때

2. 비밀 취급이 불필요하게 된 때
④ 비밀 취급의 인가 및 해제와 인가 등급의 변경은 문서로 하여야 하며 직원의 인사기록사항에 이를 기록하여야 한다.
제00조 ① 비밀 취급 인가권자는 임무 및 직책상 해당 등급의 비밀을 항상 사무적으로 취급하는 자에 한하여 비밀 취급을 인가하여야 한다.
② 비밀 취급 인가권자는 소속직원의 인사기록카드에 기록된 비밀 취급의 인가 및 해제사유와 임용 시의 신원조사회보서에 의하여 새로 신원조사를 행하지 아니하고 비밀 취급을 인가할 수 있다. 다만 Ⅰ급비밀 취급을 인가하는 때에는 새로 신원조사를 실시하여야 한다.

① 비밀 취급 인가의 해제는 구술로 할 수 있다. ➡ (X) 네 번째 조 제4항에 따르면 비밀 취급의 인가 및 해제와 인가 등급의 변경은 문서로 해야 한다.
② 법원행정처장은 Ⅰ급비밀, Ⅱ급비밀, Ⅲ급비밀 모두에 대해 취급 인가권을 가진다. ➡ (O) 세 번째 조 제1항에서 법원행정처장은 Ⅰ급비밀 취급 인가권자임을 알 수 있고, 동조 제2항 제1호에서 Ⅰ급비밀 취급 인가권자는 Ⅱ급 및 Ⅲ급비밀 취급 인가권자임을 알 수 있다.
③ 비밀 취급 인가는 대상자의 직책에 따라 가능한 한 제한 없이 충분한 인원에게 하여야 한다. ➡ (X) 네 번째 조 제2항에서 비밀 취급의 인가는 대상자의 직책에 따라 필요한 최소한의 인원으로 제한하여야 함을 알 수 있다.
④ 비밀 취급 인가를 받은 자가 중대한 보안 사고를 범한 경우 고의가 없었다면 그 취급의 인가를 해제할 수 없다. ➡ (X) 네 번째 조 제3항 제1호에 따르면 비밀 취급 인가를 받은 자가 고의 또는 중대한 과실로 중대한 보안 사고를 범한 때에는 그 취급의 인가를 해제하여야 한다.
⑤ 비밀 취급 인가권자는 소속직원에 대해 새로 신원조사를 행하지 아니하고 Ⅰ급비밀 취급을 인가할 수 있다. ➡ (X) 다섯 번째 조 제2항에서 비밀 취급 인가권자는 Ⅰ급비밀 취급을 인가하는 때에는 새로 신원조사를 실시하여야 함을 알 수 있다.

S 12 ⑤   TOP 3 정답률 63.3%

| 문제 유형 | 법조문형 > 규정확인
| 접근 전략 | 국유재산의 처분 가능 여부를 정확하게 비교하여 판단할 수 있어야 한다. 세부적인 조건이나 제약들을 이해하고 판단함으로써 선지로 제시된 각 상황들의 옳고 그름을 판별할 수 있다.

다음 글을 근거로 판단할 때 옳은 것은?

제○○조 ① 국유재산은 다음 각 호의 어느 하나에 해당하지 않는 경우에는 매각할 수 있다.
  1. 제△△조에 의한 매각제한의 대상에 해당하는 경우
  2. 제□□조에 의한 총괄청의 매각승인을 받지 않은 경우
② 국유재산의 매각은 일반경쟁입찰을 원칙으로 한다. 다만 필요한 경우에는 제한경쟁, 지명경쟁 또는 수의계약의 방법으로 매각할 수 있다.
제△△조 다음 각 호의 어느 하나에 해당하는 경우에는 매각할 수 없다.
  1. 중앙관서의 장이 행정목적으로 사용하기 위하여 그 국유재산을 행정재산으로 사용 승인한 경우
  2. 소유자 없는 부동산에 대하여 공고를 거쳐 국유재산으로 취득한 후 10년이 지나지 아니한 경우. 다만 해당 국유재산에 대하여 중앙관서의 장이 공익사업에 필요하다고 인정한 경우와 행정재산의 용도로 사용하던 소유자 없는 부동산을 행정재산으로 취득하였으나 그 행정재산을 당해 용도로 사용하지 아니하게 된 경우에는 그러하지 아니한다.
제□□조 ① 국유일반재산인 토지의 면적이 특별시·광역시 지역에서는 1,000제곱미터를, 그 밖의 시 지역에서는 2,000제곱미터를 초과하는 재산을 매각하고자 하는 경우에는 총괄청의 승인을 받아야 한다.
② 제1항에도 불구하고 다음 각 호의 어느 하나에 해당하는 경우에는 총괄청의 승인을 요하지 아니한다.

  1. 수의계약의 방법으로 매각하는 경우
  2. 다른 법률에 따른 무상귀속
  3. 법원의 확정판결·결정 등에 따른 소유권의 변경

① 중앙관서의 장이 행정목적으로 사용하기 위하여 행정재산으로 사용 승인한 국유재산인 건물은 총괄청의 매각승인을 받아야 매각될 수 있다. ➡ (X) 제△△조 제1호에서 중앙관서의 장이 행정목적으로 사용하기 위해 그 국유재산을 행정재산으로 사용 승인한 경우에는 매각할 수 없음을 알 수 있다.
② 총괄청의 매각승인 대상인 국유일반재산이더라도 그 매각방법이 지명경쟁인 경우에는 총괄청의 승인 없이 매각할 수 있다. ➡ (X) 제□□조 제1항에서 국유일반재산을 매각하고자 할 때는 총괄청의 승인을 받아야 함을 알 수 있다. 동조 제2항에서 총괄청의 승인 없이 매각할 수 있는 경우가 제시되어 있지만, 지명경쟁인 경우는 이에 해당하지 않는다.
③ 법원의 확정판결로 국유일반재산의 소유권을 변경하려는 경우 총괄청의 승인을 받아야 한다. ➡ (X) 제□□조 제2항 제3호에서 법원의 확정판결 등에 따른 소유권의 변경이 있는 경우에는 총괄청의 승인을 요하지 않음을 알 수 있다.
④ 광역시에 소재하는 국유일반재산인 1,500제곱미터 면적의 토지를 수의계약의 방법으로 매각하려는 경우에는 총괄청의 승인을 받아야 한다. ➡ (X) 제□□조 제2항 제1호에서 국유일반재산을 수의계약의 방법으로 매각하는 경우에는 총괄청의 승인을 요하지 않음을 알 수 있다.
⑤ 행정재산의 용도로 사용하던 소유자 없는 500제곱미터 면적의 토지를 공고를 거쳐 행정재산으로 취득한 후 이를 당해 용도로 사용하지 않게 된 경우, 취득한 때로부터 10년이 경과하지 않았더라도 매각할 수 있다. ➡ (O) 제△△조 제2호에서 소유자 없는 부동산에 대해 공고를 거쳐 국유재산으로 취득한 후 10년이 지나지 않은 경우에는 매각할 수 없으나, 그 행정재산을 당해 용도로 사용하지 아니하게 된 경우에는 매각할 수 있음을 알 수 있다.

13 ①   정답률 96.5%

| 문제 유형 | 제시문형 > 분석추론
| 접근 전략 | 제시문에 주어진 A국의 특허법에 반영된 사항을 정확하게 이해하고 이에 따라 달라지는 상황을 적용함으로써 선지를 판별하면 문항을 쉽게 해결할 수 있다.

다음 글을 근거로 판단할 때 옳은 것은?

A국은 다음 5가지 사항을 반영하여 특허법을 제정하였다.
(1) 새로운 기술에 의한 발명을 한 사람에게 특허권이라는 독점권을 주는 제도와 정부가 금전적 보상을 해주는 보상제도 중, A국은 전자를 선택하였다.
(2) 특허권을 별도의 특허심사절차 없이 부여하는 방식과 신청에 의한 특허심사절차를 통해 부여하는 방식 중, A국은 후자를 선택하였다.
(3) 새로운 기술에 의한 발명인지를 판단하는 데 있어서 전세계에서의 새로운 기술을 기준으로 하는 것과 국내에서의 새로운 기술을 기준으로 하는 것 중, A국은 후자를 선택하였다.
(4) 특허권의 효력발생범위를 A국 영토 내로 한정하는 것과 A국 영토 밖으로 확대하는 것 중, A국은 전자를 선택하였다. 따라서 특허권이 부여된 발명을 A국 영토 내에서 특허권자의 허락 없이 무단으로 제조·판매하는 행위를 금지하며, 이를 위반한 자에게는 손해배상의무를 부과한다.
(5) 특허권의 보호기간을 한정하는 방법과 한정하지 않는 방법 중, A국은 전자를 선택하였다. 그리고 그 보호기간은 특허권을 부여받은 날로부터 10년으로 한정하였다.

① A국에서 알려지지 않은 새로운 기술로 알코올램프를 발명한 자는 그 기술이 이미 다른 나라에서 널리 알려진 것이라도 A국에서 특허권을 부여받을 수 있다. ➡ (O) (3)에서 A국이 새로운 기술에 의한 발명인지를 판단할 때 전세계에서의 새로운 기술을 기준으로 하는 것이 아니라 국내에서의 새로운 기술을 기준으로 함을 알 수 있다. 알코올램프는 다른 나라에서는 널리 알려졌지만 A국에서는 알려지지 않은 기술이므로 특허권을 부여받을 수 있다.

② A국에서 특허권을 부여받은 날로부터 11년이 지난 손전등을 제조·판매하기 위해서는 발명자로부터 허락을 받아야 한다. ➡ (X) (5)에서 A국은 특허권의 보호기간을 10년으로 한정하였다. 손전등은 특허권을 부여받은 날로부터 11년이 지났으므로 특허권의 보호기간을 넘어섰음을 알 수 있다.

③ A국에서 새로운 기술로 석유램프를 발명한 자는 A국 정부로부터 그 발명에 대해 금전적 보상을 받을 수 있다. ➡ (X) (1)에서 A국은 새로운 기술을 발명한 사람에게 금전적 보상을 해주는 것이 아니라 특허권이라는 독점권을 주는 제도를 선택했음을 알 수 있다. 따라서 석유램프를 발명한 사람은 금전적 보상이 아니라 특허권을 받을 수 있다.

④ A국에서 새로운 기술로 필기구를 발명한 자는 특허심사절차를 밟지 않더라도 A국 내에서 다른 사람이 그 필기구를 무단으로 제조·판매하는 것을 금지시킬 수 있다. ➡ (X) (2)에서 A국은 특허권을 부여할 때 특허심사절차를 통해 부여하는 방식을 선택했음을 알 수 있다. 따라서 필기구에 대해 특허권을 부여받으려면 특허심사절차를 거쳐야 한다.

⑤ A국에서 망원경에 대해 특허권을 부여받은 자는 다른 나라에서 그 망원경을 무단으로 제조 및 판매한 자로부터 A국 특허법에 따라 손해배상을 받을 수 있다. ➡ (X) (4)에서 A국은 특허권의 효력을 영토 내로 한정하는 것을 선택했음을 알 수 있다. 따라서 다른 나라에서 무단으로 망원경을 제조 및 판매한 자에게 특허권에 대한 손해배상의무를 부과할 수 없다.

14 ③ 정답률 94.3%

| 문제 유형 | 제시문형 > 정보확인
| 접근 전략 | 문항별로 다루고 있는 글의 정보가 무엇인지를 파악하고 이를 바탕으로 선지를 판단한다. 선지를 먼저 읽고 언급된 용어들을 중심으로 글을 읽어가면 수월하게 문제를 해결할 수 있다.

다음 글을 근거로 판단할 때 옳지 않은 것은?

최근 공직자의 재산상태와 같은 세세한 사생활 정보까지 공개하라는 요구가 높아지고 있다. 공직자의 사생활은 일반시민의 사생활만큼 보호될 필요가 없다는 것이 그 이유다. 비슷한 맥락에서 일찍이 플라톤은 통치자는 가족과 사유재산을 갖지 말아야 한다고 주장했다. ▶1문단

공직자의 사생활 보호에 대한 논의는 '동등한 사생활 보호의 원칙'과 '축소된 사생활 보호의 원칙'으로 구분된다. 동등한 사생활 보호의 원칙은 공직자의 사생활도 일반시민과 동등한 정도로 보호되어야 한다고 본다. 이 원칙의 지지자들은 우선 공직자의 사생활 보호로 공적으로 활용 가능한 인재가 증가한다는 점을 강조한다. 사생활이 보장되지 않으면 공직 희망자가 적어져 인재 활용이 제한되고 다양성도 줄어들게 된다는 것이다. 또한 이들은 선정적인 사생활 폭로가 난무하여 공공정책에 대한 실질적 토론과 민주적 숙고가 사라져 버릴 위험성에 대해서도 경고한다. ▶2문단

반면, 공직자는 일반시민보다 우월한 권력을 가지고 있다는 것과 시민을 대표한다는 것 때문에 축소된 사생활 보호의 원칙이 적용되어야 한다는 주장도 있다. 공직자는 일반시민이 아니기 때문에 동등한 사생활 보호의 원칙을 적용할 수 없다는 것이다. 이 원칙의 지지자들은 공직자들이 시민 생활에 영향을 미치는 결정을 내리기 때문에, 사적 목적을 위해 권력을 남용하지 않고 부당한 압력에 굴복하지 않으며 시민이 기대하는 정책을 추구할 가능성이 높은 사람이어야 한다고 주장한다. 즉 이러한 공직자가 행사하는 권력에 대해 책임을 묻기 위해서는 사생활 중 관련된 내용은 공개되어야 한다는 것이다. 또한 공직자는 시민을 대표하기 때문에 훌륭한 인간상으로 시민의 모범이 되어야 한다는 이유도 들고 있다. ▶3문단

① 축소된 사생활 보호의 원칙은 공직자와 일반시민의 사생활 보장의 정도가 달라야 한다고 본다. ➡ (O) 3문단에서 축소된 사생활 보호의 원칙이 적용되어야 한다는 입장에서는 공직자는 일반시민이 아니기 때문에 동등한 사생활 보호의 원칙을 적용할 수 없다고 주장함을 알 수 있다.

② 통치자의 사생활에 대한 플라톤의 생각은 동등한 사생활 보호의 원칙보다 축소된 사생활 보호의 원칙에 더 가깝다. ➡ (O) 1문단에 따르면 플라톤은 통치자는 가족과 사유재산을 갖지 말아야 한다고 주장했는데, 이는 공직자의 사생활은 일반시민만큼 보호될 필요가 없다는 것과 비슷한 맥락임을 알 수 있다.

③ 동등한 사생활 보호의 원칙을 지지하는 이유 중 하나는 공직자가 시민을 대표하는 훌륭한 인간상이어야 하기 때문이다. ➡ (X) 3문단에 따르면 공직자가 시민을 대표하기 때문에 훌륭한 인간상으로 시민의 모범이 되어야 한다는 것은 동등한 사생활 보호의 원칙이 아니라 축소된 사생활 보호의 원칙을 지지하는 주장에 대한 내용이다.

④ 동등한 사생활 보호의 원칙을 지지하는 이유 중 하나는 사생활이 보장되지 않으면 공직 희망자가 적어질 수 있다고 보기 때문이다. ➡ (O) 2문단에 따르면 동등한 사생활 보호의 원칙이 적용되어야 한다는 입장에서 사생활이 보장되지 않으면 공직 희망자가 적어져 인재 활용이 제한된다고 주장함을 알 수 있다.

⑤ 축소된 사생활 보호의 원칙을 지지하는 이유 중 하나는 공직자가 일반시민보다 우월한 권력을 가지고 있다고 보기 때문이다. ➡ (O) 3문단에서 공직자가 일반시민보다 우월한 권력을 가지고 있다고 보아 축소된 사생활 보호의 원칙이 적용되어야 한다는 주장이 있음을 알 수 있다.

15 ④ 정답률 90.2%

| 문제 유형 | 제시문형 > 정보확인
| 접근 전략 | 글의 정보를 바탕으로 제시된 상황에 적용 여부를 판단할 수 있는 능력이 필요하다. 키워드를 중심으로 제시문의 내용을 빠르게 파악한 후 〈보기〉에 제시된 상황들에 적용해야 한다. 내연기관과 관련된 다양한 상황들을 꼼꼼하게 살펴보고 〈보기〉의 상황들과 비교하여 옳고 그름을 판단하도록 한다.

다음 글을 근거로 판단할 때, 〈보기〉에서 옳은 것만을 모두 고르면?

일반적인 내연기관에서는 휘발유와 공기가 엔진 내부의 실린더 속에서 압축된 후 점화 장치에 의하여 점화되어 연소된다. 이때의 연소는 휘발유의 주성분인 탄화수소가 공기 중의 산소와 반응하여 이산화탄소와 물을 생성하는 것이다. 여러 개의 실린더에서 규칙적이고 연속적으로 일어나는 '공기·휘발유' 혼합물의 연소에서 발생하는 힘으로 자동차는 달리게 된다. 그런데 간혹 실린더 내의 과도한 열이나 압력, 혹은 질 낮은 연료의 사용 등으로 인해 '노킹(knocking)' 현상이 발생하기도 한다. 노킹 현상이란 공기·휘발유 혼합물의 조기 연소 현상을 지칭한다. 공기·휘발유 혼합물이 점화되기도 전에 연소되는 노킹 현상이 지속되면 엔진의 성능은 급격히 저하된다. ▶1문단

자동차 연료로 사용되는 휘발유에는 '옥탄가(octane number)'라는 값에 따른 등급이 부여된다. 옥탄가는 휘발유의 특성을 나타내는 수치 중 하나로, 이 값이 높을수록 노킹 현상이 발생할 가능성은 줄어든다. 甲국에서는 보통, 중급, 고급으로 분류되는 세 가지 등급의 휘발유가 판매되고 있는데, 이 등급을 구분하는 최소 옥탄가의 기준은 각각 87, 89, 93이다. 하지만 甲국의 고산지대에 위치한 A시에서 판매되는 휘발유는 다른 지역의 휘발유보다 등급을 구분하는 최소 옥탄가의 기준이 등급별로 2씩 낮다. 이는 산소의 밀도가 낮아 노킹 현상이 발생할 가능성이 더 낮은 고산지대의 특징을 반영한 것이다. ▶2문단

―〈보기〉――
ㄱ. A시에서 고급 휘발유로 판매되는 휘발유의 옥탄가는 91 이상이다. → (O) 2문단에서 甲국의 고급 휘발유의 최소 옥탄가는 93임을 알 수 있고, 고산지대에 위치한 A시에서 판매되는 휘발유는 다른 지역의 휘발유보다 등급을 구분하는 최소 옥탄가의 기준이 등급별로 2씩 낮다고 하였으므로 A시의 고급 휘발유의 옥탄가는 91 이상임을 알 수 있다.

ㄴ. 실린더 내에 과도한 열이 발생하면 노킹 현상이 발생할 수 있다. → (O) 1문단에 따르면 실린더 내의 과도한 열 등으로 인해 노킹 현상이 발생할 수 있다.

ㄷ. 노킹 현상이 일어나지 않는다면, 일반적인 내연기관 내부의 실린더 속에서 공기·휘발유 혼합물은 점화가 된 후에 연소된다. → (O) 1문단에 따르면 일반적인 내연기관에서는 휘발유와 공기가 실린더 속에서 압축된 후 점화 장치에 의하여 점화되어 연소됨을 알 수 있다.

ㄹ. 내연기관 내에서의 연소는 이산화탄소와 산소가 반응하여 물을 생성하는 것이다. → (X) 1문단에 따르면 연소는 탄화수소가 공기 중의 산소와 반응하여 이산화탄소와 물을 생성하는 것이다.

① ㄱ, ㄴ ➡ (X)
② ㄱ, ㄹ ➡ (X)
③ ㄷ, ㄹ ➡ (X)
④ ㄱ, ㄴ, ㄷ ➡ (O)
⑤ ㄴ, ㄷ, ㄹ ➡ (X)

16 ④   정답률 90.5%

|문제 유형| 제시문형 > 분석추론
|접근 전략| 제시문에서 조건이 제시되고 이에 대한 적용을 묻는 문항은 각각의 상황에 따라 적용의 여부가 달라지기 때문에 해당 조건의 내용을 정확하게 이해해야 한다. 공무원의 근무지가 달라짐에 따라 이전비를 받을 수 있는 각각의 상황과 조건을 정확하게 이해하고, 각 상황별로 지급 가능 여부를 판단함으로써 선지의 옳고 그름을 판단할 수 있다.

다음 글과 〈국내이전비 신청현황〉을 근거로 판단할 때, 국내이전비를 지급받는 공무원만을 모두 고르면?

청사 소재지 이전에 따라 거주지를 이전하거나, 현 근무지 외의 지역으로 부임의 명을 받아 거주지를 이전하는 공무원은 다음 요건에 모두 부합하는 경우 국내이전비를 지급받는다.

첫째, 전임지에서 신임지로 거주지를 이전하고 이사화물도 옮겨야 한다. 다만 동일한 시(특별시, 광역시 및 특별자치시 포함)·군 및 섬(제주특별자치도 제외) 안에서 거주지를 이전하는 공무원에게는 국내이전비를 지급하지 않는다. 둘째, 거주지와 이사화물은 발령을 받은 후에 이전하여야 한다.

〈국내이전비 신청현황〉

공무원	전임지	신임지	발령일자	이전일자	이전 여부 거주지	이전 여부 이사화물
甲	울산광역시 중구	울산광역시 북구	'20.2.13.	'20.2.20.	O	O
乙	경기도 고양시	세종특별자치시	'19.12.3.	'19.12.5.	O	X
丙	광주광역시	대구광역시	'19.6.1.	'19.6.15.	X	O
丁	제주특별자치도 서귀포시	제주특별자치도 제주시	'20.1.2.	'20.1.13.	O	O
戊	서울특별시	충청북도 청주시	'19.9.3.	'19.9.8.	O	O
己	부산광역시	서울특별시	'20.4.25.	'20.4.1.	O	O

→ 주어진 조건과 〈국내이전비 신청현황〉을 근거로 살펴보면 다음과 같다.

• 甲: 동일한 시 안에서 거주지를 이전하는 공무원에게는 국내이전비를 지급하지 않는다. 甲은 울산광역시 내에서 이전한 것이다.

• 乙: 거주지를 이전하고 이사화물도 옮겨야 국내이전비를 지급받을 수 있는데 乙은 거주지는 이전했지만 이사화물은 옮기지 않았다.

• 丙: 거주지를 이전하고 이사화물도 옮겨야 국내이전비를 지급받을 수 있는데 丙은 이사화물은 옮겼지만 거주지는 이전하지 않았다.

• 丁: 동일한 섬 안에서 거주지를 이전하는 공무원에게는 국내이전비를 지급하지 않지만, 제주특별자치도는 제외된다고 하였다. 또한 거주지와 이사화물은 발령을 받은 후에 이전해야 국내이전비를 받을 수 있다. 丁은 제주특별자치도 내에서 이전했고, 발령일 뒤에 거주지와 이사화물을 모두 이전했으므로 국내이전비를 지급받을 수 있다.

• 戊: 동일한 시 안에서 거주지를 이전하는 공무원에게는 국내이전비를 지급하지 않는다. 또한 거주지와 이사화물을 발령을 받은 후에 이전해야 국내 이전비를 받을 수 있다. 戊는 서울특별시에서 충청북도 청주시로 이전했고, 발령일 뒤에 거주지와 이사화물을 모두 이전했으므로 국내이전비를 지급받을 수 있다.

• 己: 거주지와 이사화물을 발령을 받은 후에 이전해야 국내이전비를 받을 수 있는데 己는 발령일자보다 이전일자가 빠르다.

① 甲, 乙 ➡ (X)
② 乙, 丁 ➡ (X)
③ 丙, 己 ➡ (X)
④ 丁, 戊 ➡ (O)
⑤ 戊, 己 ➡ (X)

17 ⑤   정답률 91.2%

|문제 유형| 퍼즐형 > 논리퀴즈
|접근 전략| 주어진 조건에 따라 〈상황〉을 판단하여 해당 문항의 옳고 그름을 판단할 수 있어야 한다. 게임판에서 말이 움직이는 규칙을 정확하게 이해하고, 이에 따라 최종적으로 말이 위치하는 곳이 어디인지를 찾아내는 것이 중요하다.

다음 글과 〈상황〉을 근거로 판단할 때, 甲의 말이 최종적으로 위치하는 칸은?

○ 참가자는 그림과 같이 A~L까지 12개의 칸으로 구성된 게임판에서, A칸에 말을 놓고 시작한다.

○ 참가자는 ← 또는 → 버튼을 누를 수 있다.
○ 버튼을 맨 처음 누를 때, ← 버튼을 누르면 말을 반시계방향으로 1칸 이동하고 → 버튼을 누르면 말을 시계방향으로 1칸 이동한다.
○ 그다음부터는 매번 버튼을 누르면, 그 버튼을 누르기 직전에 누른 버튼에 따라 아래와 같이 말을 이동한다.

누른 버튼	직전에 누른 버튼	말의 이동
←	←	반시계방향으로 2칸 이동
←	→	움직이지 않음
→	←	움직이지 않음
→	→	시계방향으로 2칸 이동

○ 참가자는 버튼을 총 5회 누른다.

─〈상황〉─

甲은 다음과 같이 버튼을 눌렀다.

누른 순서	1	2	3	4	5
누른 버튼	←	→	→	←	←

① A칸 ➡ (X)
② C칸 ➡ (X)
③ H칸 ➡ (X)
④ J칸 ➡ (X)
⑤ L칸 ➡ (O) A칸에 말을 놓고 시작한다고 하였으므로 첫 번째로 버튼을 누르면 반시계방향으로 1칸 이동하여 L칸에 위치한다. 두 번째로 버튼을 누르면 직전에 누른 버튼이 ← 였으므로 말이 움직이지 않는다. 세 번째로 버튼을 누르면 직전에 누른 → 버튼과 같은 → 이므로 시계방향으로 2칸 이동하여 B칸에 위치한다. 네 번째로 버튼을 누르면 직전에 누른 → 버튼과 반대 방향인 ← 이므로 말이 움직이지 않는다. 다섯 번째로 버튼을 누르면 직전에 누른 ← 버튼과 같은 ← 이므로 반시계방향으로 2칸 이동하여 L칸에 위치한다.

18 ②
정답률 86.8%

| 문제 유형 | 연산추론형 > 수리계산

| 접근 전략 | 정확한 계산은 물론이고 제시된 조건들을 꼼꼼하게 살펴보아야 하는 문제이다. 참석수당과 원고료 지급기준에 따라 받을 수 있는 금액을 실수 없이 계산해야 하고, 이때 지급하지 않는 금액이 어떤 것들인지도 파악하여 해당 금액을 제외해야 정확한 값을 구할 수 있다.

다음 〈상황〉과 〈기준〉을 근거로 판단할 때, A기관이 원천징수 후 甲에게 지급하는 금액은?

─〈상황〉─

○○국 A기관은 甲을 '지역경제 활성화 위원회'의 외부 위원으로 위촉하였다. 甲은 2020년 2월 24일 오후 2시부터 5시까지 위원회에 참석해서 지역경제 활성화와 관련한 내용을 슬라이드 20면으로 발표하였다. A기관은 아래 〈기준〉에 따라 甲에게 해당 위원회 참석수당과 원고료를 지급한다.

─〈기준〉─

○ 참석수당 지급기준액

구분	단가
참석수당	• 기본료(2시간): 100,000원 • 2시간 초과 후 1시간마다 50,000원

○ 원고료 지급기준액

구분	단가
원고료	10,000원 / A4 1면

※ 슬라이드 2면을 A4 1면으로 한다.

○ 위원회 참석수당 및 원고료는 기타소득이다.
○ 위원회 참석수당 및 원고료는 지급기준액에서 다음과 같은 기타소득세와 주민세를 원천징수하고 지급한다.
 − 기타소득세: (지급기준액 − 필요경비) × 소득세율(20%)
 − 주민세: 기타소득세 × 주민세율(10%)
※ 필요경비는 지급기준액의 60%로 한다.

① 220,000원 ➡ (X)
② 228,000원 ➡ (O) 참석수당 지급기준액에 따라 위원회에 3시간 참석한 甲은 기본료 100,000원과 초과한 1시간에 대하여 50,000원을 지급받아 총 150,000원을 받을 수 있다. 원고료 지급기준액에 따르면 슬라이드 20면은 A4 10면이므로 원고료는 총 10면 × 10,000원 = 100,000(원)을 받을 수 있다. 이때 위원회 참석수당 및 원고료는 지급기준액에서 기타소득세와 주민세를 원천징수하고 지급한다. 기타소득세를 구하기 위해서는 먼저 필요경비를 구해야 한다. 필요경비는 지급기준액의 60%로 한다고 하였으므로 甲이 지급받는 총 금액 250,000원의 60%인 150,000원이다. 따라서 기타소득세는 (250,000 − 150,000) × 소득세율 20% = 20,000(원)이고 주민세는 기타소득세의 10%이므로 2,000원임을 알 수 있다. A기관이 총 22,000원을 원천징수하고 甲에게 지급되는 금액은 250,000 − 22,000 = 228,000(원)이다.
③ 256,000원 ➡ (X)
④ 263,000원 ➡ (X)
⑤ 270,000원 ➡ (X)

19 ②
정답률 85.7%

| 문제 유형 | 퍼즐형 > 논리퀴즈

| 접근 전략 | 주어진 조건에 따라 제시된 상황을 판단하여 해당 문항의 옳고 그름을 판단할 수 있어야 한다. 자전거 비밀번호를 풀어내는 것으로, 주어진 조건에 따라 해당되지 않는 숫자들을 하나씩 소거하고 각 위치에 들어갈 수 있는 숫자들을 대입해 가면 해당 문항을 쉽고 빠르게 해결할 수 있다.

다음 글을 근거로 판단할 때, 비밀번호의 둘째 자리 숫자와 넷째 자리 숫자의 합은?

甲은 친구의 자전거를 빌려 타기로 했다. 친구의 자전거는 다이얼을 돌려 다섯 자리의 비밀번호를 맞춰야 열리는 자물쇠로 잠겨 있다. 각 다이얼은 0∼9 중 하나가 표시된다.
자물쇠에 현재 표시된 숫자는 첫째 자리부터 순서대로 3−6−4−4−9이다. 친구는 비밀번호에 대해 다음과 같은 힌트를 주었다.

○ 비밀번호는 모두 다른 숫자로 구성되어 있다.
○ 자물쇠에 현재 표시된 모든 숫자는 비밀번호에 쓰이지 않는다.
○ 현재 짝수가 표시된 자리에는 홀수가, 현재 홀수가 표시된 자리에는 짝수가 온다. 단, 0은 짝수로 간주한다.
○ 비밀번호를 구성하는 숫자 중 가장 큰 숫자가 첫째 자리에 오고, 가장 작은 숫자가 다섯째 자리에 온다.
○ 비밀번호 둘째 자리 숫자는 현재 둘째 자리에 표시된 숫자보다 크다.
○ 서로 인접한 두 숫자의 차이는 5보다 작다.

① 7 ➡ (X)
② 8 ➡ (O) 각 다이얼은 0∼9 중 하나가 표시되고, 비밀번호는 모두 다른 숫자이며 현재 표시된 숫자인 3, 6, 4, 9는 쓰이지 않는다고 하였다. 이를 통해 비밀번호로 사용이 가능한 숫자가 0, 1, 2, 5, 7, 8임을 알 수 있다. 이 중 가장 큰 숫자가 첫째 자리, 가장 작은 숫자가 다섯째 자리에 오는데 현재 짝수 자리에는 홀수, 홀수 자리에는 짝수가 와야 한다. 현재 첫째 자리인 3은 홀수이고, 비밀번호로 가능한 짝수 숫자 중 가장 큰 숫자는 8이므로 첫째 자리는 8이다. 현재 다섯째 자리인 9는 홀수이고 비밀번호로 가능한 짝수 숫자 중 가장 작은 숫자는 0이므로 다섯째 자리는 0임을 알 수 있다. 남은 숫자 1, 2, 5, 7 중에서 현재 숫자인 6, 4, 4는 짝수이므로 짝수인 2는 사용될 수 없다. 둘째 자리에는 현재 둘째 자리 숫자인 6보다 큰 수가 와야 하므로 7이 와야 하고, 서로 인접한 두 숫자의 차이는 5보다 작아야 하므로 셋째 자리에는 1이 올 수 없다. 따라서 甲의 자전거 비밀번호는 87510이고 둘째 자리 7과 넷째 자리 1의 합은 8임을 알 수 있다.
③ 10 ➡ (X)
④ 12 ➡ (X)
⑤ 13 ➡ (X)

20 ③
정답률 79.5%

| 문제 유형 | 제시문형 > 분석추론
| 접근 전략 | 글에서 제시하고 있는 기준들과 규칙들을 적용해서 각각의 상황에 맞는 선지들을 골라내는 문항이다. 제시된 기준과 규칙의 내용을 정확하게 이해하는 것이 필요하고, 특히 각 도시의 홀수일과 짝수일에 따른 제한 차량을 잘 구분하며 〈보기〉를 확인해야 한다.

다음 글을 근거로 판단할 때, 〈보기〉에서 옳은 것만을 모두 고르면?

○ 다음과 같이 9개의 도시(A~I)가 위치하고 있다.

A	B	C
D	E	F
G	H	I

○ A~I시가 미세먼지 저감을 위해 5월부터 차량 운행 제한 정책을 시행함에 따라 제한 차량의 도시 진입 및 도시 내 운행이 금지된다.
○ 모든 차량은 4개의 숫자로 된 차량번호를 부여받으며 각 도시의 제한 요건은 아래와 같다.

도시		제한 차량
A, E, F, I	홀수일	차량번호가 홀수로 끝나는 차량
	짝수일	차량번호가 짝수로 끝나는 차량
B, G, H	홀수일	차량번호가 짝수로 끝나는 차량
	짝수일	차량번호가 홀수로 끝나는 차량
C, D	월요일	차량번호 1 또는 6으로 끝나는 차량
	화요일	차량번호 2 또는 7로 끝나는 차량
	수요일	차량번호 3 또는 8로 끝나는 차량
	목요일	차량번호 4 또는 9로 끝나는 차량
	금요일	차량번호 0 또는 5로 끝나는 차량
	토·일요일	없음

※ 단, 0은 짝수로 간주한다.

○ 도시 간 이동 시에는 도시 경계선이 서로 맞닿아 있지 않은 도시로 바로 이동할 수 없다. 예컨대 A시에서 E시로 이동하기 위해서는 반드시 B시나 D시를 거쳐야 한다.

〈보기〉

ㄱ. 甲은 5월 1일(토)에 E시에서 차량번호가 1234인 차량을 운행할 수 있다. → (O) E시는 홀수일에 차량번호가 홀수로 끝나는 차량의 운행이 제한된다. 5월 1일(토)은 홀수일이고, 甲의 차량은 짝수로 끝나므로 운행이 가능하다.
ㄴ. 乙은 5월 6일(목)에 차량번호가 5639인 차량으로 A시에서 D시로 이동할 수 있다. → (X) 5월 6일은 짝수일이고, A시는 짝수일에 차량번호가 짝수로 끝나는 차량의 운행이 제한되는데, 乙의 차량은 홀수로 끝나므로 운행이 가능하다. 하지만 D시의 경우 5월 6일(목)에는 차량번호가 4 또는 9로 끝나는 차량의 운행이 제한되는데, 乙의 차량은 9로 끝나므로 운행이 불가능하다.
ㄷ. 丙은 5월 중 어느 하루에 동일한 차량으로 A시에서 H시로 이동할 수 있다. → (X) A시는 홀수일에 차량번호가 홀수로 끝나는 차량의 운행이 제한되고 짝수일에 짝수로 끝나는 차량의 운행이 제한되는데, H시는 이와 반대이다. 자동차 번호는 짝수 혹은 홀수로 끝나므로 어떤 차량을 이용하더라도 두 시를 같이 운행하는 것은 불가능하다.
ㄹ. 丁은 5월 15일(토)에 차량번호가 9790인 차량으로 D시에서 F시로 이동할 수 있다. → (O) D시에서 F시로 이동하려면 다양한 방법이 있으나 그중 가장 간단한 E시를 거쳐가는 방법을 확인해 보면, 우선 D시는 토요일에 제한 차량이 없고 E시와 F시는 홀수일에 차량번호가 홀수로 끝나는 차량의 운행이 제한된다. 5월 15일(토)은 홀수일이고, 丁의 차량은 짝수로 끝나므로 운행이 가능하다.

① ㄱ, ㄴ ➡ (X)
② ㄱ, ㄷ ➡ (X)
③ ㄱ, ㄹ ➡ (O)
④ ㄴ, ㄷ ➡ (X)
⑤ ㄴ, ㄹ ➡ (X)

21 ③
정답률 86.2%

| 문제 유형 | 퍼즐형 > 논리퀴즈
| 접근 전략 | 어린이를 한 줄로 세우고, 이에 따라 얼굴이 보이거나 뒤통수가 보이는 경우를 판단하는 과정에서 제시된 상황들을 하나씩 대입하는 것이 정확하고 빠르게 문제를 해결하는 방법이 될 수 있다.

다음 글을 근거로 판단할 때, 〈보기〉에서 옳은 것만을 모두 고르면?

키가 서로 다른 6명의 어린이를 다음 그림과 같이 한 방향을 바라보도록 일렬로 세우려고 한다. 그림은 일렬로 세운 하나의 예이다. 한 어린이(이하 甲이라 한다)의 등 뒤에 甲보다 키가 큰 어린이가 1명이라도 있으면 A방향에서 甲의 뒤통수는 보이지 않고, 1명도 없으면 A방향에서 甲의 뒤통수는 보인다. 반대로 甲의 앞에 甲보다 키가 큰 어린이가 1명이라도 있으면 B방향에서 甲의 얼굴은 보이지 않고, 1명도 없으면 B방향에서 甲의 얼굴은 보인다.

자리번호 1번 2번 3번 4번 5번 6번

〈보기〉

ㄱ. A방향에서 보았을 때 모든 어린이의 뒤통수가 다 보이게 세우는 방법은 1가지뿐이다. → (O) 모든 어린이의 뒤통수가 보이기 위해서는 키가 가장 큰 어린이가 6번에 서야 하고, 나머지 어린이들이 키가 큰 순서대로 5번, 4번, 3번, 2번, 1번에 서게 되면 모든 어린이의 뒤통수를 볼 수 있다.
ㄴ. 키가 세 번째로 큰 어린이를 5번 자리에 세운다면, A방향에서 보았을 때 그 어린이의 뒤통수는 보이지 않는다. → (O) 키가 세 번째로 큰 어린이가 5번 자리에 서면, 키가 더 큰 두 어린이 중 최소 한 어린이는 반드시 1~4번 자리에 서야 한다. 이 경우 5번 자리에 선 어린이의 뒤통수를 볼 수 없다.
ㄷ. B방향에서 2명의 얼굴만 보이도록 어린이들을 세웠을 때, A방향에서 6번 자리에 서 있는 어린이의 뒤통수는 보이지 않는다. → (O) B방향에서 2명의 얼굴만 보인다면, 키가 두 번째로 큰 어린이가 6번 자리에 서고 키가 가장 큰 어린이가 1~5번 자리 중 어느 한 곳에 서는 경우이거나, 키가 가장 큰 어린이와 키가 두 번째로 큰 어린이가 각각 5번, 4번 자리에 서는 경우 중 하나에 해당될 것이다. 이때 A방향에서는 키가 가장 큰 어린이로 인해 6번 자리에 서 있는 어린이의 뒤통수가 보이지 않는다.

ㄹ. B방향에서 3명의 얼굴이 보인다면, A방향에서 4명의 뒤통수가 보일 수 없다. → (X) 키가 세 번째로 큰 어린이가 6번 자리에 서고 키가 가장 큰 어린이와 키가 두 번째로 큰 어린이가 각각 4번, 5번 자리에 서면 B방향에서 3명의 얼굴이 보이게 된다. 이때 나머지 어린이들이 키가 작은 순서대로 1번, 2번, 3번 자리에 서게 되면 A방향에서 총 4명의 뒤통수를 볼 수 있다.

① ㄱ, ㄴ ➡ (X)
② ㄷ, ㄹ ➡ (X)
③ ㄱ, ㄴ, ㄷ ➡ (O)
④ ㄱ, ㄷ, ㄹ ➡ (X)
⑤ ㄴ, ㄷ, ㄹ ➡ (X)

22 ④
정답률 82.2%

| 문제 유형 | 퍼즐형 > 게임·규칙
| 접근 전략 | 경우의 수를 바탕으로 어떤 상황들이 발생할 수 있는지를 정확하게 판단해야 하는 문제이다. 왼손잡이, 오른손잡이, 양손잡이가 이길 때 각각 획득하는 점수가 다르고 모든 선수가 1개 라운드 이상 출전하여야 함에 주의하며 문제를 해결한다.

다음 글과 〈상황〉을 근거로 판단할 때, 〈보기〉에서 옳은 것만을 모두 고르면?

A팀과 B팀은 다음과 같이 게임을 한다. A팀과 B팀은 각각 3명으로 구성되며, 왼손잡이, 오른손잡이, 양손잡이가 각 1명씩이다. 총 5라운드에 걸쳐 가위바위보를 하며 규칙은 아래와 같다.

○ 모든 선수는 1개 라운드 이상 출전하여야 한다.
○ 왼손잡이는 '가위'만 내고 오른손잡이는 '보'만 내며, 양손잡이는 '바위'만 낸다.
○ 각 라운드마다 가위바위보를 이긴 선수의 팀이 획득하는 점수는 다음과 같다.
  - 이긴 선수가 왼손잡이인 경우: 2점
  - 이긴 선수가 오른손잡이인 경우: 0점
  - 이긴 선수가 양손잡이인 경우: 3점
○ 두 팀은 1라운드를 시작하기 전에 각 라운드에 출전할 선수를 결정하여 명단을 제출한다.
○ 5라운드를 마쳤을 때 획득한 총 점수가 더 높은 팀이 게임에서 승리한다.

〈상황〉
다음은 3라운드를 마친 현재까지의 결과이다.

구분	1라운드	2라운드	3라운드	4라운드	5라운드
A팀	왼손잡이	왼손잡이	양손잡이		
B팀	오른손잡이	오른손잡이	오른손잡이		

※ 각 라운드에서 가위바위보가 비긴 경우는 없다.

〈보기〉
ㄱ. 3라운드까지 A팀이 획득한 점수와 B팀이 획득한 점수의 합은 4점이다. → (O) 왼손잡이는 '가위'만 내고, 오른손잡이는 '보'만 내므로 1, 2라운드는 모두 A팀이 승리한다. 이때 승점은 각각 2점이다. 양손잡이는 '바위'만 내므로 3라운드는 B팀이 승리하지만, 오른손잡이가 이겼으므로 승점은 없다. 3라운드까지 두 팀이 획득한 점수를 모두 합하면 4점이다.

ㄴ. A팀이 잔여 라운드에서 모두 오른손잡이를 출전시킨다면 B팀이 게임에서 승리한다. → (X) B팀은 4, 5라운드에서 양손잡이와 왼손잡이가 한 번씩 출전해야 한다. A팀이 모두 오른손잡이를 출전시킨다면 양손잡이는 지므로 0점을 얻고, 왼손잡이는 이겨서 2점을 얻으므로 B팀의 승점은 총 2점이 된다. A팀의 승점은 4점이므로 B팀은 게임에서 이길 수 없다.

ㄷ. B팀이 게임에서 승리하는 경우가 있다. → (O) B팀은 4, 5라운드에서 양손잡이와 왼손잡이가 한 번씩 출전해야 한다. 승점을 가장 많이 얻을 수 있는 경우는 양손잡이가 승리하는 경우이고, 그다음은 왼손잡이가 승리하는 경우이다. A팀이 왼손잡이를 출전시킨 라운드에 B팀이 양손잡이를, A팀이 오른손잡이를 출전시킨 라운드에 B팀이 왼손잡이를 출전시키면 각각 3점과 2점의 승점을 얻어 총 5점이 된다. A팀의 승점은 4점이므로 B팀이 승리한다.

① ㄴ ➡ (X)
② ㄷ ➡ (X)
③ ㄱ, ㄴ ➡ (X)
④ ㄱ, ㄷ ➡ (O)
⑤ ㄱ, ㄴ, ㄷ ➡ (X)

23 ②
정답률 70.9%

| 문제 유형 | 퍼즐형 > 논리퀴즈
| 접근 전략 | 해당 문제의 경우 근거로 제시된 조건들을 먼저 이해하고, 확실한 단서를 갖고 있는 경우부터 이용하여 선지의 내용을 판단하는 것이 좋다.

다음 글을 근거로 판단할 때 옳은 것은?

네 사람(甲~丁)은 각각 주식, 채권, 선물, 옵션 중 서로 다른 하나의 금융상품에 투자하고 있으며, 투자액과 수익률도 각각 다르다.

○ 네 사람 중 투자액이 가장 큰 50대 주부는 주식에 투자하였다.
○ 30대 회사원 丙은 네 사람 중 가장 높은 수익률을 올려 아내와 여행을 다녀왔다.
○ 甲은 주식과 옵션에는 투자하지 않았다.
○ 40대 회사원 乙은 옵션에 투자하지 않았다.
○ 60대 사업가는 채권에 투자하지 않았다.
→ 조건을 살펴보면 甲~丁 4명 중 乙은 40대 회사원, 丙은 30대 회사원이고 甲과 丁은 각각 50대 주부 또는 60대 사업가임을 알 수 있다.
첫 번째 조건에서 주식에 투자한 사람은 50대 주부이고, 세 번째 조건에 따르면 甲은 주식과 옵션에 투자하지 않았으므로 甲과 丁 중에 50대 주부는 丁이고, 60대 사업가는 甲이 된다. 세 번째 조건에서 주식과 옵션에 투자하지 않았고 다섯 번째 조건에서 60대 사업가는 채권에 투자하지 않았으므로 甲은 선물에 투자한 60대 사업가가 된다. 그리고 네 번째 조건에서 乙은 옵션에 투자하지 않았으므로 丙이 옵션에 투자했고, 乙은 채권에 투자했다. 따라서 甲은 60대 사업가로 선물, 乙은 40대 회사원으로 채권, 丙은 30대 회사원으로 옵션, 丁은 50대 주부로 주식에 투자했음을 알 수 있다.

① 채권 투자자는 甲이다. ➡ (X) 채권 투자자는 40대 회사원 乙이다.
② 선물 투자자는 사업가이다. ➡ (O) 선물에 투자한 사람은 60대 사업가 甲이다.
③ 투자액이 가장 큰 사람은 乙이다. ➡ (X) 투자액이 가장 큰 사람은 50대 주부인 丁이다.
④ 회사원은 옵션에 투자하지 않았다. ➡ (X) 옵션에 투자한 사람은 丙이고, 丙은 30대 회사원이다.
⑤ 가장 높은 수익률을 올린 사람은 선물 투자자이다. ➡ (X) 가장 높은 수익률을 올린 사람은 丙이다. 丙은 선물 투자자가 아니라 옵션 투자자이다.

24 ③   TOP 2 정답률 56.3%

| 문제 유형 | 퍼즐형 > 수리퀴즈 |
| 접근 전략 | 주어진 조건과 근거를 바탕으로 〈상황〉을 판단할 수 있어야 한다. 각 조건에 따른 계산값을 바탕으로 공기청정기가 감소시키는 미세먼지의 양과 학생들이 발생시키는 미세먼지의 양을 비교하여 정답을 도출해야 하며, 이때 시간의 단위를 정확하게 이해하고 문항에 접근하는 것이 필요하다.

다음 글과 〈상황〉을 근거로 판단할 때, 공기청정기가 자동으로 꺼지는 시각은?

○ A학교 학생들은 방과 후에 자기주도학습을 위해 교실을 이용한다.
○ 교실 안에 있는 학생 각각은 매 순간 일정한 양의 미세먼지를 발생시켜, 10분마다 5를 증가시킨다.
○ 교실에 설치된 공기청정기는 매 순간 일정한 양의 미세먼지를 제거하여, 10분마다 15를 감소시킨다.
○ 미세먼지는 사람에 의해서만 발생하고, 공기청정기에 의해서만 제거된다.
○ 공기청정기는 매 순간 미세먼지 양을 표시하며 교실 내 미세먼지 양이 30이 되는 순간 자동으로 꺼진다.

〈상황〉

15시 50분 현재, A학교의 교실에는 아무도 없었고 켜져 있는 공기청정기가 나타내는 교실 내 미세먼지 양은 90이었다. 16시 정각에 학생 두 명이 교실에 들어와 공부를 시작하였고, 40분 후 학생 세 명이 더 들어와 공부를 시작하였다. 학생들은 모두 18시 정각에 교실에서 나왔다.

① 18시 50분 ➡ (X)
② 19시 00분 ➡ (X)
③ 19시 10분 ➡ (O) 공기청정기는 10분마다 15의 미세먼지를 감소시키고, 학생들은 1명당 10분마다 5의 미세먼지를 증가시킨다. 〈상황〉에 따르면 15시 50분부터 16시까지 10분 동안은 학생 없이 공기청정기만 작동했으므로 미세먼지는 90−15=75만큼 남아 있다. 16시부터 16시 40분까지 학생 2명이 발생시킨 미세먼지의 양은 2명×5×4(10분이 4번)=40, 16시 40분부터 18시까지 학생 3명이 추가되어 발생시킨 미세먼지의 양은 5명×5×8(10분이 8번)=200이다. 16시부터 18시까지 공기청정기가 감소시킨 미세먼지의 양은 15×12(10분이 12번)=180이므로 이를 통해 18시 현재 미세먼지의 양은 75+40+200−180=135임을 알 수 있다. 공기청정기는 미세먼지 양이 30이 되어야 꺼지므로 135가 30이 되려면 105가 줄어야 하고, 이는 $\frac{105}{15}$=7이므로 10분이 7번 필요하다. 즉 18시에서 70분이 지난 시간에 미세먼지의 양이 30이 되므로 19시 10분에 공기청정기가 자동으로 꺼질 것이다.
④ 19시 20분 ➡ (X)
⑤ 19시 30분 ➡ (X)

25 ④   정답률 87.6%

| 문제 유형 | 제시문형 > 분석추론 |
| 접근 전략 | 주어진 정보를 바탕으로 제시된 상황의 적용 여부를 판단할 수 있어야 한다. 정보의 양이 많아 보이지만, 〈상황〉은 제시된 정보가 그림으로 나타난 것이므로 정보를 일대일로 대응시키면 쉽게 정답을 찾아낼 수 있다.

다음 글과 〈상황〉을 근거로 판단할 때, 갑돌이가 할 수 없는 행위는?

'AD카드'란 올림픽 및 패럴림픽에서 정해진 구역을 출입하거나 차량을 탑승하기 위한 권한을 증명하는 일종의 신분증이다. 모든 관계자들은 반드시 AD카드를 패용해야 해당 구역에 출입하거나 차량을 탑승할 수 있다. 아래는 AD카드에 담긴 정보에 대한 설명이다.

〈AD카드 예시〉

대회구분	• 올림픽 AD카드에는 다섯 개의 원이 겹쳐진 '오륜기'가, 패럴림픽 AD카드에는 세 개의 반달이 나열된 '아지토스'가 부착된다. • 올림픽 기간 동안에는 올림픽 AD카드만이, 패럴림픽 기간 동안에는 패럴림픽 AD카드만이 유효하다. • 두 대회의 기간은 겹치지 않는다.
탑승권한	AD카드 소지자가 탑승 가능한 교통서비스를 나타낸다. 탑승권한 코드는 복수로 부여될 수 있다. | 코드 | 탑승 가능 교통서비스 | | --- | --- | | T1 | VIP용 지정차량 | | TA | 선수단 셔틀버스 | | TM | 미디어 셔틀버스 |
시설입장 권한	AD카드 소지자가 입장 가능한 시설을 나타낸다. 시설입장권한 코드는 복수로 부여될 수 있다. | 코드 | 입장 가능 시설 | | --- | --- | | IBC | 국제 방송센터 | | HAL | 알파인 경기장 | | HCC | 컬링센터 | | OFH | 올림픽 패밀리 호텔 | | ALL | 모든 시설 |
특수구역 접근권한	AD카드 소지자가 시설 내부에서 접근 가능한 특수구역을 나타낸다. 특수구역 접근권한 코드는 복수로 부여될 수 있다. | 코드 | 접근 가능 구역 | | --- | --- | | 2 | 선수준비 구역 | | 4 | 프레스 구역 | | 6 | VIP 구역 |

─〈상황〉─

갑돌이는 올림픽 및 패럴림픽 관계자이다. 다음은 갑돌이가 패용한 AD카드이다.

① 패럴림픽 기간 동안 알파인 경기장에 들어간다. ➡ (O) 시설입장권한에 따르면 갑돌이는 패럴림픽 AD카드로 모든 시설에 입장할 수 있다.

② 패럴림픽 기간 동안 VIP용 지정차량에 탑승한다. ➡ (O) 탑승권한에 따르면 갑돌이는 패럴림픽 AD카드로 VIP용 지정차량과 선수단 셔틀버스를 이용할 수 있다.

③ 올림픽 기간 동안 올림픽 패밀리 호텔에 들어간다. ➡ (O) 시설입장권한에 따르면 갑돌이는 올림픽 AD카드로 국제 방송센터, 컬링센터, 올림픽 패밀리 호텔에 입장할 수 있다.

④ 올림픽 기간 동안 컬링센터 내부에 있는 선수준비 구역에 들어간다. ➡ (X) 특수구역 접근권한에 따르면 갑돌이는 올림픽 AD카드로 프레스 구역과 VIP 구역만 들어갈 수 있다.

⑤ 올림픽 기간 동안 미디어 셔틀버스를 타고 이동한 후 국제 방송센터에 들어간다. ➡ (O) 탑승권한에 따르면 갑돌이는 올림픽 AD카드로 미디어 셔틀버스를 이용할 수 있고 시설입장권한에 따르면 국제 방송센터에 입장할 수 있다.

2019년도 국가공무원 5급 및 7급 민간경력자 일괄채용 필기시험

2019년 7월 20일 시행

정답과 분석해설

나의 성적

영역	점수	풀이 시간
언어논리	____점	____분
자료해석	____점	____분
상황판단	____점	____분

합격선

영역	합격 가능권	합격 확실권
언어논리	68~72점	76~80점
자료해석	60~64점	68~72점
상황판단	64~68점	72~76점

풀이 시간

영역	기본	숙련
언어논리	60분	50분
자료해석	60분	50분
상황판단	60분	50분

선발 인원 / 응시 인원 / 경쟁률

선발 인원	응시 인원	경쟁률
228명	5,675명	2.5 : 1

※ 경쟁률은 1차 합격자 선발 기준인 10배수로 산정

취약유형 분석표 제1영역 언어논리

문번	정답	정답률	유형	맞고 틀림
01	⑤	66.1%	비판적 사고 > 빈칸 채우기	○△×
02	①	74.8%	사실적 이해 > 정보 확인	○△×
03	①	95.5%	사실적 이해 > 정보 확인	○△×
04	②	55.4%	사실적 이해 > 정보 확인	○△×
05	④	95.0%	비판적 사고 > 지문에서 추론하기	○△×
06	①	80.2%	비판적 사고 > 빈칸 채우기	○△×
07	①	77.8%	비판적 사고 > 판단하기	○△×
08	③	44.9%	비판적 사고 > 판단하기	○△×
09	③	34.0%	비판적 사고 > 지문에서 추론하기	○△×
10	③	45.1%	사실적 이해 > 논리 게임	○△×
11	⑤	92.7%	사실적 이해 > 정보 확인	○△×
12	⑤	72.4%	사실적 이해 > 정보 확인	○△×
13	⑤	83.3%	사실적 이해 > 정보 확인	○△×
14	②	89.0%	사실적 이해 > 정보 확인	○△×
15	③	85.4%	비판적 사고 > 지문에서 추론하기	○△×
16	③	23.6%	비판적 사고 > 빈칸 채우기	○△×
17	⑤	96.6%	비판적 사고 > 판단하기	○△×
18	②	57.1%	비판적 사고 > 논지 강화·약화하기	○△×
19	④	69.0%	사실적 이해 > 논리 게임	○△×
20	④	62.3%	비판적 사고 > 논리적 결론의 전제 · 원인 찾기	○△×
21	④	93.8%	사실적 이해 > 정보 확인	○△×
22	②	68.3%	비판적 사고 > 판단하기	○△×
23	①	79.7%	사실적 이해 > 정보 확인	○△×
24	③	84.2%	사실적 이해 > 정보 확인	○△×
25	⑤	57.7%	비판적 사고 > 빈칸 채우기	○△×

- 확실히 맞힌 문항 수: _____ 문항
- 헷갈리거나 찍은 문항 수: _____ 문항
- 틀린 문항 수: _____ 문항

취약유형 분석표 제2영역 자료해석

문번	정답	정답률	유형	맞고 틀림
01	④	90.1%	자료 추론 > 추가로 필요한 자료 찾기	○ △ ×
02	③	90.1%	자료 읽기 > 표/그림 제시형	○ △ ×
03	④	65.1%	자료 변환응용 > 표/그림 전환형	○ △ ×
04	②	58.7%	자료 읽기 > 표 제시형	○ △ ×
05	⑤	58.7%	자료 읽기 > 표/그림 제시형	○ △ ×
06	⑤	78.0%	자료 읽기 > 표 제시형	○ △ ×
07	①	75.8%	자료 읽기 > 표 제시형	○ △ ×
08	①	74.6%	자료 읽기 > 표/그림/빈칸 제시형	○ △ ×
09	⑤	91.6%	자료 읽기 > 표/그림 제시형	○ △ ×
10	①	85.6%	자료 읽기/추론 > 매칭형	○ △ ×
11	⑤	68.9%	자료 변환응용 > 자료/보고서 전환형	○ △ ×
12	④	87.2%	자료 읽기 > 표 제시형	○ △ ×
13	①	88.9%	자료 읽기 > 표 제시형	○ △ ×
14	②	90.7%	자료 읽기/추론 > 매칭형	○ △ ×
15	③	81.8%	자료 읽기 > 그림 제시형	○ △ ×
16	③	84.7%	자료 읽기 > 표/빈칸 제시형	○ △ ×
17	①	84.3%	자료 읽기 > 그림 제시형	○ △ ×
18	②	84.7%	자료 읽기 > 표 제시형	○ △ ×
19	③	63.8%	자료 변환응용 > 자료/보고서 전환형	○ △ ×
20	②	68.0%	자료 읽기/추론 > 계산형	○ △ ×
21	④	65.8%	자료 읽기/추론 > 계산형	○ △ ×
22	③	64.4%	자료 읽기 > 표/그림 제시형	○ △ ×
23	③	71.1%	자료 읽기/추론 > 계산형	○ △ ×
24	②	50.8%	자료 읽기/추론 > 계산형	○ △ ×
25	⑤	53.7%	자료 읽기/추론 > 계산형	○ △ ×

- 확실히 맞힌 문항 수: _____ 문항
- 헷갈리거나 찍은 문항 수: _____ 문항
- 틀린 문항 수: _____ 문항

취약유형 분석표 제3영역 상황판단

문번	정답	정답률	유형	맞고 틀림
01	①	86.7%	법조문형 > 규정확인	○ △ ×
02	②	77.1%	법조문형 > 규정적용	○ △ ×
03	④	96.0%	연산추론형 > 수리계산	○ △ ×
04	①	90.3%	제시문형 > 정보확인	○ △ ×
05	③	76.5%	연산추론형 > 수리계산	○ △ ×
06	②	77.2%	연산추론형 > 대입비교	○ △ ×
07	①	79.3%	퍼즐형 > 논리퀴즈	○ △ ×
08	②	68.8%	퍼즐형 > 수리퀴즈	○ △ ×
09	③	72.3%	퍼즐형 > 최댓값·최솟값 도출	○ △ ×
10	⑤	54.8%	퍼즐형 > 수리퀴즈	○ △ ×
11	①	64.3%	법조문형 > 규정적용	○ △ ×
12	⑤	49.1%	제시문형 > 분석추론	○ △ ×
13	②	77.5%	법조문형 > 규정확인	○ △ ×
14	②	66.5%	제시문형 > 분석추론	○ △ ×
15	⑤	58.9%	퍼즐형 > 수리퀴즈	○ △ ×
16	⑤	73.3%	연산추론형 > 수리계산	○ △ ×
17	④	65.6%	퍼즐형 > 최댓값·최솟값 도출	○ △ ×
18	③	69.9%	퍼즐형 > 논리퀴즈	○ △ ×
19	①	76.4%	퍼즐형 > 최댓값·최솟값 도출	○ △ ×
20	④	61.1%	퍼즐형 > 수리퀴즈	○ △ ×
21	③	64.1%	퍼즐형 > 수리퀴즈	○ △ ×
22	②	74.0%	퍼즐형 > 논리퀴즈	○ △ ×
23	⑤	69.3%	퍼즐형 > 최댓값·최솟값 도출	○ △ ×
24	④	69.4%	퍼즐형 > 수리퀴즈	○ △ ×
25	①	62.8%	제시문형 > 분석추론	○ △ ×

- 확실히 맞힌 문항 수: _____ 문항
- 헷갈리거나 찍은 문항 수: _____ 문항
- 틀린 문항 수: _____ 문항

정답과 분석해설

2019 | 제1영역 언어논리(㉯ 책형)

기출 총평

난이도 중에 해당하는 문항의 비중이 전체적으로 높았지만, 소수 출제된 난이도 상에 해당하는 문제의 풀이에 시간이 많이 소모되었을 것으로 예상된다. 난도가 높은 문제의 경우, 지문에 등장하는 생소한 용어를 이해하는 것도 중요하지만 지시 대상 간의 상관관계를 논리적으로 파악하는 것도 중요하다. 따라서 지문에 나온 문장들을 도식화하여 그림이나 표로 구성해 보는 연습이 필요하다. 사실적 이해 영역의 문제들이 전체 문항의 반 이상을 차지했는데, 선지의 내용이 지문에서 언급한 위치나 장소를 정확하게 설명했는지, 비교 및 대조 대상들 간의 관계를 잘 서술했는지, 수의 증감 여부를 맞게 기술했는지 등과 관련된 것이었다. 따라서 지문을 꼼꼼하게 읽고 선지와의 대조 작업을 수행해야 했을 것으로 판단된다. 비판적 사고 영역의 문항들 중에서는 판단하기 유형과 빈칸 채우기 유형의 문항들이 눈에 띈다. 판단하기 유형의 경우, 지시문은 지문에 대한 적절한 평가나 비판을 고르라는 형태이지만 문제 풀이 과정에서 논리적 개념들을 적용해야 하는 다소 복합적인 문제 양상을 보였다. 그리고 빈칸 채우기 유형의 문제들은 단순히 빈칸의 앞뒤 문장만을 읽고 풀 수 있는 문제가 아닌, 난이도가 상당한 문제들이 출제되었다. 즉, 지문 전체의 가설이나 이유, 결론을 도출하는 유형으로 논리 게임의 풀이 방법을 동원해 지문 전체를 이해해야 하는 유형의 문제들이 다수 출제되었다. 따라서 지문의 내용을 파악할 때는 그림이나 기호를 사용해서 구조화해 보는 것이 문제 풀이에 도움이 되었을 것이다.

문항별 정답률 및 선지별 선택률

문번	정답	정답률(%)	선지별 선택률(%)					문번	정답	정답률(%)	선지별 선택률(%)				
			①	②	③	④	⑤				①	②	③	④	⑤
01	⑤	66.1	6.3	5.2	8.3	14.1	66.1	14	②	89.0	0.2	89.0	6.9	2.8	1.1
02	①	74.8	74.8	5.8	4.6	10.9	3.9	15	③	85.4	5.3	1.4	85.4	3.4	4.5
03	①	95.5	95.5	1.8	1.5	0.7	0.5	16	③	23.6	37.8	23.8	23.6	9.4	5.4
04	②	55.4	12.2	55.4	0.9	30.8	0.7	17	⑤	96.6	0.8	0.8	1.4	0.4	96.6
05	④	95.0	1.2	3.1	0.5	95.0	0.2	18	②	57.1	1.8	57.1	2.7	33.6	4.8
06	①	80.2	80.2	4.3	1.4	0.4	13.7	19	④	69.0	0.9	18.0	4.1	69.0	8.0
07	①	77.8	77.8	2.3	7.8	6.3	5.8	20	④	62.3	10.4	8.1	8.4	62.3	10.8
08	③	44.9	13.2	11.3	44.9	16.2	14.4	21	④	93.8	2.4	1.1	2.0	93.8	0.7
09	③	34.0	32.6	4.0	34.0	7.4	22.0	22	②	68.3	16.4	68.3	5.2	4.6	5.5
10	③	45.1	3.8	4.1	45.1	19.3	27.7	23	①	79.7	79.7	3.4	3.3	1.8	11.8
11	⑤	92.7	5.4	0.4	0.4	1.1	92.7	24	③	84.2	2.4	2.0	84.2	5.3	6.1
12	⑤	72.4	0.0	0.4	26.4	0.8	72.4	25	⑤	57.7	4.9	3.7	6.8	26.9	57.7
13	⑤	83.3	1.9	0.2	10.4	4.2	83.3								

※ 파란색 음영 문항은 해당 회차에서 정답률이 가장 낮은 TOP 3 문항입니다.
※ 문항별 정답률 산정 기준: 약 1년간 누적된 자동채점 & 성적결과분석 서비스의 응시 데이터

출제 비중

01	⑤	02	①	03	①	04	②	05	④
06	①	07	①	08	③	09	③	10	③
11	⑤	12	⑤	13	⑤	14	④	15	⑤
16	③	17	⑤	18	②	19	④	20	④
21	④	22	②	23	①	24	③	25	⑤

01 ⑤   정답률 66.1%

| 문제 유형 | 비판적 사고 > 빈칸 채우기
| 접근 전략 | 지문에 빈칸을 주고, 문맥을 파악하여 해당 빈칸을 채우는 능력을 평가하는 문제 유형이다. 빈칸 채우기 유형은 지문의 전체적인 흐름과 더불어 그 빈칸 주변부의 글의 흐름까지도 집중해서 보아야 한다. 빈칸 주변의 접속사와 빈칸이 포함된 문단의 도입부 등을 잘 살펴 빈칸에 들어가야 하는 내용이 예시인지, 반론인지, 추가 설명인지 등을 파악해야 한다. 특히 본 문제의 경우, 빈칸의 개수가 5개로 일반적인 빈칸 채우기 유형보다 빈칸의 개수가 많기 때문에 문제가 어렵게 느껴질 수 있다. 하지만 지문 내용이 크게 어렵지 않기 때문에 빈칸 주변의 접속사, 어미 등을 활용하면 빈칸에 들어갈 내용을 유추할 수 있다.

다음 글의 문맥상 (가)~(마)에 들어갈 내용으로 적절하지 않은 것은?

'방언(方言)'이라는 용어는 표준어와 대립되는 개념으로 사용될 수 있다. 이때 방언이란 '교양 있는 사람들이 두루 쓰는 현대 서울말'로서의 표준어가 아닌 말, 즉 비표준어라는 뜻을 갖는다. 가령 ┌──(가)──┐는 생각에는 방언을 비표준어로서 낮잡아 보는 인식이 담겨 있다. 이러한 개념으로서의 방언은 '사투리'라는 용어로 바뀌어 쓰이는 수가 많다. '충청도 사투리', '평안도 사투리'라고 할 때의 사투리는 대개 이러한 개념으로 쓰이는 경우이다. 이때의 방언이나 사투리는, 말하자면 표준어인 서울말이 아닌 어느 지역의 말을 가리키거나, 더 나아가 ┌──(나)──┐을 일컫는다. 이러한 용법에는 방언이 표준어보다 열등하다는 오해와 편견이 포함되어 있다. 여기에는 표준어보다 못하다거나 세련되지 못하고 규칙에 엄격하지 않다와 같은 부정적 평가가 담겨 있는 것이다. 그런가 하면 사투리는 한 지역의 언어 체계 전반을 뜻하기보다 그 지역의 말 가운데 표준어에는 없는, 그 지역 특유의 언어 요소만을 일컫기도 한다. ┌──(다)──┐고 할 때의 사투리가 그러한 경우에 해당된다. ▶1문단

언어학에서의 방언은 한 언어를 형성하고 있는 하위 단위로서의 언어 체계 전부를 일컫는 말로 사용된다. 가령 한국어를 예로 들면 한국어를 이루고 있는 각 지역의 말 하나하나, 즉 그 지역의 언어 체계 전부를 방언이라 한다. 서울말은 이 경우 표준어이면서 한국어의 한 방언이다. 그리고 나머지 지역의 방언들은 ┌──(라)──┐. 이러한 의미에서의 '충청도 방언'은, 충청도에서만 쓰이는, 표준어에도 없고 다른 도의 말에도 없는 충청도 특유의 언어 요소만을 가리키는 것이 아니다. '충청도 방언'은 충청도의 토박이들이 전래적으로 써 온 한국어 전부를 가리킨다. 이 점에서 한국어는 ┌──(마)──┐. ▶2문단

① (가): 바른말을 써야 하는 아나운서가 방언을 써서는 안 된다
➡ (O) 예시가 들어가야 하는 부분이다. (가)의 앞 문장에서 방언이라는 용어가 표준어와 대립되는 개념이며, 비표준어라는 뜻을 갖는다고 설명하였고 (가)의 뒤 문장에서는 빈칸에 들어갈 예시에 방언을 비표준어로서 낮잡아 보는 인식이 담겨 있다고 하였다. 따라서 방언을 낮잡아 보는 인식이 담긴 사례에 해당하는 본 선지는 (가)에 들어갈 내용으로 적절하다.

② (나): 표준어가 아닌, 세련되지 못하고 격을 갖추지 못한 말 ➡ (O) 추가 설명이 들어가야 하는 부분이다. (나)의 앞에 덧붙은 '더 나아가'라는 수식어를 통해 (나)에는 앞부분에서 설명한 개념을 심화하는 내용이 들어가야 한다는 것을 알 수 있다. 또한 (나)의 뒷부분에서 방언이 표준어보다 열등하다는 것을 오해와 편견이라고 설명하고 있는 것을 통해 (나)에서는 방언이 표준어보다 열등하다는 것을 설명해야 함을 알 수 있다. 본 선지에서 방언을 '표준어가 아닌, 세련되지 못하고 격을 갖추지 못한 말'이라고 정의한 것은 방언이 표준어보다 열등하다는 점을 설명한 것이고, 방언을 '표준어인 서울말이 아닌 어느 지역의 말'이라고 정의한 앞부분보다 방언의 열등한 점을 심화한 말이므로 본 선지는 (나)에 들어갈 내용으로 적절하다.

③ (다): 사투리를 많이 쓰는 사람과는 의사소통이 어렵다 ➡ (O) 예시가 들어가야 하는 부분이다. (다)의 앞 문장에서 사투리를 그 지역 특유의 언어 요소만을 일컫는 것이라고 설명하였는데 본 선지에서는 그 예시로 사투리를 많이 쓰는 사람과는 의사소통이 어렵다라는 것을 제시하고 있다. 그 지역 특유의 언어 요소를 많이 사용하면, 즉 사투리를 많이 사용하면 다른 지역 사람이 그 내용을 인식하지 못해 의사소통이 어려워지므로 본 선지는 (다)에 들어갈 예시로 적절하다.

④ (라): 한국어라는 한 언어의 하위 단위이기 때문에 방언이다
➡ (O) 비교·대조의 내용이 들어가야 하는 부분이다. 앞부분의 내용은 서울말과 나머지 지역의 방언의 공통점은 한국어라는 언어의 하위 단위라는 것으로 정리할 수 있다. 반면 차이점은 표준어이냐 아니냐이다. 그러므로 나머지 지역의 방언들이 한국어라는 한 언어의 하위 단위라고 설명하고 있는 본 선지는 (라)에 들어갈 내용으로 적절하다.

⑤ (마): 표준어와 지역 방언의 공통부분을 지칭하는 개념이다
➡ (X) 요약하는 내용이 들어가야 하는 부분이다. 2문단에서는 한국어의 하위 단위로 방언이 있고, 서울말도 방언의 일종임을 설명하고 있는데 이는 지역 방언과 표준어 모두를 합한 개념이 한국어임을 뜻한다. 그런데 본 선지에서는 한국어를 표준어와 지역 방언을 합한 것이 아니라 그 둘의 공통부분을 지칭하는 개념이라고 설명하고 있으므로 본 선지는 (마)에 들어갈 내용으로 적절하지 않다.

02 ①   정답률 74.8%

| 문제 유형 | 사실적 이해 > 정보 확인
| 접근 전략 | 지문을 통해 알 수 있는 것 또는 알 수 없는 것을 묻는 문제에서 '옳은 것'은 알 수 있는 것이며, '틀린 것이나 지문에서 찾을 수 없는 것'은 알 수 없는 것이 된다. 따라서 지문에서 찾을 수 없는 것은 과감히 알 수 없는 것으로 체크하고 넘어가면 된다. 이 문제는 특정 장소가 어느 위치에 있으며, 어떤 특징을 가지고 있는지를 지문에서 나열한 후 그것을 통해 알 수 있는 것을 묻고 있는데 이 경우 지문을 읽으면서 여러 장소의 위치와 특징을 전부 외워 문제를 푸는 것은 불가능하다. 따라서 지문에서 어느 장소에 대한 설명이 어디쯤에서 설명되고 있는지 정도만 기억하거나 표시한 후, 선지를 보고 다시 지문으로 빠르게 돌아가 일치·불일치 여부를 판단하거나, 지문의 내용을 간단히 시각화한 후 선지와 일치·불일치 여부를 판단하면 된다.

다음 글에서 알 수 있는 것은?

고려의 수도 개경 안에는 궁궐이 있고, 그 주변으로 가옥과 상점이 모여 시가지를 형성하고 있었다. 이 궁궐과 시가지를 둘러싼 성벽을 개경 도성이라고 불렀다. 개경 도성에는 여러 개의 출입문이 있었는데, 서쪽에 있는 문 가운데 가장 많은 사람이 드나든 곳은 선의문이었다. 동쪽에는 숭인문이라는 문도 있었다. 도성 안에는 선의문과 숭인문을 잇는 큰 도로가 있었다. 이 도로는 궁궐의 출입문인 광화문으로부터 도성 남쪽 출입문 방향으로 나 있는 다른 도로와 만나는데, 두 도로의 교차점을 십자가라고 불렀다. ▶1문단

고려 때에는 개경의 십자가로부터 광화문까지 난 거리를 남대가라고 불렀다. 남대가 양편에는 관청의 허가를 받아 영업하는 상점인 시전들이 도로를 따라 나란히 위치해 있었다. 이 거리는 비단이나 신발을 파는 시전, 과일 파는 시전 등이 밀집한 번화가였다. 고려 정부는 이 거리를 관리하기 위해 남대가의 남쪽 끝 지점에 경시서라는 관청을 두었다. ▶2문단

개경에는 남대가에만 시전이 있는 것이 아니었다. 십자가에서 숭인문 방향으로 몇백 미터를 걸어가면 그 도로 북쪽 편에 자남산이라는 조그마한 산이 있었다. 이 산은 도로에서 불과 몇십 미터 떨어져 있지 않은데, 그 산과 남대가 사이의 공간에 기름만 취급하는 시전들이 따로 모인 유시 골목이 있었

다. 또 십자가에서 남쪽으로 이어진 길로 백여 미터만 가도 그 길에 접한 서쪽 면에 돼지고기만 따로 파는 저전들이 있었다. 이외에도 십자가와 선의문 사이를 잇는 길의 중간 지점에 수륙교라는 다리가 있었는데, 그 옆에 종이만 파는 저시 골목이 있었다. ▶3문단

→ 지문 내용을 시각화하면 다음과 같다.

① 남대가의 북쪽 끝에 궁궐의 출입문이 자리잡고 있었다. ➡ (O) 남대가에 대한 정보는 2문단에 제시되어 있다. 십자가에서 광화문까지의 거리를 남대가라고 하는데, 1문단에 따르면 광화문이 궁궐의 출입문이다. 십자가에서 도성 남쪽 출입문 방향으로 나 있는 도로가 이미 있고, 서쪽의 선의문과 동쪽의 숭인문을 잇는 도로는 십자가를 지난다고 하였으므로 십자가의 동서남으로는 이미 길이 있음을 알 수 있다. 이에 따라 남대가는 십자가 북쪽으로 향해 있을 수밖에 없으므로 남대가의 북쪽 끝에 광화문이 있었다는 것을 확인할 수 있다.

② 수륙교가 있던 곳으로부터 서북쪽 방향에 자남산이 있다. ➡ (X) 수륙교와 자남산에 대한 정보는 3문단에 제시되어 있다. 1문단에 따르면 숭인문은 십자가 동쪽에 있으며, 선의문은 십자가 서쪽에 있다. 3문단에서는 십자가에서 숭인문 방향으로 몇백 미터를 걸어가면 도로 북쪽 편에 자남산이 있다고 했으므로 십자가 북동쪽에 자남산이 있어야 한다. 수륙교는 십자가와 선의문 사이에 있었다고 했으므로 십자가 서쪽에 수륙교가 있어야 한다. 이에 따라 수륙교의 북동쪽 방향에 자남산이 있었음을 알 수 있으므로 본 선지의 내용은 옳지 않다.

③ 숭인문과 경시서의 중간 지점에 저시 골목이 위치해 있었다. ➡ (X) 경시서에 대한 정보는 2문단, 저시 골목에 대한 정보는 3문단에 제시되어 있다. 2문단에서 경시서는 남대가의 남쪽 끝 지점에 있다고 하였는데, 광화문은 도성 북쪽에 있고, 남대가는 광화문에서 십자가까지 난 거리이므로 경시서는 십자가 부근에 있을 것임을 알 수 있다. 저시 골목은 수륙교 옆에 있었는데 수륙교는 십자가와 선의문 사이에 있었고 선의문은 십자가 서쪽에 있었으므로 저시 골목은 십자가 서쪽에 있음을 알 수 있다. 따라서 본 선지의 내용은 옳지 않다.

④ 선의문과 십자가를 연결하는 길의 중간 지점에 저전이 모여 있었다. ➡ (X) 저전에 대한 정보는 3문단에 제시되어 있다. 저전은 십자가에서 남쪽으로 이어진 길에 있었다고 하였는데, 1문단에 따르면 선의문은 서쪽에 있으므로 본 선지의 내용은 옳지 않다.

⑤ 십자가에서 유시 골목으로 가는 길의 중간 지점에 수륙교가 위치해 있었다. ➡ (X) 유시 골목과 수륙교에 대한 정보는 3문단에 제시되어 있다. 유시 골목은 자남산과 남대가 사이에 있었다고 하였으므로 십자가 북동쪽에 있었음을. 수륙교는 서쪽에 있는 선의문으로 가는 길에 있어 십자가 서쪽에 있었음을 알 수 있다. 따라서 본 선지의 내용은 옳지 않다.

03 ①   정답률 95.5%

| 문제 유형 | 사실적 이해 > 정보 확인
| 접근 전략 | 설명 대상들의 차이점을 묻는 문제 유형이다. 비교·대조 문제를 풀 때는 지문을 읽으며 비교·대조 대상인 두 가지 요소의 공통점과 차이점을 파악하며 풀어야 한다. 공통점을 차이점으로, 차이점을 공통점으로 바꾸거나 비교·대조의 대상이 아닌 것을 비교·대조의 대상으로 만들기도 하고, 또는 지문에 없는 내용으로 오답을 만들어 내는 것이 특징이므로 선지를 볼 때 이 점에 특히 유의해야 한다.

다음 글에서 알 수 없는 것은?

A효과란 기업이 시장에 최초로 진입하여 무형 및 유형의 이익을 얻는 것을 의미한다. 반면 뒤늦게 뛰어든 기업이 앞서 진출한 기업의 투자를 징검다리로 이용하여 성공적으로 시장에 안착하는 것을 B효과라고 한다. 물론 B효과는 후발진입기업이 최초진입기업과 동등한 수준의 기술 및 제품을 보다 낮은 비용으로 개발할 수 있을 때만 가능하다. ▶1문단

생산량이 증가할수록 평균생산비용이 감소하는 규모의 경제 효과 측면에서, 후발진입기업에 비해 최초진입기업이 유리하다. 즉, 대량 생산, 인프라 구축 등에서 우위를 조기에 확보하여 효율성 증대와 생산성 향상을 꾀할 수 있다. 반면 후발진입기업 역시 연구개발 투자 측면에서 최초진입기업에 비해 상대적으로 유리한 면이 있다. 후발진입기업의 모방 비용은 최초진입기업이 신제품 개발에 투자한 비용 대비 65% 수준이기 때문이다. 최초진입기업의 경우, 규모의 경제 효과를 얼마나 단기간에 이룰 수 있는가가 성공의 필수 요건이 된다. 후발진입기업의 경우, 절감된 비용을 마케팅 등에 효과적으로 투자하여 최초진입기업의 시장 점유율을 단기간에 빼앗아 오는 것이 성공의 핵심 조건이다. ▶2문단

규모의 경제 달성으로 인한 비용상의 이점 이외에도 최초진입기업이 누릴 수 있는 강점은 강력한 진입 장벽을 구축할 수 있다는 것이다. 시장에 최초로 진입했기에 소비자에게 우선적으로 인식된다. 그로 인해 후발진입기업에 비해 적어도 인지도 측면에서는 월등한 우위를 확보한다. 또한 기술적 우위를 확보하여 라이센스, 특허 전략 등을 통해 후발진입기업의 시장 진입을 방해하기도 한다. 뿐만 아니라 소비자들이 후발진입기업의 브랜드로 전환하려고 할 때 발생하는 노력, 비용, 심리적 위험 등을 마케팅에 활용하여 후발진입기업이 시장에 진입하기 어렵게 할 수도 있다. 결국 A효과를 극대화할 수 있는지는 규모의 경제 달성 이외에도 얼마나 오랫동안 후발주자가 진입하지 못하도록 할 수 있는가에 달려 있다. ▶3문단

① 최초진입기업은 후발진입기업에 비해 매년 더 많은 마케팅 비용을 사용한다. ➡ (X) 2문단에서는 후발진입기업이 절감된 비용을 마케팅 등에 효과적으로 투자할 수 있다고 하였으며, 3문단에서는 최초진입기업의 경우 소비자들이 후발진입기업의 브랜드로 전환하려고 할 때 발생하는 노력, 비용, 심리적 위험 등을 마케팅에 활용할 수 있다고 하였다. 그러나 지문에서 최초진입기업이 후발진입기업에 비해 매년 더 많은 마케팅 비용을 사용하는지에 대해서는 언급하지 않았으므로 본 선지의 내용은 알 수 없다.

② 후발진입기업의 모방 비용은 최초진입기업이 신제품 개발에 투자한 비용보다 적다. ➡ (O) 2문단에서 후발진입기업의 모방 비용은 최초진입기업이 신제품 개발에 투자한 비용 대비 65% 수준이라고 설명하고 있다. 따라서 본 선지의 내용은 지문에서 알 수 있다.

③ 최초진입기업이 후발진입기업에 비해 인지도 측면에서 우위에 있다는 것은 A효과에 해당한다. ➡ (O) 1문단에서 A효과를 기업이 최초로 시장에 진입했을 때의 효과라고 설명하고 있으며 3문단에서 최초진입기업은 후발진입기업에 비해 적어도 인지도 측면에서는 월등한 우위를 확보한다고 하였으므로 본 선지의 내용은 지문에서 알 수 있다.

④ 후발진입기업이 성공하려면 절감된 비용을 효과적으로 투자하여 최초진입기업의 시장점유율을 단기간에 빼앗아 와야 한다. ➡ (O) 2문단 마지막 문장에서 '후발진입기업의 경우, 절감된 비용을 마케팅 등에 효과적으로 투자하여 최초진입기업의 시장 점유율을 단기간에 빼앗아 오는 것이 성공의 핵심 조건이다.'라고 설명하고 있으므로 본 선지의 내용은 지문에서 알 수 있다.

⑤ 후발진입기업이 최초진입기업과 동등한 수준의 기술 및 제품을 보다 낮은 비용으로 개발할 수 없다면 B효과를 얻을 수 없다. ➡ (O) 1문단 마지막 문장에서 'B효과는 후발진입기업이 최초진입기업과 동등한 수준의 기술 및 제품을 보다 낮은 비용으로 개발할 수 있을 때만 가능하다.'라고 설명하고 있으므로 본 선지의 내용은 지문에서 알 수 있다.

04 ②
정답률 55.4%

| 문제 유형 | 사실적 이해 > 정보 확인
| 접근 전략 | 연도, 주세율 등 구체적인 수치가 제시된 지문을 읽고 푸는 문제 유형이다. 수에 관한 문제는 지문을 읽으며 수의 증감 여부를 눈여겨보아야 한다. 어떤 조건하에서, 어떤 시기에 수가 증가하고 감소하는지를 인지하며 지문을 읽으면 선지를 보고 문제를 해결하는 데 보다 적은 시간이 소요된다. 지문뿐 아니라 선지에 숫자가 제시된 경우에도 수의 증감에 유의하여 옳고 그름을 판단해야 한다.

다음 글에서 알 수 있는 것은?

1996년 미국, EU 및 캐나다는 일본에서 위스키의 주세율이 소주에 비해 지나치게 높다는 이유로 일본을 WTO에 제소했다. WTO 패널은 제소국인 미국, EU 및 캐나다의 손을 들어주었다. 이 판정을 근거로 미국과 EU는 한국에 대해서도 소주와 위스키의 주세율을 조정해줄 것을 요구했는데, 받아들여지지 않자 한국을 WTO에 제소했다. 당시 소주의 주세율은 증류식이 50%, 희석식이 35%였는데, 위스키의 주세율은 100%로 소주에 비해 크게 높았다. 한국에 위스키 원액을 수출하던 EU는 1997년 4월에 한국을 제소했고, 5월에는 미국도 한국을 제소했다. 패널은 1998년 7월에 한국의 패소를 결정했다. ▶1문단

패널의 판정은, 소주와 위스키가 직접적인 경쟁 관계에 있고 동시에 대체 관계가 존재하므로 국산품인 소주에 비해 수입품인 위스키에 높은 주세율을 적용하고 있는 한국의 주세 제도가 WTO 협정의 내국민대우 조항에 위배된다는 것이었다. 그리고 3개월 후 한국이 패널의 판정에 대해 상소했으나 상소 기구에서 패널의 판정이 그대로 인정되었다. 따라서 한국은 소주와 위스키 간 주세율의 차이를 해소해야 했는데, 그 방안은 위스키의 주세를 낮추거나 소주의 주세를 올리는 것이었다. 당시 어느 것이 옳은가에 대한 논쟁이 적지 않았다. 결국 소주의 주세율은 올리고 위스키의 주세율은 내려서, 똑같이 72%로 맞추는 방식으로 2000년 1월 주세법을 개정하여 차이를 해소했다. ▶2문단

① WTO 협정에 따르면, 제품 간 대체 관계가 존재하면 세율이 같아야 한다. ➡ (X) 2문단에서는 '패널의 판정은, 소주와 위스키가 직접적인 경쟁 관계에 있고 동시에 대체 관계가 존재하므로 국산품인 소주에 비해 수입품인 위스키에 높은 주세율을 적용하고 있는 한국의 주세 제도가 WTO 협정의 내국민대우 조항에 위배된다는 것이었다.'라고 설명하고 있다. 이 문장을 분해해 보면, '직접적인 경쟁 관계+대체 관계'일 때 세율이 다르면 WTO 협정에 위배된다는 것이다. 이렇게 조건이 두 가지인데 본 선지에서는 두 조건 가운데 하나만을 가지고 조건 모두를 충족하는 것으로 설명하고 있으므로 옳지 않다.

② 2000년 주세법 개정 결과 희석식 소주가 증류식 소주보다 주세율 상승폭이 컸다. ➡ (O) 1문단에서 기존 소주의 주세율은 증류식이 50%, 희석식이 35%라고 설명하고 있다. 그런데 2문단에서 2000년 주세법 개정 결과 소주와 위스키의 주세율이 72%로 같아졌다고 했으므로 증류식 소주는 세율이 22%p, 희석식은 37%p 증가해 희석식 소주가 증류식 소주보다 주세율 상승폭이 컸음을 알 수 있다.

③ 2000년 주세법 개정 이후 소주와 위스키의 세금 총액은 개정 전에 비해 증가하였다. ➡ (X) 세금 총액을 알기 위해서는 주세뿐 아니라 소주와 위스키의 판매 총액을 알아야 하는데 소주와 위스키의 판매액의 변화는 지문에 제시되지 않았으므로 본 선지의 내용은 지문에서 알 수 없다.

④ 미국, EU 및 캐나다는 일본과의 WTO 분쟁 판정 결과를 근거로 한국에서도 주세율을 조정하고자 했다. ➡ (X) 1문단에서 WTO에 한국을 제소한 곳은 미국과 EU임을 알 수 있다. 따라서 캐나다에서 한국의 주세율을 조정하고자 했는지는 지문에서 알 수 없다.

⑤ 한국의 소주와 위스키의 주세율을 일본과 동일하게 하라는 권고가 WTO 패널의 판정에 포함되어 있다. ➡ (X) 일본의 주세율이 얼마인지에 대한 설명이 제시되지 않았고, 일본의 주세율과 동일하게 하라는 권고가 있었는지도 지문에 나와 있지 않다. 따라서 본 선지의 내용은 지문에서 알 수 없다.

05 ④
정답률 95.0%

| 문제 유형 | 비판적 사고 > 지문에서 추론하기
| 접근 전략 | 추론하기 유형은 정보 확인 유형과 유사하지만 선지의 내용을 구성할 때 지문의 내용을 그대로 옮겨 놓지 않고 어느 정도 말을 바꾸어 구성한다는 점이 다르다. 또 특정 내용을 지문에서 직접적으로 설명하지 않고 다른 내용을 통해 간접적으로 알 수 있게 구성하기도 한다. 따라서 지문에 정확히 해당 내용이 없더라도 유사성이 매우 높거나, 다른 문장을 통해 해당 내용을 간접적으로 알 수 있다면 해당 선지는 옳다고 볼 수 있다.

다음 글에서 추론할 수 있는 것은?

종자와 농약을 생산하는 대기업들은 자신들이 유전자 기술로 조작한 종자가 농약을 현저히 적게 사용해도 되기 때문에 농부들이 더 많은 이윤을 낼 수 있다고 주장하였다. 그러나 미국에서 유전자 변형 작물을 재배한 16년(1996년~2011년) 동안의 농약 사용량을 살펴보면, 이 주장은 사실이 아님을 알 수 있다. ▶1문단

유전자 변형 작물은 해충에 훨씬 더 잘 견디는 장점이 있다. 유전자 변형 작물이 해충을 막기 위해 자체적으로 독소를 만들어내기 때문이다. 독소를 함유한 유전자 변형 작물을 재배함으로써 일반 작물 재배와 비교하여 16년 동안 살충제 소비를 약 56,000톤 줄일 수 있었다. 그런데 제초제의 경우는 달랐다. 처음 4~5년 동안에는 제초제의 사용이 감소하였다. 그렇지만 전체 재배 기간을 고려하면 일반 작물 재배와 비교할 때 약 239,000톤이 더 소비되었다. 늘어난 제초제의 양에서 줄어든 살충제의 양을 빼면 일반 작물 재배와 비교하여 농약 사용이 재배 기간 16년 동안 183,000톤 증가했다. ▶2문단

M사의 제초제인 글리포세이트에 내성을 가진 유전자 변형 작물을 재배하기 시작한 농부들은 그 제초제를 매년 반복해서 사용했다. 이로 인해 그 지역에서는 글리포세이트에 대해 내성을 가진 잡초가 생겨났다. 이와 같이 제초제에 내성을 가진 잡초를 슈퍼잡초라고 부른다. 유전자 변형 작물을 재배하는 농지는 대부분 이러한 슈퍼잡초로 인해 어려움을 겪게 되었다. 슈퍼잡초를 제거하기 위해서는 제초제를 더 자주 사용하거나 여러 제초제를 섞어서 사용하거나 아니면 새로 개발된 제초제를 사용해야 한다. 이로 인해 농부들은 더 많은 비용을 지불할 수밖에 없었다. ▶3문단

① 유전자 변형 작물을 재배하는 지역에서는 모든 종류의 농약 사용이 증가했다. ➡ (X) 농약의 종류에 대한 직접적인 설명은 없으나, 2문단에서 늘어난 제초제의 양에서 줄어든 살충제의 양을 빼 농약 사용의 증감을 설명한 것을 통해 제초제와 살충제가 농약의 종류임을 알 수 있다. 2문단의 내용을 통해 살충제의 소비는 감소하였지만 제초제의 소비는 늘어났음을 알 수 있으므로 모든 종류의 농약 사용이 증가했다는 본 선지의 내용은 옳지 않다.

② 유전자 변형 작물을 도입한 해부터 그 작물을 재배하는 지역에 슈퍼잡초가 나타났다. ➡ (X) 3문단에 내성을 가진 잡초인 슈퍼잡초가 생겨났다는 설명은 있으나 그것이 언제 생겨났는지에 관한 설명은 제시되어 있지 않으므로 본 선지의 내용은 알 수 없다.

③ 유전자 변형 작물을 도입한 후 일반 작물 재배의 경우에도 살충제의 사용이 증가했다. ➡ (X) 지문에 일반 작물 재배 시 살충제의 사용 증감에 대한 설명은 제시되어 있지 않으므로 해당 선지의 내용은 알 수 없다.

④ 유전자 변형 작물 재배로 슈퍼잡초가 발생한 지역에서는 작물 생산 비용이 증가했다. ➡ (O) 3문단에 슈퍼잡초를 제거하기 위해 농부들이 더 많은 비용을 지불할 수밖에 없었다는 설명이 있으므로 슈퍼잡초가 발생한 지역에서는 작물 생산 비용이 증가했음을 추론할 수 있다.

⑤ 유전자 변형 작물을 재배하는 지역과 일반 작물을 재배하는 지역에서 슈퍼잡초의 발생 정도가 비슷했다. ➡ (X) 지문에 일반 작물을 재배하는 지역에서의 슈퍼잡초 발생 여부에 대해서는 설명하고 있지 않으므로 본 선지의 내용은 알 수 없다.

06 ① 정답률 80.2%

| 문제 유형 | 비판적 사고 > 빈칸 채우기
| 접근 전략 | 지문에서 가설 제시 부분을 빈칸으로 처리하고 가설 검증을 위한 증거와 그에 대한 해석을 나열한 뒤 그것을 토대로 빈칸의 가설을 추론할 것을 요구하고 있다. 따라서 지문에 제시된 증거와 그에 대한 해석이 각 선지의 가설을 강화 또는 약화하는지 혹은 무관한지를 검토하여 빈칸에 들어갈 가설을 추론해야 한다. 이때 가설은 여러 증거를 통해 유의미하게 도출될 수 있는 가치 있는 명제를 뜻한다. 여러 증거와 그에 대한 해석을 포괄하지 못하고 증거의 일부분만을 해석한 명제는 가설로 볼 수 없다는 점을 염두에 두어야 한다.

다음 글의 빈칸에 들어갈 내용으로 가장 적절한 것은?

알레르기는 도시화와 산업화가 진행되는 지역에서 매우 빠르게 증가하고 있는데, 알레르기의 발병 원인에 대한 20세기의 지배적 이론은 알레르기는 병원균의 침입에 의해 발생하는 감염성 질병이라는 것이다. 하지만 1989년 영국 의사 S는 이 전통적인 이론에 맞서 다음 가설을 제시했다. ▶1문단

S는 1958년 3월 둘째 주에 태어난 17,000명 이상의 영국 어린이를 대상으로 그들이 23세가 될 때까지 수집한 개인 정보 데이터베이스를 분석하여, 이 가설을 뒷받침하는 증거를 찾았다. 이들의 가족 관계, 사회적 지위, 경제력, 거주 지역, 건강 등의 정보를 비교 분석한 결과, 두 개 항목이 꽃가루 알레르기와 상관관계를 가졌다. 첫째, 함께 자란 형제자매의 수이다. 외동으로 자란 아이의 경우 형제가 서넛인 아이에 비해 꽃가루 알레르기에 취약했다. 둘째, 가족 관계에서 차지하는 서열이다. 동생이 많은 아이보다 손위 형제가 많은 아이가 알레르기에 걸릴 확률이 낮았다. ▶2문단

S의 주장에 따르면 가족 구성원이 많은 집에 사는 아이들은 가족 구성원, 특히 손위 형제들이 집 안으로 끌고 들어오는 온갖 병균에 의한 잦은 감염 덕분에 장기적으로는 알레르기 예방에 오히려 유리하다. S는 유년기에 겪은 이런 감염이 꽃가루 알레르기를 비롯한 알레르기성 질환으로부터 아이들을 보호해 왔다고 생각했다. ▶3문단

① 알레르기는 유년기에 병원균 노출의 기회가 적을수록 발생 확률이 높아진다. ➡ (O) 빈칸의 가설은 알레르기가 감염성 질병이라는 점을 반박해야 한다. 본 선지의 가설은 감염원(병원균 노출)이 줄었는데 질병(알레르기 발생)이 늘었다는 것이므로 알레르기가 감염성 질병이라는 것을 정면으로 반박하는 내용으로 볼 수 있다. 그리고 3문단에서는 2문단의 증거에 대해 가족 구성원, 특히 손위 형제들이 많으면 병균에 의한 감염이 잦고 이에 따라 장기적으로 알레르기 예방에 유리하다고 해석하고 있다. 이는 병원균 노출의 기회가 적을수록 알레르기 발생 확률이 높아진다는 가설을 강화한다. 따라서 본 선지는 빈칸에 들어갈 가설로 적절하다.

② 알레르기는 가족 관계에서 서열이 높은 가족 구성원에게 더 많이 발생한다. ➡ (X) 2문단에서 동생이 많은 아이보다 손위 형제가 많은 아이가 알레르기에 걸릴 확률이 낮았다고 한 후 3문단에서 이에 대한 해석으로 유년기에 겪은 감염이 알레르기성 질환으로부터 아이들을 보호해 왔음을 제시하고 있다. 즉, 손위 형제가 많은 아이는 유년기 동안 형제가 많았고, 동생이 많은 아이는 유년기 동안에는 형제가 없거나 적었을 것임을 바탕으로 해당 연구 결과를 해석한 것이다. 따라서 해당 설명은 가족 관계에서의 서열보다 유년기 감염 빈도에 대한 가설을 강화하기 위한 설명으로 보는 것이 더 적절하다. 1문단에서 빈칸의 가설이 알레르기가 감염성 질병이라는 것을 정면으로 반박한다고 하였는데 가족 관계에서의 서열과 알레르기 간의 관계는 알레르기가 감염성 질병이라는 점을 정면으로 반박하는 것으로 보기 어렵다.

③ 알레르기는 성인보다 유년기의 아이들에게 더 많이 발생한다. ➡ (X) 지문에서는 성인의 알레르기 발생 빈도를 언급하지 않았다.

④ 알레르기는 도시화에 따른 전염병의 증가로 인해 유발된다. ➡ (X) S의 이론에서 알레르기와 도시화의 상관관계를 추론할 만한 내용은 찾을 수 없다.

⑤ 알레르기는 형제가 많을수록 발생 확률이 낮아진다. ➡ (X) 2문단에서 형제자매가 적으면 감염에 취약하다고 설명하고 있는데 본 선지는 해당 증거를 그대로 해석한 것으로 알레르기와 서열의 관계 및 3문단의 해설을 포괄하지는 못한다. 형제가 많더라도 서열에 따라 알레르기 발생 확률이 달라지는데 본 선지는 그 내용을 포괄하지 못하는 것이다. 또 1문단에서는 빈칸의 가설이 알레르기가 감염성 질병이라는 것을 정면으로 반박한다고 하였는데 형제의 수와 알레르기 간의 관계는 알레르기가 감염성 질병이라는 점을 정면으로 반박하지 못한다.

07 ① 정답률 77.8%

| 문제 유형 | 비판적 사고 > 판단하기
| 접근 전략 | 지문에 대한 평가로 논지를 강화·약화하는지 따지는 문제는 선지가 논리적 결론을 도출하기 위한 전제를 반박하는지, 지지하는지를 유심히 살펴보아야 한다. 논리적 결론을 도출하는 과정에서 사용한 전제를 반박할 수 있다면 논지는 약화되고, 전제를 지지할 수 있다면 논지는 강화된다. 그러나 전제와 무관하다면 논지는 강화되지도 약화되지도 않는다.

다음 글에 대한 평가로 적절하지 않은 것은?

당신은 '행복 기계'에 들어갈 것인지 망설이고 있다. 만일 들어간다면 그 순간 당신은 기계에 들어왔다는 것을 완전히 잊게 되고, 이 기계를 만나기 전에는 맛보기 힘든 멋진 시간을 가상현실 기술을 통해 경험하게 된다. 단, 누구든 한 번 그 기계에 들어가면 삶을 마칠 때까지 거기서 나올 수 없다. 이 기계에는 고장도 오작동도 없다. 당신은 이 기계에 들어가겠는가? 우리의 삶은 고난과 좌절로 가득 차 있지만, 우리는 그것들이 실제로 사라지기를 원하지 그저 사라졌다고 믿기를 원하지 않는다. 이러한 사실은, 참인 믿음이 우리에게 아무런 이익이 되지 않거나 심지어 손해를 가져오는 경우에도 우리가 거짓인 믿음보다 참인 믿음을 가지기를 선호한다는 견해를 뒷받침한다. ▶1문단

돈의 가치는 숫자가 적힌 종이 자체에 있지 않다. 돈이 가치를 지니는 것은 그것이 좋은 것들을 얻는 도구로 기능하기 때문이다. 참인 믿음을 가지는 것이 유용한 경우가 많은 것은 사실이지만, 다른 것들을 얻기 위한 수단인 돈과 달리 참인 믿음은 그 자체로 가치가 있다. 그리고 행복 기계에 관한 우리의 태도는 이를 분명하게 보여 준다. ▶2문단

다른 것에 대한 선호로는 설명될 수 없는 원초적인 선호를 '기초 선호'라고 부른다. 가령 신체의 고통을 피하려는 것은 기초 선호로 보인다. 참인 믿음은 어떤가? 만약 참인 믿음이 기초 선호의 대상이 아니라면, 참인 믿음과 거짓인 믿음이 실용적 손익에서 동등할 경우 전자를 후자보다 더 선호해야 할 이유는 없다. 여기서 확인하게 되는 결론은, 참인 믿음이 기초 선호의 대상이라는 것이다. 그렇지 않다면, 사람들이 행복 기계에 들어가 행복한 거짓 믿음 속에 사는 편을 택하지 않을 이유가 없을 것이다. ▶3문단

① 대부분의 사람이 행복 기계에 들어가는 편을 택할 경우, 논지는 강화된다. ➡ (X) 1문단에서는 행복 기계에 들어가면 가상현실을 통해 멋진 시간을 보낼 수 있지만 우리는 고난과 좌절이 실제로 사라지기를 원하지 그저 사라졌다고 믿기를 원하지 않으며, 참인 믿음이 우리에게 아무런 이익이 되지 않거나 심지어 손해를 가져오는 경우에도 거짓인 믿음보다 참인 믿음을 가지기를 선호한다고 결론내고 있다. 하지만 대부분의 사람이 행복 기계에 들어가려고 한다면, 사람들이 가상현실을 통해 고난과 좌절이 사라졌다고 믿기를 원하는 것으로 볼 수 있다. 이것은 결론을 도출하는 전제를 반박하는 것이므로 지문의 논지를 약화한다.

② 행복 기계가 현실에 존재하지 않는다는 사실이 논지를 약화하지는 않는다. ➡ (O) 지문에서는 행복 기계의 존재 여부를 결론을 도출하는 전제로 활용하고 있지 않다. 따라서 행복 기계의 존재 여부는 전제와 무관하므로 논지를 강화하지도 약화하지도 않는다.

③ 치료를 위해 신체의 고통을 기꺼이 견디는 사람들이 있다고 해도 논지는 약화되지 않는다. ➡ (O) 3문단에 따르면 신체의 고통을 피하려는 것은 기초 선호 가운데 하나인데 선지를 보면 기초 선호를 피하는 것으로 오해할 수 있다. 하지만 치료를 위해 신체의 고통을 견디면 추후 건강 등 다른 기초 선호를 얻을 수 있으므로 치료를 위해 고통을 견디는 것은 기초 선호라는 전제에 배치되지 않는다. 따라서 본 선지는 논지를 약화하지 않는다.

④ 행복 기계에 들어가지 않는 유일한 이유가 참과 무관한 실용적 이

익임이 확인될 경우, 논지는 약화된다. ➡ (O) 지문에서는 사람들이 참인 믿음을 가지기를 선호해 행복 기계에 들어가지 않는다고 보고 있다. 따라서 사람들이 행복 기계에 들어가지 않는 이유가 참된 믿음과 상관없이 오로지 실용적 이익 때문이라면 지문의 논지는 약화된다.

⑤ 실용적 이익이 없음에도 불구하고 우리가 수학적 참인 정리를 믿는 것을 선호한다는 사실은 논지를 강화한다. ➡ (O) 2문단에서 참인 믿음은 실용적 이익이 없더라도 그 자체로 가치가 있다고 하였으며, 3문단에서는 우리가 참인 믿음을 추구한다고 하였다. 그러므로 실용적 이익이 없는데도 우리가 수학적 참인 정리를 믿는다는 것은 그 자체로 가치가 있는 참인 믿음을 추구한다는 지문의 논지를 강화한다.

S 08 ③ TOP 3 정답률 44.9%

| 문제 유형 | 비판적 사고 > 판단하기
| 접근 전략 | 지시문만 봤을 때 지문에 대한 분석 내용인 선지의 진위 여부를 판별하는 판단하기 유형의 문제로 보이지만, 문제 풀이 과정에서는 논리 게임 유형의 풀이 방법으로 접근해야 한다. 이런 유형의 문제를 해결하기 위해서는 논리학에 대한 일정 수준의 공부가 필요하다. 특히 역, 이, 대우의 관계와 그것들을 만드는 과정은 반드시 이해하고 있어야 한다. 그래야만 전제로부터 결론이 도출되는지, 모순 관계에 있는지 아닌지에 대해 판단할 수 있다.

다음 글에 대한 분석으로 적절하지 않은 것은?

공포영화에 자주 등장하는 좀비는 철학에서도 자주 논의된다. 철학적 논의에서 좀비는 '의식을 갖지는 않지만 겉으로 드러나는 행동에서는 인간과 구별되지 않는 존재'로 정의된다. 이를 '철학적 좀비'라고 하자. ㉠인간은 고통을 느끼지만, 철학적 좀비는 고통을 느끼지 못한다. 즉 고통에 대한 의식을 가질 수 없는 존재라는 것이다. 그러나 ㉡철학적 좀비도 압정을 밟으면 인간과 마찬가지로 비명을 지르며 상처 부위를 부여잡을 것이다. 즉 행동 성향에서는 인간과 차이가 없다. 그렇기 때문에 겉으로 드러나는 모습만으로는 철학적 좀비와 인간을 구별할 수 없다. 그러나 ㉢인간과 철학적 좀비는 동일한 존재가 아니다. ㉣인간이 철학적 좀비와 동일한 존재라면, 인간도 고통을 느끼지 못하는 존재여야 한다. ▶1문단

물론 철학적 좀비는 상상의 산물이다. 그러나 우리가 철학적 좀비를 모순 없이 상상할 수 있다는 사실은 마음에 관한 이론인 행동주의에 문제가 있다는 점을 보여준다. 행동주의는 마음을 행동 성향과 동일시하는 입장이다. 이에 따르면, ㉤마음은 특정 자극에 따라 이러이러한 행동을 하려는 성향이다. ㉥행동주의가 옳다면, 인간이 철학적 좀비와 동일한 존재라는 점을 인정할 수밖에 없다. 그러나 인간과 달리 철학적 좀비는 마음이 없어서 어떤 의식도 가질 수 없는 존재다. 따라서 Ⓐ행동주의는 옳지 않다. ▶2문단

① ㉠과 ㉡은 동시에 참일 수 있다. ➡ (O) 철학적 좀비는 의식을 갖고 있지 않지만 겉으로 드러나는 행동에서는 인간과 구별되지 않는 존재로 정의된다. 이 정의에 따르면 철학적 좀비는 고통을 느끼지 못하더라도 고통을 느끼는 인간과 겉으로 드러나는 행동에서 인간과 구별되지 않아야 한다. 따라서 철학적 좀비가 압정을 밟으면 인간과 마찬가지로 비명을 지르며 상처 부위를 부여잡더라도 ㉠과 모순 관계에 놓이지 않으므로 ㉠과 ㉡은 동시에 참일 수 있다.

② ㉠과 ㉣이 모두 참이면, ㉢도 반드시 참이다. ➡ (O) ㉣의 논리 구조는 '인간이 철학적 좀비와 동일한 존재 → 인간도 고통을 느끼지 못하는 존재'이므로 ㉣의 대우는 '인간은 고통을 느끼는 존재 → 인간이 철학적 좀비와 다른 존재'이다. ㉣이 참이면 ㉣의 대우도 참이고, ㉣의 대우의 전제인 ㉠이 참이면 인간이 철학적 좀비와 다른 존재라는 결론 ㉢도 반드시 참이다.

③ ㉡과 ㉥이 모두 참이면, ㉤도 반드시 참이다. ➡ (X) ㉤은 행동주의에서의 마음에 대한 설명이고, ㉡은 철학적 좀비의 행동 성향에 관한 설명이며, ㉥은 행동주의가 옳다면 인간이 철학적 좀비와 동등한 존재라는 점을 설명하는 문장이다. ㉤은 ㉡이나 ㉥과 무관하며, ㉥은 행동주의가 옳을 때의 결론에 대한 설명이므로 ㉥만

가지고 행동주의가 옳은지 아닌지 판별할 수 없고, 행동주의에서 마음이 어떻게 정의되는지도 알 수 없다. 따라서 ㉡과 ㉥을 가지고 ㉤의 참, 거짓 여부를 판별할 수 없다.

④ ㉢과 ㉥이 모두 참이면, Ⓐ도 반드시 참이다. ➡ (O) ㉥의 대우는 '인간이 철학적 좀비와 동일한 존재라는 점을 인정하지 못한다면 행동주의는 옳지 않다.'인데 ㉥이 참이라면 ㉥의 대우도 참이다. ㉢과 ㉥이 참이면, ㉥의 대우의 전제인 '인간이 철학적 좀비와 동일한 존재라는 점을 인정하지 못한다.'가 참이 되어 결론인 Ⓐ도 참이 된다.

⑤ ㉤과 Ⓐ은 동시에 거짓일 수 없다. ➡ (O) ㉤은 행동주의가 참일 때를 전제로 마음에 대해 설명한 것이므로, Ⓐ이 거짓이면 행동주의가 옳은 것이 되어 ㉤이 거짓일 수 없다.

S 09 ③ TOP 2 정답률 34.0%

| 문제 유형 | 비판적 사고 > 지문에서 추론하기
| 접근 전략 | 참, 거짓 여부를 판단하는 문제 유형이다. 9번 문제의 경우 <보기> 중 참 또는 거짓인지 알 수 있는 것을 골라야 하므로 지문 내용을 통해 참과 거짓을 판별할 수 없는 것을 <보기>에서 찾아 오답으로 가려내면 된다.

다음 글의 내용이 참일 때, 참인지 거짓인지 알 수 있는 것만을 <보기>에서 모두 고르면?

머신러닝은 컴퓨터 공학에서 최근 주목 받고 있는 분야이다. 이 중 샤펠식 과정은 성공적인 적용 사례들로 인해 우리에게 많이 알려진 학습 방법이다. 머신러닝의 사례 가운데 샤펠식 과정에 해당하면서 의사결정트리 방식을 따르지 않는 경우는 없다. ▶1문단

머신러닝은 지도학습과 비지도학습이라는 두 배타적 유형으로 나눌 수 있고, 모든 머신러닝의 사례는 이 두 유형 중 어딘가에 속한다. 샤펠식 과정은 모두 전자에 속한다. 머신러닝에서 새로 떠오르는 방법은 강화학습인데, 강화학습을 활용하는 모든 경우는 후자에 속한다. 그리고 의사결정트리 방식을 적용한 사례들 가운데 강화학습을 활용하는 머신러닝의 사례도 있다. ▶2문단

→ 지문 내용을 시각화하면 다음과 같다.

```
                    〈머신러닝〉
    ┌─────────────────────────────┐
    │ 〈지도학습〉   │   〈비지도학습〉  │
    │              │                │
    │  샤펠식 과정  │   강화학습      │
    │              │                │
    └─────────────────────────────┘
    └ 의사결정트리 방식
```

―〈보기〉―

ㄱ. 의사결정트리 방식을 적용한 모든 사례는 지도학습의 사례이다. → (O) 의사결정트리 방식을 적용한 사례들 가운데 강화학습을 활용하는 머신러닝의 사례도 있는데, 강화학습을 활용한 경우는 모두 비지도학습의 사례에 속한다. 따라서 의사결정트리 방식을 적용한 사례들 가운데 비지도학습의 사례가 있으므로 ㄱ은 거짓이다.

ㄴ. 샤펠식 과정의 적용 사례가 아니면서 의사결정트리 방식을 적용한 경우가 존재한다. → (O) 샤펠식 과정은 모두 지도학습에 속하므로 비지도학습은 모두 샤펠식 과정이 아니다. 의사결정트리 방식을 적용한 사례들 가운데 강화학습을 활용하는 머신러닝의 사례도 있으며, 강화학습을 활용한 경우는 모두 비지도학습의 사례에 속한다. 따라서 의사결정트리 방식을 적용한 사례들 가운데 비지도학습의 사례가 있으며, 비지도학습은 모두 샤펠식 과정이

아니므로 샤펠식 과정의 적용 사례가 아니면서 의사결정트리 방식을 적용한 경우가 존재한다는 ㄴ은 참이다.

ㄷ. 강화학습을 활용하는 머신러닝 사례들 가운데 의사결정트리 방식이 적용되지 않은 경우는 없다. → (X) 의사결정트리 방식을 적용한 사례들 가운데 강화학습을 사용하고 있는 머신러닝 사례가 있다는 것만으로는 강화학습을 사용하고 있는 모든 머신러닝 사례가 의사결정트리 방식을 적용하였는지 아니면 일부만 적용하였는지를 알 수 없다. 따라서 ㄷ은 참과 거짓 여부를 판별할 수 없다.

① ㄴ ➡ (X)
② ㄷ ➡ (X)
③ ㄱ, ㄴ ➡ (O)
④ ㄱ, ㄷ ➡ (X)
⑤ ㄱ, ㄴ, ㄷ ➡ (X)

S 10 ③ 정답률 45.1%

| 문제 유형 | 사실적 이해 > 논리 게임

| 접근 전략 | 제시된 조건으로부터 반드시 참인 것을 〈보기〉에서 고르는 문제이다. 이런 논리 게임 문제를 풀 때는 먼저 문제 해결의 열쇠가 되는 조건을 찾아야 한다. 그런 다음 그 조건의 내용과 모순되거나 대립되는 내용을 찾아 참 또는 거짓을 판단하면 된다.

다음 글의 내용이 참일 때, 반드시 참인 것만을 〈보기〉에서 모두 고르면?

전통문화 활성화 정책의 일환으로 일부 도시를 선정하여 문화관광특구로 지정할 예정이다. 특구 지정 신청을 받아 본 결과, A, B, C, D, 네 개의 도시가 신청하였다. 선정과 관련하여 다음 사실이 밝혀졌다.
○ A가 선정되면 B도 선정된다.
○ B와 C가 모두 선정되는 것은 아니다.
○ B와 D 중 적어도 한 도시는 선정된다.
○ C가 선정되지 않으면 B도 선정되지 않는다.
→ 조건을 정리하여 분석하면 다음과 같다.
• 4번째 조건 문장의 대우는 'B가 선정되면 C도 선정된다.'이다. 그런데 2번째 조건 문장에서 'B와 C가 모두 선정되는 것은 아니다.'라고 하였으므로 B가 선정되면 해당 조건 문장이 모순되어 B는 선정되지 않는다.
• 3번째 조건 문장에서 'B와 D 중 적어도 한 도시는 선정된다.'라고 하였는데 B는 선정되지 않으므로 D가 선정된다.
• 1번째 조건 문장에서 'A가 선정되면 B도 선정된다.'라고 하였데 이 문장의 대우에 의해 B가 선정되지 않으므로 A도 선정되지 않는다.
• C의 문화관광특구 선정 여부는 제시된 조건만으로는 알 수 없다.

〈보기〉
ㄱ. A와 B 가운데 적어도 한 도시는 선정되지 않는다. → (O) A, B 모두 선정되지 않으므로 참이다.
ㄴ. B도 선정되지 않고 C도 선정되지 않는다. → (X) C의 선정 여부는 알 수 없으므로 참인지 알 수 없다.
ㄷ. D는 선정된다. → (O) D는 선정되므로 참이다.

① ㄱ ➡ (X)
② ㄴ ➡ (X)
③ ㄱ, ㄷ ➡ (O)
④ ㄴ, ㄷ ➡ (X)
⑤ ㄱ, ㄴ, ㄷ ➡ (X)

11 ⑤ 정답률 92.7%

| 문제 유형 | 사실적 이해 > 정보 확인

| 접근 전략 | 생소한 개념에 대한 글을 읽고 정보의 일치, 불일치를 확인하는 문제 유형이다. 이 문제를 해결하기 위해서는 해당 개념의 특징을 빠르게 파악하여 그와 대조되는 것이 무엇인지 찾는 것이 중요하다. 또한 선지를 먼저 읽고 선지에 언급된 내용이 나오는 부분을 꼼꼼히 읽으면서 지문 내용과 선지 내용의 일치, 불일치 여부를 판단하여 문제 풀이 시간을 줄일 수 있어야 한다.

다음 글의 내용과 부합하지 않는 것은?

기원전 3천 년쯤 처음 나타난 원시 수메르어 문자 체계는 두 종류의 기호를 사용했다. 한 종류는 숫자를 나타냈고, 1, 10, 60 등에 해당하는 기호가 있었다. 다른 종류의 기호는 사람, 동물, 사유물, 토지 등을 나타냈다. 두 종류의 기호를 사용하여 수메르인들은 많은 정보를 보존할 수 있었다. ▶1문단

이 시기의 수메르어 기록은 사물과 숫자에 한정되었다. 쓰기는 시간과 노고를 요구하는 일이었고, 기호를 읽고 쓸 줄 아는 사람은 얼마 되지 않았다. 이런 고비용의 기호를 장부 기록 이외의 일에 활용할 이유가 없었다. 현존하는 원시 수메르어 문서 가운데 예외는 하나뿐이고, 그 내용은 기록하는 일을 맡게 된 견습생이 교육을 받으면서 반복해서 썼던 단어들이다. 지루해진 견습생이 자기 마음을 표현하는 시를 적고 싶었더라도 그는 그렇게 할 수 없었다. 원시 수메르어 문자 체계는 완전한 문자 체계가 아니었기 때문이다. 완전한 문자 체계란 구어의 범위를 포괄하는 기호 체계, 즉 시를 포함하여 사람들이 말하는 것은 무엇이든 표현할 수 있는 체계이다. 반면에 불완전한 문자 체계는 인간 행동의 제한된 영역에 속하는 특정 종류의 정보만 표현할 수 있는 기호 체계이다. 라틴어, 고대 이집트 상형문자, 브라유 점자는 완전한 문자 체계이다. 이것들로는 상거래를 기록하고, 상법을 명문화하고, 역사책을 쓰고, 연애시를 쓸 수 있다. 이와 달리 원시 수메르어 문자 체계는 수학의 언어나 음악 기호처럼 불완전했다. 그러나 수메르인들은 불편함을 느끼지 않았다. 그들이 문자를 만들어 쓴 이유는 구어를 고스란히 베끼기 위해서가 아니라 거래 기록의 보존처럼 구어로는 하지 못할 일을 하기 위해서였기 때문이다. ▶2문단

① 원시 수메르어 문자 체계는 구어를 보완하는 도구였다. ➡ (O) 2문단 마지막의 '그들이 문자를 만들어 쓴 이유는 ~ 구어로는 하지 못할 일을 하기 위해서였기 때문이다.'라는 문장을 통해 원시 수메르어 문자 체계는 구어를 보완하는 도구였음을 알 수 있다.

② 원시 수메르어 문자 체계는 감정을 표현하는 일에 적합하지 않았다. ➡ (O) 2문단에서 장부 기록을 하다 지루해진 견습생이 자기 마음을 표현하는 시를 적고 싶었더라도 원시 수메르어 문자 체계는 완전한 문자 체계가 아니었기 때문에 그것을 적지 못하였다는 내용을 통해 원시 수메르어 문자 체계는 감정을 표현하는 일에 적합하지 않았음을 알 수 있다.

③ 원시 수메르어 문자를 당시 모든 구성원이 사용할 줄 아는 것은 아니었다. ➡ (O) 원시 수메르어 기호를 읽고 쓸 줄 아는 사람은 얼마 되지 않았다는 2문단의 내용을 통해 당시 모든 구성원이 원시 수메르어 문자를 사용할 줄 아는 것은 아니었음을 알 수 있다.

④ 원시 수메르어 문자는 사물과 숫자를 나타내는 데 상이한 종류의 기호를 사용하였다. ➡ (O) 1문단에서 원시 수메르어 문자 체계는 두 종류의 기호를 사용했는데 한 종류는 숫자를 나타내고 다른 한 종류는 사람, 동물, 사유물, 토지 등을 나타냈다고 서술한 것을 통해 원시 수메르어 문자는 사물과 숫자를 나타내는 데 상이한 종류의 기호를 사용하였음을 알 수 있다.

⑤ 원시 수메르어 문자와 마찬가지로 고대 이집트 상형문자는 구어의 범위를 포괄하지 못했다. ➡ (X) 인간 행동의 제한된 영역에 속하는 특정 종류의 정보만 표현할 수 있는 불완전한 문자 체계와 달리 고대 이집트 상형문자는 구어의 범위를 포괄하는 완전한 문자 체계였음을 2문단에서 확인할 수 있다. 따라서 선지의 내용은 지문의 내용과 부합하지 않는다.

12 ⑤   정답률 72.4%

| 문제 유형 | 사실적 이해 > 정보 확인

| 접근 전략 | 수량, 단위 등이 포함된 지문의 경우 선지에서 수량이나 단위를 교묘하게 바꾸어 오답을 만드는 경우가 많으므로 해당 부분에 유의하여 문제를 해결해야 한다. 또한 조선 왕조의 특정 왕들이 언급되고 있으므로 그 왕들이 도첩 발급과 관련하여 어떤 방침이나 대책을 제시했는지를 정리 또는 표시를 하며 지문을 읽어야 한다.

다음 글에서 알 수 있는 것은?

　조선 왕조가 개창될 당시에는 승려에게 군역을 부과하지 않는 것이 상례였는데, 이를 노리고 승려가 되어 군역을 피하는 자가 많았다. 태조 이성계는 이를 막기 위해 국왕이 되자마자 앞으로 승려가 되려는 자는 빠짐없이 일종의 승려 신분증인 도첩을 발급받으라고 명했다. 그는 도첩을 받은 자만 승려가 될 수 있으며 도첩을 신청할 때는 반드시 면포 150필을 내야 한다는 규정을 공포했다. 그런데 평범한 사람이 면포 150필을 마련하기란 쉽지 않다. 이 때문에 도첩을 위조해 승려 행세하는 자들이 생겨났다. ▶1문단

　태종은 이 문제를 해결하고자 즉위한 지 16년째 되는 해에 담당 관청으로 하여금 도첩을 위조해 승려 행세하는 자를 색출하게 했다. 이처럼 엄한 대응책 탓에 도첩을 위조해 승려 행세하는 사람은 크게 줄어들었다. 하지만 정식으로 도첩을 받은 후 승려 명부에 이름만 올려놓고 실제로는 승려 생활을 하지 않는 부자가 많은 것이 드러났다. 이런 자들은 불교 지식도 갖추지 않은 것으로 나타났다. 태종과 태종의 뒤를 이은 세종은 태조가 세운 방침을 준수할 뿐 이 문제에 대해 특별한 대책을 내놓지 않았다. ▶2문단

　세조는 이 문제를 해결하기 위해 즉위하자마자 담당 관청에 대책을 세우라고 명했다. 그는 수년 후 담당 관청이 작성한 방안을 바탕으로 새 규정을 시행하였다. 이 방침에는 도첩을 신청한 자가 내야 할 면포 수량을 30필로 낮추되 불교 경전인 심경, 금강경, 살달타를 암송하는 자에게만 도첩을 준다는 내용이 있었다. 세조의 뒤를 이은 예종은 규정을 고쳐 도첩 신청자가 납부해야 할 면포 수량을 20필 더 늘리고, 암송할 불경에 법화경을 추가하였다. 이처럼 기준이 강화되자 도첩 신청자 수가 줄어들었다. 이에 성종 때에는 세조가 정한 규정으로 돌아가자는 주장이 나왔다. 하지만 성종은 이를 거부하고, 예종 때 만들어진 규정을 그대로 유지했다. ▶3문단

① 태종은 도첩을 위조해 승려가 된 자를 색출한 후 면포 30필을 내게 했다. ➡ (X) 2문단의 내용을 통해 태종이 도첩을 위조해 승려가 된 자를 색출하도록 했다는 것을 알 수 있지만 색출된 자에게 면포를 내게 했는지는 알 수 없다.

② 태조는 자신이 국왕이 되기 전부터 승려였던 자들에게 면포 150필을 일괄적으로 거두어들였다. ➡ (X) 태조는 국왕이 되자마자 앞으로 승려가 되려는 자에게 도첩을 발급받으라고 명했고 도첩 신청 시 면포 150필을 내게 했다. 따라서 태조가 국왕이 되기 전부터 승려였던 자들에게 면포 150필을 일괄적으로 거두어들인 것은 아니다.

③ 세조가 즉위한 해부터 심경, 금강경, 살달타를 암송한 자에게만 도첩을 발급한다는 규정이 시행되었다. ➡ (X) 세조가 즉위한 해부터가 아니라 세조 즉위 수년 후 심경, 금강경, 살달타를 암송하는 자에게만 도첩을 준다는 새 규정을 시행하였다.

④ 성종은 법화경을 암송할 수 있다는 사실을 인정받은 자가 면포 20필을 납부할 때에만 도첩을 내게 했다. ➡ (X) 예종은 도첩 신청자가 납부해야 할 면포 수량을 20필 더 늘렸고 성종도 해당 규정을 유지하였다. 예종이 20필을 늘리기 이전 도첩 신청자가 납부해야 할 면포 수량은 30필이었으므로 성종 때는 50필을 내야 도첩을 내주었다.

⑤ 세종 때 도첩 신청자가 내도록 규정된 면포 수량은 예종 때 도첩 신청자가 내도록 규정된 면포 수량보다 많았다. ➡ (O) 태조는 도첩 신청 시 면포 150필을 내게 했는데 세종은 태조가 세운 방침을 준수했으므로 세종 때의 도첩 신청자는 면포 150필을 내야 했다. 예종 때는 세조 때보다 면포 20필을 더 내야 했는데 세조 때 도첩 신청자가 내야 할 면포 수량은 30필이었으므로 예종 때는 총 50필을 납부해야 했다. 따라서 예종 때 도첩 신청자가 내도록 규정된 면포 수량보다 세종 때 도첩 신청자가 내도록 규정된 면포 수량이 더 많았음을 알 수 있다.

13 ⑤   정답률 83.3%

| 문제 유형 | 사실적 이해 > 정보 확인

| 접근 전략 | 언어논리에서 통계 자료를 설명하는 지문이 제시되는 경우, 정확한 계산보다는 항목 간 비교, 인과 관계, 최댓값 및 최솟값 찾기 등을 요구한다. 따라서 지문의 통계 항목 하나하나를 꼼꼼히 보기보다 지문을 빠르게 훑고 선지와 비교하며 문제를 풀면 시간을 절약할 수 있다.

다음 글에서 알 수 있는 것은?

　대부분의 미국 경찰관은 총격 사건을 경험하지 않고 은퇴하지만, 그럼에도 매년 약 600명이 총에 맞아 사망하고, 약 200명은 부상당한다. 미국에서 총격 사건 중 총기 발사 경험이 있는 경찰관 대부분이 심리적 문제를 보인다. ▶1문단

　총격 사건을 겪은 경찰관을 조사한 결과, 총격 사건이 일어나는 동안 발생하는 중요한 심리현상 중의 하나가 시간·시각·청각왜곡을 포함하는 지각왜곡이었다. 83%의 경찰관이 총격이 오가는 동안 시간왜곡을 경험했는데, 그들 대부분은 한 시점에서 시간이 감속하여 모든 것이 느려진다고 느꼈다. 또한 56%가 시각왜곡을, 63%가 청각왜곡을 겪었다. 시각왜곡 중에서 가장 빈번한 증상은 한 가지 물체에만 주의가 집중되고 그 밖의 장면은 무시되는 것이다. 청각왜곡은 권총 소리, 고함 소리, 지시 사항 등의 소리를 제대로 듣지 못하는 것이다. ▶2문단

　총격 사건에서 총기를 발사한 경찰관은 사건 후 수많은 심리증상을 경험한다. 가장 일반적인 심리증상은 높은 위험 지각, 분노, 불면, 고립감 등인데, 이러한 반응은 특히 총격 피해자 사망 시에 잘 나타난다. 총격 사건을 겪은 경찰관은 이전에 생각했던 것보다 자신의 직업이 더욱 위험하다고 지각하게 된다. 그들은 총격 피해자, 부서, 동료, 또는 사회에 분노를 느끼기도 하는데, 이는 자신을 누군가에게 총을 쏴야만 하는 상황으로 몰아넣었다는 생각 때문에 발생한다. 이러한 심리증상은 그 정도에서 큰 차이를 보였다. 37%의 경찰관은 심리증상이 경미했고, 35%는 중간 정도이며, 28%는 심각했다. 이러한 심리증상의 정도는 총격 사건이 발생한 상황에서 경찰관 자신의 총기 사용이 얼마나 정당했는가와 반비례하는 것으로 보인다. 수적으로 열세인 것, 권총으로 강력한 자동화기를 상대해야 하는 것 등의 요소가 총기 사용의 정당성을 높여 준다. ▶3문단

① 총격 사건 중에 경험하는 지각왜곡 중에서 청각왜곡이 가장 빈번하게 나타난다. ➡ (X) 2문단에서 총격 사건 중에 경찰관이 경험하는 지각왜곡 가운데 시간왜곡이 83%로 가장 빈번하게 나타난다고 하였다.

② 전체 미국 경찰관 중 총격 사건을 경험하는 사람이 경험하지 않는 사람보다 많다. ➡ (X) 1문단에서 대부분의 미국 경찰관은 총격 사건을 경험하지 않고 은퇴한다고 하였다.

③ 총격 피해자가 사망했을 경우 경찰관이 경험하는 청각왜곡은 그렇지 않은 경우보다 심각할 것이다. ➡ (X) 지문에서 총격 피해자의 사망 여부가 청각왜곡 등의 지각왜곡에 미치는 영향에 대한 언급은 찾을 수 없다.

④ 총격 사건 후 경찰관이 느끼는 높은 위험 지각, 분노 등의 심리증상은 지각왜곡의 정도에 의해 영향을 받는다. ➡ (X) 3문단에 총기를 발사한 경찰관이 사건 후 수많은 심리증상을 경험한다는 내용이, 2문단에 총격 사건을 겪은 경찰관이 지각왜곡을 겪는다는 내용이 제시되어 있기는 하지만 그 둘의 인과 관계는 지문에서 찾을 수 없다.

⑤ 범죄자가 경찰관보다 강력한 무기로 무장했을 경우 경찰관이 총격 사건 후 경험하는 심리증상은 반대의 경우보다 약할 것이다. ➡ (O) 지문의 마지막 부분에서 권총으로 강력한 자동화기를 상대해야 하는 것 등의 요소가 총기 사용의 정당성을 높여 주고, 총기 사용의 정당성이 높을수록 심리증상이 경미했다고 한 것을 통해 알 수 있다.

14 ②   정답률 89.0%

| 문제 유형 | 사실적 이해 > 정보 확인

| 접근 전략 | 지문의 내용과 선지의 내용을 비교하는 유형이기 때문에 다른 유형보다는 쉽게 느껴질 수 있다. 다만, 이 지문처럼 제조 과정 등 특정 행위에 대해 순서대로 설명하는 경우 각 단계별로 사용되는 용어와 그 순서를 혼동하지 않도록 주의해야 한다.

다음 글에서 알 수 있는 것은?

탁주는 혼탁한 술이다. 탁주는 알코올 농도가 낮고, 맑지 않아 맛이 텁텁하다. 반면 청주는 탁주에 비해 알코올 농도가 높고 맑은 술이다. 그러나 얼마만큼 맑아야 청주이고 얼마나 흐려야 탁주인가 하는 질문에는 명쾌하게 답을 내리기가 쉽지 않다. 탁주의 정의 자체에 혼탁이라는 다소 불분명한 용어가 쓰이기 때문이다. 과학적이라고 볼 수는 없지만, 투명한 병에 술을 담고 그 병 뒤에 작은 물체를 두었을 경우 그 물체가 희미하게 보이거나 아예 보이지 않으면 탁주라고 부른다. 술을 담은 병 뒤에 둔 작은 물체가 희미하게 보일 때 이 술의 탁도는 350ebc 정도이다. 청주의 탁도는 18ebc 이하이며, 탁주 중에 막걸리는 탁도가 1,500ebc 이상인 술이다. ▶1문단

막걸리를 만들기 위해서는 찹쌀, 보리, 밀가루 등을 시루에 쪄서 만든 지에밥이 필요하다. 적당히 말린 지에밥에 누룩, 효모와 물을 섞어 술독에 넣고 나서 며칠 지나면 막걸리가 만들어진다. 술독에서는 미생물에 의한 당화과정과 발효과정이 거의 동시에 일어나며, 이 두 과정을 통해 지에밥의 녹말이 알코올로 바뀌게 된다. 효모가 녹말을 바로 분해하지 못하므로, 지에밥에 들어있는 녹말을 엿당이나 포도당으로 분해하는 당화과정에서는 누룩곰팡이가 중요한 역할을 한다. 누룩곰팡이가 갖고 있는 아밀라아제는 녹말을 잘게 잘라 엿당이나 포도당으로 분해한다. 이 당화과정에서 만들어진 엿당이나 포도당을 효모가 알코올로 분해하는 과정을 발효과정이라 한다. 당화과정과 발효과정 중에 나오는 에너지로 인하여 열이 발생하게 되며, 이 열로 술독 내부의 온도인 품온(品溫)이 높아진다. 품온은 막걸리의 질과 풍미를 결정하기에 적정 품온이 유지되도록 술독을 관리해야 하는데, 일반적인 적정 품온은 23~28°C이다. ▶2문단

※ ebc: 유럽양조협회에서 정한 탁도의 단위

① 청주와 막걸리의 탁도는 다르지만 알코올 농도는 같다. ➡ (X) 1문단에서 청주가 탁주보다 알코올 농도가 높다고 하였다. 막걸리는 탁주이다.

② 지에밥의 녹말이 알코올로 변하면서 발생하는 열이 품온을 높인다. ➡ (O) 2문단에서 당화과정과 발효과정을 통해 지에밥의 녹말이 알코올로 바뀌게 되며, 당화과정과 발효과정 중에 나오는 에너지로 인하여 발생하는 열로 술독 내부의 온도인 품온이 높아진다고 하였으므로 지에밥의 녹말이 알코올로 변하면서 발생하는 열이 품온을 높인다는 것을 알 수 있다.

③ 누룩곰팡이가 지닌 아밀라아제는 엿당이나 포도당을 알코올로 분해한다. ➡ (X) 2문단에서 누룩곰팡이가 갖고 있는 아밀라아제는 녹말을 엿당이나 포도당으로 분해한다고 하였다. 엿당이나 포도당을 알코올로 분해하는 것은 효모이다.

④ 술독에 넣는 효모의 양을 조절하면 청주와 막걸리를 구분하여 만들 수 있다. ➡ (X) 지문에서는 청주와 막걸리를 구분하여 만드는 방법을 설명하고 있지 않다.

⑤ 막걸리를 만들 때, 술독 안의 당화과정은 발효과정이 완료된 이후에 시작된다. ➡ (X) 2문단에 따르면 당화과정과 발효과정은 거의 동시에 일어나는데, 엿당이나 포도당이 만들어지는 당화과정을 거친 후에 효모가 이들을 알코올로 분해하는 발효과정이 이어진다.

15 ③   정답률 85.4%

| 문제 유형 | 비판적 사고 > 지문에서 추론하기

| 접근 전략 | 경제·과학 분야의 생소한 개념을 제시하고 있는 지문의 경우, 최대한 선지와 유사한 설명을 하고 있는 지문의 문장을 찾아 대조하며 옳고 그름을 가리는 것이 좋다. 본 문제는 '사적 한계순생산가치'와 '사회적 한계순생산가치'의 정의를 제시하고, 〈보기〉를 통해 그 둘을 비교할 수 있는지를 묻고 있다.

다음 글에서 추론할 수 있는 것만을 〈보기〉에서 모두 고르면?

생산자가 어떤 자원을 투입물로 사용해서 어떤 제품이나 서비스 등의 산출물을 만드는 생산과정을 생각하자. 산출물의 가치에서 생산하는 데 소요된 모든 비용을 뺀 것이 '순생산가치'이다. 생산자가 생산과정에서 투입물 1단위를 추가할 때 순생산가치의 증가분이 '한계순생산가치'이다. 경제학자 P는 이를 ⓐ'사적(私的) 한계순생산가치'와 ⓑ'사회적 한계순생산가치'로 구분했다. ▶1문단

사적 한계순생산가치란 한 기업이 생산과정에서 투입물 1단위를 추가할 때 그 기업에 직접 발생하는 순생산가치의 증가분이다. 사회적 한계순생산가치란 기업이 투입물 1단위를 추가할 때 발생하는 사적 한계순생산가치에 그 생산에 의해 부가적으로 발생하는 사회적 비용을 빼고 편익을 더한 것이다. 여기서 이 생산과정에서 부가적으로 발생하는 사회적 비용이나 편익에는 그 기업의 사적 한계순생산가치가 포함되지 않는다. ▶2문단

〈보기〉

ㄱ. ⓐ의 크기는 기업의 생산이 사회에 부가적인 편익을 발생시키는지의 여부와 무관하게 결정된다. → (O) 2문단의 마지막 문장에 생산과정에서 부가적으로 발생하는 사회적 편익에는 기업의 사적 한계순생산가치가 포함되지 않는다고 하였으므로 ㄱ은 옳은 추론이다.

ㄴ. 어떤 기업이 투입물 1단위를 추가할 때 사회에 발생하는 부가적인 편익이나 비용이 없는 경우, 이 기업이 야기하는 ⓐ와 ⓑ의 크기는 같다. → (O) 사회적 한계순생산가치란 한 기업이 투입물 1단위를 추가할 때 발생하는 사적 한계순생산가치에 그 생산에 의해 부가적으로 발생하는 사회적 비용을 빼고 편익을 더한 것이다. 어떤 기업이 투입물 1단위를 추가할 때 사회에 발생하는 부가적인 편익이나 비용이 없다면 사회적 한계순생산가치를 산정할 때 사적 한계순생산가치에 더하고 뺄 것이 없으므로 사적 한계순생산가치와 사회적 한계순생산가치는 같다. 따라서 ㄴ은 옳은 추론이다.

ㄷ. 기업 A와 기업 B가 동일한 투입물 1단위를 추가했을 때 각 기업에 의해 사회에 부가적으로 발생하는 비용이 같을 경우, 두 기업이 야기하는 ⓑ의 크기는 같다. → (X) 동일한 투입물 1단위를 추가했을 때 각 기업에 의해 사회에 부가적으로 발생하는 비용이 같더라도 생산과정에서 부가적으로 발생하는 편익이나 사적 한계순생산가치가 다르면 사회적 한계순생산가치가 다를 수 있으므로 ㄷ은 옳지 않은 추론이다.

① ㄱ ➡ (X)
② ㄷ ➡ (X)
③ ㄱ, ㄴ ➡ (O)
④ ㄴ, ㄷ ➡ (X)
⑤ ㄱ, ㄴ, ㄷ ➡ (X)

S 16 ③

TOP 1 정답률 23.6%

| 문제 유형 | 비판적 사고 > 빈칸 채우기

| 접근 전략 | 논리 게임과 빈칸 채우기가 혼합된 형태의 문제 유형이다. 논리학적 지식을 갖추고 있지 않더라도 문제를 풀 수는 있으나 한정된 풀이 시간을 효율적으로 활용해야 하는 PSAT 시험의 특성상 논리학에 대한 일정 수준의 공부를 해두는 것이 유리하다. 그리고 줄글로 조건들이 제시되는 경우, 문제 풀이에 필요한 조건을 선별하여 기호화해야 문제를 좀 더 빠르고 정확하게 풀 수 있다.

다음 글의 ⓐ와 ⓑ에 들어가기에 적절한 것을 〈보기〉에서 골라 알맞게 짝지은 것은?

귀납주의란 과학적 탐구 방법의 핵심이 귀납이라는 입장이다. 즉, 과학적 이론은 귀납을 통해 만들어지고, 그 정당화 역시 귀납을 통해 이루어진다는 것이다. 그러나 실제 과학의 역사를 고려하면 귀납주의는 문제에 처하게 된다. 이러한 문제 상황은 다음과 같은 타당한 논증을 통해 제시될 수 있다. ▶1문단

만약 귀납이 과학의 역사에서 사용된 경우가 드물다면, 과학의 역사는 바람직한 방향으로 발전하지 않았거나 또는 귀납주의는 실제로 행해진 과학적 탐구 방법의 특징을 드러내는 데 실패했다고 보아야 한다. 과학의 역사가 바람직한 방향으로 발전하지 않았다면, 귀납주의에서는 수많은 과학적 지식을 정당화되지 않은 것으로 간주해야 한다. 그리고 귀납주의가 실제로 행해진 과학적 탐구 방법의 특징을 드러내는 데 실패했다면, 귀납주의는 과학적 탐구 방법에 대한 잘못된 이론이다. 그런데 우리는 과학의 역사가 바람직한 방향으로 발전하지 않았거나, 귀납주의가 실제로 행해진 과학적 탐구 방법의 특징을 드러내는 데 실패했다고 보아야 한다. 그 이유는 ⓐ 는 것이다. 그리고 이로부터 우리는 다음 결론을 도출하게 된다. ⓑ . ▶2문단

→ 지문을 명제화하여 정리하면 다음과 같다.
- A: 귀납이 과학의 역사에서 사용된 경우가 드물다.
- B: 과학의 역사는 바람직한 방향으로 발전하지 않았다.
- C: 귀납주의는 실제로 행해진 과학적 탐구 방법의 특징을 드러내는 데 실패했다.
- D: 귀납주의에서는 수많은 과학적 지식을 정당화되지 않은 것으로 간주해야 한다.
- E: 귀납주의는 과학적 탐구 방법에 대한 잘못된 이론이다.

지문의 논증 구조는 다음과 같다.
A→B∨C, B→D, C→E, ⓐ→B∨C, ⓑ

〈보기〉

ㄱ. 과학의 역사에서 귀납이 사용된 경우는 드물다 → (O) 'A→B∨C'인데 'B∨C'가 참인 이유가 ⓐ이므로 앞 논증 구조의 전건인 A가 ⓐ이면 논리적으로 'B∨C'도 참이 된다. 따라서 과학의 역사에서 귀납이 사용된 경우는 드물다는 A를 나타내는 ㄱ은 ⓐ에 들어가기에 적절하다.

ㄴ. 과학의 역사에서 귀납 외에도 다양한 방법들이 사용되었다 → (X) 지문에 귀납 외의 다른 방법에 대해서는 언급되어 있지 않다.

ㄷ. 귀납주의는 과학적 탐구 방법에 대한 잘못된 이론이고, 귀납주의에서는 수많은 과학적 지식을 정당화되지 않은 것으로 간주해야 한다. → (X) 'B→D', 'C→E'이므로 'B∨C'가 참이라면 'D∨E'도 참임을 알 수 있는데 ㄷ은 'E∧D'이므로 참인지 알 수 없다.

ㄹ. 귀납주의가 과학적 탐구 방법에 대한 잘못된 이론이라면, 귀납주의에서는 수많은 과학적 지식을 정당화되지 않은 것으로 간주해야 한다 → (X) ㄹ은 'E→D'를 나타내는데 이는 제시된 정보만으로 참임을 알 수 없다.

ㅁ. 귀납주의가 과학적 탐구 방법에 대한 잘못된 이론이 아니라면, 귀납주의에서는 수많은 과학적 지식을 정당화되지 않은 것으로 간주해야 한다 → (O) ㅁ은 '~E→D'의 형태인데 'D∨E'가 참이라는 것은 D와 E 중 하나 이상은 참임을 뜻하므로 E가 거짓이면 D는 참이 된다. 따라서 ㅁ은 ⓑ에 들어가기에 적절하다.

	ⓐ	ⓑ	
①	ㄱ	ㄷ	➡ (X)
②	ㄱ	ㄹ	➡ (X)
③	ㄱ	ㅁ	➡ (O)
④	ㄴ	ㄹ	➡ (X)
⑤	ㄴ	ㅁ	➡ (X)

17 ⑤

정답률 96.6%

| 문제 유형 | 비판적 사고 > 판단하기

| 접근 전략 | 두 입장의 대립이 제시된 지문은 두 입장의 공통점과 차이점을 파악하고, 각 입장에 해당하는 예시를 특히 꼼꼼히 살펴보아야 한다. 생소한 개념으로 문제를 낼 때 개념만 제시하면 문제 해결이 어려울 것이라는 판단하에 어느 정도의 예시를 들고 그 틀에서 문제를 내기 때문이다. 또, 두 입장이 대립하는 것처럼 보이더라도 두 입장 사이에 공통점이 있는 경우는 그 공통점으로 함정 선지를 만들어 제시하기도 하므로 주의해야 한다.

다음 글의 ㉠에 대한 비판으로 가장 적절한 것은?

"프랑스 수도가 어디지?"라는 가영의 물음에 나정이 "프랑스 수도는 로마지."라고 대답했다고 하자. 나정이 가영에게 제공한 것을 정보라고 할 수 있을까? 정보의 일반적 정의는 '올바른 문법 형식을 갖추어 의미를 갖는 자료'다. 이 정의에 따르면 나정의 대답은 정보를 담고 있다. 다음 진술은 이런 관점을 대변하는 진리 중립성 논제를 표현한다. "정보를 준다는 것이 반드시 그 내용이 참이라는 것을 의미하지는 않는다." 이 논제의 관점에서 보자면, 올바른 문법 형식을 갖추어 의미를 해석할 수 있는 자료는 모두 정보의 자격을 갖는다. 그 내용이 어떤 사태를 표상하든, 참을 말하든, 거짓을 말하든 상관없다. ▶1문단

그러나 이 조건만으로는 불충분하다는 지적이 있다. 철학자 플로리디는 전달된 자료를 정보라고 하려면 그 내용이 참이어야 한다고 주장한다. 즉, 정보란 올바른 문법 형식을 갖춘, 의미 있고 참인 자료라는 것이다. 이를 ㉠진리성 논제라고 한다. 그라이스는 이렇게 말한다. "거짓 '정보'는 저급한 종류의 정보가 아니다. 그것은 아예 정보가 아니기 때문이다." 이 점에서 그 역시 이 논제를 받아들이고 있다. ▶2문단

이런 논쟁은 용어법에 관한 시시한 언쟁처럼 보일 수도 있지만, 두 진영 간에는 정보 개념이 어떤 역할을 해야 하는가에 대한 근본적인 견해 차이가 있다. 진리성 논제를 비판하는 사람들은 틀린 '정보'도 정보로 인정되어야 한다고 말한다. 자료의 내용이 그것을 이해하는 주체의 인지 행위에서 분명한 역할을 수행한다는 이유에서다. '프랑스 수도가 로마'라는 말을 토대로 가영은 이런저런 행동을 할 수 있다. 가령, 프랑스어를 배우기 위해 로마로 떠날 수도 있고, 프랑스 수도를 묻는 퀴즈에서 오답을 낼 수도 있다. 거짓인 자료는 정보가 아니라고 볼 경우, '정보'라는 말이 적절하게 사용되는 사례들의 범위를 부당하게 제한하는 꼴이 된다. ▶3문단

① '정보'라는 표현이 일상적으로 사용되는 사례가 모두 적절한 것은 아니다. ➡ (X) '정보'라는 표현이 일상적으로 사용되는 사례는 진리 중립성 논제의 입장에 따른 정보의 활용 사례에 해당한다. 그런데 본 선지에서는 이러한 사례가 모두 적절한 것은 아니라고 하였으므로 진리 중립성 논제에 대한 비판이 된다.

② 올바른 문법 형식을 갖추지 못한 자료는 정보라는 지위에 도달할 수 없다. ➡ (X) 1문단에서 진리 중립성 논제는 올바른 문법 형식을 갖추어 의미를 갖는 자료를 정보로 보고 있음. 2문단에서는 진리성 논제 또한 올바른 문법 형식을 갖출 것을 요구하고 있음을 알 수 있다. 따라서 본 선지는 진리 중립성 논제와 진리성 논제 모두를 지지하는 선지이다.

③ 사실과 다른 내용의 자료를 숙지하고 있는 사람은 정보를 안다고 볼 수 없다. ➡ (X) 올바른 문법 형식을 갖춘, 의미 있고 참인 자료를 진리성 논

제라고 한다. 따라서 사실과 다른 내용의 자료를 숙지하고 있는 사람은 정보를 안다고 볼 수 없다는 본 선지는 진리성 논제를 지지하는 입장의 주장에 해당한다.

④ 내용이 거짓인 자료를 토대로 행동을 하는 사람은 자신이 의도한 결과에 도달할 수 없다. ➡ (X) 내용이 거짓인 자료를 토대로 행동했을 때 결과가 어떠하다는 것은 정보의 자격에 대한 논쟁과 무관하다.

⑤ 거짓으로 밝혀질 자료도 그것을 믿는 사람의 인지 행위에서 분명한 역할을 한다면 정보라고 볼 수 있다. ➡ (O) 진리 중립성 논제의 관점에서는 올바른 문법 형식을 갖추어 의미를 갖는 자료를 정보로 보지만, 진리성 논제의 관점에서는 그에 더해 참인 자료일 것까지 요구한다. 따라서 거짓인 자료도 정보가 될 수 있다는 본 선지는 진리성 논제를 비판하고 진리 중립성 논제를 옹호한다.

18 ②   정답률 57.1%

| 문제 유형 | 비판적 사고 > 논지 강화·약화하기
| 접근 전략 | 논증을 약화하는 문장을 찾는 문제에서는 논증을 완전하게 반박하는 문장뿐 아니라 논증을 구성하는 전제의 일부를 약화하는 것도 논증을 약화하는 것으로 보아야 한다. 반면 논증의 일부와 관련되어 있더라도 논증을 뚜렷하게 부정하지도 긍정하지도 않는 문장은 논증을 약화하지 않는 것으로 보아야 하므로 주의해야 한다.

다음 글의 논증을 약화하는 것만을 〈보기〉에서 모두 고르면?

인간 본성은 기나긴 진화 과정의 결과로 생긴 복잡한 전체다. 여기서 '복잡한 전체'란 그 전체가 단순한 부분들의 합보다 더 크다는 의미이다. 인간을 인간답게 만드는 것, 즉 인간에게 존엄성을 부여하는 것은 인간이 갖고 있는 개별적인 요소들이 아니라 이것들이 모여 만들어 내는 복잡한 전체이다. 또한 인간 본성이라는 복잡한 전체를 구성하고 있는 하부 체계들은 상호 간에 극단적으로 밀접하게 연관되어 있다. 따라서 그중 일부라도 인위적으로 변경하면, 이는 불가피하게 전체의 통일성을 무너지게 한다. 이 때문에 과학기술을 이용해 인간 본성을 인위적으로 변경하여 지금의 인간을 보다 향상된 인간으로 만들려는 시도는 금지되어야 한다. 이런 시도를 하는 사람들은 인간이 가져야 할 훌륭함이 무엇인지 스스로 잘 안다고 생각하며, 거기에 부합하지 않는 특성들을 선택해 이를 개선하고자 한다. 그러나 인간 본성의 '좋은' 특성은 '나쁜' 특성과 밀접하게 연결되어 있기 때문에, 후자를 개선하려는 시도는 전자에 대해서도 영향을 미칠 수밖에 없다. 예를 들어, 우리가 질투심을 느끼지 못한다면 사랑 또한 느끼지 못하게 된다는 것이다. 사랑을 느끼지 못하는 인간들이 살아가는 사회에서 어떤 불행이 펼쳐질지 우리는 가늠조차 할 수 없다. 즉 인간 본성을 선별적으로 개선하려 들면, 복잡한 전체를 무너뜨리는 위험성이 불가피하게 발생하게 된다. 따라서 우리는 인간 본성을 구성하는 어떠한 특성에 대해서도 그것을 인위적으로 개선하려는 시도에 반대해야 한다.

→ 지문의 핵심 논증은 인간의 본성을 구성하는 어떠한 특성도 인위적으로 개선하려는 시도를 반대해야 한다는 것이다.

〈보기〉

ㄱ. 인간 본성은 인간이 갖는 도덕적 지위와 존엄성의 궁극적 근거이다. → (X) 인간 본성은 복잡한 전체이고, 인간에게 존엄성을 부여하는 것은 복잡한 전체라는 지문의 논증과 유사한 내용이므로 논증을 약화하지 않는다.

ㄴ. 모든 인간은 자신을 포함하여 인간 본성을 지닌 모든 존재가 지금의 상태보다 더 훌륭하게 되길 희망한다. → (X) 지문에서는 인간 본성을 인위적으로 변경하여 지금의 인간을 보다 향상된 인간으로 만들려는 시도는 금지되어야 한다고만 하였을 뿐 인간이 지금의 상태보다 훌륭하게 되길 희망한다거나 희망하지 않는다는 언급을 하지 않았다. 따라서 ㄴ은 지문의 논증을 뚜렷하게 부정하거나 긍정하지 않은 것이므로 지문의 논증을 약화하지 못한다.

ㄷ. 인간 본성의 하부 체계는 상호 분리된 모듈들로 구성되어 있기 때문에 인간 본성의 특정 부분을 인위적으로 변경하더라도 그 변화는 모듈 내로 제한된다. → (O) 지문에서는 인간 본성이라는 복잡한 전체를 구성하고 있는 하부 체계들은 상호 간에 극단적으로 밀접하게 연관되어 있다고 하였다. 따라서 인간 본성의 하부 체계가 상호 분리된 모듈로 구성되어 있다는 ㄷ은 지문의 논증을 약화한다.

① ㄱ ➡ (X)
② ㄷ ➡ (O)
③ ㄱ, ㄴ ➡ (X)
④ ㄴ, ㄷ ➡ (X)
⑤ ㄱ, ㄴ, ㄷ ➡ (X)

19 ④   정답률 69.0%

| 문제 유형 | 사실적 이해 > 논리 게임
| 접근 전략 | 논리 게임에서는 참, 거짓을 판별하는 문제가 자주 출제된다. 제시된 조건들을 이용해 참, 거짓을 구분해야 할 때는 충족해야 하는 조건에 중점을 두고 다른 조건과의 모순 여부를 검토하여 판단하면 된다.

다음 글의 내용이 참일 때, 반드시 참인 것만을 〈보기〉에서 모두 고르면?

공군이 차기 전투기 도입에서 고려해야 하는 사항은 비행시간이 길어야 한다는 것, 정비시간이 짧아야 한다는 것, 폭탄 적재량이 많아야 한다는 것, 그리고 공대공 전투능력이 높아야 한다는 것, 이상 네 가지이다. 그리고 이 네 가지는 각각 그런 경우와 그런 경우의 반대 둘 중의 하나이며 그 중간은 없다. ▶1문단

전투기의 폭탄 적재량이 많거나 공대공 전투능력이 높다면, 정비시간은 길다. 반면에 비행시간이 길면 공대공 전투능력은 낮다. 공군은 네 가지 고려사항 중에서 최소한 두 가지 이상을 통과한 기종을 선정해야 한다. 그런데 공군은 위 고려사항 중에서 정비시간이 짧아야 한다는 조건만큼은 결코 포기할 수 없다는 입장이다. 따라서 정비시간이 짧아야 한다는 것은 차기 전투기로 선정되기 위한 필수적인 조건이다. ▶2문단

한편, 이번 전투기 도입 사업에 입찰한 업체들 중 하나인 A사는 비행시간이 길고 폭탄 적재량이 많은 기종을 제안했다. 언론에서는 A사의 기종이 선정될 것이라고 예측하였다. 이후 공군에서는 선정 조건에 맞게 네 고려사항 중 둘 이상을 통과한 기종의 전투기를 도입하였는데 그것이 A사의 기종이었는지는 아직 알려지지 않았다. ▶3문단

→ 지문을 표로 정리하면 다음과 같다.

비행시간 길다	〈필수 조건〉 정비시간 짧다	폭탄 적재량 많다	공대공 전투능력 높다
	×	○	○
○			×

〈보기〉

ㄱ. 언론의 예측은 옳았다. → (X) 폭탄 적재량이 많으면 정비시간이 길어지는데 공군은 정비시간이 짧아야 한다는 조건을 결코 포기할 수 없다고 했으므로 A사의 기종은 채택되지 못한다. 따라서 폭탄 적재량이 많은 A사의 기종이 선정될 것이라고 한 언론의 예측은 옳지 않으므로 ㄱ은 참이 아니다.

ㄴ. 공군이 도입한 기종은 비행시간이 길다. → (O) 공군이 도입한 기종은 4가지 조건을 충족해야 하는데 반드시 정비시간이 짧아야 하므로 폭탄 적재량이 많거나 공대공 전투능력이 높을 수 없다. 공군이 고려해야 하는 사항 중 최소한 두 가지 이상을 충족해야 하므로 공군이 도입한 기종은 비행시간이 길 것이다. 따라서 ㄴ은 참이다.

ㄷ. 입찰한 업체의 기종이 공대공 전투능력이 높다면, 그 기종은 비행 시간이 짧다. → (O) 2문단에 제시된 '비행시간이 길면 공대공 전투능력은 낮다.'의 대우는 '공대공 전투능력이 높으면 비행시간이 짧다.'는 것이다. 따라서 ㄷ은 참이다.

① ㄱ ➡ (X)
② ㄴ ➡ (X)
③ ㄱ, ㄷ ➡ (X)
④ ㄴ, ㄷ ➡ (O)
⑤ ㄱ, ㄴ, ㄷ ➡ (X)

20 ④   정답률 62.3%

| 문제 유형 | 비판적 사고 > 논리적 결론의 전제·원인 찾기
| 접근 전략 | 명백한 전제와 결론을 주고 숨은 전제를 찾도록 하는 문제 유형이다. 숨은 전제를 찾는 논리 게임에서는 제시된 조건들을 읽어 본 후 조건에 맞는 벤 다이어그램을 그려 선지와 비교하는 것이 좋다.

다음 대화 내용이 참일 때, ㉠으로 적절한 것은?

서희: 우리 회사 전 직원을 대상으로 A, B, C 업무 중에서 자신이 선호하는 것을 모두 고르라는 설문 조사를 실시했는데, A와 B를 둘 다 선호한 사람은 없었어.
영민: 나도 그건 알고 있어. 그뿐만 아니라 C를 선호한 사람은 A를 선호하거나 B를 선호한다는 것도 이미 알고 있지.
서희: A는 선호하지 않지만 B는 선호하는 사람이 있다는 것도 이미 확인된 사실이야.
영민: 그럼, ㉠ 종범이 말한 것이 참이라면, B만 선호한 사람이 적어도 한 명 있겠군.

→ 서희의 첫 번째 말에 따르면 A와 B의 교집합 영역은 없다. 또 영민의 첫 번째 말에 따르면 C가 A 또는 B와 겹치지 않는 영역은 없다. 그리고 서희의 두 번째 말에 의하면 B는 공집합이 아니다. 이를 벤 다이어그램으로 그리면 다음과 같다.

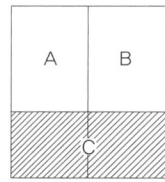

이 벤 다이어그램에서 C의 영역인 빗금 친 부분에 들어가지 않고 B의 영역에 1명이라도 있기 위해 필요한 전제 조건을 찾아야 한다.

① A를 선호하는 사람은 모두 C를 선호한다. ➡ (X)
② A를 선호하는 사람은 누구도 C를 선호하지 않는다. ➡ (X)
③ B를 선호하는 사람은 모두 C를 선호한다. ➡ (X)
④ B를 선호하는 사람은 누구도 C를 선호하지 않는다. ➡ (O) 서희의 두 번째 말에 따르면 B 영역에는 1명 이상이 있는데, B를 선호하는 사람이 누구도 C를 선호하지 않는다면 B 영역 중 빗금 친 부분에 1명도 없게 되므로 C와 겹치지 않는 B 영역에 반드시 1명 이상이 존재하게 된다.
⑤ C를 선호하는 사람은 모두 B를 선호한다. ➡ (X)

21 ④   정답률 93.8%

| 문제 유형 | 사실적 이해 > 정보 확인
| 접근 전략 | 정보 확인 문제 유형에서 역사 지문이 나올 경우 시간적 순서와 인물을 중심으로 문제를 해결해야 한다. 특히 인물이 이룬 업적을 바꾸어 놓거나 시간 순서를 뒤섞어서 오답을 만들어 낸다는 점에 유의해야 한다. 본 문제는 답을 고르는 것은 어렵지 않으나 지문의 길이도 길고 정보량이 많아 시간이 많이 걸릴 수 있으므로 지문을 빠르고 정확하게 읽는 데 중점을 둘 필요가 있다.

다음 글에서 알 수 있는 것은?

무신 집권자 최우는 몽골이 침입하자 항복하고, 매년 공물을 보내기로 약속하였다. 그러나 그는 약속을 어기고, 강화도로 수도를 옮겼다. 이에 몽골은 살리타를 대장으로 삼아 두 번째로 침입하였다. 몽골군은 한동안 고려의 여러 지방을 공격하다가 살리타가 처인성에서 전사하자 퇴각하였다. 몽골은 이후 몇 차례 고려에 개경 복귀를 요구하였다. 당시 대신 중에는 이를 받아들이자고 주장하는 사람이 많았다. 하지만 최우는 몽골이 결국 자기의 권력을 빼앗을 것이라고 걱정해 이를 묵살하였다. 이에 몽골은 1235년에 세 번째로 침입하였다. 이때 최우는 강화도를 지키는 데 급급할 뿐 항전을 하지 않았다. 아무런 저항을 받지 않은 몽골군은 고려에 무려 4년 동안 머물며 전국을 유린하다가 철군하였다. 몽골은 이후 한동안 침입하지 않다가 1247년에 다시 침입해 약탈을 자행하다가 2년 후 돌아갔다. 그 직후에 최우가 죽고, 뒤를 이어 최항이 집권하였다. ▶1문단

몽골은 1253년에 예쿠라는 장수를 보내 또 침입해 왔다. 몽골군은 고려군의 저항을 쉽사리 물리치며 남하해 충주성까지 공격했다. 충주성의 천민들은 관군의 도움 없이 몽골군에 맞서 끝까지 성을 지켜냈다. 남하를 멈춘 몽골군이 개경 인근으로 되돌아온다는 소식을 들은 최항은 강화 협상에 나서기로 했으나 육지로 나오라는 요구는 묵살했다. 몽골은 군대를 일단 철수했다가 이듬해인 1254년에 잔인하기로 이름난 자랄타이로 하여금 다시 침입하게 했다. 그는 무려 20만 명을 포로로 잡아 그해 말 돌아갔다. ▶2문단

거듭된 전란에도 아랑곳하지 않고 강화도에서 권력을 휘두르던 최항은 집권한 지 9년 만에 죽었다. 그해에 자랄타이는 다시금 고려를 침입했는데, 최항의 뒤를 이은 최의가 집권 11개월 만에 김준, 유경에 의해 죽자 고려가 완전히 항복할 것이라 보고 군대를 모두 철수하였다. 실제로 고려 정부는 항복 의사를 전달했으며, 이로써 장기간 고려를 괴롭힌 전쟁은 끝날 수 있게 되었다. ▶3문단

① 몽골군은 최우가 집권한 이후 모두 다섯 차례 고려를 침입하였다. ➡ (X) 몽골은 1235년에 세 번째로 고려를 침입하고, 1247년, 1253년, 1254년과 최항이 죽은 해에도 침입해 총 7번 고려를 침입하였다.
② 자랄타이가 고려를 처음으로 침입하기 직전에 최의가 집권하였다. ➡ (X) 2문단을 보면 자랄타이가 처음으로 고려에 침입한 때는 최의가 집권하기 이전의 집권자였던 최항이 집권하고 있을 때인 1254년이다.
③ 김준과 유경은 무신 집권자 최의를 죽이고 고려 국왕에게 권력을 되돌려 주었다. ➡ (X) 3문단을 보면 김준, 유경이 무신 집권자 최의를 죽인 것은 맞지만 고려 국왕에게 권력을 되돌려 주었는지는 알 수 없다.
④ 최항이 집권한 시기에 예쿠가 이끄는 몽골군은 충주성을 공격했으나 점령하지 못했다. ➡ (O) 2문단에서 1253년 몽골 장수인 예쿠의 침공 당시 최항이 강화 협상에 나서기로 했다는 것을 통해 최항이 집권하고 있었음을 알 수 있고, 충주성의 천민들이 끝까지 성을 지켜냈다고 했으므로 몽골군이 충주성을 점령하지 못했음을 알 수 있다.
⑤ 고려를 침입한 살리타가 처인성에서 사망하자 최우는 개경에서 강화도로 수도를 옮겼다. ➡ (X) 1문단을 보면 최우가 강화도로 수도를 옮긴 것은 첫 번째 침입 때인데 살리타는 두 번째 침입에서 사망했으므로 본 선지의 내용은 옳지 않다.

22 ②
정답률 68.3%

| 문제 유형 | 비판적 사고 > 판단하기

| 접근 전략 | 지문에서 지시하고 있는 특정 대상의 개념, 지시 대상들 간의 관계와 차이점을 파악할 수 있는지를 평가하는 문제 유형이다. 본 문제에서는 법학 분야의 지문이 제시되었지만 법적 지식을 요구하고 있지는 않다. 서로 다른 두 관점을 제시하고, 각 관점에 따라 문제 인식이나 판단 등이 달라질 수 있음을 설명하고 있으므로 각 관점에 대한 선지의 설명이 타당한지를 따져 보아야 한다.

다음 글의 ⊙과 ⓒ에 대한 평가로 적절하지 않은 것은?

미국 수정헌법 제1조는 국가가 시민들에게 진리에 대한 권위주의적 시각을 강제하는 일을 금지함으로써 정부가 다양한 견해들에 중립적이어야 한다는 중립성 원칙을 명시하였다. 특히 표현에 관한 중립성 원칙은 지난 수십 년에 걸쳐 발전해 왔다. 이 발전 과정의 초기에 미국 연방대법원은 표현의 자유를 부르짖는 급진주의자들의 요구에 선동적 표현의 위험성을 근거로 내세우며 맞섰다. 1940~50년대에 연방대법원은 수정헌법 제1조가 보호하는 표현과 그렇지 않은 표현을 구분하는 ⊙이중기준론을 표방하면서, 수정헌법 제1조의 보호 대상이 아닌 표현들이 있다고 판결했다. 추잡하고 음란한 말, 신성 모독적인 말, 인신공격이나 타인을 모욕하는 말, 즉 발언만으로도 누군가에게 해를 입히거나 사회의 양속을 해칠 말이 이에 포함되었다. ▶1문단

이중기준론의 비판자들은 연방대법원이 표현의 범주를 구분하는 과정에서 표현의 내용에 관한 가치 판단을 내림으로써 실제로 표현의 자유를 침해했다고 공격하였다. 1960~70년대를 거치며 연방대법원은 점차 비판자들의 견해를 수용했다. 1976년 연방대법원이 상업적 표현도 수정헌법 제1조의 보호범위에 포함된다고 판결한 데 이어, 인신 비방 발언과 음란성 표현 등도 표현의 자유에 포함되기에 이르렀다. ▶2문단

정부가 모든 표현에 대해 중립적이어야 한다는 원칙은 1970~80년대에 ⓒ내용중립성 원칙을 통해 한층 더 또렷이 표명되었다. 내용중립성 원칙이란, 정부가 어떤 경우에도 표현되는 내용에 대한 평가에 근거하여 표현을 제한해서는 안 된다는 것이다. 다시 말해 정부는 표현되는 사상이나 주제나 내용을 이유로 표현을 제한할 수 없다. 이렇게 해석된 수정헌법 제1조에 따르면, 미국 정부는 특정 견해를 편들 수 없을 뿐만 아니라 어떤 문제가 공공의 영역에서 토론하거나 논쟁할 가치가 있는지 없는지 미리 판단하여 선택해서도 안 된다. ▶3문단

① 시민을 보호하기 위해 제한해야 할 만큼 저속한 표현의 기준을 정부가 정하는 것은 ⊙과 상충하지 않는다. ➡ (O) 이중기준론은 누군가에게 해를 입히거나 사회의 양속을 해칠 말은 수정헌법 제1조의 보호 대상이 아니라고 본다. 이는 누군가에게 해를 입히거나 사회의 양속을 해칠 말에 대해서 정부가 통제를 하더라도 헌법에 위배되지 않는다는 것을 의미한다. 따라서 시민을 보호하기 위해 제한해야 할 만큼 저속한 표현의 기준을 정부가 정하는 것은 이중기준론과 상충되지 않는다.

② 음란물이 저속하고 부도덕하다는 이유에서 음란물 유포를 금하는 법령은 ⊙과 상충한다. ➡ (X) 이중기준론은 누군가에게 해를 입히거나 사회의 양속을 해칠 말은 수정헌법 제1조의 보호 대상이 아니라고 본다. 이는 누군가에게 해를 입히거나 사회의 양속을 해칠 말에 대해서 정부가 통제를 하더라도 헌법에 위배되지 않는다는 것을 의미한다. 따라서 음란물이 저속하고 부도덕하다는 이유로 음란물 유포를 금하는 것은 이중기준론과 상충되지 않는다. 따라서 ②는 적절하지 않다.

③ 어떤 영화의 주제가 나치즘 찬미라는 이유에서 상영을 금하는 법령은 ⓒ에 저촉된다. ➡ (O) 내용중립성 원칙이란 정부가 어떤 경우에도 표현되는 내용에 대한 평가에 근거하여 표현을 제한해서는 안 된다는 원칙이다. 따라서 어떤 영화가 나치즘 찬미라는 이유에서 상영을 금하는 것은 표현되는 내용에 대한 평가에 근거하여 표현을 제한하는 것이므로 내용중립성 원칙에 저촉된다.

④ 경쟁 기업을 비방하는 내용의 광고라는 이유로 광고의 방영을 금지하는 법령은 ⓒ에 저촉된다. ➡ (O) 경쟁 기업을 비방하는 내용의 광고라는 이유로 광고의 방영을 금지하는 법령은 표현되는 내용에 대한 평가에 근거하여 표현을 제한하는 것이므로 내용중립성 원칙에 저촉된다.

⑤ 인신공격하는 표현으로 특정 정치인을 힐난하는 내용의 기획물이라는 이유로 TV 방송을 제재할 것인지에 관해 ⊙과 ⓒ은 상반되게 답할 것이다. ➡ (O) 인신공격하는 표현으로 특정 정치인을 힐난하는 내용의 기획물은 발언만으로 정치인에게 해를 입힐 수 있다. 따라서 이중기준론에서는 수정헌법 제1조의 보호 대상이 아니므로 규제가 가능하다고 볼 것이다. 그러나 내용중립성 원칙에서는 표현되는 내용에 대한 평가에 근거한 표현의 제한이 될 수 있으므로 규제가 이루어져서는 안 된다고 볼 것이다.

23 ①
정답률 79.7%

| 문제 유형 | 사실적 이해 > 정보 확인

| 접근 전략 | 지문에 그림이 제시되는 것은 줄글로는 다소 이해하기 어려울 수 있는 내용을 이해하는 데 도움을 주기 위해서이다. 즉 그림은 지문의 내용을 이해하는 데 큰 역할을 하며, 그림과 함께 설명되는 내용이 중요하다는 것을 의미하므로 그림을 중심으로 위아래의 설명을 함께 보며 내용을 파악해야 한다. 또한 정보 확인 문제 유형이므로 선지를 먼저 보고 지문을 읽어야 시간을 절약할 수 있다는 점을 잊어서는 안 된다.

다음 글에서 알 수 없는 것은?

휴대전화를 뜻하는 '셀룰러폰'은 이동 통신 서비스에서 하나의 기지국이 담당하는 지역을 셀이라고 말한 것에서 유래하였다. 이동 통신은 주어진 총 주파수 대역폭을 다수의 사용자가 이용하므로 통화 채널당 할당된 주파수 대역을 재사용하는 기술이 무엇보다 중요하다. 이동 통신 회사들은 제한된 주파수 자원을 보다 효율적으로 사용하기 위하여 넓은 지역을 작은 셀로 나누고, 셀의 중심에 기지국을 만든다. 각 기지국마다 특정 주파수 대역을 사용해 서비스를 제공하는데, 일정 거리 이상 떨어진 기지국은 동일한 주파수 대역을 다시 사용함으로써 주파수 재사용률을 높인다. 예를 들면, 아래 그림은 특정 지역에 이동 통신 서비스를 제공하기 위하여 네 종류의 주파수 대역(F1, F2, F3, F4)을 사용하고 있다. 주파수 간섭 문제를 피하기 위해 인접한 셀들은 서로 다른 주파수 대역을 사용하지만, 인접하지 않은 셀에서는 이미 사용하고 있는 주파수 대역을 다시 사용하는 것을 볼 수 있다. 이렇게 셀을 구성하여 방대한 지역을 제한된 몇 개의 주파수 대역으로 서비스할 수 있다. ▶1문단

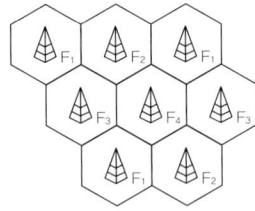

하나의 기지국이 감당할 수 있는 최대 통화량은 일정하다. 평지에서 기지국이 전파를 발사하면 전파의 장은 기지국을 중심으로 한 원 모양이지만, 서비스 지역에 셀을 배치하는 시스템 설계자는 해당 지역을 육각형의 셀로 디자인하여 중심에 기지국을 배치한다. 기지국의 전파 강도를 조절하여 셀의 반지름을 반으로 줄이면 면적은 약 1/4로 줄어들게 된다. 따라서 셀의 반지름을 반으로 줄일 경우 동일한 지역에는 셀의 수가 약 4배가 되고, 수용 가능한 통화량도 약 4배로 증가하게 된다. 이를 이용하여 시스템 설계자는 평소 통화량이 많은 곳은 셀의 반지름을 줄이고 통화량이 적은 곳은 셀의 반지름을 늘려 서비스 효율성을 높인다. ▶2문단

① 주파수 재사용률을 높이기 위해 기지국의 전파 강도를 높여 이동 통신 서비스를 제공한다. ➡ (X) 지문에 기지국의 전파 강도와 주파수 재사용률이 어떤 연관이 있는지는 제시되어 있지 않다.

② 제한된 수의 주파수 대역으로 넓은 지역에 이동 통신 서비스를 제공할 수 있다. ➡ (O) 셀을 구성하여 방대한 지역을 제한된 몇 개의 주파수 대역으로 서비스할 수 있다고 하였다.

③ 인접 셀에서 같은 주파수 대역을 사용하면 주파수 간섭 문제가 발생할 수 있다. ➡ (O) 1문단에서 주파수 간섭 문제를 피하기 위해 인접한 셀들은 서로 다른 주파수 대역을 사용한다고 한 것을 통해 알 수 있다.

④ 시스템 설계자는 서비스 지역의 통화량에 따라 셀의 반지름을 정한다. ➡ (O) 2문단에서 시스템 설계자가 평소 통화량이 많은 곳은 셀의 반지름을 줄이고 통화량이 적은 곳은 셀의 반지름을 늘린다고 한 것을 통해 알 수 있다.

⑤ 기지국 수를 늘리면 수용 가능한 통화량이 증가한다. ➡ (O) 2문단에서 하나의 기지국이 감당할 수 있는 최대 통화량이 일정하다고 하였으므로 기지국 수를 늘리면 수용 가능한 통화량이 증가함을 알 수 있다.

24 ③
정답률 84.2%

| 문제 유형 | 사실적 이해 > 정보 확인

| 접근 전략 | '연주시차'라는 생소한 용어가 등장하지만 지문과 〈보기〉를 보면 연주시차에 대해 전혀 이해할 필요가 없음을 알 수 있다. 이런 문제를 풀 때는 낯선 단어에 중압감을 느끼지 말고 〈보기〉를 먼저 확인한 후 〈보기〉의 내용을 지문에서 찾아 확인하면 된다.

다음 글에서 알 수 있는 것만을 〈보기〉에서 모두 고르면?

코페르니쿠스 체계에 대한 당대의 부정적 평가는, 일반적으로 그 당시 천문학자들이 가지고 있었던 비합리적인 종교적 편견에서 비롯되었다고 이해된다. 그러나 그들이 코페르니쿠스 체계를 거부한 데에는 나름 합리적인 이유가 있었다. 그들은 당대 최고의 천문학자였던 티코 브라헤가 코페르니쿠스 체계를 반증했다고 믿었기 때문이다. ▶1문단

티코 브라헤는, 코페르니쿠스 체계가 옳다면 공전 궤도상 서로 마주 보는 두 지점에서 한 별을 관찰했을 때 서로 다른 각도로 관찰된다는 점에 주목했다. 이처럼 지구가 공전 궤도에서 차지하는 상대적 위치에 따라 달라지는 별의 겉보기 각도 차이를 '연주시차'라고 한다. 티코 브라헤는 이 연주시차가 관찰되는지를 오랜 시간에 걸쳐 꼼꼼하게 조사했는데, 연주시차는 전혀 관찰되지 않았다. 티코 브라헤는 논리적 절차에 따라 코페르니쿠스 체계를 반증했다. ▶2문단

그러나 티코 브라헤의 반증은 후일 오류로 판명되었다. 현재 알려진 사실은 가장 가까운 별조차 연주시차가 너무 작아서 당시의 천문학 기술로는 누구도 연주시차를 관측할 수 없었다는 것이다. 이는 별이 태양계로부터 아주 멀리 떨어져 있다는 것을 의미한다. 흥미로운 점은 티코 브라헤가 자신이 관찰한 별이 너무 멀리 떨어져 있어서 당시의 관측 기술로는 연주시차가 관찰되지 않을 가능성을 고려했다는 사실이다. 그러나 티코 브라헤는 이런 가능성을 부정했다. 당시, 천체의 운동을 설명하는 유일한 이론은 아리스토텔레스의 자연학이었다. 그러나 연주시차가 관찰될 수 없을 만큼 별들이 멀리 떨어져 있다는 생각은 아리스토텔레스의 자연학과 양립할 수 없었다. 천체 운동에 대한 설명을 포기할 수 없었던 티코 브라헤는 결국 별이 그토록 멀리 떨어져 있을 가능성을 부정할 수밖에 없었다. ▶3문단

〈보기〉
ㄱ. 티코 브라헤는 기술적 한계 때문에 연주시차가 관찰되지 않았을 가능성을 당시 천체 운동을 설명하던 이론에 근거하여 부정하였다.
→ (O) 티코 브라헤는 당시 관측기술로는 연주시차가 관찰되지 않을 가능성을 고려했으나 연주시차가 관찰될 수 없을 만큼 별들이 멀리 떨어져 있다는 생각은 당시 천체의 운동을 설명하는 유일한 이론인 아리스토텔레스의 자연학과 양립할 수 없기에 별이 멀리 떨어져 있다는 가능성을 부정했다. 따라서 ㄱ의 설명은 적절하다.

ㄴ. 티코 브라헤는 반증 과정에서 관찰 내용에 대한 최선의 이론적 설명이 아니라 종교적 편견에 따른 비합리적 설명을 선택함으로써 오류에 빠지게 되었다. → (X) 티코 브라헤가 종교적 편견이 있었는지는 지문을 통해서 알 수 없으며, 티코 브라헤는 논리적 절차에 따라 코페르니쿠스 체계를 반증했다. 따라서 ㄴ의 설명은 적절하지 않다.

ㄷ. 티코 브라헤의 반증은, '코페르니쿠스 체계가 옳다면 연주시차가 관찰된다. 연주시차는 관찰되지 않았다. 따라서 코페르니쿠스 체계는 옳지 않다.'의 절차로 재구성할 수 있다. → (O) 2문단에서 티코 브라헤가 연주시차를 관찰했으나 연주시차가 관찰되지 않았고, 그는 그 결과를 통해 코페르니쿠스 체계를 반증했다. 따라서 ㄷ의 설명은 적절하다.

① ㄱ ➡ (X)
② ㄴ ➡ (X)
③ ㄱ, ㄷ ➡ (O)
④ ㄴ, ㄷ ➡ (X)
⑤ ㄱ, ㄴ, ㄷ ➡ (X)

25 ⑤
정답률 57.7%

| 문제 유형 | 비판적 사고 > 빈칸 채우기

| 접근 전략 | 빈칸 채우기 문제 유형은 지문의 논리적 흐름을 세밀하게 이해해야 해결할 수 있다. 빈칸에는 앞의 문장과 논리적으로 연결될 수 있는 내용이 들어가야 하므로 '이 발견'이 무엇을 가리키는지, 그리고 그것이 중요한 이유는 무엇인지를 찾으며 지문을 읽어 나가야 한다. 이와 같은 흐름으로 문제를 풀기 위해서는 빈칸의 앞뒤 문장을 먼저 확인하고 지문을 읽는 것이 전략적으로 유리하다.

다음 글의 빈칸에 들어갈 내용으로 가장 적절한 것은?

노랑초파리에 있는 Ir75a 유전자는 시큼한 냄새가 나는 아세트산을 감지하는 후각수용체 단백질을 만들 수 있다. 하지만 세이셸 군도의 토착종인 세셀리아초파리는 Ir75a 유전자를 가지고 있지만 아세트산 냄새를 못 맡는다. 따라서 이 세셀리아초파리의 Ir75a 유전자는 해당 단백질을 만들지 못하는 '위유전자(pseudogene)'라고 여겨졌다. 세셀리아초파리는 노니의 열매만 먹고 살기 때문에 아세트산의 시큼한 냄새를 못 맡아도 별 문제가 없다. 그런데 스위스 로잔대 연구진은 세셀리아초파리가 땀 냄새가 연상되는 프로피온산 냄새를 맡을 수 있다는 사실을 발견했다. ▶1문단

이 발견이 중요한 이유는 [　　　　　　　　] 그렇다면 세셀리아초파리의 Ir75a 유전자도 후각수용체 단백질을 만든다는 것인데, 왜 세셀리아초파리는 아세트산 냄새를 못 맡을까? 세셀리아초파리와 노랑초파리의 Ir75a 유전자가 만드는 후각수용체 단백질의 아미노산 서열을 비교한 결과, 냄새 분자가 달라붙는 걸로 추정되는 부위에서 세 군데가 달랐다. 단백질의 구조가 바뀌어 감지할 수 있는 냄새 분자의 목록이 달라진 것이다. 즉 노랑초파리의 Ir75a 유전자가 만드는 후각수용체는 아세트산과 프로피온산에 반응하고, 세셀리아초파리의 이것은 프로피온산과 들쩍지근한 다소 불쾌한 냄새가 나는 부티르산에 반응한다. ▶2문단

흥미롭게도 세셀리아초파리의 주식인 노니의 열매는 익으면서 부티르산이 연상되는 냄새가 강해진다. 연구자들은 세셀리아초파리의 Ir75a 유전자는 위유전자가 아니라 노랑초파리와는 다른 기능을 하는 후각수용체 단백질을 만드는 유전자로 진화한 것이라 주장하며, 세셀리아초파리의 Ir75a 유전자를 '위-위유전자(pseudo-pseudogene)'라고 불렀다. ▶3문단

① 세셀리아초파리가 주로 먹는 노니의 열매는 프로피온산 냄새가 나지 않기 때문이다. ➡ (X) 노니의 열매에서 프로피온산 냄새가 나지 않는 것은 세셀리아초파리가 프로피온산 냄새를 맡을 수 있다는 발견과 관련이 없다.

② 프로피온산 냄새를 담당하는 후각수용체 단백질은 Ir75a 유전자와 상관이 없기 때문이다. ➡ (X) 2문단에서 노랑초파리와 세셀리아초파리의 Ir75a 유전자는 모두 프로피온산에 반응한다고 하였으므로 이 둘은 관련이 있다. 따라서 본 선지의 내용은 적절하지 않다.

③ 노랑초파리에서 프로피온산 냄새를 담당하는 후각수용체 유전자는 위유전자가 되었기 때문이다. ➡ (X) 2문단에서 노랑초파리의 Ir75a 유전자가 만드는 후각수용체가 아세트산과 프로피온산에 반응한다고 한 것을 통해 노랑초파리에서 프로피온산 냄새를 담당하는 후각수용체 유전자가 위유전자가 아님을 알 수 있다.

④ 세셀리아초파리와 노랑초파리에서 Ir75a 유전자가 만드는 후각수용체 단백질이 똑같기 때문이다. ➡ (X) 2문단에서 세셀리아초파리와 노랑초파리의 Ir75a 유전자가 만드는 후각수용체 단백질의 아미노산 서열을 비교한 결과 세 군데가 달랐다고 하였으므로 본 선지의 내용은 적절하지 않다.

⑤ 노랑초파리에서 프로피온산 냄새를 담당하는 후각수용체 단백질을 만드는 것이 Ir75a 유전자이기 때문이다. ➡ (O) 1문단의 내용과 반대되는 발견이어서 이 발견이 중요하다는 것이므로, 빈칸에는 세셀리아초파리의 Ir75a 유전자가 후각수용체 단백질을 만들 수 없다고 보았던 1문단의 내용을 반박하는 내용이 들어가야 한다. 세셀리아초파리가 땀 냄새가 연상되는 프로피온산 냄새를 맡을 수 있다는 사실의 발견으로 1문단의 내용을 반박할 수 있는 이유는 노랑초파리에서 프로피온산 냄새를 담당하는 후각수용체 단백질을 만드는 것이 Ir75a 유전자이기 때문이다. 따라서 본 선지의 내용은 빈칸에 들어갈 내용으로 적절하다.

2019 | 제2영역 자료해석(㉯ 책형)

기출 총평

2019년 자료해석 시험은 문제당 풀이 시간이 부족할 정도로 과년도 기출문제보다 어렵게 출제되었다. 이번 시험에서는 기본적인 유형의 문항 비중은 감소하고 변별력 있는 유형의 출제 비중이 증가하였다. 표, 차트 유형이 감소하였고, 빈칸 유형, 체계적인 계산과 절차 수행이 요구되는 유형, 전략적인 접근이 가능한 매칭 유형이 증가하였다. 또한 주어진 자료의 구조를 이해하고 해석할 수 있는 사고력과 핵심 개념들을 정확하게 이해하고 활용할 수 있는 응용력을 점검할 수 있는 문제들이 골고루 출제되었다. 단순하게 계산의 양을 늘리거나 복잡하게 하는 것이 아니라, 구조적 해석, 개념의 활용과 응용, 가정적 사고, 비례적 사고 등 사고력을 다각도로 점검할 수 있도록 출제되었다. 응용 문제가 다수 출제되었지만, 선지 구성에 있어서는 기본적인 틀을 제시하고 응용으로 연결한 문제이므로 선지를 통해 기본적인 정보를 확보하고 선지 간 유기적인 관계를 활용하여 응용 선지를 해결할 수 있다. 자료해석의 본질을 파악하여 이 본질에 맞게 기초를 튼튼하게 준비했다면 흔들림 없이 일정 이상의 좋은 성적을 확보할 수 있었을 것이다. 익숙하지 않은 자료와 수식 속에서 묻는 것과 주어진 정보를 활용하여 해결해가는 사고의 힘을 기르는 연습, 핵심 개념에 대한 정확한 이해와 직관적인 활용 능력이 당락을 가를 수 있기 때문이다. 기출문제를 제대로 분석하고 반복적으로 활용하는 연습을 꾸준히 하였다면 고득점을 얻을 수 있었을 것이다.

문항별 정답률 및 선지별 선택률

문번	정답	정답률(%)	①	②	③	④	⑤
01	④	90.1	1.5	2.7	5.1	90.1	0.6
02	③	90.1	2.3	6.9	90.1	0.0	0.7
03	④	65.1	0.0	16.7	3.6	65.1	14.6
04	②	58.7	4.6	58.7	0.2	17.6	18.9
05	⑤	58.7	0.8	2.1	16.8	21.6	58.7
06	⑤	78.0	0.0	2.7	7.9	11.4	78.0
07	①	75.8	75.8	2.3	9.2	8.2	4.5
08	①	74.6	74.6	9.5	9.5	4.3	2.1
09	⑤	91.6	0.6	1.1	4.6	2.1	91.6
10	①	85.6	85.6	3.2	5.8	4.1	1.3
11	⑤	68.9	17.6	6.7	3.4	3.4	68.9
12	④	87.2	7.5	1.6	0.6	87.2	3.1
13	①	88.9	88.9	0.6	1.3	3.6	5.6

문번	정답	정답률(%)	①	②	③	④	⑤
14	②	90.7	1.9	90.7	1.9	3.8	1.7
15	③	81.8	4.0	1.7	81.8	3.6	8.9
16	③	84.7	5.7	1.1	84.7	6.3	2.2
17	①	84.3	84.3	3.3	4.6	4.0	3.8
18	②	84.7	3.9	84.7	3.7	1.3	6.4
19	③	63.8	29.2	1.3	63.8	1.7	4.0
20	②	68.0	9.8	68.0	11.3	2.3	8.6
21	④	65.8	5.4	12.8	12.6	65.8	3.4
22	③	64.4	3.0	5.5	64.4	12.9	14.2
23	③	71.1	3.5	5.2	71.1	9.6	10.6
24	②	50.8	2.4	50.8	10.1	25.6	11.1
25	⑤	53.7	4.5	6.9	23.9	11.0	53.7

※ 파란색 음영 문항은 해당 회차에서 정답률이 가장 낮은 TOP 3 문항입니다.
※ 정답률 및 선지별 선택률 산정 기준: 약 1년간 누적된 자동채점 & 성적결과분석 서비스의 응시 데이터

출제 비중

- 자료 읽기 > 표/그림/빈칸 제시형: 56%
- 자료 읽기/추론 > 계산형: 20%
- 자료 읽기/추론 > 매칭형: 8%
- 자료 추론 > 추가로 필요한 자료 찾기: 4%
- 자료 변환응용 > 표/그림 전환형: 4%
- 자료 변환응용 > 자료/보고서 전환형: 8%

기출문제편 P.364

01	④	02	③	03	④	04	②	05	⑤
06	⑤	07	①	08	①	09	⑤	10	①
11	⑤	12	④	13	①	14	②	15	③
16	③	17	①	18	②	19	③	20	②
21	④	22	③	23	③	24	②	25	⑤

01 ④

정답률 90.1%

| 문제 유형 | 자료 추론 > 추가로 필요한 자료 찾기
| 접근 전략 | 추가로 필요한 자료 찾기 문제는 자료와 제시문을 본 후 제시문에서 추가적으로 필요한 자료를 찾는 문제이다. 제시문을 보면서 어떤 자료가 필요한지 바로 파악하는 것은 어려우므로 자료와 제시문을 빠르게 본 후 선지와 〈보고서〉를 같이 보면서 선지에 제시된 자료가 〈보고서〉에서 필요한 자료인지, 이미 제시된 자료로도 충분히 〈보고서〉의 내용을 설명할 수 있는지를 파악해야 한다.

다음 〈표〉와 〈보고서〉는 '갑'국 13~19대 국회 의원입법안 발의 및 처리 현황에 대한 자료이다. 〈보고서〉를 작성하기 위해 〈표〉 이외에 추가로 필요한 자료만을 〈보기〉에서 모두 고르면?

〈표〉 국회 의원입법안 발의 및 처리 법안 수 현황
(단위: 건)

국회 구분	13대	14대	15대	16대	17대	18대	19대
발의 법안 수	570	321	1,144	1,912	6,387	12,220	16,728
처리 법안 수	352	167	687	1,028	2,893	4,890	6,626

※ 1) 법안 반영률(%) = $\frac{처리\ 법안\ 수}{발의\ 법안\ 수} \times 100$

2) 각 국회별로 국회의원 임기는 4년이고, 해당 국회에서 처리되지 않은 법안은 폐기됨

〈보고서〉

19대 국회의 의원입법안을 분석한 결과 16,728건이 발의되었고 이는 19대 국회 동안 월평균 340건 이상, 국회의원 1인당 50건 이상의 법안이 제출된 셈이다.

국회 상임위원회 활동으로 보면 상임위원회당 처리 법안 수가 13대 20.7건에서 19대 414.1건으로 20배 이상이 되었다. 하지만 국회 상임위원회 법안소위에도 오르지 않은 법안의 증가로 인해 13대 국회에서 61.8%에 달했던 법안 반영률은 19대에 39.6%까지 낮아졌다.

이처럼 국회 본연의 임무인 입법 기능이 저하되는 가운데 국회 국민청원 건수는 16대 이후로 감소하고 있다. 구체적으로는 13대 503건에서 지속적으로 증가해 16대에 765건으로 정점을 찍은 후 급감하였고, 19대 들어 227건에 그쳐 13대 이후 최저 수준을 기록하였다.

〈보기〉

ㄱ. 국회 국민청원 건수

국회	13대	14대	15대	16대	17대	18대	19대
건수(건)	503	534	595	765	432	272	227

→ (O) 〈보고서〉의 3문단에서 국민청원 건수의 추이를 설명하고 있는데, 〈표〉는 국회 의원입법안에 대해 보여 주고 있다. 따라서 국민청원 건수의 추이를 설명하기 위해서는 국민청원 건수에 대한 자료가 필요하다.

ㄴ. 국회 국민청원 중 본회의 처리건수

국회	13대	14대	15대	16대	17대	18대	19대
건수(건)	13	11	3	4	4	3	2

→ (X) 〈보고서〉에서 국민청원 중 본회의 처리건수에 대한 진술은 나타나 있지 않다.

ㄷ. 국회 상임위원회 수

국회	13대	14대	15대	16대	17대	18대	19대
상임 위원회 수(개)	17	16	16	17	17	16	16

→ (O) 〈보고서〉의 2문단에서는 상임위원회당 처리 법안 수를 설명하고 있다. 상임위원회당 처리 법안 수는 $\frac{전체\ 처리\ 법안\ 수}{상임위원회\ 수}$ 를 통해 구할 수 있다. 〈표〉에서 처리 법안 수는 알 수 있지만 상임위원회 수는 알 수 없으므로 상임위원회 수에 대한 자료가 필요하다.

ㄹ. 국회의원 수

국회	13대	14대	15대	16대	17대	18대	19대
의원 수(명)	299	299	299	273	299	299	300

→ (O) 〈보고서〉의 1문단에서는 19대 국회 국회의원 1인당 50건 이상의 법안이 제출되었다고 설명하고 있다. 국회의원 1인당 제출한 법안 수는 $\frac{총\ 발의\ 법안\ 수}{국회의원\ 수}$ 를 통해 구할 수 있다. 〈표〉에서 총 발의 법안 수는 알 수 있으나 국회의원 수는 나타나 있지 않다. 따라서 국회의원 수에 대한 자료가 필요하다.

① ㄱ, ㄴ ➡ (X)
② ㄱ, ㄹ ➡ (X)
③ ㄱ, ㄴ, ㄷ ➡ (X)
④ ㄱ, ㄷ, ㄹ ➡ (O)
⑤ ㄴ, ㄷ, ㄹ ➡ (X)

02 ③
정답률 90.1%

| 문제 유형 | 자료 읽기 > 표/그림 제시형
| 접근 전략 | 복합 자료 문제는 두 자료를 동시에 봐야 문제를 해결할 수 있도록 출제된다. 자료의 양이 많기 때문에 모든 자료를 숙지한 후 선지로 가기보다 대략적으로 자료의 특성만 파악한 후 선지가 요구하는 자료만을 선택적으로 보는 것이 시간을 절약할 수 있는 방법이다.

다음 〈그림〉과 〈표〉는 주요 10개국의 인간개발지수와 시민지식 평균점수 및 주요 지표에 관한 자료이다. 이에 대한 〈보기〉의 설명 중 옳은 것만을 모두 고르면?

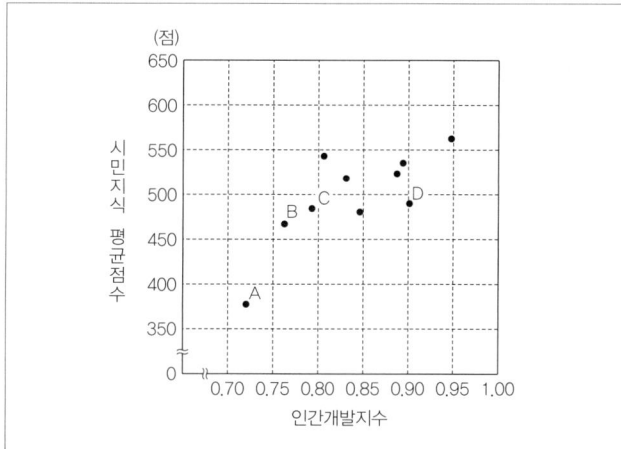

〈그림〉 국가별 인간개발지수와 시민지식 평균점수의 산포도

〈표〉 국가별 주요 지표

구분 국가	인간개발 지수	최근 국회의원 선거 투표율 (%)	GDP 대비 공교육비 비율 (%)	인터넷 사용률 (%)	1인당 GDP (달러)
벨기에	0.896	92.5	6.4	85	41,138
불가리아	0.794	54.1	3.5	57	16,956
칠레	0.847	49.3	4.6	64	22,145
도미니카 공화국	0.722	69.6	2.1	52	13,375
이탈리아	0.887	75.2	4.1	66	33,587
대한민국	0.901	58.0	4.6	90	34,387
라트비아	0.830	58.9	4.9	79	22,628
멕시코	0.762	47.7	5.2	57	16,502
노르웨이	0.949	78.2	7.4	97	64,451
러시아	0.804	60.1	4.2	73	23,895

―〈보기〉―
ㄱ. A국의 인터넷 사용률은 60% 미만이다. → (O) 〈그림〉에서 A국의 인간개발지수는 0.70~0.75인데 이 범위 내에는 도미니카공화국뿐임을 〈표〉를 통해 알 수 있다. 도미니카공화국의 인터넷 사용률은 52%이다.
ㄴ. B국은 C국보다 GDP 대비 공교육비 비율이 낮다. → (X) 〈그림〉에서 B국과 C국의 인간개발지수는 0.75~0.80이고, C국의 인간개발지수가 B국보다 높다. 〈표〉에서 인간개발지수가 0.75~0.80인 국가는 불가리아와 멕시코인데, 불가리아가 멕시코보다 인간개발지수가 높으므로 C국은 불가리아, B국은 멕시코이다. 〈표〉에 따르면 GDP 대비 공교육비 비율은 멕시코의 경우 5.2%, 불가리아의 경우 3.5%로, 멕시코가 불가리아보다 GDP 대비 공교육비 비율이 높다.
ㄷ. D국은 최근 국회의원 선거 투표율 하위 3개국 중 하나이다. → (X) 〈그림〉에서 D국의 인간개발지수는 0.90보다 약간 높음을 알 수 있으므로 〈표〉를 통해 D국은 대한민국임을 알 수 있다. 대한민국은 최근 국회의원 선거 투표율이 58.0%로, 대한민국보다 투표율이 낮은 국가는 멕시코(47.7%), 칠레(49.3%), 불가리아(54.1%)이다. 따라서 대한민국은 최근 국회의원 선거 투표율 하위 3개국에 들지 않는다.
ㄹ. 1인당 GDP가 가장 높은 국가는 시민지식 평균점수도 가장 높다. → (O) 〈표〉에서 1인당 GDP가 제일 높은 국가는 노르웨이로, 노르웨이의 인간개발지수는 0.9490이다. 〈그림〉에서 가장 오른쪽에 찍힌 점이 노르웨이로, 노르웨이의 시민지식 평균점수는 가장 위쪽에 있으므로 가장 높다.

① ㄱ, ㄴ ➡ (X)
② ㄱ, ㄷ ➡ (X)
③ ㄱ, ㄹ ➡ (O)
④ ㄴ, ㄷ ➡ (X)
⑤ ㄴ, ㄹ ➡ (X)

03 ④
정답률 65.1%

| 문제 유형 | 자료 변환응용 > 표/그림 전환형
| 접근 전략 | 선지의 자료 제목, x축과 y축의 수치, 축의 정의, 증감 추이, 주석, 증가(감소)율과 증가(감소)폭 등 많은 부분을 꼼꼼히 체크하여야 한다. 선지의 주요 부분을 보면서 제시문과의 일치 여부를 확인한 후, 선지의 세부사항을 꼼꼼히 살펴볼 필요가 있다.

다음 〈표〉는 2012~2017년 '갑'국의 화재발생 현황에 대한 자료이다. 이를 이용하여 작성한 그래프로 옳지 않은 것은?

〈표〉 '갑'국의 화재발생 현황
(단위: 건, 명)

연도 \ 구분	화재발생 건수	인명피해자 수	구조활동 건수
2012	43,249	2,222	427,735
2013	40,932	2,184	400,089
2014	42,135	2,180	451,050
2015	44,435	2,093	479,786
2016	43,413	2,024	609,211
2017	44,178	2,197	655,485
평균	43,057	2,150	503,893

① 화재발생 건수

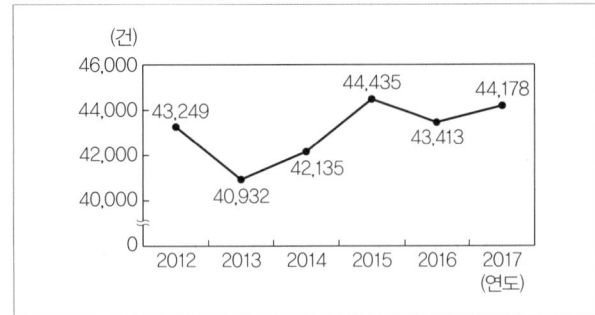

➡ (O) 〈표〉에서 제시된 화재발생 건수 수치와 〈그림〉의 수치가 일치한다.

② 인명피해자 수 편차의 절댓값

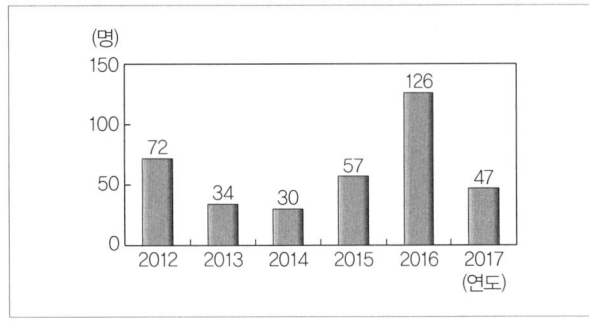

※ 인명피해자 수 편차는 해당 연도 인명피해자 수에서 평균 인명피해자 수를 뺀 값임

➡ (O) 인명피해자 수 편차는 2012년의 경우 2,222-2,150=72(명), 2013년의 경우 2,184-2,150=34(명), 2014년의 경우 2,180-2,150=30(명), 2015년의 경우 |2,093-2,150|=|-57|(명), 2016년의 경우 |2,024-2,150|=|-126|(명), 2017년의 경우 2,197-2,150=47(명)이다. 이는 〈그림〉과 일치한다.

③ 구조활동 건수의 전년 대비 증가량

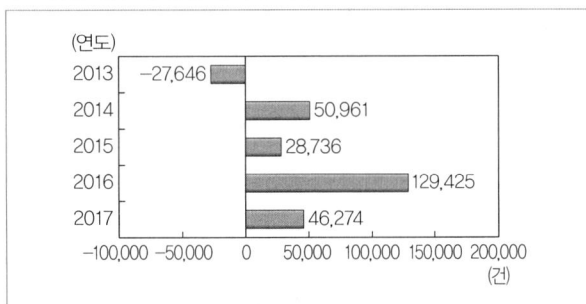

➡ (O) 구조활동 건수의 전년 대비 증가량은 해당 연도 구조활동 건수-전년도 구조활동 건수를 통해 구할 수 있다. 2013년의 경우 400,089-427,735=-27,646(건), 2014년의 경우 451,050-400,089=50,961(건), 2015년의 경우 479,786-451,050=28,736(건), 2016년의 경우 609,211-479,786=129,425(건), 2017년의 경우 655,485-609,211=46,274(건)이다. 이는 〈그림〉과 일치한다.

④ 화재발생 건수 대비 인명피해자 수 비율

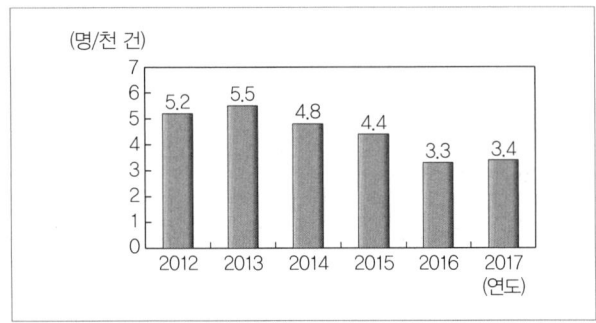

➡ (X) 단위가 명/천 건이므로 화재발생 천 건 대비 인명피해자 수 비율은 $\frac{인명피해자\ 수}{화재발생\ 건수} \times 1,000$이다. 2012년 수치만 보더라도 $\frac{2,222}{43,249} \times 1,000 ≒ 52$(명/천 건)이다. 따라서 〈그림〉에 제시된 수치와 자릿수부터 다르므로 일치하지 않는다.

⑤ 화재발생 건수의 전년 대비 증가율

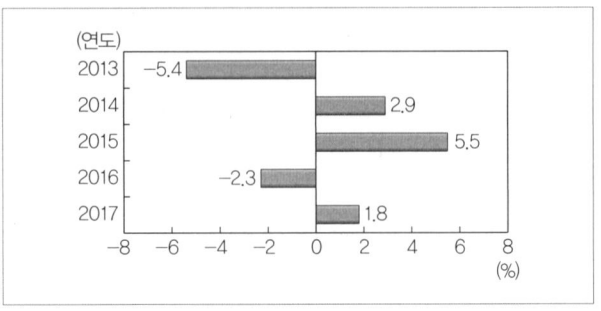

➡ (O) 화재발생 건수의 전년 대비 증가율은 $\frac{(해당\ 연도\ 화재발생\ 건수)-(전년도\ 화재발생\ 건수)}{(전년도\ 화재발생\ 건수)} \times 100$으로 구할 수 있다. 화재발생 건수의 전년 대비 증가율은 2013년의 경우 $\frac{(40,932-43,249)}{43,249} \times 100 ≒ -5.4$(%), 2014년의 경우 $\frac{(42,135-40,932)}{40,932} \times 100 ≒ 2.9$(%), 2015년의 경우 $\frac{(44,435-42,135)}{42,135} \times 100 ≒ 5.5$(%), 2016년의 경우 $\frac{(43,413-44,435)}{44,435} \times 100 ≒ -2.3$(%), 2017년의 경우 $\frac{(44,178-43,413)}{43,413} \times 100 ≒ 1.8$(%)이다. 이는 〈그림〉과 일치한다.

S 04 ②   TOP 3 정답률 58.7%

| 문제 유형 | 자료 읽기 > 표 제시형
| 접근 전략 | 두 대상과 연도가 주어지는 문제는 두 대상의 차이, 두 대상의 값이 연도별로 변화하는 추이 등을 유념해서 풀 필요가 있다. 또한 한 대상에 대한 상승, 하락을 묻는 선지의 경우 해당 수치 부분을 위에서 아래로 빠르게 훑으며 몇 초 안에 과감히 해결하는 것이 좋다.

다음 〈표〉는 2012~2018년 '갑'국의 지가변동률에 대한 자료이다. 이에 대한 〈보기〉의 설명 중 옳은 것만을 모두 고르면?

〈표〉 연도별 지가변동률
(단위: %)

연도 \ 지역	수도권	비수도권
2012	0.37	1.47
2013	1.20	1.30
2014	2.68	2.06
2015	1.90	2.77
2016	2.99	2.97
2017	4.31	3.97
2018	6.11	3.64

─〈보기〉─
ㄱ. 비수도권의 지가변동률은 매년 상승하였다. → (X) 2013년과 2018년 비수도권의 지가변동률은 전년 대비 감소하였다.
ㄴ. 비수도권의 지가변동률이 수도권의 지가변동률보다 높은 연도는 3개이다. → (O) 비수도권의 지가변동률이 수도권의 지가변동률보다 높은 연도는 2012년, 2013년, 2015년이다.
ㄷ. 전년 대비 지가변동률 차이가 가장 큰 연도는 수도권과 비수도권이 동일하다. → (X) 수도권의 경우 2018년이 2017년에 비해 1.8%p 상승하여 지가변동률 차이가 가장 크고, 비수도권의 경우 2017년이 2016년에 비해 1%p 상승하여 지가변동률 차이가 가장 크다. 따라서 해당 선지는 옳지 않다.

① ㄱ ➡ (X)
② ㄴ ➡ (O)
③ ㄱ, ㄷ ➡ (X)
④ ㄴ, ㄷ ➡ (X)
⑤ ㄱ, ㄴ, ㄷ ➡ (X)

S 05 ⑤   TOP 3 정답률 58.7%

|문제 유형| 자료 읽기 > 표/그림 제시형
|접근 전략| 선그래프의 경우 여러 개의 선그래프의 수치 차이를 활용한 선지가 자주 출제된다. 따라서 선그래프의 수치 차이를 유의하여 확인해야 한다. 또한 복합 자료 문제는 두 자료를 동시에 봐야 문제를 해결할 수 있도록 출제된다. 자료의 양이 많기 때문에 모든 자료를 숙지한 후 선지로 가기보다 대략적으로 자료의 특성만 파악한 후 선지가 요구하는 자료만을 선택적으로 보는 것이 시간을 절약하는 방법이다.

다음 〈그림〉과 〈표〉는 '갑'국을 포함한 주요 10개국의 학업성취도 평가 자료이다. 이에 대한 설명으로 옳은 것은?

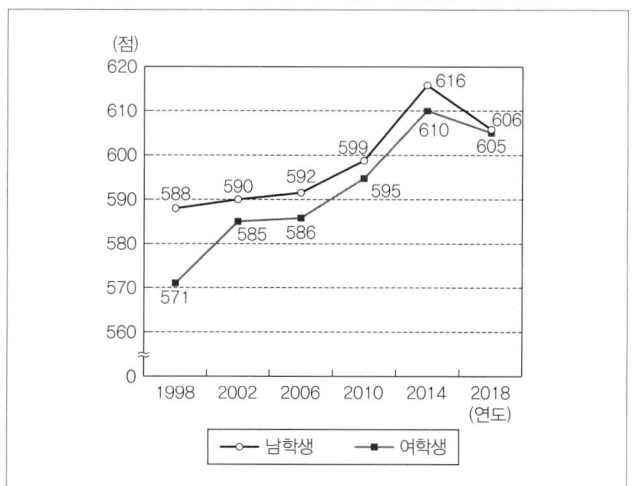

〈그림〉 1998~2018년 '갑'국의 성별 학업성취도 평균점수

※ 학업성취도 평균점수는 소수점 아래 첫째 자리에서 반올림한 값임

〈표〉 2018년 주요 10개국의 학업성취도 평균점수 및 점수대별 누적 학생비율
(단위: 점, %)

구분 국가	평균 점수	학업성취도 점수대별 누적 학생비율			
		625점 이상	550점 이상	475점 이상	400점 이상
A	621	54	81	94	99
갑	606	43	75	93	99
B	599	42	72	88	97
C	594	37	75	92	98
D	586	34	67	89	98
E	538	14	46	78	95
F	528	12	41	71	91
G	527	7	39	78	96
H	523	7	38	76	94
I	518	10	36	69	93

※ 학업성취수준은 수월수준(625점 이상), 우수수준(550점 이상 625점 미만), 보통수준(475점 이상 550점 미만), 기초수준(400점 이상 475점 미만), 기초수준 미달(400점 미만)로 구분됨

① '갑'국 남학생과 여학생의 평균점수 차이는 2018년이 1998년보다 크다. ➡ (X) 〈그림〉에서 '갑'국의 남녀 학업성취도 평균점수의 차이는 2018년의 경우 1점이고, 1998년의 경우 17점이다.
② '갑'국의 평균점수는 2018년이 2014년보다 크다. ➡ (X) 〈그림〉에 따르면 남녀 모두 2018년 학업성취도 평균점수가 감소하였으므로 '갑'국의 평균점수는 2014년이 2018년보다 크다.
③ 2018년 주요 10개 국가는 '수월수준'의 학생비율이 높을수록 평균점수가 높다. ➡ (X) '수월수준'은 학업성취도 점수가 625점 이상인 것을 뜻한다. 대체로 평균점수와 625점 이상 학생비율은 양(+)의 관계를 보이지만, H와 I의 경우 I가 H보다 평균점수가 낮은 반면 625점 이상 학생비율은 I가 H보다 높다.
④ 2018년 주요 10개 국가 중 '기초수준 미달'의 학생비율이 가장 높은 국가는 I국이다. ➡ (X) '기초수준 미달'은 학업성취도 점수가 400점 미만인 것을 뜻한다. '기초수준 미달'인 학생 비율은 '100-400점 이상 누적 학생비율'로 계산할 수 있다. '기초수준 미달'의 학생비율이 가장 높은 국가는 400점 이상의 누적 학생비율이 가장 낮은 국가로, 이는 400점 이상의 누적 학생비율이 91%인 F국이다.
⑤ 2018년 '우수수준'의 학생비율은 D국이 B국보다 높다. ➡ (O) '우수수준'의 학생은 학업성취도 점수가 550점 이상 625점 미만인 학생이다. 이는 '550점 이상 누적 학생비율-625점 이상 누적 학생비율'로 구할 수 있다. D국의 경우 '우수수준'의 학생비율은 67-34=33(%), B국의 경우 '우수수준'의 학생비율은 72-42=30(%)이다. 따라서 '우수수준'의 학생비율은 D국이 B국보다 높다.

06 ⑤   정답률 78.0%

|문제 유형| 자료 읽기 > 표 제시형
|접근 전략| 순위는 숫자가 낮을수록 높은 것이다. 사소한 것이지만 시험장에서는 긴장하여 간혹 혼동하는 경우가 있으므로 유의하도록 한다.

다음 〈표〉는 2017년과 2018년 주요 10개 자동차 브랜드 가치 평가에 관한 자료이다. 이에 대한 〈보기〉의 설명 중 옳은 것만을 모두 고르면?

〈표 1〉 브랜드 가치평가액
(단위: 억 달러)

브랜드	연도 2017	2018
TO	248	279
BE	200	218
BM	171	196
HO	158	170
FO	132	110
WO	56	60

AU	37	42
HY	35	41
XO	38	39
NI	32	31

〈표 2〉 브랜드 가치평가액 순위

브랜드 \ 연도	전체 제조업계 내 순위		자동차업계 내 순위	
	2017	2018	2017	2018
TO	9	7	1	1
BE	11	10	2	2
BM	16	15	3	3
HO	19	19	4	4
FO	22	29	5	5
WO	56	56	6	6
AU	78	74	8	7
HY	84	75	9	8
XO	76	80	7	9
NI	85	90	10	10

〈보기〉

ㄱ. 2017년 대비 2018년 '전체 제조업계 내 순위'가 하락한 브랜드는 2017년 대비 2018년 브랜드 가치평가액도 감소하였다. → (X) 〈표 2〉에서 XO의 경우 2017년 대비 2018년 '전체 제조업계 내 순위'가 76위에서 80위으로 하락하였으나, 〈표 1〉에서 2017년 대비 2018년 브랜드 가치평가액은 38억 달러에서 39억 달러로 증가하였다.

ㄴ. 2017년과 2018년의 브랜드 가치평가액 차이가 세 번째로 큰 브랜드는 BE이다. → (X) 〈표 1〉에서 2017년과 2018년의 브랜드 가치평가액이 10억 달러 이상 차이가 나는 브랜드를 확인해 보면 TO가 31억 달러, BE가 18억 달러, BM이 25억 달러, HO가 12억 달러, FO가 22억 달러 차이가 난다. 따라서 2017년과 2018년의 브랜드 가치평가액 차이가 세 번째로 큰 브랜드는 FO이다.

ㄷ. 2017년 대비 2018년 '전체 제조업계 내 순위'와 '자동차 업계 내 순위'가 모두 상승한 브랜드는 2개뿐이다. → (O) '자동차업계 내 순위'가 상승한 브랜드는 순위가 1위씩 상승한 AU와 HY이다. AU와 HY는 모두 '전체 제조업계 내 순위'가 각각 4위, 9위만큼 상승하였다.

ㄹ. 연도별 '자동차업계 내 순위' 기준 상위 7개 브랜드 가치평가액 평균은 2018년이 2017년보다 크다. → (O) 2017년의 '자동차업계 내 순위' 상위 7개 브랜드 가치평가액의 평균 = $\frac{248+200+171+158+132+56+38}{7}$ ≒143.3(억 달러)이고, 2018년의 평균 = $\frac{279+218+196+170+110+60+42}{7}$ ≒153.6(억 달러)이다. 따라서 2018년이 2017년보다 크다.

① ㄱ, ㄴ ➡ (X)
② ㄱ, ㄹ ➡ (X)
③ ㄴ, ㄷ ➡ (X)
④ ㄴ, ㄹ ➡ (X)
⑤ ㄷ, ㄹ ➡ (O)

07 ①
정답률 75.8%

| 문제 유형 | 자료 읽기 > 표 제시형
| 접근 전략 | 교집합과 합집합, 공집합 등 집합 개념에 대한 이해가 필요하다. 해당 문제에서는 '집합 A의 원소가 모두 집합 B의 원소이더라도 집합 A에 포함되지 않은 집합 B의 원소는 x이다.'라는 부분집합, 여집합과 관련된 개념만 알아두어도 쉽게 식을 세울 수 있다.

다음 〈표〉는 2019년 5월 10일 A 프랜차이즈의 지역별 가맹점 수와 결제 실적에 관한 자료이다. 이에 대한 설명으로 옳지 않은 것은?

〈표 1〉 A 프랜차이즈의 지역별 가맹점 수, 결제건수 및 결제금액
(단위: 개, 건, 만 원)

지역	구분	가맹점 수	결제건수	결제금액
서울		1,269	142,248	241,442
6대 광역시	부산	34	3,082	7,639
	대구	8	291	2,431
	인천	20	1,317	2,548
	광주	8	306	793
	대전	13	874	1,811
	울산	11	205	635
전체		1,363	148,323	257,299

〈표 2〉 A 프랜차이즈의 가맹점 규모별 결제건수 및 결제금액
(단위: 건, 만 원)

가맹점 규모	구분	결제건수	결제금액
소규모		143,565	250,390
중규모		3,476	4,426
대규모		1,282	2,483
전체		148,323	257,299

① '서울' 지역 소규모 가맹점의 결제건수는 137,000건 이하이다. ➡ (X) 중규모와 대규모 가맹점이 모두 서울에 위치하고 있다면 중규모와 대규모 가맹점의 결제건수는 4,758건이다. 따라서 '서울' 지역 소규모 가맹점 결제건수는 최소 142,248-4,758=137,490(건)으로, 137,000건 이상이다.

② 6대 광역시 가맹점의 결제건수 합은 6,000건 이상이다. ➡ (O) 6대 광역시 가맹점의 결제건수 합은 전체 결제건수에서 서울 결제건수를 빼면 되므로 148,323-142,248=6,075(건)이다. 따라서 6대 광역시 가맹점의 결제건수 합은 6,000건 이상이다.

③ 결제건수 대비 결제금액을 가맹점 규모별로 비교할 때 가장 작은 가맹점 규모는 중규모이다. ➡ (O) 결제건수 대비 결제금액은 소규모의 경우 $\frac{250,390}{143,565}$ ≒1.74(만 원/건), 중규모의 경우 $\frac{4,426}{3,476}$ ≒1.27(만 원/건), 대규모의 경우 $\frac{2,483}{1,282}$ ≒1.94(만 원/건)이다. 따라서 중규모가 가장 작다.

④ 가맹점 수 대비 결제금액이 가장 큰 지역은 '대구'이다. ➡ (O) 가맹점 수 대비 결제금액은 '서울'의 경우 $\frac{241,442}{1,269}$ ≒190(만 원/개), '부산'의 경우 $\frac{7,639}{34}$ ≒225(만 원/개), '대구'의 경우 $\frac{2,431}{8}$ ≒304(만 원/개), '인천'의 경우 $\frac{2,548}{20}$ ≒127(만 원/개), '광주'의 경우 $\frac{793}{8}$ ≒99(만 원/개), '대전'의 경우 $\frac{1,811}{13}$ ≒139(만 원/개), '울산'의 경우 $\frac{635}{11}$ ≒58(만 원/개)이다. 따라서 '대구'가 가맹

⑤ 전체 가맹점 수에서 '서울' 지역 가맹점 수 비중은 90% 이상이다.
→ (O) 정확한 비율 계산보다는 전체 가맹점 수의 90%와 '서울' 지역 가맹점 수를 비교하여 간단하게 문제를 해결할 수 있다. 전체 가맹점 수의 90%는 1,363 × 0.9 = 1,226.7(개)이고, '서울' 지역 가맹점 수는 1,269개이다. 1,269 > 1,226.7이므로 '서울' 지역 가맹점 수 비중은 전체 가맹점 수의 90% 이상이다.

08 ①   정답률 74.6%

| 문제 유형 | 자료 읽기 > 표/그림/빈칸 제시형

| 접근 전략 | 모든 빈칸을 채우기보다는 〈보기〉를 해결하기 위해 필요한 빈칸만을 계산하는 것이 빠르다. 또한 계산을 요하지 않는 〈보기〉가 있는 경우 먼저 해결한다. 시청자평가지수 = $\frac{만족도지수 + 질평가지수}{2}$ 이므로 만족도지수 = 2 × 시청자평가지수 − 질평가지수이고, 질평가지수 = 2 × 시청자평가지수 − 만족도지수이다. 모든 값들이 7을 기준으로 약간 큰 값이거나 약간 작은 값이므로 7를 뺀 후 계산하는 것이 쉽다. 예를 들어 A의 주시청 시간대 만족도지수의 경우 0.23 × 2 − 0.2 = 0.26이므로 A의 주시청 시간대 만족도지수는 7.26이다. 계산할 필요가 없거나 간단한 〈보기〉부터 확인하고, 〈보기〉를 하나씩 해결할 때마다 선지를 지워나간다.

다음 〈표〉와 〈그림〉은 '갑'국의 방송사별 만족도지수, 질평가지수, 시청자평가지수를 나타낸 자료이다. 이에 대한 〈보기〉의 설명 중 옳은 것만을 모두 고르면?

〈표〉 방송사별 전체 및 주시청 시간대의 만족도지수와 질평가지수

유형	구분 방송사	전체 시간대		주시청 시간대	
		만족도지수	질평가지수	만족도지수	질평가지수
지상파	A	7.37	7.33	( )	7.20
	B	7.22	7.05	7.23	( )
	C	7.14	6.97	7.11	6.93
	D	7.32	7.16	( )	7.23
종합편성	E	6.94	6.90	7.10	7.02
	F	7.75	7.67	( )	7.88
	G	7.14	7.04	7.20	( )
	H	7.03	6.95	7.08	7.00

〈그림〉 방송사별 주시청 시간대의 시청자평가지수

※ 전체(주시청) 시간대 시청자평가지수 =
$\left(\frac{전체(주시청)\ 시간대\ 만족도지수\ +\ 전체(주시청)\ 시간대\ 질평가지수}{2}\right)$

―〈보기〉―
ㄱ. 각 지상파 방송사는 전체 시간대와 주시청 시간대 모두 만족도지수가 질평가지수보다 높다. → (O) 전체 시간대는 〈표〉를 통해 확인할 수 있다. 시청자평가지수는 만족도지수와 질평가지수의 평균이다. 주시청 시간대는 A와 D의 경우 시청자평가지수가 질평가지수보다 큰 값이므로 만족도지수는 시청자평가지수보다 높아야 한다. 따라서 질평가지수보다도 높다. B의 경우 시청자평가지수가 만족도지수보다 낮으므로 질평가지수는 시청자평가지수보다 낮아야 한다. 따라서 만족도지수보다도 낮다. 즉, A~D 모두 만족도지수가 질평가지수보다 높다.

ㄴ. 각 종합편성 방송사의 질평가지수는 주시청 시간대가 전체 시간대보다 높다. → (O) E, F, H는 〈표〉를 통해 확인할 수 있다. G의 주시청 시간대 질평가지수는 7.13 × 2 − 7.2 = 7.06이고, 전체 시간대 질평가지수는 7.04이다. 따라서 각 종합편성 방송사의 질평가지수는 주시청 시간대가 전체 시간대보다 높다.

ㄷ. 각 지상파 방송사의 시청자평가지수는 전체 시간대가 주시청 시간대보다 높다. → (X) A는 전체 시간대의 만족도지수, 질평가지수가 모두 7.23 이상이므로 전체 시간대의 시청자평가지수가 더 높다. D는 전체 시간대의 만족도지수, 질평가지수가 모두 7.32 이하이므로 주시청 시간대의 시청자평가지수가 더 높다.

ㄹ. 만족도지수는 주시청 시간대가 전체 시간대보다 높으면서 시청자평가지수는 주시청 시간대가 전체 시간대보다 낮은 방송사는 2개이다. → (X) 만족도지수가 전체 시간대보다 주시청 시간대가 높은 방송사는 B와 D~H이다. B의 경우 시청자평가지수가 전체 시간대보다 주시청 시간대가 낮다.

① ㄱ, ㄴ ➡ (O)
② ㄱ, ㄷ ➡ (X)
③ ㄴ, ㄹ ➡ (X)
④ ㄱ, ㄷ, ㄹ ➡ (X)
⑤ ㄴ, ㄷ, ㄹ ➡ (X)

09 ⑤   정답률 91.6%

| 문제 유형 | 자료 읽기 > 표/그림 제시형

| 접근 전략 | 계산이 필요하지 않은 〈보기〉부터 확인한다. 해당하는 〈보기〉는 ㄷ이고, 옳은 〈보기〉이므로 ②는 답이 될 수 없다. 다음으로는 + 또는 −만으로 계산할 수 있는 〈보기〉를 확인한다. 해당하는 〈보기〉는 ㄹ이고, 옳은 〈보기〉이므로 답은 ④ 또는 ⑤이다. ㄱ 또는 ㄴ 중 하나만 확인하면 답이 나온다. ㄴ의 내용이 길어 ㄱ이 더 간단해 보일 수 있지만 ㄱ은 나눗셈이 네 번 필요하고, ㄴ은 곱셈, 뺄셈만 세 번 필요하다. 따라서 ㄴ이 더 간단한 〈보기〉이므로 ㄴ을 먼저 계산한다. ㄴ이 옳은 〈보기〉이므로 답은 ⑤이다.

다음 〈표〉와 〈그림〉은 2018년 A 대학의 학생상담 현황에 대한 자료이다. 이에 대한 〈보기〉의 설명 중 옳은 것만을 모두 고르면?

〈표〉 상담자별, 학년별 상담건수
(단위: 건)

상담자\학년	1학년	2학년	3학년	4학년	합
교수	1,085	1,020	911	1,269	4,285
상담직원	154	97	107	56	414
진로컨설턴트	67	112	64	398	641
전체	1,306	1,229	1,082	1,723	5,340

〈그림 1〉 상담횟수별 학생 수

〈그림 2〉 전체 상담건수의 유형별 구성비

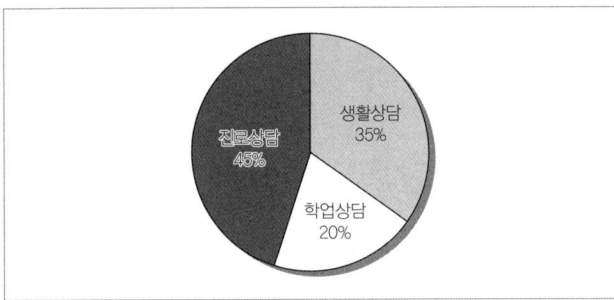

─〈보기〉─

ㄱ. 학년별 전체 상담건수 중 '상담직원'의 상담건수가 차지하는 비중이 큰 학년부터 순서대로 나열하면 1학년, 2학년, 3학년, 4학년 순이다. → (X) 전체 상담건수 중 '상담직원'의 상담건수가 차지하는 비중은 1학년의 경우 $\frac{154}{1,306} \times 100 ≒ 11.8(\%)$, 2학년의 경우 $\frac{97}{1,229} \times 100 ≒ 7.9(\%)$, 3학년의 경우 $\frac{107}{1,082} \times 100 ≒ 9.9(\%)$, 4학년의 경우 $\frac{56}{1,723} \times 100 ≒ 3.3(\%)$로 1학년, 3학년, 2학년, 4학년 순이다.

ㄴ. '진로컨설턴트'가 상담한 유형이 모두 진로상담이고, '상담직원'이 상담한 유형이 모두 생활상담 또는 학업상담이라면, '교수'가 상담한 유형 중 진로상담이 차지하는 비중은 30% 이상이다. → (O) 전체 진로상담 건수는 전체 상담건수 5,340건의 45%인 2,403건이다. 그중 '진로컨설턴트'가 상담한 유형이 모두 진로상담이면 2,403−641=1,762(건)이 '교수'가 상담한 진로상담 건수이다. 이는 '교수'가 총 상담한 4,285건의 30%인 1,285.5건보다 많다.

ㄷ. 상담건수가 많은 학년부터 순서대로 나열하면 4학년, 1학년, 2학년, 3학년 순이다. → (O) 상담건수는 1학년이 1,306건, 2학년이 1,229건, 3학년이 1,082건, 4학년이 1,723건이다.

ㄹ. 최소 한 번이라도 상담을 받은 학생 수는 4,600명 이하이다. → (O) 〈그림 1〉을 통해 최소 한 번이라도 상담을 받은 학생 수는 3,826+496+174=4,496(명)임을 알 수 있다.

① ㄱ, ㄷ ➡ (X)
② ㄴ, ㄹ ➡ (X)
③ ㄱ, ㄴ, ㄷ ➡ (X)
④ ㄱ, ㄷ, ㄹ ➡ (X)
⑤ ㄴ, ㄷ, ㄹ ➡ (O)

10 ① 정답률 85.6%

| 문제 유형 | 자료 읽기/추론 > 매칭형
| 접근 전략 | 매칭형 문제는 여러 개 중 하나를 정확하게 알 수 있으면 선지를 통해 나머지 경우의 수를 줄여 푸는 것이 시간을 절약할 수 있다. 예를 들어, 나가 확실히 C라면 라는 B와 E를 고려해 보는 것이다. 또 〈조건〉들 가운데 계산이 복잡한 〈조건〉은 뒤로 미루고, 계산은 쉬우면서 경우의 수를 좁힐 수 있는 〈조건〉을 먼저 보는 것이 좋다.

다음 〈표〉는 2018년 A~E 기업의 영업이익, 직원 1인당 영업이익, 평균연봉을 나타낸 자료이다. 〈보기〉의 설명을 근거로 '나', '라'에 해당하는 기업을 바르게 나열한 것은?

〈표〉 A~E 기업의 영업이익, 직원 1인당 영업이익, 평균연봉

(단위: 백만 원)

항목 기업	영업이익	직원 1인당 영업이익	평균연봉
가	83,600	34	66
나	33,900	34	34
다	21,600	18	58
라	24,600	7	66
마	50,100	30	75

─〈보기〉─

○ A는 B, C, E에 비해 직원 수가 많다.
○ C는 B, D, E에 비해 평균연봉 대비 직원 1인당 영업이익이 적다.
○ A, B, C의 영업이익을 합쳐도 D의 영업이익보다 적다.
○ E는 B에 비해 직원 1인당 영업이익이 적다.

	나	라
①	B	A	➡ (O) 세 번째 〈보기〉를 통해 D는 가이고, '나'~'라'에는 각각 A~C 중 하나가 들어갈 것임을 알 수 있다. 따라서 '마'는 E이다. 네 번째 〈보기〉를 통해 B는 E보다 직원 1인당 영업이익이 많으므로 '나가 B임을 알 수 있다. 따라서 '라'는 A 또는 D 중 하나인데, D는 '가'이므로 '라'는 A이다.
②	B	D	➡ (X)
③	C	B	➡ (X)
④	C	E	➡ (X)
⑤	D	A	➡ (X)

11 ⑤ 정답률 68.9%

| 문제 유형 | 자료 변환응용 > 자료/보고서 전환형
| 접근 전략 | 〈보고서〉를 작성하기 위해 필요한 자료인지 아닌지만 찾으면 되므로 〈보고서〉 안의 수치를 일일이 계산하거나 꼼꼼하게 읽기보다는 제목과 전체적인 윤곽을 살피도록 한다.

다음 〈보고서〉는 2017년 세종특별자치시의 자원봉사 현황을 요약한 자료이다. 〈보고서〉의 내용을 작성하는 데 직접적인 근거로 활용되지 않은 자료는?

─〈보고서〉─

○ 자원봉사자 등록 현황

○ 자원봉사단체 등록 현황

○ 연령대별 자원봉사자 등록 현황

○ 자원봉사자 활동 현황

○ 자원봉사 누적시간대별 자원봉사 참여자 수 현황

① 2017년 세종특별자치시에 등록된 자원봉사단체별 회원 수 현황
➡ (O) 〈보고서〉의 두 번째 자료에 있는 총 회원 수를 알기 위해 필요한 자료이다.
② 2017년 세종특별자치시 인구 현황 ➡ (O) 〈보고서〉의 첫 번째 자료에서는 세종특별자치시 인구 수 대비 자원봉사자 등록률을 보여 주고 있으므로 인구 현황이 필요하다.
③ 2017년 세종특별자치시에 등록된 성별, 연령별 자원봉사자 수 현황 ➡ (O) 〈보고서〉의 첫 번째 자료를 만들기 위해 성별 자원봉사자 수 현황이 필요하고, 〈보고서〉의 세 번째 자료를 만들기 위해 연령대별 자원봉사자 수 현황이 필요하다.
④ 2017년 세종특별자치시 연간 1회 이상 활동한 자원봉사자 수 현황
➡ (O) 〈보고서〉의 네 번째 자료에서는 1회 이상 활동한 자원봉사자 수를 보여 주고 있으므로 이를 작성하기 위해 필요하다.
⑤ 2017년 세종특별자치시 연령별, 1일 시간대별 자원봉사 참여자 수 현황 ➡ (X) 〈보고서〉에서는 1일 시간대별 자원봉사 참여자 수에 대해 설명하고 있지 않다.

12 ④ 정답률 87.2%

| 문제 유형 | 자료 읽기 > 표 제시형
| 접근 전략 | 비율 비교를 할 때는 첫 번째 비교 대상을 먼저 계산한 후 두 번째로 넘어가지 말고 계산이 필요한지를 먼저 생각한 후 계산 여부를 판단하는 것이 좋다.

다음 〈표〉는 2018년 '갑'국의 대학유형별 현황에 관한 자료이다. 이에 대한 〈보기〉의 설명 중 옳은 것만을 모두 고르면?

〈표〉 대학유형별 현황
(단위: 개, 명)

구분 \ 유형	국립대학	공립대학	사립대학	전체
학교	34	1	154	189
학과	2,776	40	8,353	11,169
교원	15,299	354	49,770	65,423
여성	2,131	43	12,266	14,440
직원	8,987	205	17,459	26,651
여성	3,254	115	5,259	8,628
입학생	78,888	1,923	274,961	355,772
재적생	471,465	13,331	1,628,497	2,113,293
졸업생	66,890	1,941	253,582	322,413

─〈보기〉─

ㄱ. 학과당 교원 수는 공립대학이 사립대학보다 많다. → (O) 학과당 교원 수는 공립대학의 경우 $\frac{354}{40}$=8.85(명), 사립대학의 경우 $\frac{49,770}{8,353}$≒5.96(명)이다.

ㄴ. 전체 대학 입학생 수에서 국립대학 입학생 수가 차지하는 비율은 20% 이상이다. → (O) 정확한 값을 요하는 것이 아니므로 전체 대학 입학생 수의 20%와 국립대학 입학생 수를 비교하면 된다. 전체 대학 입학생 수의 20%는 355,772×0.2=71,154.4(명)이고, 78,888>71,154.4이므로 전체 대학 입학생 수에서 국립대학 입학생 수가 차지하는 비율은 20% 이상이다.

ㄷ. 입학생 수 대비 졸업생 수의 비율은 공립대학이 국립대학보다 높다. → (O) 국립대학은 입학생 수가 졸업생 수보다 많고, 공립대학은 입학생 수가 졸업생 수보다 적다. 따라서 입학생 수 대비 졸업생 수의 비율은 공립대학이 국립대학보다 높다.

ㄹ. 각 대학유형에서 남성 직원 수가 여성 직원 수보다 많다. → (X) 공립대학은 여성 직원이 115명이고, 남성 직원은 205-115=90(명)으로 여성 직원 수가 남성 직원 수보다 많다.

① ㄱ, ㄷ ➡ (X)
② ㄱ, ㄹ ➡ (X)
③ ㄴ, ㄹ ➡ (X)
④ ㄱ, ㄴ, ㄷ ➡ (O)
⑤ ㄴ, ㄷ, ㄹ ➡ (X)

13 ①
정답률 88.9%

|문제 유형| 자료 읽기 > 표 제시형
|접근 전략| 10% 이상인지 이하인지를 알기 위해서는 숫자의 총 자릿수가 하나씩 차이가 나는지와 첫째 자리와 둘째 자리만 보고 일차적으로 비교하면 좋다. 예를 들어, 12,151이 111,102의 10% 이상인지 확인해 보자. 12,151은 다섯 자릿수이고, 111,102는 여섯 자릿수이다. 12와 11을 보면 12가 11보다 크므로 10% 이상이다. 2016년 자료에서 1,537과 25,507을 비교해 보면 네 자릿수와 다섯 자릿수이고, 15<250이므로 1,537은 25,507의 10% 이하이다.

다음 〈표〉는 2014~2018년 '갑'국 체류외국인 수 및 체류외국인 범죄건수에 대한 자료이다. 이에 대한 〈보기〉의 설명 중 옳은 것만을 모두 고르면?

〈표〉 체류외국인 수 및 체류외국인 범죄건수
(단위: 명, 건)

구분\연도	2014	2015	2016	2017	2018
체류외국인 수	1,168,477	1,261,415	1,395,077	1,445,103	1,576,034
합법체류외국인 수	990,522	1,092,900	1,227,297	1,267,249	1,392,928
불법체류외국인 수	177,955	168,515	167,780	177,854	183,106
체류외국인 범죄건수	21,235	19,445	25,507	22,914	24,984
합법체류외국인 범죄건수	18,645	17,538	23,970	21,323	22,951
불법체류외국인 범죄건수	2,590	1,907	1,537	1,591	2,033

〈보기〉

ㄱ. 매년 불법체류외국인 수는 체류외국인 수의 10% 이상이다. → (O) 매년 체류외국인 수와 불법체류외국인 수를 비교하면 모두 숫자의 자릿수가 하나씩 차이가 나고, 앞의 두 자리의 경우 불법체류외국인 수가 체류외국인 수보다 크므로 매년 불법체류외국인 수가 체류외국인 수의 10% 이상이다.

ㄴ. 불법체류외국인 범죄건수의 전년 대비 증가율이 가장 높은 해에 합법체류외국인 범죄건수의 전년 대비 증가율도 가장 높다. → (X) 불법체류외국인 범죄건수가 전년보다 증가한 해는 2017년과 2018년이다. 2018년의 불법체류외국인 범죄건수 증가폭이 크고(442>54), 전년도 불법체류외국인 범죄건수는 비슷하므로 전년 대비 증가율이 가장 높은 해는 2018년이다. 반면, 합법체류외국인 범죄건수가 증가한 2016년과 2018년 중 범죄건수 증가율이 더 높은 해는 2016년이다. 합법체류외국인 범죄건수는 2016년의 경우 6,000건 이상 증가하고, 2018년의 경우 1,600여 건 증가하여 3배 이상 차이 나는 반면 분모인 전년도 범죄건수는 이만큼의 큰 차이가 없기 때문이다.

ㄷ. 체류외국인 범죄건수가 전년에 비해 감소한 해에는 합법체류외국인 범죄건수와 불법체류외국인 범죄건수도 각각 전년에 비해 감소하였다. → (X) 체류외국인 범죄건수가 전년에 비해 감소한 해는 2015년과 2017년이다. 하지만 2017년 불법체류외국인 범죄건수는 증가하였다.

ㄹ. 매년 합법체류외국인 범죄건수는 체류외국인 범죄건수의 80% 이상이다. → (O) 불법체류외국인 범죄건수+합법체류외국인 범죄건수=체류외국인 범죄건수이다. 따라서 체류외국인 범죄건수의 80% 이상이 합법체류외국인 범죄건수라는 것은 20% 이하가 불법체류외국인 범죄건수라는 것을 의미한다. 2016~2018년은 비교 대상 숫자의 자릿수가 네 자릿수와 다섯 자릿수로 한 자릿수 차이이고, 앞 두 자리의 경우 체류외국인 범죄건수가 불법체류외국인 범죄건수의 두 배보다 작으므로 20% 이하이다.

① ㄱ, ㄹ ➡ (O)
② ㄴ, ㄷ ➡ (X)
③ ㄴ, ㄹ ➡ (X)
④ ㄱ, ㄴ, ㄷ ➡ (X)
⑤ ㄱ, ㄷ, ㄹ ➡ (X)

14 ②
정답률 90.7%

|문제 유형| 자료 읽기/추론 > 매칭형
|접근 전략| 매칭형은 여러 개 중 하나를 정확하게 알 수 있으면 선지를 통해 나머지 경우의 수를 줄여가며 해결하는 것이 시간을 절약할 수 있다.

다음 〈그림〉은 한국, 일본, 미국, 벨기에의 2010년, 2015년, 2020년 자동차 온실가스 배출량 기준에 관한 자료이다. 〈그림〉과 〈조건〉에 근거하여 A~D에 해당하는 국가를 바르게 나열한 것은?

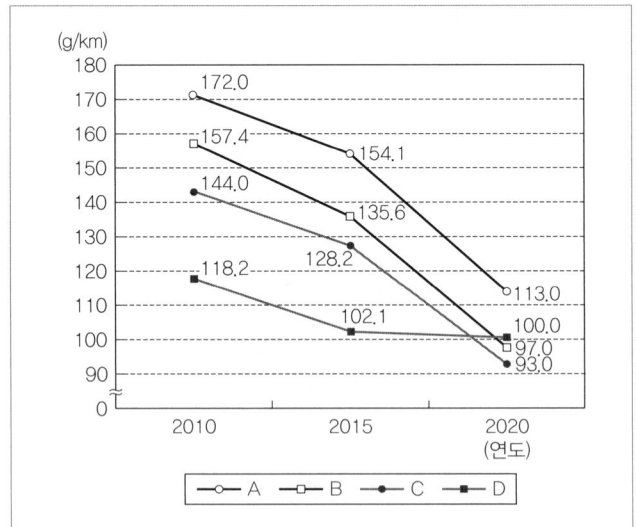

〈그림〉 자동차 온실가스 배출량 기준

〈조건〉

○ 2010년 대비 2020년 자동차 온실가스 배출량 기준 감소율은 한국이 일본, 미국, 벨기에보다 높다.
○ 2015년 한국과 일본의 자동차 온실가스 배출량 기준 차이는 30g/km 이상이다.
○ 2020년 자동차 온실가스 배출량 기준은 미국이 한국과 벨기에보다 높다.

	A	B	C	D	
①	미국	벨기에	한국	일본	➡ (X)
②	미국	한국	벨기에	일본	➡ (O)

첫 번째 〈조건〉을 보면 한국은 자동차 온실가스 배출량 기준 감소율이 가장 높다. 〈그림〉의 기울기를 보면 A, B, C가 비슷한 모양을 보이고 있다. A의 감소율은 $\frac{|113-172|}{172} \times 100 ≒ 34.3(\%)$, B의 감소율은 $\frac{|97-157.4|}{157.4} \times 100 ≒ 38.4(\%)$, C의 감소율은 $\frac{|93-144|}{144} \times 100 ≒ 35.4(\%)$로, B의 감소율이 가장 높다. 따라서 B는 한국이다. 세 번째 〈조건〉을 통해 2020년 자동차 온실가스 배출량 기준은 미국이 한국보다 높다는 것을 알 수 있으므로 미국은 B인 한국보다 낮은 C에 해당하지 않는다.

	A	B	C	D	
③	벨기에	한국	미국	일본	➡ (X)
④	일본	벨기에	한국	미국	➡ (X)
⑤	한국	일본	벨기에	미국	➡ (X)

사업 예산보다 적다. 비율 수치로 C 사업 예산과 D 사업 예산의 19%는 동일하므로 42%와 51%만 비교해도 된다.

ㄷ. '경제복지' 분야 예산은 B 사업과 C 사업 예산의 합보다 많다. → (O)
'경제복지' 예산은 총 예산의 30%이고, B 사업과 C 사업 예산은 총 예산의 42%의 34+19=53(%), 즉 0.42 × 0.53 = 0.2226 = 22.26(%)이다.

ㄹ. '도시안전' 분야 예산은 A-2 사업 예산의 3배 이상이다. → (X) '도시안전' 분야 예산은 총 예산의 19%이고, A-2 사업 예산은 총 예산의 42%의 47%의 48%로 0.42 × 0.47 × 0.48 ≒ 0.0948 ≒ 9.48(%)이다. 따라서 '도시 안전' 분야 예산은 A-2 사업 예산의 3배 이하이다.

① ㄱ, ㄴ ➡ (X)
② ㄱ, ㄷ ➡ (X)
③ ㄴ, ㄷ ➡ (O)
④ ㄴ, ㄹ ➡ (X)
⑤ ㄷ, ㄹ ➡ (X)

15 ③ 정답률 81.8%

|문제 유형| 자료 읽기 > 그림 제시형
|접근 전략| 특이한 모양의 자료는 많이 보면서 익숙해지는 것이 좋으나, 시험장에서 한 번도 보지 못한 자료의 형태가 나올 수 있다. 그럴 때에는 당황하지 말고 각주와 선지를 보며 자료에서 필요한 부분만을 찾아서 넘어가는 것이 좋다. 또 a의 x%가 b이고, b의 y%가 c이면. $a \times \frac{x}{100} \times \frac{y}{100}$이 c라는 것을 알면 좋다. 예를 들어, a의 50%가 b이고, b의 50%가 c이면 a × 0.5 × 0.5 × 100인 a의 25%가 c이다.

다음 〈그림〉은 '갑' 자치구의 예산내역에 관한 자료이다. 이에 대한 〈보기〉의 설명 중 옳은 것만을 모두 고르면?

〈그림〉 '갑' 자치구 예산내역
(단위: %)

※ 1) 괄호 안의 값은 예산 비중을 의미함
2) 예를 들어, A(47.0)은 A 사업의 예산이 '자치행정' 분야 예산의 47.0%임을 나타내고, D-1 사업의 예산은 3.0억 원임

〈보기〉

ㄱ. '교육' 분야 예산은 13억 원 이상이다. → (X) 총 예산 135억 원의 9%가 '교육' 분야 예산인데 135 × 0.09 = 12.15(억 원)으로, 13억 원 이하이다.

ㄴ. C 사업 예산은 D 사업 예산보다 적다. → (O) C 사업 예산은 총 예산의 42%의 19%, 즉 0.42 × 0.19 = 0.0798 = 7.98(%)이고 D 사업 예산은 총 예산의 19%의 51%, 즉 0.19 × 0.51 = 0.0969 = 9.69(%)이다. 따라서 C 사업 예산은 D

16 ③ 정답률 84.7%

|문제 유형| 자료 읽기 > 표/빈칸 제시형
|접근 전략| 간혹 ①이 매우 어렵게 출제되어 초반부터 시간이 너무 많이 소요되는 경우가 있다. 이러한 경우 순서대로 문제를 풀기보다는 계산이 적거나 간단한 선지부터 해결하는 것이 좋다.

다음 〈표〉는 고려시대 왕의 혼인종류별 후비(后妃) 수를 조사한 것이다. 이에 대한 설명으로 옳지 않은 것은?

〈표〉 고려시대 왕의 혼인종류별 후비 수
(단위: 명)

왕	혼인종류	족외혼	족내혼	몽골출신	왕	혼인종류	족외혼	족내혼	몽골출신
1대	태조	29	0	-	19대	명종	0	1	-
2대	혜종	4	0	-	20대	신종	0	1	-
3대	정종	3	0	-	21대	희종	0	1	-
4대	광종	0	2	-	22대	강종	1	0	-
5대	경종	1	( )	-	23대	고종	0	1	-
6대	성종	2	1	-	24대	원종	1	0	-
7대	목종	1	1	-	25대	충렬왕	1	1	1
8대	현종	10	3	-	26대	충선왕	3	1	2
9대	덕종	3	2	-	27대	충숙왕	2	0	( )
10대	정종	5	0	-	28대	충혜왕	3	1	1
11대	문종	4	1	-	29대	충목왕	0	0	0
12대	순종	2	1	-	30대	충정왕	0	0	0
13대	선종	3	0	-	31대	공민왕	3	1	1
14대	헌종	0	0	-	32대	우왕	2	0	0
15대	숙종	1	0	-	33대	창왕	0	0	0
16대	예종	2	2	-	34대	공양왕	1	0	0
17대	인종	4	0	-	전체		( )	28	8
18대	의종	1	1	-					

※ 혼인종류는 족외혼, 족내혼, 몽골출신만으로 구성되며, 몽골출신과의 혼인은 충렬왕부터임

① 전체 족외혼 후비 수는 전체 족내혼 후비 수의 3배 이상이다.
➡ (O) 전체 족외혼 후비 수는 92명으로 전체 족내혼 후비 수 28명의 3배 이상이다.

② 몽골출신 후비 수가 가장 많은 왕은 충숙왕이다. ➡ (O) 다른 왕의 몽골출신 후비는 1+2+1+1=5(명)이고 전체 몽골출신 후비는 8명이므로, 충숙왕의 몽골출신 후비 수가 3명으로 가장 많다.

③ 태조부터 경종까지의 족내혼 후비 수의 합은 문종부터 희종까지의 족내혼 후비 수의 합과 같다. ➡ (X) 경종의 족내혼 후비 수는 총 28명에서 나머지 왕의 족내혼 후비 수 24명을 뺀 4명으로, 태조부터 경종까지의 족내혼 후비 수의 합은 6명이다. 반면, 문종부터 희종까지의 족내혼 후비 수의 합은 8명이다.

④ 태조의 후비 수는 광종과 경종의 모든 후비 수의 합의 4배 이상이다.
➡ (O) 광종의 후비 수는 2명, 경종의 후비 수는 5명으로 광종과 경종의 모든 후비 수의 합은 7명이고, 태조의 후비 수는 29명으로 4배 이상이다.

⑤ 경종의 족내혼 후비 수가 충숙왕의 몽골출신 후비 수보다 많다.
➡ (O) 경종의 족내혼 후비 수는 28−24=4(명)이고, 충숙왕의 몽골출신 후비 수는 8−5=3(명)이다.

17 ①   정답률 84.3%

| 문제 유형 | 자료 읽기 > 그림 제시형
| 접근 전략 | 국회의원이 많이 선출되기 위해서는 한 선거구에서 압도적인 승리를 하는 것보다 근소하게 이기는 선거구가 많은 것이 좋다.

다음 〈그림〉은 '갑'국 국회의원 선거의 지역별 정당지지율에 관한 자료이다. 〈그림〉과 〈조건〉에 근거하여 선거구를 획정할 때, 〈보기〉 중 B 정당의 국회의원이 가장 많이 선출되는 선거구 획정 방법을 고르면?

〈그림〉 국회의원 선거의 지역별 정당지지율
(단위: %)

가 (90:10:0)	나 (80:20:0)	다 (70:20:10)	라 (40:50:10)
마 (60:20:20)	바 (60:10:30)	사 (30:30:40)	아 (10:60:30)
자 (30:60:10)	차 (20:40:40)	카 (20:20:60)	타 (10:80:10)

※ 괄호 안의 수치는 해당 지역의 각 정당지지율(A 정당 : B 정당 : C 정당)을 의미함

〈조건〉
○ 3개 지역을 묶어서 1개의 선거구로 획정한다.
 - 지역 경계는 점선(……)으로 표시되며, 선거구 경계는 실선(──)으로 표시된다.
 - 아래 〈그림〉은 '가', '나', '바' 지역이 1개의 선거구로 획정됨을 의미한다.

| 가 | 나 |
| | 바 |

○ 선거구당 1명의 국회의원을 선출한다.
○ 선거구 내 지역별 각 정당지지율의 합이 가장 큰 정당의 후보가 국회의원으로 선출된다.

〈보기〉

ㄱ.
가	나	다	라
마	바	사	아
자	차	카	타

ㄴ.
가	나	다	라
마	바	사	아
자	차	카	타

ㄷ.
가	나	다	라
마	바	사	아
자	차	카	타

ㄹ.
가	나	다	라
마	바	사	아
자	차	카	타

ㅁ.
가	나	다	라
마	바	사	아
자	차	카	타

① ㄱ ➡ (O) 왼쪽 위 선거구에서는 당선되지 않고, 왼쪽 아래 선거구에서는 득표율의 합이 120%로 당선된다. 오른쪽 위 선거구에서는 득표율의 합이 130%로 당선되고, 오른쪽 아래 선거구에서도 득표율의 합이 130%로 당선된다. 따라서 3명이 당선된다.

② ㄴ ➡ (X) 가장 왼쪽 선거구와 왼쪽에서 두 번째 선거구 및 세 번째 선거구에서는 당선되지 않으나, 가장 오른쪽 선거구에서는 득표율의 합이 190%로 당선된다. 따라서 1명이 당선된다.

③ ㄷ ➡ (X) 왼쪽 아래 선거구에서는 득표율의 합이 120%로, 오른쪽 아래 선거구에서는 득표율의 합이 160%로 당선된다. 따라서 2명이 당선된다.

④ ㄹ ➡ (X) 가장 오른쪽 선거구에서만 득표율의 합이 190%로 당선된다. 따라서 1명이 당선된다.

⑤ ㅁ ➡ (X) 가장 오른쪽 위 선거구와 오른쪽 아래 선거구에서 각각 득표율의 합이 140%로 당선된다. 따라서 2명이 당선된다.

18 ②   정답률 84.7%

| 문제 유형 | 자료 읽기 > 표 제시형
| 접근 전략 | 〈표 1〉과 〈표 2〉를 이용하여 법정 필요 교원 수와 충원해야 할 교원 수를 구하는 문제이다. 재학생 수에 따라 법정 필요 교원 수의 산정기준이 다르다는 것에 유의하여 문제를 풀도록 한다.

다음 〈표〉는 '갑'국 A~E 대학의 재학생 수 및 재직 교원 수와 법정 필요 교원 수 산정기준에 관한 자료이다. 이에 근거하여 법정 필요 교원 수를 충족시키기 위해 충원해야 할 교원 수가 많은 대학부터 순서대로 나열하면?

〈표 1〉 재학생 수 및 재직 교원 수
(단위: 명)

구분\대학	A	B	C	D	E
재학생 수	900	30,000	13,300	4,200	18,000
재직 교원 수	44	1,260	450	130	860

⟨표 2⟩ 법정 필요 교원 수 산정기준

재학생 수	법정 필요 교원 수
1,000명 미만	재학생 22명당 교원 1명
1,000명 이상 10,000명 미만	재학생 21명당 교원 1명
10,000명 이상 20,000명 미만	재학생 20명당 교원 1명
20,000명 이상	재학생 19명당 교원 1명

※ 법정 필요 교원 수 계산 시 소수점 아래 첫째 자리에서 올림

① B, C, D, A, E ➡ (X)
② B, C, D, E, A ➡ (O) 법정 필요 교원 수는 A 대학의 경우 재학생 수가 1,000명 미만이므로 $\frac{900}{22}$≒41(명) 이상, B 대학의 경우 재학생 수가 20,000명 이상이므로 $\frac{30,000}{19}$≒1,579(명) 이상, C 대학의 경우 재학생 수가 10,000명 이상 20,000명 미만으로 $\frac{13,300}{20}$=665(명) 이상, D 대학의 경우 재학생 수가 1,000명 이상 10,000명 미만으로 $\frac{4,200}{21}$=200(명) 이상, E 대학의 경우 재학생 수가 10,000명 이상 20,000명 미만으로 $\frac{18,000}{20}$=900(명) 이상이다. A 대학은 법정 필요 교원 수를 충족했고, B 대학은 1,579−1,260=319(명), C 대학은 665−450=215(명), D 대학은 200−130=70(명), E 대학은 900−860=40(명)을 충원해야 한다. 따라서 충원해야 할 교원 수가 많은 대학부터 나열하면 B, C, D, E, A 순이다.
③ B, D, C, E, A ➡ (X)
④ C, B, D, A, E ➡ (X)
⑤ C, B, D, E, A ➡ (X)

19 ③
정답률 63.8%

| 문제 유형 | 자료 변환응용 > 자료/보고서 전환형
| 접근 전략 | ⟨보고서⟩는 줄글로 쓰여 있기 때문에 작은 말꼬리를 가지고 오답을 만들어낼 수 있다. 글을 읽을 때 작은 함정도 조심하도록 한다.

다음 ⟨표⟩는 2018년 행정구역별 공동주택의 실내 라돈 농도에 대한 자료이다. 이에 대한 ⟨보고서⟩의 설명 중 옳은 것만을 모두 고르면?

⟨표⟩ 행정구역별 공동주택 실내 라돈 농도

행정구역	조사대상 공동주택 수 (호)	평균값 (Bq/m³)	중앙값 (Bq/m³)	200Bq/m³ 초과 공동주택 수 (호)
서울특별시	532	66.5	45.4	25
부산광역시	434	51.4	35.3	12
대구광역시	437	61.5	41.6	16
인천광역시	378	48.5	33.8	9
광주광역시	308	58.3	48.2	6
대전광역시	201	110.1	84.2	27
울산광역시	247	55.0	35.3	7
세종특별자치시	30	83.8	69.8	1
경기도	697	74.3	52.5	37
강원도	508	93.4	63.6	47
충청북도	472	86.3	57.8	32
충청남도	448	93.3	59.9	46
전라북도	576	85.7	56.7	40
전라남도	569	75.5	51.5	32
경상북도	610	72.4	48.3	34
경상남도	640	57.5	36.7	21
제주특별자치도	154	68.2	40.9	11
전국	7,241	−	−	403

⟨보고서⟩

우리나라에서는 2018년 처음으로 공동주택에 대한 '실내 라돈 권고 기준치'를 200Bq/m³ 이하로 정하고 공동주택의 실내 라돈 농도를 조사하였다.
이번 공동주택 실내 라돈 농도 조사에서 ㉠조사대상 공동주택의 실내 라돈 농도 평균값은 경기도가 서울특별시의 1.1배 이상이다. → (O) 경기도의 조사대상 공동주택 실내 라돈 농도 평균값은 74.3Bq/m³으로, 이는 서울특별시의 1.1배인 1.1×66.5=73.15(Bq/m³)보다 큰 값이다. 한편, ㉡행정구역별로 비교했을 때 실내 라돈 농도의 평균값이 클수록 중앙값도 컸으며 → (X) 서울특별시와 광주광역시를 비교해 보면, 서울특별시가 실내 라돈 농도의 평균값은 66.5Bq/m³으로 광주광역시의 58.3Bq/m³보다 크지만 중앙값은 서울특별시가 45.4Bq/m³으로 광주광역시의 48.2Bq/m³보다 낮다. 두 항목 모두 대전광역시가 가장 높았다. ㉢조사대상 공동주택 중 실내 라돈 농도가 실내 라돈 권고 기준치를 초과하는 공동주택의 비율이 5% 이상인 행정구역은 9곳이며, → (O) 대전광역시의 경우 약 13.4%($≒\frac{27}{201}×100$), 경기도의 경우 약 5.3%($≒\frac{37}{697}×100$), 강원도의 경우 약 9.3%($≒\frac{47}{508}×100$), 충청북도의 경우 약 6.8%($≒\frac{32}{472}×100$), 충청남도의 경우 약 10.3%($≒\frac{46}{448}×100$), 전라북도의 경우 약 6.9%($≒\frac{40}{576}×100$), 전라남도의 경우 약 5.6%($≒\frac{32}{569}×100$), 경상북도의 경우 약 5.6%($≒\frac{34}{610}×100$), 제주특별자치도의 경우 약 7.1%($≒\frac{11}{154}×100$)로, 총 9곳이 조사대상 공동주택 수에서 200Bq/m³ 초과 공동주택 수가 5% 이상을 차지한다. 10% 이상인 행정구역은 2곳으로 조사되었다.

① ㉠ ➡ (X)
② ㉡ ➡ (X)
③ ㉠, ㉢ ➡ (O)
④ ㉡, ㉢ ➡ (X)
⑤ ㉠, ㉡, ㉢ ➡ (X)

20 ②
정답률 68.0%

| 문제 유형 | 자료 읽기/추론 > 계산형
| 접근 전략 | 시험체 강도의 평균은 기준강도 이상이면 되므로 평균을 모두 정확히 계산할 필요는 없다.

다음 〈표〉는 콘크리트 유형별 기준강도 및 시험체 강도판정결과에 관한 자료이다. 〈표〉와 〈판정기준〉에 근거하여 (가), (나), (다)에 해당하는 강도판정결과를 바르게 나열한 것은?

〈표〉 콘크리트 유형별 기준강도 및 시험체 강도판정결과
(단위: MPa)

구분 콘크리트 유형	기준 강도	시험체 강도				강도 판정 결과
		시험체 1	시험체 2	시험체 3	평균	
A	24	22.8	29.0	20.8	( )	(가)
B	27	26.1	25.0	28.1	( )	불합격
C	35	36.9	36.8	31.6	( )	(나)
D	40	36.4	36.3	47.6	40.1	합격
E	45	40.3	49.4	46.8	( )	(다)

※ 강도판정결과는 '합격'과 '불합격'으로 구분됨

〈판정기준〉
○ 아래 조건을 모두 만족하는 경우에만 강도판정결과가 '합격'이다.
 - 시험체 강도의 평균은 기준강도 이상이어야 한다.
 - 기준강도가 35MPa 초과인 경우에는 각 시험체 강도가 모두 기준강도의 90% 이상이어야 한다.
 - 기준강도가 35MPa 이하인 경우에는 각 시험체 강도가 모두 기준강도에서 3.5MPa을 뺀 값 이상이어야 한다.

	(가)	(나)	(다)
①	합격	합격	합격	➡ (X)
②	합격	합격	불합격	➡ (O) A는 시험체 강도의 평균이 24.2MPa로 기준강도 24MPa 이상이다. 그리고 기준강도가 35MPa 이하이므로 각 시험체 강도가 모두 기준강도에서 3.5MPa를 뺀 20.5MPa 이상이어야 한다. 따라서 A는 〈판정기준〉에 충족하므로 합격이다. C는 시험체 1, 2가 기준강도보다 1.9MPa, 1.8MPa 높은 반면, 시험체 3은 기준강도보다 3.4MPa 낮으므로 기준강도보다 평균이 $\frac{1.9+1.8-3.4}{3}$=0.1(MPa) 높다. 그리고 기준강도가 35MPa 이하이므로 각 시험체 강도가 모두 기준강도에서 3.5MPa를 뺀 31.5MPa 이상이어야 한다. 따라서 C는 〈판정기준〉에 충족하므로 합격이다. E는 시험체 1이 기준강도보다 4.7MPa 낮은 반면, 시험체 2, 3이 기준강도보다 4.4MPa, 1.8MPa 높으므로 기준강도보다 평균이 $\frac{-4.7+4.4+1.8}{3}$=0.5(MPa) 높다. 하지만 기준강도가 35MPa 초과이므로 각 시험체 강도가 모두 기준강도의 90%인 40.5MPa 이상이어야 하는데, 시험체 1이 40.3MPa 이므로 E는 〈판정기준〉에 충족하지 못하여 불합격이다.
③	합격	불합격	불합격	➡ (X)
④	불합격	합격	합격	➡ (X)
⑤	불합격	합격	불합격	➡ (X)

21 ④
정답률 65.8%

| 문제 유형 | 자료 읽기/추론 > 계산형
| 접근 전략 | 시간이 상당히 많이 소요되는 문제이다. 처음부터 모든 항목을 계산하려 하지 말고, 〈조건〉을 통해 기준에 해당하지 않는 항목부터 제외한 후 최소한의 계산을 통해 옳고 그름을 판단하도록 한다.

다음 〈표〉는 2017~2018년 '갑' 학교 학생식당의 메뉴별 제공횟수 및 만족도에 대한 자료이다. 〈표〉와 〈조건〉에 근거한 설명으로 옳지 않은 것은?

〈표〉 메뉴별 제공횟수 및 만족도
(단위: 회, 점)

구분 메뉴	제공횟수	만족도	
	연도 2017	2017	2018
A	40	87	75
B	34	71	72
C	45	53	35
D	31	79	79
E	40	62	77
F	60	74	68
G	-	-	73
전체	250	-	-

〈조건〉
○ 전체 메뉴 제공횟수는 매년 250회로 일정하며, 2018년에는 메뉴 G만 추가되었고, 2019년에는 메뉴 H만 추가되었다.
○ 각 메뉴의 다음 연도 제공횟수는 당해 연도 만족도에 따라 아래와 같이 결정된다.

만족도	다음 연도 제공횟수
0점 이상 50점 미만	당해 연도 제공횟수 대비 100% 감소
50점 이상 60점 미만	당해 연도 제공횟수 대비 20% 감소
60점 이상 70점 미만	당해 연도 제공횟수 대비 10% 감소
70점 이상 80점 미만	당해 연도 제공횟수와 동일
80점 이상 90점 미만	당해 연도 제공횟수 대비 10% 증가
90점 이상 100점 이하	당해 연도 제공횟수 대비 20% 증가

① 메뉴 A~F 중 2017년 대비 2019년 제공횟수가 증가한 메뉴는 1개이다. ➡ (O) 〈표〉를 보면 A 이외에는 2017년과 2018년의 만족도가 80점 이상인 메뉴가 없어 당해 연도 제공횟수 대비 다음 연도 제공횟수가 증가하지 않는다. A는 2017년에 만족도가 80점 이상 90점 미만이므로 2018년에 제공횟수가 증가하고, 2018년에 만족도가 70점 이상 80점 미만이므로 2019년에 제공횟수는 2018년과 같다. 따라서 A는 2017년 대비 2019년에 제공횟수가 증가하였다.

② 2018년 메뉴 G의 제공횟수는 9회이다. ➡ (O) 2017년 제공횟수와 만족도, 〈조건〉을 통해 계산하면 2018년 메뉴 제공횟수는 A~F 순으로 44, 34, 36, 31, 36, 60회이다. 이를 모두 더하면 241회이고, 총 제공횟수는 250회이므로 2018년 메뉴 G의 제공횟수는 9회이다.

③ 2019년 메뉴 H의 제공횟수는 42회이다. ➡ (O) 2019년 메뉴 제공횟수는 2018년 제공횟수와 만족도, 〈조건〉을 통해 계산하면 A~G 순으로 44, 34, 0, 31, 36, 54, 9회이다. 이를 모두 더하면 208회이고, 총 제공횟수는 매년 250회로 일정하므로 2019년 메뉴 H의 제공횟수는 42회이다.

④ 2019년 메뉴 E의 제공횟수는 메뉴 A의 제공횟수보다 많다. ➡ (X)
2019년 A와 E 메뉴의 제공횟수를 비교하면 44회와 36회로 A가 더 많다.

⑤ 메뉴 A~G 중 2018년과 2019년 제공횟수의 차이가 두 번째로 큰 메뉴는 F이다. ➡ (O) 2018년과 2019년의 메뉴 제공횟수에 있어 2018년 만족도가 70점 이상 80점 미만이 아닌 메뉴는 C와 F이다. 2018년과 2019년 제공횟수의 차이는 C의 경우 36회, F의 경우 6회이므로 F가 두 번째로 제공횟수의 차이가 크다.

22 ③   정답률 64.4%

| 문제 유형 | 자료 읽기 > 표/그림 제시형
| 접근 전략 | 작은 글씨로 쓰여 놓치기 쉬운 각주를 잘 살펴야 한다. 여러 각주가 제시되는 경우 키워드를 표시하며 문제를 풀도록 한다.

다음 〈그림〉과 〈표〉는 2017~2018년 A, B 기업이 '갑' 자동차 회사에 납품한 엔진과 변속기에 관한 자료이다. 이에 대한 설명으로 옳은 것은?

〈그림 1〉 연도별 '갑' 자동차회사가 납품받은 엔진과 변속기 개수의 합

〈그림 2〉 2018년 기업별 엔진과 변속기 납품 개수의 합

〈그림 3〉 A 기업의 연도별 엔진과 변속기 납품 개수 비율

※ 1) '갑' 자동차회사는 엔진과 변속기를 2017년에는 A 기업으로부터만 납품받았으며, 2018년에는 A, B 두 기업에서만 납품받았음
2) A, B 기업은 '갑' 자동차회사에만 납품함
3) 매년 '갑' 자동차회사가 납품받는 엔진 개수는 변속기 개수와 같음

〈표〉 A, B 기업의 연도별 엔진과 변속기의 납품 단가
(단위: 만 원/개)

연도 \ 구분	엔진	변속기
2017	100	80
2018	90	75

① A 기업의 엔진 납품 개수는 2018년이 2017년의 80%이다. ➡ (X) 각주 1)을 보면 2017년에는 A 기업만 납품을 하였는데, 〈그림 1〉에서 2017년 납품받은 엔진과 변속기 개수의 합은 10,000개이고, 〈그림 3〉에서 이 중 50%가 엔진이므로 엔진 납품 개수는 5,000개이다. 그런데 〈그림 2〉를 보면 2018년에는 A 기업이 10,000개를 납품했고, 〈그림 3〉을 보면 이 중 30%가 엔진이므로 엔진 납품 개수는 3,000개로 5,000개의 60%이다.

② 2018년 B 기업은 변속기 납품 개수가 엔진 납품 개수의 12.5%이다. ➡ (X) 각주 3)을 보면 '갑' 자동차회사가 납품받는 엔진과 변속기의 수는 같은데, 〈그림 1〉에서 2018년에 총 납품받은 엔진과 변속기의 수의 합은 15,000개이므로 변속기는 7,500개이다. 2018년 A 기업은 엔진을 3,000개 납품했으므로 〈그림 3〉에서 변속기는 7,000개 납품했다. B 기업은 변속기를 500개 납품했고, 엔진은 4,500개 납품했다. 따라서 2018년 B 기업의 변속기 납품 개수는 엔진 납품 개수의 약 11.1%이다.

③ '갑' 자동차회사가 납품받은 엔진과 변속기 납품액 합은 2018년이 2017년에 비해 30% 이상 증가하였다. ➡ (O) 2017년 '갑' 자동차회사가 납품받은 납품액 합은 각주 3)을 보면 '갑' 자동차회사가 납품받는 엔진과 변속기의 수가 같으므로 엔진과 변속기의 납품 단가의 평균에 납품받은 개수를 곱하면 된다. 〈표〉에서 2017년 납품 단가 평균은 90만 원/개이고, 납품 수는 10,000개이므로 2017년 엔진과 변속기 납품액 합은 900,000만 원이고, 2018년 납품 단가 평균은 82.5만 원/개이고, 납품 수는 15,000개이므로 2018년 엔진과 변속기 납품액 합은 1,237,500만 원이다. 이는 37.5% 증가한 것이다.

④ '갑' 자동차회사가 납품받은 변속기 납품 개수는 2018년이 2017년의 2배 이상이다. ➡ (X) 각주 3)을 보면 '갑' 자동차회사가 납품받는 엔진과 변속기의 수는 같은데, 〈그림 1〉에서 2017년과 2018년 총 납품받은 엔진과 변속기의 수의 합은 각각 10,000개와 15,000개로, 변속기 납품 개수는 이의 반인 5,000개와 7,500개이다. 따라서 2018년이 2017년보다 50% 증가하였다.

⑤ 2018년 A, B 기업의 엔진 납품액 합은 변속기 납품액 합보다 작다. ➡ (X) 각주 3)을 보면 '갑' 자동차회사가 납품받는 엔진과 변속기의 수는 같은데, 〈표〉에서 2017년과 2018년 모두 엔진의 납품 단가가 변속기의 납품 단가보다 높다. 즉, 납품액 합은 '납품 단가 × 납품 수'인데, 납품 수는 같고 납품 단가는 엔진이 더 크므로 엔진 납품액 합이 더 크다.

23 ③   정답률 71.1%

| 문제 유형 | 자료 읽기/추론 > 계산형
| 접근 전략 | 인접 행정동이 적은 행정동부터 공략하여 경우의 수를 줄인다.

다음 〈표〉는 A~F 행정동으로 구성된 '갑'시의 자치구 개편 및 행정동 간 인접 현황에 관한 자료이다. 〈표〉와 〈조건〉에 근거한 설명으로 옳지 않은 것은?

〈표 1〉 행정동별 인구와 개편 전·후 자치구 현황

행정동 \ 구분	인구(명)	개편 전 자치구	개편 후 자치구
A	1,500	가	( )
B	2,000	( )	( )
C	1,500	나	( )

D	1,500	( )	라
E	1,000	( )	마
F	1,500	다	( )

※ 자치구 개편 전·후 각 행정동의 인구 수는 변화없음

〈표 2〉 행정동 간 인접 현황

행정동	A	B	C	D	E	F
A		1	0	1	0	0
B	1		1	1	1	0
C	0	1		0	1	1
D	1	1	0		1	0
E	0	1	1	1		1
F	0	0	1	0	1	

※ 두 행정동이 인접하면 1, 인접하지 않으면 0임

─〈조건〉─

○ 개편 전 자치구는 '가', '나', '다' 3개이며, 개편 후 자치구는 '라', '마' 2개이다.
○ 개편 전에는 한 자치구에 2개의 행정동이 속하고, 개편 후에는 3개의 행정동이 속한다.
○ 동일 자치구에 속하는 행정동은 서로 인접하고 있으며, 행정동 간 인접 여부는 〈표 2〉에 따라 판단한다.

① 자치구 개편 전, 행정동 E는 자치구 '다'에 속한다. ➡ (O) 행정동 F와 인접 행정동은 C와 E인데, C와 F의 자치구는 각각 '나'와 '다'로 다르다. 개편 전에는 한 자치구에 2개의 행정동이 속하므로 E는 자치구 '다'에 속한다.

② 자치구 개편 후, 행정동 C와 행정동 E는 같은 자치구에 속한다. ➡ (O) 행정동 F와 인접 행정동은 C와 E인데, 개편 후에는 한 자치구에 3개의 행정동이 속하므로 C, E, F가 한 자치구이다.

③ 자치구 개편 전, 자치구 '가'의 인구가 자치구 '나'의 인구보다 많다. ➡ (X) 행정동 E와 행정동 F는 '다' 자치구이다. 행정동 C와 행정동 D는 인접하지 않고 행정동 B와 행정동 C가 인접하므로 행정동 B와 행정동 C가 '나' 자치구이며, 행정동 A와 D가 '가' 자치구이다. '가' 자치구의 인구는 3,000명이고, '나' 자치구의 인구는 3,500명이므로 자치구 '나'의 인구가 더 많다.

④ 자치구 개편 후, 자치구 '라'의 인구가 자치구 '마'의 인구보다 많다. ➡ (O) C, E, F는 한 자치구인데, E가 '마' 자치구이므로 '라' 자치구에는 A, B, D 행정동이 속한다. '라' 자치구의 인구는 5,000명이고, '마' 자치구의 인구는 4,000명이므로 '라' 자치구의 인구가 더 많다.

⑤ 행정동 B는 개편 전 자치구 '나'에 속하고, 개편 후 자치구 '라'에 속한다. ➡ (O) ③과 ④를 통해 확인할 수 있다.

S 24 ②

TOP 1 정답률 50.8%

|문제 유형| 자료 읽기/추론 〉 계산형
|접근 전략| 일종의 경우의 수 문제이다. 경우의 수에서는 빠짐없이, 중복되지 않게 계산하는 것이 가장 중요하다. 급하게 생각하지 말고 경우의 수를 하나씩 따져보고, 선지를 위반하는 경우를 찾으면 더 이상 계산하지 않고 넘어가면 된다. 〈표〉의 각주는 문제 해결의 포인트이므로 중요한 각주에는 밑줄을 그어 놓는 것이 좋다.

다음 〈그림〉은 A 기업 4개팀 체육대회의 종목별 대진표 및 중간경기결과이며, 〈표〉는 종목별 승점 배점표이다. 이에 근거하여 남은 경기결과에 따른 최종 대회성적에 대한 설명으로 옳지 않은 것은?

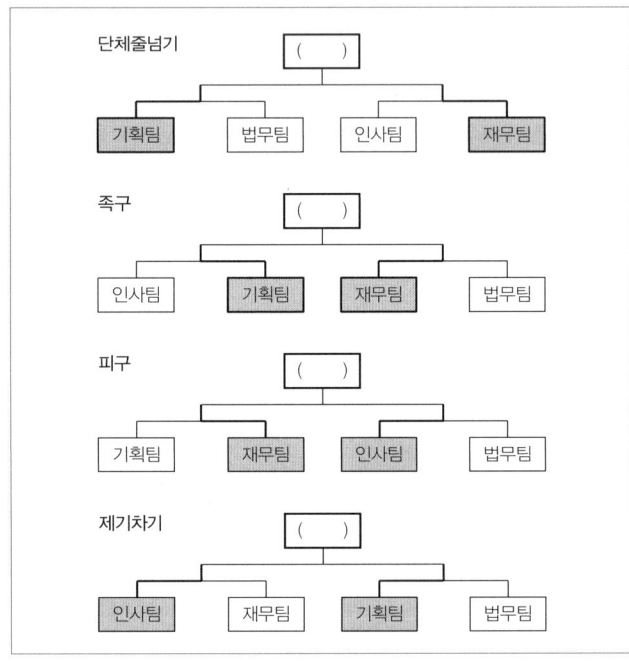

〈그림〉 A 기업 체육대회의 종목별 대진표 및 중간경기결과

※ 굵은 선과 음영(■)으로 표시된 팀은 이긴 팀을 의미하며, 결승전만을 남긴 상황임

〈표〉 종목별 승점 배점표

순위 \ 종목	단체줄넘기	족구	피구	제기차기
1위	120	90	90	60
2위	80	60	60	40
3·4위	40	30	30	20

※ 1) 최종 대회성적은 종목별 승점합계가 가장 높은 팀이 종합 우승. 두 번째로 높은 팀이 종합 준우승임
2) 승점합계가 동일한 팀이 나올 경우, 단체줄넘기 종목의 순위가 높은 팀이 최종 순위가 높음
3) 모든 경기에 무승부는 없음

① 남은 경기결과와 상관없이 법무팀은 종합 우승을 할 수 없다. ➡ (O) 법무팀은 네 종목 모든 경기에서 졌으므로 남은 경기가 없다. 〈표〉의 승점 가운데 가장 낮은 점수를 받으므로 종합 우승을 할 수 없다.

② 재무팀이 남은 경기 중 2종목에서 이기더라도 기획팀이 종합 우승을 할 수 있다. ➡ (X) 단체줄넘기의 1위와 2위 점수 차는 40점이고, 족구와 피구의 1위와 2위 점수 차는 30점이다. 따라서 재무팀이 족구, 피구의 두 종목에서 1위를 하여 총점을 최소화해도 총점은 80+90+90+20=280(점)이고, 기획팀이 단체줄넘기에서 1위를 하고 제기차기에서 1위를 해도 기획팀의 총점은 120+60+30+60=270(점)이다. 따라서 기획팀은 총점이 더 낮으므로 종합 우승을 할 수 없다.

③ 기획팀이 남은 경기에서 모두 지면, 재무팀이 종합 우승을 한다.
➡ (O) 기획팀이 남은 경기에서 모두 지면 기획팀의 점수는 80+60+30+40=210(점)이고, 피구 종목에서 인사팀이 재무팀을 이기면 인사팀은 40+30+90+60=220(점), 재무팀은 120+90+60+20=290(점)이다. 법무팀은 120점으로 재무팀이 종합 우승을 하게 된다.

④ 재무팀이 남은 경기에서 모두 지더라도 재무팀은 종합 준우승을 한다. ➡ (O) 재무팀이 남은 경기에서 모두 지면 80+60+60+20=220(점), 인사팀은 220점 또는 200점, 기획팀은 300점 또는 280점이다. 인사팀이 220점을 받아도 각주 2)에 따라 단체줄넘기 종목 순위가 높은 재무팀이 준우승을 한다.

⑤ 인사팀이 남은 경기에서 모두 이기더라도 인사팀은 종합 우승을 할 수 없다. ➡ (O) 인사팀이 남은 경기를 모두 이겨도 최대 220점으로 기획팀과 재무팀이 맞붙어 기획팀이 모두 이길 때 280점, 기획팀이 단체줄넘기만 이길 때 250점, 재무팀이 단체줄넘기만 이길 때 260점, 재무팀이 모두 이길 때 290점보다 낮다.

S 25 ⑤   TOP 2 정답률 53.7%

| 문제 유형 | 자료 읽기/추론 > 계산형
| 접근 전략 | 딱 최소로 요구하는 만큼만 충족하면 비용이 가장 절감된다. 인력 고용, 물품 구매 등 모든 문제에서 마찬가지이다.

다음 〈표〉, 〈정보〉, 〈그림〉은 A사의 공장에서 물류센터까지의 수송량과 수송비용에 관한 자료이다. 이에 대한 설명으로 옳지 않은 것은?

〈표〉 공장에서 물류센터까지의 수송량
(단위: 개)

공장\물류센터	서울	부산	대구	광주
구미	0	200	( )	( )
청주	300	( )	0	0
덕평	300	0	0	0

─〈정보〉─
○ 해당 공장에서 각 물류센터까지의 수송량의 합은 해당 공장의 '최대공급량'보다 작거나 같다.
○ 각 공장에서 해당 물류센터까지의 수송량의 합은 해당 물류센터의 '최소요구량'보다 크거나 같다.
○ 공장별 '최대공급량'은 구미 600개, 청주 500개, 덕평 300개이다.
○ 물류센터별 '최소요구량'은 서울 600개, 부산 400개, 대구 200개, 광주 150개이다.
○ 수송비용=(수송량)×(개당 수송비용)
○ 총 수송비용은 각 공장에서 각 물류센터까지의 수송비용의 합이다.

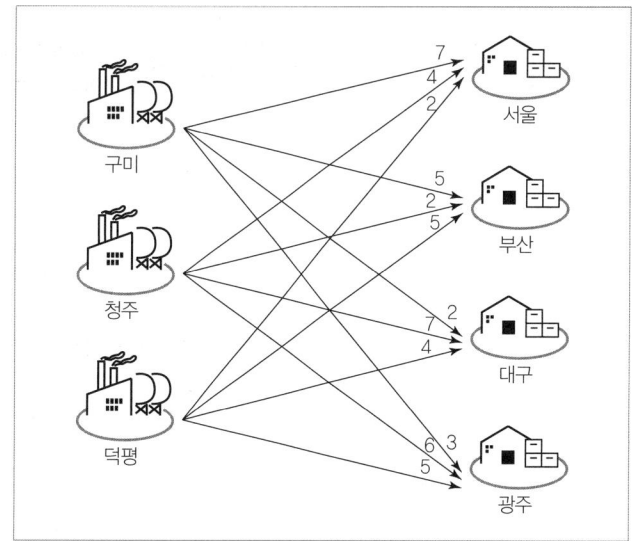

〈그림〉 공장에서 물류센터까지의 개당 수송비용
(단위: 천 원/개)

※ 예시: '청주 2 부산'은 청주 공장에서 부산 물류센터까지의 개당 수송비용이 2천 원임을 의미함

① 청주 공장에서 부산 물류센터까지의 수송량은 200개이다. ➡ (O) 부산의 최소요구량은 400개인데 청주의 최대공급량은 500개이다. 부산은 구미로부터 200개를 조달받아 최소 200개가 더 필요한데 청주는 300개를 이미 서울에 공급해 최대 200개만 추가 공급이 가능하다. 따라서 청주 공장에서 부산 물류센터까지 200개를 수송하면 공급과 수요가 일치한다.

② 총 수송비용을 최소화할 때, 구미 공장에서 광주 물류센터까지의 수송량은 150개이다. ➡ (O) 광주는 최소요구량이 150개이므로 150개만 광주에 보낼 때 수송비용이 최소화된다.

③ 총 수송비용의 최소 금액은 405만 원이다. ➡ (O) 총 수송비용을 최소화하려면 대구와 광주가 최소로 요구하는 최소요구량만 보내면 된다. 그러면 구미에서 대구로는 200개, 광주로는 150개를 보내면 된다. 이때 수송비용은 (200×5,000+200×2,000+150×3,000)+(300×4,000+200×2,000)+(300×2,000)=4,050,000(원)이다.

④ 구미 공장에서 서울 물류센터까지의 개당 수송비용이 7천 원에서 8천 원으로 증가해도 총 수송비용의 최소 금액은 증가하지 않는다.
➡ (O) 〈표〉를 보면 구미에서 서울로 보내는 물량이 없다. 따라서 구미 공장에서 서울 물류센터까지의 개당 수송비용이 증가해도 총 수송비용의 최소 금액은 증가하지 않는다.

⑤ 구미 공장의 '최대공급량'이 600개에서 550개로 줄어들면, 총 수송비용의 최소 금액은 감소한다. ➡ (X) 구미 공장에서 대구와 광주가 최소로 요구하는 350개를 보내는 것이 총 수송비용의 최소 금액이므로 구미 공장의 '최대공급량'이 550개로 줄어 들어도 총 수송비용의 최소 금액은 감소하지 않는다.

정답과 분석해설

2019 | 제3영역 상황판단(㉯ 책형)

기출 총평

2019년 상황판단 시험은 문항의 유형이 매우 다양하고 특정 유형에 편중되지 않게 출제된 것이 특징이며, 5급 공채 PSAT 상황판단 기출문제에서 출제되었던 소재와 유사한 소재들이 다수 등장하였다. 조항을 읽고 관련된 상황에 적용해야 하는 문항은 꾸준하게 출제되고 있는 유형이며, 최근 3년간 법조문 문제가 증가하고 있으므로 기출문제 등을 통해 반복해서 문제를 풀어 보는 연습을 하는 것이 중요하다. 제시문을 읽고 해당 내용과 관련된 외적 준거를 바탕으로 적용해야 하는 문항도 꾸준히 출제되고 있는데 제시문의 길이가 길어지면서 수험생들이 부담을 느낄 수 있다. 하지만 제시된 키워드들을 빠르게 정리하고 이를 중심으로 제시문을 읽어가는 훈련을 통해 해당 유형을 연습한다면 큰 어려움 없이 문제를 해결할 수 있을 것이다. 이 외에도 다양한 형태의 연산 문항과 규칙 등을 묻는 문항들도 출제되고 있으므로 생소한 유형에 적응하는 것이 필요하다.

문항별 정답률 및 선지별 선택률

문번	정답	정답률(%)	선지별 선택률(%)				
			①	②	③	④	⑤
01	①	86.7	86.7	6.6	0.2	6.3	0.2
02	②	77.1	1.5	77.1	11.2	1.5	8.7
03	④	96.0	0.5	0.5	1.5	96.0	1.5
04	①	90.3	90.3	3.9	3.2	1.9	0.7
05	③	76.5	3.6	1.9	76.5	1.5	16.5
06	②	77.2	6.0	77.2	0.2	16.4	0.2
07	①	79.3	79.3	9.0	3.6	5.6	2.5
08	②	68.8	4.5	68.8	5.4	18.4	2.9
09	③	72.3	2.0	18.1	72.3	2.7	4.9
10	⑤	54.8	30.6	5.7	5.4	3.5	54.8
11	①	64.3	64.3	1.9	30.1	3.2	0.5
12	⑤	49.1	20.5	10.0	2.9	17.5	49.1
13	②	77.5	7.5	77.5	1.7	13.3	0.0

문번	정답	정답률(%)	선지별 선택률(%)				
			①	②	③	④	⑤
14	②	66.5	24.8	66.5	2.5	3.5	2.7
15	⑤	58.9	7.0	3.7	21.4	9.0	58.9
16	⑤	73.3	0.5	13.8	11.4	1.0	73.3
17	④	65.6	1.3	7.0	17.6	65.6	8.5
18	③	69.9	15.3	1.0	69.9	11.0	2.8
19	①	76.4	76.4	1.5	2.3	11.5	8.3
20	④	61.1	9.3	12.4	9.8	61.1	7.4
21	③	64.1	7.0	9.0	64.1	15.4	4.5
22	②	74.0	2.5	74.0	3.6	5.1	14.8
23	⑤	69.3	7.0	10.0	8.8	4.9	69.3
24	④	69.4	13.5	7.1	6.6	69.4	3.4
25	①	62.8	62.8	2.1	22.0	5.0	8.1

※ 파란색 음영 문항은 해당 회차에서 정답률이 가장 낮은 TOP 3 문항입니다.
※ 문항별 정답률 산정 기준: 약 1년간 누적된 자동채점 & 성적결과분석 서비스의 응시 데이터

출제 비중

기출문제편 P.378									
01	①	02	②	03	④	04	①	05	③
06	②	07	①	08	②	09	③	10	⑤
11	①	12	⑤	13	④	14	②	15	⑤
16	⑤	17	④	18	③	19	①	20	④
21	③	22	②	23	⑤	24	④	25	①

01 ①
정답률 86.7%

| 문제 유형 | 법조문형 > 규정확인

| 접근 전략 | 법령 문제는 법령의 단서나 예외 조항에 해당하는지, 법령 행사의 주체인지, 법령 적용의 대상인지 여부로 선지의 정오가 판가름 나는 경우가 많으므로 이를 꼼꼼히 볼 필요가 있다. 또 선지가 해당 조항에 정확하게 부합하는 것인지에 대해서도 유심히 살펴야 한다.

다음 글을 근거로 판단할 때, 〈보기〉에서 옳은 것만을 모두 고르면?

제00조 지방자치단체의 장은 행정재산에 대하여 그 목적 또는 용도에 장애가 되지 않는 범위에서 사용 또는 수익을 허가할 수 있다.
제00조 ① 행정재산의 사용·수익허가기간은 그 허가를 받은 날부터 5년 이내로 한다.
② 지방자치단체의 장은 허가기간이 끝나기 전에 사용·수익허가를 갱신할 수 있다.
③ 제2항에 따라 사용·수익허가를 갱신받으려는 자는 사용·수익허가기간이 끝나기 1개월 전에 지방자치단체의 장에게 사용·수익허가의 갱신을 신청하여야 한다.
제00조 ① 지방자치단체의 장은 행정재산의 사용·수익을 허가하였을 때에는 매년 사용료를 징수한다.
② 지방자치단체의 장은 행정재산의 사용·수익을 허가할 때 다음 각 호의 어느 하나에 해당하면 제1항에도 불구하고 그 사용료를 면제할 수 있다.
 1. 국가나 다른 지방자치단체가 직접 해당 행정재산을 공용·공공용 또는 비영리 공익사업용으로 사용하려는 경우
 2. 천재지변이나 재난을 입은 지역주민에게 일정기간 사용·수익을 허가하는 경우
제00조 ① 지방자치단체의 장은 행정재산의 사용·수익허가를 받은 자가 다음 각 호의 어느 하나에 해당하면 그 허가를 취소할 수 있다.
 1. 지방자치단체의 장의 승인 없이 사용·수익의 허가를 받은 행정재산의 원상을 변경한 경우
 2. 해당 행정재산의 관리를 게을리하거나 그 사용 목적에 위배되게 사용한 경우
② 지방자치단체의 장은 사용·수익을 허가한 행정재산을 국가나 지방자치단체가 직접 공용 또는 공공용으로 사용하기 위하여 필요로 하게 된 경우에는 그 허가를 취소할 수 있다.
③ 제2항의 경우에 그 취소로 인하여 해당 허가를 받은 자에게 손실이 발생한 경우에는 이를 보상한다.

─〈보기〉─

ㄱ. A시의 장은 A시의 행정재산에 대하여 B기업에게 사용허가를 했더라도 국가가 그 행정재산을 직접 공용으로 사용하기 위해 필요로 하게 된 경우, 그 허가를 취소할 수 있다. → (O) 네 번째 조 제2항이 적용된다. A시의 장은 지방자치단체의 장이므로 법령 행사의 주체도 일치한다.

ㄴ. C시의 행정재산에 대하여 C시의 장이 천재지변으로 주택을 잃은 지역주민에게 임시 거처로 사용하도록 허가한 경우, C시의 장은 그 사용료를 면제할 수 있다. → (O) 세 번째 조 제2항 제2호가 적용된다. C시의 장은 지방자치단체의 장이므로 법령 행사의 주체도 일치하며, 지역주민에게 일정기간 행정재산의 사용을 허가하는 것이므로 법령 적용의 대상도 일치한다.

ㄷ. D시의 행정재산에 대하여 사용허가를 받은 E기업이 사용 목적에 위배되게 사용한다는 이유로 허가가 취소되었다면, D시의 장은 E기업의 손실을 보상하여야 한다. → (X) 네 번째 조 제3항에 따르면 동조 제2항에 해당할 때는 손실을 보상하나 동조 제1항에 대해서는 규정이 없다. E기업이 행정재산을 사용 목적에 위배되게 사용하는 것은 동조 제1항 제2호의 예이므로 동조 제3항에 따른 손실의 보상이 적용되지 않는다.

ㄹ. 2014년 3월 1일에 5년 기한으로 F시의 행정재산에 대하여 수익허가를 받은 G가 허가 갱신을 받으려면, 2019년 2월 28일까지 허가 갱신을 신청하여야 한다. → (X) 두 번째 조 제3항에 따르면 사용·수익허가를 갱신받으려는 자는 사용·수익허가기간이 끝나기 1개월 전에 갱신을 신청하여야 한다.

① ㄱ, ㄴ ➡ (O)
② ㄴ, ㄷ ➡ (X)
③ ㄷ, ㄹ ➡ (X)
④ ㄱ, ㄴ, ㄹ ➡ (X)
⑤ ㄴ, ㄷ, ㄹ ➡ (X)

02 ②
정답률 77.1%

| 문제 유형 | 법조문형 > 규정적용

| 접근 전략 | 법령 해석을 통한 상황 해결 문제는 주어진 상황에 제시된 조건들을 파악하여, 정확히 어떤 법령의 어떤 조항이 상황에 적용되는지를 파악하여 해결해야 한다. 법령의 단서나 예외 부분, 그리고 법령 행사의 주체와 법령의 적용 대상 등에 주의한다.

다음 글과 〈상황〉을 근거로 판단할 때 옳은 것은?

제00조 이 법에서 사용하는 용어의 뜻은 다음과 같다.
 1. '자연장(自然葬)'이란 화장한 유골의 골분(骨粉)을 수목·화초·잔디 등의 밑이나 주변에 묻어 장사하는 것을 말한다.
 2. '개장(改葬)'이란 매장한 시신이나 유골을 다른 분묘에 옮기거나 화장 또는 자연장하는 것을 말한다.
제00조 ① 사망한 때부터 24시간이 지난 후가 아니면 매장 또는 화장을 하지 못한다.
② 누구든지 허가를 받은 공설묘지, 공설자연장지, 사설묘지 및 사설자연장지 외의 구역에 매장하여서는 안 된다.
제00조 ① 매장(단, 자연장 제외)을 한 자는 매장 후 30일 이내에 매장지를 관할하는 시장·군수·구청장(이하 '시장 등'이라 한다)에게 신고하여야 한다.
② 화장을 하려는 자는 화장시설을 관할하는 시장 등에게 신고하여야 한다.
③ 개장을 하려는 자는 다음 각 호의 구분에 따라 시신 또는 유골의 현존지(現存地) 또는 개장지(改葬地)를 관할하는 시장 등에게 각각 신고하여야 한다.
 1. 매장한 시신 또는 유골을 다른 분묘로 옮기거나 화장하는 경우: 시신 또는 유골의 현존지와 개장지
 2. 매장한 시신 또는 유골을 자연장하는 경우: 시신 또는 유골의 현존지
제00조 ① 국가, 시·도지사 또는 시장 등이 아닌 자는 가족묘지, 종중·문중묘지 등을 설치·관리할 수 있다.
② 제1항의 묘지를 설치·관리하려는 자는 해당 묘지 소재지를 관할하는 시장 등의 허가를 받아야 한다.

─〈상황〉─
甲은 90세의 나이로 2019년 7월 10일 아침 7시 A시에서 사망하였다. 이에 甲의 자녀는 이미 사망한 甲의 배우자 乙의 묘지(B시 소재 공설묘지)에서 유골을 옮겨 가족묘지를 만드는 것을 포함하여 장례에 대하여 논의하였다.

① 甲을 2019년 7월 10일 매장할 수 있다. ➡ (X) 두 번째 조 제1항에 따르면 사망한 때부터 24시간이 지난 후 매장이 가능하다.

② 甲을 C시 소재 화장시설에서 화장하려는 경우, 그 시설을 관할하는 C시의 장에게 신고하여야 한다. ➡ (O) 세 번째 조 제2항에 따라 C시의 장에게 신고하여야 하므로 옳은 내용이다.

③ 甲의 자녀가 가족묘지를 설치·관리하려는 경우, 그 소재지의 관할 시장 등에게 신고하여야 한다. ➡ (X) 네 번째 조 제2항에 따르면 가족묘지를 설치·관리하려는 자는 해당 묘지 소재지를 관할하는 시장 등의 허가를 받아야 하는데, 해당 선지에서는 신고하여야 한다고 설명하고 있으므로 옳지 않다.

④ 甲의 유골의 골분을 자연장한 경우, 자연장지 소재지의 관할 시장에게 2019년 8월 10일까지는 허가를 받아야 한다. ➡ (X) 개장하여 유골을 자연장하는 경우는 세 번째 조 제3항 제2호에 해당하는데 동조 제3항 본문은 신고 의무만을 부여하므로 허가가 필요하다는 내용은 옳지 않다.

⑤ 乙의 유골을 甲과 함께 D시 소재 공설묘지에 합장하려는 경우, B시의 장과 D시의 장의 허가를 각각 받아야 한다. ➡ (X) 세 번째 조 제1항에 따르면 매장을 한 자는 매장 후 30일 이내에 매장지를 관할하는 시장·군수·구청장에게 신고하여야 하고 세 번째 조 제3항 제1호에 따르면 개장을 하려는 자는 유골의 현존지와 개장지를 관할하는 시장 등에게 각각 신고하여야 하므로 乙의 유골을 甲과 함께 합장하려는 경우에는 B시의 장과 D시의 장 모두에게 '허가'를 받는 것이 아닌, '신고'를 하여야 한다.

03 ④
정답률 96.0%

| 문제 유형 | 연산추론형 > 수리계산
| 접근 전략 | 상황판단에서 금액에 관한 문제는 선지가 주어지므로, 계산 실수를 지나치게 의식하여 정확한 값을 도출하려고 노력할 필요는 없다. 혹시 계산 실수를 하더라도 선지에 해당 숫자가 없으면 다시 계산하면 되므로, 정확도를 위해 계산 속도를 늦추는 것은 전체 시험 운영에 해가 될 수 있다.

다음 글과 〈상황〉을 근거로 판단할 때, 甲이 납부해야 할 수수료를 옳게 짝지은 것은?

특허에 관한 절차를 밟는 사람은 다음 각 호의 수수료를 내야 한다.
1. 특허출원료
    가. 특허출원을 국어로 작성된 전자문서로 제출하는 경우: 매건 46,000원. 다만 전자문서를 특허청에서 제공하지 아니한 소프트웨어로 작성하여 제출한 경우에는 매건 56,000원으로 한다.
    나. 특허출원을 국어로 작성된 서면으로 제출하는 경우: 매건 66,000원에 서면이 20면을 초과하는 경우 초과하는 1면마다 1,000원을 가산한 금액
    다. 특허출원을 외국어로 작성된 전자문서로 제출하는 경우: 매건 73,000원
    라. 특허출원을 외국어로 작성된 서면으로 제출하는 경우: 매건 93,000원에 서면이 20면을 초과하는 경우 초과하는 1면마다 1,000원을 가산한 금액
2. 특허심사청구료: 매건 143,000원에 청구범위의 1항마다 44,000원을 가산한 금액

─〈상황〉─
甲은 청구범위가 3개 항으로 구성된 총 27면의 서면을 작성하여 1건의 특허출원을 하면서, 이에 대한 특허심사도 함께 청구한다.

	국어로 작성한 경우	외국어로 작성한 경우	
①	66,000원	275,000원	➡ (X)
②	73,000원	343,000원	➡ (X)
③	348,000원	343,000원	➡ (X)
④	348,000원	375,000원	➡ (O)
⑤	349,000원	375,000원	➡ (X)

• 국어로 작성한 경우: 〈상황〉에서 특허출원을 서면으로 작성했다고 하였으므로 제1호 나목을 보아야 한다. 특허출원료 66,000원에 서면이 20면을 7면 초과하므로 7,000원을 가산하면 73,000원이다. 〈상황〉에서 특허심사도 함께 청구한다고 하였고, 청구범위가 3개 항이라 하였으므로 특허심사청구료는 제2호에 따라 143,000원에 44,000×3=132,000(원)을 추가한 275,000원이다. 따라서 총 수수료는 348,000원이다.

• 외국어로 작성한 경우: 특허심사청구료는 국어·외국어를 구별하지 않으므로 275,000원으로 동일하다. 특허출원료는 서면으로 작성되었으므로 제1항 라목을 보면 된다. 93,000원에 서면이 20면을 7면 초과하였으므로 7,000원을 가산하면 특허출원료는 100,000원이다. 따라서 총 수수료는 375,000원이다.

04 ①
정답률 90.3%

| 문제 유형 | 제시문형 > 정보확인
| 접근 전략 | 제시문에 드러난 조선시대 임금 진지상의 종류를 파악하여 선지와 비교한다. 수라, 반과상, 미음상 등의 키워드 위주로 제시문을 읽어 나가면 어렵지 않게 해결할 수 있다.

다음 글을 근거로 판단할 때 옳지 않은 것은?

조선시대 임금에게 올리는 진지상을 수라상이라 하였다. 수라는 올리는 시간 순서에 따라 각각 조(朝)수라, 주(晝)수라, 석(夕)수라로 구분되고, 조수라 전에 밥 대신 죽을 주식으로 올리는 죽(粥)수라도 있었다. 수라상은 두 개의 상, 즉 원(元)반과 협(狹)반에 차려졌다. ▶1문단

수라 전후에 반과(盤果)상이나 미음(米飮)상이 차려지기도 했는데, 반과상은 올리는 시간 순서에 따라 조다(早茶), 주다(晝茶), 만다(晩茶), 야다(夜茶) 등을 앞에 붙여서 달리 불렀다. 반과상은 국수를 주식으로 하고, 찬과 후식류를 자기(磁器)에 담아 한 상에 차렸다. 미음상은 미음을 주식으로 하고, 육류 음식인 고음(膏飮)과 후식류를 한 상에 차렸다. ▶2문단

다음은 경복궁을 출발한 행차 첫째 날과 둘째 날에 임금에게 올리기 위해 차린 전체 상차림이다. ▶3문단

첫째 날		둘째 날	
장소	상차림	장소	상차림
노량참	조다반과	화성참	죽수라
노량참	조수라	화성참	조수라
시흥참	주다반과	화성참	주다반과
시흥참	석수라	화성참	석수라
시흥참	야다반과	화성참	야다반과
중로	미음		

① 행차 둘째 날에 협반은 총 1회 사용되었다. ➡ (X) 1문단에 따르면 수라상은 원반과 협반에 차려지는데 둘째 날에 수라상은 죽수라, 조수라, 석수라로 총 세 번 차려지므로 협반은 총 3회 사용된다.

② 화성참에서는 미음이 주식인 상이 차려지지 않았다. ➡ (O) 2문단에 따르면 미음이 주식인 찬이 미음상인데 둘째 날 화성참에서는 미음상이 없다.
③ 행차 첫째 날 낮과 둘째 날 낮에는 주수라가 차려지지 않았다. ➡ (O) 첫째 날과 둘째 날 모두 조수라와 석수라 사이에 주다반과는 있으나 주수라는 없다.
④ 행차 첫째 날 밤과 둘째 날 밤에는 후식류를 자기에 담은 상차림이 있었다. ➡ (O) 2문단에 따르면 후식류를 자기에 담은 상차림은 반과상이다. 반과상은 올리는 시간 순서에 따라 조다, 주다, 만다, 야다 등을 앞에 붙여 달리 부르는데, 이에 따라 야다반과가 밤에 차려지는 상차림임을 추론할 수 있다.
⑤ 국수를 주식으로 한 상은 행차 첫째 날과 둘째 날을 통틀어 총 5회 차려졌다. ➡ (O) 2문단에 따르면 반과상은 국수를 주식으로 한다. 행차 첫째 날에 3회, 둘째 날에 2회 반과상이 차려졌으므로 옳은 내용이다.

05 ③
정답률 76.5%

| 문제 유형 | 연산추론형 > 수리계산
| 접근 전략 | 수리계산 문제이다. 가설을 세우고 이를 검증하는 방식으로 문제를 풀어야 하는 경우가 있는데 이때 조건과 선지에 부합하는 가설을 세울 필요가 있다. 조건과 선지에 부합하는 가설을 처음부터 정확하게 만들기 어렵다면 몇 번의 시도를 해 보는 것도 좋다. 이 문제에서는 같은 자음이 여러 번 반복될 경우 2의 지수가 커지므로, 기하급수적으로 점수가 높아진다. 이를 통해 같은 자음을 여러 번 반복하는 것이 다른 자음을 사용하는 것보다 점수가 높아지는 방법임을 예측하여 가설을 세울 수 있다.

다음 〈조건〉을 근거로 판단할 때, 〈보기〉에서 옳은 것만을 모두 고르면?

〈조건〉
○ 한글 단어의 '단어점수'는 그 단어를 구성하는 자음으로만 결정된다.
○ '단어점수'는 각기 다른 자음의 '자음점수'를 모두 더한 값을 그 단어를 구성하는 자음 종류의 개수로 나눈 값이다.
○ '자음점수'는 그 자음이 단어에 사용된 횟수만큼 2를 거듭제곱한 값이다. 단, 사용되지 않는 자음의 '자음점수'는 0이다.
○ 예를 들어 글자 수가 4개인 '셋방살이'는 ㅅ 3개, ㅇ 2개, ㅂ 1개, ㄹ 1개의 자음으로 구성되므로 '단어점수'는 $(2^3+2^2+2^1+2^1)/4$의 값인 4점이다.
※ 의미가 없는 글자의 나열도 단어로 인정한다.

〈보기〉
ㄱ. '각기'는 '논리'보다 단어점수가 더 높다. → (O) '각기'는 ㄱ이 3번 사용되어 단어점수는 $\frac{2^3}{1}=8$(점)이다. '논리'는 ㄴ이 2번, ㄹ이 1번 사용되어 단어점수는 $\frac{(2^2+2^1)}{2}=3$(점)이다. 따라서 '각기'의 단어점수가 더 높으므로 옳은 내용이다.
ㄴ. 단어의 글자 수가 달라도 단어점수가 같을 수 있다. → (O) 가설로 ㄱ이 3번 나오는 단어 두 개가 있을 것이라고 보고 ㄱ이 3번 나오는 단어 두 개를 만들어 보자. 예를 들어 가가가, 각각 두 단어는 글자 수가 3개, 2개로 다르나 ㄱ이 3번 나와 단어점수가 모두 $\frac{2^3}{1}=8$(점)이므로 해당 선지의 예시가 될 수 있다. 위 선지는 '~수 있다.'라고 쓰여 있으므로 하나의 예시만 찾아도 선지가 참이 되어 옳은 내용이다.
ㄷ. 글자 수가 4개인 단어의 단어점수는 250점을 넘을 수 없다. → (X) 같은 자음이 여러 번 반복될수록 점수가 기하급수적으로 높아지므로 글자 수가 4개인 단어에 가장 많은 자음을 만들어 보자. '난난난난'에는 ㄴ이 8번 사용된다. 이때 단어점수는 $\frac{2^8}{1}=256$(점)이므로 250점을 넘는다.

① ㄴ ➡ (X)
② ㄷ ➡ (X)
③ ㄱ, ㄴ ➡ (O)
④ ㄱ, ㄷ ➡ (X)
⑤ ㄱ, ㄴ, ㄷ ➡ (X)

06 ②
정답률 77.2%

| 문제 유형 | 연산추론형 > 대입비교
| 접근 전략 | PSAT의 일반적 유형과 다르게 바다를 끼고 있는 도시가 어디인지는 알고 있어야 하는, 배경지식을 요하는 문제이다. 일반상식으로 해결해야 하는 문제가 출제되기도 하니 이런 문제가 나오는 경우 제시문에서 찾아 헤매지 말고 본인의 상식으로 푸는 것이 좋다.

다음 글을 근거로 판단할 때, 국제행사의 개최도시로 선정될 곳은?

甲사무관은 대한민국에서 열리는 국제행사의 개최도시를 선정하기 위해 다음과 같은 〈후보도시 평가표〉를 만들었다. 〈후보도시 평가표〉에 따른 점수와 〈국제해양기구의 의견〉을 모두 반영하여, 합산점수가 가장 높은 도시를 개최도시로 선정하고자 한다.

〈후보도시 평가표〉

구분	서울	인천	대전	부산	제주
1) 회의 시설 1,500명 이상 수용 가능한 대회의장 보유 등	A	A	C	B	C
2) 숙박 시설 도보거리에 특급 호텔 보유 등	A	B	A	A	C
3) 교통 공항접근성 등	B	A	C	B	B
4) 개최 역량 대규모 국제행사 개최 경험 등	A	C	C	A	B

※ A: 10점, B: 7점, C: 3점

〈국제해양기구의 의견〉
○ 외국인 참석자의 편의를 위해 '교통'에서 A를 받은 도시의 경우 추가로 5점을 부여해 줄 것
○ 바다를 끼고 있는 도시의 경우 추가로 5점을 부여해 줄 것
○ 예상 참석자가 2,000명 이상이므로 '회의 시설'에서 C를 받은 도시는 제외할 것

① 서울 ➡ (X)
② 인천 ➡ (O) 인천, 부산, 제주는 바다를 끼고 있어 5점이 추가된다. '교통'에서 A를 받은 인천에는 5점이 추가되고 '회의 시설'에서 C를 받은 대전과 제주는 제외된다. 남은 서울, 인천, 부산의 점수를 계산해 보면 서울이 37점, 인천이 40점, 부산이 39점이므로 인천이 국제행사의 개최도시로 선정된다.
③ 대전 ➡ (X)
④ 부산 ➡ (X)
⑤ 제주 ➡ (X)

07 ①

정답률 79.3%

| 문제 유형 | 퍼즐형 > 논리퀴즈
| 접근 전략 | 표를 그려서 O, X를 표시하며 푸는 것이 좋다. 정답을 도출하였다면 표의 남은 부분은 채우지 않아야 시간이 절약된다. 해당 문제의 경우 영업일과 휴업일의 개념에 유의한다.

다음 글을 근거로 판단할 때, B구역 청소를 하는 요일은?

甲레스토랑은 매주 1회 휴업일(수요일)을 제외하고 매일 영업한다. 甲레스토랑의 청소시간은 영업일 저녁 9시부터 10시까지이다. 이 시간에 A구역, B구역, C구역 중 하나를 청소한다. 청소의 효율성을 위하여 청소를 한 구역은 바로 다음 영업일에는 하지 않는다. 각 구역은 매주 다음과 같이 청소한다.
○ A구역 청소는 일주일에 1회 한다.
○ B구역 청소는 일주일에 2회 하되, B구역 청소를 한 후 영업일과 휴업일을 가리지 않고 이틀간은 B구역 청소를 하지 않는다.
○ C구역 청소는 일주일에 3회 하되, 그중 1회는 일요일에 한다.

① 월요일과 목요일 ➡ (O) 甲레스토랑은 매주 1회 휴업일(수요일)을 제외하고 매일 영업하고, 구역 중 하나를 청소하며, 청소를 한 구역은 바로 다음 영업일에는 하지 않는다. 이러한 조건에서 C구역이 가장 청소횟수가 많으므로 C구역부터 청소하는 요일을 살펴보도록 한다. C구역은 일주일에 3회 청소하되, 그중 1회는 일요일에 한다고 하였으므로, 화요일, 금요일, 일요일에 청소한다.

월	화	수	목	금	토	일
	C	휴업일		C		C

다음으로 B구역을 살펴보면, 먼저 B구역은 일주일에 2회 청소하되, B구역 청소를 한 후 영업일과 휴업일을 가리지 않고 이틀간은 B구역 청소를 하지 않는다고 하였다. 만일 B구역을 토요일에 청소를 하면 화요일에 청소를 하게 되어 C구역 청소날과 겹치므로 토요일은 불가능하다. 또 일주일에 2회 청소해야 하므로 B구역의 청소 요일은 월요일과 목요일이고 이에 따라 A구역은 토요일에 청소한다.

월	화	수	목	금	토	일
B	C	휴업일	B	C	A	C

② 월요일과 금요일 ➡ (X)
③ 월요일과 토요일 ➡ (X)
④ 화요일과 금요일 ➡ (X)
⑤ 화요일과 토요일 ➡ (X)

08 ②

정답률 68.8%

| 문제 유형 | 퍼즐형 > 수리퀴즈
| 접근 전략 | 〈표〉 항목 간의 관계를 통해 문제를 풀어야 한다. 〈표〉의 다섯 가지 경우에서 업체가 어떻게 중복되어 있는지 빠르게 비교하고, 두 식을 서로 차감하면서 변수와 비례를 찾아야 한다.

다음 글을 근거로 판단할 때, 〈보기〉에서 옳은 것만을 모두 고르면?

甲은 결혼 준비를 위해 스튜디오 업체(A, B), 드레스 업체(C, D), 메이크업 업체(E, F)의 견적서를 각각 받았는데, 최근 생긴 B업체만 정가에서 10% 할인한 가격을 제시하였다. 아래 〈표〉는 각 업체가 제시한 가격의 총액을 계산한 결과이다. (단, A~F 각 업체의 가격은 모두 상이하다)

〈표〉

스튜디오	드레스	메이크업	총액
A	C	E	76만 원
이용 안 함	C	F	58만 원
A	D	E	100만 원
이용 안 함	D	F	82만 원
B	D	F	127만 원

〈보기〉

ㄱ. A업체 가격이 26만 원이라면, E업체 가격이 F업체 가격보다 8만 원 비싸다. → (X) A업체 가격이 26만 원이라면 C+E는 50만 원이고, C+F는 58만 원이다. (C+F)−(C+E)=F−E=8(만 원)이므로 E업체 가격이 F업체 가격보다 8만 원 싸다.
ㄴ. B업체의 할인 전 가격은 50만 원이다. → (O) D+F는 82만 원인데 B+D+F는 127만 원이므로 B업체 가격이 45만 원임을 알 수 있다. 45만 원 정가에서 10% 할인된 가격이므로 B업체의 할인 전 가격은 50만 원이다.
ㄷ. C업체 가격이 30만 원이라면, E업체 가격은 28만 원이다. → (X) C업체 가격이 30만 원이라면, 30+F=58(만 원)이므로, F업체 가격은 28만 원이다. 하지만 제시된 글의 단서에서 A~F 각 업체의 가격은 모두 상이하다고 하였으므로 E업체 가격은 28만 원이 될 수 없다.
ㄹ. D업체 가격이 C업체 가격보다 26만 원 비싸다. → (X) A+C+E=76(만 원)인데 A+D+E=100(만 원)이므로 D−C=24(만 원)이어서 D업체 가격이 C업체 가격보다 24만 원 비싸다.

① ㄱ ➡ (X)
② ㄴ ➡ (O)
③ ㄷ ➡ (X)
④ ㄴ, ㄷ ➡ (X)
⑤ ㄷ, ㄹ ➡ (X)

09 ③

정답률 72.3%

| 문제 유형 | 퍼즐형 > 최댓값·최솟값 도출
| 접근 전략 | 주민세 최소금액을 산정하기 위해서는 알지 못하는 정보를 최솟값 0으로, 최대금액을 산정하기 위해서는 알지 못하는 정보를 최댓값 무한대로 놓고 풀면 간편하다.

다음 글과 〈상황〉을 근거로 판단할 때, 〈보기〉에서 옳은 것만을 모두 고르면?

K국에서는 모든 법인에 대하여 다음과 같이 구분하여 주민세를 부과하고 있다.

구분	세액(원)
○ 자본금액 100억 원을 초과하는 법인으로서 종업원 수가 100명을 초과하는 법인	500,000
○ 자본금액 50억 원 초과 100억 원 이하 법인으로서 종업원 수가 100명을 초과하는 법인	350,000
○ 자본금액 50억 원을 초과하는 법인으로서 종업원 수가 100명 이하인 법인 ○ 자본금액 30억 원 초과 50억 원 이하 법인으로서 종업원 수가 100명을 초과하는 법인	200,000
○ 자본금액 30억 원 초과 50억 원 이하 법인으로서 종업원 수가 100명 이하인 법인 ○ 자본금액 10억 원 초과 30억 원 이하 법인으로서 종업원 수가 100명을 초과하는 법인	100,000
○ 그 밖의 법인	50,000

〈상황〉

법인	자본금액(억 원)	종업원 수(명)
甲	200	?
乙	20	?
丙	?	200

〈보기〉

ㄱ. 甲이 납부해야 할 주민세 최소 금액은 20만 원이다. → (O) 자본금액이 200억 원인데, 종업원이 100명을 초과하면 50만 원, 종업원이 100명 이하이면 20만 원을 주민세로 내야 한다. 따라서 甲이 납부해야 할 주민세 최소 금액은 20만 원이다.

ㄴ. 乙의 종업원이 50명인 경우 10만 원의 주민세를 납부해야 한다. → (X) 乙의 자본금이 20억 원인데 종업원이 50명이면 그 밖의 법인에 해당해 주민세는 5만 원이다.

ㄷ. 丙이 납부해야 할 주민세 최소 금액은 10만 원이다. → (X) 丙의 경우 종업원 수가 200명이고 자본금액이 10억 원 이하이면 그 밖의 법인에 해당해 주민세를 5만 원 납부한다. 따라서 丙이 납부해야 할 주민세 최소 금액은 5만 원이다.

ㄹ. 甲, 乙, 丙이 납부해야 할 주민세 금액의 합계는 최대 110만 원이다. → (O) 만약 甲과 乙의 종업원 수가 각각 110명이고 丙의 자본금액이 150억 원일 경우, 甲은 자본금액 100억 원 초과&종업원 100명 초과로 50만 원, 乙은 자본금액 10억 원 초과 30억 원 이하&종업원 수 100명 초과로 10만 원, 丙은 자본금액 100억 원 초과&종업원 100명 초과로 50만 원을 주민세로 내야 한다. 따라서 甲, 乙, 丙이 납부해야 할 주민세 금액의 합계는 최대 110만 원이다.

① ㄱ, ㄴ ➡ (X) ② ㄱ, ㄷ ➡ (X)
③ ㄱ, ㄹ ➡ (O) ④ ㄴ, ㄷ ➡ (X)
⑤ ㄴ, ㄹ ➡ (X)

S 10 ⑤ TOP 2 정답률 54.8%

| 문제 유형 | 퍼즐형 > 수리퀴즈

| 접근 전략 | 가려져 있는 D와 E의 정성평가 점수를 주어진 조건과 〈상황〉을 이용하여 찾아내는 것이 관건인 문항이다. 최종점수가 동점일 경우 정성평가 점수가 높은 순서대로 순위가 결정됨에 유의한다.

다음 〈재난관리 평가지침〉과 〈상황〉을 근거로 판단할 때 옳은 것은?

〈재난관리 평가지침〉

□ 순위산정 기준
 ○ 최종순위 결정
  - 정량평가 점수(80점)와 정성평가 점수(20점)의 합으로 계산된 최종점수가 높은 순서대로 순위 결정
 ○ 동점기관 처리
  - 최종점수가 동점일 경우에는 정성평가 점수가 높은 순서대로 순위 결정
□ 정성평가 기준
 ○ 지자체 및 민간분야와의 재난안전분야 협력(10점 만점)

평가	상	중	하
선정비율	20%	60%	20%
배점	10점	6점	3점

○ 재난관리에 대한 종합평가(10점 만점)

평가	상	중	하
선정비율	20%	60%	20%
배점	10점	5점	1점

〈상황〉
일부 훼손된 평가표는 아래와 같다. (단, 평가대상기관은 5개이다)

기관 \ 평가	정량평가 (80점 만점)	정성평가 (20점 만점)
A	71	20
B	80	11
C	69	11
D	74	
E	66	

→ D와 E의 정성평가 점수가 가려져 있다. 각각 정성평가의 두 항목은 선정비율에 따라 상 1개, 중 3개, 하 1개로 평가한다. A가 정성평가에서 20점 만점을 받았으므로 정성평가 항목 두 가지 모두 상은 A만 받는다. B와 C의 정성평가 점수는 11점인데 이 점수는 정성평가 항목 두 가지 모두 중을 받아야 가능하다. 따라서 D와 E의 정성평가는 정성평가 항목 두 가지에서 각각 중 1개, 하 1개가 남는다. 모두 하를 받으면 4점, 모두 중을 받으면 11점이다. 그렇게 하면 D의 점수는 78~85점, E의 점수는 70~77점이고, A와 B는 91점. C는 80점이다.

① A기관이 2위일 수도 있다. ➡ (X) A기관은 91점으로 최고점이고, 정성평가 점수도 가장 높아 동점기관 처리에 있어 B기관보다 순위가 높다. 따라서 A기관은 2위를 할 수 없다.
② B기관이 3위일 수도 있다. ➡ (X) B기관은 91점으로 최고점이지만, 정성평가 점수가 A기관보다는 낮아 2위이다. C~E기관은 91점보다 점수가 낮으므로 B기관이 3위를 할 수는 없다.
③ C기관이 4위일 가능성은 없다. ➡ (X) D기관이 정성평가 항목에서 모두 중을 받아 85점을 받으면 C기관의 80점보다 높고, A기관과 B기관의 91점보다는 낮은 점수이므로 C기관은 4위를 할 수 있다.
④ D기관이 3위일 가능성은 없다. ➡ (X) D기관이 정성평가 항목에서 모두 중을 받아 85점을 받으면 C기관의 80점보다 높고, A기관과 B기관의 91점보다는 낮은 점수이므로 D기관은 3위를 할 수 있다.
⑤ E기관은 어떠한 경우에도 5위일 것이다. ➡ (O) E기관이 정성평가 항목에서 모두 중을 받고, D기관이 모두 하를 받아 E기관의 점수를 최대, D기관의 점수를 최소로 하여도 D기관의 점수는 78점, E기관의 점수는 77점이므로 E기관은 어떠한 경우에도 5위이다.

---

11 ① 정답률 64.3%

| 문제 유형 | 법조문형 > 규정적용

| 접근 전략 | 법규 해석 문제는 단서조항, 예외조항 등을 잘 살펴 실수를 줄여야 한다. 얼핏 문제가 쉬워 보인다고 해서 성급히 풀다 보면, 실수를 할 수 있으므로 주의한다.

다음 글과 〈상황〉을 근거로 판단할 때, 〈보기〉에서 옳은 것만을 모두 고르면?

제00조 ① 기획재정부장관은 각 국제금융기구에 출자를 할 때에는 국무회의의 심의를 거쳐 대통령의 승인을 받아 미합중국통화 또는 그 밖의 자유교환성 통화나 금(金) 또는 내국통화로 그 출자금을 한꺼번에 또는 분할하여 납입할 수 있다.

② 기획재정부장관은 제1항에 따라 내국통화로 출자하는 경우에 그 출자금의 전부 또는 일부를 국무회의의 심의를 거쳐 대통령의 승인을 받아 내국통화로 표시된 증권으로 출자할 수 있다.

제00조 ① 기획재정부장관은 전조(前條) 제2항에 따라 출자한 증권의 전부 또는 일부에 대하여 각 국제금융기구가 지급을 청구하면 지체 없이 이를 지급하여야 한다.

② 기획재정부장관은 제1항에 따른 지급의 청구를 받은 경우에 지급할 재원(財源)이 부족하여 그 청구금액의 전부 또는 일부를 지급할 수 없을 때에는 국무회의의 심의를 거쳐 대통령의 승인을 받아 한국은행으로부터 차입하여 지급하거나 한국은행으로 하여금 그 금액에 상당하는 증권을 해당 국제금융기구로부터 매입하게 할 수 있다.

〈상황〉

기획재정부장관은 적법한 절차에 따라 A국제금융기구에 일정액을 출자한다.

〈보기〉

ㄱ. 기획재정부장관은 출자금을 자유교환성 통화로 납입할 수 있다.
→ (O) 첫 번째 조 제1항에 따라 기획재정부장관은 자유교환성 통화로 출자금을 납입할 수 있다.

ㄴ. 기획재정부장관은 출자금을 내국통화로 분할하여 납입할 수 없다.
→ (X) 첫 번째 조 제1항에 따라 기획재정부장관은 내국통화로 출자금을 분할하여 납입할 수 있다.

ㄷ. 출자금 전부를 내국통화로 출자하는 경우, 그중 일부액을 미합중국 통화로 표시된 증권으로 출자할 수 있다. → (X) 첫 번째 조 제2항에 내국통화로 표시된 증권으로 출자할 수 있다는 내용은 있으나 미합중국통화로 표시된 증권으로 출자할 수 있다는 내용은 없다.

ㄹ. 만약 출자금을 내국통화로 표시된 증권으로 출자한다면, A국제금융기구가 그 지급을 청구할 경우에 한국은행장은 지체 없이 이를 지급하여야 한다. → (X) 두 번째 조 제1항에 따르면 기획재정부장관이 국제금융기구에 출자금을 지급해야 한다.

① ㄱ ➡ (O)
② ㄴ ➡ (X)
③ ㄱ, ㄹ ➡ (X)
④ ㄷ, ㄹ ➡ (X)
⑤ ㄴ, ㄷ, ㄹ ➡ (X)

S 12 ⑤　　　　　　　　　　　　　　TOP 1　정답률 49.1%

| 문제 유형 | 제시문형 > 분석추론
| 접근 전략 | 날짜가 나오는 문제는 날짜를 교묘히 바꾸는 경우가 많으므로 꼼꼼히 살피도록 한다. 월이 늦더라도 연도가 앞서면 앞선 시기이므로 날짜가 나오면 우선 연도를 빠르게 파악해야 한다.

다음 글과 〈상황〉을 근거로 판단할 때 옳은 것은?

매매목적물에 하자가 있는 경우, 하자가 있는 사실을 과실 없이 알지 못한 매수인은 매도인에 대하여 하자담보책임을 물어 계약을 해제하거나, 손해배상을 청구할 수 있다. 이때 매도인이 하자를 알았는지 여부나 그의 과실 유무를 묻지 않는다. 매매목적물의 하자는 통상 거래상의 관념에 비추어 그 물건이 지니고 있어야 할 품질·성질·견고성·성분 등을 갖추지 못해서 계약의 적합성을 갖지 못한 경우를 말한다. 가령 진품인 줄 알고 매수한 그림이 위작인 경우가 그렇다. 매수인은 이러한 계약해제권·손해배상청구권을 하자가 있는 사실을 안 날로부터 6개월 내에 행사하여야 한다. ▶1문단

한편 계약의 중요 부분에 착오가 있는 경우, 착오에 중대한 과실이 없는 계약당사자는 계약을 취소할 수 있다. 여기서 착오는 계약을 맺을 때에 실제로 없는 사실을 있는 사실로 잘못 알았거나 아니면 실제로 있는 사실을 없는 사실로 잘못 생각하듯이, 계약당사자(의사표시자)의 인식과 그 실제 사실이 어긋나는 경우를 가리킨다. 가령 위작을 진품으로 알고 매수한 경우가 그렇다. 이러한 취소권을 행사하려면, 착오자(착오로 의사표시를 한 사람)가 착오 상태에서 벗어난 날(예: 진품이 위작임을 안 날)로부터 3년 이내에, 계약을 체결한 날로부터 10년 이내에 행사하여야 한다. 착오로 인한 취소는 매도인의 하자담보책임과 다른 제도이다. 따라서 매매계약 내용의 중요 부분에 착오가 있는 경우, 매수인은 매도인의 하자담보책임이 성립하는지와 상관없이 착오를 이유로 매매계약을 취소할 수 있다. ▶2문단

〈상황〉

2018년 3월 10일 매수인 甲은 매도인 乙 소유의 '나루터그림'을 과실 없이 진품으로 믿고 1,000만 원에 매매계약을 체결한 당일 그림을 넘겨받았다. 그 후 2018년 6월 20일 甲은 나루터그림이 위작이라는 사실을 알게 되었다.

① 2018년 6월 20일 乙은 하자를 이유로 甲과의 매매계약을 해제할 수 있다. ➡ (X) 乙은 매도인이므로 하자를 이유로 매매계약을 해제할 수 없다.

② 2019년 6월 20일 甲은 乙에게 하자를 이유로 손해배상을 청구할 수 있다. ➡ (X) 2019년 6월 20일은 위작임을 안 날인 2018년 6월 20일로부터 1년이 지난 시점이다. 1문단에 따르면 매수인은 하자가 있는 사실을 안 날로부터 6개월 내에 손해배상청구권을 행사하여야 하므로 손해배상청구권을 행사할 수 없다.

③ 2019년 6월 20일 甲은 착오를 이유로 乙과의 매매계약을 취소할 수 없다. ➡ (X) 2문단에 따르면 착오자가 착오 상태에서 벗어난 날로부터 3년 이내에 취소권을 행사할 수 있고 2019년 6월 20일은 위작임을 안 날인 2018년 6월 20일로부터 3년 이내이므로 착오를 이유로 매매계약을 취소할 수 있다.

④ 乙이 매매계약 당시 위작이라는 사실을 과실 없이 알지 못하였더라도, 2019년 6월 20일 甲은 하자를 이유로 乙과의 매매계약을 해제할 수 있다. ➡ (X) 2019년 6월 20일은 위작임을 안 날인 2018년 6월 20일로부터 1년이 지난 시점이다. 1문단에 따르면 매수인은 하자가 있는 사실을 안 날부터 6개월 내에 계약해제권을 행사하여야 하므로 계약해제권을 행사할 수 없다.

⑤ 乙이 위작임을 알았더라도 2019년 6월 20일 甲은 하자를 이유로 乙과의 매매계약을 해제할 수 없지만, 착오를 이유로 취소할 수 있다. ➡ (O) 2019년 6월 20일은 위작임을 안 날인 2018년 6월 20일로부터 1년이 지난 시점이다. 1문단에 따르면 매수인은 하자가 있는 사실을 안 날부터 6개월 내에 계약해제권을 행사하여야 하므로 계약해제권을 행사할 수 없다. 하지만 2문단에 따르면 착오자가 착오 상태에서 벗어난 날로부터 3년 이내에 취소권을 행사할 수 있고 2019년 6월 20일은 위작임을 안 날인 2018년 6월 20일로부터 3년 이내이므로 착오를 이유로 매매계약을 취소할 수 있다.

13 ②　　　　　　　　　　　　　　　　정답률 77.5%

| 문제 유형 | 법조문형 > 규정확인
| 접근 전략 | 법학을 공부하는 것이 아니라 문제를 푸는 것이므로 법 규정 하나하나를 해석하고 이해하려 하기보다는 선지의 상황에 맞는 규정을 찾아 상황에 대입해 문제를 해결하면 된다.

다음 글을 근거로 판단할 때 옳은 것은?

제00조 ① 재산명시절차의 관할법원은 재산명시절차에서 채무자가 제출한 재산목록의 재산만으로 집행채권의 만족을 얻기에 부족한 경우, 그 재산명시를 신청한 채권자의 신청에 따라 개인의 재산 및 신용에 관한 전산망을 관리하는 공공기관·금융기관·단체 등에 채무자 명의의 재산에 관하여 조회할 수 있다.

② 채권자가 제1항의 신청을 할 경우에는 조회할 기관·단체를 특정하여야 하며 조회에 드는 비용을 미리 내야 한다.
③ 법원이 제1항의 규정에 따라 조회할 경우에는 채무자의 인적 사항을 적은 문서에 의하여 해당 기관·단체의 장에게 채무자의 재산 및 신용에 관하여 그 기관·단체가 보유하고 있는 자료를 한꺼번에 모아 제출하도록 요구할 수 있다.
④ 공공기관·금융기관·단체 등은 정당한 사유 없이 제1항 및 제3항의 조회를 거부하지 못한다.
⑤ 제1항 및 제3항의 조회를 받은 기관·단체의 장이 정당한 사유 없이 거짓 자료를 제출하거나 자료를 제출할 것을 거부한 때에는 결정으로 500만 원 이하의 과태료에 처한다.

제00조 ① 누구든지 재산조회의 결과를 강제집행 외의 목적으로 사용하여서는 안 된다.
② 제1항의 규정에 위반한 사람은 2년 이하의 징역 또는 500만 원 이하의 벌금에 처한다.

① 채무자 甲이 제출한 재산목록의 재산만으로 집행채권의 만족을 얻기 부족한 경우에는 재산명시절차의 관할법원은 직권으로 금융기관에 甲 명의의 재산에 관해 조회할 수 있다. ➡ (X) 첫 번째 조 제1항에 따르면 재산 조회는 관할법원의 직권이 아니라 채권자의 신청에 따라 가능하다.

② 재산명시절차의 관할법원으로부터 채무자 명의의 재산에 관해 조회를 받은 공공기관은 정당한 사유가 있는 경우 이를 거부할 수 있다. ➡ (O) 첫 번째 조 제4항에 따르면 공공기관은 정당한 사유 없이 재산에 관한 조회를 거부하지 못한다고 하였으므로 정당한 사유가 있는 경우 조회를 거부할 수 있음을 알 수 있다.

③ 채무자 乙의 재산조회 결과를 획득한 채권자 丙은 해당 결과를 강제집행 외의 목적으로도 사용할 수 있다. ➡ (X) 두 번째 조 제1항에 따르면 불가능하다.

④ 재산명시절차의 관할법원으로부터 채무자 명의의 재산에 관해 조회를 받은 기관의 장이 정당한 사유 없이 자료제출을 거부하였다면, 법원은 결정으로 500만 원의 벌금에 처한다. ➡ (X) 첫 번째 조 제5항에 따르면 벌금이 아니라 과태료에 처해짐을 알 수 있다.

⑤ 채권자 丁이 채무자 명의의 재산에 관한 조회를 신청할 경우, 조회에 드는 비용은 재산조회가 종료된 후 납부하면 된다. ➡ (X) 첫 번째 조 제2항에 따르면 채권자가 채무자 명의의 재산에 관한 조회를 신청할 경우 조회에 드는 비용을 미리 납부해야 한다.

14 ② 정답률 66.5%

| 문제 유형 | 제시문형 > 분석추론
| 접근 전략 | 제시문 자체는 생소한 소재이지만 문제는 어렵지 않다. 소재만 보고 겁먹고 넘기지 않도록 한다. 역수 개념과 분수, 소수만 알고 있어도 풀 수 있는 어렵지 않은 문제이다.

다음 글을 근거로 판단할 때, 〈보기〉에서 옳은 것만을 모두 고르면?

현대적 의미의 시력 검사법은 1909년 이탈리아의 나폴리에서 개최된 국제안과학회에서 란돌트 고리를 이용한 검사법을 국제 기준으로 결정하면서 탄생하였다. 란돌트 고리란 시력 검사표에서 흔히 볼 수 있는 C자형 고리를 말한다. 란돌트 고리를 이용한 시력 검사에서는 5m 거리에서 직경이 7.5mm인 원형 고리에 있는 1.5mm 벌어진 틈을 식별할 수 있는지 없는지를 판단한다. 5m 거리의 1.5mm이면 각도로 따져서 약 1′(1분)에 해당한다. 1°(1도)의 1/60이 1′이고, 1′의 1/60이 1″(1초)이다. ▶1문단

이 시력 검사법에서는 구분 가능한 최소 각도가 1′일 때를 1.0의 시력으로 본다. 시력은 구분 가능한 최소 각도와 반비례한다. 예를 들어 구분 가능한 최소 각도가 1′의 2배인 2′이라면 시력은 1.0의 1/2배인 0.5이다. 만약 이 최소 각도가 0.5′이라면, 즉 1′의 1/2배라면 시력은 1.0의 2배인 2.0이다. 마찬가지로 최소 각도가 1′의 4배인 4′이라면 시력은 1.0의 1/4배인 0.25이다. 일반적으로 시력 검사표에는 2.0까지 나와 있지만 실제로는 이보다 시력이 좋은 사람도 있다. 천문학자 A는 5″까지의 차이도 구분할 수 있었던 것으로 알려져 있다. ▶2문단

〈보기〉

ㄱ. 구분할 수 있는 최소 각도가 10′인 사람의 시력은 0.1이다. → (O) 2문단에 따르면 구분 가능한 최소 각도가 1′의 2배인 2′이라면 시력은 1.0의 $\frac{1}{2}$배인 0.5, 1′의 4배인 4′이라면 시력은 1.0의 $\frac{1}{4}$배인 0.25로, 구분 가능한 최소 각도와 시력은 반비례한다고 한다. 이를 통해 유추해 보면 구분할 수 있는 최소 각도가 10′이면 1′의 10배이므로 시력은 1.0의 $\frac{1}{10}$배인 0.1임을 알 수 있다.

ㄴ. 천문학자 A의 시력은 12인 것으로 추정된다. → (O) 1문단에 따르면 1″는 1′의 $\frac{1}{60}$이므로 5″는 1′의 $\frac{1}{12}$이다. 또한 2문단의 예시를 통해 유추해 보면 구분할 수 있는 최소 각도가 1′의 $\frac{1}{12}$배이면 시력은 1.0의 12배인 12임을 알 수 있다.

ㄷ. 구분할 수 있는 최소 각도가 1.25′인 甲은 구분할 수 있는 최소 각도가 0.1′인 乙보다 시력이 더 좋다. → (X) 구분 가능한 최소 각도와 시력은 반비례하므로 구분할 수 있는 최소 각도가 작을수록 시력이 더 좋다. 따라서 乙이 甲보다 시력이 더 좋다.

① ㄱ ➡ (X)
② ㄱ, ㄴ ➡ (O)
③ ㄴ, ㄷ ➡ (X)
④ ㄱ, ㄷ ➡ (X)
⑤ ㄱ, ㄴ, ㄷ ➡ (X)

S 15 ⑤ TOP 3 정답률 58.9%

| 문제 유형 | 퍼즐형 > 수리퀴즈
| 접근 전략 | F와 B에는 #이 없다는 음악지식을 해당 문제에 대입하면 틀릴 수 있다. 배경지식보다 제시문의 내용이 앞선다는 것을 항상 유념한다.

다음 글을 근거로 판단할 때, 〈가락〉을 연주하기 위해 ㉺를 누른 상태로 줄을 튕기는 횟수는?

줄이 하나인 현악기가 있다. 이 악기는 줄을 누를 수 있는 지점이 ㉠부터 ㉻까지 총 11곳 있고, 이 중 어느 한 지점을 누른 상태로 줄을 튕겨서 연주한다. ㉠를 누르고 줄을 튕기면 A음이 나고, ㉡를 누르고 줄을 튕기면 A음보다 반음 높은 소리가 난다. 이런 식으로 ㉠~㉻순으로 누르는 지점을 옮길 때마다 반음씩 더 높은 소리가 나며, 최저 A음부터 최고 G음까지 낼 수 있다.

이들 음은 다음과 같은 특징이 있다.
○ 반음 차이 두 개의 합은 한음 차이와 같다.
○ A음보다 B음이, C음보다 D음이, D음보다 E음이, F음보다 G음이 한음 높고, 둘 중 낮은 음보다 반음 높은 음은 낮은 음의 이름 오른쪽에 #을 붙여 표시한다.
○ B음보다 C음이, E음보다 F음이 반음 높다.

〈가락〉

E D# E D# E B D C A A A B E G B C

① 0 ➡ (X)
② 1 ➡ (X)
③ 2 ➡ (X)
④ 3 ➡ (X)
⑤ 4 ➡ (O) ㉠~㉰순으로 누르는 지점을 옮길 때마다 반음씩 더 높은 소리가 나며, 최저 A음부터 최고 G음까지 낼 수 있다고 하였고, 반음 차이 두 개의 합은 한음 차이이며 B음보다 C음이, E음보다 F음이 반음 높다고 하였으므로 이를 정리하면 다음과 같다.

㉠	㉡	㉢	㉣	㉤	㉥	㉦	㉧	㉨	㉩	㉪	㉫
A	A#	B	C	C#	D	D#	E	F	F#	G	

㉤줄을 튕기면 E음이 나는데 E음은 〈가락〉에서 총 4번 나오므로 ㉤를 누른 상태로 줄을 튕기는 횟수는 4번임을 알 수 있다.

16 ⑤
정답률 73.3%

| 문제 유형 | 연산추론형 > 수리계산
| 접근 전략 | 조건부 확률이 기억나면 더 쉽게 풀 수 있지만 그렇지 않더라도 차분히 조건에 맞는 분모, 분자를 찾으면 문제를 풀 수 있다.

다음 글을 근거로 판단할 때, 〈상황〉의 ㉠과 ㉡을 옳게 짝지은 것은?

채용에서 가장 중요한 점은 조직에 적합한 인재의 선발, 즉 필요한 수준의 기본적 직무적성·태도 등 전반적 잠재력을 가진 지원자를 선발하는 것이다. 그러나 채용 과정에서 적합한 사람을 채용하지 않거나, 적합하지 않은 사람을 채용하는 경우도 있다. 적합한 지원자 중 탈락시킨 지원자의 비율을 오탈락률이라 하고, 적합하지 않은 지원자 중 채용한 지원자의 비율을 오채용률이라 한다.

─〈상황〉─

甲회사의 신입사원 채용 공고에 1,200명이 지원하여, 이 중에 360명이 채용되었다. 신입사원 채용 후 조사해 보니 1,200명의 지원자 중 회사에 적합한 지원자는 800명이었고, 적합하지 않은 지원자는 400명이었다. 채용된 360명의 신입사원 중 회사에 적합하지 않은 인원은 40명으로 확인되었다. 이에 따르면 오탈락률은 (㉠)%이고, 오채용률은 (㉡)%이다.

	㉠	㉡	
①	40	5	➡ (X)
②	40	10	➡ (X)
③	55	10	➡ (X)
④	60	5	➡ (X)
⑤	60	10	➡ (O)

오탈락률은 적합한 지원자 중 탈락시킨 지원자의 비율인데 적합한 지원자는 총 800명이고, 적합한 지원자 중 탈락시킨 지원자는 (800−320)명이다. 여기서 320명은 채용된 360명 중 적합하지 않은 지원자 40명을 제외한 인원이다. 따라서 $\frac{(800-320)}{800} \times 100 = 60(\%)$이 오탈락률이다. 오채용률은 적합하지 않은 지원자 중 채용한 지원자의 비율을 말하는데 적합하지 않은 지원자는 총 400명이고 이 중 40명이 채용되었으므로 $\frac{40}{400} \times 100 = 10(\%)$이 오채용률이다.

17 ④
정답률 65.6%

| 문제 유형 | 퍼즐형 > 최댓값·최솟값 도출
| 접근 전략 | 규칙을 이해하는 데 시간이 꽤 걸릴 수 있다. 표나 그래프 등으로 명확하게 규칙이 설명되어 있지 않고, 글로 되어 있는 경우에는 여백 공간에 간단하게 규칙을 정리하는 것도 좋은 전략이다.

다음 글과 〈상황〉을 근거로 판단할 때, 甲, 乙, 丙의 자동차 번호 끝자리 숫자의 합으로 가능한 최댓값은?

○ A사는 자동차 요일제를 시행하고 있으며, 각 요일별로 운행할 수 없는 자동차 번호 끝자리 숫자는 아래와 같다.

요일	월	화	수	목	금
숫자	1, 2	3, 4	5, 6	7, 8	9, 0

○ 미세먼지 비상저감조치가 시행될 경우 A사는 자동차 요일제가 아닌 차량 홀짝제를 시행한다. 차량 홀짝제를 시행하는 날에는 시행일이 홀수이면 자동차 번호 끝자리 숫자가 홀수인 차량만 운행할 수 있고, 시행일이 짝수이면 자동차 번호 끝자리 숫자가 홀수가 아닌 차량만 운행할 수 있다.

─〈상황〉─

A사의 직원인 甲, 乙, 丙은 12일(월)부터 16일(금)까지 5일 모두 출근했고, 12일, 13일, 14일에는 미세먼지 비상저감조치가 시행되었다. 자동차 요일제와 차량 홀짝제로 인해 자동차를 운행할 수 없는 경우를 제외하면, 3명 모두 자신이 소유한 자동차로 출근을 했다. 다음은 甲, 乙, 丙이 16일에 출근한 후 나눈 대화이다.

○ 甲: 나는 12일에 내 자동차로 출근을 했어. 따져 보니 이번 주에 총 4일이나 내 자동차로 출근했어.
○ 乙: 저는 이번 주에 이틀만 제 자동차로 출근했어요.
○ 丙: 나는 이번 주엔 13일, 15일, 16일만 내 자동차로 출근할 수 있었어.

※ 甲, 乙, 丙은 자동차를 각각 1대씩 소유하고 있다.

① 14 ➡ (X)
② 16 ➡ (X)
③ 18 ➡ (X)
④ 20 ➡ (O) 甲, 乙, 丙의 자동차 번호 끝자리 숫자의 최댓값을 구하면 다음과 같다.

• 甲은 12일에 본인의 자동차로 출근했으므로 자동차 번호 끝자리가 짝수임을 알 수 있다. 그렇다면 비상저감조치를 실시한 13일은 홀수 차량만 자동차로 출근이 가능하므로 자동차로 출근하지 못했을 것이다. 甲은 네 번 본인의 자동차로 출근했다고 하였으므로 12, 14, 15, 16일에 자동차로 출근했다. 15일과 16일은 목요일, 금요일이고, 끝자리 8은 목요일에 출근할 수 없으므로 최대 숫자는 6이다.

• 乙의 경우 이틀만 본인의 자동차로 출근했다 하였으므로 미세먼지 비상저감조치 기간 동안에는 13일만 본인 자동차로 출근하고 자동차 요일제 시행 중에는 15, 16일 중 하루만 본인 자동차로 출근하였다. 이에 따라 乙의 자동차 번호 끝자리는 홀수임을 알 수 있다. 15, 16일 중 하루만 본인의 자동차로 출근하였으므로 乙의 자동차 번호 끝자리는 7, 9가 될 수 있고 따라서 乙의 자동차 번호 끝자리 최대 숫자는 9이다.

• 丙의 경우 13일에 자동차로 출근이 가능했으므로 자동차 번호 끝자리가 홀수임을 알 수 있다. 15, 16일 모두 자동차로 출근하였다고 하였으므로 丙의 자동차 번호 끝자리는 7, 9가 될 수 없고 따라서 丙의 자동차 번호 끝자리 최대 숫자는 5이다.

이를 모두 더하면 20이다.

⑤ 22 ➡ (X)

18 ③ 정답률 69.9%

|문제 유형| 퍼즐형 > 논리퀴즈
|접근 전략| 시간이 있다면 모두 순서대로 풀어도 되지만, 시간이 없다면 양쪽 전구가 동수로 켜져 있었다면 C가 이를 모두 끌 수 있으므로 C가 마지막 사람이라 생각하고 ①과 ③ 선지만 먼저 풀어보는 것도 좋다.

다음 글을 근거로 판단할 때, 방에 출입한 사람의 순서는?

방에는 1부터 6까지의 번호가 각각 적힌 6개의 전구가 다음과 같이 놓여 있다.

	왼쪽 ←					→ 오른쪽
전구 번호	1	2	3	4	5	6
상태	켜짐	켜짐	켜짐	꺼짐	꺼짐	꺼짐

총 3명(A~C)이 각각 한 번씩 홀로 방에 들어가 자신이 정한 규칙에 의해서만 전구를 켜거나 끄고 나왔다.

○ A는 번호가 3의 배수인 전구가 켜진 상태라면 그 전구를 끄고, 꺼진 상태라면 그대로 둔다.
○ B는 번호가 2의 배수인 전구가 켜진 상태라면 그 전구를 끄고, 꺼진 상태라면 그 전구를 켠다.
○ C는 3번 전구는 그대로 두고, 3번 전구를 기준으로 왼쪽과 오른쪽 중 켜진 전구의 개수가 많은 쪽의 전구를 전부 끈다. 다만 켜진 전구의 개수가 같다면 양쪽에 켜진 전구를 모두 끈다.

마지막 사람이 방에서 나왔을 때, 방의 전구는 모두 꺼져 있었다.

① A-B-C ➡ (X) A가 3을 끄고, B가 2를 끄고 4, 6을 켜면 1, 4, 6이 켜진 상태인데 C는 4, 6만 끌 수 있어 1이 켜져 있다.
② A-C-B ➡ (X) A가 3을 끄면 C는 1, 2를 모두 끈다. 그리고 B는 2, 4, 6을 켜 2, 4, 6이 켜져 있게 된다.
③ B-A-C ➡ (O) B가 2를 끄고 4, 6을 켜고, A가 3, 6을 끄면 1, 4가 남는데 3번 전구 기준으로 왼쪽과 오른쪽 전구가 하나씩 켜져 있으므로 C는 모두 끈다.
④ B-C-A ➡ (X) B가 2를 끄고 4, 6을 켜고 C가 4, 6을 끄면 A는 3만 꺼 1이 켜져 있게 된다.
⑤ C-B-A ➡ (X) C가 1, 2를 끄고 B가 2, 4, 6을 켜면 A가 3, 6을 꺼 2, 4가 켜져 있게 된다.

19 ① 정답률 76.4%

|문제 유형| 퍼즐형 > 최댓값·최솟값 도출
|접근 전략| 불가능한 정보가 있으면 그것을 항상 생각하고 있어야 한다. 제외되는 것을 잊는 경우가 많기 때문이다.

다음 글을 근거로 판단할 때, 〈보기〉에서 옳은 것만을 모두 고르면?

K국의 「영유아보육법」은 영유아가 안전하고 쾌적한 환경에서 건강하게 성장할 수 있도록 다음과 같이 어린이집의 보육교사 최소 배치 기준을 규정하고 있다.

연령	보육교사 대 영유아비율
(1) 만 1세 미만	1:3
(2) 만 1세 이상 만 2세 미만	1:5
(3) 만 2세 이상 만 3세 미만	1:7

위와 같이 각 연령별로 반을 편성하고 각 반마다 보육교사를 배치하되, 다음 기준에 따라 혼합반을 운영할 수 있다.

혼합반 편성	보육교사 대 영유아비율
(1)과 (2)	1:3
(2)와 (3)	1:5
(1)과 (3)	편성 불가능

〈보기〉

ㄱ. 만 1세 미만 영유아 4명, 만 1세 이상 만 2세 미만 영유아 5명을 보육하는 어린이집은 보육교사를 최소 3명 배치해야 한다. → (O) (1)과 (2)는 혼합반을 편성할 수 있다. 혼합반의 보육교사 대 영유아비율이 1:3이므로 보육교사를 최소 3명 배치해야 한다.
ㄴ. 만 1세 이상 만 2세 미만 영유아 6명, 만 2세 이상 만 3세 미만 영유아 12명을 보육하는 어린이집은 보육교사를 최소 3명 배치해야 한다. → (X) (2)와 (3)은 혼합반을 편성할 수 있다. 혼합반의 보육교사 대 영유아비율이 1:5이므로 4명 이상 보육교사를 배치해야 한다.
ㄷ. 만 1세 미만 영유아 1명, 만 2세 이상 만 3세 미만 영유아 2명을 보육하는 어린이집은 보육교사를 최소 1명 배치해야 한다. → (X) (1)과 (3)은 혼합반을 편성할 수 없다. 따라서 (1)에는 1명, (3)에도 1명의 보육교사를 배치해야 하므로 최소 2명을 배치해야 한다.

① ㄱ ➡ (O)
② ㄴ ➡ (X)
③ ㄷ ➡ (X)
④ ㄱ, ㄴ ➡ (X)
⑤ ㄱ, ㄷ ➡ (X)

20 ④ 정답률 61.1%

|문제 유형| 퍼즐형 > 수리퀴즈
|접근 전략| 표의 정보를 제시문의 정보로 변환할 때 새로운 표로 그리면 시간이 많이 낭비되므로, 여백 공간에 표를 정리해 두도록 한다. 해당 문제의 경우 〈상황〉의 순위 옆에 등급을 쓰거나 등급 경계에 선을 그으면 간편하다.

다음 글과 〈상황〉을 근거로 판단할 때, 〈보기〉에서 옳은 것만을 모두 고르면?

K대학교 교과목 성적 평정(학점)은 총점을 기준으로 상위 점수부터 하위 점수까지 A^+, A^0, B^+~F순으로 한다. 각 등급별 비율은 아래 〈성적 평정 기준표〉를 따르되, 상위 등급의 비율을 최대 기준보다 낮게 배정할 경우에는 잔여 비율을 하위 등급 비율에 가산하여 배정할 수 있다. 예컨대 A등급 배정 비율은 10~30%이나, 만일 25%로 배정한 경우에는 잔여 비율인 5%를 하위 등급 하나에 배정하거나 여러 하위 등급에 나누어 배정할 수 있다. 한편 A, B, C, D 각 등급 내에서 +와 0의 비율은 교수 재량으로 정할 수 있다.

〈성적 평정 기준표〉

등급	A		B		C		D		F
학점	A^+	A^0	B^+	B^0	C^+	C^0	D^+	D^0	
비율(%)	10~30		20~35		20~40		0~40		0~40

※ 평정대상 총원 중 해당 등급 인원 비율

〈상황〉

〈△△교과목 성적산출 자료〉

성명	총점	순위	성명	총점	순위
양다경	99	1	양대원	74	11
이지후	97	2	권치원	72	12
이태연	93	3	김도윤	68	13
남소연	89	4	권세연	66	14
김윤채	86	5	남원중	65	15
엄선민	84	6	권수진	64	16
이태근	79	7	양호정	61	17
김경민	78	8	정호채	59	18
이연후	77	9	이신영	57	19
엄주용	75	10	전희연	57	19

※ 평정대상은 총 20명임

〈보기〉

ㄱ. 평정대상 전원에게 C^+ 이상의 학점을 부여할 수 있다. → (O) D와 F의 비율은 0%로 할 수 있고 각 등급 내에서 +와 0의 비율은 교수 재량으로 정할 수 있으므로 평정대상 전원에게 C^+ 이상의 학점을 부여할 수 있다.

ㄴ. 79점을 받은 학생이 받을 수 있는 가장 낮은 학점은 B^0이다. → (X) A등급은 최소 10%, B등급은 최소 20%로 배정할 수 있는데 평정대상은 총 20명이고 79점을 받은 학생은 7등이므로 상위 30% 안에 들지 않기 때문에 C를 받을 수도 있다.

ㄷ. 5명에게 A등급을 부여하면, 최대 8명의 학생에게 B^+학점을 부여할 수 있다. → (O) A등급과 B등급을 합해 최대 65%까지 배정할 수 있는데 5명에게 A등급을 부여하였다면 B등급을 최대 8명에게 부여할 수 있고 각 등급 내에서 +와 0의 비율은 교수 재량으로 정할 수 있으므로 최대 8명의 학생에게 B^+ 학점을 부여할 수 있다.

ㄹ. 59점을 받은 학생에게 부여할 수 있는 학점은 C^+, C^0, D^+, D^0, F 중 하나이다. → (O) 59점은 18등으로 하위 15%인데 D와 F의 비율은 0~40%로 할 수 있으므로 59점을 받은 학생에게 D와 F를 부여할 수 있다. C등급은 20~40%로 할 수 있으므로 D와 F가 0%이면 C를 부여할 수도 있다.

① ㄱ, ㄴ ➡ (X)   ② ㄱ, ㄹ ➡ (X)
③ ㄷ, ㄹ ➡ (X)   ④ ㄱ, ㄷ, ㄹ ➡ (O)
⑤ ㄴ, ㄷ, ㄹ ➡ (X)

21 ③
정답률 64.1%

|문제 유형| 퍼즐형 > 수리퀴즈

|접근 전략| 거리 또는 위치에 관련된 문제는 제시문에서 나타난 조건을 취합하여 그림으로 정리하면 더 간단하게 문제를 해결할 수 있다. 속력은 거리에 비례하고 시간에 반비례하며, 속력이 일정할 때 시간과 거리는 비례 관계이다.

다음 글을 근거로 판단할 때, A시에서 B시까지의 거리는?

甲은 乙이 운전하는 자동차를 타고 A시에서 B시를 거쳐 C시로 가는 중이었다. A, B, C는 일직선상에 순서대로 있으며, 乙은 자동차를 일정한 속력으로 운전하여 도시 간 최단 경로로 이동했다. A시를 출발한 지 20분 후 甲은 乙에게 지금까지 얼마나 왔는지 물어보았다.

"여기서부터 B시까지 거리의 딱 절반만큼 왔어."라고 乙이 대답하였다. 그로부터 75km를 더 간 후에 甲은 다시 물어보았다.
"C시까지는 얼마나 남았지?"
乙은 다음과 같이 대답했다.
"여기서부터 B시까지 거리의 딱 절반만큼 남았어."
그로부터 30분 뒤에 甲과 乙은 C시에 도착하였다.

① 35km ➡ (X)
② 40km ➡ (X)
③ 45km ➡ (O) 甲의 두 번째 물음에 대하여 乙이 여기서부터 B시까지 거리의 딱 절반만큼 남았다고 대답했으므로 甲이 두 번째 물었을 때는 B시와 C시 사이, 甲이 첫 번째 물었을 때는 A시와 B시 사이에 위치하고 있음을 알 수 있다. 甲이 첫 번째로 물었을 때는 A시와 B시의 $\frac{1}{3}$ 만큼 왔고, 두 번째로 물었을 때는 B시와 C시의 $\frac{2}{3}$ 만큼 왔다. A시와 B시의 $\frac{1}{3}$ 만큼의 거리를 x, B시와 C시의 $\frac{1}{3}$ 만큼의 거리를 y라 하면, 2x+2y=75(km)이다. x는 20분 거리이고, y는 30분 거리여서 3x=2y이다. 이를 대입하면 x=15(km)이고, 3x(A시와 B시 간 거리)=45(km)이다.

④ 50km ➡ (X)
⑤ 55km ➡ (X)

22 ②
정답률 74.0%

|문제 유형| 퍼즐형 > 논리퀴즈

|접근 전략| 주어진 조건 내에서 〈대화〉의 진행 순서대로 경우를 따져보면 된다. 3월생이 2명, 6월생이 1명, 9월생이 2명이라 하였으므로 이를 기초로 하여 〈대화〉의 순서대로 태어난 월을 판단해 본다.

다음 〈상황〉과 〈대화〉를 근거로 판단할 때 6월생은?

〈상황〉

○ 같은 해에 태어난 5명(지나, 정선, 혜명, 민경, 효인)은 각자 자신의 생일을 알고 있다.
○ 5명은 자신을 제외한 나머지 4명의 생일이 언제인지는 모르지만, 3월생이 2명, 6월생이 1명, 9월생이 2명이라는 사실은 알고 있다.
○ 아래 〈대화〉는 5명이 한 자리에 모여 나눈 대화를 순서대로 기록한 것이다.
○ 5명은 〈대화〉의 진행에 따라 상황을 논리적으로 판단하고, 솔직하게 대답한다.

〈대화〉

민경: 지나야, 네 생일이 5명 중에서 제일 빠르니?
지나: 그럴 수도 있지만 확실히는 모르겠어.
정선: 혜명아, 네가 지나보다 생일이 빠르니?
혜명: 그럴 수도 있지만 확실히는 모르겠어.
지나: 민경아, 넌 정선이가 몇 월생인지 알겠니?
민경: 아니, 모르겠어.
혜명: 효인아, 넌 민경이보다 생일이 빠르니?
효인: 그럴 수도 있지만 확실히는 모르겠어.

① 지나 ➡ (X)
② 정선 ➡ (O) 지나가 생일이 제일 빠를 수도 있다고 생각하는 것은 3월생이기 때문이다. 3월생이 아니면 3월생이 두 명이 있는 것을 알기 때문에 제일 빠를 수도 있다고 말하지 않았을 것이다. 혜명도 지나의 말을 듣고 3월생인 것을 알았을 텐데 지나보다 생일이 빠를 수도 있다고 말한 것은 혜명도 3월생이기 때문이다. 민경은 지나와 혜명의 이야기를 듣고 그들이 3월생인 것을 알 수 있고 본인이 6월생이면 나머지 두 명이 9월생임을 알 수 있다. 그런데 정선이의 생일이 몇 월인지 모른다고 답하였으므로 민경이는 9월생이다. 효인은 민경의 대답을 통해 민경이가 9월생임을 알 수 있는데 민경보다 생일이 빠른지 확실히 모른다는 것은 효인도 9월생이라는 것이다. 따라서 6월생은 정선이다.
③ 혜명 ➡ (X)
④ 민경 ➡ (X)
⑤ 효인 ➡ (X)

23 ⑤
정답률 69.3%

| 문제 유형 | 퍼즐형 > 최댓값·최솟값 도출
| 접근 전략 | 최댓값, 최솟값 문제는 일일이 계산하기보다는 임의의 적당한 숫자를 넣어 반례를 찾는 것이 간편하다.

다음 글과 〈상황〉을 근거로 판단할 때 옳은 것은?

○○시는 A정류장을 출발지로 하는 40인승 시내버스를 운영하고 있다. 승객은 정류장에서만 시내버스에 승·하차할 수 있다. 또한 시내버스는 좌석제로 운영되어 버스에 빈 좌석이 없는 경우 승객은 더 이상 승차할 수 없으며, 탑승객 1인은 1개의 좌석을 차지한다.

한편 ○○시는 애플리케이션을 통해 시내버스의 구간별 혼잡도 정보를 제공한다. 탑승객이 0~5명일 때는 '매우 쾌적', 6~15명일 때는 '쾌적', 16~25명일 때는 '보통', 26~35명일 때는 '혼잡', 36~40명일 때는 '매우 혼잡'으로 표시된다.

구간별 혼잡도는 시내버스의 한 정류장에서 다음 정류장까지 탑승객의 수를 측정하여 표시한다. 예를 들어 'A-B' 구간의 혼잡도는 A정류장에서 출발한 후 B정류장에 도착하기 전까지 탑승객의 수에 따라 표시된다.

※ 버스기사는 고려하지 않는다.

〈상황〉

A정류장에서 07:00에 출발한 시내버스의 〈승·하차내역〉과 〈구간별 혼잡도 정보〉는 다음과 같다.

〈승·하차내역〉

정류장	승차(명)	하차(명)
A	20	0
B	(㉠)	10
C	5	( )
D	( )	10
E	15	( )
F	0	( )

※ 승·하차는 동시에 이루어진다.

〈구간별 혼잡도 정보〉

구간	표시
A-B	(㉡)
B-C	매우 혼잡
C-D	매우 혼잡
D-E	(㉢)
E-F	보통

① C정류장에서 하차한 사람은 아무도 없다. ➡ (X) B-C 구간에서의 버스 안 혼잡도는 '매우 혼잡'이었기 때문에 B에서 26명이 승차했더라도 C에서 아무도 하차하지 않으면 C-D 구간 탑승자가 41명이 되어 정원이 초과된다. 따라서 1명 이상이 C정류장에서 하차해야 한다.

② E정류장에서 하차한 사람은 10명 이하이다. ➡ (X) C정류장에서 출발할 때 탑승인원은 36~40명이었고, D정류장에서 10명이 하차하였다. D구간에서 몇 명이 승차하였는지는 알 수 없으나 40인승 시내버스이므로 D-E 구간에서는 최소 26명~최대 40명이 타고 있어야 한다. E정류장에서 15명이 승차하였고, E-F 구간에서 구간별 혼잡도가 '보통'이므로 탑승인원은 16~25명이다. 따라서 E정류장에서 하차한 사람은 10명 이하가 될 수 없고, 최소 16명~최대 39명이 되어야 한다.

③ ㉠에 들어갈 수 있는 최솟값과 최댓값의 합은 55이다. ➡ (X) B-C 구간이 '매우 혼잡'이므로 B정류장에서 26~30명이 승차해야 한다. 따라서 ㉠의 최솟값과 최댓값의 합은 56이다.

④ ㉡은 혼잡이다. ➡ (X) A에서 20명이 승차했으므로 A-B 구간 탑승객 수는 20명으로 ㉡은 보통이다.

⑤ ㉢은 혼잡 또는 매우 혼잡이다. ➡ (O) C-D 구간은 '매우 혼잡'이므로 최소 탑승인원은 36명이다. 그런데 D에서 10명이 하차했으므로 아무도 승차하지 않으면 최소 26명으로 D-E 구간은 혼잡, 10명 이상이 승차하면 36명 이상으로 D-E 구간은 '매우 혼잡'이 된다.

24 ④
정답률 69.4%

| 문제 유형 | 퍼즐형 > 수리퀴즈
| 접근 전략 | 기회비용의 개념이 중요하다. 사슴이 다른 것으로 변하지 않고 살았으면 사슴의 온전한 효용을 모두 누릴 수 있지만, 다른 것으로 변하면 그 효용을 모두 얻지는 못하고 그만큼 효용을 포기한다는 것을 알아야 한다.

다음 글을 근거로 판단할 때, 〈보기〉에서 옳은 것만을 모두 고르면?

사슴은 맹수에게 계속 괴롭힘을 당하자 자신을 맹수로 바꾸어 달라고 산신령에게 빌었다. 사슴을 불쌍하게 여긴 산신령은 사슴에게 남은 수명 중 n년(n은 자연수)을 포기하면 여생을 아래 5가지의 맹수 중 하나로 살 수 있게 해주겠다고 했다.

사슴으로 살 경우의 1년당 효용은 40이며, 다른 맹수로 살 경우의 1년당 효용과 그 맹수로 살기 위해 사슴이 포기해야 하는 수명은 아래 〈표〉와 같다. 예를 들어 사슴의 남은 수명이 12년일 경우 사슴으로 계속 산다면 12 × 40 = 480의 총 효용을 얻지만, 독수리로 사는 것을 선택한다면 (12 - 5) × 50 = 350의 총 효용을 얻는다.

사슴은 여생의 총 효용이 줄어드는 선택은 하지 않으며, 포기해야 하는 수명이 사슴의 남은 수명 이상인 맹수는 선택할 수 없다. 1년당 효용이 큰 맹수일수록, 사슴은 그 맹수가 되기 위해 더 많은 수명을 포기해야 한다. 사슴은 자신의 남은 수명과 〈표〉의 '?'로 표시된 수를 알고 있다.

⟨표⟩

맹수	1년당 효용	포기해야 하는 수명(년)
사자	250	14
호랑이	200	?
곰	170	11
악어	70	?
독수리	50	5

⟨보기⟩

ㄱ. 사슴의 남은 수명이 13년이라면, 사슴은 곰을 선택할 것이다. → (X)
사슴일 때의 효용은 40×13=5200이지만 사슴이 곰을 선택할 때 얻는 효용은 170×(13−11)=3400이므로 사슴은 곰을 선택하지 않을 것이다.

ㄴ. 사슴의 남은 수명이 20년이라면, 사슴은 독수리를 선택하지는 않을 것이다. → (O) 독수리를 택하면 얻는 효용은 50×(20−5)=7500이지만 포기해야 하는 효용은 사슴으로 살았을 때의 40×20=8000이다. 따라서 사슴은 독수리를 선택하지 않을 것이다.

ㄷ. 호랑이로 살기 위해 포기해야 하는 수명이 13년이라면, 사슴의 남은 수명에 따라 사자를 선택했을 때와 호랑이를 선택했을 때 여생의 총 효용이 같은 경우가 있다. → (O) 호랑이로 살았을 때 여생의 총 효용은 200×(x−13)인데 사자로 살았을 때 여생의 총 효용은 250×(x−14)이다. x=18일 때 둘은 같을 수 있다.

① ㄴ ➡ (X)
② ㄷ ➡ (X)
③ ㄱ, ㄴ ➡ (X)
④ ㄴ, ㄷ ➡ (O)
⑤ ㄱ, ㄴ, ㄷ ➡ (X)

25 ①
정답률 62.8%

| 문제 유형 | 제시문형 > 분석추론
| 접근 전략 | 법률 문제는 비슷한 단어라도 동일한 개념이 아닌 용어들이 있다. 따라서 비슷하다고 해서 자의적으로 동일 개념이라 판단해서는 안 된다. '중단'과 '중지'는 일상생활에서는 비슷하게 쓰이지만 동일한 개념이 아니므로 다른 것으로 보아야 하는 것이다.

다음 글과 〈상황〉을 근거로 판단할 때, 〈보기〉에서 옳은 것만을 모두 고르면?

소송절차의 '정지'란 소송이 개시된 뒤 절차가 종료되기 전에 소송절차가 법률상 진행되지 않는 상태를 말한다. 여기에는 '중단'과 '중지'가 있다. ▶1문단

소송절차의 중단은 소송진행 중 당사자에게 소송을 수행할 수 없는 사유가 발생하였을 경우, 새로운 소송수행자가 나타나 소송에 관여할 수 있을 때까지 법률상 당연히 절차진행이 정지되는 것이다. 예컨대 당사자가 사망한 경우, 그 상속인이 소송을 수행할 수 있을 때까지 절차진행이 정지되며, 이후 상속인의 수계신청 또는 법원의 속행명령에 의해 중단이 해소되고 절차는 다시 진행된다. 다만 사망한 당사자에게 이미 변호사가 소송대리인으로 선임되어 있을 때는 변호사가 소송을 대리하는 데 지장이 없으므로 절차는 중단되지 않는다. 소송대리인인 변호사의 사망도 중단사유가 아니다. 당사자가 절차를 진행할 수 있기 때문이다. ▶2문단

소송절차의 중지는 법원이나 당사자에게 소송을 진행할 수 없는 장애가 생겼거나 진행에 부적당한 사유가 발생하여 법률상 당연히 또는 법원의 재판에 의하여 절차가 정지되는 것이다. 이는 새로운 소송수행자로 교체되지 않는다는 점에서 중단과 다르다. 소송절차의 중지에는 당연중지와 재판중지가 있다. 당연중지는 천재지변이나 그 밖의 사고로 법원이 직무수행을 할 수 없게 된 경우에 법원의 재판 없이 당연히 절차진행이 정지되는 것을 말한다. 이 경우 법원의 직무수행불능 상태가 소멸함과 동시에 중지도 해소되고 절차는 진행된다. 재판중지는 법원이 직무수행을 할 수 있지만 당사자가 법원에 출석하여 소송을 진행할 수 없는 장애사유가 발생한 경우, 예컨대 전쟁이나 그 밖의 사유로 교통이 두절되어 당사자가 출석할 수 없는 경우에 법원의 재판에 의해 절차진행이 정지되는 것을 의미한다. 이때는 법원의 취소재판에 의하여 중지가 해소되고 절차는 진행된다. ▶3문단

※ 수계신청: 법원에 대해 중단된 절차의 속행을 구하는 신청

⟨상황⟩

원고 甲과 피고 乙 사이에 대여금반환청구소송이 A법원에서 진행 중이다. 甲은 변호사 丙을 소송대리인으로 선임하였지만, 乙은 소송대리인을 선임하지 않았다.

⟨보기⟩

ㄱ. 소송진행 중 甲이 사망하였다면, 절차진행은 중단되며 甲의 상속인의 수계신청에 의해 중단이 해소되고 절차가 진행된다. → (X) 2문단에 따르면 사망한 당사자에게 이미 변호사가 소송대리인으로 선임되어 있을 때는 변호사가 소송을 대리하는 데 지장이 없으므로 절차는 중단되지 않는다.

ㄴ. 소송진행 중 丙이 사망하였다면, 절차진행은 중단되며 甲이 새로운 변호사를 소송대리인으로 선임하면 중단은 해소되고 절차가 진행된다. → (X) 2문단에서 소송대리인인 변호사의 사망도 절차 중단사유가 아니라고 하였다.

ㄷ. 소송진행 중 A법원의 건물이 화재로 전소(全燒)되어 직무수행이 불가능해졌다면, 절차진행은 중단되며 이후 A법원의 속행명령이 있으면 절차가 진행된다. → (X) 3문단에 따르면 당연중지는 천재지변이나 그 밖의 사고로 법원이 직무수행을 할 수 없게 된 경우에 법원의 재판 없이 당연히 절차진행이 정지되는 것을 말한다. 이 경우 법원은 직무수행불능 상태가 소멸함과 동시에 중지가 해소되고 절차가 진행되므로 절차 재개를 위해 속행명령이 필요하지 않다. 따라서 당연중지에 해당하는 A법원의 건물 화재 전소에 따른 절차진행 중지는 속행명령 없이 직무수행불능 상태가 소멸하면 해소된다.

ㄹ. 소송진행 중 乙이 거주하고 있는 장소에서만 발생한 지진으로 교통이 두절되어 乙이 A법원에 출석할 수 없는 경우, A법원의 재판에 의해 절차진행이 중지되며 이후 A법원의 취소재판에 의해 중지는 해소되고 절차가 진행된다. → (O) 3문단에 따르면 재판중지는 법원이 직무수행을 할 수 있지만 당사자가 법원에 출석하여 소송을 진행할 수 없는 장애사유가 발생한 경우 절차진행이 정지되는 것을 말한다. 乙이 지진으로 A법원에 출석할 수 없으면 재판중지가 되는데 이는 법원의 취소재판에 의해 중지가 해소되고 절차가 진행될 수 있으므로 적절하다.

① ㄹ ➡ (O)
② ㄱ, ㄴ ➡ (X)
③ ㄱ, ㄹ ➡ (X)
④ ㄴ, ㄷ ➡ (X)
⑤ ㄷ, ㄹ ➡ (X)

2018년 7월 21일 시행

2018년도 국가공무원 5급 및 7급 민간경력자 일괄채용 필기시험

정답과 분석해설

나의 성적

영역	점수	풀이 시간
언어논리	___점	___분
자료해석	___점	___분
상황판단	___점	___분

합격선

영역	합격 가능권	합격 확실권
언어논리	68~72점	76~80점
자료해석	64~68점	72~76점
상황판단	60~64점	68~72점

풀이 시간

영역	기본	숙련
언어논리	60분	50분
자료해석	60분	50분
상황판단	60분	50분

선발 인원 / 응시 인원 / 경쟁률

선발 인원	응시 인원	경쟁률
230명	5,995명	2.6 : 1

※경쟁률은 1차 합격자 선발 기준인 10배수로 산정

취약유형 분석표 제1영역 언어논리

문번	정답	정답률	유형	맞고 틀림
01	④	74.5%	비판적 사고 > 빈칸 채우기	○△×
02	④	95.4%	비판적 사고 > 판단하기	○△×
03	③	96.1%	사실적 이해 > 정보 확인	○△×
04	⑤	96.3%	사실적 이해 > 정보 확인	○△×
05	②	93.4%	사실적 이해 > 정보 확인	○△×
06	④	92.0%	사실적 이해 > 정보 확인	○△×
07	②	57.7%	비판적 사고 > 빈칸 채우기	○△×
08	③	93.3%	비판적 사고 > 판단하기	○△×
09	④	95.5%	비판적 사고 > 지문에서 추론하기	○△×
10	③	68.7%	사실적 이해 > 논리 게임	○△×
11	①	77.4%	사실적 이해 > 정보 확인	○△×
12	③	90.9%	비판적 사고 > 논리적 결론의 전제·원인 찾기	○△×
13	②	91.1%	사실적 이해 > 정보 확인	○△×
14	⑤	91.9%	사실적 이해 > 정보 확인	○△×
15	②	88.9%	비판적 사고 > 판단하기	○△×
16	①	93.0%	사실적 이해 > 정보 확인	○△×
17	①	76.9%	비판적 사고 > 논지 강화·약화하기	○△×
18	①	93.9%	비판적 사고 > 유사한 내용·사례 찾기	○△×
19	③	71.5%	비판적 사고 > 빈칸 채우기	○△×
20	④	68.1%	사실적 이해 > 논리 게임	○△×
21	⑤	76.2%	비판적 사고 > 지문에서 추론하기	○△×
22	④	56.1%	비판적 사고 > 지문에서 추론하기	○△×
23	②	93.9%	사실적 이해 > 정보 확인	○△×
24	⑤	67.2%	비판적 사고 > 빈칸 채우기	○△×
25	②	33.4%	사실적 이해 > 논리 게임	○△×

- 확실히 맞힌 문항 수: _____ 문항
- 헷갈리거나 찍은 문항 수: _____ 문항
- 틀린 문항 수: _____ 문항

취약유형 분석표 제2영역 자료해석

문번	정답	정답률	유형	맞고 틀림
01	②	87.7%	자료 읽기 > 표 제시형	○ △ ×
02	⑤	89.6%	자료 읽기 > 표/빈칸 제시형	○ △ ×
03	⑤	94.5%	자료 변환응용 > 표/그림 전환형	○ △ ×
04	①	89.5%	자료 읽기 > 그림 제시형	○ △ ×
05	①	88.9%	자료 읽기 > 표 제시형	○ △ ×
06	②	91.7%	자료 읽기 > 표 제시형	○ △ ×
07	①	76.0%	자료 읽기 > 표 제시형	○ △ ×
08	④	88.3%	자료 읽기 > 표 제시형	○ △ ×
09	⑤	94.3%	자료 읽기/추론 > 계산형	○ △ ×
10	③	85.0%	자료 읽기 > 표/그림 제시형	○ △ ×
11	②	80.3%	자료 읽기 > 그림 제시형	○ △ ×
12	②	95.5%	자료 읽기/추론 > 계산형	○ △ ×
13	④	92.7%	자료 읽기 > 표 제시형	○ △ ×
14	⑤	87.2%	자료 읽기 > 표 제시형	○ △ ×
15	④	94.8%	자료 읽기 > 그림 제시형	○ △ ×
16	⑤	80.3%	자료 읽기 > 그림 제시형	○ △ ×
17	①	67.9%	자료 읽기 > 표/그림 제시형	○ △ ×
18	③	92.9%	자료 읽기 > 표/빈칸 제시형	○ △ ×
19	①	74.2%	자료 읽기/추론 > 계산형	○ △ ×
20	③	79.3%	자료 읽기 > 표/빈칸 제시형	○ △ ×
21	⑤	77.3%	자료 읽기 > 표/그림 제시형	○ △ ×
22	③	74.1%	자료 추론 > 추가로 필요한 자료 찾기	○ △ ×
23	②	87.4%	자료 변환응용 > 표/그림 전환형	○ △ ×
24	④	76.7%	자료 읽기/추론 > 계산형	○ △ ×
25	④	65.5%	자료 읽기/추론 > 계산형	○ △ ×

- 확실히 맞힌 문항 수: _____ 문항
- 헷갈리거나 찍은 문항 수: _____ 문항
- 틀린 문항 수: _____ 문항

취약유형 분석표 제3영역 상황판단

문번	정답	정답률	유형	맞고 틀림
01	③	97.8%	제시문형 > 정보확인	○ △ ×
02	⑤	92.1%	법조문형 > 규정적용	○ △ ×
03	⑤	96.4%	제시문형 > 정보확인	○ △ ×
04	②	81.5%	법조문형 > 규정확인	○ △ ×
05	①	67.1%	법조문형 > 규정확인	○ △ ×
06	①	56.7%	법조문형 > 규정확인	○ △ ×
07	③	85.8%	연산추론형 > 수리계산	○ △ ×
08	①	60.9%	연산추론형 > 대입비교	○ △ ×
09	③	82.1%	퍼즐형 > 수리퀴즈	○ △ ×
10	②	80.7%	퍼즐형 > 논리퀴즈	○ △ ×
11	④	86.6%	제시문형 > 분석추론	○ △ ×
12	⑤	77.0%	법조문형 > 규정확인	○ △ ×
13	⑤	98.9%	제시문형 > 정보확인	○ △ ×
14	④	95.1%	제시문형 > 정보확인	○ △ ×
15	⑤	94.0%	법조문형 > 규정확인	○ △ ×
16	③	97.5%	법조문형 > 규정적용	○ △ ×
17	①	76.1%	퍼즐형 > 논리퀴즈	○ △ ×
18	④	80.7%	연산추론형 > 대입비교	○ △ ×
19	④	79.5%	퍼즐형 > 게임·규칙	○ △ ×
20	①	81.6%	퍼즐형 > 게임·규칙	○ △ ×
21	⑤	45.9%	퍼즐형 > 게임·규칙	○ △ ×
22	②	42.8%	연산추론형 > 대입비교	○ △ ×
23	③	58.1%	퍼즐형 > 수리퀴즈	○ △ ×
24	②	23.9%	연산추론형 > 수리계산	○ △ ×
25	①	48.3%	퍼즐형 > 최댓값·최솟값 도출	○ △ ×

- 확실히 맞힌 문항 수: _____ 문항
- 헷갈리거나 찍은 문항 수: _____ 문항
- 틀린 문항 수: _____ 문항

2018 | 제1영역 언어논리(㉮ 책형)

기출 총평

전체적으로 난이도 중하에 해당하는 문항들이 다수 출제되었다. 사실적 이해 영역에서 정보 확인 유형의 문제들은 난도가 낮은 편이었지만 지문을 통해 '알 수 있는 것'을 고르는 것과 '알 수 없는 것'을 고르는 문제, 선지에서 정답을 찾는 유형과 〈보기〉에서 맞는 것을 모두 고르는 유형들이 혼재되어 있어 지시문을 잘 읽고 문제를 풀어야 했다. 또한 단어 하나를 바꿔서 함정을 만들거나 재진술의 방법으로 문장의 표현 방법을 바꿔서 새롭게 느껴지게 하는 선지들이 종종 있어서 주의가 필요했다. 특히 이번 회차에서는 빈칸 채우기 유형의 문항들이 어려운 편이었다. 빈칸에 들어갈 말을 찾는 유형이지만, 논리 게임 유형의 문제 풀이 과정을 요구하거나 매력적인 오답을 선지에 배치해 정답을 고르는 데에 시간이 소모되도록 하였다. 따라서 쉬운 문제들을 빨리 해결하고, 어려운 문제들에 조금 더 시간을 할애하는 방법으로 시간 안배를 해야 함을 알 수 있다. 논리 게임 유형의 문항들은 지문에서 정리해야 할 대상의 수나 조건의 수가 많아서 생각해야 할 경우의 수도 많았다. 이러한 경우에는 전체 관계도를 표로 그려서 확정할 수 있는 사실부터 표기한 후 도출할 수 있는 경우의 수를 모두 따져 봐야 실수를 하지 않고 정답을 찾을 수 있다. 지문에서 추론하기 유형의 경우에는 지문 자체의 내용이 어려워서 내용 이해에 시간이 많이 할애되었을 것으로 보인다. 그래서 지문의 예시를 최대한 활용해 선지를 해석하고, 무엇보다 지문과 관련된 내용이라도 논리적 비약이 있는 경우는 과감히 제함으로써 시간을 절약하는 전략의 구사가 시험의 성패를 좌우했을 것이다.

문항별 정답률 및 선지별 선택률

문번	정답	정답률(%)	①	②	③	④	⑤
01	④	74.5	2.6	1.1	20.1	74.5	1.7
02	④	95.4	0.4	0.9	2.4	95.4	0.9
03	③	96.1	0.4	2.8	96.1	0.4	0.3
04	⑤	96.3	0.0	0.6	0.0	3.1	96.3
05	②	93.4	0.6	93.4	1.1	0.9	4.0
06	④	92.0	2.7	1.5	1.9	92.0	1.9
07	②	57.7	13.7	57.7	4.6	5.9	18.1
08	③	93.3	3.9	0.0	93.3	0.6	2.2
09	④	95.5	0.4	1.5	0.7	95.5	1.9
10	③	68.7	9.1	3.3	68.7	16.7	2.2
11	①	77.4	77.4	9.2	5.4	0.9	7.1
12	③	90.9	1.5	0.9	90.9	5.8	0.9
13	②	91.1	0.4	91.1	5.0	2.4	1.1
14	⑤	91.9	0.5	0.5	0.2	6.9	91.9
15	②	88.9	2.2	88.9	0.6	7.4	0.9
16	①	93.0	93.0	0.7	2.8	0.2	3.3
17	①	76.9	76.9	1.3	14.8	2.2	4.8
18	①	93.9	93.9	1.3	3.2	0.9	0.7
19	③	71.5	7.8	10.0	71.5	5.9	4.8
20	④	68.1	5.0	7.0	9.3	68.1	10.6
21	⑤	76.2	2.6	3.5	15.9	1.8	76.2
22	④	56.1	6.1	23.8	7.9	56.1	6.1
23	②	93.9	0.0	93.9	4.5	0.9	0.7
24	⑤	67.2	2.2	6.6	19.6	4.4	67.2
25	②	33.4	3.6	33.4	50.4	6.5	6.1

※ 파란색 음영 문항은 해당 회차에서 정답률이 가장 낮은 TOP 3 문항입니다.
※ 문항별 정답률 산정 기준: 약 1년간 누적된 자동채점 & 성적결과분석 서비스의 응시 데이터

출제 비중

기출문제편 P.392

01	④	02	④	03	③	04	⑤	05	②
06	④	07	②	08	③	09	④	10	③
11	①	12	③	13	②	14	⑤	15	②
16	①	17	①	18	①	19	③	20	④
21	⑤	22	④	23	②	24	⑤	25	②

01 ④
정답률 74.5%

| 문제 유형 | 비판적 사고 > 빈칸 채우기
| 접근 전략 | 지문의 내용 중 일부를 빈칸으로 만들어 빈칸에 들어갈 내용을 추론하도록 하는 문제 유형이다. 빈칸 앞의 '요컨대'라는 접속 부사를 통해 글 전체의 주장을 담고 있는 문장을 찾는 문제임을 알 수 있다. 즉, 글 전체의 논지를 찾아야 하는 문제이므로 지문을 읽을 때 글의 세부 내용에 대한 이해보다는 전체 논지를 파악하는 데 중점을 두어야 한다.

다음 글의 빈칸에 들어갈 진술로 가장 적절한 것은?

조선 후기에는 이앙법이 전국적으로 확산되었다. 이앙법을 수용하면 잡초 제거에 드는 시간과 노동력이 줄어든다. 상당수 역사학자들은 조선 후기 이앙법의 확대 수용 결과 광작(廣作)이 확산되고 상업적 농업 경영이 가능하게 되었다고 생각한다. 즉 한 사람이 경작할 수 있는 면적이 늘어남은 물론 많은 양의 다양한 농작물 수확이 가능하게 되어 판매까지 활성화되었다는 것이다. 그 결과 양반과 농민 가운데 다수의 부농이 나타나게 되었다고 주장한다. ▶1문단

그런데 A는 조선 후기에 다수의 양반이 광작을 통해 부농이 되었다는 주장을 근거가 없다고 비판한다. 그에 의하면 조선 전기에는 자녀 균분 상속이 일반적이었다. 그런데 균분 상속을 하게 되면 자식들이 소유하게 될 땅의 면적이 선대에 비해 줄어들게 된다. 이에 조선 후기 양반들은 가문의 경제력을 보전해야 한다고 생각해 대를 이을 장자에게만 전답을 상속해 주기 시작했고, 그 결과 장자를 제외한 사람들은 영세한 소작인으로 전락했다는 것이 그의 주장이다. ▶2문단

또한 A는 조선 후기의 대다수 농민은 소작인이었으며, 그나마 이들이 소작할 수 있는 땅도 적었다고 주장한다. 그는 반복된 자연재해로 전답의 상당수가 황폐해져 전체적으로 경작지가 줄어들었기 때문에 이앙법 확산의 효과를 기대하기 어려운 여건이었다고 하였다. 이런 여건에서 정부의 재정 지출 증가로 농민의 부세 부담 또한 늘어났고, 늘어난 부세를 부담하기 위해 한정된 경작지에 되도록 많은 작물을 경작하려 한 결과 집약적 농업이 성행하게 되었다고 보았다. 그런데 집약적으로 농사를 짓게 되면 농업 생산력이 높아질 리 없다는 것이 그의 주장이다. 가령 면화를 재배하면서도 동시에 다른 작물을 면화 사이에 심어 기르는 경우가 많았는데, 이렇듯 제한된 면적에 한꺼번에 많은 양의 작물을 재배하면 지력이 떨어지고 수확량은 줄어들어 자연히 시장에 농산물을 내다 팔 여력이 거의 없게 된다는 것이다. ▶3문단

요컨대 A의 주장은 _____ 는 것이다. ▶4문단

① 이앙법의 확산 효과는 시기별, 신분별로 다르게 나타났다 ➡ (X)
조선 후기 이앙법이 전국적으로 확산되었으나, 시기별, 신분별로 어떻게 확산 효과가 달랐는지는 지문에서 알 수 없다.

② 자녀 균분 상속제가 사라져 농작물 수확량이 급속히 감소하였다
➡ (X) 지문에 자녀 균분 상속제의 폐지에 대한 언급은 없고, 다만 양반들이 장자에게만 전답을 상속하기 시작하면서 장자를 제외한 자들은 영세 소작인으로 전락하게 되었다는 것을 알 수 있다. 따라서 자녀 균분 상속제 폐지가 농작물 수확량에 어떠한 영향을 주었는지는 알 수 없다.

③ 집약적 농업이 성행하였기 때문에 이앙법의 확산을 기대하기 어려웠다 ➡ (X) 조선 후기에는 집약적 농업의 성행과 동시에 이앙법이 전국적으로 확대되었으므로 본 선지의 내용은 옳지 않다. 집약적 농업의 성행에 대한 언급은 3문단에, 이앙법의 전국적 확산에 대한 언급은 1문단에서 확인할 수 있다.

④ 조선 후기에는 양반이든 농민이든 부농으로 성장할 수 있는 가능성이 높지 않았다 ➡ (O) 2문단에서 A는 조선 후기에 다수의 양반이 광작을 통해 부농이 되었다는 주장을 근거가 없다며 비판하였고, 3문단에서는 소작인이 소작할 수 있는 땅도 적었으며 농민의 부세 부담 또한 늘어났다고 하였다. 따라서 A는 양반이든 농민이든 조선 후기 부농으로 성장할 수 있는 가능성이 높지 않았다는 점을 주장했다고 볼 수 있다.

⑤ 대다수 농민이 광작과 상업적 농업에 주력했음에도 불구하고 자연재해로 인해 생산력은 오히려 낮아졌다 ➡ (X) 1문단에서 상당수 역사학자들이 이앙법의 확대 수용 결과 광작이 확산되고 상업적 농업 경영이 가능하게 되었다고 생각했음을 알 수 있지만, 조선 후기 대다수 농민이 광작과 상업적 농업에 주력했는지의 여부는 지문에서 확인할 수 없다.

02 ④
정답률 95.4%

| 문제 유형 | 비판적 사고 > 판단하기
| 접근 전략 | 지문의 특정 부분의 내용을 전체 맥락에 맞지 않게 제시한 뒤 그 내용을 찾아 적절하게 수정할 수 있는지를 평가하는 문제 유형이다. 이러한 유형의 문제는 밑줄 친 부분의 내용이 전체 논지에 부합하는지 앞뒤 문맥에 맞는지의 여부를 살펴 선지에 제시된 수정 내용의 적절성을 판단해야 한다.

다음 글의 ⊙~⑩에서 전체 흐름과 맞지 않는 한곳을 찾아 수정할 때, 가장 적절한 것은?

상업적 농업이란 전통적인 자급자족 형태의 농업과 달리 ⊙판매를 위해 경작하는 농업을 일컫는다. 농업이 상업화된다는 것은 산출할 수 있는 최대의 수익을 얻기 위해 경작이 이루어짐을 뜻한다. 이를 위해 쟁기질, 제초작업 등과 같은 생산 과정의 일부를 인간보다 효율이 높은 기계로 작업하게 되고, 농장에서 일하는 노동자도 다른 산업 분야처럼 경영상의 이유에 따라 쉽게 고용되고 해고된다. 이처럼 상업적 농업의 도입은 근대 사회의 상업화를 촉진한 측면이 있다. ▶1문단

홉스봄은 18세기 유럽에 상업적 농업이 도입되면서 일어난 몇 가지 변화에 주목했다. 중세 말기 장원의 해체로 인해 지주와 소작인 간의 인간적이었던 관계가 사라진 것처럼, ⓒ농장주와 농장 노동자의 친밀하고 가까웠던 관계가 상업적 농업의 도입으로 인해 사라졌다. 토지는 삶의 터전이라기보다는 수익의 원천으로 여겨지게 되었고, 농장 노동자는 시세대로 고용되어 임금을 받는 존재로 변화하였다. 결국 대량 판매 시장을 위한 ⓒ대규모 생산이 점점 더 강조되면서 기계가 인간을 대체하기 시작했다. ▶2문단

또한 상업적 농업의 도입은 중요한 사회적 결과를 가져왔다. 점차적으로 ⓔ중간 계급으로의 수렴현상이 나타난 것이다. 저임금 구조의 고착화로 농장주와 농장 노동자 간의 소득 격차는 갈수록 벌어졌고, 농장 노동자의 처지는 위생과 복지의 양 측면에서 이전보다 더욱 열악해졌다. ▶3문단

나아가 상업화로 인해 그동안 호혜성의 원리가 적용되어왔던 대상들의 성격이 변화하였는데, 특히 돈과 관련된 것, 즉 재산권이 그러했다. 수익을 얻기 위한 토지 매매가 본격화되면서 ⑩재산권은 공유되기보다는 개별화되었다. 이에 따라 이전에 평등주의 가치관이 우세했던 일부 유럽 국가에서조차 자원의 불평등한 분배와 사회적 양극화가 심화되었다. ▶4문단

① ⊙을 "개인적인 소비를 위해 경작하는 농업"으로 고친다. ➡ (X)
자급자족 형태의 농업과 개인적인 소비를 위해 경작하는 농업은 그 뜻이 유사하다. ⊙은 이와 다르다고 했으므로 상업적 농업이 판매를 위해 경작하는 농업을 일컫는다는 설명이 적절하다.

② ⓒ을 "농장주와 농장 노동자의 이질적이고 사용 관계에 가까웠던

관계"로 고친다. ➡ (X) 지주와 소작인 간의 인간적이었던 관계가 사라진 것처럼 ⓒ이 상업적 농업의 도입으로 사라졌다고 했으므로 ⓒ에는 인간적이었던 관계와 의미가 유사한 말이 들어가야 한다. 그러므로 ⓒ에는 '농장주와 농장 노동자의 친밀하고 가까웠던 관계'라는 말이 있어야 글의 전체 흐름에 맞는다.

③ ⓒ을 "기술적 전문성이 점점 더 강조되면서 인간이 기계를 대체"로 고친다. ➡ (X) ⓒ의 앞 문장에서 노동자는 시세대로 고용되어 임금을 받는 존재로 변화하였다고 했으므로 기계가 인간을 대체했다는 표현이 지문 전체의 흐름에 맞는다.

④ ⓔ을 "계급의 양극화가 나타난 것이다."로 고친다. ➡ (O) ⓔ의 뒷 문장에서 소득 격차가 갈수록 벌어졌다고 하였으므로 중간 계급으로 수렴된다는 설명은 옳지 않다. 계급의 양극화가 나타난 것이라는 설명이 ⓔ에 들어가는 것이 타당하므로 ⓔ은 본 선지에서 제시된 내용으로 수정해야 한다.

⑤ ⓕ을 "재산권은 개별화되기보다는 사회 구성원 내에서 공유되었다."로 고친다. ➡ (X) 자원의 불평등한 분배가 심화되고 수익을 얻기 위한 토지 매매가 본격화되었으므로 ⓕ에는 재산권이 개별화되었다는 내용이 들어가는 것이 타당하다.

03 ③ 정답률 96.1%

| 문제 유형 | 사실적 이해 > 정보 확인
| 접근 전략 | 지문에 제시된 정보들을 제대로 이해하고 있는지를 묻는 문제 유형이다. 이와 같이 세부 내용의 적절성을 파악해야 하는 문제를 풀 때는 각각의 문장에 대한 정확한 해석이 필요하다. 특히 지문에서 언급된 내용들이 선지에서 유사 어구나 재진술 형태로 표현된다는 점에 유의하여 선지와 지문의 내용을 꼼꼼하게 비교해야 한다.

다음 글에서 알 수 있는 것은?

공동의 번영과 조화를 뜻하는 공화(共和)에서 비롯된 공화국이라는 용어는 국가라는 정치 공동체 전체를 위해 때로는 개인의 양보가 필요할 수 있음을 전제하고 있다는 점에서 사회적 공공성 개념과 연결된다. 이미 1919년 임시정부가 출범하면서 '민주공화국'이라는 표현이 등장하였고 헌법 제1조에도 '대한민국은 민주공화국'이라고 명시되어 있지만, 분단 이후 북한도 '공화국'이라는 용어를 사용함에 따라 한국에서는 이 용어의 사용이 기피되었다. 냉전 체제의 고착화로 인해 반공이 국시가 되면서 '공화국'보다 오히려 '자유민주주의'라는 용어가 훨씬 더 널리 사용되었는데, 이때에도 민주주의보다는 자유가 강조되었다. ▶1문단

그런데 해방 이후 한국 사회에 널리 유포된 자유의 개념은 대체로 서구의 고전적 자유주의 전통에서 비롯된 것이다. 이 전통에서 보자면, 자유란 '국가의 강제에 대립하여 자신의 사유 재산권을 자기 마음대로 행사할 수 있는 것'을 의미한다. 이 같은 자유 개념에 기초하고 있는 자유민주주의에서는 개인의 자유를 강조할수록 사회적 공공성은 약화될 수밖에 없다. ▶2문단

자유민주주의가 1960년대 이후 급속히 팽배하기 시작한 개인주의와 결합하면서 사회적 공공성은 더욱 후퇴하였다. 이 시기 군사정권이 내세웠던 "잘 살아보세."라는 표어는 우리 공동체 전체가 다 함께 잘 사는 것이라기보다는 사실상 나 또는 내 가족만큼은 잘 살아보자는 개인적 욕망의 합리화를 의미했다. 그 결과 공동체 전체의 번영을 위한 사회 전반의 공공성이 강화되기보다는 사유 재산의 증대를 위해 국가의 간섭을 배제해야 한다는 논리가 강화되었던 것이다. ▶3문단

① 한국 사회에서 자유민주주의라는 용어는 공화국의 이념을 충실하게 수용한 것이다. ➡ (X) 1문단에서 반공이 국시가 되면서 공화국보다 오히려 자유민주주의라는 용어가 훨씬 더 널리 사용되었다고 한 것을 통해 자유민주주의라는 용어가 공화국이라는 용어와 어느 정도 대립되는 용어임을 알 수 있다.

② 임시정부에서 민주공화국이라는 용어를 사용한 것은 자유주의 전통에 따른 것이다. ➡ (X) 2문단에서 해방 이후 자유의 개념이 한국 사회에 널리 유포됐다고 하였으나 임시정부에서 자유주의 전통에 따라 민주공화국이라는 용어를 사용했는지는 지문에서 알 수 없다.

③ 고전적 자유주의에서 비롯된 자유 개념을 강조할수록 사회적 공공성이 약화될 수 있다. ➡ (O) 2문단 마지막 문장에서 자유 개념에 기초하고 있는 자유민주주의에서는 개인의 자유를 강조할수록 사회적 공공성은 약화될 수밖에 없다고 하였다.

④ 반공이 국시가 된 이후 국가 공동체에 대한 충성을 강조한 결과 공공성에 대한 관심이 증대되었다. ➡ (X) 1~2문단에 따르면 반공이 국시가 되면서 자유민주주의라는 용어가 훨씬 더 널리 사용되었는데, 자유민주주의에서는 사회적 공공성이 약화될 수밖에 없다고 하였다.

⑤ 1960년대 이후 개인주의와 자유민주주의의 결합은 공동체 전체의 번영이라는 사회적 결과를 낳았다. ➡ (X) 3문단에서 자유민주주의가 1960년대 이후 급속히 팽배하기 시작한 개인주의와 결합하면서 사회적 공공성은 더욱 후퇴하였다고 하였다.

04 ⑤ 정답률 96.3%

| 문제 유형 | 사실적 이해 > 정보 확인
| 접근 전략 | 정보 확인 문제는 난도가 높지 않으므로 문제 풀이 시간을 줄이는 데 주력해야 한다. 문제를 빠르게 풀기 위해서는 각 문단에 어떤 내용이 있는지 대략적으로 기억하는 것이 중요하다. 그렇지 않으면 지문을 다시 처음부터 읽어야 하기 때문이다. 따라서 선지를 먼저 확인하고 선지에서 언급된 내용이 지문에 나오면 기호, 밑줄 등으로 표시를 해 두는 것이 좋다.

다음 글에서 알 수 있는 것은?

구글의 디지털도서관은 출판된 모든 책을 디지털화하여 온라인을 통해 제공하는 프로젝트이다. 이는 전 세계 모든 정보를 취합하여 정리한다는 목표에 따라 진행되며, 이미 1,500만 권의 도서를 스캔하였다. 덕분에 셰익스피어 저작집 등 저작권 보호 기간이 지난 책들이 무료로 서비스되고 있다. ▶1문단

이에 대해 미국 출판업계가 소송을 제기하였고, 2008년에 구글이 1억 2,500만 달러를 출판업계에 지급하는 것으로 양자 간 합의안이 도출되었다. 그러나 연방법원은 이 합의안을 거부하였다. 디지털도서관은 많은 사람들에게 혜택을 줄 수 있지만, 이는 구글의 시장독점을 초래할 우려가 있으며, 저작권 침해의 소지도 있기에 저작권자도 소송에 참여하라고 주문하였다. ▶2문단

구글의 지식 통합 작업은 많은 이점을 가져오겠지만, 모든 지식을 한곳에 집중시키는 것이 옳은 방향인가에 대해서는 숙고가 필요하다. 문명사회를 지탱하고 있는 사회계약이란 시민과 국가 간의 책임과 권리에 관한 암묵적 동의이며, 집단과 구성원 간, 또는 개인 간의 계약을 의미한다. 이러한 계약을 위해서는 쌍방이 서로에 대해 비슷한 정도의 지식을 가지고 있어야 한다는 전제조건이 충족되어야 한다. 그런데 지식 통합 작업을 통한 지식의 독점은 한쪽 편이 상대방보다 훨씬 많은 지식을 가지는 지식의 비대칭성을 강화한다. 따라서 사회계약의 토대 자체가 무너질 수 있다. 또한 지식 통합 작업은 지식을 수집하여 독자들에게 제공하고자 하는 것이지만, 더 나아가면 지식의 수집뿐만 아니라 선별하고 배치하는 편집 권한까지 포함하게 된다. 이에 따라 사람들이 알아도 될 것과 그렇지 않은 것을 결정하는 막강한 권력을 구글이 갖게 되는 상황이 초래될 수 있다. ▶3문단

① 구글과 저작권자의 갈등은 소송을 통해 해결되었다. ➡ (X) 2문단에 따르면 미국 출판업계가 소송을 제기해 미국 출판업계와 구글 간 합의안이 도출되었으나 연방법원이 이 합의안을 거부하고 저작권자도 소송에 참여하라고 주문했으므로 구글과 저작권자의 갈등은 소송을 통해 해결되지 못하였다.

② 구글의 지식 통합 작업은 사회계약의 전제조건을 더 공고하게 할 것이다. ➡ (X) 3문단에서 구글의 지식 통합 작업을 통한 지식의 독점은 지식의 비대칭성을 강화하여 사회계약의 토대 자체를 무너뜨릴 수 있다고 하였다.

③ 구글의 지식 통합 작업은 독자들과 구글 사이에 평등한 권력 관계를 확대할 것이다. ➡ (X) 3문단에서 구글의 지식 통합 작업을 통한 지식의 독

점은 지식의 비대칭성을 강화하여 구글이 막강한 권력을 갖게 되는 상황이 초래될 수 있다고 하였다.

④ 구글의 디지털도서관은 지금까지 스캔한 1,500만 권의 책을 무료로 서비스하고 있다. ➡ (X) 1문단에서 저작권 보호 기간이 지난 책들이 무료로 서비스되고 있다고 언급되어 있지만 구글의 디지털도서관이 지금까지 스캔한 1,500만 권의 책 모두를 무료로 서비스하고 있는지는 알 수 없다.

⑤ 구글의 지식 통합 작업은 지식의 수집에서 편집권을 포함하는 것까지 확대될 수 있다. ➡ (O) 3문단에서 구글의 지식 통합 작업은 지식의 수집에서 더 나아가 지식을 선별하고 배치하는 편집 권한까지 포함하게 된다고 하였다.

05 ②   정답률 93.4%

| 문제 유형 | 사실적 이해 > 정보 확인
| 접근 전략 | 지문 내용과 선지 내용의 일치, 불일치 여부를 확인하는 문제 유형이다. '타자'와 같은 어려운 말로 포장하더라도 핵심은 변하지 않으므로 포장에 겁먹지 말고 차분히 지문을 읽고 문제를 풀어 나가야 한다. 지문과 선지를 직접 대조하면서 세부 내용이 정확하게 서술되었는지 확인하면 어렵지 않게 정답을 찾을 수 있다.

다음 글에서 알 수 있는 것은?

체험사업을 운영하는 이들은 아이들에게 다양한 직업의 현장과 삶의 실상, 즉 현실을 체험하게 해 준다고 홍보한다. 직접 겪지 못하는 현실을 잠시나마 체험함으로써 미래에 더 좋은 선택을 할 수 있게 한다는 것이다. 체험은 생산자에게는 홍보와 돈벌이 수단이 되고, 소비자에게는 교육의 연장이자 주말 나들이 거리가 된다. 이런 필요와 전략이 맞물려 체험사업이 번성한다. 그러나 이때의 현실은 체험하는 사람의 필요와 여건에 맞추어 미리 짜놓은 현실, 치밀하게 계산된 현실이다. 다른 말로 하면 가상현실이다. 아이들의 상황을 고려해서 눈앞에 보일 만한 것, 손에 닿을 만한 것, 짧은 시간에 마칠 수 있는 것을 잘 계산해서 마련해 놓은 맞춤형 가상현실인 것이다. 눈에 보이지 않는 구조, 손에 닿지 않는 제도, 장기간 반복되는 일상은 체험행사에서는 제공될 수 없다. ▶1문단

여기서 주목해야 할 것은 경험과 체험의 차이이다. 경험은 타자와의 만남이다. 반면 체험 속에서 인간은 언제나 자기 자신만을 볼 뿐이다. 타자들로 가득한 현실을 경험함으로써 인간은 스스로 변화하는 동시에 현실을 변화시킬 동력을 얻는다. 이와 달리 가상현실에서는 그것을 체험하고 있는 자신을 재확인하는 것으로 귀결되기 마련이다. 경험 대신 체험을 제공하는 가상현실은 실제와 가상의 경계를 모호하게 할 뿐만 아니라 우리를 현실에 순응하도록 이끈다. 요즘 미래 기술로 각광받는 디지털 가상현실 기술은 경험을 체험으로 대체하려는 오랜 시도의 결정판이다. 버튼 하나만 누르면 3차원으로 재현된 세계가 바로 앞에 펼쳐진다. 한층 빠르고 정교한 계산으로 구현한 가상현실은 우리에게 필요한 모든 것을 눈앞에서 체험할 수 있는 본격 체험사회를 예고하는 것만 같다. ▶2문단

① 체험사업은 장기간의 반복적 일상을 가상현실을 통해 경험하도록 해 준다. ➡ (X) 1문단 마지막 문장에 따르면 장기간 반복되는 일상은 체험행사에서 제공될 수 없다.

② 현실을 변화시킬 수 있는 동력은 체험이 아닌 현실을 경험함으로써 얻게 된다. ➡ (O) 2문단에 따르면 타자들로 가득한 현실을 경험함으로써 인간은 스스로 변화하는 동시에 현실을 변화시킬 동력을 얻는다.

③ 가상현실은 실제와 가상 세계의 경계를 구분하여 자기 자신을 체험할 수 없도록 한다. ➡ (X) 2문단에 따르면 가상현실은 실제와 가상의 경계를 모호하게 하며, 가상현실에서는 그것을 체험하고 있는 자신을 재확인하는 것으로 귀결된다.

④ 체험사업은 아이들에게 타자와의 만남을 경험하게 해 줌으로써 경제적 이윤을 얻고 있다. ➡ (X) 2문단에서 체험 속에서 인간은 언제나 자기 자신만을 볼 뿐이라고 한 것을 통해 체험사업은 타자와의 만남을 경험하게 해 주는 것이 아님을 알 수 있다.

⑤ 디지털 가상현실 기술은 아이들에게 현실을 경험하게 함으로써 미래에 더 좋은 선택을 하도록 돕는다. ➡ (X) 2문단에 따르면 디지털 가상현실 기술은 경험을 체험으로 대체하려는 오랜 시도의 결정판이다.

06 ④   정답률 92.0%

| 문제 유형 | 사실적 이해 > 정보 확인
| 접근 전략 | 정보 확인 문제 유형 중 글의 내용을 통해 알 수 없는 것을 찾아 고르는 문제이다. 앞선 문항들에서 계속 지문을 통해 알 수 있는 것만 연달아 묻다가 알 수 없는 것을 물어 헷갈릴 수 있으니 문제를 풀기 전에 꼭 발문의 '없는' 부분에 밑줄을 긋거나 동그라미를 그리는 등의 표시를 해 두는 것이 좋다.

다음 글에서 알 수 없는 것은?

고대에는 별이 뜨고 지는 것을 통해 방위를 파악했다. 최근까지 서태평양 캐롤라인 제도의 주민은 현대식 항해 장치 없이도 방위를 파악하여 카누 하나만으로 드넓은 열대 바다를 항해하였다. 인류학자들에 따르면, 그들은 별을 나침반처럼 이용하여 여러 섬을 찾아다녔고 이때의 방위는 북쪽의 북극성, 남쪽의 남십자성, 그 밖에 특별히 선정한 별이 뜨고 지는 것에 따라 정해졌다. ▶1문단

캐롤라인 제도는 적도의 북쪽에 있어서 그 주민들은 북쪽 수평선의 바로 위쪽에서 북극성을 볼 수 있다. 북극성은 천구의 북극점으로부터 매우 가까운 거리에서 작은 원을 그리며 공전한다. 천구의 북극점은 지구 자전축의 북쪽 연장선상에 있기 때문에 천구의 북극점에 있는 별은 공전을 하지 않고 정지된 것처럼 보인다. 이처럼 천구의 북극점에 있는 별을 제외하고 북극성을 포함한 별이 천구의 북극점을 중심으로 공전하는 것처럼 보이는 것은 지구가 자전하기 때문이다. ▶2문단

캐롤라인 제도의 주민이 북쪽을 찾기 위해 이용했던 북극성은 자기(磁氣) 나침반보다 더 정확하게 천구의 북극점을 가리킨다. 이는 나침반의 바늘이 지구의 자전축으로부터 거리가 멀리 떨어져 있는 지구자기의 북극점을 향하기 때문이다. 또한 천구의 남극점 근처에서 쉽게 관측할 수 있는 고정된 별은 없으므로 캐롤라인 제도의 주민은 남극점 자체를 볼 수 없다. 그러나 남십자성이 천구의 남극점 주위를 돌고 있으므로 남쪽을 파악하는 데는 큰 어려움이 없다. ▶3문단

① 고대에 사용되었던 방위 파악 방법 중에는 최근까지 이용된 것도 있다. ➡ (O) 1문단에서 고대에는 별이 뜨고 지는 것을 통해 방위를 파악했는데 최근까지 서태평양 캐롤라인 제도의 주민은 별을 나침반처럼 이용해 바다를 항해했다고 하였다. 이를 통해 고대에 사용되었던 별을 통한 방위 파악 방법이 최근까지 이용되었음을 알 수 있다.

② 캐롤라인 제도의 주민은 밤하늘에 있는 남십자성을 이용하여 남쪽을 알아낼 수 있었다. ➡ (O) 3문단 마지막 문장에서 남십자성이 천구의 남극점 주위를 돌고 있기 때문에 캐롤라인 제도의 주민이 남쪽을 파악하는 데 큰 어려움이 없다고 한 것을 통해 알 수 있다.

③ 지구 자전축의 연장선상에 별이 있다면, 밤하늘을 보았을 때 그 별은 정지된 것처럼 보인다. ➡ (O) 2문단에서 천구의 북극점은 지구 자전축의 북쪽 연장선상에 있기 때문에 정지된 것처럼 보인다고 한 것을 통해 알 수 있다.

④ 자기 나침반을 이용하면 북극성을 이용할 때보다 더 정확히 천구의 북극점을 찾을 수 있다. ➡ (X) 3문단에서 캐롤라인 제도의 주민이 북쪽을 찾기 위해 이용했던 북극성은 자기 나침반보다 더 정확하게 천구의 북극점을 가리킨다고 하였으므로, 이 선지의 진술은 옳다.

⑤ 캐롤라인 제도의 주민이 관찰한 별이 천구의 북극점을 중심으로 공전하는 것처럼 보이는 이유는 지구가 자전하기 때문이다. ➡ (O) 2문단에서 북극성을 포함한 별이 천구의 북극점을 중심으로 공전하는 것처럼 보이는 것은 지구가 자전하기 때문이라고 한 것을 통해 알 수 있다.

S 07 ② TOP 3 정답률 57.7%

문제 유형	비판적 사고 > 빈칸 채우기
접근 전략	지문의 빈칸에 들어갈 내용을 찾는 문제 유형이다. 본 문제는 과학 소재이면서 논리학 지식을 요하는 문제이다. 논리학 지식 문제를 대비하기 위해서는 평소에 논리학의 기본 개념을 학습하고 전제와 결론을 찾는 연습을 열심히 해 두어야 한다. 특히 전제를 찾는 문제는 제시된 논증을 통해 말하고자 하는 바가 무엇인지 파악하고 논증의 앞뒤 맥락을 파악해 해결해야 한다.

다음 글의 ⓐ와 ⓑ에 들어갈 말을 〈보기〉에서 골라 적절하게 나열한 것은?

갈릴레오는 망원경으로 목성을 항상 따라다니는 네 개의 위성을 관찰하였다. 이 관찰 결과는 지동설을 지지해 줄 수 있는 것이었다. 당시 지동설에 대한 반대 논증 중 하나는 다음과 같은 타당한 논증이었다.

(가) _____ⓐ_____.
(나) 달은 지구를 항상 따라다닌다.
따라서 (다) 지구는 공전하지 않는다. ▶1문단

갈릴레오의 관찰 결과는 이 논증의 (가)를 반박할 수 있는 것이었다. 왜냐하면 목성이 공전한다는 것은 당시 천동설 학자들도 받아들이고 있었고 그의 관찰로 인해 위성들이 공전하는 목성을 따라다닌다는 것이 밝혀지는 셈이기 때문이다. 그런데 문제는 당시의 학자들이 망원경을 통한 관찰을 신뢰하지 않는다는 데 있었다. 당시 학자들 대부분은 육안을 통한 관찰로만 실제 존재를 파악할 수 있다고 믿었다. 따라서 갈릴레오는 망원경을 통한 관찰이 육안을 통한 관찰만큼 신뢰할 만하다는 것을 입증해야 했다. 이를 보이기 위해 그는 '빛 번짐 현상'을 활용하였다. ▶2문단

빛 번짐 현상이란, 멀리 떨어져 있는 작고 밝은 광원을 어두운 배경에서 볼 때 실제 크기보다 광원이 크게 보이는 현상이다. 육안으로 금성을 관찰할 경우, 금성이 주변 환경에 비해 더 밝게 보이는 밤에 관찰하는 것보다 낮에 관찰하는 것이 더 정확하다. 그런데 낮에 관찰한 결과는 연중 금성의 외견상 크기가 변한다는 것을 보여 준다. ▶3문단

그렇다면 망원경을 통한 관찰이 신뢰할 만하다는 것은 어떻게 보일 수 있었을까? 갈릴레오는 밤에 금성을 관찰할 때 망원경을 사용하면 빛 번짐 현상을 없앨 수 있다는 것을 강조하면서 다음과 같은 논증을 펼쳤다.

(라) _____ⓑ_____면, 망원경에 의한 관찰 자료를 신뢰할 수 있다.
(마) _____ⓑ_____.
따라서 (바) 망원경에 의한 관찰 자료를 신뢰할 수 있다.
결국 갈릴레오는 (마)를 입증함으로써, (바)를 보일 수 있었다. ▶4문단

〈보기〉

ㄱ. 지구가 공전한다면, 달은 지구를 따라다니지 못한다 → (O) ⓐ와 (나)를 통해 (다)를 도출해야 하는데 ㄱ은 ~(다) → ~(나)이다. ㄱ의 대우는 (나) → (다)이므로 (나)를 통해 (다)를 도출할 수 있다. 따라서 ⓐ에는 ㄱ이 들어가야 한다.

ㄴ. 달이 지구를 따라다니지 못한다면, 지구는 공전한다 → (X)

ㄷ. 낮에 망원경을 통해 본 금성의 크기 변화와 낮에 육안으로 관찰한 금성의 크기 변화가 유사하다 → (X)

ㄹ. 낮에 망원경을 통해 본 금성의 크기 변화와 밤에 망원경을 통해 본 금성의 크기 변화가 유사하다 → (X)

ㅁ. 낮에 육안으로 관찰한 금성의 크기 변화와 밤에 망원경을 통해 본 금성의 크기 변화가 유사하다 → (O) 갈릴레오는 밤에 망원경을 사용하면 빛 번짐 현상이 나타나지 않음을 보이려 했다. 빛 번짐 현상은 멀리 떨어져 있는 작고 밝은 광원을 어두운 배경에서 볼 때 실제 크기보다 광원이 크게 보이는 것이므로 야간에 나타남을 알 수 있다. 그런데 주간에 육안으로 본 것과 야간에 망원경을 통해 본 것의 크기 변화가 유사하면 빛 번짐 현상이 없는 것이 입증된다. 따라서 ⓑ에는 ㅁ이 들어가야 한다.

	ⓐ	ⓑ	
①	ㄱ	ㄷ	➡ (X)
②	ㄱ	ㅁ	➡ (O)
③	ㄴ	ㄷ	➡ (X)
④	ㄴ	ㄹ	➡ (X)
⑤	ㄴ	ㅁ	➡ (X)

08 ③ 정답률 93.3%

문제 유형	비판적 사고 > 판단하기
접근 전략	철학 분야의 지문을 제시하고 지문의 내용을 올바르게 분석한 내용을 〈보기〉에서 찾아 고르는 문제 유형이다. 지문에 어려운 개념이 나오지만 예시와 설명이 풍부하게 주어지는 경우 선지 내용은 대부분 예시와 설명에 기반해 제시되기 때문에 예시와 설명만 제대로 이해해도 문제를 어렵지 않게 풀 수 있다.

다음 글에 대한 분석으로 적절한 것만을 〈보기〉에서 모두 고르면?

우리는 흔히 행위를 윤리적 관점에서 '해야 하는 행위'와 '하지 말아야 하는 행위'로 구분한다. 그리고 전자에는 '윤리적으로 옳음'이라는 가치 속성을, 후자에는 '윤리적으로 그름'이라는 가치 속성을 부여한다. 그런데 윤리적 담론의 대상이 되는 행위 중에는 윤리적으로 권장되는 행위나 윤리적으로 허용되는 행위도 존재한다. ▶1문단

윤리적으로 권장되는 행위는 자선을 베푸는 것과 같이 윤리적인 의무는 아니지만 윤리적으로 바람직하다고 판단되는 행위를 의미한다. 이와 달리 윤리적으로 허용되는 행위는 윤리적으로 그르지 않으면서 정당화 가능한 행위를 의미한다. 예를 들어, 응급환자를 태우고 병원 응급실로 달려가던 중 신호를 위반하고 질주하는 행위는 맥락에 따라 윤리적으로 정당화 가능한 행위라고 판단될 것이다. 우리가 윤리적으로 권장되는 행위나 윤리적으로 허용되는 행위에 대해 옳음이나 그름이라는 윤리적 가치 속성을 부여한다면, 이 행위들에는 윤리적으로 옳음이라는 속성이 부여될 것이다. ▶2문단

이런 점에서 '윤리적으로 옳음'이란 윤리적으로 해야 하는 행위, 권장되는 행위, 허용되는 행위 모두에 적용되는 매우 포괄적인 용어임에 유의할 필요가 있다. '윤리적으로 옳은 행위가 무엇인가?'라는 질문에 답할 때, 이러한 포괄성을 염두에 두지 않고, 윤리적으로 해야 하는 행위, 즉 적극적인 윤리적 의무에 대해서만 주목하는 경향이 있다. 하지만 구체적인 행위에 대해 '윤리적으로 옳은가?'라는 질문을 할 때에는 위와 같은 분류를 바탕으로 해당 행위가 해야 하는 행위인지, 권장되는 행위인지, 혹은 허용되는 행위인지 따져볼 필요가 있다. ▶3문단

〈보기〉

ㄱ. 어떤 행위는 그 행위가 이루어진 맥락에 따라 윤리적으로 허용되는지의 여부가 결정된다. → (O) 2문단에서 신호를 위반하고 질주하는 행위를 맥락에 따라 윤리적으로 정당화 가능한 행위라고 판단하고 있다. 이를 통해 어떤 행위는 그 행위가 이루어진 맥락에 의해 윤리적으로 허용되는지 여부가 결정된다고 볼 수 있다.

ㄴ. '윤리적으로 옳은 행위가 무엇인가?'라는 질문에 답하기 위해서는 적극적인 윤리적 의무에만 주목해야 한다. → (X) 3문단에서 적극적인 윤리적 의무에 대해서만 주목하는 경향을 비판하고 구체적인 행위에 대해 해당 행위가 해야 하는 행위인지, 권장되는 행위인지, 허용되는 행위인지를 따져 볼 필요가 있다고 하였다.

ㄷ. 윤리적으로 권장되는 행위와 윤리적으로 허용되는 행위에 대해서는 윤리적으로 옳음이라는 가치 속성이 부여될 수 있다. → (O) 3문단에서 윤리적으로 옳음이라는 가치 속성은 윤리적으로 권장되는 행위, 허용되는 행위 모두에 적용될 수 있다고 하였다.

① ㄱ ➡ (X)
② ㄴ ➡ (X)
③ ㄱ, ㄷ ➡ (O)
④ ㄴ, ㄷ ➡ (X)
⑤ ㄱ, ㄴ, ㄷ ➡ (X)

09 ④
정답률 95.5%

| 문제 유형 | 비판적 사고 > 지문에서 추론하기
| 접근 전략 | 추론 문제 유형이지만 지문에 나오는 내용 그대로 선지를 구성한 쉬운 문제이다. 풀이 시간이 많이 소요되는 고난도 문제에 대비해 이런 문제에서 시간을 절약해야 한다.

다음 글에서 추론할 수 없는 것은?

동물의 행동을 선하다거나 악하다고 평가할 수 없는 이유는 동물이 단지 본능적 욕구에 따라 행동할 뿐이기 때문이다. 오직 인간만이 욕구와 감정에 맞서서 행동할 수 있다. 인간만이 이성을 가지고 있다. 그러나 인간이 전적으로 이성적인 존재는 아니다. 다른 동물과 마찬가지로 인간 또한 감정과 욕구를 가진 존재이다. 그래서 인간은 이성과 감정의 갈등을 겪게 된다. ▶1문단

그러한 갈등에도 불구하고 인간이 도덕적 행위를 할 수 있는 까닭은 이성이 우리에게 도덕적인 명령을 내리기 때문이다. 도덕적 명령에 따를 때에야 비로소 우리는 의무에서 비롯된 행위를 한 것이다. 만약 어떤 행위가 이성의 명령에 따른 것이 아닐 경우 그것이 결과적으로 의무와 부합할지라도 의무에서 나온 행위는 아니다. 의무에서 나온 행위가 아니라면 심리적 성향에서 비롯된 행위가 되는데, 심리적 성향에서 비롯된 행위는 도덕성과 무관하다. 불쌍한 사람을 보고 마음이 아파서 도움을 주었다면 이는 결국 심리적 성향에 따라 행동한 것이다. 그것은 감정과 욕구에 따른 것이기 때문에 도덕적 행위일 수가 없다. ▶2문단

감정이나 욕구와 같은 심리적 성향에 따른 행위가 도덕적일 수 없는 또 다른 이유는, 그것이 상대적이기 때문이다. 감정이나 욕구는 주관적이어서 사람마다 다르며, 같은 사람이라도 상황에 따라 변하기 마련이다. 때문에 이는 시공간을 넘어 모든 인간에게 적용될 수 있는 보편적인 도덕의 원리가 될 수 없다. 감정이나 욕구가 어떠하든지 간에 이성의 명령에 따르는 것이 도덕이다. 이러한 입장이 사랑이나 연민과 같은 감정에서 나온 행위를 인정하지 않는다거나 가치가 없다고 평가하는 것은 아니다. 단지 사랑이나 연민은 도덕적 차원의 문제가 아닐 뿐이다. ▶3문단

① 동물의 행위는 도덕적 평가의 대상이 아니다. ➡ (O) 1문단에서 본능적 욕구에 따른 동물의 행동은 선하다거나 악하다고 평가할 수 없다고 하였다.
② 감정이나 욕구는 보편적인 도덕의 원리가 될 수 없다. ➡ (O) 3문단에 따르면 감정이나 욕구는 주관적이어서 사람마다 다르며 같은 사람이라도 상황에 따라 변하기 마련이므로 시공간을 넘어 모든 인간에게 적용될 수 있는 보편적인 도덕의 원리가 될 수 없다.
③ 심리적 성향에서 비롯된 행위는 도덕적 행위일 수 없다. ➡ (O) 2문단에서 의무에서 나온 행위가 아니라면 심리적 성향에서 비롯된 행위가 되는데 심리적 성향에서 비롯된 행위는 도덕성과 무관하다고 하였다.
④ 이성의 명령에 따른 행위가 심리적 성향에 따른 행위와 일치하는 경우는 없다. ➡ (X) 2문단에서 이성의 명령에 따른 의무에서 비롯된 행위가 아닌, 즉 심리적 성향에 따른 행위이지만 결과적으로 의무와 부합할 수 있다고 한 것을 통해 이성의 명령에 따른 행위와 심리적 성향에 따른 행위가 일치할 수도 있음을 알 수 있다.
⑤ 인간의 행위 중에는 심리적 성향에서 비롯된 것도 있고 의무에서 나온 것도 있다. ➡ (O) 2문단에서 이성이 내린 도덕적 명령에 따를 때 인간은 의무에서 비롯된 행위를 한 것이며, 의무에서 나온 행위가 아니라면 심리적 성향에서 비롯된 행위가 된다고 하였다.

10 ③
정답률 68.7%

| 문제 유형 | 사실적 이해 > 논리 게임
| 접근 전략 | 난도가 높은 논리 게임 문제이다. 지문 내용에 조건들이 섞여 있는 경우 제시된 조건들과 그 조건들의 관계를 파악하기 좋게 정리하는 것이 문제 해결의 관건이 된다. 그리고 이런 문제가 출제될 것에 대비해 쉬운 문제, 즉 정보 확인 유형의 문제를 2분 이내에 풀 수 있도록 연습을 하여 전체적인 풀이 시간을 단축하는 전략이 필요하다.

다음 글의 내용이 참일 때, 최종 선정되는 단체는?

○○부는 우수 문화예술 단체 A, B, C, D, E 중 한 곳을 선정하여 지원하려 한다. ○○부의 금번 선정 방침은 다음 두 가지다. 첫째, 어떤 형태로든 지원을 받고 있는 단체는 최종 후보가 될 수 없다. 둘째, 최종 선정 시 올림픽 관련 단체를 엔터테인먼트 사업(드라마, 영화, K-pop) 단체보다 우선한다. ▶1문단

A 단체는 자유무역협정을 체결한 갑국에 드라마 콘텐츠를 수출하고 있지만 올림픽과 관련된 사업은 하지 않는다. B는 올림픽의 개막식 행사를, C는 폐막식 행사를 각각 주관하는 단체다. E는 오랫동안 한국 음식문화를 세계에 보급해 온 단체다. A와 C 중 적어도 한 단체가 최종 후보가 되지 못한다면, 대신 B와 E 중 적어도 한 단체는 최종 후보가 된다. 반면 게임 개발로 각광을 받은 단체인 D가 최종 후보가 된다면, 한국과 자유무역협정을 체결한 국가와 교역을 하는 단체는 모두 최종 후보가 될 수 없다. 후보 단체들 중 가장 적은 부가가치를 창출한 단체는 최종 후보가 될 수 없고, 최종 선정은 최종 후보가 된 단체 중에서만 이루어진다. ▶2문단

○○부의 조사 결과, 올림픽의 개막식 행사를 주관하는 모든 단체는 이미 □□부로부터 지원을 받고 있다. 그리고 위 문화예술 단체 가운데 한국 음식문화 보급과 관련된 단체의 부가가치 창출이 가장 저조하였다. ▶3문단

→ 지문을 정리하면 다음과 같다.
• B는 올림픽 개막식 행사를 주관하는데, 3문단에 따르면 올림픽의 개막식 행사를 주관하는 단체는 지원을 받고 있다. 1문단에서 언급한 첫째 조건에 따라 어떤 형태로든 지원을 받고 있는 단체는 최종 후보가 될 수 없으므로 B는 최종 후보가 되지 못한다.
• E는 한국 음식문화를 세계에 보급해 온 단체인데 3문단에 따르면 한국 음식문화 보급과 관련된 단체의 부가가치 창출이 가장 저조하였다. 2문단 마지막 문장에서 가장 적은 부가가치를 창출한 단체는 최종 후보가 될 수 없다고 하였으므로 E는 최종 후보가 될 수 없다.
• 'A와 C 중 적어도 한 단체가 최종 후보가 되지 못한다면 B와 E 중 적어도 한 단체는 최종 후보가 된다.'의 대우는 'B, E가 모두 최종 후보가 되지 못한다면 A, C 둘이 최종 후보가 된다.'는 것이다. 따라서 A와 C가 최종 후보가 된다. 한국과 자유무역협정을 체결한 국가와 교역을 하는 단체인 A단체가 최종 후보가 되었으므로 2문단의 내용에 따라 D는 최종 후보가 되지 못한다.
• 따라서 1문단에서 제시한 둘째 조건에 따라 올림픽 관련 단체인 C가 최종 선정된다.

① A ➡ (X)
② B ➡ (X)
③ C ➡ (O)
④ D ➡ (X)
⑤ E ➡ (X)

11 ①
정답률 77.4%

| 문제 유형 | 사실적 이해 > 정보 확인
| 접근 전략 | 지문과 선지를 일일이 대조해서 풀어야 하는 정보 확인 유형의 문제이다. 정보 확인 유형의 문제를 풀 때 첫 번째 선지가 정답이라면 선지 전체에 대한 옳고 그름을 확인하지 말고 과감히 넘어가야 한다. 시간을 아낄 수 있는 절호의 기회를 놓치면 안 되기 때문이다.

다음 글에서 알 수 있는 것은?

불교가 삼국에 전래될 때 대개 불경과 불상 그리고 사리가 들어왔다. 이에 예불을 올리고 불상과 사리를 모실 공간으로 사찰이 건립되었다. 불교가 전래된 초기에는 불상보다는 석가모니의 진신사리를 모시는 탑이 예배의 중심이 되었다. ▶1문단

불교에서 전하기를, 석가모니가 보리수 아래에서 열반에 든 후 화장(火葬)을 하자 여덟 말의 사리가 나왔다고 한다. 이것이 진신사리이며 이를 모시는 공간이 탑이다. 탑은 석가모니의 분신을 모신 곳으로 간주되어 사찰의 중심에 놓였다. 그러나 진신사리는 그 수가 한정되어 있었기 때문에 삼국시대 말기에는 사리를 대신하여 작은 불상이나 불경을 모셨다. 이제 탑은 석가모니의 분신을 모신 곳이 아니라 사찰의 상징적 건축물로 그 의미가 변했고, 예배의 중심은 탑에서 불상을 모신 금당으로 자연스럽게 옮겨 갔다. ▶2문단

삼국시대 사찰은 탑을 중심으로 하고 그 주위를 회랑*으로 두른 다음 부속 건물들을 정연한 비례에 의해 좌우 대칭으로 배치하는 구성을 보였다. 그리하여 이 시기 사찰에서는 기본적으로 남문·중문·탑·금당·강당·승방 등이 남북으로 일직선상에 놓였다. 그리고 반드시 중문과 강당 사이를 회랑으로 연결하여 탑을 감쌌다. 동서양을 막론하고 모든 고대국가의 신전에는 이러한 회랑이 공통적으로 보이는데, 이는 신전이 성역임을 나타내기 위한 건축적 장치가 회랑이기 때문이다. 특히 삼국시대 사찰은 후대의 산사와 달리 도심 속 평지 사찰이었기 때문에 회랑이 필수적이었다. ▶3문단

※ 회랑: 종교 건축이나 궁궐 등에서 중요 부분을 둘러싸고 있는 지붕 달린 복도

① 삼국시대의 사찰에서 탑은 중문과 강당 사이에 위치한다. ➡ (O)
3문단에서 삼국시대의 사찰에서는 기본적으로 남문, 중문, 탑, 금당, 강당, 승방 등이 남북으로 일직선상에 놓였다고 하였다. 따라서 탑은 중문과 강당 사이에 놓임을 알 수 있다.

② 진신사리를 모시는 곳은 탑에서 금당의 불상으로 바뀌었다. ➡ (X)
2문단에서 진신사리의 수가 한정되어 있어 사리 대신 불상이나 불경을 모시게 되었다고 하였을 뿐, 진신사리를 모시는 곳이 탑에서 불상으로 바뀐 것은 아니다.

③ 삼국시대 말기에는 진신사리가 부족하여 탑 안을 비워 두었다. ➡ (X) 2문단에서 진신사리가 부족해 삼국시대 말기에는 탑에 사리를 대신하여 작은 불상이나 불경을 모셨다고 하였다.

④ 삼국시대 이후에는 평지 사찰과 산사를 막론하고 회랑을 세우지 않았다. ➡ (X) 3문단에서 삼국시대의 사찰이 후대의 산사와 달리 회랑이 필수적이었다고 한 것만으로 삼국시대 이후에는 회랑을 세우지 않았다고 단정할 수 없다.

⑤ 탑을 사찰의 중심에 세웠던 것은 사찰이 성역임을 나타내기 위해서였다. ➡ (X) 2문단에서 탑은 석가모니의 분신을 모신 곳으로 간주되어 사찰의 중심에 놓였다고 하였다. 사찰이 성역임을 나타내기 위한 장치는 회랑이었다.

12 ③   정답률 90.9%

| 문제 유형 | 비판적 사고 > 논리적 결론의 전제·원인 찾기

| 접근 전략 | 논리적 흐름에 따라 적절하게 문단을 배열한 선지를 고르는 문제 유형이다. 문단 배열 문제를 풀 때는 먼저 각 문단의 중심 내용을 요약해야 한다. 그런 다음 중심 소재에 관해 개괄적으로 다루고 있는 문단을 앞에 두고 구체적이고 세부적인 내용을 다루고 있는 문단을 뒤에 두면서 정답을 찾는 것이 효과적이다. 이때 접속어로 시작하는 문단이 있다면 그 기능에 주목하여 문단 순서를 배열해야 한다.

다음 글의 내용 흐름상 가장 적절한 문단 배열의 순서는?

(가) 회전문의 축은 중심에 있다. 축을 중심으로 통상 네 짝의 문이 계속 돌게 되어 있다. 마치 계속 열려 있는 듯한 착각을 일으키지만, 사실은 네 짝의 문이 계속 안 또는 밖을 차단하도록 만든 것이다. 실질적으로는 열려 있는 순간 없이 계속 닫혀 있는 셈이다.

(나) 문은 열림과 닫힘을 위해 존재한다. 이 본연의 기능을 하지 못한다는 점에서 계속 닫혀 있는 문이 무의미하듯이, 계속 열려 있는 문 또한 그 존재 가치와 의미가 없다. 그런데 현대 사회의 문은 대부분의 경우 닫힌 구조로 사람들을 맞고 있다. 따라서 사람들을 환대하는 것이 아니라 박대하고 있다고 할 수 있다. 그 대표적인 예가 회전문이다. 가만히 회전문의 구조와 그 기능을 머릿속에 그려 보라. 그것이 어떤 식으로 열리고 닫히는지 알고는 놀랄 것이다.

(다) 회전문은 인간이 만들고 실용화한 문 가운데 가장 문명적이고 가장 발전된 형태로 보일지 모르지만, 사실상 열림을 가장한 닫힘의 연속이기 때문에 오히려 가장 야만적이며 가장 미개한 형태의 문이다.

(라) 또한 회전문을 이용하는 사람들은 회전문의 구조와 운동 메커니즘에 맞추어야 실수 없이 문을 통과해 안으로 들어가거나 밖으로 나올 수 있다. 어린아이, 허약한 사람, 또는 민첩하지 못한 노인은 쉽게 그것에 맞출 수 없다. 더구나 휠체어를 탄 사람이라면 더 말할 나위도 없다. 이들에게 회전문은 문이 아니다. 실질적으로 닫혀 있는 기능만 하는 문은 문이 아니기 때문이다.

→ • (가)~(라)의 중심 내용을 정리하면, (가)는 회전문의 구조, (나)는 문에 대한 일반적인 의미에 대한 설명, (다)는 회전문의 야만성과 미개성, (라)는 회전문 이용의 불편함으로 볼 수 있다.
• (가)~(라)를 글의 흐름에 적절하게 배열하면 다음과 같다.
• (나)에서는 문의 의미에 대해 소개하면서 그 예로 회전문을 들고 있으므로 맨 앞에 오는 것이 적절하다.
• (나)의 말미에서는 회전문의 구조를 머릿속에 그려 보라고 했으므로 (나) 다음에는 회전문의 구조를 말하는 (가)가 오는 것이 적절하다.
• (다)에서는 회전문의 야만성과 미개성을 말하고 있는데 (가)의 내용만으로는 (다)를 뒷받침하기에 충분하지 않으며, (가)와 (다) 사이에 회전문은 약자가 이용하기 어렵다는 내용을 담고 있는 (라)가 들어가야 그 내용이 자연스럽게 연결된다.
• 따라서 (나) - (가) - (라) - (다) 순이 적절하다.

① (가) - (나) - (라) - (다) ➡ (X)
② (가) - (라) - (나) - (다) ➡ (X)
③ (나) - (가) - (라) - (다) ➡ (O)
④ (나) - (다) - (라) - (가) ➡ (X)
⑤ (다) - (가) - (라) - (나) ➡ (X)

13 ②   정답률 91.1%

| 문제 유형 | 사실적 이해 > 정보 확인
| 접근 전략 | 지문을 읽고 글에 제시된 정보와 선지의 내용이 일치하는지 불일치하는지의 여부를 따지는 문제 유형이다. 이 유형은 지문과 선지 내용의 일치 여부를 확인하면서 소거법으로 문제를 풀어야 한다. 이때 주의할 것은 지문 안에 포함된 내용만 일치하는 것으로 보고, 지문의 내용을 다른 상황에 적용해 추측하는 것을 과감히 제외해야 한다는 점이다. 즉, 지문에 나온 내용만 사실로 보고 선지와 대조해 나가야 한다.

다음 글의 내용과 부합하는 것은?

유교 전통에서는 이상적 정치가 군주 개인의 윤리적 실천에 의해 실현된다고 보았을 뿐 윤리와 구별되는 정치 그 자체의 독자적 영역을 설정하지는 않았다. 달리 말하면 유교 전통에서는 통치자의 윤리만을 문제 삼았을 뿐, 갈등하는 세력들 간의 공존을 위한 정치나 정치제도에는 관심을 두지 않았다. 유교 전통의 이런 측면은 동아시아에서의 민주주의의 실현 가능성을 제한하였다. ▶1문단

'조화(調和)'를 이상으로 생각하는 유교의 전통 또한 차이와 갈등을 긍정하는 서구의 민주주의 정치 전통과는 거리가 있다. 유교 전통에 따르면, 인간의 행위와 사회 제도는 모두 자연의 운행처럼 조화를 이루어야 한다. 조화

를 이루지 못하는 것은 근본적으로 그릇된 것이기 때문에 모든 것은 계절이 자연스럽게 변화하듯 조화를 실현해야 한다. 그러나 서구의 개인주의적 맥락에서 보자면 정치란 서로 다른 개인들 간의 갈등을 조정하는 제도적 장치를 마련하는 과정이었다. 그 결과 서구의 민주주의 사회에서는 다양한 정치적 입장들이 독자적인 형태를 취하면서 경쟁하며 공존할 수 있었다. ▶2문단

물론 유교 전통하에서도 다양한 정치적 입장들이 존재했다고 주장할 수 있다. 군주 절대권이 인정되었다고 해도, 실질적 국가운영을 맡았던 것은 문사(文士) 계층이었고 이들은 다양한 정치적 견해를 군주에게 전달할 수 있었다. 문사 계층은 윤리적 덕목을 군주가 실천하도록 함으로써 갈등 자체가 발생하지 않도록 힘썼다. 또한 이들은 유교 윤리에서 벗어난 군주의 그릇된 행위를 비판하기도 하였다. 그렇다고 하더라도 이들이 서구의 계몽사상가들처럼 기존의 유교적 질서와 다른 정치적 대안을 제시할 수는 없었다. 이들에게 정치는 윤리와 구별되는 독자적 영역으로 인식되지 못하였다. ▶3문단

① 유교 전통에서 사회적 갈등을 원활히 관리하지 못하는 군주는 교체될 수 있었다. ➡ (X) 지문의 내용만으로는 군주의 교체 여부를 알 수 없다.
② 유교 전통에서 문사 계층은 기존 유교적 질서와 다른 정치적 대안을 제시하지는 못했다. ➡ (O) 3문단 마지막 부분에 문사 계층은 서구의 계몽사상가들처럼 기존의 유교적 질서와 다른 정치적 대안을 제시할 수 없었다고 하였다.
③ 조화를 강조하는 유교 전통에서는 서구의 민주주의와 다른 새로운 유형의 민주주의가 등장하였다. ➡ (X) 지문에서는 새로운 유형의 민주주의의 등장에 대해 아무런 언급도 없으며, 1문단에 따르면 유교 전통이 동아시아에서의 민주주의의 실현 가능성을 제한했다고 하였으므로 유교 전통에서 새로운 유형의 민주주의가 등장했을 가능성도 낮다.
④ 유교 전통에서는 조화의 이상에 따라 군주의 주도로 갈등하는 세력이 공존하는 정치가 유지될 수 있었다. ➡ (X) 갈등하는 세력이 공존하는 정치가 유지되었던 것은 서구 민주주의이다. 3문단에 따르면 유교 전통하에서는 문사 계층이 군주로 하여금 윤리적 덕목을 실천하도록 함으로써 갈등 자체가 발생하지 않도록 힘썼다.
⑤ 군주의 통치 행위에 대해 다양하게 비판할 수 있었던 유교 전통으로 인해 동아시아에서 민주주의가 발전하였다. ➡ (X) 1문단에서 유교 전통은 동아시아에서 민주주의의 실현 가능성을 제한했다고 하였으므로 동아시아에서 민주주의가 발전하였다고 보기 어렵다.

14 ⑤
정답률 91.9%

|문제 유형| 사실적 이해 > 정보 확인
|접근 전략| 정보 확인 문제 유형은 먼저 선지를 확인한 후 지문을 읽어 나가면서 정답을 찾는 것이 효율적이다. 특히 지문에서 '알 수 없는 것'을 찾을 것을 요구하는 경우, 지문에 제시되어 있지 않은 내용에 대해 추론한 내용을 담고 있는 선지가 있다면 그 추론 내용의 옳고 그름과 관계없이 그 선지가 답일 가능성이 높다.

다음 글에서 알 수 없는 것은?

루머는 구전과 인터넷을 통해 확산되고, 그 과정에서 여러 사람들의 의견이 더해진다. 루머는 특히 사회적 불안감이 형성되었을 때 빠르게 확산되는데, 이는 사람들이 사회적·개인적 불안감을 해소하기 위한 수단으로 루머에 의지하기 때문이다. ▶1문단

나아가 루머가 확산되는 데는 사회적 동조가 중요한 영향을 미친다. 사회적 동조란 '다수의 의견이나 사회적 규범에 개인의 의견과 행동을 맞추거나 동화시키는 경향'을 뜻한다. 사회적 동조는 루머가 사실로 인식되고 대중적으로 수용되는 과정에서도 큰 영향력을 행사한다. ▶2문단

사회적 동조는 개인이 어떤 정보에 대해 판단하거나 그에 대한 태도를 결정하는 데 정당성을 제공한다. 다수의 의견을 따름으로써 어떤 정보를 믿는 것에 대한 합리적 이유를 갖게 되는 것이다. 실제로 루머에 대한 지지 댓글을 많이 본 사람들은 루머에 대한 반박 댓글을 많이 본 사람들에 비해 루머를 사실로 믿는 경향이 더욱 강한 것으로 나타났다. 또한 사회적 동조가 있는 상태에서는 개인의 성향과 상관없이 루머를 사실이라고 믿는 경우가 많았다. ▶3문단

사회적 동조의 또 다른 역할은 사람들이 자신의 의견을 제시할 때 사회적 분위기를 고려하게 하는 것이다. 소속된 집단으로부터 소외되지 않기 위해서 다수에 의해 지지되는 의견을 따라가는 현상이 발생하기도 한다. 이와 같은 현상은 개인주의 문화권보다는 집단주의 문화권에 있는 사람들에게서 더 잘 나타난다. 집단주의 문화권 사람들은 루머를 믿는 사람들로부터 루머에 대한 정보를 얻고 그것을 근거로 하여 판단하며, 다른 사람들의 의견에 개인의 생각을 일치시키는 경향이 두드러진다. ▶4문단

① 사람들은 루머를 사회적 불안감을 해소하기 위한 수단으로 삼기도 한다. ➡ (O) 1문단에서 사람들이 사회적·개인적 불안감을 해소하기 위한 수단으로 루머에 의지한다고 한 것을 통해 알 수 있다.
② 사회적 동조는 개인이 루머를 사실로 받아들이는 결정을 함에 있어 정당성을 제공한다. ➡ (O) 3문단에서 사회적 동조가 개인이 어떤 정보에 대해 판단하거나 태도를 결정하는 데 정당성을 제공한다고 한 것을 바탕으로 개인이 루머를 사실로 받아들이는 데 사회적 동조가 정당성을 제공함을 알 수 있다.
③ 집단주의 문화권에서는 개인주의 문화권보다 사회적 동조가 루머의 확산에 미치는 영향이 더 크게 나타난다. ➡ (O) 4문단에서 소속된 집단으로부터 소외되지 않기 위해서 다수에 의해 지지되는 의견을 따라가는 사회적 동조 현상이 개인주의 문화권보다 집단주의 문화권에 있는 사람들에게서 더 잘 나타난다고 하였다.
④ 루머에 대한 반박 댓글을 많이 본 사람들이 지지 댓글을 많이 본 사람들보다 루머를 사실로 믿는 경향이 더 약하다. ➡ (O) 3문단에서 루머에 대한 지지 댓글을 많이 본 사람들은 루머에 대한 반박 댓글을 많이 본 사람들에 비해 루머를 사실로 믿는 경향이 더욱 강하다고 하였다. 따라서 그 반대의 경우도 옳음을 알 수 있다.
⑤ 사회적 동조가 있을 때, 충동적인 사람들은 충동적이지 않은 사람들에 비해 루머를 사실로 믿는 경향이 더 강하다. ➡ (X) 3문단에서 사회적 동조가 있는 상태에서는 개인의 성향과 상관없이 루머를 사실이라고 믿는 경우가 많았다고 했으므로 충동적 성향이 루머를 사실로 믿게 하는 것에 영향을 미친다고 볼 수 없다.

15 ②
정답률 88.9%

|문제 유형| 비판적 사고 > 판단하기
|접근 전략| 논지 강화·약화하기 기반의 판단하기 문제 유형이다. 본 문제는 지문의 내용을 각 문단별로 이해하고, 그 내용을 강화 또는 약화하는 내용을 적절하게 담고 있는 것을 〈보기〉에서 찾는 문항이다. 이를 풀이할 때에는 논지를 지지(강화)하는 진술이나 논지를 반박하는 진술 이외에도 논지를 지지하지도 반박하지도 않는, 논지와 무관한 진술이 있을 수 있음을 염두에 두어야 한다.

다음 (가)~(다)에 대한 평가로 적절한 것만을 〈보기〉에서 모두 고르면?

(가) 기술의 발전 덕분에 더 풍요로운 세계를 만들 수 있다. 원료, 자본, 노동 같은 생산요소의 투입량을 줄이면서 산출량은 더 늘릴 수 있는 세계 말이다. 디지털 기술의 발전은 경외감을 불러일으키는 개선과 풍요의 엔진이 된다. 반면 그것은 시간이 흐를수록 부, 소득, 생활 수준, 발전기회 등에서 점점 더 큰 격차를 만드는 엔진이기도 하다. 즉 기술의 발전은 경제적 풍요와 격차를 모두 가져온다.

(나) 기술의 발전에 따른 풍요가 더 중요한 현상이며, 격차도 풍요라는 기반 위에 있기 때문에 모든 사람의 삶이 풍요로워지는 데 초점을 맞추어야 한다. 고도로 숙련된 노동자와 나머지 사람들과의 격차가 벌어지고 있다는 것을 인정하지만, 모든 사람들의 경제적 삶이 나아지고 있기에 누

군가의 삶이 다른 사람보다 더 많이 나아지고 있다는 사실에 관심을 둘 필요가 없다.
(다) 중산층들이 과거에 비해 경제적으로 더 취약해졌기 때문에 기술의 발전에 따른 풍요보다 격차에 초점을 맞추어야 한다. 실제로 주택, 보건, 의료 등과 같이 그들의 삶에서 중요한 항목에 들어가는 비용의 증가율은 시간이 흐르면서 가계 소득의 증가율에 비해 훨씬 더 높아지고 있다. 설상가상으로 소득 분포의 밑바닥에 속한 가정에서 태어난 아이가 상층으로 이동할 기회는 점점 더 줄어들고 있다.

〈보기〉

ㄱ. 현재의 정보기술은 덜 숙련된 노동자보다 숙련된 노동자를 선호하고, 노동자보다 자본가에게 돌아가는 수익을 늘린다는 사실은 (가)의 논지를 약화한다. → (X) (가)에서는 기술이 부, 소득, 생활수준 등에서 점점 더 큰 격차를 만든다고 했다. ㄱ은 노동자 간, 노동자와 자본가 간 격차 발생을 말하고 있으므로 (가)의 논지를 강화한다.

ㄴ. 기술의 발전이 전 세계의 가난한 사람들에게도 도움을 주며, 휴대전화와 같은 혁신사례들이 모든 사람들의 소득과 기타 행복의 수준을 개선한다는 연구결과는 (나)의 논지를 강화한다. → (O) (나)에서는 기술이 모든 사람들의 경제적 삶을 나아지게 한다고 주장하고 있다. ㄴ은 기술의 발전이 전 세계의 가난한 사람들에게 도움을 주고, 휴대전화와 같은 혁신사례들이 모든 사람에게 도움을 준다고 하고 있으므로 (나)의 논지를 강화한다.

ㄷ. 기술의 발전이 가져온 경제적 풍요가 엄청나게 벌어진 격차를 보상할 만큼은 아니라는 것을 보여 주는 자료는 (다)의 논지를 약화한다. → (X) (다)에서는 기술의 발전에 따른 풍요보다 격차에 초점을 맞추어야 한다고 했다. ㄷ에서는 풍요가 격차를 보상할 만큼은 아니라고 말하고 있으므로 ㄷ은 (다)의 논지를 강화한다.

① ㄱ ➡ (X)
② ㄴ ➡ (O)
③ ㄱ, ㄷ ➡ (X)
④ ㄴ, ㄷ ➡ (X)
⑤ ㄱ, ㄴ, ㄷ ➡ (X)

16 ① 정답률 93.0%

|문제 유형| 사실적 이해 > 정보 확인

|접근 전략| 지문 속 세부 내용을 파악하는 묻는 문제 유형이다. 〈보기〉의 내용을 먼저 확인하면 ㄱ, ㄴ, ㄷ의 키워드가 '지도 학습', '자율 학습', '딥러닝'임을 알 수 있다. 따라서 지문에서 이러한 내용들에 대해 설명하고 있는 부분을 찾아 〈보기〉의 내용과 꼼꼼하게 비교하며 답을 찾아야 한다. 또한 '알 수 있는 것'을 묻는 문제는 참, 거짓을 나누는 것이 아니다. 〈보기〉의 ㄴ은 거짓이라고 논리적으로 도출되기에는 애매하지만 반드시 참인지 확정할 수 없으므로, 알 수 있는 것으로 판단하기 어렵다.

다음 글에서 알 수 있는 것만을 〈보기〉에서 모두 고르면?

사람은 사진이나 영상만 보고도 어떤 사물의 이미지인지 아주 쉽게 분별하지만 컴퓨터는 매우 복잡한 과정을 거쳐야만 분별할 수 있다. 이를 해결하기 위해 컴퓨터가 스스로 학습하면서 패턴을 찾아내 분류하는 기술적 방식인 '기계학습'이 고안됐다. 기계학습을 통해 컴퓨터는 입력되는 수많은 데이터 중에서 비슷한 것들끼리 분류할 수 있도록 학습시킨다. 데이터 분류 방식을 컴퓨터에게 학습시키기 위해 많은 기계학습 알고리즘이 개발되었다. ▶1문단

기계학습 알고리즘은 컴퓨터에서 사용되는 사물 분별 방식에 기반하고 있는데, 이러한 사물 분별 방식은 크게 '지도 학습'과 '자율 학습' 두 가지로 나뉜다. 초기의 기계학습 알고리즘들은 대부분 지도 학습에 기초하고 있다. 지도 학습 방식에서는 컴퓨터에 먼저 '이런 이미지가 고양이야'라고 학습시키면, 컴퓨터는 학습된 결과를 바탕으로 고양이 사진을 분별하게 된다. 따라서 사전 학습 데이터가 반드시 제공되어야 한다. 사전 학습 데이터가 적으면 오류가 커지므로 데이터의 양도 충분해야만 한다. 반면 지도 학습 방식보다 진일보한 방식인 자율 학습에서는 이 과정이 생략된다. '이런 이미지가 고양이야'라고 학습시키지 않아도 컴퓨터는 자율적으로 '이런 이미지가 고양이군'이라고 학습하게 된다. 이러한 자율 학습 방식을 응용하여 '심화신경망' 알고리즘을 활용한 기계학습 분야를 '딥러닝'이라고 일컫는다. ▶2문단

그러나 딥러닝 작업은 고도의 연산 능력이 요구되기 때문에, 웬만한 컴퓨팅 능력으로는 이를 시도하기 쉽지 않았다. A 교수가 1989년에 필기체 인식을 위해 심화신경망 알고리즘을 도입했을 때 연산에만 3일이 걸렸다는 사실은 잘 알려져 있다. 하지만 고성능 CPU가 등장하면서 연산을 위한 시간의 문제는 자연스럽게 해소되었다. 딥러닝 기술의 활용 범위는 RBM과 드롭아웃이라는 새로운 알고리즘이 개발된 후에야 비로소 넓어졌다. ▶3문단

〈보기〉

ㄱ. 지도 학습 방식을 사용하여 컴퓨터가 사물을 분별하기 위해서는 사전 학습 데이터가 주어져야 한다. → (O) 2문단에서 지도 학습 방식에서는 사전 학습 데이터가 반드시 제공되어야 한다고 하였다.

ㄴ. 자율 학습은 지도 학습보다 학습의 단계가 단축되었기에 낮은 연산 능력으로도 수행 가능하다. → (X) 자율 학습 방식을 응용하여 심화신경망 알고리즘을 활용한 기계학습 분야를 딥러닝이라고 하고, 3문단에서 딥러닝 작업은 고도의 연산 능력이 요구된다고 하였으므로 낮은 연산 능력으로 자율 학습이 수행 가능하다는 설명은 적절하지 않다.

ㄷ. 딥러닝 기술의 활용 범위는 새로운 알고리즘 개발보다는 고성능 CPU 등장 때문에 넓어졌다. → (X) 3문단에서 딥러닝 기술의 활용 범위는 RBM과 드롭아웃이라는 새로운 알고리즘이 개발된 후에야 비로소 넓어졌다고 하였다.

① ㄱ ➡ (O)
② ㄷ ➡ (X)
③ ㄱ, ㄴ ➡ (X)
④ ㄴ, ㄷ ➡ (X)
⑤ ㄱ, ㄴ, ㄷ ➡ (X)

17 ① 정답률 76.9%

|문제 유형| 비판적 사고 > 논지 강화·약화하기

|접근 전략| 지문의 주장을 강화하는 내용의 사례를 찾는 문제 유형이다. 지문의 주장을 강화하는 것을 찾기 위해서는 무엇보다 먼저 지문의 주장이 무엇인지를 분명히 파악해야 한다. 그런 다음 〈보기〉의 사례를 분석하여 지문의 주장을 도출할 수 있는지를 따져 보아야 한다. 지문의 주장을 도출할 수 있는 사례이면 지문의 주장을 강화하는 것, 지문의 주장을 도출할 수 없거나 무관한 내용이면 지문의 주장을 강화하지 못하는 것이다.

다음 글의 주장을 강화하는 것만을 〈보기〉에서 모두 고르면?

우리는 물체까지의 거리 자체를 직접 볼 수는 없다. 거리는 눈과 그 물체를 이은 직선의 길이인데, 우리의 망막에는 직선의 한쪽 끝 점이 투영될 뿐이기 때문이다. 그러므로 물체까지의 거리 판단은 경험을 통한 추론에 의해서 이루어진다고 보아야 한다. 예컨대 우리는 건물, 나무 같은 친숙한 대상들의 크기가 얼마나 되는지, 이들이 주변 배경에서 얼마나 공간을 차지하는지 등을 경험을 통해 이미 알고 있다. 우리는 물체와 우리 사이에 혹은 물체 주위에 이런 친숙한 대상들이 어느 정도 거리에 위치해 있는지를 우선 지각한다. 이로부터 우리는 그 물체가 얼마나 멀리 떨어져 있는지를 추론하게 된다. 또한 그 정도 떨어진 다른 사물들이 보이는 방식에 대한 경험을 토대로, 그보다

작고 희미하게 보이는 대상들은 더 멀리 떨어져 있다고 판단한다. 거리에 대한 이런 추론은 과거의 경험에 기초하는 것이다. ▶1문단

반면에 물체가 손이 닿을 정도로 아주 가까이에 있는 경우, 물체까지의 거리를 지각하는 방식은 이와 다르다. 우리의 두 눈은 약간의 간격을 두고 서로 떨어져 있다. 이에 우리는 두 눈과 대상이 위치한 한 점을 연결하는 두 직선이 이루는 각의 크기를 감지함으로써 물체까지의 거리를 알게 된다. 물체를 바라보는 두 눈의 시선에 해당하는 두 직선이 이루는 각은 물체까지의 거리가 멀어질수록 필연적으로 더 작아진다. 대상까지의 거리가 몇 미터만 넘어도 그 각의 차이는 너무 미세해서 우리가 감지할 수 없다. 하지만 팔 뻗는 거리 안의 가까운 물체에 대해서는 그 각도를 감지하는 것이 가능하다. ▶2문단

〈보기〉

ㄱ. 100미터 떨어진 지점에 민수가 한 번도 본 적이 없는 대상만 보이도록 두고 다른 사물들은 보이지 않도록 민수의 시야 나머지 부분을 가리는 경우, 민수는 그 대상을 보고도 얼마나 떨어져 있는지 판단하지 못한다. → (O) 1문단에서 멀리 떨어져 있는 대상이 얼마나 떨어져 있는지는 그 대상 주변의 익숙한 것들을 통해 지각한다고 주장하고 있다. ㄱ에서는 민수가 한 번도 본 적이 없는 대상만 두고 주변의 다른 사물들을 보이지 않도록 하면 민수가 그 대상을 보고도 얼마나 떨어져 있는지 판단하지 못한다고 말하고 있으므로 지문의 주장을 강화한다.

ㄴ. 아무것도 보이지 않는 캄캄한 밤에 안개 속의 숲길을 걷다가 앞쪽 멀리서 반짝이는 불빛을 발견한 태훈이가 불빛이 있는 곳까지의 거리를 어렵잖게 짐작한다. → (X) 1문단에서 물체까지의 거리 판단은 경험을 통한 추론에 의해 이루어진다고 주장하고 있다. 따라서 아무것도 보이지 않는 깜깜한 밤에 태훈이가 불빛이 있는 곳까지의 거리를 어렵잖게 짐작한다는 ㄴ의 사례는 지문의 주장을 강화하지 않는다.

ㄷ. 태어날 때부터 한쪽 눈이 실명인 영호가 30센티미터 거리에 있는 낯선 물체 외엔 어떤 것도 보이지 않는 상황에서 그 물체까지의 거리를 옳게 판단한다. → (X) 2문단에서 팔 뻗는 거리 이내의 경우 두 눈과 대상이 위치한 한 점을 연결하는 두 직선이 이루는 각의 크기를 감지함으로써 물체까지의 거리를 알게 된다고 주장하고 있다. 그런데 ㄷ에서는 한쪽 눈이 실명인 영호가 30센티미터 거리에 있는 낯선 물체 외엔 어떤 것도 보이지 않는 상황에서 그 물체까지의 거리를 옳게 판단한다고 하였으므로 지문의 논지를 강화하지 않는다.

① ㄱ ➡ (O)
② ㄷ ➡ (X)
③ ㄱ, ㄴ ➡ (X)
④ ㄴ, ㄷ ➡ (X)
⑤ ㄱ, ㄴ, ㄷ ➡ (X)

18 ① 정답률 93.9%

| 문제 유형 | 비판적 사고 > 유사한 내용·사례 찾기

| 접근 전략 | 지문의 견해와 유사한 견해 및 그 견해와 관련된 적절한 사례를 찾는 문제 유형이다. 이처럼 누군가의 견해와 부합하는지 여부를 묻는 문제의 경우 지문에서 견해 대립이 명확하게 드러나면 〈보기〉의 각 문항들 간의 성질을 통해서도 답을 유추할 수 있다. 이 문제에서는 〈보기〉의 ㄱ과 ㄴ, ㄷ이 다른 성질을 가지므로 둘 중 한쪽을 답으로 유추할 수 있다.

다음 글의 '나'의 견해와 부합하는 것만을 〈보기〉에서 모두 고르면?

이제 '나'는 사람들이 동물실험의 모순적 상황을 직시하기를 바랍니다. 생리에 대한 실험이건, 심리에 대한 실험이건, 동물을 대상으로 하는 실험은 동물이 어떤 자극에 대해 반응하고 행동하는 양상이 인간과 유사하다는 것을 전제합니다. 동물실험을 옹호하는 측에서는 인간과 동물이 유사하기 때문에 실험결과에 실효성이 있다고 주장합니다. 그런데 설령 동물실험을 통해 아무리 큰 성과를 얻을지라도 동물실험 옹호론자들은 중대한 모순을 피할 수 없습니다. 그들은 인간과 동물이 다르다는 것을 실험에서 동물을 이용해도 된다는 이유로 제시하고 있기 때문입니다. 이것은 명백히 모순적인 상황이 아닐 수 없습니다. ▶1문단

이러한 모순적 상황은 영장류의 심리를 연구할 때 확연히 드러납니다. 최근 어느 실험에서 심리 연구를 위해 아기 원숭이를 장기간 어미 원숭이와 떼어놓아 정서적으로 고립시켰습니다. 사람들은 이 실험이 우울증과 같은 인간의 심리적 질환을 이해하기 위한 연구라는 구실을 앞세워 이 잔인한 행위를 합리화하고자 했습니다. 즉 이 실험은 원숭이가 인간과 유사하게 고통과 우울을 느끼는 존재라는 사실을 가정하고 있습니다. 인간과 동물이 심리적으로 유사하다는 사실을 인정하면서도 사람에게는 차마 하지 못할 잔인한 행동을 동물에게 하고 있는 것입니다. ▶2문단

또 동물의 피부나 혈액을 이용해서 제품을 실험할 때, 동물실험 옹호론자들은 이 실험이 오로지 인간과 동물 사이의 '생리적 유사성'에만 바탕을 두고 있을 뿐이라고 변명합니다. 이처럼 인간과 동물이 오로지 '생리적'으로만 유사할 뿐이라고 생각한다면, 이는 동물실험의 모순적 상황을 외면하는 것입니다. ▶3문단

〈보기〉

ㄱ. 동물실험은 동물이 인간과 유사하면서도 유사하지 않다고 가정하는 모순적 상황에 놓여 있다. → (O) 1문단에 따르면 동물실험 옹호론자들은 동물이 인간과 다르다는 것을 실험에서 동물을 이용해도 된다는 이유로 제시하면서 동물이 어떤 자극에 대해 반응하고 행동하는 양상이 인간과 유사하므로 실험결과에 실효성이 있다고 주장한다. 지문의 '나'는 이것을 모순적인 상황이라고 지적하고 있다.

ㄴ. 인간과 동물 간 생리적 유사성에도 불구하고 심리적 유사성이 불확실하기 때문에 동물실험은 모순적 상황에 있다. → (X) 2문단에서 '나'는 동물실험 옹호론자가 인간과 동물이 심리적으로 유사하다는 사실을 인정하면서도 사람에게는 차마 하지 못할 것을 동물에게 하고 있다는 점이 모순이라고 지적하고 있다. 따라서 인간과 동물 간 심리적 유사성이 불확실하기 때문에 동물 실험이 모순적 상황에 있다는 것은 '나'의 견해와 부합하지 않는다.

ㄷ. 인간과 원숭이 간에 심리적 유사성이 존재하기 때문에 인간의 우울증 연구를 위해 아기 원숭이를 정서적으로 고립시키는 실험은 윤리적으로 정당화된다. → (X) 동물실험 옹호론자들은 인간과 동물이 다르다는 것을 실험에서 동물을 이용해도 된다는 이유로 제시하고 있는데 인간과 원숭이 간에 심리적 유사성이 존재하면 인간과 동물이 다르다는 주장이 약화되므로 동물실험은 윤리적으로 정당화되지 못한다.

① ㄱ ➡ (O)
② ㄴ ➡ (X)
③ ㄱ, ㄷ ➡ (X)
④ ㄴ, ㄷ ➡ (X)
⑤ ㄱ, ㄴ, ㄷ ➡ (X)

19 ③ 정답률 71.5%

| 문제 유형 | 비판적 사고 > 빈칸 채우기

| 접근 전략 | 지문의 빈칸에 들어갈 내용을 찾는 문제 유형이다. 이와 같은 빈칸 채우기 문제를 풀 때는 빈칸의 앞뒤 내용을 집중해서 살펴보아야 한다. 본 문제는 빈칸 뒤의 문장에서 말하는 '건강한 나무'가 무엇을 가리키는 것인지를 파악하면 문제를 쉽게 해결할 수 있지만 매력적 오답이 있다는 점에 유의해야 한다. 오답과 정답의 차이는 전체 글을 포괄하느냐 아니냐가 좌우한다는 것을 기억해야 매력적인 오답을 정답으로 선택하는 실수를 피할 수 있다.

다음 글의 빈칸에 들어갈 진술로 가장 적절한 것은?

　모두가 서로를 알고 지내는 작은 규모의 사회에서는 거짓이나 사기가 번성할 수 없다. 반면 그렇지 않은 사회에서는 누군가를 기만하여 이득을 보는 경우가 많이 발생한다. 이런 현상이 발생하는 이유를 확인하는 연구가 이루어졌다. A 교수는 그가 마키아벨리아니즘이라고 칭한 성격 특성을 지닌 사람을 판별하는 검사를 고안해냈다. 이 성격 특성은 다른 사람을 교묘하게 이용하고 기만하는 능력을 포함한다. 그의 연구는 사람들 중 일부는 다른 사람들을 교묘하게 이용하거나 기만하여 자기 이익을 챙긴다는 사실을 보여준다. 수백 명의 학생을 대상으로 한 조사에서, 마키아벨리아니즘을 갖는 것으로 분류된 학생들은 대체로 대도시 출신임이 밝혀졌다. ▶1문단

　위 연구들이 보여 주는 바를 대도시 사람들의 상호작용을 이해하기 위해 확장시켜 보자. 일반적으로 낯선 사람들이 모여 사는 대도시에서는 자기 이익을 위해 다른 사람을 이용하는 성향을 지닌 사람이 많다고 생각하기 쉽다. 대도시 사람들은 모두가 사기꾼처럼 보인다는 주장이 일리 있게 들리기도 한다. 그러나 다른 사람들의 협조 성향을 이용하여 도움을 받으면서도 다른 사람에게 도움을 주지 않는 사람이 존재하기 위해서는 일정한 틈새가 만들어져 있어야 한다. _____ 때문에 이 틈새가 존재할 수 있는 것이다. 이는 기생 식물이 양분을 빨아먹기 위해서는 건강한 나무가 있어야 하는 것과 같다. 나무가 건강을 잃게 되면 기생 식물 또한 기생할 터전을 잃게 된다. 그렇다면 어떤 의미에서는 모든 사람들이 사기꾼이라는 냉소적인 견해는 낯선 사람과의 상호작용을 잘못 이해한 것이다. 모든 사람들이 사기꾼이라면 사기를 칠 가능성도 사라지게 된다고 이해하는 것이 맞다. ▶2문단

① 대도시라는 환경적 특성 ➡ (X) 1문단 앞부분에서 작은 규모의 사회가 아니면 누군가를 기만하여 이득을 보는 경우가 많이 발생한다고 한 후 그 이유를 찾고 있으므로 작은 규모의 사회가 아니기 때문에 틈새가 만들어진다는 것은 순환 논증에 해당하므로 옳지 않다. 따라서 '대도시라는 환경적 특성'은 빈칸에 들어갈 진술로 적절하지 않다.

② 인간은 사회를 필요로 하기 ➡ (X)

③ 많은 사람들이 진정으로 협조하기 ➡ (O) 기생 식물이 양분을 빨아먹기 위해서는 건강한 나무가 있어야 하는 것과 빈칸의 문장이 같다고 한 것을 통해 많은 사람들이 건강한 나무와 같은 역할을 해야 다른 사람에게 도움을 받으면서도 도움을 주지 않는 사람이 존재할 수 있다는 것을 추론할 수 있다. 건강한 나무가 기생 식물에게 양분을 주는 것처럼 많은 사람이 진정으로 협조해야 도움을 받으면서 도움을 주지 않는 사람이 이득을 얻을 수 있는 것이다. 따라서 빈칸에는 '많은 사람들이 진정으로 협조하기'가 들어가는 것이 적절하다.

④ 많은 사람들이 이기적 동기에 따라 행동하기 ➡ (X)

⑤ 누가 마키아벨리아니즘을 갖고 있는지 판별하기 어렵기 ➡ (X)

20 ④   정답률 68.1%

| 문제 유형 | 사실적 이해 > 논리 게임
| 접근 전략 | 경우의 수를 통해 거짓을 찾는 논리 게임 문제 유형이다. 이 유형에서는 주어진 조건을 정리해 적용하는 것이 문제 해결의 관건이 된다. 이 문제의 경우 임의의 지역을 A, B, C, D로 설정해 표를 그려 해결하면 된다.

다음 글의 내용이 참일 때, 반드시 거짓인 것은?

　사무관 갑, 을, 병, 정, 무는 정책조정부서에 근무하고 있다. 이 부서에서는 지방자치단체와의 업무 협조를 위해 지방의 네 지역으로 사무관들을 출장 보낼 계획을 수립하였다. 원활한 업무 수행을 위해서, 모든 출장은 위 사무관들 중 두 명 또는 세 명으로 구성된 팀 단위로 이루어진다. 네 팀이 구성되어 네 지역에 각각 한 팀씩 출장이 배정된다. 네 지역 출장 날짜는 모두 다르며, 모든 사무관은 최소한 한 번 출장에 참가한다. 이번 출장 업무를 총괄하는 사무관은 단 한 명밖에 없으며, 그는 네 지역 모두의 출장에 참가한다. 더불어 업무 경력을 고려하여, 단 한 지역의 출장에만 참가하는 것은 신임 사무관으로 제한한다. 정책조정부서에 근무하는 신임 사무관은 한 명밖에 없다. 이런 기준 아래에서 출장 계획을 수립한 결과, 을은 갑과 단둘이 가는 한 번의 출장 이외에 다른 어떤 출장도 가지 않으며, 병과 정이 함께 출장을 가는 경우는 단 한 번밖에 없다. 그리고 네 지역 가운데 광역시가 두 곳인데, 단 두 명의 사무관만이 두 광역시 모두에 출장을 간다.

→ 제시된 조건들을 정리하면 다음과 같다.
(1) 한 지역 출장은 두 명 또는 세 명이 간다.
(2) 모든 사무관은 최소한 한 번 출장에 참여한다.
(3) 네 지역 모두 출장에 참가하는 사람은 이번 출장 업무 총괄자로 한 명이다.
(4) 한 지역의 출장만 참가하는 신임 사무관 한 명이 있다.
(5) 을은 갑과 단둘이 한 번만 출장에 간다.
(6) 병과 정은 한 번만 함께 출장을 간다.
(7) 광역시가 두 곳인데 단 2명의 사무관만이 두 광역시 모두에 출장을 간다.

(4)와 (5)에 의해 을이 신임 사무관임을 알 수 있다. 편의상 을이 간 곳을 A라 하자. 그러면 을은 B, C, D에 가지 않는다. A에는 갑과 을만이 가는데 (3)을 보면 네 지역 모두 출장에 참가하는 사람이 한 명 있으므로 갑은 A~D 모두에 출장을 간다. (6)을 보면 병과 정은 한 번만 함께 출장에 가는데, 병과 정이 함께 출장을 가는 곳을 편의상 B라 하자. 그러면 B에는 병과 정이 방문하고, (1)에 의해 무는 B에 가지 않는다. 무는 (2)와 (4)에 의해 2곳 이상을 가야 하므로 C, D로 출장을 가게 된다. (6)에 의해 C, D 중에 병이 간 곳은 정이 가지 않고 정이 간 곳은 병이 가지 않는다. 이를 표로 나타내면 다음과 같다.

	갑	을	병	정	무
A	O	O	X	X	X
B	O	X	O	O	X
C	O	X	O	X	O
D	O	X	X	O	O

① 갑은 이번 출장 업무를 총괄하는 사무관이다. ➡ (O) A~D 모두에 출장을 가는 갑은 이번 출장 업무를 총괄하는 사무관이다.

② 을은 광역시에 출장을 가지 않는다. ➡ (O) 을이 간 A는 조건 (7)에 의해 광역시가 아님을 알 수 있다. 을이 간 곳이 광역시라면 조건 (7)에 의해 다른 광역시에도 을이 갔어야 한다.

③ 병이 갑, 무와 함께 출장을 가는 지역이 있다. ➡ (O) 조건 (6)에 따르면 C, D 중에 병이 간 곳은 정이 가지 않고 정이 간 곳은 병이 가지 않는다. 따라서 병은 C나 D 둘 중 하나에 출장을 가는데 둘 모두 갑과 무가 출장을 가므로 참이다.

④ 정은 총 세 곳에 출장을 간다. ➡ (X) 조건 (6)에 따르면 C, D 중에 병이 간 곳은 정이 가지 않고 정이 간 곳은 병이 가지 않는다. 따라서 정은 두 곳만 출장을 간다.

⑤ 무가 출장을 가는 지역은 두 곳이고 그중 한 곳은 정과 함께 간다. ➡ (O) 조건 (6)에 따르면 C, D 중에 병이 간 곳은 정이 가지 않고 정이 간 곳은 병이 가지 않는데 무는 C, D 모두에 출장을 가므로 참이다.

21 ⑤   정답률 76.2%

| 문제 유형 | 비판적 사고 > 지문에서 추론하기
| 접근 전략 | 지문의 내용을 바탕으로 추론할 수 없는 것을 고르는 문제 유형이다. 추론 문제에서는 지문 안에 선지와 일치하는 정확한 문장이 없을 수도 있다. 그때는 여러 문장을 조합해 추론해야 하는데 그 과정에서 논리적 비약이 생기지 않도록 주의해야 한다.

다음 글에서 추론할 수 없는 것은?

　미국과 영국은 1921년 워싱턴 강화회의를 기점으로 태평양 및 중국에 대한 일본의 침략을 견제하기 시작하였다. 가중되는 외교적 고립으로 인해 일본은 광물과 곡물을 수입하는 태평양 경로를 상실할 위험에 처하였다. 이에 대처하기 위해 일본은 식민지 조선의 북부 지역에서 광물과 목재 등 군수산

업 원료를 약탈하는 데 주력하게 되었다. 콩 또한 확보해야 할 주요 물자 중 하나였는데, 콩은 당시 일본에서 선호하던 식량일 뿐만 아니라 군수산업을 위한 원료이기도 하였다. ▶1문단

일본은 확보된 공업 원료와 식량 자원을 자국으로 수송하는 물류 거점으로 함경도를 주목하였다. 특히 청진·나진·웅기 등 대륙 종단의 시발점이 되는 항구와 조선의 최북단 지역이던 무산·회령·종성·온성을 중시하였다. 또한 조선의 남부 지방에서는 면화, 북부 지방에서는 양모 옹성 생산을 장려하였던 조선총독부의 정책에 따라 두만강을 통해 바로 만주로 진출할 수 있는 회령·종성·온성은 양을 축축하는 축산 거점으로 부상하였다. 일본은 만주와 함경도에서 생산된 광물자원과 콩, 두만강변 원시림의 목재를 일본으로 수송하기 위해 함경선, 백무선 등의 철도를 잇따라 부설하였다. 더불어 무산과 회령, 경흥에서는 석탄 및 철광 광산을 본격적으로 개발하였다. 이에 따라 오지의 작은 읍이었던 무산·회령·종성·온성의 개발이 촉진되어 근대적 도시로 발전하였다. 일본의 정책들은 함경도를 만주와 같은 경제권으로 묶음으로써 조선의 다른 지역과 경제적으로 분리시켰다. ▶2문단

철도 부설 및 광산 개발을 위해 일본은 조선 노동자들을 강제 동원하였고, 수많은 조선 노동자들이 강제 노동 끝에 산록과 땅속 깊은 곳에서 비참한 삶을 마쳤다. 1935년 회령의 유선탄광에서 폭약이 터져 800여 명의 광부가 매몰돼 사망했던 사건은 그 단적인 예이다. 영화 「아리랑」의 감독 겸 주연이었던 나운규는 그의 고향 회령에서 청진까지 부설되었던 철도 공사에 조선인 노동자들이 강제 동원되어 잔혹한 노동에 혹사되는 참상을 목도하였다. 그때 그는 노동자들이 부르던 아리랑의 애달픈 노랫가락을 듣고 영화 「아리랑」의 기본 줄거리를 착상하였다. ▶3문단

① 영화 「아리랑」 감독의 고향에서 탄광 폭발사고가 발생하였다. ➡ (O) 3문단에 따르면 「아리랑」 감독 나운규의 고향은 회령이고, 1935년 회령 유선탄광에서 폭약이 터져 800여 명의 광부가 매몰돼 사망했다고 하였으므로 본 선지의 내용을 추론할 수 있다.

② 조선 최북단 지역의 몇몇 작은 읍들은 근대적 도시로 발전하였다. ➡ (O) 2문단에서 일본이 조선 최북단 오지의 작은 읍이었던 무산, 회령, 종성, 온성을 중시하여 개발이 촉진됨으로써 근대적 도시로 발전했다고 하였으므로 본 선지의 내용을 추론할 수 있다.

③ 축산 거점에서 대륙 종단의 시발점이 되는 항구까지 부설된 철도가 있었다. ➡ (O) 2문단에 따르면 청진, 나진, 웅기 등은 대륙 종단의 시발점이 되는 항구이고 축산 거점은 회령, 종성, 온성이다. 3문단에서 회령에서 청진까지 철도가 부설되었다고 했으므로 본 선지의 내용을 추론할 수 있다.

④ 군수산업 원료를 일본으로 수송하는 것이 함경선 부설의 목적 중 하나였다. ➡ (O) 2문단에 따르면 일본은 만주와 함경도에서 생산된 광물자원과 콩, 두만강변 원시림의 목재를 일본으로 수송하기 위해 함경선을 부설했다. 1문단에서 일본은 식민지 조선으로부터 광물과 목재 등 군수산업 원료를 약탈하는 데 주력했다고 했으므로 본 선지의 내용을 추론할 수 있다.

⑤ 일본은 함경도를 포함하여 한반도와 만주를 같은 경제권으로 묶는 정책을 폈다. ➡ (X) 2문단에서 일본의 정책들은 함경도를 만주와 같은 경제권으로 묶음으로써 조선의 다른 지역과 경제적으로 분리시킨 것으로, 일본이 한반도 전체와 만주를 같은 경제권으로 묶었다는 본 선지는 적절하지 않은 추론이다.

S 22 ④ 　　　　　　　　　　　　　　　　**TOP 2** 정답률 56.1%

| 문제 유형 | 비판적 사고 > 지문에서 추론하기
| 접근 전략 | 지문에 제시된 정보를 바탕으로 논리적 추론을 통해 도출할 수 있는 내용을 찾는 문제 유형이다. 지문의 내용 자체가 복잡하고 어려우므로 최대한 지문의 예시를 활용해 〈보기〉의 상황에 적용해 보아야 한다.

다음 글에서 추론할 수 있는 것만을 〈보기〉에서 모두 고르면?

우리가 가진 믿음들은 때때로 여러 방식으로 표현된다. 예를 들어, 영희가 일으킨 교통사고 현장을 목격한 철수를 생각해 보자. 영희는 철수가 아는 사람이므로, 현장을 목격한 철수는 영희가 사고를 일으켰다는 믿음을 가지게 되었다. 철수의 이런 믿음을 표현하는 한 가지 방법은 "철수는 영희가 교통사고를 일으켰다고 믿는다."라고 표현하는 것이다. 이것을 진술 A라고 하자. 진술 A의 의미를 분명히 생각해보기 위해서, "영희는 민호의 아내다."라고 가정해보자. 그럼 진술 A로부터 "철수는 민호의 아내가 교통사고를 일으켰다고 믿는다."가 참이라는 것이 반드시 도출되는가? 그렇지 않다. 왜냐하면 철수는 영희가 민호의 아내라는 것을 모를 수도 있고, 다른 사람의 아내로 잘못 알 수도 있기 때문이다. ▶1문단

한편 철수의 믿음은 "교통사고를 일으켰다고 철수가 믿고 있는 사람은 영희다."라고도 표현될 수 있다. 이것을 진술 B라고 하자. 다시 "영희는 민호의 아내다."라고 가정해보자. 그리고 진술 B로부터 "교통사고를 일으켰다고 철수가 믿고 있는 사람은 민호의 아내다."가 도출되는지 생각해보자. 진술 B는 '교통사고를 일으켰다고 철수가 믿고 있는 사람'이 가리키는 것과 '영희'가 가리키는 것이 동일하다는 것을 의미한다. 그리고 '영희'가 가리키는 것은 '민호의 아내'가 가리키는 것과 동일하다. 그러므로 '교통사고를 일으켰다고 철수가 믿고 있는 사람'이 가리키는 것은 '민호의 아내'가 가리키는 것과 동일하다. 따라서 진술 B로부터 "교통사고를 일으켰다고 철수가 믿고 있는 사람은 민호의 아내다."가 도출된다. 이처럼 철수의 믿음을 표현하는 두 방식 사이에는 차이가 있다. ▶2문단

─〈보기〉─

ㄱ. "영희는 민호의 아내가 아니다."라고 가정한다면, 진술 A로부터 "철수는 민호의 아내가 교통사고를 일으켰다고 믿지 않는다."가 도출된다. → (X) 1문단에서 영희가 민호의 아내일 때 철수는 영희가 민호의 아내라는 것을 모를 수도 있다고 한 것을 보면 철수는 영희가 민호의 아내가 아니라는 것을 모를 수 있다. 따라서 영희가 민호의 아내가 아니라고 가정해도 "철수는 민호의 아내가 교통사고를 일으켰다고 믿지 않는다."가 도출되지 않는다.

ㄴ. "영희가 초보운전자이고 철수가 이 사실을 알고 있다."라고 가정한다면, 진술 A로부터 "철수는 어떤 초보 운전자가 교통사고를 일으켰다고 믿는다."가 도출된다. → (O) 지문에서는 특정 사실이 참이더라도 믿음을 가지는 자가 이를 알지 못해 믿음을 가지지 못할 수 있다는 것을 지적하고 있다. 따라서 영희가 초보운전자인 것을 철수가 알고 있다면 이런 우려가 없어지므로 이와 진술 A를 통해 "철수는 어떤 초보운전자가 교통사고를 일으켰다고 믿는다."가 도출된다.

ㄷ. "영희가 동철의 엄마이지만 철수는 이 사실을 모르고 있다."라고 가정한다면, 진술 B로부터 "교통사고를 일으켰다고 철수가 믿고 있는 사람은 동철의 엄마다."가 도출된다. → (O) 2문단에서 교통사고를 일으켰다고 철수가 믿고 있는 사람이 민호의 아내라는 사실만으로 영희와 교통사고를 일으켰다고 철수가 믿고 있는 사람이 동일해진다고 하였다. 따라서 영희가 동철의 엄마인 것을 철수가 아는지 모르는지와 무관하게 진술 B로부터 "교통사고를 일으켰다고 철수가 믿고 있는 사람은 동철의 엄마다."가 도출된다.

① ㄱ ➡ (X)
② ㄴ ➡ (X)
③ ㄱ, ㄷ ➡ (X)
④ ㄴ, ㄷ ➡ (O)
⑤ ㄱ, ㄴ, ㄷ ➡ (X)

23 ②　　　　　　　　　　　　　　　　　　　　정답률 93.9%

| 문제 유형 | 사실적 이해 > 정보 확인
| 접근 전략 | 지문의 내용과 선지의 내용이 일치하는지 확인하는 문제 유형이다. 주주 자본주의의 정의와 이해관계자 자본주의를 비교하여 서술하고 있는 지문이 제시되었는데 문제 유형과 지문 모두 어렵지 않으므로 최대한 시간을 절약하는 방향으로 문제를 해결하는 것이 좋다.

다음 글에서 알 수 있는 것은?

주주 자본주의는 주주의 이윤을 극대화하는 것을 회사 경영의 목표로 하는 시스템을 말한다. 이 시스템은 자본가 계급을 사업가와 투자가로 나누어 놓았다. 그런데 주주 자본주의가 바꿔 놓은 것이 하나 더 있다. 그것은 바로 노동자의 지위다. 주식회사가 생기기 이전에는 노동자가 생산수단들을 소유할 수 없었지만 이제는 거의 모든 생산수단이 잘게 쪼개져 누구나 그 일부를 구입할 수 있다. 노동자는 사업가를 위해서 일하고 사업가는 투자가를 위해 일하지만, 투자가들 중에는 노동자도 있는 것이다. ▶1문단

주주 자본주의를 비판하는 사람들은 기업이 주주의 이익만을 고려한다면, 다수의 사람들이 이익을 얻는 것이 아니라 소수의 독점적인 투자가들만 이익을 보장받는다고 지적한다. 또한 그들은 주주의 이익뿐만 아니라 기업과 연계되어 있는 이해관계자들 전체, 즉 노동자, 소비자, 지역사회 등을 고려해야 한다고 주장한다. 이러한 입장을 이해관계자 자본주의라고 한다. ▶2문단

주주 자본주의와 이해관계자 자본주의는 '기업이 존재하는 목적이 무엇인가?'라는 물음에 대한 답변이라고 할 수 있다. 물론 오늘날의 기업들은 극단적으로 한 가지 형태를 띠는 것이 아니라 양자가 혼합된 모습을 보인다. 기업은 주주의 이익을 최우선적으로 고려하지만, 노조 활동을 인정하고, 지역과 환경에 투자하며, 기부와 봉사 등 사회적 활동을 위해 노력하기도 한다. ▶3문단

① 주주 자본주의에서 주주의 이익과 사회적 공헌이 상충할 때 기업은 사회적 공헌을 우선적으로 선택한다. ➡ (X) 1문단에 따르면 주주 자본주의는 주주의 이윤을 극대화하는 것을 회사 경영의 목표로 하는 시스템을 말한다.

② 주주 자본주의에서는 과거에 생산수단을 소유할 수 없었던 이들이 그것을 부분적으로 소유할 수 있게 되었다. ➡ (O) 1문단에 따르면 주식회사가 생기기 이전에는 노동자가 생산수단을 소유할 수 없었지만 주주 자본주의에서는 거의 모든 생산수단이 잘게 쪼개져 누구나 그 일부를 구입할 수 있게 되었다.

③ 이해관계자 자본주의에서는 지역사회의 일반 주민까지도 기업 경영의 전반적 영역에서 주도적인 역할을 담당한다. ➡ (X) 지문을 통해 알 수 없는 내용이다.

④ 주주 자본주의와 이해관계자 자본주의가 혼합되면 기업의 사회적 공헌활동은 주주 자본주의에서보다 약화될 것이다. ➡ (X) 3문단에서 주주 자본주의와 이해관계자 자본주의가 혼합된 형태에서는 기업이 사회적 활동을 위해 노력하기도 한다고 하였다.

⑤ 주주 자본주의와 이해관계자 자본주의가 혼합된 형태의 기업은 지역사회의 이익을 높이는 것을 최우선적으로 고려한다. ➡ (X) 3문단에서 주주 자본주의와 이해관계자 자본주의가 혼합되더라도 기업은 주주의 이익을 최우선적으로 고려한다고 하였다.

24 ⑤ 정답률 67.2%

| 문제 유형 | 비판적 사고 > 빈칸 채우기
| 접근 전략 | 지문의 빈칸에 들어갈 세부 내용을 추론하는 문제 유형이다. 지문의 길이가 짧다고 해서 그 지문에 적은 양의 정보가 담겨 있는 것은 아니다. 본 문제의 경우 핵심 정보들을 이해하고 조건 간의 관계에 유의하여 조건 변화에 따른 결과를 정리한 후 문제를 풀어야 한다.

다음 ⊙과 ⓒ에 들어갈 말을 가장 적절하게 나열한 것은?

음향학에 관련된 다음의 두 가지 명제는 세 개의 원형 판을 가지고 실험함으로써 입증될 수 있다. 하나의 명제는 "지름과 모양이 같은 동일 재질의 원형 판이 진동할 때 발생하는 진동수는 두께에 비례한다."이고 다른 명제는 "모양과 두께가 같은 동일 재질의 원형 판이 진동할 때 발생하는 진동수는 판 지름의 제곱에 반비례한다."이다. 이를 입증하기 위해 모양이 같은 동일 재질의 원형 판 A, B 그리고 C를 준비하되 A와 B는 두께가 같고 C는 두께가 A의 두께의 두 배이며, A와 C는 지름이 같고 B의 지름은 A의 지름의 절반이 되도록 한다. 판을 때려서 발생하는 음을 듣고 B는 A보다 ⊙ 음을 내고, C는 A보다 ⓒ 음을 내는 것을 확인한다. 진동수가 두 배가 될 때 한 옥타브 높은 음이 나므로 두 명제는 입증이 된다.

→ A와 B는 모양과 두께가 같은 동일 재질의 원형 판이지만 판 지름은 B가 A의 0.5배이므로 두 번째 명제에 해당한다. 따라서 판 지름의 제곱은 B가 A의 0.25배이므로 진동수는 판 지름의 제곱에 반비례해 B가 A의 4배이다. 진동수가 두 배가 될 때 한 옥타브 높은 음이 나므로 B는 A보다 두 옥타브 높은 음을 낸다.

C는 A와 지름과 모양이 같은 동일 재질의 원형 판이지만 두께는 C가 A의 두 배이므로 첫 번째 명제에 해당한다. 첫 번째 명제에 따르면 진동수는 두께에 비례하므로 진동수는 C가 A의 두 배이다. 진동수가 두 배가 될 때 한 옥타브 높은 음이 나므로 C는 A보다 한 옥타브 높은 음을 낸다.

	⊙	ⓒ	
①	한 옥타브 낮은	두 옥타브 낮은	➡ (X)
②	한 옥타브 높은	두 옥타브 높은	➡ (X)
③	두 옥타브 낮은	한 옥타브 높은	➡ (X)
④	두 옥타브 높은	한 옥타브 낮은	➡ (X)
⑤	두 옥타브 높은	한 옥타브 높은	➡ (O)

25 ② TOP 1 정답률 33.4%

| 문제 유형 | 사실적 이해 > 논리 게임
| 접근 전략 | 제시된 정보들을 바탕으로 참과 거짓을 판단하는 문제 유형이다. 25번 문제는 A와 B가 양립할 수 없는 관계, 즉 모순 관계라고 해서 둘 중 하나가 반드시 참임을 의미하지 않는다는 점에 유의하여 문제를 풀어야 한다. 둘 다 거짓일 수도 있기 때문이다.

다음 글의 내용이 참일 때, 가해자인 것이 확실한 사람(들)과 가해자가 아닌 것이 확실한 사람(들)의 쌍으로 적절한 것은?

폭력 사건의 용의자로 A, B, C가 지목되었다. 조사 과정에서 A, B, C가 각각 〈아래〉와 같이 진술하였는데, 이들 가운데 가해자는 거짓만을 진술하고 가해자가 아닌 사람은 참만을 진술한 것으로 드러났다.

〈아래〉
A: 우리 셋 중 정확히 한 명이 거짓말을 하고 있다.
B: 우리 셋 중 정확히 두 명이 거짓말을 하고 있다.
C: A, B 중 정확히 한 명이 거짓말을 하고 있다.

→ A와 B는 양립할 수 없으므로 A의 진술과 B의 진술 가운데 하나는 거짓이다. 가해자는 거짓을 진술하고 가해자가 아닌 사람은 참을 진술하므로 A, B 중에 한 명 이상은 가해자이다. 그런데 만약 B의 진술이 참이면 A와 C가 모두 거짓을 진술해야 하는데 C의 진술이 거짓이면 A, B 중 한 명이 거짓말을 하고 있는 것이 아니므로 B의 진술이 참일 수 없다. 따라서 B의 진술이 거짓이므로 B는 가해자이다. 세 명 모두 거짓말을 할 수도 있고, B만 거짓말을 할 수도 있으므로 A와 C는 가해자인지 아닌지 확실하지 않다.

	가해자인 것이 확실	가해자가 아닌 것이 확실	
①	A	C	➡ (X)
②	B	없음	➡ (O)
③	B	A, C	➡ (X)
④	A, C	B	➡ (X)
⑤	A, B, C	없음	➡ (X)

정답과 분석해설

2018 | 제2영역 자료해석(㉮ 책형)

기출 총평

2018년 자료해석 시험은 평이한 수준의 난도로 출제되었다. 표 형태의 자료가 주어지고 그래프 형태의 선지로 구성되어 부합하는 그래프를 판단하는 문제, 순위를 판단해야 하는 문제, 추가로 필요한 자료를 찾는 문제, 자료 자체의 해석 차원에서 자료의 속성과 관련한 상대치 관련 자료 문제 등이 골고루 출제되었다. 자료 형태와 관련해서는 일반적인 표, 막대그래프, 점선그래프, 좌표 등이 제시된 문제가 출제되었다. 자료해석 시험에서는 전반적으로 계산 문제의 난도가 높게 출제되는데, 2018년 자료해석 시험에서는 계산 문제의 난도가 그리 높지 않았다. 계산 자체의 출제 비중이 감소하였고, 분수와 변화율 등을 비교하는 문제의 출제 비중이 감소하였다. 다만, 계산 유형의 문제는 다소 시간이 걸리는 문제가 출제되었다. 더불어 매칭형과 그래프형을 결합시킨 문제, 특수한 그래프를 해석하는 문제 등이 출제되었고, 대부분 기출문제의 형식에서 약간 변형한 수준의 문제가 출제되었다. 따라서 기출문제를 분석하여 과거에 출제되었던 문제의 유형을 파악하면 이를 변형한 문제도 쉽게 접근할 수 있으므로 새로운 문제를 익히기보다는 과거에 출제되었던 기출문제를 차근차근 분석해 볼 필요가 있다.

문항별 정답률 및 선지별 선택률

문번	정답	정답률(%)	①	②	③	④	⑤
01	②	87.7	3.5	87.7	0.0	8.8	0.0
02	⑤	89.6	3.1	1.2	0.2	5.9	89.6
03	⑤	94.5	1.3	0.5	2.8	0.9	94.5
04	①	89.5	89.5	2.8	6.7	0.0	1.0
05	①	88.9	88.9	1.2	3.6	3.8	2.5
06	②	91.7	0.9	91.7	0.7	5.2	1.5
07	①	76.0	76.0	16.2	0.7	0.5	6.6
08	④	88.3	4.5	1.7	2.6	88.3	2.9
09	⑤	94.3	0.5	1.4	1.7	2.1	94.3
10	③	85.0	0.5	6.9	85.0	7.4	0.2
11	②	80.3	0.2	80.3	1.7	1.4	16.4
12	②	95.5	0.4	95.5	1.0	2.1	1.0
13	④	92.7	0.0	1.9	1.9	92.7	3.5

문번	정답	정답률(%)	①	②	③	④	⑤
14	⑤	87.2	2.1	0.9	0.9	8.9	87.2
15	④	94.8	0.5	0.7	1.2	94.8	2.8
16	⑤	80.3	0.7	5.5	12.8	0.7	80.3
17	①	67.9	67.9	27.1	3.1	0.7	1.2
18	③	92.9	4.3	0.0	92.9	0.5	2.3
19	①	74.2	74.2	2.4	2.1	21.3	0.0
20	③	79.3	1.9	9.5	79.3	2.9	6.4
21	⑤	77.3	1.4	13.4	4.3	3.6	77.3
22	③	74.1	0.5	1.0	74.1	7.4	17.0
23	②	87.4	4.1	87.4	4.6	1.0	2.9
24	④	76.7	2.0	4.3	13.2	76.7	3.8
25	④	65.5	6.3	3.8	21.0	65.5	3.4

※ 파란색 음영 문항은 해당 회차에서 정답률이 가장 낮은 TOP 3 문항입니다.
※ 정답률 및 선지별 선택률 산정 기준: 약 1년간 누적된 자동채점 & 성적결과분석 서비스의 응시 데이터

출제 비중

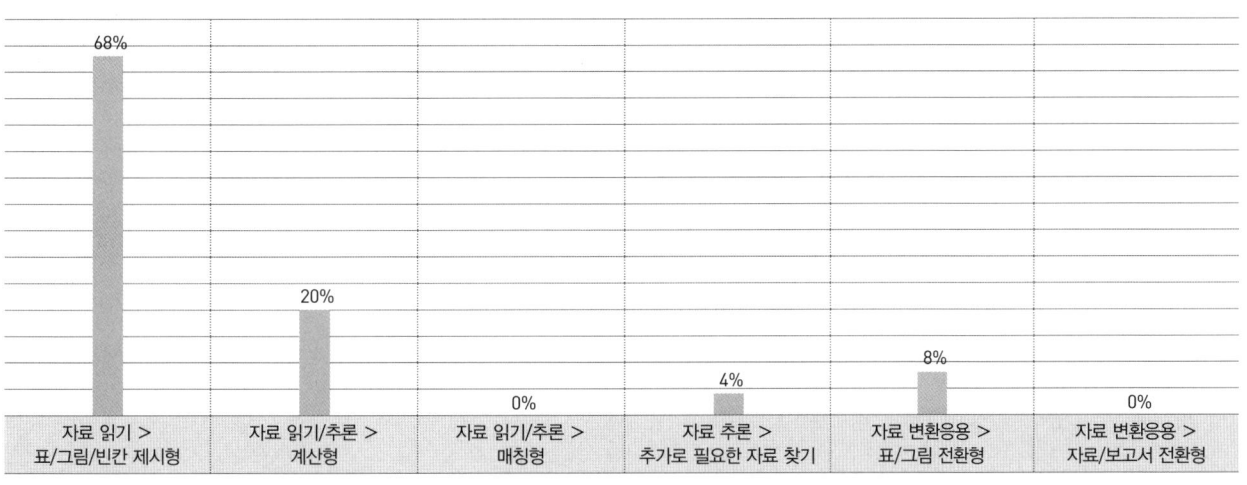

- 자료 읽기 > 표/그림/빈칸 제시형: 68%
- 자료 읽기/추론 > 계산형: 20%
- 자료 읽기/추론 > 매칭형: 0%
- 자료 추론 > 추가로 필요한 자료 찾기: 4%
- 자료 변환응용 > 표/그림 전환형: 8%
- 자료 변환응용 > 자료/보고서 전환형: 0%

01	②	02	⑤	03	⑤	04	①	05	①
06	②	07	①	08	④	09	⑤	10	③
11	②	12	②	13	④	14	⑤	15	④
16	⑤	17	①	18	③	19	①	20	③
21	⑤	22	③	23	②	24	④	25	④

01 ②

정답률 87.7%

| 문제 유형 | 자료 읽기 > 표 제시형
| 접근 전략 | 비교적 쉬운 문제로 해당 수치의 위치를 정확히 찾으면 된다. 간단한 문제일수록 오히려 실수할 수 있으므로 해당 항목과 수치를 표시하면서 해결해 나간다.

다음 〈표〉는 '갑' 연구소에서 제습기 A~E의 습도별 연간소비전력량을 측정한 자료이다. 이에 대한 〈보기〉의 설명 중 옳은 것만을 모두 고르면?

〈표〉 제습기 A~E의 습도별 연간소비전력량

(단위: kWh)

습도 제습기	40%	50%	60%	70%	80%
A	550	620	680	790	840
B	560	640	740	810	890
C	580	650	730	800	880
D	600	700	810	880	950
E	660	730	800	920	970

〈보기〉

ㄱ. 습도가 70%일 때 연간소비전력량이 가장 적은 제습기는 A이다. → (O) 습도가 70%일 때 A가 연간소비전력량이 790kWh로 가장 적다.

ㄴ. 각 습도에서 연간소비전력량이 많은 제습기부터 순서대로 나열하면, 습도 60%일 때와 습도 70%일 때의 순서는 동일하다. → (X) 습도가 60%일 때는 연간소비전력량이 많은 제습기부터 순서대로 보면 D - E - B - C - A이고, 습도 70%일 때는 E - D - B - C - A이다.

ㄷ. 습도가 40%일 때 제습기 E의 연간소비전력량은 습도가 50%일 때 제습기 B의 연간소비전력량보다 많다. → (O) 습도가 40%일 때 제습기 E의 연간소비전력량은 660kWh인데 습도가 50%일 때 제습기 B의 연간소비전력량은 640kWh이므로 적절하다.

ㄹ. 제습기 각각에서 연간소비전력량은 습도가 80%일 때가 40%일 때의 1.5배 이상이다. → (X) 40%일 때 연간소비전력량의 1.5배와 80%일 때 연간소비전력량을 비교해 보면 된다. 1.5배를 곱하는 것보다 연간소비전력량에 해당 연간소비전력량의 절반을 더하는 것이 편하다. A는 550+275 =825(kWh), B는 560+280=840(kWh), C는 580+290=870(kWh), D는 600+300=900(kWh), E는 660+330=990(kWh)이다. 이를 80%의 연간소비전력량과 비교하면 E의 경우 40%의 1.5배가 80%일 때보다 큰 값이다.

① ㄱ, ㄴ ➡ (X)   ② ㄱ, ㄷ ➡ (O)   ③ ㄴ, ㄹ ➡ (X)
④ ㄱ, ㄷ, ㄹ ➡ (X)   ⑤ ㄴ, ㄷ, ㄹ ➡ (X)

02 ⑤

정답률 89.6%

| 문제 유형 | 자료 읽기 > 표/빈칸 제시형
| 접근 전략 | 빈칸이 나오는 문제는 처음부터 모든 빈칸을 채우고 시작하지 말고 선지를 풀면서 필요한 빈칸만 채우는 것이 좋다. 모든 빈칸을 채우지 않아도 문제가 해결될 때가 있으므로 괜한 시간을 낭비하지 말자.

다음 〈표〉는 통신사 '갑', '을', '병'의 스마트폰 소매가격 및 평가점수 자료이다. 이에 대한 〈보기〉의 설명 중 옳은 것만을 모두 고르면?

〈표〉 통신사별 스마트폰의 소매가격 및 평가점수

(단위: 달러, 점)

통신사	스마트폰	소매 가격	평가항목					종합 품질 점수
			화질	내비 게이션	멀티 미디어	배터리 수명	통화 성능	
갑	A	150	3	3	3	3	1	13
	B	200	2	2	3	1	2	( )
	C	200	3	3	3	1	1	( )
을	D	180	3	3	3	2	1	( )
	E	100	2	3	3	2	1	11
	F	70	2	1	3	2	1	( )
병	G	200	3	3	3	2	2	( )
	H	50	3	2	3	2	1	( )
	I	150	3	2	2	3	2	12

※ 스마트폰의 '종합품질점수'는 해당 스마트폰의 평가항목별 평가점수의 합임

〈보기〉

ㄱ. 소매가격이 200달러인 스마트폰 중 '종합품질점수'가 가장 높은 스마트폰은 C이다. → (X) 소매가격이 200달러인 스마트폰은 B, C, G인데 이들의 '종합품질점수'는 각각 10, 11, 13으로 '종합품질점수'가 가장 높은 스마트폰은 G이다.

ㄴ. 소매가격이 가장 낮은 스마트폰은 '종합품질점수'도 가장 낮다. → (X) 소매가격이 가장 낮은 스마트폰은 H이고, H의 '종합품질점수'는 11이다. '종합품질점수'는 F가 9로 가장 낮다.

ㄷ. 통신사 각각에 대해서 해당 통신사 스마트폰의 '통화성능' 평가점수의 평균을 계산하여 통신사별로 비교하면 '병'이 가장 높다. → (O) '갑'의 '통화성능' 평균은 $\frac{4}{3}$, '을'의 '통화성능' 평균은 1, '병'의 '통화성능' 평균은 $\frac{5}{3}$로, '병'의 '통화성능' 평균이 가장 높다.

ㄹ. 평가항목 각각에 대해서 스마트폰 A~I 평가점수의 합을 계산하여 평가항목별로 비교하면 '멀티미디어'가 가장 높다. → (O) 평가항목에서 가장 높은 점수가 3인데, '멀티미디어'에서는 I를 제외하고 나머지가 모두 3이고, I만 2이다. 다른 네 가지 평가항목에서는 3이 아닌 점수가 두 스마트폰 이상에 있으므로 '멀티미디어' 항목의 평가점수 합이 가장 높다.

① ㄱ ➡ (X)
② ㄷ ➡ (X)
③ ㄱ, ㄴ ➡ (X)
④ ㄴ, ㄹ ➡ (X)
⑤ ㄷ, ㄹ ➡ (O)

03 ⑤

정답률 94.5%

| 문제 유형 | 자료 변환응용 > 표/그림 전환형
| 접근 전략 | 계산이 필요하지 않은 〈그림〉부터 확인해 본다. 해당하는 〈그림〉은 ①, ②이다. 다음으로는 +, -만 이용해서 계산할 수 있는 〈그림〉을 확인한다. 해당하는 〈그림〉은 ④, ⑤이다. 다음으로는 ×만 이용해서 계산할 수 있는 〈그림〉을 확인하고, 마지막으로 ÷를 이용해야 하는 〈그림〉을 확인한다. 여러 연도의 자료가 주어진다면 해당 〈그림〉이 몇 년도 자료인지 정확히 확인해야 한다.

다음 〈표〉는 2016년과 2017년 A~F 항공사의 공급석 및 탑승객 수를 나타낸 자료이다. 〈표〉를 이용하여 작성한 그래프로 옳지 않은 것은?

〈표〉 항공사별 공급석 및 탑승객 수

(단위: 만 개, 만 명)

항공사\연도	공급석 수		탑승객 수	
	2016	2017	2016	2017
A	260	360	220	300
B	20	110	10	70
C	240	300	210	250
D	490	660	410	580
E	450	570	380	480
F	250	390	200	320
전체	1,710	2,390	1,430	2,000

① 연도별 A~F 항공사 전체의 공급석 및 탑승객 수

➡ (O) 〈표〉의 전체 공급석 수 및 탑승객 수와 일치한다.

② 항공사별 탑승객 수

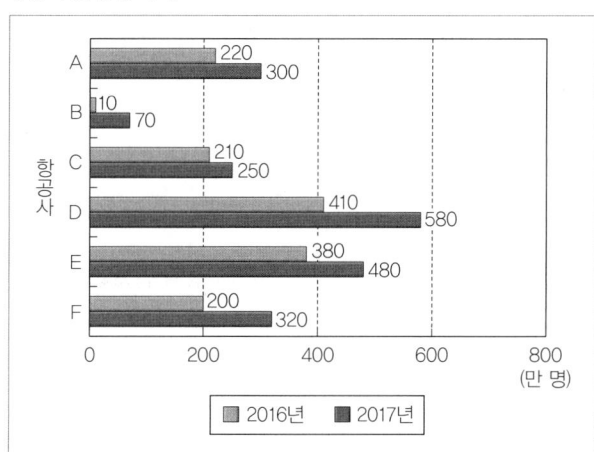

➡ (O) 〈표〉의 항공사별 연도별 탑승객 수와 일치한다.

③ 2017년 탑승객 수의 항공사별 구성비

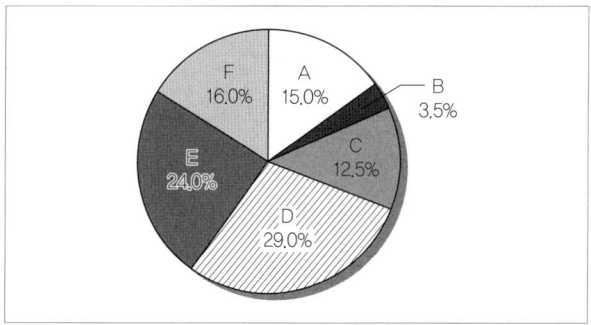

➡ (O) 〈표〉에서 2017년 항공사별 탑승객 수가 전체에서 차지하는 비율은 A의 경우 $\frac{300}{2,000} \times 100 = 15(\%)$, B의 경우 $\frac{70}{2,000} \times 100 = 3.5(\%)$, C의 경우 $\frac{250}{2,000} \times 100 = 12.5(\%)$, D의 경우 $\frac{580}{2,000} \times 100 = 29(\%)$, E의 경우 $\frac{480}{2,000} \times 100 = 24(\%)$, F의 경우 $\frac{320}{2,000} \times 100 = 16(\%)$로, 이는 〈그림〉과 일치한다.

④ 2016년 대비 2017년 항공사별 공급석 수 증가량

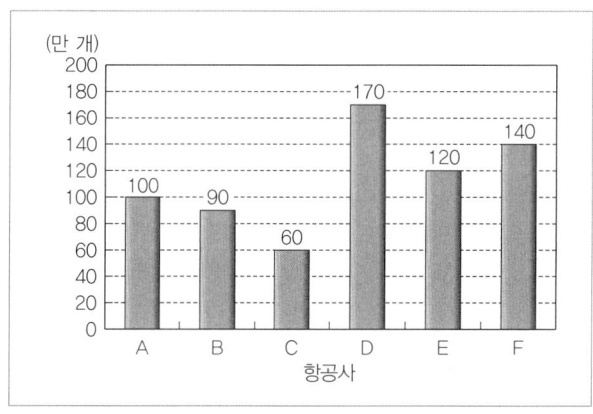

➡ (O) 〈표〉에서 2016년 대비 2017년 공급석 수 변화는 A의 경우 360-260=100(만 개), B의 경우 110-20=90(만 개), C의 경우 300-240=60(만 개), D의 경우 660-490=170(만 개), E의 경우 570-450=120(만 개), F의 경우 390-250=140(만 개)이다. 이는 〈그림〉과 일치한다.

⑤ 2017년 항공사별 잔여석 수

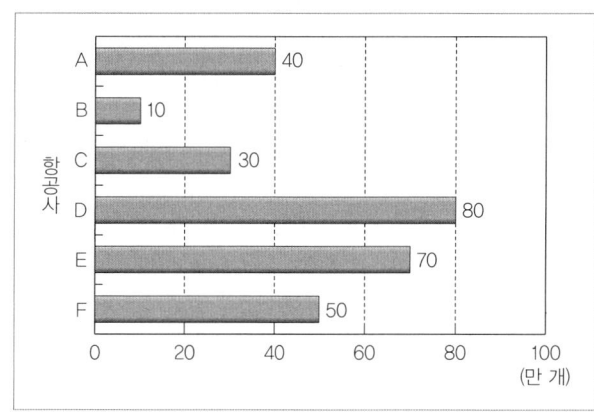

※ 잔여석 수=공급석 수-탑승객 수

➡ (X) 〈그림〉은 2016년 항공사별 잔여석 수를 나타내고 있다.

04 ①
정답률 89.5%

| 문제 유형 | 자료 읽기 > 그림 제시형
| 접근 전략 | 증가율과 증가폭의 차이를 유념해야 된다. 증가폭은 절대적인 값을 의미하고, 증가율은 비율을 의미한다.

다음 〈그림〉은 A국의 2012~2017년 태양광 산업 분야 투자액 및 투자건수에 관한 자료이다. 이에 대한 설명으로 옳지 않은 것은?

〈그림〉 태양광 산업 분야 투자액 및 투자건수

① 2013~2017년 동안 투자액의 전년 대비 증가율은 2016년이 가장 높다. ➡ (X) 정확한 증가율을 물어보는 것이 아니라면 몇 배인지 확인하는 것이 편하다. 2014년, 2017년은 전년 대비 감소하였으므로 제외하고 계산한다. 〈그림〉이 제시된 경우에는 가장 크게 증가하는 값, 가장 작게 증가하는 값을 쉽게 파악할 수 있다. 〈그림〉에 따르면 2015년의 경우 전년 대비 증가율이 가장 크다는 것을 짐작할 수 있다. 2015년을 계산해 보면 전년 대비 약 2.5배이고, 2013년, 2016년은 2배가 되지 않는다. 따라서 전년 대비 투자액 증가율이 가장 높은 연도는 2015년이다.

② 2013~2017년 동안 투자건수의 전년 대비 증가율은 2017년이 가장 낮다. ➡ (O) 전년도의 값이 크고, 전년 대비 증가량이 비슷하다면 전년 대비 증가율은 낮다. 전년 대비 증가량은 2013년이 4건, 2014년은 8건, 2015년은 5건, 2016년은 35건, 2017년은 3건이다. 전년 대비 증가량은 2017년이 가장 작고, 전년도의 값은 2017년이 가장 크므로 전년 대비 증가율은 2017년이 가장 낮다.

③ 2012년과 2015년 투자건수의 합은 2017 투자건수보다 작다. ➡ (O) 2012년과 2015년 투자건수의 합은 33건으로 2017년의 63건보다 작다.

④ 투자액이 가장 큰 연도는 2016년이다. ➡ (O) 2016년의 투자액이 390억 원으로 가장 크다.

⑤ 투자건수는 매년 증가하였다. ➡ (O) 투자건수는 8건 → 12건 → 20건 → 25건 → 60건 → 63건으로 매년 증가하였다.

05 ①
정답률 88.9%

| 문제 유형 | 자료 읽기 > 표 제시형
| 접근 전략 | 〈표〉의 항목이 매우 많아 필요한 값을 찾는 데 헤맬 수 있고, 정확한 값을 다 계산하기에는 값이 너무 많다. 따라서 이러한 문제에서는 대략적인 어림으로 선지를 해결하도록 한다.

다음 〈표〉는 15개 종목이 개최된 2018 평창 동계 올림픽 참가국 A~D의 메달 획득 결과를 나타낸 자료이다. 이에 대한 설명으로 옳은 것은?

〈표〉 2018 평창 동계 올림픽 참가국 A~D의 메달 획득 결과
(단위: 개)

국가 종목	A국			B국			C국			D국		
	금	은	동	금	은	동	금	은	동	금	은	동
노르딕복합	3	1	1					1				
루지	3	1	2		1						1	1
바이애슬론	3	1	3				1	3	2			
봅슬레이	3	1			1					1		1
쇼트트랙					1					1	1	3
스노보드		1	1	4	2	1				1	2	1
스켈레톤		1										
스키점프	1	3					2	1	2			
스피드스케이팅				1	2	1	1	1				
아이스하키	1		1								1	1
알파인스키				1	1	1	1	4	2			
컬링				1				1	1			
크로스컨트리		1					7	4	3			
프리스타일스키		1	2	1	1					4	2	1
피겨스케이팅	1				2			2			2	

※ 빈칸은 0을 의미함

① 동일 종목에서, A국이 획득한 모든 메달 수와 B국이 획득한 모든 메달 수를 합하여 종목별로 비교하면, 15개 종목 중 스노보드가 가장 많다. ➡ (O) A국과 B국의 스노보드 총 메달 수는 9개로, 루지 7개, 바이애슬론 7개보다 많다. 따라서 스노보드 총 메달 수가 가장 많다.

② A국이 획득한 금메달 수와 C국이 획득한 동메달 수는 같다. ➡ (X) A국이 획득한 금메달 수는 총 14개이고, C국이 획득한 동메달 수는 총 11개이다.

③ A국이 루지, 봅슬레이, 스켈레톤 종목에서 획득한 모든 메달 수의 합은 C국이 크로스컨트리 종목에서 획득한 모든 메달 수보다 많다. ➡ (X) A국이 루지, 봅슬레이, 스켈레톤 종목에서 획득한 모든 메달 수의 합은 3+1+2+3+1+1=11(개)이고, C국이 크로스컨트리 종목에서 획득한 모든 메달 수는 7+4+3=14(개)로, C국이 크로스컨트리 종목에서 획득한 모든 메달 수가 더 많다.

④ A~D국 중 메달을 획득한 종목의 수가 가장 많은 국가는 D국이다. ➡ (X) 각 국가가 메달을 획득한 종목의 수는 A국이 9개, B국이 11개, C국이 8개, D국이 9개이다. 따라서 B국이 메달을 획득한 종목의 수가 가장 많다.

⑤ 획득한 은메달 수가 많은 국가부터 순서대로 나열하면 C, B, A, D국 순이다. ➡ (X) A국이 획득한 은메달 수는 1+1+1+1+1+1+3+1=10(개), B국은 1+1+1+2+1+2=8(개), C국은 1+3+1+1+4+4=14(개), D국은 1+1+2+1+1+2=8(개)이다. 많은 국가부터 순서대로 나열하면 C, A, B=D이다.

06 ②
정답률 91.7%

|문제 유형| 자료 읽기 > 표 제시형
|접근 전략| 복합 자료 문제는 여러 자료를 빠르게 넘나드는 실력이 필요하다. 〈표〉의 각주를 잘 기억하면 〈표〉를 넘나들 때 위치를 쉽게 찾을 수 있다.

다음 〈표〉는 A국의 흥행순위별 2017년 영화개봉작 정보와 월별 개봉편수 및 관객 수에 대한 자료이다. 이에 대한 설명으로 옳지 않은 것은?

〈표 1〉 A국의 흥행순위별 2017년 영화개봉작 정보
(단위: 천 명)

흥행순위	영화명	개봉시기	제작	관객 수
1	버스운전사	8월	국내	12,100
2	님과 함께	12월	국내	8,540
3	동조	1월	국내	7,817
4	거미인간	7월	국외	7,258
5	착한도시	10월	국내	6,851
6	군함만	7월	국내	6,592
7	소년경찰	8월	국내	5,636
8	더 퀸	1월	국내	5,316
9	투수와 야수	3월	국외	5,138
10	퀸스맨	9월	국외	4,945
11	썬더맨	10월	국외	4,854
12	꾸러기	11월	국내	4,018
13	가랑비	12월	국내	4,013
14	동래산성	10월	국내	3,823
15	좀비	6월	국외	3,689
16	행복의 질주	4월	국외	3,653
17	나의 이름은	4월	국외	3,637
18	슈퍼카인드	7월	국외	3,325
19	아이 캔 토크	9월	국내	3,279
20	캐리비안	5월	국외	3,050

※ 관객 수는 개봉일로부터 2017년 12월 31일까지 누적한 값임

〈표 2〉 A국의 2017년 월별 개봉편수 및 관객 수
(단위: 편, 천 명)

월	제작구분	국내		국외	
		개봉편수	관객 수	개봉편수	관객 수
1		35	12,682	105	10,570
2		39	8,900	96	6,282
3		31	4,369	116	9,486
4		29	4,285	80	6,929
5		31	6,470	131	12,210
6		49	4,910	124	10,194
7		50	6,863	96	14,495
8		49	21,382	110	8,504
9		48	5,987	123	6,733
10		35	12,964	91	8,622
11		56	6,427	104	6,729
12		43	18,666	95	5,215
전체		495	113,905	1,271	105,969

※ 관객 수는 당월 상영영화에 대해 월말 집계한 값임

① 흥행순위 1~20위 내의 영화 중 한 편의 영화도 개봉되지 않았던 달에는 국외제작영화 관객 수가 국내제작영화 관객 수보다 적다.
➡ (O) 〈표 1〉에서 흥행순위 1~20위 내의 영화 중 한 편의 영화도 개봉되지 않았던 달은 2월이다. 〈표 2〉에서 2월 국외제작영화 관객 수가 6,282천 명으로 국내제작영화 관객 수인 8,900천 명보다 적다.

② 10월에 개봉된 영화 중 흥행순위 1~20위 내에 든 영화는 국내제작영화뿐이다. ➡ (X) 〈표 1〉에서 11위 썬더맨은 국외제작영화이다.

③ 국외제작영화 개봉편수는 국내제작영화 개봉편수보다 매달 많다.
➡ (O) 〈표 2〉에서 1월부터 12월까지 모두 국내제작영화 개봉편수보다 국외제작영화 개봉편수가 더 많다.

④ 국외제작영화 관객 수가 가장 많았던 달에 개봉된 영화 중 흥행순위 1~20위 내에 든 국외제작영화 개봉작은 2편이다. ➡ (O) 〈표 2〉에서 국외제작영화 관객 수가 가장 많았던 달은 14,495천 명의 관객이 관람한 7월이다. 이때 흥행순위 1~20위 내에 든 국외제작영화 개봉작은 거미인간, 슈퍼카인드로 2편이다.

⑤ 흥행순위가 1위인 영화의 관객 수는 국내제작영화 전체 관객 수의 10% 이상이다. ➡ (O) 2017년 버스운전사의 관객 수는 12,100천 명으로 이는 2017년 국내영화 관객 수인 113,905천 명의 10% 이상이다.

07 ①
정답률 76.0%

|문제 유형| 자료 읽기 > 표 제시형
|접근 전략| 수와 비율의 차이에 주의해야 한다. 절대적인 수치가 크더라도 분모가 크면 비율이 작을 수 있다.

다음 〈표〉는 조선시대 A지역 인구 및 사노비 비율에 대한 자료이다. 이에 대한 〈보기〉의 설명 중 옳은 것만을 모두 고르면?

〈표〉 A지역 인구 및 사노비 비율

구분 조사연도	인구(명)	인구 중 사노비 비율(%)			
		솔거노비	외거노비	도망노비	전체
1720	2,228	18.5	10.0	11.5	40.0
1735	3,143	13.8	6.8	12.8	33.4
1762	3,380	11.5	8.5	11.7	31.7
1774	3,189	14.0	8.8	12.0	34.8
1783	3,056	14.9	6.7	9.3	30.9
1795	2,359	18.2	4.3	6.5	29.0

※ 1) 사노비는 솔거노비, 외거노비, 도망노비로만 구분됨
   2) 비율은 소수점 둘째 자리에서 반올림한 값임

〈보기〉

ㄱ. A지역 인구 중 도망노비를 제외한 사노비가 차지하는 비율은 조사연도 중 1720년이 가장 높다. → (O) 도망노비를 제외한 사노비는 솔거노비와 외거노비인데, 이 둘의 비율의 합은 1720년에 28.5%였다가 20.6% → 20.0% → 22.8% → 21.6% → 22.5로 변했으므로 조사연도 중 1720년이 가장 높다.

ㄴ. A지역 사노비 수는 1774년이 1720년보다 많다. → (O) A지역 사노비 수는 1720년에는 2,228명 중 40%인 약 892명, 1774년에는 3,189명 중 34.8%인 약 1,110명으로, 1774년이 1720년보다 많다.

ㄷ. A지역 사노비 중 외거노비가 차지하는 비율은 1720년이 1762년보다 높다. → (X) A지역 사노비 중 외거노비가 차지하는 비율은 1720년에는 $\frac{10}{40} \times 100 = 25.0(\%)$, 1762년에는 $\frac{8.5}{31.7} \times 100 ≒ 26.8(\%)$로 1762년이 1720년보다 높다.

ㄹ. A지역 인구 중 솔거노비가 차지하는 비율은 매 조사연도마다 낮아진다. → (X) 1762~1795년 조사연도마다 솔거노비가 차지하는 비율은 11.5% → 14.0% → 14.9% → 18.2%로 점점 높아지고 있다.

① ㄱ, ㄴ ➡ (O)
② ㄱ, ㄷ ➡ (X)
③ ㄷ, ㄹ ➡ (X)
④ ㄱ, ㄴ, ㄹ ➡ (X)
⑤ ㄴ, ㄷ, ㄹ ➡ (X)

08 ④ 정답률 88.3%

| 문제 유형 | 자료 읽기 > 표 제시형
| 접근 전략 | 총지출 대비 SOC 투자규모 비중은 % 단위이고 SOC 투자규모는 조 원 단위임을 유의해야 한다. 단위가 다를 때에는 계산에 특히 주의해야 한다.

다음 〈표〉는 2013~2017년 '갑'국의 사회간접자본(SOC) 투자규모에 관한 자료이다. 이에 대한 설명으로 옳지 않은 것은?

〈표〉 '갑'국의 사회간접자본(SOC) 투자규모
(단위: 조 원, %)

연도 구분	2013	2014	2015	2016	2017
SOC 투자규모	20.5	25.4	25.1	24.4	23.1
총지출 대비 SOC 투자규모 비중	7.8	8.4	8.6	7.9	6.9

① 2017년 총지출은 300조 원 이상이다. ➡ (O)
$\frac{SOC 투자규모}{총지출 대비 SOC 투자규모 비중}$ = 총지출이다. '총지출 대비 SOC 투자규모 비중'은 %단위이므로 이를 100으로 나누어야 공식에 대입할 수 있다. 따라서 2017년 총지출은 $\frac{23.1}{0.069} ≒ 334.78$(조 원)으로, 300조 원 이상이다.

② 2014년 'SOC 투자규모'의 전년 대비 증가율은 30% 이하이다.
➡ (O) 2014년 'SOC 투자규모'의 전년 대비 증가율은 $\frac{(25.4-20.5)}{20.5} \times 100 ≒ 23.9(\%)$로, 30% 이하이다.

③ 2014~2017년 동안 'SOC 투자규모'가 전년에 비해 가장 큰 비율로 감소한 해는 2017년이다. ➡ (O) 2015년과 2016년, 2017년 'SOC 투자규모'가 감소했는데, 2015년에는 $\frac{(25.4-25.1)}{25.4} \times 100 ≒ 1.2(\%)$ 감소하였고, 2016년에는 $\frac{(25.1-24.4)}{25.1} \times 100 ≒ 2.8(\%)$ 감소하였으며, 2017년에는 $\frac{(24.4-23.1)}{24.4} \times 100 ≒ 5.3(\%)$ 감소하였다. 따라서 2017년 감소 비율이 가장 크다.

④ 2014~2017년 동안 'SOC 투자규모'와 '총지출 대비 SOC 투자규모 비중'의 전년 대비 증감방향은 동일하다. ➡ (X) 2015년 'SOC 투자규모'는 전년 대비 감소했으나 '총지출 대비 SOC 투자규모 비중'은 증가했다.

⑤ 2018년 'SOC 투자규모'의 전년 대비 감소율이 2017년과 동일하다면, 2018년 'SOC 투자규모'는 20조 원 이상이다. ➡ (O) 2017년 'SOC 투자규모'의 전년 대비 감소율은 $\frac{(24.4-23.1)}{24.4} \times 100 ≒ 5.3(\%)$이다. 이와 동일하게 2018년 'SOC 투자규모'가 전년 대비 감소한다면 2018년 'SOC 투자규모'는 $23.1 \times (1-0.053) = 21.8757$(조 원)으로 20조 원 이상이다.

09 ⑤ 정답률 94.3%

| 문제 유형 | 자료 읽기/추론 > 계산형
| 접근 전략 | 확실한 값이 나온 〈조건〉은 '병'의 배낭에 담긴 물품 가격의 합이다. 여러 가지 경우의 수가 나오는 〈조건〉보다는 확실한 〈조건〉을 기준으로 계산을 시작하는 것이 편하다. 또 미지수가 여러 개이므로 방정식을 세워 풀면 편리하다.

다음 〈표〉는 물품 A~E의 가격에 대한 자료이다. 〈조건〉에 부합하는 (가), (나), (다)로 가능한 것은?

〈표〉 물품 A~E의 가격
(단위: 원/개)

물품	가격
A	24,000
B	(가)
C	(나)
D	(다)
E	16,000

〈조건〉
○ '갑', '을', '병'의 배낭에 담긴 물품은 각각 다음과 같다.
 - 갑: B, C, D
 - 을: A, C
 - 병: B, D, E
○ 배낭에는 해당 물품이 한 개씩만 담겨 있다.
○ 배낭에 담긴 물품 가격의 합이 높은 사람부터 순서대로 나열하면 '갑', '을', '병' 순이다.
○ '병'의 배낭에 담긴 물품 가격의 합은 44,000원이다.

	(가)	(나)	(다)	
①	11,000	23,000	14,000	➡ (X)
②	12,000	14,000	16,000	➡ (X)
③	12,000	19,000	16,000	➡ (X)
④	13,000	19,000	15,000	➡ (X)
⑤	13,000	23,000	15,000	➡ (O)

병의 배낭에 담긴 물품 가격의 합은 44,000원이므로 B+D+E=44,000(원)이다. 이때 물품 E의 가격은 16,000원이므로 B+D=28,000(원)이다. 을의 물품 가격의 합이 병보다 높으므로 A+C>44,000원이어야 한다. A는 24,000원이므로 C>20,000원이다. ②~④는 C>20,000원에 부합하지 않는다. B+D=28,000(원)이므로 (가)가 13,000원이고, (다)가 15,000원으로 합이 28,000원인 ⑤가 적절하다.

10 ③
정답률 85.0%

| 문제 유형 | 자료 읽기 > 표/그림 제시형
| 접근 전략 | 자료가 여러 개 제시될 경우 자료를 혼동하거나 범례를 착각할 수 있으므로 각 자료의 범례들을 잘 파악하고 있어야 한다. 또 %와 %p는 혼동하지 않도록 한다.

다음 〈표〉와 〈그림〉은 A국 초·중·고등학생 평균 키 및 평균 체중과 비만에 대한 자료이다. 이에 대한 〈보기〉의 설명 중 옳은 것만을 모두 고르면?

〈표 1〉 학교급별 평균 키 및 평균 체중 현황

(단위: cm, kg)

학교급	성별	2017년		2016년		2015년		2014년		2013년	
		키	체중	키	체중	키	체중	키	체중	키	체중
초	남	152.1	48.2	151.4	46.8	151.4	46.8	150.4	46.0	150.0	44.7
	여	152.3	45.5	151.9	45.2	151.8	45.1	151.1	44.4	151.0	43.7
중	남	170.0	63.7	169.7	62.3	169.2	61.9	168.9	61.6	168.7	60.5
	여	159.8	54.4	159.8	54.3	159.8	54.1	159.5	53.6	160.0	52.9
고	남	173.5	70.0	173.5	69.4	173.5	68.5	173.7	68.3	174.0	68.2
	여	160.9	57.2	160.9	57.1	160.9	56.8	161.1	56.2	161.1	55.4

〈표 2〉 2017년 학교급별 비만학생 구성비

(단위: %)

구분 학교급	성별	비만아닌학생	비만학생			학생비만율
			경도 비만	중등도 비만	고도 비만	
초	남	82.6	8.5	7.3	1.6	17.4
	여	88.3	6.5	4.4	0.8	11.7
중	남	81.5	9.0	7.5	2.0	18.5
	여	86.2	7.5	4.9	1.4	13.8
고	남	79.5	8.7	8.4	3.4	20.5
	여	81.2	8.6	7.5	2.7	18.8
전체		83.5	8.1	6.5	1.9	16.5

※ '학생비만율'은 학생 중 비만학생(경도 비만+중등도 비만+고도 비만)의 구성비임

〈그림〉 연도별 초·중·고 전체의 비만학생 구성비

〈보기〉

ㄱ. 중학교 여학생의 평균 키는 매년 증가하였다. → (X) 〈표 1〉을 보면 중학교 여학생의 평균 키는 2014년 159.5cm로, 2013년의 160.0cm보다 하락하였다.
ㄴ. 초·중·고 전체의 '학생비만율'은 매년 증가하였다. → (O) 〈그림〉을 보면 연도별 비만 아님 비율은 85.3% → 85.2% → 85.0% → 84.4% → 83.5%로 매년 감소하였다. 이는 '학생비만율'이 매년 증가하였음을 의미한다.
ㄷ. 고등학교 남학생의 '학생비만율'은 2013년이 2017년보다 작다. → (X) 제시된 자료들을 통해서는 2013년 고등학교 남학생의 '학생비만율'은 알 수 없다.
ㄹ. 2017년 '학생비만율'의 남녀 학생 간 차이는 중학생이 초등학생보다 작다. → (O) 2017년 '학생비만율'의 남녀 학생 간 차이는 중학생의 경우 18.5−13.8=4.7(%p), 초등학생의 경우 17.4−11.7=5.7(%p)로, 중학생이 초등학생보다 차이가 작다.

① ㄱ, ㄴ ➡ (X)
② ㄴ, ㄷ ➡ (X)
③ ㄴ, ㄹ ➡ (O)
④ ㄷ, ㄹ ➡ (X)
⑤ ㄱ, ㄷ, ㄹ ➡ (X)

11 ②
정답률 80.3%

| 문제 유형 | 자료 읽기 > 그림 제시형
| 접근 전략 | A 대비 B는 $\frac{B}{A}$를 뜻한다. 분자와 분모를 헷갈리지 않도록 한다.

다음 〈그림〉은 A~F국의 2016년 GDP와 'GDP 대비 국가자산총액'을 나타낸 자료이다. 이에 대한 〈보기〉의 설명 중 옳은 것만을 모두 고르면?

〈그림〉 A~F국의 2016년 GDP와 'GDP 대비 국가자산총액'

※ GDP 대비 국가자산총액(%) = $\frac{국가자산총액}{GDP} \times 100$

〈보기〉

ㄱ. GDP가 높은 국가일수록 'GDP 대비 국가자산총액'이 작다. → (X) B국은 C국보다 GDP와 'GDP 대비 국가자산총액'이 모두 높다.
ㄴ. A국의 GDP는 나머지 5개국 GDP의 합보다 크다. → (O) A국의 GDP는 18조 5,620억 달러로 B~F국의 GDP를 모두 더한 4,730+3,495+2,650+2,488+1,404=14조 7,670억 달러보다 크다.
ㄷ. 국가자산총액은 F국이 D국보다 크다. → (X) 국가자산총액은 $\frac{GDP \times GDP 대비 국가자산총액}{100}$으로 구할 수 있다. F국의 국가자산총액은

$\dfrac{1{,}404 \times 828}{100} = 11{,}625.12$(십억 달러)이고, D국의 국가자산총액은 $\dfrac{2{,}650 \times 522}{100}$

= 13,833(십억 달러)이다. 따라서 D국의 국가자산총액이 F국보다 크다.

① ㄱ ➡ (X)
② ㄴ ➡ (O)
③ ㄷ ➡ (X)
④ ㄱ, ㄴ ➡ (X)
⑤ ㄴ, ㄷ ➡ (X)

12 ②
정답률 95.5%

| 문제 유형 | 자료 읽기/추론 > 계산형
| 접근 전략 | 약수, 배수, 인수분해에 관한 개념은 꼭 숙지하고 있어야 한다. 또 자료의 형태가 생소하지만 〈규칙〉이 큰 힌트가 되므로 〈규칙〉을 정확히 이해하고 문제를 풀도록 한다.

다음 〈그림〉은 아래 〈규칙〉에 따라 2에서 10까지의 서로 다른 자연수의 관계를 나타낸 것이다. 이때 '가', '나', '다'에 해당하는 수의 합은?

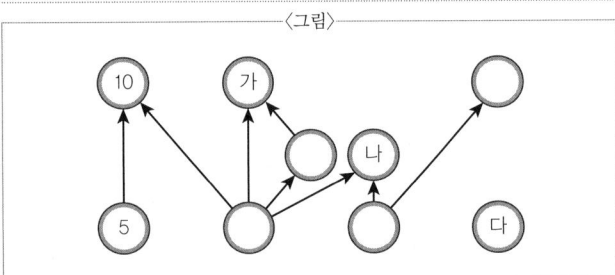

─〈규칙〉─
○ 〈그림〉에서 2에서 10까지의 자연수는 ◯ 안에 한 개씩만 사용되고, 사용되지 않는 자연수는 없다.
○ 2에서 10까지의 서로 다른 임의의 자연수 3개를 x, y, z라고 할 때,
 - ⓧ → ⓨ 는 y가 x의 배수임을 나타낸다.
 - 화살표로 연결되지 않은 ⓩ 는 z가 x, y와 약수나 배수 관계가 없음을 나타낸다.

① 20 ➡ (X)
② 21 ➡ (O) 10은 2×5로 인수분해된다. 따라서 10은 2와 5의 배수이다. - (1)
2~10 가운데 2의 배수는 4, 6, 8, 10인데 10은 이미 쓰여 있으므로 2에서 화살표로 뽑은 곳에 4, 6, 8이 들어간다. 그런데 8은 4의 배수이므로 '가'에는 8이 들어가고, 그 옆에 4가 들어간다. 따라서 남은 6은 '나'에 들어간다. - (2)
6은 2×3으로 인수분해되는데 2는 이미 쓰여 있으므로 '나' 아래에는 3이 들어간다. - (3)
9는 3의 배수이므로 오른쪽 위에는 9가 들어간다. - (4)
남은 숫자 7이 '다'에 들어간다. - (5)

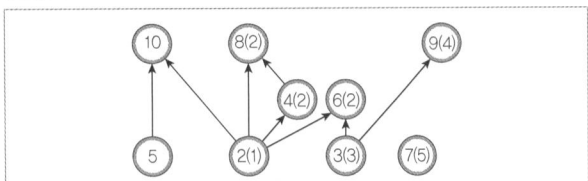

③ 22 ➡ (X)
④ 23 ➡ (X)
⑤ 24 ➡ (X)

13 ④
정답률 92.7%

| 문제 유형 | 자료 읽기 > 표 제시형
| 접근 전략 | 해당 문제는 다른 그림 찾기의 축소판이다. 즉, 해당 항목만 정확히 찾아 비교하면 문제를 쉽게 해결할 수 있으므로 집중하여 풀도록 한다.

다음 〈표〉는 7월 1~10일 동안 도시 A~E에 대한 인공지능 시스템의 예측 날씨와 실제 날씨이다. 이에 대한 〈보기〉의 설명 중 옳은 것만을 모두 고르면?

〈표〉 도시 A~E에 대한 예측 날씨와 실제 날씨

도시	구분	7.1	7.2	7.3	7.4	7.5	7.6	7.7	7.8	7.9	7.10
A	예측	비	흐림	맑음	비	맑음	맑음	비	비	맑음	흐림
A	실제	비	맑음	비	흐림	맑음	맑음	맑음	맑음	비	비
B	예측	맑음	비	맑음	흐림	맑음	비	맑음	맑음	맑음	맑음
B	실제	비	비	맑음	흐림	맑음	비	흐림	맑음	맑음	맑음
C	예측	비	맑음	맑음	비	맑음	흐림	맑음	맑음	비	흐림
C	실제	비	흐림	맑음	흐림	맑음	비	맑음	흐림	비	흐림
D	예측	맑음	비	맑음	비	비	맑음	비	비	맑음	맑음
D	실제	맑음	맑음	흐림	비	맑음	맑음	맑음	비	비	맑음
E	예측	비	맑음	맑음	맑음	맑음	맑음	흐림	맑음	비	맑음
E	실제	비	흐림	맑음	비	맑음	비	맑음	비	맑음	맑음

※ ☀: 맑음, ☁: 흐림, ☂: 비

─〈보기〉─
ㄱ. 도시 A에서는 예측 날씨가 '비'인 날 실제 날씨도 모두 '비'였다. → (X) 7월 8일의 예측 날씨는 '비'였으나 실제 날씨는 '맑음'이었다.
ㄴ. 도시 A~E 중 예측 날씨와 실제 날씨가 일치한 일수가 가장 많은 도시는 B이다. → (O) 예측 날씨와 실제 날씨가 일치한 일수는 A가 6일, B가 7일, C가 5일, D가 4일, E가 3일이다. 따라서 B가 예측 날씨와 실제 날씨가 일치한 일수가 가장 많다.
ㄷ. 7월 1~10일 중 예측 날씨와 실제 날씨가 일치한 도시 수가 가장 적은 날짜는 7월 2일이다. → (O) 7월 2일에는 A~E 도시 모두 예측 날씨와 실제 날씨가 다르다.

① ㄱ ➡ (X)
② ㄴ ➡ (X)
③ ㄷ ➡ (X)
④ ㄴ, ㄷ ➡ (O)
⑤ ㄱ, ㄴ, ㄷ ➡ (X)

14 ⑤ 정답률 87.2%

| 문제 유형 | 자료 읽기 > 표 제시형

| 접근 전략 | A당 B, A 대비 B 등은 모두 $\frac{B}{A}$를 뜻한다. 또한 A당 B가 가장 크다는 것은 B당 A가 가장 작다는 뜻임을 알아두도록 한다.

다음 〈표〉는 1930~1934년 동안 A지역의 곡물 재배면적 및 생산량을 정리한 자료이다. 이에 대한 설명으로 옳은 것은?

〈표〉 A지역의 곡물 재배면적 및 생산량
(단위: 천 정보, 천 석)

곡물	구분	1930	1931	1932	1933	1934
미곡	재배면적	1,148	1,100	998	1,118	1,164
	생산량	15,276	14,145	13,057	15,553	18,585
맥류	재배면적	1,146	773	829	963	1,034
	생산량	7,347	4,407	4,407	6,339	7,795
두류	재배면적	450	283	301	317	339
	생산량	1,940	1,140	1,143	1,215	1,362
잡곡	재배면적	334	224	264	215	208
	생산량	1,136	600	750	633	772
서류	재배면적	59	88	87	101	138
	생산량	821	1,093	1,228	1,436	2,612
전체	재배면적	3,137	2,468	2,479	2,714	2,883
	생산량	26,520	21,385	20,585	25,176	31,126

① 1931~1934년 동안 재배면적의 전년 대비 증감방향은 미곡과 두류가 동일하다. ➡ (X) 1932년 미곡의 재배면적은 전년 대비 감소했으나 두류의 재배면적은 전년 대비 증가했다.

② 생산량은 매년 두류가 서류보다 많다. ➡ (X) 1932년부터는 서류가 두류보다 생산량이 더 많다.

③ 재배면적은 매년 잡곡이 서류의 2배 이상이다. ➡ (X) 1934년 잡곡의 재배면적은 208천 정보, 서류의 재배면적은 138천 정보이다. 따라서 잡곡의 재배면적이 서류의 재배면적의 $\frac{208}{138}$ ≒ 1.5(배)로 2배가 되지 않는다.

④ 1934년 재배면적당 생산량이 가장 큰 곡물은 미곡이다. ➡ (X) 1934년 서류의 재배면적당 생산량이 $\frac{2,612}{138}$ ≒ 18.9(석)으로 가장 크다. 미곡의 재배면적당 생산량은 $\frac{18,585}{1,164}$ ≒ 16.0(석)으로 서류의 재배면적당 생산량보다 작다. 나머지 곡물의 재배면적당 생산량은 10석에 미달한다.

⑤ 1933년 미곡과 맥류 재배면적의 합은 1933년 곡물 재배면적 전체의 70% 이상이다. ➡ (O) 정확한 값을 요하지 않고, 비교하는 것이므로 1933년 미곡과 맥류 재배면적의 합과 곡물 재배면적 전체의 70%를 비교하면 된다. 1933년 미곡과 맥류 재배면적의 합이 1,118+963=2,081(천 정보)이고, 전체 재배면적의 70%는 2,714×0.7=1,899.8(천 정보)이다. 2,081>1,899.80이므로 1933년 미곡과 맥류 재배면적의 합은 1933년 곡물 재배면적 전체의 70%를 넘는다.

15 ④ 정답률 94.8%

| 문제 유형 | 자료 읽기 > 그림 제시형

| 접근 전략 | 제시된 〈그림〉은 선끼리 겹쳐져 있어 혼동될 수 있으므로 선이 어떻게 이어져 있는지와 도형의 모양을 잘 확인하여 실수를 줄여야 한다.

다음 〈그림〉은 주요국(한국, 미국, 일본, 프랑스)이 화장품산업 경쟁력 4대 분야에서 획득한 점수에 대한 자료이다. 이에 대한 설명으로 옳은 것은?

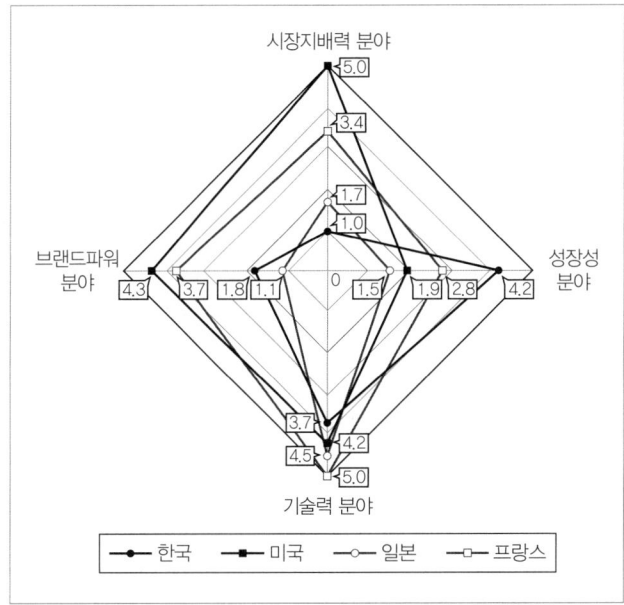

〈그림〉 주요국의 화장품산업 경쟁력 4대 분야별 점수

① 기술력 분야에서는 한국의 점수가 가장 높다. ➡ (X) 기술력 분야에서는 프랑스가 5.0점으로 점수가 가장 높다.

② 성장성 분야에서 점수가 가장 높은 국가는 시장지배력 분야에서도 점수가 가장 높다. ➡ (X) 성장성 분야에서 점수가 가장 높은 국가는 4.2점인 한국이고, 시장지배력 분야에서 점수가 가장 높은 국가는 5.0점인 미국이다.

③ 브랜드파워 분야에서 각국이 획득한 점수의 최댓값과 최솟값의 차이는 3 이하이다. ➡ (X) 브랜드파워 분야에서 최고점은 4.3점이고, 최저점은 1.1점으로 3.2점 차이가 난다. 따라서 최댓값과 최솟값 차이는 3 이상이다.

④ 미국이 4대 분야에서 획득한 점수의 합은 프랑스가 4대 분야에서 획득한 점수의 합보다 크다. ➡ (O) 미국이 4대 분야에서 획득한 점수의 합은 5.0+4.3+4.2+1.9=15.4(점)이고, 프랑스가 4대 분야에서 획득한 점수의 합은 3.4+3.7+5.0+2.8=14.9(점)이다. 프랑스보다 미국이 4대 분야에서 획득한 점수의 합이 크다.

⑤ 시장지배력 분야의 점수는 일본이 프랑스보다 높지만 미국보다는 낮다. ➡ (X) 시장지배력 분야의 점수는 일본(1.7점)이 프랑스(3.4점), 미국(5.0점)보다 낮다.

16 ⑤ 정답률 80.3%

| 문제 유형 | 자료 읽기 > 그림 제시형
| 접근 전략 | 기본적인 이항에 대한 이해가 필요하다. 해당 문제에서는 이항을 이용하여 분수 형태를 없애주는 것이 시간을 절약할 수 있는 방법이다.

다음 〈그림〉은 기업 A, B의 2014~2017년 에너지원단위 및 매출액 자료이다. 이에 대한 〈보기〉의 설명 중 옳은 것만을 모두 고르면?

〈그림〉 기업 A, B의 2014~2017년 에너지원단위 및 매출액

※ 에너지원단위(TOE/백만 원)= $\dfrac{\text{에너지소비량(TOE)}}{\text{매출액(백만 원)}}$

─〈보기〉─

ㄱ. 기업 A, B는 각각 에너지원단위가 매년 감소하였다. → (X) 기업 A는 2015년 에너지원단위가 2014년보다 증가하였다.
ㄴ. 기업 A의 에너지소비량은 매년 증가하였다. → (O) 에너지소비량은 에너지원단위 × 매출액으로 구할 수 있다. 기업 A의 에너지소비량은 2014년의 경우 0.25×100=25(TOE), 2015년의 경우 0.3×300=90(TOE), 2016년의 경우 0.25×400=100(TOE), 2017년의 경우 0.20×700=140(TOE)로, 매년 증가하였다.
ㄷ. 2016년 에너지소비량은 기업 B가 기업 A보다 많다. → (O) 2016년 기업 A의 에너지소비량은 0.25×400=100(TOE)이고, 기업 B의 에너지소비량은 0.15×800=120(TOE)이므로, 기업 A보다 기업 B가 에너지소비량이 많다.

① ㄱ ➡ (X)
② ㄴ ➡ (X)
③ ㄷ ➡ (X)
④ ㄱ, ㄴ ➡ (X)
⑤ ㄴ, ㄷ ➡ (O)

S 17 ① TOP 2 정답률 67.9%

| 문제 유형 | 자료 읽기 > 표/그림 제시형
| 접근 전략 | 전년 동분기 대비 등락액이란 2016년 1분기라면 2015년 1분기보다 얼마나 증가 또는 감소했는지를 뜻한다. 전기 대비와 혼동하지 않아야 한다. 등락액이 양수이면 전년보다 올해 값이 높아졌음을 의미한다.

다음 〈표〉와 〈그림〉은 A지역 2016년 주요 버섯의 도·소매가와 주요 버섯 소매가의 전년 동분기 대비 등락액을 나타낸 자료이다. 이에 대한 〈보기〉의 설명 중 옳은 것만을 모두 고르면?

〈표〉 2016년 주요 버섯의 도·소매가

(단위: 원/kg)

버섯 종류	분기 구분	1분기	2분기	3분기	4분기
느타리	도매	5,779	6,752	7,505	7,088
	소매	9,393	9,237	10,007	10,027
새송이	도매	4,235	4,201	4,231	4,423
	소매	5,233	5,267	5,357	5,363
팽이	도매	1,886	1,727	1,798	2,116
	소매	3,136	3,080	3,080	3,516

〈그림〉 2016년 주요 버섯 소매가의 전년 동분기 대비 등락액

─〈보기〉─

ㄱ. 2016년 매분기 '느타리' 1kg의 도매가는 '팽이' 3kg의 도매가보다 높다. → (O) '느타리'의 도매가가 '팽이'의 도매가의 3배 이상인지를 확인하면 된다. 각 분기 '팽이'의 도매가의 3배는 1분기의 경우 1,886×3=5,658(원/kg), 2분기의 경우 1,727×3=5,181(원/kg), 3분기의 경우 1,798×3=5,394(원/kg), 4분기의 경우 2,116×3=6,348(원/kg)으로 각각 '느타리'의 분기별 도매가보다 낮다.
ㄴ. 2015년 매분기 '팽이'의 소매가는 3,000원/kg 이상이다. → (O) 2015년 '팽이'의 소매가는 1분기의 경우 3,136+373=3,509(원/kg), 2분기의 경우 3,080-42=3,038(원/kg), 3분기의 경우 3,080-60=3,020(원/kg), 4분기의 경우 3,516-389=3,127(원/kg)으로, 모두 3,000원/kg 이상이다.
ㄷ. 2016년 1분기 '새송이'의 소매가는 2015년 4분기에 비해 상승했다. → (X) 2016년 1분기 '새송이'의 소매가는 5,233원/kg인데, 2015년 4분기 '새송이'의 소매가는 5,363-45=5,318(원/kg)이다. 따라서 2016년 1분기 '새송이'의 소매가는 2015년 4분기에 비해 하락했다.
ㄹ. 2016년 매분기 '느타리'의 소매가는 도매가의 1.5배 미만이다. → (X) 2016년 1분기 '느타리' 소매가는 9,393원/kg이고, 도매가의 1.5배는 5,779×1.5=8,668.5(kg/원)이다. 따라서 2016년 1분기에는 1.5배를 초과한다.

① ㄱ, ㄴ ➡ (O)
② ㄱ, ㄷ ➡ (X)
③ ㄴ, ㄷ ➡ (X)
④ ㄴ, ㄹ ➡ (X)
⑤ ㄷ, ㄹ ➡ (X)

18 ③
정답률 92.9%

| 문제 유형 | 자료 읽기 > 표/빈칸 제시형
| 접근 전략 | 각주에 용어에 대한 설명이 있을 경우 각주를 틈틈이 보면서 선지를 보아 일상적인 용어 사용과 헷갈리지 않도록 주의한다. 산술평균은 일반적으로 쓰는 평균과 같은 뜻인데, 혹시라도 기하평균이나 조화평균이 나오면 공식으로 제시될 가능성이 크다.

다음 〈표〉는 A~E 면접관이 '갑'~'정' 응시자에게 부여한 면접 점수이다. 이에 대한 〈보기〉의 설명 중 옳은 것만을 모두 고르면?

〈표〉 '갑'~'정' 응시자의 면접 점수
(단위: 점)

응시자 면접관	갑	을	병	정	범위
A	7	8	8	6	2
B	4	6	8	10	( )
C	5	9	8	8	( )
D	6	10	9	7	4
E	9	7	6	5	4
중앙값	( )	( )	8	( )	
교정점수	( )	8	( )	7	–

※ 1) 범위: 해당 면접관이 각 응시자에게 부여한 면접 점수 중 최댓값에서 최솟값을 뺀 값
2) 중앙값: 해당 응시자가 A~E 면접관에게 받은 모든 면접 점수를 크기순으로 나열할 때 한가운데 값
3) 교정점수: 해당 응시자가 A~E 면접관에게 받은 모든 면접 점수 중 최댓값과 최솟값을 제외한 면접 점수의 산술평균값

〈보기〉
ㄱ. 면접관 중 범위가 가장 큰 면접관은 B이다. → (O) B가 각 응시자에게 부여한 면접 점수 중 최댓값은 10이고, 최솟값은 4로 범위는 6이다. 응시자에게 4점 이하를 주거나 10점 초과를 준 면접관이 없으므로 B의 범위가 가장 크다.
ㄴ. 응시자 중 중앙값이 가장 작은 응시자는 '정'이다. → (X) 중앙값은 '갑'이 6점, '을'과 '병'이 8점, '정'이 7점이다. 따라서 '갑'의 중앙값이 가장 작다.
ㄷ. 교정점수는 '병'이 '갑'보다 크다. → (O) '갑'의 교정점수는 $\frac{7+5+6}{3}$=6(점), '병'의 교정점수는 $\frac{8+8+8}{3}$=8(점)이다. 따라서 교정점수는 '병'이 '갑' 보다 크다.

① ㄱ ➡ (X)
② ㄴ ➡ (X)
③ ㄱ, ㄷ ➡ (O)
④ ㄴ, ㄷ ➡ (X)
⑤ ㄱ, ㄴ, ㄷ ➡ (X)

19 ①
정답률 74.2%

| 문제 유형 | 자료 읽기/추론 > 계산형
| 접근 전략 | 무역특화지수와 같이 생소한 공식을 제시하는 경우가 있는데, 이러한 공식은 암산으로 계산하는 것이 극히 어려우므로 꼭 손으로 써서 푸는 것이 좋다. 웬만하면 암산이 가능할 때 암산을 하는 것이 좋다고 추천하지만 이런 생소한 공식은 암산이 아닌 꼭 계산식을 세워 풀도록 하자.

다음 〈표〉는 2000년과 2013년 한국, 중국, 일본의 재화 수출액 및 수입액 자료이고, 〈용어 정의〉는 무역수지와 무역특화지수에 대한 설명이다. 이에 대한 〈보기〉의 설명 중 옳은 것만을 모두 고르면?

〈표〉 한국, 중국, 일본의 재화 수출액 및 수입액
(단위: 억 달러)

국가 연도 / 재화	한국		중국		일본	
	수출액	수입액	수출액	수입액	수출액	수입액
2000 원자재	578	832	741	1,122	905	1,707
2000 소비재	117	104	796	138	305	847
2000 자본재	1,028	668	955	991	3,583	1,243
2013 원자재	2,015	3,232	5,954	9,172	2,089	4,760
2013 소비재	138	375	4,083	2,119	521	1,362
2013 자본재	3,444	1,549	12,054	8,209	4,541	2,209

〈용어 정의〉
○ 무역수지 = 수출액 − 수입액
 − 무역수지 값이 양(+)이면 흑자, 음(−)이면 적자이다.
○ 무역특화지수 = $\frac{수출액 - 수입액}{수출액 + 수입액}$
 − 무역특화지수의 값이 클수록 수출경쟁력이 높다.

〈보기〉
ㄱ. 2013년 한국, 중국, 일본 각각에서 원자재 무역수지는 적자이다. → (O) 2013년 한국, 중국, 일본 모두 원자재 수입액이 수출액보다 크므로 원자재 무역수지는 모두 적자이다.
ㄴ. 2013년 한국의 원자재, 소비재, 자본재 수출액은 2000년에 비해 각각 50% 이상 증가하였다. → (X) 2013년 한국의 소비재 수출액은 138억 달러이다. 이는 2000년 한국의 소비재 수출액인 117억 달러의 150%인 175억 5천만 달러에 미치지 못한다.
ㄷ. 2013년 자본재 수출경쟁력은 일본이 한국보다 높다. → (X) 2013년 한국의 자본재 무역특화지수는 $\frac{(3,444-1,549)}{(3,444+1,549)}$ ≒0.37950이고 일본의 자본재 무역특화지수는 $\frac{(4,541-2,209)}{(4,541+2,209)}$ ≒0.3455로, 2013년 한국의 자본재 무역특화지수가 더 높다. 무역특화지수의 값이 클수록 수출경쟁력이 높으므로 2013년 한국의 자본재 수출경쟁력이 더 높다.

① ㄱ ➡ (O)
② ㄴ ➡ (X)
③ ㄱ, ㄴ ➡ (X)
④ ㄱ, ㄷ ➡ (X)
⑤ ㄴ, ㄷ ➡ (X)

20 ③

정답률 79.3%

| 문제 유형 | 자료 읽기 > 표/빈칸 제시형
| 접근 전략 | 반드시 각주를 참고해야 하는 문제에서 각주를 보지 않고 문제를 푸는 실수를 할 수 있다. 〈보기〉에서 각주 내용이 제시되어 있다면 바로 각주에 밑줄로 표시하면서 문제를 푸는 습관을 들이도록 하자.

다음 〈표〉는 A~D국의 성별 평균소득과 대학진학률의 격차지수만으로 계산한 '간이 성평등지수'에 관한 자료이다. 이에 대한 〈보기〉의 설명 중 옳은 것만을 모두 고르면?

〈표〉 A~D국의 성별 평균소득, 대학진학률 및 '간이 성평등지수'
(단위: 달러, %)

항목 국가	평균소득			대학진학률			간이 성평등 지수
	여성	남성	격차 지수	여성	남성	격차 지수	
A	8,000	16,000	0.50	68	48	1.00	0.75
B	36,000	60,000	0.60	( )	80	( )	( )
C	20,000	25,000	0.80	70	84	0.83	0.82
D	3,500	5,000	0.70	11	15	0.73	0.72

※ 1) 격차지수는 남성 항목값 대비 여성 항목값의 비율로 계산하며, 그 값이 1을 넘으면 1로 함
2) '간이 성평등지수'는 평균소득 격차지수와 대학진학률 격차지수의 산술평균임
3) 격차지수와 '간이 성평등지수'는 소수점 셋째 자리에서 반올림한 값임

〈보기〉

ㄱ. A국의 여성 평균소득과 남성 평균소득이 각각 1,000달러씩 증가하면 A국의 '간이 성평등지수'는 0.80 이상이 된다. → (X) A국의 여성 평균소득과 남성 평균소득이 각각 1,000달러씩 증가하면 평균소득 격차지수는 $\frac{9,000}{17,000} ≒ 0.530$이고, 대학진학률 격차지수는 1.00으로 이 둘을 산술평균하면 0.77로 '간이 성평등지수'는 0.80 미만이다.

ㄴ. B국의 여성 대학진학률이 85%이면 '간이 성평등지수'는 B국이 C국보다 높다. → (X) B국의 대학진학률 격차지수는 1을 넘기 때문에 1로 하고, 이것과 평균소득 격차지수를 산술평균하면 0.80으로, 이것이 B국의 '간이 성평등지수'이다. C국의 '간이 성평등지수'는 0.82로, C국이 '간이 성평등지수'가 더 높다.

ㄷ. D국의 여성 대학진학률이 4%p 상승하면 D국의 '간이 성평등지수'는 0.80 이상이 된다. → (O) D국의 여성 대학진학률이 4%p 상승하면 대학진학률 격차지수는 $\frac{15}{15}=1$이 되고, 이것과 평균소득 격차지수 0.70을 산술평균하면 '간이 성평등지수'는 0.85가 된다.

① ㄱ ➡ (X)
② ㄴ ➡ (X)
③ ㄷ ➡ (O)
④ ㄱ, ㄴ ➡ (X)
⑤ ㄱ, ㄷ ➡ (X)

21 ⑤

정답률 77.3%

| 문제 유형 | 자료 읽기 > 표/그림 제시형
| 접근 전략 | 전년 대비 증가율을 통해 전년 대비 증가폭을 계산할 때에는 올해 값 × 전년 대비 증가율로 계산하면 안 된다. 작년 값 × 전년 대비 증가율이 전년 대비 증가폭이기 때문이다. 올해 값 × $\frac{전년 대비 증가율}{(100+전년 대비 증가율)}$이 전년 대비 증가폭이다.

다음 〈표〉와 〈그림〉은 2018년 테니스 팀 A~E의 선수 인원 수 및 총 연봉과 각각의 전년 대비 증가율에 대한 자료이다. 이에 대한 설명으로 옳지 않은 것은?

〈표〉 2018년 테니스 팀 A~E의 선수 인원 수 및 총 연봉
(단위: 명, 억 원)

테니스 팀	선수 인원 수	총 연봉
A	5	15
B	10	25
C	8	24
D	6	30
E	6	24

※ 팀 선수 평균 연봉 = $\frac{총 연봉}{선수 인원 수}$

〈그림〉 2018년 테니스 팀 A~E의 선수 인원 수 및 총 연봉의 전년 대비 증가율

※ 전년 대비 증가율은 소수점 둘째 자리에서 반올림한 값임

① 2018년 '팀 선수 평균 연봉'은 D팀이 가장 많다. ➡ (O) 팀 선수 평균 연봉은 $\frac{총 연봉}{선수 인원 수}$으로 구할 수 있다. '팀 선수 평균 연봉'은 A팀의 경우 $\frac{15}{5}=3$(억 원), B팀의 경우 $\frac{25}{10}=2.5$(억 원), C팀의 경우 $\frac{24}{8}=3$(억 원), D팀의 경우 $\frac{30}{6}=5$(억 원), E팀의 경우 $\frac{24}{6}=4$(억 원)이다. 따라서 D팀의 '팀 선수 평균 연봉'이 가장 많다.

② 2018년 전년 대비 증가한 선수 인원 수는 C팀과 D팀이 동일하다. ➡ (O) C팀의 전년 대비 증가한 선수 인원 수는 $\frac{8 \times 33.3}{(100+33.3)} ≒ 2$(명)이고, D팀의 전년 대비 증가한 선수 인원 수는 $\frac{6 \times 50.0}{(100+50.0)}=2$(명)이므로 C팀과 D팀이 동일하다.

③ 2018년 A팀의 '팀 선수 평균 연봉'은 전년 대비 증가하였다. ➡ (O) 〈그림〉을 보면 2018년 A팀의 전년 대비 선수 인원 수보다 총 연봉이 더 큰 비율로 증가하고 있으므로 $\frac{총 연봉}{선수 인원 수}$인 '팀 선수 평균 연봉'이 증가했음을 알 수 있다.

④ 2018년 선수 인원 수가 전년 대비 가장 많이 증가한 팀은 총 연봉도 가장 많이 증가하였다. ➡ (O) 2018년 선수 인원 수가 전년 대비 가장

이 증가한 팀은 선수 인원 수도 가장 많고 선수 인원 수 증가율도 가장 높은 B팀이다. B팀의 총 연봉은 $\frac{25 \times 150}{(100+150)} = 15$(억 원) 증가했는데 이는 A팀의 5억 원, C팀의 4억 원, D팀의 5억 원, E팀의 8억 원보다 크다.

⑤ 2017년 총 연봉은 A팀이 E팀보다 많다. ➡ (X) 2017년 A팀의 총 연봉은 $15 - \frac{15 \times 50}{(100+50)} = 10$(억 원)이고, E팀의 총 연봉은 $24 - \frac{24 \times 50}{(100+50)} = 16$(억 원)으로 E팀이 A팀보다 2017년 총 연봉이 많다.

S 22 ③ TOP 3 정답률 74.1%

| 문제 유형 | 자료 추론 > 추가로 필요한 자료 찾기
| 접근 전략 | 〈보고서〉에는 있는데 〈표〉로는 추론하기 어려운 것을 고르면 된다. 〈표〉에서 직접적으로 알 수 없더라도 〈표〉의 자료들을 조합하여 〈보고서〉의 내용을 알 수 있다면 해당 내용에 대해서는 추가로 자료가 필요하지 않은 것이다.

다음 〈표〉는 A~D국의 연구개발비에 대한 자료이다. 다음 〈보고서〉를 작성하기 위해 〈표〉 이외에 추가로 필요한 자료만을 〈보기〉에서 모두 고르면?

〈표〉 A~D국의 연구개발비

연도	구분	국가 A	B	C	D
2016	연구개발비(억 달러)	605	4,569	1,709	1,064
	GDP 대비(%)	4.29	2.73	3.47	2.85
2015	민간연구개발비 : 정부연구개발비	24:76	35:65	25:75	30:70

※ 연구개발비=정부연구개발비+민간연구개발비

〈보고서〉
A~D국 모두 2015년에 비하여 2016년 연구개발비가 증가하였지만, A국은 약 3% 증가에 불과하여 A~D국 평균 증가율인 6% 수준에도 미치지 못했다. 특히, 2016년에 A국은 정부연구개발비 대비 민간연구개발비 비율이 가장 작다. 이는 2014~2016년 동안, A국 민간연구개발에 대한 정부의 지원금액이 매년 감소한 데 따른 것으로 분석된다.

〈보기〉
ㄱ. 2013~2015년 A~D국 전년 대비 GDP 증가율 → (X) 〈보고서〉에는 GDP에 대한 내용은 없으므로 추가로 필요한 자료에 해당하지 않는다.
ㄴ. 2015~2016년 연도별 A~D국 민간연구개발비 → (O) 2016년 A국의 민간연구개발비 비율을 알기 위해 필요한 자료이다.
ㄷ. 2013~2016년 연도별 A국 민간연구개발에 대한 정부의 지원금액 → (O) 2014~2016년 동안 A국 민간연구개발에 대한 정부의 지원금액이 매년 감소하는지 알기 위해 필요한 자료이다.
ㄹ. 2014~2015년 A~D국 전년 대비 연구개발비 증가율 → (X) 2014~2015년의 전년 대비 연구개발비 증가율은 〈보고서〉에 언급되어 있지 않으므로 추가로 필요한 자료에 해당하지 않는다.

① ㄱ, ㄴ ➡ (X)
② ㄱ, ㄹ ➡ (X)
③ ㄴ, ㄷ ➡ (O)
④ ㄴ, ㄹ ➡ (X)
⑤ ㄷ, ㄹ ➡ (X)

23 ② 정답률 87.4%

| 문제 유형 | 자료 변환응용 > 표/그림 전환형
| 접근 전략 | 〈근무지 이동 지침〉의 조건을 정확히 살펴 경우의 수를 최대한 줄이고, 한 가지라도 값이 확정되면 잘못된 선지를 지워 나가야 시간이 절약된다.

다음 〈표〉는 근무지 이동 전 '갑' 회사의 근무 현황에 대한 자료이다. 〈표〉와 〈근무지 이동 지침〉에 따라 이동한 후 근무지별 인원 수로 가능한 것은?

〈표〉 근무지 이동 전 '갑' 회사의 근무 현황
(단위: 명)

근무지	팀명	인원 수
본관 1층	인사팀	10
	지원팀	16
	기획1팀	16
본관 2층	기획2팀	21
	영업1팀	27
본관 3층	영업2팀	30
	영업3팀	23
별관	-	0
전체		143

※ 1) '갑' 회사의 근무지는 본관 1, 2, 3층과 별관만 있음
   2) 팀별 인원 수의 변동은 없음

〈근무지 이동 지침〉
○ 본관 내 이동은 없고, 인사팀은 이동하지 않음
○ 팀별로 전원 이동하며, 본관에서 별관으로 2개 팀만 이동함
○ 1개 층에서는 최대 1개 팀만 별관으로 이동할 수 있음
○ 이동한 후 별관 인원 수는 40명을 넘지 않도록 함

①

➡ (X) 〈그림〉에 제시된 인원 수의 합은 26+48+30+38=142(명)이고, 〈표〉에 제시된 전체 인원 수는 143명이다.

②

➡ (O) 본관 1층 인원 수가 26명이므로 지원팀 또는 기획1팀이 별관으로 이동한 것이다. 별관의 인원 수가 37명이므로 37-16=21(명)이 다른 부서에서 별관으로 이동하였다. 21명인 부서는 기획2팀이므로 기획2팀이 별관으로 이동하였다. 따라서 본관 2층 인원 수는 27명, 본관 3층 인원 수는 53명으로 〈그림〉과 일치한다.

③

➡ (X) 이동한 후 별관의 인원 수는 37명 또는 39명이 되어야 하고, 본관 1층에는 26명이 되어야 하므로 적절하지 않다.

④

➡ (X) 〈근무지 이동 지침〉의 여러 조건을 통해 가능한 이동 후 별관 인원 수는 37명 또는 39명이다.

⑤

➡ (X) 이동한 후 별관 인원 수는 40명을 넘지 않아야 하므로 적절하지 않다.

24 ④   정답률 76.7%

| 문제 유형 | 자료 읽기/추론 > 계산형
| 접근 전략 | 방정식을 세워 문제를 풀어도 되지만 비중을 이용하면 시간을 훨씬 더 절약할 수 있다. 60점 a명과 90점 b명의 평균이 c점이라면 $\frac{(90-c)}{(c-60)}=\frac{a}{b}$ 이다. $\frac{(c-60)}{(90-60)}\times(a+b)=b$이고, $\frac{(90-c)}{(90-60)}\times(a+b)=a$이다.

다음 〈표 1〉은 창의경진대회에 참가한 팀 A, B, C의 '팀 인원 수' 및 '팀 평균점수'이며, 〈표 2〉는 〈표 1〉에 기초하여 '팀 연합 인원 수' 및 '팀 연합 평균점수'를 각각 산출한 자료이다. (가)와 (나)에 들어갈 값을 바르게 나열한 것은?

〈표 1〉 팀 인원 수 및 팀 평균점수
(단위: 명, 점)

팀	A	B	C
인원 수	( )	( )	( )
평균점수	40.0	60.0	90.0

※ 1) 각 참가자는 A, B, C팀 중 하나의 팀에만 속하고, 개인별로 점수를 획득함
2) 팀 평균점수 = 해당 팀 참가자 개인별 점수의 합 / 해당 팀 참가자 인원 수

〈표 2〉 팀 연합 인원 수 및 팀 연합 평균점수
(단위: 명, 점)

팀 연합	A+B	B+C	C+A
인원 수	80	120	(가)
평균점수	52.5	77.5	(나)

※ 1) A+B는 A팀과 B팀, B+C는 B팀과 C팀, C+A는 C팀과 A팀의 인원을 합친 팀 연합임
2) 팀 연합 평균점수 = 해당 팀 연합 참가자 개인별 점수의 합 / 해당 팀 연합 참가자 인원 수

	(가)	(나)	
①	90	72.5	➡ (X)
②	90	75.0	➡ (X)
③	100	72.5	➡ (X)
④	100	75.0	➡ (O) A팀의 인원 수는 $\frac{(60-52.5)}{(60-40)}\times 80=30$(명)이다.

A+B의 인원 수는 80명이므로 B팀의 인원 수는 50명이고, B+C의 인원 수는 120명이므로 C팀의 인원 수는 70명이다. 따라서 (가)는 100명이고, (나)는 $\frac{(30\times 40)+(70\times 90)}{100}=75$(점)이다.

| ⑤ | 110 | 72.5 | ➡ (X) |

25 ④

TOP 1 정답률 65.5%

| 문제 유형 | 자료 읽기/추론 > 계산형

| 접근 전략 | A~D가 모두 같은 모양을 내는 것이 아니더라도 가위, 바위, 보가 모두 다 나오면 비긴다는 것을 생각하자. 위치가 있는 게임 문제이므로 왼쪽을 음수로, 오른쪽을 양수로 생각하면 편하다.

다음 〈표〉는 참가자 A~D의 회차별 가위·바위·보 게임 기록 및 판정이고, 〈그림〉은 아래 〈규칙〉에 따른 5회차 게임 종료 후 A~D의 위치를 나타낸 것이다. 이때 (가), (나), (다)에 해당하는 것을 바르게 나열한 것은?

〈표〉 가위·바위·보 게임 기록 및 판정

회차 참가자	1		2		3		4		5	
	기록	판정	기록	판정	기록	판정	기록	판정	기록	판정
A	가위	승	바위	승	보	승	바위	( )	보	( )
B	가위	승	(가)	( )	바위	패	가위	( )	보	( )
C	보	패	가위	패	바위	패	(나)	( )	보	( )
D	보	패	가위	패	바위	패	가위	( )	(다)	( )

〈그림〉 5회차 게임 종료 후 A~D의 위치

〈규칙〉

○ A~D는 모두 출발점(★)에서 1회차 가위·바위·보 게임을 하고, 2회차부터는 직전 회차 게임 종료 후 각자의 위치에서 게임을 한다.
○ 각 회차의 판정에 따라 지거나 비기면 이동하지 않고, 가위로 이긴 사람은 왼쪽으로 3m, 바위로 이긴 사람은 오른쪽으로 1m, 보로 이긴 사람은 오른쪽으로 5m를 각각 이동하여 해당 회차 게임을 종료한다.

	(가)	(나)	(다)	
①	가위	바위	보	➡ (X)
②	가위	보	바위	➡ (X)
③	바위	가위	보	➡ (X)
④	바위	보	가위	➡ (O) 〈그림〉에서 왼쪽을 음수로 오른쪽을 양수로 생각하면 네 참가자의 위치 합은 −2이다. 〈표〉에서 합이 −2가 되는 짝을 찾아야 한다. A는 3회까지 합이 +3이다. 양수는 1명인데 A는 4회와 5회에서 바위와 보를 냈으므로 오른쪽으로 더 가거나 제자리에 있어야 하므로 양수에 있어야 한다. 그런데 〈그림〉에서 A는 +3이므로 A는 4회와 5회에서 움직이지 않아야 한다. 만약 (나)가 가위나 바위라면 A는 4회에서 승리해 오른쪽으로 1m 이동하므로 〈그림〉과 일치하지 않는다. 따라서 (나)는 보이다. D는 4회까지 0이다. 그런데 D는 −3에 위치하므로 5회에서 D가 가위를 내야 한다. 따라서 (다)는 가위이다. B는 −2인데 3~5회에서 움직이지 않고 1회에서 −3 이동하므로 2회에서 +1 이동해야 한다. 그러기 위해서 (가)는 바위여야 한다.
⑤	보	바위	가위	➡ (X)

2018 | 제3영역 상황판단(㉮ 책형)

기출 총평

제시문을 통해 글의 내용을 이해하는 문항은 난도가 쉬웠던 반면, 계산을 해야 하거나 다양한 상황에 대해 판단하고 적용해야 하는 문항은 난도가 높게 출제되었다. 이는 단순히 글이나 조항을 읽고 적용하는 능력만을 요구하는 것이 아니라 다양한 상황을 판단할 수 있는 능력을 요구하고 있음을 간접적으로 추측할 수 있다. 특히 수리퀴즈 및 논리퀴즈, 대입 및 비교 유형이 다양하고 생소한 형태로 출제되고 있기 때문에 미리 준비하지 않으면 수험생들의 입장에서는 시험 전체의 흐름을 빼앗길 수 있다. 따라서 기출문제 등을 통해 해당 유형을 꾸준히 연습하고 빠르게 상황을 판단하여 문항을 해결하는 방법을 익히는 것이 중요하다고 볼 수 있다.

문항별 정답률 및 선지별 선택률

문번	정답	정답률(%)	선지별 선택률(%) ①	②	③	④	⑤
01	③	97.8	0.3	0.3	97.8	1.1	0.5
02	⑤	92.1	1.4	4.6	1.1	0.8	92.1
03	⑤	96.4	0.3	0.5	1.4	1.4	96.4
04	②	81.5	2.8	81.5	1.6	1.6	12.5
05	①	67.1	67.1	0.0	17.1	15.8	0.0
06	①	56.7	56.7	16.2	16.2	8.2	2.7
07	③	85.8	1.9	8.7	85.8	1.9	1.7
08	①	60.9	60.9	4.9	3.6	22.4	8.2
09	③	82.1	4.3	3.9	82.1	7.4	2.3
10	②	80.7	11.6	80.7	2.2	3.0	2.5
11	④	86.6	1.4	1.6	8.8	86.6	1.6
12	⑤	77.0	0.0	1.4	9.3	12.3	77.0
13	⑤	98.9	0.5	0.3	0.0	0.3	98.9

문번	정답	정답률(%)	선지별 선택률(%) ①	②	③	④	⑤
14	④	95.1	0.3	3.3	0.8	95.1	0.5
15	⑤	94.0	3.5	1.4	0.3	0.8	94.0
16	③	97.5	0.5	0.3	97.5	0.3	1.4
17	①	76.1	76.1	5.5	10.4	6.9	1.1
18	④	80.7	17.0	0.6	0.6	80.7	1.1
19	④	79.5	4.6	1.7	12.5	79.5	1.7
20	①	81.6	81.6	3.7	1.4	6.0	7.3
21	⑤	45.9	16.5	25.2	7.1	5.3	45.9
22	②	42.8	10.0	42.8	14.7	14.3	18.2
23	③	58.1	11.9	4.2	58.1	22.4	3.4
24	②	23.9	23.9	23.9	24.3	16.8	11.1
25	①	48.3	48.3	7.3	34.6	8.1	1.7

※ 파란색 음영 문항은 해당 회차에서 정답률이 가장 낮은 TOP 3 문항입니다.
※ 문항별 정답률 산정 기준: 약 1년간 누적된 자동채점 & 성적결과분석 서비스의 응시 데이터

출제 비중

01	③	02	⑤	03	⑤	04	②	05	①
06	①	07	③	08	①	09	③	10	②
11	④	12	⑤	13	⑤	14	④	15	⑤
16	③	17	①	18	④	19	④	20	①
21	⑤	22	②	23	③	24	②	25	①

01 ③   정답률 97.8%

| 문제 유형 | 제시문형 > 정보확인
| 접근 전략 | 정보확인 문제는 비교적 난도가 낮은 유형에 속한다. 따라서 다른 유형에 비해 최대한 단순한 과정으로 문제에 접근해야 한다. 즉 해당 유형 문제에서 풀이 시간을 절약하여, 난도 높은 문제를 풀 수 있는 시간을 확보할 수 있어야 한다.

다음 글을 근거로 판단할 때 옳은 것은?

정책의 쟁점 관리는 정책 쟁점에 대한 부정적 인식을 최소화하여 정책의 결정 및 집행에 우호적인 환경을 조성하기 위한 행위를 말한다. 이는 정책 쟁점이 미디어 의제로 전환된 후부터 진행된다. ▶1문단

정책의 쟁점 관리에서는 쟁점에 대한 지식수준과 관여도에 따라 공중(公衆)의 유형을 구분하여 공중의 특성에 맞는 전략적 대응방안을 제시한다. 어떤 쟁점에 대해 지식수준과 관여도가 모두 낮은 공중은 '비활동 공중'이라고 한다. 그러나 쟁점에 대한 지식수준이 낮더라도 쟁점에 노출되어 쟁점에 대한 관여도가 높아지게 되면 이들은 '환기 공중'으로 변화한다. 이러한 환기 공중이 쟁점에 대한 지식수준까지 높아지면 지식수준과 관여도가 모두 높은 '활동 공중'으로 변하게 된다. 쟁점에 대한 지식수준이 높지만 관여도가 높지 않은 공중은 '인지 공중'이라고 한다. ▶2문단

인지 공중은 사회의 다양한 쟁점에 관한 지식을 가지고 있지만 적극적으로 활동하지 않아 이른바 행동하지 않는 지식인이라고도 불리는데, 이들의 관여도를 높여 활동 공중으로 이끄는 것은 매우 어렵다. 이 때문에 이들이 정책 쟁점에 긍정적 태도를 가지게 하는 것만으로도 전략적 성공이라고 볼 수 있다. 반면 환기 공중은 지식수준은 낮지만 쟁점 관여도가 높은 편이어서 문제해결에 필요한 지식을 얻게 된다면 활동 공중으로 변화한다. 따라서 이들에게는 쟁점에 대한 미디어 노출을 증가시키거나 다른 사람과 쟁점에 대해 토론하게 함으로써 지식수준을 높이는 전략을 취할 필요가 있다. 한편 활동 공중은 쟁점에 대한 지식수준과 관여도가 모두 높기 때문에 조직화될 개연성이 크고, 자신의 목적을 이루기 위해 시간과 노력을 아낌없이 투자할 자세가 되어 있다. 정책의 쟁점 관리를 제대로 하려면 이들이 정책을 우호적으로 판단할 수 있도록 하는 다양한 전략을 마련하여야 한다. ▶3문단

① 정책의 쟁점 관리는 정책 쟁점이 미디어 의제로 전환되기 전에 이루어진다. ➡ (X) 1문단에 따르면 정책의 쟁점 관리는 정책 쟁점이 미디어 의제로 전환된 후부터 진행된다.

② 어떤 쟁점에 대한 지식수준이 높지만 관여도가 낮은 공중을 비활동 공중이라고 한다. ➡ (X) 2문단에 따르면 어떤 쟁점에 대해 지식수준이 높지만 관여도가 높지 않은 공중은 '인지 공중'이라고 한다.

③ 비활동 공중이 어떤 쟁점에 노출되면서 관여도가 높아지면 환기 공중으로 변한다. ➡ (O) 2문단에 따르면 쟁점에 대한 지식수준이 낮더라도 쟁점에 노출되어 쟁점에 대한 관여도가 높아지게 되면 비활동 공중은 '환기 공중'으로 변화한다.

④ 공중은 한 유형에서 다른 유형으로 변화할 수 없기 때문에 정책의 쟁점 관리를 할 필요가 없다. ➡ (X) 2문단에 따르면 쟁점에 대한 지식수준이 낮더라도 쟁점에 노출되어 쟁점에 대한 관여도가 높아지게 되면 비활동 공중은 환기 공중으로 변화한다. 그리고 3문단에서도 환기 공중이 쟁점에 대한 지식수준까지 높아지면 활동 공중으로 변하게 된다고 하였으므로 공중이 한 유형에서 다른 유형으로 변화할 수 있다는 것을 알 수 있다.

⑤ 인지 공중의 경우, 쟁점에 대한 미디어 노출을 증가시키고 다른 사람과 쟁점에 대해 토론하게 만든다면 활동 공중으로 쉽게 변한다. ➡ (X) 3문단에 따르면 인지 공중은 사회의 다양한 쟁점에 관한 지식을 가지고 있지만 적극적으로 활동하지 않아 이른바 행동하지 않는 지식인이라고도 불리는데, 이들의 관여도를 높여 활동 공중으로 이끄는 것은 매우 어렵다고 하였다. 또한 이들이 정책 쟁점에 긍정적 태도를 가지게 하는 것만으로도 전략적 성공이라고 제시하고 있으므로 옳지 않은 설명이다.

02 ⑤   정답률 92.1%

| 문제 유형 | 법조문형 > 규정적용
| 접근 전략 | 시·도의 산하에 시·군·구가 있다는 기초적인 상식을 알아 두면 지방자치에 관한 문제를 풀기 쉽다. 인·허가와 신고, 고시, 협의, 동의 등이 모두 다른 작용을 하는 행정행위임을 알고 있어야 한다.

다음 글을 근거로 판단할 때 옳은 것은?

제○○조 ① 지방자치단체의 장은 하수도정비기본계획에 따라 공공하수도를 설치하여야 한다.
② 시·도지사는 공공하수도를 설치하고자 하는 때에는 사업시행지의 위치 및 면적, 설치하고자 하는 시설의 종류, 사업시행기간 등을 고시하여야 한다. 고시한 사항을 변경 또는 폐지하고자 하는 때에도 또한 같다.
③ 시장·군수·구청장(자치구의 구청장을 말한다. 이하 같다)은 공공하수도를 설치하려면 시·도지사의 인가를 받아야 한다.
④ 시장·군수·구청장은 제3항에 따라 인가받은 사항을 변경하거나 폐지하려면 시·도지사의 인가를 받아야 한다.
⑤ 시·도지사는 국가의 보조를 받아 설치하고자 하는 공공하수도에 대하여 제2항에 따른 고시 또는 제3항의 규정에 따른 인가를 하고자 할 때에는 그 설치에 필요한 재원의 조달 및 사용에 관하여 환경부장관과 미리 협의하여야 한다.
제□□조 ① 공공하수도관리청(이하 '관리청'이라 한다)은 관할 지방자치단체의 장이 된다.
② 공공하수도가 둘 이상의 지방자치단체의 장의 관할구역에 걸치는 경우, 관리청이 되는 자는 제○○조 제2항에 따른 공공하수도 설치의 고시를 한 시·도지사 또는 같은 조 제3항에 따른 인가를 받은 시장·군수·구청장으로 한다.

※ 공공하수도: 지방자치단체가 설치 또는 관리하는 하수도

① A자치구의 구청장이 관할구역 내에 공공하수도를 설치하려고 인가를 받았는데, 그 공공하수도가 B자치구에 걸치는 경우, 설치하려는 공공하수도의 관리청은 B자치구의 구청장이다. ➡ (X) 제□□조 제2항에 따르면 공공하수도가 둘 이상의 지방자치단체의 장의 관할구역에 걸치는 경우, 관리청이 되는 자는 시·도지사 또는 인가를 받은 시장·군수·구청장이다. A자치구의 구청장이 인가를 받았으므로 A자치구와 B자치구에 걸치는 공공하수도의 경우, 공공하수도의 관리청은 인가를 받은 A자치구의 구청장이다.

② 시·도지사가 국가의 보조를 받아 공공하수도를 설치하려면, 그 설치에 필요한 재원의 조달 등에 관하여 환경부장관의 인가를 받아야 한다. ➡ (X) 제○○조 제5항에 따르면 공공하수도를 설치하려면 시·도지사는 설치에 필요한 재원의 조달 및 사용에 관하여 환경부장관과 미리 협의하여야 할 뿐 인가를 받을 필요는 없다.

③ 시장·군수·구청장이 공공하수도 설치에 관하여 인가받은 사항을 폐지할 경우에는 시·도지사의 인가를 필요로 하지 않는다. ➡ (X) 제○○조 제4항에 따르면 시장·군수·구청장은 공공하수도 설치에 관하여 인가받은 사항을 변경하거나 폐지하려면 시·도지사의 인가를 받아야 한다.

④ 시·도지사가 공공하수도 설치를 위해 고시한 사항은 변경할 수 없다. ➡ (X) 제○○조 제2항에서 고시한 사항을 변경 또는 폐지하고자 하는 때에도 또한 고시하여야 한다고 하였으므로 고시한 사항을 변경할 수 있음을 알 수 있다.
⑤ 시장·군수·구청장이 공공하수도를 설치하려면 시·도지사의 인가를 받아야 한다. ➡ (O) 제○○조 제3항의 규정과 일치하는 설명이다.

03 ⑤ 정답률 96.4%

| 문제 유형 | 제시문형 > 정보확인
| 접근 전략 | 용어들이 난립해 있지만 문제를 푸는 데 모든 용어를 알 필요는 없다. 용어들을 A, B, C로 치환하여 접근해도 된다.

다음 글을 근거로 판단할 때 옳은 것은?

다산 정약용은 아전의 핵심적인 직책으로 향승(鄕丞)과 좌수(座首), 좌우별감(左右別監)을 들고 있다. 향승은 지방관서장인 현령의 행정보좌역이고, 좌수는 지방자치기관인 향청의 우두머리로 이방과 병방의 직무를 관장한다. 좌우별감은 좌수의 아랫자리인데, 좌별감은 호방과 예방의 직무를 관장하고, 우별감은 형방과 공방의 직무를 관장한다. ▶1문단

다산은 향승이 현령을 보좌해야 하는 자리이기 때문에 반드시 그 고을에서 가장 착한 사람, 즉 도덕성이 가장 높은 사람에게 그 직책을 맡겨야 한다고 하였다. 또한 좌수는 그 자리의 중요성을 감안하여 진실로 마땅한 사람으로 얻어야 한다고 강조하였다. 좌수를 선발하기 위해 다산이 제시한 방법은 다음과 같다. 먼저 좌수후보자들에게 모두 종사랑(從仕郞)의 품계를 주고 해마다 공적을 평가해 감사나 어사로 하여금 식년(式年)에 각각 9명씩을 추천하게 한다. 그리고 그 가운데 3명을 뽑아 경관(京官)에 임명하면, 자신을 갈고 닦아 명성이 있고 품행이 바른 사람이 그 속에서 반드시 나올 것이라고 주장했다. 좌우별감을 선발할 때에도 역시 마땅히 쓸 만한 사람을 골라 정사를 의논해야 한다고 했다. ▶2문단

다산은 아전을 임명할 때, 진실로 쓸 만한 사람을 얻지 못하면 그저 자리를 채우기는 하되 정사는 맡기지 말라고 했다. 아울러 아첨을 잘하는 자는 충성스럽지 못하므로 이를 잘 살피도록 권고했다. 한편 다산은 문관뿐만 아니라 무관의 자질에 대해서도 언급하였다. 그에 따르면 무관의 반열에 서는 자는 모두 굳세고 씩씩해 적을 막아낼 만한 기색이 있는 사람으로 뽑되, 도덕성을 첫째의 자질로 삼고 재주와 슬기를 다음으로 해야 한다고 강조하였다. ▶3문단

※ 식년(式年): 과거를 보는 시기로 정한 해

① 관직의 서열로 보면 좌우별감은 좌수의 상관이다. ➡ (X) 1문단에 따르면 좌수가 좌우별감의 상관이다.
② 다산이 주장하는 좌수 선발방법에 따르면, 향승은 식년에 3명의 좌수후보자를 추천한다. ➡ (X) 2문단에 따르면 다산이 주장하는 좌수 선발방법은 감사나 어사가 식년에 각각 9명씩을 추천하는 것이다.
③ 다산은 아전으로 쓸 만한 사람이 없을 때에는 자리를 채우지 말아야 한다고 하였다. ➡ (X) 3문단에 따르면 다산은 아전을 임명할 때 진실로 쓸 만한 사람을 얻지 못하면 그저 자리를 채우기는 하되 정사는 맡기지 말라고 하였다.
④ 다산은 경관 가운데 우수한 공적이 있는 사람에게 종사랑의 품계를 주어야 한다고 주장했다. ➡ (X) 2문단에 따르면 다산은 좌수후보자들 모두에게 종사랑의 품계를 주자고 주장하였다.
⑤ 다산은 무관의 자질로 재주와 슬기보다 도덕성이 우선한다고 보았다. ➡ (O) 3문단에 따르면 다산은 무관을 뽑을 때 도덕성을 첫째의 자질로 삼고 재주와 슬기를 다음으로 해야 한다고 강조하였다.

04 ② 정답률 81.5%

| 문제 유형 | 법조문형 > 규정확인
| 접근 전략 | 법조문 형식이 아니라 지침, 고시 등의 형태로 규정을 만들어 출제할 수 있으나 기본적인 풀이 방법은 법조문과 크게 다르지 않다. 해당하는 규정을 찾아 대입하면 된다.

다음 〈A도서관 자료 폐기 지침〉을 근거로 판단할 때 옳은 것은?

─〈A도서관 자료 폐기 지침〉─

가. 자료 선정
  도서관 직원은 누구든지 수시로 서가를 살펴보고, 이용하기 곤란하다고 생각되는 자료는 발견 즉시 회수하여 사무실로 옮겨야 한다.
나. 목록 작성
  사무실에 회수된 자료는 사서들이 일차적으로 갱신 대상을 추려내어 갱신하고, 폐기 대상 자료로 판단되는 것은 폐기심의대상 목록으로 작성하여 폐기심의위원회에 제출한다.
다. 폐기심의위원회 운영
  폐기심의위원회 회의(이하 '회의'라 한다)는 연 2회 정기적으로 개최한다. 회의는 폐기심의대상 목록과 자료의 실물을 비치한 회의실에서 진행되고, 위원들은 실물과 목록을 대조하여 확인하여야 한다. 폐기심의위원회는 폐기 여부만을 판정하며 폐기 방법의 결정은 사서에게 위임한다. 폐기 대상 판정 시 위원들 사이에 이견(異見)이 있는 자료는 당해 연도의 폐기 대상에서 제외하고, 다음 연도의 회의에서 재결정한다.
라. 폐기 방법
  (1) 기증: 상태가 양호하여 다른 도서관에서 이용될 수 있다고 판단되는 자료는 기증 의사를 공고하고 다른 도서관 등 희망하는 기관에 기증한다.
  (2) 이관: 상태가 양호하고 나름의 가치가 있는 자료는 자체 기록보존소, 지역 및 국가의 보존전문도서관 등에 이관한다.
  (3) 매각과 소각: 폐지로 재활용 가능한 자료는 매각하고, 폐지로도 매각할 수 없는 자료는 최종적으로 소각 처리한다.
마. 기록 보존 및 목록 최신화
  연도별로 폐기한 자료의 목록과 폐기 경위에 관한 기록을 보존하되, 폐기한 자료에 대한 내용을 도서관의 각종 현행자료 목록에서 삭제하여 목록을 최신화한다.

※ 갱신: 손상된 자료의 외형을 수선하거나 복사본을 만듦

① 사서는 폐기심의대상 목록만을 작성하고, 자료의 폐기 방법은 폐기심의위원회가 결정한다. ➡ (X) 지침 다에 따르면 폐기심의위원회는 폐기 여부만을 판정하며 폐기 방법의 결정은 사서에게 위임한다.
② 폐기 대상 판정 시 폐기심의위원들 간에 이견이 있는 자료의 경우, 바로 다음 회의에서 그 자료의 폐기 여부가 논의되지 않을 수 있다. ➡ (O) 지침 다에 따르면 폐기 대상 판정 시 위원들 사이에 이견이 있는 자료는 당해 연도의 폐기 대상에서 제외하고, 다음 연도의 회의에서 재결정하는데 폐기심의위원회 회의는 연 2회 개최하므로 그 해의 첫 번째 회의에서 이견이 있는 자료라면 다음 회의에서 재결정하지 않을 것이다.
③ 폐기심의위원회는 자료의 실물을 확인하지 않고 폐기 여부를 판정할 수 있다. ➡ (X) 지침 다에 따르면 폐기심의위원회 위원들은 자료의 실물과 목록을 대조하여 확인하여야 한다.
④ 매각 또는 소각한 자료는 현행자료 목록에서 삭제하고, 폐기 경위에 관한 기록도 제거하여야 한다. ➡ (X) 지침 마에 따르면 폐기 경위에 관한 기록은 보존한다.
⑤ 사서가 아닌 도서관 직원은, 이용하기 곤란하다고 생각되는 자료를 발견하면 갱신하거나 폐기심의대상 목록을 작성하여야 한다.

➡ (X) 지침 가에 따르면 도서관 직원은 이용하기 곤란하다고 생각되는 자료는 발견 즉시 회수하여 사무실로 옮겨야 하고, 나에 따르면 사무실에 회수된 자료는 사서들이 일차적으로 갱신 대상을 추려내어 갱신하고, 폐기 대상 자료로 판단되는 것은 폐기심의대상 목록으로 작성한다. 즉 갱신과 폐기심의대상 목록 작성은 사서가 하는 것이다.

① ㄱ, ㄷ ➡ (O)
② ㄴ, ㄹ ➡ (X)
③ ㄱ, ㄷ, ㄹ ➡ (X)
④ ㄱ, ㄷ, ㅁ ➡ (X)
⑤ ㄴ, ㄹ, ㅁ ➡ (X)

05 ①
정답률 67.1%

| 문제 유형 | 법조문형 > 규정확인
| 접근 전략 | 규정 관련 문제는 규정과 선지가 정확히 일치해야 한다. 유사한 어구로 함정을 만들어 두기도 하는데 의미가 유사해 보인다고 해서 섣불리 판단하면 안 된다.

다음 글을 근거로 판단할 때, 〈보기〉에서 옳은 것만을 모두 고르면?

제00조 ① 민사에 관한 분쟁의 당사자는 법원에 조정을 신청할 수 있다.
② 조정을 신청하는 당사자를 신청인이라고 하고, 그 상대방을 피신청인이라고 한다.
제00조 ① 신청인은 다음 각 호의 어느 하나에 해당하는 곳을 관할하는 지방법원에 조정을 신청해야 한다.
  1. 피신청인의 주소지, 피신청인의 사무소 또는 영업소 소재지, 피신청인의 근무지
  2. 분쟁의 목적물 소재지, 손해 발생지
② 조정사건은 조정담당판사가 처리한다.
제00조 ① 조정담당판사는 사건이 그 성질상 조정을 하기에 적당하지 아니하다고 인정하거나 신청인이 부당한 목적으로 조정신청을 한 것임을 인정하는 경우에는 조정을 하지 아니하는 결정으로 사건을 종결시킬 수 있다. 신청인은 이 결정에 대해서 불복할 수 없다.
② 조정담당판사는 신청인과 피신청인 사이에 합의가 성립되지 아니한 경우 조정 불성립으로 사건을 종결시킬 수 있다.
③ 조정담당판사는 신청인과 피신청인 사이에 합의된 사항이 조정조서에 기재되면 조정 성립으로 사건을 종결시킨다. 조정조서는 판결과 동일한 효력이 있다.
제00조 다음 각 호의 어느 하나에 해당하는 경우에는 조정신청을 한 때에 민사소송이 제기된 것으로 본다.
  1. 조정을 하지 아니하는 결정이 있는 경우
  2. 조정 불성립으로 사건이 종결된 경우

〈보기〉

ㄱ. 신청인은 피신청인의 근무지를 관할하는 지방법원에 조정을 신청할 수 있다. → (O) 두 번째 조 제1항 제1호에 따르면 신청인은 피신청인의 근무지를 관할하는 지방법원에 조정을 신청할 수 있다.
ㄴ. 조정을 하지 아니하는 결정을 조정담당판사가 한 경우, 신청인은 이에 대해 불복할 수 있다. → (X) 세 번째 조 제1항에 따르면 조정담당판사가 조정을 하지 아니하는 결정으로 사건을 종결시키면 신청인은 이 결정에 대해 불복할 수 없다.
ㄷ. 신청인과 피신청인 사이에 합의된 사항이 기재된 조정조서는 판결과 동일한 효력을 갖는다. → (O) 세 번째 조 제3항에 따르면 조정담당판사는 신청인과 피신청인 사이에 합의된 사항이 조정조서에 기재되면 조정 성립으로 사건을 종결시키고, 이 조정조서는 판결과 동일한 효력이 있다.
ㄹ. 조정 불성립으로 사건이 종결된 경우, 사건이 종결된 때를 민사소송이 제기된 시점으로 본다. → (X) 네 번째 조 제2호에 따르면 조정 불성립으로 사건이 종결된 경우 조정신청을 한 때에 민사소송이 제기된 것으로 본다.
ㅁ. 조정담당판사는 신청인이 부당한 목적으로 조정신청을 한 것으로 인정하는 경우, 조정 불성립으로 사건을 종결시킬 수 있다. → (X) 세 번째 조 제1항에 따르면 조정담당판사는 신청인이 부당한 목적으로 조정신청을 한 것임을 인정하는 경우에는 조정을 하지 아니하는 결정으로 사건을 종결시킬 수 있다.

06 ①
정답률 56.7%

| 문제 유형 | 법조문형 > 규정확인
| 접근 전략 | 어떤 시설로 활용하느냐, 누가 활용하느냐, 단독 활용인지 공동 활용인지와 같이 상당히 복잡한 체계로 법조문이 구성되어 있다. 한 조건이라도 빠뜨리면 오답을 고르게 되는 문제이므로 꼼꼼하게 풀도록 한다.

다음 글을 근거로 판단할 때, 〈보기〉에서 옳은 것만을 모두 고르면?

제○○조 이 법에서 '폐교'란 학생 수 감소, 학교 통폐합 등의 사유로 폐지된 공립학교를 말한다.
제△△조 ① 시·도 교육감은 폐교재산을 교육용시설, 사회복지시설, 문화시설, 공공체육시설로 활용하려는 자 또는 소득증대시설로 활용하려는 자에게 그 폐교재산의 용도와 사용 기간을 정하여 임대할 수 있다.
② 제1항에 따라 폐교재산을 임대하는 경우, 연간 임대료는 해당 폐교재산평정가격의 1천분의 10을 하한으로 한다.
제□□조 ① 제△△조 제2항에도 불구하고 시·도 교육감은 다음 각 호의 어느 하나에 해당하는 경우에는 폐교재산의 연간 임대료를 감액하여 임대할 수 있다.
  1. 국가 또는 지방자치단체가 폐교재산을 교육용시설, 사회복지시설, 문화시설, 공공체육시설 또는 소득증대시설로 사용하려는 경우
  2. 단체 또는 사인(私人)이 폐교재산을 교육용시설, 사회복지시설, 문화시설 또는 공공체육시설로 사용하려는 경우
  3. 폐교가 소재한 시·군·구에 주민등록이 되어 있고 실제 거주하는 지역주민이 공동으로 폐교재산을 소득증대시설로 사용하려는 경우
② 전항에 따라 폐교재산의 임대료를 감액하는 경우 연간 임대료의 감액분은 다음 각 호에서 정한 바를 초과하지 아니하는 범위에서 정한다.
  1. 교육용시설, 사회복지시설, 문화시설, 공공체육시설로 사용하는 경우: 제△△조 제2항에 따른 연간 임대료의 1천분의 500
  2. 소득증대시설로 사용하는 경우: 제△△조 제2항에 따른 연간 임대료의 1천분의 300

〈보기〉

ㄱ. 시·도 교육감은, 폐교가 소재하는 시·군·구에 거주하지 않으면서 폐교재산을 사회복지시설로 활용하려는 자에게 그 폐교재산을 임대할 수 있다. → (O) 제△△조 제1항에 따르면 시·도 교육감은 폐교재산을 교육용시설, 사회복지시설, 문화시설, 공공체육시설로 활용하려는 자에게 그 폐교재산의 용도와 사용 기간을 정하여 임대할 수 있다. 폐교 소재의 시·군·구의 거주 여부와 상관없이 폐교재산을 사회복지시설로 활용하려는 자에게 폐교재산을 임대할 수 있으므로 옳은 설명이다.
ㄴ. 폐교재산평정가격이 5억 원인 폐교재산을 지방자치단체가 문화시설로 사용하려는 경우, 연간 임대료의 최저액은 250만 원이다. → (O) 제△△조 제2항에 따르면 폐교재산 연간 임대료는 폐교재산평정가격의 1천분의 10을 하한으로 하므로 폐교재산평정가격이 5억 원인 폐교재산의 연간 임대료 하한가는 500만 원이다. 또한 지방자치단체가 폐교재산을 문화시설로 사용하려는 경우에는 제□□조 제1항 제1호에 따라 연간 임대료를 감액하여 임대할 수 있고, 제□□조 제2항 제1호에 따르면 연간 임대료의 1천분의 500까지 감액이 가능하므로 500만 원의 1천분의 500인 250만 원까지 임대료를 감액할 수 있으므로 옳은 설명이다.

ㄷ. 폐교가 소재한 군에 주민등록이 되어 있고 실제 거주하는 지역주민이 단독으로 폐교재산을 소득증대시설로 사용하려는 경우, 연간 임대료로 지불해야 할 최저액은 폐교재산평정가격의 0.7%이다.
→ (X) 제□□조 제1항 제3호에 따르면 폐교가 소재한 시·군·구에 주민등록이 되어 있고 실제 거주하는 주민이 공동으로 폐교재산을 소득증대시설로 사용하는 경우 임대료를 감액하여 임대할 수 있다고 되어 있을 뿐, 단독으로 폐교재산을 소득증대시설로 사용하려는 경우에는 감액할 수 있는 규정이 없다. 따라서 연간 임대료의 최저액은 제△△조 제2항에 따라 폐교재산평정가격의 1천분의 10이다. 즉 $\frac{10}{100} \times 100 = 1(\%)$로 연간 임대료의 최저액은 폐교재산평정가격의 1%이다.

ㄹ. 폐교재산을 활용하려는 자가 폐교 소재 지역주민이 아니어도 그 폐교재산을 공공체육시설로 사용할 수 있으나 임대료 감액은 받을 수 없다. → (X) 제□□조 제1항 제2호에 따르면 단체 또는 사인이 폐교재산을 교육용시설, 사회복지시설, 문화시설 또는 공공체육시설로 사용하려는 경우에는 폐교재산의 연간 임대료를 감액하여 임대할 수 있으므로 폐교재산을 활용하려는 자가 폐교 소재 지역주민이 아니어도 폐교재산을 공공체육시설로 사용할 수 있고 임대료 감액도 받을 수 있다.

① ㄱ, ㄴ ➡ (O)   ② ㄱ, ㄷ ➡ (X)
③ ㄱ, ㄴ, ㄹ ➡ (X)   ④ ㄱ, ㄷ, ㄹ ➡ (X)
⑤ ㄴ, ㄷ, ㄹ ➡ (X)

07 ③
정답률 85.8%

| 문제 유형 | 연산추론형 > 수리계산
| 접근 전략 | 지도가 나와 생소하게 느껴질 수 있으나 〈측량학 수업 필기〉에서 답을 다 찾을 수 있는 문제이다. 지리학적 배경지식이 있으면 축척에 대해 조금 더 쉽게 이해할 수 있겠지만 그렇지 않더라도 제시된 축척에 대한 설명과 예시를 이해하면 접근이 가능하다.

다음 〈측량학 수업 필기〉를 근거로 판단할 때, 〈예제〉의 괄호 안에 들어갈 수는?

─〈측량학 수업 필기〉─

축 척: 실제 수평 거리를 지도상에 얼마나 축소해서 나타냈는지를 보여주는 비율. 1/50,000, 1/25,000, 1/10,000, 1/5,000 등을 일반적으로 사용함
　　ex) 1/50,000은 실제 수평 거리 50,000cm를 지도상에 1cm로 나타냄

등고선: 지도에서 표고가 같은 지점들을 연결한 선
　　↳ 표준 해면으로부터 지표의 어느 지점까지의 수직 거리

축척 1/50,000 지도에서는 표고 20m마다, 1/25,000 지도에서는 표고 10m마다, 1/10,000 지도에서는 표고 5m마다 등고선을 그림
　　ex) 축척 1/50,000 지도에서 등고선이 그려진 모습

경사도: 어떤 두 지점 X와 Y를 잇는 사면의 경사도는 다음의 식으로 계산

$$경사도 = \frac{두\ 지점\ 사이의\ 표고\ 차이}{두\ 지점\ 사이의\ 실제\ 수평\ 거리}$$

─〈예제〉─

위의 지도는 축척 1/25,000로 제작되었다. 지도상의 지점 A와 B를 잇는 선분을 자로 재어 보니 길이가 4cm였다. 이때 두 지점 A와 B를 잇는 사면의 경사도는 (　　)이다.

① 0.015 ➡ (X)
② 0.025 ➡ (X)
③ 0.03 ➡ (O) 예제의 등고선은 표고 10m마다 그려졌다. 따라서 A 지점과 B 지점의 표고 차이는 30m임을 알 수 있다. 두 지점 사이의 실제 수평 거리는 축척이 1/25,000이라 하였으므로 4cm × 25,000 = 100,000(cm) = 1,000(m)이다.

경사도 = $\frac{두\ 지점\ 사이의\ 표고\ 차이}{두\ 지점\ 사이의\ 실제\ 수평\ 거리}$ 이므로 $\frac{30}{1000} = 0.030$이다.

④ 0.055 ➡ (X)
⑤ 0.7 ➡ (X)

08 ①
정답률 60.9%

| 문제 유형 | 연산추론형 > 대입비교
| 접근 전략 | 만 나이에 대해 헷갈리지 않도록 유의한다. 태어났을 때는 만 0세이고, 태어나고 12개월이 지나면 만 1세가 되는 것이다.

다음 글을 근거로 판단할 때, 〈보기〉에서 옳은 것만을 모두 고르면?

소아기 예방접종 프로그램에 포함된 백신(A~C)은 지속적인 항체 반응을 위해서 2회 이상 접종이 필요하다.

최소 접종연령(첫 접종의 최소연령) 및 최소 접종간격을 지켰을 때 적절한 예방력이 생기며, 이러한 예방접종을 유효하다고 한다. 다만 최소 접종연령 및 최소 접종간격에서 4일 이내로 앞당겨서 일찍 접종을 한 경우에도 유효한 것으로 본다. 그러나 만약 5일 이상 앞당겨서 일찍 접종했다면 무효로 간주하고 최소 접종연령 및 최소 접종간격에 맞춰 다시 접종하여야 한다.

다음은 각 백신의 최소 접종연령 및 최소 접종간격을 나타낸 표이다.

종류	최소 접종연령	최소 접종간격			
		1, 2차 사이	2, 3차 사이	3, 4차 사이	4, 5차 사이
백신 A	12개월	12개월	–	–	–
백신 B	6주	4주	4주	6개월	–
백신 C	6주	4주	4주	6개월	6개월

다만 백신 B의 경우 만 4세 이후에 3차 접종을 유효하게 했다면, 4차 접종은 생략한다.

―〈보기〉―

ㄱ. 만 2세가 되기 전에 백신 A의 예방접종을 2회 모두 유효하게 실시할 수 있다. → (O) 백신 A는 최소 접종연령이 12개월이고, 그 이후 2차 접종은 1차 접종 12개월 이후에 가능하다. 그런데 2문단을 보면 최소 접종연령 및 최소 접종간격에서 4일 이내로 앞당겨서 일찍 접종을 한 경우에도 유효한 것으로 본다고 하였으므로 만 2세가 되기 전에 백신 A의 예방접종을 2회 모두 유효하게 실시할 수 있다.

ㄴ. 생후 45개월에 백신 B를 1차 접종했다면, 4차 접종은 반드시 생략한다. → (X) 생후 45개월에 백신 B를 1차 접종했다면, 2차 접종은 4주 후에 할 수 있으므로 46개월에, 3차 접종 또한 4주 후인 47개월에 할 수 있다. 마지막 문단에 따르면 백신 B는 만 4세 이후에 3차 접종을 유효하게 해야 4차 접종을 생략할 수 있는데 3차 접종기간이 47개월이라면 만 4세 이전이기 때문에 4차 접종을 생략할 수 없다.

ㄷ. 생후 40일에 백신 C를 1차 접종했다면, 생후 60일에 한 2차 접종은 유효하다. → (X) 생후 40일에 백신 C를 1차 접종했다면, 이로부터 4주 뒤인 생후 68일에 2차 접종을 해야 유효하고, 최대 4일만 앞당길 수 있는데 생후 60일에 한 2차 접종은 5일 이상 앞당겨서 한 접종이므로 이는 유효하지 않다.

① ㄱ ➡ (O)
② ㄴ ➡ (X)
③ ㄷ ➡ (X)
④ ㄱ, ㄴ ➡ (X)
⑤ ㄱ, ㄷ ➡ (X)

09 ③   정답률 82.1%

| 문제 유형 | 퍼즐형 > 수리퀴즈

| 접근 전략 | 커다란 정육면체에 잔뜩 숫자가 적혀 있으니 막막한 기분을 느낄 수 있다. 하지만 PSAT시험은 한 문제를 2분 내외로 풀 수 있게 설계되어 있으므로 36개를 계산하게 하지는 않을 것이라 생각하면서 문제를 풀 수 있는 원리를 찾자.

다음 글을 근거로 판단할 때, 〈그림 2〉의 정육면체 아랫면에 쓰인 36개 숫자의 합은?

정육면체인 하얀 블록 5개와 검은 블록 1개를 일렬로 붙인 막대를 30개 만든다. 각 막대의 윗면에는 가장 위에 있는 블록부터, 아랫면에는 가장 아래에 있는 블록부터 세어 검은 블록이 몇 번째 블록인지를 나타내는 숫자를 쓴다. 이런 규칙에 따르면 〈그림 1〉의 예에서는 윗면에 2를, 아랫면에 5를 쓰게 된다.

다음으로 검은 블록 없이 하얀 블록 6개를 일렬로 붙인 막대를 6개 만든다. 검은 블록이 없으므로 윗면과 아랫면 모두에 0을 쓴다.

이렇게 만든 36개의 막대를 붙여 〈그림 2〉와 같은 큰 정육면체를 만들었더니, 윗면에 쓰인 36개 숫자의 합이 109였다.

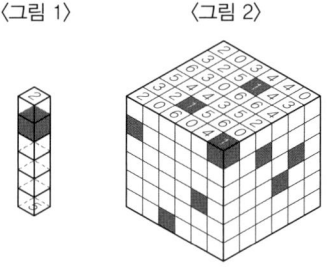

〈그림 1〉   〈그림 2〉

① 97 ➡ (X)
② 100 ➡ (X)

③ 101 ➡ (O) 검은 블록이 있는 막대는 윗면과 아랫면의 숫자의 합이 7이고, 검은 블록이 없는 막대는 윗면과 아랫면 모두 숫자가 0이다. 검은 블록이 없는 막대는 6개이다. 그렇다면 검은 블록이 있는 막대는 30개이므로 (30 × 7)-전체 윗면 숫자=아랫면 숫자일 것이다. 윗면 숫자를 모두 더하면 109이므로 아랫면 숫자의 합은 (30 × 7)-109=101임을 알 수 있다.

④ 103 ➡ (X)
⑤ 104 ➡ (X)

10 ②   정답률 80.7%

| 문제 유형 | 퍼즐형 > 논리퀴즈

| 접근 전략 | 〈상황〉에서 확실하게 제시된 정보를 먼저 정리하고, 표를 채워 나가도록 한다. 또한 이 문제에서는 선지의 경우의 수를 좁혀 나가며 문제를 푸는 것이 시간을 절약할 수 있는 방법이다.

다음 글과 〈상황〉을 근거로 판단할 때, A복지관에 채용될 2명의 후보자는?

A복지관은 청소년업무 담당자 2명을 채용하고자 한다. 청소년업무 담당자들은 심리상담, 위기청소년지원, 진학지도, 지역안전망구축 등 4가지 업무를 수행해야 한다. 채용되는 2명은 서로 다른 업무를 맡아 4가지 업무를 빠짐없이 분담해야 한다.

4가지 업무에 관련된 직무역량으로는 의사소통역량, 대인관계역량, 문제해결역량, 정보수집역량, 자원관리역량 등 5가지가 있다. 각 업무를 수행하기 위해서는 반드시 해당 업무에 필요한 직무역량을 모두 갖춰야 한다. 아래는 이를 표로 정리한 것이다.

업무	필요 직무역량
심리상담	의사소통역량, 대인관계역량
위기청소년지원	의사소통역량, 문제해결역량
진학지도	문제해결역량, 정보수집역량
지역안전망구축	대인관계역량, 자원관리역량

―〈상황〉―

○ A복지관의 채용후보자는 4명(甲, 乙, 丙, 丁)이며, 각 채용후보자는 5가지 직무역량 중 3가지씩을 갖추고 있다.
○ 자원관리역량은 丙을 제외한 모든 채용후보자가 갖추고 있다.
○ 丁이 진학지도업무를 제외한 모든 업무를 수행하려면, 의사소통역량만 추가로 갖추면 된다.
○ 甲은 심리상담업무를 수행할 수 있고, 乙과 丙은 진학지도업무를 수행할 수 있다.
○ 대인관계역량을 갖춘 채용후보자는 2명이다.

→ 두 번째 〈상황〉을 적용하면 丙만 자원관리역량을 갖추고 있지 않다. - (1)
세 번째 〈상황〉에 의해 丁이 대인관계역량과 문제해결역량, 자원관리역량을 갖추고 있음을 알 수 있다. - (2)
네 번째 〈상황〉에 따르면 甲은 심리상담업무를 수행할 수 있으므로 의사소통역량과 대인관계역량을 갖추고 있으며, 乙과 丙은 진학지도업무를 수행할 수 있으므로 문제해결역량과 정보수집역량을 갖추고 있다. - (3)
그러면 첫 번째 〈상황〉에 의해 甲, 乙, 丁은 나머지 두 역량을 갖추고 있지 않음을 알 수 있다. - (4)
다섯 번째 〈상황〉에 의해 丙은 대인관계역량을 갖추고 있지 않음을 알 수 있다. - (5)
그러면 첫 번째 〈상황〉에 의해 丙은 의사소통역량을 갖추고 있음을 알 수 있다. - (6)

이를 표로 나타내면 다음과 같다.

구분	甲	乙	丙	丁
의사소통역량	O(3)	X(4)	O(6)	X(4)
대인관계역량	O(3)	X(4)	X(5)	O(2)
문제해결역량	X(4)	O(3)	O(3)	O(3)
정보수집역량	X(4)	O(3)	O(3)	X(4)
자원관리역량	O(1)	O(1)	X(1)	O(1)

① 甲, 乙 ➡ (X) 甲, 乙이 채용되면 위기청소년지원업무를 수행할 수 없다.
② 甲, 丙 ➡ (O) 甲, 丙이 채용되면 甲이 심리상담업무, 지역안전망구축업무, 丙이 위기청소년지원업무, 진학지도업무를 하여 복지관의 4가지 업무를 나누어 모두 할 수 있다.
③ 乙, 丙 ➡ (X) 乙, 丙이 채용되면 심리상담업무와 지역안전망구축업무를 수행할 수 없다.
④ 乙, 丁 ➡ (X) 乙, 丁이 채용되면 심리상담업무와 위기청소년지원업무를 수행할 수 없다.
⑤ 丙, 丁 ➡ (X) 丙, 丁이 채용되면 심리상담업무를 수행할 수 없다.

11 ④ 정답률 86.6%

| 문제 유형 | 제시문형 > 분석추론
| 접근 전략 | 공무원 인사 관련 규정은 PSAT에 자주 출제되므로, 확인해 두는 것이 도움이 된다.

다음 글을 근거로 판단할 때 옳지 않은 것은?

정부는 저출산 문제 해소를 위해 공무원이 안심하고 일과 출산·육아를 병행할 수 있도록 관련 제도를 정비하여 시행 중이다. ▶1문단
먼저 임신 12주 이내 또는 임신 36주 이상인 여성 공무원을 대상으로 하던 '모성보호시간'을 임신 기간 전체로 확대하여 임신부터 출산 시까지 근무시간을 1일에 2시간씩 단축할 수 있게 하였다. ▶2문단
다음으로 생후 1년 미만의 영아를 자녀로 둔 공무원을 대상으로 1주일에 2일에 한해 1일에 1시간씩 단축근무를 허용하던 '육아시간'을, 만 5세 이하 자녀를 둔 공무원을 대상으로 1주일에 2일에 한해 1일에 2시간 범위 내에서 사용할 수 있도록 하였다. 또한 부부 공동육아 실현을 위해 '배우자 출산휴가'를 10일(기존 5일)로 확대하였다. ▶3문단
마지막으로 어린이집, 유치원, 초·중·고등학교에서 공식적으로 주최하는 행사와 공식적인 상담에만 허용되었던 '자녀돌봄휴가'(공무원 1인당 연간 최대 2일)를 자녀의 병원진료·검진·예방접종 등에도 쓸 수 있도록 하고, 자녀가 3명 이상일 경우 1일을 가산할 수 있도록 하였다. ▶4문단

① 변경된 현행 제도에서는 변경 전에 비해 '육아시간'의 적용 대상 및 시간이 확대되었다. ➡ (O) 3문단에 따르면 육아시간의 적용 대상은 생후 1년 미만의 영아를 자녀로 둔 공무원에서 만 5세 이하 자녀를 둔 공무원으로, 적용 시간은 1주일에 2일에 한해 1일에 1시간에서 2시간으로 확대되었다.
② 변경된 현행 제도에 따르면, 초등학생 자녀 3명을 둔 공무원은 연간 3일의 '자녀돌봄휴가'를 사용할 수 있다. ➡ (O) 4문단에 따르면 자녀돌봄휴가는 공무원 1인당 연간 최대 2일을 주었는데 변경된 제도에서는 자녀가 3명 이상이면 1일을 가산할 수 있도록 하여 연간 3일의 자녀돌봄휴가를 쓸 수 있게 되었다.
③ 변경된 현행 제도에 따르면, 임신 5개월인 여성 공무원은 산부인과 진료를 받기 위해 '모성보호시간'을 사용할 수 있다. ➡ (O) 2문단에 따르면 임신 5개월은 약 20주 안팎으로 과거에는 임신 12주 이내 또는 임신 36주 이상일 때만 모성보호시간을 쓸 수 있었으나 변경된 현행 제도에서는 임신 기간 전체로 확대하여 모성보호시간을 쓸 수 있게 되었다.

④ 변경 전 제도에서 공무원은 초등학교 1학년인 자녀의 병원진료를 위해 '자녀돌봄휴가'를 사용할 수 있었다. ➡ (X) 4문단에 따르면 변경 전 제도에서는 어린이집, 유치원, 초·중·고등학교에서 공식적으로 주최하는 행사와 공식적인 상담에만 자녀돌봄휴가가 허용되었으므로 자녀의 병원진료를 위해서는 사용할 수 없었다.
⑤ 변경된 현행 제도에 따르면, 만 2세 자녀를 둔 공무원은 '육아시간'을 사용하여 근무시간을 1주일에 총 4시간 단축할 수 있다. ➡ (O) 3문단에 따르면 '육아시간'은 생후 1년 미만의 영아를 자녀로 둔 공무원에서 만 5세 이하 자녀를 둔 공무원으로 대상이 확대되고, 적용 시간은 1주일에 2일에 한해 1일 1시간에서 2시간으로 확대되었다. 따라서 만 2세 자녀를 둔 공무원은 1주일에 2번 2시간씩 육아시간을 쓸 수 있어 근무시간을 1주일에 총 4시간 단축할 수 있다.

12 ⑤ 정답률 77.0%

| 문제 유형 | 법조문형 > 규정확인
| 접근 전략 | 규정 문제는 주체, 적용대상, 예외조항, 단서조항 등을 꼼꼼히 확인해야 한다.

다음 글을 근거로 판단할 때, 〈보기〉에서 옳은 것만을 모두 고르면?

제○○조 ① 사업자는 소비자를 속이거나 소비자로 하여금 잘못 알게 할 우려가 있는 표시·광고 행위로서 공정한 거래질서를 해칠 우려가 있는 다음 각 호의 행위를 하거나 다른 사업자로 하여금 하게 하여서는 안 된다.
1. 거짓·과장의 표시·광고
2. 기만적인 표시·광고
3. 부당하게 비교하는 표시·광고
4. 비방적인 표시·광고
② 제1항을 위반하여 제1항 각 호의 행위를 하거나 다른 사업자로 하여금 하게 한 사업자는 2년 이하의 징역 또는 1억 5천만 원 이하의 벌금에 처한다.
제△△조 ① 공정거래위원회는 상품 등이나 거래 분야의 성질에 비추어 소비자 보호 또는 공정한 거래질서 유지를 위하여 필요한 경우에는 사업자가 표시·광고에 포함하여야 하는 사항(이하 '중요정보'라 한다)과 표시·광고의 방법을 고시할 수 있다.
② 공정거래위원회는 제1항에 따라 고시를 하려면 관계 행정기관의 장과 미리 협의하여야 한다. 이 경우 필요하다고 인정하면 공청회를 개최하여 사업자단체, 소비자단체, 그 밖의 이해관계인 등의 의견을 들을 수 있다.
③ 사업자가 표시·광고 행위를 하는 경우에는 제1항에 따라 고시된 중요정보를 표시·광고하여야 한다.
제□□조 ① 사업자가 제△△조 제3항을 위반하여 고시된 중요정보를 표시·광고하지 않은 경우에는 1억 원 이하의 과태료를 부과한다.
② 제1항에 따른 과태료는 공정거래위원회가 부과·징수한다.

〈보기〉

ㄱ. 공정거래위원회가 중요정보 고시 여부를 결정함에 있어 상품 등이나 거래 분야는 고려의 대상이 아니다. → (X) 제△△조 제1항에 따르면 공정거래위원회는 상품 등이나 거래 분야의 성질에 비추어 소비자 보호 또는 공정한 거래질서 유지를 위하여 필요한 경우에는 중요정보와 표시·광고의 방법을 고시할 수 있다. 따라서 상품 등이나 거래 분야는 고려 대상이다.
ㄴ. 사업자A가 다른 사업자B로 하여금 공정한 거래질서를 해칠 우려가 있는 비방적인 표시·광고를 하게 한 경우, 공정거래위원회는 사업자A에게 과태료를 부과한다. → (X) 제○○조 제1항 제4호와 동조 제2항에 따르면 사업자가 다른 사업자로 하여금 공정한 거래질서를 해칠 우려가 있는 비방적인 표시·광고를 하게 한 경우 징역 또는 벌금에 처할 수 있는 것이고 과태료를 부과할 수는 없다.

ㄷ. 사업자가 표시·광고 행위를 하면서 고시된 중요정보를 표시·광고하지 않은 경우, 공정거래위원회는 5천만 원의 과태료를 부과할 수 있다. → (O) 제□□조 제1항에 따르면 사업자가 고시된 중요정보를 표시·광고하지 않은 경우에는 1억 원 이하의 과태료를 부과할 수 있고 동조 제2항에 따르면 공정거래위원회가 과태료를 부과하므로 공정거래위원회는 사업자에게 5천만 원의 과태료를 부과할 수 있다.

ㄹ. 공정거래위원회는 소비자 보호를 위해 필요한 경우, 사업자가 표시·광고에 포함하여야 하는 사항과 함께 그 표시·광고의 방법도 고시할 수 있다. → (O) 제△△조 제1항에 따르면 공정거래위원회는 소비자 보호를 위해 필요한 경우, 사업자가 표시·광고에 포함하여야 하는 사항과 표시·광고의 방법을 고시할 수 있다.

① ㄱ, ㄴ ➡ (X)
② ㄱ, ㄷ ➡ (X)
③ ㄴ, ㄷ ➡ (X)
④ ㄴ, ㄹ ➡ (X)
⑤ ㄷ, ㄹ ➡ (O)

13 ⑤ 정답률 98.9%

| 문제 유형 | 제시문형 > 정보확인
| 접근 전략 | 흥선대원군과 고종에 대한 내용의 경계가 분명치 않으므로 어디까지가 흥선대원군 때 이야기이고 어디부터가 고종 때의 이야기인지 잘 구분해야 한다.

다음 글을 근거로 판단할 때 옳은 것은?

군국기무처는 1894년 7월 27일부터 같은 해 12월 17일까지 존속한 최고 정책결정 기관이었다. 1894년 7월 흥선대원군을 추대한 새로운 정권이 수립되자, 그 이전부터 논의되어 오던 제도개혁을 실시하고자 합의체 형식의 초정부적 정책결정 기구인 군국기무처를 구성하였다. 이 기구의 이름은 1882년부터 1883년까지 존속하였던 기무처의 이름을 따서 흥선대원군이 명명하였다. ▶1문단

군국기무처가 실제로 활동한 기간은 약 3개월이었다. 이 기간 중 군국기무처는 40회의 회의를 통해 약 210건의 의안을 심의하여 통과시켰는데, 그 중에는 189개의 개혁 의안도 포함되어 있었다. 군국기무처가 심의하여 통과시킨 의안은 국왕의 재가를 거쳐 국법으로 시행하였는데, 그 가운데는 전제왕권의 제약이나 재정제도의 일원화뿐만 아니라, 양반·상인 등 계급의 타파, 공·사노비제의 폐지, 조혼의 금지, 과부의 재가 허용 등 조선사회의 경제·사회질서를 근본적으로 변혁시키는 내용도 있었다. 여기에는 1880년대 이래 개화운동에서 강조한 개혁안과 더불어 동학운동에서 요구한 개혁안이 포함되기도 하였다. 군국기무처가 추진한 이때의 개혁을 갑오개혁이라고 부른다. ▶2문단

그러나 군국기무처의 기능은 청일전쟁에서 일본이 최초의 결정적인 승리를 거둔 1894년 9월 중순 이후 서서히 약화되기 시작하였다. 청일전쟁의 초기에는 조선의 개혁정권에 대해 회유정책을 쓰며 군국기무처의 활동에 간섭을 하지 않았던 일본이 청일전쟁의 승리가 확실해지자 적극적인 개입정책을 쓰기 시작하였던 것이다. 일본 정부가 새로 임명한 주한공사 이노우에는 군국기무처를 자신이 추진하려는 일본의 제도적 개입의 방해물로 간주하여 11월 20일 고종에게 요구한 20개의 안건에 군국기무처의 폐지를 포함시켰다. 고종도 그의 전제왕권을 제약한 군국기무처의 존재를 탐탁지 않게 여기던 터였으므로 이 기구를 12월 17일 칙령으로 폐지하였다. ▶3문단

① 흥선대원군은 군국기무처를 칙령으로 폐지하였다. ➡ (X) 흥선대원군은 군국기무처를 만들었고, 3문단에 따르면 고종이 이 기구를 칙령으로 폐지하였다.

② 군국기무처는 기무처의 이름을 따서 고종이 명명하였다. ➡ (X) 1문단에 따르면 군국기무처의 이름은 기무처의 이름을 따서 흥선대원군이 명명하였다.

③ 일본의 청일전쟁 승리가 확실해지면서 군국기무처의 기능은 더욱 강화되었다. ➡ (X) 3문단에 따르면 일본은 청일전쟁의 승리가 확실해지자 적극적인 개입정책을 쓰기 시작하였고 군국기무처를 일본의 제도적 개입의 방해물로 간주하여 군국기무처의 폐지를 고종에게 요구하였다.

④ 군국기무처는 실제 활동 기간 동안 월 평균 210건 이상의 개혁 의안을 통과시켰다. ➡ (X) 2문단에 따르면 군국기무처가 실제로 활동한 기간은 약 3개월이었고 이 기간 동안 189개의 개혁 의안을 통과시켰다.

⑤ 군국기무처가 통과시킨 의안에는 동학운동에서 요구한 개혁안이 담기기도 하였다. ➡ (O) 2문단에 따르면 군국기무처가 통과시킨 의안에는 동학운동에서 요구한 개혁안이 포함되기도 하였다.

14 ④ 정답률 95.1%

| 문제 유형 | 제시문형 > 정보확인
| 접근 전략 | 아주 간단한 정보확인 문제이니 빠르게 풀어 최대한 시간을 확보하도록 한다. 선거의 종류와 특징 등을 중심으로 제시문을 파악하고 〈보기〉를 확인한다.

다음 글을 근거로 판단할 때, 〈보기〉에서 옳은 것만을 모두 고르면?

국회의원 선거는 목적에 따라 총선거, 재선거, 보궐선거 등으로 나누어진다. 대통령제 국가에서는 의원의 임기가 만료될 때 총선거가 실시된다. 반면 의원내각제 국가에서는 의원의 임기가 만료될 때뿐만 아니라 의원의 임기가 남아 있으나 총리(수상)에 의해 의회가 해산된 때에도 총선거가 실시된다. ▶1문단

대다수의 국가는 총선거로 전체 의원을 동시에 새롭게 선출하지만, 의회의 안정성과 연속성을 고려하여 전체 의석 중 일부만 교체하기도 한다. 이러한 예는 미국, 일본, 프랑스 등의 상원선거에서 나타나는데, 미국은 임기 6년의 상원의원을 매 2년마다 1/3씩, 일본은 임기 6년의 참의원을 매 3년마다 1/2씩 선출한다. 프랑스 역시 임기 6년의 상원의원을 매 3년마다 1/2씩 선출한다. ▶2문단

재선거는 총선거가 실시된 이후에 당선 무효나 선거 자체의 무효 사유가 발생하였을 때 다시 실시되는 선거를 말한다. 예를 들어 우리나라에서는 선거 무효 판결, 당선 무효, 당선인의 임기 개시 전 사망 등의 사유가 있는 경우에 재선거를 실시한다. ▶3문단

보궐선거는 의원이 임기 중 직책을 사퇴하거나 사망하는 등 부득이한 사유로 의정 활동을 수행할 수 없는 경우에 이를 보충하기 위해 실시되는 선거이다. 다수대표제를 사용하는 대부분의 국가는 보궐선거를 실시하는 반면, 비례대표제를 사용하는 대부분의 국가는 필요시 의원직을 수행할 승계인을 총선거 때 함께 정해 두어 보궐선거를 실시하지 않는다. ▶4문단

〈보기〉

ㄱ. 일본 참의원의 임기는 프랑스 상원의원의 임기와 같다. → (O) 2문단에 따르면 일본 참의원의 임기는 6년으로 프랑스의 상원의원의 임기와 같다.

ㄴ. 미국은 2년마다 전체 상원의원을 새로 선출한다. → (X) 2문단에 따르면 미국은 2년마다 상원의원을 1/3씩 선출한다.

ㄷ. 우리나라에서는 국회의원 당선인이 임기 개시 전 사망한 경우 재선거가 실시된다. → (O) 3문단에 따르면 우리나라에서는 당선인이 임기 개시 전 사망한 경우 재선거가 실시된다.

ㄹ. 다수대표제를 사용하는 대부분의 국가에서는 의원이 임기 중 사망하였을 때 보궐선거를 실시한다. → (O) 보궐선거는 의원이 임기 중 직책을 사퇴하거나 사망하는 등 부득이한 사유로 의정 활동을 수행할 수 없는 경우에 이를 보충하기 위해 실시되는 선거로 4문단에 따르면 다수대표제를 사용하는 대부분의 국가는 보궐선거를 실시한다.

① ㄱ, ㄴ ➡ (X)
② ㄱ, ㄷ ➡ (X)
③ ㄴ, ㄹ ➡ (X)
④ ㄱ, ㄷ, ㄹ ➡ (O)
⑤ ㄴ, ㄷ, ㄹ ➡ (X)

15 ⑤   정답률 94.0%

| 문제 유형 | 법조문형 > 규정확인
| 접근 전략 | 甲, 乙, 丙, 丁, 戊 등의 인물이 나오지만 임의로 써 놓은 것이다. 단순히 피고인이라고 생각하는 것이 문제를 더 수월하게 풀 수 있다.

다음 글을 근거로 판단할 때 옳은 것은?

제○○조 ① 무죄재판을 받아 확정된 사건(이하 '무죄재판사건'이라 한다)의 피고인은 무죄재판이 확정된 때부터 3년 이내에, 확정된 무죄재판사건의 재판서(이하 '무죄재판서'라 한다)를 법무부 인터넷 홈페이지에 게재하도록 해당 사건을 기소한 검사의 소속 지방검찰청에 청구할 수 있다.
② 피고인이 제1항의 무죄재판서 게재청구를 하지 아니하고 사망한 때에는 그 상속인이 이를 청구할 수 있다. 이 경우 같은 순위의 상속인이 여러 명일 때에는 상속인 모두가 그 청구에 동의하였음을 소명하는 자료도 함께 제출하여야 한다.
③ 무죄재판서 게재청구가 취소된 경우에는 다시 그 청구를 할 수 없다.
제□□조 ① 제○○조의 청구를 받은 날부터 1개월 이내에 무죄재판서를 법무부 인터넷 홈페이지에 게재하여야 한다.
② 다음 각 호의 어느 하나에 해당할 때에는 무죄재판서의 일부를 삭제하여 게재할 수 있다.
1. 청구인이 무죄재판서 중 일부 내용의 삭제를 원하는 의사를 명시적으로 밝힌 경우
2. 무죄재판서의 공개로 인하여 사건 관계인의 명예나 사생활의 비밀 또는 생명·신체의 안전이나 생활의 평온을 현저히 해칠 우려가 있는 경우
③ 제2항 제1호의 경우에는 청구인의 의사를 서면으로 확인하여야 한다.
④ 제1항에 따른 무죄재판서의 게재기간은 1년으로 한다.

① 무죄재판이 확정된 피고인 甲은 무죄재판이 확정된 때부터 3년 이내에 관할법원에 무죄재판서 게재청구를 할 수 있다. ➡ (X) 제○○조 제1항에 따르면 무죄재판을 받아 확정된 사건의 피고인은 무죄재판이 확정된 때부터 3년 이내에 확정된 무죄재판사건의 재판서를 법무부 인터넷 홈페이지에 게재하도록 해당 사건을 기소한 검사의 소속 지방검찰청에 청구할 수 있으므로 관할법원에 무죄재판서 게재청구를 할 수 있는 것이 아니다.

② 무죄재판이 확정된 피고인 乙이 무죄재판서 게재청구를 취소한 후 사망한 경우, 乙의 상속인은 무죄재판이 확정된 때부터 3년 이내에 무죄재판서 게재청구를 할 수 있다. ➡ (X) 제○○조 제3항에 따르면 무죄재판서 게재청구가 취소된 경우에는 다시 그 청구를 할 수 없다.

③ 무죄재판이 확정된 피고인 丙이 무죄재판서 게재청구 없이 사망한 경우, 丙의 상속인은 같은 순위의 다른 상속인의 동의 없이 무죄재판서 게재청구를 할 수 있다. ➡ (X) 제○○조 제2항에 따르면 상속인이 무죄재판서 게재청구를 할 때 같은 순위의 상속인이 여러 명일 때에는 상속인 모두가 그 청구에 동의하였음을 소명하는 자료를 제출해야 한다.

④ 무죄재판이 확정된 피고인 丁이 무죄재판서 게재청구를 하면 그의 무죄재판서는 법무부 인터넷 홈페이지에 3년간 게재된다. ➡ (X) 제□□조 제4항에 따르면 무죄재판서의 게재기간은 1년이다.

⑤ 무죄재판이 확정된 피고인 戊의 청구로 무죄재판서가 공개되면 사건 관계인의 명예를 현저히 해칠 우려가 있는 경우, 무죄재판서의 일부를 삭제하여 게재할 수 있다. ➡ (O) 제□□조 제2항 제2호에 따르면 무죄재판서의 공개로 인하여 사건 관계인의 명예 등을 해칠 우려가 있는 경우에는 무죄재판서의 일부를 삭제하여 게재할 수 있다.

16 ③   정답률 97.5%

| 문제 유형 | 법조문형 > 규정적용
| 접근 전략 | 유치, 변제, 경매, 점유, 소멸 등의 한자어가 많이 등장하는데, 그 용어의 뜻을 몰라도 그 용어가 있는 규정을 보면 충분히 해결할 수 있다.

다음 글과 〈상황〉을 근거로 판단할 때, 〈보기〉에서 옳은 것만을 모두 고르면?

제00조(유치권의 내용) 타인의 물건 또는 유가증권을 점유한 자는 그 물건이나 유가증권에 관하여 생긴 채권이 변제기에 있는 경우에는 변제를 받을 때까지 그 물건 또는 유가증권을 유치할 권리가 있다.
제00조(유치권의 불가분성) 유치권자는 채권 전부의 변제를 받을 때까지 유치물 전부에 대하여 그 권리를 행사할 수 있다.
제00조(유치권자의 선관의무) ① 유치권자는 선량한 관리자의 주의로 유치물을 점유하여야 한다.
② 유치권자는 채무자의 승낙 없이 유치물의 사용, 대여 또는 담보제공을 하지 못한다. 그러나 유치물의 보존에 필요한 사용은 그러하지 아니하다.
제00조(경매) 유치권자는 채권의 변제를 받기 위하여 유치물을 경매할 수 있다.
제00조(점유상실과 유치권소멸) 유치권은 점유의 상실로 인하여 소멸한다.

※ 유치: 물건 등을 일정한 지배 아래 둠

─〈상황〉─

甲은 아버지의 양복을 면접시험에서 입으려고 乙에게 수선을 맡겼다. 수선비는 다음 날까지 계좌로 송금하기로 하고 옷은 일주일 후 찾기로 하였다. 甲은 수선비를 송금하지 않은 채 일주일 후 옷을 찾으러 갔고, 옷 수선을 마친 乙은 수선비를 받을 때까지 수선한 옷을 돌려주지 않겠다며 유치권을 행사하고 있다.

─〈보기〉─

ㄱ. 甲이 수선비의 일부라도 지급한다면 乙은 수선한 옷을 돌려주어야 한다. → (X) 두 번째 조에 따르면 유치권자는 채권 전부의 변제를 받을 때까지 유치물 전부에 대하여 그 권리를 행사할 수 있다. 따라서 甲이 수선비의 일부를 지급하더라도 乙은 채권 전부를 변제받은 것이 아니므로 유치물인 수선한 옷을 돌려주지 않아도 된다.

ㄴ. 甲이 수선한 옷을 돌려받지 못한 채 면접시험을 치렀고 이후 필요가 없어 옷을 찾으러 가지 않겠다고 한 경우, 乙은 수선비의 변제를 받기 위해 그 옷을 경매할 수 있다. → (O) 네 번째 조에 따르면 유치권자는 채권의 변제를 받기 위하여 유치물을 경매할 수 있다. 따라서 乙은 수선비라는 채권의 변제를 받기 위해 유치물인 수선한 옷을 경매할 수 있다.

ㄷ. 甲이 수선을 맡긴 옷을 乙이 도둑맞아 점유를 상실하였다면 乙의 유치권은 소멸한다. → (O) 다섯 번째 조에 따르면 유치권은 점유의 상실로 인하여 소멸한다.

ㄹ. 甲이 수선비를 지급할 때까지, 乙은 수선한 옷을 甲의 승낙 없이 다른 사람에게 대여할 수 있다. → (X) 세 번째 조 제2항에 따르면 유치권자는 채무자의 승낙 없이 유치물의 대여를 할 수 없다.

① ㄱ, ㄴ ➡ (X)
② ㄱ, ㄹ ➡ (X)
③ ㄴ, ㄷ ➡ (O)
④ ㄷ, ㄹ ➡ (X)
⑤ ㄴ, ㄷ, ㄹ ➡ (X)

17 ①   정답률 76.1%

| 문제 유형 | 퍼즐형 > 논리퀴즈
| 접근 전략 | PSAT는 겉으로 보기에 어렵고 까다로워 보이는 문제도 최적의 방법을 찾으면 의외로 빠르게 해결되는 문제가 많다. 이 문제가 대표적이다.

다음 글을 근거로 판단할 때, 〈보기〉의 각 괄호 안에 들어갈 숫자의 합은?

A부처와 B부처에 소속된 공무원 수는 각각 100명이고, 모두 소속된 부처에 있었다. 그런데 A부처는 국가 행사를 담당하게 되어 B부처에 9명의 인력지원을 요청하였다. B부처는 소속 공무원 100명 중 9명을 무작위로 선정해서 A부처에 지원 인력으로 보냈다. 얼마 후 B부처 역시 또 다른 국가 행사를 담당하게 되어 A부처에 인력지원을 요청하였다. A부처는 B부처로부터 지원받았던 인력을 포함한 109명 중 9명을 무작위로 선정해서 B부처에 지원 인력으로 보냈다.

〈보기〉

ㄱ. A부처와 B부처 간 인력지원이 한 차례씩 이루어진 후, A부처에 B부처 소속 공무원이 3명 남아 있다면 B부처에는 A부처 소속 공무원이 (   )명 있다.

ㄴ. A부처와 B부처 간 인력지원이 한 차례씩 이루어진 후, B부처에 A부처 소속 공무원이 2명 남아 있다면 A부처에는 B부처 소속 공무원이 (   )명 있다.

① 5 ➡ (O) 제시된 글을 통해 첫 번째 인원변동이 이루어진 후의 부처 인원은 A부처의 경우 109명, B부처의 경우 91명임을 알 수 있다.

| A부처 | 100명 → B부처로부터 9명 지원 요청 ⇒ 109명 |
| B부처 | 100명 → A부처에 9명 지원 투입 ⇒ 91명 |

ㄱ과 ㄴ에서 모두 A부처와 B부처 간 인력지원이 한 차례씩 이루어졌다고 하였는데, 이는 제시된 글의 마지막 문장("A부처는 B부처로부터 지원받았던 인력을 포함한 109명 중 9명을 무작위로 선정해서 B부처에 지원 인력으로 보냈다.")에서와 같이 두 번째 인원변동이 이루어졌음을 의미한다. 즉 A부처와 B부처의 인원은 각각 100명으로 동일해졌다.
ㄱ에서는 A부처에 B부처 소속 공무원이 3명 남아 있다고 하였으므로, A부처는 A부처 소속 97명, B부처 소속 3명으로 구성되어 있다. 따라서 B부처는 B부처 소속 97명, A부처 소속 3명으로 구성되어 있음을 알 수 있다.
ㄴ에서는 B부처에 A부처 소속 공무원이 2명 남아 있다고 하였으므로, B부처는 B부처 소속 98명, A부처 소속 2명으로 구성되어 있다. 따라서 A부처는 A부처 소속 98명, B부처 소속 2명으로 구성되어 있음을 알 수 있다.

② 8 ➡ (X)
③ 10 ➡ (X)
④ 13 ➡ (X)
⑤ 15 ➡ (X)

18 ④   정답률 80.7%

| 문제 유형 | 연산추론형 > 대입비교
| 접근 전략 | 〈지원 기준〉을 먼저 확인하고 이에 따라 지원 대상에서 제외되는 사람부터 소거해 가면 쉽게 정답을 도출해 낼 수 있다.

다음 글을 근거로 판단할 때, 甲~戊 중 가장 많은 지원금을 받는 신청자는?

A국은 신재생에너지 보급 사업 활성화를 위하여 신재생에너지 설비에 대한 지원 내용을 공고하였다. 〈지원 기준〉과 〈지원 신청 현황〉은 아래와 같다.

〈지원 기준〉

구분		용량(성능)	지원금 단가
태양광	단독주택	2kW 이하	kW당 80만 원
		2kW 초과 3kW 이하	kW당 60만 원
	공동주택	30kW 이하	kW당 80만 원
태양열	평판형·진공관형	10m² 이하	m²당 50만 원
		10m² 초과 20m² 이하	m²당 30만 원
지열	수직밀폐형	10kW 이하	kW당 60만 원
		10kW 초과	kW당 50만 원
연료전지	인산형 등	1kW 이하	kW당 2,100만 원

○ 지원금은 '용량(성능) × 지원금 단가'로 산정
○ 국가 및 지방자치단체 소유 건물은 지원 대상에서 제외
○ 전월 전력사용량이 450kWh 이상인 건물은 태양열 설비 지원 대상에서 제외
○ 용량(성능)이 〈지원 기준〉의 범위를 벗어나는 신청은 지원 대상에서 제외

〈지원 신청 현황〉

신청자	설비 종류	용량(성능)	건물 소유자	전월 전력사용량	비고
甲	태양광	8kW	개인	350kWh	공동주택
乙	태양열	15m²	개인	550kWh	진공관형
丙	태양열	5m²	국가	400kWh	평판형
丁	지열	15kW	개인	200kWh	수직밀폐형
戊	연료전지	3kW	개인	500kWh	인산형

① 甲 ➡ (X)
② 乙 ➡ (X)
③ 丙 ➡ (X)
④ 丁 ➡ (O) 용량이 〈지원 기준〉의 범위를 벗어나는 신청자 戊와 전월 전력사용량이 450kWh 이상인 乙, 건물소유자가 국가인 丙은 지원 대상에서 제외된다. 따라서 甲, 丁만 확인하여 비교해 보면 된다.
甲의 설비 종류는 태양광, 용량은 8kW, 구분은 공동주택이므로 甲이 받는 지원금은 8 × 80(만 원)=640(만 원)이다. 丁의 설비 종류는 지열, 용량은 15kW, 구분은 수직밀폐형이므로 丁이 받는 지원금은 15 × 50(만 원)=750(만 원)이다. 따라서 丁이 가장 많은 지원금을 받는다.
⑤ 戊 ➡ (X)

19 ④ 정답률 79.5%

| 문제 유형 | 퍼즐형 > 게임·규칙
| 접근 전략 | 카드 뽑는 운과 다트 실력이 모두 필요한 게임이다. 카드와 다트가 모두 점수에 영향을 미칠 수 있다는 것을 기억해야 하며 또한 1차 시기와 2차 시기 각각의 점수를 바탕으로 최종점수가 산정되므로 적절한 계산능력도 필요하다.

다음 글을 근거로 판단할 때, 〈보기〉에서 옳은 것만을 모두 고르면?

1부터 5까지 숫자가 하나씩 적힌 5장의 카드와 3개의 구역이 있는 다트판이 있다. 甲과 乙은 다음 방법에 따라 점수를 얻는 게임을 하기로 했다.

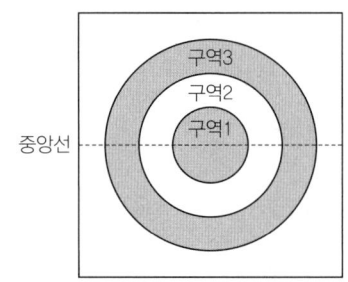

○ 우선 5장의 카드 중 1장을 임의로 뽑고, 그 후 다트를 1차 시기와 2차 시기에 각 1번씩 총 2번 던진다.
○ 뽑힌 카드에 적혀 있는 숫자가 '카드점수'가 되며 점수를 얻는 방법은 다음과 같다.

〈1차 시기 점수 산정 방법〉
– 다트가 구역1에 꽂힐 경우: 카드점수×3
– 다트가 구역2에 꽂힐 경우: 카드점수×2
– 다트가 구역3에 꽂힐 경우: 카드점수×1
– 다트가 그 외 영역에 꽂힐 경우: 카드점수×0

〈2차 시기 점수 산정 방법〉
– 다트가 다트판의 중앙선 위쪽에 꽂힐 경우: 2점
– 다트가 다트판의 중앙선 아래쪽에 꽂힐 경우: 0점

〈최종점수 산정 방법〉
– 최종 점수: 1차 시기 점수+2차 시기 점수

※ 다트판의 선에 꽂히는 경우 등 그 외 조건은 고려하지 않는다.

〈보기〉
ㄱ. 甲이 짝수가 적힌 카드를 뽑았다면, 최종점수는 홀수가 될 수 없다.
  → (O) 甲이 짝수가 적힌 카드를 뽑았다면 1차 시기에는 짝수에 정수인 3, 2, 1, 0 가운데 하나가 곱해지고 2차 시기에는 2점 또는 0점을 얻는다. 따라서 최종점수는 홀수가 될 수 없다.
ㄴ. 甲이 숫자 2가 적힌 카드를 뽑았다면, 가능한 최종점수는 8가지이다.
  → (X) 甲이 숫자 2가 적힌 카드를 뽑았다면, 1차 시기 점수는 6, 4, 2, 0 중 하나가 되고, 2차 시기 점수는 2, 0 중 하나가 된다. 따라서 가능한 최종점수는 8, 6, 4, 2, 0점 총 5가지이다.
ㄷ. 甲이 숫자 4가 적힌 카드를, 乙이 숫자 2가 적힌 카드를 뽑았다면, 가능한 甲의 최종점수 최댓값과 乙의 최종점수 최솟값의 차이는 14점이다. → (O) 甲이 숫자 4가 적힌 카드를 뽑았다면 1차 시기 최대 점수는 12이고 2차 시기 최대 점수는 2이다. 따라서 甲의 최종점수 최댓값은 14이다. 乙은 1차 시기 다트가 그 외 영역에 꽂히면 0점, 2차 시기 다트가 다트판의 중앙선 아래쪽에 꽂힐 경우 0점으로 乙의 최종점수 최솟값은 0점이다. 따라서 甲의 최종점수 최댓값과 乙의 최종점수 최솟값의 차이는 14점이다.

① ㄱ ➡ (X)
② ㄷ ➡ (X)
③ ㄱ, ㄴ ➡ (X)
④ ㄱ, ㄷ ➡ (O)
⑤ ㄴ, ㄷ ➡ (X)

20 ① 정답률 81.6%

| 문제 유형 | 퍼즐형 > 게임·규칙
| 접근 전략 | 두더지 A~E 순으로 말을 하고 있지만, 경우의 수를 최대한 줄일 수 있는 것부터 먼저 적용하는 것이 좋다.

다음 글과 〈대화〉를 근거로 판단할 때 대장 두더지는?

○ 甲은 튀어나온 두더지를 뿅망치로 때리는 '두더지게임'을 했다.
○ 두더지는 총 5마리(A~E)이며, 이 중 1마리는 대장 두더지이고 나머지 4마리는 부하 두더지이다.
○ 대장 두더지를 맞혔을 때는 2점, 부하 두더지를 맞혔을 때는 1점을 획득한다.
○ 두더지게임 결과, 甲은 총 14점을 획득하였다.
○ 두더지게임이 끝난 후 두더지들은 아래와 같은 〈대화〉를 하였다.

〈대화〉
두더지 A: 나는 맞은 두더지 중에 가장 적게 맞았고, 맞은 횟수는 짝수야.
두더지 B: 나는 두더지 C와 똑같은 횟수로 맞았어.
두더지 C: 나와 두더지 A, 두더지 D가 맞은 횟수를 모두 더하면 모든 두더지가 맞은 횟수의 3/4이야.
두더지 D: 우리 중에 한 번도 맞지 않은 두더지가 1마리 있지만 나는 아니야.
두더지 E: 우리가 맞은 횟수를 모두 더하면 12번이야.

① 두더지 A ➡ (O) 두더지 E의 말에 의하면 두더지들이 총 맞은 횟수는 12번인데 점수는 14점이므로 2점을 얻게 할 수 있는 대장 두더지는 2번 맞았음을 알 수 있다. 두더지 D의 말에 의하면 한 번도 맞지 않은 두더지가 1마리 있으므로 네 마리의 두더지만 맞았다. 두더지 A와 B, C, D는 모두 맞았다고 했으므로 맞지 않은 두더지는 두더지 E이고 대장 두더지는 2번 맞았으므로 두더지 E는 대장 두더지가 아님을 추론할 수 있다. 두더지 C의 말에 따르면 두더지 A, C, D가 맞은 횟수의 합은 $12 \times \frac{3}{4}$=9이므로 두더지 B가 맞은 횟수는 3회이다. 대장 두더지는 2번 맞았으므로 두더지 B는 대장 두더지가 아니다. 또한 두더지 B의 말에 의하면 두더지 C는 두더지 B와 똑같은 횟수를 맞았으므로 두더지 C는 3회를 맞았다. 대장 두더지는 2번 맞았으므로 두더지 C는 대장 두더지가 아니다. 따라서 두더지 A와 두더지 D가 맞은 횟수의 합은 6인데 두더지 A의 말에 의하면 두더지 A는 맞은 두더지 중에 가장 적게 맞았고, 맞은 횟수는 짝수이므로 두더지 A는 2회 맞았다. 대장 두더지는 2번 맞았으므로 두더지 A가 대장 두더지임을 알 수 있다.
② 두더지 B ➡ (X)
③ 두더지 C ➡ (X)
④ 두더지 D ➡ (X)
⑤ 두더지 E ➡ (X)

21 ⑤   TOP 3 정답률 45.9%

| 문제 유형 | 퍼즐형 > 게임·규칙
| 접근 전략 | 12명이 2표씩 행사하므로 총 표수가 24표임을 알아 두어야 한다.

다음 〈상황〉을 근거로 판단할 때, 〈보기〉에서 옳은 것만을 모두 고르면?

〈상황〉
○ A위원회는 12명의 위원으로 구성되며, 위원 중에서 위원장을 선출한다.
○ 12명의 위원은 자신을 제외한 11명 중 서로 다른 2명에게 1표씩 투표하여 최다 득표자를 위원장으로 결정한다.
○ 최다 득표자가 여러 명인 경우 추첨을 통해 이들 중 1명을 위원장으로 결정한다.

※ 기권 및 무효표는 없다.

〈보기〉
ㄱ. 득표자 중 5표를 얻은 위원이 존재하고 추첨을 통해 위원장이 결정되었다면, 득표자는 3명 이하이다. → (X) 총 표수는 24표이다. 투표자 중 5표를 얻은 위원이 존재하고 추첨을 통해 위원장이 결정되었다면, 남은 표는 19표이고 최다 득표자가 여러 명임을 알 수 있다. 최다 득표자가 2명이라면 남은 19표를 2명이 각각 동일하게 받아야 하는데 19표는 2명이 나눠가질 수 없으므로 최소 1명 이상의 득표자가 더 필요함을 알 수 있다. 따라서 득표자는 3명 이하일 수 없다.
ㄴ. 득표자가 총 3명이고 그중 1명이 7표를 얻었다면, 위원장을 추첨으로 결정하지 않아도 된다. → (O) 득표자가 총 3명이고 그중 1명이 7표를 얻었다면 남은 투표수는 17표인데, 즉 홀수이므로 동일한 표를 얻은 최다 득표자가 나올 수 없다. 7표를 얻은 사람이 2명이라 해도, 남은 득표수는 10표이므로 추첨할 필요가 없다.
ㄷ. 득표자 중 최다 득표자가 8표를 얻었고 추첨 없이 위원장이 결정되었다면, 득표자는 4명 이상이다. → (O) 총 표수는 24표이므로 최다 득표자의 득표수가 8표라면, 남은 표수는 16표이다. 추첨 없이 위원장이 결정되었다면, 나머지 위원들이 7표 이하를 얻어야 하므로 전체 득표자는 4명 이상이다.

① ㄴ ➡ (X)
② ㄷ ➡ (X)
③ ㄱ, ㄴ ➡ (X)
④ ㄱ, ㄷ ➡ (X)
⑤ ㄴ, ㄷ ➡ (O)

22 ②   TOP 2 정답률 42.8%

| 문제 유형 | 연산추론형 > 대입비교
| 접근 전략 | 먼저 A~C업체의 시간당 작업 면적을 계산해 풀이 시간을 줄인다.

다음 글을 근거로 판단할 때, 〈보기〉에서 옳은 것만을 모두 고르면?

○ 甲 시청은 관내 도장업체(A~C)에 청사 바닥(면적: 60m²) 도장공사를 의뢰하려 한다.

〈관내 도장업체 정보〉

업체	1m²당 작업시간	시간당 비용
A	30분	10만 원
B	1시간	8만 원
C	40분	9만 원

○ 개별 업체의 작업속도는 항상 일정하다.
○ 여러 업체가 참여하는 경우, 각 참여 업체는 언제나 동시에 작업하며 업체당 작업시간은 동일하다. 이때 각 참여 업체가 작업하는 면은 겹치지 않는다.
○ 모든 업체는 시간당 비용에 비례하여 분당 비용을 받는다.
 (예: A가 6분 동안 작업한 경우 1만 원을 받는다)

〈보기〉
ㄱ. 작업을 가장 빠르게 끝내기 위해서는 A와 C에게만 작업을 맡겨야 한다. → (X) A와 C만 일하면 1시간에 3.5m²만 작업이 가능하나 B도 같이 일하면 1시간에 4.5m² 작업이 가능해 더 빠르게 작업을 끝낼 수 있다.
ㄴ. B와 C에게 작업을 맡기는 경우, 작업 완료까지 24시간이 소요된다. → (O) B와 C가 일하면 1시간에 2.5m²를 작업할 수 있어 60m²를 작업하는 데 $\frac{60}{2.5}=24$(시간)이 걸린다.
ㄷ. A, B, C에게 작업을 맡기는 경우, B와 C에게 작업을 맡기는 경우보다 많은 비용이 든다. → (X) A, B, C가 같이 작업하면 $\frac{60}{4.5}=13.33$(시간)이 소요되고 시간당 비용은 27만 원이므로 총 비용은 약 360만 원이다. 반면 B와 C에게 작업을 맡기는 경우에는 24시간이 소요되고 시간당 비용은 17만 원이므로 총 비용은 24 × 17(만 원)=408(만 원)이다. 따라서 A, B, C에게 작업을 맡기는 경우, B와 C에게 작업을 맡기는 경우보다 적은 비용이 든다.

① ㄱ ➡ (X)
② ㄴ ➡ (O)
③ ㄷ ➡ (X)
④ ㄱ, ㄴ ➡ (X)
⑤ ㄴ, ㄷ ➡ (X)

23 ③   정답률 58.1%

| 문제 유형 | 퍼즐형 > 수리퀴즈
| 접근 전략 | 양손잡이 중 일부는 제대로 알아듣지 못해 모든 질문에 손을 들었다고 하였으나 '질문 3'은 양손잡이를 묻고 있으므로, 양손잡이 사람이 질문에 잘못 손을 든 것은 '질문 1'과 '질문 2'라는 것을 확인하도록 한다. 또한 집합 개념을 잘 이해하고 있다면 간단하게 문제를 해결할 수 있다.

다음 글을 근거로 판단할 때, 〈보기〉에서 옳은 것만을 모두 고르면?

○ 손글씨 대회 참가자 100명을 왼손으로만 필기할 수 있는 왼손잡이, 오른손으로만 필기할 수 있는 오른손잡이, 양손으로 모두 필기할 수 있는 양손잡이로 분류하고자 한다.
○ 참가자를 대상으로 아래 세 가지 질문을 차례대로 하여 해당하는 참가자는 한 번만 손을 들도록 하였다.
 [질문 1] 왼손으로만 필기할 수 있는 사람은?
 [질문 2] 오른손으로만 필기할 수 있는 사람은?
 [질문 3] 양손으로 모두 필기할 수 있는 사람은?
○ 양손잡이 중 일부는 제대로 알아듣지 못해 질문 1, 2, 3에 모두 손을 들었고, 그 외 모든 참가자는 올바르게 손을 들었다.
○ 질문 1에 손을 든 참가자는 16명, 질문 2에 손을 든 참가자는 80명, 질문 3에 손을 든 참가자는 10명이다.

〈보기〉
ㄱ. 양손잡이는 총 10명이다. → (O) 양손잡이는 [질문 1, 2, 3] 모두에 손을 들거나 [질문 3]에만 손을 들었으므로 [질문 3]에 손을 든 참가자 10명, 즉 양손잡이는 총 10명임을 알 수 있다.

ㄴ. 왼손잡이 수는 양손잡이 수보다 많다. → (O) [질문 1, 2, 3]에 손을 든 참가자 수를 모두 더하면 106명인데 손글씨 대회 참가자는 100명이므로 6명이 손을 더 들었음을 알 수 있고 양손잡이 중 일부가 [질문 1, 2]에 2번씩 더 포함된 것이므로 양손잡이 중 잘못 손 든 사람은 3명임을 알 수 있다. 즉 양손잡이가 아닌 왼손잡이는 16-3=13(명)이다. 양손잡이는 10명, 왼손잡이는 13명이므로 옳은 설명이다.

ㄷ. 오른손잡이 수는 왼손잡이 수의 6배 이상이다. → (X) 양손잡이가 아닌 오른손잡이는 80-3=77(명)이다. 왼손잡이 수의 6배는 13×6=78(명)이므로 오른손잡이는 그보다 더 적다.

① ㄱ ➡ (X)
② ㄴ ➡ (X)
③ ㄱ, ㄴ ➡ (O)
④ ㄱ, ㄷ ➡ (X)
⑤ ㄴ, ㄷ ➡ (X)

S 24 ②　　　　　　　　　　　　　　TOP 1　정답률 23.9%

| 문제 유형 | 연산추론형 > 수리계산
| 접근 전략 | 음의 지수가 나와서 당황할 수 있다. 그러나 상황판단 영역에서 수험생에게 어려운 수학 지식을 요하지는 않는다. 문제에서도 -1승 정도만 묻고 있다.

다음 글을 근거로 판단할 때, 〈보기〉에서 옳은 것만을 모두 고르면?

엘로 평점 시스템(Elo Rating System)은 체스 등 일대일 방식의 종목에서 선수들의 실력을 표현하는 방법으로 물리학자 아르파드 엘로(Arpad Elo)가 고안했다.

임의의 두 선수 X, Y의 엘로 점수를 각각 E_X, E_Y라 하고 X가 Y에게 승리할 확률을 P_{XY}, Y가 X에게 승리할 확률을 P_{YX}라고 하면, 각 선수가 승리할 확률은 다음 식과 같이 계산된다. 무승부는 고려하지 않으므로 두 선수가 승리할 확률의 합은 항상 1이 된다.

$$P_{XY} = \frac{1}{1+10^{-(E_X-E_Y)/400}}$$

$$P_{YX} = \frac{1}{1+10^{-(E_Y-E_X)/400}}$$

두 선수의 엘로 점수가 같다면, 각 선수가 승리할 확률은 0.5로 같다. 만약 한 선수가 다른 선수보다 엘로 점수가 200점 높다면, 그 선수가 승리할 확률은 약 0.76이 된다.

경기 결과에 따라 각 선수의 엘로 점수는 변화한다. 경기에서 승리한 선수는 그 경기에서 패배할 확률에 K를 곱한 만큼 점수를 얻고, 경기에서 패배한 선수는 그 경기에서 승리할 확률에 K를 곱한 만큼 점수를 잃는다(K는 상수로, 보통 32를 사용한다). 승리할 확률이 높은 경기보다 승리할 확률이 낮은 경기에서 승리했을 경우 더 많은 점수를 얻는다.

─〈보기〉─

ㄱ. 경기에서 승리한 선수가 얻는 엘로 점수와 그 경기에서 패배한 선수가 잃는 엘로 점수는 다를 수 있다. → (X) 경기에서 승리한 선수는 그 경기에서 패배할 확률에 K를 곱한 만큼 점수를 얻고, 경기에서 패배한 선수는 그 경기에서 승리할 확률에 K를 곱한 만큼 점수를 잃는다고 하였다. 그 경기에서 패배할 확률이라는 것은 결국 상대선수가 승리할 확률과 동일하므로 경기에서 승리한 선수가 얻는 엘로 점수와 그 경기에서 패배한 선수가 잃는 엘로 점수는 같다.

ㄴ. K=32라면, 한 경기에서 아무리 강한 상대에게 승리해도 얻을 수 있는 엘로 점수는 32점 이하이다. → (O) 경기에서 승리할 확률의 최대는 1이고 그 확률에 K를 곱한 만큼 점수를 한 경기에서 얻을 수 있으므로 K가 32이면 한 경기에서 최대로 얻을 수 있는 점수는 32점이다.

ㄷ. A가 B에게 패배할 확률이 0.1이라면, A와 B의 엘로 점수 차이는 400점 이상이다. → (X) 엘로 점수의 차이가 400점이면 이를 식에 넣었을 때 패배할 확률은 $\frac{1}{(1+10^1)} = \frac{1}{11} = 0.0909$이다. 엘로 점수 차이가 클수록 승리 확률이 높아지고 패배 확률이 낮아지므로 패배 확률이 0.1이면 엘로 점수 차이가 400점보다 낮음을 알 수 있다.

ㄹ. A가 B에게 승리할 확률이 0.8, B가 C에게 승리할 확률이 0.8이라면, A가 C에게 승리할 확률은 0.9 이상이다. → (O) 엘로 점수 차이가 클수록 승리 확률이 높아지므로 승리 확률이 0.8이면 엘로 점수 차이가 승리 확률이 0.76일 때의 엘로 점수 차이 200점보다 높다. A가 B보다 엘로 점수가 200점 이상 높고, B가 C보다 엘로 점수가 200점 이상 높으면 A가 C보다 엘로 점수가 400점 이상 높다. 엘로 점수가 400점 높으면 승리 확률은 $\frac{1}{(1+10^{-1})}$ =0.909로 0.9 이상인데 엘로 점수 차이가 클수록 승리 확률이 높아지므로 엘로 점수 차이는 400점보다 높아 A가 C에게 승리할 확률은 0.9 이상이다.

① ㄱ, ㄴ ➡ (X)
② ㄴ, ㄹ ➡ (O)
③ ㄱ, ㄴ, ㄷ ➡ (X)
④ ㄱ, ㄷ, ㄹ ➡ (X)
⑤ ㄴ, ㄷ, ㄹ ➡ (X)

S 25 ①　　　　　　　　　　　　　　　　　정답률 48.3%

| 문제 유형 | 퍼즐형 > 최댓값·최솟값 도출
| 접근 전략 | 이러한 문제는 고난도 문제 가운데 하나이다. 〈상황〉을 전제로 〈보기〉를 판단하는 유형으로서 정확한 적용과 해석이 필요한 문제이다. 〈목차〉의 쪽수는 해당 절이 시작하는 쪽수라는 점에 특히 유의하도록 한다.

다음 〈상황〉과 〈목차〉를 근거로 판단할 때, 〈보기〉에서 옳은 것만을 모두 고르면?

─〈상황〉─

○ 책 A는 〈목차〉와 같이 구성되어 있고, 비어 있는 쪽은 없다.
○ 책 A의 각 쪽은 모두 제1절부터 제14절까지 14개의 절 중 하나의 절에 포함된다.
○ 甲은 3월 1일부터 책 A를 읽기 시작해서, 1쪽부터 마지막 쪽인 133쪽까지 순서대로 읽는다.
○ 甲은 한번 읽기 시작한 절은 그날 모두 읽되, 하루에 최대 40쪽을 읽을 수 있다.
○ 甲은 절 제목에 '과학' 또는 '정책'이 들어간 절을 하루에 한 개 이상 읽는다.

─〈목차〉─

○ 시민참여
　제1절 시민참여의 등장 배경과 개념적 특성 ·················· 1
　제2절 과학기술정책의 특성과 시민참여 ························ 4
　제3절 결론 ··· 21
○ 거버넌스 구조
　제4절 서론 ··· 31
　제5절 제3세대 과학기술혁신 정책이론과 거버넌스 ·········· 34
　제6절 과학기술정책의 거버넌스 구조분석 모형 ·············· 49
　제7절 결론 ··· 62
○ 연구기관 평가지표
　제8절 서론 ··· 65
　제9절 지적자본의 개념과 성과평가로의 활용가능성 ········· 68
　제10절 평가지표 전환을 위한 정책방향 ······················ 89
　제11절 결론 ·· 92
○ 기초연구의 경제적 편익
　제12절 과학기술연구와 경제성장 간의 관계 ················ 104
　제13절 공적으로 투자된 기초연구의 경제적 편익 ·········· 107
　제14절 맺음말: 정책적 시사점 ······························ 130

─〈보기〉─

ㄱ. 3월 1일에 甲은 책 A를 20쪽 이상 읽는다. → (O) 다섯 번째 〈상황〉에 의해 절 제목에 '과학' 또는 '정책'이 들어간 절을 하루에 한 개 이상 읽어야 하므로 3월 1일에 甲은 책 A의 제2절까지는 반드시 읽어 20쪽 이상 책을 읽게 된다.

ㄴ. 3월 3일에 甲이 제6절까지 읽었다면, 甲은 3월 5일까지 책 A를 다 읽을 수 있다. → (X) 3월 4일에 네 번째 〈상황〉에 따라 甲이 최대로 읽을 수 있는 제10절까지 읽어도 세 번째 〈상황〉에 따르면 책 A는 133쪽이므로 42쪽이 남아 책 A를 3월 5일까지 다 읽을 수 없다.

ㄷ. 甲이 책 A를 다 읽으려면 최소 5일 걸린다. → (X) 네 번째 〈상황〉에 따라 첫날 최대 제4절까지 읽을 수 있고, 둘째 날 최대 8절, 셋째 날 최대 제12절까지 읽으면 넷째 날 책을 다 읽을 수 있다. 제2, 5, 6, 10, 12, 14절에 '과학' 또는 '정책'이 제목에 들어가 다섯 번째 〈상황〉도 충족한다. 따라서 책 A를 다 읽으려면 최소 4일이 걸린다.

① ㄱ ➡ (O)
② ㄴ ➡ (X)
③ ㄱ, ㄴ ➡ (X)
④ ㄱ, ㄷ ➡ (X)
⑤ ㄴ, ㄷ ➡ (X)

에듀윌이
너를
지지할게
ENERGY

내가 꿈을 이루면
나는 누군가의 꿈이 된다.

– 이도준